湖北省学术著作出版专项资金资助项目

中国科举文化通志　主编　陈文新

陈文新　何坤翁　赵伯陶　主撰

其他撰稿人　周勇　江俊伟　徐薇　韦芳玉　徐卓阳

明代科举与文学编年（中）

武汉大学出版社

图书在版编目(CIP)数据

明代科举与文学编年:中/陈文新,何坤翁,赵伯陶主撰.—武汉:武汉大学出版社,2015.10
中国科举文化通志/陈文新主编
ISBN 978-7-307-16510-6

Ⅰ.明… Ⅱ.①陈… ②何… ③赵… Ⅲ.①科举制度—史料—中国—明代 ②中国文学—古典文学研究—明代 Ⅳ.①D691.3 ②I206.2

中国版本图书馆 CIP 数据核字(2015)第 250183 号

责任编辑:李 琼 朱凌云   责任校对:刘 欣   版式设计:马 佳

出版发行:**武汉大学出版社**   (430072 武昌 珞珈山)
      (电子邮件:cbs22@whu.edu.cn 网址:www.wdp.com.cn)
印刷:武汉中远印务有限公司
开本:787×1092 1/16   印张:76.75 字数:1680 千字 插页:4
版次:2015 年 10 月第 1 版   2015 年 10 月第 1 次印刷
ISBN 978-7-307-16510-6   定价:1380.00 元(全三册)

目 录

中

明宪宗成化二十二年丙午（公元 1486 年）…………………… 1101

明宪宗成化二十三年丁未（公元 1487 年）…………………… 1106

明孝宗弘治元年戊申（公元 1488 年）………………………… 1158

明孝宗弘治二年己酉（公元 1489 年）………………………… 1163

明孝宗弘治三年庚戌（公元 1490 年）………………………… 1168

明孝宗弘治四年辛亥（公元 1491 年）………………………… 1211

明孝宗弘治五年壬子（公元 1492 年）………………………… 1219

明孝宗弘治六年癸丑（公元 1493 年）………………………… 1228

明孝宗弘治七年甲寅（公元 1494 年）………………………… 1272

明孝宗弘治八年乙卯（公元 1495 年）………………………… 1278

明孝宗弘治九年丙辰（公元 1496 年）………………………… 1284

明孝宗弘治十年丁巳（公元 1497 年）………………………… 1294

明孝宗弘治十一年戊午（公元 1498 年）……………………… 1298

明孝宗弘治十二年己未（公元 1499 年）……………………… 1304

明孝宗弘治十三年庚申（公元 1500 年）……………………… 1313

明孝宗弘治十四年辛酉（公元 1501 年）……………………… 1316

明孝宗弘治十五年壬戌（公元 1502 年）……………………… 1321

明孝宗弘治十六年癸亥（公元 1503 年）……………………… 1362

明孝宗弘治十七年甲子（公元 1504 年）……………………… 1367

明孝宗弘治十八年乙丑（公元 1505 年）……………………… 1372

明武宗正德元年丙寅（公元 1506 年）………………………… 1413

明武宗正德二年丁卯（公元 1507 年）………………………… 1419

明武宗正德三年戊辰（公元 1508 年）………………………… 1427

明武宗正德四年己巳（公元 1509 年）………………………… 1438

明武宗正德五年庚午（公元 1510 年）………………………… 1446

明武宗正德六年辛未（公元 1511 年）………………………… 1455

明武宗正德七年壬申（公元 1512 年）………………………… 1465

明武宗正德八年癸酉(公元 1513 年)…………… 1469

明武宗正德九年甲戌(公元 1514 年)…………… 1476

明武宗正德十年乙亥(公元 1515 年)…………… 1485

明武宗正德十一年丙子(公元 1516 年)…………… 1489

明武宗正德十二年丁丑(公元 1517 年)…………… 1494

明武宗正德十三年戊寅(公元 1518 年)…………… 1504

明武宗正德十四年己卯(公元 1519 年)…………… 1509

明武宗正德十五年庚辰(公元 1520 年)…………… 1518

明武宗正德十六年辛巳(公元 1521 年)…………… 1527

明世宗嘉靖元年壬午(公元 1522 年)…………… 1539

明世宗嘉靖二年癸未(公元 1523 年)…………… 1545

明世宗嘉靖三年甲申(公元 1524 年)…………… 1604

明世宗嘉靖四年乙酉(公元 1525 年)…………… 1613

明世宗嘉靖五年丙戌(公元 1526 年)…………… 1618

明世宗嘉靖六年丁亥(公元 1527 年)…………… 1629

明世宗嘉靖七年戊子(公元 1528 年)…………… 1639

明世宗嘉靖八年己丑(公元 1529 年)…………… 1651

明世宗嘉靖九年庚寅(公元 1530 年)…………… 1711

明世宗嘉靖十年辛卯(公元 1531 年)…………… 1717

明世宗嘉靖十一年壬辰(公元 1532 年)…………… 1730

明世宗嘉靖十二年癸巳(公元 1533 年)…………… 1824

明世宗嘉靖十三年甲午(公元 1534 年)…………… 1829

明世宗嘉靖十四年乙未(公元 1535 年)…………… 1837

明世宗嘉靖十五年丙申(公元 1536 年)…………… 1916

明世宗嘉靖十六年丁酉(公元 1537 年)…………… 1922

明世宗嘉靖十七年戊戌(公元 1538 年)…………… 1928

明世宗嘉靖十八年己亥(公元 1539 年)…………… 1972

明世宗嘉靖十九年庚子(公元 1540 年)…………… 1976

明世宗嘉靖二十年辛丑(公元 1541 年)…………… 1984

明世宗嘉靖二十一年壬寅(公元 1542 年)…………… 2031

明世宗嘉靖二十二年癸卯(公元 1543 年)…………… 2036

明世宗嘉靖二十三年甲辰(公元 1544 年)…………… 2045

明世宗嘉靖二十四年乙巳(公元 1545 年)…………… 2093

明世宗嘉靖二十五年丙午(公元 1546 年)…………… 2097

明世宗嘉靖二十六年丁未(公元 1547 年)…………… 2101

明世宗嘉靖二十七年戊申(公元 1548 年)…………… 2148

明世宗嘉靖二十八年己酉（公元 1549 年） …………………………………………… 2151

明世宗嘉靖二十九年庚戌（公元 1550 年） …………………………………………… 2155

明世宗嘉靖三十年辛亥（公元 1551 年） ……………………………………………… 2206

明世宗嘉靖三十一年壬子（公元 1552 年） …………………………………………… 2211

明世宗嘉靖三十二年癸丑（公元 1553 年） …………………………………………… 2214

明世宗嘉靖三十三年甲寅（公元 1554 年） …………………………………………… 2264

明世宗嘉靖三十四年乙卯（公元 1555 年） …………………………………………… 2268

明世宗嘉靖三十五年丙辰（公元 1556 年） …………………………………………… 2272

明世宗嘉靖三十六年丁巳（公元 1557 年） …………………………………………… 2316

明世宗嘉靖三十七年戊午（公元 1558 年） …………………………………………… 2319

明宪宗成化二十二年丙午（公元 1486 年）

正月

升左春坊左庶子刘健为詹事府少詹事，供职如故，以九年秩满也。（据《馆阁漫录》卷六《成化二十二年》）

二月

升修撰林瀚为左谕德，以九年秩满也。（据《馆阁漫录》卷六《成化二十二年》）

进士王质、赵铉、吕献、夏昂为给事中。质吏科，铉、献刑科，昂工科。（据《国榷》卷四十）

三月

改南京礼部左侍郎尹直于兵部。直内附当道中贵，而外则少傅万安为之力援也。（据《馆阁漫录》卷六《成化二十二年》）

许琉球入监，贡生蔡宾等五人还国。（据《国榷》卷四十）

四月

刘天民（1486—1541）生。据李开先《四川按察司副使前吏部文选司郎中函山刘先生墓志铭》。字希尹，号函山，历城人。正德甲戌进士，除户部主事。谏武宗南征，廷杖，改礼部。谏大礼，复廷杖，迁吏部郎中，出知寿州，历官按察司副使。有《函山先生集》十卷。

六月

升修撰兼校书傅瀚为左春坊左谕德兼检讨，供职如故，以九年秩满也。（据《馆阁漫录》卷六《成化二十二年》）

七月

命右春坊右庶子汪谐、左春坊左谕德程敏政为应天府乡试考官。（据《馆阁漫录》卷六《成化二十二年》）

商辂（1414—1486）卒。《馆阁漫录》卷六《成化二十二年》："辛酉，致仕少保、吏部尚书兼谨身殿大学士商辂卒。辂字弘载，浙江淳安人。宣德乙卯乡试，又十年始登进士及第，乡试、会试、殿试俱第一，初授修撰。丁卯岁，英宗命选讲读以下十人进学东阁，辂与焉。己巳之变，英宗北狩，景皇帝即位，召入内阁参与机密，升侍读。是时北虏方炽，而闽浙盗又起，奏牍填委，辂悉心参佐，劳效为多。景泰庚午，升学士。英宗至自虏庭，景皇帝遣辂至居庸关奉迎还。壬申，升兵部左侍郎兼学士并左春坊大学士，赐以居第。丁丑，英宗复辟，石亨等嗾言官劾之，坐除名。成化丙戌，召起复原任，仍参预机密，首言八事，切时政。戊子，慈懿皇太后崩，辂率群臣上疏定祔葬之议，从之。是岁，升兵部尚书，仍兼职如故。癸巳，内官监管皇庄者害人，辂言：'天子以天下为家，何以庄为？'上嘉纳之，改户部，仍兼旧职。修《续资治通鉴纲目》成，兼文渊阁大学士。丙申，加进太子少保，改吏部。时幸臣有欲于掖廷建玉皇祠，每岁以内臣执事如郊祀仪祭之者，辂力言止之。宫门灾，工部请差内外官征材湖广等处，辂言：'上天垂戒，宜少缓修葺，以存警戒。'从之。丁酉，命兼谨身殿大学士。时汪直开西厂，行事大肆罗织，屡起大狱，势焰熏灼，人不敢言，辂谐同列上疏极言之。会六部大臣亦以为言，遂革西厂，由是见憾于直。会故大学士杨荣曾孙晔有罪不就逮，赴京避罪，为直所发，语连辂，辂遂乞致仕，诏进少保，赐玺书，给驿以归。至是卒，七十三。讣闻，赠特进荣禄大夫、太傅，谥文毅，遣官谕祭，命有司营葬域。辂体貌修伟，风神雅秀，文章典实，不事华藻。为人平粹简重，宽厚有容，登第甫六年，即入内阁预机务，侪辈多有异议，而辂处之自如。尤与钱溥不相能，溥至为《秃妇传》讥之，亦不与之较。其再起也，黎淳以景泰中易储事专归咎于辂，上章攻之，辂待之无异平时。君子谓其有大臣之量云。子良臣，中进士，为侍讲；次子良辅，刑部主事。孙汝谦，尚宝司丞，以荫得官。"

壬申，降侍讲学士焦芳为湖广桂阳州同知。先是，芳与侍讲尹龙为同官，往还甚密。会兵部郎中邹襆坐罪，龙嗾军官奏保复职，芳颇与闻其事。仍为东厂官校缉知以闻，逮锦衣卫鞫之，狱成，刑部拟罪赎杖还职。有旨芳居官翰林，乃违法代人具奏草，持身不谨，难任京职，令吏部降二级调外任。（据《馆阁漫录》卷六《成化二十二年》）

八月

己卯，命侍讲学士李东阳、左春坊左谕德傅瀚为顺天府乡试考官，赐宴本部。甲申，降编修王敕为湖广夷陵判官。御史吕璋劾与尹龙往来，出妻行酒，丑声外闻。己丑，升吏部左侍郎耿裕为本部尚书。（据《馆阁漫录》卷六《成化二十二年》）

两京及河南、山东、陕西、山西、浙江、湖广、江西、福建、广东、广西、四川、云南等十二布政司乡试；贵州士子附云南乡试。

顺天府、应天府乡试，各录取一百三十五名。李东阳《怀麓堂集》卷二十七《顺天府乡试录序》："成化丙午……秋八月，实天下乡试之期。顺天府……赴试之士二千三百人，试而中者百三十有五人。遵制额所定，弗敢过也。"程敏政《篁墩文集》卷二十六《应天府乡试录后序》："应天府臣以成化丙午南畿乡试……得士百三十五人。"

应天乡试，钦承之以《诗经》发解。程敏政《篁墩文集》卷二十六《双桂堂诗序》："钦承之举成化丙午……丙午之秋，予实奉诏试士南都。承之之文，校诸《诗》八百人最优，而不为分考者所赏识。予得之落卷中，惊惜不已，擢魁其经。同寅汪公怃然曰：'非其先人有大积德，不及此！'既启卷，则钦也，一堂哄然，以为得士。"

顺天府乡试小录误写中式举人刘经为刘纶，令改正。《明宪宗实录》卷二百八十一：成化二十二年八月，"戊戌，顺天府府尹吴忈等，以乡试小录内误写中式举人刘经为刘纶，奏乞改正，且待罪。有旨科举重事，何不详审查对，以致差讹？姑宥其罪，令改正"。

顺天府丞黄杰坐处乡举预试不公，降二级调外任为广东肇庆府同知。（据《明宪宗实录》卷二百八十一"成化二十二年八月癸未"）

九月

罢南京兵部尚书王恕，朝野大骇。《明鉴纲目》卷四："纲：丙午二十二年，秋九月，罢南京兵部尚书王恕，出马文升代之。目：恕先后应诏陈言，凡五十余奏，皆力阻权幸，天下倾心慕之，时为谣曰：'两京十二部，独有一王恕。'于是贵近皆侧目，帝亦颇厌苦之。是年起用传奉官，恕谏尤切，帝愈不悦，令恕致仕，调文升南京。（以李孜省谮也。）朝野大骇。"

申定国子监生拨历之例。《明宪宗实录》卷二百八十二：成化二十二年九月庚申，"申定国子监生拨历之例。先是，国子监以纳粟监生四千六百七十余名行取复班，欲如例与科贡监生相兼拨历，行礼部奏乞处置。有旨，命本部会同吏部国子监斟酌以闻。至是覆奏：'纳粟与科贡监生相兼拨历，已有定例。但今纳粟者多，而科贡者少，宜从国子监通行钦出，各取其复班岁月深浅，以定其名次先后。临拨之际，以两途人数多寡，酌量均平，相兼拨历。如此，既不垂祖宗一定之法，亦不失朝廷权宜之信。仍行南京国子监如例施行。'上从之。命本监临期务必酌量均平，不许徇私"。

左春坊左谕德林瀚乞归展祭，许之。调司经局洗马罗璟为南京礼部员外郎。时璟起复，以复任请，有旨："罗璟丁忧日久，吏部何不补缺，必待璟服满方奏。璟不许复任，调南京部属。耿裕等可自陈状。"裕等引罪，命姑宥之。故事，洗马非常选官，不当补缺，以璟与侍讲尹龙有连，故责及之，然亦由其乡人欲谋侍东宫讲读，而璟适至，嗾李孜省为之也。（据《馆阁漫录》卷六《成化二十二年》）

申定监生拨历之制。（据《国榷》卷四十）

尹直入内阁，预机务。《馆阁漫录》卷六《成化二十二年》："丁卯，手敕改兵部左侍郎尹直为户部左侍郎兼学士，入内阁参预机务。直辞谢，上曰：'卿久在翰林，才识老成，特兹简用，不允辞。'戊辰，命编修梁储兼司经局校书。"《明鉴纲目》卷四："纲：以尹直为户部左侍郎，兼翰林学士，入内阁，预机务。目：直官南京八年，郁郁不得志，以李孜省力，召为兵部侍郎。至是，取中旨入阁。"

十月

各部、翰院官员变动。十月壬申朔。丁丑，调吏部右侍郎黎淳于南京吏部，夺尚书耿裕俸两月，文选司官吏三月。庚寅，调吏部尚书耿裕于南京礼部。改工部尚书李裕、礼部左侍郎徐溥于吏部，溥仍兼学士。升掌大理寺事、工部尚书杜铭为刑部尚书，礼部右侍郎谢一夔工部尚书，左通政黄景礼部左侍郎，兵部右侍郎何琮本部左侍郎；南京太常卿刘宣吏部，翰林学士倪岳礼部，巡抚延绥右佥都御史吕雯兵部，俱右侍郎；右佥都御史边镛左副都御史，冯贯改大理卿。己亥，手敕加英国公张懋、保国公朱永太傅太子太师，襄城侯李瑾、定西侯蒋琬、新宁伯谭佑、昌宁伯赵胜太保兼太子太傅；大学士万安升少傅兼太子太师，刘吉少保兼太子太傅，尚书大学士如故；侍郎彭华升礼部尚书，尹直兵部尚书，俱加太子少保，仍兼学士。（据《馆阁漫录》卷六《成化二十二年》）

十一月

命僧道官仍考试入选。（据《国榷》卷四十）

更定会试取士额数：南、北卷各退二卷，为中卷。《明宪宗实录》卷二百八十四：成化二十二年十一月，"丙寅，更定会试取士额数。时四川左布政使潘稹等言：旧例，会试天下举人，以百名为率，南数取五十五名，北数取三十五名，中数取一十名，未免不均。事下礼部会议，尚书周洪谟等覆奏：请于南北数内各以一名添补中数。有旨，以所议未当，令再议。至是，洪谟等又言：今天下乡试解额，南数五百四十七名，北数四百二十名，中数一百九十三名。宜酌量俱以十名之上取中一名，仍以百名为率，南数取五十三名，北数取三十三名，中数取一十四名。比之旧数，南北各减二名，中数增多四名，庶取士均平，人心惬服。从之。洪谟与内阁学士万安俱四川人，故稹迎合建言，与议者皆知其非，然以安与洪谟故，皆唯唯顺从而已"。《国榷》卷四十："（成化二十二年十一月）丙寅，更定会试取士：南数五十三人，北数三十三人，中数十四人。"按，此例仅行于成化二十三年丁未科。弘治二年七月丙子，礼部尚书耿裕等奏准今后会试取士仍照宣德间所定南、北、中之数。

十二月

李东阳丁父忧。《明宪宗实录》卷二百八十五"成化二十二年十二月辛丑（三十日）"："翰林院侍讲学士李东阳以父丧去任。"《国榷》卷四十："（成化二十二年十二月）辛丑，翰林侍讲学士李东阳忧去。"

本年

南京钦天监以南京吏部等衙门会奏，天文生、阴阳人原额量加二分奏陈。本监原奉高皇帝圣旨，并引《大明律例》。礼部覆议，旧例皆无以女婿、外孙、义侄、别姓充补之，今宜行南京礼部，仍照近例举行。（据俞汝楫《礼部志稿》卷八十九）

罗玘输粟入国学。《东洲初稿》卷十四《礼部尚书罗文肃公行状》："长乐谢公士元守郡，选校学士文高等者优品之，辍《尚书》，以《诗经》卒业。讲下不逾岁，而通曲义。然以文格，力追古作家，往往逸程度。经五六试科，竟不利。成化乙巳，关中大饥，例得入粟补上舍。季弟景远挟资代输，得度支牒，误书今名'玘'。众喧议须易之，先生因忆往岁以母病祷大华山，有异梦与王者坐，指其掌，解绣裳授之，于今名义为协。遂承其误，安之。"《明史》罗玘传："年四十，困诸生，输粟入国学。"（按：关中大饥在成化二十一年，罗玘入国学在明年。盖诏布天下，援例输粟，非顷刻可办。）

何廷仁（1486—1551）生。张惟骧《疑年录汇编》卷七："何善山六十六廷仁，生成化二十二年丙午，卒嘉靖三十年辛亥。"《明史》儒林传："何廷仁，初名秦，以字行，改字性之……零都人。"黄宗羲《明儒学案》卷十九："何廷仁字性之，号善山，初名秦，江西零县人……三十年卒，年六十六。"

朱淛（1486—1552）生。据柯维骐《监察御史朱淛传》。字必东，号损岩，莆田人，嘉靖癸未进士，授湖广道监察御史。会兴国太后诞节，诏命妇朝贺，而慈寿太后诞节，转不令命妇朝贺。淛上疏争之，廷杖斥归，终于家。事迹具《明史》本传。有《天马山房遗稿》八卷。

蒋山卿（1486—1542）生。据其《诗集自序》。字子云，《千顷堂书目》作字仙卿，传写误也，仪真人。正德甲戌进士，官至广西布政司参政。有《蒋南泠集》十二卷。

明宪宗成化二十三年丁未（公元 1487 年）

正月

升南京翰林院侍读学士徐琼为南京太常寺卿掌南京国子监事。（据《明宪宗实录》卷二百八十六）

国子监司业费訚为左春坊左谕德，仍司业事。（据《国榷》卷四十）

己巳，升侍讲李杰为侍讲学士，仍旧清黄，以九年任满也。庚午，升编修杨守阯为南京侍读。故事，编修等官秩满，无故升南京者。时李孜省既构守阯从兄应天府丞守随，及守阯云。（据《馆阁漫录》卷六《成化二十三年》）

皇贵妃万氏卒。《明鉴纲目》卷四："纲：丁未二十三年，春正月，皇贵妃万氏卒。目：妃服用器物，穷极僭拟，中官佞幸，钱能、覃勤、汪直、梁芳、韦兴辈，皆假贡献，苛敛民财，倾竭府库，以结妃欢。四方进奉异物，毕归之。父兄弟侄，皆授都督指挥千百户等官。性嫉妒，掖庭御幸有身，食药伤坠者无数。至是卒，帝震悼，辍朝七日，谥曰恭肃端慎荣靖皇贵妃。"

李孜省复被重用，任礼部右侍郎。《明鉴纲目》卷四："纲：二月，以李孜省为礼部右侍郎。目：孜省中废复用，益作威福，缙绅进退，多出其口。前年冬擢通政使。至是进礼部，掌通政如故。"

二月

丁丑，命太子少保、兵部尚书兼学士尹直，右春坊右谕德吴宽为会试考官，取中程楷等三百五十人。癸未，修撰曾彦九年秩满，命升南京翰林侍读，支从五品俸。戊子，升左春坊左谕德吴希贤为南京侍读学士，掌院事。（据《馆阁漫录》卷六《成化二十三年》）查继佐《罪惟录》志卷十八《科举志》："（成化）二十三年丁未，试贡士，得程楷等三百五十人，赐费宏、刘春、涂瑞等及第、出身有差。"

令副榜举人在监三年、年三十以上者，未入监并新科年二十五以上者，俱令就教职。教职六年有举人者，许会试。凡遇乡试，所司务聘才行兼优教职以充考官，敢以昏老寡识、曾经参问之人蒙蔽聘用者，罪有所坐。《明宪宗实录》卷二百八十七：成化二十三年二月，"己卯，礼部奏：成化二十二年天下乡试录文多乖谬及犯讳违式，乞将考试官训导黄奎等追夺聘礼，与录文举人卫杰等，俱令御史究问。然兹弊之来，盖以教职易至淹滞，人不乐为，而就职者多非有学识之士。及至聘以典文，罕称其选。自今副榜举人，入监三年及未入监者，许令就教职。为教职者不限年资，许令会试。其满九载，试中绩著者，许推选御史、知县。凡遇乡试，所司务聘才行之士以充。敢以昏老寡识、曾经参问之人蒙蔽聘用者，罪有所坐。奏上，上曰：'旧制二名不偏讳，犯下一字者不问。其违式并提调取招状。副榜举人在监三年、年三十以上者，未入监并新科二十五以上者，俱令就职。教职六年有举人者，许会试。余皆如议。'"

成化以后，始有八股之号。顾炎武《日知录》卷十六《试文格式》："经义之文，流俗谓之八股，盖始于成化以后。股者，对偶之名也。天顺以前经义之文，不过敷衍传注，或对或散，初无定式，其单句题亦甚少。成化二十三年会试'乐天者保天下'，文起讲先提三句，即讲乐天四股，中间过接四句，复讲保天下四股，复收四句，再作大结。弘治九年会试'责难于君谓之恭'，文起讲先提三句，即讲责难于君四股，中间过接二句，复讲谓之恭四股，复收二句，再作大结。每四股之中，一反一正，一虚一实，一浅一深。其两扇立格，则每扇之中各有四股，其次第之法，亦复如之。故今人相传，谓之八股，若长题则不拘此。嘉靖以后，文体日变，而问之儒生，皆不知八股之何谓矣。《孟子》曰：大匠诲人，必以规矩。今之为时文者，岂必裂规偭矩矣乎！"李贽《焚书》卷三《时文后序》："时文者，今时取士之文也，非古也。然以今视古，古固非今，由后观今，今复为古。故曰文章与时高下……彼谓时文可以取士，不可以行远，非但不知文，亦且不知时矣。夫文不可以行远而可以取士，未之有也。国家名臣辈出，道德功业，文章气节，于今烂然，非时文之选与？故棘闱三日之言，即为其人终身定论。苟行之不远，必言之无文，不可选也。"戴名世《戴名世集》卷四《丁丑房书序》："经义之文，自天顺以前，作者第敷衍传注，或整或散，初无定式。而成化以后，始有八股之号。嗣是以来，文日益盛，而至于隆庆及万历之初，其法益巧以密。然而其波澜意度各自然者，历数百年未之有异也。今之论经义者有二家，曰铺叙，曰凌驾。铺叙者，循题位置，自首及尾，不敢有一言倒置，以为此成化、弘治诸家之法也。……今夫成化、弘治诸家之文具在，其鸿文名篇世所号为铺叙者，未尝不扼题之要而尽题之趣、极题之变，反复洞悉乎题之理，而非如今之讲铺叙者仅仅循题位置，寻讨声口，遂以为尽题之能事也。特其时风气浑朴，含蓄不尽，故但见为铺叙，而不知其铺叙之中未尝无凌驾者在也。至于隆庆、万历以来，其法益巧以密，人但见其为凌驾，而不知以题还题者，无以异于成化、弘治诸家，盖又以凌驾为铺叙者也。"

礼部奏：天下《乡试录》文多乖谬，乞将考试官训导黄奎等追夺聘礼，令御史究问。盖教职多非有学识之士，聘以典文，罕称其选云。（据《明宪宗实录》卷二百八十七、王圻《续文献通考》卷四十五《选举考·举士三》）

张綖（1487—1543）生。顾璘《南湖墓志铭》："君生于成化丁未二月二十二日，以嘉靖癸卯五月五日卒，得年五十有七。"字世文，《千顷堂书目》作字世昌，疑传写误也。高邮人，正德癸酉举人，官至光州知州。有《张南湖先生诗集》四卷，附录一卷。

太仆寺卿吴原为户部右侍郎，提督仓场。翰林修撰曾彦为南京翰林侍读。（据《国榷》卷四十）

左春坊左谕德吴希贤为南京侍读学士，署院。（据《国榷》卷四十）

三月

彭华致仕。《馆阁漫录》卷六《成化二十三年》："三月辛丑朔。丁未，太子少保、礼部尚书兼学士彭华以疾乞致仕，许之。赐白金三十两，宝钞三千贯，彩绣文绮衣一袭，并敕有司月给米四石，岁拨人夫六名应用，仍给驿舟还乡。华入阁未几，而倏以病去，人颇快之，谓其心险叵测。李孜省之用事，实华造端嗾使之，然秘而不露，其后孜省败，人始知所自云。"

戊申，命兵部尚书兼学士尹直兼经筵官，礼部侍郎倪岳仍兼讲官。壬戌，升编修敖山、检讨郑纪俱按察司副使，提调学校，山江西，纪浙江。（据《馆阁漫录》卷六《成化二十三年》）

费宏、刘春、涂瑞等三百五十一人进士及第、出身有差。改程楷、蒋冕等三十人为翰林院庶吉士。（据登科录）《明宪宗实录》卷二百八十八：成化二十三年三月，"乙卯，上御奉天殿策试举人程楷等三百四十九人"，"丁巳，上亲阅举人所对策，赐费宏等进士及第、出身有差。""丁卯，授第一甲进士费宏为翰林院修撰，刘春、涂瑞编修。选进士程楷、蒋冕、屈伸、袁达、黄穆、傅珪、万弘璧、倪阜、华峦、吴俨、李汉、仲棐、罗玘、苏葵、郑焰、欧阳鹏、伍符、翁健之、李逊学、邹智、石瑶、李充嗣、唐希介、蔡杲、毛纪、刘丙、任仪、阎价、杨廉、潘楷三十人改为翰林院庶吉士读书，命右春坊右庶子汪谐、左春坊左谕德兼翰林院检讨傅瀚教之。仍令有司给酒馔纸笔器物如例。其余分拨诸司办事。"《馆阁漫录》卷六《成化二十三年》："丁卯，授第一甲进士费宏为修撰，刘春、涂瑞编修。选进士程楷、蒋冕、屈伸、袁达、黄穆、傅珪、万弘璧、倪阜、华峦、吴俨、李汉、仲棐、罗玘、苏葵、郑焰、欧阳鹏、伍符、翁健之、李逊学、邹智、石瑶、李充嗣、唐希价、蔡杲、毛纪、刘丙、任仪、阎价、杨廉、潘楷三十人，改为庶吉士读书，命左（右）春坊右庶子汪谐、左春坊左谕德兼检讨傅瀚教之。"徐溥《谦斋文录》卷二《奉敕撰丁未科进士题名记》："惟丁未之春，士之会试京师者，既取之如制。乃三月十五日廷试，越二日，传胪，赐费宏等三百五十一人登进士第。已而礼部循故事，奏请立石题名于国子监。"罗玘《圭峰集》卷十二《进士题名记·庶吉士月课》："皇明自洪武辛亥开科迄今，上御极之二十有三年丁未，为年者百有二十，为科者三十有五，率由成宪，益畏益祗，罔敢越作。于时春，天下士集于礼部者四千有奇。以士论，故诏集廷臣议酌南、北、中之数而平准之，南损二、北损二，以益于中。盖以地计，而不专于文艺，而论始定。暨合而度之，得三百五十人。三月乙卯，又合前此遗于廷试者，偕进之于廷。上亲策以体统、纪纲、制度之目。越二日丁巳，上御奉天殿，传胪赐费宏等三百五十一人进士及第、出身有差。揭榜长安左门外，翼日赐宴于礼部，乃录以传。某月某日诏工部如故事于国子监立石，而命臣屺为之记。"《成化二十三年进士登科录·玉音》："成化二十三年三月十二日，太子少保礼部尚书臣周洪谟等，于奉天门奏为科举事。会试天下举人，取中三百五十一名。本年三月十五日殿试，合请读卷官及执事等官少傅兼太子太师吏部尚书华盖殿大学士万安等五十三员。其进士出身等第，恭依太祖高皇帝钦定资格，第一甲例取三名，第一名从六品。第二第三名正七品，赐进士及第。二甲从七品，赐进士出身。第三甲正八品，赐同进士出身。奉圣旨：是，钦此。读卷官：光禄大夫柱国少傅兼太子太师吏部尚书华盖殿大学士万安，戊辰进士；光禄大夫柱国少保兼太子太傅户部尚书谨身殿大学士刘吉，戊辰进士；资善大夫太子少保兵部尚书兼翰林院学士尹直，甲戌进士；资政大夫吏部尚书李裕，甲戌进士；资善大夫刑部尚书杜铭，乙丑进士；资善大夫都察院右都御史刘敷，辛未进士；正议大夫资治尹吏部左侍郎兼翰林院学士徐溥，甲戌进士；嘉议大夫户部右侍郎李嗣，甲戌进士；正议大夫资治尹兵部左侍郎何琮，甲戌进士；嘉议大夫工部左侍郎贾俊，庚午贡士；嘉议大夫大理寺卿冯贯，甲申进士；翰林院侍读学士奉训大夫李杰，丙戌进士。提调官：资德大夫正治上卿太子少保礼部尚书周洪谟，乙丑进士；嘉议大夫礼部左侍郎黄景，己丑进士；嘉议大夫礼部右侍郎倪岳，甲申进士。监试官：承事郎浙江道监察御史范珠，丙戌进士；文林郎广西道监察御史朱瓒，乙未进士。受卷官：翰林院侍读董越，己丑进士；翰林院编修文林郎江澜，戊戌进士；从仕郎吏科掌科事给事中王质，甲辰进士；征仕郎户科掌科事给事中陈寿，壬辰进士。弥封官：嘉议大夫鸿胪寺掌寺事礼部左侍郎贾斌，监生；通议大夫太常寺卿林章，儒士；亚中大夫光禄寺卿胡恭，癸酉进士；中顺大夫尚宝司掌司事通政使司左通政李溥，秀才；中宪大夫太常寺少卿何遐，监生；翰林院侍讲王臣，己丑进士；翰林院检讨征仕郎刘机，戊戌进士；翰林院检讨征仕郎杨廷和，戊戌进士；征仕郎礼科掌科事给事中韩重，戊戌进士；征仕郎兵科掌科事给事中吴凯，壬辰进士。掌卷官：左春坊左中允周经，庚辰进士；翰林院编修文林郎刘震，壬辰进士；从仕郎刑科掌科事给事中赵竑，甲辰进士；征仕郎工科掌科事给事中王玠，乙未进士。巡绰官：骠骑将军锦衣卫都指挥使朱骥；昭勇将军锦衣卫指挥使季成；昭勇将军锦衣卫指挥使钱通；怀远将军锦衣卫指挥同知孙瓒；怀远将军锦衣卫署指挥同知刘良；明威将军锦衣卫指挥佥事杨纲；明威将军金吾前卫指挥佥事高玺；明威将军金吾后卫指挥佥事高德。印卷官：奉训大夫礼部仪制清吏司署郎中事员外郎阎伦，乙未进士；承德郎礼部仪制清吏司署员外郎事主事龙寿，戊戌进士；承直郎礼部仪制清吏司主事乔宇，甲辰进士；礼部仪制清吏司主事王爵，甲辰进士。供给官：奉政大夫光禄寺少卿张祯叔，己丑进士；光禄寺少卿贺思聪，乙未进士；登仕郎礼部司务方佐，壬午贡士；奉训大夫礼部精膳清吏司署郎中事员外郎周宏，乙未进士；承德郎礼部精膳清吏司署员外郎事主事徐说，戊戌进士；承直郎礼部精膳清吏司主事胡积学，辛丑进士。"《成化二十三年进士登科录·恩荣次第》："成化二十三年三月十五日早，诸贡士赴内府殿试，上御奉天殿亲赐策问。三月十七日早，文武百官朝服侍班。是日锦衣卫设卤簿于丹陛丹墀内，上御奉天殿，鸿胪寺官传制唱名，礼部官捧黄榜，鼓乐导引出长安左门外，张挂毕，顺天府官用伞盖仪从送状元归第。三月十八日，赐宴于礼部。宴毕，赴鸿胪寺习仪。三月十九日，赐状元朝服冠带及进士宝钞。三月二十日，状元率诸进士上表谢恩。三月二十一日，状元率诸进士诣先师孔子庙行释菜礼，礼部奏请命工部于国子监立石题名。"《弇山堂别集》卷八十二《科试考二》："二十三年丁未，命太子少保兵部尚书翰林院学士尹直、右春坊右谕德吴宽为考试官，取中程楷等。廷试，赐费宏、刘春、徐（涂）瑞及第。逾月，改进士程楷、蒋冕、屈伸、袁达、黄穆、傅珪、万弘璧、倪阜、华峦、吴俨、李汉、仲棐、罗玘、苏葵、郑炤、欧阳鹏、伍符、翁健之、李逊学、邹智、石珤、李充嗣、唐希介、蔡昊、毛纪、刘丙、任仪、阎价、杨廉、潘楷（下当缺'为庶吉士'四字），命右庶子汪谐、左谕德傅瀚教习。弘璧，少师大学士安孙也，父翼，为南京礼部左侍郎。""是岁，尹作《试录序》称，宣德丁未大学士杨士奇议会试取士分南、北卷，北四南六，既而以百乘除，各退五，为中数，是年以言者又各退二，以益中数云。"

费宏状元及第。 陆楫《兼葭堂杂抄》："太保费文宪公，年十六领癸卯乡荐，赴试礼部，道经吕梁洪时，公从父某为主事，有事于此，一见公即曰：'吾侄此行不第，当卒业北雍。'公愕然问故，答曰：'近得一梦，吾见侄在北监领签出馆，签上写"彭时"二字。彭公状元宰相也，吾侄勉之。'已而，公是年果不第。即入北监读书，专事博洽，以资策学。至丁未，果状元及第，官至少师大学士。计得梦时彭公尚在。及后，彭公卒于官，谥文宪。公以嘉靖乙未再召入阁，亦卒于官，谥亦如之。二公不但科第禄位偶同，虽考终赐谥如出一辙，亦异矣。"张萱《西园闻见录》卷四十四《礼部》三《科场·往行》："费宏，字子元，铅山人。成化丁未状元及第，历官华盖殿大学士，谥文宪。公甫弱冠，领乡荐。甲辰上春官不第，世父公瑄方以都水司主事出治吕梁，贻之书曰：'汝脱下第，毋南归，宜入北监读书。'丙午还，讯之曰：'伯父何以逆知宏之弗第，而必令入北监耶？'复庵笑曰：'此尔远到之兆也，盖吾尝梦尔入监，领班签，签乃彭文宪公故物也。文宪尝游北监，中状元矣，汝第勉之。'至是果然，人咸异之。正德辛未会试天下士，公以礼部左侍郎知贡举，试院诸需，旧皆取之顺天府宛、大二县，裁数百金，而民不堪，用且不给。公议以各省乡试用度皆有羡余，请俱令解部，转贮顺天府库而取用之，遂加旧额三之二，诸用以足。"

罗玘得邱浚、李东阳赏识，中进士，选庶吉士。 《东洲初稿》卷十四《礼部尚书罗文肃公行状》："人京师，祭酒丘文庄公主议，以南北人分隶两监，上下莫敢抗议。先生独援杨公鼎北人告就南监以师陈先生为词，三朴之而志不移。文庄公异之，且诘曰：'若能识几字？'先生亦甚愤激，大声曰：'秘禁书不能读也。'姑留之而署识其名于庭柱。越数日，堂试数百人，众方构思，先生不属稿，援笔而就。文庄公惊叹曰：'若之不偶，诚有司过也。'更试以《长安赋》，公以为可步《两都》，时袖入朝，遇知厚辄与赞赏之。丙午入试，李文正公得卷大喜曰：'真才也！'以冠解额，时议翕然以为得人。明年举进士，选庶吉士，授翰林编修。益工古文，名重中外，仰之师之，文体因之一变。然不苟作，亦不易作。每注意便阖门数日，谢人事苦思，废起食。会得意，命笔浑成，不易几字。有碍处，起句数十易，不工不休也。"

据《成化二十三年进士登科录》，第一甲三名，赐进士及第。履历如下：

费宏，贯江西广信府铅山县，民籍，国子生，治《书经》。字子充，行二，年二十，二月二十六日生。曾祖荣祖。祖应麒，赠工部主事。父璠。母余氏。重庆下。兄宪。弟宁、官、密、完、宇、寓、宷、宗、密。娶濮氏。江西乡试第二十名，会试第二十一名。

刘春，贯四川重庆府巴县，民籍，国子生，治《礼记》。字仁仲，行二，年二十八，十一月二十九日生。曾祖克明。祖刚，驿丞。父规，州判，前监察御史。母邓氏。重庆下。兄相。弟台。娶蹇氏。四川乡试第一名，会试第七十七名。

涂瑞，贯广东广州府番禺县，民籍，国子生，治《书经》。字邦祥，行一，年四十，三月十八日生。曾祖伯善。祖俊生。父昺，前任主簿。母夏氏。具庆下。弟瓒；琛；瑾，同科进士；珣；琏。娶黄氏。广东乡试第一名，会试第二十九名。

据《成化二十三年进士登科录》，第二甲一百一十名，赐进士出身。履历如下：

程楷，贯江西饶州府乐平县，军籍，国子生，治《诗经》。字正之，行二十一，年三十五，八月二十一日生。曾祖仕简，训导。祖文拱。父春芳。母周氏。具庆下。兄辅之。娶毛氏。江西乡试第十八名，会试第一名。

王玺，贯四川重庆府合州，民籍，国子生，治《易经》。字廷信，行一，年四十，正月十二日生。曾祖友仁。祖朝忠。父渊。母祝氏。具庆下。弟璘。娶朱氏。四川乡试第四十名，会试第三百三十九名。

季源，贯江西南昌府进贤县，民籍，国子生，治《书经》。字本清，行一，年三十八，正月二十八日生。曾祖宗文。祖廷杰。父时春。母李氏。重庆下。弟本、宽、渊、澄、潮。娶胡氏。江西乡试第一名，会试第三百二十六名。

周夔，贯江西吉安府庐陵县，民籍，国子生，治《诗经》。字甫敬，行三，年三十五，三月十八日生。曾祖思荣。祖彦政。父实。母龙氏。慈侍下。兄瑚、琏。弟斐。娶王氏。江西乡试第十六名，会试第一百六十七名。

刘孟，贯江西吉安府安福县，军籍，国子生，治《春秋》。字子贤，行一，年三十五，二月十九日生。曾祖贵良。祖拱政，封刑部员外郎。父秩，刑部郎中。前母周氏，赠宜人，母留氏。重庆下。弟箎、篁、盛、璠。娶管氏。江西乡试第十八名，会试第二百一十一名。

任伦，贯河南睢阳卫，军籍，国子生，治《礼记》。字秉元，行一，年三十二，五月初九日生。曾祖宣。祖质。父广。母王氏。具庆下。娶高氏。河南乡试第二十九名，会试第三百四十六名。

陈钦，贯浙江绍兴府会稽县人，南京钦天监籍，应天府学生，治《书经》。字亮之，行七，年二十四，十月二十九日生。曾祖一廉。祖嵩。父瓛，教谕。母刘氏。重庆下。兄铎；铣；钣；钊；镐，同科进士；铠。弟锐。娶蒋氏，继娶王氏。应天府乡试第三十七名，会试第十九名。

王鸿儒，贯河南南阳府南阳县，军籍，国子生，治《书经》。字懋学，行一，年二十九，十月二十七日生。曾祖云。祖成。父本。母司氏。具庆下。弟鸿渐。娶吴氏。河南乡试第一名，会试第一百五十名。

董威，贯直隶广平府威县，民籍，国子生，治《诗经》。字德隅，行五，年三十六，正月十六日生。曾祖海。祖兴。父璘。母刘氏。慈侍下。兄文、章、福、庆。弟仪。娶高氏。顺天府乡试第八十七名，会试第二百九十五名。

杨瑛，贯直隶苏州府嘉定县，民籍，县学生，治《诗经》。字润卿，行一，年三十五，十二月二十四日生。曾祖彦英。祖豫，教谕。父复。前母张氏，母崔氏。慈侍下。弟瑢、珪、璋。娶金氏。应天府乡试第二十名，会试第三百十四名。

蒋冕，贯广西桂林府全州，民籍，国子生，治《书经》。字敬之，行五，年二十五，二月十二日生。曾祖贯，刑部员外郎。祖安。父良，知县。嫡母郭氏，生母陈氏。慈侍下。兄昺；昇，同科进士；昇；昱。弟昪。娶陈氏。广西乡试第一名，会试第十一名。

祝瀚，贯浙江绍兴府山阴县，民籍，国子生，治《诗经》。字惟容，行十五，年二十六，十一月十五日生。曾祖士征。祖瓘。父銮。母裘氏。具庆下。弟沔、汉。娶诸氏。浙江乡试第四十六名，会试第六名。

谢通，贯江西南安府大庾县人，顺天府大兴县匠籍，国子生，治《诗经》。字伸伯，行二，年三十八，四月十七日生。曾祖原辛。祖福贤。父荣。母刘氏。永感下。兄鉴。弟达、暹。娶赵氏。顺天府乡试第十六名，会试第二百八十一名。

陈镐，贯浙江绍兴府会稽县人，南京钦天监籍，应天府学生，治《书经》。字宗之，行五，年二十六，九月初二日生。曾祖一廉。祖嵩。父璘，教谕。母刘氏。重庆下。兄铎、铣、铼、钛。弟铠；钦，同科进士；锐。娶方氏。应天府乡试第一名，会试第十五名。

卢亨，贯山东济南府商河县，军籍，国子生，治《诗经》。字永泰，行二，年三十三，正月十一日生。曾祖士新。祖胜举。父彬，主簿。母周氏。慈侍下。兄茂。娶孙氏。山东乡试第十七名，会试第三百三十三名。

叶绅，贯直隶苏州府吴江县，民籍，国子生，治《书经》。字廷缙，行一，年四十四，六月初四日生。曾祖仲宾，大使。祖蕙。父芳，副理问。母朱氏。具庆下。弟絯；缙；綖，贡士。娶褚氏。应天府乡试第十六名，会试第二百六名。

欧钲，贯四川眉州，民籍，翰林院秀才，治《诗经》。字时振，行二，年三十四，七月十三日生。曾祖均祥，祖斌。父廉，监察御史。嫡母杨氏，赠安人，生母黄氏，赠安人。永感下。兄锐，吏部员外郎。弟釪，检校。娶余氏。顺天府乡试第四十三名，会试第二百六十二名。

屈伸，贯直隶河间府任丘县，民籍，国子生，治《书经》。字引之，行一，年二十八，八月二十一日生。曾祖贵能。祖庆。父忠。母张氏，继母孙氏。重庆下。弟正、端、方、楷。娶边氏。顺天府乡试第二十八名，会试第九十六名。

蔡钦，贯浙江绍兴府余姚县，民籍，国子生，治《诗经》。字懋邻，行一，年四十三，十一月十三日生。曾祖伯颜。祖叔孟。父斌。母戚氏。具庆下。弟鉴；炼，贡士；鐩；锦；镰。娶吴氏，继娶董氏。浙江乡试第四名，会试第九十四名。

涂瑾，贯广东广州府番禺县，民籍，国子生，治《诗经》。字邦玉，行四，年三十三，六月二十九日生。曾祖伯善。祖俊生。父暲，通判。母陈氏。具庆下。兄瑞，同科进士；瓒；琛。弟珣、琏。娶周氏。广东乡试第四十六名，会试第三百二十五名。

郑宗仁，贯直隶河间府任丘县，民籍，国子生，治《书经》。字体元，行一，年三十七，五月十三日生。曾祖辉。祖铎，副使。父纲，义官。母宋氏。具庆下。弟宗义，义官。娶边氏，继娶朱氏。顺天府乡试第六名，会试第一百七十三名。

王纶，贯山东济南府滨州，军籍，国子生，治《书经》。字朝言，行一，年三十四，十二月初八日生。曾祖思诚。祖英。父信。母史氏。具庆下。弟绥、绩、绪、绅。娶胡氏。山东乡试第二名，会试第一百三名。

程昊，贯直隶徽州府祁门县，军籍，国子生，治《春秋》。字时亨，行一，年四十六，九月二十九日生。曾祖景华。祖显，左长史，封奉政大夫正治尹。父贯。母胡氏，继母谢氏。具庆下。弟旻。娶汪氏。应天府乡试第八十二名，会试第九名。

陈经纶，贯广东广州府新会县，民籍，国子生，治《易经》。字汝学，行一，年二十五，六月初七日生。曾祖穀。祖雄。父玄方。母李氏，继母黄氏。重庆下。弟丝、纶。娶余氏。广东乡试第一名，会试第三百一名。

袁达，贯四川夔州府达县，民籍，国子生，治《诗经》。字德孚，行二，年三十一，十二月二十四日生。曾祖龟龄。祖旭。父福祖。前母伍氏，母陈氏。具庆下。兄思义。弟迪、逵、迥。娶魏氏，继娶陈氏。四川乡试第三十五名，会试第二百二十八名。

李朝阳，贯四川叙南卫，军籍，国子生，治《诗经》。字鸣凤，行一，年三十八，七月二十二日生。曾祖智，义官。祖茂，冠带总旗。父杰。母陈氏。具庆下。娶于氏。四川乡试第三十九名，会试第二百五十八名。

滕槟，贯直隶镇江府丹徒县人，云南金齿司军籍，国子生，治《诗经》。字秀之，行三，年三十二，七月初二日生。曾祖麒。祖镛。父清。母叶氏。具庆下。兄松，遇例冠带；桂。弟拳、机。娶王氏。云南乡试第八名，会试第五十四名。

孙孺，贯直隶凤阳府凤阳县，民籍，国子生，治《春秋》。字幼真，行一，年三十八，三月十二日生。曾祖通吉，听选官。祖文赋。父宁。母陆氏。具庆下。娶徐氏。应天府乡试第五十一名，会试第三十七名。

张赞，贯直隶苏州府吴县人，锦衣卫镇抚司军籍，国子生，治《书经》。字希皋，行一，年二十九，正月初七日生。曾祖以勋，冠带官。祖德崇，赠刑部员外郎。父玘，按察使。母李氏，赠宜人，继母梁氏，封宜人。具庆下。弟宾、贯、贡、资。娶康氏。顺天府乡试第一名，会试第七十名。

贾澄，贯湖广辰州卫，官籍，国子生，治《易经》。字廉夫，行二，年二十九，十一月十三日生。曾祖忠。祖文立。父霖，百户。母张氏。具庆下。兄洪，百户；润。弟清、澜。娶向氏。湖广乡试第五十八名，会试第三百四十一名。

彭昆，贯福建建宁府崇安县，民籍，国子生，治《诗经》。字良玉，行一，年四十五，十一月初三日生。曾祖明之。祖仲仁。父成福。母陈氏。慈侍下。弟嵩、岺、岳、山。娶杨氏。福建乡试第八十名，会试第二百七十一名。

黄穆，贯福建兴化府莆田县，民籍，国子生，治《书经》。字子敬，行五，年四十三，九月二十九日生。曾祖则诚。祖德敷，赠监察御史。父誉，布政使司左参政。前母郑氏，赠孺人，母林氏，封孺人。慈侍下。兄铎，刑部主事；锐；和；铨。弟秩，贡士；秀，贡士；钰。娶林氏。福建乡试第二名，会试第六十二名。

范玶，贯江西饶州府浮梁县，民籍，国子生，治《诗经》。字文润，行十一，年三十五，十一月二十八日生。曾祖伯全。祖思礼，义民。父杰，贡士。母方氏。慈侍下。兄瑾、璨。弟玖、琯、璥。娶戴氏。江西乡试第八十一名，会试第二百三十六名。

陈玉，贯直隶涿鹿中卫，官籍，涿州学生，治《礼记》。字润夫，行一，年三十七，二月十九日生。曾祖峻，卫镇抚。祖信。父通。母刘氏。具庆下。弟玘。娶王氏。顺天府乡试第五十一名，会试第二百三十九名。

陈仁，贯福建兴化府莆田县，军籍，国子生，治《书经》。字子居，行七，年三十四，正月二十五日生。曾祖孟庸。祖允德。父舜衡。母吴氏。具庆下。娶李氏。福建乡试第一名，会试第四十七名。

陈邦弼，贯浙江绍兴府山阴县，民籍，府学增广生，治《诗经》。字惟忠，行三，年二十三，十月二十四日生。曾祖处恭。祖龄。父定，教谕。母吴氏。重庆下。兄邦直，贡士；邦荣，会试中式举人。娶鲁氏。浙江乡试第六名，会试第二十四名。

傅珏，贯直隶保定府清苑县，军籍，府学生，治《诗经》。字邦瑞，行一，年二十九，六月二十七日生。曾祖贵。祖信，主簿。父泰，国子生。母刘氏。具庆下。弟璋、瓒、琮、珩。娶王氏。顺天府乡试第九十八名，会试第八十二名。

万弘璧，贯四川眉州，官籍，国子生，治《诗经》。字廷瑞，行一，年二十二，十月初三日生。曾祖林，赠光禄大夫柱国太子太保吏部尚书谨身殿大学士。祖安，光禄大夫柱国少傅兼太子太师吏部尚书华盖殿大学士。父翼，嘉义大夫兵部右侍郎。母赵氏，封恭人。重庆下。弟弘瓒；弘琬；弘琣，中书舍人；弘珍。娶杨氏。四川乡试第十八名，会试第一百十一名。

邓琛，贯广东广州府东莞县，灶籍，国子生，治《书经》。字贡甫，行三，年四十一，十二月十六日生。曾祖国锜。祖组，知县。父惠。母张氏。慈侍下。兄瓛、珏。弟玹。娶秦氏。广东乡试第七十五名，会试第九十一名。

朱惠，贯浙江杭州府仁和县，民籍，国子生，治《易经》。字懿卿，行一，年三十九，五月初十日生。曾祖荣，赠刑部主事。祖勤，知府。父赟。母郝氏。具庆下。弟忠、恩。娶柳氏。浙江乡试第三十名，会试第五十名。

倪阜，贯浙江钱塘县人，应天府上元县官籍，国子生，治《书经》。字舜熏，行二，年三十六，五月二十六日生。曾祖德润，赠南京礼部尚书。祖子安，封侍讲学士兼左中允，赠南京礼部尚书。父谦，南京礼部尚书赠太子少保谥文僖。前母姚氏，赠夫人，母郭氏，赠夫人。永感下。兄岳，礼部右侍郎。弟山、泽。娶于氏。顺天府乡试第四十二名，会试第一百九十三名。

华岙，贯湖广黄州府蕲州，军籍，州学生，治《书经》。字伯瞻，行一，年二十一，十月初八日生。曾祖敬。祖玒，赠刑部主事。父仲贤，知府。母陈氏，赠安人，继母潘氏，封安人。具庆下。弟岳。娶王氏。湖广乡试第一名，会试第三十五名。

王轩，贯山东登州府宁海州，军籍，国子生，治《诗经》。字廷冕，行一，年三十八，三月二十日生。曾祖仲礼。祖曾。父麒，知县。前母孙氏，母张氏，节妇。永感下。娶李氏。山东乡试第六十九名，会试第一百五十五名。

万福，贯江西南昌府进贤县，民籍，国子生，治《礼记》。字季崇，行十，年四十一，八月十七日生。曾祖俊卿。祖德铨。父原和，教授。前母张氏，母牛氏。慈侍下。兄显、荣、华、高、升、芳。弟季德。娶饶氏。江西乡试第十名，会试第三百二十二名。

董杰，贯直隶宁国府泾县，军籍，国子生，治《诗经》。字万英，行八，年四十二，八月初九日生。曾祖执中。祖元亮。父志道，赠评事。母萧氏，赠孺人。永感下。兄乾；震；万；良；常；升；仿；纲，金事。弟倬、侃、俩、偶。娶王氏。应天府乡试第三名，会试第六十六名。

吴俨，贯直隶常州府宜兴县，民籍，县学生，治《书经》。字克温，行三，年三十一，十月十四日生。曾祖以中，赠户部员外郎。祖玉，户部员外郎。父经。母徐氏，继母许氏。重庆下。兄伟、仁。弟亿、俭、仕。娶沈氏。应天府乡试第二十一名，会试第一百名。

赵全，贯河南河南府陕州，军籍，国子生，治《易经》。字季修，行三，年四十七，四月初一日生。曾祖三翁。祖璘。父锡，阴阳典术，封吏部主事。嫡母王氏，封安人，生母梁氏。永感下。兄文，吏部员外郎；武，阴阳典术。娶庞氏。河南乡试第三十五名，会试第二百八十五名。

马舆，贯直隶苏州卫守御嘉兴千户所，官籍，嘉兴府学生，治《书经》。字良载，行一，年四十，十月十三日生。曾祖安道。祖道荣。父骧。母叶氏。重庆下。弟轮、耕。娶沈氏。浙江乡试第三十四名，会试第一百五十九名。

涂旦，贯江西南昌府丰城县，匠籍，县学生。治《易经》。字卿元，行六，年三十四，正月初一日生。曾祖国升。祖永载，封监察御史。父观，知府。母徐氏，赠安人，继母朱氏，封安人。严侍下。兄杲；昇，知县。弟早、景、晏、旭。娶汪氏，继母李氏。江西乡试第八名，会试第二百五十七名。

王迪，贯福建福州府侯官县，民籍，国子生，治《春秋》。字元吉，行七，年三十五，九月十六日生。曾祖和。祖贵宗。父端。母吕氏。慈侍下。兄达。弟逵。娶陈氏。福建乡试第四名，会试第一百一十六名。

余征，贯福建兴化府莆田县，民籍，平海卫学民生，治《诗经》。字弘贵，行一，年四十三，正月十二日生。曾祖俊卿，赠按察司金事。祖文，前知府。父廷列。母彭氏。永感下。弟琉。娶林氏。福建乡试第七十九名，会试第三百十七名。

　　邵棠，贯直隶扬州府通州军籍，国子生，治《诗经》。字民爱，行一，年三十六，正月十七日生。曾祖克祥，千户。祖仲玑。父宗本。母桑氏。慈侍下。弟棐。娶顾氏，继娶李氏。应天府乡试第一百二十三名，会试第九十七名。

　　钱铎，贯广东广州府东莞县，民籍，乳源县学生，治《春秋》。字道鸣，行一，年三十四，二月二十日生。曾祖遂珍。祖定。父永祥。母林氏。重庆下。弟鉴、锐、镒、录。娶卢氏。广东乡试第十七名，会试第一百八十三名。

　　刘约，贯山东兖州府东平州东阿县，民籍，国子生，治《诗经》。字博之，行七，年二十九，十二月二十六日生。曾祖思明。祖琏，教谕。父观，七品散官。母苏氏。具庆下。兄纪、经、纾、纶、继、纯。弟绶、绮、绂、纬、绾。娶徐氏。山东乡试第十九名，会试第二百九十九名。

　　姜麟，贯浙江金华府兰溪县，民籍，县学增广生，治《诗经》。字仁夫，行十八，年三十五，四月初一日生。曾祖仲威。祖仕毅，府经历，赠知府。父琏，知府。母严氏，封宜人。慈侍下。兄芝、钝、锄、茂。弟芳、萱、凤、锦、驹、盛、熊、鐩、龙、骥。娶盛氏。浙江乡试第十八名，会试第一百三十四名。

　　李汉，贯江西南昌府丰城县，军籍，国子生，治《易经》。字充昭，行九，年三十五，八月十四日生。曾祖伯行。祖彦，国子生。父咨志。母罗氏。重庆下。弟温、渐。娶张氏。江西乡试第十八名，会试第一百三十七名。

　　李文祥，贯湖广黄州府麻城县，民籍，国子生，治《春秋》。字天瑞，行一，年二十四，八月初八日生。曾祖瑗，封户部主事。祖正芳，布政司右布政使进阶正奉大夫正治卿。父清，户部郎中。母赵氏，封宜人。重庆下。弟文祯、文钦、文表、文昌。娶邹氏。湖广乡试第四名，会试第二百七十八名。

　　项经，贯浙江嘉兴府嘉善县，官籍，国子生，治《书经》。字诚之，行四，年三十六，三月初九日生。曾祖景亮，县丞，赠资政大夫都察院左都御史，祖衡，赠资政大夫都察院左都御史。父忠，资德大夫正治上卿兵部尚书致仕进阶荣禄大夫。前母刘氏，赠夫人，母鲍氏，封夫人。严侍下。兄纲，贡士；纪，正术；纶。弟绶，正千户；纬；缢；缙；绅；缵。娶赵氏。顺天府乡试第四十九名，会试第八十一名。

　　王中，贯浙江台州府宁海县，军籍，国子生，治《易经》。字时中，行十七，年四十五，六月初六日生。曾祖公蒙。祖文奎，义民。父宗曜。母任氏，继母戴氏。慈侍下。兄孟洪、孟远、孟良、孟宽。弟孟钧、孟镗、孟鉴、孟锜、孟钱、孟铠。娶□氏。浙江乡试第七十九名，会试第二百三十三名。

　　杨茂仁，贯浙江宁波府鄞县，民籍，国子生，治《易经》。字志道，行三，年二十八，十月十七日生。曾祖九畴。祖自惩，赠侍讲学士。父守陈，少詹事兼侍讲学士。母丁氏，封宜人。具庆下。兄茂元，按察司副使；茂贞。弟茂礼、茂行、茂清。娶陈氏。浙江乡试第五十名，会试第二百八十三名。

仲粜，贯直隶扬州府高邮州宝应县，医籍，医生，治《易经》。字与成，行六，年二十二，十月十四日生。曾祖恭。祖旺，赠尚宝司卿。父兰，通政使司右通政。母杨氏，封宜人。重庆下。兄森；楷，监生；槟；本；槃。弟相、桂、机、模、采、柯。娶高氏。顺天府乡试第二十五名，会试第一百一名。

毛实，贯浙江绍兴府余姚县，民籍，县学增广生，治《礼记》。字世诚，行四，年三十六，十二月初六日生。曾祖白。祖雍。父谨。母沈氏，继母胡氏。具庆下。兄宪，刑部主事；容。弟寅、富、寰。娶陈氏。浙江乡试第五名，会试第一百四十四名。

熊祥，贯江西丰城县人，贵州镇远府偏桥长官司民籍，国子生，治《诗经》。字文应，行二，年三十三，正月十八日生。曾祖国用。祖本静。父鼎。嫡母涂氏，生母罗氏。慈侍下。弟裕。娶李氏。顺天府乡试第九十三名，会试第二百四十一名。

汪璇，贯直隶徽州府黟县，民籍，国子生，治《诗经》。字舜玑，行四，年四十三，十月初三日生。曾祖葵。祖漼，知县。父志善。母舒氏，继母舒氏。慈侍下。兄成、遂、杰。弟兴、隆、昌。娶舒氏。应天府乡试第四十八名，会试第一百八十四名。

杨锦，贯直隶苏州府嘉定县，民籍，国子生，治《诗经》。字尚纲，行二，年四十，六月十三日生。曾祖彦德。祖芳。父琼。母陈氏，继母蔡氏。具庆下。兄鉴。弟镒、钺、镗。娶姚氏。应天府乡试第九十五名，会试第七十九名。

孟迻，贯顺天府蓟州玉田县，民籍，府学生，治《易经》。字道亨，行二，年二十八，二月二十五日生。曾祖得元。祖三公。父诜。母孙氏，继母王氏。慈侍下。兄达。娶邹氏。顺天府乡试第八名，会试第二百七名。

邓公辅，贯浙江杭州府仁和县，灶籍，国子生，治《书经》。字良臣，行一，年四十一。十月十四日生。曾祖光中。祖子正。父祯。母周氏。永感下。娶宋氏，继娶王氏。浙江乡试第八十八名，会试第五十五名。

张举，贯直隶真定府栾城县，民籍，国子生，治《书经》。字孟贤，行一，年二十九，三月初三日生。曾祖参。祖恭。父才。母武氏。具庆下。弟黉、觉。娶梁氏。顺天府乡试第八十六名，会试第二百二十二名。

丁凤，贯直隶保定府蠡县，军籍，府学生，治《诗经》。字应韶，行二，年二十六，十月二十二日生。曾祖士友。祖杰，赠知府。父政，太仆寺丞。前母张氏，赠孺人，母张氏，封孺人。具庆下。兄鸾，国子生。弟鸿，知府；鸥。娶陈氏。顺天府乡试第十八名，会试第一百三十名。

方仁，贯江西广信府弋阳县，民籍，县学生，治《礼记》。字行恕，行五，年三十五，十二月初十日生。曾祖仕安。祖道隐。父景元。母叶氏，继母冯氏。具庆下。兄麒、麟、智。娶张氏。江西乡试第二十四名，会试第二百五十九名。

胡伦，贯四川安岳县人，成都府汉州军籍，州学生，治《易经》。字天叙，行三，年三十五，七月二十七日生。曾祖隆。祖琰。父宏，大使。母陈氏。具庆下。兄儒、傅。弟俭、佶、僎。娶李氏。四川乡试第四十名，会试第四十三名。

周琰，贯直隶河间府阜城县，军籍，国子生，治《诗经》。字载文，行二，年三十五，正月初四日生。曾祖本初。祖佑。父真。母张氏。慈侍下。兄瑄、瓒。弟璟、璠、瑛、璞、瑢、璇、玑。娶常氏，继娶常氏。顺天府乡试第十名，会试第一百四十名。

马子聪，贯直隶广平府广平县，民籍，国子生，治《书经》。字舜达，行三，年三十一，十一月初五日生。曾祖德，赠南京兵部右侍郎。祖廉。国子生。父昭。母范氏。具庆下。兄秉、彝、周。弟钺。娶靳氏。顺天府乡试第六十名，会试第二百十六名。

房鉴，贯直隶淮安府山阳县人，锦衣卫官籍，国子生，治《诗经》。字宗明，行一，年三十二，五月二十五日生。曾祖忠。祖孟和。父以文，义官。母沈氏。慈侍下。弟镐、镒、铭、钦、镛、钛、镇。娶柯氏。顺天府乡试第二十九名，会试第三十二名。

卢浚，浙江台州府天台县，民籍，国子生，治《诗经》。字希哲，行一，年二十四，二月十八日生。曾祖得深。祖岩，教谕。父荣，教谕。母潘氏。具庆下。弟瀚、澄。娶徐氏。浙江乡试第二十一名，会试第一百八十一名。

范庆，贯直隶隆庆州，民籍，国子生，治《诗经》。字天锡，行三，年三十七，九月二十六日生。曾祖德。祖从善，驿丞。父瑄，知县。前母慕氏，母盛氏。永感下。兄宁，驿丞；泰。娶吕氏，继娶刘氏。顺天府乡试第一百一名，会试第二百二十五名。

李端澄，贯河南怀庆府武陟县，民籍，国子生，治《礼记》。字学溥，行三，年三十六，五月十六日生。曾祖荣祖。祖镇。父友直。母王氏。永感下。兄海，贡士；清。娶王氏，继娶石氏。河南乡试第二十四名，会试第二百六十六名。

崔玺，贯河南怀庆府武陟县，军籍，万全都司学军生，治《诗经》。字元祯，行七，年三十一，八月初九日生。曾祖孝先。祖信。父亨。母华氏。具庆下。弟玉、璨、玹。娶陈氏。顺天府乡试第三十三名，会试第一百七十六名。

辛礼，贯顺天府良乡县人，万全都司永宁卫官籍，国子生，治《诗经》。字用和，行二，年四十一，八月二十二日生。曾祖少三。祖英，千户，赠武略将军。父刚，千户武略将军。母刘氏，封宜人。具庆下。兄福，千户。弟祯，千户；祥；祺。娶李氏，继娶周氏。顺天府乡试第二十一名，会试第二百三十名。

罗玘，贯江西建昌府南城县，民籍，国子生，治《诗经》。字景鸣，行十五，年四十一，十月十九日生。曾祖俊杰，大使。祖大矩。父文程。母傅氏。严侍下。兄纲。弟经、纯。娶王氏，继娶萧氏。顺天府乡试第一名，会试第四十六名。

寿儒，贯浙江绍兴府上虞县人，湖广黄州府蕲州民籍，国子生，治《书经》。字宗鲁，行二，年二十五，九月初五日生。曾祖椿龄。祖安，冠带举人。父章，伴读。母董氏。具庆下。兄鲤。弟麟、凤。娶张氏。湖广乡试第七十八名，会试第二百二十四名。

胡汝砺，贯应天府溧阳县人，陕西宁夏卫军籍，卫学军生，治《书经》。字良弼，行一，年二十，十二月初九日生。曾祖仕真。祖雄。父琏。母陈氏。重庆下。弟汝楫、汝霖、汝明、汝翼。娶王氏。陕西乡试第二十六名，会试第一百九十九名。

苏葵，贯广东广州府顺德县，军籍，国子生，治《诗经》。字伯诚，行一，年三十八，十月十六日生。曾祖圆禄。祖鹗举。父子懋。母周氏。慈侍下。弟藿。娶康氏。广东乡试第四十一名，会试第一百一十九名。

官昶，贯江西饶州府安仁县，民籍，县学生，治《诗经》。字仲昭，行十四，年四十二，九月十六日生。曾祖德俊。祖应璋。父令韶。母刘氏，继母蔡氏。具庆下。兄旦、昱、昺。弟遏、爇、易。娶吴氏。江西乡试第七名，会试第一百七十八名。

张景琦，贯浙江绍兴府山阴县，民籍，国子生，治《诗经》。字廷良，行二十五，年二十五，二月十四日生。曾祖弼。祖蕴辉，封兵科给事中。父以弘，布政使司左参议。母董氏，赠孺人，继母裘氏，封孺人。具庆下。兄景雍；景明，贡士；景龙，义官。弟景旦、景奭。娶唐氏。浙江乡试第六十一名，会试第四十一名。

陶缋，贯直隶苏州府昆山县，民籍，国子生，治《书经》。字述之，行二，年二十九，五月十三日生。曾祖士贤。祖诚。父恂。母杨氏。慈侍下。兄绩。弟绪。娶朱氏。应天府乡试第六十四名，会试第二百三十五名。

杨潭，贯直隶保定府新城县人，锦衣卫官籍，顺天府学生，治《书经》。字宗渊，行二，年三十三，八月二十五日生。曾祖云，赠锦衣卫百户。祖玉，锦衣卫百户。父能，冠带总旗。母宋氏。严侍下。兄濂。弟泽、溥。娶高氏。顺天府乡试第六名，会试第一百六十八名。

曾全，贯湖广郴州永兴县，军籍，国子生，治《诗经》。字复初，行三，年二十七，正月二十五日生。曾祖如柏。祖克谦，赠承德郎刑部主事。父轵，刑部员外郎。母楚氏，封安人。具庆下。兄仝；介，贡士。弟仝、念。娶陈氏。湖广乡试第十九名，会试第六十九名。

徐键，贯福建建宁左卫，官籍，国子生，治《易经》。字启之，行一，年四十，三月十七日生。曾祖义，赠都指挥佥事。祖侃。父佑。母罗氏。严侍下。弟钢、镔。娶邹氏，继娶童氏。福建乡试第三十五名，会试第二百十四名。

李堂，贯浙江宁波府鄞县，民籍，国子生，治《易经》。字时升，行十一，年二十六，六月十一日生。曾祖泰亨。祖伯儒。父鼎。前母何氏，母沈氏。具庆下。兄益；杰；麒；麟，贡士。弟常。娶杨氏，继聘林氏。浙江乡试第四十名，会试第十八名。

李鸾，贯顺天府固安县，军籍，国子生，治《书经》。字天瑞，行一，年三十八，九月二十七日生。曾祖士兴。祖忠。父荣，前仓副使。母王氏，继母侯氏。严侍下。娶张氏。顺天府乡试第一百三十三名，会试第二百五十五名。

周旋，贯浙江宁波府慈溪县，民籍，县学增广生，治《诗经》。字克敬，行五，年三十八，八月二十八日生。曾祖守行。祖世庄。父通。母王氏。慈侍下。兄曜。娶林氏。浙江乡试第三十三名，会试第一百七十七名。

汪铉，贯浙江绍兴府余姚县，民籍，国子生，治《礼记》。字鼎卿，行四，年四十五，十月初十日生。曾祖弥彬。祖悠久，知县。父公璲。母吴氏。永感下。弟德卿、附卿、肃卿、用卿。娶黄氏。浙江乡试第五十三名，会试第五十三名。

毛珵，贯直隶苏州府吴县，民籍，国子生，治《易经》。字贞甫，行三，年三十六，七月十八日生。曾祖显卿。祖以义。父偁。前母俞氏，母何氏。永感下。兄玉。弟瓒。娶韩氏。应天府乡试第七十九名，会试第十二名。

万祥，贯广西梧州府藤县，军籍，国子生，治《书经》。字世和，行五，年四十，六月初二日生。曾祖宗铭。祖伯龄，典史。父子信。嫡母石氏、张氏，生母陈氏。慈侍下。兄泉；显，知县；相；祯。娶苏氏，继娶唐氏。广西乡试第五十二名，会试第三百十三名。

胡蕙，贯浙江绍兴府会稽县，民籍，县学增广生，治《易经》。字允修，行十九，年二十九，八月二十四日生。曾祖祥，封监察御史。祖敬，赠按察司主事。父谧，布政使司参政。母章氏，封宜人。具庆下。兄福，监生；怿；恕；忱；恩，贡士；恒，听选官；怡，贡士；恝；恋。弟忕、懂、爱、恹、廥。娶章氏。浙江乡试第二十五名，会试第八十四名。

匡翼之，贯直隶淮安府赣榆县人，山东胶州千户所官籍，国子生，治《诗经》。字敬敷，行二，年三十二，八月十四日生。曾祖德，正千户。祖济，千户。父茂。前母娄氏，母郭氏，具庆下。兄直之。弟振之。娶綦氏。山东乡试第七十一名，会试第二百四名。

许淳，贯四川成都左护卫，官籍，国子生，治《易经》。字文厚，行一，年三十六，十一月十五日生。曾祖荣。祖诚。父琛。母汤氏，继母沈氏。重庆下。弟治、洪、溢、濂、澈、澍。娶郝氏。四川乡试第二名，会试第二百十名。

谢汝阳，贯湖广衡州府衡阳县，军籍，国子生，治《易经》。字晋卿，行一，年三十一，正月十四日生。曾祖荣，赠太常寺卿兼司经局正字。祖俊，赠太常寺卿兼司经局正字。父宇，太常寺卿兼司经局正字。母李氏，赠淑人，继母段氏，封淑人。具庆下。弟汝昭；义官；汝明，中书舍人；汝昌；汝昕。娶葛氏。湖广乡试第七十四名，会试第一百九名。

彭景，贯福建兴化府莆田县，军籍，国子生，治《书经》。字叔大，行一，年三十八，十一月初八日生。曾祖仕明。祖孟思。父仲英。母翁氏。具庆下。弟泰、昆、昇。娶陈氏。福建乡试第七十七名，会试第四十四名。

吴鋆，贯直隶苏州府吴江县，民籍，国子生，治《书经》。字汝砺，行一，年三十六，二月初二日生。曾祖为。祖效。父璩。母李氏。具庆下。弟銮，贡士；鉴；鏊。娶汝氏。应天府乡试第一百三十二名，会试第一百六十四名。

史学，贯应天府溧阳县，官籍，县学生，治《诗经》。字文鉴，行一，年三十四，十月初八日生。曾祖舜安。祖仲和。父埙。母沈氏。具庆下。兄绪；缉；约；瑄，百户；绰，义官；纮，贡士；缙。弟犖、厚、孝、孚、勃、敦、孺。娶王氏。应天府乡试第八十一名，会试第二百四十三名。

程沂，贯湖广长沙府湘阴县，军籍，国子生，治《诗经》。字宗鲁，行五，年三十，九月十九日生。曾祖应瑞。祖谦，巡检。父俊，听选官。母千氏。具庆下。兄澎。弟浙、济。娶许氏。湖广乡试第十七名，会试第三百十一名。

仵绅，贯湖广武昌府蒲圻县，民籍，国子生，治《礼记》。字佩之，行六，年三十七，正月二十五日生。曾祖仲才。祖清，国子生。父佑，训导。母李氏，继母杨氏。具庆下。兄经、纶、缙。弟纲、纪。娶卢氏。湖广乡试第五名，会试第二百六名。

郭珠，贯四川叙州府富顺县，民籍，国子生，治《易经》。字明远，行二，年三十四，五月二十日生。曾祖思俊。祖子颜。父宗，经历。母金氏。慈侍下。兄相。弟荣。娶李氏。云南乡试第三十九名，会试第一百六十三名。

曾昂，贯江西吉安府吉水县，民籍，国子生，治《诗经》。字光表，行七，年三十六，九月三十日生。曾祖仲瞻。祖学忠，赠监察御史。父相，监察御史。母周氏，封孺人。永感下。兄熙、烈、旻。弟晟。娶邓氏。江西乡试第六名，会试第三百七名。

陆完，贯直隶苏州府长洲县，民籍，国子生，治《易经》。字全卿，行一，年三十，正月初一日生。曾祖守道。祖珩。父溥。母华氏。慈侍下。弟宜、宇。娶郭氏，继娶华氏。应天府乡试第三名，会试第二百六十七名。

戴恩，贯直隶安庆府潜山县，医籍，国子生，治《易经》。字天锡，行一，年二十四，七月二十一日生。曾祖觉宗。祖文恭。父冕，医学正科。嫡母陈氏，生母石氏。重庆下。弟荣。娶胡氏。应天府乡试第三十七名，会试第七十四名。

黎臣，贯四川重庆府长寿县，军籍，国子生，治《易经》。字希夔，年三十五，闰九月初十日生。曾祖恺。祖雍，封户部员外郎。父复登，户部员外郎。母程氏，赠安人，继母王氏，封安人。重庆下。弟厚。娶李氏，继娶余氏。四川乡试第七名，会试第一百八十六名。

张润，贯山东济南府泰安州，军籍，州学生，治《诗经》。字子温，行四，年三十二，十月十二日生。曾祖得禄。祖信。父玺，国子生。母王氏。永感下。兄源、泫、泽。弟澜。娶王氏。山东乡试第十六名，会试第二百二十名。

据《成化二十三年进士登科录》，第三甲二百三十八名，赐同进士出身。履历如下：

马景昌，贯浙江湖州府德清县，民籍，国子生，治《诗经》。字廷言，行五，年二十九，五月十三日生。曾祖震。祖贞。父恒。母姚氏。慈侍下。兄昂；晟，义官；昭；昱，义官。弟景、遑。聘姚氏。浙江乡试第七十四名，会试第二百六十三名。

刘麟，贯江西临江府新淦县，民籍，国子生，治《易经》。字景祥，行一，年四十四，十月二十三日生。曾祖武仲。祖时泰。父锡祉。母干氏。具庆下。弟鸾、龙、彪。娶廖氏。江西乡试第二名，会试第三百三十三名。

马政，贯直隶河间府青县，民籍，国子生，治《书经》。字公敏，行一，年三十八，闰正月十六日生。曾祖名远，赠征仕郎。祖福善。父能，知县。母赵氏。具庆下。弟凡。娶朱氏。顺天府乡试第四十二名，会试第一百五十七名。

刘淮，贯河南汝宁府信阳州罗山县，民籍，国子生，治《春秋》。字东之，行三，年三十，二月十四日生。曾祖原四。祖遑。父镒，知州。母黎氏，继母贾氏。严侍下。兄润，义官；涌。弟浚，娶何氏。河南乡试第十名，会试第一百九十四名。

鲁得之，贯湖广常德府武陵县人，陕西金州守御千户所官籍，国子生，治《诗经》。字希曾，行三，年三十一，七月十二日生。曾祖受，百户。祖旺。父瑄，百户。

嫡母萧氏，生母许氏。慈侍下。兄贤，百户；哲。娶牟氏。陕西乡试第五十三名，会试第八十五名。

吉人，贯陕西西安府长安县，军籍，国子生，治《诗经》。字惟正，行五，年三十六，五月二十三日生。曾祖元善，祖被，赠府同知。父庆，太仆寺卿。母萧氏，赠宜人，继母胡氏。具庆下。兄亨；玄；臣，驿丞；清。弟士、杰、象、占、芳、时、卜。娶辛氏。陕西乡试第七名，会试第五十六名。

韩鼐，贯直隶松江府华亭县，军籍，国子生，治《书经》。字国器，行一，年三十二，四月初十日生。曾祖祺。祖杲。父谦。母徐氏。具庆下。弟威、桓。娶蔡氏。应天府乡试第二十一名，会试第七名。

刘良，贯湖广永州府道州宁远县，军籍，国子生，治《书经》。字质臣，行二，年四十三，五月初九日生。曾祖德先。祖信通。父济舟。母陈氏。永感下。兄明，承事郎。弟鹏。娶蒋氏，继娶黄氏。湖广乡试第一百三十二名，会试第一百四十二名。

俞琳，贯浙江杭州府临安县，军籍，忠义左卫军，国子生，治《春秋》。字德彰，行四，年三十四，三月十六日生。曾祖富。祖礼。父洪。母钟氏。慈侍下。兄敩、瑾、瑄。弟璋、珪。娶潘氏。顺天府乡试第一百三十一名，会试第二百五十二名。

魏玒，贯顺天府大兴县人，大宁前卫官籍，京卫武学生，治《易经》。字秉德，行六，年三十，九月二十六日生。曾祖钦，百户。祖整。父信，千户。前母田氏，母何氏，继母田氏。具庆下。兄璁，正千户；琳；永；安；宁。娶李氏，继娶王氏。顺天府乡试第三十二名，会试第一百八十名。

王纬，贯河南开封府祥符县，民籍，国子生，治《诗经》。字廷文，行五，年三十，十月初三日生。曾祖成。祖和，赠礼科给事中。父豫，布政使司参议。母刘氏，封孺人。慈侍下。兄经，义官；绅；绶；绍，监生。弟绮、绣、纪、缥、纮、纼。娶丘氏。河南乡试第三十三名，会试第一百二名。

袁翱，贯直隶松江府华亭县，军籍，国子生，治《书经》。字凤仪，行一，年三十六，九月初六日生。曾祖士宗。祖节。父泓。母董氏，继母陈氏。具庆下。弟翔、珝、翙。娶李氏。应天府乡试第九十一名，会试第三十九名。

彭敷，贯直隶松江府华亭县，民籍，国子生，治《春秋》。字汝言，行二，年五十，九月初三日生。曾祖安。祖龄。父玮。母陆氏。永感下。弟启。娶陈氏。顺天府乡试第五十七名，会试第五名。

沈瓒，贯浙江宁波府慈溪县人，顺天府大兴县民匠籍，国子生，治《诗经》。字君锡，行四，年三十四，九月十六日生。曾祖仲华。祖名立。父尹志。母陈氏。慈侍下。兄因、珍、瑜、珵。娶金氏。顺天府乡试第七名，会试第二百八十六名。

蓝应，贯福建兴化卫，军籍，兴化府学生，治《书经》。字景祥，行四，年三十二，正月二十八日生。曾祖宗友。祖淑真。父弘韶。母李氏，继母詹氏。具庆下。兄澄；璧，贡士；轸。弟嵩、轩、珩、辰、庚。娶洪氏。福建乡试第七十二名，会试第二百九名。

鲁昂，贯直隶苏州府吴江县人，应天府江宁县匠籍，国子生，治《诗经》。字廷瞻，行一，年四十四，十二月十六日生。曾祖均济。祖文德。父仲拳。母平氏。永感下。娶沈氏。应天府乡试第三十二名，会试第二百十二名。

周亮采，贯直隶苏州府吴县，民籍，国子生，治《书经》。字秉臣，行二，年三十九，正月三十日生。曾祖仲立，封中书舍人。祖璇，中书舍人。父浩，中书舍人，赠鸿胪寺丞。母凌氏，封安人。慈侍下。兄杭。弟惠；畴，鸿胪寺寺丞。娶张氏。应天府乡试第四十一名，会试第二百十九名。

蔡铎，贯河南开封府祥符县，民籍，国子生，治《诗经》。字振之，行一，年四十一，十一月十一日生。曾祖文善，监察御史。祖用宜。父璘。母杨氏。具庆下。弟钦、铭、钥、镛、铨。娶赵氏。河南乡试第六十三名，会试第一百三十六名。

郑炤，贯福建福州府闽县，军籍，府学生，治《易经》。字叔昭，行八，年二十五，十一月十五日生。曾祖伯敬。祖屋。父瑄。母张氏。永感下。娶方氏。福建乡试第六十一名，会试第一百二十九名。

贾钦，贯河南汝州鲁山县，军籍，国子生，治《诗经》。字敬之，行一，年三十，正月十九日生。曾祖成，知县。祖全。父忠。母张氏，继母张氏。具庆下。弟铉、镛。娶魏氏。河南乡试第七十名，会试第二百七十一名。

李裕中，贯四川成都府资阳县，民籍，国子生，治《书经》。字容正，行二，年三十一，十二月初六日生。曾祖志旺。祖郁。父文实。母张氏。具庆下。兄大中。弟节中、协中。娶刘氏。四川乡试第三十五名，会试第一百六十二名。

赵缙，贯直隶真定府晋州，民籍，国子生，治《易经》。字廷仪，行一，年三十一，十月二十一日生。曾祖清，阴阳典术。祖宁。父文纪，五官司辰。母苑氏。慈侍下。弟绅、丝。娶茅氏，继娶王氏。顺天府乡试第一百四名，会试第一百二十名。

丁养浩，贯浙江杭州府仁和县，灶籍，国子生，治《礼记》。字师孟，行三，年三十七，七月二十三日生。曾祖忠。祖祥。父宁。母王氏。慈侍下。兄显达、俊英、义、养蒙、养正。弟养晦、养素。娶唐氏。浙江乡试第九名，会试第十三名。

任汉，贯四川成都府温江县，军籍，县学生，治《诗经》。字宗海，行二，年二十六，四月二十四日生。曾祖必通。祖远。父永钦，举人。母张氏。具庆下。兄溥。弟渊、泗。娶邹氏。四川乡试第三十四名，会试第一百八十七名。

陈瑞，贯浙江宁波府鄞县，民籍，国子生，治《书经》。字凤仪，行二，年三十二，三月二十七日生。曾祖处廷，义官。祖四聪。父淳，知州。母吴氏，继母吴氏。慈侍下。弟珪；璠；玙，义官；琛；琦；珂。娶俞氏，继娶郑氏。浙江乡试第三十四名，会试第二百二十六名。

吴浚，贯江西饶州府德兴县，民籍，国子生，治《诗经》。字渊之，行三，年四十，十月十九日生。曾祖以清，知县，赠太仆寺寺丞。祖濩，太仆寺寺丞。父亶。母张氏。慈侍下。兄瀚。弟润、灛、湫、灏。娶叶氏，继娶周氏。江西乡试第五十六名，会试第二百五十六名。

谢瀚，贯福建福州府闽县，民籍，县学生，治《诗经》。字汝大，行八，年四十，五月初三日生。曾祖义。祖亹。父睿，翰林院检讨。母林氏。严侍下。弟泽、濂、鸿。娶陈氏。福建乡试第十一名，会试第二百八名。

韩祜，贯山西太原府交城县，民籍，国子生，治《易经》。字天锡，行二，年三十五，八月初三日生。曾祖士良，经历。祖奕。父庸，教谕。嫡母王氏，生母宋氏。永感下。兄祥，教谕。娶覃氏。山西乡试第二十四名，会试第三百三十六名。

林长繁，贯福建兴化府莆田县，军籍，国子生，治《书经》。字世殷，行三，年三十三，九月二十九日生。曾祖惟志。祖积章。父孟常。母徐氏。慈侍下。兄长全、长熙。弟杰，长荣。娶吴氏。福建乡试第七十五名，会试第六十五名。

李珍，贯直隶真定府赵州高邑县人，辽东广宁中屯卫旗籍，国子生，治《诗经》。字相儒，行一，年四十七，八月十三日生。曾祖安。祖荣。父鉴，遇例冠带。母侯氏，继母俞氏。具庆下。弟琏，总旗；瓒；璠。娶程氏。顺天府乡试第一百五名，会试第三百五十名。

邓璋，贯顺天府涿州，校尉籍，国子生，治《诗经》。字礼方，行一，年三十五，六月三十日生。曾祖仕能。祖平。父诚，典史。母萧氏，继母王氏。具庆下。弟琬。娶李氏。顺天府乡试第十四名，会试第七十一名。

余本实，贯四川潼川州遂宁县，民籍，国子生，治《春秋》。字诚之，行一，年三十八，四月二十五日生。曾祖友富。祖胜英。父辅。母冉氏。具庆下。娶罗氏。四川乡试第二十八名，会试第一百六十名。

徐文英，贯河南汝宁府西平县，匠籍，国子生，治《春秋》。字景华，行一，年四十二，正月二十六日生。曾祖有才。祖宁。父忠。母董氏。慈侍下。娶李氏。顺天府乡试第六十四名，会试第一百七十二名。

张淳，贯直隶庐州府合肥县，民籍，县学生，治《书经》。字宗厚，行十，年三十四，正月二十二日生。曾祖真童，赠监察御史。祖敔，按察司佥事。父镃，国子生。母何氏。永感下。兄清、浩、深。弟济。娶李氏。应天府乡试第四十名，会试第一百十八名。

徐纪，贯直隶河间府任丘县，匠籍，国子生，治《诗经》。字大纪，行四，年三十，十一月初八日生。曾祖彦礼。祖敬。父海，通判。母于氏。慈侍下。兄经，贡士；纶，义官；纲。娶孙氏。顺天府乡试第六十一名，会试第三百四十八名。

欧泰，贯福建兴化府莆田县，军籍，国子生，治《诗经》。字子通，行一，年二十五，八月十二日生。曾祖再二。祖志高。父朝奇。母陈氏，继母黄氏。具庆下。弟颙。娶林氏。福建乡试第十八名，会试第三百三十二名。

黄济，贯江西抚州府临川县，校尉籍，国子生，治《诗经》。字翊时，行五，年三十四，六月二十五日生。曾祖伯鹗。祖迪刚。父铎。母王氏。具庆下。兄瀚。弟浦、渭、潮、润。娶郑氏。江西乡试第十九名，会试第二百八十四名。

陈世良，贯浙江台州府临海县，军籍，国子生，治《礼记》。字崇之，行二，年三十三，二月初六日生。曾祖泰生，赠监察御史。祖员韫。父美。母董氏。慈侍下。兄世芳。弟世昌、世辅、世弼、世宝。娶陶氏。浙江乡试第四十三名，会试第六十八名。

高胤先，贯湖广郴州宜章县人，陕西西安府长安县，民籍，国子生，治《诗经》。字世德，行二，年三十，闰二月十五日生。曾祖发寿。祖良杰。父隆，州同知。母王氏。具庆下。兄如昆。娶王氏。陕西乡试第十四名，会试第一百十五名。

戴初，贯直隶广德州建平县，民籍，国子生，治《礼记》。字复之，行五，年三十九，六月初九日生。曾祖元卿。祖宁。父辉。母宋氏。慈侍下。兄暹。娶史氏。应天府乡试第五十五名，会试第八十六名。

黄世经，贯陕西秦州卫，军籍，国子生，治《易经》。字时济，行一，年三十二，四月初五日生。曾祖得才。祖秀。父凯，监生。母张氏。具庆下。弟世纶、世维。娶雷氏。陕西乡试第二十一名，会试第二百五十名。

张掖，贯陕西凤翔府凤翔县，民籍，国子生，治《诗经》。字辅之，行二，年四十一，六月二十八日生。曾祖义。祖玉，教谕。父守乐，巡检。嫡母高氏，继母秦氏，生母胡氏。慈侍下。兄拯，监生。弟援、抡、授。娶石氏，继娶杨氏。陕西乡试第十名，会试第九十九名。

文森，贯湖广衡州府衡山县人，直隶苏州府长洲县民籍，县学生，治《易经》。字宗严，行三，年二十六，四月十三日生。曾祖定聪。祖惠。父洪，□□赠太仆寺丞。前母陈氏，赠安人，母顾氏，赠安人，继母吕氏，封太安人。慈侍下。兄伦，千户；林，太仆寺寺丞。弟彬。娶谈氏。应天府乡试第三十二名，会试第六十七名。

虞坤，贯江西饶州府鄱阳县，民籍，国子生，治《诗经》。字公载，行二，年三十四，九月二十六日生。曾祖忠。祖韶。父廷，教谕。嫡母刘氏，生母郝氏。重庆下。兄乾。娶徐氏。江西乡试第九十五名，会试第一百五名。

蒋昇，贯湖广永州府祁阳县，民籍，县学生，治《诗经》。字宾旸，行一，年三十，闰二月二十日生。曾祖贵卿。祖富一。父亮，府通判。母曾氏，继母吕氏。具庆下。弟冕、昂、昴、暹、昇、晟、昺、春、昕、晔。娶刘氏。湖广乡试第三十一名，会试第三十六名。

白翶，贯四川成都府绵州人，府军前卫军籍，国子生，治《书经》。字凤仪，行二，年二十六，八月二十七日生。曾祖敏受。祖聪，遇例冠带。父永通，冠带将军。母陈氏。重庆下。兄昂。娶李氏。顺天府乡试第三十四名，会试第一百九十六名。

吴廷举，贯广西梧州守御千户所，军籍，国子生，治《书经》。字献臣，行一，年二十六，九月初十日生。曾祖源富。祖贵宗。父英。母骆氏。永感下。弟廷弼、廷谔、廷谏、廷议、廷谘、廷让。娶冯氏。广西乡试第十七名，会试第一百三十三名。

许旺，贯浙江衢州府开化县，民籍，国子生，治《易经》。字景晖，行二，年三十六，十月初六日生。曾祖伯安。祖寿。父怡，断事。母程氏。永感下。兄昕。弟建时。娶叶氏。浙江乡试第十四名，会试第三百十六名。

李瀚，贯山西太原府阳曲县民籍，国子生，治《书经》。字文博，行三，年三十二，九月十一日生。曾祖从义。祖敬。父中，知县。母张氏，继母刘氏。具庆下。兄泽；源，贡士。娶郝氏。山西乡试第三十四名，会试第二百六十四名。

柴昇，贯河南南阳府邓州内乡县，民籍，国子生，治《书经》。字公照，行一，年三十二，十一月初九日生。曾祖恭。祖兰，判官。父文璋。母苏氏。具庆下。弟旻、昂。娶曲氏。河南乡试第十九名，会试第一百十名。

朱缓，贯浙江嘉兴府嘉兴县，民籍，县学生。治《诗经》。字文佩，行二，年四十，正月初三日生。曾祖彦昭。祖常。父璠，工副。母伍氏。具庆下。兄绂。娶胡氏，继娶吴氏、王氏。浙江乡试第十二名，会试第二百四十五名。

欧阳鹏，贯江西吉安府泰和县，民籍，国子生，治《诗经》。字时举，行二，年四十三，五月二十一日生。曾祖观民。祖永仁。父广浚。母康氏，继母胡氏。具庆下。兄宁，蜀府纪善。弟鹍、凤、鸿、鹓。娶梁氏。顺天府乡试第十四名，会试第一百二十二名。

伍符，贯江西吉安府安福县，民籍，国子生，治《春秋》。字朝信，行一，年二十六，二月十二日生。曾祖冕，知县，赠监察御史。祖体祥，前封刑部员外郎。父希渊，知府。母刘氏，封宜人。重庆下。弟筹、简、策、范、篆、籧、箕。娶欧阳氏。江西乡试第四名，会试第二十三名。

毛诗，贯河南南阳府裕州叶县，军籍，国子生，治《礼记》。字大经，行五，年三十四，七月十三日生。曾祖智，祖刚，父瑄，母骈氏，具庆下，兄同，教谕；本；综，弟随，娶郑氏，继娶范氏。河南乡试第十名，会试第二百四十八名。

童宽，贯直隶宁国府泾县，军籍，国子生，治《书经》。字济之，行七，年三十八，八月十二日生。曾祖仲英，主簿。祖建延。父元安。母施氏。严侍下。兄应、禧、敬、嘉。弟康、秀、侃、桓。娶马氏，继娶徐氏。应天府乡试第五十四名，会试第二百四十二名。

翁健之，贯浙江绍兴府余姚县，民籍，县学增广生，治《易经》。字应乾，行一，年二十三，七月初十日生。曾祖斌。祖赐，封刑部主事。父迪，刑部主事。母熊氏，封安人。重庆下。弟顺之、应谦。娶潘氏。浙江乡试第三名，会试第三十四名。

李逊学，贯河南汝宁府上蔡县，匠籍，国子生，治《诗经》。字希贤，行一，年三十二，八月二十九日生。曾祖贞。祖明道。父俊，听选官。母段氏，继母陆氏。重庆下。弟逊志。娶王氏。河南乡试第七十六名，会试第十七名。

朱辅，贯湖广荆州府公安县，民籍，国子生，治《书经》。字良臣，行一，年三十五，十一月初一日生。曾祖必胜。祖添祥。父彦钟，省祭官。母王氏，继母曹氏。重庆下。弟弼、佐、佑、卿。娶梁氏，继娶薛氏。湖广乡试第四十二名，会试第三百三十名。

冯杰，贯直隶涿鹿左卫，军籍，涿州学生，治《礼记》。字秀夫，行二，年二十八，七月初七日生。曾祖敬。祖贵。父贤。母李氏。具庆下。兄倩、伸。弟俭、儒。娶佟氏。应天府乡试第一百二十七名，会试第一百三十二名。

邓颐，贯四川泸州，军籍，国子生，治《书经》。字行正，行二，年四十七，八月初二日生。曾祖胜祖。祖陈斌。父俊，封主事。母杨氏，封安人。永感下。兄顺，按察司金事。弟颜。娶冼氏。顺天府乡试第二十五名，会试第二百六十五名。

张翮，贯直隶松江府上海县，民籍，国子生，治《诗经》。字仕钦，行一，年四十九，五月初四日生。曾祖明复，教谕。祖述。父绍，冠带监生。母盛氏。慈侍下。弟歠。娶尹氏，继娶瞿氏。应天府乡试第四十六名，会试第二十名。

王恩，贯浙江绍兴府余姚县，军灶籍，国子生，治《礼记》。字克承，行二十，年三十六，八月十一日生。曾祖贵学。祖士怡。父敏。嫡母张氏，生母于氏。慈侍下。兄统、绅、绮、绎。弟统。娶徐氏。浙江乡试第二十六名，会试第三十三名。

邹智，贯四川重庆府合州，民籍，州学生，治《书经》。字汝愚，行三，年二十二，四月十五日生。曾祖应宗。祖洪。父太常。母冯氏。重庆下。兄箸、馨。娶刘氏。四川乡试第一名，会试第三十一名。

罗勋，贯四川重庆府永川县，民籍，国子生，治《易经》。字卿积，行一，年三十六，十月十四日生。曾祖志谅，贡士。祖玠。父经。母李氏。重庆下。弟驾、默、熹、点。娶成氏。四川乡试第三十四名，会试第二百九十四名。

徐鹗，贯浙江台州府黄岩县，军籍，国子生，治《书经》。字良举，行九，年三十一，六月初四日生。曾祖新，监察御史。祖深之。父笕。母葛氏。慈侍下。弟鹏、鸥。娶高氏。浙江乡试第二十二名，会试第一百五十三名。

李葵，贯河南都司颍川卫，军籍，国子生，治《诗经》。字朝阳，行一，年三十四，十二月二十日生。曾祖纲。祖贵。父琮，义官。母严氏。慈侍下。弟兰。娶王氏。河南乡试第十九名，会试第十名。

唐祯，贯直隶松江府华亭县，灶籍，国子生，治《诗经》。字原善，行二，年三十，四月二十一日生。曾祖璟。祖玉。父墉。母周氏。具庆下。兄祚，义官。娶刘氏。应天府乡试第二十名，会试第三百二十一名。

方天然，贯直隶扬州卫，官籍，国子生，治《诗经》。字希诚，行三，年三十八，五月十六日生。曾祖原正。祖玉。父祚。嫡母吕氏，生母印氏。慈侍下。兄天祥、天瑞。弟天奇、天伦、天叙、天秩。娶刘氏。应天府乡试第九十二名，会试第三百二十八名。

张嶙，贯浙江绍兴府萧山县，民籍，国子生，治《书经》。字时峻，行四，年三十，七月初八日生。曾祖仕宁。祖清。父孔殷。母俞氏。具庆下。兄山、岩。弟嵚。娶戴氏。浙江乡试第五十五名，会试第三百三十七名。

罗政，贯江西临江府新喻县，军籍，县学生，治《春秋》，字皆正，行十七，年三十八，二月初七日生。曾祖孟俊。祖时坚。父端鹏。母杨氏。严侍下。兄皆元、皆会、皆序、皆真。弟皆明。娶萧氏。江西乡试第五十五名，会试第二百六十名。

邢缨，贯湖广黄州府蕲州黄梅县，军籍，国子生，治《诗经》。字文甫，行一，年三十五，十一月十五日生。曾祖德茂。祖仕聪。父暹。母周氏。慈侍下。弟缓、绂、纲。娶李氏。湖广乡试第三十二名，会试第一百三十八名。

李溥，贯直隶真定府定州，民籍，国子生，治《诗经》。字宗大，行四，年三十八，三月二十八日生。曾祖进忠。祖荣。父琰，州吏目。母边氏，继母曹氏。具庆下。兄源；浒，知县；澍。娶马氏。顺天府乡试第六名，会试第二百四十三名。

周钺，贯四川夔州府梁山县人，陕西西安左卫军籍，国子生，治《春秋》。字廷仪，行二，年二十七，四月二十四日生。曾祖均美。祖成。父信，知县。母陈氏。具庆下。兄鉴，义官。娶曹氏。陕西乡试第三十七名，会试第八十九名。

王铎，贯陕西延安府保安县人，岷州卫军籍，国子生，治《书经》。字大振，行一，年四十六，十一月初八日生。曾祖钦。祖谅。父瑀。母胡氏。永感下。弟锐、铉、鐩。娶白氏。陕西乡试第五十名，会试第一百七十九名。

潘府，贯浙江绍兴府上虞县，民籍，县学生，治《礼记》。字孔修，行四，年三十六，十一月二十六日生。曾祖宗纪。祖谭。父旻。母杨氏。具庆下。兄杰、佩、傅。弟应。娶谢氏。浙江乡试第十名，会试第四名。

向时，贯四川顺庆府广安州岳池县，军籍，国子生，治《诗经》。字惟中，行一，年三十九，十一月二十五日生。曾祖友民。祖法清。父全。母刘氏。具庆下。娶雷氏。四川乡试第四十二名，会试第二百八十九名。

王济，贯直隶永平府滦州人，河间卫军籍，河间府学生，治《易经》。字用楫，行一，年二十八，六月初八日生。曾祖大。祖显。父能，七品散官。前母李氏，母颜氏。重庆下。弟泽。娶李氏。顺天府乡试第五十七名。会试第二十二名。

石玠，贯直隶真定府藁城县，民籍，县学增广生，治《易经》。字邦彦，行二，年二十三，九月十一日生。曾祖友智。祖麟，教谕，赠御史。父玉，按察司副使。母赵氏，封孺人。具庆下。兄玠，同科进士。弟珝。娶王氏。顺天府乡试第三名，会试第一百八十八名。

郑宗载，贯湖广荆州府石首县，军籍，县学生，治《书经》。字本厚，行一，年四十，七月初二日生。曾祖祥恭。祖纪。父熙齐。母萧氏，继母蔡氏。具庆下。弟宗汉、宗孝。娶江氏。湖广乡试第三十名，会试第三百十二名。

荣节，贯河南汝宁府遂平县，民籍，国子生，治《书经》。字应中，行六，年三十一，七月十一日生。曾祖玉。祖整。父和。前母李氏，母张氏。具庆下。兄显、达、华、福、爵。弟禄、时、珮、逮。娶魏氏。河南乡试第十八名，会试第五十九名。

张津，贯广东惠州府博罗县，军籍，县学生，治《易经》。字广汉，行一，年二十四，正月二十二日生。曾祖德裕。祖衡。父铎，知县。前母李氏，母黄氏。具庆下。弟涉、澍、澈、渥。娶曾氏。广东乡试第五十八名，会试第八十七名。

张澜，贯河南河南府新安县，军籍，国子生，治《诗经》。字道本，行三，年四十三，二月初六日生。曾祖时中，通判。祖宗玉，县丞。父钺，进士，州同知，赠户部主事。母宰氏，赠安人，继母方氏。永感下。兄澍，知府；瀚，训科。弟溥，贡士。娶侯氏。河南乡试第五十三名，会试第三百十八名。

张相，贯四川顺庆府蓬州，民籍，国子生，治《诗经》。字佐虞，行二，年四十一，十一月二十日生。曾祖友鹏。祖志虎。父郁，寺丞。母高氏。具庆下。兄廉。娶辛氏。四川乡试第六十名，会试第三百名。

王珍，贯直隶和州，民籍，州学生，治《诗经》。字元聘，行一，年三十三，九月十八日生。曾祖四。祖友才。父敬。母倒氏。慈侍下。弟璟、琦、珊。娶仝氏。应天府乡试第九十五名，会试第四十二名。

李充嗣，贯四川成都府内江县，官籍，儒士，治《易经》。字士修，行七，年二十六，正月十八日生。曾祖观，封给事中。祖蕃，兵科给事中。父吉安，教授。前母田氏，母田氏。具庆下。兄嘉嗣、兆嗣、元嗣、振嗣、义嗣、彦嗣。弟宗嗣、承嗣、宜嗣。聘吴氏。四川乡试第八名，会试第一百七名。

弋福，贯山西太原府代州，民籍，国子生，治《诗经》。字尚洁，行五，年三十三，十一月二十一日生。曾祖良佐，赠大理寺少卿。祖晋，父用澄，驿丞。母高氏。慈侍下。兄枸、桁、桢、楷。娶王氏。山西乡试第二十六名，会试第二百四十七名。

徐九龄，贯浙江湖州府德清县，民籍，国子生，治《礼记》。字寿卿，行一，年四十五，正月十九日生。曾祖居义。祖度。父廷规。母杜氏。具庆下。弟九鼎；九思，前右通政；九成；九万。娶丁氏，继娶沈氏、冯氏。浙江乡试第三十五名，会试第一百七十七名。

石玠，贯直隶真定府藁城县，民籍，国子生，治《易经》。字邦秀，行一，年二十五，八月初六日生。曾祖友智。祖麟，教谕，赠御史。父玉，按察司副使。母赵氏，封孺人。具庆下。弟瑶，同科进士；珝。娶刘氏。顺天府乡试第三名，会试第一百三十五名。

倪天民，贯直隶苏州府长洲县人，武功中卫军匠籍，国子生，治《诗经》。字秀夫，行一，年三十六，四月十九日生。曾祖荣。祖觉清。父信。母曹氏。慈侍下。娶朱氏，继娶纪氏。顺天府乡试第四名，会试第二十七名。

和鹏，贯山西太原府平定州，民籍，国子生，治《书经》。字大举，行四，年三十七，十二月初一日生。曾祖桂。祖楫。父良弼。母吕氏，继母李氏。具庆下。兄鸾，知府；凤；鸿。娶杨氏。山西乡试第二十九名，会试第二百三十五名。

范伸，贯山东兖州府曲阜县，民籍，国子生，治《诗经》。字邦直，行一，年四十三，四月二十六日生。曾祖羽，百户。祖礼，百户。父英。母张氏。具庆下。弟价。娶严氏。山东乡试第六十五名，会试第一百九十二名。

杜启，贯直隶苏州府吴县，民籍，国子生，治《易经》。字子开，行二，年三十六，正月二十二日生。曾祖宗智。祖玉。父琼。前母陆氏、张氏，母王氏。永感下。兄嗣昌。弟咨。娶顾氏。应天府乡试第八十三名，会试第二十八名。

丁荣，贯直隶安庆府怀宁县，民匠籍，县学生，治《诗经》。字宗仁，行一，年三十四，五月初七日生。曾祖礼。祖绍。父顺。母杨氏。慈侍下。弟焕、燉、熘、煌、灿、喛、燧、炕、嵝、炽、燔，娶刘氏。应天府乡试第五十六名，会试第一百五十八名。

唐希介，贯山西太原府阳曲县，军籍，国子生，治《易经》。字景贤，行四，年三十四，正月十六日生。曾祖拳，赠太仆寺寺丞。祖巍。父诚，知县。母王氏。永感下。兄质、斌、瑀。弟璠。娶李氏。山西乡试第三名，会试第一百九十四名。

郎滋，贯浙江严州府建德县，民籍，国子生，治《易经》。字德润，行一，年三十二，七月二十八日生。曾祖与道。祖士原，封御史。父胜，按察司副使。嫡母孙氏，封孺人，生母解氏。具庆下。娶滕氏。浙江乡试第二十二名，会试第一百四十九名。

胡承，贯直隶镇海卫，官籍，国子生，治《易经》。字安节，行一，年四十，七月十九日生。曾祖关，百户。祖通，千户。父庸。嫡母邵氏，生母陶氏。永感下。娶茅氏。应天府乡试第九十一名，会试第二百九十六名。

王术，贯浙江宁波府慈溪县，民籍，县学生，治《诗经》。字用仁，行五，年二十六，五月二十六日生。曾祖青。祖镒。父洪。母罗氏。具庆下。兄彩，省祭官；椿。弟荣、森、懋、梵。娶孙氏。浙江乡试第七十六名，会试第九十二名。

俞世德，贯直隶常州府无锡县，军籍，国子生，治《礼记》。字守宗，行一，年三十六，九月初六日生。曾祖文质。祖缙。父本，大使。母杨氏。慈侍下。弟世美、世章、世则。娶陈氏。应天府乡试第十五名，会试第三百十名。

徐绍先，贯湖广黄州府蕲水县，军籍，国子生，治《易经》。字继之，行一，年三十九，十二月初六日生。曾祖信中。祖友详。父溓，教授。母张氏。慈侍下。弟绍魁，绍□。娶陈氏。湖广乡试第二十八名，会试第二百三名。

祝福，贯山东兖州府济宁州，官籍，国子生，治《礼记》。字德饶，行一，年四十二，十一月十九日生。曾祖寿永。祖维新。父宗宁。母张氏。重庆下。弟禄、祯。娶李氏。山东乡试第五十四名，会试第一百五十四名。

陈策，贯湖广常德府武陵县，校尉籍，国子生，治《易经》。字廷献，行一，年四十三，十二月十七日生。曾祖伯祥。祖良。父必荣。母李氏。具庆下。弟笈、簪、节、篆。娶黄氏。湖广乡试第八十四名，会试第二百四十四名。

晁尽孝，贯直隶保定府高阳县，军籍，县学生，治《书经》。字克仁，行三，年三十，七月初九日生。曾祖敬先。祖荣。父刚。前母李氏，母翟氏，继母张氏。严侍下。兄胜昱，省祭官。弟贤良、尽礼、尽义。娶李氏。顺天府乡试第五十八名，会试第三百九名。

李良，贯山东齐河县人，神武左卫官籍，儒士，治《书经》。字遂之，行一，年三十二，十月二十日生。曾祖杰，百户。祖震，百户。父让。母杨氏。慈侍下。弟宗。娶金氏，继娶陈氏。顺天府乡试第二名，会试第二百八十七名。

陈震，贯陕西都司庆阳卫，官籍，国子生，治《易经》。字文静，行一，年四十一，十月十二日生。曾祖肆，都督金事。祖友，指挥同知。父福。母汪氏。永感下。娶余氏。陕西乡试第十三名，会试第二百七十九名。

丁经，贯山西太原府岢岚州岚县，军籍，国子生，治《书经》。字彝之，行一，年二十九，十月初二日生。曾祖懋，经历。祖志荣，训导。父瑄，知县。母路氏。重庆下。弟纶、缙、绅、继、绪。娶温氏。山西乡试第十三名，会试第一百四十七名。

朱智，贯河南开封府郑州荥泽县，民籍，国子生，治《易经》。字体贞，行一，年二十三，二月十九日生。曾祖贰。祖能。父昭。母王氏。具庆下。弟慧、懿、庆。娶孙氏。河南乡试第六十八名，会试第二百二十七名。

李鉴，贯山东兖州府济宁州，民籍，州学生，治《礼记》。字晦之，行二，年四十二，十二月十八日生。曾祖大舍。祖真。父经。母姜氏，继母杨氏。具庆下。兄铎。弟铉、钰。娶王氏，继娶郑氏、傅氏。山东乡试第二十二名，会试第二十六名。

王用，贯山东青州府安丘县，军籍，县学生，治《书经》。字士贤。行三，年三十八，正月初十日生。曾祖德铭。祖谦。父绎，教谕。母刘氏。严侍下。兄瓒、智。弟鉴。娶何氏。山东乡试第三十四名，会试第三百十五名。

刘章，贯直隶隆庆州，民籍，州学生，治《诗经》。字德润，行一，年三十二，三月二十三日生。曾祖思温。祖铎。父钦。前母卫氏，母王氏。具庆下。弟奇。娶王氏。顺天府乡试第四十七名，会试第二百七十七名。

邵遵道，贯江西南康府都昌县，民籍，国子生，治《诗经》。字尧臣，行二，年二十七，二月十五日生。曾祖思本。祖元博。父庸。母陈氏。重庆下。兄宗道。弟有道，弘道。娶吴氏。江西乡试第六十六名，会试第一百二十八名。

胡镐，贯江西抚州府乐安县，民籍，国子生，治《书经》。字京济，行一，年三十七，三月十六日生。曾祖伯彬。祖懋昭。父厚善。母邓氏。慈侍下。弟时崖。娶邓氏，继娶管氏。江西乡试第三十三名，会试第一百八十二名。

纪镛，贯直隶凤阳府颍州太和县，民籍，国子生，治《诗经》。字大器，行一，年四十一，七月十七日生。曾祖仲延。祖叔讷。父若思。母张氏。永感下。弟钦、钊。娶李氏。应天府乡试第六十七名，会试第二百七十五名。

国瑀，贯山东济南府滨州，军籍，州学生，治《春秋》。字朝佩，行二，年二十六，二月二十七日生。曾祖彦臣。祖思贤。父文著。前母李氏，母王氏。慈侍下。兄宁。娶申氏。山东乡试第四十五名，会试第三百三十四名。

秦涣，贯浙江绍兴府会稽县，民籍，国子生。治《春秋》。字汝亨，行十四，年四十二，二月初一日生。曾祖森。祖浩。父玘。毋阮氏。永感下。兄濂、澄、源、潭、浒、洺、淮、淳、浤、瀚。弟洪。娶虞氏。浙江乡试第七十四名，会试第八十名。

李埜，贯四川夔州府东乡县，民籍，国子生，治《书经》。字茂林，行二，年三十八，十二月二十日生。曾祖文富。祖彰，巡检。父敏，教谕。前母程氏，母徐氏。永感下。兄棠。弟栗。娶萧氏。四川乡试第五十七名，会试第三百三十五名。

许鹏，贯山东青州府乐安县，军籍，国子生。治《书经》。字图南，行三，年三十三，四月初一日生。曾祖大纲。祖文质。父鉴。嫡母宋氏，生母王氏。具庆下。兄荣、积。娶宋氏。山东乡试第二十五名，会试第三百二十七名。

蔡杲，贯福建漳州府龙溪县，民籍，国子生，治《易经》。字特明，行二，年三十，九月初九日生。曾祖孔修。祖邦礼。父宗苓。母林氏。慈侍下。兄榶。弟櫞、橺、桁。娶郑氏。福建乡试第六十四名，会试第一百二十四名。

白鸾，贯陕西凤翔府宝鸡县，民籍，县学生，治《书经》。字孟禽，行一，年三十，十月初一日生。曾祖和。祖升。父信。母张氏。具庆下。弟凤、鹤、鹭、鹙、鸥。娶贾氏。陕西乡试第六十名，会试第二十五名。

陈端，贯四川重庆府忠州垫江县，民籍，国子生，治《易经》。字廷表，行二，年三十九，十一月十四日生。曾祖珪。祖仲礼。父仕辅。母程氏。严侍下。兄彬。弟常。娶姜氏，继娶周氏。四川乡试第五十五名，会试第二百九十名。

黄玄龄，贯江西南康府建昌县，军籍，国子生，治《诗经》。字崇寿，行三，年四十三，四月十四日生。曾祖明哲。祖伯澄，主簿。父大纶。母舒氏。具庆下。兄鹤龄、柏龄。弟九龄，娶胡氏。江西乡试第九十五名，会试第一百二十五名。

叶清，贯浙江绍兴府萧山县，民籍，国子生，治《书经》。字本澄，行二，年三十六，十月十四日生。曾祖茂实。祖择善。父孟俦。母陆氏。慈侍下。兄升。娶曹氏，继娶朱氏。浙江乡试第五十八名，会试第二百三十一名。

李玺，贯江西建昌府南丰县，军籍，国子生，治《春秋》。字德贵，行二，年三十五，十一月二十日生。曾祖尚文。祖宗贤，遇例冠带。父时清。母丁氏。具庆下。兄莹。娶曾氏。江西乡试第九名，会试第一百十二名。

赵文奎，贯湖广荆州府江陵县，民籍，府学生，治《书经》。字天章，行二，年三十二，三月十六日生。曾祖继贵。祖添礼。父安。前母张氏，母刘氏。具庆下。兄文英。弟文衡。娶李氏。湖广乡试第六十八名，会试第三百六名。

郑弘，贯陕西西安府华州渭南县，民籍，县学生，治《诗经》。字道熙，行二，年三十六，八月十五日生。曾祖所万。祖礼。父志。母樊氏。永感下。兄景春。弟重。娶任氏。陕西乡试第五十二名，会试第一百五十二名。

胡崒，贯直隶常州府武进县，民籍，国子生，治《诗经》。字惟峻，行五，年三十六，十一月初四日生。曾祖文海。祖彦高。父琦。嫡母陈氏，生母周氏。慈侍下。兄岳、嵩、岗、嶔。娶徐氏。应天府乡试第六十九名，会试第二百五十三名。

周南，贯四川成都府井研县，军籍，国子生，治《诗经》。字化行，行五，年三十八，八月二十四日生。曾祖子富。祖毅，贡士。父庸。前母陈氏，母李氏。具庆下。兄秉彝、秉和、秉诚、让。弟麟凤。娶龙氏。四川乡试第八名，会试第三百二十九名。

赵鉴，贯山东青州府寿光县，军籍，县学生，治《诗经》。字克正，行二，年三十四，二月初三日生。曾祖均保。祖铎。父福。母李氏，继母王氏。具庆下。兄铭。娶刘氏。山东乡试第十九名，会试第二百六十九名。

朱应昌，贯山东东昌府夏津县，民籍，国子生，治《诗经》，字会期，行一，年三十六，五月二十四日生。曾祖民一。祖士廉，县丞。父玉，训导。母刘氏。慈侍下。弟旻。娶孟氏。山东乡试第六名，会试第三百四十三名。

夏景和，贯湖广长沙府长沙县人，陕西秦州卫军籍，国子生，治《春秋》。字时雍，行一，年三十四，四月二十日生。曾祖成。祖荣。父俊。母曹氏。永感下。弟景昌、景新。娶赵氏，继娶周氏。陕西乡试第五十三名，会试第十六名。

周纪，贯浙江嘉兴府嘉善县，民籍，国子生，治《诗经》。字廷理，行三，年四十六，正月二十日生。曾祖达道。祖隅。父俊。母糜氏。永感下。兄寅、纲。娶怀氏。应天府乡试第七十名，会试第二百三十名。

赵容，贯直隶和州，军籍，国子生，治《诗经》。字德宏，行二，年三十九，十一月初四日生。曾祖用素，训科。祖坚。父礼。母李氏。具庆下。兄宽。弟宁、宗、宝。娶马氏。应天府乡试第八十五名，会试第二百四十九名。

金洪，贯浙江宁波府鄞县，民籍，国子生，治《易经》。字惟深，行一，年三十二，五月初六日生。曾祖荣。祖暹，封郎中。父亮，前兵部郎中。前母张氏，赠孺人，母袁氏，封宜人，继母傅氏。具庆下。兄淮，通判；浩；汴；洹。弟潜、澜。娶俞氏。浙江乡试第八十六名，会试第一百九十一名。

杨孟瑛，贯四川重庆府忠州酆都县，军籍，国子生，治《易经》。字温甫，行二，年二十九，正月初三日生。曾祖文兴。祖弘道，训术，赠评事。父大荣，按察司佥事。母吴氏，封孺人。具庆下。兄孟琦，县丞。弟孟琳、琼、瑶、瑜。娶张氏。四川乡试第三十一名，会试第八名。

蒋昇，贯广西桂林府全州，民籍，国子生，治《书经》。字诚之，行二，年三十八，九月十二日生。曾祖贯，刑部员外郎。祖安。父良，知县。母郭氏。慈侍下。兄昺。弟升；昱；冕，同科进士；昴。娶杨氏。广西乡试第三十名，会试第二百四十六名。

钱春，贯浙江嘉兴府嘉善县，医籍，国子生，治《书经》。字应仁，行二，年三十二，五月十五日生。曾祖世恒。祖安，正科。父云。母周氏。具庆下。兄桂。弟榴、柿、术。娶沈氏。浙江乡试第五十八名，会试第一百七十名。

毛纪，贯山东莱州府掖县，军籍，府学生，治《书经》。字维之，行五，年二十五，七月十七日生。曾祖伯全。祖福英。父敏，教授。前母赵氏，母刘氏。具庆下。兄经、纶、绥、绣。娶官氏。山东乡试第一名，会试第二百八十二名。

苏奎，贯直隶苏州府常熟县，民籍，国子生，治《诗经》。字炳文，行二，年三十一，四月初五日生。曾祖净信。祖子茂。父琇。母孙氏。具庆下。兄明。娶徐氏。应天府乡试第十一名，会试第二百三十四名。

何显，贯福建福州府闽县，军籍，府学增广生，治《易经》。字继善，行七，年二十六，六月二十一日生。曾祖德济。祖叔原。父湜，国子监学录。母林氏。慈侍下。兄继高。弟继先、继周。娶高氏。福建乡试第十名，会试第三百二十四名。

任鉴，贯河南开封府许州临颍县，民籍，国子生，治《礼记》。字自明，行一，年二十八，闰十一月初十日生。曾祖仲能。祖用。父原。母吴氏。具庆下。弟镒、铋。娶高氏。河南乡试第十三名，会试第七十五名。

彭瓒，贯江西吉安府龙泉县人，山东胶州千户所军籍，国子生，治《诗经》。字廷器，行四，年三十九，六月十六日生。曾祖德富。祖荣。父源。母栾氏。具庆下。兄瑛、理、璟。弟璘。娶王氏。山东乡试第五十五名，会试第一百一名。

黄昌，贯江西抚州府金溪县，民籍，国子生，治《诗经》。字景文，行二十，年四十，七月初九日生。曾祖焕明。祖允中。父肃淳。母丘氏。永感下。兄义、式、亨。娶王氏，继娶段氏。江西乡试第十二名，会试第三百十九名。

刘聪，贯陕西延安府鄜州中部县，军籍，国子生，治《诗经》。字达夫，行二，年三十，正月二十五日生。曾祖处荣。祖準。父景，大使。母高氏。具庆下。兄玫。弟璋。娶张氏。陕西乡试第四十六名，会试第三百三十八名。

方志，贯浙江宁波府鄞县，民籍，府学生，治《易经》。字信之，行一，年三十六，三月初四日生。曾祖全翁。祖佐，知府。父愚，教谕。母徐氏。慈侍下。弟诒、诩、谅。娶薛氏，继娶章氏。浙江乡试第三十五名，会试第三百八名。

林纲，贯浙江台州府黄岩县，民籍，国子生。治《诗经》。字德举，行一，年三十五，九月十五日生。曾祖于善。祖让申。父文初。母陈氏。严侍下。弟璧、珊、玖、瑗、瑛。娶马氏，继娶马氏。浙江乡试第二十七名，会试第三百三名。

周楫，贯四川成都府内江县，民籍，国子生，治《礼记》。字济之，行二，年四十二，二月初七日生。曾祖必谅。祖彦聪。父南，照磨。母谢氏，继母余氏。慈侍下。兄汝砺。弟汝功、汝霖、汝杰、汝极。娶洪氏。四川乡试第二十九名，会试第二百六十八名。

陆昆，贯直隶苏州府昆山县，民籍，国子生，治《诗经》。字中玉，行一，年三十，二月十三日生。曾祖德祥。祖文。父宣。母周氏，继母沈氏。重庆下。弟岩、峇。娶周氏。应天府乡试第一百名，会试第六十名。

蔡余庆，贯浙江台州府黄岩县，军籍，县学生，治《易经》。字从善，行二，年二十九，八月初九日生。曾祖贵安。祖尚朋。父敦，训导。母李氏。具庆下。兄蔺。弟薇、蓉。娶王氏。浙江乡试第二十二名，会试第一百七十五名。

樊祉，贯河南卫辉府胙城县，民籍，国子生，治《书经》。字介福，行三，年四十三，四月十六日生。曾祖通辅。祖整。父亮。母陈氏。慈侍下。兄资、兴。娶段氏。河南乡试第三十七名，会试第二百七十六名。

陈恪，贯浙江湖州府归安县，军籍，国子生，治《诗经》。字克谨，行十三，年二十六，七月二十二日生。曾祖公祚。祖廷璘，义官。父敦。母吴氏。重庆下。兄恺、忱、悦、悌、性。娶朱氏。浙江乡试第七十六名，会试第六十四名。

吴必显，贯直隶池州府石埭县，民籍，国子生，治《春秋》。字德纯，行一，年四十，九月二十九日生。曾祖妹秀。祖麟祥。父淳宗。母程氏。永感下。弟必仁、必文、必武、必达、必正。娶王氏。应天府乡试第一百三十四名，会试第三百五名。

王资良，贯四川成都府金堂县，匠籍，国子生，治《书经》。字辅德，行三，年三十九，十一月初八日生。曾祖文焕。祖志道。父升。母杨氏。慈侍下。兄资坚、资厚。娶杨氏，继娶卢氏、赵氏。四川乡试第二十四名，会试第二百九十二名。

杨子器，贯浙江宁波府慈溪县，灶籍，县学增广生，治《诗经》。字名父，行十七，年三十，十月二十一日生。曾祖斗瞻。祖佶。父禄。母张氏。具庆下。弟子用。娶沈氏，继聘邵氏。浙江乡试第二名，会试第十四名。

王洧，贯直隶大名府浚县，军籍，国子生，治《易经》。字清之，行三，年三十一，正月二十八日生。曾祖礼。祖述，县丞。父宸，义官。母韩氏，继母郭氏、张氏。重庆下。兄涿，义官；溙，贡士。弟澜、济。娶李氏。顺天府乡试第七十八名，会试第二百三十七名。

彭程，贯江西饶州府鄱阳县，军籍，国子生，治《易经》。字宪卿，行三，年四十三，八月十七日生。曾祖大年。祖九龄。父泉，卫经历。母李氏。慈侍下。兄万高，阴阳正术；翱。弟翔、搏。娶杨氏。江西乡试第二十一名，会试第一百四十一名。

王秩，贯直隶苏州府昆山县，民籍，国子生，治《诗经》。字循伯，行一，年二十八，十一月三十日生。曾祖鼎。祖玠。父诂。母赵氏。具庆下。兄裻。弟稷，贡士；宸。娶杭氏。应天府乡试第九名，会试第二百十五名。

谢谘，贯湖广衡州府耒阳县，军籍，国子生，治《诗经》。字尧臣，行一，年三十六，闰九月二十二日生。曾祖永昌。祖必贤，知州。父文祥，前监察御史。母李氏。慈侍下。弟讷、谓、诲、说、言、访。娶曹氏。湖广乡试第四十四名，会试第一百四十六名。

蒋恭，贯四川重庆府巴县，民籍，府学生，治《书经》。字肃之，行一，年二十九，二月二十七日生。曾祖友才。祖福，封主事。父云汉，布政使司参政。母黄氏，封安人。具庆下。弟从、明、聪。娶胡氏。四川乡试第七十名，会试第一百三十九名。

夏镃，贯浙江台州府天台县，民籍，县学生，治《诗经》。字德树，行二，年三十三，十一月十四日生。曾祖庭苪。祖太愚，封监察御史。父埙，右副都御史。母卢氏，封孺人。重庆下。兄钦。弟镏、钺、铤、鐇、铃、鐇、铜。娶杨氏。浙江乡试第九名，会试第三百四十四名。

方溢，贯广西柳州府柳城县，民籍，国子生。治《诗经》。字文晔，行四，年二十八，七月初九日生。曾祖达用。祖满。父升，主簿。母王氏。具庆下。兄洪，训导；源；清，省祭官。娶秦氏。广西乡试第十四名，会试第二百九十七名。

郝本，贯山西太原府阳曲县，民籍，国子生，治《易经》。字立夫，行一，年三十四，十二月十八日生。曾祖玘。祖锒。父骥，仪宾。母五台郡君。慈侍下。弟榆，贡士；楷。娶江氏。山西乡试第四十三名，会试第四十名。

萧艮宣，贯江西吉安府庐陵县，军籍，府学增广生，治《诗经》。字敷化，行二十三，年三十九，十二月初一日生。曾祖仕镛。祖显谟。父玉成。母文氏。具庆下。弟艮安。娶贺氏。江西乡试第五十二名，会试第一百六十一名。

王启，贯浙江台州府黄岩县，民籍，县学增广生，治《诗经》。字景昭，行三，年二十三，正月二十九日生。曾祖琟。祖钦，会试中式举人。父本。嫡母郑氏，生母黄氏。重庆下。兄校、桓。弟根。聘杨氏。浙江乡试第六十九名，会试第八十三名。

徐诜，贯江西饶州府鄱阳县，民籍，国子生，治《诗经》。字邦孚，行二，年四十八，十月十四日生。曾祖宗周。祖子珏。父性中。母朱氏。永感下。兄郁。弟谦、谧。娶矢氏，继娶叶氏。江西乡试第三十七名，会试第一百九十五名。

刘丙，贯江西吉安府安福县，民籍，县学生，治《书经》。字文焕，行十一，年三十二，十二月二十五日生。曾祖伯武。赠治中。祖实，知府。父敩，南京翰林院孔目。母王氏。具庆下。兄壬，贡士。娶胡氏。江西乡试第三十二名，会试第一百二十三名。

梁廷宾，贯江西临江府新淦县，民籍，国子生，治《易经》。字尚治，行七，年四十，十一月初四日生。曾祖材智。祖翰高。父叙钦。母何氏。永感下。兄琦，训导；辅。娶曾氏，继娶张氏。江西乡试第六十四名，会试第二百七十二名。

张玮，贯直隶苏州卫，官籍，国子生，治《易经》。字嘉玉，行一，年三十五，五月二十九日生。曾祖声远。祖钢，助教。父渊。母陈氏。具庆下。弟璨。娶王氏。应天府乡试第四十二名，会试第四十五名。

黄印，贯广东广州府新会县，军籍，国子生，治《易经》。字廷章，行二，年三十九，七月十六日生。曾祖日新。祖胜护。父奎。母李氏。具庆下。兄甲。弟黼、宸。娶易氏。广东乡试第三十四名，会试第六十一名。

韦厚，贯浙江湖州府长兴县，民籍，国子生，治《易经》。字原载，行一，年三十八，八月十八日生。曾祖宏海。祖克恭。父龄。母钱氏，继母钱氏。具庆下。弟鉴、生、喜、孚、复、艮、蒙、坤、济、坎、豫。娶吴氏。浙江乡试第七名，会试第一百四名。

王玹，贯山东济南府武定州海丰县，民籍，国子生，治《易经》。字廷用，行十，年二十六，五月二十六日生。曾祖朴，赠资德大夫正治上卿户部尚书。祖佐，资德大夫正治上卿户部尚书，赠荣禄大夫少保，谥忠简。父豫，义官。母刘氏。具庆下。兄瑜，判官；瑄，义官；玺；瑁；彦；卿；现；瑞；瑀；珦。弟玠、琇、琪。娶张氏。山东乡试第三十八名，会试第一百四十五名。

李岱，贯山西太原府平定州乐平县，军籍，国子生，治《书经》。字宗岳，行一，年四十三，四月二十八日生。曾祖德。祖季忠，遇例冠带。父宁。母刘氏。具庆下。弟恒。娶赵氏。山西乡试第十九名，会试第一百二十七名。

蒋颙，贯浙江台州府临海县，匠籍，国子生，治《诗经》。字思诚，行一，年二十九，七月初三日生。曾祖仲才。祖敏叙。父璇，教谕。母彭氏。具庆下。弟颛、颐、颊。娶鲍氏。浙江乡试第四十二名，会试第七十五名。

曾逸，贯福建漳州府龙溪县，军籍，国子生，治《易经》。字世超，行一，年一十九，十月二十日生。曾祖磻安。祖万贞。父伯定。母王氏。具庆下。弟荣。娶黄氏。福建乡试第八十七名，会试第九十三名。

吾应麒，贯河南汝宁府汝阳县，民籍，国子生，治《春秋》。字文瑞，行一，年二十一，正月十四日生。曾祖仲文。祖周，通判。父升，知县。母吴氏，继母雷氏。慈侍下。娶杨氏，继娶邢氏。河南乡试第三十二名，会试第六十三名。

朱珏，贯直隶常州府无锡县，民籍，国子生，治《书经》。字廷用，行一，年五十，五月初七日生。曾祖仲杰。祖士廉。父景颙。母钱氏。永感下。娶徐氏。应天府乡试第六十六名，会试第一百八十九名。

曹忠，贯直隶常州府江阴县，民籍，县学生，治《诗经》。字原孝，行一，年三十四，三月二十七日生。曾祖子英。祖安道。父冒。母殷氏，继母姚氏。严侍下。弟恕。娶赵氏。应天府乡试第一百二十三名，会试第九十名。

华珏，贯浙江绍兴府余姚县，民籍，国子生，治《书经》。字商器，行一，年二十三，六月二十九日生。曾祖孟学，国子监学正。祖冕，训导。父麟。母孙氏。重庆下。弟珏、瑶、珊。娶沈氏。浙江乡试第六十二名，会试第二百六十二名。

蒋浤，贯应天府上元县，官籍，直隶长洲县人，国子生，治《书经》。字维深，行一，年四十三，五月十九日生。曾祖文德。祖善，通判。父璩。母王氏。严侍下。弟淮、润。娶杨氏。应天府乡试第十九名，会试第二名。

乂夔，贯山西平阳府闻喜县，军籍，国子生，治《书经》。字克敬，行二，年三十五，十二月二十八日生。曾祖克礼。祖企。父演，巡检。母陈氏。具庆下。兄兰。弟蕃。娶赵氏。山西乡试第五十四名，会试第二百五十一名。

徐璘，贯直隶苏州府昆山县人，山东登州卫军籍，国子生，治《书经》。字文璧，行五，年三十七，十二月初五日生。曾祖福肆。祖添福。父能。前母吴氏、吴氏，母陈氏。慈侍下。兄琮、璟、瑛、珍。弟瑾、璋、瓒。娶刘氏，顺天府乡试第一百十名，会试第二百二十九名。

王贯，贯四川重庆府荣昌县人，锦衣卫校籍，国子生，治《诗经》。字一之，行二，年三十三，正月初四日生。曾祖汉卿。祖用。父玘。母刘氏。具庆下。兄翀。弟昭纯。娶徐氏。顺天府乡试第二十二名，会试第一十三名。

袁佐，贯湖广安陆州京山县，军籍，县学生，治《易经》。字国佐，行一，年三十四，十二月初三日生。曾祖旻，遇例冠带。祖仕显。父冕。母闻氏。具庆下。弟佑。娶谢氏。湖广乡试第三名，会试第二百十八名。

沈时，贯直隶苏州府昆山县，民籍，国子生，治《书经》。字元中，行五，年三十五，六月初六日生。曾祖显。祖明，封工部员外郎。父祥，布政使司参议。前母瞿氏，赠宜人，母王氏。严侍下。兄重；厚；简，义官；默。娶陈氏，继娶周氏。应天府乡试第三十一名，会试第一百八十五名。

车份，贯浙江绍兴府会稽县，民籍，国子生，治《易经》。字允宜，行三，年四十二，五月初六日生。曾祖伯达。祖醇。父轼。母马氏。慈侍下。娶沈氏。浙江乡试第五十六名。会试第一百五十六名。

王珀，贯直隶常州府武进县，民籍，国子生，治《书经》。字廷瑞，行二，年三十三，七月十八日生。曾祖彦文。祖禄。父镇。母蒋氏。具庆下。兄琥。娶赵氏。应天府乡试第七十三名，会试第二百五名。

唐弼，贯直隶徽州府歙县，军籍，国子生，治《春秋》。字希说，行四，年四十三，七月十三日生。曾祖子仪，纪善。祖永吉。父邦立。母汪氏。慈侍下。兄源；佐，同知；相，监察御史。弟泰。娶佘氏。应天府乡试第一百二名，会试第二百名。

张廷珍，贯直隶常州府武进县人，直隶大同中屯卫军籍，国子生，治《诗经》。字效儒，行二，年三十六，七月二十日生。曾祖彦真。祖存礼。父翊。嫡母周氏，生母马氏。慈侍下。兄瑄。弟璁。娶韩氏。顺天府乡试第十六名，会试第二百二十三名。

王约，贯江西抚州府临川县，民籍，县学生，治《诗经》。字资博，行八，年三十八，六月十四日生。曾祖荣寿。祖学敏，监察御史。父义，训导。母万氏。具庆下。兄绪，知县；镇。弟绩、纮、纯、经、绎、纶。娶牛氏。江西乡试第十二名，会试第二百七十三名。

陈晦，贯福建兴化府莆田县，民籍，国子生，治《诗经》。字待征，行三，年二十七，六月初四日生。曾祖尚乾。祖腊，京库副使。父纯，教谕。母林氏。永感下。兄德征、尧征。弟昭。娶彭氏。福建乡试第六名，会试第一百八名。

胡显宗，贯直隶凤阳府临淮县人，羽林左卫官籍，国子生，治《书经》。字世荣，行一，年四十六，四月十八日生。曾祖文，指挥佥事，封明威将军。祖善，指挥佥事，封明威将军。父鉴，指挥佥事，封明威将军。前母陈氏，封恭人，母韩氏，封恭人。永感下。弟绍宗、继宗。娶高氏。顺天府乡试第十一名，会试第一百七十四名。

刘泰，贯顺天府固安县，民籍，国子生，治《诗经》。字世亨，行一，年四十，十月十六日生。曾祖文举。祖奉先。父信。母葛氏。永感下。娶陈氏。顺天府乡试第一百三十五名，会试第五十二名。

韩普，贯山东兖州府滋阳县，民籍，国子生，治《书经》。字文博，行二，年二十八，三月二十三日生。曾祖景华。祖晟。父惠，前录事。母程氏。具庆下。兄智，贡士。弟历。娶孔氏。山东乡试第三十三名，会试第七十六名。

翁理，贯广东潮州府饶平县，民籍，国子生，治《春秋》。字存道，行二，年三十二，十一月初一日生。曾祖计延。祖早。父主。母刘氏。具庆下。兄莹。弟昱、旭、吉、奇。娶陈氏。广东乡试第四十名，会试第四十八名。

袁孟悌，贯浙江宁波府鄞县，民籍，国子生，治《书经》。字本仁，行二，年五十，四月初八日生。曾祖圭，给事中。祖忠旼。父应骤。前母谢氏，母章氏，继母柯氏。慈侍下。兄孟憕。弟孟憬、慎、恊、宪。娶王氏。浙江乡试第四十一名，会试第三百二名。

任仪，贯四川保宁府阆中县，军籍，府学生，治《易经》。字象之，行二，年二十八，十二月初四日生。曾祖昌四。祖潮。父让，监生。母崔氏。具庆下。兄伟。娶朱氏。四川乡试第三名，会试第二百二十一名。

阎价，贯陕西凤翔府陇州，军籍，国子生，治《书经》。字允德，行一，年三十，二月初七日生。曾祖秀。祖璇，教谕，赠员外郎。父仲实，布政使司参政。母王氏，封宜人。具庆下。弟侃、效、优、伟。娶王氏。陕西乡试第十二名，会试第三百四十名。

姜溥，贯直隶广德州，民籍，国子生，治《礼记》。字希广，行二，年三十二，九月十三日生。曾祖克铭，训导。祖处谦。父韶。前母丁氏、潘氏，母胡氏。严侍下。兄洪，监察御史。弟清、深、澄、渊。娶王氏，继娶陈氏。应天府乡试第五名，会试第一百六十六名。

张拱，贯四川成都府内江县，民籍，国子生，治《礼记》。字朝仪，行三，年四十，八月初三日生。曾祖友才。祖志明。父时宗。母田氏。永感下。兄伯斗、伯辰。娶周氏。四川乡试第六十九名，会试第二百八十名。

郭廷珪，贯河南开封府仪封县，军籍，国子生，治《诗经》。字邦器，行一，年三十八，十一月十一日生。曾祖宾。祖岩，典史。父庆。母欧阳氏。具庆下。弟廷璋、廷璘、廷琬、廷玠。娶贾氏。河南乡试第五十八名，会试第一百九十名。

王镮，贯浙江台州府天台县，民籍，县学增广生，治《诗经》。字崇重，行五，年四十三，九月初五日生。曾祖彦华。祖思江。父公权，教谕。前母张氏，母黄氏。永感下。兄銮、铮、铎、鉴。弟钎、录。娶赵氏。浙江乡试第二十八名，会试第一百九十七名。

李隆，贯山西辽州榆社县，军籍，国子生，治《春秋》。字世昌，行二，年三十二，正月初六日生。曾祖安。祖彦弘。父忠。母柴氏，继母马氏。严侍下。兄仲山。弟盛。娶郜氏。山西乡试第二十五名，会试第一百二十六名。

牟道，贯四川重庆府巴县，民籍，县学生，治《春秋》。字文载，行五，年三十六，四月初二日生。曾祖应隆。祖谷泰。父玑。母黄氏。具庆下。兄仲仁、仲智、仲信、仲益。娶杨氏。四川乡试第四名，会试第一百五十一名。

杨廉，贯江西南昌府丰城县，军籍，国子生，治《易经》。字方震，行二，年三十六，八月十一日生。曾祖德义。祖行素。父崇，知府。母刘氏。具庆下。兄广。弟康、庥。娶陈氏。江西乡试第一名，会试第三名。

陈怀经，贯江西瑞州府新昌县，民籍，国子生，治《诗经》。字时济，行四，年三十，九月十六日生。曾祖德和。祖惟才。父守训。母李氏。具庆下。兄怀俊；怀英，贡士。娶熊氏。江西乡试第三十四名，会试第二百七十一名。

谢湖，贯广东潮州府海阳县，民籍，国子生，治《春秋》。字有容，行二，年二十六，三月三十日生。曾祖子鲁。祖宏毅，义官。父缪。母苏氏。慈侍下。兄树，贡士。娶王氏。广东乡试第五十九名，会试第三百二十名。

严祯，贯湖广德安府孝感县，军籍，国子生，治《书经》。字廷瑞，行三，年四十八，十月二十五日生。曾祖宗夔。祖世忠。父敏，县丞。母邹氏。永感下。兄广、英。弟祥。娶李氏，继娶车氏。湖广乡试第十五名，会试第二百二名。

冯浩，贯应天府江浦县，民籍，国子生，治《易经》。字养正，行一，年三十一，十一月初七日生。曾祖恭。祖彦能。父铭。母狄氏。重庆下。弟清、漳、湛、灌。娶刘氏。应天府乡试第一百四名，会试第七十八名。

朱玑，贯直隶永平府滦州人，云南蒙化卫军籍，国子生，治《易经》。字文瑞，行三，年四十，六月初十日生。曾祖德林。祖成。父旺。前母钟氏，母张氏。永感下。兄祯、祥。弟瑛。娶晏氏。云南乡试第三十名。会试第三百四十九名。

王希旦，贯湖广安陆州京山县，军籍，国子生，治《诗经》。字景哲，行三，年四十四，八月十八日生。曾祖思文。祖谅。父伯珍。母陈氏。永感下。兄易、昌。娶何氏。湖广乡试第四十二名，会试第一百六十五名。

华津，贯直隶常州府无锡县，民籍，国子生，治《诗经》。字济之，行三，年三十，正月二十八日生。曾祖谅。祖俊。父暄。母蔡氏。具庆下。兄溢、澍。弟瀟、瀚。娶钱氏。应天府乡试第一百二名，会试第三百四十二名。

潘楷，贯应天府溧阳县人，锦衣卫官籍，京卫武学生，治《易经》。字以正，行二，年三十，七月二十七日生。曾祖贵名。祖道信，赠昭信校尉。父庸，百户。母金氏，封安人。具庆下。兄杰。弟相、榘、棐。娶宋氏。顺天府乡试第五十三名，会试第二百七十四名。

王存忠，贯浙江台州府仙居县，民籍，国子生。治《春秋》。字诚之，行九，年四十一，三月十二日生。曾祖思明。祖文彬。父永潮。前母沈氏，母杨氏。永感下。兄存尚、美、英、赐、泽、益、穆、怀。弟良、纠、集、豪、补、彝。娶尹氏。应天府乡试第九十八名，会试第五十八名。

叶铤，贯福建福州府闽县，民籍，国子生，治《易经》。字惟刚，行七，年三十七，五月二十一日生。曾祖浚。祖真元。父思永，义官。母邵氏。永感下。兄铣，义官；钛。娶黄氏。福建乡试第八名，会试第一百六十九名。

任良才，贯山西汾州平遥县，民籍，国子生，治《易经》。字廷举，行一，年二十九，十二月三十日生。曾祖晶。祖义，知县。父惠。前母张氏，母范氏，继母冀氏。重庆下。弟良弼，贡士；良佐；良卿；良金；良玉；良玺。娶呼氏。山西乡试第四十名，会试第三百四十五名。

胡昂，贯直隶池州府贵池县，民籍，国子生，治《诗经》。字时举，行二，年三十九，七月十一日生。曾祖仲明。祖永洄。父忠礼。母朱氏。慈侍下。兄昇。弟景、昺、冕。娶钱氏。应天府乡试第七十五名，会试第四十九名。

张时泽，贯浙江绍兴府余姚县，民籍，国子生，治《礼记》。字济民，行九，年三十六，正月二十一日生。曾祖孟廉。祖曦。父廷玉。母邵氏。具庆下。兄润，经历。弟洞。娶王氏。浙江乡试第七十七名，会试第一百二十一名。

邢霖，贯山西平阳府襄陵县，匠籍，国子生，治《易经》。字时望，行二，年三十五，五月十四日生。曾祖敬礼。祖茂政，赠国子监祭酒。父让，礼部左侍郎。母梁氏，封恭人。慈侍下。兄震，监生。弟需、雷。娶王氏。山西乡试第二十五名，会试第三百四名。

张澜，贯广东肇庆府德庆州，军籍，国子生，治《诗经》。字东之，行一，年三十五，三月二十一日生。曾祖宗远。祖辅，知县。父缬。母邓氏，继母孔氏。具庆下。弟汉、瀛。娶李氏。广东乡试第十五名，会试第一百四十八名。

王琚，贯直隶安庆府望江县，医籍，国子生，治《诗经》。字良珮，行十，年三十八，十一月初一日生。曾祖华卿。祖震隆。父景，封给事中。前母束氏，赠孺人，母李氏，赠孺人，继母刘氏。慈侍下。兄理；玺；瑞，参议；琏；琳，训科；瑛。弟琅。娶殷氏。应天府乡试第四十三名，会试第八十八名。

胡经，贯山东济南府滨州，军籍，国子生，治《书经》。字纬之，行一，年二十五，四月二十一日生。曾祖伯皋。祖铭，主簿。父奕，义官。母王氏。重庆下。弟纪、继、纯。娶王氏。山东乡试第七十四名，会试第二百七十名。

石昭，贯山东济南府滨州，民籍，国子生，治《诗经》。字景辉，行一，年三十七，九月十八日生。曾祖仲良。祖敏。父俊。母张氏。具庆下。弟嵩、岩。娶萧氏。山东乡试第二十四名，会试第二百五十四名。

沈淮，贯直隶宁国府泾县，民籍，国子生，治《诗经》。字伯渊，行二，年四十三，二月二十二日生。曾祖子仁。祖永诚。父元忠。母吴氏。具庆下。兄伯彝。弟伯厚、伯衡。娶董氏。应天府乡试第一百三十一名，会试第三十八名。

焦韶，贯四川成都府灌县，民籍，国子生，治《诗经》。字凤仪，行五，年三十四，正月十五日生。曾祖敏，刑部员外郎。祖克让，九十冠带。父亮，训导。母王氏，继母吴氏。具庆下。兄泰和、致和、孟和、用和。娶杨氏。四川乡试第四十九名，会试第二百十七名。

张镆，贯浙江宁波府鄞县人，锦衣卫校籍，顺天府儒士，治《易经》。字声远，行一，年四十三，正月二十七日生。曾祖泰齐，元冠带儒士。祖罗。父瑾。母邵氏，继母李氏、吴氏。具庆下。弟钛。娶陈氏。顺天府乡试第一百三十五名，会试第五十七名。

刘浩，贯江西吉安府安福县，民籍，县学生，治《春秋》。字元充，行一，年三十四，十月十二日生。曾祖命谨。祖丙极。父廷熙。母赵氏。重庆下。弟渊、澄、潜、润。娶黄氏，继娶欧阳氏。江西乡试第八十名，会试第七十二名。

程顼，贯江西广信府上饶县，民籍，国子生，治《诗经》。字廷臣，行二十三，年四十二，二月初一日生。曾祖原哲。祖礼能。父纯。母郑氏。永感下。兄璜、瑝。娶俞氏，继娶徐氏。江西乡试第九十一名，会试第七十三名。

李性明，贯直隶徐州萧县，军籍，县学生，治《书经》。字诚夫，行一，年二十一，十二月十三日生。曾祖严，元万户。祖秩。父斌，知县。母欧阳氏。具庆下。娶尚氏。应天府乡试第一百十六名，会试第二百九十六名。

周昂，贯江西临江府新淦县，民籍，国子生，治《易经》。字友昂，行五，年四十一，正月二十四日生。曾祖益清。祖永绚。父日隐。母陈氏。永感下。弟友贤、友文。娶王氏。江西乡试第六十七名，会试第二百八十八名。

任继祖，贯河南开封府陈州项城县，民籍，国子生，治《诗经》。字述之，行二，年三十四，五月初十日生。曾祖敬。祖修，知县。父聪。母孙氏。慈侍下。兄继先。弟振、昂、邦、经、纯。娶阎氏。河南乡试第十四名，会试第二百四十名。

钱灏，贯南京留守后卫，官籍，应天府学生，治《书经》，字景宗，行四，年四十四，七月初二日生。曾祖真一。祖福观。父贵。母杨氏。永感下。兄涌，义官；溥；

洪，义官。弟瀚，百户；澍。娶严氏。应天府乡试第七十一名，会试第二百十三名。

刘绅，贯山东莱州府掖县，民籍，国子生，治《诗经》。字佩教，行三，年三十四，十二月二十日生。曾祖仲贤。祖奉。父聪，主簿。母赵氏。慈侍下。兄纲、经。弟继。娶周氏。山东乡试第十四名，会试第二百三十八名。

邢洪，贯山西太原府忻州定襄县，军籍，国子生，治《诗经》。字德裕，行三，年三十五，正月初一日生。曾祖奉祖。祖安。父子温。母胡氏。具庆下。兄贯、举。弟海、深。娶张氏。山西乡试第四十九名，会试第三百一十三名。

汪侃，贯直隶徽州府歙县，民籍，国子生，治《春秋》。字仲和，行二，年三十一，九月二十九日生。曾祖岳宝。祖子义。父仕宁。母徐氏，继母汪氏。具庆下。兄伦。弟任。娶叶氏，继娶何氏。应天府乡试第一百二十七名，会试第一百三十八名。

蔡辅，贯江西饶州府安仁县，民籍，国子生，治《易经》。字咨政，行九，年四十一，三月十七日生。曾祖伯荣。祖循，知县。父献。母周氏。具庆下。弟轩、轼。娶吴氏。江西乡试第四十六名，会试第九十八名。

张瑞，贯福建兴化府莆田县，盐籍，国子生，治《诗经》。字廷信，行三，年三十五，十月二十一日生。曾祖彦肃。祖惟益，封评事。父时复。母陈氏。严侍下。兄琦，义官。弟瑛、琇、玮、璠、琚、璇。娶朱氏。福建乡试第三十六名，会试第二百九十三名。

屈霖，贯直隶常州府江阴县，民籍，县学生，治《诗经》。字天泽，行二，年三十六，正月初一日生。曾祖原道。祖宗祥。父遂良。母陶氏。慈侍下。兄廷威，国子生。娶顾氏。应天府乡试第一百三十二名，会试第三十名。

徐瑶，贯浙江嘉兴府嘉兴县，民籍，国子生，治《诗经》。字文舟，行二，年二十八，三月十五日生。曾祖诚。祖敏。父潮。母沈氏。重庆下。兄琼。娶宗氏。浙江乡试第二十三名，会试第五十一名。

吕鹏，贯四川夔州府达县，民籍，国子生，治《诗经》。字搏万，行一，年三十九，正月初一日生。曾祖亨中，阴阳训术。祖镇。父瑭，监生。母高氏。具庆下。弟鸩。娶杜氏。四川乡试第六十五名，会试第三百四十七名。

熊槩，贯河南汝宁府光州商城县，军籍，国子生，治《诗经》。字大节，行一，年四十三，三月初十日生。曾祖真。祖文质。父英。母关氏。永感下。弟棨。娶曾氏。河南乡试第六十三名，会试第二百九十一名。

《成化二十三年进士登科录·策问》：皇帝制曰：自昔帝王创造丕图，必有贻谋以为长治久安之计。夏、商、周之迹见于经，汉、唐、宋之事具于史，朕欲闻其纪纲统体制度得失之详。迨其嗣世之君，欲保盈成以跻至治，一惟旧典是遵是用，其或久也，不能无偏而不举之处，则亦兴其滞，补其弊，期使斯民得被先王之泽，如夏启、商宗、周宣王是已。而汉、唐、宋之君，亦有能庶几者乎？朕欲究其奋励有为功业可称之实。夫事不稽古，固无以证今。然徒泛论古之人，而不求今时之急务，亦非纳言之善也。昔朕太祖高皇帝，奄一寰宇，建制垂宪，万世攸崇。太宗文皇帝，定鼎两京，洪谟远略，光前裕后。列圣相承，益隆继述，斯民乐育于熙皞之治，已百二十年矣。然治极而弛，理势自然。祖宗良法美意，岂能悉祗承而无弊乎？肆朕惓惓以法祖为念，欲俾内外百司群工庶职，咸思奋庸熙载，恪守典训而慎行之，毋滋偏失不举，名存实爽之议，用期吏称其职，民安其业，中国尊而四夷服，风雨时而嘉祥至，谅必有道矣。尔诸生皆学古通经，有志于用世者，其各直述以对，毋有所隐，朕将亲览焉。成化二十三年三月十五日。

《成化二十三年进士登科录·费宏对策》：

臣对：臣闻帝王之御天下也，有致治之道，有保治之道。致治之道存乎法，保治之道存乎勤。非法无以维天下之势，非勤无以守天下之法。故创造丕图者，必立法以贻孙谋，嗣守鸿图者，必忧勤以绳祖武。曰纪纲，曰统体，曰制度，皆法之具也。而兴滞补弊，则勤之实耳。创之者以法，则国势尊严，而有以成长治之业。守之者以勤，则法度修举，而有以跻至治之休。帝王御天下之道，夫岂有外于此乎？夏、商、周之治，所以卓冠千古，以其创之者其法善，而守之者其志勤也。汉、唐、宋之治不古若，庸非创之者其法有未善，守之者其勤有未至欤？恭惟皇帝陛下，年当鼎盛，运抚盈成，昧爽临朝，惟祖宗之法是遵，甲夜视事，惟祖宗之法是监。临御以来，于兹二纪，贤才皆已举用，四海皆已无虞，保治之道，盖已默得于圣心之妙矣。尤不自足，乃于万几之暇，廷集多士，谘诹治道，首举三代、汉、唐、宋之创业者，而欲闻其纪纲、统体、制度得失之详，中举三代、汉、唐、宋之守成者，而欲究其奋励有为功业可称之实，末复以祖宗列圣之所以创守为言，而虑夫成法之弊，且惓惓以法祖为念，期于吏称民安，中国尊而四夷服，风雨时而嘉祥至。臣伏而读之，有以见陛下知创业之惟艰，念守成之不易，而欲保熙皞之治于无穷也。臣请稽之经，订之史，按之当今之务，为陛下陈之，陛下幸垂听焉。臣闻天下重器也，创之至艰，守之至艰。创之而不知所以创之之道，则无以垂治于百王。守之而不知所以守之之道，则无以保治于万世。创之之道无他焉，臣前所谓法是已。守之之道无他焉，臣前所谓勤是已。盖法者维持天下之具，故帝王创业，必建立纪纲，经画统体，条陈制度，以尽天下之法，以贻子孙之谋，以为长治久安之计。自家而国，自国而天下，彼此相维，内外相制，如身之使臂，臂之使指者，纪纲之谓也。或尚宽大，或尚严明，以此而始，以此而终。不朝文而暮质，以自溃乱者，统体之谓也。治教礼乐田赋兵刑之类，所以经纬天地，黼黻民物者，制度之谓也。然先王之法，必有偏而不起之处，故政有眊而不行。守成者欲保盈成以跻至治，又必勤励不息，兴其滞以补其弊，然后天下之法可以施诸罔极，先王之泽可以波及斯民，而世为有道之国矣。臣请以创之之法言之。禹之造夏，有典则以贻子孙。观其文命四敷，声教四讫，则有以立乎纪纲。政尚忠朴，治先勤俭，则有以定乎统体。至于建官二百，肉辟三千，设六师以讨罪，辨三壤以成赋，天秩有礼，大夏有乐，教民以序，正朔以寅，其制度又无不备。禹之立法贻谋，其善如此。夏之治安，于此乎致矣。汤之造商，昭大德以裕后昆。观其肇修人纪，而九有以截，则纪纲以立，代虐以宽，而兆民允怀，则统体以定。至于建二相以总百官，制官刑以儆有位，公田籍而不税，大辂质而得中，国老养于右学，庶老养于左学，其制度亦无不备。汤之立法贻谋，其善如此。商之治安，于此乎致矣。若夫周之文武，启佑后人，咸正罔缺，风化基于《关雎》，内庭属于冢宰，枢机周密，有以为四方之纲，明德而不敢忽，慎罚而不敢滥，仁爱忠厚，有以为一代之体。其建官也，六卿分职。其制刑也，三典诘奸。田赋有乡遂都鄙之殊，军赋有乡遂丘甸之异。语礼乐则五礼以节民性，六乐以和民声。语教化则三物以兴贤能，四术以造俊秀，制度之备又何如也。周之治安，何莫而不本于立法贻谋之善乎？下逮汉、唐、宋创业之君，非不欲致治如三代也，但其法有未善耳。汉之高帝，大封同姓，委任大臣，以规模为纪纲。约法顺民，扫除烦苛，以宽仁为统体。命萧何次律令，命叔孙通制礼仪，章程定于张苍，军法申于韩信，所以贻谋者又有制度矣。然大纲虽正，而终不能无杂伯之非，大礼虽宽，而卒不能除参夷之令。庶事草创，而井田不复，学校不兴，礼文多阙，而正朔不改，官名不定，则其法不能以皆善也。唐之太宗，除乱致治，四夷宾服，庶乎知立国之纪纲。屈己从谏，仁心爱人，庶乎知为政之统体。以职事任官，以尊本任众，以租庸任民，以府卫任兵，礼制于房玄龄，乐作于祖孝孙，六学有领，五刑有覆，所以贻谋者又有制度矣。然内多惭德，有夷狄之风，渐不克终，来诤臣之疏。法度之行，礼乐之具，拟之先王未备。田畴之制，庠序之教，拟之先王未详。则其法不能以皆善也。至若宋之太祖，以忠厚廉耻为纪纲，而五事之美，千古所无。以偃兵息民为统体，而五季之弊，一朝顿解。两府台谏，官之总察有方，三衙四厢，兵之简阅有道。幸学有赞，均田有令，而教养之法可观。温叟制礼，和岘制乐，而礼乐之文可取。又有制度以贻谋矣。然宗室则无选举教训之实，宿卫则聚卒伍无赖之人，官司之课试不严，学校之作成无要，兵士每杂于疲老，农民常苦于征徭，其法又岂能尽善哉！由是观之，则圣策所谓纪纲、统体、制度得失之详，可得而知矣。臣请以守之之勤言之。夏当有扈违命之时，三正怠弃，五行威侮，禹之法不能无偏而不起之处也。启则敬承继禹之道，而奋励有为，举滞补弊，召六卿以行天讨，申赏罚以肃人心，卒使民被先王之泽，而讴歌有归，有夏盈成之治，以勤而保矣。商自盘庚既没之后，赏刑僭滥，荆楚叛背，汤之法不能无偏而不起之处也。高宗则监于先王成宪，而奋励有为，兴滞补弊，求良弼以代厉言，衷荆旅以昭殷武，卒使民被先王之泽，而小大无怨，有商盈成之治，以勤而保矣。至若周自厉王之烈，小雅尽废而四夷交侵，上帝板荡而下民卒瘅，文武之法不能无偏而不起之处矣。宣王由是奋励有为，兴衰拨乱，车攻复古，明文武之功业，六月出师，复文武之境土，卒使王化大行，流离还定，周之盈成，何莫而不保于兴滞补弊之勤乎！下逮汉、唐、宋守成之君，非不欲保治如三代也，但其勤有未至耳。汉之宣帝、光武，庶几法祖之君也。或承武昭虚耗之弊，而综核名实，信赏必罚，伸威北狄，功光祖宗。或鉴西京不竞之祸，而明慎政体，总揽权纲，身致太平，恢复前烈。其兴滞补弊之功业，有可称者。惜夫神爵之后，颇尚荒唐，建武之中，竟行封禅，则其勤有未至焉。唐之玄宗、宪宗，庶几法祖之君也。或革前朝权威之弊，而励精政事，开元之际，几致太平。或惩德宗姑息之祸，而纪律毕张，元和之初，威令复振。其兴滞补弊之功业，有可称者。惜夫天宝之末，嗜欲滋生，平蔡之后，侈心遽动，则其勤有未至焉。至若宋仁宗承宫闱专政之后，裁抑侥幸，锐意太平。神宗当累朝委靡之余，勤俭有为，励精求治。亦可谓善法祖宗，而兴滞补弊之功业，有足称者。惜夫一则仁柔有余，而刚断不足，一则听言太广，而进人太锐，其勤又岂能至哉！由是观之，则圣策所谓奋励有为、功业可称之实，可得而知矣。大抵三代之法，尽善尽美，故其子孙有所据依，而为治也易。至于政弊然后变其小节，而其大体卒不可易，汉、唐、宋之法，不过因陋就简，以苟一时之近功。其善者常寡，而不善者常多，其善者常小，而不善者常大，立之未几，而弊已随之。后世之君，区区修补，百孔千疮，随乱随失，虽欲言治，皆苟而已。洪惟我太祖高皇帝混一区宇，建制垂宪，而法之贻于后者，至精而至备。太宗文皇帝定鼎两京，吁谟定命，而法之光于前者，愈盛而愈彰。请举其大者言之。宫闱雍肃，而无出梱之言，左右忠勤，而谨戴盆之戒。任府部为股肱，而事权不紊，倚台谏为耳目，而国论有归。宗子分封，以广维城之助，三司并置，以革藩镇之专。申明典常，而有以正天下之大谊，诛逐胡房，而有以严天下之大防。则纪纲之善，无异乎三代矣。治本人情而广孝弟之化，仁同一视而无南北之殊。施猛政以济宽，用重典以平乱。惠鲜鳏寡，贪墨之加害者必惩，怀保小民，豪强之凌暴者不贷。则统体之善，无异乎三代矣。至若审官立铨选考课之方，育材设学校科目之典，财以足国，而赋税漕运有其经，兵以卫民，而番上分屯有其备。礼仪有式，宴享有章，而和敬之风以著，令教于先，律齐于后，而钦恤之意攸存。则制度之善，又无异乎三代矣。祖宗之所以创业者，其法既善，自是而后，若仁宗昭皇帝之励志图治，推诚任人。宣宗章皇帝之偃武修文，五伦攸叙。英宗睿皇帝之乾刚（纲）独断，克复旧物。莫不以勤而继守之。传至陛下，又能绍列圣之忧勤，守祖宗之成法，斯民乐育于熙皞之治者，盖已百二十年，虽三代治安之长久，不是过矣。圣策乃谓治极而弛，理势自然，祖宗之良法美意，岂能悉祗承而无弊，臣知此固圣人忧勤不已之心，臣敢不俯陈狂直，以副圣心之万一乎！臣惟法之立也，本无不宜，法之行也，始有其弊。因其弊而救之，则存乎其人。古人有言曰：救弊者莫如修德。又曰：救弊者莫如责实。臣愚窃谓今日救时之急务，亦惟修德责实，益致其勤而已。盖德者法之本也。德之修万一有不慎，则其流之弊，必至于纵欲以败度。譬之人伤其气，而寒暑易侵，木伤其根，而风雨易折。法虽具也，亦徒法而已矣。实者名之主也。实之责万一有不核，则其流之弊必至于欺谩以成风。譬之抟土为舟，不足以利涉，画地为饼，不足以充饥。名虽美也，亦虚名而已矣。故以舜之重华协帝，而伯益犹以罔失法度为言。以舜之庶绩咸熙，而皋陶犹以屡省乃成为戒。政以无虞之世，其修德责实之功，不可少息耳。今陛下防非窒欲，恪守旧章，任贤使能，大明黜陟，所以修其德而责其实者，固不可以有加矣。而臣子之心，每以有加无已而望陛下，此臣所以拳拳以勤为献也。况我祖宗之法，莫不以勤而创之。臣尝观祖宗之谕近臣有曰：朕念创业之艰难，日不暇食，夜不安枕。又曰：人君日理万几，怠心一生，则庶务壅滞，其患不可胜言。又曰：天下之大，庶务之殷，岂可须臾怠惰，一息惰则百度弛矣。凡此皆勤之准的也。陛下既知惓惓以法祖为念，又可不法祖宗之勤乎？臣请以勤之说为陛下别白而重言之。夫君者天也。天惟聪明刚健，动而不息，是以其光为日月，其文为星辰，其威为雷霆，其泽为雨露，而万物之生于动者，各得其职。天之行也，一息有不继，则运动无常，而不能以宰万物矣。人君之御天下，以其能宪天聪明，体天刚健，而惓惓焉勤励不息也。一或怠焉，则德有不修，实有不责，先王之法委靡废放，日趋于弊而已，又安能保天下之治哉！臣愿陛下所其无逸，罔或不勤，宪天之聪明以为聪明，体天之刚健以为刚健，一念之萌必谨而察之，曰此于吾法得无有所害乎？一令之出必反而思之，曰此于吾法得无有所紊乎？无所害也，无所紊也，然后从之，不然，不敢从也。如是则人欲净尽，天理昭融，圣德益修，而所以救弊者有其本矣。由是条天下之事，其大者有几，表天下之人，其可用者有几。鸡鸣而起，曰：吾今日为某事用某人。他日又曰：吾所为某事，其事果济矣乎？所用某人，其人果才矣乎？事果济也，人果才也，然后已之。不然，不但已也。如是则为之而成，革之而服，名实相须，而所以救弊者有其要矣。陛下于是二者，果能惓惓焉不违于心，则勤之实以尽，内外百司，群工庶职，孰敢不仰体陛下法祖之心，奋庸熙载恪守典训而慎行之乎？以是□祖宗之纪纲，必能开众正之门，杜群枉之路，威福得以专，而无侵挠之患，政事得以修，而无阿私之失。以是守祖宗之统体，必能存仁厚之风，行宽大之政，垂旒黈纩而黜其聪察，藏疾纳污而务于包涵。以是守祖宗之制度，必能惜名器，公用舍，以精吏治，必能重师儒，慎科贡，以正士风。理财也，必能罢无名之征，停不急之务。理兵也，必能稽私役之卒，惩贿求之将。礼乐则必能革奢僭之习，放淫哇之声，刑政则必能除惨刻之科，重威富之罚。将见滞无不兴，弊无不补，今日之急务无不治，良法美意可以祗承，而无偏失不举、名存实爽之议。由是而吏称其职，由是而民安其业，由是中国尊而四夷服，由是风雨时而嘉祥至。凡陛下所期，无不如志，可以保盈成于万世之久，可以跻至治于三代之上矣。区区汉、唐、宋之功业，乌足言哉！陛下之所以策臣者，大略如此，而于其终，复策之曰：诸生学古通经，有志于明世者，其各直述以对，无有所隐，且宠之以朕将亲览之一言。臣荷陛下生成之德，沐陛下教养之恩，学虽不足以通经，而志于用世也久矣。今幸一登文石之陛，涉赤墀之涂，承问而对，臣之职也，直言无隐，臣之忠也。况陛下导臣而使之言哉！臣复有一言以为陛下献者，惟欲陛下终始此勤而已。昔周公之于成王，有无逸之戒，宋璟之于玄宗，亦有无逸之图，二臣之言，初非有异，二君之治，乃有不同。盖成王听周公之言而无间，故卒致凫鹥之休。玄宗用宋璟之言而不终，故卒成天宝之祸。是则人君之治，莫不兴于勤而废于逸，人君之勤，鲜克善其始而慎其终。此前代彰灼著明之效，有国者不可以不慎也。伏愿陛下以成王为法，以玄宗为戒，以臣之言为不欺，慎终如始，不敢逸豫，则祖宗之法有不难守，天下之治有不难保矣。惟陛下留神省览，果如圣谕，则臣之幸也，宗社之福也，天下万世无疆之休也。臣干冒天威，不胜战栗之至。臣谨对。

《成化二十三年进士登科录·刘春对策》：

臣对：臣闻置大器者，固贵乎建大法，尤贵乎正大本。夫天下大器也，纪纲、统体、制度，大法也，而人君一心，则大本也。凡器之在人，置得其地则安，失其地则危，况天下者莫大之器，而置之可以无法乎？然法固置天下之具，使不本于心，则推之不准，动之不化。欲置是器于安全之域，又可得乎？故古之人君，不患器之未安也，而惟恐法不能立。不患法之未立也，而惟恐心不能正。心得其正，则以之建法，足以行于万世而无弊，以之守法，足以衍于无疆而有光。夏、商、周所以隆一代之治者，固此心之正也。汉、唐、宋所以不能继三代之隆者，庸非此心之正有未纯乎？宋儒程子以为，为政须要有纲纪文章。朱子曰：天下之事，其本在于一人，而一人之身，其本在于一心。即此意也。钦惟皇帝陛下，聪明睿智，孝友温恭，有宽仁博爱之度，有神武不杀之威，负荷祖宗之大器，恪守祖宗之大法，海宇乂安，黎民醇厚，所以置大器，固若泰山磐石而无阽危之患矣。然犹不自满假，廷集多士，诹咨治道，始欲闻创业守成之得失，终欲究今时急务之所在。顾臣愚陋，曷能仰揆渊衷。然窃尝观唐虞之时，治固至矣，而君臣之间，未尝以已治自足。故大禹陈克艰之戒，伯益陈儆戒之谟。舜之作歌也，亦曰：敕天之命，惟时惟几。君臣之间，岂故私忧过计哉！盖当泰之时，而审复隍之戒，居豫之时，而存介石之心，此治安之效，所以有隆无替也。陛下当熙洽之时，而勤问察之念，深惟法祖为心，则所以保盈成之运，跻至治之道，在是矣，臣复何言。臣惟陛下有是心也，而力于行，则宗社亿万年无疆之休也，谨拜手稽首，对扬休命之万一。臣闻自古帝王，创造丕图，必有贻谋以为长治久安之计。而其谋之贻也，有纪纲焉，有统体焉，有制度焉，合而言之，皆法也。纪纲者法之大端，所以总摄人心。统体者法之大分，所以包括治具。制度者法之条目，则所以为僭拟之防，而显然于典章文物之间者耳。有纪纲而后能一天下之势，有统体而后能正天下之治，有制度而后能制天下之情。人君贻治安之计于后世，盖未有舍此者。《书》曰：有典有则，贻厥子孙。《诗》曰：诏厥孙谋，以燕翼子。是已。臣请举三代之概言之。夏之兴也，禹以克勤克俭之德膺舜历数之传。商之兴也，汤以圣敬日跻之德举吊民伐罪之师。周之兴也，武王以建其有极之德定文王未集之统。其受命也，皆天人之协应。其立法也，皆精义之所存。所谓纪纲、统体、制度，盖纤悉兼备矣。观其惇叙九族，而文命四敷，克宽克仁，而万邦表正，惇信明义，而彝伦攸叙。忠质文之异尚，浑浑然宽大淳厚之风，子丑寅之迭建，荡荡乎正大光明之业。田以养民也，有曰贡曰助曰彻之异，学以教民也，有曰校曰序曰庠之殊。礼有三礼五礼及礼仪三百，所以节民性者无不具，乐有大夏大濩及大武之章，所以和民心者无或阙。兵足以御侮而无陆梁之患，刑足以禁奸而无枉桡之失。是其纪纲以振，则内外相维也，统体以立，而规模弘远也，制度精密，而巨细无遗也。禹汤文武创造于前者如此。及其嗣世之君，欲绳祖武以隆景运，亦惟率循旧典。虽或久也，不能无偏而不举之处，则兴滞补弊，期使斯民得被先王之泽而已，固非有加于典则之外焉。如启之恭行天罚，大战于甘。高宗恭默思道，嘉靖殷邦。周宣侧身修行，任贤使能。是皆兴滞补弊也，卒之有扈以之而荡灭，蛮夷重译而来朝，海内翕然而向风，上足以绍烈祖之耿光，下有以致时雍之盛治。则其奋励有为之实，不亦概可见乎！三代而后，嬴秦暴虐，无足论矣。汉高帝豁达大度，宽厚长者。如列置郡县，分设刺史，而规摹优裕。约法三章，剖符封功，而宽大不苛。以至叔孙通制礼仪，韩信修军法，享祀有乐，均田有制，亦云可矣。然井田坏而不能复，学校废而不能修，与凡兵刑礼乐之事虽具，而亦多袭嬴秦之旧，则其纪纲、统体、制度，臣未敢以为得也。语其嗣世，如文帝之躬修玄默，绝意游畋，宣帝之综核名实，信赏必罚，固当时贤君也。惜其礼乐未遑，而教化有不备，刑名绳下，而德教有未纯，功业果足称乎？自汉而后，三国鼎峙，六朝瓜分，无足论矣。唐太宗负英武之资，怀安民之志，如周典建官，府卫置兵，而法令严察，修定律令，禁笞鞭背，而仁厚攸存，以至建立学校，增广生员，口分世业以均田，租庸调法以定赋，亦云可矣。然雅乐作而不免于俗音，显庆礼制而皆杂以式令，与凡兵刑教养之事虽具，而亦未复先王之制，则其纪纲、统体、制度，臣未敢以为得也。语其嗣世，如玄宗之励精政事，任贤纳谏。宪宗之志平僭叛，能用忠谋。亦当时令主也。惜其奸佞干政而致乘舆之播迁，信任非人而罹不测之逆祸，功业果足论乎？自唐而五季坏乱极矣，宋祖隆兴，削平僭国，以文臣处藩镇，以杯酒释兵权，蔼然礼义之化，不容苛虐，哀矜无辜，温然忠厚之风。重农务本，则田里以均，兴学崇儒，则祠宇增葺。以至兵有三衙四厢之制，刑有大辟覆奏之典，固英仁之主也。然刑虽制而未能惩赃吏之犯，兵虽设而未能复幽燕之地，凡其教养礼乐之事，亦皆议论多而成功少，彝则其纪纲、统体、制度，抑岂能如三代者哉！迨其嗣世之君，如仁宗之恭俭仁恕，群贤毕用。孝宗之聪明英毅，锐志恢复。庶几守成之君也。然仁柔有余而夷狄肆侮，土宇未还而偏安不振，功业又果足论乎？夫三代之君，立法尽其善，而嗣世者又能成奋励有为之迹。汉、唐、宋之君，立法未尽其善，而嗣世者亦无功业可称之美。所以尽其善者，非无自也，本于禹汤文武之心，得其正也。所以未尽其善者，非有他也，本于汉祖唐宗宋祖之心，未纯于正也。他如嗣世之君，或兴滞补弊，有光于前，或因陋就简，无闻于后，又岂非其心有正有未正乎？洪惟太祖高皇帝龙飞淮甸，混一寰区，振纲常于已沦，辟乾坤于再造。内设府部以总理庶政，外设藩臬以分理万邦，言责有官，而耳目是寄，官守有分，而职掌以严。养民申荒芜之令，教士谨卧碑之规。命牛谅制礼以定民志，命陶凯典乐以和民心。简练有方而兵无不足，律例有则而刑无不清。规画详明，无非良法美意之所寓，法度精密，莫非深仁厚泽之所存。其纪纲、统体、制度，所以为置大器之法者，实与禹汤文武异世同符，而为万世攸崇者矣。迨太宗文皇帝茂膺景命，克缵鸿烈，定两京之建，表六经之文，洪谟远略，光前裕后，列圣相承，益隆继述，文武效用，民物底宁，诚足以远追三代之隆，而陋汉、唐、宋于下风也。陛下乃谓治极而弛，理势自然，而以祖宗之法不能悉祗承无弊，且欲恪守典训而慎行之，毋滋偏失不举、名存实亡之议，用期吏称其职，民安其业，中国尊而四夷服，风雨时而嘉祥至。臣伏读至此，有以仰窥陛下拳拳法祖之心，欲救今时之弊，以固大器之安，上以功光祖宗，下以业垂后裔也，大哉王言！一哉王心！其所以衍灵长之运，隆宗社之福者，端在此矣。然臣尝静而思之，我祖宗典训，精粗巨细，罔或渗漏，法已建矣。但承平日久，弊随法生，诚有如陛下所虑者。若田里不能无兼并之患，学校不能无浮靡之习，兵以御侮，恒乏勇敢之士，刑以禁暴，常多宽抑之民。奢侈逾僭，而少敦本从实之俗，导欲增悲，而鲜和平冲淡之音。是皆今时急务之大者。其它背理妨政之事，未易毛举。大抵祖宗之法虽具，而奉行者容有未至，此所以未免上厪宵旰之忧也。为今之计，岂有他哉！臣愚以为，惟在陛下正心而已。观周公作立政之书以告成王，所陈皆命官用人之事，而必以宅心为先。诚以心者天下之大本，万化所从出者也。故心有不正，则大本不立，纪纲无由以振，统体无由以立，制度无由以明，虽欲言治，皆苟而已。然一心之微，众欲攻之，陛下圣智高明，精一无间，固非邪妄能动者。然或涵养防持之功少有间断，则心亦不能不失其正矣。宋儒真德秀有言：惟学可以养此心，惟敬可以存此心，惟亲近君子可以维持此心。臣窃谓正心之道，莫切于此也。陛下数御经筵，缉熙圣学，学固至矣。伏愿视朝之余，亦必优游厌饫，凡六经子史之书，与夫祖宗宝训，列圣编纂之籍，无不日陈左右而观览之，则日与圣贤为徒，而有自得之乐，此心得所养矣。《诗》曰：日就月将，学有缉熙于光明者，此之谓也。陛下垂拱庙堂，心存渊默，敬固至矣。伏愿燕息之时，亦必端庄恭敬，不修饰于大庭，而或肆于深宫之地，不矫揉于亲贤，而或忽于独处之际。则凛如神明在上，而无非僻之杂，此心得所存矣。《书》曰：王敬作，所不可不敬德者，此之谓也。陛下临朝之时，公卿环侍，固亲近君子矣。伏愿便殿之间，亦必妙选文学之臣，慎择谨厚之士，陪侍燕闲，以备顾问，使得因时启沃，而忠言日闻于耳，随物箴规，而邪说不惑于心。则此心得所维持矣。《传》曰：习与正人居，不能无不正者，此之谓也。夫如是，则陛下一心如日之明者愈明，如水之清者愈清，未感也无少偏倚，及既发也无少差谬，见于用人行政之间，著于发号施令之际，纪纲以振而无废弛之患，统体以立而无侵挠之失，制度以明而无违僭之非，由是内外百司，群工庶职，皆恪守慎行祖宗之典训，中国尊而四夷服，风雨时而嘉祥至，凡所愿欲，莫不毕至，而弊无可言矣，尚何偏失不举、名存实亡之议哉！臣窃伏草茅，至愚且贱，仰承明诏，而始终以正心为献者，固知儒生常谈也。但帝王之致治，圣贤之垂训，莫有切于此者。孟子曰：我非尧舜之道不敢以陈于王前。臣学孔孟者也，安敢不以尧舜之道为吾君献哉！惟陛下不厌为常谈，少垂睿览，则天下幸甚。臣谨对。

《成化二十三年进士登科录·涂瑞对策》：

臣对：臣闻前王之垂统者，当有以立其法。后王之继统者，当有以守其法。皆本乎一心之诚而已。盖法莫大乎纪纲、统体、制度也。然非诚于内而致行之力，则立之也弗善，守之也弗坚，如是而欲国统之延长，不可得矣。故前王之立法，必诚心以立之，而后可以垂统于后。后王之守法，必诚心以守之，而后可以继统于前。夏、商、周所以统绪相承无有穷已者，以其立法守法之本于诚也。汉、唐、宋所以不古若者，岂非立之守之者徒有其法，而无其诚欤？然则立法者固本于诚矣，而守法者又可不诚其心乎？孟子曰：徒法不能以自行。子思曰：惟天下至诚为能参天地，赞化育。良以此也。伏惟皇帝陛下，聪明睿知，有圣人之资，孝友谦恭，有圣人之德，所以保盈成而跻至治，至矣尽矣，不可以有加矣。然犹举行盛典，志切求贤，乃进臣等于廷，俯赐清问，谘之以法祖之事，责之以尽言之忠，所谓智周万物而一得之愚不弃，威加四海而刍荛之贱必询者也。臣虽愚贱，敢不极虑，昧死以对扬休命乎！臣惟天下之治，固在于法。天下之法，必本于心。法者治之具，法有不立，不足以为治。心者法之本，心有不诚，不可以立法。故自古帝王，创造丕图，必立法贻谋，以为长治久安之计。而纪纲、统体、制度，所以防范人心，维持家国，皆贻谋之大者。《传》曰：纪纲既正，天下大定。又曰：体统正而朝廷尊。又曰：制度一而风俗同。皆是意也。然其法之立也，要必本之于诚耳。臣请以三代立法之君言之。禹以方懋厥德，继舜而兴，当时彝伦攸叙，而文命四敷，克勤克俭，而不自满假，曰典曰则，贻后有谋，曰校曰贡，教养有法。此夏之纪纲、统体、制度也。汤以天锡勇智，继夏而王，当时人纪肇修，而式于九围，克宽克仁，而彰信兆民，三风十愆，官有常儆，八家九区，田有定画。此商之纪纲、统体、制度也。至若文以徽柔懿恭而基三分有二之业，武以执竞惟烈而成九年未集之统，观其慈迪彝教而修和有夏，重民五教而宠绥四方，惠鲜鳏寡而万民咸和，除残去暴而万姓悦服。建官有三百六十之属，制礼有三千三百之条。其建学以教民，则有曰庠，制产以养民，则有曰彻。此周之纪纲、统体、制度也。夫三代立法之善如此，非自善也，本于禹汤文武心乎诚耳。使禹不能允执厥中，汤不能咸有一德，文武不能纯亦不已，细行亦矜，则其所贻之谋，随立随仆，曷有传于后乎？三代而下之创业者，若汉祖唐宗宋祖，亦知立法以垂统矣。然其心之诚者有未至，故其法之立者亦有未善。以言乎高祖，规模宏远而大纲攸立，然吕氏专权而政由房闼也，宽仁爱人而大体以正，然养成谄谀而国祚以衰也。虽律令礼仪成于萧何、叔孙，章程军法定于张苍、韩信，然袭秦之弊，曾何足齿以言乎？太宗法令分明而蛮夷率服，然宫闱渎乱，民无所则也。严明英武而深知治体，然好大喜功，勤兵于远也。虽贞观之礼成于玄龄、魏征，学校之化及于高丽、百济，然袭隋之旧，又乌足道！至若宋之太祖，忠厚廉耻，大纲攸正，然国势不振，王道未醇也。道德仁义，无让汉唐，然惠亵而威不振，赏数而加无功。虽制礼也，则因陋就简，而礼之制纷纭。虽作乐也，则党同伐异，而乐之说杂乱。取士以浮文，失先王作养之意。敛民非一端，失先王中正之法。夫禹汤文武以诚而立法，其得如彼。汉祖唐宗宋祖不以诚而立法者，其失如此。则前王之垂统，不可不本于诚矣。先王之立法，固本于诚，迨其嗣世之君，欲保盈成以跻至治，一惟力体先王之诚，遵用先王之典。其或久也，不能无偏而不举之处，则亦兴滞补弊，期使斯民得被先王之泽而后已也。臣请以三代守法之君言之。禹之后有启。时则有扈陆梁，威侮五行，怠弃三正，禹之业几于坠矣。启贤能敬承，继禹之道，大召六卿，恭行天讨，以成讴歌之化。有夏之业于是而复振。汤之后有高宗。时则鬼方负固，毒乱一隅，三年不庭，汤之业几于隳矣。高宗起而复汤之业，整肃军士，敬行天罚，以臻嘉靖之休，商之令绪于是而有光。文武之后有宣王。则能侧身修行，任贤使能，北伐猃狁，南征荆蛮，而文武之境土以复之。数君皆奋发有为之主，夫岂无自而然？盖有诚心以为之本也。使启不能敬承，高宗不能恭默，宣王不能修行，则盈成之运，随补随漏，曷有光于前乎？三代而下之守成者，若汉宣帝、唐玄宗、宋仁宗，亦知守法以继统。然其心之诚者，或有所杂，故其法之守者，亦有未坚。彼宣帝起自闾阎，知民疾苦。即位之初，励精为治，使史称民安，光前裕后，其功业似可称者。惜乎欺诈杂出，而启亡汉之衅，择术不精，而杂申韩之流。玄宗相父起兵，聿定大难，开元之初，忧勤庶政，使海内富庶，四夷宾服，其功业有可称者。惜乎侈心一动，而纵游娱声色之好，奸谀并进，而贻生灵社稷之患。至若仁宗之恭俭仁恕，敬天重民，常服浣濯之衣，不极膏粱之味。时则政无贪残，狱皆平允，又功业之可称者。惜乎郭后一事，于德有疵，庆历诸贤，不终其用。夫夏启、商宗、周宣，能以诚而守法，其尽善也如彼。宣帝、玄宗、仁宗，不以诚而守法，其庶几也如此。则后王之继统者，又不可不本于诚矣。洪惟我朝，太祖高皇帝以圣智之资，而奄一寰宇。太宗文皇帝以神武之略，而中靖邦家。其心一禹汤文武之心，其法一禹汤文武之法。若《大诰》申明五常之典，六经表卓性理之学，立同姓婚娶之禁，革山川王侯之号，则纪纲无不正也。以宽大为德，有君臣同游之条。以勤俭为规，严万民奢靡之禁。则统体无不正也。养民有田，足国有赋，而田赋之制新。兴学有方，取士有道，而学校之制立。凡若此者，又非制度之善乎？祖宗贻谋既本乎一心之诚，自是而后，若仁宗昭皇帝、宣宗章皇帝、英宗睿皇帝，又皆以圣绍圣，益隆继述，盈成之治，所以超汉唐，轶有宋，而追迹于三代者，又莫不本乎一心之诚也。仰惟陛下，受天命之攸归，嗣祖宗之大业，即位以来，优礼大臣，以礼义为纪纲，不事小察，以宽大为统体。亲临太学，而注意于造士，躬耕籍田，而用心于养民。斯世斯民，乐熙皞之天，享太平之福，已余二纪于兹矣。然祖宗良法美意，行之既久，人情渐玩，民伪渐滋，弊因以生，诚有如圣策所虑者。臣闻绳祖武以受天祜，武王所以继于文。兼三王而施四事，公旦所以忠于周。《书》曰：监于先王成宪，其永无愆。《诗》曰：不愆不忘，率由旧章。则今日之急务，亦惟存诚以守法而已。盖诚者真实无妄之谓。三代之法，贵实不贵名，诚故也。今日之法，所以偏失不举、名存实亡者，陛下之诚非不至也，而奉行者或未得其要欤？臣愿陛下体祖宗列圣之诚，守祖宗列圣之法，兴滞补弊，而勤励不息，循名责实，而虚伪不齿。如纪纲之实或不能无紊乱之失也，则秘诚以守之，使九畴必叙，四维必张，足以兴起乎人心，纲维乎世教，不可徒徇纪纲之名焉。统体之实或不能无变更之失也，则必诚以守之，使道德必醇，风俗必厚，足以培养乎元气，灵长乎社稷，不可徒徇统体之名焉。至于制度之立，则又必以诚而守之。如田赋也必实足以养民，学校也必实足以教民，又岂可徒徇其名而不责其实哉！如是则内外百司，群工庶职，各守其分，各安其职。居丞弼之任者，必能论道德，和阴阳。居财计之司者，必能通有无，足国用。谏官必直言得失，台臣必弹戢愆违。藩臬励其职于一方，守令励其职于郡县。有奋庸熙载之休，无偏失不举之可议。有恪守典训之美，无名存实亡之可非。吏称其职，民安其业，国势尊安，四夷之远于是而咸宾，风雨顺时，诸福之祥于是而毕至。三代雍熙泰和之治，复见于今日，而汉、唐、宋事功之陋，岂足言哉！虽然，守法固本于诚，而存诚尤有其要，陛下盍观诸天道乎？一元之气，无古今，无寒暑，无风雨晦冥，万古常运，未尝有一息之停者，此天之体一于诚也。天下之物，无洪纤，无巨细，无飞潜动立，万古常生，未尝有一物之差易者，此天之用一于诚也。大哉诚乎！在天为实理，在人为实心，天之所以为天者，此实理也。臣愿陛下法天以存此实心，谨独于暗室不睹之地，存心于雷声渊默之时。当其恻隐之发，而不杂于戕害，当其羞恶之发，而不杂于贪昧，于以扩仁义之心而不可胜用。当其辞让之发，而不杂于傲惰，当其是非之发，而不杂于瞀惑，于以充礼智之量而无少间断。一念之动，必随念察之，使无一念之或妄。一事之行，必随事察之，使无一事之或杂。大廷深宫，地有异也，必彼此一诚，而勿贰以二。居处与人事有殊也，必动静一诚，而勿参以三。若然，则人欲日消，天理日明，陛下所存之德，即天德也，所行之道，即天道也，将见纪纲、统体、制度之在天下者，如一元之气不息，而四时行焉，如五行之运不杂，而万物生焉，尚何祖宗之法有不能持守也哉！臣学不足以待问，才不足以应变，惟因圣问所及，谨直述以对。若夫骋浮文以取容，摭陈言以市宠，则非臣之志，亦非陛下策士求言之心也，倘蒙少垂采纳，则国家幸甚，天下幸甚。臣谨对。

李文祥与万安孙万弘璧为同榜进士。李调元《制义科琐记》卷二《归班》："李文祥，麻城人，与万安孙弘璧成化丁未同年进士。归班，安欲引附己，延款于家，安属题画鸠，祥诗有曰：'春来风雨寻常事，莫把天恩作己恩。'安不悦。"

翰林编修敖山、检讨郑纪为江西、浙江按察副使。（据《国榷》卷四十）

邹智登进士，选庶吉士。《国朝献征录》卷二十二《庶吉士邹公智别传》："成化丙午举乡试第一。计偕上春官，道经三原，见致仕司马王恕曰：'智此行非但为会试，正欲上疏圣天子，使进君子退小人耳。'明年丁未，登进士，简为庶吉士。"

右春坊右谕德陆钶服阕复任。（据《馆阁漫录》卷六《成化二十三年》）

王献（1426—1487）卒。《馆阁漫录》卷六《成化二十三年》：四月，"丁丑，太常卿兼侍读学士王献卒。献字惟臣，浙江仁和人。甫弱冠，登景泰辛未进士，改庶吉士读书，授编修。预修《寰宇通志》成，升修撰，秩满，升春坊左谕德兼修撰。庚寅，充日讲官。壬辰，升学士。明年，赐金带。预修《宋元通鉴纲目》成，升少詹事兼学士。戊戌，皇太子出阁，日侍讲读。预修《文华大训》成，升太常卿兼侍读学士。献少美风仪，性颖敏，书一过目即强记。才气飘逸，诗文多可观。与大学士商辂有连，同列见其日讲，意有柄用之渐，与之争进，造为暧昧不根之语，以暴扬于内。坐是不得起掌院事十六年，奄奄不得志而卒。讣闻，赐葬祭如例，赠礼部右侍郎。子霆有废疾，以从子云继其后，录为国子监生"。

升编修刘戬为侍讲，以九年秩满。（据《馆阁漫录》卷六《成化二十三年》）

四月

霍韬（1487—1540）生。李开先《太子少保礼部尚书谥文敏渭厓霍公墓志铭》："公生成化丁未四月二十一日，追殁，年仅五十四。"字渭先，始号兀厓，后更渭厓，南海人，正德甲戌进士，累官太子少保、礼部尚书兼翰林院学士，赠太子太保，谥文敏。有《渭厓文集》十卷。《明儒学案》卷五十三《文敏霍渭厓先生韬》："目有重瞳，始就小学，即揭'居处恭'三字于壁，力行之。日诵数千言，一二岁间诸经皆遍。"

故大学士杨荣曾孙昂乞入监，特许之。（据《国榷》卷四十）

五月

赐养病太子少保、礼部尚书兼学士彭华诰命。时华已得请还家，于途次闻朝廷上皇太后徽号加恩，遂具疏援例为请，许之。（据《馆阁漫录》卷六《成化二十三年》）

谢一夔（1425—1487）卒。《馆阁漫录》卷六《成化二十三年》：五月，"戊午，工部尚书谢一夔卒。一夔字大韶，初冒王姓，江西新建人。天顺庚辰进士第一，授修撰。修《英庙实录》成，升左谕德。又修《续通鉴纲目》成，进学士。未几，擢礼部右侍郎，升工部尚书。（卒）年六十三，赠太子少保，赐祭葬。一夔为人和易平实，与人交、久而益亲，尤笃于友义。为文不奇诡雕刻。为谕德时尝陈五事，言颇剀切。惟违旧制，乞妻三品祭葬；与尹直沮都御史闵珪奏江西盗贼多京宦大家佃户，因调之广西；尚书之骤得，李孜省之力，清议不无鄙薄云"。

六月

张弼卒，年六十三。《国朝献征录》卷八十七谢铎《江西南安府知府张公弼墓铭》："成化丁未夏六月十有三日，南安守华亭张君汝弼以疾卒于家……所著有《鹤城》《天趣》《清和》《庆云》诸稿，凡若干卷。号东海翁，又有《东海手稿》若干卷，行于时。盖君手笔也。君以灵识异禀，充之学问，老且不倦。诗与文成一家。草书之妙，论者至推为一代冠冕。然世之所谓文人者，类近浮薄。君独惇尚行履，慨然以风节自将，虽论议间杂谐谑，而往往必以理胜。故彭都宪凤仪尝论其天分人品学问政事有如此者。而君亦尝为予戏评其所能，曰：人故以书名我，公论哉。吾自视文为最，诗次之，书又次之。其它则非吾所敢知也。恒相与一笑而罢。噫！昔人称赵孟頫为书画所掩，莫克尽知其文章与经济之学。然则君之所以自道者，亦有感于斯乎？"

青田县叶珠四岁能书，求入国子监，许之。（据《国榷》卷四十）

七月

翰林编修刘震为侍讲。（据《国榷》卷四十）
瑞安张天保七岁能书，举入京，于礼部习字。（据《国榷》卷四十）
歙县训导周安上治安备览四策，多俚谬。遣之。（据《国榷》卷四十）

八月

宪宗去世，葬茂陵。（据《明史·宪宗本纪》）《馆阁漫录》卷六《成化二十三年》："八月庚辰，上不豫。甲申，命皇太子暂视朝于文华殿。戊子，上大渐，召皇太子至，命早即皇帝位，敬天法祖，勤政爱民，与凡国事之切要者，诲谕备至。太子顿首受命。己丑，上崩，寿四十一。"

九月

朱佑樘即位，是为孝宗。《馆阁漫录》卷六《成化二十三年》："九月辛亥（丁酉）朔。壬寅，皇太子即皇帝位，诏敕天下，以明年为弘治元年。戊午，内阁大学士万安、刘吉，学士尹直各奏乞致仕，上曰：'卿等历事先朝，辅导有年。朕今嗣位，方切倚任，宜勉尽职，务成治理，所辞不允。'辛丑，升编修王鏊为侍讲，以九年任满。甲戌，升户部左侍郎王俨为南京户部尚书，南京吏部左侍郎黎淳为南京工部尚书。"《明鉴纲目》卷四："纲：九月，太子佑樘即位。（是为孝宗。）目：以明年为弘治元年。"

贬谪太监梁芳、都督万喜等。《明鉴纲目》卷四："纲：太监梁芳，都督万喜（万贵妃弟）及李孜省有罪，减死谪戍。目：言官劾孜省及其党邓常恩、赵玉芝（番禺人）交结太监芳、外戚喜等，诸不法事，论死。上以宅忧，谪芳南京少监，喜指挥使，孜省、常恩、玉芝等戍陕西边。"

进士李文祥授咸宁县丞。文祥神气傲睨一世，时以为浮薄，试之。南京吏部主事夏崇文以为言，不纳。（据《国榷》卷四十一）

翰林编修王鏊为侍讲。（据《国榷》卷四十一）

十月

罢传奉官，夺僧道封号。《明史》孝宗本纪："二十三年八月，宪宗崩。九月壬寅，即皇帝位。大赦天下，以明年为弘治元年。丁未，斥诸佞幸，侍郎李孜省、太监梁芳、外戚万喜及其党谪戍有差。冬十月丁卯，汰传奉官，罢右通政任杰、侍郎蒯钢等千馀人，论罪戍斥。革法王、佛子、国师、真人封号。"《明鉴纲目》卷四："纲：冬十月，罢传奉官，夺僧道封号。目：帝用科道言，降黜传奉官通政任杰，侍郎蒯刚，指挥金事王荣等，二千馀人，罢遣禅师真人等二百四十馀人，法王、佛子、国师等七百八十馀人，并追诰敕印仗，遣归本土。"

直文华殿大理寺卿朱奎、太常寺卿任道逊被劾，许致仕。奎、道逊俱国子生，善书传升。（据《国榷》卷四十一）

罢免万安。《馆阁漫录》卷六《成化二十三年》："十月壬午（丁卯）朔。丙子，五更有大星飞流起西北，亘东南，光芒烛地，蜿蜒如龙，朝宁之间，人马辟易。下诏求言。庶吉士邹智上疏言：'星变见于朝廷，盖阳不能制阴之象也。宜进君子，退小人，正天下，当自内阁始。少师万安，恃权怙宠，殊无厌足；少师刘吉，附下罔上，漫无可否；太子少保尹直，挟诈怀奸，恬无廉耻。皆小人也。南京兵部尚书致仕王恕，素志忠贞，可任大事；兵部尚书致仕王竑，秉节刚劲，可寝大奸；巡抚直隶都御史彭韶，学识纯正，可决大疑。皆君子也。然君子所以不进，小人所以不退，岂无自哉？宦者阴主之也。愿陛下法太祖以待宦官，法太宗以任内阁，则君子可进，小人可退，而天下之法成矣。夫岂不知刑臣之不可弄纪纲哉？然一操一纵，卒无定守者，正心之功未之讲也。'疏上不报。丁亥，少师兼太子太师、吏部尚书、华盖殿大学士万安再乞致仕，上曰：'卿事先帝及朕，效劳年久，正宜倚任。乃累疏乞休，特允致仕，仍给驿回乡，有司月给米五石，岁夫八名应用。'以御史姜洪、汤鼐，庶吉士邹智相继论劾也。癸巳，命吏部左侍郎兼学士徐溥入内阁参预机务。科道交章劾奏大学士尹直、吏部尚书李裕、右都御史刘敷、右副都御史丘鼎、礼部左侍郎黄景，皆与李孜省同恶相济，奸邪贪黩；掌国子监事礼部右侍郎丘浚、掌尚宝司事左通政李溥、右通政陈琬、太仆寺卿李温、少卿林凤，俱昏庸误事，奔竞无耻。乞明正其罪，或罢归田野，以为人臣不忠之戒。诏：'直等皆先帝简任，朕初正位，须用人理办庶务，尔等何为劾之。'仍令直等各尽心供职，勿生嫌疑。"《明鉴纲目》卷四："纲：万安罢。目：帝于宫中得疏一小箧，皆论房中术，末署曰：'臣安进。'帝命太监怀恩持至阁，曰：'此大臣所为邪？'安愧汗伏地，不能出声。庶吉士邹智（字汝愚，合州人）、御史姜洪（字希范，广德人）、文贵（湘乡人）交章列安罪状，复令恩就安读之。安数跪起求哀，无去志。恩直前摘其牙牌曰：'可去矣！'始惶遽归第，乞休去。"

徐溥入内阁，预机务。《国榷》卷四十一："（成化二十三年十月）癸巳，吏部左侍郎兼翰林学士徐溥直文渊阁。"《明鉴纲目》卷四："纲：以礼部侍郎徐溥（字时用，宜兴人）兼翰林学士，入内阁，预机务。目：寻进礼部尚书，兼文渊阁大学士。溥在阁，务守成法，镇以安静。尝言国家法度，所以惠元元者备矣，但患不能守耳。"

十一月

起王恕为吏部尚书。《馆阁漫录》卷六《成化二十三年》："十一月丙申朔，吏部左侍郎兼学士徐溥辞内阁之命，且乞致仕。上曰：'卿学行老成，特兹简用，所辞不允。'太子少保、兵部尚书兼学士尹直再乞致仕，不允。辛丑，吏部尚书李裕以科道论列乞致仕，允之。李孜省常援裕为族兄弟，故骤至进用。甲辰，内阁大学士刘吉再乞致仕，上曰：'卿学识老成，操履端慎，朕方倚任，不允休致。'乙巳，编修刘忠丁忧服阕，复除原职。起致仕南京兵部尚书王恕为吏部尚书，改南京兵部尚书马文升为都察院左都御史，南京礼部尚书耿裕为南京兵部尚书，参赞机务。庚戌，礼部尚书周洪谟上疏言：'御制各寺观碑记，及遣祭谕祭各王府，并大臣文字，代言之臣，多有用字讹谬者，宜令改正，以示将来。又近日撰先帝谥议者，有阴寓诋毁之意，宜速治万安等罪，以为人臣欺妄不忠之戒。'上命六部、都察院、通政司、大理寺同翰林院会议，以为洪谟所奏，止是指摘文字一二异同，非有关于朝廷大经大法，使其言皆是，亦何补于治，况言多纰缪，徒为烦渎。上曰：'御制文字，既考据不差，周洪谟偏执浅见，妄肆诋毁，本当重治，姑贷之，仍罚俸两月。'"《明鉴纲目》卷四："纲：十一月，召王恕为吏部尚书，以马文升为左都御史。目：时恕致仕家居，言官论万安者，辄荐恕，司礼监怀恩，亦素重之，力劝帝，故即家起用之。"

命诸进士为给事中。进士郑㻙、林廷玉、祝径、王玺、叶绅、郑宗仁、魏玒、胡瑞、王纶、孙孺、张朝用、刘孟、杨㻙、卢亨、鲁昂、胡金、季潭、韩祐、庞泮、柴升为给事中。（据《国榷》卷四十一）

吏部听选监生杨玺乞谕礼部，凡遇乡试之年，请令在京各衙门堂上及科道部属官，推举教官学行老成者，然后聘用，仍如两京例，以翰林员官二员主考。命下其奏于所司。《明孝宗实录》卷六：成化二十三年十一月庚子，"吏部听选监生杨玺上疏言八事……一，慎选举，谓各布政司三年大比，例用教官以司考校。然布、按二司官各举所知用之，不复甄别，未必一一得人。乞谕礼部，凡遇乡试之年，请令在京各衙门堂上及科道部属官，推举教官学行老成者，然后聘用，仍如两京例，以翰林院官二员主考，临期疏名奏请。如举用非人，则责归举主，仍追夺币礼示罚……命下其奏于所司"。

刘健入内阁，预机务。《明鉴纲目》卷四："纲：以刘健（字希贤，洛阳人）为礼部侍郎，兼翰林学士，入内阁，预机务。目：健自为编修，即练习典故，有经济志。入阁后，正色无所依违，独以身任天下之重。"

邱浚进《大学衍义补》。《明史纪事本末》卷四十二："（宪宗成化二十三年十一月）礼部右侍郎邱浚进所著《大学衍义补》，擢礼部尚书。先是，浚以真西山《大学衍义》有资治道，而治国平天下之事缺焉。乃采经、传、子、史有关治国平天下者，分类汇集，附以己意，名曰《大学衍义补》。至是书成，进之。上览之，甚喜，批答曰：'卿所纂书，考据精详，论述该博，有辅政治，朕甚嘉之。'赐金币，遂进尚书。仍命礼部刊行。"

南京陕西道御史缪樗等上八事：勤正学，择正人，乞斥直阁学士尹直，礼部侍郎黄景，都御史刘敷，通政司参议陈琬，太仆寺卿李温，少卿林凤，大理寺丞宋经，侍郎万冀，通政司张苗，太常少卿牛纶，尚书杜铭，鸿胪寺卿周嵩，应天府尹于冕，署国子监事太常寺卿徐琼……上是之。（据《国榷》卷四十一）

十二月

升左春坊左谕德管国子监司业事费闾为本监祭酒。（据《明孝宗实录》卷八）

尹直致仕。《馆阁漫录》卷六《成化二十三年》："十二月辛亥朔。癸丑，吏部左给事中宋琼等言：'比因兵部尚书兼学士官尹直等，奸贪不法，奔竞无耻，臣等科道官交论之，皇上已令尚书李裕、都御史刘敷致仕去。臣等窃以尹直及礼部左侍郎黄景，奸贪奔竞，比之李裕等为甚，如进士李文祥，御史汤鼐、姜洪，庶吉士邹智，及南京十三道官，相继论奏，此可见好善恶恶，天下之同情也。且尹直自南京转任兵部，以至入阁，黄景自部属升任通政，以至侍郎，未尝一经推举，其附托奸人而进，不待辩说而自明矣。'上曰：'尔等言是。尹直、黄景既进用不合公论，直令致仕，给驿还乡，景冠带闲住。'时论快之。乙卯，敕吏部，少保刘吉升少傅，兼太子太师、吏部尚书，加俸一级，大学士如故；侍郎徐溥升礼部尚书兼文渊阁大学士。升少詹事刘健为礼部右侍郎兼学士，入内阁参预机务；少詹事兼侍读学士杨守陈吏部右侍郎，右庶子汪谐、左谕德程敏政俱少詹事兼侍讲学士，左谕德傅瀚、陆钶、左中允周经俱太常少卿兼侍读；侍读学士李杰左庶子，仍兼侍读学士；右谕德谢迁、吴宽俱左庶子兼侍读，仍加俸一级；侍读董越、侍讲王臣俱右庶子兼侍讲，太常卿兼正字谢宇工部右侍郎、掌通政司事。录青宫旧劳也。丙辰，大学士刘吉、徐溥，学士刘健上疏辞免新命，上曰：'卿等学识老成，效劳有年，特兹升任，所辞不允。'升掌国子监监事、礼部右侍郎邱浚为本部尚书、掌詹事府事，吏部右侍郎刘宣为本部左侍郎。"

命钦天监监正李华致仕。《明孝宗实录》卷八：成化二十三年十二月癸巳，"命钦天监监正李华致仕。先是，钦天监冠带儒士朱祚陈本监利病……一谓天下府州县阴阳正术等官员缺，须于本处见役额内阴阳人考送礼部，转送本监再试，其不通本等学术者，不许送吏部选用，并坐其原考送官员之罪。如本监考试不公，亦罪之……事下礼部，覆奏谓其言皆可行，并劾华行事乖谬，难以表率僚属。上俱从之"。

右春坊右庶子兼翰林侍讲董越、工科右给事中王敞使朝鲜。侍讲刘戬、刑科给事中吕献使安南。俱颁诏。（据《国榷》卷四十一）

国子助教范宽满九年考，加翰林检讨。（据《国榷》卷四十一）

本年

陈选（1430—1487）卒。张惟骧《疑年录汇编》卷六："陈士贤五十八选，生宣德五年庚戌，卒成化二十三年丁未。"《明武宗实录》卷一百三十七："选，浙江临海人……所至止宿学斋，与诸士讲论，更数旬乃去，士感其诚，翕然不变……至今称提学之贤者，以选为最……因被诬置狱，勘讯无所得……犹械系送京，至南昌暴卒。天下闻而惜之。选性刚正，其学期见诸实用，守义奉公，不知有利害祸福。历官所至，人莫不敬信。"

徐爱（1487—1517）生。张惟骧《疑年录汇编》卷七："徐横山三十一爱，生成化二十三年丁未，卒正德十二年丁丑。"《明史》儒林传："爱，字曰仁，守仁女弟夫也。"

黄宗羲《明儒学案》卷十一："徐爱字曰仁，号横山，余姚之马堰人。……十一年归而省亲，明年五月十七日卒，年三十一。先生为海日公之婿，于阳明，内兄弟也。阳明出狱而归，先生即北面称弟子，及门莫有先之者。其后与阳明同官南中，朝夕不离。"

聂豹（1487—1563）生。据《明儒学案》卷十七《贞襄聂双江先生豹》。豹字文蔚，永丰人，正德丁丑进士。官至兵部尚书，谥贞襄。事迹具《明史》本传。有《双江聂先生文集》十四卷。

明孝宗弘治元年戊申（公元 1488 年）

正月

升翰林院侍讲刘震为右春坊右谕德，管国子监司业事。（据《馆阁漫录》卷七《弘治元年》）

以王恕荐，召何乔新为刑部尚书。《明史》何乔新传："初，乔新之出，中官怀恩不平。一日以事诣阁言：'新君践阼，当用正人，胡为出何公？'安等默然。既而刑部尚书杜铭罢，群望属乔新，而吉代安为首辅，终忌之，久不补。弘治改元，用王恕荐，始召乔新代铭。"《明鉴纲目》卷五："纲：戊申弘治元年，春正月，以何乔新为刑部尚书。目：乔新以刚正，为万安、刘吉所忌。帝嗣位初，由刑部侍郎晋南京刑部尚书，借升秩以远之，中官怀恩诣阁正色曰：'新君宜用正人，胡为出何公？'安等默然。会刑部尚书杜铭罢，群望属乔新，而吉代安为首辅，终忌之，久不补。帝以王恕荐，召用之。"

考授教职监生丘光大奏言："科贡、纳米两项名数多寡，照依奏准事例，三七、四六相兼拨历，南京国子监与北监事体既同，宜以科贡七分，纳米三分，俟科贡人少则以四六分拨，仍遵纯皇帝明旨，临期酌量，务在均平。"从之。（据黄佐《南雍志》卷四《事纪》）

闰正月

韩邦靖（1488—1523）生。字汝庆，号五泉，朝邑人，正德戊辰进士。官至工部员外郎。事迹附见《明史》韩邦奇传。有《朝邑县志》二卷、《韩五泉诗》四卷附录二卷。《四库全书存目丛书》集部第 62 册，《韩五泉诗》四卷附录二卷，王九思所作

《墓志铭》：“盖弘治戊申闰正月初一日子时，生五泉子。是夜，恭人梦五色云中奏咸韶之音，已而玉女十余持盖拥一童子入室，觉而生五泉子。五泉子生而灵异。三岁而能诵古诗百首，四岁而通《孝经》《小学》。五岁而读《论语》‘文王至德’篇，掩卷若有思者。莲峰先生问之，对曰：‘即如是，武王非矣。’八岁而通举子业。十四而举于乡。”

诏修《宪宗实录》。《明孝宗实录》卷十“弘治元年闰正月戊辰（初三）”：“敕谕礼部曰：……我皇考宪宗纯皇帝聪明神圣，孝敬宽仁，继体守成二十四载，洪谟伟烈，昭布万方。自非载诸简册，用彰盛美，则天下后世何所仰至德而被休光？尔礼部宜循祖宗旧典，通行中外，采辑事实，送翰林院编纂实录。其以太傅兼太子太师、英国公张懋为监修，少傅兼太子太师、吏部尚书、谨身殿大学士刘吉、礼部尚书兼文渊阁大学士徐溥、礼部右侍郎兼翰林院学士刘健为总裁。詹事府掌府事、礼部尚书丘浚、吏部右侍郎杨守陈、詹事府少詹事兼翰林院侍讲学士汪谐为副总裁。詹事府少詹事兼翰林院侍讲学士等官程敏政等为纂修官。”《馆阁漫录》卷七《弘治元年》：闰正月，“以纂修实录，召南京翰林侍读曾彦、杨守阯，给假左谕德林瀚、侍讲谢铎，编修张元祯、江澜，丁忧侍讲学士李东阳、右谕德陆简，编修梁储、刘忠、邓炳、张天瑞、检讨杨时畅，命驰驿赴京”。

谢铎起复，与修实录。《明史》谢铎传云：“秩满，进侍讲，直经筵。遭两丧，服除，以亲不逮养，遂不起。弘治初，言者交荐，以原官召修《宪宗实录》。”王廷相《王氏家藏集》卷三十一《方石先生墓志铭》云：“升侍讲，入预经筵，反复推说，皆人所难言者。接丁内外艰，饮水蔬食，倚庐祥禫，一如古礼。终制，亲友劝起复，先生曰：‘初心廉禄为亲尔，今复何为？’乃楗门读书，以养道求志。孝皇初新庶政，征贤铨德，廷臣交章论荐。会修《宪庙实录》，遂诏起之。长沙李文正公贻书劝驾，极言君子道隆乘运拯世之义，先生乃勉力入朝。”

张元祯起复，与修实录。李东阳《明故通议大夫吏部左侍郎兼翰林院学士掌詹事府事张公墓志铭》：“居二十年，值孝宗即位，弘治戊申，召修实录，至则以旧劳迁春坊左赞善。上《劝行王道疏》，几万言。入侍经筵。”

左都御史马文升上十五事：曰抚按各举属吏，不公则连坐。……曰举监考选州县，与进士相兼，至两司知府，慎选部属为之。……上命行之。（据《国榷》卷四十一）

云南按察佥事林淮以便养，改常州教授。（据《国榷》卷四十一）

授诸进士、监生、教谕职。进士马政、刘良、朱绶、郑宗载、范绅、胡承、祝福、纪镛、陈端、黄玄龄为翰林检讨，教谕徐用、彭美、李镗、周政、万钥、刘琎、汪成、马能、杨埙、董嘉言为待诏，监生刘徹、冯经、丘永、董森、李仪、杨本清、阎璟、王士衡、王璲、夏纲为中书舍人。（据《国榷》卷四十一）

二月

左春坊左谕德张升为左庶子兼翰林侍讲。（据《国榷》卷四十一）

三月

升南京礼部员外罗一璟为福建按察司副使，山西霍州知州焦芳为四川按察司副使，俱提调学校。璟原任司经局洗马，前以特旨调任，芳翰林院侍讲学士，前以缉访诖误降除，吏部奉诏书所谓才识超卓举用也。（据《馆阁漫录》卷七《弘治元年》）

丙子，初开经筵。丁丑，始命儒臣日讲。《馆阁漫录》卷七《弘治元年》："丙子，初开经筵。是日早朝毕，上御文华殿，太傅兼太子太师、英国公张懋，暨六部、都察院、通政司、大理寺正官，国子监祭酒，俱盛服侍班。少傅兼太子太师、吏部尚书、谨身殿大学士刘吉讲《大学经》首一节，礼部右侍郎兼翰林学士刘健讲《尚书·尧典》首一节，悉如仪。讲毕，赐宴于左顺门，并赐知经筵、同知经筵、侍班大臣及进讲、展书、书讲章、执事等官白金、宝钞、彩段、表里有差。自是，每月三旬遇二日辄开讲。丁丑，始命儒臣日讲。是日早朝毕，上御文华殿，大学士刘吉等率詹事府少詹事兼翰林侍讲学士程敏政等讲读经书，敏政与太常寺少卿兼侍读陆钶、周经，左春坊左庶子兼侍讲谢迁，轮日进讲，吉与大学士徐溥、学士刘健侍班，日为常。"

命吏部会翰林院掌印官考察翰林院侍读等官并内阁书办等官。《馆阁漫录》卷七《弘治元年》："戊子，吏部言：'近奉命考察京官，凡五品以下俱在列，今詹事府少詹事兼翰林院侍讲学士汪谐具奏，欲将本院侍读等官，并内阁书办等官，准成化十三年例，自会内阁大学士考察，乞赐裁断。'上曰：'虽有本院考察旧例，尔吏部仍会翰林院掌印官考察。'"

孝宗书文武大臣姓名张挂于文华殿壁。《明鉴纲目》卷五："纲：三月，揭文武大臣等姓名于文华殿壁。目：两京文武大臣，外官知府守备以上，吏兵二部，并疏其姓名，揭于殿壁，如有迁罢，即以新除者易之。"

孝宗幸太学释奠，御彝伦堂。祭酒费訚讲说命惟天聪明节，司业刘震讲乾卦大人天地合德节。（据《国榷》卷四十一）

四月

右春坊右庶子兼翰林侍讲王臣，请上御经筵无间大寒暑，报闻。（据《国榷》卷四十一）

五月

辛未，致仕南京吏部尚书钱溥卒。壬午，升右春坊右谕德陆简为右庶子兼翰林院侍读。简尝侍东宫讲读，丁忧服阕，故有是命。（据《馆阁漫录》卷七《弘治元年》）

大理寺办事进士董杰，以王恕止经筵，言经筵讲学，祖宗旧典，王恕特养旧知，不闻将顺，乃虑伤圣体，恐费肴酒，所以待陛下甚卑，失天下士大夫望。（据《国榷》卷四十一）

六月

左春坊左庶子兼翰林院侍读张升，因天变极论大学士刘吉，升遂调南京工部员外郎。（据《馆阁漫录》卷七《弘治元年》）

张治（1488—1550）生。（据吕本《大中太保礼部尚书兼文渊阁大学士赠少保谥文隐张公墓志铭》）字文邦，号龙湖，茶陵人，正德辛巳进士，官至文渊阁大学士。谥文隐，改谥文毅，万历初复改谥文肃。有《张龙湖先生文集》十五卷。

吏科给事中林廷玉言十事：曰核边军斩获失律功罪，厉敌忾。……曰纳粟监生临选分三等，能文为上，楷书次之，否则为下。上中选视科贡，下等冠带闲住。……（据《国榷》卷四十一）

归养户科给事中贺钦迁陕西布政司右参议，辞不赴，因上四事：资真儒以讲圣学，荐贤才以辅治道，遵祖训以处内官，兴礼乐以化天下。上是之。（据《国榷》卷四十一）

七月

升张元祉为左春坊左赞善。陆钅乞还乡养疾，允之。《馆阁漫录》卷七《弘治元年》："七月壬戌朔。丙寅，升翰林编修张元祉为左春坊左赞善。元祉尝预修《英庙实录》，未及转官，养病去。至是，复以纂修召至京，内阁大学士刘健与之为同年，念其久次，故特转之。辛巳，太常寺少卿兼翰林侍读陆钅乞还乡养疾，上允之，命给驿以行，病愈即来供职。钅前侍春宫讲读，继侍经筵日讲，效劳居多，且学醇，圣心良念之也。"

兵部郎中陆容乞定武职升转之法，照例荐举，不许营求。从之。（据《国榷》卷四十一）

八月

礼科给事中张九功请孔庙斥荀况、马融、王弼、扬（杨）雄，进薛瑄。少詹事兼侍讲学士程敏政亦言罢马融、刘向、贾逵、王弼、何休、戴圣、王肃、杜预，祀郑众、卢植、郑玄、服虔、范宁于乡。……上是之。（据《国榷》卷四十一）

国子监生张时泰上《续纲目广义》十七卷，命梓之。时泰官秀水训导。（据《国榷》卷四十一）

九月

翰林院检讨杨时畅服阕复除。（据《馆阁漫录》卷七《弘治元年》）

十月

进士王洧、芮稷、涂旦、任纶为给事中。（据《国榷》卷四十一）

十一月

养病翰林侍讲谢铎以纂修召至，复除原职，仍支从五品俸。（据《馆阁漫录》卷七《弘治元年》）

杨慎（1487—1559）生。慎字用修，新都人，号升庵。正德辛未赐进士第一，授翰林修撰，以议大礼泣谏，杖谪永昌。天启初追谥文宪。有《升庵集》。《明文海》卷四百三十四游居敬《翰林修撰升庵杨公墓志铭》："余数遣医诊视之，医复曰'病不可为也'，乃七月六日乙亥丑时，先生卒于昆明高峣之寓舍，为嘉靖己未岁也。距生弘治戊申十一月六日乙丑，年七十有二。……先生生而聪明，异常儿。孩童时所读书，过目辄成诵。年未总角，著诗名，与李献吉、何仲默诸名公并称。乃祖留耕翁每奇之。于诸经古书无所不通，子史百家、乐律之言，一阅辄不忘。至于奇辞隐义，人所难晓者，益究心精诣焉。作为文，数千百言，援笔立就，悉出经入史，不蹈袭他人语。"

林俊为云南按察司副使。《见素集》附录《编年纪略》："二十三年丁未，宪宗崩，孝宗嗣位。学士杨守陈、大学士刘吉、进士李文祥等，疏荐。明年戊申，改元弘治。正月，注云南提刑按察司副使。十一月至云南。闻御史姜绾等与守备内监蒋琮讦，奏上《全大体以召太和疏》。"

十二月

礼科给事中王纶陈十事，其一曰遴选以得真材，请增加乡试解额；岁贡生之为训导者，三年后宜考选，许其乡试。不允。《明孝宗实录》卷二十一：弘治元年十二月丁酉，"礼科给事中王纶陈十事。曰体天心以修实德。谓今四方有水旱地震阴雨之异……曰严遴选以得真材者，谓各岁岁贡生员，俱以食粮年深轮充，取之既不精，及赴礼部，愿就教职者试于内廷，又多传递怀挟之弊。乞择之于先，痛革于后，庶教职渐可得人。下礼部覆奏，以为方今乡试举人额数比旧已多，难再增加，岁贡生已就教职者，亦不宜与学校生徒一概奔走乡试。余所言多可采用。其曰体天心修实德者，惟皇上尤加之意。上从其议"。

定勋臣应袭子弟，皆入国子监受书。（据《国榷》卷四十一）

本年

议设偏关县学。乾隆《宁武府志》卷四《学校·偏关县学》："明弘治元年，山西巡抚左钰上言：'偏关守御所近逼沙漠，地大人众，请设学校，教育英才，使易俗移风。'朝议方许之，而钰移镇陕西。继钰者巡抚翟瑄、山西都指挥王升，相与经营，而兵备王学谟力任其事。"

童轩再掌钦天监。《怀麓堂集》卷七十八《明故资政大夫南京礼部尚书致仕赠太子少保童公神道碑铭》："甲午，召拜太常寺少卿掌钦天监事，核生徒，简官属，省诸浮费，侥幸者皆不便。居悒悒不自乐，累以疾辞，不许。己亥，进秩为卿，言阴阳官输粟免考为非制。癸卯，又辞，许焉。弘治戊申，监正官阙，众复以公荐，今上命仍旧任。"

明孝宗弘治二年己酉（公元 1489 年）

正月

进士马子聪、倪天民、李岱为南京给事中。（据《国榷》卷四十一）

二月

礼部请令在闲侯、伯、驸马除该操日外，余日每朝后即诣国子监读书习礼。从之。《明孝宗实录》卷二十三：弘治二年二月癸巳，"兵部再议给事中王纶、郎中陆容所奏在闲侯、伯、驸马随操读书事，请五军营另立一队以处之，悉听提督大臣五日一操，每季以兵家诸书并《五伦》等书呈国子监祭酒、司业，课其日程，令在家诵读，季终赴监校验。如有文义未通，即为讲解，至年三十而止。及国公已袭爵而在闲者，亦如此例。诏可。既而礼部以为按季读书肄习太简，季终赴监考校太疏，请令除该操日外，余日每朝后即诣国子监读书习礼，其有怠惰者具名以闻。从之"。

监察御史汤鼐下狱。《明鉴纲目》卷五："纲：己酉二年，春二月，下监察御史汤鼐（字用之，寿州人），于狱，戌之。目：帝即位后，更新庶政，言路大开。庶吉士邹智，进士李文祥，交章论劾当路（智疏论万安持禄怙宠，刘吉附下罔上，尹直挟诈怀奸。文祥疏言：登极诏书，不许风闻言事。昔李林甫持此以祸唐，王安石持此以祸宋，远近骇闻，莫不惊骇。请再颁明诏，广求直言，庶不堕奸谋，足彰圣德），鼐意气尤锐，其所抨击，间及人望（王恕以盛暑请暂辍经筵，鼐三疏论驳。又尝劾尚书周洪谟、马文升等），大臣多畏恶之。刘吉尤刺骨，使人唤御史魏璋（鄢陵人），曰：'君能去鼐，行金院事矣。'璋欣然，日夜伺鼐短。会寿州知州刘槩（济宁人），尝馈鼐白金，遗之书云：梦一人骑牛几坠，君手挽之，引就道。因解之曰：人骑牛国姓，意者国将倾，君扶之，引君当道也。鼐喜，以书示客。璋得间，适帝遣官赈四川，中书舍人吉人（长安人），荐鼐及刘槩可任，璋遂嗾同官陈景隆（长乐人），劾吉人私立朋党，因及槩贻书状。刘吉从中主之，并窜入智与文祥等名，悉下诏狱，欲尽置之死。何乔新、彭韶力持之，王恕亦上疏申救，于是鼐、槩戌边，吉人削籍，邹智、李文祥贬官。璋遂擢大理丞。"《立斋遗文》附录崔铣《邹立斋传》："己酉，言事者诬知州刘公槩、御史汤公鼐妄言朝政。嫉君者因疏君名，下锦衣狱。君身亲三木，仅余残喘，神色自若，无所曲挠。供词略云：'智与今汤鼐等来往相会，或论经筵不宜以大寒大暑辍讲，或论午朝不宜以一事两事塞责，或论纪纲废弛，或论风俗浮沉，或论生民憔悴，无赈济之策，或论边境空虚，无储蓄之具。'议者欲处以死，刑部侍郎彭公韶辞疾不为判案，获免。己酉，左迁广东石城吏目，毅然就道，衣结履穿，几不能存。亲识馈遗，坚却不受。在官尽心政务，废坠毕举，而持己清白，纤尘不染。稍暇，则从白沙陈献章先生游，笃志圣贤之学，所造益深矣。"

马文升任兵部尚书，兼提督团营。《明鉴纲目》卷五："纲：以马文升为兵部尚书，兼提督团营。目：时承平久，兵政废弛，西北部落，不时窥塞下。文升严核诸将，黜贪懦三十余人，奸人大怨，夜持弓矢俟其门，作谤书射入东长安门内。帝闻，诏锦衣卫缉捕，给骑士十二人卫出入。文升因乞休，慰谕之。"

前太常寺少卿兼翰林侍读陆钎卒。钎字鼎仪，昆山人，天顺癸未进士第二。冒吴姓，始奏改陆。授翰林编修，迁修撰，直东宫。秩满，进右谕德，至今官，予告。钛以端谨清峭称，其文简劲有法，不喜敷腴，诗亦如之。有《春雨集》。予祭葬，荫中书舍人。（据《国榷》卷四十一）

三月

万安（？—1489）**卒**。《馆阁漫录》卷七《弘治二年》："三月己未朔。己巳，致仕少师兼太子太师、吏部尚书、华盖殿大学士万安卒。安字循吉，眉州人。正统十三年进士，选为翰林院庶吉士，授编修，升左春坊司直郎兼编修，转侍讲。升学士、詹事府少詹事，仍兼学士，升礼部左侍郎。成化五年，命兼学士，入内阁参机务。升本部尚书，加太子少保，改户部，兼文渊阁大学士。孝庙出阁，改吏部，兼谨身殿大学士，加太子太保、光禄大夫、柱国，历少傅兼太子太傅、太子太师、华盖殿大学士，进少师。二十三年致仕。至是卒。讣闻，辍朝一日，赠太师，加特进左柱国，谥文康，赐祭葬如例。安状貌魁岸，仪观甚伟，自未第时，人皆知为伟器。及官翰林，受知宪庙，在内阁者几二十年，恩礼隆厚，而又当海内熙洽之余，其遭际可谓盛矣。顾其为人，外宽内深，恶人异己，若礼部侍郎邢让、国子监祭酒陈鉴、司业张业，皆以无罪诬罢官，盖安与学士彭华谋居多；而吏部尚书尹旻之得祸，则尤华所媒蘗，而安阴主之也。是时指挥万通为昭德内妃兄弟，有宠，安以同姓结通为族，已而通妻王氏母来自博兴，王谓其母曰：'尝记家贫时，某妹与人为姊，今何在也？'母曰：'第记为四川万编修者也。'遂历访之，则知编修固安昔年官也。于是妹呼姊小字曰翠儿，姊亦呼妹小字曰翠莲，悲喜交集，而安与通真为姻娅矣。乃复为通为久固计，而江西人李孜省、邓常恩时以左道获宠，因使华通孜省、常恩为助，而安益阴厚之，以是安势益盘据。凡才贤胜己者，持正不趋附者，皆妒嫉之，如王恕、马文升、耿裕、秦纮、焦芳辈，皆相继斥逐，而旻之事尤为特著云。御史汤鼐、姜洪等，庶吉士邹智，皆论之，洪等列十罪，至有'面似千层铁甲，心如九曲黄河'之语，老瓢老象之谣。即日中官至内阁，摘去牙牌，勒令致仕，中外称快。"

直隶魏县学生岳琳以获盗功免试入国子监读书。不为例。《明孝宗实录》卷二十四：弘治二年三月丙寅，"直隶魏县学生岳琳获盗十一人，巡按御史上其功。兵部言琳方以次应贡，请免其考试，送国子监读书。仍请谕天下生员，毋得效尤，以坏士风。从之"。

四月

翰林侍讲学士李东阳服阕，进左春坊左庶子，仍兼侍讲学士。（据《国榷》卷四十一）

五月

吴希贤卒。《馆阁漫录》卷七《弘治二年》："五月戊午朔。乙酉，南京翰林院侍读学士吴希贤卒。贤字汝贤，福建莆田人。天顺八年进士，改翰林院庶吉士。成化元年，授检讨。与修《英庙实录》，升修撰，历左春坊左谕德、侍读学士。希贤少豪迈，为文章有奇气，尤工于诗。每僚友宴会，累数百言可立就，人多服其敏。赐谕祭。"

六月

南京大风雷雨，仆国子监石坊。（据《国榷》卷四十一）

七月

七月丁巳朔。壬戌，命右春坊右庶子兼翰林院侍读董越、左春坊左赞善张元祯为应天乡试考官。（据《馆阁漫录》卷七《弘治二年》）

前刑部尚书陆瑜卒。瑜鄞人，宣德癸丑进士。授刑部主事，历郎中。迁山东左右布政使。天顺初，李贤荐入刑部。精于法比，凡议狱缘以经术，人多传之。亦多所平反，惟论许聪死为枉。瑜无子。谥康僖。（据《国榷》卷四十一）

礼部尚书耿裕等言七事，有"慎重教职""均平取士"等。《明孝宗实录》卷二十八：弘治二年七月，"丙子，礼部尚书耿裕等以灾异言七事……一、慎重教职，谓今后教职请仍旧止于科贡二途出身者考授，其余纳粟出身者，不许滥与。一、均平取士，谓今后会试取士，请仍照宣德年所定南、北、中之数，南取六，北取四，中取二，以为常"，从之。

八月

升太常寺少卿兼翰林院侍读周经为礼部右侍郎。（据《馆阁漫录》卷七《弘治二年》）

内阁大学士刘吉等谓今后教官系举人出身，九年考满到部，有功绩考中该升者，请令同听选监生一体入大选考第除授。从之。（据《明孝宗实录》卷二十九）

两京及河南、山东、陕西、山西、浙江、湖广、江西、福建、广东、广西、四川、云南等十二布政司乡试；贵州士子附云南乡试。

马中锡监乡试。孙绪《沙溪集》卷六《资善大夫都察院左都御史东田先生马公行状》云："弘治己酉，监乡试，所刊文字尽出公笔。太宰三原王公读试录，数曰：'奇才！奇才！'遂改提学，寻升副使。公立条约，谨章程，士习丕变，登巍科者相望。"

刘吉等言：今后会试举人，如三入会试而不中者，不许再入试，俱照本等挨选出身。从之。《明孝宗实录》卷二十九：弘治二年八月戊子，"内阁大学士刘吉等以灾异言七事：……一、定科举。谓今后会试举人，如三入会试而不中者，请不许再入试，俱照本等挨选出身。……奏上，俱从之"。

九月

举人林润以三试不第，禁入试，请再宽一科，许之，逾年弛此例。《明孝宗实录》卷三十：弘治二年九月己卯，"会试举人林润等奏：近例，举人三试不中者，不许复试。臣等艰苦万状，临试猝遇此令，坐守者有空归之叹，远来者有徒行之劳。乞下所司，别为议处。礼部覆议：前日移文初下，各处举人未及周知。其令明年再入试一次，以后仍依近例。从之"。按，此一"近例"其实从未执行过。

十月

升浙江按察司提学副使郑纪为国子监祭酒。（据《明孝宗实录》卷三十一）

翰林院诸官升转。乙酉朔。戊子，升翰林院编修张溧、杨杰为本院侍讲，检讨刘机、杨廷和、武卫为修撰，俱九年考满也。戊戌，升国子监祭酒费訚为詹事府少詹事兼翰林院侍读，充实录纂修官。庚子，升浙江按察司提学副使郑纪为祭酒。（据《馆阁漫录》卷七《弘治二年》）

杨守陈（1425—1489）卒。《馆阁漫录》卷七《弘治二年》：十月，"壬寅，吏部右侍郎兼詹事府府丞杨守陈卒。守陈字维新，浙江鄞县人。景泰二年进士，选翰林院庶吉士，授编修，预修《大明一统志》。成化初，充经筵讲官，职满升侍讲。《英庙实录》成，升司经局洗马，转侍讲学士。预修《宋元通鉴》，以忧去，服阕。孝庙出阁，命侍讲读。《文华大训》成，升少詹事，仍兼侍讲学士。弘治初，升吏部右侍郎。纂修《宪庙实录》，命充副总裁，上章请解部事且乞休，命以本官兼詹事府府丞，专典史事。至是卒，年六十五，讣闻，赐祭葬，谥文懿。既而实录成，赠礼部尚书"。

江西进《乡试录》，误以策问第十二叶作《书经》第十二叶。礼部奉旨看详，请逮问监临、提调等官。从之。（据《明孝宗实录》卷三十一）

衍圣公孔弘泰荐贡士孔彦士堪曲阜知县，从之。（据《国榷》卷四十一）

国子祭酒费訚为少詹事兼翰林侍读，纂修《实录》。（据《国榷》卷四十一）

进士项经实授南京监察御史。（据《国榷》卷四十一）

十一月

翰林院庶吉士程楷等擢升编修、检讨有差。《明孝宗实录》卷三十二：弘治二年十一月，"甲子，授翰林院庶吉士程楷、蒋冕、黄穆、傅珪、华峦、吴俨、罗玘俱为本院编修，李逊学、石瑶、毛纪俱为检讨"。（石瑶，原文误作"石珪"。）

十二月

加赠于谦光禄大夫上柱国，谥忠愍。《明鉴纲目》卷五："纲：冬十二月，赐故少保于谦谥。目：加赠光禄大夫上柱国，谥忠愍，立祠墓所，赐额曰旌功。（后万历中，改谥忠肃。）"

本年

薛蕙（1489—1541）生。据唐顺之《薛西原先生墓志铭》。字君采，亳州人，弘治甲戌进士，官至吏部考功司郎中。事迹具《明史》本传。有《西原先生遗书》二卷、《约言》一卷、《考功集》十卷。

李濂（1489—约1566）生。字川父，祥符人，正德甲戌进士，官至山西按察司佥事。事迹具《明史·文苑传》。有《汴京遗迹志》二十四卷、《嵩渚文集》一百卷。

明孝宗弘治三年庚戌（公元 1490 年）

正月

巡按江西监察御史赵炯以监临江西乡试，进《小录》装帙失次，下刑部逮问，赎杖还职。（据《明孝宗实录》卷三十四）

皇甫冲（1490—1558）生。《皇甫司勋集》卷五十七《华阳长公行状》："公乃举手作别，即合眼下生矣，时嘉靖戊午三月丁丑也，距生弘治庚戌正月乙丑（十二日），年六十有九。"字子浚，长洲人，嘉靖戊子举人，与弟涍、汸、濂，并有盛名，称"四皇甫"。《列朝诗集小传》丁集上《皇甫举人冲》："全集凡六十卷。子浚博综群籍，留心世务。为人甚口好剧谈，宿学为折角莫能难。又好骑射，通挟丸击球、音乐博弈之戏，吴中文士与轻侠少年，咸推为渠帅。武宗即位，正法凌迟，撰《绪言》及《申法》。车驾南征，撰《己庚小志》。大同之变，撰《几策》。幼好谈兵，愤北虏薄城下，撰《兵统》及《灭胡经》。海寇突起，当事无筹，撰《枕戈杂言》凡数十万言。今与其全集皆不传于世。金陵张文寺曰：'四甫之才，子浚为冠。'亦阐幽之论也。"则谦益

1168

亦未得见其集。虽入《明史·文苑传》，今无可征矣。

二月

命礼部尚书兼文渊阁大学士徐溥、詹事府少詹事兼翰林院侍讲学士汪谐为会试考官，取中钱福等三百人。初，上命礼部右侍郎周经充会试知贡举官，经入院后，闻子病，而左侍郎倪岳又以亲属入试回避，乃上疏，援尚书姚夔入院例上请，命尚书耿裕代之。戊申，命调四川提学副使焦芳于湖广。（据《馆阁漫录》卷七《弘治二年》）《游艺塾续文规》卷四《了凡袁先生论文》："弘正间，当以钱与谦福、顾东江清为总。东江脉正气清，如万里长空，纤云绝点，而意味差薄；鹤滩举业极细，闭阖起伏，曲尽变态，而少轩昂弘远之气；其于济之，皆具体而微者也。王伯安守仁无意为文，而识见高迈，自是加人一等。一时并出：伦伯畴文叙如累土成台，愈竣愈绝；湛元明若水如长老谈禅，时露本色；陆子渊深如公孙大娘舞剑，空中打势争奇；吕仲木楠如纯棉布袍，自然成锦；邹谦之守益如山中宰相，不求荣达，而富贵有余；马伯循理如大海纳流，无所不有，而波澜涌然；崔子钟固如老骥长驱，善识人意；汪青湖应轸如刻玉镂金，良工心苦；王梦泽廷陈如老吏断狱，言简而意深；皆所谓盛明之文也。"

王九思春试不第，归祥符。《渼陂续集·陆汝清传》："弘治庚戌，先大夫教谕祥符。予自礼部下第，来侍先大夫。"

三月

御史李兴等奏言"往岁殿试之弊"。《明孝宗实录》卷三十六：弘治三年三月丙寅，御史李兴等奏言："尝闻司弥封者或为人默记字号，送至高官检阅，即置上列，其读卷又类以官位之卑崇为甲第之先后，以是未惬舆论。"上曰："科目要在得人。""今次各官其务加谨慎。"

刘珝（1426—1490）卒。《馆阁漫录》卷七《弘治三年》："三月癸丑朔。乙未，致仕太子太保、户部尚书、谨身殿大学士刘珝卒。珝字叔温，山东寿光县人。八岁能文章，书过目辄成诵。有老人相曰：'是儿面有文类丞字，后必为相。'正统十三年进士，改翰林院庶吉士，授编修。景泰七年，修《寰宇通志》成，升修撰。天顺元年，升春坊右中允。进讲东宫，凡义理精微，间阖疾苦，与前代治忽之由，皆恳恳言之无少讳。八年，宪庙登极，以宫僚旧臣，升太常寺少卿兼侍读。成化三年，修《英庙实录》成，升太常寺卿，仍兼侍读。明年，升兼侍读学士。八年，丁母忧，归庐墓侧，乡人化之，号其里曰仁孝。服阕复任，升吏部左侍郎，仍直经筵日讲。十一年，升兼翰林学士，入内阁。十三年，升户部尚书，兼职如故。十四年，加太子少保兼文渊阁大学士。十八年，修《文华大训》成，加太子太保，进阶光禄大夫、柱国。二十一年，奸人李孜省辈左道乱政，欲摇国本，珝毅然抗言无少避，邪谋遂沮。然竟不能安于位，或构为飞语，假优戏以中伤之，赖宪宗之明，宠眷不背。是年，以亲老乞归，赐赉甚厚。家居十余年，至是卒，年六十五。讣闻，辍朝一日，遣官祭葬如例，谥文和。"

令天下设预备仓。《明鉴纲目》卷五："纲：庚戌三年，春三月，令天下设预备仓。目：每十里预积粟万石，及数为称职，过者旌擢，不及者罚之，府州县及军卫官视此升黜。"

钱福、刘存业、靳贵等二百九十八人进士及第、出身有差。是科未考选庶吉士。《明孝宗实录》卷三十六：弘治三年三月，"丁卯，上御奉天殿策试礼部会试中式举人钱福等"，"（弘治三年三月）庚午，上御奉天殿，赐钱福等进士及第、出身有差，文武群臣行庆贺礼。""辛未，赐进士恩荣宴于礼部，命英国公张懋主宴。""壬申，赐状元钱福朝服冠带及诸进士宝钞。""癸酉，状元钱福率诸进士上表谢恩。""甲戌，状元钱福率诸进士诣先师孔子庙行释菜礼。""丙子，授第一甲进士钱福为翰林院修撰，刘存业、靳贵为编修。命二甲、三甲进士各留十之五于各衙门办事，余放回原籍听用。"
《馆阁漫录》卷七《弘治三年》："丁卯，命少傅兼太子太师、吏部尚书、谨身殿大学士刘吉，太子太保、吏部尚书王恕，礼部尚书兼文渊阁大学士徐溥、户部尚书李敏，詹事府掌事、礼部尚书丘浚，兵部尚书马文升、刑部尚书何乔新、工部尚书贾俊、都察院右都御史屠滽、礼部右侍郎兼翰林学士刘健，通政司掌司事、工部右侍郎谢宇，大理寺卿冯贯、左春坊左庶子兼侍讲学士李东阳充殿试读卷官。大学士刘吉等言：'旧制，礼部会试中式举人，先一日殿试，次日读卷，又次日放榜，以日时迫促，致阅卷未得精详。自今请再展一日，至第四日始放榜，庶得各竭考校之力。其读卷执事官，仍旧寓宿礼部，以绝浮议。'从之。丙子，授第一甲进士钱福为翰林修撰，刘存业、靳贵为编修。"
《弘治三年进士登科录·玉音》："弘治三年三月十二日，礼部尚书臣耿裕等于奉天门奏为科举事。会试天下举人，取中三百名。本年三月十五日殿试，合请读卷官及执事等官少傅兼太子太师吏部尚书谨身殿大学士刘吉等五十三员。其进士出身等第，恭依太祖高皇帝钦定资格，第一甲例取三名，第一名从六品，第二第三名正七品，赐进士及第。第二甲从七品，赐进士出身，第三甲正八品，赐同进士出身。奉圣旨：是，钦此。读卷官：光禄大夫柱国少傅兼太子太师吏部尚书谨身殿大学士刘吉，戊辰进士；荣禄大夫太子太保吏部尚书王恕，戊辰进士；资善大夫礼部尚书兼文渊阁大学士徐溥，甲戌进士；资善大夫户部尚书李敏，甲戌进士；资善大夫詹事府掌府事礼部尚书丘浚，甲戌进士；资政大夫兵部尚书马文升，辛未进士；资善大夫刑部尚书何乔新，甲戌进士；资善大夫工部尚书贾俊，庚午进士；资政大夫都察院右都御史屠滽，丙戌进士；嘉议大夫礼部右侍郎兼翰林院学士刘健，庚辰进士；正议大夫资治尹通政使司掌司事工部右侍郎谢宇，监生；通议大夫大理寺卿冯贯，甲申进士；奉议大夫左春坊左庶子兼翰林院侍讲学士李东阳，甲申进士。提调官：资政大夫礼部尚书耿裕，甲戌进士；嘉议大夫礼部左侍郎倪岳，甲申进士；嘉议大夫礼部右侍郎周经，庚辰进士。监试官：山西道监察御史徐同爱，乙未进士；福建道监察御史李兴，乙未进士。受卷官：翰林院侍讲谢铎，甲申进士；翰林院检讨杨时畅，戊戌进士；承事郎吏科都给事中宋琮，戊戌进士；从仕郎户科给事中祝俓，甲辰进士。弥封官：通议大夫鸿胪寺掌寺事礼部左侍郎贾斌，监生；正议大夫资治尹太常寺卿林章，儒士；中大夫光禄寺卿胡恭，癸酉贡士；奉政大夫修政庶尹尚宝司卿李璋，儒士；翰林院修撰武卫，戊戌进士；翰林院编修黄珣，辛丑进士；征仕郎礼科左给事中韩鼎，辛丑进士；承事郎兵科都给事中刘聪，戊戌进士。掌卷官：翰林院侍讲刘戬，乙未进士；翰林院侍讲杨杰，戊戌进士；翰林院编修江澜，戊戌进士；征仕郎刑科左给事中赵竑，甲辰进士。从仕郎工科给事中柴升，丁未进士。巡绰官：骠骑将军锦衣卫掌卫事都指挥使朱骥；昭勇将军锦衣卫指挥使季成；昭勇将军锦衣卫指挥使钱通；怀远将军锦衣卫指挥同知刘纲；怀远将军锦衣卫指挥同知孙瓒；怀远将军锦衣卫指挥同知刘良；怀远将军金吾前卫指挥同知翟通；怀远将军金吾后卫指挥同知徐能。印卷官：奉训大夫礼部仪制清吏司署郎中事员外郎徐说，戊戌进士；承德郎礼部仪制清吏司署员外郎事主事胡玉，辛丑进士；承直郎礼部仪制清吏司主事王爵，甲辰进士；承直郎礼部仪制清吏司主事祁仁，甲辰进士。供给官：奉政大夫光禄寺少卿贺思聪，乙未进士；奉议大夫光禄寺少卿陈瑞，戊戌进士；登仕郎礼部司务郝本，乙酉贡士；礼部精膳清吏司郎中金福，戊戌进士；承德郎礼部精膳清吏司署员外郎事主事程愈，辛丑进士；承直郎精膳清吏司主事陈镐，丁未进士。"《弘治三年进士登科录·恩荣次第》："弘治三年三月十五日早，诸贡士赴内府殿试，上御奉天殿亲赐策问。三月十八日早，文武百官朝服侍班。是日锦衣卫设卤簿于丹陛丹墀内，上御奉天殿，鸿胪寺官传制唱名，礼部官捧皇榜，鼓乐导引出长安左门外，张挂毕，顺天府官用伞盖仪从送状元归第。三月十九日，赐宴于礼部。宴毕，赴鸿胪寺习仪。三月二十日，赐状元朝服冠带及进士宝钞。三月二十一日，状元率诸进士上表谢恩。三月二十二日，状元率诸进士诣先师孔子庙行释菜礼，礼部奏请命工部于国子监立石题名。"陈洪谟《治世余闻》上篇卷一："华亭钱福性敏甚，为文不属草。是春举会试第一，廷试策三千余言，词理精确，若宿构者。弥封官以无稿难之，众谓科场必欲具稿者，防代作之弊，今殿陛间众目所瞩，何嫌之避？时刘阁老得其策，啧啧不容口，乃请于上，赐第一。"查继佐《罪惟录》志卷十八《科举志》："（弘治）三年庚戌，试贡士，得钱福等三百人，赐钱福、刘存业、靳贵等及第、出身有差。福廷试无草。许医生食粮执役者得应试。"

靳贵以解元举会试第二、廷试第三。沈德符《万历野获编》卷十六《三试分占三名》："弘治庚戌科，直隶丹徒人靳文康贵，以解元举会试第二、廷试第三，分次第占三名，最为奇事。又二科丙辰，京师人陈澜以顺天乡试第二，为会元、廷试第三人，虽占第三名，然稍错综矣。至正德三年辛未科，四川新都人杨慎以乡试第三、会试第二、廷试为状元，较靳又以次顺占为尤奇。而弇州纪《盛事》云靳为榜眼，则误矣。吾浙科名虽盛，然而无如此奇者。直至嘉靖戊戌科，而慈溪人袁元峰炜以乡举第二人，登嘉靖戊戌会元，廷试探花，刻一印记曰：'天下一二三人。'向来无与为对者。至万历己丑，浙之会稽人陶石篑望龄继之，其乡会廷对名次与袁毫不爽，相去五十年，又同二百里内人也。袁不及下寿，陶不满五旬，又俱无后，此其所同。袁入政府，官至少傅一品，得下谥文荣。陶官至祭酒四品，得上谥文简，此其所异，然品行则不啻薰莸矣。后

1171

又十五年而慈溪人杨昆阜守勤，亦以乡试第三，登甲辰会元、状元，科名又胜袁，且同一邑，其志趣亦颇相似云。浙中又有杨守阯，为鄞县人，以乡试登第三，成化戊戌会试第四，廷试第二，亦分占三名而少第一。其嫡兄守陈，已先浙江解元，恰好补之。后守陈、守阯同官词林，又同时为翰林学士，对掌南北词林印，尤为极盛。此又在靳文康之前，恰与袁文荣同郡，亦浙中佳话也。"

据《弘治三年进士登科录》，第一甲三名，赐进士及第。履历如下：

钱福，贯直隶松江府华亭县，匠籍，国子生，治《书经》。字与谦，行二，年三十，三月二十七日生。曾祖复。祖昌。父中，州同知。母陆氏。具庆下。兄塘。弟祚。娶顾氏。应天府乡试第九名，会试第一名。

刘存业，贯广东广州府东莞县，灶籍，国子生，治《礼记》。字可大，行一，年三十一，闰十一月初十日生。曾祖势孙。祖源。父闰。母李氏。慈侍下。娶卫氏。广东乡试第二名，会试第一百六十六名。

靳贵，贯直隶镇江府丹徒县，民籍，县学生，治《易经》。字充道，行一，年二十七，十二月二十日生。曾祖诚。祖荣。父瑜，府经历。母范氏。慈侍下。娶王氏。应天府乡试第一名，会试第二名。

据《弘治三年进士登科录》，第二甲九十名，赐进士出身。履历如下：

杨旦，贯福建建宁府建安县，民籍，国子生，治《易经》。字晋叔，行二，年三十一，八月初七日生。曾祖荣，少师工部尚书兼谨身殿大学士，赠太师，谥文敏。祖锡。父仕仪。母周氏。慈侍下。娶朱氏，福建乡试第四十六名，会试第六十七名。

徐纮，贯直隶常州府武进县，军籍，府学生，治《书经》。字朝文，行一，年三十五，六月二十五日生。曾祖宗可。祖锜。父璟。母陈氏。慈侍下。弟绎、徽、纯、绚。娶臧氏。应天府乡试第十五名，会试第九十二名。

汪泽，贯浙江绍兴府余姚县，军籍，县学增广生，治《礼记》。字公溥，行一，年三十七，正月十九日生。曾祖文庆。祖叔昂，知县。父鉴。前母沈氏，母宋氏。慈侍下。娶许氏，继娶高氏。浙江乡试第五十二名，会试第三十三名。

彭杰，贯江西吉安府吉水县，民籍，府学生，治《易经》。字景俊，行二，年三十三，正月初十日生。曾祖不同。祖汝弼，教谕，封翰林院修撰。父占。前母旷氏，母林氏，继母李氏。具庆下。兄极。弟桓，同科进士；棻；懋；采；桦；来。娶袁氏。江西乡试第二十二名，会试第二百四十四名。

唐贵，贯直隶常州府武进县，民籍，府学生，治《诗经》。字用思，行一，年四十三，五月十六日生，曾祖汝文。祖伯诚，赠大理寺左寺副。父衍。前母左氏，母徐氏。慈侍下。弟世显、世美、世宁。娶周氏。应天府乡试第三十四名，会试第三名。

张天爵，贯直隶松江府华亭县，民籍，府学生，治《诗经》。字良贵，行二，年三十四，十二月初十日生。曾祖真。祖壅。父佐。母徐氏，严侍下。兄天锡。娶王氏。应天府乡试第五十六名，会试第四十四名。

李昆，贯山东莱州府胶州高密县，军籍，县学增广生，治《礼记》。字承裕，行一，年二十，四月十八日生。曾祖逊，布政司理问。祖杰，教授，赠都察院左佥都御史。父介，都察院左佥都御史。母杜氏，封宜人。重庆下。兄杲；昂，医官；昱；昊。弟昺、冕、昪、昦。娶昝氏。山东乡试第五十八名，会试第一百三十二名。

宁举，贯直隶保定府新城县，民籍，国子生，治《书经》。字惟臣，行一，年三十二，七月初五日生。曾祖友。祖允贤。父鉴。母杨氏。慈侍下。娶张氏，继娶薛氏。顺天府乡试第三十四名，会试第十五名。

吴世忠，贯江西抚州府金溪县，民籍，县学生，治《易经》。字懋贞，行三十八，年三十，六月二十七日生，曾祖季斌。祖若清。父正夫。母王氏，继母陈氏。具庆下。兄璿、玑、珩、瓛。弟璨、世英。娶全氏。江西乡试第三名，会试第六名。

王莹，贯直隶淮安府山阳县，民籍，国子生，治《礼记》。字汝洁，行一，年四十，九月十九日生。曾祖文。祖浩，知县。父稄。母张氏。具庆下。弟琰、瓅、璙。娶周氏。应天府乡试第一百二十五名，会试第二百五十九名。

周统，贯江西吉安府庐陵县，民籍，国子生，治《诗经》。字伯承，行一，年三十六，六月二十九日生。曾祖子逊。祖询，教谕，赠主事。父孟中，按察司副使。母刘氏，封安人。具庆下。弟仲敬。娶陈氏。江西乡试第八十二名，会试第二百五十八名。

丁珮，贯直隶六安卫军籍，苏州府长洲县人，国子生，治《书经》。字大用，行二，年四十，四月二十二日生。曾祖一公。祖兴。父文。母杨氏，继母冯氏。严侍下。娶余氏。应天府乡试第八十六名，会试第二百四十二名。

周序，贯江西广信府永丰县，民籍，县学生，治《书经》。字仲礼，行二十六，年三十五，五月初八日生，曾祖德荣。祖敏让。父直。母杨氏。严侍下。兄泰；颐，布政司都事；庠，贡士。弟学、校。娶俞氏。江西乡试第四十八名，会试第二百七十三名。

黄暐，贯直隶苏州卫官籍，河南汝宁府人，国子生，治《书经》。字日升，行三，年四十五，六月初六日生。曾祖斌，百户。祖信，赠卫镇抚。父景晖，卫镇抚。母张氏，封太宜人。永感下。兄曜，千户；明，千户。娶汤氏。应天府乡试第六十四名，会试第二十九名。

金冕，贯云南云南中卫军籍，直隶昆山县人，国子生，治《诗经》。字文用，行二，年四十，八月二十一日生。曾祖永昌。祖通。父铢。母丁氏。严侍下。兄章，监察御史。弟嵩、昆。娶吴氏。云南乡试第十七名，会试第五十七名。

黄绣，贯旗手卫力士籍，江西清江县人，国子生，治《诗经》。字文卿，行二，年二十九，八月二十日生。曾祖季衡。祖东毅。父能。母杨氏。具庆下。兄缙。娶温氏，继娶李氏。顺天府乡试第一百十七名，会试第一百五十五名。

李承祖，贯山东兖州府济宁州，民籍，国子生，治《礼记》。字继宗，行一，年三十六，七月三十日生。曾祖庆夫，封光禄寺署丞。祖睿，按察司副使。父耕，宣圣庙司乐。母杨氏。具庆下。娶孔氏。山东乡试第四名，会试第九十五名。

陈绥，贯广东广州府顺德县，军籍，国子生，治《易经》。字学之，行一，年四十，十月初六日生。曾祖子明。祖讷，府经历。父瑾，县丞。母游氏。慈侍下。弟英，贡士；绚。娶何氏。广东乡试第三十八名，会试第二百九十三名。

相枢，贯山东青州府博兴县，军籍，国子生，治《诗经》。字拱之，行二，年三十九，十一月二十一日生，曾祖君显。祖赟。父克详。母王氏。严侍下。兄极。娶刘氏。山东乡试第五十一名，会试第五十四名。

罗荣，贯福建福州府古田县，民籍，县学生，治《易经》。字志仁，行一，年二十四，十一月初一日生。曾祖恩，知县。祖祺。父宗荫。母林氏。重庆下。弟谦。娶林氏。福建乡试第八十一名，会试第二百九十八名。

崔仪，贯福建兴化府莆田县，军籍，儒士，治《诗经》，字虞凤，行五，年三十三，八月初七日生。曾祖建。祖永泰。父邦爵。母陈氏，继母陈氏、翁氏。重庆下。兄鸾、顺。弟麒、麟、仁、篪、敬、命、佑。娶陈氏。福建乡试第二名，会试第十六名。

吴纲，贯福建绍武府建宁县民籍，国子生，治《诗经》。字宏举。行五，年四十一，六月十一日生。曾祖必昌。祖文通。父孟祯。母袁氏，继母徐氏。具庆下。兄自学、自升、自辉、自宽。弟自兴、自重。娶朱氏，福建乡试第十二名，会试第二百四十九名。

仲本，贯太医院医籍，直隶宝应县人，医生，治《易经》。字与立。行四，年二十七，十一月十四日生。曾祖恭。祖旺，封尚宝司卿。父兰，太医院院使。母杨氏，封宜人。重庆下。兄森；楷，监生；槟。弟概；槼，礼部主事；相；桂；机；模；采；柯。娶赵氏，顺天府乡试第一百十四名，会试第二百七十二名。

时中，贯顺天府大兴县匠籍，直隶常熟县人，府学生，治《易经》。字大本，行二，年二十六，三月初二日生。曾祖名远。祖锭。父洪。母邬氏。具庆下。兄正。娶万氏，顺天府乡试第十二名，会试第二百五十名。

张安甫，贯直隶苏州府昆山县，民籍，国子生，治《书经》。字汝勉，行二，年三十七，十一月初七日生。曾祖文裕。祖用礼，赠刑部郎中。父积。母赵氏，生母金氏。慈侍下。兄寅甫，教谕。弟申甫、平甫。娶徐氏。应天府乡试第十三名，会试第八名。

龙夔，贯江西袁州府宜春县，民籍，国子生，治《礼记》。字舜卿，行一，年四十一，五月初八日生。曾祖清。祖瑛，提举司典史，封礼部员外郎。父暹，太常寺少卿。母张氏，赠恭人，继母王氏。具庆下。弟夏、夏、爱、燮、俊。娶范氏。江西乡试第六十二名，会试第一百二十一名。

童瑞，贯四川嘉定州犍为县，军籍，州学生，治《易经》。字世奇，行一，年三十六，八月十八日生，曾祖志高。祖昱。父永福。母易氏。具庆下。弟璋。娶韩氏。四川乡试第六十二名，会试第一百六十三名。

胡易，贯江西赣州府宁都县，民籍，国子生，治《易经》。字光贞，行五，年三十八，八月二十九日生，曾祖源广。祖伯厚。父大忠。母李氏，继母叶氏。具庆下。兄光启、光泰、光荣、光显。弟光序、昺、杳、晏。娶刘氏。江西乡试第九十四名，会试第二十八名。

方良永，贯福建兴化府莆田县，民籍，县学增广生，治《书经》。字寿卿，行一，年三十，九月十五日生，曾祖孟章。祖象辉。父朝深。母陈氏。重庆下。弟良节，同科进士；良盛；良材；娶陈氏。福建乡试第四十六名，会试第一百二十三名。

刘绅，贯河南汝宁府汝阳县，民籍，国子生，治《礼记》。字天用，行二，年四十三，四月初七日生。曾祖信。祖原，□例冠带。父瑛，布政司照磨。母翟氏。永感下。兄纪，驿丞。弟铠、纹。娶赵氏，继娶吴氏。河南乡试第一名，会试第二百四十八名。

胡仪，贯浙江绍兴府山阴县，民籍，国子生，治《春秋》。字士望，行五，年二十七，十二月初六日生。曾祖尚廉。祖珙。父锡，义官。母张氏，继母莫氏。具庆下。兄俭、倜、伉、儞、佶。娶宋氏。浙江乡试第十一名，会试第二百名。

徐逵，贯湖广仪卫司官籍，直隶山阳县人，国子生，治《诗经》。字大亨，行一，年二十九，十月初二日生，曾祖希贤。祖昂。父镐，义官。母管氏。具庆下。兄达。弟迪、道、暹、远、遵。娶王氏。湖广乡试第二十一名，会试第三十八名。

张约，贯直隶苏州府长洲县，军籍，国子生，治《诗经》。字守之，行一，年三十五，三月二十一日生。曾祖文渊。祖枢，赠南京刑部郎中。父羲，云南按察使。母吴氏，封宜人。重庆下。弟蒙、贞。娶浦氏，继娶钱氏。应天府乡试第一百四名，会试第一百二十二名。

张定，贯锦衣卫官籍，福建同安县人，国子生，治《书经》。字子静，行一，年二十五，八月初六日生，曾祖益初，赠南京通政使。祖太常，赠锦衣卫中所正千户。父苗，南京通政使。母杨氏，封淑人。重庆下。弟宜、宁。娶田氏。顺天府乡试第六十二名，会试第七十五名。

韩智，贯山东兖州府滋阳县，民籍，国子生，治《书经》。字愚夫，行一，年三十四，四月二十八日生。曾祖景华。祖晟。父惠，录事。母程氏。具庆下。弟普，知县；历。娶许氏。山东乡试第十八名，会试第一百三名。

胡拱，贯南京府军左卫，官籍，国子生，治《书经》。字惟辰，行一，年二十六，三月二十九日生。曾祖灏，指挥佥事。祖宽，都指挥佥事。父英。母陈氏。具庆下。娶朱氏。应天府乡试第七十七名，会试第五十一名。

徐木，贯河南开封府杞县，民籍，国子生，治《易经》。字惟乔，行三，年三十一，二月十五日生，曾祖景升，右布政使。祖政，文思院副使，封主事。父绅，知府。母李氏，封安人。永感下。兄本、朱。弟材。娶李氏。河南乡试第二名，会试第一百九十七名。

晁必登，贯四川马湖府平夷长官司民籍，宜宾县人，国子生，治《易经》。字汝吉，行二，年二十九，三月十九日生。曾祖琰。祖有问，赠户部员外郎。父常，布政司右参政。母刘氏，封宜人。慈侍下。兄必丰。弟必第。娶田氏，四川乡试第十五名，会试第一百一名。

何宗理，贯陕西平凉府泾州，民籍，州学增广生，治《诗经》。字邦治，行一，年三十一，十月二十日生，曾祖宁，赠知府。祖源，知府。父正，知县。母刘氏，继母刘氏、薛氏。具庆下。弟宗性、宗本、宗先、宗儒。娶韩氏。陕西乡试第六名，会试第二百三十二名。

冯夔，贯直隶常州府无锡县，儒籍，县学增广生，治《书经》。字廷伯，行一，年二十七，十一月十六日生。曾祖景春。祖善，教谕。父泰，教谕，嫡母秦氏，生母李氏。具庆下。娶王氏。应天府乡试第三十三名，会试第二十四名。

查焕，贯浙江杭州府海宁县，民籍，国子生，治《易经》。字文显，行二，年三十六，十月二十日生，曾祖叔智。祖宗汉。父桓。母李氏。具庆下。兄泰。弟煜。娶许氏。浙江乡试第十八名，会试第一百二十四名。

彭桓，贯江西吉安府吉水县，民籍，国子生，治《易经》。字景武，行五，年三十一，正月十三日生，曾祖不同。祖汝弼，教谕，封翰林院修撰。父道，教谕。母刘氏，继母胡氏。具庆下。兄极；杰，同科进士。弟秉、懋、采、桻、来。娶张氏。江西乡试第十七名，会试第一百八十名。

朱稷，贯直隶苏州府常熟县，民籍，国子生，治《诗经》。字相之，行三，年四十，十一月二十二日生。曾祖文贵。祖子亮。父用节，前母陈氏，母邹氏。永感下。兄秩、稢。娶刘氏。应天府乡试第三十七名，会试第二十三名。

王惠，贯浙江宁波府慈溪县，民籍，国子生，治《诗经》。字吉甫，行四，年二十七，正月十二日生，曾祖颐。祖琎。父东溪，义官。母陈氏。具庆下。兄镒、钝、镇、泰、恩。弟宪。娶翁氏。浙江乡试第三十六名，会试第一百五十二名。

郑涞，贯浙江杭州府临安县，军籍，国子生，治《书经》。字子水，行十七，年二十八，二月十五日生。曾祖鉴。祖贤，京县主簿。父纾。母高氏，继母邵氏。重庆下。弟沛。娶童氏。浙江乡试第七十八名，会试第八十二名。

彭泽，贯陕西兰州卫官籍，湖广长沙县人，国子生，治《易经》。字济物，行一，年三十二，七月二十八日生，曾祖斌。祖瑄。父锭，前母赵氏。母唐氏。严侍下。弟冲。娶吴氏。陕西乡试第九名，会试第十名。

李宗商，贯直隶永平府滦州乐亭县，民籍，县学生，治《诗经》。字尚质，行二，年三十四，七月初二日生，曾祖伯通。祖升，赠知县。父霖，府通判，前母王氏，母田氏，封孺人，继母徐氏。具庆下。兄宗夏。弟宗周、宗儒。娶张氏。顺天府乡试第四十五名，会试第四十六名。

海鲤，贯湖广武昌府江夏县，军籍，国子生，治《书经》。字跃之，行一，年三十，十二月二十日生。曾祖朝宗，盐课司大使。祖永清。父琦。母李氏，继母徐氏。慈侍下。弟鲸，贡士；鳌；鲲；鲛；鳍；娶徐氏，湖广乡试第四十二名，会试第八十五名。

邵贲，贯浙江绍兴府余姚县，民籍，国子生，治《易经》。字文实，行十一，年三十一，七月二十七日生，曾祖叔芳，封监察御史。祖宏誉，按察司副使。父麟。母汪氏。重庆下。兄英；兰；蕃，知县；莒、芝；夔；蕙；弟庄、芚、薰。娶严氏。浙江乡试第六十八名，会试第二百十名。

尹灏，贯江西吉安府安福县，民籍，国子生，治《易经》。字淳甫，行二，年二十九，三月二十七日生。曾祖子志。祖和，巡检，封监察御史。父仁，前按察司佥事。母李氏，封孺人。严侍下。兄灏。娶刘氏。江西乡试第四十六名，会试第四十五名。

黄颙，贯福建兴化府莆田县，民籍，府学增广生，治《书经》。字伯望，行三，年二十八，十月初四日生。曾祖孟珍。祖諫，教谕。父纲，前母林氏。母方氏。具庆下。兄昂、堂。弟卷、文扬、文章、文雄、文荣、文峰。娶郑氏。福建乡试第二十一名，会试第一百四十二名。

方良节，贯福建兴化府莆田县，民籍，府学增广生，治《书经》。字介卿，行二，年二十七，九月初二日生。曾祖孟章。祖象辉。父朝深。母陈氏。重庆下。兄良永，同科进士。弟良盛、良材。娶黄氏。福建乡试第三名，会试第十二名。

周洪，贯浙江衢州府西安县，民籍，国子生，治《易经》。字大猷，行一，年四十二，十二月初七日生。曾祖世濂。祖道清。父斌。母郑氏。永感下。弟浩。娶吕氏，继娶夏氏。浙江乡试第二十一名，会试第一百三十六名。

郑軏，贯江西广信府永丰县，民籍，国子生，治《书经》。字行之，行六，年三十七，十月十四日生。曾祖大德。祖应麟。父贤，义官。母明氏。具庆下。兄辕；轼，监察御史；辐。弟轸、轴。娶吕氏。江西乡试第二十二名，会试第二百二名。

童琥，贯浙江金华府兰溪县，民籍，国子生，治《易经》。字廷瑞，行二十二，年四十五，五月十七日生。曾祖常。祖度。父光。母徐氏。永感下。兄琫。弟琳。娶郑氏。浙江乡试第八十九名，会试第一百四十一名。

沈衡，贯浙江嘉兴府海盐县，匠籍，国子生，治《书经》。字平甫，行一，年三十六，五月初五日生。曾祖伯英。祖孟贤。父文郁。母陈氏，继母胡氏、张氏。严侍下。娶黄氏。浙江乡试第四十六名，会试第二百十三名。

张谧，贯四川眉州，灶籍，州学生，治《书经》。字廷佐，行二，年三十一，闰十一月二十一日生，曾祖真。祖朝用，府通判。父翩，监生。母欧氏。重庆下。兄谏。娶程氏。四川乡试第八名，会试第一百六十二名。

杨朴，贯四川叙州府南溪县，民籍，国子生，治《礼记》。字克淳，行四，年三十五，十月二十二日生。曾祖永安。祖朝祖。父道明。母韩氏。慈侍下。兄学、藻、嵩。娶彭氏。四川乡试第五名，会试第二百七名。

曹询，贯四川成都府崇庆州，民籍，州学生，治《易经》。字汝庸，行二，年二十六，八月十一日生。曾祖文德。祖仲原，封大理寺评事。父奇，按察司副使。前母刘氏，封孺人，母欧氏。慈侍下。兄谧。弟谕。娶邓氏。四川乡试第五十八名，会试第七十三名。

张琮，贯应天府江宁县官籍，直隶吴县人，国子生，治《易经》。字廷献，行五，年二十八，七月初二日生。曾祖豫，赠中书舍人。祖晋。父翱。前母高氏，母李氏。具庆下。兄璠、琇、弼、珍。弟琛、玘、琏、琪、璘。娶倪氏。应天府乡试第十六名，会试第一百四十九名。

官贤，贯山东莱州府平度州，军籍，国子生，治《书经》。字汝俊，行四，年三十七，十二月初六日生。曾祖明德。祖友才。父爵，赠户部员外郎。母韩氏，赠宜人，继母赵氏，封宜人。慈侍下。兄守，义官；廉，户部郎中；毅，医学典科。弟贞。娶李氏。山东乡试第十二名，会试第二百十六名。

宗佑，贯浙江宁波府鄞县，民籍，国子生，治《易经》。字元吉，行一，年三十一，闰十一月十五日生。曾祖仲贤。祖士英，封知县。父显，都察院经历。前母任氏，赠孺人，母史氏。具庆下。弟信、伟、价、倬、估。娶张氏。浙江乡试第七十二名，会试第一百二十九名。

林善，贯广东潮州府揭阳县，军籍，国子生，治《易经》。字体元，行一，年四十四，十月初七日生。曾祖维清。祖添。父政。母吴氏，继母黄氏。具庆下。娶赖氏。广东乡试第三名，会试第一百十四名。

沙立，贯直隶徐州，军籍，国子生，治《诗经》。字道中，行二，年三十六，十月初六日生。曾祖旺。祖贵。父杰，教授。母周氏。慈侍下。兄性亨。弟永成；京，监生。娶王氏，继娶向氏。应天府乡试第七十三名，会试第三十二名。

吴晟，贯江西广信府弋阳县，民籍，国子生，治《礼记》。字克明，行十八，年四十一，二月二十九日生。曾祖豹文。祖添祥，义官。父弘敬。母丘氏。江西乡试第三十八名，会试第一百七十七名。

廖云腾，贯福建福州（下缺），县学生，（下缺），曾祖云善，（下缺）。具庆下。弟云翔。娶官氏。福建乡试第七名，会试第二百五十四名。

周炯，贯直隶苏州府常熟县，民籍，县学增广生，治《诗经》。字光宇，行一，年二十二，十月初七日生。曾祖以敬。祖时望，封行人司司副。父木，吏部郎中。母陈氏，封孺人。重庆下。弟焔、勋、烈、炫。娶陆氏。应天府乡试第四十名，会试第二百四十一名。

张彩，贯陕西巩昌府安定县，军籍，县学生，治《书经》。字尚质，行一，年二十七，二月十八日生。曾祖惟孝，赠主事。祖励，户部郎中。父谟，监生。母穆氏，继母马氏。具庆下。弟绚、缯、纲。娶杨氏。陕西乡试第四十五名，会试第五十九名。

赵璘，贯福建泉州府晋江县，军籍，国子生，治《春秋》。字惟德，行四，年三十五，九月初十日生。曾祖均宁。祖永传。父森。母叶氏。具庆下。兄乾、琮、瑊。弟瑞、璘。娶蔡氏，继娶林氏。福建乡试第七十名，会试第一百六十名。

王彦奇，贯四川夔州府云阳县，民籍，国子生，治《书经》。字庭简，行一，年三十七，九月初四日生，曾祖才杰。祖文秀。父景先。母向氏。永感下。弟彦音、彦章。娶李氏。四川乡试第四十四名，会试第一百三十九名。

周珮，贯直隶松江府华亭县，军籍，国子生，治《诗经》。字鸣玉，行一，年四十四，十一月二十九日生。曾祖士瞻，知县。祖季临，封编修。父舆，翰林院编修。母朱氏。慈侍下。弟璠。娶吴氏，继娶张氏。应天府乡试第十四名，会试第二百七十九名。

陈珂，贯浙江杭州前卫军籍，绍兴府嵊县人，国子生，治《易经》。字希白，行五，年三十五，正月初九日生。曾祖德甫。祖斌。父昱。母朱氏。慈侍下。兄瑄，义官；瓛；珉；璟，国子监学正。娶潘氏。浙江乡试第七十三名，会试第二百十八名。

吕济，贯陕西凤翔府凤翔县，军籍，国子生，治《易经》。字安世，行二，年四十五，正月初七日生。曾祖秀实。祖碯，知县。父贞。嫡母张氏，母高氏。永感下。兄经，监生。娶霍氏。陕西乡试第十八名，会试第二百六名。

俞稳，贯浙江台州府宁海县，民籍，国子生，治《诗经》。字宅仁，行一，年四十一，九月初一日生。曾祖德清。祖文林。父仲玉，义官。母叶氏。具庆下。弟稷、秔、程、稜、胃。娶王氏。浙江乡试第四名，会试第四十一名。

项亨明，贯浙江台州府黄岩县，民籍，国子生，治《书经》。字崇哲，行二，年四十四，十月二十九日生。曾祖彦成。祖志道。父仕暉。前母周氏，母周氏。慈侍下。兄亨齐。娶林氏，继娶林氏。浙江乡试第四十九名，会试第一百七十一名。

周载，贯四川叙州府富顺县，民籍，县学增广生，治《诗经》。字子坤，行二，年三十三，六月初十日生。曾祖舍琦。祖复先。父宁。嫡母谢氏，继母刘氏、雷氏、郑氏，生母刘氏。具庆下。兄健。弟仪、俨、价。娶金氏。四川乡试第二十九名，会试第八十七名。

唐臣，贯四川顺庆府营山县，军籍，国子生，治《书经》。字尧佐，行一，年三十八，五月初一日生。曾祖友直。祖礼。父应奎。母任氏。慈侍下。弟相。娶康氏。四川乡试第十三名，会试第一百十八名。

赵璜，贯江西吉安府安福县，军籍，国子生，治《春秋》。字庭实，行十一，年二十八，四月二十二日生，曾祖顺茂。祖敏，知县。父常，前教谕。母邓氏，继母陈氏。具庆下。兄瑄，监生；瑛。弟璋、琏。娶刘氏。江西乡试第十一名，会试第十一名。

刘鉴，贯河南开封府兰阳县，民籍，国子生，治《书经》。字孔昭，行一，年四十二，八月十七日生。曾祖琛。祖溶，运盐使司同知。父绮，县丞。母杨氏。慈侍下。弟钦、钺、铨。娶温氏。河南乡试第十三名，会试第一百四十七名。

林蘷，贯福建兴化府莆田县，民籍，国子生，治《书经》。字元佐，行二，年二十六，正月初三日生。曾祖勤，教谕。祖信。父大猷，国子监监丞。母周氏。具庆下。弟普。娶吴氏。福建乡试第八名，会试第十九名。

陶怿，贯浙江绍兴府会稽县，民籍，国子生，治《春秋》。字习之，行六，年四十二，二月十一日生。曾祖仲廉。祖士成。父瑀。母张氏。具庆下。兄性，贡士；恤。弟忱、恂、憷、憙，惇、恽。娶潘氏。浙江乡试第五十五名，会试第二百三十六名。

罗柔，贯直隶常州府无锡县，民籍，国子生，治《诗经》。字文徽，行二，年三十五，三月二十四日生。曾祖常。祖名。父森。母戈氏。严侍下。兄刚。弟绅。娶朱氏，继娶许氏。应天府乡试第五十一名，会试第七十九名。

吕杰，贯锦衣卫军籍，扬州府泰州人，国子生，治《春秋》。字廷臣，行一，年三十七，八月初六日生。曾祖法真。祖清。父洪，鸿胪寺序班。母张氏。慈侍下。弟效、傅。娶陈氏。顺天府乡试第十一名，会试第一百七十二名。

赵履祥，贯直隶宁国府泾县，民籍，国子生，治《诗经》。字旋夫，行三，年三十，九月初一日生。曾祖功俊。祖敏忠。父智，训导。母左氏。慈侍下。兄福祥、廷祥。弟考祥。娶张氏。应天府乡试第七十二名，会试第二百九十一名。

王宸，贯神武右卫官籍，河南郏县人，真定府学生，治《诗经》。字具瞻，行一，年三十八，五月二十二日生。曾祖成。祖能，赠百户。父霖，百户。母李氏，赠安人，继母任氏，封安人，史氏。具庆下。弟官。娶张氏。顺天府乡试第一百四名，会试第一百五十名。

刘挺，贯江西吉安府万安县，儒籍，国子生，治《易经》。字咸卓，行一，年三十三，五月十七日生。曾祖俊英，赠刑部尚书。祖广华。父述勋。母彭氏。慈侍下。弟持、抟。娶萧氏。江西乡试第三十六名，会试第九十三名。

吴仕伟，贯浙江处州府宣平县，民籍，国子生，治《诗经》。字世美，行一，年三十四，六月二十九日生。曾祖均浦。祖子听。父则，主簿。嫡母郑氏、戴氏，生母任氏。慈侍下。弟仕佐、仕佑、仕仿。娶梁氏。浙江乡试第三十九名，会试第一百八十四名。

李禄，贯河南彰德府汤阴县，军籍，国子生，治《诗经》。字宗学，行三，年三十三，三月初六日生。曾祖钦。祖晟。父杰。母石氏。具庆下。兄祯、祚。弟祐。娶赵氏。河南乡试第三十三名，会试第二百七十四名。

廖纪，贯直隶河间府东光县，民籍，国子生，治《诗经》。字廷陈，行一，年三十六，正月二十八日生。曾祖召兴。祖有能。父瑄。前母陈氏，母王氏。具庆下。弟纯。娶郭氏，继娶李氏。顺天府乡试第七十五名，会试第二百八十九名。

刘绩，贯湖广武昌府江夏县，军籍，府学生，治《诗经》。字用熙，行三，年二十三，十一月初六日生。曾祖源。祖英。父兴福，训导。母余氏。慈侍下。兄纶；绶，贡士。弟玺、纪，聘奚氏。湖广乡试第十一名，会试第三十名。

据《弘治三年进士登科录》，第三甲二百五名，赐同进士出身。履历如下：

祝祥，贯直隶河间府沧州，民籍，国子生，治《礼记》。字廷瑞，行一，年四十四，十二月二十二日生。曾祖成，典史。祖赞，教谕。父茂，知县。母赵氏。慈侍下。娶张氏。顺天府乡试第三十一名，会试第二百三十九名。

李承芳，贯湖广武昌府嘉鱼县，民籍，国子生，治《诗经》。字茂卿，行五，年四十一，七月十六日生。曾祖英，巡检，赠右副都御史。祖善，教谕，赠右副都御史。父畀。母邓氏。慈侍下。兄承业、承亨。弟承箕，贡士；承训；承仕。娶古氏。广东乡试第二十四名，会试第七名。

石棣，贯直隶滁州，军籍，国子生，治《易经》。字允升，行二，年二十七，十一月二十七日生。曾祖玉。祖铨，封右少卿。父澄，鸿胪寺右少卿。母王氏，封宜人。慈侍下。兄柱。弟林。娶刘氏。顺天府乡试第八十四名，会试第二百十四名。

王经，贯浙江绍兴府山阴县，民籍，国子生，治《诗经》。字文济，行五，年三十八，五月初七日生。曾祖志一。祖可旺。父理，知县。母徐氏。严侍下。兄维、彩、纮、乐。弟纬。娶陆氏。浙江乡试第八十八名，会试第二百八名。

尹洪，贯锦衣卫籍，浙江上虞县人，国子生，治《礼记》。字德容，行六，年四十二，五月初四日生。曾祖克顺，前刑部主事。祖孟璞。父岐。母罗氏。永感下。兄淳、湘、溏。弟河、潇。娶胡氏。顺天府乡试第十七名，会试第二百八十六名。

王奎，贯江西吉安府安福县，民籍，国子生，治《春秋》。字国文，行三，年三十二，十月初九日生。曾祖仲超。祖思惠，遇例冠带。父乾溥。母黄氏。重庆下。弟壁、娄、井、珍。娶彭氏。江西乡试第九名，会试第二百十一名。

王锦，贯陕西西安府乾州醴泉县，民籍，国子生，治《易经》。字在中，行二，年三十二，六月二十日生。曾祖友道。祖伦。父通。母董氏，继母高氏。具庆下。兄铉。弟镧、镛、铣、钢。娶魏氏。陕西乡试第六名，会试第一百二十名。

方宪，贯福建兴化府莆田县，灶籍，国子生，治《诗经》。字宜弼，行五，年三十六，十二月二十四日生。曾祖积善。祖梦周。父休征，赠员外郎。母王氏，赠宜人，继母黄氏。慈侍下。兄宗伴，楚府教授；志守，参政；彬，前工部主事。弟宏。娶柯氏，继娶李氏。福建乡试第二名，会试第一百六十一名。

陆坦，贯直隶苏州府吴县，匠籍，国子生，治《诗经》。字子由，行四，年三十七，四月十四日生，曾祖诚。祖凯。父澂。母沈氏。具庆下。兄巽，训导；堲；济。弟垣、坊、坤。娶沈氏。应天府乡试第一百三十五名，会试第二十名。

曹玉，贯山东兖州府嘉祥县，民籍，国子生，治《诗经》。字廷珮，行三，年四十一，十一月初六日生。曾祖彦贞。祖敏。父通。母周氏。永感下。兄福、贵。弟玩；琛，贡士；琳。娶李氏。山东乡试第七十五名，会试第二百四名。

罗列，贯广东广州府南海县，民籍，府学生，治《诗经》。字天爵，行一，年三十，九月十一日生。曾祖祖昌。祖胜宗。父广成。母招氏。具庆下。弟刚、钊。娶潘氏。广东乡试第二十六名，会试第一百十九名。

崔侃，贯山西太原府阳曲县，民籍，国子生，治《诗经》。字廷直，行六，年二十五，十月初一日生。曾祖敏。祖忠，赠户部郎中。父能，两淮运使。前母卜氏，赠宜人，母高氏，封宜人。慈侍下。兄仪；俨；俊，御史；杰；伸。弟仁。娶王氏。山西乡试第六十五名，会试第二百八十五名。

陈珩，贯广西桂林府全州，民籍，国子生，治《诗经》。字君锡，行五，年三十五，九月二十九日生。曾祖得善。祖启。父潮，知县。母梅氏。慈侍下。兄珙、璲、琏。弟瑀，贡士；珺；珊；瑞；珍。娶蒋氏。广西乡试第十八名，会试第一百十三名。

来天球，贯浙江绍兴府萧山县，灶籍，国子生，治《书经》。字伯韶，行七，年三十三，八月二十八日生。曾祖名。祖宗表。父雄。嫡母王氏，生母孔氏。慈侍下。兄珪；瓒，义官；瑚；琏；璠；玙。弟璘。娶戴氏。浙江乡试第七十四名，会试第二百九名。

金山，贯河南开封府归德州夏邑县，民籍，县学生，治《易经》。字仲仁，行二，年二十七，四月初六日生。曾祖熙。祖礼，教谕，赠员外郎。父醆，参政。母朱氏，封宜人。重庆下。兄巽，义官。弟磐、江。娶李氏。河南乡试第二名，会试第五十六名。

许翱，贯四川成都后卫籍，福建莆田县人，国子生，治《春秋》。字鹏举，行一，年四十一，六月十六日生。曾祖以进。祖复祖。父贤。母黄氏。永感下。娶郑氏。四川乡试第五十六名，会试第三十七名。

尹琼，贯陕西秦州卫籍，盩厔县人，国子生，治《诗经》。字廷玺，行三，年四十，五月二十三日生。曾祖成。祖政。父文庆。母宋氏。永感下。兄玉，贡士；璒。娶赵氏。陕西乡试第十六名，会试第二百七十一名。

洪钟，贯江西抚州府崇仁县，军籍，翰林院秀才，治《诗经》。字肇和，行七，年十八，二月初四日生，曾祖子庸。祖孟庄。父朝宗，左长史。母吴氏。具庆下。兄本、彝、卣、罍、鼎。娶吴氏。顺天府乡试第六名，会试第一百九十五名。

朱华，贯四川重庆府长寿县，民籍，麻城县学训导，治《礼记》。字素卿，行二，年三十五，十月二十一日生。曾祖廷恕。祖得先。父琏。母刘氏。具庆下。兄万。娶刘氏。四川乡试第三十二名，会试第六十八名。

王统，贯江西抚州府临川县，儒籍，国子生，治《书经》。字必元，行二十，年四十，九月二十三日生。曾祖思敬。祖汝为，教授。父大纶。母冯氏。慈侍下。兄显，知州；昌，知县；盛，通判；亨；泰。弟瑞、谨、相、宾、节。娶饶氏，继娶倪氏。江西乡试第三名，会试第二百九十二名。

钟永，贯顺天府大兴县民匠籍，直隶吴县人，府学生，治《诗经》。字世昌，行一，年三十一，三月三十日生。曾祖徐保。祖文。父振。母张氏。慈侍下。弟瑀、举。娶富氏。顺天府乡试第二十二名，会试第二百八十三名。

李琳，贯山西太原府平定州，民籍，州学生，治《书经》。字廷贡，行三，年二十八，七月二十三日生，曾祖思，训导。祖恭。父伦。母赵氏，继母张氏。具庆下。兄璇，训导；玹。娶袁氏。山西乡试第八名，会试第一百七十九名。

汪渊，贯直隶徽州府歙县，民籍，国子生，治《春秋》，字仲深，行一，年三十二，三月十一日生。曾祖子益。祖用本。父中，贡士。母徐氏。具庆下。弟汉、济、清、淑、澄、澂。娶郑氏。应天府乡试第一百十四名，会试第七十二名。

沈冬魁，贯直隶河间府阜城县，民籍，国子生，治《书经》。字伯贞，行一，年二十七，十月初一日生。曾祖尔卿。祖景先。父泉。母陆氏。慈侍下。弟夏元。娶李氏。顺天府乡试第二十一名，会试第二百五十一名。

马继祖，贯直隶扬州府泰州如皋县，民籍，县学生，治《礼记》。字崇功，行一，年四十一，十二月初七日生，曾祖通。祖定，赠卫经历。父俊，卫经历。嫡母范氏，封孺人，生母傅氏。慈侍下。弟继宗。娶田氏。应天府乡试第三十名，会试第一百六名。

包溥，贯浙江宁波府鄞县，民籍，国子生，治《诗经》。字民敬，行十四，年三十五，二月初三日生。曾祖文助。祖甸。父鉴，前母何氏，母胡氏。慈侍下。兄澄；泽，贡士；济；浩，弟瀚；涣；滋；沂，监生；治；潭。娶汪氏。浙江乡试第三十一名，会试第一百四十八名。

吴潜，贯江西抚洲府临川县，民籍，国子生，治《诗经》。字显之，行一，年三十三，十二月初一日生。曾祖仕彰，义官。祖天常，封刑部主事。父南立，义官。母张氏。重庆下。弟滔、浩、瀹、源、濬、洙、泗。娶李氏。江西乡试第十名，会试第九十七名。

胡江，贯江西南昌府进贤县，民籍，县学生，治《书经》。字东会，行一，年三十四，正月初一日生，曾祖子玉。祖显祥。父士端。母邓氏，继母陈氏、吴氏。慈侍下。娶涂氏。江西乡试第七名，会试第六十五名。

乔恕，贯河南开封府归德州宁陵县，民籍，国子生，治《诗经》。字希仁，行一，年三十一，二月初六日生。曾祖和。祖谅。父敏。母王氏。重庆下。弟奎、宪、愈、意。娶陈氏。河南乡试第七十名，会试第七十一名。

杨文，贯直隶常州府无锡县，民籍，县学生，治《诗经》。字宗周，行三，年四十五，正月初十日生。曾祖德敏。祖季成。父公实。母华氏。永感下。兄仁、韶。娶蔡氏。应天府乡试第二名，会试第一百五名。

谭升，贯营州中屯卫籍，江西赣县人，国子生，治《易经》。字时晋，行一，年三十九，二月初九日生。曾祖景辉。祖子和。父伦。母孙氏。具庆下。弟杲。娶王氏。顺天府乡试第二名，会试第一百八十六名。

俞谏，贯浙江严州府桐庐县，民籍，县学生，治《书经》。字良佐，行二十五，年三十六，正月三十日生。曾祖仲彬。祖宗正。父荩，知府。母张氏。慈侍下。兄丙。弟晖，义官。娶柴氏，继娶邵氏。浙江乡试第二十九名，会试第三十九名。

聂贤，贯四川重庆府长寿县，匠籍，县学生，治《诗经》。字承之，行一，年三十，七月初五日生。曾祖成。祖子信。父濂，州判官。母徐氏。严侍下。弟春。娶周氏。四川乡试第六十六名，会试第七十六名。

郭桂，贯陕西西安府咸宁县，军籍，国子生，治《诗经》。字时芳，行一，年三十三，五月三十日生。曾祖恒，元知县。祖琮。父镮。母杨氏。具庆下。弟槐、梁、梅。娶于氏。陕西乡试第十六名，会试第一百八十九名。

宋凤，贯直隶真定府赵州，民籍，国子生，治《书经》。字应韶，行四，年三十七，七月二十五日生。曾祖文德。祖征，蕃育署署丞。父安。母董氏。慈侍下。兄麒，监生；麟；鸾。弟鹏、鹦、鹉。娶王氏。顺天府乡试第一百二十名，会试第二百六十二名。

赖先，贯福建汀州府永定县，民籍，县学生，治《书经》。字伯启，行一，年四十一，十二月十三日生。曾祖祖隆，监生。祖宗信。父恒。前母黄氏、刘氏，母李氏，继母蓝氏。具庆下。弟缵先、荣先。娶阙氏。福建乡试第十三名，会试第一百八十二名。

杨钺，贯应天府句容县，民籍，县学生，治《易经》。字威之，行五，年三十三，八月十六日生。曾祖本成。祖敬。父淮。母张氏。具庆下。兄锐、铭、钰、铨。弟铉、鋐、钦。娶余氏。应天府乡试第八十六名，会试第二百六十名。

丛兰，贯山东登州府宁海州文登县，军匠籍，国子生，治《书经》。字廷秀，行一，年三十五，十二月二十五日生，曾祖俊忠。祖实荣。父春。母刘氏。具庆下。弟芝、葵。娶邢氏。山东乡试第六十六名，会试第七十名。

尹颂，贯江西吉安府泰和县，儒籍，国子生，治《书经》。字庆成，行二，年四十，二月二十七日生。曾祖传道。祖英，教谕。父纶，右长史。母王氏，继母陈氏。具庆下。兄项。弟颡、顿、颐、题。娶王氏。顺天府乡试第三名，会试第五十五名。

陆淞，贯浙江嘉兴府平湖县，灶籍，县学增广生，治《书经》。字文东，行七，年二十五，十二月十七日生。曾祖宗秀，义民。祖珪，义官。父钣，监生。母曹氏。重庆下。兄溥，监生；渊；济；淳；洪；潍。弟沂、淮、浩、瀚。娶王氏。浙江乡试第一名，会试第一百名。

邓明，贯四川成都府资县，军籍，县学生，治《易经》。字惟远，行二，年三十二，五月初三日生。曾祖让。祖本山。父林，教谕。嫡母包氏，生母陈氏。具庆下。兄昌。弟景。娶王氏。四川乡试第十八名，会试第一百二十三名。

黄傅，贯浙江金华府兰溪县，民籍，县学生，治《易经》。字梦弼，行六，年三十，七月二十二日生。曾祖绰。祖爽，遇例冠带。父祉。母唐氏。重庆下。兄佐、佑、辅、伟、佳。弟育、儒。娶程氏。浙江乡试第四十九名，会试第二十二名。

车梁，贯山西太原府石州，民籍，国子生，治《易经》。字茂贤，行一，年三十六，正月十七日生。曾祖轩，典术。祖克昭，赠刑部主事。父雷，典术。母吴氏。慈侍下。弟桓，监生；棠，监生；相，甲辰进士；椠。娶张氏，继娶张氏。山西乡试第三十三名，会试第一百六十九名。

袁经，贯湖广长沙府宁乡县，军籍，国子生，治《诗经》。字大伦，行一，年三十五，六月二十八日生，曾祖继福。祖祖达。父胜良。母黄氏。慈侍下。弟宁、本。娶李氏。湖广乡试第四十七名，会试第九十四名。

董钥，贯浙江宁波府鄞县，民籍，国子生，治《易经》。字启之，行十五，年三十一，七月十五日生，曾祖伯庄。祖文信，封御史。父琳，按察司佥事。母汪氏，封孺人。慈侍下。兄镁、铛、铠、铧。弟鉴、銮、炼、锐、鏓、鏊、钿、鳞、鍠。娶孙氏。浙江乡试第五十五名，会试第七十八名。

王冠，贯陕西凤翔府凤翔县，民籍，国子生，治《易经》。字廷望，行一，年三十九，七月初五日生。曾祖铎。祖俭。父玺，知县。母刘氏。具庆下。弟衮。娶李氏。陕西乡试第二十七名，会试第四十名。

石琮，贯锦衣卫军匠籍，浙江嘉兴县人，国子生。治《诗经》。字德和，行三，年三十九，十二月十二日生。曾祖显一。祖仲玉。父佑。母盛氏，继母张氏。具庆下。弟瑢、珹。娶王氏。顺天府乡试第二十六名，会试第一百七十三名。

王凯，贯直隶保定府蠡县，民籍，国子生，治《诗经》。字文相，行二，年三十一，正月二十九日生。曾祖弘。祖忠。父举，监生。母刘氏。永感下。兄元。弟杰、定、宁。娶张氏。顺天府乡试第八十五名，会试第一百二十八名。

徐锐，贯直隶广平府永年县，军籍，国子生，治《春秋》。字钝之，行三，年四十二，正月初八日生。曾祖仲良。祖友谅。父宁，听选官。前母白氏，母程氏，继母张氏。慈侍下。兄钺、锜。娶李氏，继娶李氏。顺天府乡试第七十二名，会试第二百九十九名。

孙武卿，贯浙江杭州府海宁县，民籍，国子生，治《诗经》。字仲勋，行二，年三十八，正月二十一日生。曾祖子华，赠右参议。祖子良，右参政。父暲，右参政。母方氏，封恭人。严侍下。兄文卿。弟忠卿，阴阳训术；正卿。娶夏氏，继娶于氏。浙江乡试第五十九名，会试第九名。

段敏，贯直隶镇江府金坛县，医籍，县学增广生，治《书经》。字惟勤，行三，年三十一，二月二十日生。曾祖观，医学训科。祖瑞。父锦。母黄氏。慈侍下。兄湘、文。弟启、昭、敦、征。娶冯氏。应天府乡试第一百二十六名，会试第一百九十名。

刘瑑，贯湖广黄州府麻城县，民籍，国子生，治《春秋》，字士约，行一，年三十二，七月初六日生。曾祖从宪，赠御史。祖训，右参政。父仲辅，知县。母董氏。永感下。弟玙。娶秦氏。湖广乡试第六十五名，会试第四名。

张景明，贯浙江绍兴府山阴县，民籍，国子生，治《诗经》。字廷光，行十四，年三十六，十二月十一日生。曾祖弼。祖蕴辉，封兵科给事中。父以宪。母袁氏。具庆下。兄景夒。弟景瑑、景参。娶沈氏。浙江乡试第七十名，会试第一百八十一名。

赵钦，贯应天府句容县，民籍，国子生，治《书经》。字思敬，行二，年三十八，八月初七日生。曾祖龄。祖德成。父瑜。母王氏。慈侍下。兄鉴。弟钺、锦。娶吴氏。应天府乡试第十九名，会试第一百七名。

李廷仪，贯福建福州府闽县，民籍，国子生，治《礼记》。字鸣凤，行四，年三十八，十月十九日生，曾祖天一。祖岳。父陛，封主事。母邓氏，封安人。永感下。兄廷韶，教谕；廷美，知府。弟廷芳，义官。娶黄氏。福建乡试第五名，会试第七十七名。

袁宗皋，贯湖广荆州府石首县，官籍，国子生，治《书经》。字仲德，行一，年三十六，正月十四日生，曾祖寿先。祖思明，封御史。父恺，广东左布政使。母汪氏，封孺人。严侍下。弟宗夒，贡士；宗稷；宗契；宗尹；宗望；宗龙。娶黄氏。湖广乡试第六十四名，会试第二百三十五名。

刘嵘，贯陕西鞏昌府安定县，军籍，国子生，治《书经》。字象谦，行一，年三十一，八月初七日生，曾祖林，判官。祖武，赠主事。父晟，户部主事。母张氏，封安人。慈侍下。弟峦，监生；岈，监生；罐。娶杨氏。陕西乡试第三十一名，会试第一百二十七名。

李鲸，贯四川叙州府长宁县，民籍，县学生，治《诗经》。字腾海，行二，年四十二，四月十六日生。曾祖贵。祖仲真，赠编修。父永宗。母周氏。慈侍下。兄鳌。弟麟，贡士；鲲，贡士；英；颙，训科；良；方；鲋。娶朱氏。四川乡试第五十一名，会试第二百十二名。

李应和，贯四川顺庆府广安州大竹县，民籍，国子生，治《诗经》。字纯元，行二，年三十七，三月二十一日生。曾祖进德。祖斌。父思智。母邓氏。慈侍下。兄应杰。弟应端、应实、娶陶氏。四川乡试第六名，会试第一百五十八名。

郑协，贯浙江衢州府常山县，民籍，国子生，治《易经》。字用中，行十四，年四十四，六月初一日生。曾祖善同，义官。祖杰。父侍。母毛氏。永感下。兄愉。弟怿、惺。娶姜氏，继娶严氏。浙江乡试第六十二名，会试第二百五十七名。

王钦，贯顺天府固安县，军籍，国子生，治《诗经》。字曰恭，行一，年四十，十月二十八日生。曾祖友信。祖贵。父端。母杨氏。慈侍下。娶吕氏，继娶祖氏。顺天府乡试第一百九名，会试第六十六名。

赵继宗，贯浙江宁波府慈溪县，民籍，国子生，治《诗经》。字叔敬，行二，年三十三，八月初八日生。曾祖五和。祖睦九。父岳。永感下。娶杜氏。浙江乡试第二十一名，会试第二百十五名。

王纶，贯直隶大名府开州，军籍，国子生，治《书经》。字大经，行三，年三十五，三月十七日生，曾祖浩。祖佑，县丞。父琼。母李氏，继母苏氏。具庆下。兄铎、铭。弟纬。娶侯氏。顺天府乡试第三十八名，会试第九十六名。

徐珤，贯应天府江宁县民籍，直隶吴县人，国子生，治《易经》。字信之，行一，年四十一，八月二十五日生。曾祖朴。祖宗源。父溥。母陶氏。慈侍下。弟珍、九畴、九功。娶樊氏。应天府乡试第一百二十八名，会试第二百八十名。

王时中，贯山东登州府黄县，军籍，国子生，治《春秋》。字道夫，行三，年二十五，十一月十九日生。曾祖升。祖琏，知县。父钻，卫经历。母秦氏。重庆下。兄伦、佳。弟时雍、儒、时正、价。娶阎氏。山东乡试第二十九名，会试第一百二十六名。

徐钺，贯湖广武昌府兴国州，军籍，国子生，治《书经》。字用宁，行二，年三十八，九月二十九日生，曾祖宗一。祖友贵。父政，赠御史。母从氏，封太孺人。慈侍下。兄镛，知府。弟钦；铉，贡士；钰，同科进士；镗；铠；镒；炼。娶冯氏。湖广乡试第五十五名，会试第二百五名。

郑士忠，贯广东广州府东莞县，灶籍，国子生，治《易经》。字廷献，行二，年三十一，八月十八日生。曾祖克初。祖耿彰。父诚。母麦氏。具庆下。兄士敬。娶方氏。广东乡试第十四名，会试第一百九十一名。

范瑶，贯浙江嘉兴府秀水县，民籍，国子生，治《书经》。字朝珍，行四，年四十四，十一月二十八日生，曾祖仲文。祖廷昌。父麟，遇例冠带。母王氏。具庆下。兄征；瑄；琼，县丞；弟瓘；璋，贡士；庆；安。娶吴氏。浙江乡试第十四名，会试第一百三十名。

熊伯通，贯湖广武昌府兴国州通山县，军籍，国子生，治《易经》。字本睿，行一，年三十四，正月初一日生。曾祖可宣。祖福兴。父朝璋。母周氏。具庆下。弟伯暹、伯奇、伯智、伯明、伯逵。娶谢氏。湖广乡试第十一名，会试第二百三名。

符观，贯江西临江府新喻县，民籍，府学生，治《礼记》。字衍观，行六，年四十七，八月十八日生。曾祖志让。祖丕训。父巡岳。母罗氏，继母敖氏。严侍下。弟衍蒙。娶张氏。江西乡试第十一名，会试第五名。

翁文魁，贯浙江金华府兰溪县，民籍，国子生，治《易经》。字希曾，行八，年四十一，十二月初五日生，曾祖伯晋。祖坚远。父良仁。母戴氏。具庆下。弟文博，文林。娶童氏。浙江乡试第十九名，会试第二十五名。

邹虞，贯浙江杭州前卫籍，江西新淦县人，国子生，治《易经》。字天祥，行一，年四十一，九月十三日生。曾祖必富。祖孟魁。父贵，遇例冠带。母姚氏。严侍下。娶陆氏。浙江乡试第四十七名，会试第六十一名。

王璟，贯云南临安府建水州，民籍，国子生，治《诗经》。字明仲，行二，年三十五，闰六月十四日生，曾祖山集。祖政。父英。母洪氏。慈侍下。兄瑀。弟瑄。娶朱氏，继娶陈氏。云南乡试第三十九名，会试第一百四十三名。

彭诚，贯江西饶州府鄱阳县，民籍，县学生，治《诗经》。字君实，行二，年四十三，七月初九日生。曾祖元达。祖程远。父坤，盐场大使。母刘氏。慈侍下。兄维新，监生；维冲；维寿。娶徐氏。江西乡试第七十五名，会试第一百七十八名。

莫英，贯湖广永州府道州，民籍，国子生，治《易经》。字中美，行二，年四十三，闰四月十三日生，曾祖志隆。祖盛，贡士。父俊。母朱氏，继母杨氏。慈侍下。兄芳。娶何氏。湖广乡试第四十名，会试第二百三十三名。

孙鄌，贯直隶凤阳府定远县，民籍，国子生，治《书经》。字翰之，行二，年二十八，七月初七日生。曾祖恺。祖杰。父纪。母马氏，继母梅氏。具庆下。兄鄧。娶陈氏。应天府乡试第二十九名，会试第四十二名。

蔡炼，贯浙江绍兴府余姚县，民籍，国子生，治《礼记》。字懋成，行三，年三十一，三月初四日生。曾祖伯颜。祖叔孟。父斌。母戚氏。具庆下。兄钦，南京刑部主事；鉴。弟鐩、锦、镰。娶蒋氏。浙江乡试第九名，会试第八十六名。

丘经，贯锦衣卫籍，浙江安吉县人，国子生，治《易经》。字正夫，行一，年三十一，六月二十六日生，曾祖信。祖伟。父英。母顾氏。具庆下。弟纶。娶李氏。顺天府乡试第二十八名，会试第五十名。

董宣，贯山东兖州府曹州，民籍，国子生，治《诗经》。字朝用，行一，年四十六，四月初一日生。曾祖成。祖原善。父瑛，义官。嫡母刘氏，生母张氏。慈侍下。娶吴氏。山东乡试第十二名，会试第九十九名。

况璟，贯江西瑞州府高安县，民籍，国子生，治《诗经》。字汝明，行五，年二十四，十二月十七日生，曾祖彦琳。祖大禄。父万谋。母邹氏。具庆下。娶吴氏。江西乡试第五十九名，会试第二百四十六名。

原秉彝，贯陕西西安府华州蒲城县，军籍，国子生，治《书经》。字天叙，行一，年三十七，十二月十九日生。曾祖立。祖林，巡检。父铎，监生。母王氏。永感下。弟秉彝。娶王氏。陕西乡试第二名，会试第一百七十四名。

刘凤仪，贯山西潞州襄垣县，军籍，国子生，治《礼记》。字天瑞，行一，年三十四，六月二十二日生，曾祖征。祖端，教谕，赠御史。父洁，按察司副使。母李氏，封孺人。慈侍下。弟凤鸣。娶张氏。山西乡试第四名，会试第一百五十四名。

王俸，贯直隶苏州府吴县，民籍，府学生，治《易经》。字应爵，行三，年三十二，十一月十九日生。曾祖德成。祖廷吉。父叔纪。母顾氏。具庆下。兄鹏、鹤。娶顾氏。应天府乡试第五十名，会试第一百九名。

茹銮，贯直隶常州府无锡县，民籍，国子生，治《书经》。字世和，行一，年三十七，十一月二十日生，曾祖洪，县丞。祖式。父玉，知县。母金氏。具庆下。弟鋆、鉴、镇、镒。娶顾氏。应天府乡试第九十一名，会试第一百八十五名。

徐有，贯河南汝宁府信阳州罗山县，匠籍，县学生，治《春秋》。字若无，行一，年三十三，六月二十七日生。曾祖才四。祖通。父文昌，教授。母石氏。慈侍下。弟实。娶尹氏。河南乡试第二十二名，会试第一百十六名。

孙玺，贯山东济南府青城县，民籍，国子生，治《书经》。字国信，行三，年三十一，六月初六日生。曾祖士贤。祖景文。父勤。母丁氏。具庆下。兄宠、惠。弟翊、璧。娶贾氏。山东乡试第五十四名，会试第一百五十一名。

曹敬，贯直隶真定府藁城县，民籍，国子生，治《诗经》。字德舆，行三，年三十一，十月初六日生。曾祖文中。祖彬。父志刚。母姚氏。严侍下。兄能；玉，听选官。娶樊氏。顺天府乡试第八十七名，会试第一百十一名。

张钢，贯直隶苏州府卫籍，江西新淦县人，国子生，治《诗经》。字廷节，行一，年四十一，闰正月初四日生。曾祖敬。祖源。父聪。母陈氏。慈侍下。弟钦、钊、镗。娶苏氏，继娶华氏。应天府乡试第一百二十五名，会试第一百三十四名。

徐楷，贯浙江宁波府慈溪县，民籍，县学增广生，治《诗经》。字宗范，行一，年四十三，正月十一日生。曾祖祖平。祖恺。父璟。母周氏。永感下。弟林、模、棋、桧、棠、棣。娶章氏。浙江乡试第七十三名，会试第六十四名。

王钺，贯浙江台州府临海县，民籍，国子生，治《诗经》。字懋扬，行七，年四十二，二月十四日生。曾祖祚。祖召南。父克厚。母赵氏。永感下。兄镖，训导；镨；魏；铁；镏。娶徐氏，继娶孟氏。浙江乡试第八名，会试第一百六十七名。

戴乾，贯浙江台州府临海县，民籍，国子生，治《诗经》。字元之，行二，年二十七，四月二十八日生。曾祖孟渊。祖廷祥。父仲仁。母金氏。慈侍下。兄聪。弟巽。娶侯氏。浙江乡试第五十七名，会试第九十一名。

王宪，贯山东兖州府东平县，军籍，州学生，治《诗经》。字维纲，行一，年二十四，十一月十三日生。曾祖敬祖。祖海。父智。母胡氏。具庆下。弟志、忞、思。娶刘氏。山东乡试第十一名，会试第二百五十三名。

赵维藩，贯直隶真定府元氏县，民籍，县学生，治《诗经》。字价夫，行一，年二十九，七月二十六日生。曾祖鉴。祖福贵，巡检。父彝，监生。母魏氏，继母刘氏。慈侍下。弟维垣，维屏、维宁、维有。娶王氏。顺天府乡试第一百二十六名，会试第十八名，

陶煦，贯浙江嘉兴府秀水县，军籍，县学生，治《诗经》。字时和，行四，年二十五，九月初六日生。曾祖钲，义民。祖济民。父松。母张氏。重庆下。兄勖、熙、烨。弟照，同科进士；灿；儒；俨；俸；烈；炜；炼；娶唐氏。浙江乡试第七十七名，会试

第一百三十一名。

彭惟方，贯江西吉安府安福县，民籍，国子生，治《春秋》。字重义，行六，年三十八，十一月二十二日生。曾祖原修。祖翔高，义官。父箴省。母周氏。慈侍下。兄惟中、惟正。弟惟直。娶贺氏。江西乡试第六十八名，会试第一百三十八名。

赵士元，贯陕西河州卫，军籍，卫学生，治《春秋》。字君聘，行一，年三十，七月十六日生。曾祖贵。祖景。父英。母李氏。具庆下。娶张氏。陕西乡试第十名，会试第六十三名。

周泽，贯浙江嘉兴府嘉善县，民籍，海盐县人，国子生，治《书经》。字天雨，行一，年四十三，十二月二十八日生。曾祖文华。祖璘。父杰。母周氏。慈侍下。弟淮。娶丘氏。浙江乡试第一名，会试第三十五名。

吴玭，贯福建漳州府龙溪县，军籍，国子生，治《易经》。字子怀，行一，年三十六，十一月初五日生，曾祖敏雍。祖仲，知县。父玉文。母蔡氏。永感下。弟顼，弼。娶郭氏。福建乡试第四十二名，会试第一百五十六名。

唐虁，贯广西桂林府全州，民籍，国子生，治《书经》。字宗韶，行一，年二十九，六月初五日生。曾祖志廷。祖铭，县丞。父玺。母王氏，继母蒋氏。具庆下。弟儒、传、龙、佐、俶、伊、侨、亿、僕。娶赵氏。广西乡试第十一名，会试第三十一名。

路麟，贯江西吉安府安福县，儒籍，国子生，治《春秋》。字肇治，行二，年三十七，十一月二十二日生。曾祖世清，赠左参政。祖斐澳，遇例冠带。父元。母周氏。具庆下。兄重。弟焕、嵩、烨、孝、承、隆、建、铭、邵、鹤。娶周氏，继娶孙氏。江西乡试第四名，会试第一百十二名。

黎民牧，贯湖广岳州府华容县，军籍，国子生，治《书经》。字本恕，行五，年三十六，正月十二日生。曾祖仕祯，赠吏部右侍郎。祖斌，县丞，赠吏部右侍郎。父淳，南京礼部尚书。母金氏，封淑人。严侍下。兄民献，贡士。弟民表，进士；民衷；民安；民俊；民信。娶张氏。湖广乡试第八十一名，会试第一百三十五名。

周冕，贯直隶池州府贵池县，民籍，府学生，治《诗经》。字尚文，行二，年三十二，三月二十二日生。曾祖璿。祖鉴。父昆，训导。母吴氏。具庆下。兄宿。弟宇、昂。娶吴氏。应天府乡试第八十九名，会试第八十九名。

郭濬，贯直隶真定府平山县，军籍，国子生，治《诗经》。字舜德，行一，年四十，九月初七日生。曾祖祖。祖清。父敦，县丞。母贾氏。慈侍下。弟濠。娶吴氏，继娶彭氏。顺天府乡试第六十五名，会试第二百十七名。

萧巨源，贯江西吉安府庐陵县，民籍，国子生，治《诗经》。字用溥，行四，年三十八，八月三十日生，曾祖斌。祖思才。父振伦，义官。母杨氏。永感下。兄济、汉、淳。娶李氏。江西乡试第四十七名，会试第二百三十名。

徐钦，贯湖广黄州府蕲州黄梅县，军籍，县学生，治《诗经》。字敬之，行一，年二十四，三月二十五日生。曾祖法通。祖伯渊。父用，监生。母伏氏。重庆下。弟铖、钥、铠、镟。娶吴氏。湖广乡试第三十九名，会试第一百六十四名。

宋琉，贯河南汝宁府光州，民籍，国子生，治《易经》。字廷璧，行二，年三十三，八月初四日生。曾祖瑺。祖敏。父志道，兵马司指挥。母马氏。具庆下。兄琦。娶张氏。河南乡试第二十一名，会试第二百四十七名。

常元庆，贯陕西西安府乾州，民籍，国子生，治《诗经》。字宗善，行一，年三十六，五月二十三日生。曾祖允中。祖伯通。父鬻，教谕。母阎氏，继母朱氏。慈侍下。弟元良、元吉、元佐。娶邓氏。陕西乡试第七名，会试第五十二名。

董緉，贯湖广黄州府麻城县，军籍，国子生。治《春秋》。字嗣绅，行七，年三十二，正月十七日生。曾祖南寿。祖潮，检校。父应轸，按察司佥事。嫡母徐氏，继母王氏，生母赵氏。慈侍下。兄绪，通判；绍；绂，知县；繍；絵，巡检；絍，贡士。弟统。娶陈氏，继娶周氏。湖广乡试第四名，会试第九十名。

萧渊，贯山东东昌府堂邑县，军籍，国子生，治《春秋》。字文静，行二，年三十六，三月初九日生。曾祖敬。祖贞，州同知。父瑛，通判。母刘氏。永感下。兄汉，义官。娶赵氏。山东乡试第十五名，会试第一百九十四名。

王哲，贯直隶苏州府吴江县，军籍，县学生，治《易经》。字思德，行二，年三十四，五月二十五日生。曾祖湜。祖恭。父宗吉。前母于氏，母沈氏。具庆下。兄贤，义官。弟明，监生、敏。娶申氏。应天府乡试第二十四名，会试第九十八名。

罗贤，贯山西太原府清源县，民籍，国子生，治《诗经》。字大用，行一，年三十七，十二月初十日生，曾祖景思。祖满。父公海。母徐氏，继母曹氏。具庆下。弟良、方、智。娶陈氏。山西乡试第四十二名，会试第八十四名。

陈威，贯江西抚州府临川县，民籍，国子生，治《诗经》。字民望，行七，年三十，二月十四日生。曾祖孔立。祖彦持，封主事。父勉，知府。母梁氏，封安人。重庆下。弟婴、姻。娶甘氏。江西乡试第三十四名，会试第二百四十三名。

陈大经，贯浙江绍兴府上虞县，匠籍，县学生，治《诗经》。字正之，行二，年三十八，二月初八日生。曾祖倞。祖敬舆。父世英。母史氏。重庆下。弟大纪，大绪、大纯、大绩、大绅、大绥。娶张氏。浙江乡试第八十五名，会试第二百二十三名。

周伟，贯湖广岳州府澧州，军籍，州学生，治《书经》。字士元，行二，年二十八，十一月初五日生，曾祖宗礼。祖楣。父祺。母于氏。具庆下。兄伸。弟仁、仪。娶李氏。湖广乡试第三名，会试第二百二十四名。

于庭春，贯江西南昌府都昌县，军籍，国子生，治《诗经》。字元之，行二，年三十五，十二月十三日生。曾祖伯捷。祖子瑄，驿丞。父九州。母周氏。永感下。兄庭节。娶黄氏。江西乡试第十六名，会试第六十名。

陈文辅，贯广东广州府番禺县，民籍，府学增广生，治《诗经》。字以道，行二，年二十四，五月十四日生。曾祖景昌。祖俊。父桐。母朱氏。重庆下。兄文英。弟文佐。聘梁氏。广东乡试第二名，会试第一百十七名。

常济，贯山东兖州府济宁州，民籍，国子生，治《书经》。字惠夫，行一，年四十二，十一月初六日生。曾祖全。祖敬。父瓒，州吏目。母张氏。永感下。兄清，教谕。弟源、准、深。娶王氏。山东乡试第十六名，会试第一百五十三名。

李瓒，贯山西太原府代州崞县，军籍，国子生，治《诗经》。字重器，行一，年四十，六月初五日生。曾祖懋。祖瑄。父约，仓大使。母聂氏。具庆下。娶萧氏。山西乡试第三十八名，会试第一百三十七名。

陈谟，贯山东济南府历城县，民籍，府学生，治《易经》。字汝嘉，行四，年三十二，正月十九日生。曾祖仲信。祖良贵。父孜。母杨氏。慈侍下。兄昉；隆，义官；言。娶王氏。山东乡试第二十名，会试第二百三十一名。

张瀚，贯山东东昌府博平县，民籍，县学生，治《诗经》。字克容，行一，年二十九，八月初七日生。曾祖名友。祖志刚。父斌，典史。母孙氏。具庆下。弟潮。娶李氏。山东乡试第六十三名，会试第二百一名。

周爵，贯河南汝宁府光州固始县，民籍，国子生，治《春秋》。字天爵，行一，年三十五，七月初一日生，曾祖文彬。祖子铭。父完。母张氏。慈侍下。弟臣。娶段氏。河南乡试第五十五名，会试第二百七十五名。

席书，贯四川潼川州遂宁县，民籍，县学增广生，治《春秋》。字文同，行一，年三十，四月初五日生。曾祖思恭。祖瑄。父祖宪。母吴氏。具庆下。弟诗、记、春、象。娶张氏。四川乡试第二名，会试第二百五十二名。

陈禄，贯广西梧州府怀集县，民籍，国子生，治《易经》。字天锡，行一，年三十三，九月初三日生。曾祖佛佐。祖聪。父继学，大使。母郭氏。具庆下。弟俸、仪。娶梁氏。广西乡试第十八名，会试第三十四名。

刘文宠，贯武骧左卫，军籍，顺天府蓟州玉田县人，府学生，治《诗经》。字元锡，行二，年二十八，正月十一日生。曾祖福川。祖海。父春。母张氏。具庆下。娶彭氏。顺天府乡试第六十五名，会试第二十六名。

刘棠，贯山东济南府章丘县，民籍，国子生，治《诗经》。字思召，行二，年四十，十一月十三日生。曾祖仲英。祖诚，知县。父灏。母黄氏，继母赵氏。严侍下。兄榆。弟栋。娶贾氏。山东乡试第五十五名，会试第一百二名。

胡雍，贯宽河卫，官籍，山西临县人，国子生，治《春秋》。字伯雍，行一，年三十三，七月初九日生。曾祖斌，正千户。祖全，指挥佥事。父安，指挥佥事。母赵氏，封恭人。严侍下。娶吕氏，继娶申氏。顺天府乡试第四十名，会试第二百八十七名。

郭纮，贯陕西西安府华州，民籍，州学生，治《诗经》。字大纮，行三，年四十二，十月初二日生。曾祖谦。祖整。父信。母曹氏，继母潘氏。慈侍下。兄仁、淳。弟纪，监生；细。娶董氏。陕西乡试第四十一名，会试第一百七十名。

卢翔，贯直隶苏州府常熟县，匠籍，国子生，治《诗经》。字凤翀，行三，年三十五，四月初四日生。曾祖彬。祖弘。父琮，知县。母顾氏。慈侍下。兄复、翰。弟耆。娶卫氏。应天府乡试第三十五名，会试第一百四十六名。

高崇熙，贯山西太原府石州，民籍，国子生，治《诗经》。字文明，行二，年三十二，十一月二十六日生。曾祖仕珍。祖整。父岱，知县。母李氏。慈侍下。兄崇辉，义官。弟重省，贡士；崇庆；崇明，监生。娶霍氏。山西乡试第十二名，会试第二百二十五名。

叶永秀，贯广东广州府东莞县，民籍，国子生，治《春秋》。字汝实，行一，年二十九，六月十一日生。曾祖祖全。祖景芳。父青，训导。母朱氏。慈侍下。娶李氏。广东乡试第十八名，会试第一百八十三名。

张萧，贯府君卫，官籍，河南信阳州人，国子生，治《书经》。字宗献，行三，年三十六，七月初四日生。曾祖道，赠指挥同知。祖林，赠指挥同知。父贤，指挥同知。母枚氏，封太淑人。永感下。兄鼎，知府；萧，冠带小旗。娶丁氏，继娶范氏。顺天府乡试第四十八名，会试第二百七十名。

杜楷，贯富裕卫籍，江西吉水县人，国子生，治《书经》。字公式，行二，年三十八，五月十六日生。曾祖玄德。祖大鹏。父邦，训导，赠主事。母韦氏，赠安人。永感下。兄桓，礼部员外郎。娶王氏。顺天府乡试第二十五名，会试第二十一名。

贾璇，贯山西汾州，军籍，国子生，治《书经》。字天器，行三，年四十一，四月初一日生。曾祖文质。祖昱。父辅，义官。前母刘氏，母任氏。具庆下。兄玺、原。弟玑。娶韩氏。山西乡试第十六名，会试第二百六十八名。

颜颐寿，贯湖广岳州府巴陵县，军籍，国子生，治《诗经》。字天和，行三，年二十九，四月二十四日生。曾祖以安。祖礼，县丞。父公辅，知县。母邵氏。具庆下。兄禄寿，通判；期寿。弟乔寿、崧寿。娶柳氏，继娶何氏。湖广乡试第七十七名，会试第六十九名。

姜实，贯陕西西安府华州蒲城县，军籍，国子生，治《礼记》。字若虚，行三，年二十七，九月初二日生。曾祖能。祖凯。父武。母王氏。具庆下。兄山、昆。弟容、骞、定、寰、完。娶原氏。陕西乡试第五十一名，会试第十三名。

吕铠，贯直隶真定府晋州，民籍，州学生，治《书经》。字廷韶，行一，年三十七，九月二十三日生。曾祖成。祖杰，仓大使，赠主事。父正，右参政。前母刘氏，赠宜人，母刘氏。永感下。弟锖，医学典科；铉，监生；铠。娶王氏，继娶刘氏。顺天府乡试第一百十一名，会试第二百四十名。

茅光著，贯浙江宁波府慈溪县，军籍，儒士，治《诗经》。字日升，行四，年四十三，五月初九日生。曾祖天麒。祖惟扬，按察使。父蓁，理问。母桂氏。永感下。兄光霁。弟光大。娶桂氏。浙江乡试第十二名，会试第二百六十三名。

余敬，贯广东广州府新会县，民籍，国子生，治《书经》。字行简，行四，年三十六，三月十八日生。曾祖妙成。祖琳，遇例冠带。父肆，教谕。母谢氏。具庆下。兄让，训导；绍夔，通判；士龙。弟章、正、义。娶周氏。广东乡试第四名，会试第六十二名。

饶榶，贯江西南昌府进贤县，民籍，府学生，治《诗经》。字文中，行四，年三十一，十二月二十六日生。曾祖崇本。祖孟颖，训导，赠主事。父泗，兵部员外郎。母袁氏，封安人。具庆下。兄述。弟樾。娶夏氏。江西乡试第四十名，会试第二百五十五名。

蒙惠，贯广西梧州府苍梧县，民籍，国子生，治《书经》。字允济，行二，年三十，五月十六日生。曾祖寿远。祖保。父全。母杜氏。慈侍下。兄恩。娶欧阳氏。广西乡试第十二名，会试第二百八十一名。

谢玺，贯山西振武卫籍，直隶寿州人，国子生，治《诗经》。字宗玉，行一，年四十，正月初三日生。曾祖忠。祖贵。父铎，推官。母王氏。具庆下。弟廷璧、廷班、廷珂、廷珮。娶冯氏。山西乡试第四十三名，会试第八十一名。

杜宏，贯河南开封府许州临颍县，民籍，县学生，治《书经》。字渊之，行二，年三十六，十二月二十二日生。曾祖兴。祖贤。父瑄。母宋氏。具庆下。兄林。弟宗、章。娶介氏。河南乡试第十八名，会试第二百九十六名。

孙杰，贯山西太原府平定州，军籍，国子生，治《书经》。字朝用，行一，年三十六，八月二十五日生。曾祖玉。祖靖，右府都事。父善，阴阳典术。母阎氏。具庆下。弟侃，贡士。娶朱氏。山西乡试第四十九名，会试第二十七名。

范璋，贯浙江绍兴府余姚县，民籍，国子生，治《礼记》。字邦献，行三，年四十一，三月二十日生。曾祖景昭。祖皓。父端，义官。母吴氏。具庆下。兄廷辉，听选官；廷采，义官。娶吴氏。浙江乡试第三十六名，会试第五十三名。

吴瓒，贯浙江杭州府仁和县，灶籍，国子生，治《易经》。字美中，行三，年四十，十二月初五日生。曾祖清之。祖宗远。父让。母汤氏。具庆下。兄璋，琬。弟玠。娶赵氏。浙江乡试第五名，会试第二百六十五名。

陆征，贯应天府溧阳县，军籍，国子生，治《书经》。字时休，行一，年三十五，十一月初四日生。曾祖箕。祖师镇。父昂。嫡母郝氏，生母陶氏。具庆下。弟谕、徽、徹、微。娶吕氏。应天府乡试第八十名，会试第一百五十九名。

臧凤，贯山东兖州府曲阜县，民籍，县学生，治《诗经》。字瑞周，行三，年三十五，十月十三日生。曾祖彦实。祖贞。父纪，训导，赠主事。母李氏，封太安人。慈侍下。兄麒；麟，工部主事。弟鸾。娶张氏，继娶孔氏。山东乡试第一名，会试第二百二十一名。

张表，贯陕西汉中府褒城县，民籍，国子生，治《书经》。字人杰，行五，年三十七，八月初八日生，曾祖普清。祖隆。父弘。母万氏。永感下。兄龙海、龙准、龙珍、龙渊。娶邓氏。陕西乡试第二十九名，会试第二百二十名。

胡希颜，贯陕西西安府乾州，军籍，国子生，治《诗经》。字宗哲，行一，年二十九，四月二十三日生。曾祖二。祖顺。父彬。母刘氏。具庆下。弟希曾、希思、希孟、希闵、弟冉。娶开氏。陕西乡试第四十八名，会试第二百六十一名。

邓文质，贯江西饶州府鄱阳县，民籍，府学增广生，治《书经》。字汝中，行三，年二十九，八月初十日生。曾祖辉。祖玉。父钜。母王氏。具庆下。兄文杰、文渊。弟文善、文绣、文显、文明。娶张氏。江西乡试第三十二名，会试第一百六十八名。

王垔，贯陕西西安府同州朝邑县，民籍，国子生，治《易经》。字汝器，行三，年四十四，正月二十二日生。曾祖佐。祖聚，税课局大使。父斌，典史。母孔氏。慈侍下。兄节、原。娶上氏。陕西乡试第二十一名，会试第二百七十八名。

石存礼，贯山东青州府益都县，民籍，府学增广生，治《诗经》。字敬夫，行二，年二十，九月十三日生。曾祖景文。祖瑛，吏目。父铭，府通判。母王氏。具庆下。兄存仁。娶姜氏。山东乡试第七十三名，会试第二百六十六名。

左然，贯直隶宁国府泾县，民籍，国子生，治《易经》。字允之，行一，年四十，三月二十九日生，曾祖处中，训科。祖有昂，赠监察御史。父孟暹。母王氏。慈侍下。弟韶、辅、新。娶赵氏。应天府乡试第二十名，会试第二百九十名。

陈曦，贯锦衣卫籍，直隶江都县人，国子生，治《易经》。字景和，行一，年三十五，十一月十二日生，曾祖泰。祖震。父忠。母王氏。永感下。弟暄、暲。娶张氏，继娶张氏。顺天府乡试第一百四名，会试第二百六十九名。

林廷瓛，贯广东高州府□州吴川县，军籍，国子生，治《易经》。字公器，行二，年三十七，六月十三日生。曾祖崇。祖峰。父焕。母陈氏。慈侍下。兄廷玉，监生。弟廷佑。娶李氏。广东乡试第六十名，会试第二百三十七名。

万璇，贯湖广常德府武陵县，军籍，国子生，治《礼记》。字廷器，行四，年三十六，六月二十九日生。曾祖辅弼，行人。祖鉴。父殊，教谕。母章氏。永感下。兄珣；琳；玺，知州。弟瑛、珑、琥、琦。娶孙氏。湖广乡试第四十七名，会试第三百名。

伍希齐，贯江西吉安府安福县，民籍，国子生，治《春秋》。字孟伦，行十二，年三十四，五月二十日生。曾祖述经。祖冕，知县，赠御史。父体祥，封员外郎。前母刘氏，赠宜人，母刘氏，封宜人。具庆下。兄希渊，布政司左参政；希旦；希鱼；希闵，按察司金事；希冉；希宪。娶刘氏。江西乡试第十八名，会试第四十八名。

杨滋，贯直隶保定府定兴县，军籍，府学生，治《诗经》。字天泽，行一，年三十五，九月二十九日生。曾祖增。祖谦。父斌，宣慰司经历。母申氏，继母孔氏。严侍下。弟洵、润。娶水氏。顺天府乡试第四十三名，会试第二百七十七名。

刘纲，贯直隶河间府任丘县，民籍，国子生，治《诗经》。字克立，行五，年三十五，三月十三日生。曾祖奉。祖玉。父珍，布政司照磨。母王氏，继母李氏。具庆下。兄经，监生；纶；缙，义官；绅，义官。弟纪。娶徐氏。顺天府乡试第二十名，会试第二百三十八名。

何胜，贯直隶徽州府歙县，民籍，国子生，治《春秋》。字斯复，行四，年四十八，六月十六日生。曾祖仲耕。祖以忠。父士谧。母江氏，节妇。慈侍下。兄镇安、克安、兑安。娶杨氏。应天府乡试第七十二名，会试第二百六十四名。

李聪，贯福建泉州府晋江县，民籍，国子生，治《易经》。字敏德，行一，年三十九，十月二十二日生。曾祖静。祖泽。父训。母纪氏。具庆下。弟明、智。娶陈氏。福建乡试第十七名，会试第一百四名。

孙琏，贯浙江宁波府慈溪县，民籍，县学生，治《诗经》。字宗器，行四，年二十九，正月初八日生。曾祖服膺。祖忱，知县。父禧。母徐氏。具庆下。兄璋。弟瑝、瓒、珏、环、珍、望。娶陈氏。浙江乡试第十九名，会试第二百三十四名。

秦锐，贯浙江绍兴府会稽县，民籍，国子生，治《春秋》。字克进，行八，年三十五，二月初六日生。曾祖浩。祖珪。父澂。母沈氏。慈侍下。兄鉴，监生；锷。弟銮、镭、钜、铣。娶赵氏。浙江乡试第三十八名，会试第五十八名。

陈熙，贯浙江宁波府慈溪县，民籍，国子生，治《诗经》。字士勋，行一，年三十九，九月二十七日生。曾祖信。祖塾，训导。父铢。母钱氏。慈侍下。娶钱氏。浙江乡试第二十六名，会试第二百九十五名。

景佐，贯山西平阳府蒲州，军籍，国子生，治《书经》。字良弼，行四，年三十六，十月二十四日生。曾祖敏淑。祖聚。父章，义官。母冯氏。具庆下。兄杰、侃、信。娶雷氏。山西乡试第十一名，会试第四十七名。

杨璋，贯湖广德安府孝感县，民籍，府学生，治《易经》。字廷宜，行三，年二十五，十月十八日生。曾祖昱晟。祖昭，义官。父敏，判官。母周氏。具庆下。兄珤、珪。弟瓒。娶黎氏。湖广乡试第十二名，会试第二百八十八名。

余止，贯四川叙州府富顺县，民籍，国子生，治《礼记》。字景山，行一，年三十，十月十三日生，曾祖兴泰。祖志轩，封主事。父璨。母刘氏。重庆下。弟涂、并、亚。娶金氏。四川乡试第十名，会试第四十三名。

陈玉，贯河南卫辉府辉县，民籍，府学生，治《书经》。字德辉，行一，年二十四，十月初八日生。曾祖贵。祖英。父俊。母校氏。具庆下。弟珏。娶徐氏。河南乡试第八名，会试第一百九十九名。

彭凤来，贯湖广黄州府黄陂县，军籍，县学生，治《诗经》。字泰和，行三，年三十二，十一月二十二日生。曾祖彦昭。祖万镒。父昌，通判。母严氏。慈侍下。兄凤仪，听选官；凤历。娶周氏。湖广乡试第二十四名，会试第三十六名。

郑瑾，贯浙江金华府兰溪县，民籍，闽县学训导，治《易经》。字温卿，行十七，年三十八，十月十八日生。曾祖训诚。祖迪，长史。父锜，知县。母王氏。具庆下。兄璠。弟珇、瑧。娶徐氏。浙江乡试第四十名，会试第八十三名。

许庆，贯直隶常州府武进县，民籍，国子生，治《诗经》。字应祯，行一，年四十三，八月二十七日生。曾祖公义。祖文礼。父颐。母黄氏，继母秦氏，俞氏。慈侍下。弟恺、悦、忻、忱。娶殷氏。应天府乡试第一百七名，会试第一百八名。

王瓒，贯山东登州府蓬莱县，军籍，国子生，治《书经》。字宗用，行一，年四十五，十月十六日生。曾祖伯忠。祖思荣。父真。母刘氏。具庆下。弟理、环。娶曲氏。山东乡试第十二名，会试第一百九十六名。

汪金恩，贯浙江衢州府开化县，民籍，国子生，治《易经》。字天锡，行八，年三十五，十一月十七日生。曾祖以敬。祖永寿。父余庆。母翁氏。具庆下。兄渊、金、芳、川、定、契、顺、钊。娶鲁氏。浙江乡试第十三名，会试第二百二十二名。

黄聚，贯广西梧州府藤县，民籍，国子生，治《诗经》。字朝会，行一，年四十，三月十五日生。曾祖荣显。祖辉。父嗣。母张氏。永感下。娶陈氏，继娶李氏。广西乡试第二名，会试第一百八十七名。

左璋，贯江西抚州府临川县，匠籍，国子生，治《诗经》。字廷贵，行五，年三十一，九月十六日生。曾祖允明。祖碧溪。父信厚。母胡氏。重庆下。弟璜、玠、瑶。娶彭氏。江西乡试第十三名，会试第二百九十七名。

徐钰，贯湖广武昌府兴国州，军籍，府学生，治《书经》。字用砺，行五，年二十五，正月初七日生。曾祖宗一。祖友贵。父教。母朱氏，继母黄氏。具庆下。兄镛，知府；钺，同科进士；钦；鉉，贡士。弟铿、铠、镒、铢。娶李氏。湖广乡试第十三名，会试第二百二十六名。

李杰，陕西西安府韩城县，匠籍，国子生，治《书经》。字人英，行二，年四十一，三月十八日生。曾祖彦真。祖勉。父让。母刘氏，继母高氏。具庆下。兄俊。弟仁。娶王氏。陕西乡试第七名，会试第二百六十七名。

公勉仁，贯山东青州府蒙阴县，军籍，县学生，治《诗经》。字尚德，行三，年二十九，四月初三日生。曾祖烷，县丞。祖评。父恕，县丞。母许氏。具庆下。兄增仁、行仁。弟景仁、里仁、居仁。娶阚氏。山东乡试第七十五名，会试第一百四十名。

李师儒，贯直隶保定府安州高阳县，民籍，国子生，治《易经》。字宗正，行九，年三十二，十一月初四日生。曾祖进。祖甫荣，赠主事。父俨，南京户部郎中。母郭氏，封安人。具庆下。兄俊、聪、敏、师、孔、睿。娶于氏。顺天府乡试第十九名，会试第八十八名。

王鼎，贯直隶顺德府钜鹿县，民籍，国子生，治《诗经》。字重器，行一，年三十三，五月十五日生。曾祖得名。祖文贵，主簿。父惟。母李氏。永感下。兄镛，训导。弟萧、镇。娶乔氏。顺天府乡试第三十九名，会试第一百二十五名。

张辉，贯直隶池州府石埭县，民籍，国子生，治《书经》。字蕴之，行一，年三十四，七月十三日生。曾祖德邵。祖升。父望，监生。母邵氏。具庆下。弟灿。娶舒氏。应天府乡试第五十三名，会试第一百十四名。

夏升，贯广东海南卫籍，直隶定远县人，国子生，治《易经》，字景熙，行二，年二十七，二月二十四日生。曾祖均驿。祖礼。父瑄。嫡母钟氏，生母孙氏。慈侍下。兄时；旼，训导；暲；暲。娶路氏。广东乡试第四十八名，会试第二百六十七名。

何洽，贯浙江杭州府富阳县，民籍，国子生，治《诗经》。字允仁，行十八，年三十八，三月初六日生。曾祖以贤。祖士璋。父鉉。母汤氏。具庆下。兄济、沂、洙、滂。弟湝、濠、瀛、汤、游。娶孙氏。浙江乡试第二十一名，会试第一百七十六名。

陈辅，贯四川叙州府宜宾县，民籍，府学生，治《易经》。字汝德，行一，年三十，正月十九日生。曾祖原。祖志远。父纲。母陶氏。重庆下。弟弼、卿、相。娶张氏。四川乡试第二十二名，会试第十七名。

高友玑，贯浙江温州府乐清县，军籍，县学生，治《诗经》。字肃政，行一，年三十，正月初四日生。曾祖官，知县。祖谱。父沔。母陈氏。重庆下。弟友质。娶黄氏。

浙江乡试第五十五名，会试第二百九十四名。

杨铎，贯福建兴化府莆田县，军籍，县学赠广生，治《诗经》。字朝鲁，行六，年四十，正月二十四日生。曾祖亿六。祖大四。父体敬。母朱氏，继母林氏。永感下。兄琳；瑛；琅，按察司佥事；玗；顼。弟锐。娶戴氏。福建乡试第八十一名，会试第一百九十八名。

张金，贯直隶广德州，民籍，国子生，治《礼记》。字质夫，行五，年三十五，七月初六日生。曾祖天祥。祖思政。父和。母沈氏。永感下。兄雍、昂、昱、富。弟周、汉。娶曹氏。应天府乡试第七十九名，会试第一百四十四名。

刘溥，贯直隶安庆府怀宁县军籍，国子生，治《诗经》。字公济，行一，年四十，九月十五日生。曾祖汝霖。祖永，医官。父钰，通判。母张氏。具庆下。弟清。娶张氏。应天府乡试第七十八名，会试第二百二十八名。

刘瑜，贯山东登州府宁海州文登县，匠籍，县学增广生，治《易经》。字美之，行一，年三十一，三月十四日生。曾祖士能。祖显名。父庆。母王氏。严侍下。弟瑄。娶王氏。山东乡试第十三名，会试第八十名。

房瑄，贯直隶河间府任丘县，民籍，国子生，治《易经》。字廷献，行二，年三十九，闰九月二十五日生。曾祖午。祖礼。父钦。母党氏。慈侍下。兄璿。弟琮、瓒。娶刘氏。顺天府乡试第一百十名，会试第二百二十七名。

陈澍，贯山西太原左卫官籍，直隶高邮州人，国子生，治《易经》。字天泽，行二，年三十，十月二十五日生。曾祖志皋。祖敬，百户。父璧，监察御史。母阎氏，封孺人。具庆下。兄汉，贡士。弟瀞，百户；法；况。娶江氏，继娶朱氏。山西乡试第六十三名，会试第一百四十五名。

李敷，贯湖广永州府道州宁远县，军籍，国子生，治《书经》。字春敷，行二，年四十，十月初八日生，曾祖彦文。祖俊常。父元质，义官。前母奉氏，母何氏。永感下。兄昶。弟衮、轲、武、爱、训、逊、谕、轩。娶刘氏，继娶何氏。湖广乡试第六名，会试第一百五十七名。

丘俊，贯直隶真定府冀州新河县，匠籍，县学生，治《诗经》。字邦彦，行二，年二十八，八月初五日生。曾祖智。祖信。父嵩。母安氏。重庆下。兄仁。弟杰、佐、佑。娶李氏。顺天府乡试第九十八名，会试第一百十五名。

陆广，贯直隶常州府无锡县，民籍，国子生，治《书经》。字士弘，行二，年三十七，七月十六日生。曾祖孟谦。祖安，县丞。父民表。母赵氏。慈侍下。兄序。弟廉。娶周氏，继娶侯氏。应天府乡试第一百三名，会试第一百九十三名。

翟敬，贯山西平阳府猗氏县，民籍，国子生，治《书经》。字行简，行二，年三十七，十一月二十一日生。曾祖从善。祖庸。父通。母解氏。永感下。兄宣。娶荆氏，继娶陈氏。山东乡试第三十一名，会试第一百六十五名。

刘芳，贯顺天府通州武清县，民籍，国子生，治《书经》。字德馨，行一，年二十八，八月二十一日生。曾祖德全。祖荣。父忠。母张氏，继母王氏。具庆下。娶郝氏。

顺天府乡试第四十名，会试第二百五十六名。

徐浤，贯江西广信府贵溪县，军籍，国子生，治《礼记》。字本深，行八十七，年三十一，六月初五日生。曾祖用中。祖思文。父孔寿。母汪氏。慈侍下。兄洪，洛。娶丘氏。江西乡试第五十三名，会试第一百八十八名。

杨璹，贯河南开封府原武县，民籍，国子生，治《礼记》。字廷珮，行六，年三十九，七月十一日生。曾祖旺。祖智，封金事。父铎，左参政。前母梁氏，封宜人，赵氏，母孙氏，封宜人，继母白氏。具庆下。兄珪，医学训科；琦；瓒，贡士；瑄；琏。娶王氏。河南乡试第十八名，会试第二百十九名。

谭溥，贯四川重庆府合州铜梁县，民籍，儒士，治《诗经》。字德周，行一，年三十，四月初六日生。曾祖福祖。祖贵。父锦，教谕。母熊氏。重庆下。弟博，渊。娶童氏。四川乡试第四十一名，会试第十四名。

吕贤，贯直隶真定府真定县，军籍，国子生，治《诗经》。字邦佑，行一，年三十五，正月初二日生。曾祖二。祖忠。父谅，听选官。母张氏。具庆下。弟能，杰。娶李氏。顺天府乡试第一百二十七名，会试第一百九十二名。

刘恺，贯直隶保定府安州新安县，军籍，县学生，治《书经》。字承华，行三，年二十一，十二月十五日生，曾祖原。祖沧，巡检，赠主事。父昭，刑部员外郎。母李氏，封安人。慈侍下。兄钛、钎。娶李氏。顺天府乡试第五十名，会试第一百十名。

陶照，贯浙江嘉兴府秀水县，军籍，县学生，治《诗经》。字时明，行五，年二十三，八月二十一日生，曾祖钲，义民。祖济民。父松。母张氏。重庆下。兄勋；熙；烨；煦，同科进士。弟灿、儒、俨、俸、偰、炜、炼。娶梅氏。浙江乡试第五十二名，会试第四十九名。

张鸾，贯山东青州府安丘县，民籍，国子生，治《易经》。字应治，行三，年二十六，七月十八日生。曾祖彦明。祖增，义官。父琏，义官。母王氏。重庆下。兄鹏，阴阳训术。弟凤、鹗、鹍、鸿。娶王氏。山东乡试第八名，会试第一百七十五名。

贾瑾，贯陕西庆阳府宁州，民籍，州学生，治《书经》。字伯玉，行五，年三十二，九月二十八日生。曾祖周。祖德。父让，递运所大使。母穆氏。具庆下。兄琮，听选官；璁，义官；荣，听选官；璜。弟祯，监生。娶朱氏。陕西乡试第三名，会试第二百二十九名。

王序，贯直隶真定府平山县，军籍，县学生，治《诗经》。字天秩，行一，年三十五，十二月十四日生。曾祖仁美。祖让。父章，鸿胪寺署丞。母张氏。永感下。弟庆，贡士。娶曹氏。顺天府乡试第六十九名，会试第二百八十二名。

《弘治三年进士登科录·策问》：

皇帝制曰：朕惟天子父天母地而为之子，凡天下之民，皆同胞一气，靡所不统。故又曰：大君者，吾父母宗子。宗子继承父母，君主天下，其责甚大。必养之有道，教之有方，举天下之民，无一不得其所，责斯尽焉。古之君天下者，莫盛于唐尧、虞舜、夏禹、商汤、周武，皆克尽宗子之责，号称至治。其后若汉、若唐、若宋，英君谊辟，宗子之责，或尽或否，而治亦有称。其迹具载经史，可考而论之欤？夫自唐虞而下诸君，宗子之责，无不同，当时制度之立，政令之行，又无不同。而要其治效之所至，乃有不能同者。此固世道之渐降，然夷考其实，亦尚有可言欤？前贤论儒者之道，每以位天地，育万物，参天地，赞化育为极至，于是宗子之责，有相关欤？朕膺天命，嗣守祖宗鸿基，宵旰孳孳，思尽宗子之责，比隆古之圣帝明王，其行之之序，自何而始欤？子诸生饱经饫史以待问，必有灼然之见，其详著于篇，朕将亲览焉。弘治三年三月十五日。

《弘治三年进士登科录·钱福对策》：

臣对：臣闻人君尽代天之责，以成配天之治者，皆一心之用也。盖心者天之所以与我者也，天下者天之所以责我者也。天不能自养乎民，而责我以养，天不能自教乎民，而责我以教，所以与我者与人同，而所以责乎我者独备。故凡所以教养乎天下者，必反而求之乎心。天下虽大，一心运之而有余矣。苟不求之天之所以与我之心，而徒务乎责我者之事，则为之而不得其本，施之而不得其序，养民虽勤，而终非仁心实惠之寓，教民虽悉，而终非躬行心得之推。欲天下民物之各得其所，亦难矣。天下之有一不得其所，则天之所以责我者不能尽，是天地自天地，民物自民物，而吾身自吾身，尚得为天地之宗子乎哉！天如此其高，地如此其厚，而吾之治如此其小，尚得为配天之治乎哉！《书》曰：天佑下民，作之君，作之师，惟其克相上帝，宠绥四方。《易》曰：后以财成天地之道，辅相天地之宜，以左右民。皆言人君受天与之全，任天责之重，必当尽是责，以成是治也。然要其所以为之者，岂出于一心之外哉！即是而观，则唐尧、虞舜、夏禹、商汤、周武之底于盛治，汉、唐、宋之仅为小康，与今日之欲比隆前古者，盖必有说矣。洪惟皇帝陛下，钟天地之粹气，禀天地之全德，以抚有普天率土之人民。临御以来，励精图治，凡可以当天心慰人望者，无所不用其极，诚可谓大有为之君，可谓善继述之宗子矣。然乃不自满足，首进臣等于廷，询之以父母宗子之责，且谓儒者之道，以位天地、育万物、参天地、赞化育为极至，而求行之之序所自始焉。臣有以见陛下之心，真知儒道之至重，深图君责之惟艰，直欲无一念之愧乎天，无一事之愧乎古，无一制度无一政令之不得其宜，无一民一物之不被其泽而后已。顾臣愚昧，何足以知之？然于乾坤之间，得与胞与之列，厕名为儒，久荷教育，窃有志乎圣贤之学，其于参赞之功、冢相之事，虽不敢与闻，而所得于天以生之理为心之所固有者，固不容委于不知矣，敢不援经摘史，为陛下陈之。臣惟天子父天母地而为之子云者，此汉儒班固之言也。大君者，吾父母宗子云者，此宋儒张载之言也。盖天下之理，未尝不一，而天下之分，未尝不殊。故自天地而言，则君为天之子。对民物而言，则君又为天地之宗子。独不观诸家乎？一家之中，凡继其祖者，均得称为宗，凡继其祢者，均得称为子。惟宗子则上承宗祧，下合宗族，而独得谓之宗子。故冠婚必告之而莫敢专，祭祀必主之而莫敢僭，富贵必孙之而莫敢加。岂故以示而尊宗子哉？诚以父母所遗之体，赖宗子以养，父母所遗之业，赖宗子以教。宗子之所在，即父母之所在，自不得不以父母尊之也。天下之众，凡禀气于天者，均得父称乎天，凡赋形于地者，均得母称乎地。惟大君则继承天地，统理民物，而独得为天地之宗子。故谓其所居之位曰天位，谓其所享之禄曰天禄，谓其所都之邑曰天邑。亦岂故以是而尊大君哉？诚以天地所与之形，赖大君以养，天地所与之性，赖大君以教。大君之所在，即天地之所在，自不得不以天地尊之也。向使为家之宗子者，不能教养乎家，而家之人有不得其所，则一家得以尤之，而宗子何以逃其责于父母哉！为天地之宗子者，不能教养乎天下，而天下之人有不得其所，则天下得以望之，而天子亦何以辞其责于天地哉！试以唐虞三代之君天下者言之。其养民则敬授人时，播时百谷，六府孔修，辑宁邦家，大赉四海也。其教民则协和万邦，慎徽五典，文命四敷，克绥厥猷，重民五教也。其为治效则或赞其如天，或美其风动，或称其天迪，或以为格于皇天，或以为配天，其泽也。其于代天之功，皆能大有所为，而宗子之责无不尽也。以汉、唐、宋之君天下者言之，其养民则有籍田代田之诏，有口分世业之法，民籍以定，经界以均。其教民则石渠白虎之讲说，弘文广文之招延，博学宏词之有试，看详学制之有议。其为治效，则或杂伯，或杂夷，或偏安不振，不尽民力者，不能免向隅之泣。与民休息者，不能免徭役之劳，宽厚待民者，不能免闾里之怨叹。尊师重傅而徒事乎章句训诂之文，大召名儒而无以变风云月露之态，崇尚理学而无以革词赋浮靡之习，其于代天之功，虽或有所为，而宗子之责，则不能以皆尽也。夫其为宗子之责本同，为治之制度政令亦略同，而治效所至，乃若是悬绝者，岂世道之降，端使然哉？臣尝求其故矣。曰钦明文思，曰濬哲文明，曰克勤克俭，曰克宽克仁，曰执竞维烈，此其心，纯乎天。天地民物，皆其度内，所以立制度行政令而教养乎天下者，皆心之所为用也。或恭俭是尚而学宗黄老，或儒术是尚而性多褊察，欲行仁义者大伦或已亏，仁厚有余者刚断或不足，则其心为私欲所杂，而不知民胞物与之义，虽有制度之立、政令之行，不过虚文美观，以为教养之具，恶能尽其心之用哉！若夫位天地、育万物、参天地、赞化育云者，此则子思之言，而亦张载之意也。盖人之一身，与天地并立而为三，分虽有高下大小之不同，而理气之贯通者，未尝有间。吾之心正，则天地之心亦正，而天地位。吾之气顺，则天地之气亦顺，而万物育。吾能位天地，育万物，则化育之大，吾得而赞之，天地之高厚，吾得而参之。儒者之道，必极于此而后可以为人，尤必极于此，而后可以为君，可以为宗子也。唐虞三代能尽宗子之责者此也，汉、唐、宋有宗子之责而未尽者，则未极于此也。然此岂可以矫伪为，亦岂可以旦夕致哉！必自戒惧而约之，以至于至静之中，无少偏倚，而其守不失，则有以致吾心之中，而天地之所由以位也。自慎独而精之，以至于应物之际，无少差谬，而无适不然，则有以致吾心之和，而万物之所由以育也。张载亦曰：存心养性为匪懈。即戒惧之事也。曰不愧屋漏为无忝。即慎独之事也。此欲尽宗子责者所当知，而今日行之之序所自始焉者也。臣草茅疏贱，未尝入侍帷幄，亲奉旒扆以仰窥所谓戒惧慎独之功。然读悯灾儆变之谕，知陛下有畏天命之心，观守城由旧之政，知陛下有畏祖宗之心。至于人材之进退，奏疏之可否，又有以知陛下有畏公议之心。畏之一言，戒惧慎独之明验也，而臣犹谆谆言之不置者，诚以矜持于天下耳目所共及者，易为力，存省于一己耳目所不及者，难为功。伏愿陛下于万几方暇之际，一念未萌之时，虽不必明堂听政也，而正衣冠，尊瞻视，俨乎如百官之临，虽不必宣室致斋也，而定思虑，绝嗜欲，凛乎如上帝之对。使本源澄澈，如明镜止水，照之而无不见，使方寸轩豁，如空谷虚室，纳之而无不容，及夫卒然之顷，一念之萌，又必察其果出于天理之公，而天下民物所同欲乎？则毅然行之，惟恐其不力。果出于人欲之私而天下民物所共恶乎？则断然去之，惟恐其不至。爱憎之动，则察其所爱而欲近之与所憎而欲远之者何人。喜惧之发，则察其所喜而乐为与所惧而不敢为者何事。毋曰九重之邃，一念之差，人不得而知也，天下之视听，于是乎在焉。毋曰五位之尊，一事之失，人不得而非也，神明之昭鉴，于是乎存焉。斯可谓之戒惧慎独，而天之所以与我者，为无慊矣。由是推之以立制度，则制度之立，此心也。推之以行政令，则政令之行，此心也。推是心以养民，自有以著保惠鳏恤之实。推是心以教民，自有以为转移感动之机。至于一法之废兴，则曰吾为天守法，非吾所得而轻变也。一钱之出纳，则曰吾为天惜财，非吾所得而妄费也。一官之命，则曰此天之所以命有德者，吾不得而专也。一刑之用，则曰此天之所以讨有罪者，吾不得而私也。凡吾祖宗之所贻谋者，期之于必行。凡古帝王之所垂法者，期之于必可行。斯可谓之善教善养，而天之所以责我者，为无负矣。如是而称为天地之宗子，真所谓践形惟肖者矣，真所谓圣其合德者矣，代天之功，乌有不尽，配天之治，乌有不成，儒者之道，乌有不极其至哉！然臣又闻之，周公之告成王曰：若生子罔不在厥初生自贻哲命。言始之不可不谨也。伊尹之告太甲曰：终始惟一，时乃日新。言终之不可不谨也。凡臣之所以为陛下谋始者，皆陛下之所当自贻者也，日新之功，独不当加之意乎？夫难操而易舍者心也，难成而易弛者治也。陛下于今日之所言，试以质诸他日之所言者，果有异乎？今日之所为，试以质诸他日之所为者，果有异乎？保守于盈成之间，而儆戒于宴安之后，持循于奋迅之余，而驯致乎久大之盛，则所以代乎天者，有自强不息之功，所以配乎天者，有纯亦不已之妙。天下之所戴以为大君，所赖以为宗子者，真足以比隆唐虞三代，而不愧矣。臣请以是为终篇献，臣不胜恳切忠爱之至。臣谨对。

《弘治三年进士登科录·刘存业对策》：

臣对：臣闻上天生民，全付斯道于一人。君代天，全体斯道于一身。夫道之大，原出于天，具于人，而所以主张纲维之者，则在乎君也。苟焕然各付于品汇之众，而不浑然全责之一人之身，则散乱而无统，汗漫而无归，天地之大，化育何自而成？人物之众，生理何自而遂？此上天所以立君之意也。人君膺代天之任，当斯道之责，而不能弥纶造化，统理人物，天下之大，有一不遂其生而若其性，则亦何以称上天所付之重哉！然以一人之身，任莫大之责，将事事而为之，物物而理之，其为力愈勤，其为心愈劳，而其去道愈远矣。此唐虞三代圣帝明王，所以必加体道之功，以全其本然之天，以及其功用之大。若木之本大而末自茂，水之源深而流自长，所操者约，而所该者博，所以守者近，而所及者远，不出乎一身之间，而成功与天地民物相终始焉。所谓易简而天下之理得，天下之理得，而成位乎其中者也。后世若汉、唐、宋之君，非无法度之立，政令之行，而莫知所以反求诸身，其于斯道之责何如哉！洪惟皇帝陛下，禀睿知之资，抚休明之运，奉天以敬，恪勤父事之心，养物以慈，摩育子来之俗，庆流有衍，德合无疆，普天率土，莫不讴歌忻跃，复睹凤仪兽舞之治于今日也。兹者万几之暇，特进臣等于廷，降赐清问，首询人君继承天地宗主民物之道，中考唐虞三代以及汉、唐、宋治否之由，末复究其行之之序。顾臣愚谫，曷足以上搀渊衷，然以一介草茅，得与子大夫之列，献言于黼扆之下，敢不吐露肝胆，以陈一得之愚哉！臣窃惟大哉乾元，万物资始，父之道也。至哉坤元，万物资生，母之道也。人之有生，混然中处，天地之塞吾其体，天地之帅吾其性。性也者，道之全体也。然则有生之类，孰非天地之子，抑孰不具斯道于身乎？然天地之于其子，但能予之以道，而不能使之皆由之也。于是而立之大君焉。大君者，其众子中之宗子欤？既曰天地之宗子，则岂徒贵之以九重之位，富之以四海之禄而已哉！盖必厚之以清明之资，重之以纯粹之质，使之出乎其类，拔乎其萃，以为天地民物之主，而斯道之责全寄于一人之身矣。是故典曰天叙，而惇之者君，礼曰天秩，而庸之者君，赏曰天命，刑曰天讨，而予夺之者君。民生未遂，赖之以养也，民性未复，赖之以教也。天地之所以范围，万物之所以曲成，悉于此乎寄。宗子之责，不亦大乎！为宗子者，继承父母，君主天下，则视天下之民，皆吾同胞一气，而凡疲癃残疾，孤独鳏寡，皆吾兄弟之颠连无告者也，痒疴疾痛，何者不切于吾身乎？故必思养之有道，以遂其生，教之有方，以复其性，使天下为一家，中国为一人，然后斯道之责无不尽，而宗子之称可以无愧也。不然，则求为天地惟肖之子，且不可得，况曰天地之宗子，以主张纲维乎斯道也哉！臣尝质诸经，订诸史，而考诸往古矣。大哉帝尧，存心于天下，加志于穷民。君哉帝舜，有恻怛之爱，有忠利之教。其养民也，命稷播百谷，而蒸民乃粒。其教民也，命契敷五教，而五品克逊。宗子之责，可谓尽矣。故当时万邦协和，四方风动，百世之下，称至治者，必归焉。至于三代养民之政，夏后氏五十而贡，殷人七十而助，周人百亩而彻，制虽或异，其取之以什一则不异。教民之政，夏之学曰东序西序，殷之学曰左学右学，周之学曰东胶虞庠，名虽不同，其所以明人伦则同，宗子之责，亦可谓尽矣。故有夏之东渐西被，有商之式于九围，成周之四海永清，良有以也。自时厥后，汉有蠲租之诏，有代田之制，唐有口分世业，有租庸调法，宋有经界之令，有均田之议，其见于制度政令之间者，亦不可谓无意于养民也。汉有登用文学之典，有宗戚受学之美，唐有弘文馆大学之类，以处王属贵胄，有广文馆书学之类，以处臣民俊秀，宋有大学宗学武学，以分其流，有外舍内舍上舍，以进其等，其见于制度政令之间者，亦不可谓无意于教民也。然其治效之著，虽至于海内富庶，路不拾遗，户口繁庶，求如古之出作入息，耕田凿井，而但知顺帝之则，则未也。虽至于黎民醇厚，纵囚来归，道学可称，求如古之人人君子，比屋可封，而不知帝力之何有，则未也，是其于宗子之责，犹不能无歉焉。夫自唐虞而下，至于汉、唐、宋诸君，均一乾父坤母而为天之子也。其制度之立，政令之行，均一代天而理物也，然其治效之不同如此，何哉？是非世道升降尔殊也，存乎其君体道之功何如耳。且夫道也者，原于天命之性，具于人心之微，而散见于日用事为之际。要其极至，可以位天地，可以育万物，可以参天地，可以赞化育，是吾儒之所谓道，而非异端虚无寂灭之谓也。盖尝求诸吾心而验之矣。思虑未发，一真自如，道之体也，虚灵知觉，感而遂通，道之用也。惟其存于中者常肃然而不乱，迥然而不昏，则静而道之体无不全，动而道之用无不行矣。若夫不能不囿于气，而又不能不动于欲，则将为气所昏，为欲所弊，而道之体用亦随之而昏且乱焉。是虽一身一家且将无如之何，乌有所谓位育参赞之功哉！古之人君，惟唐尧虞舜，生而知之，安而行之，故能全体是道而无愧。观其执中精一之传，概可见矣。若夫夏禹、商汤、周武，其聪明之质，固已不能如尧舜之至，惟能学而知之，利而行之，故亦有以复其德性聪明之本然，而体是道之全，以造乎尧舜之域，观禹之安止，汤之建中，武之建极，亦可见矣。孔子所谓及其成功一也。汉、唐、宋以下，非无愿治之主，而莫克有志于斯，是以随时迁就，而终不得以与夫帝王之盛。其或耻为庸主，而思用力此道，又不免蔽于老子浮屠之说，静则以虚无寂灭为乐，而不知有所谓实理之原，动则以应缘无碍为达，而不知有所谓善恶之几。若汉之文帝，唐之太宗，宋之仁宗，亦可谓一代之贤君也，而皆不免乎此。贤者如此，他可知矣。是以日用之间，内外乖离，不相为用，区区制度政令之末，亦何益于治哉！陛下聪明而仁恕，刚毅而中正，口代天言，心代天意，手代天工，身代天事，于帝王致治之道，上天付托之重，固已身体而力行之矣。制策惓惓思尽宗子之责，比隆古之圣帝明王，而又欲得其行之之序。臣恭仰圣德，巍巍荡荡，不可以有加矣，夫复何言？窃意圣人之心无穷，道已至矣，而犹以为未至，此臣所以望于陛下者，亦有加而无已也。所谓行之之序无他，亦培养其本原而已矣。夫道之体用，本然全具，人惟静而不知所以养之，则大本有所不立，而无以为酬酢万变之主，动而不知所以察之，则达道有所不行，而无以为应事接物之用。臣伏愿陛下，自不睹不闻之前，而致其戒慎恐惧者，愈严愈敬，以至无一毫之偏倚，而守之常不失焉。尤于隐微幽独之际，而谨其善恶之几者，愈精愈密，以至无一毫之差谬，而行之每不违焉。夫至静之中无所偏倚，则有以致其中而大本以立，应物之处无少乖戾，则有以致其和而达道以行。有中以为之本，则存于心者无妄思，有和以为之用，则施之事者无妄动。以之养民也，莫非精神心术之寓，以之教民也，莫非躬行心得之余。推之于中国，则中国为一人，推之于天下，则天下为一家。无一夫不遂其饱食暖衣之愿，无一人不入于渐仁摩义之区，由是阴阳动静，各止其所，而天地于此乎位，充塞无间，欢欣交通，而万物于此乎育。是则天位乎上，地位乎下，圣人成位乎中，而可以与天地并立为三矣。《易》曰：后以财成天地之道，辅相天地之宜，以左右民。《书》曰：惟其克相上帝。《礼》曰：天子者与天地参。此之谓也。此万化之本原，一心之妙用，圣神之能事，学问之极功。臣前所谓所操者约，而所该者博，所守者近，而所及者远，上天立君之意，毕于此，人君继天之事，尽于此矣，陛下宜留意焉。臣又闻之《易》曰：天行健，君子以自强不息。陛下日御经筵，讲求至理，抽绎六经之文，探索儒先之蕴，于戒惧慎独之说，固已习闻之矣。然进锐退速，亦人情之常，而古先圣王之所深戒者也。设若敬畏未几而慢忽继之，检束未几而侈泰随之，勤惰之靡常，暴寒之不一，则岂所谓自强不息之诚，而何以极体道之功哉！伊尹告太甲曰：嗣王祇厥身，念哉！周公告成王曰：严恭寅畏，天命自度。召公之诰曰：呜呼奈何弗敬。伊周召公，皆古之圣贤，而所以启迪其君，欲其无时无处而不用力于戒慎者，如出一口。此臣所以恳恳为终篇献也。伏愿陛下法刚健之德，致不息之诚，一日二日，而此心之戒慎，不以一日二日而殊，微言细行，而此心之戒慎，不以微言细行而异。若尧之兢兢，若舜之业业，若禹之克勤，若汤之日新，若武之肃将，若元气之运行，而四时之流通，则始终此心，始终此治矣。伏惟陛下留神采纳，则天下幸甚，臣干渎天威，不胜战慄。臣谨对。

《弘治三年进士登科录·靳贵对策》：

臣对：臣闻人君受天地之命，以尽安民之责，惟在于体仁而已矣。盖仁者天地生物之心，而人所得以生者也，贯四德，统万善，至大而无外，至公而无私，至正而不颇者也。人君能体乎仁，则天理周流，物我无间，以万物为一体，视中国犹一人，视天下犹一家，而所以尽安民之责者，岂外乎是哉！是以养民而各遂其生，教民而各复其性，天地自此而位，万物自此而育，凡天地责于我者，举无所负，而可以与天地参矣，岂不克尽宗子之责也哉！然惟古昔帝王，能与于此，而汉、唐、宋之君，所不能逮焉者也。钦惟皇帝陛下，宪天聪明，法天刚健，日新又新之德一，天行之不息，无偏无党之化一，天覆之无私。曩在青宫，天命已凝于主鬯，比登紫极，天道大布于寰区。蠲租税，罢贡献，万民莫不涵泳者，犹天之雨露，抑侥幸，斥异端，万邦莫不鼓舞者，犹天之雷霆。诚德肖天地，而首出庶物者也。兹犹廷集多士，俯赐纶音，首引西铭之言，谓人君为天地宗子，其责至大，次举历代帝王之事，以考其得失之原，末复欲闻行之之序，自何而始。臣伏而读之，又有以见陛下于仁道之大，信能真知而无疑矣。尊其所闻，行其所知，则比隆古之圣帝明王，以无愧于宗子之责者，特易易耳，臣复何言。虽然，受言之君不世出，得言之时不易逢。臣幸际得言之时，而遇受言之君，安得不罄其愚直，以对扬休命乎？臣窃惟天地之于万物，虽高下异体，然同此一理，同此一气耳。万物则天地之所付与，天地则万物之所自出。故天地之于万物，有父母之义焉。然万物均为天地之子，而大君独为宗子者，则以天地生物厚于人，而尤厚于大君。其纵之以德也，曰天德，其宠之以位也，曰天位，其厚之以玉食之养也，曰天禄，其寄之以政教之事也，曰天职。盖虽同生乎万物之中，而实特出乎万物之表。乃托之继承天地，统理民物者，故张载论乾父坤母，而以大君归之宗子焉。夫宗子云者，父母之嫡嗣，众子之所宗也。一家之中，痒疴疾痛，何者不切于身。喜怒舒惨，何者不关于意。视其饥寒，则惕然思所以衣食之。视其昏愚，则恻然思所以教育之。凡可以周其生，导其善者，惟恐弗至，必其尽安众子，而后可以塞其责也，大君之责，何以异此？故必养之有道，使凡身天地之气以成形者，无一不安其生。教之有方，使凡心天地之理以为性者，无一不归于善。而宗子之责，斯无负矣。然此岂徒恃制度政教者所能及哉！臣故曰：受天地之命，以尽安民之责，惟在于体仁而已。盖臣之所谓仁者，非煦煦姑息之谓也，天下之正理、本心之全德也。在《书》则谓之中，《易》则谓之性与天道，《大学》则谓之明德，《中庸》则谓之天命之性，孟子则谓之仁义之心。不特宗子有之，而凡为天地之子者，无不有之也。臣所谓体仁者，亦非比而效之之谓也。仁为我之性情，我为仁之桢干也，即《书》之允执厥中，《易》之尽性以至于命，《大学》之克明明德，《中庸》之致中和，孟子之充其仁义之心。凡为天地之子者，皆所当然，而大君任宗子之责，则尤不容以不然者也。请以历代之君证之。古者洪水为灾，民生未遂也，尧舜独以为忧，命禹以平水土，命稷以教稼穑，不底于万国咸宁不已焉。逸居无教，民性未复也，尧舜又以为忧，命契以为司徒，命夔以教胄子，不底于比屋可封不已焉。其教养乎民者如此。若乃三代之制，夏五十而贡，殷七十而助，及周而其法加详。乡遂用贡法，十夫有沟，都鄙用助法，八家同井。耕则通力而作，收则计亩而分。则当时固无无田之民，亦无过取之政也。夏之学曰东序西序，殷之学曰左学右学，及周而其法寝备，家有塾，党有庠，术有序，国有学。八岁入小学，十五入大学，则当时固无不学之人，亦无无学之地也。其教养乎民者，又如此。则唐虞三代之时，无一民不得其所矣，岂非能尽宗子之责者哉！自是而后，若汉之七制，唐之三宗，宋之真宗、仁宗，皆表表可称者。然考其制度之立，政令之行，或二十而税一，或减租以劝农，或口分世业，而节费以裕民，或遣官度田，而课民以种植。虽未尝无意于养也，然井田不复，而民之兼并自如，经界不正，而国之赋敛无艺。则所以养民者，岂能使民生之尽遂乎！或尊师重傅而临雍拜老，或大召名儒而增广生员，或六学之有领，或三舍之有生，虽未尝无意于教也，然躬行未至，而学校之设不周，文辞是尚，而教育之方未至。则所以教民者，岂能使民性之尽复乎！汉、唐、宋教养乎民者，仅能如此，欲无一民之不得其所，难矣。其于宗子之责，能无负哉！夫唐虞三代与夫汉唐宋之君，同此宗子之责，同此制度政令之施，而治效若是其不同者，是岂无其自耶？尧则其仁如天，舜则其德好生，禹则不距朕行，汤则克宽克仁，武王则大赉四海，而皆能体天地之仁也。其心既仁，故其视天下之饥寒，犹一家之饥寒，视天下之昏愚，犹一家之昏愚，必欲斯民尽安而后已。其治效之盛，宜矣。汉之君杂于霸，霸则其心不能无伪。唐之君杂于夷，夷则其心不能无邪。宋之君虚文是尚，则其心亦不免于理欲之杂糅，而于天地之仁，固皆不能体也。其心既有未仁，则一膜之外，将为胡越，制度虽详，不过维持治安之具，政令虽设，不过粉饰太平之规。而于民之不能尽安，不甚恤矣。治不古若，岂可归诸世道之降哉！夫为天地之子，而不能体天地之仁，则性分之理，终有未尽，而吾儒之道，终有所歉也。是以子思论君子致中和之效，必至于位天地育万物而后为至。盖万物一原，而位育之效，乃君子之所必至者。使天地有一之未位，万物有一之未育，则我之所得于天者，能尽充乎？论至诚尽性之事，必至于参天地赞化育而后为全。盖三才一理，而参赞之事，亦性分之所固有者，使人物之性有所未尽，参赞之功未臻其极，则天之责于我者，能无负乎！得于天者不能尽充，而责于我者不能无负，不可以言克肖之子也，而况任宗子之责者乎！此唐虞三代之君，所以无愧于宗子之责，而非汉、唐、宋之君所能及也。然极教养之周，而臻位育参赞之效，仁之功用无以逾于是矣，是岂一蹴所能及哉。盖自然而然者，性之者也。勉然而然者，身之者也。钦明文思，温恭允塞，此尧舜之所以为性之也。祗台德先，圣敬日跻，敬胜怠吉，此禹、汤、武之所以为身之也。是虽有性之身之之异，而其所以体乎仁者，则皆不外乎敬也。然则今日行之之所自始者，又岂外此而他求哉！伏观陛下，嗣登天位，三载于兹，所以养民者，既惟成宪是守，而犹亲耕籍田以劝农，所以教民者，既惟旧章是遵，而犹亲幸太学以劝士。仁之形于政者如此，则陛下有得于持敬之功，宜亦多矣。然敬之一言，圣学成始成终之要，而仁之功用，必底于极而后无歉于宗子之责，日新之功，岂可忽焉而不加之意乎！伏愿陛下因其已操者，而操之益勤，因其已行者，而行之益固。未与物接，则敬以存养之。耳虽未有闻也，洞洞属属，犹神明之对越，目虽未有睹也，战战兢兢，犹上帝之监临。以至至静之中，亦无不然。则天理之公，不得以放失于外，而仁即此静时而在矣。一与物接，则敬以省察之，细微之事易忽也，必致其谨，有若十手之所指。幽暗之中易忽也，必致其谨，有若十目之所视。以至应物之际，亦无不然，则人欲之私，不得以滋长于中，而仁即此动时而在矣。动静交养，内外不违，会万理于一原，散一理于万事，由利而安，由勉而熟，由身之而至于性之之地，则陛下之仁，真能体天地之仁也。将见一心之中，包含万类，即天地之至大，周遍九有，即天地之至公，经纬万化，即天地之至正。不独中国在所亲也，戎夷蛮狄之人，孰非一体之亲。不独吾人在所爱也，鸟兽草木之汇，孰非一气之爱。流通于礼乐刑政之间者，自有以浃人之肌肤，敷布于制敕诰诏之表者，自有以沦人之骨髓。家给人足之乐，虽深山穷谷而不殊，让畔让路之俗，虽退诹僻壤而不异，雨旸时若，海岳效灵，麒麟凤凰之呈祥，醴泉芝草之贡瑞，而位育参赞之效，并臻其极。则陛下之得于天者，无一不允，天之责于陛下者，无一不尽。信足以比隆于帝王矣，尚何宗子之责之有愧哉！然此亦充乎固有之性，尽其当然之责，初未尝有所增益。而不如此，则不足以谓之体仁，不足以谓之宗子，虽孳孳图治，必不能大有所为也。申生有言：为治不在多言，顾力行何如耳。盖言之非艰，行之惟艰。言而不能行之，则亦徒言而无益于治矣。臣谨以力行一言为陛下献，渎冒天威，不胜恐惧战栗之至。臣谨对。

庚戌科状元钱福以擅长制义见称于世。梁章钜《制义丛话》卷四："俞桐川曰：钱鹤滩福少负异才，科名鼎盛，文章衣被天下，为制义极则。世之所谓才者，倾倚偏驳，奔放纵横，其气外轶，其理内绌，虽足以惊世骇俗，然率不能久。鹤滩之文，发明义理，敷扬治道，正大醇确，典则深严，即至名物度数之繁，声音笑貌之末，皆考据精详，摹画刻肖，中才所不屑经意者，无不以全力赴之。成名之故，岂偶然哉？""徐存庵曰：钱鹤滩《乡党》题文甚多，如'席不正，不坐'，能见圣学内外合一处，然尚为他人所易，及'勃入战色'前半虚摹有法，'上如揖，下如授'，看题精凿，诸选家无不盛称之。然题枯小，犹易著笔也。惟'非惟裳，必杀之'最难下笔，如以上下分句作题，亦尚有躲闪挪移、借宾得主处，整整六字，不侧不溢，非先生中二比之详核，鲜有不阁笔者。按：鹤滩此题文中幅云：'朝祭之裳贵乎直方，故正幅如帏，虽费而不及奢也。自此之外何所取义，于正幅而为是奢且僭耶？于是省为削幅而以齐视要，上则杀乎其下矣。如帏之幅要齐同广，故襞积就要，虽华而不及靡也。既用削幅何所设施，夫襞积而为是靡以混耶？于是旁无襞积而要有杀缝，亦襜如其下齐矣。杀其幅而不嫌于前后之联裂，昭其俭也，先王之制无之，不敢增也。杀以缝而取给于前后之联属，贵其完也，先王之制有之，不敢缺也。'大意总重在别于公服，不专在省费，言之娓娓，后人自不能出其范围。又按：前明小说载，鹤滩以此题试于文宗，初出场，其父令背诵所作，鹤滩即以破题应曰：'服之不衷，身之灾也。'其父大喝一声，拂衣而去。鹤滩知为误解，急易一篇呈于塾师，师决其必前列；及揭晓遭黜，师大不平，后穷其故，始知之，或此文即所急易耶？""江慎修永曰：'非帏裳，必杀之'是《乡党》明深衣裳与帏裳之制不同处，此题传文，惟钱鹤滩一义。然古人读书不细，考古不精，亦有不可不辨者。帏裳与深衣有大判别者，朝祭之服。衣与裳皆不连，深衣及长中等衣，则衣裳相连，所以制度各别，此文不能提清，一失也。帏裳用七幅，前三后四，见《仪礼·丧服记》郑注；深衣裳用六幅，裁为十二幅，以应十有二月，见《深衣》篇，此文亦不能疏明，二失也。《深衣》篇云：'完且弗费，善衣之次也。'谓深衣以十五升布为之，可衣而易有耳，此文乃误解，谓杀幅前后联属，为贵其完，杀幅斜裁分裂，为昭其俭，看作必杀是省费之意，因谓帏裳用正幅，虽费而不及奢，虽华而不及靡，此绝非当杀不当杀之原由，三失也。深衣用杀者，在裳两旁之衽，以布二幅交解为四幅，其馀幅仍用正幅，不交解，《玉藻》所谓'衽当旁'，郑注云：'衽谓裳幅所交裂'是也。此文但混言杀幅，通篇不见一衽字，则不知所杀者在何处，四失也。文中有'削幅'二字，似典雅，此出《仪礼·丧服记》，彼文云'凡衰外削幅，裳内削幅'，盖古者布幅阔二尺二寸，逢时每边减去一寸以为缝，即今人缝衣幅折去少许是也。削字虽亦解为杀，与'必杀'之'杀'大不同，彼是幅边杀去一寸，此是裳衽之幅对角交解，乃不考其义，以削幅当此经之'杀'，五失也。深衣裳与帏裳本有别，使当时无异制，则可不必记矣，言夫子必杀，即知当时有不杀者矣。裳必上狭下阔，不杀如何能就要？盖当时深衣裳亦有用襞积者，是以旁衽不斜裁，余见今人制蓝衫亦有为此制者。此文于前半云：'及周之衰，家各殊俗，下裳之贱，孰不忽易之乎？帏裳之外，孰能检察之乎？'亦知有变制意矣，而题后不能发明，则前半意无收煞，所谓殊俗者，果若何而殊耶？六失也。或云先辈寿世之文，非可轻议，则是为先辈所愚。或又云时文何必过求深，则视时文真为敲门砖，非为圣贤明经义，自待亦不厚矣。"

四月

吏部奏："各处奉诏举怀材抱德隐于山林者八人，请照例考试，中式者送六部等衙门办事，一年满日，考核勤惰，送回本部选用，不中者发回为民，并坐其举主及覆勘官以罪。"从之。（据《明孝宗实录》卷三十七）

升吏部左侍郎刘宣为南京工部尚书，南京太常寺卿、掌国子监事徐琼为南京礼部右侍郎。（据《馆阁漫录》卷七《弘治三年》）

五月

升翰林院侍讲谢铎为南京国子监祭酒。（据《明孝宗实录》卷三十八）张萱《西园闻见录》卷四十五《礼部》四《国学·往行》："谢公铎，字鸣治，浙江太平人。天顺八年进士，历官尚书，谥文肃。弘治三年为南京祭酒。公先后在国学，律己率人，严立规约。两监中故有羡金，公尽藉于官，均赡僚属。构书楼东西，庋诸经史刻。北监庙街隘，益市地，辟去其斜侧。又市庐舍二十余区，居博士、助教诸学官。诸生贫者赡给，死者赒襚。皆出羡金，不私人一钱。"

定四夷馆翻译考选之法。《明孝宗实录》卷三十八：弘治三年五月戊午，"定四夷馆翻译考选之法。先是英国公张懋奏乞选四夷馆翻译子弟监生，礼部议行翰林院查处。于是内阁大学士刘吉等言：'推补教师，宜听礼部及臣等访举，其子弟、监生，宜因八馆文书繁简为名数多寡，令本部选监生年二十五以下二十名，官民家子弟年二十以下，及有世业子弟翻译习熟者不限年数，通考选一百名，俱送本院分拨习学。仍定为事例，子弟务须专习本艺，精通夷语，谙晓番文，以备应用，不许假以习举为由，别图出身。三年后本院同本部会官考试，中者为食粮子弟，月给米一石。又历三年后，仍前会考，中优等者与冠带，为译字官，月米如旧。又历三年会考，中优等者授以序班之职。其初试不中者，许俟三年再试，再试不中者，许俟六年三试，三试不中者，黜为民，中者食粮冠带，除授如例。监生初入馆，准坐监食粮，习学三年后，考中者月与米一石，家小粮如旧。又三年再考中者，与冠带，九年考中优等者，授以从八品之职，习译备用。其初试再试不中，准如子弟例，三试不中者，仍送还本监拨别用。其兼习举业者，非精通本业，亦不许入试，庶使人有定志，译学可精。其八馆名数，鞑靼馆，监生五名，子弟二十五名；女直馆，监生四名，子弟十八名；西番馆，监生二名，子弟十五名；西天馆，监生一名，子弟二名；回回馆，监生二名，子弟十名；百夷馆，监生二名，子弟十四名；高昌、缅甸馆，各监生二名，子弟八名。'议上，从之"。俞汝楫《礼部志稿》卷九十二："大学士李东阳等言：'四夷馆教授必番字、番语与汉字文义俱通，方能称职。故事，于本馆推选，或于各边访保，务在得人。顷来教师多缺，宜令本馆提督官从公考试，优等送内阁覆试，照缺委用。仍乞敕陕西、云南镇守等官访取精晓鞑靼、西番、高昌、西天、百夷言语文字，兼通汉字文义之人，照例起送赴部，奏请量授官职，与本馆教师相兼教习。务使译学有传，不致临期误事。'诏是。"尹直《謇斋琐缀录》："四夷馆本属翰林院提督。每月朔，掌印学士金押，会簿送馆。自提调教师以下，皆日画卯酉，月终送院稽考。故凡考译字官并子弟，吏、礼二部移文会同本院，学士无不与焉。成化己丑，礼部偶失请，掌院事者怒，不之与。至今文移徙属学士，而会考则一归于阁老矣。"

进士周旋、毛珵为南京户、工科给事中。（据《国榷》卷四十二）

七月

湖广按察司副使焦芳言己为万安、彭华所害，意欲复官，内阁大学士刘健力沮，命

所司知之。(据《馆阁漫录》卷七《弘治三年》)

九月

左春坊左赞善张元祯乞假省母,许之。(据《馆阁漫录》卷七《弘治三年》)

大兴华淳八岁能大书,命入翰林院肄习。(据《国榷》卷四十二)

闰九月

左春坊左庶子兼翰林侍读谢迁乞假省亲,许之,仍降旨令驰驿亟回。(据《馆阁漫录》卷七《弘治三年》)

宋儒朱熹九世孙岁贡生朱贞为婺源训导。(据《国榷》卷四十二)

十月

翰林检讨马政、刘良为兴府左右长史,朱绶、郑宗载为岐府左右长史。(据《国榷》卷四十二)

十一月

改任国子监祭酒郑纪为南京通政司左通政。《明孝宗实录》卷四十五:弘治三年十一月,"辛丑,礼科左给事中韩鼎、监察御史文贵等各上疏言:'国子监祭酒郑纪肤浅粗疏,昔任翰林,养病于家,挟制官府,强占寺田,为一乡之害。继升浙江提学副史,仍肆妄为,生员小有过犯,棰楚过百,考试略不如意,辄行黜退,为一方之害。后复黩缘得升监学,奸私险刻,妄为愈甚,擅更旧制,侵盗官钱,拨历不公,淫乱无耻。其余鄙恶之行,未暇悉数,士风扫地,名教荡然。乞执送法司,明正其罪。'上曰:'郑纪到任未久,乃遽有如许事情,令吐实以闻。'纪条析自辨,上以纪不协众论,命调南京通政司左通政"。

十二月

升左春坊左谕德林瀚为国子监祭酒。(据《明孝宗实录》卷四十六)

礼科给事中王纶言:乞仍照旧例,举人三入会试不中者,许会试。从之。《明孝宗实录》卷四十六:弘治三年十二月戊辰,"礼科给事中王纶言:'……我朝科举之法最为尽善,取之有序,进之有等,近年拘于例簿,举人三试不中者不许再会试,恐中间亦有年富志刚而未衰废者。此例一拘,志意消沮,不复振作矣。乞仍照旧例,通许会试为便。'下礼部议，以纶所奏切于治体。从之"。

进士丘文翰为翰林检讨，侍益王。（据《国榷》卷四十二）

本年

诏令有司官生徒习射。乾隆《浑源州志》卷三《学校·附射圃》："旧《志》云：明弘治三年，诏令有司官生徒习射，曰：'今后儒学训诲生徒，每日讲读文章。学后设一射圃，教学生习射，朔望要试过。有司有暇时，与学官一体习射，不肯用心，定加罪责。'故凡郡邑学校皆立射圃，中建观德厅。今制久废，郡庠圃基亦无可考。《礼·射义》曰：'射者进退周还必中礼，内志正，外体直，然后持弓矢审固；持弓矢审固，然后可以言中。此可以观德行。'又曰：'射者，男子之事也，因而饰之以礼乐也。'又曰：'孔子射于矍相之圃，观者如堵墙。'是射虽六艺之一，而义深远矣。今学者既无余力，亦鲜稽古。以先圣王之制，群陋为武夫之为，偶有习者，皆摇手咋舌而去之。览旧《志》可感也。备述仪制，以存其名，庶几饩羊为复礼之端欤。射士：宾一，尊一，主一，士一，众宾士无数。三耦六，司射一，司马一，宾者一，约矢四，释获一，扬觯一，乐正一，歌诗者六，代宾等执弓矢各一。射器：弓十六，矢十六，遂十六。射侯一，画布曰正，栖皮曰鹄，侯中曰的，侯色曰彩。乏一。乏一名容，以皮为之，使持旌告获者容身避矢也。旌一，朴一，福一（即藏矢函也），鹿中一。丰侯一，酒器也，一名废禁。篚一。觯一，即罚爵。筹八十，洗盆一，桌一，钟一。斯禁一，陈酒尊之器，名禁者，酒戒也。鼓一，镈一，磬一，琴一，瑟一，笙一，箫一。射仪：射士必先比耦而进，二人为耦。《礼记》云：'射人，王六耦，诸侯四耦，大夫、士皆三耦。当阶及阶，当物及物，皆揖退，亦如之。行有左右，升降有先后。射皆拾发。拾，更也。'《仪礼》云：'大射拾发，以将乘矢。取矢于福则各有揖，取矢于地则有节。歌诗以为发矢之节度，度一终为一节。卒射而降，胜者执张弓，不胜者执弛弓，胜揖不胜者。升降如初礼，登堂向扬觯者取觯受酒而饮。'故《礼》曰：'射者所以观盛德，德行立则无暴乱之祸矣。'"

奏准：南北卷仍旧例，止各退五名为中卷。王圻《续文献通考》卷四十五《选举考·举士三》："孝宗弘治三年奏准：南北卷仍旧例，止各退五名为中卷。七年奏准：受卷、弥封、誊录、对读官增十六员，誊录等生员，照例除在京并通州学外，顺天府所属并邻近学选拔已冠能书生员七百名。又令各布政司并应天府量于本处科举供给，余银送部以备会试供给。云、贵、两广免送。十二年，令署职教官照成化二十三年例，两科准算六年，愿会试者听。其任满该升，如遇会试将近，不拘年岁，亦许会试。若给假或捏病，久不入选，窥挨会试者不准。"

张宁跋旧时廷试策。《方洲集》卷一《廷策》跋："廷试策对时，属稿未半，礼部侍郎姚公过视，有顷复与尚书胡公偕来，相顾有喜色。自是内外诸公皆接踵至，予辄停笔待观。晷刻尽未，予初脱稿，适胡、姚二公至，语曰：'此卷宜自重。'予以纸短告，遽命仪制司检纳卷衍纸，续卷尾。予以天晚为惧，胡曰：'第自留心，吾为汝进本。'依曾棨故事，给烛。天既暝，同年皆出，乘昏誊写。忽传宣闭门，诸执事官校皆罢散，胡亦不能止，亟命郎中俞钦收卷，送予宿礼部，戒勿归。明旦，携候内直房。胡、姚二公诣内阁，请容足卷，不果。发榜之晨，人犹相传，谓予登首第。自是声达禁中，有旨：'与牛伦卷同取入。'复送内阁。后半年，吕公逢原、黄公廷臣录出，补写成篇。倪进士廷瞻重录此本，廷臣欲请诸公题跋见遗，自愧无似，不敢徒劳名笔。尝自观省，文虽不留陈腐，若比之古义，求为之御且不可，何足多上人。时新出草野，不识忌讳，纵使成篇，恐亦不堪引进。屈指今四十年，检拾故纸，早已断烂残缺。老眼惊心，强复加缀缉，存入拙作中，以志予之感遇，以自讼予之素不敏也。弘治三年，宁年六十有五矣。"

刘文敏（1490—1572）生。张惟骧《疑年录汇编》卷七："刘两峰八十三文敏，生弘治三年庚戌，卒隆庆六年壬申。"《明史》儒林传："文敏，字宜充。父丧除，绝意科举。"黄宗羲《明儒学案》卷十九："刘文敏字宜充，号两峰，吉之安福人。自幼朴实，不知世有机械事。……隆庆六年五月卒，年八十有三。"

黄佐（1490—1566）生。张惟骧《疑年录汇编》卷七："黄才伯七十七佐，生弘治三年庚戌，卒嘉靖四十五年丙寅。"郭棐《粤大记》卷二十五："黄佐，字才伯，号泰泉，一号太霞子。祖瑜号双槐，为长乐令。父畿，邃于理学，称为'粤洲先生'。弘治庚戌生公，是夕，双槐梦有紫绶金章者入室，喜谓'必亢厥宗'。幼颖悟，五岁观周程六君子遗像，自誓必如此而后为人。"字才伯，号泰泉，香山人，正德辛巳进士，官至少詹事。事迹具《明史》文苑传。有《泰泉集》十卷、《广州人物传》二十四卷、《翰林记》二十卷。

明孝宗弘治四年辛亥（公元1491年）

正月

谢铎奏言科贡监生、纳粟监生拨历比例，准议行之。（据《明孝宗实录》卷四十七）黄佐《南雍志》卷四《事纪》："弘治四年春正月庚子，祭酒谢铎奏言：'……往岁会议之时，纳粟监生约有三分，科贡监生止有一分，故分为两途，相兼拨历，或三七分，或四六分，是以名数之多少为拨历之多少也。然先帝圣裁，犹命该监临期酌量，务使均平。今见在监生，纳粟止及一分，科贡已有二分，若泥于旧制，纳粟仍为六七，科贡止于三四，则不均之叹，实所不免，殆恐非先帝临期酌量均平之深意也。臣愚欲乞转科贡六七，更纳粟为三四，庶几《易》'穷则变，变则通'之义，虽于教化未能少补，而流弊亦不至于甚极也。'上准议行之。于是拨历科贡得七或六，人皆感悦。然纳粟诸生或怨焉，然亦终服铎之公。"张萱《西园闻见录》卷四十五《礼部》四《国学》："（谢铎）又曰：'……所有纳粟监生一节，实为国家教化之弊，今固既往而不敢言矣。然天下之事，既不及塞其源，犹当塞其流；天下之病，既不克治其本，犹当治其标，又安可坐视其流弊之极而不之恤哉？且往岁纳粟监生约有三分，科、贡监生止有一分，故令分为两途，相兼拨历，各取其年月浅深以定其名次先后，或三七分，或四六分，是以名数之多少而为拨历之多少也。然先帝圣裁，犹命该监临期酌量，务使均平拨历，盖已虑纳粟之旁蹊将有妨于科贡之正路，而一时救荒之权宜，终不可有加于万世取士之定制也。今见在监生纳粟止及一分，科、贡已有二分，自此之后，多渐反而为少，少渐反而为多，盖又不止往岁三分之一而已也。若但泥于旧制，纳粟仍为六七，而科、贡止于三四，则人少而拨反多，人多而拨反少，不惟流弊之极有不可言，而不均之叹实所不免。宜转科贡为六七，更纳粟为三四，庶几《易》'穷则变，变则通'之意，虽然教化未能少补，而流弊亦不至于甚极也。'""谢铎曰：'国学聚天下之英才而教育之，皆所以备国家他日之任使也。选之科贡犹恐未精，奈何近年以来，大开捷径，如纳马、纳粟之徒，皆为其有资国用之缺，殊不知得其利者未什一，而受其害者已千百。况今日之纳马、纳粟，即他日之鬻爵卖官，此等风声，岂盛世所宜有哉！今边事方殷，谋国之臣必有以此策献者，万一再行，则彝伦之堂变为交易之地，岂不大可耻哉！往年为因此辈不谙文理，凡拨各衙门写本者，俱各雇人，今遂视为定例，致使六科短差，亦以雇人艰难为辞，目前流害，其极如此。宜敕内府等衙门事例，许令年月相应者送科写本，亦令挂选出身，庶几嗟怨少息，而风教之地亦稍清矣。'"

以云南提学佥事领贵州阻远，改贵州兵备副使兼提督学校。（据《国榷》卷四十二）

南京国子监祭酒谢铎言择师儒、慎科贡、正祀典、广载籍、复会馔、均拨历等六事。《明孝宗实录》卷四十七：弘治四年正月，"辛丑，南京国子监祭酒谢铎言六事。一曰择师儒。谓愿求道德之士，如唐之韩愈、宋之杨时者，以为太学师。又必得廉静恬退严重刚方之士，为各布政司提学宪臣，庶无负教化之实。二曰慎科贡。谓今之所谓科举者，虽可得豪杰之士，亦间有虚浮躁竞之风。其所习多俗儒纂录支言长语，不知经史大义，乞一切禁绝。今之所谓岁贡者，虽稍胜输粟之徒，亦多因循姑息之弊。其补廪或以家贫久次乞怜而得，宜痛加裁革，庶几升于国学，皆可任用。三曰正祀典。谓孔庙未从祀者，若龟山先生杨时，乃伊洛正传，息邪放淫，以承孟氏，宜进。已从祀者，若临川郡公吴澄，受宋之恩如此其久，历元之官如彼其荣，迹其所为，鲁不及洛邑之顽民，宜黜。乞升时以上祔宋诸贤之位，斥澄以下从莽大夫之列，则于世教不为无补。四曰广载籍。谓本监书板，旧多藏贮，散在天下，未免有遗。乞敕各布政司，凡系经史书板，尽送南京国子监，以复国学储书之旧，免有司赠馈之劳。五曰复会馔。谓宜修馔堂以便往来，造器皿以供日用。六曰均拨历。谓科贡及纳粟监生，以名数多寡为拨历之差。今科贡多而纳粟少，十分中乞以六七分属科贡，三四分属纳粟，庶得变通之义。下礼部覆议，谓铎所奏深切时弊，俱可行，但欲黜吴澄升杨时从祀，前此已屡有陈奏，且难别议。从之"。

南京监察御史金章等乞罢礼部尚书黎淳、国子监祭酒郑纪。上曰："黎淳果有疾，许自陈。"（据《馆阁漫录》卷七《弘治四年》）

巡抚顺天等府都御史徐怀应诏言六事，其一为"疏通人才以资任用。"《明孝宗实录》卷四十七：弘治四年正月癸卯，"巡抚顺天等府都御史徐怀应诏言六事：'一、疏通人才以资任用。乞行各处提学官考选该贡生员文理通顺者，照例起送，不必专论年资。……命所司知之"。

宥太医院院史施钦等。《明孝宗实录》卷四十七：弘治四年正月庚子，"太医院院使施钦等奏：'医士医生补役充役者乞通免考试。'礼部覆议：'钦等多收冒籍庸流，岁糜饩廪，恐积弊败露，欲图苟免，请论以法。'上曰：'施钦等偏徇己私，朦胧奏渎，法当推究，姑宥之'"。

二月

邹守益（1491—1562）生。（据罗洪先《明故南京国子监祭酒致仕东廓邹公墓志铭》）张惟骧《疑年录汇编》卷七："邹东廓七十二守益，生弘治四年辛亥，卒嘉靖四十一年壬戌。"《明史》儒林传："邹守益，字谦之，安福人。父贤，字恢才，弘治九年进士。……守益举正德六年会试第一，出王守仁门。……居家二十余年卒。隆庆初，赠南京礼部右侍郎，谥文庄。"黄宗羲《明儒学案》卷十六："邹守益字谦之，号东廓，江西安福人。……四十一年卒，年七十二。隆庆元年，赠礼部右侍郎，谥文庄。"字谦之，安福人，正德辛未进士，官至南京国子监祭酒。隆庆初，追谥文庄。有《东廓邹先生文集》十二卷。

周洪谟（1420—1491）卒。《馆阁漫录》卷七《弘治四年》："二月丁未朔。己巳，致仕太子少保、礼部尚书周洪谟卒。洪谟字尧弼，四川长宁人。正统十年进士及第，授翰林编修。修《寰宇通志》成，升侍读，仍兼赞善。天顺二年，改南京翰林院，署院事。八年，召修《英庙实录》。戎珉蛮入寇，上备御方略，多见采纳。成化元年，以职满升侍读学士。寻升南京国子监祭酒，日与诸生讲说经义。母丧服阕，改国子监祭酒。奏孔子冕十二旒、衣十二章，惟舞佾、笾豆不称。于是命加舞佾为八，笾豆为十二，孔庙纯用天子礼乐自此始。十二年，升礼部右侍郎，转左。上疏请造璇玑玉衡，宪宗即命洪谟自制，众谓必不可成，旬日间乃制成以进，赐赉有加。十七年，升本部尚书，随事建明，多所裨益。加太子少保，乞致仕，许之。至是卒，年七十二。谥文安，赐祭葬如例。洪谟矜庄寡合，博览强记，著《疑辨录》，其所论述，多出新意，为文亦富赡。尤善谈兵，论事每执己见，鲜适于用云。"

刑科给事中韩祐请将天下儒学附学生员严加考选。命所司知之。《明孝宗实录》卷四十八："弘治四年二月壬申，刑科给事中韩祐以灾异陈十事……一曰黜无益。谓乞将天下儒学廪增额外附学生员严加考选，止留学有进益者，如本学廪增之数以备补缺，其余悉皆罢黜。……命所司知之。"

三月

左春坊左庶子兼翰林侍读谢迁省亲复任。南京礼部尚书黎淳乞致仕，许之，仍赐以诰命。（据《馆阁漫录》卷七《弘治四年》）

进士唐贵、甯举、丛兰、周序、吴世忠、王钦、李应和为给事中。（据《国榷》卷四十二）

四月

乙卯，升翰林院检讨张芮为本院修撰，以九年职满也。丙辰，詹事府少詹事兼翰林侍讲学士汪谐以久疾乞停俸，不允。癸酉，翰林院编修兼司经局校书梁储丁忧服阕，升本院侍讲，以储尝侍春宫讲读也。（据《馆阁漫录》卷七《弘治四年》）

国子生丁巘上八事。曰：保圣躬、止选妃嫔放宫女、广言路、惜人才、饬兵备、审刑狱、敬天神、蠲租税。下所司。（据《国榷》卷四十二）

五月

翰林编修马廷用丁忧服阕，复除原职。（据《馆阁漫录》卷七《弘治四年》）

南京国子监祭酒谢铎以疾乞致仕，许之。（据《明孝宗实录》卷五十一）《王氏家藏集》卷三十一《方石先生墓志铭》云："又疏国学事宜六，上之，曰：择师儒，慎科贡，正祀典，广载籍，复会馔，均拨历。……先生以师道难尽，状请致仕，不许。适丧仲子，先祀罔托，乃力求解任归。"《明史》谢铎传："明年（弘治四年）谢病去。"

进士刘绅、匡翼之为南京监察御史。（据《国榷》卷四十二）

娄谅（1422—1491）卒。黄宗羲《明儒学案》卷二："少有志于圣学，尝求师于四方，夷然不屑曰：'率举子学，非身心学也。'闻康斋在临川，乃往从之。康斋一见喜之，云：'老夫聪明性紧，贤也聪明性紧。'一日，康斋治地，召先生往视，云：'学者须亲细务。'先生素豪迈，由此折节，虽扫除之事，必躬自为之，不责僮仆，遂与康斋入室，凡康斋不以语门人者，于先生无所不尽。……景泰癸酉，举于乡，退而读书十余年，始上春官，至杭复返。明年天顺甲申再上，登乙榜，分教成都。寻告归，以著书造就后学为事。所著《日录》四十卷，词朴理纯，不苟悦人。《三礼订讹》四十卷，以《周礼》皆天子之礼为国礼，《仪礼》皆公卿、大夫、士、庶人之礼，为家礼……《诸儒附会》十三篇，以程、朱论黜之。《春秋本意》十二篇，惟用经文训释，而意自见，不用三传事实，曰：'《春秋》必待三传而后明，是《春秋》为无用书矣。'先生以收放心为居敬之门，以何思何虑、勿助勿忘为居敬要指。……时弘治辛亥五月二十七日也，年七十。门人私谥文肃先生。子兵部郎中性。其女嫁为宁庶人妃，庶人反，先生子姓皆逮系，遗文散失，而宗先生者，绌于石斋、敬斋矣。文成年十七，亲迎过信，从先生问学，深相契也。则姚江之学，先生为发端也。"

六月

大学士刘吉言儒学教官考升事宜，从之。《明孝宗实录》卷五十二：弘治四年六月，"辛亥，吏部言：旧府州县儒学教官，九年考称有功迹者，例升两京国子监博士、助教等官，及递升教授、学正、教谕等官。近大学士刘吉奏准：凡考称有功迹教官，由举人出身者，许同大选。监生一体入选，授府佐州县正官。但教官内多有衰老不堪为有司者，况博士、教授等官员缺数多，若使举人教职俱应有司之选，则别无文学相应之人可以升补。今后凡衰老教官，不必令人大选之考，仍照旧升补监学员缺，庶用人各当其才。从之"。

命故太常寺少卿兼翰林侍读陆钎之子爰为国子监生。以钎尝效劳春官讲读，从爰请也。（据《馆阁漫录》卷七《弘治四年》）

翰林检讨胡承、丘文瀚为益府左右长史。（据《国榷》卷四十二）

七月

癸未，升左春坊左庶子兼翰林侍读学士李杰为南京国子监祭酒。丙戌，命南京国子监祭酒李杰仍修实录。时杰纂修官，既升任，大学士刘吉等谓杰方有事校正未毕，奏令仍暂在馆校正，毕日赴任。从之。（据《馆阁漫录》卷七《弘治四年》）

八月

吏部言：近例第三甲进士前七八分多选外任，后二三分俱选京职，所以进士该外选者，或告病，或求公差，迁延规避。今后除丁忧起复外，其养病公差还者，依其上下名次，选外任亦选外任，选京职亦选京职，庶人心平而选法不坏。从之。（据《明孝宗实录》卷五十四）

罢免刑部尚书何乔新。《明史》何乔新传："大理丞阙，御史邹鲁觊迁，而乔新荐郎中魏绅。会乔新外家与乡人讼，鲁即诬乔新受赇曲庇。吉取中旨下其外家诏狱，乔新乃拜疏乞归。顷之，穷治无验，鲁坐停俸，乔新亦许致仕。"《明鉴纲目》卷五："纲：罢刑部尚书何乔新。目：乔新执法不阿，每重王恕，轻刘吉，吉衔之。会乔新外家与乡人讼，御史邹鲁（当涂人），劾奏乔新受贿曲庇，吉取中旨，下诸人诏狱，乔新乃拜疏乞归。先是，鲁觊迁大理丞，乔新荐郎中魏绅（曲阜人）补之，鲁挟怨，故有是奏。顷之，穷治无验，鲁停俸，乔新亦遂致仕。（吉每因事倾异己。御史姜洪，出按湖广，与总漕都御史争文移，吉奏贬洪官。又与中官蒋琮比，诬南京给事中方向，私垦后湖田，并御史姜绾等，俱逮系论罪。洪等皆尝劾吉者也，故中之，中外侧目。〇方向，字与义，桐城人。姜绾，字玉卿，弋阳人。后湖，即南北朝玄武湖，在江苏江宁县北，宋以后多淤为田。明时置黄册库其中，以官守之。）"

《宪宗实录》成，张懋、刘吉等升、赐有差。《馆阁漫录》卷七《弘治四年》："八月乙巳朔。丁卯，上表进《宪宗实录》。是日，赐监修官太傅兼太子太师、英国公张懋，总裁少傅兼太子太师、吏部尚书、谨身殿大学士刘吉，礼部尚书兼文渊阁大学士徐溥、礼部右侍郎兼翰林学士刘健，人白金八十两，文绮四表里，罗衣一袭，鞍马一；副总裁礼部尚书丘浚、詹事府少詹事兼翰林侍讲学士汪谐，人白金八十两，文绮四表里，罗衣一袭；纂修官太常寺少卿兼翰林侍读傅瀚、詹事府少詹事兼翰林侍读费訚、左春坊左庶子兼侍读谢迁、右春坊右庶子兼侍读陆简，翰林院侍读曾彦、杨守阯，侍讲刘戬、王鏊、杨杰、梁储，左春坊左赞善张元祯，翰林院修撰刘机、武卫、张芮，编修刘忠、邓炊、黄珣、张天瑞、刘春、涂瑞，检讨杨时畅，纂修兼校正官南京国子监祭酒李杰、左春坊左庶子兼翰林侍讲学士李东阳、左春坊右（左）庶子兼翰林侍读吴宽、右春坊右庶子兼翰林侍讲董越，纂修兼参对官翰林院修撰杨廷和、编修张澜，人白金三十两，文绮三表里，罗衣一袭；催纂官吏部员外郎季通、中书舍人胡清，人白金二十两，文绮二表里，罗衣一袭；誊录官太常寺卿林章等二十五员，人白金十五两，文绮二表里，罗衣一袭；收掌文籍官鸿胪寺主簿靳塘等二员，人白金十两，文绮一表里；誊录监生许监（许鉴）等九人，人白金五两，文绮一表里。其纂修太常寺少卿兼侍读周经、右谕德林瀚、侍讲张澯，修撰王华、李旻、费宏，人白金十两，文绮二表里；催纂寺副于渊、中书舍人柳楷，白金十两，文绮一表里；誊录监生孙宵（文绮）一表里。以经等各升擢忧制、去任久近不一，故赐赉有差。纂修编修白钺、誊录主簿李珵以去任二年之上，不与赏。戊辰，敕吏部：'皇考实录修完，念各官勤劳，监修张懋升太师，仍兼太子太师；总裁刘吉升少师、华盖殿大学士，徐兼如故，徐溥升太子太傅、户部尚书兼武英殿大学士，刘健升礼部尚书兼文渊阁大学士；副总裁丘浚升太子太保，仍兼礼部尚书，汪谐升礼部右侍郎兼翰林学士。如敕奉行。'辛未，升纂修官太常寺少卿兼翰林侍读傅瀚为太常卿，少詹事兼侍读费訚为詹事，俱兼侍读学士；南京国子监祭酒李杰加俸一级；左春坊左庶子兼侍讲学士李东阳、右春坊右庶子兼侍讲董越，俱为太常少卿兼侍讲学士；左庶子兼侍读谢迁、吴宽，右庶子兼侍读陆简，俱少詹事兼侍讲学士；侍读曾彦、杨守阯，俱左谕德；侍讲刘戬、王鏊，俱右谕德；杨杰、梁储，俱司经局洗马；左赞善张元祯南京翰林侍讲学士；修撰刘机、杨廷和，编修张澜，俱侍读；修撰武卫、张芮，编修刘忠、邓炊、黄珣、张天瑞，俱侍讲；检讨杨时畅，编修刘春、涂瑞，俱修撰。"

九月

监察御史王鉴之言南京科场之弊。《明孝宗实录》卷五十五：弘治四年九月，"甲申，巡按直隶监察御史王鉴之言：'臣奉敕提督南畿学校，尝闻南京科场之弊。明年又当乡试，不先革正，将恐奸伪益滥。惟南京应试士人，除百二十三处学校外，又有国子监生及诸司历事听选官吏儒士辈，进途既广，弊端易生。而贡院规模窄狭，四面皆居民楼房围绕，登高窥觇，乘暗投掷，巡绰难于关防，怀挟易于进入。况受卷弥封等所，俱在至公堂上，内帘上隔一板壁，声息相闻，举动便觉。积年以来，富贵子弟多方营图，有买求编号，将有学生员置在左右代作文字者，有请托执事官吏截人文字以己名者，有二更不出潜人别号求人改作者，有先藏旧文在内而临时取出誊写者。巡绰官军多徇情不举。近又增府官一员进入内帘，科场一应公事，俱属此辈，岂不传递消息？名曰革弊，其实生奸。故榜未揭而物色先定，榜既揭而谤议交腾。凡此弊端，臣恐不特南畿为然。乞敕礼部，着详行南京都察院，凡差监试御史，务求刚正老成之人。其应天府提调并一应执事官，亦必慎择公廉端洁之士，痛革宿弊。贡院墙垣并受卷等所，宜增高加棘，充广迁移，以杜弊源。仍移各布政司一体禁革，则真才可得，而谤议自消矣。'命礼部知之"。

彭韶任刑部尚书。《明史》彭韶传："四年秋，代何乔新为刑部尚书。"《明鉴纲目》卷五："纲：九月，以彭韶为刑部尚书。目：先是，韶由刑部侍郎迁吏部，与王恕甄人才，核功实，仕路为清。及是，何乔新既罢，帝以韶代之。"

少师兼太子太师、吏部尚书、华盖殿大学士刘吉九年职满，吏部以闻。上曰："吉事朕年久，辅导勤劳，赐敕奖励，加特进，兼支大学士俸，仍旧供职。"礼部右侍郎周经为吏部右侍郎。（据《馆阁漫录》卷七《弘治四年》）

大学士刘吉屡被弹章，仍加官进秩，市人嘲为"刘棉花"。王圻《续文献通考》卷四十六《选举考·举士四》："孝宗弘治四年九月，大学士刘吉屡被弹章，仍加官进秩，市人嘲之，称为'刘棉花'，谓其愈弹愈起也。或告言以为出自监中一老举人好恢谐者。吉因奏定举人三次不中者不许会试。及致仕出城，儿童走卒群指之曰：'棉花去矣。'吉去，举人会试禁限亦除。"按，刘吉未去，举人会试禁限已除。

十月

令今后乡试务遵依定制，事该帘内官管理者，帘外官不许干预。如考官不能胜任，而取士弗当，刊文有差，连举主坐罪。《明孝宗实录》卷五十六：弘治四年十月己巳，"礼部都给事中林元甫等言：'各处乡试所请考试官多不得人，致所去取悉从外帘，甚至为监临等官所斥辱，甚非宾礼儒臣之意。今后请令巡按监察御史各会同京府并布、按二司，先期移文各处提学宪臣，择有学行者应聘，御史等官以礼相待，除私弊纠察外，其文章纯驳，悉听去取，不许巧立帘外《五经》官以夺其权。如考官取士不足服人，并罪其原请者。'礼部覆奏：'宜如所言。'上曰：'今后乡试务遵依定制，事该帘内官管理者，帘外官不许干预'"。王圻《续文献通考》卷四十五《选举考·举士三》："孝宗弘治四年，令各处乡试帘内事不许帘外干预，考官务以礼待，不许二司并御史欺凌斥辱；文章纯驳，悉听去取，不得帘外巧立《五经》官以夺其权。如考官不能胜任，而取士弗当，刊文有差，连举主坐罪。又令各处提学官平日巡历地方，将教官考定等第，以备科举聘取，若有不堪，即从彼处提学官于等第内别举，不许徇私。"

礼部尚书邱浚兼文渊阁大学士。《馆阁漫录》卷七《弘治四年》："十月甲辰朔。丙午，升詹事府詹事兼翰林侍读学士费訚为礼部右侍郎。乙丑，敕吏部，太子太保、礼部尚书丘浚兼文渊阁大学士，参预机务。浚以老辞，上曰：'卿历任年深，特兹擢用，所辞不允。'浚复辞曰：'人臣竭忠以报国，必于少壮之时，苟过然后用之，则年力衰耄，虽有可用之才，决为之志，亦未如之何已。臣生长荒陬，非有适用之才，循资累考，幸致极品。今年七十有一，古人所谓钟鸣漏尽之时也。况内阁之任，虽掌辞翰，实兼论思辅弼之任。臣诚不才，自幼亦有志用世，于凡典章政务，无不蓄于心而笔于书，正以待朝廷万一之用。今幸不为圣明所弃，正摅所学以报国之秋也。顾乃累辞宠命，夫岂本心哉？盖时不待人，死期将至，虽欲陈力就列，不能也已。是以捧读手敕，感激之极，不觉涕零。伏望免其职任，放归田里。'上复曰：'朝廷以卿学行老成，特加任用，所辞不允。'"《明鉴纲目》卷五："纲：冬十月，以礼部尚书邱浚，兼文渊阁大学士，预机务。目：自景泰中，王文以尚书入阁，至是，浚复继之。初，内阁职任虽重，叙官仍以尚书为尊。浚在礼部时，王恕亦在吏部，虽同为尚书而位居恕下。既入阁，恕以己长六卿，弗让也，浚不悦。既而内宴，（在六年二月。）浚径居恕上。其后由侍郎詹事入阁者，班皆列六部尚书上矣。"

邹智卒，年二十六。《立斋遗文》附录金祺《广东石城千户所吏目邹君汝愚墓志铭》："居无何，以公委道顺德，得暴疾卒，辛亥十月九日也。君生成化丙戌四月十五日，至是得年仅二十有六。"《四库全书总目·立斋遗文提要》："智疏劾权奸，直声动天下，然于君国之间，缠绵笃挚，至死不忘，无一毫怨尤之意。其《在狱》诗有云：梦中不识身犹系，又逐东风入紫宸。其《辞朝》诗云：云韶声静拜彤墀，转觉婵媛不自持。罪大故应诛两观，网疏犹得窜三危。尽披肝胆知何日，望见衣裳只此时。但愿太平无一事，孤臣万死竟何悲。与明季台谏务以矫激沽名者，相去万万。故诗文多发于至性，不假修饰之功，虽间伤朴遫，而真气流溢，其感人者固在文字外矣。"《国榷》卷四十二："（弘治四年十月）石城所吏目邹智卒。智合州人，成化乡举第一，丁未进士。少贫窭，耽学，即励行尚气节。选庶吉士，慨慕古昔。与汤鼐吉人等交善，株坐远谪。顺德知县吴廷举重其人，构谪仙亭居之。父来视，责不能禄养，泣受杖。年二十八。廷举为治其丧。天启初，谥忠介。"

十二月

进士胡易、韩智、童瑞为给事中。（据《国榷》卷四十二）

大学士丘浚请纂礼经，拟诏旨传出，上褒答。（据《国榷》卷四十二）

本年

令医士、医生在册食粮报役者，许在京应试。（据王圻《续文献通考》卷四十五《选举考·举士三》）

吴廷翰（1491—1559）生。《濡须吴氏宗谱·世系表》："朝列大夫，字崧柏，号苏原。……公享寿六十九，卒于嘉靖己未（1559）十月初八日巳时。"生平事迹亦见于《江南通志》、《续修庐江府志》及陈田《明诗纪事》。

明孝宗弘治五年壬子（公元 1492 年）

正月

故内阁大学士彭时之孙崧于中书舍人写诰一年，照例除授，从其请也。（据《馆阁漫录》卷七《弘治五年》）

三月

礼部右侍郎兼翰林学士汪谐以久病乞致仕，命住俸养病，痊日起用。（据《馆阁漫录》卷七《弘治五年》）

立朱厚照为皇太子。《明鉴纲目》卷五："纲：壬子五年，春三月，立子厚照（帝长子，张皇后出）为皇太子。"

进士樊祉为江西道御史。（据《国榷》卷四十二）

国子生薛丕授中书舍人。丕，南京兵部尚书薛远子，以军功荫。（据《国榷》卷四十二）

国子监博士张应奎为河南道监察御史。（据《国榷》卷四十二）

四月

黎淳（1423—1492）卒。《馆阁漫录》卷七《弘治五年》："四月辛丑朔。戊午，致仕南京礼部尚书黎淳卒。淳字太朴，湖广华容县人。天顺元年举进士第一，授翰林修撰，预修《大明一统志》。成化二年职满，升左春坊左谕德。三年，《英庙实录》成，进左庶子。十三年，修《续资治通鉴纲目》成，迁詹事府少詹事兼翰林侍读。十四年，升吏部右侍郎。二十二年，改南京吏部。二十三年，满九载，迁左，加止二品俸。弘治元年，升南京工部尚书，寻改礼部。又三年，以疾得请致仕。至是卒，年七十。赐祭养如例，谥文僖。淳性耿介，寡与人合，患流俗奢侈，凡婚丧燕饮皆有则。其取与不苟，有门生尹华亭以红云布寄淳，不受，即书封识上曰：'古之为令，拔茶植桑；今之为令，织布添花。吾不用妖服也。'子民牧、民表，皆举进士。"

五月

李东阳进讲《孟子》。据《怀麓堂集》卷九十五《经筵讲章》，此次进讲《孟子》一段："孟子曰：求也，为季氏宰，无能改于其德，而赋粟倍他日。孔子曰：'求非我徒也。小子鸣鼓而攻之可也。'"

编修傅珪服阕复职。（据《馆阁漫录》卷七《弘治五年》"五月"）

丘浚奏请访求遗书。《殿阁词林记》卷十七《秘书》："自正统以前，凡官本院者，每朝退，即入阁中检所未见书。盖馆阁无政事，以讨论考校为业，故得纵观中秘，而受命进学者亦与焉。景泰时，编修周洪谟辈犹然，其后始为内阁所扃钥。弘治五年五月，大学士丘浚请访求遗书焉，上疏有云：'今内阁储书有匮，书目有簿，皆可查考，乞敕内阁量委学士并讲读以下官，督同典籍与吏典班匠人等，将书目较雠，有无全欠，分为经、史、子、集四类，及杂书、类书二类，开具奏报，仍刻考较年月，委官名衔，识于卷末，立案存照。又敕两京内外大臣，会同南京礼部、本院官，查盘永乐中原留南京内府书籍，有无全欠，具数奏知。于凡两京书籍，令南京国子监誊写，各令两监藏之，以备遗失。夫国家采补佛道书，以为藏经，雕以文梓，饰以文绫，遍赐天下寺观，储以縹红函匮，载以金碧轮藏。况此书籍，乃自古帝王传心之要道，经世之大典，礼乐刑政制度文为之所具，乌可吝惜小费，而不为经久之计哉？请敕内阁将书目付礼部抄誊，分送直隶十三布政司提督学校宪臣，用心设法访求，抄誊送京，以补所未备。仍于内阁近便去处，别建重楼一所，专用砖石累砌，如民间所谓土库者，令内阁书办中书等官，遇其闲暇，抄誊累朝实录各一部，盛以铜匮，庋于楼之上层，凡内府衙门收藏国家大事文书，如玉牒之类，皆附焉。其制敕房一应文书，如诏册诰敕书等项，草检行礼仪注应制诗文等项底本，前朝遗文旧事等项杂录，亦各抄一部，盛以铁匮，贮于楼之下层，凡内府衙门所藏文书，可备异日纂修一代全史之用者，如永乐以前文武官贴黄之类，皆附焉。苟无御灾备急之具，一或散失，后之秉史笔者无所凭据，往往求之于草泽，访之于传闻，简牍无稽，真赝莫辨，非但大功异政不得纪载，而明君良臣为人所诬捏者亦有之矣。至若列圣实录及圣祖御制等书，请依洪武六年纂集日历以为宝训事例，勒成一书，颁行天下。如此则祖宗之功德在万世，永传信而无疑；国家之典章垂百王，递沿袭而有本。所谓金匮石室，岂虚文哉？'奉圣旨：'太祖御制书籍，着翰林院打点，见数收贮。南京书籍，查照目录，开写缺少的去，着守备同南京礼部、翰林院点检送来。天下遗书，礼部行移南北直隶十二布政司访求。'至正德中，权奸柄国，典籍散逸。嘉靖十三年七月，今上敕馆阁重书列圣宝训、实录，命大学士李时等为经理官，臣道南为管录官，肇建皇史宬于重华殿之西，藏以金匮，置之石室。又于钦天阁树碑以纪，钦天记颂，追先阁树碑以纪祖德诗，仍锡燕儒臣于谨身殿。臣尝诵吕祖谦表云：'帝晖下烛，光荣河温洛之藏；天藻昭垂，迈过沛横汾之韵。湛露示醇醲之惠，承云宣纯绎之音。若豫颂矣。'"《明通鉴》卷三十七："（孝宗弘治五年五月）是月，诏求遗书，从大学士邱浚之请也。浚言：'高皇帝当至正丙午之岁，始肇帝业，首求遗书。……今请敕内阁所藏书籍，令学士以下督典籍官，汇若干册，册若干卷，检其有副本者，分贮一册于两京国子监。若内阁所无或不备者，乞敕礼部行天下提学官榜示购访，俾所在有司校录呈送。其藏书之所，二在京师，曰内阁，曰国子监；一在南京，曰国子监；使一书而存数本，一本而藏三所。每岁三伏时，令翰林院僚属同赴阁、监曝书，毕事局镯。廷臣有因事欲稽考者，奏请诣阅，以为常规，则于文治有裨焉。'疏入，上嘉纳之，故有是命。"

六月

南京户科给事中罗鉴等应诏言武学教养之事。《明孝宗实录》卷六十四：弘治五年六月己未，"南京户科给事中罗鉴等应诏言五事……一、预教养。两京武臣子弟之在武学者，虽读《武经》，乞令仍读《四书》；虽考策，乞仍加论一道。在外应袭堪教养者，即选送本处儒学，亦视武学例作养，提调官按月下学试策论，并下教场试弓马，定其优劣，奏报巡按等官，至则必加考验，袭职之后，查常居优等者任用之。……命所司知之"。

御史彭程下狱，寻遣戍。《明鉴纲目》卷五："纲：夏六月，下御史彭程（字万里，鄱阳人）于狱，寻遣戍。目：程巡视光禄寺，见造皇坛祭器，皇坛者，宪宗修斋行法之所也。程疏言：'光禄金钱，皆民膏血，用之得当，犹恐病民，况投无益之地。先帝笃信李孜省、继晓辈，意在求福，今二人已伏辜，不能自保，焉能福人。陛下如有此举，宜遏之将萌，如无此举，论臣下逢迎之罪。'帝得疏，以程暴扬先帝过失，下锦衣狱，令刑部定罪，诘责光禄卿，停其俸。已而刑部拟程赎杖，帝不许，命与家属并戍边。"

七月

命右春坊右谕德王鏊、司经局洗马杨杰为应天府乡试考官。授翰林庶吉士苏葵为本院编修。（据《馆阁漫录》卷七《弘治五年》）

八月

罢免刘吉。《明鉴纲目》卷五："纲：秋八月，刘吉罢。目：帝即位初，吉与万安、尹直并为言路所劾，未几，安、直皆去，而吉独留，柄政既久，权势烜赫。帝初颇加委任，后眷亦渐衰，而吉终无去志。及是，帝欲封后弟伯爵，命吉撰诰券，吉言必尽封二太后家子弟方可。帝不怿，遣中官至其家，讽令致仕，赐驿归。（宪宗末，有'纸糊三阁老，泥塑六尚书'之谣，以吉与万安、刘珝同在内阁，尹旻、殷谦、周洪谟、张鹏、张蓥、刘昭等长六部，于君德阙失，政事污浊，俱无一语，故以此讥之。及吉为首辅，言者攻之不已，而吉自如，人因呼为'刘棉花'，以其耐弹也。吉疑其言出下第举子，因请举人三试不第者不得复会试。时适当会试期，举子已群集都下，礼部为请，诏姑许入试，后如令。已而吉罢，令亦不行。吉归逾年卒。）"

命左春坊左谕德杨守阯、司经局洗马梁储主顺天试。（据《弇山堂别集》卷八十二）

两京及河南、山东、陕西、山西、浙江、湖广、江西、福建、广东、广西、四川、云南等十二布政司乡试；贵州士子附云南乡试。

应天府乡试，共录取一百三十五名。王鏊《震泽集》卷十《应天府乡试录序》："弘治五年七月戊寅，上命右谕德臣鏊、洗马臣杰考应天府乡试。……时士之就试者二千三百余人……凡二十二日揭榜，得士凡一百三十五人，第其姓名及文之可录者为一编以献。"

浙江乡试，首场遇大雨，未罢试。沈德符《万历野获编》卷十五《乡试遇水火灾》："正统三年戊午，顺天乡试，首场毕之夕遇火，士子试卷颇有毁废者，有司惧得罪，但请修葺场屋，以毕两试。时曾鹤龄以侍读学士为正考官，独不可，曰：'非再试无以涤百弊，昭至公，何惜一日之费，不成此盛举哉！'有司以二说奏，上命如鹤龄言，改用十五日为首场，是科更称得士。至弘治五年壬子，浙江乡试，首场遇大雨，漂浮号舍，不能坐立，士子哗扰，竟散而出，约束之不能止。监临御史、监察宪臣俱欲罢试，独左布政刘大夏曰：'暴雨必有息时，可令自揣能文者听其愿留，勿随众去，当以留者为准，阅其文登榜。'于是存者尚有八百余人，悉命还号舍，雨果止，于是仍如额取足数。此榜出，人谓得人胜他科。按此两番变故，实出意外，曾欲再举以清弊孔，刘欲毕试以完大典，俱审时度势，切中事理，宾兴俱赖以告成，事若相反，其得体则一也。按天顺七年癸未，会试首场，亦遇火，焚死举人九十余人，则试卷尚未成文，以故改本年八月再试，至次年二月胪唱，虽称天顺八年，而英宗已先一月升遐，不及临轩矣。英庙在御，乡会二试，盖两罹郁攸云。"

王守仁举浙江乡试。王守仁《王文成公全书》卷三十二《年谱一》："（弘治）五年壬子，先生二十一岁，在越举浙江乡试。是年，场中夜半，见二巨人，各衣绯绿东西立，自言曰：'三人好作事。'忽不见。已而，先生与孙忠烈燧、胡尚书世宁同举。其后，宸濠之变，胡发其奸，孙死其难，先生平之，咸以为奇验。……明年春，会试下第，缙绅知者咸来慰谕。宰相李西涯戏曰：'汝今岁不第，来科必为状元！试作来科状元赋。'先生悬笔立就。诸老惊曰：'天才，天才！'退有忌者曰：'此子取上第，目中无我辈矣。'及丙辰会试，果为忌者所抑。"

顾清魁应天府乡试。孙承恩《文简集》卷五十四《故南京礼部尚书顾文僖公墓志铭》云："四试不利而不少挫。弘治壬子，吴郡王文恪公主南畿试事，阅公文曰：'昔欧阳子谓当让苏子瞻一头地。斯人也，我固当让矣。'遂荐为第一，舆论允惬。明年癸丑，长沙李文正公主会试，公名第二。廷试，吴文肃公为掌卷官。或欲导公往见，公辞曰：'昔人所谓呈身者，吾愧之。'竟不往。洎吴得公卷，极力赞美。以九重字失提，置二甲一人，改翰林庶吉士，读书中秘。时傅文穆公与李文正公宗伯、程公敏政，皆负文章重名，慎许可。公每试，必在甲乙，亟加叹赏。公与同年毛文简公澄、罗文庄公钦顺、汪宗伯俊，又每以名节自相砥砺。"梁章钜《制义丛话》卷四："俞桐川曰：顾东江清洁己奉公，恬淡乐道，故其文亦有高峻之风。凡在科第者，以受知大贤为荣，以识拔多才为隽，一不可得，况于能兼。东江登贤书，主司为王文恪；捷南宫，主司为李文正。及丁丑礼闱，拔得伦、舒、崔、汪诸君子，并有名当世。师弟渊源，可谓极盛而已。复能以文章配之，所以光前而裕后也。"

数年后，王守仁曾与弟子徐爱谈及入场前之种种事宜。王守仁《王文成全书》卷二十四《示徐曰仁应试》："君子穷达，一听于天。但既业举子，便须入场，亦人事宜尔。若期在必得，以自窘辱，则大惑矣。入场之日，切勿以得失横在胸中，令人气馁志分，非徒无益而又害之。场中作文，先须大开心目，见得题意大概了了，即放胆下笔，纵昧出处，词气亦条畅。今人入场，有志气局促不舒展者，是得失之念为之病也。夫心无二用，一念在得，一念在失，一念在文字，是三用矣，所事宁有成耶？只此便是执事不敬，便是人事而未尽处，虽或幸成，君子有所不贵也。将进场十日前，便须练习调养。盖寻常不曾起早得惯，忽然当之，其日必精神恍惚，作文岂有佳思？须每日鸡初鸣即起盥栉，整衣端坐，抖擞精神，勿使昏惰。日日习之，临期不自觉辛苦矣。今之调养者，多是厚食浓味，剧酣谑浪，或竟日偃卧，如此是挠气昏神，长傲而召疾也，岂摄养精神之谓哉？务须节饮食，薄滋味，则气自清；寡思虑，屏嗜欲，则精自明；定心气，少眠睡，则神自澄；君子未有不如此而能致力于学问者。兹特以科场一事而言之耳。每日或倦甚思休，少偃即起，勿使昏睡。既晚即睡，勿使久坐。进场前两日，即不得翻阅书史，杂乱心目。每日只可看文字一篇以自娱，若心劳气耗，莫如勿看，务在怡神适趣。忽充然滚滚，若有所得，勿便气轻意满，益加含蓄酝酿，若江河之浸，泓衍泛滥，骤然决之，一泻千里矣。每日闲坐时，众方嚣然，我独渊默，中心融融，自有真乐，盖出乎尘垢之外而与造物者游，非吾子概尝闻之，宜未足以与此也。"

泰和县儒士罗钦顺考中江西解元。（据《皇明贡举考》卷五）

祝允明举乡试，受知于王鏊。 陆粲《祝先生墓志铭》："岁壬子，举于乡。故相王文恪公主试事，手其卷不置，曰：'必祝某也。'既而果得先生，文恪益自喜，曰：'吾不谬知人。'"

李梦阳举陕西乡试。 李调元《制义科琐记》卷二《场无解元》："李梦阳，字献吉，扶沟人。试河南不第，乃就试陕西。场将闭，梦阳呼曰：'场无解元，何为闭也。'主者奇其言，纳之，竟中第一。"

九月

乙亥，太常寺卿兼翰林侍读学士傅瀚疏乞还乡展祭，许之，给驿以行，仍谕令亟还供事。戊子，命詹事府少詹事兼侍讲学士陆简、司经局洗马梁储纂修玉牒。辛卯，升南京太常少卿陈音为本寺卿，以九年职满也。（据《馆阁漫录》卷七《弘治五年》）

十月

张岳（1492—1552）生。 据徐阶《明故资政大夫总督湖广川贵军务都察院右都御史赠太子少保谥襄惠净峰张公墓志铭》。字维乔，惠安人，正德丁丑进士，官至刑部侍郎，掌都察院事。复出总督湖广、四川、贵州。卒谥襄惠，事迹具《明史》本传。有《小山类稿》二十卷。

程敏政起复。（据《明孝宗实录》卷六十八）《明史》程敏政传："五年起官，寻改太常卿兼侍读学士，掌院事。"

十一月

辛未，翰林编修罗玘丁忧服阕，复除原职。乙亥，升福建提学副使罗璟为南京国子监祭酒。（据《馆阁漫录》卷七《弘治五年》）

胡侍（1492—1553）生。（据许宗鲁《鸿胪寺右少卿胡公侍墓志铭》）字奉之，号蒙溪，咸宁人，正德丁丑进士。官至鸿胪寺少卿，坐议大礼谪潞州府同知。事迹附见《明史》薛蕙传。有《真珠船》八卷。

停纳粟例。《明鉴纲目》卷五："纲：十一月，停纳粟例。目：初，成化末，开纳粟事例，赈陕西、河南诸省饥。及是，尚书王恕言：'永乐、宣德、正统间，天下亦有灾伤，各边亦有军饷，当时无纳粟例，粮不闻不足，军民不闻困弊。比年来，一遇灾歉，辄行捐例，人既以财进身，欲其砥砺廉隅为循吏，岂可得也？'帝即命止之。"

凡医家子弟、旧例选入太医院教习医术。弘治五年十一月奏复行之。（据《明孝宗实录》卷六十九）万历《大明会典》卷二百二十四《太医院》："（太医院）职专诊视疾病，修合药饵之事，而圣济殿番直，则择术艺精通者与焉。其子弟之隶医籍者，教之、试之、黜陟之，具有事例，属礼部……凡医家子弟，弘治五年奏准，查照旧例选入本院。推堪任教师者二三人，教习医术，每季考试。三年或五年，堂上官一员同医官二员考试，通晓本科者收充医士，食粮当差；未通晓者，仍令习学一年再试，三试不中者黜之。若五年考试成材者多，其教师奏请量加升授。嘉靖六年奏准，考校医士，除艺业不通及老疾者俱为民，其年壮可进者，俱令教师教习，定与课程。一年四考，约有成材，礼部会考分别等第，一等送御药房供事，原系本房者量授职事。二等给冠带，发回本院办事，原奉例冠带者与支杂职俸给。三等照常当差。良医、大使有缺，于二等、三等内考送吏部铨补。在外人役医业精通者，一体收考，量为取用。十二年议准，本院医士、医生，不分新旧，不许立定顶补教习名色，通令习学本业，按季考试，每年终呈送礼部，委该司会同考校，验其有无进益。如无进益，量加惩治，甚者住支月粮。其有畏避考校，托故旷役者，一体究治。三年满日通送礼部，督同本院堂上官，出题严考，分为三等。一等送御药房供事，二等给与冠带，与三等俱发本院当差。遇有御医、吏目员缺，将本房一等人员，送部再考，择其术业精通、操履端谨者，御医于吏目内铨补，吏目于医士内铨补。遇有良医、大使等项员缺，于二等人役内如前考补，定拟职事。咨送吏部，照缺填注。若将不系御药房供事人员朦胧推举者，听礼部参究。十九年题准，官医亲男弟侄，各务习学本业，候本院缺人，呈请礼部收考。如术业不精，照例为民当差，不准替役，其余告补人役，一例停止。又题准，习学官医，照常考校。其升授一节，俟圣济殿供事人员缺乏，考补。二十八年题准，医士、医生，三年大考，一等原系医生者，与充医士；医士无冠带者给与冠带。原在内殿供事支俸并冠带医士，量升俸一级，俱候内殿缺人，该院照依科分，挨次呈部送人供事。二等原系医生者，与充医士；医士无冠带者给与冠带。原在内殿者，不准供事。三等俱照旧，仍与二等在院当差。四等原有冠带者不准冠带；支品级俸者降俸一级；支杂职俸者降充冠带医士，食粮七斗；医士降充医生，住支月粮，俱令习学半年，送部再考，果有进益，准照旧支俸、食粮、冠带。如再不通，各降充医生，专供该院剉碾之役。其医籍纳银候缺吏目，必经三年大考一等，方准同各差医士，遇缺考补。纳银冠带医士，必经三年大考，方准挨次拨差。未经三年考过者，不准其在院习学。医丁并子弟，同该院医士、生一体大考，考居一等，收充医士，二等收充医生。各食粮当差。三等、四等仍发回习学，三年再考，如或两次不堪者，发回原籍当差，永不收考。其余在京差遣并不愿考及临考不到人役，俱限半年以里，类送补考。如或再行推避，及有起复、差回、病痊、销假半年以上不送考者，服满、差满、患病、给假各限满而各故违一年以上不回院希图避考者，听礼部参奏降革。凡年终考试，礼部止与分别等第，量行惩责。其冠带、食粮、供事等例，俱候三年一次题请施行。”“凡该院大小官医，俱要将《素问》、《难经》、《本草》、《经脉》、《脉诀》及本科紧要方书熟读详解，待各考满到部及考试之时，于内出题，令其默写登答，如不能通，除医士、医生照前施行外，若系考满官，发回讲习半年，再考。凡天下府、州、县举到医士堪任医官者，俱从礼部送本院考试，仍委该司官一员会考。中者送吏部选用；不中者发回原籍为民，原保官吏治罪。凡医丁告补，隆庆五年奏准，查系年近嫡派子孙，方准行院结勘。送院习学三年，通候类考。考中方准补役。如嫡派无人，或不堪补，其亲枝弟侄人等，果系自幼报册，堪以作养者，亦量准一人，一体习学考补。其年远难凭及旁枝远族，不许一概妄告。如各科缺役数多，本部另行议请选取……凡医士、吏目升补，隆庆五年奏准，果有术业精通、勤劳显著者，内殿三年，外差六年，开送礼部核实考试，医士准补吏目，吏目准升御医。如医业平常及无劳绩可据，不准升补。”王圻《续文献通考》卷九十一《职官考续》：“凡医家子弟，旧例选入本院教习医术。弘治五年奏复之。推堪任教师者二人教习。每季考试。三年或五年，堂上官一员同医官二员考试。通晓本科者收充医士，食粮当差。未通晓者听令习学一年再试。三试不中者黜之。若五年考试成材者多，其教师奏请量加升授。”孙承泽《天府广记》卷三十一《太医院》：“弘治五年六月，礼部议覆太医院院判刘文泰之奏，请命太医院精选年二十以下、十五以上官生子弟，送本部发本院分拨各馆习学。仍推素习儒书精医业者，不分有无官职，或三人或二人教之。本院堂上官相兼提督，四季考其怠惰者责罚。仍定三年一考，五年三考，俱令本院堂上官一员，择取医官二员，率子弟赴礼部公同出题考试。果通医业，准充医士，否则发回本院听习一年再试，三试不中，黜退还家。其子弟止令专习医业，不许营求科举，以贰其心。若五年考试并前成材者多，其教师无官者奏请量升一职，有官者量加旌擢。从之。”“十八年四月，吏部议太医院五品以下堂上官各访其行业高下，奏请去留。其御医、吏目及供事御药房冠带医士，会都察院考试。兼访其行业优者为一等，候缺升用，颇通者为次等，仍留供事，其下等黜回本院，冠带闲住。如御药房缺人，考居一等内推补，其次等不得朦胧复用。遇考察京官之年本院官一体考察，不得夤缘奏免。从之。”“嘉靖四十三年九月，礼部言：令甲，医士俱以父祖世业代补，或在外访保医官、医士以充。其已收在院者，仍有教习考选升黜之例。盖祖宗慎重医学如此。后因夤缘干进者多，举保收充太滥，遂将前例一切停止。自今清查之后，请将本院医籍新生幼丁，每三年保结报册，其余不得私收一人。其见在子弟及寄籍候补医丁，见有父祖收充年月世次可凭者，悉听本部委官教习。仍按月按季考试，一次不到者量责，二次除名，三次除户，年终同该院医生送部考试，量加赏罚。三年大考，分三等，一等补医士，二等补医生，三等发院习学。又三年再考新补，照旧役一体甄叙。两次不堪收补者，发为民。纳银吏目必经三考类考一等方准同在院医士遇缺考送铨选纳银冠带例，该收考医士亦必经三年类考方准挨次拨差。其该院医士年终岁考医业无成者量责，或住支月粮。三年大考，一等原系医士，无冠带者给冠带，原在内殿供事者升俸一级，俱各候内殿缺人，该院于各科内挨次呈部收补。二等原系医生与充医士食粮，原系医士无冠带者给冠带，原在内殿者不准供事。三等原有冠带者不准冠带，原支品级俸者降俸一级，支杂职俸者降充冠带医士，食粮七斗，医士降医生，医生住支月粮，俱听习学半年，送部再考。如有进益，仍给服俸如故。如再不通，俱降医生，发回该院，专供刲碾之役。其御医员缺，将原在内殿供事及考居一等人员吏目内已经九年考满者铨补，吏目于医士内内殿供事六年、司礼监三大营及刑部会同馆当差九年者送部再考铨补，良医大使员缺于二等内考补。如年资未及或术业平常，则宁虚缺不补。荒疏太甚者参奏革黜，及起补差回补考等项，俱照节年事例，以实举行。其承行官吏有酨法作弊者，从重究治。得旨允行。"《明孝宗实录》卷六十九："弘治五年十一月戊寅，礼部议覆太医院院判刘文泰之奏，请命太医院精选年二十以下，十五以上官生子弟送审，本部发本院分拨各馆习学。仍推素读儒书精医业者，不分有无官职，或三人或二人教之。本院堂上官相兼提督，四季考其怠惰者责罚。仍定三年一考，五年三考，俱令本院堂上官一员，择取医官二员，率子弟赴礼部公同出题考试。果通医业，准充医士，否则发回本院听习一年再试，三试不中，黜退宁家。其子弟止令专习医业，不许营求科举，以贰其心。若五年考试并前成材者多，其教师无官者奏请量升一职，有官者量加旌擢。从之。"

十二月

进士王中为南京监察御史。（据《国榷》卷四十二）

锦衣卫带俸正千户周贤先以乡试举人授职，至是复援例奏乞会试，礼部议不可，上特许之。贤，重庆大长公主子也。（据《明孝宗实录》卷七）

本年

定各类人等赴试资格。奏准吏部听选监生给假在家者许就本处乡试，医士、医生在册食粮执役者方许在京应试，其在部未考岁贡，或在监告就教职监生，及不系在任依亲官生，并天文生、阴阳人例习他业者，皆不许入试。（据王圻《续文献通考》卷四十五《选举考·举士三》）

黄弘纲（1492—1553）生。张惟骧《疑年录汇编》卷七："黄洛村七十弘纲，生弘治五年壬子。"黄宗羲《明儒学案》卷十九："黄弘纲，字正之，号洛村，江西雩县人。……四十年五月二十八日卒，年七十。"

明孝宗弘治六年癸丑（公元1493年）

二月

　　庚子，命太常少卿兼翰林侍讲学士李东阳、詹事府少詹事兼翰林侍读学士陆简为会试考官，取中汪俊等三百人。（据《馆阁漫录》卷七《弘治六年》）《明孝宗实录》卷七十二：弘治六年二月壬戌，"礼部会试，取中式举人汪俊等三百名"。李东阳《怀麓堂集》卷二十八《会试录序》："弘治六年春二月，礼部当会试天下士。……合士之与试者，几四千。经分地析，取其醇者三百人。文七万有奇，刻其尤者二十二篇而汇书为录。"王圻《续文献通考》卷四十六《选举考·举士四》："孝宗弘治三年二月，会试天下举人，命大学士徐溥、少詹事汪谐为考试官，取钱溥等三百人。六年二月，会试天下举人，命太常少卿兼侍讲学士李东阳、少詹事兼侍讲学士陆简为考试官，取汪俊等三百人。九年二月，会试天下举人，命詹事兼侍讲学士谢迁、侍读学士王鏊为考试官，取陈澜等三百人。……十五年二月，会试天下举人，命吏部左侍郎兼学士吴宽、侍读学士刘机为考试官，取鲁铎等三百人。十八年会试天下举人，命掌詹事府太常卿兼学士张元桢、左春坊大学士兼侍讲学士杨廷和为考试官，取董玘等三百人。"沈德符《万历野获编》卷十四《科场·考官争席》："李文正西涯初在词林，及居揆地，皆以和煦容物见称。惟为太常少卿时，典弘治癸丑会试，时耿文恪岳以礼部尚书知贡举，初入帘大宴，与争席，有违言，比壁经命题，其首题即为'伯拜稽首，让于夔龙'，以御调笑，亦可谓戏而不虐。其时同考修撰三人，而钱福列在杨时畅、涂瑞之前。钱后杨四科，后涂一科，凡词林五品以下，俱论科不论官，况一官而搀越前辈乃尔，岂钱以鼎甲重耶？则涂亦鼎甲也。涂、钱俱治《书经》，有愧首题多矣。是年论刻二篇，俱肤甚。又刻一诏，更寥寥数语，不今不古。此时出格刻程，意必博奕惊人，不意技止于此。"

　　录常遇春、李文忠、邓愈、汤和等后裔，世袭指挥使。《明鉴纲目》卷五："纲：癸丑六年，春二月，录常遇春、李文忠、邓愈、汤和裔世袭指挥使。"

　　祝允明落第。陆粲《祝先生墓志铭》："自是连试礼部不第。当道奇其才，会修史，将名荐之，弗果。"《怀星堂集》卷二十一《自送会试序》："成贤不肖者五：身，舆也；世，涂也；才，马也；心，御也；理，御之法度也。盖才出乎心，身乘之以临世。歧径交杂，百轫争发，或以达，或以覆，绩败著焉。以非马也，非御者也，而败焉，宜矣。抑以荆榛硗埆，则将执归尤？吾尝视古人事类，类是者不可胜计。其幸不幸，可胜道哉？然而，贤誉恶谥，留之万年，则可不为鉴欤？吾尝勉于静地，人或不谓之然。吾任之吾所操者，无迁也。兹当行，吾加惧焉。於乎！今之世固康庄也，吾独不得为王良其人，故惧焉。虽然，逐禽过表之度，不秘于古训，吾勉之尔矣。於乎！吾行矣。青山白云，吾与若姑相离，异时不知无腼于再见与否？於乎！悠悠吾怀。"《艺苑卮言》卷七："举乡荐，从春官试，下第。是时海内渐熟允明名，索其文及书者接踵，或辇金币至门，允明辄以疾辞不见。然允明多醉伎馆中，掩之，虽累纸可得。而家故给，以不问僮奴作业，又捐业蓄古法书名籍，售者或故昂直欺之，弗算。至或留客，计无所出酒，窘甚，以所蓄易置，得初直什一二耳。当其窘时，黠者持少钱米乞文及手书，辄与。已小饶，更自贵也。"

三月

故广西布政司右参议马铉，赠右参政。子效才入太学。（据《国榷》卷四十二）

命会试乙榜俱就教职。（据《国榷》卷四十二）

毛澄、徐穆、罗钦顺等二百九十八人进士及第、出身有差。《明孝宗实录》卷七十三：弘治六年三月，"庚辰，上御奉天殿策会试中式举人汪俊等三百名"，庚辰，"命太子太傅、户部尚书兼武英殿大学士徐溥，太子太保、礼部尚书兼文渊阁大学士丘浚，礼部尚书兼文渊阁大学士刘健，户部尚书叶淇，太子少保、兵部尚书马文升，刑部尚书彭韶，太子少保、工部尚书贾俊，吏部左侍郎张悦，都察院右副都御史翟瑄，掌通政司事工部右侍郎谢宇，大理寺左少卿屠勋，太常寺少卿兼翰林院侍讲学士董钺，詹事府少詹事兼翰林院侍讲学士吴宽，充殿试读卷官"。《弘治六年进士登科录·玉音》："弘治六年三月十二日，礼部尚书臣耿裕等于奉天门奏为科举事。会试天下举人，取中三百名。本年三月十五日殿试，合请读卷官及执事等官太子太傅户部尚书兼武英殿大学士徐溥等五十二员。其进士出身等第，恭依太祖高皇帝钦定资格，第一甲例取三名。第一名从六品。第二第三名，正七品。赐进士及第。第二甲从七品，赐进士出身。第三甲正八品，赐同进士出身。奉圣旨：是，钦此。读卷官：荣禄大夫太子太傅户部尚书兼武英殿大学士徐溥，甲戌进士；荣禄大夫太子太保礼部尚书兼文渊阁大学士丘浚，甲戌进士；资善大夫礼部尚书兼文渊阁大学士刘健，庚辰进士；资善大夫户部尚书叶淇，甲戌进士；资德大夫正治上卿太子少保兵部尚书马文升，辛未进士；资善大夫刑部尚书彭韶，丁丑进士；资政大夫太子少保工部尚书贾俊，庚午贡士；通议大夫吏部左侍郎张悦，庚辰进士；嘉议大夫都察院右副都御史翟瑄，甲申进士；正议大夫资治尹掌通政使司事工部右侍郎谢宇，监生；中顺大夫大理寺左少卿屠勋，己丑进士；中顺大夫太常寺少卿兼翰林院侍讲学士董越，己丑进士；中顺大夫詹事府少詹事兼翰林院侍讲学士吴宽，壬辰进士。提调官：资德大夫正治上卿礼部尚书耿裕，甲戌进士；正议大夫资治尹礼部左侍郎倪岳，甲申进士；嘉议大夫礼部右侍郎费訚，己丑进士。监试官：湖广道监察御史俞深，乙未进士；广东道监察御史吕璋，戊戌进士。受卷官：翰林院侍讲刘忠，戊戌进士；翰林院编修马廷用，戊戌进士；承事郎吏科都给事中王质，甲辰进士；承事郎户科都给事中孙珪，戊戌进士。弥封官：正议大夫资治尹太常寺卿林章，儒士；中大夫光禄寺卿胡恭，癸酉贡士；中顺大夫鸿胪寺卿张俊，监生；中顺大夫太常寺少卿马绍荣，壬午贡士；中顺大夫太仆寺少卿姜立纲，秀才；奉政大夫尚宝司卿胡恭，儒士；翰林院侍讲张芮，戊戌进士；翰林院编修刘存业，庚戌进士；承事郎礼科都给事中林元甫，乙未进士；承事郎兵科都给事中蔺琦，辛丑进士。掌卷官：翰林院修撰刘春，丁未进士；翰林院编修蒋冕，丁未进士；翰林院编修吴俨，丁未进士；承事郎刑科都给事中赵竑，甲辰进士；承事郎工科都给事中王敞，辛丑进士。巡绰官：昭勇将军锦衣卫掌卫事都指挥佥事季成；昭勇将军锦衣卫指挥使钱通；怀远将军锦衣卫指挥同知刘良；明威将军金吾前卫指挥佥事高玺；昭勇将军金吾后卫指挥使宋鉴。印卷官：奉政大夫礼部仪制清吏司郎中徐说，戊戌进士；奉训大夫礼部仪制清吏司员外郎胡玉，辛丑进士；承德郎礼部仪制清吏司主事王纶，甲辰进士；承直郎礼部仪制清吏司主事龙夔，戊戌进士。供给官：奉政大夫光禄寺少卿贺思聪，乙未进士；奉议大夫光禄寺少卿李棨，戊戌进士；登仕郎礼部司务戴俨，乙酉贡士；奉政大夫礼部精膳清吏司郎中金福，戊戌进士；奉训大夫礼部精膳清吏司员外郎程愈，辛丑进士；承直郎礼部精膳清吏司主事彭桓，庚戌进士。"《弘治六年进士登科录·恩荣次第》："弘治六年三月十五日早，诸贡士赴内府殿试，上御奉天殿亲赐策问。三月十八日早，文武百官朝服侍班。是日，锦衣卫设卤簿于丹陛丹墀内，上御奉天殿，鸿胪寺官传制唱名，礼部官捧黄榜，鼓乐导引出长安左门外，张挂毕，顺天府官用伞盖仪从送状元归第。三月十九日，赐宴于礼部。宴毕，赴鸿胪寺习仪。三月二十日，赐状元朝服冠带及进士宝钞。三月二十一日，状元率诸进士上表谢恩。三月二十二日，状元率诸进士诣先师孔子庙行释菜礼，礼部奏请命工部于国子监立石题名。"陆埰《篑斋杂著》："国朝廷试，一甲三名，读卷官先日圈点，于文华殿进读，余以次填榜，未必经御览也。御批自永乐中曾棨后亦鲜见。乙未进呈凡十二卷，上一一详览，一甲俱御批，益以敕谕，并十二策录之，前此未有也。丰城人李玑，对策切直，读卷官不忍舍，然竟不敢置前，以尾卷备数。上擢置二甲首，曰：'是卷似谠言，以时务故，朕取之。'然则上之乐闻切直，奖拔草茅，真帝王至公无我之心，而非常情俗虑之能窥矣。有君如此，而不能将顺焉，得非臣下之责也？制题以'创守'为问，李策不能尽载，大略以帝王之于天下，其创之也以仁，其守之也亦以仁。而仁之为道四：曰公、俭、宽、敏。广大而博之谓公，节制而当之谓俭，宏裕而容之谓宽，奋励而勇之谓敏。公则泽周，俭则利溢，宽则恩流，敏则效著，四者合而成仁。陛下爱民之心虽不必衰，而弊端之在天下，或已渐形而不可不为之所。其大且急者，曰藩封之禄未理，工作之兴太滥，刑罚失平，军伍不充。四弊不去，臣不敢欺陛下，以为果无所歉于仁。臣愿陛下究理乱之原，察是非之极，密慎独之功，全躬行之实。而文艺之末，则姑以后焉可也。壮正人之气，养公论之锋，容峻激之辞，大茹纳之量，而言有不适于用者，亦姑勿究焉可也。正学以端其本，用言以虚其受，合人己以成其德焉，则神智日益精明，闻见日益充拓，天下事将惟吾所建，而仁且底于如天之盛矣，于以去目前四弊何有哉！是策出入经传数千言，明白剀切，洞达治体，爱深思远，实贾谊、陆贽、苏轼诸

1230

人之风，且流出肺腑，不为剿说雷同，近科如此绝少。第二名蜀人赵贞吉，其文亦甚尔雅，间类两汉，一甲似俱不及。"

据《弘治六年进士登科录》，第一甲三名，赐进士及第。履历如下：

毛澄，贯直隶苏州府昆山县，匠籍，国子生，治《易经》。字宪清，行三，年三十四，八月二十二日生。曾祖伯振。祖弼，遇例冠带。父升。母范氏。重庆下。兄洪、浩。弟津、渊。娶徐氏。应天府乡试第四十二名，会试第二十五名。

徐穆，贯江西吉安府吉水县，民籍，国子生，治《易经》。字舜和，行九，年二十六，正月初九日生。曾祖彝伦。祖少安。父廷亮。母鲁氏。重庆下。兄顺载、顺美。娶赵氏。江西乡试第二名，会试第三十四名。

罗钦顺，贯江西吉安府泰和县，军籍，儒士，治《书经》。字允升，行一，年二十九，十二月初八日生。曾祖存谦。祖铎，训导。父用俊，南京国子监学正。母曾氏。具庆下。弟钦德、钦忠。娶曾氏。江西第一名，会试第七名。

据《弘治六年进士登科录》，第二甲九十名，赐进士出身。履历如下：

顾清，贯直隶松江府华亭县，民籍，县学生，治《诗经》。字士廉，行一，年三十四，正月二十三日生。曾祖文理。祖文显。父琼。母陆氏。具庆下。弟慎、勤、山、崧、岩。娶张氏。应天府乡试第一名，会试第二名。

谢朝宣，贯陕西西安左卫籍，直隶临淮县人，国子生，治《易经》。字汝为，行一，年三十，四月十一日生。曾祖海。祖德。父恩，洛阳县学教谕。母马氏。具庆下。弟朝宠、朝政、朝绅、朝辅。娶陈氏。陕西乡试第三名，会试第八十名。

陈婴，贯江西抚州府临川县，民籍，府学生，治《诗经》。字民怀，行九，年三十，八月二十七日生。曾祖孔立。祖彦持，封工部主事。父勉，福州知府。母梁氏，封安人。具庆下。兄威，行人。弟姻。娶胡氏。江西乡试第三名，会试第二十三名。

郑岳，贯福建兴化府莆田县，军籍，府学军生，治《书经》。字汝华，行二，年二十六，二月初四日生。曾祖益谦。祖廷让。父宗伯。母林氏。慈侍下。兄汝厚。娶叶氏。福建乡试第四十一名，会试第二百七名。

刘焕，贯直隶真定府藁城县，民籍，县学增广生，治《诗经》。字尧章，行二，年二十六，七月十七日生。曾祖聪，大宁县丞。祖清。父继，淅川知县。母侯氏。慈侍下。兄炜。弟爂、炅。娶张氏。顺天府乡试第七名，会试第七十一名。

宋恺，贯直隶松江府华亭县，民籍，儒士，治《诗经》。字舜臣，行一，年三十三，九月十九日生。鲁祖仁。祖璿。父伟，听选官。母陈氏，继母周氏。重庆下。弟悌、愩、惇、博、性、怿、恂、忱、桓、枢。娶夏氏。应天府乡试第二十九名，会试第七十四名。

方璘，贯福建兴化府莆田县，军籍，国子生，治《书经》。字文玉，行一，年三十六，九月十五日生。曾祖师授。祖仲。父宽，教授。母洪氏。慈侍下。弟玠。娶郑氏。福建乡试第八十九名，会试第二百二十七名。

吴綜，贯浙江湖州府长兴县，民籍，国子生，治《诗经》。字时冕，行二，年三十六，正月十五日生。曾祖遗夫。祖孝衍。父琼。母徐氏。严侍下。兄纲。娶张氏。浙江乡试第三十三名，会试第一百五十一名。

陆相，贯浙江绍兴府余姚县，民籍，国子生，治《礼记》。字良弼，行十九，年二十八，十二月二十七日生。曾祖可恒。祖友智，封监察御史。父渊，按察司副使。母应氏，封孺人。重庆下。弟栋、材、荣、槃、槩。娶潘氏。浙江乡试第七十名，会试第三十三名。

高江，贯福建兴化府仙游县，民籍，县学生，治《书经》。字一龙，行一，年二十四，九月初十日生。曾祖孟显。祖邵中。父昂，六安知州。母翁氏，继母丁氏。重庆下。弟潮、淮、渐、沐、泮、瀛。娶陈氏。福建乡试第六名，会试第二百七十八名。

汪获麟，贯腾骧左卫官籍，浙江山阴县人，国子生，治《易经》。字仁甫，行一，年三十二，十一月初一日生。曾祖贵，试百户。祖友，实授百户。父海，百户。母胡氏，封安人。严侍下。弟鸣凤。娶孟氏。顺天府乡试第八十三名，会试第二百十名。

赵永祯，贯四川成都左护卫籍，陕西醴泉县人，国子生，治《诗经》。字终吉，行一，年三十七，三月初三日生。曾祖奉先。祖素。父瑛。母周氏。具庆下。弟永贵、永祥、永厚。娶革氏。四川乡试第二名，会试第五十七名。

赵士贤，贯湖广荆州府石首县，民籍，国子生，治《书经》。字孟希，行五，年三十四，正月初九日生。曾祖葵，达县县丞。祖遂，巡检。父敬，蓬州训导。母刘氏。具庆下。弟士能、士俊、士伟。娶曾氏。湖广乡试第三十五名，会试第二十九名。

萧柯，贯江西吉安府万安县，民籍，国子生，治《书经》。字升荣，行二，年三十七，十二月二十四日生。曾祖桂存。祖用器。父时举。母曾氏。具庆下。兄升文。弟升廷。娶王氏。江西乡试第二十二名，会试第一百七名。

赵松，贯直隶松江府上海县，民籍，县学生，治《书经》。字天挺，行七，年三十，十一月初三日生。曾祖伯达。祖昂。父博。母张氏。具庆下。兄相；榛；桓；楠，义官；榆；樟。弟桂、槐、梓、栋、梁、桐。娶潘氏。应天府乡试第九十三名，会试第一百五十七名。

沈焘，贯直隶苏州府长洲县，民籍，国子生，治《易经》。字良德，行二，年四十一，十二月三十日生。曾祖日彰。祖以潜，太医院御医。父宙，封归德州知州。母杨氏，封宜人。具庆下。兄杰，右军都督府经历。弟然、谯。娶蒋氏，继娶夏氏。应天府乡试第四十九名，会试第二百四十四名。

李梦阳，贯陕西庆阳卫籍，河南扶沟县人，府学增广生，治《诗经》。字天赐，行三，年二十二，十二月初七日生。曾祖恩。祖忠。父正，教授。母高氏。具庆下。兄孟和，义官；孟春。弟孟章。娶左氏。陕西乡试第一名，会试第二百七十四名。

张文，贯江西临江府新喻县，民籍，国子生，治《春秋》。字经载，行十三，年三十五，七月初二日生。曾祖均海，兵部主事。祖明高，遇例冠带。父继本。母李氏。慈侍下。弟用载、大载、利载。娶施氏，继娶钟氏。江西乡试第十八名，会试第一百八十六名。

曹琼，贯浙江嘉兴府平湖县，灶籍，国子生，治《书经》。字玉夫，行二，年三十二，二月初三日生。曾祖宗显。祖仁。父顼。母陶氏。具庆下。兄玙。弟璞、瑶、璧、珊。娶黄氏。浙江乡试第七十名，会试第十名。

钱启宏，贯直隶松江府华亭县，官籍，国子生，治《春秋》。字以仁，行一，年三十六，六月初三日生。曾祖惟庆，赠南京吏部尚书。祖溥，南京吏部尚书，赠太子少保，谥文通。父冈，义官。母袁氏。重庆下。弟启寅，监生；启容；启宾；启春；启贤；启明。娶马氏。应天府乡试第一百七名，会试第一百十二名。

冯兰，贯直隶保定府蠡县，军籍，国子生，治《书经》。字子佩，行一，年三十三，正月十二日生。曾祖吉，封监察御史，赠大理寺卿。祖欢，义官。父经，监生。母李氏，继母张氏。重庆下。弟莲、蓁、芝、苓、葵。娶解氏。顺天府乡试第四十六名，会试第四十二名。

何孟春，贯湖广郴州，民籍，州学生，治《易经》。字子元，行一，年十九，正月初十日生。曾祖义坚，州同知。祖俊，按察司佥事。父说，刑部郎中。母李氏，封安人。重庆下。弟孟旦。娶欧氏。湖广乡试第二名，会试第二十八名。

王承裕，贯陕西西安府三原县，官籍，国子生，治《诗经》。字天宇，行八，年二十九，三月初五日生。曾祖惟真，赠太子太保吏部尚书。祖仲智，赠太子太保吏部尚书。父恕，太子太保吏部尚书，嫡母盖氏，赠一品夫人，继母张氏，赠一品夫人，文氏，生母张氏。具庆下。兄承祚，义官；承祜，南京都府经历；承祺；承禄，义官；承祥，贡士；承裡，义官；承祎。弟承裉。娶张氏。陕西乡试第十一名，会试第二十六名。

尚繻，贯河南睢阳卫籍，浙江嘉兴县人，国子生，治《礼记》。字美信，行四，年三十二，三月二十五日生。曾祖云。祖兴。父禧。母高氏，继母梁氏。具庆下。兄绚，布政司参议；缙，临江知府；绅。弟绳、绣。娶张氏。河南乡试第三十四名，会试第二百十九名。

周季凤，贯江西南昌府宁县，民籍，国子生，治《春秋》。字公仪，行四，年三十，正月初一日生。曾祖瑾，金场大使。祖铭。父叔襄，赠兵部员外郎。母陈氏，封太宜人。慈侍下。兄季麟，浙江布政司左参政；季聪；季鸾；季鹏；季虎；季邦，贡士。娶方氏，继娶艾氏。江西乡试第三十九名，会试第十四名。

刘景寅，贯四川叙州府南溪县，民籍，国子生，治《易经》。字生之，行一，年二十八，七月初九日生。曾祖琬。祖恂，教授，赠员外郎。父忠，户部郎中。母邓氏，封宜人。具庆下。弟景宁，景寯。娶郭氏。四川乡试第四十名，会试第七十三名。

吴一鹏，贯直隶苏州府长洲县，民籍，国子生，治《易经》。字南夫，行一，年三十四，十一月二十九日生。曾祖敬。祖琼。父行。母司氏，继母赵氏。具庆下。娶宣氏，继娶姚氏，薛氏。应天府乡试第二十三名，会试第二十二名。

张良弼，贯山东济南府历城县，民籍，国子生，治《诗经》。字梦征，行一，年三十二，十一月二十四日生。曾祖士谦。祖礼。父进，滦州判官。母董氏。具庆下。弟良臣。娶王氏。山东乡试第二十一名，会试第二百七十七名。

邢珣，贯直隶太平府当涂县，军籍，县学生，治《诗经》。字子用，行五，年三十二，七月十七日生。曾祖震。祖纯。父愚。母夏氏。具庆下。兄珏、珣、珂、玠。弟理、璐、珖。娶杨氏。应天府乡试第六十五名，会试第一百三十二名。

白金，贯直隶常州府武进县，民籍，府学生，治《易经》。字士珍，行一，年二十七，十月二十七日生。曾祖守中。祖希原，赠户部员外郎。父玢，南京尚宝司卿。母高氏，封宜人。慈侍下。娶邹氏。应天府乡试第三十八名，会试第六十一名。

钱荣，贯直隶常州府无锡县，军籍，县学生，治《诗经》。字世恩，行七，年三十七，十二月十八日生。曾祖公达。祖惟义。父孟溥。前母华氏，母王氏。慈侍下。兄枢；桴；楷，序班；校；檄；弟椠；樅；櫨；格，指挥佥事；植；栻。娶邹氏。应天府乡试第二十四名，会试第二百名。

秦金，贯直隶常州府无锡县，民籍，国子生，治《书经》。字国声，行一，年二十七，九月十一日生。曾祖物初。祖景薰。父霖。前母余氏，母王氏。严侍下。弟铭。娶钮氏。应天府乡试第六十二名，会试第一百四十四名。

陈元，贯浙江绍兴府会稽县，民籍，国子生，治《诗经》。字虞佐，行四，年二十九，八月十二日生。曾祖益。祖皋。父端。母郑氏。慈侍下。兄恺，听选官；浩；泽。娶钱氏。浙江乡试第五名，会试第二百九十八名。

邹文盛，贯湖广荆州府公安县，军籍，国子生，治《书经》。字时鸣，行三，年三十五，六月二十一日生。曾祖仕旻。祖涣。父廉。母易氏。具庆下。兄文杰、文纪。弟文献。娶马氏。湖广乡试第十六名，会试第五十五名。

李麟，贯浙江宁波府鄞县，民籍，国子生，治《易经》。字仁仲，行九，年三十六，三月初三日生。曾祖泰亨。祖伯儒。父㒭。前母高氏，母王氏。慈侍下。兄益、杰、麒。弟堂，工部主事；常。娶袁氏。浙江乡试第十三名，会试第三名。

夏从寿，贯直隶常州府江阴县，民籍，府学生，治《诗经》。字如山，行一，年三十一，闰七月十五日生。曾祖景昭。祖廷珪。父时训。母包氏。具庆下。弟从圣。娶周氏。应天府乡试第二十六名，会试第六名。

徐廷用，贯湖广长沙府醴陵县，军籍，国子生，治《易经》。字良佐，行三，年三十一，六月十三日生。曾祖仲仁。祖朝贵。父鼎，安福县丞。母吴氏。具庆下。兄廷魁、廷环。弟廷祥、廷瑞、廷试。娶刘氏。湖广乡试第十一名，会试第二百八十五名。

高济，贯直隶扬州府江都县，军籍，国子生，治《易经》。字楫之，行二，年三十六，二月初七日生。曾祖直。祖亨，封左评事。父钦。母刘氏，继母张氏。慈侍下。兄汉。弟淮，医学正科；洁；清；瀛；泾；沧；淇；湘；涝；漳；汴；潝。娶任氏。应天府乡试第二名，会试第一百四名。

杨升，贯直隶苏州府吴县，民籍，国子生，治《易经》。字起同，行二，年三十七，九月二十六日。曾祖宗证。祖文富。父信。母周氏。具庆下。兄昂。娶陈氏。应天府乡试第六十六名，会试第十一名。

李宽，贯江西广信府玉山县，民籍，国子生，治《书经》。字敬敷，行九十三，年三十八，五月十一日生。曾祖敬仁。祖希哲。父尹亨。母尤氏。慈侍下。兄亮，虞州通判；文志；文意；文德；文匡；文明。娶方氏。江西乡试第二十一名，会试第二百一十四名。

曹镆，贯直隶苏州府吴江县，民籍，国子生，治《易经》。字良金，行一，年三十三，六月初五日生。曾祖瑾。祖璚。父理。母李氏。具庆下。弟镕、钺。娶董氏。应天府乡试第一百二十二名，会试第四十五名。

汪俊，贯江西广信府弋阳县，民籍，国子生，治《书经》。字抑之，行四，年二十六，八月初三日生。曾祖志福，教授。祖钟端，赠刑部郎中。父凤，知府。母祝氏，封宜人。具庆下。兄僎，工部员外郎；佑。弟伟，贡士；佃；代；佾。娶江氏。江西乡试第一名，会试第一名。

杭济，贯直隶常州府宜兴县，民籍，县学生，治《诗经》。字世卿，行二，年四十二，正月初八日生。曾祖敏。祖征。父伦。母王氏。严侍下。兄溥。弟渊、淮、澜、濂、洵、浲。娶王氏。应天府乡试第一百三十二名，会试第二百三十二名。

何珊，贯湖广荆州府公安县，军籍，县学生，治《书经》。字廷佩，行四，年二十四，正月十三日生。曾祖安寿。祖润。父皞，推宁知县。母陈氏。永感下。兄玺；璁；瑢，贡士。娶牟氏。湖广乡试第七名，会试第一百名。

徐守诚，贯浙江绍兴府余姚县，民籍，国子生，治《礼记》。字成之，行一，年三十八，九月十九日生。曾祖祖行。祖有美。父克谊。母洪氏。具庆下。弟守约、守礼、守信、守资、守德、守廉。娶陆氏。浙江乡试第二十名，会试第八十六名。

钟渤，贯广东广州府东莞县，军籍，国子生，治《春秋》。字元溥，行二，年三十七，四月初七日生。曾祖定安。祖玘。父铎。母陈氏。具庆下。兄濂。弟渭、沂。娶袁氏。广东乡试第五十二名，会试第九十名。

郑允宣，贯应天府上元县，民籍，国子生，治《礼记》。字嘉言，行一，年三十六，五月初一日生。曾祖元善。祖敏。父贤。前母施氏，母毛氏，继母段氏。具庆下。弟允宁、允宽。娶何氏，继娶周氏。应天府乡试第九十一名，会试第一百六名。

徐沂，贯浙江金华府永康县，民籍，县学生，治《书经》。字希曾，行三，年三十二，九月二十一日生。曾祖伯厚。祖叔质。父仕家。母楼氏。慈侍下。兄源、溢。弟溁、淮、溟、漆。娶应氏。浙江乡试第十名，会试第一百七十四名。

郝海，贯直隶保定府祁州，民籍，国子生，治《春秋》。字汝容，行三，年三十六，十二月十四日生。曾祖大初。祖渊。父文清，遇例冠带。母崔氏。慈侍下。兄强、廷玉。弟林。娶郑氏。顺天府乡试第四名，会试第二百六十四名。

孔琦，贯陕西西安府长安县，民籍，国子生，治《诗经》。字景韩，行二，年二十八，正月二十二日生。曾祖寿。祖振。父镒。母许氏。慈侍下。兄璘。娶王氏。陕西乡试第三十六名，会试第八名。

范祺，贯应天府溧水县，军籍，国子生，治《书经》。字应祯，行四，年四十四，七月十五日生。曾祖秀之。祖彦忠。父景新。嫡母钟氏，生母章氏。永感下。兄应荣、应宽、应灏。弟应祥。娶顾氏，继娶张氏。应天府乡试第六十一名，会试第五十一名。

刘昭，贯江西吉安府庐陵县，民籍，县学生，治《诗经》。字仲贤，行巽二，年三十三，十二月十九日生。曾祖求礼。祖孝则。父来征。母王氏。具庆下。兄信、载。弟拳，申，制。娶胡氏。江西乡试第七十五名，会试第九十一名。

刘介，贯陕西延安府绥德州清涧县，军籍，国子生，治《易经》。字师惠，行三，年二十八，十一月初一日生。曾祖仁，义官。祖尚纲，封锦衣卫百户。父镛，长沙知府。母张氏，封安人。重庆下。兄鸾、廷瓒。弟廷琰、凤、廷玘。娶杨氏。陕西乡试第十七名，会试第五十名。

张绰，贯福建漳州府龙溪县，民籍，国子生，治《书经》。字本宽，行二，年四十三，十一月初四日生。曾祖琮。祖裕季。父拱。母方氏。具庆下。兄衍。弟威、弓、纲、乐。娶郑氏。福建乡试第四十九名，会试第二百六十五名。

张宦，贯直隶保定府完县，军籍，国子生，治《诗经》。字惟臣，行二，年三十三，九月十三日生。曾祖敬祖。祖喜，遇例冠带。父彬，教授，封知州。前母赵氏，赠宜人，母高氏，赠宜人，继母李氏。具庆下。兄官，知府。娶刘氏。顺天府乡试第三十七名，会试第一百五十三名。

罗中，贯广东广州府东莞县，军籍，国子生，治《易经》。字道原，行一，年三十二，九月十六日生。曾祖永光。祖晟富。父元信。母翟氏。具庆下。弟善、勤。娶黄氏。广东乡试第十七名，会试第二百五十六名。

冒鸾，贯直隶扬州府泰州如皋县，军籍，国子生，治《礼记》。字廷和，行一，年二十九，五月二十一日生。曾祖基。祖钊。父璘，监生。母阚氏。具庆下。弟凤、鹏。娶陈氏。应天府乡试第七十八名，会试第一百四十五名。

陈策，贯直隶常州府无锡县，民籍，国子生，治《书经》。字嘉言，行二，年三十六，六月二十三日生。曾祖寿益。祖友文。父璲。母王氏。慈侍下。兄荣。弟富、贵、表。娶范氏。应天府乡试第三十九名，会试第二百八十三名。

陈时宪，贯福建福州府长乐县，民籍，国子生，治《诗经》。字孔章，行三，年三十七，八月初十日生。曾祖斌。祖诜。父则安，京卫武学教授。母潘氏，继母林氏。具庆下。兄时举。弟时升，时迁。娶郑氏。福建乡试第六十三名，会试第一百九十四名。

吴英，贯浙江杭州府临安县，民籍，国子生，治《诗经》。字世杰，行二，年三十五，八月初二日生。曾祖员。祖真。父镠。母孟氏。重庆下。兄梅。弟权、越。娶钱氏。浙江乡试第八名，会试第二百八十四名。

陶廷威，贯直隶常州府江阴县，民籍，国子生，治《诗经》。字以重，行一，年四十三，七月十八日生。曾祖伯成。祖文。父叔祺。母钱氏，继母吴氏。严侍下。弟霖、唐民、宝珊。娶张氏，继娶周氏。应天府乡试第一百一十八名，会试第一百五十六名。

王大用，贯直隶松江府上海县，民籍，国子生，治《书经》。字世显，行四，年三十三，九月二十日生。曾祖允中。祖彦明。父衡。母沈氏。慈侍下。兄大本、大忠、大信。弟大启、大猷。娶沈氏。顺天府乡试第九十三名，会试第一百三十六名。

黄明，贯直隶松江府华亭县，民籍，县学增广生，治《诗经》。字天章，行二，年三十二，四月初七日生。曾祖信。祖雍，遇例冠带。父奎。母陈氏。重庆下。兄昭。娶马氏，继娶沈氏。应天府乡试第一百九名，会试第二百十六名。

娄宿，贯浙江杭州府仁和县，军籍，国子生，治《书经》。字拱辰，行一，年三十六，九月十二日生。曾祖兴业。祖忠。父达。母周氏。具庆下。娶何氏。浙江乡试第十七名，会试第一百七十七名。

曾镒，贯广东琼州府万州军籍，保昌县人，国子生，治《书经》。字时重，行一，年三十八，七月二十七日生。曾祖赵保。祖胜。父瑁，永嘉知县。母佘氏。具庆下。弟镛、铎。娶万氏。广东乡试第二十七名，会试第一百三十一名。

夏易，贯直隶扬州府江都县，军籍，国子生，治《诗经》。字连山，行二，年三十七，七月初九日生。曾祖珪。祖文质。父礼。前母宋氏，母陈氏。永感下。兄铭。弟锐。娶朱氏。应天府乡试第十四名，会试第九十四名。

潘子秀，贯湖广荆州府江陵县，民籍，国子生，治《易经》。字人杰，行二，年三十一，十一月二十三日生。曾祖太忠。祖伯胜。父志澄，泰和主簿。母李氏。具庆下。兄子茂。弟子高、子英、子常、子昂。娶张氏。湖广乡试第二十三名，会试第二百五十九名。

梁辰，贯广东广州府南海县，民籍，国子生，治《书经》。字应枢，行一，年三十二，六月二十五日生。曾祖祖佑。祖景库。父用。母何氏。具庆下。弟时、更、春、宵、秋。娶陈氏。广东乡试第十九名，会试第一百二十名。

胡澧，贯广东韶州府英德县民籍，南海县人，国子生，治《书经》。字百钟，行五，年三十五，六月十七日生。曾祖税宝。祖显。父山。母褚氏。永感下。兄清、澳、澈、汇。娶陈氏。广东乡试第七名，会试第一百九十三名。

马驭，贯山西平阳府解州夏县，民籍，国子生，治《书经》。字世维，行一，年三十二，八月初二日生。曾祖弘毅。祖彬。父忱，武定州判官。母杜氏。具庆下。弟骙，贡士。娶李氏。山西乡试第四十九名，会试第五十九名。

林亨，贯福建福州中卫籍，闽县人，国子生，治《易经》。字贞甫，行四，年三十八，九月初三日生。曾祖宝。祖兴。父俊。母张氏。永感下。兄坦、琪。娶王氏、傅氏，继娶王氏。福建乡试第八十六名，会试第二百七十六名。

曾介，贯湖广郴州永兴县，军籍，国子生，治《诗经》。字执初，行二，年三十七，十一月初十日生。曾祖如柏。祖克谦，赠刑部主事。父轓，绍兴知府。母楚氏，封安人。具庆下。兄仝。弟全，主事；金；念，贡士。娶张氏。湖广乡试第二十九名，会试第三十六名。

董俊，贯湖广辰州卫官籍，浙江鄞县人，国子生，治《书经》。字虞臣，行一，年三十四，五月初四日生。曾祖仲亨。祖良。父昱，百户。母刘氏。严侍下。弟杰。娶芮氏。湖广乡试第三十五名，会试第一百六十八名。

杨寿，贯顺天府涿州，民籍，国子生，治《礼记》。字德卲，行五，年二十八，六月二十二日生。曾祖永富。祖渊，赠吏部员外郎。父景，江西左参议。母郗氏，封宜人。永感下。兄佑，义官；祺；禧；祼。娶王氏。顺天府乡试第一百二十八名，会试第二百六十八名。

杨泮，贯江西广信府贵溪县，军籍，国子生，治《书经》。字文渊，行十四，年三十一，七月十四日生。曾祖雅文，义官。祖继英。父春。母吴氏。具庆下。兄汉。弟溥。娶熊氏。江西乡试第三十三名，会试第九十二名。

姚镆，贯浙江宁波府慈溪县，军籍，国子生，治《诗经》。字英之，行六十一，年二十九，二月二十一日生。曾祖士经。祖悌。父墅。母胡氏。具庆下。娶张氏。浙江乡试第二十一名，会试第十六名。

黄铭，贯福建泉州府晋江县，军籍，国子生，治《易经》。字于鼎，行一，年三十七，十二月十六日生。曾祖显祖。祖景灿。父齐。母蔡氏，继母董氏。具庆下。弟鏻；鍱，同科进士；錀；铨。娶刘氏。福建乡试第二十九名，会试第二百三十七名。

王舜夫，贯四川成都府新都县，民籍，国子生，治《易经》。字从仁，行一，年四十二，七月二十三日生。曾祖钟。祖清，知县。父昂。母张氏。永感下。弟禹夫、汤夫。娶韩氏。四川乡试第六十六名，会试第二百八十一名。

徐蕃，贯直隶扬州府泰州，军籍，州学生，治《诗经》。字宣之，行一，年三十，二月初一日生。曾祖子玉。祖演。父逵，鄞县县丞。母张氏，生母王氏。具庆下。娶张氏。应天府乡试第四十一名，会试第二十名。

刘弼，贯河南彰德府安阳县，军籍，国子生，治《诗经》。字直之，行二，年三十六，正月初六日生。曾祖铨，赠右副都御史。祖朗，赠右副都御史。父潺，右副都御史致仕。母李氏，封淑人。具庆下。兄辅，贡士。娶田氏。河南乡试第三十八名，会试第二百九十六名。

周玉，贯浙江台州府临海县，民籍，国子生，治《礼记》。字朝振，行二，年四十三，十月初一日生。曾祖惠。祖显，赠长史。父昌，长史。母谢氏。封宜人，永感下。兄瓒。弟文珂，教授；球。娶杨氏，继娶陈氏。浙江乡试第四十三名，会试第五名。

陆偁，贯浙江宁波府鄞县，军籍，府学生，治《易经》。字君美，行五，年三十七，十二月初二日生。曾祖应祥。祖琦。父垸。母钱氏。永感下。兄偕、仪、儦、佾。娶杨氏。浙江乡试第二十名，会试第二百六十六名。

王恂，贯直隶常州府无锡县，军籍，国子生，治《诗经》。字师诚，行四，年四十二，八月十三日生。曾祖德华，府经历。祖忠吉。父晟，递运所大使。母黄氏。慈侍下。兄愉、恺、悌。弟怡。娶唐氏，继娶吴氏。应天府乡试第三十名，会试第四十九名。

卢仪，贯四川重庆府合州，民籍，国子生，治《诗经》。字正夫，行六，年三十九，八月二十三日生。曾祖仲成。祖伦。父汝恭，义官。母蒋氏。具庆下。兄玘、显、印、冠、雍。弟俸、俊、仁、信。娶魏氏。四川乡试第十四名，会试第一百十三名。

王翀，贯四川潼川州遂宁县，民籍，国子生，治《礼记》。字廷凤，行一，年三十七，十二月二十日生。曾祖应贞。祖翼。父大韶。母苟氏。具庆下。弟缸、金。娶冯氏。四川乡试第二十八名，会试第二百九十五名。

黄泽，贯广东广州府顺德县，民籍，府学生，治《易经》。字若雨，行一，年四十二，闰九月二十二日生。曾祖文仲。祖祖养。父子存。前母梁氏，母何氏。慈侍下。弟汶、宏、潜。娶吴氏，继娶莫氏。广东乡试第一名，会试第一百三十七名。

褚圻，贯直隶苏州府常熟县，民籍，国子生，治《诗经》。字弘望，行二，年三十五，十二月二十六日生。曾祖思恭。祖公仪。父玙，南京国子监博士。前母陈氏，母龚氏。具庆下。兄垠，贡士。弟坦。娶谢氏。应天府乡试第七十九名，会试第二百三十名。

周鲁，贯江西吉安府吉水县，民籍，国子生，治《诗经》。字醇夫，行五，年三十九，三月初四日生。曾祖仲良。祖胜。父志澄，寿昌县学训导。母邹氏。慈侍下。兄潆、流。弟汉。娶龙氏。江西乡试第九十五名，会试第三十二名。

黄澜，贯福建兴化府莆田县，军籍，国子生，治《书经》。字源续，行一，年四十，三月初五日生。曾祖伯腾。祖立敬。父玉英。母郑氏。慈侍下。娶吴氏。福建乡试第五十八名，会试第六十五名。

周宪，贯湖广安陆州民籍，国子生，治《诗经》。字时敏，行二，年三十四，闰十一月十一日生。曾祖复祖。祖贵，封滁州知州。父正，大同知府。母朱氏，封宜人。严侍下。兄奇。弟寅、宾、官。娶宋氏。湖广乡试第二十九名，会试第二百三十四名。

据《弘治六年进士登科录》，第三甲二百五名，赐同进士出身。履历如下：

陈璘，贯山西太原府阳曲县，民籍，国子生，治《书经》。字邦瑞，行二，年二十七，八月十八日生。曾祖福聚。祖荣。父智，泾州知州。母商氏。具庆下。兄琪。弟珪。娶阎氏。山西乡试第二名，会试第一百十四名。

王纯，贯浙江宁波府慈溪县，民籍，国子生，治《诗经》。字希文，行二十六，年三十，十一月初四日生。曾祖祖昌，工部主事。祖潜。父琯。母方氏。具庆下。兄继。弟绩、绮。娶李氏。浙江乡试第六十七名，会试第一百八十四名。

曹廉，贯陕西巩昌府安定县，匠籍，县学生，治《书经》。字惟清，行三，年三十八，十二月二十九日生。曾祖显。祖克赟。父政。母程氏。永感下。兄仲礼、仲义。娶张氏。陕西乡试第三十六名，会试第一百九十五名。

杨二和，贯江西南昌府进贤县，民籍，县学增广生，治《诗经》。字恭甫，行十八，年二十一，五月初十日生。曾祖仲文。祖敬善，封监察御史。父峻，浙江左布政使。前母饶氏，赠孺人，母吴氏，封孺人。重庆下。兄一和。娶徐氏。江西乡试第十名，会试第九十七名。

陈谏，贯山东青州府蒙阴县，军籍，国子生，治《诗经》。字汝弼，行二，年三十四，六月初六日生。曾祖俸。祖宗泰。父琰，伴读。母李氏。具庆下。兄训。弟诲、讷、让。娶李氏。山东乡试第八名，会试第四十六名。

李实，贯四川保宁府巴县，军籍，国子生，治《易经》。字若虚，行二，年四十五，十二月十六日生。曾祖世安。祖海，罗次县知县。父敬，遇例冠带。母徐氏。永感下。兄贞。娶王氏。四川乡试第四十六名，会试第二百九十九名。

于瑁，贯顺天府霸州，军籍，国子生，治《书经》。字朝瑞，行一，年三十二，二月十七日生。曾祖效贤。祖兴。父恺，义官。母陈氏。具庆下。弟璿、瑭。娶孟氏。顺天府乡试第七十名，会试第二百四十六名。

王应奎，贯云南大理府太和县，民籍，县学生，治《易经》。字文瑞，行一，年三十四，六月初五日生。曾祖护。祖璋。父珏，芒部府通判。母穆氏。永感下。弟应荣、应华。娶李氏。云南乡试第一名，会试第二百九十一名。

李元，贯直隶真定府真定县，民籍，国子生，治《书经》。字德元，行一，年三十三，十一月十二日生。曾祖纲，赠府同知。祖时，知府。父贤，知县。母丁氏，继母张氏。具庆下。弟仁、冕、冠。娶吕氏，继娶张氏。顺天府乡试第一百十三名，会试第一百二十八名。

杜旻，贯锦衣卫官籍，直隶山阳县人，儒士，治《诗经》。字德仁，行六，年二十三，十二月初二日生。曾祖保，千户。祖方，赠千户。父春，副千户。前母陈氏、杨氏，母江氏。具庆下。兄亨、义、昱、升、礼。弟杲。娶陈氏。顺天府乡试第十一名，会试第一百十五名。

余濂，贯江西南康府都昌县，民籍，县学生，治《书经》。字宗周，行二，年三十，十月二十五日生。曾祖仲庆。祖伯诚。父嵩，推官。母翁氏，继母白氏。慈侍下。兄澜。娶高氏。江西乡试第二十四名，会试第八十二名。

夏璲，贯直隶扬州府高邮州，军籍，国子生，治《诗经》。字廷赞，行五，年四十，六月二十日生。曾祖雷甫，元万户。祖时用。父以明，义官。嫡母张氏，继母景氏，生母陈氏。慈侍下。兄琮；瑮，府同知；玘；璧。弟璜。娶贾氏。应天府乡试第八十八名，会试第一百十七名。

赵继爵，贯陕西西安府同州，军籍，国子生，治《书经》。字世忠，行三，年二十九，正月十四日生。曾祖仁义。祖玉。父琰，盐课司大使。母张氏。重庆下。兄继祖、继宗。弟继禄。娶刘氏。陕西乡试第六十四名，会试第一百八十三名。

姜阅，贯山东登州府黄县，军籍，国子生，治《春秋》。字道渊，行二，年三十三，正月二十日生。曾祖业。祖浩。父文，教授。母陈氏。具庆下。兄瓒。弟阔。娶王氏。山东乡试第十五名，会试第六十三名。

彭缙，贯湖广襄阳府襄阳县，匠籍，国子生，治《诗经》。字文卿，行一，年三十五，十二月十五日生。曾祖仁。祖英，赠大理寺评事。父铨，大理寺右寺正。母李氏，封孺人。慈侍下。弟纲、纪、绅、经、纶、绣、绪。娶艾氏。湖广乡试第二十七名，会试第二百三十六名。

徐翊，贯顺天府大兴县，民籍，国子生，治《易经》。字中行，行二，年三十五，六月初十日生。曾祖国祥。祖彦礼。父廷玉。母陈氏。永感下。兄辅。娶周氏。顺天府乡试第一百二名，会试第一百七十六名。

马陟，贯锦衣卫官籍，直隶合肥县人，国子生，治《诗经》。字文明，行二，年三十五，六月初二日生。曾祖福，赠锦衣卫指挥同知。祖顺，锦衣卫指挥同知。父弁，锦衣卫千户致仕。嫡母纪氏，封宜人，生母许氏。具庆下。兄隆，锦衣卫正千户。娶周氏，继娶延氏，朱氏。顺天府乡试第九名，会试第二百十八名。

胡爟，贯直隶太平府芜湖县，民籍，县学生，治《易经》。字仲光，行三，年四十二，十二月初八日生。曾祖泰。祖潜。父呆。母侯氏，继母范氏。永感下。兄煜、烜。弟炳、薰、熹、照、炡。娶洪氏。应天府乡试第十四名，会试第一百一名。

常赐，贯山西泽州沁水县，民籍，国子生，治《礼记》。字承恩，行四，年二十六，三月二十三日生。曾祖谦。祖瑜，赠大理寺评事。父昙。母贾氏。永感下。兄赞、贤、质。弟贡、贯、勋。娶张氏。山西乡试第一名，会试第二百四十九名。

东思恭，贯陕西西安府华州，民籍，国子生，治《书经》。字进贤，行四，年四十，七月十三日生。曾祖良惠，元知州。祖骥。父升，县丞，赠郎中。前母郭氏，赠宜人，母郭氏，封太宜人。慈侍下。兄奉先；思忠，四川按察副使；思诚，吏部员外郎。娶薛氏，继娶姜氏。陕西乡试第二十八名，会试第二百九十四名。

邝璠，贯直隶河间府任丘县，民籍，县学生，治《书经》。字廷瑞，行三，年三十六，八月二十七日生。曾祖可端。祖福。父观政，县丞。母尹氏。具庆下。兄珣、瑀。弟玕、琚、琮。娶徐氏。顺天府乡试第三名，会试第二十七名。

冯清，贯顺天府宛平县，匠籍，国子生，治《诗经》。字汝扬，行二，年三十五，十月初六日生。曾祖安道。祖冀。父贤。前母巴氏，母陈氏，继母曹氏。永感下。兄澄。弟浩、濂、渊、瀚。娶严氏，继娶谢氏。顺天府乡试第五十四名，会试第一百六十二名。

卢瀚，贯直隶扬州府江都县，民籍，国子生，治《易经》。字文渊，行一，年二十六，六月二十八日生。曾祖胜。祖锦，递运所大使。父昼。母刘氏，继母俞氏，慈侍下。弟潮、淞。娶张氏。应天府乡试第七十七名，会试第六十七名。

王缜，贯广东广州府东莞县，军籍，国子生，治《诗经》。字文哲，行三，年二十九，二月十四日生。曾祖纯礼。祖琛。父恪，宝庆知府。母陈氏。具庆下。兄组经、组纬。娶周氏。广东乡试第四十四名，会试第二百七十名。

徐瑶，贯浙江衢州府常山县，民籍，县学生，治《易经》。字粹卿，行三十一，年二十九，三月初七日生。曾祖彦温。祖永熙，赠监察御史。父同爱，监察御史。母程氏，封孺人。具庆下。兄珠、鐅。弟璧、玧。娶江氏，继娶王氏。浙江乡试第六十一名，会试第九十八名。

郑端，贯山东临清卫，直隶盐城县人，临清州学生，治《诗经》。字司直，行四，年三十，八月三十日生。曾祖旺。祖友。父俊。母汤氏，继母冯氏。具庆下。兄镗、鏓、铭。娶胡氏，继娶李氏。山东乡试第三十三名，会试第十八名。

何歆，贯广东惠州府博罗县，民籍，县学生，治《诗经》。字子敬，行二，年三十二，九月初三日生。曾祖志杰。祖正源。父沧。前母王氏，母陈氏，继母余氏。慈侍下。兄文进。弟文隆、文广、文盛、文尚。娶郭氏。广东乡试第五十七名，会试第一百七十五名。

胡世宁，贯浙江杭州府昌化县民籍，仁和县人，昌化县学生，治《书经》。字永清，行二，年二十六，九月二十六日生。曾祖祺。祖扅。父琯。母冯氏。具庆下。兄世康。弟世贤、世良。娶李氏。浙江乡试第二名，会试第一百八十一名。

徐澜，贯顺天府通州武清县，军籍，国子生，治《书经》。字文渊，行一，年三十，四月二十七日生。曾祖斌。祖思孝，东阿知县。父璟，稷山知县。母刘氏。具庆下。兄溥、淳。弟演、沂、注、洁、治。娶苏氏。顺天府乡试第九十名，会试第二百三十八名。

辛文渊，贯山西太原府石州，军籍，国子生，治《易经》。字道深，行三，年三十九，二月二十五日生。曾祖智。祖守中。父宪。母李氏。慈侍下。兄文景，义官；文清。弟文洁、文泽。娶吴氏。山西乡试第二十四名，会试第一百六十九名。

郑锡文，贯福建福州府长乐县，民籍，国子生，治《诗经》。字禹范，行四，年三十二，二月初十日生。曾祖枢。祖烜。父坦。母陈氏，继母林氏，黄氏。慈侍下。弟锡武。娶高氏。福建乡试第四十八名，会试第一百八名。

吴鹏，贯福建兴化府莆田县，匠籍，直隶容城县学教谕，治《书经》。字孔腾，行四，年三十六，十二月二十四日生。曾祖志宁。祖敬和。父善元。母林氏，继母高氏，陈氏。严侍下。兄乔龄、长龄，唐龄、弟德龄。娶陈氏。福建乡试第八十八名，会试第一百八十八名。

张环，贯山西平阳府绛州绛县，军籍，国子生，治《易经》。字瑶夫，行四，年三十四，十二月初八日生。曾祖益。祖政，府检校。父谓。母郭氏。慈侍下。兄琮、瑀、珍。弟琏，贡士。娶李氏。山西乡试第二十一名，会试第二百六十九名。

高达，贯河南开封府扶沟县，匠籍，国子生，治《诗经》。字上达，行二，年四十，正月二十日生。曾祖升。祖贵。父鹏，监生。母樊氏。永感下。兄逵、连。弟迪、远、睿。娶杨氏，继娶任氏。河南乡试第二十七名，会试第二百五十三名。

刘瑜，贯四川成都左护卫籍，仁寿县人，县学生，治《书经》。字廷璧，行二，年三十，十二月十五日生。曾祖秉贤，主簿。祖瑁，封主事。父元，贵州左布政使。母李氏，封安人。具庆下。兄璞。弟瓒、璕、璠。娶方氏。四川乡试第三十二名，会试第一百四十一名。

陈繗，贯广东琼州府琼山县，民籍，国子生，治《易经》。字克绍，行七，年四十五，十一月初六日生。曾祖以忠。祖才尚。父经，武缘县学训导。母王氏。慈侍下。兄纪、绳、纲、绢、缘、绚。弟绅、豪、缙。娶何氏，继娶张氏。广东乡试第三十四名，会试第二百三名。

院宾，贯府军前卫籍，山西振武卫人，顺天府学生，治《易经》。字君聘，行一，年二十九，九月十二日生。曾祖谅。祖贵。父达。母黎氏。具庆下。娶李氏。顺天府乡试第九十三名，会试第五十六名。

李允，贯四川重庆府忠州人，匠籍，国子生，治《诗经》。字信之，行二，年四十二，四月二十一日生。曾祖仁海。祖铭，夏华知县。父继康。母孟氏。永感下。兄历。娶郭氏，继娶吕氏。四川乡试第七名，会试第一百五十八名。

李鏊，贯陕西巩昌府通渭县，民籍，国子生，治《书经》。字时济，行一，年三十一，四月初九日生。曾祖景文，遇例冠带。祖絃。父良玉，监生。母王氏。具庆下。弟铠、锜。娶郭氏。陕西乡试第二十九名，会试第一百六十一名。

张显，贯山东兖州府济宁州，民籍，州学生，治《诗经》。字晦夫，行一，年四十二，二月初六日生。曾祖义。祖溥。父升。母马氏。具庆下。弟頖、颙、頫、顾。娶魏氏，继娶齐氏。山东乡试第六名，会试第一百九十二名。

雷颙，贯四川泸州，民籍，州学生，治《书经》。字敬之，行四，年三十七，正月二十四日生。曾祖仲德。祖震。父克良，前母秦氏，母高氏。具庆下。兄显、通、宽。娶闻氏，继娶刘氏。四川乡试第二十三名，会试第二百二十名。

武皋，贯直隶和州，民籍，国子生，治《诗经》。字舜弼，行二，年三十六，正月十五日生。曾祖原信。祖斌。父广。母徐氏。具庆下。兄琇。弟琳、智。娶许氏。应天府乡试第六十六名，会试第二百二十一名。

庞瑰，贯武功左卫官籍，山东恩县人，顺天府附学生，治《书经》。字润夫，行二，年三十一，十月初二日生。曾祖友直，百户。祖贵，百户。父福，百户。母金氏，封安人。具庆下。兄理。弟瓒、玉。娶童氏。顺天府乡试第一百三名，会试第一百十一名。

杨公荣，贯福建福州府连江县，民籍，国子生，治《易经》。字仲仁，行一，年四十六，十一月二十三日生。曾祖兴。祖育。父珙。母陈氏。严侍下。弟公泽、公浦。娶林氏，继娶林氏。福建乡试第六名，会试第二百三十五名。

夏时，贯锦衣卫校籍，直隶冀州人，国子生，治《书经》。字寅正，行一，年三十二，正月初一日生。曾祖显。祖斌。父广。母易氏。具庆下。兄诚。弟景、昌。娶汤氏。顺天府乡试第七十二名，会试第二百三十一名。

程忠显，贯直隶徽州府歙县，民籍，府学生，治《春秋》。字良辅，行四，年二十五，十月二十一生，曾祖子铭。祖文斌，义官。父仕宽，义官。母方氏。具庆下。兄忠顺、忠善、忠宪。弟忠奉、忠伦、忠弼、忠炳、忠振。娶张氏。应天府乡试第五十八名，会试第一百六十六名。

范希淹，贯江西广信府弋阳县，军籍，县学生，治《礼记》。字景贤，行六十，年二十六，四月初三日生。曾祖起渊。祖瑛，遇例冠带。父舜夫。母丘氏。重庆下。兄佑、禧、援。弟祐、裡、衫。娶舒氏，继聘徐氏。江西乡试第四名，会试第一百二十四名。

王选，贯江西吉安府安福县，民籍，国子生，治《易经》。字慎简，行一，年四十二，二月初八日生。曾祖学韶。祖克和。父稷时。母刘氏。永感下。弟慎兴、慎思、慎独、慎德、慎终。娶刘氏，继娶周氏。江西乡试第九十三名，会试第一百二十六名。

范镛，贯陕西巩昌卫籍，直隶华亭县人，新乡县学教谕，治《礼记》。字鸣远，行一，年三十五，十月初五日生。曾祖胜。祖文真，遇例冠带。父浦。母沈氏。具庆下。弟金、钥。娶夏氏。陕西乡试第五名，会试第十三名。

侯溪，贯浙江台州府临海县，民籍，直隶武进县学教谕，治《诗经》。字守止，行三十八，年四十，十二月十八日生。曾祖伯渊，赠参议。祖仲宽。父简，教谕。母黄氏。永感下。弟泓、汾、守新、守行、锦。娶沈氏。浙江乡试第五十一名，会试第六十名。

王时，贯广西桂林，中卫籍，国子生，治《书经》。字时中，行一，年三十七，七月十九日生。曾祖成存。祖瑄。父铭。母金氏。永感下。弟晖。娶李氏，继娶刘氏。广西乡试第二名，会试第二百九十七名。

蔚春，贯直隶庐州府合肥县，医籍，国子生，治《书经》。字景元，行一，年三十六，二月十六日生。曾祖观。祖珍。父清。母杨氏。重庆下。弟杲、时、晓、昂、智。娶樊氏。应天府乡试第八十二名，会试第三十一名。

刘演，贯浙江嘉兴府海盐县，民籍，国子生，治《书经》。字文敷，行一，年三十七，六月初十日生。曾祖景仪，赠监察御史。祖孟荣，赠监察御史。父玒。母沈氏，继母孙氏。具庆下。弟澜、滂、涑、沄、汴、滦、潮、渠、灌、港。娶叶氏。浙江乡试第八十二名，会试第一百六十五名。

刘兰，贯陕西延安府绥德州清涧县，军籍，国子生，治《诗经》。字廷馥，行二，年三十六，十月十三日生。曾祖杰，本县训导。祖文道，赠知府。父迈，顺庆府经历。母李氏。具庆下。兄蕙。弟艾。娶张氏。陕西乡试第六十五名，会试第八十四名。

郭瑀，贯和阳卫官籍，直隶滦州人，京卫武学生，治《诗经》。字佩之，行二，年四十，十月二十七日生。曾祖道童，赠昭勇将军指挥使。祖玉，指挥使。父亨，指挥使。母郑氏，封淑人，继母王氏。永感下。兄瑛，本卫指挥使。娶党氏。顺天府乡试第一百三十五名，会试第七十五名。

史载德，贯河南开封府钧州新郑县，民籍，国子生，治《书经》。字公著，行一，年三十一，十二月初八日生。曾祖泰。祖敬。父黾，府同知。母张氏。具庆下。弟载孝、载廉、载义、载仁。娶冯氏。河南乡试第三十名，会试第二百一名。

胡瓒，贯直隶广平府永年县，民籍，县学生，治《礼记》。字伯珩，行二，年二十三，十一月十六日生。曾祖忠。祖贵。父文举。母武氏。重庆下。兄琼。弟璋、琏、璿。娶李氏。顺天府乡试第五十名，会试第一百三十三名。

宋恺，贯山东青州府蒙阴县，民籍，国子生，治《诗经》。字良佐，行三，年四十二，十一月初十日生。曾祖可成。祖士贤。父纲，霍丘知县。前母杨氏，母赵氏。永感下。兄广，义官；崇。娶杨氏。山东乡试第七十名，会试第二百二十六名。

杨逊，贯湖广襄阳府均州，民籍，国子生，治《诗经》。字宗让，行四，年三十八，八月初二日生。曾祖景云。祖友才，赠州同知。父忠，东平州知州。母靳氏，封安人。永感下。兄恭；敬，遇例冠带；谦。弟恪。娶王氏，继娶陆氏。湖广乡试第七十三名，会试第六十四名。

任良弼，贯山西汾州平遥县，民籍，国子生，治《易经》。字廷赞，行二，年三十二，六月二十日生。曾祖皛。祖义，巩县知县。父惠。前母张氏，母范氏，继母冀氏。重庆下。兄良才，江阴知县。弟良佐、良卿、良金、良玉、良玺、良翰、良耜。娶雷氏。山西乡试第三名，会试第八十八名。

方矩，贯云南后卫官籍，直隶定远县人，国子生，治《诗经》。字大器，行四，年三十四，六月十六日生。曾祖成，指挥佥事。祖霁，指挥使。父玘，赠都指挥佥事。母曹氏，赠淑人。永感下。兄政；敬，都指挥佥事；敏。娶李氏。云南乡试第十七名，会试第二百八十二名。

王绶，贯山东济南府滨州，军籍，州学生，治《书经》。字朝仪，行二，年二十五，二月初七日生。曾祖思诚。祖英。父信，封礼科给事中。母史氏，封孺人。具庆下。兄纶，礼科给事中。弟绩、绪、绅。娶杨氏。山东乡试第十四名，会试第一百三十九名。

李情，贯河南河南府陕州灵宝县，军籍，国子生，治《诗经》。字宗善，行二，年三十四，八月初四日生。曾祖珪。祖馥。父时，监生。母邵氏，继母张氏。具庆下。兄性。弟愔、慽、憳、惇、恪。娶孟氏。河南乡试第五十六名，会试第二百四十八名。

李举，贯山西振武卫官籍，太原府河曲县人，国子生，治《易经》。字大聘，行五，年三十六，三月三十日生。曾祖兴。祖荣。父景昌。前母沈氏，母许氏。慈侍下。兄堂、基、坚、塈。娶施氏。山西乡试第十六名，会试第一百八十五名。

盛应期，贯直隶苏州府吴江县，军籍，府学生，治《易经》。字斯征，行一，年二十，八月二十一日生。曾祖佖。祖昕。父瓘。母胡氏。重庆下。弟应望，聘沈氏。应天府乡试第二十九名，会试第二百六十一名。

田佑，贯府军前卫官籍，直隶赣榆县人，顺天府增广生，治《诗经》。字廷相，行六，年二十三，五月十八日生。曾祖子才，赠指挥使。祖贵，都指挥同知充左参将。父通，指挥使。前母门氏，封淑人，丁氏，母王氏，封淑人。具庆下。兄英，锦衣卫百户；潡；辅；佐，指挥使；芳。弟弼、源，聘张氏。顺天府乡试第二名，会试第五十二名。

杜驯，贯山西太原府徐沟县，军籍，县学生，治《诗经》。字克善，行三，年二十七，十二月二十七日生。曾祖简。祖威。父芳，河泊所官。母王氏。具庆下。兄骐、骦。娶董氏。山西乡试第五十三名，会试第一百八十七名。

曹琼，贯四川叙州府富顺县，民籍，国子生，治《书经》。字廷玉，行四，年三十四，九月初二日生。曾祖觉广。祖先。父添寿。嫡母朱氏，生母朱氏。慈侍下。兄明、相、俸。娶詹氏。四川乡试第六十名，会试第一百十八名。

高谦，贯直隶永平府滦州，民籍，州学生，治《诗经》。字天益，行一，年三十二，十一月十六日生。曾祖显。祖昴，巡检。父璁，临邑知县。母谢氏。慈侍下。弟详、识、谊。娶吴氏。顺天府乡试第七十名，会试第一百九十六名。

王绍，贯山东兖州府曹州，民籍，国子生，治《书经》。字继宗，行一，年三十八，四月十五日生。曾祖昭。祖恕。父亨，盐课司大使。前母常氏，母李氏。永感下。弟纬。娶成氏，继娶李氏。山东乡试第四十九名，会试第十二名。

仰儒，贯浙江杭州府余杭县，民籍，国子生，治《诗经》。字世用，行二，年四十二，十一月初八日生。曾祖景名。祖瓛。父贤。母方氏。慈侍下。兄仁。弟僖、傅。娶沈氏。浙江乡试第三十一名，会试第一百四十六名。

吴舜，贯浙江绍兴府山阴县，匠籍，国子生，治《诗经》。字子华，行八，年二十六，十二月初九日生。曾祖渊，义民。祖晖。父琢。母司马氏。重庆下。兄源、瀾、滦、洪。弟滢、皋、禹、卿、夔、龙。娶沈氏。浙江乡试第七十三名，会试第三十八名。

杨仪，贯陕西西安府永寿县，阴阳籍，国子生，治《诗经》。字宗德，行四，年三十一，二月一十一日生。曾祖庸，阴阳训术。祖名。父振，阴阳训术。前母姚氏，母曹氏，继母陈氏。具庆下。兄庆、寿；威，监生。娶唐氏，继娶宇文氏。陕西乡试第三十三名，会试第一百七十名。

郑宣，贯浙江处州府丽水县，民籍，府学生，治《书经》。字士达，行二，年三十二，六月初十日生。曾祖仲玉。祖景惇。父伯浩，义官。母王氏。具庆下。兄宏。娶孙氏，继娶张氏。浙江乡试第十一名，会试第二百八十八名。

裘壤，贯浙江宁波府慈溪县，军籍，国子生，治《诗经》。字本厚，行一，年三十五，十二月二十七日生。曾祖汶圮。祖谦。父锷。母梁氏。具庆下。弟堉、垣、壑。娶赵氏。浙江乡试第六十五名，会试第一百六十七名。

王庆，贯直隶真定府平山县，军籍，国子生，治《诗经》。字天德，行二，年三十五，九月十七日生。曾祖仁美。祖让。父璋，鸿胪寺署丞。母张氏。永感下。兄序，进士。娶朱氏，继娶汪氏。顺天府乡试第三十一名，会试第六十六名。

王廷，贯直隶永平府迁安县，军籍，国子生，治《诗经》。字惟极，行一，年三十五，九月二十四日生。曾祖俊。祖玺。父伦。母申氏，继母霍氏。具庆下。弟臣、璋。娶卢氏。顺天府乡试第五十五名，会试第二百六十一名。

柯拱北，贯四川成都后卫官籍，福建莆田县人，国子生，治《诗经》。字斗南，行三，年三十六，四月二十五日生。曾祖原方。祖本耕。父俊。母陈氏。具庆下。兄拱辰、拱宗。弟拱寰、拱宪。娶陈氏。四川乡试第二十四名，会试第八十七名。

林璋，贯福建福州府闽县，民籍，国子生，治《礼记》。字用玉，行九，年三十二，正月初八日生。曾祖智。祖渭，海丰知县。父槐。母陈氏。慈侍下。娶杨氏。福建乡试第五十名，会试第六十八名。

王雄，贯顺天府永清县，军籍，国子生，治《诗经》。字世杰，行二，年四十二，四月十三日生。曾祖四。祖文质。父海。母高氏。永感下。兄宣。弟琪。娶杨氏，继娶勇氏。顺天府乡试第四十七名，会试第一百二十七名。

王弘，贯南京广洋卫籍，应天府六合县人，国子生，治《礼记》。字叔毅，行二，年三十六，正月初八日生。曾祖秀翁。祖舍宗。父清。母陈氏。具庆下。兄泰。娶时氏。应天府乡试第四名，会试第七十六名。

熊希古，贯四川夔州府新宁县，军籍，国子生，治《春秋》。字尚友，行二，年三十四，十一月初七日生。曾祖志。祖震。父侃，监生。母赵氏。具庆下。兄希尚。弟希献、希一、希大。娶傅氏。四川乡试第十名，会试第二百五十二名。

翁茂南，贯福建兴化府莆田县，军籍，国子生，治《诗经》。字朝梁，行三，年三十，十二月初十日生。曾祖仕勤。祖伯明。父师夷，义官。母陈氏，继母吴氏，郭氏。慈侍下。兄滢，贡士；景龄，驿丞；茂樟；泗，监生。弟茂杞。娶杨氏。福建乡试第五十五名，会试第一百六十名。

冯经，贯直隶镇江府金坛县，军籍，国子生，治《诗经》。字时济，行一，年四十二，四月二十四日生。曾祖让，丹徒县丞。祖宣，遇例冠带。父瓒。母黄氏。慈侍下。弟绩、绶。娶黄氏，继娶史氏。应天府乡试第五十四名，会试第七十四名。

李承勋，贯湖广武昌府嘉鱼县，站籍，儒士，治《诗经》。字立卿，行九，年二十三，四月初八日生。曾祖奂，巡检，赠右副都御史。祖善，教谕，赠右副都御史。父田，右副都御史。母毕氏，封淑人。慈侍下。兄承业；承芳，大理寺评事；承箕，贡士；承恩，员外郎；承颜。弟承新、承阶。娶龚氏。湖广乡试第十一名，会试第二百六名。

刘廷策，贯江西吉安府安福县，民籍，府学增广生，治《诗经》。字以扬，行一，年二十八，三月初四日生。曾祖复谦。祖混洋。父循庸。母王氏，继母邝氏。重庆下。弟廷篪、廷简、廷筹。娶邝氏。江西乡试第八十七名，会试第六十九名。

李玑，贯四川保宁府南部县，灶籍，国子生，治《易经》。字舜在，行七，年三十六，十二月初三日生。曾祖延昌，大名知府。祖毅。父彻。前母文氏，母段氏。永感下。兄瓒；璨，罗田县丞；珏，阴阳训术；瑄；璇。弟珝、玠、玲、珂、珮。娶田氏。四川乡试第三十四名，会试第二百二十三名。

刘武臣，贯四川叙州府宜宾县，军籍，国子生，治《诗经》。字希召，行四，年三十九，十月二十九日生。曾祖仕华。祖瀚，监察御史。父山，阴阳正术。母李氏。严侍下。兄尧臣、舜臣、文臣。弟良臣；世臣，阴阳正术；近臣。娶周氏。四川乡试第十一名，会试第三十名。

王子成，贯湖广武昌府咸宁县，军籍，国子生，治《诗经》。字公大，行一，年三十四，十月三十日生。曾祖本，无为州吏目。祖祯。父绍，义官。母戴氏。具庆下。弟子俊、子英，子卿。娶韩氏。湖广乡试第十九名，会试第二百二名。

郭浃，贯湖广武昌府兴国州，军籍，国子生，治《诗经》。字从仁，行四，年二十八，十二月二十一日生。曾祖志辅。祖铨，仓副使。父琮，进贤县丞。母田氏。具庆下。兄潚、洧、泗。弟泮。娶佘氏。湖广乡试第五十名，会试第一百十九名。

孙徽，贯湖广襄阳护卫籍，直隶虹县人，国子生，治《诗经》。字德夫，行二，年三十四，二月十八日生。曾祖旺。祖耕。父义。母高氏，继母李氏。重庆下。兄通。弟裕、绣、岳、峤。娶陈氏。湖广乡试第五十六名，会试第一百九十八名。

刘贤，贯四川潼川州射洪县，民籍，国子生，治《诗经》。字世资，行二，年三十三，十月初十日生。曾祖景鸿。祖长器。父持汉。母高氏。具庆下。兄芳。弟杰。娶杨氏。四川乡试第三十八名，会试第二百五十七名。

林垒，贯福建福州府闽县，民籍，国子生，治《诗经》。字世集，行六，年三十九，十月初五日生。曾祖必芳。祖果。父汝白。母陈氏。永感下。兄塈；壁，湖广参政；埤；壂，礼部郎中。弟型；垄，贡士。娶陈氏。福建乡试第七十八名，会试第二百二十四名。

王昊，贯湖广衡州府衡阳县，马船夫籍，国子生，治《诗经》。字汝钦，行四，年三十八，七月二十四日生。曾祖思诚。祖添胜。父贵。母李氏。慈侍下。兄洪、湖、潮。弟润、涧。娶许氏。湖广乡试第六十三名，会试第二百八名。

钟文俊，贯福建汀州府长汀县，民籍，国子生，治《诗经》。字舜臣，行二，年三十三，八月初四日生。曾祖和生。祖清，典史。父正，教谕。母赖氏。具庆下。兄骐。弟文杰，贡士；文倬；文会。娶廖氏。福建乡试第二名，会试第二百六十名。

李雍，贯福建泉州府晋江县，民籍，国子生，治《易经》。字钦让，行六，年四十二，十月十五日生。曾祖碧玉。祖思敬。父忠亨。母曾氏。慈侍下。兄珍、琳、玭。娶徐氏。福建乡试第三十七名，会试第二百十五名。

韩大章，贯湖广襄阳府襄阳县，民籍，浙江会稽县人，国子生，治《诗经》。字本中，行六，年三十三，十月初八日生。曾祖彦达。祖良可，赠左长史。父弼，左长史。前母璩氏，赠宜人，母王氏，封宜人。具庆下。兄邦问，右布政使；质问；博，典仪；善问；明问；义官。娶张氏。湖广乡试第十四名，会试第二百二十八名。

徐淮，贯山东东昌府高唐州武城县，民籍，县学生，治《易经》。字必东，行一，年二十七，二月十二日生。曾祖武。祖青，巡检。父铨。母张氏。具庆下。弟济、海、沂、瀛。娶王氏。山东乡试第三十二名，会试第二百四十名。

胡濂，贯广东琼州府定安县，民籍，国子生，治《诗经》。字宗周，行二，年三十一，二月二十五日生。曾祖兴祖。祖钦，判官。父瑛，医学训科。嫡母陈氏，生母廖氏。具庆下。兄厚。弟深、洛。娶吴氏。广东乡试第六十一名，会试第二百五十一名。

王献臣，贯锦衣卫镇抚司匠籍，直隶吴县人，儒士，治《书经》。字敬止，行一，年二十五，二月初六日生。曾祖文荣。祖成。父瑾。母宋氏。具庆下。弟献民、献夫。娶陈氏。顺天府乡试第四十名，会试第二百九名。

李仪，贯应天府上元县，民籍，府学增广生，治《易经》。字公著，行三，年三十四，正月十二日生，曾祖福。祖惟善。父遟。母金氏，继母朱氏。具庆下。兄杰；伦，钦天监阴阳生。娶王氏。应天府乡试第六十一名，会试第二百七十一名。

韩紘，贯山西太原府阳曲县，民籍，国子生，治《诗经》。字继远，行二，年三十四，三月二十日生。曾祖从周。祖英。父彰，池州府推官。前母张氏，母李氏。慈侍下。兄绍。娶张氏。山西乡试第七名，会试第八十一名。

高迁，贯浙江绍兴府余姚县，民籍，国子生，治《礼记》。字大用，行三，年四十，九月二十日生。曾祖瀚。祖子明。父孟通。母王氏。永感下。兄儒、遂、寿。弟选。娶俞氏。浙江乡试第八十四名，会试第二百五名。

许天锡，贯福建福州府闽县，民籍，国子生，治《易经》。字启衷，行五，年三十三，正月十五日生。曾祖仲美。祖定安。父瑄。嫡母王氏，生母林氏。具庆下。弟天泽、天佑、天瑞。娶王氏。福建乡试第七十三名，会试第二百五十四名。

吴天佑，贯浙江绍兴府余姚县，民籍，县学生，治《易经》。字吉甫，行五，年二十九，十二月初十日生。曾祖茂仁。祖雍。父一诚，深州知州。母魏氏。具庆下。兄天性、天理。弟天祚、天麟。娶华氏。浙江乡试第十六名，会试第七十八名。

高选，贯陕西西安府高陵县，军籍，国子生，治《诗经》。字朝用，行二，年三十七，三月二十五日生。曾祖志才。祖荣。父恕。母商氏。慈侍下。兄远。弟遂。娶邱氏，继娶任氏。陕西乡试第六十五名，会试第一百二名。

奚自，贯顺天府宛平县，匠籍，儒士，治《易经》。字从之，行二，年三十三，十二月二十六日生。曾祖澄。祖伯通，赠监察御史。父铭，监察御史。母周氏，封孺人。具庆下。兄冠。弟先、有、取。娶蔡氏，继娶许氏。顺天府乡试第八名，会试第十五名。

李梦龙，贯山东青州府蒙阴县，民籍，国子生，治《春秋》。字应灵，行一，年四十二，七月二十九日生。曾祖升，监察御史。祖柰，陕西参议。父炯然，户部郎中。母郭氏，赠宜人，继母安氏，封宜人。慈侍下。弟梦骐，贡士；梦麟，贡士；梦熊；梦鹏。娶徐氏，继娶孔氏。山东乡试第八名，会试第一百五十四名。

杨简，贯浙江绍兴府余姚县，军籍，国子生，治《书经》。字居敬，行一，年三十四，三月初七日生。曾祖自新。祖宜振，赠工部主事。父芸，贡士。母薛氏。慈侍下。弟节；箓；策；筌，监生；篯。娶姜氏。浙江乡试第十七名，会试第三十五名。

闫洁，贯陕西平凉府泾州，军籍，国子生，治《礼记》。字汝清，行一，年二十八，九月初五日生。曾祖久敬。祖瑛，赠户部主事。父铎，义官。母史氏，继母孟氏。重庆下。弟洵、淮、济、澜、漳、潼。娶万氏。陕西乡试第十名，会试第九十五名。

胡鳌，贯山东济南府滨州，军籍，国子生，治《书经》。字镇之，行二，年三十五，五月二十五日生。曾祖伯皋。祖铭，萧县主簿。父春。母李氏。严侍下。兄鲸。弟鲲。娶王氏。山东乡试第五名，会试第九十名。

周昶，贯直隶松江府华亭县，军籍，国子生，治《诗经》。字启明，行一，年四十，五月初二日生。曾祖观。祖璧。父训。母梁氏，继母陈氏。重庆下。弟晃。娶叶氏。应天府乡试第九十六名，会试第一百二十三名。

许庄，贯直隶永平府滦州，民籍，国子生，治《春秋》。字德征，行二，年三十六，正月初八日生。曾祖道隆。祖孟清。父晋，布政司理问。母张氏。慈侍下。兄临。弟相，听选官。娶周氏。顺天府乡试第一百二十三名，会试第二百八十六名。

吴云，贯浙江杭州府余杭县，民籍，国子生，治《春秋》。字从龙，行一，年三十一，闰七月初九日生。曾祖居敬。祖纲。父晋民，麻城县丞。前母邹氏，母云氏。具庆下。弟应魁。娶任氏，继聘高氏。浙江乡试第四名，会试第二百七十五名。

龙越，贯江西吉安府庐陵县，民籍，国子生，治《诗经》。字德宣，行二，年二十九，九月三十日生。曾祖伯琼。祖汝孚。父和，临淮县学训导。母李氏。具庆下。兄超。弟起。娶刘氏，继娶萧氏。江西乡试第八十四名，会试第二百九十三名。

胡旸，贯直隶河间府任丘县，民籍，县学生，治《易经》。字景和，行一，年二十六，十二月初七日生。曾祖智。祖福。父钦，义官。母徐氏。慈侍下。娶崔氏。顺天府乡试第一百二十五名，会试第二百八十九名。

薛格，贯直隶常州府江阴县，民籍，国子生，治《书经》。字平甫，行二，年三十四，正月二十四日生。曾祖源。祖艺。父墀。前母徐氏，缪氏，母顾氏。具庆下。兄会，清流主簿；懋；𬜬、栻。弟枢、昂、机。娶王氏。应天府乡试第三十一名。会试第一百四名。

施震，贯浙江嘉兴府平湖县，民籍，国子生，治《书经》。字亨甫，行三，年四十三，十月初五日生。曾祖瓛。祖俊。父泽。母严氏。永感下。兄霁。弟雨、雷、云。娶储氏。浙江乡试第八十七名，会试第八十五名。

李瑾，贯浙江处州卫籍，绍兴府山阴县人，丽水县学生，治《易经》。字德美，行四，年三十六。四月十二日生。曾祖方。祖谷成。父宗杰。母车氏。永感下。兄玑、珪、琦。弟瑜。娶谢氏。浙江乡试第八十七名，会试第一百六十三名。

曾大有，贯湖广黄州府麻城县，军籍，国子生，治《礼记》。字世亨，行三，年二十八，十二月十一日生。曾祖思恭。祖应通。父启，唐县教谕。前母杨氏，母杨氏。慈侍下。兄贤，颍州学正；大宾。弟大显。娶刘氏。湖广乡试第一名，会试第五十三名。

王德，贯直隶常州府无锡县，民籍，县学增广生，治《书经》。字汝昭，行三，年三十五，五月二十三日生。曾祖铭。祖宏。父昌，义官。母张氏，继母唐氏。具庆下。兄汝贤、汝良、汝能、汝明。弟汝端。娶周氏。应天府乡试第四十八名，会试第六十二名。

潘辅，贯辽东广宁左卫籍，浙江建德县人，国子生，治《礼记》。字良佐，行一，年三十八，六月十五日生。曾祖养正。祖宗凯，同知。父明。母周氏。慈侍下。弟弼、忠。娶张氏。山东乡试第四十二名，会试第四十三名。

陈玉，贯直隶沂州卫官籍，扬州府高邮州人，国子生，治《诗经》。字德卿，行一，年三十九，十月初二日生。曾祖景辉。祖茹，指挥同知。父镐，指挥同知。母奚氏，封淑人。慈侍下。弟瑎、瑜。娶孔氏。应天府乡试第十七名，会试第四十四名。

李钦，贯龙骧卫官籍，山东滨州人，国子生，治《书经》。字元肃，行一，年二十九，七月二十日生。曾祖福，百户。祖敏，百户。父慧，百户。母石氏。慈侍下。弟锐、鉴、钛、铉、铠、棨、樟。娶张氏。顺天府乡试第五十八名，会试第一百七十一名。

郑兴，贯河南汝宁府上蔡县，民籍，县学生，治《诗经》。字世隆，行一，年四十，十月初五日生。曾祖思孝。祖中。父礼。母王氏。永感下。弟旺、贤、广、资。娶王氏。河南乡试第六十九名，会试第一百四十八名。

侯启忠，贯四川叙州府长宁县，灶籍，县学增广生，治《诗经》。字汝弼，行一，年十八，正月初六日生。曾祖璟。祖旺，知县。父舜臣。母李氏，继母蒋氏。重庆下。聘刘氏。四川乡试第三十四名，会试第七十七名。

杨奎，贯直隶真定府冀州武邑县，民籍，国子生，治《诗经》。字天章，行一，年三十，九月十八日生。曾祖让。祖茂。父昭，听选官。前母曹氏，母王氏。具庆下。弟奇。娶李氏。顺天府乡试第一百三十一名，会试第二百五十五名。

潘衍，贯金吾左卫官籍，直隶兴化县人，国子生，治《诗经》。字世昌，行一，年三十五，十二月初八日生。曾祖谅，指挥使。祖辅。父浩，冠带舍人。母郭氏。重庆下。弟衢。娶颜氏。顺天府乡试第十三名，会试第九十九名。

陈阳，贯江西临江府新淦县，民籍，国子生，治《书经》。字健夫，行八，年三十八，四月二十日生。曾祖与清。祖孟浩，进士。父就纪。母黄氏。具庆下。弟谦怡。娶李氏。江西乡试第十二名，会试第二百四十二名。

董锐，贯直隶兴州左屯卫籍，山东昌邑县人，顺天府玉田县学增广生，治《诗经》。字抑之，行二，年二十四，三月二十日生。曾祖仪。祖胜。父雄。母戴氏。具庆下。兄镐。弟链、铸。娶李氏。顺天府乡试第一百二十六名，会试第一百七十三名。

冉继志，贯直隶保定府蠡县，民籍，国子生，治《诗经》。字孝隆，行一，年三十五，十月三十日生。曾祖春，赠经历。祖艺，州同知。父诚，义官。母郭氏。具庆下。弟续宗。娶绳氏。顺天府乡试第四十七名，会试第二百八十名。

李金，贯直隶永平府迁安县，民籍，国子生，治《易经》。字宗乾，行二，年三十三，十一月初二日生。曾祖斌。祖林。父友，海州卫学训导。母王氏，继母郑氏。重庆下。兄锐。弟锦、钱、钰、银、镠。娶徐氏。顺天府乡试第五名，会试第一百八十九名。

李天赋，贯山西太原府交城县，军籍，国子生，治《书经》。字凝道，行一，年三十四，九月二十六日生。曾祖威。祖德胜。父景，南京刑部郎中。母高氏。重庆下。弟天昪、天锡。娶覃氏。山西乡试第六名，会试第一百五十二名。

胡昉，贯浙江绍兴府萧山县，匠籍，国子生，治《书经》。字启旸，行八，年三十六，正月十九日生。曾祖子良。祖仕能。父永芳。母汤氏。慈侍下。兄昺、泉。弟晨。娶屠氏。浙江乡试第四十八名，会试第一百五十九名。

顾守元，贯直隶苏州府常熟县，民籍，国子生，治《诗经》。字明善，行一，年三十四，八月二十七日生。曾祖有终，义官。祖岑，义官。父钺。母俞氏。慈侍下。娶龚氏。应天府乡试第八十三名，会试第二百十三名。

黄鏶，贯福建泉州府晋江县，军籍，府学生，治《易经》。字于宣，行三，年三十二，四月十二日生。曾祖显祖。祖景灿。父齐。母蔡氏，继母董氏。具庆下。兄铭，同科进士；鳞。弟锄、铨。娶杨氏。福建乡试第二十六名，会试第一百五十五名。

王良臣，贯河南开封府陈州，军籍，国子生，治《书经》。字汝邻，行一，年三十八，十二月二十六日生。曾祖弘义。祖哲。父璋。母高氏，继母徐氏，戚氏。重庆下。弟良相、良弼、良士。娶卢氏。河南乡试第二十八名，会试第二十一名。

曹恕，贯顺天府霸州，军籍，州学增广生，治《书经》。字本忠，行一，年二十六，八月二十七日生。曾祖显，监察御史。祖珋。父纪，白水主簿。前母高氏，母杨氏，继母王氏。具庆下。弟态，悦，恩，宪。娶于氏。顺天府乡试第一百八名，会试第一百五十名。

黎尧卿，贯四川忠州守御千户所籍，本州人，国子生，治《诗经》。字廷表，行四，年三十六，十月二十二日生。曾祖从义。祖茂清，赠经历。父瑄，南京锦衣卫经历。母李氏，赠孺人，继母龙氏，封孺人。具庆下。兄尧佐。弟尧吉、尧官、尧士。娶牟氏。四川乡试第六十一名，会试第三百名。

姚昊，贯福建福州府福清县军籍，闽县人，闽县学增广生，治《易经》。字文大，行三，年三十七，四月十二日生。曾祖礼。祖桂。父贤。母刘氏。慈侍下。兄升。娶陈氏。福建乡试第六十一名，会试第二百七十三名。

刘琏，贯江西饶州府鄱阳县，医籍，国子生，治《易经》。字廷美，行四，年三十五，六月二十五日生。曾祖彦清，医学正科。祖孟启，太医院医士。父甫田。前母庄氏，母缪氏。永感下。兄珙、玉、璋。娶姚氏，继娶范氏。江西乡试第八十五名，会试第二百二十九名。

黄信，贯留守中卫籍，福建晋江县人，顺天府学增广生，治《诗经》。字君实，行一，年二十六，七月初六日生。曾祖端。祖全。父忠。母曹氏。严侍下。娶杨氏。顺天府乡试第五十一名，会试第五十四名。

王崇文，贯山东兖州府曹州曹县，民籍，国子生，治《书经》。字叔武，行三，年二十六，十二月初六日生。曾祖导。祖兰，巡检，赠知府。父珣，河南右参政。母李氏，赠恭人，继母孔氏，黄氏，封恭人。□□下。兄崇儒、崇高、崇仁。弟崇献、崇让、崇礼、崇有、崇俭、崇素。娶刘氏。山东乡试第十二名，会试第一百四十七名。

胡恩，贯浙江绍兴府会稽县，军籍，国子生，治《易经》。字允承，行八，年三十七，六月十六日生。曾祖祥，封监察御史。祖智，广西左布政使。父谦。母方氏。慈侍下。兄福，监生；性；懂。弟恺；怡，贡士；悉，贡士；懋；惠，进士；庆。娶章氏。浙江乡试第六十五名，会试第二百五十名。

董绖，贯湖广黄州府麻城县，军籍，国子生，治《春秋》。字嗣文，行六，年四十二，六月五日生。曾祖南寿。祖潮，检校。父应轸，佥事。前母徐氏，母王氏。永感下。兄绪，通判；绍，主事；绂，知县；繍；絟，巡检。弟缄，行人；纨。娶陈氏。湖广乡试第七十九名，会试第二百三十三名。

谭玉瑞，贯湖广长沙府茶陵州，军籍，国子生，治《易经》。字雅祥，行三，年三十六，正月十四日生。曾祖子文。祖世烈。父锡，遇例冠带。母刘氏。具庆下。兄雅音、雅韶。弟雅渊、雅祺。娶彭氏，继娶王氏。湖广乡试第六十名，会试第九十三名。

马庆，贯直隶苏州府昆山县，匠籍，国子生，治《诗经》。字善征，行三，年三十五，九月初二日生。曾祖德。祖克章。父颙。母杨氏。具庆下。兄恩、惠。娶张氏。应天府乡试第一百四名，会试第四十一名。

苏信，贯福建延平府永安县，民籍，国子生，治《诗经》。字中孚，行六，年三十九，八月十四日生。曾祖胜三。祖子恭。父积实。母林氏。具庆下。兄文茂。弟文全。娶吴氏。福建乡试第七名，会试第一百三十五名。

李希颜，贯直隶松江府华亭县，军籍，国子生，治《春秋》。字原复，行五，年三十，四月十四日生。曾祖宽，贡士。祖萱，贡士。父寅，新昌教谕。前母蒋氏，母王氏。严侍下。兄希泰，义官；希贤；希宪；希文。弟希曾。娶俞氏。应天府乡试第七十一名，会试第四名。

江师古，贯湖广武昌府蒲圻县，民籍，国子生，治《诗经》。字克永，行一，年三十六，十月二十四日生。曾祖朝宗，通判。祖澜。父旭。母李氏。慈侍下。弟述古、学古、蕴古、信古。娶唐氏，继娶李氏。湖广乡试第八十一名，会试第一百四十三名。

陈熺，贯福建福州府闽县，军籍，国子生，治《易经》。字师晦，行四，年三十，九月初十日生。曾祖环。祖浩。父乐。母黄氏，继母张氏。严侍下。兄炜。娶余氏。福建乡试第五十八名，会试第一百九名。

桂诏，贯浙江宁波府慈溪县，民籍，国子生，治《诗经》。字世钦，行四十三，年三十四，十一月十三日生。曾祖宗儒，修撰。祖承学。父京。母赵氏。慈侍下。兄赞，盱眙县学训导。弟谐。娶叶氏，继娶胡氏。浙江乡试第四十二名，会试第七十九名。

朱鎏，贯广西桂林府阳朔县，民籍，国子生，治《书经》。字孔贵，行一，年二十九，十月二十一日生。曾祖怀吉。祖龙光。父声，惠州府经历。前母李氏，母谢氏。具庆下。弟璧、玺。娶周氏。广西乡试第五十名，会试第二百六十三名。

王缙，贯陕西西安后卫，官籍，国子生，治《诗经》。字维卿，行一，年三十，五月初三日生。曾祖祯，右都督。祖英，镇抚，赠指挥使。父旻，县丞。母吴氏，继母徐氏。具庆下。弟经。娶郭氏。陕西乡试第七名，会试第二百三十九名。

尹雄，贯直隶大名府濬县，民籍，国子生，治《诗经》。字文英，行一，年三十三，四月十四日生。曾祖仕贤。祖荣。父宾。母卢氏。慈侍下。弟杰、仁。娶张氏。顺天府乡试第七十一名，会试第二百四十三名。

鲍璋，贯山东青州府寿光县，灶籍，国子生，治《春秋》。字重器，行一，年三十八，八月二十八日生。曾祖友直。祖祥。父通。嫡母柳氏，生母范氏。慈侍下。弟璘、琨、瑜、珽、瓒、全。娶丁氏。山东乡试第四名，会试第一百三十四名。

何垕，贯江西建昌府新城县，民籍，县学生，治《易经》。字朝举，行三，年四十，三月初一日生。曾祖澄，礼科给事中。祖濆，左长史。父燹，贡士。母涂氏。永感下。兄玺、塃。娶江氏。江西乡试第七十四名，会试第一百十六名。

秦文，贯浙江台州府临海县，军籍，府学生，治《诗经》。字从简，行十，年二十九，十月十六日生。曾祖良玉。祖宗傅。父彦彬。母董氏，继母吴氏。具庆下。兄章、裕。弟礼、祺、祹、武。娶姚氏。浙江乡试第一名，会试第一百八十名。

焦泽，贯直隶广平府永年县，民籍，国子生，治《诗经》。字克济，行二，年三十，十一月二十三日生。曾祖钦，知县。祖迪，太原府经历。父祺，贡士。母郑氏。慈侍下。兄溥。弟渊、濬。娶李氏。顺天府乡试第一百二名，会试第一百三十八名。

房瀛，贯山东兖州府沂州费县，民籍，县学生，治《书经》。字登之，行一，年二十三，二月二十七日生。曾祖政，海宁典史。祖安。父鉴。母彭氏。重庆下。聘宋氏。山东乡试第六十四名，会试第一百九十名。

陈霖，贯浙江湖州府长兴县，民籍，国子生，治《诗经》。字时雨，行一，年四十二，七月初三日生。曾祖宗显。祖孟忠。父希道，下邳驿丞。母叶氏。慈侍下。弟靁、云、霓。娶孙氏，继娶杨氏、姚氏。浙江乡试第三十三名，会试第二百四十一名。

张琼，贯江西临江府新淦县，军籍，国子生，治《易经》。字国用，行一，年四十三，六月十九日生。曾祖仲显。祖绍良。父叔让。母傅氏。具庆下。娶赵氏。江西乡试第七十六名，会试第八十三名。

郑汝美，贯福建福州府闽县，民籍，国子生，治《春秋》。字希大，行一，年三十，十一月三十日生。曾祖铎。祖城。父天与。母周氏，继母林氏。具庆下。娶林氏。福建乡试第四名，会试第四十八名。

赵俊，贯四川成都府内江县，民籍，府学生，治《诗经》。字克用，行四，年二十七，五月初六日生。曾祖源。祖士奇。父达。母王氏。具庆下。兄仁、佐、价。弟俨、侃。娶徐氏。四川乡试第二名，会试第二百七十二名。

刘汝靖，贯陕西西安府华州渭南县，军籍，国子生，治《书经》。字安之，行二，年三十七，二月二十日生。曾祖仪，闽中县主簿。祖镐。父隆，济宁州知州。母任氏，继母史氏。具庆下。兄汝宁。娶王氏。陕西乡试第六十二名，会试第七十名。

李岳，贯直隶凤阳府五河县，民籍，国子生，治《礼记》。字维嵩，行二，年四十，正月十九日生。曾祖兴。祖通。父志。前母朱氏，母王氏。具庆下。兄山。弟嵩，医学典术。娶梁氏。应天府乡试第一百二十名，会试第二百五十八名。

姚鼎，贯陕西西安府咸宁县，匠籍，国子生，治《书经》。字重器，行一，年三十八，正月初二日生。曾祖从礼。祖永。父夔。母周氏，继母萧氏。慈侍下。弟鼐。娶刘氏。陕西乡试第三十九名，会试第一百三名。

欧阳介，贯江西吉安府安福县，军籍，国子生，治《春秋》。字勖辨，行十二，年三十五，四月初二日生。曾祖孟武。祖修己。父宁，含山知县。前母刘氏，母颜氏。永感下。兄勖重、勖远、勖坚。弟淑、定、宋。娶王氏。江西乡试第二十四名，会试第五十八名。

李濬，贯直隶凤阳府凤阳县，军籍，国子生，治《书经》。字文渊，行一，年四十，二月十二日生。曾祖通。祖诚。父玮，鹿邑县学教谕。母陈氏。慈侍下。弟溥、澍。娶张氏。应天府乡试第九十八名，会试第二十四名。

袁仕，贯湖广襄阳府枣阳县军籍，国子生，治《易经》。字良辅，行二，年二十九，八月十八日生。曾祖真。祖颙，赠同知。父盛，黎平知府。母冯氏，封宜人。具庆下。兄傅，贡士。弟俌，义官；伟；儒；伯。娶施氏。湖广乡试第十八名，会试第一百四十九名。

居达，贯顺天府大兴县，匠籍，府学生，治《易经》。字德亨，行二，年三十，九月二十日生。曾祖礼。祖子诚。父福。母黄氏。慈侍下。兄胜。弟荣。娶燕氏。顺天府乡试第一百十名，会试第一百三十名。

陈珀，贯福建兴化府莆田县，民籍，山东堂邑县学教谕，治《书经》。字珍之，行一，年三十二，十二月十二日生。曾祖乾初。祖孟敬。父顺元。母黄氏。严侍下。弟瑚、玛、瑠。娶郭氏。福建乡试第五十五名，会试第二百二十二名。

任文献，贯山东兖州府沂州郯城县，军籍，县学生，治《易经》。字国光，行一，年三十八，十一月十二日生。曾祖仲礼。祖贵。父福，听选官。母王氏，继母田氏。慈侍下。弟文会、文明、文质、文德、文思、聪、章。娶咸氏。山东乡试第八名，会试第二百四十七名。

汤佐，贯四川潼川州安岳县，民籍，国子生，治《礼记》。字时衡，行四，年二十八，十一月十八日生。曾祖希韶。祖瑀。父焕新。母程氏。重庆下。兄浩、辂、孜、相。弟辖。娶胡氏。四川乡试第九名，会试第一百九十一名。

李柞，贯江西广信府贵溪县，民籍，国子生，治《书经》。字光世，行三十八，年四十五，七月十三日生。曾祖献诚，赠主事。祖应庚，知府，赠中议大夫赞治尹。父直，保宁知府。母徐氏，封安人。永感下。兄福，贡士；禄；禛；祥，训术；祈；礽；裸，义官；机。娶夏氏。江西乡试第三名，会试第三十九名。

孙瑞，贯顺天府东安县，军籍，国子生，治《诗经》。字季祯，行一，年三十二，二月二十二日生。曾祖彦礼。祖升，府仓大使。父进，义官。母徐氏，继母吴氏。具庆下。兄琳，听选官；珍；璁。弟瑾、璋、玥、玠、珂。娶胡氏。顺天府乡试第八十一名，会试第一百七十八名。

廖汉，贯湖广武昌府蒲圻县，军籍，国子生，治《诗经》。字天章，行一，年四十一，六月十三日生。曾祖从信，景东卫经历。祖渊。父俊，汉州学正。母黄氏。具庆下。兄滋，听选官；海，义官。弟淓、洪、应、辰、温、滂、濂、瀚。娶江氏。湖广乡试第十四名，会试第八十九名。

徐永，贯河南开封府钧州，军籍，国子生，治《诗经》。字昌龄，行一，年二十八，七月十二日生。曾祖原贵。祖明善，知州。父中孚，义官。母娄氏，继母张氏。具庆下。弟亨。娶王氏。河南乡试第五十二名，会试第二百八十七名。

姚学礼，贯府军前卫籍，四川巴县人，儒士，治《易经》。字以立，行一，年三十四，闰十一月三十日生。曾祖文。祖常。父伯高。母舒氏。具庆下。娶万氏。顺天府乡试第一名，会试第一百二十一名。

刘裒，贯江西吉安府永新县，民籍，国子生，治《易经》。字廷延，行三，年三十，六月初四日生。曾祖晏成，赠右都御史。祖道麟，赠右都御史。父敷，都察院右都御史致仕。母周氏，赠夫人，生母彭氏。具庆下。兄廷命，百户；衷，监生。弟宸、褒、表。娶吴氏。江西乡试第十八名，会试第一百九十七名。

曹玺，贯山西太原府岢岚州岚县，军籍，国子生，治《诗经》。字廷玉，行一，年四十，十月十二日生。曾祖友贤。祖志。父琛。母陈氏。具庆下。娶刘氏。山西乡试第二十八名，会试第一百十名。

张彧，贯直隶真定府元氏县，民籍，国子生，治《春秋》。字文翰，行三，年三十，正月二十二日生，曾祖思义。祖钦。父绅。母何氏。慈侍下。兄通、彪。娶李氏。顺天府乡试第七十二名，会试第一百二十二名。

黄清，贯武功中卫匠籍，直隶昆山县人，国子生，治《诗经》。字源洁，行二，年三十五，七月二十九日生。曾祖用中。祖思聪。父琮。母胡氏。具庆下。兄澄。弟溥、流。娶岳氏。顺天府乡试第一百二十八名，会试第二百六十七名。

郑怀德，贯四川成都府崇庆州新津县，军籍，国子生，治《易经》。字端本，行一，年三十四，四月二十九日生。曾祖琦。祖子埙。父旸。母顾氏。具庆下。弟怀厚、怀仁、怀义。娶祝氏。四川乡试第十八名，会试第十七名。

杨志学，贯彭城卫籍，湖广长沙县人，儒士，治《易经》。字逊夫，行一，年二十七，十一月二十三日生。曾祖受。祖福胜。父春。前母刘氏、罗氏，母王氏。具庆下。娶王氏。顺天府乡试第十二名，会试第四十名。

吕佑，贯山东济南府德州德平县，民籍，国子生，治《书经》。字国弼，行三，年三十八，十月二十七日生。曾祖整。祖辂。父韶。嫡母丁氏，生母王氏。慈侍下。兄安；佐，监生。弟伟、何、修、佾、佩、仅。娶康氏。山东乡试第四十名，会试第二百十七名。

孙燧，贯浙江绍兴府余姚县，民籍，县学生，治《易经》。字德成，行八，年二十九，十一月初二日生。曾祖逊益，封监察御史。祖孟宏，遇例冠带。父新存，递运所大使。母李氏，具庆下。兄恩、勋、炤、煌、煓。弟明、炜。娶杨氏。浙江乡试第三名，会试第一百八十二名。

高文达，贯福建福州府闽县，匠籍，国子生，治《春秋》。字思德，行四，年三十九，正月二十九日生。曾祖才。祖磊。父升，贡士。母郑氏。严侍下。兄翔、翀、翊。弟文明。娶叶氏。福建乡试第三十五名，会试第二百一十名。

程杲，贯直隶徽州府祁门县，军籍，县学增广生，治《春秋》。字时昭，行三，年三十三，十月初七日生。曾祖景华。祖显，左长史。父泰，河南左布政使。前母汪氏，赠宜人，母胡氏，封宜人，继母项氏。永感下。兄昂，医学训科；旦。弟昌。娶汪氏。应天府乡试第三十六名，会试第一百九十九名。

吴焕，贯直隶淮安府山阳县，民籍，真定府平山县学教谕，治《礼记》。字文明，行一，年四十九，七月二十六日生。曾祖梦麟。祖惟德。父本大。母张氏。慈侍下。弟文昭。娶黄氏，继娶毕氏。应天府乡试第一百三十四名，会试第一百七十二名。

王用才，贯四川眉州彭山县，民籍，国子生，治《诗经》。字经济，行一，年三十四，十一月十六日生。曾祖仕通。祖子秀。父轮。母赵氏。慈侍下。弟用中。娶汤氏。四川乡试第四名，会试第二百十二名。

石碻，贯直隶真定府藁城县，民籍，国子生，治《易经》。字德坚，行一，年三十九，十月二十九日生。曾祖友忠。祖鼎。父瑛。母邓氏。慈侍下。娶高氏。顺天府乡试第六十名，会试第一百四十二名。

高台，贯浙江绍兴府山阴县，灶籍，县学生，治《书经》。字居贤，行十二，年三十六，四月十九日生。曾祖本中，桂林府同知。祖宗浙，义官。父贵瑰。前母黄氏，母沈氏。慈侍下。兄堂、室。弟空、塞。娶莫氏。浙江乡试第六名，会试第一百二十五名。

徐潭，贯浙江杭州府钱唐县，匠籍，县学生，治《诗经》。字汝容，行二，年三十五，三月初十日生。曾祖德润。祖文智，赠工部员外郎。父敏，广南府知府。母卢氏，封宜人。慈侍下。兄浩。弟洪，义官；河，义官。娶陈氏，继娶陈氏。浙江乡试第八十九名，会试第二百四十五名。

惠隆，贯武骧右卫籍，浙江仁和县人，儒士，治《易经》。字从道，行一，年二十五，正月十九日生。曾祖宗茂。祖谦。父达，百户。母陈氏，继母吴氏。慈侍下。弟鸾，聘江氏。顺天府乡试第一百二十一名，会试第九名。

黄清，贯江西建昌府南城县，民籍，国子生，治《书经》。字汝寅，行十，年二十九，三月十五日生。曾祖伯仲。祖集洪。父寿，贡士。母廖氏。具庆下。弟济。娶梅氏，继娶劳氏。江西乡试第三十五名，会试第十九名。

李哲，贯江西抚州府临川县，匠籍，国子生，治《诗经》。字希先，行十一，年三十八，九月初十日生。曾祖荣卿。祖文寿。父伯升，义官。前母杜氏，母艾氏。永感下。兄永刚、有刚、立刚。娶危氏。江西乡试第六十九名，会试第一百五名。

田嵩，贯福建泉州府晋江县，军籍，国子生，治《易经》。字景瞻，行二，年三十三，五月初四日生。曾祖惟冀。祖睃。父隆。母董氏。重庆下。兄峦。弟昆、嵩。娶吴氏。福建乡试第三十二名，会试第一百七十九名。

陈腆，贯福建泉州府晋江县，民籍，府学生，治《春秋》。字洪载，行一，年三十七，十二月初六日生。曾祖忠进。祖聚。父复阳。母庄氏。慈侍下。弟脈、腋。娶吴氏。福建乡试第十四名，会试第七十二名。

刘浙，贯山西辽州军籍，国子生，治《春秋》。字宗岱，行二，年二十九，十月二十九日生。曾祖深。祖纲。父谦，知县。母范氏。具庆下。兄淮。弟演、淦。娶赵氏。山西乡试第五名，会试第一百九十二名。

邹韶，贯直隶苏州府常熟县，军籍，县学生，治《诗经》。字性之，行一，年二十九，八月十四日生。曾祖以新。祖廷玉。父兰。母钱氏。具庆下。弟武。娶钱氏。应天府乡试第三十名，会试第一百二十九名。

王汝清，贯河南开封府中牟县，军籍，国子生，治《书经》。字廉甫，行一，年三十四，十一月二十二日生。曾祖鬻。祖翰，瑞安知县。父璿，义官。母张氏。永感下。弟汝洪。娶张氏。河南乡试第三十名，会试第二百二十五名。

李世亨，贯直隶保定府容城县，民籍，国子生，治《书经》。字时雍，行一，年三十九，八月二十九日生。曾祖素。祖敬，赠卫经历。父腾，遇例冠带。母陈氏，继母赵氏。具庆下。弟世卿、世相、世登、世显。娶王氏，继娶张氏。顺天府乡试第五十四名，会试第四十七名。

王震，贯直隶顺德府邢台县，民籍，国子生，治《诗经》。字威远，行四，年三十四，六月初四日生。曾祖景贤。祖叠，平度州同知。父整。前母吴氏，母张氏。具庆下。兄文、章、满。弟霓、霆。娶郝氏。顺天府乡试第二十七名，会试第二百九十名。

张敳，贯云南大理卫籍，浙江嘉兴县人，国子生，治《春秋》。字时学，行二，年二十七，七月初五日生。曾祖景福。祖僖，赠郎中。父正，建宁知府。母吕氏，封安人。具庆下。兄敏，贡士。弟彻。娶陆氏。云南乡试第四名，会试第三十七名。

《弘治六年进士登科录·策问》：

皇帝制曰：朕惟三代而下，论守成之君，必以汉文帝为首。史称其时，海内殷富，兴于礼义，断狱数百，几致刑措。朕尝慕之，不知文帝何修而能得此？考之当时，或赐民田租之半，或尽除之，殷富之效，盖出于此。然贡助彻之法，虽三代亦所常行，而况于汉乎？使除田租，则当时宗庙之祭祀，百官之俸给，四夷之征伐，皆不可已者，将何以给用度乎？仰惟皇祖肇造区夏，罔不臣服，百二十余年以来，生齿益繁，疆域益广，非前代所及。今岁郡县上版籍于户部，其数具存，可谓庶矣。休养生息之馀，宜其富而可教也。然闻闾巷田野之间，不免冻馁无聊之叹。且顷因水旱河决之患，尤多流移失业之人。安在其为富也？是以劝谕虽切，而循理者尚少，赦宥虽频，而犯法者愈甚。又安在其为可教也？夫衣食不足，则礼义不兴，而民轻犯乎刑辟，亦势之所必至者，其将何以处之？盖古之御天下者，既庶，必有富之之术。既富，必有教之之方。特患不能举行之耳。朕承祖宗鸿业，图惟治道，每有志于隆古帝王之盛，不但文帝而已。尔诸生抱道而来，将见于用，其于庶富教三者，先后本末，凡古人之成效，今日之急务，悉心以陈，朕将亲览焉。弘治六年三月十五日。

《弘治六年进士登科录·毛澄对策》：

臣对：臣闻有天下者思有以安天下，必思所以率天下。盖天下之民，固人君之所当安，而民之所以安，非人君以一身为天下先，不可也。故必在我者无所厉乎，民乃可以富。民于既庶之馀，又必在我者有足法于民，乃可以教民于既富之后。庶且富焉，则立之者固，而民无不获其所。富且教焉，则道之者至，而民罔或干于正。此古之帝王，所以跻一世于阜成，作百王之模范，而三代以下，若汉之文帝，其亦可谓庶几乎此焉者矣。钦惟皇帝陛下，抚盈成之运，当鼎盛之年，聪睿有临，得之天纵，日月所照，悉归版图，所谓能致之资，必致之势，盖兼而有之矣。如臣等一介草茅，未谙治体，迂疏之论，岂足以仰神德业之隆。而明命下临，天章焕烂，询及乎庶富教之事，真诚恳恻，曾无一毫自大自满之心。臣伏而读之，有以见陛下克让如唐尧，好生若虞舜，足以荷天眷之休，足以承祖业之重，足以为亿兆之君师而无慊也。三复敬叹之馀，敢不竭其愚衷，而对扬万一乎！臣惟天生斯民，立之司牧，而寄以三事，曰庶曰富曰教而已。庶而不富，则无以厚民生。富而不教，则无以正民德。斯诚治道之不可阙者。君人者于此有失得，而治效之隆替随之。故自昔守成之君，夏有启，商有高宗，周有成康，降是而下，则仅有汉文帝，诚如圣策之所云者。然较诸古之帝王，则其德之醇疵，治之大小，不能无所分辨，而圣心尝慕之者。所谓闻一善言，见一善行，沛然若决江河，而况善之在文帝，其可取者，尤非止于一端也。观其席高祖新造之基，启西京近古之治，家无不给，人无不足，而殷富之效臻。吏安其官，民乐其业，而醇厚之风作。兵革庶乎不试，刑辟几于弗用，所以然者，盖不惟其时为守令于郡县者，尚宽平而崇德化，亦以其修于身而后施诸天下，凡治本之所存，治具之所出，咸概得之。故其宫室苑囿，车骑服御，稍有不便，辄弛以利民。欲作露台，召匠计直，一闻百金之费，则惜而不为。衣则弋绨也，履则革舄也，集囊为帷也，编薄为席也，所幸夫人衣不曳地也，治霸陵皆瓦器，不得以金银铜铁为饰也。欲厚风俗，则止啬夫之拜，除诽谤之法。欲恤民隐，则今年议振贷，明年减田租。诏举贤良，而求直言之士。躬耕籍田，以先务本之民。时有献千里马者，辄下诏却而不受。陈武建征伐之议，则曰念不到此也。贾生陈改正朔、易服色、定官名之请，则曰未遑也。即此类而推之，则其时宗庙非无祭祀之礼也，百官非无俸给之需也，四夷非无征伐之费也，上有节俭之君，下无侈靡之习，储蓄于公私者，取之不穷，应办夫缓急者，度其可继。田租虽除，用度自给，无可疑者。不然，何贡助彻之法，虽三代亦所常行，而汉乃有蠲赋之年哉！我太祖高皇帝备自古帝王之德，膺上天历数之归，汛扫胡元，辑宁中夏，尺地莫非其有，一民莫非其臣。列圣相承，仁恩四洽，百二十馀年，生齿之繁，疆域之广，益加于前。汉唐方亨之际，晋宋未迁之先，莫盛于今者。仰惟陛下莅阼之初，广离照之明，奋乾纲之断，威福作于惟辟，政事修以及时，刑狱不颇而法吏无私，名器不滥而士风以正，罢无名之征敛，停不急之造作，革奢僭之陋习，放淫哇之邪声，利无不兴，弊无不去，盖于圣祖之良法，遵用之也无遗，而于圣祖之美意，奉承之也无间。是以万方之大，兆民之众，衣食足而欢然于仰事俯育之天，礼义兴而勃然于改过迁善之地，四序调于上，万物和于下，隽贤熙职，戎夷向风，此岂无自而然哉！良由陛下之所以富教斯民者，不徒崇富教之具，而又端一身以为富教之本故也。然天下之大，人君不能以独治，必有分其任者。迩年以来，为陛下分富民之任者，非无其人也。而求其催科弗急，加意于民情之休戚者，其人鲜矣。为陛下分教民之任者，非无其人也，而求其化导不倦，究心乎民俗之淳漓者，其人亦鲜矣。夫为陛下富民者，即非其人，则虽无水旱河决之患，而民之流移失业者，犹或有之，况复罹此患邪？然而何怪乎闾巷之间，不能无冻馁，田野之内，未免于无聊哉！夫为陛下教民者，既非其人，则虽无冻馁无聊之困，而民之作奸犯科者，犹或有之，况复值兹困邪？然则何怪乎劝谕切而循理者少，赦宥频而犯法者甚哉！盖饥寒切身，则行甘禽兽，利欲汩志，则命同蝼蚁。凡民之情，大（下缺）见于圣策之所先及者。臣既述其事论其理如此，窃窥圣策，至终篇见陛下远想古之帝王富天下有术，而教天下有方，思举行之以继其治功之盛，且于庶富教之三事，责臣等悉心以陈其详。臣之所欲言者，上之所陈已露恻怛，敢复申其说于清问之下，陛下幸无厌焉。盖古之御天下者，既庶，必思所以富之，而制田里，薄赋敛，则其富之之术也。既富，必思所以教之，而设学校，明礼义，则其教之之方也。富之之术，教之之方，布在方策，而后世之所以治不古若，岂独富之者无术，而教之者无方之过哉！顾为治不能无法，而用法不可无人。苟非有文武之君，文武之臣，决不能举文武之政。臣故僭言，今日之患，凡于陛下承富教之托者，宜任其咎，而又不量浅深，妄劝陛下以其责臣下者，反之以自责也。至若庶矣而富，富矣而教，此孔子所以告冉有者，见于《论语》，其说甚明。而孟轲劝齐梁之君行五者之政，亦不过欲其乘地辟民聚之势，而养以农桑，继以庠序，初无异于孔氏之说。然得道者多助，而政刑之效，终不若德礼之深，德教之行，必始于巨室之慕，亦孔孟之遗论也。故以先后言之，则庶先乎富，富先乎教，而君身尤其所先。以本末言之，则教本于富，富本于庶，而君身为本之大。身也者，万事之根柢，万化之权舆。古之圣贤，出处异时，穷达异地，未尝不慎重于斯，而治之汲汲也。故庶人微矣，为庶人者，且不可以不修身，而况履帝位之尊。一家近矣，正一家者，且不可以不修身，而况治天下之大。苟所求于人者重，而所以自任者轻，则君子病之。陛下以至俭崇养德之基，以至仁立修道之本，动静存诚，夙夜居敬，其于正身以为天下倡者，盖不可以有加矣。而臣所以效忠陛下者，于此犹谆谆焉，此固臣子望君无已之心也。臣不敢臆说，请举已然之迹征之。粤稽诸古，教民稼穑则稷为之，敬敷五教则契为之。夏之吁俊尊帝，商之敷求哲人，文王用五人而有夏修和，武王臣十人而万姓悦服。帝王之富教天下，不独恃乎己，而必资乎人，盖如此。然尧则俊德之克明，舜则重华之协帝，禹绝旨酒而拜昌言，汤跻圣敬以懋厥德，阐丕显之谟者柔恭保民，著丕承之烈者聪明作后，帝王之富教天下，不独资乎人，而必本诸身，又如此。我太祖高皇帝肇造鸿业，久享天位，所以立法贻谋，为亿万载无疆之休者，其尽善尽美，不异古帝王所以富教天下之道，而周密过之。陛下嗣守丕图，于兹六载，忧民肫切，降诏丁宁，治之所期，必欲追隆古帝王之盛，而不满乎汉文帝之为。大哉皇言！伟哉圣志！臣知陛下必能践斯言于无负，酬此志于不违，而有以弘莫大之业也。然不致力于本之所当先，而徒尽心于末之所可后，亦何由满陛下之愿哉！故今日之务，固多不可已者，而在陛下所安，则自修身之外，皆可缓议而徐图之。必也精择善利，勇决取舍，超然远览，深惟至计，信违拂之为恭，思敬戒之可乐，兢兢如尧，业业如舜，克艰如禹，待旦如汤，亦临亦保如文，不泄不忘如武，屏玩好而亲经史，远邪佞而迩端直，畏天之命，悉下之情，审时之宜，定国之是，凡圣祖之所以作于前而传于后者，讲求其意之宏深，推致其利之广博，志焉思继，事焉思述，率由旧章之诗，不忘乎心，鉴于成宪之书，常在乎目。操持把握，不一时而少纵，不一事而少差。如陛下莅阼之初，而愈益勤励，愈益俭约，愈益谦恭，则一念虑无非正心，一云为无非善道。将见推无不准，动无不化，公卿励其职于朝，守令励其职于郡县，四海之内，如风行草偃，莫不顺从。凡陛下之所忧于天下者，不治而自治矣。古人有言：遵先王之法而过者，未之有也。臣既以古人之成效，可以为法于后世者，略陈于前，又言尧舜之知而不遍物，急先务也。臣又以今日之急务，在于陛下之一身者，恳陈于后，惓惓愚衷，不外乎此，惟在陛下俯听而用之耳。盖人主开求言之路，必将有听言之实，人臣遇得言之秋，不可无献言之诚。昔之爱君者，其言若此，臣尝诵之以自警。今幸遇其秋于用言之朝，而不献其诚于听言之主，是负所志于平日也。故虽言无可采，不敢不尽。然睿览之下，倘以其得千虑之一，而不忍弃焉，则岂特愚臣之庆幸哉！臣干冒天威，无任战慄殒越之至。臣谨对。

《弘治六年进士登科录·徐穆对策》：

臣对：臣闻帝王之御天下，有为政之大要，有为政之大本。盖庶也富也教也，为政之大要也。心也者，为政之大本也。富民而不本诸心，则无以著其赒恤保爱之实。教民而不本诸心，则无以妙其转移感动之机。是为政不可不务大要，务大要不可不端大本。大本既端，则推之以富民，而民生以遂，不待家赐人益，自然田野相安，而无冻馁无聊之叹，比闾相保，而无流移失业之人。推之以教民，而民性以复，不待耳提面命，自然遵义遵路，而皇极之是归，兴仁兴让，而浇风之不作。孰谓存心于富民，而不臻其实效，存心于教民，而不收其成功也哉！是知为政之大要，不出于庶富教三者之外，而为政之大本，端在于人君一心无疑矣。此心此政之克尽，隆古之治所以极于全盛，此心此政之未纯，汉文之治所以仅为小康。然则今日欲追隆古帝王之盛，而陋汉文帝于不居者，庸有出于此心此政之外哉！恭惟皇帝陛下，膺天眷之隆，荷天责之重，巍巍荡荡，迈唐尧之峻德，战战栗栗，过周文之小心。诞育多方，于今六载，即位以来，躬耕籍田以劝农，已有志于富百姓矣。亲临大学以劝士，已有志于教百姓矣。是以农桑遍野而衣食自足于民间，弦诵成风而礼乐大行于天下。然犹体道谦冲，游心高远，民已富而犹以为未富，民已化而犹以为未化。乃于万机之暇，特进臣等于廷，降赐清问，首询以汉文帝守成殷富之效，中及方今天下未尽富未可教之弊，末复欲究庶富教三者先后本末之序，且欲求古人之成效，今日之急务。臣有以知陛下是心，即文王视民如伤、望道未见之盛心也。臣虽愚陋，敢不拜手稽首，以对扬休命于万一乎！臣闻惟天惠民，惟辟奉天，天不能自养乎民，必赖君以养。天不能自教乎民，必赖君以教。有君人之责者，皆当以教养为心也。庶矣而不富，富矣而不教，则于为政之大要有所亏，而为政之大本亦有所不能尽矣。君人之责，固如是乎！臣请征诸古，为陛下陈之。唐虞三代之世，风气既开，人物渐繁，尧舜禹汤文武数圣人者，任君师之责于上，施教养之政于下，播时百谷，六府孔修，五十而贡，七十而助，百亩而彻，故当时耕田凿井，含哺鼓腹，烝民乃粒，兆民允殖，其富之之效，可想见矣。慎徽五典，敬敷五教，夏学曰校，商学曰序，周学曰庠，故当时百姓昭明，治隆俗美，比屋可封，归其有极，其教之之效，可概举矣。自是而后，鲜有可称，汉之文帝，庶几乎此。躬修玄默，清静无为，移风易俗，与民休息，以故海内殷富，家给人足，户口滋殖，财货充溢。民既富矣，由是礼义之盛兴，风俗之丕变。自重犯法，浑乎平明之治，耻言人过，蔼然仁厚之风，亦庶乎其可教也。然究其所以，则以节俭教化为之本耳。观其敦朴是尚，浮靡不事，露台惜百金之费，端表于己者，一节俭也。帷帐无文绣之饰，作则于家者，一节俭也。鳏寡困穷之民，则议所以振之，水旱疾疫之灾，则思所以佐之。吴王不朝，赐以几杖，张武受赂，更加赏赐。文帝所以致殷富而兴礼义者，岂无所自哉！若以分田定制，则夏贡商助周彻之法，古今所常行也，宁独汉乎！若以除租为实惠，则宗庙百官四夷之费，用度有常经也，岂能免乎！向使文帝外施教养之政，内无教养之心，虽求索极于锱铢，而无常之赐，用如泥沙，征敛至于毫发，而不急之需，弃若土芥。化导虽明，而冥顽者自若，怀柔虽切，而武断者益骄。如武帝之海内虚耗，户口减半，法网严密，盗贼繁兴者，所必至矣，尚何殷富刑措之足言乎！此臣愚断断然以为，文帝殷富之效，礼义之兴，盖根本于节俭教化之所致也。洪惟我太祖高皇帝，天纵圣神，肇造区夏，薄海内外，罔不臣服。其富民也，画田连夫阡陌，而兼并有刑，游惰有禁，其教民也，设学遍于郡县，而立教有条，司教有官。列圣相承，益隆继述，是以天下之大，农力于耕，而无不富之虑，士力于学，而无难化之忧。迄今百二十馀年，生齿益繁，疆域益广，通都大邑，市井相望，遐陬穷裔，鸡犬相闻，隆古全盛之世，生民之庶，未有过于今日者也。然法久则人渐玩，世久则俗渐降，骄奢豪僭，相效成风。而我祖宗已富之民，日以残瘁，放僻邪侈，无所不至，而我祖宗已化之民，日以浇漓。际此极盛之时，固当不宜有此，是以不能不厪陛下慕汉文之守成也。然臣尝闻之，冉有曰：既庶矣，又何加焉。孔子曰：富之。方今天下之人，力本者少，逐末者多，勤身者少，游手者多。平居暇日，不浮费于道佛之奉，则虚糜于衣食之资。小夫婺人，所入不足以供其所出，富家巨室，所积不足以补其所需。是以顷因水旱，辄流移以他徙，继遭河决，复转盻而别居。闾阎之内，人不聊生，田野之间，坐而待毙，民之不富，诚有如圣问之所虑者。为今之计，莫若弘俭约之风，择抚字之职，严上下之分，定僭逾之罪，异端足以蠹民财者，则斥绝之，淫巧足以耗民财者，则痛革之。如是，则有财者不得以滥用，无财者不得以强用，庶乎民有馀财，而可富也。富民之政，虽出于上，然非有仁心以为之本，则亦徒为文具，而非真心实惠之形矣。臣愿陛下欲加意于民，先躬于己，一财之出纳，则曰恐无实而妄费，一物之赐予，则曰恐无功而滥赏。欲兴土木之功，恐有以伤民财，我则息之，欲信祷祠之事，恐有以竭民财，我则止之，将见富足之道，行于朝廷，达于天下。表正则影自直，源洁则流自清，斯民既庶，不期富而自富矣。臣又闻之，冉有曰：既富矣，又何加焉，孔子曰：教之。方今天下之人，有知者少，无知者多，从化者少，梗化者多。群居终日，不每逾夫大闲，则好行夫小慧。庶民小子，而行矣不著，习矣不察，经生学士，而择之不精，守之不固。是以劝谕虽曰谆切，而冥然罔觉，赦宥虽曰频数，而恬然无忌。漏法网者，生而幸免，干天宪者，死而无悔，民之不可教，诚有如圣问之所虑者。为今之计，莫若敦教化之原，重化导之职，用朴茂之士，抑浮薄之徒。积弊足以隳士气者，则振起之，污俗足以坏士风者，则更张之。如是，则无善者视法而有所劝，有善者感激而益加勉，庶乎民皆向善而可教也。教民之政，虽出于上，然非有仁心以为之本，则亦徒为美观，而非躬行心得之推矣。愿陛下欲鼓舞于民，先整饬于己。一人之进用，则曰此于公议，得有所协乎？一人之废黜，则曰此于人材，得有所妨乎？正人端士，国家之利器也，我则亲之。小夫恓人，生民之巨蠹也，我则远之，将见教导之宜，行于朝廷，达于天下。杯圆则水亦圆，盂方则水亦方，斯民既富，不强化而自化矣。夫耕桑不务，则衣食不足，衣食不足，则礼义不兴，礼义不兴，则教化不行，教化不行，则刑辟易犯。此相因之势，亦自然之理也。夫弊之生也，起于相因，则处之之道，亦必有相因者存焉。故欲民之不犯夫刑辟，必敦夫教化，欲敦夫教化，必尚夫礼义，欲尚夫礼义，必足夫衣食，欲足夫衣食，必务夫耕桑。诚如是，则无不可处之道，无不可救之弊，无不可富，无不可教之民矣，尚何足以劳圣虑哉！抑是相因之道，理易知，事易行，推原其本，特在圣心一运用间耳。臣请复征诸古，以毕其说。唐虞三代之君，存心于天下，加志于穷民。民之饥寒，则曰我饥寒之。民之有罪，则曰我陷之也。一馈而身至于十起，一沐而发至于三握。德及禽兽，化行蛮貊，尧舜禹汤文武教养之心，何如哉？向使既庶而不继以富之之术，既富而不继以教之之方，则阻饥者谁教以耕耨？艰食者谁教以佃渔？而富民之仁心，不于是而泯没邪？日用不知者，谁与开先？逸居无教者，谁与警悟？而教民之仁心，不于是而沦丧邪？唐虞三代之君，存心于富民，而民遂其生。存心于教民，而民复其性。其于为政之大乌有不举，而大本乌有不尽乎？成规定制，昭然具在，举而措之，则唐虞三代之治，复见于今日，区区汉文，曾何足云。仰惟陛下嗣守祖宗鸿业，图惟治道，欲追隆古帝王之盛，臣愚以为，欲追帝王之盛，不可不求帝王之政，欲求帝王之政，不可不求帝王之心。若夫汉文，于为政之大要虽举，而但安于小成，为政之大本虽尽，而未极其大用，又何必屑屑然以为陛下告哉！至于庶富教三者，先后本末之序，臣愚以为，既庶然后可富，不庶则居民鲜少，而财货有不能生。既富然后可教，不富则救死不赡，而礼义有不暇治。由是观之，则先后之次，自不可紊，本末之序，自不可乱。而其大本，又在陛下之一心而已。一心既存，则古人之成效可考，而知今日之急务，亦可次第而推行之矣。所谓急务，不过如臣所谓富民之计是已。不然，则财有限而用无穷，一人耕之，十人聚而食之，十日积之，一日糜而费之。欲民之富足也，难矣。《易》曰：节以制度，不伤财，不害民。此之谓也。亦不过如臣所谓教民之计是已。不然，则面虽从而心未革，一齐傅之，众楚从而咻之，一日暴之，十日从而寒之。欲民之率教也，难矣。语曰：君子之德风，小人之德草。草上之风必偃。此之谓也。今日之急务，孰有大于此者乎？臣于圣问已略陈如彼，而于篇终，复有献焉。夫心者难操而易舍，政者难举而易息，此心存则大本以立，洞然八荒，皆在我闼，四海万物，皆吾度内，而天下之政，无一不可为者。此心不存则大本以失，方寸之中，私为町畦，一膜之外，便为胡越，而天下之政，无一可为者。是心也者，万事之本，万化之原，所当操存省察，而不可须臾离者也。然出入无时，莫知其向，敛于一腔，人不得而知也，唯己独知之，游于千里，人不得而知也，唯己独知之。伏愿陛下加察于不睹不闻之处，致谨于内外宾主之辩，大廷此心，而深宫亦此心，大政此心，而细事亦此心。对近习无异于百辟环侍之时，待嫔御无异于万民仰观之顷。矜持有加，不进锐而退速，励精无已，不天飞而渊沦。诚如是，则操而不舍，收而不放，苑囿游观，不足以荒此心。沉湎逸欲，不足以荡此心。神仙祷祠，不足以惑此心。土木战争，不足以戕此心。而天下之大本，可谓端矣。由是以务天下之大要，则近而郊畿，远而郡国，极而至于遐方僻壤，无一人不遂其生，然后可以慰吾富民之心。不然，不但已也。贤而上智，庸而凡民，甚而至于下愚不肖，无一人不复其性，然后可以慰吾教民之心。不然，不但已也。以之求古人之成效，则成效以著，以之求今日之急务，则急务以得。将见天地以之而位，万物以之而育，隆古帝王，以之而匹休，祖宗列圣，以之而增光。圣心所在，其大效有如是邪？此臣所以不为新奇可喜之论以献陛下者，诚以天下之大本在此也。伏惟陛下少留意焉，则有是心，有是政矣。臣干冒天威，无任惶汗殒越之至。臣谨对。

《弘治六年进士登科录·罗钦顺对策》：

臣对：臣闻人君所以致天下之大治，而成天下之大化者，亦惟全天德以行乎王道而已。万邦咸宁，天下之大治也。黎民于变，天下之大化也。心正身修，德之纯乎天也。用贤立政，道之纯乎王也。致治成化而非道，则纲维不张，而精神徒弊，行道而非德，则奋迅未几，而委靡已形。故有志于帝王之治，不可不求其道，有志于帝王之道，不可不求其德。诚使方寸之天，不杂本原之地，惟清必能立经陈纪，用固丕基，翕受敷施，爰熙庶绩，以之富民，自有以遂其饱暖之愿，以之教民，自有以兴其礼义之风，治化浃于敷天，而声闻流于率土矣。二帝三王之所以卓冠百王者，以其全尽乎此也。汉文帝之所以几致刑措者，以其仅得乎此也。然则今日所以追隆古之盛，而陋文帝于不为者，道岂远乎哉？亦曰致乎天德之全，极乎王道之备耳。洪惟我太祖高皇帝，受天明命，奄有四海，修德行仁，以养以教，圣谟丕显，万世足征，承以五宗，益隆继述，生齿之繁，疆域之广，过前代远矣。钦惟皇帝陛下，以至圣之德，嗣大宝之位，恭勤不怠，仁厚有加，治化之成，盖已骎骎乎其日盛矣。然犹不自满假，乃于万几之暇，登进臣等于廷，咨以庶富教之道，俾陈其本末先后，与夫古人之成效，今日之急务。臣伏而读之，有以知陛下之养民，直欲如隆古之咸宁，教民直欲如隆古之于变而后已。此天下之幸，宗社之福也。臣虽愚陋，敢不罄所闻知，以对扬清问之万一乎？臣闻天生斯民，立之司牧，而寄以三事，曰庶曰富曰教是已。庶而不富，则民无以遂其生，富而不教，则民无以复其性。是以受天命以君天下者，必富之于既庶之馀，教之于既富之后，使民生咸遂，民性咸复，然后天人之望允塞，而君师之责无惭。制田里，薄税敛，所以富之也，立学校，明礼义，所以教之也。旁招俊乂，布列庶位，所以分任教养之责也。然人君一心，实万化之原，一身，实天下之本。惟夫心得其正，而私欲无所容，身得其修，而偏僻无所累，则善政之立，得以究其功，贤人之用，得以行其志。苟无其本，不免于内外之背驰，首尾之乖剌，而欲治化之成也，岂不难哉！故曰：徒善不足以为政，徒法不能以自行，此之谓也。陛下欲考成效于古人，臣请征诸唐虞三代以对，若汉文帝之事功，则非臣之所敢望于陛下者。彼其万邦咸宁，六府孔修，兆民允殖，四方和恒，唐虞三代之治，何如也？黎民于变，四方风动，厥师用爽，四海永清，唐虞三代之化，何如也？夫治不徒致，化不徒成，其富民也，则有井田之制，有贡助彻之法，而任其责者，又有若后稷以播百谷，有若伯益以奏艰食。思艰图易，责之于君牙，是富之有其道矣。其教民也，则有学校之设，有《诗》《书》礼乐之教，而任责者，又有若契以为司徒，有若禹以化诪说。敬典在德，责之于君陈，是教之有其道矣。然而俊德之克明，厥身之慎修，

1264

则王道之行于尧舜者，夫岂无其本乎？厥中之允执，大德之懋昭，明德之克慎，则王道之行于禹汤文武者，夫岂无其本乎？本于内者极其纯，行于外者极其至，故养民而民遂其生，教民而民复其性。耕田凿井于不识不知之天，遵义遵道于荡荡平平之域，此唐虞三代之治化，所以非后世之所能及也欤？自时厥后，鲜有可称。所以富民者，虽有代田限田之制，有口分世业之法，然求其效如古之咸宁，不可得矣。所以教民者，虽有临雍拜老之仪，有增广生员之举，然求其效如古之于变，不可得矣。所以然者，得非王道有所未备，天德有所未全乎？求其庶几焉者，仅汉之文帝一人而已。故观班史之所载，曰海内殷富，则庶几乎富民之效。曰兴于礼义，则庶几乎教民之效。所以断狱四百，几致刑措，而守成之美，仿佛成康。要其所以得此者，岂有他哉？盖躬行节俭，则有得乎天德之一端，减除田租，则有得乎王道之一节。故其治化之成就，亦有得乎唐虞三代之仿佛也。使其获闻大学之道，而致乎天德之全，能求大贤之用，而极乎王道之备，抑豪强之兼并，兴礼乐于久沦，则其所至，岂止于此而已哉！此臣于文帝之事，所以不欲屑屑为陛下道也。而陛下且疑其田租既除，则用度何给，臣又不敢不推其所以焉。盖当文帝之时，无冗滥之官，无坐食之卒，加以节用，固应沛然。况田租虽暂除，而园林山泽之赋固在。费出有经，何忧其不给乎？夫古人之成效，臣既毕陈于前矣。若夫今日之急务，臣虽不克详究，而圣问所及，亦不敢不少效其愚。陛下受六圣抚摩之民，当十纪亨嘉之运，锐情教养，动法祖宗，致令版籍所登，远过汉唐盛际。饱暖之愿遂矣，礼义之风兴矣。圣策下询，且犹虑其冻馁之不免，而流移之渐多，循理之尚少，而犯法之愈甚，推其必至之势，咨以善处之方，此固陛下视民如伤，深自抑畏之盛心也。然天下至大，生民至众，万有一焉，或有如陛下之所虑者，陛下必欲普遂群生，茂隆丕业，则所以处乎此者，诚不可不加之意焉。臣愚窃以为，斯民之轻犯刑辟，陛下既知其由于衣食之不足，礼义之不治矣。足其衣食，驱之礼义，刑其有不措哉？然则欲求所以处乎此者，亦惟尽心于富教焉耳。臣请以富民之道言之。国家田里之制，已有定矣，轻税敛，减徭役，则今日富民之所当急也。然欲税敛之轻，在于罢不急之务，杜无功之赏，汰疲惰之卒，裁溢额之官，省无名之费。欲徭役之减，在于息土木之工，却远方之贡，严驿传之给，谨泛使之差，重私役之罚，税敛轻而民财不匮，徭役减而民力不穷，始可以言富民矣。臣请以教民之道言之。国家学校之设，已有定矣。明伦理，重廉节，则今日教民之所当急也。然欲伦理之明，在于修三物之教，表孝弟之人，严尊卑之分，谨男妇之别。欲廉节之重，在于奖恬退之士，抑奔竞之徒，厚忠直之赏，严贪污之罚。伦理明而百姓以亲，廉节重而士风以美，始可以言教民矣。然立政用贤，王道所不可偏废者。政事虽善，而用非其人，亦终于无成。故富民又在于慎择守令，教民又在于慎择师儒。使为守令者皆如黄霸、卓茂其人，则税敛不患不轻，徭役不患不减。为师儒者皆如阳城、胡瑗其人，则伦理不患不明，廉节不患不重。而又择监司以察守令师儒之臧否，择宰相以权监司之黜陟，则王道之行也，有以极其至，而治化之盛也，将无以异于古矣。虽然，善政之所以立，贤才之所以用，非陛下心正身修，其可以为之本哉！盖表必端其影斯直，源必洁其流斯清。苟心有万一之不正，而身有万一之未修，则政事虽善，而一有以妨吾之欲，虽善未必行，贤才虽用，而一有拂吾之私，虽用未必人。此臣之论致治成化，所以断然以全天德为之本也。仰惟陛下日御经筵，缉熙圣学，其于正心修身之说，闻之熟矣。顾所以实用其功者，则臣来自疏远，有所不能与知，陛下必欲举行王道，富教斯民，舍此无以用其力矣。臣愚伏愿陛下亲君子，远小人，以为正心修身之助，崇敬畏，戒逸欲，谨言行，正威仪，以实用正心修身之功。不有其助，则心身固无正修之理，苟非实用数者之功，又何以为正修也哉！臣于数者，请得而条陈之，以为终篇献。臣闻之贾谊曰：习与正人居之，不能无正。犹生长于齐，不能不齐言也。习与不正人居之，不能无不正。犹生长于楚之地，不能不楚言也。夫所谓正人者，言依仁义，动由规矩，有忠爱之实，有匡救之诚。所谓不正人者，制行奸回，宅心颇僻，逢迎以为说，阿徇以为容。陛下试以臣之所言验之。平日之所与居者，果正人乎？果非正人乎？验其果正人也，则引而亲之，与之谋谟治道，讲论经史，使之因时启沃，随物箴规。如其非正，必斥而远之，使彼之邪媚无所投，而吾之聪明无所惑。如是则可以涵养气质，薰陶德性，进善之机难遏，肆情之事不形，心可得而正，身可得而修矣。若夫敬畏之存，则当操持于不睹不闻之时，而省察于己所独知之地。逸欲之戒，则当思夫伐性丧生之可惧，而念夫持盈守成之惟艰。言行之谨，则当使加乎民者靡尤，而见乎远者无悔。威仪之正，则当肃肃于视朝之顷，雍雍于燕闲之时。夫如是，则内外交养，动静不违，极中正和乐之全，无偏倚驳杂之弊，心无不正，而身无不修矣。陛下心诚正，身诚修，则天德纯全，本源澄澈。由是所行者无非善政，不以其妨吾之欲而不行。所用者无非贤人，不以其拂吾之私而不用。政事以经之，贤才以纪之，将见九功惟叙，而礼义聿兴，五典克从，而刑辟斯措，大治以致，大化以成。由是功光祖宗，由是业垂后裔，足以继帝王之盛于隆古，足以陋文帝之小于下风。万世而下，称守成令主，岂能舍陛下而他适哉？盖全天德以行王道者，本之所当先，致治化以绍隆古者，末之所宜后。伏惟陛下毋急其末而缓其本，毋重其所宜后而轻其所当先。深惟至计，永福苍生，天下幸甚。臣不胜惓惓效忠之诚，亦知愚陋无所裨益，然刍荛之言，圣人择焉。伏惟万几之暇，少垂睿览，苟有可采，俯赐施行。臣不胜大愿，不胜大幸！干冒天威，伏增惶悚。臣谨对。

令本次会试所取副榜举人，凡在监五年以下，并未入监及新科年岁相应者，俱就教职。教职署职九年考满者及署职六年有举人者许会试。《明孝宗实录》卷七十三：弘治六年三月癸酉，"礼部奏：'今次会试所取副榜举人，凡在监五年以下、并未入监及新科年岁相应者，俱令就教职，不许告免。仍遵天顺八年诏例，署职九年考满者，方许再会试一次。'从之。仍命署职六年以上有举人者，亦许会试。时副榜举人多不愿就教职者，故礼部奏严其限"。举人教官署职六年有举人者方许会试之例，为成化二十三年所定。

四月

兵科给事中涂旦请循祖宗旧制抡选庶吉士。从之。《馆阁漫录》卷七《弘治六年》：

"四月乙未朔。丁酉，命大学士徐溥暂免早朝，仍日赴内阁治事，以溥自陈有疾也。兵科给事中涂旦言：'永乐甲申间，命学士解缙选进士曾棨等二十九人，俱读书文渊阁，自后相承，遂为故事。我朝人才之盛，多由于此。乞循祖宗旧制，合今礼部以所取进士抡选之，改为庶吉士，入翰林读书。抡选之法，在精采择以抑其滥进，严考试以探其心术，限年岁以责其进学。'礼部覆奏，谓选择教养之法，累朝已有成规，惟在敕内阁大臣，参酌历科事例举行耳。从之。甲辰，大学士徐溥等言：'比给事中涂旦建议，欲选新进士改庶吉士，入翰林读书。惟庶吉士之选，自永乐二十年以来，或间科一选，或连科累选，或数科不选，或合三科同选，初无定限。每科选用，或内阁自选，或礼部选送，或会吏部同选，或限年岁，或拘地方，或采誉望，或就廷试卷中查取，或别出题考试，亦无定制。自古帝王，皆以文章关乎气运，而储才于馆阁以教养之。本朝所以储养之者，自及第进士之外，止有庶吉士一途。凡华国之文，与辅世之佐，咸有赖于斯。然而或选或否，则有才未必皆选，而所选者又未必皆才，若更拘于地方年岁，则是已成之才，或弃而不用，而所教者或未必皆有成。请自今以后，立为定制，一次开科，一次选用，待新进士分拨各衙门办事之后，俾其中有志学古者，各录其平日所作文字，如论策诗赋序记之类，限十五篇以上，于一月之内，赴礼部呈献。礼部阅试讫，编号封送翰林考订，其中词藻文理有可取者，按号行取。本部仍将各人试卷记号糊名封送，照例于东阁前出题考试，其所试之卷与所投之文相称，即收以预选。若其词意钩棘而诡僻者，不在取列。中间有年二十五以下，果有过人资质，虽无宿构文字，能于此一月之间有新作五篇以上，亦许投试。若果笔路颇通，其学可进，亦在备选之数。每科不必多选，所选不过二十人；每选不必多留，所留不过三五辈。如此，则所选者多是已成之才，有所论撰，便堪供事，将来成就，必有足赖者。如是则预列者无徇私之弊，不预者息造言之谤。臣等皆出自此途，引进后贤，储之馆阁，以报国厚恩，乃其职也。'疏入，上纳之，命今后内阁仍同吏、礼二部考选。"

五月

本年新中进士，甲第在前者量留三分之一办事候选，馀皆如旧例放回依亲。《明孝宗实录》卷七十五："弘治六年五月壬辰，户部尚书叶淇等应诏陈三事：……三、存省京储。谓今岁新中进士，乞敕吏部将甲第在前者量留三分之一办事候选，馀皆如旧例放回依亲，既可存省粮储，且便其归省。上曰：'所言有理，俱准行。'"

辛未，升翰林编修马廷用为本院侍读，以九年秩满也。癸未，太常卿兼翰林侍读学士傅瀚省祭复任。(据《馆阁漫录》卷七《弘治六年》)

闰五月

翰林院官升转。丁酉，翰林院修撰李旻丁忧服阕，复除原职。丙午，升翰林修撰王华为右春坊右谕德，以九年秩满也。辛卯，升礼部左侍郎倪岳为尚书，太常卿兼侍读学士傅翰为礼部右侍郎。（据《馆阁漫录》卷七《弘治六年》）

平江伯陈锐奏请两京武学铨选儒官教养武职子弟。从之。《明孝宗实录》卷七十六：弘治六年闰五月，"戊午，平江伯陈锐陈五事……一谓两京武学铨选儒官教养武职子弟。比来生徒庸劣，盖由师道不尊、学规废弛所致。臣等间尝考试诸生，有入学三五年，《武经七书》尚不能讲解记诵者，甚至有经年不肯肄业者。况原选六百人，今止二百馀人。乞命兵部会同各营总兵官拣选，不堪者送营差操，将各营见操幼官应袭舍人内拣选，资质可教者送学，务足原数。兵部该司官每十日一员下学稽考所读经书课程勤惰，量为惩治。仍令吏部遇有教官员缺，务选老成者除授，果能教导有方，宜录其功迹擢用，否则降黜。其大臣下学考试亦须每月一次。以后武举之时，先策略而后骑射，若学识无可取者已之。南京武学亦照此例。……下兵部覆奏。从之"。

罢免吏部尚书王恕。《明鉴纲目》卷五："纲：闰五月，吏部尚书王恕罢。目：邱浚与恕不相能，恕考察天下庶官，已黜而浚调旨留之者，九十馀人，恕屡争不能得，因力求罢，不许。太医院判刘文泰者，求迁官，为恕阻，衔之。文泰故往来浚家，知浚忮恕，因劝恕变乱选法，且言恕里居时属人作传，镂版行之，历数先帝之失，无人臣礼。恕知文泰受旨于浚，乃奏辨，乞赐廷鞫。于是下文泰锦衣狱讯状，词果连浚，（文泰疏中，有云沽直谤君，浚笔也。）浚亦疏辨。帝心不悦恕，乃贬文泰御医，责恕沽名，令焚所镂版，置浚不问。恕遂连章求去，听驰驿归。（恕扬历中外，五十馀年，天下称名臣，必首推恕，浚顾尼之，由是众论大不直浚。）"

太常寺少卿兼翰林侍讲学士李东阳上封事，俱引《孟子》，以近事证之。章下所司。（据《国榷》卷四十二）

六月

选进士顾清、赵士贤等二十人为庶吉士。命傅瀚、李东阳教之。《明孝宗实录》卷七十七：弘治六年六月，"癸酉，选进士顾清、赵士贤、萧柯、沈焘、曹琼、吴一鹏、杨升、曹镤、汪俊、周玉、黄澜、胡爟、王缜、任良弼、吴莽、许天锡、薛格、陈玉、陈阳、王崇文二十人为翰林院庶吉士，命太常寺卿兼翰林院侍读学士傅瀚、太常寺少卿兼翰林院侍讲学士李东阳教之。给酒食器具如例"。《殿阁词林记》卷十《公署》："庶吉士在外公署教习，始自正统初年。内阁奏请学士等官二员教习本院，仍行户部给灯油钱，兵部拨皂隶，刑部给纸札，工部拨房屋，顺天府给笔墨，光禄给酒饭。内阁按月考试，俟有成效，送吏部铨注本院并各衙门职事。自是庶吉士教习，与文华堂、文渊阁时旧规不同，其所拨给，循故事耳。今宜依祖宗时入禁中，侍燕闲，承顾问。上以储材蓄德为教，则下亦必涵养进修自励，不惟人才造就，而君德赞辅，有攸赖焉。若不得已就外教习，领其事者，宜奏请专使校雠中秘书，日令有所撰述。暇则演习经筵讲章，日夕与讨论古今，商确经史同异得失，且究竟名理，归诸身心，以行谊相砥砺，务得其实，以为国家用。若其学业高下，宜默成之。其或求见邀名，则斥而退之，勿收匪人，以招物议，则非惟育材有成效，抑亦光昭祖训也。苟舍大纲，先末艺，以诗文记诵为学，而道德政事则忽弃焉。授受之际，既近于学究，而乃设会簿，稽勤惰，虽严声厉色以督责之，亦浅之乎其待士矣。正统以来，在公署读书者，大都从事词章，内阁按月考试，则诗文各一篇，第其高下，具揭帖开列名氏，发本院以为去留地，致使卑陋者多至奔竞，有志者甚或谢病而去，不能去者多称病不往。将近三年，则纷然计议邀求解馆，最可笑也。弘治癸丑，学士李东阳、程敏政教庶吉士，至院阅会簿，悉注病假而去，乃赋一绝云：'回廊寂寂锁斋居，白日都消病历馀。窃食大官无寸补，绿阴亭上勘医书。'其流弊一至于此。又闻之前辈云：天顺甲申庶吉士，次年相率入内阁解馆，大学士李贤谓曰：'贤辈教养未久，奈何遽欲入仕？'有计礼者抗声对曰：'今日比永乐时何等教养，且老先生从何处教养来？'贤稍责之，即曰：'吾辈教习，虽例该三年，已烧却一年矣。'谓癸未春闱灾故也。贤怒甚。明日，请旨各授职，罚礼观政刑部。又数月，授南京刑部主事。礼之言虽近不恭，然不可谓无稽者。观此，则教法不克复旧久矣。"《弇山堂别集》卷八十二："癸丑，命太常少卿兼翰林院侍讲学士李东阳、詹事府少詹事兼翰林院侍读学士陆简为考试官，取中汪俊等。廷试，赐毛澄、徐穆、罗钦顺及第。逾月，改进士顾清、赵士贤、萧柯、沈焘、曾琼、吴一鹏、杨升、曹璜、汪俊、周玉、黄澜、胡爟、王缜、任良弼、吴莽、许天锡、薛格、陈玉、陈阳、王崇文为庶吉士。是岁始令先投诗文，礼部择可取者送考。命太常卿兼侍读学士傅瀚、太常少卿兼侍读学士李东阳教习。"查继佐《罪惟录》志卷十八《科举志》："（弘治）六年癸丑，试贡士，得汪俊等三百人，赐毛澄、徐穆、罗钦顺等及第、出身有差。澄后为名臣。是科以前，凡选庶吉士，必预呈窗课于内阁，略仿宋制科例，谓之投献。是后恐徇私，不许。明年，始命《小录》中考试等官，不许称张公、李公。乙卯，有贤书代人乡闱及试礼部得隽，清议大作。是后，定例每学首验视其案中，入场毕，然后入。"皇甫庸《近峰记略》："宋制科，先命从官各举平日所为文五十篇于学士院，中选而复召试。弘治癸丑以前，凡选庶吉士，必先期呈所为文于内阁，谓之'投献'，殆亦宋制科之意。后讳其名，废不用。"

费闿（1436—1493）卒。《馆阁漫录》卷七《弘治六年》："六月癸亥朔。乙丑，礼部右侍郎费闿卒。闿字廷言，号补庵，镇江丹徒人。成化五年礼部会试第一，进士，选庶吉士，授编修。同考礼部，与经筵，升国子监司业，秩满，升春坊左谕德，仍管司业事。未几，升祭酒。弘治元年，孝庙初开经筵，充讲官。车驾视学，赐坐讲彝伦堂。及直日讲，遂改少詹事兼侍读。同修《宪庙实录》成，进詹事兼侍读学士。再越月，擢礼部右侍郎。病满三月，例停俸，诏特不允。至是卒，年五十八。上遣官谕祭，命有司为营葬事。"

礼部左侍郎倪岳为尚书太常寺卿兼翰林院侍读学士。傅瀚为礼部右侍郎。（据《国榷》卷四十二）

七月

　　升南京礼部右侍郎徐琼为礼部左侍郎，王质、文瑞等交章劾奏。《馆阁漫录》卷七《弘治六年》："七月癸巳朔。甲寅，大学士丘浚乞休致。上曰：'卿宜尽心职务，毋以人言，辄自求退，所辞不允。'戊午，升南京〔礼部〕右侍郎徐琼为礼部左侍郎。庚申，礼部左侍郎徐琼之升也，有外戚之助焉。于是吏科都给事中王质、山东道御史文瑞等交章劾奏，谓琼夤缘升职，奔竞无耻，乞罢黜以示戒。上曰：'吏部尝拟琼升尚书，汝等默无一言。今升左侍郎，却乃举奏，本当究问，姑记之。'壬戌，大学士丘浚再乞致仕，上曰：'卿文学老成，近已有旨勉留，有疾宜善调理，不允休致。'"

　　顺天府府尹黄杰奏乞收考在学食粮四十五岁以上生员，中试者送监读书。不允行。《明孝宗实录》卷七十八：弘治六年七月，"壬寅，顺天府府尹黄杰奏乞将天下在学食粮四十五岁以上生员查送赴部，照正统十二年及天顺六年例收考，中试者送监读书，不中者发充吏。礼部覆议，以为四十以上生员，自正统十二年奏准考送入监，时法度严密，冒滥者少。至天顺六年考送一次，中间年方二三十岁，辄自己诈冒而来，以致入监生员多至一二万人，至今仕途壅塞。后固边备救荒，又开纳马、纳粟、纳银等例，进监者不下万人，以致选法日壅。今黄杰又欲奏开前例，复启幸门，惟知曲循人情，不计有乖治理，所言窒碍，难以准行。上以为然，事遂寝"。

八月

　　授改诸进士、教谕职。进士王钺、路麟、李师儒、何洽、杨铎、刘溥、翟敬、徐浤、谭溥、王序为翰林检讨，教谕侯相、赵珩、蔡材、张夔、杨敬、钮天锡、刘济、李文泰、赵通、吴叔和为待诏，各直寿王、汝王、泾王、荣王。（据《国榷》卷四十二）

　　丙寅，升都察院右都御史白昂为刑部尚书，吏部右侍郎周经为本部左侍郎，詹事府少詹事兼侍讲学士吴宽为吏部右侍郎。戊寅，翰林检讨石珤病痊至京，复除原职。（据《馆阁漫录》卷七《弘治六年》）

　　刑部尚书彭韶致仕。《明鉴纲目》卷五："纲：秋八月，刑部尚书彭韶罢。目：韶昌言正色，与王恕、何乔新称三老，然每为贵戚近臣所疾，故致仕去。"

九月

　　复以辽东苑马寺卿李温为太仆寺卿。先是，监察御史主嵩等劾奏温及学士程敏政等，敏政致仕，温调外任。敏政后以锦衣卫千户叶通奏雪，得复职。温考满至京，因援例以请，吏科参驳温贪冒陈乞，吏部据以覆奏。上特命复原职。（据《馆阁漫录》卷七《弘治六年》）

升太常少卿兼侍讲学士董越为南京礼部右侍郎。（据《馆阁漫录》卷七《弘治六年》）

十月

以国子监南方纳粟监生量改南监，以备差用。《明孝宗实录》卷八十一：弘治六年十月，"癸未，南京国子监祭酒罗璟，以坐班监生数少，不足差拨，乞行取各处依亲服满监生，并留今岁新贡及举人之入监者，俱免依亲。礼部覆奏，如其请，且以国子监南方纳粟监生量改南监，以备差。从之"。

丙戌，命故少詹事兼翰林学士柯潜之子宗文送中书舍人习字出身，以潜尝侍宪庙讲读也。戊子，升左春坊左谕德曾彦为南京侍读学士，仍支正五品俸。（据《馆阁漫录》卷七《弘治六年》）

十一月

刘吉（1427—1493）卒。《馆阁漫录》卷七《弘治六年》："十一月壬辰朔。丁未，致仕少师兼太子太师、吏部尚书、华盖殿大学士刘吉卒。吉字佑之，直隶博野县人。正统十三年进士，改庶吉士，授编修。景泰年充经筵官，预修《寰宇通志》，升修撰。天顺年侍宪庙于春坊讲读，预修《大明一统志》，丁内艰，起复。成化年升侍读，《英庙实录》成，升侍讲学士兼经筵讲官。寻升礼部右侍郎，转左。五年，命兼学士，入内阁参预机务。十三年，升本部尚书。十四年，加太子少保、文渊阁大学士。十八年，以外艰去位，诏起复之。修《文华大训》成，进太子太保、武英殿大学士。十九年，给一品诰命，追赠三代。二十年，升户部尚书兼谨身殿大学士。弘治改元，升少傅兼太子太师、吏部尚书，知经筵事。修《宪庙实录》，充总裁官。四年，《实录》成，加少师、华盖殿大学士。一品秩满，加特进，兼支大学士俸，并赐敕谕金币羊酒以宠异之。五年，乞致仕，久之乃许，仍遣中官就其第赐白金宝钞金织袭衣，及命有司月给米五石，岁拨夫八名应用，赐敕给驿以归。逾年卒。讣闻，辍视朝一日，赠太师，谥文穆，命有司营葬。自闻丧至掩圹，遣中官谕祭者三，遣有司谕祭者十。吉性沉毅，喜怒不形于色，遇事能断，在内阁最久。上始即位，尤委任之，恩遇最盛。凡改纪政事，进退人才，言率见听，隐然有内相之重。然所与厚者，多谗谄面谀之人，致不能自闻其过。廷臣有不悦者，或使言官劾去之，故议者谓其乏休休之量，而其后圣眷亦渐散云。"

十二月

进士王宸、李禄、张良弼、吴仕伟、于瑁、东思恭、蔚春、李举、张文、方矩为给事中。（据《国榷》卷四十二）

本年

定武举六岁一行，先策略，后弓马。策不中者，不许骑射。（据《明史·选举志》）万历《大明会典》卷一百三十五《兵部》十八《武举》："弘治六年定：武举试策二道，文理优、韬略熟，及射中式者，升二级。文不甚优，射虽偶中，止升一级。虽善行文，射不中式，及射虽合式，策不佳者，俱暂黜以候再试。中者送团营，或分送各边，俱赞画，或把总，或守备城堡，免令管队。以后每六年九月一次考试，军卫有司，果有才堪应举者，听于应试之期，礼送赴部。考退生员，并曾经问断、行止有亏者，不许。凡再试不中者，发回原籍，供本等职役。后又令，先策略，后弓马，如策不佳，即不许骑射，或答策虽佳，不能骑射者，亦黜。后又令，中式举人，添支月米，遇升用之日，即与住支。"按，与天顺八年所定武举条例略有不同。

马汝骥（1493—1543）生。据王维桢《赠礼部尚书谥文简西玄先生行状》。字仲房，绥德人，正德丁丑进士，改庶吉士。以谏南巡，廷杖，出为泽州知州。世宗立，召还，授编修。官至礼部右侍郎，谥文简。事迹附见《明史》舒芬传。有《西玄诗集》一卷。

徐献忠（1493—1569）生。据《弇州四部稿·文林郎知奉化县事贞宪徐先生墓志铭》。字伯臣，松江华亭人。嘉靖乙酉举人，知奉化县，及卒，友人私谥曰贞宪先生。《明史》文苑传附见文征明传中。有《六朝声偶集》七卷、《乐府原》十五卷、《长谷集》十五卷。按，明刻本《国朝献征录》录王世贞所撰墓志铭，以卒年"隆庆己巳"误为"嘉靖己巳"。

明孝宗弘治七年甲寅（公元1494年）

二月

进士陈鏻、李允、张显、武皋、王选、刘兰、郭珤为翰林检讨，直诸王。（据《国榷》卷四十二）

三月

故刑科给事中林霄使暹罗，卒其国。录子菲入太学。（据《国榷》卷四十二）

四月

命如例考选各学生员。《明孝宗实录》卷八十七：弘治七年四月辛酉，"礼部覆奏办事官郑善桓所陈严学校一事，谓天下学校生员额外滥收者多，然科贡各有定额，往往淹滞衰老，及登仕途，遂至昏耄。若不严加考选，未免贤愚同滞。请令各处提学等官，通将各学生员考选，存其年貌问学堪中者，否者黜之。若考官偏听徇情，听巡按御史劾治。仍将去留名数同明年科举册缴部，以凭稽考。各年岁贡生公文内，亦须备开经某官选留之数。若仍有衰老及鄙猥残疾并内府考试不中者，即将原考选官名移文吏部，不与推升，任满不许加级，以此薄示劝惩。自后悉遵旧例，三年一行。凡遇廪膳有缺，须于增广内选补，若无可选，宁缺以待，不许将别学增广调补，以启奔竞之风。奏人，上从其议，命行天下，如例考选，必严必公，毋得视为常事"。

致仕右春坊右庶子兼翰林院侍讲王臣复职。录致仕南京太常寺少卿牛纶子牛让于中书舍人习字出身。《馆阁漫录》卷七《弘治七年》："四月己未朔。壬戌，致仕右春坊右庶子兼翰林院侍讲王臣奏：'往年尝效劳讲读，后为御史魏璋诬陷，与少詹事程敏政同致仕。今敏政已起用，惟臣尚负冤抑，乞赐辨雪。'吏部覆奏，上曰：'王臣既与程敏政事体相同，准复原职。'壬申，致仕南京太常寺少卿牛纶自陈尝侍宪庙于青宫讲读，乞比少詹事柯潜及司马恂事例，录其子让于中书舍人习字出身。许之。"

五月

调右春坊右庶子兼侍讲王臣为南京工部郎中，给事中周旋劾其前事也。（据《馆阁漫录》卷七《弘治七年》）

仍遵旧例，限定两京乡试入场人数"止许二千三百有余"。《明孝宗实录》卷八十八：弘治七年五月戊戌，"钦天监天文生闻显言五事：'……一、公考试。两京应试生儒人等，旧例止许二千三百有余，司小试者拘此，一县或所取多不过七八人，少不过一二人，乞不拘以名数，但文理平通者取之入试，则人才无所遗。'下礼部议，以为：……各处乡试因先年入场人众，难于供给，俱有奏准定数，遵行已久。若不拘额数，恐一时任意增添，侥幸愈多，徒为纷扰。上是其议"。

六月

陆粲（1494—1552）生。据《国朝献征录》卷八十黄佐《贞山先生给事中陆公粲墓表》："脩然而逝，辛亥十二月二十五日也，距其生弘治甲寅六月二十六日，春秋五十有八。"字子余，一字浚明，人称贞山先生，长洲人。嘉靖丙戌进士，选庶吉士，改授工科给事中，坐劾张、桂，谪都匀驿丞，迁永新知县。有《陆子余集》。王世贞《前工科给事中赠太常寺少卿贞山陆公墓碑》："公故家陈湖，而时时读书贞山中，学者尊称之曰贞山先生。当陆之盛，几倾邑而族。父少保完者，故立大功，领太宰大司马，重于天下。公守诸生，绝不附依之。及少保败，而独公皭然，乃自以经术艺文为少傅王文恪公所知赏，曰：'是子也，成将掩我。'因出其所撰著，属公核之，间有所异同，辄志于后，曰'陆秀才谓我当'云云。文恪公之卒，而公尚未离诸生也，公亦不以此自名。而其举于应天，再举会试，皆以《春秋》冠。"

七月

翰林院侍讲张濬丁忧服阕，复除原职。（据《馆阁漫录》卷七《弘治七年》）

礼部覆奏兵科给事中周旋陈言事。请令公侯伯之子应袭者，年至十五，俱令入国子监读书习礼。保举教读，须于奏内开称子弟几人，吏部仍严加考试，年三十以上，不系纨绔子弟，方与保勘收充。三年授职，至九年考满，有功无过，方得升除，否则革职为民。从之。（据《明孝宗实录》卷九十）

陆容卒，年五十九。《国榷》卷四十二："（弘治七年七月）甲寅，前浙江右参政陆容卒。容昆山人，成化丙戌进士。授南京吏部主事，转兵部员外郎郎中。出参藩，耿介不苟。以谗去官。年五十九。"《家藏集》卷七十六《明故大中大夫浙江等处承宣布政使司右参政陆公墓碑铭》："弘治七年七月戊申（二十二日），浙江右参政致仕陆公以疾卒于家。……政事之余，手不释卷。见于著述，率明切平实。为诗文凡若干卷，外记录诸书又若干卷。"《篁墩文集》卷五十《参政陆公传》："所著诗文曰《式斋稿》《浙藩稿》《归田稿》。奏议在朝曰《式斋笔记》，在浙曰《封事录》。记事之书曰《菽园杂记》《式斋迩察》《太仓志》。别有《兵署录》《水利集》《问官录》，总若干卷。"

八月

李东阳擢礼部侍郎，专典诰敕。《明孝宗实录》卷九十一"弘治七年八月己巳（十三日）"：内阁大学士徐溥等奏，"正统年间，王直系侍郎兼学士，职事专管内阁诰敕。今惟太常寺少卿兼翰林院侍讲学士李东阳，文学优赡，兼且历任年深，乞量升一职，令在内阁专管诰敕。庶委任专一，事不稽误。得旨：'李东阳升礼部右侍郎兼翰林院侍读学士，专管诰敕'"。《殿阁词林记》卷十三《制诰》："翰林职代王言，唐以应奉文字待诏北门，与中书舍人分掌制敕、谕诰两制。宋始有知制诰之名，然初入院者，旋即得迁。其后试博学宏辞科者，始获任用，然属之中书。国朝两制悉归本院，非鸿儒历显秩者不得掌，而以中书主誊写。吴元年十二月乙丑，上命开读诏敕，翰林院官承制草诏，及文武官除授，合用诰命敕命，皆即日撰写，故学士陶安、宋濂辈皆曰（知）制诰。于时封拜无虚日，安等尝拟撰诰命千余首以待，而犹不足，乃使诸儒士在馆者分局代为之。其后定一考封赠之制，初除授所领诰敕皆革去，于是其务稍省矣。永乐初，内阁七人，掌内外两制。杨荣、金幼孜诸人自署职衔，亦曰知制诰，用洪武时故事也。仁宗始命内阁专典内制，而择学士一人专管文官诰敕。正统以后罢之，文官诰敕皆属内阁，如永乐时。弘治七年，复设以学士年深或尚书、侍郎兼者为之，亦得以知制诰自署，两制遂稍分矣。按宋两制，曰册文、表本、青词、密词、祝文、斋文、诏书、批答、口宣，内制也；曰皇后、皇妃追封先代，皇女、皇族册封进封，文武百官迁擢、致仕、加恩等诰敕，外制也。若国朝内制，则制敕、诏旨、诰命、册表、宝文、郊祀祭文、享庙祭文、皇太后受册宝、谒谢文、皇后受册宝、谒告文、皇妃受册祭文、祭陵文、皇太子亲王等冠辞、祝辞、亲征祃祭旗纛露布，巡狩所至祭山川旗纛䩠祭文、骠骑祭马神等，及五祀祭文，大丧及皇妃赠谥等册文，亲王妃、公主、郡王妃、世子、世孙及妃、镇国等将军丧葬祭文、谥册、塘（圹）志、谕祭文，及文武大臣谕祭文，经筵讲章及题奏、揭帖之属；外制则文官诰敕而已。凡五府六部等衙门请敕行事，备词奏请，既得旨，移文本院，依奏草敕内阁实时拟撰，文官诰敕之类亦然。进稿毕，编类勘合，中书舍人领出书写。其王府谥册等文，礼部抄出施行，原稿具缴纳云。"《明鉴纲目》卷五："纲：八月，以李东阳（字宾之，茶陵人，以戍籍居京师。）为礼部侍郎，兼翰林学士，典诰敕。目：东阳官太常少卿，兼侍讲学士，甚负文名。及是，大学士徐溥等以诰敕繁，请如先朝王直故事，设官专领。乃擢东阳入阁典之。"

礼部言："弘治九年当会试天下举人，而百尔供给止取办于京畿诸府，请行浙江、江西、湖广、四川、福建各取乡试所用余银一百两，山东、山西、河南、陕西及应天府各八十两，以助其费。且请增执事官三员、誊录生员二百名。"从之。倪岳议上一应应该增添事宜。（据《明孝宗实录》卷九十一）倪岳《青溪漫稿》卷十二《奏议·科举一》："为科举事，仪制清吏司案呈，照得弘治八年八月，又该天下开科乡试，已具题，通行照例举行外，及弘治九年例该本部会试。查得上年入场举人将及四千，比之往年渐有加增。及近因试卷数多，添请同考官员。所据事体日增而供给之费如旧，不免靠损。顺天府大兴、宛平二县人民案呈到部，今将酌量一应应该增添事宜，逐一预为议拟。缘系科举事理，未敢擅便，开坐谨题请旨。本月十九日具题，次日奉圣旨：'是。都准行，钦此。'

计开

一、照得顺天府乡试所用供给钱粮等项、米麦、户部放支；牲口等件，直隶各府定数供；本府只供纸札及一应买办等项。遇有不敷，亦从借办应用，尚且逐年负累，小民窘迫不堪。缘乡试系顺天府合直隶各府生员人等考试，不过二千余人。如此供给，于理为宜。礼部会试乃合应天、顺天二府并浙江等十三布政司举人考试，将及四千，视前几倍。而所用供给，亦止赖于顺天并直隶各府。其间人数多寡，复不相同，而预备供给，与之无异。及用度不足，却又一切取给于在京两县之民。百方驱迫，干办不前，盖供给既已因人而日增，则钱粮亦合随时而异处。若不量为加添，铺行愈累贫乏，深为不便。即今各处开科乡试，合无本部行移浙江、江西、福建、湖广、四川、河南、山东、陕西、山西九布政司并应天府于本处供给科举余剩钱粮内各扣除银，浙江、江西、湖广、福建、四川各一百两，山东、山西、陕西、河南、应天府各八十两，俱责付本处司府朝觐官吏于弘治八年十二月内赍送到部，转发顺天府收贮。除米、粮、柴、炭、刊字人匠照旧支办，猪羊量减派纳，若有不足，并其余一应纸札、果品、酒、醋、油、面等项应用物件，临期本府选委公正堂上官审取殷实铺户，照依年例，量为增添，支价两平买办。如此，则众轻易举。京民不至于靠损，钱粮稍裕，供给亦不至于窘迫矣。

一、照得试院自天顺年重修以来，累经建议盖造板舍，以防风火之虞，实为永便。今板舍四千间已完，但有一二处未曾添盖房屋，临期仍用芦席搭蓬，昼夜加意防守，尚为未便。如场内望高楼三座，俱用芦席搭盖，埋脚不坚，有风之日，军士不敢在上。兼每楼合用军士二三十人，亦要供给，有费无益。合无行移工部，照依应天府并各布政司试院，于中止盖楼房一间，四角望高楼俱不必用。临时止用军士二三十人四面观看，最为省便。及至公堂前原盖小卷蓬一间，因其窄小，不堪摆列席面及容供事人役在内，临时却于两傍搭盖大席蓬二间，并誊录所原盖房屋数少，亦于天井内搭盖大席蓬一座，并弥封、对读、受卷三所内，亦有席搭蓬屋。缘此等处所，昼夜常有人在内誊录，及各供所事，俱用灯烛，倘遇风起之时，人心惊惶，十分不便。兼且岁用搭蓬工料、钱粮不为不费。合将至公堂前旧盖小卷蓬一间拆去，另盖大卷蓬三间，誊录所天井内周围照依地方四面盖造通连小房，向明开窗，以便誊录，及各所量盖小房数间。如此，则虽小费而有大益，暂劳而有永宁矣。

一、试院内原设受卷、弥封、誊录、对读四所，合用执事官员，查得正统年间，入场举人不过千名，尚用京官一十五员，景泰年间入场举人不及三千名，亦用吏部听选府、州、县官一十七员。近年入场举人增多，将及四千，乃止用官一十三员，分管不敷，难免差误，深为不便。合无查照前例，量为斟酌，于弥封、誊录、对读三所，各添官一员，待至会试之期，行移吏部，照例拣选官一十六员分管前事。如此，庶得繁简制事之中，可免差错误人之弊矣。

一、本府所属各州、县学，不分廪、增生员，尽数起送赴部，通不过五百余名，转发试院内分拨誊录、受卷、弥封、对读四所供事，但近年入场举人日渐加增，试卷日多，前项生员分理不敷，至于誊录一所，用人尤多。每年借用各处送到岁贡生员，近年又复奏准借用国子监生二百名。缘此等生员，俱系出学日久，年纪渐大之人，又见不系本等应办事务，往往不肯用心，故意错乱誊写，深为误事。况要朝入暮出，誊写不多，不惟难于关防，抑且反致耽阁，尤为不便。合无行移北直隶提调学校监察御史，预期于直隶府、州、县有邻近顺天府地方者，就各学内再行拣选已冠能书生员二百名，通前共七百名，起送赴部，分拨誊录等项应用。如此，则事得早完，既可省供给之费，人非借用，亦可免出入之防矣。"朱国桢《涌幢小品》卷七《会场支费》："会场支费，旧皆取之顺天府宛、大二县，裁数百金，民已不堪，用亦不给。弘治七年，礼部尚书倪岳议：各省乡试用度，皆有羡余，请限数解部，贮顺天府支用，凡八百金。以后费用日多，正德九年，尚书刘春奏准加额三之二，诸用以足。"

十月

命云南增举人二名，贵州三名。拟改《云南乡试录》为《云贵乡试录》。《明孝宗实录》卷九十三：弘治七年十月，"戊午，贵州守臣奏：'本布政司生员，旧于云南布政司乡试，其试录止名《云南乡试录》，所取举人名数，通四十五名。今请于本处开科，以免合试，增解额以激士心。'礼部议，谓旧制不可改。止拟改试录为《云贵乡试录》及稍增解额名数。上从之，命云南增举人二名，贵州三名"。

今后两广州县正官之缺，先以邻境进士、举人铨补，次以稍近监生等补之。《明孝宗实录》卷九十三：弘治七年十月，"辛巳，先是，南京监察御史万祥言两广去京师万里，猺獞窃发为害，若守令得人则远民安。近年除授两广州县正官，多以年老监生愿就远方者为之，守令非人，重科厚敛，小民无所控告，间亦有逃之贼巢导使为乱者。乞令今后两广府州县正官必选进士、举人任之。……吏部覆奏，谓以两广州、县正官欲尽除进士、举人，则岁贡之类置之何地？宜先以邻境进士、举人铨补正官之缺，次则以稍近监生人等补之，仍行巡抚按等官严加刺举，以凭黜陟。从之"。

十一月

王宠（1494—1533）生。《明文海》卷四百三十五文征明《王履吉墓志铭》："君生弘治甲寅十一月八日，卒嘉靖癸巳四月三十日，享年四十。"字履仁，后更字履吉，自号雅宜山人，长洲人。八举不第，终于诸生。《明史·文苑传》附见文征明传中。有《雅宜山人集》十卷。

进士史载德、夏时、李情为南京监察御史。（据《国榷》卷四十二）

进士杨逊为南京监察御史。（据《国榷》卷四十二）

十二月

陕西提学佥事杨一清为副使，仍督学。（据《国榷》卷四十二）

成都前卫贡士徐楠终养教授。（据《国榷》卷四十二）

本年

储巏为吏部考功郎中。《息园存稿文》卷六《通议大夫南京吏部左侍郎储公行状》："甲辰，会试礼部第一，廷试赐二甲第一。观政吏部。太宰济南尹公欲选为属，公恳求便养，遂授南京吏部考功主事，寻升郎中。弘治甲寅，太宰巨鹿耿公奏改吏部考功郎中。公留意人才，考注臧否，无不曲当，一时人士，竦然戒曰：'储君阳秋可畏。'"

始置麻哈州，隶都匀府，而州附府学。民国《麻江县志》卷七《学校》："明太祖二十八年，诏诸土司皆立儒学，其时有麻哈、乐平、平定三司，仍不闻有学。孝宗弘治七年，置麻哈州，隶都匀府，而州附府学。"

陈九川（1494—1562）生。张惟骧《疑年录汇编》卷七："陈明水六十九九川，生弘治七年甲寅。"黄宗羲《明儒学案》卷十九："陈九川字惟浚，号明水，临川人也。……嘉靖四十一年八月卒，年六十九。"

明孝宗弘治八年乙卯（公元 1495 年）

正月

陆简（1442—1495）卒。《馆阁漫录》卷七《弘治八年》："正月乙酉朔。壬辰，詹事府詹事兼侍读学士陆简卒。简字廉伯，直隶武进人。成化元年乡贡第一，二年进士及第，授编修。与修《英庙实录》，加俸一级，秩满，升侍讲。以修《续通鉴纲目》成，升右春坊右谕德。上在东宫时侍讲读，丁父忧，服阕。弘治元年，召修《宪庙实录》，至则以旧劳升右庶子兼侍读，充经筵官，寻直日讲。《实录》成，升少詹事兼侍讲学士。七年，以日讲劳，特升詹事兼侍读学士。逾年卒，年五十四。赐祭葬，赠礼部右侍郎。"

巡按直隶监察御史韩福请准贵州、云南事例，令分巡口北道佥事带管学校。命所司知之。《明孝宗实录》卷九十六：弘治八年正月己酉，"巡按直隶监察御史韩福言，万全都司并开平等卫、隆庆等州，学校虽设，而教官或缺，生徒虽具，而讲习罕闻。兼之军卫数多，未得有司提调，虽有提学御史，又以地临边境，道路往来动须防护，巡历难遍，考校不时，故生徒无所激劝，成材者少。乞准贵州、云南事例，令分巡口北道佥事带管学校，凡考补廪增、科举小试并岁贡之类俱属之。而直隶提学御史专管内地学校，不必干预边方，如分巡官不可，则令本处巡按御史兼管。命所司知之"。

彭韶（1430—1495）卒，年六十六。《国榷》卷四十三："弘治八年正月乙未，刑部尚书彭韶卒。韶字凤仪，莆田人，天顺丁丑进士。授刑部主事，进员外郎，屡论事。后谏外戚田土下狱，有直声。历广东左布政使，劾梁芳弟德贡献之扰。累进巡抚应天，入大理卿，论镇守进贡害民，及司刑，执法不挠。好问学，手不释卷。赠太子太保，谥惠安。"何乔新《椒邱文集》卷二十八《赠太子少保彭惠安公祠堂碑》："弘治八年正月十有三日，刑部尚书彭公以疾卒于家。"按：林俊《见素集》卷十九《明资善大夫太子少保刑部尚书彭惠安公神道碑》："弘治乙卯，资善大夫刑部尚书致仕彭公从吾终于家，正月十一日也。"所载卒日，与《椒邱文集》异。林俊《彭惠安公文集序》："予少公二十有二年，非分晚流，累偕荐剡，酸冽之味，将不谓无同也。甚恨者，仕同时十七年，宦迹出入，仅一再会，弗获幸卒教于公，而公遽病以归，归以弗起矣。"《明史》何乔新传："与人寡合，气节友彭韶，学问友丘浚而已。"综而考之，林俊于彭韶为晚辈，过从以礼。何乔新与彭交厚，过从以情。卒日之载，以何乔新所说较为可信。《四库全书总目·彭惠安集提要》："韶正色立朝，岿然耆旧，其文虽沿台阁之体，而醇深雅正，具有根柢，不同于神瘠而貌腴。……韶之风节虽不藉文章以传，然文章亦足以不朽。至其巡视浙江，兼理盐法，怜灶户之苦，绘八图上进，各系以诗，具有元结《春陵行》、郑侠《流民图》之意，又不仅以词采工拙论矣。"

二月

邱浚卒，谥文庄。年七十五。《明孝宗实录》卷九十七"弘治八年二月戊午（初四）"："少保兼太子太保户部尚书武英殿大学士丘浚卒。……浚博治多闻，虽僻事俚语，类多谙晓。为文章雄浑畅达，下笔衮衮数千言，若不经意，而精采逸发。"《馆阁漫录》卷七《弘治八年》："二月乙卯朔。戊午，少保兼太子太保、户部尚书、武英殿大学士丘浚卒。浚字仲深，广东琼山人。正统九年乡贡第一，景泰五年进士。与修《寰宇通志》成，擢编修。宪庙初开经筵，充讲官，秩满，升侍讲。修《英庙实录》成，升侍讲学士。修《续通鉴纲目》成，升学士，升国子监祭酒，加礼部右侍郎。上即位，以所著《大学衍义补》进，升礼部尚书，掌詹事府事。修《宪庙实录》，充副总裁，笔削褒贬，多出其手。《实录》成，加太子太保。未几，命兼文渊阁大学士，入内阁参预机务。三载，升少保，仍兼太子太保，改户部尚书、武英殿大学士。寻特授光禄大夫、柱国。至是卒。辍朝一日，赐赙及祭葬如例，赠特进左柱国、太傅，谥文庄，遣行人归其丧，官其孙瞢为尚宝司丞。浚天资奇绝，少有重名，两广用兵，尚书、大学士李贤陈方略数事，贤上之朝，以授总帅，寇平，多其策。时经生为文，以奇怪相高，浚考南京及会试，示以取舍。及为祭酒，尤谆谆为学者言之，能鼓舞诱掖，以兴士类。入阁，上二十余事，陈时政之弊，且访求遗书，上皆嘉纳。与吏部尚书王恕不协，御医刘文泰之讦恕也，时议汹汹，谓浚嗾之。文泰下狱，词果连及浚，浚亦抗疏自辨，上置不问，然人自是皆不直浚矣。所著有《家礼仪节》、《世史正纲》行于时。顾议论颇僻，至以范仲淹为矫激，秦桧和议为得宜，识者盖不能无憾云。"徐泰《诗谈》云："岭南孙仲衍、王彦举、黄庸之、赵伯贞、李仲修，时称五杰。惟仲衍清圆流丽，明珠走盘，不能自定。彦举雄俊丰丽，殆敌手也。德庆李文彬亦时勍敌。后琼山丘浚，词虽丰腴，警秀则少矣。"何乔新《太学士文庄丘公墓志铭》："读书秘阁，自六经诸史、九流笺疏之书，古今词人之诗文，下至医卜老释之说，靡不探究之。文章雄浑壮丽，四方求者沓至。碑碣铭志序记词赋之作，流布远迩。平生之著述甚多。又作《庄子直解》，未成。公博极群书，有举僻事问之，则曰'出某书某篇'。退取书阅之，良是。尤熟本朝故典，乐为学者道之，缅缅如目前事。"王世贞《艺苑卮言》卷五云："丘文庄裁而俗。"又云："丘仲深如太仓粟，陈陈相因，不甚可食。"沈德符《顾曲杂言》卷二云："丘文庄淹博，本朝鲜俪，而行文拖沓，不为后学所式。至填词尤非当行。"《明鉴纲目》卷五："纲：二月，武英殿大学士邱浚卒。（谥文庄。）目：浚先以目疾免朝参，及是卒，赠太傅。（浚在位时，以宽大启上心，忠厚变士习。顾性褊隘，著书议论，亦多偏激，尝讥范仲淹多事，谓岳飞未必能恢复，秦桧有再造功，闻者无不骇其言。）"

李东阳、谢迁入内阁，预机务。《馆阁漫录》卷七《弘治八年》："乙丑，命礼部右侍郎兼侍读学士李东阳、詹事府少詹事兼侍讲学士谢迁入内阁参预机务。时内阁缺员，有旨命吏部会六部、都察院、通政司、大理寺及科道官推举行止端方、学术纯正者六人以闻。于是吏部尚书耿裕、礼部尚书倪岳、礼部右侍郎兼侍读学士李东阳、吏部左侍郎周经、礼部右侍郎傅瀚、詹事府少詹事兼侍讲学士谢迁，并在推举，上特命东阳、迁内阁供职。戊辰，礼部右侍郎兼侍读学士李东阳上疏辞内阁之命，上曰：'卿学行素著，特兹简任，所辞不允。'"《明鉴纲目》卷五："纲：以礼部侍郎李东阳、少詹事谢迁俱兼翰林学士，入内阁，预机务。目：东阳与迁同日并用。迁时居忧，力辞，服除，始拜命。东阳工古文辞，阁中疏草必属之，疏出，多为人传诵。"

三月

河南按察司提学副使车玺请于三年开科时量增举人及岁贡生数。下其奏于所司。《明孝宗实录》卷九十八：弘治八年三月己亥，"河南按察司提学副史车玺言：'倾闻国子监监生坐堂未久，遂得出监，比之往年壅滞不同，请于三年开科时，量两京及各布政司地里人才多寡，增举人若干名，及每府、州、县、卫学增岁贡生各一名或二名，以广贤路。'下其奏于所司"。

前礼部左侍郎万翼卒。翼大学士安之子，登进士。小有才，淫黩无行。郎中时还里，县给役二人，俱通其妻。尤内乱悖逆，人不齿也。（据《国榷》卷四十三）

右春坊右谕德王鏊为翰林侍读学士，左春坊左谕德杨守阯为翰林侍讲学士。（据《国榷》卷四十三）

四月

监察御史曾凤奏：请如两京乡试事例，命翰林院官一二员主考，或于六科及部属推举素有学行者。下所司知之。《明孝宗实录》卷九十九："弘治八年四月癸酉，监察御史曾凤奏：'各处布政司所聘乡试考官多不得人，以致科场多弊。请如两京乡试事例，命翰林院官一二员主考，或于六科及部属推举素有学行者，酌量地里远近，礼部临期疏名请差。其同考试官，则巡按御史并布、按二司推举学问优长、心术纯正者以充，仍各注举主姓名于其下，如有不称，听翰林院官并巡按御史劾奏连坐。'下所司知之。"

监察御史曹凤请各省乡试俱遣朝臣，下所司。（据《国榷》卷四十三）

进士邹文盛、夏易、孙瑞、王承裕、王廷、钟渤、徐沂、李濬为给事中。（据《国榷》卷四十三）

五月

王偰卒。《馆阁漫录》卷七《弘治八年》："五月癸未朔。甲辰，致仕南京吏部尚书王偰卒。偰字廷贵，直隶武进人。景泰二年进士及第，授编修，升侍讲。侍宪庙春宫讲读，以登极恩，升左春坊左庶子兼侍讲，寻升南京翰林学士。丁母忧，服阕，命即其家起为南京国子监祭酒。时教法久弛，偰严立程制，核勤惰为惩劝，诸司差遣，一按名籍，不为私假，颇有怨声，不恤也。升南京吏部右侍郎，召入为户部左侍郎。升南京户部尚书，寻改吏部，考诸司官属，去取务合舆论。年七十，再上疏乞致仕，优诏不许。适以考绩去，还乡卧病，复上疏恳请，乃得允，进阶荣禄大夫。报至二日卒，赠太子太保，谥文肃。偰风采凝峻，素善奕，及为祭酒，遂绝不复为。兼精史事，敏而能勤，虽居大位，人以为未尽其用。文章亦整洁，为时所称。子沂亦举进士，官至右副都御史。"

定国子监生分拨历事期。《明孝宗实录》卷一百：弘治八年五月，"甲辰，国子监祭酒林瀚奏：天顺以前，监生多在监读书，十余年方得拨历。后因积滞人多，频减拨历岁月以疏通之。至是，监生在监者益少，吏部听选积至万余人，有十余年不得选者，请量开科贡，且照旧例拨历。下礼部，覆奏：科举名数已有定额，不可再增。各处岁贡生员，自明年以后，请如永乐三年例，府学一年二贡，州学二年三贡，卫学县学一年一贡。其顺天应天二府学，一年三贡，俱至弘治十二年止。四年之间，岁贡人数增三千五百余名，分送南北两监，庶足坐班拨历之用。其两监拨历等项，亦请自明年为始正历。监生三月考勤之后，仍历一年。其余写本者一年，清黄、写诰、清军、清匠者三年，以至随从御史出巡之类，俱照旧制月日满后，方与更代，俟监生如前积至一万以上，再行查处。如此，庶诸生坐监稍久，各司差拨不缺，不惟监学旧制可复，而仕途亦不至壅塞"。黄佐《南雍志》卷十六《储养考》："弘治八年，礼部尚书倪岳题称：'天顺以前监生作养十年以上，方得拨历，后因积滞人多，频将拨历岁月量减，以便疏通，遂使在监监生视教养为虚文，惟知挨日月以拨历，目国学如传舍，但知图侥幸以出身，国学空虚，旧制隳废。合照旧制，日月为满，方与更替，待监生如前积至一万，再行查处。'敬皇帝从之。"《明史·选举志》："弘治八年，监生在监者少，而吏部听选至万余人，有十余年不得官者。祭酒林瀚以坐班人少，不敷拨历，请开科贡。礼部尚书倪岳覆奏：'科举已有定额，不可再增，惟请增岁贡人数，而定诸司历事，必须日月满后，方与更替，使诸生坐监稍久，选人亦无壅滞。'及至嘉靖十年，监生在监者不及四百人，诸司历事岁额以千计。礼部尚书李时引岳前议言：'岳权宜二法，一增岁额以足坐班生徒，一议差历以久坐班岁月。于是府、州、县学以一岁二贡、二岁三贡、一岁一贡为差，行之四岁而止。其诸司历事，三月考勤之后，仍历一年，其余写本一年，清黄、写诰、清军、清匠三年，以至出巡等项，俱如旧例日月。今国学缺人，视弘治间更甚，请将前件事例，参酌举行。'并从之，独不增贡额。未几，复以祭酒许诰、提学御史胡时善之请，诏增贡额，如岳、时前议。隆、万以后，学校积弛，一切循故事而已。崇祯二年从司业倪嘉善言，复行积分法。八年从祭酒倪元璐言，以贡选为正流，援纳为闰流。贡选不限拨期，以积分岁满为率，援纳则依原定拨历为率。而历事不分正杂，惟以考定等第为历期多寡。诸司教之政事，勿与猥杂差遣。满日，校其勤惰，开报吏部。不率者，回监教习。时监规颓废已久，不能振作也。"《御批历代通鉴辑览》卷一百六："初，洪武中国子监设六堂，曰率性、修道、诚心、正义、崇志、广业，以课诸生。行积分法。岁内积八分者为及格，与出身。不及者仍坐堂肄业。又命诸生于各司分习吏事，谓之历事，又谓之拨历，其期以入监年月为先后，送吏部选用。已而进士日重，监生日轻，虽积分历事不改初法，而监生渐多淹滞，拨历或至十馀年之久。景泰以后，乃频减拨历岁月以疏通之，每岁拣选优者，辄与拨历，坐监有未及一年者。及是，监生在监者少，而吏部听选至万馀人，又不得官。礼部尚书倪岳乃定议，监生诸司历事一依旧制，必须日月满后方许分拨。由是诸生在监稍久，而选人亦不至壅塞。"《明鉴纲目》卷五："纲：定国子监生分拨历事期。目：初，洪武中，国子监设六堂（曰率性、修道、诚心、正义、崇志、广业。）以课诸生，行积分法，（司业二员，分为左右，各提调三堂。凡通《四书》未通《五经》者，居正义、崇志、广业。一年半以上，文理调畅者，升修道、诚心。又一年半，经史兼通，文理俱优，乃升率性。升至率性，乃积分。其法，孟月试本经义一道，仲月试论一道，诏诰表内科一道，季月试经史策一道，判语二条。每试，文理俱优者，与一分，经优文劣者，与半分，纰缪者无分。）岁内积八分者为及格，与出身，不及者仍坐堂肄业。又命诸生于各司分习吏事，（六部九卿皆有之。）谓之历事，又谓之拨历。其期以入监年月为先后，送吏部选用。（其超异者，奏请上裁，多擢显官，其常调者，为府州县六品以下官。）已而进士日重，监生日轻，虽积分历事，不改初法，而监生渐多淹滞，拨历或至十馀年之久。景泰以后，乃频减拨历岁月以疏通之，每岁拣选优者，辄与拨历，坐监有未及一年者。及是，监生在监者少，而吏部听选至万馀人，又不得官。礼部尚书倪岳乃定议，监生诸司历事，一依旧制，必须日月满后，方许分拨。由是诸生在监稍久，而选人亦不至壅塞。（时林瀚为祭酒，以监生不敷拨历，请增贡额，岳亦议行之。瀚典国学垂十年，馈银岁以百数计，悉贮之官，以次营立署舍。师儒免僦居，自瀚始。瀚少子廷机，廷机子燫，三世俱官祭酒，有学行，为时所称。〇林瀚，字亨大，闽人。廷机，字利仁。燫，字贞恒。）"

七月

翰林院五经博士孟元请赐封。吏部谓八品非例，特许之。（据《国榷》卷四十三）

戊子，修撰刘春乞省亲，许之。戊戌，命故礼部右侍郎费闇之子衍为国子生。闇三

品未三年而卒，以尝直日讲，故有是命。（据《馆阁漫录》卷七《弘治八年》）

以宋儒杨时从祀孔子庙廷。《明鉴纲目》卷五："纲：秋七月，以宋儒杨时，从祀孔子庙廷。"

八月

两京及河南、山东、陕西、山西、浙江、湖广、江西、福建、广东、广西、四川、云南等十二布政司乡试；贵州士子附云南乡试。

附学生应乡试，自弘治八年始。顾起元《客座赘语》卷八："应天府乡试，国初自府学生、增广生、监生外，如未入流官吏、武生、医生、军余、舍人、匠之类，皆得赴试，皆得取中。如成化元年，章玄（元）应以留守左卫军余中第八十七名；四年，谢崇德以内江人吏中第四十二名；十年，王鑛以牺牲所军余中第二十三名；十三年，李用文以武学生中第九名；十六年，乔衍以武学生中第二十四名；二十二年，陈玉以沂州卫舍人中第十七名；杨俊以江阴卫军中第八十五名；弘治五年，刘麟以武学生中第七十五名；齐贵以营缮所匠中第九十一名；十一年，史良佐以太医院医生中第八十五名；十四年，陈沂以太医院医生中第四十八名；邵镛以羽林右卫舍余中第七十一名；刘弼以锦衣卫舍余中第七十七名；十七年，柴虞以骁骑右卫总旗中第八十九名。相传两畿额一百三十五名，其五名原为离流设也。自嘉靖以后，遂不闻有中者。武生间亦考送入场，传言不与誊录，果尔，则亦非圣朝立贤无方之意矣！又附学生入试，自弘治八年始。吾乡顾尚书璘以附学生中第十四名，应天试录之有附学生，亦自此始也。"

浙江乡试，龙霓代金逵入场，中第八名。李调元《制义科琐记》卷二《代倩》："弘治时，南京龙霓精于文义，中壬子《书》魁。乙卯，代金都御史泽子逵入浙场，中第八，又与同中甲科。人有诗嘲之曰：'阿翁一自转都堂，百计千方干入场。金泽财多子孙劣，龙霓家窘手儿长。有钱使得鬼推磨，无学却将人顶缸。寄与两京言路者，好叩圜阓说弹章。'其诗盛传于时。后二人皆不容于清议，一止浙金，一止太仆丞。今科场要令，批首立贡院门内，辨同试者面貌方入，盖由此始。"陈洪谟《治世馀闻》下篇卷二："予同年一人，南京人，精于文义，中弘治壬子《书》魁。乙卯代贵官子入试浙场，贵官子高第，又与其人同中甲科。时人有诗云：'有钱买得鬼推磨，无力却教人顶缸。某也位高身子厚，某也衣短手儿长。'其诗盛传于时。后二人皆不容于清议，一止浙金，一止太仆丞。今科场要令，批首立贡院门内，辨阅同试者面貌方入，盖由此始。闻其人入试日，亦甚秘密，惟有一人见其须不类，心颇疑之，始传其事云。"

九月

少詹事兼翰林侍读学士谢迁服阕，入京进詹事，仍直内阁。（据《国榷》卷四十三）

太子太保兵部尚书马文升言："风俗日浇，请修举社学。"从之。（据《国榷》卷四十三）

十月

授翰林院官为监察御史、给事中等职。授翰林院庶吉士顾清、沈焘、吴一鹏、周玉、黄澜为本院编修，赵士贤、杨升、王缜、任良弼为给事中，萧柯、曹琼、陈玉为监察御史。士贤、升俱户科，缜兵科、良弼刑科，柯云南道，琼江西道，玉福建道，曹璞等四人为主事。（据《明孝宗实录》卷一百五）

十二月

罚国子监管司业事、右春坊右谕德刘宸俸两月，以看牲复命失仪也。（据《馆阁漫录》卷七《弘治八年》）

兵科给事中周序言朝觐、会试事宜。命所司知之。《明孝宗实录》卷一百七：弘治八年十二月戊辰，"兵科给事中周序言：'君政之大，在驭臣取人而已。驭臣莫要于严黜陟，取人莫要于一去取。窃见弘治九年当朝觐、会试之期，正人主操纵权衡之际，朝觐之黜陟，不当问其资格，惟才是视。而近岁以来，惟以监生吏员抵罢黜，举人进士当荐拔。又况已退复留，似非虞周幽明之典。会试之去取，不当拘夫地方，惟才是录。而近岁以来，文教益隆于往时，《诗》、《书》布满于边郡，尚尔卷分南北，似非立贤无方之意。'命所司知之"。

明孝宗弘治九年丙辰（公元 1496 年）

正月

巡按河南监察御史陆完奏请广进士之额以备州县之选。命所司知之。《明孝宗实录》卷一百八：弘治九年正月丙午，"巡按河南监察御史陆完奏：'天下知州、知县由进士出身者多称职，由举人、岁贡多昏耄。然进士少而举人、岁贡多。乞下廷臣议，广进士之额以备州县之选，俟其政绩有成，升授京职。仍将各州县分为等第，大者授进士，小者授举人，其佐贰以下者授岁贡，务使各当其才，尽心牧养。如有地方才力不相应者，从巡按官奏请更调。'命所司知之"。

二月

吏部郎中黄宝言疏通选法三事。命所司知之。《明孝宗实录》卷一百九：弘治九年二月，"丙辰，吏部郎中黄宝言疏通选法三事。一曰拔擢以旌异能。谓近年吏部用人，惟循资格，虽有异能，无以自见。故当推举巡抚等官之际，常苦乏人。臣以为资格止可待常流，其才行出众者，自当别有拔擢，使人有所激劝。二曰沙汰以去冗滥。谓自成化十一年至今二十年间，举人监生听选者积至万二千余人，吏员冠带未仕者至三万三千九百余人。大约候选十三四年，方得取选，类多衰老不堪任使。莫若于在部者，本部会都察院，未至者巡抚巡按官会布按二司，俱严加拣选，果有衰疾等项，令冠带闲住，庶稍免冗滥之弊。三曰考察以纠不职。谓在外诸司官员，三载一考，已有定例，惟在京官员，考察之法不行，致贤否无别，遇缺须循资迁转，虽知匪才，无由可黜，今纵不能尽如外官之例，亦须拟六年或九年一考察，庶人知砥励，而职业修举。命所司知之"。

二月己酉朔，升都察院左都御史屠滽为吏部尚书，太子少保如故。乙卯，命詹事府詹事兼侍讲学士谢迁、侍读学士王鏊为会试考官。（据《馆阁漫录》卷七《弘治九年》）

本年会试考试官为谢迁、王鏊。录取陈澜等三百人。（据《明孝宗实录》卷一百九）王鏊《震泽集》卷十一《会试录后序·丙辰》："《会试录》者，录会试之程文、士之中式洎百执事之姓名登诸天府，传之天下者也。国家取士，乡简其秀储之学。三岁大比，则两畿十三省之士各萃于所司。所司者三试之，又简其秀以上礼部。礼部以闻，合两畿十三省前后所贡三试之，又简其秀以献，天子临轩亲策之，定其高下，则谓之进士。"

三月

朱希周、王瓒、陈澜等二百九十八人进士及第、出身有差。（据题名碑录）《明孝宗实录》卷一百十：弘治九年三月，"癸巳，上御奉天殿策试举人陈澜等三百人，制曰：'朕惟君人者必有功德以被天下，阙其一不可以言治，顾于斯二者何先？夫非学无以成德，非政无以著功。论者或谓帝王之学不在文艺，或谓天子之俭乃其末节，或谓人主不亲细事，或谓圣王不勤远略，是有大于此矣，然则其所当务者何居？二帝三王之德，所事者何事？二帝三王之政，所见者何功？汉、唐、宋代有令君而功德鲜备：躬行德化者经制或不定，民安吏称者德教或不纯，或四夷服从而大纲不正，或仁厚立国而武略不竞，是学与政容有可议者，其得失何如？我太祖高皇帝、太宗文皇帝神功圣德，冠绝古今，列圣相承，继志述事，各臻其盛，所以致此者何由？朕嗣承大统，图底治平，兹欲守宋臣所讲之五规，去唐相所陈之九蔽，行汉儒所对之三策，以上追古帝王，庶无愧于我祖宗功德之大，其所以为根柢者何在？子诸生学道抱艺而来，皆志于世用，宜有以佐朕者，试悉陈之，朕将体而行焉'"。《馆阁漫录》卷七《弘治九年》："三月己卯朔。癸巳，命少傅兼太子太傅、吏部尚书、谨身殿大学士徐溥，太子太保、礼部尚书兼武英殿大学士刘健，礼部右侍郎兼侍读学士李东阳、詹事府詹事兼侍讲学士谢迁，太子少保、吏部尚书屠滽，太子少保、户部尚书叶淇，太子太保、兵部尚书马文升，太子少保、刑部尚书白昂，工部尚书刘璋、都察院左佥都御史杨谧、通政使司通政使元守直、大理卿王霁为殿试读卷官。甲辰，授第一甲进士朱希周为修撰，王瓒、陈澜为编修。"王鏊《震泽集》卷十一《丙辰进士同年会序》："弘治丙辰进士三百人，首陈澜，殿唐钦，南省有司所上之次也。首朱希周、殿童品，胪传恩荣之次也。首童品，殿王朝卿，诸同年私会朝天宫以齿坐列之次也。是科廷试以三月十五日，既而传胪、锡宴、释奠咸如故事。礼成，洛阳刘东谂于众曰：'前此得失，不可知；后此聚散，不可期。何及此以订同年之交乎？'择地得朝天宫之斋堂，庭宇靓深；诹日得四月之甲子，天日清美。……金谓兹会之不可常也，列名锓梓，将使世讲之。"李东阳《怀麓堂集》卷六十六《进士题名记》："国朝殿试之制，取会试之选于乡者，策于廷而亲第其等，谓之进士。即板刻为《登科录》以传，又刻其名氏于石，置之国学，以示后世。……我朝洪武初置科举法，既而中辍。十七年始复为定制。凡殿试读卷则用翰林及文臣之长，提调、监试、受卷、弥封诸务皆各有分职。及传胪、放榜、赐宴、冠服、宝钞皆各有定期。列圣相承，莫之或易。今天子嗣统之三年庚戌，始展读卷之期，为制加密。乃九年丙辰之试，赐朱希周等三百人及第、出身有差。"沈德符《万历野获编》卷十五《科场·魁元再甲子》："弘治九年丙辰科状元朱希周，苏之昆山人，仕至南京吏部尚书，及见嘉靖丙辰状元诸大绶，次年卒，赠太子太保，谥恭靖。嘉靖二年癸未科探花徐阶，松江之华亭人，仕至少师吏部尚书大学士，及见万历癸未会元李廷机，去胪唱数日卒，赠太师，谥文贞。嘉靖二十年辛丑科会元陆树声，松江华亭人，仕至太子少保礼部尚书，及见万历辛丑科同邑人状元张以诚，又五年始卒，赠太子太保，谥文定。三公者以南宫首荐，咸高第鼎甲，俱词林钜公，荣哀始终，名德无玷，登第周一甲子而始下世，皆在吴中数十里之内，盛哉！"

据《明清进士题名碑录索引》，弘治九年丙辰科录取名单如下：

第一甲三名

朱希周	王　瓒	陈　澜*

第二甲九十五名

李永敷	李　瓒	顾　潜	陈凤梧	史　后	濮　韶
陈　谘	左　唐	蔡　栻	陆　冒	胡　献	张　潜
邹　轩	董天锡	张　玠	王　蕝	翁　玉	王朝卿
皇甫录	周　曾	沈　纶	董　忱	王　宣	周　臣
赵　鹤	刘　东	黄　相	简　芳	张　诺	甘　振
陈　言	张　秀	严　经	吴大有	李嘉祥	张绍龄
吴　江	刘　光	高　节	刘　乔	艾　洪	汝　泰

熊伟　鲍璋　刘祥　程琯　王朝佐　何诏
周鼎　胡键　孙禄　龙霓　曹琚　华昶
谢杰　李珪　胡玺　尚衡　吕元夫　刘用中
董恬　宋毓　张邦瑞　陈霁　刘思贤　戴敏
汪璧　包泽　谢麒　杨褫　叶德　耿明
黄昭　沈文华　李诚　邓洹　张凤赸　李源
王子言　罗璋　陈言　王寿　蔡中孚　韩俊
李钺　陈洪谟　孟春　彭夔　杨学礼　黄衷
戴达　李达　季春　贾咏　何俊

第三甲二百名

汪伟　傅习　徐联　田瑛　胡洪　黎凤
庄典　许承芳　郭郅　叶天爵　王镞　张伟
张鸣凤　邵坤　余正　何天衢　刘台　王孝忠
金逵　李玺　邵有道　汤沐　欧阳琼　林珹
赵士俊　郭东山　汪循　陈茂烈　王崇献　杨溢
张鸣凤　萧敏　王春　费愚　弓元　王必思
邢昭　徐朝元　徐行庆　范兆祥　蒋曙　张琎
刘栾　沈信　周霖　胡道　杨武　姚文渊
喻时　陆嵩　张惟　傅乾　宋瑭　李高
张弘至　杨凤　徐忱　方岜　熊吉　张羽
何正　寇俭　陈大纪　翟铨　吴宗周　汤礼敬
薄彦徽　孙磐　陈淮　邹鲁　崔玺　李熙
黄嵼　吴景　文皓　许赞　葛浩　冯永固
赵慰　周道　陈琳　张绎　周熊　林正茂
孙燗　李翔　袁阳　刘汝为　黄圻　徐海
张礼　陆昆　张时叙　钱朝凤　安仁　安奎
沈赍　崔昌　杨誉　夏鼎　朱谏　马应祥
詹宝　李恕　王禾　秦昂　贡安甫　潘锃
曹来旬　戴铣　余琰　王玺　冼光　马文盛
马龙　马骙　王士昭　蒋钦　刘珂　平世用
程材　韩泽　赵经　吴远　邹泰　周季邦
田登　荀凤　陈天祥　徐璁　沈恩　罗凤
邓万斛　姜文魁　杨玮　郑阳　王涣　曹闵
杜玒　刘玉　赵廉　杨溥　阎宇　魏讷
丘泰　徐淮　左辅　郭经　冯颙　熊卓
唐锦　唐钦　徐昂　王琮　顾璘　陈文试

姜 佐	郁 勋	薛 鋆	张 拱	刘 麟	扈 湘
范 渊	高 宾	陶 谐	刘 瑞	聂 瑄	韩 廉
周 玺	张 昊	宁 杲	彭 震	范 璘	刘 溥
王尚宾	金麒寿	庄 祥	戴 冕	程 乾	储 秀
唐 荣	郑思纪	陈 顺	张 芝	邹 贤	边 贡
任 惠	李廷光	秦诚通	刘 烈	耿继玄	李天衢
王 纶	许 蕃	刘 绎	白 杲	严 泰	曹 琛
余 洙	童 品				

胡献（？—1510）中本科进士。历任广西金事等官。张萱《西园闻见录》卷四十五《提学·往行》："胡宪副献，尝为广西提学金事，不可干以私。试毕，诣学，传筹召诸生，以叙上。讲书史，令人人自以所得自陈诵，舛谬伦其轻重，使人人各餍其意而去。立为程法，君亦依程法。夜张灯观书，至丙夜不辍云。"

潘恩（1496—1582）生。（据《弇州四部稿·资政大夫都察院左都御史进阶荣禄大夫赠太子少保谥恭定笠江潘公行状》："自是多忽忽善忘，寻感脾疾，月余而逝矣。距其生盖弘治（丙辰）之三月二十六日也，享年八十有七。"字子仁，上海人，嘉靖癸未进士，官至左都御史，谥恭定。事迹附见《明史》周延传。有《潘笠江先生集》十二卷近稿十二卷附录一卷。

顾璘进士及第，邵宝告以储巏为人。《息园存稿文》卷六《通议大夫南京吏部左侍郎储公行状》："公体貌清羸，若不胜衣，端默简重，凝然具台阁之器。为文简古多思，尤深于诗，冲澹沉蔚，兼晋唐之风，士林宝之为训。好贤惜才，凡海内知名之士，无老少远近，咸见推引。阨穷弗达者，必思振起之。辟远非类，不恶而严，未尝有不善人至其门也。初璘举进士，今司徒无锡邵公尝相语曰：'子持身当以柴墟为方，终不为非人累。'其见推重如此。每与学士大夫语，必政事文学等事，否则端坐终日而已，人莫敢言其私。居常与家人言，亦恒引古贤孝贞烈故事为训，绝无燕昵语。"《息园存稿文》卷一《关西纪行诗序》："弘治丙辰间，朝廷上下无事，文治蔚兴，二三名公方导率于上。于时，若今大宗伯白岩乔公宇、少司徒二泉邵公宝、前少宰柴墟储公巏、中丞虎谷王公云凤，皆翱翔郎署，为士林之领袖。砥砺乎节义，刮磨乎文章，学者师从焉。璘方举进士，得从宴游之末，奉以周旋。窃见诸公契谊笃厚，切切以艺业相规拟，无猜嫌，虽古道德之世，无以加也。"

闰三月

改顾潜、陈凤梧等二十人为庶吉士。《馆阁漫录》卷七《弘治九年》："闰三月戊申朔。己酉，选进士顾潜、陈凤梧、濮韶、陈谘、胡献、张绍龄、华昶、陈霁、杨褫、叶德、贾咏、汪伟、工崇献、王九思、张弘至、徐忱、陈琳、戴铣、陶谐、刘瑞二十人为庶吉士，命詹事府少詹事兼侍讲学士张升、侍读学士王鏊教之。壬戌，录故太常寺少卿兼侍读陆钺之子监生爱于中书舍人习字出身。甲子，大学士徐溥等以内阁书浩繁，请以翰林院待诏潘辰管典籍事，仍乞谕吏部于教官内选除典籍一员，与之供事。从之。遂升河南息县教谕夏赉为翰林院典籍。"李开先《李开先集·闲居集》之十《渼陂王检讨传》："至丙辰，则文学成矣。第进士，考选庶吉士，试题乃端阳赐扇诗，翁有'谁剪巴江，天风吹落'之句，闻者以为必膺首选。何也？以其似李西涯之作。已而名出，果然。"

四月

甲申，南京国子监祭酒罗璟乞致仕，许之。戊子，升右春坊右谕德管国子监司业事刘震为南京国子监祭酒。（据《明孝宗实录》卷一百十二）《馆阁漫录》卷七《弘治九年》："四月戊寅朔。甲子，南京国子监祭酒罗璟乞致仕，许之。戊子，升吏部左侍郎周经为户部尚书。升右春坊右谕德、管国子监司业事刘震为南京国子监祭酒。己丑，南京吏部缺尚书，吏部拟礼部左侍郎徐琼、南京吏部右侍郎梁璟名，特命礼部尚书倪岳升太子少保、南京吏部尚书。时琼有援，欲代岳，遂有是命。甲午，先是，兵部尚书马文升并南京监察御史郭𬇙，以皇太子将出阁读书，各疏请慎选宫僚，以充辅导等官。至是，大学士徐溥等会吏部尚书等官，推举詹事府少詹事、侍讲学士张升等十二人以闻。上命侍读学士王鏊兼左谕德，侍读杨廷和、侍讲张天瑞改左中允、右中允，修撰费宏、杨时畅改左右赞善，编修吴俨、靳贵俱兼校书，左寺副周文通、右寺副刘棨俱兼正字，升及右谕德王华、洗马杨杰仍以旧职供事，丁酉，升侍讲黄珣为右春坊右谕德，管国子监司业事。戊戌，升翰林编修苏葵为江西按察司佥事，提调学校。己亥，录故大学士刘吉之次子准为礼部主事。升詹事府少詹事兼翰林侍讲学士张升、国子监祭酒林瀚俱为礼部右侍郎，瀚仍掌国子监事。"

周经任户部尚书。《明鉴纲目》卷五："纲：丙辰九年，夏四月，以周经（字伯常，阳曲人。）为户部尚书。目：时帝宽仁，而户部尤奸蠹所萃，挟势行私者，不可胜纪，少不如意，谗毁随之。经悉按祖宗成宪，略无所顾，宽逋缓征，裁节冗滥，虚冒苟切之风少衰。"

庞泮、刘绅等下狱。《明鉴纲目》卷五："纲：下给事中庞泮，（字元化，天台人。）御史刘绅（掖县人。）等于狱。目：岷王奏劾武冈知州刘逊，（安福人。）命锦衣官校逮之。泮等率科道官上言：'锦衣不宜轻遣，逊所坐微，而王奏牵左证百人，势难尽逮，请敕抚按官体勘。'帝以亲王劾一州官，辄交章奏沮，下泮等给事中四十二人绅等御史二十人于狱，六科署空。吏部尚书屠滽，（鄞县人。）请命尚宝司及中书，代收部院封事。侍读学士杨守阯，（字维立，鄞人。）贻书责滽，乃率九卿申救，泮等得释，逊亦无事。"

刑部左侍郎戴珊为南京刑部尚书。少詹事兼翰林院侍讲学士张升，国子祭酒林瀚俱为礼部右侍郎，瀚仍署祭酒。（据《国榷》卷四十三）

五月

升翰林院检讨李逊学为浙江按察司佥事，提调学校。辛亥，升翰林编修白钺为本院侍读，以九年秩满也。（据《馆阁漫录》卷七《弘治九年》）

六月

翰林修撰李旻为左春坊左谕德。（据《国榷》卷四十三）

七月

林俊引疾归。《见素集》附录《编年纪略》："八年乙卯秋，监湖广乡试。十二月，朝觐京师。九年丙辰，公年四十五，推江西右布政使、陕西左布政使。七月，疏致按察使事，不待报而行。抚按疏请得旨，准暂回原籍养病，不为例。过蕲州，谒祖敬斋公祠。九月抵家，野服见客。葬伯父静守公，营菊庄公寿藏。"《明史》林俊传："九年引疾，不待报径归。久之，荐起广东右布政使，不拜。"

翰林检讨陈端，进士王用才为汝府左右长史。（据《国榷》卷四十三）

八月

骆文盛（1496—1554）生。字质甫，武康人，嘉靖乙未进士，官翰林院编修。有《骆两溪集》十四卷附录一卷。《四库全书存目丛书》集部第100册，《骆两溪集》十四卷附录一卷。孙升《骆两溪墓志铭》："于弘治丙辰八月五日生公。自幼质厚才颖，不类凡儿。年十三，丧父，哀毁如成人。弱冠补邑庠生，善属文，蚤擅时誉。"

十月

彭华（1432—1496）卒。《馆阁漫录》卷七《弘治九年》："十月甲戌朔。己卯，前太子少保、礼部尚书兼学士彭华卒。华字彦实，江西安福人。景泰五年进士，改翰林庶吉士，授编修，与修《大明一统志》。《英庙实录》成，升侍读，充讲官，进日讲，升侍读学士，署詹事府事。修《续资治通鉴纲目》成，升学士。孝庙出阁，侍讲读，寻掌院事，升詹事，既而兼学士。《文华大训》成，加从一品俸。二十一年，升吏部右侍郎，仍兼学士，入内阁参预机务。甫半年，遂得疾，进太子少保、礼部尚书，舆归其乡。至是卒，年六十五。讣闻，赠太子少傅，赐祭葬，谥文思。华自少性资警敏，乡人奇之。入官翰林，才名颇著。平居寡言笑，及论辨古书疑义，事当成败，多奇中。为文章严整，其峭厉如其性。然为人险谲用数，深机莫测，人与之异，或上之者，必为倾排。吏部尚书王翱之去位，则华以计言于陈文；萧彦庄之劾吏部尚书李秉、布政丘陵等，亦华授之意。后因陵奏与彦庄廷鞠，其辞甚辨，彦庄不能对，怨华，将吐实而自发，人始知之。大学士万安之排侍郎邢让、祭酒陈鉴、吏部尚书尹旻之祸，构连无罪，策皆自华。乡人李孜省、邓常恩方获宠，华尽为计策，希恩报怨，取效旦暮。又引万安，交李、邓为倚助，安且亲于万内妃弟，华为万氏谋，而寓深意。一时朝士不附者，多为所倾，如大学士刘珝之去，及王恕、马文升、秦统、刘宣、罗璟辈之相继斥逐，皆华与安同谋也。宣、璟皆华同乡，特嫉其近实，不类己，遂及之。初，华之得参机务也，实出自奥援，故天下人至今犹诵'八百宪台升李裕，三千馆阁荐彭华'，大为耻笑云。"

授故少詹事兼学士柯潜之子宗文为中书舍人。辛卯，翰林编修程楷丁忧服阕，复除原职。（据《馆阁漫录》卷七《弘治九年》"十月"）

进士范兆祥为翰林检讨。（据《国榷》卷四十三）

十一月

升南京太常卿郑纪为南京户部右侍郎。（据《馆阁漫录》卷七《弘治九年》）

十二月

徐珪上疏请革东厂，黜为民。《明鉴纲目》卷五："纲：冬十二月，刑部吏徐珪（应县人）请革东厂，黜为民。目：刑部郎中丁哲（嵊县人），员外郎王爵（安福人），断狱忤东法司，承太监杨鹏指，拟哲等罪徒。（先是，千户吴能，以女付媒者，鬻于乐妇张，后转鬻乐工袁璘。能殁，妻聂访得之。女怨母鬻己，诡言非己母。聂与子劫女归，璘往赎，不从，讼于刑部。哲与爵同讯得情，璘语不逊，哲笞璘，数日死，御史已验瘗。东厂中官杨鹏从子尝与女淫，遂教璘妻讼冤于鹏，且令前媒者证聂非女母，镇抚司论拟。奏下法司廷讯，女及媒者具吐实。法司奏哲等因公杖人死，罪尝徒，而女止于杖。）珪不平，抗疏曰：'臣在刑部三年，每见鞫问盗贼，多东厂镇抚司缉获，或校尉挟私诬陷，或为人报仇，或受首恶赃，令旁人抵罪。刑官洞见其情，莫敢改正，以致多枉杀人。臣愿陛下，革去东厂，以绝祸原，则太平可致。臣一介微躯，自知不免，与其死于虎口，孰若死于朝廷。愿陛下斩臣首，行臣言，虽死无恨。'帝以其狂诞，发原籍为民，哲等放归。已而观政进士孙盘（辽阳人）上疏曰：'近者言官劾人，率乘势败，而排触奸幸，反出胥吏，议者羞之。请定建言为四等，最上弹劾权贵，其次补拾阙遗，又其次建白时政，有裨国家，皆分别擢叙。其粉饰文具，循默不言者，则罢黜之。'时不能用。（后珪以荐擢知州，有平盗功。盘为主事，请尽彻还镇守内臣，不从，累官至河南佥事。）"

本年

诏举将材。郑纪疏上武举事目甚详。谓武举之科，将材所系，请创制以补阙典。（据郑纪《东园文集·附录》）郑纪《东园文集》卷四《奏设武举以培养将材疏》："臣愚以为今日之计，必须依仿唐、宋故事，开设武举之科，以策论定去取，以弓马定高下。凡在京并外卫指挥、千百户袭替儿男、军民舍余人等有志武艺者，俱许三年一次乡试，悉如民生应试者例。徵聘名儒，以司考较。初场则以《武经》、《百将传》并诸家兵法，试其论策而观其韬略智识、该博断制之材。次场则试以古今阵势、兵器、车舟、名物，俾其图画贴说，各注制度、行使之法，而观其布置运用、变化开合之妙。俱糊名易书，定为上、中、下三等。末场则于教场中试其弓、马、枪、刀、炮、铳，以观引众致远、斩将夺旗之勇。京闱则钦命总兵官二员，会同兵部官、巡按京畿御史，并选委各营把总公正官员，省闱则巡按御史会同都、布、按三司。五更试起，日晡而罢。当日公定优劣，亦分为上、中、下三等，随即密封送入试院，与考试官分配等第。论策、弓马、阵法俱优者，列为上等。论策颇优而弓马稍次者，列于中等之前。弓马颇优而论策不及者，列于中等之后。论策、弓马俱不及者，退在下等。照例择日揭晓。上中二等，送该部引奏会试。下等者发回原卫肄业，以俟后科。三科不中者，照依原袭等级递降，带俸差操。其公、侯、伯应袭子孙，免其乡试，径送会试，俱如春闱事例。兵部奏请命官，初、中二场策论、阵图分别等第，与乡试一般。末场则兵部请钦命京营总兵官、五府掌府事并科道掌印等官于大较场中考试，务尽一日之力，俾弓马、阵势各得以尽其材。等第揭晓，俱照前例。下等先发在京武学肄业，三科不中，止照原袭带俸差操，不与管事。上、中二等，兵部奏请于内苑闲旷去处，设立教场。礼部预订仪注，请圣驾亲临御幄，先试弓马，次及阵势……今陛下亲阅武举，非惟远稽古制，近法祖宗，而片时之顷，英雄毕集，而将兵将将之术，亦得以兼收于渊臆矣。试罢，就于会试上等之中，参以御试名次，拔出三人，以居一甲。其余照依原定次数，分为二甲，亦用黄榜张挂。一甲应袭者即袭其祖父官爵，原无官者，定与见任应袭武职。二甲三甲者，只作冠带舍人名目，俱给本等禄米并随身口粮，分送各边，跟随总兵官杀贼。一年更换一边，各边历遍，又曾经战一二次，镇巡总兵官具奏，巡按御史核实，方许起送。该部查审明白，就以原袭并以应得官爵到任管事。如此则将弁人人自奋，非徒有志者不肯甘居人下，无志者亦欲保其父祖官爵，非徒袭替者得其科甲之荣，而带俸者亦有进身之阶。"

杨一清在陕西提学副使任。《国朝献征录》卷十五《文襄杨公一清行状》云："丁母张夫人忧。服阕，改陕西提学副使，创建正学书院。拔各学俊秀会业于中，亲为督教。其大规先德行而后文艺，故院中士喧魁天下为状元者二人，其以学行功业著闻者甚多，具见于《正学书院志》及《关西政教集》。"《怀麓堂集》卷六十五《重建正学书院记》云："正学书院，为道学而作也，院在陕之西安。盖宋横渠张子倡道之地，门人吕大钧辈皆得其传。元鲁斋许公来主学事，亦多造就。后省臣建议为书院，合祀横渠、鲁斋，及其乡贤杨元甫，而聚徒讲学其间，朝廷赐以经籍，给之学田。张忠文公养浩实记其事。入国朝百余年，遗址为兵民所据，而坊名尚存。弘治丙辰，杨君一清始倡之。时巡抚都御史张公敷华、巡按御史李君瀚以为业久不可夺，乃属参政汪君奎、副使马君龙督府卫别度吉壤，得诸城之正中，为秦府隙地。秦简王闻而捐之，知府严君永浚议重建焉。"《明史》杨一清传云："以副使督学陕西。一清貌寝而性警敏，好谈经济大略。在陕八年，以其暇究边事甚悉，入为太常寺少卿，进南京太常寺卿。"《列朝诗集小传》丙集："提学陕西，赏识李献吉，召置门下。故《石淙稿》属献吉评点行世，而献吉亦亟称公之诗笔与长沙并驾。盖当成、弘时，长沙为一世宗匠，献吉并举杨、李，不欲使专主齐盟，轩杨正所以轻李也。文章千古事，非一家私议，而献吉之用心如此，于两公则何所加损哉？"

张宁卒，年七十一。《静志居诗话》卷七《张宁》："黄门赋才捷敏，不费沉思。两使朝鲜，水馆星邮留题殆遍。陪臣朴元亨以刑曹判司为馆伴，诗篇酬和，殊不相下。及偕登太平馆楼，黄门成七言长律六十韵，元亨诵至'溪流残白春前雪，柳折新黄夜半风'之句，乃阁笔曰：'不能属和矣。'使还，旋为大臣所忌，出守汀州，与岳文肃同日拜命。致仕归，而筑方洲草堂于海澨，迭石为山，上有峰曰苍玉，曰挂颊，曰小飞来岩，曰宿雨，曰滴露洞，曰归云坡，曰兰雪岫，曰茶烟峤，曰咏月矶，曰卓笔泉，曰洗研池，曰映山，皆劖于石，而通目之曰'一笑山'。家居三十年，歌诗画笔与云东逸史齐称。暮年无子，有二婢子曰寒香、晚翠，剪发自誓，不下楼者四十年，有司以闻，诏旌为双节。释明秀诗云：'交剪云鬟报主恩，镜台花落洗头盆。同心誓死方洲上，霜月寂寥夜照门。'一时和者甚众。黄门尝过杭州，泼墨写《目送飞鸿手挥五弦图》，纵横潦草，侍婢笑之，题诗云：'闲寻败笔作图画，小鬟立侍笑欲倒。山头颓似土灰堆，树根乱若蓬蒿草。'所云小鬟，殆即寒香、晚翠乎？"

钱德洪（1496—1574）生。张惟骧《疑年录汇编》卷七："钱绪山七十九德洪，生弘治九年丙辰，卒万历二年甲戌。"《明史》儒林传："钱德洪，名宽，字德洪，后以字行，改字洪甫，余姚人。王守仁自尚书归里，德洪偕数十人共学焉。四方士踵至，德洪与王畿先为疏通其大旨，而后卒业于守仁。"黄宗羲《明儒学案》卷十一："钱德洪字洪甫，号绪山，浙之余姚人。……二年十月二十六日卒，年七十九。"

欧阳德（1496—1554）生。据《明儒学案》卷十七《文庄欧阳南野先生德》。《明世宗实录》卷四百八："（嘉靖三十三年三月）癸亥，礼部尚书兼翰林院学士欧阳德卒。德，江西泰和人。"张惟骧《疑年录汇编》卷七："欧阳南野五十九德，生弘治九年丙辰。"《明史》儒林传："欧阳德，字崇一，泰和人。甫冠举乡试。"黄宗羲《明儒学案》卷十七："欧阳德字崇一，号南野，江西泰和人。……三十三年三月二十一日卒于官，年五十九。赠太子少保，谥文庄。"字崇一，泰和人，嘉靖癸未进士，官至礼部尚书。卒谥文庄。有《欧阳南野先生文集》四卷。

明孝宗弘治十年丁巳（公元1497年）

二月

侍讲学士杨守阯请循旧例考察翰林院学士，从之。《馆阁漫录》卷八《弘治十年》："辛卯，吏部奉旨考察两京五品以下官，照弘治元年例。于是侍讲学士杨守阯上疏言：'臣与掌詹事府事、侍讲学士王鏊，俱在随属听考之数。但臣等俱掌印信，俱有属官，进而与吏部会考所属，则将坐于堂上；退而听考于吏部，则当候于阶下。一人之身，顷刻异状，其于观视，已甚不美。况我朝列圣，于学士之官，特加优异，如庆成待宴，坐于四品班上，圣驾视学，与三品以上官坐彝伦堂内。今四品官不属考察，而学士乃与讲读学士一概听考，其于事体，亦甚不便。且学士之职，乃讲读撰述之事，非有钱谷、刑狱、簿书之责，其称职与否，圣鉴昭然。若非其人，自甘赐斥，又有不待于考察者。伏望断自宸衷，循用旧典，特假优礼，示崇重儒臣之意。'从之。"

三月

孝宗与阁臣议政文华殿。《馆阁漫录》卷八《弘治十年》：三月，"甲子，经筵毕，上遣太监韦泰至内阁，召大学士徐溥、刘健、李东阳、谢迁至文华殿御榻前，上出各衙门题奏本曰：'与先生辈商量。'溥等每本议定批辞，乃录于片纸以进。上览毕，亲批本面，或更定三二字，或删去一二句，皆应手疾书，略无疑滞。有山西巡抚官本，上曰：'此欲提问一副总兵，何如？'溥等对曰：'此事轻。副总兵恐不必提，止提都指挥以下三人可也。'上曰：'然边情事重，小官亦不可不提耳。'又礼部本拟一'是'字，上曰：'天下事亦大，还看本内事情。'因取本阅之，则曰：'是只须一是字足矣。'又一本，健奏曰：'此本事多，臣等将下细看拟奏。'上曰：'就此商量岂不好？'既又指馀本曰：'此皆常事，不过该衙门知道耳。'因命左右赐茶而退。盖自即位以来，宣召顾问，实自此始云"。

诏内阁及翰林儒臣纂修《大明会典》。《明孝宗实录》卷一百二十三"弘治十年三月戊申（初六）"："敕谕少傅兼太子太傅吏部尚书谨身殿大学士徐溥、太子太保礼部尚书兼武英殿大学士刘健、礼部右侍郎兼翰林院侍读学士李东阳、詹事府詹事兼翰林院侍讲学士谢迁，曰：'朕嗣承丕绪，以君万邦，远稽古典，近守祖宗成法，夙夜祗惧，罔敢违越。惟我太祖高皇帝创业定制，所以为子孙计者至矣。御制之书，连篇累帙，宏纲众目，极大而精。随制随改，靡有宁岁。后所施行，未尽更定。迨我太宗文皇帝继正大统，益弘远图。列圣相承，至于皇考，皆因时制宜，或损或益，盖有不得不然者，期不失乎圣祖之意而已。顾其条贯散见于简册卷牍之间，凡百有司，艰于考采，下至闾里，或未悉知。皇祖英宗睿皇帝尝有志纂述，事弗克竟，以遗朕躬，是不可缓。兹欲仰遵圣制，遍稽国史，以本朝官职制度为纲，事物、名数、仪文、等级为目，一以祖宗旧制为主，而凡损益同异，据事系年，汇列于后，萃而为书，以成一代之典。俾天下臣民咸得披诵，庶几会极归极，底于泰和。尔等其各殚心力，详录而谨书之，务使文质适中，事理兼备，行诸今而无弊，传诸后而可征，以称朕法祖图治之意。尔等其钦承之。故谕。'遂命溥、健、东阳、迁充总裁官，太常侍卿兼翰林院侍讲学士程敏政、翰林院侍讲学士兼左春坊左谕德王鏊、翰林院侍讲学士杨守阯充副总裁官。内阁大学士徐溥等言：'臣等奉敕纂修书籍，所须断自宸衷，赐以名目，使中外有司晓然知圣意所在，纂修者有所依据，承行者易于遵奉。'上命书名《大明会典》。"

黄瑜卒，年七十二。《北京图书馆珍藏本年谱丛刊》第 40 册，黄佛颐《双槐公年谱》："十年丁巳，七十二岁。是岁三月二十二日，预知游期。晨起犹洒扫庭内，哦《万里铭旌》诗。其夜问仆黄阿三曰：'三更乎？'已而报曰：'三更矣。'遂端坐，翛然而逝。"

四月

兵科给事中束思恭劾奏南京国子监祭酒刘震。《明孝宗实录》卷一百二十四：弘治十年四月丁亥，"兵科给事中束思恭劾奏南京国子监祭酒刘震，先任国子监司业，行检不修，今升南京祭酒，不厌众望。乞别选贤才，以充其任。上命震具实回奏，奏上，上复留，仍旧供职"。

五月

丁卯，授翰林院庶吉士汪俊为本院编修，俊时以病痊至也。（据《馆阁漫录》卷八《弘治十年》）

南京国子祭酒李杰服除，改太常寺少卿兼翰林院侍读学士。（据《国榷》卷四十三）

六月

礼科给事中叶绅奏言"资荫之恩不宜太滥"。礼部会议遂定"荫叙之法"。黄佐《南雍志》卷四《事纪》："弘治十年六月丁丑，礼科给事中叶绅奏言：'资荫之恩不宜太滥。今阘茸无能、政绩无闻者，三年考满，例得资荫，诚恐太学贤关半为膏粱，所当裁惩者也。'礼部会议遂定荫叙之法：一曰二品大臣合照例准一子，但入监之子未沾一命而死，则恩典已虚，理宜补荫；二曰荫子入监之典，三品以上既同，则补监之恩不宜独异，合照二品事例；三曰凡无子者许立侄承嗣，照例入监；四曰三品以上官员应得恩典而病故未久，合照例许其子孙陈乞，其余一应年远者，俱合禁绝；五曰春宫侍从官员，讲读年久，辅导有功者，死后子孙乞恩入监，取自上裁，其余经筵讲官子孙不许滥比；六曰林荣、黄乾亨、林霄，虽非三品，但奉命出使海外，死于波涛，没于蛮瘴，诚可矜悯，宜加恩恤。今后凡非奉使外国，遭罹死祸，事状明白者，子孙不许妄援前例；七曰杂流出身，不系文职正途三品以上官员，不许夤缘乞荫。'上是其言。"

起王越总制三边军务。《明鉴纲目》卷五："纲：冬十月，起王越总制三边军务。目：帝即位初，越自安陆赦还，屡疏讼冤，下廷议，列上其功罪，诏复左都御史致仕，时越年已七十矣。复结中官李广，以中旨召掌都察院事，言官交章论奏，乃寝。及是，小王子和硕诸部，屡犯边，辽东、宣大、延绥、甘肃俱被残，廷议复设总制官，先后会举七人，不称旨。吏部尚书屠滽，以越名上，诏起原官，总制甘凉军务。越言甘镇兵弱，非藉延、宁两镇兵，难以克敌，请兼制两镇。从之。"

拣选操练禁兵。《明鉴纲目》卷五："纲：简阅禁兵。目：马文升疏言：'历代兵制，不使权归一人。汉制有南北军，南军守王宫，主禁卫；北军护京师，听征讨。各有所掌，而南军尤托以腹心。我太祖法古制，十六卫亲军指挥使司，不隶五府，为禁兵，即古之南军也。其它卫属五府，即古之北军也。永乐中，增设十二卫，又选精壮数千人，属御马监，更番上直。近年禁兵废弛，请敕大臣拣选操练，令更番直各门，官为钤束出入。'从之。"

华察（1497—1574）生。据王世贞《明故翰林院侍读学士掌南京翰林院事奉训大夫华公墓碑》："公以弘治丁巳季夏之六日生，卒以万历之甲戌仲夏二十七日，春秋七十有八。"字子潜，无锡人，嘉靖丙戌进士，选庶吉士，改户部主事，历兵部郎中，再改翰林修撰，迁侍读学士，掌南院。

皇甫涥（1497—1546）生。字子安，长洲人，嘉靖壬辰进士。除工部主事，调礼部，历郎中，改补右春坊司直，兼翰林检讨，左迁广平通判，量移南京刑部主事，进员外，升浙江按察佥事。父录，弘治九年进士，任重庆知府，生四子：冲、涥、汸、濂。兄弟并好学工诗，称皇甫四杰。涥有《皇甫少玄集》《皇甫少玄外集》。《甫田集》卷三十三《浙江按察司佥事皇甫君墓志铭》："母夫人黄氏生君兄弟四人，君其仲也。黄夫人梦人授巨鼎而生，韶秀异常，能言即解诵书占对，敏给如成人。稍长，绩学缀文，遂有名世之志。及选入郡学为诸生，益事博综。兄弟自相师友，扬榷探竟，务求抵极，摭词发藻，迥出辈流。……君生弘治丁巳六月某日，卒嘉靖丙午三月九日，享年五十。"

七月

改南京通政司右通政焦芳为太常少卿兼翰林院侍讲学士。上在春宫时，芳侍讲读，敷析明畅，尝辨质讹误，为学士彭华、大学士万安诬构以去，久淹外任。上意久属之，会服阕至京，乃有是命。（据《馆阁漫录》卷八《弘治八年》）

八月

癸酉，命太常少卿兼侍读学士李杰、太常少卿兼侍讲学士焦芳充纂修《大明会典》副总裁。己未，命礼部右侍郎兼侍读学士李东阳之子兆先为国子监生，从其请也。（据《馆阁漫录》卷八《弘治十年》）

十月

甲戌，南京翰林院侍读学士曾彦引年乞致仕，从之，赐以诰命。乙酉，升翰林侍读马廷用为南京侍读学士。己丑，赠前少保兼吏部尚书、谨身殿大学士王文为太保，谥毅愍，赐诰命。文天顺初为石亨等构死，至是，其子兵部侍郎宗彝乞申雪，故有是命。（据《馆阁漫录》卷八《弘治十年》）

翰林侍读马廷用为南京侍读学士。（据《国榷》卷四十三）

十一月

乙巳，翰林院编修刘存业病痊至京，复除原职。壬子，录故少保、吏部尚书兼华盖殿大学士李贤之孙锡以中书舍人习字出身。（据《馆阁漫录》卷八《弘治十年》）

命太医院官并医生、医士子孙弟侄，凡册内有名者，许仍旧应顺天府乡试。《明孝宗实录》卷一百三十一：弘治十年十一月癸卯，"太医院使王玉奏：'本院官并医生、医士子孙弟侄，凡有谙习举业者，例得应顺天府乡试。近给事中赵竑奏："止许食粮当差医士、医生应试，而子弟不得复与进用。"人才不宜故为是沮隔也，乞如旧便。'礼部覆奏，得旨，命凡册内有名者许仍旧入试"。

进士周玺、徐昂、熊伟、艾洪、周鼎、邹轩、尚衡为给事中。（据《国榷》卷四十三）

本年

柯维骐（1497—1574）生。据张时彻《柯希斋传》。字奇纯，莆田人，嘉靖癸未进士，官南京户部主事。《续修四库全书》第 308 册录明嘉靖刊本《宋史新编》，第 939 册录明刊本《柯子答问》六卷。北京大学图书馆藏明嘉靖刊本《史记考要》十卷。三书皆非诗文。朱彝尊《明诗综》称维骐有《艺余集》，今已不见欤？《明史·文苑传》称："《宋史》与《辽》《金》二史，旧分三书，维骐乃合之为一，以辽、金附之，而列二王于本纪。褒贬去取，义例严整，阅二十年而始成，名之曰《宋史新编》。又著《史记考要》、《续莆阳文献志》，及所作诗文集并行于世。"则特以纂史之功，名登《文苑传》。此与赵埙同例。

陆采（1497—1537）生。名灼，更名采，字子玄，长洲人。粲之弟。号天池山人。南京国子监就学二十年，屡试不第。有《冶城客论》。《陆子余集》卷三《天池山人陆子玄墓志铭》："天池山人陆子玄者，吾弟也。名灼，更名采，世吴人。吴之西境有山曰天池，盖道书所称可以度世者也，君意慕之，因自谓山人云。君生踔厉英发。始为校官弟子，不屑守章句，纵学无所不观。从其妇翁故太仆少卿都公游，锐意为古文辞，寻以例升太学，益务精进，视当世显人名能文章者，辄往，踏门自通，赘以所业，皆一见赏爱，其名遂隐然以起。自江以东，学士多延颈愿交者，而君意独自许用世，谓功业可立取，时时于广坐中，奋髯抵掌，论天下事，语多触时禁，客不乐闻，稍稍引去。或目笑之，君色自如，不为止。在太学二十年，累举辄踬，遭世玩侮，中不能无少望。日夜与所善客剧饮歌呼为乐，间出游，或经月忘返。橐中装无一钱，从者以告，若弗闻也。东登泰岱，赋游仙三章，慨然有轻举之志。"

明孝宗弘治十一年戊午（公元 1498 年）

正月

礼部奏准开科事例。移文本监，令举人所作文字，惟纯雅通畅，毋得浮华险怪艰涩，不许引用谬误杂书；其陈时务，须要斟酌得宜，便于实用，不许泛为夸大及偏执私见，有乖醇厚之风，小录文字，务要文理纯者录出，不许代作及将原文改刻。（据黄佐《南雍志》卷四《事纪》）

二月

以皇太子将出阁讲学，设侍班官、讲读官等。《馆阁漫录》卷八《弘治十一年》："二月丁卯朔。癸酉，录故少师兼太子太师、吏部尚书、华盖殿大学士刘吉之子皋为中书舍人。甲午，大学士徐溥等以皇太子将出阁讲学，请以太常少卿兼侍讲学士程敏政、侍讲学士杨守阯、左春坊左谕德李旻、司经局洗马梁储充侍班官；太常少卿兼侍读学士李杰、太常少卿兼侍讲学士焦芳、侍读学士兼左谕德王鏊、右谕德王华、洗马杨杰，侍读刘机、江澜、白钺，侍讲武卫、左中允杨廷和、右中允张天瑞、左赞善费宏充讲读官；编修兼校书吴俨、靳贵、礼部员外郎兼正字周文通、大理寺右寺副兼正字刘荣，俱更直供事。又以詹事府缺官管事，请改敏政为詹事兼学士，升鏊为少詹事兼侍读学士。上俱从之，仍命溥及大学士刘健、李东阳、谢迁提调各官讲读。丙申，敕吏部，少傅兼太子太傅、吏部尚书、谨身殿大学士徐溥加少师兼太子太师、华盖殿大学士，尚书如故；太子太保、礼部尚书兼武英殿大学士刘健加少傅兼太子太傅、户部尚书、谨身殿大学士，礼部右侍郎兼侍读学士李东阳升太子少保、礼部尚书兼文渊阁大学士，詹事府詹事兼侍讲学士谢迁升太子少保、兵部尚书兼东阁大学士，太子太保、兵部尚书马文升加少傅兼太子太傅，太子太保、吏部尚书屠滽加太子太傅，太子少保、刑部尚书白昂加太子太保；户部尚书周经、礼部尚书徐琼、工部尚书徐贯、都察院左都御史闵珪俱加太子少保，尚书、都御史各如故。"

童轩卒，年七十四。《怀麓堂集》卷七十八《明故资政大夫南京礼部尚书致仕赠太子少保童公神道碑铭》："戊午二月十九日，卒于正寝。……强学好问，为文通博；诗尤丽则，得唐人体裁。所著《清风亭稿》行于世。《枕肱集》《海岳涓埃》《谕蜀稿》《筹边录》，藏于家。"《清风亭稿·清风亭稿题词》魏骥《寄题清风亭稿》："累牍联编辱拜嘉，从知丽则异淫哇。十年苦忆非徒慰，一代名言自足夸。出入陶韦殊脱颖，规模元白已成家。太平歌颂须君手，玉署期看振国华。"

程敏政为詹事兼翰林院学士，王鏊为少詹事兼侍读学士。（据《国榷》卷四十三）

三月

皇太子出阁读书。《馆阁漫录》卷八《弘治十年》："三月丁酉朔。己亥，皇太子出阁讲学，上赐御酒珍膳，宴三师三少并讲读等官于文华殿门外之西耳房，各赐宝钞有差。戊申，授翰林院庶吉士薛格为本院检讨，格时以病痊至也。癸亥，升詹事府詹事兼学士程敏政为礼部右侍郎。仍兼学士，掌詹事府事。敏政时行取始至也。"《明鉴纲目》卷五："纲：戊午十一年，春三月，皇太子出阁讲读。（东宫宦竖，不欲太子近儒臣，数以事间讲读。詹事吴宽上疏曰：'东宫讲学，寒暑风雨则止，朔望令节则止，一年不过数月，一月不过数日，一日不过数刻。进讲之时少，辍讲之日多，岂容复以他事妨之？古人八岁就傅，即居宿于外，欲令离近习，亲正人，庶民且然，况太子天下本哉！'帝嘉纳之。○宽字源博，长洲人。）"

授翰林院庶吉士薛格为本院检讨。格以病痊至也。（据《明孝宗实录》卷一百三十五"弘治十一年三月戊申"，薛格为弘治六年庶吉士。）

詹事程敏政为礼部右侍郎，仍兼翰林院学士，署詹事府。（据《国榷》卷四十三）

春

陈鳌授遂昌训导。程敏政《篁墩文集》卷三十五《赠遂昌训导陈文元序》："弘治戊午（十一年）春，天下儒学生以贡上京师，愿就教职者七百人。吏部汰其半以请，诏试于翰林，又汰其半。而吾郡陈鳌文元与焉，亦可谓难矣。"

五月

翰林院编修沈焘丁忧服阕，复除原职。（据《馆阁漫录》卷八《弘治十一年》）

六月

命故翰林学士沈度孙世隆为中书舍人，内阁制敕房办事。盖上善书，雅好度书法，尝有旨命访其子孙。至是，礼部以世隆应诏，遂有是命。（据《馆阁漫录》卷八《弘治十一年》）

七月

辛丑，翰林院编修徐穆病痊至京，复除原职。甲辰，命司经局洗马梁储、翰林院侍读刘机为应天府乡试考官。（据《馆阁漫录》卷八《弘治十一年》）

八月

八月甲子朔，录故南京礼部尚书倪谦之子泽于中书舍人习字出身。以泽自陈谦在天顺中，尝有春宫讲读之劳也。戊辰，命右春坊右谕德王华、左春坊左中允杨廷和为顺天府乡试考官。癸酉，赐致仕大学士徐溥白金三十两，宝钞三千贯，纻丝衣一袭，复命其甥翰林编修吴俨驰驿护送还家。（据《馆阁漫录》卷八《弘治十一年》）

两京及河南、山东、陕西、山西、浙江、湖广、江西、福建、广东、广西、四川、云南等十二布政司乡试；贵州士子附云南乡试。

何景明为河南乡试解元。乔世宁《何先生传》："归，又受《尚书》长兄景韶所，甫数月即以《尚书》魁河南省试。当是时，年才十五也。诸王公大人争迎致一见，候车尝数十乘，所过人观者如堵。既入京师，游太学，祭酒林公又甚爱重贤之，归则诗赠焉。于是名盛传海内，犹凤鸣麟出，世人惊睹也。"

唐寅乡试夺魁，文林曾荐之当路。《明史》徐祯卿传附唐寅传："举弘治十一年乡试第一，座主梁储奇其文，还朝示学士程敏政，敏政亦奇之。"《甫田集》卷三十六附录文嘉《先君（文征明）行略》："南濠都公穆，博雅好古。六如唐君寅，天才俊逸。公与二人者共耽古学，游从甚密。且言于温州，使荐之当路。都竟起家为己未进士，唐亦中南京戊午解元。时温州在任，还书诫公曰：'子畏之才，宜发解。然其人轻浮，恐终无成。吾儿他日远到，非所及也。'"《文章辨体汇选》卷五百三十七阎秀卿《唐伯虎传》："唐寅字伯虎，一字子畏，吴县吴趋里人。有俊才，博学多识，善属文，骈俪尤绝，歌诗婉丽，学刘禹锡为人，放浪不羁，志甚奇，沾沾自喜。衡山文林自太仆出知温州，意殊不得，寅作书劝之，文甚奇伟。林出其书，示刺史新蔡曹凤，凤奇之曰：'此龙门燃尾之鱼，不久将化去。'寅从御史考，下第，凤立荐之，得隶名末，果中式第一。先是，洗马梁储校寅卷，叹曰：'士固有若是奇者耶？解元在是矣！'"梁章钜《制义丛话》卷四："（俞桐川）又曰：唐子畏寅风流放达，玩世不恭，竟以此得祸。方宸濠将反时，聘子畏为谋主，子畏既不得志，势若可就，乃托为清狂，遂免于大难，大节凛然如此。世顾取其文而遗其节，何也？余读子畏制义，方严正洁，近于老师宿儒，盖玩世不恭非子畏之本心也。风流放达所以待流俗，方严正洁所以待圣贤，圣贤少而流俗多，则子畏隐矣。陈眉公继儒曰：唐子畏初为诸生，纵酒放怀，时人或非笑之，唐曰：'若闭户经年，取解首如运掌耳。'后弘治戊午果举省元。"

九月

华盖殿大学士徐溥三疏请致仕，许之。《明鉴纲目》卷五："纲：九月，华盖殿大学士徐溥致仕。目：溥居内阁十二年，与刘健、谢迁等，协心辅治，天下并称贤相。至是以目眚，三疏乞休，始许之，恩赉视常典有加。（溥性凝重，度量宏远，既为首辅，事有不可，辄与同列共言之，值帝方向治，于所言亦皆听从。钦天监革职监正李华，为昌国公张峦择葬地，中旨复官，溥等言即位以来，未有内降，幸门一开，末流安底，臣等不敢奉诏，遂收旨还。占城奏安南侵扰，帝欲遣大臣往解，溥等言外国相侵，有司檄谕之足矣，若遣使，万一抗命，亏损国体，问罪兴师，则坐耗中国，非计之得也。于是罢不遣使。诏撰三清乐章，溥等言，汉祀五帝，儒者犹非之，况三清乃道家妄说，一天之上，安得有三大帝，且以周柱下史李耳，当其一，以人鬼列天神，矫诬尤甚。乃止。中官李广，以烧炼斋醮被宠，溥等力言其妖妄，引唐宪宗、宋徽宗为戒。帝深感其言。溥归后逾年卒，赠太师，谥文靖。○张峦，兴济人，皇后父。）"

十月

授翰林院诸官。戊辰，授翰林院庶吉士濮韶、陈霁、叶德、贾咏俱为本院编修，汪伟、王九思、刘瑞俱为检讨，陈诏、华昶、杨褫、张弘至、徐忱、陶谐俱为给事中，顾潜、胡献、陈琳俱为监察御史。诏吏科，昶户科，褫礼科，弘至兵科，忱刑科，谐工科，潜山西道，献广西道，琳云南道。陈凤梧为刑部主事。（据《明孝宗实录》卷一百

四十二)

太监李广畏罪自杀。《明鉴纲目》卷五："纲：冬十月，太监李广有罪自杀。目：广以符箓祷祀，获宠任，权倾中外。劝帝建毓秀亭于万岁山。亭成，幼公主殇，清宁宫复灾。日者谓建亭犯岁忌，太皇太后恚曰：'今日李广，明日李广，果然祸及矣。'广惧，饮药死。帝疑广有异书，使使即其家索之，得贿簿，多文武大臣名，馈黄白米各千百石。帝曰：'广食几何？其家亦甚隘，岂能容是米哉！'左右曰：'隐语耳。黄米者金，白米者银也。'帝怒下法司案问。诸臣皆惧，昏夜赴寿宁侯张鹤龄（峦之子）求解，事得寝。（时方以宫灾求直言，编修罗玘上言曰：'今日之事，如瘿瘤，割之，去易而身危，消之，去迟而身安。窃见文武官贿广求进，廉耻扫地，其间有部寺之尊，将帅之寄，天下四夷，方以为丙魏姚宋，方召卫霍。今一旦暴白，恐生慢易，虽实有丙魏方召之徒，亦不复信，此大可忧也。如遂已之，廉耻愈衰。乞密谕贿广者引退，或以他事黜之，庶可消已成之党，绝未起之祸。章下所司。○罗玘，字景鸣，南城人）"

升武举中式旗手卫指挥使李清等十七人各一级，月加米二石。（据《明孝宗实录》卷一百四十二"弘治十一年十月丙子"）

复征翰林检讨陈献章、中书舍人王汶。汶距京五十里卒于舟。汶，祎曾孙稌之子，成化戊戌进士。谢病归，读书不仕。乡人称齐山先生。年五十七。（据《国榷》卷四十三）梁章钜《制义丛话》卷四："（俞桐川）又曰：言道学者绌风流，言风流者绌道学，皆惑也。陈白沙先生倡学东南，为世儒宗，吾疑其文必方正严肃，确不可犯。今诵其集，潇洒有度，顾盼生姿，腐风为之一洗。吾固知人造其绝者，未尝不有所兼也。道学绝者兼风流，吾求其人合其文，其陈白沙乎？风流绝者兼道学，吾求其人合其文，其唐子畏乎？"

十一月

工部给事中尚衡请监生历事，仍以满十月为期。命所司知之。《明孝宗实录》卷一百四十三：弘治十一年十一月癸卯，"工科给事中尚衡言四事……一、旧例监生历事通以满十月为期，近正历者加五月，杂历者加十六月，甚为未便，欲仍照旧例便。命所司知之"。

闰十一月

授翰林院庶吉士吴节为吏科给事中，戴铣为兵科给事中。节丁忧服阕，铣给假省亲，始至。（据《明孝宗实录》卷一百四十四"弘治十一年闰十一月己巳"）

十二月

白悦（1499—1551）生。字贞夫，号洛原，武进人，嘉靖壬辰进士，官至江西按察司佥事。有《白洛原遗稿》八卷。《四库全书存目丛书》集部第96册，《白洛原遗稿》八卷。王维桢《明尚宝司丞致仕洛原白公墓碑》："白公生弘治戊午十二月二十五日，卒嘉靖辛亥四月二十日，年五十四。"

陕西提学副使杨一清为太常寺少卿，提督四夷馆。（据《国榷》卷四十三）

祠故少保大学士杨溥于石首。（据《国榷》卷四十三）

本年

凡天文生俱以父祖世业代补。有缺，旧例天下访取，仍会礼部考验收用。后或有投充及收用义男妇婿者，礼部议准不许，止选世业子弟，立教师教习有成，遇天文生缺，于内选用。其教师亦量升授。弘治十一年，令访取世业原籍子孙并山林隐逸之士及致仕退闲等项官吏并监生生员军民人等，有能精通天文历数、阴阳地理及五星子平、遁甲大定并六壬占课灼龟等术者，每府不过一二人，试中收充供役。（据正德《明会典》卷一百七十六《钦天监》）

张元祯起复，与修《大明会典》。李东阳《明故通议大夫吏部左侍郎兼翰林院学士掌詹事府事张公墓志铭》："越五年戊午，召修《大明会典》，为副总裁。至，复迁翰林学士掌院事。孝宗隆其名，特置日讲兼侍东宫讲读。数月，以母忧去。"

王畿（1498—1583）生。张惟骧《疑年录汇编》卷七："王汝中八十六畿，生弘治十一年戊午，卒万历十一年癸未。"《明史》儒林传："王畿，字汝中，山阴人。弱冠举于乡，跌宕自喜。后受业王守仁，闻其言，无底滞，守仁大喜。"黄宗羲《明儒学案》卷十二："王畿字汝中，别号龙溪，浙之山阴人。……万历癸未六月七日卒，年八十六。"

林春（1498—1541）生。张惟骧《疑年录汇编》卷七："林东城四十四春，生弘治十一年戊午，卒嘉靖二十年辛丑。"《明史》儒林传："春，字子仁，泰州人。闻良知之学，日以朱墨笔识臧否自考，动有绳检，尺寸不逾。"黄宗羲《明儒学案》卷三十二："林春字子仁，号东城，扬之泰州人。……辛丑卒官，年四十四。"

万表（1498—1556）生。据《明儒学案》卷十五《都督万鹿园先生表》。字民望，晚号鹿园居士，鄞县人。正德末武进士，累官都督同知，佥书南京中军都督府。有《玩鹿亭稿》八卷附录一卷。

皇甫汸（1498—1582）生。字子循，号百泉，长洲人。嘉靖己丑进士，官至云南按察司佥事。与两兄皇甫冲字子浚、皇甫涍字子安、弟皇甫濂字子约，并好学，人称皇甫四杰。与黄鲁曾、黄省曾为中表兄弟，文藻亦相似。《明史·文苑传》附见其兄涍传中。有《皇甫司勋集》六十卷。

明孝宗弘治十二年己未（公元 1499 年）

正月

　　今后南京监生历事十月上选，仍历五月为满。《明孝宗实录》卷一百四十六：弘治十二年正月，"甲戌，吏部覆奏南京吏部尚书倪岳等所言五事……其曰照例附选者，谓两京各衙门历事监生近例，俱加历五月，在京者虽加五月，仍三月上选，南京则直至十五月方附选，人情不堪。请今后南京监生历事十月上选，仍历五月为满，庶彼此适均。……从之"。

二月

　　命太子少保、礼部尚书兼文渊阁大学士李东阳、礼部右侍郎兼学士程敏政为会试考官。（据《馆阁漫录》卷八《弘治十二年》）

　　户科给事中华昶奏程敏政会试作弊事。命礼部议处以闻。《明孝宗实录》卷一百四十七：弘治十二年二月，"丁巳，户科给事中华昶奏：'国家求贤，以科目为重，公道所在，赖此一途。今年会试，臣闻士大夫公议于朝，私议于巷，翰林学士程敏政假手文场，甘心市井，士子初场未入，而《论语》题已传诵于外，二场未入，而表题又传诵于外，三场未入，而策之第三、四问又传诵于外。江阴县举人徐经、苏州府举人唐寅等，狂童孺子，天夺其魄，或先以此题骄于众，或先以此题问于人，此岂科目所宜有？盛世所宜容？臣待罪言职，有此风闻。愿陛下特敕礼部，场中朱卷，凡经程敏政看者，许主考大学士李东阳与五经同考官重加翻阅，公为去取，俾天下士就试于京师者，咸知有司之公。'上令礼部即议处以闻。礼部言：'昶必有所闻，故陈此奏。但恐风闻之事，犹或未真，况未经开榜，不知所指实之人曾取中否？乞如所奏，行令李东阳会同五经同考试官，将场中朱卷凡经程敏政看中者，重加翻阅，从公去取，以息物议。开榜日期，亦乞改移本月二十九日或三月初二日。'上从之，命以三月初二日放榜"。

三月

　　会试发榜，取中伦文叙等三百人。李东阳《怀麓堂集》卷六十二《会试录序》：

"今上御极之十有二年，为弘治己未，天下士会试于礼部者三千五百人。……择其纯，以俟宸断，得三百人。"

伦文叙、丰熙、刘龙等三百人进士及第、出身有差。是科未考选庶吉士。《明孝宗实录》卷一百四十八：弘治十二年三月，"甲戌，上御奉天殿策试礼部会试中式举人伦文叙等三百人，制曰：'朕惟自古圣帝明王之致治，其法非止一端，而孔子答颜渊问为邦，但以行夏之时、乘殷之辂、服周之冕、乐则韶舞为言，说者谓之四代礼乐。然则帝王致治之法，礼乐二者足以尽之乎？宋儒欧阳氏有言：三代而上，治出于一，而礼乐达于天下。三代而下，治出于二，而礼乐为虚名。当时道学大儒，称为古今不易之至论。今以其言考之，上下数千余年致治之迹具在，可举而论之乎？夫三代而上，无容议矣。汉高帝尝命叔孙通定礼乐，鲁两生不至，谓礼乐积德百年而后兴。厥后三国分裂，其臣有诸葛亮者，而世儒乃或以礼乐有兴，或以庶几礼乐许之。盖通与亮之为人，固不能无优劣，要之于礼乐能兴与否，亦尚有可议者乎？我国家自太祖高皇帝以神武创业，圣圣相承，百有余年，礼乐之制作，以时以人，宜无不备矣。然而治效之隆，未尽复古，岂世道之升降不能无异耶？抑合一之实，犹有所未至耶？朕祗承丕绪，夙夜惓惓，欲弘礼乐之化，益隆先烈，而未悉其道，子诸生其援据经史，参酌古今，具陈之，朕将亲览焉'"。《馆阁漫录》卷八《弘治十二年》："三月庚申朔。甲戌，命少傅兼太子太傅、户部尚书、谨身殿大学士刘健，太子少保、礼部尚书兼文渊阁大学士李东阳，太子少保、兵部尚书兼东阁大学士谢迁，太常少卿兼侍读学士李杰，太常少卿兼侍讲学士焦芳，詹事府少詹事兼侍讲学士王鏊，太子太傅、吏部尚书屠滽，太子少保、户部尚书周经，少保兼太子太傅、兵部尚书马文升，太子太保、刑部尚书白昂，太子少保、工部尚书徐贯，太子少保、都察院左都御史闵珪，掌通政司事、礼部左侍郎元守直，大理寺卿王轼为读卷官。乙酉，授第一甲进士伦文叙为修撰，丰熙、刘龙为编修。"《弇山堂别集》卷八十二："是岁，给事中华昶、林廷玉论敏政鬻题。先是，敏政问策秘，人罕知者，其故所昵门生徐经居平日窥得之，为其同年解元唐寅说，由是各举答无遗。寅，疏人也，见则矜且得上第。为昶及廷玉所论，并敏政下狱按问，经自诬服购敏政家人得之。又寅曾以一金币乞敏政文，送洗马梁储。狱成，敏政致仕，经、寅俱充吏。一云果敏政家人为之也。"《明史·选举志》："弘治十二年会试，大学士李东阳、少詹事程敏政为考官。给事中华昶劾敏政鬻题与举人唐寅、徐泰，乃命东阳独阅文字。给事中林廷玉复攻敏政可疑者六事。敏政谪官，寅、泰皆斥遣。寅，江左才士，戊午南闱第一，论者多惜之。"民国《梧塍徐氏家谱》卷五十四薛章宪《乡进士徐君衡父行状》："（徐）经，字衡父，自号西坞，为人恬静恭默。虽承席累叶丰亨之盛，若无所与，凡舆马之盛，服食之奉，声色之娱，一切屏去，不惟不屑也，而并忘之。至于六艺之文，百家之编，则口吟手披不绝也，且昼孳孳，务求远到。其资禀之粹，趋向之高，识度之远，亦可想见矣。平时恂恂，如不能言，至讲求义理，辨析是非，则议论英发。居常退然，不与人校，或有强暴侵凌之加，又毅然不为屈，庶几得刚柔语默之宜者。君既富而能文，早有誉于天下，人多害其成。己未春，赴礼部试，或造为飞语中君，当道者风闻以为信然。即疏闻于上，就逮诏狱，久之，始得白，然犹坐除名，识者冤之。"民国《梧塍徐氏家谱》卷五十三《旧传辑略·春元西坞公传》："公讳经（徐经），字直夫，号西坞。少孤力学，淡于世味，酷嗜学问，虽大厦千间，金珠委地，未尝一着意焉。惟四方贤士大夫至，则坐论竟日，而忘疲焉。时与吴门唐寅辈以才名相为引重。弘治乙卯，寅发解南畿，公与同榜，并为时贤所景慕。然富而不施，内外嫉忌，再上春官，竟以场屋飞语，系诏狱落籍。雄心浩气，每寓之登涉吟咏，诗格奇崛而无险僻，评者谓类陆龟蒙。所著有《贲感集》，学士李春芳为之序。"

伦文叙以会元廷试及第状元。刘仕义《新知录摘抄》："广东南海伦文叙以会元廷试及第状元，长子以谅解元登进士第，次子以训会元廷试第二人，少子以诜进士。一家之中父子兄弟并以魁元策名当世，盛哉！前乎未之有也，故天下称为'三伦'。昔人有诗曰：'去时曾携一束书，归来玉带挂金鱼。文章未必能如此，应是双亲积善余。'谅哉噫吁！天下之士抱璞弗售者十四五焉，可以安于命矣！"李调元《制义科琐记》卷二《父子各占一元》："伦文叙，南海人，弘治己未科会、状。子以谅，正德丙子解元；以训，正德丁丑会元。父子三人各占一元。"

据《明清进士题名碑录索引》，弘治十二年己未科录取名单如下：

第一甲三名

| 伦文叙 | 丰 熙 | 刘 龙 |

第二甲九十五名

孙 绪	林庭㭿	罗钦忠	杨廷仪	陆 栋	王守仁
张文渊	钟秉秀	胡文璧	张 宪	许庭光	胡 锭
汪 标	徐 朴	罗 善	罗钦德	余 寰	许 铭
江 潮	张 恩	王 铨	谢 忠	张凤翔	王 轼
郑良佐	毕 昭	陆应龙	莫 息	姚 汀	沈 炼
牧 相	张 㯶	周 埙	朱 鉴	黄 伟	高 贯
谢 迪	张 禧	张 宏	冯本澄	王 锡	姜 瓒
傅 浚	张天相	钱仁夫	卢宅仁	陈良珊	周 涤
于 郫	吴 山	许 浩	史 鉴	徐 江	刘 乾
边 亿	王 举	杭 淮	王 钦	赵 礼	张文锦
黄 翱	王 泰	童 器	黄 俊	赵 暕	杨 清
陈伯献	罗 循	吴希由	张 明	郑 毅	刘 达
石 凤	林 鹗	宋 镗	王 源	李 滔	刘 苣
李 傅	李 炫	朱应登	马 龠	裴 卿	贾 铨
倪 议	刘 斐①	王 盖	都 穆	郝 绾	徐 仁
张元良	程 诰	徐 琏	余 祜	崔 哲	

---

① 《登科录》作：刘斐

第三甲二百二名

刘　潮	柯　英	谢廷柱	欧阳云	丁　仁	朱本端
孙　祯	周　导	冯　显	李　嵩	徐　南	周　伦
赵　宗	陈　奎	孙景云	王　浩	陈邦器	刘文庄
杨南金	李廷蕙	刘天泽	钱　瓒	赵　佑	李　锐
刘　湜	钱俊民	孙　迪	江　玠	沙　鹏	姜　桂
吴　禧	欧阳光	吴　漳	苑　秀	詹　恩	杨一渶
李　吉	朱　凯	吕　贵	张景旸	赵秉伦	刘子厉
王良宾	熊　桂	曾得禄	张　恺	刘廷重	周　铖
张九逵	黄　瑄	葛　嵩	蒋　瑶	何　钛	薛凤鸣
陈　善	周　致	王　玹	萧　选	张　锦	宋　隆
储　珊	许　立	张　忠	贺　泰	凌　相	虞　岳
向　锦	王　璠	涂　祯	王显高	石　腆	阎　睿
曹　豹	童　田	陈　渭	张、洙	周　仁	史良佐
陈　钟	钱　晖	高良弼	冯　相	罗　玹	陈　和
梁　材	秦　礼	吴　堂	郑　瓛	吕　盛	陈伯安
靳　颐	刘　泽	潘　铎	章文韬	李廷梧	苏　锡
胡　玥	李　云	郑　琼	易廷宪	朱　良	鲍继文
栗　铭	魏　昂	芮　思	吴　兰	柳尚义	魏彦昭
吴　伟	章　泽	左　经	萧士安	周　榮	萧　辅
吕　和	王　钦	马　清	母　恩	伍文定	丁　楷
刘志道	李如圭	高公甲	高　显	童　旭	王　乾
金　禄	杭　东	王　翔	刘　英	魏　纶	王　麒
陈文滔	顾　珀	华　珩	马溥然	刘　才	杨　垠
杨惟康	张　纁	张　瓛	邝　珩	王　麟	李　宪
边　宠	马　骧	韩　荆	戴　鳌	崔　旻	方　谦
计宗道	苏　琰	唐　泽	邓　相	黄昭道	官　伦
梁　珠	赵　璧	姜周辅	李　璞	唐惟学	乔　瑛
万　廉	阴　盈	张　继	赵　斌	林文涣	尹　梅
刘　庆	张时孜	谢　琛	汪大章	郭　韶	翟　唐
林季琼	罗　侨	刘　金	马　昊	王　伟	屠　奎
林　琦	吕　翀	孙　恭	程　铚	萧乾元	朱廷声
李光瀚	阮　吉	王　辅	李　萧	章　瑞	张　琦
张维新	黄天爵	宗　玺	赵　铎	刘　寅	孟　儒
阮　章	姚　琳	梅　吉	石　禄		

江潮中本科进士。正德间曾提学广东。张萱《西园闻见录》卷四十五《提学·往

行》："江潮，贵溪人，嘉靖进士，提学广东。尝岁考，知霍韬以魁天下，金山必连第。复置山于二等，责曰：'汝本有才，何杜撰吕申公格言以欺我？日后事君不可如此。'后山以户部主事兑粮江西，果陷宸濠党，士林多神之。"云"嘉靖进士"，误也。

户科给事中华昶及举人徐经、唐寅，锦衣卫执送镇抚司。《明孝宗实录》卷一百四十八：弘治十二年三月，"丙寅，下户科给事中华昶及举人徐经、唐寅于狱。会试事毕，大学士李东阳等奏：'日者给事中华昶劾学士程敏政私漏题目于徐经、唐寅，礼部移文臣等重加翻阅去取。其时考校已定，按弥封号籍，二卷俱不在取中正榜之数，有同考官批语可验。臣复会同五经诸同考，连日再阅，定取正榜三百卷，会外帘比号拆名。今事已竣，谨具以闻。'章下礼部看详，尚书徐琼等以前后阅卷去取之间及查二人朱卷未审有弊与否，俱内帘之事，本部无从定夺，请仍移原考试官，径自具奏，别白是非，以息横议。得旨：华昶、徐经、唐寅锦衣卫执送镇抚司，对问明白以闻，不许徇情"。

王守仁登进士第。《王文成全书》卷三十二《年谱》："是年春，会试举南宫第二人，赐二甲进士出身第七人，观政工部。"

四月

因唐寅科场案，下程敏政于狱。（据《明孝宗实录》卷一百四十九）《馆阁漫录》卷八《弘治十二年》："四月庚寅朔。辛亥，下礼部右侍郎兼学士程敏政于狱。华昶既系锦衣卫镇抚司，工科都给事中林廷玉以尝为同考试官，与知内帘事，程敏政出题、阅卷、取人有可疑者六，且曰：'臣于敏政，非无一日之雅，但朝廷公道所出，既知之，不敢不言。且谏官得风闻言事，昶言虽不当，不为身家计也。今所劾之官，晏然如故，而身先就狱，后若有事，谁复肯言之者。但兹事体大，势难两全，就使竟得实，于风化何补。莫若将言官举人，释而不问，敏政罢归田里，如此处之，似为包荒。但业已举行，又难中止，若曰朋比回护，颠倒是非，则圣明之世，理所必无也。'既而给事中尚衡、监察御史王绶皆请释昶而逮敏政。徐经亦奏曰：'昶挟私诬诋。'敏政复屡奏自辨，且求放归。及置对镇抚司，以经、昶等狱辞多异，请取自宸断。上命三法司及锦衣卫鞫之，经即自言敏政尝受其金帛。于是左都御史闵珪等请逮敏政对问。奏留中十余日，乃可之。"《明史》程敏政传："十二年，与李东阳主会试。举人徐经、唐寅预作文与试题合，给事中华昶劾敏政鬻题。时榜未发，诏敏政毋阅卷。其所录者，令东阳会同考官覆校。二人卷皆不在所取中，东阳以闻。言者犹不已，敏政、昶、经、寅俱下狱，坐经尝赞见敏政，寅尝从敏政乞文，黜为吏。敏政勒致仕，而昶以言事不实调南太仆主簿。敏政出狱，愤恚发痈，卒。后赠礼部侍郎。或言敏政之狱，傅瀚欲夺其位，令昶奏之。事秘，莫能明也。"周玺《垂光集·论释无辜事》："题为开释无辜以全圣德事。臣窃见户科给事中华昶劾奏学士程敏政卖题缘由，荷蒙皇上圣武昭布，乾刚独断，着法司衙门拿在午门前鞫问，其所卖举人徐经等一被鞫问，即便输服，情见迹具，理屈词穷。既而程敏政恃其狡猾，阴结权贵，乃敢文过饰非，重为欺罔。原问官不能执法，苟事阿附，以其变诈之词上尘九重之听。臣愚以为陛下大明无私，容光必照，必将程敏政明正典刑，以为贪滥无耻者之戒。俯俟成命，不敢轻渎。"《文章辨体汇选》卷五百三十七阎秀卿《唐伯虎传》："（梁）储事毕归，尝从程詹事敏政饮。敏政方奉诏典会试，储执卮请曰：'仆在南都得可与来者唐寅为最，且其人高才如此，不足以毕其长。惟君卿奖异之。'敏政曰：'吾固闻之，寅江南奇士也。'储更诣请行三事，曰：'必得其文观。'储令寅具草上三事，皆敏捷。会储奉使南行，寅感激，持帛一端诣敏政乞文钱。后被逮，竟因此论之。寅罢归，朝臣多叹惜者。"《国朝献征录》卷三十五《礼部右侍郎兼翰林院学士程敏政传》："敏政以少年擅文名，以文学跻侍从，自是以往，名位将不求而自至，乃外附权贵，内结奥援，急于进取之心，恒汲汲然，士大夫多有议之者。但言官劾其主考任私之事，实未尝有。盖当时有谋代其位者，嗾给事中华昶言之，遂成大狱，以至愤恨而死。有知者至今多冤惜之。"《廿二史札记》卷三十六《明代科场之弊》："唐寅举乡试第一，与江阴富人徐经同举，遂同入京会试。寅故有才，梁储为延誉于程敏政。适敏政与李东阳同主会试，策题以'四子造诣'为问，乃是许鲁斋一段文字，见刘静修《退斋记》。通场士子皆不知。敏政得二卷，独条对甚悉，将以为魁。而寅出场后，亦疏狂自炫。给事中华昶遂劾敏政鬻题。时榜未发，诏敏政毋阅卷，其所录令东阳覆阅。二人卷皆不在所取中，东阳以闻。言者犹论不已，敏政、昶、寅、经俱下狱。坐经尝谒见敏政，寅尝乞敏政作序文，俱黜为吏。敏政亦勒致仕。"

侍讲张溆丁忧起复，除原职。（据《馆阁漫录》卷八《弘治十二年》）

六月

杨循吉请复建文位号，不从。《明鉴纲目》卷五："纲：己未十二年夏六月，前礼部主事杨循吉，（字君谦，吴县人。）请复建文位号，不从。（循吉言：'建文君乃高皇帝嫡孙，躬受神器。其后太宗入继大统，削建文位号，百馀年来，未蒙显复。夫建文虽以左右非人，得罪社稷，而实则生民之主也。请复尊号，如景皇帝故事，庶几神益先圣，有光大孝。'下礼部议，格不行。）"

程敏政（1444—1499）卒，年五十六。《馆阁漫录》卷八《弘治十二年》："六月己丑朔。壬辰，致仕礼部右侍郎兼学士程敏政卒。敏政字克勤，直隶休宁人。蚤慧，年十岁，侍父信官蜀，巡抚侍郎罗绮以神童荐于朝，命读书翰林院。成化二年，以进士第二人及第，授翰林编修。以同修《英庙实录》，书成，升俸一级。九年秩满，升侍讲，充经筵讲官。复以同修《续资治通鉴纲目》成，升右春坊右谕德，充东宫讲读官。二十三年秋，孝宗皇帝践阼，进詹事府少詹事兼侍讲学士，侍文华殿日讲。是冬，被劾去任。弘治六年召还，仍供旧职。寻升太常卿，掌院事，兼修玉牒。八年，丁母忧。修《大明会典》，召为副总裁，上章乞终制，从之。服阕还京，未至，转詹事兼学士。陛见，迁礼部右侍郎，侍皇太子讲读。十二年春，奉命主考会试，言官以任私劾之，逮系数举子，狱久不决，屡上章责躬求退，弗遂。乃自请廷辨，执法诸大臣白其事以闻，诏许致仕。时方盛暑，甫出狱四日，以痈毒不治而卒。赠礼部尚书，赐祭葬如例。敏政为人秀眉长髯，风神清茂，善谈论，性复疏爽。于书无所不读，文章为时辈所推。所著述有《皇朝文衡》、《瀛贤奏对录》、《新安文献志》、《咏史诗》、《宋遗民录》、《真西山心经附注》、《程氏统宗谱》、《程氏贻范集》、《宋纪受终考》、《道一编》，《仪礼经》、《大学》重定本，及《篁墩稿》若干卷藏于家。敏政以少年擅文名，以文学跻侍从，自是以往，名位将不求而自至。乃外附权贵，内结奥援，急于进取之心恒汲汲然，士夫多有议之者。但言官劾其主考任私之事，实未尝有。盖当时有谋代其位者，嗾给事中华昶言之，遂成大狱，以致愤恨而死。有知者至今多冤惜之。"

文林卒，年五十五。《四库全书存目丛书》集部第40册，《文温州集》卷十二附录杨循吉《明故中顺大夫温州府知府文公墓志铭》："弘治丁巳冬十一月，上起南京太仆寺丞文公于家，以为温州知府。公抵庙堂书力辞，不果从，遂以单舟赴任。至之日，首释系徒千人，民大悦。既而以法约豪强，咸遵于令。设施详明，惠洽黎庶，尊礼耆德，风以丕厚。盖一年而政化茂行。竟用己未六月乙未（七日）卒于官，年五十有五。凡遗所著文章总三十卷，别为《奏议》三卷，《琅琊漫抄》一卷。"《家藏集》卷七十六《明故中顺大夫浙江温州府知府文君墓碑铭》："温州知府文君，以弘治十二年六月乙未卒于官。……为诗文明畅，有新意，不蹈袭。所著述多成编。其学自堪舆、卜筮之类，其说皆通，可谓博矣。"

癸巳，翰林院庶吉士许天锡病痊至京，授吏科给事中。戊戌，命礼部左侍郎兼学士傅瀚掌詹事府事，以兵部尚书马文升奏慎择宫僚故也。癸卯，升礼部右侍郎张升为兵部左侍郎，太常少卿兼侍讲学士焦芳为礼部右侍郎。（据《馆阁漫录》卷八《弘治十二年》"六月"）

杨杰（1444—1499）卒。《馆阁漫录》卷八《弘治十二年》：六月，"庚戌，司经局洗马杨杰卒。杰字廷俊，山西平定州人。成化十四年进士，改庶吉士，授编修。九年秩满，升侍讲，充经筵讲官。弘治四年，纂修《宪庙实录》成，升司经局洗马。九年，充东宫讲读官，同修《大明会典》。未几卒，特赐谕祭"。

八月

丁未，改掌国子监、礼部右侍郎林瀚为吏部右侍郎。壬子，升致仕南京国子监祭酒谢铎为礼部右侍郎，管国子监祭酒事。升翰林检讨毛纪为本院修撰，以九年秩满也。（据《馆阁漫录》卷八《弘治十二年》）梁章钜《制义丛话》卷四："俞桐川曰：闽粤古之僻壤也，其中率多望族，侯官林氏有三代五卿，南海伦氏父子四元，中土莫之及也。林氏之盛，始于亨大瀚，伦氏之盛，始于迁冈文叙。今读二公文，亨大郑重古朴，故其福厚；迁冈高洁简贵，故其名高。子孙蕃盛，亦积累教诲之所致。然其兆未尝不见于文章，必谓才人多穷，难为继起，是亦言之过激已。伦文叙弘治己未科会状，子以谅正德戊子解元，以训正德丁丑会元，是合父子三人为四元也。"

镇守贵州总兵官东宁伯焦俊奏请贵州单独乡试，未允。（据《明孝宗实录》卷一百五十三）

九月

徐溥（1427—1499）卒。《馆阁漫录》卷八《弘治十二年》："九月戊申（戊午）朔。戊辰，致仕少师兼太子太师、吏部尚书、华盖殿大学士徐溥卒。溥字时用，直隶宜兴人。景泰五年进士第二人及第，授编修。英庙复辟，命兼司经局校书，侍东宫讲读。宪庙登极，录旧劳，迁左春坊左庶子兼侍讲，充经筵讲官，纂修《英庙实录》，管武职诰黄。九年秩满，升少詹事兼侍读学士，升太常卿兼学士。尝遍掌翰林、詹事、左右春坊、司经局事，历礼、吏二部左侍郎，皆兼学士。上即位，首膺简入内阁参预机务，进礼部尚书兼文渊阁大学士，充《宪庙实录》总裁官，同知经筵事。弘治四年，加太子太傅、吏部尚书、谨身殿大学士，进阶光禄大夫、柱国。十年，充《大明会典》总裁，以疾辞位，不许，免风雨大寒暑朝参。十一年，今上出阁，进少师兼太子太师、华盖殿大学士，尚书如故。寻以目疾累疏乞归，乃赐敕给驿，遣官护送还乡，令有司月给米五石，岁夫八名，仍赐袭衣、白金、楮镪，特官其一孙为中书舍人。逾年卒，年七十三。讣闻，辍朝一日，遣行人谕祭者九，又命有司营葬，赠特进左柱国、太师，谥文靖。"

庄昶卒，年六十三。《明儒学案》卷四十五《郎中庄定山先生昶》："己未九月二十九日卒，年六十三。"《陈白沙集》卷七《题庄定山诗集》云："春风一曲有霓裳，不落人间小锦囊。今代名家谁李杜？先生高枕自羲皇。乾坤兀兀中流柱，风月恢恢大雅堂。莫道白沙无眼孔，濯缨千顷破沧浪。"杨慎《升庵诗话》卷九"庄定山诗"："庄定山早有诗名，诗集刻于生前，浅学者相与效其'太极圈儿大，先生帽子高'，以为奇绝。又有绝可笑者，如'赠我一壶陶靖节，还他两首邵尧夫'，本不是佳语，有滑稽者，改作《外官答京宦苞苴》诗云：'赠我两包陈福建，还他一疋好南京。'闻者捧腹。然定山晚年诗入细，有可并唐人者。古诗如《题竹》及《养庵》两篇，七言如《题玉川画》，五言律如：'野暝微孤树，江清着数鸥。与君真自厚，不是两相留。'七言律如《游琅琊寺》：'偶上蓬莱第一峰，道人今夜宿芙蓉。尘埋下界三千丈，月在西岩七十峰。'《罗汉寺》云：'溪声梦醒偏随枕，山色楼高不碍墙。'又如：'狂搔短发孤鸿外，病卧高楼细雨中。'《病眼》云：'残书楚汉灯前垒，草阁江山雾里诗。'《舟中》云：'千家小聚村村暝，万里河流岸岸同。'又：'秋灯小榻留孤艇，疏雨寒城打二更。'又：'北海风回帆腹饱，长河霜冷岸痕高。'《和沈仲律原字韵》云：'心无牛口干秦穆，迹继龙头愧邴原。'又云：'藜羹莫道无莱妇，兰畹应知负屈原。'《寄刘东山》云：'尘外有人占紫气，镜中疑我尚朱颜。'《次东峤韵》云：'电悬双眼疑秋水，髻拥三花御野风。'又：'岂无湖水甘神瀵，更有溪毛当紫芝。'《书东山草堂扁》云：'封题云卧东山扁，歌咏司空表圣诗。天阙星辰遗旧履，橘洲岁月有残棋。石横流潦潜虬角，梅迸垂萝屈铁枝。自笑野人闲袖手，云烟浓淡忽交驰。'次首云：'沙苑草非骐骥秣，著书不独为穷愁。'《木昌道中》云:'行客自知无岁暮,宾鸿不记有家归。'《寄邓五羊》云:'后时自许甘邱壑,前席将无问鬼神。浮世虚名非得已,出山小草却悲人。别时笑语风吹断,会处迷离梦写真。四十余年一回首,乾旋坤转有冬春。'此数首若隐其姓名,观者决不谓定山作也。"

命詹事府掌府事,礼部左侍郎兼学士傅瀚及南京翰林侍讲学士张元祯充纂修《大明会典》副总裁官。时元祯养病家居,命吏部行取供职。从大学士刘健等言也。(据《馆阁漫录》卷八《成化十二年》"九月")

十月

辛卯,升吏部右侍郎林瀚为本部左侍郎。(据《馆阁漫录》卷八《弘治十二年》"十月")

李舜臣(1499—1559)生。据李开先《大中大夫太仆寺卿愚谷李公合葬墓志铭》。字茂钦,号愚谷,又号未村居士,山东乐安人,嘉靖癸未进士,官至太仆寺卿。有《愚谷集》十卷。

刑科给事中吴世忠上八事:曰加孔子文祖大成至圣帝……曰慎选学官,沙汰诸生。章下所司。(据《国榷》卷四十四)

十一月

汪谐(1432—1499)卒。《馆阁漫录》卷八《成化十二年》:"十一月丁巳朔。己未,养病礼部右侍郎兼学士汪谐卒。谐字伯谐,浙江仁和人。少时冒顺天香河县籍,举京闱乡试,寻被革归,复举浙江乡试。登天顺四年进士,改庶吉士,授编修,纂修《英庙实录》。成化三年,升修撰。九年秩满,升右春坊右谕德,修《续资治通鉴纲目》。十三年,升右庶子,侍上于东宫讲读。上登极,升少詹事兼侍讲学士,充经筵讲官,修《宪庙实录》,充副总裁。后以疾在告久,请停俸,弗许。弘治四年,升礼部右侍郎兼学士,遂请老,许之。至是卒,年六十八。赠礼部尚书,赠祭葬,给驿归其丧。谐仪度整洁,深中简言笑,虑事周悉。晚益慎密,方向用而困于疾疢,弗究于用。其父澄举进士,为监察御史,坐法,遗戒诸子勿读书。谐既贵,弟襩亦举进士。及卒,子登荫中书舍人,举、赐皆继举进士。"

十二月

禁民间书坊刊刻《京华日钞》、《论范》、《论草》、《策略》、《策海》《文衡》、《文随》、《主意》、《讲章》等科举应试用书,以免败坏士习。从吏科给事中许天锡言也。(据《明孝宗实录》卷一百五十七)

郑晓（1499—1566）生。据《国朝献征录》卷四十五戚元佐《刑部尚书端简公晓传》。字窒甫，号淡泉，海盐人，嘉靖癸未进士，官至刑部尚书，谥端简。事迹具《明史》本传。有《今言》《端简文集》。《槜李诗系》卷十二《郑端简公晓》："少好嬉戏。乘屋缘木，矫捷自喜。八九岁时，犹被絮袄，逐群儿捕蚌也。然授以经传子史及字义，讲解辄能通之。"

程继祖袭翰林五经博士。继祖，程颐十八代孙。（据《国榷》卷四十四）

本年

令署职教官照成化二十三年例，两科准算六年，愿会试者听；其任满该升，如遇会试将近，不拘年岁，亦许会试。若给假或患病久不入选，窥伺会试者，不准。（据万历《大明会典》卷七十七《礼部》三十五《贡举·科举·会试》）

复诏部院大臣各举方面郡守。吏部因请依往年御史马文升迁按察使、屠滽迁金都御史之例，超擢一二，以示激励。而未经大臣荐举者，亦兼采之。并从其议。当是时，孝宗锐意求治，命吏兵二部，每季开两京府部堂上及文武方面官履历，具揭帖奏览。第兼保举法行之，不专恃以为治也。正德以后，具帖之制渐废。（据《明史·选举三》）

福建建安书林火。《明史》许天锡传："十二年，建安书林火。天锡言：'去岁阙里孔庙灾，今兹建安又火，古今书版荡为灰烬。'"

明孝宗弘治十三年庚申（公元 1500 年）

二月

陈献章（1428—1500）卒，年七十三。据《明儒学案》卷五《文恭陈白沙先生献章》："弘治十三年二月十日卒，年七十有三。"《陈白沙集》附录张诩《白沙先生行状》："其为文也，主理而辅之以气，虽不拘拘于古人之绳尺，故自有以大过人者。其为诗也，则功专而入神品，有古人所不到者矣。盖得李、杜之制作，而兼周、邵之情思，妙不容言。故其诗曰：'子美诗中圣，尧夫又别传。后来操翰者，二妙少能兼。'今苍梧、山东皆梓行其集，惜乎未全也。至于挥翰如其诗，能作古人数家字。山居，笔或不给，至束茅代之。晚年专用，遂自成一家，时呼为茅笔字。好事者踵为之。故其诗曰：'神往气自随，氤氲觉初沐。贤圣一切无，此理何由瞩？调性古所闻，熙熙兼穆穆。耻独不耻独，茅根万茎秃。'又曰：'茅君颇用事，入手称神工。'又曰'茅龙飞出右军窝'，皆指茅笔也。天下人得其片纸只字，藏以为家宝。康斋之壻某，贫不能自振，造白沙求书十幅归小陂，每一幅易白金数星。庚申，朝廷遣官使交南，交南人购先生字，每一幅易绢数匹，时从人携一二幅，恨不能多也。"

翰林编修兼司经局校书靳贵为右春坊右中允。（据《国榷》卷四十四）

四月

戊申，升侍讲学士张元祯为学士。元祯养病家居，至是以纂修《大明会典》召为副总裁。（据《馆阁漫录》卷八《弘治十三年》）

命刑部尚书白昂删定律例。《明鉴纲目》卷五："纲：庚申十三年，夏四月，更定律例。目：初，洪、永间定制，法司断狱，一依律拟议，毋许妄引条例。英、宪以后，巧法吏往往舍律用例，借便己私，条例由此日繁。及是，帝命刑部尚书白昂删定之。给事中杨廉（字方震，丰城人）疏请删例从简，（略言：高皇帝肇造之初，特命刘基、陶安等，详定律令，且谕之曰：立法贵简，若条绪繁多，可轻可重，吏得夤缘为奸。圣祖重律轻例之意见矣。百三十年来，律行既久，条例渐多。近令法司详议，革其繁琐，臣以为非深于经者，不足以议律，非深于律者，不足以议例。望特选素有经术，深明律意者，专理其事，以太祖立法贵简之心为主，一切近代冗杂，悉为革去，俾以例通律之穷，不以例淆律之正，庶刑官有所遵守。）帝嘉纳之。已而昂会九卿定议，择条例可行者，二百九十馀条，与律并行。诏如所请，颁之中外。帝前后所任刑官，何乔新、彭韶而外，昂与闵珪（字朝英，乌程人）持法皆平，会情比律，一归仁恕，天下翕然称颂焉。"

进士徐蕃为南京礼科给事中。（据《国榷》卷四十四）

五月

明孝宗召刘健、李东阳、谢迁面议军政。《馆阁漫录》卷八《弘治十三年》："五月甲寅朔。丙辰，上复召内阁大学士刘健、李东阳、谢迁至平台，出兵部推举各官疏，逐名访问，面赐裁决。仍命司礼监具纸笔，亲书手敕，兵部行之。乙亥，升掌詹事府事、礼部左侍郎兼学士傅瀚为礼部尚书。戊寅，詹事府少詹事兼翰林院侍读学士王鏊省亲复任。"《明鉴纲目》卷五："纲：五月，召阁臣面议军政。目：大同之警，京师戒严，兵部请甄别京营诸将。帝召刘健及李东阳、谢迁至平台，出英国公张懋（辅之子。）等自陈疏，面议去留。乃去遂安伯陈韶（志会孙。）等三人，而召镇远侯顾溥（兴祖孙。）督团营。（其后和硕屡犯大同，帝复召见阁臣。健请简京营大帅，因言京军怯不任战，请自今罢其役作，以养锐气。帝然之。）"

六月

　　六月癸未朔。乙酉，右春坊右赞善杨时畅服阕，复职。升侍读江澜、刘机为侍读学士，侍讲武卫、张芮为侍讲学士，右春坊右中允张天瑞为左春坊左庶子，俱以九年秩满也。戊申，升吏部左侍郎林瀚为南京吏部尚书。（据《馆阁漫录》卷八《弘治十三年》）

七月

　　辛酉，升詹事府少詹事兼侍读学士王鏊为吏部右侍郎。壬午，升南京礼部左侍郎董越为南京工部尚书。丁亥，升太常少卿兼翰林院侍读学士李杰为南京礼部右侍郎。（据《馆阁漫录》卷八《弘治十三年》）

　　朱举袭翰林五经博士。举，朱熹十一世孙。（据《国榷》卷四十四）

八月

　　进士牧相为南京兵科给事中。（据《国榷》卷四十四）

九月

　　丙寅，命翰林编修蒋冕、傅珪俱兼司经局校书，侍东宫讲读。从大学士刘健等言也。戊寅，升翰林院编修兼司经局校书吴俨为左春坊左中允，仍侍东宫讲读。以九年秩满也。己卯，录故南京吏部尚书王俭之孙升于中书舍人习字出身，以俭尝侍宪宗皇帝春宫讲读故也。（据《馆阁漫录》卷八《弘治十三年》）

　　定教官不许赍进表笺。（据《国榷》卷四十四）

十月

　　戊戌，翰林检讨石珤丁忧服阕，复除原职。甲辰，升司经局洗马兼侍讲梁储为学士，支从四品俸，以九年秩满也。（据《馆阁漫录》卷八《弘治十三年》）

　　司经局校书兼翰林侍讲梁储为学士。（据《国榷》卷四十四）

十一月

　　林俊起南京右佥都御史。《见素集》附录《编年纪略》："十三年庚申，年四十九，起南京都察院右佥都御史，奉敕提督巡江，兼管操江。时火筛犯边，公乃强起。十一月至南京，号令严肃，营务一新，而正身率物，与张简肃公敷华、林文安公瀚、杨邃庵公一清，并名清约，称四君子。"

十二月

升编修兼司经局校书蒋冕为右春坊右中允，仍旧供事，以九年秩满也。（据《馆阁漫录》卷八《弘治十三年》）

进士王荩、许诰、倪议、徐仁、张维新、张元良为给事中。（据《国榷》卷四十四）

奏准自明年为始，顺天府乡试《诗》经房增同考试官一名。（据《明孝宗实录》卷一百六十九"弘治十三年十二月甲辰"）

本年

奏定科考纪律。应试生儒、举人、监生，但有怀挟文字、银两，并越舍与人换文字者，俱问发充吏，三考满日为民，若系官吏，就发为民。其官旗、军人、夫匠人等，受财代替挟带传递及纵容不举察者，旗军调边卫食粮差操，官罚俸一年，夫匠发口外为民。若冒顶正军入场看守，属军卫者发边卫，属有司者发附近，俱充军。（据王圻《续文献通考》卷四十五《选举考·举士三》）

顾梦圭（1500—1559）生。（卒年据公历标注）据归有光《中奉大夫江西右布政使致仕雍里顾公权厝志》。字武祥，号雍里，昆山人，嘉靖癸未进士，官至江西右布政使。有《疣赘录》九卷、《赘疣续录》二卷。

张时彻（1500—1577）生。据沈一贯《南京兵部尚书东沙张公行状》。字维静，鄞县人，嘉靖癸未进士，官至南京兵部尚书，《明史》附见张邦奇传。有《芝园定集》五十一卷别集十卷外集二十四卷。

明孝宗弘治十四年辛酉（公元 1501 年）

正月

录朱熹十世孙燔婺源学受书。（据《国榷》卷四十四）

二月

令顺天乡试费用以二千两为率，真定等七府共出四之三，顺天府出四之一。（据《明孝宗实录》卷一百七十一"弘治十四年二月庚子"）

升左春坊左谕德李旻为南京太常少卿。（据《馆阁漫录》卷八《弘治十四年》）

进士陈伯献为南京吏科给事中。（据《国榷》卷四十四）

三月

南京国子监祭酒刘震（1434—1501）卒。《明孝宗实录》卷一百七十二：弘治十四年三月壬申，"南京国子监祭酒刘震卒。震字道亨，江西安福县人。成化八年进士及第，授翰林院编修，升侍讲，弘治元年升右春坊右谕德，管国子监司业事。九年升南京国子监祭酒。至是卒，讣闻，赐祭葬。震有才力，文词敏赡，尤邃于经学。为司业、祭酒，能修举教事，生徒咸畏之。然性躁急，少酝藉，士少不当意者，必罗织鞭扑之。又喜受人馈遗，以故士议沸腾，卒为言官所劾云"。有《双溪集》。

四月

升右春坊右谕德管国子监司业事黄珣为南京国子监祭酒。（据《明孝宗实录》卷一百七十三）

国子监管祭酒事、礼部右侍郎谢铎因地震建言：重科贡以清入仕之途；革冗员以从京府之制；塞捷径以澄国学之源。黄佐《南雍志》卷四《事纪》："弘治十四年四月己卯，国子监管祭酒事、礼部右侍郎谢铎因地震建言：'维持风教事……仕途风教所系，仕途不可以不清也，臣愿重科贡以清入仕之途；冗员风教之滥，冗员不可以不革也，臣愿革冗员以从京府之制；捷径风教之羞，捷径不可以不塞也，臣愿塞捷径以澄国学之源。……科贡之设，皆所以罗天下之贤才而用之也，科举虽称得人，奈何考试等官皆御史、方面之所辟召，恩之所加，势亦随之，于是外帘之官，预定去取，名为防闲，实则关节。乞令大臣举部属等官素有文行者，以为主考，庶几前弊稍革。岁贡一途，类从姑息，凡愿授教职者，先送翰林院国子监，按月考试，期年之间，择其果通三场者，方许陛考授以职事，庶几教官亦不至甚滥矣。京国四方之极，天下视以为准者也，顺天、应天二府，大兴、宛平、江宁、上元四县，皆为附郭，学校惟二府有之，而四县不设，亦以府学生徒皆四县之俊秀也，不然岂以首善之地而惜此一学校之官哉？奈何天下附郭俱各有学，其视京府实为冗滥，请从顺天、应天之制，凡附郭县学，止以府学教官兼领其事，则冗员稍革矣。近年以来，大开捷径，如纳马纳粟之徒，即他日鬻爵卖官，岂盛世所宜有哉？今边事方殷，必有以此策献者，往年为因此辈不谙文理，凡拨各衙门者俱各雇人，今遂视为定例，致使六科短差亦以雇人艰难为辞，目前流害其极如此，乞照内府等衙门事例，许以年月相应者送科写本，亦令挂选出身，庶几嗟怨少息，而风教之地亦稍清矣。'上从其议，遂行本监。"

五月

己酉，升编修周玉为国子监司业。丁卯，录用故大学士徐溥之孙中书舍人文焕为尚宝司丞，文灿为中书舍人。（据《馆阁漫录》卷八《弘治十四年》）

六月

起福建按察司致仕佥事章懋为南京国子监祭酒。（据《明孝宗实录》卷一百七十五）

七月

癸丑，修撰朱希周病瘁至京，复除原职。命太子少保、兵部尚书兼东阁大学士谢迁之子丕为国子监生，从其请也。（据《馆阁漫录》卷八《弘治十四年》）

闰七月

己卯，命右春坊右谕德王华、侍讲刘忠为应天府乡试官。（据《馆阁漫录》卷八《弘治十四年》）

谢铎言：各省乡试，必差京官二员为主考。疏入，下所司知之。徐学聚《国朝典汇》卷一百二十八："（弘治）十四年七月，掌国子监礼部右侍郎谢铎言四事。二曰重科贡以清入仕之路。谓各省考官皆御史、方面之所辟召，职分既卑，权衡无预。以外帘之官而专去取，关节相通，人图幸进。必差京朝官二员以为主考，庶几革弊而真才可得。疏入，下所司知之。按：国初考试官，虽儒士亦在所聘，惟其人而已，后专任教职，乃有遗珠之叹。至是，以从礼臣言，以京朝官为主考，而不拘见任致仕，故少卿杨湣以服阕主浙江、主事王守仁以病瘁主山东试。已而言官劾杨为不孝，王为不忠，法遂废。至嘉请戊子，复行之，仅两试而止。迨万历乙酉复行之，至今不变云。"

八月

两京及河南、山东、陕西、山西、浙江、湖广、江西、福建、广东、广西、四川、云南等十二布政司乡试；贵州士子附云南乡试。

杨一清作《重修阳武县庙学记》。万历《阳武县志》卷七《艺文志》杨一清《重修阳武县庙学记》："予往年提学陕西，僚友宪副阳武马公汝霖尝以其邑庙学重修记见属。余辞之曰：'近世求记修学者，率多虚文，无实事，徒以为博士弟子取悦有司之地，吾不能为之。'汝霖曰：'吾所属者异于是。吾邑之学，始建于洪武之三年，厥后屡弊屡修，因陋就简，率弗称厥观。迄乃大弊，无以妥灵居业。邑侯张君至，顾而叹曰："庙学至此，吾辈之责也。"乃节冗储羡，心画而簿记之，积其赢赀若干缗，曰："此足吾用。"籍民之有力者王、昊、李、孔、章辈，曰："此任吾役。"简于众，得训科李杲、义官李禄，曰："此办吾事。"乃刻曰……以为工，隘拓而广，故撤而新。不三月，庙之制为大成殿……视旧观不啻数倍。……今之邑令，其在学称提调官。提调之任，有养有教。时廪饩，蠲户役，其养也；课文艺，惩游惰，其教也。然必崇其所瞻依，饬其所居止，使之一志虑，移气体，则教不徒法，养不徒惠。不然，则虽严驱力禁，强而使之学，亦散涣流荡，安能有所得哉？'呜呼！庙学修而张侯提调之责塞矣！闻其所谓养与教者，复称是。自今伊始，德不加修，业不加成，玩时愒日，无奋迅作兴之益，果孰执其咎哉？请以是为诸士子劝。……辛酉秋八月记成。"

陈桂举山西乡试。李调元《制义科琐记》卷三《粮户梦》："弘治辛酉，山西和顺县一粮户往布政司取通关，忽梦一所，山西一省之官皆集。俄有符使赍文书一通置案，众曰：'天榜至矣。'开榜，傍一官唱曰：'第一名李翰臣，大同府学生。'大同府、县皆起，应曰：'其人孝友，多为人方便。'至第六名陈桂，和顺县应曰：'其人事继母能孝。'至三十六名，县官应曰：'其人放私债，迫死二人命。'中坐者举笔勾之。至四十一名，县官应曰：'其人不孝，且逐其弟为人佣。'中坐者又勾之。唱名毕，中坐者令人各举所知，众凡举二十五人，中坐者择九人，写讫。粮户醒，默记之。次日，回至盘陀驿，遇陈桂，曰：'公今年中第六矣。'桂不信，因述其事。榜发，果然。余皆如梦。"

释奠先师孔子，遣吏部左侍郎兼学士吴宽行礼。初有旨遣大学士李东阳行礼。会东阳有子国子监生兆先病故，以丧告，乃改命宽。后数日，上特遣太监宁诚至东阳家，赐银五十两为赙，且曲加慰谕，令治丧毕，速出供职。盖特恩也。乙丑，南京吏部右侍郎杨守阯乞假展祭，许之。翰林检讨薛格乞归养疾，许之。甲戌，礼部尚书傅瀚奏乞住俸养病，上曰："卿有疾，宜善调理，以副委任，不必住俸。"（据《馆阁漫录》卷八《成化十四年》）

吏部奏监生拨历事宜，从之。黄佐《南雍志》卷四《事纪》："弘治十四年八月辛亥，吏部奏言：以南京九卿为灾异陈言，其议南京差拨监生于内守备处十名，并六科十三名，半年一替，俱为杂历，宜比在京司礼监及六科事例，一年为满。且两京国学先因坐堂人少，差拨不敷，以此增贡增历。今南监坐班见有一千四百余名，差拨有限，比之北监，诚为淹滞。况寒士久寓他乡，衣食缺少，至有乞丐自刃不能存活者，大辱风化，有伤和气。乞量为疏通，渐减历事年月，少纾士困，待一二年后，仍复旧规。又查得在京司礼监办事监生与内承运库写本者，俱准为正历，而北监又题称六科短差监生，乞照

1319

内府事例，亦以一年为满，准作正历附选，自今以后照前事例，便得及早附选出身，亦仁及士类之一端也。上从之。”

南京礼部郎中丁玑为广东提学副使。（据《国榷》卷四十四）

十月

马文升任吏部尚书，刘大夏任兵部尚书。《明鉴纲目》卷五：“纲：冬十月，以马文升为吏部尚书。刘大夏为兵部尚书。目：文升在班列中最为耆硕，帝推心委任，特敬礼之。（尝召见暖阁，议考察事，以文升年高重听，再呼告之。及出，命左右掖之下阶。其它岁时赐赉，诸大臣莫敢望也。）大夏时为两广总督，召命至，再以疾固辞，帝不允，仍趣之入见。既至，帝问曰：‘朕召卿，卿数引疾，何也？’大夏顿首言：‘臣老且病，窃见天下民穷财尽，脱有不虞，责在兵部，度力不办，故辞耳。’帝默然。”

倪岳（1445—1501）卒，年五十七。《馆阁漫录》卷八《弘治十四年》：“十月丙午朔。甲寅，太子少保、吏部尚书倪岳卒。岳字舜咨，应天府上元人，南京礼部尚书谦之子。天顺八年进士，改翰林庶吉士。成化元年，授编修。与修《英庙实录》成，升俸一级。秩满，进侍读，仍升从五品俸，充经筵讲官。丁父忧，服阕，复任。预修《文华大训》成，迁学士。二十年，充东宫讲读官。二十二年，擢礼部右侍郎，仍命经筵进讲。弘治元年，升左侍郎。六年，升尚书。九年，加太子少保，改南京吏部尚书。十二年，再改南京兵部，参赞机务。明年，召为吏部尚书，仍加太子少保。至是卒于官，年五十七。赐宝钞万贯，遣礼官谕祭者四，敕有司治葬，仍给驿归其丧，赠光禄大夫、少保，谥文毅，官其继子霈为中书舍人。岳状貌魁异，望之如神人，有文武才略。在礼部，仪文制度，多所拟定，大者如皇储婚冠之礼、太庙祧祔之仪、母后奉慈殿制，皆出其议，与夫革淫祠、正封号、却西域贡狮子，俱有章疏。在吏部，铨选进退，各当其才，或言别白太过，终当召怨，则曰：‘吾知冢宰之职，当如是耳。’事当廷议，往往片言而决，天下仰望其风采。独在翰林时，太监黄赐母死，哀服送葬，论者谓其急于功名，昵比权要，君子盖深惜焉。”《四库全书总目·清溪漫稿提要》：“今集中疏议共五十九篇，与所谓百余事者不合，疑刊集时已有所删择。然如《正祀典》、《陈灾异》及《论西北用兵》诸奏，皆建白之最大者，已具在其中。所言简切明达，得告君之体，颇有北宋诸贤奏议遗风。他文亦浩瀚流转，不屑为追章琢句之习。盖当时正人在位，为明治全盛之时，故岳虽不以文名，而乘时发抒，类皆经世有本之言，如布帛菽粟之切于日用，亦可知文章之关乎气运矣。”《明诗纪事》丙签卷四《倪岳》，陈田按：“文毅父谦谥文僖，有明父子得谥文，自倪氏始。文毅诗才不逮文僖，而政绩远过之。”

十二月

丙午，升四川按察司佥事王敕为河南按察司副使，仍提调学校。（据《馆阁漫录》

卷八《弘治十四年》)

高叔嗣（1502—1537）生。（生年据公历标注）据霍韬《高廉使墓志铭》。高叔嗣，字子业，号苏门山人，祥符人，嘉靖癸未进士，官至湖广按察使。事迹具《明史·文苑传》。有《苏门集》八卷。

本年

何迁（1501—1574）生。张惟骧《疑年录汇编》卷七："何吉阳七十四迁，生弘治十四年辛酉，卒万历二年甲戌。"黄宗羲《明儒学案》卷三十八："何迁字益之，号吉阳，江西德安人。……万历甲戌卒，年七十四。先生从学于甘泉。"

朱曰藩（1501—1561）生。据欧大任《广陵十先生传·朱曰藩》。朱曰藩，字子价，号射陂，宝应人，云南布政司参政应登之子。嘉靖甲辰进士，官至九江府知府。有《山带阁集》三十三卷。

明孝宗弘治十五年壬戌（公元 1502 年）

正月

正月二十七日，吏部右侍郎王鏊为会试知贡举官，以礼部尚书傅瀚有疾在告，左侍郎张升公差，右侍郎焦芳有子入试，例应回避也。（据《馆阁漫录》卷八《弘治十五年》)

山西按察佥事王鸿儒为副使，仍提督学校。（据《国榷》卷四十四）

二月

命吏部左侍郎兼学士吴宽、侍读学士刘机为会试考试官。升翰林院修撰刘春为左春坊左谕德，以九年秩满也。翰林编修沈焘病痊，原职。升右春坊右谕德王华为学士，支从四品俸，以九年秩满也。（据《馆阁漫录》卷八《弘治十五年》)《明孝宗实录》卷一百八十四：弘治十五年二月，"戊辰，礼部会试，取中式举人鲁铎等三百名"。

傅瀚（1435—1502）卒，年六十八。《馆阁漫录》卷八《弘治十五年》：二月，"癸亥，礼部尚书傅瀚卒。瀚字曰川，江西新喻人。天顺八年进士，改庶吉士，授检讨，升修撰。寻兼司经局校书，侍东宫讲读。秩满，迁左春坊左谕德兼检讨，充经筵讲官。上登极，以宫僚恩，擢太常寺少卿兼侍读。纂修《宪庙实录》成，进太常卿兼侍读学士。乞归省墓，命驿亟还，赐宝镪银币。还，擢礼部右侍郎。既而以左侍郎兼学士，掌詹事府事，仍直日讲。适修《大明会典》，充副总裁官。未几，擢尚书，掌部事。会足疾剧，累乞辞印停俸致仕，皆不许。至是卒，赠太子太保，谥文穆，遣官加祭，给驿护丧治葬事。瀚嗜学强记，处事周悉，有思致，虽小不苟。工书法，为诗文峻整无陈俗气。子元举进士，为庶吉士，授监察御史；完荫授中书舍人"。《震泽集》卷二十五《礼部尚书赠太子太保谥文穆傅公行状》："一日谓子元曰：'吾其归乎？夜梦祖妣来视吾疾。'壬戌二月二十日，殁于京师之馆舍。……公好学力行，老而弥笃，平生著述，粹然一本乎理。书法遒丽，有晋人风韵。弟潮亦工书法，时称一家二妙。"

三月

癸未，升礼部右侍郎焦芳为本部左侍郎，南京礼部右侍郎李杰为礼部右侍郎。（据《馆阁漫录》卷八《弘治十五年》"三月"）

康海、孙清、李廷相等二百九十七人进士及第、出身有差。改进士胡煜、鲁铎等二十人为翰林院庶吉士。《明孝宗实录》卷一百八十五：弘治十五年三月，"丁亥，上御奉天殿策会试中式举人鲁铎等二百九十九人"。《馆阁漫录》卷八《弘治十五年》：三月，"丁亥，命大学士刘健、李东阳、谢迁，少傅兼太子太傅、吏部尚书马文升，户部尚书倪钟，兵部左侍郎熊翀，太子太保、刑部尚书闵珪，工部尚书曾鉴，都察院右都御史戴珊，通政司通政使沈禄，大理卿杨守随，侍讲学士武卫、张芮，充殿试读卷官。升南京翰林侍读学士马廷用为南京礼部右侍郎。丙申，授第一甲进士康海为修撰，孙清、李廷相为编修。戊戌，改进士胡煜、鲁铎、薛金、温仁和、李时、滕霄、吉时、赵永、李贯、毕济川、何瑭、张檜、李元吉、周祯、王廷相、顾烨、潘希曾、盛端明、朱衮、王萱为庶吉士，并修撰康海，编修孙清、李廷相，俱本院读书，命学士梁储、王华教之，给酒食器具如例"。《弘治十五年进士登科录·玉音》："弘治十五年三月初八日，礼部尚书臣张升等于奉天门奏为科举事。会试天下举人，取中三百名。本年三月十五日殿试，合请读卷官及执事等官少傅兼太子太傅户部尚书谨身殿大学士刘健等五十六员。其进士出身等第，恭依太祖高皇帝钦定资格，第一甲例取三名。第一名从六品，第二第三名正七品，赐进士及第。第二甲从七品，赐进士出身。第三甲正八品，赐同进士出身。奉旨：是，钦此。读卷官：光禄大夫柱国少傅兼太子太傅户部尚书谨身殿大学士刘健，庚辰进士；光禄大夫柱国少傅兼太子太傅吏部尚书马文升，辛未进士；荣禄大夫太子太保刑部尚书闵珪，甲申进士；资政大夫太子少保礼部尚书兼文渊阁大学士李东阳，甲申进士；资政大夫太子少保兵部尚书兼东阁大学士谢迁，乙未进士；资政大夫户部尚书倪钟，丙戌进士；资善大夫工部尚书曾鉴，甲申进士；资政大夫都察院左都御史戴珊，甲申进士；资善大夫都察院右都御史史琳，丙戌进士；通议大夫兵部左侍郎熊翀，己丑进士；通议大夫通政使司通政使沈禄，戊子贡士；通议大夫大理寺卿杨守随，丙戌进士；翰林院侍讲学士奉训大夫武卫，戊戌进士；翰林院侍讲学士奉训大夫张芮，戊戌进士。提调官：资善大夫礼部尚书张升，己丑进士；通议大夫礼部左侍郎焦芳，甲申进士。监试官：文林郎河南道监察御史曾禄，辛丑进士；文林郎福建道监察御史邓璋，丁未进士。受卷官：左春坊左谕德刘春，丁未进士；翰林院编修徐穆，癸丑进士；承事郎吏科都给事中王洧，丁未进士；承事郎户科都给事中童瑞，庚戌进士。弥封官：亚中大夫光禄寺卿王珩，乙未进士；奉直大夫鸿胪寺左少卿岳镇，监生；奉政大夫尚宝司卿卢亨，丁未进士；右春坊右赞善杨时畅，戊戌进士；翰林院编修沈焘，癸丑进士；奉议大夫吏部郎中兼司经局正字刘棨，秀才；奉直大夫礼部员外郎兼司经局正字周文通，秀才；承事郎礼科都给事中吴仕伟，庚戌进士；征仕郎兵科给事中艾洪，丙辰进士。受卷官：翰林院编修文林郎顾清，癸丑进士；翰林院检讨征仕郎石珤，丁未进士；翰林院检讨征仕郎王九思，丙辰进士；承事郎刑科都给事中于瑁，癸丑进士；承事郎工科都给事中马子聪，丁未进士。巡绰官：昭勇将军锦衣卫指挥使赵鉴；昭勇将军锦衣卫指挥使韦顺；昭勇将军锦衣卫指挥使杨玉；昭勇将军锦衣卫指挥使叶广；明威将军锦衣卫指挥佥事郭良；明威将军锦衣卫指挥佥事刘斌；明威将军锦衣卫指挥佥事余真；明威将军锦衣卫指挥佥事周贤；明威将军金吾前卫指挥佥事吕焕；昭勇将军金吾后卫指挥使宋鉴。印卷官：奉议大夫礼部仪制清吏司郎中黎民表，甲辰进士；奉直大夫礼部仪制清吏司员外郎张琮，庚戌进士；承直郎礼部仪制清吏司主事刘台，丙辰进士；承德郎礼部仪制清吏司主事唐祯，丁未进士。供给官：奉议大夫光禄寺少卿杨潭，丁未进士；承德郎光禄寺寺丞赵松，癸丑进士；登仕佐郎礼部司务王恩，甲午贡士；奉政大夫礼部精膳清吏司郎中翁健之，丁未进士；奉直大夫礼部精膳清吏司员外郎戴恩，丁未进士；承德郎礼部精膳清吏司主事董忱，丙辰进士。"《弘治十五年进士登科录·恩荣次第》："弘治十五年三月十五日早，诸贡士赴内府殿试，上御奉天殿亲赐策问。三月十八日早，文武百官朝服侍班。是日，锦衣卫设卤簿于丹陛丹墀内，上御奉天殿，鸿胪寺官传制唱名，礼部官捧黄榜，鼓乐导引出长安左门外，张挂毕，顺天府官用伞盖仪从送状元归第。三月十九日，赐宴于礼部。宴毕，赴鸿胪寺习仪。三月二十一日，赐状元朝服冠带及进士宝钞。三月二十二日，状元率诸进士上表谢恩。三月二十三日，状元率诸进士诣先师孔子庙行释菜礼，礼部奏请命工部于国子监立石题名。"《弇山堂别集》卷八十二："十五年壬戌，命吏部左侍郎翰林院学士吴宽、翰林院侍读学士刘机为考试官，取中鲁铎等。廷试，赐康海、孙清、李廷相及第。""是岁，礼部尚书傅瀚等各以他事阻，吏部左侍郎王整代知贡举。"高拱《高文襄公文集》卷四《前荣禄大夫太子太保兵部尚书兼都察院右都御史掌院事浚川王公行状》："公讳廷相，字子衡，别号浚川。……壬戌登进士第，选为翰林庶吉士，乃益务进修，声华藉甚。时方有边警，阁试拟《经略边关事宜疏》，公即明指利害，陈权宜振刷之策，亹亹数千言，咸中肯綮。当道者觇公有经济才，靡不以大用相期云。"

据《弘治十五年进士登科录》，第一甲三名，赐进士及第。履历如下：

康海，贯陕西西安府乾州武功县，民籍，国子生，治《诗经》。字德涵，行五，年二十八，六月二十日生。曾祖爵，南京太常寺少卿。祖健，通政司知事。父镛，府知事。母张氏。慈侍下。兄阜；淮；浣；泽，医学训科。弟润、浩、瀚、淳、洋、瀛。娶尚氏。陕西乡试第七名，会试第一百七十九名。

孙清，贯直隶武清卫籍，浙江余姚县人，国子生，治《书经》。字直卿，行二，年二十三，四月初十日生。曾祖栖。祖弨。父铁，□□。母陈氏，继母徐氏。具庆下。兄澄。弟堪、墀。娶陈氏。顺天府乡试第一名，会试第二十六名。

李廷相，贯锦衣卫籍，山东濮州人，顺天府学附学生，治《诗经》。字梦弼，行一，年二十二，五月二十二日生。曾祖俊。祖贤，义官，封刑部主事。父瓒，刑部员外郎。母赵氏，封安人。重庆下。娶侣氏，继娶夏氏。顺天府乡试第六名，会试第三十二名。

据《弘治十五年进士登科录》，第二甲九十五名，赐进士出身。履历如下：

胡煜，贯直隶徽州府歙县，民籍，国子生，治《春秋》。字廷和，行四，年三十四，十月十九日生。曾祖伯亮。祖敏中。父世昂。母张氏。具庆下。兄迪、迁、燿。弟琰、璨。娶方氏。应天府乡试第四十四名，会试第三十名。

鲁铎，贯湖广沔阳州景陵县，民籍，国子生，治《书经》。字振之，行三，年四十三，三月初八日生。曾祖胜祖。祖源。父仕贤。母朱氏。严侍下。兄镇、铨。娶向氏。湖广乡试第九名，会试第一名。

薛金，贯直隶常州府江阴县，民籍，国子生，治《诗经》。字子纯，行二，年三十五，六月十三日生。曾祖鹏。祖佺。父云，听选官。母陈氏，继母徐氏。慈侍下。兄镛，遇例冠带；镶，典史；镔；鍾；鍴。弟鎣、铧、鋐。娶黄氏。应天府乡试第四十九名，会试第七十八名。

苏乾，贯直隶隆庆州民籍，顺天府昌平县人，州学生，治《诗经》。字体健，行一，年二十五，七月十六日生。曾祖义。祖荣，经历。父明，贡士。母丁氏，继母张氏。重庆下。弟翰、轸、辑、轩。娶郭氏，继聘李氏。顺天府乡试第四十六名，会试第二百七十六名。

李璋，贯锦衣卫官籍，浙江景宁县人，国子生，治《易经》。字德方，行四，年三十六，九月二十二日生。曾祖恭。祖信，赠忠显校尉锦衣卫百户。父贵，封昭信校尉锦衣卫百户。前母张氏，赠安人，母高氏，封安人。慈侍下。兄珍，授昭信校尉锦衣卫百户；琮，通奉大夫左布政使；瑞，恩例冠带。娶齐氏，继娶赵氏。顺天府乡试第二十五名，会试第七十九名。

王尚絅，贯河南汝州郏县，军籍，国子生，治《礼记》。字锦夫，行四，年二十五，十月二十五日生。曾祖斌。祖宗。父璇。母聂氏。重庆下。兄尚忠、尚文、尚志。弟尚明、尚简。娶周氏。河南乡试第五十五名，会试第十二名。

杨节，贯锦衣卫官籍，直隶合肥县人，国子生，治《书经》。字本中，行二，年二十六，五月初七日生。曾祖遇。祖顺，赠明威将军。父升，锦衣卫指挥佥事。嫡母马氏，生母刘氏。具庆下。兄谦，锦衣卫指挥佥事。娶庄氏。顺天府乡试第一百二十七名，会试第七十一名。

曹昆，贯锦衣卫镇抚司官籍，应天府句容县人，国子生，治《春秋》。字来凤，行二，年三十三，二月二十八日生。曾祖安善。祖政，锦衣卫百户。父宏，按察司副使。母何氏，封孺人。永感下。兄岐，同科进士。弟岫，锦衣卫所镇抚；岷。娶刘氏。顺天府乡试第五名，会试第二百四名。

林魁，贯福建漳州府龙溪县，民籍，府学生，治《易经》。字廷元，行一，年二十七，十月十二日生。曾祖瑞瞿。祖经画。父理中。母施氏。具庆下。弟□、蛰。娶张氏，继聘王氏。福建乡试第十四名，会试第二百三名。

温仁和，贯四川成都府华阳县，民籍，国子生，治《礼记》。字民怀，行四，年二十八，十二月十八日生。曾祖良，奉祠。祖彦中，良医，封监察御史，赠户部郎中。父玺，布政司右参议。母罗氏，封安人，赠宜人，继母张氏，封宜人。具庆下。兄时和，奉祀所典乐；景和；阳和。弟天和、雍和、清和、寿和。娶何氏。四川乡试第十名，会试第八名。

李时，贯直隶河间府任丘县，民籍，国子生，治《易经》。字宗易，行一，年三十二，三月十一日生。曾祖荣。祖溥，教授，赠光禄寺寺丞。父棨，知府，前光禄寺少卿。母边氏，封安人。具庆下。娶张氏。顺天府乡试第三十四名，会试第七名。

季敩，贯浙江温州府瑞安县，民籍，国子生，治《易经》。字彦文，行一，年四十二，四月初一日生。曾祖坦。祖琛，巡检。父佾。母项氏。永感下。弟韬。娶金氏，继娶陈氏。浙江乡试第八十七名，会试第二百名。

汪举，贯顺天府香河县官籍，浙江仁和县人，国子生，治《易经》。字用之，行二，年三十二，九月初十日生。曾祖仲仁。祖士渊，赠翰林院编修。父谐，礼部右侍郎兼□□□大学士，赠礼部尚书。前母章氏，赠孺人，母唐氏，封孺人。慈侍下。兄登，中书舍人。弟赐。娶何氏。顺天府乡试第二十一名，会试第一百九名。

滕霄，贯济阳卫军籍，福建建安县人，国子生，治《易经》。字子冲，行一，年二十九，九月十八日生。曾祖文寿。祖钺。父琮，听选官。母陈氏。重庆下。弟云、汉、霁。娶阎氏。顺天府乡试第十六名，会试第十七名。

汪献，贯浙江杭州府钱塘县，军籍，县学生，治《易经》。字维贤，行一，年三十八，正月十一日生。曾祖祥。祖珉。父玺。母谢氏。慈侍下。弟睿。娶俞氏，继娶夏氏。浙江乡试第十一名，会试第五十名。

徐天泽，贯顺天府昌平县校尉籍，浙江余姚县人，顺天府学附学生，治《礼记》。字惠民，行七，年二十一，五月初八日生。曾祖伯昂。祖禄。父云，听选官。母阙氏。具庆下。兄义。弟天衡。娶潘氏。顺天府乡试第十六名，会试第八十三名。

储南，贯直隶常州府宜兴县，民籍，国子生，治《诗经》。字光远，行二，年三十八，十月十一日生。曾祖伯玑。祖著。父勋。母尹氏。具庆下。兄南溟。弟南云、南金、南阳。娶蒋氏。应天府乡试第一百三十三名，会试第二百三十八名。

方天雨，贯浙江严州府淳安县，官籍，国子生，治《春秋》。字济甫，行一，年三十九，十二月初五日生。曾祖原仁。祖文杰，封监察御史。父中，按察司副使。母何氏，封孺人。永感下。弟天叙、天民、天陟。娶周氏。浙江乡试第三十二名，会试第二百九十九名。

吕夔，贯江西广信府永丰县，民籍，国子生，治《书经》。字祖邦，行七，年三十一，十一月二十日生。曾祖子荣，封奉议大夫南京刑部郎中。祖晟，知府，旌表孝子。父祥，贡士。母俞氏，继母姜氏。具庆下。弟龙、夷、益、皋。娶娄氏。江西乡试第三十八名，会试第九名。

吉时，贯陕西西安府长安县，军籍，国子生，治《诗经》。字惟可，行五，年二十七，十月初七日生。曾祖元善。祖被，赠府同知。父庆，太仆寺卿。前母萧氏，赠宜人，母胡氏。慈侍下。兄臣，大使；人，前中书舍人；士，义官；占，贡士。弟卜。娶杨氏，继娶袁氏。陕西乡试第一名，会试第二百五十三名。

刘吉，贯江西吉安府吉水县，民籍，国子生，治《易经》。字循理，行七，年三十七，十一月十三日生。曾祖子泳。祖泰谦。父世珫。母陈氏。永感下。兄循坦。娶曾氏。江西乡试第二十名，会试第三十四名。

朱衮，贯营州左屯卫军籍，浙江上虞县人，国子生，治《诗经》。字朝章，行四，年二十三，三月初九日生。曾祖俊璋。祖颢，赠卫经历。父蕙，卫经历。母钟氏，赠孺人，继母柴氏，封孺人。具庆下。弟袍。娶郑氏。顺天府乡试第一百三十名，会试第九十七名。

董灌，贯福建泉州府晋江县，军籍，府学生，治《易经》。字存诚，行一，年二十九，七月初八日生。曾祖端靖。祖瑄。父凤仪。前母徐氏，母岳氏。具庆下。弟澄。娶何氏。福建乡试第十八名，会试第八十六名。

欧阳诰，贯江西吉安府泰和县，民籍，湖广应城县学教谕，治《易经》。字赐之，行五，年三十七，九月初六日生。曾祖永仁。祖广濬，恩例冠带。父宁，纪善。母王氏。具庆下。兄质；实；让，知县；训。娶罗氏。江西乡试第三十一名，会试第一百三名。

章寓之，贯四川嘉定州，军籍，国子生，治《书经》。字道充，行一，年三十四，五月初三日生。曾祖潮。祖立宗。父端。母刘氏。具庆下。弟完之、宽之。娶辛氏。四川乡试第六十五名，会试第九十二名。

胡轩，贯浙江绍兴府余姚县，军籍，儒士，治《礼记》。字士荣，行一，年三十三，十二月初一日生。曾祖达。祖礼。父楷。母孙氏。慈侍下。弟辕、范、辅。娶王氏。浙江乡试第三十九名，会试第一百三十五名。

李津，贯广东肇庆府四会县，民籍，国子生，治《易经》。字济之，行一，年四十，十一月三十日生。曾祖宗林，知县。祖充。父金，前典史。前母梁氏，陈氏，母罗氏。具庆下。弟注、洋。娶廖氏。广东乡试第三十三名，会试第二百七十四名。

赵永，贯长陵卫官籍，直隶临淮县人，国子生，治《书经》。字尔锡，行一，年三十四，十二月十五日生。曾祖仲良，赠怀远将军指挥同知。祖云。父贵。母胡氏。慈侍下。弟昶。娶李氏，继娶王氏。顺天府乡试第一百三名，会试第十五名。

冯志，贯浙江宁波府慈溪县，民籍，国子生，治《诗经》。字行甫，行八，年三十，十月十二日生。曾祖道庸。祖景旭。父琨。母邵氏。具庆下。兄龙。娶李氏。浙江乡试第七十五名，会试第一百二十三名。

杨一钧，贯四川顺庆府广安州邻水县，民籍，国子生，治《诗经》。字秉衡，行五，年二十七，五月初十日生。曾祖思聪。祖辅，赠监察御史。父纯，按察司副使。嫡母汤氏，封孺人，生母刘氏。慈侍下。兄万钧，义官；千钧，义官；百钧，义官；十钧。娶周氏。四川乡试第二十九名，会试第八十一名。

施训，贯四川重庆府巴县，民籍，府学生，治《书经》。字庭方，行一，年三十五，三月初五日生。曾祖彦政。祖礼。父恩。母张氏，继母陈氏。具庆下。弟谏、讷。娶李氏。四川乡试第六十八名，会试第二百六十五名。

苏时秀，贯广西奉议卫军籍，浔州府贵县人，国子生，治《春秋》。字汝实，行二，年二十四，正月初八日生。曾祖成。祖慧。父滨，训导。母仵氏。具庆下。兄时举。弟时民、时稼。娶黄氏。广西乡试第四名，会试第一百十二名。

徐儁，贯武功中卫籍，江西新淦县人，国子生，治《易经》。字允升，行二，年三十五，十二月初九日生。曾祖万斌。祖旺。父通。母田氏。慈侍下。兄仁。娶刘氏。顺天府乡试第五十九名，会试第十三名。

刘悦，贯湖广荆州府江陵县，民籍，国子生，治《易经》。字以贞，行一，年三十五，六月十六日生。曾祖永。祖濬，赠刑科给事中。父懋，按察司佥事。母李氏，封孺人。慈侍下。弟业、光、遗美。娶伍氏。湖广乡试第四十六名，会试第一百二十六名。

梁锦，贯河南开封府许州临颍县，民籍，国子生，治《诗经》。字美中，行二，年四十一，八月十三日生。曾祖仲兴。祖景。父礼，登仕佐郎。母赵氏。慈侍下。兄铭。弟钦。娶赵氏。河南乡试第二名，会试第二百四十六名。

徐麟，贯锦衣卫军籍，浙江龙游县人，儒士，治《书经》。字仁伯，行一，年三十二，五月初十日生。曾祖添志。祖文和。父舜。前母李氏，母杨氏，继母李氏。具庆下。弟鸾。娶胡氏。顺天府乡试第八十七名，会试第一百七十二名。

李贯，贯福建泉州府晋江县，民籍，国子生，治《易经》。字志道，行五，年二十七，二月二十一日生。曾祖肄。祖璠。父呆，义官。母庄氏。重庆下。兄珏、瑛、习、翔。娶武氏，继娶贾氏。福建乡试第四十名，会试第二百五十六名。

陆健，贯浙江宁波府鄞县，军籍，国子生，治《易经》。字文顺，行三十九，年三十八，三月初三日生。曾祖应祥。祖瑀。父崟。母蒋氏。永感下。兄儒。娶祝氏。浙江乡试第三十二名，会试第二百三十一名。

韩士奇，贯山西平阳府洪洞县，军籍，国子生，治《易经》。字秀夫，行二，年三十六，八月二十六日生。曾祖渊，赠通议大夫户部右侍郎。祖肃，训科，封工科给事中，赠通议大夫户部右侍郎。父文，正议大夫资治尹吏部左侍郎。母张氏，封淑人。严侍下。兄士聪，贡士。弟士贤，贡士；士明，医学训科；士昂；士勤。娶南氏，继娶李氏。山西乡试第四十三名，会试第二百六十四名。

黄阅古，贯广东广州府东莞县，民籍，国子生，治《春秋》。字时準，行三，年三十八，六月二十一日生。曾祖勋，训导。祖受益，贡士。父结，长史。嫡母黎氏，生母郑氏。慈侍下。兄稽古，式古。娶袁氏。广东乡试第六十一名，会试第二百三十二名。

唐胄，贯广东琼州府琼山县，民籍，国子生，治《礼记》。字平侯，行三，年三十二，十月十二日生。曾祖谊芳，训导。祖乾界，监生。父正。母陈氏。具庆下。兄冕、旒。娶钟氏。广东乡试第二名，会试第五名。

毕济川，贯江西广信府贵溪县，军籍，国子生，治《春秋》。字汝舟，行六十九，年三十四，正月二十五日生。曾祖德兴。祖渊，国子生，赠工部主事。父瑜，按察司提学佥事。母方氏，封安人。慈侍下。弟济时，贡士；济民。娶江氏。江西乡试第二名，会试第四名。

欧阳恂，贯江西吉安府安福县，民籍，国子生，治《春秋》。字诚之，行三，年三十六，三月二十六日生。曾祖持温。祖时乐。父尚正。母郭氏，生母王氏。具庆下。兄恪、性。弟憷、博、情。娶彭氏。江西乡试第八十六名，会试第二百四十七名。

沈应经，贯浙江绍兴府余姚县，民籍，国子生，治《易经》。字德征，行十四，年三十二，十月二十六日生。曾祖思智。祖仲谦。父昂。母姜氏。具庆下。兄皓、晖、璨、璠、应珪。弟应麒。娶杨氏。浙江乡试第七十九名，会试第二百五十四名。

王昶，贯直隶松江府华亭县，军籍，国子生，治《诗经》。字景昭，行二，年三十五，正月二十日生。曾祖介。祖敬。父辅，通判。母张氏。具庆下。兄升。娶徐氏。应天府乡试第一名，会试第一百二名。

王济，贯湖广黄州府黄冈县，军籍，国子生，治《礼记》。字体民，行四，年三十一，二月十五日生。曾祖仲斌。祖思旻，州同知。父文奎。母樊氏。具庆下。兄麟，知县；凤；琏。娶汪氏。湖广乡试第二十二名，会试第二百四十名。

王纳诲，贯陕西西安府长安县，匠籍，国子生，治《诗经》。字献可，行一，年三十三，四月十二日生。曾祖奉先，元主簿。祖铎。父琼，教授。母许氏。具庆下。娶张氏。陕西乡试第六十五名，会试第七十三名。

何瑭，贯河南怀庆卫籍，直隶如皋县人，河南县学生，治《诗经》。字粹夫，行一，年二十九，十月二十九日生。曾祖贵。祖滨。父森。母刘氏。具庆下。弟璋。娶周氏。河南乡试第一名，会试第十六名。

谈伦，贯四川顺庆府广安州邻水县，民籍，国子生，治《易经》。字敬仲，行二，年四十二，十一月初十日生。曾祖必聪。祖广。父文理，主簿。母陶氏。永感下。兄仪。弟仁、伋、俨、侨、儇。娶章氏，继娶何氏，李氏。四川乡试第十八名，会试第二百四十九名。

戴敔，贯福建福州府闽县，民籍，广东新会县学教谕，治《礼记》。字廷韶，行一，年三十七，正月十六日生。曾祖文周。祖弘昭。父昂，教授。母陈氏。永感下。兄孜、政、敦。弟牧、广、畋。娶林氏。福建乡试第三十二名，会试第一百一名。

毛思义，贯山东济南府武定州阳信县，民籍，县学生，治《诗经》。字继贤，行一，年二十八，七月十七日生。曾祖士荣。祖伦。父凤。母殷氏。重庆下。弟思璞、思玠、思遂、思宝。娶刘氏。山东乡试第六名，会试第二百八十四名。

谢廷瑞，贯福建福州府长乐县，军籍，国子生，治《诗经》。字邦应，行八，年四十，正月初五日生。曾祖琬。祖孟安，封知府。父士穆。前母陈氏，母潘氏，继母梁氏。具庆下。兄廷秀，贡士；廷柱，大理寺右评事。弟廷正、廷棐、廷最、廷衮、廷丰。娶林氏。福建乡试第三名，会试第一百二十八名。

欧阳禄，贯湖广永州府道州永明县，民籍，国子生，治《易经》。字万钟，行十一，年三十四，七月二十六日生。曾祖均美。祖棠，监生。父奎，知县。母毛氏。慈侍下。兄祚、祎、祜、裕。娶蒋氏。湖广乡试第四十九名，会试第二十五名。

程云鹏，贯四川顺庆府南充县，民籍，国子生，治《诗经》。字汝南，行一，年二十六，四月二十九日生。曾祖天佑。祖贤，县丞。父宗杰。母杜氏。重庆下。弟云凤、云鹗、云鸥、云龙。娶文氏。四川乡试第三十九名，会试第一百十名。

王金，贯河南开封府许州临颍县，民籍，县学生，治《诗经》。字曰良，行一，年三十二，九月二十七日生。曾祖睿，知州。祖玺，判官。父相。母邢氏，继母潘氏。具庆下。弟玉、迹、业、休。娶李氏。河南乡试第六十六名，会试第二百四十一名。

马文，贯湖广郴州永兴县，军籍，国子生，治《诗经》。字质夫，行二，年三十六，四月二十九日生。曾祖惟亮。祖添荣。父敬，通判。嫡母曹氏，母李氏。慈侍下。兄元。弟亢，义官。娶刘氏。湖广乡试第二十一名，会试第四十五名。

恽巍，贯直隶常州府武进县，民籍，国子生，治《诗经》。字功甫，行六，年三十三，十一月初一日生。曾祖克让。祖昶，旌表义民。父肇，遇例冠带。前母蒋氏，母谢氏，继母陈氏。永感下。兄岊；崿；瑞；颙，义官；厐。弟訾。娶萧氏。应天府乡试第五十名，会试第三十五名。

汪鋐，贯直隶徽州府婺源县，民籍，国子生，治《春秋》。字宣之，行四，年三十七，九月十八日生。曾祖济川。祖希文。父俨，前教谕。母李氏。重庆下。兄铣。弟铉、鉴、锭。娶程氏。应天府乡试第九十六名，会试第九十三名。

盛钟，贯直隶苏州府昆山县，军籍，长洲县人，昆山县学增广生，治《易经》。字秀甫，行三，年二十九，六月初五日生。曾祖彦敬。祖景昌。父箴，训导。前母董氏、朱氏，母穆氏。慈侍下。兄经、纬。娶金氏。应天府乡试第四十一名，会试第一百七十八名。

叶凤灵，贯浙江台州府太平县，军籍，江西新城县学教谕，治《书经》。字昌韶，行八，年四十二，九月初八日生。曾祖彦时。祖志远。父哲。嫡母陈氏，生母何氏。慈侍下。兄龙、鲲、鳌、鳄、麟、章、翔。弟鳣、岐、辉、仪、跃。娶陈氏。浙江乡试第六十名，会试第一百八名。

叶钊，贯江西南昌府丰城县，民籍，县学生，治《易经》。字时勉，行三，年三十五，十二月十四日生。曾祖本华。祖清。父玮。母熊氏，继母朱氏。重庆下。弟铭、镞。娶熊氏。江西乡试第二名，会试第五十名。

汪彬，贯直隶徽州府祁门县，民籍，县学生，治《诗经》。字学之，行二，年三十六，正月初四日生。曾祖仕政。祖舆。父杰。母叶氏。慈侍下。兄桓，弟杲。娶程氏，继娶胡氏。应天府乡试第一百二十七名，会试第一百四十八名。

刘天麒，贯广西桂林右卫，官籍，国子生，治《易经》。字仁征，行二，年三十三，九月二十二日生。曾祖达。祖淙。父俸。母邢氏。慈侍下。兄天相，弟天彝；天锡，训导；天和；天球；天麟。娶梁氏。广西乡试第一名，会试第七十四名。

王显道，贯直隶河间府沧州盐山县，民籍，国子生，治《诗经》。字微之，行四，年四十五，十月二十四日生。曾祖原鲁。祖聪，布政司右参议。父文。母刘氏。永感下。兄弘道，监生；宗道；友道，弟凝道，仓副使；志道；立道。娶周氏。顺天府乡试第九十七名，会试第一百五名。

钟文杰，贯福建汀州府长汀县，民籍，国子生，治《诗经》。字邦臣，行三，年二十四，六月十二日生。曾祖和生。祖清，典史。父正，教谕，赠户部主事。母赖氏，封太安人。慈侍下。兄骐；文俊，吏部员外郎。弟文倬、文会。娶许氏。福建乡试第十名，会试第四十七名。

王宗，贯腾骧左卫勇士籍，山西猗氏县人，国子生，治《春秋》。字惟本，行五，年三十八，十二月十七日生。曾祖思礼。祖荣。父臣。母何氏。慈侍下。兄锡；宁，府照磨；宏；宇。娶荆氏，继娶范氏。顺天府乡试第一百十七名，会试第一百四十二名。

张秉清，贯直隶永平卫，军籍，国子生，治《易经》。字元量，行一，年三十六，正月初二日生。曾祖杰。祖征。父廷纲，行人。母徐氏，继母周氏。具庆下。弟秉忠。娶萧氏，继娶刘氏。顺天府乡试第二十八名，会试第二百四十四名。

林烶，贯福建福州府闽县，民籍，国子生，治《易经》。字廷光，行四，年二十八，五月二十四日生。曾祖琰，赠户部主事。祖滔。父机，监生。母沈氏。具庆下。弟烜、熺、炷、烣。娶陈氏。福建乡试第十三名，会试第六十三名。

廖俊，贯锦衣卫校尉籍，江西新淦县人，国子生，治《书经》。字德章，行一，年二十七，正月初九日生。曾祖真。祖信。父忠。母寇氏。重庆下。弟伸。娶王氏，继娶吴氏。顺天府乡试第三十二名，会试第二百六十二名。

郑信，贯山东兖州府东平州，军籍，国子生，治《诗经》。字德孚，行三，年三十四，七月二十二日生。曾祖三舍。祖贵。父观，布政司副理问。母袁氏。慈侍下。兄仁、伦，弟仪。娶李氏。山东乡试第十六名，会试第二百八十七名。

杨玮，贯广东潮州府揭阳县，民籍，国子生，治《书经》。字景奇，行四，年三十七，九月初七日生。曾祖荫。祖崇义。父廷广。母黄氏。慈侍下。兄瑛，贡士。娶佘氏，继娶陈氏。广东乡试第七十一名，会试第二百三十四名。

徐暹，贯山东济南府历城县，民籍，国子生，治《易经》。字进甫，行二，年三十三，十一月二十五日生。曾祖仲实。祖子忠。父贵，大使。前母史氏，母孙氏。具庆下。兄升，弟旻。娶王氏。山东乡试第六十六名，会试第二百三十五名。

周举，贯山东兖州府沂州郯城县，民籍，国子生，治《书经》。字尚宾，行一，年三十八，十二月二十二日生。曾祖成。祖铎。父衡。母许氏。永感下。弟文。娶刘氏。山东乡试第五十名，会试第一百六十五名。

赵祜，贯直隶大名府开州长垣县，民籍，县学增广生，治《易经》。字汝承，行三，年二十四，十月十九日生。曾祖荣。祖让。父铭，义官。母李氏。具庆下。兄禄、祯。娶王氏。顺天府乡试第三名，会试第一百三十三名。

杨钦，贯直隶庐州府合肥县，军籍，府学生，治《书经》。字敬之，行三，年三十四，十二月二十五日生。曾祖敏。祖杰。父昶。母刘氏。具庆下。兄锐、铎，弟钢。娶汪氏。应天府乡试第四十三名，会试第二百十七名。

梁乔，贯福建汀州府上杭县，民籍，国子生，治《易经》。字迁之，行三，年三十八，二月二十九日生。曾祖至善。祖朗。父时衡。母曾氏。慈侍下。兄承祖、新。娶郑氏。福建乡试第八十五名，会试第一百四十一名。

张铖，贯山西平阳府夏县，民籍，国子生，治《诗经》。字朝肃，行三，年三十八，七月二十三日生。曾祖金。祖干。父秀，大使。前母马氏，母关氏。具庆下。兄铎、铭。娶冯氏。山西乡试第四十一名，会试第二百十九名。

黄巽，贯浙江宁波府鄞县，民籍，直隶宿松县学教谕。治《易经》。字启亨，行五，年三十四，十一月十七日生。曾祖润玉，前按察司佥事。祖隆，按察司副使。父毅。母丘氏。慈侍下。兄兑、需、震，弟益、萃、咸。娶毛氏。浙江乡试第五十名，会试第四十四名。

张腾霄，贯四川重庆府合州铜梁县，军籍，国子生，治《书经》。字凤鶱，行七，年四十二，二月十四日生。曾祖必举。祖敬。父友林。前母郑氏、李氏，母何氏。永感下。兄珣，遇例冠带；理，遇例冠带；魁；鹏；翱；爱。娶段氏。四川乡试第四十二名，会试第一百五十七名。

张澜，贯河南河南府洛阳县，匠籍，国子生，治《诗经》。字道夫，行三，年三十二，闰九月二十九日生。曾祖源。祖从政。父琼，县丞。前母胡氏，母王氏。慈侍下。兄溏；澄，贡士。娶侯氏。河南乡试第五十七名，会试第八十九名。

黄体行，贯福建兴化府莆田县，民籍，县学增广生，治《诗经》。字于道，行十，年三十八，九月初十日生。曾祖祥。祖维器。父原谨。前母陈氏，母李氏。慈侍下。兄体勤，教授；体修；芳，知县。娶欧氏。福建乡试第八十五名，会试第九十五名。

杨果，贯直隶扬州府高邮州兴化县，灶籍，国子生，治《易经》。字实夫，行五，年三十，七月三十日生。曾祖楚材。祖鐶。父缙。母周氏。具庆下。弟槃。娶赵氏。应天府乡试第十四名，会试第二名。

唐懽，贯直隶松江府上海县，灶籍，府学增广生，治《诗经》。字季和，行三，年三十，十一月初六日生。曾祖文彬。祖显宗。父德华。嫡母赵氏，继母顾氏，生母胡氏。永感下。兄怡、恽，弟恒。娶夏氏。应天府乡试第一百十四名，会试第一百三十四名。

许元奎，贯浙江杭州府海宁县，军籍，县学生，治《易经》。字文华，行一，年三十二，四月十五日生。曾祖性，刑部郎中。祖英。父天泽。母郭氏。具庆下。弟元璧，聘劳氏。浙江乡试第七名，会试第二十三名。

吕浩，贯浙江嘉兴府嘉兴县，民籍，国子生，治《书经》。字文瀚，行三，年四十，八月初七日生。曾祖添谡。祖瑛。父鉴，遇例冠带。前母计氏，母刘氏，继母沈氏。永感下。兄淳、溥，训导。娶沈氏。浙江乡试第五十一名，会试第二百四十五名。

卢学书，贯江西临江府清江县，民籍，府学生，治《书经》。字用中，行七，年三十四，七月初十日生。曾祖彦德。祖俏，教授。父逊，知县。母熊氏。永感下。兄学思，弟学诗。娶熊氏，继娶谭氏。江西乡试第七十八名，会试第一百七十七名。

陈九畴，贯山东兖州府曹州，民籍，州学生，治《诗经》。字禹学，行一，年三十二，七月初六日生。曾祖忠，知州。祖珪，典史。父纲。母孙氏。慈侍下。弟九思。娶董氏。山东乡试第六十九名，会试第二百三十六名。

王云，贯山东青州府诸城县，军籍，国子生，治《礼记》。字天章，行一，年三十八，十一月十六日生。曾祖希鲁。祖顺。父通。母杜氏。具庆下。弟霓、霁。娶窦氏。山东乡试第九名，会试第二百八十一名。

陈炫，贯广东广州府南海县，军籍，国子生，治《易经》。字文光，行一，年四十一，三月二十二日生。曾祖宗源。祖奖。父肄。母林氏。具庆下。弟焰。娶吴氏。广东乡试第六十二名，会试第八十二名。

祁敏，贯广东广州府东莞县，军籍，国子生，治《春秋》。字惟学，行一，年三十四，五月二十六日生。曾祖振宗。祖秉刚，赠员外郎。父顺，左布政使。嫡母钟氏，赠宜人，继母廖氏，生母梁氏。慈侍下。弟敳、孜、政、敉、敦。娶黎氏。广东乡试第三十六名，会试第二百九十二名。

丁沂，贯应天府溧水县，军籍，县学生，治《书经》。字宗鲁，行一，年三十，十一月初五日生。曾祖恕。祖庸。父羲。母端氏。重庆下。弟汉、泗、濬，泮。娶袁氏。应天府乡试第八名，会试第三十一名。

宋冕，贯浙江绍兴府余姚县，灶籍，国子生，治《易经》。字孔瞻，行二，年三十五，三月十六日生。曾祖宗澄。祖廷芳。父璿。母黄氏。重庆下。兄冠，弟衮、辰、弁。娶项氏，继娶徐氏。浙江乡试第八十九名，会试第二百八十三名。

殷鉴，贯南京羽林左卫军籍，直隶丹阳县人，国子生，治《诗经》。字文济，行一，年三十六，十一月二十八日生。曾祖贤。祖盛。父顺。母郭氏。具庆下。弟銮、鉴。娶王氏。应天府乡试第一百三十五名，会试第二百六十六名。

张禬，贯顺天府蓟州平谷县，军籍，国子生，治《书经》。字汝吉，行二，年三十五，十二月二十三日生。曾祖弼。祖云，知府。父铸，府同知。母李氏，继母吴氏，王氏。严侍下。兄佑，弟襘，户部主事；祚；祉；袷。娶胡氏。顺天府乡试第一名，会试第四十九名。

吴便，贯浙江绍兴府山阴县，匠籍，国子生，治《诗经》。字廷言，行一，年三十一，十二月二十四日生。曾祖晖。祖璇。父源。母章氏，继母俞氏。具庆下。弟楠、桓、模。娶茹氏，继娶杜氏。浙江乡试第五十九名，会试第二百十六名。

据《弘治十五年进士登科录》，第三甲一百九十九名，赐同进士出身。履历如下：

卜思敏，贯直隶常州府江阴县，民籍，国子生，治《诗经》。字行甫，行一，年四十四，八月十二日生。曾祖叔玘。祖纪。父子贤。母沈氏。具庆下。弟思学、思文。娶孙氏。应天府乡试第二十七名，会试第二百七十三名。

项匡，贯浙江台州府临海县，民籍，顺天府顺义县学教谕，治《诗经》。字直卿，行六，年三十七，十二月初一日生。曾祖德中。祖彦远。父文达。母李氏，继母张氏。具庆下。兄滂、麒、辙、源、澄，弟麟、浩。娶周氏。浙江乡试第五十五名，会试第二百六十三名。

康纪，贯江西吉安府泰和县，民籍，国子生，治《易经》。字在修，行三，年三十五，二月二十六日生。曾祖宜顺，赠监察御史。祖弘敬，按察司金事。父文秀。母欧阳氏，继母罗氏。重庆下。兄纯、绶，弟绅、绰、绥、编、綍。娶王氏。江西乡试第三十九名，会试第一百七十一名。

蔡铨，贯河南开封府祥符县，民籍，国子生，治《诗经》。字选之，行七，年二十六，十一月初六日生。曾祖文善，监察御史。祖用宜。父珣。母杜氏。具庆下。兄铎，进士；钦；铭；钥；镛。娶马氏。河南乡试第七十六名，会试第二百八十九名。

吴铖，贯江西抚州府崇仁县，民籍，国子生，治《书经》。字宿威，行九，年三十，四月二十四日生。曾祖日升，赠顺天府治中。祖衡，布政司参议。父孜，前翰林院典籍。嫡母谌氏，生母赵氏。重庆下。弟镐、锡。娶刘氏，继娶甘氏。江西乡试第八名，会试第一百四十七名。

张龙，贯直隶松江府上海县，医籍，国子生，治《书经》。字汝言，行二，年三十三，七月二十三日生。曾祖逢吉，御医，赠中书舍人。祖翌，尚宝司卿。父庆，光禄寺丞。前母潘氏，嫡母曾氏，生母顾氏。具庆下。兄夔，弟稷、契、皋、岳。娶何氏。顺天府乡试第六十一名，会试第五十六名。

林茂达，贯福建兴化府莆田县，民籍，国子生，治《书经》。字孚可，行三，年四十一，九月二十二日生。曾祖应凤。祖珪，训导，赠知州。父思承，府同知。母黄氏，封宜人，继母郑氏。慈侍下。兄茂荣、茂春，义官。娶柯氏。福建乡试第十七名，会试第四十八名。

宇文钟，贯陕西西安府乾州，军籍，山西榆次县学教谕，治《诗经》。字伯秀，行一，年三十三，正月十六日生。曾祖举。祖亨。父靖，推官。母周氏，继母郭氏。具庆下。弟镛，贡士。娶许氏，继娶薛氏。陕西乡试第十一名，会试第二百八十名。

陈察，贯直隶苏州府常熟县，民籍，县学生，治《诗经》。字原习，行十八，年三十二，闰九月二十五日生。曾祖继芳。祖璇。父稷。母谭氏。慈侍下。兄宣；宇；宝，义官；寓，义官。弟寰。娶王氏，继娶张氏。应天府乡试第七名，会试第十八名。

陆鳌，贯锦衣卫籍，直隶吴江县人，国子生，治《诗经》。字镇卿，行一，年三十，五月二十八日生。曾祖双孙。祖进。父祥。母庞氏。慈侍下。娶毕氏。顺天府乡试第三十九名，会试第二十四名。

尹纶，贯神策卫军籍，直隶深州人，国子生，治《诗经》。字大经，行一，年三十三，十二月十二日生。曾祖成。祖敬。父祥。母贾氏。永感下。弟缙、纨、绍。娶李氏。顺天府乡试第十九名，会试第四十一名。

段豸，贯锦衣卫军籍，山西泽州人，儒士，治《易经》。字世高，行一，年三十一，六月初九日生。曾祖奉先。祖善，封监察御史，赠知府。父正，大中大夫，布政司左参政。母周氏，封恭人。慈侍下。娶焦氏。顺天府乡试第十五名，会试第二百七名。

何义，贯直隶涿鹿左卫，军籍，国子生，治《诗经》。字时宜，行四，年三十八，十二月二十日生。曾祖福六。祖仲仁。父海。前母顾氏，嫡母陈氏，继母韩氏，生母王氏。永感下。兄金、祥、信。娶翟氏。顺天府乡试第三十三名，会试第一百五十六名。

刘琛，贯陕西西安前卫军籍，延安府宜川县人，国子生，治《易经》。字廷献，行四，年三十六，六月二十九日生。曾祖景先。祖源。父俊。前母赵氏，母吴氏，继母周氏。具庆下。兄琰，知县；瑾；玺，贡士。弟玫，义官。娶金氏，继娶郭氏。陕西乡试第六十三名，会试第二百七十名。

鲁铎，贯直隶永平府抚宁县，军籍，国子生，治《书经》。字文振，行一，年三十四，正月二十日生。曾祖资。祖敬，税课司大使。父海。母邢氏。具庆下。弟钧。娶乔氏，继娶张氏。顺天府乡试第八十六名，会试第四十名。

李元吉，贯山东东昌府堂邑县，军籍，县学生，治《易经》。字守正，行二，年三十二，四月十五日生。曾祖广。祖福。父雄，通判。母陈氏。慈侍下。兄元亨，义官。娶胡氏。山东乡试第三名，会试第五十八名。

童铖，贯陕西西安府长安县，军籍，国子生，治《诗经》。字秉虔，行四，年四十，十一月初十日生。曾祖喜贤。祖斌。父俊。母马氏。具庆下。兄祥、英、荣，弟钊。娶王氏，继娶骆氏，党氏。陕西乡试第一名，会试第五十七名。

霍恩，贯大宁都司茂山卫，军籍，直隶易州学官生，治《诗经》。字天锡，行一，年三十三，六月二十九日生。曾祖旺，正千户。祖敬，正千户。父赟，正千户。母李氏，继母赵氏。重庆下。弟恕，天爵。娶蔺氏，继娶崔氏，继聘刘氏。顺天府乡试第九十五名，会试第二百二十五名。

刘弼，贯南京锦衣卫官籍，陕西华阴县人，儒士，治《书经》。字邦直，行三，年二十七，十月初二日生。曾祖移柱，百户。祖政。父祥。母梅氏。具庆下。兄勇，百户；辅。娶贝氏。应天府乡试第七十七名，会试第一百三十二名。

周祯，贯浙江绍兴府山阴县，民籍，国子生，治《书经》。字天兆，行九，年三十五，十二月十一日生。曾祖达。祖永才。父廷泽，义官。母王氏。具庆下。弟祥；礽，贡士；祚；禩。娶秦氏。浙江乡试第二十七名，会试第八十八名。

虞夔，贯直隶镇江府金坛县，民籍，国子生，治《书经》。字汝谐，行二，年三十六，正月二十五日生。曾祖祯。祖瓛。父韶，承事郎。母王氏。慈侍下。兄芮，义民。

弟蕃；茝；藻。娶芮氏。应天府乡试第四十三名，会试第六十四名。

冯宪，贯山西太原府文水县，民籍，国子生，治《易经》。字遵古，行一，年三十，十月十七日生。曾祖景明。祖楒。父铎。母张氏。具庆下。弟贤。娶刘氏。山西乡试第六十名，会试第二百七十九名。

刘经，贯山东东昌府高唐州恩县，民籍，国子生，治《易经》。字贞甫，行一，年三十九，六月二十一日生。曾祖定。祖逸，主簿。父瑛。前母程氏，母徐氏。严侍下。弟绅。娶雷氏。山东乡试第二十八名，会试第一百五十八名。

成文，贯山西山阴千户所军籍，太原府文水县人，国子生，治《春秋》。字质夫，行二，年三十一，十一月初二日生。曾祖郁。祖敬。父本。母李氏。具庆下。兄绣，弟纪、缙。娶王氏。继娶王氏、王氏。山西乡试第四十二名，会试第二百十八名。

武思明，贯山西泽州陵川县，民籍，国子生，治《书经》。字克诚，行一，年二十九，六月初二日生。曾祖鸾。祖鹤，旌表义民。父宁，义官。前母李氏、姬氏，母傅氏。永感下。兄思贤，义官，弟思恭、思孝、思敬、思义。娶姬氏。山西乡试第十一名，会试第一百九十四名。

白思诚，贯山西太原府平定州，军籍，国子生，治《书经》。字实之，行四，年三十，九月二十六日生。曾祖勋，审理。祖琦，封监察御史。父仪，七品散官。前母孙氏，母申氏。具庆下。兄思明，太仆少卿；思义，知州；思温，判官，弟思德。娶延氏。山西乡试第四十三名，会试第一百四十四名。

郑选，贯河南汝宁府光州，民籍，州学生，治《易经》。字于众，行一，年三十二，十月十三日生。曾祖宪，县丞。祖宏。父瓒，贡士。母但氏，继母龚氏。重庆下。弟迁。娶蓝氏。河南乡试第三名，会试第四十六名。

陈祥，贯江西瑞州府高安县，民籍，国子生，治《诗经》。字应和，行一，年二十九，八月初八日生。曾祖启信。祖方舆。父用，教授。母谢氏。重庆下。弟祯；禧，贡士；祉；袯；袞；裘。娶杨氏。江西乡试第五十三名，会试第二百八名。

方进，贯直隶徽州府婺源县，军籍，县学生，治《书经》。字以礼，行三，年四十七，二月二十四日生。曾祖寿，听选官。祖赟同。父福庆。母张氏，继母李氏。永感下。兄才，奎。娶戴氏，继娶王氏。应天府乡试第三十二名，会试第七十六名。

沈钦，贯浙江绍兴府山阴县，军籍，国子生，治《书经》。字敬之，行七，年三十七，三月初一日生。曾祖旭。祖世珩。父胃。母翁氏。永感下。弟银，义官；铼；镗。娶章氏。浙江乡试第三十六名，会试第一百六十一名。

王廷相，贯河南开封府仪封县军籍，山西潞州人，国子生，治《诗经》。字秉衡，行一，年二十九，十月二十五日生。曾祖思义。祖实一。父增。母田氏。具庆下。弟廷梧。娶刘氏。河南乡试第七十八名，会试第一百三十七名。

危行，贯福建邵武府邵武县，匠籍，国子生，治《书经》。字世隆，行二，年三十九，二月二十一日生。曾祖原宗。祖仲达。父伯实。母官氏。永感下。兄泰，弟璧、让。娶苏氏。福建乡试第六十四名，会试第一百二十四名。

李学曾，贯广东高州府茂名县，民籍，国子生，治《易经》。字宗鲁，行一，年二十九，闰六月初十日生。曾祖福寿，教谕。祖克由，贡士。父才。母陈氏。具庆下。弟学孟、学尧、学申、学濂、学朱、学思。娶王氏。广东乡试第六名，会试第一百六十六名。

姚鹏，贯浙江嘉兴府崇德县，民籍，县学生，治《诗经》。字鸣南，行八，年二十九，二月十二日生。曾祖孟谦。祖玑，恩荣官。父潾。母俞氏。重庆下。兄楷；凤，贡士；鸾。弟鸥、鸳、鹈。娶沈氏。浙江乡试第六十五名，会试第八十七名。

江淙，贯江西南昌府丰城县，军籍，国子生，治《诗经》。字朝会，行十，年四十，十一月二十八日生。曾祖永崇。祖序洞。父益德。母席氏。具庆下。弟湍。娶刘氏。江西乡试第二名，会试第十四名。

张云，贯河南信阳卫，官籍，国子生，治《礼记》。字季升，行二，年三十六，五月二十五日生。曾祖得春，千户。祖翔，千户。父和。母李氏。具庆下。兄震。娶刘氏，继娶徐氏。河南乡试第七十名，会试第一百九十八名。

訾绶，贯山西大同府朔州军籍，陕西神木县人，国子生，治《礼记》。字文甫，行一，年三十一，十月初七日生。曾祖兴。祖荣。父玉，教谕。母杨氏。具庆下。弟缌、纶、缙。娶杨氏。山西乡试第二名，会试第一百七十四名。

徐问，贯直隶常州府武进县，军籍，县学附学生，治《诗经》。字用中，行二，年二十三，三月十四日生。曾祖士能。祖毅。父玉。母陶氏。具庆下。兄学。弟思、辨，聘褚氏。应天府乡试第一百六名，会试第二百三十三名。

王材，贯直隶安庆府望江县，医籍，国子生，治《诗经》。字天成，行四，年四十二，三月十四日生。曾祖震隆。祖旻。父琼。母李氏。慈侍下。兄杞，义公义官木官。弟樏；楷；桓；樾；干，训科；椿；桐，义官；栎；楠；栾。娶陈氏。应天府乡试第二十七名，会试第一百九十九名。

罗缙，贯浙江宁波府慈溪县，民籍，国子生，治《诗经》。字荐卿，行七，年四十，正月十六日生。曾祖礼达。祖智能。父信佳，南京兵部主事。母刘氏。永感下。兄经、纶、绘。弟绅。娶刘氏。浙江乡试第五十八名，会试第二百二名。

上官崇，贯江西吉安府吉水县，民籍，国子生，治《诗经》。字达卿，行七，年三十六，六月十三日生。曾祖止诚。祖用鲁。父行宪。母罗氏，继母李氏。具庆下。弟嵩、巍。娶李氏。江西乡试第六十一名，会试第二百九十八名。

石邦柱，贯广西梧州府苍梧县，民籍，国子生，治《易经》。字安国，行一，年三十六，八月二十六日生。曾祖良礼。祖用广。父珍。前母黄氏，母甘氏。具庆下。娶阮氏，继娶李氏。广西乡试第七名，会试第二百九十一名。

何士麟，贯广西梧州府苍梧县，民籍，国子生，治《易经》。字肇周，行一，年二十九，十月十八日生。曾祖友泉。祖通海，寿官。父继宗，知县。母张氏。重庆下。弟士凤，贡士；士龙，贡士；士鳌；士熊。娶李氏。广西乡试第十七名，会试第一百六十三名。

姜荣，贯浙江绍兴府余姚县，民籍，国子生，治《礼记》。字仁甫，行十九，年三十五，正月十三日生。曾祖文举。祖惟善。父逵，义官。母董氏。具庆下。兄柱、森。弟楷、校、堂、槐、权、柄、本。娶倪氏。浙江乡试第十名，会试第二百十名。

郑濬，贯福建福州府闽县，民籍，国子生，治《礼记》。字克明，行二，年三十四，十一月二十七日生。曾祖景顺。祖文鉴。父铢。母黄氏，继母赵氏。具庆下。娶杨氏。福建乡试第六十七名，会试第一百六十名。

黄河清，贯福建泉州府南安县，民籍，国子生，治《诗经》。字应期，行一，年二十五，七月初十日生。曾祖乾麟。祖博。父天锡。母傅氏。具庆下。弟流清、澄清、瀚清、淑清。娶赵氏。福建乡试第三十九名，会试第一百八十五名。

曹敕，贯四川重庆府巴县，民籍，国子生，治《礼记》。字嘉正，行七，年三十三，十月十三日生。曾祖启胜。祖天华，赠经历。父文德。母陈氏。具庆下。兄勋，训导；俭。弟勤、劲。娶罗氏。四川乡试第四名，会试第一百十九名。

张元春，贯江西南昌府新建县，医籍，国子生，治《春秋》。字幼仁，行一，年三十五，正月初一日生。曾祖灿，良医。祖升，良医，进阶修职郎。父瑞，义官。母梅氏，继母高氏。重庆下。弟元教、元相、元勋、元弼、元龙、元美。娶吴氏，继娶江氏。江西乡试第七十九名，会试第一百六十八名。

顾烨，贯浙江嘉兴府嘉兴县，民籍，国子生，治《书经》。字耀卿，行一，年二十五，正月初一日生。曾祖晟。祖政，遇例冠带。父岳。母潘氏。重庆下。弟炳。娶梅氏。浙江乡试第二名，会试第八十名。

洪范，贯江西抚州府金溪县，民籍，国子生，治《诗经》。字邦正，行一，年三十二，九月初六日生。曾祖世文。祖惠。父涛。母周氏，继母池氏。具庆下。弟猷。娶贾氏。江西乡试第六十一名，会试第二十九名。

蒋琼，贯武骧右卫勇士籍，浙江长兴县人，顺天府学增广生，治《诗经》。字尚德，行二，年三十，十月初三日生。曾祖希文。祖宗道。父富，听选官。母韦氏。慈侍下。兄璠。弟瑗。娶王氏。顺天府乡试第四十九名，会试第六十五名。

曹岐，贯锦衣卫镇抚司官籍，应天府句容县人，国子生，治《诗经》。字鸣凤，行一，年三十八，七月初五日生。曾祖安善。祖政，锦衣卫百户。父宏，按察司副使。母何氏，封孺人。永感下。弟昆，同科进士；岫，锦衣卫所镇抚；岷。娶周氏。顺天府乡试第四十一名，会试第八十四名。

王注，贯直隶河间府献县，军籍，国子生，治《书经》。字禹成，行四，年三十九，七月初七日生。曾祖九宁。祖谅，寿官。父琼，知州。母杨氏。永感下。兄淇，义官；淮，主簿；泽，驿丞。娶鲁氏。顺天府乡试第八十二名，会试第二百一名。

张廷槐，贯福建兴化府莆田县，军籍，浙江永康县学训导，治《书经》。字文相，行一，年三十五，九月三十日生。曾祖仲乾。祖聪，经历。父宏用，义官。母陈氏。具庆下。娶翁氏。福建乡试第八名，会试第九十六名。

梅珂，贯直隶太平府芜湖县，民籍，县学生，治《易经》。字邦振，行三，年三十，八月二十八日生。曾祖郁。祖随。父恺。母李氏。具庆下。兄珠、瑞。娶张氏。应天府乡试第九十五名，会试第二百二十七名。

祝澹，贯江西广信府玉山县，民籍，国子生，治《书经》。字仲源，行十一，年三十八，七月十六日生。曾祖环。祖启先，寿官。父镐。母姜氏，继母赵氏。严侍下。兄澽。娶刘氏。江西乡试第五十二名，会试第二百八十五名。

刘布，贯直隶苏州府长洲县，军籍，府学生，治《诗经》。字时服，行二，年三十，八月二十一日生。曾祖珏，金事。祖正。父传。母钱氏。具庆下。兄粟。弟度、衡。娶黄氏。应天府乡试第十九名，会试第七十五名。

钱如京，贯直隶安庆府桐城县，民籍，国子生，治《诗经》。字公溥，行六，年二十五，四月初八日生。曾祖惠。祖纯。父鸾，府经历。母方氏。具庆下。兄山。弟如几。娶王氏。应天府乡试第五十名，会试第二百七十一名。

董铸，贯直隶保定府安肃县，军籍，国子生，治《书经》。字克成，行五，年三十八，二月二十三日生。曾祖义辛。祖仲拳。父喜。母阎氏。慈侍下。兄智、浩、敬、镗。娶刘氏。顺天府乡试第五十二名，会试第二百三十七名。

张润，贯山西平阳府临汾县，民籍，国子生，治《诗经》。字汝霖，行二，年三十三，十月十一日生。曾祖仲实。祖祥。父铺，典史。母韩氏。具庆下。兄滋。弟灌。娶乔氏。山西乡试第一名，会试第二百六十九名。

朱弦，贯直隶常州府无锡县，民籍，县学附学生，治《诗经》。字廷和，行九，年三十三，二月十六日生。曾祖仲南。祖辕。父搢。母王氏。具庆下。兄枭、珮、瑀、美、璟、衮、瓛、锦。弟钦、纮、绅。娶严氏。应天府乡试第七十四名，会试第二百五十五名。

范嵩，贯福建建宁府瓯宁县，民籍，国子生，治《易经》。字邦秀，行二，年三十二，十月初一日生。曾祖直。祖保。父澄，监生。母吴氏。具庆下。兄山。弟岳、昆、岩、炭。娶唐氏。福建乡试第六十九名，会试第一百十四名。

曾直，贯江西吉安府吉水县，民籍，国子生，治《诗经》。字叔温，行三，年三十六，八月二十九日生。曾祖学忠，赠监察御史。祖昌元。父光熙。母周氏。慈侍下。兄柔。弟简。娶彭氏，继娶许氏。江西乡试第六十五名，会试第一百四十三名。

朱俨，贯福建兴化府莆田县，军籍，县学增广生，治《诗经》。字居正，行三，年三十五，八月二十五日生。曾祖本初。祖禄，遇例冠带。父穹。母陈氏。慈侍下。娶张氏。福建乡试第九十名，会试第一百五十九名。

王锴，贯辽东定辽中卫官籍，顺天府宛平县人，国子生，治《书经》。字叔金，行一，年三十五，八月二十九日生。曾祖纲。祖忠，百户。父纪，百户。母黄氏，继母银氏、赵氏。具庆下。弟钥、镔、钘、鑠，镇。娶周氏。山东乡试第六十八名，会试第一百二十九名。

邝约，贯广东广州府南海县，民籍，县学增广生，治《诗经》。字文博，行一，年三十五，七月二十七日生。曾祖康佑。祖智雄。父珵。母许氏。慈侍下。弟绮。娶何氏。广东乡试第十二名，会试第一百七十三名。

钟绍，贯广东广州府东莞县，军籍，县学增广生，治《春秋》。字大韶，行一，年三十三，六月二十九日生。曾祖广升。祖铎，驿丞。父琪，教授。母谢氏。重庆下。弟绚、缝。娶庚氏，继娶陈氏。广东乡试第二十二名，会试第六十一名。

高坛，贯浙江绍兴府山阴县，军灶籍，国子生，治《书经》。字用明，行五，年三十六，十月初二日生。曾祖尚卿。祖緤。父尊。母李氏。具庆下。兄垸、壂、坡。弟埏、圮、埠。娶王氏。浙江乡试第四十五名，会试第一百六十九名。

陈玑，贯山东临清卫官籍，浙江余姚县人，国子生，治《诗经》。字天仪，行一，年三十七，十一月二十二日生。曾祖斌，百户。祖鼎，副千户。父宪，副千户。母丘氏。具庆下。弟琰。娶张氏，继娶张氏。山东乡试第二十一名，会试第一百五十一名。

杨恭，贯武骧左卫官籍，顺天府永清县人，国子生，治《诗经》。字秉虔，行二，年三十七，六月初七日生。曾祖朗，百户。祖友，百户。父信。前母张氏，母周氏。永感下。兄玘。弟敬、泰。娶孙氏，继娶郭氏、郭氏。顺天府乡试第三十七名，会试第二百五名。

刘谌，贯江西吉安府吉水县，民籍，国子生，治《诗经》。字承芳，行三，年三十八，九月二十六日生。曾祖希先。祖惟修。父源深。母周氏。慈侍下。兄讷。娶萧氏。江西乡试第七十九名，会试第二百七十八名。

仇惠，贯直隶保定府安州新安县，民籍，国子生，治《诗经》。字泽民，行五，年四十，六月初三日生。曾祖富。祖贵。父志，训导。母徐氏。永感下。兄恭、宽、信、敏。弟忠、恕。娶韩氏。顺天府乡试第七十七名，会试第二百五十名。

刘儒，贯山东东昌府高唐州恩县，军籍，国子生，治《书经》。字寄道，行一，年三十二，十月十六日生。曾祖仲和。祖贵。父淮。前母陈氏，母贾氏。永感下。娶赵氏。山东乡试第四十八名，会试第八十五名。

何淳，贯广东广州府顺德县，军籍，府学生，治《易经》。字宗厚，行一，年二十八，七月二十三日生。曾祖淮。祖荣，遇例冠带。父璋，知州。母林氏。重庆下。兄沾，同科进士。弟澡、冲、潇、派、溉、潞、淘、浣。娶李氏。广东乡试第十一名，会试第一百九十名。

熊纪，贯河南南阳府南阳县，民籍，国子生，治《书经》。字时振，行四，年四十二，八月十一日生。曾祖普一。祖秀可。父琛。母张氏。永感下。兄怀、林、纲。弟理。娶王氏，继娶李氏。河南乡试第五十五名，会试第二百七十二名。

舒晟，贯江西饶州府安仁县，军籍，国子生，治《诗经》。字孔旸，行三，年二十九，九月十六日生。曾祖文锡。祖胜。父朝杰。母吴氏。重庆下。兄旺。弟杲、冕。娶梁氏。江西乡试第七十九名，会试第一百七十六名。

张柱，贯四川重庆府涪州，军籍，陕西同官县学教谕，治《易经》。字汝贤，行一，年四十九，三月二十一日生。曾祖德昱。祖玄，教授，封兵科给事中。父善吉，兵科都给事中。母冯氏，封孺人。具庆下。弟格，义官；楫；模；檀；榜；桂；柯；檠。

娶陈氏。四川乡试第二十七名，会试第二十八名。

王俸，贯顺天府通州三河县，民籍，国子生，治《书经》。字天爵，行一，年三十六，二月初七日生。曾祖敬，知县。祖祥，赠员外郎。父文琮，郎中。前母蔡氏、张氏，母宋氏。慈侍下。弟俊、仅、儒、伦。娶李氏，继娶李氏。顺天府乡试第一百三十一名，会试第二百九名。

张萱，贯直隶松江府上海县，民籍，国子生，治《诗经》。字德晖，行四，年四十四，六月二十八日生。曾祖志恒。祖述。父僖。母潘氏。慈侍下。兄地，府同知；堂；塾。弟城；墀；垠，义官；澄；坊；寿；隆。娶陆氏。应天府乡试第一百十名，会试第一百九十三名。

潘珍，贯直隶徽州府婺源县，民籍，国子生，治《书经》。字玉卿，行五，年二十六，五月二十六日生。曾祖琥。祖思文。父坦。母张氏。具庆下。弟理、珙、瓁。娶张氏。应天府乡试第八十七名，会试第一百三十九名。

严纮，贯应天府江浦县，民籍，国子生，治《诗经》。字仲周，行二，年三十七，十二月二十八日生。曾祖福一。祖真。父良，纪善。母汤氏。慈侍下。兄维。弟绣、统。娶陈氏，继娶蒋氏。应天府乡试第一百十二名，会试第六十七名。

戴书，贯湖广武昌府崇阳县，军籍，国子生，治《诗经》。字天锡，行二，年三十六，十二月二十四日生。曾祖乾震。祖东津。父清，巡检。前母曾氏，母金氏。慈侍下。兄瑰。弟瑀。娶蒙氏。湖广乡试第三十三名，会试第一百六十四名。

黄宏，贯南京京卫籍，浙江鄞县人，应天府六合县学生，治《诗经》。字德裕，行二，年三十三，六月十一日生。曾祖子良。祖福缘。父永庆。母张氏。具庆下。兄宝。娶林氏。应天府乡试第一百十名，会试第一百十三名。

贺洪，贯旗手卫籍，浙江慈溪县人，儒士，治《诗经》。字禹畴，行一，年三十二，十一月初四日生。曾祖勖。祖师言。父钦。母陈氏。严侍下。弟浚、源、淇。娶苏氏。顺天府乡试第二十八名，会试第二百十四名。

蓝郁，贯直隶淮安府盐城县民籍，广东茂名县人，国子生，治《诗经》。字国馨，行一，年四十三，十月初八日生。曾祖文袍。祖盛。父春，主簿。母苏氏。永感下。弟都。娶汪氏。应天府乡试第一百三十名，会试第六十二名。

吴祺，贯江西南昌府丰城县，民籍，直隶滦州学学正，治《诗经》。字贵德，行八，年四十，十一月二十五日生。曾祖子恒，县丞。祖继能。父嗣正。母涂氏。具庆下。弟衮、裔。娶邹氏，继娶徐氏。江西乡试第八十八名，会试第二百四十三名。

张谐，贯福建福州府闽县，军籍，国子生，治《易经》。字汝谐，行九，年三十五，二月十一日生。曾祖聪，知县，赠主事。祖瑜，贡士。父纯，知县。母王氏。永感下。兄彬，学正；模。弟经，助教；相；槃，贡士；柱。娶吴氏。福建乡试第三名，会试第二百十五名。

安佑，贯四川嘉定州，民籍，国子生，治《易经》。字于吉，行一，年四十一，六月二十八日生。曾祖义。祖浩，遇例冠带。父尚民。母李氏，继母钱氏。重庆下。弟祉、祯、祚。娶陈氏，继娶郑氏。四川乡试第二名，会试第二百十二名。

原轩，贯山西泽州阳城县，民籍，国子生，治《书经》。字公载，行一，年三十，十月二十六日生。曾祖瑢，前知县。祖宗善，左长史。父应奎，监生。母李氏，继母石氏。重庆下。弟轼、辀、毂。娶梁氏。山西乡试第三十九名，会试第二百二十九名。

何亮，贯山东登州卫官籍，直隶当涂县人，国子生，治《易经》。字文明，行三，年三十八，十一月二十五日生。曾祖泰，正千户。祖源。父瑞。母郑氏。永感下。兄宽、宏。弟纪。娶梁氏。山东乡试第二十八名，会试第九十四名。

李鉴，贯直隶永平府滦州，军籍，国子生，治《书经》。字孔昭，行一，年三十六，二月二十五日生。曾祖贰。祖贵。父聚。母王氏。永感下。弟铿、镇。娶吴氏。顺天府乡试第一百十五名，会试第二百七十七名。

潘希曾，贯浙江金华府金华县，民籍，府学生，治《书经》。字仲鲁，行五，年二十七，三月十三日生。曾祖文华，赠监察御史。祖洪，按察司佥事，加赠奉政大夫修正庶尹。父璋，按察司提学副使。母姜氏，封安人。慈侍下。兄希奭，义官；荣，训导；希颜。弟植。娶叶氏。浙江乡试第十八名，会试第三十三名。

何柴，贯直隶扬州府泰兴县，民籍，县学生，治《诗经》。字辅之，行十七，年三十九，三月初四日生。曾祖济，旌表义民。祖颙。父岱，兵马指挥。母许氏，继母陈氏。慈侍下。兄槩；梼，应天府推官；林；槐；榆。弟棠，贡士；桐；榛；栗。娶赵氏。应天府乡试第二十一名，会试第十名。

孙沔，贯山东兖州府鱼台县，民籍，县学生，治《易经》。字伯清，行三，年二十四，闰十月二十九日生。曾祖仲宪。祖瑛。父昶。前母王氏，母管氏。具庆下。兄汉，潮。娶陈氏。山东乡试第六十一名，会试第一百四十六名。

陈霆，贯浙江湖州府德清县，匠籍，县学生，治《书经》。字声伯，行四，年二十七，十月初九日生。曾祖良。祖安。父和。母孙氏。具庆下。兄云、雷、震。弟霁。娶胡氏。浙江乡试第六名，会试第一百二十名。

侯自明，贯陕西西安府同州白水县，官籍，国子生，治《诗经》。字景德，行一，年三十，十二月二十三日生。曾祖文礼。祖复，教谕，赠右佥都御史。父恂，左佥都御史。前母秦氏，赠恭人，母刘氏，封恭人。具庆下。弟自新；自勉，义官；自同。娶井氏。陕西乡试第二十六名，会试第一百八十二名。

凌云翰，贯应天府上元县，匠籍，国子生，治《易经》。字伯远，行二，年四十一，八月十三日生。曾祖珍。祖子才，赠南京户部郎中。父文，布政司左参议。前母赵氏，赠宜人，李氏，母韩氏，封宜人。永感下。兄云翔。弟云翱、云翙、云翀。娶王氏，继娶邵氏。应天府乡试第六名，会试第六十六名。

朱嘉会，贯直隶扬州府高邮州宝应县，民籍，国子生，治《书经》。字亨之，行一，年二十三，五月初十日生。曾祖溥，州同知。祖昱，布政司司狱。父孔华，监生。母郑氏。重庆下。弟嘉祥、嘉宾、嘉议、嘉爱、嘉庆。娶衡氏。应天府乡试第七十一名，会试第一百十一名。

陈宁，贯福建泉州府晋江县，军籍，县学生，治《易经》。字仕泰，行二，年三十一，七月初八日生。曾祖彭寿。祖正玄。父成聪。母潘氏。永感下。兄福。娶黄氏。福建乡试第五十六名，会试第五十五名。

吴仪，贯河南卫辉千户所，军籍，国子生，治《礼记》。字德隅，行二，年三十六，二月十三日生。曾祖诚。祖敬。父谅。前母刘氏，母赵氏。慈侍下。兄俊，义官。弟俸。娶曹氏，继娶崔氏。河南乡试第十三名，会试第二百六十八名。

丘世乔，贯广东潮州府海阳县，军籍，国子生，治《书经》。字民望，行七，年四十一，五月初五日生。曾祖述。祖统。父尚，通判。母苏氏。慈侍下。兄允璿；世达，义官。弟世昂、世惠。娶郑氏。广东乡试第二十三名，会试第二百二十六名。

邓翰，贯四川成都府内江县，民籍，国子生，治《诗经》。字希召，行一，年四十二，十月十四日生。曾祖志忠。祖璩。父九经，卫经历。母黄氏，继母黄氏。具庆下。弟翱。娶吴氏。四川乡试第四十三名，会试第一百四十名。

李淳，贯直隶安庆府太湖县，军籍，国子生，治《易经》。字原朴，行一，年四十二，十一月初八日生。曾祖友敬。祖德富。父璋，阴阳正术。母秦氏。具庆下。弟溶、濂。娶丁氏。应天府乡试第二十八名，会试第一百二十二名。

何渥，贯浙江严州府建德县，民籍，国子生，治《易经》。字承恩，行十五，年三十二，闰九月初七日生。曾祖道崇。祖永敬。父瑠。母沈氏。永感下。兄渊、潜、溁、沐、澧、淑。弟涤。娶童氏。浙江乡试第四十七名，会试第一百三十名。

盛端明，贯广东潮州府饶平县，军籍，国子生，治《诗经》。字希道，行一，年三十三，九月初七日生。曾祖孚。祖夔，主簿。父凤仪，教谕。前母陈氏，毛氏，母伍氏。具庆下。弟端勉、端膺。娶许氏。广东乡试第一名，会试第一百二十一名。

张岐，贯江西饶州府鄱阳县，民籍，国子生，治《诗经》。字宗周，行二十二，年四十一，四月二十四日生。曾祖谷政。祖骥，教谕。父武安。母许氏。永感下。兄泰、华。弟蒙、珍、丹。娶刘氏。江西乡试第二十名，会试第五十九名。

万斛，贯四川成都府崇庆州，民籍，国子生，治《书经》。字以虚，行一，年四十六，六月十二日生。曾祖文斌。祖昱，赠知州。父弼，教谕。母朱氏。具庆下。弟石、几。娶王氏。四川乡试第二十三名，会试第五十三名。

吴阅，贯直隶扬州府泰兴县，民籍，国子生，治《诗经》。字廷简，行二，年三十六，四月初六日生。曾祖彦真。祖英，遇例冠带。父宗。母周氏。慈侍下。兄闱。弟闵、闻、闳。娶陈氏。应天府乡试第七十六名，会试第一百十八名。

张贤，贯河南开封府睢州，民籍，国子生，治《春秋》。字守愚，行一，年三十六，九月初五日生。曾祖敬先。祖淳。父宁。母陆氏，继母吴氏。严侍下。弟赟、簪。娶李氏，继娶周氏。河南乡试第七十二名，会试第七十七名。

何绍正，贯浙江严州府淳安县，民籍，国子生，治《春秋》。字继宗，行二，年三十九，九月初一日生。曾祖宪文。祖廷烈，封吏部主事。父礼，兵部郎中。母宋氏，封安人。慈侍下。兄绍明。弟绍大。娶洪氏。浙江乡试第四名，会试第一百八十名。

雷宗，贯直隶隆庆卫军籍，直隶桐城县人，国子生，治《书经》。字希曾，行二，年四十一，七月初七日生。曾祖忠。祖昶。父信。母陈氏。永感下。兄宣，义官。娶陈氏。顺天府乡试第九十名，会试第一百五十二名。

区玉，贯广东广州府番禺县，民籍，国子生，治《易经》。字廷璋，行一，年三十八，正月初五日生。曾祖文璧。祖道。父愉。母卫氏，继母赵氏。具庆下。娶屈氏。广东乡试第三十四名，会试第一百十七名。

王铉，贯山东登州府黄县民籍，辽东定辽左卫人，国子生，治《诗经》。字伯举，行二，年三十五，八月初四日生。曾祖伯成。祖海。父宁，监生。母邢氏，继母边氏。慈侍下。兄锜，义官。弟镈，钲。娶蔡氏。山东乡试第十一名，会试第一百十五名。

俞泰，贯直隶常州府无锡县，民籍，县学附学生，治《书经》。字国昌，行一，年三十一，三月十六日生。曾祖宗海。祖思恭。父谦。母侯氏，继母吴氏。具庆下。弟复、蒙、震、孚。娶金氏。应天府乡试第八十四名，会试第六十名。

张天锡，贯顺天府霸州，军籍，国子生，治《书经》。字惟范，行二，年三十五，四月二十日生。曾祖复初。祖显，大使。父瓘。嫡母彭氏，生母王氏。慈侍下。兄天佑。弟天福、天禄、天叙。娶贾氏。顺天府乡试第十八名，会试第一百三十六名。

吴允祯，贯广东广州府南海县，民籍，国子生，治《易经》。字天佑，行一，年三十四，闰二月初四日生。曾祖甲逊。祖信。父琏，知县。母何氏。重庆下。弟允礼、允禄、允裕、允祉。娶陈氏。广东乡试第二十七名，会试第一百六名。

田中，贯锦衣卫校籍，直隶新城县人，国子生，治《书经》。字立夫，行一，年三十，七月初七日生。曾祖世能。祖祯。父顺。母张氏。具庆下。弟和。娶金氏。顺天府乡试第一百三十一名，会试第一百八十九名。

东野，贯陕西西安府华州，民籍，州学增广生，治《书经》。字希孟，行五，年二十一，九月十五日生。曾祖骥。祖升，县丞，赠刑部郎中。父思忠，按察司副使。母薛氏，封宜人。慈侍下。兄周，义官；鲁，贡士；汉，贡士；郊。弟实。娶王氏。陕西乡试第四十八名，会试第一百八十一名。

查约，贯浙江杭州府海宁县，民籍，国子生，治《诗经》。字原博，行二，年三十一，九月初八日生。曾祖宗浩。祖实。父益。嫡母曹氏，继母王氏，生母孙氏。具庆下。兄祚、礼、绘。弟缙、缫、綎、绅、彩、旦。娶邬氏。浙江乡试第四十名，会试第一百三十一名。

顾英，贯浙江宁波府慈溪县，军籍，国子生，治《诗经》。字顺中，行十五，年三十七，十二月十七日生。曾祖山童。祖蒙，贡士。父谅。嫡母赵氏，生母徐氏。慈侍下。兄铭，义官。弟俊，义官；杰；仁；华；翘。娶桂氏，继娶周氏。浙江乡试第八名，会试第一百九十六名。

陆节，贯直隶常州府武进县，军籍，国子生，治《诗经》。字宫甫，行二，年四十六，八月初三日生。曾祖朝宗。祖渊，教谕，赠户部郎中。父恺，户部郎中。母徐氏，赠宜人，继母萧氏，封宜人。慈侍下。兄简，詹事兼翰林院侍读学士，赠礼部右侍郎。

弟笙，贡士；策；箧；范。娶徐氏。应天府乡试第十九名，会试第六名。

李春芳，贯广东潮州府海阳县，民籍，国子生，治《春秋》。字资元，行一，年二十七，二月二十八日生。曾祖珈。祖孔雍。父大受。母孙氏。具庆下。弟春白、春畅、春蕃、春魁、春实、春衍。娶苏氏。广东乡试第四名，会试第一百五十三名。

李伸，贯陕西西安后卫军籍，平凉县人，三原县学增广生，治《诗经》。字道甫，行八，年三十一，七月十五日生。曾祖忠。祖英，义官。父明，监生。母薛氏。具庆下。兄仁、佐、儒、伦、傅、信、俊。弟杰、伟、价、偕。娶张氏。陕西乡试第二十六名，会试第九十一名。

章拯，贯浙江金华府兰溪县，民籍，县学生，治《易经》。字以道，行四十，年二十四，十月初七日生。曾祖邦和。祖申甫，封南京大理寺左评事。父慜。母方氏。严侍下。兄扩、捷、拱、摈、择。娶严氏。浙江乡试第八十四名，会试第二百九十四名。

叶信，贯浙江绍兴府上虞县，军籍，国子生，治《易经》。字中孚，行四，年三十二，十月十九日生。曾祖如贤。祖廉。父珊。母傅氏。具庆下。兄傅。弟仲、倪、偕。娶陈氏。浙江乡试第二十名，会试第二百三十九名。

陈璧，贯山西太原府太谷县，民籍，国子生，治《诗经》。字德如，行一，年三十九，八月初五日生。曾祖本。祖公海。父通。母田氏，继母梁氏。具庆下。弟莹。娶杨氏，继娶赵氏。山西乡试第十五名，会试第二百六十名。

于聪，贯江西饶州府安仁县，民籍，国子生，治《诗经》。字士达，行十九，年三十六，十二月初二日生。曾祖澄。祖祯。父甫。母何氏。重庆下。弟聘。娶何氏。江西乡试第二十六名，会试第一百八十八名。

万英，贯顺天府顺义县民籍，福建邵武县人，国子生，治《诗经》。字子俊，行一，年三十八，四月二十七日生。曾祖光祖，卫经历。祖谅。父洪。前母萧氏，母王氏，继母刘氏。具庆下。弟宣、芳。娶赵氏。顺天府乡试第九十八名，会试第一百九十一名。

许瀚，贯福建兴化府莆田县，军籍，县学生，治《书经》。字彦卿，行三，年三十八，五月初六日生。曾祖子义。祖永斌。父评，训导。嫡母林氏，生母陈氏。永感下。兄仁，左长史；彦充；彦器。娶陈氏，继娶郭氏。福建乡试第五十六名，会试第六十八名。

徐珙，贯浙江金华府东阳县，民籍，国子生，治《诗经》。字庭实，行十五，年三十一，二月十五日生。曾祖远。祖凤。父志。母任氏，继母陈氏。慈侍下。兄璩、珂。弟瓘、碧。娶王氏。浙江乡试第六十三名，会试第二百十一名。

吾翯，贯浙江衢州府开化县，民籍，顺天府文安县学教谕，治《书经》。字廷介，行十九，年四十二，十月初九日生。曾祖江。祖体，将仕佐郎前训导。父暠，教谕。母方氏。具庆下。兄翀。弟翕，教谕；翙；翚。娶方氏。浙江乡试第二十三名，会试第一百八十四名。

胡训，贯江西南昌府南昌县，匠籍，府学生，治《诗经》。字诲之，行一，年二十九，十一月初九日生。曾祖彦良。祖崇信。父仲伦，遇例冠带。前母朱氏，徐氏，鄢氏，母余氏。具庆下。弟诏、诰。娶魏氏。江西乡试第十六名，会试第二十七名。

乔岱，贯山东济南府章丘县，民籍，县学生，治《礼记》。字希申，行二，年二十五，九月初四日生。曾祖明德。祖木，长史。父奉先，长史。母楚氏。具庆下。兄岳。弟嵩。娶戴氏。山东乡试第五名，会试第二百二十四名。

胡节，贯湖广永州府零陵县，民籍，国子生，治《礼记》。字国信，行一，年三十八，四月初七日生。曾祖元亨。祖忠。父瑛。母雷氏。具庆下。娶刘氏。湖广乡试第四十九名，会试第一百四十九名。

郗夔，贯山西太原府平定州，民籍，国子生，治《书经》。字舜臣，行一，年三十八，三月初五日生。曾祖宽。祖信，府照磨。父珙，知州。母郝氏。慈侍下。娶王氏。山西乡试第四十四名，会试第二百二十一名。

胡镇，贯江西瑞州府高安县，民籍，国子生，治《易经》。字斯靖，行一，年三十九，八月二十四日生。曾祖克忠。祖源会。父瑞。母陈氏。重庆下。兄钦。娶邹氏。江西乡试第七十一名，会试第七十二名。

田绂，贯湖广荆州府松滋县，军籍，国子生，治《诗经》。字大章，行四，年三十六，三月二十日生。曾祖文忠。祖诚。父琼，府学教授。嫡母彭氏，继母王氏，生母赵氏。慈侍下。兄经；纶，训导；纬。弟绘、绪、维、继、绍。娶仲氏。湖广乡试第三十四名，会试第一百四十五名。

姚隆，贯南京留守后卫军籍，直隶嘉定县人，国子生，治《诗经》。字原学，行二，年三十一，三月初三日生。曾祖文荣。祖敬。父海。母华氏，继母范氏。具庆下。兄升。弟陭、邻、际。娶周氏。应天府乡试第十七名，会试第一百六十七名。

陈鼒，贯直隶永平府迁安县民籍，江西新淦县人，国子生，治《易经》。字汝和，行一，年三十，正月二十七日生。曾祖子伦。祖诘。父瑛。母王氏。重庆下。弟鼐。娶杨氏。顺天府乡试第一百三十二名，会试第一百九十五名。

李奎昭，贯江西临江府新喻县，民籍，国子生。治《诗经》。字文振，行十一，年三十九，九月初四日生。曾祖廷宇。祖德建。父三阳。母彭氏。慈侍下。兄文雅、文典。弟文粹。娶杨氏。江西乡试第三十九名，会试第九十九名。

张嘉谟，贯陕西宁夏卫军籍，直隶涞水县人，卫学生，治《书经》。字舜卿，行一，年三十，八月二十六日生。曾祖才甫，知州。祖恕。父翼，知县。嫡母徐氏，生母李氏。具庆下。娶耿氏。陕西乡试第七名，会试第十一名。

朱昴，贯直隶松江府华亭县，民籍，县学生，治《诗经》。字文宿，行三，年三十五，五月二十七日生。曾祖信，工部郎中。祖迪哲，县丞。父宽，监生。母秦氏。慈侍下。兄旻、旦。娶倪氏。应天府乡试第九十四名，会试第七十名。

王爌，贯浙江台州府黄岩县，匠籍，国子生，治《诗经》。字存约，行二十五，年三十一，二月二十日生。曾祖伯永。祖宗。父玭。母蒋氏。具庆下。兄烨、烈。弟炫。娶葛氏。浙江乡试第十九名，会试第三十八名。

徐元稔，贯福建兴化府莆田县，民籍，江西安仁县学教谕，治《书经》。字明嘉，行八，年三十一，七月十六日生。曾祖士逢。祖于光。父可玉。母萧氏。慈侍下。弟元程。娶杨氏，继娶郑氏。福建乡试第七名，会试第四十三名。

陈猷，贯四川重庆府永川县，军籍，国子生，治《书经》。字汝嘉，行二，年三十七，九月初三日生。曾祖胜玺，县丞。祖子恒。父金，教授。母王氏。具庆下。兄谟。娶张氏。四川乡试第五十名，会试第二百五十一名。

张芹，贯江西临江府新淦县，民籍，国子生，治《书经》。字文林，行四，年三十七，十二月十一日生。曾祖季辙。祖洪本。父鉴，训导。母毛氏，继母陈氏、廖氏。具庆下。兄秀林。弟上林、茂林、华林。娶胡氏。江西乡试第六十四名，会试第二十一名。

宁溥，贯直隶淮安府山阳县，医籍，国子生，治《易经》。字公父，行一，年二十九，二月十七日生。曾祖有祯。祖瑛，御医。父昱。母侯氏。慈侍下。弟濂。娶鲁氏。顺天府乡试第八十八名，会试第二百二十三名。

卜谌，贯浙江嘉兴府嘉善县，民籍，国子生，治《书经》。字信卿，行七，年三十三，五月十七日生。曾祖纶。祖征。父翮。母李氏，继母陆氏。具庆下。兄寿、训、渊、谏、谔、浩。弟浦、谟。娶王氏。浙江乡试第二十四名，会试第二百十三名。

谢表，贯四川重庆府忠州，民籍，国子生，治《诗经》。字正邦，行五，年三十四，正月初一日生。曾祖宗。祖暹。父永祯。母汪氏，继母张氏。具庆下。兄琼、珠、璧、瑞。弟琏。娶陈氏。四川乡试第十九名，会试第二十名。

周鑰，贯广东潮州府海阳县，民籍，国子生，治《春秋》。字希准，行三，年二十九，八月十六日生。曾祖三甫。祖悌。父成，教谕。母陈氏。具庆下。兄钎，贡士。弟镤、宁。娶陈氏。广东乡试第二名，会试第一百二十七名。

叶相，贯直隶扬州府江都县，民籍，国子生，治《诗经》。字良臣，行二，年二十八，八月十四日生。曾祖坦，国子监典籍。祖永年，赠光禄寺署丞。父澜，光禄寺署正。前母赵氏，赠孺人，母葛氏，封孺人。慈侍下。兄椅。弟森、柔。娶王氏。应天府乡试第八十九名，会试第五十四名。

萧杲，贯直隶镇江府丹徒县，民籍，府学生，治《诗经》。字彦明，行十五，年四十一，二月二十八日生。曾祖富一。祖永诚。父铉。母孔氏。慈侍下。兄暹、智。娶王氏。应天府乡试第一百二十九名，会试第一百五十四名。

叶良，贯浙江处州府丽水县，民籍，国子生，治《易经》。字汉杰，行一，年三十八，十月初二日生。曾祖仲环。祖宗仁，遇例冠带。父曰光。嫡母谢氏，继母周氏，生母陈氏。慈侍下。弟遄、逭、迂、遇。娶陈氏。浙江乡试第十四名，会试第九十名。

周用，贯直隶苏州府吴江县，民籍，县学附学生，治《书经》。字行之，行一，年二十七，九月二十二日生。曾祖盛。祖宣。父昂。母计氏。具庆下。弟同。娶施氏。应天府乡试第三名，会试第一百名。

薛价，贯山西平阳府蒲州，军籍，国子生，治《易经》。字藩卿，行二，年三十六，八月十八日生。曾祖文勉。祖宏，县丞。父璟，通判。母张氏。具庆下。兄侃。弟继贤，仪宾。娶杨氏。山西乡试第九名，会试第二百五十九名。

高屿，贯锦衣卫籍，直隶昆山县人，顺天府学生，治《诗经》。字子洲，行三，年三十一，三月十六日生。曾祖著。祖显。父恮，光禄寺署丞。母许氏。永感下。兄峦，译字官；岫，冠带通事。弟岑。娶康氏。顺天府乡试第三十二名，会试第一百六十二名。

李锡，贯顺天府东安县，军籍，县学生，治《诗经》。字天爵，行三，年三十三，十一月十四日生。曾祖义。祖文振。父实。母曹氏。慈侍下。兄锦、钰。娶张氏。顺天府乡试第二名，会试第二百八十六名。

陈义，贯广东潮州府饶平县，民籍，县学增广生，治《书经》。字宜之，行二，年三十五，正月十九日生。曾祖宗。祖希成。父广。母黄氏。慈侍下。兄刚。弟致用、致恩、致元、致芳。娶曾氏。广东乡试第三十四名，会试第一百九十七名。

金贤，贯应天府江宁县，民籍，府学生，治《易经》。字士希，行一，年四十，正月二十五日生。曾祖洞。祖逊甫，鸿胪寺署丞。父玉。母马氏。严侍下。弟能、明、秀、兰。娶马氏。应天府乡试第六十六名，会试第一百五十五名。

孙伟，贯江西临江府清江县，民籍，县学生，治《诗经》。字朝望，行一，年三十，八月初二日生。曾祖正夫。祖宁，学正。父瑞。母李氏。具庆下。弟佐，贡士；价；伏。娶龚氏。江西乡试第九十五名，会试第二百九十七名。

屈铨，贯陕西西安府华州蒲城县，军籍，国子生，治《诗经》。字秉衡，行一，年三十，五月二十日生。曾祖斌。祖深。父宁。母孙氏。具庆下。弟钊、钺、锐。娶单氏。陕西乡试第四十名，会试第二百九十三名。

涂文祥，贯江西南昌府靖安县，民籍，国子生，治《书经》。字舜征，行十四，年二十七，正月初十日生。曾祖凤韶，封承德郎工部主事。祖淮，知府。父僩，义官。母黄氏。重庆下。兄麒祥、仪祥。弟庆祥、献祥。娶戴氏。江西乡试第二十一名，会试第三十六名。

李深，贯金吾右卫，军籍，顺天府学附学生，治《易经》。字渊之，行一，年三十三，十二月初五日生。曾祖三公。祖英。父让，知县。母孙氏。永感下。娶萧氏。顺天府乡试第八十名，会试第二百五十二名。

卢英，贯四川成都府崇庆州，民籍，国子生，治《易经》。字文华，行一，年四十四，正月二十一日生。曾祖庸。祖元亨。父纪纲。母周氏。慈侍下。弟雄。娶刘氏。四川乡试第三十六名，会试第二百八十八名。

姚钦，贯武功左卫匠籍，直隶吴县人，顺天府学生，治《春秋》。字敬夫，行一，年三十五，九月二十七日生。曾祖思善。祖忠。父福通。母皮氏。慈侍下。弟锐、锦、镇。娶陈氏，继娶韩氏。顺天府乡试第一百七名，会试第一百九十二名。

卢纶，贯广东广州府增城县，军籍，国子生，治《礼记》。字朝言，行二，年三十，六月二十四日生。曾祖熊。祖璇。父廷灿，训导。母萧氏。重庆下。兄经、逵。弟纲。娶吴氏。广东乡试第五十四名，会试第二十二名。

喻文璧，贯四川眉州，民籍，国子生，治《诗经》。字德卿，行一，年四十一，二月初六日生。曾祖彦章。祖鉴，推官。父用中，驿丞。母彭氏。慈侍下。弟文耀、文辉。娶邓氏。四川乡试第五十一名，会试第二百三十名。

朱衮，贯湖广永州卫籍，直隶长洲县人，国子生，治《礼记》。字子文，行三，年三十二，十月二十六日生。曾祖伟。祖琼。父镛，贡士。前母刘氏，母刘氏。慈侍下。兄宸，贡士；裳。弟表。娶张氏。湖广乡试第二名，会试第五十二名。

洪聪，贯福建泉州府晋江县，军盐籍，国子生，治《易经》。字谋甫，行一，年四十，十二月二十七日生。曾祖宗与。祖辉。父孔续。母颜氏。慈侍下。弟明、睿。娶黄氏。福建乡试第三名，会试第一百五十名。

王萱，贯江西抚州府金溪县，民籍，县学增广生，治《易经》。字时芳，行一，年二十一，八月十一日生。曾祖忠，巡检，赠大理寺右评事。祖吉。父序，学正。母曾氏。具庆下。弟冀、芹，聘胡氏。江西乡试第八名，会试第三十七名。

许凤，贯山东济南府章丘县，民籍，国子生，治《诗经》。字天祥，行二，年三十八，八月十五日生。曾祖士端。祖拳。父宗。母翟氏。慈侍下。兄鸾。弟鸿、鸽。娶于氏，继娶姜氏。山东乡试第六十五名，会试第二百九十五名。

王奎，贯直隶常州府武进县，民籍，府学生，治《诗经》。字文明，行一，年四十，十一月初四日生。曾祖镐。祖珪。父公甫。母臧氏。慈侍下。弟垔、坤。娶杨氏，继娶汤氏。应天府乡试第三十八名，会试第八十七名。

何景明，贯河南汝宁府信阳州，民籍，国子生，治《书经》。字仲默，行四，年十七，八月初六日生。曾祖海。祖鉴，阴阳典术。父信，驿丞。前母卢氏，母李氏。具庆下。兄景韶，知县；景旸，贡士；景晖。聘张氏。河南乡试第三名，会试第一百十六名。

顾正，贯浙江嘉兴府海盐县，灶籍，国子生，治《书经》。字尚诚，行三，年四十八，正月二十四日生。曾祖应全。祖讷，恩例冠带。父暲。母林氏。具庆下。兄平中。弟直贤、良方、善能。娶刘氏，继娶陈氏。浙江乡试第十二名，会试第二百六名。

张云鹏，贯云南大理府太和县，民籍，国子生，治《诗经》。字天翼，行二，年三十六，二月十三日生。曾祖山。祖宁。父浩，驿丞。母李氏。慈侍下。兄谦，巡检。弟云鹗。娶李氏。云贵乡试第四十一名，会试第一百七十名。

李际可，贯直隶河间府景州故城县，军籍，国子生，治《易经》。字公遇，行十，年二十一，五月十七日生。曾祖显清。祖荣，赠知县。父咨，监察御史。母吴氏，封孺人。具庆下。兄辙；献可，贡士。弟郏。娶韩氏。顺天府乡试第九十三名，会试第一百七十五名。

郑裕，贯四川成都府内江县，民籍，国子生，治《诗经》。字有容，行四，年三十六，十二月十七日生。曾祖荣。祖志和。父玄琮。前母龚氏，母石氏。具庆下。兄祥；儒；诏，听选官。弟翰、禄、讲、祜。娶明氏。四川乡试第三十九名，会试第五十一名。

林塾，贯福建兴化府莆田县，军籍，府学生，治《书经》。字从学，行三，年三十七，七月十一日生。曾祖洪，州同知。祖潜夫。父弥宣，训导。母洪氏，继母游氏。具庆下。兄堪，太仆寺丞；垠。娶方氏。福建乡试第十七名，会试第二百四十八名。

苏仲，贯广东广州府顺德县，民籍，县学生，治《易经》。字亚夫，行二，年四十七，三月十五日生。曾祖铭彦。祖道保。父福润。前母陈氏，母邵氏。永感下。兄瑾。娶区氏，继娶邓氏。广东乡试第七名，会试第二百二十名。

陈实，贯广东琼州府琼山县，民籍，县学生，治《诗经》。字秀卿，行一，年二十八，十一月十七日生。曾祖士聪。祖荫。父昭。母黄氏。具庆下。弟容、寅。娶朱氏。广东乡试第十六名，会试第二百二十二名。

钟湘，贯湖广武昌府兴国州，军籍，国子生，治《诗经》。字□□，行三，年三十三，十月初六日生。曾祖友直。祖□。父钺，主簿。母吴氏。慈侍下。兄□，清。娶明氏，继娶田氏。湖广乡试第十九名，会试第二百五十七名。

何沾，贯广东广州府顺德县，军籍，国子生，治《易经》。字宗泽，行一，年三十九，八月十七日生。曾祖源澄。祖景隆。父瑀。母罗氏。具庆下。弟潜；淳，同科进士；汤；澧；澍；法。娶蔡氏，继娶卢氏。广东乡试第十二名，会试第九十八名。

刘时望，贯江西吉安府安福县，民籍，国子生，治《春秋》。字傅霖，行六，年三十四，正月初五日生。曾祖容庄。祖节忠。父蕚。母王氏。严侍下。兄钟，教谕；倓；时瞻；时表。弟时可。娶谢氏。江西乡试第八十七名，会试第二百七十五名。

刘安，贯山西大同府大同县，民籍，国子生，治《易经》。字以静，行三，年三十八，二月初七日生。曾祖文卿。祖整，赠吏部郎中。父文，右通政。前母许氏，封宜人，母周氏。慈侍下。兄天禄，前锦衣卫千户；天爵，义官。弟宁。娶张氏。山西乡试第四十四名，会试第二百九十六名。

张颙，贯福建泉州府晋江县，民籍，儒士，治《易经》。字子孚，行四，年三十三，四月初四日生。曾祖元宝。祖昭胖。父晟。母陈氏。永感下。弟頖。娶龚氏。福建乡试第六十七名，会试第四十二名。

师夔，贯陕西西安府长安县，民籍，国子生，治《易经》。字汝和，行二，年二十六，十一月十三日生。曾祖荣。祖珍。父礼，知县。母田氏。具庆下。兄皋，贡士。弟龙。娶田氏。陕西乡试第三十二名，会试第一百八十三名。

曾大显，贯湖广黄州府麻城县军籍，府学增广生，治《礼记》。字世荣，行四，年三十三，九月十七日生。曾祖思恭。祖应通。父启，教谕，赠知县。嫡母杨氏，赠孺人，生母杨氏，封太孺人。慈侍下。兄贤，学正；大宾；大有，监察御史。娶李氏，继娶张氏。湖广乡试第三名，会试第一百八十六名。

张琏，贯陕西西安府耀州，民籍，国子生，治《春秋》。字汝器，行一，年三十二，二月初五日生。曾祖从政。祖清，封推官。父钧，推官。母刘氏，封孺人。永感下。弟玑、珩、瑶、珍。娶任氏。陕西乡试第五名，会试第十九名。

符乐，贯江西临江府新喻县，民籍，国子生，治《礼记》。字同和，行八，年四十二，三月初九日生。曾祖幼懋。祖唐。父信，训导。母邹氏。永感下。弟珍、裕、琢、禧。娶萧氏。江西乡试第二十四名，会试第六十九名。

郁侃，贯直隶松江府上海县，民籍，县学生，治《诗经》。字希正，行四，年三十五，十月二十六日生。曾祖恺。祖蒙。父琼。母周氏。慈侍下。兄伦、儒、侨。娶王氏，继娶董氏。应天府乡试第十七名，会试第三名。

涂敬，贯江西南昌府丰城县，民籍，儒士，治《书经》。字寅之，行八，年二十八，七月初九日生。曾祖自彰。祖彬文。父瑄，教谕。母邬氏。重庆下。兄蔓、芳。弟黄、蕴、薇、蘅、苌、茂。娶黄氏。江西乡试第二十三名，会试第二百五十八名。

李铎，贯山东登州府莱阳县，军籍，县学生，治《诗经》。字孔教，行四，年二十五，十一月初十日生。曾祖琰。祖凯。父旻，县丞。母董氏。具庆下。兄钰；镗，贡士；锋，医官；锡；钦。娶赵氏。山东乡试第三十二名，会试第三百名。

沈炤，贯直隶苏州府嘉定县，民籍，国子生，治《诗经》。字文明，行一，年三十三，十月二十三日生。曾祖虎，遇例冠带。祖辅，旌表孝子。父梁。母龚氏。重庆下。弟耀；灼，贡士；熠；勋；煦；爚；烋；烈；焃；焘。娶阖氏。应天府乡试第三十五名，会试第一百七名。

吴玉荣，贯山西太原左卫军籍，直隶潜山县人，国子生，治《诗经》。字贵卿，行一，年二十九，五月二十八日生。曾祖永旭。祖希禐。父子傧。母赵氏。具庆下。弟玉显。娶姚氏。山西乡试第六十四名，会试第二百二十八名。

王銮，贯河南开封府许州襄城县，民籍，国子生，治《诗经》。字拱之，行二，年四十一，三月十三日生。曾祖艺，布政司参议。祖升，赠户部郎中。父瓖，户部郎中进阶朝列大夫。母盛氏，封宜人。永感下。兄锦，按察司副使。娶许氏。河南乡试第四十九名，会试第二百九十名。

林富，贯福建兴化府莆田县，军籍，国子生，治《书经》。字守仁，行一，年二十八，十月二十五日生。曾祖潜夫。祖弥宣，训导。父垠。前母郑氏，母方氏。重庆下。弟见、闻。娶张氏。福建乡试第三十名，会试第二百四十二名。

孙昂，贯陕西西安府高陵县，军籍，国子生，治《书经》。字廷举，行二，年三十六，□□□□生。曾祖六。祖亮。父禄，巡检。母高氏，继母□氏。具庆下。兄晟。娶□氏。陕西乡试第五十四名，会试第一百□名。

李阳春，贯四川顺庆府广安州渠县，民籍，国子生，治《春秋》。字宗元，行七，年三十七，二月十六日生。曾祖朝辅。祖允中。父芳，知县。母王氏。永感下。兄仁春、郁春、节春、智春、信春、彦春。娶吴氏。四川乡试第三十二名，会试第二百六十一名。

陆经，贯云南大理卫军籍，直隶常熟县人，国子生，治《礼记》。字载道，行三，年四十，正月十七日生。曾祖大用。祖贵。父理。母李氏。具庆下。兄纲、纪。娶蒋氏。云南乡试第四十一名，会试第三十九名。

《弘治十五年进士登科录·策问》：

皇帝制曰：朕膺天命，承祖宗列圣之统，以临天下，于兹十有五年。夙夜兢兢，思弘化理，非法诸古而不可。然尝考之前代继统之君，守成称贤，莫盛于夏之启，商之中宗、高宗，周之成康。之数君者，治绩之美，具在方策，果何道以致之？近世儒者之论，谓圣王以求任辅相为先。又谓君之圣者，以辨君子与小人。数君之致治也，其亦有待于是邪？且辅相之贤否，君子小人之情状，未易知也。兹欲简贤为辅，用君子不惑于小人，将安所据邪？天下之务，固非一端，以今日之所急者言之，若礼乐，若教化，若选才课绩，征赋之法，兵刑之令，皆斟酌于古。然行之既久，不能无弊焉。祛其弊而救之，欲化行政举，如祖宗创制之初，比隆前代，何施何为而得其道邪？子诸生绩学明经，通于古今之宜，其具实以对，毋隐言，毋泛论，朕将采而行之。弘治十五年三月十五日。

《弘治十五年进士登科录·康海对策》：

臣对：臣闻天下有不可易之道，而常获于人主有不敢易之心。盖天下之事未有舍道而能集者，而道固不可易也。心之所向，道之弘否所关，一有所易，则所以修乎身者，必不能实用其力。而道之在我，知之不明，守之不固，甫迁于此，或转于彼，虽欲勤励以求治，而弛张予夺，一无所据，窥伺媒蘖之辈，共起而乘之，虽有贤人君子立于其朝，漫不相信，甚者或斥遣罢去，不为之所，天下之治将所赖而成乎？惟有以真知道之不可易，其心常忧勤惕厉，而不敢以一毫苟且轻率之意杂之于中，择之必精，执之必固，使用人取善，各有定则，贤否莫吾乱，而君子小人不相尤。既得其人而任之以事，则政无不举，而法无不张。天下之治，宜无有不成者矣。古之人君，未有不达于是，而能致其治者也。亦未有徒达于是，其心终有易焉，而能以无弊者也。洪惟皇帝陛下，以至圣之德，抚盈成之运，十五年来，民安物阜。虽尧舜禹汤文武之业，亦不过此。而策士之诏，乃犹惓惓焉以化之不弘、治之不洽为念，陛下岂诚有未达于是，而犹待于问哉？臣有以仰窥圣心之于道，固有不自易焉者也。臣尝谓古今豪杰之士，不得所遇，虽子思、孟轲之流，亦且徒尔。而臣之庸昧，乃际遇若此，臣敢有所讳而不言哉？臣惟天下之深患，在于久安极治，而机括所不见者莫为之虞。陛下夙夜兢兢，思弘化理，此固宜也。然用于己不若资于人，求诸今莫若法乎古。古之君心纯乎道，未尝敢以为易，故其用人行政，有非后世之所能及。如启当禅授之后，继禹之业，守之以敬，而伯益之用，终始无间。故道之得于禹者，无废坠不举者矣。中宗、高宗，一切信任陟岊傅说之属，而又本以严恭寅畏、恭默思道之心，成商之治，夫岂无所据邪？殷之顽民，杂于管蔡武庚之手，武王之泽未洽也，使非悔悟于周公，笃信于君奭，借有成康继序不忘之思，旌别淑慝之意，而礼乐之化，岂能如《诗》《书》所道哉！程颐曰：圣王以求任辅相为先。欧阳修曰：君之圣者，以辨君子与小人。盖政以人而举，人既存则政自无偏弊不举之患，而治之在天下者可成也。陛下欲求数君致治之绩，独可舍此而他务邪？亦惟有不敢易之心而已。天下之政，孰有出于人主之心者，况用人之际，又其本原所自之地哉？圣制所谓简贤为辅，用君子不惑于小人，诚灼见其必然，而忧勤之心有不能自已者也。盖大君为天地之宗子，必有大臣以为宗子之家相。相之职，所以辅养君德而赞成政化，天子不可一日无者，岂惟夏商周为然，皋夔稷契之流，虽尧舜之世亦不可无也。若其贤与否，则必辨之于先，而后可任之于后。苟辨之不明，用之不当，则天下之祸，反有不可言者矣。何者？以匹夫之贱，而上与天子共事，其所为操纵予夺者，无一不为天下之所禀受。使心术或不正，而学识或不醇，则其所坏，非如有司之一节一端而已。故必先有不敢易之心，然后修之身者，无往不实。修之身者既实，则出乎我者，无乎不正，而人之邪正，自无所匿。于是择其贤者而用之，则辅相得矣。臣于今日岂以不得为忧哉？特恐所以待之者不至尔。臣在草野，间闻朝廷用一大臣，必极耸动，以为谟谋亲信，将必有出于恒品之外。今上于京师，乃或有未然者。臣愿陛下为之礼下，务得其心，而使尽其职。凡远猷大略，不为群议所诎，一政一令，必与之深言极论而后布，则小人虽欲肆其无所忌惮之私，以惑吾听，而其情已先觉矣。盖小人之情，不过趋利避害，去其所恶，而求其所喜者而已。然亦必掩之而不甚露。故利之来，或逊且谢之，害之至，或以为所分且蹈之。夫辞之不力，则得之不固，受之不力，则去之不决。及利害至于必不可已，则亟去与取之恐后也。方其有所勉而为之也，其卒不可掩者，已跃然于甘言悦色之间。即此试之，小人之情可复遁乎？既得其情，则宜亟去之。去之不亟，则或为他巧所中，而犹未免于有惑。随有即觉，随觉即去，如是而已。如是则君子小人不相尤。君子小人不相尤，则动无所妨，而天下之务自无凝滞不举之患矣。臣请以圣制所及数者言之。礼乐不可以一日无，此万古不易之论。然其兴也，虽专重其实，而亦未尝遂弃其文。臣窃见近之所为礼者，疏简纵逸，虽所谓仪文之末，亦未之有。所为乐者，残缺废坏，虽所谓声容之细，亦未之备。盖不得其本，而安于苟且，将就之习，固如是也。苟学校之教有以振□、□兴起之，则人心自无不止之欲，而其□□无不和之发，凡见之宗庙朝廷乡党之□□，有以去其疏简纵逸之习，而补其残□废坏之弊，将不俟于进退升降而节□□□而和矣，礼乐有不兴者乎？至夫教化之所在，其机系于人主之心，而其应属之天下之广，萃英俊之士，使之群游于学，读书穷理，且或莫为之变，而欲驱天下之愚民，使悉归于礼让和乐之域，固已难矣。莫若先以恭俭忠厚躬行于上，不为声色土木货利玩好之所移易，而后徐以示于天下。天下方以前日之侈纵相安，而旦之所闻见乃如此，其心亦必悚然以思，泠然以省。苟一二大家巨族，顿悟而倡改之，则人之乐从者众矣。选课之法，则臣于此有所深惜。祖宗之于士，养之以道义，而信之以赏罚。其用也不为之拘，而其课之也，幽明殿最，各为之等，故人皆勉于其官，而优于其事。比者稍有兵荒，而纳粟买官之人已满吏部之簿矣。虽有才德滞于所用之期，用未及而颠毛已号种种，能以壮节自励者，曾几人哉？又况黜陟之施，一惟流品是视。苟不本于科甲之选，高官重秩，未肯轻予。则彼无所慕于中者，又安有所忌于外哉？臣愿严其侥幸觊觎之禁，使冗懦不职之徒，一一谢去。选惟其才，而不尽拘流品，试之以官，而课之以实，如苏洵所谓某人廉吏也，有某事以知其廉，某人能吏也，有某事以知其能，然后因其最否以加赏罚。天下之人，望以其才自见者，亦将知所变矣。征赋之病，大抵冗耗过多，而司会莫为之省。非司会之不省，势不得也。自京师言之，食之仰于江南岁数百万，而权势所畜无籍之辈，不为国家分寸之益者，乃至百千。借其空名以耗实费，至有水旱饥馑之变，则又加倍以取于江南之民。臣闻土日窘则陷继之，江南之民贫甚，则江北可晏然以不顾乎？况今边境之扰，未甚妥帖，前日榆林、大同之役，马死食匮，所费不知几千万，而无用之兵又坐食于边，山陕之民，丁运之法，无不备举，老幼妇子，流离移析，外患未除，而内地已困，宁不为可惧邪？臣欲去冗耗无用之费，而革权门招集之弊。息江南之民，以固根本，边境之扰，但以付之良将，不用统制之属，带挟侥幸之徒，以耗军食。而又复屯田之实，省丁运之苦，用固无不足者也。兵则先于生养安息之间为之深计，使不受役于私门，而得给其俯仰奋迅矫烈之气，又必常振励之，使之无所沮丧。今有一级之劳，而大家右族，诃谴夺去，不敢仰视，将何所养以自奋乎？况夫新旧逃流之兵，方以官法逼之复伍。釜爨之用，俱无可充，又其居无亲戚往来之接，其心之欲去已甚矣，卫所之官又以严刑深计钩取其有。彼方有欲去之心，而此又逐之使去，逐矣而不去，岂人情哉？欲兵之强，而二者特不之详，臣所以深虑也。用刑之际，洞照物情，而不为所诳，明者皆足为之，而法之轻重，则有一定之制。既得其情，必为之断，使贵贱无异施，豪右寡弱无异决，则令之所出即无不从，天下之奸，当必随禁而革。盖天下皆天子之□□□于必戮，赏期于必得，不待命而后知者也。豪右之徒，有所倚仗得以自脱，而寡弱之人骈首就死。人之情孰不畏死，而不求所以自脱哉？此尤陛下之所宜置念者也。夫数者之务，酌之于古而行之于今，宜有不可易者，而其弊犹若此，圣制所谓祛其弊而救之，欲化行政举，如祖宗创业之初，比隆前代者，岂有他哉？亦取诸人而已。孔子曰：为政在人。启以下数君，不过中才之主。一得其人，且足以为治，而况陛下神圣天纵出于寻常万万者哉？然臣于此窃有说焉。盖政虽举于有人，而身则所以取人之本。故孔子又曰：取人以身。欲得人而不先修乎身，是其心之所存，轻忽率易，不能不累于爱憎之私，而用所不当用，舍所不当舍者，有矣。臣愿陛下急于修身，以端取人之则。然所以修身者，又非勉强矫拂之所能致。必自君臣父子夫妇昆弟之间，以至于动静语默一事一为之际常加儆畏，内省于中，果当于理而不悖乎？果非其当然之则，而狃于外诱乎？使天理纯明私欲净尽，则身无有不修，而道无有不尽，酬酢斟酌自不谬于天下之是非。苟用乎人，其用必当。苟发于政，其发必精。治功之隆，必能追配祖宗，卓越古昔，而有《诗》《书》之所不及载者矣，彼汉、唐、宋区区小补之治，又恶足论哉？然臣又闻，治不患于始之不得，而难于终之有继。伏惟陛下常存不敢易之心，以守此不可易之道，则国家天下之幸，非独臣之幸也。臣无任惓惓忠爱之至，臣谨对。

《弘治十五年进士登科录·孙清对策》：

（缺两页）矣。嗣大历服十又五年，万几有一日二日之勤，群臣有三德六德之俊，固已度越古今，增光祖宗矣。顾乃不鄙韦布，进之于廷，询以古人致治之由，一时救弊之术，臣有以仰窥圣心之万一矣。且臣天下之民也，陛下所欲闻天下之事也。与天下之民计天下之事，此所谓舍己而从人，乐善而忘势者，臣虽至愚，安敢不尽？况黎献帝臣之愿方齿于万国之举布衣，当世之心，或异于一言之献哉？陛下之所问者，人与法也，臣之所欲言者，本与几也。臣尝思之，天生一世之人，自足以周一世之事。天眷一代之君，亦必付以一代之贤。事待人而后行，得君而后用，是盖有几与本存乎其间，故唐虞无自致之运，而当时有可致之人，禹益非易择之人，而当时有能择之主。此几说也，亦本之说也。舍是而论治，非臣之愚所能臆度也，请稽古证之。前代继统之君，贤而可称者，若夏之启，商之中宗、高宗，周之成康是已。若禹道之承，有扈之伐，夏启之治也。自度于天命，祗惧于治民，中宗之治也。习养于旧劳，建事于学古，高宗之治也。无敢昏逾，嗣文武之大训，成王所以追配于前人。奉答光命，保弘济之艰难，康王所以端命于上帝。夫其致如是之治，亦诚足以为一代之君矣。求其当时任事之臣，则有非后世之所能及者。且官已倍于惟百，事必位于惟能，而辅相之臣，又皆极一时之选。其在夏启，则有若伯益之施泽。其在中宗，则有若巫咸之乂王，伊陟臣扈之格帝。其在高宗，则有若甘盘之旧学，傅说祖己之直言。成王之时，则周公为之师，召公为之保也。康王之世，则召公之敬保，毕公之率下也。宿德元老，授天下之大柄，丰功伟烈，扬丕世之洪休。唐虞以降，不可及已。虽然，辅相不容以易得，责任每病其不专。是以启立而益为佐命之首，中宗起而巫咸受每事之咨，高宗谅阴，而傅说有代言之托，成王襁褓，周公负扆以朝诸侯，康王皮弁，召公秉册以定嗣续。然明良固难于会合，而邪正亦易于混淆。苟求之不切，则乐道者不能改畎亩之心，择之不精，则治水者或至于汨陈之患。宋程颐曰：圣君以求任辅相为先。而欧阳修亦有辨君子小人情状之说。人君立天下之本，以操天下之几，亦期于如此而已。然辅相之职，必得君子居之，而后可以进天下之君子。必不使小人间之，而后可以退天下之小人。不然则邪正之辨不明，贤否之迹终混，而天下之势，卒堕于不可支持。其本既失，其几亦亡，以至于此，可不为太息耶？是则任相之重可知也，而其本则在于君身。陛下天纵聪明，不待勉强，圣德纯固，无假修为，修身之道，固已无待于愚臣之言矣。辅相之臣，取自简在，固无待于所谓择，臣亦无所容其说也。然而清问所及，乃若不足焉。盖敕命之歌，交儆于无虞之时，如伤之视，加意于丕冒之国，至治之君，大抵然也。窃惟天下之大本，视操舍为存亡。天下之大几，以得失为治乱。况立天下之事易，成天下之事难，用天下之人易，择天下之人难。谓天下之事易成也，以文王之德，必百年而后治。谓天下之人易择也，以帝尧之圣，且四凶之未除。文王帝尧犹至于此，则非文王与帝尧者，可不知所谨耶？且世道有升降之宜，治道有倚伏之势。凡其始也，与治同道，故择人精而立法亦精。其久也，以渐而弛，故择人懈而守法亦懈。然天下之事，不患其废弛，恃吾有以振之。天下之人，不患其混淆，恃吾人以择之尔。今日之事，法久弊生，天下之大，万事之繁，固未易举，而务所在，则若（下缺）选才课绩，若征赋兵刑，凡圣制之所及者，是矣。和序未协于（下缺）于上下，科目求人而或有遗（下缺）任，而或有失职之讥。征赋方

（下缺）兵刑一举，而百姓称烦。夫法者，祖宗共天下而立者也。斟酌于古今之宜，权度于时俗之变，贻谋燕翼，至于今日，太平之盛，百有余年。岂惟百年万世守之，万世之盛也。而使其弊至于此，则奉行者何所辞其责哉！夫天下之所以治者，有纪纲而已矣。纲举而目张，纪约而条贯，辅相固天下之纪纲也。会萃束缚之间，有转动丰采之异，舒徐谈笑之顷，有磐石泰山之安。相重于朝廷，法行于天下，泽被于生民，固也。故端本以择相，用相以操几。范祖禹有言：天子之职，在择一相。一相择十使。苏轼告其君，亦以为任时不如任法，任法不如任人。相得其人，则诸司百执事皆得其人，而天下之治成矣。且天下之治未有出于礼乐者。礼序而乐和，天下之大治也。使君圣于上，士相贤于下，相得而甚欢，和序之大节也。由是而有教化，则四方风动，而礼乐行也。由是而选才，则多士克生，而教化洽也。由是而课绩，则百工惟时，而才能效也。用是才以任征赋，则簿计充实者，不至于妨民，抚字心劳者，不伤于奉公也。用是才以御兵刑，则六师之张皇，可以为邦之翰，五刑之明允，可以全民之衷也。故君相和而礼乐兴，礼乐兴而教化作，教化作而才能著，才能著而庶绩熙。是相也者，佐其君以操天下之几，救天下之弊，以成天下之治者，择之诚不可不精，而任之诚不可不专也。臣愿陛下格致以穷理，使天下之事无不知，存省以居敬，使外物之诱不能夺。视听言动一遵乎礼，好恶用舍不达乎天，则为治之道，备具于一身，而取人之则，足示乎天下。今之大臣固陛下之所简知者也，然相知虽深，而相信或不足，则展布之体，不足以偿畏避之私，核实之情，且有以贻疑问之迹。臣虽至愚，亦知其不可也。臣愿陛下勿为形迹之可疑，必使意气之相得，如文王之罔知，如成王之勿误。嘉谟入告，有听受而无难，宣力四方，惟所施而不问。礼乐教化，惟期于成天下之俗。选才课绩，惟期于得天下之贤。征赋兵刑，惟期于毕天下之务。穆清之上，高拱无为，覆载之间，旁达无间。若是而法有未行，治有未成者，臣未之信也。圣制之所及者，臣既略露其悃愊矣，然惓惓之心，窃有不能自已者焉。夫治功难保，人情易盈，是以行恒畏于不矜，圣或暂于罔念。虞舜之圣，伯益且戒其无荒，成王之贤，周公必戒其无逸。今陛下之德将以为舜也，将以卓越成王也，臣敢不致其爱耶？惟愿陛下益加懋德，正其本而不移，益广求贤，操其几而不失。防微杜渐，常若我祖宗创业之初，持盈守成，远追古帝王致治之盛。久大之业，自是而可以无疆，熙皞之休，自是而可以不替。此愚臣区区之诚，而亦陛下所欲闻之实也。陛下倘不以臣言为不可用，岂特愚臣之幸哉！臣干冒天威，不胜陨越之至。臣谨对。

《弘治十五年进士登科录·李廷相对策》：

臣对：臣闻图天下之大治者，必急天下之大务。急天下之大务者，必端天下之大本。大务者何？任相是已。大本者何？修身是已。相不任则事几丛脞，而不能以独理，身不修则贤否混淆，而不能以周知。是故为人君者，不患天下之难治，而患不能任相，不患辅相之非人，而患不能修身。身既修矣，而贤相之不得，治功之不成者，未之有也。钦惟皇帝陛下英质天挺，圣德日新，临御以来，恢弘化理以图天下之治者，既无不至，网罗俊乂以弼天下之治者，又无或遗。然犹体道谦冲，不自满假，进臣等于廷，降赐清问，俯询治道，首言三代守成之贤君，末复究以今日之时弊。臣一介草茅，何足以知之？然天下之事，亦尝展转于胸中久矣。有君如此，其忍负之？用是掇拾所闻，以对扬万一。在昔三代之时，创业之君，如禹如汤，如文武，兢兢业业，至艰至危，历数十年而后大业始就，贤圣相承，如启，如中宗高宗，如成王康王，世守弗坠。作史者以为美谈，论治者以为称首，固无容议矣。洪惟我朝，太祖高皇帝汎扫胡元，肇造区宇，太宗文皇帝载靖内难，奄奠两京，盛德大业，较之为禹汤文武，真异世而同符矣。则夫今日保而守之，以延于夏启、中宗、高宗、成王、康王之盛，得非□□所望于陛下者乎？抑岂非陛下之所以策臣者乎？然陛下之所以策臣者，欲任相也，臣之所望于陛下者，欲修身也。昔者黄帝之朝，举六相，诛蚩尤，而天地治，神明至。虞舜之朝，相元恺，除四凶，而异物致，凤凰仪。然论者不称帝之能任相，而称其能修德，不称舜之能任相，而称其能执中，是何也？盖以治功之成败，固系于辅相。而辅相之贤否，又本于君身。孔子曰：为政在人，取人以身。其谓是欤？夫以古之圣帝明王，犹不能外此以为治，则凡守成之君，岂可舍此而他求哉？臣请以三代守成之贤君言之。启之敬承禹道，奋发有为，即钧台以享诸侯，仿佛乎涂山之会，征有扈以誓六师，庶几乎防风之戮。讴歌毕归，讼狱咸至。是虽天命之有属，而敬以修身，诚以任益之功，不可少也。商之中宗、高宗，反灾为祥，回天命于将坠之余，嘉靖殷邦，合人心于已离之后。中兴之功，赫然入耳。考其所以，一则严恭寅畏，天命自度，而保乂王家，格于上帝者，有若伊陟巫咸。一则恭默思道，不敢荒宁，而旧学于外，爰立作相者，有若甘盘傅说。二君之能修身以任相如此，则商家六百余年之天下，谓不本于是耶？周之成王康王，民兴礼义而海内晏然，刑措不用而囹圄空虚，治迹之美，昭然史册。揆厥所由，一则作德日休，基命宥密，而为周室辅兹迪彝教者，有若周公召公。一则率循大卞，敬忌天威，而保厘东郊克和厥中者，有若毕公君陈。二君之能修身以任相如此，则周家八百余年之天下，谓不基于此耶？由是观之，则欲图治者，固不可不任相。而欲任相者，又不可不修身也。故程颐曰：圣王以求任辅相为先。而欧阳修亦曰：君之圣者以辨君子与小人。二儒之论，可谓深知治体者矣。治天下者，舍此独何据哉？今圣明统治于上，宰执辅治于下，臣复何言？然天下之患，每成于因循，而人主之志，常戒乎怠忽。故古之圣王，非徒以祸患为可忧，而尤以燕安为可畏。安不常安，而危之机已伏，治不常治，而乱之阶已渐。瑕颣生于衅隙之余，弊端起于承平之后，此固自然之理，而亦必然之势也。臣观国家近日之事，诚有如圣策所云者，臣敢昧死为陛下言之。今夫礼乐，所以陶镕天下者也。大礼制而与天地同其节，大乐作而与天地同其和。祖宗之时，礼乐固已兴矣，今果能如此否乎？臣见夫逊让之俗已颓，而倾夺之风未殄，和平之音寡倡，而淫哇之习方兴。宗伯鸿胪之所陈，只循诸故事，太常教坊之所奏，徒尚夫新声。况复如古之安上下，和神人者乎？教化所以维持天下者也。置天下于道德仁义，洽德泽于鸟兽草木，祖宗之时，教化固已行矣，今果能如此否乎？臣见夫饕餮之行日生，而廉耻之维未振，奔兢之门方启，而礼义之泽寖微。虽有掌教之职，而弦诵之声鲜闻，虽有董学之官，而榎楚之威亦废。况复如古之一道德，同风俗者乎？成周有乡举里选三年一大比之法，是选才已肇自古矣。我祖宗因其法而行之，未始不善。迩年以来，民伪日滋，画一日坏，敢于为私以相欺，公然为党以相蔽，遂使勤劳王事者不一二，而坐耗廪禄者常千百，选才之弊，有不可言者矣。虞舜有三载考绩三考黜陟幽明之法，是课绩亦肇自古矣。我祖宗因其法而行之，未始不善。比年以来，采名不□□□诛文不诛意，是非徒取于风闻，黜陟只凭其毁誉，遂使贤劳者被黜，而阘茸者获升，课绩之弊，有不可既者矣。至于征赋之法，所以足国用而给百官也。国初赋不加倍，而用度自充，况蠲租之诏屡颁，甚或全赐天下。今非其时矣，而反不逮焉，何哉？臣窃闻之，劝农之榜委于墙壁，催租之吏害及鸡豚，财已竭而敛不休，民就穷而赋愈急，殆有不胜其可痛者。兵刑之令，所以禁奸宄而遏暴乱也。国初治方粗创，而人心自齐，况胜国之习未除，甚或专用兵刑。今非其时矣，而反不及焉，何哉？臣又闻之，行伍之卒，甘于逃亡，比拟之文，恣为轻重。将恃阀阅以为高，吏弄新巧以为威，殆有不胜其可慨者。是则礼乐也，教化也，选才也，课绩也，征赋也，兵刑也，皆我祖宗究历代之制，参百王之宜，而启亿万年无疆之休者也，圣子神孙，重熙累洽之时，惟在持循保守之而已耳。今其弊乃如此，是果奉行之者，不肯为陛下尽心耶？抑陛下所以任用之者，有未至耶？臣愚以为回天下之势者，在机而不在力。运天下之机者，在上而不在下。陛下诚能修身以为任相之本，任相以为辅治之资，则祖宗之时，何患其不可复？而前代之隆，何患其不可及哉？且今陛下于平居之日，朝夕而亲信之者何人？赐谴而震怒之者何人？定计决策，诚以任用之者何人？越次躐等，召而讯问之者何人？臣皆未之闻焉。此臣惓惓之忠，所以必欲陛下勤于任相也。然辅相之贤否，君子小人之情状，诚未易知。苟无道以照之，安知其不以贤为不肖，以不肖为贤，以君子为小人，以小人为君子乎？故臣以修身之说为陛下献焉。夫身固任相之本，而心又一身之本。故尧舜之授受，必曰人心道心，而汤武之作圣，必曰宅心制心，良以心既正则身无不修，而辅相之贤，亦无不得矣。伏愿陛下察理欲危微之几，而敬畏之是崇，懋精一执中之学，而帝王之是宪。盘乐怠傲，此心之鸩毒也，陛下必居之以勤，奇技淫巧，此心之蟊贼也，陛下必守之以俭。忠鲠之言，陛下勿以逆意而罪之，欲其扩此心也。谄谀之说，陛下勿以逊志而从之，恐其移此心也。至于禁密之地，若可少怠矣，必惕然而思曰：吾心得无有失乎？得无异于坐朝之时乎？细微之事，若可少肆矣，必惕然而思曰：吾心得无有失乎？得无间于临政之际乎？夫然，则圣心洞然，中外融彻，而身乌有不修者哉？由是而任相，则某也为贤，某也为否，某也为君子，某也为小人，举措一出于至公，是非不谬于偏听。一相得而百职自举，百职举而万化自行，将见礼乐惟其人，而天下以陶以镕，兵刑惟其人，而天下以威以肃。语教化则修明，语征赋则充实。司荐举者，不敢以桃李为私恩，而所选皆真才矣。典铨衡者，不敢以催科为上最，而所课皆实绩矣。由是言之，则图治必本于任相，而任相必本于修身也，明矣。陛下诚能采而用之，则陛下之心，即祖宗之心，全体妙用，质之前闻而无忝。陛下之治，即祖宗之治，丰功伟烈，建诸天地而不悖。皇图自此而益隆，世道于焉而复古，夏商周之贤君，固不得专美于昔，而重华丕承之盛，将复见于今矣。臣学不足以博古，知不足以通今，一得之愚，上尘天听，词虽涉于粗鄙，情实发于忠诚，倘陛下宽其斧钺之诛，略其狂妄之罪，勿以为迂远，而必见之行，勿以为常谈，而必施之治，则愚臣幸甚，天下幸甚！臣干冒宸严，不胜战慄陨越之至。臣谨对。

南京翰林侍讲学士马廷用为南京礼部右侍郎。（据《国榷》卷四十四）

何景明登进士第。乔世宁《何先生传》："年十九，登壬戌进士，授中书舍人。是时北地李献吉、武功康德涵、鄠杜王敬夫、历下边廷实，皆好古文辞。先生与论文语合，乃一意诵习古文，而与献吉又骏发齐名，忧愤时事，尚节义而鄙荣利，并有国士之风焉。"梁章钜《制义丛话》卷二十三："孟瓶庵师曰：前明何仲默景明少能文，见者疑之。以'梁惠王章句上'六字命破题，即应声曰：'以一国僭窃之主，冠七篇仁义之书。'又有浙江陈木叔炜者作'入云则入，坐云则坐，食云则食'三句，破题云：'三命滋益恭，二篑可用享。'用二成语皆切当。"

庐州新建社学落成。光绪《庐州府治》卷十七《学校志》："明杨一清《庐州府社学记》："……太祖御极之初，命天下郡邑皆有学，至于今兹而不替，而社之设亦著为令，其修建与否，则存乎其守令何如耳。西充马侯汝砺，以刑部员外郎左迁庐州判，三年陟同知，又三年陟专守，期月而事举废兴，慨然有志于礼乐之化，曰：'此吾家学也，当施于一邦。'其郡诸邑，所莅学宫，咸饬其所已有而增其所未备，遍市四库书以资博治，而躬考校焉。如是者一年，其郡学之荐于乡者四人，第进士者一人，前此未有也。寮宷晋贺，侯曰：'是特因其已成而造就焉耳，养正于蒙，必自社学始，论乡计里，各有学，以授之规，其所成岂止是哉！'檄所属州县，各新社学如制。附郡治者曰合肥，其令孙纮勤慎而才，授之以规，而属以专督。县所辖六十四里，里各有社学，屋皆废，而豪右因夺其废者有之。乃循其址之犹存，而新其馆舍，缭以周垣，固以重门者若干，清拓其所夺而创造之者若干。凡建于市者九，于乡者五十有五，为屋凡若干楹，土木金石之费凡用钱若干缗。始工于弘治十四年十月十日，落成于次年三月三日。官不伤财，民不违时。于是择可模范者以司教事，选俊秀以充学徒，仍时试较，劝惩惰勤。殆有比屋弦诵之风，而田夫野老聿兴教子之心矣。"

四月

命罗钦顺为南京国子监司业。《馆阁漫录》卷八《弘治十五年》："四月壬寅朔。癸卯，先是，有旨升致仕福建按察司佥事章懋为南京国子监祭酒，懋奏言父丧未久，宿疾未平，乞仍以旧职致仕。上曰：'章懋不准辞，待服满日赴任。堪任南京国子监司业者推二员。'时南监久不设司业，吏部疏上编修罗钦顺、检讨刘瑞以请，命钦顺为南京国子监司业。乙卯，升左春坊左中允吴俨为南京侍读学士。癸亥，大学士刘健乞致仕，上曰：'卿耆德旧学，誉望素隆，辅导忠勤，方切倚任，岂宜引年辄求休致，所辞不允。'健再申前请，复优诏勉留之。"

左春坊左中允吴俨为南京侍读学士。（据《国榷》卷四十四）

五月

董越（1431—1502）卒，年七十二。《明孝宗实录》卷一百八十七"成化十五年五月乙亥（初四）"："南京工部尚书董越卒。越字尚矩，江西宁都县人。成化五年进士第三人及第。授翰林院编修，秩满，进侍读。二十年，选侍东宫讲读，充经筵讲官。上即位，进右春坊右庶子兼侍讲，颁登极诏，使朝鲜，能宣布德意，却其馈遗。居三日而还，有赋以纪其国俗。纂修《宪宗实录》成，升太常寺少卿，兼侍讲学士，充日讲官。寻迁南京礼部右侍郎，至工部尚书。卒，年七十二。……越修眉长身，博洽善议论。成化末，诸执政大臣不相得，门客各所厚善，独越出入诸公之门，皆得其欢心，议者以辈之楼君卿云。"《怀麓堂集》卷八十五《明故资政大夫南京工部尚书赠太子少保谥文僖董公墓志铭》："公博古典，习闻本朝故事，而职务清简，无由自见。大夫士议礼者多取决焉。……平生为文章歌诗，典雅优裕，无烦雕琢。至是尤不废著述，积所得为《圭峰稿》若干卷。"

六月

命南京吏部右侍郎杨守阯仍充《大明会典》副总裁。先是，纂修《会典》，守阯以侍讲学士预充副总裁，已而升任南京，今考满至京，而纂修尚未就绪。大学士刘健等乞复留守阯终其事，书成还任，故有是命。（据《馆阁漫录》卷八《弘治十五年》）

八月

命太子少保、礼部尚书兼文渊阁大学士李东阳继子兆蕃补荫为国子监生，从其请也。（据《馆阁漫录》卷八《弘治十五年》）

李开先（1502—1568）生。（据殷士儋《李开先墓志铭》）

南京户部右侍郎郑纪奏请武举增设殿试，兵部以"武举已有举行之典，亦足激励人心"，驳回。（据《明孝宗实录》卷一百九十"弘治十五年八月己巳"）《国榷》卷四十四："乙巳，议设武科，每文举乡试之年，许赴试取送。兵部请次年四月开科，敕较骑射中三矢为率；再较步，射得三矢以上者为率。末试策二论一。"

十月

袁袠（1502—1547）生。据文征明《广西提学佥事袁君墓志铭》："君生弘治壬戌十月二十六日，卒嘉靖丁未六月十有三日。"字永之，号胥台，吴县人，嘉靖丙戌进士，官至广西提学佥事。《明史·文苑传》附见文征明传中。有《衡藩重刻胥台先生集》二十卷。

进士孙桢、潘铎、赵铎、汤礼敬为给事中。（据《国榷》卷四十四）

十一月

监生曹祥等言北监监生多有设计托故告改南监、增捏年月、彼此影射以图速拨者，因讦吴天庭等，多有情弊，于是移文南京礼部，转行北监查勘，遂以为常。（据黄佐《南雍志》卷四《事纪》）

十二月

《大明会典》修成，凡一百八十卷。明孝宗《明会典序》："朕惟自古帝王君临天下，必有一代之典，以成四海之治。虽其间损益沿革未免或异，要之不越乎一天理之所寓也。惟我太祖高皇帝以至圣之德，代前元而有天下。凡一政之举、一令之行，必集群儒而议之，遵古法，酌时宜，或损或益，灿然天理之敷布，神谟圣断，高出千古。近代积习之陋，一洗而尽焉。我太宗文皇帝、仁宗昭皇帝、英宗睿皇帝、宪宗纯皇帝，圣圣相承，先后一心。虽因时损益，而率由是道，百有余年之太平，端有在矣。朕祗承天序，即位以来，夙夜孜孜，欲仰绍先烈，而累朝典制散见迭出，未会于一。乃敕儒臣发中秘所藏诸司职掌等诸书，参以有司之籍册，凡事关礼度者，悉分馆编辑之。百司庶府以序，而列官各领其属，而事皆归于职。名曰《大明会典》。辑成来进，总一百八十卷。朕间阅之，提纲挈领，分条析目，如日月之丽天而群星随布。我圣祖神宗百有余年之典制，斟酌古今，足法万世者，会粹无遗矣。特命工锓梓，以颁示中外，俾自是而世守之，不迁于异说，不急于近利。由朝廷以及天下，诸凡举措，无巨细精粗，咸当乎理而得其宜。积之既深，持之既久，则我国家博厚高明之业，雍熙泰和之治，可以并唐虞、轶三代而垂之无穷，必将有赖于是焉。遂书以为序。弘治十五年十二月十一日。"《馆阁漫录》卷八《弘治十五年》："十二月己亥朔。庚子，侍读学士江澜丁忧服阕，复除原职。己酉，纂修《大明会典》成，翰林院呈进，上御奉天殿受之，文武百官各朝服侍班行礼毕，赐总裁等官少傅兼太子太傅、户部尚书、谨身殿太学士刘健等宴，都察院左都御史待宴。壬戌，升右春坊右赞善杨时畅为左春坊左谕德，以九年秩满也。"

何乔新卒，年七十六。《明孝宗实录》卷一百九十四"弘治十五年十二月庚申（二十二日）"："致仕刑部尚书何乔新卒。"林俊《刑部尚书赠太子少傅谥文肃何公神道碑》："自公之隙，目存心寄，尽在书。有异种，辄从假录，藏书至三万卷，忘其疲与其身之既老。文章援据经史，谨重而简则。"蔡清《椒邱先生传》："自少好学，公余书声琅然闻户外。虽视事，亦手一编不少置。闻人有异书，辄假录之，藏书三万卷，皆手自雠校。所著有《宋元史臆见》《周礼集注》《椒邱稿》，所编选有《文苑群玉》《唐律群玉》《续编百将传》《勋贤琬琰集》，皆藏于家。"《明诗综》卷二十五存诗四首：《秋怀》《登岳阳楼》《拟唐宫词》《过故相第》。《四库全书总目·椒邱文集提要》："乔新不以文章名，而所作详明剀切，直抒胸臆，学问经济实具见于斯。史称其博综群籍，闻异书辄借钞，积三万余帙，皆手自校雠。著述甚富，则有本之言，固宜与枵腹高谈者异矣。"

本年

周山知保德州，于学校旁立射圃。康熙《保德州志》卷十一《艺文》周山《观德亭记》："洪武八年奉诏建儒学，迨今百余年，而射圃尚未有也。予自弘治壬戌岁来守是州，相学旁隙地，立为射圃，率诸士子习射于中。适朝廷例下，立射圃，令儒生俱习射，欲得文武全才以效用。予维射之为艺久矣，自轩后作弧矢始，其后因之，遂有五射之制。盖因是以观其德也。《射义》曰：'射者，周旋必中礼。内志正，外礼直，持弓审固，进退周旋中礼则知所谨，而德于此乎在矣。'"

钦天监掌监事、太常寺少卿吴昊请仍照太医院例复其科举，不从。俞汝楫《礼部志稿》卷九十七："弘治十五年，钦天监掌监事、太常寺少卿吴昊言：'本监所掌天文历数，乃国家为治之先务。古昔帝王必命硕学名儒以司其事，我太祖高皇帝选世业子孙读儒书，通艺文者，送监肄业，期在得人。至天顺初，天文阴阳生奏比医士、医生等科举例，四十余年科不乏人。曩礼部因给事中赵竑奏革诈冒，遂以为此辈科举不出旧例，致令两监官生子弟繇之沮抑。近省给事中叶绅奏，欲照童轩等例于内外文臣中访取学术明通者一二人，改命职衔，专掌其事，意欲占步得人也。今以读书为他业而禁锢之，是与择人占步之意不合。乞敕礼部从公会议，仍照太医院例复其科举，以激励之，纵未能中式，亦可以为占步之助。其天文生阴阳人习业已成，有中式者，授本监职事。子弟能中式者，依资格出身，中间果有堪习天文历数者，听本监奏留任用。'下礼部议，谓其事涉纷更，已之。"

文征明为诸生，苦志力学。《文章辨体汇选》卷五百三十八王世贞《文衡山小传》："十六而父温州公林殁于官，郡僚合数百金赙先生，却之曰：'孤不欲以生污逝者。'既服除，补诸生，下帷读书，恒至丙夜。而以其才旁及诸技文及书绘，皆精绝。先生所严事故吴尚书宽、李太仆应桢、沈周先生，而友祝允明、唐寅、徐祯卿。吴、徐工古文歌诗，吴又能书，李、祝工书，祝又能古文歌诗，沈、唐工绘事，又能歌诗，而皆推让先生，以为不可及。先生小隶师右军父子，古隶师钟、梁，画师龙眠、吴兴，尤精绝。诗得中晚唐格外趣，独于文取达而已。"（按：征明父文林卒于1499年，征明时年三十，非十六。）

屠应埈（1502—1546） 生。据徐阶《明故右春坊右谕德兼翰林院侍读淛山屠公墓志铭》。屠应埈，字文升，刑部尚书勋之子。嘉靖丙辰进士，官至左春坊左谕德。《明史·文苑传》附载王慎中传中。

明孝宗弘治十六年癸亥（公元1503年）

正月

升学士张元桢为南京太常卿。元祯时丁忧将服阕也。（据《馆阁漫录》卷八《弘治十六年》）

拨历监生有预知繁剧门有历缺，辄称病给假，以待后拨者。黄佐《南雍志》卷四《事纪》："弘治十六年春正月甲午，拨历监生有预知繁剧门有历缺，辄称病给假，以待后拨者，奸计得行，人思仿效。今后于临拨之期，审核给假，委果在先，仍勘实患病不能动履，众所共知，许令在监医治，以需后拨；如临期推病，真伪难辨，则循次拨历，以抑侥幸之萌。具呈南京吏部札仰准行。"

二月

以纂修《大明会典》成，李东阳、谢迁、梁储等升、赐有差。《馆阁漫录》卷八《弘治十六年》："二月戊戌朔。翰林院编修罗玘病痊，复除原职。乙巳，赐大学士刘健、李东阳、谢迁大红蟒衣各一袭。内阁之赐蟒衣自此始。乙丑，以纂修《大明会典》成，敕吏部加总裁官少傅兼太子太傅、户部尚书、谨身殿大学士刘健为少师兼太子太师、吏部尚书、华盖殿大学士，太子少保、礼部尚书兼文渊阁大学士李东阳为太子太保、户部尚书兼谨身殿大学士，太子少保、兵部尚书兼东阁大学士谢迁为太子太保、礼部尚书兼武英殿大学士；副总裁吏部左侍郎兼学士吴宽礼部尚书，仍兼学士，掌詹事府事、南京吏部右侍郎杨守阯为本部左侍郎，加俸二级。健等及宽俱上疏辞，不允。辛未，以《大明会典》成，升纂修官学士梁储、王华俱为詹事府少詹事，仍兼学士，侍读学士刘机、江澜，侍讲学士武卫、张芮俱为学士，左春坊左中允杨廷和为左春坊大学士兼侍读学士，左谕德刘春、杨时畅，侍读白钺俱为侍讲学士，右中允靳贵为左谕德兼侍讲，修撰毛澄为右谕德兼修撰，修撰朱希周、毛纪，编修顾清为侍讲，编修兼校书傅珪为右中允兼编修，编修陈澜为修撰，典籍夏赉为检讨，潘辰为五经博士。戊寅，吏部右侍郎王鏊以父忧去任。乙酉，左春坊左庶子张天瑞丁忧服阕，复除原职。乙丑，吏部右侍郎王鏊请赐其父封少詹事兼侍读学士朝用祭葬，从之。鏊尝侍经筵日讲及东宫讲读，有劳也。辛卯，侍读毛纪乞省亲，许之。"

进士李光翰为南京户科给事中。（据《国榷》卷四十五）

三月

诏修《历代通鉴纂要》。《翰林记》卷十三《修史》："弘治十六年三月，诏修《历代通鉴纂要》。"谢铎《与李西涯论历代通鉴纂要书》："夫法古求治，固圣主望道未见之盛心；稽古陈谟，亦人臣纳约自牖之素志。而诸老先生乃以编纂之任分委某等，此又古者大臣以人事君之义。某虽驽下，敢不黾勉从事。窃尝闻之朱子之言曰：古史之体，可见者《书》与《春秋》而已。《春秋》编年通纪，以见事之先后。《书》则每事别纪，以具事之首尾。盖当时史官既以编年纪事，于事之大者则又采合而别纪之。若二典所记，上下百有余年，而《武成》《金縢》诸篇，其所记载或更数月，或历数年，故左氏之于《春秋》，既依经作传，而又别为《国语》以记其事，亦此类也。某愚窃谓：今之《纂要》合无先为编年，略如《春秋》《左传》之例，而又每事别记，以仿佛《书》与《国语》之例，庶几统绪可正，事体不遗。盖统绪莫大于创业守成，而事体莫要于知人立政。一览之余，诚知历代创业之艰难与夫守成之不易。凡其统绪所在，孰为正而可法，孰为不正而可戒；某君以用某人行某政而治，某君以用某人行某政而乱。邪正治乱之间，惕若覆车之在前，俨乎高山之可仰，则所谓宏纲要义，足为鉴戒，可以裨益宸聪，恢弘治化者，端在是矣。……孔子万代帝王师，孔子不言，谁敢复言之哉？苟于孔子所不言而复言之，以是而求治，以是而陈谟，亦多见其惑矣。某愚以为，今日之《纂要》，欲自三皇五帝始，亦断自伏羲、炎、黄，庶几上不失《易》《书》之旨，而近亦《经世稽古录》之遗意也。"李东阳《明故资善大夫礼部尚书兼翰林院学士掌詹事府事加赠太子太保谥文定吴公墓志铭》："其史事则修《宪庙实录》兼校正。修《大明会典》，充副总裁；比修《历代通鉴纂要》，亦如之。"《明史》张元祯传："已，修《通鉴纂要》，复召为副总裁。以故官兼学士，改掌詹事府。帝晚年德益进。元祯因请讲筵增讲《太极图》、《通书》、《西铭》诸书。帝亟取观之，喜曰：'天生斯人，以开朕也。'"

五月

推吴宽、谢铎等为《历代通鉴纂要》编纂官员。《馆阁漫录》卷八《弘治十六年》："五月丙寅朔。己巳，编修王瓒丁忧服阕，复除原职。甲戌，少师兼太子太师、吏部尚书、华盖殿大学士刘健以从一品九年秩满乞致仕，上曰：'卿耆德重望，弼亮忠勤，九载考绩，方当加隆恩礼，岂可遽求退休？所辞不允。'既而命加健特进，令兼支大学士俸，仍赐奖谕。健再具疏辞，上曰：'朕以卿德望素隆，勋绩茂著，特加禄秩，用示褒崇。宜勉承恩命，益勤辅导，不必固辞。'辛卯，大学士刘健、李东阳、谢迁言：'昨二十四日，司礼监太监扶安传奉圣旨，《通鉴纲目》并《续编》，深切治道，命臣等撮取节要，撰次一本，仍分卷帙，陆续进来，以便观览。次日，安又传谕圣意，欲自三皇五帝以来历代事迹，通为一书。臣等云云。合用编纂官员，今推得詹事府掌府事、礼部尚书兼学士吴宽，礼部右侍郎、管国子监祭酒事谢铎，南京太常卿张元祯，詹事府少詹兼学士王华，学士刘机、江澜，左春坊大学士兼侍读学士杨廷和，侍讲学士刘春、白钺，左春坊左庶子张天瑞，左谕德兼侍讲靳贵，右春坊右中允蒋冕，左春坊左赞善费宏，编修罗玘、徐穆、王瓒，俱各堪任。其王华等，各分馆整理；吴宽、谢铎、张元祯，通行润色；臣等总加详定，陆续进呈。'"

六月

六月丙申朔。改礼部左侍郎焦芳为吏部左侍郎。辛丑，升礼部右侍郎李杰为本部左侍郎，少詹事兼学士王华为礼部右侍郎，华仍充经筵日讲官。癸卯，升侍讲刘忠为侍读学士，以九年秩满也。（据《馆阁漫录》卷八《弘治十六年》）

桑悦卒，年五十七。杨循吉《故柳州府通判桑公墓志铭》："吴郡思弘先生桑公，少好词赋，师司马相如、扬雄，以其长擅名一时。至为他文章，皆本是。凡为集十卷。既而力探群经，自《易》《春秋》《周礼》皆有义释，又类合数十家，总二十余万言。弘治癸亥六月四日，以柳州府通判卒于故邑常熟之寓馆，年五十七。……又以催科无绩，调柳州府。柳边氓杂居，多窃发，先生出入贼巢穴，示以恩信，来附者万家。柳人至为绘像以祀。然由是名闻于会府，因得召致幕下，待以宾礼，俾司谋画。方行，会父丧，归，遂不起，以至于没。"正德《姑苏志》卷五十四："悦喜庄骚家言，特长于赋。然纵诞不羁，恃其敏悟，下视无人，人多尤之。"《明诗评》卷四："民怿一览辄诵，千言不草，气凌五侯，目鲜百代，可谓文阵之健儿，人群之逸骥矣。诗如洛阳博徒，家无儋石，一掷百万。又如灌将军骂坐，虽复伉健，终鲜致语。"《诗薮》续编《国朝下》："桑民怿高自称许，今睹其集，体格卑弱之甚，可谓大言无当。"

翰林侍讲刘忠为侍读学士。（据《国榷》卷四十五）

七月

罗璟（1432—1503）卒。《馆阁漫录》卷八《弘治十六年》："七月乙丑朔。庚寅，致仕南京国子监祭酒罗璟卒。璟字明仲，江西泰和人。将诞之夕，父梦鹤栖堂中，璟生而天庭有志如丹砂，人咸异之。天顺八年进士及第第三人，授编修。预修实录成，升修撰。成化初，陈厉圣志、乐圣学、接群臣、辨贤否、容谏诤、崇节俭六事。以预修《续资治通鉴纲目》成，升司经局洗马，侍东宫讲读。璟与吏部尚书尹旻子侍讲龙同娶于孔氏，学士彭华、尹直尝欲因璟私交旻，璟正色拒之，华、直由是怨璟。二十三年，璟以服阕至京，其乡人侍讲王臣方谋侍东宫讲读，恐璟补之，乃与华、直共嗾李孜省指璟为龙党，内批调璟南京礼部员外郎。遂诘责尚书耿裕，当璟以忧去，何不补缺。时孜省党工部尚书李裕谋夺其位，故并责之。未几，耿裕亦调南京礼部，而李裕果转吏部。士论为之不平。弘治初，升璟为福建按察司提学副使。寻升南京国子监祭酒，居五年致仕。至是卒。璟坦易率直，议论持正，与人交不设城府。为文章词旨畅达。虽为人中伤调官，实非其罪。独为提学、祭酒时，颇伤宽缓，然亦无大过云。"

八月

命遵照原定旧规，申明禁约：乡试考试官必从公访举，不拘职任，务在得人；其有不胜任者，罪坐举主。帘外官有侵夺帘内职务者，事发，重罪之。（据《明孝宗实录》卷二百二"弘治十六年八月己未"）

章懋赴任南京国子监祭酒。《枫山集》卷一《谢恩疏》："臣先于弘治十四年六月内，钦蒙圣恩升臣前职。臣以遭值父丧，例应守制，及才德浅薄，老病衰颓，弗堪重任，两具奏牍祈免升职，又两承圣旨允臣终制而不容逊避。恩厚命严，臣不敢有违，已于弘治十六年八月初六日到任管事。"《明文海》卷四百四十二罗钦顺《故致仕南京礼部尚书赠太子少保谥文懿枫山先生章公墓志铭》："复置司业摄学事，以需终制，又辞，不允，乃赴任。名高望重，尊尚德化，宽大中自有规矩。诸生质疑请益，无不回答。或泛而不切，务令收敛近里，士皆惬服。凡学政所宜兴革者，次第以闻，率从其请。"《明史》章懋传："弘治中，孝宗登用群贤。众议两京国学当用名儒，起谢铎于北监。及南监缺祭酒，遂以懋补之。懋方遭父忧不就。时南监缺司业且二十年，诏特以罗钦顺为之，而虚位以待懋。十六年，服阕，懋复固辞。不允，始莅任。六馆士人人自以为得师。监生尤樋母病，例不得归省，昼夜泣。懋遣之归，曰：'吾宁以违制获罪。'"

江朝宗卒。《馆阁漫录》卷八《弘治十六年》："八月乙未朔。……庚申，致仕侍读学士江朝宗卒。朝宗字东之，四川巴县人。景泰二年进士，改庶吉士，授检讨。与修《大明一统志》，升编修，秩满，升侍讲。成化三年，与修《英庙实录》，升司经局洗马，俄迁侍读学士。孝宗在春宫，日讲读。寻坐都御史牟俸累，调广东市舶提举司提举。既而累章乞休，吏部覆请，上以其才学可惜，令复原职致仕。家居几二十年，至是卒。朝宗夐以文誉历清秩，凡侍经帷，供史事，典文衡，劳绩颇著。尝以起复道病闻于上，特命遣医治之。然性和易，不择交与，人亦莫有非之者。其卒也，乃效白乐天自述圹志，以识其平生云。"

进士石禄为南京刑科给事中。（据《国榷》卷四十五）

九月

南京吏部尚书林瀚奏请增加各处乡试解额，不允。（据《明孝宗实录》卷二百三"弘治十六年九月丁卯"）

徐阶（1503—1583）生。王世贞《存斋徐公行状》："公生以弘治癸亥九月二十日，卒以万历癸未闰二月二十六日。"徐阶，字子升，号存斋，松江华亭人。嘉靖癸未赐进士第三，授翰林编修。抗疏论孔子庙制，斥为延平府推官。稍迁浙江、江西提学副使，入为司经局洗马，历升礼部尚书，入直无逸殿，寻入东阁办事。累官少师、吏部尚书、建极殿大学士，卒赠太师，谥文贞。有《少湖先生文集》七卷、《世经堂集》二十六卷。《明史》徐阶传："生甫周岁，堕眢井，出三日而苏。五岁从父道括苍，堕高岭，衣挂于树不死。人咸异之。……阶为人短小白皙，善容止。性颖敏，有权略，而阴重不泄。读书为古文辞，从王守仁门人游，有声士大夫间。"

十月

乙巳，南京太常卿张元祯以修《通鉴纂要》召至，命改太常卿兼学士。庚戌，国子监司业周玉省墓回京，复任。（据《馆阁漫录》卷八《弘治十六年》）

十一月

升编修徐穆为本院侍读，以九年秩满也。（据《馆阁漫录》卷八《弘治十六年》）

本年

王栋（1503—?）生。黄宗羲《明儒学案》卷三十二："王栋字隆吉，号一庵，泰州人。"《王一庵先生遗集》卷首《年谱纪略》："弘治十六年癸亥，一岁。"

明孝宗弘治十七年甲子（公元 1504 年）

二月

申讖讳妖书之禁。《明孝宗实录》卷二百八"弘治十七年二月己未（二十七日）"："吏部尚书马文升言：'法司每秋后会审重囚，其中坐收藏妖书惑众问拟重刑者甚多。传信妖言多系愚民，与其诛于已犯，不若禁于未然。乞敕都察院出榜，下各巡抚巡按官翻刊谕众：但有收藏讖纬妖书者，许半月内首官其书，即许烧毁。官司有私录者，厥罪惟均。仍令地方人等，访有以妖术妖言惑众者，即捕送于官。'都察院覆奏，从之。"

三月

左春坊左赞善费宏丁忧服阕，复除原职。（据《馆阁漫录》卷八《弘治十七年》）

祭酒章懋奏修举学政事宜，孝宗命礼部议行之。所云"选贡"，即拔贡之所由始也。黄佐《南雍志》卷四《事纪》："弘治十七年三月，祭酒章懋奏修举学政曰：'……原洪武、永乐年间，太学生徒动辄数千计，类多少俊，而教育之法，至为周详，计日以通经，积分以出仕，布列庶位，大抵得人。近年生徒渐少，今科贡两行，共六百余人，其岁贡者非无可与共学之资，而衰迟不振十常八九，诲诱虽勤，不无扞格。近用三百五十名清理黄册，除别差之外，尽拨止及前数之半，而堂舍顿空，每班惟举人三五名而已。其举人南京礼部札付开送新旧，共该六七百人，又多顾恋家乡，不肯到监，罚虽严于违限，彼亦视为泛常。将及会试，方来告送，逮其下第，又复还乡，因循岁时，坐成老大，其间固有厄于贫难，而安于小成者，亦不少矣。夫岁贡之入监，既由挨次，举人之坐监，又每后时，故差拨常患于不敷，教养尤难于见效，本末胥病，官使乏材，有养士之名而无得人之实。……欲行选贡之法，不分廪膳、增广生员，令提学宪臣精加考选，务要行著乡间，学通经术，年富力强，累试优等者，乃以充贡。通计天下之广，约取五七百人，分送两监，今年首行一次，以后或三年或五年，量在监人材多少，间一行之。更乞自弘治十八年以后，会试下第举人，该送南监者，宽其违限之条，要以坐堂之实，如系初到人数，须令实坐堂一年之上，方准起送会试；如系复监人数，须令实坐堂二年之上，方准再送会试，非有父母之丧而不及期者，不准起送，如此则生徒之数，可以渐及往年，且多精锐可进之资，鲜成因循自误之悔。……'上命礼部议之。"乾隆《沧州志》卷八《选举》："拔贡：明弘治十七年，以章懋疏，令提学宪臣于人才数多处行选贡之法，不分廪膳、增广生员，通行考选，务求行著乡闾，学通经术，年富力强，累试优等者，乃以充贡。此拔贡之始。"杨士聪《玉堂荟记》卷六："援纳既停，监生渐少，于是开选贡之例。誊录分卷一如场中事宜，第减七义为五义，省三场为二场。其额每州县一人，有不堪充选者，阙焉。本以充成均之选，非有异也。诸与选者一时高自标许，以为破格大用，即在旦夕，遂欲凌科甲而上之。及廷试毕，一概入监，了无他异。其年暮家贫者又不准就教，勉完监事，黯然而归，至家与诸生无别，反损去廪膳之资，强半悔之。乃知张皇一番，殊属无谓，不如以选贡还选贡之为得也。"

闰四月

凡材之庸下，年之老迈不堪作养者，不许食廪充贡，不许在监。从章懋奏也。 黄佐《南雍志》卷四《事纪》："弘治十七年闰四月壬午，祭酒章懋奏言：'……今政出因循，事多积弊……一曰岁贡诸生始得廪，必二三十年而后贡，迨入监远者十余年，近亦三五年，而后拨历历事又一年，而挂选已及五六十岁，又待选十余年而后得官，则其人已老，多不堪用，因而死亡者亦不少矣。是国家虚费廪米数百石以养一人，而不得其一日之用，岂不重可惜哉？必请之于学校，责令提学宪臣严加考选，凡材之庸下，年之老迈不堪作养者，不许食廪充贡。次请之于国学，照依先年命大臣拣选之法，凡材之庸下，年之老耄不堪任用者，不容在监，待其挂选之时，吏部就行考定高下，或赐冠带，或授合得品级、散官，使之待选于家，而行各处巡抚、巡按、分巡、分守及司府正官，凡有公事委之干办，既可使之习于政事，又可验其能否，岁终开具干办实迹，第其高下，造册奏闻。其材识优长，即行取选，年老无材不堪用者，就令致仕。况洪武中尝差监生各处丈量田土，亦欲验其能否而授职也。明试以功，如此则官使得人，而民皆受惠矣，此贤愚同滞之弊所当革者也。……'上悉嘉纳，付所司亟行焉。"

今后岁贡生员愿就教职者，仍送南监肄业，照例拨历。 黄佐《南雍志》卷四《事纪》："弘治十七年夏闰四月庚午，礼部奏：'据本监每岁监生取拨历事写本科差，共二百六十六名；杂差各衙门看表、刷卷、晒晾及堂友长等，又该一百五十名；其余举人又告会试人少差多，拨用不敷。合将今后岁贡生员愿就教职者，照旧送南监肄业，按季考试，果有能通三场而实系家贫亲老者，方许起送；若陛考取中，则选用，如不中仍送复监肄业，照例拨历，则不至乏人矣。'上从之。"

五月

国子生魏浚请祠宋儒刘子翚于建宁，从之。（据《国榷》卷四十五）
定劣生食廪追粮除名，滥贡并坐提学官。（据《国榷》卷四十五）

六月

命五品以下京官六年一考察，四品以上自陈。《明鉴纲目》卷五："纲：夏六月，命两京五品以下官六年一考察，四品以上自陈。著为令。目：故事，方面官三年朝觐，一考察，两京堂、上官不与，至五品以下十年始一行，而居官率九载，年劳转迁，或除服改补，多不及期。给事中许天锡（字启衷，闽县人。）请京官六年一考察，大僚令自陈，简核之。命从所请。"

七月

南京国子监祭酒黄珣丁忧服阕，改国子监祭酒。（据《明孝宗实录》卷二百十四）

吴宽卒，年七十。《明孝宗实录》卷二百十四"弘治十七年七月戊戌（初十）"："掌詹事府事礼部尚书兼翰林学士吴宽卒。"《馆阁漫录》卷八《弘治十七年》："七月己丑朔。甲午，礼部左侍郎王华乞致仕，不允。丁酉，右春坊右中允蒋冕乞假省母，许之。戊戌，掌詹事府事、礼部尚书兼学士吴宽卒。宽字原博，直隶长洲人。少为府学生，累诎场屋，贡入太学，绝意进取。提学御史陈选惜其才，教劝就乡试，遂得举会试、廷试，名皆第一，授修撰。九载秩满，升右春坊右谕德，充东宫讲读官。上登极，升左庶子兼侍读。《宪庙实录》成，升少詹事兼侍读学士，寻升吏部右侍郎，丁继母忧。员再缺，朝廷命虚位待之，服阕补任。未几，转左，用荐入典诰敕。修《大明会典》，充副总裁。书成，进礼部尚书兼学士，仍典诰敕，修《通鉴纂要》。孝肃太皇太后将祔庙，诏议其礼，独抗言引周祀姜嫄事，别庙奉享。议上，上从之。未几病作，累乞休致，上勉留之，至是卒。遣官治葬如例，而加祭二坛，赠太子太保，谥文定。长子奭先以三品恩荫为国子生，乃特授中书舍人，以次子奂补国学，盖异数也。宽行履高洁，志操纯正，权势荣利，所在退避，若懦夫然。于书无所不读，为文醇古有法，诗浑厚沉着，尤严体裁，书规模苏文忠公。重伦理，笃恩义，所行多有足范俗敦化者。位虽通显，而未究其用，卒之日，士大夫无不赍咨叹惋云。"

谢铎致仕。翰林院学士刘机、江澜等免考察。《馆阁漫录》卷八《弘治十七年》："丁巳，掌国子监事、礼部右侍郎谢铎复以疾乞致仕，许之，给驿以行，命疾愈日有司奏闻起用。南京国子监祭酒黄珣丁忧服阕，改国子监祭酒。翰林院学士刘机奏：'臣虽叨任学士，掌管印信，职衔不过五品，亦在考察数内。乞敕吏部、都察院，先将臣履历逐一考核，应否罢黜，奏请圣裁。果不系应黜之数，方令臣会同各衙门，从公考察所属官员。'命机免考察。翰林院学士江澜等奏：'学士所职，乃讲读撰述之事，非钱谷簿书，必待稽考而后见。况臣等历事先朝，供奉皇上，前后已二十七年，其称职与否，圣明洞鉴久矣。若有不称，惟陛下显赐罢黜，有不待于考察者。伏望念累朝优异之典，及往年免考之例，特赐宽假，以示荣遇。'从之。"

八月

两京及河南、山东、陕西、山西、浙江、湖广、江西、福建、广东、广西、四川、云南等十二布政司乡试；贵州士子附云南乡试。

置东西卫军。《明鉴纲目》卷五："纲：秋八月，置东西卫军。目：帝欲宿兵近地，为左右辅。刘大夏言：'保定设都司，统五卫，祖宗意当亦如此。请遣还操军万人为西卫，纳京东兵密云蓟州为东卫。'报可。中官监京营者，恚失兵，揭飞语宫门，帝以示大夏曰：'宫门岂外人能至？必此曹不利失兵耳。'由是间不行。"

张天瑞卒。《馆阁漫录》卷八《弘治十七年》："八月戊午朔。……丁丑，左春坊左庶子张天瑞卒。天瑞字天祥，山东清平人。成化十七年，以进士第三人及第，授翰林编修。与修《宪宗实录》成，升侍讲，充经筵讲官，改右中允，兼侍今上于春宫为讲读官。秩满，升左春坊左庶子，与修《资治通鉴纂要》。未几卒，特赐谕祭。天瑞天资绝人，为诗文数千言，尝信笔成篇，不复检窜。对客与闲居无异，其言妙轹古今，他人注思者恒不及，见者莫不惊服。人或有欲难之者，以四韵律诗，期以限百篇使成，天瑞亦挥毫立就，限者复至供韵不及。然颇自负才，人亦不为计也。其蕴经济而不及施，人甚惜之云。"

河南《乡试录》成。罗玘《圭峰集》卷十《拟河南乡试录序》："河南《乡试录》成，是为弘治十七年八月□日。其晨，监临官暨提调官、监试官率诸考试官、诸执事官北面稽首拜，手授使者乘传以献于阙。既已，然后乃敢撤棘揭晓，张宴于藩堂。进诸士，以宾礼见，由是诸考试官得识其所取士为得人。"

山东乡试，录取七十五名。王守仁《王文成全书》卷二十二《山东乡试录序·甲子》："山东，古齐、鲁、宋、卫之地，而吾夫子之乡也。……今年为弘治甲子，天下当复大比。山东……今所取士，其始拔自提学副使陈某者，盖三千有奇，而得千有四百。既而试之，得七十有五人焉。"

郑纪致仕。《馆阁漫录》卷八《弘治十七年》："八月戊午朔。壬戌，南京户部右侍郎郑纪乞致仕，命升本部尚书致仕，给驿还乡。"

九月

复置起居注。《御批历代通鉴辑览》卷一百七："洪武间设起居注。后废。至是，太仆少卿储巏言：'古者立史官，记言记动，典至重也。臣见陛下宣召群臣，多系帷幄造膝之言，近臣不得以闻，史官莫由纪录，失今不图，恐岁月绵远，传闻各异，事迹无以究其始末。乞敕廷臣曾蒙召问者，备录呈览，宣付史馆。庶几圣君言动，举无所遗；群臣论说，亦以附见。'报可。"

十月

授翰林院诸庶吉士职。授翰林院庶吉士鲁铎、温仁和、李时、滕霄、赵永、毕济川、何瑭为编修，周祯为检讨，吉时、薛金、李贯、王廷相、王萱俱为给事中。时吏科，金户科，贯礼科，廷相兵科，萱刑科。朱衮为江西道监察御史。（据《明孝宗实录》卷二百十七）

令引见武举取中许泰等三十二人，赐宴，尚书刘健主席。《明孝宗实录》卷二百十七：弘治十七年十月壬午，"兵部奏：武举取中许泰等八人，答策俱优，马、步共中六箭以上，例宜升署职二级，陈宽等三人马、步中箭合式，但答策未优，韩玺等二十四人答策可观，但中箭未尽如式，例各宜升署一级。请如文举引见、赐宴、主席等故事，以礼振作。上曰：'武举重事，将材须从此出，可特引见、赐宴。光禄寺仍送羊酒，令尚书刘健主席。今后三年一次举行，不中者许再试，不必拘定次数。其礼制有未悉者，尔兵部仍酌处以闻'"。

罗洪先（1504—1564）生。据徐阶《明故左春坊左赞善兼翰林院修撰赠奉议大夫光禄寺少卿谥文恭念庵罗公墓志铭》。罗洪先，字达夫，号念庵，吉水人，嘉靖己丑进士第一，官至赞善。隆庆初，赠太常寺少卿，谥文恭。事迹具《明史·儒林传》。有《念庵文集》二十二卷。《明儒学案·文恭罗念庵先生洪先》："自幼端重。年五岁，梦通衢市人扰扰，大呼曰：'汝往来者，皆在吾梦中耳。'觉以告母李宜人，识者知非埃壒人也。十一岁读古文，慨然慕罗一峰之为人，即有志于圣学。"

裁南京国子监掌馔。（据《国榷》卷四十五）

十一月

辛丑，录用故大学士杨溥之曾孙耀宗于中书舍人习字出身，从其请也。壬子，授故大学士刘珝之子铨为中书舍人，以习字三年已满。（据《馆阁漫录》卷八《弘治十七年》）

本年

令各府、州、县建立社学。万历《大明会典》卷七十八礼部三十七《社学》："洪武八年，诏有司立社学，延师儒，以教民间子弟。十六年，诏民间立社学，有司不得干预，其经断有过之人不许为师。二十年，令民间子弟读《御制大诰》。又令为师者率其徒能诵《大诰》者赴京，礼部较其所诵多寡，次第给赏。又令兼读律令。正统元年，令各处提学官及司、府、州、县官，严督社学，不许废弛。其有俊秀向学者，许补儒学生员。成化元年，令民间子弟愿入社学者听，其贫乏不愿者勿强。弘治十七年，令各府、州、县建立社学，访保明师，民间幼童年十五以下者送入读书，讲习冠、婚、丧、祭之礼。"

礼部建议：参用京官主持各省乡试。 沈德符《万历野获编》卷十四《科场·就考官》："弘治十七年甲子科，礼部建议，用京官各省考试，于是浙江聘南京光禄少卿杨慇，山东聘刑部主事王守仁，既讫事矣。至十二月，南京御史王蕃，劾慇以省亲，守仁以养病。夫省亲者，背亲为不孝，养病者，托病为不忠，不忠不孝之人，大本已失，何以权衡人物？乞复里选之制，正慇等罪。然杨实依亲在浙，王以病痊北上，俱非现任官也。王蕃之言虽过，然当时御史辟聘，亦似出格，所以止行一科，旋即报罢。今制，则先期请于朝，皆以词林谏垣及部属中行出典省试，遂为成例，不可改矣。王文成后日功名不必言，即杨慇亦至南礼部尚书，谥文恪，则言官白简，亦未足轻重也。" 王蕃劾奏杨廉、王守仁主试事见《明孝宗实录》卷二百十九"弘治十七年十二月己卯"。

许谷（1504—1586）生。 据姜宝《前中顺大夫南太常少卿石城许公墓志铭》。许谷，字仲贻，上元人，嘉靖乙未进士，官至尚宝司卿。有《省中稿》四卷，《容台稿》一卷，《符台稿》一卷，《二台稿》一卷，《许太常归田稿》十卷。

刘大夏请更定武举条例，从之。 （据《明臣奏议》）万历《大明会典》卷一百三十五《兵部》十八《武举》："十七年奏准，武举三年一次举行，一日答策，次日射箭，考试策略、弓马俱毕，中式者照例拟升，仍将中式姓名仿文举事例，出榜赐宴，俱送团营听用，愿回原籍者，许抚、按官推选军政。" 复令部臣参定武科条例，然自十五名至三十余名止。大约武举三科，不中会试者还学，仍行乡试，必会榜预名，乃许就选。正德初，武甲科揭榜于兵部，赐宴于中府。（据查继佐《罪惟录》志卷十八《科举志·武科举》）

明孝宗弘治十八年乙丑（公元1505年）

二月

癸亥，命太常卿兼学士张元桢、左春坊大学士兼侍读学士杨廷和为会试考官，取中董玘等三百人。癸酉，翰林院编修汪俊、检讨汪伟俱丁忧服阕，复除原职。（据《馆阁漫录》卷八《张治十八年》）《明孝宗实录》卷二百二十一：弘治十八年二月，"辛巳，礼部会试，取中式举人董玘等三百名"。朱国桢《涌幢小品》卷七《小座主》："弘治乙丑，杨石斋主考闱，子升庵与俱。时崔仲凫锐试卷分刑部主事刘武臣，疑其深刻，未录。升庵见，奇之，以呈石斋，遂擢《诗》魁。崔以小座主称焉，时年十八。子随父入场，且得搜卷分考官舍中，今可行否？"李调元《制义科琐记》卷二《白沙之徒》："弘治十八年乙丑会试，太常卿张元祯、侍讲学士杨廷和为主考，得一卷，曰：'非白沙之徒，不能为此。'署第二名。揭晓，唱名，乃广东增城人湛若水也。湛从白沙学云。"

左春坊左赞善费宏为左春坊左谕德兼翰林侍讲。（据《国榷》卷四十五）

三月

下户部主事李梦阳于狱，寻释之。《御批历代通鉴辑览》卷一百七："帝颇优礼外家。皇后弟寿宁侯鹤龄、建昌伯延龄并骄纵，多犯法。梦阳上书陈二病、三害、六渐，累数千言。末云：'寿宁侯鹤龄招纳无赖罔利贼民，势如翼虎。'鹤龄奏辨，摘疏中陛下厚张氏语，诬梦阳讪母后为张氏，罪当斩。后母金夫人复泣愬帝，帝不得已，下梦阳狱，寻即内批：'宥出。'仅夺俸三月。金夫人愬不已，帝弗听。左右知帝护梦阳，请毋重罪而予杖，以泄金夫人愤。帝亦不许，谓刘大夏曰：'若辈欲以杖毙梦阳耳。朕宁杀直臣，快左右心乎？'他日帝游南宫，鹤龄兄弟入侍，酒半，皇后及金夫人起更衣。因出游览，帝独召鹤龄语，左右莫闻也。遥见鹤龄免冠，首触地。自是稍敛迹。"崔铣《洹词》卷六《江西按察司副使空同李君墓志铭》："乙丑，应诏陈二病、三害、六渐之弊，末言皇亲横则外戚骄恣之渐为掩义之害。张侯辩愬，摘奏中张氏字为讪母后，遂令回话。乃列张侯不法状，悉实可按。遂下狱，众为栗栗。已仅夺俸三月。上语尚书刘大夏曰：'朕欲置梦阳轻典，左右谓当廷杖，渠忿则泄。如朕杀谏臣何？'"

顾鼎臣、董玘、谢丕等三百零三人进士及第、出身有差。改进士崔铣、严嵩、湛若水等三十人为翰林院庶吉士。（据登科录）《明孝宗实录》卷二百二十二：弘治十八年三月，"庚子，上御奉天殿策会试中式举人董玘等三百三人"。《弘治十八年进士登科录·玉音》："弘治十八年三月初八日，礼部尚书臣张升等于奉天门奏为科举事。会试天下举人，取中三百名，本年三月十五日殿试，合请读卷官及执事等官少师兼太子太师吏部尚书华盖殿大学士刘健等五十四员。其进士出身等第，恭依太祖高皇帝钦定资格，第一甲例取三名。第一名从六品，第二第三名正七品，赐进士及第。第二甲从七品，赐进士出身。第三甲正八品，赐同进士出身，奉圣旨：是，钦此。读卷官：特进光禄大夫柱国少师兼太子太师吏部尚书华盖殿大学士刘健，庚辰进士；光禄大夫柱国少师兼太子太师吏部尚书马文升，辛未进士；荣禄大夫太子太保户部尚书兼谨身殿大学士李东阳，甲申进士；荣禄大夫太子太保礼部尚书兼武英殿大学士谢迁，乙未进士；光禄大夫柱国太子太保刑部尚书闵珪，甲申进士；资善大夫户部尚书韩文，丙戌进士；资政大夫兵部尚书刘大夏，甲申进士；资政大夫工部尚书曾鉴，甲申进士；资德大夫正治上卿都察院左都御史戴珊，甲申进士；资政大夫都察院右都御史史琳，丙戌进士；通议大夫通政使司通政使田景贤，乙未进士；正议大夫通政使司通政使田景贤，乙未进士；通议大夫资治尹大理寺卿杨守随，丙戌进士；翰林院学士奉议大夫刘机，戊戌进士；翰林院侍讲学士奉训大夫杨时畅，戊戌进士。提调官：资政大夫礼部尚书张升，已丑进士；通议大夫礼部左侍郎李杰，丙戌进士；嘉议大夫礼部右侍郎王华，辛丑进士。监试官：文林郎贵州道监察御史蓝章，甲辰进士；文林郎福建道监察御史王冠，庚戌进士。受卷官：奉训大夫右春坊右谕德兼翰林院修撰毛澄，癸丑进士；翰林院侍讲承德郎张澯，戊戌进士；征仕郎吏科左给事中周玺，丙辰进士；征仕郎户科左给事中艾洪，丙辰进士。弥封官：亚中大夫光禄寺卿艾璞，辛丑进士；中顺大夫顺天府丞兼司经局正字周文通，秀才；朝列大夫尚宝司卿兼司经局正字刘棨，秀才；奉议大夫尚宝司卿李弁，监生；奉训大夫鸿胪寺左少卿刘恺，庚戌进士；翰林院修撰儒林郎伦文叙，已未进士；翰林院编修文林郎罗玘，丁未进士；征仕郎礼科给事中张维新，已未进士；从仕郎兵科给事中潘铎，已未进士。掌卷官：翰林院编修文林郎王瓒，丙辰进士；翰林院编修文林郎汪俊，癸丑进士；翰林院编修文林郎叶德，丙辰进士；承事郎刑科都给事中于瑁，癸丑进士；承事郎工科给事中王缜，癸丑进士。巡绰官：镇国将军锦衣卫掌卫事都指挥同知赵鉴；镇国将军锦衣卫管卫事都指挥同知叶广；昭勇将军锦衣卫指挥使韦顺；昭勇将军锦衣卫指挥使赵良；明威将军锦衣卫指挥佥事余寘；明威将军金吾前卫指挥佥事林文；怀远将军金吾后卫指挥同知徐璋。印卷官：奉议大夫礼部仪制清吏司郎中张琮，庚戌进士；礼部仪制清吏司员外郎董忱，丙辰进士；承德郎礼部仪制清吏司主事唐祯，丁未进士；承德郎礼部仪制清吏司主事陆淞，庚戌进士。供给官：奉议大夫光禄寺少卿张纶，甲辰进士；承德郎光禄寺寺丞赵松，癸丑进士；礼部司务程鹗，丙午贡士；奉政大夫修正庶尹礼部精膳清吏司郎中翁健之，丁未进士；礼部精膳清吏司员外郎皇甫录，丙辰进士；承直郎礼部精膳清吏司主事罗钦忠，已未进士。”《弘治十八年进士登科录·恩荣次第》：“弘治十八年三月十五日早，诸贡士赴内府殿试，上御奉天殿亲赐策问。三月十八日早，文武百官朝服侍班。是日，锦衣卫设卤簿于丹陛丹墀内，上御奉天殿，鸿胪寺官传制唱名，礼部官捧黄榜，鼓乐导引出长安左门外，张挂毕，顺天府官用伞盖仪从送状元归第。三月十九日，赐宴于礼部，宴毕，赴鸿胪寺习仪。三月二十一日，赐状元朝服冠带及进士宝钞。三月二十二日，状元率诸进士上表谢恩。三月二十三日生，状元率诸进士诣先师孔子庙行释菜礼，礼部奏请命工部于国子监立石题名。”《馆阁漫录》卷八《弘治十八年》：“三月丙戌朔。命少师兼太子太师、吏部尚书、华盖殿大学士刘健，太子太保、户部尚书、谨身殿大学士李东阳，太子太保、礼部尚书、武英殿大学士谢迁，少师兼太子太师、吏部尚书马文升，户部尚书韩文、兵部尚书刘大夏，太子太保、刑部尚书闵珪，工部尚书曾鉴、左都御史戴珊、右都御史史琳、通政司通政使田景贤、大理卿杨守随、翰林学士刘机、侍讲学士杨时畅为殿试读卷官。辛亥，授第一甲进士顾鼎臣为修撰，董玘、谢丕为编修。升编修罗玘为本院侍读，以九年秩满也。改进士崔铣、严嵩、湛若水、倪宗正、陆深、翟銮、邵天和、徐缙、张九叙、蔡潮、林文迪、安邦、段炅、蔡天佑、胡铎、高涝、马卿、刘寓生、安磐、穆孔晖、李艾、王韦、赵中道、黄如金、闵楷、傅元、孙绍先、易舒诰、方献科、张邦奇为庶吉士读书，命太常卿兼学士张元桢、学士刘机教之。”

顾鼎臣为明代入主内阁的状元之一。郎瑛《七修类稿》卷十三："本朝百八十年，为龙首者六十矣，而入阁者止胡文穆公广、曹文忠公鼐、陈方洲公循、商文毅公辂、彭文宪公时、谢文正公迁、费鹅湖公宏、顾味斋公鼎臣八人而已，可以为难矣。较宋人咏曰：'圣朝龙首四十二，身到黄扉止六人。'则又过矣。虽然，此数也，又不在于功业文章论。"

据《弘治十八年进士登科录》，第一甲三名，赐进士及第。履历如下：

顾鼎臣，贯直隶苏州府昆山县，民籍，国子生，治《易经》。字九和，行三，年三十三，二月二十五日生。曾祖大本。祖良。父恂，遇例寿官。嫡母吴氏，生母杨氏。具庆下。兄式，府经历；宜之，封监察御史。娶朱氏。应天府乡试第八十六名，会试第五十五名。

董玘，贯浙江绍兴府会稽县，军籍，国子生，治《易经》。字文玉，行十六，年二十三，八月十七日生。曾祖孚言。祖敬，赠监察御史。父复，知府。前母章氏，赠孺人，母娄氏，封孺人。具庆下。兄冕、旒。弟轸、龙。聘潘氏。浙江乡试第二名，会试第一名。

谢丕，贯浙江绍兴府余姚县，民籍，国子生，治《礼记》。字以中，行三，年二十四，四月十八日生。曾祖莹，布政司都事，赠太子少保兵部尚书兼东阁大学士。祖恩，封右谕德，赠太子少保兵郎尚书兼东阁大学士。父选。母陆氏，旌表节妇。慈侍下。兄正。弟豆、亘。娶毛氏。顺天府乡试第一名，会试第四名。

据《弘治十八年进士登科录》，第二甲九十五名，赐进士出身。履历如下：

崔铣，贯河南彰德府安阳县，军籍，国子生，治《诗经》。字仲凫，行六，年二十八，十二月二十二日生。曾祖彦和。祖刚，库大使，封主事，赠知府。父升，右参政。母李氏，封恭人。具庆下。弟铉、钊。娶李氏。河南乡试第九名，会试第三名。

严嵩，贯江西袁州府分宜县，匠籍，国子生，治《诗经》。字维中，行三，年二十六，正月二十二日生。曾祖琏。祖廷献。父淮。母晏氏。重庆下。弟岳。娶欧阳氏。江西乡试第十六名，会试第三十八名。

湛若水，贯广东广州府增城县，民籍，国子生，治《书经》。字元明，行一，年四十，十月十三日生，曾祖汪。祖江。父瑛。母陈氏。慈侍下。兄祯祥、孟新、升、仲良、钊裕、子成、祖、冕。弟公成、钦。娶袁氏。广东乡试第四名，会试第二名。

王秉良，贯四川顺庆府西充县，民籍，国子生，治《易经》。字伯存，行七，年三十三，十月二十日生。曾祖继先。祖清。父俊，监生。母何氏。具庆下。兄秉彝、秉能、秉诚。弟秉恭、秉俭。娶何氏。四川乡试第二十三名，会试第二百六十一名。

朱琉，贯四川泸州，军籍，国子生，治《礼记》。字德嘉，行九，年三十三，七月十六日生。曾祖景纯。祖麟。父兆明。母刘氏。具庆下。兄璜、璨、珪、玑。弟玑。娶辜氏。四川乡试第三十三名，会试第一百八名。

倪宗正，贯浙江□□□□□□，民籍，国子生，治《易经》。字本琉，行二，年三十五，七月初七日生，曾祖尹忠。祖守礼。父元质。母汪氏。具庆下。兄宗太。弟宗中、宗悌、宗祥。娶吕氏。浙江乡试第三十二名，会试第三十四名。

胡琏，贯直隶淮安府沭阳县，民籍，国子生，治《礼记》。字重器，行三，年三十七，十二月初一日生。曾祖辅。祖友良。父纲，遇例冠带。母赵氏。具庆下。兄瑄、珣。娶屠氏。应天府乡试第一百十三名，会试第五十二名。

陆深，贯直隶松江府上海县，民籍，国子生，治《诗经》。字子渊，行二，年二十九，八月初十日生。曾祖德衡。祖璇，义官。父平，义官。前母瞿氏。母吴氏。具庆下。兄涵、澜、沔、淮、浙、瀹、沂。弟溶、汉、渭、河、溥、博、洲。娶梅氏。应天府乡试第一名，会试第九名。

魏校，贯直隶苏州府昆山县，民籍，县学增广生，治《书经》。字子才，行二，年二十三，九月二十五日生。曾祖琳。祖钟。父□。母张氏。重庆下。兄□。弟庠。娶王氏。应天府乡试第二名，会试第七名。

翟銮，贯锦衣卫籍，山东青州府诸城县人，国子生，治《诗经》。字□□，行二，年二十九，正月二十六日生。曾祖吉胜。祖顺。父瑄。嫡母郭氏，生母黄氏。慈侍下。兄镔。弟镁。娶蔡氏。顺天府乡试第二十六名，会试第一百七十三名。

王綖，贯直隶大名府开州，民籍，国子生，治《书经》。字邃伯，行二，年二十九，四月初六日生。曾祖福荣，仓副使。祖贵。父溥，县丞。母牛氏。具庆下。兄约，义官。娶吴氏。顺天府乡试第一百十三名，会试第三百七十六名。

崔杰，贯锦衣卫匠籍，直隶苏州府吴县人，国子生，治《易经》。字世兴，行二，年三十八，十一月十三日生。曾祖仲祥。祖士源。父忠，工部文思院大使。母许氏。永感下。兄俊。娶彭氏，继娶李氏。顺天府乡试第四十三名，会试第五十八名。

邵天和（字迹不清）。

李汛，贯□□□□□□□□，国子生，治《□□》。行□，年□□，四月初四日生，曾祖宗荣。祖育□。父□，义官。母方氏。永感下。兄□。弟□。娶汪氏。应天府乡试第四名，会试第一百三十一名。

宋景，贯江西南昌府奉新县，民籍，国子生。治《诗经》。字以贤，行十四，年二十九，十月初五日生。曾祖惟宁。祖宇昂。父迪嘉。母涂氏。慈侍下。兄时。弟旦、晖。娶张氏。江西乡试第四十名，会试第二百十七名。

徐缙，贯留守后卫军籍，直隶苏州府吴县人，国子生，治《易经》。字子容，行一，年二十七，九月十一日生。曾祖仪。祖震，遇例冠带。父潮，七品散官。嫡母沈氏，生母王氏。慈侍下。弟绅。娶王氏。顺天府乡试第十五名，会试第二百三名。

郭璋（字迹不清）。

许谏（字迹不清）。

张鸥，贯直隶松江府上海县，民籍，国子生，治《诗经》。字九苞，行三，年二十九，六月十五日生。曾祖益。祖纶。父鳌。母唐氏。严侍下。兄鸶、鸾。弟鸥、鹤、鹏、鹄、鹣、鹩。娶吴氏。应天府乡试第四十四名，会试第一百九十六名。

秦伟，贯陕西西安府三原县，军籍，国子生，治《易经》。字世观，行二，年四十，七月初八日生。曾祖忠。祖海。父敏，仓副使。母王氏，继母杨氏。具庆下。兄仁。弟佩、侣、侍、僎、修。娶贾氏。陕西乡试第六十五名，会试第一百五十八名。

金毅（字迹不清）。

张文麟（字迹不清）。

牛鲁，贯顺天府通州宝坻县，民籍，国子生，治《春秋》。字道宗，行四，年二十六，十月初十日生。曾祖敬。祖富，义官。父鸿，义官。母昌氏。具庆下。兄奂；召，义官；曾。弟逸、詹、象、勉、复、鱼。娶芮氏。顺天府乡试第五十二名，会试第十九名。

李寅，贯浙江处州府缙云县，民籍，国子生，治《易经》。字攸之，行三十四，年三十七，十二月初四日生。曾祖袭，赠刑部右侍郎。祖荣，义官。父旷，遇例冠带。母陶氏。重庆下。弟宾、宽、密、宙、完。娶周氏。浙江乡试第五十一名，会试第一百八十七名。

张承仁（字迹不清）。

宋以方（字迹不清）。

魏廷楫，贯湖广岳州府华容县，军籍，国子生，治《书经》。字秉济，行二，年三十五，闰九月初三日生。曾祖琼。祖俊。父克皞，教授。母鲁氏。慈侍下。兄廷根，知府。娶陈氏。湖广乡试第五十二名，会试第九十六名。

安金，贯直隶扬州府江都县，军籍，陕西阳曲县人，国子生，治《易经》。字汝砺，行二，年三十五，八月十四日生，曾祖赐。祖贵。父敬，承事郎。母李氏，继母施氏。慈侍下。兄玉，承事郎。娶郝氏，继娶路氏，项氏。应天府乡试第十七名，会试第二百二十名。

沈环（字迹不清）。

江珏（字迹不清）。

沈暕，贯浙江处州府□和县，民籍，国子生，治《书经》。字景明，行十三，年四十，十一月十五日生。曾祖埁。祖俸。父驹。母梁氏。永感下。兄暎。弟晦。娶金氏。浙江乡试第八十二名，会试第六十四名。

宁河，贯直隶定边卫军籍，山西稷山县人，顺天府通州学生，治《诗经》，字伯东，行一，年三十七，十月初十日生。曾祖实嗣。祖刚，寿官。父贤，知县。母朱氏。慈侍下。娶张氏。顺天府乡试第三十六名，会试第二百十四名。

王进贤，贯河南南阳府邓州，军籍，国子生，治《诗经》。字□□，行一，年四十，五月二十一日生。曾祖宽。祖鉴。父□。母周氏，继母夏氏。具庆下。弟□。娶□氏，继娶赵氏。河南乡试第十六名，会试第二百六十二名。

陈铣（字迹不清）。

柴义，贯锦衣卫官籍，浙江杭州府仁和县人，京卫武学生，治《易经》。字时中，行二，年三十三，二月二十九日生。曾祖秀春，赠锦衣卫百户。祖清，赠锦衣卫百户。父润，锦衣卫百户。母黄氏，封安人。具庆下。兄仁。弟礼，义官。娶孙氏。顺天府乡试第八十五名，会试第二百九十三名。

孙修，贯锦衣卫旗籍，直隶广平府邯郸县人，国子生，治《诗经》。字用吉，行四，年二十八，五月二十六日生。曾祖世安。祖贵，赠指挥同知。父显，指挥同知。前嫡母王氏，生母孙氏。慈侍下。兄俊，指挥同知；杰；儒，小旗。娶顾氏。顺天府乡试第十九名，会试第六十五名。

陆芸（字迹不清）。

张九叙（字迹不清）。

陈策，贯山东兖州府单县，民籍，国子生，治《书经》。字万言，行一，年三十四，六月二十五日生。曾祖英。祖埙，赠通政使司左通政。父勋，通政使司左通政。母单氏，封宜人。具庆下。娶赵氏，继娶刘氏。山东乡试第五十四名，会试第一百十六名。

姚继岩，贯直隶扬州府通州，民籍，州学生，治《礼记》。字元肖，行二，年二十四，九月二十八日生，曾祖景璠。祖敬。父珪，教谕。前母胡氏。母赵氏。严侍下。兄继崇。弟崧、崞、巍、岏。娶黄氏。应天府乡试第四十九名，会试第二百十三名。

詹源（字迹不清）。

刘节（字迹不清）。

潘旦，贯直隶徽州府婺源县，军籍，府学生，治《书经》。字希周，行一，年三十，十二月二十三日生。曾祖泽生。祖贵廉。父传贤。母戴氏。具庆下。弟照、昉、暕。娶程氏。应天府乡试第二十四名，会试第三十三名。

王良翰，贯直隶苏州府常熟县，匠籍，国子生，治《诗经》。字仲申，行二，年四十四，四月初四日生。曾祖迪。祖玄，义官。父乾。母蒋氏。永感下。兄良辅。娶吕氏。应天府乡试第二十九名，会试第一百四十三名。

陈锡（字迹不清）。

张锦（字迹不清）。

曹琥，贯直隶庐州府无为州巢县，军籍，国子生，治《春秋》。字瑞卿，行二，年二十八，五月初六日生。曾祖仪。祖亨，知县。父广，教谕。前母陈氏，母高氏，继母汪氏。具庆下。兄环，贡士。娶张氏。应天府乡试第一百三名，会试第一百十二名。

廖纪，贯直隶九江卫官籍，湖广黄梅县人，国子生，治《诗经》。字惟修，行二，年三十二，四月二十六日生。曾祖荣贵。祖遐。父震，百户。母潘氏。具庆下。兄纲，百户。弟纶、绣、继、绥、维。娶冯氏。江西乡试第七十五名，会试第二百十一名。

闻渊（字迹不清）。

蔡潮（字迹不清）。

方学，贯直隶常州府无锡县，军籍，国子生，治《诗经》。字日升，行四，年四十，十一月十五日生。曾祖敏道。祖鉴。父碣。母王氏。具庆下。兄庠、序、塾。弟绚。娶邹氏。应天府乡试第十五名，会试第一百四十八名。

张继孟，贯锦衣卫籍，浙江仁和县人，顺天府学生，治《书经》。字子醇，行一，年二十九，六月二十六日生，曾祖彦和。祖全。父泰。母刘氏。具庆下。娶郎氏。顺天府乡试第四十三名，会试第十六名。

周墨，贯直隶苏州府太仓州，民籍，国子生，治《诗经》。字文卿，行二，年三十七，九月十四日生。曾祖以舟。祖纪。父□。母徐氏，继母凌氏。具庆下。兄□，贡士。弟墅、墅、坦。娶奚氏。应天府乡试第七十□名，会试第二百二十六名。

刘鹏（字迹不清）。

向文玺，贯湖广荆州府夷陵州宜都县，民籍，州学生，治《易经》。字国信，行六，年二十六，八月初五日生。曾祖中庸。祖庭蕙。父冕。前母吴氏，母吴氏。具庆下。兄文琳、文琇、文珪、文瑞、弟文璧、文琮。娶陈氏。湖广乡试第二十三名，会试第二百五名。

盛仪，贯直隶扬州卫军籍，江都县人，国子生，治《易经》。字德章，行三，年二十九，正月二十二日生。曾祖彬。祖安。父弘。母董氏。具庆下。兄儒、健。弟浚、杰、佐、佑。娶姜氏。应天府乡试第六名，会试第二百十二名。

李志刚（字迹不清）。

顾可学（字迹不清）。

闵槐，贯直隶河间府任丘县，民籍，国子生，治《诗经》。字公甫，行一，年二十九，九月初五日生。曾祖彝，贡士。祖琦。父定，听选官。母卞氏。具庆下。弟楷，同科进士。娶颜氏。顺天府乡试第十四名，会试第四十一名。

孙泰，贯浙江湖州府归安县，民籍，国子生，治《书经》。字时寅，行三，年二十九，十月二十五日生，曾祖永昌。祖元瑞。父宾。母费氏。具庆下。兄豫、复。弟益、萃。娶杨氏。浙江乡试第七十六名，会试第一百六十九名。

方位（字迹不清）。

李绯，贯河南汝宁府光州固始县，军籍，国子生，治《诗经》。字廷章，行三，年三十四，六月十六日生。曾祖子实。祖瑄。父灏，训导。母陈氏。具庆下。兄碧、翠。弟绿、绀。娶张氏。河南乡试第六名，会试第二百七名。

徐子熙，贯浙江绍兴府上虞县，军籍，县学生，治《礼记》。字世昭，行一，年五十，十月初三日生。曾祖彦诚。祖清。父杰，主簿。母王氏，继母齐氏。慈侍下。弟子然，子鱼、子谦、子奇。娶陈氏。浙江乡试第三名，会试第一百一名。

张绶，贯锦衣卫籍，直隶河间府沧州盐山县人，国子生，治《易经》。字朝用，行二，年三十四，正月初二日生，曾祖宗演。祖瑄。父鉴，前母胡氏。母刘氏。具庆下。兄绅。娶马氏。顺天府乡试第三十四名，会试第一百十一名。

冯友端（字迹不清）。

陈卿，贯四川叙州府宜宾县，民籍，府学生，治《易经》。字汝忠，行三，年二十六，十一月二十二日生。曾祖原。祖志远。父纪。母向氏。具庆下。兄辅，□□□□□。弼。弟□。娶戴氏。四川乡试第三十六名，会试第一百二十二名。

林文缵，贯福建福州府侯官县，民籍，国子生，治《易经》。字德绪，行九，年三十六，五月初十日生。曾祖信任。祖秀，赠南京刑部主事。父玠，贡士。母王氏，旌表节妇。慈侍下。兄文禄。娶吴氏。福建乡试第八十一名，会试第二百九十五名。

林文迪，贯福建福宁州宁德县，民籍，国子生，治《诗经》。字廷吉，行五，年四十，六月二十四日生。曾祖观，训导，赠督察院右都御史。祖季诚。父著，知县。母郑氏。慈侍下。弟文通、文迁。娶黄氏。福建乡试第一名，会试第四十八名。

张伯相（字迹不清）。

陈簧，贯福建兴化府莆田县，军籍，县学生，治《书经》。字鸣韶，行一，年三十，四月初二日生。曾祖子宪。祖谦宁。父宜泰。母许氏。具庆下。弟麃。娶姚氏。福建乡试第五十三名，会试第一百七名。

郑铭，贯广东广州府新会县，军籍，国子生，治《诗经》。字克新，行一，年四十一，十月十八日生。曾祖观生。祖崇文。父琦。母谭氏，继母麦氏。具庆下。弟鉴、鏊、金、铣。娶李氏。广东乡试第五十三名，会试第一百六十七名。

胡东皋，贯浙江绍兴府余姚县，军籍，国子生，治《书经》。字汝登，行四，年三十四，十二月十二日生。曾祖安。祖礼。父晖。母柴氏。重庆下。兄东山、东溟、东阳。弟东渊、东浦、东源、东津、东澜、东滆。娶孙氏。浙江乡试第四十二名，会试第二百二十五名。

刘滂，贯浙江宁波府慈溪县，民籍，县学生，治《诗经》。字伯雨，行四十二，年二十五，四月初九日生。曾祖燮。祖垲。父炼。母王氏。永感下。兄海、漳、澄、汶、淳、洪。娶钱氏。浙江乡试第七十名，会试第九十五名。

李源，贯福建泉州府晋江县，民籍，国子生，治《易经》。字士达，行二，年三十七，八月初四日生。曾祖弦。祖应祯。父世亮。母陈氏。具庆下。兄富。弟洞。娶庄氏。福建乡试第七十五名，会试第六十三名。

郭灌，贯江西吉安府庐陵县，民籍，国子生，治《易经》。字达诚，行三十一，年三十二，三月初三日生。曾祖允坚。祖安颐。父钦。母萧氏。具庆下。兄淮，学正；瀚。弟泗。娶王氏，继娶李氏。江西乡试第七十八名，会试第六十六名。

蔡需，贯金吾右卫官籍，顺天府宝坻县人，国子生，治《易经》。字时用，行三，年二十八，十月二十九日生。曾祖贵，都指挥佥事。祖祥，都指挥佥事。父英，都指挥佥事充左参将。前母赵氏，封淑人，母尚氏。慈侍下。兄霖，见任指挥使；雯。弟霆、露、霈、霍。娶魏氏。顺天府乡试第七十七名，会试第四十六名。

诸绚，贯浙江绍兴府余姚县，匠籍，国子生，治《礼记》。字用晦，行十五，年三十六，二月初八日生。曾祖胜宗。祖□。父谏，教谕。母周氏，继母毛氏。具庆下。（下缺）。娶张氏。浙江乡试第二十二名，会试第二百六十七名。

熊遇（字迹不清）。

向一阳，贯四川成都府双流县，民籍，湖广巴陵县人，国子生，治《易经》。字汝葵，行二，年三十六，十二月二十三日生。曾祖文贵。祖洪。父明。嫡母黄氏，生母方氏。慈侍下。兄南阳。弟升阳、辉阳、得阳。娶高氏，继母姜氏。四川乡试第五十八名，会试第七十四名。

王忠，贯四川泸州，民籍，国子生，治《书经》。字显之，行六，年三十五，十月二十九日生。曾祖文谅。祖质。父廷宝，学正。嫡母刘氏，生母刘氏。慈侍下。兄爱、宪、庆、惠、恩。弟宁、意、愈。娶魏氏。四川乡试第四十六名，会试第二百九十六名。

安邦，贯四川重庆府巴县，民籍，国子生，治《书经》。字彦臣，行五，年三十六，五月十四日生。曾祖常泰。祖忠。父本高。母魏氏，继母庄氏。具庆下。兄仁、礼、详、俊。弟杰、伟、份、僖，和。娶苏氏。四川乡试第七名，会试第二百五十一名。

余洪恩，贯湖广黄州府黄冈县，军籍，国子生，治《春秋》。字子承，行五，年二十三，十月二十五日生。曾祖必文。祖凯。父□□，贡士。母宋氏。具庆下。（下缺）娶姜氏。湖广乡试第二十七名，会试第一百五十三名。

舒表，贯四川重庆府合州铜梁县，灶籍，国子生，治《诗经》。字民望，行二，年三十七，正月二十三日生。曾祖志高。祖全。父道兴。母高氏。慈侍下。兄简。娶杨氏。四川乡试第四十二名，会试第八十一名。

杨豳，贯直隶苏州府嘉定县，民籍，县学增广生，治《诗经》。字厚甫，行三，年三十一，八月二十三日生。曾祖畦。祖蓁。父琛，前母周氏。母陈氏。永感下。兄岊、嶅。弟岊、嵒、山。娶孙氏。顺天府乡试第六十一名，会试第三十五名。

詹奎（字迹不清）。

马陈图（字迹不清）。

袁挨，贯山东济南府德州，民籍，国子生，治《春秋》。字接之，行一，年三十四，十二月二十五日生。曾祖清。祖福。父通，贡士。母钟氏。慈侍下。弟相、□。娶陈氏。山东乡试第五名，会试第一百四十二名。

张麟，贯锦衣卫官籍，陕西澄城县人，国子生，治《易经》。字子仁，行一，年二十九，九月初八日生。曾祖升。祖智。父真，锦衣卫大汉将军百户。母卢氏。具庆下。弟麟。娶蒋氏。顺天府乡试第七十六名，会试第二百三十五名。

郭楫（字迹不清）。

张瓒（字迹不清）。

谢讷，贯湖广衡州府耒阳县，军籍，国子生，治《诗经》。字尚敏，行三，年四十一，正月十四日生。曾祖永昌。祖必贤，知州。父文祥，县丞，前监察御史。母李氏。慈侍下。兄谘，府通判；谊，贡士。弟谔、诲、言、访。娶张氏。湖广乡试第三名，会试第八十四名。

陈定之，贯浙江温州府永嘉县，民籍，县学生，治《诗经》。字准卿，行二，年二十七，九月二十二日生。曾祖武韶。祖珙。父魁。母汤氏。具庆下。兄行之，遇例冠带。娶林氏。浙江乡试第二十七名，会试第一百五十四名。

徐祯卿，贯直隶苏州府太仓州，军籍，国子生，治《诗经》。字昌谷，行一，年二十七，闰十月初十日生。曾祖良。祖贤。父昱，遇例冠带。前母张氏，母唐氏，继母施氏。具庆下。弟祥卿。娶高氏。应天府乡试第七十二名，会试第七十名。

张简（字迹不清）。

万镗，贯江西南昌府进贤县，民籍，县学增广生，治《礼记》。字仕鸣，行十八，年二十一，十月二十七日生。曾祖德铨。祖原和，教授，赠通判。父福，南京刑部郎中。母饶氏，封宜人。重庆下。兄仕胜；仕鲁；镪，贡士；钦；锐；镴；镱。弟镐。娶杨氏。江西乡试第二名，会试第一百八十六名。

据《弘治十八年进士登科录》，第三甲二百五名，赐同进士出身。履历如下：

段炅（字迹不清）。

王良佐（字迹不清）。

田澜，贯陕西西安府长安县，民籍，国子生，治《诗经》。字汝观，行三，年二十八，正月二十八日生。曾祖景春。祖懋，通判。父耕，教授。前母马氏、王氏，母李氏。慈侍下。兄溥、灌。弟潺。娶张氏。陕西乡试第三十八名，会试第三十二名。

周明弼，贯直隶苏州府吴县，民籍，国子生，治《书经》。字梦良，行一，年三十八，二月二十八日生。曾祖用潜。祖宗和。父祥，训导。前母王氏，母黄氏。慈侍下。兄璛。弟明佑、明俊。娶赵氏。应天府乡试第十六名，会试第一百四十七名。

蔡天祐，贯河南开封府睢州，军籍，国子生，治《易经》。字成之，行一，年三十，六月初一日生。曾祖青。祖敬，□□□□。父晟，□□□□。嫡母胡氏，封宜人，生母刘氏。慈侍下。弟天祚，天祥。娶韩氏。河南乡试第四十七名，会试第二百五十四名。

黄质，贯山东东昌府□□□县，军籍，国子生，治《礼记》。字文之，行二，年三十一，六月初七日生。曾祖叔昭，知县。祖述。父俨。前母王氏，母刘氏。具庆下。兄贯。弟宾。娶宋氏。山东乡试第四十二名，会试第二百二十八名。

刘澄亮，贯江西临江府新喻县，匠籍，国子生，治《诗经》。字彦明，行四，年四十八，十二月二十五日生。曾祖仲经。祖闰节。父定，听选官。母胡氏。严侍下。弟澄灿、澄霁、澄濂、澄晖。娶傅氏。江西乡试第六十名，会试第二百六十名。

江文敏，贯直隶宁国府旌德县，民籍，县学生，治《诗经》。字克学，行五，年二十五，十月二十五日生。曾祖义兴。祖尚智，赠户部主事。父汉，知府。前母芮氏，赠安人，母刘氏，封安人。慈侍下。兄吉、辅、文、钦。弟畅。娶郭氏，继娶刘氏。应天府乡试第一百十八名，会试第一百八十八名。

区越，贯广东广州府新会县，军籍，国子生，治《易经》。字□宾，行一，年二十八，十月二十八日生。曾祖子全。祖□□。父鉴。母梁氏，继母唐氏。具庆下。弟超、起、□，赶。娶黎氏。广东乡试第七名，会试第八十六名。

王俨，贯直隶扬州府江都县，军籍，国子生，治《易经》。字□□，行二，年三十九，十月十八日生。曾祖福兴。祖亶。父成，州判官。母薛氏，继母朱氏。具庆下。兄儒。弟伟，贡士；侃。娶杜氏。应天府乡试第一百九名，会试第二百七十八名。

陈墀，贯福建福州府闽县，民籍，国子生，治《春秋》。字德阶，行二，年三十八，正月初七日生。曾祖周，封监察御史。祖叔刚，翰林院侍读。父爔。母叶氏。永感下。弟玺；里；墇；达，同科进士。娶黄氏。福建乡试第十九名，会试第六十一名。

郑行，贯福建福州府闽县，民籍，怀安县学生，治《春秋》。字世济，行六，年三十三，九月二十四日生。曾祖塾，主事。祖文韶。父明。前母张氏，母陈氏，继母陈氏。具庆下。兄时佐，同知；时简；时雨；时若。弟时泽。娶陈氏，继娶陈氏。福建乡试第十二名，会试第九十三名。

胡铎（字迹不清）。

叶溥（字迹不清）。

刘恒，贯江西吉安府吉水县，民籍，国子生，治《易经》。字以贞，行五，年四十三，十二月初六日生。曾祖仕瞻，主簿。祖庸定。父宁，教谕。嫡母罗氏、谢氏，生母何氏。永感下。兄厥彝、厥中。弟厥厚。娶宋氏。江西乡试第三十一名，会试第一百二十六名。

王铠，贯大宁都司营州中屯卫官籍，直隶徐州人，国子生，治《诗经》。字彦声，行五，年三十五，七月二十八日生。曾祖春。祖瑁。父林。母李氏。具庆下。兄雄，百户；锐；鉴；英。娶许氏。顺天府乡试第七十六名，会试第二百二十九名。

陈达（字迹不清）。

黄著（字迹不清）。

胡远，贯江西临江府新喻县，民籍，国子生，治《诗经》。字子明，行十八，年三十九，正月十五日生。曾祖子浩。祖方纪。父象巽。母廖氏。具庆下。弟渊浍、渊浚、渊充。娶袁氏。江西乡试第五十七名，会试第一百六十四名。

王尧封，贯直隶保定府定兴县，民籍，县学生，治《书经》。字伯圻，行二，年二十八，七月十六日生。曾祖兴。祖得辛。父谅。母韦氏。具庆下。兄尧卿。弟尧咨。娶宋氏。顺天府乡试第七十九名，会试第一百六十五名。

邓銮，贯浙江杭州府仁和县，灶籍，国子生，治《易经》。字鸣仲，行一，年三十六，正月初十日生。曾祖子正。祖福。父懋。前母俞氏，母马氏。慈侍下。弟鏊。娶朱氏。浙江乡试第九十名，会试第二百九十一名。

易谟，贯河南汝宁府光州固始县，民籍，县学增广生，治《诗经》。字嘉言，行一，年三十四，十月十三日生。曾祖纬，判官。祖奉。父□，监生。母邓氏。具庆下。弟诏、访、训、□、□、试、诰。娶余氏。河南乡试第五十三名，会试第二百四十四名。

刘蓝，贯江西吉安府安福县，军籍，国子生，治《春秋》。字子青，行六，年四十，十二月十八日生。曾祖贵良。祖拱政，封员外郎。父稆。母颜氏。具庆下。兄孟，布政司参政；薑；盫。弟子明，贡士；子厉，监察御史。娶李氏。江西乡试第九名，会试第二百四十六名。

朱舘，贯湖广永州府道州，民籍，州学增广生，治《易经》。字以献，行二，年二十三，四月初四日生。曾祖謖，寿官。祖绍统。父文渊。母何氏。重庆下。兄□。聘廖氏。湖广乡试第六名，会试第一百十七名。

刘纮，贯江西吉安府安福县，民籍，县学增广生，治《春秋》。字景瞻，行三十三，年二十八，二月十三日生，曾祖伯文，赠礼部主事。祖□。父□。母王氏。永感下。兄□、□、□。弟绛。娶谢氏。江西乡试第四十五名，会试第一百八十一名。

顾纶，贯直隶苏州府嘉定县，民籍，国子生，治《诗经》。字朝章，行一，年三十八，正月初一日生。曾祖孟理。祖澄。父珩。母葛氏，继母丁氏，姚氏。永感下。娶唐氏。应天府乡试第五十四名，会试第一百三十一名。

郑一初，贯广东潮州府揭阳县，民籍，县学生，治《书经》。字朝朔，行一，年三十，二月初一日生。曾祖克章。祖宜思。父世安。母黄氏。重庆下。弟昭、挺、琮、模、璧、瑶、鼎、玠、一韩。娶陈氏。广东乡试第四名，会试第二十一名。

吴华，贯江西抚州府临川县，军籍，府学生，治《诗经》。字德辉，行六，年三十八，七月初一日生。曾祖武。祖肇。父甫。母黄氏。具庆下。弟兰、英。娶揭氏，继娶黄氏。江西乡试第十六名，会试第一百九十八名。

张叔安，贯四川成都府内江县，民籍，国子生，治《书经》。字岳卿，行二，年二十八，八月初六日生。曾祖彦理，阴阳官，赠部主事。祖介，知府。父作表。母李氏。重庆下。兄叔定。弟叔宽、叔宣、叔冠、叔守、叔宗、叔宜、叔宝、叔向、叔寔、叔回、叔寰、叔宇。娶刘氏。四川乡试第十五名，会试第一百八十五名。

李珏，贯直隶大名府开州，民籍，州学生，治《书经》。字廷重，行一，年二十五，三月初十日生。曾祖宽。祖敬。父成。前母吴氏，母孙氏，继母张氏。慈侍下。娶秦氏。顺天府乡试第五十九名，会试第四十名。

王坊，贯浙江台州府黄岩县，匠籍，县学生，治《诗经》。字崇贤，行三，年三十一，八月初四日生。曾祖宗民。祖秬，州判官，封刑部主事。父弼，知府。母丁氏，封安人。重庆下。兄培、增。弟墀、玺、垌、台。娶孙氏。浙江乡试第六名，会试第二百九名。

马思聪，贯福建兴化府莆田县，军籍，府学生，治《诗经》。字懋闻，行三，年三十六，二月二十七日生。曾祖贵孙。祖亹。父纯二。母方氏。慈侍下。弟思温，思忠。娶郑氏。福建乡试第六十五名，会试第一百三十四名。

高公韶，贯四川成都府内江县，民籍，国子生，治《书经》。字大和，行十一，年二十六，七月二十二日生。曾祖明。祖友恭，知县。父齐南，府通判。前母李氏，母李氏。慈侍下。兄公庭，主簿；公堂，义官；公冕；公元；公宇，大使；公甲，知县。弟公夏，公䕶、公武、公勺。娶冉氏。四川乡试第六十八名，会试第一百五十七名。

曾瑀，贯湖广衡州府桂阳州，匠籍，州学生，治《礼记》，字朝仪，行三，年三十七，八月十一日生。曾祖义通。祖谅，典史。父俙。母刘氏。具庆下。兄琪、琳。弟琰、玠。娶萧氏。湖广乡试第四十五名，会试第一百三十五名。

邵廷瑗，贯湖广襄阳卫军籍，福建福州府怀安县人，襄阳府学生，治《诗经》。字可爱，行四，年二十二，三月十七日生。曾祖义。祖谦。父济，府同知。嫡母张氏，生母王氏。重庆下。兄廷璧、廷瓒、廷珹。娶赵氏。湖广乡试第四十三名，会试第九十九名。

区行，贯广东广州府顺德县，军籍，国子生，治《诗经》。字中行，行六，年三十六，正月二十七日生。曾祖显。祖铭善。父珷。嫡母黄氏，生母卢氏。慈侍下。兄良、文与、文浚、文会、文源。娶罗氏。广东乡试第二十六名，会试第一百八十二名。

鲜冕，贯四川重庆府巴县，民籍，国子生，治《诗经》。字文卿，行三，年二十八，正月十六日生。曾祖宗。祖永华。父俊，府同知。母李氏。具庆下。兄鳌、衮。弟瑚。娶陈氏。四川乡试第二十八名，会试第二百九十四名。

黄瑗，贯福建泉州府晋江县，民籍，国子生，治《易经》。字纯玉，行七，年三十四，十一月初四日生。曾祖仲章。祖大光。父胜。母江氏，继母吴氏。具庆下。兄宽，贡士。弟讷、确、烈。娶苏氏。福建乡试第五十七名，会试第二十三名。

王一麟，贯四川眉州青神县，民籍，国子生，治《诗经》。字明瑞，行六，年三十三，十月初七日生。曾祖真。祖必高。父坤。前母孙氏，母谢氏。具庆下。兄伯昌、伯清、伯瀛、伯万、伯政。弟伯海，伯溟。娶杨氏。四川乡试第三十七名，会试第五十一名。

张镕，贯府军左卫军籍，直隶大名府东明县人，国子生，治《易经》。字从范，行二，年三十三，十二月初八日生。曾祖本。祖林。父资。前母李氏，母米氏。具庆下。兄钰。弟钊。娶刘氏。顺天府乡试第十五名，会试第二百九十八名。

吴昂，贯浙江嘉兴府海盐县，民籍，县学生，治《书经》。字德翼，行二，年三十六，正月初七日生。曾祖继。祖显，遇例冠带。父宽。前母马氏，母郑氏。重庆下。兄升。弟冕、昱，晔。娶陈氏。浙江乡试第十四名，会试第一百三十二名。

孙乐，贯山东登州府福山县，军籍，县学生，治《礼记》。字夔卿，行五，年三十二，七月十五日生。曾祖彦斌，赠知府。祖遇，左布政使，赠正奉大夫正治卿。父琰，尚宝司少卿。母李氏，封孺人。慈侍下。兄荣，监生；槃；檠，同科进士；檠。弟桀、棠、杲、棐、采、栗、臬。娶李氏，继娶谢氏。山东乡试第七十二名，会试第八十三名。

林潮，贯福建泉州府晋江县，民籍，府学生，治《易经》。字君信，行一，年三十六，七月初四日生。曾祖克玉。祖资允。父凯。母杨氏，继母黄氏。严侍下。弟漾、沂、浚、澄。娶蔡氏。福建乡试第十一名，会试第二百四十一名。

董琦，贯山东济南府武定州阳信县，民籍，县学生，治《诗经》。字天粹，行一，年三十四，十一月初一日生。曾祖礼。祖子友。父彝，巡检。母吴氏。具庆下。弟珏、瑚、琏。娶王氏。山东乡试第七名，会试第一百十五名。

杨鏓，贯锦衣卫籍，顺天府涿州房山县人，国子生，治《书经》。字克平，行一，年二十九，闰二月十一日生。曾祖得春。祖清。父礼，锦衣卫百户。母田氏。具庆下。弟锐，贡士；□。娶王氏，继娶王氏、刘氏。顺天府乡试第一百九名，会试第一百二十九名。

高泝，贯直隶扬州府江都县，军籍，国子生，治《易经》。字颍之，行十二，年三十六，十一月初一日生，曾祖直，赠通议大夫右副都御史。祖亨，封左评事，赠通议大夫右副都御史。父铨，正议大夫资治尹南京工部右侍郎。母许氏，封口人。具庆下。兄汉；济，工部员外郎；淮，医学正科，（字迹不清）应天府乡试第一百三十名，会试第五十名。

马卿，贯河南彰德府林县，民籍，国子生，治《诗经》。字敬臣，行一，年二十七，十二月十二日生。曾祖颙，通判。祖麟。父图，知县。母申氏。具庆下。弟御。娶王氏。河南乡试第十三名，会试第八十九名。

刘寓生，贯湖广荆州府石首县，军籍，国子生，治《书经》。字奇进，行七，年二十三，八月初五日生。曾祖诚。祖敦，县丞。父伟。母郑氏。具庆下。兄寓春。弟寓昌。娶姚氏。湖广乡试第四名，会试第一百七十二名。

程文，贯直隶惠州府婺源县，民籍。国子生，治《书经》。字焕章，行一，年五十三，九月十七日生。曾祖继善。祖望安。父广，南京户部主事。母汪氏。慈侍下。弟显、大。娶余氏，继娶张氏。应天府乡试第七十七名，会试第一百名。

郭濂，贯山东济南府济阳县，军籍，山西榆次县人，国子生，治《书经》。字希周，行一，年三十七，八月初三日生。曾祖或，训导。祖萧。父钢，义官。母朱氏，继母吴氏。具庆下。弟淇、洙。娶王氏。山东乡试第三十八名，会试第五十六名。

陈言，贯福建福州府长乐县，民籍，国子生，治《诗经》。字献可，行七，年三十，五月十一日生。曾祖子英。祖德成。父公祐。母詹氏。具庆下。弟伯潭。娶翁氏。福建乡试第二十五名，会试第二百四十名。

朱表，贯直隶苏州府太仓州，民籍，国子生，治《诗经》。字民望，行一，年四十四，十月二十五日生。曾祖明。祖贤，推官。父珙。母张氏。永感下。弟正、鉴。娶刘氏。应天府乡试第七十二名，会试第五十四名。

李茂元（字迹不清）。

钱玹（字迹不清）。

夏历，贯直隶扬州府高邮州，军籍，国子生，治《诗经》。字国正，行五，年三十四，十月二十八日生。曾祖时用。祖以明，义官。父璘，府同知。母李氏。慈侍下。娶吴氏。应天府乡试第一百一名，会试第四十七名。

袁经，贯直隶河间府青县，军籍，县学生，治《书经》。字载道，行一，年三十，二月二十一日生。曾祖通。祖琼。父亨。母范氏。具庆下。娶胡氏。顺天府乡试第十四名，会试第一百八十九名。

安磐（字迹不清）。

许完（字迹不清）。

王栻，贯直隶镇江府金坛县，军籍，国子生，治《书经》。字景张，行七，年三十七，三月二十日生。曾祖驭。祖衷。父完，教谕。前母胡氏，母于氏，继母潘氏。具庆下。兄楠、椿、相、梁、渠、材。弟棠、杉、标。娶杨氏。应天府乡试第五十四名，会试第七十六名。

穆孔晖，贯山东东昌府堂邑县，军籍，县学生，治《易经》。字伯潜，行一，年二十七，正月十六日生。曾祖弘，训导。祖彪。父清。母任氏，继母黄氏。重庆下。弟孔曜、孔时、孔照、孔阳、孔昉、孔暄、孔曙。娶张氏。山东乡试第一名，会试第九十四名。

谢瑞（字迹不清）。

李坚（字迹不清）。

陈溥，贯河南开封府□陵县，匠籍，县学增广生，治《诗经》。字一卿，行一，年二十二，八月二十日生。曾祖翊。祖永清。父铨。母程氏。重庆下。弟溍。聘赵氏。河南乡试第四十一名，会试第一百九十名。

陶骥，贯直隶松江府华亭县，军籍，国子生，治《诗经》。字良伯，行二，年二十三，八月十九日生。曾祖羽。祖蒙，遇例冠带。父永淳，同知，进阶朝列大夫。前母王氏，母李氏。具庆下。兄麟，教授。娶张氏。应天府乡试第二十五名，会试第一百五十九名。

阎铎，贯山西太原府□□县，民籍，府学生，治《诗经》。字道鸣，行二，年三十，二月十二日生。曾祖□。祖瓘，义官。父□。母高氏。具庆下。兄□。娶张氏。山西乡试第十五名，会试第二百二十七名。

刘瓒（字迹不清）。

王昂，贯四川顺庆府广安州，民籍，国子生，治《易经》。字仲颙，行三，年三十一，九月二十四日生，曾祖文贵。祖明。父纪纲。母李氏。慈侍下。兄翔、敔。娶张氏。四川乡试第二十六名，会试第二百二十四名。

李旸，贯直隶真定府冀州枣强县，民籍，国子生，治《易经》。字义修，行五，年三十一，二月二十七日生。曾祖士忠。祖大亮。父方。前母黎氏，郝氏，母鲁氏。慈侍下。兄焯、烬、燏、焕。弟灼、炫。娶吕氏。顺天府乡试第一百名，会试第一百七十四名。

滕远，贯济阳卫军籍，福建建宁府建安县人，儒士，治《易经》。字士毅，行二，年二十九，三月初一日生。曾祖景义。祖文寿。父铖。前母袁氏，汪氏，母常氏。具庆下。兄琼，听选官。弟□。娶林氏，继娶娄氏。顺天府乡试第一百八名，会试第一百九十九名。

刘竑，贯广东肇庆府阳江县，民籍，县学生，治《书经》。字伯庆，行一，年二十九，八月二十九日生，曾祖济。祖□，赠主事。父芳，知府。母徐氏，封安人。具庆下。弟靖、翊。娶许氏，继娶林氏。广东乡试第七十四名，会试第二百三十四名。

陈纲，贯浙江金华府金华县，匠籍，国子生，治《诗经》。字正之，行十二，年三十五，三月二十一日生。曾祖文达，初赠监察御史，加赠按察司副使。祖相，按察司按察使。父韶。母诸氏。永感下。弟纪、经、纶、缙、绣、纯、维、绾。娶李氏。浙江乡试第三十九名，会试第二百一名。

王教，贯四川叙州府宜宾县，民籍，国子生，治《诗经》。字诞敷，行一，年二十五，二月初七日生。曾祖允恭。祖纲，知县。父言，审理正。嫡母廖氏，田氏，生母黄氏。慈侍下。弟叙。娶李氏。四川乡试第十四名，会试第一百四十名。

萧世贤（字迹不清）。

黄鞏，贯福建兴化府莆田县，盐籍，国子生，治《诗经》。字伯固，行一，年二十六，十一月初一日生。曾祖师宪。祖文嘉。父德珍。前母陈氏，母郑氏。慈侍下。弟□、□。娶林氏。福建乡试第七名，会试第一百十三名。

雷启东，贯河南开封府仪封县，民籍，县学增广生，治《诗经》。字震之，行一，年三十一，十二月初四日生。曾祖遇春。祖升。父文，教谕。母杨氏。具庆下。娶杜氏。河南乡试第七十二名，会试第九十一名。

王亿，贯陕西凤翔府凤翔县，军籍，山西平乐县学训导，治《诗经》。字天与，行一，年三十九，二月二十三日生。曾祖福，阴阳正术。祖瑛，州判官。父泽。母李氏。具庆下。娶李氏。陕西乡试第十四名，会试第二百六十六名。

张翰，贯腾骧右卫军籍，辽东广宁后屯卫人，国子生，治《诗经》。字汝祯，行一，年二十九，九月初三日生。曾祖福山。祖旺。父云。母刘氏。重庆下。弟诩、翚、翕。娶程氏。顺天府乡试第八十五名，会试第二百四名。

冯时雍，贯直隶河间府交河县，军籍，国子生，治《诗经》。字子□，行二，年三十三，十一月初七日生。曾祖友谅。祖刚。父让，□□□。前母王氏，母杨氏。具庆下。兄瓒。娶罗氏。顺天府乡试第八十八名，会试第一百六十二名。

张思齐，贯湖广黄州府蕲州，军籍，国子生，治《书经》。字希贤，行二，年三十五，八月二十日生。曾祖珍。祖通，知县，通判。母陈氏，封孺人。永感下。兄濯。弟尧、思舜、思皋、思夔。娶宋氏。湖广乡试第四名，会试第二百九十二名。

周广，贯直隶苏州府太仓州，民籍，国子生，治《易经》。字充之，行二，年三十二，正月十三日生。曾祖子祥。祖海。父文。母陆氏。慈侍下。兄溥。弟博。娶张氏，继娶夏氏。应天府乡试第五十二名，会试第八名。

李艾，贯江西广信府上饶县，民籍，国子生，治《书经》。字子芳，行十八，年四十，二月初四日生。曾祖存吾。祖信春。父岳。前母汪氏，母吴氏。慈侍下。兄茹。弟英。娶韩氏，继娶胡氏。江西乡试第四十六名，会试第一百七十六名。

顾应祥，贯浙江湖州府长兴县，民籍，直隶长洲县人，县学增广生，治《诗经》。字□□，行二，年二十三，九月二十五日生。曾祖怀德。祖达，州吏目。父昶。母杨氏。具庆下。兄应祯。弟应奎，应元。娶张氏。浙江乡试第七十二名，会试第一百十八名。

留志淑，贯福建泉州府晋江县，民籍，国子生，治《易经》。字克全，行一，年二十五，七月十九日生。曾祖允恭。祖昆。父芳，通判。前母郑氏，母黄氏，继母胡氏。重庆下。弟志及、志业、志宪。娶李氏。福建乡试第八十四名，会试第一百八十七名。

苏明，贯直隶隆庆州民籍，顺天府昌平县人，国子生，治《诗经》。字视远，行一，年四十三，七月十二日生。曾祖德。祖义。父荣，经历。母杨氏。慈侍下。弟昭、暐。娶丁氏，继娶张氏。顺天府乡试第一百十三名，会试二百五十名。

王民质（字迹不清）。

王韦（字迹不清）。

张璞，贯湖广武昌府江夏县，军籍，国子生，治《诗经》。字中美，行四，年三十一，二月初六日生。曾祖彦斌。祖华。父景贤。前母孙氏，母罗氏，继母陈氏。永感下。兄玺、璧。娶廖氏。湖广乡试第五十名，会试第六十二名。

孙胜，贯浙江宁波府奉化县，军籍，县学生，治《易经》。字敏中，行三，年三十四，十二月初五日生。曾祖惟尧。祖志忠。父惠茂。母程氏。慈侍下。兄玉、忏。弟伦。娶阮氏。浙江乡试第六十二名，会试第二百四十八名。

李培龄（字迹不清）。

刘举（字迹不清）。

王希孟，贯河南卫辉府获嘉县，民籍，国子生，治《书经》。字宗哲，行一，年三十一，八月十一日生。曾祖十二。祖敬。父安。前母袁氏，母李氏。永感下。娶徐氏。河南乡试第七十五名，会试第一百五十二名。

张羽，贯陕西汉中府南郑县，军匠籍，国子生，治《书经》。字伯翔，行一，年三十六，七月二十七日生。曾祖威。祖宁。父广，知县。母邓氏，继母杨氏。具庆下。弟蹇、翀、瀚、翊、珝、翩、豇、詡。娶吕氏。陕西乡试第三十二名，会试第一百九十七名。

顾标（字迹不清）。

张鹏（字迹不清）。

赵中道，贯湖广荆州府石首县，民籍，国子生，治《书经》。字从之，行二，年二十八，九月初二日生。曾祖遂，巡检。祖敬，训导，封户科给事中。父士贤，礼科右给事中。母曾氏，封孺人。重庆下。弟中孚、中弘、中有、中锡、中涵。娶黄氏。湖广乡试第五十七名，会试第六十名。

顾棠，贯直隶苏州府吴县，民籍，国子生，治《易经》。字良爱，行二，年三十八，三月二十四日生。曾祖文昌。祖琼，遇例冠带。父颢，遇例冠带。母朱氏。慈侍下。兄梁。弟棨、柔、栗。娶陆氏。应天府乡试第九十名，会试第一百三十八名。

黄如金（字迹不清）。

刘伯秀（字迹不清）。

余用，贯河南汝宁府信阳州罗山县，民籍，国子生，治《春秋》。字明卿，行一，年三十六，四月十五日生。曾祖绍宗。祖斌。父吉辉。母黄氏。慈侍下。弟同、周。娶万氏。河南乡试第七十一名，会试第二百二十二名。

李淳，贯顺天府密云县，匠籍，国子生，治《易经》。字德厚，行四，年三十七，八月初九日生，曾祖忠。祖鉴，封光禄寺典簿。父瑶，义官。母朱氏。具庆下。弟泽；

澍；沧，贡士。娶王氏。顺天府乡试第一百二十四名，会试第一百三十三名。

毛玉（字迹不清）。

陈璋（字迹不清）。

金瑜，贯江西吉安府永丰县，民籍，国子生，治《易经》。字琢之，行二，年三十七，正月十四日生。曾祖文铎，赠员外郎。祖章，刑部员外郎。父固。母邹氏。具庆下。兄璠。弟淮、法、瓘、□。娶陈氏。江西乡试第六十二名，会试第一百六十六名。

王子谟，贯浙江严州府淳安县，民籍，国子生，治《春秋》。字如皋，行三，年三十九，十月二十一日生，曾祖本宗，义官。祖志善，封监察御史。父宾，知府。母张氏，诰封恭人。具庆下。兄子言，员外郎。弟子训，子谨。娶胡氏，继娶周氏。浙江乡试第二十一名，会试第二百七十名。

胡冲霄（字迹不清）。

闵楷（字迹不清）。

彭滋，贯河南汝宁府□□□城县，民籍，国子生，治《诗经》。字益之，行七，年三十九，十月二十九日生。曾祖俊杰。祖友麟。父钺，义官。母佘氏。永感下。兄永寿、永昌、济、江、洋。弟澍、瀛。娶佘氏。河南乡试第十五名，会试第一百八十四名。

魏棻，贯江西南昌府新建县，民籍，国子生，治《诗经》。字乔仪，行一，年三十七，八月初十日生。曾祖子与，知县。祖重宏。父默，知县。母熊氏。慈侍下。弟□、槃、棐。娶熊氏。江西乡试第六十五名，会试第一百七十七名。

傅元（字迹不清）。

陈鼎（字迹不清）。

周宣，贯福建兴化府莆田县，军籍，府学生，治《诗经》。字彦通，行一，年二十八，十月初十日生。曾祖勃。祖辇，训导。父侰，训导。母王氏。重庆下。弟宗。娶陈氏。福建乡试第三十名，会试第二百三十二名。

谢国表，贯振武卫军籍，山西代州人，国子生，治《诗经》。字民瞻，行一，年三十五，正月二十六日生。曾祖贵。祖铎，府推官。父玺，府同知。母冯氏。具庆下。弟国诏，贡士；国征；国聘。娶吴氏。山西乡试第二十九名，会试第二百七十五名。

张克温（字迹不清）。

师皋（字迹不清）。

殷云霄，贯山东□□□州寿张县，民籍，国子生。治《春秋》。字近夫，行一，年二十六，五月初四日生。曾祖胜。祖铎，遇例冠带。父玘，知县。嫡母张氏，继母任氏，生母李氏。慈侍下。弟云霓。娶岳氏。山东乡试第四名，会试第七十七名。

叶鹄，贯江西广信府上饶县，民籍，县学生，治《诗经》。字时举，行四十，年三十，正月初七日生。曾祖清。祖志显。父琼。母丁氏。具庆下。兄鹏、鹗、鸾。弟麒、麟、凤、鹤、凰。娶毛氏，继娶程氏。江西乡试第十四名，会试第二百八十七名。

马文（字迹不清）。

孙绍先（字迹不清）。

刘守达，贯直隶大名府开州，民籍，州学增广生，治《书经》。字应征，行二，年二十六，十月十七日生。曾祖顺。祖和。父锡。母傅氏。慈侍下。兄守穷。弟守节。娶陈氏。顺天府乡试第七十五名，会试第二百九十九名。

孙欒，贯山东登州府福山县，军籍，国子生，治《礼记》。字明卿，行三，年三十六，六月二十四日生。曾祖彦斌，赠知府。祖遇，左布政使，赠正奉大夫正治卿。父珂，前大理寺左寺丞。嫡母张氏，封孺人，生母樊氏。慈侍下。兄荣，监生；□。弟檠、栾，同科进士；梁；棠；杲；棐；采；栗；臬。娶王氏，继娶于氏。山东乡试第四十二名，会试第二百名。

杨铖（字迹不清）。

陈槐（字迹不清）。

胥文相，贯湖广岳州府巴陵县，军籍，国子生，治《诗经》。字士衡，行一，年三十四，十二月初一日生。曾祖圮。祖鉴。父瀚。前母蒋氏，母卢氏。具庆下。弟文奎。娶何氏。湖广乡试第十五名，会试第一百七十五名。

常在，贯山西辽州榆社县，民籍，国子生，治《春秋》。字守德，行一，年三十四，四月初六日生。曾祖恒，封给事中，赠知府。祖显，左布政使。父经，知县。母乔氏，继母申氏，郭氏。慈侍下。弟至、城、塾、增。娶李氏，继娶李氏。山西乡试第四名，会试第二百五十九名。

杜泰，贯山东济南府长清县，军籍，县学生，治《诗经》。字□□。行一，年二十四，二月初三日生。曾祖克名。祖资。父贤。母冯氏。具庆下。弟华、恒、霍、宁。娶郝氏。山东乡试第九名，会试第二百七十三名。

乐韑，贯江西抚州府临川县，民籍，国子生，治《诗经》。字鸣殷，行十一，年三十一，五月初四日生。曾祖仕衡。祖履清。父□成。前母刘氏，母徐氏。具庆下。兄□、□。娶詹氏。江西乡试第四十九名，会试第二百八十二名。

董建中，贯山东兖州府东平州寿张县，军籍，县学生，治《书经》。字商民，行三，年三十一，五月初九日生。曾祖格。祖泉。父聪，监生。母杨氏，继母王氏。具庆下。兄时中、道中。弟大中、用中、执中。娶吕氏。山东乡试第二十九名，会试第一百三十六名。

陈轼，贯湖广德安府应城县，军籍，国子生，治《易经》。字子敬，行一，年三十六，六月二十二日生。曾祖刚。祖详。父大中，训导。母周氏。具庆下。娶许氏。湖广乡试第五十五名，会试第二百三十三名。

张衍瑞，贯河南卫辉府汲县，民籍，国子生，治《诗经》。字元承，行一，年三十，七月二十日生。曾祖铎。祖杰，监察御史。父继，大理寺左评事。母段氏，封孺人。重庆下。弟衍庆，贡士；衍祚。娶郭氏，继娶崔氏。河南乡试第六十二名，会试第一百二十五名。

李仕清，贯四川叙州府长宁县，民籍，国子生，治《诗经》。字希献，行一，年三十六，五月十五日生。曾祖遇春。祖桂丛。父辰。母罗氏。具庆下。弟仕严。娶赵氏。四川乡试第四十二名，会试第二百八十五名。

　　申纶，贯直隶广平府永年县，民籍，国子生，治《诗经》。字廷言，行二，年三十六，十二月十七日生。曾祖达，知府。祖宁，贤良方正。父广，主簿。前母王氏，母岳氏。具庆下。兄纪。弟绪、缙。娶王氏。顺天府乡试第一百十六名，会试第二百三十六名。

　　郁浩，贯湖广永州卫军籍，直隶长洲县人，国子生，治《礼记》。字子渊，行一，年三十七，四月二十一日生。曾祖官。祖清。父敬。母刘氏。具庆下。娶闾丘氏。湖广乡试第五十八名，会试第二百三十八名。

　　倪璋，贯顺天府苑平县匠籍，直隶吴县人，国子生，治《易经》。字献□，行三，年三十八，九月初一日生。曾祖本益。祖公苏。父镜。前母包氏，母方氏。永感下。兄□；□；□；□；□，礼科给事中。娶陈氏。顺天府乡试第□□名，会试第一百四十五名。

　　陈九章，贯直隶苏州府吴江县，民籍，县学生，治《易经》。字□一，行一，年三十六，十月初一日生，曾祖士能。祖敬。父恺元。母陆氏。慈侍下。弟九仪。娶吴氏。应天府乡试第六十六名，会试第一百五十名。

　　周用，贯广东潮州府饶平县，灶籍，国子生，治《春秋》。字舜中，行三，年四十一，九月二十二日生。曾祖尚文。祖邦宁。父元玉。嫡母沈氏，生母郑氏。慈侍下。弟咸行、玄颉。娶陈氏。广东乡试第二名，会试第三十名。

　　张经，贯辽东沈阳卫，军籍，山东济南府武定州阳信县人，国子生，治《书经》，字天叙，行一，年三十二，二月二十六日生。曾祖端。祖升，遇例冠带。父杰。母俞氏，继母郭氏。具庆下。弟绣，取陈氏。山东乡试第十名，会试第二百六十三名。

　　石宗太，贯直隶保定府清苑县，民籍，县学生，治《书经》。字乐山，行一，年五十，十月十九日生。曾祖增。祖坚，主簿。父瓒。母宋氏，继母李氏。慈侍下。弟宗鲁。娶李氏。顺天府乡试第六十七名，会试第八十五名。

　　邓文璧，贯湖广郴州府桂阳县，民籍，国子生，治《诗经》。字□□，行一，年三十九，八月初九日生。曾祖思谦，知县。祖珂，判官。父守□。母何氏。永感下。兄文玺。弟文莹、文珏、文窒、文□。娶欧氏，继娶葛氏。湖广乡试第四十二名，会试第七十八名。

　　于范，贯山东兖州府济宁州郓城县，民籍，县学生，治《书经》，字觉甫，行一，年二十九，十一月十三日生。曾祖胜。祖聪，义官。父龙，监生。母樊氏。慈侍下。弟轼、轸。娶侯氏。山东乡试第三十四名，会试第四十九名。

　　潘棠，贯湖广辰州卫军籍，直隶宁国府太平县人，国子生，治《诗经》。字希召，行二，年三十三，十二月二十四日生。曾祖九成。祖镛。父汰，正七品散官。母傅氏。具庆下。兄材。弟林、桂、槐、梅、相。娶张氏。湖广乡试第五十一名，会试第四十五名。

江和，贯浙江绍兴府余姚县，民籍，县学增广生，治《书经》。字惟节，行十，年三十，十月初十日生。曾祖彦端，县丞。祖勉，贡士。父洋。前母苏氏，母严氏，继母杨氏。重庆下。兄荣、□、□、□。弟□、□、□、□。娶董氏。浙江乡试第四十二名，会试第一百十一名。

胡汝楫，贯陕西宁夏右卫军籍，应天府溧阳县人，国子生，治《易经》。字□□，行二，年三十八，正月二十二日生。曾祖士真。祖雄。父琏，赠户部署郎中。母陈氏，封宜人。慈侍下。兄汝砺，知府。弟汝霖、汝明，义官，汝翼。娶茅氏。陕西乡试第二十五名，会试第一百八十三名。

刘田，贯山东兖州府东平州东阿县，民籍，国子生，治《诗经》。字伯耕，行一，年二十五，正月二十七日生，曾祖珪，教谕。祖观，承事郎，赠吏部郎中。父约，参政。母徐氏。封宜人。具庆下。弟谷、隅、阶、牧、垣。娶苏氏。山东乡试第五十七名，会试第二百十九名。

贺宽，贯江西吉安府永新县，民籍，县学生，治《易经》。字懋教，行二，年三十一，七月二十七日生。曾祖本宁。祖循道。父俶，义官。母周氏。重庆下。兄宏。弟宷、宠、审、察、寓、宁、宋、密。娶尹氏。江西乡试第四十一名，会试第二百三十七名。

吴盈，贯江西饶州府鄱阳县，民籍，国子生，治《书经》。字子持，行五十八，年三十八，六月十一日生。曾祖德隆。祖道元。父博施。嫡母徐氏，生母王氏。永感下。兄霖，知县；机；楼；桓，主簿。弟荣、梓。娶操氏。江西乡试第八十五名，会试第二百十八名。

丁仪（字迹不清）。

索承学，贯直隶淮安府邳州，军籍，国子生，治《书经》。字逊夫，行一，年三十六，八月初六日生。曾祖坚。祖靖，教谕。父逵。母魏氏。慈侍下。弟勤学、好学。娶胡氏。应天府乡试第四十五名，会试第一百九十三名。

苏民，贯陕西仪卫司校籍，浙江处州府遂昌县人，国子生，治《诗经》。字天秀，行一，年三十，三月十四日生。曾祖良。祖仁贵。父文通。母赵氏。慈侍下。娶王氏。陕西乡试第三十七名，会试第一百七十名。

陈铖，贯直隶凤阳府凤阳县，军籍，国子生，治《礼记》。字德威，行一，年四十一，八月十八日生，曾祖礼。祖敬。父璋。母王氏。永感下。弟铨、钢、铠、钊、钦、镇、镗、铸。娶刘氏。应天府乡试第二十六名，会试第二百五十六名。

黄琼，贯应天府上元县，匠籍，江西乐安县人，应天府学生，治《诗经》。字元质，行三，年三十六，十二月十九日生。曾祖仲敏。祖伯夷。父度浩。母柳氏。慈侍下。兄公宪、琼、瑛。娶燕氏。应天府乡试第十名，会试第六十七名。

易舒诰，贯湖广长沙府攸县，站籍，国子生，治《易经》。字钦之，行六，年三十一，九月二十日生。曾祖耀。祖颙。父万福，遇例冠带。母刘氏。具庆下。兄舒翰。娶萧氏。湖广乡试第四十七名，会试第八十二名。

马驯，贯山东青州府益都县，民籍，国子生，治《易经》。字德夫，行一，年三十二，六月初二日生。曾祖璘。祖聪。父能，县丞。母王氏。慈侍下。弟通。娶刘氏。顺天府乡试第一百二十五名，会试第二百七十四名。

江良贵，贯江西广信府贵溪县，民籍，国子生，治《礼记》。字汝思，行十一，年三十四，四月十一日生，曾祖云从。祖常，知县。父玉。前母李氏，母邓氏。永感下。兄良舟，监生；良本，义官；沧，训导；海；良俊，义官。弟良材，贡士；良楫。娶詹氏。江西乡试第三十名，会试第一百六十名。

周任，贯浙江衢州府江山县，民籍，国子生，治《易经》。字以仁，行七，年三十七，七月初六日生。曾祖真，监生。祖敬昌。父亮。母毛氏。永感下。弟本、积、嵩、岳。娶徐氏，继娶徐氏。浙江乡试第八十四名，会试第一百九十四名。

陈良翰，贯四川成都府绵州罗江县，军籍，县学生，治《易经》。字景申，行九，年三十三，正月初五日生。曾祖伏祖。祖应辅。父昂，主簿。前母黄氏，母王氏。永感下。兄良富、良贵、良德、良寿、良佐、良相、良忠、良旭。娶程氏。四川乡试第二十三名，会试第二百五十二名。

方献科，贯广东广州府南海县，民籍，府学增广生，治《易经》。字叔贤，行三，年二十一，三月二十日生。曾祖势宏。祖用中。父遂，学正。母黄氏。慈侍下。兄贵科、茂科、聘邹氏。广东乡试第二名，会试第一百三十名。

李玠，贯浙江处州府缙云县，民籍，县学生，治《易经》。字朝信，行十九，年二十二，四月十一日生。曾祖棠，刑部侍郎。祖偃，监生。父晋。母应氏。严侍下。兄玻，贡士。弟瑗、璐、璈、珝。娶陈氏。浙江乡试第二名，会试第二十五名。

程定（字迹不清）。

陈进，贯浙江台州府太平县，民籍，县学生，治《诗经》。字崇志，行十一，年二十八，十一月初一日生。曾祖仁训。祖弘巩。父茂杨。母赵氏。永感下。兄晓，策。娶夏氏。浙江乡试第二十三名，会试第二十七名。

张翀，贯直隶扬州府泰兴县，军籍，国子生，治《诗经》。字鹏举，行二，年三十七，二月十八日生。曾祖忠，知府。祖琳。父黼，县丞。母蔡氏。慈侍下。兄羽，知县。弟翡、翘、□、诩、翊、穟、翔、翰、蓟、豇、翔、习、翮。娶成氏。应天府乡试第一百二十名，会试第一百二名。

毛棠（字迹不清）。

冯应奎，贯浙江宁波府鄞县，军籍，国子生，治《易经》。字景祥，行六，年三十六，九月初六日生。曾祖宗伟。祖常。父琦，知县。母何氏，继母陈氏。具庆下。兄福。弟应参、应翼、应轸、应胃。娶陆氏。浙江乡试第八十七名，会试第一百三十八名。

张士隆，贯河南彰德府安阳县，军籍，国子生，治《诗经》。字仲修，行一，年三十一，五月初九日生。曾祖本。祖通，监生。父鲁。母朱氏。慈侍下。弟士陞、士升。娶石氏。河南乡试第十八名，会试第一百五十六名。

屠垚，贯浙江嘉兴府平湖县，军籍，国子生，治《书经》。字文治，行七，年三十一，六月二十七日生。曾祖湘，赠刑部右侍郎。祖祯，赠推官。父熙，府同知。母陆氏，封孺人。具庆下。兄奎，工部主事；室；堡；圭；屋；弟举；堂；应；埙，监生；壁。娶沈氏，继娶倪氏。浙江乡试第五十四名，会试第八十八名。

李时（字迹不清）。

张惠，贯山东登州府宁海，民籍，州学生，治《书经》。字天泽，行一，年三十三，十一月十五日生。曾祖□。祖全。父通。母马氏。具庆下。娶宋氏。山东乡试第□□名，会试第二百十五名。

常道，贯直隶□□□□□，河南陈留县人，来安县学生，治《易经》。字文载，行二，年三十，九月二十一日生。曾祖全。祖智。父泰，监生。母郝氏。永感下。兄经。弟教。娶苏氏。应天府乡试第二十八名，会试第一百五十五名。

李楫，贯直隶安庆府怀宁县，民籍，府学生，治《易经》。字济之，行二，年二十八，四月初二日生。曾祖良，良医正。祖升，医学正科，赠太仆寺寺丞。父琏，前知府。前母徐氏，赠安人，母耿氏，封安人。慈侍下。兄干，义官。弟檠、棠、秉、栋。娶祖氏。应天府乡试第六十九名，会试第一百六十三名。

孙孟举（字迹不清）。

陈琛（字迹不清）。

熊泰，贯湖广武昌府武昌县，军籍，国子生，治《诗经》。字元定，行二，年三十六，二月十八日生。曾祖悌。祖敬。父英。母方氏。永感下。兄春。娶周氏，继娶朱氏。湖广乡试第十七名，会试第二百七十一名。

田汝籽，贯河南开封府祥符县，匠籍，国子生，治《诗经》。字勤甫，行三，年二十八，十二月二十二日生。曾祖登。祖茂。父安，县丞。前母杨氏，母魏氏。具庆下。兄汝耕、汝耘、弟汝稆、汝耨、汝耒。娶陶氏。河南乡试第六十七名，会试第二十四名。

张宽（字迹不清）。

刘孝（字迹不清）。

滕纪，贯留守前卫旗籍，山东莱阳县人，国子生，治《诗经》。字子振，行二，年三十五，十月初六日生。曾祖周。祖升。父俊。母杨氏。永感下。兄纲。娶苏氏，继娶江氏。顺天府乡试第二十六名，会试第二百六十八名。

顾瑄，贯锦衣卫旗籍，浙江平湖县人，国子生，治《春秋》。字玉卿，行一，年三十六，七月二十四日生。曾祖祥。祖敬，总旗。父荣，总旗。母余氏，继母牛氏。永感下。弟璋，总旗；瓒；瑊；瑭。娶高氏。顺天府乡试第五十五名，会试第二百八十八名。

陶金，贯直隶凤阳府泗州天长县，官籍，国子生，治《诗经》。字□□，行二，年三十八，正月二十九日生。曾祖兴。祖□。父琏，府经历。母张氏。具庆下。兄□。娶陈氏。应天府乡试第九十四名，会试第一百九十二名。

吴哲，贯直隶松江府华亭县，民籍，县学生，治《诗经》，字子□，行二，年三十三，三月初七日生。曾祖宗黻。祖□。父□。嫡母杨氏，生母周氏。具庆下。兄启；□；唐；周，贡士。弟吉、诏、诰、言、囧、问。娶山氏。应天府乡试第三十三名，会试第二百四十七名。

曹雷，贯山西太原府平定州，军籍，直隶泰州人，州学生，治《书经》。字启东，行三，年四十二，二月二十九日生。曾祖二。祖辉，寿官。父恕。母葛氏。具庆下。兄霖，义官，霁。弟震、云。娶郭氏。山西乡试第三十五名，会试第一百四十四名。

潘选，贯直隶徽州府婺源县，民籍，县学附学生，治《书经》。字玉选，行二，年三十，八月初九日生。曾祖日升。祖斯馨。父杰，监生。母齐氏。具庆下。兄遇。娶胡氏。应天府乡试第十六名，会试第一百二十名。

杨辅，贯直隶淮安府□州，民籍，国子生，治《书经》。字介卿，行一，年三十一，四月十三日生。曾祖清。祖□，□□。父□。母萧氏，继母刘氏。重庆下。弟弼、□、翰、蕃、卫。娶陈氏。应天府乡试第一百三十一名，会试第二百五十八名。

郑善夫（字迹不清）。

张邦奇，贯浙江宁波府鄞县，民籍，国子生，治《易经》。字常甫，行二，年二十二，五月二十四日生。曾祖纯。祖忱。父时敏，义官。母沈氏。具庆下。兄邦彦。弟邦言、邦直、邦俊，邦翊、邦杰、邦亨、邦竑、邦永。娶王氏。浙江乡试第十四名，会试第一百四十一名。

曾念，贯湖广郴州永兴县，军籍，国子生，治《易经》。字圣初，行七，年四十，九月初四日生。曾祖如柏。祖克谦，赠刑部主事。父鑅，知府。母楚氏，封安人。具庆下。兄全，义官；介，知州；全，前户部主事；金，义官。娶邓氏。湖广乡试第十三名，会试第九十名。

田登，贯陕西西安府长安县，民籍，县学生，治《诗经》。字有年，行二，年二十七，正月三十日生。曾祖文通。祖杰。父禧，登仕佐郎。前母卫氏，母党氏。永感下。兄园。娶范氏。陕西乡试第七名，会试第十三名。

顾达（字迹不清）。

陈渊，贯直隶涿鹿左卫，官籍，国子生，治《书经》，字德深，行三，年三十三，二月二十三日生。曾祖肃，昭勇将军指挥使。祖玉，昭勇将军指挥使。父广。母厥氏。具庆下。兄灏，昭勇将军指挥使；润。弟溥、濡、瀚、潭、滋、泽。娶郭氏。顺天府乡试第三十一名，会试第一百四名。

戴德孺，贯浙江台州府临海县，民籍，县学生，治《诗经》。字子良，行十，年三十五，十二月十六日生。曾祖钝夫。祖胤。父守心。母高氏，继母许氏。具庆下。弟德光、德岳、德凤。娶彭氏。浙江乡试第十五名，会试第一百七十九名。

张茂兰（字迹不清）。

黄希英（字迹不清）。

俞敬，贯浙江金华府永康县，民籍，府学生，治《书经》。字一中，行三十二，年三十六，五月十七日生。曾祖克用。祖德高。父文治。母杨氏。永感下。兄璞。弟玠、珽、瓒、玘。娶杨氏。浙江乡试第六十三名，会试第二百二名。

黄堂，贯山东东昌府临清州，民籍，国子生，治《易经》。字允升，行一，年三十六，二月初三日生。曾祖忠。祖让。父轮。母吴氏，继母王氏。慈侍下。弟室，宝。娶贺氏。山东乡试第十七名，会试第二百十六名。

徐赞，贯浙江金华府永康县，民籍，国子生，治《书经》。字朝仪，行二十六，年三十四，十二月初四日生。曾祖用彬。祖永明。父宪。母程氏。慈侍下。弟谊、谭、访。娶黄氏。浙江乡试第三十六名，会试第二百四十三名。

张仲贤，贯山西太原府阳曲县，民籍，直隶清苑县学教谕，治《易经》。字尚义，行一，年三十七，十二月二十二日生。曾祖孝先。祖本。父通。母汤氏，继母贾氏。具庆下。弟仲良。娶唐氏。山西乡试第十八名，会试第一百七十八名。

师存智，贯河南开封府太康县，民籍，国子生，治《诗经》。字汝愚，行二，年三十六，十一月十七日生。曾祖贞。祖玑。父恩。母鲁氏。具庆下。兄存礼。娶赵氏，继聘孔氏。河南乡试第六十五名，会试第三百名。

徐庆亨，贯浙江台州府黄岩县，匠籍，国子生，治《易经》。字世嘉，行五，年三十，正月初一日生。曾祖从辅。祖启直。父济英，训导。母顾氏。具庆下。弟庆宸、庆绍、庆良、庆国。娶江氏，继娶李氏。浙江乡试第二十三名，会试第二百三十名。

王光佐（字迹不清）。

孟洋（字迹不清）。

曹仿，贯直隶镇江卫，军籍，丹徒县学生，治《易经》。字汝学，行一，年二十八，十二月初六日生。曾祖周。祖荣。父绶。母昌氏。慈侍下。弟效、儒。娶余氏。应天府乡试第二十六名，会试第一百八十名。

刘宓，贯顺天府昌平县民籍，山西大同府怀仁县人，国子生，治《诗经》。字德羲，行五，年二十七，正月初四日生。曾祖清，鸿胪寺寺丞。祖晟，进士，封户部郎中。父道，左布政使。母韩氏，封宜人，慈侍下。兄宇；守；德，锦衣卫冠带小旗；寰。娶曹氏，继娶杨氏。顺天府乡试第二十一名，会试第二百九十名。

王伟，贯山东莱州府胶州即墨县，军籍，县学生，治《诗经》。字士元，行二，年三十八，九月二十日生。曾祖志严。祖荣，县丞。父玑，贡士。母邵氏。慈侍下。兄仁。弟伸、仕、儒。娶刘氏。山东乡试第十七名，会试第二百九十七名。

徐盈，贯江西广信府贵溪县，军籍，国子生，治《礼记》。字子谦，行一百八，年二十七，十一月十三日生。曾祖思文，旌表义民。祖孔寿。父洛。母于氏。具庆下。兄植、梧、枞。弟椰、棨。娶汪氏。江西乡试第四名，会试第二十二名。

韩贵，贯广东广州府番禺县，民籍，国子生，治《易经》。字道充，行二，年三十五，十二月二十二日生。曾祖彦才。祖英茂。父斌。前母李氏，母高氏，继母曾氏。具庆下。兄荣。弟贤，贡士；能；顺；宽。娶李氏。广东乡试第四十八名，会试第二百六十九名。

王瑶，贯顺天府大兴县，民籍，国子生，治《诗经》。字佩之，行一，年三十一，十二月十六日生。曾祖庸。祖文，府照磨。父纪，教授。母朱氏。慈侍下。弟琎。娶许氏，继娶荀氏、蔡氏。顺天府乡试第五十三名，会试第一百五名。

章嵩，贯直隶宁国府泾县，军籍，国子生，治《诗经》。字士瞻，行二，年四十一，十一月三十日生。曾祖伯阳。祖善良。父仲华。母董氏。具庆下。兄茂。弟春、瑞、钦、榜、晃。娶文氏。应天府乡试第二十三名，会试第十八名。

《弘治十八年进士登科录·策问》：

皇帝制曰：朕惟自古帝王之致治，其端固多，而其大不过曰道、曰法而已。是二端者，名义之攸在，其有别乎？行之之序，亦有相须而不可偏废者乎？夫帝之圣，莫过于尧舜，王之圣，莫过于禹汤文武。致治之盛，万世如见，其为道为法之迹，具载诸经，可考而证之乎？自是而降，若汉、若唐、若宋，贤明之君，所以创业于前而守成于后，是道是法，亦未尝有外焉，何治效之终不能古若乎？我圣祖高皇帝定天下之初，建极垂宪，列圣相承，益隆继述，为道为法，盖与古帝王之圣，先后一揆矣。朕自莅祚以来，夙夜兢兢，图光先烈，于兹有年。然而治效未臻其极，岂于是道有未行，是法有未守乎？抑虽行之守之而尚未尽若古乎？子诸生明经积学，究心当世之务，必有定见。其直述以对，毋徒骋浮辞而不切实用，朕将采而行之。弘治十八年三月十五日。

《弘治十八年进士登科录·顾鼎臣对策》：

臣对：臣闻帝王有治天下之大体，有治天下之大用，体者何？道是也。用者何？法是也。道根于心，法之所由立也。法施于政，道之所由行也。法而非道，则所以主张之者无其本。道而非法，则所以经纶之者无其具。皆非所以治天下也。然有是道，则其法可立，未有善立是法，而不本于道者也。有是法，则其道可行，未有能行其道，而不知守乎法者也。道行而无弊，法立而能守，则推之无不准，动之无不化，外无不攘，内无不安，远无不至，迩无不服，端拱于九重之上，而操纵翕张，所向如意，运用于四海之间，而浑融贯彻，所在归极，尚何治之不古若哉？帝之所以帝，王之所以王，我皇祖之所以创造，列圣之所以继述，皆不外此。彼汉、唐、宋者，道非其道，法非其法，又何怪乎治效之不能比隆于唐虞三代也哉？钦惟皇帝陛下，天启圣神，日新德学，大化神明，洽于远迩，至治馨香，彻于上下，所谓学于古训而有获，监于成宪而无愆者，盖卓卓乎足以光前而裕后矣。兹者开贤科，擢多士，御大廷，降明诏，犹谓治效未臻其极，而拳拳以行道守法为问。臣虽至陋，宁不鼓舞感动，思罄愚衷以对扬休命乎？窃惟天生万物，不能自理，而命之圣人，故曰：天佑下民，作之君，作之师。惟其克相上帝，宠绥四方。夫以一人之身加于兆民之上，而付之以君师治教之责，亦大且难矣。求尽是责，以无负乎天之所命，舍道与法二者，其奚以哉？是故修身齐家治国平天下，治之道也，道者治之体也。建立纪纲，分正百职，顺天揆事，创制立度，以尽天下之务，治之法也，法者道之用也。尝考朱熹之训曰：道，犹路也。法，犹度也。董仲舒亦曰：道者所由适合于治之路也。谓之路，则可见其为人之所共由，谓之度，则可见其为人之所当守。是二者，理与事有精粗之异，而本与末亦若二致焉，岂可以无别乎？圣策所谓名义之攸在者，盖如此。然孟子曰：徒善不足以为政，徒法不能以自行。程颢曰：必有《关雎》《麟趾》之意，然后可以行周官之法度。胡宏又曰：道德者法制之隐，法制者道德之显。有道德以结民，而无法制者为无用，无用者亡。有法制以絷民，而无道德者为无体，无体者灭。是其本末虽有先后之殊，而显微则无彼此之间也，岂可以偏废乎？圣策所谓序之相须者，盖如此。古者圣人迭兴，皆天所命，帝莫过于尧舜，王莫过于禹汤文武。其道与法，垂之古今，如日中天，而昭示无极。如水行地，而泽润不穷，功化之美，又孰有加于是乎？圣策首询乎此，臣有以知陛下嘉尧舜禹汤文武之治，而能自得师矣。臣请稽诸经传以陈其大，可乎？尧之明峻德以至于和万邦，舜之徽五典以至于叙百揆，禹之敷命率常，汤之绥猷修纪，文武之迪彝教，建皇极，至若精一执中之授受，典礼损益之因革，此帝王之道也。是道也，大公而至正，尽善而尽美，不狃于功利之好，不牵于诈力之私。小自于一身，而冒于六合之大，近自于日用，而放乎四海之远。造端于愚夫妇之所能，而极于天地化育之所不能尽，寔行之万世而无弊者。尧之历象授时，垂衣制器，舜之封山浚川，颁瑞考绩，禹之慎财赋，诒典则，汤之懋功尚，制官刑，文物之莫丽陈教，列爵分土，至若封建井田之制，学校征伐之典，此帝王之法也。是法也，详为之虑，曲为之防，本诸身，征诸庶民，法乎天时，因乎地利，合于人情，宜于土俗，当百世守之而勿失者也。道以立其体，而法以善其用，致治之盛，万事如见，有由然矣。自是以降，若汉、唐、宋贤明之君，创业于前，守成于后，其道与法，固皆出于帝王，然徒窃夫糠粃之似，而无其实，得夫糟粕之浅，而失其真，虽有事功，不过小补，其孰能与于古哉！圣策继及乎此，臣有以知陛下陋汉、唐、宋于下风，而有所不为矣，臣请摭诸史册而陈其概，可乎？汉高祖之豁达大度，孝文之清净玄默，唐太宗之聪明英武，玄宗之好贤乐善，宋艺祖之严重孝友，仁宗之温恭节俭，于道似有得矣，然而杂霸术，尚黄老，大纲不正，闺门惭德，仁厚有余，刚明不足，非帝王之所谓道也。汉之著律令，定税赋，唐之租庸调，府卫兵，宋之序资格，严科禁，其法似亦善矣，然而不事《诗》《书》，礼文多阙，骋矜大之心，极奢侈之欲，声容盛而武备衰，议论多而成功少，非帝王之所谓法也。盖斯道既微，法亦随变，治效之成，终不古若，何足疑乎？恭惟我太祖高皇帝，诞膺天命，扫除胡元，立帝王自立之中国，传帝王相传之正统，建极垂宪，诒谋万世。臣沐浴膏泽，尝窃窥一二，敢拜手稽首为陛下陈之。敬天勤民，防非窒欲，身之修也。宫房无私爱，左右无偏恩，家之齐也。君臣同游之盛，朝野画一之政，国之治也。武功以戡祸乱，文德以兴太平，天下之平也。我祖宗之道，非即帝王之道乎？六卿分治，庶僚承服，百职举矣。台谏以纠正于内，宪司以廉察于外，纪纲肃矣。车旗服物之有章，宫室器用之有等，制度一矣。学校选举之有条，兵刑财赋之有制，庶事康矣。我祖宗之法，非即帝王之法乎？自是以来，圣子神孙，善继善述，不愆不忘，治化之成，盖远过于汉、唐、宋矣。而圣策复以治效未臻其极，夙夜兢兢，图光先烈为言者，此陛下圣不自圣，务欲福跻皇极，化协泰和，超千古而特出，跨百王而独盛也，臣愚何足以知之。臣窃以为，欲师帝王，先师祖宗，能行祖宗之道，则帝王之道在是矣。能守祖宗之法，则帝王之法在是矣。陛下大孝格天，至仁育物，谦恭逮下，明智烛微，日御经筵，讲求治理，数召大臣，咨询时政，所以行祖宗之道，而守祖宗之法，盖无可訾议者。但近岁以来，灾异迭见，水旱相仍，而时雍风动之休未洽，黎民阻饥，赤子弄兵，而鼓腹击壤之谣未闻。夷虏跳梁，而军政未可谓修，府库告竭，而蓄积未可谓富。内外臣工，率多因循苟且，取办簿书，廉靖之节日隳，华竞之风日长，而文武未可谓尽得其人，则圣策所谓行道守法未尽若古者，臣不敢谓其不然。臣愚以为，陛下之德如是，学如是，虚怀望治之诚如是，以陛下而虑此，宜无足为者，但恐不加之意耳。夫道虽不一，其要在于修身。身有不修，而妄意于躐等之为，谓之能行道，不可也。法虽至繁，其要在于纪纲。纪纲有不振，而疲神于不急之务，谓之能守法，不可也。然修身不外于威仪言动，而纪纲不外于举措刑赏，陛下诚能左之右之，周旋乎规矩准绳之中，一言一动，从容乎仁义礼乐之蕴，则道成于上，而身修矣。身既修，则家可齐，国可治，而天下可平，尚何祖宗之道有不行乎？举直措枉，必协乎天下之公论，赏善刑恶，不徇乎亵近之私情。法行自近，纪纲振矣。纪纲既振，则百职可举，制度可一，天下之事可兴，尚何祖宗之法有不守乎？如是则俊良登崇而谗邪远，出入有度而财用足，武备修而蛮夷慑服，刑罚威而奸宄销亡，灾异息，灵瑞臻，而百姓安宁，万物顺遂，治效之隆，岂不足以媲美于唐虞三代也哉！虽然，此就陛下所以策臣者而言之尔，犹未要其极，而举其全也。臣请究极本原探索精微以为终篇献焉。盖心之主宰一身，无事不体，而天之主宰万物，亦无往不在。天者理之所从以出者，天之心与吾心之天一也。是以帝王之道虽要于修身，而欲修其身，必先于正心。帝王之法虽要于纪纲，而欲振纪纲，惟在于顺天。不正其心不顺乎天，则虽宵旰忧勤，思以行道守法，亦苟焉而已尔。何谓正心？致知以明此心，诚意以实此心。声色货利之欲，此心之鸩毒，则远之。车马宫室之乐，此心之斧斤，则禁之。谄谀邪佞，足以移此心，则斥之。便嬖近幸，足以挠此心，则绝之。凡吾威仪言动之发，莫非自然，必使吾心泰而百体从令也，吾心大而万物咸备也。是之谓正心。何谓顺天？无贰无虞，曰上帝临女也。有严有翼，曰鬼神在旁也。匹夫匹妇，勿谓可下，曰此天民也。一命一秩，勿谓可忽，曰此天职也。创制立度，恐其悖天，揆事成务，恐其违天。凡吾举措刑赏之施，不敢自专，曰天命有德也，天讨有罪也。是之谓顺天。能顺天，则天与吾心为一，而吾心自无不正。能正心，则吾心与天无间，而于天自无不顺。以是行祖宗之道，则道焉无弊，而足以主张乎法。以是守祖宗之法，则法焉弗失，而足以经纶乎道。体无不立，用无不行，所谓光先烈而臻至治者，惟陛下所欲，而致之无难矣。如是则君师治教之责以尽，上天宠绥之命以凝，而磐石之宗，苞桑之业，岂不可以永保于亿万年而无虞也哉！臣窃伏海滨，荷生成作养之德有年矣，平居所学，固不出乎道法之间，每念异日幸望清光，奉大对，期有所论列敷启，以尽责难之恭，而今也实其时也。顾草茅迂疏，不知忌讳，敢直述所见闻者如此，伏愿陛下留神澄省，果切于万分有一之用，俯赐采行，不胜幸甚。臣干冒天威，无任陨越之至。臣谨对。

　　《弘治十八年进士登科录·董玘对策》：

　　臣对：臣闻圣人之御天下也，有至治之本，有辅治之具。盖道者治之本也，而辅之必有其具。法者治之具也，而出之必有其本。二者可相有而不可相无也。创业者必兼得之，而后可以裕后昆，守成者必克全之，而后可以光前业。然是二端，又皆原于心焉。心存则自身而推者皆为道，因事而制者皆为法，而二者兼尽矣。心不存则道有未纯，法有未备，而二者胥失矣。道法兼尽，此唐虞三代之盛治所以不可及也。得其一而有未纯未备焉，此汉、唐、宋之治，所以不古若也。然则今日欲治效之臻其极，固不出乎道法二者之间，又可不先存其心，以为之主哉！钦惟皇帝陛下，以圣人之德，居圣人之位，仁育义正，而道成于上，纲举目张，而法布于下，治化之盛，固已不愧于古矣。兹复廷集多士，以道与法为问，顾臣愚陋，何足以仰副渊衷。虽然，陛下之设此举，盖将采而行之，非虚循故事而已也。苏轼有言：君以名求之，臣以实应之。矧今陛下以实求之，臣敢无辞以对乎？臣惟古昔帝王，膺天命之重，御天下之广，以成己成物之责萃于一身，而不可虚居也，故必尽道以端天下之表，以立斯人之极。道既成矣，犹虑事无定则，人无定守，而斯道之行，无以遍天下及后世也，故又立法以尽天下之事，以防天下之情。人君为治之大端，惟此二者而已。何谓道？治身齐家以至治国平天下，皆是也。何谓法？建立纪纲，分工百职，顺天揆事，至于创制立度，尽天下之务，皆是也。道者法之体，所谓致治之本也。法者道之用，所谓辅治之具也。其名义之攸在，固有别矣，而行之之序，则有相须而不可偏废者。盖道必先定，然后法有所措而可立。法必大备，则其道有所辅而可久。苟惟致详于法，而无道以为之本，则其具徒张，而无益于天下之治。然或徒恃其道，而无法以为之具，则其本虽立，亦何以成极治之功哉！孟轲曰：尧舜之道，不以仁政不能平治天下。言道之不可无法也。程颢曰：必有《关雎》《麟趾》之意，然后可以行周官之法度。言法之不可无道也。臣请证古人之迹。夫帝之圣者，莫过于尧舜，王之圣者，莫过于禹汤文武。其为道为法，各极其至。以其道言之，如克明峻德，慎徽五典，肇修人纪，建其有极，道之行于身也。敦叙九族，克谐以孝，时庸展亲，刑于寡妻，道之施于家也。平章百姓，庶明励翼，德降国人，化行江汉，道之形于国也。协和万邦，教讫四海，克绥厥猷，丕单称德，道之及于天下也。以其法言之，如历象授时，璇玑齐政，颁朔授民，顺时行令，此顺天之法也。百揆四岳，统理于内，州牧侯伯，分列于外，此命官之法也。六府孔修，庶土交正，乡遂用贡，都鄙用助，此养民之法也。家有塾，党有庠，术有序，国有学，此教民之法也。当是之时，黎民敏德，万国咸宁，人人有君子之行，比屋有可封之俗，五刑措而不用，兵革橐而不试，山川鬼神莫不宁，鸟兽鱼鳖罔不若，其治效之隆如此，岂无自哉！盖其所以为治者，皆本于心。观夫《诗》《书》之所称，曰钦明，曰精一，曰祗德，曰懋敬，曰敬止，曰执竞，是其心之所存，纯乎天理，而绝乎人伪。故道由此行，法由此立，二者兼尽，而治化自隆也。自是而降，享国久长者，莫如汉、唐、宋。然其为治也，皆不能兼乎道法之全。以汉言之，创业如高光，守成如文、景、明、章，皆贤君也。观其发义帝之丧，戮丁公之叛，尊礼太公，孝养薄后，大封同姓，痛泣同气，其大纲之正，亦庶乎治之道矣。然庶事草创，礼文多失，语井田则未复，语官名则未定，而于先王为治之法，皆阙乎其未之讲。况其所谓道者，又多出于驳杂，其能如王道之纯乎？以唐言之，创业如太宗，守成如玄宗、宪宗，皆贤君也。观其以尊本任众，以职事任官，以府卫任兵，以租庸调任民，考课有四善二十七最之详，致刑有三覆五覆之奏，其万目之举，亦庶乎治之法矣。然胁父起兵，戕兄攘位，麀聚渎伦，牝晨司祸，而于先王为治之道，则概乎其未之闻。况其所谓法者，又多益以己意，其能如王制之备乎？以宋言之，如太祖、太宗之创业，真宗、仁宗之守成，皆贤君也。观其分灸艾之痛，守金匮之盟，忠厚以立国，而刑不加于士夫，严肃以治内，而事不委于戚畹，其为道亦有可称者。然制度之立，颇因五代之旧，官名屡易，而违六官分治之典，审官有院，而无三考黜陟之严。兵虽有三衙四庙之制，而失寓兵于农之意。刑虽有折杖覆讯之法，而失宥过刑故之规。其能如先王经制之善乎？故其致治之效，止于海内殷富，黎民醇厚，而礼义则未兴。仅致斗米三钱，外户不闭，而风俗则未美。虽有声明文物之盛，而国势常削弱不振。是岂先王之治，卒不可复哉？盖自汉以来心学失传，或不事《诗》《书》，或学尚黄老，或性多偏察，欲行仁义者，或渐不克终，仁厚有余者，或刚断不足。是皆任其资以为治，随其世以就功，而于先王之道法，或得其一而遗其二，或得其似而失其真。治化不能复古，无足怪也。洪惟我太祖高皇帝，定天下之初，正己以建极，稽古以垂宪，致治之道，辅治之法，真可谓一洗汉、唐、宋之陋，而上继乎唐虞三代之盛矣！臣请举一二为陛下陈之。御制《大诰》，申明五常之义，《资世通训》，弘敷礼义之教。《祖训》所载，无非修身齐家之方，《孝慈》有录，一皆天理人伦之正。我圣祖之道，即帝王之道也。《大明日历》，具载一代之法程，《洪武政记》，劢契千古之典则。诸司有职掌，得虞廷任官之意，礼仪有定□，同周礼防僭之严。我圣祖之法，即帝王之法也。列圣相承，咸修厥□，而圣祖之道，行之不（不清）烈，而圣祖之法，守之无弊。陛下莅阼以来，昧爽丕显，惟道是由，甲夜视事，惟法是践。经筵所讲，谆谆乎仁义之言。《会典》之修，凿凿乎典章之实。是以上有道揆，下有法守，朝廷清明，四方无虞，治平之效，诚有非汉、唐、宋之所能及者。陛下犹谓治效未臻其极，而疑道有未行，法有未守，抑行之守之而未尽若古，此固陛下惟日不足之心也。虽然，臣尝窃伏草茅，念天下之事，有概于心久矣，今幸承明诏，言及之而不言，是负所学，是负吾君。臣请言未行未守之端，而后及行之守之之说。夫京师诸夏之本，密迩道化，是宜遵道遵□而有时雍之休也。今臣应试而来，窃见风俗偷薄，习尚浮靡，人民嚚顽，抵冒殊扞。德色谇语，尚形于父母，剟帘剽金，每肆于白昼，或有如贾谊之所虑者。京师且然，况四方之远乎？我祖宗却异味，服澣衣，允迪厥德，以先天下，当此之时，五典克从，百姓相亲，俗尚纯朴，无敢自蹈于非彝者。校之今日，大有不同。然则祖宗之道未能尽行者，亦容或有之矣。内外职司，大小之事，具有成法。以臣观之，其名固如旧也，而其实则或已亡矣。如征敛有则，定差有等，此赋役之法也。今或脱丁以逃役，诡籍以避征。军必服伍，将必择才，此兵卫之法也。今或离行伍而受役于私门，窃首级而列职于边阃。铨选之法，不拘流品，惟功与贤，今亦有无功而进，非贤而授者矣。断狱之法，必罪与律协，今亦有无辜而戮，有罪而贳者矣。然则祖宗之法，臣亦未敢谓其能尽守也。即此推之，则治效之未臻其极，有由然矣。陛下欲天下之极治，亦岂必他务哉？惟行祖宗之道，守祖宗之法而已。然世之进言于陛下者，不过曰：道之未行，教训之未至也，亦申严之而已矣。法之或弊，有司之不能守也，亦戒饬之而已矣。臣窃以为此皆其末也。欲行祖宗之道，守祖宗之法，惟在陛下之身焉。盖道成于己，而后及乎人。教训虽严，而身无以率之，则所令反其好，而民不从矣。故董仲舒推《春秋》谓一为元之意，以为视大始而欲正本也。《春秋》深探其本而反自贵者始。臣愿陛下章志以示民，贞教以率下。言行，道之发也，必谨之而不苟。威仪，道之显也，必正之而不忒。宫壸，道之所自始也，必敦刑家之化。朝廷，道之所自出也，必谨守正之规。由是正百官以正万民，正万民以正四方，举而措之，无弗顺者，夫何患道之有未行乎？法行于上，而后遵于下，若徒戒饬所司，而身之所行，乃或有自挠其法者，则臣下将师师无度矣。故傅说之告高宗曰：监于先王成宪，其永无愆。而后继之以□说式克钦承。臣愿陛下毋忘敬忌之念，以笃叙之图。出一大号也，则曰：于旧法得无少变乎？行一细事也，则曰：于旧法得无有戾乎？喜有赏，怒有刑，苟违于法，则遏之而不行。言有逆耳，事有忤旨，苟当于法，则从之而不挠。由是内而百司，外而庶府，罔不翕然承德，而无或敢乱其法者，又何患法之有未守乎？夫能行祖宗之道，则不必别求古帝王之道，则所以为致治之本者立矣。能守祖宗之法，则不必远慕古帝王之法，而所以为辅治之具者备矣，而何一不由于陛下之身邪？且心也者一身之主宰，万事之本根也。陛下欲行道而守法，则古帝王与祖宗之心学，其可以不之讲乎？盖道者心之蕴也，法者心之著也。存心之功，一有所间，则虽欲行道而欲或得以胜理，虽欲守法而欲或至于败度，其何以成天下之治哉？臣尝窃闻，我圣祖之谕侍臣曰：（字迹不清）甚虽朕觉此心如两敌然（字迹不清）尚未能也。则平日存心之功，无不息之间，盖可见矣。至如亲注《周书》之《洪范》，□□圣学之心法，皆所以求正心之方（字迹不清）行事，于壁间书《大学衍义》，于两庑（字迹不清）存心之助。盖帝王相传之心学，至我祖宗而复续，诚圣子神孙之所当取则也。陛下深处法宫，所以用力于心学者，臣固不得而知。然窃见行道守法之间，尚有可议者，意或于理欲危微之辨，尚有未精，操舍出入之间，尚有未定，而忠佞顺逆之言，尚不能无惑欤？臣愿陛下于退朝无事之时，不以为可忽而居之必敬。念虑方萌之际，不以为莫观而察之必严。纷华波动之顷，不为其所引而操之必定。古训圣谟，可以沃此心，必讲明而力行之。正人端士，可以养此心，必亲近而熏炙之。便辟之流，怪异之术，足以惑此心，必深恶而屏斥之。内外交致其力，显微不间其功，使此心本然之体无时而不存，应用之机无□而不当，则运用于一身者，无非大道，而可以为致治之本，经纬于万几者，无非大法，而有以为辅治之具。将见百姓大和，四海永清，诸福之物，可致之祥，莫不毕至，而功可以光祖宗，业可以垂后裔，治可以配古帝王之盛矣！伏惟陛下采而行之，天下幸甚。臣干冒天威，无任战栗之至。臣谨对。

《弘治十八年进士登科录·谢丕对策》：

臣对：臣闻圣人有化成天下之本，而亦必有维持天下之具。夫天下之大治，不容以易致也，必有道以化成之。道不能徒善也，必有法以维持之。道者法之体，治之本也。法者道之用，治之具也。道有未行，法固无自而立，法有未备，道亦何由而行哉！道不行，法不立，则其本既失，其具亦隳，纵有所为，不过声音笑貌之末，因循苟且之□，而无益于所为治矣。人君一身，天下之所仰赖而取则焉者，道其可以不行，而法其可以不守哉？然道之与法，皆原于一心，人君之所以行道守法，亦惟其心之所有何如耳。故孔子曰：苟不至德，至道不凝焉。又曰：凡为天下国家有九经，所以行之者一也。吾心既存，则体用兼该，本末具举，道行而不渝，法立而能守，德可久，业可大，而天下之治，有不难致者矣。古昔帝王与我祖宗之致盛治，而汉、唐、宋之不古若者，岂非以其所存之异，而道与法之不同哉？恭惟皇帝陛下，禀聪明睿知之资，抚重熙累洽之运，其于化成之本，维持之具，固皆本于躬行心得之实，而行道守法之验，又复见于上安下恬之余，宜若可以无为矣。今乃不自满假，进臣等于廷，俯赐清问，以求行道守法之要。臣虽至愚，其敢无辞以对。大道原于天，而备于人，乃不可易之理。自正身齐家，以至治国平天下者，皆道也。法立于前而垂于后，乃不可变之则。自建立纲纪，分正百官，以至顺天揆事，创制立度，以尽天下之□者，皆法也。非道无以为法之体，非法无以为道之用。其名义固各有在，而相须之理，先后之序，亦自可见矣。臣尝考之经传，其论治道者有曰：允□□兹道积厥躬。此修身之说也。曰父父子子，夫夫妇妇，兄兄弟弟，而家道正。此齐家之说也。曰庶明励翼迩可远在兹。此治国平天下之说也。以是为治，则所以化成者有其本矣。其论治法者有曰：辨贤否以定上下，核功罪以公赏罚。此振纲纪以正百官之说也。曰王者所为，宜求端于天（缺四十行，约八百字）则所谓万目举者，亦皆窃取近似，而非稽古之实法，其所法非帝王之法也。故省寺冗官，不免政出二三之诮，乘怒用刑，徒申三覆五奏之条。仪用浑天，历用麟德，似矣，或谓与天虽近而未密。庸调之设，府兵之制，似矣，或谓与古虽近而未详。其纪纲果振，而百官果正乎？其揆事果当，而制度果无缺乎？垂统如此，后焉得终？虽有二宗之称，不足言也。迨夫宋之创业，崇周后之礼，守金匮之盟，处将相而谕以相安之情，遣吴越而使知不留之意，道亦行矣，而修齐治平之学有未闻。严宫禁之限，俭室宇之饰，政事不假于外戚，乘舆不施于内庭，法亦立矣，而典谟训诰之政，有未尽。其后守成之君，或力行恭俭，或谦恭任贤，庶几贤者，惜皆仁厚有余，而刚断不足，声容虽盛，而武备则衰，其治之混于汉唐，而不能追配帝王也，固亦宜哉！夫道不自行，必本之心而后行。法不自立，必运之心而后立。心为物欲所蔽，而无正大光明之美，故其道之行者，杂夷杂伯，而不足以为化成之本。法之立者，或烦或简，而不足以为维持之具。治道日替如此，又乌足缕数其事，以尘渎天听哉？虽然，道不自弊，人弊之也。法不自坏，人坏之也。然则行道立法，不有待于人乎？仰惟我太祖高皇帝，建极垂宪，道法兼举，所以化成维持乎天下者，不恃有可畏之势，而惟恃有不可易之道，不恃有不拔之基，而惟恃有不可变之法。聪明天纵，若无事于修为者矣，犹昧爽而起，日昃忘餐，延接儒生，讲明经典，行绝乎邪靡，躬敦乎俭朴，其正身者至矣。至若孝隆于追崇，哀感于遣祭，治内有礼，而致逮下之化，睦族有恩，而广同姓之封，柔远能迩，则德化不限于南北，用夏变夷，则风俗痛革乎胡元。所以齐家，所以治平者，皆本于道。然又惧后世之或不能行也，故著之简册，若《洪范》之解，《大诰》之编，与夫《祖训》《孝慈录》之类，所以申明乎道而化成天下者，又浑然全备。其视帝王之道，果何忝乎？海宇维新，若无假于□治者矣，犹命诸臣更相论正，王朝礼仪之式，文武勋阶之严，爵赏以酬功，刑罚以惩恶，其振纪纲以正百官者，详矣。至于修事省愆，闻灾致惧，历用大统，而无随时求合之劳，郊必岁举，而革肆赦荫补之滥。秩祀百神，则去帝王公侯之号，建立学校，则有郡国邑社之名。所以顺天揆事，创立制度者，必善其法。然又惧后世之或不能守也，故著之典宪，若洪武之礼仪，九奏之乐章，与凡诸司职掌、《大明律令》之类，所以阐明其法，而维持天下者，又灿然具备，其视帝王之法，果何愧乎？自是以来，列圣相承，重华继照。作于前者，垂无疆之燕翼，继于后者，衍莫既之鸿休。知祖宗之道即帝王之道，而必可行也，如曰：皇考垂训，至要之道，朝廷守之，可以永安。又曰：太祖之言，皆持身正家以至治平天下之道，每事遵守，岂不福禄永远。由是观之，则道之见于守成者，可见矣。知祖宗之法即帝王之法，而必当守也，如曰：皇考肇造鸿基，垂法万年，兹予继承，恪守成宪。又曰：守成之主，动法祖宗，斯鲜过举。由此观之，则法之见于守成者，可见矣。至于陛下益隆继述，克笃前烈，所行者即祖宗之道，所守者即祖宗之法。而犹自以治效未臻其极为虑，臣是以知陛下之心，盖欲追配帝王，而不屑乎近代之陋也。夫所谓化成天下之道，陛下固已行之。不迩声色，不狎嬖幸，恭俭出于至诚，孝友得之天性，忧国忧民之仁，又每形于轸念之际矣。而或者犹有天地之憾。贵戚之家，骄侈相尚，辇毂之下，寇盗肆行。凡后饰被屋之僭，并倨反唇之陋，自王畿以至海内，其俗犹未尽除，岂所以化成之者，犹有未至乎？臣愚以为，道不容于他求，惟纯之而已矣。所谓维持天下之法，陛下固已守之。动遵成宪，无有愆忌。首除冗食之员，克谨敬天之训。屯田武举之类，又振起于几坠之余矣。而或者犹有文具之议。告令既颁，而民罔实惠，条例虽烦，而下无定守。凡废格停滞之失，纷更紊乱之为，自朝廷以至州县，其弊亦难枚举。岂所以维持之者，犹有未至乎？臣愚以为，法无容于他议，惟信之而已矣。盖道与法，皆出于吾心，而所以行之守之者，亦惟此心之所为也。苟心之所存于道也，或不能纯，则其所行者，暂合暂离，得于此而或失于彼。于法也，或不能信，则其所守者，随是随非，执于前而或移于后。是其本已植而复摇，其具已张而复弛，夫何足以化成维持天下也哉？陛下日御经筵，讲求至一之理，固知道之当纯。不识今之所行者，果皆本于此心之纯否乎？脱有未纯，而欲以去其杂，古有其说矣。曰一则纯，曰君子以自强不息。及其至也，纯亦不已焉。夫人心之所以不能纯者，以志不胜气耳。陛下于经筵之余，深惟默省，以圣人之训为当必从，以圣人之治为必可法。懈惰为戒，勤励自强，务使动静不违而内外之如一，久暂不移而终始之惟一，将见心不期纯而自纯矣。以之修身，以之齐家，以之治国平天下，则化成之本立，而所以资于法者，不益深乎？陛下曩修《会典》，萃成一代之制，固知法之当信。不识今之所守者，果皆由于此心之信否乎？脱有未信，而欲以去其疑，古亦有其说矣。曰惟断乃成，曰必有见焉而后行，则权常在我。若无所见，终为人所惑。夫人心之所以不能信者，以志不先定耳。陛下于《会典》之成，原始要终，以祖宗之训为当必遵，以祖宗之法为必可守。见之素定，期于必行。近习沮挠，断以惩之而不眩，淫辞蛊惑，断以绝之而不移，将见心不期信而自信矣。以之正官，以之揆事，以之创立制度，则维持之具完，而所以辅于道者，不益乎？抑臣闻之，修之于己，又当资之于人。故稽众舍己者尧也，取人为善者舜也，闻善则拜者禹也，用人惟己者汤也。文王无能往来蔑德降于国人，武王惟兹四人尚迪有禄。我太祖之神武，有非臣下所能匡辅其万一者，犹曰咨询谋谟，又曰尚懋修厥德，以辅我国家。我太宗之雄达，亦非臣下所能匡辅其万一者，犹曰君臣相与在推诚，又曰用人无间新旧，惟贤是用。陛下欲法乎帝王，法乎祖宗，固在此心之纯之信，与推行之有序。然其所以资于人者，又当扩泰山沧海之量，绝让土择流之私，听政之暇，时召大臣，推诚付托，温颜访问，使义理之无穷者，日增月益，足以为协一之归。事变之沓来者，左酬右酢，足以为应万之用。则道已至而益至，法已善而益善，恭己南面，而天下治矣。臣学本无术，心切爱君，谨以帝王祖宗之事，恳恳陈之，亦惟欲报陛下求言图治之心，以佐陛下成帝王祖宗之治于天下而已。伏愿留神省览，宗社幸甚，苍生幸甚。臣干冒宸严，不胜悚惧之至。臣谨对。

选严嵩、湛若水等翰林院庶吉士。选翰林庶吉士严嵩、湛若水、倪宗正、陆深、霍（翟）銮、邵天和、徐缙、张九叙、蔡潮、林文迪、安邦、段炅、蔡天祐、胡铎、高泛、马卿、刘寓生、安磐、穆孔晖、李艾、王韦、赵中道、王如金、闵楷、傅元、孙绍先、易舒诰、方献科、张邦奇，命太常寺卿兼翰林学士张元桢、学士刘机教习。（据《国榷》卷四十五）

四月

礼部覆奏南京国子监祭酒章懋所言学校事。从之。《明孝宗实录》卷二百二十三：弘治十八年四月辛酉，"礼部覆奏南京国子监祭酒章懋所言学校事，谓两京监生，先自诸生历数十年始得贡，迨入国学，又历十余年始得官，则其人已老，多不堪用。此今日积弊之大者。请如懋所奏，今后每二年一次，两京礼部会官拣选，果衰老笃病者，量与冠带荣身，如文理不通，行止有亏，故违监规者，发为民。各处提学官尤当清理学校，以端本澄源之地，每生员进学起贡，务如例考选，庶应贡者多可用之材，而仕途亦不患其不清矣。从之"。

监察御史曾大有言慎科目等六事。《明孝宗实录》卷二百二十三：弘治十八年四月辛未，"监察御史曾大有言六事……一、慎科目。谓会试场卷帙浩繁，校阅难精，乞计每人日阅三十卷，分房文卷多者，请量增同考官。各处乡试，请展限九月初旬揭榜。命下其奏于所司"。

定两京礼部会选监生，汰衰疾疏劣之士。其衰疾量予冠带，疏劣除名。（据《国榷》卷四十五）

五月

孝宗去世，葬泰陵。《明史》孝宗本纪："五月庚寅（初六），大渐，召大学士刘健、李东阳、谢迁受顾命。辛卯（初七），崩于乾清宫，年三十有六。六月庚申，上尊谥，庙号孝宗，葬泰陵。赞曰：明有天下，传世十六，太祖、成祖而外，可称者仁宗、宣宗、孝宗而已。仁、宣之际，国势初张，纲纪修立，淳朴未漓。至成化以来，号为太平无事，而晏安则易耽怠玩，富盛则渐启骄奢。孝宗独能恭俭有制，勤政爱民，兢兢于保泰持盈之道，用使朝序清宁，民物康阜。《易》曰：'无平不陂，无往不复，艰贞无咎。'知此道者，其惟孝宗乎。"《明鉴纲目》卷五："纲：夏五月，帝崩。（葬泰陵，在京兆昌平县笔架山。）目：帝大渐，召刘健、李东阳、谢迁，至乾清宫，执健手曰：'卿辈辅导良苦，朕备知之。东宫年幼，好逸乐，卿辈当教之读书，辅导成德。'健等欷歔受命。翌日，召东宫，谕以法祖用贤，遂崩。"

朱厚照即位，是为武宗。《明鉴纲目》卷五："纲：太子厚照即位。（是为武宗。）目：以明年为正德元年。"

举人出身教官，历任六年以上，果有才行出众者，吏部访察的实，照便行取选除科道等官及州县正官。其九年考满，有志会试者，但系举人，不拘署职、实授及功绩有无，俱许入试。（据《明武宗实录》卷一）

六月

升侍讲张溁为侍读学士，检讨石珤为修撰，俱以九年任满也。（据《馆阁漫录》卷八《弘治十八年》）

徐琼卒。《馆阁漫录》卷八《弘治十八年》：六月，"辛未，致仕太子太保、礼部尚书徐琼卒。琼字时用，江西金溪人。天顺丁丑进士，授编修，预修《大明一统志》、《英庙实录》。成化丁亥，升侍讲。辛卯，主考应天乡试。寻升南京侍讲学士，久乃进南京太常卿，掌国子监祭酒事。弘治庚戌，升南京礼部右侍郎，以考满至京，改礼部左侍郎。丙辰，擢本部尚书。久之，升太子少保。庚申，乞致仕，赐敕给驿还，有司给月米、岁夫。寻传旨以琼效劳年久，加太子太保。比卒，辍朝，赐祭葬如例。琼为人和易敦朴，不事表襮。为文畅赡，时有警语。早年书法逼晋，然短于才，历官无甚建明。为翰林时，置妾偶与椒房连葭莩，及擢尚书，乃出孝庙特旨。故言官谓其有所攀附，论劾不已，竟以是致仕云"。

礼部议焦芳、梁储、杨一清、章懋、周经宜候缺奏请简用。《馆阁漫录》卷八《弘治十八年》：六月，"辛巳，初，科道交章言两京堂上官贤否，杂任宜加甄别，如吏部侍郎焦芳、梁储，巡抚陕西都御史杨一清、南京国子监祭酒章懋，俱堪大任；去任户部尚书周经、侍郎许进，都御史雍泰、洪汉，俱宜起用；礼部侍郎王华典文招议，太常卿兼学士张元祯奸贪附势，通政司右参议熊伟嘱托取财，掌鸿胪寺事、礼部尚书贾斌人品卑下，掌太常寺事、礼部尚书崔志端秽行彰闻，巡抚顺天等府都御史周季麟交结权幸，巡抚山东都御史徐源昏懦无为，南京户部尚书熊翀、户部左侍郎李温、太常卿吕莹年老有疾，右都御史金深、应天府丞李堂奔竞转官丁忧，太仆寺少卿陈大章贪声素著，俱宜罢黜。至是，吏部议芳、储、一清、懋、经宜候缺奏请简用，进、泰已有成命，汉并华等十三人进止取自上裁。上曰：'可。汉候缺起用，温等令照旧办事'"。

命在外卫所新袭指挥、千百户年二十五以下者，入卫学或府、州、县学，习读《武经七书》，提学官课督有成，以备武举之选。（据《明武宗实录》卷二）

王应辰生。王叔杲《半山藏稿》卷十六《故上海训导海坛王公墓志铭》："公讳应辰，字拱甫。……母钟氏，以弘治乙丑六月二十九日生于京邸。聪敏绝伦，髫年能对客赋诗，众目为奇童。未冠，补郡庠生。每试高第，列廪籍，潜心懋学，竟日下帷，不问家人生业。……屡试，顾不举。嘉靖辛酉，乃应贡上春官，廷试擢上第。"

七月

牛纶卒。《馆阁漫录》卷八《弘治十八年》："七月甲申朔。庚寅，授故大学士商辂曾孙承庆中书舍人。壬辰，致仕南京太常少卿牛纶卒。纶，顺天府涿州人。景泰甲戌进士，改庶吉士，授编修，升左春坊左赞善。天顺甲申，升太常少卿兼侍读。成化壬寅，改南京太常少卿，弘治改元致仕。至是卒，与祭一坛，以尝充宪庙东宫官并经筵日讲故也。纶为人滑稽，又以太监玉之侄，善张权要，为士论所鄙。"

诸官升转。太常寺卿兼翰林学士张元祯为吏部左侍郎。学士刘机、江澜，左春坊大学士兼侍读学士杨廷和，并少詹事兼学士。张芮进俸一级。侍读学士杨畅为太常少卿兼侍讲学士。侍读学士刘忠、张澯、白悦并学士。左谕德兼侍讲靳贵、费宏并太常少卿，兼侍讲。右谕德兼修撰毛澄为左庶子兼侍讲。侍读毛纪，左中允兼编修傅珪，并左谕德兼侍讲。顺天府丞兼正字周文通为光禄寺卿。尚宝司卿兼正字刘启为太常少卿。皆旧宫僚也。（据《国榷》卷四十五）

翰林院庶吉士潘希曾服阕，授兵科给事中。（据《国榷》卷四十五）

八月

武宗狎昵群小，怠于政事。《明鉴纲目》卷五："纲：秋八月，尊皇太后为太皇太后，皇后为皇太后。""纲：京师淫雨。目：自六月至于是月。时东宫旧竖刘瑾等，（瑾，兴平人，本谈氏子。幼自宫，投中官刘姓者以进，因冒姓刘。帝即位，掌钟鼓司，与其党马永成，谷大用，魏彬，张永，邱聚，高凤，罗祥等，相交结，时谓之八党，亦谓之八虎。）日导帝游戏，由是怠于政事，遗诏中所当兴罢，悉格不行。阁臣刘健等，因久雨，上疏言之。帝虽温旨褒答，而狎昵群小，诏书废格如故。"

南京吏部郎中蔡清为江西提学副使。(据《国榷》卷四十五)

九月

升翰林院学士张溆为国子监祭酒。(据《明武宗实录》卷五)

国子祭酒黄珣为南京吏部右侍郎。(据《国榷》卷四十五)

十月

大学士刘健等条上日讲仪注。《馆阁漫录》卷八《弘治十八年》:十月,"大学士刘健等言:'人君之治天下,必先讲学明理,正心修德,然后可以裁决政务,统御臣民。故累朝列圣,嗣位之初,必大开经筵,每月三次,令翰林、春坊讲说经史,公卿大臣分班环听,又于每日专令儒臣讲读,使工夫接续,闻见开广,百有余年太平功业皆由此致。仰惟皇上昔在春宫,日勤讲学,尧舜孔子之道,固已得其大纲。先帝顾命臣等,倦倦以进讲为念。向来梓宫在殡,圣孝方殷,万几之外,不遑他务,臣等切恐圣心未有所系,深以为忧。即欲请开经筵,但殿宇高广,天气向寒,且事体重大,礼仪繁盛,仓猝之间,似难举事。欲姑俟明年,又恐旷日持久,有妨圣学。伏睹先帝初年,日讲常至岁暮不辍,臣等拟于十一月初三日为始,伏乞圣明遵照先朝事例,每日御文华殿暖阁,令臣等两次进讲,则圣学可成,太平可致,实宗社万年无疆之庆。除经筵事宜,俟明春别请,今将日讲仪注条上:一、伏睹皇上在春宫讲读,《论语》、《尚书》各未终卷,今合于每日接续讲读,《论语》五遍,次读《尚书》五遍,讲官各随即讲明,讲毕各官皆退;一、讲读后,皇上裁决政务,有暇即看字体,随圣意写字一幅,不拘多寡,俟午讲时,臣等恭看进呈;一、近午初时讲《大学衍义》、《历代通鉴纂要》,讲毕各退;一、每日各官讲读毕,或圣心于书义有疑,即问臣等,再用直解,务求明白。'上曰:'朕以哀疚,故久辍讲。今闻卿等述先帝顾命,知讲学诚不可缓,其如期举行'"。

令天下提学官严督各学,会提调正官考访在学生员,列为三等。《明武宗实录》卷六:弘治十八年冬十月甲寅,"礼部覆祠祭司主事彭绮奏,请令天下提学官严督各学,会提调正官考访在学生员,列为三等。以学行兼茂者为上,学不逮行者次之,若行不逮学,或有行而全无学者居下,籍记于公,俟学行有进,以次迁之。提学官每遇岁考,参据以为进退。从之"。俞汝楫《礼部志稿》卷七十《学校备考·学例·考访学行三等》:"弘治十八年,礼部覆祠祭司主事彭绮奏,请令天下提学官严督各学提调正官,考访在学生员,列为三等。以学行兼茂者为上等,学不逮行者次之,若行不逮学,或有行而全无学者居下,籍记于公,俟学行有进,以次迁之。提学官每遇岁考,参据以为进退。从之。"

十一月

大学士刘健等请革二真君之祭。《馆阁漫录》卷八《弘治十八年》：十一月，"庚寅，大学士刘健等言：'今月十七日冬至节，灵济宫祭金阙真君、玉阙真君，奉旨遣尚书李东阳行礼。臣等切有愚悃，谨昧死为陛下陈之。佛老二教，圣王所必禁，儒者所不谈。中世以来，正道不明，人心久溺，如秦始皇、宋徽宗好仙，汉楚王英、梁武帝好佛，唐宪宗仙佛俱好，求福未得，皆以得祸，载在史册，事迹甚明。若灵济宫所奉二真君，乃南唐徐温二子知证、知谔。谨按正史所载，徐温养子知诰篡伪吴王，杨氏诸子皆为节度使，知证殀死，知谔病死。五代石晋时，无故立庙，称之为神，国朝虽有庙宇，然亦止称为真人，令道士供奉香火。成化末年，加为上帝，礼官失职，不能规正。先帝初年，革去帝号，天下传闻，以为圣政，真君旧称尚未尽革。至于神父神母仙妃，皆是背叛家属，滥冒美名，尤为非礼。每岁三大节，分官祭祀，不知何时，复遣内阁儒臣。臣等初承遣命，未敢固违，因循至今，勉强从事。恭遇孝宗皇帝崇儒饬治，舍己听言，方欲具奏论列，而龙驭上升，徒深快慕。近者文华殿所供佛像，有旨见新，令臣等撰文祝告，臣等以为事关治体，据礼上陈，荷蒙圣断，即时撤去。仰见陛下聪明正大，远过百王，善推所为，虽尧舜之治不难致矣。灵济真君，生为叛臣，死为逆鬼，而冒名僭礼，享祀无穷，惑世诬民，莫此为甚。臣等读圣贤之书，当劝陛下行帝王之道，心知邪伪而身与周旋，则讲读皆成虚文，辅导更为何事。且有其诚则有其神，无其诚则无其神，纵使有之，亦须诚心对越，乃能感格。臣等心既不信，诚从何生，强使驱驰，虽祭无益。若先师孔子，遣祭旧规，臣等自当竭诚奉命，其一应寺观祭告，自来并不干预。伏乞圣明洞察，俯听愚言，将前项祭祀，通行革罢，免令臣等行礼。先帝革号于莅政之初，陛下革祭于嗣位之始，传之后世，于前有光，庶祀典不渎，治体无累，而臣等旷官失职之咎，亦少逭于万一矣。'上嘉纳之，且曰：'二真君之祭，据礼当革，但先朝行之已久，姑仍其旧。今后不必遣内阁重臣，止令太常寺官行礼'"。

授翰林院庶吉士胡煜为吏科给事中，以养病痊可也。（据《馆阁漫录》卷八《弘治十八年》）

十二月

编修何瑭奏请设起居注。敕修《孝宗皇帝实录》。《馆阁漫录》卷八《弘治十八年》："十二月辛亥朔。甲寅，编修何瑭奏：'古者王朝列国，皆有史官掌记时事。国初设修撰、编修、检讨，谓之史官，俾司纪录，法古意也。故刘基条答天象之问，太祖命悉付史馆。太宗时，王直以右春坊右庶子兼记注。今史职旷废，靡考所自，竟未修举。乞敕令史官番直史馆，凡君上之起居，及臣工之论列，政事之因革，官僚之黜陟，皆据事直书，仍署名纸尾，藏之柜椟，以待纂述。庶圣君贤相之谋猷无所遗坠，而憸夫小人惧贻讥于百世，将有所惩。且因纪录而习知政务，可以备他日之用。是于修职之中，实寓养才之意也。'疏上，命所司知之。丁巳，上敕修《孝宗皇帝实录》，以太师兼太子太师、英国公张懋为监修官；少师兼太子太师、吏部尚书、华盖殿大学士刘健，少傅兼太子太傅、户部尚书、谨身殿大学士李东阳，少傅兼太子太傅、礼部尚书、武英殿大学士谢迁为总裁；詹事府掌府事、吏部左侍郎兼学士张元祯，吏部左侍郎焦芳、右侍郎王鏊、礼部左侍郎李杰为副总裁；少詹事兼学士等官刘机等为纂修官。辛酉，命编修沈焘为正使，工科左给事中许天锡为副使，持节封安南国王黎晖次子谊为安南国王。"

吕高（1506—1557）生。（生年据公历标注）《国朝献征录》卷九十五李开先《江峰吕提学高传》："以弘治乙丑十二月十九日生。""不数日遂卒，时则丁巳六月十六也，年止五十二。"吕高，字山甫，镇江府丹徒人。嘉靖八年进士，历官户部主事、山东提学副使、太仆少卿。与陈束、王慎中、唐顺之、赵时春、熊过、任瀚、李开先，为嘉靖八才子。《明史·文苑传》附见陈束传中，无文集传世。

本年

湛若水中二甲三名进士。若水曾撰文讨论举业与道德、学术、文化之关系。湛若水《湛甘泉先生文集》卷十九《途中进申明学规疏》："臣窃谓孔门之教，同志于仁，四科之贤，因性成就。……其教之必以德行道艺为本，不必悖时反古。举业德业，合为一事。凡其读书作文，就上收敛，随处体认，不至丧志。以此立心，涵养德性，蕴之为德行，发之为事业，出之于言词，皆是一贯，此所谓二业合一之说也。及其成也，人各有长，如四科之品。其法，每三岁各学之长副会府州县之正官，即其所长而考核之。为二等之法，曰德行、材能。某长某事，如德行则指为孝弟忠信之实，材能则别其水利兵农之长，署于各名之下，如今内外官府考语之制，以上于提学。提学官又集一等之长而考核之，各署其德行、材能，如各学之制。及有中举、岁贡，即以所署名下行、能，连达于礼部，以下两监，其举人监生之在两监一年者，祭酒、司业据提学之所署，又会监丞、六堂之官而考核之，各署其德行、材能，如提学、府、州、县之制。及有中会试者，即前所署名下行、能，连达之吏部，吏部考其德行材能，与监学应者，随其材德而器用之，不以枉其实。虽终身迁秩，而所署随之，如脚色之制。署不当实，贿而容私，后有败露者，坐其署主。若所署有功德显卓者，亦连赏之。如是则所用必所养，所养必所用，用得其贤，贤得其用，此不违今日科举之制，而兼德行道艺之教，不违今日考察之法，而寓乡举里选之意。……其视时之徒以举业进身，既入仕途，无所用之，判为二段，殊昧祖宗立法之意者，其为得失，大有径庭矣。"湛若水《湛甘泉先生文集》卷五《二业合一训》："甘泉子曰：'今之科举，其圣代之制矣。志学之士有不遵习焉，是生今反古也。生今反古者，非天理也。虽孔、孟复生，亦必由此而出矣。虽孔、孟教人，亦不外此而求之矣。然而孔、孟为之，则异于今之为之者矣。'曰：'何居？'曰：'孔、孟为之，必于根本焉发之也。故举业不足以害道，人自累耳。故学者不可以外举业焉。

外举业焉，是外物也已。安有外物而可以为道乎？'""陈生问曰：何为异端？'甘泉子曰：'异也者，二也。夫端，一而已。二之则异端矣。'曰：'异端固害道乎？'曰：'孟子之时，害道者有杨、墨矣。程子之时，害道者有佛、老矣。今时则异矣，非二害之忧也，惟举业之累也。'问曰：'然则举业固害道乎？'曰：'非举业之害道也，人自累于举业之为害也。'曰：'然则举业与杨、墨、佛、老之害何以异？'曰：'不同也。夫杨、墨、佛、老，与道悖者也。至于为德业者，固读圣贤之书也。习举业者，亦读圣贤之书也。……故程子曰："举业不患妨功，惟患夺志。"夫能不为之夺志焉，则德业斯在矣。'"湛若水《湛甘泉先生文集》卷七《送福建提学宪副潘君赴任序》："泉叟曰：……先王之于士也，立六德、六行、六艺之制以教之，为乡举里选、俊士造士之法以用之。故养之用之者，一也。今之教者，必举业文字程式矩度而已乎？今之举者，必糊名易书，字校而句量之而已乎？养非所养，是爱人不如爱木也。……夫惟二业合，则教斯在而用斯在。是故教之者，不外乎文字程式之中，而六德、六行之蕴已寓矣。用之者，不外乎糊易校量之中，而选举、俊造之法已寓矣。……游艺而心存，执事而敬在，广大高明之体，恒昭昭于诵读临文之时，斯二业一矣。二业一则无事矣。故曰：德成而上，艺成而下。成而上者谓之德，成而下者谓之艺。是故德艺一贯也，上下一本也，心事一致也，体用一原也。是之谓至教，是之谓至养，以达于至用，由是而成于事业焉，则王道行而天下化淳矣。"

王韦受知于储巏。《俨山外集》卷十八："因忆余乙丑科，内阁试庶吉士，以《春阴》为诗题，下注'不拘体'。同年王韦钦佩作歌行，为诸老所赏。时柴墟储静夫巏为太仆少卿，过访钦佩。予时在座，因索其稿读之，至警句云'朱阑十二昼沉沉，画栋泥融燕初乳'。柴墟击节叹赏曰：'绝似温、李。'予曰：'本是王、韦。'盖指摩诘、苏州以戏之，为之一笑。"王韦（？—1525），字钦佩，号南原，南京人。仕至太仆少卿。为人孝德纯备，善书，亦能诗。《息园存稿文》卷六《南原王先生传》："先生既负异禀，复闲家训，德器遂夙成。不为不义，不交非人。自诸生时，屹然有公辅望。莆田林公俊、海陵储公巏，并引为忘年交。又与陈沂、顾璘友善，切劘为古文辞。独爱唐风，意兴萧远，士林往往称服。"《息园存稿文》卷五《王太安人吴氏墓志铭》："嘉靖甲申，吴楚大疫，人多死者，乃若吾友王钦佩氏，横罹其厄。初，三月，内君张卒。钦佩哭之哀，乃病。太安人忧甚，遂亦病。四月二日，竟卒。钦佩曰：'天乎？奚生？'扣地求绝者三。舁卧棺下，蓬跣呜呜，吊者莫不哭。吾执友二三子，夺迁之室，日进勺粥，数月而痁见，医曰：'疾名伏梁，郁其甚矣。'夫逾年竟槁死。尝属余曰：'子必铭吾母之墓。'璘悉母德而哀君之孝，曷敢辞诸他人。"

湛若水从王守仁学。《王文成全书》卷三十二《年谱》："是年，先生门人始进。学者溺于词章记诵，不复知有身心之学。先生首倡言之，使人先立必为圣人之志。闻者渐觉兴起，有愿执贽及门者。至是专志授徒讲学。然师友之道久废，咸目以为立异好名。惟甘泉湛先生若水时为翰林庶吉士，一见定交，共以倡明圣学为事。"

施峻（1505—1561）生。据徐献忠《青州府知府施公配沈安人行状》。字平叔，归

1412

安人，嘉靖乙未进士，官至青州府知府。有《琏川诗集》八卷。

刘绘（1505—1573）生。字子素，一字少质，光州人，嘉靖乙未进士，官至重庆府知府。事迹具《明史》本传。有《嵩阳集》七卷。

明武宗正德元年丙寅（公元 1506 年）

二月

壬子，初开经筵。《馆阁漫录》卷九《正德元年》："二月辛亥朔。壬子，初开经筵。是日早朝毕，上御文华殿，诸有事于经筵者，俱盛服左右侍，大学士李东阳讲《大学》首章，谢迁讲《尧典》首章。讲毕，赐宴于左顺门，并赐知经筵、同知经筵、侍班大臣及进讲、展书、书讲章、执事等官白金、宝钞、彩段、表里有差。己未，以纂修《实录》，赐监修、总裁、纂修等官太师兼太子太师、英国公张懋，少师兼太子太师、吏部尚书、华盖殿大学士刘健等宴于礼部，命保国公朱晖、尚书马文升、张升待宴，以山陵甫毕，免簪花作乐。"

三月

武宗视察国子监。《明武宗实录》卷十一：正德元年三月，"甲申，上视国子监。是日，上具皮弁服，躬谒先师孔子，行四拜礼。命少傅兼太子太傅户部尚书谨身殿大学士李东阳、少傅兼太子太傅礼部尚书武英殿大学士谢迁、户部尚书韩文、掌詹事府事吏部左侍郎兼翰林院学士张元祯、吏部左侍郎焦芳、吏部右侍郎梁储、户部右侍郎陈清、兵部右侍郎阎仲宇分献四配十哲两庑。礼毕，幸彝伦堂。祭酒张溊、司业周玉讲书。毕，上还宫"。

兵部尚书刘大夏请致仕，许之。《明鉴纲目》卷五："纲：三月，兵部尚书刘大夏罢。目：大夏承旨，请撤镇守中官非额设者，凡数十人。（刘健等以孝宗遗命，入帝登极诏中行之。）又列上传奉官当汰者，六百八十余人，帝不尽从。复劾废阉韦兴不当起用。帝不听。大夏自知言不见用，遂连疏乞归，许之。"

翰林院庶吉士张翀服阕，授兵科给事中。（据《国榷》卷四十六）

祀宋太学生赠秘阁修撰徐应镳于钱塘忠节祠。（据《国榷》卷四十六）

府军卫署都指挥佥事李隆为中都留守，孝陵卫指挥使梅纯副之。纯，宁国公主之曾

孙。登成化辛丑进士。授怀柔知县，自免，受世职。（据《国榷》卷四十六）

奉使安南翰林修撰伦文叙有父丧，改编修鲁铎代之。（据《国榷》卷四十六）

四月

马文升罢。焦芳任吏部尚书。《明鉴纲目》卷五："纲：夏四月，吏部尚书马文升罢，以焦芳（泌阳人。）代之。目：时朝政已移于中官，文升日怀去志。会两广缺总督，推兵部侍郎熊绣（字汝明，道州人。）可任，绣不欲出外，颇怏怏。其同乡御史何天衢，劾文升徇私，文升连疏乞休去。芳粗鄙无学识，好嫚骂人，既积忤廷臣，乃深结阉宦以干进。帝初即位，廷议以国用不足，劝上节俭，芳知左右有窃听者，大言曰：'庶民家尚须用度，何况县官？谚云，无钱拣故纸。今天下多逋租匿税，不事检索，而但云损上，何也？'帝闻大喜。会文升去，遂代为尚书。"

翰林学士武卫予告。以宫寮，进太常少卿兼学士。（据《国榷》卷四十六）

翰林编修董玘归姻毕，入，纂修《实录》。（据《国榷》卷四十六）

太常寺少卿兼翰林侍讲学士杨时畅卒。时畅咸宁人，父户部尚书鼎。成化戊戌进士。馆选，授检讨，历右赞善、左谕德、侍讲学士。孝友，谙典故遗事，有干济才而短于文。（据《国榷》卷四十六）

特授故衍圣公孔弘泰子闻诗翰林五经博士。弘泰疾废，故荣其子。（据《国榷》卷四十六）

五月

辛巳，升礼部右侍郎王华为本部左侍郎，掌詹事府事，少詹事兼翰林院学士刘机为礼部右侍郎，俱日讲如故。壬辰，录故礼部左侍郎兼翰林院学士薛瑄孙葵于中书舍人习字出身。初，葵援大学士李贤、商辂、徐溥例以请，吏部言贤等官至师保，瑄止卿亚，加恩似宜有差。但瑄负德望，尝入内阁，亦著劳绩，身后未沾荫叙，惟上裁。上曰："延赏世禄，皆帝王盛德仁政也。况瑄名臣，荫叙宜厚。其许之。"（据《馆阁漫录》卷九《正德元年》）

乙未，改刑科右给事中许诰为翰林院检讨。诰父进为兵部右（左）侍郎，以例应引避，乞调改故也。**丙午，升兵部左侍郎许进为本部尚书。翰林院学士刘忠以病乞致仕，不允。**（据《馆阁漫录》卷九《正德元年》）《国榷》卷四十六："（正德元年五月）辛巳，礼部右侍郎王华为左侍郎，少詹事兼翰林学士刘机为礼部右侍郎。""刑科右给事中许诰，以父进兵部左侍郎引避，改翰林检讨。"

诏各长史非进士必满九年奏保。（据《国榷》卷四十六）

六月

　　授孔子五十九代孙彦绳为翰林院五经博士，主衢州庙祀。 宋之南渡也，衍圣公端友扈跸自曲阜徙衢州，传五世至其孙洙而宋亡。元世祖召洙至，欲令袭爵，洙以坟墓在衢州力辞，乃让其爵于曲阜宗弟治。自是曲阜之后世袭为公，而嫡派之在衢者遂无禄。衢州知府沈杰求端友后得彦绳，请授以官，俾世主衢之庙祀。且言："其先世所赐祭田在西安者五顷，洪武初以民田轻则起科。未几，有王氏子随母改适，冒孔姓，以罪抵法，田没官，改征重税，亦宜减轻，以供祭奠修葺之费。"礼部议覆，上曰："先圣苗裔，在衢者齿于齐民，朕甚悯之。其授之五经博士，令世世承袭，并减祭田税，以称朕崇儒重道之意。"于是以博士授彦绳。甲子，翰林院学士刘忠再乞休致，不允。（据《馆阁漫录》卷九《正德元年》）《国榷》卷四十六："（正德元年六月）辛酉，授孔子五十九代孙彦绳翰林五经博士。"

七月

　　录故太常寺少卿兼翰林院学士杨时畅之子监生杨依泽，送中书舍人习字出身，其次子依江补荫监生，以时畅曾侍东宫讲读故也。（据《馆阁漫录》卷九《正德元年》）

八月

　　林俊巡抚江西。《明史》林俊传："武宗即位，言官交荐，江西人在朝者合疏乞还俊。乃进右副都御史，再抚江西，遭父忧不果。"《见素集》附录《编年纪略》："正德元年丙寅，公年五十五，江西士民群诉之朝，乞公巡抚。八月，擢右副都御史，巡抚江西。公辞职名，巡抚。二年丁卯，父菊庄公卒。次年葬菊庄公。"

　　蔡清起为江西提学副使。《明史》蔡清传："正德改元，即家起江西提学副使。"《虚斋集》卷五《白鹿洞书院告夫子文》："维正德丙寅八月二十四日，巡视学校江西按察司副使蔡清，兹诣白鹿洞书院，敬谒先圣孔夫子之灵。"

九月

　　升翰林院侍读罗玘为南京太常寺少卿。（据《馆阁漫录》卷九《正德元年》）

　　授莆田处士刘闵儒学训导。 闵孝友笃学，动循矩度。早孤，贫不能葬，旅殡邻园，三年不内。养母极诚敬。提学佥事周孟中尝周之。副使罗璟立社学师，构养亲堂。知府王弼资田五十亩。母卒，庐墓毁瘁，田还官。岁凶，弟妇欲析箸，闵闭户自挝，感悟复合。巡按御史宗彝饶榶欲荐于朝，恳辞，知府陈效遂以学职请。（据《国榷》卷四

十六)

翰林修撰石珤为南京翰林侍读学士。(据《国榷》卷四十六)

南京科道会劾礼部尚书张升,吏部左侍郎兼学士张元祯,南京工部尚书陈清,侍郎叶贽,大理寺卿韩邦问,太常寺卿吕常,俱留任。(据《国榷》卷四十六)

翰林编修谢丕省侍。(据《国榷》卷四十六)

十月

以刘瑾掌司礼监。刘健、谢迁上章求去,许之。(据《明武宗实录》卷十八及《明史》李东阳传)《弇山堂别集·中官考五》云:"少师华盖殿大学士刘健、少傅武英殿大学士谢迁乞休,许之。先是,健、迁与少傅谨身殿大学士李东阳,以内侍刘瑾、马永成、高凤、罗祥、魏彬、丘聚、谷大用、张永等蛊惑上心,连章请诛之,皆留中不出。会九卿衙门户部尚书韩文等亦上章请诛瑾等,司礼监太监陈宽、李荣、王岳同至内阁议,且有发瑾等南京新房闲住之意。健等以为处之未尽,皆厉声曰:'先帝临崩,执老臣手付以大事。今陵土未干,而使嬖幸若此,他日何面目见先帝于地下。'宽等乃辞去。其意尚未决,而王岳者素忠直,且提督东厂,与太监范亨、徐智皆恨瑾等奸,将请于上有所处。健等方约文与九卿伏阙面诤,而岳从中应之。会吏部尚书焦芳泄其谋于八人者,以瑾尤巧佞狠戾,敢为恶,环上而泣,上心动,而瑾遂入司礼矣。是夜,遂入传旨,榜笞岳、亨、智于南门,遣之南行。质明,东阳、迁及文等方伏阙,闻之,健、东阳、迁即日疏辞,皆报可,而东阳独留。史谓《请诛瑾等疏》实出东阳笔,第太监陈宽等至阁议时,东阳辞颇缓,中人皆以为事不由之,故独留。"《明史》李东阳传云:"武宗立,屡加少傅兼太子太傅。刘瑾入司礼,东阳与健、迁即日辞位。中旨去健、迁,而东阳独留。耻之,再疏恳请,不许。初,健、迁持议欲诛瑾,词甚厉,惟东阳少缓,故独留。健、迁濒行,东阳祖饯泣下。健正色曰:'何泣为?使当日力争,与我辈同去矣。'东阳默然。"

焦芳、王鏊入内阁,预机务。《馆阁漫录》卷九《正德元年》:十月,"壬戌,以吏部尚书焦芳兼文渊阁大学士,左侍郎王鏊兼翰林院学士,并入内阁供事。芳素不协士望,惟以伏阙事泄,中人德之,遂有是命。癸亥,少傅兼太子太傅、礼部尚书、武英殿大学士谢迁陛辞,赐敕以行。甲子,吏部尚书焦芳、左侍郎王鏊各疏辞内阁命,不许。乙丑,命吏部尚书兼文渊阁大学士焦芳仍掌吏部印。己巳,听文渊阁大学士焦芳辞吏部印。内阁密勿之地,虽与闻机务,而不得专进退百官之权,兼掌部印,实芳所欲也。大学士李东阳与芳有同年之契,知事体不可,为芳忠告,于是芳乃恳辞"。《明史》王鏊传:"(正德元年四月)起左侍郎,与韩文诸大臣请诛刘瑾等'八党'。俄瑾入司礼,大学士刘健、谢迁相继去,内阁止李东阳一人。瑾欲引焦芳,廷议独推鏊。瑾迫公论,命以本官兼学士,与芳同入内阁。逾月,进户部尚书文渊阁大学士。"

刘菠、吕翀、戴铣、薄彦徽等,因忤刘瑾被杖斥除名。《馆阁漫录》卷九《正德二年》闰正月："先是，给事中艾洪等劾太监高凤并侄锦衣卫指挥高得林纳贿谋升。有旨准凤致仕，得林管事如旧。及大学士刘健、谢迁之致仕也，给事中吕翀、刘菠又上疏乞留之，南京协同守备、武靖伯赵承庆传其奏稿，办事官冯尧录邸报往应天府尹陆珩，以之传示诸司。于是兵部尚书林瀚闻之叹息，南京给事中戴铣、李光翰、任惠、徐蕃、牧相、徐暹亦劾凤、得林，又与南京御史薄彦徽、贡安甫、王蕃、葛浩、史良佐、李熙、任诺、姚学礼、张凤鸣、陆昆、蒋钦、曹闵、黄昭道、王弘、萧乾元等各具疏言：'健、迁先朝老臣，不宜轻去。'又言上晏朝废学，与六七内臣新进佞幸游宴驰骋射猎等事。上大怒，差官校械系铣、彦徽等下镇抚狱鞫之，而任诺、王蕃诡奏事不与知，狱具请法司，拟词连承庆、瀚、珩、洪、翀、菠、尧，诏承庆、瀚、珩姑免究，承庆停半禄闲住，瀚、珩各降三级致仕，杖菠、洪、翀三人，铣等六人，彦徽等十二人于阙下，昭道、洪、乾元、尧逮未至，即南京阙下杖之，俱令为民。"

十一月

削户部尚书韩文职。《明鉴纲目》卷五："纲：十一月，削户部尚书韩文职。目：刘瑾恨文甚，日令人伺文过，不得。及是，有以伪银输内库者，遂以为文罪，诏降一级致仕。给事中徐昂疏救，中旨责其党护，遂落文职，并除昂名。文出都门，乘一羸，宿野店而去。（瑾又憾李梦阳代文草疏，矫旨谪山西布政司经历，勒致仕。既而瑾复摭他事，下梦阳狱，将杀之。梦阳与修撰康海，素以诗文相倡和，狱中书片纸，出曰：'对山救我。'对山者，海别号也。海与瑾同乡，瑾前招致之，海不肯往，因梦阳故，遂谒瑾，瑾大喜，为倒屣迎海。因诡词说之，梦阳遂得释。后瑾败，海坐党落职，而梦阳起为江西提学副使。复以与巡按御史江万实相讦，奏罢官。久之，乃卒。梦阳才思雄鸷，言文必秦汉，诗必盛唐，与海及何景明、徐祯卿、边贡、王九思、王廷相，号七才子，皆以诗名当世。迨嘉靖朝，李攀龙、王世贞出，复奉以为宗，天下推李何王李为四大家，无不争效其体云。○康海，字德涵，武功人。何景明，字仲默，信阳人。徐祯卿，字昌谷，吴县人。边贡，字廷实，历城人。王九思，字敬夫，鄠人。王廷相，字子衡，仪封人。李攀龙，字于鳞，历城人。王世贞，字元美，太仓人。）"

吏部右侍郎梁储为左侍郎，少詹事兼翰林学士江澜为吏部右侍郎。（据《国榷》卷四十六）

前太子太保南京兵部尚书王轼卒。轼字用敬，公安人，天顺甲申进士。授大理评事，历南京兵部尚书。贵州米鲁叛，兼右副都御史讨平之，改南兵部。性淳谨，自奉简约，事不避险。所至有声，而黔功尤钜。后赠少保，谥襄简。（据《国榷》卷四十六）

十二月

兵部主事王守仁谪为龙场驿驿臣。《明史》王守仁传："正德元年冬，刘瑾逮南京给事中御史戴铣等二十余人。守仁抗章救，瑾怒，廷杖四十，谪贵州龙场驿丞。"《王文成全书》卷九《给由疏》："正德元年十二月内，为宥言官去权奸以彰圣德事，蒙恩降授贵州龙场驿驿丞。"

张元祯（1437—1506）卒，年七十。《馆阁漫录》卷九《正德元年》：十二月，"甲戌，吏部左侍郎兼翰林院学士张元祯卒。元祯字廷祥，江西南昌县人。天顺庚辰进士，改翰林院庶吉士，为大学士李贤所知，授编修。宪宗即位，劝行三年丧，又上言治道在讲学、听治、用人、厚俗。预修《英宗实录》，未上，以论事忤时宰，遂引疾去，家居二十馀年。弘治初，召修《宪宗实录》，以前有史劳，升左春坊左赞善，又上疏劝行王道。《实录》成，升南京翰林院侍讲学士，既又以母老请告归。修《大明会典》，召为副总裁，孝宗隆其名，至则升翰林院学士，充经筵日讲官，甚倾向之。以母忧去，服阕未起，进南京太常寺卿。修《通鉴纂要》，又召为副总裁，改太常寺卿兼翰林院学士，仍命日讲并侍东宫讲读。俄又命掌詹事府事，入内阁专管诰敕。上疏言经筵当增讲周子《太极图》、张子《西铭》、程子《定性书》、朱子《敬斋箴》，皇太子当兼讲《孝经》、《小学》，《诗》之有关于纲常治乱者，亦须令左右讲说歌颂，以致劝戒。孝宗皆欣然嘉纳，亟使人至内阁，取《太极图》等书，闻者以为上将大用元祯矣。会宫车晏驾，为忌者所中，诬谤藉藉，言官遂交章劾之。元祯乞休疏凡七上，武宗以东宫旧臣，屡降温旨慰留，进吏部左侍郎兼翰林院学士，食从二品俸，仍充《孝宗实录》副总裁。元祯感激眷遇，力疾供职，逾年卒于位。元祯生而颖异，五岁能诗，及长，肆力问学，为文雅健奇崛，名满中外。其学常探讨程、朱绪论，一时相与切磋者，若胡居仁、陈献章、娄谅、罗伦、陈选辈，人皆以道学目之。家食既久，晚乃复出，所与同朝者，多后进之士，言论意态，与时不合。况名位相轧，皆恐其出己上，元祯不能决于引退，以来姗侮，惜之者以为憾，然其大节终不失为君子。或以为元祯不能安贫乐道，颇殖田产，亦责备之意云"。

本年

正德间，犹有琉球生至国子监读书。《明史·选举志》："云南、四川皆有土官生，日本、琉球、暹罗诸国亦皆有官生入监读书，辄加厚赐，并给其从人。永、宣间，先后络绎。至成化、正德时，琉球生犹有至者。"

归有光（1506—1571）生。据王锡爵《明太仆寺寺丞归公墓志铭》。归有光，字熙甫，昆山人，嘉靖乙丑进士。除长兴知县，量移顺德通判，迁南京太仆寺丞。事迹具《明史·文苑传》。有《震川文集》三十卷、《震川别集》十卷。王世贞《震川先生赞》序："生而美风仪，性渊沉，于书无所不读，而尤邃经术。长于制科之业，自其为诸生，则已有名，及门之屦恒满。"

尹台（1506—1579）生。尹台，字崇基，号洞山，人称洞山先生，永新人，嘉靖乙未进士，官至南京礼部尚书。有《洞麓堂集》十卷。《衡庐续稿》卷十一《宗伯尹洞山先生传》："其取号，以居左有石山空洞，故咸称洞山先生云。母刘太淑人梦神人馈美珠白粲，始有姙，大父梦神登中堂而生。五岁受小学，诵至'立身行道，扬名后世'语，作而指曰：'至言也。'闻者异之。甫龀，侍父少宰公某司训吴县，业已慕故相王文恪、尚书刘铁柯二公，心自负。束发又随往潜。嘉靖元年，公卒于潜，哭几不生，居丧如礼，以孝闻。"

何良俊（1506—1573）生。据何良俊《与王槐野先生书》"时乙酉（1525）之冬，良俊年二十矣"，知良俊生于 1506 年。又据张仲颐《四友斋丛说重刻本序》："内翰何先生撰《丛说》三十卷，以活字行有年矣。岁癸酉（1573），续撰八卷。先生虑板难播远而说有改定，议捐长水园居重缮雕梓，不意是岁先生遭疾不起。"知良俊卒于万历元年。字元朗，号柘湖居士，松江华亭人，由岁贡生授南京翰林院孔目。有《四友斋丛说》三十八卷。

明武宗正德二年丁卯（公元 1507 年）

闰正月

庚戌，录故司经局洗马杨杰子毓坤于中书舍人习字出身，杰旧东宫讲读官也。壬子，命翰林院学士白钺、太常寺少卿兼翰林院侍读李旻教庶吉士。癸丑，升詹事府少詹事兼翰林院学士杨廷和为詹事，仍兼学士，在内阁专管敕诰。丁卯，改南京吏部尚书李杰为礼部尚书。癸酉，升礼部左侍郎王华为南京吏部尚书。（据《馆阁漫录》卷九《正德二年》）

二月

戊寅，命吏部左侍郎梁储、礼部右侍郎刘机、翰林院学士刘忠充实录副总裁。丁亥，升礼部右侍郎刘机为本部左侍郎，国子监祭酒张溎为礼部右侍郎。甲子，升太常寺少卿兼翰林院侍读李旻为本寺卿，掌国子监祭酒事。（据《馆阁漫录》卷九《正德二年》）

都指挥佥事仇钺为游击将军，屯宁夏清水营。（据《国榷》卷四十六）

三月

升詹事府少詹事兼翰林院学士杨廷和为南京吏部左侍郎，翰林院学士刘忠为南京礼部左侍郎。故事，南京六部止设右侍郎一员，时廷和掌诰敕，且与忠俱日讲，当以次入阁矣，有欲夺廷和之事任者阴挤之。会刘瑾恶忠讲筵指出近幸，又廷和视詹事篆，忠视翰林篆，皆不私谒瑾。瑾衔之，乃授意于吏部尚书许进，遂疏南京吏、礼二部左侍郎缺，欲会推，恐稽误，请以廷和、忠往。议者谓进素号伉直，若此类，其阿瑾亦多矣。（据《馆阁漫录》卷九《正德二年》）

刘瑾以刘健、谢迁等五十三人为奸党，矫诏榜示于朝堂。《馆阁漫录》卷九《正德二年》：三月，"辛未，敕谕文武诸臣："朕以幼冲嗣位，惟赖廷臣辅弼，匡其不逮，岂意奸臣王岳、范亨、徐智窃弄威柄，颠倒是非，私与大学士刘健、谢迁，尚书韩文、杨守随、张敷华、林瀚，郎中李梦阳，主事王守仁、王伦、孙磐、黄昭，检讨刘瑞，给事中汤礼敬、陈霆、徐昂、陶谐、刘茝、艾洪、吕翀、任惠、李光翰、戴铣、徐蕃、牧相、徐暹、张良弼、葛嵩、赵士贤，御史陈琳、黄安甫、史良佐、曹闵、王弘、任讷、李熙、王蕃、葛浩、陆昆、张鸣凤、萧乾元、姚学礼、王昭道、蒋钦、薄彦徽、蕃（潘）镗、王良臣、赵佑、何天衢、徐珏、杨璋、熊卓、朱廷声、刘玉，递相交通，彼此穿凿，曲意阿附，遂成党比。或伤残善类，以倾上心，或变乱黑白，以骇众听，扇动浮言，行用颇僻。朕虽察审，尚务优容，后渐事迹彰露，彼各反侧不安，因自陈，俯遂其休致之请，若自愤，则公遣谪之典，其敕内未罪逐者，吏部查令致仕，毋使恶稔追悔难及。'是日早朝罢，传宣群臣跪于金水桥南，刘瑾以敕授鸿胪宣读之。其文乃瑾私人属笔，或曰焦芳为之"。《明鉴纲目》卷五："纲：丁卯二年，春三月，刘瑾矫诏榜奸党于朝堂。目：刘健、谢迁虽去，瑾憾不已，矫诏列健、迁及尚书韩文、杨守随、林瀚，都御史张敷华（字公实，安福人）戴珊并词臣，（检讨刘瑞。○瑞字德符，内江人）台谏，（陶谐、赵佑等）部曹（李梦阳等）凡五十三人为奸党，榜示朝堂，召群臣跪金水桥南，宣戒之。已而更敕各镇守太监预刑名政事。"

章懋得请，养病归。《明武宗实录》卷二十四：正德二年三月辛酉，"南京国子监祭酒章懋尝五疏乞休，不允。至是复引疾恳辞，上可其奏，令病愈，有司以闻，仍召用"。《明史》章懋传："武宗立，陈勤圣学、隆继述、谨大婚、重诏令、敬天戒五事。正德元年乞休，五疏不允。复引疾恳辞，明年三月始得请。五年起南京太常卿，明年又起为南京礼部右侍郎，皆力辞不就。言者屡陈懋德望，请加优礼，诏有司岁时存问。"

升河南按察司提学副使王敕为南京国子监祭酒。（据《明武宗实录》卷二十四）

五月

太监李荣传旨，令兵部主事谢迪致仕，兵部员外郎李昆、监察御史陈伯安调外任。

迪，内阁大学士迁之弟也。迁以守正忤瑾而去，时刘宇至兵部，迪与昆又以事忤宇，宇在都察院时，伯安亦以事忤，乃谮于瑾而害之。（据《馆阁漫录》卷九《正德二年》）

升南京吏部左侍郎杨廷和为南京户部尚书，南京礼部左侍郎刘忠为本部尚书。（据《馆阁漫录》卷九《正德二年》）

宁王宸濠请复护卫，许之。《明鉴纲目》卷五：“纲：夏五月，复宁王宸濠（献王权五世孙。）护卫。目：初，宸濠祖奠培犯法，革护卫。至是，宸濠请复，刘瑾受赂，遂许之。”

六月

《历代通鉴纂要》编成。李东阳《进历代通鉴纂要表》：“臣某等恭承先帝敕旨，纂修《历代通鉴纂要》，今已成书，谨奉上进者。臣东阳诚惶诚恐，稽首顿首上言。……求多闻于古训，发涣命于群臣。谓先儒纲目之书本明正统，顾上古帝皇之世未粹成编。下逮宋元，尤多卷帙，盈箱充栋，实繁四库之藏，旰食宵衣，岂有三余之暇？亲分义例，预锡名称。寒暄阅二载之期，朱黑更数人之手。攀龙髯而莫逮，抚蠹简以增悲。不敏是惭，无功可录。兹盖伏遇皇帝陛下英明出类，刚健居中，上同舜哲之重华，下轶启贤之继道。实录方修于金匮，余功载续于汗青。非徒撮要以删繁，抑亦要终而原始。政必稽其得失，行必著其忠邪，词虽省而事已该，人既往而言独在。博采诸家之断，略致品评；间陈一得之愚，代为讲说。法多从旧，理贵折衷。不求敝力于难知，务期开卷而有益。……谨以所修《历代通鉴纂要》九十二卷，目录凡例一卷，共六十册，随表上进以闻。”《馆阁漫录》卷九《正德二年》：“六月癸酉朔。丁酉，修《历代通鉴纂要》成，少师兼太子太师、吏部尚书、华盖殿大学士李东阳等于文华殿进呈，赐东阳等宴于礼部，以孝宗敬皇帝禫祭未举，不簪花作乐。”《钦定天禄琳琅书目》卷八云：“《历代通鉴纂要》，明弘治间奉敕辑，九十二卷。前明武宗序，次李东阳等进书表，及编纂儒臣衔名，次凡例，次引用书目，次先儒姓氏。武宗序作于正德二年，称孝宗好观《通鉴纲目》，苦其繁多，特敕儒臣撮其要略，赐名《纂要》。昔在东宫预闻是举，乃弘治乙丑冬，翰林以首帙备讲读。又明年丁卯夏，始克成编云云。考《明史》武宗即位于弘治十八年五月，明年丙寅改元正德，又明年丁卯即正德二年。所云弘治乙丑，乃弘治十八年也。是书之作，盖创始于弘治之末，而蒇事于正德二年者。观其纸墨精良，当是模印最初之本。”《千顷堂书目》卷四云：“《历代通鉴纂要》九十二卷，弘治十八年谕内阁李东阳等纂。辑《纲目》及《续编》切于治道者，以备观览。”

逮杨一清下狱，寻释之。《明史》杨一清传云：“一清以延绥、宁夏、甘肃有警不相援，患无所统摄，请遣大臣兼领之。大夏请即命一清总制三镇军务，寻进右都御史。一清遂建议修边，其略曰：‘陕西各边，延绥据险，宁夏、甘肃扼河山，惟花马池至灵州地宽延，城堡复疏，寇毁墙入，则固原、庆阳、平凉、巩昌皆受患。成化初，宁夏巡抚徐廷璋筑边墙绵亘二百馀里。在延绥者，余子俊修之甚固。由是，寇不入套二十馀年。后边备疏，墙堑日夷。弘治末至今，寇连岁侵略。都御史史琳请于花马池、韦州设营卫，总制尚书秦纮仅修四五小堡及靖虏至环庆治堑七百里，谓可无患。不一二年，寇复深入。是纮所修不足捍敌。臣久官陕西，颇谙形势。寇动称数万，往来倏忽。未至征兵多扰费，既至召援辄后时。欲战则彼不来，持久则我师坐老。臣以为防边之策，大要有四：修浚墙堑，以固边防；增设卫所，以壮边兵；经理灵、夏，以安内附；整饬韦州，以遏外侵。……'帝可其议。大发帑金数十万，使一清筑墙。而刘瑾憾一清不附己，一清遂引疾归。其成者，在要害间仅四十里。瑾诬一清冒破边费，逮下锦衣狱。大学士李东阳、王鏊力救得解，仍致仕归，先后罚米六百石。"

七月

刘瑾遍摘《历代通鉴纂要》之讹以为罪，并黜二十余人。《馆阁漫录》卷九《正德二年》："七月壬寅朔。癸卯，《通鉴纂要》进呈后，司礼监官即至内阁传示圣意，任刊刻板本中官督刊刻者检其中有一二张纸装潢颠倒，复持至内阁见示，欲更定其序耳。是日，值大学士（李东阳）家居，惟同官焦芳、王鏊在阁，芳以为编纂总于东阳，非可责也，慢其人不加礼遇，其人怒，遂以白于瑾。瑾方欲以事裁抑儒臣，初一日早朝毕，集府部大臣科道等官于左顺门，以进呈本出示，遍摘其中字画之浓淡不均及微有差讹者百馀处以为罪。给事中潘铎、御史杨武等遂劾礼部左侍郎兼翰林学士刘机等受命编纂，光禄寺卿周文通等职专誊写，不能研精其事，俱宜究治，东阳等失于检点，责亦难辞。瑾矫诏是其言，令所司详核书内差讹及誊写书官姓名以闻。于是东阳等认罪。有旨：'卿等政务繁冗，其勿问。'既而纂修、誊写等官各具疏自劾，乃夺机及学士刘春、太常寺少卿兼翰林院侍读费宏、侍读徐穆、编修王瓒俸两月，文通及吏部稽勋司郎中沈东魁、大理寺左寺正赵式，中书舍人乔宗、方英、李淇、徐富，鸿胪寺序班汪麟等俸三月，太仆寺少卿季通、礼部祠祭司郎中胡清、大理寺左寺副何泽、右寺副刘学、右评事李珵，中书舍人王琪、刘讯，鸿胪寺序班周令、林应禧、钱禄、张天保等俱令致仕，中书舍人沈世隆、吴瑶，鸿胪寺主薄董汉，序班郭晟、沈秀、康世凤、朱鼎、何珍、张祚、张昆，及举人华淳，监生张元澄、邵文恩、汪惇、王瓒、高仑、张桓、许鲁、黄清、汪克章等俱为民。时东阳详核誊写差讹者，惟沈世隆、吴瑶、张桓、华淳、邵文恩五人，而瑾并黜二十余人，其专恣如此。"《俨山外集》卷七云："正德二年六月二十九日，自翰林晚退。吏适来报云，明早入朝，俱须早赴。但云出院长刘先生仁仲之命，叵测。明早奉天门驾退，中使宣旨：府部堂上官、科道掌印官、翰林院官，皆待命阙下。未几，左顺门开，出一朱柜，中使六七人作传宣状。余等皆立内阁门外，北望汹汹，适救房中舍过云：'昨进呈《通鉴纂要》书札忤旨，今特布示。'时西涯在告，焦、王二公皆请罪。"

癸丑，左春坊左谕德兼翰林院侍读傅珪、侍读顾清为应天府乡试考试官。乙丑，黜翰林院编修谢丕为民。初，丕乞归省，至是复以疾请，刘瑾怒其父迁，及丕焉。（据

《馆阁漫录》卷九《正德二年》"七月"）

八月

顺天府乡试，命翰林院学士刘春、侍讲吴俨为考试官。（据《馆阁漫录》卷九《正德二年》）

两京及河南、山东、陕西、山西、浙江、湖广、江西、福建、广东、广西、四川、云南等十二布政司乡试；贵州士子附云南乡试。

李堂提调应天乡试，执法颇严。张萱《西园闻见录》卷四十四《礼部》三《科场·往行》："李少司空堂，尝为应天府丞。正德丁卯应天乡试，有贿通关节、巧取高第者，人言沸腾，往岁付之不知，以致益无忌惮。公提调是科，显诋黜之者三人。为国荐贤，于斯为盛。"

王激以《春秋》举浙江乡试第二人。王叔杲《半山藏稿》卷十五《家传》："祭酒公讳激，字子扬，别号鹤山。……正德丁卯，以《春秋》举浙江乡试第二人。屡上春官不第，游两都，名动公卿间。因徐公曰仁、朱公守中问学于阳明先生。郡守陆公整、高公文行，乃卜地于城隅之慈山，构鹤山书院居之。公下帷聚徒，暇则抚松调鹤，若忘仕进者。学者称为鹤山先生。嘉靖癸未，以《诗经》登姚涞榜进士，令吉水。"

武宗作豹房于西华门。《明鉴纲目》卷五："纲：秋八月，作豹房。目：帝为群阉蛊惑，于西华门作豹房，朝夕处其中。"

晋焦芳少傅兼太子太傅、谨身殿大学士，晋王鏊少傅兼太子太傅、武英殿大学士。李东阳加俸一级。（据《明武宗实录》卷二十九）以《历代通鉴纂要》成故。法式善、唐仲冕《李东阳年谱》云："八月丙戌，手敕少师兼太子太师吏部尚书华盖殿大学士李东阳加俸一级。戊戌，大学士李东阳辞加俸。不许。"

九月

乙巳，升翰林院编修王瓒为侍讲，以九年秩满也。辛酉，礼部查覆，寝睦楝等之加封者，原任礼部尚书张升所奏拟也。遂罪升等擅拟，褫职致仕后所得散官及人夫、月米。李杰并该司官令具状自劾。杰疏谓："前此议拟追封王爵之子，不得加封郡王，实致仕尚书张升专主，臣及南京吏部尚书王华时为左右侍郎，陕西参议张琼、韶州知府董忱、吏部考功司员外郎刘台为仪制司郎中、员外、主事，虽不与议，亦不应连署。"覆奏俱有罪。有旨："杰饰词委罪于升并华，俱令致仕，台调外任，并忱、琼俱降二级。"张溪、白钺时为左右侍郎，亦夺俸三月。（据《馆阁漫录》卷九《正德二年》）

江西按察司提学副使蔡清致仕。（据《国榷》卷四十六）

十月

翰林院官升转。戊寅，授庶吉士崔铣、严嵩、湛若水、陆深、翟銮、徐缙为翰林院编修，段炅、穆孔晖、易舒诰、张邦奇为检讨，邵天和等为给事中。天和吏科，张九叙、马卿户科，蔡潮、高泫兵科，林文迪、胡铎刑科。刘㝢生等为监察御史，㝢生陕西道，李艾浙江道，黄如金四川道，傅元河南道。王韦等为主事，韦南京吏部，赵中道刑部。（据《明武宗实录》卷三十一）

刘瑾矫旨杖戍杨源。《明鉴纲目》卷五："纲：冬十月，刘瑾矫旨，杖戍钦天监五官监候杨源，道死。目：源以霾雾时作，言此众邪之气，阴冒干阳，臣欺其君，小人擅权，下将叛上，引臂甚切。刘瑾怒，矫旨杖三十，释之。源又言，占得火星入太微垣帝座前，或东或西，往来不一，乞收揽政柄，思患豫防。盖专指瑾也。瑾大怒，召而叱之曰：'若何官，亦学为忠臣。'源厉声曰：'官大小异，忠一也。'矫旨又杖六十，谪戍肃州，在道以创卒。初，源父瑄在天顺初，以忠谏名天下。（事见前。）及是，源以小臣抗节，尤为士论所重云。"

杨廷和入内阁，预机务。《馆阁漫录》卷九《正德二年》：十月，"丙戌，南京户部尚书杨廷和奏：'臣奉敕旨内阁办事，仍命驰驿，毋或稽违，今已至京朝见讫。臣顷自翰林迁贰南部，曾未逾月，骤典户曹，吏事未谙，方黾勉以自效，圣德无量，忽宠渥之荐加，特降纶音，召入内阁。顾兹累朝之典，传自祖宗，爰以旧学之臣，置诸左右。骇闻盛事，欢动留都，驰驿来京，盖远怀于行役，用人如渴，乃申戒于稽违。捧诵命辞，感切心骨，载瞻日表，誓竭葵诚，叠荷殊恩，躐升穹秩。窃惟内阁乃深严之地，办事则机务所关，虽建官无宰相之名，而责任有钧衡之重，非宏才无以成当世之务，非硕望无以服天下之心。臣虽至愚，尝闻古训，德薄位尊者殆，力小任重者颠。以臣之才，实类于是，再三自忖，愧汗交流。伏望俯察愚衷，收回成命，别选茂异，以副旁求。庶皇上简在之明，仰无所负，而微臣自知之义，让亦非虚。'上曰：'卿春宫旧臣，学行素著，特兹召用，不必再辞。'改户部尚书兼文渊阁大学士"。《明鉴纲目》卷五："纲：以杨廷和（字介夫，新都人）为户部尚书，兼文渊阁大学士，预机务。目：廷和先为詹事，直讲筵，附经义，指斥近幸，刘瑾恶之，传旨改南京吏部侍郎，寻迁南京户部尚书。及是，帝问杨学士何在，瑾以南京户部对，乃召入阁。"

马中锡下狱。孙绪《沙溪集》卷六《资善大夫都察院左都御史东田先生马公行状》云："故事，沿边粮刍，每三岁遣官核实奏请，事下户部，有缺乏则预处之，且防侵盗。实分司督粮诸司及仓氏之责。丁卯十月，使辽者以闻瑾。即矫上命，诬公巡抚重臣，边储腐损溢常数，自原籍系至京，下锦衣狱。台阁诸老多为申解，瑾怒愈甚，必欲置公死地。戊辰三月，械送辽东狱。"《明史》马中锡传云："刘瑾初得志，其党朱瀛冒边功至数百人。尚书阎仲宇许之，中锡持不可。瑾大恚，中旨改南京工部。明年勒致仕。其冬，逮系诏狱，械送辽东，责偿所收腐粟。逾年事竣，斥为民。"

翰林院、国子监官变动。丙子，升礼部左侍郎兼翰林院学士刘机为礼部尚书；南京吏部右侍郎黄珣为本部尚书；吏部左侍郎梁储为吏部尚书兼翰林院学士，专掌诰敕，仍国史副总裁。初，吏部以礼部尚书缺，会举南京礼部尚书刘忠与刘机请，南京吏部缺，以梁储、黄珣请，故三人皆得命也。辛巳，升吏部右侍郎江澜为本部左侍郎，礼部右侍郎白钺为吏部右侍郎，太常寺少卿兼翰林院侍读费宏为礼部右侍郎，太常寺卿、管国子监事李旻为南京吏部右侍郎。升国子监司业周玉为祭酒。乙未，翰林院侍读朱周病愈复任。戊午，以翰林院编修鲁铎为国子监司业。（据《馆阁漫录》卷九《正德二年》）

唐顺之（1507—1560）生。据李开先《荆川唐都御史传》、《明儒学案》卷二十六《襄文唐荆川先生顺之》。唐顺之，字应德，一字义修，号荆川，武进人。嘉靖己丑进士，除兵部主事，改吏部，寻改翰林编修，历右春坊司谏。上疏请朝东宫，夺职为民。起兵部郎中，巡视蓟镇，还视师浙直，超拜金都御史，巡抚淮扬。天启中，追谥襄文。有《荆川集》十二卷。

中都副留守梅纯，仍为孝陵卫指挥使。纯宁国大长公主之曾孙，成化进士。授知县，解官袭指挥使，进副留守。自乞回卫。（据《国榷》卷四十六）

十一月

升文华殿书办等官张骏等有差。骏由光禄寺卿升礼部尚书，周涛惠由尚宝司丞升光禄寺卿，杨立由大理评事升太仆寺卿，高岱、仝泰由评事升鸿胪寺左少卿，华英由鸿胪寺丞升光禄寺少卿，纪世梁、朱天麟由中书舍人升太常寺丞，高荣由中书舍人升尚宝司丞，王杲等十一人由序班升中书舍人，王玺等三人由书办官升序班。先是，《通鉴纂要》成，刘瑾欲裁抑纂修官，以誊写不谨，得谴，命右少监陶锦提调骏等改誊毕进呈，乃皆超进官秩，装潢匠役窦冒等七人，亦升文思院副使。若张晖之升光禄寺少卿，儒士姚珑之授序班，又不在誊写之列。瑾之专恣如此。（据《馆阁漫录》卷九《正德二年》）

择孔氏二人官学录，主尼山、洙泗二书院。（据《国榷》卷四十六）

授孔闻礼翰林五经博士，主邹县子思庙。（据《国榷》卷四十六）

十二月

辛卯，以服阕翰林院庶吉士闵楷为礼科给事中。乙未，改南京礼部尚书刘忠为南京吏部尚书，升吏部左侍郎江澜为南京礼部尚书。（据《馆阁漫录》卷九《正德二年》）

沈炼（1507—1557）生。据王世贞《明故锦衣卫经历赠奉议大夫光禄寺少卿青霞沈公墓志铭》。沈炼，字纯甫，会稽人，嘉靖戊戌进士。除溧阳知县，后官锦衣卫经历，疏论俺答请贡事，并劾严嵩，廷杖谪戍。复为嵩党路顺构入蔚州妖人阎浩案中，弃市，天下冤之。隆庆初，赠光禄寺少卿。天启初，追谥忠愍。事迹具《明史》本传。

有《青霞集》十一卷附年谱一卷。

王维桢（1507—1556）生。字允宁，号槐野，华州人，嘉靖乙未进士。选庶吉士，授检讨，历修撰、谕德，升南京国子祭酒。以省母归，值地震陷死。有《槐野存笥集》。《国朝献徵录》卷七十四瞿景淳《南京国子监祭酒槐野王公维桢行状》："公生而风骨峻峻，文安公（维桢父）督令就学，甫十岁，即善举子业，复多博习古文辞，为文疏宕爽朗。经师异之曰：'大王门者，必此子也。'"（按：据瞿景淳《南京国子监祭酒槐野王公维桢行状》："是年冬，关中地大震，山摧川溢，城郭庐舍多倾毁，民人压死者过半，而公亦不免，实嘉靖乙卯冬十二月十三日，悲夫！""公雅意经世。然优游馆阁积二十余年，讫不当任，故不及以功业自见，时托之著述。""呜呼！公为关中伟人，人咸期以公辅，然历官仅四转，卒年仅四十有九。何去之忽也！"维桢生卒年甚明。其时另有一王维桢。皇甫汸《皇甫司勋集》卷五十二《明诰封奉政大夫户部广西清吏司郎中青山王公墓志铭》："王子维桢，童时以奇闻，年未及冠，登进士第，与余兄司直君为同榜友。余从阙下获缔交焉，并娴文艺，为海内所推，迄今三十余载矣。丙辰之岁，王子自南安辞守，而余亦由滇中解宪，各归山中为灌园吏者几十载，虽音驿相闻，而光尘难即，每怀良觌，寤叹未尝不在陵阳间也。乙丑春正既望，王子衰绖，不远千里，蒙犯风雪，匍匐造余，稽颡再拜，泣而语故。始知青山公已背养，日月有期，手自勒状，请铭于余。……果卒，距生弘治庚戌十二月十一日，享年七十有五。"《皇甫司勋集》卷十九《寄王维桢地曹》："并是衔新命，俱来守旧京。时违空往迹，事在每关情。草绿长千里，江清建业城。寄君须自爱，已矣负平生。"卷二十八《答王维桢》："同是西京作赋群，省中年少特推君。早承恩宠遭时妒，误落风波几处分。白首相知那可说，红颜薄命古来闻。越禽更接卑栖羽，犹恨南枝隔暮云。"集中又有《送王维桢量移台州》《王维桢见过》。皇甫汸，字子循，号百泉子，长洲人，嘉靖己丑进士，有《皇甫司勋集》。《弇州续稿》卷一百四十九："云南按察佥事皇甫先生汸，字子循，百泉其别号也。父曰重庆守录先生。兄弟四人皆有文采。冲不得志于公车以死。涍、濂与先生虽得第，然其官不大显。而先生自工部郎外补，不能其职，改国子博士，旋起为南京吏部，谪同知某州，为御史王言所捕亡命，得解补开州，超同知处州，寻迁云南按察佥事。大计中白简归处乡，复为陈御史所窘，家几破。先生性和易，不设城府。为诗文沾沾自喜，好声色，工狎游，而不能通知户外事，以故数困。然信心而行，以文自娱，于诸兄弟中独寿老，年八十乃卒。其诗五言律最工，七言次之，有钱、刘风调。文慕称六朝，然时时失步。"皇甫所云王维桢，别是一人，非号槐野者也。）

蔡清致仕。《虚斋集》卷二《与孙九峰先生书》："清所以见怒于宁王者：一是贺王寿之旦，不得已独去了朝服中蔽膝一件，为嫌其服制与在朝行于亲王者不同，而与行于皇上者无异也。二是三司官旧用初一、十五日朝王，而于初二、十六日谒孔夫子。清乃力请三司勿徇旧例，俱用初一、十五日行礼，乃先谒孔夫子，此乃以正礼处王，王却疑清有他意于其间也。三是王素有憾于林待用都宪，谗人因言清与待用颇厚，王遂并怒清而力求清之短，使人于京师传谤，欲以并坏之。不知清碌碌凡品，岂敢望林公高致？王亦待之过矣！抑清在官，尽有过失，然亦皆可对人言者，固不之恤也。四是王素知清无学术，一日于宴侍间，故设机械，直讯其不能诗文。清姑据理对之，为稍怫其初意。盖朝廷方面官，岂容藩王轻易挫折也！至于奏讨护卫事，清当时已知为王积怒，而同僚又有挟术相倾者，宁复敢一语及之？王乃对三司道'清独有后言'，明欲诬以非议诏旨之罪。……特闻此王府中诸般左道，俱有诚虑。一旦死于无名，则非惟有孤朝廷任使及斯文责望之意，而吾一身上关祖宗所传付，下系族姓所籍赖者，俱未有一毫成立，亦可虞也。故遂决意引疾致仕耳。……清亦不得已而致仕耳，岂是能高者？况官任提学，亦无用别索高名也。若有意于高，则矫激矣，清不为也。但今得善其退，亦幸之甚矣。相见知无日，造次琐琐，代面心照可也，自知而密之可也。正德三年正月日某再拜。"

明武宗正德三年戊辰（公元 1508 年）

正月

兵部参酌文举会、殿二试条例，议上武举条格。定于明年夏四月开科。《明武宗实录》卷三十四：正德三年春正月，"庚申，兵部议上武举条格，参酌文举会、殿二试例，每遇文举乡试之年，预行两京十三省有能究极韬略、精通武艺、堪应武举者，具报所在官司，军卫送都司，有司送布政司，从抚、按同三司考试，无三司者从抚、按考试。两京亦送巡按考试。俱送兵部。次年夏四月开科，初九日初场，较其骑射，人发九矢，中一矢以上者合试。十二日二场，较其步射，亦发九矢，中一矢以上者为合式。俱于京营将台前较阅。十五日三场，试策二道，论一道，于文场试之。先期请命翰林院官二员为考试官，给事中并部属官四员为同考试官，监察御史二员为监试官，陛辞入院。试卷皆弥封誊录编号，上书马步中箭若干，送入内帘看详，分配等第。其答策洞识韬略，作论精通义理，参以弓马俱优者列为上等；策论颇优，而弓马稍次者列为中等之前；弓马颇优，而策论粗知兵法，直说事状、文藻不及者列于中等之后。其或策论虽优而弓马不及，或弓马偏长而策论不通，俱黜之，以俟后举。及期若遇风雨，骑射不便，则移期。事竣，将有事于场屋官员及中式之人，梓其姓名，录其弓马策论之优者为《武举录》进呈，仍张榜于兵部门外。次日引见毕，预事官俱赴中府用乐宴，并请命内阁重臣一人主席。宴毕，该营备鼓乐，职方司官二员送武举第一人归第。其中式作论一道、答策二道，马上中四箭以上，步下中二箭以上者，官员加署职两级，管一人。若系百户以上官，照例加升。系百户以下者，特授千户职衔，送团营赞画，以示崇异。第二名以下总旗授以试百户，小旗、生员、舍人授以试所镇抚，军民授以各卫试知事，俱月支米三石。作论一道，答策二道，马上中三箭以下，步下中一箭以上者，官员量加署职一级，总旗授以署百户，小旗、舍人授以署冠带总旗，生员授以试知事，军民授以试巡检，俱月支米二石，通送京营总兵官处量用。有愿回原籍者咨抚巡官依秩委用。议上，从之，赐宴名曰'会武'。是议也发于先帝，至是始备其制云"。《国榷》卷四十七："（正德三年）正月庚申，兵部上武举条格：明年夏四月开科，初骑射、次步射、次策论。盖议始先帝，迄今而备。"

大计外吏，翰林学士吴俨、御史杨南金被刘瑾黜落。《馆阁漫录》卷九《正德三年》："正月己亥朔。辛亥，吏部会同都察院考天下来朝官本，遂附批翰林院学士吴俨帷幕不修，令致仕；养病御史杨南金无疾欺诈，令为民。后又托病请假及丁忧违限不起复者，通奏惩治。俨居家严肃，瑾知其富，有所需不应且诟之。其主顺天试也，乡人太医院使王玉以其子托，又拒之严甚，玉复腾谤于瑾。南金尝为刘宇所挞，不堪泱忍而去，宇衔之，亦谤于瑾。故皆得罪。一时中外闻者，无不骇异。"《明史纪事本末》卷四十三："三年春正月，刘瑾令朝觐官每布政司纳银二万两。考察朝觐官既，上奏，——翰林学士吴俨家故富，刘瑾尝有所求，俨不与；御史杨南金者，都御史刘宇廷挞之，不堪辱，养病去，——瑾矫旨奏尾，曰：'学士俨帷幕不修，其致仕。御史南金欺诈无病，其为民。'"

升翰林院编修丰熙为本院侍读，以九年秩满也。（据《馆阁漫录》卷九《正德三年》）

二月

会试天下贡士。命王鏊、梁储为会试考试官，取中邵锐等三百五十人。《馆阁漫录》卷九《正德三年》："二月己巳朔。甲戌，命少傅兼太子太傅、户部尚书、武英殿大学士王鏊，掌詹事府事、吏部尚书兼翰林院学士梁储为会试考试官。丁丑，释奠先师孔子，遣户部尚书兼文渊阁大学士杨廷和行礼。"《震泽集》卷十二《会试录序》："正德戊辰二月，会试天下士。于时知贡举则礼部尚书臣机、侍郎臣澯，考试则大学士臣鏊、学士臣储，同考试则修撰臣海、编修臣一鹏、臣俊、臣仁和、臣时、臣霄、臣瑭、臣铣、臣若水、都给事中臣承裕、给事中臣潮、署郎中事员外郎臣庭会、主事臣子熙、臣中道，监试则御史臣鉴、臣玉。天下士抱艺就试者三千八百八十余人，三试之，遵制诏预选者凡三百五十人。刻其文之粹者以传，凡二十篇，名之曰《会试录》。臣鏊谨序其首。"

章懋致仕。《明武宗实录》卷三十五：正德三年三月戊寅，"南京国子监祭酒章懋已得请养病而归，诏病痊有司以闻，仍召用。至是，上疏谓年逾七十，无病亦合告休，况病已沉痼，岂可赘名仕籍。恳乞致仕，以全素履。许之"。

礼闱放榜。考官入朝，焚至公堂，延毁会录板遗卷。先是荧惑守文昌，礼部尚书刘

机待罪，宥之。（据《国榷》卷四十七）

三月

中书舍人阴盈起复，进士陈璋、陈定之引疾，俱违限。盈谪晋州判官，璋、定之勒致仕。（据《国榷》卷四十七）

增陕西、河南等处乡试解额。以刘瑾为陕西人、阁臣焦芳为河南人之故。《明武宗实录》卷三十六：正德三年三月壬戌，"增陕西、河南等处乡试解额。初，给事中赵铎奏：'今天下人才日多，而限于制额，如河南隶七郡，取八十人。山东六郡，七十五人。陕西八郡三边，山西三府五州，仅六十五人。不无遗才之叹。臣以取士之额，河南宜量增，而陕及山东、西俱如河南之数。'礼部议覆，命仍会翰林院多官议处，分派地方广狭以闻。于是陕西增三十五名为百，河南增十五名为九十五，山东增十五名，山西增二十五名，俱九十。议入，报可。且以会试分南、北、中卷，额数不均，自今中卷内，四川解额亦添与十名，并入南卷，其余并入北卷。南北均取一百五十，著为定规。刘瑾陕人，居中蛊政，手职御批，铎之奏，其风指。而大学士焦芳欲并增河南之数，又阴附和之，变乱旧章，此其一云"。

吕柟、景旸、戴大宾等三百四十九人进士及第、出身有差。改刘仁、邵锐、黄芳为庶吉士。《馆阁漫录》卷九《正德三年》："三月戊戌朔。辛亥，命少师兼太子太师、吏部尚书、华盖殿大学士李东阳，少傅兼太子太傅、吏部尚书、谨身殿大学士焦芳，少傅兼太子太傅、户部尚书、武英殿大学士王鏊，都察院掌院事，太子太傅、吏部尚书兼左都御史屠滽，太子太傅、兵部尚书刘宇，户部尚书兼文渊阁大学士杨廷和，太子少保、吏部尚书许进，吏部尚书兼翰林院学士、掌詹事府事梁储，户部尚书顾佐、刑部尚书王鉴之、工部尚书李鐩、通政使王敞、大理寺卿张銮充廷试读卷官。芳以子黄中、宇以子仁、提调官礼部尚书刘春以从子鹤年皆与试，当避嫌。上允春请，而不允芳、宇，皆供事。"《明武宗实录》卷三十六：正德三年三月，"壬子，上御奉天殿亲策诸贡士，制曰：'朕闻人君所当取法者，惟天惟祖宗。唐虞三代之君，皆法天法祖，以成盛治，载诸经，可考也。其有曰代天，曰宪天，曰格天，有曰率祖，曰视祖，曰念祖，同乎异乎？抑所谓法祖，为守成而言也，彼创业垂统者，又将何所法乎？汉、唐、宋以降，法天之道，殆有未易言者，何以能成其治乎？抑亦有自法其祖者矣，何治之终不古若乎？朕自嗣位以来，兢兢焉惟天命是度、祖训是式，顾犹有不易尽者，天之道广矣大矣，不知今日所当法，何者为切？《传》有谓刑罚以类天震曜，慈惠以效天生育者，果可用乎？我太祖高皇帝之创业，太宗文皇帝之垂统，列圣之所当法以为治者，布在典册，播之天下，不可悉举。不知今日所当法，何者为先且急？史有谓正身励己，尊道德、进忠直以与祖宗合德者，果可行乎？兹欲弘道行政，以仰承眷佑，延亿万载隆长之祚，子大夫应期向用，宜有以佐朕者，其敬陈之毋忽'"，"癸亥，授第一甲进士吕柟为翰林院修撰，景旸、戴大宾为编修，二甲第一名焦黄中，三甲第一名胡缵宗俱为检讨。旧制黄榜赐第之后，唯一甲三名即授官，在二三甲者或改为翰林庶吉士，越三年学有成效，二甲乃授编修，三甲乃授检讨。是岁焦芳为大学士，必欲拔其子黄中为一甲，而所对甚劣，同事以芳故，不得已置二甲之首。芳乃言于刘瑾，廷试录并刻黄中、缵宗策。及吏部奏选楠等，遂内批特授黄中官，又并及缵宗。时议以芳之官非瑾不进，而瑾之权非芳不张，既谋其身，又汲汲其子孙，废廉耻，黩法制，辱科目甚矣。"《弇山堂别集》卷八十二："三年戊辰，命少傅太子太傅户部尚书武英殿大学士王鏊、吏部尚书翰林院学士梁储为考试官，取中邵锐等。廷试，赐吕柟、景旸、戴大宾及第。时焦芳子黄中二甲第一，刘宇子仁第四，皆逆瑾党也，因刻黄中及三甲第一人胡缵宗策，俱授翰林院检讨。改仁及邵锐、黄芳为庶吉士。逾月，超擢黄中、仁及邵锐、黄芳为编修，黄中再进侍讲。而焦芳为《题名记》，盛称所改之制为当。后瑾诛，黄中、仁为民，锐、芳、缵宗俱坐贬。或传会试锁院后，刘瑾以片纸书五十人姓名欲登第，主司不敢拒，唯唯而已。瑾曰：'先生辈恐夺贤者路耶？'即开科额，三百五十人皆上第。"《明史·选举志》："正德三年戊辰。太监刘瑾录五十人姓名以示主司，因广五十名之额。十五年庚辰，武宗南巡，未及廷试，次年，世宗即位，五月，御西角门策之，擢杨维聪第一。而张璁即是榜进士也，六七年间，当国用事，权侔人主矣。"陈鼎《百可漫志》："正德戊辰廷试，二甲、三甲一名刊策。丁丑会试，《五经》各刊文三篇，皆异常格"。李调元《制义科琐记》卷二《斥读卷官》："正德三年戊辰，刘瑾党焦芳子黄中与殿试，芳意必欲得第一，以托东阳。既而得二甲第一，芳怒，斥读卷诸官为部属，而授其子以检讨。芳本不通，犹置高第者，李东阳应酬意也。芳以故恨李，时时诟骂，瑾问之曰：'黄中昨日在吾家试《石榴诗》甚拙，顾恨李耶？'乃已。瑾败，芳及子俱削为民。按是科瑾党刘宇子仁，亦欲得一甲，既而失之，厚赂瑾，取内旨批为庶吉士，后瑾败，亦削为民。"

据《明清进士题名碑录索引》，正德三年戊辰科录取名单如下：

第一甲三名

吕 柟	景 旸	戴大宾

第二甲一百一十五名

焦黄中	邵 锐	黄 芳	刘 仁	欧阳重	江 晓
郑 瓒	孙 经	宋 卿	方 鹏	刘大谟	吴 恕
边 伟	杨 熏	杨 式	黄志达	严承范	宿 进
盛 茂	侯宜正	汪克章	吴 山	邹 相	蔡 芝
陆巽章	郑 谏	张正蒙	周 坤	王 栋	周尚化
徐 度	刘天和	沈良佐	杨叔通	茹鸣凤	周 礽
葛 恒	吴仕典	姚 鹏	周 金	甘公亮	冯 驯
于 鏊	刘鹤年	张 栾	王大用	杨 易	周崇义
丁 奉	王 宠	胡 忠	郁 采	刘 文	欧阳席
王 淮	郑文炳	韩邦奇	夏邦谟	路 迎	张 键

邵　镛	王　浚	王用贤	滕　谧	许廷弼	刘　鹏
伍　全	林　绍	汪　赐	曾　玙	李　琚	李　沧
刘钟英	章　橥	汪　玉	张　福	王崇仁	林　通
王九峰	胡　止	樊守愚	黄嘉爱	钱　宏	成　周
陆　溥	欧阳申	陈大中	徐文元	周　卿	邓　炳
颜　正	祝　銮	王崇庆	陈维藩	韩邦靖	徐金陵
唐　升	张　淮	刘文焕	余　志	姜　龙	杨　最
马允中	凌　楷	戴　冠	杨士魁	翟　鹏	胡　德
黄　流	吴期英	姚　潘	段　金	徐　爱	周　愚
曹　深					

第三甲二百三十一名

胡缵宗	李志学	韩守愚	张　楠	罗　辂	潘　鹏
李　墀	李翰臣	黄　重	沈　灼	邵　锡	张世衡
吴　岩	方　凤	吴天俸	朱　鉴	雷　雯	于　溓
杨时周	胡　椿	王　相	朱寔昌	丁　贵	程　昌
成敏华	方　宸	吴　瓒	陈　翀	刘　璇	张以庄
张行甫	吴　钦	张　纮	毛伯温	唐　鹏	欧阳铎
余　珊	何文邦	胡大全	王　谔	李　稳	张　焕
徐文华	夏良胜	寇天叙	王　畴	唐凤仪	江万实
陆　礼	史　鲁	杜　昌	宋　沧	李　纬	赵　渊
卢　楫	曹　鍾	陈天锡	张　璇	谢　艮	谢　阶
朱　玑	张　缙	窦　信	刘澄甫	吴　吉	胡　守
黎　龙	李　元	叶　宽	银　镜	丁致祥	赵　春
姚　永	孙　绥	龙　琰	唐　龙	萧　瑞	何　鳌
褚元良	李　显	郑主敬	尧　弼	李　金	陆　伸
周　镐	况　照	姜　岐	蒋　恺	廖　珊	许　路
王　佩	张元电	张申甫	周朝佐	毛　凤	吕　经
周文兴	石天柱	潘　鉴	史　绅	李邦用	孔孟富
田　龙	萧　海	谢能继	张　侟	黄　雄	田　兰
俞　缁	吾　翕	赵　鹤	童　宽	詹　惠	林近龙
高　瑄	薛　瑞	陈　铭	樊　文	严　谨	王瑞之
吕秉彝	祝　寿	陆　范	胡文静	周期雍	胡克忠
方　选	朱志荣	王汝舟	魏　璟	刘　洙	朱　冕
彭辨之	程启充	武　文	王　鉼	阎　钦	田惟祐
牛天麟	钱　琦	苏　恩	陈　杰	潘　坝	朱　棨
赖　凤	张　铖	武尚文	孙　玺	陈伯谅	易　蓁

冯 裕	刘 儒	陈 谈	熊 相	柳 稷	胡 洁
杨 凤	盛 泷	许 逵	陈 华	陈昊元	李 玘
尤 樾	孙孟和	王 光	燕 澄	毛汝乾	潘 湘
李文辉	林 钺	邢 寰	胡 巍	申 惠	牛 鸾
唐 勋	刘秉监	万 镒	梁敏政	朱 冠	王 度
谢 显	龙 诰	陆 震	张 宏	王德明	李 彦
张 英	袁宗儒	汪 瑛	张 廑	孙 凤	杨 谷
姚 僖	孙 佐	王 銮	马 录	郭 郊	钟卿密
杨 琠	李 纯	李 玑	卢 锐	成 英	方 仕
陈 恩	许 振	顾可适	郭 仕	王 言	赵 鏊
王 芳	王 崧	王应鹏	蒋 达	骆用卿	黄 卿
王 潮	方 豪	徐 潭	叶廷会	卢 煦	石 麟
贾 运	张永泰	刘司直	张文魁	李 觉	郭 震
杨 淳	陈常道	杜 宷			

戴冠中本科进士。历任山东提学副使等官。有《邃谷集》。张萱《西园闻见录》卷四十五《学校·往行》："戴冠，字仲鹖，河南信阳州人，正德间筮仕户部主事，以国用弗充，奏裁冗滥，激倖者怒，谪广东五羊驿丞。再起，历延平知府。规仪整肃，勤励有常，每晨烛，升堂治事，事无留牍，待属以严，驭百姓以宽。尤留心学校，每朔望五鼓，诣文庙，行释菜礼毕，莅明伦堂掣签。诸生进讲有不谙者，即施楚教，仍给各生课簿一本。讲毕，陈课考验诸生，耊耊受教焉。"

春

王守仁至龙场，是年始悟格物致知。《王文成全书》卷三十二《年谱》："春至龙场，是年始悟格物致知"。《王文成全书》卷二十三《五经臆说序》："龙场居南夷万山中，书卷不可携，日坐石穴，默记旧所读书而录之，意有所得，辄为之训释。期有七月，而五经之旨略遍，名之曰《臆说》，盖不必尽合于先贤，聊写其胸臆之见，而因以娱情养性焉耳。"黄宗羲《明儒学案》卷十："先生之学，始泛滥于词章，继而遍读考亭之书，循序格物，顾物理吾心终判为二，无所得入。于是出入于佛、老久之。及至居夷处困，动心忍性，因念圣人处此更有何道？忽悟格物致知之旨，圣人之道，吾性自足，不假外求。其学凡三变而始得其门。"

四月

王恕（1416—1508）卒。《明武宗实录》卷三十七："（正德三年夏四月）己卯，致仕太子太保、吏部尚书王恕卒。"张惟骧《疑年录汇编》卷六："王宗贯九十三恕，生永乐十四年丙申，卒正德三年戊辰。"黄宗羲《明儒学案》卷九："王恕字宗贯，号介庵，晚又号石渠，陕之三原人。正统戊辰进士，选庶吉士，而先生志在经济。出为左评事，迁左寺副，擢知扬州府。……母忧归。起复巡抚河南，转南京刑部左侍郎。……迁南京兵部尚书，参赞守备。寻以部衔兼左副都御史，巡抚南畿，兴利除害。……加太子少保。……孝宗即位，召用为吏部尚书，加太子太保。……先生崇礼风义之士，故一时后进在朝者，如庶吉士邹智、御史汤鼐、主事李文祥十余人，皆慷慨喜事，以先生为宗主。……先生家居，编集《历代名臣谏议录》一百二十四卷。又取经书传注，有所疑滞，再三体认，行不去者，以己意推之，名曰《石渠意见》。意见者，乃意度之见耳，未敢自以为是也。盖年八十四而著《意见》，八十六为《拾遗》，八十八为《补缺》，其耄而好学如此。先生之学，大抵推之事为之际，以得其心安者，故随地可以自见。至于大本之所在，或未之及也。九十岁，天子遣行人存问。又三年卒，赠特进左柱国太师，谥端毅。"

令南京国子监司业罗钦顺为民，以送亲违限故也。（据《馆阁漫录》卷九《正德三年》）

武举安国等六十人宴中府。（据《国榷》卷四十七）

吏部推凤翔同知翟敬为四川按察佥事，切责其私。敬故翰林检讨，坐亲藩累落职，寻起官。时凡落职谪戍者，皆不得徇用。（据《国榷》卷四十七）

五月

兵部奏准：武举中式安国等六十名依条格升级用之；仍令分往陕西三边，听镇巡官编之行伍，有警调用，使知地理、练边务；若谋勇过人有功可录者，擢用之。（据《明武宗实录》卷三十八"正德三年五月甲辰"）

南京国子监司业缺，不补。《馆阁漫录》卷九《正德三年》："五月戊戌朔。己亥。荫少傅兼太子太傅、户部尚书、武英殿大学士王鏊子延素为国子生。辛亥，南京国子监司业缺。吏部推翰林院编修温仁和、检讨周祯可补。又谓：'其官虽额设自宣德九年后，以事简不除者久矣。至弘治末，因祭酒章懋拟升后守制未满，未能之官，乃特以编修罗钦顺往署监事。今当补与否，乞圣裁。'有旨：'事既简，裁革其勿补。'时尚书许进以当补之人咨内阁，大学士李东阳答云：'北司业为鲁铎，南则用在铎后者补之。'同官焦芳欲挤编修汪俊南，盖以俊为东阳所厚，且疑戴大宾之得及第，以为俊所取士，阴相汲引，而使其子黄中不得列名一甲，甚恨俊，且移怒东阳。及闻东阳之举不及俊，遂大詈于阙下。刘瑾闻之，谓人曰：'黄中昨在吾家，试榴花诗，亦甚拙，乃以不得状头为恨耶！'使石文义语进，南司业，可依次拟二人，疏中须及近年添设之意。芳不能挤俊，于是乃愧阻云。壬戌，升山东按察司副使李逊学以太常寺少卿提督四夷馆。"

复万全都司怀安卫儒学。裁自正统间。（据《国榷》卷四十七）

六月

刘瑾执五品官以下三百余人，悉下狱。《明鉴纲目》卷五："纲：夏六月，刘瑾执朝官三百馀人下狱。目：午朝退，有遗匿名书于御道，数瑾罪者，瑾矫诏召百官悉跪奉天门外诘责之。日暮，执五品官以下三百馀人，悉下狱。时酷暑，曝死者三人，喝而病者无算。明日，李东阳等力救，瑾亦廉知其同类所为，众获免。（瑾凶暴日甚，尝以尚宝司卿崔浚，副使姚祥，郎中张玮，违制乘肩舆，荷重校几死。李东阳、王鏊力救，始释而戍之。其它庶官，以荷校死者甚众。）"

太常寺少卿兼翰林院侍读靳贵起复，令复原任。（据《馆阁漫录》卷九《正德三年》）

升监察御史吕洁为山东按察司副使，提调学校。《明武宗实录》卷三十九："正德三年六月辛未，升监察御史吕洁为山东按察司副使，提调学校，是缺吏部凡再推而不用，至洁乃用焉。洁素乏文誉，实中官奴婿，又瑾乡人。为提学不能校阅取士，入试，命吏视故牍名次填之，盖有已中选而复在列者。考童生入学，退食后陈卷于几，瞠目无语，顾门子择其文长者取之。山东人至今传以为笑。"《国榷》卷四十七："（正德三年六月）辛未，监察御史吕洁为山东按察司提学副使。洁乏文誉，以中官奴婿，又瑾乡人。试诸生检故牍填名，试童生择长篇录之，于校阅矇如也。"

始授孔彦遂洙泗书院学录，彦章尼山书院学录。（据《国榷》卷四十七）

七月

孔颜孟三氏学定粟生六人。时援纳日盛，三氏学生亦波靡矣。（据《国榷》卷四十七）

庶吉士孙绍先丁忧服阕，命仍送翰林院，同今科庶吉士读书。例庶吉士服阕，未经考校者，量授科道或部属官，无再送读书例。绍先冀留翰林，托其同年检讨段炅为言于大学士焦芳，故有是命。（据《馆阁漫录》卷九《正德三年》）

八月

调翰林院学士张芮为镇江府同知，监察御史汤沐为武义知县。沐奉命督河东盐课，芮家河东，时有盐场牙行全寅，与义官王重争利互讦，以重与芮有连，疑芮阴庇之，为之嘱沐，乃并讦芮、沐及运使李德仁等。下巡按勘问，事皆无实，但劾德仁劝借银，亦多浪费。刑部以请，诏逮问德仁，而调芮、沐外任。（据《馆阁漫录》卷九《正德三年》）

刘瑾立内厂。《明鉴纲目》卷五："纲：秋八月，立内厂。目：时东西厂缉事人四出，道路惶惧，刘瑾复立内厂，自领之，中人以微法，无得全者，万姓汹汹。"

刘瑾创罚米法，以惩治忤己者。《明鉴纲目》卷五："纲：刘瑾创罚米法。目：凡朝官忤瑾者，悉诬以旧事，罚米输边，刻期完纳，违者罪之。（韩文已落职，瑾憾不已，首逮之，下锦衣狱，数月，罚米千石输大同。寻又罗织他事，罚至再，家业荡然。）"

翰林编修沈焘为侍讲。（据《国榷》卷四十七）

九月

逮前兵部尚书刘大夏下狱，戍肃州。《明鉴纲目》卷五："纲：九月，逮前兵部尚书刘大夏下狱，戍肃州。目：初，孝宗时，大夏在兵部，刘宇为大同巡抚。宇私市善马，赂遗权要，大夏于宴见时，为孝宗言之，宇闻，深憾大夏。及是，与焦芳潜于刘瑾曰：'籍大夏家，可当边费十二。'遂假田州岑猛事，逮系诏狱。（岑猛者，田州土官也。弘治中，与思恩土官岑浚，相仇杀，浚寻伏诛，猛贬秩。大夏方长兵部，议以思恩、田州，俱设流官，而徙猛福建千户。奏下，猛逗遛不肯行。及是，纳贿于瑾，求复故地，瑾许之，遂兴是狱。）瑾欲坐大夏激变，论死，阁臣王鏊曰：'岑氏未叛，何名激变？'都御史屠滽亦言：'刘尚书无死法。'瑾谩骂曰：'即不死，可无戍邪？'瑾亦诇大夏家实贫，乃坐戍极边。初拟广西，芳曰：'是送之归也。'遂改肃州。大夏年已七十三，徒步荷戈，至大明门下，叩首而去，观者叹息泣下。（大夏至戍所，遇团操辄就伍，所司固辞，大夏曰：'军固当役也。'瑾犹撼他事，罚米输塞下者再。后遇赦归。及瑾诛，复原官致仕。）"

进士刘璟当补县。吏部误拟评事，降璟苍梧县丞。（据《国榷》卷四十七）

十月

己卯，以吏部左侍郎白钺为礼部尚书。庚辰，大学士李东阳上疏乞休，不允。甲午，改翰林侍讲王瓒为国子监司业。时吏部言弘治间侍讲刘震、黄珣俱升春坊谕德、掌司业事，盖欲循例转瓒一阶也。瑾矫旨责吏部妄行夤缘之例，仍以对品改之。（据《馆阁漫录》卷九《正德三年》十月）

皇甫濂（1508—1564）生。《皇甫司勋集》卷五十七《水部君墓志铭》："嘉靖甲子秋，忽患痢不治而卒，九月廿九日也。生正德戊辰十月初八日，年五十有七。"皇甫濂，字子约，一字道隆，嘉靖甲辰进士，除工部主事，谪河南布政理问，稍迁兴化同知。与诸兄皇甫冲字子浚、皇甫涍字子安、皇甫汸字子循，俱有文名，人称皇甫四杰。

袁炜（1508—1565）生。据吕本《文荣袁公墓志铭》。袁炜，字懋中，别号元峰，慈溪人。嘉靖戊戌进士，官至建极殿大学士，谥文荣。事迹附见《明史》严讷传。有《袁文荣公诗略》二卷。

十一月

　　前江西提学佥事黄仲昭（1435—1508）卒。仲昭莆田人，成化丙戌进士。馆选，授翰林编修。言事谪令湘潭，寻内除南京大理寺评事。癸巳进寺副。庚戌迁督学。丙辰致仕。年七十四。所著《未轩集》十四卷。（据《国榷》卷四十七）《国朝献征录》卷八十六林瀚《江西提学佥事前翰林编修黄公仲昭墓志铭》："予友未轩黄先生，以正德三年十一月一日卒于家。……平生刻苦为学，书无所不读，务究道德性命之原，不为口耳章句之习。作为文章，典重浑厚，亦无艰深聱硁之语。……公生宣德乙卯，距今戊辰，得年七十有四。"《静志居诗话》卷八《黄仲昭》："佥事以词臣建言，宜有岩岩气象，而诗特和易近人。其谪居《写怀》也，有云：'一片归心留不住，非因故国有莼鲈。'其归田《杂咏》也，有云：'悔杀昔年成底事，红尘鞭马听朝钟。'其澹于世味也，可见已。初自号未轩，罗彝正谓曰：'君之未，余知之：吾道未至于孔孟，吾功未至于伊周，吾民未至于唐虞——君之未也。若士未大夫，大夫未公卿，则众人之未也。'晚居下皋，筑俱乐亭，更号退岩居士云。"

　　礼部左侍郎、管国子监祭酒事谢铎致仕。铎素尚恬退，弘治间奏乞养病，奉孝宗旨令病愈起用。至是，年已七十有五矣。吏部因通查给假养病等官，言铎已老，难复起用，诏致仕。并谕今后养病逾年者并致仕，不必起用。（据《馆阁漫录》卷九《正德三年》）

　　翰林编修吴一鹏为侍讲。（据《国榷》卷四十七）

十二月

　　十二月甲子朔。庚午，授翰林院庶吉士安磐为吏科给事中。（据《馆阁漫录》卷九《正德三年》）

　　蔡清（1453—1509）卒，年五十六。（卒年据公历标注）《见素集》卷十八《明中顺大夫南京国子祭酒晋江虚斋蔡先生墓碑》："虚斋弃提学按察副使归晋江也，上起以为国子祭酒，居之南京。命未至，卒，正德戊辰十二月二十三日也。……生景泰癸酉六月十有八日，寿五十六。"《明武宗实录》卷五十："（正德四年五月乙巳）南京国子监祭酒蔡清卒。……清，天资沉潜，深探理学，所养纯粹，内外一致。……其学术德器为一时名儒，盖于模范堪称。"黄宗羲《明儒学案》卷四十六："（蔡清）裹粮数百里，从三山林玭学《易》，得其肯綮。成化丁酉乡试第一。又三年，登进士第。授礼部主事。……转南京文选司郎中，以终养归。……逆瑾乱政，仿蔡京召龟山故事，起南京祭酒，而先生已卒，正德三年十二月也。年五十六。先生平生精力，尽用之《〈易〉、〈四书〉蒙引》，蚕丝牛毛，不足喻其细也。盖从训诂而窥见大体。其言曰：'反复体验，止是虚而已。盖居常一念及静字，犹觉有待于扫去烦嚣之意。唯念个虚字，则自觉安。

……'观于此言，知不为训诂支离所域矣。"《明史》儒林传："蔡清，字介夫，晋江人；少走侯官，从林玭学《易》，尽得其肯綮。举成化十三年乡试第一。二十年成进士，即乞假归讲学。已，谒选，得礼部祠祭主事。……寻以母忧归，服阕，复除祠祭员外郎。乞便养，改南京文选郎中；一日心动，急乞假养父，归甫两月而父卒，自是家居授徒不出。……命甫下而清已卒，时正德三年也，年五十六。清之学，初主静。后主虚，故以虚名斋。平生饬躬砥行，贫而乐施，为族党依赖。以善《易》名。嘉靖八年，其子推官存远以所著《〈易经〉、〈四书〉蒙引》进于朝，诏为刊布。万历中追谥文庄，赠礼部右侍郎。"《国榷》记蔡清卒年于正德四年五月。

本年

薛敬之（1435—1508）卒。黄宗羲《明儒学案》卷七："薛敬之字显思，号思庵，陕之渭南人。……成化丙戌贡入太学，时白沙亦在太学，一时相与并称。丙午，谒选山西应州知州……奏课为天下第一，升金华府同知，居二年致仕。正德戊辰卒，年七十四。……先生之论，特详于理气。其言'未有无气质之性'是矣。而云'一身皆是气，惟心无气'，'气中灵底便是心'，则又歧理气而二之也。"《明史》儒林传："敬之，字显思，渭南人。……宪宗初，以岁贡生入国学，与同舍陈献章并有盛名。……成化末，选应州知州，课绩为天下第一。弘治九年迁金华同知。居二年，致仕，卒年七十四。所著有《道学基统》、《洙泗言学录》、《尔雅便音》、《思庵野录》诸书。思庵者，敬之自号也。"

始刻武举录。《殿阁词林记》卷十四《武举》："凡武举第三场试官，兵部请命如两京乡试之制。正德三年始刻录，前后有序，赐会武宴，一如文试。九年、十二年亦如之。惟十五年兵部尚书王琼变其制，止用策一道，刻文三篇，本院官二员并兵部公侯伯皆为考验官。今照旧规，出策二道，论一道。嘉靖十一年，臣道南暨王用宾蒙上命主考，得周乾等六十员，其末则今都督陆锦衣炳也。是科众号得人。"

陈束（1508—1540）生。字约之，鄞县人，嘉靖己丑进士，官至河南提学副使。事迹具《明史·文苑传》。束与唐顺之为同年，共倡为初唐、六朝之作，以矫李、何之习，而所学不逮顺之。又自翰林改礼部主事，追复官编修，旋即外调，恒忽忽不乐，年仅三十余而卒。与王慎中、唐顺之、赵时春、熊过、任瀚、李开先、吕高，称嘉靖八才子。有《陈后冈诗集》一卷、《陈后冈文集》一卷。《甬上耆旧诗》卷十《按察副使陈后冈先生束》："为儿时已奇慧绝伦，日诵数千言。试之对，辄应声就。数又奇中，诸公大奇之。稍长，出从里中师，所讲授经义，先生率卧勿听，乃益泛滥百家，上下屈、宋、班、马之间。所为古文词颇自引重，视同辈俱娖娖不足伍。"

赵贞吉（1508—1576）生。据张惟骧《疑年录汇编》卷七。字孟静，内江人。嘉靖乙未进士，官至文渊阁大学士，谥文肃。事迹具《明史》本传。有《赵文肃公文集》二十三卷。

郑纪卒，年七十六。《东园文集》附录《名公叙述》："正德丙寅，漳寇大作，入我西鄙。纪倡议筑城，明年城完，寇再至，不敢犯。戊辰，疾作。都御史林俊、孝子刘闵来视医，纪解之曰：'死生常理，毋烦过念。第受国厚恩，每闻朝政变易，为九京遗恨。'巡按御史韩廉暨守巡亦至，偕郡邑大夫问疾，纪语以'仙城未固，愿卒事以惠一方'。卒之日，正襟端坐，占诗二律。寿七十有六。遗命刘闵治丧，勿请葬祭。"

明武宗正德四年己巳（公元 1509 年）

二月

兵部议武举作养不可不豫，宜因旧制而申饬之。《明武宗实录》卷四十七：正德四年二月戊辰，"兵部议武学作养不可不豫，宜周旧制而申饬之。凡在京武生十七岁以下，专令读书写字，十七岁以上则兼习弓马，听兵部及坐营大臣考较。在外武生俱入卫学或附入儒学，直隶听提学御史、各都司听提学按察司官考较，皆记高下赏罚于册，年终送部稽考，三试而文理不通者，袭替之日降一级，回卫差操，不得预军政。其应袭替而年尚幼者得送作养一年。得旨：著为令，并命公侯伯子孙应袭者通送武学教习，候有成方许袭爵，无成削禄米三之一"。

李东阳等请考选四夷馆教师。《馆阁漫录》卷九《正德四年》："二月癸亥朔。辛未，大学士李东阳等言：'四夷馆教师，必番字番语与汉字文义俱通，方能称职。故事，于本馆推选，或于各边访保，务在得人，顷老教师多缺，宜令本馆提督官从公考选，送内阁覆试，照缺委用。仍乞敕陕西、云南镇巡等官，访取精晓鞑靼、西番、高昌、西天、百夷言语文字，兼通汉字文义之人，照例起送赴部，奏请量授官职，与本馆教师相兼教习，务使译学有传，不至临期误事。'诏可。"

黜前大学士刘健、谢迁为民。令余姚人不得选京官。《馆阁漫录》卷九《正德四年》二月，"丙戌，斥大学士刘健、谢迁为民。先是，诏访举怀材抱德之士，浙江以余姚周礼、徐子元、许龙，上虞徐文彪四人应诏，所司未纳，四人屡奏求用。时瑾恨健、迁未已，以四人皆迁同乡，而草诏由健，欲因而罪之。遂矫旨谓天下至大，岂无可应诏者，何余姚隐士之多如此，必有徇私援引之弊。遂下礼等镇抚司鞠问。吏部尚书阿瑾意，劾布政使林符、邵宝、李赞，参政伍符，参议尚衡、马辂，知府刘麟、推官谌聪、知县汪度访举失实，而镇抚司狱辞因连及健、迁，瑾持至内阁，必欲逮健、迁并坐，且籍其家。大学士李东阳徐为劝解，瑾意少释，焦芳在傍因厉声曰：'纵轻处亦当除名。'既而旨下，健、迁皆为民，礼等谪戍边卫，符等各罚米三百石，聪、度皆罢职。且著令：自今余姚人毋选京官"。

三月

令翰林院掌院官会同吏部考察翰林院属官。《馆阁漫录》卷九《正德三年》："三月癸巳朔。乙酉，大学士李东阳等奏：'翰林院虽间有本院自考之例，但议论贵公，法令贵一，请收成命，责在所司，令本院掌印官会同吏部考察，使内外彼此，人无异言。'"

国子祭酒周玉致仕。太仆寺少卿陈大章降马湖知府。（据《国榷》卷四十七）

四月

《明孝宗实录》成。（据《明武宗实录》卷四十九）《馆阁漫录》卷九《正德四年》：四月，"壬午，进呈《孝宗实录》成，奉表以闻。总裁大学士焦芳人品庸劣，不为士论所重。弘治间，垂涎台鼎，久不得进，每以为恨。至是附瑾，获柄用，与操史笔。凡其所褒贬，一任己私，以好恶定之，如叶盛、何乔新、彭韶、谢迁，天下皆所称许，以为端人正士，而芳肆其诋诬，不恤公论。同官李东阳等畏避其恶，皆不敢为异同，故表中有'传疑传信，庶以备于将来'之语云。以纂修实录成，赏监修太师兼太子太师、英国公张懋，（总裁）少师兼太子太师、吏部尚书、华盖殿大学士李东阳，少傅兼太子太傅、吏部尚书、谨身殿大学士焦芳，少保兼太子太保、户部尚书、文渊阁大学士杨廷和，各银五十两，纻丝罗共六表里，鞍马一匹；副总裁吏部尚书兼翰林院学士梁储银四十两，纻丝罗四表里；纂修左谕德兼侍读毛纪、傅珪，侍读朱希周，侍讲丰熙、沈焘、吴一鹏，修撰顾鼎臣，编修汪俊、李廷相、温仁和、滕霄、何瑭、董玘，检讨汪伟、王九思，五经博士潘臣，各银三十两，纻丝罗二表里；稽考参对修撰吕柟，编修崔铣、湛若水、翟銮、徐缙、景阳（旸），检讨段炅、易舒诰、穆孔晖、张邦奇、焦黄中、胡缵宗，各银十两，纻丝一表里。事故官总裁少傅兼太子太傅、户部尚书、武英殿大学士王鏊，银五十两，纻丝罗六表里，鞍马一匹；副纂修太常寺少卿兼侍读、礼部右侍郎靳贵，银三十两，纻丝罗二表里。"《怀麓堂集》卷六十九《进孝宗皇帝实录表》："伏以君明臣良，极一代治功之盛，父作子述，垂万年简策之光。恭惟皇帝陛下刚健体乾，谓孝在显亲，必有扬名之实，乃命臣东阳等发秘府之缄縢，给尚方之笔札，曹分类析，纲举目张，于凡礼乐、刑政之施以及名物、度数之等，经因革者详而弗厌，关劝惩者细亦不遗。是曰是，非曰非，岂得专于独见；疑传疑，信传信，庶以备于将来。恭成《孝宗敬皇帝实录》二百二十四卷，《宝训》十卷，合《目录》《凡例》总二百三十六册。"

升山西按察司副使王鸿儒为国子监祭酒。《明武宗实录》卷四十九：正德四年夏四月丙寅，"升山西按察司副使王鸿儒为国子监祭酒。鸿儒先以病乞致仕，吏部奏请，俟病愈起用，至是，刘瑾欲兼收有望者以箝众口，故起鸿儒用之"。

礼部右侍郎费宏为左侍郎，太常寺少卿兼翰林侍读靳贵为右侍郎。（据《国榷》卷四十七）

王鏊上疏请去，许之。《明武宗实录》卷四十九"正德四年夏四月乙亥（十四日）"："少傅兼太子太傅户部尚书武英殿大学士王鏊上疏辞曰：'臣顷陈衰病，伏蒙皇上一再遣官即臣家赐以尚方药饵，大官珍膳，诏旨勉留，宠数优渥。岂以臣虽无赞理之功，尚崇其礼，以全体貌之诚邪？然体貌者君人之恩，而责实者朝廷之政，上焉必才识超卓足以发舒谋议，下焉亦膂力强敏足以趋赴事功。若咸无之，将焉用此？此臣欲日夜补报而未能者也。夫才者进而屡者废，壮者用而病者休，此亦自然之理。伏望圣慈矜允，以臣之职改授时贤，则上有得人之美，下免旷职之愆矣。'上以鏊情词恳切，特允之，令乘传还，仍给与应得诰命。"《明鉴纲目》卷五："纲：夏四月，王鏊罢。目：刘瑾横弥甚，鏊初开诚与言，间听纳，既而渐不能救，遂力求去，疏三上，许之。（鏊博学有识鉴，少善制举艺，为当世所宗。后数典乡试，程文冠一时。取士尚经术，阴诡者，一切屏去，文体为一变。明代举子业，最擅名者，前则鏊与唐顺之，后则归有光、胡友信，天下并称为大家。鏊归后，家居十五年，屡荐不起。及卒，赠太傅，谥文恪。○唐顺之，字应德，武进人。归有光，字熙甫，昆山人。胡友信，字成之，德清人。）"

丙寅，南京吏部尚书缺，吏部举吏部右侍郎李旻及礼部左侍郎张濂可用。诏升濂，而以旻代濂。次日，以南京吏部右侍郎缺，请复令旻为南京右侍郎。（据《馆阁漫录》卷九《正德四年》四月）

许翰林编修李时归省。初请假，诘吏部例安出。以成化末有诏六年归省对。（据《国榷》卷四十七）

李旻（1435—1509）卒。《馆阁漫录》卷九《正德四年》：四月，"辛卯，南京吏部右侍郎李旻卒。旻字子阳，浙江钱塘县人。成化庚子乡试、甲辰廷试俱第一，授翰林院修撰。丁未，预修《宪宗实录》。弘治改元，充经筵讲官。明年，以父忧去。辛亥，实录成，即家赐银十两，彩段二表里。癸丑，服阕还朝。丙辰，同考礼部会试。满九载，升左春坊左谕德。庚申，简侍东宫讲读。明年，升太常寺少卿，寻以本官署南京国子监事。正德丙寅，召修《孝庙实录》，改太常寺少卿兼翰林院侍读，仍充讲官，赐金带。丁卯，奉命授庶吉士业，寻升太常寺卿、管国子监事。未几，升南京吏部右侍郎。己巳，升左侍郎。寻卒，赐祭葬如例。旻长身修髯，状貌英伟。其于学问，贯穿经史百氏，论辨亹亹，听者终日忘倦。在史馆，善叙事理，丘文庄公浚为副总裁，见所纂，甚称之。其为人阔达倜傥，不甚拘守绳尺，亦多为人所忌云"。

莫如忠（1509—1589）生。据林景旸《明故通奉大夫浙江布政使司右布政使中江莫公行状》。莫如忠，字子良，华亭人，嘉靖戊戌进士，官至浙江布政使。告归，杜门著书，年至八十余乃卒。《明史·文苑传》附载董其昌传中。有《崇兰馆集》二十卷。

五月

命吏部拟纂修《实录》官升职等第。且谓先年刘健等修《会典》糜费，革其升职。仍令李东阳等覆定。于是降少师大学士李东阳支从一品俸。吏部尚书梁储为右侍郎。少保户部尚书杨廷和，礼部尚书白钺支从二品俸。礼部右侍郎靳贵为光禄寺卿。左谕德兼侍讲傅珪，侍读朱希周俱修撰。左谕德兼侍讲毛纪降侍读。五经博士潘辰仍典籍。光禄寺卿周文通降礼部郎中，仍支从四品俸。吏部郎中沈冬魁降员外郎。前翰林学士调镇江同知张芮降两浙盐运司副使。守制礼部尚书刘机降从二品俸。左庶子兼侍读毛澄降侍读。侍读顾清降编修。致仕吏部左侍郎杨守阯降右侍郎。南京吏部尚书王华降右侍郎。时刘瑾意抑儒臣，又焦芳以东阳轧己，导瑾裁之。（据《国榷》卷四十七）

南京礼部右侍郎马廷用，刑部右侍郎沈锐，太常寺卿卢亨各引去。勒南京工部尚书韩重、国子祭酒王敕致仕。南京太仆寺卿魏江闲住。俱考察自陈。（据《国榷》卷四十七）

进李东阳正一品俸。进少傅焦芳少师兼太子太师华盖殿大学士，杨廷和少保，加俸二级。署詹事府吏部左侍郎梁储复尚书。俱《实录》恩。瑾前夺升秩而复加之，以示其德。（据《国榷》卷四十七）

翰林官吴一鹏、顾清等改任南京六部。《馆阁漫录》卷九《正德四年》："五月壬辰朔。戊戌，初，纂修《孝庙实录》成，命吏部查纂修官事例。既而又查其中尝与修《大明会典》，已升及守制未升者职衔、履历与到馆日期。至是上之，诏纂修实录重事也，其即照例拟升职等第以闻。且谓先年刘健等以编修《会典》为名，多所糜费，已升之职，俱革之。其书令大学士李东阳等覆视更定，务令明白。于是吏部拟降少师兼太子太师、吏部尚书、华盖殿大学士李东阳支从一品俸，吏部尚书兼翰林院学士梁储为本部右侍郎，少保兼太子太保、户部尚书杨廷和，礼部尚书白钺，俱支从二品俸；礼部右侍郎靳贵为光禄寺卿，左春坊左谕德兼侍讲傅珪、侍读朱希周俱为修撰，左春坊左谕德兼侍讲毛纪为侍读，五经博士潘辰仍为典籍，光禄寺卿周文通为礼部郎中，仍支从四品俸；吏部郎中沈冬魁为员外郎，原翰林院学士调府同知张芮为两浙盐运司副使。又降丁忧礼部尚书刘机支从二品俸，左春坊左庶子兼侍读顾清为编修，及致仕吏部左侍郎杨守阯为右侍郎，南京吏部尚书王华为本部右侍郎。得旨从之。仍谓吏部奏拟欺隐含糊，法有未尽，姑存大体不究。瑾意以东阳降俸为未能尽法也。瑾欲裁抑儒臣，谓旧例纂修升秩为过，故先革其所已升者，而复加之以示己恩。谈者又谓焦芳不欲东阳轧己，乃导瑾为此举云。庚子，南京国子监祭酒王敕考察自陈，诏谓污名素著，令致仕。丙午，以纂修《孝宗实录》成，加少师兼太子太师、吏部尚书、华盖殿大学士李东阳正一品俸，进少傅兼太子太傅、吏部尚书、谨身殿大学士焦芳为少师兼太子太师、华盖殿大学士，加少保兼太子太保、户部尚书、文渊阁大学士杨廷和俸二级。各疏辞，上曰：'先朝实录既完，卿等数年劳勋，功绩昭著，特加升赏，毋负朕意。不允所辞。'詹事府掌府事、吏部右侍郎兼翰林院学士梁储以纂修实录成，升吏部尚书，疏辞不允。丁未，吏部上言纂修等官历俸入馆浅深及升职旧例，得旨：'升纂修、催纂侍读毛纪等十八员，并收掌文书刘讯、誊录沈冬魁等七员，俱一级；稽考参对修撰吕柟等十二员俸一级；丁忧学士刘春等二十二员，查其到馆日期，员外郎乔宗及秀才张保等二十九员，仍查其入馆履历以闻。孙清以丁忧潜住，叶德以不职有名，俱令冠带闲住。陈霁以素行不谨，令致仕。顾清、汪俊、王九思、徐穆、吴一鹏、李廷相、崔铣、温仁和、穆孔晖、汪伟、翟銮、易舒诰、贾咏、刘龙、陆深、李继先以未谙事体，令量调外任及南北部属，扩充政务。今后翰林缺官，令吏部拣拔才识颖敏者为之。'又谓：'吏部每违旨朋比，以邀众心。礼部见缺尚书、侍郎，何不奏补？其吐实陈状。'既而尚书刘宇等引咎，乃姑宥之，各停俸三月，该司官五月。及以礼部尚书、右侍郎之缺为请，又仍以白钺、靳贵补之。瑾播弄威福，于是益肆矣。庚戌，升江西右布政使林廷选于浙江，浙江右布政使安惟学于陕西，俱左布政使。遂附批调翰林院编修董玘为外任。玘忤焦芳意，芳因潜之瑾，谓其与谢迁有连云。　辛亥，升南京太常寺少卿罗玘为本寺卿。因升李贡为都察院右副都御史，巡抚辽东，而勒刘谦致仕。故事，巡抚重臣，皆会推请简用。今内批突附他疏而出，皆刘瑾之私云。壬子，吏部拟升纂修官翰林院侍读毛纪为侍讲学士，侍讲丰熙为右春坊右谕德，修撰傅珪为左春坊左中允，朱希周为侍读，顾鼎臣为侍讲，编修滕霄、何瑭为修撰，典籍潘辰为五经博士；催纂官礼部郎中周文通为河南右参议；收掌文书官中书舍人刘讯为大理寺右评事；誊录官稽勋司员外沈冬魁为本司郎中，中书舍人方瑛、邓相、徐富、汪麟为大理寺右评事，序班周令、林应禧为司仪署署丞。又拟升调翰林侍读吴一鹏于南京刑部，侍读徐穆于南京礼部；编修顾清于南京兵部，汪俊于南京工部，俱员外郎；编修贾咏、李廷相于兵部，温仁和于户部，刘龙于礼部，翟銮于刑部，崔铣于南京吏部，陆深于南京礼部，检讨王九思于吏部，汪伟、穆孔晖于南京礼部，易舒诰于南京户部，俱主事；编修董玘于成安，詹事府主簿李继先于元城，俱知县。上皆从之。复令改玘为刑部主事。先是，刘瑾以翰林院官慢己，每与张彩谋，欲调之外任，彩不可，及论纂修升秩例，瑾复持之，彩为解讲，瑾意已平，而焦芳父子及段炅辈谓可乘此挤其素有仇隙者，乃密以名投瑾，从臾成之。当时炅辈私出芳门，阴嫉善类，文致贝锦之非者，又芳之乡人潘铎、王尚纲也。邸报出，有语焦黄中云：'董玘众谓其必及，今无恙矣。'炅在坐，色变曰：'非漏网哉！'明日，遂附他本批出。旧制，翰林升官皆内阁较量资级请上裁。今以吏部拟而复调为部属外任，瑾之变乱成法，至是极矣。"

李东阳焚《孝宗实录》底稿，作焚稿纪事诗。 《怀麓堂集》卷五十八《西苑焚稿纪事》云："史家遗草尽成编，太液池头万炬烟。天上六丁元下取，人间一字不轻传。先朝故事非今日，内苑清游亦胜缘。却上广寒云雾里，禁城东指是文渊。"自注："五月二十五日，在海子西岸事毕，尚膳供宴。是日，入西苑门，望南台，登广寒殿，过芭蕉园而还。"郑晓《今言》卷二云："我朝虽设修撰、编修、检讨为史官，特有其名耳。《实录》进呈，焚草液池，一字不传。况中间类多细事，重大政体，进退人材，多不录。每科京师乡试考官赐宴，皆书冢宰内阁大臣，其先后相继，竟不可考，他可知矣。"黄景昉《国史唯疑》卷十二《补遗》："《实录》成，其副稿虑为人见，例焚之芭蕉园，在太液池东。"《日知录》卷十八《秘书国史》云："明则实录之进，焚草于太液池，藏真于皇史宬。在朝之臣，非预纂修，皆不得见。而野史家遂得以孤行于世，天下之士于是乎不知今是。虽以夫子之圣，起于今世，学夏殷礼而无从，学周礼而又无从也。况其下焉者乎？岂非密于禁史而疏于作人，工于藏书而拙于敷教者邪？遂使帷囊同毁，空闻《七略》之名，冢壁皆残，不睹六经之字。呜呼吝矣！"《顾亭林文集》卷五《书吴潘二子事》云："先朝之史，皆天子之大臣与侍从之官，承命为之，而事莫得见。其藏书之所曰皇史宬。每一帝崩，修《实录》，则请前一朝之书出之，以相对勘。非是，莫得见者。人间所传，止有《太祖实录》。国初人朴厚，不敢言朝廷事，而史学因以废失。正德以后，始有纂为一书附于野史者，大抵草泽之所闻，与事实绝远，而反行于世。世之不见实录者，从而信之。"

江西、浙江右布政使林廷选、安惟学为浙江、陕西左布政使。附批，翰林编修董玘谪安成知县。焦芳谮于瑾，以玘姻谢迁也。（据《国榷》卷四十七）

六月

升南京翰林院侍读学士石珤为南京国子监祭酒。（据《明武宗实录》卷五十一）张萱《西园闻见录》卷四十五《礼部》四《国学·往行》："石珤，字邦彦，藁城人。成化丁未进士，改庶吉士，历官武英殿大学士，谥文隐。己巳补南监祭酒，教法严邃，济之以恕。时阉瑾用事，以励精为名，士大夫当官亦附会振，作监生查对军册，有患病不容给假，珤力主之。晒晾黄册有不至者，辄行典簿厅取供，令其每夕画卯，珤以祖宗成宪不敢擅改答之。诸生感悦。会廷臣议令纳银监生增报年岁，或谓将拣选听点，人情汹汹。珤拘集至班，令递增一岁，缴册至部，亦竟无他，人益服其有见。明年改北监祭酒，教法如在南时。"阉瑾，指刘瑾。

刘宇罢归。以张彩为吏部尚书。《馆阁漫录》卷九《正德四年》："六月辛酉朔。庚辰，升南京翰林院侍读学士石珤为南京国子监祭酒，升翰林院五经博士潘辰为编修。戊子，以吏部尚书刘宇兼文渊阁大学士。宇粗厉无才猷，徒以躯干魁梧致显位。其为总制时，奢靡无度，奏带仆从数十，日责有司肆盛筵供亿，赂刘瑾，入掌台事，请敕箝制御史，小过辄挞，瑾以为贤。擢兵部尚书，举用将领，赃贿狼藉。迨转吏部，索赂于缙绅，不逮边帅之馈，乃悔曰：'兵部自好，何必吏部也。'未几，张彩为侍郎，凡所举措，彩与瑾谋协而行，宇尸位而已。瑾重信彩，亟欲授之尚书，将罢宇，以宇夙厚，乃俾入阁。宇疏辞，且乞省墓，许乘传还。宇将践内阁任，请于瑾，置酒阁中，瑾亲诣称贺。明日，宇犹入阁。瑾闻之曰：'此地岂容彼入哉？'宇乃不敢入而行。逾岁，得请休致。议者谓其流毒善良不及焦芳，偃然黄扉不及曹元云。"

命右春坊右谕德丰熙署南京翰林院事。旧制，两京翰林院掌印官缺，本院推一员请用。至是大学士李东阳请吏部推举二员，量升学士以往。吏部具熙及侍读朱希周上请，时刘瑾久欲斥熙，遂止与旧衔署印云。（据《馆阁漫录》卷九《正德四年》）

庚申，升翰林院检讨焦黄中，授庶吉士邵锐、黄芳、刘仁，俱为编修，孙绍先为检讨，仍令吏部会同内阁改定翰林院官额以闻。旧例庶吉士读书三年始职，黄中与仁席父势，亟欲进取，故仁及锐、芳一年遂有是命。黄中先已授检讨，至是复附批改升编修。绍先弘治十八年庶吉士，服阕，仍准读书，故预焉。（据《馆阁漫录》卷九《正德四年》）

七月

南京工科给事中殷云霄卒。云霄字近夫，寿张人，弘治乙未进士。辛未令靖江，转青田。乙亥进工科。年三十七。性方峭。所著《石川集》。（据《国榷》卷四十七）

赵府辅国将军祐椋言："宗藩辅导非人。向用科贡，近年多监生舍人衰惫者。乞严其选。"诏从之。（据《国榷》卷四十七）

八月

改定翰林院官制，额为二十四员。《明武宗实录》卷五十三：正德四年八月戊辰，"改定翰林院官制，额为二十四员。学士一员，侍讲、侍读学士各一员，侍讲、侍读各二员，修撰五员、编修八员、检讨四员。有缺则量选庶吉士教养除补，或推诸司有学行者调补。如应复除并进士及第者，虽额数已足，许填注见任"。《国榷》卷四十七："正德四年八月戊辰，定翰林院官：学士一，侍讲、侍读学士各一，侍读二，侍讲二，修撰五，编修八，检讨四。"

沈周卒，年八十二。《甫田集》卷二十五《沈先生行状》："先生既长，益务学，自群经而下，若诸史子集，若释老，若稗官小说，莫不贯总淹浃。其所得，悉以资于诗。其诗初学唐人，雅意白傅，既而师眉山为长句，已又为放翁近律。所拟莫不合作。然其缘情随事，因物赋形，开阖变化，纵横百出，初不拘拘乎一体之长。稍辍其余，以游绘事，亦皆妙诣，追踪古人所至。宾客墙进，先生对客挥洒不休，所作多自题其上，顷刻数百言，莫不妙丽可诵。下至舆皂贱夫，有求辄应，长缣断素，流布充斥，内自京师，远而闽浙川广，莫不知有沈周先生也。……先生去所居里余，为别业，曰有竹居，耕读其间。佳时胜日，必具酒肴，合近局，从容谈笑，出所蓄古图书器物，相与抚玩品题以为乐。晚岁，名益盛，客至亦益多，户屦常满。先生既老，而聪明不衰，酬对终日，不少厌怠，风流文物，照映一时，百年来东南文物之盛，盖莫有过之者。先生为人修谨谦下，虽内蕴精明，而不少外暴。与人处，曾无乖忤，而中实介辨不可犯。然喜奖掖后进，寸才片善，苟有以当其意，必为延誉于人不藏也。尤不忍人疾苦，缓急有求，无不应者，里党戚属咸仰成焉。……所著诗文曰《石田稿》，总若干卷，他杂著曰《石田文抄》《石田咏史》《补忘录》《客座新闻》《续千金方》，总若干卷。正德四年己巳，先生年八十有三。八月二日，以疾卒于正寝。"

九月

翰林院庶吉士安邦为吏科给事中。（据《国榷》卷四十七）

升翰林院侍读学士毛纪为学士，左春坊左中允傅珪为侍读学士。初有旨，翰林官缺，会九卿、科道推举。至是吏部具缺，请会多官，乃改命惟会内阁。（据《馆阁漫录》卷九《正德四年》）

以提督四夷馆太常寺少卿李逊学兼翰林院侍讲，本院办事。（据《馆阁漫录》卷四《正德四年》九月）

王慎中（1509—1559）生。王慎中，字道思，号遵岩，晋江人，嘉靖丙戌进士，官至河南布政使参政。事迹具《明史·文苑传》。有《遵岩集》二十四卷、《玩芳堂摘稿》四卷。《明文海》卷四百三十七雷礼《河南参政王遵岩墓表》："幼禀慧质，读书日诵数千言，辄了悟，不烦师解。年十四，补弟子。郡守葛公见所试举子业，奇之曰：'儿异日当为天下士，讵取科第已耶？'……先生生于正德己巳九月二十七日，卒于嘉靖己未七月十七日，享年五十一。"

闰九月

故韶州同知韩铳子荫国子生，悯其殉寇也。（据《国榷》卷四十七）

特命翰林官撰贵溪上清宫碑。（据《国榷》卷四十七）

兵部主事徐子熙为光禄寺少卿，直文华殿。凡供奉内殿，俱杂流技艺。时某上瑾诗干进，遂令吏部选进士，子熙甘就试，缙绅鄙之。（据《国榷》卷四十七）

十月

改南京礼部尚书张溪为南京户部尚书。（据《馆阁漫录》卷九《正德四年》）

十一月

前山东按察使王云凤为国子祭酒，张彩荐之。亦变例也。（据《国榷》卷四十七）

复广东茂名县儒学。成化间兵燹，并入高州。（据《国榷》卷四十七）

本年

《明会典》重校刊行。《四库全书总目·明会典提要》："《明会典》一百八十卷：明弘治十年奉敕撰，十五年书成，正德四年重校刊行。故卷端有孝宗、武宗两序。……其体例以六部为纲，吏、礼、兵、工四部诸司，各有事例者，则以司分。户、刑二部诸司但分省而治。共一事例者，则以科分。故一百八十卷中，宗人府自为一卷弁首外，余第二卷至一百六十三卷，皆六部之掌故。一百六十四卷至一百七十八卷，为诸文职。末二卷，为诸武职。特附见其职守沿革而已。……于一代典章，最为赅备。凡史志之所未详，此皆具有始末，足以备后来之考证。"

王阳明应席书之聘主贵阳书院。《传习录·王阳明先生年谱》："四年己巳，先生三十八岁，在贵阳。提学副使席书聘先生主贵阳书院，因修葺书院，而身率诸生以师礼。先生论知行合一之功始于是时。"钱穆《王守仁·阴阳年谱》："四年己巳，先生三十八岁，主贵阳书院。始论知行合一。"

陆树声（1509—1605）生。据《礼部志稿》卷五十四《尚书陆树声》。陆树声，字与吉，号平泉，南直隶华亭人。嘉靖辛丑进士，官至礼部尚书。事迹具《明史》本传。有《清暑笔谈》《耄余杂识》《长水日抄》《病榻寤言》。

赵时春（1509—1567）生。据徐阶《明故巡抚山西都察院右佥都御史浚谷赵公墓志铭》。赵时春，字景仁，号浚谷，平凉人。嘉靖丙戌进士，官至右副都御史，巡抚山西。事迹具《明史》本传。有《赵浚谷诗集》六卷、《赵浚谷文集》十卷附《永思录》一卷、《疏案》一卷。

明武宗正德五年庚午（公元 1510 年）

正月

琉球官生蔡进等五人入南雍肄业，赐衣廪。（据《国榷》卷四十八）

翰林院庶吉士蔡祐为吏科给事中。（据《国榷》卷四十八）

令裁江西乡试解额。《国榷》卷四十八："满剌加国王使臣亚刘，本江西万安人萧明举也，亡命。至是同端亚智等来朝，赂大通事王永序班张宇，谋往渤泥国索宝。礼部吏侯永等伪造符印扰驿。后事泄，同辈忿叛，俱逮入京论罪。中旨江西多玩法，如彭华、李裕、尹直、徐琼、李孜省、黄景，多招物议。且乡试解额过多，宜裁五十人。仕者毋除京职，永为令。盖焦芳夙憾华等，借瑾以快其私也。"

二月

国子监祭酒王云凤奏请令二十四岁下纳银监生概发原学肄业。从之。《明武宗实录》卷六十：正德五年二月戊戌，"国子监祭酒王云凤奏：国学纳银监生，年少者多，此辈他日多选为州县亲民之官，未及学问，何以胜任？且又壅滞科贡正途。而未冠之士历事诸曹，亦非事体。乞令二十四岁以下者，概发原学肄业，同本学生员考校，学行无成者为民。若赴部考选，有曳白并文理不通者，罪提学等官。吏部覆议，从之"。

曹元入内阁，预机务。《馆阁漫录》卷九《正德五年》："二月丁亥朔，太常寺少卿兼翰林院侍读李逊学升户部右侍郎，提督仓场。癸巳，敕进少保兼太子太保、户部尚书、文渊阁大学士杨廷和为吏部尚书兼武英殿大学士，太子太保、兵部尚书曹元为吏部尚书兼文渊阁大学士，供事内阁。元与瑾有葭莩之旧，故位屡进，至是复夤缘入阁，士论耻之。辛未，改南京吏部尚书刘忠为吏部尚书兼翰林院学士，专管诰敕。"

谢铎（1435—1510）卒，年七十六。《明文海》卷四百五十黄绾《谢文肃公行状》："正德戊辰，吏部上其名，会权奸用事，遂令致仕。先生归六岁，终于正寝，享年七十有六，正德庚午二月二日也。……于书无不读，其所为文甚多，尤长于诗。盖其精识绝人，论议归于一是。所著有《桃溪集》《续真西山读书记》《伊洛遗音》《伊洛渊源续录》《四子择言》《元史本末》《宰辅沿革》《国朝名臣事略》《尊乡录》《赤城志》及文集、诗集、《论谏录》《缌山集》百余卷。"《明史》谢铎传云："铎经术湛深，为文章有体要。"

南京吏部尚书刘恕改吏部尚书兼翰林学士，专诰敕。（据《国榷》卷四十八）

兵科给事中屈铨，请刊定正德元年以来见行事例示中外，从之。按新例俱刘瑾紊制，人方侧目，铨犹诌奉焉。后两月，祭酒王云凤效之，且请瑾幸太学，如鱼朝恩例。瑾寻败，被劾。（据《国榷》卷四十八）

三月

周经（1440—1510）卒。《馆阁漫录》卷九《正德五年》："三月丙辰朔。乙卯，翰林院修撰何瑭奏乞回籍养病，许之。乙酉，致仕太子太保、礼部尚书周经卒。经字伯常，山西阳曲人，南京刑部尚书瑄之子也。天顺庚辰进士，改翰林院庶吉士，授检讨。纂修《英庙实录》成，进编修。秩满，进侍读。十四年，孝庙出阁，改左春坊左中允。弘治改元，以东宫恩升太常寺少卿兼侍读。二年，擢礼部右侍郎。四年，改吏部，寻转左。九年，擢户部尚书，寻加太子少保。十三年，以灾异乞免，加太子太保致仕。上即位，起为南京户部尚书，以丁母忧，未上。正德三年，复起为吏部尚书。居数月，以病乞休，至是卒，年七十一。赠特进光禄大夫、右柱国、太保，谥文端。其复起也，则以其婿曹元与刘瑾有连，或谓元实为之。时经已病，又黾勉赴召，则不能无责备云。"

翰林修撰何塘（瑭）予告。（据《国榷》卷四十八）

四月

诏武举官舍人等，先年分拨宁夏、延绥、甘肃三边听调杀敌者，各回原卫。（据《明武宗实录》卷六十二"正德五年夏四月辛亥"）

安化王朱寘𫓧反，仇钺讨擒之。《馆阁漫录》卷九《正德五年》："四月丙戌朔。乙巳，右春坊右谕德兼翰林院侍讲蒋冕服阕至，复职。庆府安化王寘𫓧与宁夏都指挥何锦等集众反，传檄以诛瑾为名，关中大震。命泾阳伯神英、太监张永、都御史杨一清率兵讨之。宁夏游击将军仇钺执寘𫓧父子，贼党悉平。"

五月

升翰林大学士毛纪为户部侍郎，仍兼日讲。戊午，升翰林院侍讲学士傅珪为本院学士。辛酉，升右春坊右谕德兼翰林院侍讲蒋冕为翰林院侍读学士，侍讲毛澄为侍讲学士。据《馆阁漫录》卷九《正德五年》。

焦芳罢。《馆阁漫录》卷九《正德五年》：五月，"癸未，大学士焦芳乞致仕，许之，赐敕驰驿去，令有司给食米月五石，役夫岁八名。芳初荐张彩于刘瑾，以彩与己合，可共为奸利也。彩既为吏部尚书，芳与子黄中纳贿荐人，殆无虚日，彩未能尽从，遂有隙。瑾闻之，心亦恶之。芳尝受俘奴之赏，盖土官岑浚妾也，色颇艳。芳以为妾而嬖焉，与其妻反目，至欲持刃杀之。瑾尝对诸司斥其过。及西事既平，颁诏赦芳，又以黄中充使，瑾于顺门复斥芳，并怒礼部官不当承顺芳意。芳知不可复留，乃疏乞归老。论者谓芳附瑾取容，而竟不容于瑾，可为进不以正之戒矣"。

立万全右卫儒学。（据《国榷》卷四十八）

六月

戒布、按二司及巡按御史不得侵越提学职事。《明武宗实录》卷六十四：正德五年六月甲辰，"山西按察司提学副使陈凤梧疏言：'提学所奉敕谕，不许布、按二司及巡按御史侵越职事。顷年各布政司乡试，提学官已将应试生儒考定入场，而巡按御史又会二司覆考，重加去取，实为侵越。'上曰：'巡按者自有监临职任，如有奸弊，则当纠察。考试属之提学，各官宜勿预'"。

前吏部尚书马文升卒。《明鉴纲目》卷五："纲：六月，前吏部尚书马文升卒。目：文升归后，刘瑾坐以朋党除名，及是卒。（文升有文武才，朝端大议，往往待之决，功在边镇，外国皆闻其名。卒后，未几瑾诛，复官，赠太傅，谥端肃。）"

武宗自称大庆法王。《明史》武宗本纪："（正德二年）夏五月戊午，度僧道四万人。……（正德五年）六月庚子，帝自号大庆法王，所司铸印以进。"

七月

乙丑，命翰林院侍读学士蒋冕、侍读朱希周为应天府乡试考试官。庚午，翰林院编修焦黄中奏乞送父芳致仕还乡，并言内阁官例有恩荫，诏以芳致仕，未有荫叙，升黄中为侍读，乘传还。芳父子附瑾势，烁焰可畏，故黄中越资骤进，时议耻之。（据《馆阁漫录》卷九《正德五年》七月）

下减历之令。黄佐《南雍志》卷四《事纪》："正德五年七月丁卯，下减历之令。以礼部言在监人数已多，而本监仓粮甚少，欲得疏通人材，减廪饩。上从其言，令正历递减四阅月，写本、杂历各减两阅月，长差递减六阅月，已拨出者照例扣算。已而俱不减历。八月，以人材壅积，令放回依亲。岁贡者一年，援例者五年方许行取复监。"

命翰林院学士傅珪、侍讲学士毛澄主顺天乡试。（据《弇山堂别集》卷八十二）

归养监察御史晋江陈茂烈贫甚，改晋江教谕。资禄养母，俟母终起用。（据《国榷》卷四十八）

（七月）乙亥，初，翰林侍读徐穆调南京礼部员外郎。至是服阕，改南京兵部员外郎。（据《国榷》卷四十八）

八月

两京及河南、山东、陕西、山西、浙江、湖广、江西、福建、广东、广西、四川、云南等十二布政司乡试；贵州士子附云南乡试。

左给事中张瓒、监察御史张羽等言武举中式官生安国等六十人皆庸才，宜就御前覆试，夺其俸级，并劾兵部尚书刘宇任情创法之罪。《明武宗实录》卷六十六：正德五年八月丁亥，"左给事中张瓒、监察御史张羽等言武举中式官生安国等六十人皆庸才也，宜就御前覆试，夺其俸级，并劾兵部尚书刘宇任情创法之罪。得旨：'将才岂可多得，一举至五六十人，何其多耶？此辈分隶各边操练已三年矣，而一筹莫效。迩者真鐇之叛，在宁夏者二十人，不闻立功，他可知已。宇创法滥取，法宜究治，但已致仕，姑宥之。国等俱革其升级并加俸，令回原卫原籍差操。今后武举各精选体貌雄健，有谋略善骑射者二三人以备任使，不许仍前滥举。'时国等既以赦得还，瑾意犹怒，故讽言者劾之"。

刘瑾伏诛。令乡试解额并会试南、北、中卷俱复旧制。（据《明武宗实录》卷六十六"正德五年八月"）《明史》杨一清传："安化王真鐇反，诏起一清总制军务，与总兵官神英西讨，中官张永监其军。未至，一清故部将仇钺已捕执之。一清驰至镇，宣布德意。张永旋亦至，一清与结纳，相得甚欢。知永与瑾有隙，乘间扼腕言曰：'赖公力定反侧。然此易除也，如国家内患何。'永曰：'何谓也？'一清遂促席画掌作'瑾'字，永难之曰：'是家晨夕上前，枝附根据，耳目广矣。'一清慷慨曰：'公亦上信臣，讨贼不付他人而付公，意可知。今功成奏捷，请间论军事，因发瑾奸，极陈海内愁怨，惧变起心腹。上英武，必听公诛瑾。瑾诛，公益柄用，悉矫前弊，收天下心。吕强、张承业暨公，千载三人耳。'永曰：'脱不济，奈何？'一清曰：'言出于公，必济。万一不信，公顿首据地泣，请死上前，剖心以明不妄，上必为公动。苟得请，即行事，毋须臾缓。'于是永勃然起曰：'嗟乎，老奴何惜余年，不以报主哉。'竟如一清策诛瑾。"

曹元以罪免职。《馆阁漫录》卷九《正德五年》：八月，"己酉，大学士曹元罢。瑾既败，元上疏言：'愿宥不职之罪，开更生之门，为太平之民，守先人之墓。'辞极哀鸣，诏准致仕，寻复斥为民。元历任中外，无他才能，徒以瑾亲党骤进本兵。又冒入内阁，居之不疑，对人唯曰饮无何，谐谑道市井鄙语而已。老无子息，而盛治第于京师，其亲知多窃笑之。每从瑾所饱饫而出，意气得甚。瑾败，所藏违禁服用，每乘夜窃焚之，未几贫悴，遂市其居于贵家。将死，自作墓铭曰：'即我死，谁肯铭我？'评者谓其犹愈于焦芳之怙终稔恶云"。

康海坐刘瑾党落职。张治道《翰林院修撰对山康先生行状》："孝宗时，谢阁老迁见知主上，其子丕为翰林编修，文亦有名。焦阁老芳，其子黄中亦为翰林检讨，争胜于谢，各树党与，互为标榜。焦欲引先生为附，一日置酒，厚请先生。先生往，见座客皆邪媚者，曰：'此为排谢招我耶？'遂正言责之，座客皆愧服，衔先生者益众矣。是时，李西涯为中台，以文衡自任，而一时为文者皆出其门，每一诗文出，罔不模效窃仿，以为前无古人。先生独不之仿，乃与鄠杜王敬夫、北郡李献吉、信阳何仲默、吴下徐昌谷为文社，讨论文艺，诵说先王。西涯闻之，益大衔之。……无何丁母忧，归关中。往时，京官值亲殁时，持厚币求内阁志铭以为荣。而先生独不求内阁文，自为状，而以鄠杜王敬夫为志铭，北郡李献吉为墓表，皋兰段德光为传。一时文出，见者无不惊叹，以为汉文复作，可以洗近文之陋矣。西涯见之，益大衔之，因呼为子字股，盖以数公为文称子故也。若尔，非大衔也耶？归关中，居丧以礼，哀毁怨慕。无何，瑾败，而异者、仇者嗾言官以乡里指为瑾党，论先生，罢其官。呜呼！先生以修撰罢归，官不加升，阿瑾何谓？大抵先生以才名致谤，口语招谗，又何论焉？又谓先生还家时被劫，有司为追捕其所亡。盖追捕所亡，有司素重其名，且为翰林，而追捕之也，先生何与焉？闻者无不惊叹，曰：'假手折才，嫉贤附党，有天乎？'而先生闻之，略无愠色，且曰：'自审无疚，祸将从人。瑾，天下大恶也，余常忧其祸国，今果败论死矣，深为国家庆也。余官何惜？余官何惜？'"

浙江乡试，陈良谟中举。陈良谟《见闻纪训》："正德庚午，余游学广德，忽本庠张掌教（名孟敬）使人呼回，谓余曰：'归安武大尹（名尚文，晋江人）乃蔡虚斋高第，今科必入帘。吾介尔往拜其门，以文字结知。师友之情，人孰无之？场中当必留意。'余唯而出，私念穷通得失，有命在天，进不以正，识者所鄙，遂托辞不往。而是岁侥幸中式，乃恰由武公所取，加溢美焉。当时设从张师之言，则彼此无以自明，终身

1450

含愧多矣。可见人之出处预定，真不须分外求谋，徒坏心术也。"

科道等官自劾不职，因劾内外官为瑾奸党者二十六人。《馆阁漫录》卷九《正德五年》，八月"辛丑，科道等官复自劾不职，因劾内外官为瑾奸党者三十六人：大学士曹元，吏部尚书张彩，户部尚书刘玑，兵部右侍郎陈震，南京礼部尚书朱恩，都御史魏讷、杨武、刘聪、徐以贞，翰林院修撰康海，侍读焦黄中，编修刘仁，大理寺少卿董恬，南京太常寺少卿刘介，去任司务孙聪，都给事中李宪，捕盗御史薛凤鸣，员外郎改御史朱袞，河南金事白思诚，参议王钦，掌真定府事、参政杨仪，顺庆知府庄襈，徽州知府柯英，杭州知府杨孟瑛，吏部郎中王九思、王纳诲。请明正其罪，或赐罢斥。得旨：'瑾引用憸邪，布列中外，或交通贿赂，或凭藉权势，或阿意奉行，盗窃名器，图利害人，致伤国体，法当重究。但以连及者众，姑分别等第处之。彩已逮问，元、刘聪、震、宪、恬、海、襈、讷、武、凤鸣、孙聪、仪、思诚、恩、英、钦、介、孟瑛、黄中、仁俱罢斥为民；以贞、袞、九思、纳诲降二级调外任；玑已致仕，已之。新升金都御史萧选阿奉超迁，革其升职，并翰林院传奉检讨、庶吉士者，俱对品调外任。文武官为瑾挟私废黜者，吏部访其才可用者以闻。'"

乙巳，命太子少保、南京吏部尚书梁储驰驿来京，丙午，命南京兵部员外郎徐穆、刑部员外郎吴一鹏、工部员外郎汪俊、丁忧拟调南京兵部员外郎顾清、礼部署员外郎贾咏、吏部员外刘龙、兵部主事李廷相、户部主事温仁和、吏部主事董玘、刑部主事翟銮、南京吏部主事崔铣、户部主事易舒诰，礼部主事汪伟、穆孔晖，丁忧拟调南京礼部主事陆深，俱复原职。穆、清翰林院侍读，一鹏侍讲，俊、咏、龙、廷相、仁和、玘、銮、铣、深编修，伟、孔晖、舒诰检讨。焦芳及其子黄中暨段炅乘刘瑾恶翰林，因挤其所素怨及所忌者，假扩充政事之说调之。及是瑾败，穆等始复，而黄中、炅皆削夺去。（据《馆阁漫录》卷九《正德五年》八月）

辛亥，改服阕吏部尚书刘机为吏部尚书。升总制陕西等处军务、都察院右都御史杨一清户部尚书。时吏部以户部缺尚书举机，有旨令再推，复举一清，乃并用之，而以机为吏部。（据《馆阁漫录》卷九《正德五年》八月）

大学士杨廷和待罪，留之。（据《国榷》卷四十八）

九月

刘忠、梁储入内阁，预机务。《馆阁漫录》卷九《正德五年》："九月甲寅朔。戊午，改太子太保、南京吏部尚书梁储为吏部尚书，及掌詹事府事，吏部尚书兼翰林院学士刘忠，俱兼文渊阁大学士，内阁办事。"

礼部覆议国子监事宜，宜如先年例。诏可。《明武宗实录》卷六十七：正德五年九月，"丙辰，先是，国子监以监生多至二千二百以上，廪饩不给，礼部议如先年例减历以疏壅滞。寻有旨，令今年岁贡生放回依亲，俟一年后与纳银者相兼行取。祭酒王云凤因奏：留岁贡者二百名，令自备薪米肄业，至十月始准食粮。余皆放回。且请定坐监人数，岁止以一千二三百为限，而停罢减历例。既而监生哗然诉奏，下礼部覆议，谓岁贡生放回，乃出刘瑾意，且所留二百人令自备薪米，非养贤体。况云贵远方者亦放回，人情不堪，宜如前议，将历事者仍递减，坐监人数岁以三千为常，岁贡生在监者，通准食粮，已放者悉令行取，其纳银生未放而年岁不及者，乃令自备薪米寄监读书。诏可。"

京卫武学事例为刘瑾变乱者三事，俱令改正。武举仍六年一次开科。《明武宗实录》卷六十七：正德五年九月癸酉，"兵部奏京卫武学事例为刘瑾变乱者三事：一、武举仍六年一次开科。一、公侯伯及军职应袭子孙考试文理不通者降一级，公侯伯子孙革禄米三之一，非旧例，宜革。今后勋戚子仍听访保门馆，以充教习。一、军职应袭子孙有志文举并弟侄愿入武学作养者，俱照旧科举。不堪作养者，方送营操。得旨：'武举武学新例俱改正，教习门馆仍照先年事例，令吏部选用，不许自行访保'"。

调南京国子监祭酒石珤为国子祭酒。（据《明武宗实录》卷六十七）

停国子监生放回依亲之令。黄佐《南雍志》卷四《事纪》："正德五年九月，停放回依亲之令。北监祭酒王云凤言：'本监尽行放回依亲，则该坐堂者，举不过七人，贡不过十三人，是国学养贤之地，科贡一空。况近日减历之恩，专及于纳银之人，吏部数年以后选用，既无科贡之士，必多曳白之徒，居官治民，年少不经，其于治体能无大损？'上从之，遂行本监。"

斩张文冕于市。文冕华亭人，初为县学生，被黜，潜至京，投瑾门下，遂用事，冒军功授锦衣卫千户。瑾捏传旨意，多出其手，交通贿赂，气焰倾一时。至是瑾败，并诛，妻妾送浣衣局。（据《馆阁漫录》卷九《正德五年》九月）

升礼部左侍郎费宏为本部尚书。（据《馆阁漫录》卷九《正德五年》九月）

升国子监司业王瓒为南京国子监祭酒。（据《明武宗实录》卷六十七）

国子监祭酒王云凤乞休致，不允，改南京通政司右通政。初，云凤为陕西提学副使，榜笞生徒，同于考讯，有至死者。瑾闻而喜之，复以张彩荐，遂擢为祭酒。及进谒瑾，瑾诧其多髭，叱曰："何物祭酒，一嘴猪毛耳。"云凤惶恐跪谢。后上章请以瑾所行法例刻板，永著为令，又欲请瑾临太学，如唐鱼朝恩故事，士论鄙之。及瑾败，为科道所劾，云凤内不自安，乃有是请。犹以平日虚名，得免于罪云。（据《馆阁漫录》卷九《正德五年》九月）

命礼部尚书白钺兼翰林院学士，专管内阁诰敕。改礼部右侍郎靳贵为吏部右侍郎。掌詹事府事、吏部尚书兼翰林院学士刘忠上疏辞入阁之命，上曰："卿学行兼优，誉望久著，特兹简命，宜勉副委任，不允所辞。"壬戌，复尚书刘机仍支正二品俸，致仕侍郎杨守阯、王华原职，机等以纂修《会典》，为瑾所裁抑，至是皆改正。（据《馆阁漫录》卷九《正德五年》九月）

升太常寺少卿罗玘为南京吏部右侍郎。国子监司业鲁铎丁忧服阕，复除原职。吏部奏："正德二年以来，内外文职官员，降调致仕闲住为民、充军者，不可胜举，如尚书李杰、孙需，侍郎陈勷、邓璋、胡富、陶琰、马中锡，都御史张宪、贾锭、李贡、邵宝、胡瑞、罗鉴，通政司参议任良弼、府丞赵璜，司业罗钦顺、编修何瑭，给事中杨褫、刘泽、徐忱、安奎、潘希曾、陈伯献，御史吴漳、王润、曾大有、刘子厉、杨南金、王时中，郎中刘思贤，员外郎韩俊、叶钊，主事唐胄、傅浚、谢廷瑞、赵璧，评事罗侨，中书舍人何景明，布政姜洪、沈林，按察使金献民、邢义，参政杨守禄（隅）、杨茂元、吴彦章，副使刘逊、陈恪、李金、吴廷举，佥事方良永、卢翱，知府刘麟、张津，凡五十三人，年力才识，皆堪任使。"诏皆复其官，俟有缺，斟酌取用。（据《馆阁漫录》卷九《正德五年》九月）

十月

刘六、刘七聚众剽掠。《明鉴纲目》卷五："纲：冬十月，霸州降盗刘六（名宠，霸州文安人。）刘七（名宸，宠之弟。）叛。目：刘六刘七，并骁悍，善骑射，初与查虎、齐彦名等，从有司捕盗，（时畿辅多盗，皆驰马鸣箭，号曰响马。）频有功。会刘瑾家人梁洪，征贿不得，诬为盗。令捕之，六等乃投大盗张茂。茂素招纳亡命，为通逃主。家与太监张忠邻，（茂与忠皆文安人。）结为兄弟，夤缘马永成、谷大用辈，得出入豹房，侍帝蹴鞠，而乘间出劫如故。已，茂为捕盗御史宁杲（辽东海州人。）所禽，六等诣官首状，兵部奏赦之，令捕他盗自效。六等惮要束，及是叛去，聚众剽掠，旬日间，至数千，畿南大扰。有赵鐩者，（亦曰风子。）本霸州文安诸生，六等乱起，挈家匿水渚中。贼至，驱之登陆，将污其妻女。鐩故有膂力，格杀二贼。贼聚执之，遂入其党，与六等俱为盗魁。明年，贼众益多，遂分为二。刘六、刘七、齐彦名等，乃转掠山东，（自山东、河南，至湖广、江西，仍由故道，还抵霸州，复走山东。）杨虎、赵鐩等，扰河南。（由河南入山西，自西而东，往曲周，威县，还抵文安，仍往河间。〇曲周，详见前。威县，元州，明改县，今县属大名道。）纵横数千里，残破州县以百数。诏以惠安伯张伟，（昭皇后兄，升之曾孙。）都御史马中锡，（字天禄，故城人。）帅京营锐卒往讨。中锡书生，不习兵事，伟纨袴子，畏怯不敢战，遂议招抚，（中锡至桑园，单车入贼垒，开诚谕之，刘六欲降，刘七曰：'骑虎不得下。今内臣主国事，马都堂能践其言乎？'径去。〇桑园，镇名，在山东德县北。）贼终不降。于是廷臣交章劾伟、中锡玩寇，召还，下狱论死，而贼横愈甚。"

十月甲申朔。丁亥，南京右通政王云凤致仕。己丑，升户部右侍郎毛纪为礼部左侍郎。（据《馆阁漫录》卷九《正德五年》）

白钺（1454—1510）卒。《馆阁漫录》卷九《正德五年》：九月，"壬子，太子少保、礼部尚书兼翰林院学士白钺卒。钺字秉德，真定南宫县人，兵部尚书圭之子。成化甲辰举进士廷试第二，授翰林院编修，迁侍读。弘治己未，充经筵并东宫讲官，升侍讲学士。甲子，主考应天府乡试。正德初，以恩升学士，充日讲官。丁卯，授庶吉士业，掌院事，擢礼部右侍郎。寻改吏部，迁礼部尚书，赐玉带。庚午，命兼学士，入内阁专管诰敕，掌詹事府事，加太子少保。卒于官，赐祭葬，赠太子太保，谥文裕。钺博览子史，长于记诵，与修《宪庙实录》及《大明会典》、《通鉴纂要》诸书，体貌魁梧，器局凝重。为礼部尚书时，刘瑾方用事，值所难处，宁稍逊避而亦不失其正云"。

复罗钦顺，仍南京国子司业。（据《国榷》卷四十八）

十一月

十一月癸丑朔。丙辰，以吏部右侍郎靳贵兼翰林院学士，内阁管诰敕。起祭酒章懋为南京太常寺卿。懋雅有德望，久在告，故特起之。翰林院修撰伦文叙丁忧服阕，复任。戊辰，升翰林院学士傅珪为吏部右侍郎，仍日讲。（据《馆阁漫录》卷九《正德五年》）

礼部请行两监作叙人数，如果两途相平，改拨十人，照例以三七为准。如西序稍多，则科贡六人，纳银四人，永为定式。从之。黄佐《南雍志》卷四《事纪》："正德五年十一月辛未，岁贡监生程道奏以礼部尚书陈玉等，奏准岁贡与纳银监生均平相兼拨历；纳银监生苏贵奏请照旧制，监生以年月深浅换拨；礼部请行两监作叙人数，如果两途相平，该拨十人，照例以三七为准。如西序稍多，则科贡六人，纳银四人，永为定式。从之。"

谢铎（1435—1510）卒。《馆阁漫录》卷九《正德五年》：十一月，"壬午，致仕礼部右侍郎谢铎卒。铎字鸣治，浙江太平人。天顺甲申进士，改庶吉士，授编修。秩满，迁侍讲，以丧去，回谢病，言事者交荐之。会修《宪庙实录》，遂征起。书成，擢南京国子监祭酒。严约束，杜私谒，构二书楼于学宫以藏镂板，疏请增杨时从祀而黜吴澄，寻致仕归。复以荐征为礼部右侍郎，掌祭酒事。累辞不得，乃就任，请增号舍、廊庙门，置公廨，以居其属。又议别祀叔梁纥，而以曾晳、颜路、孔鲤配之，不果行。居二年，乞归养疾，许之。正德间，仍令致仕。铎孤介恬退，潜心理学，多所考订。为诗文质直，不尚词藻。与人交笃于信谊，久而不衰。年七十有六，卒于家。讣闻，赠礼部尚书，谥文渊（肃），赐祭葬如例"。蒐刊《方孝孺集》。

十二月

贺钦（1437—1511）卒。（卒年据公历标注）黄宗羲《明儒学案》卷六："贺钦字克恭，别号医闾。世为定海人，以戎籍隶辽之义州卫。少习举子业……登成化丙戌进士第，授户科给事中。……复以言官旷职召灾自劾。寻即告病归。白沙在太学，先生闻其为己端默之旨，笃信不疑，从而禀学，遂澹然于富贵。……构小斋读书其中，随事体验，未得其要，潜心玩味，杜门不出者十余年，乃见实理充塞无间，化机显行，莫非道体。事事物物各具本然实理，吾人之学不必求之高远，在主敬以收放心，勿忘勿助，循其所谓本然者而已。故推之家庭里闬间，冠婚丧祭，服食起居，必求本然之理而力行之，久久纯熟，心迹相应，不期信于人而人自信。……正德庚午十二月卒，年七十四。"

本年

王立道（1510—1547）生。（据张治《王君懋中墓石文》）

明武宗正德六年辛未（公元 1511 年）

正月

令增会试同考官至十七员，其中翰林官十一员，科、部官各三员。分《易经》四房、《书经》四房、《诗经》五房、《春秋》二房、《礼记》二房。（据万历《大明会典》卷七十七《礼部》三十五《贡举·科举·会试》）

甲寅，改户部尚书杨一清为吏部尚书，太子少保如旧。庚午，改南京户部尚书张溕为南京吏部尚书，升户部左侍郎乔宇为南京礼部尚书。（据《馆阁漫录》卷九《正德六年》）

王敕卒。《馆阁漫录》卷九《正德六年》：正月，"辛巳，致仕南京国子监祭酒王敕卒。敕字懋纶，山东历城人。成化甲辰进士第三人，授翰林院编修。丁未，以尹龙事败，谪夷陵州判官。弘治庚戌，升四川按察提学金事。考遗书，遵国典，定祭祀乐舞之式。九载考绩，升河南提学副使。正德丁卯，升南京国子监祭酒。己巳，考察京官，敕自陈，遂令致仕。敕体貌魁梧，丰颐戟髯，性颖悟，博学多能，然以才自负，而不检于行，士论轻之。其为祭酒时，贪声尤著。居家杜门，方二载而卒"。

二月

以礼部会试天下贡士，命少傅兼太子太傅、吏部尚书、武英殿大学士刘忠，吏部右侍郎兼翰林院学士靳贵为考试官。录取邹守益等三百五十人。（据《馆阁漫录》卷九《正德六年》）《明武宗实录》卷七十二：正德六年二月，"戊申，礼部会试，取中式举人邹守益等三百五十名"。沈德符《万历野获编》卷十四《科场·会试刻文》："《会试录》刻文，先朝多不拘式，如成化二年丙戌，《五经》各刻文三篇，二场乃刻诏。十七年辛丑，二场刻论二篇。弘治六年癸丑，亦刻论二篇，又刻诏一篇。十八年乙丑，又刻论二篇。正德六年辛未，又刻论二篇，而会元邹守益论在第八名沈坼之后，是后遂无此事。而《武举录》或刻二论，或二策，则至今尚然。"《万历野获编补遗》卷二《科场

·士子谤讪》："武宗初年，貂珰盗柄，国事不必论，即科场亦被姗笑。如正德三年戊辰科，少傅大学士王鏊、吏部尚书学士梁储为主考。发榜后，以取舍不惬士心，流谤入禁中。大内演戏，优人为主司问答状，或讥其不公，则对曰：'王良天下之贱工也，安所得佳文字？'盖以良为梁也。是科或传刘瑾以片纸书五十人姓名入闱，主者有难色，瑾特为增额五十名。其言未必真，而刘宇之子仁、焦芳之子黄中俱以奸党冒上第。又传奉黄中等八人为庶常，俱非常之事，士子之肆诮固宜。六年辛未科，少傅大学士刘忠、吏部左侍郎学士靳贵为主考。首题为'德行颜渊'一节，程文破题用十哲字面。忽有投状于阁部者，内称诉冤人颜渊，为乞恩改职事。某蒙累朝圣恩，久为四配，忽降居十哲之列，使四人虚一位，又使子张无处可居，乞为辨明复职。盖亦不得志者为之。是科会元邹东郭（廓），状元杨升庵，真无忝科名，即谤词何足为主司损？但言官有纠靳京口家人通赂鬻题，疏上不报，时瑾虽除，而八虎正恣也。"徐充《暖姝由笔》："正德辛未科会试，头场题'德行颜渊'一节，及刊《试录》，以十哲作破。揭晓后，有投状于通政司者，托颜渊告状为乞恩改职事，大略言某蒙累朝以来为四配久矣，不知今以何事得罪于朝廷，降为十哲。使某居十哲之列则多一人，使子张无以处之，乞为明辨，仍复前职云云。此必下第举人假以发其忿者，亦可一笑。"归庄《归庄集》卷六《记蔡昂事》："淮阴朱君旭，为余言其乡先达蔡昂事。昂，山阳人，正德甲戌科进士，第一甲第三人。同里有牛斗者，中乡举先于蔡，而老于公车，两人才名相埒而不相能。至某科会试，蔡为同考试官。故例：分房阅卷，各从本经。他经多者至五房，《礼经》以士子习者少，仅一房。凡天下举子之习《礼记》者，取舍之权，皆出一人之手。蔡以《礼经》得第，当阅《礼记》，而牛经故《礼记》也。蔡得一卷，曰：'必牛斗也。'掷去。及发覆，果然。某科，蔡又分房得一卷，又曰：'必牛斗也。'又掷去，亦复不爽。至□科，蔡遂主礼部试。各房呈卷，蔡阅至《礼记》房中一卷，意为牛斗，欲驳放而难于明言，乃摘其小疵，涂抹弃之。更于败卷中，取其一以充数。及拆姓名，涂抹者乃他人卷，所取败卷则牛斗也。盖牛既再为蔡所抑，是科文遂改其故步，故蔡不能识。牛虽登第出蔡之门，而憾蔡弥深，两人遂相恶终其身。"

户部员外郎李梦阳为江西提学副使。（据《国榷》卷四十八）

河南丁卯贡士廖铠除名。（据《国榷》卷四十八）

大理寺左少卿陈世良为南京右佥都御史，提督操江何塘（瑭）复翰林修撰。（据《国榷》卷四十八）

三月

杨慎、邹守益、余本等三百五十人进士及第、出身有差。改许承名、刘栋等三十三人为翰林院庶吉士。《馆阁漫录》卷九《正德六年》："三月辛未朔。己未，初，礼部会试，大学士刘忠、学士靳贵为考试官。入院后，浮议突起，彻于内帘，然未知主名算手。王谦，宜兴人，在院供事，与同邑举人吴仕有隙，因指为仕填榜之际，外帘官皆人，乃知为江阴举人陈哲贵家人可勤，绐取其贿，即亡去。及对号，仕已中式，哲在黜列，仍并黜仕。既撤帘，监试御史赵秉伦等以为言。下礼部覆奏：'奸由可勤，乃先事而逃，必踪迹之面讯，始得情实；仕之谤乃谦所造，宜置之法，以为奸邪淆乱科场之戒。'命捕可勤与哲并讯，而付谦于理。甲子，以廷试天下举人，命少师兼太子太师、吏部尚书、华盖殿大学士李东阳，少傅兼太子太傅、吏部尚书、谨身殿大学士杨廷和，少傅兼太子太傅、吏部尚书、武英殿大学士刘忠，少保兼太子太保、吏部尚书、武英殿大学士梁储，吏部右侍郎兼翰林院学士靳贵、翰林院侍读学士蒋冕、翰林院侍讲学士毛澄，太子少保、吏部尚书杨一清，户部左侍郎陈勋，太子少保、兵部尚书王敞，刑部尚书何鉴、工部尚书李鐩、都察院右副都御史王鼎，通政使司掌司事、左通政罗钦忠，大理寺卿张纶充读卷官。廷和以子慎预试请回避，不允。戊辰，赐杨慎等三百五十人进士及第、出身有差。癸酉，大学士刘忠为会试考官，事毕，复陈休致，言：'臣自去年蒙赐诰命，封赠四代，不能即归，以奉扬于墓下。臣又老病，元气日索，今不早归医治，后将噬脐。况近日言官有黜邪之章，臣正当所黜之首。伏望察臣恳切之情，将加秩收回，容令致仕。'上曰：'卿登庸未久，委任方隆，朝廷任用大臣，自有公论。卿之学行，简在朕心，不必深辩。'丁丑，选进士许成名、刘栋、张璧、应良、黄臣、尹襄、刘朴、许复礼、费宷、王道、张潮、祝续、王思、孙承恩、徐之鸾、刘泉、林文俊、孙绍祖、戴颙、吴惠、金皋、刘夔、郭维藩、田荆、张翀、王元正、陈寰、刘济、张衍庆、冼尚文、边宪、张鳌山、俞敦等三十三人，改翰林院庶吉士，与一甲进士杨慎等三人读书，命吏部右侍郎兼翰林院学士靳贵、翰林侍读学士蒋冕教习文业。戊寅，大学士刘忠复上疏乞归，上曰：'朕以卿先帝旧臣，才优德懋，足副倚毗。况今天下多事，宜竭诚辅导，其勿再辞。'己卯，授第一甲进士杨慎为翰林院修撰，余本、邹守益为编修。"《明武宗实录》卷七十三：正德六年三月，"乙丑，策试天下举人。是日，上不御殿。制曰：创业以武，守成以文，昔人有是说也。然兵农一致，文武同方，其用果有异乎？文武之分，始于何时？兵农之制，起于何代？常质诸古矣，《书》称尧曰乃武乃文，于舜称文明，禹称文命，而不及武，于汤称圣武，而不及文，周之谟烈，各专其一。且三代迭尚，而不言武，周列四民，而兵不与焉，何也？唐、汉、宋之英君令主，或创业而兼乎文，或守成而兼乎武，或有未备，亦足以善治。论者又谓天下安，注意相，又谓天下虽安，忘战则危，是治兵之道，果与治民者同邪异邪？我太祖高皇帝以圣神文武统一天下，建官分籍，各有定制。列圣相承，率循是道，百五十年，治定功成，实由于此。然承平既久，玩愒承之，学校之法具存，而士或失业，蠲贷之诏屡下，而人多告饥，流徙之余，化为寇贼，以遗朕宵旰之忧。今赋税馈运，民力竭矣，而军食或尚未给，调法战御，兵力亦劳矣，而民患尚未除，或者官非其人乎？而选举之制，黜陟之典，赏罚之令，亦未始不加之意也。兹欲尽修攘之实，谨恬嬉之戒，文治举而武功成，天下兵民，相卫相养于无事之天，以保我国家久安长治之业，宜如何而可？子大夫志于世用，方策士之日，不暇以微辞隐义为问，姑举其切于时者，其为朕陈之"。

据《明清进士题名碑录索引》，正德六年辛未科录取名单如下：

1457

第一甲三名

| 杨慎 | 余本 | 邹守益 |

第二甲一百一十五名

许成名	刘栋	马应龙	郑玉	朱鸣阳	张璧
应良	屠应埈	徐明	黄臣	尹襄	刘扑
郑元	黄钟	董鏊	侯纶	张鹏程	李重
陈桓	胡尧元	刘城	汪玄锡	张珠	柴奇
王世文	汤继文	李献可	吴寅	许云鹏	张孟中
金濂	陈应武	蒋洽	朱亮	梁亿	宋应奎
王元凯	李文华	张原明	毕济时	任忠	毛宪
柴太	王念	韩明	屠侄	刘翀	黎奭
曹恩	孙继芳	张鹏	管楫	戴吉	汪悖
徐咸	余宽	许复礼	杨守礼	郭祾	戴恩
胡琏	黄景星	牛凤	朱璠	费宷	王道
杜呆	陆俸	张经	屠侨	卢雍	于湛
施儒	张潮	祝续	夏尚朴	刘佐	王銮
裴继芳	林有孚	姚爵	宋廷佐	郭清	姜清
沈健	毕廷拱	梁谷	张愈严	王介	王思
郭九皋	李楫	何璧	尹京	孙承恩	廖庆
徐之鸾	王冀	伍箕	贺缙	高鹏	张璇
汪必东	汪珊	南大吉	翁洪	蒋淦	李呆
刘泉	林文俊	沈圻	刘校	孙绍祖	刘景宇
刘成德					

第三甲二百三十一名

赵官	郝凤升	张士镐	金鲤	马性鲁	王玺
姚文清	戴颙	宋钺	王江	张文明	何钺
范辂	杨必进	刘文瑞	张文沄	王玺	马朝卿
刘栾	樊继祖	周震	杨璨	王玮	吴嘉聪
刘一中	赵汉	童纪	潘仿	李长	康世臣
汪文盛	喻茂坚	朱寅	周勋	杜盛	高仁
汪本	王溙	金皋	高文豸	向信	王雄
翁素	伍希儒	傅鑰	宋寅	欧阳嵩	王以旗
张溙	屈钛	潘汉	刘褆	窦明	吴惠
孙懋	罗方	徐文溥	贾启	黄大源	简辅
史立诚	桂萼	陈沾	陈良玉	李时元	邹辙
张应祺	粟登	郑德崇	李先芳	曹兰	金罍

刘夒	金符	沈光大	唐濂	何棠	尹元
孙方	叶忠	张楷	赵君琰	龚守愚	郭维藩
杨应奎	余瑷	穆世杰	游琏	田荆	李安之
张翀	聂琪	余銮	郑慕	李校	戴驳
杨秉中	沈霁	许翔凤	严时泰	蒋亨	余瓒
陶麟	李润	徐乾	胡佩	谢珊	傅槩
郑正义	熊兰	董相	任舜臣	刘延簹	李凤
沈俊	张锴	韩鸾	王元正	易瓒	曹珪
龚进	任洛	余守观	刘景沂	陈襄	李旦
吴栋	任德	刘济	吴间	杨朝凤	石金
张衍庆	欧珠	周叙	张钦	饶富	詹轼
刘翀	俞璋	党承志	钟善经	周清	王金
戚雄	祝弘舒	贡珊	冼尚文	李孟旭	孙聪
欧阳昆	晏珠	汪渊	刘士元	卢琼	余翱
孟廷柯	王宗源	李镇	郭五常	萧淮	陆时通
侯位	赵德刚	谢源	周廷用	陈烈	龚大有
李阶	申理	边宪	万玘	罗玉	徐晋
冯世昌	潘锜	郑云翔	常伦	熊允懋	王纪
彭昉	顿锐	于桂	乐选	陈洸	郑浙
王完	俞集	詹崇	杨濂	臧相	东郊
刘梦熊	黄国泰	郑懋德	张汉卿	金选	孙漳
程鹏	张居仁	胡琼	章纶	毛震	张鳌山
宋臣	王宁	许铠	何邦宪	戴祥	刘檠
彭应轸	万潮	俞敦	李际元	简佐	何炌
郑杰	施德祯	路直	张琥	周懋文	方坤
陈宪	蒋益	张学礼	刘鬴	康浩	张录
储洵	李节义	王遵			

徐祯卿卒，年三十三。《王文成全书》卷二十五《徐昌谷墓志铭》："正德辛未三月丙寅（十六日），太学博士徐昌谷卒，年三十三。"《四库全书总目·迪功集提要》："其平生论诗宗旨，见于《谈艺录》及与李梦阳第一书，如云：'古诗三百，可以博其源；遗篇十九，可以约其趣；乐府雄高，可以励其气；《离骚》深永，可以神其思。然后法经而植旨，绳古以崇辞，或未尽臻其奥，吾亦罕见其失也。'又云：'绳汉之武，其流也犹至于魏。宗晋之体，其弊也不可以悉。'据其所谈，仍北地摹古之门径。特梦阳才雄而气盛，故栉张其词。祯卿虑淡而思深，故密运以意。当时不能与梦阳争先，日久论定，亦不与梦阳俱废。盖以此也。"

四月

罗玘上章请定国储。《国朝献征录》卷二十七费宏《南京吏部右侍郎赠礼部尚书谥文肃圭峰先生罗公玘墓志铭》："武宗临御已五年，而前星未耀，中外人人忧惧自危，而莫敢以为言者，先生连疏请早定大计，以系属人心，潜辜奸雄睥睨之念。其言迫切，且侵及当国诸老，一无所顾。盖先生虽远去国庭，而其忧世之心恳恳焉未尝息也。"《圭峰集》卷二十三《奏议》："为宗社大计事。臣少实迂愚，漫不谙事。壮而登仕，其愚如初。今已老矣，自分与愚终焉而已矣。思天下聪明才辩之士，何可胜数？而或沉冥牖下，或困滞下僚，或不沾一命者，在在有之。顾臣之愚，乃获窃禄先朝，备员侍从，又于陛下登极改元之初，自翰林侍读超升南京太常寺少卿。仅逾二年，起升本寺卿。又逾年，转南京吏部右侍郎。臣又思前之任翰林者，虽文华卓越，十倍于臣，而犹循资历格，进寸退尺，有白首终身汩没者。臣独何人，六年之间，骤进如此？谓非陛下天地旷荡之恩，可乎？臣又思感恩之极，人虽至愚，苟有一得之见，自畏一身之死，怀而不为明主吐之，及至老衰病笃而毕竟以死，是畏死而不免于死，徒感恩而不知报其恩，其果得为忠乎？又果得为智乎？使死而有知也，宁不悔于地下乎？且臣之所谓一得之见，非指四方盗贼众人目前所谓急者也，亦非隐微而潜伏也。左右大臣所共知也，百司庶尹言官所共知也，闾阎小人外至荒服夷狄所共知也。或畏死而不敢以言，或以非其职而不得以言，或卑且远而不获以言，或怀禄保位而不肯以言。甚或乘隙市奸，以媒非常之贵富，而幸人之不言，为己地者焉。斯亦可为寒心也哉！何也？陛下受太祖太宗列圣之付托，以天下六年有奇于兹矣，而地久天长，万寿无疆，固将自此始也。然亦必如祖宗有所付托如陛下，陛下乃无负祖宗所付托也。不知陛下今之将所付托者何在耶？……伏望陛下蚤坚宸断，为宗社计之，以系海宇臣民之望，以绝奸雄睥睨之心。"又："为蚤定宗社大计以绝窥觊事。臣于去年四月具本，差义男罗某赍奏，内开：向者贼瑾谋逐荣王，当时顾命大臣不能死助陛下诤留荣王，致使陛下肘腋之间无一血属之亲，足以召乱，彰彰有前验也。故举宋司马光、娄寅亮之故事，以渎天听，兼备责诸臣荡无廉耻、阿附贼瑾之状，而又发其后日乘时观望不忠之谋，冀以感动宸衷，即赐施行。……及今逾年，更无影响，徒闻大盗并兴，遍布天下，连数十城，所过如洗。运河两岸，焚劫殆空。前日缚杀方面，明日射死将官。……臣亦备员九卿之贰，亦在贼必杀之中，誓当不与此贼俱生。贼生臣死，贼死臣生也。亦痛夫国本之未定，而睥睨之萌渐不可遏，已至此也。……臣敢于未死之前，披沥肝胆，再申前请。……臣不胜愤激屏营之至，为此具本，专差义男罗秀赍捧谨具奏。"

中书舍人黄堂等诉："臣等由进士迁转，必九年满秩，不得同科道部属。"遂定科甲舍人再考得量转，著为令。（据《国榷》卷四十八）

五月

翰林院诸官升转。甲子，升翰林院侍读学士蒋冕为詹事府少詹事，仍兼侍读学士，侍讲学士毛澄为学士，侍读顾清为侍读学士，侍讲吴一鹏为侍讲学士，修撰伦文叙为右春坊右谕德兼侍讲，编修贾咏、刘龙为左中允，李廷相右中允，俱兼修撰，陈霁为左赞善兼编修。（据《馆阁漫录》卷九《正德六年》）

徐穆（1468—1511）卒。《馆阁漫录》卷九《正德六年》：五月，"时内阁请叙迁翰林年资深者，侍读徐穆亦与列，命下而卒，吏部以请，特许进侍读学士。穆字舜和，江西吉水人。弘治癸丑进士第二人，授翰林编修。秩满，迁侍读。与修《历代通鉴纂要》，宋元论断多出其手。同考会试者再，得伦文叙、董玘，皆为榜首，及其它名士尤多，人服其藻鉴。上即位，命充正使，颁朔于朝鲜。及境，驿告国王迎诏不郊迎、不道跽，穆援古证今，反复折辩，卒能以礼屈之。王屡遣陪臣代质疑义，剖析不遗，凡所馈献，悉拒弗纳，国人皆叹服。与修《孝庙实录》，充经筵讲官。刘瑾专权，托扩充政务名，调诸翰林为部属，穆时以丁忧去，犹不免，拟为南京礼部员外郎。复除改南京兵部，未至任，瑾诛，复为侍读。比内阁以翰林、春坊多阙员，疏其有资望者升补，穆名在疏中，翌日遽卒。其子永年以请，特予为侍读学士，盖异数也。穆才性明敏，下笔千百言，若不经意者。博极子史，于凡国朝故实，兵民利病，以及四方地理险易，俗尚薄厚，历历如指诸掌。每稠人广坐中，议论英发，略无讳避。穆素所自负，盖欲一试以就功业，年仅四十有四而卒，人皆惜之"。

六月

辛巳，命左春坊左中允兼翰林院修撰贾咏清理军职贴黄。癸未，南京十三道御史林近龙等，劾奏掌詹事府事、吏部右侍郎兼翰林院学士靳贵主考会试，而家僮通贿，宜罢。诏供职如故。贵寻奏乞放还田里，不允。（据《馆阁漫录》卷九《正德六年》）

吕憲卒。《馆阁漫录》卷九《正德六年》：六月，"戊申，致仕南京太常寺卿吕憲卒。憲字秉之，翰林学士、赠礼部左侍郎、谥文懿原之子也。以荫录为国子生。成化初，又以东宫恩授中书舍人，仍上疏乞应试，遂荐京闱。中书舍人之得应试也，实自憲始。秩满，迁礼部员外郎、郎中，擢南京太仆少卿，改通政。丙辰，擢太常寺卿。正德丁卯，始致仕，阅四年卒。诏葬祭如例。憲为人坦易，喜读书作诗，又习闻典故，文与行能世其家"。

边贡升山西按察司副使，旋丁父忧。（据《明武宗实录》卷七十七）《华泉集》卷十二《始自荆州奔丧告文》："呜呼！吾父委弃二孤五阅月于兹矣。儿始得自荆州，反哭于灵所，终天之恸，尚忍言哉！去岁四月，要吾父于临清，儿跪请偕行，而吾父弗许，则以道远之故与川寇之警也。今岁五月，书来奉迎，又阻于河北之扰，吏仆徒返，儿心用伤。然教儿以训辞，示儿以诗篇，字画宛如，情言和易，是为六月十有七日，拜诵，窃以自慰，孰知儿得报之辰，乃吾父易箦之际也。往吾父以儿耽嗜词章，意每不喜，凡所自制，咸弗示，及儿得示，窃以自喜。呜呼！孰知为吾父之绝笔也耶。……儿生三十六岁于兹矣。六岁而侍吾祖奉政公于南都，十四而归，二十一而系身仕版中更十有五年。虽吾父数至都下，然聚不逾旬，别则累岁。总而要之，盖自有生以至永诀，聚者半，别者半也。儿在荆南，实拟今秋图乞终养，甘旨之疏旷，于是乎补，家世之履行，于是乎征。儿之心，所欲陈于吾父之前者，岂一二而已也？而乃遂委弃以去，而又无一词以遗我，岂吾父垂不言之教耶？无亦积沉痛于中怀，而不忍发也，将使儿子辈，奚所遵述焉？呜呼！已矣，不可及矣，复何言也！昔有聚合，吾父未尝不为儿醉。今之返也，门庭飒然，堂宇如故，而吾父之馨欬，邈焉杳矣。"

七月

礼部言：宜令各提学官查核冒籍生员。著为令。《明武宗实录》卷七十七：正德六年七月，"丙寅，礼部言：旧例学校乏材处，许他县人补充生员，比乃有冒籍入学者，甚坏士习，宜令各提学官查核，如边卫夷境，远年山县，或初立学校，人材鲜少，或止有府州县学而无卫学，其卫所人材果堪教养，及提学官摘拨充增补廪者，仍旧存留，起送科贡。若人材众多处，本地自有学者，乃或揽入别学，虽由提学拨选，亦宜覆试。果学已成者，发回本学，计所补廪增月日，依次出身。其学无成冒籍者，俱为民。遂著为令"。

八月

章懋以侍郎致仕，升吴俨为南京礼部右侍郎。《馆阁漫录》卷九《正德六年》："八月戊寅朔。庚辰，致仕南京国子监祭酒章懋升南京太常寺卿、礼部右侍郎，俱不起，上疏辞免，谓：'太常春官之属，才尚不堪；侍郎六卿之佐，分岂当得。求退而进，臣何以安，乞仍以旧官致仕。'上以懋学行老成，令以侍郎致仕。丁亥，释奠先师孔子，遣大学士梁储行礼。升翰林院侍读学士吴俨为南京礼部右侍郎。"

秋

冯惟敏（1511—约1580）生。字汝行，别字海浮，称海浮山人，嘉靖中举人，谒选涞水知县，改镇江儒学教授，迁保定通判。有《海浮山堂词稿》。《海浮山堂词稿》卷一［双调·新水令］《庚午春试笔》序："余生于正德辛未，今六十年矣。"又［双调·新水令］《又仰高亭自寿》末注："丙寅之秋，自寿于亭中。"

九月

翰林院庶吉士盛端明为检讨。（据《国榷》卷四十八）

进士王萱上言兵事，切责之。（据《国榷》卷四十八）

十月

荫太常寺少卿兼翰林院学士武卫子选为国子生。（据《馆阁漫录》卷九《正德六年》）

十一月

林俊致仕。《见素集》附录《编年纪略》："八月，江津方四复盛。又趋江津。九月十四日，战于鸬鹚石。二十一日，战大垭高峒，斩获一万二百有余。捷上，遂乞致仕。忌者谓贼势已衰，准致仕。朝论大骇，科道奏留不报。"《明史》林俊传："比方四败，贼且尽，俊辞加秩及赏，乞以旧职归田。诏不许辞秩，听其致仕。言官交请留，不报。俊归，士民号哭追送。时正德六年十一月也。"

瘗畿内、山东、四川、河南、江西、山西兵乱暴骸。从雄县教谕魏纶请。（据《国榷》卷四十八）

十二月

尹直（1427—1511）卒，年八十五。《馆阁漫录》卷九《正德六年》："十二月丁丑朔。戊子，太子少保、兵部尚书兼翰林院学士尹直卒。直字正言，江西泰和县人。景泰甲戌进士，入翰林院为庶吉士。预修《寰宇通志》成，授编修，同考礼部会试者再。宪宗初御经筵，充讲官。成化三年，纂修《英庙实录》成，迁侍读，尝主考顺天乡试。八年，擢侍读学士。十一年，升礼部右侍郎，以父忧去。十五年起复，改南京吏部，转南京礼部左侍郎。二十二年，特召为兵部左侍郎，寻兼翰林院学士，入内阁参预机务，其年进太子少保、兵部尚书。二十三年，主考会试，其年遂致仕。家居二十四年卒，赐祭葬，谥文和。直明敏轩豁，少有才名。在礼部，尝因天变，会官具疏陈修省二十二事，言多切中时弊。岁当开度僧道，连章奏省之，又请汰黜天文阴阳生之诡籍者凡数百人。始至兵部，贵州镇巡官奏苗叛，请发兵夹攻，廷议将从之，直独言吾自东南来，未闻有警，岂可听彼邀功启衅以疲民，乃请选委御史部属二人往勘，贵果无警。居内阁，时有建明。会言官劾其进用不合公论，孝庙薄之，然尚慰留，待三辞乃令致仕。直为人疏俊，不拘小节，然颇以才气自负，以是多招物议。为文章赡逸浑健，步骤大家。所著有《历代名臣赞》、《皇明名臣言行通录》行于世。"

费宏入内阁，预机务。吏部尚书杨一清进少保兼太子太保，荫锦衣卫正千户。署詹事府事吏部右侍郎兼翰林院学士靳贵为礼部尚书，专诰敕。吏部左侍郎傅珪为礼部尚书。《馆阁漫录》卷九《正德六年》：十二月，"癸巳，敕礼部尚书费宏兼文渊阁大学士，同李东阳等内阁办事，加吏部尚书杨一清少保兼太子太保，升掌詹事府事、吏部右侍郎兼翰林院学士靳贵为礼部尚书，仍管内阁诰敕，吏部左侍郎傅珪为礼部尚书。先是，以内阁员缺，下廷臣会推学行端谨，才识老成者，列名以进。上既简用宏，乃以别敕进一清官，仍荫一子为锦衣卫世袭正千户，及贵、珪皆递迁。宏上疏辞曰：'内阁之设，政本所关，非徒专典乎训辞，固许参预乎机务，处禁掖邃严之地，为股肱辅导之臣，比之他官，最为华要，倚毗既切，遴选为难。盖必如古人所谓学有本源，深明治体，文有师法，可代王言，而后能思论政理，默赞皇猷，润色文章，仰资涣号。矧今四郊未靖，庶事方殷，临机赖应变之才，运笔须涌泉之思。伏念臣赋质愚陋，初乏寸长，遭时亨嘉，每沾误渥。贤科早窃，人固信其空疏；法从久叨，忠未摅于献纳。顷者出佐邦礼，荐历春卿，禄厚而报则微，位高而责愈重。方虞咎谴，敢望延登，第以宠光常假于从班，迁转类循夫故典，乃遂厕名荐稿，猥被恩纶，苟冒昧以祗承，必立臻于旷败。且耆德在位，而臣以末学陪列于其间；贤俊盈廷，而臣以菲才躐处于其右。既难属厌于外议，实切抱愧于中心。熟自揣量，分当辞避。伏望圣慈允臣所请，追寝成命，别授异材，庶上不累知人之明，下不致妨贤之诮。'上曰：'卿学行俱优，才望茂著，春宫讲读，启沃良多，辅导重任，特兹简命。宜勉尽职业，不允所辞。'甲午，吏部尚书杨一清以加少保兼太子太保、荫子为锦衣正千户上疏辞，得旨：'卿文学才行，朕所简知。近廷臣荐居内阁，朕以铨衡事重，未可遽更。且思抚定宁夏之功，赏未酬劳，特加恩命，以示优崇。其毋固辞。'丁酉，升吏部右侍郎刘春为本部左侍郎，詹事府少詹事兼翰林院侍读学士蒋冕为吏部右侍郎"。

吏部右侍郎刘春为左侍郎，少詹事兼翰林院侍读学士蒋冕为吏部左侍郎。(据《国榷》卷四十八)

本年

王艮按《礼经》制五常冠、深衣、大带、笏板，服之。《心斋先生学谱·传纂》："一日先生喟然叹曰：'孟轲有言，言尧之言，行尧之行，而不服尧之服，可乎？'即按《礼经》制五常冠、深衣、绦经、笏板。行则规圆矩方，坐则焚香默识，每默坐体道，闭关静思，夜以继日。"黄宗羲《明儒学案》卷三十二："一夕梦天堕压身，万人奔号求救，先生举臂起之，视其日月星辰失次，复手整之。觉而汗溢如雨，心体洞澈。记曰：'正德六年间，居仁三月半。'自此行住语默，皆在觉中。乃按《礼经》制五常冠、深衣、大带、笏板，服之。曰：'言尧之言，行尧之行，而不服尧之服，可乎？'"

李先芳（1511—1594）生。据于慎行《明故奉直大夫尚宝司少卿北山先生李公墓志铭》及邢侗《尚宝司少卿北山先生濮阳李公行状》。李先芳，字伯承，初号东岱，后更号北山，监利人，寄籍濮州。嘉靖丁未进士，官至尚宝司少卿。《明史·文苑传》载王世贞所定广五子，先芳其一也。有《读诗私记》五卷、《东岱山房诗录》十三卷外集一卷，《江右稿》二卷（今《四库全书存目丛刊》惟得卷上，卷下已佚）。

王襞（1511—1587）生。张惟骧《疑年录汇编》卷七："王东崖七十七襞，生正德六年辛未，卒万历十五丁亥。"《心斋先生学谱·东崖学述》："东崖先生讳襞，字宗顺，晚号天南逸叟，生正德六年。"黄宗羲《明儒学案》卷三十二："王襞字宗顺，号东崖，心斋仲子也。……万历十五年十月十一日卒，年七十七。"

明武宗正德七年壬申（公元 1512 年）

正月

改荫少保兼太子太保、吏部尚书杨一清子绍芳为中书舍人。先是，以一清有宁夏功，荫绍芳为锦衣卫千户，一清疏辞，改尚宝司丞，复辞，乃有是命。（据《馆阁漫录》卷十《正德七年》）

二月

丁丑，释奠先师孔子，遣礼部尚书兼文渊阁大学士费宏行礼。辛巳，大学士梁储孙宸奏，父次揭先以祖储侍郎考满得荫，未选而故，乞赠以官。乃授次揭州判官，仍荫宸为中书舍人。（据《馆阁漫录》卷十《正德七年》）

三月

授翰林庶吉士王道为应天府教授，道乞便养故也。（据《馆阁漫录》卷十《正德七年》）

徐文华请将正德三年进士题名碑焦芳"所撰记文并其石磨灭偃仆，别命儒臣记之"，不从。《馆阁漫录》卷十《正德十年》，三月，"壬戌，监察御史徐文华言：'近刘瑾弄权，大学士焦芳附之，更张制科。正德三年廷试毕，工部立石题名，命芳记之，反以更张定制，谓百年未行之令典。臣厕名其间，实深耻之。伏望将芳所撰记文并其石磨灭偃仆，别命儒臣记之。'诏记文已刻，其置之"。

吏部尚书杨一清等核裁冗员。时数千人，得旨仅文华殿供奉监生孙塘、王饬、张龄除名，序班王聪、姚珑谪外。（据《国榷》卷四十八）

盗陷砀山萧睢宁，主簿金声、丘绅，义士朱用之战死。赠声、绅知县，荫子入监。（据《国榷》卷四十八）

盗陷梁山，主簿时植败没。赠知县。妻贾氏自经，二女被害，旌其贞烈，荫子入监。植通许人，监生。（据《国榷》卷四十八）

四月

庚辰，改致仕吏部尚书刘机为南京兵部尚书。机营求复起，乃用之南京。**壬午**，南京十三道御史周期雍等以京师地震言："逆瑾既诛，海内称庆，而致仕大学士焦芳、刘宇以附瑾流毒，未正其罪，致仕尚书刘大夏、韩文、林瀚、杨守随，故左都御史张敷华，皆罢瑾摈逐，未蒙昭雪。乞将芳等削夺窜殛，大夏等优以恩礼，赐之赠谥，以昭国法，以快人心。"下其章于所司。（据《馆阁漫录》卷十《正德十年》）

五月

己未，升致仕翰林院检讨刘瑞为山西按察司副使，提调学校。（据《馆阁漫录》卷十《正德七年》）

刘宇卒。《馆阁漫录》卷十《正德七年》：五月，"癸酉，刘宇卒。宇字至大，河南钧州人。成化壬辰进士，授上海知县。升御史、瑞州知府、副使、按察使、右佥都御史、副都御史、右都御史，总宣大军务。时瑾专政，宇克边储，首以万金赂之，遂论修边功，赐金帛，荫子为锦衣卫百户。丁卯，召入掌院事，加太子少保。宇恃瑾横恣，御史有所拂，辄鞭朴之。寻升兵部尚书，加太子太傅，转入吏部尚书，加光禄大夫、柱国、少傅，屡授玉带蟒衣之赐。瑾乡人张彩为文选郎中，事皆由彩出，宇充位而已。瑾欲用彩为吏部尚书，乃加宇大学士，入文渊阁仅三日，听以省墓归，越二年卒于家"。

马中锡卒，年六十七。孙绪《沙溪集》卷六《资善大夫都察院左都御史东田先生马公行状》："廷议以寇日猖獗，终非膏粱纨绔所能办，乃檄诸边劲卒并力蹙之，改命大臣往莅其事。师众之盛，比公时殆将什伯。诸将又素出边陲，累建战功，旬月之间，事势顿异。公在狱闻之，时疾已革，叹曰：'古人有言："虽有智能，不如乘势。虽有镃基，不如待时。"吾值其难，人袭其易，奈何！且吾惜生灵供亿，欲不劳以成功，而一败至此，岂非天哉？'在狱八月，感疾而卒，壬申五月二日也，年六十七。……其文纵横阖辟，变幻百出，迄无一凡近语。荒裔绝徼胜衣总角之士，皆知诵习景慕，谓列法从久矣——公甫弱冠也。既筮仕，文益横逸奇崛，尤工四六。片言只语，往往脍炙人口。诗蚤慕许浑，晚入刘长卿、陆龟蒙间。"

盗掠罗山，杀主簿王续忠。续忠静宁州人，监生。……赠知县，录子入太学。（据

1466

闰五月

令故左庶子张天瑞子拣之于中书舍人习字出身。《馆阁漫录》卷十《正德七年》："闰五月甲戌朔。癸巳，令故左庶子张天瑞子拣之于中书舍人习字出身，以东宫讲读恩也。"

六月

升翰林院编修孙清山西按察司副使，提调学校。清不修行检，坐事落职。至是，以钻刺起用，物论大不然之。吏部尚书杨一清对人辄自解曰："此人若不收用，何事不为？"或谓为清之地者，伶人臧贤也。（据《馆阁漫录》卷十《正德七年》）

七月

壬辰，升南京国子监司业罗钦顺为南京太常寺少卿。庚子，升翰林检讨穆孔晖为南京国子监司业。（据《馆阁漫录》卷十《正德七年》）

杨守阯（1436—1512）卒。《馆阁漫录》卷十《正德七年》：七月，"丙辰，致仕南京吏部尚书杨守阯卒。守阯字维立，成化乙酉乡贡第一，戊戌中会试第四人，廷对赐及第第二人，授翰林编修。秩满，会其从兄守随由府丞受诬谪官，守亦迁南京侍读。弘治初，召修《宪庙实录》，寻与经筵，同考会试，进左春坊左谕德，主顺天乡试。乙卯，升侍读学士，主应天乡试，署院事，修玉牒，授庶吉士业。戊午，东宫出阁讲学，充侍班官，寻升南京吏部右侍郎，三年考满，乞省墓。壬戌，至京，复留参总《会典》，书成，迁左侍郎，加俸二级，复旧任。甲子，以疾请老，不许。乙丑，以年至力请，乃进尚书致仕"。

茅坤（1512—1601）生。据《国朝献征录》卷八十二朱赓《大名兵备按察司副使鹿门茅公坤墓志铭》及今人张梦新《茅坤研究》。茅坤，字顺甫，归安人，嘉靖戊戌进士，除青阳知县，以忧归。补丹徒知县，征授礼部主事，改吏部，左迁广平通判，升南京兵部主事，出为广西按察佥事，历副使。有《白华楼藏稿》十一卷、《白华楼续稿》十五卷、《白华楼吟稿》十卷、《玉芝山房稿》二十二卷、《耄年录》九卷。

九月

己卯，补荫故太子太保、礼部尚书傅瀚曾孙缨为国子生。戊戌，右春坊右谕德沈焘丁忧服阕，复职。（据《馆阁漫录》卷十《正德十年》）

十月

令故太常寺少卿兼翰林学士武卫子选中书舍人习字出身。（据《馆阁漫录》卷十《正德七年》十月）

十一月

壬辰，升礼部右侍郎李逊学为左侍郎，南京礼部右侍郎吴俨改礼部右侍郎。（据《馆阁漫录》卷十《正德七年》）

丙辰，升国子监祭酒王鸿儒为户部右侍郎。（据《馆阁漫录》卷十《正德七年》十一月）

李东阳以老疾乞休，许之。《明武宗实录》卷九十五"正德七年十一月丁卯（二十七日）"："少师兼太子太师吏部尚书华盖殿大学士李东阳致仕。"《明鉴纲目》卷五："纲：十二月，李东阳罢。目：东阳以老疾乞休，前后章数上，至是始许之。（东阳立朝五十年，清节不渝，以文章领袖搢绅，朝廷大著作，多出其手。奖成后进，推挽诸彦，学士大夫出其门者，率粲然有所成就。初与刘健、谢迁，请诛刘瑾，及健、迁去，而东阳独留，气节之士，多非之。侍郎罗玘上书，劝其早退，至请削门生籍。东阳得书，俯首长叹而已。然方逆瑾肆虐时，潜移默夺，保全善类，天下亦阴受其庇云。致仕四年卒，赠太师，谥文正。）"

给终养御史陈茂烈月粟三石。茂烈辞晋江教谕，贫不能支。有司复请廪之。（据《国榷》卷四十八）

十二月

国子祭酒王鸿儒为户部右侍郎。（据《国榷》卷四十八）

冬

罗玘致仕。《明史》罗玘传："七年冬，考绩赴都，遂引疾致仕归。"

本年

归有光初入学，见里师，必以《小学古事》为训。归有光《震川先生集》卷五《跋小学古事》："余少时初入学，见里师，必以《小学古事》为训。时方五六岁，先生为讲苏子瞻对其母太夫人及许平仲难师之语，竦然知慕之。自科举之习日敝，以记诵时文为速化之术。士虽登朝著，有不知王详、孟宗、张巡、许远为何人者。吾里沈次谷先生悯俗之日薄，因演《小学古事》为歌诗，颇杂以方俗语，使闾巷妇女童稚皆能知之。古之教者，家有塾，党有庠，术有序，国有学。民在家，朝夕出入于里门，恒受教于塾之师。里中之有道德、仕而归老者，为之师。次谷虽不仕，亦何愧于古之所谓可以为塾师者耶？"

高拱（1512—1578）生。张惟骧《疑年录汇编》卷七："高肃卿六十七拱，生正德七年壬申。"《明经世文编·姓氏爵里》："高拱字肃卿，新郑人。"高拱，字肃卿，新郑人，嘉靖辛丑进士，官至吏部尚书中极殿大学士，谥文襄。事迹具《明史》本传。有《高文襄公集》四十四卷。

赵伊（1512—1573）生。据戚元佐《赵上莘先生行状》。赵伊，字子衡，平湖人，嘉靖壬辰进士，官至广西按察司副使。有《序芳园稿》二卷。

明武宗正德八年癸酉（公元 1513 年）

正月

戊子，荫故太子太保、礼部尚书周经孙元佑于中书舍人习字出身。（据《馆阁漫录》卷十《正德八年》）

二月

丁未，释奠先师孔子，遣大学士梁储行礼。己未，录故华盖殿大学士万安曾孙元于中书舍人习字出身，故南京吏部左侍郎李旻子綮为国子生，皆以春宫讲读恩也。（据《馆阁漫录》卷十《正德八年》）

四月

调翰林修撰何瑭为直隶开州同知。瑭不修容仪，常敝衣垢面，至是初进讲，宣读艰涩，几不能终篇，大臣侍傍者皆错愕。讲罢，上大怒，遣中官传谕内阁，欲挞之于廷。大学士杨廷和等委曲申救，乃传旨数其举止不恭，调之外任。（据《馆阁漫录》卷十《正德八年》）

调原任翰林编修邵锐为直隶宁国府推官。锐初与焦黄中、刘仁同传奉为翰林庶吉士，有劝令勿就者，锐不纳。后数月，与仁俱授编修。刘瑾败，言者劾之，有旨调外任。至是丁忧服阕，吏部乃拟授云。（据《馆阁漫录》卷十《正德八年》）

翰林侍读顾清居忧时升侍读学士，至是服阕，乃拜命。（据《馆阁漫录》卷十《正德八年》）

五月

吏部尚书杨一清以久病乞休，且言嗣男绍芳远在江南，孱然病躯，乃处京邸。上温旨慰留之，仍令有司起送其子来京侍养。（据《馆阁漫录》卷十《正德八年》）

六月

故叶县知县唐天恩，赠光禄少卿，赐祭，荫子入监。（据《国榷》卷四十九）

七月

丙子，升吏部右侍郎蒋冕为本部左侍郎。丁丑，以应天府乡试，命右春坊右谕德伦文叙、左春坊左中允兼修撰贾咏为考试官。己丑，升翰林编修温仁和为侍读，仍加俸一级，以九年秩满及尝与修《孝庙实录》也。癸巳，荫故礼部右侍郎、掌国子监祭酒事谢铎孙必作国子生。（据《馆阁漫录》卷十《正德八年》）

储巏卒，年五十七。《明武宗实录》卷一百二"正德八年秋七月丁丑（十一日）"："南京吏部左侍郎储巏卒。……巏体貌若不胜衣，性嗜学，因成目眚。然平居披阅不倦，好吟咏。尝日课一诗，多丽句。嘉靖癸未，赐谥曰文懿。论者谓其清修博雅，盖无愧云。"顾璘《通议大夫南京吏部左侍郎储公行状》："所著有《柴墟文集》若干卷，奏议一卷，《骊野集》一卷。其传世式后，无疑也。璘浅陋，辱公不鄙，诚不足以知公。其所知者，文又不足以发。且将适湘南，程期迫急，焉能图不朽之事，第心已许之，又虑失此无以报公，故掇拾为状，十不具一。所恃庙堂巨公为其心交，阐幽发微，垂之金石，庶大贤之迹，来世有赆云尔。"

礼部议覆石珤之奏，请照弘治十五年例管理监生。诏从之。《明武宗实录》卷一百二：正德八年秋七月庚寅，"国子监祭酒石珤奏：'国家建学育才，以端治本，规摹条贯，一准唐虞三代之法。我祖宗朝，太学生员，坐班至十余年始登仕籍，故虽中材之士，陶镕日久，亦有可观。正统、景泰间，偶因西北用兵，暂放依亲读书，遂成故事。然犹严复班之期，谨违限之法，坐班生员，多者犹六七年，少者不下三年。盖化必久而后治，业必久而后精也。顷因纳银生员数多，奏准减历，一时权宜，未为尽失，但行之已五六年，坐班生员挨拨欲尽，其依亲者多限年未该行取，已行者又多过期不至，今坐班食粮仅六百余人，科贡裁什之三，其间举人尤少。所养非所用，岂设学之初意哉？况各衙门历事，一年所用约八百余人，出多入少，不及此而增损斟酌之，不惟贤才空虚，无以称辟雍之盛，而历事衙门亦将服役供事之不继矣。如此不已，恐谋计之臣，必且乘间复献输粟之策，是使正途雍塞，贤才重困，而天下之士相率而趋于利，其为治道之蠹，岂小小哉！乞照先年事例，历事或十月，或一年，方与起送拨补，而杂历等项亦递加月分。仍申严复班限期，不使冒送问之法，杜绝官医保结，不使长欺伪之风，则士有定志，人得专业，既无欲速之弊，亦消见利之心，六馆不致于乏才，诸司亦可以济事矣。'礼部议覆，珷言允当。但拨历事例，因时增减不常。请照弘治十五年例，正历写本各一年，长差二年。其依亲经行取者，仍敕天下提学官严督所属，立限起送，违者送问。诏从之"。

朱存理卒，年七十。 文征明《朱性甫先生墓志铭》："性甫死时，为正德癸酉七月二十五日，享年七十。"《静志居诗话》卷八《朱存理》："性父晚年募刻己诗，疏曰：'呕心少日，已无锦囊之才，流泪终年，空有碧云之叹。发白因其搜索，雌黄费我推敲。抹去若干，存来十一。欲望收拾，在后子孙，莫若流传，先自朋友。'其情甚为可悯。祝希哲赠诗云：'书抄满箧皆亲手，诗草随身半在舟。'沈启南题稿云：'虽止百篇诸体备，不拘一律大方谐。'惜乎其稿罕传矣。"

翰林编修温仁和为侍读。（据《国榷》卷四十九）

故利州判官曾珪，赠上林苑左监丞。研县主簿张岐，赠知县。并御盗死。仍荫子入监。（据《国榷》卷四十九）

八月

丁酉，释奠先师孔子，遣太子太保、礼部尚书兼武英殿大学士费宏行礼。壬寅，命翰林侍读学士吴一鹏、左春坊左中允刘龙为顺天府乡试考官。丙辰，升国子监祭酒石珷为南京吏部尚书右侍郎。己巳，荫增太子少保、南京礼部尚书江澜子曜为国子生。（据《馆阁漫录》卷十《正德八年》）

两京及河南、山东、陕西、山西、浙江、湖广、江西、福建、广东、广西、四川、云南等十二布政司乡试；贵州士子附云南乡试。

江西乡试，王昂之承题为人传诵。《游艺塾文规》卷二《承题》："今之作承者，毕力争新矣，然惟墨卷有出色者，坊间刻文，佳者绝少。尝记正德癸酉江西'舜有天下'一节，王昂云：'观二圣化天下之道，见仁智者之相为用也。夫举一人以为天下风，而天下化焉。化者，人也，而所以化者，圣人及之也。'去今不啻百年，而格奇调逸，有今人所不能到者。乙未会魁李中立'仁者其言也切'全章之承虽新，亦是傅夏器'子贡问君子'一节旧式。傅云：'贤者求君子之道，圣人告以行先于言而已。夫言非难，必有所以先之者，行是已，知所先焉，其斯为君子之道乎？'李云：'夫言不自切，有所以立乎其先者，则心是已，故切言尽仁也。'想李公平日留心会元墨卷，涵濡既久，不觉偶合耳。"

山西乡试，策问由韩邦奇命题。韩邦奇《苑洛集》卷九《正德八年山西乡试》："问：论士者以年少则精敏也，而新进者多浮薄；年迈则老成也，而耄期者多倦勤。然考之于古，有中兴汉室而为云台之冠者，有保障江东而成赤壁之功者，有定策隆中而谈笑以却曹兵者，有决策澶渊而博谑以退辽师者，或扪虱而谈当世之务，或建节而负克敌之志，或拜御史而人为之胆落，或任招讨而贼为之胆寒，是皆年少者也，而建立乃如此，浮薄果足为年少累乎？有起自渭滨而成伐商之功者，有膂力既愆而止伐郑之举者，有使秦而十数言存郑者，有击先零以万三百余人屯田者，或以狄仁杰之荐而复唐于周，或以贺阳城之谏而名重天下，或以矍铄示勇而天子称叹，或以相业显名而敌使动容，是皆年迈者也，而勋名乃如此，倦勤果足为年迈累乎？将用之于年迈者耶？一言成天书之误者，非年少之人也。抑用之于年少者耶？附会新法之行者，非年迈之人也。二者何居而后可，其明言之毋隐。""君子之建功也，必本于道，人主之用人也，不拘其迹。夫天下之事，未尝不以得人而兴、不得人而废，天下之士，未尝不以知道为贤、不知道为不肖。然士之道也有浅深，而见于功业有大小，彼黯黯焉不知道为何物者，适足以败天下之事以自偾而已矣。人主者，操天下之衡以权天下之士，亦惟举其贤者而进之，取其不肖而退之。进之而拘其迹，则进贤之路不广，退之而拘其迹，则退不肖之法不严。路不广，则君子或滞于不用，法不严，则小人或幸于苟容。是故少而贤也，吾进之，少而不肖也，吾退之。老而贤也，吾进之，老而不肖也，吾退之。吾知有道而已矣，年老年少吾何计哉！古者登崇俊良与之共政，摧折镇定付之以爪牙之权，咨议论思委之以腹心之寄。虽以武王之圣，穆王之贤，汉、唐之下诸君之英武，亦必资于太公、蹇叔之流，或有以兴创业中兴之烈，或有以成治内捍外之功。当是时也，择贤而用之，随才而使之，初何尝论其年之老少乎？且新法之行，举天下称其不便，而始终附会之者曾布也，人将曰年少者之所为也，是岂年少之病哉，人自病耳。今以一人而尽疑天下之年少者，不犹因噎以废食者乎？天书之误，举朝廷知其不可，而一言赞成之者杜镐也，人将曰年迈者之所为也，是岂年迈之病耶？人自病耳。今以一人而尽疑天下之年迈者，不犹因刖而废屦者乎？以年少者而言之，孝平不造，西汉之鼎已移于巨君之手矣。邓仲华杖策以从光武，数言之间而天下大计以定，其为云台之冠，不亦宜哉。献生不辰，东汉之鹿已掎于孟德之手矣。周公瑾决策以赞孙权，一炬之火而江东之大势以张，其成赤壁之功，不亦奇哉。老瞒之下江陵也，战檄一示而群臣失色，张昭辈已倡迎降之议，合孙吴之势而却之者，亮之所以为人龙也。契丹之寇澶渊也，边书一告而中外震骇，钦若辈已建出幸之策，得高琼之助而退之者，准之所以为锁钥也。桓温既入关中，王景略留心江左，扪虱而谈当世之务，可谓三秦豪杰之才矣，惜温之不见知。金人既陷中原，岳鹏举唾手云燕，建节而负克敌之志，可谓南渡精忠之将矣，惜桧之不见容。温造为御史而劾李佑，佑为之胆落，其风力可嘉也。韩琦任招讨而镇西夏，贼为之胆寒，其威名可畏也。数君子者，皆年少之人也，而建立乃如此，岂奸谀皆如布者哉？以年迈者而言之，周武怒商受之虐，为伐商之举，得太公以为辅，卒成四海永清之功，牧野洋洋之颂，至今尚昭昭也。秦穆信杞子之言，为侵郑之谋，忽蹇叔而不听，卒获三帅被囚之耻，良士番番之戒，至今尚耿耿也。赵充国以万三百余人而屯田，其智将之流矣，当是时先零倡乱于先，罕开胁从于后，汉之边鄙盖扰扰也，卒之罕开既服而先零亦降，充国之功不亦多乎？烛之武以十数言而存郑，其辩士之流矣，当是时晋军于函陵，秦军于氾南，郑之社稷盖岌岌也，卒之秦伯既悦而晋侯亦解，之武之功不亦茂乎？天后革唐之号，自立为帝，罪莫大焉，廷诛佞幸而复唐于周者，张柬之也。阳城论列延龄，营救陆贽，罪莫测焉，廷拜言官而名重天下者，张万福也。马援以矍铄示勇而天子称叹，其心可谓壮矣；文彦博以相业显名而敌使动容，其仪可以象矣。数君子者，皆年迈之人也，而勋名乃如此，岂昏庸皆如镐者哉？为今之计者，少不必拘也，少而如布之奸谀，则斥之，如孔明诸人则用之。老不必拘也，老而如镐之昏庸，则去之，如太公诸人则进之。进而用之者，皆贤也；斥而去之者，皆不肖也。年之老少，吾不得而知也。嗟夫，天下之事功，未有不本于道者也。事功而不本于道，是功利私智而已。然求人才于三代之上，道纯而功亦隆，求人才于三代之下，则亦随其分之所得而为功之所著耳。太公不可尚矣，孔明可兴礼乐，盖天民之未粹者。其余诸君子，或得其一偏而全体之未窥，或资之暗合而造诣之未尽，故亦能因事而有成，随事而辄效也。其下如布如镐者，得免于王诛亦幸矣，何道之足云哉？""问：黄钟为万事根本，乐由之而作焉。古乐之亡久矣，兹欲复云门之和，继伶伦之妙，舍黄钟何以哉？黄钟定而十二律得矣，汉、唐而下，制作纷纷，卒未有得其术者。今举其要而摘其疑，与诸士子商之。微若声若之何吹而和也，细若气若之何候而应也？天地之数十而已，黄钟之实何以用九？黄钟之数九而已，黄钟之长何以用十？管员而分方，何以容之？律正而有变，何以通之？子为黄钟之管，寅辰午申戌为寸分厘毫丝之数，子寅辰为阳是矣，午申戌何以属之阳哉？亥为黄钟之实，酉未巳卯丑为寸分厘毫丝之法，亥酉未为阴是矣，巳卯丑何以属之阴哉？十一律皆得黄钟之数，而成者又有三分损益，何欤？十一律皆次黄钟之序，而间者又有隔八相生，何欤？调有六十乘五而得者也，可详言乎？声有八十四乘七而得者也，可指陈乎？载观前古，治定功成而礼乐作焉。我列圣相承百五十年，大礼与天地同节，大乐与天地同和。诸士子于律吕之学讲之有素矣，其详言之毋略。""圣人先得元声而制器数，学者当察器数而求元声。夫得元声而制器数，上达之妙，圣人之神也。察器数而求元声，下学之功，学者之事也。上达不可以顿悟，下学亦可以驯致，及其成功，则一也。圣人往矣，欲求元声而不于器数，正犹孟子之论圣神而不于善信，圣神何自而入哉？请因明问而答之。天下之事，习则熟，熟则精，精则神，神则上达矣。云门之音既绝，舍器数则何所持循哉？为荒唐之说者，曰欲兴古乐，必先得元声，不必屑屑于器数之末，是未能真积自得而窥元声之涯者也。昔者圣人不能以一身周天下之用，故制为器数以教万世，使升高者之有阶梯。孔子闻《韶》于齐，当其时戛击而搏拊者，非皆夔伦也，而其美如此，器数存故也。律吕之学，历代诸儒各有论著，而是非颇谬于圣人。惟汉之班固颇执其枢，而宋之蔡氏为得其宗，即二子之见，律吕可得而言矣。盖尝考之，声有五也，必以律而和之。假令黄钟为宫，则夹钟为商，仲吕为角，夷则为徵，无射为羽，其它律吕，亦皆以次而和也。气有十二也，必以律而候之。假令冬至，则黄钟应气升伍分一厘二毫，大寒则大吕应气升三分七厘六毫，其它律吕亦皆以时而候也。天地之数十而黄钟之实用九者，约体之十以为九，使损益无奇零之积，乃黄钟之用数也。黄钟之数九而黄钟之长用十者，分用之九以为十。使垂积得九九之实，乃黄钟之体数也。平置十二分，均而方之，规而圆之，有余不足各四而为全分者，一规外四余不用而得方分者九，此非管员而分方之说乎？仲吕之实，以三分之不尽，二算以变律之六而得六三之数，因六三之积而乘仲吕之实，此非律正而有变之说乎？子一者，黄钟之律也，其寅九则黄钟之寸数，辰八十一则黄钟之分数，午七百二十九则黄钟之厘数，申六千五百六十一则黄钟之毫数，戌五万九千四十九则黄钟之丝数，此以一为一者也。亥一十七万七千一百四十七者，黄钟之实也。其酉一万九千六百八十三为黄钟之寸法，未二千一百八十七为黄钟之分法，巳二百四十三为黄钟之厘法，卯二十七为黄钟之毫法，丑三为黄钟之丝法，此以三为一者也。午、申、戌本阴辰，而曰阳者，岂非以蕤宾、夷则、无射三阳律在位邪？巳、卯、丑本阳辰，而曰阴者，岂非以林钟、南吕、应钟三阴律在位邪？黄钟一分为九寸，林钟得九之六，太簇得九之八，南吕得九之五，十分寸之三，姑洗得九之七，十分寸之一，应钟蕤宾得全厘大吕、夷则得全毫，夹钟、无射得全丝，而仲吕则得九之六，有五分八厘三毫四丝六忽，此十一律之生，专主黄钟而言者也。至于黄钟损一而得林钟，林钟益一而得太簇，太簇损一而得南吕，南吕益一而得姑洗，姑洗损一而得应钟，应钟益一而得蕤宾，蕤宾损一而得大吕，大吕益一而得夷则，夷则损一而得夹钟，夹钟益一而得无射，无射损一而得仲吕，非以十二律互相生而言之者乎？黄钟而大吕，大吕而太簇，太簇而夹钟，夹钟而姑洗，姑洗而仲吕，仲吕而蕤宾，蕤宾而林钟，林钟而夷则，夷则而南吕，南吕而无射，无射而应钟，此以阴阳长短之序而言之者也。至于黄钟隔八下生林钟，林钟隔八上升太簇，太簇隔八下生南吕，南吕隔八上升姑洗，姑洗隔八下生应钟，应钟隔八上升蕤宾，蕤宾隔八下生大吕，大吕隔八上升夷则，夷则隔八下生夹钟，夹钟隔八上升无射，无射隔八下生仲吕，非以十二律相生之序而言之者乎？六十调者，十二律尽五声，五声各得十二律以律之，十二乘声之五，共六十调，所谓乘五而得者如此。八十四声者，十二律尽七声，七声各得十二律，以律之十二乘声之七，共八十四声，所谓乘七而得者如此。呜呼！乐者所以象功而昭德也。尧钦明而时雍则奏《大章》，舜重华而风动则作《大韶》，苟徒极声容之盛而无和乐之实，则乐云乐云，钟鼓云乎哉？亦圣人所不取也。我列圣相承，礼法制而教化修，三纲正而九畴叙，百姓太和，万物咸若，八风之气宣而天下之情平矣，猗欤盛哉！"

九月

改南京国子监祭酒王瓒为国子监祭酒，升应天府府尹欧阳旦为南京都察院右副都御史。（据《明武宗实录》卷一百四）

升翰林院侍讲学士吴一鹏为南京国子监祭酒。（据《明武宗实录》卷一百四）

十月

奏准增加明年会试录取人数。（据《明武宗实录》卷一百五"正德八年冬十月戊申"）

翰林院庶吉士许成名等授职。翰林院庶吉士许成名、刘栋、张璧、刘朴、费寀、张潮、王思、孙承恩、刘泉、林文俊、孙绍祖为编修，金皋、吴惠、郭维藩、陈寰、张衍庆、边宪为检讨，黄臣、祝续、田荆、刘夔、张翀、俞敦为给事中，张鳌山为监察御史。（据《国榷》卷四十九）

湖广道御史余珊言庶吉士选留过多，被指为"奏扰"。《明武宗实录》卷一百五：正德八年冬十月甲子，"湖广道御史余珊言：近大学士杨廷和选留翰林庶吉士许成名等十七人，皆铨注本院编修、检讨。臣惟编修、检讨实兼史职，所任者万世之事，苟非有刘知几所谓才、学、识三者之长，曷足以堪之。我祖宗虑斯人之难得也，特重兹典，每科选之不敢过多，每选留之宁为过少。盖恐一时滥及，或非其人耳。迩年以来，其法浸弊，取之或止于一地，留之或尽于一科。寒畯之士，虽负豪杰之材，终无以自达，此偏之为害也。今所选留十有七人，其间如孙承恩，如刘朴，如边宪，如费寀，可议者纷如也，何冗滥若此。请敕吏部会内阁覆试，务拔其尤者而留之，或十取三四人焉，或五六人焉，多不过十人而止，余惟随其材器而任使之。自是以后，每科必选，所选不务其多。每选必留，所留宁得其少。初不以一时一地而限量之。如此则立贤无方，扬及侧陋，庶几有真才者出，而为国家用矣。疏入得旨，各衙门因材授官，自有定规，珊何为不察可否，一概奏扰。既而承恩等皆上疏辩理，诏令用心供职。"

癸卯，升翰林院检讨汪伟为南京国子司业。壬子，荫故南京吏部侍郎杨守阯子茂深为国子生，以东宫讲读恩也。（据《馆阁漫录》卷十《正德八年》）

桃源余盗复劫掠万年县，新民应之，杀兵备副使灵宝李情。情弘治癸丑进士。明年赠按察使，荫子入监。（据《国榷》卷四十九）

十一月

南京国子监正历暂添二名，杂历暂添一名。黄佐《南雍志》卷四《事纪》："正德八年十一月甲寅，南京吏部右侍郎罗玘等奏言，议处拨历以苏士。因南监人材比北为多，南京拨历比北为少，故监生坐堂，致有四五年之久者，不无抑郁之叹，请暂添历。吏部议以南京正历暂添二名，杂历暂添一名，照例考勤，及历满上选，待后纳银监生将次拨尽之日，仍复旧规。上从之。"

伦文叙（1469—1513）卒。《馆阁漫录》卷十《正德八年》："十一月乙丑朔。癸巳，右谕德兼侍讲伦文叙卒。文叙字伯畴，广东南海人。弘治己未会试、廷试俱第一，授翰林修撰。上登极，充正使，颁朔安南，道闻丧归，服阕至京，充经筵讲官，升右春坊右谕德兼侍讲，与修玉膳（牒）。正德八年，主应天乡试。事竣还京，卒。文叙伟仪度，自少即笃志于学，从郡人张泰游，大有造诣。入翰林，纂述精核，为文典重。其主考并两为会试同考官，所得多一时名士。家居孝友，厚于姻党，人谓其有公辅器，然卒不获大用以没，咸惜之。子以谅、以训相继举进士，以训亦会试第一，官翰林。"

十二月

授翰林庶吉士齐之鸾为刑科给事中。（据《馆阁漫录》卷十《正德八年》）

明武宗正德九年甲戌（公元1514年）

正月

火烧乾清宫。杨廷和等疏请还边兵、革市肆、出西僧，不省。《馆阁漫录》卷十《正德九年》："正月乙丑朔。癸未，大学士杨廷和、梁储、费宏以乾清宫灾，上疏自劾，曰：'皇上昨以灾故，既下令群臣同加修省，复申敕所司直陈时政，即古昔圣帝明王遇灾而惧之心也。切惟灾变之来，感召有自。皇上嗣登大宝，十年于兹，宽仁爱人，任用贤俊，刑政无失，惠泽覃敷，宜乎景福茂膺，休征协应。夫何近岁以来，灾异叠见，水旱频仍，盗贼纵横，兵戈不息，夷虏侵扰，边境未宁，五星失度，千里飞蝗，陨霜雨雹之非时，地震天鸣之相继，军民困苦，帑藏空虚，人多怨咨，天未悔祸，兹乃复有此变，宗庙震惊，臣民悚惧。圣明在上，何以致之，感召之由，实在臣等。臣等德薄位高，力小任重，陛下有上智之资，而臣等无格心之学，陛下有大有为之志，而臣等无济时之才，议论不足以裨万几之裁决，诚意不足以动九重之聪听，先事既无开陈之益，临时又无匡救之功。瘝旷有年，忧惭无地，若复依违不去，将恐过咎愈深，一时之物议既难苟容，后世之公评岂能终掩。况周官燮理，不备其人，而汉庭策免，亦有故事。伏望俯从宽贷，特赐罢归，别选贤能，以充委任。然消复之道，有赖于圣明，而转移之机，正在于今日。尤望陛下念皇天付托之重，祖宗创业之艰，天下生民仰戴之切，早朝晏罢以延接群臣，深居简出以颐养圣体，九庙之烝尝必亲其事，两宫之孝养必主于诚，经筵勤日讲之御，殿庭复面奏之规，大开言路，通达下情，还兑调边兵以谨外防，革禁中市肆以肃内令，出西僧于外以绝异端，罢皇店之设以通商贾，停止一应工作以惜民力，减免各处织造以节民财，任用正直忠良之士，亲信老成持重之人，夙夜孜孜，图惟治理，将见人心感悦，天意可回。'上不允辞，谕令尽心辅导，所陈如还边兵、革市肆、出西僧，皆不欲厘正。惟皇店欲严禁下人工作织造，命所司条陈缓急来奏，然亦姑取一二事以勉徇所请而已。既而府部大臣尚书刘春等及六科、十三道亦上疏乞罢，俱温旨慰留之。"

命两京大臣科道及外抚按各举将才。（据《国榷》卷四十九）

翰林修撰吕柟言六事：听朝政，还宫寝，亲郊社，朝两宫，遣义子番僧边军，罢各镇守官贪婪。不报。（据《国榷》卷四十九）

户部主事冯驯、户科给事中雷雯、翰林编修王思各言事，不报。（据《国榷》卷四十九）

二月

礼部以会试请，命大学士梁储、翰林学士毛澄为考试官。录取霍韬等四百人。诸官员升授。己巳，升南京太仆寺少卿王守仁为南京鸿胪寺卿。丙午，命掌詹事府、礼部尚书兼翰林学士靳贵改兼文渊阁大学士，内阁办事。庚戌，以吏部左侍郎蒋冕兼翰林学士，内阁专管诰敕。己未，升吏部右侍郎王璟为本部左侍郎，翰林学士毛澄为吏部右侍郎。癸亥，礼部会试，取中正榜举人霍韬等四百人。先是，都给事中李铎奏欲增取进士，选补州县正官。礼部覆请，乃特增之，后不为例。升右春坊右赞善兼翰林编修陈霁为南京翰林院试讲学士。（据《馆阁漫录》卷十《正德八年》）《明武宗实录》卷一百九：正德九年二月，"癸亥，礼部会试，取中正榜举人霍韬等四百人。先是，都给事中李铎奏欲增取进士候补州县正官，礼部覆请，乃特增之，后不为例"。查继佐《罪惟录》志卷十八《科举志》："（正德）九年甲戌，试贡士，得霍韬等四百人，赐唐皋、黄初、蔡昂等及第、出身有差。初与大学士费宏同籍，朱宁论宏私其乡人，罢去。上尝手摘《会试录》越例三条，使太监张永传谕阁臣：'姑念衙门体面，但与先生辈知之。'"梁储《郁洲遗稿》卷五《会试录序》："我圣祖高皇帝临御之初，立贤无方，自洪武三年至五年，每岁皆开科取士。……六年以后，姑罢之。越十有一年，为洪武甲子，始复诏礼部与儒臣重议，定《科举成式》，颁行天下，永为遵守。……正德九年春正月……以会试之期……三试既毕，朱卷续入之后，臣等……于三千八百余卷中，奉宸断取其文之中式者四百人，第其姓名，列为正榜。又择其文之明畅者二十篇，刻试录，将以进呈乙览，而传之于四方远迩，以昭科目盛事。"

靳贵入内阁，预机务。《明鉴纲目》卷五："纲：二月，以礼部尚书靳贵，（字充道，丹徒人。）兼文渊阁大学士，预机务。目：贵以宫僚旧恩，（贵先侍帝东宫。）故有是命。（贵在阁三年，无所建白，致仕归。后帝至江南，会贵卒，亲临其丧，命词臣撰文，皆不称旨，帝乃自为文祭之。）"

三月

　　唐皋、黄初、蔡昂等三百九十六人进士及第、出身有差。是科未考选庶吉士。《明武宗实录》卷一百一十：正德九年三月"戊寅，策试举人霍韬等三百九十六人，是日，上不御殿。制曰：'朕惟《大学》一书，有体有用，圣学之渊源，治道之根柢也。宋儒真德秀尝推衍其义，以献于朝。我太祖高皇帝，特命左右大书，揭之殿壁，朝夕观览，每与侍臣形之论说。列圣相承，罔不崇信。朕初嗣位，经筵儒臣首以进讲。其书大纲有二：先之以帝王为治之序，次之以帝王为学之本，又以格物、致知、诚意、正心、修身、齐家之要分为四目，序列于后，以示学者用力之地。夫学，体也。治，用也。由体达用，则先学而后治可也，顾以治先于学，于义何居？其为治之序，盖前圣之规模，后贤之议论，皆在焉。比而论之，无弗同者。而帝王之所以为学，则有不同。尧、舜、禹、汤、文、武，纯乎无以议为也。高宗成王，其庶几乎？下此虽汉、唐贤君，亦或不能无少悖戾。又下则其谬愈甚，不过从事于技艺文词之间耳，无惑乎其治之不古若也。凡此皆后世之鉴，可能历举而言之乎？抑《衍义》所载不及宋事，不知宋之诸君，为治为学，其亦有进于是者乎？朕万几之暇，留意此书，盖欲庶几乎古帝王之学，以增光我祖宗之治。励志虽勤，绩用未著，家国仁让之风，用人理财之效，视古犹歉。岂所以为治者，未得其本乎？夫为人臣而不知《大学》，无以尽正君之法。子诸生讲明是道久矣，行且有臣之责，其为朕悉心以对，毋泛毋略，朕将亲览焉'"。《馆阁漫录》卷十《正德九年》："三月甲子朔。丙寅，翰林编修刘泉乞养病，许之。癸酉，命少师兼太子太师、吏部尚书、华盖殿大学士杨廷和，少傅兼太子太傅、吏部尚书、谨身殿大学士梁储，太子太保、户部尚书、武英殿大学士费宏，礼部尚书兼文渊阁大学士靳贵，掌詹事府事、吏部左侍郎兼翰林学士蒋冕，翰林侍读学士顾清，少保兼太子太保、吏部尚书杨一清，户部尚书王琼，太子少保、兵部尚书陆完，刑部尚书张子麟，太子太保、工部尚书李鐩，都察院右都御史石玠、通政司通政使丁凤、大理寺左少卿张翀充殿试读卷官。庚寅，太子少保、南京兵部尚书刘机乞致仕，许之，赐驰驿归，令有司给食米月四石，役夫岁六名。壬辰，授第一甲进士唐皋为翰林修撰，黄初、蔡昂为编修。"《弇山堂别集》卷八十二："九年甲戌，命少傅太子太傅吏部尚书谨身殿大学士梁储、翰林院学士毛澄为考试官，取中霍韬等。廷试，赐唐皋、蔡昂、黄初及第。初，贵溪人也。朱宁恶大学士费宏，谮于上，论其私乡人，罢官。"《国榷》卷四十九："（正德九年）三月戊寅，廷策贡士，赐唐皋、黄初、蔡昂等进士及第、出身有差。"张萱《西园闻见录》卷四十四《礼部三》"科场·往行"："屠应埈，字文升，平湖人。正德甲戌进士，改庶吉士，历官谕德。公为吉士，时张文忠公初得君，好变易典制，诸吉士皆少年，负气不能屈，往往抗视阁臣。文忠怒，尽黜诸吉士，公授刑部主事。戊子乡试，新议京朝官出典文衡，公得江西。未行，有当轴者以其子属之，令入选，公不听。及试，录至当轴子，竟不第。意欲危中之，而其人他事罢去。"李调元《制义科琐记》卷二《一网得》：

"唐皋在歙庠日，每以魁元自命，虽累蹶场屋而志不怠。乡人诮之曰：'徽州好个唐皋哥，一气秋闱走十科。经魁解元荷包里，其奈京城剪绺多。'唐闻之，志益励。因题书室壁曰：'愈读愈不中，唐皋其如命何。愈不中愈读，命其如唐皋何。'又尝见人所持便面画一渔翁网鱼，题曰："一网复一网，终有一网得。笑杀无网人，临渊空叹息。'及正德癸酉、甲戌，果连捷，状元及第。又曾梦与郑佐同榜，时皋年三十余，而佐方生。后佐年十九，果与同捷。"陈鼎《百可漫志》："唐守之皋在歙庠日，每以魁元自拟，累蹶场屋，乡人诮之曰：'徽州好个唐皋哥，一气秋闱走十科。经魁解元荷包里，争奈京城剪柳多。'唐闻之，志益励。至正德癸酉、甲戌，连捷经魁，以状元及第，年已五十余，可谓有志者事竟成也。"梁章钜《制义丛话》卷五："《四勿斋随笔》云：孔子见行可之仕，所以异于际可、公养者，全在一'见'字。正德甲戌，唐心庵皋墨云：'夫子于此，藏之于见舍也久，而行之于方用之始，此其机焉，见之乌可以不乘？求之于隐居也素，而用之于方亨之时，此其兆焉，见之乌可以不决？'又云：'尚陵下替，国之患也，不用则已，苟有用我，将使上下顺而无陵替之患，不于桓子之往而谁往乎？政颓俗靡，国之弊也，不试则已，苟有所试，将使政俗美而无颓靡之弊，不于季氏之行而谁行乎？'前二比为'见'字扼要，后二比为'于'字摹神。以老手运老法，自是先民法程。按：唐皋，歙县人，家甚贫，襟怀洒脱，才思敏捷，文不加点，若中有所改动，即别构一篇。少负才，自以为必售，及屡困场屋，时人嘲之曰：'徽州有个唐皋哥，一气乡闱走十科。解元收拾荷包里，其奈京城剪绺多。'皋闻之，志益壮，自署斋壁曰：'愈读愈不中，唐皋其如命何？愈不中愈读，命其如唐皋何？'后四十六岁，中正德九年甲戌状元。此事见《制义科琐记》。而'愈读愈不中'四语，吾乡无不熟在人口，且习以唐皋为吾闽人也。"

据《明清进士题名碑录索引》，正德九年甲戌科录取名单如下：

第一甲三名

唐皋	黄初	蔡昂

第二甲一百三十五名

霍韬*	马理	周文光	孙存	张原	范禄
李中	叶天球	刘彭年	田赋	吴继隆	王俊民
薛蕙	王学夔	王经	吕爱	萧歆	简沛
白辙	萧鸣凤	应典	彭大治	吴仕	熊浃
韩士英	黄训	范洵	陈文昭	张懋贤	梁本茂
陆杰	王腾	闻东昌	方楷	蒋彬	胡岳
吕陶	余祯	张峨	刘友仁	林达	张莱
黄伟	朱良	黄廷宣	周凤鸣	刘勋	刘储秀
何瑗	王镞	曹璁	林大辂	查仲道	蒋孔炀
高贾亨	曹春	陈能	谷高	黄宗明	赵勃
张淳甫	侯一元	金暐	赵良华	李相	朱敬

杨表 潘润 金山 顾璲 冯曾 郑佐
张汉 周时望 吴守中 李景元 江镳 汪金
喻义 苏辅 余才 赵伸 祝品 浦旒
刘寅 詹晨 张俭 蒋山卿 茅贡 万云鹏
俞文曦 陈辅 郑绅 周汝勤 李锐 郝世家
黄祺 姚世儒 党以平 桑溥 姚凤 张思聪
陈子直 辛东山 王袍 王廷珪 刘天民 范师曾
萧孟景 张瑭 张大轮 应大猷 黄焯 黄景夔
戴时宗 刘梦诗 陆钶 李濂 顾天佑 成乐
罗英 闻泽 陆卿 张汝钦 李崧祥 周士英
李淮 刘希龙 章书 黄绶 张积禄 林炫
周大谟 王俊民 钟梁

第三甲二百五十八名

王问 周文熙 傅尚文 朱裳 李俨 翟瓒
戴仲纶 杨秉义 周鹢 赵永亭 王嶨 张浚
唐恩 王迥 周伟 王轼 虞守随 陈克宅
张治道 陈经 谢芝 刘玑 华淳 黄嘉宾
蒋福陵 郑庆云 底蕴 王澄 蔡时 薛祖学
林馥 韩肇 李经 徐景嵩 李献 吴铠
王世臣 葛襘 陈力 曹轩 吕律 刘淑相
詹昇 杨百之 张鹏翰 冯泾 陈江 陶俨
王秀 秦钺 韩奕 席象 张崇德 王道中
葛覃 杨来凤 朱节 李纬 蒋同仁 雷雨
袁文显 冷向春 谢善 苏麒 王时泰 胡松
杨铨 欧阳选 周在 刘守绪 方铎 崔论
刘樽 祁鹤 吉棠 杨林 傅良弼 田秋
傅桂 丁洪 陈九川 鲁教 孙悦 孟奇
郭登庸 孟阳 陈器 边岢 高杰 钟锡
郑晓 高寯 邓尚义 杨材 李浑 骆士弘
徐州 温莘 彭占祺 周昺 范永銮 丘道隆
萧樟 李光霁 马明衡 唐符 江良材 沈教
张彦果 罗江 毛镗 池龙 张庠 俞应辰
王钧 周仲仁 张介 许济时 李醾 伍希周
蒋仪 卫道 刘秉仁 李庄 翟銮 贾继之
孙甫 郑气 朱昭 贾道 赵昶 余廷瓒
陶滋 巴思明 李锡 陈褒 王汝敬 顾可久

卢问之	蒋承恩	郭楠	梁希鸿	陆翱	张几
彭绹	林豫	周忠	王杲	曹敏	魏公济
郭田	邵憙容	王廷表	刘源清	张景华	杨天茂
周宗本	王国光	刘近光	杨九龄	胡斐	张天性
董云汉	陈邦偶	刘辅宜	谢汝仪	简霄	王旸
王卿	林樯	戴金	吴廉	钱宪	韩儒
姚钎	张好爵	张云	邓显麒	姜仪	田美
李希说	王东儒	孙复初	张儒	刘佐	吴稷
吕阼	朱方	杨国相	颜守忠	都郊	刘靖臣
喻汉	张玩	张润身	曾鹏	郑本公	郭凤翱
许俨	何汝学	刘经	李美	刘颖	孙元
徐伦	王天与	李乔	林士元	黄国用	王翰
张邦信	刘琦	邵幽	高第	雷应龙	李儒
郑公奇	孙仪	刘梦阳	韩坤	殷承叙	何良辅
温濡	刘承恩	陈嘉言	高奎	林春泽	林遂
蔡贤	宋九龄	吴鸾	田邦杰	顾似	史麟
蓝瑞	牛斗	巩思宪	周佐	赵继英	相世芳
冯洙	喻智	韩璒	曲环	丁孔暲	詹莹
林桂	何遵	吴宝	童楷	戴钦	范时僎
李世荣	任维贤	梁焯	王承恩	及宦	李学

萧鸣凤（1480—1534）中本科进士。历任南京提学御史、河南按察副使等官。有《静庵文录》。张萱《西园闻见录》卷四十五《提学·往行》："萧鸣凤，字子雍，号静庵，会稽人。弘治甲子浙江解元，正德甲戌进士，历官按察司。尝为南京提学御史，升河南按察使，仍董学政。时有大臣在内阁，以故怨构诬其乡人谷生者，欲假手甘心，先生廉知其故，不为处。乃复为其子弟甥婿请托，又弗许。由是憾之，嗾言事者劾先生及广东提学副使魏先生校。二先生皆当世名儒。疏下吏部，恐怫临颍意，乃量移先生于湖广，魏于江西，皆兵备副使。南御史上疏谓二人皆长才硕学，宜大用，不宜左调，值临颍去位，乃更先生广东，魏河南，仍各为提学副使。广学政久弛，魏以过严获谴，先生继之不少贬，复为怨者所构。先生不辩，唯疏求解职，竟复论改调，竟不复出。西磐张公为尚书，检差庶寮，歔歔嗟叹者久之，曰：'士失养于学校，而顾稽之于既仕，殆犹使不教之民战也，宜其鲜完人矣。近时如萧子雍、魏子才之为提学，其人岂易得哉？'薛公应旗尝谓：'欧阳公以宰执可为，翰林学士决不可轻授，余则谓学士可为，而唯提学不可轻授，盖士习之污隆，世道之升降，由此而出也。'"

林春泽中进士。王世贞《列朝盛事》："国朝以进士为荣，海内世家三代中进士者固多，只祖孙、父子相见者绝少，惟福建侯官县林春泽，正德甲戌进士，为建昌太守；子应亮，嘉靖壬辰进士，为户部侍郎；孙加楚，嘉靖乙丑进士，为广东提学副使。浙江乌程县董份，嘉靖辛丑进士，为礼部尚书；子道醇万历癸未进士，为给事中；孙嗣成，万历庚辰进士，为礼部郎中。祖孙父子俱在一堂，乃稀有之事。而林氏尤享上寿，建昌一百四岁，侍郎八十岁，学宪自广东告归侍养，尤难得。"

四月

命翰林侍读学士顾清、左春坊左中允兼翰林院修撰贾咏为武举考试官。翰林检讨张衍庆请送幼子还乡，许之。（据《馆阁漫录》卷十《正德九年》）

会试天下武举，取六十人。顾清《东江家藏集》卷十九《武举录序》："正德九年春，上既亲策进士于廷，遂诏有司试武举士。夏四月，太子少保、兵部尚书臣陆完等具条格以闻，盖三年春上所定也。越壬寅试骑射，乙巳试步射，完等莅之。戊申试文三道，则命侍读学士臣清、中允臣咏主焉。既乃与都给事中臣阳春、臣金、郎中臣果、臣文祥等参互考校，取射之及格与文之中程者六十人，录其氏名，又择其文之优者六篇刻之以献，以传示于天下。"

五月

费宏致仕。《馆阁漫录》卷十《正德九年》："五月癸丑朔。乙丑，太子太保、户部尚书兼武英殿大学士费宏致仕。宸濠之请护卫也，为宏所持，权幸受其贿者深衔之，阴求宏事，无所得。有语以御史余珊尝劾其从弟寀者，寀亦尝竣绝濠使，遂潜于上，传旨责宏令自陈状。宏即日具疏求去位，且引咎，其略曰：'臣叨荷圣恩，误蒙简拔，备员内阁，参预政机，才识疏庸，既无寸补，而凡举动，苟涉嫌疑，自合深思，早为引避。如臣从弟寀者，其初由进士改庶吉士，虽在臣入阁之先，而其三年已满，除授编修，实在臣入阁之后。兄弟群从，并处清华，每自揣量，甚为过分。言官论劾，未为不公，彼臣亦尝上疏陈情，将寀别调，以塞公议，但当时屡奉诏旨，容寀仍旧。臣上感隆恩，下溺私爱，实未再具恳辞，罪当万死。若非俯念曲全，则臣兄弟将早从罢黜，无地以自容矣。兹者天地父母之恩，犹不忍即加罪责，是陛下之待臣甚厚，而臣之负陛下实多。臣惟知惭感，夫复何言。伏望俯从宽贷，将臣兄弟罢归田里，犹得以沐浴皇泽，咏歌太平，则举家骨肉，所以仰戴覆载育成之恩，宁有穷已耶！'疏入，遂许之，寀亦附批致仕。内阁辅臣责令陈状，盖前此未有者。若去位，亦必累疏而后得请，宏一辞即听其去，惟恐不速，凡恩数旧所有者皆不及，仅给驿而已。朝野闻者，莫不骇之。"《国榷》卷四十九："（正德九年五月癸亥朔）乙丑，太子太保户部尚书兼武英殿大学士费宏致仕。"

工科给事中赖凤请教官参用进士，部议，听进士就教。报可。（据《国榷》卷四十九）

江西左布政使郑岳，吉安知府刘乔俱勘赃削籍。提学副使李梦阳免官。参政吴廷举

夺岁俸。梦阳有才名，刚愎好讦人。藉宸濠快其忿，士论不与。（据《国榷》卷四十九）

六月

礼部覆奏：请申饬巡按者会布、按二司预访教职有学行者，以礼聘取，充乡试主考。不胜任者御史纠举。《明武宗实录》卷一百十三：正德九年六月戊戌，"广东道监察御史杨时周言：'国家每三年取士，除两京外，其浙江诸省主考官类以教职充之，滥竽者不少。自今宜于两京进士出身官员内，访求才学为士论攸归者，往膺主考之任，庶得真才。'章下礼部，覆奏谓：'旧制未可尽更，且诸省乡试校文虽属于教官，而监临实统于御史，请申饬巡按者会布、按二司预访教职有学行者，以礼聘取，不胜任者御史纠举，则旧制不失而真才可得矣。'从之"。

升翰林编修汪俊为本院侍读，仍加俸二级。初，俊以纂修实录，当升二级，与同官俱以忤瑾改调。瑾诛，复为编修。至是九年秩满，吏部以请，故有是命。（据《馆阁漫录》卷十《正德九年》）

进士张源、范洵、王俊民、熊浃、黄训、余瓒、周文熙、陈经、田赋、梁本茂、翟瓒，行人黄重俱为给事中。（据《国榷》卷四十九）

萧山训导何重请禁浙东溺女，从之。（据《国榷》卷四十九）

七月

荫少师兼太子太师、吏部尚书、华盖殿大学士杨廷和弟廷历为国子生。吏部言廷和升任一品，已历再考，未尝荫子，今欲移及于弟，虽无事例，然其友于之谊，有裨风教。故有是命。（据《馆阁漫录》卷十《正德九年》）

八月

黄珣（1438—1514）卒。《馆阁漫录》卷十《正德九年》："八月辛卯朔。丙申，致仕南京吏部尚书黄珣卒。珣字廷玺，浙江余姚人。成化辛卯乡试解元，辛丑廷试第二人，授翰林编修，历侍读、右春坊右谕德，莅国子司业事，历升南京国子祭酒。弘治十八年，升南京吏部右侍郎。正德二年，进本部尚书。时逆瑾方任情黜陟大臣，遂传旨令致仕。至是卒，赐祭奠，赐太子少保。珣平易厚重，不存畛畦，为文如其为人云。谥文僖。"

翰林院庶吉士许复礼授兵科给事中。（据《国榷》卷四十九）

九月

编修王思被贬为三河驿丞。《馆阁漫录》卷十《正德九年》:"九月庚申朔。庚午,降翰林院编修王思为广东潮州府三河驿丞。时上狎虎被伤,阅月不视朝,群臣无敢言者,思谓同官曰:'臣事君犹子事父,父有疾,子不可以不问安,有过不可不谏。'即具疏以上。待命数日,留中不下,但降旨令降远方杂职。前此言事谪官者,内降率有谴责语,至思不然,盖讳也。思吏部尚书直曾孙,有节行,耿耿自信,人谓不愧其祖云。"

国子监司业鲁铎乞祭扫,许之。(据《馆阁漫录》卷十《正德九年》)

十月

翰林编修董玘为侍读。(据《国榷》卷四十九)

十一月

升左春坊左中允兼翰林修撰贾咏为南京翰林侍读学士。(据《馆阁漫录》卷十《正德九年》)

定岁贡生到部论期。(据《国榷》卷四十九)

十二月

荫故内阁大学士丘浚孙郊为尚宝司丞。(据《馆阁漫录》卷十《正德九年》)

故江西兵备副使李情赠按察使,予祭,荫子入监。(据《国榷》卷四十九)

本年

张诩(1455—1514)卒。张惟骧《疑年录汇编》卷六:"张东所六十诩,生景泰六年乙亥,卒正德九年甲戌。"张诩,号东所,南海人,陈献章弟子。

李攀龙(1514—1570)生。李攀龙,字于鳞,历城人,嘉靖甲辰进士,除刑部主事,历郎中,出知顺德府,升陕西提学副使,转参政,终河南按察使。与王世贞、谢榛、梁有誉、宗臣、徐中行、吴国伦,称七才子。有《沧溟集》三十卷。《国朝献征录》卷九十二王世贞《河南按察使李先生攀龙传》:"父宝以赀事德庄王为郎,善酒任侠,不问家人生产。继娶于张,梦日入怀而生于鳞。于鳞生九岁而孤,其母张影相吊也。且辟纑不足以资修脯,而自其挟册请益,塾师为之逊席者数矣。"

余曰德（1514—1584）生。据王世贞《祭余曰德宪副文》。余曰德，初名应举，字德甫，南昌人。嘉靖庚戌进士，官至福建按察司副使。《明史·文苑传》附见王世贞传中。与魏裳、汪道昆、张佳胤、张九一，所谓嘉靖后五子也。有《余德甫先生集》十四卷。

吴维岳（1514—1569）生。据汪道昆《明故中宪大夫都察院右佥都御史霁寰先生吴公行状》。吴维岳，字峻伯，孝丰人，嘉靖戊戌进士。官至右都御史，巡抚贵州。《明史·文苑传》附见王世贞传中。为嘉靖广五子之一。有《天目山斋岁编》二十八卷。

明武宗正德十年乙亥（公元 1515 年）

正月

荫礼部尚书兼翰林学士蒋冕子履坦为国子生。冕先以兄升子履坦为嗣，及以吏部侍郎考满，当荫叙，谓其所生子尚在婴孺，仍请荫履坦焉。（据《馆阁漫录》卷十《正德十年》）

故嘉善主簿李锡，以逐盗开化死。赠知县，荫子监生。（据《国榷》卷四十九）

三月

吏部右侍郎毛澄疏言："当考察之期，臣佐铨布，辨别贤否，实非其人，乞罢。"上谓澄学行老成，不允休致，令仍旧用心供职。（据《馆阁漫录》卷十《正德十年》）

四月

蒋冕、靳贵以当考察之期，上疏请辞，不允。《馆阁漫录》卷十《正德十年》："四月戊子朔。壬辰，掌詹事府事、礼部尚书兼翰林学士蒋冕以当考察之期，上疏乞罢，上不允，曰：'卿学行老成，誉望素著，宜如旧供职。'癸巳，太子太保、户部尚书兼武英殿大学士靳贵以当考察之期，上疏乞罢，上不允，曰：'卿厚德重望，简在朕心，方赖嘉猷，共图治理，岂可辄自求退！'"

己巳，升南京国子祭酒吴一鹏为南京太常寺卿。庚戌，升国子司业鲁铎为南京国子监祭酒。甲寅，升翰林院编修黄澜为国子监司业。（据《馆阁漫录》卷十《正德

十年》）

　　荫故右都御史马中锡子师言国子生。（据《国榷》卷四十九）
　　翰林院庶吉士刘济授吏科给事中。（据《国榷》卷四十九）

闰四月

　　杨一清入内阁，预机务。《馆阁漫录》卷十《正德十年》："闰四月戊午朔。辛酉，命吏部尚书杨一清兼武英殿大学士，入内阁供事。癸亥，吏部尚书杨一清言：'累朝简用内阁，皆翰林馆阁之英，经闱春宫之旧，其自别衙门进者，仅有李贤、薛瑄，盖极一时之选。近年援此滥及，士林以为訾议。今如臣者，论才行既非前李贤、薛瑄之伦，语学术又出今刘春、蒋冕之下，顾使处非其据，必至自贻罪愆。'疏入，温旨令亟供职，不必固让。丙寅，吏部尚书杨一清再辞内阁新命，不许。"

五月

　　丁未，升南京太常寺少卿罗钦顺为南京吏部右侍郎。壬子，升翰林院检讨张邦奇为湖广按察司副使，提调学校。（据《馆阁漫录》卷十《正德十年》）

六月

　　六月丙辰朔。己巳，荫故吏部左侍郎张元祯孙默为国子生。元祯孙鏊既荫为中书舍人，至是复以其祖三品秩满再得荫。（据《馆阁漫录》卷十《正德十年》）

七月

　　给事中范洵言择考官、避嫌疑二事。礼部议覆，令各布政司照旧访取教官充乡试考官。别府入仕两府者，其子弟亲属宜回避。宦游子弟科举，听原籍提学考试。《明武宗实录》卷一百二十七：正德十年秋七月辛丑，"给事中范洵言二事。一、择考官。谓各布政司乡试皆用教官，多不得人，用是监临官恒委其事于帘外，而自专进退之权。请如两畿例，主考用翰林院六品以下官，或事简衙门五品以下官为之。同考教官，先期于各处提学官，听其选择以充。则真才可得。一、避嫌疑。谓两京府官子弟入场中式，不免有倚势之弊，两京显官子弟，不由府、县保送，而径自移文入场，不免有雇代之弊。请令两京人，各不得为两府官。而别省入仕两府者，其子弟亲属亦宜回避，宦游子弟，科举听原籍提学考试。则高门不得妨寒畯之阶，公道不至为私意所蔽矣。礼部议覆，以京官主考乡试，言之者多，虽先朝偶一行之，然群议纷起。宜如旧例，令各布政司照旧访取教官供事。如不及数，令提学官以平日考居优等者充之。两京府官干选法者，宜令吏部查处。两府官及两京官子弟入试，宜如洵所奏行之。诏可"。

陕西提学副使祝萃为广东左参政。（据《国榷》卷四十九）

给提学官关防，以江西提学佥事田汝耔始。（据《国榷》卷四十九）

九月

巡抚云南右都御史王懋中言四事，其一，致仕大学士谢迁、李东阳、王鏊、刘忠，尚书刘大夏、韩文，都御史李士实、林俊，宜起用咨访政事，委托机务。诏责其泛言滥举，令具实自陈。（据《馆阁漫录》卷十《正德十年》）

陕西提学副使祝萃奏乞保全大臣名节，万一天下有如罗伦之议李贤，未免微瑕寸朽，风化所关，苟有所见，情不容默。不报。（据《国榷》卷四十九）

十一月

梁储请修缮宫廷书籍。《郁洲遗稿》卷一《修书籍疏》："臣梁储等谨题为修理书籍事。照得内阁并东阁所藏书籍，年岁既久，残缺颇多，必须专委官员用心管理，方可次第修补。今推得见在诰敕房办事中书舍人胡颐、序班刘伟，俱堪委用，合无令胡颐仍旧职，刘伟改典籍，与同原管主事李继先，专一管理前项书籍。臣等仍督令逐一查对，要见某书原数若干，见在完全者若干，残缺应修补者若干，待查明之日，再行奏请裁处。缘系修理书籍事理，未敢擅便，谨题请旨。正德十年十一月日。次日奉圣旨：'是，吏部知道。'"《馆阁漫录》卷十《正德十年》："十一月癸未朔。丙戌，荫故大学士徐溥孙文辉为国子生。甲辰，大学士梁储等言：'内阁并东阁所藏书籍，年岁既久，残缺颇多，必须专官管理，方可次第修补。诰敕房办事中书舍人胡颐、序班刘伟，俱堪委用，宜令颐仍旧职，伟改典籍，同原管主事李继先管理前项书籍。臣等仍督令逐一查对，奏请裁处。'从之。由是其书为继先等所盗，亡失者多矣。"

故巡抚宁夏安惟学子弘嗣荫国子生，罢其赠。（据《国榷》卷四十九）

翰林编修赵永为侍读。（据《国榷》卷四十九）

十二月

升翰林编修李时为本院侍读，以九年秩满也。戊辰，复除服阕山西按察司副使刘瑞于浙江，提调学校。（据《馆阁漫录》卷十《正德十年》）

张芮卒。《馆阁漫录》卷十《正德十年》：十二月，"己卯，致仕南京太常寺卿张芮卒。芮字文卿，平阳府安邑人。成化戊戌进士，改翰林庶吉士，授检讨。弘治初，预修《宪庙实录》洎《大明会典》。正德初，复预修《孝庙实录》，历升修撰、侍讲学士，以忧归。所居近河东运司，盐商有互讦者，词连芮。时刘瑾方欲以事裁抑儒臣，遂坐累出为镇江府同知，再谪两淮盐运司副使，稍迁处州府同知。瑾诛，始入为南京尚宝司卿，进太常寺卿，致仕，卒。芮为人朴实，其处僚友无忮害心，在其同年中最为平易。然性嗜酒，终日醹醹，于种学绩文之事，或非所好。论者以为于学士之职，盖未称云"。

南京礼科给事中徐文溥言重选举五事。下所司知之。《明武宗实录》卷一百三十二：正德十年十二月乙亥，"南京礼科给事中徐文溥言重选举五事。一、近日主司务为谲怪，命题摘掇一句二句，或割裂文义，或偏断意旨，宜如成化初年以前，出题必章句成段，义理贯属，取文必讲理亲切，措词淳雅。其有浮艳险怪，不根义理者，并皆黜落。各处提学官亦依此训迪诸生。二、各处监场官务为苛刻，屏去士子衣巾，被发趋走。宜略仿会试事体，许其单衣草履，稍存体貌，以养廉耻。敢有怀挟，特加重治。三、今后乡试，除同考官照旧行令提学考选教官应聘，其主考不拘官职，务令博访素有名望，操持廉正，邃于经术者，往莅其事。四、近年场屋之权，一归御史，二司俯仰承风，考官局缩听命。五经分校于各所，去取一听于监临，且据所习之经以为举之首，或用字号以示内帘，或进帘内以谕己意，或临榜而执卷强填，或割榜而私自换易，为弊多端，所害不少。今后御史专令纠察奸弊，毋得仍前侵夺，如违旧制，或专恣，听考官指实陈奏，二司互相纠举，吏部严加访察，黜之示戒。五、近时时文流布四方，书肆资之以贾利，士子假此以侥幸，宜加痛革。凡场屋文字，句语雷同，即系窃盗，不许誊录。其书坊刊刻一应时文，悉宜烧毁，不得鬻贩。各处提学官尤当禁革，如或私藏诵习不悛者，即行黜退。疏入，下所司知之"。

暹罗国来贡，上金叶表，四夷馆不能译。（据《国榷》卷四十九）

本年

许两京武学幼官及军职子弟有志科目者应试；两京文职衙门及各布政司，凡有弟男人等回籍乡试者，令赴告本州县取结明白，转送提学官考试入场，不许径于仕宦衙门移文起送；其提学官一体遵守，不许阿徇，违者通查参究。（据《礼部志稿》卷二十三《仪制司职掌·贡举·乡试·凡应试》）

给各按察司提督学校官关防。又令口外卫学并各都司卫所土官学，离本布政司窵远，提督官不能岁历者，许各道分巡官岁加考校，行提学官知会。（据万历《大明会典》卷七十八《学校》）

奏准都司卫学生员额数。都司卫所学，原定一年一贡者，与设优等次等生员各四十名；原定三年二贡者，与设优等次等生员各三十名；原二年一贡者，与设优等次等生员各二十名，通行提学官考补。以后于优等内照例考选充贡。（据万历《大明会典》卷七十八《学校·儒学》）

罗汝芳（1515—1588）生。据李贽《罗近溪先生告文》。《明史》儒林传："汝芳，字维德，南城人。"黄宗羲《明儒学案》卷三十四："罗汝芳字维德，号近溪，江西南城人。……十六年，从姑山崩，大风拔木。刻期九月朔观化，诸生请留一日，明日午刻乃卒，年七十四。"罗汝芳，字维德，南城人。嘉靖癸丑进士，官至布政使参政。有《近溪罗先生一贯编》十一卷、《近溪子明道录》八卷。

明武宗正德十一年丙子（公元 1516 年）

正月

故韶州同知上虞韩铣以正德初征叛猺死，赠知府。子沇入太学。（据《国榷》卷五十）

二月

丁巳，释奠先师孔子，遣大学士梁储行礼。壬申，杨廷和上疏终制，从之。《馆阁漫录》卷十《正德十一年》："壬申，先是，内宫监左少监秦用，赍敕起丁忧少师兼太子太师、吏部尚书、华盖殿大学士杨廷和夺情供职。至是，廷和上疏终制，上曰：'卿孝思纯至，固乞终制，览奏良用恻然，今勉从所请。其令原遣内臣先还，待服阕，仍令镇抚诸臣敦遣来京，以副委任。'"

故县丞袁瑶击盗死，赠知县。荫子国子生。（据《国榷》卷五十）

三月

丁亥，荫致仕大学士王鏊子延喆为中书舍人。丁酉，礼部右（左）侍郎吴俨以疾乞致仕，上曰："俨学行优长，有疾宜善调理，不允。"（据《馆阁漫录》卷十《正德十一年》）

四月

甲子，授翰林院庶吉士于元正为本院检讨。乙亥，翰林侍读温仁和丁忧服阕，复职。补荫礼部右侍郎兼少詹事萨琦孙世荣为国子生。（据《馆阁漫录》卷十《正德十一年》）

五月

翰林院诸官升转。 升翰林侍读学士顾清为詹事府少詹事兼翰林学士,侍读朱希周、汪俊为侍读学士,左春坊左中允刘龙、李廷相为侍讲学士,侍讲顾鼎臣,侍读温仁和、董圮为左春坊左谕德兼侍读,侍读赵永、李时为右春坊右谕德兼侍讲,修撰滕霄为司经局洗马兼编修。时内阁以翰林春坊多缺员,推年资深者十一人以上,故有是命。(据《馆阁漫录》卷十《正德十一年》)

刘大夏卒,谥忠宣。《国榷》卷五十:"正德十一年五月庚戌,前太子太保兵部尚书刘大夏卒。大夏字时雍,华容人,天顺甲申进士。选馆,授兵部主事,历郎中。太监汪直欲取安南,命检永乐征调册,匿寝之。出福建右参政、广东浙江左右布政使。进右副都御史,治张秋决河成,改左副都御史户部左右侍郎,总宣大两广,并著劳绩。入正兵部。孝宗屡召对,最被知遇。清修刚介,扬历中外,政绩卓然。晚遭祸戍边。毅然之气,卒不少变,天下重之。赠太保,谥忠宣。"

杨继盛(1516—1555)生。 徐阶《明兵部武选司员外郎赠太常少卿谥忠愍杨公墓志铭》:"公生以正德丙子五月十七日,年仅四十。"杨继盛,字仲芳,号椒山,容城人,嘉靖丁未进士。官至兵部武选司员外郎,以疏劾严嵩,为所构陷,弃市。后追赠太常寺卿,谥忠愍。事迹具《明史》本传。有《杨忠愍集》三卷。

江西提学佥事田汝耔荐养疾御史宋景、贡士安福刘养正。诏景复职,养正诣京。(据《国榷》卷五十)

七月

甲申,命翰林侍讲学士李廷相、左春坊左谕德兼翰林侍读温仁和为应天府乡试考官。辛丑,荫故翰林侍讲、赠学士刘球孙祚为国子生。 初,祚弟祠已荫为通政司知事,至是祚复陈乞,诏特许之。(据《馆阁漫录》卷十《正德十一年》)

李东阳(1447—1516)卒,年七十。《明武宗实录》卷一百三十九"正德十一年秋七月己亥(二十日)":"致仕特进光禄大夫、左柱国、少师兼太子太师、吏部尚书、华盖殿大学士李东阳卒。"《馆阁漫录》卷十《正德十年》:"己亥,致仕特进光禄大夫、左柱国、少师兼太子太师、吏部尚书、华盖殿大学士李东阳卒。东阳字宾之,先世本湖广茶陵人,以戍籍居京师。生四岁能作径尺大书,景皇召见,抱置膝上,且试之书,赐果及钞。六岁、八岁,两召见试对偶。讲《书》大义称旨,赐皆如初,命肄业京学。年十六,举乡试。十八,登进士,改翰林庶吉士,授编修。秩满,迁侍讲。秩再满,迁侍讲学士,寻侍东宫讲读。丁内艰,弘治二年服阕,以从龙恩,迁春坊左庶子,仍兼侍讲学士。四年,《宪庙实录》成,迁太常少卿,兼官如故。七年,大学士徐溥等奏文臣诰敕,当如旧专官撰拟,遂擢礼部右侍郎兼侍读学士,以领其事。寻被命兼文渊阁大学士，参与机务。十一年，进太子少保、礼部尚书。十六年，进太子太保、户部尚书，改谨身殿大学士。武宗即位，进少傅兼太子太傅，寻加少师兼太子太师、吏部尚书、华盖殿大学士。正德七年，累疏恳辞致仕，至是卒。讣闻，上辍朝一日，祭葬如例，仍赐米布五十石匹，新钞万贯，赠太师，谥文正。东阳在翰林以文学名，前辈或忌之，迁侍讲学士数年，始与经筵，然不以为意也。尝大旱应诏陈言，剖析《孟子》中语切治道者数条，附以时政得失为献，孝庙甚纳之。既入阁，不时召对，遇事多所规益。末年受顾命，缕缕数百言，东阳感激思报。正德初，群小坏政，遂与同官刘健、谢迁条陈十事，指斥贵近，言甚剀切。因自劾求退，健、迁皆罢，而东阳独留，命下，据案涕泣，连疏乞归不许。于是刘瑾威权日盛，狎视公卿，惟见东阳则改容起敬。时焦芳与东阳同官，又助瑾煽虐，东阳随事弥缝，去其太甚。或疏论廷辩，无所避忌，所以解纾调剂、潜消默夺之功居多，否则衣冠之祸，不知何所极也。或者乃以其依违隐忍、不即决去非之，过矣。所著有《怀麓堂前后续稿》百馀卷，凡朝廷诏册谥议诸大制作，多出其手。诗篇碑版，传播四裔，虽字书小技，亦精绝逼古，人罕及之。"《明史》李东阳传："为文典雅流丽，朝廷大著作多出其手。工篆隶书，碑版篇翰，流播四裔。奖成后进，推挽才彦，学士大夫出其门者，悉粲然有所成就。自明兴以来，宰臣以文章领袖缙绅者，杨士奇后，东阳而已。"

翰林编修徐缙为侍读。（据《国榷》卷五十）

八月

两京及河南、山东、陕西、山西、浙江、湖广、江西、福建、广东、广西、四川、云南等十二布政司乡试；**贵州士子附云南乡试。**

浙江乡试，王一槐中第八十九名。郎瑛《七修类稿》卷五十一《奇谑类·八十九》："正德丙子，浙省秋试，场中已定草榜，提调参政王翊桌下偶遗一卷，视之，颇佳。视原批，亦大称许，乃第三场者也。遂令对号，检其前场，则已为外帘批倒，然展玩间，心以为好。袖语监临鲜冕，鲜曰：'足可压榜中者之半焉。'遂对经易为八十九名。开卷，乃仁和王一槐也。人以为若遗前场，则王未必取，王不语监临，则八十九名未必易，此非其数耶？至丙午科，草榜亦定，但俟明晨揭晓矣。是夜，监临杨九泽梦一知府至室，杨曰：'此地此时，汝可进耶？'知府对以有卷未填，故来告知。觉，遂于坐隅得卷，自谓文好且奇。五更，语其事于提调监试者，诸官未有言，则闻内帘冯主试有请。杨至，冯曰：'适梦一生员披朝服告曰："吾卷已为杨绣衣取矣，愿赞成之。"予问其名，则曰致字号也。'杨笑而对以前事，且曰：'监试、提调之不言，意以为私耳，今当拆卷视号。'回语诸官，拆卷，果乃致字。因对经易名，亦八十九也，乃兰溪郑国宾，易去者余姚胡翰，因致奖励以褒之。呜呼！前之易固奇也，后之梦果孰主耶？八十九名，非一定耶？"正德丙子，即正德十一年（1516）。丙午，为嘉靖二十五年（1546）。

杨一清致仕。《馆阁漫录》卷十《正德十一年》："八月庚戌朔。癸丑，大学士杨一清引疾乞休，不许。丁巳，释奠先师孔子，遣大学士靳贵行礼。甲子，少傅兼太子太傅、吏部尚书、武英殿大学士杨一清乞致仕，许之，令乘传归，有司给食米月六石，役夫岁六人。一清始与朱宁厚，其后独上一疏论时事，言甚剀切，中有'谗言可以惑圣聪，匹夫可以摇国是'二语，不悦一清者遂以告宁，谓其言为宁而发也。宁衔之，一清乃不安于位而去。"

蒋冕入内阁，预机务。《馆阁漫录》卷十《正德十一年》：八月，"丁丑，命掌詹事府事、礼部尚书兼翰林学士蒋冕兼文渊阁大学士，内阁办事。"《明鉴纲目》卷五："纲：以礼部尚书蒋冕（字敬之，全州人。）兼文渊阁大学士，预机务。目：冕清谨有器识，雅负时望，及是入阁。"

王守仁巡抚南赣汀漳。《明鉴纲目》卷五："纲：以王守仁为佥都御史，巡抚南赣汀漳。目：南赣地连闽广，山谷深阻，盗贼易为巢穴。陈金、俞谏，先后讨之，未尽，不数年，啸聚复起。横水（隘名，在江西崇义县东，其南为十八面岭。）左溪（即汀水，亦曰鄞江，在福建长汀县东。源出宁化，下流至广东大埔县入海。）桶冈（在崇义县西北，与湖南彬县接界。）则有谢志山等，浰头（山名，在广东和平县西北，接江西龙南县界，有上中下三浰，最北近龙南者为上浰，在岑冈者为中浰，最南者为下浰。）则有池仲容（亦曰大鬓。）等，皆称王，攻剽府县。而大庚（唐县，以大庾岭名，今属江西。）陈日能，大帽山詹师富诸贼，复与之相应。于是江西、福建、广东、湖广之交，千馀里皆乱。巡抚文森（长洲人。）托疾避去。兵部尚书王琼荐守仁才，遂特用之。（初，守仁既谪龙场驿丞，地在万山之中，苗獠杂居，守仁因俗化导，夷人悦服，相率伐木为屋以居之。瑾诛后，量移庐陵知县，累迁鸿胪卿，遂擢巡抚。）"

翰林院庶吉士尹襄服阕，授编修。（据《国榷》卷五十）

九月

改南京国子监祭酒鲁铎为国子监祭酒。（据《明武宗实录》卷一百四十一）《国榷》卷五十："（正德十一年九月）丙午，改南京国子祭酒鲁铎为国子祭酒。"

荫诸官子弟入学。丁亥，荫南京吏部尚书黄珣子文瑞为国子生。命礼部尚书毛纪兼翰林学士，专管诰敕，仍掌詹事府事。甲午，荫故大学士彭时孙秉锐于中书舍人习字出身。丁酉，升礼部左侍郎吴俨为南京礼（部）尚书。（据《馆阁漫录》卷十《正德十一年》）

礼部右侍郎石珤为左侍郎，国子祭酒王瓒为吏部右侍郎。（据《国榷》卷五十）

十月

壬子，升南京翰林侍读学士贾咏为南京国子监祭酒。甲子，升翰林院编修翟銮为本

院侍读，以九年秩满也。辛未，改服阕南京国子监司业穆孔晖为国子监司业。（据《馆阁漫录》卷十《正德十一年》）

蔡汝楠（1516—1565）生。董份《明通议大夫南京刑部右侍郎白石蔡公墓志铭》："生正德（十一）年十月初六日，卒嘉靖四十四年七月三十日。"蔡汝楠，字子木，号白石，德清人。嘉靖壬辰进士，官至南京工部侍郎。《明史·文苑传》附见高叔嗣传中。有《自知堂集》二十四卷。

屠勋卒，年六十九。《明武宗实录》卷一百四十二"正德十一年冬十月壬子（初四）"："致仕太子太保刑部尚书屠勋卒。"《东江家藏集》卷二十八《故刑部尚书致仕东湖屠公行状》："公在刑曹，以诗名。故太师李文正公，尚书吴文定公，礼部侍郎方石谢公，皆与之倡和。清家食时，则尝闻公名。公巡抚东郊，又亲见其行事。及逆瑾时，士习一变，毁方瓦合丧其平生者何限，或终不免焉。而公卒以善去，怡情诗酒，乐其天真者几十年而终。"

前户部尚书顾佐卒。佐临淮人，成化己丑进士。授刑部主事，历今官，忤瑾引去。然所守素高，迄莫敢害。年七十四。赠太子太保，予祭葬。（据《国榷》卷五十）

国子司业黄澜为南京翰林院侍讲学士。（据《国榷》卷五十）

十一月

准荫国初弘文馆大学士罗复仁曾孙兴为国子生。复仁吉水人，洪武初为弘文馆大学士。至是，兴累奏乞恩荫，吏部议复仁事在国初，文卷已无可考。况有定例，弘治十年以前病故者，不许滥及，兴奏不宜许。诏特予焉。（据《馆阁漫录》卷十《正德十一年》）

十二月

丁巳，荫太子太保、礼部尚书兼武英殿大学士靳贵子懋（仁）为国子生，以三年考满也。丁卯，升翰林编修景旸为国子监司业。戊辰，升翰林编修崔铣为本院侍读，以九年秩满也。（据《馆阁漫录》卷十《正德十一年》）

本年

万士和（1516—1586）生。据《明史》万士和传。万士和，字思节，宜兴人，嘉靖辛丑进士，官至礼部尚书，谥文恭。事迹具《明史》本传。有《万文恭公摘集》十二卷。

方弘静（1516—1611）生。方弘静，字定之，号采山，歙县人，嘉靖庚戌进士。朱彝尊《明诗综》载其官至南京户部右侍郎，《千顷堂书目》亦同。《江南通志》则载其奉使入浙，击水寨寇，论功当叙，中蜚语归，卒赠工部尚书。据集内《山中稿小序》，称自抚浙待命凡十载，自留京归田，经廿载。叶向高序亦云然。是弘静实自南京罢归，《通志》所记偶误。有《素园存稿》二十卷。（按：据《四库全书存目丛刊》集部第121，明万历三十九年辛亥所刻《素园存稿》，署名"方弘静"，则知采山定之，本名弘静，《四库全书》概作"宏静"者，避乾隆帝弘历讳耳。）

明武宗正德十二年丁丑（公元 1517 年）

正月

荫大学士杨士奇曾孙宗明为国子生。宗明奏乞荫，吏部议士奇虽有功累朝，其子及孙已三被恩荫，不宜许。上念士奇功，特与之。（据《馆阁漫录》卷二《正德十二年》）《国榷》卷五十："（正德十二年正月）癸卯，故大学士杨士奇曾孙宗明，特荫国子生。上念其功。"

二月

辛亥，命太子太保、户部尚书兼武英殿大学士靳贵，詹事府少詹事兼翰林学士顾清为会试考官。甲戌，礼部会试，取中正榜举人伦以训等三百五十名。（据《馆阁漫录》卷十《正德十二年》）《明武宗实录》卷一百四十六：正德十二年二月，"甲戌，礼部会试，取中正榜举人伦以训等三百五十人"。

遣刘翀往四川趣杨廷和赴京供职。《馆阁漫录》卷十《正德十二年》："遣行人刘翀往四川趣少师兼太子太师、吏部尚书、华盖殿大学士杨廷和赴京供职，且赐廷和敕曰：'卿宏才重德，朝廷倚重。自守制以来，朕六发纶音，三降玺书，既差行人，复遣内侍，仍责之守臣，冀卿还朝，用慰朝野之望。顾卿守经据礼，未肯幡然就道，不知先朝辅臣，遭罢家疚，其所以报答恩遇，亦皆如此否邪？今再降玺书，遣行人谕意，计行人到日，已属卿释服之期。卿宜上体朕惓惓眷顾之心，下体尔先人平生教子移忠之志，即日起程，勿更迟延，重孤倚注，卿宜深体之，毋忽。故谕。'"

三月

翰林编修许成名归省。（据《国榷》卷五十）

户科给事中王俊民劾大学士靳贵，不问。（据《国榷》卷五十）

荫诸官子弟入学。三月丙子朔。辛巳，荫故礼部尚书兼翰林学士吴宽孙仁为国子生。宽尝荫子奂，未仕而卒。至是仁请补荫，许之。丙戌，翰林编修许成名疏乞归省，许之。丁亥，荫故礼部右侍郎李绍孙钟为国子生。（据《馆阁漫录》卷十《正德十二年》）

焦芳卒。《馆阁漫录》卷十《正德十二年》：三月"丁酉，焦芳卒。芳字孟阳，河南泌阳人。天顺甲申进士，改翰林庶吉士，授编修。历升侍讲学士，降湖广桂阳州同知。升山西霍州知州，四川提学副使，调湖广。升南京右通政，以忧去，服阕，复除本司右通政，再以忧去，服阕，改太常少卿兼翰林侍讲学士。升礼部右侍郎，转左，改吏部，升尚书。寻加少傅兼太子太傅、谨身殿大学士，吏部尚书如故。芳虽居翰林，素寡学，性复凶险，惟事阿附以图进取。始比尹旻父子，尹败坐谪。其为吏部尚书时，值正德初元，逆瑾等号八党，方以盘乐导上，内阁九卿率百僚伏阙固争，将除之。芳潜通于瑾，得先为之地，由是大学士刘健、谢迁，尚书韩文、杨守随，相继得罪以去，八党势益张，瑾遂擅政，引芳入阁，表里为奸。凡瑾之变易成宪，浊乱海内，欲以淫刑密网，杜塞言路，威虐军民，皆芳导之。芳为《孝庙实录》总裁官，笔削任意，尤恶江西人士，一时先正名卿，无不肆丑诋，以快其私忿。所书多矫诬不根，往往授意所厚段炅辈使笔之，挟瑾威以箝众口，同官避祸，皆莫敢窜定一字。其子黄中尤狂诞恣睢，会试初中式，芳必欲处以魁选，廷试策稿，出郎中刘武臣传付。黄中既弗获如愿，芳以为诸执事官抑之。其后瑾以扩充政事为名，改编修顾清等二十馀人为部属，亦出芳意。累科录策止一甲三人，芳请并黄中与第三甲第一人胡缵宗策俱录之，遂授黄中翰林检讨，缵宗及刘宇之子仁等六七人俱传奉为庶吉士。黄中寻升编修，逾年复升侍读，超躐资序，皆前此所未有也。芳既狠戾，黄中又以恶济之，故毒螫滋甚。时土官岑浚所没入家口，当给赐大臣，芳闻浚妾有殊色，求瑾得之，嬖甚，与妻反目，至持环刀欲杀之。后病卧，黄中与乱，父子麀渎，秽不可闻。芳为吏部时，郎中张彩与瑾同乡，有才辨，芳力荐之，不数年代为尚书，欲以媚瑾，且藉为奸利。彩德之，言辄听，久而渐厌苦之，时为异同，由是有隙。段炅亦瑾乡人，险薄士也。初为芳心腹，既而见其势衰，转附彩，尽发芳阴事，互构于瑾。瑾大怒，芳惧，乃乞致仕去。瑾伏诛，科道交劾芳父子党逆，请正法，皆褫职为民，一时公议犹愤惋以为失刑。后大盗赵鐩流劫河南，入泌阳，黄中先输辇其积以遁，鐩遍掘芳所居地，得金帛无算。芳仅以身免。又尽发芳先冢，毁其遗骸无馀，憾犹未释，取芳衣冠被庭树，面缚如首罪状，历数其恶，厉声曰：'尔当万死。'命剑士脔之，白刃交下，糜尽乃已，且曰：'使吾得手诛此贼以谢天下，死不恨矣。'议者谓盗贼犹知疾恶云"。

舒芬、伦以训、崔桐等三百四十九人进士及第、出身有差。改汪佃、余承勋等三十四人为翰林院庶吉士。其余分拨诸司办事。《明武宗实录》卷一百四十七：正德十二年三月，"庚寅，策试举人伦以训等三百五十人。是日，上不御殿。制曰：'朕惟羲农以下之事见于经，秦汉以来之事见于史。见于经者皆圣贤为治之迹，见于史者亦当时君臣相与随时而成治者也。然儒先君子之论，则曰：帝王以道治天下，后世只以法把持之而已。信斯言也，岂帝王之治，一以道而不以法，后世之治，一以法而不以道欤？自今观之，如画野分州，设官分职，明礼乐，兴学校，正律历，秩祭祀，均田赋，通泉货，公选举，严考课，立兵制，慎刑法，则帝王之治天下，固未尝不以法也。天性明达，宽仁长者，躬修玄默，以德化民，恢廓大度，同符高祖，事从宽厚，文以礼乐，畏义好贤，力于为善，聪明果决，得于天性，宽仁多恕，心无私曲，恭俭仁恕，忠厚恻怛，则后世贤君之治天下，亦未尝不各有其道也。然则儒先之论，殆亦有不足尽信者欤？洪惟我太祖高皇帝，创业垂统，治定功成，圣子神孙，万代如见，其治道之高明，治法之弘远，直可以等帝王而上之矣。然而帝王庙祀立于京师，自昔忠良多与配享，虽以胜国之世祖，而亦获秩祀焉，岂非以后世之英君谊辟，其政治亦犹有可取者欤？朕膺天眷命，嗣守鸿业，临政愿治，盖十有三年于兹矣。然远师帝王之道，而望道犹有所未见，近守祖宗之法，而行法犹有所未逮，其故安在？子大夫积学待问久矣，其为朕据经史，兼本末，详著于篇，朕将采而用之，而以资于治焉'"。《馆阁漫录》卷十《正德十二年》：三月"己丑，命少师兼太子大师、吏部尚书、华盖殿大学士梁储，太子太保、户部尚书、武英殿大学士靳贵，礼部尚书兼文渊阁大学士蒋冕，礼部尚书兼翰林学士、掌詹事府事毛纪，太子太保、吏部尚书陆完，太子少保、户部尚书石玠，少保兼太子太保兵部尚书王琼，太子少保、刑部尚书张子麟，太子少保、工部尚书李鐩，都察院右都御史王璟，掌通政使司事、礼部尚书李诰，大理卿陈恪、翰林侍读学士朱希周、侍讲学士刘龙充殿试读卷官。甲辰，授一甲进士舒芬为翰林修撰，伦以训、崔桐为编修。选进士汪佃、余承勋、黄易、江晖、王廷陈、汪应轸、刘世盛、曹怀、储昱、叶桂章、叶式、马汝骥、汪思、王三锡、史于光、陈沂、邝灏、史道、刘穆、杨士云、张星、廖鄩、萧与成、林时、郑自璧、刘世扬、曹嘉、阎闳、季方、汤惟学、黎贯、席春、王邦瑞、许宗鲁三十四人，改为翰林院庶吉士，同舒芬、伦以训、崔桐读书，命掌詹事府礼部尚书兼翰林学士毛纪、少詹事兼学士顾清教之"。查继佐《罪惟录》志卷十八《科举志》："（正德）十二年丁丑，试贡士，得伦以训等三百五十人，伦下汪应轸、叶式、江晖、王廷陈，五魁皆入翰林。赐舒芬、伦以训、崔桐等及第、出身有差。芬后为名臣。先是，大学士靳贵以病在告，临场忽愈，入主会试，益滋群议，致仕去。时督学萧鸣凤谙星命，预告人：'今科舒梓溪当压辈。'果然。芬因就质终身，曰：'功名寿算总与罗一峰上下。'后果谪闽提举，寿亦止此，且配食一峰祠。""正德十二年丁丑，殿试，策题中有云：'朕读《尚书·无逸》篇，中有"嘉靖殷邦"之语，思改元以寿世。'及十五年殿试，则果嘉靖改元补试，亦一奇也。"

据《明清进士题名碑录索引》，正德十二年丁丑科录取名单如下：

第一甲三名

舒　芬　　伦以训　　崔　桐

第二甲一百一十五名

汪　佃　　余承勋　　李士元　　陈良珍　　叶　珩　　陈　璧

宋　钦	文　明	王　纶	李　瑜	黄　易	王舜渔
江　晖	高尚贤	颜　木	王廷陈	王　臬	汪应轸
张　怀	张拱辰	熊　宇	刘世盛	黄待显	何　鳌
曹　怀	林迁乔	陆　金	萧廷杰	蓝　渠	储　昱
郑　宪	毛绍元	陈　琛	南　寿	王渐逵	叶桂章
叶　式	华　湘	马汝骥	陈则清	詹　瀚	仵　瑜
叶　观	胡　侍	赵　儒	汪　思	王三锡	林文沛
廖世昭	刘景寅	胡廷禄	许　仁	史于光	黄　绾
刘　昌	张　玙	陈　沂	彭本用	胡　沕	林应骢
储良材	张　鲲	郑源涣	刘　雍	张子衷	廖　悌
沈弘道	叶应骢	陈　焕	杨　淮	欧阳必进	赵　锦
刘世纶	柴　经	姜　绹	王至善	高　瀹	张　淮
葛　木	谢　显	边　仲	顾　遂	丘其仁	戴　鳖
胡宗明	李　兰	邝　灏	史　道	陈应之	卓居傅
梅　鹗	何　岩	金廷瑞	陈毓贤	陈　焕	王凤灵
郭　叙	彭　泽	李　珣	王　镕	孔　荫	徐一鸣
庄惟春	朱可宗	江　珊	车　纯	杨　仪	娄志德
龙大有	祁　敕	陈　铁	许相卿	王尚志	刘士奇
徐子俊					

第三甲二百三十一名

柯维熊	王时柯	夏　言	李绍贤	顾　济	高　节
王世禄	刘　穆	高　璧	贾　璘	曾　棠	陈　华
蔡宗兖	裴绍宗	杨士云	朱　豹	曹　镃	杨　翱
夏宗仁	王　鼎	林若周	李　惠	马　纪	涂　相
胡效才	梁朝宗	白　翔	王　暐	杨　瑀	张邦教
汪　溱	刘一正	蔡　乾	张希尹	王　官	刘　切
徐　岱	李　文	陈　相	陈嘉谋	王可学	侯　秩
伍余福	徐子龙	谢　旻	柯　相	王　昆	吴　英
张　星	金　朴	廖　昪	宋　锐	范　鏓	邓继曾
熊　荣	范　绅	季　本	王纳言	刘　最	马　冕
桑　仟	王正宗	吴　琦	蔡　经①	李　东	戴继先
朱　洸	秦　武	庞　淳	邓　铖	詹　珪	陈大道
葛　兰	吴　仲	任　佃	刘守愚	刘　漳	王胤贤
沈　松	林茂竹	蒋　琪	赵　焱	孙　峻	高　轩

---

① 本姓名：张经。

林公黼	杨鏊	潘锐	刘黼	杨秦	张岳
萧与成	陈万言	方澜	傅南乔	袁淮	林时
郑自璧	刘世扬	杜民表	宋沂	马津	张淮
陈良谟	王冕	朱鼐	田秀	程资	谢浩
张淮	吴世良	吾谨	陈直	张濂	曹嘉
李士允	司迪	阎闳	姚汝皋	王懋	毕张
吴鼎	鲁纶	叶㻋	丁瓒	郭波	高夔
牟盛	季方	陈大器	顾铎	王泮	李秉仁
王莘	尹嗣忠	胡誉	王翰臣	秦佑	王舜耕
郭梦麒	汤惟学	李顺孙	周臣	俞夔	顾昺
张曰韬	倪鹗	江元辅	李煌	麻漳	张宝
黎贯	萧一中	方纪达	诸偶	郑洛书	聂豹
赵光	白麒	徐锦	陈逅	席春	杨天祥
陈绥	刘乾亨	牟泰	张全节	畅华	母德纯
王光济	苏信	薛侃	钟云瑞	王天民	杨茂
林仕凤	张瀚	林希元	孙舟	刘淮	王瑄
李鹤鸣	周惠	谢元顺	姚鸣凤	林春	王文
张嵩	黎良	谭缵	王邦瑞	陈大纲	刘祺
黄相	许宗鲁	许中	章侨	荣察	郑建
彭文	曹弘	浦鋐	曹辐	王朝塎	戴玉成
徐官	周诏	高鹏	蒋舜民	赵玙	刘烨然
刘谦亨	王佑	杨瑞	李杰	熊元	郭希愈
白坪	王汝梅	蔺益	沈溁	郭持平	杨永祜
张芊	翟璘	王讴	臧应奎	张文奎	朱臣
杨㮮	陆澄	郑漳			

　　本科二甲十八名进士汪应轸，其制义为艾南英所称道。梁章钜《制义丛话》卷七："张惕庵曰：'季子不得之邹，储子得之平陆'，惟明人汪青湖应轸文说得明晰，文云：'为任处守，主君不在，正四邻窥伺之秋；恩信未孚，暂时守国，乃衅起萧墙之日。此时礼贤之意虽勤，亦不可越国。储子任非处守，本不甚关轻重；位居国相，正宜屈己下贤。况平陆又在境内，非越境私交也。'艾千子云：'先辈于此等题，亦从经济揣摩而出，凡读书、作文可以类推。'"

　　本科三甲五十七名进士季本，其学师承阳明，而不以阳明心学入时文。梁章钜《制义丛话》卷四："（俞桐川）又曰：新建之学，衍于正、嘉而盛于隆、万。季彭山本师承阳明，著书数百万言，皆行于世。夫宗阳明者，其说不能无弊，而大旨归于心得，是以可传。然终不以入时文，时文必宗考亭，考亭正宗也，象山旁支也。彭山制义恪守传注，谨严法度，阳儒阴释之语，无能涉其笔端，与口谈考亭而文词浮诞者相去远矣。

孝友性生，文武兼长，逆拒宸濠，与阳明相应。人生在三，事之如一，其文行岂有遗议哉！"

吾谨中三甲进士。《四明文征》卷十六屠隆《吾谨传》："吾谨，字惟可……读书为博士业，三月就试有司，执卷搦管，文顷刻立就。上有司，风动衣裾，文采五色烂然。有司诟怒曰：'何物小生敢尔！'呼左右笞之。谨曰：'请阅谨文乃受笞。'有司阅文奇甚，则又试《五马赋》，立就，奇气翩翩横出。有司大惊，诧曰：'吾乃几失一才子。虽然，若抱奇若是，何为为市井儿状？'谨曰：'谨受教。'已，就试于乡，以《诗》魁乡贡第四人，自始读书至乡贡才三月耳。……时父故人为相，谨往候之，会故人以事出，五往不得见。故人过，谨亦五至不见。故人大怒，私度令若狂生第上第，当益狂。以故才虽高，竟不得魁礼闱，比廷试又抑置第三甲。"

四月

翰林侍读崔铣乞归养病，许之。（据《馆阁漫录》卷十《正德十二年》）

靳贵以被劾乞休致，许之。《馆阁漫录》卷十《正德十二年》：四月，"太子太保、户部尚书兼武英殿大学士靳贵以被劾乞休致，许之，赐之敕曰：'卿自翰林已负公辅之望，先皇简拔，侍朕春宫，讲读心劳，良多启沃。朕嗣统以来，擢贰春官，旋佐铨部，以儒饰吏，历试皆宜，敷言允谐，简居秘阁，典司纶命，遂与政机。方切倚任，共图治理，顾以微疾，累疏求退，慰留再四，祈请益坚。乃勉徇高情，暂令还家调理，爰给舟车送至乡邑，命有司月给食米五石，岁拨人夫六名应用，仍时加存问。再荫子懋仁为中书舍人，以延世泽。其尚勉进药食，颐养天和，凡有可以利国庇民者，毋惜指陈，以称朝廷今日所以礼貌大臣之意。卿其念之勉之'"。

甲寅，翰林检讨郭维藩乞归省，许之。庚午，南京翰林侍讲学士陈霁丁忧服阕，改翰林院侍讲学士。据《馆阁漫录》卷十《正德十二年》。

中旨：团营西官厅监督都督许泰、朱彬、张洪，同新宁伯谭祐等监试武举。（据《国榷》卷五十）

五月

徐爱（1487—1517）卒。《明史》儒林传："爱，字曰仁，守仁女弟夫也。正德三年进士，官至南京工部郎中。良知之说，学者初多未信，爱为疏通辨析，畅其指要。守仁言：'徐生之温恭，叶生之沉潜，朱生之明敏，皆我所不逮。'爱卒，年三十一，守仁哭之恸。"黄宗羲《明儒学案》卷十一："徐爱字曰仁，号横山，余姚之马堰人。正德三年进士。出知祁州，升南京兵部员外郎，转南京工部郎中。十一年归而省亲，明年五月十七日卒，年三十一。先生为海日公之婿，于阳明，内兄弟也。……先生始闻阳明之教，与先儒相出入，骇愕不定，无入头处。闻之既熟，反身实践，始信为孔门嫡传，舍是皆旁蹊小径，断港绝河矣。……是故阳明之学，先生为得其真。"

毛纪入内阁，预机务。《馆阁漫录》卷十《正德十二年》："五月乙亥朔。丙子，命礼部尚书兼翰林学士毛纪兼东阁大学士，内阁办事。"《明鉴纲目》卷五："纲：丁丑十二年，夏五月，以礼部尚书毛纪，（字维之，掖县人。）兼东阁大学士，预机务。目：纪前在礼部，以帝遣使使乌斯藏，迎胡僧，再疏切谏，不纳。及入阁，同列皆倚重之。"

荫梁储子梁次揆为中书舍人，蒋冕子于中书舍人习字出身，毛纪子侄一人为锦衣卫世袭正千户，彭华孙彭师旦为国子生。《馆阁漫录》卷十《正德十二年》：五月，"壬辰，以山西岢岚并辽东开原等处斩虏功及四川盗息，赏内阁大学士梁储、蒋冕、毛纪各银五十两，彩段二表里，储、冕仍荫子侄一人为锦衣卫世袭正千户。于是储、冕上辞曰：'窃惟论功行赏，固朝廷之大恩，而无功冒赏，亦臣子之大戾。比年以来，宣大屡被虏贼侵犯，去年七月，虏自白羊口进入腹里数百里内，生灵痛遭荼毒，辽东并甘肃等处地方，亦各连年失事，损军折将，而四川筠连等处，土民因与边夷争占田土，互相杀害，致使邻近人民，横罹锋刃。仰赖皇上英明神武，仁覆天下，以故天心助顺，将士效力，边陲境土，稍获安宁。臣叨居内阁，曾无寸补，陛下不责其瘝官旷职之罪，幸已多矣，况此骈蕃之银币，非分之恩荫，臣等又安敢冒昧登受，以重招物议也哉！又况我祖宗之制，武阶世袭，必由军功。近时文臣子孙，虽尝有受荫为锦衣卫千百户者，然或因提督军务，与将帅同事，或因职掌兵戎，运筹画策，厥功可录者，乃间有之。固未闻文墨供奉之官，而可与督兵本兵同受军功荫赏。此臣等所以揣心知分，不敢冒昧登受者也。伏望圣明收回恩命，俾臣等得以稍安职分，照旧供事，不然则物议沸腾，旧职且不能保，陛下亦将焉用之哉！'诏曰：'卿等忠诚体国，朕所倚毗，特加赏荫，以酬劳绩。而乃具疏辞免，情词恳切，今勉从所请，准辞世荫武职，其银两、表里不必辞。吏部仍查改荫文职例以闻。'已而荫储子为尚宝司丞，冕子中书舍人。又辞，乃以储子次揆为中书舍人，冕子于中书舍人习字出身。纪亦辞赏，不允。庚子，补荫礼部尚书兼翰林学士彭华孙师旦为国子生。华所荫子勉敷故，以次子勉敬补荫，既而中顺天乡试，师旦复援例陈乞，许之"。

六月

诸官升转。丙辰，命礼部左侍郎石珤兼翰林学士，教庶吉士。壬戌，升吏部左侍郎毛澄为礼部尚书。戊辰，升吏部右侍郎王鸿儒为本部左侍郎，工部右侍郎廖纪为吏部右侍郎，礼部右侍郎王瓒为本部左（侍郎），詹事府少詹事兼翰林学士顾清为礼部右侍郎。己巳，命礼部尚书李逊学掌管詹事府事，兼教庶吉士。辛未，翰林编修张潮乞假送母还乡，许之。（据《馆阁漫录》卷十《正德十二年》）

七月

　　甲申，敕加礼部尚书兼文渊阁大学士蒋冕太子太傅兼武英殿大学士，礼部尚书兼东阁大学士毛纪太子太保兼文渊阁大学士。（据《馆阁漫录》卷十《正德十二年》）

　　翰林修撰唐皋归省。（据《国榷》卷五十）

八月

　　丁未，释奠先师孔子，大学士毛纪奉命行礼。己巳，国子祭酒鲁铎以疾请告，许乘驿归，仍令有司俟病愈具奏。辛卯，以翰林院侍讲学士陈霁为国子监祭酒。己巳，左春坊左谕德兼翰林院侍读温仁和、修撰杨慎奏乞养病，侍读徐缙乞送母还乡，编修张璧乞归省，俱许之。（据《馆阁漫录》卷十《正德十二年》）

　　王宗彝卒。《馆阁漫录》卷十《正德十二年》：八月，"乙酉，致仕礼部尚书王宗彝卒。宗彝字表纶，直隶束鹿人，初名伦，文之子也。尝乡试不第，景皇帝以文故，钦赐举人。天顺初，文被法，宗彝亦谪戍。事白，复领乡荐。以成化丙戌进士，授户部主事，寻用荐迁郎中，督理辽东军饷。后讨建州夷，以督饷有劳，擢太仆寺少卿。久之，擢右佥都御史，巡抚辽东。时建州以方受讨疑惧不贡，又遮掠朝鲜贡使，宗彝谓用兵费且不赀，请贳之，许令修贡。癸卯，坐累左迁四川参议。会番夷毁松茂饷路，宗彝出彼不意，窘以兵，俾修复之。累迁右副都御史，巡抚陕西，入为兵部右侍郎，擢南京礼部尚书。正德丁卯，逆瑾用事，乃罢归。瑾败，言者屡荐不起。至是卒。如例祭葬，谥文简。宗彝仪干修癯，端谨重厚，所至靡不尽力，然不事表暴，故无赫赫之名"。

　　武宗微行，至宣府。《馆阁漫录》卷十《正德十二年》："八月甲辰朔，上微服从德胜门出，幸昌平外庭，犹无知者。次日，大学士梁储、蒋冕、毛纪追至沙河，上疏曰：'臣等昨在阁见午本未散，候至申刻始出，道路相传，以为圣驾清晨出至教场，寻幸天寿山。臣等闻之，心胆战惊，莫知所措。今储嗣未建，人心危疑，车驾轻出，谁与居守。又各衙门一应题奏本，并太常寺当奏祭社稷及先师孔子此等礼仪，尤为重大，不知何所请旨。臣等职叨辅导，实不遑安，谨诣行在，俯伏恭请圣驾即回，以安人心。'上不纳，乃还。戊申，大学士梁储等言：'圣驾远出巡幸，臣等至沙河奏请还宫，未允。臣等忧思迫切，罔知攸措。伏念居守无人，机务至重，即日旋驾回京，以上解两宫太后之忧，下副中外臣民之望。臣等辅导无状，不能积诚谏止，罪宜万死，乞先罢黜，以谢天下。'不报。辛亥，先是，传旨以代府临边，天气苦寒，又将军以下，类多不法，令廷臣议别择府第迁之。于是大学士梁储等言：'祖宗以来，分封藩国，规制已定，不宜轻议迁改。永乐初，宁府自大宁迁江西，辽府自广宁迁湖广，盖其时百姓殷富，府库充实，征发不难。况分封未久，宫眷不多，所居宫室亦易营办。弘治间，寿王自保宁迁于湖广，宫眷亦少，又宫室皆已成者，仅略修饰，而为费已不赀，民已愁怨矣。今代府十馀年前所生子已五百七十馀人，女已三百馀人，岁复一岁，生益众多，比之三府，事体大有不同。若有别迁，其亲王郡王必须盖造殿宇，将军中尉仪宾以下亦须给之房屋，今公私耗竭，军民困惫，不知此费从何出办。况营建乾清、坤宁二宫，大役方兴，百需未备，若一旦又有此举，民力决不能堪，非惟逼迫逃亡，抑恐激成他变。伏望皇上念国家大计，利害不小，特赐采纳，停止前议，天下生灵，不胜至幸。'癸酉，大学士梁储等言：'臣等数日以前，闻之道路，皆云圣驾将复出郊，犹未之信。昨日及今日进阁，俱无奏题本发下，乃信所闻不妄。窃见我祖宗时皇储已建，人心安靖，然犹思患预防，不肯轻出游猎。今大内无人居守，万机谁与裁决，意外之虞，又有不可不防虑者。伏乞即日回銮，永为群生造福，仍削臣等官职，罢归田里，以为辅导无状之戒。'不报。"

徐中行（1517—1578）生。据王世贞《中奉大夫江西布政司左布政使天目徐公墓碑》："公卒以万历戊寅十月十三日，距其生正德丁丑，得寿六十有二。"又据李照《明故通奉大夫江西左布政使天目徐公行状》："据案而暝，实戊寅十月十三日也。……距生正德丁丑八月二十日，春秋六十有二。"徐中行，字子与，号龙湾，长兴人，读书天目山下，故自称天目山人。嘉靖庚戌进士，官至江西左布政使。《明史·文苑传》附见李攀龙传中。与王世贞、谢榛、梁有誉、宗臣、吴国伦、李攀龙，称七才子。有《天目先生集》二十卷附录一卷。

大学士梁储等再请豫择近属教养，待他日元子生出就藩服。不报。（据《国榷》卷五十）

九月

武宗自称威武大将军。《明鉴纲目》卷五："纲：九月，帝自称总督军务，威武大将军总兵官。目：复命户部发银一百万两，输宣府以备赏劳。时凡调发军马钱粮，概以威武大将军钧帖行之。"

陕西府谷县知县张宜改锦衣卫百户。宜贡士，自陈叔祖太监敏保护劳，愿嗣百户。特允之。（据《国榷》卷五十）

十月

左春坊左谕德兼翰林侍讲温仁和，修撰杨慎予告。侍读徐缙、编修张璧归省。（据《国榷》卷五十）

十一月

升翰林编修余本为广东按察司副使，提调学校。准荫故太子少保、礼部尚书、文渊阁大学士陈文曾孙绅为国子生。绅奏乞为中书舍人，多所援比，故荫之。翰林编修伦以训给假还乡毕姻，许之。（据《馆阁漫录》卷十《正德十二年》十一月）

杨廷和再次入阁。《馆阁漫录》卷十《正德十二年》：十一月，"丁亥，命少师兼太子太师、吏部尚书、华盖殿大学士杨廷和赴内阁供职。先是，廷和服阕，召至京，上已北巡，吏部为请。至是已逾月，乃得旨，后五日壬辰，廷和供职"。《明鉴纲目》卷五："纲：冬十一月，召杨廷和复入阁。目：廷和既至，与蒋冕驰至居庸，欲身出塞，请帝回銮。帝令谷大用扼关门，乃归。"

盗焚大学士费宏家，杀其群从兄弟。盖宁王宸濠憾宏指盗故也。（据《国榷》卷五十）

十二月

张升（1442—1517）卒。《馆阁漫录》卷十《正德十二年》："十二月壬寅朔。壬子，致仕礼部尚书张升卒。升字启昭，江西南城人。成化己丑进士第一，授翰林修撰。后以皇太子出阁，特改左春坊左赞善，充东宫讲读官，秩满，升右春坊右谕德。孝宗即位，以从龙恩，进左庶子兼翰林侍读。故事，特改宫僚者，例转数阶，而升以忧居后至，但进一阶，疑大学士刘吉抑己，撼吉过劲之，忤上，左迁南京工部员外郎，以忧去。服阕，会吉已去位，复庶子，言数事，多中时弊，寻升詹事府少詹事兼翰林侍读学士。历升左、右侍郎，转尚书。时崔志端以太常乐舞生积资至为同官，颇倨傲，升常别流品以裁抑之。属官有授徒讲经者，御史杨仪之子在讲下，常出入部中，遇升散部，失趋避，命司务朴而拘之，仪不能平，劾升不协人望。自是名益损，屡为言官所指。尝奉诏选宫女，禁娼优、隶卒不得与，榜书隶为吏，众哄然腾谤，升乃不安于位，遂致仕，加太子太保。刘瑾用事，又以为尚书时裁抑晋府郡王封爵，镌所加官。至是卒。讣闻，辍朝一日，赠太子太傅，赐祭葬如例。升愿悫有余，居官虽无大建白，然自守谨饬。为文平实。尝主两京乡试，所取得侍郎储罐、编修陈澜皆名士，论者以为得人。"

翰林院庶吉士戴颐为吏科给事中。（据《国榷》卷五十）

南京国子祭酒贾咏请博士、助教、学正、学录，同行人等考选。许之。（据《国榷》卷五十）

闰十二月

李杰（1443—1517）卒。《馆阁漫录》卷十《正德十二年》："闰十二月壬申朔。丙戌，致仕礼部尚书李杰卒。杰字世贤，苏州常熟人。成化丙戌进士，改翰林院庶吉士，授编修，升侍讲。十九年，充东宫讲读官，秩满，升侍读学士。弘治初，以宫僚恩，升左春坊右（左）庶子兼侍读学士。四年，升南京国子监祭酒，时方修《宪庙实录》，留馆中校正，书成乃行。以忧去，服阕，改太常寺少卿兼侍读学士，掌院事。十三年，升南京礼部右侍郎。十五年，改礼部右侍郎，转左侍郎。正德元年，充《孝庙实录》副总裁，寻升南京吏部尚书。二年，改礼部尚书。时逆瑾用事，纳晋府镇国将军袁楒等赂，欲进封为郡王，杰坐与前尚书张升皆持不欲进封之仪，忤瑾意，遂令致仕。瑾诛，有旨在起用之列。至是卒。杰持己矜严，待后进颇立崖岸，晚以忤瑾而去，士论高之。其所为诗文，亦温厚可观。"

本年

胡直（1517—1585）生。张惟骧《疑年录汇编》卷七："胡庐山六十九直，生正德十二年丁丑，卒万历十三年乙酉。"黄宗羲《明儒学案》卷二十二："胡直字正甫，号庐山，吉之泰和人。……万历乙酉五月卒官，年六十九。"

杨巍（1517—1608）生。杨巍，字伯谦，号梦山，海丰人，嘉靖丁未进士。累官吏部尚书，赠少保。事迹具《明史》本传。有《存家诗稿》八卷。

徐学诗（1517—1567）生。徐学诗，字以言，别号龙川，上虞人，嘉靖甲辰进士。授刑部主事，迁郎中，以劾严嵩父子罢职。隆庆初，起南京通政司参议，未上而卒。赠大理寺少卿。有《石龙庵诗草》六卷。

明武宗正德十三年戊寅（公元 1518 年）

二月

秦鸣雷（1518—1593）生。秦鸣雷，字子豫，别号华峰，临海人，嘉靖甲辰进士第一，官至南京吏部尚书。《国朝献征录》卷三十六张凤翼《资善大夫南京礼部尚书秦公鸣雷行状》："公夙遭闵凶，未弥月而失母，甫五龄而丧父。当是时，（伯父）大参（秦文）无子，其配杨岐嶷公，遂子之。公髫年即游郡庠，未几而居大参丧，哀能成礼。大参故清白，家日益落，公省试又报罢。时公从兄若鸣春为司寇副郎，鸣夏为青宫中允，杨夫人每举以勖公，公亦自淬砺。……卒于万历癸巳之七月七日，距其生戊寅二月二日，享年七十有六。"

四月

国子监祭酒陈霁被劾免。《明武宗实录》卷一百六十一：正德十三年夏四月，"壬辰，工科给事中翟瓒劾奏：国子监祭酒陈霁五伦尽废，其甚者，闻父病，反棹之官，略不为念。其它贪淫之行，俱有实迹。太学养贤之所，祭酒士子之范，如霁诚不可一朝居者。乞速黜罢。吏部覆奏，诏令霁自陈，乃乞养病归"。

五月

吏部员外郎何景明为陕西提学副使。（据《国榷》卷五十）

定出使官朝见诸王礼。宁王宸濠骄恣，胁用臣礼。巡按监察御史范辂请遵祖制钦定便服称官，濠始怨辂，构之，谪龙州宣抚司经历。后濠诛，起福建佥事，历江西兼副使。正德辛未进士，桂阳人。至谪所，修学埋骼，教授弦诵，羌人化之。世宗初复秩，泣送填道，名其地曰滴泪崖。（据《国榷》卷五十）

六月

改南京国子监祭酒贾咏为国子监祭酒。（据《明武宗实录》卷一百六十三）

七月

武宗再游宣府。《明鉴纲目》卷五："纲：秋七月，帝复如宣府。目：帝从江彬言，将遍游塞上，托言边关多警，令总督军务威武大将军总兵官朱寿，统六师往征。令内阁草敕，阁臣不可。帝复集百官左顺门，面谕，众皆泣谏，而帝意不可回，竟不听。遂复北幸，由东安门出，群臣知而送者，五十二人。寻驻跸宣府，令兵户工三部，各遣侍郎一人，率司属以往。彬又导帝由大同渡黄河，次榆林，至绥德州，（幸总兵官戴钦第，纳其女。）还，由西安，历偏头关，抵太原。（大征女乐，晋府乐工杨腾妻刘氏，善讴，帝悦之，载以俱归，大见宠幸。江彬与诸近幸，皆母事之，称曰刘娘娘云。）"

升南京国子监司业汪伟为本监祭酒。（据《明武宗实录》卷一百六十四）

周瑛卒，年八十九。《见素集》卷十九《明进资善大夫四川右布政使致仕例进一阶翠渠周公墓志铭》："时寿八十九，未数月果病，移席中堂。……遂逝，正德戊寅七月八日也。"《翠渠摘稿》附郑岳《周瑛传》："瑛丰神臞古，其学不专于该博，而于天文、地志、造化、物理，皆尝究心体索。为文章浑深雅健，有根柢。诗格调高。古字画初学晦翁，变为奇劲，应酬至老无倦意。所著有《经世管钥》《律吕管钥》《字学纂要》《词学筌蹄》《地理蓍龟》。晚年尤注意《周易参同契》，作《本义》，屡加删定。诗文有《翠渠类稿》若干卷。所修有《广德志》《镇远府志》《蜀志》《漳州府志》。又与黄未轩同修《兴化府志》，议论间有不合，自谓'莆阳拗史'云。"《明史》周瑛传："瑛始与陈献章友。献章之学主于静，瑛不然之，谓学当以居敬为主，敬则心存，然后可以穷理。自六经之奥，以及天地万物之广，皆不可不穷。积累既多，则能通贯，而于道之一本，亦自得之矣，所谓求诸万殊而后一本可得也。学者称翠渠先生。"

八月

　　陆深升国子司业。《国朝献征录》卷十八许赞《通议大夫詹事府詹事兼翰林院学士赠礼部右侍郎谥文裕陆公深墓表》："戊寅，命于内书堂教习中官，严而有条。八月，升国子监司业，署监事。"

　　国子司业景旸为南京左中允，署南京国子司业。旸母老便养。（据《国榷》卷五十）

　　大学士杨廷和予告三月，当住俸。不允。（据《国榷》卷五十）

九月

　　武宗自封镇国公。《明鉴纲目》卷五："纲：九月，帝自加封镇国公。目：敕曰：'总督军务威武大将军总兵官朱寿，统领六师，扫除边患，累建奇功，特加封镇国公，岁支禄五千石，吏部如敕奉行。'杨廷和、梁储等极谏，以为名之不正，言之不顺，一至于此，古今所未有也。不听。又录应州功，升赏内外官九千五百五十馀人。封江彬、许泰皆为伯。"

　　兵部尚书王琼会廷臣议上武举条格。以内阁大学士兵部尚书为考验官。《明武宗实录》卷一百六十六：正德十三年九月癸丑，"兵部尚书王琼会廷臣议上武举条格：'一、武举乡试仿文士乡试年，以十月为期。先月，都司、布政司类送卫所、府、州、县应试者于巡按御史，会三司官考验定数，两京卫所俱送中府会官考定，直隶卫所、留守司、大宁都司并各府、州、县俱送巡按御史考定，各转送兵部。考验之日、选取之法，一如武举会试例。一、武举天下军职、两京武学并诸卫所各起送五十名，南北直隶卫所各三十名，留守司、大宁都司各十名，辽东、万全二都司、山西行都司各视直隶卫所，陕西都司视两京武学，陕西行都司、山西、山东、河南、江浙、两广、川、湖、云南都司视陕西都司各杀三之一。福建、贵州各半之，川、湖、闽三行都司各视大宁都司。总小旗、舍人、舍余、军余、两京武学各卫所各起送二十名，南北直隶卫所、辽东万全都司、山西行都司各半之，大宁都司、留守司及十二都司、四行都司各杀四之三。民人南北直隶各二十名，每布政司各半之。以上起送之数虽有定额，若不及额者不拘，惟不得逾额。一、会试之年四月，兵部于团营教场会集考验。初九日试马上箭，十二日步下箭，十五日策一道，内阁大学士、兵部尚书为考验官，提督各营官、兵部左右侍郎、锦衣卫官二人、给事中二人为同考验官，监察御史二人为监试官。一、会试每科中选如正德三年例，取六十人，官以品级为次，舍人序见任武职后，外取中选总、小旗人等不得过二十人。一、各处起送必须操行无过、言貌出众、膂力过人，及弓马熟娴、策答通晓兵法者，不得滥举以足额数。一、选取之法，凡有五等，以原报考语行检实迹优劣为一等，言貌膂力优劣为一等，马步中箭多少各为一等，答策优劣为一等，五等俱优者中式，或五等互有优劣，听考验官参酌去取。一、中式官除都指挥使难升外，其都指挥同知以下俱升署一级，遇推用署指挥使同知、佥事，俱加署都指挥佥事职衔，俱终其身不袭。一、中式官俸应支折色米内，改五石支本色。一、中式武职属都司、行都司者，遇本都司及本地备倭、守备、总运等缺，属两京卫所者，遇南北直隶都司留守司官缺及备倭、守备、总运等缺，俱以次推用，或兼举未中选而曾经奏保者，各卫所军政、掌印、佥书、管屯、巡捕等缺亦于武举中选官推用。一、中式总小旗、舍余、军余，两京及各边镇者，俱委管队，在外者各于本卫所委管守城操练巡捕。其民人委管本州县民壮，俱冠带荣身。总、小旗俱支本色米，舍余、军余、民人俱支米一石，以后立功，照例升用。一、中式应袭舍人，俱待袭替后推用。'琼以前尚书刘宇所定条格有未当者，复建此议，自谓据古准今，视前为优。又自请为考验官。诏皆从之。唯翰林院考验官至期奏请，琼不欲旗军人等列名于指挥之前，故但以品级定先后，殊非较艺之意。又身居兵部，自请为考验官，其诬上行私、不知忌惮如此"。

王守仁平定江西巨寇。《明鉴纲目》卷五："纲：王守仁平江西贼。目：守仁既至赣州，知左右多贼耳目，呼老隶诘之，隶不敢隐。因贳其罪，令诇贼，动静无弗知。于是檄福建、广东会兵，先讨大帽山贼，（守仁亲率锐卒，屯上杭，佯退师，出不意捣之，连破四十余寨，禽贼首詹师富。上杭，宋县，今属福建。）复进讨大庾（生擒贼首陈日能以归。）横水左溪诸贼，（令都指挥许清等各一军，会横水，南安知府季斆等各一军，会左溪，守仁自驻南康，去横水三十里。先遣四百人，伏贼巢左右，进军逼之。贼方迎战，两山举帜，贼大惊，遂溃。乘胜克横水，贼首谢志山等，皆走桶冈。左溪亦破。）皆平之。赣州知府邢珣，（当涂人。）吉安知府伍文定（字时泰，松滋人。）等，亦破灭桶冈贼。（守仁以桶冈险固，移营近地，谕以祸福，贼首蓝廷凤等方乞降，而珣、文定已冒雨夺险入，贼仓卒败走，廷凤等遂面缚降。凡破巢八十有四，俘斩六千有奇。）守仁乃还赣州，诱斩浰头贼首池仲容弟仲安。（初，横水破，仲容遣弟仲安来归，而严为战守备。守仁佯下令散兵，岁首，大张灯乐。守仁赐仲容节物，诱入谢。仲容率其众，营教场，而自以数人入谒，守仁曰：'若皆吾民，屯于外，疑我乎？'悉引入祥符宫，厚饮食之。贼大喜，益自安。守仁留仲容观灯乐。正月三日，大享，伏甲士于门。诸贼入，以次悉禽戮之。）遂自将抵贼巢，连破上中下三浰，斩馘二千有奇。贼奔九连山，（在广东，连平县东，周数百里，环连九县，因名。）山陡绝不可攻。守仁简壮士，衣贼衣，奔崖下。贼下招之，遂上据其险，官军进攻，禽斩无遗。因于横水设崇义县，（今隶江西。）于浰头设和平县，（今隶广东。）置戍而归。自是境内大定。守仁所将皆文吏，及偏裨小校，平数十年巨寇，远近惊为神。"

张吉卒，年六十八。 杨廉《贵州布政使司左布政使张公吉神道碑》："正德戊寅九月甲寅（十七日），贵州左布政使张公卒于里第。……生于景泰辛未正月壬子，至是享年六十有八矣。所著述有《古城集》《贞观小断》，若《佛学论》《陆学订疑》，皆是也。"《静志居诗话》卷八："古城穷理讲学，其诗罕传。观其序《晦庵感遇诗》谓，'兼苏、李之体制，陶、孟之风调，韦、柳之音节，非汉晋以下词人所及。生乎后者不根于此而有能诗声，我不敢知也'。其论诗亦非户外语。"《四库全书总目·古城集提要》："明至正德初年，姚江之说兴而学问一变，北地、信阳之说兴而文章亦一变。吉当其时，犹兢兢守先民矩矱。高明不及王守仁，而笃实则胜之；才雄学富不及李梦阳、何景明，而平正通达则胜之。且为工部主事时，则尽言直谏，忤武宗，谪官。为广西布政使时，又以不肯纳赂刘瑾贬秩。而为肇庆府同知时，力持公议，掊击柳璟，愿与都御史秦纮同逮，卒白其冤。尤人情所难。以刚正之气，发为文章，固不与雕章绘句同日论矣。"

翰林编修陆深为国子司业。（据《国榷》卷五十）

本年

文征明就贡举事宜上书陆冢宰。 文征明《甫田集》卷二十五《三学上陆冢宰书》："自洪武二十五年复定岁贡额数，郡学岁贡二人，州学再岁三人，县学岁一人。当时人材尚少，儒学生徒往往不充廪、增正数。除乡试中式之外，其余在学者，不过五六年，升贡者，不出三十岁，故其人皆精力有余，入仕可用，而其功名政业往参于正奏之列，无少轩轾也。自永乐元年、正统二年、景泰元年三次开科，各处解送举人不拘额数，遂有顿增至二百名者。一时国学人众，乃量减贡额，然中间或行或否，皆视解额增损。厥后，解额既定而贡额竟不能复。坐是学校壅滞，遂有垂白不得入仕者。于是胡忠安公在礼部思以通融振塞，建行四十强仕之例，而士子稍复自拔。历五十馀年，人材又匀，学校又大壅滞。太原周公在礼部，乃举复洪武二十五年之例，然仅仅五年而止。迤逦至于今日，开国百有五十年，承平日久，人材日多，生徒日盛，学校廪、增正额之外，所谓附学者不啻数倍，此皆选入有司，非通经能文者不与，虽有一二幸进，然亦鲜矣。略以吾苏一郡八州县言之，大约千有五百人。合三年所贡，不及二十，乡试所举，不及三十。以千五百人之众，历三年之久，合科、贡两途而所拔才五十人。夫以往时人材鲜少，隘额举之而有余，顾宽其额，祖宗之意诚不欲以此塞进贤之路也。及今人材众多，宽额举之而不足，而又隘焉，几何而不至于沉滞也？故有食廪三十年不得充贡，增、附二十年不得升补者，其人岂皆庸劣驽下不堪教养者哉？顾使白首青衫，羁穷潦倒，退无营业，进靡阶梯，老死牖下，志业两陨，岂不诚可痛念哉！比闻侍从交章论列，而当道者竟格不行，岂非以下材者或得缘此幸进而重于变例乎？殊不知此例自是祖宗旧制，而拔十得五，亦古人有所不废，岂可以一人之故，并余人而弃之？或谓四十之例若行，则不胜求仕者之多，将遂无所位置，此又何足病哉？今但杜其愿受教职之请，限以依亲之例，程其入监之期，一时士子幸而解其学校之苦，稍纾目前之急，莫不甘心自引，岂皆以得禄为荣哉？不然即有所授，亦不至大妨。天下之贤，即如近时上马入粟者，皆得比于充贡之例。循资历岁，亦皆有所界授，此其人固有能自立者，然而幸进者不为不多，朝廷所得于彼者几何？遂使纨绔之子得以夺贤俊之路，有识者固当疾首痛心于此矣。明公崛起学校，奋身贤科，操古人之心，负天下之望。目历而知，身更而信，能不有概于心？今当可为之时，在得为之地，能不惜一举手振袂之劳，则其事无不济者。若四十之例，事大体重，不敢觊觎，而岁贡二人则是洪武旧制。又经近岁举行，伏望留意检察，或因人建言举行，或乘大需条下，使士子得沾涸辙之恩，而仕路无复鲇竿之叹，则岂特区区乡里与有荣泽，实天下斯文之幸也。昔宋富、郑公当国，而同学友段希元、魏升平犹滞场屋，公不欲私于二人，乃建一举三十年推恩之例，当时以为盛事，后世以为美谈。近时胡忠安公四十强仕之举、太原周公一岁二贡之例，或谓皆有所为而行，盖皆不欲私于一人，而必推之天下也。二公一代名臣，世之论者曾不以此少公，而更以为美，诚以其能公天下之心而行也。若明公今日之举，则又以天下之心行天下之事，初无二公之为，则其所成所益，又当出于其上，不特二公而止也。伏惟留意处分，天下幸甚，斯文幸甚。"

明武宗正德十四年己卯（公元 1519 年）

二月

释奠先师孔子，遣大学士梁储行礼。（据《馆阁漫录》卷十《正德十四年》）

李逊学（1456—1519）**卒。**《馆阁漫录》卷十《正德十四年》：二月"庚寅，礼部尚书兼翰林学士李逊学卒。逊学字希贤，河南上蔡人。成化丁未进士，改翰林庶吉士，授检讨。弘治丙辰，升浙江按察司佥事，以忧去，终丧，改陕西，升副使，又以忧去，终丧，改山东。前后更三任，俱提调学校，所至务崇宽厚，颇得士心。正德戊辰，升太常寺少卿，提督四夷馆。明年，仍入翰林兼侍讲，升户部右侍郎，提督仓场，寻改礼部，升左。乙亥，升南京礼部尚书。丙子，以奉贺表入京，改礼部。明年，兼学士，掌詹事府事，入内阁专管诰敕，奉命授庶吉士业。至是卒，祭葬如例。逊学为人开爽，颇不羁，为诗文有藻思”。

武宗自加太师，敕谕南巡，黄巩、舒芬等一百四十六人先后疏谏，悉杖于廷，死者十馀人。《明鉴纲目》卷五：“纲：帝自加太师，敕谕南巡，郎中黄巩（字伯固，莆田人）、修撰舒芬（字国裳，进贤人）等百四十六人，先后疏谏，悉杖之，死者十一人。目：帝降手敕谕吏部：‘镇国公朱寿，宜加太师。’又谕礼部：‘威武大将军太师镇国公朱寿，今往两畿山东，祀神祈福。’复谕工部，急修黄马快船备用。阁臣及科道官皆切谏，不报。兵部郎中黄巩，与员外郎陆震（字汝亨，兰溪人），具疏连署以进。（略言：陛下即位以来，纪纲法度，一坏于刘瑾，再坏于佞幸，又再坏于边帅，盖荡然无余矣。乱本已生，祸变将起，因陈最急者六事，一崇正学，二通言路，三正名号，四戒游幸，五去小人，六建储贰。）修撰舒芬，亦邀其同官崔桐（字来凤，阳州人）等七人，上疏极谏。（略言：陛下两巡西北，四民告病，今复闻南幸，尽皆逃窜，非古巡狩之举，而几于秦皇、汉武之游，宜鉴博浪、柏谷之祸。）吏部员外郎夏良胜（字于中，南城人），及礼部主事万潮（字汝信，进贤人），太常博士陈九川（字惟浚，临川人），复连疏入。于是吏部郎中张衍瑞（字元承，汲县人）等十四人，刑部郎中陆俸（吴县人）等五十三人，继之。礼部郎中姜龙（太仓人）等十六人，兵部郎中孙凤（洛阳人）等十六人，又继之。而医士徐鏊（嘉定人，本高氏子，少依舅京师，冒其姓）亦以其术谏。帝与诸幸臣皆大怒，下巩、震、良胜、潮、九川、鏊诏狱，芬等百有七人，罚跪午门外五日。已而大理寺正周叙（九溪卫人）等十人，行人司副余廷瓒（鄱阳人）等二十人，工部主事林大辂（莆田人）等三人，连名疏又相继上。帝益怒，并下诏狱。俄令与巩、震等，俱跪阙下五日，加梏拳焉，至晚仍系狱。诸臣晨入暮出，累累着重囚，道旁观者，无不太息泣下。廷臣自内阁及尚书石玠（字邦秀，藁城人）疏救外，莫有言者。诸嬖幸扬扬意得，士民愤恨，伺诸大臣出入，争掷瓦砾诟詈之，诸大臣皆恐，入朝不敢待辨色。请下诏禁言事者，通政司遂格不受疏。诸臣跪既毕，仍杖之于廷，死者十一人。（陆震，余廷瓒，及工部主事何遵，刑部主事刘校，照磨刘珏，大理评事林公黼，行人李绍贤，孟阳，詹轼，刘概，李惠。〇遵，字孟循，江宁人。校，郾城人。珏，汲县人。公黼，长乐人。绍贤，盱眙人。阳，泽州人。轼，玉山人。概，安乐人。惠，祥符人。）余除名贬黜有差，戍鏊于边，而驾亦不复出矣。”

三月

升右春坊右谕德兼翰林院侍讲赵永国子监祭酒，吏科左给事中郑裕为南京尚宝司卿。（据《明武宗实录》卷一百七十二）

衢州孔承美袭五经博士。彦绳子。（据《国榷》卷五十一）

故漳浦县丞纪镛，赠知县。荫子入监。攻象湖山贼死。（据《国榷》卷五十一）

增岁贡生。两京兆四年十二人，各府岁二人，州四年六人，县岁一人，至十八年止。（据《国榷》卷五十一）

四月

改南京吏部右侍郎罗钦顺为吏部右侍郎。（据《馆阁漫录》卷十《正德十四年》）

行人陶滋、巴思明、李锡、顾可久、邓显麒、王翰、熊荣、杨泰、王懋、黄国用、李俨、潘锐、刘麟、张岳调南京国子学正。（据《国榷》卷五十一）

五月

翰林检讨盛端明病愈，复除原职。（据《馆阁漫录》卷十《正德十四年》五月）

吴俨（1457—1519）卒。《馆阁漫录》卷十《正德十四年》：五月，"南京礼部尚书吴俨卒。俨字克温。成化丁未进士，选翰林院庶吉士。己酉，授编修。丙辰，同考礼部试，又充经筵讲官。上初出阁，兼司经局校书。庚申，升左春坊左中允。辛酉，转南京翰林院侍讲学士。正德丙寅，召还纂修《孝庙实录》，充经筵日讲官，兼修玉牒。丁卯，主考顺天乡试。时逆瑾恃宠揽权，倾陷正直，第二场以'为臣不易'命题，瑾心已恶之。又闻俨家巨富，阴遣人啖以美官，俨峻拒之，瑾益惭怒。媒蘖无所得，会朝觐考劾外官，以不根之语罢之。瑾诛，起用，仍旧职。未几，擢用南京礼部右侍郎。壬申，召还礼部。乙亥，转左侍郎，册封益府。丙子，升南京礼部尚书。丁丑，武宗北幸宣大，偕府部大臣上疏切谏。己卯，卒于位。讣闻，葬祭如例，赐谥文肃。俨性方严，操履清慎，居乡有士行，闺门亦整肃。当官事期于自立，秉经议礼，多合古意。为文章庄重简古，诗词清丽可讽"。

诏中外官举将才。（据《国榷》卷五十一）

六月

宁王朱宸濠发动叛乱，孙燧、许逵被害。《馆阁漫录》卷十《正德十四年》："六月癸亥朔。丙子，宁王宸濠反，巡抚江西都御史孙燧、按察司副使许逵死之。宸濠兵陷九江，兵备副使曹雷、知府江颖弃城走。进贤知县刘源清、馀干知县马津及龙津驿丞孙天佑，各仗义起兵，与濠抗，数擒杀其党，二府之民不从乱，及濠之不敢经湖东以窥两浙者，皆此三人力也，盖庶几于唐之巡、远云。提督南赣军务都御史王守仁及知府伍文定起兵讨宸濠，移檄远近，军声大震。"《明鉴纲目》卷五："纲：夏六月，宁王宸濠反，巡抚江西都御史孙燧（字德成，余姚人），按察司副使许逵（字汝登，固始人）死之。目：宸濠久蓄异志，交通肘腋，因帝无储嗣，游幸不时，人情危惧，遂日夕觊觎。（宸濠贿钱宁，取中旨，召其子司香太庙，宁言于帝，用异色龙笺报赐。异色龙笺者，故事所赐监国书笺也，宸濠大喜，列仗受贺。复勒诸生父老奏阙下，称其孝且勤。时江彬欲倾宁及臧贤，令太监张忠乘间为帝言曰：'贤称宁王孝，讥陛下不孝耳，称宁王勤，讥陛下不勤耳。'帝曰：'然。'下诏逐王府人，毋留阙下）巡抚都御史孙燧七上章言之，皆为所遏阻。宸濠益与其党李士实（致仕都御史）刘养正（举人）谋，遣奸人分布水陆孔道，万里传报，浃旬往返，踪迹大露，诸权幸匿不以闻。会御史萧淮尽发其不轨状，大学士杨廷和请如宣宗处赵府故事，遣勋戚大臣宣谕。帝乃命驸马都尉崔元（代州人，尚宪宗女永康公主）、都御史颜颐寿（巴陵人）等持谕往收其护卫。宸濠闻元等且至，乃决计反。以己生辰日，宴诸守土官。诘旦皆入谢。宸濠命甲士环之大言曰：'孝宗为李广所误，抱民间子，祖宗不血食者十四年。今太后有诏，令我起兵讨贼，亦知之乎？'众相顾愕眙。孙燧直前曰：'安得此言？请出诏示我。'宸濠曰：'毋多言。我往南京，汝当扈驾。'燧大怒曰：'汝速死耳。天无二日，吾岂从汝为逆哉！'宸濠入内殿易戎服出，麾兵缚燧。按察司副使许逵奋曰：'汝曹安得辱天子大臣。'因以身翼蔽燧。贼并缚逵。二人骂不绝口，贼击燧，折左臂，与逵同曳出，杀之惠民门外。巡按御史王金、布政使梁宸、参政王纶以下，咸稽首呼万岁。宸濠以李士实、刘养正为左右丞相，王纶为兵部尚书，集兵号十万，释狱囚，收库藏，遣人分诣诸郡邑，夺印起兵。命其承奉徐钦，与素所蓄群盗闵念四等，略九江、南康，皆陷之。"

颁武乡试条格。王圻《续文献通考》卷四十七《选举考·武举》："凡遇子、午、卯、酉年十月武举乡试，预于九月内各卫所起送都司，府、州、县达布政司，类送巡按御史会同三司官考验定数，仍行都司起送五府，转送兵部。布政司起送兵部，两京卫所俱送中府。候到齐之日，中府掌印官会同各府并锦衣卫各掌印官考验定数，类送兵部。直隶卫所留守司、大宁、万全都司并各府、州、县俱各送巡按御史考验定数，仍行各都司、直隶府、州、县、卫所照例起送。其十月内考验日期并选取之法，一仿武举会试例行。各处起送应武举之人，务要询访素无过犯，操行端谨，言貌出众，膂力过人及考验弓马熟闲，答策通晓兵法者，各开明白，方许以礼起送，不许求足额数，一概滥举。武宗正德十四年六月，该兵部题所行事件开坐在京武举乡试照武学考验例，本部侍郎一员会同各府掌印官并锦衣卫掌印官于团营东官厅，南京兵部尚书会同南京各府掌印官并南京锦衣卫掌印官于教场，各考验，都察院并南京都察院各差监察御史一员监试。在外布政司于所在教场或贡院考验，直隶去处并各边听各该巡按御史定拟适中相应去处考验。两京并各处武举乡试考验等官并执事官军、终场对策人员茶饭及各用纸劄、笔墨、心红等项，北京照旧例各营出办，南京听南京兵部于本部收贮各项官银内支给措办，在外听各该巡按御史定拟于各都司、布政司、府、卫量数出办。初场、二场试箭，合用金鼓、旗号、响器并监箭、巡视等官，三场搜检、巡绰官军，在京行三大营，南京行大教场定数差拨。其刊刻题目匠役，两京俱于府、县取用，在外听各该巡按御史定拨取用，及印卷、弥封等项执事官，俱照旧例。初场试马上箭，以三十五步为则；二场试步下箭，以八十步为则。各要彀弓平矢，直冲把子中央者为中，如有创箭并中把子旗者，俱不准。三场试策一道，两京照先年团营武举例。兵部官出题，在外俱巡按御史出题。其策问或据古兵法，或问时务，惟在简要含蓄，以观其才识，不必专据纸上陈言，徒取记诵，致遗真才。内有先年已曾起送赴部会考不中之人，今次又来会试，许一体考验起送。其考取之法，凡有五等，通照武举会试。两京各卫所保送各府，类送中府，上十卫并武学径保送中府。其各卫所保送应举人员，务要各开平素谋勇、习学骑射兵法并无曾经问发等项缘由明白及各处考语起送，在外司、府、州、县、卫所保送人员亦同。本月二十三日题，奉旨：'是。这《武乡试条格》都依拟行，便行与南京及在外各该衙门知道，钦此。'今照兵部侍郎为本兵之佐，既知武举会考，难以又典武举乡试。及查各处应举人员，俱送巡按御史并三司等官考验，合将两京卫所应试者亦送各该御史考试，类送兵部。其考验去处并执事等官军、匠役及茶饭、纸劄、笔墨、金鼓、旗帜等项，听各该巡按御史临期从宜处置取用，俱于该年十月内举行。射箭日期并策论题目，亦听各该御史自定。武学官生弟侄，于兵部月考马步箭、策略第一等内选送。"

王守仁起兵讨伐朱宸濠，七月收复南昌。《明鉴纲目》卷五："纲：巡抚南赣都御史王守仁起兵讨宸濠，秋七月，复南昌。目：守仁方奉命勘福建叛军，行至丰城，（注见前。）而宸濠反，知县祁以告。守仁急趋吉安，与知府伍文定，征调兵食，治器械舟楫，传檄暴宸濠罪，俾守令各率吏士勤王。因集众议曰：'贼若出长江，顺流东下，南都不可保。吾欲以计挠之，少迟旬日，无患矣。'乃多遣间谍檄府县，言都督许泰率京军四万，南赣王守仁，湖广秦金（字国声，无锡人）两广杨旦（字晋初，建安人），各率所部，合十六万，直捣南昌，所至缺供者，以军法论。又为蜡书遗伪相李士实、刘养正，叙其归国之诚，令怂恿早发兵东下，而纵谍泄之。宸濠果疑。与士实、养正谋，则皆劝之疾趋南京，即大位，宸濠益大疑。十馀日，诇知中外兵不至，乃悟守仁给之。七月，壬辰朔，留宜春王拱樤守城，而劫其众六万人，出大江，攻安庆。都督金事杨锐，（字进之，萧县人）、知府张文锦（安邱人）等固守，不能克。（安庆被围十有八日，锐等以寡敌众，随机应变，所向摧败。宸濠谓其下曰：'安庆且不克，安望金陵哉！'）守仁闻南昌兵少，则大喜，趋樟树镇（在江西清江县东北，亦曰清江镇，道通丰城，为南北津要）。临江知府戴德孺（临海人）、袁州知府徐琏（朝邑人）等，各以兵来会，合八万人。或请救安庆，守仁曰：'不然。今九江、南康，已为贼守。我越南昌，与相持江上，二郡兵绝我后，是腹背受敌也。不如直捣南昌。贼守备虚，我军新集气锐，攻必破。贼闻南昌破，必解围自救。逆击之湖中，蔑不胜矣。'众曰善。己酉次丰城。以文定为先锋。庚戌夜半，兵抵广润门，守兵骇散。辛亥黎明，诸军梯緪登，缚拱樤等，宫人多焚死。军士颇杀掠，守仁戮犯令者十馀人，宥胁从，安士民，慰谕宗室，人心乃悦。"

谕延绥、山西、宁夏、甘肃、陕西、辽东、蓟州各总兵巡抚官职任，俱增入各镇守太监敕中。大学士杨廷和等，以职任不同，且定制而紊之，孰执其咎。（据《国榷》卷

七月

朱宸濠被俘。《明鉴纲目》卷五："纲：王守仁败宸濠于樵舍（镇名，在江西新建县西北），擒之。目：守仁既下南昌，居二日，遣伍文定、徐琏、戴德孺各将精兵分道进，而使瑞州通判胡尧元等，设伏以待。宸濠果解安庆围，还救南昌。遇于黄家渡（在江西南昌县东，通馀干县）。文定当其前锋，贼趋利，邢珣绕出贼背，贯其中，文定乘之，尧元等伏发，贼大溃，退保八字脑（在江西都阳县西）。宸濠惧，尽发南康、九江兵复战，大败，退保樵舍。联舟为方阵，尽出金宝犒士。明日，宸濠方晨朝其群臣，官军奄至，以小舟载薪，乘风纵火，焚其副舟，妃娄氏（上饶人）以下，皆投水死。（宸濠欲谋逆，娄氏尝苦谏，不听。及是，叹曰：'昔纣用妇言亡，吾以不用妇言亡，悔何及。'）宸濠舟胶浅，仓卒易舟遁，万安知县王冕所部兵追执之。士实、养正及降贼按察使杨璋等，皆就擒。南康、九江亦下。凡三十五日而贼平。"

罗玘（1447—1519）卒，年七十三。《馆阁漫录》卷十《正德十四年》：七月，"致仕南京吏部右侍郎罗玘卒。玘字景鸣，江西南城人。自为诸生时，博极群书，为文奇崛，试于乡屡不利，乃援入粟例游国学。丘浚时为祭酒，季试得玘所作，大加称赏，名动一时。成化丙午，遂为顺天解首。明年中进士，改翰林院庶吉士，授编修，升侍读，与修《大明会典》、《通鉴纂要》。正德初，升南京太常寺少卿，擢南京吏部右侍郎。尝署国子监事，三年考满，行至涿州，以足病乞休致，家居不入城府。先是，宸濠遣内臣饵以金币，玘预觉，逃之深山。及濠叛，玘已病，犹驰书约官府起兵讨贼，事未举，遂卒。嘉靖改元，追谥文肃，赐祭葬。玘在翰林，酬应诸文，词亦煅炼矫俗，力追古作，体裁为之一变，其高者骎骎上逼柳州。志欲用世，尝因事有所建白，如主事李梦阳、给事中庞浩等坐弹劾外戚，相随下狱，玘力救之，皆得释。其后为侍郎，又因群盗窃发，疏言储贰当早建，斯人心有所系属，而后天下可安。词甚激切，侵及当国者，无所顾恤。玘自负才气，持风节，盖欲大有所为而未遂云"。《国朝献征录》卷二十七费宏《南京吏部右侍郎赠礼部尚书谥文肃圭峰先生罗公玘墓志铭》："归山中，贻书知旧，犹以时事为虑。然绝意声利，城府无先生一迹。逆濠素忌先生，心甚重之，尝间以金帛使及门，先生豫走帝邑，避不与接。濠乱，先生已卧病，闻有司将举义，犹豫未决，力疾手书趋之。越二日而卒，己卯七月二日也，距所生正统丁卯，享年七十有三。"

丙申，升翰林侍读学士朱希周为南京吏部右侍郎。戊戌，命翰林侍读学士汪俊、右春坊右谕德兼翰林侍讲李时为应天乡试考试官。庚子，翰林院编修林文俊服阕，复除原职。（据《馆阁漫录》卷十《正德十四年》七月）

李士实、刘养正死系所。士实丰城人，成化丙戌进士。授刑部主事，历郎中。迁浙江提学副使，历右都御史。年七十二，致仕，予一子官。诗文书法名一世。宸濠欲交士实，先纵其下侵之。士实往诉，语合，遂为画策从逆。时八十馀，龙钟昏眊，执见伍文定，立不跪，杖二十死。传首至京，家遂灭。养正，正德初贡士。弃缛讲学，不苟交接，士夫至愿见不可得。岭南张珝，以伊吕荐于宸濠。母死，求守仁志墓。微说之不应，就擒自尽。传首至京，妻子没为奴。（据《国榷》卷五十一）

八月

张溱卒。《馆阁漫录》卷十《正德十四年》："八月壬辰朔。癸亥，致仕南京兵部尚书张溱卒。溱字仲湜，广西全州人。成化戊戌进士，改翰林庶吉士，授编修。弘治己酉，秩满，升侍讲。戊午，选侍东宫。辛酉，主顺天乡试。乙丑，升侍读学士，寻升学士、国子祭酒。正德丙寅三月，驾幸太学，赐坐讲书。丁卯，升礼部右侍郎。己巳，升南京礼部尚书。辛未，改吏部尚书。时储位久虚，草疏率同侪请建太子，罔有顾忌。甲戌，改兵部，参赞机务。条陈八事，又奏革守备厅审事官，及营伍有所委任，不容请托，人皆服其明决。乙亥夏，乞归田里，疏前后凡十五上，始得请，特加太子少傅，赐月米舆夫，仍给驿还。至是卒，赐祭葬如例。溱性颇刚褊，与人多不合。其在户部，请追查远年逋赋，论者谓刘瑾方事诛求，而其迹涉承望，于贤者不能无责备焉。"

丁卯，释奠先师孔子，遣大学士蒋冕行礼。命翰林院侍读学士刘龙、右春坊右谕德丰熙为顺天乡试考试官。戊辰，以上南征，遣新宁伯谭佑、驸马都尉蔡震祭告天地太庙。己卯，升翰林院检讨盛端明为浙江按察司佥事，提调学校。（据《馆阁漫录》卷十《正德十四年》八月）

两京及河南、山东、陕西、山西、浙江、湖广、福建、广东、广西、四川、云南等十一布政司乡试；贵州士子附云南乡试。江西因宸濠之乱，未举行乡试。

项乔举浙江乡试。姜准《岐海琐谭集》卷十六："项迁之乔初载肄业于鸡鸣斋，正德己卯，束装赴省告考遗才，启行际，釜堕碎地，怪不利，忧形于色。一斋仆前曰：'镬破者出学之兆，高中之征也。'项心终不释然。及至江浒，解缆行矣，项苦辞归，索己行箧，且深入舱底，发不便。同行林金川禄让之云：'不返于先期而返于濒往，其如耽阁众友何？'推之入舟，遽令梢子解缆而行，即以是科荐浙省乡书，后成己丑进士。"

翰林院诸庶吉士授职。辛巳，授翰林院庶吉士汪佃、叶桂章、叶式、王三锡、陈沂、邝灏俱为本院编修，张星、萧与成、林时、季方、汤惟学俱检讨，曹怀户科，储昱礼科，汪思、史道兵科，刘穆刑科，杨士云、郑自璧工科，俱给事中。黎贯陕西道，席春河南道，许宗鲁云南道，俱监察御史。又江晖、马汝骥已拟授编修，王廷陈、汪应轸拟授给事中，曹嘉拟授御史，以尝言事忤旨，令补外，晖广德州，汝骥泽州，廷陈裕州，应轸泗州，俱知州。嘉大名府推官。（据《明武宗实录》卷一百七十七）

武宗始南巡。《明史》武宗本纪云："秋七月甲辰，帝自将讨宸濠，安边伯朱泰为威武副将军，帅师为先锋。丙午，宸濠犯安庆，都指挥杨锐、知府张文锦御却之。辛亥，提督南赣汀漳军务副都御史王守仁帅兵复南昌。丁巳，守仁败宸濠于樵舍，擒之。八月癸未，车驾发京师。丁亥，次涿州，王守仁捷奏至，秘不发。冬十一月乙巳，渔于清江浦。壬子，冬至，受贺于太监张阳第。十二月辛酉，次扬州。乙酉，渡江。丙戌，至南京。"

九月

林瀚（1434—1519）卒。《馆阁漫录》卷十《正德十四年》：九月，"庚申，南京兵部尚书致仕林瀚卒。瀚字亨夫，福建闽县人。成化丙戌进士，改翰林院庶吉士，授编修。丁酉，纂修《续通鉴纲目》成，升修撰。丙午，进左春坊左谕德。弘治初，同修《宪庙实录》，侍讲经筵。庚戌，升国子监祭酒。丙辰，擢礼部右侍郎，仍掌监事。己未，改吏部，转左。庚申，升南京吏部尚书。丙寅，改南京兵部尚书，参赞机务。会刘瑾窃政，大学士刘健、谢迁以不合骤退，瀚闻而显议之。时南京科道官交章论救健等，瑾罪言者及瀚，乃降浙江左参政，勒致仕。瑾诛，始复旧衔，给舆隶月廪，且命有司岁时存问。至是卒，赠太子太保，谥文安，赐祭葬如例。瀚天性仁恕，其处亲族亲旧，惟厚之从，与人交久而益笃，见者无不敬爱之。居官不以介名，而其所守有常人不能夺。在兵部，于用事内臣及取道进献者，不轻假借。晚年子孙满前，子庭㭿、孙炫；皆由甲科宦中外，奉养丰裕，福履人亦难及。其为诗文浑厚质实，如其人"。

命两京武学先年会举中式人员，有愿应武举者免其乡试，各于原卫并武学定注考语送部会试。《明武宗实录》卷一百七十八：正德十四年九月，"己未，官舍赵经等言于兵部，谓府部考试优等、会举中式人数与武举乡试相同，乞径送会试。兵部尚书王琼奏：'经等皆奏准听用之数，宜将两京武学先年会举中式人员，有愿应武举者免其乡试，各于原卫并武学定注考语送部会试。'诏可。琼恣意纷更，莫之或正。且既以武举比称乡试，则府部考试优等即今提学之小考也，而令同入会试，可乎？其大紊纪纲，无人臣体类此"。

十二月

庶吉士阎闳服阕，为吏科给事中。（据《国榷》卷五十一）

本年

陈柏（1508—?）年十二，应童子试，学使张邦奇奇之。陈文烛《二酉文集》卷十三《明故进阶中议大夫资治尹山西提刑按察司副使先君行状》："先君讳柏，字宪卿。……年十二，应正德己卯试。张公邦奇为学使，奇之，命郡守李公濂再试。试目乃'从者病莫能兴'，先君以为病其道之莫能兴起也。李公奇曰：'吾得童士畴，又得吾子，其双璧乎！'携入衙内，夫人治具款焉。"

令吏部于各王府长史、纪善、伴读、教授等官，务择学行优长、堪为师范者除授。凡世子、众子、长子、将军、中尉等，年未弱冠者，各随资质，严立课程，教养如法，不得虚应故事。抚按、提学等官，访其贤否、勤惰以闻。（据万历《大明会典》卷五十七《礼部·王国礼·宗学》）

题准，钦天监堂上官从公选取官生聪俊子弟并堪充教师人员，送礼部考选年资艺术相应者，发回钦天监各科，各置课簿，明立教条，按月考试。万历《大明会典》卷二百二十三《钦天监》："（钦天监）凡本监习业者分为四科，自五官正以下与天文生、阴阳人各专一科。回回官生附隶本监，子弟仍世其业，以本国土板历相兼推算。""凡天文生，止选世业子弟，立教师教习有成，遇缺于内选补。其教师亦量升授。弘治十一年，令访取世业原籍子孙并山林隐逸之士及致仕退闲等项官吏、生儒、军民人等，有能精通天文历数、阴阳地理及五星子平、遁甲大定、六壬龟卜等术者，每府不过一二人，试中收充供役。正德十四年题准，本监堂上官从公选取官生聪俊子弟并堪充教师人员，送礼部考选年资艺术相应者，发回本监各科，各置课簿，明立教条，按月考试。礼部仍委官一员并本监堂上官三员，相兼提督，仍置印信文簿二本，按季考试，附写次第，一本存留备照，一本印封送部查考。每年终，连人簿送部，督同本监堂上官，出题考校，以验勤惰，定其高下。如无进益，连该科教师，亦量加责罚，以示劝惩。隆庆四年题准，天文生有缺，候年终类考，先尽嫡男顶补，如户绝及嫡男艺业生疏者，方将习学馀丁，照数收补。其嫡男仍候再考定夺。""凡天文生年六十以上者，嫡男许告替补。无嫡男者，族丁许告习学，仍照前例考补。如缺役数多，准以习学子弟添充，俟其考中，方与收粮。"

梁辰鱼（1519—1592）生。（卒年据公历标注）梁辰鱼，字伯龙，号少白、仇池外史，昆山人。以例贡为太学生。身长七尺，虬须虎颧。以诗及行草名嘉隆间，兼善词曲。光绪《昆新两县续修合志》卷三十："泉州同知纨曾孙。父介世，字石重，平阳训导。……不屑就诸生试，勉游太学，竟亦弗就。营华屋招来四方奇杰之彦。嘉靖间，七子皆折节与之交。尚书王世贞、大将军戚继光特造其庐，辰鱼于楼船箫鼓中，仰天歌啸，旁若无人。千里之外，玉帛狗马，名香珍玩，多集其庭。而击剑扛鼎之徒，骚人墨客、羽衣草衲之士，无不以辰鱼为归。……尤喜度曲，得魏良辅之传，转喉发音，声出金石。其风流豪举，论者谓与元之顾仲瑛相仿佛云。"著有《远游稿》、《浣纱记》、《江东白苎词》等。参见《列朝诗集小传》。梁辰鱼《鹿城诗集》卷二十《丁卯冬日过周荡村别业与玉堂弟夜坐作》有"自笑明春同半百"句。据此推得辰鱼实生正德十四年。

梁有誉（1519—1554）生。据王世贞《哀梁有誉》序、《梁有誉墓表》。梁有誉，字公实，广州顺德人，嘉靖庚戌进士，任刑部主事。与王世贞、谢榛、宗臣、徐中行、吴国伦、李攀龙称七才子。《明史·文苑传》附见李攀龙传中。《续修四库全书》集部第 1348 册，录明刊本《兰汀存稿》八卷附录一卷。

明武宗正德十五年庚辰（公元 1520 年）

二月

命礼部左侍郎翰林院学士石珤、翰林院侍讲学士李廷相为会试考试官，取中张治等三百五十名。因明武宗南巡，廷试延至明年五月。（据《弇山堂别集》卷八十二、《明武宗实录》卷一百八十三）查继佐《罪惟录》志卷十八《科举志》："（正德）十五年庚辰，试贡士，得张治等三百五十人。时上方南巡，未及殿试。世庙入继大统，于辛巳之二月望，御门策士，赐杨维聪、陆钶、费懋中等及第、出身有差。"《国榷》卷五十一："（正德十五年二月）丙寅，礼部左侍郎兼翰林院学士石珤、侍讲学士李廷相主礼闱。"

《正德十五年庚辰会试录》载正德十五年庚辰会试题全套。

正德十五年庚辰会试题：

第壹场：

《四书》：

一、子贡曰："我不欲人之加诸我也，吾亦欲无加诸人。"子曰："赐也，非尔所及也。"

二、凡为天下国家有九经，所以行之者一也。

三、观水有术，必观其澜。日月有明，容光必照焉。

《易》：

一、先天而天弗违，后天而奉天时。天且弗违，而况于人乎？况于鬼神乎？

二、恒，久也。刚上而柔下，雷风相与，巽而动，刚柔皆应，恒。

三、卑高以陈，贵贱位矣。

四、天下何思何虑？天下同归而殊途，一致而百虑，天下何思何虑？

《书》：

一、光被四表，格于上下。

二、惟厥攸居，政事惟醇。

三、惟曰："若稽田，既勤敷菑，惟其陈修，为厥疆畎。若作室家，既勤垣墉，惟其涂塈茨。"

四、六卿分职，各率其属，以倡九牧，阜成兆民。

《诗》：

一、鸤鸠在桑，其子在棘。淑人君子，其仪不忒。其仪不忒，正是四国。鸤鸠在桑，其子在榛。淑人君子，正是国人。正是国人，胡不万年？

二、如跂斯翼，如矢斯棘，如鸟斯革，如翚斯飞，君子攸跻。殖殖其庭，有觉有楹。哙哙其正，哕哕其冥，君子攸宁。

三、岂弟君子，神所劳矣。

四、玄王桓拨，受小国是达，受大国是达。率履不越，遂视既发。

《春秋》：

一、滕子来朝（桓公二年）。夏谷伯绥来朝，邓侯吾离来朝（桓公七年）。夏公会齐侯、宋公、陈侯、卫侯、曹伯伐郑，围新城（僖公六年）。春，齐侯伐宋，围缗（僖公二十三年）。

二、九月丁卯，子同生（桓公六年）。公及齐侯遇于谷。十有二月甲寅，公会齐侯盟于扈（庄公二十三年）。

三、盟于召陵（僖公四年）。诸侯盟于葵丘（僖公九年）。

四、公围成，公至自围成（定公十二年）。

《礼记》：

一、故人者，天地之心也。

二、夫乐者，先王之所以饰喜也；军旅鈇钺者，先王之所以饰怒也。故先王之喜怒，皆得其侪焉。

三、福者备也，备者百顺之名也。无所不顺者之谓备，言内尽于己，而外顺于道也。忠臣以事其君，孝子以事其亲，其本一也。上则顺于鬼神，外则顺于君长，内则以孝于亲，如此之谓备。

四、故君子与其使食浮于人也，宁使人浮于食。

第贰场

论：文王之所以为文

诏、诰、表内科壹道：拟汉罢治申、韩、苏、张之言者诏（建元元年）；拟唐以韩愈为京兆尹诰（长庆三年）；拟宋赐辅臣御书《书·说命》、《易·泰卦》、《诗·天保》谢表（嘉泰元年）。

判语五条：增减官文书　　检踏灾伤田粮　　见任官辄自立碑　　验畜产不以实有事以财请求

第叁场：

策五道：

一、问：国之大事，在祀与戎，郊祀又祀事之大焉者也，故古昔帝王皆致慎于此。孔子曰："明乎郊社之礼，禘尝之义，治国其如视诸掌乎！"我太祖高皇帝聪明睿智，迥出千古，致治保邦，无所不用其敬，而郊祀一事尤加谨焉，盖深得帝王相传之心法也。其载在《祖训》及戒谕之词，亦有可得而称者欤？当时骏奔之臣，或赞其始终敬畏为前代之所不及，或述其得天下有六事，亦及于事天之诚敬，其说可得闻欤？列圣相承，永为家法。肆我皇上敬天勤民，于前益光，故当削平四方之际，戎务倥偬，日不暇给，亦必惓惓焉以郊祀为重，是又深得夫祖宗之心以为心者，以圣继圣，其道可谓明矣！今天下风俗之淳者日益薄，民生之裕者日益困，不知孔子所谓治国视掌之义将安在欤？诸士子涵泳祖宗之功德有素，其于治理之要亦必究心久矣，试以其所仰诵而有得焉者著之于篇。

二、问：《易》曰："天地以顺动，故日月不过，四时不忒；圣人以顺动，故刑罚清而民服。"然则自古圣帝明王，曷尝不顺天时以举事乎？故唐尧若昊天以顺时，周史正岁年而序事，有以也。夫降及后世，其法犹存。在汉有举春、举夏、举秋、举冬之官，乃后或以春和加惠海内，或责公卿多违时政，或顺时令退贪进良；在唐有命有司读时令、百官坐听之仪，乃后或诏太常每月奏月令一篇，或依旧礼读时令；在宋景佑时，尝命编修官撰月令以备宣读，乃后或御明堂颁朔布政。盖知时令之不可违也如此。然汉之法尤为近古焉。我国家建立钦天监，即古太史氏之职，春、夏、秋、冬咸备其员，所行之政间亦举行，考诸今《大明一统历》，盖可见矣。迩年以来，官非其人，政违其时，无怪乎灾沴频仍，寇贼奸宄所繇生也。兹欲慎择其人，俾各明言所识，以佐今上。奉顺阴阳，安治天下，其道何繇？尔诸生其敬陈之。

三、问：世之论心者多矣，或泛而靡切，而不可以接伊洛之正传；世之论政者多矣，或博而寡要，而不可以济民生之实用，君子盖无取焉。间尝考之古人，究之简籍，求其至切至要者，其惟真西山所著心、政二经乎！夫西山在宋号为醇儒，其《心经》已为理庙所嘉赏。至于《政经》，则虽门人亦罕见之，见于王迈之序者可知也。然不知二经之中所言何事，可得而举其概欤？其经亦可互相发明，有不可偏废者欤？亦有所祖述而为是言欤？抑不知当时西山内之所以告其君，与外之所以治其民者，果能力行此二经之言而无愧否欤？夫尚论古人，亦儒者格致之一端也，又况心之与政？尔诸士子必尝概于中久矣，试悉言之，以观志之所向。

四、问：知人固难，论人亦不易。三代而上之人才折诸孔孟之论，宜无异议矣，试以三代而下者言之：莫贤于孔明而有刘漳之取，果得于兼弱攻昧之义乎？莫智于子房而有羽翼之致，果出于纳约自牖之诚乎？进谏如征，一代之鲠直也，而或病其事仇，不知何以异于射钩？见道如愈，振古之豪杰也，而或讥其好进，不知何以殊于载质？左祖之功大矣，君子议其背盟，非人臣之正，岂可属大事者，乃于义有歉乎？前席之才卓矣，识者惜其纷更，为量之不足，岂通达治体者，亦为才所使乎？歌哭一语，两家之门人终始相攻，矜而不争者固如此；无极一言，二贤之辩难往复不已，直而勿有者固如此。此皆先贤出处语默之大节。世无孔孟以祛其惑焉，将焉取信？请究而言之。

五、问：储蓄国之重计，故《洪范》八政，食、货先之。曾子传《大学》平天下，言生财之道有四，诚不易之论也，其说亦有所本欤？唐、虞、三代之盛，家给人足，宜无赖于此者。自是而降，汉称文帝之富，唐称贞观之治，二君之政，亦由此道而致然欤？我国家克勤克俭，敦本抑末，于足食之方尤为加意，其于四者之道宜无不尽矣。比闻太仓之粟不足以支三年，给边之需岁逋不下数万，其故何欤？以为在民则闾阎之下十常九饥，终岁之劳人不偿贷，官与民皆不足，将安在欤？昔之言治者，固有原其饥寒之由，空乏之故者矣。或者又曰：天下之蠹在于兼并。又曰：公家之积困于浮费。其说然欤？亦可行于今日否欤？夫食，民之所天也，失其所天，将捐弃廉耻，无所不至。而家国之安危，或系于此，拯溺救焚，不但为民上者之责，亦有志于用世者之所当讲也。

《正德十五年庚辰会试录》收有正德十五年庚辰会试试卷样本。

正德十五年庚辰会试试卷样本：

第壹场：

《四书》之题：

第二道：凡为天下国家有九经，所以行之者一也。

第一名张治答卷：

《中庸》论治道非一端，而其出治道惟一诚。盖诚者，人君出治之本也，苟行九经而一有不诚，其如治天下国家何哉？昔夫子既举九经之目、之效、之事以告哀公矣，此则又举其实而言之，意若曰：天下国家之大未易治也，而治之则有常道焉；治天下国家之道非一端也，而其凡则有九焉。是故道之由己以及人者，有所谓修身焉，有所谓尊贤焉，有所谓亲亲焉；而由家以及朝廷，又有所谓敬大臣、体群臣焉；道之由朝廷以及国者，有所谓子庶民焉，有所谓来百工焉；而由国家以及天下，又有所谓柔远人、怀诸侯焉。纲维不紊，可以垂久远之规；节目至详，足以立经常之要。为天下国家有九经如此，然所以行之者则又贵于一诚焉耳。苟一有不诚，则其道皆为虚文矣。是必本诸不二之心以为所以推行之地，根之无委之真以为所以运用之基。身以诚而修，贤以诚而尊，亲以诚而亲，亲推之而大臣之敬、群臣之体亦无不诚也，盖所谓由己以至于朝廷之道，必不使有一时人欲得以间之焉。庶民以诚而子，百工以诚而来，又推之而远人之柔、诸侯之怀，亦无不诚也，盖所谓由朝廷以至于天下之道，必不使有一毫虚伪得以杂之焉。夫然则在我者既无不实之政，而施之天下国家亦岂有不治者哉？抑考《中庸》一书，不越乎一诚而已，推其极也，虽天地有不能达者，而况于人君乎？故孔子揭诚之一言以为九经归宿之地，而所以望于哀公者亦至矣。后世人臣告君有得乎此者，唯汉董仲舒近之。故其言曰："人君正心以正朝廷，正朝廷以正百官，正百官以正万民，万民正而四方远近莫敢不一于正。"於乎，尽之矣，惜乎武帝不足以语此。

同考试官郎中王批："此作事不遗实，而文无费辞，良可敬赏。"同考试官给事中郑批："场中多为此题所窘，间有能发明者率越程度之外。此作笔力简古而体格浑成，末乃归重君心，尤为确论。录之。"同考试官编修汪批："此与上言九经之目不同，作者往复致详于此，至所以行之处，寥寥数语，略无主宾，观此可以式矣。"同考试官编修刘批："讲九经处，难于铺叙；一处，难于精当。是作盖有见者，故录。"考试官学士李批："只平平说去，故自可观。"考试官学士石批："详而能整。"

《五经》之题：

《礼记》：

第二道：夫乐者，先王之所以饰喜也；军旅鈇钺者，先王之所以饰怒也。故先王之喜怒，皆得其侪焉。

第五名周朝俒答卷：

惟圣王之情有所饰，则其情无不公矣。夫情之所发，易私而难公也，各从其类则公矣，先王饰喜怒以礼、乐者，其以是哉！《乐记》之意，盖谓人君之喜怒，天下休戚之所关也，兹欲各得其类，舍礼、乐其何以哉！是故先王之世，民俗协于变，治功底于无为，喜有不容已者矣，于是乎乐以饰之。故发为钟鼓管磬之音，以流通欢欣之意；制为干戚羽旄之舞，以动荡悦怿之情。喜不有所饰乎？乃若六服之有弗庭，万民之有弗若，怒有不得已者矣，于是乎礼以饰之。故军旅以昭圣武，使闻之者惮威严之大行；鈇钺以底天罚，使见之者知武功之为烈。怒不有所饰乎？夫人孰无喜？戾于天理之公则失其侪矣。惟先王饰之以乐，则有以乐乎和平而无驳杂之蔽，其喜也，以物之当喜，曷尝徇欲以忘道乎？人孰无怒？出于人欲之私则失其类矣。惟先王饰之以礼，则有以履乎中正而无偏倚之失，其怒也，以物之当怒，曷尝肆意以逆天乎？一人之情，放诸四海而皆准，所谓发皆中节者在是矣；天下之志，通诸吾心而无间，所谓拂失之性者无有矣。是则喜怒者，人情之常；礼乐者，中和之极。先王以礼、乐饰其情如此，所以各得其当，而为天下之达道欤！虽然，人情有七，而喜怒足以举之，过则为僭为滥，流弊虽均，而怒之为害尤甚，古人所以有观兵弗戢之戒也。故先王致谨于此，以军旅列为五礼，而与乐相为用者，良有以哉！呜呼！礼、乐用而喜怒公矣，喜怒公而天下和，暴乱者畏矣，礼、乐之道于是为盛。

同考试官检讨汤批："题有关涉，此作足以发之。"同考试官检讨王批："题本明白正大，作者殊驳杂可厌。精醇整洁，无逾此篇。"考试官学士李批："讲二饰字不类众作。"考试官学士石批："理以词赡。"

第贰场：

表：

拟宋赐辅臣御书《书·说命》、《易·泰卦》、《诗·天保》谢表

第一名张治答卷：

具官臣某等伏蒙御书《书·说命》、《易·泰卦》、《诗·天保》颁赐，臣等谨拜受者。圣经广博，遹垂万世之洪猷，帝学渊深，式契三篇之奥旨。考文迈日新之美，游艺征天纵之能，于焉俯伏以拜嘉，敢不对扬而知重。臣等诚欢诚忭，稽首顿首。窃惟自古

帝王致治之道，寓于《商书》、《周易》与《毛诗》，后世君臣图化之方，本诸《说命》、《泰卦》与《天保》。原夫地天之交泰，繇于上下之同修。傅说进时宪之言，商邦载振；诗人歌为德之雅，周道斯兴。即其同德与同心，所以为治而为泰。自兹以往，夫复何言。汉武虽云表章，一篇是问；唐皇第重词艺，八体奚为。大道偶见于畴咨，遗书或劳于搜访。石渠称制，未闻亲洒于毫端；玉署题名，仅见特书于圣代。盖今古遭逢之不易，而君臣儆戒为尤难，事岂偶然，时将有待。恭惟聪明天挺，仁孝性成。位正储宫，讴歌舍益而之启；身膺神器，揖逊同舜之于尧。横经增坐讲之仪，虚己下直言之诏。善类如黄裳四五辈，悉见甄收；耆儒若朱熹第一人，首蒙奖擢。海内兴太平之望，朝端长君子之风。善政不一而书，嘉祥从兹以降。顷因万几之暇，常厪乙夜之观，谓治贵取法于商周，而理宜谨微于否泰。肆劳宸翰，一朝颁及于儒臣；丕阐皇猷，寸善尚资于往牒。鸾踪凤藻，气腾东壁之躔；龟范龙图，光煜西昆之岫。试考前代之谊辟英君固有，求如陛下之右文稽古则希。盖古人以《诗》、《书》、《礼》、《乐》养其心，治天下可运诸掌上；而君子识前言往行畜其德，虽千载犹在吾目前，所谓将大有为之君，行不世出之事者也。臣等猥缘章句，叨备股肱，涯分已逾，宠荣莫既，念平生常怀犬马蝼蚁之志，学则有愧于古人，幸今日亲睹凫鹥麟趾之休，功实皆由于陛下。方怀惭于免乘，乃拜辱于联珠。拭目生辉，遽敢志于将顺；抚膺思惧，将何益于崇深。伏愿无怠无荒，惟禹寸阴之是惜；有始有卒，如汉六学之皆崇。勿谓行之惟艰，大抵前之可鉴。如山皋，如松柏，天心与人心相符；为舟霖，为盐梅，臣道与君道同泰。臣等无任瞻天仰圣激切屏营之至，谨奉表称谢以闻。

同考试官郎中王批："四六不徒贵绮丽，是作一洗近习，录以崇雅。"同考试官给事中郑批："骈俪中寓深厚，意可嘉。"同考试官编修王批："表典则可取。"同考试官编修刘批："语意浑厚，不事雕刻，得表体。"考试官学士李批："是善学宋人四六者。"考试官学士石批："经纬三书，稳帖工致，固当是大手笔。"

第叁场：

第一问：（略）

第十八名黄佐答卷：

惟天下之大圣，为能谨天下之大礼。夫莫大于祭，尤莫大于郊祭。所以慎阴阳之理，体万物之情，报本反始，其至大而莫有加焉者，非天下之大圣，其孰能与于此？明乎此，则仁至孝尽，诚敬致极，于治天下国家也何有。古昔帝王所以祈天永命，我圣祖所以格上下、承天休者，要皆不外于是道也欤？请敬陈之。万物之生也本乎天，人之生也本乎祖，故圣人之飨帝也，犹夫孝子之飨亲也。扫地而祭，贵其诚也；燔柴以升，达其气也。牺角云栗，取其纯而已矣；陶匏槀秸，尚其质而已矣。所谓至敬无文，至礼不让，古昔帝王所以事天者盖如此。仰惟我太祖高皇帝，聪明睿智，迥出千古。创业之初，大号未正，即严合祭之礼。其于郊坛之制，则参酌古今，不泥相沿之迹，可谓深知天下之大本，而能行天下之达道者也。至其所以为祭，则返视却听，上契冲汉，既谨于致斋之时，有赫其临，莫敢仰视，又严于对越之际，真得帝王相传心法之要，而为万世圣子神孙不易之规也欤？愚尝庄诵祖训之编，而有以仰窥圣道之深造矣。曰："精诚则感格，怠慢则祸生。"斯言也，惟一之指也，如是而至治馨香，有不格于上下者乎？又尝伏睹戒谕群臣之词，而有以窃见圣心之妙契矣。曰："能知天人不二，则吾心之诚敬自不容已。"斯言也，勿贰勿叁之义也，如是而至诚无息，有不通于神明者乎？故当时在廷之臣，得于骏奔之顷。起居注熊鼎则曰："自始自终，极其诚敬，诚前代之所不及。"太史氏宋濂则曰："一静一动，森若神明。"识笃恭之妙而善言圣神之德者哉。我圣祖之所以度越百王，直跻乎唐虞三代之盛者，良有以也。今天下后世仰而戴之，有如一日然，岂知精神心术之运用，一皆本乎圣学之缉熙也哉！自今观之，观心有亭，所以操存于内者甚严，《衍义》有庑，所以省察于外者甚备。宫中无事，辄诵孔言，曰："此万世之师法。"万几之暇，自注《洪范》，曰："此帝王之要道。"诵鲁论节用爱人之言，则三复不已；味晁错欲寿欲富之指，则叹其甚切；感史迁论黄老之事，而辟神仙曰："邪正不两立，邪说不去，则正道不兴。"听辅臣讲家人之象，而严内范曰："家国无二理，能齐其家，则能治其国。"自诚意以至修身，盖无一理之不体，而其体也，又未尝不达于用；自齐家以至平天下，盖无一事之不学，而其学也，又未尝不得其要。是宜其极中和位育之功，妙过化存神之用，一德格而百神皆享，中国安而四夷咸宾也欤？列圣相承，永为家法。肆我皇上敬天勤民，于前益光，故于削平僭乱之际，戎事倥偬，日不暇给，而郊祀之礼惓惓在念。是心也，其即尧、舜、禹、汤、文、武兢业惕厉之心，其即我圣祖诚一不二之心哉！诚由是心而充之，以圣祖之所以齐明者而齐明，以圣祖之所以感格者而感格，操存省察，动有所法，而弗违修齐治平，一皆率由而不悖，将见修己以安百姓，至诚著于四方，教化由是而大行，纪纲由是而丕振，民生由是而日裕，风俗由是而日醇，雨阳寒燠之各以其时，鸟兽鱼鳖之咸得其所，诸福之物，可致之祥，莫不毕至，而天下平矣。帝王奉若天道之理，圣祖精诚感格之训，孔子治国视掌之言，先后一揆，岂有二乎哉？《诗》曰："畏天之威，于时保之。"圣祖之谓也。《书》曰："监于先王成宪。"又曰："念终始典于学。"敢敬以为今日献。

同考试官右给事中许批："我圣祖郊社明禋之礼，得古帝王心法之传，岂后学易得铺张而扬厉也哉！场中非演问目，则又掇拾陈言，殊无足取。此作铺叙一代宏规为万世法守处，卓有定见，而通博之才时出口外。噫，主司得子，亦可以自慰矣！"同考试官都给事中邢批："此策于我圣祖崇敬懋学以端事天之本者，扬厉无遗，而犹溢忠爱，殆涵育圣化之深而有待者。"同考试官检讨张批："郊祀一策，我圣祖敬天勤民之心，今日继述之孝具在。此篇发扬无遗，其积学待问者欤！"同考试官编修王批："郊祀一篇，揄扬我圣祖创制之礼，与夫感格之诚，详悉不遗，若与有骏奔之职而亲见之者。录以为献，未必不为法祖敬天之一助云。"同考试官编修崔批："我圣祖敬天爱民，嘉谟善行，具载典册，夫人能言之，而不知所以敬天爱民者，正自尧舜精一中流出。此策独能发之，是必能识其大者，录之岂独以其文哉？"考试官学士李批："我圣祖敬天之诚与诸儒臣赞述之言，书生鲜能知之。此策独能揄扬殆尽，末复有望于当今尽法祖敬天之道，惓惓忠爱之意溢于言表，其亦布衣而有当世之志者乎？佳士佳士！"考试官学士石批："备述我圣祖事天之大，而末归之圣学，诚知本之论。其亦沐浴圣泽而有得者欤！"

五月

翰林修撰唐皋以给假归葬至，复原职。丁酉，改国子监司业穆孔晖为翰林侍讲。（据《馆阁漫录》卷十《正德十五年》）

六月

辛酉，荫故南京礼部尚书吴俨子国子生骥于中书舍人习字出身。初，骥以考满得荫，至是复以春宫讲读恩得改授，补荫其弟骕为国子生。（据《馆阁漫录》卷十《正德十五年》）

补江西乡试。（据《国榷》卷五十一）

八月

靳贵（1465—1520）卒。《馆阁漫录》卷十《正德十五年》："八月丙辰朔，上在南京。丁巳，大学士毛纪释奠先师孔子，如常仪。壬戌，致仕太子太保、户部尚书、武英殿大学士靳贵卒。贵字充道，直隶丹徒人。弘治庚戌进士第二人，授翰林院编修，以东宫出阁讲学，兼司经局校书，进左春坊左中允。与修《会典》成，升左谕德兼侍讲。正德初，以从龙恩，升太常少卿兼侍读，充日讲官。寻以母忧去，终丧，仍旧秩，升礼部右侍郎。刘瑾用事，摘《会典》讹失，改光禄寺卿。寻复旧职，荐更吏部，进兼学士，管诰敕，掌詹事府事，仍充日讲官，又进礼部尚书。甲戌，遂进文渊阁大学士，加太子太保、户部尚书、武英殿大学士。其在翰林，同考会试及主考顺天乡试者各一，主考会试及授庶吉士业者各再。当辛未会试后，言事者发其私，以家僮惧罪而逃，得收栻。及丁丑春，方以病在告，忽复出主会试，意将示公以涤旧累也。顾益致群疑。于是言官复丑诋之，遂致仕，然犹驰驿给月廪岁隶，荫子为中书舍人。至是卒，辍朝、赐祭葬如例，赠太傅，谥文僖。贵为人丰夷端粹，发言有章，为文本经术，有理致。在科场崇雅黜浮，所刻文出其手者，多典重敷腴，号为博雅。独周旋权宦，不失富贵，晚既家居，犹悒悒不解，荐誉旧德者，竟莫之及云。"

令提学官一遵累朝教典，仍置三等簿考核生员。《明武宗实录》卷一百八十九：正德十五年八月，"丁卯，监察御史朱裳奏言：'近年学校生儒多尚文艺，不以德行为重，而取之教之者亦然，遂使心术坏于未仕之时，气节丧于出仕之日。乞令提学官考试兼取德行文艺，各立五等，定为升降之法。仍令所司修社学，选教读，以求实效。'礼部覆议：'学校之教，以德行为先，而经义治事亦不可缓，故太祖高皇帝首立学校，令各治一经，以礼、乐、书、算分科立教，盖仿宋儒胡瑗经义治事之意。后立社学，颁禁例勒之卧碑。至天顺中，赐提学官敕谕，教条详密。其取人则立三等簿，以德行、经义、治事相兼考验，而尤以德行为重。近者有司多不能仰承德意，恪守成规，失其所以为教，以致士鲜知学。而取人者或但以文词为主，中材以下，学无本原，一入仕途，辄见败坏。宜如裳奏，令提学官一遵累朝教典，仍置三等簿考验。及社学教读，一一敦行，无事虚文，则效用多贤而有补圣治矣。'诏可"。

闰八月

武宗幸致仕大学士杨一清第。《馆阁漫录》卷十《正德十五年》："闰八月丙戌朔，上在南京。壬辰，上诣孝陵辞。丁卯，上旋跸，发龙江。癸卯，上自瓜州济江登金山，遂至镇江，幸致仕大学士杨一清第。明日，复幸焉。入其书室，命一清检诸书进御。问：'《文献通考》是好书？'一清对曰：'有事实，有议论，诚如圣谕。'问：'几册？'对曰：'六十册。'问：'世间书更有多于此者否？'对曰：'《册府元龟》更多，凡二百二册。'俱取以进。又明日，饮于一清第。乐作，上分题制诗十章，赐一清，命一清亦为之。一清为诗进呈，上览毕，为易数字。是日，一清厚有所献，上大悦。及驾还，凡五幸焉。又幸大学士靳贵第。时贵已卒，殡于堂。上临其枢嗟悼之，命所从番僧为之诵经荐福，贵家亦有所献云。己酉，翰林院编修蔡昂乞还乡养病，从之。上发镇江。癸丑，至扬州。"《明史》武宗本纪云："八月癸未，免江西税粮。闰月癸巳，受江西俘。丁酉，发南京。癸卯（十八日），次镇江，幸大学士杨一清第，临故大学士靳贵丧。"

九月

武宗溺水，自此得病。《馆阁漫录》卷十《正德十五年》："九月乙卯朔，上在扬州。庚申，至宝应。辛酉，上驻跸淮安，镇巡官进贺功花币，上戎服簪花鼓骑入城，过山阳县学，入焉。视廊庑肖像移时，复入教官舍，取《资治通鉴》而出。丙寅，至清江浦。上自泛小舟，渔于积水池，舟覆，左右入水掖之而出，自是遂不豫。丙子，至东昌。"

十一月

南京太常寺卿吴一鹏服阕，复除原职，（据《馆阁漫录》卷十《正德十五年》十一月）

顾璘刊行方孝孺《逊志斋集》。据台湾省《"国立中央"图书馆善本序跋集录》集部（二），《逊志斋集》二十四卷，附录一卷，十册。明方孝孺撰，明正德庚辰（十五年）姑苏顾璘刊本。明顾璘重刻书后："先生王者之佐，于时以彼其才，易服就列，宜致卿相之位，究厥谟猷，顾岂与唐王魏者等？先生不此之顾，悲楚抗激，玉碎身沉，族而气不少回，凡以存君臣之义，为天下防也。呜呼！忠哉！抑有功于昭代深矣！虽报恤阙然，而遗文盛流，斯固列圣之惠与！文始集于赵学谕洪，至礼部尚书谢公铎、工部侍郎黄公孔昭，益广搜之，得若干卷，刻诸宁海，木今漫矣。乃会黄参军绾、应吉士良、赵大行渊，删定讹谬，重刻斯编，以行于世，俾知夫奋大忠者本如此云。正德庚辰仲冬朔，守台后学姑苏顾璘识。"

大学士杨廷和、毛纪朝行在。（据《国榷》卷五十一）

十二月

因文庙祭器失窃，国子监祭酒赵永等具疏伏罪，宥之。《明武宗实录》卷一百九十四：正德十五年十二月己酉，"盗窃文庙祭器，国子监祭酒赵永等具疏伏罪，并劾典守巡视等官。得旨，令所司严加缉捕，永等姑宥之"。

翰林修撰杨慎以病痊复除原职。（据《馆阁漫录》卷十《正德十五年》十二月）

明武宗正德十六年辛巳（公元 1521 年）

正月

戊午，授服阕翰林院庶吉士余承勋、刘世盛俱为编修。庚申，升礼部左侍郎兼翰林学士石珤为礼部尚书，仍兼学士，掌詹事府。改南京吏部尚书刘春为礼部尚书兼翰林学士，内阁专管诰敕。（据《馆阁漫录》卷十《正德十六年》）

王守仁始揭致良知之学。《王文成全书·年谱》："先生闻前月十日，武宗驾入宫，始舒忧念。自经宸濠、忠、泰之变，益信良知真足以忘患难、出生死，所谓考三王、建天地、质鬼神、俟后圣，无弗同者。乃遗书守益曰：'近来信得致良知三字，真圣门正法眼藏。往年尚疑未尽，今自多事以来，只此良知无不具足。譬之操舟得舵，平澜浅濑，无不如意，虽遇颠风逆浪，舵柄在手，可免没溺之患矣。'"

进蒋冕少傅谨身殿大学士，毛纪少保户部尚书兼武英殿大学士。（据《国榷》卷五十一）

二月

荫吏部尚书兼翰林学士刘春子延年为国子生。（据《馆阁漫录》卷十《正德十六年》）

徐渭（1521—1593）生。徐渭《自为墓志》：徐渭"初字文清，改文长。生正德辛巳二月四日，夔州府同知讳鏓庶子也。"徐渭《畸谱》："渭生观桥大乘庵东，时正德十六年，年为辛巳，二月，月为辛卯，四日，日为丁亥，时为甲辰。是年五日望，渭生百日矣，先考卒。"山阴人。十馀岁仿扬雄《解嘲》作《释毁》，长师同里季本，为诸生，有盛名。总督胡宗宪招致幕府，与歙余寅、瑾沈明臣同管书记，以侃直见礼。及宗宪下狱，因惧祸发狂。击杀继妻，论死系狱，里人张元忭力救得免。著有《徐文长集》、《徐文长佚稿》等。（据陶望龄《徐文长传》、袁宏道《徐文长传》等）

三月

武宗卒于豹房，葬康陵。遗诏兴献王朱厚熜嗣位。《馆阁漫录》卷十《正德十六年》：三月，"丙寅，上崩于豹房。先一夕，上大渐，惟太监陈敬、苏进二人在左右，乃谓之曰：'朕疾殆不可为矣。尔等与张锐可召司礼监官来，以朕意达皇太后。天下事重，其与内阁辅臣议处之。前此事皆由朕而误，非汝众人所能与也。'俄而上崩，敬、进奔告慈寿皇太后，乃移殡于大内。是日，传遗旨谕内外文武群臣曰：'朕疾弥留，储嗣未建，朕皇考亲弟兴献王长子（御讳）年已长成，贤明仁孝，伦序当立。已遵奉祖训兄终弟及之文，告于宗庙，请于慈寿皇太后，即日遣官迎取来京嗣皇帝位，奉祀宗庙，君临天下。'又传慈寿皇太后懿旨谕群臣曰：'皇帝寝疾弥留，已迎取兴献王长子（御讳）来京嗣皇帝位，一应事务，俱待嗣君至日处分。'于是司礼等监太监谷大用、韦霖、张锦，内阁大学士梁储、定国公徐光祚、驸马崔元、礼部尚书毛澄，奉金符以行。初，司礼监官以太后命，至内阁与大学士杨廷和等议所当立者，既定，入白太后取旨，廷和等候于左顺门。顷之，吏部尚书王琼排掖而入，厉声曰：'此岂小事，而我九卿顾不预闻邪！'众不答，琼意乃沮。是日，又传遗旨，令太监张永、武定侯郭勋、定边伯朱泰、尚书王宪选各营马步官军，防守皇城四门、京城九门及草桥、卢沟桥等处，东厂锦衣卫缉事衙门及五城巡视御史各督所属巡逻，毋得怠玩。又传遗旨，豹房巡视官军劳苦可悯，令永、勋、泰、宪提督统领，加意抚恤，罢威武团练营官军，还营各边，及保定官军还镇，革各处皇店管店官校，并军门办事官旗校尉等，各还卫，其各边镇守太监留京者亦遣之，哈密及土鲁番、僧（佛）郎机等处进贡夷人，俱给赏令还国，豹房番僧及少林寺和尚，各处随带匠役水手，及教坊司人南京马快船非常例者，俱放遣。以上事虽奉上遗旨，实内阁辅臣请于太后而行者，皆中外素称不便，故厘革最先云。戊辰，颁遗诏。庚午，皇太后懿旨诛江彬，籍其家。"

革明武宗时诸弊政。《明鉴纲目》卷五："纲：罢威武团营。目：杨廷和请于皇太后，传遗旨，罢威武团练诸营，边军俱重赍归镇。革京城内外皇店，纵遣豹房番僧及教坊司乐人。又以遗诏放还四方进献女子，停京师不急工务，收宣府行宫珠宝，归之内库中。中外大悦。"

江彬、神周、李琮等下狱。《明鉴纲目》卷五："纲：执江彬等下狱。目：彬知天下恶己，又见罢遣边兵，益内疑。其党都督李琮劝彬速反，不胜则北走塞外。彬犹豫未决，令许泰诣内阁探意。廷和慰以温言，而密与蒋冕、毛纪，及太监温祥、魏彬、张永合谋捕之。魏彬入白太后。会坤宁宫安兽吻，令江彬入祭，祭毕，张永留彬饭，故缓之。俄而逮旨下，彬亟走西安门，门闭。寻走北安门，门者曰：'有旨留提督。'彬曰：'今日安所得旨。'门者拥之，遂被执，拔其发且尽。有顷，神周、李琮亦缚至，并下诏狱。籍彬家，黄金七十柜，白金二千二百柜，他珍宝不可胜计。（彬既败，张忠、许泰等以次下狱。）"

四月

兴献王长子朱厚熜即皇帝位，诏以明年为嘉靖元年。《明鉴纲目》卷五："纲：夏四月，兴世子至京师，入即位。（是为世宗。）目：世子至京师，止于郊外，礼官具仪，请如皇太子即位礼。王顾长史袁宗皋曰：'遗诏以我嗣皇帝位，非皇子也。'杨廷和请由东安门入，居文华殿，择日登极。不允。会皇太后趣群臣上笺劝进，乃即郊外受笺。是日日中，入自大明门，御奉天殿即位。诏草言奉皇兄遗命，入奉宗祧，帝迟回久之，始报可。"

起林俊工部尚书。《见素集》附录《编年纪略》："十六年辛巳，孙及人生。四月，今上皇帝御极，敕召为工部尚书，云：'朝廷更化之初，方将图任旧臣，辅成新政。特兹起用，可即日驰驿来京，以副简用至意。'两疏辞免。旨云：'卿老成旧德，誉望素隆。新政之初，特兹召用。宜照前旨，亟来供职，以副眷注至意。吏部还差官催促启行。'又云：'卿名德旧臣，专使召用。义当亟起，宜即就道，以副眷怀。慎勿固辞。'九月推吏部尚书。嘉靖元年壬午，公年七十一。正月四日，公始赴召。"

诏赦天下。《明鉴纲目》卷五："纲：诏赦天下，除一切弊政。目：以明年为嘉靖元年。（帝之未至京师也，杨廷和总朝政者三十七日，中外倚以为安。及帝即位，廷和草登极诏，凡正德中蠹政，厘抉且尽。所革锦衣，内监，旗校，工役，凡十馀万。其中贵义子传升乞升，一切恩幸得官者，大半皆斥去。朝野皆称新天子神圣，且颂廷和功，而诸失职之徒，衔廷和次骨。廷和入朝，有挟白刃伺舆傍者。事闻，诏以营卒百人卫出入。）"

召费宏入内阁。《国榷》卷五十二："四月丙午，召大学士费宏，复其弟寀编修。"《明鉴纲目》卷五："纲：召费宏入内阁。目：宸濠既败，言事者争请召宏。于是起宏为少保，入辅政，并复其弟寀编修。"

诏议兴献王主祀及尊称。《明鉴纲目》卷五："纲：召议崇奉兴献王典礼。目：时帝即位甫六日，即诏议兴献王主祀及尊称。礼部尚书毛澄，（字宪清，昆山人。）请于杨廷和，廷和出汉定陶王、宋濮王事授之曰：'是足为据。'澄乃大会文武群臣，上议曰：'汉成帝立定陶王为太子，而以楚王孙景后定陶共王，师丹以为恩礼备至。今陛下入继大统，宜如定陶王故事，以益王子厚炫，主后兴国，其称号宜如宋英宗濮安献王故事，称孝宗曰皇考，兴献王曰皇叔父，兴献王妃曰皇叔母。'议上，帝大愠曰：'父母若是互易邪？其再议。'廷和偕蒋冕、毛纪奏言：'前代入继之君，追崇所生者，皆不合典礼。惟宋儒程颐濮议，最得义理之正，采而行之，可为万世法。'帝益不悦，命博考典礼，务求至当。廷和、冕、纪复上言：'三代以前，圣莫如舜，未闻追崇所生父瞽瞍。三代以后，贤莫如汉光武，亦未闻追崇所生父南顿君。惟陛下取法二君。'澄亦会廷臣再三执奏，俱留中不下。"

五月

梁储罢。王琼减死戍边。《明鉴纲目》卷五："纲：五月，梁储罢，王琼以罪戍边。目：初，琼在兵部，凡所诛赏，悉听中旨。至是，给事中张九叙劾琼滥鬻将官，依阿权幸，并劾梁储持禄固宠。储三疏求去，赐敕驰传归。下琼都察院鞫治，论死。琼疏辨，乃减死戍边。（储后卒于家。帝念先朝旧臣，赠太师，谥文康。）"

袁宗皋入内阁，预机务。《国榷》卷五十二："（正德十六年五月）乙卯，趣吏部左侍郎兼翰林学士袁宗皋履任。时宗皋有疾。壬戌，进袁宗皋礼部尚书兼文渊阁大学士。"《明鉴纲目》卷五："纲：以袁宗皋为礼部尚书，兼文渊阁大学士，预机务。目：宗皋由进士，授兴府长史。帝即位，擢吏部侍郎，寻入阁。自是藩邸旧臣，俱以扈从功不次录用。宗皋以疾辞，不允，未几卒。"

御史周宣劾前江西提学副使李梦阳比宸濠，忌郑岳、江万实致狱。前户部侍郎韩福奸贪，党刘瑾，荐大学士谢迁、刘忠等。梦阳逮下狱。（据《国榷》卷五十二）

舒芬、黄巩等复职，王廷陈以他事谪，不得预。故翰林修撰舒芬，郎中黄巩、孙凤、陆俸、张衍瑞、姜龙，员外郎夏良胜，主事万潮、林大辂、蒋山卿，大理寺副周叙，寺正金槃，评事郭孟常、孟廷柯、郝凤升、张士镐、傅尚文、蔡时、姚汝皋，太常博士陈九川，行人陶滋、巴思明、李锡、顾可久、邓显麒、王国用、熊荣、杨泰、王懋、李儼、潘锐、刘䎖、张岳等，并复官。庶吉士江晖、马汝骥授编修，汪应轸授给事中，曹嘉监察御史。王廷陈以他事谪，不得预。（据《国榷》卷五十二）皇甫汸《梦泽集序》："《梦泽集》者，齐安王君之作也。君名廷陈，字稚钦，号梦泽子，因以名集云。……今上嗣位，湛思汪濊，虚纳曲贷，诸子稍稍晋复，君独诖网摈弃。颜子婴祸尤烈，至使患同党禁，而荣异汇征，去均坠渊，而进乖薪积，世共惜之。"《列朝诗集小传》丙集："嘉靖初元，搜访遗佚，顾华玉抚楚，以稚钦及随州颜木应诏，不果用，赐缣帛，老于家。"《明史·文苑传》："王廷陈，字稚钦，黄冈人。父济，吏部郎中。廷陈颖慧绝人，幼好弄，父抚之，辄大呼曰：'大人奈何虐天下名士！'正德十二年成进士，选庶吉士，益恃才放恣。故事，两学士为馆师，体严重，廷陈伺其退食，独上树杪，大声叫呼。两学士无如之何，佯弗闻之。武宗下诏南巡，与同馆舒芬等七人将疏谏，馆师石珤力止之。廷陈赋《乌母谣》，大书于壁以刺，珤及执政皆不悦。已而疏上，帝怒，罚跪五日，杖于庭。时已改吏科给事中，乃出为裕州知州。廷陈不习为吏，又失职怨望，簿牒堆案，漫不省视。夏日裸跣坐堂皇，见飞鸟集庭树，辄止讼者，取弹弹之。上官行部，不出迎。已而布政使陈凤梧及巡按御史喻茂坚先后至，廷陈以凤梧座主，特出迓。凤梧好谓曰：'子候我固善，御史即来，候之当倍谨。'廷陈许诺。及茂坚至，衔其素骄蹇，有意裁抑之，以小过榜州吏。廷陈为跪请，茂坚故益甚。廷陈大骂曰：'陈公误我。'直上堂搏茂坚，悉呼吏卒出，锁其门，禁绝供亿，且将具奏。茂坚大窘，凤梧为解，乃夜驰去。寻上疏劾之，适裕人被案者逸出，奏廷陈不法事，收捕系狱，削籍归。世宗践阼，前直谏被谪者悉复官，独廷陈以迕吏议不与。"

翰林检讨吴惠为国子司业。（据《国榷》卷五十二）

再录废籍。右副都御史李昆，大理寺少卿吴堂，翰林编修谢丕、王思，都给事中吕经、潘埙、王爌、石天柱，给事中陈鼎、王昂、张原、徐文溥、黄臣、席象，御史李熙、王蕃、薄彦徽、刘寓生、李翰臣、余珊、施儒、高公韶、周广、李稳、徐文华、林有年、许完、张士隆、董相、刘士元、张文明、范辂、赵春，员外郎谢迪、黄休行、韩邦靖，主事李中、刘希龙，大理评事沈光大，司务林华，按察副使胡文璧、余祐、陈九畴，佥事韩邦奇，知府翟堂、毛思义，知州樊准、吴栋，知县周秀。（据《国榷》卷五十二）

翰林编修孙承恩上端本始十一箴：曰正始，修身，敬天，法祖，勤政，讲学，慎微，持志，谨好尚，简近习，溥仁恩。上优答之。（据《国榷》卷五十二）

监察御史胡松言故贡士冀元亨党逆之冤，命恤其家。（据《国榷》卷五十二）

翰林院侍读学士汪俊为礼部右侍郎。（据《国榷》卷五十二）

补庚辰廷试，赐杨维聪、陆钶、费懋中等三百三十人进士及第、出身有差。改廖道南、江汝璧等二十四人为翰林院庶吉士。《明世宗实录》卷二：正德十六年五月丙辰，"先是，会试取中举人张治等三百五十名，以大行皇帝南巡，未经殿试，至是，礼部尚书毛澄等，请于五月十五日引赴殿廷试策，缘遇大行皇帝大丧，拟照天顺八年事例，至日早引诸贡士于西角门，行礼毕，赴奉天殿前丹墀内策试，十八日早仍于西角门引诸进士行礼，免传制唱名并恩荣宴。文武百官各具素服侍班，乐设而不作。诏曰可"。正德十六年五月庚申，"礼部上殿试贡士仪注：五月十五日殿试，先期一日，鸿胪寺官设策题案于奉天殿之东，备试桌于两庑。至是日早，礼部官引贡士具青衣服入，至西角门外东西北向序立，文武百官各具素服，侍立如常仪。上缞服御西角门，文武百官行叩头礼，侍班鸿胪寺官引贡士就拜位，赞五拜三叩头，礼毕，各分东西侍立。鸿胪寺奏谢恩见辞，礼毕，上回文华殿。文武百官退，鸿胪寺引贡士赴奉天殿前丹墀内，伺候策问，执事官举策题案于殿中，翰林院官以策题付礼部官置于案上，执事官举策题案由左阶降置于丹墀东，礼部官散题。十八日发榜，先期一日，鸿胪寺官设黄榜案于西角门外稍东，至日早，先开左掖门，放读卷及提调并执事官进入文华殿门外。上缂服御文华殿。读卷并执事官入，行叩头礼毕，进入殿内供事。读卷官拆第一卷，奏第一甲第一名某人，拆第二卷，奏第一甲第二名某人，拆第三卷，奏第一甲第三名某人，填写黄榜讫。尚宝司官用宝完备，执事官整束黄榜，翰林院官捧出西角门外伺候，各官俱退。上缂服御西角门，文武百官素服侍班，诸进士服进士衣巾分东西侍立，文武百官行叩头礼，鸿胪寺举案置于中，翰林院官捧黄榜授礼部置于案，执事官引进士入拜位，行五拜三叩头礼，各分东西侍立。礼部官捧黄榜，乐设而不作。导引由午门左门出，至长安左门外张挂，进士随出观榜。上回文华殿，文武百官退。二十一日，状元率诸进士上表谢恩。是日，鸿胪寺官引状元捧表立于西角门外稍东，诸进士以次东西序立，上素翼善冠、麻布袍御西角门，文武百官行礼侍班如常仪。鸿胪寺官引状元及进士入班，赞跪，赞上表，鸿胪寺官接表，授内侍官捧进，赞五拜三叩头，礼毕，上回文华殿，文武百官退"。《弇山堂别集》卷八十二《科试考二》："十五年庚辰，命礼部左侍郎翰林院学士石珤、翰林院侍讲学士李廷相为考试官，取中张治等，时武庙狩南京，及秋而退。辛巳夏五月，上登极始试之，赐杨维聪、陆钶、费懋中进士及第，选进士廖道南、江汝璧、詹泮、郑一鹏、童承叙（1495—1542）、黄佐（1490—1566）、赵廷瑞、张遹、杜桐、王相、葛鸉、张治（1488—1550）、张衮、王同祖（1497—？）、李佶、伦以谅、卢焕、王用宾、陈讲、李默、李春芳、吴文之、董中言、丁汝夔凡二十四人为庶吉士，命掌詹事府尚书兼学士刘春、侍讲学士刘龙教习。"

状元杨惟聪为正德己卯解元。查继佐《罪惟录》志卷十八《科举志》"科举盛事·兄弟鼎甲"："固安杨惟聪，正德己卯解元，庚辰状元；兄惟杰，嘉靖丙戌榜眼。"

陆钶廷对擢一甲第二。《静志居诗话》卷十一："昆山陆鼎仪、鄞县陆举之，其名同。赐进士第二人同。一从史馆出为太常，一从史馆出为外台，适相合也。鼎仪盛有诗名，诗却平平。举之不以诗名，而诗似胜于鼎仪。其督学山东也，见山东旧无通志，而曰：'周公、孔子，百世之师也。六经，斯文之祖也。泰山，五岳之宗也。此一方文献，而天下古今之事备焉。志，奚可废也。'乃编辑成书。河山十二，得公数言，而增色矣。"乾隆《鄞县志·人物》："陆钶（1495—？），字举之，铨弟。正德十五年会试中式，明年廷对擢一甲第二，拜翰林编修。读书中秘，益锐志问学，砥砺名节。以争大礼廷杖。预修《武皇实录》成，进修撰。议礼者秉枢，修宿憾，遂出为湖广按察佥事，迁江西参议，职司粮储。能厘革宿弊，酌诸郡之赢缩，验物产之登耗，而损益上下之。又迁山东提学副使，所至敦尚孝弟，分别义利，才俊而行笃者引之，雕虫靡丽者黜抑之，士习为之丕变。山东旧无《通志》，则喟然叹曰：'海岱，山川之宗也；圣贤，人物之望也；六经，文章之祖也；惟兹一方之志，而天下古今之事备焉。吾当殚兹役矣。'逾年志成。上疏乞骸骨，不报，遂卒。钶为文奥衍宏畅，诗温醇婉蓄，有晋唐之风。"著有《少石集》十三卷。《四库全书总目》卷一百七十六别集类存目三著录《少石集》十三卷，提要曰："是集诗五卷，文七卷，杂著一卷。前有张时彻序，称其华不近浮，质不近俚，而惜其志之未艾。盖具体而未成家者，故序有微词云。”

正德末，异说颇多，致从事举业者莫知所从。顾炎武《日知录》卷十八《举业》：“林文恪《福州府志》曰：余好问长老前辈时事，或为余言：林尚默方游乡序，为弟子员，即自负其才当冠海内士云。然考其时试诸生者，则杨文贞、金文靖二公也。夫尚默当时所习，特举子业耳，而杨、金二学士，皆文章宿老，蔚为儒宗，尚默乃能必之二公，若合符节，何哉？当是时也，学出于一，上以是取之，下以是习之，譬作车者，不出门而知适四方之合辙也。正德末，异说者起，以利诱后生，使从其学，毁儒先，诋传注，殆不啻弁髦矣。由是学者伥伥然莫知所从，欲从其旧说，则恐或主新说，从其新说，则又不忍遽弃传注也。己不能自必，况于人乎？呜呼！士之怀瑾握瑜，范驰驱而不遇者，可胜道哉！是故射无定鹄，则羿不能巧，学无定论，则游、夏不能工。欲道德一、风俗同，其必自大人不倡游言始。又曰：近日讲学之辈，弥近理而大乱真，士附其门者，皆取荣名，于是一唱百和，如伐木者呼邪许。然徐而叩之，不过徼捷径于终南，而其中实莫之能省也。”

据《明清进士题名碑录索引》，正德十六年辛巳科录取名单如下①：

第一甲三名

杨维聪	陆　钎	费懋中

第二甲一百一十名

廖道南	江汝璧	詹　泮	王　积	沈　汉	郑一鹏
陈腾鸾	史　梧	童承叙	朱　藻	黄　佐	赵廷瑞
黄大经	张　羽	张　逵	刘　臬	张凤来	朱　衣
郑　骝	郭日休	韩　楷	汪嘉会	何　唐	杜　桐
方　缙	富好礼	王　相	郑登高	徐　嵩	陈　璜
安　玺	胡　森	冯　辙	洪　珠	黄一道	杜　柟
吴廷翰	胡　昭	李　浙	侯廷训	龚　亨	瞿　祥
吴　章	李　坦	敖　英	袁　城	景　溱	黄行可
王世芳	何　栋	王　炜	恽　釜	刘世龙	钱际时
杜　绍	刘　渠	罗洪载	高汝行	葛　鸿	张　治
高　登	徐　颢	李岳钟	徐曰忠	朱应昌	丘茂中
林　益	吴　缙	萧　晚	王　杨	张　寰	朱　纨
张承恩	陈　赏	邵　烨	张　衮	张　璁②	李　香
查应兆	李　录	潘　镒	邵经邦	张　羽	谢　霖
王大化	王　道	司马相	刘　仕	刘　可	王同祖

① 本科于正德十五年（庚辰）会试后，因明武宗南巡，殿试未及举行，次年二月武宗殁，至世宗接位后方举行殿试。因此本科也称庚辰科。

② 改名：张孚敬。

吴瀚	张纬	孟易	郗元洪	汪坚	李佶
伦以谅	于敖	黄表	蒋泮	卢焕	洪镝
周琅	杨抚	姚正	詹宽	舒林	王化
初杲	王用宾				

第三甲二百一十七名

朱珮	刘乔	魏珽	钟潜	邵炼	梁世骠
王汝宾	史立模	杜璲	王洙	杨旦	柴儒
朱孔阳	解一贯	王密	陈讲	高世魁	邹瓒
李凤来	李章	林介	浦瑾	吴鲸	佟应龙
徐子贞	丘养浩	刘序	潘潢	赵叶	姚激
王科	杨彝	林钺	赵章	吴橄	胡仲谟
张寅	严志迪	刘儒道	孙昂	孙应奎	周综
汤岊	朱云凤	林成	李默	吴良辅	姜文
周文燦	胡伟	余镘	叶逢阳	刘道	高仙
焦昇	杨麒	姚鸣鸾	王朝用	赵永淳	朱鸿渐
洪万立	刘恩	李春芳	吴文之	朱子和	侯缄
施山	郁山	贾世祥	董进第	丘九仞	张问行
杜蕙	叶蕈	穆相	顾阳和	董中言	鲍说
罗尚爱	施一德	赵兑	余经	杨仲琼	胡体乾
张珩	陈邦敷	杨宗尧	丁汝夔	邹架	江山
王世爵	应粜	倪宗岳	景仲光	睢纮	孙灿
杨言	陈由正	田麟	张恂	常泰	孙益
端廷赦	金辂	谭闾	赵时宁	蓝伯采	胡明善
陈大濩	杨迥	王继礼	石国柱	李松	田龙
田顼	陈皋谟	徐元祉	刘迥	尹伦	高应祯
杨镛	项熙	陆鳌	谢賮	方启颜	张徽
李翔	屈儒	蒋诏	王鸣凤	段汝砺	周煦
彭汝寔	蒋旸	张佑	梁乔升	郑节	傅仲霖
刘濂	黄仁山	刘宗谏	何钟	徐昭	曾梧
王纪	张禄	裴謇	马扬	沈奎	胡奎
田玉	熊爵	陈贵	刘熇	王朝用	曾世昌
庞浩	赵镗	刘竹	毛麟之	黄润	周祚
王重贤	潘泗	顾溱	吴瀛	毛凤韶	张凤翀
张瑶	谷鸾	蔡复元	王锐	杨叔器	张经纶
李纶	周夔	吴大本	杨佩	顾明复	陈时明
张珽	王傅	宗良臣	徐俊民	方钝	周朝俛

廖自显	王　芳	雷子质	张惟恕	袁士伟	杜　鸾
任　淳	杨　琰	郑　重	刘守良	李茂元	魏有本
程　辂	叶　泰	孙　銮	黄国光	韦尚贤	吕　纶
王　璜	叶　奇	汤　𩾔	戴　亢	缪宗周	俎　琚
钱　铎	管　律	仲　选	龚大稔	余文瑞	刘希稷
华　金					

国子祭酒贾咏为礼部右侍郎。(据《国榷》卷五十二)

六月

钦天监监副韩昂奏：乞令天文生如天顺间例，应科举。礼部议：太祖著令，钦天监人员别习他业、不学天文历数者，俱发海南充军。明例不可违。上是之。(据孙承泽《天府广记》卷二十九《钦天监》)据《明世宗实录》卷十二，此事在嘉靖元年三月。

江彬、李琮、神周、钱宁等，俱伏诛。《明鉴纲目》卷五："纲：六月，江彬伏诛。目：与李琮、神周、钱宁等，俱磔于市，人心大快。(沙呼实亦并伏诛。惟张忠、许泰，夤缘贵近，减死徙边。)"

授庶吉士史于光为吏科给事中，王邦瑞为广德州知州。《明世宗实录》卷三：正德十六年六月，"己亥，授庶吉士史于光为吏科给事中，王邦瑞为广德州知州。邦瑞有姑配伊府光阳王，王薨无嗣。旧例文职有王亲者，不得升除京职，已亡故无出则不禁。邦瑞亦援例自理，所司仍外补之"。

南京大理寺左评事林希元上君道急务六事：曰务正学，亲正人，用旧臣，清言路，急交修，持久大。又朝廷大政二：曰辍内臣机务，罢内臣镇守。进士周祚善其疏，请加详览。上纳之。(据《国榷》卷五十二)

补江西乡试。(据《国榷》卷五十二)

七月

张璁上疏，请尊崇所生，立兴献王庙于京师。《明鉴纲目》卷五："纲：秋七月，进士张璁，(字秉用，永嘉人。)上疏请尊崇所生，立兴献王庙于京师。目：璁时以进士观政，见廷议追崇兴献王礼，三上三却，璁揣知帝意，乃遂上疏。(略言：陛下嗣登大宝，即议追尊圣考，以正其号，奉迎圣母，以致其养，诚大孝也。廷议执汉定陶王、宋濮王故事，欲考孝宗叔兴献王。夫汉哀帝、宋英宗，皆预养宫中，立为储嗣，其为人后之义甚明。今陛下以伦序当立，循继统之义，非为孝宗后也。且迎养圣母，称皇叔母，则当以君臣礼见，子可以臣母乎？长子不得为人后，兴献王子，惟陛下一人，利天下而为人后，将毋自绝其父母乎？故谓陛下入继祖统，则可。谓为人后而自绝其亲，则不可。今宜别立圣考庙于京师，以隆尊亲之孝，且使母以子贵，尊与父同，则圣考不失其为考，圣母不失其为母矣。）帝方扼廷议，得璁疏，大喜曰：'此论出，吾父子获全矣。'遂手诏杨廷和、蒋冕、毛纪，欲尊父为兴献皇帝，母为兴献皇后，祖母为寿安皇太后。廷和等持不可，封还手诏。于是给事中朱鸿、汤史、于光，御史王溱、卢琼（字献卿，浮梁人），交章劾璁，帝不听。（初，璁以举人八上会试始得第。有胡铎者与璁同举于乡，先璁举进士。及大礼议起，铎已官湖广参政，在京师，意亦主考献王，与璁合。璁要之同署，铎曰：'主上天性，固不可违。天下人情，亦不可拂。考献王不已则宗，宗不已则入庙，入庙则当有祧。以藩封虚号之帝，而夺君临治世之宗，义固不可也。入庙则有位，将位武宗上乎，武宗下乎？生为之臣，死不得跻于君，然鲁尝跻僖公矣，恐异日不乏夏父之徒也。'不肯署。璁疏遂独上。其后诸臣争以议礼干进，称宗入庙，果如铎言。〇胡铎，字时振，余姚人。）"

吏部右侍郎秦金调户部，国子祭酒陈霁劾罢。（据《国榷》卷五十二）

陕西提学副使何景明予告。（据《国榷》卷五十二）

命经筵官。定国公徐光祚，大学士杨廷和知经筵事。大学士蒋冕、毛纪、袁宗皋同知经筵事。尚书兼学士石玠，少詹事兼侍讲周诏，国子祭酒赵永，翰林侍讲学士刘隆，左谕德兼侍读顾鼎臣、温仁和、董玘，右春坊右谕德兼侍讲李时，洗马兼编修滕霄，侍读徐缙、翟銮，侍讲穆孔晖，修撰杨慎、严嵩、许成名、刘栋，并直经筵。武定侯郭勋侍班。（据《国榷》卷五十二）

八月

何景明（1483—1521）卒。据樊鹏《何大复先生行状》。李开先《何大复传》："大复何氏，名景明，字仲默。四世祖避红巾乱，由罗田移家信阳。父信，母李氏，以成化丙午生大复于里第。六岁即能属警对，吐奇语。八岁，文思如泉出山下，涓涓不竭。貌癯而秀，性敏而灵。十二随父宦会宁驿，临洮李太守闻其奇，招置门下，延师授《春秋》，数月即善说《春秋》。……及举进士，在弘治壬戌科，去乡试四五年，而年犹未冠也。舆论谓：'今选庶吉士，必在首列。'而当国者方恶能诗之人，以为虽作到李、杜，亦不过一醉汉耳。选授中书舍人。是时空同方以诗文雄压都会，乃卒遇而响应之，改白坡而号大复，弃时尚而修古辞，犹夫唐荆川之值王遵岩，如江河将决，一彻其防，而沛然莫之能御。唐、王诗祖初唐，而文兼宋体，一切豪憨方俊，冒套撞搪，悉薄视之不屑焉。而大复之作，流布函夏，始刻长安，久而在处有之，但识字者，即心慕其人而口诵其辞。或与边华泉及空同称为海内三才，或与安阳崔后渠称为中州二俊，或与关中诸公并吴下徐迪功称为弘德七子。……生平耻干谒，轻仕进，积九年，始带衔吏部员外郎，寻升陕西提学副使……以勤劳得疾，呕血不已，至家六日而殁，年止三十九，囊馀三十金，而书有数千卷，时则正德十六年八月五日也。"

翰林编修孙承恩上《修德应天赋》，上留览。（据《国榷》卷五十二）

翰林编修严嵩为南京翰林侍读。（据《国榷》卷五十二）

命翰林修撰唐皋、编修孙承恩使朝鲜，兵礼科给事中史道、李锡使安南，颁诏。（据《国榷》卷五十二）

九月

召前太子太保户部尚书武英殿大学士费宏。（据《国榷》卷五十二）

十月

翰林院检讨郭维藩为南京国子监司业。（据《国榷》卷五十二）

十一月

世宗追尊生父兴献王为兴献帝。《明鉴纲目》卷五："纲：冬十一月，追尊父兴献王为兴献帝，祖母宪宗贵妃邵氏为皇太后，母妃蒋氏为兴献后。目：帝屡谕阁臣，早定大礼。会母妃至通州，闻朝议考孝宗，恚曰：'安得以我子为他人子？'止通州不入。帝闻而泣，启慈寿太后，愿避位归藩。群臣惶惧。毛澄乃谋于内阁，请称兴献王为兴献帝，王妃蒋氏为兴献后，而以皇太后懿旨行之。帝不得已，乃报可，并尊宪宗贵妃邵氏为皇太后。张璁知帝意向己，又闻母妃止通州，益大喜，著《大礼或问》以上，且曰：'非天子不议礼。愿奋独断，揭父子大伦，明告中外。'章下礼部，见者皆目为邪说。惟兵部主事霍韬（字渭先，南海人），给事中熊浃（字悦之，南昌人），揣璁言必用，附和之。未几，浃外转金事。璁出为南京刑部主事。韬自知为众论所龁，引疾归。"

敕修《武宗实录》。监修太傅定国公徐光祚，总裁大学士杨廷和、蒋冕、毛纪、费宏，副总裁吏部尚书石玠、礼部尚书毛澄、吏部左侍郎罗钦顺，纂修少詹事周诏、侍讲学士刘龙等。（据《国榷》卷五十二）世宗诏修《武宗实录》，杨慎、陈沂等参与其事。拟征王九思（1468—1551）为《武宗实录》纂修官，或言于朝曰：王九思之《杜甫游春》杂剧，李林甫系影射李东阳，杨国忠系影射杨廷和，坐此未被起用。李开先《渼陂王检讨传》："嘉靖初年，将征之纂修实录，而同罢吏部者，摘取《游春记》中所具人姓名，毁于当路……坐此竟已之。翁闻之，乃作小词自嘲，殊无尤人之意。"

故翰林院修撰罗伦赠左春坊左谕德，谥文毅。御史唐龙之请。（据《国榷》卷五十二）

十二月

广东提学副使魏校发布谕民文告，"不许造唱淫曲"。归有光编《庄渠先生遗书》卷九《公移》："钦差提督学校广东等处提刑按察司副使魏为兴社学以正风俗事。……

一、倡优隶卒之家，子弟不许妄送社学。……一、为父兄者，有宴会，如元宵俗节，皆不许用淫乐琵琶、三弦、喉官、番笛等音，以导子弟未萌之欲，致乖政教。府县官各行禁革，违者治罪；其习琴瑟笙箫古乐器听。一、不许造唱淫曲，搬演历代帝王，讪谤古今，违者拿问。……正德十六年十二月□日。"魏校今年起为广东提学副使。魏校任内另有关于禁书之谕民文告，时间不详，亦一并附录于此："为风化事。当职巡历南雄，考按图志，采访民风，略举所当禁革者，条具于后：……一、书铺当禁之书：一曰时文，蠹坏学者心术；二曰曲本，诲人以淫；三曰佛经，四曰道经，扇惑人心。先已通行禁革，委官宜责取各铺并地方总小甲邻佑结状，如再发卖前项书籍，重治以罪，再不许开书铺；仍大书告示，张挂关隘去处，不许从外省贩卖前项书籍，私入广东境内，不时差官盘验，以诘奸弊。……"

命两京武学如旧例六年会举，送各边镇赞画方略，有功一体升赏，五年无功，各还原营卫所供职袭替。 先是，正德中尝停革会举之例。至是，兵部以故事请从之。（据《明世宗实录》卷九。）

章懋（1436—1522）卒，年八十六。（卒年据公历标注）《明文海》卷四百四十二罗钦顺《故致仕南京礼部尚书赠太子少保谥文懿枫山先生章公墓志铭》："公生正统丙辰。""卒之日则辛巳岁除也。""为文章平正典实，理胜而味永。遗文仅九卷，门弟子于公卒后相与搜辑以传者也。"章懋（1436—1521），字德懋，别号闇然子，兰溪人。成化丙戌会试第一。改庶吉士，授编修。会上元内宴，命作鳌山灯诗，不奉诏，且以疏谏，黜为临武知县。弘治、正德间，累官南京礼部尚书，致仕。著有《枫山语录》、《枫山集》。黄宗羲《明儒学案》卷四十五："章懋字德懋，金华兰溪人。成化丙戌会试第一。选庶吉士，授编修。……林居二十年，弟子日进，讲学枫木庵中，学者因曰枫山先生。……嘉靖初，以南京礼部尚书致仕。是岁辛巳除夕卒，年八十六。赠太子太保，谥文懿。其学墨守宋儒，本之自得，非有传授，故表里洞澈，望之庞朴，即之和厚，听其言，开心见诚，初若不甚深切，久之烛照数计，无不验也。……（《语要》）或劝以著述，曰：'经自程、朱后不必再注，只遵闻行知，于其门人语录，芟繁去芜可也。'"按，《国榷》记章懋卒于嘉靖元年六月。

敕行人存问大学士王鏊、杨一清。（据《国榷》卷五十二）

复行人王懋官，谏幸谪国子学正。（据《国榷》卷五十二）

陕西道监察御史孙元改翰林院编修。尚书孙交子。（据《国榷》卷五十二）

本年

童承叙（1495—1542）与张治、廖道南并称楚中三才。 陈文烛《内方童先生传》："先生讳承叙，字士畴，沔阳人也。始祖自随徙沔，而沔南有内方山，因号内方山人，海内学士大夫称内方先生云。""以《诗经》举乡试第二，两公（李濂、张邦奇）尚恨先生不第一也。明年庚辰中会试。值肃皇帝继统（1521），选翰林院庶吉士，与茶陵张公治、蒲圻廖公道南号楚三才，而先生尤俊逸不群，试辄冠同馆，而同馆敬服，人人自以为不如也。方杨文忠公廷和、杨文襄公一清后先入相，雅重先生。后永嘉张公孚敬议礼登相，援引新进，馆阁之士附之如蚁，结之如蛾，噂沓背憎，汲汲如狂，而先生闭门守玄，意澹如也。"授编修，进侍讲，历中允司经局洗马，国子司业，左春坊左庶子。有《内方集》。

明世宗嘉靖元年壬午（公元 1522 年）

正月

御史向信请铲除乡试宿弊：乡试考官年过四十及不系近科举人，不得滥举。从之。《明世宗实录》卷十：嘉靖元年正月己酉，"御史向信言：各省乡试聘取考官、监临、提调，诸臣私所厚善，滥及匪人，谬乱滋弊。今陛下龙飞首科，宜饬诸司铲除宿弊。考官年过四十及不系近科举人，不得滥举，违者罪之。下礼部议，报可"。

定皇考圣母、本生父母称号。《明鉴纲目》卷六："纲：壬午嘉靖元年，春正月，定皇考圣母、本生父母称号。目：杨廷和等言，兴献帝后加称，列圣神灵，容有未安。给事中邓继曾（字士鲁，资县人）亦以为言。帝勉从众议，乃称孝宗曰皇考，慈寿皇太后曰圣母，兴献帝后，止称本生，不称皇。"

更定选补各国通事之法。《明世宗实录》卷十：嘉靖元年正月甲戌，"更定选补各国通事之法。除丁忧缘事，俱不作缺。其见缺十人以上及一国全缺者，在外行各边镇巡官，每缺精选一人送部，在京不必行通事访保。如四夷馆译字生事例，礼部札鸿胪寺召选真正籍贯俊秀子弟，取具印信保结粘连送部，覆审相同，再行考试，每缺精选一人奏送该寺，分派各国年深老成通事教习。如本国无人，许其自行从师受业，或令邻邦通晓者教之一年之后，同边方访保到部之人通行试以夷语，上者收补，次者候补，下者黜退，不得妄称守候年久，奏告滥收。考选之时，勘结人员亦不得妄以过犯顶冒之人窜入"。

三月

诏监生不愿出仕者，填注衙门给与散官。《明世宗实录》卷十二：嘉靖元年三月，"壬戌，上御奉天殿颁诏曰：……监生不愿出仕者，已有授职事例，今后还填注衙门给与散官"。

钦天监监副韩昂奏乞令天文生如天顺间例应科举，不允。（据《明世宗实录》卷十二"嘉靖元年三月乙卯"）

上兴献王妃蒋氏尊号曰兴国太后。《明鉴纲目》卷六："纲：三月，上慈寿皇太后尊号曰昭圣慈寿皇太后，武宗皇后曰庄肃皇后，皇太后邵氏曰寿安皇太后，兴献后曰兴国太后。"

左春坊左谕德顾鼎臣省祭。（据《国榷》卷五十二）

世宗幸太学，国子祭酒赵永、司业吴惠讲《书》、《易》。（据《国榷》卷五十二）

巡抚湖广席书，荐致仕大学士杨一清经略西北。（据《国榷》卷五十二）

四月

命公侯伯始袭，年三十以下入太学肄业，仍十日赴营操。（据《国榷》卷五十二）《明史·选举志》："太祖虑武臣子弟但习武事，鲜知问学，命大都督府选入国学，其在凤阳者即肄业于中都。命韩国公李善长等考定教官、生员高下，分列班次，曹国公李文忠领监事以绳核之。嗣后勋臣子弟多入监读书。嘉靖元年令公、侯、伯未经任事、年三十以下者，送监读书，寻令已任者亦送监，而年少勋戚争以入学为荣矣。"

河南道监察御史席春，避其兄书侍郎，改翰林院检讨。（据《国榷》卷五十二）

提学副使潘府为太仆寺少卿，寻改太常寺少卿。（据《国榷》卷五十二）

翰林院侍讲学士刘龙为礼部右侍郎。（据《国榷》卷五十二）

五月

合水驿丞王思还翰林院编修。（据《国榷》卷五十二）

户科左给事中刘夔以兄龙侍郎，改翰林检讨。（据《国榷》卷五十二）

六月

前南京吏部尚书王华卒。华余姚人，成化辛丑进士第一。授修撰，升学士，主两京试。历詹事，预修《资治通鉴纂要》。进礼部侍郎，历今官。家居十余年，有司请恤。子守仁平逆濠功，封新建伯，赠如子爵。华才识宏达，操持坚定。逆瑾用事时，讽使就见，不往。其大节如此。又柬礼部毛澄，澄摘其科场阴事，竟不许。（据《国榷》卷五十二）

七月

定武举中式：骑射四矢以上，步射二矢以上，策论如故，中式者不分等第，升署职二级。（据《明世宗实录》卷十六）万历《大明会典》卷一百三十五《兵部》七十八《武举》："嘉靖元年议准：武举官生，两京武学于兵部月考，优等选取，在外听巡按御史考试选取，每遇开科之期，兵部堂上官并提督京营总兵官统领大纲，兵部属官分理众务。初场较骑射，二场较步射，俱于京营将台前，三场试策二道、论一道，于文场内，先期请命翰林官二员为考试官，给事中并部属官四员为同考试官，监察御史二员为监试官。其答策有能洞识韬略，作论有能精通义理，参加弓马俱优者，中式。其策论虽优而弓马不及，或弓马偏长而策论不通，俱发回，候开科再考。中式官生，照文举事例，梓名赐宴，仍俱升署职二级，月支米三石。指挥以上，斟酌推用，署千户、百户、镇抚、总旗，俱送各边总兵等官处赞画，及守堡听调杀贼应得俸粮，并加添米石，俱于原卫所支给，获有军功，照例加升，五年无功者发回。"《明世宗实录》卷十六：嘉靖元年七月，"乙卯，诏定武举式。骑射四矢以上，步射二矢以上，策论如故，中式者免分等第，概升署二级"。王圻《续文献通考》卷四十七《选举考·武举》："世宗嘉靖元年，兵部等衙门会议，每遇文举乡试之年，行移天下，招谕各色人等，堪应武举者，俱从巡按御史于该年十月考试，两京武学于兵部月考，优等选取，俱送兵部会数。于次年夏四月开科，初九日初场较骑射，十二日二场较步射，十五日三场试策二道、论一道。先期请命翰林院官二员为考试官，给事中并部属官四员为同考试官，取中名数，临期请自上裁。试毕，一应有事，场屋官员并中式之人照文举事例梓其姓名，录其弓马策论之优者装潢成帙，题曰《武举录》，进呈睿览，仍出榜于兵部门首张挂。次日早，引赴御前叩头，毕，预事官俱赴中府会武宴。亦照文举廷试事例，预行光禄寺设办，仍请命内阁重臣一人主席。宴毕，该管备鼓乐，职方司官二员送武举第一人归第。兵部覆，奉钦依，合照天顺八年事例，初场马上各以中四箭以上为合式，二场步下各以中二箭以上为合式，取中人员比照文举会试录列名，不必分为等第，俱升署职二级。嘉靖十七年钦奉圣谕：'武举着秋行，后会举亦秋行，方合其义，钦此。'该本部议于秋九月举行，以后开科年永为遵守。二十二年，该本部覆议，照依会试南、北卷事例，分别边方、腹里，庶得其用。二十九年，本部再议覆，奉钦依，合照历科旧规，仍以边方、腹里分定则例，边方取三分，腹里取二分。三十二年，本部题奉钦依，应试官生曾经三次乡试中式者，查照文举会试事例，不拘官舍军民，免其再试。各省从本布政司，两直隶从本府申呈，抚按衙门给批赴京会试。若非三科以上者，军卫、有司不许朦胧起送，永为定规。"《国榷》卷五十二："（嘉靖元年七月）乙卯，定武举骑射四矢以上，步射二矢以上。"

诏南京国子监及各省提学修补经史残阙。广西副使刘节疏。（据《国榷》卷五十二）

南京太仆寺卿吴一鹏为礼部右侍郎，南京国子祭酒汪伟为南京礼部右侍郎。（据《国榷》卷五十二）

八月

温仁和、穆孔晖、董玘、翟銮等任乡试主考。《弇山堂别集》卷八十二《科试考二》："嘉靖壬午，命左春坊左谕德兼翰林院侍读温仁和、翰林院侍读穆孔晖主顺天试。命右春坊右谕德兼翰林院侍读董玘、翰林院侍读翟銮主应天试。"

两京及河南、山东、陕西、山西、浙江、湖广、江西、福建、广东、广西、四川、云南等十二布政司乡试；贵州士子附云南乡试。

江西秋试，录取举人一百九十名。《戒庵老人漫笔》卷一《江西两科并取》："正德十四年己卯科，江西以宁藩之乱，缺乡试，嘉靖元年壬午科，并取一百九十人。"

河南乡试，录取八十名。张羽《东田遗稿》卷下《拟河南乡试录前序》："嘉靖元年，河南乡贡大比，得士凡八十人，盖制额也。视两都则为少，视诸省则为众，亦选于千七百人之中而拔其尤者也。"

郑晓举浙江乡试第一，时年二十四岁。李乐《见闻杂记》卷六："郑端简公晓，其尊人吾核公，博综今古之士。端简公方四岁，即呼与同寝，每事教之，十余岁，遍读古今书，及三场文字，讲解精熟。至十四岁，方作举业文，不轻作也。至发解，公年二十四尔。今人父兄弟子俱好名，胸中不曾读得书，轻易作文，夸于人曰：'已作文矣。'未久，又夸于人曰：'文已通矣。'非徒无益而反害之，此之谓也。"

徐阶（1503—1583）中举。光绪《重修华亭县志·杂志》："徐文贞二十岁领乡荐，时尚为沈水南弟子。既报捷后，仍就塾肄业不辍。"徐阶字子升，松江华亭人。嘉靖癸未（1523）赐进士第三，授翰林编修，抗疏论孔子庙制，斥为延平府推官，稍迁浙江、江西提学副使，入为司经局洗马，历升礼部尚书，入直无逸殿，寻入东阁办事，累官少师、吏部尚书、建极殿大学士。赠太师，谥文贞。有《少湖集》。

赵时春（1509—1567）年十四，举陕西乡试。周鉴《明御史中丞浚谷赵公行实》："公讳时春，字景仁，号浚谷。浚谷者，平凉东南隅水名也。……年十四，以儒士进试于督学，渔石唐公（唐龙），一日而遍三场，题下，辄援笔报成，一若夙构。唐公击节叹赏。每试属邑诸生，则命公与偕，偕则必先成，第高等。尝留馔与论政学，大耸唐公听，称誉不容口。乃劝之应举。公以搜检非宾贤礼为辞。唐公曰：'此以待作伪者耳。汝真儒也，复何嫌？'及撤棘，擢第三《诗》魁，乃嘉靖壬午也。"赵时春为丙戌（1526）进士，官至右佥都御史，巡抚山西。有《浚谷集》。唐龙（1477—1546），字虞佐，号渔石，兰溪人。正德戊辰（1508）进士，官至刑部尚书太子太保，谥文襄。有《渔石集》、《关中稿》。

释故江西提学副使李梦阳狱。（据《国榷》卷五十二）

九月

监生何渊请立世室奉兴献帝如周祀文王遗意,下部议。(据《国榷》卷五十二)

十月

命教人、取士一依程朱之言,不许妄为叛道不经之书,私自传刻,以误正学。《明世宗实录》卷十九:嘉靖元年十月乙未,"礼科给事中章侨言:'三代以下论正学莫如朱熹,近有聪明才智足以号召天下者倡异学之说,而士之好高务名者靡然宗之。大率取陆九渊之简便,惮朱熹为支离,及为文辞务崇艰险。乞行天下痛为禁革。'时河南道御史梁世骥亦以为言。礼部覆议,以二臣之言深切时弊,有补风教。上曰:'然。祖宗表章《六经》,颁降敕谕,正欲崇正学、迪正道、端士习、育真才,以成正大光明之业。百余年间,人材浑厚,文体纯雅。近年士习多诡异,文辞务艰险,所伤治化不浅。自今教人、取士一依程朱之言,不许妄为叛道不经之书,私自传刻,以误正学'"。

十一月

翰林院官舒芬等升俸一级。翰林院修撰舒芬,编修江晖、马汝骥、费寀、王思,郎中夏良胜,给事中汪应轸、石天柱、黄臣、张原,御史曹嘉,寺副郝凤,行人顾可久、刘显麒、王懋、潘锐,太常寺博士陈九川,各升俸一级。(据《国榷》卷五十二)

致仕大学士王鏊表谢存问,上《讲学》、《勤政》二篇。上褒答,荫子中书舍人。(据《国榷》卷五十二)

翰林院庶吉士廖道南、江如璧、童承叙、黄佐、王相、王同祖为编修。(据《国榷》卷五十二)

授翰林院庶吉士郑一鹏等为监察御史、给事中。翰林院庶吉士郑一鹏、赵廷瑞、杜桐、詹泮、张逵、葛鸥为给事中,张衮、李佶、伦以谅、卢焕、陈讲为监察御史,李默、李春芳、董忠(中)言、丁汝夔为主事。(据《国榷》卷五十二)

十二月

新改南京国子监祭酒鲁铎以久疾未痊,疏乞休致。上不允,趣起视事。(据《明世宗实录》卷二十一)

本年

广东提督学校按察司副使魏校大毁淫祠，令府州县各置社学。道光《直隶南雄州治》卷十四《书院》："明黄佐论曰：三代之时，成汤训蒙士，文王教小子，则小学之教，有自来矣。《汉志》：先王之制，里有序而乡有庠，序以明教，庠以行礼，而视化焉。八岁人小学，学六甲五方书计之事，始知室家长幼之节。十五岁人大学，学先圣礼乐，而知朝廷君臣之礼。其有秀异者，移乡学于庠序，庠序之异者，移国学于少学，诸侯贡少学之异者于天子，学于太学，命曰造士，行同能偶，则别之以射，然后爵命焉。晋高凉太守杨方著《少学》七卷，盖诸侯少学之教也。唐武德初，于秘书外省立小学，而不遍及天下。宋熙宁四年三月三日，始诏诸州军置小学，崇宁元年八月二十三日令州县置小学，十岁以上皆入学，五年立课试法，政和四年十一月二十一日州郡小学分三舍，其宗子之在外者，亦如之，复建宗学小学。元制，令蒙古、色目人年小质聪者，置蒙古小学，选儒人为学正，令背诵《孝经》、《小学》，习汉人字。明洪武八年，诏有司立社学，延师儒以教民间子弟，社学教读有经明行修者，许有司推选，署儒学教事。十六年，诏民间立社学，有司不得干预，其经断有过之人，不许为师。二十年，令民间子弟读《御制大诰》。后令为师者率其徒能诵《大诰》者赴京，礼部较其所诵多寡，次第给赏。复命兼读律令。仍令问刑官，凡犯罪有能诵《大诰》者，减等。正统元年，令各处社学提学官及司府州县官严督劝课，不许废弛，其有俊秀向学者，许补儒学生员。敕提督广东学校按察司官内有云：'古者乡间里巷，莫不有学，即今社学是也。尔凡提督去处，即令有司每乡每里俱设社学，择立师范，明设教条，以教人之子弟，年一考校，责取勤效，仍免为师之人差徭。'成化元年，令民间子弟愿入社学者听，其贫乏不愿者勿强。十九年，布政使陈选作兴社学，朔望考其诵习，作《训蒙文》以勖之。嘉靖元年，广东提督学校按察司副使魏校大毁淫祠，令府州县各置社学。"

朝鲜国请颁赐吕柟、马理文章。《关学编·泾野吕先生传》："世庙即位，诏起（吕柟）原官。时朝鲜国奏称：'状元吕柟、主事马理为中国人才第一，朝廷宜加厚遇。仍乞颁赐其文，使本国为式。'其为外国敬慕如此。"

礼部尚书毛澄等奏请考选精通译语、熟谙夷情者二员为大通事，访保通事，属之镇巡官并鸿胪寺掌印官。遇奉旨宣谕番人，该部各差属官公同宣谕，事毕即回，以防贿漏。得旨："大通事俱停补，余如拟行。"于是礼部覆议其职事，令鸿胪寺官同本等通事掌管。从之。（据俞汝楫《礼部志稿》卷九十二）

御史程启充、给事毛玉倡议论劾讲学诸人，以遏制心学。《明史·儒林传》："原夫明初诸儒，皆朱子门人之支流余裔，师承有自，矩矱秩然。曹端、胡居仁笃践履，谨绳墨，守儒先之正传，无敢改错。学术之分，则自陈献章、王守仁始。宗献章者曰江门之学，孤行独诣，其传不远。宗守仁者曰姚江之学，别立宗旨，显与朱子背驰，门徒遍天下，流传逾百年，其教大行，其弊滋甚。嘉、隆而后，笃信程、朱，不迁异说者，无复几人矣。"时世宗入继大统，欲振刷吏治，朝臣中有人视阳明心学为浮言虚谈，故授意程、毛论劾，谤议日炽。

王时槐（1522—1605）生。张惟骧《疑年录汇编》卷七："王塘南八十四时槐，生嘉靖元年壬午，卒万历三十三年乙巳。"黄宗羲《明儒学案》卷二十："王时槐字子植，号塘南，吉之安福人。……乙巳十月十八日卒，年八十四。"

刘效祖（1522—1589）生。刘效祖字仲修，号念庵，原籍山东滨州，寄籍北京。嘉靖二十九年（1550）进士，官至固原兵备副使。散曲尤为人所称。著有《四镇三关志》、《春秋稿》、《塞上言》、《盛时宣威时行乐》、《灯市谣》、《长门词》、《闲中一笑》等。

司礼监刊刻《三国志通俗演义》，凡二十四卷二百四十则。题"晋平阳侯陈寿史传"、"后学罗本贯中编次"。首弘治甲寅庸愚子序，次修髯子引。庸愚子系蒋大器别号，金华人。嘉靖元年刊本为现存《三国演义》的最早版本，庸愚子序为现存最早的评论《三国演义》的序文。

明世宗嘉靖二年癸未（公元 1523 年）

二月

命府部诸司量增历事人数，三月考勤附选。《明世宗实录》卷二十八：嘉靖二年六月，"乙卯，吏部覆南京尚书杨旦奏，南京国子监监生数多，拨历壅滞，请府部诸司量增历事人数，并请三月考勤附选，如在京例。报可"。

礼部尚书毛澄引疾辞职。《明鉴纲目》卷六："纲：礼部尚书毛澄罢，道卒。（谥文简。）目：澄以议礼不合帝意，抗疏引疾，至五六上，不允。及是疾甚，复力请，乃许之。舟至兴济（宋县，明属河间府，今省为镇）而卒。（澄端亮有学行，论事不为婞婀。大礼议起，帝屡遣中官谕意，澄奋然曰：'老臣悖谬，不能赞典礼，惟有一去不与议已耳。'帝雅敬澄，虽数忤旨，恩礼不衰。其卒也，深悼惜之，赠少傅。）"

命少傅太子太傅户部尚书谨身殿大学士蒋冕、掌詹事府吏部尚书翰林院学士石珤为会试考试官，取中李舜臣等四百人。（据《弇山堂别集》卷八十二）李开先《李开先集·闲居集》之七《文林郎河南道监察御史北泉蓝公墓志铭》："当时所作之文，果是高古，藏锋锷不露圭角，奋然以变时习为己任，因而不合于主司。每一下第，辄改一经，久而五经俱遍矣。士子不得第者，必以之借口，才学如蓝田马理，尚且空归，吾辈复何愧恨耶？及马公第，而公犹脱落，文乃俯就时格。至嘉靖癸未会试，与邻号舍者戏曰：

'此愁障，吾坐其中，总二十三日矣！倘仍不见录，从此废书不读，亦不由他途出仕。'既而揭晓，列名廷试二甲进士。"

李舜臣（1499—1559）**为本年会元**。李开先《大中大夫太仆寺卿愚谷李公合葬墓志铭》："愚谷名舜臣，字懋钦，一字梦虞，号愚谷。"乐安人。"进增广及廪生，一在丙子，一在戊寅，而督学则江都赵公、贵溪江公也。明年己卯，举乡试。庚辰，会试不第。辛巳，父赴饶州，丁内艰，乃往迎父于饶。壬午，入太学。一日，众友会文赴迟，止作二篇，雄奇无与比者，友咸以大魁元期之。癸未会试，蒋敬所、石熊峰为主考，分考则永嘉叶成规，得愚公卷，惊叹以为词雄气厚，学博才高，不露锋锷，超出笔墨畦径之外，若不拘北卷，作会元自当服天下人矣！遂上之二公，二公持示高陵吕泾野、泰和王改斋，王极称赏，吕以王言为是，令中书声音洪亮者，诵一卷，其一乃姚明山，众遂定愚谷第一，试录刻其策论，不窜易一字。是榜号称得人，而魁元尤多名士。……廷试二甲第一，原拟上甲，以策冒落字添补失格移下。是秋，除授户部湖广司主事。"历任江西提学佥事、南国子司业、尚宝卿等官，官终太仆寺卿。有《愚谷集》十卷、《易卦辱言》一卷。梁章钜《制义丛话》卷十二："《四勿斋随笔》云：嘉靖癸未科会试，李舜臣'尧舜之道不以仁政'篇元墨跋云：'局度宽然，辞亦丰润，较前此纯以义理筋骨胜者，亦少变矣。'又嘉靖壬辰科会试，林春'谨庠序'篇元墨跋云：'两大比造格严整，遂为庚午南闱所绝响。时会古今之变，令人为之怃然。'又隆庆丁卯科顺天乡试，庄允中'颜渊问为邦'篇元墨跋云：'上芟嘉末穴蔓，下导万初名通。穆庙虽享国日浅，然建元之始，文风正盛，与南浙周、黄两元势争鼎足，未见避三舍也。'又是科浙江黄洪宪'忠焉能勿诲乎'篇元墨跋云：'嘉禾文怀公有志起衰，隆庆初，厘正文体，遂冠贤书，辛未第二人及第，乙酉典闽试，戊子典顺天试，改程拟程，上参弘、正矣。'按：此嘉、隆间元墨转换之迹，故汇著之。"

会试，主司发策有焚书禁学之议，阴辟阳明，吕柟力辨而扶救之，欧阳德等阐发师训无所阿。《关学编·泾野吕先生传》："癸未，（吕柟）分校礼闱，取李舜臣辈，悉名士。时阳明先生讲学东南，当路某深嫉之，主试者以道学发策，有焚书禁学之议，先生力辨而扶救之，得不行。场中一士子对策，欲将今宗陆辨朱者诛其人，火其书，极肆诋毁，甚合问目意，且经书、论、表俱可，同事者欲取之。先生曰：'观此人今日迎合主司，他日必迎合权势。'同事者深以为然，遂置之。"《明史·儒林传》："欧阳德，字崇一，泰和人。甫冠举乡试。之赣州，从王守仁学。不应会试者再。嘉靖二年策问阴诋守仁，德与魏良弼等直发师训无所阿，竟登第。"今年主考官为大学士蒋冕、吏部尚书石珤。《明诗纪事》戊签卷十录吕柟诗一首，陈田按语云："泾野及第后，以忤刘瑾引疾去。厥后康对山以救李空同谒刘瑾牵连放斥，泾野与对山、浒西唱和，相得甚欢，能谅其心故也。讲学与阳明良知不合。时阳明倡学东南，当路者嫉之。癸未会试，主司发策有焚书禁学之议。泾野力辨而解救之，得不行。此皆盛德事，可以愧讲学攻击者。"康海号对山。吕柟（1479—1542）字仲木，号泾野，高陵人。正德戊辰第一人及第，授修撰。以议礼下诏狱，谪解州判官。改南宗人府经历，就迁吏部郎中，历尚宝卿、太常少卿，诏拜国子祭酒，擢南礼部侍郎。隆庆初赠礼部尚书，谥文简。有《泾野集》三十六卷。阳明指王守仁。王守仁（1472—1528）字伯安，余姚人。弘治己未进士，授刑部主事。改兵部，以忤刘瑾杖阙下，谪贵州龙场驿丞。起南刑部主事，改吏部，历员外、郎中，迁南太仆少卿。进鸿胪卿，拜左佥都御史巡抚南赣，进右副都御史，论平宸濠功，擢南兵部尚书，封新建伯。赠侯，谥文成，从祀孔子庙庭。有《阳明全书》三十八卷。

前少傅兼太子太傅吏部尚书武英殿大学士刘忠卒。忠字司直，河南陈留人，成化戊戌进士。选庶常，授编修。弘治时，迁侍读学士，直东宫。正德初，进学士，日讲。忤瑾，迁南京礼部右侍郎。寻进尚书，改吏部，克举其职，内召专理制诰。瑾诛，始入相，又忤张永，摘程录之舛，托省墓去。敦重寡交，志节不替。赠太傅，谥文肃。（据《国榷》卷五十二）

三月

姚涞、王教、徐阶等四百一十人进士及第、出身有差。是科未考选庶吉士。（据《明世宗实录》卷二十四）《嘉靖二年进士登科录·玉音》："嘉靖二年三月初九日，礼部左侍郎臣贾咏等于奉天门奏为科举事。会试天下举人，取中四百名。本年三月十五日殿试，合请读卷官及执事等官少师兼太子太师吏部尚书华盖殿大学士杨廷和等五十七员。其进士出身等第，恭依太祖高皇帝钦定资格。第一甲例取三名，第一名从六品，第二第三名正七品，赐进士及第。第二甲从七品，赐进士出身。第三甲正八品，赐同进士出身。奉圣旨：是，钦此。读卷官：特进光禄大夫左柱国少师兼太子太师吏部尚书华盖殿大学士杨廷和，戊戌进士；光禄大夫柱国少傅兼太子太傅户部尚书谨身殿大学士蒋冕，丁未进士；光禄大夫柱国少保兼太子太保户部尚书武英殿大学士毛纪，丁未进士；光禄大夫柱国少保兼太子太保户部尚书武英殿大学士费宏，丁未进士；光禄大夫柱国少保兼太子太保吏部尚书乔宇，甲辰进士；光禄大夫柱国太子太保兵部尚书彭泽，庚戌进士；资政大夫掌詹事府事吏部尚书兼翰林院学士石珤，丁未进士；资政大夫户部尚书孙交，辛丑进士；资政大夫刑部尚书林俊，戊戌进士；资善大夫工部尚书赵璜，庚戌进士；资政大夫都察院左都御史金献民，甲辰进士；通议大夫大理寺卿郑岳，癸丑进士；中顺大夫通政使左通政张瓒，乙丑进士。提调官：通议大夫礼部左侍郎贾咏，丙辰进士；通议大夫礼部右侍郎吴一鹏，癸丑进士。监试官：文林郎河南道监察御史熊兰，辛未进士；文林郎浙江道监察御史向信，辛未进士。受卷官：翰林院编修文林郎湛若水，乙丑进士；翰林院检讨从仕郎季方，丁丑进士；从仕郎吏科给事中张嵩，丁丑进士；承事郎户科都给事中张汉卿，辛未进士。弥封官：通议大夫太常寺卿刘荣，秀才；中大夫光禄寺卿高友玑，庚戌进士；中顺大夫鸿胪寺卿魏璟，戊辰进士；奉政大夫尚宝司卿刘乾，己未进士；奉议大夫尚宝司卿刘銳，儒士；奉议大夫尚宝司卿李兆蕃，监生；奉直大夫尚宝司少卿徐富，甲子贡士；翰林院编修文林郎邝灏，丁丑进士；翰林院检讨征仕郎席春，丁丑进士；礼科都给事中张翀，辛未进士；承事郎兵科都给事中许复礼，辛未进士；承务郎大理寺右寺右寺副周令，秀才。掌卷官：翰林院编修文林郎崔桐，丁丑进士；翰林院编修文林郎费懋中，辛巳进士；翰林院检讨征仕郎金皋，辛未进士；承事郎刑科都给事中刘济，辛未进士；承事郎工科都给事中余瓒，辛未进士。巡绰官：锦衣卫署都指挥使骆安；锦衣卫署都指挥使王佐；锦衣卫署指挥使王兰；锦衣卫指挥佥事刘宗武；锦衣卫指挥佥事陈寅；昭勇将军金吾前卫指挥使李淳；怀远将军金吾后卫指挥同知徐廷。印卷官：奉政大夫礼部仪制清吏司郎中余才，甲戌进士；承德郎礼部仪制清吏司署员外郎事主事万潮，辛未进士；承德郎礼部仪制清吏司主事张溁，辛未进士；承德郎礼部仪制清吏司主事张镗，辛未进士。供给官：奉政大夫光禄寺少卿蔡亨，监生；奉政大夫光禄寺少卿萧淮，辛未进士；承务郎光禄寺寺丞陈庠，监生；光禄寺寺丞叶廷芳，辛酉贡士；礼部司务范韶，辛酉贡士；承德郎礼部精膳清吏司署郎中事主事张怀，丁丑进士；承德郎礼部精膳清吏司署员外郎事主事郑佐，甲戌进士；承德郎礼部精膳清吏司主事张穟，甲戌进士。"《嘉靖二年进士登科录·恩荣次第》："嘉靖二年三月十五日早，诸贡士赴内府殿试，上御奉天殿亲赐策问。三月十八日早，文武百官朝服侍班。是日，锦衣卫设卤簿于丹陛丹墀内，上御奉天殿，鸿胪寺官传制唱名，礼部官捧黄榜，鼓乐导引出长安左门外，张挂毕，顺天府官用伞盖仪从送状元归第。三月十九日，赐宴于礼部。宴毕，赴鸿胪寺习仪。三月二十一日，赐状元朝服冠带及进士宝钞。三月二十二日，状元率诸进士上表谢恩。三月二十三日，状元率诸进士诣先师孔子庙行释菜礼，礼部奏请命工部于国子监立石题名。"李调元《制义科琐记》卷二《王氏学》："嘉靖二年癸未廷试，策问阴诋守仁。欧阳德，王氏弟子也，与同年魏良弼、黄直，直发师训无所阿附，竟登第。与探花徐阶善，共讲王氏学焉。"《弇山堂别集》卷八十二《科试考二》："二年癸未，命少傅太子太傅户部尚书谨身殿大学士蒋冕、掌詹事府吏部尚书翰林院学士石珤为考试官，取中李舜臣等。廷试，赐姚涞、王教、徐阶（1503—1583）进士及第。"朱彝尊《静志居诗话》卷十一《姚涞》云："姚涞，字维东，慈溪人。嘉靖癸未，赐进士第一。历官翰林院侍讲、学士。有《明山存稿》。文征仲待诏翰林，相传为学士及杨方城所窘，昌言于众曰：'吾衙门非画院，乃容画匠处此？'何元朗《丛说》述之，而曰：'二人只会中状元，更无馀物。衡山长在天地间，今世岂更有道着姚涞、杨维聪者邪？'闻者以为快心之论。然学士尝与孙太初、薛君采、高子业相唱和，且闻山东李中麓富于藏书，特遣其子就学。即征仲去官日，躬送至张家湾赋十诗送别，比之巍巍嵩、华。至其赠行序，略云：'自唐承隋敝，设科第以笼天下士，爵禄予夺，足以低昂其人。于是天下风靡，士无可称之节者，几八百馀年。然犹幸而有独行之士，时出其间，以抗于世，而天下之人亦罔不高之。求之唐则元鲁山，于宋得孙明复，二子岂有高第显位为可夸哉？徒以其矫世不涅之操，好古自信之志，足以风励天下。而一时名流，皆乐为之称誉焉耳。今之世，如二子者，诚难其人。吾于衡山先生，窃以二子比之。而衡山之所造，则又有出于二子之所未纯者。先生明经术以为根本，采诗赋以为英华，秉道谊以为坛宇，立风节以为藩垣。盖尝闻之，却吏民之赙，以崇孝也。麾宁藩之聘，以保忠也。绝猗顿之游，以励廉也。谢金张之馈，以敦介也。不慑于台鼎之议，以遂其刚毅也。不恩于辂轩之招，以植其坚贞也。此数者，足以当君子之论，而先生未始以为异也。声震江表，流闻于天子之庭，先生亦乌得而逃哉！曩者先生之贡于春官也，朝廷录其贤，拔而官之翰苑，儒者共指以为荣，而先生不色喜。官仅三载，年仅五十余，先生遽以南归为念。吾每谬言留之，而先生持益坚，三疏乞归，竟得请以去。先生其有悟于达人之指邪？嗟夫！先生尝试于乡矣。有司以失先生为耻，而先生之名益高。尝官于朝矣。铨曹以不能留先生为恨，而先生之节益重。荣出于科目之外，贵加乎爵禄之上。蔚罗之所不能取，縻维之所不能縻，樊笼之所不能收，弹射之所不能惊。翩然高翔，如凤凰之过疏圃，饮溏濑，回蒙汜，下视泰山之鸱，啄腐鼠以相吓者，何不侔之甚也。传所谓'难进而易退，易禄而难畜'者，其先生之徒与？自大道既漓，好恶立于一乡，而不可达于天下之广，毁誉徇于一时，而不可合于万世之公。故吾之论先生，直以鲁山、明复为喻，而使世之观先生者，不当以三吴之士求之也。'绎其词，倾倒为何如者。而谓学士有是言邪？金华吴少君诗：'说谎定推何太史。'然则元朗乃好为诳语者，奈愚山氏信何氏之说，遂不录学士诗，未免偏于听矣。"文征明今年四月至京，授翰林待诏。1526年告归。

据《嘉靖二年进士登科录》，第一甲三名，赐进士及第。履历如下：

姚涞，贯浙江宁波府慈溪县，军籍，国子生，治《诗经》。字维东，行八十，年三十六，四月二十三日生。曾祖悌，赠右副都御史。祖墅，赠主事，加赠右副都御史。父镆，工部右侍郎。母张氏，赠安人，加赠淑人，继母汪氏，封安人，赠淑人。严侍下。弟汲、滚。娶王氏。浙江乡试第七名，会试第二名。

王教，贯河南开封府祥符县民籍，顺天府良乡县人，国子生，治《诗经》。字庸之，行二，年四十五，二月二十四日生。曾祖士贤。祖斌，前光禄寺署丞。父鹤。前母郭氏。母孟氏。永感下。兄玟、琇、瓒、瑄、玹、琚、珮、元福、天叙。弟化、天禄、天爵、天瑞。娶扈氏。河南乡试第六名，会试第二十四名。

徐阶，贯直隶松江府华亭县，民籍，县学生，治《诗经》。字子升，行二，年二十一，九月二十日生。曾祖贤。祖礼。父黼，县丞。前母林氏、钱氏，母顾氏。具庆下。兄隆。弟陟、陟，聘沈氏。应天府乡试第七名，会试第五十名。

据《嘉靖二年进士登科录》，第二甲一百四十二名，赐进士出身。履历如下：

李舜臣，贯山东青州府乐安县，民籍，国子生，治《书经》。字懋钦，行二，年二十五，九月十七日生。曾祖瑾。祖超。父钺，府司狱。前母曹氏，母蔡氏，继母孟氏。具庆下。兄天赐。弟舜稼、舜俞、舜陶、舜咨。娶张氏。山东乡试第六十七名，会试第一名。

华钥，贯直隶常州府无锡县，民籍，国子生，治《诗经》。字德启，行一，年三十，六月二十六日生。曾祖守方。祖炯。父基。母赵氏。慈侍下。弟键。娶邹氏。应天府乡试第一名，会试第一百五十二名。

王召，贯直隶常州府无锡县，民籍，国子生，治《书经》。字子行，行一，年三十，六月初十日生。曾祖经。祖宗，寿官。父泽。母钱氏。具庆下。弟问，贡士；咨。娶鄷氏。应天府乡试第一百一名，会试第三百九十一名。

石英中，贯直隶松江府上海县，民籍，县学生，治《易经》。字子珍，行五，年二十六，五月二十七日生。曾祖铭。祖廷玉。父泉，典史。母张氏。重庆下。兄美中、润中、韫中、彦中。弟懿中。娶乔氏。应天府乡试第三十八名，会试第三十四名。

姚文炤，贯福建兴化府莆田县，盐籍，府学增广生，治《书经》。字在明，行八，年二十九，十二月二十三日生。曾祖绵，教谕。祖渠，赠太仆寺寺丞。父永，太仆寺寺丞。母佘氏，封安人。具庆下。兄文烨，贡士；文熛；文焯。弟文燠、文熖、文烰。娶陈氏。福建乡试第六名，会试第二百二十五名。

张絅，贯江西吉安府吉水县，民籍，国子生，治《书经》。字美中，行一，年三十九，九月十二日生。曾祖素裕，寿官。祖述成，赠卫经历。父铨，卫经历。母许氏，赠孺人，继母易氏。具庆下。弟纲、组。娶李氏，继娶顾氏。江西乡试第十四名，会试第十七名。

张京安，贯直隶苏州府常熟县，军籍，国子生，治《书经》。字康甫，行二，年四十一，十一月十一日生。曾祖衕。祖彩。父学，知县。母沈氏。慈侍下。兄善征、善礼。弟福成、明扬。娶陈氏。应天府乡试第五十名，会试第二百九十四名。

孙继鲁，贯云南云南右卫军籍，浙江钱塘县人，国子生，治《礼记》。字道甫，行八，年二十六，七月初一日生。曾祖珏。祖铎。父禧。母李氏。具庆下。兄继先、继宗、继远、继周、继淑。弟继志、继邹，聘马氏。云贵乡试第十二名，会试第三百八十名。

张琛，贯大宁都司保定左卫官籍，顺天府顺义县人，都司学生，治《诗经》。字廷献，行三，年二十四，十二月十七日生。曾祖旺，百户。祖清，百户。父宏，百户。母王氏，封安人。具庆下。兄瑗，百户；瓘。弟琏。娶孙氏。顺天府乡试第五十五名，会试第五十六名。

戴时弁，贯浙江台州府临海县，民籍，国子生，治《春秋》。字正甫，行三，年三十三，二月三十日生。曾祖廷祥。祖仲仁，赠监察御史。父聪。前母章氏，嫡母应氏，生母周氏。慈侍下。兄钺。弟时熙、时泰、时京，时和、时昌、时明。娶秦氏。浙江乡试第三十名，会试第五名。

欧阳德，贯江西吉安府泰和县，军籍，县学增广生，治《易经》。字崇一，行五，年二十八，五月初二日生。曾祖广滐，寿官。祖时勉。父庸。母萧氏。具庆下。弟昱。娶康氏。江西乡试第四十名，会试第二十三名。

吴昌龄，贯直隶庐州府六安州，军籍，国子生，治《书经》。字德远，行一，年四十二，四月十四日生。曾祖鉴。祖瑄，知县。父嵩。母曹氏，继母戴氏。具庆下。弟昌国。娶乔氏。应天府乡试第二十一名，会试第三十五名。

郑琬，贯广西仪卫司校籍，浙江青田县人，国子生，治《礼记》。字德甫，行五，年三十一，三月初八日生。曾祖麒。祖荣。父谏。母赵氏。具庆下。兄琮、瓘、琚。弟琼。娶刘氏。广西乡试第一名，会试第二百七十三名。

卢蕙，贯直隶淮安府山阳县，民籍，府学生，治《诗经》。字子贞，行八，年三十一，八月二十二日生。曾祖清。祖锦，七品散官。父璋，义官。母钱氏。重庆下。兄升，千户；祥昌，千户；恩；恕；蕙；意。弟勰；蕙；鼎，千户；懋；萧，典膳；愍；思；冕；鼐；应；愚；闻；诗。娶江氏。应天府乡试第十五名，会试第三十一名。

杨惇，贯四川成都府新都县，民籍，国子生，治《易经》。字用叙，行二，年三十五，正月十二日生。曾祖玟，州吏目，赠特进光禄大夫左柱国少师兼太子太师吏部尚书华盖殿大学士。祖春，按察司佥事，赠特进光禄大夫左柱国少师兼太子太师吏部尚书华盖殿大学士。父廷和，特进光禄大夫左柱国少师兼太子太师吏部尚书华盖殿大学士。嫡母黄氏，累赠一品夫人，喻氏，累封一品夫人，生母蒋氏，封孺人。具庆下。兄慎，翰林院修撰。弟恺，贡士；恒，中书舍人；恂，会试中式举人；忱，贡士；悌；憕，国子生；悦；惟。娶欧氏。四川乡试第二名，会试第七十七名。

程旦，贯直隶徽州府歙县，民籍，国子生，治《礼记》。字孟明，行八，年三十七，十二月十七日生。曾祖文生。祖福仁，义官。父正春。母王氏。永感下。弟旭、暕、暚、曙。娶郑氏。应天府乡试第五名，会试第二百三十二名。

高叔嗣，贯河南开封府祥符县，民籍，国子生，治《易经》。字子业，行三，年二十三，十二月十四日生。曾祖清。祖谨。父珣，知县。母甄氏。具庆下。兄伯嗣，仲嗣。娶袁氏。河南乡试第二十二名，会试第一百九十九名。

丘民范，贯江西广信府贵溪县，民籍，县学生，治《书经》。字汝中，行二十六，年三十六，十一月二十二日生。曾祖祺，知府。祖珮。父巨。母毕氏。慈侍下。兄文浩，听选官；民望，监生；民仰，贡士。弟汝良，贡士；民乐；民节；民符。娶张氏。江西乡试第四十三名，会试第七名。

林文华，贯福建兴化府莆田县，匠籍，府学生，治《诗经》。字质夫，行二，年三十五，正月初一日生。曾祖克真，寿官。祖朝弼。父舜中，寿官。前母罗氏，母罗氏。具庆下。兄文英。弟文熙。娶郑氏。福建乡试第四十一名，会试第三百二十三名。

宋圭，贯直隶保定府新城县，民籍，国子生，治《易经》。字元锡，行二，年三十二，十二月二十日生。曾祖贵，旌表义民。祖文。父麟，知县。母张氏。永感下。兄奎。娶许氏。顺天府乡试第八名，会试第一百十一名。

刘汝轼，贯江西吉安府安福县，军籍，国子生，治《春秋》。字以大，行二，年三十九，六月二十四日生。曾祖拱政，封刑部员外郎。祖稑，赠大理寺左评事。父盉，义官。母颜氏。具庆下。弟汝轮、汝辕、汝轩。娶彭氏。江西乡试第七十九名，会试第三百名。

冯冠，直隶苏州府常熟县，军籍，国子生，治《春秋》。字正伯，行一，年四十五，九月二十三日生。曾祖达。祖顺，封监察御史。父玘，按察司副使进阶亚中大夫。母李氏，封孺人。具庆下。弟宪、罙。娶金氏。应天府乡试第一百二十三名，会试第二百四十五名。

屠大山，贯浙江宁波府鄞县，民籍，府学附学生，治《易经》。字国望，行二十三，年二十四，五月初一日生。曾祖瑜，封荣禄大夫太子太保吏部尚书。祖渭，义官。父偶。母王氏，继母陈氏。慈侍下。弟大岳、大年、大岩、大文、大受、大敖、大美、大亮、大亨、大贞、大音。娶陆氏。浙江乡试第四十一名，会试第二百五十六名。

潘恩，贯直隶松江府上海县，民籍，县学生，治《诗经》。字子仁，行一，年二十八，三月二十六日生。曾祖麟，所大使。祖庆。父奎，典史。前母赵氏，母钱氏。重庆下。弟惠、忠、恕。娶包氏，继娶曹氏。应天府乡试第九名，会试第七十六名。

方一兰，贯福建兴化府莆田县，军籍，府学附学生，治《诗经》。字世佩，行二，年二十四，七月初五日生。曾祖新，府同知，进阶中顺大夫。祖暻。父宜贤，知县。母吴氏。具庆下。兄一桂，同科进士。弟一梧。娶陈氏。福建乡试第八名，会试第二十二名。

陈儒，贯锦衣卫官籍，国子生，治《诗经》。字汝宗，行四，年三十六，七月初五日生。曾祖仕，锦衣卫百户，赠武略将军。祖复宗，锦衣卫副千户。父贤，纪善。前母黄氏、田氏，母田氏，继母尹氏。慈侍下。兄俊，副千户；伟，副千户；杰。弟仁、佐、仪。娶侯氏，继娶杨氏。顺天府乡试第二十一名，会试第六名。

阮朝东，贯湖广黄州府麻城县，民籍，国子生，治《春秋》。字子西，行二，年三十四，闰九月十二日生。曾祖刚，县丞。祖大用。父圭。前母贺氏，母蔡氏。具庆下。兄朝阳，贡士。弟朝南；朝端；朝随，贡士；朝士；朝策，贡士；朝仪。娶尹氏。湖广乡试第一名，会试第一百七十四名。

万象，贯江西饶州府余干县，民籍，县学生，治《春秋》。字拱辰，行十二，年四十四，正月初六日生。曾祖彦斌。祖福安。父璋。母张氏。永感下。兄冠、宪、盖、宠、寀。弟守、容。娶吴氏。江西乡试第一百十一名，会试第二百七十五名。

郑弨，贯福建兴化府莆田县，军籍，国子生，治《书经》。字谐甫，行三，年三十二，二月十七日生。曾祖麒，巡检。祖乾，训导。父恢。母叶氏。具庆下。兄曾珊。弟玙、俊、瑊、宾、瞻、香、秀、禧、黍、奎。娶余氏。福建乡试第三名，会试第一百六十名。

吕颙，贯陕西庆阳府宁州，民籍，州学生，治《易经》。字幼通，行一，年二十六，十月二十七日生。曾祖英，州判官。祖升，赠征仕郎礼科给事中。父纶，义官。母杨氏，继母行氏。重庆下。弟颛，贡士；顺。娶葛氏。陕西乡试第一名，会试第二百九十三名。

丰坊，贯浙江宁波府鄞县，民籍，府学生，治《春秋》。字存礼，行三，年三十，正月初五日生。曾祖庆，右布政使。祖耘，教授，加封奉直大夫右春坊右谕德。父熙，奉直大夫协正庶尹右春坊右谕德。母史氏，加封宜人。重庆下。兄址、垣。弟墀。娶周氏。浙江乡试第一名，会试第二百十五名。

卢襄，贯直隶苏州府吴县，民籍，国子生，治《易经》。字师陈，行二，年四十三，十一月十七日生。曾祖立。祖士诚。父纲，封监察御史。母陈氏，赠孺人，继母吴氏。具庆下。兄雍，按察司提学副使。娶陈氏。应天府乡试第十名，会试第二百九十五名。

黄杭，贯福建平海卫军籍，龙溪县人，国子生，治《书经》。字伯州，行六，年三十，四月初十日生。曾祖宜敏。祖邦正，寿官。父庆，州判官。嫡母叶氏，生母刘氏。具庆下。兄葵；晏，监生；清；逊。弟芹、枙。娶戴氏。福建乡试第二十八名，会试第七十三名。

陆铨，贯浙江宁波府鄞县，军籍，国子生，治《易经》。字选之，行五十七，年三十二，十月二十七日生。曾祖琦。祖浣，赠监察御史。父偶，按察司副使，封中顺大夫。母杨氏，封恭人。具庆下。兄镐；钺；登，监生；鍒；鈜；钶，南京兵部郎中；镶。弟钛，翰林院编修。娶陈氏。浙江乡试第十四名，会试第三名。

陈九成，贯江西广信府玉山县，民籍，国子生，治《书经》。字大韶，行二十一，年四十二，正月十九日生。曾祖俊民。祖景荣。父龙，训导。母汪氏。具庆下。兄端阳、白阳。弟三阳、畎、九经。娶王氏。江西乡试第三十六名，会试第六十九名。

胡有恒，贯直隶淮安府山阳县，民籍，国子生，治《礼记》。字贞甫，行一，年三十四，三月初一日生。曾祖铭。祖佑。父淮。母邹氏。慈侍下。弟有容、有执、有为。聘倪氏，娶张氏。应天府乡试第九十五名，会试第二百十一名。

周祖尧，贯山东兖州府东平州，民籍，州学生，治《书经》。字宗道，行一，年三十，十二月二十一日生。曾祖监，府检校。祖恺。父瑀。母李氏。具庆下。弟祖舜。娶张氏。山东乡试第三名，会试第二百八十六名。

甘为霖，贯四川叙州府富顺县，军籍，国子生，治《诗经》。字公望，行二，年三十六，十一月二十一日生。曾祖雨，封布政司参议资治少尹。祖敬修，亚中大夫布政司左参政。父泽，训科。母涂氏，继母赵氏。慈侍下。兄汝霖。弟嘉霖、化霖、春霖、傅霖。娶周氏，继娶徐氏。四川乡试第四十六名，会试第十五名。

程煌，贯直隶徽州府婺源县，民籍，国子生，治《书经》。字子明，行二十二，年三十六，正月二十日生。曾祖孟通。祖士英。父枋。母汪氏。永感下。弟灿。娶俞氏。应天府乡试第八十一名，会试第一百八十一名。

赵廷松，贯浙江温州府乐清县，民籍，县学生，治《书经》。字子后，行九，年二十九，正月十九日生。曾祖守俭。祖赟。父愭。母曾氏。慈侍下。兄瑞松，监生；偃松；赤松；盛松。弟嘉松。娶余氏。浙江乡试第六十九名，会试第二百五十四名。

董汉策，贯湖广辰州卫官籍，浙江鄞县人，国子生，治《书经》。字道夫，行一，年四十，七月二十三日生。曾祖良。祖昱，百户。父俊，兵部员外郎。母芮氏，封安人。慈侍下。弟汉醇；汉儒，副千户。娶萧氏，彭氏，濮氏，继娶冀氏。湖广乡试第四十三名，会试第八十九名。

刘炯，贯直隶苏州府长洲县，民籍，国子生，治《易经》。字文韬，行三，年三十九，九月初一日生。曾祖宗韶。祖淳，赠工部主事。父杲，都察院右副都御史。母张氏，封安人，继母唐氏。慈侍下。兄恢、灿。弟庶，阴阳正术；垄，典膳。娶杨氏。应天府乡试第一百三名，会试第一百二名。

郑晓，贯浙江嘉兴府海盐县，军匠籍，县学生，治《书经》。字室甫，行五，年二十五，正月十二日生。曾祖让。祖延，市舶提举司副提举。父儒泰，训导。母费氏。具庆下。兄暲、昕、时、旸。弟曦、启、曙、昱。娶刘氏。浙江乡试第一名，会试第十四名。

陈文誉，贯浙江宁波府慈溪县，民籍，国子生，治《诗经》。字德卿，行八十七，年三十八，二月十七日生。曾祖塈。祖铭，州判官。父瓛。母王氏，生母彭氏。具庆下。兄文讲。娶冯氏。浙江乡试第七名，会试第二百四十名。

胡伟，贯武功中卫匠籍，山西五台县人，顺天府学增广生，治《诗经》。字士奇，行二，年二十五，十一月十七日生。曾祖玉，百户。祖瑾，镇抚。父忠。母李氏。具庆下。兄俊。弟儒、侨。娶董氏，继娶陈氏。顺天府乡试第七十六名，会试第二百六十名。

王庭，贯直隶苏州府长洲县，民籍，国子生，治《易经》。字直夫，行三，年三十六，闰正月二十一日生。曾祖可行。祖珉。父颐，训导。前母薛氏，母俞氏。慈侍下。兄恩、禄、文。娶陈氏，继娶郁氏。应天府乡试第六名，会试第一百七十八名。

易鸾，贯江西袁州府分宜县，民籍，县学生，治《诗经》。字鸣和，行一，年三十二，五月二十三日生。曾祖庆。祖震。父居仁。母黄氏。具庆下。娶袁氏。江西乡试第七十七名，会试第一百三十五名。

朱渭，贯福建兴化府莆田县，盐籍，国子生，治《诗经》。字必东，行十五，年三十八，五月初四日生。曾祖恺。祖忠。父统。母吴氏。具庆下。弟辰、兴。娶林氏。福建乡试第一名，会试第一百二十九名。

彭黯，贯江西吉安府安福县，民籍，国子生，治《易经》。字道显，行五，年三十七，十一月初五日生。曾祖沂渊。祖钰。父如相。母刘氏。慈侍下。弟点。娶王氏。江西乡试第十六名，会试第一百五十名。

章衮，贯江西抚州府临川县，匠籍，府学生，治《诗经》。字汝明，行六，年三十五，十月二十日生。曾祖贵彦。祖大楷。父效英。母舒氏。永感下。兄甫。弟芾。娶黄氏。江西乡试第二名，会试第三百七十一名。

钟汪，贯广东广州府南海县，军籍，江西武宁县学教谕，治《易经》。字季深，行五，年四十三，六月十六日生。曾祖普养。祖玄龄。父銮。母周氏。慈侍下。兄湜，教谕；演；湘。娶曾氏。广东乡试第二十四名，会试第一百二十八名。

顾梦圭，贯直隶苏州府昆山县，民籍，国子生，治《易经》。字武祥，行三，年二十四，七月二十七日生。曾祖恂，赠左春坊左谕德兼翰林院侍读。祖宜之，封监察御史。父潜，知府，前提学御史。母龚氏，封孺人，继母杨氏。具庆下。兄文征，监生。弟文同、梦川、梦熊、谦亨、梦羽、梦谷。娶皇甫氏。应天府乡试第八十七名，会试第二百三十四名。

应廷育，贯浙江金华府永康县，民籍，县学生，治《诗经》。字仁卿，行八十二，年二十七，十月十三日生。曾祖思敬。祖尚志。父曙。母楼氏。重庆下。兄廷芝。娶池氏。浙江乡试第三十六名，会试第六十六名。

夏谧，贯江西南昌府进贤县，军籍，国子生，治《书经》。字廷义，行二十四，年三十八，二月初五日生。曾祖仲玑。祖启寅，正七品教官。父明，府司狱。母文氏，继母胡氏。严侍下。兄诏、桧、梁、楠、檠、诰、议、让、梓。弟谅。娶薛氏。江西乡试第四十一名，会试第三百八十四名。

马坤，贯直隶扬州府通州，军籍，国子生，治《诗经》。字顺卿，行六，年三十，十一月十三日生。曾祖用裕。祖文骀，寿官。父慧。母胡氏。具庆下。兄健；循；节，贡士；彻；壮；娶王氏，继娶李氏。应天府乡试第十四名，会试第一百九十一名。

潘壮，贯浙江绍兴府山阴县，民籍，府学生，治《易经》。字直卿，行一，年三十三，六月初三日生。曾祖玉，寿官。祖鹏。父俊。母沈氏。重庆下。弟基、台、望、堊、厓。娶王氏。浙江乡试第二十二名，会试第二百十九名。

陈襃，贯福建福宁州宁德县，军籍，国子生，治《礼记》。字邦进，行六，年三十六，十月十二日生。曾祖畔。祖和，学正，赠刑部郎中。父宇。母郑氏。具庆下。兄文；方；卞，典膳；褒，甲戌进士；雍，监生。弟衮、充、言。娶黄氏，继娶方氏。福建乡试第三十七名，会试第二十五名。

陈赞，贯福建福州府长乐县，民籍，直隶嘉定县学教谕，治《诗经》。字允扬，行二，年三十四，十二月初三日生。曾祖植。祖宏炜。父德隆，教谕，赠刑部主事。前母林氏，母丁氏，赠安人，继母郭氏。慈侍下。兄让，知县；谔；谨，府同知；谟；谈，知府；銮，署教谕举人。弟谐。娶卓氏。福建乡试第十五名，会试第一百八十三名。

段续，贯陕西临洮府兰州军籍，山西阳曲县人，国子生，治《书经》。字绍先，行一，年三十一，八月初五日生。曾祖椿。祖旷。父增。母于氏。慈侍下。弟继、绫。娶陈氏，继娶陈氏。陕西乡试第六十三名，会试第一百七十七名。

吴会期，贯广东琼州府琼山县，民籍，府学生，治《礼记》。字行可，行二，年三十一，二月初八日生。曾祖俊。祖康，寿官。父效。母刘氏。具庆下。兄景期。弟远期、懋期。娶王氏。广东乡试第六十一名，会试第七十九名。

蓝田，贯山东莱州府胶州即墨县，军籍，国子生，治《易经》。字玉甫，行一，年四十七，二月初六日生。曾祖福盛，赠通议大夫南京刑部右侍郎。祖铜，赠通议大夫南京刑部右侍郎。父章，南京刑部右侍郎兼都察院左佥都御史进阶资善大夫。母徐氏，封淑人。具庆下。弟困；因，官生。娶范氏，继娶刘氏。山东乡试第七十四名，会试第八名。

叶份，贯直隶徽州府婺源县，民籍，府学附学生，治《礼记》。字原学，行四，年二十二，三月十八日生。曾祖观武。祖兆允，封文林郎知县。父天球，知府。母汪氏，封安人。具庆下。兄俶。弟侨、仕、倬、㑥、佐、任。娶詹氏。应天府乡试第七十五名，会试第二百五十七名。

张时彻，贯浙江宁波府鄞县，民籍，国子生，治《易经》。字惟静，行二十六，年二十四，九月二十四日生。曾祖公晔。祖绪。父怀。母孙氏。具庆下。弟时扬、时檄。娶陈氏。浙江乡试第四十七名，会试第七十一名。

余承业，贯四川眉州青神县，军籍，县学生，治《诗经》。字懋贤，行六，年二十四，四月二十六日生。曾祖祥，户部郎中赠都察院右都御史。祖子伟，文林郎赠户部主事。父寰，户部员外郎进阶奉直大夫。母程氏，封太宜人。慈侍下。兄承芳，监生；承恩，官生，南京锦衣卫指挥佥事；承勋，翰林院编修；承礼。娶赵氏。四川乡试第七名，会试第三百四十八名。

茹鸣金，贯太医院医籍，直隶无锡县人，国子生，治《诗经》。字声父，行四，年三十四，十二月十八日生。曾祖文中，寿官。祖吉。父海，封南京户部主事。前母谢氏，母吴氏，赠安人。永感下。兄鸣玉，知州；鸣鸾；鸣凤，知县，前光禄寺寺丞。娶陈氏，继娶徐氏。顺天府乡试第三名，会试第四十四名。

徐廷杰，贯浙江温州府永嘉县，民籍，县学生，治《诗经》。字献忠，行三，年三十一，正月初七日生。曾祖承祖。祖端。父锐，训导。母王氏。具庆下。兄廷浚，廷宣。娶张氏。浙江乡试第二十三名，会试第一百十三名。

崔允，贯山西太原府代州民籍，大同府怀仁县人，国子生，治《书经》。字懋言，行二，年三十八，四月初十日生。曾祖璟，赠京山侯。祖震，□□□赠京山侯。父儒，兵马副指挥赠承事郎加赠京山侯。母刘氏，封孺人赠京山侯夫人。永感下。兄元，奉天卫指挥□□宣力武臣特进荣禄大夫柱国驸马都尉京山侯。弟充，贡士；光；尧；允；宽；克；亢；况；见；冕；觉。娶王氏，继娶郭氏、侯氏。山西乡试第七十五名，会试第六十二名。

张庭，贯四川嘉定州夹江县，军籍，国子生，治《春秋》。字子家，行三，.年三十三，正月初九日生。曾祖文清，教谕。祖澜，封户部主事。父凤翥，州判官。前母姜氏，母李氏，继母姜氏。严侍下。兄庶，阴阳训术；廪，七品散官。弟庠、序、廉，聘李氏。娶罗氏。四川乡试第四名，会试第三百四十五名。

冯承芳，贯广西桂林中卫，官籍，儒士，治《诗经》。字世立，行二，年二十八，十月十三日生。曾祖兴，指挥佥事。祖宁。父冒。母张氏，继母李氏。具庆下。兄承荫。娶谢氏。广西乡试第十四名，会试第一百四十六名。

沈韩，贯直隶苏州府常熟县，民籍，国子生，治《诗经》。字师德，行一，年四十二，七月初二日生。曾祖福。祖达，赠刑部主事。父海，知府进阶亚中大夫。嫡母朱氏，封安人，生母周氏。永感下。弟范，监生；虞，监生。娶钱氏，继娶时氏。顺天府乡试第六十六名，会试第九十三名。

李凤翔，贯四川成都府成都县，民籍，国子生，治《春秋》。字伯瑞，行一，年三十四，八月十一日生。曾祖德胜，寿官。祖杲。父时新。母阮氏。重庆下。弟凤阳。娶莫氏。四川乡试第九名，会试第一百九十五名。

陆冕，贯直隶苏州府昆山县，民籍，国子生，治《易经》。字子端，行二，年三十六，正月十六日生。曾祖春。祖实。父士达，承事郎。母吴氏，继母顾氏。永感下。兄冠。弟旒、弁。娶刘氏。应天府乡试第一百二十一名，会试第六十三名。

屠应坤，贯浙江嘉兴府平湖县人，营州卫军籍，国子生，治《书经》。字文厚，行二，年三十一，正月二十日生。曾祖湘，赠刑部尚书。祖机，赠刑部尚书。父勋，刑部尚书，赠太保，谥康僖。嫡母陈氏，赠夫人，林氏，牛氏，封夫人，生母杨氏。慈侍下。兄奎，布政司参议；㙜；学；垚，监察御史；垕；举；堂；应埙，前礼部郎中。弟应坲、应垣、应圻、应坊、应埈、应埏。娶陆氏。顺天府乡试第二十四名，会试第一百七十六名。

曾存仁，贯江西吉安府吉水县，民籍，县学附学生，治《书经》。字懋远，行一，年三十四，三月二十五日生。曾祖光伟。祖克绍。父伯崇。母周氏。具庆下。弟侃、价、傅。娶罗氏。江西乡试第五十七名，会试第二百四十八名。

张文宪，贯武功右卫军籍，浙江崇德县人，国子生，治《诗经》。字廷鉴，行五，年三十三，三月初九日生。曾祖如成。祖善，寿官。父溥。前母薛氏，母李氏。永感下。兄文英、文睿、文奇、文华。弟文奎。娶随氏，继娶陈氏。顺天府乡试第四十二名，会试第一百十名。

乔祺，贯顺天府涿州，民籍，国子生，治《礼记》。字景福，行十，年三十五，正月二十九日生。曾祖礼。祖兴。父江。母赵氏。永感下。兄能，锦衣卫千户；鸾；凤；鹏；云；大；川；深；德甫；德录。弟祜。娶张氏。顺天府乡试第一百三十一名，会试第一百八十五名。

魏应召，贯直隶苏州府吴县，民籍，国子生，治《诗经》。字维翰，行四，年三十九，十二月十二日生。曾祖勤。祖文盛。父志宁，推官。母袁氏。慈侍下。兄应夔、应龙、应周。弟应琦、应曾。娶蒋氏。应天府乡试第一百六名，会试第二百五十一名。

刘案，贯江西抚州府崇仁县，民籍，县学生，治《诗经》。字振文，行二，年三十六，九月二十六日生。曾祖子绎。祖璲，通判。父崇，教谕，赠礼科给事中。嫡母熊氏、卢氏、杨氏，封太孺人，生母陈氏。慈侍下。兄寀，礼科给事中；寯，南京刑部郎中。弟宴。娶王氏，继娶陈氏。江西乡试第三十八名，会试第八十七名。

晋宪，贯直隶苏州府昆山县，民籍，国子生，治《书经》。字邦彝，行三，年三十八，七月十六日生。曾祖茂，寿官。祖绅。父鸥，训导。母杨氏。严侍下。兄忠，恩。弟懃、慰。娶陈氏。应天府乡试第五名，会试第二百三十一名。

陈冠，贯江西南昌府南昌县，军籍，国子生，治《诗经》。字端卿，行二，年三十六，五月二十二日生。曾祖铭。祖聪，县主簿，赠监察御史。父奎，布政司左布政使。母彭氏，封孺人。具庆下。娶张氏。江西乡试第三十二名，会试第二百四十七名。

纪镳，贯江西饶州守御千户所军籍，直隶山阳县人，国子生，治《诗经》。字鸣和，行二十五，年三十二，八月十六日生。曾祖信安。祖天爵。父凤祥。母姜氏。重庆下。兄鏓、钺、铨。弟钫。娶李氏。江西乡试第二十九名，会试第一百一名。

陆堂，贯直隶苏州府常熟县，民籍，县学生，治《诗经》。字肯堂，行一，年三十二，三月二十六日生。曾祖升。祖南。父昆。母鱼氏。具庆下。弟播。娶张氏。应天府乡试第八十三名，会试第二百十四名。

王阁，贯四川成都府新都县，民籍，国子生，治《易经》。字士延，行一，年四十一，八月十一日生。曾祖清，知县。祖经。父禹夫，义官。母周氏。永感下。弟闵。娶徐氏。四川乡试第二名，会试第二百三十名。

司马泰，贯南京锦衣卫军籍，陕西咸宁县人，应天府学附学生，治《易经》。字鲁瞻，行一，年三十二，十二月十七日生。曾祖勋。祖震。父隆。母张氏。慈侍下。弟恒、嵩、华。娶沈氏。应天府乡试第八十七名，会试第三百三十七名。

李仁，贯直隶广平府曲周县，民籍，县学生，治《诗经》。字士元，行二，年三十二，十月初七日生。曾祖智。祖彪。父梅，听选官，前母张氏。母吕氏。具庆下。兄仪。弟仿、效。娶方氏。顺天府乡试第一百十六名，会试第三百二十一名。

郑宗古，贯湖广荆州府石首县，军籍，县学生，治《易经》。字本醇，行七，年三十二，五月初七日生。曾祖安恭。祖纶，训导。父道齐。母王氏。具庆下。兄宗载，同知。弟宗是、宗正、宗惇、宗惠。娶曾氏。湖广乡试第九名，会试第二百八十七名。

陈良策，贯湖广德安府随州，军籍，国子生，治《诗经》。字于廷，行一，年三十九，十月二十三日生。曾祖春。祖清。父金，寿官。母马氏。具庆下。弟良范。娶张氏。湖广乡试第二名，会试第二十六名。

汪汉，贯直隶安庆府怀宁县，民籍，县学生，治《易经》。字渊之，行一，年四十一，二月十三日生。曾祖彦亨。祖小七。父容。前母钱氏，母詹氏。永感下。娶陈氏。应天府乡试第二十六名，会试第十二名。

赵得佑，贯直隶永平府卢龙县，民籍，县学生，治《诗经》。字元吉，行二，年三十三，十二月二十三日生。曾祖忠，监察御史进阶中顺大夫。祖定，知县。父章。母胡氏，继母徐氏。具庆下。兄经。弟纶、得福、得禄、得祯、得祥、得祐、得祺、得祚、得祚、得禧、得裡、得礼。娶俞氏。顺天府乡试第四十四名，会试第二百九十六名。

柯维骐，贯福建兴化府莆田县，民籍，国子生，治《春秋》。字奇纯，行四，年二十七，二月初二日生。曾祖浚，寿官。祖暄，赠大理寺评事。父英，知府。母蒋氏，封孺人。慈侍下。兄维熊，行人司行人；维黑，贡士；维鱼。弟维蕃、维翰。娶顾氏。福建乡试第二十四名，会试第四十九名。

王亿，贯直隶河间府献县，民籍，国子生，治《书经》。字万成，行一，年三十四，六月十五日生。曾祖寿。祖玉。父明。母刘氏，继母董氏。具庆下。弟仲。娶孙氏。顺天府乡试第四十八名，会试第二百六十三名。

吴允禄，贯广东广州府南海县，民籍，国子生，治《易经》。字天申，行三，年三十二，四月二十六日生。曾祖甲逊。祖信。父琏，知县，封户部署员外郎，加四品服。母何氏，封安人。严侍下。兄允祯，知府；允礼。弟允裕，贡士；允祉。娶马氏。广东乡试第七名，会试第二百四名。

吴淮，贯直隶镇江府丹徒县，军籍，国子生，治《易经》。字宗海，行三，年三十四，十一月二十四日生。曾祖璟。祖义，义官。父镇。母周氏。严侍下。兄澜。弟沐、瀹、濂。娶杨氏。继娶虞氏。应天府乡试第二名，会试第二百五十九名。

陆干，贯浙江绍兴府余姚县，民籍，国子生，治《礼记》。字良辅，行三十九，年四十三，十一月十三日生。曾祖可恒。祖友智，封监察御史。父渊，布政司左参政，进阶大中大夫。母应氏，封淑人。永感下。兄相，知府；栋，知府；松。弟槃，听选官；椠。娶王氏，继娶朱氏。浙江乡试第五名，会试第一百三十九名。

郑淮，贯应天府上元县，民籍，福建怀安县人，府学生，治《书经》。字惟东，行四，年二十九，十月十三日生。曾祖珙。祖思仁。父铭。前母顾氏，母俞氏。慈侍下。兄溥、洪、浩。弟淳、涟、浚、潮。娶倪氏。应天府乡试第七十二名，会试第二百六名。

张大用，贯四川顺庆府岳池县，民籍，府学生，治《礼记》。字行之，行一，年二十四，四月初四日生。曾祖文林，义官。祖瑞，县丞。父守仁。母马氏。重庆下。弟大福。娶陈氏。四川乡试第四十八名，会试第一百八十九名。

史臣，贯直隶苏州府吴江县，民籍，国子生，治《易经》。字邦直，行一，年五十，十月二十八日生。曾祖珩，义官。祖鉴。父永锡，监生。母吴氏。慈侍下。弟相，引礼舍人；逵。娶陶氏。应天府乡试第二十八名，会试第二百六十七名。

张国维，贯直隶凤阳府定远县，民籍，上海县人，县学生，治《书经》。字崇四，行二，年三十，五月十八日生。曾祖昱。祖谨，甲申进士。父永泰，戊辰进士。母袁氏。慈侍下。兄国纪，贡士。弟国正。娶钱氏。应天府乡试第六十二名，会试第十名。

王度，贯浙江台州府临海县，民籍，宁海县人，国子生，治《诗经》。字律生，行二，年三十三，十月二十三日生。曾祖宗，知府，赠中议大夫赞治尹。祖文，布政司右参政。父愿。母陈氏，继母樊氏。具庆下。兄镛。弟铁、銮、镛、金、铣、铠。娶吕氏。浙江乡试第二十六名，会试第六十一名。

李日章，贯直隶松江府华亭县，民籍，县学附学生，治《书经》。字尚纲。行四。年二十七，五月十二日生。曾祖晟。祖枰，寿官。父霆，训导。母许氏。具庆下。兄谌，听选官；训；日宣。弟日就、日积、日进。娶董氏。应天府乡试第九十二名，会试第一百九十四名。

王臣，贯江西南昌府南昌县，民籍，县学生，治《诗经》。字公弼，行四，年三十一，二月初二日生。曾祖仲宣。祖标。父大武。母张氏。重庆下。兄朝。娶魏氏。江西乡试第一百七十一名，会试第一百四十二名。

周易，贯直隶太平府芜湖县，军籍，国子生，治《易经》。字时伯，行一，年三十八，十一月初二日生。曾祖廉。祖文佐。父纪。母刘氏。具庆下。弟书、礼。娶丁氏，继娶秦氏。应天府乡试第一百六名，会试第二百七十四名。

张珤，贯湖广岳州府巴陵县，军籍，县学生，治《书经》。字国信，行四，年三十一，闰五月初三日生。曾祖铠。祖志礼，典史。父葵。母刘氏，继母雷氏。具庆下。弟瑶、珀。娶李氏。湖广乡试第七名，会试第七十一名。

余洲，贯羽林前卫匠籍，福建莆田县人，顺天府学增广生，治《诗经》。字子居，行三，年二十五，二月十三日生。曾祖彦智。祖道尧，义官。父一正，知县，前母林氏。母李氏。慈侍下。兄准、矩。弟汀。娶谢氏。顺天府乡试第十二名，会试第二百九十九名。

杨丽，贯四川顺庆府南充县，民籍，国子生，治《易经》。字益夫，行一，年三十四，十月初二日生。曾祖海，县丞。祖立，知县。父春。母余氏，继母余氏。重庆下。弟麓、荐、度、序、廉、乾亨、蒙亨、晋明、庚。娶王氏。四川乡试第二十三名，会试第一百五十九名。

王廷梅，贯湖广黄州府黄冈县，军籍，国子生，治《礼记》。字稚和，行四，年三十八，四月十九日生。曾祖思旻，州同知。祖文凯，封知县。父麟，知县。母胡氏，封孺人。慈侍下。兄廷录，贡士；廷楫。弟廷诏；廷儒，贡士；廷陈，前知州；廷槐；廷梧；廷柄。娶周氏，继娶何氏。湖广乡试第十六名，会试第二百二十三名。

傅炯，贯江西南昌府进贤县，民籍，国子生，治《书经》。字朝晋，行十二，年三十一，八月十一日生。曾祖仕言。祖玉川。父松。母季氏。重庆下。兄灿，贡士。娶万氏。江西乡试第九十一名，会试第一百六名。

曹曙，贯山东兖州府济宁州，民籍，国子生，治《诗经》。字明之，行四，年三十八，十一月初一日生。曾祖遵。祖信。父清，寿官，前母徐氏。母叶氏，继母罗氏。具庆下。兄旺，七品散官；瞥。弟曦、暕。娶刘氏。山东乡试第十四名，会试第三百八十三名。

林应标，贯福建兴化府莆田县，民籍，府学附学生，治《书经》。字君表，行一，年二十五，正月二十六日生。曾祖叔孟，义官。祖与饰。父师颐。母俞氏，继母余氏。具庆下。娶陈氏。福建乡试第二十八名，会试第六十五名。

黄瓒，贯福建泉州府南安县，民籍，国子生，治《易经》。字宗献，行一，年三十四，八月初十日生。曾祖孟铭。祖复祖。父邦胤，义官。母何氏。慈侍下。弟瑀、纶、统。娶丘氏。福建乡试第八十二名，会试第一百四十五名。

李腾霄，贯山西太原府盂县，民籍，国子生，治《书经》。字子冲，行三，年三十三，九月三十日生。曾祖谏。祖璧，州判官。父轼。母郭氏。具庆下。兄腾云、腾汉。弟腾霖。娶韩氏。山西乡试第四十九名，会试第三百九十七名。

马蓿，贯山西振武卫官籍，直隶当涂县人，国子生，治《易经》。字毓卿，行四，年三十五，八月二十七日生。曾祖才，百户。祖翱，副千户。父铭，副千户。嫡母费氏，封宜人，继母张氏，生母李氏。慈侍下。兄英，封千户；芹；艾。弟万、蕃、茂。娶李氏。山西乡试第二十名，会试第一百五十六名。

黄祯，贯山东青州府安丘县，民籍，县学生，治《春秋》。字德兆，行三，年三十四，正月二十四日生。曾祖英。祖泰，知县。父锦。母高氏。重庆下。兄祐、祚。弟祥、祎、禄。娶周氏，继娶周氏。山东乡试第二名，会试第十八名。

骆颙，贯四川叙州府富顺县，民籍，国子生，治《诗经》。字君孚，行一，年二十八，二月十七日生。曾祖思全。祖本政，寿官。父清高。前母宋氏，戴氏，母罗氏。慈侍下。弟颂。娶王氏。四川乡试第五十五名，会试第四十八名。

萧璆，贯湖广辰州卫军籍，江西庐陵县人，国子生，治《诗经》。字子鸣，行七，年二十八，七月二十八日生。曾祖镛。祖致中。父佐，府照磨。前母沈氏，母张氏。具庆下。兄瑞、琰、珏、璋、琨、珂。娶施氏，继娶贾氏。湖广乡试第十九名，会试第二百三十七名。

刘珂，贯直隶大名府开州，民籍，国子生，治《诗经》。字伯玱，行一，年四十二，正月初六日生。曾祖聚。祖整。父浩。母傅氏。慈侍下。弟玞、璐、珋。娶孙氏，继娶董氏。顺天府乡试第三名，会试第一百五十五名。

李清，贯湖广常德府龙阳县，军籍，国子生，治《诗经》。字介卿，行一，年三十二，四月十四日生。曾祖仁玉。祖曦，寿官。父思文，教授。母高氏，继母林氏。具庆下。弟淑。娶袁氏。湖广乡试第六十五名，会试第三百九十名。

陈之良，贯湖广德安府随州民籍，应山县人，国子生，治《诗经》。字伯善，行一，年三十一，闰五月十七日生。曾祖闾。祖玑，寿官。父俨，训导。母刘氏。永感下。弟之辅，贡士；之弼；之维；之佑。娶朱氏。湖广乡试第五十二名，会试第二百八十二名。

王松，贯顺天府固安县，民籍，国子生，治《书经》。字汝节，行十，年三十，十月初八日生。曾祖徽。祖毅，知县。父鹭，主簿，前母辛氏。母董氏，继母史氏。具庆下。兄槃；干；栋，主簿；桂；楫，大使；杙；棐；桓，义官；机；枳。弟梯。娶曹氏，继娶曹氏。顺天府乡试第一百二十七名，会试第九十六名。

胡文奎，贯湖广衡州府耒阳县，匠籍，国子生，治《书经》。字汝章，行六，年四十，六月二十六日生。曾祖子荣。祖政。父琏，赠户部主事。母陈氏，封安人。永感下。兄文玉；文璧，按察使；文寰，义官。娶徐氏，继娶李氏。湖广乡试第十五名，会试第二百九名。

戴静夫，贯直隶徽州府休宁县，民籍，国子生，治《春秋》。字应山，行十七，年四十五，四月初三日生。曾祖和。祖景琳。父庆春。母程氏。慈侍下。兄应昂、应轩、应川、应完、应望。娶吴氏。应天府乡试第八十一名，会试第二百八十一名。

卢耿麒，贯直隶永平府滦州乐亭县，军籍，县学生，治《书经》。字仁叔，行一，年二十四，十月二十七日生。曾祖斌，寿官。祖敬，司务。父梁。母王氏，继母蔺氏。具庆下。弟九畔、耿麟、耿鹏、耿鹃、耿麟、耿凤、耿光。娶郁氏。顺天府乡试第五十名，会试第三百三十三名。

王钫，贯浙江宁波府奉化县，民籍，县学生，治《易经》。字子宣，行四，年三十二，正月十一日生。曾祖原皎。祖溥。父训。母钱氏。具庆下。兄镇、铨。弟钦、锋、钊、镶。娶张氏。浙江乡试第六十四名，会试第一百四十八名。

吴鹏，贯浙江嘉兴府秀水县，民籍，海宁县人，府学生，治《诗经》。字万里，行一，年二十四，五月二十二日生。曾祖裔。祖昭，典史。父方。母黄氏。具庆下。弟鹤。娶戴氏。浙江乡试第五十二名，会试第一百六十八名。

李乔，贯江西建昌府广昌县，民籍，国子生，治《书经》。字于迁，行二十二，年三十九，七月二十八日生。曾祖子玉。祖升，县丞。父庆。母傅氏。具庆下。兄时；新；祥；芳；顺；桂；智，主簿；邦；枢；习。弟懋、寿、麟。娶何氏，继娶曾氏。江西乡试第二十二名，会试第三百七十三名。

吕璋，贯锦衣卫官籍，湖广荆门州人，国子生，治《诗经》。字尚德，行一，年三十九，四月初十日生。曾祖鉴。祖通，赠千户。父海，正千户。母孙氏，赠宜人，继母张氏，封宜人。慈侍下。弟玠。娶王氏。顺天府乡试第十一名，会试第六十四名。

许继，贯福建福州府闽县，民籍，府学附学生，治《易经》。字士永，行五，年二十四，正月十七日生。曾祖惟初。祖景阳，赠户部主事。父坦，知府。前母林氏，封安人，母陶氏。慈侍下。兄纶，遇例冠带；绎，贡士；绥，驿丞；缵。娶林氏。福建乡试第七十名，会试第四十五名。

王评，贯直隶苏州府常熟县，民籍，国子生，治《诗经》。字审言，行一，年三十六，十月二十七日生。曾祖綎。祖锡。父□彪。母姚氏。具庆下。兄槐，顺天府治中；桂；松；留，贡士；诏；柳；访。弟诠、谕、桥、谟、论、栋、桴、赞。娶李氏，继娶刘氏。应天府乡试第七十六名，会试第一百三十八名。

周鳖，贯直隶常州府江阴县，民籍，国子生，治《书经》。字巨夫，行二，年三十六，八月初九日生。曾祖鉴。祖绎。父庭芝。嫡母杨氏，生母孙氏。慈侍下。兄鲸。弟鲲、鲔、鲵、鲈、鲂、鲠、鲋。娶吴氏。应天府乡试第二十四名，会试第二百六十一名。

屠倬，贯浙江宁波府鄞县，民籍，国子生，治《易经》。字文卿，行三十二，年三十七，十二月二十四日生。曾祖子良。祖琛，教谕。父湖，赠监察御史。母方氏，赠孺人。永感下。兄備；保；佑；佺；侨，监察御史；弟儼、佶。娶姚氏。浙江乡试第二十五名，会试第二百六十四名。

李枝，贯河南开封府扶沟县，军籍，府学生，治《诗经》。字伯材，行三，年三十三，九月二十七日生。曾祖忠。祖正，赠户部员外郎。父梦阳，提学副史。母左氏。严侍下。兄根，义官；木，贡士。弟友竹，驿丞；树；楚；梁；柱。娶冀氏。河南乡试第六十八名，会试第一百三十三名。

陈大珊，贯福建兴化府莆田县，军籍，国子生，治《书经》。字若宝，行九，年二十六，三月二十八日生。曾祖洪。祖耀，寿官。父祥四。前母林氏，母朱氏。重庆下。兄大梁。弟大备、大纪。娶方氏。福建乡试第十六名，会试第一百六十六名。

焦煜，贯直隶宁国府太平县，民籍，国子生，治《诗经》。字伯升，行一，年三十二，十二月二十四日生。曾祖尧看。祖惠荣。父志刚。母陈氏。具庆下。弟然、炆、炜、熙、炯、烈、炬、灿、煌。娶刘氏。应天府乡试第九十四名，会试第四十六名。

廖云龙，贯福建兴化府莆田县，匠籍，国子生，治《书经》。字从之，行五，年二十九，十月初十日生。曾祖耸，封大理寺评事。祖麟。父诚夫。嫡母陈氏，生母龚氏。慈侍下。弟云鲸、云鸿、云鹏、云鹗。娶朱氏。福建乡试第二名，会试第三百五十九名。

陈迁，贯四川成都府汉州什邡县，军籍，国子生，治《诗经》。字维乔，行七，年四十二，十二月二十七日生。曾祖宗显。祖忠。父济。前母廖氏、李氏，母邓氏。慈侍下。兄运、选、遵、通、述、迪。娶周氏，继娶王氏。四川乡试第三十四名，会试第三百三十二名。

龚辕，贯直隶苏州太仓州，民籍，州学生，治《易经》。字文甫，行十六，年三十八，九月二十二日生。曾祖谦。祖缙。父采。母胡氏，继母钱氏。具庆下。兄辂；俨，贡士；轩；轻；辇；辙。弟䡰、轮、辐。娶姚氏。应天府乡试第三十名，会试第八十六名。

盛应阳，贯直隶苏州府吴江县，军籍，吴县人，国子生，治《易经》。字斯显，行六，年三十一，四月十八日生。曾祖俨，太医院医士。祖暄，太医院医士。父坤，义官。母柳氏。重庆下。兄应期，都察院右副都御史；应璧，冠带医士；应登；应龙。弟应祯，冠带医士；应时；应陵；应宾。娶陆氏，继娶陈氏。应天府乡试第八十二名，会试第三百五十一名。

黄玠，贯直隶河间府任丘县，民籍，国子生，治《诗经》。字国信，行三，年四十，九月初六日生。曾祖斌。祖节。父礼。母张氏。具庆下。兄珏、琇。弟珤、珮、珩、珂、琼、瑞、宗文、宗武。娶李氏，继娶段氏、潘氏。顺天府乡试第一百九名，会试第一百九十三名。

吴翀，贯四川仪卫司校籍，成都府郫县人，国子生，治《诗经》。字叔羽，行二，年三十二，十二月二十日生。曾祖鉴。祖灏。父仕英。母蔡氏，继母彭氏。慈侍下。兄洪。弟昂。娶朱氏。四川乡试第九名，会试第三百八十一名。

宋锦，贯直隶和州，民籍，国子生，治《诗经》。字质夫，行二，年四十，五月初五日生。曾祖伯源。祖祥。父缙。母王氏。永感下。兄铎。娶张氏。应天府乡试第六十六名，会试第二百六十九名。

王允修，贯直隶保定府容城县，民籍，县学增广生，治《易经》。字克成，行四，年二十四，正月初九日生。曾祖能，赠工部右侍郎。祖志广，封工部右侍郎。父寅，刑部右侍郎。前母李氏，赠淑人，母崔氏，封淑人。慈侍下。兄允中、允塞、允言。娶韩氏。顺天府乡试第一百十二名，会试第二百二十八名。

解冠，贯湖广永州府道州，军籍，国子生，治《易经》。字季玄，行九，年三十五，五月初二日生。曾祖兴仲。祖晚成。父德良。母蒋氏。慈侍下。兄魁。弟勉。娶蒋氏。湖广乡试第八十四名，会试第一百五十三名。

据《嘉靖二年进士登科录》，第三甲二百六十五名，赐同进士出身。履历如下：

冯世雍，贯湖广武昌府江夏县，军籍，国子生，治《诗经》。字子和，行三，年三十，正月二十七日生。曾祖钺。祖潜，寿官。父秉，监生。母刘氏。具庆下。兄世俊、世宁。弟世熙、世美、世忠、世贤。娶李氏。湖广乡试第八名，会试第一百三十一名。

麦春芳，贯广东广州府南海县，民籍，顺德县人，府学生，治《诗经》。字元实，行一，年二十五，正月二十四日生。曾祖让。祖壅，义官。父俊。母钟氏。具庆下。弟仲芳、承芳、廷芳。娶李氏。广东乡试第二名，会试第一百八名。

陈守愚，贯山东兖州府东平州寿张县，民籍，县学生，治《春秋》。字如愚，行一，年三十三，四月初十日生。曾祖杲。祖忠，县丞。父琔。母任氏。慈侍下。兄子仁、义、信、雄、子强、恭、言、隆。娶周氏。山东乡试第三十二名，会试第二百二十七名。

王琇，贯河南宣武卫籍，开封府学生，治《诗经》。字元玉，行六，年三十，四月二十五日生。曾祖顺。祖通。父振。母齐氏。慈侍下。兄环、珮、玠、瑜、琼。弟瑾、琨、琚。娶何氏，继娶李氏。河南乡试第六名，会试第二十九名。

吴彦，贯浙江绍兴府山阴县，匠籍，国子生，治《诗经》。字士美，行一，年三十三，十月初三日生。曾祖璇。祖源，封南京刑部主事，加四品服色。父便，按察司副使。母茹氏，赠安人，继母杜氏，封安人。重庆下。弟音、意、奇、靖、翊、产、毅、新、竻、韶、馥。娶金氏。浙江乡试第二十九名，会试第七十二名。

石瑾，贯燕山左卫军籍，直隶威县人，国子生，治《易经》。字廷陈，行三，年四十，三月十二日生。曾祖全。祖政。父洪。母唐氏。慈侍下。兄环、珍。娶倪氏，继娶郄氏。顺天府乡试第一百三名，会试第一百六十七名。

周宪，贯浙江绍兴府萧山县，灶籍，国子生，治《书经》。字绍吉，行一，年三十八，十月初十日生。曾祖斌。祖永庆。父簠。母俞氏。永感下。娶徐氏，继娶施氏，史氏。浙江乡试第五十一名，会试第二百三十九名。

俞振强，贯浙江绍兴府新昌县，民籍，国子生，治《书经》。字德强，行九，年四十一，十一月二十七日生。曾祖尚纯，监生。祖用信，寿官。父廷佐，寿官。母章氏，继母郑氏。具庆下。弟振洪、振怀、振台、振豪。娶王氏，继娶石氏。浙江乡试第三名，会试第三百三十八名。

王选，贯河南开封府尉氏县，军籍，国子生，治《诗经》。字士魁，行一，年四十四，六月十八日生。曾祖升。祖拳。父钦，经历。母陆氏。具庆下。弟迥，知州。娶刘氏。河南乡试第二十七名，会试第二百九十名。

张珩，贯直隶保定府安州，民籍，州学生，治《诗经》。字汝节，行五，年二十八，十二月初七日生。曾祖清。祖敏。父学。母郝氏。严侍下。兄琼、琛、瑜、玠。弟珍、瑶、琳、琚、坪、璠。娶马氏。顺天府乡试第二名，会试第十一名。

陈篪，贯福建兴化府莆田县，军籍，府学附学生，治《春秋》。字和韶，行二，年二十七，四月十八日生。曾祖子云。祖谦宁。父宜泰，赠兵部主事。母许氏。封安人。慈侍下。兄簧，布政司参议。娶俞氏。福建乡试第二十四名，会试第一百五十一名。

胡九功，贯河南开化府尉氏县，民籍，国子生，治《诗经》。字允治，行一，年三十八，十一月二十四日生。曾祖显，主簿。祖海。父璋。母于氏。慈侍下。弟九思。娶王氏。河南乡试第二十三名，会试第二百二十四名。

崔应极，贯河南开封府通许县，民籍，县学生，治《诗经》。字建之，行二，年二十八，八月十九日生。曾祖浩。祖珽，知县，赠文林郎。父敖，兵马指挥，封文林郎。前母于氏，赠孺人。母张氏，封孺人。具庆下。兄应辰，典膳。弟应昌、应聘、应怡、应恪。娶张氏。河南乡试第十六名，会试第一百六十一名。

喻希礼，贯湖广黄州府麻城县，军籍，国子生，治《春秋》。字节之，行四，年三十一，二月二十四日生。曾祖哲，学正，赠员外郎。祖宗府，知府。父瀹，州判官。母江氏。具庆下。兄希仁；希义，贡士；希皋。弟希召、希智、希傅、希恭、希宽。娶万氏。湖广乡试第二十七名，会试第二百三名。

朱观，贯直隶苏州府昆山县，民籍，国子生，治《易经》。字颙伯，行五，年四十，六月十六日生。曾祖显。祖珍。父苓，寿官。母冯氏，继母陈氏。具庆下。兄韶、鼎、鼒、谦。弟颐、节、艮、蒙、益、震。娶周氏，继娶杨氏。应天府乡试第一百九名，会试第二百十一名。

张心，贯浙江绍兴府余姚县，民籍，国子生，治《易经》。字存良，行七，年三十五，二月初九日生。曾祖烨，寿官。祖縚。父廷玘。母杨氏。永感下。娶徐氏。浙江乡试第八十三名，会试第二百八十三名。

季镐，贯山西沈阳中护卫军籍，浙江龙泉县人，河南汲县学教谕，治《礼记》。字兴周，行一，年三十四，闰九月初四日生。曾祖彦德。祖敬宗。父政。嫡母闵氏，生母陈氏。具庆下。娶包氏。山西乡试第四名，会试第十六名。

李涵，贯直隶永平府迁安县，民籍，府学生，治《易经》。字容之，行五，年二十六，三月二十六日生。曾祖林。祖友，教谕。父金，按察司副使。母徐氏，封宜人。慈侍下。兄洪、濡、沾、润。弟泳、治、沐、涞、洲、澻。娶廖氏。顺天府乡试第八十五名，会试第一百七名。

高凌汉，贯山东兖州府东平州，军匠籍，州学生，治《诗经》。字伯羽，行二，年三十六，十一月十八日生。曾祖升。祖迪。父瑊。母刘氏。具庆下。兄凌霄。娶侯氏。山东乡试第十四名，会试第二百二十九名。

刘钦顺，贯湖广荆州府石首县，官籍，国子生，治《书经》。字体乾，行二，年四十，二月十七日生。曾祖东耕，封刑部主事。祖熙劭，刑部主事。父增哲。母魏氏，继母张氏。具庆下。兄钦承。弟钦恩，贡士；钦蒙；钦受；钦善；钦忠；钦止；钦传。娶周氏，继娶黄氏。湖广乡试第二十四名，会试第二十一名。

纪纯，贯河南彰德府磁州，民籍，国子生，治《诗经》。字一之，行一，年四十五，十月初四日生。曾祖麟。祖骖，赠监察御史。父杰，监察御史。母李氏，封孺人，继母李氏。慈侍下。兄爵、相、钺、宗、仁、隆。弟奎；资；绶，典膳；约；臣；让。娶武氏，继娶陈氏。河南乡试第十名，会试第二百四十九名。

纪资，贯直隶河南府任丘县，民籍，国子生，治《易经》。字廷言，行一，年四十，七月十五日生。曾祖信。祖友。父论。母林氏，继母李氏。具庆下。兄晋。弟赞、宾。娶边氏。顺天府乡试第一百二十九名，会试第二百七十八名。

王仪，贯顺天府霸州文安县，民籍，国子生，治《诗经》。字克敬，行三，年四十，二月三十日生。曾祖表。祖能，主簿。父贤，义官。母封氏。永感下。兄价，义官；杰。弟相、伦、宗尧、宗舜、楫。娶邢氏，继娶宋氏。顺天府乡试第九十八名，会试第一百十八名。

戴鲸，贯浙江宁波府鄞县，军籍，国子生，治《易经》。字时霖，行六，年三十八，九月二十日生。曾祖钟，封承德郎府通判。祖浩，知府，进阶亚中大夫。父楫，教谕，封奉直大夫南京刑部员外郎加四品服。母杜氏，封宜人。具庆下。兄鳌，知府；鰲，义官；弟鲨，刑部员外郎；鰲。娶王氏。浙江乡试第五十一名，会试第二百四十一名。

李秉彝，贯山西太原府石州，民籍，国子生，治《易经》。字天常，行六，年三十二，五月二十四日生。曾祖荣。祖大谅。父敬。母王氏。具庆下。兄秉忠、秉孝、秉贤、秉良、秉信。娶任氏。山西乡试第六名，会试第三百二十六名。

项锡，贯浙江嘉兴府嘉兴县，官籍，嘉善县人，国子生，治《春秋》。字秉仁，行三，年三十四，十一月二十八日生。曾祖衡，赠资政大夫都察院左都御史。祖忠，兵部尚书，赠太子太保，谥襄毅。父经，布政司右参政，进阶嘉议大夫。嫡母赵氏，赠孺人，田氏、王氏，生母王氏。具庆下。兄镛，千户；铠，千户；铠，官生；镇，监生。弟铧、金。娶祝氏。顺天府乡试第一百七名，会试第一百十四名。

刘桂，贯湖广黄州府黄冈县，军籍，府学生，治《礼记》。字子芳，行二，年三十七，十月初五日生。曾祖全。祖钺，义官。父伯洲，寿官。母王氏，继母蔡氏。慈侍下。兄棠。弟栋、朴、梁、桥、杏、材、果。娶汪氏。湖广乡试第五名，会试第六十一名。

蔡锐，贯永清右卫官籍，直隶滦州人，国子生，治《书经》。字晋伯，行一，年三十二，十二月二十九日生。曾祖贵，赠指挥使。祖宣，指挥使。父通。母刘氏，继母胡氏。具庆下。弟锜、锡、铭。娶张氏。顺天府乡试第三十五名，会试第一百四十七名。

汪珀，贯直隶徽州府婺源县，民籍，国子生，治《春秋》。字谐甫，行十六，年四十六，六月十三日生。曾祖浔。祖楡。父炯。母江氏。慈侍下。娶詹氏，继娶韩氏。应天府乡试第三十七名，会试第三百十三名。

杜朝绅，贯四川成都府崇庆州，民籍，国子生，治《书经》。字叔缙，行二，年三十二，五月初八日生。曾祖启初。祖泰和。父山，教谕。母钟氏。慈侍下。兄朝东。弟朝宪、朝冕、朝仪。娶王氏。四川乡试第二十二名，会试第二百三十六名。

方润，贯直隶徽州府歙县，民籍，国子生，治《礼记》。字时雨，行三十七，年三十九，六月二十七日生。曾祖以高。祖叔玉。父宗万。前母张氏，母徐氏，继母严氏。慈侍下。兄津。弟海。娶王氏。应天府乡试第四十一名，会试第四名。

曾仲魁，贯福建泉州府晋江县，民籍，国子生，治《易经》。字斯达，行二，年三十九，十二月二十七日生。曾祖扬文。祖德厚。父景瑞。母柯氏。慈侍下。兄元魁。娶蔡氏。福建乡试第七十七名，会试第三百八十六名。

秦金，贯浙江宁波府慈溪县，民籍，国子生，治《春秋》。字懋南，行十，年三十八，六月初七日生。曾祖棠。祖熙。父奎。母赵氏。重庆下。兄锦；鏊；锁；钺，监察御史；铉，听选官。弟銮、镶、铨、铠、铁、鉌、鑢。娶董氏。浙江乡试第二十三名，会试第三百二十二名。

顾文隆，贯直隶松江府华亭县，民籍，国子生，治《书经》。字质夫，行一，年三十八，四月二十日生。曾祖子良。祖鼎。父闾，义官。前母张氏，母马氏。慈侍下。娶沈氏。应天府乡试第一百十二名，会试第四十三名。

陈宣，贯浙江温州府乐清县，民籍，国子生，治《书经》。字宗实，行五，年三十三，三月十六日生。曾祖纯，吏部郎中。祖复。父垣。母周氏。具庆下。兄璋，按察司副使；旭；晧；昉；晭。弟习。娶张氏。浙江乡试第八十名，会试第三百九十五名。

孔僖，贯湖广德安府安陆县，民籍，云南永昌府人，县学生，治《易经》。字彦和，行六，年四十五，正月二十八日生。曾祖智。祖详。父铠，纪善加正五品俸。母王氏。永感下。兄传。娶刘氏，继娶杜氏。湖广乡试第八十一名，会试第三百五十七名。

李性，贯福建福州府长乐县，民籍，县学附学生，治《诗经》。字仲复，行九，年二十七，正月初九日生。曾祖伯达。祖叔器。父用丰。母林氏。严侍下。兄悌。弟恪、恒。娶陈氏。福建乡试第七十五名，会试第一百六十五名。

楚书，贯陕西宁夏左卫军籍，直隶江都县人，国子生，治《书经》。字国宝，行二，年三十三，二月初一日生。曾祖道亨。祖芳。父必敬，寿官。前母喻氏，母王氏。慈侍下。娶张氏。陕西乡试第十名，会试第三百七十名。

蔡文魁，贯江西九江府德化县，军籍，国子生，治《诗经》。字国华，行一，年三十，十月二十九日生。曾祖德义，知县。祖琼，县丞。父铣。母柳氏。慈侍下。弟文化、文光。娶胡氏。江西乡试第四十三名，会试第一百七十五名。

梁廷振，贯广东广州府南海县，民籍，国子生，治《易经》。字伯纲，行二，年三十八，五月初七日生。曾祖康善。祖道森。父英，寿官。母周氏。具庆下。兄健。弟廷抡。娶李氏。广东乡试第五十名，会试第三百二名。

卢绅，贯陕西西安府咸宁县，民籍，县学生，治《易经》。字汝佩，行三，年三十三，十二月十二日生。曾祖椿。祖兴。父旺，寿官。母周氏，继母王氏。具庆下。兄缙、经。娶林氏。陕西乡试第二十九名，会试第一百四十一名。

方云鹤，贯浙江杭州府余杭县，军籍，国子生，治《易经》。字鸣皋，行四，年四十五，十月二十三日生。曾祖祯。祖琳。父杰，义官。母金氏，继母杨氏。永感下。兄云鸿、云鹏、云凤。弟云龙、云鸾、新。娶金氏。应天府乡试第二十六名，会试第二百十三名。

吴世泽，贯福建福州府连江县，民籍，国子生，治《易经》。字宗仁，行一，年三十七，十一月初二日生。曾祖衡。祖寅，训导。父玢。母赵氏，继母陈氏，宗氏。慈侍下。弟世治、世渊。娶陈氏。福建乡试第四十名，会试第十三名。

姜梁，贯浙江衢州府江山县，民籍，国子生，治《书经》。字子方，行二百三，年三十二，正月十八日生。曾祖达，赠南京礼部郎中。祖德璇。父润。母毛氏。永感下。

兄栋、椿。弟桂。娶詹氏。浙江乡试第十九名，会试第二十八名。

李邦直，贯广东高州府茂名县，民籍，国子生，治《易经》。字汝司，行二，年二十八，四月初三日生。曾祖唐。祖瑺。父执中。母欧氏。慈侍下。兄邦柱。弟邦翰、邦光、邦基。娶杨氏。广东乡试第四十七名，会试第九十名。

刘录，贯江西饶州府鄱阳县，军籍，国子生，治《诗经》。字世臣，行三十，年四十二，八月初五日生。曾祖经，赠监察御史。祖烈，左参政，赠太中大夫资治少尹。父城，都察院右副都御史。嫡母董氏，封孺人，生母尤氏。永感下。兄镇，义官；庸，贡士；钊；鏓，遇例千户。弟铸。娶赵氏。江西乡试第八十四名，会试第三十六名。

郭宝，贯河南卫辉府获嘉县，民籍，府学生，治《诗经》。字惟善，行四，年二十七，十二月十五日生。曾祖让，驿丞。祖暹，县丞。父惠，县丞。嫡母周氏，生母张氏。具庆下。兄完、富、定，训科。弟宁。娶张氏。河南乡试第九名，会试第三百六十五名。

李辂，贯广东广州府番禺县，军籍，国子生，治《诗经》。字文舆，行四，年三十四，正月十一日生。曾祖效廉，寿官。祖璨。父润，寿官。母郑氏。具庆下。兄辂、辇、轼。娶林氏。广东乡试第三十名，会试第四十名。

孙巨鲸，贯陕西鞏昌府徽州民籍，朝邑县人，国子生，治《春秋》。字子鱼，行二，年三十，三月二十五日生。曾祖绣。祖坚。父珂。母赵氏。重庆下。兄巨鲲。弟巨鲤、巨鳌。娶邓氏，继娶阎氏。陕西乡试第五名，会试第三百五十二名。

陈洪范，贯浙江绍兴府余姚县，民籍，县学附学生，治《书经》。字于周，行七，年三十，六月十三日生。曾祖纪。祖沔。父璧。母孙氏。具庆下。兄洪金。弟洪宝、洪谟、洪诰、娶范氏。浙江乡试第八十七名，会试第三十二名。

方策，贯广西桂林右卫军籍，临桂县人，国子生，治《易经》。字载道，行一，年三十，五月二十九日生。曾祖友政。祖洪。父玉。前母沈氏，母周氏。具庆下。弟宪。娶刘氏。广西乡试第三名，会试第一百九十七名。

祝继皋，贯浙江杭州府海宁县，匠籍，国子生，治《春秋》。字师谟，行二，年三十八，九月二十六日生。曾祖铄。祖淇，封刑部主事。父萃，布政司左参政，进阶嘉议大夫。母褚氏，封安人。慈侍下。兄继贤，千户；继英，贡士；继龙，贡士。弟继华，监生；继祖，监生；继稷；继夔，监生；继善。娶刘氏。浙江乡试第四名，会试第一百五十七名。

商大节，贯湖广安陆州，军籍，河南洛阳县学教谕，治《春秋》。字孟坚，行二，年三十五，九月十二日生。曾祖义，贡士。祖汝霖。父盈。母姜氏。具庆下。兄大全。弟大銮。娶彭氏。湖广乡试第五十九名，会试第一百三十二名。

王钦，贯福建福州中卫前所，官籍，侯官县学附学生，治《易经》。字公寅，行六，年二十九，七月初五日生。曾祖智，赠通议大夫都察院右副都御史。祖佐，教谕，封监察御史，累赠都察院左副都御史。父弭。母季氏。严侍下。兄钟、镗。弟钛、键、钥、镇。娶林氏，继娶林氏。福建乡试第八十名，会试第二百七十六名。

袁载，贯浙江宁波府慈溪县，民籍，县学附学生，治《诗经》。字安道，行二十五，年三十六，九月初十日生。曾祖智。祖榶。父照。母王氏。慈侍下。兄吉、坤、圭、堇。弟基、圻、孝、毂。娶章氏。浙江乡试第二十九名，会试第三百八十五名。

石简，贯浙江台州府宁海县，军籍，国子生，治《诗经》。字廉伯，行十，年三十七，十月初七日生。曾祖京。祖琎，教授。父彬，训导。母潘氏。永感下。兄良。弟箦、箧、节、钥、笞。娶吕氏。浙江乡试第十五名，会试第三百五十三名。

俞稷，贯浙江严州府建德县，军籍，国子生，治《易经》。字舜牧，行三，年三十四，八月初十日生。曾祖炫。祖灏。父廷贵，审理正。母鲁氏。严侍下。兄夔，知县；龙。弟贡、凯。娶马氏。浙江乡试第八十三名，会试第一百七十三名。

薛宗铠，贯广东潮州府揭阳县，民籍，府学生，治《书经》。字子修，行一，年二十六，三月初一日生。曾祖志安。祖骥。父俊，国子监学正。母庄氏。重庆下。弟宗鉴、宗铨、宗铿、宗铠、宗铎、宗钥、宗釜、宗镐。娶丁氏。广东乡试第四十九名，会试第二百一十七名。

王庚，贯直隶永平府滦州，民籍，国子生，治《易经》。字文祥，行二，年三十九，十月十六日生。曾祖通。祖益。父得春，寿官。母卫氏。具庆下。兄奎。娶李氏。顺天府乡试第三十五名，会试第三百七十九名。

姜恩，贯四川顺庆府广安州，军籍，州学生，治《易经》。字君锡，行二，年三十一，十一月初八日生。曾祖耀，县丞。祖用和。父从简，义官。母何氏，继母何氏。具庆下。兄迁。娶李氏，继娶邓氏。四川乡试第六十一名，会试第二百七十名。

刘模，贯江西吉安府安福县，民籍，国子生，治《易经》。字以正，行二，年三十二，正月初四日生。曾祖厉温。祖本会。父邦昭，岁贡生。母尹氏。慈侍下。兄栋。弟柱、柄、栻、权、相、杞、柏、检、楫。娶王氏。江西乡试第三十七名，会试第三百二十名。

李宗枢，贯陕西西安府耀州富平县，军籍，国子生，治《礼记》。字子西，行三，年二十七，十二月二十四日生。曾祖让。祖文政，赠府同知。父恕，布政司左参议。母宋氏，封宜人。慈侍下。兄宗桥，义官；宗桂，医学训科。娶王氏。陕西乡试第十五名，会试第三百四十九名。

龚治，贯羽林前卫官籍，山东堂邑县人，顺天府学增广生，治《春秋》。字汝登，行一，年二十八，十二月十一日生。曾祖俊，指挥使，赠昭勇将军。祖顺，都指挥佥事，封昭勇将军。父铎，指挥使，封昭勇将军。母刘氏，封淑人。重庆下。弟濇、瀚。娶陈氏。顺天府乡试第九十五名，会试第三百六十六名。

周相，贯浙江宁波府鄞县，军籍，府学生，治《易经》。字大卿，行二，年二十七，四月二十八日生。曾祖瑀。祖性。父钦。母郁氏。具庆下。兄模。弟植、槐。娶臧氏。浙江乡试第十五名，会试第六十七名。

左思忠，贯陕西西安府耀州，民籍，国子生，治《诗经》。字长臣，行一，年三十二，五月二十五日生。曾祖春。祖进，封大理寺右寺副。父经，按察司佥事。母宋氏，封安人。具庆下。弟思敬。娶王氏，继娶忽氏。陕西乡试第十六名，会试第七十四名。

方升，贯直隶徽州府婺源县，民籍，国子生，治《书经》。字世猷，行七十，年四十六，八月二十二日生。曾祖士熹。祖思达。父文豹。母汪氏。永感下。兄勤，义官；建。娶程氏。应天府乡试第六十四名，会试第二百七十九名。

尚志，贯金吾左卫军籍，山西高平县人，国子生，治《书经》。字士先，行十二，年四十八，十月十一日生。曾祖整。祖鹤。父宽。母刘氏。永感下。兄寿、福、禄。娶王氏，继娶萧氏。顺天府乡试第六十七名，会试第一百六十九名。

陈谟，贯四川重庆府巴县，民籍，府学生，治《书经》。字师禹，行三，年四十一，十二月十六日生。曾祖文惠。祖希。父仲实。母刘氏。慈侍下。兄恩、诏。弟舜。娶王氏。四川乡试第四十二名，会试第一百二十六名。

陈府，贯应天府上元县民籍，浙江丽水县人，国子生，治《诗经》。字孔修，行一，年四十二，四月十一日生。曾祖宗达。祖子实。父荣，知县。母张氏。慈侍下。弟庭。娶李氏。应天府乡试第六十二名，会试第一百三十六名。

徐淮，贯锦衣卫旗籍，山东武定州人，国子生，治《诗经》。字仲川，行二，年四十一，十一月二十六日生。曾祖文善。祖广。父政。母方氏，继母董氏。永感下。兄江。弟济。娶谷氏，继娶范氏。顺天府乡试第二十三名，会试第三百四十一名。

狄冲，贯应天府溧阳县，军籍，国子生，治《书经》。字仲虚，行九，年四十二，九月二十九日生。曾祖宗义。祖竭。父钦。母彭氏。永感下。兄湘、津、泮、洙。弟涵。娶杨氏。应天府乡试第三十九名，会试第五十五名。

万虁，贯江西南昌府新建县，民籍，县学附学生，治《诗经》。字大章，行六，年三十二，十二月十七日生。曾祖文清。祖明。父邦正。母涂氏。慈侍下。兄钟、镒。弟镃。娶吴氏。江西乡试第一百二十二名，会试第一百二十二名。

王三省，贯陕西西安府同州朝邑县，军籍，国子生，治《春秋》。字诚甫，行一，年二十五，十一月十八日生。曾祖斌，典史，赠户部主事。祖岳，前户部郎中。父朝雍，推官。母马氏，继母李氏。具庆下。弟三俊、三礼、三杰、三知、三策、三益、三宥。娶郝氏。陕西乡试第五十四名，会试第三百二十九名。

郑瑚，贯河南南阳中护卫，官籍，国子生，治《书经》。字汝器，行五，年三十六，正月二十六日生。曾祖旺。祖信，副千户，封武略将军。父升，寿官。前母张氏，母熊氏，继母陆氏。慈侍下。兄琏、玭、璿、玑。娶刘氏，继娶庞氏。河南乡试第五十七名，会试第三百七名。

杨宜，贯直隶真定府深州衡水县，灶籍，县学生，治《易经》。字伯时，行六，年二十九，九月十三日生。曾祖文理。祖青。父惠。前母刘氏，母张氏，继母张氏。具庆下。兄宠、宇、宿。弟宦、宾、宷。娶张氏。顺天府乡试第四名，会试第八十八名。

贾应春，贯直隶真定府真定县军籍，国子生，治《诗经》。字东阳，行一，年二十五，九月二十五日生。曾祖福，寿官。祖瑄。父隆。母李氏。重庆下。弟应奎、应璧、应翼、应轸。娶吴氏。顺天府乡试第一百名，会试第三百五十八名。

陈明，贯山东济南府历城县，灶籍，国子生，治《易经》。字继卿，行二，年四十，正月初六日生。曾祖翱。祖震。父谦，寿官。前母贾氏，母赵氏。严侍下。兄聪。弟惠。娶孟氏，继娶任氏。山东乡试第六十九名，会试第五十三名。

阎辅，贯山东兖州府曹州，军籍，州学生，治《诗经》。字介卿，行三，年三十九，正月二十八日生。曾祖仲宽。祖义。父浩。母吴氏。慈侍下。兄轮。弟堂、溥、柰。娶陈氏。山东乡试第十名，会试第二百三十五名。

毛衢，贯直隶苏州府吴江县，民籍，县学生，治《易经》。字大亨，行三，年二十八，闰三月二十七日生。曾祖凤一。祖友谅。父源。母陈氏。慈侍下。兄律、术。娶顾氏。应天府乡试第五十八名，会试第一百三十四名。

吴荣，贯浙江处州府丽水县，民籍，府学生，治《诗经》。字宗仁，行一，年四十四，十二月十八日生。曾祖钟。祖养正。父和。母周氏。慈侍下。弟栗、棠。娶项氏。浙江乡试第六十五名，会试第五十四名。

夏国孝，贯四川重庆府涪州，民籍，州学生，治《易经》。字仁甫，行二，年三十五，十一月二十五日生。曾祖彦璧。祖邦本。父正。母易氏。具庆下。兄国忠。弟国贤、国宾、国柱。娶赵氏。四川乡试第六十五名，会试第三百五十名。

尹尚贤，贯山东莱州府掖县，匠籍，国子生，治《诗经》。字宾卿，行三，年三十三，三月初三日生。曾祖胜。祖英。父通，教谕。母王氏。慈侍下。兄文、衡、佐。娶徐氏。山东乡试第十九名，会试第二百八十八名。

朱鹏，贯广西桂林府阳朔县，民籍，国子生，治《书经》。字腾霄，行二，年三十二，九月二十四日生。曾祖龙光。祖声，府经历，赠刑部员外郎。父塈，按察司副使。母周氏，封宜人。慈侍下。兄鸾，贡士。弟鹗、鹍、鸳。娶张氏。广西乡试第七名，会试第三百六十二名。

杨一奇，贯山西太原府交城县，匠籍，县学生，治《易经》。字彦卿，行三，年三十，二月二十八日生。曾祖凤。祖文素。父忠。母支氏。具庆下。兄子庆、子余。娶姚氏。山西乡试第三十四名，会试第二百七十二名。

孙宥，贯河南汝宁府新蔡县，民籍，国子生，治《诗经》。字敬甫，行二，年三十九，正月二十六日生。曾祖荣。祖学。父琏，知县。母曹氏，继母张氏。重庆下。兄庞。弟宝、定。娶时氏。河南乡试第七十六名，会试第三百十五名。

叶良佩，贯浙江台州府太平县，军籍，国子生，治《诗经》。字敬之，行一，年三十三，九月十四日生。曾祖旭。祖雍。父钊。母符氏。慈侍下。弟良偶、良储。娶赵氏。浙江乡试第三十一名，会试第三十三名。

刘宗仁，贯直隶大名府大名县，民籍，县学生，治《诗经》。字容甫，行一，年四十，八月二十四日生。曾祖四。祖福。父允。母来氏。慈侍下。弟宗礼、宗智、宗道、宗顺、宗禹、宗汤、宗文、宗武。娶郭氏。顺天府乡试第一百二十名，会试第三百四名。

阳佐，贯四川重庆府长寿县，民籍，国子生，治《春秋》。字以道，行三，年三十三，二月十六日生。曾祖升，监生。祖定。父德修，训导。母王氏。慈侍下。兄儒。弟佶。娶李氏，继娶张氏。四川乡试第七十五名，会试第三百九十三名。

范箕，贯顺天府大兴县匠籍，直隶吴江县人，国子生，治《书经》。字斗南，行三，年四十一，九月十三日生。曾祖世昌。祖进。父麟。前母萧氏，母冯氏。永感下。兄文章、奎璧。弟翼。娶穆氏，继娶董氏，张氏。顺天府乡试第一百十四名，会试第二百二十一名。

郭时叙，贯山东济南府济阳县，军籍，国子生，治《易经》。字虞揆，行一，年四十一，十一月初三日生。曾祖俭。祖泰。父镛。母黄氏。慈侍下。弟时秩。娶柏氏，继娶刘氏。山东乡试第九名，会试第二百十名。

朱廷立，贯湖广武昌府兴国州通山县，民籍，国子生，治《礼记》。字子礼，行三，年三十二，八月二十四日生。曾祖信，按察司检校。祖原聪。父伯骥，推官。母吴氏。慈侍下。兄廷文、廷辅。娶韩氏。湖广乡试第六十四名，会试第一百六十四名。

陆时雍，贯浙江湖州府归安县，军籍，县学生，治《易经》。字幼淳，行三，年二十七，四月十九日生。曾祖义，承事郎。祖瑜。父濂。母沈氏。永感下。兄时中，贡士；时和。娶杨氏。浙江乡试第四十七名，会试第三百四十七名。

胡道芳，贯直隶徽州府歙县，军籍，国子生，治《诗经》。字蔚中，行五，年三十八，九月二十三日生。曾祖武。祖贵。父玹。前母汪氏，母吴氏。具庆下。兄遂芳、达芳。弟运芳。娶吴氏。应天府乡试第三十四名，会试第九名。

秦世显，贯陕西西安府泾阳县，匠籍，县学附学生，治《诗经》。字子修，行三，年十八，二月初二日生。曾祖四。祖宥，寿官。父举。母淡氏，继母王氏。重庆下。兄世衡、世光。弟世美、世冠，聘王氏。陕西乡试第三十一名，会试第九十一名。

秦镐，贯陕西西安府三原县，民籍，国子生，治《易经》。字子京，行二，年二十七，正月十九日生。曾祖克让。祖秉。父仲学。母马氏。永感下。兄镇。娶晁氏。陕西乡试第二十一名，会试第二百四十六名。

郭铉，贯山西太原府代州，军籍，国子生，治《诗经》。字汝节，行三，年四十四，七月二十一日生。曾祖奉先。祖会。父廷弼。母李氏。慈侍下。兄钦、镗。娶刘氏，山西乡试第三十六名，会试第一百八十八名。

邬绅，贯直隶镇江府丹徒县，军籍，国子生，治《易经》。字佩之，行二，年三十七，八月二十五日生。曾祖铭。祖洞。父荣。母高氏。具庆下。弟纶。娶陈氏。应天府乡试第五十五名，会试第五十九名。

李调元，贯河南汝宁府光州息县，军籍，国子生，治《春秋》。字化卿，行一，年三十二，二月二十二日生。曾祖仲良。祖洪，监生。父瑶，寿官。母强氏。具庆下。弟调羹、调护。娶时氏。河南乡试第四十六名，会试第二百九十二名。

杨恺，贯广东琼州府琼山县，军籍，国子生，治《诗经》。字虞亮，行一，年三十三，二月初二日生。曾祖自成。祖雄。父定。母张氏。具庆下。娶海氏。广东乡试第二十三名，会试第一百七十二名。

刘汝松，贯山东济南府历城县，民籍，府学生，治《诗经》。字贞吾，行一，年三十二，十月十五日生。曾祖顺。祖哲。父澄。母李氏。慈侍下。兄汝霖。弟汝霁。娶金氏。山东乡试第六名，会试第三百六十一名。

夏玉麟，贯直隶苏州府常熟县，军籍，国子生，治《诗经》。字国符，行一，年三十八，六月二十二日生。曾祖晟。祖珏。父剑。母徐氏，继母钱氏。具庆下。弟铁麟、郊麟、石麟。娶范氏。应天府乡试第一百十一名，会试第三百十八名。

左季贤，贯山东东昌府临清州丘县，民籍，县学生，治《礼记》。字晋卿，行三，年三十二，十二月初十日生。曾祖希庸。祖翼。父文举，州判官。母吴氏。具庆下。兄孟贤、仲贤。弟相。娶刘氏。山东乡试第五名，会试第三百三十九名。

汪居安，贯直隶安庆府桐城县，军籍，国子生，治《诗经》。字行可，行七，年三十五，十二月二十七日生。曾祖文达。祖冬。父潜。嫡母丁氏，生母胡氏。慈侍下。兄居仁、居正。娶李氏。应天府乡试第一百六名，会试第二百三十八名。

卢应祯，贯山东济南府肥城县，民籍，县学生，治《书经》。字瑞夫，行一，年三十，十二月初九日生。曾祖镇。祖瑄，训导。父澜。母刘氏。慈侍下。弟应祺。娶翟氏。山东乡试第五十一名，会试第三百五十六名。

赵珩，贯江西饶州府余干县，民籍，国子生，治《诗经》。字宗德，行二十五，年四十四，八月二十八日生。曾祖同祖。祖自牧，赠府同知。父哲，都转运盐使司同知进阶中顺大夫。母罗氏，封宜人。永感下。兄玉，教谕；琥，教谕；璜，教授；瑾；珙；瑷；珌。娶高氏。江西乡试第二十七名，会试第一百二十名。

叶瑞，贯云南临安卫官籍，直隶凤阳县人，国子生，治《易经》。字应期，行一，年三十五，七月十二日生。曾祖荣。祖澄。父聪，署学正事举人。母冯氏。慈侍下。娶曾氏。云贵乡试第十八名，会试第二百八十五名。

罗普，贯广东潮州府饶平县，军籍，国子生，治《书经》。字守约，行一，年三十七，六月十二日生。曾祖德。祖懽。父惊。母林氏。慈侍下。弟山。娶许氏。广东乡试第十九名，会试第一百十九名。

方日乾，贯福建福州府福清县，盐籍，县学生，治《诗经》。字体道，行八，年三十五，正月初七日生。曾祖胤。祖珎。父伟。母施氏。慈侍下。弟秉钺、秉阳。娶施氏。福建乡试第四十四名，会试第一百四十四名。

刘悌，贯辽东定辽右卫官籍，湖广枝江县人，国子生，治《书经》。字重义，行一，年三十九，十二月初十日生。曾祖胜。祖宽。父洪。母郭氏，继母黄氏。具庆下。兄鉴，百户；恺。弟懂、性、怀、恪。娶姚氏。山东乡试第二十二名，会试第二百四十三名。

何俊，贯广东广州府南海县，民籍，国子生，治《诗经》。字宅卿，行一，年五十一，十月二十九日生。曾祖胜保。祖源。父能。嫡母廖氏，生母颜氏。永感下。弟仲。娶余氏。广东乡试第六十三名，会试第二百十二名。

王准，贯陕西仪卫司旗籍，浙江青田县人，国子生，治《礼记》。字子推，行六，年三十，六月初九日生。曾祖礼，仪卫正。祖玹，七品散官。父鑰。前母李氏，母乔氏，继母张氏。慈侍下。兄溥，典仗；润，冠带总旗；治，署教谕举人；沼；法。弟沐。娶朱氏。陕西乡试第五名，会试第二百五名。

傅凤翱，贯湖广德安府随州应山县，民籍，国子生，治《诗经》。字德辉，行二，年三十七，四月十五日生。曾祖敬。祖宪淙。父楫，断事。母刘氏。具庆下。兄凤翔。弟凤翊、凤翀。娶王氏。湖广乡试第四十四名，会试第九十七名。

王激，贯浙江温州府永嘉县，军灶籍，国子生，治《诗经》。字子扬，行二，年四十八，十月初七日生。曾祖琪。祖封。父钲。母张氏。具庆下。兄澈，贡士。弟沛。娶邵氏。浙江乡试第二名，会试第二百六十二名。

潘颖，贯浙江台州府宁海县，民籍，国子生，治《诗经》。字叔愚，行四，年四十一，八月初六日生。曾祖溥。祖慈。父俊。前母王氏，母杨氏。永感下。兄顼。娶叶氏。浙江乡试第三十六名，会试第二百五十八名。

傅梦弼，贯河南彰德府汤阴县，民籍，国子生，治《书经》。字起岩，行一，年三十六，三月二十七日生。曾祖亮。祖杰。父廷，驿丞。前母韩氏，范氏，母李氏。永感下。弟梦贤、梦相。娶陈氏。河南乡试第十六名，会试第一百九名。

叶照，贯浙江宁波府慈溪县，军籍，国子生，治《诗经》。字景阳，行三，年二十八，二月初六日生。曾祖铭。祖纲。父林。母张氏。重庆下。弟煦、鱼、熊、焘、点。娶华氏。浙江乡试第八十二名，会试第三百九十四名。

沈大楠，贯直隶苏州府昆山县，民籍，国子生，治《易经》。字廷材，行三，年三十六，三月二十五日生。曾祖鲁。祖存，知县。父涑。母王氏。慈侍下。兄大椿、大桐。弟大栋、大梁、大川、大中、大杞、大宗。娶盛氏。应天府乡试第一百十二名，会试第一百八十七名。

徐万璧，贯四川顺庆府广安州大竹县，民籍，国子生，治《易经》。字朝重，行一，年三十六，正月十一日生。曾友中。祖思高。父量，寿官。母卓氏。具庆下。弟万琼、万璃、万瑶、万琇。娶蓝氏。四川乡试第十五名，会试第四十七名。

樊景麟，贯四川成都府新繁县，军籍，山西蒲州人，国子生，治《书经》。字季仁，行四，年三十九，十二月十五日生。曾祖恩。祖清。父伯琦。母李氏。具庆下。兄景鹿、景凤。娶张氏。四川乡试第六十八名，会试第二百六十八名。

李梦周，贯直隶扬州府通州海门县，民籍，县学生，治《易经》。字希道，行三，年三十六，二月初一日生。曾祖承祖，迪功佐郎。祖杰，听选官。父轼，府通判。母孙氏，继母张氏。生母朱氏。慈侍下。兄心松，训导；梦守。弟梦陈。娶张氏，继娶江氏。应天府乡试第九十名，会试第一百十四名。

陈世辅，贯直隶凤阳府定远县，军籍，凤阳中卫人，国子生，治《书经》。字汝邻，行一，年三十七，九月初四日生。曾祖源。祖斐。父显，义官。母柴氏。慈侍下。弟世弼、世联、世举、世芳、世贤。娶张氏。应天府乡试第三十五名，会试第七十五名。

张弁，贯山西振武卫军籍，代州人，州学增广生，治《诗经》。字尚仪，行二，年二十七，七月初一日生。曾祖贤。祖志弘。父政。母高氏。具庆下。兄京。娶于氏。山西乡试第三十三名，会试第三百三十名。

周昆，贯浙江嘉兴府崇德县，民籍，国子生，治《易经》。字孟登，行二，年三十九，十二月初十日生。曾祖文忠，寿官。祖瑜。父埧，义官。母许氏。慈侍下。兄崀。娶吕氏。浙江乡试第六十二名，会试第一百二十一名。

周原，贯顺天府大兴县民籍，浙江鄞县人，儒士，治《易经》。字惟一，行五，年三十八，六月二十一日生。曾祖教和。祖瑞。父说。母张氏，严侍下。兄夔。弟薇，贡士；满。娶管氏。顺天府乡试第三十七名，会试第一百三十名。

董鈜，贯直隶宁国府泾县，军籍，国子生，治《诗经》。字仲宣，行二十七，年四十一，十二月十四日生。曾祖元亮。祖志道，赠知府。父倬，义官。母陈氏。永感下。兄金、锐、镶，俱义官；链，散官；银，贡士。弟镨、銮、镕、钛，磁。娶文氏。应天府乡试第一百十八名，会试第三百六十三名。

孙廷相，贯陕西平凉府平凉县，民籍，国子生，治《易经》。字子忠，行一，年三十一，十月二十五日生。曾祖杲。祖全。父鉴，县主簿。母靳氏，继母张氏。具庆下。兄世辅。弟邦儒、廷栋、廷楫、廷桢、廷极、廷梅。娶胡氏，继娶贾氏。陕西乡试第三十四名，会试第三十名。

杨绍芳，贯湖广德安府应城县，官籍，县学生，治《易经》。字伯传，行一，年二十七，九月二十四日生。曾祖敏，府同知。祖玉。父澜。母陈氏。慈侍下。弟继芳。娶周氏，继娶田氏。湖广乡试第四十六名，会试第二百九十八名。

杨铨，贯武功右卫官籍，直隶邠州人，国子生，治《诗经》。字秉衡，行二，年三十四，七月二十日生。曾祖荣，正千户。祖瑛，正千户。父懋，正千户。前母王氏，母王氏，封宜人。具庆下。兄锦。弟钧。娶任氏，继娶王氏、李氏。顺天府乡试第七十八名，会试第二百六十六名。

王侑，贯锦衣卫校籍，广东万州人，顺天府学附学生，治《易经》。字廷献，行二，年二十六，九月初八日生。曾祖显政。祖智魁。父景和，文思院副使。母盛氏。慈侍下。兄佐，皮作局副使。娶彭氏，继娶严氏。顺天府乡试第一百三名，会试第三百九十六名。

张好古，贯山西泽州阳城县，民籍，国子生，治《易经》。字尚友，行一，年四十五，十一月十九日生。曾祖广。祖车。父珩，赠户部主事。母畅氏，赠安人，继母刘氏，封安人。慈侍下。弟好忍；好悫；好爵，户部郎中；好问；好察；好礼；好诲。娶王氏，继娶李氏。山西乡试第四十名，会试第三百二十四名。

乔迁，贯山东兖州府曹州定陶县，民籍，国子生，治《易经》。字于木，行一，年三十六，四月初四日生。曾祖通。祖仲友，义官。父玺，监生。母王氏。具庆下。弟选。娶费氏。山东乡试第三十六名，会试第三百九十九名。

甘勋，贯江西南昌府丰城县，民籍，县学生，治《易经》。字希周，行二，年三十一，九月十二日生。曾祖南荣。祖灏，省祭官。父杰，省祭官。母杨氏，继母冯氏。具庆下。弟点。娶范氏。江西乡试第一百九名，会试第三百四十名。

吴琢，贯江西广信府贵溪县，民籍，国子生，治《书经》。字成甫，行十八，年三十八，正月二十三日生。曾祖贵琛。祖世隆。父尚轸，寿官。母梁氏。永感下。兄璲；皋；瑛；焕；烜；道南，贡士；理。弟希祖、希宗。娶叶氏，继娶姜氏、徐氏。江西乡试第十五名，会试第一百四十九名。

胡统，贯直隶常州府武进县，官籍，国子生，治《诗经》。字惟一，行一，年三十七，九月二十一日生。曾祖濙，特进光禄大夫少傅兼太子太傅礼部尚书，赠太保，谥忠安。祖裧，锦衣卫镇抚。父谦，例授镇江卫指挥。母段氏。具庆下。兄恺；恪，镇抚。弟纶、绅、怀、徽、怿、恩、憙、㷆、志。娶邵氏，继娶严氏，聘卞氏。应天府乡试第十三名，会试第六十八名。

李钦昊，贯顺天府东安县，民籍，国子生，治《诗经》。字子翼，行二，年三十八，四月初五日生。曾祖东，行人司司副，赠太仆寺少卿。祖侃，都察院右佥都御史。父德恢，布政司右参政，赠中大夫。母延氏，封恭人，赠淑人。永感下。兄晊。弟光霁，南京大理寺寺副；光需。娶孟氏。顺天府乡试第八十六名，会试第三百四十三名。

张素，贯云南安宁守御千户所军籍，福建浦城县人，国子生，治《诗经》。字季文，行一，年三十五，正月二十九日生。曾祖凤。祖锁。父伟。母戴氏，继母卞氏。具庆下。娶章氏，继娶戴氏。云贵乡试第七名，会试第三百七十六名。

许琯，贯直隶太平府当涂县，民籍，歙县人，府学生，治《诗经》。字伯和，行二，年三十一，十月十五日生。曾祖子祯。祖永仁。父积庆。前母罗氏，母吴氏，继母宋氏。重庆下。兄光。弟耀、城、金、玮、圆、钱、富。娶程氏。应天府乡试第十二名，会试第一百二十四名。

颜容端，贯广东惠州府长乐县，民籍，国子生，治《书经》。字体严，行一，年三十三，八月初八日生。曾祖璿。祖光，训科。父珙。母邹氏。具庆下。弟容正、容重。娶魏氏。广东乡试第四十九名，会试第三十九名。

王傅，贯河南河南卫，官籍，陕西高陵县人，洛阳县学生，治《易经》。字道宗，行二，年三十一，五月二十八日生。曾祖忠。祖从善，百户。父昭，百户。前母孙氏，母孙氏。慈侍下。兄俊，百户。弟估。娶吴氏，继娶孙氏。河南乡试第五十名，会试第三百十四名。

阿其麟，贯山西振武卫，官籍，代州人，州学增广生，治《诗经》。字仁夫，行一，年二十八，四月二十五日生。曾祖胜，副千户。祖颙，副千户。父衡。母李氏。慈侍下。娶张氏。山西乡试第三十九名，会试第九十九名。

白镒，贯山西太原府平定州，军籍，州学生，治《书经》。字应衡，行一，年三十九，七月初四日生。曾祖琦，封监察御史。祖杰，封吏部员外郎。父思聪，七品散官。母吕氏。永感下。兄镛，典科；钟，府检校；金，贡士。弟镇，主簿；铨，贡士；鉴，监生；铁，监生；镎。娶孙氏。山西乡试第六十四名，会试第一百五十四名。

周世雍，贯广东广州府顺德县，民籍，县学附学生，治《礼记》。字虞承，行一，年三十一，十二月初一日生。曾祖广。祖琏。父志。母方氏。重庆下。弟世高、世明、世晓、世良、世循、世熙。娶黄氏。广东乡试第三十六名，会试第三百六十八名。

钟英，贯武骧右卫军籍，山东滋阳县人，国子生，治《诗经》。字汝积，行一，年三十，十一月十一日生。曾祖升。祖刚。父瓒。母陈氏。具庆下。弟美。娶刘氏。顺天府乡试第三十四名，会试第三十八名。

王良卿，贯江西吉安府安福县，民籍，县学增广生，治《易经》。字汝忠，行八，年二十九，九月十六日生。曾祖俊英。祖万章，封主事。父爵，运使进阶嘉议大夫。前母邓氏，赠安人，母谢氏，封安人。具庆下。兄钰。娶李氏。江西乡试第一百八十二名，会试第三百七十五名。

陈表，贯云南前卫军籍，湖广安乡县人，四川南溪县学教谕，治《书经》。字献忠，行二，年三十四，十一月十七日生。曾祖让。祖德升。父孔易。母谢氏。具庆下。兄袭。弟制、宸、衮。娶黄氏。云贵乡试第二十三名，会试第三百二十五名。

孙昺，贯直隶太平府当涂县，军籍，国子生，治《诗经》。字子晦，行一，年四十二，正月十四日生。曾祖铨。祖璇。父宸，寿官。母陈氏，继母杨氏。严侍下。兄辅、麟、凤、冕、裕、容、贵、昌、纲。弟纪、方、遹、绣、泉。娶朱氏。应天府乡试第一百二十五名，会试第三百四十六名。

陆冈，贯江西抚州府临川县，儒籍，府学附学生，治《诗经》。字本坤，行九，年三十三，四月十三日生。曾祖懋密。祖振启，寿官。父元，知县。母邹氏，继母徐氏。具庆下。兄钊，医官；山；阜。弟陵、川。娶朱氏。江西乡试第一百四名，会试第二百四十四名。

叶瑞，贯江西饶州府乐平县，民籍，国子生，治《诗经》。字君辑，行六，年四十五，九月二十九日生。曾祖世春。祖日新。父纯标。母郑氏。永感下。兄珪、璧。弟璁、珮。娶王氏。江西乡试第三十四名，会试第三百九十二名。

许廷桂，贯直隶凤阳府寿州蒙城县，官籍，国子生，治《诗经》。字世芳，行一，年四十一，十月初三日生。曾祖富。祖志，知县。父谭。母段氏。具庆下。弟廷相。娶邹氏。应天府乡试第九十七名，会试第八十名。

龙钦，贯湖广长沙府茶陵州，军籍，国子生，治《易经》。字则敬，行二，年四十三，三月十六日生。曾祖瑜。祖济高。父振澧。母曾氏。具庆下。兄则忠。弟则仁、则宪、锡、则恪、则宣、镗。娶易氏，继娶陈氏。湖广乡试第四十七名，会试第二百九十一名。

薛华，贯山西平阳府蒲州河津县，民籍，国子生，治《书经》。字时晖，行二，年三十八，正月初二日生。曾祖溥，赠刑部员外郎。祖褆，刑部员外郎。父鸾。母陈氏。具庆下。兄芸。弟芝，贡士；葵，中书舍人；艾；菖；兰；芥；茂；蔓；莱；萼；蕃；芬。娶卫氏。山西乡试第六十七名，会试第一百十五名。

胡节，贯山东莱州府潍县，军籍，县学生，治《诗经》。字介夫，行一，年二十四，九月十七日生。曾祖英。祖宣。父洪。母郭氏。具庆下。弟忠。娶刘氏。山东乡试第十二名，会试第三百十二名。

张景，贯河南汝宁府汝阳县，民籍，顺天府大兴县人，国子生，治《春秋》。字光启，行一，年三十九，八月十一日生。曾祖斌。祖喜。父玺，义官。母杜氏。具庆下。弟昺、昱、星。娶强氏。河南乡试第四名，会试第二百一名。

张集，贯直隶真定府晋州，民籍，国子生，治《书经》。字汝思，行二，年二十八，正月二十七日生。曾祖信。祖名矩，封监察御史，赠大理寺左寺丞。父璿，都察院右佥都御史。母邵氏，封宜人。具庆下。兄枭。弟渠、檠、筑、臬、樊。娶王氏。顺天府乡试第四十八名，会试第三百七十七名。

周延，贯江西吉安府吉水县，民籍，儒士，治《易经》。字南乔，行四，年二十五，十一月初二日生。曾祖适，教授。祖温。父良福。母李氏。慈侍下。弟缨。娶熊氏。江西乡试第四十名，会试第九十八名。

钱术，贯浙江嘉兴府海盐县，民籍，县学生，治《书经》。字汝冲，行四十二，年三十二，正月二十八日生。曾祖显，赠监察御史。祖璠。父滂。母朱氏，继母顾氏。具庆下。兄模，训导；木。弟橼、干、福、禄、柏、邦、柱、榭。娶郑氏。浙江乡试第十四名，会试第五十一名。

虞守愚，贯浙江金华府义乌县，民籍，国子生，治《礼记》。字惟明，行一百六十四，年四十一，八月初五日生。曾祖润。祖彝。父尚礼。母何氏。慈侍下。弟守鲁、守蒙、守德、守道、守元、守亨。娶黄氏。浙江乡试第八十五名，会试第三百五十五名。

陈仲，贯福建泉州府晋江县，匠籍，县学生，治《易经》。字时中，行二，年三十八，四月十六日生。曾祖贤生。祖珤，递运所大使。父福，义官。母李氏。具庆下。兄伯。弟伏、价、佐、佑。娶李氏。福建乡试第七十六名，会试第一百九十二名。

谢应龙，贯直隶徽州府祁门县，民籍，县学生，治《春秋》。字云卿，行十二，年三十七，十月二十五日生。曾祖𬤊，寿官。祖恒。父宣。母汪氏。慈侍下。兄应春、应奎。弟应凤、应麟、应钟、应祯、应制、时、熊、鸾、轸、箕、斗、昌、兆、璧、应鹗。娶汪氏，继娶许氏。应天府乡试第十三名，会试第三百六十名。

王道，贯直隶涿鹿卫军籍，浙江海宁县人，涿州学生，治《诗经》。字弘济，行一，年三十四，六月初九日生。曾祖胜。祖瑄。父庆。母纪氏，继母田氏。具庆下。弟迁、逊。娶李氏，继娶顾氏。顺天府乡试第四十名，会试第八十七名。

杨锐，贯锦衣卫官籍，顺天府房山县人，国子生，治《书经》。字克成，行二，年三十八，八月十九日生。曾祖得春。祖清，赠武略将军管军副千户。父礼，锦衣卫百户，前副千户，封武略将军。母田氏，赠宜人。严侍下。兄鏓，户部郎中。弟镒，前锦衣卫百户。娶陈氏。顺天府乡试第二十六名，会试第九十二名。

范安，贯河南怀庆府河内县，匠籍，国子生，治《易经》。字子仁，行一，年三十二，二月十二日生。曾祖顺。祖珙。父怀。母崔氏。具庆下。娶石氏。河南乡试第五十二名，会试第三百三十一名。

黄直，贯江西抚州府金溪县，军籍，国子生，治《易经》。字以方，行十二，年三十五，四月初五日生。曾祖廷宪。祖铨。父琳。母徐氏。严侍下。兄僖。弟仲、仪、俸、胄、倬、价。娶徐氏，继娶李氏。江西乡试第七十七名，会试第三百六十四名。

金克厚，贯浙江台州府仙居县，民籍，县学生，治《诗经》。字弘载，行二，年四十，正月初七日生。曾祖存心，寿官。祖谟。父渟。母汪氏。具庆下。弟克恭、克训、克昌、克胜。娶林氏，继娶蒋氏。浙江乡试第四十二名，会试第四十二名。

杨大章，贯浙江绍兴府余姚县，军籍，国子生，治《书经》。字章之，行一，年三十三，八月二十八日生。曾祖宜振，赠工部主事。祖荣，工部郎中。父策，训导。母史氏。重庆下。弟大韶、大夏。娶张氏，继聘汪氏。浙江乡试第十九名，会试第一百四十名。

薛侨，贯广东潮州府揭阳县，民籍，府学生，治《书经》。字尚迁，行六，年二十四，七月初十日生。曾祖田。祖志安。父骥。母曾氏。慈侍下。兄俊，国子监学正；杰；侃，行人司行人；僕；伟。娶黄氏。广东乡试第六名，会试第六十名。

魏良弼，贯江西南昌府新建县，民籍，国子生，治《诗经》。字师说，行三，年三十二，八月初七日生。曾祖重鋐。祖默，知县。父樂。母夏氏。重庆下。弟良政、良器、良茂。娶甘氏。江西乡试第三十二名，会试第一百九十六名。

方远宜，贯直隶徽州府歙县，民籍，国子生，治《诗经》。字伯时，行五，年四十，正月初一日生。曾祖道泰。祖植。父寿饶。母吴氏，继母孙氏。永感下。兄远守、远宏。弟远宣、远富、远寓、远容。娶鲍氏。应天府乡试第一百十名，会试第二十名。

曾铤，贯湖广黄州府麻城县，军籍，县学生，治《礼记》。字日宣，行六，年三十二，八月初十日生。曾祖应通。祖启，教谕，赠知县。父大显，按察司金事。母李氏，继母张氏。具庆下。兄焕，推官；焯；熺；煌；熜，监生。弟裕、燧、烺、炳。娶喻氏。湖广乡试第三十七名，会试第三百二十名。

余升，贯大宁营州右屯卫军籍，浙江开化县人，国子生，治《书经》。字德阳，行二，年三十六，十二月十八日生。曾祖谷祥。祖谅。父惠。母李氏。永感下。兄昂。弟昊。娶张氏，继娶刘氏，潘氏。顺天府乡试第一百十九名，会试第八十五名。

胡瀹，贯河南河南府洛阳县，民籍，府学生，治《易经》。字新甫，行二，年三十七，八月初三日生。曾祖宏，知州。祖惟善。父远，教谕。前母杨氏、刘氏，母焦氏。永感下。兄天锡。娶索氏。河南乡试第十名，会试第一百六十三名。

龚辉，贯浙江绍兴府余姚县，民籍，国子生，治《诗经》。字实卿，行一，年三十九，九月二十五日生。曾祖志颢。祖璋。父森，县丞。母方氏。具庆下。弟晃、耀、兰、易、京。娶周氏。浙江乡试第二名，会试第八十四名。

张景献，贯广东广州府顺德县，军籍，国子生，治《诗经》。字廷哲，行三，年三十八，八月二十日生。曾祖克新。祖天成，寿官。父远。母邓氏。永感下。兄景良、景昭。弟景明、景旦、景昂、景用、景卫、景云。娶陈氏。广东乡试第十六名，会试第二百十八名。

屠楷，贯广西桂林府临桂县，军籍，国子生，治《书经》。字良植，行二，年三十四，闰九月初六日生。曾祖侃。祖仲华。父谦，贡士。母王氏。慈侍下。兄格。弟梓、材、楪、杞、楠、槐。娶张氏。广西乡试第一名，会试第一百十二名。

康天爵，贯山西平阳府临汾县，军籍，国子生，治《礼记》。字汝修，行二，年三十五，二月十六日生。曾祖励。祖子厚。父铉，监生。母罗氏。慈侍下。兄天玺。弟天济，天泽、天寿。娶刁氏。山西乡试第五名，会试第三百二十七名。

王从善，贯湖广襄阳府襄阳县，官籍，陕西南郑县人，国子生，治《诗经》。字承吉，行二，年五十二，四月十四日生。曾祖文贵，赠镇国将军都指挥同知。祖忠，正千户，赠镇国将军都指挥同知。父信，后军都督府都督同知充漕运总兵官。前母白氏，赠夫人，母杨氏，继母应氏，封夫人。永感下。兄为善，义官。弟继善，署都指挥金事；复善；明善；至善，南京兵部郎中；巨善。娶曹氏。湖广乡试第二十九名，会试第二百二名。

陈玑，贯河南开封府许州郾城县，军籍，县学生，治《书经》。字天仪，行二，年三十三，五月十二日生。曾祖原。祖昭。父莺。母于氏，继母王氏。具庆下。兄珠。弟琉；可，贡士；瑚。娶曹氏。河南乡试第十二名，会试第一百九十名。

方一桂，贯福建兴化府莆田县，军籍，国子生，治《诗经》。字世芬，行一，年三十一，二月十六日生。曾祖新，府同知，进阶中顺大夫。祖暻。父宜贤，知县。母吴氏。具庆下。弟一兰，同科进士；一梧。娶陈氏。福建乡试第七十一名，会试第五十二名。

赵纶，贯直隶松江府上海县，民籍，县学增广生，治《诗经》。字廷言，行二，年三十六，七月十四日生。曾祖圭。祖仁。父霁。母潘氏。严侍下。兄经、相、朴。弟绅。娶陆氏。应天府乡试第一百十八名，会试第三百十名。

王献，贯陕西西安府咸阳县，军籍，国子生，治《易经》。字惟臣，行三，年三十六，正月二十七日生。曾祖三。祖整。父才。母岳氏。具庆下。兄森、武。弟绩、安、猷。娶冯氏。陕西乡试第七名，会试第三十七名。

胡伯鳌，贯浙江杭州府临安县，民籍，国子生，治《易经》。字应元，行十，年四十，四月二十六日生。曾祖才。祖琬。父泽。前母洪氏，母钱氏，继母俞氏。永感下。兄伯直、伯艮、伯瞻、伯参、伯麟。娶高氏。浙江乡试第六十五名，会试第三百八名。

孙允中，贯鲁府仪卫司官籍，直隶合肥县人，兖州府学生，治《诗经》。字信道，行三，年二十七，四月十二日生。曾祖毅，副千户。祖永，副千户。父胤，仪卫副。母孔氏，封宜人。慈侍下。兄执中，仪卫副；用中。弟守中、时中、一中、建中、惟中。娶梁氏。山东乡试第十七名，会试第一百七十九名。

单钺，贯武功中卫匠籍，直隶嘉定县人，国子生，治《书经》。字廷仪，行三，年三十六，八月初二日生。曾祖信。祖政。父纪。母姜氏。慈侍下。兄钦、鉴。弟锦、镗、铠、镒、锐、镇、镶、銮、鏲、钧。娶苏氏。顺天府乡试第一百十四名，会试第八十一名。

白清，贯河南河南府陕州灵宝县，军籍，国子生，治《礼记》。字应乾，行二，年三十八，五月二十七日生。曾祖武。祖敬。父和。母郭氏。具庆下。兄廉。弟贤、宁、定。娶亢氏。河南乡试第三十一名，会试第二百九十七名。

李高，贯广西桂林右卫籍，灌阳县人，国子生，治《易经》。字仲之，行二，年三十四，闰九月十二日生。曾祖福。祖智清。父法森。前母周氏，母窦氏。慈侍下。兄通。弟山。娶邓氏。广西乡试第八名，会试第三百五十四名。

王学古，贯陕西宁夏卫军籍，直隶金坛县人，卫学生，治《礼记》。字克诚，行二，年三十一，十月初五日生。曾祖顺。祖贵。父琇。母韩氏，继母郭氏。具庆下。兄师古，贡士。弟稽古。娶吕氏，继娶刘氏、陈氏。陕西乡试第十一名，会试第二百五十二名。

朱佐，贯四川成都右卫左所官籍，直隶定远县人，国子生，治《易经》。字道甫，行一，年四十，十二月三十日生。曾祖信。祖璿。父钦。前母任氏，母常氏。具庆下。弟仁，典膳；仲；依；化；杰；传，典膳；偶。娶陈氏。四川乡试第十九名，会试第一百十七名。

黄金，贯福建兴化府莆田县，匠籍，府学增广生，治《诗经》。字廷声，行七，年二十八，正月十九日生。曾祖孟逊。祖德裕。父如陵。母林氏。永感下。兄良，源、钟。弟玉、瑚。娶陈氏，继娶翁氏。福建乡试第十八名，会试第一百八十六名。

李翰，贯四川叙州府宜宾县，民籍，国子生，治《诗经》。字师召，行一，年四十一，十一月初一日生。曾祖忠，府知事。祖峻。父景和。母师氏。具庆下。娶张氏。四川乡试第二十五名，会试第一百七十七名。

梁英，贯河南开封府祥符县，民籍，国子生，治《诗经》。字邦彦，行一，年四十三，二月初一日生。曾祖聚。祖增。父美。母刘氏，继母李氏。具庆下。弟雄。娶卢氏。河南乡试第七十八名，会试第三百三十五名。

李文芝，贯山东兖州府东平州，民籍，国子生，治《诗经》。字元征，行一，年三十四，三月初六日生。曾祖瑾。祖聪。父昂。母张氏，继母王氏。具庆下。弟文兰。娶刘氏。山东乡试第七十一名，会试第一百七十名。

管嘉祯，贯山东莱州府高密县，匠籍，县学生，治《易经》。字吉甫，行一，年二十三，三月二十八日生。曾祖进。祖惠。父九云，训导。母王氏。重庆下。弟嘉祐、嘉福、嘉祉、嘉祥、嘉谟。娶李氏。山东乡试第二十四名，会试第三百六名。

张让，贯山东青州府诸城县，军校籍，国子生，治《书经》。字克让，行三，年三十八，十月二十六日生。曾祖全。祖庆。父整。前母秦氏，母刘氏，继母章氏。慈侍下。兄良、恭。娶蒋氏，继娶丁氏。山东乡试第五十三名，会试第一百三名。

郝守正，贯湖广黄州府蕲州，民籍，州学生，治《诗经》。字中夫，行一，年三十七，九月十七日生。曾祖子敖。祖志安。父源。母徐氏。慈侍下。弟守道，守禄。娶陈氏。湖广乡试第三十六名，会试第二百二十二名。

曹祖儒，贯河南卫辉府获嘉县，民籍，府学生，治《诗经》。字以学，行一，年三十三，二月初一日生。曾祖祥，按察司副使。祖昂，教谕。父凤仪，监生。母李氏，继母吉氏。具庆下。弟祖武、祖仁、祖贤、祖彦。娶王氏。河南乡试第二十八名，会试第四百名。

刘隅，贯山东兖州府东平州东阿县，民籍，县学增广生，治《诗经》。字叔正，行三，年三十四，七月初十日生。曾祖琏，教谕。祖观，赠吏部郎中。父约，布政司右参政。母徐氏，封淑人。永感下。兄田，户部员外郎；谷；泽；沛。弟阶、牧、垣、冈。娶翟氏。山东乡试第八名，会试第十九名。

刘体元，贯广东广州府南海县，民籍，儒士，治《易经》。字昊孚，行三，年二十七，三月十三日生。曾祖芳。祖广成。父荫。母曾氏。具庆下。兄孟元、仲元。弟恂、侃、怡。娶劳氏。广东乡试第三十四名，会试第三百十九名。

徐行健，贯中都长淮卫官籍，江西南丰县人，国子生，治《易经》。字乾甫，行二，年四十二，八月十九日生。曾祖景壬。祖景春，百户，进阶武略将军。父继，百户。母高氏。永感下。兄九思，百户。弟行恕、行义、行中、行己。娶周氏。应天府乡试第一百十六名，会试第四十六名。

单文彪，贯山东兖州府单县，民籍，县学生，治《书经》。字道充，行三，年三十六，十二月二十二日生。曾祖爱。祖聪。父廷。母王氏。慈侍下。兄隆，玉。娶郭氏。山东乡试第十五名，会试第一百三十六名。

王民，贯直隶河间府景州故城县，军籍，国子生，治《易经》。字敬夫，行一，年三十七，七月十九日生。曾祖举政。祖英。父琎。母李氏。严侍下。娶马氏。顺天府乡试第一百二十三名，会试第二百七十六名。

王昺，贯山东济南府章丘县，军籍，国子生，治《诗经》。字承晦，行四，年三十三，二月十八日生。曾祖迪。祖俭。父项，寿官。母刘氏，继母刘氏。具庆下。兄晟，监生；旦；昱。娶郭氏。山东乡试第七十五名，会试第二百五十三名。

王燫，贯直隶苏州府民籍，昆山县人，县学生，治《易经》。字仲美，行一，年二十，十一月二十一日生。曾祖铭。祖棠。父潮。母李氏。重庆下。弟灿、焅。娶晋氏。应天府乡试第一百九名，会试第四十一名。

沈澧，贯浙江绍兴府山阴县，军籍，国子生，治《书经》。字文澜，行五，年三十九，四月十四日生。曾祖珩。祖昺，赠都察院经历司都事。父钦，按察司佥事，进阶朝列大夫。母章氏，封孺人。具庆下。弟淞，引礼舍人。娶王氏，继娶胡氏、张氏。浙江乡试第八十名，会试第一百八十名。

林钟，贯广东肇庆府高要县，民籍，县学生，治《书经》。字大和，行二，年三十二，四月二十七日生。曾祖俰。祖道缘，府经历。父高，照磨。前母苏氏，母唐氏。慈侍下。兄宗善。弟镗。娶邓氏。广东乡试第十四名，会试第三百三名。

魏景星，贯直隶宁国府宣城县，民籍，国子生，治《易经》。字文瑞，行五，年四十，十一月二十一日生。曾祖彦婉。祖芝民。父士奇，知县。母谢氏。永感下。兄景奎、景阳、景全、景洪。娶赵氏。应天府乡试第七十九名，会试第三百四十二名。

李镎，贯顺天府通州官籍，浙江景宁县人，府学附学生，治《易经》。字伯和，行一，年二十五，七月十六日生。曾祖信，赠百户。祖贵，百户。父璋，右布政使。前母齐氏，赠安人，母赵氏，封安人。具庆下。兄汝钦，贡士；铉，义官；钋；镗；镇。弟锛。娶张氏。顺天府乡试第一百二十三名，会试第三百四十四名。

程绪，贯陕西凤翔府宝鸡县，军籍，府学生，治《诗经》。字正夫，行三，年三十七，九月二十五日生。曾祖荣。祖宣。父章，县丞。母常氏，继母高氏。具庆下。兄继、纶。娶毛氏。陕西乡试第二十二名，会试第三百一名。

赵继勋，贯河南汝宁府汝阳县，民籍，国子生，治《春秋》。字崇之，行三，年四十四，九月十八日生。曾祖宽，监察御史。祖通，进士。父晟。前母蔺氏，母倪氏。永感下。兄继哲；继武，驿丞；弟继簪。娶铁氏，继娶周氏。河南乡试第七十九名，会试第三百五名。

董寅，贯湖广汉阳府汉阳县，民籍，国子生，治《诗经》。字玄亮，行一，年三十四，八月十八日生。曾祖仕高。祖悦，监生。父文献，训导。母周氏。重庆下。弟察。娶张氏。湖广乡试第六十五名，会试第二百二十六名。

郭弘化，贯江西吉安府安福县，民籍，国子生，治《易经》。字子弼，行六，年四十三，正月二十日生。曾祖敬肃。祖濬川。父乾厉。母陈氏。慈侍下。兄弘善。弟弘富、弘伦。娶邓氏。（继）娶彭氏。江西乡试第七十四名，会试第三百七十二名。

王邦裕，贯山东东昌府堂邑县，民籍，国子生，治《易经》。字子修，行二，年三十五，四月十七日生。曾祖政。祖玉，监生，赠奉直大夫后军都督府经历。父臣，户部郎中。母张氏，封宜人。具庆下。兄邦聘。弟邦祯，监生；邦祉；邦祜；邦祺；邦祚。娶侯氏，继娶张氏，张氏。山东乡试第五十六名，会试第一百二十三名。

王聘，贯山东济南府滨州利津县，民籍，县学生，治《书经》。字念觉，行二，年二十九，七月初五日生。曾祖思让。祖弘，义官。父臣。母李氏。慈侍下。兄诏。弟征、登、延。娶刘氏。山东乡试第七十名，会试第一百四十三名。

韦商臣，贯浙江湖州府长兴县，民籍，国子生，治《易经》。字希尹，行四，年三十四，九月二十九日生。曾祖谦。祖龄，赠知县。父厚，府同知。前母吴氏，赠孺人，母胡氏，封孺人。永感下。兄尧臣，岁贡生。弟唐臣、蜀臣。娶蔡氏。浙江乡试第八十二名，会试第一百七十六名。

李新芳，贯山西潞州，民籍，国子生，治《书经》。字元德，行十一，年三十四，七月二十八日生。曾祖琎。祖格。父清，仓副使。母王氏，继母杨氏。具庆下。娶孙氏。山西乡试第二名，会试第五十七名。

张文泰，贯陕西临洮府渭源县，军籍，国子生，治《书经》。字用亨，行二，年三十七，正月初三日生。曾祖善，赠户部员外郎。祖安，太仆寺少卿。父鹗，知县。前母傅氏，母黄氏。具庆下。兄文通，义官。弟文显。娶任氏，继娶何氏。陕西乡试第七十八名，会试第一百名。

张问之，贯直隶河间府沧州庆云县，民籍，县学生，治《诗经》。字子审，行三，年二十九，八月十九日生。曾祖仲礼。祖荣。父琮，省祭官。母徐氏。慈侍下。兄相、学之。娶陈氏，继娶马氏。顺天府乡试第九十八名，会试第二百十六名。

邢恩，贯陕西汉中府南郑县，民籍，国子生，治《诗经》。字允承，行一，年四十六，七月初一日生。曾祖端，知县。祖恕，医官。父继先，州同知。母崔氏，继母熊氏。具庆下。弟泽、霖、雨、经、纶、绾、缙、绅、缪、绮、纪。娶韩氏，继娶沈氏。顺天府乡试第一百三十名，会试第三百九十八名。

孟居仁，贯山西辽州，民籍，国子生，治《春秋》。字体元，行一，年三十五，四月二十五日生。曾祖端，贡士。祖贤，寿官。父隆，通判。母张氏。慈侍下。弟思仁、存仁。娶原氏。山西乡试第四十二名，会试第三百七十四名。

刘体观，贯江西吉安府庐陵县，民籍，县学生，治《易经》。字行中，行四，年三十三，九月十七日生。曾祖丕谟。祖五伦。父经。母曾氏。具庆下。兄体震、体坎、体艮。娶彭氏。江西乡试第四十九名，会试第三十七名。

李士翱，贯山东济南府长山县，民籍，国子生，治《诗经》。字如翰，行一，年三十六，五月二十三日生。曾祖文秀。祖广。父宗明。母张氏。永感下。弟士羽、士翼。娶张氏，继娶曲氏。山东乡试第六十六名，会试第一百五十名。

董绍，贯直隶常州府武进县，民籍，国子生，治《诗经》。字宗远，行一，年四十一，八月二十一日生。曾祖志全。祖珍。父尚彬，七品散官。母何氏。永感下。弟约，监生。娶徐氏，继娶陈氏。应天府乡试第三十八名，会试第二百三十三名。

陈大用，贯福建福州府长乐县，军籍，县学附学生，治《诗经》。字则可，行四，年三十一，八月十五日生。曾祖育。祖英。父塾。母高氏。慈侍下。兄大猷、大伦、大夏。弟大护，知县；大全。娶林氏。福建乡试第五十八名，会试第一百八十一名。

陈情，贯河南河南卫官籍，直隶来安县人，国子生，治《易经》。字子孝，行三，年四十，十二月二十一日生。曾祖铺，指挥佥事。祖源。父栾。前母杜氏，母傅氏。慈侍下。兄言、力。弟诰、谟。娶王氏。河南乡试第三十三名，会试第二百八十九名。

王诰，贯河南汝宁府西平县，军籍，国子生，治《诗经》。字公遇，行一，年二十六，八月二十日生。曾祖聪，赠卫经历。祖清，卫经历。父志德，教谕。母李氏。重庆下。弟训、讷。娶李氏。河南乡试第三十五名，会试第二百九名。

俞朝妥，贯浙江绍兴府新昌县，民籍，国子生，治《书经》。字宠之，行三十二，年三十六，九月二十五日生。曾祖用直。祖叔安，封监察御史。父振忠，阴阳训术。母吕氏。慈侍下。弟朝孚。娶吕氏，继娶张氏。浙江乡试第六十三名，会试第三百八十二名。

陆梦麟，贯江西南昌府丰城县，军籍，府学增广生，治《诗经》。字文瑞，行五，年二十九，十二月二十一日生。曾祖具载，旌表义官。祖德美。父时叙。母杜氏。具庆下。弟梦豹。娶熊氏，继娶李氏。江西乡试第三十五名，会试第二百七十七名。

谢朝辅，贯陕西西安左卫军籍，直隶临淮县人，咸宁县学生，治《易经》。字汝载，行五，年三十四，七月二十四日生。曾祖海。祖德。父恩，教谕，封监察御史。母马氏，封孺人。永感下。兄朝宣，按察使；朝宠；朝政；朝绅。娶查氏。陕西乡试第六名，会试第二百七名。

钱学孔，贯浙江金华府金华县，民籍，县学生，治《诗经》。字以时，行一百二十一，年四十二，六月二十三日生。曾祖泄。祖升。父颖，府同知，进阶朝列大夫。母朱氏，继母金氏。慈侍下。兄学徽、学祖。弟学师。娶王氏。浙江乡试第七十七名，会试第二百五十八名。

张鹏，贯直隶涿鹿左卫，官籍，国子生，治《书经》。字伯化，行一，年三十六，五月二十七日生。曾祖礼。祖敬。父玉。母野氏。严侍下。娶李氏，继娶王氏。顺天府乡试第一百三十三名，会试第一百六十二名。

应果，贯浙江处州府遂昌县，民籍，国子生，治《诗经》。字子阳，行二，年三十五，十一月十八日生。曾祖存琳。祖世镒。父湛。母潘氏。具庆下。兄楷。弟楷、干。娶劳氏。浙江乡试第八十三名，会试第二百五十五名。

朱道澜，贯福建兴化府莆田县，盐军籍，县学生，治《诗经》。字叔观，行三，年三十八，七月十九日生。曾祖希哲。祖世望，义官。父邦镛。母黄氏。慈侍下。兄道本、道明。弟道周、道宗、道洪、道通。娶吴氏。福建乡试第六十九名，会试第八十二名。

佘勉学，贯广西柳州卫官籍，湖广孝感县人，国子生，治《诗经》。字行甫，行一，年三十四，四月十九日生。曾祖茂。祖干，贡士。父崇凤，知州。母李氏。具庆下。娶罗氏。广西乡试第十名，会试第一百九十八名。

梁建辰，贯广东广州府番禺县，军籍，国子生，治《易经》。字茂阳，行一，年三十六，九月初五日生。曾祖德润。祖安。父宸，寿官。母邬氏。重庆下。弟建宇、建宣、建宏。娶颜氏。广东乡试第十五名，会试第二百五十名。

张锴，贯武功中卫，匠籍，浙江余姚县人，国子生，治《书经》。字德扬，行四，年三十四，三月初三日生。曾祖安。祖华。父迷，寿官。前母陈氏，母余氏。具庆下。兄镒、钺、铭。娶许氏。顺天府乡试第九十七名，会试第三百八十八名。

程嘉行，贯江西饶州府乐平县，军籍，国子生，治《诗经》。字公敏，行十七，年四十四，十一月十六日生。曾祖本立。祖麟，县丞。父廷表。母范氏。重庆下。弟嘉禾、嘉显、嘉善、嘉客、嘉式、嘉望。娶韩氏。江西乡试第五十一名，会试第一百十六名。

刘耕，贯陕西临洮府兰州官籍，福建宁化县人，国子生，治《礼记》。字伯田，行一，年三十九，六月十八日生。曾祖荣。祖义，赠光禄寺署丞。父玉，州同知。前母韩氏，封孺人，母张氏。慈侍下。弟耘、籽。娶汉氏。陕西乡试第五名，会试第一百八十四名。

杨行中，贯顺天府通州，民籍，国子生，治《书经》。字惟慎，行一，年三十五，二月初十日生。曾祖秀。祖礼。父膞。母陆氏，继母马氏。具庆下。弟行直、时泽、行谨、时雍、行恭、时泰、行恕、时宜、行简、行敬、行仁。娶贾氏。顺天府乡试第二十八名，会试第二百四十一名。

王学孔，贯江西吉安府安福县，民籍，国子生，治《易经》。字鲁卿，行二十九，年三十八，七月十二日生。曾祖循义，寿官。祖翀。父秩。母刘氏。慈侍下。兄学闵、学昌、学孟、学旦、学夔，吏部郎中。弟学舜、学益，贡士。娶刘氏。江西乡试第三十一名，会试第一百三十七名。

万义，贯直隶山海卫军籍，江西奉新县人，卫学生，治《易经》。字质夫，行二，年三十五，十一月十六日生。曾祖能。祖全。父贵。嫡母马氏，生母余氏。永感下。兄仁。娶张氏，顺天府乡试第四十五名，会试第三百二十八名。

李义壮，贯广东广州府南海县，民籍，国子生，治《诗经》。字稚大，行三，年三十六，九月十八日生。曾祖政。祖俊。父春芳。母陈氏。永感下。兄东，知州、羲震、羲复。弟羲泰。娶陈氏。广东乡试第二十名，会试第五十八名。

须澜，贯直隶德州卫军籍，华亭县人，国子生，治《易经》。字孟观，行四，年三十六，六月初六日生。曾祖景贤。祖礼。父显。前母杜氏，母高氏。慈侍下。兄洪，济。弟润。娶李氏。山东乡试第七名，会试第一百四名。

雒昂，贯陕西西安府三原县，军籍，国子生，治《易经》。字仲俛，行一，年四十二，四月十五日生。曾祖宽。祖佑，寿官。父璟。母王氏。慈侍下。弟肙、晨。娶张氏。陕西乡试第五十二名，会试第三百三十四名。

沈南金，贯浙江杭州府钱塘县，匠籍，江西万载县学教谕，治《易经》。字子轻，行一，年四十，十一月二十九日生。曾祖景阳。祖宗寿。父胺。前母朱氏，母魏氏。永感下。弟重金、鸣金、应金。娶陈氏，继娶陈氏。浙江乡试第十七名，会试第三百八十九名。

张元孝，贯河南汝宁府汝阳县，民籍，府学生，治《春秋》。字仲立，行一，年二十二，三月十八日生。曾祖通。祖泰。父伦，前母陈氏。母游氏。具庆下。弟元忠、元庆、元复。娶赵氏。河南乡试第二名，会试第二百六十五名。

边彦骆，贯河南开封府杞县，军籍，国子生，治《诗经》。字国龙，行九，年三十八，十月二十八日生。曾祖和。祖通，封监察御史。父宥，义官。嫡母王氏，生母王氏。慈侍下。兄彦威，典史；彦骐；彦聪，监生；彦骏；彦骥，典膳；彦骧，听选官；彦骝。弟彦骕，典膳；彦骊。娶楚氏。河南乡试第十七名，会试第七十八名。

王鸿渐，贯河南南阳府南阳县，军籍，国子生，治《书经》。字懋德，行二，年四十九，五月初二日生。曾祖道十。祖觉成，赠通议大夫吏部右侍郎。父本，赠通议大夫吏部右侍郎。母司氏，赠淑人。永感下。兄鸿儒，南京户部尚书，谥文庄。娶吕氏。河南乡试第一名，会试第三百十六名。

黄澄，贯福建泉州府南安县，军籍，县学生，治《诗经》。字廷肃，行二，年四十，十月初三日生。曾祖旻。祖彝。父德平。母庄氏。永感下。兄源。弟清、瀛。娶李氏。福建乡试第四十三名，会试第二百名。

李循义，贯浙江宁波府鄞县，民籍，国子生，治《易经》。字时行，行三，年三十七，十二月十三日生。曾祖睿迪。祖端。父正华。母何氏。具庆下。兄循仁。弟循礼、循智、循信、循道。娶刘氏。浙江乡试第七十三名，会试第九十四名。

张时亨，贯山西平阳府解州安邑县，匠籍，国子生，治《诗经》。字嘉会，行二，年三十三，五月初六日生。曾祖溶。祖威。父雄。前母高氏、侯氏，母周氏，继母孙氏。具庆下。兄良臣。弟时正、时泰、时荐。娶吕氏。山西乡试第二十六名，会试第二百四十二名。

李翔，贯广东广州府新会县，军籍，国子生，治《易经》。字举南，行四，年四十五，九月二十六日生。曾祖秋华。祖弗疑。父得佑，寿官。母卢氏。慈侍下。兄翰，学录；翀；翘。娶陈氏。广东乡试第二十六名，会试第八十三名。

胡湘，贯河南南阳府邓州内乡县，民籍，国子生，治《易经》。字济之，行一，年三十八，九月二十二日生。曾祖骥。祖忠，封礼科给事中。父瑞，都察院右副都御史。母李氏，封孺人。慈侍下。兄鸿，医学训科。弟瀚，贡士；泮；洋。娶史氏，继娶刘氏、时氏。河南乡试第六名，会试第一百八十二名。

谢表，贯直隶苏州府常熟县，民籍，国子生，治《诗经》。字正子，行一，年四十三，十二月二十九日生。曾祖玘。祖用。父元佑，寿官。母许氏。严侍下。弟衮、衷。娶胡氏。应天府乡试第一百二名，会试第二百二十名。

朱节，贯直隶苏州府吴县，民籍，国子生，治《诗经》。字全甫，行一，年三十三，三月三十日生。曾祖璐。祖浚。父仟。母陈氏。重庆下。兄鸿渐，进士。弟坤、恒渐、临、随、既济。娶沈氏。应天府乡试第十二名，会试第二百八名。

乔英，贯直隶保定府祁州束鹿县，民籍，县学生，治《诗经》。字伯藏，行五，年四十一，九月十二日生。曾祖士忠。祖青。父深，寿官。前母张氏，母贾氏。永感下。兄宽、檏、聚、全。弟俊。娶任氏，继娶周氏。顺天府乡试第四十名，会试第七十名。

杨东，贯直隶太平府当涂县，军籍，府学生，治《诗经》。字启明，行一，年三十一，九月初三日生。曾祖洪。祖冕。父嵩。母龚氏。具庆下。弟策。娶刘氏。应天府乡试第九十一名，会试第九十五名。

王旒，贯山东济南府济阳县，军籍，国子生，治《易经》。字成玉，行三，年四十二，十一月初一日生。曾祖才兴。祖斌。父京。母庄氏，继母李氏。慈侍下。兄樾、森。弟注、沕。娶刘氏，继娶李氏。山东乡试第四十四名，会试第三百十七名。

朱绶，贯陕西汉中府南郑县，民籍，国子生，治《书经》。字朝仪，行二，年四十三，四月二十四日生。曾祖友成，知县。祖巽。父崇政，县丞。母张氏。永感下。兄璋，义官。弟玑。娶王氏。陕西乡试第三十一名，会试第一百八十四名。

傅鹗，贯江西临江府新喻县，民籍，国子生，治《春秋》。字文瑞，行二，年三十，三月初二日生。曾祖训子。祖介瑛。父礼周，前母廖氏。母刘氏。具庆下。兄纪瑞、朝瑞。弟鸿。娶阮氏，继娶宗氏。江西乡试第五十名，会试第三百三十六名。

吴玭，贯浙江杭州府钱塘县，民籍，府学生，治《礼记》。字汝莹，行十一，年四十六，正月初二日生。曾祖原敬，赠通议大夫都察院右副都御史。祖士宁，赠通议大夫都察院右副都御史。父谨，七品散官。前母高氏、李氏，嫡母莫氏，生母周氏。慈侍下。兄璿，府同知；玺；瑞；珎；琳；玮，义官；璠；玙；瑶，中书舍人；琼。弟珂；瑞，贡士；珊。娶王氏。浙江乡试第十七名，会试第一百二十三名。

何祉，贯江西南昌府进贤县，民籍，县学生，治《书经》。字德征，行四，年三十二，二月十六日生。曾祖九江。祖珏。父机。母舒氏。慈侍下。娶赵氏。江西乡试第六名，会试第二百七十一名。

郑濂，贯应天府江宁县，民籍，江西新建县人，国子生，治《易经》。字师周，行一，年三十二，十二月二十五日生。曾祖思恭，赠通判。祖礼，知府。父珉，七品散官。母欧阳氏。具庆下。弟沂、河、汉、渠。娶赵氏，继娶俞氏、宇氏。应天府乡试第三十三名，会试第二百八十名。

王衮，贯四川顺庆府广安州，民籍，国子生，治《诗经》。字廷瞻，行四，年三十三，五月十五日生。曾祖瑄。祖吉，训导。父伯相。母金氏。重庆下。兄臣，听选官；冠；敫。弟镒、钦、藻、华、贲、葵。娶李氏。四川乡试第五十三名，会试第一百二十七名。

李仁，贯山东兖州府东平州东阿县，民籍，县学生，治《诗经》。字元夫，行一，年三十五，四月初七日生。曾祖胜。祖祥。父瑄，典史。母胡氏。慈侍下。兄兰；蓁，省祭官；莘。弟蕃。娶刘氏。山东乡试第一名，会试第一百五名。

康河，贯陕西西安府乾州武功县，民籍，县学生，治《诗经》。字德清，行十一，年三十四，十月十八日生。曾祖爵，南京太常寺卿。祖健，通政司知事。父銮，义官，赠户部主事。前母高氏，赠安人，母高氏，赠安人。永感下。兄阜；淮；泫；泽，医学训科；海，前翰林院修撰；润；浩，知州，前户部郎中；瀚；淳；洋，义官。弟濂。娶段氏。陕西乡试第十三名，会试第三百八十七名。

阎溥，贯陕西西安府兴平县，民籍，国子生，治《书经》。字公甫，行四，年三十九，七月十三日生。曾祖通，刑部司狱，赠顺天府府尹。祖铎，顺天府府尹。父璘，鸿胪寺序班。母赵氏。永感下。兄江、瀚、沧、沐、浙。弟济。娶王氏，继娶王氏。陕西乡试第四十六名，会试第三百六十七名。

《嘉靖二年进士登科录·策问》：

皇帝制曰：朕惟自古帝王欲成天下之治，必顺时揆事，创制立法，以尽天下之务。顾世有升降，而政之因革随之。唐虞三代所以致雍熙泰和之盛，卓然可为万世法程者，具载诸经。姑举其大者论之，如定礼乐，明律历，疆理宇内，设立庶官，分田制赋，兴学养士，与夫选举考课之法，兵戎刑罚之制，其建立有本，推行有序，可历指其实而言之欤？后之称善治者，曰汉，曰唐，曰宋，其创业守成，亦多英君谊辟，而考其治功所就，终不及于古，何欤？岂致理之道，固不专恃于法制欤？尝观先儒之论有曰：善为治者，必先有纲纪以持之于上，而后有风俗以驱之于下。信斯言也，则君臣之间，转移振举，宜莫急于此者。三代而上，无容议已，自汉以来，纲纪之张弛，风俗之醇杂，亦有可言者欤？抑斯二者，相因而成，又岂无所自欤？仰惟我太祖高皇帝，肇造区夏，创建宏规，太宗文皇帝，中靖家邦，纂述大统，列圣相承，监于成宪，益隆不替，百五十余年，道洽政治，盖庶几古帝王之盛。朕嗣守祖宗鸿业，抚临亿兆，夙夜祗畏，图新治理，而绩效未臻，和气未应，其故果安在欤？夫事必稽诸古，而后有以验夫因革之宜，治必端其本，而后可以不紊夫先后之序。此固君天下者所当知也。兹朕欲励精有为，期于化行俗美，绍复我祖宗之旧，以上追隆古之治，如之何而可？子诸生皆学古通今，明于王道，宜有以佐朕之不逮者。其各殚心以对，毋泛毋略，朕将采而行之。嘉靖二年三月十五日。

《嘉靖二年进士登科录·姚涞对策》：

臣对：臣闻善治天下者，固在乎立大法以为致治之具，尤贵乎端大本以为出治之要。何谓大法？经纶政务之道，康济民物之方是也。何谓大本？人主一心，所以宰政务而御民物者是也。无是法，则虽有愿治之心，而因革常患于失宜。无是心，则虽有图治之迹，而先后常病于无序。如是而欲纲纪之正，风俗之厚，治功之善，得乎？故心所以宰制乎法，而法所以推行其心。法者治之具，而心者治之要也。得其要者，固不可不求其具，得其具者，尤不可不先其要。古之善治天下者，无他焉，亦惟循用此道而已矣。后世之所以不古若者，岂非徒恃乎法制以为治具，而未能先正其本原以为治要欤？钦惟皇帝陛下，以刚健纯粹之资，高明光大之学，入绍大统，光济前休，启中兴之令图，开太平之昌历，嘉靖天下，以纲纪风俗为虑，进臣等于廷，而赐之清问，所谓知出天下而听于至愚，威加四海而屈于匹夫，可与为尧舜，可与为汤武者也。顾以臣之谫陋，不足以赞庙谟，裨国论，然而一得之愚，亦安敢不为陛下效之乎？臣惟人君膺天眷之隆，为生民之主，固不能舍法以图治，亦不专恃法以为治。盖四海至广，兆民至众，苟无法以维持之，则何以一其心志，而使之各循其理？何以息其争夺，而使之各安其分？故自古帝王，欲成天下之治，必顺时揆事，创制立法，以尽天下之务，而定为一代之规。如礼以正名分，乐以格神人，律以和声，历以授时，疆理宇内，以柔远能迩，设立庶官，以代天任事。分田制赋以足国裕民，兴学养士以惇化善俗。选举以兴贤能，考课以计吏治。兵戎以御外侮，刑罚以诘奸慝。是皆治具之大，所当修举焉者。虽世有升降，政有因革，未有舍此而能图治者。然礼乐教化，由心而发，典章文物，由心而著。家齐国治天下平，由心而推。人君一心，实建立法制之本，而推行之序，必自此始焉。先儒朱熹尝论善为治者，必先有纲纪以持之于上，而后有风俗以驱之于下。又谓纲纪不能以自立，必人主之心术公平正大、无偏党反侧之私，然后纲纪有所系而立。盖所谓纲纪者，必辨贤否以定上下之分，核功罪以公赏罚之施。所谓风俗者，必使人皆知善之可慕而必为，皆知不善之可羞而必去也。君臣之间，苟知转移振举之机，莫急于此，宰执秉持，而不敢失，台谏补察，而无所私，人主又以其大公至正之心，恭己于上而照临之，则有所不为，为之而无不成，有所不革，革之而无不服。将见法制以纲纪之立，而无颓堕废坠之虞，风俗以法制之行，而无偷薄顽犷之习。本末兼举，上下相因，而天下之治于是乎成矣。顾其张弛醇杂，皆本于君心之能正与否，此则治要之大，尤当致意焉者，又岂专恃乎法制哉？臣伏读圣制，盖已深察乎此。臣请以经之所载，为陛下陈之。夫礼乐之为用大矣。在唐虞则巡狩以修五礼，典乐以谐八音。在三代则大宗伯掌五礼以防民伪，大司乐掌六乐以防民情。盖建诸天地，而同节同和者也。律历之所关重矣。在唐虞则在玑衡以齐七政，考声律以察治忽。在三代则五纪用序而时以定，七音始备而声以和。盖协于阴阳而至精至密者也。封山濬川，而五服之远近规画甚详，体国经野，而九州之险易界限不紊。此其疆理宇内，载诸禹贡职方者，可述也。询咨岳牧，而又分命九官，以时亮天工，训迪公孤，而又分命六卿，以率属倡牧。此其设立庶官，载诸舜典周官者，可稽也。咸则三壤，成赋中邦，此唐虞之田赋也。夏贡殷助，周则参而用之。大学上庠，小学下庠，此唐虞之学校也。夏校殷序，周则兼而举之。其选举也，翕受敷施，九德咸事，在于唐虞者如此。而夏官所谓以德诏爵，以功诏禄，以能诏事，以久奠食者，亦三代之常制也。其考课也，三载考绩，黜陟幽明，在于唐虞者如此。而天官所谓宰夫受日考，小宰受月考，大宰受岁考，三岁则大计吏治而诛赏之者，亦三代之盛典也。以言其兵，比闾族党，即伍两军旅之师，搜苗狝狩，皆征伐击刺之术，兹非兵制之善者乎？以言乎刑，皋陶为士，能体夫钦恤之仁，吕刑有诰，犹存夫敬慎之意，又非刑罚之善者乎？斯盖帝王之治法，真足以为万世之法程者也。然而数圣人者，皆得夫建立之本，而不紊于推行之序。精一执中，尧舜禹盖以心法而相授，是以任贤去邪，罔惑于疑贰，命德讨罪，允协于明威。其纲纪在上者，无不张矣。当是之时，黎民于变而万邦咸宁，臣庶协中而四方风动，其致雍熙泰和之盛，岂不宜哉！建中建极，商汤周武盖以心法而相传，是以懋官懋赏，必论其功德，而私昵不得以苟容，三宅三俊，必任夫吉士，而憸人不得以相间。其纲纪在上者，无不张矣。当是之时，商邑用协而四方见德，时罔不变而允升大猷，其致雍熙泰和之盛，岂不宜哉！三代而下，虽有愿治之君，而于为治之法，或未能毕举，虽有为治之法，而于出治之本，或未能深探。其治之不古若，有由然矣。在汉则创业如高帝，中兴如光武，恭俭如孝文，雄略如孝武，综核如孝宣，明察如明，宽厚如章，皆一代之贤君也。用叔孙通之绵蕞，歌唐山之乐章，考落下闳之算法，参司马迁之律书。建立郡国，而统之以十三部，官分中外，而列之以十六等。轻徭薄赋，而赐民田租，临雍拜老，而诸儒问难。兴廉举孝，则见于元朔之诏，考试功能，则总于丞相之课。郡国有材官之设，京师有南北之屯，而内外足以相制。次律令以示画一，除肉刑以全民生，而仁恩足以胜残。其法制亦云备矣。在唐则文武兼资有如文皇，初政励精有如玄宗，刚明果断有如宪宗，皆一代之贤君也。新礼修于房玄龄，雅乐定于祖孝孙，清声作于开元，历法备于大衍。因山川之形便而分道立州，仿六卿之率属而限官任才。口分世业，而井田之制尚存，大召名儒，而弘文之馆肇立。选人之途有四，而主以三铨之法，考功之善有四，而差以九等之制。建府立卫，则似乡遂之师，矜刑慎狱，则谨覆奏之令。其法制亦云备矣。在宋则仁孝豁达有如艺祖，克笃前烈有如太宗，忠厚恻怛有如仁宗，皆一代之贤君也。有礼图纂义诸书，有平晋大安诸乐，和岘论钟律，而胡瑗、范镇之说迭兴，司天修历法，而观天、统元之名继作。建官始于乾德，而元丰则又新之，分路始于太宗，而神宗则又增之。履亩制税，而限天下之田，兴学育材，而崇苏湖之教。蹈唐规以铨试，而益以律令经义之条，设磨勘以递迁，而主以审官考课之院。设禁兵以备宿卫，列厢兵以隶诸州，而军制亦详。颁恤刑诏于天下，置审刑院于禁中，而刑狱不滥。其法制亦云备矣。夫法制虽备，而世主无正心之学，不悦《诗》、《书》，专尚黄老，习于刑名，惑于符谶，而七制之心术已荒。首复浮屠，行渎人伦，耽于声色，溺于佛骨，而三宗之心术已坏。陈桥启祚，金匮渝盟，或矫诬不明，或刚断不足，而宋世人主之心术，亦未有能自正者。是以当时之治，赏者未必有功，而罚者未必有罪，上者未必皆贤，而下者未必皆不肖。举其大者言之，如疏贾谊而亲邓通，外汲黯而内平津，王吉谢病而恭显用事，韩歆被遣而子密受封，汉之纲纪，岂能尽正哉！信不能保魏征之直，而许敬宗得以列于朝，明不能烛林甫之奸，而张九龄无以安其位。李绛与吐突承璀而并进，裴度与皇甫镈而兼收。唐之纲纪，岂能尽正哉！窦俨以宿儒受知，而卢多逊之憸邪则弗之觉，柴禹锡以上变见用，而王禹偁之抗言则弗之容。欧阳修论朋党，而无补于去留，范仲淹抑侥幸，而不胜其谗谤。宋之纲纪，又岂能尽正哉！夫上下之分不定，而赏罚之施未公，则法制何自而立，风俗何自而厚乎？故西汉之风俗，虽曰以经术为尚，然观德色诔语之策，四方逆贼之奏，则所谓薄恶者，亦有之矣。东汉之风俗，虽曰以节义为尚，然观朱穆崇厚之说，潜夫浮侈之篇，则所谓浇靡者，亦有之矣。唐人尚词章，此风俗之近浮者也。观正俗之讽，与独行之传，而有以知唐世之多僻。宋人尚理学，此风俗之近古者也。观明禁之文，与悯俗之论，而有以知宋俗之不淳。上无纲纪以持之，下无风俗以驱之，故汉之治效，蓄积岁增，户口蕃息，禁网疏阔，刑罚大省，可以言治矣，而不免有杂霸之弊。唐之治效，斗米三钱，牛马被野，民物阜繁，四夷降附，可以言治矣，而不免有杂夷之弊。宋之治效，刑以不杀为威，财以不蓄为富，兵以不用为功，人材以不作聪明为贤，可以言治矣，而不免有武略不竞之弊。失其本原而徒恃法制，果可以为治哉？仰惟我太祖高皇帝，肇造区夏，创建宏规，太宗文皇帝中靖家邦，纂述大统，列圣相承，益隆不替，道配帝王，而治超近古，岂无道以致之哉！臣尝庄诵太祖高皇帝之《圣训》矣，如曰：人主一心，治化之本。存于中者，无尧舜之心，欲施于政者，有尧舜之治，决不可得也。又曰：法度纵弛，当在更张，使纪纲正，而条目举，其要在明礼义，正人心，厚风俗，以为之本。大哉王言！一哉王心！而又持之以敬天爱民之诚，励之以求贤勤政之志，究心于《洪范》之学，垂情于《衍义》之书，故能润色鸿业，损益百王。如命牛谅制礼，命陶凯定乐，而中和之用著。正胡元之声，颁大统之历，而阴阳之候调。内设京畿，外列藩省，而疆理有方。首明职掌，次辨礼仪，而官规有叙。差土田之高下，以定赋税，而酌轻重之宜，立府县之学校，以明彝伦，而广弦诵之化。以经术取士而选举精，以年资叙迁而考课实。以五府治军，而总于本兵，则兵政有统，以六律论刑，而参以《大诰》，则吏治不苟。信所谓端其大本，而立其大法矣。则其复古帝王之治，而陋汉、唐、宋于下风者，端有自哉！是以纲纪正而风俗厚，法制举而治化隆，百五十余年于兹。然成者易毁，盈者必溢，加以正德以来，权奸蛊惑，而法令滋章。陛下应期而兴，适承其后，此正社稷安危之机，生民休戚之端，君子小人进退消长之际，天命人心去就离合之时。臣谓圣祖在天之灵，不能无望于陛下之大有为也。昔者践祚之初，改元一诏，万化俱新，如征耆旧以表名德，登才俊以兴事功，容直谏以开言路，斥佞倖以敦士习，诛奸逆以昭邦宪，褒忠直以励世风，蠲逋负以苏疲瘵，洗烦苛以释冤滞，剔蠹弊以储货财，清冒滥以惜名器。涤瑕以德，消疹以和，改纪其政，而纲纪振于上，申训其人，而风俗移于下。由是海隅苍生，莫不翘首以望太平，倾心以观至化。正如天地久否，忽泰则平，日月久晦，忽开则明，雷霆久蛰，忽震则惊，云雾久郁，忽廓则清。岂非臣民之一快哉！以陛下功烈之盛，化理之隆，虽商宗周宣，何以远过？然边陲戒严，而盗贼窃发，乾象失度，而灾异频仍，绩效未臻，和气未应，信有如陛下所虑者。虽修省之诏屡下，而消弭之效未闻，陛下岂得晏然而已乎？臣愚以为，事必稽古，所以立法也。所谓礼乐律历之类，皆法之所寓也。陛下诚能以稽古为务，远宗帝王，近法祖宗，则典章经制，因革适宜，大法可立，而治具彰矣。治必端本，所以正心也。所谓纲纪风俗之施，皆心之所推也。陛下诚能以端本为先，委政大臣，听用台谏，则纲纪风俗，先后有序。大本既端，而治要举矣。夫如是，则大化神明，而鸿恩博洽，绩效何患于弗臻？日月贞明，而雨旸时若，和气何患于弗应？陛下求治之心，不至是而有慰者乎？抑臣犹有说焉。盖天下之治，统于人主之心，而人主之心，天下之所共赖者也。心存于正，则事无不正，而天下蒙其福。心蔽于邪，则事无不邪，而天下与其忧。陛下知所以正心矣，臣特虑夫操存之甚难，而察识之未至耳。何者？一心之微，攻之者众。大官备玉食之奉，九御俨紫庭之列，繁声或足以悦耳，采色或足以娱目，嬖倖或希意以逢迎，邪私或乘间而浸润。宝一远物，或以开贡献之门，玩一细娱，或以肇盘游之端。一朝之晚起，或以贻宴安之渐，一言之轻信，或以来谗佞之媒。一事之乘快，命令之所由轻，一恩之滥施，侥幸之所由启。凡此数者，皆足以害治者也。倘少惑焉，臣恐圣心虚明而静一，有不得如前日者矣。臣愿陛下戒之慎之，深惟前事之鉴，永为克终之图，涵养善端，培植治本。幽独得肆之地，而所以持之者必严，纷华波荡之中，而所以镇之者必固。爱憎易徇之情，而所以矫之者必力。甘美可说之言，而所以防之者必深。以圣人之训为当从，以先王之治为可法。总天下之智以助聪明，而于视听无所蔽，顺天下之心以施号令，而于取舍无所私。朝夕梦寐，有四海苍生之忧，宵旰经营，存万年宗社之虑。如此则本原之地，日益澄澈，是以帝王之道而图帝王之功，以祖宗之法而守祖宗之业，纲纪常张而不弛，风俗常惇而不薄，大法无不修，而大本无不端，绩效无不臻，而和气无不应，天下仰之，万世诵之，陛下致此无难，而实臣愚之所深愿者也。臣干冒天威，不胜战栗之至。臣谨对。

《嘉靖二年进士登科录·王教对策》：

臣对：臣闻帝王致天下之治者，其大有三，大法也，大本也，大几也。夫规制画一，条约详明，凡所以予夺而为荣辱，黜陟而为劝惩，皆法也。然惟关天下是非之同，系人心可否之当，上不失先王之成宪，下可为后世之永式，循之则治隆而俗美，违之则教弛而风漓，斯则谓之大法。感而遂通，触焉即应，凡所以主张乎庶物，纲维乎众事，皆本也。然惟至公足以绝天下之私，至正足以杜天下之邪，取之不穷，用之不竭，百虑一致，而即此以生，一日万几，而胥此以应，斯则谓之大本。理之将穷，损益以出，数之将终，因革以异，凡所以可趋而谓之时，可乘而谓之势，皆几也。然惟中其会则逸而有成，失其便则劳而无功，来不可御于倏忽之间，去不可追于犹豫之后，系国家之安危，关天下之理乱，斯则谓之大几。夫法者治之具也，本者法之源也，几者事之会也。非大本之立，固无以致大法之行。若大几有不能决，则必先其所后，后其所先，因其所革，革其所因，所谓机会一失，噬脐无及，将并其大法而掣肘难行矣。臣尝稽诸往牒，惟二帝三王为能全尽于此，故其功德兼隆，巍乎与天地同符。两汉唐宋诸君，率皆偏驳而不全，故不能一一以致其盛。钦惟皇帝陛下，秉天地之全德，抚盈成之景运，懋修新政，率由旧章，一予一夺，一黜一陟，罔不协于至公，合乎物议。是天下有休宁之基，而宗社有灵长之庆，可谓大法行矣。然又从善如转丸，决策如应响，损益必中其会，因革必就其便，是转危而足以就安，易乱而足以为治，可谓大几决矣。行是法也，决是几也，皆睿见之炳于先物，乾刚之执于独断，浮议有不能惑，群邪有不能诱，纯王之心，布而为纯王之政，大本有弗立耶？既圣而不自圣，已安而若未安，乃于万几之暇，进臣等于庭而策问之。伏念愚臣草茅贱士，章句腐儒，当龙飞取士之首科，滥鸿渐于逵之末选，自知迂疏之论，不足少裨于万一，然而际遇若此，岂敢隐默而不言哉！臣惟天下之患，尝坐于萎靡不振，而奋发有为者，独能收致治之成功，何哉？为其振纲纪于上，美风俗于下也。纲纪不振则政必玩，玩则弛，弛则至于不可收拾，而天下风俗随之矣。故纲纪之振者，必有以致风俗之美，风俗之美，未尝不本于纲纪之振。自古帝王之顺时揆事，创制立法，一皆由斯道也。帝之圣者，莫如尧舜。王之圣者，莫如禹汤文武。其在当时，黎民敏德，万国咸宁，人人有君子之行，比屋有可封之俗，五刑措而不用，兵革櫜而不试，山川鬼神无乎不宁，鸟兽鱼鳖罔不咸若，其致雍熙泰和之盛，卓然为万世之法程，信如圣制之所谕也。要其大法之立，有礼以别上下，而冠婚丧祭，朝觐会同，以至射饮食飨之有节。有乐以和神人，而大章大韶，大夏大濩，以至大武诸音之克和，则礼乐定矣。有律以求声气，而权衡轻重斗斛多寡丈尺长短以分，有历以纪岁时，而日月出没寒暑往来人事兴作以具，则律历明矣。体国经野，画土分域，有以疆理宇内，而为九州十二州千里百里七十五十里之制，经邦弘化，率属分职，有以设立庶官而为百揆四岳维百维倍三百六十之员。分田以给野人，而制赋以养君子。有贡也助也彻也，以至圭田五十亩余夫二十五亩，其综理之何其周。兴学以明教，而养士以储材。有校也序也庠也，以至左学右学虞庠国学，其制度亦无不至。自里选乡举而至于王国，则有造士进士，由宗伯司马以达于王焉，自翕受敷施而官于王朝，则有三载考绩三考黜陟幽明焉。因井制兵，而寓兵于农，无事则执耒之夫，有事则荷戈之卒也，何有于不掉之患乎？刑故宥过而期于无刑，五刑之属若严，五用之法则恕也，何有于禁网之密乎？是即臣所谓大法之立，而为纲纪之振如此。其致雍熙泰和之盛，而为风俗之美也，宜哉！虽然，此特其致治之具耳。原其建立之本，尧则克明峻德也，舜则允迪厥德也，禹则祗台德先也，汤则懋昭大德，建中于民也，文武则缉熙敬止，建其有极也，孰有外于此身此心者乎？溯其推行之序，则自身以及于家，为敦叙九族，克谐以孝，时庸展亲，刑于寡妻也。自家以及于国，为平章百姓，庶明励翼，德降国人，化行江汉也。自国以及于天下，为协和万邦，教讫四海，克绥厥猷，四海永清也。孰有失于徒法徒善者乎？笃近以为举远之资，由内以为著外之地，鼓舞作兴之机，未尝不寓于揆事宰物之中，斡旋转移之妙，未尝不始于躬行心得之余。然又因时以致其宜，随变而异其处，是以事与时合，情随势顺，则其所以致雍熙泰和之盛，而为万世之法程，岂非大几之能决，有如愚臣所迂论者乎！降及后世，于汉则称七制，于唐则称三宗，于宋则称四圣，固皆创守之贤君也。然而致治之效，不沦于杂伯，则堕于杂夷，不困于西人，则扰于北虏，小康粗治，虽时时若有可称，而比迹帝王，则邈邈乎天壤异域矣。所以然者，盖由其狃治功于马上，而《诗》、《书》有所不事，溺清净于黄老，而制度有所未遑。励精图治，似矣而多褊察，其何以有成？躬行仁义，美矣而不克终，其何以责效？仁厚有余者不足于刚武，议论繁多者未闻其雄断，任其资以为治，随其世以就功，于圣制所谓建立之本，推行之叙，概乎其有未能，若前所谓纲纪之振，而奋发以致治者，何有哉？宋儒朱熹有曰：善为治者，必先有纲纪以持之于上，而后有风俗以驱之于下。纲纪者何？辨贤否以定上下之分，核功罪以公赏罚之施是也。风俗者何？使人皆知善之可为而必为，皆知不善之可羞而必去也。然纲纪之所以振，则以宰执秉持而不敢失，台谏补察而无所私，人主又以大公至正之心，恭己于上而照临之，赏则为予为陟为三锡，而总之为命有功，罚则为夺为黜为五刑，而总之为讨有罪。人君励世磨钝以奔走乎天下之人，不越此二事而已，曰纲则其大者，纪则众目之小焉。纲则贵于常张，纪则贵于常理。《诗》云：勉勉我王，纲纪四方。惟勉勉，则所以为纲纪者至矣。世惟贤者弗任，而任之或不专，否者弗去，而去之或弗决，则上下之分不能定。有功者不录，而所录或非其功，有罪者不刑，而所刑或非其罪，则赏罚之施有弗公。夫用一人焉，赏一人焉，而天下以为庆，则天下之善有所劝。舍一人焉，罚一人焉，而天下以为威，则天下之恶有所惩。天下之善者劝，则天下皆知善之当为，而人人有向善之风，熏陶之久，渐摩之至，虽不厚禄高爵以赏之，自无一人不归于善。天下之恶者惩，则天下皆知恶之不当为，而人人有耻恶之意，假以旬时，运以德枢，虽不严刑峻法以处之，自无一人不改其恶。夫如是，则风俗何有不醇？天下何有不治？三代而上，正以能此故尔。言汉之纲纪，委任大臣，扫除烦苛，约法减租，综核名实，律令则命萧何，礼仪则命叔孙通，章程军法则定于张苍、韩信，若曰少振之矣，然多仍秦之旧，而众目犹有未举。言唐之纲纪，职事任官，世业任民，租庸调任赋，府卫旷骑任兵，三讯五覆奏任刑，礼制于房玄龄，乐制于祖孝孙，律令编于长孙无忌，若曰亦既张矣，然皆袭隋之余，而大纲犹有未正。言宋则刑不加于士夫，事不委于戚畹，兵有三衙四厢之制，刑有折杖覆讯之法，礼制于刘温叟，乐制于和岘，封桩则有库，审官则有院。比之汉唐，虽若不同，然而六官无分治之典，三考无黜陟之严，亦惟因五代之陋习也。故其风俗之成，止于海内殷富，黎民醇厚，而礼义则有未兴。斗米三钱，外户不闭，而道揆则有未立。忠厚廉耻声名文物虽盛，而国势常削弱不振，边事常警报未宁也。是岂帝王之治，真不可复？盖以贤否倒置，赏罚任情，致治之道既亏，法制之美奚补？无怪乎风俗之美，不如二帝三王也。仰惟我太祖高皇帝，肇造区夏，创建宏规，用夏变夷，复纲常于沦斁之后，除残去暴，拯生民于涂炭之余。太宗文皇帝中靖家邦，纂述大统，振兵威于四夷，而神武之布昭，明理学于万方，而圣化之覃被，其所立之纲纪，一皆取法于帝王，求端于天地，合德于覆载之公，并明于日月之照。据今《圣政纪》及圣制诸书，可以庄诵而考知也。故一时之贤者必上，否者必下，有功者必赏，有罪者必罚，以股肱任宰执，而政柄有归，以耳目任台谏，而公议有在，所以治隆俗美，醇而不杂，比之二帝三王，而致雍熙泰和之盛，盖有异世而同归者矣。列圣相承，监于成宪，益隆不替，历年百五十余，其道即所以为治，其治即所以为道，其教即所以为政，其政即所以为教，如古人所谓合一者是也。故能纲纪有张而不弛，风俗一定而不移，视之祖宗之朝，则亦无甚相远。陛下之心，即我祖宗列圣之心，即尧舜禹汤文武之心也。抚临亿兆，夙夜祗惧，图惟治理，不越以是心布之纲纪而已。然犹惓惓焉以绩效未臻、和气未应为忧，而策问臣等，使陈其故，臣知陛下此意，盖欲远追帝王之踪，近光祖宗之烈，不安于汉、唐、宋之粗治小康明矣。臣昔在岩穴时，尝念有怀而不得申，今者接咫尺之威，立方寸之地，不为披肝沥胆以陈于前，可乎？夫纲纪者，其先在于辨贤否，今之孰贤孰否，陛下岂不灼知？其要在于公赏罚，今之或赏或罚，陛下岂有私见？宰执则属秉持，陛下肯使之不行其志乎？台谏则属补察，陛下肯使之不尽其言乎？所以绩效未臻，和气未应者，厥咎何由？臣窃以为新政美矣，或未能慎于终以承于始乎？旧臣用矣，或未能知之深而任之重乎？民瘼除矣，有司之剥克者，或未改乎？事弊革矣，小人之窥伺者，或未去乎？奸恶诛矣，在柙之虎，其志犹有思骋者乎？巧佞逐矣，乱苗之莠，其根犹有尚存者乎？四目明矣，观听左右者，或投夫嗜好之机乎？四聪达矣，浮薄竞进者，或乱夫清穆之道乎？文教所以绥太平，学校之政虽修，而道德之本实未至，或者不免于粉饰乎？武备所以戡祸乱，行伍之法虽具，而折冲之精采未闻，或者不免于单弱乎？凡此皆大法之所当急，而大几之决，正此时焉。夫天下之几，莫大于维新之日，何则？君子洗心以改德，小人倾耳以听命也。于今之日，益又不同。原其时势，则乱之后易以治，危之后易以安，此一几之可为，所当速决者也。昔殷高宗承外叛内乱之余，其时势正类于此。惟高宗识其几而决之，故能修德正事，以成嘉靖之休。原其理数，则否之极而泰来，剥之尽而复生，此一几之先见，所当逆决者也。昔周宣王承人离天变之后，其理数正合于是。惟宣王因其几而乘之，故能内修外攘，以致中兴之盛。陛下以嘉靖纪元，中兴励志，失今不为，当于何时为耶？夫事必稽诸古，而后有以验夫因革之宜，治必端其本，而后可以不紊夫先后之序，诚如陛下之所谕也。古人之行，臣既略陈之矣，臣于此又有端本之说献焉。端本无过于修身讲学。身者天下之本，而心者又一身之本。身之修与不修，在心之正与不正。心之正与不正，在学之讲与不讲。讲学之道，又在乎专于内而无杂于外。惟正心则可以修此身，惟讲学则可以正此心，惟亲君子远小人，则可以专此学。学既专，则理自明，理既明，则事自不眩。由是而振纲纪以美风俗，贤否自合乎上下之宜，功罪自得夫赏罚之当。劝惩所在，远近从风，荣辱所激，朝夕易俗，励精有为而期于化行俗美，舍此其焉图之？臣愿陛下始终此心而不移，缉熙此学而无间，持之以悠久，戒之以荒嬉，弗溺于宴安，罔夺于玩好，精择善利，勇决取舍，超然远览，深惟至计，信违拂之为忠，思儆戒之可乐，畏天之命，悉下之情，审时之宜，定国之是，去其不如帝王者，以勉夫尧舜禹汤文武之行，检其不遵成法者，以就夫祖宗列圣之训，将见推无不准，动无不化，绩效未有不臻，和气未有不应，凡所忧于天下者，不治而自治矣。惟陛下俯赐采纳，而见诸施行，天下幸甚，万世幸甚，岂特愚臣之幸哉！臣冒干天威，不胜战惧陨越之至。臣谨对。

《嘉靖二年进士登科录·徐阶对策》：

臣对：臣闻帝王之于天下，必稽古以为致治之资，必端本以为出治之地。至矣哉，古之法乎！酌之于时宜，而有以通天下之情，致治者之所资也。大矣哉，君之心乎！敛之于方寸，而有以基天下之化，出治者之所本也。使人君于此，敢于自用，而不知古之当稽，则因革之宜，必无以验，而其所设施，于是有奸于时者矣。惑于他岐，而不知本之当端，则先后之序，必无以识，而其所运用，于是有违于道者矣。夫以其奸于时也，民将骇之而弗从，违于道也，民将议之而弗服，其何以一人心厚风俗，以成雍熙泰和之盛哉！是故治天下由于法制，而惟创于古者，不可易也。善为治者，必稽诸古昔，以为维新之政，而不当别有所立以为奇。厚风俗由于纪纲，而惟存诸心者，不可忽也，善出治者，必求诸此心，以为万化之本，而不当别有所事以为工。古焉能稽，则因革之宜可以验矣；本焉能端，则先后之序可以识矣。治功之成，不由是而可决乎？帝王治天下之道，或存乎此，而实陛下今日之所欲闻者也。恭惟皇帝陛下，刚健中正，首出庶物，既已具圣人之德，诞膺景命，抚有方夏，又已得圣人之时。登极之初，涣汗大号，与民更始，仁泽下流，无远弗届，天下欣欣然有熙皞之乐，而公卿大臣，百司庶府，亦莫不喜际昌期，勉修职业，师师然有让德之风。臣愚以为，唐虞三代，祖宗之时，莫是过矣。虚怀谦冲，不自满假，恒以绩效未臻、和气未应为惧，爰进臣等于廷，询之治道，是即望道未见之心，取人为善之量也。昔宋儒程颢，尝上稽古之论，而朱熹亦每为正心之言。臣愚诵法程朱久矣，敢不掇拾一二，以仰副清问之勤乎？窃惟天下至大也，兆民至众也，而天下之俗，又不能以皆醇也。人君以一人之身，尊临乎其上，非有法制以齐之，则民将无所于守，而其涣者不可一；非有纪纲以持之，则民将莫知所向，而其薄者不可醇。古帝王知其然，是故顺时揆事，创制立法，以尽天下之务，而莫或参之以己意之私。纲焉常张，纪焉常理，以善天下之俗，而尤致谨于本原之地。盖其法制之行，必期于可久，故其于时宜也，自不容有所违；纪纲之立，必期于成化，故其于心术也，自不容有所忽。其所以率天下于王道之中，囿民生于帝则之内者，夫岂苟然之故哉！臣请自其法制言之。礼之定也，有吉凶军宾嘉之异，而神人治焉。乐之定也，有章韶夏濩武之异，而上下和焉。黄钟太簇姑洗蕤宾夷则无射以为阳，太吕夹钟仲吕林钟南吕应钟以为阴，则律明，而度量衡于此乎兴。璇玑玉衡以齐七政，步推积分以立闰法，则历明，而民时于是乎授。疆理宇内，则或肇之为十二州，或合之为九州，或第之为五服，而疆界昭。设立庶官，则或稽古，建官惟百，或官倍，亦克用乂，或三百六十，统于六卿，而政教举。咸则三壤，任土作贡，百里赋纳总，二百里纳铚，三百里纳秸服，四百里粟，五百里米，以至贡助彻，各一其法，而所以分田制赋者为甚周。春秋教以礼乐，冬夏教以《诗》、《书》，小学在公宫南之左，大学在郊，天子曰辟雍，诸侯曰頖宫，以至庠序校，各一其名，而所以兴学养士者为甚备。敷奏以言，明试以功，三载考绩，三考黜陟幽明，乡举里选之惟公，秀造俊进之有等，是皆所谓选举考课之法也。司马掌邦政，统六师，平邦国，司寇掌邦禁，诘奸慝，刑暴乱，是皆所谓兵戎刑罚之制也。建立有本，而近不出于人君之身，推行有序，而渐以达于天下之大，则固足以成治于一时，而凡后世之则，亦有不能外焉者矣。夫何自秦以降，事不师古，虽其间号称善治如汉、唐、宋者，英君谊辟，往往作于创业守成之时，而究其建立，终不能仿佛于帝王之盛。如汉之七制，非不有可称也，然礼文杂就于秦仪之陋，律令捃摭乎秦法之遗，章程定而阔疏之弊犹存，军法申而九伐之义亦昧。贤良举矣，不知有学校之当先，民租减矣，不知有井田之当复。芝房宝鼎之歌，何取乎音乐之正？珠崖大宛之战，何取乎吊伐之师？户口伪增，以蒙上赏，既非考课之严，不任三公，事归台阁，尤非设官之意。则夫两汉之治，所以病于杂霸，狃于小康，刚者蹈急迫之虞，柔者贻宽纵之失，有由然也。唐之三宗，非不有可称也。然贞观开元之礼，具其文而意不在，特所谓虚名者耳，黎园小部之乐，适足为戒而不足考法，盖所谓新声者耳。历之作凡二十三家，而不免愈密愈差之议，官之建凡七百三十，而不免员外置特置之繁。大征天下名儒为学官，似矣，顾学士能通一经以上，即得补官，屯营飞骑，有能通经者即得贡举，而无复圣贤明德新民之学。生徒乡贡制举以取士，几矣，顾为进士者，皆诵当代之文，而不通经史，明经者但记帖括，又投牒自举，而非复哲王侧席待贤之道。口分世业以养民，而什一之规犹未备，设府立卫以聚兵，而藩镇之防犹未密。善最之法废，而其后也，至于限年躐级，无得逾越，才俊之士无不怨叹。律令之格式废，而其末也，至于刑书繁杂，精明之士不能遍习，吏得上下以为奸。则夫唐之为治，所以病于假仁，流于杂夷，有盈成之业而不能守，有恢复之功而不克终，固其宜也。宋之太祖太宗仁宗，又非不有可称也。然以开宝之通礼，而拟诸五礼，则其得失何如？以和岘之雅乐，而比诸六乐，则其优劣何如？胡瑗房庶之律均，无以得声气之元，崇天奉元之历举，无以窥羲和之妙。轻节度之任，虽足以戢奸雄之变，而渐无以御外敌之骄，赈诸州之粟，虽足以苏饥馑之忧，而终不能易两税之弊。复试严而诗赋之习未改于前时，学校建而苏湖之教未洽于天下。其于考课，则司马光以为采名不采实，诛文不诛意，而吏多偷惰之风。其于兵戎，则范镇以为中书主民，枢密主兵，而事多扞格之患。知官之当审，而材任相违，职政废弛，知刑之当恤，而冤结不理，奸暴不除。则宋之为治，所以因循苟且，日入于弊，内无以清朝廷之奸，外无以杜边场之恤，又何怪其然哉！圣策以为，致治之道不专恃于法制，是则固然，而臣愚窃敢谓：汉、唐、宋殆并其法制而亡之者耳。至于纪纲风俗，则朱熹之论尝曰：善为治者，必先有纪纲以持之于上，而后有风俗以驱之于下。何谓纪纲？核功罪以公赏罚之施，辨贤否以定上下之分是也。何谓风俗？使人晓然知善之可慕而必为，不善之可羞而必去是也。夫以天下之治，本于纪纲而成于风俗，则朝廷之上，所以转移振举，诚莫有急于此者。顾惟风俗不能以徒善，而必由于纪纲，纪纲不能以自立，而必由于人主之心术。唐虞三代，其所以为心术焉者，曰允执厥中，曰惟精惟一，曰祗台德先，曰制事制心，曰缉熙敬止，曰建其有极。方寸隐微之间，粹然无偏党反侧之累，而心术之正何如也？故其体之于身，则为德行，措之于政，则为纪纲。示民以所当务，而自不昧于所从，示民以所不为，而自不迷于所适。以黎民则于变，以四方则风动，以声教则四讫，以万邦则惟怀，以万民则咸和，以四海则永清，人人君子，比屋可封，而风俗之醇何如也？自汉以来，则纪纲之张弛，代有不同，而风俗之醇杂，亦遂因之以异，此岂纪纲之不可振，风俗之不可醇哉？亦由诸君之心术，或不事《诗》、《书》，或喜谈佛老，而未闻所以养之之方，或仁义外施，或德教不醇，而未尝致其养之之实。才明勇略者，不能无溺于图谶，功德兼隆者，不能无愧于躬行。励精政事，而卒无以胜其侈泰之私，防非窒欲，而卒莫能进于诚正之域。仁恕恭俭，有帝王之略矣，而其所务，仅止于读书之勤。宽仁慈爱，有帝王之量矣，而其所为，不免于道教之蔽。此其心术，胡可齿于唐虞三代，而欲纪纲风俗之无弊哉？是故汉以规模为纪纲，唐以法度为纪纲，宋以忠厚廉耻为纪纲，虽若宋愈于汉，汉愈于唐，至其视五子之所歌，梜朴之所咏，则固邈乎其不逮矣。西汉尚经术，而习俗胥靡，以至贡符献瑞，失之于诡随。东汉尚节义，而互相标榜，以至捐身偾事，失之于矫激。唐则藩镇阻兵，而君臣之伦缺，士卒逐帅，而上下之义乖。宋则庆历以前，抑奔竞，黜浮薄，而其俗每依于厚；庆历以降，励名节，敢言事，而其俗多主于刚。虽若宋类于汉，汉愈于唐，而其视康衢之所谣，典谟之所载，则均之莫能及矣。夫其上下相承之机，彼此感应之理，其微不可测，而其征不可诬如此，是岂可不慎哉！善乎熹之言曰：纪纲所以振举，在于宰执秉持而无所失，台谏补察而无所私。人主以大公至正之心，恭己照临于上，则夫欲振天下之纪纲，以成天下之风俗者，宰执台谏，虽当分任其职，而其本实在乎人君之一心。盖非大公，无以绝天下之私，非至正，无以止天下之邪。私且邪焉，则刑赏举措，不能以不违于道，而风俗因之。彼唐虞三代、汉、唐、宋所以异者，岂非职此之故哉？仰惟我太祖高皇帝，肇造区夏，建立弘规，命牛谅以制礼，而一洗污染之习，命陶凯以制乐，而尽屏淫亵之音。历因夫胜国之成，律采夫宋人之旧，以十三布政司分理天下，而山川刑便之各适，以诸司职掌统理庶官，而中外大小之相维。田赋有定额，而豪强不得以兼并，考课有成法，而贤否不得以混淆。干戈甫定，而学校之即设，科贡有途，而贤良之时举。命尚书刘惟谦会众律以协厥中，而革近代比例之非，谕行中书省臣立管领兵民万户府，而深明寓兵于农之意。监规颁于太学，而为士者知所守，兵权出于朝廷，而为将者不得私。其详审精密，无所愧于唐虞三代，而于纪纲风俗，则又屡以为言，如谕太史令刘基、起居注王祎则曰：法度纵弛，当在更张。使纪纲振而条目举，其要在明礼义，正人心，厚风俗，以为之本。驰檄中原则曰：立纲陈纪，救济斯民。选国子生分教北方，则曰：致治在于善俗。而我圣祖图治之心，致理之迹，盖蔑以加矣。太宗文皇帝中靖家邦，纂集大统，列圣相传，监于成宪，益隆不替矣。是以百五十余年，道洽政治，匹休于唐虞，超轶于三代，而汉、唐、宋有不足言者。肆今陛下继述之孝，表里一心，德化之隆，遐迩率服，圣作当物睹之期，龙飞启中兴之运，而降赐清问，顾惟以不逮为忧，欲励精有为，期于化行俗美，绍复祖宗之旧，以上追隆古之治，则或者以今日郡国水旱之灾未尽消息，潢池甲兵之警未尽底宁，四夷八蛮在要荒之外者，未尽宾服，贤人君子在草茅之下者，未尽登用，而有所不释然于中耳。然臣以为，此岂可以他求哉？昔尝庄诵圣祖之言曰：日月之能久照万世，不改其明，尧舜之道不息万世，不改其行。又曰：人君一心，治化之本。存诸中者，无尧舜之心，欲施于政者，有尧舜之治，不可得也。大哉王言！其真得所谓稽古端本者乎！观于此，而陛下之所当为可知矣。是故唐虞三代之政，因革得其宜，而可以行于后者也，汉、唐、宋盖尝忽之，而我祖宗列圣，则集其大成之妙矣。陛下诚能游心于千古之上，事必考诸已试，动皆求其可师，退然无一毫自是之念，则非徒法唐虞三代，而实所以法我祖宗列圣也。将见圣心洞然，仰有以窥治平之故，俯有以探丧乱之原，真知夫离合之情，灼见夫损益之变，政可通于众志，法可宜于土俗，而谓因革之宜，乃复有昧焉者乎？纪纲风俗之序，秩然不可紊，而实本于君心者也。唐虞三代，具有成绩，而我祖宗列圣，又得其心法之传矣。陛下诚能敛此心于一腔之中，戒谨恐惧，以全天理之正，省察克治，以遏人欲之私，确然无一毫他岐之惑，则非徒学尧舜禹汤文武，而实所以学我祖宗列圣也。将见圣心湛然，皇极以建，仪则以端，躬行之所得，真可以显设于朝廷，平章之所推，真可以弘敷于薄海，而谓先后之序，乃复有紊焉者乎？夫惟因革之宜，既无所昧，则由是推无不准，动无不化，而民用以和，所谓庶绩咸熙，百揆时叙，以至位天地，育万物，而彼和气之未应，固可以无劳宵旰之忧矣。先后之序，既无所紊，则由是纪纲益振，风俗益醇，而民罔不中，所谓正心以正朝廷，正朝廷以正百官，百官正四方远近莫不一于正，而彼绩效之未臻，亦可以无厪九重之虑矣。若乃舍乎古以为不足法，舍其心以为不足事，则监观之资已疏，本原之地不立，固非陛下之所当为，而愚臣亦岂敢以为献哉！虽然，稽诸古以验夫因革之宜，端其本以不紊先后之序，此亦陛下今日所已行者，特愿有以保其终而已耳。保之何如？亲贤臣以资启沃之功，学古训以长见闻之益。谨之于一念方萌之初，察之于一物未交之际。必使自身而家而国而天下，凡有所为，辄与成宪会，而后足以言稽古之极。不然，不可以自弃也。必使由显而微由巨而细，随其所在，常与天理俱，而后足以言端本之极。不然，不可以自肆也。昧爽丕显，如成汤之日新，始终典学，如高宗之时敏，则夫绍复祖宗之旧，以上追隆古之治，将必于是焉得之。而所谓励精有为，亦无要于此者矣。臣愚不胜拳拳，干冒天威，无任惶惧陨越之至。臣谨对。

嘉靖以前无房稿坊刻行世。钱谦益《牧斋有学集》卷四十五《家塾论举业杂说》："嘉靖以前，士习淳厚，房稿坊刻，绝无仅有。始选程墨行于世者，敖清江、项瓯东也。嘉靖末年，毘陵吴昆麓、吴江沈虹迳游于荆川之门，学有原委，始有《正脉玄览》之刻，学者皆宗尚之。厥后则有刘景龙之《原始》，范光父之《文记》，皆以轨范先民、本原正始，而时贤之窗稿、青衿之试牍，皆不得阑入焉。万历之中，娄江王逸季始下操月旦之评，然用以别流品、峻门户而已，未及乎植交。万历之末，武林闻子将始建立坫坛之帜，然用以振朋侪、广声气而已，未及乎牟利。祯、启之间，风气益变，盟坛社坛，奔走号跳。苞苴竿牍，与行卷交驰；除目邸报，与文评杂出。妖言横议，遂与国运相终始。以选文一事征之，亦当代得失之林也。"

高叔嗣（1501—1537）**举进士二甲十七名，李梦阳犹惜其不为状元。**高仲嗣《明嘉议大夫湖广提刑按察司按察使弟叔嗣行状》："叔嗣字子业。……生十六著《申情赋》一首，及万言。……是年秋试，乃以文奇不中式。生十八年而文始中式云。此正德己卯年也。今皇帝龙兴，而嘉靖癸未举进士二甲十七名云。当是时，空同子讲学大梁墟中，喟然叹曰：'高某奚不为状元耶？高某才万人敌也。始吾举进士甲第亦与此人同，然亦无如造物者何也。'君始为工部营缮主事，调吏部稽勋，调考功，升稽勋员外郎中，乃论事颇与时人忤，遂病归。"李梦阳号空同子。

翰林院编修孙承恩、给事中俞敦使安南。以莫登庸乱，道梗不入，敦道卒，承恩还朝。（据《国榷》卷五十二）

国子监祭酒鲁铎予告。（据《国榷》卷五十二）

春

邹守益（字谦之）从王守仁问学。《阳明传习录》下："癸未春，邹谦之来越问学，居数日，先生送别于浮峰。是夕与希渊诸友移舟宿延寿寺，秉烛夜坐，先生慨怅不已，曰：'江涛烟柳，故人倏在百里外矣！'一友问曰：'先生何念谦之之深耶？'先生曰：'曾子所谓，以能问于不能，以多问于寡，有若无，实若虚，犯而不校。若谦之者，良近之矣。'""先生"即王守仁。邹守益（1491—1560）字谦之，安福人，正德辛未进士，官至南京国子监祭酒。隆庆初，追谥文庄。事迹具《明史·儒林传》。《四库全书总目》卷一百七十六集部别集类存目三著录《东廓集》十二卷，提要曰："守益传王守仁之学，诗文皆阐发心性之语。其门人陈辰始编录所作为《东廓初稿》。东廓，山名，守益讲学处也。"

四月

文征明（1470—1559）至京，授翰林待诏，杨慎、黄佐礼敬有加。文嘉《先君行略》："巡抚李公充嗣露章荐公，督学欲越次贡之，公曰：'吾平生规守，岂既老而自弃耶？'督学亦不能强，竟以壬午贡上。癸未四月至京师，甫十八日，吏部为覆前奏，有旨授公翰林院待诏。翰林诸公见公推与太甚，或以为过。及见公，咸共推服。而新都杨公慎、岭南黄公佐，爱敬尤至。故事，翰林以入之先后为坐次，公年既长，其中又有为公后辈者，遂以齿让公。公竟上坐，众亦不以为忤。"王世贞《文先生传》："文先生者，初名璧，字征明，寻以字行，更字征仲。其先蜀人也，徙庐陵，再徙衡，为衡人。至元有俊卿者，以都元帅佩金虎符，镇武昌。次子定聪，为散骑舍人。定聪次子惠，为吴赘，遂为吴人。……尚书李公充嗣抚吴中，荐先生于朝，而先生亦自以诸生久次当贡，至京，吏部试而贤之，特为请超授翰林待诏。翰林杨先生慎、黄先生佐、吏部薛君蕙名能博精，负一世才，以得下上先生为幸。大司寇林公俊尤重之，间日，辄为具召先生，曰：'坐何可无此君也！'"

会试天下武举，取三十人，赐宴于中军都督府。（据《明世宗实录》卷二十五）

以朱子十一世孙朱墅为五经博士。《明鉴纲目》卷六："纲：夏四月，以宋儒朱熹裔孙墅（朱子十一世孙。）为五经博士。目：正德间，给事中戴铣、汪元锡，（字天启，婺源人。）御史王完等，相继言：'朱子继孔子者也。孔子之后，有曲阜西安，朱子之后，亦有建安婺源。今建安已置博士，其子孙在婺源者，宜如衢州孔庙例，官其嫡长一人以奉祀。'诏从之。至是授墅翰林院五经博士，寻令世袭。"

南京右副都御史胡瓒为南京刑部右侍郎，南京光禄寺卿刘瑞为南京太常寺卿，翰林侍读崔铣为南京国子祭酒。（据《国榷》卷五十二）

敕两京三品以上及抚按官各举可守令者以闻。（据《国榷》卷五十二）

闰四月

世宗建醮宫中，以祈长生。杨廷和、乔宇等疏谏。《明史纪事本末》卷五十二："（嘉靖）二年夏四月，暖殿太监崔文以祷祀诱帝，乾清诸处各建醮，连日夜不绝。又命内监十余人习经教于宫中，赏赉不赀。大学士杨廷和、九卿乔宇等疏'请斥远僧道，停罢斋醮'。给事中周琅、张嵩、张汝、安磐等交章劾文，乞置重典。俱不报。闰四月，停斋祀。时给事中郑一鹏上言……帝曰：'天时饥馑，斋祀暂且停止。'"《明鉴纲目》卷六："纲：闰月，帝始修醮于宫中。目：帝用太监崔文言，建醮宫中，夜不绝。给事中刘最（字振廷，崇仁人。）劾文左道糜帑，帝怒，谪广德州（晋广德县，宋为军，元改路，明降为州，今为县，属芜湖道。）判官。文憾不已，嗾其党芮景贤，奏最在途仍故衔，乘巨舫，取夫役。帝益怒，逮最下狱，戍邵武。其后帝益好长生，斋醮无虚日，命夏言（字公谨，贵溪人。）充监礼使，湛若水（字元明，增城人。）顾鼎臣（字九如，昆山人。）充导引官。鼎臣进《步虚词》七章，且列上坛中应行事，帝优诏褒答之。自此词臣多以青词干进矣。"

翰林院庶吉士应良服除，授编修。（据《国榷》卷五十二）

六月

南京尚书杨旦奏请府部诸司量增历事人数。从之。《明世宗实录》卷二十八：嘉靖二年六月"乙卯，吏部覆南京尚书杨旦奏，南京国子监监生数多，拨历壅滞，请府部诸司量增历事人数，并请三月考勤，附选如在京例。报可。"

国子监祭酒赵永疏乞养病，不允。（据《明世宗实录》卷二十八）

增顺天府廪生二十，岁贡二。（据《国榷》卷五十二）

七月

翰林编修张璧为侍讲，检讨张衍庆为修撰。（据《国榷》卷五十二）

八月

兵科给事中许相卿（1479—1557）自免归。许闻造《礼科给事中许公相卿行述》："谏议（指许相卿）年十六，受诗鄞人张先生福。正德二年举于乡，十二年成进士，造归。十六年（1521）给事兵科。明年嘉靖元年壬午，谏议抗疏论政令不当者数事。其一曰：……继曰：'臣闻故兵部尚书于谦再造社稷，官其子冕为锦衣千户。今兵部尚书王守仁克平汀赣，官其子宪为锦衣百户。顷者钦准荫授太监张钦义子李贤为锦衣世袭指挥，一时腾物议，乖旧章，累新政，有必不可者。部臣彭泽、科臣许复礼相继言之，而陛下必欲私之，是忠勋大臣之子，曾不若近幸中人之奴也。天下徇国死事之臣，其谁不解体哉！'三曰：……四曰：……居岁馀，章亡虑数十上，语伉直多类此。明年秋八月，自免归。"许相卿字伯台，海宁人。正德丁丑进士，官兵科给事中，补礼科，致仕。有《云村集》。

秋

舒芬（1484—1527）复翰林修撰之职。薛应旂《舒修撰传》："修撰舒先生名芬，字国裳，江西南昌进贤人也。其先世居浙之东阳，元大德初有名文英者，始徙进贤之梓溪。……甫成童，入郡学，尝作《赤雁赋》，郡守奇其才，谓当魁天下。进贤有石人滩，相传谓滩合则状元出，人遂以石滩称先生，盖期之也，先生逊避，别号梓溪。……正德丁卯举江西乡试，明年入南太学，誉望籍籍，祭酒、司业以至六馆师生，罔不起敬。丁丑举礼闱，入对大廷，赐状元及第，授翰林修撰。尝谓古礼乐久废，恒游心于周礼钟律，无益诗文，一切谢去。戊寅（1518）春，权幸江彬等蛊惑武宗，劝之游豫，议以三月壬子警道，东巡祀岱宗，历徐扬，抵金陵，下姑苏，复泝江浮汉登太和太岳，且遍中土繁丽诸处。将相大臣多恧谀之，都下人情汹汹危惧。先生乃约诸同志上疏乞留，……先生以疏首，杖特甚，神色不异，唯口呼高庙之灵，冀以感动上心。杖毕几毙，裹疮卧院中，掌院者惧祸，使人标出之。先生屹不为动，曰：'吾官于此，当死于此。'既而复苏，谪为福建市舶副提举。……辛巳（1521），今上即位，诏起先生，适宅父忧。嘉靖癸未（1523）秋服除，复修撰。"有《梓溪文抄》。

十一月

进士曾梧闻母疾私归，诏原之。（据《国榷》卷五十二）

十二月

初二日，唐寅（1470—1524）以病卒，享年54岁。（卒年据公历标注）祝允明《唐子畏墓志铭》："唐氏世吴人，居吴趋里。子畏母邱氏，以成化六年二月初四日生子畏。岁舍庚寅，名之曰寅，初字伯虎，更子畏。卒嘉靖癸未十二月二日，得年五十四。……子畏罹祸后，归好佛氏，自号六如，取四句偈旨。""子畏为文，或丽或澹，或精或乏，无常态，不肯为锻炼功。奇思常多，而不尽用。其诗初喜秾丽，既又仿白氏，务达情性；而语终璀璨，佳者多与古合。尝乞梦仙游九鲤神，梦惠之墨一担，盖终以文业传焉。"

灾伤，免明年庆成宴。翰林院修撰唐皋言礼不可废，从之。（据《国榷》卷五十二）

本年

许宗鲁（1490—1559）由云南道御史升湖广提学佥事。乔世宁《都察院右副都御史许公宗鲁墓志铭》："公名宗鲁，字东侯，号少华，咸宁人也。……正德丁丑举进士，选翰林庶吉士，己卯授云南道御史，嘉靖壬午按宣大，癸未升佥事湖广提学，三年升副使兵备霸州，丁亥复改湖广提学，己丑升太仆少卿，壬辰升大理少卿，未几升佥都御史巡抚保定，自保定归十七年，而当庚戌之冬，复佥都御史驻昌平，已又升副都御史巡抚辽东，壬子乃致仕归。"有《少华》、《陵下》、《辽海》、《归田》等集。

郑善夫（1485—1523）卒。（据林钎《郑少谷先生墓碑》）郑善夫字继之，闽县人。弘治乙丑进士。官至南京吏部验封司郎中。事迹具《明史·文苑传》。王世懋《艺圃撷馀》："闽人家能占毕，而不甚工诗。国初林鸿、高廷礼、唐泰辈，皆称能诗，号闽南十才子。然出杨、徐下远甚，无论季迪。其后气骨峻峻，差堪旗鼓中原者，仅一郑善夫耳。其诗虽多摹杜，犹是边、徐、薛、王之亚。林尚书贞恒修《福志》，志善夫云：'时非天宝，地靡拾遗，殆无病而呻吟'云。至以林钎、傅汝舟相伯仲。又云：'钎与善夫颇为乡论所訾。'过矣。闽人三百年来，仅得一善夫，诗即瑕，当为掩。善夫虽无奇节，不至作文人无行，殆非实录也。友人陈玉叔谓数语却中善夫之病。余谓以人诗品，则为雅谈，入传记，则伤厚道。玉叔大以为然。林公余早年知己，独此一段不敢傅会，此非特为善夫，亦为七闽文人吐气也。"陈文烛字玉叔。

韩邦靖（1488—1523）卒。（据王九思所作《墓志铭》）康海《韩汝庆集序》："汝庆韩邦靖，朝邑人也。与其兄汝节同举正德戊辰进士。予与鄠杜王敬夫纳交焉，私以为文武之业、康济之器，兹实其人。乃后十余年，汝庆以山西参议卒于家。"序署"嘉靖丁酉春三月七日丙戌"。《列朝诗集小传》丙集："邦靖，字汝庆……汝庆生三岁，能哦诗百馀首，十四举乡试，二十一与汝节同举正德三年进士，为工部都水司员外郎。乾清宫灾，诏求直言，汝庆上言朝政不修，盘游无度，狎近群憸，闭塞谏诤，百度乖违，闾阎流散，危乱之形已成，社稷之忧方大。上震怒，系锦衣狱，夺官为民。家居八年，起为山西布政司左参议。嘉靖二年，年三十六，以病自劾，归。归四月而卒。""汝节奇伟倜傥，谭理学，负经济，海内称苑洛先生，以地震死。汝庆才藻烂发，风节凛然，关中至今称二韩子。汝节为汝庆立传，而谓其友樊恕夫曰：'世安有司马迁、关汉卿之辈，能为吾写吾思弟痛弟之情乎？'王敬夫曰：'五泉子古歌词，浸淫唐初，逼汉魏；七言绝句诗，类少陵。朝邑志，其文章之宏丽者。'"

明世宗嘉靖三年甲申（公元 1524 年）

正月

桂萼请改称孝宗皇伯考，诏下廷臣议。《明鉴纲目》卷六："纲：甲申三年，春正月，南京刑部主事桂萼（字子实，安仁人），请改称孝宗皇伯考，诏下廷臣议。目：孝宗兴献帝称号，定已二年，尊崇议且寝。萼在南京，与张璁同官，日夜私诋朝议。萼遂上疏，希帝指，请改称孝宗曰皇伯考，兴献帝曰皇考，兴国太后曰圣母，并录侍郎席书（字文同，遂宁人），员外郎方献夫（字叔贤，南海人），二疏以闻。（萼疏略言：礼官失考典章，纳陛下于与人为后之非，而灭武宗之统，夺献帝之宗，且使兴国太后，压于慈寿太后，礼草之尽，三纲顿废，非常之变也。窃念陛下，侍兴国太后，慨兴献帝弗祀，已三年矣，拊心出涕，不知其几。愿速发明诏，称孝宗曰皇伯考，兴献皇帝考，别立庙大内，正兴国太后之礼，定称圣母。至廷臣所执，不过宋濮议耳。按范纯仁告英宗曰：陛下受神宗诏，为之子，封爵悉用皇子故事，与入继之主不同。则宋臣之论，亦自有别。今陛下奉祖训入继大统，未尝受孝宗诏为之子，则陛下非为人后，而为入继之主也，甚明，考兴献帝，母兴国太后，又何疑？臣久欲以请，乃者复得席书、方献夫二疏，伏望奋然裁断，将臣与二臣疏，并付礼官，令臣等面质。初，书与献夫，知大礼未定，各草疏，请追尊所生帝后，定号曰皇考皇母。既具，闻朝中诋张某为邪说，惧不敢上，而密以示萼。及是，萼并进之。）帝得疏心动，手诏下廷臣集议。于是礼部尚书汪俊（字抑之，弋阳人），会文武群臣二百五十馀人，并排尊议。（俊议言：祖训，兄终弟及，指同产言。今陛下为武宗亲弟，自直考孝宗，孰谓与人为后，而灭武宗之统也？《仪礼传》曰：为人后者，孰后，后大宗也。汉宣起民间，犹嗣孝昭，光武中兴，犹考孝元，孰谓入继之主，与为人后者异也？宋范纯仁所言，盖言恩义犹笃，益当不顾私亲，非以生前为子者，乃为人后，身后入继者，不为人后也。尊言孝宗既有武宗为之子，安得复为立后。臣等谓陛下自后武宗，而上考孝宗，非为孝宗立后也。又言武宗全神器授陛下，何忍不继其统。臣等谓陛下既称武宗为皇兄矣，岂必改孝宗称伯，乃为继其统乎？又言礼官执者不过前宋濮议，臣等愚昧，实不出此。盖程颐之议曰：虽当专意于正统，岂得尽绝于私恩？故所继主于大义，所生存乎至情。至于名称，统绪所系，若其无别，斯乱大伦。殆为今日发也。）议上留中，而特旨召璁、尊及书于南京。越十数日，复降手谕，令再集议以闻。俊不得已，与群臣请加皇字，以全徽称。帝又留之，十馀日，始报可。"

授李本等为监察御史。 推官李本、戴金，行人王时柯、王懋，博士马明衡，知县王洴、沈教、任佃、曹弘、萧一中、邵鎜、王舜耕、陈衮、蓝田、胡体乾、方启颜、朱淛、李文芝、刘隅、章衮、段续、潘壮、白清、屠应坤、赵德祐、王献、李嵩、朱佐、乔祺、司马泰，教谕严灿，并为监察御史。（据《国榷》卷五十三）

二月

慈圣皇太后诞辰，有旨免朝贺。朱淛（1486—1552）、马明衡以建言遭廷杖，放归。 柯维骐《监察御史朱淛传》："朱淛字必东，号损岩，塘下人，正德丙子乡试第一，嘉靖癸未登进士，选授监察御史，甫阅月，遇昭圣皇太后寿辰，有旨免朝贺。淛上疏言：'皇太后亲挈神器以授陛下，母子至情，天日在监，若免朝贺，则无以慰母心而隆孝治。'淛盖阴辟议礼者不考孝宗之说也。同邑御史马明衡亦上疏，概与淛同。世宗震怒，差官校捽二人至内廷，命中贵诘以：'免贺乃皇太后意，如何辄敢讪上？'遂俱下诏狱。既而镇抚司请旨，世宗召辅臣蒋冕曰：'此曹以不孝诬朕，法当反坐论死。'冕膝行泣护曰：'淛等愚昧固可罪，然中心实匪他。陛下方隆尧舜之治，不可有杀谏臣名。'世宗怒稍霁，曰：'饶死充军。'冕又泣乞末减，乃定各为民。……家居三十年，巡按累荐不报。淛与明衡出处虽同，然淛家贫尤难堪，所著文词无穷郁怨尤语，其养深矣。卒年六十七。"

杨廷和致仕。蒋冕、毛纪等亦相继致仕。《弇山堂别集》卷四十五《内阁辅臣年表》："杨廷和字介夫，四川新都人。由成化戊戌进士，正德二年以户书、文渊阁学人，十年以少师、华盖殿学丁忧，十二年复入，嘉靖二年致仕，卒，年七十。"（按，"二年"当为"三年"。）"蒋冕字升之，广西全州人。由成化丁未进士，正德十一年以礼书、文渊阁学人，嘉靖三年以少傅、谨身殿学致仕，卒，年七十一。""毛纪字维之，山东掖县人。由成化丁未进士，正德十二年以礼书、东阁学人，嘉靖三年以少保、谨身殿学致仕，卒，年八十二。"杨、蒋、毛三人在议礼一事上均与嘉靖帝旨意不合。《国榷》卷五十三："嘉靖三年二月丙午，少师兼太子太师吏部尚书华盖殿大学士杨廷和致仕。"《明鉴纲目》卷六："纲：二月，华盖殿大学士杨廷和罢。（自帝继位，廷和以帝虽冲年，性英敏，自信可辅太平，事事有所持诤。及议大礼，先后封还御批者四，执奏几三十疏，帝常忽忽有所恨。左右因乘间言廷和专恣无人臣礼，帝意遂内移，最后以谏阻内官提督苏杭织造，大忤帝旨，累疏乞休。及是，更议大礼，求去益力，许之。言官交章请留，不报。）"

三月

王鏊（1450—1524）卒。王鏊在明代以举业擅名。文征明《太傅王文恪公传》："公名鏊，字济之，世称守溪先生，吴洞庭山人也。""甲午遂以第一人荐。明年试礼部，复第一。廷试以第一甲第三人及第。"授编修，历侍讲、谕德、少詹，兼侍讲学士，擢吏部侍郎，入阁参预机务。进户部尚书，文渊阁大学士，加少傅，兼太子太傅。"于是公闲居十有六年，年七十有五矣。嘉靖三年甲申三月十一日，以疾卒于家，讣闻，上为辍视朝一日，追赠太傅，谥文恪。""好学专精，不为事夺，少工举子文，既连捷魁选，文名一日传天下，程文四出，士争传录以为式。公叹曰：'是足为吾学耶？'及官翰林，遂肆力群经，下逮子史百家之言，莫不贯总。"王守仁《太傅王文恪公传》："无锡邵尚书国贤，与公婿徐学士子容，皆文名冠一时。其称公之文，规模昌黎以及秦汉，纯而不流于弱，奇而不涉于怪，雄伟俊杰，体裁截然，振起一代之衰。得法于孟子，论辩多古人未发。诗萧散清逸，有王、岑风格。书法清劲自成，得晋唐笔意。天下皆以为知言。阳明子曰：王公所深造，世或未之能尽也。然而言之亦难矣。著其性善之说，以微见其概，使后世之求公者以是观之。"《国榷》卷五十三："（嘉靖三年三月）丙子，前少傅大学士王鏊卒。鏊字济之，吴县人，乡会试皆第一，成化乙未进士第三人。授编修，迁侍讲右谕德。杜门读书，得简贵声，荐拜侍讲学士，直日讲，日侍孝庙讲读。东宫出阁，尚书马文升请简正人以端国本，首荐鏊。进少詹事，历吏部右侍郎。上筹边八事，多见采用。以左侍郎直阁。进户部尚书，转武英殿，以德业著，匪独文也。尚书韩文请诛逆瑾，上诘问，鏊言瑾不可不除。自度不能久于位，求去。居闲十余年，海内想望丰采。立朝大节，卓有可观，士大夫惜其用之未究云。年七十五。赠太傅，谥文恪。"《明史》本传："鏊博学有识鉴，文章尔雅，议论明畅。晚著《性善论》一篇，王守仁见之曰：'王公深造，世未能尽也。'少善制举义，后数典乡试，程文魁一代。取士尚经术，险诡者一切屏去。弘、正间，文体为一变。"《四库全书总目》著录王鏊《史馀》一卷、《姑苏志》六十卷、《震泽编》八卷、《震泽长语》二卷、《震泽集》三十六卷、《春秋词命》三卷，《震泽集》提要曰："鏊以制义名一代。虽乡塾童稚，才能诵读八比，即无不知有王守溪者。然其古文亦湛深经术，典雅遒洁，有唐、宋遗风。盖有明盛时，虽为时文者亦必研索六籍，泛览百氏，以培其根柢，而穷其波澜。

鳌困顿名场，老乃得遇。其泽于古者已深，故时文工而古文亦工也。史称鳌上言欲仿前代制科，如博学鸿词之类，以收异才。六年一举。尤异者，授以清要之职。有官者加秩。数年之后，士类濯磨，必以通经学古为高，脱去谫闻之陋。时不能用。又称鳌取士尚经术，险诡者一切屏去。弘、正间文体为之一变。则鳌之所学可知矣。集中《尊号议》、《昭穆对》，大旨与张璁、桂萼相合，故霍韬为其集序，极为推挹，至比于孔门之游、夏，未免朋党之私。然其谓鳌早学于苏，晚学于韩，折衷于程、朱，则固公论也。其《河源考》一篇，能不信笃什所言，似为有见。而杂引佛典道书以驳昆仑之说，则考证殊为疏舛。此由明代幅员至嘉峪关而止，轺车不到之地，徒执故籍以推测之，其影响揣摩，固亦不足怪矣。"《明诗纪事》丙签卷十录王鳌诗十二首，陈田按语云："文恪以文章名一世，集中七言律绝，格调风致，竟尔不凡。"

谢承举（1461—1524）卒。顾璘《赠承德郎南京刑部浙江司主事野全谢先生同继室赠安人汤氏合葬墓志铭》："公姓谢氏，初名璇，字文卿，一字子象。梦神授其名曰承举，遂行焉。"上元人。"公生于天顺辛巳十月二十有八日，卒于嘉靖甲申三月十有七日，春秋六十有四。""每应举，率用古文字作经义，累十举不第，乃掷笔于地，曰：'吾本不乐为此，奈何效老骥局蹐车下邪！且鹓鸾其仪者立朝，麋豕其性者居野，吾乃今知既往之误也。'退耕国门之南，自号野全子。乡人称曰野全先生，又以其美须鬑行九，称曰鬑九翁。所著有《采毫录》、《东村稿》、《西游录》、《在客稿》、《日得录》、《广陵杂录》、《湘中漫录》总若干卷。"

署詹事府事吏部尚书石珤、国子祭酒赵永各论大礼，报闻。（据《国榷》卷五十三）

春

董沄拜王守仁为师，时董已 68 岁。董沄（1458—1534），字复宗，别号萝石，海盐人。有《从吾道人诗稿》。王守仁《从吾道人记（乙酉）》云："海宁董萝石者，年六十有八矣，以能诗闻江湖间，与其乡之业诗者十数辈为诗社，旦夕操纸吟鸣，相与求句字之工，至废寝食、遗生业，时俗共非笑之，不顾，以为是天下之至乐矣。嘉靖甲申春，萝石来游会稽，闻阳明子方与其徒讲学山中，以杖肩其瓢笠诗卷来访，入门长揖上坐。阳明子异其气貌，且年老矣，礼敬之。又询知其为董萝石也，与之语连日夜。萝石辞弥谦，礼弥下，不觉其席之弥侧也。退谓阳明子徒何生秦曰：'吾见世之儒者，支离琐屑，修饰边幅，为偶人之状，其下者贪饕争夺于富贵利欲之场，而尝不屑其所为，以为世岂真有所谓圣贤之学乎，直假道是以求济其私耳。故遂笃志于诗而放浪于山水。今吾闻夫子良知之说，而忽若大寐之得醒，然后知吾向之所为，日夜敝精劳力者，其与世之营营利禄之徒，特清浊之分，而其间不能以寸也。幸哉！吾非至于夫子之门，则几于虚此生矣。吾将北面夫子而终身焉，得无既老而有所不可乎？'秦起拜贺曰：'先生之年则老矣，先生之志何壮哉！'入以请于阳明子。阳明子喟然叹曰：'有是哉！吾未或见此翁也。虽然齿长于我矣，师友一也。苟吾言之见信，奚必北面而后为礼乎！'萝石闻之曰：'夫子殆以予诚之未积欤！'辞归两月，弃其瓢笠，持一缣而来，谓秦曰：'此吾老妻之所织也。吾之诚积若兹缕矣，夫子其许我乎？'秦入以请。……阳明子固辞不获，则许之以师友之间，与之探禹穴，登炉峰，陟秦望，寻兰亭之遗迹，徜徉于云门、若耶、鉴湖、剡曲。萝石日有所闻，益充然有得，欣然乐而忘归也。其乡党之子弟亲友与其平日之为社者，或笑而非，或为诗而招之返，且曰：'翁老矣，何乃自苦若是耶！'萝石笑曰：'吾方幸逃于苦海，方知悯若之自苦也，顾以吾为苦耶？吾方扬鬐于渤澥而振羽于云霄之上，安能复投网罟而入樊笼乎？去矣！吾将从吾之所好。'遂自号曰从吾道人。"

四月

诏监生有衰老不愿出仕者，照例量授职衔。《明世宗实录》卷三十八：嘉靖三年四月癸丑，"上御奉天殿昭告天下曰：……监生有衰老不愿出仕者，但系听选之数，俱照例量授职衔"。

世宗追尊其父为本生皇考恭穆献皇帝。翰林编修邹守益议大礼云："望陛下屈己从善，不吝改过。"上怒，下镇抚司，谪广德州判官。（据《国榷》卷五十三）《明鉴纲目》卷六："纲：夏四月，追尊兴献帝曰本生皇考恭穆献皇帝，上兴国太后尊号曰本生圣母章圣皇太后。目：择日祭告郊庙，大赦天下。（时编修邹守益疏言：陛下推崇本生，业已尊为帝后，今复加称皇考，去其始封之号，直与正统无别，不可以示后世。又言：历观前史，如冷褒、段犹之徒，当时所谓忠爱，后世所斥为邪媚也，师丹、司马光之徒，当时所谓欺慢，后世所仰为正直也。臣恐后之视今，犹今之视昔。帝得疏大怒，下诏狱拷掠，谪广德州判官。已而修撰吕柟，亦言大礼未正，御史段续、陈相，请正席书、桂萼罪，吏部员外郎薛蕙上《为人后解》，鸿胪寺少卿胡侍言张璁等议礼之失，俱下狱谪官。○邹守益，字谦之，安福人。吕柟，字仲木，高陵人。薛蕙，字君采，亳州人。胡侍，宁夏人。）"

五月

谨身殿大学士蒋冕致仕。石珤入阁。《明鉴纲目》卷六："纲：五月，谨身殿大学士蒋冕罢，以石珤（字邦彦，玠之弟。）为吏部尚书，兼文渊阁大学士，预机务。目：自杨廷和罢，冕以首辅当国。帝逐汪俊，用席书，召张璁、桂萼，悉由中旨。追尊建室，亲自裁决，不关阁臣。冕言：有官守者，不得其职则去。臣备员内阁，于朝廷事，无所匡救，溺职甚矣。因连疏求罢。帝以珤为廷和所不悦，（珤先为吏部尚书，杨廷和有所不悦，改掌詹事，典诰敕。）欲引以赞大礼，乃听冕致仕，命珤入阁。珤据理力争，持论坚确，大失帝意。"

翰林修撰吕柟，以修省自劾不职，语涉大礼。下镇抚司，谪解州判官。（据《国榷》卷五十三）

录宋濂六世孙德芳入太学。（据《国榷》卷五十三）

复翰林编修谢丕职。前忤逆瑾除名。（据《国榷》卷五十三）

吏部左侍郎贾咏兼翰林学士，直内阁诰敕。（据《国榷》卷五十三）

六月

特命张璁、桂萼为翰林学士，方献夫为侍讲学士。《国榷》卷五十三："（嘉靖三年六月）丙午，进张璁、桂萼翰林院学士，方献夫侍读学士。于是学士丰熙，修撰杨维聪、舒芬，编修王思差与为伍。各乞罢，不听。"《明鉴纲目》卷六："纲：六月，以张璁、桂萼为翰林学士，方献夫为侍讲学士。目：先是，萼疏既上，廷臣方具议，璁复疏言：今日之礼，不在皇与不皇，而在考与不考。萼又言：陛下承祖宗大统，执政乃无故任己私为不道，使陛下终身为无父人，逆伦悖义若此，犹可使与斯议哉？二人疏同上，帝故趣召之。（初，议礼诸臣无力诋执政者，至萼遂斥为悖道，且欲不使议，其言恣肆无忌，朝士尤疾之）既而献帝已追尊本生皇考，阁臣请停召命，帝不得已，从之。二人已在道，意大沮丧，乃复合疏，请与礼官面质。且云：本生对所后而言，若不亟去此二字，则虽称皇考，实与皇叔无异。疏入，帝复召二人。比至都，众汹汹欲仿先朝马顺故事，毙之于廷。萼惧不敢出。璁数日始朝，恐有伺者，出东华门，走匿武定侯郭勋（英五世孙）家。勋大喜，约为内助。时给事中张翀（字习之，潼川人）等，连章劾璁、萼及方献夫、席书诸人。章下所司。翀汇送刑部，尚书赵鉴即列璁等罪状上请，私相语曰：'倘得俞旨，便扑杀之。'帝廉得之，特命璁、萼为学士，献夫为侍讲学士，切责翀、鉴、学士丰熙（字怀学，鄞人）。修撰舒芬，杨慎（字用修，廷和子）、张衍庆、编修王思等，皆不愿与璁、萼同列，乞罢归。帝怒，俱夺俸。璁、萼以议礼骤贵，于是闲罢失职，武夫小吏，皆望风希指，抗论庙谟矣。"

翰林修撰杨慎、张衍庆等三十六人奏："臣等所执程颐、朱熹之说也，璁等所言，冷褒、段犹之余也。不能与之同列。乞罢。"夺慎俸两月，余皆一月。（据《国榷》卷五十三）

七月

吏部尚书乔宇以议礼忤世宗，求去，许之。《明鉴纲目》卷六："纲：秋七月，罢吏部尚书乔宇。目：帝即位初，求治甚锐，以宇长吏部，（宇自为选郎，即有人伦鉴，及是铨政一新。）起用林俊（起刑部尚书。俊时年已七十馀，寓止朝房，示无久居意）、彭泽（起工部尚书）、孙交（字志同，安陆人，素为献皇帝爱重。帝久闻其名，甫即位，起户部尚书）皆海内重望，颇委任之。然帝性刚，好自用，宇所执，渐不见听。

其议大礼尤切，积忤帝。及是，张璁、桂萼，并为学士。宇言：内降恩泽，先朝率施于佞幸小人，士大夫一预其间，即不为清议所齿，况学士最清华，而俾萼等居之，谁复肯与同列哉？帝怒，切责宇。遂乞休，许之。（林俊、彭泽在部，多所执持。俊以言不见纳，泽为言路所攻，俱乞休。惟孙交始终恩礼，以年老致仕。）"

编修王相等十六人杖死，丰熙等戍边。《明鉴纲目》卷六："纲：诏章圣皇太后尊号去'本生'字，群臣伏阙谏，戍学士丰熙等于边，杖员外郎马理（字伯循，三原人）等于廷。目：帝召见群臣左顺门，示以手敕，言章圣皇太后命去本生字，群臣骇愕。而张璁、桂萼复列上礼官欺罔十三事，且斥为朋党。于是九卿詹事翰林给事御史六部大理行人诸司，各上章争之，皆留中不下。尚书金献民（字舜举，绵州人），少卿徐文华（字用光，嘉定州人），倡言曰：诸疏留中，必改称孝宗为伯考矣。吏部右侍郎何孟春曰：宪宗朝，议慈懿太后葬礼，姚夔率百官哭文华门，此我朝故事也。杨慎曰：国家养士百五十年，杖节死义，正在今日。编修王元正（字舜卿，盩厔人），给事中张翀曰：万世瞻仰，在此一举。有不力争者，共击之。遂会群僚（九卿二十三人，翰林二十二人，给事二十人，御史三十人，诸司郎官，吏部十二人，户部三十六人，礼部十二人，兵部二十人，刑部二十七人，工部十五人，大理寺属十二人。）跪伏左顺门，有大呼高皇帝、孝宗皇帝者。帝方斋居文华殿，命中官谕之退，不听。帝怒，遣锦衣先执为首者。丰熙、张翀及御史余翱、郎中余宽（浙江临海人）、黄待显（莆田人）、陶滋、相世芳（安邑人），大理寺正母德纯（南充人），八人下狱。杨慎等乃撼门大哭，众皆哭，声震阙廷。帝益怒，命尽录诸臣姓名。（时有不在列者，其亲故以不预义举为嫌，多为代书。）遂系马理等一百九十人于狱，孟春等待罪。越数日，为首者戍边，四品以上夺俸，五品以下予杖，编修王相（字懋卿，鄞人）等十有六人，杖死。自是衣冠丧气，璁、萼等势益张。"

杨慎谪戍永昌。李调元《升庵先生年谱》："甲申七月，两上议大礼疏。嗣复跪门哭谏，中元日下狱，十七日廷杖之，二十七日复杖之，毙而复苏，谪戍云南永昌卫。时同时死者、配者、黜者、左迁者一百八人。挽舟由潞河而南，值先年被革挟怨诸人，募恶少随以伺害，公知而备之，至临清始散去。时公年三十七。"

罢武英殿大学士毛纪。《明鉴纲目》卷六："纲：武英殿大学士毛纪罢。目：纪请宥伏阙诸臣罪，帝怒，传旨责纪要结朋奸，背君报私。纪乃上疏乞骸骨，帝衔纪亢直，允其去。"

八月

贾咏入内阁，预机务。《明鉴纲目》卷六："纲：以贾咏（临颍人。）为礼部尚书，兼文渊阁大学士，预机务。目：咏先为吏部侍郎，及是，遂晋尚书入阁。"

南京国子祭酒崔铣，以灾异自劾，并及大礼。上不怿，罢归。（据《国榷》卷五十三）《明史·儒林传》："崔铣，字子钟，安阳人。"弘治十八年进士。"世宗即位，擢南京国子监祭酒。嘉靖三年集议大礼，久不决。大学士蒋冕、尚书汪俊俱以执法去位，其它摈斥杖戍者相望，而张璁、桂萼等骤贵显用事。铣上疏求去，且劾璁、萼等曰："臣究观议者，其文则欧阳修之唾馀，其情则承望意向，求胜无已。悍者危法以激怒，柔者甘言以动听。非有元功硕德，而遽以官赏之，得毋使侥幸之徒踵接至与？臣闻天子得四海欢心以事其亲，未闻仅得一二人之心者也。赏之，适自章其私昵而已。夫守道为忠，忠则逆旨；希旨为邪，邪则畔道。今忠者日疏，而邪者日密。一邪乱邦，况可使密哉！'帝览之不悦，令铣致仕。""崔铣……正德癸未，讲《论语》，开陈治本，启沃恳切。寻擢南京国子监祭酒，诸生相顾曰：'吾辈得师矣。'铣开诚心，崇正义，明教条，严祀事，正文体，奖隽彦，警轻惰，禁游戏，清廪馀，革蠹耗。日衣冠坐东堂，诸生朝夕问难，铣响答不倦，周贫佚老，问疾转丧，士林大说。"张璁、桂萼于今年六月任翰林学士。"正德癸未"，当作"嘉靖癸未"。

翰林院侍读湛若水为南京国子祭酒。（据《国榷》卷五十三）

九月

世宗更定大礼，其父母尊称自是遂定。《明鉴纲目》卷六："纲：九月，更定大礼，称孝宗为皇伯考，昭圣皇太后为皇伯母，献皇帝为皇考，章圣皇太后为圣母。目：尊称由是遂定。"

礼部右侍郎吴一鹏兼翰林院学士，直内阁诰敕。（据《国榷》卷五十三）

十一月

耿定向（1524—1596）生。耿定向，字在伦，麻城人。嘉靖丙辰进士。官至户部尚书，总督仓场。谥恭简。事迹具《明史》本传。著有《耿天台文集》、《硕辅宝鉴要览》等。据焦竑《澹园集》卷三十三《天台耿先生行状》。

起廖纪吏部尚书，右侍郎孟春为左侍郎，翰林侍读学士温仁和为右侍郎。（据《国榷》卷五十三）

十一月

提督团营武定侯郭勋请令应袭舍人年十五以上，新袭武官指挥以下俱选送京卫武学受业。《明世宗实录》卷四十五：嘉靖三年十一月丙戌，"提督团营武定侯郭勋条上七事：……一、养将材以备任用。请令应袭舍人年十五以上、新袭武官指挥以下俱选送京卫武学受业。武生习博士家业者亦许岁贡一二，以示鼓舞之权。疏下兵部覆"。

四川提学副使张邦奇，念母老致仕。（据《国榷》卷五十三）

十二月

起杨一清为兵部尚书，总制三边。《明鉴纲目》卷六："纲：冬十二月，起杨一清为兵部尚书，总制三边。目：故相行边，自一清始。一清自是凡三为总制，温诏褒美，比之郭子仪。"

翰林院侍读学士方献夫上所纂《大礼书》二卷。命梓之。（据《国榷》卷五十三）

本年

应袭土舍杨载清曾中贵州乡试，巡抚杨一渶请加载清一级，以为远人向学之劝，不从。沈德符《万历野获编》卷十六《科场·土舍科目》："贵州镇远府推官杨载清，本应袭土舍也，曾中贵州乡试。既袭职后，巡抚杨一渶为请于朝，乞如武举例，加升一级，以为远人向学之劝。旨下吏部议，以土司额设定员，且在任，难以加升，宜于本府量加俸级，且著为例。此嘉靖三年事也。以远夷而知读书应试，自是清朝佳事，何吝一阶半级，不以奖借之？当时庙堂诸公，方以议礼暴贵，无一留意人才者。至隆庆五年，贵州麻哈州应袭土舍宋儒遂举进士，改庶常，不闻吏部厄之也，载清亦不幸不生右文之世耳。嘉靖初，广西思恩府那马司巡检黄理故，其子黄旸以府学廪膳生员袭职，寻以征南赣功升指挥金事。先是正统三年，四川马湖府举人王有学，以生员得荐，因病不能会试，过期始到，例罚充吏。于是有学原籍长官司遣通事贡马，乞宥其罪。上以夷人能读书登科目，固已可嘉，特免充吏，许会试。是时三杨同在内阁，知国家大体，故有此处分，贤于嘉靖间诸公远矣。马湖今已改流官，统长官司，但举人误试事，何至遂降为掾吏？此例不知始于何时，革于何时。今云、贵二省新第者，俱以路远难到，必至次科方入京会试。若以有学律之，不充吏者尠矣。宣德七年三月，大通关提举司吏文中，自陈儋州昌化学生，中永乐二十一年乡试，以病未试。继丁母忧，宣德六年至部，以违限充吏。海外之人，伏望轸念。上命试其文可取，命复举人候会试，其事与正统同。"

景旸（1476—1524）卒。焦竑《景中允传》："中允姓景名旸，字伯时，金陵人。……辛巳以母忧去位。甲申服除北上，行至真州病卒。"顾璘《景伯时旸行略》："辛巳太孺人以疾卒。终丧北上，道舟止仪真，家人病疫，公染疾竟卒，春秋四十有九。……为文多宗迁、固，诗效唐人格律，书法晋，尤妙于篆，有《前溪稿》若干卷。"欧大任《广陵十先生传·景旸》："嘉靖甲申，母丧服阕，将赴京，以病疫卒。旸为文多法两汉，诗主盛唐，与乡人蒋山卿、江都赵鹤、宝应朱应登并有声艺林，号江北四子。姑苏顾璘《国宝新编》编弘、德间名士李梦阳等十二人，旸其一也。所撰有《前溪集》行于世。"

吴国伦（1524—1593）生。吴国伦字明卿，兴国人。嘉靖二十九年进士，授中书舍人，擢兵科给事中。杨继盛死，倡众赙送，忤严嵩，以他故谪官。嵩败，起建宁同知，累迁河南左参政，罢归，声名藉甚。求名之士，不东走太仓（王世贞），则西走兴国（吴国伦）。万历时，世贞既没，国伦犹无恙，年八十余乃卒，在七子中最为老寿。有《甔甀洞正续稿》。（据冯梦祯《吴明卿先生传》、钱谦益《列朝诗集小传》等）

明世宗嘉靖四年乙酉（公元 1525 年）

二月

大学士费宏、石珤、贾咏以修皇考《实录》，臣等未详其事，乞旧邸臣类述。从之。（据《国榷》卷五十三）

翰林院编修刘朴为侍讲。（据《国榷》卷五十三）

四月

除起复翰林院庶吉士王用宾为本院编修。（据《明世宗实录》卷五十"嘉靖四年四月乙巳"）

礼部驳何渊议，令再详之。翰林学士张璁及廷臣力争，不允。（据《国榷》卷五十三）

五月

升南京翰林院侍读严嵩为国子监祭酒。（据《明世宗实录》卷五十一）《国榷》卷五十三："（嘉靖四年五月）己巳，升南京翰林院侍读严嵩为国子监祭酒。"

王邦奇等九十余位传升官复职。《明鉴纲目》卷六："纲：乙酉四年，夏五月，复传升官。目：初，王邦奇在武宗朝，夤缘入锦衣，构害甚众。帝即位，悉革传升官。至是，邦奇诡词求复，遂授锦衣卫试百户，同时复官者九十馀人。兵部尚书金献民固争，不听。（邦奇素憾杨廷和、彭泽，未几，连构大狱。事详后。）"

国子祭酒赵永为南京礼部右侍郎。（据《国榷》卷五十三）

南京国子司业郭维藩为南京翰林侍读学士。（据《国榷》卷五十三）

翰林检讨陈震为国子司业。（据《国榷》卷五十三）

六月

《武宗实录》修成。《弇山堂别集》卷七十六《赏赉考上》："嘉靖四年，修《武庙实录》成，赐监修、太傅、定国公徐光祚，总裁、少保、太子太保、吏部尚书、谨身殿大学士费宏，吏部尚书、文渊阁大学士石珤，与续总裁、礼部尚书、东阁大学士贾咏，续副总裁、礼部右侍郎兼翰林院学士吴鹏，俱赏同弘治。"陈沂进翰林院侍讲。《国榷》卷五十三："（嘉靖四年六月）辛亥，《实录》恩，进定国公徐光祚兼太子太师，大学士费宏少师兼太子太师，石珤、贾咏俱太子太保武英殿大学士。副总裁，吴一鹏礼部尚书，董玘詹事兼翰林学士。纂修官，进侍读学士翟銮为翰林学士；翰林侍读穆孔晖，左春坊左庶子兼侍读徐缙为侍读学士；修撰唐皋为侍讲学士；侍讲学士张璧，侍读许成名为左右谕德；侍讲刘朴、尹襄、张潮为司经局洗马；修撰边憲，编修刘栋俱左中允；修撰杨维聪，编修孙绍祖俱右中允；编修崔桐、汪佃俱侍读，叶桂章、王三锡、陈沂、邝灏俱侍讲；谢丕、费寀俱左赞善；林文俊、蔡昂，检讨金皋俱右赞善；编修余承勋、陆钺、费懋中、汪晖、马汝骥、叶式、刘世盛、伦以训，检讨萧成、李方、汤惟学俱修撰；检讨张星、林时俱编修；编修孙元，检讨席春、刘夔原改除，俱为按察佥事。催纂誊录，余升秩有差。"

七月

庚午，初，检讨席春、刘夔以《实录》恩进按察副使。上改佥事，春遂憾费宏，言自来《实录》恩不外任。上特进春修撰、夔编修。已，学士张璁、桂萼求去，语亦侵宏，宏疏辨。（据《国榷》卷五十三）

浙江重修贡院。（据《王文成全书》卷二十三《外集五·重修浙江贡院记》）

翰林院编修刘夔，既廷谢，仍辞。上怒谪之。（据《国榷》卷五十三）

八月

翟銮、谢丕、徐缙等为乡试主考。《弇山堂别集》卷八十二《科试考二》："四年乙酉，命翰林院学士翟銮、左春坊左赞善谢丕主顺天试。命（中缺十四字）主应天试。"按，今年应天乡试主考为徐缙（1489—1545）。崇祯《吴县志·人物》："徐缙字子容，西洞庭崦下人，姿干瑰玮，警敏异常，幼即日记数千言，出语惊人。王文恪鏊（1450—1524）有女灵慧，通经史，钟爱之，择俪难其人，见缙，试以联偶，曰：'此吾婿也。'遂许焉。因授以读书之要，挈游都门，令受《易》于靳文僖贵。从先世留守成籍，补顺天学生，举弘治戊午乡书。丁父忧。乙丑登进士，选庶吉士，读书中秘，博综今古，授编修。及奉命册封辽藩，悉却赠遗，王愈加礼敬。辛未同考会试，得人独盛。乙亥进侍读。嘉靖乙酉典应天乡试。缙约束诸同事毋拘臆说，及遍阅弃卷，诸名士咸罗得之。与会稽董玘（1483—1546）、上海陆深（1477—1544）、南海湛若水（1466—1560）并辔扬镳，上自秦汉，下及唐宋之书，靡不涉猎。寻擢少詹事兼学士，迁礼部右侍郎。"再改吏部右，转左，摄尚书事。《国榷》卷五十三："（嘉靖四年八月）甲午，翰林学士翟銮、右春坊右赞善谢丕主试顺天。"

两京及河南、山东、陕西、山西、浙江、湖广、江西、福建、广东、广西、四川、云南等十二布政司乡试；贵州士子附云南乡试。

钱薇中式浙江乡试第三十四名。其年谱附录有三场试题及试官姓氏。钱泰吉《太常公年谱》："（嘉靖）四年乙酉，（钱薇）二十四岁。中式浙江乡试第三十四名。"附录三场试题及试官姓氏。

第一场

《四书》题：

中人以上，可以语上也。

君臣也，父子也，至所以行之者一也。

其日夜之所息至其好恶与人相近也者几希。

《书经》题：

迩可远在兹。

导岍及岐至至于阳石入于海。

水曰润下五句。

立政任人至庶常吉士。

教谕林、参政朱批阅。

第二场

论题：

尧舜帅天下以仁。

表题：

拟赐衍圣公孔彦缙宅于京师谢表。

判题：

官吏给由　　收养孤老　　乡饮酒礼　　门禁锁钥　　听讼回避

教谕林、同知王批阅。

第三场

策问

帝治　　道学　　五礼　　用人　　水利

教谕林、知县毛批阅。

许谷（1504—1586）中举。《客座赘语》卷二《前辈乡绅武弁》："嘉靖乙酉，许石城先生举于乡，往谒乡绅御史何公钺，公待茶不命坐，立饮而退，不以为倨也。辛卯（1531），殷秋溟先生举于乡，谒卫之掌印指挥朱某，朱待之礼几如何公，不以为侮也。

王少治先生为锦衣卫人，居林下，卫有镇抚王某，向先生贷银数十金，先生如数应之，不以为贪也。今日财通句读，甫列黉校，前辈长者固已伛偻下之。至武弁之管卫所篆者，在衿裾视之，直以供唾涕而备践踏矣。呜呼，古今之不相同，一至此哉！"许谷，字仲贻，号石城，上元人。乙未（1535）进士。除户部主事。改礼部、吏部，历员外、郎中，迁南太常少卿，谪浙江运副。迁江西提学佥事，进南尚宝卿。著有《省中稿》、《二台稿》、《归田稿》等。

袁裘（1502—1547）举应天乡试第一名。王世贞《吴中往哲像赞》："袁胥台先生裘，字永之，吴县人。生五年即知书，七岁赋诗，有奇语，十五试应天，即驰声场屋间。又九岁而举乡试第一。"嘉靖丙戌进士，选庶吉士，官至广西提学佥事。"所著文集二十卷，《皇明献实》二十卷，《吴中先贤传》十卷，《世纬》及《岁时记》、《周礼直解》又若干卷。"

九月

都穆（1459—1525）卒。据胡缵宗《都公墓志铭》。王世贞《吴中往哲像赞》："都南濠先生穆，字玄敬，由丹阳徙为吴县人。……卒之日，家唯藏书数十卷。所著有《南濠诗略》、《文跋》、《诗话》、《宾话》、《玉壶冰》、《听雨纪谈》、《周易考异》、《史外类抄》、《金薤琳琅》，学士大夫争购而藏之，以为帐中秘。"顾璘《国宝新编·都穆叙赞》云："都穆字玄敬，苏州人。仕至太仆少卿。清修博学，网罗旧闻，考订疑义，多所著述。好游山水，虽居官曹，奉使命，有间即临赏名胜，骋其素怀。所得必撰一记，辑成巨帙。又广录古金石遗文为《金薤琳琅集》。斋居萧然，乐奉宾客，衔杯道古，以永终日。不植生产，或至屡空，辄笑曰：'天地之间，当不令都生馁死。'日晏如也。文简古有法，诗虽过尔冲泊，竟非俗具。"崇祯《吴县志·人物》：都穆字玄敬，"乙酉卒，年六十七"。

宗臣（1525—1560）生。宗臣字子相，扬州兴化人。嘉靖二十九年进士，除刑部主事，调考功，谢病归。复起故官，历稽勋员外郎。严嵩恶之，出为福建参议。倭薄城，与主者共击退之，迁提学副使，以劳瘁卒于官，士民皆哭。有《方城集》。据王世贞《明中宪大夫福建提刑按察司提学副使方城宗君墓志铭》、《故福建按察司副使宗君子相祠碑》、钱谦益《列朝诗集小传》等。

十月

礼部右侍郎刘龙为左侍郎，翰林学士翟銮为礼部右侍郎，直日讲。（据《国榷》卷五十三）

十二月

汪道昆（1526—1593）生。（生年据公历标注）（据汪无竞《江左汪司马年谱》）俞均《明通议大夫兵部左侍郎汪南明先生墓志铭》："癸巳夏，而汪先生复捐馆客。""先生得年六十有九。"汪道昆，字伯玉，号南溟，一作南明，歙人。嘉靖丁未进士，知义乌县。历福建兵备副使、右佥都御史、兵部左侍郎等职。著有《太函集》、《南溟副墨》等。参见《列朝诗集小传》、康熙《徽州府志》、嘉庆《义乌县志》等。

《大礼集议》成。《四库全书总目》卷八十三史部政书类存目一著录《大礼集议》五卷，提要曰："明席书编。书，遂宁人。弘治庚戌进士。官至武英殿大学士。谥文襄。事迹具《明史》本传。嘉靖初，书为南京兵部侍郎，大礼议起，书揣知帝意方向张璁、桂萼，乃上书力主其说。帝大喜。时汪俊代毛澄为礼部尚书，犹坚执如澄议。及俊以力争建庙去位，帝特旨用书代之。此编即其为礼部尚书时所编刻以进者也。初，侍读学士方献夫请刊《大礼奏议》二卷，后吏部侍郎胡世宁复续增一卷。至庙议已定，书乃取原编定为奏议一卷，会议一卷，续议一卷，复增庙议一卷，末又附诸臣私议一卷。私议者，议而未奏者也。然皆不外璁、萼等附和时局之说耳。"《明鉴纲目》卷六："纲：冬十二月，《大礼集议》成，颁示天下。"

本年

邓显麟上疏条陈乡试事宜。邓显麟《梦虹奏议》卷下《条陈科举疏》："切照嘉靖四年，该天下乡试取士之期。臣昔任国子监学正，滥竽顺天府试官，偶有见闻，不敢缄默，谨条陈于左，乞敕礼部议拟施行。计开：一曰养廉耻。臣切惟儒生入场，外有搜检，内有巡逻，而又严之以怀挟，稍知礼义者已惴惴焉蹈罪是惧矣，则亦何事解巾脱衣、赤身露足、散发披头，俾同人道于马牛哉？臣恐孔、孟复生，必艴然不悦已。合无今后乡试比照会试搜检事规，免其解脱衣巾，以养多士廉耻之心。二曰务实录。臣切惟乡试、会试有录本，进呈上览，传信天下。近来往往假举子之名刊刻试官之作，吾谁欺，欺天乎？且使草茅之葵藿，竟同鱼兔之筌蹄，名虽甄录，而文已失其真矣。合无今后刊刻试录，止用举子本色文字，考官惟精白一心，专事雠校，庶上无假借欺君之非，下无失实蹈伪之诮。三曰公去取。臣切见场屋分卷，初不见其高下之多寡，随卷均散。及至填榜，亦不究其高下之多寡，挨次均填，于是高卷多房不免遗珠之叹，下卷多房不免续貂之幸。合无今后同考试官取定中卷，汇送考试官处，分经混取，择其高者留之，虽一房十取其九而无嫌，否者去之，虽一房十去其九而不恤。务敦同道相济之美，毋怀私植桃李之心。四曰革奸弊。臣切见京闱填榜之夕，有等射利光棍，公然持梃逾墙，上房翻瓦，攘夺中式姓名。人吏环视，莫之敢禁，是以试录未及进呈上览，而京城家喻户晓矣。以京师首善之地，顾不如外省奉法之严，良可慨叹。合无今后贡院周围分派五城兵马，严督火甲人等通宵防守，遇有前项奸徒，即便挐送法司枷号重治。如巡逻欠严，通同作弊，许巡城御史将该管兵马参究问罪。五曰谨文衡。臣惟天下异才，非凡眼所能识。臣昔在顺天场屋时，见有同考官将今修撰杨维聪置之落卷。不有识者，维聪不其流落不偶乎？盖人品不同，识趣自别，非曰知之蔽之之过也。合无今后每各直省比照两直隶乡试命官主考事例，听礼部选两京部属官学行优良者二人，奏请前去主考，庶主司得人，真才辈出矣。圣旨：'礼部知道。培植士类，曲尽婆心。'丰熙：'洞悉场屋利弊，一一敷陈，真具为国求贤竭衷，而公去取，谨文衡，尤为取士确论。'"

　　杨廉（1452—1525）卒。《静志居诗话》卷八《杨廉》："杨廉字方震，丰城人。成化丁未进士，累官南京礼部尚书，赠太子少保。卒，谥文恪。有《月湖集》。月湖诗派，本白沙、定山。其言曰：'近代之诗，大抵只守唐人矩矱，不敢违越一步。惟陈公甫、庄孔旸独出新格。予好公甫诗，既选注之；好孔旸诗，又选注之。'其论绝句云：'于宋得濂洛关闽之作，于元得刘静修，于国朝得陈公甫、庄孔旸，因类成一帙，名曰《风雅源流》。'其师心若是。然其七言长篇，颇具排奡之力，五律亦以朴胜，不尽类陈、庄二公。"

　　张居正（1525—1588）生。张惟骧《疑年录汇编》卷七："张太岳五十八居正，生嘉靖四年乙酉。"《明史》本传："张居正，字叔大，江陵人。少颖敏绝伦，十五岁为诸生。巡抚顾璘奇其文，曰：'国器也。'"

明世宗嘉靖五年丙戌（公元 1526 年）

正月

　　吉安知府黄宗明为福建都转运使，南京都察院经历黄绾为南京工部员外郎，随州知州金迷为武昌同知，光禄署丞何渊为上林苑监丞，连城训导陈云章为建宁教授，嘉祥教谕王价为东昌教授。皆议大礼者。（据《国榷》卷五十三）

　　大计拾遗。河南广东提学副使萧鸣凤、魏校，山东兵备副使牛鸾，降调有差。（据《国榷》卷五十三）

二月

　　定守令久任法，以纠迁转太频之弊。《明鉴纲目》卷六："纲：丙戌五年，春二月，定有司久任法。目：吏部尚书廖纪（字时乘，东光人），言迩者守令迁转太频，政多苟且，宜遵旧制，俟九年考满，有政绩者，乃迁。从之。"

己未，礼部会试天下举人，命大学士贾咏、詹事董玘为考试官，录取赵时春等三百人。（据《明世宗实录》卷六十一）

赵时春（1509—1567）年十八，为今年会元。周鉴《明御史中丞浚谷赵公行实》："公讳时春，字景仁，号浚谷。浚谷者，平凉东南隅水名也。"年十四举陕西乡试。"丙戌乃举礼部第一人，年才十八耳。其文义汪洋浩瀚，气雄千古，学士大夫争重之。馆阁诸公深以国士器之。改翰林院庶吉士，尽读中秘书，文士储书者咸借览。"徐阶《明故巡抚山西都察院右佥都御史浚谷赵公墓志铭》："年十四举陕西乡试，十八试礼部，褎然为举首。当是时，海内伺其有所制作，争传诵之，而公则习骑射，谈甲兵，日以边备之不修为大戚。"选庶吉士，改兵部主事，以建言下狱。寻补翰林编修，又以上疏，放归。会边警，起领民兵，自副使超拜右佥都御史，巡抚山西。有《浚谷集》。梁章钜《制义丛话》卷二十三："《坚瓠集》云：平凉赵公时春年九岁应童子试，文佳甚。学使者疑其代作，面试之，以'子曰'二字命题，公应声曰：'匹夫而为百世师，一言而为天下法。'复命自赋其姓名，公亦应声曰：'姓冠百家之首，名居四序之先。'又商丘安世凤冲太守前导，守指路旁'此屋出卖'四字令作破题，安应声曰：'旷安宅而弗居，求善价而沽诸。'又云间莫如忠六岁应试，主司讶其小，面试一破，以'为政、八佾、里仁、公冶长'为题，莫应声曰：'化隆于上而有僭非其礼者，俗美于下而有犯非其罪者。'主司叹赏，遂入泮。"

三月

龚用卿、杨维杰、欧阳衢等进士及第、出身有差。改袁袠、陆粲、赵时春等为翰林院庶吉士。《明世宗实录》卷六十二：嘉靖五年三月乙未，"礼部尚书席书言：'旧例，廷试贡士，掌卷官先行看阅，分送内阁，然后以次及于九卿。进士甲第前后，决于读卷官职之尊卑，不复论其文之高下，非所以示大公也。自今请糊名混送，以防奸弊。其一甲三名，不分内阁九卿，从公会取，既定，然后轮次均填，不宜偏私以官爵为序。'疏入，上初未允，书复争论，乃许之"。"戊戌，上御奉天殿策试天下贡士赵时春等，制曰：朕惟自昔言治道者有二，曰王曰伯。三代而上，纯王之治也，卓乎不可尚已。论者乃谓三皇以道，五帝以德，三王以功，五伯以力。又谓皇降而帝，帝降而王，王降而伯，果若是殊乎？其所谓道德功力，亦有可指言者乎？自是而后，惟汉、唐、宋历世最久，号称至治，其间英君谊辟，固有专务以德化民，而致刑措之效，力行仁义，而成贞观之盛，至诚恭俭，而收庆历之治，盖于王道，皆若有庶几焉者。由今观之，其施之当时而见诸政事者，果何道欤？德欤？抑功力欤？亦有可述者欤？议者有言：汉王而未足，唐犹夫汉也。然则宋固可知矣。岂世道愈降，而先王之道，卒不可复欤？朕太祖高皇帝创业垂统，太宗文皇帝安内攘外，列圣相承，益隆继述，莫不以纯王之心行纯王之政，百五十馀年以来，亦既成纯王之化矣。朕嗣承大统，夙夜孳孳，亦惟帝王之道、祖宗之法是遵是守。夫何承平日久，人心宴安，固尝劝农桑矣，而闾阎之间衣食益困。饬武备矣，而辇毂之下营伍不充。士病其诡遇也，而流风相顾，伤于太激。俗恶其奢靡也，而守礼之家，不免于僭侈。储蓄之政，何岁不讲，一遇水旱，至坐视赤子之流离。备御之策，无时或忘，一有边警，辄告称兵粮之虚耗。夫体统纪纲、人才风俗，皆王政之大，而足食足兵，又今日之急务也。信如兴滞补敝之不暇，有克举之，又何择乎王伯哉？夫上有愿治之君，则下有辅治之臣，是故道易交，而志易行也。昔之人臣所以事其君，固有以法天立道为对，以饥渴教化为喻，以诚心公道为佐治之具者，夫岂不知尊王而抑伯哉？何卒混为一途而莫之能正也？后之论治者，有言尽天道则可以行王道。又谓有内圣之德，则有外王之业。又谓必有父母天下之心，乃为王道。当以何者为不易之论钦？朕闻王者之民，劳之而不怨，利之而不庸，迁善敏德而不知其功，相安相养而莫识其力。士让于朝，民和于野，万物并育，各得其所。朕甚乐之，甚慕之，何施何为而可以臻此？子大夫明于王道，有素矣，其详著于篇，朕将择而行之。'"辛亥，考选进士袁裘等二十人为庶吉士，送翰林院读书。"《弇山堂别集》卷八十二《科试考二》；"五年丙戌，命太子太保礼部尚书武英殿大学士贾咏、詹事府詹事兼翰林院学士董玘为考试官，取中赵时春等。廷试，赐龚用卿、杨维杰、欧阳衢及第。先是，举人廷试，纳卷之日，弥封官以会试首列数卷潜送内阁，以备一甲之选，或内阁密觇状头仪貌及平日有声者；阅卷官出自东阁，归宿私第。是岁礼部尚书席书疏其弊，乞弥封官不得与送卷；读卷官退朝，直宿礼部。诏曰：'可。著为令。'改进士袁裘、陆粲（1494—1551）、赵时春（1509—1567）、林云同、金潞（璐）、张鏊、连镰、詹瀁（荣）、华察（1497—1574）、屠应埈（1502—1546）、毛渠、王宣、王嘉宾、邝忭（汴）、郭秉聪、张渠、余辈、江以潮、杨恂、李元阳、王格（1502—1595）、张铎为庶吉士。明年十月，诏以庶吉士为部属科道等官，而陆居首，仅得给事，其次部属，又次御史，其江以潮、杨恂为评事，李元阳以下为知县。盖大学士张璁等意也。"李选《侍御中溪李元阳行状》："先生讳元阳（1497—1580），字仁甫，世居点苍山十八溪之中，因号中溪。其先浙之钱塘人，祖讳顺者，仕元为大理路主事，爱恋山水，遂家焉。……嘉靖壬午中云贵乡试第二，丙戌成进士，初授翰林院庶吉士，寻以议礼忤权臣，出补分宜。"与唐顺之、屠应埈等并称十才子。申时行《赐闲堂集》卷十八《给事中陆公传》："陆公者，讳粲，字子余。……嘉靖乙酉举乡试，丙戌举会试，咸魁其经。及廷对，石文隐公珤将首荐公，中忌者计，不果。寻被选为庶言士，连七试皆第一，名声大噪。少师杨公一清称为'通儒'。丁亥，诏简吉士五人，充史官。公名业已列上，而会新贵人得权，公不往揖，心衔之，乃从中媒蘗，改授工科给事中。"徐阶《世经堂集》卷十九《明故右春坊右谕德兼翰林院侍读浙山屠公墓志铭》："公讳应埈，字文升。……嘉靖乙酉举应天乡试第二，明年举进士，改翰林庶吉士。当是时，宰相有骤起用事者，衔诸翰林不附己，奏出三十余人。已又怒诸吉士，曰：'是固尝遭我于道，不避骑。'尽奏出为部寺属，而公得刑部主事。……诸吉士或不能无少愠，公独怡然也。"《国榷》卷五十三："嘉靖五年三月戊戌，策贡士于奉天殿，赐龚用卿、杨维杰、欧阳衢等进士及第、出身有差。"

王畿、钱德洪不与廷试而归。《徐渭集》补编《畸编·师类》："王先生畿，正德己卯十四年举人，不赴会试，至嘉靖丙戌五年，会试中进士，不廷试，至嘉靖十一年壬辰，始廷试。"《明史·儒林传》载："钱德洪，名宽，字德洪，后以字行，改字洪甫，余姚人。王守仁自尚书归里，德洪偕数十人共学焉。四方士踵至，德洪与王畿先为疏通其大旨，而后卒业于守仁。嘉靖五年举会试，径归。""王畿，字汝中，山阴人。弱冠举于乡，跌宕自喜。后受业王守仁，闻其言，无底滞，守仁大喜。嘉靖五年举进士，与钱德洪并不就廷对归。"《明儒学案》卷十二载：王畿欲不赴嘉靖五年会试，"文成（王守仁）曰：'吾非以一第为子荣也，顾吾之学，疑信者半，子之京师，可以发明耳。'先生乃行，中是年会试。时当国者不说学，先生谓钱绪山（德洪）曰：'此岂吾与子仕之时也？'皆不廷试而归"。

　　金大车（1493—1536）下第归，偕许谷、陈凤、谢少南等读书于南京清溪之上。许谷《刻金子有诗集后语》："余少与金子有（大车）、谢应午（少南）、陈羽伯（凤）诸君，读书于清溪之上，时称为莫逆交。乃子有摇笔成章，顷刻盈纸，豪荡奔逸，各中程度，未尝不叹其受材之灵异如此。"《列朝诗集小传》丁集上："大车字子有，其先西域默伽国人也。太祖时，以归义授鸿胪卿，赐姓启宇，遂为金陵人。……嘉靖乙酉（1525），举于乡，下第归，偕陈羽伯、许仲贻及弟子坤，从游于顾华玉，华玉慎许可，极爱重。"顾璘字华玉。金大车凡五应进士试不第。

　　许谷（1504—1586）应进士试不第，卒业南雍。姜宝《前中顺大夫南太常少卿石城许公墓志铭》："公讳谷，字仲贻，石城其号也。"上元人。"年十九以儒士应壬午（1522）乡试，为京兆寇公某、学使萧公某所知。次科为嘉靖乙酉（1525），京兆王公某、学使卢公某并首取，应试举于乡，即予先从父同举之年也。明年丙戌下第，卒业南雍。时尚书顾公璘（1476—1545）以古文名，公从之游，得其文之法。侍郎吕公柟（1479—1542）讲伊洛之学于留都，公又从之游，得其学之宗旨。既而又取友于远近，同里则善金子大车、陈子凤，同年则善袁子袠、陆子粲、王子谷祥、皇甫子汸、屠子应埈，资众长以进学而为文，学日博，文亦日工。"许谷为乙未（1535）进士。有《省中稿》、《二台稿》、《归田稿》等。

　　据《明清进士题名碑录索引》，嘉靖五年丙戌科录取名单如下：

第一甲三名

| 龚用卿 | 杨维杰 | 欧阳衢 | | | |

第二甲九十名

袁　袠	金　璐	赵时春	吕希周	寇天与	张九叙
张　鳌	熊　汲	周朝著	李　榗	张　鹄	方　鹏
华　察	费懋贤	汤绍恩	陈　耀	陆　㛍	邢秉仁
倪　缉	高仲嗣	顾中立	况维垣	刘　安	裴　近
田汝成	韩廷伟	宋　琏	邝　汴	郑　钢	袁士奇

程　霆　　毛一言　　翁万达　　余胤绪　　杨儒鲁　　王世隆
纪　常　　吴　龙　　苗汝霖　　赵　迎　　倪　组　　查懋光
唐　枢　　郭秉聪　　康世隆　　任　辙　　谢庭芝　　毛　渠
张　臬　　王慎中　　蔡子举　　吴　麟　　王宗浚　　朱继忠
江以达　　魏良辅　　尹尚宾　　应　樬　　詹　荣　　纪　绣
王　宣　　邹守愚　　林　琼　　梁尚德　　冯　岳　　诸　杰
王　浙　　龚良傅　　林云同　　欧阳塾　　毛秉铎　　王　柄
樊　鹏　　张　夔　　江　汇　　程　绥　　杨顺明　　焦维章
夏　雷　　王汝孝　　刘应授　　张承祚　　谈　恺　　郑允璋
俞大有　　施　侃　　于思睿　　张德政　　李　海　　贾名儒

第三甲二百八名

余　楘　　刘继德　　邵经济　　柴守正　　孙　锦　　方　岑
杨　恂　　屠应埈　　王嘉宾　　郑　威　　何时晋　　陈希登
宋茂熙　　冯　恩　　岳　伦　　葛　桂　　包　珊　　陈　侃
高　金　　刘希简　　冯　震　　宋　宜　　高　琅　　王　守
傅汉臣　　陈大咸　　张　鹏　　余　鏓　　蔡存远　　胡尧时
张　相　　谢　兰　　郭　冠　　谢邦信　　杨　㑇　　霍　鹏
陆　粲　　伍　铠　　闻人诠　　曹　浩　　陈继芳　　唐愈贤
徐汝圭　　高　琦　　苏　佑　　何世祺　　陈克昌　　孙　裕
戴　儒　　李凝忠　　周　宠　　郑朝辅　　戚　贤　　杨　仪
朱　屏　　许檟卿　　朱　篷　　祝文晃　　邢　第　　沈　㙩
高　翀　　胡仲诰　　林　塈　　陈常道　　李元阳　　乔　瑞
张　铎　　王　沼　　陈　輖　　马永寿　　李允升　　谢九成
王　珂　　陈秉雍　　饶　秀　　李　磐　　陈　楠　　杨　经
连　鑛　　刘良卿　　张守约　　曾　汴　　蒋　卿　　李充浊
吴　翰　　杨世相　　郭凤仪　　刘曰乾　　赵　昊　　姜润身
陈　海　　陈思谦　　王　格　　傅应祥　　陈祥麟　　沈　寅
周　道　　俞宗梁　　陈　鲸　　范　言　　于　慧　　杨　缙
戴邦正　　戴　梧　　李　镛　　段　麟　　张一厚　　何继之
黄凤翔　　沈　椿　　汪仲成　　钱　仝　　周　襌　　袁轩冕
王　瑶　　刘望之　　郑　坤　　陶　珪　　王德溢　　钱　梗
胡　经　　朱　润　　白　钢　　朱　方　　李　福　　李学诗
李　采　　窦一桂　　李　晁　　苏　民　　张　真　　杨育秀
刘继先　　唐　仁　　戴　璟　　邹尧臣　　周　懋　　张天真
陈　健　　丁　谨　　拱廷臣　　诸　演　　李　遂　　江以朝

金洲	许论	吴惺	胡凤	岑万	沈熺
张文镐	戴嘉猷	周文烛	周铁	王祯	张玺
张湘	陈仲录	董珊	倪镜	熊迟	宋邦辅
邓直卿	方克	王文儒	曹煜	钱士聪	蒋瑜
杨世祥	朱篪	沈继美	傅学礼	应大桂	唐锜
崔廷槐	王维垣	顾中孚	谷继宗	王桥	郑重威
王金章	金椿	江南	沈一定	杨春芳	秦鳌
谢存儒	方泰和	常序	苏术	陈价	蒋应奎
张子立	杨烶	石文睿	王杰	管见	陈京
张守约	熊进	金灿	林承训	施昱	朱旒
李邦表	李文会	梅月	王士俊		

王慎中中本科进士，历任山东提学副使，河南布政使参政等官。张萱《西园闻见录》卷四十五《提学·往行》："王大参慎中，尝为山东提学宪副使。齐东故习，所属谒上官多用舆台之仪，学官亦修之，莫耻为诟，先生痛抑，喻戒令以士礼见。尝曰：'师必自重而后可以教人，若轻其师，自轻其教也。'一时学官争自磨淬，转相训饬，而先生之教昌明显行。至于品骘文字，再不复阅，见者咸惊为神。日看百余卷，皆彻首尾，批抹黜评，无一语漏略，而高下其等，不爽锱铢，尽得诸牝牡骊黄之外，昔人所传一目数行下，笔翰如流，实先生其人矣。中麓李公为先生立传，有云：'会寄高等士文百余，日后无人不发身者。'甚至有生童试文一篇，即许其终身。所造如殷棠川学士、谷近沧司马，皆以同年入试，大加赏识，遂越诸生，超等补增，不知何从得之。初，山东士子，见先生所为《广东录》，争相慕效。先生自以所作虽峭厉雄奇有可喜，然不足为式，而所谈乃成化、弘治间诸馆阁博厚典正之格，士由此知向往，其文一出于正。凡经先生识拔者，皆为成才美士，致位通显，舆论翕然。"

三甲一百二十六名进士李学诗曾作《重修安阳县儒学记》。嘉庆《安阳县志》卷九《建置志·学官》："李学诗《重修安阳县儒学记》：……士之所修者何学？圣人之道而已。圣人之道，常道也，父子亲、君臣义、夫妇别、长幼序、朋友信，是道也，圣人之所以为圣人，吾人之所以学圣人者也，四代之学明此矣。我国家虽以科目取士，而立学之意，亦岂能与四代异。士生斯世，亦云幸矣，其所以为学，既有标的而指归矣，顾自窜于佛老之徒，与常道背，间有少振拔者，又从事于枝叶之学，虽使游、夏命词，予、赐载笔，几无以逾之，皆偃然自以为圣人之徒矣。至所谓父子、君臣、夫妇、长幼、朋友之常道，实静言而庸违之，一旦加于民上，则功利、刑名、簿书、筐篚是以，乌知以亲、义、序、别、信而施于有政哉！"李学诗（1503—1514）嘉靖五年（1526）三甲一百二十六名进士。山东平度人，字正夫。由永平府推官，入为吏部稽勋主事，官至左春坊左中允兼翰林编修。

贬庶吉士袁褒。（据《国榷》卷五十三）

四月

翰林侍读学士唐皋卒。（据《国榷》卷五十三）

武举赐宴兵部，大学士费宏主席，列武定侯郭勋于尚书下。勋上章争之，卒如勋请。（据《国榷》卷五十三）据《明世宗实录》卷六十三，本年武举会试，取五十名。

五月

再招杨一清入阁。《明鉴纲目》卷六："纲：夏五月，召杨一清复入阁。目：席书与费宏有隙，张璁、桂萼亦力排宏。先是，御史吉棠请召还一清，以消朋比。帝因议礼故，欲藉一清以箝众口，命以吏部尚书入阁。（初，大礼议起，一清方家居，见张璁疏，寓书门人乔宇曰：张生此议，圣人复起，不能易也。闻席书礼部之命，劝书早赴召，以定大议。璁等既骤显，颇引一清，帝亦以一清老臣，恩礼加渥焉。）"

霍韬议内外官迁转之法。少詹事霍韬上言："内外官迁转，不当苟循资格。上自内阁卿贰翰林，下而部属科道，皆必出而补外。外自监司守令及教官乙榜岁贡，皆必擢而补内。一以太祖时为法。"下廷议。（据《国榷》卷五十三）

六月

吏部尚书廖纪等覆奏霍韬内外官升迁资格之议。《明世宗实录》卷六十五：嘉靖五年六月壬戌，"吏部尚书廖纪等覆奏霍韬内外官升迁资格之议，言韬以翰林吏部不迁外任，臣谓翰林设官之意，本与常调不同，在史局则国典攸存，在经筵则君德所系，或以备顾问，或以代王言。故累朝优异之典，视他官为重，所以崇奖儒臣，而责效亦自别也。况九年考满，方升二级，间遇编纂，乃一转官。今欲与常调比而同之，非祖宗建制之初意矣。其谓编修讲读六品以下俱调外任练达政体，然后迁转翰林。臣观讲读诸臣，俱及第人员，或考选庶吉士，凡储养数年，方进斯秩。六品外任，则如府通判、州同知之属，今二甲进士，例得为主事、知州，翰苑储材，乃欲无罪而废，使居州郡下僚，反不得如常调，是岂人情也哉！吏部铨衡之任，亦非他曹可比。凡官之贤否黜陟，俱欲廉访其实，故必公正而练达者方称任使。若资望既深，量处京职亦不为过，然亦间多外补。岂谓官吏部者不改别曹，升京堂者必由吏部耶？若内阁之地，尤政本所关，故近日所用，皆先朝辅导旧臣。韬欲以翰林入阁，五品以上循至三品，即迁外省参政及各部侍郎，是岂累朝优礼老臣隆重师保之意也？又谓六部尚书侍郎，或留兼师傅等官，是矣。又谓或改除参政布政，是为有罪者言欤？有功者言欤？臣所未知也。盖国初法制未定，人材未出，故圣祖鼓舞作兴，使人乐于效用，故不以常格拘之。今列圣相承，因时损益，随材器使，为官择人，勒为成规，至精大备，信万世所宜遵承矣。如韬欲以国初未定之制为法，别议资格以为定守，则太宗以后宸谋睿算永可垂宪者，其将若何？愿陛下详察焉。上曰：朕以人君深居宫禁，不知外事，必赖左右大臣协力赞佐。若为大臣而不能实察民情，何益治道？翰林官有才堪布政参政及提学副使者，量加升擢，正欲其实历民事，以资闻见，以备他日重用。吏部及诸曹年深者，亦宜察其才识，内外兼用之，岂可循资轻授耶？我太祖初年法制，草创者固难比拟，以后定制及列圣成宪不可不遵，但用人图治，亦当因时制宜，岂能一一拘定常格？况予夺皆出朝廷，自今内外官出入迁转，所司随时斟酌以闻。"《国榷》卷五十三："（嘉靖五年六月）壬戌，吏部尚书廖纪等覆奏：'翰林诸臣，或司典故，或侍经筵，或备顾问，或代王言，累朝优异，视他官为重。况九年考满，方升二级。间遇编纂，乃一转官，原不待以常调。修撰而下，非首甲即庶常。储养数年，若外调六品，则府通判、州同知矣。二甲尚为主事、知州，以此相待，夫岂人情？吏部铨衡，原非他比，资望既深，量处京堂，亦不为过。然亦间有外补，既入内阁，又迁外僚，岂隆重禁近之意？部堂迁参政，为有罪者言与？有功者言与？皆臣等所未解也。'上命随时斟酌以闻。"

《恭穆献皇帝实录》奉世宗命纂成。大学士费宏等以《实录》功归太监张佐等。（据《国榷》卷五十三）《弇山堂别集》卷七十六《赏赉考上》："嘉靖五年，修《献皇帝实录》成，赐监修、太师、定国公徐光祚及礼部尚书席书，总裁、少师、太子太师、吏部尚书、谨身殿大学士费宏，少师、太子太傅、吏部尚书、武英殿大学士杨一清，太子太保、吏部尚书、武英殿大学士石珤，太子太保、礼部尚书、武英殿大学士贾咏，如前。按录成之后，例有迁官，其监修、总裁加秩，则始自正统五年，前固无之。"又卷九十《中官考一》："五年六月，大学士费宏等言：'皇考实录成，其于圣谟睿德，纪载颇为详实，然臣等不敢自以为功也。盖累朝实录，皆有章奏可据，若今献皇帝三十馀年之事，臣等所赖以考据者，则有司礼监太监张佐、黄英、戴永编实录一册，载献帝睿制序文及各年章奏为详，功当首论。后又得司礼监太监杨保、陈清、锦衣正千户翟裕、陆松所纂修之助，功当并论，伏惟上裁。'上从其言，命荫佐等各弟侄一人，以酬其劳，佐指挥佥事，黄英、戴永俱正千户，杨保百户，陈清总旗，俱锦衣卫世袭。翟裕、陆松俱升指挥佥事。时佐、英、永已用扈驾功赐荫，心不自安，上疏辞，上嘉其诚恳，许之。仍令原荫指挥使张琦于锦衣卫堂上管事，指挥同知黄寿升指挥使，佥事戴仁升指挥同知。"

翰林院侍读汪佃往福建建阳较订所刊经籍。（据《国榷》卷五十三）

翰林院侍读王三锡为四川布政司左参政。（据《国榷》卷五十三）

翰林院庶吉士张治授编修。（据《国榷》卷五十三）

前太子太保户部尚书韩文（1441—1526）卒。文字贯道，洪洞人，成化丙戌进士。授工科给事中，数直言敢谏。出为湖广参议，累官都御史，历南京兵部尚书，改户部，至今官。正德初，议斥刘瑾，致削籍，罚粟三千石。上即位，诏存问，进太子太保。文清修耿介，识量宏远。居常抑抑，临事毅然不可屈。赠太傅，谥忠定。（据《国榷》卷五十三）《静志居诗话》卷八《韩文》："韩文字贯道，洪洞人。成化丙戌进士，累官太子太保，户部尚书，赠太傅，谥忠定。有《质庵存稿》。忠定公余即事吟咏，集中十九皆七言近体，取自怡悦而已。"

七月

令廷臣四品翰林五品各举守令，有功超擢。从御史朱豹之请。（据《国榷》卷五十三）

八月

办事进士应樘等自以铨次尚远，乞如旧例，暂放归依亲。不允。《明世宗实录》卷六十七：嘉靖五年八月癸酉，"先是，办事进士应樘等九十余人自以铨次尚远，乞如旧例，暂放归依亲。疏三四上，有诏切责樘等发轫甲科，不思以勤自励，练习政务，乃屡欲乞回，自便己私。已，大学士费宏等亦为之请乞。上终不允"。沈德符《万历野获编》卷十五《科场·进士给假》："近来新科进士选期未及者，多以给假省亲省墓为辞，得暂归里。其有力者，则乞解银及借各曹署闲谩之差，以省雇募之费，否则观政衙门，堂官代以为请，相沿不改。偶阅《景帝实录》，景泰五年甲戌科，取进士三百五十人，时大理卿薛瑄，奏请除一甲三人外，其未授职者，乞放回依亲读书。帝曰：'科举正要用人，既取中又放回，不如不取矣，一切俱留候选。'景帝励精为治，不容臣下偷安自便如此。至嘉靖五年丙戌科，办事进士应樘等百人以选期尚远，乞依例放归，疏连上，未允。最后上切责：'尔等发轫科甲，不思练习政体，乃乞回以便己私。'终不许。至首辅费宏等代为请，亦不从。世宗圣龄甫二十，正如太阿出匣，谕旨森严正大，默符先朝。今之新贵图自佚者，可以憬然矣。"

十月

费宏子翰林院编修懋良，为张璁、桂萼所陷，下狱。寻释。（据《国榷》卷五十三）

世宗作《敬一箴》，及注《范浚心箴》、《程颐四箴》。费宏请刻于天下学校，从之。（据《国榷》卷五十三）

翰林编修孙承恩奉命辑《尚书》善恶事，编诗六十首，赐名《鉴古韵语》。（据《国榷》卷五十三）

十一月

王世贞（1526—1590）生。钱大昕《弇州山人年谱》："明世宗嘉靖五年丙戌十一月五日，公生。"王世贞字元美，忬子。年十九，登嘉靖二十六年进士，授刑部主事，屡迁员外郎中。奸人阎姓者犯法，匿锦衣都督陆炳家，世贞搜得之。炳介执政以请，卒不许。吏部两推提学，皆不用，用为青州兵备副使。父忬系狱，世贞解官奔赴，与弟世懋日蒲伏严嵩门，涕泣求贷。嵩阴持忬狱，而时为谩语以宽之，忬竟死。兄弟持丧归，蔬食三年，不入内寝。既除服，犹却冠带，苴履葛巾，不赴宴会，几十年。隆庆初，兄弟既伏阙讼父冤，言官荐起之，世贞坚不出，以人事应，诏不允。起大名副使，迁浙江右参政、山西按察使。母忧归，服除，补湖广，旋改广西右布政，入为太仆卿。万历二年九月，以右副都御史抚治郧阳，数条奏屯田戍守兵食事。宜有奸僧，伪称乐平王次子，奉高皇帝御容金牒行游天下。世贞曰："宗藩不得出城，而诪张如此，必伪也。"捕讯之，服辜。张居正柄国，以世贞同年生，有意引之，世贞不甚亲附。所部荆州地震，引京房占，谓臣道太盛，坤维不宁。居正妇弟辱江陵令，世贞论奏不少贷。居正积不能堪。会迁南京大理卿，为给事中杨节所劾，即取旨罢之。后起应天府尹，复被劾罢。居正殁，起南京刑部右侍郎，辞疾不赴。万历十三年，起南京兵部右侍郎，以积俸得考满荫子，擢南京刑部尚书。移疾归，卒于家。世贞好为诗古文辞，始与谢榛、李攀龙、宗臣、梁有誉、吴国伦、徐中行辈结诗社，绍述李、何复古之学。其持论"文必西汉，诗必盛唐，大历以后书勿读"，名出数子上。顾盛推攀龙。攀龙殁，独操文柄者二十年，海内宗之。祀乡贤。世贞三子：长士骐，字同伯，万历十年乡试第一，十七年成进士，授兵部主事，改礼部。据康熙《苏州府志》、康熙《青州府志》、《列朝诗集小传》等。

前教授王价，光禄寺录事钱子勋，俱察免。"尝议礼，求复秩，给事中解一贯等，以坏成制，启侥幸，且将来人相援比，臣等无所复守。"上从之。仅令致仕。（据《国榷》卷五十三）

十二月

祝允明（1460—1527）卒。（卒年据公历标注）陆粲《祝先生墓志铭》："先生殁以嘉靖丙戌冬十有二月十七日。"俞宪《盛明百家诗·祝枝山集》："祝枝山诗赋。研缀古雅，构运沉郁，时有新声，终称逸调。大致学力所到，而得于天者尤多，亦似其草书也。"《静志居诗话》卷九《祝允明》："祝允明字希哲，长洲人。弘治壬子举人，除兴宁知县，迁应天府通判。有《祝氏集略》，又有《金缕》、《醉红》、《窥帘》、《畅哉》、《掷果》、《拂弦》、《玉期》等集。六如居士画，枝指生书，允称绝品。至于诗，逊昌谷三十筹。然如'莫食汨罗鱼，肠中有灵均'，'小山侵竹尾，细水护松根'，'麦响家家碓，茶提处处筐'，'人家低似岸，湖水远于天'，置之《叹叹集》中，正自难辨。"

朱应登（1477—1527）卒。（卒年据公历标注）李梦阳《凌溪先生墓志铭》云："嘉靖五年十二月乙丑，中奉大夫云南左参政凌溪先生卒于家。……凌溪生成化十三年正月己未，得年五十。""凌溪先生姓朱氏，名应登，字升之，扬之宝应人也。生而荦奇，童时即解声律，谙词章，十五尽通经史百家言。……年二十举进士，时顾华玉璘、刘元瑞麟、徐昌谷祯卿号江东三才，凌溪乃与并奋竞骋，吴楚之间，欻为俊国，一时笃古之士，争慕响臻，乐与之交，而执政者顾不之喜，恶抑之。北人朴，耻乏黼黻，以经学自文，曰：'后生不务实，即诗到李杜，亦酒徒耳。'而柄文者承弊袭常，方工雕浮靡丽之词，取媚时眼。见凌溪等古文词，愈恶抑之，曰：'是卖平天冠者。'于是凡号称文学士，率不获列于清衔。"（《皇明文范》卷四十九）参见顾璘《国宝新编》等。

本年

威远卫学在卫治西。嘉靖五年建，万历二十九年改建卫东。平虏卫学在卫治东。嘉靖五年建，三十七年徙建卫治正东。（据万历《山西通志》卷十三《学校·大同府学附》）

李濂（1489—1566 后）以大计免归，年才三十有八。《明史·文苑传》："李濂，字川父，祥符人。举正德八年乡试第一，明年成进士。授沔阳知州，稍迁宁波同知，擢山西佥事。嘉靖五年以大计免归，年才三十有八。濂少负俊才，时从侠少年联骑出城，搏兽射雉，酒酣悲歌，慨然慕信陵君、侯生之为人。一日作《理情赋》，友人左国玑持以示李梦阳，梦阳大嗟赏，访之吹台，濂自此声驰河、洛间。既罢归，益肆力于学，遂以古文名于时。初受知梦阳，后不屑附和。里居四十馀年，著述甚富。"有《嵩渚集》一百卷。据《列朝诗集小传》丙集。

礼部尚书桂萼等言医师考核选拔事宜。从之。俞汝楫《礼部志稿》卷八十九："嘉靖五年，礼部尚书桂萼等言：'古者医师岁终皆有考核，故术业久而益精。今拘于世业，按籍收入，一人供事，永无考较，所谓粗工汹汹，何以有济？且独用此一途，则天下虽有卢、扁、仓公，无繇自进，而国家太医院永为此辈巢窟。臣请择医工可教者，设程限使诵习其业，一岁三试，有成材则会太医院官列为三等。上者入御药房，已入者唯与授职；中者授官带办事本院，已冠带者与之俸给；下者应役本院如故。或良药大使有缺，中下者得赴吏部铨补。其不系世业、精通医术者，听其应试，试高得入籍，而汰其世业不通者，无令冗食。至于见在各官考满及考察，皆听臣等课其医业，送吏部斟酌黜陟。'上以为医道人命所关，命医士考选去留及收考在外人役皆如部议，馀仍旧规行。于是萼等复言：'有考试而无教习，则业无传授，事竟因循，见在各官冗滥尤甚，宜并加考选，奏请去留。且考满、考察之议，无非欲其警惕，以图后效。'上乃悉从之。"

戴钦（？—1526）卒。戴钦字时亮，马平人。正德甲戌进士，授刑部主事。进员外，以谏大礼受杖。《四库全书总目》卷一百七十六集部别集类存目二著录戴钦《鹿原存稿》九卷，提要曰："其集刻于闽者八卷，曰《玉溪存稿》。刻于滇者二卷，曰《戴秋官集》。此则其侄希颙所合辑，凡文二卷，诗七卷。钦与何景明、李濂、薛蕙等同时友善。所作颇刻意摹古，然不越北地之馀派。"

王讴（1491—1526）卒。《静志居诗话》卷十一《王讴》："王讴，字舜夫，白水人。正德丁丑进士，除工部主事，迁刑部员外，出为按察佥事。有《彭衙集》。舜夫诗多至千六百篇，譬田甫田，种豆成萁，若苗有莠，当属关中下农。《夜行》一篇，其污莱之嘉谷乎？其辞曰：'夜行如在旦，残月清林光。云气集深涧，露华生早凉。白沙郁浩浩，翠壁凝苍苍。寂历松柏径，经过花草香。鸡声互村落，曙色动柴桑。即事况多感，离心含永伤。'"《明诗纪事》戊签卷十三录王讴诗十三首，陈田按语云："舜夫诗集存诗太多，芜蔓不蒉；时有俊篇，不愧名家。竹垞嗤为关中下农，无乃唐突。"《王彭衙诗》有颜木序，署"嘉靖甲午（1534）腊日""汉东颜木"；有陈嘉言跋，署"嘉靖乙未（1535）元日，里人九峻陈嘉言谨跋"。颜序云："王子戊（1518）逮丙（1526）才九年，所作近六百篇。"则王讴诗均作于正德戊寅至嘉靖丙戌间。

潘府（1554—1526）卒。《明史·儒林传》载："潘府，字孔修，上虞人。成化末进士。……时王守仁讲学其乡，相去不百里，颇有异同。"

明世宗嘉靖六年丁亥（公元 1527 年）

正月

敕纂修《大礼全书》。大学士费宏、杨一清、石珤、贾咏，礼部尚书席书总裁。兵部左侍郎张璁，詹事桂萼副总裁。少詹事方献夫、霍韬，前河南右参议熊浃，福建盐运使黄宗明，修撰席春，编修孙承恩、廖道南、王用宾、张治，南京工部营缮员外郎黄绾，礼部仪制主事潘潢，祠祭主事曾存仁纂修。（据《国榷》卷五十三）

前山东提学副使赵鹤，杖训导毙之。至是补霸州兵备，不许。（据《国榷》卷五十三）

二月

费宏、石珤乞休，许之。再召谢迁入阁。《明鉴纲目》卷六："纲：费宏、石珤罢。目：张璁、桂萼，由郎署入翰林，骤至詹事，望为经筵讲官，典两京乡试，教习庶吉士，宏每示裁抑。璁、萼大恨，毁宏于帝。及璁居兵部，宏欲用新宁伯谭纶，（字子理，忠曾孙。）掌奋武营，璁遂劾宏劫制府部。宏连疏乞休，帝虽慰留，然终不以遣璁、萼。于是奸人王邦奇承璁、萼指，上书讦故大学士杨廷和，（邦奇指廷和次子主事惇，及婿修撰金朂，乡人侍读叶桂章，与彭泽弟冲，交关请嘱，俱逮下诏狱。）并诬宏及珤为奸党。（璁、萼将兴大狱，给事中杨言抗章曰：故辅廷和，有社稷之勋，阁臣宏、珤，乃百僚之表。邦奇心怀怨望，文饰奸言，诟辱大臣，荧惑圣听，宜罪。帝大怒，逮言亲鞫午门，备极五毒，卒无挠词。已而言谪官，狱亦寻解。○杨言，字惟仁，鄞人。）宏、珌求去益力。帝许宏驰驿，而责珌归怨朝廷，失大臣谊，一切恩典皆不予，归装幞被，车一辆而已。都人叹异，谓自来宰臣去国，未有若珌者。（珌清介端亮，继杨廷和、蒋冕、毛纪后，以强谏罢政。自是迄嘉靖季，密勿大臣，无进逆耳之言者矣。珌归后逾年卒，谥文隐。）""纲：召谢迁复入阁。目：费宏举迁自代，杨一清欲阻张璁，亦力举迁。帝遣行人赍手敕即家起之，命抚按官敦促上道，迁不得已，拜命。"

邵宝（1460—1527）卒。（据杨一清《碑铭》。《国榷》记此事于本年七月。）杨一清《明故资善大夫南京礼部尚书赠太子少保谥文庄邵公神道碑铭》："邵公讳宝，字国贤者，予友西涯李文正公之门人也。予以西涯故，获好于公，久乃益习。晚年予谢政，公归侍养，镇常郡相比，岁时通问讯不绝。然制于踪迹，不及见。去年嘉靖丁亥，予在朝，忽得守臣报，则公亡矣。公世居无锡，近慧山，传称天下第二泉也，因号泉斋，又曰二泉，学者称为二泉先生。文正公成化庚子主考南畿，得公文，以诧于予曰：'吾得天下士。'举甲辰进士。出知河南许州。……公生天顺庚辰，卒于嘉靖丁亥二月辛未，寿六十有八。讣闻，赠太子少保，赐谥文庄，谕祭营葬。""文辞典重，刊落华藻，一归于纯厚。诗歌出入唐杜间，乐府有汉魏遗意。所著《学史》、《简端》二录，为都宪吴公献臣录进，他如《定性书说》、《漕政举要录》、《容春堂》、《勿药》诸集，各若干卷，藏于家。"

三月

奏准会举官生。如遇武举开科，凡经会举之官生，在京听兵部会各营提督官，在外听巡按官考试起送；而京武学官生亦由兵部会各营提督官考送，参加武举。（据《明世宗实录》卷七十四"嘉靖六年三月庚寅"）

刘健卒，谥文靖。《明鉴纲目》卷六："纲：三月，前少保谨身殿大学士刘健卒。（谥文靖。健自刘瑾诛后，复原官致仕。闻武宗数事巡游，辄涕泗不食，曰：'吾负先帝。'帝登极，屡赐存问，比之司马光、文彦博。至是卒，年九十有四，赠太师。○健器局峻整，学问深邃。在阁时，同列李东阳以诗文引后进，海内士皆抵掌谈文，健若不闻，独教人治经穷理。其事业光明俊伟，明世辅臣，鲜有比者。）"

以礼部侍郎翟銮为吏部侍郎兼翰林学士，入阁预机务。《弇山堂别集》卷四十五《内阁辅臣年表》："翟銮字仲鸣，山东诸城人。由弘治乙丑进士，嘉靖六年以吏侍、学士入，十三年以礼书、武英殿学丁忧，十八年以太子太保复入，二十三年以少傅、谨身殿学为民，卒年七十，诏复官。"《明鉴纲目》卷六："纲：以翟銮（字仲鸣，其先诸城人，后家京师）为吏部侍郎，兼翰林学士，入内阁，预机务。目：帝意欲相张璁，命廷臣举素有才望者，再推而璁不与。会中官多誉銮，遂用之。杨一清以銮望轻，请用罗钦顺（字允升，泰和人。）吴一鹏，不听。"

舒芬（1484—1527）卒。薛应旂《舒修撰传》："修撰舒先生名芬，字国裳，江西南昌进贤人也。其先世居浙之东阳，元大德初有名文英者，始徙进贤之梓溪。""进贤有石人滩，相传谓滩合则状元出，人遂以石滩称先生，盖期之也，先生逊避，别号梓溪。""丁亥春三月疾作，十有四日卒。距生成化甲辰三月十有二日，年四十四岁。所著《梓溪集》若干卷，词严义正，如其为人。编辑《周礼》定本，则尤其所注意也。"其生平事实，另有孙琛《翰林院修撰舒公行实》可供参考。《明史·艺文志》著录舒芬《易问笺》一卷、《书论》一卷、《周礼定本》十三卷、《士相见仪》一卷、《内外集》十八卷。《四库全书总目》著录其著述五种，与《明史·艺文志》有所出入。

翰林院侍讲叶桂章被逮，自杀于柏乡传舍。（据《国榷》卷五十三）

前少保兼太子太保礼部尚书武英殿大学士席书卒。书字文同，四川遂宁人，弘治庚戌进士。除郯城令，奏最。授工部主事，造舟淮浦，作《漕船志》。改户部，进河南按察佥事，济饥。迁贵州提学副使，屡迁右副都御史，抚楚。迁南京兵部右侍郎，入宗伯，目眚谢任。上自作文祭曰："学得真传，德惟一致，忠诚端慎，简在朕心。欲共图政化之淳，而遽夺忠良之速。后虽同事之臣，日或接见，独于谋议之善，不复可闻。"其悼念如此。书有才用，多读书。晚以桂萼荐，蒙知恃宠，负气而忮。赠太傅，谥文襄。（据《国榷》卷五十三）

四月

丙子，御史陈察晋南京太仆寺少卿，疏辞，且荐前给事中刘世扬等。太仆例不荐代，且上以察在言路久，何至转官而始荐也？谪海阳教谕。（据《国榷》卷五十三）

五月

王守仁抚降田州蛮。《明鉴纲目》卷六："纲：总制两广军务王守仁抚降田州蛮。目：田州既设流官，州人皆不乐。岑猛党卢苏、王受等，纠众为乱，陷州城，姚镆不能定。诏起守仁兵部尚书，督两广军讨之。守仁疏言：田州地邻交阯，猛獞出没，宜仍设土官，俾为屏蔽。遂与巡按御史石金（黄海人），定计招抚，散遣诸军，止留永顺保靖兵一千，解甲休息。苏、受初求抚不得，至是率众乞降，守仁谕以朝廷威德，苏受及其众皆踊跃罗拜，乃囚首自缚，赴军门请命。守仁数二人罪，杖而遣之，随入营抚定其众。因上言：岑氏世效边功，宜存其祀。请割田州地，别立一州，以岑猛次子邦相为吏目，署州事。设巡检司十九，以苏受等任之，并受约束于流官。报可。田州以安。"

翰林编修廖道南疏洪范九事，上嘉纳之。（据《国榷》卷五十三）

命侍郎温仁和、桂萼、张璁，詹事董玘，侍读学士徐晋，祭酒严嵩，庶子穆孔晖，谕德顾鼎臣、张璧、许成名，洗马张潮，赞善谢丕儳直。（据《国榷》卷五十三）

国子司业吴惠为南京侍讲学士。（据《国榷》卷五十三）

六月

诏科道官互相纠劾。从桂萼言也。《明鉴纲目》卷六:"纲:六月,诏科道官互相纠劾。目:时京察拾遗,桂萼为南御史所论,乃上言:杨廷和私党犹在言路。昔宪宗初年,命科道于拾遗后,互相纠劾。请举行如制。吏部侍郎何孟春言:宪宗无此诏。萼被论图报复,不可信。帝终用萼言,趣速举。孟春以御史储良材等四人名上,帝独黜良材,而特旨斥郑自璧(字采东,祥符人。)等数人。自璧素敢言,权幸侧目,或中以蜚语,故被斥。已而良材辨疏,力诋廷和,指孟春为奸党,萼奏复其官。"

翰林编修林时为国子祭酒。(据《国榷》卷五十三)

始命岁贡生授教官,三年教有成效者预乡试,每省限五人。(据《明世宗实录》卷七十七、《国榷》卷五十三)王圻《续文献通考》卷四十四《选举考·举士》:"世宗嘉靖六年七月,礼部尚书吴一鹏覆直隶河间府景州东光县训导金廷桂奏,引举人教职得应会试例及比杂职吏胥咸得与试,至于师儒之官,独无科目之望,实亦圣朝阙典。合候命下行移各处提学官,即将各该省府岁贡出身教职与诸生一体作养,候乡举开科之年,仍复严加考试,必欲历任三年,教有成效及年力相应,屡考优等者,就本处生员一同起送各见任府省应试,仍限以名数,不许过多,以妨常额。其中式者,务令同举人教官均赴会试。除中式外,下第仍复旧任,则岁贡正途亦可与诸色役人兼收,而圣朝无弃物,在野无遗贤矣。上悉允行。岁贡教官得与乡试自此始。"

翰林学士徐晋为少詹事署院。(据《国榷》卷五十三)

董玘、桂萼、张璁并兼翰林学士。(据《国榷》卷五十三)

七月

张佳胤(1527—1588)生。刘黄裳《明光禄大夫太子太保兵部尚书赠少保居来张公行状》:"少保姓张,讳佳胤,字肖甫,别号居来。""公生嘉靖六年丁亥七月五日,卒万历十六年戊子闰六月十六日,享年六十有二。"铜梁人。嘉靖庚戌进士,除滑县知县。擢户部主事,改兵部,迁礼部郎中。谪陈州同知,迁蒲州知府。历河南、云南金事、广西参议、大名兵备副使、陕西参政、山西按察使,超迁右佥都御史,巡抚应天。调南鸿胪卿,就迁光禄卿,进右副都御史,巡抚保定。改陕西,未赴,改宣府,召拜兵部侍郎,寻兼佥都御史,巡抚浙江。加右都御史,拜兵部尚书,寻兼右副都御史,总督蓟辽保定,加太子少保、太子太保。谥襄敏。有《居来山房集》六十五卷。据王世贞《光禄大夫太子太保兵部尚书少保居来张公墓志铭》、刘黄裳《明光禄大夫太子太保兵部尚书赠少保居来张公行状》。

前太子太保刑部尚书林俊(1452—1527)卒,俊字待用,福建莆田人,成化戊戌进士。平生不恋爵附权,不畏强御,有犯颜敢谏之节,高难进易退之风。穆宗改元,赠少保，谥贞肃。（据《国榷》卷五十三）《静志居诗话》卷八《林俊》："林俊，字待用，莆田人。成化戊戌进士，授刑部主事，历员外，下狱谪姚州判官，复官南京刑部员外，擢云南按察副使，进按察使，调湖广，转广东右布政使，以佥都御史，巡抚江西，改四川，升右都御史，工部尚书。改刑部，加太子太保。卒，谥贞肃。有《见素西征集》。《中山狼》小说，乃东田马中锡所作，今载其集中。世传以訾献吉者，数其负德涵也。考之康、李，未尝隙末，黄才伯有《读见素救空同奏疏》诗云：'怜才不是云庄老，愁杀中山猎后狼。'然则当日所訾，乃负见素耳。"

左春坊左赞善谢丕为太常寺少卿，提督四夷馆。（据《国榷》卷五十三）

八月

世宗惑于张璁、桂萼之言，反福达之狱，罢谪刑部尚书颜颐寿等四十六人。《明鉴纲目》卷六："纲：秋八月，覆治妖贼李福达狱，罢谪刑部尚书颜颐寿等四十六人。目：福达，山西崞县人，初坐妖贼王良、李钺党，戍山丹卫（明置，今为县，属甘凉道）。逃还，更名午，为清军御史所勾，再戍山海卫（明置，今为临榆县，属津海道）。复逃居洛川（姚秦县，今属榆林道），以弥勒教，诱愚民邵进禄等为乱。事觉，进禄伏诛，福达先还家，得免。更姓名曰张寅，挟重资往来徐沟（金县，冀宁道）间，输粟得太原卫指挥，用黄白术干武定侯郭勋，勋大信幸。其仇薛良，讼于巡按御史马录（字君卿，信阳人），录问得实，檄洛川父老杂辨之，益信。勋为移书祈免，录不从，偕巡抚江潮具狱以闻，且劾勋庇奸乱法。章下都察院，覆如录奏，诏责勋对状，勋惧，乞恩，因为福达代辨，帝置不问。会给事御史等，交章劾勋，勋再自诉，以议礼触众怒为言，帝心动。勋复乞张璁、桂萼为援，璁、萼素恶廷臣攻己，亦欲借是舒宿愤，乃合谋腾蜚语，谓诸臣内外交结，借端陷勋，将渐及诸议礼者。帝深入其言，而外廷不知，攻勋益急。帝愈疑，命取福达等至京师，下三法司讯。既又命文武大臣更讯之，皆无异词。帝大怒，将亲讯，以杨一清言而止，仍下廷鞫。颐寿等不敢自坚，改妖言律，帝犹怒，乃反前狱，抵薛良诬告罪。帝以罪不及录，怒甚，命璁、萼、方献夫，分署三法司事，尽下尚书颐寿、左都御史聂贤（长寿人）、大理卿汤沐（字新之，江阴人）等于狱，严刑推问。璁、萼等复请逮给事御史前劾勋者，亦并系狱，于是大肆搒掠，录不胜刑，自诬故入人罪。璁、萼等乃定爰书，言寅非福达，录等恨勋构成冤狱。因列上诸臣罪名，帝悉从其言，谪戍极边，遇赦不宥者五人（山西布政使李璋，按察使李珏等），谪戍边卫者七人（给事中刘琦、御史程启充等，皆前劾勋者。〇琦，字廷珍，洛阳人。启充，字以道，嘉定州人），为民者十一人（都御史聂贤、给事中王科等。科亦前劾勋者。〇科字进卿，涉县人），革职闲住者十七人，（尚书颜颐寿、巡抚江潮、太仆卿汪元锡、光禄卿余才等。元锡、余才，于廷臣会讯时，偶语曰：'此狱已得情，何用再鞫？'侦者告萼以闻，亦逮问论罪。）其它下巡按逮问者又五人（副使周宣等），录以故入人死，拟重辟，献夫力争，乃减死，永戍烟瘴地，遇赦不宥。薛良抵死，众证皆成。

张寅还职。帝以璁、萼等平反有功，赐二品服俸，给三代诰命。遂编《钦明大狱录》，颁示天下。（方璁、萼等反福达之狱，举朝虽不直璁、萼，而以寅、福达姓名错互，亦或疑之。至四十五年正月，四川大盗蔡伯贯就擒，自言学妖术于山西李同。所司檄山西捕同下狱，同供李午之孙，其父曰大礼，世习白莲教，惑众倡乱，与《大狱录》姓名无异。由是福达狱始明。）"

光禄寺少卿黄绾，讼王守仁等平宸濠功。命给铁券。故布政戴德孺，荫子入太学。（据《国榷》卷五十三）

九月

张璁条陈慎科目三事。言各省乡试主考如两京例，遣京官或进士二人驰往供事，监临官不得参预内帘；两京乡试主考外，五《经》房仍各加科部官一员；科场文字务要平实典雅，不许浮华险怪，以坏文体；《试录》只依士子本文，稍加润色。《明世宗实录》卷八十：嘉靖六年九月戊戌，"署都察院事兵部左侍郎兼学士张璁条陈慎科目三事。一、正文体。请令主司校文，务取平实尔雅，有裨实用。仍于《周礼》《仪礼》中出策一道，使之习于礼学，然后责以事君使民。一、明实录。言乡、会试录宜取生儒原卷，稍增损一二字，不必尽出己笔，分考校之功。一、慎考官。言各省乡试，宜如两京例，择翰林科部官为之主考，毋令权归外帘，得预结生徒，暗通关节。上深善其言，令所司如议举行。各省乡试主考，令礼部举京官或进士，每省二人，驰往供事，监临官不得参预内帘。两京乡试主考外，五经房仍各加科部官一员"。都穆《都公谈纂》卷下："洪武中乡试，主考有儒士或致仕官，今惟两京翰林官主试，其它止聘校官而已。乡试有录，谓之'小录'，前必有序文。余见三十年前《小录》，前后序凡三四篇者，今则惟前后二篇，同考官不得作也。又尝见永乐四年《登科录》，第二甲在前列者亦得刊策，今策惟第一甲得刊。永乐十年会试《中庸》一题，刊义二篇，今则题止一篇，惟论或二篇耳。"张孚敬《张文忠公集》奏疏卷三《慎科目》："考官以考为名，所以品士也。未闻置身堂下，犹能曲直，观斗隙中，尚知胜负者。各省乡试，教职考官类皆出于私荐，御史、方面之所辟召，名位既卑，学亦罔显。于是外帘之官，得以预结生徒，密通关节，干预去取。获隽之士，多系权贵知识子弟。不公之弊，莫甚于斯。臣愚乞敕各省乡试主考，临期许令吏、礼二部查照旧例，访举翰林、科部属等官有学行者，疏名上请，分命二员以为主考。其在两京乡试，简命主考外，添命京官二三员分考，以赞助主考之所不及。尤必敕严各该御史，聘延同考，必采实学，毋徇虚名，必出公言，毋容私荐。如此，则可以定权衡、辨人才矣。"朱国桢《涌幢小品》卷七《京考》："嘉靖戊子用大学士张璁之议，差京官主考，不用词林，皆科、部、寺及行人为之。其给事中，不独用于浙江、江西，即山东、广东、四川、云南亦用之，行止两科而止。至万历乙酉、戊子而后，皆差京官，乃用词臣三员或四员，给事中亦同此数，皆于浙江、江西、福建、湖广，而他省则用部、寺以下。或曰弘治甲子，各省亦用京官，如王阳明主试山东是也。旧制，省试考官皆监临会同提调、监试官自聘。其年，山东巡按陆偁，慈溪人，阳明适起服入京，便道聘之，非京差也。"嘉靖戊子，即嘉靖七年（1528）。弘治甲子，即弘治十七年（1504）。查继佐《罪惟录》志卷十八《科举志》："（嘉靖）七年，准主考外省用科部等官二人。顺天榜后，御史周易论中式卷裁改圣经，且复失体，主试右春坊右庶子韩邦奇降南京太仆寺丞，左春坊左庶子方鹏夺俸。"

桂萼任吏部尚书兼翰林学士。《明鉴纲目》卷六："纲：九月，以桂萼为吏部尚书，兼翰林学士。（故事，尚书无兼学士者，自萼始。）"

王守仁与其门人钱德洪、王畿论四句教。此即所谓天泉证道。钱德洪编《阳明先生年谱》："六年丁亥，先生五十六岁，在越。……九月壬午，发越中。是月初八日，德洪与畿访张元冲舟中，因论为学宗旨。畿曰：'先生说知善知恶是良知，为善去恶是格物，此恐未是究竟话头。'德洪曰：'何如？'畿曰：'心体既是无善无恶，意亦是无善无恶，知亦是无善无恶，物亦是无善无恶。若说意有善有恶，毕竟心亦是无善无恶。'德洪曰：'心体原来无善无恶，今习染既久，觉心体上见有善恶在，为善去恶，正是复那本体功夫。若见得本体如此，只说无功夫可用，恐只是见耳。'畿曰：'明日先生启行，晚可同进请问。'是日夜分，客始散，先生将入内，闻洪与畿候立庭下，先生复出，使移席天泉桥上。德洪举与畿论辩请问。先生喜曰：'正要二君有此一问！我今将行，朋友中更无有论证及此者，二君之见正好相取，不可相病。汝中须用德洪功夫，德洪须透汝中本体。二君相取为益，吾学更无遗念矣。'德洪请问。先生曰：'有只是你自有，良知本体原来无有，本体只是太虚。太虚之中，日月星辰，风雨露雷，阴霾饐气，何物不有？而又何一物得为太虚之障？人心本体亦复如是。太虚无形，一过而化，亦何费纤毫气力？德洪功夫须要如此，便是合得本体功夫。'畿请问。先生曰：'汝中见得此意，只好默默自修，不可执以接人。上根之人，世亦难遇。一悟本体，即见功夫，物我内外，一齐尽透，此颜子、明道不敢承当，岂可轻易望人？二君已后与学者言，务要依我四句宗旨：无善无恶是心之体，有善有恶是意之动，知善知恶是良知，为善去恶是格物。以此自修，直跻圣位；以此接人，更无差失。'畿曰：'本体透后，于此四句宗旨何如？'先生曰：'此是彻上彻下语，自初学以至圣人，只此功夫。初学用此，循循有入，虽至圣人，穷究无尽。尧、舜精一功夫，亦只如此。'先生又重嘱咐曰：'二君以后再不可更此四句宗旨。此四句中人上下无不接着。我年来立教，亦更几番，今始立此四句。人心自有知识以来，已为习俗所染，今不教他在良知上实用为善去恶功夫，只去悬空想个本体，一切事为，俱不着实。此病痛不是小小，不可不早说破。'是日洪、畿俱有省。"（《王阳明全集》卷四《顺生录十·年谱三》）

礼部右侍郎方献夫为吏部左侍郎，仍兼翰林学士。（据《国榷》卷五十三）

十月

国子监祭酒严嵩请复监生管理旧规：严考贡，分膳金。从之。《明世宗实录》卷八十一：嘉靖六年十月丙寅，"国子监祭酒严嵩请复旧规，以膳银分给师生饮馔之资，而会其余羡以支公费。监生老疾鄙陋不堪作养者，给冠带回籍，以省冗食。诸生廪饩，即以时给馔米，勿待三月。礼部善其议，第以为监生老疾不堪者，由充贡时去取不严，宜令提学官立考贡法，每正贡一人，陪考九人，拔十得一，不计资序。凡三为正贡不入选而年过六十者，许以冠带荣身。上命考贡以次取四人。馀皆如部议"。

兵部侍郎张璁为礼部尚书兼文渊阁大学士，预机务。张璁后改名孚敬。《弇山堂别集》卷四《皇明盛事述四》"四入内阁"："嘉靖六年，张文忠孚敬人为礼书、文渊阁学，八年以少傅、谨身殿学为次揆，归，至天津召人，十年以少傅、谨身殿学为首揆，归，十一年复入，其年以华盖殿学归，十二年复入，加少师。……凡四拜相。张公后再召皆中道返，盖六被命矣。"又卷四十五《内阁辅臣年表》："张孚敬字茂恭，初名璁，浙江永嘉人。由正德辛巳进士，嘉靖六年以礼书、文渊阁学入，八年以少傅、谨身殿学放归，寻入，十年致仕，本年复入，十一年以华盖殿学致仕，十二年复入，十四年以少师致仕，十六年再起，不出，卒，年六十五。"《明鉴纲目》卷六："纲：冬十月，以张璁为礼部尚书，兼文渊阁大学士，预机务。目：璁自释褐至入阁，仅六年。时杨一清为首辅，翟銮亦在阁，帝待之不如璁。尝谕璁：朕有密谕毋泄。朕与卿帖，悉亲书。璁因引仁宗赐杨士奇等银章事，帝从其言，赐之。（璁深恨诸翰林，会侍读汪佃讲《洪范》不称旨，璁请自讲读以下，量材外补，于是改官及被黜者，二十馀人，并罢选庶吉士，翰苑为空。）"

李贽（1527—1602）生。袁中道《李温陵传》："李温陵者，名载贽。少举孝廉，以道远不再上公车，为校官，徘徊郎署间，后为姚安大守。"《焚书》卷三《卓吾论略》："居士别号非一，卓吾特其一号耳。卓又不一，居士自称曰卓，载在仕籍者曰笃，虽其乡之人，亦或言笃，或言卓，不一也。……居士生大明嘉靖丁亥之岁，时维阳月，得全数焉……居士生于泉，泉为温陵禅师福地。居士谓'吾温陵人，当号温陵居士。'"查继佐《罪惟录》卷十八："李贽初名载贽，号卓吾。神庙中贤书，福建温陵人。"钱谦益《卓吾先生李贽》："贽字宏甫，晋江人。"李贽号卓吾，又号秃翁，温陵人。由甲科历仕姚安太守，弃官后依耿定向兄弟讲学，至麻城，喜龙湖风景，止焉。梅克生、周柳塘、邱长孺、周友山、僧无念、道一皆与之游。性卞急而洁，日惟读书洒扫，与人交，非其所好，对坐终日不语。其在龙湖所辑书曰《初潭》、《史纲》、《藏书》、《焚书》、《因果录》等，凡手录及所评点不下数百种。会冯应京为楚金事，毁龙湖寺，置诸从游者法。贽再往白门，与太史焦竑寻访旧盟，南都士靡然向之。北通判马经纶以御史谪籍，延贽抵舍，执弟子礼，由是大江南北及燕蓟人士，无不倾动。语稍彻禁中，谏垣张问达遂以妖人劾，有旨逮系，妄传论死，贽曰："我年七十六矣，安能抑抑求生乎？"引薙发刀自刭死。而命下，止解还原籍。马经纶收葬于通州北门外。焦竑铭其石曰："李卓吾先生墓。"据曹贞吉《李温陵传》、汪可受《卓吾老子墓碑》等。

起魏校、韩邦奇河南、四川提学副使。（据《国榷》卷五十三）

陕西提学副使刘天和为南京太仆寺卿。（据《国榷》卷五十三）

左春坊左谕德顾鼎臣为翰林学士，左右谕德张璧、许成名俱侍读学士，司经局洗马张潮侍讲学士。（据《国榷》卷五十三）

选提学官。直隶御史张衮、郑洛书，浙江副使万潮，江西赵渊，河南魏校，山东余本，四川韩邦奇，广西李中，云南唐胄，福建张邦奇，湖广许宗鲁，广东萧鸣凤，贵州佥事高贲亨。（据《国榷》卷五十三）

翰林侍读汪佃尝讲《洪范·九畴》不称旨，调宁国通判。杨一清、张璁等导上选择儒臣，于是左右中允刘栋、杨维聪，侍讲陈沂、邝灏，修撰萧与、成季方，编修刘泉宜外补。上令再择。于是侍读崔桐，修撰张衍庆、陆铖、江晖，编修黄佐、应良，左中允边蕙、任深俱外补。盖张璁非词林起家，初又被攻，因外之，遂改大理寺左少卿黄绾为少詹事，南京通政司右参议许诰为侍读学士，南京尚宝司卿盛端明、福建按察副使张邦奇为左春坊左庶子，四川按察副使韩邦奇、前山西按察副使方鹏为右春坊右庶子，吏部文选郎中彭泽为右谕德，刑部员外郎欧阳德、吏部考功主事金璐、御史张衮为编修。（据《国榷》卷五十三）汪佃字友之，弋阳人。正德丁丑（1517）进士，改庶吉士，授编修。迁侍读，以讲《书》不称旨，谪宁国通判。起礼部郎中，迁太常少卿。有《东篱稿》十卷。《明诗纪事》戊签卷十三录汪佃诗一首，陈田按语云："史称张璁初拜学士，诸翰林耻之，不与并列。璁深恨，及侍读汪佃讲《洪范》不称旨，帝令补外。璁乃请自讲读以下，量才外补，改官及罢黜者二十二人。诸庶吉士皆除部属及知县，由是翰苑为空。余检《嘉靖实录》，与史合。《实录》云：'帝以侍读汪钿讲《书》迟钝，外调，改宁国通判。'查夏重《西江志》、曾宾谷《江西诗征》云：'佃以编修议礼不合，出为松江同知。'非其实也。《诗综》亦不详佃仕履，因特著之。"李调元《制义科琐记》卷二《改部》："嘉靖五年丙戌，张、桂用事，故庶常尽令改部。又己丑科廷试，上亲擢罗洪先、程文德、杨名于一甲，而置唐顺之、陈束、任瀚于二甲首，皆手批其卷。无何考庶吉士，得胡经等二十人，以唐等三人曾御批，列经等之首。座主张璁、霍韬以前科馆选悉改他曹，引嫌亦议改，乃寝前命，以唐等改部。"

十一月

谕内阁"庶吉士不须教养，并除遣之"。大学士杨一清请照常例留三五辈在翰林及选科道等官，不从。《明世宗实录》卷八十二：嘉靖六年十一月丁丑，"上谕内阁：'庶吉士不须教养，并除遣之。'大学士杨一清请照常例留三五辈在翰林及选科道等官。张璁独奏言：'臣观此辈心切奔竞，口尚乳臭，固不应处之翰林，而科道言官又岂少不更事者宜居之。况旧例教养三年成毕，方得改授。皇上既以此辈不堪教养，早为除遣，是欲退之矣，而内阁反进之，何软？宜查照甲第除授部属知县等官，如此则将来必无荣求幸进者矣。'上曰：'一清循泥事例，待从容谕伊省悟，朕于辅臣之言难便拒违，况彼云不可改祖宗之法，若有旨将庶吉士裁革，便可说朕擅改，呜呼差矣'"！《国榷》卷五十三："十一月丁丑，翰林院庶吉士陆粲为工科给事中，王宣御史，王嘉宾、邝忭、荆察、林云同俱户部主事，张鳌山礼部主事，屠应陵、袁袠、赵时春俱刑部主事，郭秉聪、张渠俱工部主事，余菜大理寺评事，李元阳、王格、张铎、连矿俱知县。张璁谓庶吉士皆乳臭不堪教养，又不当科道，止就其榜第铨除，于是无一留。盖初入相，庶吉士不往揖，嗛之。"屠应陵"，当作"屠应埈"。

提督四夷馆太常寺少卿兼翰林侍读谢丕回院，召前国子监司业陆深，杨一清荐之也。（据《国榷》卷五十三）

吏部左侍郎方献夫为礼部尚书，仍兼翰林学士，直史馆。（据《国榷》卷五十三）

翰林侍讲陈沂、邝灏为浙江山东左参议，侍读崔桐湖广右参议，编修黄佐、修撰陆钺、江晖为江西湖广河南按察司佥事。（据《国榷》卷五十三）

十二月

礼部尚书方献夫请禁度尼姑、变卖庵寺，从之。仍清核僧道，戒私创寺观庵院。江西提学副使徐一鸣先毁寺观、逐僧道，被逮。献夫等申救，寻释。（据《国榷》卷五十三）

左春坊左赞善费宷为南京尚宝司卿，左中允边宪为山东布政司，左参政右春坊右中允汤维聪为山西按察副使。（据《国榷》卷五十三）

本年

奏准各省乡试同考官，巡按御史移文别省请取，止具某《经》员数，不许明列姓名，听彼处巡按御史会提学官推举开送。（据万历《大明会典》卷七十七《礼部》三十五《贡举·科举·乡试·凡考试官》）

题准：各边总兵将赞画武举人员，量材发定卫所。照依在边各官，随营供职，抚、按官不时查考，如有挂名不到，及攘买功次等弊，指实参奏。（据万历《大明会典》卷一百三十五《兵部》十八《武举》）

顾琛（约1488—约1548）由山东按察佥事升河南按察副使，旋罢归，退居二十馀年卒。陈舜仁《河南宪副顾横泾先生琛小传》：先生1521年谪知许州。"在许二年，察廉升温州府同知，再升山东按察佥事，奉敕整饬沂州等处兵备。沂故多盗，先生行保甲法，一方遂宁。嘉靖丁亥升河南按察副使，奉敕整饬信阳州等处兵备，治类许而风裁益峻。汝南有巨猾，交结势要，而阴把郡县吏，请嘱无敢违者。先生廉知其状，捕置于法。与部使者论事有不可，辄封还移文，同官咸骇愕，先生曰：'朝廷置按察为外台，枉法媚人，吾不为也。'信阳旧有田若干顷，租皆归私橐，前后兵备者以为常，先生叹曰：'为官自有常禄，此何名也？'尽贮之公廨。适前兵备为按察使，阴衔先生，遂媒蘗其短于部使者，竟罢归。""归时年甫四十，囊橐罄然，无担石之储，先生亦不屑意。坐卧一小楼，颜曰'寒松'，日读书其中。……以故退居二十馀年，里中罕识其面。"

顾璘退居时清贫之状，详见《四友斋丛说》卷十、钱谦益《寒松斋词翰卷赞》。

张凤翼（1527—1613）生。据《万历野获编》卷九《元旦诗》，"申文定"（时行）相公与王伯谷同里同庚，又据卷二十三《山人》："张伯起孝廉长王伯谷八岁。"王伯谷（稚登）生于 1533 年 7 月，张凤翼生年据此推定。张凤翼字伯起，长洲人。与弟献翼、燕翼并有才名，吴人语曰："前有四皇，后有三张。"凤翼，嘉靖甲子举人。著有《处实堂集》。献翼字幼于，刻意为歌诗，好《易》，十年中笺注凡二易。于是三张之名，献翼尤籍甚。燕翼字叔贻，亦有文名。与凤翼同举于乡，早卒。据康熙《苏州府志》、道光《苏州府志》、《列朝诗集小传》等。

方良永（1461—1527）卒。据彭泽《方公良永墓志铭》。《四库全书总目》卷一百七十一集部别集类二十四著录《方简肃文集》十卷，提要曰："明方良永撰。良永字寿卿，莆田人。弘治庚戌进士。官至右副都御史，抚治郧阳。告归再起，巡抚应天。中途疾作，乞致仕。旋除南京刑部尚书。永良已先卒。谥简肃。事迹具《明史》本传。是集为河南按察使郑茂所编，隆庆庚午其孙山东布政使攸续刊之。良永当正德时历仕岩疆，皆著丰采。乞休后廷推屡及，辄以养亲辞。今诸疏具在集中，进退颇为不苟。其文信笔挥洒，虽不刻意求工，而和平坦易，不事钩棘。视后来摹拟涂饰之习，转为本色。其论劾朱宁一疏，慷慨壮烈，犹有牵裾折槛之风。又常预决宁王宸濠反谋。濠败后，贻书王守仁，与论定乱大计。及其生平言学，则云近世学者，出天入神，超悟独到，专以心学为言，皆附于象山，其妄如此。即所为象山者似矣，而中实未然，毋亦优孟之为孙叔敖欤？其语皆隐刺守仁，可谓卓然不阿其所好者矣。"

章潢（1527—1608）生。张惟骧《疑年录汇编》卷七："章本清八十二潢，生嘉靖六年丁亥。"《明史》儒林传："章潢，字本清，南昌人。……卒于万历三十六年，年八十二。"

邓元锡（1527—1529）生。张惟骧《疑年录汇编》卷七："邓潜谷六十六元锡，生嘉靖六年丁亥，卒万历二十年壬辰。"《明史》儒林传："邓元锡，字汝极，南城人。……学者称潜谷先生。……乡人私谥文统先生。"黄宗羲《明儒学案》卷二十四："邓元锡字汝极，号潜谷，江西南城人。"

明世宗嘉靖七年戊子（公元 1528 年）

正月

唐顺之沉潜于举业，屏弃一切纷华杂事，举业大进。《游艺塾文规》卷一《用工贵专》："今之学者，大率多用三六九日作文，勤者或间日作，此非善用功者也。凡进德修业，工夫只要专。如习一事，须使此事成就，然后傍及其它。昔某禅师谓参话头肯七日七夜念头不断，定有悟门。若果肯如是用功而不悟者，未之有也。孔子论学，开口便说'时习'。终日十二时中，并不间断，方谓之'时习'。作文者果能念念思维，绵绵不断，行住坐卧，心常在文，文既成，须呈明眼求正，有不安应时改定，改而未妥，不妨重复删削，既妥，请题再作。但要借他题目收吾精神，一念常凝，万缘俱断，不消半月，定有豁然透脱之期。盖改到无可改处，文字便佳，既佳之后，只不歇手，做十余日，觉得轻省，便熟矣。使一日做，一日不做，即终年拈弄，亦必不熟。譬如种木者，要使根株时时着土，定然随时生发，此是决定道理。昔荆川先生戊子年正月坐馆修业，一切纷华杂事并不膺情，终日坐想题目，饭至呼之常不应。四月，宗师来考，始出门，而举业遂大成矣。昆湖先生坐虞山五柳堂，终日作文，未及百日，出应学师之考，见水流风动，草长花开，恍然皆文机发见。是年遂登科，明年及第。周江郎亦只用三个月工夫作文，乡、会皆中第二。《悟真篇》云：'凡言九载三年者，尽是迁延款日程，岂独修真哉？'时文亦然。"

张璁、桂萼兴封疆之狱，前都御史陈九畴被谪戍极边，金献民、彭泽落职。《明鉴纲目》卷六："纲：戊子七年，春正月，逮前都御史陈九畴于狱，谪戍极边。削夺前尚书金献民、彭泽职。目：初，土鲁番败退，都指挥王辅与莽苏尔及伊兰，俱死炮下，九畴以闻。其实两人未死。帝固疑之。献民至兰州时，寇退已久，献民再复奏捷。帝亦颇知其事，（事皆在三年。）然皆未发也。会百户王邦奇，讦杨廷和、彭泽，言哈密失国，番贼内侵，由泽赂番求和，廷和论杀沙呼实所致，词连九畴、献民。部议犹未覆，桂萼知帝方怒边臣欺罔，因请追论前事，意欲并坐廷和。帝降手诏数百言，遣官逮九畴及献民下狱，必欲置九畴于死。刑部尚书胡世宁，言九畴误信都校之言，妄报贼死，罪固难免。然奋身破贼，保全肃州孤城，功亦足抵。帝意稍回，乃减死戍极边。献民、泽，皆落职，廷和得免。（璁、萼等既反李福达定案，复构兴封疆之狱，搢绅无不侧目，而当时又有陈洸一事。洸，潮阳人，素无行，以给事中奉使遄回籍。家居逾二年，与知县宋元翰不相能，令其子柱，讦元翰谪戍。元翰摭洸罪及帷薄事刊布之，名《辨冤录》。由是洸不齿于清议。已而洸赴京复命，方在道，闻已外补金事，大患。先是，洸尝言献帝不可称皇，及是，见璁、萼辈骤显，乃以旧官上疏，言璁等议是，亟宜去本生之称。侍郎何孟春言：洸已外补，犹冒旧衔，宜究问。帝不听，复洸故官。洸遂劾大学士费宏、尚书吴一鹏等为邪党，璁、萼大悦，遂引以击异己。于是御史蓝田，特疏论洸，且封上元翰《辨冤录》。都察院请解洸任，回籍听勘。帝不得已，从之，遣刑部郎中叶应骢，及锦衣千户李经偕往。应骢恐经受贿，与焚香誓天。会巡按御史熊兰等杂治，具上洸罪状至百七十二条，除赦前及暧昧者勿论，当论者十三条，罪恶极，宜斩，妻离异，子柱绞。洸惧，亡诣阙，求救于萼。帝方持应骢疏未下，萼要璁共奏，谓洸议礼臣，为法官所中。帝入其言，命免罪为民，寻并原其妻子。狱定已久，会马录等得罪，洸意乘此故案可翻也，上言讦应骢等。萼因为洸讼冤，遂逮应骢、元翰及洸，九卿会锦衣卫廷讯。

是日黄雾四塞，狱弗竟。次日又大风拔木，诏停刑。乃当应骢按事不实律，斥为民。洸复冠带，犹憾应骢不已。越数年，又令人诬奏应骢勘狱时，酷杀无辜二十馀人，案验无实。帝特谪应骢，戍辽东。是狱始终八年，凡攻洸及治洸狱者，无不得罪，逮捕至数百人，天下益恶骢、聱辈恣横，羞言议礼臣矣。○蓝田，即墨人。叶应骢，字肃卿，鄞人。）"

杨一清作《辅臣赞和诗集后序》。《万历野获编》卷二《御制元夕诗》："世宗初政，每于万几之暇喜为诗，时命大学士费弘（宏）、杨一清更定。或御制诗成，令二辅臣属和以进，一时传为盛事。而张骢等用事，自愧不能诗，遂露章攻弘，诮其以小技希恩。上虽不诘责，而所出圣制渐希矣。上常命一清拟赋上元诗进呈，有'爱看冰轮清似镜'之句。上以为似中秋，改云'爱看金莲明似月'，一清疏谢，以为曲尽情景，不问而知为元宵矣。圣资超悟，殆非臣下所及。信乎非一清所及也。惜为骢辈所挠。使天纵多能，不遑穷神知化耳。"《四库全书总目》卷一百九十二集部总集类存目二著录《辅臣赞和诗集》一卷，提要曰："案此集乃嘉靖六年除夕，世宗作五言律诗一首，以示阁臣。于是大学士杨一清、谢迁、张骢、翟銮等并和韵录进。帝汇书成帙，御制序冠其端。且命一清为之后序。世宗序题七年正月四日。一清后序则正月六日所上也。"《明诗纪事》丙签卷九《费宏》陈田按："世宗朝，先以议礼，次以斋醮，君子小人，迭为消长，然其初政，如费文宪、杨文襄、石文隐辈，未尝不倾心延接，君赓臣和。史称帝御平台赐宏御制七言一章，命辑倡和诗集，署宏衔曰'内阁掌参机务辅导首臣'。叹其尊礼，前此未有。余检《宸章辑录》，帝赐文宪诗云：'每从古训寻治理，歌咏研磨陶性情。诗成朕意或未惬，中侍传宣出紫清。'赐文隐诗云：'才兼文与武，内外资安攘。宽朕西顾忧，遂使吾民康。'赐文隐诗云：'卿以延荐入，性资特刚方。在木类松柏，在玉如珪璋。可否每献替，忠实无他肠。'张骢、桂萼以议礼贵，忌宏宠，尊言'诗文小技，不足劳圣心，且使宏得凭宠灵，凌压朝士。'未几，宏、珪皆去，一清被倾陷，发愤疽发背死，而珪致仕，后卒，且得下谥矣。"

二月

翰林院立敬一亭，勒御制箴，仍行南雍天下儒学。（据《国榷》卷五十四）

三月

诏儒臣重校《大明会典》。（据《明会要》卷二十六）

大学士谢迁以病告归。《明鉴纲目》卷六："纲：三月，大学士谢迁罢。（迁之赴召也，年已七十有九，居位数月，力求去。帝待之愈厚，天寒免朝参，除夕赐诗。及是，以病告归。迁学术纯正，秉节直谅，始终如一。归后三年，卒于家，赠太傅，谥文正。）"

各御史会荐致仕尚书罗钦顺、秦金、赵璜，左都御史姚镆，右副都御史林廷玉、杨志学、张璿，南京国子祭酒鲁铎，右通政李先吉。上责其私，非可用才。（据《国榷》卷五十四）

四月

　　詹事霍韬为礼部尚书，南京国子祭酒湛若水为南京礼部右侍郎，右金都御史熊浃为大理寺卿。（据《国榷》卷五十四）《四库全书总目》卷九十三子部儒家类三著录《格物通》一百卷，提要曰："明湛若水撰。若水有《二礼经传测》，已著录。是编乃嘉靖七年若水任南京礼部侍郎时所进。体例略仿《大学衍义》，以致知并于格物，而以格物统贯诚意、正心、修身、齐家、治国、平天下六条。凡诚意格十七卷，分审几、立志、谋虑、感应、儆戒、敬天、敬祖考、畏民八子目。正心格三卷，无子目。修身格九卷，分正威仪、慎言语、进德业三子目。齐家格十三卷，分谨妃匹、正嫡庶、事亲长、养太子、严内外、恤孤幼、御臣妾七子目。治国格十四卷，分事君、使臣、立教、兴化、事长、慈幼、使众、临民、正朝廷、正百官、正万民七子目。平天下格四十四卷，分公好恶、用人、理财三子目。而用人之中又分学校、举措、课功、任相、任学、六官六目。理财之中又分修虞衡、抑浮末、饬百工、屯田、马政、漕运、劝课、禁夺时、省国费、慎赏赐、蠲租、薄敛、恤穷、赈济十四目。皆杂引诸儒之言，参以明之祖训，而各以己意发明之。大致与邱浚《大学衍义补》相近。而浚书多征旧事以为法戒之资，此书多引前言以为讲习之助。二书相辅而行，均于治道有裨者也。"湛若水字元明，增城人。弘治乙丑进士。历官南京吏、礼、兵三部尚书。事迹具《明史·儒林传》。

　　始遣朝臣主试各省乡试。浙江工科给事中陆粲，兵部郎中华钥，江西兵部郎中卢襄，刑部主事屠应埈，福建兵部员外郎陆铨，刑部主事江以达，湖广户部郎中郭日休，礼部主事吴龙，河南吏部主事萧璆，刑部主事袁襄，山东礼科给事中刘世扬，刑部主事陈篪，山西礼部郎中丘其仁，国子监博士王廷，陕西户部主事王嘉宾，行人李仁，四川户部主事邝汴，大理寺左寺副王鸿渐，广东吏部主事王激，大理寺评事徐梁，广西刑部郎中祁敕，户部主事林云同，云贵兵科给事中商大节，户部主事陈良策。给驿以行。（据《明世宗实录》卷八十七、《国榷》卷五十四）郑晓《郑端简公吾学编余》："弘治甲子乡试，各省主试官皆得自聘，如山东王阳明、浙江杨丹湖（讳廉，字介夫），皆一时文行君子，故所举得人。其程式文字亦平正醇雅。嘉靖戊子，当揆者欲一切揽权，建议主试官从礼部具名，会内阁上请简遣。时士习尚羞权门，有学行者不屑干谒，礼部亦颇采诸公议，以故戊子科取人刊文亦颇可观。至辛卯则风习靡然，即有一二好修者，亦不能无患失之意，相率奔走于风尘间矣。以故是科所取皆奇僻之士，刊文一切务为险怪尖新语，不复明经传意，流而不止，遂成邪横，关系盖非小小也。甲午科礼书夏言上疏论列，极言士风文体之变，请止京差官，自后刊文有复如戊子者，追夺考官礼币。然亦未审得其人否？"弘治甲子，即弘治十七年（1504）。嘉靖戊子，即嘉靖七年

（1528）。辛卯，即嘉靖十年（1531）。甲午，即嘉靖十三年（1534）。焦竑《玉堂丛语》卷六："国初，考试官虽儒士亦在所聘，惟其人而已。后专任教职，乃有遗珠之叹。弘治甲子，礼部议各省主试以进士为之，而不拘见任、致仕，故少卿杨廉以服阕主浙江试，主事王守仁以病痊主山东试。主官劾杨为不孝，王为不忠，法遂废。至嘉靖戊子，复行之，而两畿同考，亦用京朝官，仅两试而止。"弘治甲子，即弘治十七年（1504）。嘉靖戊子，即嘉靖七年（1528）。

左春坊左庶子兼翰林侍讲张邦奇为南京国子祭酒。（据《国榷》卷五十四）

国子祭酒严嵩为礼部右侍郎。（据《国榷》卷五十四）

五月

升服阕国子监司业陆深为祭酒。（据《明世宗实录》卷八十八）《国榷》卷五十四："（嘉靖七年五月）已卯，国子司业陆深服除，授祭酒。"《弇山堂别集》卷六十三《国子祭酒年表》："陆深，直隶上海人。由进士，（嘉靖）七年任，八年降府同知。"

六月

朝廷颁行《明伦大典》。《明鉴纲目》卷六："纲：夏六月，颁《明伦大典》于天下，削前华盖殿大学士杨廷和等籍。目：初，《大礼集议》成，张璁请汇为全书，桂萼请备书大臣进退，百官遣谪，以志明断。至是，帝自制序文，名曰《明伦大典》，刊布天下。追论前议礼臣罪，削廷和籍，蒋冕、毛纪、毛澄、汪俊、乔宇、林俊皆夺职。斥何孟春、夏良胜为民。（时毛澄、林俊已前卒。蒋冕及汪俊、乔宇、何孟春后俱卒于家。毛纪里居久之，以恩诏叙复，帝亦忘其议礼时事，再遣官存问，卒赠太保，谥文简。夏良胜尝辑其在吏部时章奏，名曰《铨司存稿》，凡议礼诸疏具在，后为仇家所发，再下狱，谪戍辽东卒。隆庆初，诸臣皆复官，追赠蒋冕，谥文定。林俊，谥贞肃。汪俊，谥文庄。乔宇，谥庄简。何孟春，谥文简。）"

张治（1488—1550）以参与纂修《明伦大典》，由翰林院编修升左春坊赞善。吕本《大中太保礼部尚书兼文渊阁大学士赠少保谥文隐张公墓志铭》：张治正德辛巳进士，"入翰林为庶吉士。居一岁，念谭淑人春秋高，力引疾告归，屏交息营，充养盛。五年，起授翰林编修。七年，纂修《大典》成，擢左春坊左赞善"。《明诗纪事》戊签卷十四录其诗十首，陈田按语云："文毅当议大礼时，附和张、桂，与编修孙承恩、廖道南、王用宾俱与纂修《明伦大典》之列。未满考，擢赞善。《龙湖集》中颂罗峰阁老诗，备极推崇。厥后廷推阁臣，世宗持之十日，以南吏部尚书召入，殆犹忆议大礼功耶？五七言律体，特饶清音。《诗综》专录七绝，殆未见龙湖全集欤？"张治谥文毅。张璁号罗峰。

翰林院编修江汝璧为南京国子司业。（据《国榷》卷五十四）

监生陈云章授国子博士。霍韬荐之。（据《国榷》卷五十四）

翰林侍读学士许诰，上所撰《通鉴纲目前编》、《图书管见》、《太极图论》。留览。（据《国榷》卷五十四）

七月

刑部尚书胡世宁荐霍韬为左都御史兼翰林学士，不入院，专论纠弹，上嘉之。（据《国榷》卷五十四）

八月

方鹏（1470—?）、**韩邦奇**（1479—1555）、**张潮等为两京乡试主考。**《弇山堂别集》卷八十二《科试考二》："七年戊子，命左春坊左庶子兼修撰方鹏、右春坊右庶子兼修撰韩邦奇主顺天试。命司经局洗马张潮主应天试。""是岁，诸省乡试，用科部等官二人主试。"《游艺塾续文规》卷四《了凡袁先生论文》："嘉靖戊子南京'殷因于夏礼'四句，亦是两扇格，诸公皆不作小比，然多板对，独皇甫经元于起讲下先提云：'礼有不得与民改革者，纲常伦理之大也；其得与民改革者，制度文为之小也。'便觉格高。姜解元'礼云'一节，亦非板对，他做毕却用总缴云：'是何也？盖和敬固隐，实所以为万事之本根；而器数虽详，亦不过为神化之糟粕'云云。荆川先生尝云：'两扇格可活做，便须活做。'有味乎其言也！"《国榷》卷五十四："嘉靖七年八月丁未，右春坊右谕德兼翰林修撰韩邦奇、方鹏主试顺天。"

两京及河南、山东、陕西、山西、浙江、湖广、江西、福建、广东、广西、四川、云南等十二布政司乡试；贵州士子附云南乡试。

自洪武三年至本年，凡五十二举。郑岳《山斋文集》卷九《国朝莆阳科第录序》："莆自郡县以来，长材秀民，由科目出者渐齿。……粤自洪武庚戌迄今嘉靖戊子，凡五十二举矣。士由乡荐者千一百一十一人，其登甲科者三百二十四人，状元及第二人，探花四人，会元一人，会魁七人，解元二十五人，经魁四十人。"

武库员外郎陆铨（?—1542）**任福建乡试考官。**戴鲸《广东右布政使陆公铨行状》："公讳铨，字选之，别号石溪。……正德丙子领乡荐，嘉靖癸未（1523）以《易》魁礼闱，廷试第二甲，除刑部山西司主事。时大礼议起，公奋笔署名，疏入廷杖，几绝而复苏。寻推长十三司章疏，法比精密，敷奏详明，若绳沈藩之不法，议哈密之情罪，皆举朝所不能决者，直以片辞折之而已。既而改武选，疏革武弁之弊尤多。戊子升武库员外郎。是年当乡试，天子创制，出内臣司外文柄，公奉命往福建，得隽为多。"陆铨官至广东右布政使，有《石溪集》。《明史·文苑》、乾隆《鄞县志》、同治《鄞县志》等有传。据王圻《续文献通考》，本年，用大学士张璁言，各省主试遣京官或进士，每省二人，往典试事。其两京，亦用科甲出身官分考。

　　陆粲以工科给事中为浙江乡试主考。《明诗纪事》卷十六《陆粲》陈田按："世传胡孝思为苏州太守试士，赏拔王履吉为第一，子馀少后。及子馀衡文浙江，孝思适为参政。公燕日，相对忸怩。余检《子馀集》致天水胡公书，情致不浅，或世误传也。子馀以劾张、桂谪吾黔都镇驿丞。驿舍废，僦居平越，与郡人士讲学，自是有掇科目者。子馀诗长于古体，存诗不多，咸自精美。以世多赏其文，故为所掩耳。"陆粲，字子馀，一字浚明。

　　皇甫冲（1490—1558）中举。皇甫汸《华阳长公行状》："公讳冲，字子浚，中宪公之元子也。……戊子果与仲氏并膺荐，而声称籍盛。屡试春官不第。"《明人诗抄正集》卷八："冲字子浚，长洲人。父录顺庆太守，以博雅推重于世。生四子，冲、涍、汸、濂并有盛名，称四皇甫。冲举嘉靖七年乡试。三弟以次成进士，而冲犹上公车，蹭蹬二十馀年而卒。"乾隆《江南通志·人物志·文苑》："皇甫冲字子浚，弟涍字子安，汸字子循，濂字子约，长洲人。弘治癸丑进士，顺庆知府录之子也。冲嘉靖戊子举人。博综群籍，留心事务，口好剧谈。所撰《绪言》及《申法》等书，凡数十万言，皆不传。涍中嘉靖壬辰（1532）进士，除工部主事，以才望改春坊，遭忌左迁，累官浙江按察佥事。其诗特工五言。汸嘉靖乙丑（1529）进士，累官云南按察佥事。其诗追溯魏晋，含咀六朝，旁搜李唐，自成一家。濂嘉靖甲辰（1544）进士，除工部主事，迁兴化府同知。诗意玄词雅，律细调清，长于造景，务在幽绝。四甫之诗，声调仿佛相似，吴中风雅，于斯为盛。"

　　顺天乡试，录取一百三十五名。韩邦奇《苑洛集》卷一："嘉靖戊子当乡试之期……取人之途既狭，而欲收得人之效，顾不难哉！迩者皇上用廷臣议，畿内择京官进士出身文学著声名者，每经各一人，而其余儒官遴选之视昔亦加严矣。……维时士之就试者三千五百一十七人，三试之，中试者百三十有五人。"

　　浙江乡试录取九十名。陆粲《陆子余集》卷一《浙江乡试录序》："嘉靖戊子秋八月，浙江乡试……就试者二千八百有奇，预选者九十人。刻其文之优者二十一篇合诸执事姓名为录。"

　　冯惟健中举。《列朝诗集小传》丁集上："惟健字汝强，临朐人。副使裕之子也。裕字伯顺，以戍籍生于辽东，受学于医闾贺钦。正德初，举进士，仕为贵州按察副使。生四子：惟健，嘉靖戊子举人，未仕而卒；惟敏，亦乡举；而惟重、惟讷，同年进士。兄弟四人，三人皆有集，以才名称于齐鲁间，独惟重无闻焉，而宗伯文敏公琦，则惟重之孙也。鲁王孙观爉，撰《海岳灵秀集》，论三冯之才，则首推汝强云。"冯惟重（1504—1539），字汝威，惟健弟。嘉靖戊戌（1538）进士，官行人。有《大行集》。冯惟敏（1510—1590）字汝行，惟重弟。嘉靖丁酉（1537）举人，除涞水知县。改镇江教授，迁保定通判。有《海浮山堂诗稿》、《石门集》。冯惟讷（1513—1572），字汝言，惟敏弟。嘉靖戊戌（1538）进士，除宜兴知县。改魏县，历蒲州知州、扬州同知，改松江。征授南户部员外，进郎中，改兵部，出为陕西佥事，历河南参议、浙江副使、山西参政、按察使、陕西布政使，改江西，加光禄卿致仕。有《光禄集》十卷。

孙宜（1507—1556）中举。孙宜，字仲可，华容人。有《洞庭渔人集》五十卷。陈文烛《洞庭渔人传》云："洞庭渔人者，楚华容人也，姓孙，名宜，字仲可，一字仲子，家洞庭湖上，自号渔人，海内多称渔人云。生有异质，颖记殊绝。年五岁，随父副使继芳公入京师，过兴隆寺，见群儿讲艺，即低回不能去。而副使公与信阳何仲默善，得遍交诸名流，如亳州薛公采、闽中郑善夫、西蜀杨用修，见渔人诗赋，大奇之，每一面试，万言立就，往往嘉叹以去。又同邑周子贤、黄冈王稚钦、随州颜惟乔复延誉于公卿间，以为张衡、王勃复生也。嘉靖壬午，关中许伯诚来视楚学，得渔人卷，叹曰：'楚才楚才！'时渔人方少俊，诸生莫及也。戊子举于乡，屡试礼部不第，然诗文日益有名。辛丑遭副使公丧，哀几损目，得神人秘方始愈。年三十有八，遂绝意世故，时往来洞庭烟水间，且曰：'屈平放逐，始赋《离骚》，马迁被刑，斯成《史记》。我今穷愁，当著书藏名山耳，何仆仆自苦也？'乃赋《七游》，著《遁言》十七篇，语多垂训者。又以明兴文体至弘、德之际，北地李献吉力于复古，渔人私心慕焉。又习闻何先生论，是以文章命意修词，尔雅不群，有《史》、《汉》之风。至诗律法杜甫，长歌在唐初四子间，尤号雄放，莫可窥际。古体多宗梁、齐，盖蓑然大家云。"

大学士张璁请编纂所赐御札，从之。（据《国榷》卷五十四）

九月

因试录引用经语有误，处罚相关官员。甲申，右春坊右庶子韩邦奇谪南京太仆寺丞，监察御史周易谪南京府军右卫经历，右庶子方鹏镌俸四月。以进试录错误也：引用经文错乱二语，截除数字。提学周易劾之，而疏中亦误以为于，海隅为海宇，光辉为光晖。部覆周易欲举他人之差谬而已亦错谬，俱降一级。（据《国榷》卷五十四）《弇山堂别集》卷八十二《科试考二》："御史周易言：录文裁改圣经，且失体。邦奇降南京太仆寺丞，鹏夺俸四月。"《明儒学案·三原学案·恭简韩苑洛先生邦奇》："韩邦奇字汝节，号苑洛，陕之朝邑人。正德戊辰进士。授吏部考功主事，转员外郎。"调文选，谪平阳通判，甲戌迁浙江按察佥事，为中官诬奏，逮系夺官，起山东参议，乞休，起山西左参政，分守大同，致仕去。"戊子，起四川提学副使，改右春坊右庶子，兼翰林修撰。其秋主试顺天，以录序引用经语差误，左迁南太仆寺丞，再疏归。"所云"引用经语差误"，焦竑《玉堂丛语》卷六《科试》所载较详："张、桂执政，黜翰林二十馀人改别官，杨邃庵一清遂得乘间引所厚入院。时戊子顺天乡试，韩邦奇汝节、方鹏时举俱以按察司副使改春坊庶子，兼修撰，主试事。韩前序引经'元首起哉，股肱喜哉'。又曰'帝光天之下，万邦黎献，共惟帝臣'。倒节其语。提学御史周易因劾韩，经语本'股肱喜哉，元首起哉'，'帝光之下'，至于'海宇苍生'，而韩引云云，亦误书海隅为海宇。内批捃其失，两谪之，四方相传为笑。然周劾虽当，实因韩序不载其名而发。"《玉堂丛语》所云"张、桂执政，黜翰林二十馀人改别官"事，明人多所记载。沈德符《万历野获编》卷十《翰林一时外补》："霍兀崖初拜少詹事，即上言用人之法，谓翰林不当拘定内转，宜自内阁以下，而史局俱出补外，其外僚不论举贡，亦当入为史官，如太祖初制。其说亦可采。但时非开创，一旦更张，人所不习，故太宰廖纪，力言其窒碍，上亦有随时酌行之旨，盖世宗亦心知霍说之难行耳。比张萝峰入阁，因侍读汪钿讲《书》不惬上旨，令吏部调外。张因密揭并他史臣不称者，改他官。首揆杨石淙附会其说而推广之，上遂允行，既调汪府通判，而中允杨维聪、侍讲崔桐等二十馀人，俱易外吏以去，京师十可笑中所云'翰林个个都外调'者是也。盖霍、张俱起他曹，故痛抑词林至此。杨丹徒自谓附张得计，未几亦为张逐矣。此玉堂一时厄运，特假手于两权臣耳。"杨石淙、杨丹徒均指杨一清（1454—1530）。又《万历野获编》卷七《吉士不读书》："张永嘉之入相也，去登第六年耳。时嘉靖丙戌（1526），诸庶常在馆，以白云宗阁老呼之。每进阁揖，及朔望阁试，间有不赴者，并不引疾给解。张始震怒，密揭于上，俱指为费铅山私人，于是俱遣出外授官，无一留为史官者。时去改吉士甫逾年耳，故事，散馆期尚隔一年也。内惟陆粲得为吉士，王宣得为御史，余皆部、寺、知县。其中毛渠为故相纪之子，费懋贤为故相宏之子，杨恂为故相廷和嫡侄，皆切齿深仇，故波及馀人。内赵时春为是科会元，年仅十八，亦止刑部主事耳。次科己丑（1529），即永嘉为大主考，取会元唐顺之等二十人为庶吉士。时举朝清议，尚目议礼贵人为胡虏禽兽，诸吉士不愿称恩地，以故亦恨望之。且皆首揆杨丹徒所选，益怀忿忌。比旨下改授甫数日，又密揭此辈浮薄，非远到器。于是奉旨，迩年大臣，徇私市恩立党，于国何益，自今永不必选。盖犹指宏，并侵一清也。于是教习大臣，停推新吉士，亦不入馆读书，即以应得之官出授，皆部、寺、州、县，仅王表得给事，胡经等得御史。盖科道三人而已。然次科壬辰（1532），又收吉士二十一人，留者七人，永嘉为首揆，不能止矣。方顺之等之改部属也，吏部尚书方献夫建议，翰林额载，本有定员，今滥于常额，乞量增数员。有弗称者，俱令外补。诏如议行，侍读、侍讲、修撰旧二员，今增为三员。编修、检讨，旧四员，今增为六员。上命著为令。"又《玉堂丛语》卷八《忿狷》："大学士张璁，自以非由翰职起家，骤居辅导，而议礼时又辄被词臣攻击，颇怀怨忿。入阁未几，上以侍读汪佃进讲《洪范·九畴》不称旨，令吏部改调外任，因命内阁选择翰林诸臣称职者留用，不称者量除他官，盖疑璁有密揭也。杨一清等言：'翰林清要之地，诚不可以匪人处之。且文学政事，材各有宜，枉而用之，终无成绩。宋两制儒臣，皆尝扬历州郡，遂多名臣，内外均劳，自昔然矣。臣请选自讲读以下，其学有本原，文能华国，行义无玷者，存留供职，以备经筵史局之选。即文学未称，而材识疏通，堪理政事者，请下吏部，量才外补。'上报可。寻调佃宁国府通判，而中允刘栋、杨维璁等侍讲，崔桐等皆补外，多至二十人，而翰林诸臣，十去其八矣。璁又以庶吉士皆乳臭之子，不堪教养，又不当出为科道，止据其中第除选。于是吏部以袁衮等补司属，有出为知县者矣。以璁进阁时，庶吉士不屑赴揖也。此亦翰林一时之厄，乃博学强记如璁，敏给精练如一清，即翰林中亦罕见其比。信乎，储材不可不广也。"

十月

戚继光（1528—1587）生。继光字元敬，登州卫人。世袭指挥佥事，用荐备倭山东。改浙江参将，赴援福建，进署都督佥事，擢福建副总兵官，晋都督同知。召为神机营副将，出总理蓟州、昌平、保定三镇练兵事，旋改为总兵官。叙福建功，晋右都督，寻以功进左都督，加太子太保，晋少保，改镇广东，罢归。谥武毅。据戚祚国汇纂《戚少保年谱耆编》。

闰十月

石珤（1465—1528）卒。杨一清《大明故光禄大夫少保兼太子太保吏部尚书武英殿大学士致仕谥文隐石公神道碑铭》云："明年戊子，而公亡矣，闰十月二十二日也。""公生成化乙酉，得年六十有四。""公讳珤，字邦彦，姓石氏，熊峰其别号也。系出真定之藁城。""屡典文衡，以平正简要取士，力去浮夸险怪之说，文体为之一变。自为文亦称是。诗歌冲淡沉着，成一家言。文正公曰：邦彦诗词皆中矩度，而七言古诗尤超脱凡近，众所不及。博极群书，而根于理性，意会心契，有己所独得之妙。世有非考亭之学者，公力诋之曰：微考亭，吾辈莫适为学，非之亦何所见，第好名耳。"《国榷》记石珤卒于嘉靖八年正月。

十一月

王守仁（1472—1528）卒。据《明儒学案》，王守仁卒于嘉靖七年十一月二十九日。《明鉴纲目》谓王守仁卒于嘉靖八年正月。《弇山堂别集》卷三十八《永乐以后功臣公侯伯年表》："新建伯王守仁，浙江余姚人。正德十六年为南京兵部尚书，以论平宁王功封奉天翊运推诚宣力守正文臣、特进、光禄大夫、柱国，岁禄一千石，世袭。寻总帅南征，嘉靖八年薨，停世袭。隆庆三年子正亿嗣，万历四年薨。子承勋嗣。"黄宗羲《明儒学案》卷十："王守仁字伯安，学者称为阳明先生，余姚人也。……十八岁，过广信，谒娄一斋，慨然以圣人可学而至。登弘治己未进士第，授刑部主事，改兵部。逆瑾矫旨逮南京科道官，先生抗疏救之，下诏狱，廷杖四十，谪贵州龙场驿丞。……瑾诛，知庐陵县，历吏部主事、员外郎、郎中，升南京太仆寺少卿、鸿胪寺卿。时虔、闽不靖，兵部尚书王琼特举先生以左佥都御史巡抚南赣。未几，遂平漳南、横水、桶冈、大帽、浰头诸寇。己卯六月，奉敕勘处福建叛军。至丰城而闻宸濠反，遂返吉安，起兵讨之。……三战，俘濠。……命兼江西巡抚。又明年，升南京兵部尚书，封新建伯。……时先生已病，疏请告。至南安，门人周积侍疾，问遗言，先生曰：'此心光明，亦复何言？'顷之而逝，七年戊子十一月二十九日也，年五十七。先生之学，始泛滥于词章，继而遍读考亭之书，循序格物，顾物理吾心终判为二，无所得入。于是出入于佛、老者久之。及至居夷处困，动心忍性，因念圣人处此更有何道？忽悟格物致知之旨，圣人之道，吾性自足，不假外求。其学凡三变而始得其门。自此以后，尽去枝叶，一意本原，以默坐澄心为学的。"钱德洪《阳明先生年谱序》："吾师阳明先生出，少有志于圣人之学，求之宋儒不得。穷思物理，卒遇危疾，乃筑室阳明洞天，为养生之术，静摄既久，恍若有悟……始教学者悟从静入，恐其或病于枯也，揭明德亲民之旨，使加诚意格物之功，至是，而特揭'致良知'三字，一语之下，洞见全体，使人各得其中，由是，以昧入者以明出，以塞入者以通出，以忧愤入者以自得出，四方学者翕然来宗之，噫，亦云兆矣。"王畿《刻阳明先生年谱序》："我阳明先师崛起绝学之后，生而颖异神灵，自幼即有志于圣人之学，盖尝泛滥于辞章，驰骋于才能，渐渍于老释。已乃折衷群儒之言，参互演绎，求之有年，而未得其要。及居夷三载，动忍增益，始超然有悟于良知之旨，无内外、无精粗，一体浑然，是即所谓未发之中也。其说虽出于孟某氏，而端绪实原孔子。"《国榷》卷五十四："（嘉靖七年十一月）丁卯，新建伯总督两广兵部尚书兼右都御史王守仁卒于南安。守仁字伯安，余姚人，弘治己未进士。授刑部主事，改兵部。正德初，言事谪龙场驿丞。居夷力学，学益进。生负异质，好学，专主良知，始疑信者半，晚争趋之。自平八寨后，屡告疾，不允。疾甚，即解任，道卒，年五十八。上闻之，不怿。隆庆初，赠新建侯，谥文成。"

钱德洪、王畿闻守仁讣，奔丧至贵溪。《明史·儒林传》："钱德洪，名宽，字德洪，后以字行，改字洪甫，余姚人。王守仁自尚书归里，德洪偕数十人共学焉。四方士踵至，德洪与王畿先为疏其大旨，而后卒业于守仁。嘉靖五年举会试，径归。七年冬，偕畿赴廷试，闻守仁讣，乃奔丧至贵溪。议丧服，德洪曰：'某有亲在，麻衣布绖弗敢有加焉。'畿曰：'我无亲。'遂服斩衰。丧归，德洪与畿筑室于场，以终心丧。十一年始成进士。"

聂豹设位哭奠阳明，称门生。《弇山堂别集》卷三十《史乘考误十一》："《聂贞襄豹行状》谓：公丙戌谒阳明王先生于余姚，遂执弟子礼。非也。公与阳明先生虽讲学数日，往返质问，然不肯执弟子礼。至阳明殁，而始为位哭，称门生。故当时有生称师，殁称友者，黄公绾也，生称友，殁称师者，公也。"

祭故国子祭酒鲁铎，谥文恪。上以铎清节，特予祭葬。铎字振之，景陵人。弘治壬戌南宫第一，成进士。选馆，授编修。正德初，使安南，却金珠馈。迁司业，转南祭酒。及在告，绝迹公门，日集后进之士讲授经义。卒后贫不能葬。（据《国榷》卷五十四）

庚戌，初，锦衣卫千户沈鳞请订刊历代史。下两京礼部、工部、国子监补刻。（据《国榷》卷五十四）

本年

林浩起复，补任于衢。张萱《西园闻见录》卷四十五《礼部》四《教官·往行》："林浩，龙溪人。由举人授南海知县，改南雄府学教授。起复，嘉靖七年补任于衢。性严敬方正，劝学兴礼，靡所不力。复堂斋号舍之法，黎明出公座，分斋皆诵，然后升堂讲说，已乃退业于号舍。每三日课试于堂，较第文艺，一一中程度，几微不爽。尤敦崇德行，故士有孝友忠信者，必加特奖，否则既文且长弗少假借。士子贫者，节馈不受，且周之。于庙祀礼乐制度，极力讲明，诸生率相劝勉，不敢自逸。盖始而疑，继而安，久而思之不衰矣。大冢宰霍公韬闻其贤，特疏荐之，升国子监博士。"

行选贡之法。黄佐《南雍志》卷十五《储养考》："嘉靖七年，行选贡之法。凡贡至京师黜退多者，提学官降用。乃不论食粮年深，辄贡年少，有浮躁者。梢又以为言。礼部议得祖宗岁贡旧例，令提学官于各学食粮年深生员内，考贡一人，如果不堪，方将以次陪贡者考充，所以多得老成之士。近年新例，不论食粮深浅，通学考取，辄将年少生员充贡，是以在监则未闲礼让，争趋势利，授职则不堪为人师长。况才性可以发科登第者，亦往往苟趋目前，自弃远大，考其学业，又不过崇饰浮词，无经明行修之实。查得本部累次具题，及近日奉有明旨，是都只照旧例行，便行与各处提学官，着以食粮次第起贡，并厘正文体，遵守卧碑，已经通行外，今后在学生员，年老无进益者，照例给与衣巾终身。如果平素奸顽，把持学校，挟制官府，勾揽公事，凡于一切行止有亏者，令提学官于岁考之时，查照本部题准事例，严加查访黜退，不许食粮冒贡，庶生徒知所趋向，而科贡得人矣。上准议，行之。"

宁武府始建儒学与诸卫等。乾隆《宁武府志》卷四《学校》："宁武始未有庙学也。明成化二年既设关守，至嘉靖七年戊子，守备谭铉告于巡抚江潮，请之朝廷，乃建儒学与诸卫等。庙成自九年庚寅，圣殿、贤庑、明伦之堂，与尊经阁、教官署舍规制具备。除掌印训导一员，司教事。十年辛卯，提学使者陈某召试诸生，立等第，定责额，于是彬彬多弟子员。其后三十二年癸丑，巡抚王某设饩廪银。三十五年丙辰，总兵韩承庆置书籍。其泮池之凿，则丁巳岁总兵张承勋为之。至辛酉、壬戌，兵备副使殷仁嘉、沈绍德，总兵佟登，相继修葺，且增造铜祭器二百，铜爵七十，烛檠屏壁之属先未有者，至是悉具。"

顾清（1460—1528）卒。据孙承恩《故南京礼部尚书顾文僖公墓志铭》。顾清，字士廉，华亭人。弘治癸丑进士。官至南京礼部尚书。事迹具《明史》本传。《列朝诗集小传》丙集云："公于诗清新婉丽，深得长沙衣钵。正、嘉之际，独存正始之音。今人以其不为何、李辈所推，不复过而问焉。斯所谓耳食者也。"

余佑（1465—1528）卒。黄宗羲《明儒学案》卷三："余佑，字子积，别号讱斋，鄱阳人。年十九，往师胡敬斋。敬斋以女妻之。登弘治己未进士第，授南京刑部主事。忤逆瑾，落职。瑾诛，起知福州，晋山东副使，兵备徐州……嘉靖改元，起河南按察使，调广西，两迁至云南左布政。以太仆卿召转吏部右侍郎，未离滇而卒，戊子岁也，年六十四。先生之学，墨守敬斋。在狱中著《性书》三卷，其言程、朱教人，拳拳以诚敬为入门……时文成《朱子晚年定论》初出，以朱子到底归于存养，先生谓：'文公论心学凡三变。如存斋记所言，心之为物，不可以形体求，不可以闻见得，惟存之之久，则日用之间，若有见焉。此则少年学禅，见得昭昭灵灵意思。及见延平，尽悟其失。复会南轩，始闻五峰之学，以察识端倪，为最初下手处，未免缺却平时涵养一节工夫。……后来自悟其失，改定已发未发之论，然后体用不偏，动静交致其力，工夫方得浑全。此其终身定见也，安得以其入门工夫谓之晚年哉！'……其《性书》之作，兼理气论性，深辟'性即理也'之言，盖分理是理，气是气，截然为二，并朱子之意而失之。"

明世宗嘉靖八年己丑（公元 1529 年）

正月

知贡举官礼部左侍郎李时以堂弟李旻会试，辞免入院。不许。（据《明世宗实录》卷九十七"嘉靖八年正月己未"）

翰林院侍讲学士廖道南（1494—1547）应制撰灯诗十五首以进。《殿阁词林记》卷十三《应制》："嘉靖八年正月元夕，臣道南应制撰灯词十五首以进，上亲制一章云：'黄道开蓬殿，青阳溢泰穹。赏心才令节，养志自慈宫。珠佩轩车从，霞觞祝颂同。千秋还万岁，物阜与民丰。'九年七月，敬一亭成，上复命儒臣落成锡宴进诗。十年，演马环碧殿，御制歌词，赐同游诸臣和之。十三年，臣自徽州赐环，上亲洒钟粹宫词命和之，赐金绮有差。十五年三月，上谒诸陵，撰《泛舟赋》，命同游诸臣和之。"《明诗纪事》戊签卷十四录廖道南诗一首，陈田按："学士在世宗朝，颇蒙优眷。纂修《明伦大典》成，进侍读。在经筵讲《洪范》称旨。其说具载《实录》。嘉靖八年元夕，应制撰灯诗十五首以进。又撰《泰神殿礼成感雪赋》、《圜丘载祀庆成九章》、《圣主光图阳翠岭赋》、《南巡江汉赋》、《景云征烈四颂》，皆邀睿赏。自徽州赐环，帝亲洒《钟粹宫词》命和，赐金绮有差。生平著述甚富，撰《楚纪》六十卷，续黄泰泉《翰林记》为

《殿阁词林记》二十四卷，《玄素子集》五十六卷。诗句襞字褰，不称其名。"

翰林院侍讲学士许诰上圣学四事：讲《河图洛书》，戒禅学，略注疏，屏小道。（据《国榷》卷五十四）

谕辅臣并用进士、举人、监生为郡县守令，果才能廉洁者，一体擢用奖劝。（据《明世宗实录》卷九十七"嘉靖八年正月丙寅"）

二月

吏部尚书桂萼兼武英殿大学士，预机务。其《舆图记叙》即今年所上。《弇山堂别集》卷四十五《内阁辅臣年表》："桂萼字子实，江西安福人。由正德辛未进士，嘉靖八年以少保、武英殿学入，九年致仕，本年复入，再致仕，卒，年五十四。"《明鉴纲目》卷六："纲：二月，以桂萼为吏部尚书，兼武英殿大学士，预机务。目：萼素与张璁比，及同居政府，遂复相失。"《四库全书总目》卷七十二史部地理类存目一著录《舆图记叙》二卷，提要曰："明桂萼撰。萼有《桂文襄奏议》，已著录。是编即嘉靖八年为大学士时所上。首为总图，次则两京十三省各为此图如祖宗之亲历地方者然。而世宗批答，亦称其明白要切，具见体国经济。皆不可解也。"桂萼字子实，安仁人。正德辛未进士。嘉靖初以议礼骤贵，官至吏部尚书，武英殿大学士。谥文襄。事迹具《明史》本传。

张孚敬、霍韬（1487—1540）任会试主考，唐顺之被取为会试第一名。《明世宗实录》卷九十八：嘉靖八年二月，"甲午，会试，取中式举人唐顺之等三百二十名"。张孚敬《张文忠公集》文稿卷一《会试录序》："岁己丑，复当会试天下士。……先是，臣窃念国家用人以科举为重，而有司选士以乡举为先。因条三事上请，一曰正文体，二曰明实录，三曰慎考官。上俞之，既令行天下矣。及是礼部以甲科取士，所关尤重，复申明三事以请。上复俞之，俾昭示焉。……观经义之文，多发明理致，不事浮夸，知初试之变也。观诏、诰、表、论、判之文，多率循典实，不事奇怪，知再试之变也。观五策之文，多经略世故，不事剽窃，知三试之变也。臣乃稽首扬言曰：我皇上神化之速，一至是乎！"张萱《西园闻见录》卷四十四《礼部》三《科场·往行》："霍文敏公韬，嘉靖己丑主会试，士有剿述庄、老野史，逞博炫奇者，置勿取。谓变时丧礼，至道攸寓，特以命题，不复拘忌。《春秋》比事，碎裂经旨，不以之试士。"张孚敬《张文忠公集》奏疏卷三《慎科目》："其一曰正文体。国初取士之制，令经义五百字以上，《四书》义、礼乐论三百字以上，时务策一千字以上，诏、诰、表、判，各有体裁。大抵直书意义，期致实用。今之所谓文词者，异矣。配合缀缉，夸多斗靡，口传耳剽，翕然成风。经义浮夸，论议鄙俚，作判昧法律之本意，答策骋书生之常谈。父兄以是为教，子弟以是为学，明欺有司如同聋瞽。臣愚乞敕考试官，取士之文，务要平实尔雅，裁约就正。说理者必窥性命之蕴，论事者必通经济之权。判必通律，策必稽古。非是者悉屏

1652

不录，如欧阳修黜一刘几，而风雅以复。又必定于《周礼》、《仪礼》中出策一道，以导之习于礼学，使人各知有礼，然后责以事君使民，有余地矣。"李开先《荆川唐都御史传》：顺之"戊子乡试第六名，己丑会试第一名，廷试二甲第一名，御批其策，条论精详，海内传以为荣。会试卷，见者以为前后无比，气平理明，而气附乎理，意深辞雅，而意包乎辞。学者无长幼远近，悉宗其体。如圆不能加于规，方不能加于矩矣。选作庶吉士，一二大臣不相能，遂即罢之。主者犹以二甲前三名制策曾经御览，欲各授以检讨，唐子力请同罢，一事而有去留非体，始进即能恬退如此。试政吏部，选除兵部主事。"《游艺塾续文规》卷四《了凡袁先生论文》："嘉靖中当以唐应德先生为宗，瞿师道先生次之。唐文由精思而出，读之令人整襟肃虑，起敬不暇，足以压倒一时豪杰。瞿文由神到而出，其精密处无迹可寻，不得以词胜而贬之也。薛方山先生如项籍入关，勇气百倍，终有武夫态。诸理斋燮如琴操学佛，刮垢入净，而轻浮风骨，时见于雅淡之中。张小越元如偏师入阵，直捣中军，而乏堂堂正正之气。归震川有光高古典雅，独步一时。孙百川楼直写胸臆，而圆劲苍健，词调时时逼古。邵北虞圭洁玲珑透彻，而措词构意，出于路径之外。茅鹿门坤气势如长江大河，和平阔大，描写又复逼真。张虚斋祥鸢钩深见奇，沉着细腻，而精到处令人难解。杜道升伟会理切题，一字不可增减，而穿骨透体，遂凿混沌之窍。许敬庵孚远脱尽斤调，另出枢机，而句句根心，见者知其为正人君子。作者尚众，未易殚述。"焦竑《玉堂丛语》卷五《义概》："霍韬己丑主考会试，帘内外弊铲革殆尽，文体为之一变。杨少师博、葛尚书守礼、程尚书文德、唐都宪顺之、罗修撰洪先、杨编修名、杨御史爵并表表，皆公所录士也。公谆谕诸士，不可以门生座主结私恩而忘大义。超俗之见，时所仅闻。"霍韬字渭先，号兀厓、渭厓，广东南海人。正德九年状元。历任兵部主事、南礼部尚书。谥文敏。有《渭厓集》。又《玉堂丛语》卷五《器量》："嘉靖己丑，邃庵杨公为首相，上倚注甚切。时议礼诸公，受知于上，相继登枢要。尚书霍文敏公韬时为詹事，忌公尤切，特疏劾公，上大怒，削秩赐罢。文敏犹欲根蔓公门下士，一网打尽。有太学生孙育，公之乡人，受恩最久，百凡家蛊，公保护如子弟。公在相位，援育人文华殿从事，以书写劳，例得京职。时亦以公党与，恐遭斥逐，乃录公居官事数十条，呈于文敏，以求自解。不意数月后以暴疾卒于京，其子奉枢还，公犹易服吊其丧。其子跪泣曰：'人子固不敢言亲过，但悖德者不祥，吾父负公而死，天也，愿公无吊。'公笑曰：'尔父岂负我者？我为人所陷，波及汝父，汝父欲保全身家，万不得已，姑借我以免祸耳。吾独不能谅之，是我又负汝父矣。'人皆服公雅量。"杨一清号邃庵。梁章钜《制义丛话》卷五："阎百诗曰：艾千子评张小越元'或问子产'章文云：'闲闲开说，似《史记》三小传。'汪钝翁驳之云：'《史记》两人合传，如廉、蔺，范、蔡之类；三人合传，如田、窦、灌夫之类；甚至十一人合传，如酷吏之类，无有不穿叙者。其它如孟、荀，如屈、贾，如刺客、滑稽、佞幸之类，无事可穿，则用文章联络之。若一篇中，每人闲闲开说者甚少，后进读书当自出手眼，万勿随人脚跟也。'"梁章钜《制义丛话》卷十二："《文行集》云：嘉靖八年，张萝峰、霍渭厓两先生为会试主考，取中三百二十人。萝峰暮龄始第，惜积学不售之士，意元作必老成，拆卷见荆川先生年仅二十，讶以为奇。荆川为八大家之一，时称名元。按：是科题为'请问其目'六句、'惟天下诚，为能经纶天下之大经'一节、'孔子圣之时'一句。"

嘉靖八年会元唐顺之曾批选名贤策论，李开先作序。 李开先《李开先集·闲居集》之五《唐荆川批选名贤策论序》："初场虽尚经术，然体制方而重，不可传远，后二场难登文集，选者亦不之及。近来书坊所刻举业，不止汗牛充栋，较之十年前《四书》经义，精细透彻，轻省回照，诚然过之，而论、表、策、判，则不复讲求。仅能成篇者有之，直书旧套者有之……吾友唐荆川，精举业而得魁元者也。以瓦砾有击门户之劳，糟粕乃醇醪从出，而筌蹄则鱼兔所由致也。不忍弃置，刻其时文，并刻古来名贤策、论，选取既慎，挑点亦详，缠绵比密，奇绝错综。博而有约束，松而有关键，冲激而有砥柱，翻覆而有波澜，曲譬旁引，挈要提纲。圈点多者精华也，一二者字眼也，处置转调，分截撇抹，各有笔法，真可为举业之大助，不但如他书之小补。"梁章钜《制义丛话》卷五："林于川雨化曰：唐荆川顺之精于制义，有自为诗云：'文入妙来无过熟，书从疑处更须参。'此荆川自道其所得也。荆川有极巧之文，而其实不过是极熟。如'不揣其本而齐其末'两节，叠下两比喻，一反一正，文气流走不齐。荆川制作两扇，时使之齐中用两语递过，通篇读之，又只似流水不齐文法，此所谓巧从熟生也。文云：'且夫两物相形而高下异焉，所以辨其高下者，未尝不兼本末而较之也，故寸木之与岑楼，其高下至易知也，今也不复揣其下之平，而但取其上之齐，是寸木固可使之高于岑楼矣。今论礼者，不究其本而必曰礼食亲迎而已；论食色者，不究其本而必曰饥死与不得妻而已，是食色固可使之重于礼矣。任人之说，似亦无足怪者。虽然，此特自其一偏而言之耳，而非所以道其常也。何者？两物相形，轻重异焉，所以辨其轻重者，未尝不等其轻重而较之也，故金之与羽，其轻重至易知也。今以一钩金之寡，而较一舆羽之多，而谓足以概金羽之轻重也，岂理也哉？今论礼者，不量其多寡而必曰礼食亲迎而已；论食色者，不量其多寡而必曰饥死与不得妻而已，如是而谓足以较礼与食之轻重，又岂理也哉？任人之论，其不可也，明矣。'俞桐川谓此等作法，成、弘、正、嘉间多有之，隆、庆以后则绝响矣。"《制义丛话》卷五："徐存庵曰：艾千子谓唐荆川'武王缵太王、王季、文王之绪'二节题文，最脍炙人口，然吾终病其'时中'、'无忌惮'等语。盖作《中庸》者，子思也；言武周者，夫子也；引夫子称周武之言以证《中庸》者，子思也。安得夫子言时，遂知有分章照应之《中庸》，遂以'时中'等字分别武周乎？陈百史亦谓荆川之文，鹿门推为本朝第一，其步骤格律无可复议，而尤欲天下人细观艾千子诸评，知圣贤语中不相假借如此也。""俞桐川曰：唐荆川先生教学里中时有教学文，为吏部时有吏部文，为中丞时有中丞文。好学深思，至老不倦，文之传也宜哉。及考先生捷南宫时，年甫弱冠，主司见其文坚老，疑为宿儒，然先生之文亦由天授，不尽关学力也。"

大学士杨一清请开王亲京职之例及升转王府官。下吏礼部议，格之。（据《国榷》卷五十四）

三月

戊戌，世宗御经筵。国子祭酒陆深讲《孟子》毕，奏讲章为内阁所改，乞容臣等各尽其愚。方鸿胪寺赞礼，上不悉闻也。深退，疏引罪。桂萼呈原稿，命经内阁如故。（据《国榷》卷五十四）

癸卯，国子祭酒陆深言："讲章不宜内阁改定。"又乞训诂之外，凡政事得依经比义，条悉以闻。世宗以深险诈，下吏部，言深不敬，谪延平府同知。（据《国榷》卷五十四）

罗洪先（1504—1564）、程文德、杨名等三百二十三人进士及第、出身有差。杨一清等考选庶吉士。《明世宗实录》卷九十九：嘉靖八年三月甲子，"大学士杨一清等言：'进士改庶吉士，令读中秘书，盖自我成祖始。其所选士，或限年，或拘地，或采名，或即取之制策。夫限年则老成见遗，拘地、采名或有偏私之弊，惟取诸制策之优者为得。及孝宗立为定制，每科必选，选止二十人，留亦不过三五辈。今宜于二甲取前五十人，三甲取前三十人，合之得八十。唐顺之等三人已呈圣览甄录，不必覆试，其余如例。选二十人为庶吉士，自后量留数人，以备任使。其一甲罗洪先等亦当如旧例教习。臣等又以为天之生才非一端，君之用人亦非一途，乞敕吏部延访内外诸臣，有学行兼备者，改任宫寮馆职。'上曰：'然。选取庶吉士乃祖宗育材盛典，其如拟行。今后两京及在外官，有学行纯正，堪任宫寮馆职者，吏部从公查访推用，勿得徇名滥举'"。《嘉靖八年进士登科录·玉音》："嘉靖八年三月初十日，礼部尚书臣李时等于奉天门奏为科举事。会试天下举人，取中三百二十名。本年三月十五日殿试，合请读卷官及执事等官少师兼太子太师吏部尚书华盖殿大学士杨一清等五十七员。其进士出身等第，恭依太祖高皇帝钦定资格。第一甲例取三名，第一名从六品，第二第三名正七品，赐进士及第。第二甲从七品，赐进士出身。第三甲正八品，赐同进士出身。奉圣旨：是，钦此。读卷官：特进光禄大夫左柱国少师兼太子太师吏部尚书华盖殿大学士杨一清，壬辰进士；光禄大夫柱国少傅兼太子太傅吏部尚书谨身殿大学士张璁，辛巳进士；光禄大夫柱国少保兼太子太傅吏部尚书武英殿大学士桂萼，辛未进士；光禄大夫柱国太子太保吏部尚书兼翰林院学士方献夫，乙丑进士；荣禄大夫太子太保兵部尚书李承勋，癸丑进士；资政大夫礼部尚书兼文渊阁大学士翟銮，乙丑进士；户部尚书梁材，己未进士；资善大夫刑部尚书高友玑，庚戌进士；资善大夫工部尚书刘麟，丙辰进士；都察院右都御史熊浃，甲戌进士；通议大夫詹事府詹事兼翰林院学士霍韬，甲戌进士；通议大夫詹事府詹事兼翰林院学士顾鼎臣，乙丑进士；中宪大夫通政使司左通政宋沧，戊辰进士；奉政大夫左春坊左庶子兼翰林院侍讲学士穆孔晖，乙丑进士；翰林院侍读学士奉直大夫许成名，辛未进士；翰林院侍讲学士奉直大夫张潮，辛未进士；翰林院侍讲学士奉直大夫许诰，已未进士；翰林院侍讲学士奉训大夫席春，丁丑进士。提调官：礼部尚书李时，壬戌进士；嘉议大夫礼部右侍郎严嵩，乙丑进士。监试官：文林郎福建道监察御史马纪，丁丑进士；文林郎云南道监察御史赵兑，辛巳进士。受卷官：奉议大夫左春坊左庶子兼翰林院侍读盛端名，壬戌进士；翰林院编修承事郎徐阶，癸未进士；吏科都给事中刘世扬，丁丑进士；承事郎户科都给事中蔡经，丁丑进士。弥封官：资善大夫太常寺卿刘荣，秀才；奉政大夫修正庶尹尚宝司卿刘皋，生员；朝列大夫尚宝司卿邵文恩，甲子贡士；奉直大夫鸿胪寺少卿王道中，甲戌进士；翰林院编修承事郎欧阳德，癸未进士；承德郎礼科都给事中王汝梅，丁丑进士；承事郎兵科都给事中夏言，丁丑进士；承事郎尚宝司司丞张天保，秀才；翰林院掌典籍事中书舍人凌棐，儒士。掌卷官：右春坊右庶子兼翰林院修撰方鹏，戊辰进士；翰林院编修承事郎欧阳衢，丙戌进士；承事郎刑科都给事中赵廷瑞，辛巳进士；工科都给事中陈皋谟，辛巳进士。巡绰官：镇国将军锦衣卫掌卫事署都指挥使骆安；镇国将军锦衣卫署都指挥使王佐；昭勇将军锦衣卫指挥使张琦；昭勇将军锦衣卫署指挥使王兰；明威将军锦衣卫指挥佥事刘宗武；明威将军锦衣卫指挥佥事陈寅；昭勇将军金吾前卫指挥使王茂；怀远将军金吾后卫指挥同知徐廷。印卷官：承德郎礼部仪制清吏司署郎中事主事方一兰，癸未进士；承德郎礼部仪制清吏司署员外郎事主事陆堂，癸未进士；承直郎礼部仪制清吏司主事欧阳塾，丙戌进士。供给官：奉议大夫光禄寺少卿周文兴，戊辰进士；承德郎光禄寺寺丞叶廷芳，辛酉贡士；承德郎光禄寺寺丞彭黯，癸未进士；登仕佐郎礼部司务王澈，癸酉贡士；承德郎礼部精膳清吏司署郎中事主事丘其仁，丁丑进士；登仕佐郎礼部精膳清吏司署员外郎事司务李文中，甲子贡士；承直郎礼部精膳清吏司主事王汝孝，丙戌进士。"《嘉靖八年进士登科录·恩荣次第》："嘉靖八年，三月十五日早，诸贡士赴内府殿试，上御奉天殿亲赐策问。三月十九日早，文武百官朝服侍班，是日，锦衣卫设卤簿于丹陛丹墀内，上御奉天殿，鸿胪寺官传制唱名，礼部官捧皇榜，鼓乐导引出长安左门外，张挂毕，顺天府官用伞盖仪从送状元归第。三月二十日，赐宴于礼部。宴毕，赴鸿胪寺习仪。三月二十二日，赐状元朝服冠带及进士宝钞。三月二十三日，状元率诸进士上表谢恩。三月二十四日，状元率诸进士诣先师孔子庙行释菜礼，礼部奏请命工部于国子监立石题名。"《弇山堂别集》卷八十二《科试考二》："八年己丑，命少傅太子太傅吏部尚书谨身殿大学士张孚敬、詹事府詹事翰林院学士霍韬为考试官，皆大礼贵人也，张距登进士八年耳。初变文格，以简劲为主，其程序文仅三百言云。取中唐顺之（1507—1560）等。廷试，赐罗洪先、程文德、杨名及第。先是，大学士杨一清等以洪先、文德、名及唐顺之、陈束、任瀚六卷进览，上一一品题，首卷各御批，于洪先曰：'学正有见，言说而意必忠，宜擢之首者。'于文德曰：'探本之论。'于名曰：'能守圣学以为本，此知要之说。'于顺之曰：'条论精详殆尽。'于束曰：'仁智之用，著之吾心，此不易之说。'于瀚曰：'勉吾敬一之为主，忠哉。'六策以有御批刻录中。是岁大学士杨一清考庶吉士，以唐顺之、任瀚、陈束（1508—1540）三名为上御批取首列，而卢淮、诸邦宪、汪大受、郭宗皋、蔡云程、杨佑、汪文渊、王表、曹忭、王谷祥、熊过、安如山、郑大同、李实、孙光辉、吴子孝（1496—1563）次之。居数日，有旨：'迩年以来，每为大臣徇私选取，市恩立党。唐顺之等一体除用。有才行卓异学问优正者，吏部举奏，收之翰林，以备擢用。'"徐阶《明故左春坊左赞善兼翰林院修撰赠奉议大夫光禄寺少卿谥文恭念庵罗公墓志铭》："公讳洪先，字达夫，念庵其号。厥初豫章人，三徙而居吉水。"嘉靖己丑举进士第一，"授翰林院修撰。壬辰（1532）以病痊起，充经筵展书官。己亥召拜赞善，充经筵讲官。凡三立朝，皆不逾岁而归"。江盈科《雪涛谐史》："罗念庵中状元后，不觉常有喜色。其夫人问曰：'状元几年一个？'曰：'三年一个。'夫人曰：'若如此，也不靠你一个，何故喜久之？'念庵自语人曰：'某十年胸中，遣状元二字不脱。'此见念庵不欺人处。而国家科名，即豪杰不能不膻嗜，亦可见矣。"罗洪先，字达夫，号念庵，吉水人。《明史·儒林传》则谓：罗洪先"嘉靖八年进士第一，授修撰，即请告归。外舅太仆卿曾直喜曰：'幸吾婿成大名。'洪先曰：'儒者事业有大于此者。此三年一人，安足喜也。'"耿定向《先进遗风》："念庵罗先生（洪先）魁天下时才弱冠。时外舅官棘寺卿，报初下，喜甚，趋告先生曰：'喜吾婿乃今干此大事也。'先生聆已，而项发赤，对曰：'丈夫事业不知更有多少，在此等三年，递一人耳，奚足为大事耶？'是日，犹自袖米，偕黄、何二孝廉联榻萧寺中论学焉。"赵用贤《松石斋文集》卷十一《熊南沙先生墓志铭》："先生熊姓，讳过，守叔仁。……戊子中乡试。明年，永嘉相张文忠璁、南海霍文敏韬主己丑试。闽人林文俊得先生卷，且擢第一。永嘉见，谓所策时事多杂老、庄语，为舛驳，抑称置后。廷试，成二甲进士。"《国榷》卷五十四："（嘉靖八年三月）庚戌，策贡士，赐罗洪先、程文德、杨名等进士及第、出身有差。"梁章钜《制义丛话》卷五："林樾亭乔荫曰：少承庭训，令熟读罗念庵洪先'后生可畏'文，云：'使能志以帅气焉，远大之承，固可预期于今日；苟其进而不已焉，高明之极，难以限量其将来。'谓能使人神旺。制义之足以移人，此类是也。""徐存庵曰：凡作圣人寄慨题，其意中之所有不可无，无则学者之见不能窥见深远也；意中之所无不可有，有则学者之见非复圣人之蕴含也。如'射不主皮'节题，归震川承云：'夫风俗之变而不可反也，举射之一事而趋于力焉，圣人能不因礼文而有感也哉？'此圣人意中所有也。如金正希破云：'即射以观古，其所以成天下之才者大矣。'则圣人意中所未有，而推其言亦可以通之者也。后来全卫公文至有曰：'骊山之役无能角技而救其君，缱葛之师无能逞材而射其臣，倘尽摄于竹书木简之下，顾安得有完君王哉？'词意险甚谲甚。庚辰徐印台文又以'科'字为设科之科，其小起即曰：'且后世文武之途出于二，故有刚满则劲、秀满则柔之忧。'盖胜国末年，令天下生员习射，故有以文字迎合当途，而不自顾其支离如此。惟罗念庵文云：'此可见先王之虑天下也诚远，度必不以力导天下，而长乱人之志；先王之防天下也甚微，实则欲以礼持天下，而驯君子之心。不然，既已射也，而何以不主皮也？此不可不深长思也。'此数语该备后人无数嚣张之议，实足以涵盖诸家。按：徐健庵先生此题去路云：'嗟乎！礼乐废而厉军实者，谁克致文德之雍容？政教堕而弃本治者，并难奏武功之赫濯。吾惟望古慨然尔。'又有一感慨，文虽佳，亦未必圣人意中所有也。"

据《嘉靖八年进士登科录》，第一甲三名，赐进士及第。履历如下：

罗洪先，贯江西吉安府吉水县，民籍，县学附学生，治《书经》。字达夫，行五，年二十六，十月十四日生。曾祖良，卫经历。祖玉，赠兵部员外郎。父循，按察司副使。母李氏，加封宜人。具庆下。弟寿先、居先。娶曾氏。江西乡试第八十名，会试第二十六名。

程文德，贯浙江金华府永康县，民籍，国子生，治《书经》。字舜敷，行八十四，年三十三，九月初三日生。曾祖永延。祖世刚，封南京大理寺右评事。父铥，按察司副使。母赵氏，封孺人。具庆下。兄文思。弟文谟、文训。娶潘氏。浙江乡试第八名，会试第十名。

杨名，贯四川潼川州遂宁县，民籍，县学生，治《春秋》。字实卿，行一，年二十五，六月十四日生。曾祖万全，寿官。祖时景，寿官。父洪江。母杜氏。重庆下。弟台。娶刘氏。四川乡试第一名，会试第六十九名。

据《嘉靖八年进士登科录》，第二甲九十五名，赐进士出身。履历如下：

唐顺之，贯直隶常州府武进县，民籍，府学增广生，治《诗经》。字应德，行一，年二十三，十月初五日生。曾祖衍，赠户科给事中。祖贵，户科给事中。父珫，贡士。母任氏。具庆下。弟正之。娶庄氏。应天府乡试第六名，会试第一名。

陈束，贯浙江宁波府鄞县，民籍，府学生，治《易经》。字约之，行八，年二十二，四月十六日生。曾祖璩，巡检。祖鑰。父濂卿。母戚氏。慈侍下。兄模、柬。聘董氏。浙江乡试第七十五名，会试第一百二十一名。

任瀚，贯四川顺庆府南充县，民籍，西充县人，国子生，治《诗经》。字少海，行三，年二十九，十二月初八日生。曾祖政。祖拱荣，县丞。父九鼎，县主簿。母贾氏。严侍下。兄淞，监生；江；澜；仰止。娶花氏。四川乡试第十三名，会试第二百八十三名。

陈节之，贯福建福州府闽县，军籍，县学附学生，治《易经》。字尹和，行四，年二十五，二月二十六日生。曾祖懋宗。祖煜。父坤。母廖氏。具庆下。兄镜、铣。娶梁氏。福建乡试第二十七名，会试第二百六十四名。

胡经，贯江西吉安府庐陵县，民籍，国子生，治《易经》。字用甫，行四，年四十二，正月十六日生。曾祖宣。祖珂，监生。父齐。母周氏。具庆下。兄子亚，府知事。弟绀、约、矿、绛。娶周氏，继娶彭氏、蒋氏。江西乡试第四十名，会试第十一名。

夏宝，贯湖广长沙府益阳县，马船籍，县学生，治《书经》。字楚善，行二，年三十一，十一月初二日生，曾祖孟昭。祖恭。父万龄，义官。母萧氏。具庆下。兄金。弟璧、玉。娶陈氏。湖广乡试第二十八名，会试第一百八十五名。

李联芳，贯陕西汉中府洵阳县民籍，江西吉水县人，国子生。治《诗经》。字伯实，行六，年二十五，四月初一日生。曾祖复有。祖尔定。父珩，监生。母罗氏。具庆下。兄联辉。弟联璧、联治、先方、联寀。娶谢氏。陕西乡试第五十五名，会试第六名。

何梨，贯广东广州府顺德县，军籍，国子生，治《礼记》。字子时，行五，年三十，九月初二日生。曾祖永安。祖昌，知县。父一逵，赠监察御史。前母陈氏，赠孺人，区氏，母赵氏，赠孺人。永感下。兄宏，知县；恢；鳌，按察司副使；鳍。弟鲂、鲠。娶佘氏。广东乡试第五名，会试第五名。

栗应麟，贯山西潞州，民籍，州学增广生，治《易经》。字仁甫，行一，年三十一，三月十七日生。曾祖玄，封文林郎。祖镔，典膳。父瑢，仪宾。母桂平县主。具庆下。兄继芳，监生；应韶。弟应□，贡士；应鹏；应奎；应豸；应科；应秋；应期。娶宋氏。山西乡试第二十一名，会试第三名。

卢淮，贯直隶淮安卫军籍，浙江慈溪县人，国子生，治《礼记》。字北纪，行一，年三十二，四月二十六日生。曾祖荣，义官。祖琊。父镐，寿官。母桑氏。具庆下。兄清、源。弟洪、海、滋、泂。娶陈氏。应天府乡试第十五名，会试第二百八十七名。

王学益，贯江西吉安府安福县，民籍，国子生，治《春秋》。字虞卿，行四十七，年三十五，十二月十五日生。曾祖循纪，寿官。祖珉，寿官。父稼，封吏部员外郎。母颜氏，封宜人。严侍下。兄学夔，南京太仆寺少卿；学孔，推官；学龙；学舜，贡士；学吾，贡士。娶刘氏。江西乡试第四十二名，会试第四名。

项乔，贯浙江温州府永嘉县，富户籍，国子生，治《诗经》。字迁之，行一，年三十七，四月初三日生。曾祖昂。祖渊。父式。母娄氏。具庆下。弟格、材、梓。娶张氏。浙江乡试第十八名，会试第一百十一名。

朱麟，贯江西吉安府万安县，民籍，国子生，治《易经》。字子仁，行四，年四十，十二月初六日生。曾祖元饰。祖祖贵，义官。父宪，训导。母刘氏，继母徐氏。具庆下。兄鸾；鹏，冠带舍人；鹤，监生；鹗，阴阳正术；弟鹰。娶李氏，继娶康氏。江西乡试第十七名，会试第一百十九名。

郑绸，贯福建兴化府莆田县，军籍，府学附学生，治《书经》。字子尚，行五，年二十九，十月十六日生。曾祖商，寿官。祖崇。父瓒，户部主事。母陈氏。永感下。兄大宾；大同，同科进士。弟约、大田、绍、大河、绂、绯。娶陈氏。福建乡试第二十二名，会试第四十三名。

梁怀仁，贯福建泉州府晋江县，军籍，国子生，治《易经》。字宅之，行一，年二十，十二月二十一日生。曾祖隆。祖武荣。父黼。母庄氏。重庆下。弟怀义、怀礼、怀智。聘陈氏。福建乡试第六十四名，会试第十四名。（附录：梁章钜《制义丛话》卷五："吾宗梁宅之吏部怀仁尚志好学，甫经通籍，即赴修文，所著有《国朝君臣年表》、《读史旧抄》及时文数百首，今皆不可考。少时读其嘉靖己丑会墨'孔子圣之时者也'文中幅云：'仕惟其时，不必待天下之清也；止惟其时，不必任天下之重也。先事之机泯于无，而至虚之应通乎有，其一元气之流行矣乎？久也以时，无穷日之力也；速也以时，无三年之淹也。固我之私忘乎内，而神明之速运乎内，其一天地之气象矣乎？'后幅云：'学孔先夷，定其守也；学孔先孟，辨其志也。'皆超凡入圣语。"）

诸邦宪，贯直隶苏州府昆山县，民籍，国子生，治《易经》。字贞伯，行一，年三十六，十二月初十日生。曾祖宽，知州。祖天叙。父玉，岁贡监生。母王氏。慈侍下。弟邦正，贡士。娶秦氏。应天府乡试第十三名，会试第二百十名。

汪大受，贯直隶徽州府婺源县，民籍，县学生，治《书经》，字叔可，行三十八，年二十八，七月初二日生。曾祖敬，户部主事。祖时伟。父文华。母程氏。慈侍下。兄大相。弟大赞。娶王氏。应天府乡试第一百二十四名，会试第一百二十八名。

谢纮，贯浙江绍兴府会稽县，民籍，县学生，治《春秋》，字天章，行十二，年二十六，七月二十八日生。曾祖旭，教谕。祖会，贡士。父殷，监生。母沈氏。具庆下。兄统。弟纲。娶韩氏，继娶沈氏。浙江乡试第二名，会试第五十二名。

王三锡，贯直隶苏州府太仓州民籍，昆山县人，州学附学生，治《易经》。字汝怀，行二，年二十五，四月十九日生。曾祖训，寿官。祖恢，承事郎。父时旸，监生。母顾氏。重庆下。兄任用，贡士。弟三接、三顾、三聘、三宥。娶吴氏。应天府乡试第一百二十六名，会试第一百七十六名。

郭宗皋，贯山东登州卫福山备御所军籍，江西万安县人，福山县学生，治《礼记》。字君弼，行一，年三十一，正月十三日生。曾祖荣，义官。祖亨，县丞。父天赐，知州。母于氏。重庆下。弟宗伊、宗傅、宗周、宗夔、宗稷。娶孙氏。山东乡试第十名，会试第十六名。

涂楫，贯江西南昌府丰城县，匠籍，国子生，治《易经》。字良翰，行五，年四十二，八月二十五日生。曾祖永载，封监察御史。祖观，知府。父昇，按察司副使。母邹氏，赠孺人，继母喻氏，封孺人，王氏。慈侍下。兄相；楫，监生；植；朴。弟柯、梆、楹。娶刘氏。江西乡试第二十五名，会试第三十四名。

张斿，贯山东济南府长清县，军籍，府学生，治《诗经》。字邦建，行七，年三十一，六月十八日生。曾祖栾。祖龙。父祯，训导。前母王氏，母李氏。慈侍下。兄旐，府同知；旐，驿丞；旄，贡士；斾。弟旒、旌、旅、施。娶王氏。山东乡试第十七名，会试第一百四十二名。

胡松，贯直隶滁州，民籍，州学生，治《易经》。字汝茂，行一，年二十七，十月十一日生。曾祖能。祖珤。父江。母倪氏。具庆下。弟桧、椿、楠。娶范氏。应天府乡试第七十八名，会试第二百七十六名。

吴逵，贯江西临江府新淦县，民籍，国子生，治《易经》。字近光，行十二，年三十九，五月初六日生。曾祖咸济。祖春阜。父昌，知县。前母周氏，母曾氏。慈侍下。兄选、迁、迥、道。弟适。娶谢氏。江西乡试第八十七名，会试第二百七十一名。

黄卷，贯锦衣卫军籍，湖广麻城县人，顺天府增广生，治《诗经》。字景文，行二，年二十六，十月十六日生。曾祖文质。祖子华。父璲，义官。母胡氏。具庆下。兄春。弟甲。娶武氏。顺天府乡试第十四名，会试第一百九十一名。

戴铣，贯广东广州府东莞县，军籍，县学附学生，治《春秋》。字子声，行二，年三十一，五月二十一日生。曾祖安福，赠卫经历。祖端，卫经历。父盛。母袁氏。具庆下。兄钊。弟镒。娶袁氏。广东乡试第九名，会试第二百二十八名。

郑庆，贯福建福州府长乐县，民籍，国子生，治《诗经》。字有章，行五，年四十三，四月初六日生。曾祖永昭。祖伯容。父孔信，封户部主事。母卓氏，赠安人，母林氏。慈侍下。兄文静，训导；宾，训导；寓。弟寅；宪，刑部主事。娶李氏。福建乡试第十五名，会试第二百四十名。

黎晨，贯直隶河间府任丘县民籍，四川阆中县人，县学附学生，治《诗经》。字光启，行四，年三十六，八月十九日生。曾祖真，教授。祖恺，典史。父颙，知州。母张氏，继母王氏。具庆下。兄珽、瑛、璋。弟瑨、升、瓒、昺、琳、泉、杲、璜。娶房氏。顺天府乡试第三十一名，会试第一百四十九名。

孙云，贯直隶苏州府昆山县，民籍，国子生，治《易经》。字从龙，行一，年三十四，九月初一日生。曾祖亮。祖俊，典史。父泰。母倪氏。慈侍下。弟霋。娶金氏，继娶徐氏。应天府乡试第一百七名，会试第三百二名。

蔡云程，贯浙江台州府临海县，民籍，国子生，治《春秋》。字亨之，行一，年三十六，十二月初一日生。曾祖廷贵。祖永升，大使，赠征仕郎兵科右给事中。父潮，布政司右布政使。母陈氏，赠孺人，继母洪氏，封孺人。具庆下。弟云翰、云翔、云瑞。娶秦氏。浙江乡试第五十八名，会试第一百四十七名。

陈词，贯直隶常州府江阴县，民籍，国子生，治《书经》。字子达，行二，年三十，九月初六日生。曾祖升远。祖玘，义官。父凤，贡士。母吴氏，继母胡氏。重庆下。兄情，监生。弟编、力。娶吴氏。顺天府乡试第一百三十二名，会试第七十六名。

杨祜，贯浙江杭州府钱塘县，民籍，建德县人，国子生，治《易经》。字汝承，行二十三，年二十六，四月初六日生。曾祖永政，七品散官。祖大升，迪功郎。父象。母郎氏。具庆下。娶许氏，继娶许氏。浙江乡试第四十四名，会试第四十六名。

郑世威，贯福建福州府长乐县，军籍，县学附学生，治《诗经》。字中孚，行七，年二十七，正月初五日生。曾祖叔高。祖绦。父汝庆。母邹氏。具庆下。弟录、铀、铣。娶李氏。福建乡试第六名，会试第六十七名。

陈茂义，贯浙江宁波府慈溪县，民籍，县学附学生，治《诗经》。字时卿，行二，年二十五，九月十三日生。曾祖志。祖伦。父凤，县主簿。母魏氏。慈侍下。兄茂仁。弟茂礼。娶桂氏。浙江乡试第三十九名，会试第二百七十四名。

洪富，贯福建泉州府晋江县，民籍，国子生，治《易经》。字国昌，行一，年四十二，三月初九日生。曾祖廷厚。祖谦德。父贺。母吴氏，继母吴氏。具庆下。弟饶、养素、养气。娶吕氏。福建乡试第五十七名，会试第一百五十五名。

潘徽，贯浙江金华府金华县，儒籍，国子生，治《书经》。字叔慎，行十一，年三十五，八月初八日生。曾祖洪，按察司佥事，累赠中大夫南京太仆寺卿。祖璋，按察司提学副使累赠中大夫南京太仆寺卿。父希曾，通议大夫工部右侍郎兼都察院左佥都御史。母叶氏，封淑人。具庆下。兄燧、绹、缙、纯、继。弟焯、维、绍、绥、烉、燿、缫。娶戚氏。浙江乡试第十七名，会试第三十三名。

郑鼎，贯直隶苏州府太仓州民籍，常熟县人，国子生，治《诗经》。字荐和，行一，年三十八，九月二十六日生。曾祖璇，寿官。祖宗广。父容。母唐氏。慈侍下。娶叶氏。应天府乡试第二十九名，会试第二百六十七名。

周臣，贯顺天府霸州民籍，直隶吴县人，府学生，治《书经》。字子忠，行一，年二十五，正月初二日生。曾祖信，义官。祖瑾，刑部员外郎。父缙，义官。母王氏。重庆下。弟士、民、宦。娶杜氏。顺天府乡试第二十四名，会试第三十六名。

费渊，贯顺天府大兴县富户籍，浙江慈溪县人，国子生，治《诗经》。字汝进，行二，年四十二，十一月二十九日生。曾祖伯昂，赠知县。祖璨，通判，赠大理寺左寺丞。父铠，奉政大夫大理寺左寺丞。母任氏，赠宜人，继母李氏，封宜人。永感下。弟沐，通判；泗。娶李氏，继娶句氏。顺天府乡试第九十名，会试第一百九十四名。

张意，贯直隶苏州府昆山县，匠籍，嘉定县附学生，治《诗经》。字诚之，行三，年二十六，二月初二日生。曾祖思明。祖绘。父祯。嫡母朱氏，生母丁氏。永感下。兄性；情，贡士。弟心。娶洪氏。应天府乡试第一百二十八名，会试第一百三名。

高鸾，贯大宁前卫官籍，直隶永年县人，国子生，治《诗经》。字应治，行一，年二十九，闰七月初四日生。曾祖能，正千户。祖举，正千户，赠武德将军。父恕，正千户，封武德将军。母李氏，封宜人。具庆下。弟鹭。娶张氏。顺天府乡试第一百名，会试第七十五名。

汪文渊，贯湖广黄州府黄冈县，军籍，府学生，治《礼记》。字养静，行二，年二十六，三月十三日生。曾祖荣海。祖洪，县主簿。父倬。母程氏。重庆下。兄文质。弟文相。娶江氏。湖广乡试第三十七名，会试第二百八十九名。

王表，贯直隶常州府无锡县，军籍，国子生，治《诗经》。字邦正，行一，年四十三，十一月初四日生。曾祖逊。祖子辉，寿官。父冕，义官。母唐氏。具庆下。弟业。娶朱氏。应天府乡试第一百十七名，会试第一百五十三名。

曹汴，贯四川重庆府巴县，民籍，国子生，治《易经》。字子东，行四，年三十一，正月初四日生。曾祖天华，赠征仕郎。祖文德，赠刑部主事。父敕，刑部员外郎。母罗氏，封安人。具庆下。兄沔，澥。娶邓氏。四川乡试第八名，会试第二百三十六名。

王谷祥，贯直隶苏州府长洲县，官籍，县学生，治《易经》。字禄之，行二，年二十九，八月初四日生。曾祖宽。祖敏。父观，医官。前母范氏，母钱氏。慈侍下。兄谷祯，府经历。娶胡氏。应天府乡试第四十八名，会试第二百四十三名。

程烈，贯直隶徽州府歙县，民籍，府学附学生，治《礼记》。字唯光，行六，年三十三，九月十九日生。曾祖瑞。祖祚，封监察御史。父楷。母宋氏。慈侍下。兄廉，贡士；点；默，贡士；然，贡士；勋。弟庶、煦、黔、熟。娶方氏，继聘孙氏。应天府乡试第三名，会试第二百十八名。

安永清，贯辽东广宁卫，军籍，卫学生，治《书经》。字汝澄，行一，年三十，十一月二十九日生。曾祖庆。祖顺。父禄。母刘氏，继母吉氏。重庆下。弟永洁，永康、永龄、永贞。娶龚氏。山东乡试第二十二名，会试第三百八名。

熊过，贯四川叙州府富顺县，民籍，县学附学生，治《书经》。字叔仁，行三，年二十四，二月二十六日生。曾祖铎。祖仕廉。父载，知州。嫡母吴氏，继母方氏，程氏，生母雷氏。具庆下。兄迟，前进士；速。弟造。娶黄氏。四川乡试第九名，会试第一百十名。

安如山，贯直隶常州府无锡县，民籍，国子生，治《书经》。字子静，行三，年二十七，七月二十四日生。曾祖公俊。祖祚，义官。父国，义官。母周氏。具庆下。兄荣梁。弟如磐，监生；如石；如京；如岗。娶郭氏。顺天府乡试第十七名，会试第八十八名。

蔡克廉，贯福建泉州府晋江县，民籍，县学附学生，治《易经》。字道卿，行三，年十九，三月二十九日生。曾祖绅，照磨。祖宽。父佑，教授。前母包氏，母包氏。具庆下。兄克敬、克诚。弟克熙。聘留氏。福建乡试第三十七名，会试第五十八名。

方涯，贯直隶宁国府太平县，军籍，国子生，治《诗经》。字汝济，行二，年三十九，二月十二日生。曾祖祺。祖必通，寿官。父玫。母胡氏。具庆下。兄溥，监生。弟渭。娶曹氏。应天府乡试第二十名，会试第十二名。

张文藻，贯直隶真定府深州，民籍，州学生，治《礼记》。字美中，行五，年三十四，十一月十五日生。曾祖荣。祖让。父翰，县丞。母郑氏。慈侍下。兄文渊，知县；文华；文萃；文溥；文学，监生；文博；文莘；文弼，贡士；文芊。弟文灿、文运。娶魏氏。顺天府乡试第二十八名，会试第一百八十六名。

薛甲，贯直隶常州府江阴县，民籍，国子生，治《书经》。字应登，行五，年三十二，十月初十日生。曾祖密。祖琼，义官。父章宪。母徐氏。永感下。兄布、卓、午、平。娶邵氏。应天府乡试第二十八名，会试第一百二十一名。

赵銮，贯浙江金华府永康县，民籍，县学附学生，治《书经》。字鸣和，行一，年二十四，五月十二日生。曾祖伯凯。祖聪。父祉。母孙氏。重庆下。弟错，钶。娶朱氏。浙江乡试第二十八名，会试第一百三十七名。

李禔，贯湖广郴州永兴县，民籍，国子生，治《诗经》。字仲谦，行六，年三十五，十月十九日生。曾祖思宽。祖秀实，知县，封兵部主事。父永蕃，知县。母马氏。永感下。兄岑木，监生；东旦，署教谕举人；易，同科进士；初；祕；祝；禍；褅；弟礼、补、祐。娶张氏。湖广乡试第六十九名，会试第六十二名。

李玘，贯江西建昌府南丰县，匠籍，县学生，治《诗经》。字文甫，行四，年三十，十月十五日生。曾祖孔颙。祖九息。父惟广。母陈氏。严侍下。娶胡氏，继娶刘氏。江西乡试第六十二名，会试第二百二十三名。

杨本仁，贯河南开封府杞县，民籍，国子生，治《诗经》。字次山，行一，年三十五，十月十二日生。曾祖贤。祖溥。父文秀。母马氏，继母李氏。具庆下。弟本义、本孝。娶刘氏，继娶耿氏，尚氏。河南乡试第五十四名，会试第二百六十五名。

常时平，贯直隶河间府交河县，军籍，国子生，治《易经》。字允升，行一，年三十三，十二月初九日生。曾祖增。祖安，寿官。父秀。母王氏。具庆下。弟时稳、时在、时新、时习。娶曹氏。顺天府乡试第二十八名，会试第七十九名。

钱世贤，贯云南云南左卫军籍，江西临川县人，国子生，治《易经》。字信夫，行二，年三十六，八月十九日生。曾祖永昱。祖琳，义官。父统，州判官。母王氏，继母程氏。具庆下。兄世资，知县。弟世贵、世宝、世积、世质、世赉。娶刘氏，继娶陈氏。云贵乡试第四十名，会试第一百四十六名。

王养正，贯四川顺庆府南充县，民籍，国子生，治《易经》。字伯纯，行一，年三十五，九月十一日生。曾祖进。祖邑。父瑶。母叶氏。重庆下。弟养贤；养浩，贡士；养素。娶彭氏。四川乡试第六名，会试第二百九十四名。

刘采，贯湖广黄州府麻城县，民籍，国子生，治《春秋》。字与质，行三，年三十，五月十九日生。曾祖文聪，所吏目。祖纪。父汉，知县。母万氏。永感下。兄木，署训导举人；术。弟禾。娶董氏。湖广乡试第三名，会试第十七名。

王希文，贯广东广州府东莞县，民籍，县学生，治《诗经》。字景纯，行五，年三十八，九月二十六日生。曾祖里宝。祖悖信。父瑄。嫡母谢氏，生母周氏。永感下。兄希夷；世清；世昭；世彰；希齐；希颜，典膳。弟世熙、希孟。娶袁氏。广东乡试第一名，会试第九十三名。

沈恺，贯直隶松江府华亭县，民籍，县学生，治《诗经》。字舜臣，行三，年三十六，十二月十五日生。曾祖思明。祖文浩，寿官。父照。母陈氏。具庆下。兄泰；绶，监生。弟鸣、悌、怀、忱。娶陈氏。应天府乡试第一百三十五名，会试第七十八名。

李易，贯湖广郴州永兴县，民籍，国子生，治《诗经》。字仲占，行四，年四十三，七月初一日生。曾祖思素，旌表义民。祖如珫，义官。父永森，寿官。母廖氏，继母楚氏。严侍下。兄岑木，监生；东旦，署教谕举人；昇，省祭官；旻。弟初；昆；晁；祼，同科进士；是；曼；昙；昊；泉。娶曹氏。湖广乡试第七十七名，会试第一百二十九名。

周志伟，贯江西南康府安义县，民籍，县学生，治《诗经》。字士器，行十三，年二十八，七月十七日生。曾祖勉政。祖铭。父仲文。前母涂氏，母余氏，继母张氏。永感下。兄志仁、志道、志安、志杰。娶舒氏。江西乡试第八十九名，会试第一百三十六名。

郭春震，贯江西吉安府万安县，民籍，儒士，治《礼记》。字以亨，行一，年二十七，十一月十一日生。曾祖公荣。祖仁杰，训导。父廷瓒。母谢氏，继母张氏。重庆下。弟春临、春需、春萃。娶陈氏。江西乡试第三十九名，会试第二百九十八名。

李开先，贯山东济南府章丘县，军籍，县学增广生，治《诗经》。字伯华，行一，年二十八，八月二十八日生。曾祖子瞻。祖聪。父淳，贡士。母王氏。慈侍下。弟继先。娶张氏。山东乡试第七名，会试第二十名。

蒋芝，贯四川成都前卫官籍，陕西咸宁县人，成都府学附学生，治《春秋》。字世和，行七，年三十三，二月十五日生。曾祖文敬，千户。祖鉴，赠奉直大夫。父弼，知府。前母俞氏，赠宜人，母白氏，封宜人。永感下。兄琬，千户；英，通判；葵。弟芹，贡士；芷；芋。娶于氏，继未聘。四川乡试第三十一名，会试第一百八十名。

钟卿，贯广东广州府东莞县，民籍，县学生，治《诗经》。字懋敬，行一，年二十六，九月十八日生。曾祖叙。祖睿，教谕，赠评事。父云锦，义官。母钱氏，继母陈氏。重庆下。弟箕、学、弘道、弘模、问。娶卫氏。广东乡试第二十五名，会试第一百十八名。

郑观，贯河南汝宁府光州，民籍，国子生，治《易经》。字汝中，行三，年三十六，九月二十五日生。曾祖宏。祖瓒，贡士，赠户部主事。父选，知府。母蓝氏，封安人。具庆下。兄乾，监生；坤，知县。弟节、复、萃。娶张氏。河南乡试第十一名，会试第一百五十名。

任洧，贯山东青州府蒙阴县，民籍，县学生，治《诗经》。字清之，行二，年三十八，正月二十日生。曾祖复初。祖睿。父俊。母李氏。具庆下。兄溙。弟渊。娶陈氏。山东乡试第二十三名，会试第九十六名。

陈之辅，贯湖广德安府随州应山县，民籍，国子生，治《诗经》。字伯柔，行一，年三十五，正月十一日生。曾祖闾。祖玑，寿官。父伟，监生。母章氏。慈侍下。兄之良，刑部员外郎。弟之弼，之衡。娶张氏，继娶王氏。湖广乡试第七十九名，会试第二十二名。

樊臣，贯江西南昌府进贤县，民籍，府学生，治《诗经》。字以忠，行一，年四十二，正月初六日生。曾祖仕贯，赠礼部郎中。祖金，运使。父祚。母赵氏，继母吴氏。慈侍下。弟匡、汇、巨。娶万氏。江西乡试第六十三名，会试第一百二十七名。

曾翀，贯直隶凤阳府寿州霍丘县民籍，江西泰和县人，国子生，治《诗经》。字习之，行十一，年四十，闰九月二十五日生。曾祖夔，训导。祖埜。父琼。母李氏。永感下。兄鸾、凤、鹏、鹤、鸿、鸥、亮、安、征、溥。弟洋。娶刘氏。应天府乡试第十四名，会试第二百九十三名。

杨守谦，贯彭城卫军籍，湖广长沙县人，顺天府学增广生，治《易经》。字允亨，行二，年二十五，十月十六日生。曾祖福胜。祖春，封户部郎中，赠中宪大夫都察院右佥都御史。父志学，都察院右副都御史。前母王氏，赠宜人，母陈氏，封宜人。严侍下。兄守愚。弟守约、守默、守鲁、守让、守朴、守初、守介。娶王氏。顺天府乡试第十三名，会试第三百十八名。

陈大壮，贯河南河南府洛阳县，民籍，县学生，治《易经》。字子晋，行二，年二十六，六月十五日生。曾祖善。祖智，卫知事。父龙，训导。母张氏。具庆下。兄大有，贡士。娶刘氏。河南乡试第一名，会试第一百九十二名。

王仲锦，贯锦衣卫旗籍，江西吉水县人，国子生，治《诗经》。字绅之，行一，年三十五，五月初八日生。曾祖永祺，寿官。祖时阜，封管军百户。父先明，前副千户。母廖氏，封安人。具庆下。弟仲铨、仲镛、仲镒。娶龙氏。顺天府乡试第七十六名，会试第一百六十八名。

汪似，贯江西广信府贵溪县，军籍，国子生，治《礼记》。字克有，行百十，年三十三，五月二十日生。曾祖景深。祖廷俊。父晏。母詹氏。具庆下。兄倬，知州；佩；俸，知县；化，贡士；仟；何；俅，贡士；俏。娶陆氏。江西乡试第十名，会试第六十一名。

黄福，贯直隶徽州府休宁县，民籍，国子生，治《春秋》。字子谦，行三，年三十四，十一月初三日生。曾祖志昂。祖存耕。父以盛。母程氏。慈侍下。兄雷；全，引礼舍人。娶程氏。应天府乡试第二十五名，会试第二百七十名。

蒋贯，贯直隶徽州府祁门县，民籍，国子生，治《诗经》。字起中，行五，年三十八，六月二十二日生。曾祖治芳。祖虎。父清，寿官。前母仰氏，仰氏，生母程氏。永感下。兄宝、赍、宾、质。娶谢氏。应天府乡试第一百二十四名，会试第二百四十二名。

张材，贯浙江湖州府归安县，民籍，国子生，治《书经》。字子成，行一，年三十六，三月初八日生。曾祖简。祖铎。父洪济。母严氏。慈侍下。娶吴氏。浙江乡试第十三名，会试第二百十三名。

王纳言，贯河南信阳卫军籍，襄城县人，国子生，治《诗经》。字惟允，行一，年三十六，四月初三日生。曾祖贵。祖轮。父汝楫，训导。母李氏，继母史氏、李氏。严侍下。弟纳谏、纳谟、纳训。娶黄氏。河南乡试第十一名，会试第一百三十七名。

刘伯跃，贯江西南昌府南昌县，民籍，县学增广生，治《诗经》。字起之，行二，年二十七，八月初八日生。曾祖季彰。祖子朋。父杰达。母熊氏，继母孙氏。重庆下。兄伯秀，按察司副使；伯钦。弟伯翔、伯升。娶陈氏。江西乡试第三名，会试第五十一名。

王正思，贯浙江绍兴府余姚县，民籍，县学附学生，治《礼记》。字仲行，行四，年三十，四月二十八日生。曾祖天叙，赠礼部右侍郎，追封特进光禄大夫柱国新建伯兼南京兵部尚书。祖衮。父守礼。母华氏。重庆下。兄正心。弟正志、正恩、正忠、正懋、正恕、正愈、正宪、正惠、正忞、正愚、正意、正感。娶陈氏。浙江乡试第七十三名，会试第一百七十名。

鲍象贤，贯直隶徽州府歙县，民籍，国子生，治《春秋》。字复之，行三，年三十四，二月十六日生。曾祖善。祖邦灿。父光祖。母佘氏。具庆下。兄瑚、璲。娶汪氏。应天府乡试第一百五名，会试第二百四十二名。

吕高，贯直隶镇江府丹徒县，民籍，府学生，治《易经》。字思抑，行四，年二十五，十二月十九日生。曾祖昂。祖经，义官。父宗美。母邹氏。具庆下。兄谷、唐。娶钱氏。应天府乡试第一百一名，会试第一百七十二名。

庄一俊，贯福建泉州府晋江县，盐籍，国子生，治《易经》。字君粢，行三，年二十九，正月初七日生。曾祖耘叟。祖轸，寿官。父旺。母陈氏。重庆下。兄一道、一佐。弟一隆；用宾，同科进士；一文；一复；一振。娶王氏。福建乡试第十名，会试第四十二名。

赵文华，贯浙江宁波府慈溪县，民籍，国子生，治《春秋》。字原实，行三，年二十七，六月十六日生。曾祖增。祖广宗。父孟。母陈氏。具庆下。兄宋、文光。娶陈氏，继娶项氏。浙江乡试第四名，会试第二百十一名。

王纮，贯湖广荆州府石首县，民籍，国子生，治《书经》。字少仪，行二，年三十五，七月十四日生。曾祖廷锡。祖铉，教授。父璞。母彭氏。具庆下。兄绳。弟统。娶万氏。湖广乡试第六十五名，会试第一百四十八名。

胡万里，贯陕西西安府咸宁县，匠籍，府学生，治《诗经》。字伯明，行二，年二十七，八月十六日生。曾祖敏，寿官。祖信，县丞。父贡珊。母李氏，继母赵氏。具庆下。兄万安。弟万方，贡士；万春；万邦；万镒；万言；万选；万川；万全；万策。娶周氏。陕西乡试第四十八名，会试第二十七名。

罗余庆，贯江西吉安府吉水县，民籍，国子生，治《易经》。字道承，行一，年三十三，十一月二十一日生。曾祖宗沔。祖其卓。父体昌。母周氏。具庆下。弟重庆，德庆。娶周氏。江西乡试第一百六名，会试第二百八十四名。

卢辅，贯河南开封府许州，军籍，国子生，治《春秋》。字仲立，行三，年四十，六月初二日生。曾祖文。祖智。父元，监生。母尚氏。慈侍下。兄卿、相。弟弼。娶赵氏，继娶郑氏。河南乡试第十五名，会试第二百九十六名。

王培龄，贯山西平阳府乡宁县，民籍，县学附学生，治《书经》。字延甫，行二，年二十四，二月初一日生。曾祖睿。祖文，封通判。父爵，知州。前母阎氏，赠安人，母李氏。重庆下。兄延龄。弟与龄，同科进士；永龄。娶崔氏。山西乡试第六名，会试第二百三十七名。

孟雷，贯山西泽州，民籍，州学生，治《书经》。字孔敬，行二，年二十七，八月二十六日生。曾祖玮。祖镐，义官。父汉，义官。前母赵氏，母韩氏。具庆下。兄霓；霈，同科进士。弟霁、霏、需、霍。娶颜氏。山西乡试第九名，会试第二百六十六名。

潘大宾，贯广东潮州府海阳县，民籍，国子生，治《诗经》。字钦之，行一，年三十四，七月十六日生。曾祖荣。祖义。父鼎。母蔡氏。重庆下。弟大俊、大宿、大安。娶戴氏。广东乡试第一名，会试第十五名。

据《嘉靖八年进士登科录》，第三甲二百二十五名，赐同进士出身。履历如下：

翟镜，贯河南河南府洛阳县，医籍，国子生，治《易经》。字秉明，行三，年三十七，十一月十八日生。曾祖通，正科，赠监察御史。祖庭蕙，按察司副使。父琏，岁贡生。母孟氏。慈侍下。兄铣。弟鍊。娶邵氏。河南乡试第十三名，会试第一百八十八名。

吴瑁，贯浙江杭州府钱塘县，民籍，国子生，治《礼记》。字汝文，行十三，年四十一，二月初十日生。曾祖原敬，赠通议大夫都察院右副都御史。祖士宁，赠通议大夫都察院右副都御史。父诚，通议大夫都察院右副都御史。前母王氏，赠淑人，嫡母凌氏，封淑人，生母张氏。永感下。兄璹，府同知；玺；瑞、珍；琳；玮，义官；璠；玙；瑶，中书舍人；琼；玭，行人司行人；珂。弟珊。娶陈氏。浙江乡试第三十名，会试第二百四十六名。

董雍，贯四川成都府绵州，民籍，州学生，治《书经》。字肃卿，行三，年三十三，十一月初五日生。曾祖昭，学正。祖寅。父仲儒。母胡氏。永感下。兄庠，监生；序。弟翼，监生；为。娶张氏。四川乡试第十六名，会试第二百十六名。

孙应奎，贯浙江绍兴府余姚县，民籍，县学附学生，治《诗经》。字文卿，行三十三，年二十六，十一月十一日生。曾祖伦。祖鼎。父钥。母童氏。重庆下。娶岑氏。浙江乡试第八十七名，会试第四十五名。

郑大同，贯福建兴化府莆田县，军籍，府学附学生，治《书经》。字皆吾，行四，年三十一，六月十二日生。曾祖商，寿官。祖嵩。父珨。母陈氏。重庆下。兄大宾。弟绚，同科进士；约；大田；绍；大河；绂；绯。娶沈氏。福建乡试第三十三名，会试第九十七名。

杨爵，贯陕西西安府耀州富平县，民籍，县学生，治《书经》。字伯修，行二，年三十七，七月二十四日生。曾祖通。祖整。父攀。母李氏。慈侍下。兄靖。娶张氏。陕西乡试第三名，会试第二百二十三名。

沈谧，贯浙江嘉兴府秀水县，灶籍，国子生，治《书经》。字靖夫，行一，年二十九，五月十一日生。曾祖渊，义官。祖度，义官。父复。母贺氏。具庆下。弟谏、讷。娶盛氏，继娶盛氏。顺天府乡试第十一名，会试第一百六十二名。

周汝员，贯江西吉安府吉水县，民籍，国子生，治《易经》。字文规，行一，年三十七，五月二十六日生。曾祖源，知府。祖槩。父仲，知县。母胡氏。严侍下。弟汝方。娶罗氏。江西乡试第五十二名，会试第二百五十七名。

柯乔，贯直隶池州府青阳县，军籍，县学生，治《诗经》。字迁之，行三，年三十三，六月十五日生。曾祖原民。祖志洪。父崧，教授。母罗氏。严侍下。弟南畴、南藩、南嘉、南正、南箕、南化、南凯。娶叶氏。应天府乡试第十九名，会试第八十四名。

孙世祐，贯江西南昌府丰城县，民籍，县学附学生，治《诗经》。字元吉，行十，年二十五，四月十四日生。曾祖高节。祖大成。父伯辉。母赖氏。具庆下。兄凯、颙、世祺。娶甘氏，继娶戴氏。江西乡试第八十名，会试第三百二十名。

李中孚，贯湖广荆州府江陵县，匠籍，国子生，治《书经》。字化卿，行一，年二十九，三月初五日生。曾祖灏，七品散官。祖恺，府同知。父麟，仪宾。嫡母隆中县主，生母谢氏。具庆下。弟中立，中行。娶戴氏。湖广乡试第十四名，会试第一百五名。

李实，贯广东惠州府海丰县，军籍，国子生，治《书经》。字希大，行二，年三十三，十月十七日生。曾祖昶。祖伦。父瓒。嫡母强氏，生母丘氏。具庆下。兄华。弟蕃、云、乔、昂、郁、绣。娶汤氏。广东乡试第九名，会试第六十名。

庄用宾，贯福建泉州府晋江县，民籍，县学生，治《易经》。字君采，行三，年二十六，正月十九日生。曾祖仪晋。祖元璧。父岩。母萧氏。重庆下。兄用虚；一俊，同科进士。弟用晦。娶李氏。福建乡试第七名，会试第八名。

孙光辉，贯山东济南府淄川县，军籍，县学生，治《易经》。字华国，行一，年二十六，二月初三日生。曾祖海。祖山。父鉴。嫡母周氏，生母张氏。重庆下。弟光耀、光灿、光炳、光烨、光焞、光炜、光熺。娶张氏，继娶周氏。山东乡试第六名，会试第三十七名。

李良，贯山东济南府长清县，军籍，国子生，治《诗经》。字遂甫，行一，年三十一，二月初一日生。曾祖斌。祖胜。父仪。母张氏，继母许氏。具庆下。兄激，典史；淳；漳；淇；洋。弟金、恭、让、杜。娶张氏。山东乡试第六十四名，会试第九十一名。

李逢，贯江西南昌府丰城县，军籍，国子生，治《书经》。字邦吉，行五，年三十四，十月二十九日生。曾祖璘，按察司副使。祖与镐。父万平。母刘氏。重庆下。兄选。弟远；遂，行人司行人。娶丁氏。江西乡试第三十三名，会试第六十八名。

魏焕，贯湖广长沙卫，官籍，国子生，治《书经》。字原德，行一，年四十五，正月十二日生。曾祖祥，正千户。祖瑄，正千户。父棠，知县。母王氏。具庆下。弟辉、煌、燔、烶、焜、焌、烃。娶马氏。湖广乡试第三十四名，会试第五十三名。

王宗恒，贯直隶真定府冀州武邑县，民籍，县学生，治《诗经》。字秀高，行三，年三十一，十一月二十四日生。曾祖旭。祖恕。父璠。母安氏。具庆下。兄宗岱、左、宗华。娶张氏。顺天府乡试第一百十一名，会试第三百名。

曹世盛，贯福建福州府闽县，军籍，府学生，治《礼记》。字际卿，行九，年三十四，四月初六日生。曾祖建。祖克昌。父梅，知县。母周氏。慈侍下。弟世华。娶何氏。福建乡试第七十九名，会试第三十九名。

侯宁，贯山东兖州府东平州，军籍，州学生，治《诗经》。字怀德，行四，年三十四，六月十二日生。曾祖信。祖森，典史。父禄。母王氏。具庆下。兄卿、相、宠。弟宦、谏。娶杨氏。山东乡试第四十名，会试第三百十七名。

魏一恭，贯福建兴化府莆田县，匠籍，府学增广生，治《书经》。字道庄，行二，年三十八，十一月二十四日生。曾祖基。祖宁。父彤。母郑氏。永感下。兄一正。娶欧氏，继娶蔡氏。福建乡试第八十一名，会试第一百三十四名。

吴子孝，贯直隶苏州府长洲县，民籍，国子生，治《易经》。字纯叔，行二，年三十四，正月十一日生。曾祖琮，赠通议大夫南京太常寺卿。祖行，封翰林院编修，累赠资政大夫太子少保南京吏部尚书。父一鹏，资善大夫太子少保南京吏部尚书。前母宣氏，累赠淑人，姚氏，嫡母薛氏，累赠淑人，生母薛氏。严侍下。兄子忠。娶顾氏。应天府乡试第九十七名，会试第十九名。

王滋，贯福建延平府南平县，军籍，府学生，治《诗经》。字思益，行二，年三十五，十月十五日生。曾祖永玉。祖仲荣。父镇。母朱氏。重庆下。兄浩。弟泗、注。娶林氏。福建乡试第八十四名，会试第二百四十七名。

葛守礼，贯山东济南府德平县，军籍，县学生，治《易经》。字与立，行一，年二十五，二月十三日生。曾祖友才。祖智，卫经历。父环。母李氏。重庆下。弟守易、守让、守贞。娶王氏。山东乡试第一名，会试第二百二十四名。

危岳，贯湖广辰州府沅洲黔阳县，民籍，国子生，治《春秋》。字继申，行一，年三十九，七月十九日生。曾祖思铭，监生。祖守信，教谕。父德，通判。母蒋氏。具庆下。弟崇、岕、崲。娶潘氏。应天府乡试第二十五名，会试第三百六名。

钱焕，贯浙江宁波府慈溪县，民籍，国子生，治《诗经》。字叔晦，行伯六，年四十一，十一月二十二日生。曾祖镛。祖润，知县。父桂。母叶氏。慈侍下。兄炎、灿。弟煏、烨、灼。娶应氏。浙江乡试第五十四名，会试第一百八十七名。

贾准，贯陕西西安府咸宁县，民籍，国子生，治《易经》。字惟一，行一，年三十五，十月十二日生。曾祖让。祖林。父富。母郭氏。重庆下。弟洁、斗。娶田氏。陕西乡试第五十七名，会试第二百七名。

杜彰，贯大宁前卫军籍，顺天府东安县人，国子生，治《诗经》。字德明，行二，年四十，十月二十九日生。曾祖荣。祖裕。父福。母纪氏。慈侍下。兄彬。弟彩。娶谭氏。顺天府乡试第七十六名，会试第一百八十二名。

陈钘，贯留守前卫军籍，直隶常熟县人，国子生，治《诗经》。字惟铉，行三，年三十九，四月初四日生。曾祖觉礼。祖俊，赠奉直大夫南京刑部员外郎。父瑜，右长史进阶朝议大夫前南京刑部郎中。母谢氏，赠宜人，继母石氏，封宜人。慈侍下。兄锐、金 弟镕、镆、锭。娶徐氏。顺天府乡试第六名，会试第一百九十九名。

张敩，贯直隶保定府完县，军籍，国子生，治《诗经》。字汝钦，行一，年三十三，十一月十一日生。曾祖喜，寿官。祖彬，教授，封知州。父宦，行太仆寺卿。前母刘氏，赠孺人，母蔡氏，封孺人。慈侍下。弟勃、勗、勉、励。娶徐氏，继娶孙氏。顺天府乡试第四十名，会试第二百十七名。

王钜，贯直隶徽州府婺源县，民籍，国子生，治《书经》。字德卿，行二，年四十，四月二十九日生。曾祖文亨。祖敬保。父齐玉。母黄氏。永感下。兄杰。娶程氏，继娶张氏。应天府乡试第四十一名，会试第二百二十五名。

曾铣，贯直隶扬州府江都县军籍，浙江黄岩县人，府学生，治《易经》。字子重，行四，年三十一，十二月十八日生。曾祖杲。祖宏。父辅。嫡母赵氏，生母张氏。具庆下。兄锦、铨。娶陈氏。应天府乡试第五十三名，会试第二百二十七名。

胡思忠，贯直隶淮安府桃源县，军籍，国子生，治《易经》。字进之，行一，年四十，十一月十七日生。曾祖礼。祖瑛，县主簿。父镒。母祝氏。永感下。弟思孝、思廉。娶夏氏。应天府乡试第一百十四名，会试第一百二名。

朱德祯，贯福建福州府闽县，民籍，府学生，治《易经》。字必兴，行一，年四十，二月十四日生。曾祖鑛。祖汉，寿官。父玘。母陈氏。重庆下。弟德禄，德祚、德禧。娶谢氏。福建乡试第二十五名，会试第二十八名。

丁枧，贯直隶安庆府怀宁县，匠籍，国子生，治《诗经》。字汝和，行四，年四十三，六月十八日生。曾祖元亨。祖洞，义官。父僖，赠监察御史。母危氏，赠孺人。永感下。兄楷，监察御史；楫，监生。弟栝，医官；桂；梗；槚。娶程氏。应天府乡试第四十九名，会试第二百四名。

　　崔三畏，贯直隶保定府蠡县，民籍，国子生，治《春秋》。字敬父，行二，年三十三，八月十八日生。曾祖甫仪。祖翔，署教谕举人。父岑，知县。母杨氏。慈侍下。兄三聘。娶段氏。顺天府乡试第五名，会试第二百九十九名。

　　王绅，贯直隶河间府沧州，军籍，州学生，治《春秋》。字子书，行二，年四十三，三月二十二日生。曾祖惟德，县主簿。祖吉。父国宁。母骆氏。具庆下。兄缙。弟绩、统、绪。娶曾氏。顺天府乡试第七十一名，会试第三百九名。

　　舒国光，贯江西广信府弋阳县，民籍，国子生，治《易经》。字宾之，行六十九，年三十五，九月二十日生。曾祖旭澄。祖仲铨。父伯和。母吴氏。慈侍下。兄国泰、国用。弟国政、国相、国宝。娶郑氏。江西乡试第一百二十六名，会试第二百二十名。

　　邵新，贯山东东昌府堂邑县，军籍，国子生，治《诗经》。字循善，行三，年四十，七月二十二日生。曾祖通。祖伦。父谦。母王氏。永感下。兄仪、汉。娶吴氏。山东乡试第五十一名，会试第二百二十一名。

　　白世卿，贯陕西鞏昌府秦州，民籍，国子生，治《书经》。字汝衡，行二，年三十四，十一月十五日生。曾祖弘。祖文进，寿官。父杲，县主簿。母张氏，继母马氏。具庆下。兄世良、良爵。弟世忠。娶吴氏。陕西乡试第五十八名，会试第三百十九名。

　　彭端遇，贯广东广州府顺德县，军籍，国子生，治《诗经》。字时可，行一，年四十二，三月初五日生。曾祖德。祖永吉。父瓘，寿官。母林氏。永感下。弟端迁、端遘、端造、端迎、端述、端远、端逅。娶梁氏。广东乡试第六名，会试第八十九名。

　　翁溥，贯浙江绍兴府诸暨县，民籍，县学增广生，治《易经》。字德宏，行三，年二十八，六月初十日生。曾祖皓。祖珪。父铨。母陈氏。慈侍下。兄汉、源。弟瀚、洋、济、濇、澄、海。娶黄氏。浙江乡试第十二名，会试第一百八十三名。

　　林性之，贯福建泉州府晋江县，民籍，府学生，治《易经》。字帅吾，行七，年三十八，十月二十六日生。曾祖乾，听选官。祖良稠。父峣，岁贡生。母李氏。严侍下。兄性存、性初、性根、性有、性格。弟性全。娶陈氏。福建乡试第六十四名，会试第二百三十一名。

　　张选，贯直隶常州府无锡县，民籍，县学附学生，治《书经》。字舜举，行一，年三十六，十月初五日生。曾祖士名。祖友谅。父献可。母周友，具庆下。弟述、遵。娶顾氏，继娶华氏，鄞氏。应天府乡试第一百七名，会试第二十一名。

　　高仲福，贯陕西西安府三原县，军籍，国子生，治《书经》。字寿卿，行一，年四十，八月初八日生。曾祖青。祖亮。父弘。嫡母宋氏，生母崔氏。慈侍下。弟仲寿。娶张氏，继娶李氏。陕西乡试第四十二名，会试第一百六十九名。

　　孔泗，贯河南河南府洛阳县，匠籍，国子生，治《易经》。字宗鲁，行一，年三十六，三月初四日生。曾祖顺。祖义。父彰，巡检。母丘氏。具庆下。弟沂。娶田氏。河南乡试第十四名，会试第二百六十八名。

　　张舜元，贯直隶保定府庆都县，民籍，山西广灵县人，县学生，治《诗经》。字伯才，行一，年三十二，四月二十八日生。曾祖震，户部员外郎。祖翰，县丞。父大本，义官。母安氏。重庆下。弟舜恺、舜夔、舜龙、舜慕。娶周氏。顺天府乡试第一百九名，会试第二十九名。

杨博，贯山西平阳府蒲州，民籍，州学附学生，治《书经》。字惟约，行一，年二十一，五月二十四日生。曾祖谌。祖选，七品散官。父瞻，知县。母田氏。重庆下。弟恽、恪、恒、忻、恺、悦、愉、怿、恤、怡、憺、性。娶段氏。山西乡试第十二名，会试第一百七十七名。

徐九皋，贯顺天府大兴县富户籍，浙江余姚县人，府学附学生，治《礼记》。字远卿，行五，年二十六，五月十八日生。曾祖昂。祖遂。父意，工部织染所副使。母诸氏。具庆下。娶黄氏。顺天府乡试第四名，会试第一百二十三名。

钟鉴，贯山西泽州，民籍，州学附学生，治《礼记》。字尔正，行七，年三十一，十月初七日生。曾祖厚，府经历。祖俨。父珣。前母李氏，母秦氏。严侍下。兄锡，按察司佥事；铨；锐；銮；鏊；镰。弟铸；锷，贡士；钊；铣；鎏；鉉；镈；钦；钧；锋。娶张氏。山西乡试第五名，会试第二百五十三名。

徐淡，贯浙江严州府淳安县，民籍，国子生，治《春秋》。字景禹，行六，年四十六，九月二十日生。曾祖时。祖贡。父珪。母卢氏。永感下。兄濂，贡士。弟沧。娶胡氏，继娶齐氏。浙江乡试第二十八名，会试第一百十七名。

冯彬，贯广东雷州卫官籍，附籍海康县，国子生，治《书经》。字用先，行一，年三十五，六月二十日生。曾祖高，千户。祖鉴，通判。父澜，正术。母罗氏。具庆下。兄模；桂；桢；椿；权，指挥佥事。弟樘、材、柏、栻、栋、杓。娶吴氏。广东乡试第三十九名，会试第二百三十二名。

林恕，贯福建福州府长乐县，民籍，县学生，治《诗经》。字道近，行三，年三十六，九月二十九日生。曾祖壮叔。祖在宾。父文秀。母张氏。具庆下。弟愈、忠、恩、端、方。娶陈氏，继娶李氏。福建乡试第三十一名，会试第一百三十九名。

张忠，贯直隶河间府任丘县，民籍，县学生，治《诗经》。字显父，行二，年三十六，十一月初六日生。曾祖广。祖政。父轼，义官。母徐氏。慈侍下。兄恩。弟恕；思，贡士。娶章氏。顺天府乡试第八十四名，会试第二百五十一名。

陶廉，贯云南曲靖卫军籍，直隶当涂县人，国子生，治《书经》。字敬甫，行三，年三十三，五月初十日生。曾祖镕。祖深。父仲儒。母孙氏。具庆下。弟唐、赓。娶吴氏。云贵乡试第十一名，会试第七十一名。

赵埙，贯浙江绍兴府余姚县，灶籍，国子生，治《易经》。字平仲，行二十，年四十一，六月十六日生。曾祖景衡。祖玫。父昺。母鲁氏。永感下。兄坤。弟堂。娶诸氏。浙江乡试第八十四名，会试第一百六十六名。

赵九思，贯山西平阳府解州闻喜县，军籍，县学生，治《诗经》。字敬夫，行一，年三十五，九月初五日生。曾祖璧，教谕，赠户部主事。祖仲辉，知府。父宗伦，义官。母李氏。永感下。弟九成。娶毛氏。山西乡试第五十六名，会试第二百三十五名。

胡俸，贯广西仪卫司籍，浙江庆元县人，桂林府学生，治《易经》。字君锡，行六，年三十六，九月十三日生。曾祖伯亮。祖鉴。父仲琚。母徐氏。慈侍下。兄伸，教谕；傧；伟，训导；亿，教谕。弟儒，贡士；侨，贡士；位；俅；佃。娶文氏，继娶朱氏。广西乡试第四十三名，会试第五十五名。

左杰，贯山东东昌府高唐州恩县，匠籍，国子生，治《易经》。字允兴，行一，年三十五，十月二十九日生。曾祖宽。祖玘。父逵。母赵氏。具庆下。弟汉、伸、价。娶王氏。山东乡试第七十三名，会试第八十六名。

张文凤，贯直隶苏州府常熟县，军籍，国子生，治《诗经》。字公仪，行四，年四十四，八月二十二日生。曾祖粹中。祖懋，教谕。父安民。母周氏。严侍下。兄文英；文髦；文麟，知府。弟文龙。娶陈氏。应天府乡试第九十八名，会试第二百九名。

朱深，贯直隶松江府华亭县，民籍，国子生，治《诗经》。字渊甫，行六，年四十三，三月初二日生。曾祖子明。祖得名。父谦。母沈氏。永感下。兄浩、杰、泉、文明、澄。弟溶。娶张氏。应天府乡试第六十三名，会试第二百十二名。

周显宗，贯山东东昌府濮州，民籍，国子生，治《易经》。字子孝，行一，年三十一，八月十二日生。曾祖从义。祖通。父良臣。母苏氏。慈侍下。弟显仁。娶冯氏。山东乡试第三十五名，会试第九十九名。

林梅，贯福建漳州府漳浦县，民籍，国子生，治《诗经》。字以和，行四，年三十九，十二月二十二日生。曾祖昌吉。祖弘贵。父乔。母陈氏。具庆下。兄廷明、廷渊、廷操。弟廷爵。娶高氏。福建乡试第十八名，会试第一百九十七名。

田濡，贯山东东昌府聊城县，军籍，府学生，治《诗经》。字少生，行六，年三十三，十二月十五日生。曾祖文质。祖茂。父寿，训导。前母吕氏，母朱氏。永感下。兄溥；澍；泽，训导；淳；漳。娶吕氏。山东乡试第十四名，会试第一百二十名。

蔡瑗，贯直隶真定府赵州宁晋县，民籍，县学生，治《书经》。字天章，行二，年三十四，六月初七日生。曾祖逊。祖钦。父正。母康氏。重庆下。兄沾、键。娶陈氏。顺天府乡试第六十九名，会试第二百八十六名。

眭烨，贯直隶镇江府丹阳县，民籍，县学生，治《书经》。字子蕴，行二，年三十四，二月初十日生。曾祖纲。祖灏。父仲德，县丞。前母丁氏，母朱氏。具庆下。兄焜。弟燿、煜、炜、炳。娶蒋氏。应天府乡试第一百十一名，会试第二百四十一名。

庄壬春，贯福建泉州府晋江县，民籍，府学附学生，治《易经》。字子仁，行一，年二十八，十二月二十五日生。曾祖士松。祖仪晋。父琦，通判。前母杨氏，母杨氏。永感下。弟乙冬。娶吴氏。福建乡试第五十二名，会试第七十四名。

赵康，贯陕西西安府郃阳县，民籍，国子生，治《诗经》。字惟几，行三，年四十一，十一月初八日生。曾祖福。祖贵。父英，寿官。前母雷氏，母车氏。具庆下。兄凤、鸾。弟宁。娶贾氏。陕西乡试第四十九名，会试第二百五十四名。

林允宗，贯福建兴化府莆田县，匠籍，县学附学生，治《书经》。字希曾，行三，年三十三，三月初四日生。曾祖载胄。祖弘仁。父敏仪。母黄氏。慈侍下。兄允肃。弟允基、允弼、云程。娶黄氏，继娶顾氏。福建乡试第八十九名，会试第一百四十五名。

赵元夫，贯山东兖州府东平州，民籍，州学生，治《易经》。字企仁，行二，年三十七，十月十二日生。曾祖麟。祖庄。父逑，贡士。母刘氏。具庆下。兄承祜，贡士；乾夫。弟萃夫、享夫。娶唐氏。山东乡试第四名，会试第五十名。

王锐，贯河南信阳卫，军籍，国子生，治《书经》。字养之，行六，年四十，五月十六日生。曾祖均。祖智。父虎。母缪氏。慈侍下。兄鉴、镇、钦、钥、镐。娶张氏，继娶叶氏。河南乡试第七名，会试第二百九十名。

刘瑜，贯直隶大名府元城县，民籍，国子生，治《诗经》。字贵卿，行一，年四十，十一月十五日生。曾祖有源。祖增。父迁，寿官。母张氏。具庆下。弟玑。娶傅氏。顺天府乡试第三十一名，会试第一百四十四名。

朱冕，贯江西南昌府丰城县，民籍，国子生，治《易经》。字文中，行二，年三十九，七月十三日生。曾祖仲方。祖宽。父廷辉，县丞。前母郸氏，母余氏。慈侍下。兄显、云、良。娶徐氏。江西乡试第十八名，会试第二百七十九名。

吕调羹，贯山东东昌府濮州备御所军籍，湖广嘉鱼县人，州学生，治《礼记》。字梦卿，行二，年三十二，正月初十日生。曾祖必胜。祖忠。父端，知县。母范氏。慈侍下。兄调阳。弟调鼎、调𤫩、调琴、调笙、调竽。娶冯氏。山东乡试第十名，会试第三百五名。

林山，贯福建福州府长乐县，民籍，县学附学生，治《诗经》。字士仁，行四，年三十五，十二月初五日生。曾祖绶。祖日用。父宗学。母陈氏。具庆下。弟阜，屺。娶黄氏。福建乡试第六十名，会试第二百六名。

夏浚，贯江西广信府玉山县，民籍，国子生，治《易经》。字惟明，行二十五，年三十三，三月初九日生。曾祖升，县主簿。祖曦。父瑛，通判。母程氏。具庆下。兄潮，七品散官；澜。娶姜氏。江西乡试第一百七十八名，会试第一百六十七名。

原宷，贯陕西西安府华州蒲城县，军籍，县学生，治《书经》。字次寮，行二，年二十六，四月二十一日生。曾祖让。祖格。父理。母窦氏。慈侍下。兄密。弟宠、宇。娶王氏。陕西乡试第六十名，会试第八十一名。

曾守约，贯广东惠州府归善县，军籍，国子生，治《诗经》。字子如，行二，年三十三，十二月初一日生。曾祖祖佑。祖羊保。父参。母崔氏。慈侍下。兄仁富。娶柯氏。广东乡试第六十四名，会试第一百六十一名。

饶中，贯河南汝宁府光州固始县，民籍，国子生，治《书经》。字性甫，行三，年四十二，六月十七日生。曾祖伯肃。祖子贞。父景，寿官。母汪氏。永感下。兄仁、礼、信、让。弟正、卿、申。娶李氏。河南乡试第三十二名，会试第一百九十三名。

孟霖，贯山西泽州，民籍，州学生，治《书经》。字孔章，行一，年二十九，正月二十七日生。曾祖玮。祖镐，义官。父汉，义官。前母赵氏，母韩氏。具庆下。兄霓。弟雷，同科进士；霁；霏；需；霍。娶李氏，继娶成氏。山西乡试第三名，会试第七名。

徐宗鲁，贯直隶松江府华亭县，民籍，县学附学生，治《书经》。字希曾，行四，年三十五，四月十九日生。曾祖杲。祖鼎。父政，义官。前母周氏，母吴氏。永感下。兄宗威、宗儒。弟宗道。娶叶氏。应天府乡试第七十三名，会试第一百三十一名。

谢载，贯四川潼川州射洪县，军籍，县学生，治《诗经》。字子坤，行二，年四十七，三月初三日生。曾祖秉德，寿官。祖英。父纪。母袁氏。永感下。兄盖。弟育、惠。娶黄氏，继娶覃氏。四川乡试第六十四名，会试第二百五十八名。

杨逢春，贯福建泉州府同安县，匠籍，县学附学生，治《诗经》。字仁甫，行一，年三十二，正月十四日生。曾祖孟德。祖汉晶，寿官。父玄贡。母李氏。具庆下。兄续隆。弟逢阳。娶洪氏。福建乡试第十七名，会试第一百二十五名。

高大经，贯直隶顺德府任县，民籍，国子生，治《易经》。字以仁，行八，年二十八，六月二十一日生。曾祖泰。祖逢。父时，监生。母吴氏。慈侍下。兄拱。娶骆氏。顺天府乡试第六十九名，会试第六十六名。

张环，贯陕西西安右护卫，军籍，长安县学生，治《诗经》。字孟循，行二，年三十八，四月初二日生。曾祖兴。祖福。父杰。母汪氏。慈侍下。兄铖。娶王氏。陕西乡试第五十二名，会试第一百七十三名。

李凤，贯四川叙州府富顺县，民籍，国子生，治《诗经》。字鸣叔，行二，年三十六，七月初三日生。曾祖继宗，赠文林郎翰林院编修，加赠中宪大夫南京太常寺少卿，累赠通议大夫礼部右侍郎。祖本，资善大夫南京礼部尚书。父文昌，府照磨。母胡氏。严侍下。兄夔。娶严氏。四川乡试第二十五名，会试第一百五十一名。

柳本明，贯河南汝宁府光州光山县，军籍，县学增广生，治《春秋》。字诚甫，行一，年四十四，六月十七日生。曾祖纯一。祖仲升。父春。嫡母邵氏，生母胡氏。永感下。娶童氏。河南乡试第五名，会试第一百八十名。

谢昆，贯福建泉州府同安县，民籍，浙江金华县学训导，治《诗经》。字钟璞，行一，年四十一，十月十二日生。曾祖文琚。祖琮。父灏。母陈氏，继母林氏。严侍下。弟岳、岩、崇。娶王氏。福建乡试第五十四名，会试第一百四十五名。

邢如默，贯山东济南府临邑县，军籍，国子生，治《诗经》。字宜甫，行一，年三十一，九月十二日生。曾祖鉴。祖政，知州。父溥。母许氏。重庆下。弟如闾、如兰、如愚、如约、如初、如意。娶赵氏。山东乡试第七十五名，会试第二百三十八名。

方舟，贯直隶徽州府婺源县，民籍，府学附学生，治《书经》。字时济，行三，年三十一，七月初七日生。曾祖思达。祖豹。父建。母胡氏。具庆下。弟磐、艭、般。娶潘氏。应天府乡试第一百二名，会试第三百十二名。

李汝楫，贯河南汝宁府汝阳县，军籍，国子生，治《诗经》。字济卿，行四，年三十七，二月初三日生。曾祖荣，监生。祖永年，仓大使。父守经，知府。母龚氏。慈侍下。兄汝玉、汝璧、汝玺。娶杨氏。河南乡试第三名，会试第四十一名。

吴本固，贯河南汝宁府光州商城县，军籍，国子生，治《诗经》。字道深，行二，年四十，正月二十八日生。曾祖海。祖从礼，寿官。父大用，寿官。母夏氏，继母王氏。具庆下。兄本立，行司经历。弟本濂；本宗，义官。娶吴氏，继娶王氏。河南乡试第七十七名，会试第二百六十九名。

杨时泰，贯直隶真定卫军籍，高邮州人，国子生，治《易经》。字道亨，行三，年四十二，九月二十二日生。曾祖仁。祖克睦。父贤。母赵氏，继母郑氏。具庆下。兄时雍、时熙。娶师氏。顺天府乡试第五十五名，会试第二百五十二名。

林东海，贯福建兴化府莆田县，军籍，府学生，治《诗经》。字世观，行二，年三十三，三月十三日生。曾祖德玉。祖学茂。父宗重，州同知。嫡母欧氏，生母张氏。慈侍下。兄东山。娶郑氏。福建乡试第一名，会试第八十名。

陈光华，贯福建兴化府莆田县，民籍，府学生，治《诗经》。字道蕴，行二，年三十四，九月二十七日生。曾祖立纪。祖元凤。父桂。母李氏。具庆下。兄光明，贡士；弟光春、光景、光晏。娶余氏，继娶林氏。福建乡试第二十三名，会试第三百十六名。

刘凤，贯应天府句容县，民籍，国子生，治《诗经》。字鸣岐，行二，年四十，正月初三日生。曾祖敬。祖文。父邦辅。母许氏。永感下。兄鸾。弟鹏、凫、鹭。娶陶氏。应天府乡试第八十六名，会试第一百三十三名。

周洪范，贯四川成都府汉州军民籍，江西安福县人，国子生，治《诗经》。字伯陈，行一，年三十九，十二月二十二日生。曾祖纯。祖岳诹。父时钊。母邓氏。慈侍下。娶张氏。四川乡试第七十名，会试一百七十一名。

钱澍，贯万全都司兴和所军籍，直隶迁安县人，国子生，治《书经》。字天泽，行二，年四十，十二月初二日生。曾祖郁。祖德。父璧。母吴氏。永感下。兄澄。弟泡。娶李氏。顺天府乡试第七十九名，会试第二百八十二名。

李延馨，贯山西潞州，民籍，国子生，治《礼记》。字允明，行三，年三十二，九月十三日生。曾祖志美。祖蓍，知县。父玹，县丞。前母王氏，母冯氏。具庆下。兄延缨、延昌。弟延康，贡士；娶王氏。山西乡试第六十二名，会试第二百七十七名。

曹遂，贯直隶苏州府太仓州民籍，常熟县人，国子生，治《诗经》。字履中，行一，年三十五，七月二十五日生。曾祖良翊。祖旻，义官。父振纲。母朱氏。慈侍下。弟迪、远、选。娶顾氏。应天府乡试第二十九名，会试第三十八名。

张明道，贯湖广黄州府罗田县，民籍，国子生，治《诗经》。字希程，行一，年四十九，三月十七日生。曾祖克敬。祖升。父大洪。母毛氏。永感下。娶章氏。湖广乡试第六名，会试第六十五名。

白贲，贯四川潼川州，民籍，国子生，治《春秋》。字亨甫，行四，年四十，八月二十一日生。曾祖普荣。祖父明。父云汉。母何氏。具庆下。兄采、赞。弟贡、贵、贤、贽、宾。娶郑氏。四川乡试第三十九名，会试第二百五十名。

陈蕙，贯福建泉州府晋江县，军籍，府学生，治《春秋》。字邦馨，行五，年三十，十二月初三日生。曾祖霁曾。祖崇瑞。父朗，上林苑监典簿。前母吴氏，母朱氏。慈侍下。兄芳，生员；苍。弟安、蕃、英、满、寿、福。娶张氏。福建乡试第四十四名，会试第二百八十五名。

张镐，贯直隶真定府定州，民籍，州学生，治《易经》。字叔京，行二，年二十六，正月初一日生。曾祖通。祖祥。父宪。母傅氏。具庆下。兄金。弟镃、钥、铨、录。娶刘氏。顺天府乡试第九十二名，会试第一百十四名。

李全，贯四川成都府内江县，民籍，县学附学生，治《书经》。字求全，行三，年二十四，五月初八日生。曾祖自森。祖杰。父登仕。前母余氏，母张氏。具庆下。兄华、美。弟翠、新。娶张氏。四川乡试第五十二名，会试第一百四十一名。

石迁高，贯山东东昌府高唐州恩县，军籍，县学生，治《易经》。字谦甫，行一，年二十六，五月二十四日生。曾祖智。祖才广。父达。母赵氏。具庆下。弟迁遥。娶马氏，继娶祁氏。山东乡试第三十九名，会试第二百十五名。

任廷贵，贯山西太原府石州，军籍，国子生，治《诗经》。字君爵，行一，年四十，九月二十九日生。曾祖海。祖志德。父敬。母杨氏。严侍下。弟廷赞、廷器、廷宝。娶蘧氏，继娶薛氏，刘氏，李氏。山西乡试第十九名，会试第一百一名。

张凫，贯山东登州府莱阳县，民籍，国子生，治《春秋》。字羽卿，行三，年三十一，二月十八日生。曾祖铠。祖鹏。父瑄，义官。母萧氏，继母李氏。慈侍下。兄鸾，州吏目；凤，典膳；麒，典膳；麟，典膳。弟鸥、鸯。娶李氏。山东乡试第四十五名，会试第二百九十六名。

阎邻，贯山东兖州府东平州，军籍，州学生，治《书经》。字德甫，行一，年三十一，十二月初八日生。曾祖贵。祖宏。父缙，运司经历。前母张氏、王氏，母胡氏，继母杨氏。具庆下。兄儒。娶管氏。山东乡试第六十六名，会试第六十四名。

陈珪，贯广东高州府化州，民籍，州学生，治《诗经》。字禹成，行四，年二十七，十二月初九日生。曾祖舍存。祖清。父禧，国子监助教。前母王氏，母吴氏。具庆下。兄珂、珧。弟琚。娶张氏。广东乡试第三十一名，会试第二百十四名。

林继皋，贯福建福州府闽县，民籍，县学附学生，治《书经》。字德谟，行十八，年二十四，七月三十日生。曾祖晶，知县。祖椿。父一能。母陈氏。具庆下。兄继元；继贤；继显，知县；继昭；继治；继禄，贡士；继大；继立。娶秦氏。福建乡试第三十九名，会试第一百二十四名。

许勉仁，贯四川成都左护卫官籍，双流县人，国子生，治《易经》。字希颜，行二，年二十六，三月初八日生。曾祖诚。祖琛，赠礼部员外郎。父淳，右布政使，进阶正奉大夫正治卿。嫡母郝氏，封宜人，生母王氏。具庆下。兄恩，典膳。弟依仁。娶徐氏，继娶何氏。四川乡试第二十四名，会试第二百六十一名。

黄训，贯直隶徽州府歙县，民籍，国子生，治《书经》。字学古，行四，年四十，六月十八日生。曾祖仲旭。祖文器。父琛。母殷氏。永感下。兄谟；诏；诰，监生。弟表、敕、谭、海、诚、记、诵、新、询。娶胡氏，继娶孙氏。应天府乡试第十一名，会试第六十四名。

赵鲲，贯山东兖州府东平州寿张县，民籍，国子生，治《诗经》。字于南，行一，年四十，四月初十日生。曾祖伯通。祖荣。父奎，县主簿。母陈氏。永感下。弟永康，典膳；鱣。娶路氏，继娶刘氏。山东乡试第十四名，会试第一百八十四名。

寇阳，贯山西太原府榆次县，军籍，县学附学生，治《诗经》。字体乾，行一，年二十六，五月十七日生。曾祖玘，赠文林郎大理寺评事。祖恭，州判，累封通议大夫都察院右副都御史。父天叙，嘉议大夫都察院右副都御史升俸一级。母郝氏，累封恭人。重庆下。弟隗、阡、隅、阶、隆、阯、附、陆、防、随、陛、陪、陵、陌、陈。娶王氏，继娶王氏。山西乡试第三十三名，会试第二百十九名。

丘峻，贯直隶苏州府嘉定县，匠籍，国子生，治《易经》。字惟陟，行九，年四十二，六月十三日生。曾祖震。祖刚。父钺。嫡母顾氏，继嫡母张氏、周氏，生母王氏。具庆下。兄山。弟峤。娶张氏。应天府乡试第一百名，会试第二百三十四名。

杨沔，贯应天府句容县，军籍，国子生，治《诗经》。字东之，行一，年四十四，十一月十八日生。曾祖隆一。祖茂林。父惠，县主簿。嫡母赵氏，继嫡母陈氏，生母杜氏。慈侍下。娶曹氏，继娶曹氏，许氏，继聘孔氏。应天府乡试第一百八名，会试第一百五十八名。

孙济，贯浙江湖州府归安县，匠籍，国子生，治《书经》。字以道，行三，年四十六，正月初九日生。曾祖保。祖昌。父纲，县丞。前母沈氏，母刘氏。慈侍下。兄澄、溥。娶周氏，继娶张氏。浙江乡试第四十名，会试第三十名。

丘汝良，贯江西广信府贵溪县，民籍，国子生，治《书经》。字民牧，行五二，年三十六，十月初一日生。曾祖福，赠嘉议大夫都察院右副都御史。祖黉，赠儒林郎布政司理问。父钿，知州。母李氏，封安人。具庆下。兄济；鸿；文浩，省祭官；民望，推官；民仰，贡士；民秀；民范，知府；民清。弟汝贤，正科；民伟；汝正；汝方。娶吴氏。江西乡试第一百二十七名，会试第二百二十九名。

李栋，贯山东兖州府东平州寿张县，民籍，陕西宁夏卫人，县学生，治《春秋》。字植卿，行四，年三十五，四月十三日生。曾祖彦诚。祖政。父暹，知县。母刘氏。具庆下。兄椿、槐、梅。娶张氏，继娶王氏。山东乡试第九名，会试第二百五十五名。

林壁，贯福建福州府侯官县，民籍，怀安县学增广生，治《易经》。字茂东，行二十，年二十七，九月十三日生。曾祖秀，赠南京刑部主事。祖珏，贡士，赠刑部主事。父文缵，布政司右参议，致仕进阶中顺大夫。母吴氏，封安人。具庆下。兄至。弟埙、坰、室。娶王氏。福建乡试第十九名，会试第一百三十五名。

何偊，贯江西袁州府宜春县，军籍，县学生，治《诗经》。字邦美，行四，年三十四，十月十三日生。曾祖必澄。祖忠。父泰。母吴氏，继母胡氏。具庆下。兄俊、杰、伟。娶李氏，继娶李氏。江西乡试第三十七名，会试第五十七名。

褚宝，贯直隶怀远卫官籍，河南偃师县人，国子生，治《诗经》。字光楚，行一，年四十，十二月十二日生。曾祖信，百户。祖永。父杲。母杨氏。具庆下。弟宥、官、宦、籌、宾。娶潘氏，继娶赵氏。应天府乡试第二十名，会试第一百八名。

陈锭，贯湖广荆州府江陵县，军籍，儒士，治《礼记》。字敬舆，行六，年二十五，十一月十一日生。曾祖世杰。祖昆，寿官。父永琦。母孙氏，继母王氏。具庆下。

兄铠；銮；镢；铨，推官；录。娶卢氏。湖广乡试第五名，会试第一百五十四名。

江东，贯山东东昌府濮州朝城县，民籍，国子生，治《易经》。字伯阳，行一，年二十一，正月十二日生。曾祖浩。祖山。父汝龙。母商氏。具庆下。弟南、西。娶虞氏。山东乡试第二十七名，会试第一百七十九名。

阎倬，贯陕西凤翔府陇州，官籍，国子生，治《春秋》。字允章，行五，年三十六，五月初五日生。曾祖秀，赠都察院右副都御史。祖璿，教谕，赠都察院右副都御史。父仲宇，太子太保兵部尚书，赠太子太傅。前母仲氏，赠淑人。母袁氏，封淑人。慈侍下。兄儒，百户；佑，知县；傅，贡士；俸，推官。娶刘氏。陕西乡试第六十一名，会试第七十七名。

胡永成，贯江西吉安府安福县，军籍，国子生，治《易经》。字思贞，行三，年三十三，三月初二日生。曾祖万通。祖崇礼。父熹，义官。前母彭氏，母刘氏，继母李氏。慈侍下。兄齐成、彦成。弟商成、文成。娶李氏，继娶周氏。江西乡试第十一名，会试第一百四十名。

江满，贯江西南昌府进贤县，民籍，县学附学生，治《书经》。字谦之，行五，年三十六，三月二十三日生，曾祖启明，义官。祖正行。父朝重。母杨氏。慈侍下。兄源、潮、泮。弟治，贡士；滚；溢。娶朱氏。江西乡试第十九名，会试第三百四名。

欧思诚，贯顺天府蓟州民籍，福建连江县人，国子生，治《礼记》。字纯甫，行二，年三十二，二月十五日生。曾祖宝，赠户部郎中。祖俊。父弘憙，通判。母孟氏。重庆下。兄思廉，九品散官。弟思忠；思孝；思贤，贡士；思齐，九品散官；思进；思法；思元。娶李氏，继娶刘氏。顺天府乡试第一百二十八名，会试第九十二名。

陈公升，贯福建福州府闽县，军籍，府学生，治《礼记》。字伯举，行四，年三十七，十月二十日生。曾祖通。祖宪，南京礼部主事。父正谟。母张氏，旌表节妇。慈侍下。娶赵氏。福建乡试第一名，会试第一百三十八名。

贺府，贯陕西西安府华州渭南县，军籍，县学生，治《诗经》。字应壁，行一，年三十四，七月十二日生。曾祖本。祖儒。父仓，典史。母王氏。具庆下。弟采。娶王氏。陕西乡试第四十三名，会试第一百十六名。

刘塾，贯江西饶州府鄱阳县，民籍，国子生，治《春秋》。字汝学，行七，年三十五，三月十八日生。曾祖汛。祖楷，良医。父炳。母李氏，继母徐氏。具庆下。兄填。娶李氏，继娶杨氏。江西乡试第三十九名，会试第一百六十四名。

丁湛，贯江西九江府彭泽县，民籍，国子生，治《诗经》。字子一，行十九，年三十八，正月十七日生。曾祖惠远。祖以洪。父尚玉。母周氏。慈侍下。兄渊，监生；源；沂；溉；泮。弟沏、汶、洧、湜、洵。娶刘氏。江西乡试第一百五十二名，会试第八十七名。

倪嵩，贯直隶太平府当涂县，匠籍，国子生，治《诗经》。字中卿，行三，年三十六，十一月十六日生。曾祖泰。祖让。父璋。前母李氏，母蒋氏。慈侍下。兄山、岳。弟嶂。娶谢氏。应天府乡试第一百名，会试第二百七十八名。

高懋，贯四川重庆府合州铜梁县，民籍，县学生，治《礼记》。字惟德，行四，年三十八，三月二十九日生。曾祖福源。祖振，省祭官。父相，寿官。母胡氏。具庆下。兄志、慧、愈。娶王氏。四川乡试第四十八名，会试第三百十三名。

朱隆禧，贯直隶苏州府昆山县，民籍，国子生，治《易经》。字子谦，行二，年三十一，九月二十八日生。曾祖昊，承事郎。祖栻，监察御史。父绂，听选监生。母王氏。严侍下。兄端禧，监生。弟芝禧、元禧。娶郑氏。应天府乡试第十七名，会试第二百九名。

程尚宁，贯直隶徽州府歙县，匠籍，府学附学生，治《春秋》。字廷德，行十一，年二十一，十月十八日生。曾祖永恭。祖寿祥。父世勋。母汪氏。重庆下。聘周氏。应天府乡试第四名，会试第三十二名。

李宁，贯福建邵武府建宁县，民籍，国子生，治《诗经》。字怀德，行一，年三十四，九月二十二日生。曾祖居潜。祖时宪。父奇韬。母饶氏。重庆下。弟窿、宾、宜、寅、富。娶袁氏。福建乡试第六十二名，会试第三百三名。

钱璧，贯广西护卫，军籍，临桂县学附学生，治《易经》。字和玉，行一，年二十七，十二月二十三日生。曾祖兴。祖琚。父经。母左氏。慈侍下。娶陈氏。广西乡试第十六名，会试第一百九十八名。

陈儒，贯直隶苏州府昆山县，民籍，县学附学生，治《易经》。字子醇，行一，年二十五，九月初八日生。曾祖能。祖穆。父节。母王氏。弟伲。娶马氏。应天府乡试第五十二名，会试第一百二十六名。

张鈇，贯山东东昌府冠县，军籍，国子生，治《书经》。字德威，行二，年三十八，六月十三日生。曾祖山。祖文，寿官。父周。母郭氏。具庆下。兄锐。弟钦、铨、镐、镇、娶王氏。山东乡试第六十三名，会试第一百五十二名。

黄绶，贯陕西宁夏中屯卫军籍，浙江仁和县人，国子生，治《书经》。字公佩，行一，年三十一，六月初一日生，曾祖镐。祖瑀。父淳，典膳。母陈氏。重庆下。弟统。娶王氏，继娶李氏。陕西乡试第四十七名，会试第一百八十一名。

陈念，贯湖广黄州府麻城县，军籍，县学生，治《春秋》。字功父，行三，年三十七，八月初四日生。曾祖忠。祖一初。父情，贡士。母刘氏。永感下。兄全，贡士；金。娶程氏。湖广乡试第七十名，会试第一百三十二名。

郭从朴，贯山东莱州府掖县，军籍，国子生，治《诗经》。字文伯，行一，年四十三，九月初十日生。曾祖宗。祖钊，教谕，赠监察御史。父东山，布政司右参政。母毛氏，封孺人。具庆下。兄从栗、从寨。弟从采、从杰、从荣、从桓。娶曲氏，继娶孙氏、刘氏。山东乡试第六名，会试第二百二十六名。

菅怀理，贯山东济南府临邑县，军籍，国子生，治《易经》。字一初，行一，年三十四，七月初七日生。曾祖昺。祖芳。父溥。母李氏。永感下。弟怀恩、怀德、怀衷。娶张氏。山东乡试第七十三名，会试第一百四十三名。

陈昌福，贯江西吉安府泰和县，军籍，县学附学生，治《易经》。字子隆，行三，年三十，十月初一日生。曾祖正谅。祖必弘。父主思。母杨氏。慈侍下。兄昌典；昌积，贡士。弟昌载、昌祉。娶曾氏。江西乡试第二十三名，会试第一百九十五名。

黄正色，贯直隶常州府江阴县，军籍，无锡县人，县学增广生，治《诗经》。字士尚，行四，年二十九，十二月十二日生。曾祖以衡。祖萱。父坤，义官。母周氏，继母薛氏。具庆下。兄正宗、正心、正谏。弟正守。娶萧氏。应天府乡试第一百一十七名，会试第三十五名。

黄允谦，贯广东琼州府崖州，军籍，州学生，治《诗经》。字汝益，行一，年三十五，九月十六日生，曾祖成。祖明，赠奉直大夫南京吏部署郎中员外郎。父芳，布政司右布政使。母王氏，封宜人。重庆下。弟允直，贡士。娶邵氏。广东乡试第二十七名，会试第一百七十八名。

张济，贯陕西西安府醴泉县，民籍，县学生，治《春秋》。字汝楫，行二，年三十四，五月初三日生。曾祖翰。祖善，县丞。父敌。母王氏。具庆下。兄冲。弟洪、泽。娶靳氏。陕西乡试第二十七名，会试第二百八十名。

马练，贯湖广武昌府蒲圻县，军籍，国子生，治《易经》。字元素，行十四，年三十八，八月初九日生。曾祖骏，州同知。祖顺中。父文献，训导。前母龙氏，母黄氏。慈侍下。兄纲、绶、缜、绩。弟维。娶曹氏。湖广乡试第二十名，会试第七十二名。

罗傅，贯湖广荆州府荆门州，民籍，儒士，治《诗经》。字次卿，行五，年十八，二月初六日生。曾祖景春。祖清，训导。父天贵，通判。母杨氏，继母王氏。重庆下。兄儒。弟佐、化、烛，聘刘氏。湖广乡试第三十二名。会试第一百六十三名。

曹濡，贯顺天府固安县，民籍，县学生，治《书经》。字汝育，行四，年三十五，二月初九日生。曾祖成。祖琰，义官。父镒，县主簿。母毕氏，继母许氏。慈侍下。兄泽，县丞；济，义官；润。弟湜。娶梁氏。顺天府乡试第三十一名，会试第一百十五名。

李朝列，贯陕西西安府长安县，军籍，府学生，治《易经》。字长卿，行三，年四十，十一月十六日生。曾祖参。祖三。父通，驿丞。母刘氏。永感下。兄经、杰。弟薑、升。娶张氏。陕西乡试第十七名，会试第二百三十九名。

詹文光，贯湖广武昌府江夏县，军籍，国子生，治《易经》。字用宾，行十，年五十一，八月十三日生。曾祖忠。祖思达。父禄。母熊氏，继母张氏。慈侍下。兄文璧。弟文奎；文庆，知县；文轸；文庚；文胜；文献；文华；文博。娶何氏。湖广乡试第十一名，会试第一百九名。

叶洪，贯直隶德州卫官籍，浙江余姚县人，国子生，治《书经》。字子源，行六，年三十四，十二月二十八日生。曾祖亮，百户。祖韶，百户。父瑄。母王氏。具庆下。兄树。弟济、梅。娶张氏。顺天府乡试第六名，会试第十三名。

祝咏，贯湖广衡州卫军籍，桂阳县人，国子生，治《诗经》。字鸣盛，行二，年四十一，十二月二十日生。曾祖颢。祖凤音。父寿华，义官。母颜氏。永感下。兄诏。弟诵、议。娶黄氏，继娶谭氏。湖广乡试第六十九名，会试第一百六十六名。

王崇，贯浙江金华府永康县，民籍，国子生，治《书经》。字仲德，行一，年三十四，十月初九日生。曾祖肇护，七品散官。祖福，寿官。父科。母李氏。具庆下。弟京、洪。娶谢氏。浙江乡试第四十三名。会试第二名。

马书林，贯陕西西安府高陵县，民籍，国子生，治《易经》。字子约，行一，年三十五，三月初三日生。曾祖杰。祖文质。父宪。母齐氏。重庆下。弟桂林、儒林、云林、易林、田林、凤林。娶王氏。陕西乡试第二十九名，会试第二百七十三名。

王玑，贯浙江衢州府西安县，民籍，府学生，治《易经》。字在叔，行和三，年四十，十一月二十四日生，曾祖时言。祖玺。父文晖。母张氏。具庆下。兄琼、璿。娶余氏，继娶张氏、徐氏。浙江乡试第四十二名，会试第二百四十八名。

张溪，贯直隶寿州卫，军籍，寿州学生，治《易经》。字伯清，行三，年三十，四月初一日生。曾祖镛。祖礼。父珲。母李氏。永感下。兄潮、沛。娶顾氏。应天府乡试第三十名，会试第二百八十八名。

谢应岳，贯江西吉安府吉水县，民籍，县学增广生，治《易经》。字显之，行二，年四十七，九月十二日生。曾祖三奇。祖建钧。父正用。母毛氏。永感下。娶萧氏。江西乡试第一名，会试第二百五名。

刘昺，贯中都长淮卫官籍，湖广大冶县人，凤阳县学生，治《诗经》。字晋初，行一，年二十五，十二月二十四日生。曾祖清，百户。祖敬。父蕙。母李氏。慈侍下。弟泉、昜、旭。娶唐氏，继聘曹氏。应天府乡试第二十八名，会试第三十一名。

周如底，贯浙江绍兴府余姚县，民籍，县学生，治《书经》。字允直，行十二，年三十四，十二月二十五日生。曾祖庭兰。祖沄。父璧。母钱氏。具庆下。弟如山，监生；如斗；如登；如纶；如江；如汉。娶陈氏。浙江乡试第三名，会试第四十名。

刘凤翔，贯陕西西安后卫，军籍，咸宁县学生，治《易经》。字仲集，行三，年三十七，正月十六日生。曾祖凯。祖俊。父璧。母赵氏。永感下。兄凤仪、凤鸣。娶王氏，继娶王氏。陕西乡试第五十一名，会试第二百九十二名。

张鹏翼，贯河南开封府归德州虞城县，民籍，县学生，治《春秋》。字云程，行十二，年三十二，四月二十八日生。曾祖清。祖三恭。父文胜，寿官。母周氏。具庆下。兄继宗、聪、喜、表、秀、名、进、廷、高、子良、子贤。弟鹏搏。娶刘氏，继娶王氏。河南乡试第六十九名，会试第一百四名。

李士文，贯福建福州府连江县，民籍，湖广嘉鱼县学教谕，治《易经》。字在中，行四，年四十三，四月三十日生。曾祖泽。祖彦伟。父景。母谢氏。慈侍下。兄希文。娶董氏。福建乡试第九十名，会试第九十名。

戴继，贯山东兖州府曹州曹县，军籍，国子生，治《诗经》。字淑似，行一，年三十四，七月十九日生。曾祖海。祖敖。父昂。母邵氏。重庆下。弟彩，缃、缃。娶周氏。山东乡试第五十二名，会试第二百九十一名。

金清，贯应天府上元县民籍，直隶昆山县人，国子生，治《诗经》。字廉夫，行二，年三十四，五月二十二日生。曾祖通。祖铱，封监察御史。父冕，中宪大夫按察司副使。嫡母吴氏，封安人，生母周氏。慈侍下。兄汤；沂；淳，贡士；淇。弟湛；瀚，监生。娶吴氏。应天府乡试第二十三名，会试第九十八名。

章允贤，贯直隶池州府青阳县，民籍，县学生，治《诗经》。字汝愚，行一，年二十七，十月二十日生。曾祖伯通，义官。祖叔直，义官。父杲，监生。母汪氏。具庆下。弟允中、允元、允亨。娶方氏。应天府乡试第一百名，会试第九名。

张裕，贯直隶苏州府嘉定县，匠籍，长洲县人，国子生，治《书经》。字士弘，行一，年四十，十二月十四日生。曾祖鉴。祖源，寿官。父翱。母陈氏，继母郑氏。具庆下。弟佑、表、礼。娶宗氏。应天府乡试第二十二名，会试第二十四名。

茅宰，贯浙江绍兴府山阴县，民籍，府学附学生，治《诗经》。字治卿，行一，年二十六，四月二十八日生。曾祖肃。祖鉴。父璘。母陈氏。重庆下。娶胡氏。浙江乡试第六名，会试第七十三名。

郝维岳，贯四川叙南卫，军籍，叙州府学附学生。治《诗经》。字叔望，行一，年二十七，十一月二十三日生。曾祖文先。祖忠。父廷相。母牟氏。永感下。弟维昆、维仑。娶李氏。四川乡试第五十一名，会试第二百四十九名。

罗虞臣，贯广东广州府顺德县，军籍，县学生，治《诗经》。字熙载，行一，年二十四，十二月初九日生。曾祖子品。祖孙玑。父昌甫。母黄氏。重庆下。弟虞牧、虞工、虞献。娶张氏。广东乡试第十四名，会试第一百十三名。

王镐，贯直隶永平府滦州，民籍，国子生，治《易经》。字宗周，行五，年三十二，十月初六日生。曾祖贵，寿官。祖暹。父璋，县丞。母李氏。慈侍下。兄铠；钥；钲，贡生；镛。弟钿、锷、铼。娶陈氏。顺天府乡试第六十五名，会试第二百八十一名。

卞伟，贯四川叙州府宜宾县，民籍，国子生，治《诗经》。字子充，行一，年四十二，三月十一日生。曾祖如圭，寿官。祖纪，县主簿。父凤来。母刘氏，继母廖氏。永感下。兄俊。弟价、仿、杰、佐、佑、信、俭、俨。娶尹氏，继娶姚氏、周氏。四川乡试第五十八名，会试第二百三十三名。

高进，贯锦衣卫校籍，直隶昆山县人，国子生，治《诗经》。字维茞，行一，年二十九，五月初八日生。曾祖显。祖恮，光禄寺署丞，赠工部郎中。父屿，按察司副使。母康氏，封宜人。具庆下。娶李氏。顺天府乡试第八名，会试第二十五名。

王与龄，贯山西平阳府乡宁县，民籍，县学生，治《书经》。字受甫，行三，年二十二，七月初五日生。曾祖睿。祖文，封承德郎通判。父爵，知州。前母阎氏，赠安人，母李氏。重庆下。兄延龄；培龄，同科进士。弟永龄。娶高氏。山西乡试第三十二名，会试第一百名。

陈捷，贯福建福州府长乐县，民籍，县学附学生，治《诗经》。字仲迟，行三，年三十七，正月初二日生。曾祖思众。祖宗礼。父孟约。母林氏。严侍下。娶邹氏。福建乡试第八十一名，会试第八十二名。

范来贤，贯直隶苏州府常熟县，军籍，国子生，治《诗经》。字昌国，行一，年二十八，八月初三日生。曾祖基。祖钦，义官。父霖。母吴氏。慈侍下。兄来卿。弟来相、来宾、来俞、来朋、来王、来元、来庭。娶钱氏。顺天府乡试第一百三十二名，会试第五十九名。

沈铎，贯浙江湖州府归安县，民籍，国子生，治《书经》。字时振，行一，年四十，九月初一日生。曾祖信。祖旸，寿官。父璇。母邵氏。具庆下。弟钘、钥、锴。娶宋氏。浙江乡试第八十二名，会试第一百七十四名。

皇甫汸，贯直隶苏州府长洲县，民籍，府学生，治《易经》。字子循，行三，年二十六，八月十二日生。曾祖通。祖信，赠礼部员外郎。父录，知府。母黄氏，封宜人。具庆下。兄冲，贡士；涔，贡士。弟濂。娶沈氏，继聘谈氏。应天府乡试第五十六名，会试第一百九十名。

陈大纶，贯广西南宁卫军籍，直隶舒城县人，府学生，治《书经》。字伯言，行二，年二十六，十一月十九日生。曾祖亮。祖清。父琚，判官。母蔡氏，继母李氏。慈侍下。兄大经，贡士。弟大纪、大纲。娶李氏。广西乡试第四十二名，会试第八十五名。

吴孟祺，贯山东兖州府宁阳县，军籍，县学生，治《书经》。字元寿，行一，年三十二，十一月二十六日生。曾祖冕。祖仲德，寿官。父伟，教授。母陈氏。永感下。弟孟禄、孟雄。娶石氏。山东乡试第三名，会试第四十七名。

王汝楫，贯山东济南府德州，民籍，国子生，治《书经》。字利民，行二，年三十八，十月初一日生。曾祖拣，教授。祖中，教谕。父宁。前母顾氏，母曹氏。慈侍下。兄汝翼，知县；汝为；汝明；汝砺。弟汝钦、汝辅、汝舟、汝容、汝揆、汝器、汝相。娶杨氏。山东乡试第四十二名，会试第九十四名。

张志选，贯福建泉州府晋江县，民籍，府学增广生，治《易经》。字以学，行二，年三十三，十二月二十三日生。曾祖宽，教授。祖秉德。父良保，典史。母薛氏。重庆下。兄志魁。弟志纯、志腾、志颙、志宾、志尹。娶黄氏。福建乡试第六十五名，会试第六十三名。

杜朝聘，贯山东兖州府东平州东阿县，民籍，国子生，治《诗经》。字莘夫，行六，年四十二，三月二十六日生。曾祖麟。祖昂，赠通判。父萱，知府。母张氏。具庆下。兄朝卿。弟朝言、朝雍。娶刘氏。山东乡试第四十八名，会试第二百九十五名。

冯惠，贯直隶河间府沧州盐山县，灶籍，国子生，治《诗经》。字天佑，行二，年四十四，七月初六日生。曾祖贵。祖翱。父昱，知县。母单氏。永感下。兄恩。弟惠。娶高氏。顺天府乡试第一百十九名，会试第一百七十五名。

乔佑，贯河南河南府洛阳县，军籍，国子生，治《书经》。字德征，行二，年三十七，二月二十四日生。曾祖四老。祖弘。父贤。母李氏。慈侍下。兄佐。娶徐氏，继聘刘氏。河南乡试第三名，会试第二百八名。

饶思聪，贯江西临江府新淦县，民籍，县学生。治《诗经》。字子闻，行五，年二十四，十二月十八日生。曾祖顺亨。祖登用。父贯之。母徐氏。重庆下。兄天恩；天息；天惠，贡士；思颜。弟思明、思曾、思孟。娶姚氏。江西乡试第七十四名，会试第二百六十三名。

张烜，贯广西庆远卫，军籍，直隶华亭县学教谕，治《诗经》。字仲熙，行二，年三十八，九月初九日生。曾祖琳。祖庆。父崇，颜氏。具庆下。兄荣、灿。弟燧。娶秦氏。广西乡试第二十一名，会试第七十名。

郭应奎，贯江西吉安府泰和县，民籍，国子生，治《易经》。字致祥，行一，年三十五，十一月初四日生。曾祖绍彝。祖忠咏。父昌荣。母胡氏。具庆下。弟应璧。娶金氏。江西乡试第四十名，会试第一百五十九名。

高简，贯四川成都府绵州，民籍，国子生，治《礼记》。字公敬，行四，年三十，十一月初四日生。曾祖子清。祖本政。父腾，封南京刑部主事。母李氏，赠安人，继母王氏，封安人。具庆下。兄第，知府；节，贡士；策。娶弓氏。四川乡试第四名，会试第二百六十名。

唐时英，贯云南平夷卫军籍，湖广卢溪县人，国子生，治《书经》。字子才，行二，年三十一，六月十二日生。曾祖义。祖洪，寿官。父经，义官。母伍氏。具庆下。兄时贤。娶张氏。云贵乡试第八名，会试第四十九名。

陈子文，贯福建福州府闽县，民籍，国子生，治《易经》。字在中，行四，年二十六，正月二十四日生。曾祖景。祖闾。父鏁，通判。母黄氏。具庆下。兄子元、子亨、子充。弟子言、子亮、子立、子方。娶王氏。福建乡试第二十一名，会试第一百七名。

李遂，贯湖广荆州府江陵县，民籍，国子生，治《易经》。字良伯，行一，年四十一，十一月二十七日生。曾祖慎。祖景，义官。父崈，训导。母刘氏，继母陈氏。具庆下。弟遇、达。娶沈氏，继娶许氏。湖广乡试第十五名，会试第三百十一名。

黄光升，贯福建泉州府晋江县，民籍，县学附学生，治《易经》。字明举，行三，年二十四，正月初五日生。曾祖祯。祖晟，经历。父绶，教谕。母陈氏。慈侍下。兄光远、光庆。弟光和、光霁、光祚。娶留氏。福建乡试第二十一名，会试第八十三名。

许绎，贯福建福州府闽县，民籍，国子生，治《易经》。字士成，行二，年四十四，十二月初二日生。曾祖惟初。祖景旸，赠户部主事。父坦，知府，赠中宪大夫。母林氏，封安人，继母陶氏，封恭人。慈侍下。兄纶，义官。弟绶，驿丞；缵；继，户部郎中。娶林氏。福建乡试第九名，会试第二百五十四名。

路珠，贯河南卫辉府新乡县，民籍，国子生，治《易经》。字子明，行二，年三十三，十一月二十八日生。曾祖坦。祖通。父睿。母曹氏。具庆下。兄宝。娶张氏。河南乡试第三十三名，会试第一百五十七名。

赵国良，贯陕西西安府同州，军籍，国子生，治《书经》。字邦遂，行三，年三十七，正月二十四日生。曾祖玉。祖琰，赠监察御史。父继爵，按察司副使。母刘氏，赠孺人，继母刘氏，赠孺人，张氏，封孺人。慈侍下。兄国卿，南京鸿胪寺序班；国相，驿丞。弟国臣、国光、国献、国明。娶王氏，继娶雷氏。陕西乡试第十六名，会试第二百六十二名。

荣恺，贯顺天府大兴县，民籍，国子生，治《易经》。字舜举，行一，年四十，四月十五日生。曾祖秉忠。祖叁。父俊。前母张氏，母杜氏。慈侍下。娶田氏。顺天府乡试第九十五名，会试第一百六十五名。

郭圻，贯直隶河间府任丘县，民籍，国子生，治《易经》。字维望，行四，年三十八，十一月十六日生。曾祖廷珪。祖铭。父浩。前母王氏，母李氏。慈侍下。兄坦，义官；增；域，驿丞。娶史氏，继娶何氏。顺天府乡试第八十名，会试第一百三十名。

王祚，贯大宁保定右卫，官籍，国子生，治《诗经》。字永锡，行一，年三十五，二月二十八日生。曾祖海，百户。祖鉴，寿官。父守宪，训导。母丁氏。具庆下。弟禧、褉、祯。娶李氏。顺天府乡试第一百三十三名，会试第二百七十二名。

李绅，贯河南开封府祥符县，民籍，国子生，治《书经》。字朝仪，行二，年四十，十二月初八日生。曾祖让。祖瑾。父雄，学正。母雷氏。慈侍下。兄缙。弟绥、纮、绾、缨。娶吴氏，继娶王氏。河南乡试第十八名，会试第一百十二名。

高擢，贯直隶永平府滦州，民籍，州学生，治《诗经》。字士元，行三，年三十六，七月十九日生。曾祖昴，巡检。祖璁，知县，赠文林郎。父谦，知府。母吴氏，封孺人。慈侍下。兄尚。弟廪、官。娶郝氏。顺天府乡试第三十五名，会试第二百四十四名。

张嘉秀，贯浙江海宁卫，军籍，海盐县学生，治《书经》。字文英，行一，年三十八，六月初一日生。曾祖矗，封征仕郎礼科都给事中。祖宁，知府。父启宏。母蔡氏。永感下。弟应麒、应龙。娶王氏。浙江乡试第十三名，会试第二百名。

陈一贯，贯福建福州府福清县，民籍，县学附学生，治《春秋》。字鲁得，行一，年三十五，十一月十一日生，曾祖禄。祖宽。父诚。母林氏，继母周氏。具庆下。弟一经、一中、一心、一凤。娶吴氏，继娶林氏。福建乡试第五十二名，会试第二百五十九名。

徐谦，贯四川叙州府富顺县，民籍，县学生，治《书经》。字子恭，行二，年三十四，十一月十七日生，曾祖复才。祖永香。父尚积。母杨氏。具庆下。兄万余。娶车氏。四川乡试第三十六名，会试第五十六名。

吴介，贯直隶寿州卫，官籍，国子生，治《易经》。字子正，行一，年三十六，二月二十一日生。曾祖全。祖恕。父兰。母王氏，继母崔氏。具庆下。弟侃、侨。娶谢氏，继娶陈氏、郑氏。应天府乡试第四十名，会试第三百十四名。

汪宗元，贯湖广武昌府崇阳县，军籍，县学增广生，治《诗经》。字子允，行一，年二十七，二月二十六日生。曾祖琏，寿官。祖藻，监生，封兵部主事。父文明，知县。母杨氏。重庆下。弟宗凯，贡士；宗皋；宗伊；宗召；宗颐；宗南；宗光；宗介；宗轼；宗说。娶彭氏。湖广乡试第二十三名。会试第一百六名。

孙应辰，贯河南开封府睢州考城县，民籍，县学生，治《诗经》。字拱极，行二，年三十，三月二十五日生。曾祖壹。祖拳。父伯骥。母李氏。重庆下。兄应堂。弟应节、应时、应聘。娶高氏。河南乡试第七十名，会试第三百七名。

赵瀛，贯陕西西安府三原县，军籍，县学生，治《礼记》。字文海，行五，年三十八，四月二十四日生。曾祖轲。祖让。父闰。母王氏。永感下。兄淇、澜、沂、濑。娶杜氏。陕西乡试第二十名，会试第二百三名。

郑恭，贯直隶徽州府绩溪县，民籍，国子生，治《书经》。字子安，行二，年四十五，四月初八日生。曾祖清。祖明德。父文佐。母程氏。慈侍下。兄良。弟兴、群、哲、贤、明、觉。娶舒氏。应天府乡试第五十四名，会试第一百六十名。

高澄，贯顺天府固安县，官籍，国子生，治《诗经》。字肃卿，行三，年三十四，六月十二日生。曾祖全，百户。祖文，百户。父大琳。前母胡氏，母陈氏。慈侍下。兄清，百户；源。弟洪、涌、治、深、浦。娶杨氏。顺天府乡试第十六名，会试第二百五十六名。

刘希龙，贯河南怀庆卫守御卫辉前所官籍，湖广零陵县人，国子生，治《诗经》。字汝言，行二，年四十，十月二十四日生。曾祖恕，百户，赠都察院右副都御史。祖英，百户，赠都察院右副都御史。父缵，寿官。前母陈氏，母李氏，继母沈氏。慈侍下。兄希颜，义官；希周，典膳；希孟，义官；希曾；希文，序班；希夔。弟希齐；希傅；希召，贡士；希皋；希儒；大经；希占；希尹。娶马氏。河南乡试第十四名，会试第二百一名。

周相，贯直隶苏州府吴江县，民籍，县学生，治《易经》。字君弼，行一，年三十八，二月初五日生。曾祖立。祖旻。父璋。母胡氏。具庆下。娶张氏。应天府乡试第十一名，会试第二百二名。

白浚，贯广西桂林府临桂县，民籍，府学生，治《诗经》。字子深，行一，年二十九，八月初二日生。曾祖礼，寿官。祖敏，引礼舍人。父环，典膳。母陶氏。严侍下。兄洁；绅，监生；绣，通判；素；淮，知县；汉；丝，教谕；綖，教谕；濂；澜。弟清、泓、济、湄。娶朱氏。广西乡试第二十名，会试第三百十名。

徐泮，贯河南汝宁府光州固始县，民籍，国子生，治《诗经》。字崇教，行七，年三十八，九月十五日生。曾祖璜。祖时。父道。前母胡氏，许氏，母胡氏。慈侍下。兄源、济、沛、激、澄。弟汉、注。娶高氏。河南乡试第六十六名，会试第十八名。

曹察，贯直隶常州府无锡县，军籍，县学附学生，治《诗经》。字明卿，行三，年三十一，六月十三日生。曾祖文辉。祖致和，义官。父符，八品散官。母邹氏。具庆下。兄寅，贡士；宠。弟宇。娶华氏。应天府乡试第七十四名，会试第一百五十六名。

杨献可，贯山东济南府青城县，军籍，县学生，治《书经》。字子襄，行二，年二十七，正月初四日生。曾祖秀。祖惠。父伦，监生。母崔氏，旌表节妇。具庆下。兄献章。弟献策、献图、献谋、献贽、献书。娶张氏。山东乡试第十三名，会试第二百七十五名。

龚湜，贯湖广武昌府崇阳县军籍，国子生。治《诗经》。字茂扬，行八，年四十二，十月二十六日生。曾祖志广，寿官。祖瑄。父伯宁，知县。前母胡氏，母鲍氏。永感下。娶郑氏。湖广乡试第二十四名，会试第一百八十九名。

黄谨容，贯福建兴化府莆田县，匠籍，儒士，治《诗经》。字望之，行二，年三十四，三月初十日生。曾祖永达。祖琮。父钊。母曾氏。慈侍下。兄谨鲁。娶欧氏。福建乡试第二十六名，会试第五十四名。

徐存义，贯浙江绍兴府余姚县，民籍，县学附学生，治《易经》。字质夫，行六，年二十三，五月二十二日生。曾祖文盛。祖楷。父寅。母郑氏。重庆下。兄存德、存惠、存恩。弟存道、存信、存心。娶黄氏。浙江乡试第三十二名，会试第九十五名。

陈洙，贯浙江绍兴府上虞县，民籍，县学附学生，治《诗经》，字道源，行三，年二十九，五月初一日生。曾祖克荆。祖模。父瓒。母潘氏。具庆下。兄濂、洛。弟泗、沂。娶王氏。浙江乡试第六十名，会试第四十八名。

王杏，贯浙江宁波府奉化县，民籍，县学附学生，治《易经》。字世文，行一，年三十四，闰三月二十五日生。曾祖璨。祖绶。父训。母孙氏。慈侍下。弟橺。娶邬氏。浙江乡试第六十一名，会试第三百十五名。

沈师贤，贯浙江湖州府德清县，民籍，县学生，治《易经》。字德秀，行二，年二十九，十月初八日生。曾祖璜。祖孚。父观。母吴氏。具庆下。兄师圣。弟师儒。娶周氏，继娶陈氏。浙江乡试第二十五名，会试第二百四十五名。

《嘉靖八年进士登科录·策问》：

皇帝制曰：朕惟治天下之道，其端不可概举，特以大者论之，在乎知人安民二者而已。夫知人则哲，必能官而任之，安民则惠，必使匹夫匹妇，各得其所。虽然，尧舜尚于此犹难，夫岂后世所能及也？朕本藩服，仰承天命，入奉祖宗大统，朝夕战兢，不遑宁处。何自即位以来，灾变频仍，旱潦相继，岁复一岁，无处无之。生民流亡，朕甚恐惧。此非朕官非人以虐民欤？或贤与不肖进退倒置欤？或劝惩之典，而失其宜欤？抑为我选任者，而失公平之道欤？夫天听自我民听，天视自我民视，非民不聊生，而天垂深戒者，如此何欤？至于内有盗贼之扰，外有戎狄之患，此亦以为民之害者。民为邦本，而使饥寒困苦，流离死亡，至于如此，邦欲安而得乎？朕虽存保邦安民之念，求其所以，实无一得。朕欲俾灾沴潜消，民生安堵，盗贼息，边方靖，财充而食足，不知如之何可以臻此？特进尔多士于廷，尔多士明于王道有日矣，且目睹时艰，岂无真识的见以匡我者？当悉心吐露，推衍所以于篇，朕当勉为亲览焉。勿谄，勿惮，勿泛，勿略，庶副朕意。嘉靖八年三月十五日。

《嘉靖八年进士登科录·罗洪先对策》：

御批：学正有见。言说而意必忠，宜擢之首者。

臣对：臣闻帝王之致治也，有覆天下之仁，而以不费为施，有周天下之智，而以不劳为用。施之溥而后顺时鼓舞之权行，用不劳而后宪天聪明之实尽。尽聪明者存乎诚，诚无疑矣，妙鼓舞者存乎变，变无方矣。无方而显作用于旁行，仁之发也，以天之才尽天下之故，得天下之故神天下之化，夫何费之有？无疑而别贤否于不遗，智之运也，以天下之公为一己之度，廓一己之度定天下之情，夫何劳之有？是故诚以基智，知以广仁，仁以尽化，化以格天。天顺而时，化和而理，仁广而通，智睿而辨，非夫先天而天不违，后天而奉天时者，其孰能与于此？故仁而不得其要，必疏陋而文胜，智而不本于诚，必穿凿而术烦。文胜之弊，泛而寡效，术烦之弊，杂而不明，天下之事，废者多矣。是故帝王存之为理要之原，举之为易简之善。不以察为明，不以私为惠，盖其所执者要，而所尚者审故也。是以天地可位，万物可育，气化太和，灾沴不作。其上下一贯之理，显微无间之机乎！是故仁智合德之谓圣，志气交感之谓通，天人同归之谓治。是说之不明也，亦久矣。古人之言曰：上有好言之君，则下必有尽言之臣。又曰：益智广德，莫善于问。乘事演道，莫善于对。臣愚恭遇陛下精明纳言，得其时矣。观时势之故，究恢济之本，极理乱之说，广德业之规，臣非其人也，而窃有志焉，敢不敬述其略以对。惟天生民，不能无欲，欲之不制，乱之成也。苟非至德，大道不行。故夫德合天者谓之皇，德合地者谓之帝，兼乎三才，足以合伦尽制者，谓之天子。故亶聪明为元后，而佑下民也，作之君师。子夏问孔子以民之父母，孔子曰：四方有败，必先知之，一人而安四方者君也。是故天者立君之命也，君者立民之命也。裁成之道，辅相之宜，所自成也。典礼之衷，命讨之权，必有归也。安民非君之责乎？势一而后定于义，职分而后详于仁。是故惟王建国，体国经野，设官分职，以立民极也。树后王君公，承以大夫师长，以奉天道也。此则共济之义，大公之制也。官人非君之助乎？然地远则德未易遍，情异则化未易行，求万姓之咸休，难得也。听言则易于匿情，尽实则乖于广容，求九德之咸事，难得也。然臣尝求之矣。四凶之恶未著也，尧不逆探其奸，元凯之善未著也，尧不责备其用。是道也，其知人之要乎？黎民敏德，在臣下之克艰，帝力不知，由官师之翕受。是道也，其安民之要乎？然而当时病其难，后世忘其守，岂非诚伪之别，而治忽亦因之欤？仰惟陛下即位以来，孜孜求理，敬慎夙夜，不遑宁处，求直言以广听纳，除冗役以止蠹害，谨鸑爵以简任使，严章法以辨优劣，其于知人，可谓谨矣。免杂租以重民命，发馀币以苏时艰，减贡献以节浮费，明冤狱以示平反，其于抚民，可谓密矣。是宜海内兴富足之歌，天下乐有年之颂，朝著极相让之休，郡邑向承德之美，而休征毕集，嘉气聿畅矣。夫何近年灾故迭见，旱魃为凶，千里相继，淫潦损苗，逾时不止，白虹示警，坤象载震，星变上现，霾气四昏。夫天人之应，自古不诬，气数之说，匪经之训。故曰：圣王在上，日月不薄食，雷发不震，雨雹不为灾。一气之流行故也。今也仰窥晷度，俯考玑衡，岂惟陛下虑之，在臣亦且疑之矣。然延询博访，备察远闻，民之困也，仓箱无卒岁之储，田里无口分之业，耕获未已，而称贷复行，亦有收不以时，如苏轼之所虑者矣。播种已施，而券契亦行，亦有欲亟其死，如陆贽之所忧者矣。南则病于税产之虚，北则病于夫役之扰。至于灾异之地，犹失抚字之方，栗烈不免于悬鹑，桑野谁饲夫蒙袂？是以流离载道，转相嗷嗷，攘劫为生，益为糜败，边尘屡起，积骸在野。夫天心之仁，靡不欲其相安以生，而民之司牧，乃视其转死而不救。知人之道，可不重省乎哉！陛下既深思而历言其弊矣，臣也复何所言，惟圣问有曰："官非其人以虐民。"臣不敢谓无是也。盖古之仕也，禄不计其厚薄，职不计其大小，惟以尽分为贤，不以年数为限。今也上无责成之心，下有苟安之计，善政未必行，能声未必著，是安得不以利为利也，陛下有以处之乎？圣问有曰："贤与不肖，进退倒置。"臣不敢谓无是也，盖古之仕也，进以实德，不以空言。故静言如兜，不得长奸，有能如鲧，犹谓方命。今也任其论说，无以考其素行，取其才艺，不复校其道术。是安得不以不肖为贤也，陛下有以辨之乎？以劝惩言之，古之课绩也，日有日成，月有月要，岁有岁会，故不紊也。今给由之制，足以拟之否乎？是赏罚无可稽矣。以选任言之，古之举用也，官长举其属亲，怨无所避，故以情也。今资格之限，亦有避嫌者乎？是公平有所碍矣。四患不除，则庶理不得，庶理不得，则群贤不登，群贤不登，则处置失宜，而百姓无赖。是故潢池多弄兵之警，缘边无固守之防。以此立国则国运不泰，以此制民则民纪弗宁。是故天听自我民听，天视自我民视。信乎感应之道，察乎几缄之萌，是安得不来宵旰之忧，而切多士之问也？然臣以为，知致弊之由，则必有救弊之方，病化理之郁，则必有更化之道，毋亦于知人者而加之意乎？臣亦不敢为近世苟且之见，习熟之说，以负陛下之诚意，请揆其本而论之。夫天聪明，圣时宪古之训也。然天之聪明，不可度也，有德则降祥，有恶则降殃，大以成大，小以成小，各因其宜，而未尝有为也，各适其用，而未尝有心也。山泽之广大，污疾之纳藏，而未尝靡容也。观于天道，可知君人之度矣。舜之大智也，在隐恶而扬善。禹之大智也，在于行所无事。是故虚心以应之，则得失自别，下己以待之，则狡伪献诚。圣贵改过，不言绝德。必察其微，中才岂免。必摘其短，尚何自新。不与其往，不必遍物。是故水平则妍媸必见也，衡平则轻重自伦也。必以形迹观人，则不可以尽人，必以法制绳人，则不可以服人。而况在人之心，实为至神。上之好恶靡不审，上之情伪靡不知。示之以诚，犹恐其渝，示之以诈，弊将安极。己未信而欲人之信己，不可得也。人之弗信，而欲惟意之从，亦不可得矣。可不戒哉！虽然，此其本也。概举其端，则教育不可不端也，选举不可不慎也，考课不可不精也。欲端教育，在于正道术之习，严考校之贤。欲正其习，则祖训所谓一以记诵为能，卒无实用者，可戒也。欲举其师，则祖训所谓必求端人正士以为模范者，可行也。敦本而尚质，先德而后艺，如是而教有不成乎？欲慎选举，在谨资格之弊，崇德行之科。谨资格也，则当鉴裴光庭混淆之失。崇德行也，则当考程颐荐达之议，而又止奔竞之风，重廉耻之节。如是而选有不当乎？欲精考课，在久贤能之任，明赏罚之权。久任则杜恕所谓以亲民长吏转为郡守，有绩则进爵加秩者，可法也。明权则傅暇所谓君志定国体崇而后可责其成者，可取也。如是而课有不精乎？然而数者之要，非秉聪明之德，不能行宪天之说，无亦所当留意者乎？既得知人之说，则安民举而措之耳。然道有升降，政由俗革，法不变则道不融，制不更则化不显，兼以时久则穷，事烦则弊。守其故则滞而不通，反其原斯顺而可达，是故新民之耳目，不可无作倦之道，一心志之趋向，不可无检制之法。正月之布象和，法以岁变者也。刑罚世轻世重，以世变者也。时未至而不守常，则至于扞格。时已至而不用权，则至于胶固。故观其机会，反其理要，以此为当官之法，固足以尽其才能。以此为责效之规，尤易于底绩矣。虽然，此其本也。概举其端，则东南有可耕之人，而无其地，西北有可耕之地，而无其法。旷土隙田之未耕，晁错之所忧也，凿源灌渠之有法，召信臣之所行也。因旱得雨，而皇祖犹忧其伤苗，乃免田租。今则虽有善政，视为弥文多矣，无亦以实意行之乎？陕西告饥请粟，而皇祖陪其赉予，且令速发。今则虽有急请，稽违岁月久矣，无亦以便宜处之乎？田无定分，富贫不均，略为防制可也。税有巧计，虚实莫究，加以清量可也。禁侈靡之风，而民自足，黄霸之惠政也。豫储蓄之备，而岁不饥，朱熹之良规也。然而数者之要，非达变易之宜，不能行顺时之说，无亦所当致省者乎？顺时以行，则贤才无掣肘之虞，任人以公，则闾阎有切实之效。遂饱暖安逸之欲，而无饥寒，盗贼何从生乎？盖不但如龚遂之治渤海也。得抚绥攻战之备，而无败衄，夷狄何由至乎？盖不但如赵充国之在湟中也。生之有道，用之有节，积之有备，取之有制，财用足而衣食富，又不必刘晏之取予，而后为善计也，又何患于天心之不格，灾患之潜消哉！然圣问于终篇尤有"真识的见，明于王道之说"，以诱愚臣之言，而且戒诡畏之弊，臣有以知陛下求治理之切，广谋猷之陈，上嘉下乐之至情矣，臣复何所顾忌，而不尽哉！盖闻祖训有曰：一民未安，犹为未仁。一念未诚，犹难格天。又曰：人情遇祥则有骄心，遇灾则有惧心，而惧心生者治之基也。呜呼，其殆天人之交，始终之义，安危倚伏之机乎？今陛下遇灾而惧，因变而警，归过于己，加念于民，是心岂有二哉？此兢业万几者也，寅恭和衷者也，知人安民之大原也，万古虚灵不昧之机也，今之灾变即潜消也，心之敬戒无时可止息也。孔子曰：为政在人，即知人之可以安民者也。取人以身，即知人之本于宪天也。修身以道，修道以仁。仁也者，即今日敬戒之心也。是心也，是理也，天得之以清，地得之以宁，人主得之，能使天下和平。是故无有内外，无有远近，加以意必，即非此心，加以固我，即非此心，所谓浑然与物同体者也。其得其失，不假外求，匪思匪为，乃所自得。静而养之，而未始有物，实渊深也。动而慎之，而未始不定，实溥博也。故一念之觉，即为诚，一念之放，即为伪。达于此为大智，决于此为大勇，而饰外之说，不足惑之矣。顺之而运用也，乃为周流之妙，失之而袭取也，乃为执一之行，而似是之说，不足动之矣。以此穷理，则中有主而不杂于二三，以此亲贤，则任必专而不疑于可否。以此为裁制宰物之柄，则拟议而不穷，以此为事天治民之本，则恐惧而不弛。此千圣之学也，百世之经也，亦愚臣终身学之而未能者也。程子言告君者曰：夫钟怒击之则武，悲击之则哀，系所感而入也。张子之言曰：试言乃事君第一义，不可有欺。臣之微诚，何足为献，然亦不妄举以陷于自欺，刍荛之虑，有补万一，亦大圣之所不弃也，惟陛下致审择而力行之，不胜幸甚。臣谨对。

《嘉靖八年进士登科录·程文德对策》：

御批：探本之论。

臣对：臣闻有敬天之心，然后可以语天德，有勤民之政，然后可以语王道。天者君之父也，不知敬天，则心之所存或不能抑畏，而无以达乎天德。民者邦之本也，不知勤民，则政之所推或乖于辑宁，而无以体乎王道。然惟天惠民，惟辟奉天，知所以敬天，则必求所以勤民之道，求所以勤民，则又不外于用舍之宜。是则用人所以为民也，为民所以奉天也。此天人合一之理，上下感通之机，而人君之心与政，孰有大于是者哉！故曰：有天德便可语王道。又曰：有纯王之心，然后可以行纯王之政。盖以是也。于是而尽焉，唐虞三代之所以治也。于是而未尽，或尽矣而未纯，汉、唐、宋之所以不古若也。钦惟皇帝陛下，继统当天，垂衣听治，大命所会，人心所归，盖自改元下诏之初，四海之人莫不翘首跂足以望太平矣。今八年于兹，更化善治，与日俱新，臣窃伏草茅，每闻陛下神圣超乎千古，规恢出乎百王，达孝尊亲，逊志务学，不迩声色，不殖货利，祭祀必敬，天戒克谨，天德纯矣。励精图治，诚心爱民，戚畹不得恃恩，近侍不能干纪，躬宵旰之劳，无逸豫之乐，王道举矣。臣每思之，未尝不竦动毛发，感极兴叹，以为有君如此，而为之臣者，犹或负之，真万世罪人也。有怀耿耿，无由自达。今幸与对大廷，诚千载一时之会也，而明问复谆切，臣敢不竭其愚。臣尝诵表记孔子之言曰：事君先资其言。拜自献其身，以成其信。若莘野幡然之数语，说命对扬之三篇，此伊傅先资之言也。言于先而信于后，无一不酬者，殷后之治，于今为烈。今日之对，固臣先资之言也。臣虽不敢以伊傅自许，而实愿以伊傅自期，惟陛下垂听焉。夫三代而下，人主亦尝有志于治，而卒不能致者，非世道之使然也，学之不至也。三代之前，君必学而后王，臣必学而后仕，是故上下交而德业成也。后之世，君学而臣不学者有之矣，臣学而君不学者有之矣。且学与古之人殊，奚惑乎其不治也。今陛下圣学默契，敬一传心，《书》之三要有释，传之五箴有注，经筵不间于寒暑，讲论必究其精微，学已至矣。二三大臣，又皆讲学明伦，承弼不怠，明良相遇，旷古而仅见矣。然则今日之务，莫大乎立志，莫要于责实焉已矣。臣伏读圣问，首曰：治天下之道，其端不可概举，特以大者论之，在乎知人安民而已。此皋陶告帝舜之言，而用以致有虞之治者。治道之大，信不外于斯二者矣。自今观之，舜之询岳咨牧，必得其人，而教养刑政，各举其职，所谓知人则哲，能官人安民则惠，黎民怀之，其道举矣。禹谓惟帝其难，盖期于必治者。圣人之心，有所不给者，天下之势，是固不足以病圣人也。下欲尽是道，亦求之此心而已矣。武王曰：天佑下民，作之君，作之师。惟其克相上帝，宠绥四方。盖天不能自理天下，而付其责于君。君亦不能独治天下，而分其任于臣。是故天有安民之心，而君当尽知人之道。知人之哲尽，则安民之惠行，而君师之责塞，而上天之心慰矣。皋陶又曰：天聪明自我民聪明。天明畏自我民明畏。言天人一理，而人君当敬也。然则立君为民者天之心，而敬天勤民者君之道。三代而下，知此道者鲜矣。臣伏读圣问，乃曰："朝夕战兢，不遑宁处，何自即位以来，灾变频仍，旱涝相继。"又曰："民不聊生，天垂深戒。"臣有以知陛下洞达天人之理，悚然有敬天之诚，而欲务勤民之实矣。兴言及此，国之福也，愿为陛下言之。匡衡有曰：天人之际，精祲相荡，善恶相推。事作乎下，象动乎上。阴阳之理，各应其感。迩年以来，星变地震雨雹白气之妖，相继于奏章，旱暵蕴隆水潦弥漫之灾，至接于畿甸，灾变之来，诚未有无故者。昔孔子作《春秋》，书灾异百二十有二。其曰正月不雨，四月不雨，见僖公之闵雨，而有志于民也。曰自十有二月不雨，至于秋七月者，见文公之不闵雨，而无志于民也。他如书日食者三十有六，地震者五星孛者三，大雨雹者九，陨霜不杀草者一，虽不书事应，而事应具存，皆以明天之不可不敬也。董仲舒以为天心仁爱人君，亦善言天者也。至胡安国传《春秋》，又谓先王克谨天戒，则虽有其变，而无其应，弗克畏天，灾咎之来必矣。盖天之于君，犹父之于子也，感格之机，顾在我何如耳。是故桑谷生朝，若铜驼荆棘之渐也，犬戎修德，而商祚以永。雉雊鼎耳，若野鸟入室之兆也，武丁思道，而殷道中兴。感格之机，信在我耳。古之慢天虐民者，莫如桀，弗敬上天，降灾下民者，莫如纣。是故有南巢之放，而来牧野之师。桀纣之厉阶，不可循也明矣。然则敬天勤民之道，其为治天下之大端也审矣。今日天变于上，民困于下，是以盗贼蜂起，戎狄内侵。往者山西青阳之寇，云南土舍之变，至劳元戎之启行。偏头关有警，宁夏有寇，亦贻圣心之轸念。一方有急，四方骚动，饥寒困苦之际，加之转徙逃亡，斯民之害，亦亟矣。夫圣人在上，视民如伤，一有变异，恐惧修省，宜乎感格，而民之不聊生者犹若此，臣亦思之，而未得其故也。比者窃见陛下悯念川陕荆广诸方之民，水旱饥馑，诏有司大沛蠲恩，急行赈贷，至其委曲当处者，又曰："宜体朕意，推而行之。诚恐明年青黄不接之时，尤为可虑。"恳恻哀矜，闻者竦动。诏下之日，都人无不感泣，即此亦可以感回天意矣，而何民困之犹未纾也？圣问致疑于用人之道，或有未当，臣愚亦岂敢谓其必不然耶？夫张官置吏，所以为民。以一县言之，一令得其人，则苍生受其福。不得其人，则苍生受其殃。推此而上，一郡可知也，一省又可知也。使为省为郡为县者皆得其人，则民生安而天下治矣。若夫铨选之司，又用人之人也。铨选得其人，则天下之吏皆得其人，如绳之贯物，臂之使指，统会无遗矣。昔唐玄宗选天下县令，欲先择十道观察使，姚崇难之，范祖禹讥其非宰相之体，而曰：天子在择一相而任之，一相择十使而使之，十使择刺史县令而置之，蔑不当矣。此用人之格言，陛下之所当念也。若夫知人之道，皋陶尝欲察之于九德矣，曰宽而栗，柔而立，愿而恭，乱而敬，扰而毅，直而温，简而廉，刚而塞，疆而义。举之虽若迂阔，而欲务知人，实不能外是也。臣伏读圣问，又曰："朕虽存保邦安民之念，求其所以，实无一得。兹欲俾灾沴潜消，民生安堵，盗贼息，边方靖，财充而食足，不知如之何可以臻此？"臣又有以仰见陛下盛德下人，虚心访治，必欲民生无不安，以无负上天立君之意，意至笃也。诚欲致之，则臣前所谓今日之务，莫大乎立志，莫要于责实者，请为陛下悉之。陛下断诸心曰：二帝三王之治，必可复也。大臣亦曰：吾必欲辅吾君以复二帝三王之治也。都俞吁咈，同寅协恭，如是而后谓之立志。陛下励精于上，群臣明作于下，率作兴事，核实课功，劳心抚字者，得以考其最也，伪增户口者，无所售其欺也。如是而后谓之责实。君臣一德，上下同心。用一人焉，必贤者进，而不肖者无所容。行一政焉，必虑之审，而未善者不妄动。如此则大本立矣。至于节目之所在，臣谓今日之大弊，不可不去者，又有三焉。一曰诏令不信。窃见改元初诏，兴利除害，斡乾转坤，天下相贺，以为自此睹太平矣。既而有司奉行者日渐反之，十无三四存者。比者蠲诏之下，窃恐悉蠲停征折征者，皆不得其当，奉行犹前日耳。是则朝廷虽有爱民之心，而民不被其泽，民何由而安乎？《易》曰：涣汗其大号。言诏令之当信而不可反也。今陛下诚能慎重于谋始，丁宁于播告，间或使人询访，有奉行不至者，则重绳之以法，励其余焉，则诏令无不信矣。二曰廉风不振。夫守令者民之父母也。守令廉，则约己以厚下，省费而裕人。守令不廉，则浚民膏脂以自奉，剥民肌肤以自充。民何由而安乎？《记》曰：大臣法，小臣廉，国之肥也。司铨选者诚能简择任用，察其果廉者，即越次迁之，以风天下，而其以贪败者，必刑之，至探其本，又在厚其俸禄，使仰事俯育之有赖焉，则守令无不廉矣。三曰三冗不去。苏辙曰：天下之害财者有三，曰冗吏也，冗兵也，冗费也。今天下之吏之兵之费，不可谓不冗矣。夫是三者之资，皆出于民，民何由而安乎？古人有言：财者民之心，良可念也。近闻陛下慨然有铲除冗官之意，令百司查革，而费用一事，尤所注意。诚能行之必究，不摇于群议，执之必坚，不泥于故常，而冗兵之清理，亦推及焉，则三冗无不去矣。大本既立，三弊复去，则敬天之心不徒为虚文，勤民之政有验于实用，天德纯备，王道大成。如是而财不充，食不足，如是而民生不安堵，如是而盗贼不息，边方不靖，如是而灾诊有不潜消者，则臣断乎未之闻也。将见二帝三王之治，不越是矣，陛下于是复何忧乎？抑臣惓惓之私，复有献焉。方内之治乱，在陛下所执，天下如大器，惟陛下所置，其机则本之心而已。此心不怠，天下虽未治，可得而治也。此心或怠，天下虽已治，终必至乱也。《诗》曰：靡不有初，鲜克有终。怠心一生，未必不有始而无终矣。然心之不怠，由于不敢自足也。舜德罔愆矣，益兢兢业业，故成风动之休。禹德无间矣，尤不自满假，故致平成之治。我太祖之圣德，亦云至矣。然尝序《昭鉴录》有曰：才疏德薄，不足补过消愆。又尝序《资世通训》有曰：菲才薄德，宵昼弗敢自宁。呜呼，是心即舜禹之心，而万世圣子神孙之所当体念者也。伏愿陛下远仪舜禹，近法太祖，笃志力行，益勤无怠，则敬天勤民之道有终，而凡今之策臣者，可不劳而举矣。臣无任惓惓仰望之至。臣谨对。

《嘉靖八年进士登科录·杨名对策》：

御批：能守圣学以为本，此乃知要之说。

臣对：臣闻人君之举王道也，亦惟急其先务而已矣。夫王道虽多端，然所当务，必有居其先者。人君徒欲举之，而漫不知所致力，则行于今者不能尽合乎古，善诸己者未必皆宜于人。心勤而道愈远，功劳而事益隳，求与王者同治，不可得已，吁！人君者，天之所命以代理，而民之所望以咸熙者也。至于道远而不能举，事隳而不能振，则不惟斯民之望之孤，而天之命，亦鲜克副矣。是故必有务焉以居其先，而为所当急。苟能从事于斯，守之贞而无所移，行之固而不能挠，则一人之图回，足以广四海之化，一日之经营，足以培千万世之业。所谓其事半于古人，而其功倍之者，端不外是矣，又何王道之不举，而深以为虑哉！钦惟皇帝陛下，尧思钦明，舜文浚哲，潜龙德以居藩服，承天命而继大统，临御以来，八年于兹。修身励成汤之日新，逊志迈高宗之时敏，其念之所存，政之所发，实欲追三代而上之，汉、唐、宋之英君谊辟，皆所不屑也。故中兴之休，嘉靖之盛，卓乎不可尚已。兹进臣等于廷，尤惓惓以王道为问，忧勤惕励之心，何其纯且切哉！夫天下之士，三年一试于有司，荐于大宗伯，进于天子之庭而策试之，往者之举，直循故事耳。惟陛下深知治本之所先，人言之可用，乃特降清穆之容，大发温慰之旨，必欲臣等悉心吐露，推衍所以于篇。於戏！道不遇时，虽仲尼亦且徒尔，而臣之疏庸，遭际若此，宁敢复有忌讳，以上负圣明，而下自负其时哉！臣窃惟天下者，势而已矣。其土地之辽邈，民物之繁衍，事务之纷藉，皆势也。天能覆之而不能治之，地能载之而不能教之。故即天地之中，而特立乎圣人，以为治教之君师，所以继天立极，为民作则，其任亦大且艰矣。夫人君以孑然之身，成位乎其中，与天地参。耳目一闻见也，手足一运行也，而天下之势如此，苟无所以先之，是日战于变幻之途，事临乎抵牾之敌，非惟势之不克一，而其身亦已劳矣。臣未见自处其劳，而能致人于逸者也，故王者之道，必有所以为之要焉，君人者不可不加之意也。臣伏读圣制，有曰：朕惟治天下之道，其端不可概举，特以大者论之，在乎知人安民二者而已。於戏！斯二者王道也，陛下言及之，岂徒然哉！盖其嘉乐之心存于中，故孺慕之言形于外，臣于此有以知圣意之所向矣。臣尝感于皋陶之陈谟曰：在知人，在安民。以为舜大圣也，皋陶大贤也，告戒之际，无他词说，顾谆谆于知人安民之言，其故何哉？及观其九德之任，与夫惇典庸礼命德讨罪之事，乃知人之难知，民之难安，虽尧舜同以为病，而后世益甚矣。圣制所谓知人则哲，必能官而任之，安民则惠，必使匹夫匹妇各得其所者，岂可易易言哉！且陛下自践祚之余，励精图治，人惟求贤，事必稽古，宜其在位者皆伊吕之图，在下者遵唐虞之化也。何灾变频仍，旱涝相继，东南困于前，西北病于后，而地无幸民，前年告大饥，去年称大无，而岁无虚日，少壮多散于四方，老弱同归于一壑，闻者痛心，见者流涕，盖我国朝百六十余年之所罕有也。夫圣王在上，则百祥并臻，而今之应非其感，岂无其故与？陛下发自渊衷，直归于用人之失，真所谓明见万里之外，心游八纮之表者也，臣请得而备论之。天变之来，民心之怨也。民心之怨，任官之非也。任官之非，进退之倒置，劝惩之失宜，选任无公平之道也。何以曰天变之来，民心之怨也？盖天听自我民听，天视自我民视。故民心和，则雨旸时若，寒暑顺度，四时无忒，百谷皆登。今也号泣之声达于四境，呻吟之气蒸于两间，是人心已不和矣。天变不由是而作乎？何以曰民心之怨，任官之非也？盖国之本在民，民之命在官。故官得人，则靖共尔位，保我黎民，生养可遂，教化可行。今也食君禄者惟急私室，视民瘝者不切己身，是任官已非人矣，民心不由是而怨乎？何以曰任官非人，进退倒置，劝惩失宜，选任无公平之道也？盖进退审则贤者乐为用，不肖者无幸进之途矣。劝惩当则善者必蒙赏，不善者甘显戮之法矣。任果公且平，则所获皆真才，而政效著矣。一或毁誉信于人，喜怒任于己，三者之施有不得其中，俾憸夫细人得厕其间，则其为害岂浅浅哉！夫数者之政，陛下析而言之，欲各求其故，臣愚乃合而为一，正以其各有所当先务也。臣愿陛下昭离明之照，奋乾刚之断，知天变之消，和人心其先务也，凡所以撙节民财，爱养民力者，无所不用其极。宫室可卑也，衣服可恶也，饮食可菲也，惟恐戾人心之所欲，以伤国本也。知人心之和，官得人其先务也，凡所以敷求哲人，明扬侧陋者，无所不用其谨。左右可问也，诸大夫可详也，国人可察也，惟恐拂公论之所在，以贻民害也。知任官之先务，在进退劝惩选任也，虚心以采人言，直道以行己法，人皆以为贤，吾察之果贤也，则进之而不贰。人皆以为不肖，吾察之果不肖也，则退之而不疑。苟人本贤矣，以一事未协于心而不进，本不肖矣，以一言偶中其欲而不退，皆非臣之所敢知也。以至劝惩之加，必审其善恶之实，如曰廉吏也，以某事知之，知之果真，然后劝，如曰贪吏也，以某事知之，知之果真，然后惩，使毋至于失宜可也。选任之法，必责之有司。选者必协乎人望，任者必合乎舆情，使毋失公平之道可也。夫如是，则先务急而王道举矣。譬之柁以运舟，括以发弩，功用神速，无难致者，在陛下加之意而已。臣读圣制之末，又曰：

"朕欲俾灾沴潜消，民生安堵，盗贼息，边方靖，财充而食足，不知如之何可以臻此。特进尔多士于廷，尔多士明于王道有日矣，且目睹时艰，岂无真识的见以匡我者，当悉心吐露，推衍所以于篇，朕当勉为亲览焉。勿谄勿惮勿泛勿略，庶副朕意。"於戏！理惟可以一贯，治不在乎多言。臣前所谓急先务者，已见其概矣，请因明问之丁宁者而申言之。灾沴之作，天将藉之以警人君仁爱之意也。驯至于民生扰攘，盗贼繁炽，夷狄侵凌，财食匮乏，以成莫大之忧，固理势之必至也。抑欲其消之安之息之靖之，亦必有先务焉，非财充而食足不可。盖惟财不充，食不足，然后边方不靖，盗贼不息，民生不安，灾沴不消。然是二者，又皆有其故焉。是故财之不充，冗费害之也。而所以为冗费者，不止一事。土木之兴也，兵旅之用也，祷醮之需也，三者不去，则财不充。臣愿陛下斟酌时宜，不惑人议，断然止之而不为，则财不期充而自充矣。食之不足，冗食糜之也。而所以为冗食者，不止一端。额外之官吏也，宫中之宦妾也，老羸之军匠也，三者不简，则食不足。臣愿陛下裁定常数，毋拘故事，奋然省之而不吝，则食不期足而自足矣。财充食足，则边方靖，盗贼息，民生可安，而人心和矣。人心和于下，天心和于上，灾沴不消，有是理乎？虽然，臣之所已言者，皆圣制之所及者也。至其区区忠爱之私，尚有一言以尘渎圣听，惟陛下察其衷，矜其愚，不录其罪，俾臣得毕其说，斯臣之命也。臣尝闻宋儒蔡沉有言曰：帝王之治本于道。帝王之道本于心。及稽诸经史，凡尧舜禹汤文武之盛，所以卓乎不可及，而汉、唐、宋之治所以不古若者，皆此心之纯驳以为之先。乃知人之一心，其量不盈一掬，其体不逾方寸，能充则四海有赖，不充则一身莫保。所谓其端甚微，其效甚大，差之毫厘，谬以千里，其机正在于此。况人主之心，又与人殊。有声色货利之欲则易以淫，有崇高富贵之势则易以骄，有谗谄面谀之徒则易以诱，有神仙怪诞之说则易以惑，波荡纷华，震撼撞击者，固不止此，而四者其甚也。一或省察不周，持守不力，偶投抵间隙而入焉，则心为之病，而万不能救矣，又何以言治？然则人主之心，其所当谨也，不章章乎哉！夫心之所系，虽云至重，而功用之推广，其大者不过有六，曰修身，曰敬天，曰法祖，曰爱民，曰体臣，曰讲学。心纯则六者皆得其极，不纯则六者皆失其理。臣观陛下燕居有服，动止有法，所以修身者严矣。斋明享祀，自咎有说，所以敬天者至矣。事遵祖训，动率典章，所以法祖者善矣。恤刑有旨，减租有诏，所以爱民者周矣。守令必重，求才必广，所以体臣者备矣。经筵日御，师保时接，所以讲学者勤矣。其于六者之功用，可谓至精至密，尽善尽美，蔑以加矣。然岂袭取强为之哉！又尝观其敬一有箴，五箴有注，所以敦操存涵养之功，懋精一缉熙之学，以正其心者，足以为之根本，故得于深造之后，流于既溢之余，所行所发，无不追并先王，而昭配烈祖，凡臣之所欲言者，皆先得之矣，臣复何言？臣独惧夫人之常情，饰外者多遗其内，有初者莫保其终。故汲黯于武帝，有内多欲而外施仁义之言，魏征于太宗，亦以十渐不克终者为之谏。臣愿陛下矜臣之愚，采臣之言，益加谨勉。凡物之感于前者，必察何者为天理，何者为人欲？如仲尼所谓非礼勿视，非礼勿听，非礼勿言，非礼勿动，不使其淫吾心。凡势之有于己者，必思若何为德之共，若何为恶之大，如仲尼所谓聪明睿智，守之以愚，功盖天下，守之以谦，富有四海，守之以让，不使其骄吾心。凡言之陈于下者，必审如某言则为佞，如某言则为忠，如仲尼所谓今吾于人也，听其言而观其行，不使其诱吾心。凡术之进于前者，必辩从之有何益，违之有何损？如仲尼所谓攻乎异端，斯害也已，不使其惑吾心。谨其外亦齐其内，勤其始不怠其终，庶几治不安于小成，功不狃于近利。周道中兴之盛，殷邦嘉靖之休，可复睹矣，又何至天变之不消，民心之不和，任官之不当，以与王道悖，而劳渊衷之虑哉！其机固自正心始。仲尼又曰：居之无倦，行之以忠。夫无倦则始终如一矣，以忠则内外如一矣。臣所事者，仲尼之学，陛下所用者，仲尼之道。故拳拳反复，以仲尼之言为献，倘蒙采纳，天下万世之福，臣愚之幸也。臣草莽之人，不识忌讳，干渎天威，臣不胜战兢陨越之至。臣谨对。

《嘉靖八年进士登科录·唐顺之对策》：

御批：条论精详殆尽。

臣对：臣闻保民所以格天也，正百官所以保民，振纪纲所以正百官也。何则？君者代天理物者也，百官者行君之令而致之民，以共亮天工者也。百官弗正，则下有倒悬之危，而莫为之恤，上有子惠之仁，而莫为之施，而欲民之安也，不可得矣。纪纲弗振，则憸邪者或以矫饰取容，循良者或以朴鲁见黜，任者不必贤，贤者不必任，而欲百官之正也，不可得矣。故曰：君得臣而万化行，言安民在乎能官人也。曰正朝廷以正百官，言官人在乎振纪纲也。立法以任人，任人以安民，则人心和而天地之和亦应矣，于此见上下交修之责焉，见天人合一之理焉。盖自古帝王，敬天勤民，以致天下之治者，其要端在乎此，而不可易也。我皇帝陛下，上畏天变，下究民隐，临轩一诏，于知人安民二者，拳拳焉，臣知陛下此心，即殷汤桑林自责之心也，即高皇帝仲夏不雨席藁露坐之心也。臣虽至愚，其于官吏贤不肖与夫民生利病之原，则草茅之下，尝有感于中久矣。况当清问之勤，敢不悉心以对乎！臣谨稽之《洪范》，征之《春秋》。大抵政善民安则嘉祥生，政荒民困则灾沴作。天降灾祥在德，吉凶不僭在人。陛下敬一以昭事，中和以立极，宜乎休征至而灾沴消矣，而顾有不可以常理测者。盖虽天心仁爱，欲以助陛下宵旰之忧，而隆嘉靖之治，意者民之危苦无聊，所以感伤和气者，亦容有之乎？陛下蠲租以阜民财，赈贷以周民急，恤刑以苏民命，天下之至仁也，其为安民计者至矣。亲贤去奸，以别取舍，行久任之法，以图治效，天下之至明也，其为官人计者至矣。而民未必皆安，官未必皆得其人者，意者贤否倒置，授任失宜，劝惩未著，如圣策所虑者，亦容有之乎？则夫振纪纲以正百官，以安万民，信不容缓也。臣观知人安民之谟，始自虞廷发之。皋陶之告舜曰：在知人，在安民。禹曰：知人则哲。能官人安民则惠，黎民怀之，分之以三德六德，皆以广知人之旨也，详之以惇典庸礼，皆以广安民之旨也。要之，官得其人，则善政行而天下蒙其福，官匪其人，则横政行而天下受其害。约而言之，非二致也。哲也者成其惠者也，知人非哲，弗能知人，而至于能官人，则非纪纲之振，亦弗能也。纪纲也者济其哲者也，虽哲如尧舜，而三载考绩，三考黜陟幽明，内则九官十六相以为岳牧之倡，外则四岳十二牧以任总领之责，规为精密，斯哲有所寄，而其为哲也大矣，哲大而惠斯大矣。仁急亲贤，知急先务，此之谓也。勋格上下，治底平成，由此其致也。是故陛下欲弭灾诊，则莫若安民矣。欲安民，则莫若正百官矣。欲正百官，则莫若振纪纲矣。纪纲之所以振者，臣虽不能悉举，请得以其概言之。其一曰精监司以察守令。臣按永乐中，太宗皇帝谕蹇义、陈瑛等曰：为国牧民，莫切于守令。吏部选授，皆出仓卒，未能悉其才行。必察所行，乃见贤否。其令巡按御史及按察司，凡府州县官至任半岁之上者，悉察其能否廉贪之实以闻。臣愿陛下光昭大训，精择监司，或得于群臣之公举，或得于睿鉴之独照，必其风采素著，秉节刚烈者，而后任之。其既也，果能激浊扬清，不畏强御者，量加旌奖。其徇私容奸，及蔽贤不举者，量行黜责。不但以得官吏之贤否，而因以为监司之殿最。监司惮宪典之严，孰敢不竭力于旬宣。官吏恃监司之公，孰敢不劳心于抚字。监司贤而守令亦贤矣。其二曰清铨法以彰黜陟。臣按，成化中大学士丘浚议曰：朝制，三年天下官吏赍册来朝，六部都察院查其行事，未完报者，劾奏之以行黜陟。后因选调积滞，设法疏通之，辄凭巡按考语，不复稽其实迹，录其罪状，立为贪暴不谨等名以黜退之，殊非祖宗初意。况贪者未必暴，暴者未必贪，素行不谨，不知何所指名，何以厌服其心哉？臣愿陛下修复旧典，申戒铨司，核功过勿循毁誉，量才能以责名实。曰贪暴，必指其为贪暴者何如。曰不谨，必指其为不谨者何如。则人不得饰名以求功，而亦不得巧文以避罪矣。其三曰信赏罚以激人心。臣闻之，有官而无赏罚，是无官也。有赏罚而不足以奔走天下，是无赏罚也。今也循资而擢之，累劳而进之，人将曰：我资我劳，固宜然也。富贵爵禄，皆若其身之所自致，而效报之心薄矣。奸吏浚财，大刻于民，而恒幸其不败露也。不幸而败露也，则止以罢免，而幸其不及于戮辱也。则徼幸之心滋，而莫知惩创矣。臣愿陛下离照旁通，乾刚独断，政绩显著，虽待以不次之位，而不嫌于躐等，贪污有状，虽加以五刑之诛，而不嫌于伤息（恩）。或玺书劝励，如汉家故事，以收其全功。或戴罪供职，如《大诰》中所以处置朝臣者，以责其后效。用不测之刑，用不测之赏，以奔走天下，而后可也。其四曰信命令以敷实惠。《书》曰：慎乃出令，令出惟行。《易》曰：涣汗其大号。臣窃谓陛下有恤民之美意，而有司奉行者之未至也。陛下尝下诏曰：蠲租矣，赈贷矣，恤刑矣。然有司之于民也，则征催之苦极矣，民之毙于饥毙于刑者，过半矣。上德隐而靡宣，下情迫而莫救，凡以此也。臣愿陛下严慢令之戒，重沮格之罪，限某日至某所，于某日蠲租，于某日赈贷，慢违者必坐以罪，而不少姑息焉，则庶乎不为虚文，而民皆沾实惠也。此四者，皆以振纪纲而尽官人之道，以为安民之本者也。若夫除盗贼，御夷狄，固亦安民者之所当务，臣以为其要亦在于得人而已。夫民之为盗贼者，岂其本心哉！迫于不得已，或陷于不知耳。故曰：丰世无盗者足也，治世无盗者化也。陛下得良吏如龚遂、如虞诩者而任之，威信所孚，则足以折其气。仁恩所被，则足以结其心。劝相有方，则足以安其业。盗贼不期息而自息矣。天子有道，守在四夷。今之诸夷，乘间窃发，侵扰我边陲，虔刘我民人，信可患也。臣则谓所患者不在夷狄，而在我中国之无将耳。盖今之所谓将者，取诸世胄，取诸武举，非不可得人也。惟纨绮之习，或未熟于经略弓马，记诵之材，或未足于奇正之变也。臣请陛下行苏洵之说，令大臣各举所知，勇而有谋可以出入险阻者，然后尝之以治兵，寄之以边障，养其望，专其任，而良将可得矣。将良则士练而边备饬矣。至于财充而食足，此亦百官有司之事耳。百官得其人，则经理有道，储畜有方，而邦之财可充。敛散得宜，补助以时，而民之食可足。要不足以烦陛下也。以此言之，纪纲克振，百官之所以正者此也，民之所以安者此也，天心之所助顺，而反灾为祥者亦此也。抑臣犹有献焉。《中庸》曰：为政在人。取人以身。则人固立政之本，而身尤取人之本也。朱熹曰：纪纲不能以自立。必人主之心公平正大，无偏党反侧之私，然后纪纲有所系而立。则心者尤立纪纲之本也。臣伏读陛下敬一之箴，则于尧舜禹汤文武之心法，而为知人安民之要机者，固自有在矣。惟陛下始终此心，弗以隐显异其功，弗以久暂易其守，弗以宴安荒其志，必讲学以涵养此心，必亲近君子以维持此心，由是心纯而贤才辅，己正而物自正，将不待于庆赏黜陟之及其身，而风声气习之所加，众正遂汇征之愿，群邪沮窥睨之心，亦其势之必至者矣。故以之知人，则其知如神者也。以之安民，则其仁如天者也。以之除盗贼，则如舜之玄德在上，而寇贼奸宄者自消也。以之御夷狄，则所谓无怠无荒，四夷来王，明王慎德，四夷咸宾，而御戎之上策，在乎此也。即董仲舒所谓正心以正朝廷，正朝廷以正百官，正百官以正万民，远近一于正，而罔有邪气干其间者也。即公孙弘所谓心和则气和，气和则形和，而天地之和应者也。即刘向所谓众贤和于朝，万物和于野，而和气致祥者也。由是而三光全，寒暑时，天地位，万物育，天不爱其道，地不爱其宝，诸福之物毕致，而王道终矣。则夫知人安民，以臻盛治，又在陛下此心转移间耳。臣不胜拳拳忠爱之至，幸陛下垂听焉。臣谨对。

《嘉靖八年进士登科录·陈束对策》：

御批：仁智之用，本诸吾心。此不易之说。

臣对：臣闻天下无不可致之治，而其本在乎人主有必欲治之心。盖治天下之道，不越乎知人安民二者。人主以一身临于亿兆之上，弛张举措，固惟吾意之所欲为。以是而用天下之人，以安天下之民，其于致治，奚难焉。而乃有未必然者，则其心之未定，而所以为天下之计，或过也。夫人不足适，政不足间，变故不足忧也，欲救天下之弊，莫若自力于其治。欲求天下之治，莫若先决于其心。夫惟有必欲治之心，而所以存养培植之者，无时少懈，则其本立，而施之于治，自将有毅然不可遏之势。以之用人，而真才得，以之安民，而群生遂，而凡一切灾沴凶荒盗贼夷狄之变，举当今之可忧者，可以坐理而无难矣。《传》曰：心既正然后天下之事可从而理。此之谓也。恭惟皇帝陛下，具神圣之德，应中兴之期，典则肇修，伦制兼尽，可谓盛矣。兹复廷集多士，亲发德音，下明诏以天下治忽大计询及草茅，岂循袭故事，而姑为是举耶？盖圣不自圣，实欲以求天下之言也。臣尝读史，而至于三代以还，见其君有励精之心，而其臣或不能副其所欲为，故其事功卑陋而不足道。或其臣抱经世之略，而所遇者又不足与有为，则亦徒焉已耳。而臣之庸愚，乃得与清问之末，不可谓无所遇矣，复何所讳而不言乎？臣闻天生民而树之君，以为民也，君为民而设官，以奉天也。官不得其人，则天工旷，是故知人之为贵也。民不得其所，则君道缺，是故安民之为急也。然欲安民，必先知人。盖一日万几，在君身有不胜其烦者，使非得人以分理，则虽有为民之念，忧且劳于上，而民不被其泽矣。是知人又所以安民也。古之称绝德者，曰皋陶以谟。而其陈谟也，不过曰知人安民二者而已。则夫人君治天下之道，岂复有加于此哉！然人未易知也。讦者似直，佞者似忠，诈者似信。厚貌深情，自非至明，或莫之辨。而民生有欲，饥者欲食，寒者欲衣，闾阎之下，愁苦万状，虽广济博施，亦安能使人人各得其所哉！故曰：知人则哲，安民则惠，惟帝其难之。夫帝尧且以为难，况其下者乎？臣尝考之于《书》，其在唐虞，有若羲和以明历象，有若大禹以平水土，有若稷契以播百谷，以敷五教，有若皋陶以明刑，有若夷夔以典礼乐，有若垂益以若虞工。其得人之盛如此。当是之时，百姓昭明，万邦协和，以至光被四表，格于上下，其治化之隆，又如此。然且君臣相戒以为难，盖于此而后见圣人兢兢业业，忧勤惕励之心也。夫知其难，则于用人行政之间，自有不容不慎者。观其命官也，畴咨于众，必佥曰可而后俞。则其难且慎之心可见。而孔子论安百姓，亦曰：其犹病诸？於戏！此尧舜之圣，所以不可及也。逮至三代，亦莫不然。是故有禹之孜孜，则任人有如伯益，而声教四讫。有汤之栗栗，则任人有如伊尹，而邦家辑宁。有文王之不已，武王之无贰，则任人有如周召之徒，而万邦作乎，四海永清。然则帝王致治之道，亦概可见矣。汉唐而下，固不足论。其间英君谊辟，亦不能外斯二者以为治，但其所存者非帝王之心，故其所任者非帝王之佐，而其所以御民者，率皆苟且疏略之政，无怪乎治之不古若也。仰惟陛下诞膺历数，绍一祖七宗之业，讲学修政，夙夜图治者，八年于兹，臣工之进退，断自圣聪，章奏之可否，悉由御览。迩者特重守令条格，激劝之诏，方拳拳焉，陛下之于人，可谓知而任之矣。蠲贷之恩数及起运，赈济之令发及内帑，迩者祈雨一出，都城父老孰不为叩首称谢者，陛下之于民，可谓惠而安之矣。然而算计见效，犹未有大慰于渊衷者，乃复举此为问。顾臣愚陋，何能为圣明助。然于圣制所及者，敢不一一敬陈之。伏读圣制，有曰："灾变频仍，旱潦相继，岁复一岁，无处无之。生民流亡，朕甚恐惧。"斯言也，臣有以见陛下忧勤惕励之心矣。臣闻之：天道远，人道迩。又曰：应天以实不以文。盖变不虚示，而人事之应，未可以一二求也。《春秋》书灾变而不书事应，汉儒鄙陋，不达圣人之微意，而区区指事以明变，君子以为附会。今日灾变之多，谓之适然，未可也，而因以求之于微末，则又未可。臣愿陛下存克谨天戒之心，尽应天以实之道，赫然震惕于上，而因之以号令天下，孰敢不贞白其心，以承休德者？则今日之变，固扶持而全安之具也，桑谷雊雉之变，岂足以害商宗之治哉！伏读圣制，有曰："官非人以虐民欤？或贤不肖进退倒置欤？或劝惩之典而失其宜欤？抑为我选任者而失公平之道欤？"臣有以见陛下因天之变而求所以知人之道也。夫任官非人，贤不肖倒置，亦于劝惩之道，选任之法，未加之意焉耳。昔者先王之官人也，必使贤者居上，不肖者居下，而后可以理安，今或未必然矣。夫贤者之言必直，不肖者之言必佞，贤者之为谋必忠，不肖者为计必谲，陛下曷为不以是察之？因事考言，而为之决择，则虽有不肖，亦岂得以遁其情哉！先王之驭群臣也，既有爵以驭其贵，有禄以驭其富，而又有刑罚以驭其威，是故劝惩之道立，而人知所趋避矣。今之肆然于民上者，惟无所畏故也。彼无所畏于名义，独无所畏于刑罚乎？诚使廉者必进，贪者必黜，慈良者必赏，残虐者必罪，则孰敢不自敛戢，以干陛下之法哉！今考课之法虽严，而黜陟之人未必皆当，诠（铨）选之法既拘，而授任之际又或弗公，故贤者以之自怠，而不肖者得以苟容，民怨蓄于下，而天变动于上者，此也。伏读圣制，有曰："内有盗贼之扰，外有夷狄之变，此亦所以为民之患者。民为邦本，而使饥寒困苦流离死亡至于如此，邦欲安而得乎？朕欲俾灾诊潜消，民生安堵，盗贼息，边方靖，财充而食足，如之何可以臻此？"臣有以见陛下因天之变而求所以安民之道也。然欲民之安，又岂必他求哉？顾所用之人何如耳。方今境内之忧在盗贼，盗贼之责在守令。守令者民之父母也。今者饥馑冻馁，守令不之恤，又加虐焉，以催科为抚字，以趋承为职业，以敲朴为教化，使疆域之民死亡流离而莫之救，恶在其为民父母也。闻之远方，贪吏有破民之产，咨嗟怨泣，无可控诉者。夫民无礼义之心，而有饥寒之苦，其去为盗，固易也，而上又驱迫之如此。此盗贼之所由繁，而刑罚之所以不胜也。今之议者，亦既欲重守令矣，然而弗择其人，固无益也。使皆得如龚遂之俦，布之郡县，则盗贼可不治而息矣。至于夷狄之警，亦盛世之所不能无者，而其要则在于选将帅。大抵夷狄之性，贪而无亲，轻而寡信，王者以不治治之而已。不治也者，恃吾有以备之也。今者边陲之备可谓虚矣，以器械则不良，以储蓄则不豫，以士马则不练，旗鼓之节不相服习，而欲以之御敌，不已难乎？闻之边人，虏骑一人，我军无不惊溃散走者。此由统制之失人，而玩愒纵弛之所致也。昔者李牧在边，虏不敢犯。今诚得若人而任之，则小小之警，岂至烦当宁之忧哉！至于财之不充，食之不足，则臣于今日有所深惜。盖天下之财，不在官则在民，耗于下必诎于上。今之财力，可谓大诎矣。额外之官寖以加多，而养官之费冗。尺伍之籍漫无所稽，而养兵之费冗。此犹可言也。豪右贵戚之家，勾蓄游惰之徒，不为朝廷分尺寸之忧，而坐食于公者，莫之胜计，此胡为也？夫田不加辟，而赋日广，赋入有限，而费出无经，则财与食安得而不匮乎？欲财之充，必自其耗财者始。欲食之足，必自冗食者始。陛下既躬节俭以先天下，而又汰冗滥之籍，严侈靡之禁，塞其流以厚其源，则国计其有瘳乎！然此亦皆随事补苴之论也。昔人有言：以期月之事问臣，臣以期月之事对。以三年之事问臣，臣以三年之事对。臣以为此特不遇圣明之君而然耳。使遇圣明之君，则必有拔本塞源之论，而岂为是迁就之说哉！今臣之所陈，不敢为三年期月之说，而始终以为圣明献者，惟曰在陛下之一心而已。盖天下之事，苟其志之所必为，未有为而不成者。故曰：诚心而王，则王矣。又曰：君志定而天下之治成。彼尧舜之治，岂诚不可及哉？无其心焉耳。盖知人则哲，哲者心之智也。安民则惠，惠者心之仁也。仁智也者，心之全德也。使此心之德有所未纯，而意欲之私一有所错杂于其间，则明有所蔽，而所知者未必其所当用。恩有所壅，而所及者未必其所当施。本原之地已蠹，而弛张举措之间，皆将不得其当如此，而望天下之治，犹却行而求前也。伏愿陛下以忧勤惕励之心持之于上，智必如尧，仁必如尧，二者之德既具，则如鉴之空，如衡之平，是非贤否之形可以坐照，而莫吾乱。如水之寒，如火之热，而不忍之心触之而无不应矣，何患乎人之难知，民之难安，而天下之治不可成哉？此切要之说，惟陛下留神。臣不胜陨越之至。臣谨对。

《嘉靖八年进士登科录·任瀚对策》：

御批：勉吾求敬一之为主，忠哉！

臣对：臣闻圣王保天下之道，存乎仁，而其行仁之道，存乎智，其合智与仁而成之之道，存乎敬。王道之行也，仁智敬其为之端欤？仁不足则泽不下究，而民之憔悴困踣者，无所与苏，而其弊也苛。智不足则无以辨贤不肖于天下，贤者不必进，不肖者不必退，于是乎有残人不德以尸民上，视民之休戚利害，若无预己事，甚者或肆其侵渔剥削，一任其凋敝，不为之所，而其弊也乱。夫是以不为戎首，亦善矣，如天下之治何？此求贤所以安民，而智又所以行乎其仁者也。然是二者，不先之敬，则其智之所及，或至于偏听独任，既无以尽吾求贤之诚，而其智之所不及，且至于纵奸长慝，又无以致吾安民之实。仁不可终，而智亦为之缺然矣，是敬又所以成乎智与仁，而不可一日忘焉者也。敬以养心，心以体道，道以张法，法以尽变，斯海内之化，清和咸理，兵革不试，暴鳌不作，物道素朴，狱讼衰息，纪纲正于上，风俗昭明于下，而颂声作，王道成矣，奚用外焉以取治法为？钦惟皇帝陛下，智以明王度，仁以惠万物，敬以凝天道而成世务，不自贤圣，询于寡昧，究观王道，图惟化原，此千古人臣献款摅忠之一遇也。臣闻之孔子曰：事君先资其言。拜自献其身，以成其信。臣诚不佞，顾于致身之始，曾无一言可得先资以为陛下献哉？谨冒死以对。臣伏读圣制，首曰："治天下之道，其大者在乎知人安民。"盖知人则哲，能官人安民则惠，黎民怀之，此皋陶陈谟之深意。而陛下之言及，此天下生人之福也。使愚臣于此有所隐伏回护，畏罪而不敢言，上以负陛下之盛心，而下以昧天下之至计，四方后代，其谓臣何？臣请披肝沥胆，为陛下言之，愿试听焉。臣窃睹陛下，自即位以来，灾变频仍，近古未有，语谓天心仁爱之符是也。往年下罪己之诏，以为政化未臻，民心积怨，上干天和，究其咎本，实予一人所致。臣时窃伏草茅，每见道路闻者，皆叹息泣下，愿少须臾无死，以观化理之成。及今三五年来，人心之望已极，犹未见内尽消弥之道，上获天和之应，使海内旷然升于大猷，臣窃疑之。夫《春秋》以天反时为灾，地反物为妖，人反德为乱，乱则妖灾生。陛下之德，如天之无不覆，而地之罔不载，臣犹以为未至，是妄言也。然而天人之交，间不容发，此在陛下燕闲蠖濩之中，深宫独运之地，澄神自思，而得之耳。圣制深以任官非人为惧，且疑贤不肖进退之差，以及于劝惩之失其宜，选任之非其道，此见陛下超然远览，神洞物外，直欲秉至公以消弥变异，阜安生民，虽成汤桑林之责，周宣云汉之忧，高宗肜日之修省，不是过也。臣闻后汉郑兴有言：变咎之来，不可不慎。其要在因人之心，择人处位而已。陛下平日宫庭之间，所震怒而赐谴者何人也？合于圣意诱而进之者何人也？其所赐谴者，必当其罪，而其所诱而进之者，必当其功。大臣不得宠名誉之人，小臣不得进浮薄之士，如此则变安从生？此其远百姓近陛下之耳目者，臣固不得而深言之矣。其有下亲于民，而上之所不及知者，泯泯棼棼，可为流涕太息者不少，臣亦岂得而勿言哉！窃惟劝惩之典，莫急于考课，而选任之法，当责之铨衡。今之选举考课，则臣之所尝窃叹而深惜之者也。何则？士方穷时，读古书见循良传，跃跃动义色，出死生自誓，愿作一良有司谢天下。及反顾见其家，室无长物，展转歔欷，不能自禁，靡然无复初志，甚者钻刺壁倖，取中原名郡县自列，得则凌暴诛求，罔所不至，不则怨且怒终其身。置此等于民上，而欲民之得其所，辟之爱其羊豚，而牧之豹也，世无完畜矣。故祖宗之于士，养之以节义，而威劝之以赏罚，其用之各尽其才，而其课之也，幽明殿最，各程其实，则善者益勉，而不善者化，能官者上，而不能官者斯下下矣。若夫选举之失其平，资格坏之也。国初用人，或举于耕商，或征于渔钓，脱去流品，惟其才贤，是犹有古意。语曰：不习为吏，视已成事。盖言古也。比者稍有兵荒，动闻入粟买官之令，以为常制，累世莫能变。臣闻人之所好，而争趋焉者，韩非有言：非名之，即利之也。以粟易官之名，岂人所好？而人固趋之，不得于名，彼其不求得于利哉！人人以其利之心上应于国，而国且便之以布于天下。夫其一人入粟几何，而其所取诸民者，必十倍而后餍。是为天下谋小利而获大害也。又况高官显秩，自甲科之外，虽智且贤弗及，则彼修于冥冥，无所慕而为善者，世宁几人哉！臣故曰：资格坏之，非人才之罪也。董仲舒曰：邪气积于下，怨恶蓄于上，此灾异所缘而起矣。方今天下之衰气，孰有大于冗员颓吏，苟身图以误国家者，而灾异实因之。臣愿陛下严侥幸觊觎之禁，公赏罚黜陟之典，杜买官鬻爵之弊，革年地资望之说，则贤才罔伏，下吏革瞀，上天之变异可回，生民之流亡可复，而所以为智之道，莫大于此矣。圣制又谓："内有盗贼之扰，外有戎狄之患。此亦重为民之害者。"以陛下爱民之深，忧民之切如此，而陛下之臣，在内者不能消息寇乱，在外者不能慎固边圉。天未厌祸也，而又离民以佐灾，犬戎树惇矣，而且观之兵，则陛下亦岂得晏然已乎！《周官》大司徒以荒政聚万民，其十有二曰除盗贼。夫除盗贼，而置之末者，先王之所甚不得已也。以人情言之，盗贼亦人耳。人有不爱其身与其父母妻子居室畜产百物，而喜弃其壤土者乎？爱之而或为人所夺，其身有困于刑罚工役不得息，其父母妻子有苦于流离转死不得会聚，其居室畜产百物有耗于征求贡输不得自奉自娱，是数者皆足以伤于民心，彼其时节，不忍舍弃，而一旦夺于有力之强，其不去为盗奚待也？语曰：德则其人也，不德则其鹿也。人情抚则后，虐则雠，岂有常哉！今西南之国，一遇歉岁即赭衣载道，旌旗翳空，臣愚以为，在上者有以夺其所爱，而激成之，未必吾民之能自为盗也。若夫边事之兴，宋人谓出于饕功幸利之徒，黩武玩寇，不以朝廷大计为念。前日榆林松茂之役，郡县嗷嗷，令小吏督疲民转饷数千里外，号称筹边，夫亦既左矣，而苶苶衰羸之卒，不经一战者，又引领待哺，谓足以羽仪塞垣，此何理也？人有病枵腹者，断肢体脯筋骸以充之，然而无益于死者，天下之大舛也。先王备边以卫中国，令边有莫敌之势，而中国无聊生之民，可矣乎？此臣谓王者不治夷狄，赵充国所为善之善者，令边人自给，毋以勤国家也。臣愿陛下内择贤守令以宰治郡邑，外择良将帅以控制边鄙，诛有位之盗，去黩武之戎，汰冗兵，抑浮费，则寇乱可弭，戎狄可清，民力可苏，而所以为仁之道，莫大于此矣。然此但就陛下所以策臣者而论之耳。若以臣愚言，上天之变未息，是生民未安也。生民之未安，是贤才未尽用也。贤才之未尽用，或者圣心其犹未纯乎？然观陛下览四方灾异奏牍，则惕然惧，见古圣贤箴规，则泠然省，此其心亦未为不纯矣。而圣制犹谓，"保邦安民之念虽存，求其所以，实无一得者"，直非深忧过计，道愈至而心愈不足，必欲臣愚罄竭私悃，而无少隐伏之意哉！臣不敢概举，请得以敬终之。尧之言曰：允执厥中。谓执云者，战兢持守而不敢纵之辞也。其意曰：天无定命，理忽无定形，人心无定几，执以定其所无定焉云尔。是故安汝止，惟几惟康，敕天之命，惟时惟几者，三圣相授，受守一道也。是故尧舜之世，民罔不安。臣无不可知，而犹曰帝其难之者，不敢以易心乘之，敬之道也。陛下如以前所陈数者为忧，则孰若取圣制所谓尧舜者以为法乎？孔子之后子顺曰：昔者吾先君子，欲作文武，而至焉。文武欲作尧舜，而至焉。是故大圣人之道，存乎有作，不可退然而止也。臣愿陛下勿以臣言为迂，留神省览，益求所谓敬一者而精之，令天下复见唐虞之治，则愚臣幸甚。臣干冒天威，无任陨越之至。臣谨对。

新科进士，率求乡先达一人以自托。 李开先《李开先集·闲居集》七《资善大夫太常寺卿翰林院五经博士西桥刘公墓志铭》："嘉靖岁己丑，余举进士。士凡新进者，率求乡之先达一人以自托焉，礼节隆杀，谘访而后行，庶高不失人，而卑不失己。若交结多者，则又谓之钻刺，众论厌薄之。"

故事：进士年不满三十，不授御史、给事中。 许国《许文穆公集》卷十一《都察院右副御史司周潭汪先生墓志铭》："先生号周潭，字廷德，名尚宁。……年十四而补郡学生，二十以《春秋》领乡荐第四。逾年为嘉靖八年，先生举进士。故事：进士年不满三十，不授御史、给事中。或劝先生增年，先生不可，问者器之。……已请告归就昏。……庚寅，授行人，寻转司副。"

大理寺少卿魏校改国子监祭酒。（据《国榷》卷五十四）

四月

考选庶吉士，复又罢之。定翰林之额，侍读、侍讲、修撰各三员，编修、检讨各六员。《明世宗实录》卷一百：嘉靖八年四月，"己巳，大学士杨一清等奉旨考选庶吉士，以唐顺之、陈束、任瀚三人廷试策为上所批奖，即以为冠，而取胡经、卢淮、诸邦宪、汪大受、郭宗皋、蔡云程、杨佑、汪文渊、王表、曹汴、王谷祥、熊过、安如山、郑大同、李实、孙光辉、吴子孝等二十人，疏具其名，因请命官教习。上曰：吉士之选，乃我太宗之制，其在当时，固为尽善，但迩年以来，每为大臣徇私选取，市恩立党，自此始矣，于国何益？自今不必选留。唐顺之等一体除用，果有才行卓异学问优正者，吏部举奏，收之翰林，以备擢用。朕意如此，吏礼二部及翰林院会议以闻。于是吏部尚书方献夫等议奏曰：馆阁为储才之地，于进士中选俊异者培养其间，以备任使，祖宗之法诚至善也，迩来收选未公，乃奉行者之未善耳。今奉圣谕不必选留，臣等无容别议。顾翰林员额载之职掌者有数，近以收用吉士及升迁太滥，遂溢于常额。官无定员，是非可久之道也，乞于职掌外量增数员，著为成法，每科一甲三人，有缺即铨注，无缺则添注。余皆从吏部遇缺推补如诸司例，凡两京及在外官员，果有学行可任者，即推用之。其中有弗称者，亦令外补。如此则事体画一，经久可行。疏上，诏如议行。侍读、侍讲、修撰各增为三员，编修、检讨各增为六员。著为令"。《明史·选举志》："嘉靖八年己丑，帝亲阅廷试卷，手批一甲罗洪先、杨名、欧阳德，二甲唐顺之、束、瀚及胡经等共二十人为庶吉士，疏其名上，请命官教习。忽降谕云：'吉士之选，祖宗旧制诚善。迩来大臣徇私选取，市恩立党，于国无益，自今不必选留。唐顺之等一切除授，吏、礼二部及翰林院会议以闻。'尚书方献夫等遂阿旨谓顺之等不必留，并限翰林之额，侍读、侍讲、修撰各三员，编修、检讨各六员。著为令。盖顺之等出张璁、霍韬门，而以大礼之议为非，不肯趋附，璁心恶之。璁又方欲中一清，故以立党之说进，而故事由此废。"

己丑庶吉士散馆，陆粲、袁袠、屠应埈、华察等因忤张璁、桂萼，俱遭贬斥。王世贞《吴中往哲像赞》："陆贞山先生粲，字子余，一字浚明，生而朗秀，长身玉立，美须髯。自其诸生时，则已为王文恪所赏识，曰：'是子也，材非吾翰林所能有也。'而久之乃举乡试，魁其经，明年会试，复魁其经，以进士改翰林庶吉士，凡七试皆居首。当是时，新贵人张、桂长翰林，先生耻为之僚，约诸庶吉士毋得往见，张、桂衔之，中于上，谓皆故相费公宏桃李。以故当散馆，公仍第一，而仅得工科给事中。"王慎中《岩居稿序》："《岩居稿》者，吾同年无锡鸿山华君子潜罢翰林家居所著诗也。丙戌赐第，当今上图治之始，方招延茂异，思与翊赞鸿猷、黼黻大业之意甚盛，于是选其隽彦，养之馆中，得二十人，盖其慎也。子潜与姑苏陆浚明（粲）、袁永之（袠）、檇李屠文升（应埈）在选中，尤以才名最于同馆，皆吴人也。会大臣异意，正邪相轧之机未决，朝议靡所定，馆中所养并除他官，无复留者。"华察（1497—1574）字子潜。王世贞《翰林院侍读学士鸿山华公寿藏记》："学士公名察字子潜。""先帝之元年（1522），举应天乡试，明年（1523）会试不第归，而其学益邃，遂再举进士高等，以选入翰林为庶吉士。吴中诸庶吉士陆君粲、屠君应埈、袁君袠俱卓荦雄奇才，公出而与之角，时时相甲乙，隆然声起矣。顾自讳不欲以艺文进，间则与陆君谈摧世故，引经义，慷慨相责厉，有古烈士风，而久之以业成，当授官史局，有所不悦于新贵人，出补户部主事。"屠文升（1502—1546）名应埈，出补刑部主事。徐阶《明故右春坊右谕德兼翰林院侍读渐山屠公墓碑铭》："公讳应埈，字文升，别号渐山。""嘉靖乙酉举应天乡试第二，明年举进士，改翰林庶吉士。当是时，宰相有骤起用事者，嗛诸翰林不附己，奏出三十馀人。已又怒诸吉士曰：'是固尝遭我于道不避骑。'尽奏出为部寺属，而公得刑部主事。方宰相之出诸翰林也，予以服除新起，得不在遣中。尝过视诸吉士，或不能无少愠，公独怡然也。""宰相"谓张璁也。赵用贤《松石斋文集》卷十一《熊南沙先生墓志铭》："先生熊姓，讳过，字叔仁。……廷试，成二甲进士。首揆杨文襄公一清收揽贤俊，举先生进读中秘书，合试凡再居上第。时张、桂以议礼骤贵，倨甚，独翰林不为礼下。张衔恨，以故丙戌馆选，无留供奉者。会给事中陆粲首论璁，陆，故庶吉士也。益蕴怒。至己丑，张直以所取士，数居闲召申款昵，先生谢不往。间出所著《桃溪书院经语》以示先生等，又皆默不应，恚甚。未几，杨罢相。谗者傅致粲语悉受之文襄，张遂言，庶吉士皆一清私人，请如丙戌例付流选。于是先生得兵部武选司主事。"《万历野获编》卷十《庶常授知县》："嘉靖五年丙戌散馆，尽授科道部属，而李元扬等四人授知县，则以张萝峰密疏，谓皆故相费宏所植私人，不足作养。八年己丑吉士，虽皆萝峰所取门生，然以会元唐顺之等皆不附座师，故尽斥为主事，仅得二给事中、一御史，又二知州、一推官。此柄臣弄权，窃威福以钳劫后进，非上意，亦非诸士退让也。"

御经筵。左春坊左庶子盛端明讲《孟子》气促，被劾，调南京尚宝司卿。（据《国榷》卷五十四）

敕修《会典》，增近来条例。总裁：大学士杨一清、张璁、桂萼、翟銮。副总裁：尚书霍韬、顾鼎臣。纂修：太常寺少卿兼翰林侍读谢丕，左春坊左庶子兼侍读学士穆孔晖，右春坊右庶子兼修撰方鹏，侍读学士许成名，侍讲学士张潮、许诰、席春，南京侍讲学士吴惠，右谕德彭泽，右中允廖道南，右赞善林文俊、蔡昂，修撰伦以训、龚用卿、王用宾，编修王教、张星、徐阶、杨维杰、欧阳衢、金璐、张衮、欧阳德。（据《国榷》卷五十四）

本年武举会试，取王浩等五十名。（据林文俊《方斋存稿》卷三《武举同年会录后序》）

福建同安儒士李如玉上《周礼会要》十五卷，赐冠带。（据《国榷》卷五十四）《明史·儒林传》："王应电，字昭明，昆山人。受业于（魏）校，笃好《周礼》，谓《周礼》自宋以后，胡宏、季本各著书，指摘其瑕衅至数十万言。而余寿翁、吴澄则以为《冬官》未尝亡，杂见于五官中，而更次之。近世何乔新、陈凤梧、舒芬亦各以己意更定。然此皆诸儒之《周礼》也。覃研十数载，先求圣人之心，溯斯礼之源；次考天象之文，原设官之意，推五官离合之故，见纲维统体之极。因显以探微，因细而绎大，成《周礼传诂》数十卷。以为百世继周而治，必出于此。嘉靖中，家毁于兵燹，流寓江西泰和。以其书就正罗洪先，洪先大服。翰林陈昌积，以师礼事之。胡松抚江西，刊行于世。""时有李如玉者，同安儒生，亦精于《周礼》，为《会要》十五卷。嘉靖八年诣阙上之，得旨嘉奖，赐冠带。"

杨一清荐永嘉叶幼学为翰林待诏。盖张璁意也。（据《国榷》卷五十四）

五月

命廷臣四品以上各举知府之选，翰林科道各举州县官一人。（据《国榷》卷五十四）

六月

大学士杨一清上所撰嘉靖五年丙戌科题名记。复于国子监立石题名，著为例。《明世宗实录》卷一百二：嘉靖八年六月，"甲申，大学士杨一清言：旧例进士开科，礼部奏请于国子监立石题名，命儒臣撰记，以昭盛典，传之永久。正德六年以来，国家多事，因循不作。皇上敦化崇文，始命辅臣追记补之，嘉靖五年丙戌科题名记，金谓臣职当撰述。臣切谓此记，虽礼部题请，命翰林院撰文，然未常奉旨专命何官，而各年碑石并书臣某奉敕撰其文，又未尝呈览，揆之事体，似有未安。窃闻先朝大学士杨荣、李贤等，连科撰述，皆出宸命。况我皇上圣文溢发，凡近日册诏诰敕，有所指点，皆非臣等所及。臣谨以所撰稿录进，伏乞少运睿思，改发工部，仍行翰林院拟定制敕房官一员，书写刻石，以后俱可照此行。上从其言，遂著为例。"

杨廷和卒。隆庆初，追谥文忠。《明鉴纲目》卷六："纲：夏六月，前少师华盖殿大学士杨廷和卒。（隆庆初，追谥文忠。）目：廷和卒后，帝问李时（字宗易，任邱人）：'太仓所积几何？'对曰：'可支数年。由陛下初年，诏书裁革冗员所致。'帝慨然曰：'此杨廷和功，不可没也。'（廷和性沉静详审。初选翰林，不好为声律华藻之学，惟考究掌故民瘼边事，及一切法家言，郁然负公辅望。入阁后，李东阳谓曰：'吾于文翰，颇有一日之长，若经济事，须归介夫。'及武宗之终，卒安社稷者，廷和力也。人以东阳为知言。）"

大学士桂萼上舆地图。（据《国榷》卷五十四）

七月

礼科给事中王准，劾张璁、桂萼荐举徇私。不问。（据《国榷》卷五十四）

八月

升翰林院侍讲学士许诰为太常寺卿，管国子监祭酒事。（据《明世宗实录》卷一百四）

罢张璁、桂萼。九月，召张璁还，罢杨一清。《明鉴纲目》卷六："纲：秋八月，张璁、桂萼罢。九月，召璁还，杨一清罢。目：璁、萼与杨一清，积不相能。给事中孙应奎（字文宿，洛阳人）疏论一清，及璁、萼优劣，乞鉴三臣贤否，以定去留。其同官王准（字子推，世籍秦府仪卫司）陆粲（字子余，长洲人）复相继劾璁、萼引用私人，日图报复，威权既盛，党与复多，不亟去之，将为社稷患。帝感悟，立罢璁、萼。霍韬攘臂言曰：'张、桂行，势且及我。'乃疏诋一清，力为璁、萼辨雪。谓陆粲之劾，实一清嗾之，臣与璁、萼，俱以议礼进，璁、萼去，臣不得独留。帝即召璁还，贬准典史，粲驿丞。霍韬再疏诋一清，帝令法司会廷臣杂议。刑部尚书许赞（字廷美，进之子）请削一清籍，璁故三上密疏，引一清赞礼功，乞宽假，实以坚帝意，俾速去。帝果令一清致仕。"

工科给事中陆粲以劾张璁、桂萼下狱，谪贵州都匀驿丞。事见《明史·陆粲传》。《陆子馀集》卷五收有《劾张、桂诸臣疏》。王世贞《吴中往哲像赞》"陆贞山先生粲"："时张与桂俱继相，拟杨公（杨一清）后，先生遂露章劾其奸，上为之罢二相，一时朝廷肃然望治。而上寻入霍詹事韬语，谓先生缘杨公指，于是首召张，而杨公不自安，更请去，而先生更下诏狱以谪矣。先生之自都镇驿丞迁永新令，有善政。"

国子祭酒魏校改太仆寺少卿。经筵进讲不称旨，改用。（据《国榷》卷五十四）

裁减官员。南京通政司参议，太仆光禄少卿，吏部文选验封稽勋司，户部各司员外郎，礼部仪制祠祭司，兵部车驾武选司员外郎，刑部各司员外郎，云南贵州司主事，翰林院检讨，武学训导，都察院检校，各道御史，大理寺左右寺副，国子监助教学录，五府都事等，俱裁其一。（据《国榷》卷五十四）

右春坊右谕德彭泽、大理寺丞叶忠被劾，调外。（据《国榷》卷五十四）

核国子监粮额缺蚀，逮责典守官。（据《国榷》卷五十四）

九月

张璁复入阁。（据《明鉴纲目》卷六）《弇山堂别集》卷三十《史乘考误十一》："《桂文襄尊志》云：戊子春加太子太傅，是年夏加少保。盖误也。文襄在吏部，张文忠为内阁，俱加太子太保，文忠辞宫职，加少保。后《明伦大典》成，文忠遂加少傅、太子太傅、谨身殿大学士，而文襄加少保太子太傅，官职遂殊，衔隙稍起矣。盖自侍郎以前，张皆在桂下也。"

李梦阳（1472—1529）卒。崔铣《江西按察司副使空同李君墓志铭》："空同子以成化壬辰十二月七日生，嘉靖己丑九月二十有九日卒，享年五十八。""所著诗文集若干卷，《空同子》八篇。""弘治中，空同子兴，陋痿文之习，慨然奋复古之志，自唐而后无师焉。已汝南何景明友而应之。空同子之雄厚，仲默之逸健，学者尊为宗匠。又咸激厉风节，敢上直谏，安于冗散，鄙忽骤贵。空同子方雅简默，稍饬廉棱，仲默恬淡温孙，不露才美云。空同子讳梦阳，字献吉，庆阳人，徙大梁，甫冠举弘治癸丑进士，授户部主事，再迁至郎中。才敏气雄，簿书外日招集名流为文会，酬倡讲评，遂成风致。"（《皇明文范》卷五十）李开先《李空同传》："孟阳，今改孟为梦，原字天赐，今改献吉，而取号空同，爰自素屏改焉，皆由俗入雅，可见文学随时渐进，非可一蹴能之者也。……至弘治戊午，为进士者六年，始除户部主事，寻迁员外郎。……正德改元，进郎中。……庚午，瑾诛，起升江西提学副使。……所著诗文，刻于晋者名《空同集》，二十一卷，刻于赵者名《弘德集》，三十二集。全集一刻姑苏，一刻凤阳，俱六十三卷。是外仍有《叙拘集》、《结肠集》、《嘉靖集》、《晞阳子集》、《空同集》八篇。予为诸生日，慕其名，己丑第进士，即托举主王中川致书，时空同已病，枕上得书叹息，以为世亦有同心如此者，俟病愈复书，至九月念又九日，不起矣。享年五十八，作诗模拟杜子美，而寿算复与之同。"

复彭泽右春坊右谕德。（据《国榷》卷五十四）

复桂萼少保兼太子太傅吏部尚书武英殿大学士，仍致仕。（据《国榷》卷五十四）

岁贡生樊孟芳奏："缙绅议论不公，科道弹劾不当，怀私嫁祸，非国家之福。"上是之，手敕戒谕。（据《国榷》卷五十四）

十月

除外戚世封。《明鉴纲目》卷六："纲：冬十月，除外戚世封，著为令。目：从方献夫请也。（由是外戚永绝世封）"

故国子祭酒蔡清子推官蔡存远上清《易经蒙引》。命发建宁书坊梓之。（据《国榷》卷五十四）《明史·儒林传》："蔡清（1453—1508），字乔夫，晋江人。……清之学，初主静，后主虚，故以虚名斋。平生饬躬砥行，贫而乐施，为族党依赖。以善《易》名。嘉靖八年，其子推官存远以所著《易经》、《四书蒙引》进于朝，诏为刊布。万历中追谥文庄，赠礼部右侍郎。"《四库全书总目·易经蒙引提要》："《易经蒙引》十二卷，明蔡清撰。清字介夫，号虚斋，晋江人，成化甲辰进士。官至南京国子监祭酒。事迹具《明史·儒林传》。是书专以发明朱子《本义》为主，故其体例，以《本义》与经文并书，但于《本义》每条之首，加一圈以示别，盖尊之亚于经也。然实多与《本义》异同，如经分上、下，朱子云：'以其简帙重大，故分为上、下二篇。'清则云：'六十四卦何以不三十二卦为上经，三十二卦为下经，而乃上经三十卦，下经三十四卦也？'……朱子不全从程《传》，而能发明程《传》者莫若朱子，清不全从《本义》，而能发明《本义》者莫若清。'"《四库全书总目·虚斋集提要》："《虚斋集》五卷……然其《易经蒙引》于朱子之解，意有未安者，亦多所驳正，不为苟合。是其识解通达，与诸儒之党同伐异者有殊。故其文章亦淳厚朴直，言皆有物，虽不以藻采见长，而布帛菽粟之言，殊非雕文刻镂者所可几也"。《四库全书总目·四书蒙引提要》："《四书蒙引》十五卷，《别附》一卷，明蔡清撰。清有《易经蒙引》，已著录。其作此书，初已有稿本而遗失，乃追忆旧文，更加缀录。久而复得原稿，以两本相校，重复过半，又有前后异同未归画一者，欲删正而未暇，乃题为《蒙引初稿》，以明其非定说。《虚斋集》有是书序，述其始末颇详。嘉靖中武进庄煦参校二稿，刊削冗复，十去三四，辑成一书而刊之。书末又《别附》一册，则煦与学录王升商榷订定之语也。清人品端粹，学术亦醇。此书虽为科举而作，特以明代崇尚时文，不得不尔。至其体认真切，阐发深至，犹有宋人讲经讲学之遗。未可以体近讲章，遂视为揣摩弋获之书也。"

十一月

世宗躬谢郊坛。吏部尚书方献夫等，翰林侍读学士张潮等，左春坊左庶子穆孔晖等，各上灵雪诗赋。（据《国榷》卷五十四）

十二月

刘黄裳（1530—1595）生。（生年据公历标注）李维桢《兵部郎中刘公墓志铭》：

"公生嘉靖己丑十有二月二十有七日，卒万历乙未正月二十有八日，年六十有七。"《列朝诗集小传》丁集下："黄裳字玄子，光州人。万历丙戌进士，授刑部主事，改兵部员外郎。倭犯朝鲜，有兴复属国之师，以知兵见推择，赞画宋司马军事，迁郎中。兵罢，请告归里而卒。""有《藏征馆集》行世。"《明史》附见《刘绘传》。

大学士翟銮予告。（据《国榷》卷五十四）

监生钱潮、蔡圻请遣召桂萼。以狂扰，下法司。（据《国榷》卷五十四）

本年

嘉靖八年题准武举官生升授等条例。万历《大明会典》卷一百三十五《兵部》十八《武举》："八年题准：取中武举官生，各照例升授职事，俱月支米三石，内有应袭舍人，候袭替之日，照例加升，通送团营将台下寄操，指挥于本卫，都指挥在京者于本卫，在外者于本都司，各带俸，俱候推用。千户以下，照例分送各边，听抚、按衙门委用，应得俸粮并加添米石，俱于原卫所并今驻卫所支给，指挥等官，一时推用未及，若有愿回原籍者，咨送抚、按官处，照依品秩委用，千户以下，除能立军功升级外，其间果有才能出众、曾于所在地方赞谋效力者，不拘有无军功，听抚、按官指实荐举，五年满日，兵部酌量奏请，千户量加署指挥衔，百户以下量加署千户职衔，令把总、备边、掌印佥书，若能建立奇功，一体超用。其赞画官员五年满日，兵部审验才力有用，再发各边赞画五年，通前十年之上，再无军功，又无荐举，兵部再验其才，委无可取，及年老残疾，即将所加米石停止，其武举所加署职，非有军功，虽有恩例，不得实授。加添月米，日后升职，所得俸米过于所加三石之数，即将所加米石住支，止支本等俸给。前项官员，若有犯该革任带俸闲住者，不论官职崇卑，但系武举加升俸米，俱行停革，永不推用。应袭舍人，照例施行。"

俞允文（1513—1579）补郡诸生。顾章志《明处士俞仲蔚先生行状》："君姓俞氏，初名允执，更名允文，仲蔚其字也，世为昆山人。……年十七，奉黄夫人命以《易》学出试，郡别驾李公浙由郎署左迁，颇以才自负，见君之作，以神龙天马目之，若柳仪部之称《毛颖传》者。寻荐于督学侍御张公衮，补郡庠弟子员。……邑中有吴中英先生，高才博学，善奖掖后进，有郭有道之风。见君集有'黄莺飞过山庭暮，欲语不语颜色苦'之句，大加称赏，遂忘年而友之，奇文疑义，相与辨析，往往至于达曙。同里张通参石川先生，喜吟咏，广交游，雅与君善。尝偕谒文太史衡山，出赵松雪马图令君题赋文，亟加许重。张公结社湖南，社中有尚书南坦刘公、箬溪顾公，皆海内缙绅冠冕，一见君即重其器度。及席上赋诗，又独屈其坐人，皆推以为上客。由是诸公互为延誉，人间渐知有仲蔚矣。"王世贞《俞仲蔚先生墓志铭》："又二载补郡诸生。是时邑之耆俊若张纳言寰、吴贡士中英咸推先生为忘年交。而归太仆有光行相近，名能经术，先生以古文辞与角，颇目为甲乙社云。"

明世宗嘉靖九年庚寅（公元 1530 年）

正月

王圻（1530—1615）生。《王侍御类稿》末附《明故朝列大夫陕西布政使司右参议洪洲王公暨诰封宜人陈氏合葬墓志铭》："万历乙卯之闰八月十有四日，致仕陕西右参议、前监察御史洪洲王公无疾卒，年八十六矣。……卒之日距其生嘉靖庚寅正月之二十有一日，享年八十有六，公寿也。"

巡抚保定右副都御史钱如京言："京畿重地，守令须进士，不宜岁贡。"世宗以不拘资格，且科贡正途，何畸轻之有？（据《国榷》卷五十四）张孚敬《张文忠公集》奏疏卷六《论用人（嘉靖九年）》："近该北直隶巡抚官奏，欲尽将进士、举人选补此地方州县正官。臣思之，心有未安。窃惟科、贡，皆国家取才正途。我圣祖初制，岁贡、监生多有任之卿佐及御史等官，而进士但多授以县丞而已。及后进士之选偏重，非惟监生之途轻弃，而举人亦甚轻矣。夫司牧最亲民，惟州、县而已。今天下州、县，无虑千三百馀。为正佐之官者，进士十不及一，举人不及二三，余皆岁贡并援例监生，以及吏员出身者为之，皆有亲民之责者也。……夫进士顾名图进者固多，而恃势虐民者亦不少。若一切以科名为重，而监生之辈尽轻弃之，则彼皆不惜其身，无复奋发，谁为朝廷尽心抚字百姓邪？"

故翰林修撰杨慎戍永昌。求终父丧，不许。（据《国榷》卷五十四）

三月

赐各科道《大学衍义》。（据《国榷》卷五十四）

四月

杨一清革职闲住，旋卒，后追谥文襄。《明鉴纲目》卷六："纲：庚寅九年，夏四月，杨一清卒。（一清故与太监张永善。至是，永家奴讦永曾盗库金，及殁，永弟容多与杨一清求作墓志，诏法司推问。张璁从中主之，坐一清受赇夺职。一清大恨曰：'老矣，乃为孺子所卖！'疽发背死。一清讲学，善权变，尤晓畅边事，羽书旁午，尝亲占十疏，悉中机宜。晚为璁、萼所轧，不获以恩礼终，没后数年，始复故官，寻追谥文襄。）"

少保兼太子太傅吏部尚书武英殿大学士桂萼入朝。（据《国榷》卷五十四）

五月

建圜丘、方丘、朝日、夕月四坛。从夏言议也。自是夏言大蒙世宗眷注。《明鉴纲目》卷六："纲：五月，作四郊。目：帝既定《明伦大典》，益覃思制作之事，以天地合祭为非礼，（洪武初，李善长等建议，分祭天地于南北郊，冬至则祀昊天上帝于圜丘，以大明、夜明、星辰、太岁从。夏至则祀皇地祇于方丘，以五岳、五镇、四海、四渎从。太祖如其议行之。十年春，太祖感斋居阳雨，览京房灾异之说，谓天地犹父母，分祭异处，情有未安，乃作大祀殿于南郊，每岁孟春合祀天地，列朝遵之。至是，帝以上帝皇地祇，合祭一处，非古礼，与张璁言之）欲分建二郊，并日月为四，张璁不敢决。会夏言请举亲蚕礼，（是岁二月皇后亲蚕于北郊）帝以南北郊之说，与分建二郊义合，因令璁谕言陈郊议。言乃上疏，以为国家合祀天地，举行不于长至，而于孟春，俱不合古典。宜令群臣博考《诗》《书》礼经所载，及汉宋诸儒之定论，太祖国初之旧制，陛下称制而裁定之。此中兴大业也。詹事霍韬，谓分祀说见《周礼》，王莽伪书，不足据。言复上疏以为《周礼》一书，于祭祀为详，故宋儒叶时之言曰：郊丘分合，当以《周礼》为据。朱子亦以是书为周公辅导成王，垂法后世，何可诬以为伪。因遂劾韬。帝大怒，下韬狱。于是礼部集上群臣所议，主分祭者，都御史汪鋐（婺源人）等八十二人，主分祭，而以慎重成宪，及时未可为言者，大学士张璁等八十四人，主分祭，而以山川坛为方丘者，尚书李瓒等二十八人，主合祭，而不以分祭为非者，尚书方献夫等二百六人，无可否者，英国公张仑（懋之孙）等九十八人。帝特降玺书奖言，赐四品服俸。卒从其议，分建圜丘、方丘于南北郊，以二至日祭，建朝日、夕月坛于东西郊，以春秋分祭，祈谷南郊，则以正月上辛行之。言又赞成二郊配享议。（洪武时，郊祀以仁祖配。建文即位，改奉太祖。洪熙以后，太祖、太宗并配。及是，言上疏云：太祖、太宗并配，父子同列，稽之经旨，未能无疑。臣谓周人郊祀后稷以配天，我太祖足当之。宗祀文王于明堂，以配上帝，我太宗足当之。礼臣集议，以为二祖配享，百有余年，不宜一旦轻改。帝降敕谕，欲于二至日，奉太祖配南北郊，孟春，奉太宗配上帝于大祀殿。言再疏赞之，乃定议，南北郊太祖独配，孟春，大祀殿太祖、太宗并配。）自是言大蒙帝眷。（时帝又议雩坛，于孟夏行大雩礼，议太社太稷，以勾龙后稷配，议祀帝社帝稷于西苑，议祀高禖之神于皇城东，虽皆命下礼官，多以独断行之。）"

山西巡盐监察御史王宣荐属官五十二人。右副都御史汪鋐言其滥举，免官。（据《国榷》卷五十四）

六月

　　巡抚山东都御史刘节请于曲阜县治立社塾，允行。《明世宗实录》卷一百十四：嘉靖九年六月，"癸亥，巡抚山东都御史刘节请于曲阜县治立社塾，十六社各立一塾，简孔氏生员儒士二十人为塾师。凡孔颜孟三氏子弟八岁以上俱送塾教习，年十五以上，提学官试其学业有成者，送入三氏学，而黜其累试无成者。仍立为廪膳、增广、附学名目，其廪膳虽无廪饩，俱以提学官考定高下收补。至于应贡，以收补名第为定。如年至五十累考无进者发回，衣巾终身。礼部覆议允行，其廪增人数，许依州学例各三十名"。

　　刻《大明集礼》成，世宗亲制序文。《四库全书总目》卷八十二史部政书类二著录《明集礼》五十三卷，提要曰："明徐一夔、梁寅、刘于、周于谅、胡行简、刘宗弼、童彝、蔡琛、滕公瑛、曾鲁同奉敕撰。考《明典汇》载，洪武二年八月，诏儒臣修纂礼书。三年九月书成，名《大明集礼》。其书以吉、凶、军、宾、嘉、冠服、车辂、仪仗、卤簿、字学、乐为纲。所列子目，吉礼十四，曰祀天，曰祀地，曰宗庙，曰社稷，曰朝日，曰夕月，曰先农，曰太岁、风、云、雷、雨师，曰岳、镇、海、渎、天下山川、城隍，曰旗纛，曰马祖、先牧、社马步，曰祭厉，曰祀典神，曰三皇、孔子。嘉礼五，曰朝会，曰册封，曰冠礼，曰婚，曰乡饮酒。宾礼二，曰朝贡，曰遣使。军礼三，曰亲征，曰遣将，曰大射。凶礼二，曰吊赗，曰丧仪。又冠服、车辂、仪仗、卤簿、字学各一。乐三，曰钟律，曰雅乐，曰俗乐。《明史·艺文志》及《昭代典则》均作五十卷。今书乃五十三卷。考《明典汇》，载嘉靖八年礼部尚书李时请刊《大明集礼》，九年六月梓成。礼部言，是书旧无善录，故多残阙。臣等以次诠补，因为传注。乞令使臣纂入，以成全书云云。则所称五十卷者，或洪武原本。而今所存五十三卷，乃嘉靖中刊本，取诸臣传注及所诠补者纂入原书，故多三卷耳。如明礼志载洪武三年圜丘从祀，益以风、云、雷、雨。而是书卷一总序曰：国朝圜丘从祀，惟以大明、夜明、星辰、太岁。又所载圜丘从祀坛位，及牲币尊罍，均止及大明、夜明、星辰、太岁，不及风、云、雷、雨。是益祀风、雨从礼圜丘在十一月。而是书成于九月，故未及纂入。实有明据。而卷一序神位版，乃曰风伯之神、云师之神、雷师之神、雨师之神，并赤质金字。不应一卷之内，自相矛盾若此。则其为增入可知。又《明史》礼志载洪武元年冬至祀昊天上帝仪注，无先朝告诸神祇及祖庙之文。至洪武四年，始创此制。而是书仪注则有之。知亦嘉靖诸臣诠补纂入者矣。序为世宗御制，题为嘉靖九年六月望日。而《世宗实录》载九年六月庚午，刻《大明集礼》成，上亲制序文。是月己未朔，则庚午乃十二日，与《实录》小有异同。疑十二日进书，望日制序，记载者并书于进书日也。"

　　陕西巡茶监察御史陈情滥举，劾免。（据《国榷》卷五十四）

　　夏言奏选给事中之法。吏科都给事中夏言奏："给事中额五十八人，旧进士选补。

弘治间始及行人、博士，正德间及推官、知县，今旋行旋废。乞复旧制通选。"从之。（据《国榷》卷五十四）王圻《续文献通考》卷八十六《职官考·给事中·六科通事例》："世宗嘉靖庚寅秋，给事中夏言疏云：'……考之祖宗旧规，凡给事中有缺，止于进士年三十以上者考选奏补。弘治间，始以行人、博士兼选。正德间，始以在外推官、知县照御史例选补。正德末年，大臣畏忌新进敢言，乃始尽废进士考选之例。陛下登极之诏，命今后照依旧例，给事中有缺，于进士内考选奏补，御史有缺，进士与行取人员相兼考选。然应诏止于一行而旋复寝。吏部亦尝奏请，庙堂大臣阴行格沮，往往以未尝经历世故借口，是不过欲得脂韦婌婉、爱身固禄之流，取其不为己害而已。司马光曰：'凡择言事官，当以三事为先：一不爱富贵，次则重惜名节，次则晓知治体。'今当用光言以为取人之则，将见在各衙门办事进士，及历俸二年之上行人、博士，并推官、知县三年考满到部者，查照旧规及见行事例具奏，从公考选。'奏入，世宗嘉纳。"

辛巳，先是丰林王台瀚上四事：崇辅导，建学校，定子女，均人役。下礼部议上，不果行。（据《国榷》卷五十四）

七月

升右春坊右谕德彭泽为提督四夷馆太常寺卿，林文俊为南京国子监祭酒。（据《明世宗实录》卷一百十五）《国榷》卷五十四："嘉靖九年七月庚子，右春坊右谕德彭泽为提督四夷馆太常寺卿，右赞善林文俊为南京国子祭酒。"

申饬提学官，正文体，汰附学。（据《国榷》卷五十四）

詹事顾鼎臣署府，翰林侍讲学士穆孔晖署院。（据《国榷》卷五十四）

八月

给事中高金言，沙汰附学生，力陈其不可。不听。（据《国榷》卷五十四）

罢姚广孝侑庙，移大兴隆寺，春秋太常寺致祭。翰林学士廖道南请革其祀。礼部即议上，报可。（据《国榷》卷五十四）

九月

诏求精晓音律如宋之胡瑗、李照者，夏言以张鹗应诏。《明世宗实录》卷一百十七："（九月）乙卯。……上厘正郊典，谓当考定雅乐，疏请，令吏部及科道，求精晓音律如宋之胡瑗、李照者，吏科都给事中夏言遂以致仕甘肃行太仆丞张鹗应诏。上令吏部趣召之。鹗至，即请定元声、复古乐。"鹗又奏原太常寺乐官沈君敬不通音律，世宗令法司逮问。

翰林编修张星为国子司业。(据《国榷》卷五十四)

前大学士杨一清卒。一清字应宁，云南安宁人，徙丹阳。幼举奇童。成化壬辰进士。授中书舍人，迁山西陕西提学佥事，进副使。好谈经济，笼罩豪杰，有文武才。性阔大，不甚饬边幅，当时目为智囊。及再入相，扼张璁辈，卒被污衊，云"死不瞑目"。上闻之，复官。戊申，赠太保，谥文襄。(据《国榷》卷五十四)

太子太保吏部尚书兼翰林学士方献夫疾去。(据《国榷》卷五十四)

十月

右副都御史胡琏子御史效才避嫌求改翰林，以近弊不许，著为令。(据《国榷》卷五十四)

辑《祀仪》成典，以更定郊制也。以知建造事总督工程官郭勋，同知建造事督视规制官李时，监视巡察工程官汪鋐为监修官。知建造事总督工程官张璁为总裁。大学士桂萼、翟銮为副总裁。监视巡察工程官史科都给事中夏言进翰林院侍读学士，仍兼都给事中。中允廖道南，编修张衮、徐阶、程文德为纂修官。(据《国榷》卷五十四)

翰林院学士顾鼎臣奏江南税粮积弊，申饬清查。从之。(据《国榷》卷五十四)

翰林院侍读学士兼吏科都给事中夏言直经筵日讲。(据《国榷》卷五十四)

十一月

兵科给事中王玑条陈二事，其一为教养生员。《明世宗实录》卷一百十九：嘉靖九年十一月，"己丑，兵部给事中王玑条陈二事……一、教养生员。言今之学校文词日盛，德行风微，请乘今颁敕沙汰之后，责令各学教官定为考语，注于三等簿，提学据所注参之文字，必素有德行者，方许应举充贡。如教官徇私，则遵敕谕行罚，仍将考优者登记牒付布政司，三年大比，公同参取"。"兵部"，似应作"兵科"。

更正孔子祀典，定孔子谥号曰至圣先师孔子。每岁春秋开讲前一日，皇帝服皮弁拜跪，行释奠礼。世宗《正孔子祀典说》即撰于本年。《明世宗实录》卷一百十九：嘉靖九年十一月，"辛丑，礼部会同内阁詹事府翰林院议上更正孔子祀典。一、谥号。人以圣人为至，圣人以孔子为至，宋真宗称孔子为至圣，其义已备。今宜令两京国子监及天下学校，于孔子神位宜称至圣先师孔子神位。其王号及大成文宣之称一切不用。庙宇亦止称庙，不宜称殿。其四配称复圣颜子，宗圣曾子，述圣子思，亚圣孟子。十哲以下，凡及门弟子皆称先贤某子，左丘明以下皆称先儒某子。凡一切公侯伯不宜复称，以混成周一代封爵之制。一、章服。孔子章服之加，起于塑像之渎乱也，今宜钦遵我圣祖首定南京国子监规制，制木以为神主，仍拟定大小尺寸，著为定式。其塑像，国于监责令祭酒等官，学校责令提学等官，即令屏撤，勿得存留，使先师先贤之神，不复依土木之妖，以别释氏之教。一、乐舞笾豆。每遇春秋祭祀，遵照国初旧制，用十笾十豆。天下府州县八笾八豆。其乐舞止用六佾，以别郊庙之祭。一、配享。父子大伦，不容紊乱。宜命两京国子监及天下学校，别立一祠。中祀叔梁纥，题称启圣公孔氏神位，以无繇、曾点、孔鲤、孟孙氏配，俱称先贤某氏。一、从祀。孔庙从祀之贤，万世瞻仰，所系诚重，不可不考其得失，以清祀典。申党即申枨，位号宜一。公伯寮、秦冉、颜何、荀况、戴圣、刘向、贾逵、马融、何休、王肃、杜预、吴澄宜罢祀。林放、蘧瑗、卢植、郑玄、服虔、范宁宜各祀于其乡，后苍、王通、欧阳修、胡瑗宜增入从祀。疏入得旨，俱准议行。其塑像之渎，有同释氏夷教，所宜亟行屏除……依拟，国子监责令祭酒等官，学校责令提学等官，通行改正，以称朕尊师重道之意。上躬诣南郊，率分献执事官习仪，以大报伊始，虔其事也"。《四库全书总目》卷八十三史部政书类存目一著录《正孔子祀典说》一卷，提要曰："明世宗肃皇帝御撰。嘉靖九年，大学士张璁请正先师祀典。帝因言圣人尊天与尊亲同，今全用祀天仪，非正礼。谥号章服，悉宜改正。璁遂请改孔子称先师，不称王。用木主，不用塑像。笾豆用十，乐用六佾。配位宜削公侯伯之号，止称先贤先儒。帝命礼部集议，编修徐阶疏陈不可。帝怒谪阶官。因亲制此文，宣付史官。大略谓孔子以鲁僭王为非，宁肯自僭天子之礼？寻以群臣争执者众，复降谕晓示，命礼部与《祀典说》通行刊布。于是其议遂定。按《明史》礼志，尚有帝所制《正孔子祀典申记》一篇。此本所附敕谕中亦有'朕著说记之'语。而书中有说无记，疑为传写者所脱也。"

翰林院编修徐阶请文庙像如旧，谪延平推官。（据《国榷》卷五十四）

本年

礼部重申鸿胪寺通事考核之法。礼部通事言："鸿胪寺通事之设，视译语生熟为职业修否，时加考较，立法固善，但授职之后，如弛季考，事体未安。请著令，通事九年授职，并六年者冠带，免其季试，专以考对，以稽职业。其未及六年及候缺顶补者严考，如三次考居下等者，奏请定夺。"报可。（据俞汝楫《礼部志稿》卷九十二）

徐渭举业文字得山阴知县刘昺赏识。徐渭《畸谱》："十岁。考未亡时，分予僮奴妇及其儿子共四人，夜并逃。知山阴者为凤阳刘公昺，十四兄潞引我往告奴。刘一见，谬赏其姿曰：'童年几何？今学做些什么？'潞曰：'亦能举业文字两年矣。'刘更奇之，命题曰'居其所而众星共之'，公理告书不二十纸，文不草而竟。公读至'天不言而星之共之，非天谆谆然以命之共也'云云，对股'星亦不言而众星共之，非众星谆谆然以约之共也'云云，大赏之，取佳札兔管，令送童子归。且问渭：'童子何师？'曰：'姓王，名政。''教女作文，教读何书？'曰：'读程文。'公取卷余纸批曰：'小子能识文义，且能措词，可喜可喜！为其师者，当善教之，务在多读古书，期于大成，勿徒烂记程文而已。'"

明世宗嘉靖十年辛卯（公元1531年）

正月

礼部尚书李时等言岁贡事宜，请依宣德、正统、天顺间例。《明世宗实录》卷一百二十一：嘉靖十年正月，"庚子，礼部尚书李时等上言：臣等仰承明诏，备考祖宗之时，往往得人于贡途，而今之岁贡，以悯老恤穷为旧规，以选贤黜劣为苛法，俗弊既深，何以得贤？自今宜依宣德、正统、天顺年间例，行两京及各省提学官，于各学廪膳内通试及多方体访，果有学行出群年三十以上者，府学许贡三人，州学二人，县卫学一人。以后各学如期起送。如廪膳无人，增广内考取。增广无人，附学内考取。各求真才，以应明诏。如有名实不称，及夤缘干进之弊，听抚按官纠举。廷试有不中式者，其提学官一名以上参究提问，五名以上降级改用。仍行国子监，依祖宗监规，通送广业堂，月严考试，学业进修者方许以次升至率性堂，拟送诸司办事。间有考试累优，行谊著闻，堪以任用者，年终具奏本部，会同吏部覆考得实，奏请选用。覆试不如式者，仍常拨历。如此则选择既精，而岁贡不患不得人矣。其廪膳中有年老不堪贡者，予以衣巾终身。国学中有年老不堪选者，予以衣冠终身。俱量蠲杂徭，则获选者既得以自尽其才，而被黜者亦不至于失所。疏入，上曰：'朕惟祖宗朝设立岁贡之法，实寓古里选之制，期得真才以资国用。迩来生员，苟得帮廪，即计充贡有日，往往有不修行检，挟制官司，欺蔑乡里，甚至亏缺伦理，玷辱衣冠，及有学问荒疏，年力衰迈，有司不问贤否，止计食粮浅深，一概循资充贡，却又多选任教官，以为人师。欲求人才长进，诚不可得。自今岁贡生员，务令府州县提调官选举有学行者，方许起送。巡按御史处，会提学官并布按两司官从公考核，照常数贡举。先尽廪膳，如果无人，许于增广、附学内考取，不许颛论食粮浅深，以袭旧弊。即有年老不堪教养者，令提学官严加考选，无行者黜退为民，其馀量予衣巾终身。廪膳有缺，提学官毋得辄听权要子弟滥与收补。如未得人，宁令空缺。其岁贡入京廷试，再有衰老无学及行检不修者，所贡举官一体坐罪不贷。国子监见坐监生员，该部还查，照旧规定提以闻'"。

定科举、岁贡、荐举三途并用。（据《明世宗实录》卷一百二十一"嘉靖十年正月庚寅"）《国榷》卷五十五："嘉靖十年正月丙戌朔。庚寅，吏部遵诏，如累朝例，科举、岁贡、荐辟，三途并用。从之。"

桂萼致仕。归，本年八月卒于家。《万历野获编》补遗卷二《儒生保辅臣》："嘉靖九年八月，桂萼被给事中陆粲弹章，与张璁同罢，以尚书致仕。未几璁即召还，而萼仍家居。史馆儒士蔡圻，揣知上意，上疏颂尊功，请召之。上即俞其言，赐尊敕奖谕，敦促上道矣。至十二月尊未至。听选监生钱潮等，又上疏请遣使趣大学士尊还朝，与璁共辅政，时去岁终禁封三日耳。上怒，谓大臣进退，断自朝廷，乃敢狂率奏扰。且倡自蔡圻，并圻下法司逮讯。时人快之。时尊尚在家，宜即坚辞。未几赴阙，然已与张璁，不得行，意邑邑，岁余仍致仕去，遂死。盖在得患失，兼而有之。蔡、钱二生，何足责也。"按，陆粲劾张、桂在嘉靖八年。《明鉴纲目》卷六："纲：桂萼罢。（萼初锐意功名，不恤物议，及再召还，气慑不敢复纵。至是，以病乞归，未数月卒。○萼性狠愎，为知县时，悻悻使气，屡为上官所辱，既得志，报复无虚日。又好排异己，凌虐同官，议礼议狱，构害不下数十百人。）"

巡按云南御史陆梦韩荐尚书罗钦顺、秦金等三十四人，坐滥举，谪安庆推官。（据《国榷》卷五十五）

南京太常卿方鹏以右春坊右庶子养疾，并不当迁，夺其新衔。（据《国榷》卷五十五）

二月

陆粲《春秋胡氏传辨疑》成书。是书抉摘说经之弊，颇能洞中症结。《四库全书总目》卷二十八经部春秋类三著录《春秋胡氏传辨疑》二卷，提要曰："明陆粲撰。前有自序，谓胡氏说经，或失于过求，词不厌烦而圣人之意愈晦，故著此以辨论之。大旨主于信经而不信例。其言曰：不以正大之情观《春秋》，而曲生意义，将焉所不至矣。又曰：昔之君子有言《春秋》无达例。如以例言，则有时而穷。惟其有时而穷，故求其说而不得，从而为之辞。又曰：《春秋》褒善贬恶，不易之法。今用此说以诛人，又忽用此说以赏人，使后世求之而莫识其意，是直舞文吏所为，而谓圣人为之乎？其抉摘说经之弊，皆洞中症结。其例皆先列胡传于前，而以己说纠正于后。……凡六十馀条，大抵明白正大，足以破繁文曲说之弊。自元延祐二年立胡传于学官，明永乐纂修《大全》，相沿而不改。世儒遂相沿墨守，莫敢异同。惟粲及袁仁始显攻其失。其后若俞汝言、焦袁熹、张自超等，踵以论辨，乃推阐无馀、虽卷帙不多，其有功于《春秋》，固不鲜也。"陆粲自序署："嘉靖辛卯春二月朔日吴郡陆粲题于黎峨寓庐。"

减去正杂历缺一百六十五名，添正历为十五个月，杂历十二个月。黄佐《南雍志》卷十六《储养考》："嘉靖十年二月，为预处生徒以隆教典事，该礼部尚书李时覆题，奉圣旨：'在监坐班人少，都因近来将历事年月减少，并滥加杂历、长差等项，用人数多，惟务姑息私恩，不论公法。倪岳奏内所称，既天顺年间以前，十年以上方得拨历，今却坐监未及一年或八九月的俱已夤缘拨出，大坏祖宗作养之法，这等奸弊，所宜速革。便着吏部查照旧规，各衙门历事，每应用名数，明白开奏，著为定例，不许似前滥拨数多，专一令他出银写本及无名差用，以致他困穷。今后凡历事三个月，考勤之后，着照倪岳题准例，仍历一年，其余写本一年，清黄写诰……以称祖宗设立历事深意，待以后考。选贡到京坐监的，遵照祖宗监规，由广业堂肄业，以渐升至率性堂，然后积分量与出身，果有才学，超越异常的，取自上裁擢用，还并查催给假监生前来，增贡事例不必开，庶免吏部用人壅塞之弊。钦此。'于是减去正杂历缺一百六十五名，添正历为十五个月，杂历十二个月。"

前少傅兼太子太傅户部尚书谨身殿大学士谢迁（1450—1531）卒。迁字子乔，余姚人，成化乙未进士第一。授修撰，历少詹事，直阁。正德初，忤逆瑾，里居十八年。再召入，引去。赠太傅，谥文正。（据《国榷》卷五十五）参见费宏《谢公迁神道碑》、《明史》本传。《四库全书总目》卷一百七十一集部别集类二十四著录《归田稿》八卷，提要曰："明谢迁撰。迁字于乔，余姚人。成化乙未进士第一。授修撰。官至户部尚书，谨身殿大学士。谥文正。事迹具《明史》本传。迁之在内阁也，与刘健同心辅政。史称其秉节直谅，见事明敏，天下称为贤相。其文集全稿，嘉靖中倭乱被毁。此集乃其致仕以后及再召时所作，自题曰《归田稿》，以授其子至者也。国朝康熙中，其七世孙大名府同知钟和复加厘辑，梓而传之。集中奏疏，类多晚年陈谢之作。凡在朝时嘉谟谠论，均已无存。即史所称请罢选妃嫔、禁约内官诸疏，亦不在其间。则其散失者当复不少。然迁当归里以后，正刘瑾、焦芳等挟怨修隙，日在危疑震撼之中，而所作诗文，大抵词旨和平，惟惓惓寄江湖魏阙之思，老臣忧国，退不忘君。读此一编，已足以知其忠悃矣。"

大学士张璁，以嫌名，请赐名孚敬，字茂恭。俱御书。（据《国榷》卷五十五）

三月

礼部奏请拣选举贡监生在部需次者，报可。选举贡监生为科道。于是曾忭、周昆、薛宗铠、谢存儒为给事中，王德溢、杨行中、周宠、宋邦辅、诸演为试监察御史。《明世宗实录》卷一百二十三：嘉靖十年三月，"辛丑，吏部奏请拣选举贡监生在部需次者。上曰：'州县有司，系亲民官职。以天下之广，进士仅一二，须举贡足其数。尔等既知要在得人，奈何乃蹈旧弊：发身进士者不必循良，概得行取，选用科道部属。举人或间一预，监生全无，何由自效？往数诏相兼擢用，竟不遵行。今次拣选，务秉公责实，有贤能立心为国者，一体选科道部属。著为令。该司官敢仍前欺弊虚文抵塞，都察具实参奏。'旨下吏部，遂请并选举贡监生堪科道部属者，诏如议。乃选授知县曾忭、周昆、薛宗铠，行人谢存儒，俱给事中，知县王德溢、杨行中、周宠，行人宋邦辅、诸演，俱试御史，上曰：'顷选科道，既云有国子监博士等官，乃无一人得与。自后务秉公行，兼明开历年考语以闻'"。

吏部左侍郎徐缙，詹事顾鼎臣，左春坊左庶子兼翰林院侍读学士穆孔晖，各失日讲，宥之。孔晖调南京尚宝司卿。（据《国榷》卷五十五）

翰林院侍读学士兼吏科都给事中夏言为少詹事兼翰林学士。（据《国榷》卷五十五）

礼部覆都给事中张润身条陈科举事，准奏三事：杜诈冒以端趋向，革小考以节劳费，处考官以绝私嫌。（据《明世宗实录》卷一百二十三"嘉靖十年三月辛卯"）

广西提学佥事黄佐，引疾遽去。下巡抚讯之。（据《国榷》卷五十五）

四月

命各处乡试事宜，俱照原题准事例行。《明世宗实录》卷一百二十四："（嘉靖十年四月戊辰）浙江巡按御史李信言：'各省乡试考官宜会同监临等官揭书出题，考试官取定试卷，先期将号数发出，听监临官参之墨卷，以定去取。'礼部覆议：'考试、监临，各有职掌，先大学士张孚敬题各省外帘官，豫结生徒，密通关节，不公之弊，莫甚于斯。今复令外帘官参之墨卷，不惟非祖宗糊名易书之法，亦非今日补偏救弊之意。宜照先奉钦依事例，未出榜以前，监临官不许干与，以挠职守。出榜之后，内帘果有不公等弊，据实纠举。'上曰：'各处乡试事宜，俱照原题准事例行，监临并外帘官不得干与。主考务同分考官从公揭书出题，三场策题亦不许主考官预构，以防奸弊。以后会试俱遵照行。《乡试录》提调官与考试官序名，只照旧规，不许更变。'"

贡士孙鼒为工科给事中，贡士阮徽、监生张澍为广东道试监察御史。（据《国榷》卷五十五）

罢山西提学副使刘储秀，以檄建敬一亭语不谨。南京提学御史刘隅、章衮以檄木刻，谪隅许州判官。巡按御史刘谦亨谪顺德推官。（据《国榷》卷五十五）

闰六月

礼部请本年科举暂不用古义，报可。《明世宗实录》卷一百二十七：嘉靖十年闰六月，丁亥"礼部言：'皇上顷从行人薛侃议，将《论》《孟》古义颁布天下，示以程序，诚得返朴还淳之机，但文章习尚，久而后成。今科举在迩，行之天下，势不能遍。即使习学，未必如式，妄意模拟，必多迂诞。士子既不得以旧习自显其才，有司又不得以新格辩别贤否，一时科目，或至失人。请暂令今岁科目，不必尽拘格，挨明年会试行之，则风声所激，文体自变。臣等又窃见嘉靖八年会试录文，皆简古纯正，既不失祖宗之旧式，而于圣贤经义亦多发明，与古义无甚相远。或止以前录文体颁行天下，一体更正。'上是之，命照祖宗时科举文式行，务在崇雅黜浮，以验实学。罢古义不用"。

礼部考核，黜国子监学正、房监等五人。《明世宗实录》卷一百二十七：嘉靖十年闰六月戊申，"吏部考核，国子监监丞等奏：当留者十五员。当黜者五员。因言国初设国子监官，专取问学优常德器老成者任之，使天下生徒有所观法，以为成材之地，迩来进士外选者，辄求改监职，苟历年资，遂得内补。以贤关为捷径，非祖宗立法养士之意，且令进士之科皆若此辈，则民社之责，属之何人。自今宜著为例，有补外而求改监职者，非材力不及，则学术不正，不得擅改京职，以长奔竞。上然之。命如议禁革，著为例，黜学正、房监等五人。时助教金洲先以永康知县改任吏部。以其人素协士论，且业已奉旨改补，宜留供职。上不许，命仍除外任"。

仍依旧典考选天下岁贡生员。《明世宗实录》卷一百二十七：嘉靖十年闰六月，"戊申，礼部言：天下岁贡生员中有起送已久，缘事后至者，遽值新例，一旦失望，人情不堪。又夷地边方，如云、贵、辽东等处，其人才不与中原比，一概考校，必多黜落，人怀无用之志，将来必至废学，恐非羁縻化道之深意也。夫未尝严督于平时，而遽欲责成于一旦，既宽假于已往，而特切核于今日，其于事体殊有未安。请令边方卫学考黜者，许秋间与例前起送者核考，应送廷试者，如会试例分南北中卷，系边卫者仍明注边卫，考试之后，分送二监作养。上曰：'祖宗立法，岁贡人材，其学行俱出乡举里选，与科举糊名易书者不同，原无分南北卷，第如旧典行之'"。

廷试就教生员。列上堪授教职者仅五十八人，送监肄业者四十九人，发回复学者十四人。《明世宗实录》卷一百二十七：嘉靖十年闰六月，"庚子，廷试就教生员。大学士张孚敬等言：国家设学校以养士，而师儒之官实任教育之责，祖宗以来，学校廪禄不容苟食，如非其人，即黜退追廪，成化中此法尚行，后乃因循废法，挨次起贡。此至礼部，多悯其岁暮途穷，一切听授教职。廷试考选，只应故事，甚至考试者以私意置之前列，俾得善地。赴官率以利禄为计，使之教士，实以坏士，世乏良材，有由然矣。顷奉明诏，复旧制选贡，以重师儒，诚作育人材一大机也。乃列上堪授教职者仅五十八人，送监肄业者四十九人，发回复学者十四人。诏从之"。

命两雍官仍属吏部，各儒学属巡按御史及提学官甄别。（据《国榷》卷五十五）

命乡试主考。浙江兵科给事中潘大宾、刑部主事郭宗皋，江西户科给事中王守、刑部主事朱子和，福建刑部郎中张臬、户部员外郎张元孝，湖广兵科给事中王祯、行人朱隆禧，广东吏科给事中曾忭、礼部主事王慎中，广西刑部郎中吕希周、户部主事阮朝东，四川户科给事中祝咏、行人司副李遂，河南礼部主事王汝孝、刑部主事潘恩，山东刑部员外郎施昱、兵部主事吴鹏，山西户部主事庄一俊、刑部主事赵文华，陕西吏科给事中王崇古、兵部主事王学益，云贵户部主事焦维章、兵部主事胡维。（据《国榷》卷五十五）

旌湖广永州岁贡生杨成章孝行，授国子学录。（据《国榷》卷五十五）

国子司业林时改南京通政司参议。（据《国榷》卷五十五）

七月

令张孚敬致仕。张孚敬即张璁。《明鉴纲目》卷六："纲：秋七月，张孚敬罢。目：孚敬即璁。以犯帝嫌名请改，帝手书赐之。夏言恃帝眷，数以事讦孚敬，孚敬衔之，与太常卿彭泽（此又一彭泽，南海人。以议礼进用），构陷行人司正薛侃（字尚谦，揭阳人），欲以倾言。廷鞫事露，帝斥其怙冈，令致仕去。（时侃上疏，请择亲藩贤者居京师，以待皇嗣之生。帝怒，下侃狱，究交通主使者。侃先曾以疏草示泽，泽与侃及言，俱同年生。泽素附孚敬，而孚敬方憾言，默计储副事触帝怒，必兴大狱，诬言同谋可祸也。给侃稿示孚敬，因报侃曰：'张公甚称善，当从中赞之。'孚敬乃先录侃稿以进，谓出于言，请勿先发，以待疏至，帝许之。侃犹豫，泽频趣之，乃上。及廷鞫，拷掠备至，侃独自承。泽挑使引言，侃瞋目曰：'疏我自见，趣我上者尔也。尔谓张少傅许助，言何与？'给事中孙应奎等，揖孚敬避，孚敬怒。应奎等疏闻，诏并下言等狱再鞫，具得其实，乃释言等，侃为民，泽戍边。）"

翰林侍讲学士席春、左春坊左中允孙承恩主试应天。（据《国榷》卷五十五）

八月

给事中谢从儒论劾国子监祭酒许诰，调外任。《明世宗实录》卷一百二十九：嘉靖十年八月辛丑，"太常寺卿管国子监祭酒事许诰，以给事中谢从儒论其侵克馔钱，具疏言：'馔钱乃典簿所职掌。因稽其出纳之数，并经费之节以闻。其言膳夫银两不明，当先责之经手收支之官，祭酒不过失于觉察而已。'上责从儒不明职掌，轻率狂妄，令据实置对。时诰复使监丞王昺等封其寝室，请旨差官校搜检，上谕以非朝廷政体，不许。寻从儒引罪，命调外任远方用"。

吴惠、蔡昂任顺天乡试主考。《弇山堂别集》卷八十二《科试考二》："嘉靖十年辛卯，命翰林院侍读学士吴惠、右春坊右赞善蔡昂主顺天试。""是岁，各省试仍用科部等官。"

两京及河南、山东、陕西、山西、浙江、湖广、江西、福建、广东、广西、四川、云南等十二布政司乡试；贵州士子附云南乡试。

王慎中为广东乡试主考，所录乡魁林大钦明年状元及第。李开先《遵岩王参政传》："辛卯，各省乡试，仍以京朝官为主考，仲子得广东，而录文佳，得士多，迄今为人所称诵。明年，状元及第者，即乡魁林大钦也。"

应天乡试，录取一百三十五人。有沈坤、李春芳者，先后大魁天下。孙承恩《文简集》卷三十《方齿录序》："是岁也，予实与蜀郡虚山学士席公主试事，道出淮泗之间而得异兆，有巨鲤跃入予舟。予骇且喜，曰：'兹行也，其有名士入吾网罗，以副吾之所求矣乎？'及竣事，则一百三十五人者，固皆魁伟宏博之器，颖敏特达之才，一时誉髦士也。逮上礼闱，由壬辰及今凡六举，而获荐者几五十人，则固已盛矣。而有沈子坤者，辛丑魁天下，有吴子情者，甲辰传胪三人，有李子春芳者，丁未复魁天下。"是岁，指嘉靖十年（1513）。壬辰，即嘉靖十一年。辛丑，即嘉靖二十年。甲辰，即嘉靖二十三年。丁未，即嘉靖二十六年。

世宗御无逸殿，令辅臣李时、翟銮坐讲。《殿阁词林记》卷十五《月讲》："嘉靖十年八月癸卯，西苑豳风亭落成，上御无逸殿，命辅臣李时、翟銮坐讲。暨日讲官顾鼎臣、谢丕、张潮、臣道南，分撰《书·无逸》、《诗·豳风》讲章进呈毕，设宴，列坐于亭之两旁。天颜澄霁，玉音宣畅，盖君臣同游之盛如此。次日，臣道南进讲文华殿，首揭君子所其无逸章，嗣后进讲《书经·康诰》惟民康乂章，《召诰》顾畏民嵒章，及《孟子》践形章、理义悦心章、被裎衣鼓琴章、君子反经章，每横经竭忱，上临黼座，俯躬咨询，虚心听纳。一日，讲官刘龙进《孟子》至诚章，上批曰：'龙于至诚能动，乃云迹者黄河清，是至诚之验也，未免近谀。但其末云谦以履盈，约以保泰，此二句却好。'又伦以训进《论语》阳肤为士师章讲章，上批云：'以训讲哀矜勿喜，云是慈悲怜悯。夫慈悲二字，是释氏之教也，朕所传者，二帝三王之道，所习者孔孟之学也，非释氏之教也。'及魏校进《书经》讲罪疑惟轻章，上批云：'桂尊荐校善解经义，朕昨观其讲章，并未有过人者，且其前后率多谀词，难居近侍，着吏部调南京用。'上之圣明，知人如此，直与尧舜同一道矣。"

黄省曾（1490—1540）中举。《列朝诗集小传》丙集："省曾字勉之，吴县人。六龄好缃素古文，解通《尔雅》。弱冠，与其兄鲁曾，散金购书，覃精艺苑。先达王济之、杨君谦，皆为延誉。负笈南都，游乔白岩司马之门。嘉靖辛卯，以《春秋》魁乡榜，固已为宿名之士矣。"王世贞《五岳黄山人集序》："先生挺人杰之资，当舞象日，固已田百氏之薮而渔猎之，一下笔而屈其豪贤长者，即王少傅、乔太宰不敢称前进而交先生。先生意不怿，以书赞于北地李献吉，相与扬扢，自六代西京而下，距嘉靖二千载，如指掌也。乃先生则愈欿然以为无当于世，日夜考载籍，征耆硕，以究极乎古今兴衰倚伏之变。国典庙彝，礼乐比详，兵车水土，平准之策，下至于星历医卜农贾，覆逆支离，人竭五官之职，而恨其晷者，先生饶办之矣。乃愈以为即当于世，亦役我以老，而无当于真我。东走谒王文成公阳明洞天，眉宇接而心神融，了然独悟天则之妙，归而著《会稽问道录》。先生自谓得王氏玄珠，然绝不以语人，又不立门户，而所谓《问道录》者，纲之以十袭之缃而不更发。中间尝应魁荐，一游南宫，有所不可，辄叹曰：'此为置千里骨者耶？吾束吾腹归矣。'"王鏊（1450—1524）字济之，苏州府吴县人。成化十一年进士。有《震泽集》、《震泽长语》。杨循吉（1458—1546）字君谦，吴县人。成化二十年进士，官至礼部主事。有《松筹堂集》。乔宇（1457—1524）字希大，号白岩，山西乐平人。成化二十年进士。官至南兵部尚书。谥庄简。有《乔庄简集》。王守仁（1472—1528）字伯安，号阳明，浙江余姚人。有《王文成公全集》。李梦阳（1473—1529）字献吉，号空同，庆阳人。弘治六年进士，官至户部主事。有《空同集》。

茅坤（1512—1601）乡试下第。茅坤，字顺甫，号鹿门，归安人。嘉靖戊戌进士，除青阳知县。改丹徒，征授礼部主事，改吏部，左迁广平通判。迁南兵部主事，擢广西佥事，进河南副使。著有《白华楼藏稿》、《玉芝山房稿》、《耄年录》等。屠隆《明河南按察司副使奉敕备兵大名道鹿门茅公行状》载：茅坤乡试下第，父"南溪公恚曰：'人皆目汝盗骊、山子，一出而蹶，何名神骏？'坤顿首谢。乃裹粮渡钱塘，从名师，益下帷发愤，业大就"。

归有光（1506—1571）乡试下第。归有光，字熙甫，昆山人。九岁能属文，弱冠尽通《五经》、《三史》诸书，师事同邑魏校。嘉靖十九年举乡试，八上春官不第。徙居嘉定安亭江上，读书谈道。学徒常数百，人称震川先生。嘉靖四十四年始成进士，授长兴知县，调顺德通判，专辖马政。隆庆四年，大学士高拱、赵贞吉雅知有光，引为南京太仆丞，留掌内阁制敕房，修《世宗实录》，卒官。著有《震川先生文集》。据王锡爵《明太仆寺寺丞归公墓志铭》、《明史·文苑传》。

何良俊、薛应旂（1500—1570后）应乡试落第。何良俊《薛方山随寓录序》："余忆辛卯年与先生俱入试于南都，先生尔时文誉藉甚，已震动于都城。南畿人来就试者，皆知常州有薛先生善为古人文，其学无所不窥，南都士莫有能先之者。先生偶知余，过访焉，交见甚欢也。是年先生与余皆见黜于有司，相继以拔贡去。继是先生以甲午（1534）举于乡，乙未（1535）举会试第二。"何良俊字元朗，松江华亭人。嘉靖中贡生，以荐授南翰林孔目。有《柘湖集》二十八卷。薛应旂字仲常，武进人。嘉靖乙未进士。除慈溪知县。迁南吏部主事，历郎中，出为浙江提学副使，改陕西。有《方山集》。

起陈寰国子司业。（据《国榷》卷五十五）

前少保兼太子太傅吏部尚书武英殿大学士桂萼卒。萼江西安仁人，正德辛未进士。历丹徒、青田、武康令，颇洁廉恤民。凌忤上官，尝被笞，中白简，幸得解。稍迁南京刑部主事，言礼，同张孚敬骤贵，至直阁。规画多迂滞。又挤孚敬，并罢。亡何，召入，气黯然不复振，乞归。疾笃，遗表谢恩。上悯之，赠太傅，谥文襄。录子舆尚宝司丞，辅中书舍人。（据《国榷》卷五十五）

九月

诏开天下岁贡生员额，如弘治八年例。《明世宗实录》卷一百三十：嘉靖十年九月癸酉，"诏开天下岁贡生员额二年以充国学，如弘治八年例，府学岁二人，州学二岁三人，县学岁一人，顺天应天学岁三人。仍饬提学官严加考选，不得冒滥。时祭酒许诏以生徒益少，请如嘉靖初元增贡。直隶提学御史胡时善亦请处岁贡，抑奔竞，及增贡额。礼部覆请，故有时命"。《国榷》卷五十五："嘉靖十年九月癸酉，广天下岁贡生。郡岁二人，州再岁三人，县岁一人，入太学。"

礼部尚书李时兼文渊阁大学士，预机务。《明鉴纲目》卷六："纲：九月，以李时为礼部尚书，兼文渊阁大学士，预机务。目：自张、桂与费宏、杨一清相倾轧，谨嚣不已。孚敬罢，翟銮独秉政者两月。时入，两人皆逊顺无龃龉，政府稍宁。"

夏言任礼部尚书。《明鉴纲目》卷六："纲：以夏言为礼部尚书。目：时士大夫多恶张孚敬，恃言抗之。言既以开敏结主知，又折节下士，大得声誉，朝廷制作，一决于言。阁臣李时、翟銮取充位而已。"

世宗命书周公《无逸》篇于西苑无逸殿壁。《殿阁词林记》卷十三《宸翰》："嘉靖十年九月十五日，今上命书周公《无逸》篇于西苑无逸殿壁。叙曰：'无逸殿之所作者，寓戒逸之意者也。夫劳者人之所共恶，逸者人之所同好，故周公以是告戒成王者也。朕于今年春，因命西苑隙地耕耨之，以举农事，下吉择皇祖文皇帝旧宫之迎和门内之南，建帝社稷坛，以祀帝社帝稷，每岁春告秋报行礼。宫门外之东建殿亭一区，殿曰无逸，亭名豳风，围以小厦垣墙。迎和门外之南作一亭曰省耕，以备朕时省之小憩于此。又于北之空地起仓厫一座曰恒裕，前为一亭曰省敛之所。工起于春三月之十六日，讫于九月之十五日。殿中壁奉刻我皇考睿制农家忙律，附以朕所记于末。左书周公之书《无逸》篇，北书朕之所作《题豳风图》诗。告成，朕亲为此记，以示将来。夫斯作也，非朕所伪饰而为之也，于以思皇考之圣训，俾不致失忘，后世以体朕此意，庶知以劳而多兴，逸而速亡，知农事之艰难，民命之所系，国本之所关，上至郊庙粢盛之所供，下及于官禄百需之所赖，皆在此。务勤励己，劝示于民，亿载之休，永安磐石之固，未必非为政之要务者。故记之垂后云尔。'又曰：'殿之作与夫工之始末，已载于左。朕于是复以无逸之义而申说之。夫逸者人君之大戒也。何谓？安逸自适，人之常性，孰不欲高枕晏卧于终日，游情于声乐之场，放恣于酒色之地，以为嬉娱恬快而无所劳困。殊不知昏荡其性者以此，懈堕其志者以此，戕身伐命者以此，危家亡国者率以此。至于失礼丧义，悖亲违君，伤伦败俗，皆自逸肆中来。故曰：晏安如鸩毒。朕虽冲弱，每以此为大防。故取周公之《无逸》一书，《七月》一诗，揭于殿亭。夫公之意，以稼穑之艰难，与小人之依告于王。意盖谓譬农家后生，不知祖父之勤，而以逸失之，况人君之宫生内长者，安可不思祖宗创造之艰而耽于逸豫乎？亦以使首先以农桑为重。王业之基，实在乎此。朕罔知，特以务先自励而风天下，以及置蚕室于迎和门内之北，立先蚕坛于此，每岁命皇后率官职行祭告采桑礼于中，庶使此心不敢怠忽，以寓勉力之意耳。若夫思圣祖创建之艰难，保洪图于永固，则在于敬天恤民，亲贤讲学，修身以端化本，正心以贞治原，持其敬，协乎一，以求不负我皇天与我皇祖之所付托，及我皇考之所垂望者在是矣。朕不德，尤望臣邻之所匡赞。凡睹斯者，勿以文害意，以答朕之望焉。故为说。'"

翰林院侍读学士张潮为学士。（据《国榷》卷五十五）

十月

太常寺卿署国子祭酒许诰，请归膳夫银于太仓，钱钞于户部。户科给事中叶洪等谓非制，寝之。（据《国榷》卷五十五）

翰林学士张潮为少詹事，侍讲学士席春为学士。（据《国榷》卷五十五）

改德州卫生儒试山东，辽东卫生儒试顺天。（据《国榷》卷五十五）夏言《桂洲奏议》卷十《改便科举以顺人情疏》："该辽东都指挥使司、辽东都司等卫儒学优次等生员徐潮等奏：'惟照嘉靖十年，例该乡试，臣等俱蒙巡按辽东谢御史考送山东布政司乡试，随于六月内起程，闰六月入关。时值天雨连绵，十地皆水，冒暑冲泥，延至七月终方才到省。中间触犯暑湿，大半感疾，多不终场。臣等勉强全场，而智昏力倦，仅能成文，以致本学中式止生员韩璋一人，而臣等俱被黜落。委属文理荒谬，岂敢妄有怨尤？

但念臣等由辽东以至山东，往返六千馀里，跋涉四个月馀，辛苦万千，难以尽诉。已于嘉靖七年九月内备将苦情及将辽东比照潼关等处科举事例奏行该部，转行辽东巡按王御史勘处，取具议拟供结及合费供给银两，又经覆奏，一向拱候明旨，至今未蒙准行。臣等窃惟潼关一卫本属直隶，而科举乃在陕西，以其近于陕西。又如宣府一镇，其守巡官员俱系山西，而其科举则在顺天，以其近于顺天。今辽东之地，比之潼关，其去顺天远近最为相等，而其所设守巡亦系山东官员，又与宣府相同，独科举一节，乃使越过顺天，远赴山东，揆之事体，似有不均。议者或谓此其旧规，殊不知辽东先年学校之名虽设，而科举之途未开，至正统丁卯，地方抚臣始选都司等学军生张升、金统律二人起送应试，彼时辽东、山东原有海道之便，却将生等咨送山东，既而中式以后，科举遂以升等为例，实因袭之弊，非旧规也。况今海道不通已四十馀年，臣等何由以乘其便？向使辽东先年既有科举，跋涉果如今日之远，庙堂之议，必酌量地里远近附之顺天无疑。又况辽东学校见属巡按管理，与直隶提学事体相同，而科举乃属之山东，窃恐法制不如是也。伏望皇上悯念下情，乞敕礼部查照臣等先年奏行本词及该年巡按王御史勘处缘由，容令辽东各学生儒得赴顺天府应试，庶劳逸适均，事体便益，臣等图报亦有日矣。'……臣等看得辽东都司等卫儒学生员徐潮等奏，称正统年间抚臣始选军生应试，原有海道之便，咨送山东科举，况今多年海道不通，乃使越过顺天而远赴山东，往返六千馀里，辛苦不便，乞要比照潼关、宣府事例，附顺天府科举一节。为照辽东都司卫学应试生员先附山东，委缘海道之便。今海道既塞，陆路辽远，往返至有六千馀里，贫生寒士，裹粮挟策，奔走长途，动经数月，委于人情不便。今欲改附顺天府应试，又与潼关之附陕西、宣府之附顺天事体相同。况节该卫学生员徐潮并曹福等陈奏频烦，情词如一，似应俯从，但系奏改就近科举，地方既已更属，解额未免有拘。臣等查得近该直隶提学御史胡明善题称：德州等卫提调教官皆属山东，惟生员乃为提学御史所辖，乞要建学起贡等因。该本部覆题，奉旨：'是。依拟行。钦此。'已经行令，钦遵去后。今照辽东卫学，远去山东六千馀里，乃使越过顺天而附于山东科举，德州左等卫学本是山东地方，而科举乃反附于顺天，事体人情通属未便，相应议处。臣等合候命下，行移山东布政司及移咨都察院，转行直隶提学并辽东巡按御史知会，今后德州左等卫儒学听山东提学官管辖，就山东布政司应试，辽东科举生儒听辽东巡按御史考送顺天府乡试。其德州等卫建学起贡事宜，本部移咨都察院，改行山东巡按御史查照。先奉钦依事理施行，则不惟解额无拘，而人情事体两得其便宜。"

十一月

再召张孚敬入阁。《明鉴纲目》卷六："纲：冬十一月，召张孚敬复入阁。目：孚敬还朝，夏言益用事，孚敬亦不能专恣如曩时矣。"

右春坊右中允廖道南上《泰神殿礼成感雪赋》、《员丘庆成诗》。（据《国榷》卷五十五）

羽林前卫指挥使刘永昌，乞每岁经筵开讲幸太学。诏明年行之。（据《国榷》卷五十五）

翰林修撰马如骥为南京国子司业。（据《国榷》卷五十五）

十二月

礼部请遵旧令，不必增选贡生。从之。《明世宗实录》卷一百三十三：嘉靖十年十二月辛卯，"礼部覆都御史史道言，祖宗令甲，凡岁贡生员，必食粮年深者。迩者建议之臣，往往病其衰朽，遂欲痛加汰黜，大非祖宗建学育才之意。至欲尽一学精选之，不拘其年之深浅。夫是途之设，本以待累举不偶之士。今之贡者，亦前之锐志场屋者也。今之锐志者，亦有卒于不偶场屋者也。且国家用人，科目为重，今止据少年一日之长，遂令充贡，是阻其终身科目之望，而使年深者永无出身之途矣。乞遵旧令，有司推上正副贡各一人，听督学考定送部，不必如近例增至四五人合试，以滋凌夺奔竞之弊。上悉从之，且令颁示天下，不得纷更奏扰"。

喻希礼、石金请赦免因议礼议狱得罪诸臣，被谪戍边卫。《明鉴纲目》卷六："纲：十二月，戍监察御史喻希礼（麻城人。）石金于边卫。目：时方修醮祈嗣，希礼乞赦免议礼议狱得罪诸臣，帝大怒曰：'希礼谓朕罪诸臣，致迟嗣续邪？'命所司参议以闻。未上，金复言之。二人并谪戍边卫。"

杨宜上书谏沙汰诸生。监察御史杨宜言："迩者沙汰诸生，学臣奉行过刻，略不爱惜。沮父兄教子弟之念，驱衣冠为田野之佣。且史册所载，有增广生员、增置学舍矣，有沙太僧尼矣，未闻沙汰诸生也。乞下明诏嘘植，毋概斥为功。"从之。（据《国榷》卷五十五）《明史·选举志》："洪武……生员之数，府学四十人，州、县以次减十。……生员虽定数于国初，未几即命增广，不拘额数。宣德中，定增广之额：在京府学六十人，在外府学四十人，州、县以次减十。成化中，定卫学之例：四卫以上军生八十人，三卫以上军生六十人，二卫、一卫军生四十人，有司儒学军生二十人；土官子弟，许入附近儒学，无定额。增广既多，于是初设食廪者谓之廪膳生员，增广者谓之增广生员。及其既久，人才愈多，又于额外增取，附于诸生之末，谓之附学生员。凡初入学者，止谓之附学，而廪膳、增广，以岁科两试等第高者补充之。非廪生久次者，不得充岁贡也。士子未入学者，通谓之童生。当大比之年，间收一二异敏，三场并通者，俾与诸生一体入场，谓之充场儒士。中式即为举人，不中式仍候提学官岁试，合格，乃准入学。提学官在任三岁，两试诸生。先以六等试诸生优劣，谓之岁考。一等前列者，视廪膳生有缺，依次充补，其次补增广生。一二等皆给赏，三等如常，四等挞责，五等则廪、增递降一等，附生降为青衣，六等黜革。继取一二等为科举生员，俾应乡试，谓之科考。其充补廪、增给赏，悉如岁试。其等第仍分为六，而大抵多置三等。三等不得应乡试，挞黜者仅百一，亦可绝无也。生儒应试，每举人一名，以科举三十名为率。举人屡广额，科举之数亦日增。及求举者益众，又往往于定额之外加取，以收士心。凡督学者类然。嘉靖十年尝下沙汰生员之令，御史杨宜争之而止。万历时，张居正当国，遂核减天下生员。督学官奉行太过，童生入学，有一州县仅录一人者，其科举减杀可推而知也。"焦竑《玉堂丛语》卷四："张孚敬为人刚狠，故所行多以苛刻，如沙汰生员之举，是何意义？孚敬既去位，御史杨宜上疏曰：'迩者沙汰生员之令一下，而督学使者奉行过刻，略无爱惜之意。其年少者以文词不工见黜，长者以齿貌近迈不容，甚则浪据毁誉，辄加摈弃。沮父兄教子弟之念，驱衣冠为田野之佣。自史册所载，有增广生员，有增置学舍者矣，有沙汰天下僧尼者矣，未闻有沙汰生员之名也。宜下所司，加意作养，毋徒以黜退为功。'时夏言在礼部，尽反孚敬之政，议覆如宜言。万历间，每县入学以十五名为限，亦祖孚敬之意，然指岁试考校而言也。乃奉行者虚岁不补，唯以少为贵，而当事者负怨愈深。某在礼部，尝为调停，业已量增其数。而后来矫枉过直，又溢取无度，务以多为贵，不知其即以少为贵者之心也。而贩夫俗子，皆滥列章缝，士风日流于薄恶矣！"

夏言请申明学政。从之。 夏言《桂洲奏议》卷十《议请申明学政疏》："该山东道监察御史杨宜题云云。等因。奉旨：'这本说的是，礼部看了来说，钦此。'钦遵。臣等看得人才者乃国家致治之具，而学校者乃人才所自出之地。盖将取用于异日者，务择其精，必预养于平时者，不厌其广。近日当事建议之臣，甄别太严，号称沙汰。而各处提学官奉行过当，立意摧伤，以致所在学校生员年少者以文词不工见黜，稍长者以齿貌近迈不容，甚则浪据毁誉，横加摈弃，沮父兄教子弟之念，驱衣冠为田野之佣，其于圣朝育才之意，先王教人之法，实大相背戾。且史册所载，闻有增广生员、增置学舍者矣，有沙汰天下僧尼者矣，未闻有沙汰生员之名也。……约束生员之法，自有祖宗朝《卧碑》，提学官教士之方，备载朝廷圣谕，苟能遵行，足为善政。近年以来，提学官多据一己私见，适足以坏一方人才。初至即创立条约，刊刻成书，多尚繁苛，使士子旷时废学，难以遵守。至于考校命题，则又截碎经文，试以隐僻，使士子于经书大义废而不讲，而用功于所不当读之书。学为钩棘怪僻之文，而卒莫通于理道，此则比来教化之弊，人才之所以不振，而政事之所以不举也。合无行令天下提学官，自今日为始，将见奉敕谕钦发各该学校，刊刻木榜于明伦堂悬挂，使生徒永为遵守，再不须更以己意别立教条，言人人殊，无所归一。其巡历考校，务要以经书大章大旨命题，不许破裂经文，巧立主意，取其义理纯正、文辞典雅者列为优等，其支离怪僻、悖经叛理之言，虽甚藻丽，亦在不取而抑置于后。照旧以三等簿考其德行，若有放僻邪侈，行检不修，甚不率教，或有干伦理者，考毕之时，听有司提调官及本学教官、通学生员公同呈禀，提学官即当按实明正其罪，使不齿于乡闾。不许泛滥访察，以开奔竞贿赂之门，暧昧黜退，以滋赴诉构讼之扰，庶士心知所趋向感奋，可以成材，可以善俗，法令明一而学校之政修矣。嘉靖十年十二月廿二日题，本月廿四日奉旨：'是。依拟行，钦此。'"

本年

张时彻（1500—1577）以副使督学江西。此前张一直任职于南都。沈一贯《南京兵部尚书东沙张公行状》："张公讳时彻，字惟静，先宋魏国忠献公浚、南轩先生栻为蜀人，四世有讳原者，家于鄞槎湖，是为槎湖始。……二十举于乡，二十四进士高等，为郎八年，皆从留都转。始膳部主事，迁武选员外郎，仪部郎中。南曹务简，一时仕者有吕公楠、邹公守益、顾公梦圭、王公积、石公简，尽名士。公日与劘切，期之大道，不忍以其身悠悠，生平衷蕴，始基此矣。三十二以副使督学江西，简才汰不肖，抱公绝私，关说无行，入于桀史，尤惎敉。"

归有光作《送吴纯甫先生会试序》。序云："予惟国家以科目收天下之士，名臣将相，接踵而兴。豪杰之士，莫不自见于其间。而比年以来，士风渐以不振。夫卓然不为流俗所移者，要不可谓无人也。自余奔走富贵，行尽如驰，莫能为朝廷出分毫之力。冠带褒然，舆马赫奕，自喻得意。内以侵渔其乡里，外以芟夷其人民。一为官守，日夜孜孜，惟恐囊橐之不厚，迁转之不亟，交结承奉之不至。书问繁于吏牒，馈送急于官赋，拜谒勤于职守。其党又相为引重，曰：彼名进士也。故虽莘然肆其恣睢之心，监察之吏，冠盖相望，莫能问也。居无几何，升擢又至矣。其始嬴然一书生耳，才释褐而百物之资可立具，此何从而得之哉？亦独不念朝廷取之者何如，用之者何如，爵禄宠锡之者何如也。岂其平居无恳恻之意欤？将富贵之地，使人易眩，失其守欤？世之所倚重者尽赖此辈，而如是弥望，君子盖以为世道无穷之虑焉。"（《震川先生集》卷九）吴中英，字纯甫，昆山人。嘉靖十年应天乡试中式。将赴礼部试，有光作序以别。序中论及"国家以科目收天下之士"，"士风渐以不振"，感慨颇深。有光时年二十六岁。

归有光与同学诸人结文社。时县中有南北两社，同日并举，有光晨起赴南社，午后赴北社，著文以外，饮酒谈论，绰然有余裕。（据沈新林编《归有光年谱》）陆世仪《复社纪略》卷一："令甲以科目取人，而制义始重。士既重于其事，咸思厚自濯磨，以求副功令。因共尊师取友，互相砥砺，多者数十人，少者数人，谓之文社。即此以文会友，以友辅仁之遗则也。好修之士，以是为学问之地，驰骛之徒，亦以是为功名之门，所从来旧矣。粤稽三吴文社最盛者，莫如顾文康公之邑社，社友十一人，如方奉常、魏恭简辈，后皆为名臣，可谓彬彬者矣。嗣后归希甫有光为南、北二社，一时文学之士，霞布云蒸，若李廉甫、方思曾、吴秀夫，以时文步古文之脉，实自废城始。"

"嘉靖八才子"之称始于本年。李开先《吕江峰集序》："古有建安七子，大历十才子。今嘉靖十年后，更有八才子之称。八人者，迁转忧居，聚散不常，而相守不过数年，其久者亦止八九年而已，不知天下何以同然有此称。详其所作，任忠斋以奇警，熊南沙以简古，唐荆川以明畅，而陈后冈之精细，王遵岩之委曲，赵浚谷之雄浑，各随其材力。吕江峰独以雅致擅名。七子所长，果是不可及，但任失之靡丽，熊失之悭啬，唐失之软弱，而失之深晦者陈，失之疏荡与缠绕者乃赵与王也。吕亦自谓有方板之失，其短处自不可掩。古人多不讳短，如曹子建贻杨德祖书，备论同时数子，不少假借。雪浪斋等，与大历诗人，各有评驳。惟予兼有七病，素无一长，亦幸得厕名于其间。任有《考功集》，熊有《内外集》，并《周易象旨决录》，唐集十二卷，陈集不分卷二册，王有《家居》、《玩芳堂》二集，各七卷，而赵集十五卷，予自杂著外，集亦不分卷，凡十二厚册。惟江峰不知其集之多少存亡。忽其长子克念致书云：'编定先君遗稿，颇有次第，已托桂陵胡子为之后序。'而以前序属予。予方为其集系心，闻此不胜喜慰，遂为之序其概，以见诸子同游之美，及得誉之隆如此。虽为之作序，尚未得其全集，止据平日所见，诗则沉着痛快，文则平正详明，而雅致不足以尽之，方板不足以病之矣。"（《闲居集》之五）《明史·文苑传》载："时有'嘉靖八才子'之称，谓（陈）束及王慎中、唐顺之、赵时春、熊过、任瀚、李开先、吕高也。"

明世宗嘉靖十一年壬辰（公元 1532 年）

正月

礼部尚书夏言以岁当会试，条奏科场三事：变文体以正士习；责主司以定程式；简考官以重文衡。《明世宗实录》卷一百三十四：嘉靖十一年正月壬申，"礼部尚书夏言以岁当会试，条奏科场三事。一、变文体以正士习。言近年以来，文章日趋卑陋，往往剽剟摹拟《国》《左》等书，以相矜眩，不过以艰深之词饰浅近之见，用奇僻之字盖庸拙之词，而纯正博雅之体，优柔昌大之气，荡然无存。自皇上登极以来，屡涣德音，黜浮崇雅，乃昨岁天下进呈录文，类皆猥鄙不经，气格卑弱，背戾经旨，决裂程式。其刻意以为高者，则浮诞谲诡而不协于中，骋词以为辩者，则支离磔裂而不根于理。文体大坏，比昔尤甚。今年望敕考官，务取醇正典雅、温柔敦厚之文，一切驾虚翼伪、钩棘轧苗之习，痛加黜落，庶几士知所向，文体可变。二、责主司以定程式。言应试之士校于风檐寸晷之中，欲实录其文可为程式者，盖已绝无间有。所以试录文字多出主司之手，而两京会试皆馆阁儒臣所为，足为海内矜式。近令录士子本文，不必考官自作，所以各省《试录》文理纰缪，体裁庞杂。乞令考官今次会试，所命三场题目，俱要冠冕正大，有关理道。不许截裂牵缀，徒事帖括，及困以隐僻，有如覆射。若士子可录之文，仍令考官重加裁正，以示模范。三、简考官以重文衡。言同考试官例用翰林讲读官十一人，给事中三人，司属三人。今本院自侍讲以下通得十一人，则当尽数入场，方足供事。乞敕内阁于科部六人之外，再访三四人，以补翰林不足之数。疏奏，上报曰：'文运有关国运，所系不细。近来士子经义，诡异艰深，大坏文体，诚为害治。其出榜晓谕，今年会试文卷，必纯正典雅明白通圆者，方得中式。若有仍前钩棘奇僻，痛加黜落。甚则令主考官奏闻处治。馀依拟。'改南京国子监祭酒林文俊为国子监祭酒"。夏言《桂洲奏议》卷十一《请正文体以端士习疏》："仰惟祖宗旧典，凡三年一开科取士。惟兹嘉靖十一年二月，例该会试天下举人。臣等承乏南宫，叨知贡举，除科场一应合行事宜，无不仰承德意，题奉钦依次第举行外，但臣有一得，条为三事，敢为陛下陈之。一曰变文体以正士习。窃惟国家建学校联师儒以教养天下之学者，既乃设科目，较文艺，以网罗天下之成材。自祖宗以来百六十年于兹，造士求才之法，可谓尽善极美，是以经术日明，文运日昌。盖至于成化、弘治间，科举之文号称极盛，凡会试及两京乡试所刻文字，深醇典正，蔚然焕然，诚所谓治世之文矣。近年以来，士大夫学为文章，日趋卑陋，往往剽剟摹拟《左传》、《国语》、《战国策》等书，蹈袭衰世乱世之文，争相崇尚，以自矜眩。究其归不过以艰深之词饰浅近之说，用奇僻之字盖庸拙之文，如古人所谓减字换字之法云耳。纯正博雅之体，优柔昌大之气，荡然无有。盖自正德末年，而此风始炽。伏自皇上登极以来，圣学格天，帝文焕日，且屡发德音，黜浮崇雅，宜乎文章之盛，骎骎乎与三代同风。乃昨岁天下进呈乡试程文，类皆猥鄙不经，气格卑弱，背驰经旨，决裂程式。其或刻意以为高者，则浮诞诙诡而不协于中，骋词以为辨者，则支离破裂而不根于理。文体大坏，比昔尤甚，乃知俗学流弊，振起为难，有识者盖深忧之。兹圣明在上，若不大振颓风，力救斯文之弊，则将来道术日微，人才日坏，欲得真才以辅成治理，盖益难矣。此事关系甚大，又臣等以人事君之义莫重于此，伏乞圣明采纳，敕考试官今次会试较士，务取醇正典雅、明白通畅、温柔敦厚之文，凡一切驾虚翼伪、钩棘轧茁之习，痛加黜落，庶几士子知所趋向，而文体可变而正矣。二曰责主司以定程式。臣等切见本朝科举文字，体格甚好，初场试以七篇，皆以《五经》、《四书》大义，求其旨趣不失而词理俱到者，已为难得。于中场试以论、表、判语，末场试以五策，求其随叩即应而博洽贯通者，尤为难得。所以应试之士于风檐寸晷之余，欲实录其文，可为后学矜式者，盖已绝无间有之，是取什一于千百也，所以试录文字多出主司之手，而谓之程文，将以为学者程式也。且自来诸省乡试录文字不及两京，而会试录文字每冠天下，盖两京主考用翰林官二人，而会试则用馆阁儒硕及谏垣郎署之素有文名者充之，所以试录程文成于多贤之手，足为海内矜式，庶几学者有以循据。近年题奉钦依，欲录士子本文，不必考官自作，所以各处试录文理纰缪，体裁庞杂，殆不可观。以致初学之士，不辨臧否，方且争效所为。至于平日善为文者，亦不能守其故步，反迁就其非缪，以希合一时。则文之弊也，将来可胜救哉？臣等伏乞敕下考试官，今以会试所命三场，题目俱要冠冕正大，有关理道，足资治体。于经书则摘取大章大旨，于策、论则试以大经大法，不许截裂牵缀，徒事帖括及困以隐僻，有如覆射。每题于士子可录之文，仍令考试官重加裁正，以示模范，于天下学者有所矜式。但议者以为考试官留心改文，有妨阅卷，臣等请以今次发榜日期宽展至三月初五日以前，则阅卷刻文各有余力，而真才之得、程文之体当有可观者矣。其三曰简考官以重文衡。臣等查得会试例用考试官二员，该本部题请简命儒臣詹事府、翰林院学士等官以充用，同考试官十七员，该内阁推举讲、读、修撰、编修等官一十一员及六科给事中三员、六部司属官三员以充。为照先年翰林史馆及各坊局储材甚众，五经各有剩员，每遇会试、乡试，主考、同考俱得于群彦之中遴选以充，人不可必得，士子不能必知考官为某，是以关节难通，人鲜猜议。况至于开科年分，凡翰林院官俱预先杜门谢客，以远嫌疑。近年以来，事体稍异。今查得本院除学士五员外，自侍读以下通得十一人，则当尽数入场，始足供事，然中间或有临时妨碍，则五经房考官必不能备，难免误事。乞敕内阁今次于六科部属查照旧规，六员之外再加访推三四员，以补翰林不足之数，庶文衡得人，而取士之效可几矣。再如会试之期伊迩，天下举人方尔云集，所宜预行晓谕，示以向方，合候俞允，命下本部出给榜文，于本部及科场门首张挂，使多士知所遵守，仍行考试官一体钦遵知会施行。嘉靖十一年正月廿一日题，本月廿三日奉旨："是。文运有关国运，所系不细。近来士子经义诡异艰深，大坏文体，诚为害治。恁部里便出榜晓谕，今次会试文卷，务要醇正典雅、明白通畅的方许中式，如有仍前钩棘奇僻，痛加黜落，甚则令主考官指名具奏处治。揭晓日期照旧。其馀依拟行。钦此。'"

郭维藩服除，补翰林侍读学士。（据《国榷》卷五十五）

右中允廖道南，右赞善蔡昂并为翰林侍读学士。（据《国榷》卷五十五）

南京国子祭酒林文俊改北。（据《国榷》卷五十五）

广西提学佥事黄佐以母疾辄去。上原之，令致仕。（据《国榷》卷五十五）

国子司业陈寰为南京国子祭酒。（据《国榷》卷五十五）

二月

命詹事府少詹事兼翰林院学士张潮、翰林侍读学士郭维藩为会试主考官，取林春等三百二十名。（据《明世宗实录》卷一百三十五）梁章钜《制义丛话》卷十二："《文行集》又曰：林春，字子仁，泰州人，中嘉靖十一年会元。是科学士张潮、郭维藩为主考，用尚书夏言正文体疏，诸刻意骋辞者悉摈不取，春举第一，时称为得人。按：张批其卷云：'布帛菽粟之文，必是笃行君子。'见《闲雁斋笔谈》。按：是科题为'大哉尧之为君也'一章、'行而世为天下法'二句、'谨庠序之教'二句。"

来汝贤为会试第二名，其举业颇受薛应旂推重。《游艺塾续文规》卷一《方山薛先生论文》（门人袁黄手录）："来斐泉汝贤，乡、会皆第二，而其文实得会元正传。予选贡后，举业颇负盛名，自谓海内无与伍者，因斐泉尹丹阳，持所业见之。斐泉阅毕，语予曰：'举业者，雉羔之饰，专欲利中耳。然文有可魁可元者，有不可魁元而但可成名者，又有文不甚工，而极利中者，有好文字而必不可中者，子之文乃好而不中者也。'予闻之甚骇，请问其故，斐泉适欲迎候上司，因约再见而悉言之。予一夜不能安寝，明晨具衣冠请教，斐泉曰：'业师董中峰乃举业宗工也。童年入京遍谒诸老，其所传授甚正，有批点程墨一帙，开关启秘，洞示要领，凡文字工拙之由，得失之故，靡不具备，因取一帙授予曰："依此必中矣。"予手录而熟玩之，其所取诸程墨中间，多有予所素鄙，以为不足采者。从头细阅，乃知彼所取者，在规矩之中，而予所期者，在意见之外，乃知至奇至妙之理，只在寻常说话中，而稍涉玄远者，主司不录也。乃知彼为利捷之文，予所作者用意虽深，而未必利也。朝而讽，暮而绎，出入必携之，年余，始觉吾之文与彼之文同出一辙，遂联捷矣。今以授二生，可熟复之。'浙江先年前辈，学术纯正，文章典雅，虽语之举业，亦从浙中得来，而陵迟至于今日，浮靡鄙陋，不复可观，良可叹也。"

钱泰吉《太常公年谱》录有今年会试试题。钱泰吉《太常公年谱》：（嘉靖）十一年壬辰，三十一岁。春，与蒋道林联舟北上，中式会试第四十九名。……

第一场

《四书》题：

子曰："大哉！尧之为君也"至"焕乎其有文章，行而世为天下法，言而世为天下则"。

谨庠序之教，申之以孝悌之义。

《书经》题：

帝曰：吁！臣哉邻哉！邻哉臣哉！禹曰：俞惟学逊志，务时敏，厥修乃来。允怀于兹，道积于厥躬。

惟曰欲至于万年，惟王子子孙孙永保民。

迪知忱恂于九德之行，乃敢告教厥后曰：拜手稽首后矣。

第二场

论题：

人臣怀仁义以事其君

表题：

拟赐钦天记诵谢表

判题：

信牌　钞法　祭享　夜禁　越诉

第三场

策问：

教刑　用人　史学　因时救弊　理财

改马汝骥国子司业。（据《国榷》卷五十五）

三月

林大钦、孔天胤、高节等三百一十六人进士及第、出身有差。今年选庶吉士，已选钱亮、许楼等，世宗疑有私，报罢，后复选吕怀、范瑟等。《嘉靖十一年进士登科录·玉音》："嘉靖十一年三月初九日，礼部尚书兼翰林院学士臣夏言等于奉天门奏为科举事。会试天下举人，取中三百二十名。本年三月十五日殿试，合请读卷官及执事等官少傅兼太子太师吏部尚书华盖殿大学士张孚敬等五十八员。其进士出身等第，恭依太祖高皇帝钦定资格。第一甲例取三名，第一名从六品，第二第三名正七品，赐进士及第，第二甲从七品，赐进士出身，第三甲正八品，赐同进士出身。奉圣旨：是，钦此。读卷官：光禄大夫柱国少傅兼太子太师吏部尚书华盖殿大学士张孚敬，辛巳进士；荣禄大夫太子太保礼部尚书兼武英殿大学士李时，壬戌进士；光禄大夫柱国太子太保吏部尚书王琼，甲辰进士；荣禄大夫太子太保兵部尚书王宪，庚戌进士；荣禄大夫太子太保兵部尚书兼都察院右都御史掌院事汪鋐，壬戌进士；资政大夫礼部尚书兼文渊阁大学士翟銮，乙丑进士；资政大夫户部尚书许赞，丙辰进士；资政大夫刑部尚书王时中，庚戌进士；资政大夫太子少保工部尚书蒋瑶，己未进士；嘉议大夫通政使司通政使陈经，甲戌进士；嘉议大夫大理寺卿周期雍，戊辰进士；中顺大夫詹事府少詹事兼翰林院学士张潮，辛未进士；翰林院学士席春，丁丑进士；翰林院侍读学士奉直大夫吴惠，辛未进士；翰林院侍读学士奉训大夫郭维藩，辛未进士；翰林院侍讲学士廖道南，辛巳进士；翰林院侍讲学士蔡昂，甲戌进士。提调官：资善大夫礼部尚书兼翰林院学士夏言，丁丑进士；通议大夫礼部左侍郎湛若水，乙丑进士；通议大夫礼部右侍郎兼翰林院学士顾鼎臣，乙丑进士。监试官：文林郎云南道监察御史朱观，癸未进士；文林郎贵州道监察御史叶照，癸未进士。受卷官：左春坊左中允孙承恩，辛未进士；翰林院修撰儒林郎姚涞，癸未进士；奉议大夫通政司右参议兼吏科都给事中李凤来，辛巳进士；征仕郎户科给事中叶洪，己丑进士。弥封官：光禄寺卿黄宗明，甲戌进士；中顺大夫鸿胪寺卿王道中，甲戌进士；中顺大夫太常寺少卿掌尚宝司事刘皋，生员；翰林院修撰承务郎王用宾，辛巳进士；翰林院编修文林郎杨维杰，丙戌进士；承事郎礼科都给事中魏良弼，癸未进士；承事郎兵科都给事中张润身，甲戌进士；中议大夫赞治尹太常寺少卿兼翰林院侍书刘銳，恩生；中顺大夫顺天府府丞周令，秀才；奉政大夫尚宝司卿兼翰林院侍书徐富，甲子贡士；承德郎尚宝司司丞张天保，秀才；翰林院掌典籍事大理寺右寺署右评事凌楫，儒士。掌卷官：翰林院侍读王教，癸未进士；翰林院修撰儒林郎伦以训，丁丑进士；翰林院编修文林郎程文德，己丑进士；承事郎刑科都给事中陈守愚，癸未进士；承事郎工科都给事中赵汉，辛未进士。巡绰官：镇国将军锦衣卫署都指挥使王佐；昭勇将军锦衣卫指挥使张锜；怀远将军锦衣卫指挥同知陆松；明威将军锦衣卫指挥佥事陈寅；明威将军金吾前卫指挥佥事刘勋；怀远将军金吾后卫指挥同知徐廷。印卷官：承德郎礼部仪制清吏司署郎中事主事田汝成，丙戌进士；承德郎礼部仪制清吏司署员外郎事主事王汝孝，丙戌进士。承直郎礼部仪制清吏司主事毛渠，丙戌进士。供给官：奉政大夫光禄寺少卿高尚贤，丁丑进士；奉政大夫修政庶尹光禄寺少卿孙祫，甲戌进士；承德郎光禄寺寺丞彭黯，癸未进士；承德郎光禄寺寺丞郑宪，丁丑进士；登仕郎礼部司务王澈，癸酉贡士；承德郎礼部精膳清吏司署员外郎事主事李邦直，癸未进士。”《嘉靖十一年进士登科录·恩荣次第》：“嘉靖十一年三月十五日，诸贡士赴内府殿试，上御奉天殿亲赐策问。三月十九日早，文武百官朝服侍班，是日，锦衣卫设卤簿于丹陛丹墀内，上御奉天殿，鸿胪寺官传制唱名，礼部官捧皇榜，鼓乐导引出长安左门外，张挂毕，顺天府官用伞盖仪从送状元归第。三月二十日，赐宴于礼部。宴毕，赴鸿胪寺习仪。三月二十二日，赐状元朝服冠带及进士宝钞。三月二十三日，状元率诸进士上表谢恩。三月二十四日，状元率诸进士诣先师孔子庙行释菜礼，礼部奏请，命工部于国子监立石题名。"《殿阁词林记》卷十四《殿试》："嘉靖壬辰，今上御文华殿，辅臣以次读卷，其第二卷孔天胤对《农桑策》云：'帝王敦本以厚天下之生，达权以通天下之变。'则臣道南所拔也。至乙未殿试策问，其第二卷孙升对云：'人君有仁以联天下之心，有礼以一天下之轨。'又出臣道南所拔。上皆亲赐批卷。君相造命，岂亦有数乎？"《弇山堂别集》卷八十二《科试考二》："十一年壬辰，命詹事府少詹事兼翰林院学士张潮、翰林侍读学士郭维藩为考试官，取中林春等。廷试，赐林大钦、孔天胤、高节及第。先是，礼部尚书夏言上疏请正文体，诸刻意骋词浮诞、磔裂破坏文体者，摈不得取。诏可。既廷试，言复令仪制郎中约束，诸士咸拱听，而大钦独后至，不闻也，起不用对冒，而文气甚奇。吏部尚书汪鋐得之，诧曰：'怪哉。'以示大学士张孚敬。已定二卷，览之曰：'虽破格，甚明健可诵也。'取为第三。既呈览，上御批第一。大钦时年二十有二。第二名孔天胤，以王亲例补外为湖广提学佥事。""是岁改庶吉士，已取钱亮、许楼、闵如霖、卫元确、段承恩、韩劢、扈永通、吕光洵、谢九仪、刘光文、黄献可、刘士逵、刘思唐、阎朴、胡守中、钱籍、王梅、雷礼、边渒、李大魁、郭希颜矣。上阅卷，见弥封官姓名，疑有私，遂报罢。后复选吕怀、范瑟、钱亮、黄应中、秦鸣夏、边侁、闵如霖、王玠、卫元确、浦应麒、游居敬、赵汝濂、刘思唐、阎朴、胡守中、李本、赵维垣、何城、王梅、李大魁、郭希颜，命礼部右侍郎兼翰林院学士顾鼎臣教习。"焦竑《玉堂丛语》卷六《科试》："田汝成记，壬辰礼部尚书夏言上言：'举子经义论策，各有程式，请令今岁举子，凡骋词浮诞、磔裂以坏文体者，摈不得取。'上从之。会试既毕，夏公复召予语曰：'进士答策，亦有成式，可谕诸生，毋立异也。'予曰：'唯。'因诸举子领卷，传示如谕。既廷试，诸达官分卷阅之。时内阁取定二卷，都御史汪公鋐得一卷，诧曰：'怪哉，安有答策无冒语者？'大学士张公孚敬取阅一过，曰：'文字明快，可备御览。'遂附前二卷封进，上览之，擢第一，启之，乃林大钦也。夏公大骇，谓予何不传谕前语。予无以自解，乃就大钦询之，对曰：'其实不闻此言，闻之安敢违也。'予乃检散卷簿，则大钦是日不至，次日乃领之。因叹荣进有数，非人所能沮也。"朱国桢《涌幢小品》卷七《传胪之谬》："嘉靖十一年，上御殿传胪。诸进士皆集阙门，一序班谬传令儒服以进，首名林大钦及诸进士巾袍者百余人，次名孔天胤以更服，止掖门外。诏问状，鸿胪卿王道中以为礼部失于晓谕。上切责部臣，夺司官俸一月。礼部言已尝先期揭示，实以序班妄传，遂致错误，道中乃欲曲庇属官，厚诬本部，非朝廷设官相临之体。诏道中对状，切责而宥之，序班孙士约等下法司逮问，大钦、天胤等俱免究。"《国榷》卷五十五："（嘉靖十一年三月）甲子，策贡士奉天殿，赐林大钦、高节、孔天胤等进士及第、出身有差。"

孔天胤为本年进士第二。于故事当授编修，以藩戚外补陕西按察佥事。《弇山堂别集》卷十六《皇明奇事述一》"山西二国戚"："嘉靖壬辰第一甲第二人孔天胤，以国戚授陕西按察佥事，迁提学副使，至右布政使。丁未（1547）第二甲第一人亢思谦改庶吉士，授编修，国戚事始觉，得迁提学副使，至右布政使。皆以不得意功名去官，皆晋人，皆有诗文名，豪饮喜客相甲乙。"顾梦圭《送文谷孔君序》：皇上御极，"壬辰岁临轩策天下士。文谷孔君对扬清问，上亲擢一甲第二人及第。顾以藩府姻也，出为陕西督学，未几复守祁州，董戎颍上，兹稍迁陕西藩参"。孔天胤字汝锡，号文谷，又号管涔山人。汾州人。嘉靖壬辰进士。官至浙江布政司参政。有《孔文谷文集》、《孔文谷诗集》。

蔡汝楠（1516—1565）中进士，时年十八。茅坤《通议大夫南京工部侍郎白石蔡公行状》："公名汝楠，字子木。生而颖异，甫八龄随父夷轩公游南雍，时甘泉先生进诸生讲白沙之学，公以儿年曳父裾入帷中，从旁窃听之，辄点头，一座大惊。年十八举进士，授行人，函玺书赐齐、楚诸王府。所至则按图眺名山，赋为诗歌，镵之碑记，以贻四方。片楮所落，人呼曰：'汉之祢衡也！'与燕张言、河南高叔嗣、毘陵唐顺之、晋安王慎中、钱塘许应元、姑苏黄省曾及皇甫兄弟辈，时时以声律相高，而公之誉问，翩翩海内矣。已而夷轩年且衰，公由刑部员外郎上书乞南省，以便禄养。于是改南。刑部尚书顾公东桥，闻人也，雅奇公才，公至，遂为忘年友。""予尝按公学凡三变，而其莅官持政，亦数与学相上下。初释褐时，竞为声诗，然镵刻藻丽。过南省，则洗去铅华，合响郎、刘诸大家矣。"（《茅鹿门先生文集》卷二十八）

许应元（1506—1565）举进士，授泰安知州。应制诸诗得李开先赏识。侯一元《广西右布政使许公应元墓志铭》："公讳应元，字子春，生而绝敏，数岁，日诵数百言，为诸老先生所赏异。年十五为博士弟子，二十而举嘉靖乙酉乡试，己丑赴试春官，太史伦公以训奇其文，欲置高列，争之主试不能得，悬曰：'第落之，异日以冠多士耳。'壬辰举进士，伦公复品之曰：'西京之文也，当选庶吉士。'执政者知公，欲一见，公不往，曰：'吾始仕也，而当伛偻鼎贵之门，冒谒干进哉！'坐是竟不得入翰林，出知泰安州。然应制诸诗，籍籍传矣。吏部李公开先见之，亟嗟服为盛唐雅调焉。"历任夔州知府、云南按察使等官。官至广西右布政使。著有《水部稿》、《陭堂稿》等。

据《嘉靖十一年进士登科录》，第一甲三名，赐进士及第。履历如下：

林大钦，贯广东潮州府海阳县，军民籍，县学附学生，治《诗经》。字敬夫，行一，年二十二，二月初六日生。曾祖山。祖璔。父乌。母刘氏。慈侍下。娶孙氏。广东乡试第六名，会试第五十九名。

孔天胤，贯山西汾州，军籍，州学生，治《诗经》。字汝锡，行一，年二十八，八月十六日生。曾祖表。祖大褆，巡检。父麟，仪宾。母新郑县君。具庆下。弟天民。娶王氏，继娶王氏。山西乡试第六名，会试第二百七十二名。

高节，贯四川成都府绵州罗江县，民籍，国子生，治《礼记》。字公成，行二，年四十，正月十六日生。曾祖子清。祖本政。父腾，封南京刑部主事。母李氏，赠安人，继母王氏，封安人。具庆下。兄第，按察司副使；弟策；简，进士。娶王氏。四川乡试第二十四名，会试第一百十九名。

据《嘉靖十一年进士登科录》，第二甲八十名，赐进士出身。履历如下：

李启东，贯云南楚雄府楚雄县，民籍，江西庐陵县人，府学生，治《书经》。字元叔，行一，年二十九，七月初二日生。曾祖思存。祖权，义官。父鸿，岁贡生。母刘氏。具庆下。娶澧氏。云贵乡试第三名，会试第五十六名。

熊洛，贯江西南昌府南昌县，民籍，国子生，治《易经》。字景之，行七，年四十一，十月二十六日生。曾祖秉文。祖万象。父艮，封兵部主事。母胡氏，赠安人，继母王氏。具庆下。兄河。弟汲，兵部主事；潢，贡士；治。娶罗氏。江西乡试第一百三名，会试第二百四十九名。

桑乔，贯直隶扬州府江都县，民籍，府学生，治《易经》。字子木，行二，年二十二，二月初七日生。曾祖宏。祖桂。父潮，寿官。母周氏。具庆下。兄荫、兰。弟蕃、芊。娶徐氏。应天府乡试第三名，会试第二十三名。

黄华，贯四川潼川州遂宁县，民籍，国子生，治《春秋》。字秀卿，行四，年三十一，五月二十日生。曾祖鉴，赠资政大夫南京工部尚书。祖宗泗，知县，累赠资政大夫南京工部尚书。父珂，资政大夫南京工部尚书进阶荣禄大夫，赠太子少保，谥简肃。前母张氏，赠夫人，母聂氏，封夫人，慈侍下。兄峤、岩。弟峰，官生；岳。娶张氏。四川乡试第六十七名，会试第二百六十四名。

杨瀹，贯顺天府涿州，民籍，国子生，治《书经》。字弘功，行三，年三十五，八月十三日生。曾祖春。祖瓒。父镃，知县。母樊氏。永感下。兄泽，判官；沛。弟潮、溱、泾、沔。娶池氏，继娶李氏。顺天府乡试第三十一名，会试第五十三名。

张合，贯云南永昌府官籍，应天府江宁县人，国子生，治《书经》。字懋观，行二，年二十七，十二月十四日生。曾祖宗。祖昺，赠吏部郎中。父志淳，南京户部右侍郎致仕。嫡母沈氏，封宜人，生母狄氏。具庆下。兄含，贡士。娶何氏。云贵乡试第一名，会试第一百四十名。

林春，贯直隶扬州府泰州千户所军籍，福建福清县人，国子生，治《诗经》。字子仁，行一，年三十五，二月二十八日生。曾祖义。祖逵。父宏。母许氏。慈侍下。弟青。娶李氏。应天府乡试第六十九名，会试第一名。

王廷，贯四川顺庆府南充县，民籍，国子生，治《易经》。字子正，行一，年二十九，九月二十三日生。曾祖昺，寿官。祖锐。父希文。母马氏。具庆下。兄选、迁、达、瑶。弟迎；遵，贡士；追；郁，贡士；遴；迈；逢；谦；进；迫；延。娶陈氏，继娶杨氏。四川乡试第二十八名，会试第八十四名。

张冕，贯山西汾州孝义县，军籍，县学生，治《书经》。字服周，行一，年二十九，十二月初四日生。曾祖九隆。祖裔，义官。父大禄，监生。母武氏，继母胡氏。具庆下。弟擎。娶赵氏。山西乡试第二十七名，会试第一百十三名。

顾四科，贯浙江杭州府钱塘县，民籍，国子生，治《易经》。字齐贤，行九，年三十二，八月十九日生。曾祖升，寿官。祖恭。父瑷，知县。母沈氏，继母武氏。慈侍下。兄三纲。弟五常、一经、六德、四教。娶李氏。浙江乡试第六名，会试第二百五十二名。

　　贾士元，贯锦衣卫籍，陕西凤翔府凤翔县人，国子生，治《诗经》。字仁甫，行一，年三十，八月十三日生，曾祖整。祖振。父清，教谕。母史氏。具庆下。娶蔡氏。顺天府乡试第二十七名，会试第七十三名。

　　俞咨伯，贯浙江嘉兴府平湖县，匠籍，县学生，治《书经》。字礼卿，行一，年二十二，九月二十四日生。曾祖士弘，寿官。祖瓘。父金，监生。母沈氏。重庆下。弟咨益、咨夔、咨垂、咨龙、咨岳、咨皋、咨稷。娶怀氏，继聘姚氏。浙江乡试第七十名，会试第二十七名。

　　顾玉柱，贯直隶苏州府常熟县，军籍，县学附学生，治《礼记》。字邦石，行一，年二十八，十一月十四日生。曾祖立，知县。祖镐，义官。父湘。母郁氏。严侍下。弟玉楼、玉树。娶王氏，继娶刘氏。应天府乡试第一百二十名，会试第四十名。

　　周满，贯四川松潘卫官籍，成都府汉州人，国子生，治《诗经》。字谦之，行五，年二十六，六月二十五日生。曾祖敏，正千户。祖文。父鸾。母张氏。具庆下。兄荣，正千户。娶黄氏。四川乡试第四十九名，会试第四十六名。

　　陈乙，贯河南开封府杞县，民籍，国子生，治《诗经》。字子元，行一，年二十三，十一月初五日生。曾祖礼，寿官。祖钦。父汇，贡士。母王氏。慈侍下。弟卜，贡士；丁。娶曹氏。河南乡试第七名，会试第二十九名。

　　谢少南，贯应天府上元县，民籍，江西赣县人，国子生，治《易经》。字应午，行一，年三十五，十二月初五日生。曾祖信，赠奉直大夫南京兵部员外郎。祖芳，知府，进阶亚中大夫。父承举。前母李氏、贾氏，母汤氏，永感下。娶邓氏。应天府乡试第一百十八名，会试第二百九名。

　　曾孔化，贯江西吉安府庐陵县，军籍，国子生，治《诗经》。字宗周，行七，年四十，七月十九日生。曾祖一德。祖谦。父褒。母彭氏。具庆下。兄孔渊、孔澄、孔济。娶刘氏。江西乡试第六十一名，会试第八十五名。

　　柯实卿，贯福建泉州府晋江县，民籍，县学附学生，治《易经》。字光仲，行十四，年二十八，十月十四日生。曾祖淑荣。祖璟。父仪。母黄氏。重庆下。兄秀卿。弟奇卿。娶洪氏。福建乡试第四十六名，会试第一百二十八名。

　　赵维，贯湖广武昌府长史司，官籍，国子生，治《诗经》。字张父，行一，年三十四，十二月初二日生。曾祖智福。祖富。父弼，仪宾。母原陵县主。慈侍下。弟纹、缯、绩、经、绅、绯。娶密氏。湖广乡试第四十名，会试第二百三十八名。

　　高世彦，贯四川成都府内江县，民籍，县学附学生，治《书经》。字仲修，行一，年二十六，四月初四日生。曾祖召南，监生。祖公堂，义官。父冈。母田氏。具庆下。弟世台、世勋、世卿、世靖、世度。娶周氏。四川乡试第二名，会试第二十四名。

　　魏廷萱，贯河南开封府许州，军籍，州学生，治《易经》。字子宜，行六，年二十八，正月初三日生。曾祖俊。祖端，义官。父校，监生。母李氏。永感下。兄廷蕙，监生；廷菊，监生；廷华、廷茝、廷芹。弟廷荐。娶宋氏。河南乡试第六十九名，会试第一百四十九名。

林华，贯福建兴化府莆田县，军籍，国子生，治《诗经》。字廷彬，行一，年三十八，九月二十九日生。曾祖崇善。祖聃，散官。父鸾。母周氏。永感下。弟苹、莼、英、萃、章、樊、采。娶王氏。福建乡试第二十九名，会试第二十名。

翁学渊，贯浙江处州府遂昌县，民籍，县学生，治《诗经》。字原道，行三，年三十九，六月二十八日生。曾祖存仁。祖守宁。父奎。前母潘氏，母黄氏。永感下。兄道渊，德渊。娶刘氏。浙江乡试第三十四名，会试第三百十九名。

陈玒，贯浙江宁波府鄞县，民籍，国子生，治《春秋》。字国祥，行四十七，年四十三，九月初六日生。曾祖处邦。祖洪镇。父彦洵。母沙氏，生母杨氏。慈侍下。兄璋；瑞，刑部郎中，赠奉直大夫；玉；玻；珀。娶翁氏。浙江乡试第七十一名，会试第十四名。

左镒，贯直隶宁国府泾县，民籍，县学生，治《易经》。字应衡，行七，年二十六，十一月初一日生。曾祖恕。祖燉。父瓒。母赵氏。具庆下。兄锦、镀、銮、铁、锟、錬；弟镶、鐇、镀、矿。娶唐氏。应天府乡试第六名，会试第三名。

何其高，贯四川保宁府阆中县，民籍，国子生，治《易经》。字抑之，行三，年四十，三月二十一日生。曾祖源。祖广。父明。母李氏。永感下。兄其俸、廷瑞、天恩、其显。弟天佑。娶邓氏，继娶杨氏、刘氏、陈氏。四川乡试第六十三名，会试第一百二十三名。

杨伊志，贯直隶苏州府吴县，民籍，县学增广生，治《易经》。字子任，行一，年三十二，七月初五日生。曾祖文富。祖信，赠户科给事中。父升，礼科给事中。母陈氏，封孺人，生母何氏。慈侍下。娶陈氏。应天府乡试第五十四名，会试第一百六十一名。

唐国相，贯顺天府大兴县，匠籍，松江府上海县人，顺天府学增广生，治《诗经》。字舜举，行二，年二十八，九月十六日生。曾祖海。祖荣。父英。母徐氏。具庆下。兄国栋。弟国柱。娶严氏。顺天府乡试第六十三名，会试第六十二名。

周宗镐，贯湖广岳州府巴陵县，生员籍，府学生，治《诗经》。字子京，行十七，年二十六，三月初八日生。曾祖友忠。祖以汰。父值。母方氏。具庆下。兄宗干。弟宗夔、宗哲、宗稷、宗庆、宗诏、宗睿、宗衡。娶刘氏。湖广乡试第八十四名，会试第二百九十五名。

白悦，贯锦衣卫官籍，直隶常州府武进县人，国子生，治《诗经》。字贞夫，行六，年三十四，十二月二十五日生。曾祖珂，教谕，赠光禄大夫柱国太子太保刑部尚书。祖昂，光禄大夫柱国太子太傅刑部尚书致仕，赠特进太保，谥康敏。父圻，通议大夫都察院右副都御史。母何氏，封淑人。永感下。兄谏，监生；诏，鸿胪寺序班；诩，监生；诚，监生；訑，监生。弟海，监生；怡，官生；谱，监生。娶邹氏，继娶杨氏。顺天府乡试第二十名，会试第十八名。

陈叔颐，贯陕西西安府泾阳县，军籍，府学生，治《易经》。字子贞，行三，年二十九，闰四月初三日生。曾祖椿。祖满，寿官。父玺，县主簿。前母张氏，母张氏。永感下。兄用、叔周。弟叔善；叔美，贡士。娶张氏，继娶赵氏。陕西乡试第二十九名，会试第五十名。

陈俎，贯河南开封府封丘县，民籍，国子生，治《诗经》。字少志，行一，年二十九，八月初四日生。曾祖纪。祖杲。父同。母韩氏，继母牛氏、季氏。严侍下。弟豆。娶樊氏。河南乡试第二名，会试第一百九十五名。

陆期范，贯直隶扬州府高邮州兴化县，军籍，国子生，治《易经》。字任卿，行二，年三十八，四月二十八日生。曾祖砺。祖溉，寿官。父弥望。母虞氏，继母朱氏。永感下。弟期欧。娶黄氏。应天府乡试第四十八名，会试第三百二十名。

徐祯，贯直隶苏州府长洲县，民籍，府学增广生，治《春秋》。字世兆，行三，年二十五，二月初十日生。曾祖谅，赠通议大夫都察院右副都御史。祖源，通议大夫都察院右副都御史。父棠，监生。母沈氏。慈侍下。兄勋，知县；烈。娶顾氏。应天府乡试第一百十一名，会试第一百五十名。

刘玺，贯济州卫官籍，直隶保定府唐县人，顺天府学生，治《诗经》。字国符，行一，年二十五，四月十七日生。曾祖清，正千户。祖安，正千户。父颙，正千户。母赵氏。重庆下。弟玮、瑀。娶滕氏，继娶董氏。顺天府乡试第一百十一名，会试第二百五十八名。

蒋信，贯湖广常德府武陵县，民籍，国子生，治《书经》。字卿实，行二，年五十，八月二十七日生。曾祖睿。祖诚。父经。母万氏。永感下。兄杰。娶姜氏，继娶李氏，柳氏。应天府乡试第九名，会试第九十七名。

茅鏊，贯直隶镇江府丹徒县，民籍，府学生，治《诗经》。字新之，行三，年三十七，六月初二日生。曾祖颐。祖宇，义官。父坚，七品散官。母聂氏，继母费氏。慈侍下。兄鉴，判官；銮。弟金、鋈。娶曹氏，继娶冯氏。应天府乡试第一百七名，会试第二百三十一名。

范钦，贯浙江宁波府鄞县，民籍，国子生，治《书经》。字尧卿，行五十五，年二十七，九月十九日生。曾祖晃。祖近，训导。父璧。母王氏。具庆下。兄镛。弟钧、镗、镐、钜、鏓、铣。娶袁氏。浙江乡试第七十名，会试第一百七十八名。

张明，贯福建建宁府浦城县，民籍，国子生，治《书经》。字元亮，行一，年三十七，十一月二十五日生。曾祖遵美。祖允让。父廷昭。前母徐氏，母杨氏。慈侍下。弟秀。娶陈氏。福建乡试第四十九名，会试第一百六十六名。

陈仕贤，贯福建福州府福清县，民籍，县学附学生，治《春秋》。字邦宪，行一，年三十四，十二月初八日生。曾祖旺。祖元泽。父纲。母林氏。具庆下。弟仕贵、仕贡、仕赟、仕赞、仕宝、仕贺、仕贞。娶戴氏。福建乡试第七十三名，会试第二百九十一名。

吕怀，贯江西广信府永丰县，民籍，国子生，治《书经》。字汝德。行六十八，年四十一，五月二十九日生。曾祖子昂。祖茂辉。父贤。母祝氏。慈侍下。兄夔，知府；

恺；瑚，同科进士；悦。弟悰、憪、愽、怿、愉、慎、性、忕。娶毛氏。江西乡试第一百五名，会试第一百五十五名。

辛童，贯山东青州府安丘县，民籍，县学生，治《易经》。字秉忠，行四，年三十一，十二月初五日生。曾祖贵。祖曾。父祥。母杨氏。具庆下。兄永、宪、宗。娶栾氏。山东乡试第二十三名，会试第二百六名。

刘儒，贯河南郡牧所军籍，山东济南府新城县人，汝阳县学增广生，治《诗经》。字子醇，行一，年三十五，七月十八日生。曾祖刚。祖智。父福。母李氏。慈侍下。弟仕、仪、仞。娶董氏。河南乡试第九名，会试第一百四名。

范瑟，贯山东济南府历城县，民籍，国子生，治《易经》。字孔和，行八，年二十九，十月初一日生。曾祖整。祖胜。父福。前母孔氏，母马氏。具庆下。兄珊；瑶；璞，听选官；琚、班；珏；琴。娶杨氏。山东乡试第七名，会试第五十八名。

钱亮，贯直隶镇江府丹徒县，匠籍，府学生，治《书经》。字执夫，行五，年三十一，四月初四日生。曾祖明。祖鉴。父云。母曹氏。具庆下。弟文、方。娶吕氏。应天府乡试第十四名，会试第二十一名。

张愚，贯直隶天津左卫军籍，山东诸城县人，卫学生，治《诗经》。字子明，行一，年三十三，九月三十日生。曾祖士能。祖洪。父凤。母董氏。永感下。娶季氏。顺天府乡试第七十四名，会试第一百十一名。

黄应中，贯四川重庆府忠州，民籍，国子生，治《诗经》。字子孚，行一，年三十二，五月十四日生。曾祖珏。祖本立。父璧，贡士。母卢氏。重庆下。弟应正。娶申氏。四川乡试第十一名，会试第二十二名。

许楱，贯河南开封府兰阳县，民籍，县学生，治《诗经》。字国华，行三，年二十五，二月二十九日生。曾祖真，县主簿。祖凯，累封户部郎中。父廷佑。母萧氏。具庆下。兄东；椿，监生。弟楹、梗、梓、梅、柟、栱、梴、校。娶牛氏。河南乡试第二十二名，会试第一百七十七名。

吴至，贯浙江绍兴府余姚县，军籍，国子生，治《易经》。字道卿，行一，年二十九，八月初六日生。曾祖勤，赠南京刑部员外郎。祖秩。父征。母何氏。重庆下。弟可至、学至。娶顾氏，继娶李氏。浙江乡试第二十七名，会试第八十名。

秦鸣夏，贯浙江台州府临海县，军籍，府学生，治《春秋》，字子亨，行二，年二十五，三月二十五日生。曾祖宗傅。祖彦彬，封行人司司副赠刑部郎中。父礼，按察司佥事。母包氏。永感下。兄鸣春，贡士。弟鸣秋、鸣雷、鸣冬。娶林氏。浙江乡试第五十七名，会试第三百十四名。

施雨，贯直隶苏州府常熟县，民籍，国子生，治《诗经》。字润之，行二，年三十三，九月十五日生。曾祖玘，寿官。祖荣。父伦。母缪氏。具庆下。兄接。弟云、电、露、霓。娶薛氏。应天府乡试第一百三十名，会试第二百七十名。

张谦，贯浙江宁波府慈溪县，民籍，县学附学生，治《诗经》。字子益，行三十六，年二十二，三月十三日生。曾祖珊。祖场。父锦。母刘氏。慈侍下。兄俊，听选官；诰；谏；谨；训；诩。弟谕。娶陈氏。浙江乡试第八十名，会试第二十六名。

于廷寅，贯浙江绍兴府余姚县，民籍，县学附学生，治《春秋》。字贰卿，行十六，年三十二，三月初七日生。曾祖庆谊，监生。祖瑛。父震，知县。嫡母舒氏，生母胡氏。具庆下。兄廷谞。娶严氏。浙江乡试第五名，会试第一百二十一名。

许应元，贯浙江杭州府钱塘县，民籍，顺天府东安县人，国子生，治《易经》。字子春，行二，年二十七，正月二十八日生。曾祖九皋。祖绅。父龟年。母陈氏。具庆下。兄应爵。弟应奎、应龙、应宿、应禄、应熊、应期、应亨、应德、应台、应岳、应荐、应求、应衡、应诏。娶徐氏。浙江乡试第八十五名，会试第六十三名。

刘继禄，贯万全都司永宁卫官籍，顺天府三河县人，国子生，治《诗经》。字承德，行一，年三十八，十二月初六日生。曾祖政，副千户。祖俊，副千户。父希武。母张氏，继母王氏。具庆下。弟继爵，副千户；继位；继相；继善；继志。娶丁氏，继娶昌氏。顺天府乡试第二十一名，会试第二百一名。

边侁，贯直隶河间府任丘县，官籍，国子生，治《书经》。字行甫，行四，年三十，十一月二十七日生。曾祖永，户部郎中，赠左副都御史。祖镛，南京刑部右侍郎。父宪，应天府府尹。母郑氏，封孺人，继母张氏。具庆下。兄伟，盐运司运使；亿，布政司左参政；备；侨，知州；偕，散官；仲，刑部郎中；偶，光禄寺署正；佃。弟偲，贡士；任；佽；偣；侯，贡士。娶张氏。顺天府乡试第六名，会试第一百三十七名。

皇甫涍，贯直隶苏州府长洲县，民籍，国子生，治《易经》。字子安，行二，年三十六，六月二十五日生。曾祖通。祖信，赠礼部员外郎。父录，知府。母黄氏，封宜人。具庆下。弟冲，贡士。弟汸，知县；濂。娶刘氏。应天府乡试第二名，会试第十一名。

曾大吉，贯河南开封府陈州，民籍，国子生，治《春秋》。字子修，行一，年三十九，五月十九日生。曾祖刚。祖和，寿官。父福，坝官。母卢氏。具庆下。弟大全、大用。娶朱氏。河南乡试第六十八名，会试第一百六十八名。

闵如霖，贯浙江杭州府乌程县，军籍，国子生，治《诗经》。字师望，行四，年三十，八月二十八日生。曾祖复。祖理。父蕙。母沈氏。永感下。兄如松，监生；如桂；如梗。弟如楠、如椿、如梧、如梅。娶黄氏。浙江乡试第八十八名，会试第二百八十三名。

王椿，贯浙江杭州府钱塘县，匠籍，国子生，治《易经》。字元龄，行二，年二十八，六月初九日生。曾祖复初。祖镛，义官。父璘，卫经历。嫡母吴氏，继母丘氏，生母凌氏。具庆下。兄相。弟材。娶张氏。顺天府乡试第十八名，会试第五十五名。

董汉儒，贯河南开封府睢州考城县，民籍，国子生，治《礼记》。字道夫，行一，年三十九，二月十六日生。曾祖英。祖继先，监生。父廷佐，训导。母宁氏。具庆下。弟汉卿，汉杰、来询、来宣、来同、来夏、来举、来问。娶王氏。河南乡试第十名，会试第一百四十一名。

徐樾，贯江西广信府贵溪县，军官籍，国子生，治《书经》。字子直，行六十一，年三十三，九月初三日生。曾祖思文。祖孔全。父灌，岁贡生。母吴氏。永感下。兄标、橙、桥、檩、樟、楔、茟、校。弟楠。娶詹氏。江西乡试第四十名，会试第二百十二名。

姚翔凤，贯浙江绍兴府上虞县，军籍，国子生，治《诗经》。字梦祯，行七，年二十九，十二月初五日生。曾祖嵩。祖铿，署教谕举人。父霁。母孔氏。具庆下。娶钟氏。浙江乡试第六十二名，会试第一百八十八名。

王珩，贯直隶河间府交河县，民籍，县学生，治《易经》。字节甫，行一，年三十一，六月十三日生。曾祖英，巡检。祖永。父浩。母史氏。慈侍下。兄瑶。弟理。娶张氏。顺天府乡试第九十五名，会试第一百五十九名。

毛复，贯浙江绍兴府余姚县，民籍，国子生，治《易经》。字世亨，行十九，年三十三，三月二十五日生。曾祖仕玒。祖淮，仓副使。父明。母鲍氏，继母周氏。严侍下。兄宪，按察司副使；实，刑部郎中。弟师。娶钱氏。浙江乡试第四十七名，会试第一百三十八名。

吕瑚，贯江西广信府永丰县，民籍，国子生，治《书经》。字汝器，行三十九，年四十四，二月三十日生。曾祖子英。祖茂忠。父聪。母潘氏。慈侍下。兄夔，知府；稷。弟琏，珂；怀，同科进士。娶詹氏。江西乡试第一百十八名，会试第一百三十四名。

赵一中，贯直隶河间府青县，民籍，国子生，治《诗经》。字立夫，行一，年二十九，七月初二日生。曾祖宽。祖荣、父璠。母萧氏，继母夏氏。重庆下。弟一厚。娶白氏。顺天府乡试第五十六名，会试第一百二十七名。

雍澜，贯福建兴化府莆田县，匠籍，府学附学生，治《书经》。字斯道，行五，年四十一，九月二十二日生。曾祖志征。祖贵玉，封卫经历。父汝和，提举。母陈氏，封孺人。永感下。兄鸿、鲸。弟鲲、鲤。娶陈氏。福建乡试第四十三名，会试第一百八名。

欧阳清，贯江西广信府上饶县，民籍，国子生，治《诗经》。字懋直，行一，年四十一，八月十四日生。曾祖文信。祖久镇。父贵，训导。母胡氏，继母贾氏。具庆下。弟洪。娶连氏。江西乡试第三十二名，会试第一百七十名。

杨成，贯南京留守中卫官籍，湖广桃源县人，国子生，治《诗经》。字全卿，行一，年三十四，三月三十日生，曾祖福，百户。祖海，百户。父宽，百户。母李氏。严侍下。弟武，百户；咸；式；职。娶徐氏。应天府乡试第四十四名，会试第七十五名。

吴岳，贯山东兖州府东平州汶上县，民籍，国子生，治《春秋》。字汝乔，行九，年二十九，七月初五日生。曾祖从善。祖贵。父鼐。母姜氏。具庆下。兄崇、嵩、岩、岭、崑、岫、岚、崄。娶王氏。山东乡试第九名，会试第一百七名。

卫元确，贯广东广州府东莞县，民籍，县学附学生，治《易经》。字少乾，行一，年三十一，九月十六日生。曾祖珪。祖时佐，寿官。父缨。前母黄氏，母张氏。具庆下。弟元硕、元相，元柱、元栋、元桂、元楫。娶罗氏。广东乡试第四十七名，会试第一百八十三名。

　　浦应麒，贯直隶常州府无锡县，军籍，国子生，治《书经》。字道征，行一，年三十七，五月二十三日生。曾祖森。祖宗盛，义官。父瑾，知县。母黄氏。慈侍下。弟应元、应辰、应登。娶陆氏。应天府乡试第五名，会试第二百八十六名。

　　赵伊，贯浙江嘉兴府平湖县，灶籍，县学增广生，治《易经》。字子衡，行四，年二十一，六月十五日生。曾祖端，寿官。祖璧，赠兵科给事中。父汉，布政司右参政。母陆氏，封孺人。具庆下。兄传、偕、偶。娶张氏。浙江乡试第四十二名，会试第一百七十六名。

　　段承恩，贯云南云南府晋宁州，民籍，州学生，治《易经》。字德夫，行一，年三十，十二月十九日生。曾祖吉祥。祖俊。父永盛，义官。母杨氏。具庆下。弟承宠、承爵。娶赵氏。继娶李氏。云贵乡试第二名，会试第四十五名。

　　游居敬，贯福建延平府南平县，军籍，县学生，治《诗经》。字行简，行二十二，年二十四，八月二十七日生。曾祖廷赐。祖佑。父纶，监生。母吴氏。具庆下。弟主敬。娶李氏。福建乡试第六十四名，会试第二百十三名。

　　韩勗，贯直隶保定府安州高阳县，军籍，府学生，治《易经》。字德懋，行一，年三十一，八月初一日生。曾祖得春。祖敬，县主簿。父鹤。母郭氏。具庆下。弟旦、最、暴。娶李氏。顺天府乡试第二名，会试第一百二名。

　　陈祯，贯江西抚州府崇仁县，民籍，国子生，治《诗经》。字大和，行一，年四十，十二月十三日生。曾祖复旸。祖汝篪。父公翰。母李氏。具庆下。弟祥。娶李氏。江西乡试第二十三名，会试第一百五十四名。

　　邵元吉，贯浙江绍兴府余姚县，民籍，国子生，治《易经》。字惪旋，行六，年三十二，六月二十八日生。曾祖悌思。祖祚，义官。父穆。前母诸氏，母陈氏。永感下。兄元臣、元善、元亨、元廉。弟元仁、元祥。娶沈氏。浙江乡试第十四名，会试第二百九十三名。

　　文衡，贯四川顺庆府南充县，民籍，国子生，治《诗经》。字公孺，行一，年三十六，六月初五日生。曾祖理，寿官。祖廷辅，县丞。父子贤。母杨氏。慈侍下。弟衢、卫、炳、行、藻、澜、谊。娶李氏，继娶母氏。四川乡试第四十九名，会试第八十八名。

　　据《嘉靖十一年进士登科录》，第三甲二百三十三名，赐同进士出身。履历如下：

　　余光，贯应天府江宁县，民籍，祁门县人，应天府学生，治《书经》。字晦之，行一，年三十八，四月二十八日生。曾祖宗谅。祖仕英。父隆。嫡母汪氏，生母吴氏。慈侍下。娶谢氏，继娶黄氏。应天府乡试第五十名，会试第二百九十九名。

　　李延康，贯陕西潞安府，民籍，国子生，治《礼记》。字允吉，行四，年三十三，九月十二日生。曾祖志美。祖骞，知县。父玹，县丞。前母王氏，母冯氏。具庆下。兄延缨、延昌、延馨，推官。娶牛氏。山西乡试第五十七名，会试第二百八十名。

　　潘高，贯山西宁化守御千户所官籍，直隶合肥县人，太原府学增广生，治《书经》。字子抑，行一，年十九，十二月初一日生。曾祖政，正千户，封武德将军。祖璟，正千户，封武德将军。父承爵，正千户。母江氏。重庆下。弟蟾、桂、鳌、登、鹏，聘王氏。山西乡试第四十三名，会试第二百二十七名。

刘潨，贯湖广黄州府麻城县，民籍，国子生，治《春秋》。字汝静，行二，年二十九，二月十六日生。曾祖仲畴，知县。祖璲，知县，累赠都察院右佥都御史。父天和，都察院右副都御史。母王氏，封恭人。具庆下。兄淞，贡士。弟溧、沐、沭、滦。娶万氏，继未聘。湖广乡试第四十名，会试第二百三十三名。

陈垲，贯浙江绍兴府余姚县，民籍，国子生，治《礼记》。字山甫，行十八，年三十一，六月十七日生。曾祖霖。祖籥，义官。父炫。母闻人氏。慈侍下。兄坚；坦；墇，盐课司副提举；增；楷；文魁，光禄寺监事；达；城。弟封，墿、培、壕。娶潘氏。浙江乡试第五名，会试第五名。

王廷干，贯直隶宁国府泾县，民籍，县学生，治《礼记》。字维桢，行三，年十七，五月十四日生。曾祖达，知府。祖镛。父汝猷。母赵氏。重庆下。兄枢、桎。弟廷杰、楹、梓、梧、樟、极、栗、菜、杭、栏。聘左氏。应天府乡试第五名，会试第一百五十八名。

何天启，贯江西广信府贵溪县，民籍，国子生，治《易经》。字羲占，行七十五，年二十九，闰四月二十二日生。曾祖桂高。祖渊，布政司参议。父章，知县。母夏氏。具庆下。兄天静、天祥、天佑、天麟、天锡、天申、天爵。弟天象、天范。娶徐氏。江西乡试第二十八名，会试第一百六十九名。

郑吉甫，贯河南汝宁府信阳州罗山县，军籍，国子生，治《春秋》。字希宪。行二，年三十九，十一月初五日生。曾祖文斌，兵马。祖纪。父洪，义官。前母赵氏，瞿氏，母尚氏。慈侍下。兄重。弟光甫、行甫。娶王氏。河南乡试第三十名，会试第七十七名。

王京，贯府军前卫军籍，直隶高邮州人，京卫武学生，治《春秋》。字得师，行一，年三十六，十二月二十二日生。曾祖纪，主簿。祖业。父民，散官。母季氏，继母骆氏。重庆下。弟云鹏、云瑞。娶孙氏，继娶唐氏。顺天府乡试第四十名，会试第一百三十五名。

魏尚纯，贯河南仪卫司官籍，山东滕县人，钧州学生，治《礼记》。字叔诚，行三，年二十四。十月十五日生。曾祖通。祖兴。父宗，典杖。母张氏。具庆下。兄尚经；尚纶，贡士。弟尚纲。娶白氏，继娶李氏。河南乡试第十九名，会试第二百二十三名。

李征，贯湖广常德府桃源县，民籍，县学生，治《书经》。字诚之，行三，年二十六，九月十九日生。曾祖茂坚。祖遏。父冕，京县主簿。母谢氏，生母周氏。慈侍下。兄岳、薶、嵩、崑、峰、崙、函。弟徽，训术。娶宋氏。湖广乡试第四十八名，会试第一百十五名。

李乘云，贯河南开封府钧州，民籍，州学生，治《书经》。字子雨，行一，年二十六，七月十一日生。曾祖刚。祖全。父延。母周氏。具庆下。弟登云、凌云、披云、望云、庆云、灿云。娶刘氏。河南乡试第四十八名，会试第二百四十五名。

尤鲁，贯直隶常州府无锡县，民籍，国子生，治《诗经》。字懋宗，行一，年三十五，十月二十三日生。曾祖亿。祖焕。父基。母周氏，继母陆氏。具庆下。弟讷、质。娶张氏。应天府乡试第六十三名，会试第二百三名。

沈伯咸，贯浙江嘉兴府秀水县，民籍，嘉善县人，国子生，治《书经》。字公甫，行二，年三十七，四月十五日生。曾祖真卿。祖达，寿官。父潮。母缪氏。具庆下。兄伯艮。娶张氏，继娶徐氏、张氏。浙江乡试第四十名，会试第一百四十四名。

曾钧，贯江西南昌府进贤县，民籍，国子生，治《诗经》。字廷和，行八，年四十三，闰九月二十五日生。曾祖翊如。祖由勉。父文献。母傅氏。永感下。兄廷夔、廷鳌、廷范、廷式、廷高。娶傅氏。江西乡试第五十四名，会试第四十八名。

周镐，贯浙江宁波府慈溪县，民籍，县学附学生，治《诗经》。字仲京，行一，年二十二，二月二十五日生。曾祖桢，阴阳训术。祖煦，散官。父文进，贡士。母张氏。重庆下。兄钶。弟镒、钊、釪、铉。娶赵氏。浙江乡试第六十六名，会试第一百七十五名。

潘子正，贯直隶泸州府六安州，军籍，国子生，治《书经》。字汝中，行一，年二十八，六月二十五日生。曾祖岳，监察御史。祖稑，义官。父锐，行人司行人。母仵氏。慈侍下。弟子如、子孝、子安。娶张氏。应天府乡试第九十七名，会试第三十四名。

冯汝弼，贯浙江嘉兴府平湖县，民籍，县学生，治《书经》。字惟良，行六，年三十四，十月初七日生。曾祖宗衍。祖澄。父俊，知县。母胡氏。永感下。兄汝翼、汝明、汝听。弟汝贤。娶屠氏。浙江乡试第三十五名，会试第十名。

曹迈，贯四川嘉定州荣县，军籍，国子生，治《诗经》。字德仲，行一，年三十二，八月二十六日生。曾祖伯琤。祖蒯，县丞。父赏，训导。母刘氏，继母张氏。重庆下。兄荐。弟彦、屏、庠、廊、迎、近。娶杨氏。四川乡试第二十七名，会试第九十九名。

张翼翔，贯直隶凤阳府凤阳县，民籍，国子生，治《诗经》。字仲羽，行二，年三十八，十一月初五日生。曾祖义。祖纪，寿官。父珑，训导。母徐氏，继母刘氏。具庆下。兄翼翱，医学正科。弟翼举、翼鸣。娶高氏，继娶戴氏。应天府乡试第八十名，会试第六十七名。

叶经，贯浙江绍兴府上虞县，民籍，县学附学生，治《易经》。字叔明，行一，年二十八，八月二十二日生。曾祖爱同。祖垒，教谕。父时政。母张氏。具庆下。弟纶、纬、綵。娶张氏。浙江乡试第二十七名，会试第一百九十九名。（附录：梁章钜《制义丛话》卷五："《四勿斋随笔》云：前明叶东园经嘉靖癸卯巡按山东，作乡试'无为而治'一节题程文，大结内有'继体之君，未尝无可承之法，但德非至圣，未免作聪明以乱旧章'等语，世宗见之大怒，以为讥讪，逮讯毙于杖下。文字痛快之极，其受祸乃至于此，亦明哲之所讥矣。"）

韩威，贯直隶河间府官籍，顺天府丰润县人，国子生，治《诗经》。字德隅，行二，年四十五，六月十九日生。曾祖真。祖聪。父钦。母郭氏。永感下。兄升。弟陵。娶张氏，继娶杨氏。顺天府乡试第十六名，会试第一百十四名。

米荣，贯福建邵武府邵武县，军籍，国子生，治《易经》。字仁夫，行一，年四十七，九月二十九日生。曾祖友文。祖惟宝。父留住。母汤氏。具庆下。弟华。娶张氏。福建乡试第二十七名，会试第二百六十八名。

胡鲸，贯河南汝宁府汝阳县，民籍，国子生，治《易经》。字鱼伯，行一，年三十六，七月初四日生。曾祖以诚，赠翰林院检讨。祖山，纪善，进阶长史正五品奉议大夫。父永芳，知县。嫡母李氏，生母景氏。慈侍下。弟鲲。娶李氏。河南乡试第四十九名，会试第四十三名。

刘汝楠，贯福建泉州府同安县，军籍，国子生，治《春秋》。字孟材，行一，年三十，二月初五日生。曾祖大梁。祖廷理，义官。父祚。母王氏。重庆下。娶黄氏。福建乡试第一名，会试第二百四十六名。

柳英，贯四川夔州府巫山县，民籍，国子生，治《诗经》，字子钟，行二，年三十五，正月初七日生。曾祖文。祖琳，监生。父茂株。母黄氏。慈侍下。娶向氏。四川乡试第三十八名，会试第十七名。

陈策，贯四川重庆府忠州，民籍，国子生，治《诗经》。字一得，行一，年三十六，二月十八日生，曾祖鉴，赠光禄寺少卿。祖瑞，光禄寺少卿。父大韶。母马氏。具庆下。兄恩。弟箴、簧。娶古氏。四川乡试第五十八名，会试第一百五十二名。

王继宗，贯四川顺庆府南充县，民籍，国子生，治《易经》。字汝孝，行二，年四十三，六月十七日生。曾祖干。祖儒，监生。父汾。母张氏。永感下。兄绍宗，典膳；尚仁；汝皋，监生。弟缵宗；绎宗；续宗；绥宗；壂；汝夔，贡士；道纯。娶唐氏，继未聘。四川乡试第二十四名，会试第二百七十六名。

郑汝舟，贯福建兴化府莆田县，民籍，国子生，治《书经》。字宜济，行七，年三十七，正月初四日生。曾祖克敏。祖致中。父彦材。母黄氏。慈侍下。兄汝进、汝达、汝亨、汝逞、汝逸、汝选、娶黄氏。福建乡试第八十五名，会试第二百七十八名。

翟镐，贯镇南卫旗籍，广东东莞县人，国子生，治《易经》。字周甫，行三，年三十一，八月初九日生。曾祖旦骘。祖荣，冠带总旗。父全，冠带总旗。母石氏。具庆下。兄镇、鉴。弟铖、钦。娶王氏。顺天府乡试第一百二十七名，会试第二百六十三名。

陈修，贯浙江绍兴府山阴县，民籍，国子生，治《易经》。字宗道，行二，年三十八，十一月初十日生。曾祖贤。祖珪。父清。母赵氏，继母郑氏。具庆下。兄朋。娶王氏。浙江乡试第三十八名，会试第三十五名。

何思，贯直隶保定府雄县，民籍，国子生，治《易经》。字慎之，行一，年二十五，十一月初四日生。曾祖贤。祖旺。父鲁，知县。母韩氏。重庆下。弟虑、感、应、念、慈、志、忍。娶苏氏。顺天府乡试第六十七名，会试第二百八十八名。

王联，贯直隶河间府任丘县，民籍，国子生，治《书经》。字应奎，行二，年三十三，十二月初五日生。曾祖福。祖瓒。父良。母张氏，继母高氏。具庆下。兄职。弟聆、聘、耿。娶张氏。顺天府乡试第六十七名，会试第八十二名。

来汝贤，贯浙江绍兴府萧山县，灶籍，国子生，治《书经》。字子禹，行一，年三十一，七月初八日生。曾祖珪。祖昉。父东。母孙氏。重庆下。弟汝舟、汝明、汝为、汝听、汝士、汝工。娶钱氏。浙江乡试第二名，会试第二名。

周珫，贯湖广德安府应城县，民籍，京山县人，国子生，治《诗经》。字润夫，行四，年三十六，十二月十八日生。曾祖韶。祖域。父儆，府同知，进阶奉政大夫。母陈氏。具庆下。弟玩、珹。娶郭氏。湖广乡试第十二名，会试第一百九十八名。

张世亨，贯直隶真定府晋州安平县，民籍，县学生，治《易经》。字达卿，行一，年二十三，八月十二日生。曾祖果。祖鉴。父绮。母李氏，继母范氏。具庆下。弟世隆、世光。娶吕氏。顺天府乡试第一百二十三名，会试第二百五十七名。

徐进，贯广东广州府顺德县，军籍，国子生，治《易经》。字与可，行二，年二十九，正月二十九日生。曾祖敏。祖隆。父华。母黄氏。重庆下。弟迁，迪。娶陈氏。广东乡试第五十三名，会试第一百六十三名。

刘世用，贯直隶保定府祁州束鹿县，民籍，国子生，治《诗经》。字汝贤，行二，年三十，正月初九日生。曾祖全。祖良。父宪。母赵氏。具庆下。兄世迁。弟世豪、世征、世选。娶王氏。顺天府乡试第五十四名，会试第一百五十七名。

党承赐，贯山西太原府忻州，军籍，国子生，治《书经》。字汝锡，行四，年三十四，七月初七日生，曾祖庠，州同知。祖永龄，寿官。父茂，知县，累封吏部员外郎。母漫氏，累封宜人。严侍下。兄承志，通政司右通政；承美，知县；承恩，知印；承禄。弟承学，典膳；承宣，监生；承周。娶王氏。山西乡试第二十九名，会试第三十一名。

王教，贯直隶松江府华亭县，民籍，上海县人，国子生，治《诗经》。字道修，行一，年三十三，五月二十八日生。曾祖璿。祖宗。父山，医学正科。母姜氏。重庆下。弟政。娶姜氏。应天府乡试第五十八名，会试第四十二名。

常应文，贯山西辽州榆社县，民籍，国子生，治《春秋》。字汝实，行一，年三十四，正月三十日生。曾祖显，左布政使。祖经，知县，封监察御史。父在，知府。前母李氏，封孺人，母李氏，封孺人，继母田氏，封孺人。慈侍下。兄应魁。弟应元，典膳；应齐，散官；应周，七品散官；应恩，散官；应荣；应豸；应河；应春；应麟。娶周氏。山西乡试第十五名，会试第二百二十二名。

顾存仁，贯直隶苏州府太仓州，民籍，府学生，治《易经》。字伯刚，行一，年三十一，八月十五日生。曾祖谟。祖昊。父启明。母钱氏。具庆下。弟存礼、允靖、价俏、存性。娶盛氏。应天府乡试第十九名，会试第一百五十三名。

林功懋，贯福建漳州府漳浦县，民籍，国子生，治《诗经》。字以谦，行三，年二十四，九月十二日生。曾祖灿。祖祥。父廷臣。母陈氏。重庆下。兄松懋、德懋。娶涂氏。福建乡试第六十六名，会试第一百四十二名。

贾枢，贯山东济南府武定州商河县，民籍，国子生，治《易经》。字慎卿，行一，年三十五，十一月二十日生。曾祖斌，王府工正。祖鋋，教授。父登。母徐氏。重庆下。弟相、桸。娶张氏。山东乡试第六十八名，会试第二百四十四名。

谢庭苣，贯四川叙州府富顺县，民籍，国子生，治《诗经》。字子佩，行二，年二十六，三月二十七日生。曾祖正立，七品散官。祖胤。父充，贡士，赠刑部主事。母张氏，封安人。慈侍下。兄庭芝，刑部主事。娶伍氏。四川乡试第三十三名，会试第一百九十名。

黄鹏，贯广东潮州府潮阳县，民籍，国子生，治《书经》。字搏之，行二，年三十四，十月十四日生。曾祖统。祖权。父文仕。母林氏。具庆下。兄凤。弟鹤。娶谢氏。广东乡试第五十六名，会试第二百四名。

张桨，贯直隶广平府邯郸县，民籍，国子生，治《诗经》。字体周，行二，年三十七，八月十九日生，曾祖晋，训导。祖锡，行太仆寺少卿。父瀚。母谭氏。慈侍下。兄杲，监生。弟渠。娶谢氏。顺天府乡试第十一名，会试第二百十六名。

刘素，贯直隶保定府祁州深泽县，民籍，国子生，治《礼记》。字文之，行一，年四十一，三月初五日生。曾祖海。祖迻。父洁。母李氏。永感下。娶焦氏。顺天府乡试第一百十名，会试第六十一名。

周卿，贯河南开封府延津县，国子生，治《书经》。字克果，行一，年三十九，正月二十九日生。曾祖敬。祖良。父璞。母卫氏。慈侍下。弟密，贡士；乡；宾，监生；定；官；守，监生；宦；完。娶何氏。河南乡试第二十五名，会试第四十四名。

陈魁，贯四川仪卫司校籍，顺庆府邻水县人，国子生，治《诗经》。字梅甫，行一，年三十六，十二月二十三日生。曾祖实。祖稳。父文。母辛氏。具庆下。兄志、惠。娶杜氏，继娶徐氏。四川乡试第五十八名，会试第一百七十二名。

陈位，贯福建兴化府莆田县，民籍，县学附学生，治《书经》。字汝靖，行一，年三十三，十二月初四日生。曾祖孔珣，封刑部员外郎。祖懋源，刑部郎中。父大武。母朱氏。具庆下。弟仕、儒。娶林氏。福建乡试第四十八名，会试第二百六十二名。

陈澍，贯直隶庐州府合肥县，军籍，国子生，治《书经》。字伯雨，行二，年四十一，六月十一日生。曾祖暹。祖颐。父春。母王氏。具庆下。兄澜。弟漾、潜。娶张氏。应天府乡试第一百十九名，会试第八十九名。

殷学，贯山东兖州府东平州东阿县，匠籍，国子生，治《诗经》。字成甫，行二，年三十，正月十一日生。曾祖贵。祖清。父佑。母周氏。慈侍下。兄儒。弟举。娶张氏。山东乡试第三十六名，会试第三十二名。

傅颐，贯湖广沔阳卫官籍，河南息县人，州学增广生，治《书经》。字观蒙，行五，年二十三，二月二十四日生。曾祖珉，指挥佥事。祖俊。父升。母陈氏。具庆下。兄鸾；预；显，指挥佥事；颁。娶王氏，继娶杨氏。湖广乡试第一名，会试第三百十名。

俞世洁，贯福建福州府侯官县，民籍，县学增广生，治《易经》。字与之，行二，年三十九，七月初十日生。曾祖继善。祖荆，驿丞。父体中，义官。母徐氏。慈侍下。兄士渊。弟士濂、士瀚、士灏。娶赵氏。福建乡试第四十名，会试第二百七十九名。

李朝阳，贯山西太原府清源县，军籍，国子生，治《书经》。字伯鸣，行一，年三十八，二月二十七日生。曾祖贤，寿官。祖子实。父梅，巡检。母梁氏。重庆下。弟遇阳、荷阳。娶米氏，继娶王氏。山西乡试第九名，会试第六十名。

韩岳，贯浙江绍兴府余姚县，民籍，县学生，治《礼记》。字镇伯，行一，年三十四，五月初十日生。曾祖循。祖永。父棣。母鲁氏。永感下。弟元、稷、恺、益、皋、官、贤、夔、旦、牧、伊。娶毛氏。浙江乡试第八十一名，会试第一百九十二名。

周瑞，贯福建兴化府莆田县，军籍，县学附学生，治《诗经》。字循典，行一，年三十四，九月初八日生。曾祖赞。祖毂。父僎。母翁氏，继母吴氏。重庆下。兄宣，左布政使；与；祚；经；然；庆；宁，贡士。弟显、珙、璧。娶丘氏。福建乡试第八十三名，会试第一百九十三名。

赵愈和，贯江西南康府星子县，民籍，府学生，治《诗经》。字以礼，行三，年三十一，三月十二日生。曾祖骏，卫经历。祖缨。父廷宣，训导。母钱氏，继母王氏。具庆下。兄愈良、愈充。弟愈儒、愈生。娶李氏。江西乡试第四十一名，会试第二百九十八名。

廖希颜，贯湖广长沙府茶陵州，军籍，州学生，治《春秋》，字叔愚，行二，年二十四，九月二十四日生。曾祖武昂。祖本祥。父业。母包氏，继母孔氏。慈侍下。弟希曾、希周、希孟、希夔。娶杨氏。湖广乡试第三十四名，会试第三百五名。

李恺，贯福建泉州府惠安县，民籍，国子生，治《诗经》。字克谐，行一，年三十六，十月初四日生。曾祖钦。祖普。父经。母曾氏。慈侍下。弟悌、慎、懽。娶吴氏。福建乡试第二名，会试第十二名。

吴希孟，贯太医院医籍，直隶武进县人，顺天府学增广生，治《诗经》。字子醇，行三，年二十五，十二月二十一日生。曾祖玘，寿官。祖宁，封太医院院判。父杰，前太医院院使。前母周氏李氏，封安人，母朱氏，继母廖氏。严侍下。兄希颜，冠带医士；希曾，冠带医士。弟希周、希程。娶王氏。顺天府乡试第一百十五名，会试第二百五名。

唐曜，贯四川叙州府富顺县，民籍，江西南昌县人，国子生，治《诗经》。字幼贞，行十五，年二十三，九月十七日生。曾祖邦显。祖渊。父公正。嫡母胡氏，生母吴氏。慈侍下。娶万氏。四川乡试第七名，会试第三百十三名。

苏志皋，贯顺天府固安县，匠籍，县学生，治《书经》。字德明，行一，年三十六，十月二十四日生。曾祖郁。祖伦。父子良。母宋氏。慈侍下。娶温氏。顺天府乡试第三名，会试第一百名。

王钺，贯福建福州中卫，官籍，侯官县学生，治《春秋》。字公仪，行七，年三十四，十月二十二日生。曾祖智，赠都察院右副都御史。祖瓒。父升，教谕。母黄氏。永感下。兄镒；铎，驿丞；钦，户部主事。弟键，贡士。娶陈氏。福建乡试第六十二名，会试第一百八十四名。

程秀民，贯浙江衢州府西安县，民籍，县学生，治《易经》。字天毓，行二十七，年二十八，正月十九日生。曾祖惟谦。祖端，知州。父镰。母杨氏。具庆下。兄舜民、吉民。娶蔡氏。浙江乡试第五十三名，会试第九名。

胡鳌，贯湖广辰州府沅陵县，军籍，府学生，治《易经》。字巨卿，行三，年二十八，七月初五日生。曾祖琥，医学正科。祖谧，医学正科。父应相，医学正科。母李氏。永感下。兄铿、钧。弟汝钥、汝键、烈。娶何氏。湖广乡试第三名，会试第三百八名。

马汝彰，贯河南卫辉府汲县，民籍，县学生，治《书经》。字存美，行一，年二十八，七月初九日生。曾祖整，赠府通判。祖英，府同知。父图，贡士。母张氏。永感下。弟汝扬，仪宾；汝翼。娶李氏。河南乡试第三十七名，会试第一百六十四名。

邓燨，贯福建福州府闽县，民籍，县学附学生，治《礼记》。字世绅，行四，年三十一，十二月二十七日生。曾祖珙，布政司左参议。祖泰，义官。父荣，县主簿。母董氏。具庆下。兄世旸。娶叶氏。福建乡试第五十名，会试第二百九十二名。

李文凤，贯广西庆远卫官籍，湖广桃源县人，国子生，治《礼记》。字廷仪，行四，年三十三，十一月初十日生。曾祖辉，指挥佥事。祖显，知县。父崙，学正。母彭氏，继母史氏。具庆下。兄文魁，知县；霈；霁，指挥同知，前贡士；文明；文英。弟文德；文瓒，贡士；文黼；文绣。娶王氏，继娶韦氏。广西乡试第一名，会试第二百七名。

胡魁，贯四川邛州蒲江县，民籍，国子生，治《诗经》。字应辰，行二，年三十六，十二月十一日生。曾祖志先。祖鼎。父伯瑄。母刘氏，继母邵氏。慈侍下。娶卢氏。四川乡试第五十八名，会试第七十八名。

何继高，贯浙江杭州府仁和县，民籍，钱塘县学附学生，治《易经》。字思守，行一，年二十四，八月初七日生。曾祖琮，正议大夫资治尹兵部左侍郎。祖钢，都察院检校。父景福。母朱氏。慈侍下。弟继曾、继祖。娶张氏。浙江乡试第五十五名，会试第三百十二名。

陈如纶，贯直隶太仓卫，军籍，国子生，治《易经》。字德宣，行三，年三十四，八月二十日生，曾祖鼐，寿官。祖章。父玘。母王氏。继母周氏。具庆下。兄绎、经。娶王氏，继娶丁氏。应天府乡试第五十九名，会试第二百三十二名。

尹耕，贯万全都司蔚州卫军籍，山西孝义县人，蔚州学增广生，治《易经》。字子莘，行一，年十八，六月二十日生。曾祖普兴。祖琮。父玉，贡士。母曹氏。具庆下。娶王氏。山西乡试第十五名，会试第二百二十九名。

冯亮，贯浙江金华府金华县，民籍，县学生，治《诗经》。字执夫，行二十六，年三十，七月初十日生。曾祖旸，知县，赠工部主事。祖滔。父玑，监生。母朱氏。重庆下。兄充。弟襄。娶钱氏。浙江乡试第五十四名，会试第二百二十一名。

应鸣凤，贯浙江衢州府西安县，民籍，府学生，治《易经》。字时鸣，行十，年二十三，五月十二日生。曾祖良安，赠知县。祖能，通判，累进阶朝列大夫。父旭，典膳。母陈氏，继母郑氏。具庆下。弟翔凤、仪凤。娶徐氏。浙江乡试第四十五名，会试第九十二名。

朱衡，贯江西吉安府万安县，民籍，县学生，治《易经》。字士南，行一，年二十一，正月二十日生。曾祖祖贵，义官。祖宠。父鹏，冠带舍人。母陈氏。具庆下。弟士荣、士隆、士玘、士瑞、士充、士寅。娶刘氏。江西乡试第九名，会试第九十八名。

王惟贤，贯四川潼川州中江县，军籍，国子生，治《春秋》。字士官，行三，年三十七，十一月二十二日生。曾祖宏，监生。祖溥。父锡，监生。母夏氏。具庆下。兄希贤、齐贤。弟庆贤、三贤、用贤、次贤、立贤、进贤、代贤、可贤。娶赵氏。四川乡试第十名，会试第六十七名。

钱照，贯浙江宁波府慈溪县，民籍，国子生，治《诗经》。字叔初，行百三十八，年三十二，九月初十日生。曾祖锾。祖深。父杕。母林氏。具庆下。兄然、熟。弟烝、炎、罴、熱。娶陈氏。浙江乡试第三十二名，会试第二百二十六名。

冯应元，贯陕西西安府咸宁县，匠籍，国子生，治《诗经》，字体乾，行一，年三十七，十月二十四日生。曾祖玉。祖喜。父宾，典膳。母李氏。慈侍下。弟应奎、应登。娶卢氏。陕西乡试第四十一名，会试第九十六名。

杨登，贯陕西西安府咸宁县，军籍，国子生，治《诗经》。字子先，行一，年三十八，五月初八日生。曾祖名。祖经。父锦。母姚氏，继母王氏。重庆下。弟发、祭、督。娶何氏。陕西乡试第十四名，会试第五十一名。

赵民顺，贯四川重庆府巴县，民籍，国子生，治《易经》。字敬孺，行二，年三十二，十月二十七日生。曾祖子贤。祖启，赠监察御史。父阳，教谕。前母晏氏，母张氏，继母曾氏。具庆下。兄民宜，贡士。弟民式、民怀、民瞻、民宪。娶张氏。四川乡试第三十四名，会试第三十八名。

邢址，贯直隶太平府当涂县，军籍，府学生，治《诗经》。字汝立，行八，年三十九，七月初九日生。曾祖纯。祖愚，赠南京刑部主事。父珣，左布政使。母杨氏，封安人，继母倪氏。严侍下。兄增；壎；垔；圻；坦；壑；垓；埴，贡士；埘。弟坊、垚、庄。娶徐氏。应天府乡试第十四名，会试第二百一十八名。

洪垣，贯直隶徽州府婺源县，民籍，县学附学生，治《书经》。字峻之，行三，年二十八，三月十五日生。曾祖清。祖榴。父辉。母余氏。重庆下。兄坤、均。弟圭、圻、埧。娶胡氏。应天府乡试第一百名，会试第二百二十七名。

黄大廉，贯福建兴化府莆田县，匠籍，国子生，治《诗经》。字洁甫，行三，年三十五，二月十二日生。曾祖朝玉。祖伯声。父子循，仓副使。母曾氏。慈侍下。兄大忠，大孝。娶林氏。福建乡试第三名，会试第一百八十二名。

李淳，贯山东东昌府濮州，军籍，州学生，治《诗经》。字文卿，行二，年四十四，五月十八日生。曾祖英。祖成。父瓒，义官。母马氏。永感下。兄恂，省祭官。娶任氏。山东乡试第十四名，会试第二百二十四名。

刘天授，贯江西吉安府万安县，民籍，国子生，治《易经》。字可全，行二，年三十，九月二十日生。曾祖善庆，刑部员外郎。祖遷。父杞。母郭氏。重庆下。兄天球。弟天职、天简。娶周氏。江西乡试第四十二名，会试第一百十二名。

扈永通，贯山东兖州府曹州县，民籍，国子生，治《书经》。字一贯，行一，年三十四，十二月二十三日生。曾祖伦。祖琮，义官。父国安，州判官。母陈氏。重庆下。弟永寿、永承。娶李氏。山东乡试第四十一名，会试第八名。

张逊，贯直隶高邮卫，军籍，国子生，治《书经》。字士敏，行三，年二十五，十一月十三日生。曾祖忠。祖铛。父涌，寿官。母宣氏。重庆下。兄道，贡士；选。弟遵、逵。娶柏氏。应天府乡试第一百二十名，会试第三百二名。

孙继先，贯山西平阳府安邑县，军籍，国子生，治《诗经》。字孝卿，行三，年三十九，三月初六日生。曾祖铎。祖澄。父巍。母马氏。永感下。兄理学。弟孝先。娶宋氏，继娶陈氏。山西乡试第五十五名，会试第二百七十七名。

谢瑜，贯浙江绍兴府上虞县，民籍，国子生，治《易经》。字良卿，行六，年三十四，七月十四日生。曾祖惠。祖俊。父允中，监生。母朱氏。慈侍下。兄瑝。弟珣。娶钱氏。浙江乡试第五十九名，会试第二百七十一名。

吕光洵，贯浙江绍兴府新昌县，民籍，县学生，治《书经》。字信卿，行十九，年二十五，七月初七日生。曾祖好和。祖廷安。父世良。母章氏。具庆下。弟光演、光泌。娶赵氏。浙江乡试第二十八名，会试第八十六名。

陈豪，贯福建福州府长乐县，民籍，国子生，治《诗经》。字志兴，行四，年三十四，十一月十九日生。曾祖宏炜。祖德隆，署教谕举人，累赠户部郎中。父谈，知府加三品俸。母李氏，封安人。重庆下。兄豫章，知县；豫庆；志民。弟彦、充、完。娶李氏。福建乡试第三十一名，会试第七十名。

沈越，贯南京锦衣卫匠籍，应天府江宁县人，国子生，治《易经》。字中甫，行二，年三十二，闰七月初八日生。曾祖信，寿官。祖沂。父琪。前母李氏，母吴氏。永感下。兄超。弟起。娶方氏。应天府乡试第一百二十五名，会试第二百十九名。

陈时，贯直隶涿鹿中卫官籍，福建长乐县人，国子生，治《礼记》。字宜之，行四，年四十，十二月十七日生。曾祖信。祖通，封户部员外郎。父玉，知府。母王氏，封宜人。慈侍下。兄暐、旸、寿。弟爵，卫镇抚。娶王氏。顺天府乡试第二十名，会试第七十九名。

谢九仪，贯山东济南府章丘县，民籍，县学生，治《易经》。字君赐，行三，年三十二，九月初四日生。曾祖嵩。祖誉，赠卫经历。父肃智，都转运盐使司副使，进阶奉议大夫。母李氏，封孺人。慈侍下。兄九鼎，引礼舍人；九韶；九叙，贡士。弟九式、九棘。娶徐氏。山东乡试第三十一名，会试第二十三名。

尹相，贯湖广武昌府嘉鱼县，民籍，国子生，治《诗经》。字商衡，行三，年三十五，十一月初三日生。曾祖复绍。祖友贤。父德彰。母孔氏。具庆下。兄经、纶。弟朴、彬、栋、梅。娶来氏。湖广乡试第十二名，会试第三百十一名。

孙简，贯直隶沈阳中屯卫军籍，山东招远县人，河间府学增广生，治《诗经》。字维敬，行一，年三十一，六月十五日生。曾祖昭。祖宗尧，通判。父复初，甲戌进士。母张氏。慈侍下。兄厚。弟默、高、远、深、邃、成。娶郑氏。顺天府乡试第四名，会试第一百七名。

钱嵘，贯直隶扬州府通州，军籍，国子生，治《诗经》。字君望，行一，年三十三，三月二十三日生。曾祖思祯。祖叔惠。父录，县丞。母徐氏。严侍下。弟芥、崮、埴、峻、卨、巍。娶曹氏，继娶吴氏。应天府乡试第七十九名，会试第二百五十六名。

吴伯亨，贯陕西临洮府，兰州人，国子生，治《易经》。字子贞，行一，年三十七，十二月二十九日生。曾祖真。祖善。父锐，嫡母石氏。母王氏，继母王氏。具庆下。弟伯祥、伯禄。娶刘氏，继娶韩氏、任氏。陕西乡试第十八名，会试第二百三十九名。

吴悌，贯江西抚州府金溪县，匠籍，县学生，治《易经》。字思诚，行一，年三十一，七月初二日生。曾祖绍贤。祖福临。父望。母朱氏。具庆下。弟怡、悦。娶车氏。江西乡试第四十九名，会试第一百四十六名。

何中行，贯广东广州府顺德县，民籍，南海县人，国子生，治《礼记》。字粹甫，行三，年三十六，十二月二十七日生。曾祖源深。祖道养。父楚。母罗氏。具庆下。弟中淳、中立、中孚。娶罗氏。广东乡试第二十一名，会试第二百五十名。

吕应祥，贯陕西西安府泾阳县，军籍，国子生，治《诗经》。字子和，行一，年四十，八月二十二日生。曾祖恭。祖勉。父诚，卫经历。母姚氏。慈侍下。弟应禄、应福。娶柏氏。陕西乡试第四名，会试第一百二十二名。

刘光文，贯四川保宁府阆中县，民籍，县学生，治《春秋》。字继纯，行一，年二十六，正月初二日生。曾祖诜。祖芬。父漳，寿官。嫡母蒲氏，生母程氏。具庆下。兄光祖、光国、光仕、光岳、光贤、光恩、光来。弟光谦、光威、光业、光年、一龙。娶孟氏。四川乡试第四十一名，会试第一百五十六名。

包节，贯直隶松江府华亭县，民籍，浙江嘉兴县人，国子生，治《礼记》。字元达。行九，年二十七，七月十六日生。曾祖俊，封南京礼部郎中。祖鼎，知府，进阶亚中大夫。父志，监生。母杨氏。慈侍下。兄洪、浩、涌、淳、濂、汉。弟深；濂；孝，贡士；汴；治；泽。娶李氏。应天府乡试第二十名，会试第二百六十五名。

林应亮，贯福建福州府侯官县，民籍，国子生，治《礼记》。字熙载，行一，年二十七，六月初十日生。曾祖世亨。祖汝和，封户部主事。父春泽，府同知。母陈氏，封安人。具庆下。弟应彦。娶郑氏。福建乡试第六十八名，会试第十六名。

张梯，贯山西太原府阳曲县，军籍，府学生，治《书经》。字子阶，行四，年三十一，八月二十九日生。曾祖永。祖琛，寿官。父勃，教谕。母贾氏。永感下。兄楷、杞、棠、休、采、榘、栗、寨。弟槃、楠。娶王氏。山西乡试第五十九名，会试第一百十八名。

高尚志，贯山东东昌府冠县，民籍，县学增广生，治《易经》。字德崇，行一，年二十一，四月初四日生。曾祖安。祖勉。父泰。嫡母侯氏，生母孟氏。慈侍下。兄琇、璩、瑜。弟尚义、尚质、尚宾。娶苏氏。山东乡试第十七名，会试第十九名。

严宽，贯直隶镇江府丹徒县，军匠籍，府学生，治《诗经》。字栗夫，行六，年四十，十月三十日生。曾祖庆。祖轸，七品散官。父继宗，义官。前母顾氏，母孟氏，继母赵氏。永感下。兄宪、宾、察。弟容、完、宥、宸、寰、宠。娶钱氏。应天府乡试第四十五名，会试第二百五十一名。

叶国华，贯湖广武昌府兴国州，军籍，国子生，治《诗经》。字尚宾，行一，年三十八，七月十五日生。曾祖思恭。祖鲜。父璁，教谕。母钟氏，继母刘氏。具庆下。弟文华、士华、常华。娶郭氏。湖广乡试第四十七名，会试第二百八十一名。

陈文浩，贯福建福州府闽县，民籍，县学生，治《易经》。字子川，行三，年四十六，四月十二日生。曾祖桧。祖秉。父矿，前母吴氏。母郑氏。永感下。兄文渊。娶戴氏。福建乡试第四十二名，会试第二百九十七名。

徐荣，贯福建泉州府晋江县，民籍，国子生，治《春秋》。字仁卿，行三，年三十五，正月十八日生。曾祖坤。祖源。父毓。嫡母吴氏，生母林氏。具庆下。兄濬、果。弟槊。娶张氏。福建乡试第五十八名，会试第三十三名。

周亮，贯福建泉州府侯官县，匠籍，直隶邳州学学生，治《易经》。字尚寅，行一，年四十一，八月二十五日生。曾祖荣，教谕。祖一鹗，寿官。父天秩。母张氏，继母赵氏。严侍下。弟豪、膏、亨。娶魏氏。福建乡试第三十二名，会试第一百二十六名。

宋天民，贯福建兴化府莆田县，军籍，县学附学生，治《书经》。字若尹，行一，年三十七，闰三月十二日生。曾祖克虑。祖镛，仓副使。父世用。母詹氏，继母林氏。重庆下。弟天爵、天成、天球。娶林氏。福建乡试第三十三名，会试第二百四十二名。

曾汝檀，贯福建漳州府漳平县，民籍，国子生，治《礼记》。字惟馨，行一，年三十七，六月初五日生。曾祖处安。祖澜，义官。父元清，按察司知事。母陈氏。重庆下。娶杨氏。应天府乡试第九十五名，会试第九十五名。

郭銎，贯山西泽州高平县，民籍，国子生，治《春秋》。字允重，行一，年三十五，十月初八日生。曾祖质，知州。祖定，知州。父坤，知州。母王氏。慈侍下。兄銮，贡士。弟釜；鏊，贡士；鉴；金；鋈；鎏。娶刘氏。继娶邢氏。山西乡试第五名，会试第四名。

杜鍷，贯浙江宁波府鄞县，民籍，国子生，治《易经》。字邦平，行十四，年二十六，闰正月十九日生。曾祖允。祖仪。父玙。母董氏。具庆下。弟锐、铼、锴、銈、铉。娶徐氏。浙江乡试第六十九名，会试第二百六十一名。

劳绍科，贯广东广州府番禺县，军籍，国子生，治《诗经》。字献伯，行一，年三十一，十月三十日生。曾祖秉贵。祖金悌。父琼。母陈氏。具庆下。弟绍学。娶翁氏。

广东乡试第三十五名，会试第一百四十七名。

黄献可，贯福建兴化府莆田县，民籍，县学附学生，治《诗经》。字尧俞，行四，年三十一，九月十四日生。曾祖孟恭。祖汝保。父思达。母林氏。具庆下。弟际可、学可。娶阮氏。福建乡试第六十九名，会试第一百六十名。

路天亨，贯山西平阳府安邑县，民籍，国子生，治《诗经》。字仲元，行二，年三十一，九月三十日生。曾祖广，义官。祖显，知县。父埙，典膳。母杨氏。具庆下。兄天衢，监生。娶张氏，继娶景氏。山西乡试第二十六名，会试第一百六十七名。

张光祖，贯河南颍川卫，山西阳曲县人，国子生，治《诗经》。字德征，行一，年二十八，二月十六日生。曾祖珦。祖守亨，知县。父治，贡士。母李氏。具庆下。弟光远，光弼，光祚，光大、光国、光启、光裕、光绪、光世。娶时氏。河南乡试第二十五名，会试第二百二十六名。

陶谟，贯浙江嘉兴府秀水县，军籍，国子生，治《诗经》。字大显，行一，年三十七，二月十三日生。曾祖泽，义官。祖楷，义官，赠监察御史。父俨，按察司副使。母姜氏，封孺人。具庆下。弟诺；讬，监生；诰；讷；试；谊；训。娶李氏。浙江乡试第二十九名，会试第一百二十名。

刘九容，贯陕西绥德卫官籍，榆林卫人，国子生，治《春秋》。字慎卿，行二，年三十六，四月初五日生。曾祖钊。祖顼，义官。父儒。母杨氏。慈侍下。兄九思。娶吴氏。陕西乡试第二十名，会试第二百五十四名。

贾文元，贯云南大理卫军籍，直隶曲阳县人，国子生，治《诗经》。字体仁，行三，年四十一，四月二十七日生。曾祖顺。祖能。父铎。母魏氏。永感下。兄文英；文翰，提举；文辅；文华。弟文魁。娶朱氏，继娶苏氏。云贵乡试第二十名，会试第二百七十九名。

卢勋，贯浙江处州府缙云县，军籍，国子生，治《易经》。字汝立，行三十七，年四十，四月二十三日生。曾祖守义，义民。祖世熙。父时勉，散官。母应氏。具庆下。兄烛；耀；烦；炼；杰；道；点，贡士。弟�熠、焌。娶蒋氏。浙江乡试第五十三名，会试第二百四十一名。

王应诏，贯福建建宁府瓯宁县，民籍，国子生，治《易经》。字公举，行四，年四十三，十月十四日生。曾祖升。祖民瞻。父贵，岁贡生。母魏氏。永感下。兄用宾。弟士策，贡士。娶雷氏。福建乡试第十八名，会试第三百三名。

赵汝濂，贯云南大理府太和县，民籍，国子生，治《易经》。字敦夫，行一，年三十八，正月三十日生。曾祖均。祖平，赠应天府推官。父仪，知州。母段氏，封安人。永感下。弟汝洛。娶兆氏，继娶王氏。云贵乡试第三名，会试第二百二名。

边沆，贯直隶河间府任丘县，官籍，县学生，治《书经》。字文灝，行一，年二十三，二月初九日生。曾祖铨，百户。祖宏，百户。父儒。母吕氏。重庆下。兄湜，百户；浒，同科进士。弟渥、沧。娶于氏。顺天府乡试第三十四名，会试第一百八十五名。

申用休，贯山西太原府平定州乐平县，军籍，国子生，治《书经》。字戒之，行一，年四十，三月十七日生。曾祖铎。祖信。父朗。母郝氏。慈侍下。弟用懋、用章。娶郭氏，继娶李氏。山西乡试第六名，会试第二百二十名。

薛廷宠，贯福建福州府福清县，军盐籍，国子生，治《诗经》。字汝承，行八，年三十五，三月十五日生。曾祖世晖。祖尚修。父德佐。母莘氏，继母李氏。慈侍下。弟廷寘，廷亮。娶郑氏，继娶蒲氏。福建乡试第三十六名，会试第一百十六名。

史褒善，贯直隶大名府开州，民籍，国子生，治《易经》。字文直，行一，年三十四，十二月初十日生。曾祖敬。祖英。父记。前母王氏，母马氏，继母孙氏。严侍下。弟扬善，旌善。娶张氏。顺天府乡试第一百一名，会试第一百四十三名。

唐宽，贯山西太原府平定州，军籍，国子生，治《书经》。字栗夫，行二，年三十四，十二月二十九日生。曾祖谦。祖茂。父廷琰。母荆氏，继母王氏。具庆下。兄宠。弟寀。娶黄氏。山西乡试第五十五名，会试第一百四十八名。

姚虞，贯福建兴化府莆田县，民籍，府学附学生，治《诗经》。字宗舜，行一，年二十六，九月十四日生。曾祖资德。祖商，封南京太常寺博士。父鸣鸾，知县。母董氏。重庆下。弟夏、殷、周。娶林氏。福建乡试第二十名，会试第一百三十六名。

杨贤，贯山东兖州府济宁州，民籍，国子生，治《易经》。字公荐，行二，年二十七，八月二十五日生。曾祖宾，赠都察院右副都御史。祖汴，散官。父栗，训导。母李氏。具庆下。兄贡。娶袁氏。山东乡试第四十七名，会试第一百八十七名。

陈让，贯福建泉州府晋江县，军籍，府学生，治《春秋》。字原礼，行五，年四十二，十一月初五日生。曾祖汉。祖凯。父溥。嫡母庄氏，生母郭氏。永感下。兄言、设、谋、试。娶李氏。福建乡试第一名。会试第五十二名。

谢上箴，贯湖广岳州府华容县，儒籍，国子生，治《易经》。字以善，行十三，年四十七，十一月十四日生。曾祖纯一。祖如温。父让，南京礼部司务。嫡母袁氏，继母何氏，生母刘氏。慈侍下。兄上佐、上佑、上伸、上符、上策、上选。弟上简、上籥。娶刘氏。湖广乡试第五十三名，会试第二百五十九名。

朱廷臣，贯广东潮州府海阳县，民籍，国子生，治《易经》。字敬之，行一，年四十，闰五月十二日生。曾祖惠。祖佑。父禄。母尤氏。慈侍下。弟廷琠、廷璞、廷璇、廷辅、廷佐。娶归氏，继娶郑氏。广东乡试第二十九名，会试第二百八十五名。

董玶，贯直隶宁国府泾县，军籍，国子生，治《诗经》。字子纯，行八十四，年三十六，七月初六日生。曾祖志道，义官，累赠知府。祖杰，右副都御史。父键。母徐氏。慈侍下。兄球、玣。弟琭、琀、琈。娶左氏。应天府乡试第一百二十二名，会试第二百四十三名。

杨镃，贯锦衣卫旗籍，山西壶关县人，国子生，治《易经》。字应时，行二，年三十七，十二月初五日生。曾祖通，赠指挥佥事。祖庆，义官。父伸，义官。嫡母仝氏，生母顾氏。慈侍下。兄钺。弟锳、钇。娶刘氏，继娶张氏。顺天府乡试第四十一名，会试第二十九名。

张寿，贯顺天府宛平县匠籍，陕西宜川县人，顺天府学增广生，治《书经》。字汝静，行四，年二十八，十一月十七日生。曾祖文贵。祖兴。父翔，前母郭氏，嫡母吴氏，生母赵氏。慈侍下。兄福；禄；爵，义官。娶于氏。顺天府乡试第九十三名，会试第一百九十七名。

赵允亨，贯直隶保定府安肃县，军籍，县学生，治《易经》。字伯通，行七，年二十七，正月十三日生。曾祖英。祖宗。父廷仪。母杨氏。具庆下。兄允恭、允道、允中、允迪、允高、允怀。弟允修。娶张氏，继娶刘氏。顺天府乡试第一百一名，会试第二百七十四名。

陶钦夔，贯江西九江府彭泽县，民籍，国子生，治《书经》。字伯谐，行九，年三十三，十月初四日生。曾祖荣。祖焯，医学训科。父垫，医学训科。母宋氏，继母刘氏。具庆下。兄钦民，贡士；钦时，医生；弟钦中，监生；钦皋。娶徐氏，继娶华氏。江西乡试第四十六名，会试第一百七十三名。

石永，贯直隶广平府威县，民籍，国子生，治《诗经》。字寿卿，行五，年三十二，闰七月初七日生。曾祖贵。祖荣。父坚。母李氏。慈侍下。娶孙氏。顺天府乡试第一百七名，会试第二百四十名。

刘仕贤，贯江西南昌府南昌县，民籍，国子生，治《诗经》。字以道，行一，年四十五，六月二十四日生。曾祖杰胜。祖伯拱，赠工部主事。父廷重，工部郎中。母王氏，封安人。慈侍下。弟仕贵，卫吏目；仕资；仕赞。娶熊氏，继娶唐氏、葛氏。江西乡试第五十一名，会试第一百一名。

张珪，贯直隶苏州府太仓州，民籍，国子生，治《诗经》。字君如，行三，年三十七，八月二十二日生。曾祖元鹏。祖溱。父铣。母陆氏，继母周氏。慈侍下。兄鸾、鸥、璧、鹁球。娶周氏。应天府乡试第三十九名，会试第二百三十五名。

周南，贯河南汝州郏县，民籍，国子生，治《书经》。字道南，行一，年三十九，二月十八日生。曾祖璜。祖荣。父玘。母王氏。永感下。娶沈氏。河南乡试第五十九名，会试第二百三十七名。

王献芝，贯直隶徽州府歙县，民籍，国子生，治《春秋》。字德仁，行一，年三十三，九月三十日生。曾祖永良。祖瑗，封工部主事。父宠，州同知。母方氏，封安人。慈侍下。弟献葵、献苢。娶于氏。应天府乡试第十五名，会试第二百七十三名。

孙校，贯浙江嘉兴府平湖县，民籍，国子生，治《书经》。字右文，行二，年三十一，八月十四日生。曾祖瑶，封知县。祖逵。父绂，监生。母周氏。严侍下。兄槃，监生。弟志；荣，监生；杚；楷；禾；祝；柱。娶包氏。浙江乡试第二十四名，会试第二百九十四名。

侯珮，贯山东东昌府濮州范县，民籍，国子生，治《书经》。字天和，行三，年四十五，七月十四日生，曾祖钦。祖荣。父聪，卫经历。母翟氏。永感下。兄璋；珪；璠，听选官。娶崔氏。顺天府乡试第二十六名，会试第一百八十一名。

侯度，贯山东兖州府东平州东阿县，军籍，县学生，治《诗经》。字宪甫，行三，年二十九，六月二十三日生。曾祖珪。祖观，贡士。父克嶷。母李氏。慈侍下。兄卿、臣。娶王氏，继娶李氏。山东乡试第四十七名，会试第二百四十八名。

董德明，贯广西护卫中所军籍，湖广黄冈县人，国子生，治《礼记》。字汝哲，行七，年二十七，十月初三日生。曾祖继宗。祖春。父勉，义官。母郭氏。重庆下。兄德顺；德纯，教谕；德茂。弟德润、德宏、德升。娶刘氏。广西乡试第四名，会试第三百六名。

汪东洋，贯四川成都府绵州，民籍，国子生，治《书经》。字德涵，行一，年三十四，三月初六日生。曾祖思拳。祖志训。父昌，驿丞。嫡母何氏，生母陈氏。严侍下。弟东海、东瀛、东洲。娶李氏。四川乡试第三十二名，会试第一百三名。

刘训，贯河南汝宁府汝阳县，民籍，县学增广生，治《易经》。字子伊，行二，年二十七，五月二十二日生。曾祖瑛，布政司照磨，赠监察御史。祖绅，按察司副使，诏进三品通议大夫。父继儒，监生。母彭氏。具庆下。兄诲。弟谟、讷、试、评、讲、诵、读、谧、诗。娶伍氏，继娶樊氏。河南乡试第二十九名，会试第一百九十四名。

刘士逵，贯浙江宁波府慈溪县，民籍，国子生，治《诗经》。字伯鸿，行百七，年三十五，十一月十八日生。曾祖炜，布政司左参政。祖圻，正七品承事郎。父错，府经历。前母桂氏，方氏，母汪氏。具庆下。弟士逢。娶王氏。浙江乡试第四十二名，会试第八十一名。

何元述，贯福建泉州府晋江县，民籍，国子生，治《易经》。字元孝，行一，年二十九，十二月初二日生。曾祖贵易。祖灿，典史。父雄。母柯氏。具庆下。兄纲，学正；纪；元履；元素。弟元修、元郁、元选。娶庄氏。福建乡试第七十四名，会试第三百名。

胡汝翼，贯四川成都府绵州，民籍，国子生，治《书经》。字伯邻，行二，年四十六，十一月十七日生。曾祖清，赠承德郎。祖兰，审理正。父秉中，教授。母古氏，继母栗氏。具庆下。兄汝贤。弟汝弼、汝为、汝霖、汝楫、汝梅。娶李氏。四川乡试第五十二名，会试第一百二十九名。

黄德纯，贯福建兴化府莆田县，民籍，国子生，治《书经》。字敬修，行三，年三十四，四月十一日生。曾祖尚彬，寿官。祖源深。父学善。母江氏。永感下。兄德昭。娶周氏。福建乡试第九名，会试第二百三十名。

承林，贯直隶德州卫官籍，江阴县人，州学生，治《书经》。字茂卿，行二，年三十六，十二月二十九日生。曾祖贵。祖玉。父玘。母宋氏。具庆下。兄雄。弟勇。娶杨氏。山东乡试第十五名，会试第二百六十七名。

刘思唐，贯陕西宁夏右卫军籍，河南祥符县人，卫学生，治《书经》，字尚友，行一，年三十三，九月初六日生。曾祖智。祖三。父雄。母甘氏。具庆下。娶郭氏。陕西乡试第十二名，会试第六十八名。

沈弘彝，贯河南开封府陈州，民籍，国子生，治《书经》。字君叙，行一，年三十二，二月二十四日生。曾祖琮。祖浩。父铭，贡士。母宋氏。具庆下。弟弘化、弘恩、弘泽。娶陈氏。河南乡试第二十名，会试第九十三名。

阎朴，贯山西太原府榆次县，军籍，国子生，治《易经》。字文甫，行二，年二十九，六月初九日生。曾祖最。祖瓒，寿官。父大纶。母张氏，继母李氏。具庆下。兄梅。弟模、桓、格、枢、梯。娶郝氏。山西乡试第二名，会试第一百九十六名。

孙哲，贯山西太原府石州，民籍，国子生，治《易经》。字用晦，行三，年三十九，十月十五日生。曾祖全，寿官。祖拟，教授。父子文，知县。前母苏氏，母武氏。慈侍下。兄振；麒，仓官；贤；良。娶高氏，继娶贾氏。山西乡试第十四名，会试第六十六名。

胡守中，贯河南开封府归德州宁陵县，军籍，江西吉水县人，国子生，治《诗经》。字伯时，行一，年三十一，四月初七日生。曾祖浩。祖暹，寿官。父霁。母乔氏。严侍下。弟守正、守道、守义。娶赵氏，继娶李氏。河南乡试第七十一名，会试第一百三十九名。

田大有，贯山东兖州府东平州，民籍，国子生，治《诗经》。字豫甫，行一，年二十九，九月初一日生。曾祖弘。祖安，驿丞。父明，义官。前母马氏，屈氏，母徐氏。具庆下。弟大登、大丰、大范、大壮。娶李氏。山东乡试第四十四名，会试第一百八十六名。

席大宾，贯云南云南左卫官籍，直隶定远县人，澄江府学生，治《易经》。字子瞻，行三，年三十四，五月二十日生。曾祖庞。祖允中，寿官。父纯，监生。母向氏，继母蔺氏。具庆下。兄璋，指挥佥事；尚贤。娶陈氏。云贵乡试第二十五名，会试第二百十一名。

李谨，贯富峪官籍，广东四会县人，国子生，治《书经》，字常甫，行二，年四十一，正月初五日生。曾祖安，百户。祖福，百户。父淮，百户。母张氏，封安人。永感下。兄赞，百户。弟谏，义官。娶卞氏，继聘何氏。顺天府乡试第一百十六名，会试第七十一名。

董官，贯山西大同府应州，民籍，国子生，治《易经》。字惟贤，行一，年三十二，四月十二日生。曾祖政。祖铨，县主簿。父献，县主簿。母郑氏。具庆下。弟宇。娶李氏。山西乡试第六十一名，会试第一百五名。

张舜臣，贯直隶真定府晋州安平县，民籍，县学生，治《易经》。字希皋，行二，年二十四，二月十一日生，曾祖恺。祖伦，县主簿。父天秩。母王氏，继母刘氏。重庆下。兄尧臣。弟汉臣。娶王氏。顺天府乡试第八十三名，会试第二百八十二名。

胡公廉，贯浙江金华府汤溪县，民籍，县学生，治《易经》。字介卿，行八，年三十七，六月十六日生。曾祖以英。祖时珏，寿官。父枨。母戴氏。重庆下。弟公明、公恕。娶祝氏。浙江乡试第七十六名，会试第二百三十六名。

钱籍，贯直隶苏州府常熟县，民籍，国子生，治《书经》。字汝载，行三，年三十五，七月十九日生。曾祖恂。祖文吉，遇例冠带。父廷佐。母孙氏。具庆下。兄节、箕。弟笙、策、策、筌、竺、筹、范、简、篇、箴、符。娶徐氏，继娶赵氏、丁氏。应天府乡试第九十九名，会试第二百九十六名。

骆骥，贯浙江绍兴府诸暨县，民籍，县学生，治《礼记》。字汝良，行四，年三十六，四月十八日生。曾祖茂膺。祖璁，寿官。父凤岐，教谕。母郑氏。严侍下。兄骅、驹、骐。弟□、腾、骤、骦、驷、骧、驰。娶傅氏。浙江乡试第四十七名，会试第一百七十四名。

郑普，贯福建泉州府南安县，军籍，县学生，治《易经》。字汝德，行一，年三十八，九月十九日生。曾祖妃乞。祖妈赞。父元。母伍氏。具庆下。弟藻、苂、庄。娶杨氏。福建乡试第二十七名，会试第七十二名。（附录：梁章钜《制义丛话》卷五："钱吉士曰：'尧、舜率天下以仁。'作者多铺张'如天好生'等语，惟福建郑普嘉靖辛卯墨云：'不以天下私嚚讼之人，不以天子阙九族之爱，其使斯民之日习而安者，仁之外无馀教也。怨不藏于谟盖之后，敬日积于载见之时，其使斯民之渐摩而人者，仁之外无他术也。'单就齐家说，最合。按：郑普，南安人，辛卯举人，壬辰进士。"）

李本，贯浙江绍兴府余姚县，民籍，国子生，治《书经》。字汝立，行一，年二十九，六月初一日生。曾祖公琼。祖懋。父改。前母俞氏，母杨氏。慈侍下。弟禾、杜、乐、采、来。娶夏氏。浙江乡试第二十四名，会试第一百八十九名。

赵维垣，贯贵州永宁卫官籍，直隶江都县人，卫学生，治《书经》。字伯师，行二，年二十三，三月三十日生。曾祖显。祖铨。父迪，义官。母周氏，继母文氏。慈侍下。兄维藩。弟维屏、维翰、维宁。娶徐氏。云贵乡试第五十一名，会试第四十一名。

伊敏生，贯应天府上元县，匠籍，直隶吴县人，国子生，治《易经》。字子蒙，行三，年二十七，五月初一日生。曾祖溥，封刑部主事。祖乘，按察司佥事。父伯熊，府同知。前母周氏，母傅氏。具庆下。兄大生、直生。弟鲁生。娶叶氏。应天府乡试第二十六名，会试第四十四名。

李完，贯湖广荆州府石首县，民籍，国子生，治《书经》。字子美，行二，年三十三，十月十四日生。曾祖茂珍。祖德良，知县。父天和。母袁氏。具庆下。兄实。弟容、官、守。娶张氏。湖广乡试第三十名，会试第六十四名。

朱怀幹，贯浙江湖州府归安县，匠籍，国子生，治《诗经》。字守正。行八，年四十二，十月二十七日生。曾祖廷瑀，寿官。祖暲。父源。母郑氏。具庆下。兄怀祯。弟怀忠、怀策、怀良、怀采、怀荣。娶吴氏，继娶闵氏。浙江乡试第十二名，会试第三百四名。

吕怀健，贯锦衣卫军籍，直隶扬州府泰州人，国子生，治《诗经》。字思顺，行三，年三十四，七月十一日生。曾祖清。祖洪，序班，赠刑部郎中。父杰，知府。前母陈氏，赠宜人，母马氏，封宜人。慈侍下。兄怀秀。弟怀德。娶唐氏。顺天府乡试第九十一名，会试第二百五十三名。

陈谏，贯广东广州府番禺县军籍，顺德县人，国子生，治《诗经》。字公从，行一，年三十五，十一月初八日生。曾祖润。祖琼。父纪。母刘氏。具庆下。弟谟、诜、试。娶林氏。广东乡试第二十五名，会试第二百三十名。

王继芳，贯顺天府固安县，民籍，县学生，治《诗经》。字世昌，行一，年三十九，十一月二十三日生。曾祖贵。祖端，赠刑科给事中。父钦，按察司副使。前母吕氏，赠孺人，母祖氏，封孺人。永感下。娶陈氏。顺天府乡试第一百七名，会试第一百六十二名。

陈时熙，贯河南汝宁府上蔡县，军籍，开封府陈留县人，国子生，治《诗经》。字舜民，行九，年三十四，三月初七日生。曾祖肃。祖安。父志文，府同知，累进阶中议大夫赞治尹。前母杨氏，母李氏。慈侍下。兄颀、顼、颙、颂、显、预、时雍。弟时皥。娶郑氏，继娶李氏。河南乡试第三十八名，会试第二百十名。

王朝贤，贯河南开封府太康县，民籍，国子生，治《诗经》。字立之，行二，年二十八，十二月十五日生。曾祖簪。祖焘。父载。母张氏。慈侍下。兄朝元。娶李氏。河南乡试第二十一名，会试第三百十七名。

方召南，贯福建兴化府莆田县，民籍，国子生，治《书经》。字文化，行一，年四十，二月二十四日生。曾祖璿，训导。祖迪。父绅。母林氏。慈侍下。弟世南、道南。娶郑氏，继娶郑氏。福建乡试第九名，会试第三百十六名。

何赞，贯浙江台州府黄岩县，民籍，国子生，治《诗经》。字尧卿，行九，年四十，三月二十一日生。曾祖士周。祖潭。父圭。前母谢氏，母陈氏。永感下。兄金。弟弼、钊、钺、俅。娶丘氏。浙江乡试第七十一名，会试第十五名。

朱宪章，贯江西南昌府进贤县，军籍，国子生，治《诗经》。字守良，行一，年三十八，七月二十七日生。曾祖光孚，寿官。祖启明。父魁。母李氏。具庆下。弟懿章、奎章、成章、典章、宝章、实章。娶涂氏。江西乡试第十三名，会试第三十名。

王弘道，贯山东济南府滨州霑化县，军籍，国子生，治《易经》。字士达，行二，年三十五，十一月初三日生。曾祖升。祖奉。父庆，岁贡。母孙氏。慈侍下。兄弘仁。娶苏氏。山东乡试第十一名，会试第三百十五名。

杨勉学，贯山东东昌府茌平县，军籍，县学生，治《春秋》。字仲潜，行二，年四十一，九月初九日生。曾祖贵。祖靖，县丞。父春，监生。前母丁氏，母田氏。永感下。兄希学，知县。娶李氏，继娶赵氏。山东乡试第三十六名，会试第二十五名。

范爱，贯大宁都司营州中屯卫军籍，山东汶上县人，国子生，治《诗经》。字体仁，行二，年三十三，九月初一日生。曾祖锦。祖清。父山。母袁氏。永感下。兄璋。弟纯。娶翟氏。顺天府乡试第一百二十六名，会试第三百一名。

何城，贯陕西绥德卫，官籍，国子生，治《易经》。字叔防，行一，年三十三，七月十七日生。曾祖洪，镇抚。祖英，镇抚。父炫，正千户。前母赵氏、温氏，嫡母刘氏，生母杨氏。慈侍下。兄堂，指挥同知。弟坚、基、址、增、坤、埙。娶朱氏。陕西乡试第六十一名，会试第一百八十名。

冉崇礼，贯河南开封府中牟县，军籍，国子生，治《书经》。字季周，行三，年三十三，十一月二十九日生。曾祖铭。祖艺。父鼎，知县。母李氏。具庆下。兄崇儒，知县；崇诗。弟崇信。娶王氏。河南乡试第六十四名，会试第二百八十九名。

徐表，贯福建漳州府漳浦县，民籍，县学生，治《诗经》。字正夫，行一，年三十七，九月十二日生。曾祖悌。祖尚辉。父海。母林氏。具庆下。弟香、洛中。娶陈氏。福建乡试第三十六名，会试第二百八十七名。

胡明庶，贯湖广黄州府罗田县，军籍，国子生，治《诗经》。字功甫，行十，年三十九，八月二十七日生。曾祖宗，寿官。祖月辉，寿官。父大纪，义官。前母汪氏，母徐氏。永感下。兄明儒，监生；明哲，义官；明忠，审理；明善；明德，义官；明智；明贤，义官；明时。弟明慧、明训、明堂。娶汪氏。湖广乡试第三名，会试第五十四名。

杨雷，贯直隶苏州府吴县，民籍，国子生，治《易经》。字起潜，行一，年三十八，十月十七日生。曾祖忠。祖顺。父昂。母杰氏。慈侍下。弟霆、霁、霖、云。娶许氏，继娶陆氏。应天府乡试第五十二名，会试第三百十八名。

王瑛，贯直隶常州府无锡县，民籍，国子生，治《书经》。字汝玉，行三，年三十七，十二月十三日生。曾祖惠。祖诚。父浦。母邵氏，继母成氏。慈侍下。兄瓒、环。弟琨、玲、珑、顼。娶韩氏。应天府乡试第三十六名，会试第十三名。

钱薇，贯浙江嘉兴府海盐县，军籍，国子生，治《书经》。字懋垣，行十四，年三十一，十月二十三日生。曾祖寔。祖达，赠刑部主事。父珍，遇例冠带。母郑氏。具庆下。兄颙；岳；著；蓡，监生；兰；芹，贡士；弟萱，贡士；葵。娶孙氏。浙江乡试第三十四名，会试第四十九名。

刘廷范，贯江西抚州府临川县，民籍，儒士，治《诗经》。字汝颜，行一，年四十，六月三十日生。曾祖景昂。祖梦龙。父俸。母甘氏。具庆下。弟廷约、廷功、廷辨。娶叶氏。江西乡试第七十四名，会试第一百六十五名。

周采，贯湖广长沙府宁乡县，军籍，国子生，治《诗经》。字子亮，行七，年二十六，十二月初六日生。曾祖添裕。祖镇。父策，知县。母唐氏。重庆下。弟相、橄、干。娶胡氏。湖广乡试第二名，会试第三百九名。

王梴，贯浙江宁波府象山县，民籍，县学生，治《诗经》。字子长，行三十五，年四十，九月初二日生。曾祖在明，知县。祖京，推官。父焕，监察御史。母周氏。永感下。兄林；桓；樏；橄；楷，训导；模，训术；桥；棉；横。弟栋、极、楠、杨。娶吴氏。浙江乡试第十六名，会试第六名。

廖天明，贯江西南昌府奉新县，军籍，县学生，治《诗经》。字敬之，行十七，年四十四，四月二十四日生。曾祖彤，助教。祖仕耕。父进。母喻氏，继母涂氏。具庆下。兄天德。弟天佑。娶梁氏。江西乡试第五十七名，会试第二百七十五名。

蔡汝楠，贯浙江湖州府德清县，官籍，县学附学生，治《易经》。字子木，行四，年十八，十月初六日生。曾祖本。祖麒。父玘，贡士。母陈氏，生母沈氏。具庆下。兄汝震、汝舟、汝梅。弟汝言、汝砺、汝明。娶臧氏。浙江乡试第三十三名，会试第二百六十六名。

张鹗，贯直隶泗州卫军籍，芜湖县人，国子生，治《诗经》。字直夫，行一，年四十七，十二月二十四日生。曾祖贵。祖宗。父明。母章氏。慈侍下。弟鹏。娶蹇氏。应天府乡试第一百八名，会试第一百六名。

潘恕，贯广东潮州府海阳县，军籍，国子生，治《春秋》。字行之，行二，年三十九，九月十五日生。曾祖英。祖荣，贡士。父高，推官。母叶氏。永感下。兄忠。弟恩。娶翁氏。广东乡试第四名，会试第二百十五名。

曹邦辅，贯山东兖州府曹州定陶县，民籍，县学生，治《书经》。字子忠，行三，年三十，九月二十八日生。曾祖升。祖刚。父良广。母徐氏。具庆下。兄相、卿、鸾、凤。娶陈氏。山东乡试第五十名，会试第二百三十四名。

朱默，贯直隶太仓卫，军籍，国子生，治《易经》。字时言，行一，年三十三，十一月十三日生。曾祖琳，寿官。祖钗。父星。母潘氏。具庆下。娶徐氏。应天府乡试第九十八名，会试第八十七名。

罗大用，贯广西桂林右卫官籍，湖广云梦县人，国子生，治《春秋》。字时行，行一，年三十二，八月初一日生。曾祖迪，正千户。祖琼，指挥同知。父衮，指挥同知。母朱氏。具庆下。弟大周、大同。娶朱氏。广西乡试第四十二名，会试第二百八十四名。

王梅，贯浙江嘉兴府平湖县，民籍，县学增广生，治《书经》。字时魁，行三，年三十，三月二十四日生。曾祖洪。祖鼎。父鸾。母胡氏，继母金氏。具庆下。兄桂、槐。弟模、校、森、枢。娶张氏。浙江乡试第七名，会试第一百二十五名。

王玉汝，贯广东广州府东莞县，军籍，国子生，治《诗经》。字体成，行二，年四十五，九月十六日生。曾祖纯。祖贞。父尚学，府同知，进阶朝列大夫。母梁氏。具庆下。兄士鹏。弟士鸾、用汝、士凤、士鹗、与汝。娶邓氏。广东乡试第三十四名，会试第二百八名。

雷礼，贯江西南昌府丰城县，民籍，国子生，治《诗经》。字必进，行一，年二十七，九月十三日生。曾祖启阳。祖遂冲。父邦鉴。母郑氏。具庆下。兄禘、祥、祕、祉、禋。弟祐。娶李氏，继娶张氏。江西乡试第二十四名，会试第一百九名。

张思，贯直隶河间府任丘县，民籍，国子生，治《诗经》。字慎父，行四，年三十三，九月初九日生。曾祖广。祖政。父轼，义官。母徐氏。慈侍下。兄恩；忠，己丑进士；恕。娶朱氏。顺天府乡试第二十三名，会试第一百三十二名。

傅镇，贯福建永宁卫中左千户所军籍，福清县人，国子生，治《诗经》。字国鼎，行二，年三十二，正月二十二日生。曾祖兴。祖福，寿官。父珙。母刘氏。具庆下。兄铠。弟镗、钺。娶陈氏。福建乡试第十名，会试第三十六名。

马中骥，贯四川成都府新都县，民籍，国子生，治《易经》。字惟德，行一，年三十八，八月二十二日生。曾祖程。祖宗义。父先。母林氏。严侍下。弟中龙、中骏、中骒。娶李氏。四川乡试第三十一名，会试第七十四名。

毕烜，贯广东广州府番禺县军籍，江西吉水县人，县学增广生，治《诗经》。字彦晦，行三，年二十三，十一月十二日生。曾祖篇。祖熙。父枢。母骆氏。具庆下。兄焊、炯，聘黄氏。广东乡试第七十三名，会试第一百二十四名。

边涔，贯直隶河间府任丘县，官籍，国子生，治《书经》。字文跃，行三，年三十，十一月初九日生。曾祖镛，南京刑部右侍郎。祖寅，主簿，封户部主事。父亿，布政司左参政加俸二级。母解氏，封安人。永感下。兄瀛，监生；淞，贡士。弟津；沆，同科进士；泽。娶史氏。顺天府乡试第二十六名，会试第一百三十一名。

程珌，贯直隶德州左卫军籍，山东掖县人，州学军生，治《诗经》。字子彬，行三，年二十一，二月二十一日生。曾祖清。祖恕。父贤。母李氏。重庆下。兄瑀、琳。弟瑀、琛。娶吴氏。顺天府乡试第二十五名，会试第二百九十名。

樊深，贯直隶大同中屯卫，军籍，国子生，治《易经》。字希渊，行一，年三十二，二月十三日生。曾祖谦，寿官。祖资，寿官。父景时，义官。母潘氏。具庆下。弟潜，义官。娶徐氏。顺天府乡试第七名，会试第一百三十三名。

徐守义，贯河南开封府杞县，民籍，国子生，治《诗经》。字子和，行二，年四十，闰五月二十五日生。曾祖志。祖淮。父伟。母王氏。永感下。兄尧相。弟守智、尧臣、守信、守忠、守德、守廉。娶吴氏。河南乡试第五十四名，会试第一百四十五名。

夏应元，贯直隶河间府景州，民籍，州学增广生，治《礼记》。字体仁，行一，年二十七，九月二十五日生。曾祖通，河泊所大使。祖钺。父商。母王氏。重庆下。弟庆元、庠元。娶姚氏。顺天府乡试第六十二名，会试第二百五十五名。

李大魁，贯湖广襄阳仪卫司，官籍，国子生，治《诗经》。字伯抡，行一，年三十四，二月十二日生。曾祖麟，典杖。祖素，典杖。父隆，监生。母王氏。具庆下。弟大晓，贡士。娶莫氏。湖广乡试第六十二名，会试第六十五名。

王良柱，贯福建泉州府南安县，民籍，国子生，治《易经》。字全宇，行一，年三十二，十一月十四日生。曾祖尚瑀。祖锌。父海。母黄氏。具庆下。弟良概、良采。娶黄氏。福建乡试第八十名，会试第四十七名。

闵旦，贯江西饶州府浮梁县，民籍，国子生，治《书经》。字景周，行二十六，年三十四，正月初二日生。曾祖佑安，寿官。祖荫芳，教授。父仕朝。母王氏。严侍下。弟勖、最、咼、量。娶徐氏。江西乡试第三十六名，会试第二百六十九名。

陈储秀，贯福建泉州府南安县，民籍，府学附学生，治《易经》。字舜弼，行一，年二十九，十二月初七日生。曾祖英。祖恕，义官。父乐。母赖氏，继母蔡氏。具庆下。弟储材。娶谢氏。福建乡试第十四名，会试第一百十七名。

方任，贯湖广黄州府黄冈县，军籍，国子生，治《春秋》。字志伊，行一，年三十八，十二月十六日生。曾祖俊。祖华。父勇。母彭氏。具庆下。弟仕、在、伋、作、杰。娶朱氏。湖广乡试第四名，会试第九十一名。

周大礼，贯直隶苏州府昆山县，民籍，县学附学生，治《易经》。字子和，行二，年二十七，正月初八日生。曾祖明。祖璿。父书。母晏氏。具庆下。兄大有，监生；大伦。弟大章、大宾、大奎、大器、大宗、大辂、大谟、大韶。娶王氏。应天府乡试第五十二名，会试第二百四十七名.

周复俊，贯直隶苏州府太仓州民籍，昆山县人，国子生，治《易经》。字子吁，行二，年三十七，三月十五日生。曾祖毅。祖元学，七品散官，赠审理正。父在，知州。母吴氏。慈侍下。兄复吴，冠带医士。娶黄氏。应天府乡试第三十名，会试第七名。

郭希颜，贯江西南昌府丰城县，民籍，国子生，治《书经》。字仲愚，行一，年二十四，正月初七日生。曾祖惟信。祖俊。父锦。母雷氏。重庆下。弟希曾、希思、希孟、希张。娶李氏。江西乡试第十五名，会试第三十七名。

钱德洪，贯浙江绍兴府余姚县，民籍，县学附学生，治《易经》。字洪甫，行八，年三十七，十二月二十二日生。曾祖师挚。祖习。父蒙。母马氏。具庆下。兄德忠、德昭、德恕。弟德章、德周、德充。娶诸氏。浙江乡试第三十七名，会试第二百三十一名。

王畿，贯浙江绍兴府山阴县，民籍，国子生，治《诗经》。字汝中，行十四，年三十五，五月初六日生。曾祖可旺。祖理，知县，赠监察御史。父经，中宪大夫按察司副使。母陆氏，封孺人。永感下。兄朝、廷、国、臣、辅、邦。娶张氏。浙江乡试第五十六名，会试第十八名。

史际，贯应天府溧阳县，民籍，国子生，治《易经》。字恭甫，行四，年三十八，八月初二日生。曾祖镐。祖祚，赠南京刑科给事中。父后，前南京光禄寺少卿进阶朝列大夫，前母李氏，赠孺人，张氏。母王氏，继母徐氏，封孺人。重庆下。兄阳、陟。弟阶；隆，监生。娶杨氏。应天府乡试第十三名，会试第二百二十五名。

贺恩，贯直隶扬州府仪真县，军籍，县学生，治《易经》。字君锡，行三，年三十七，十一月初十日生。曾祖安。祖盛。父昂。母邹氏。具庆下。兄爵、禄。弟宠，祚。娶杨氏。应天府乡试第一百二十五名，会试第二百十四名。

尹宇，贯直隶真定府冀州南宫县，民籍，县学增广生，治《诗经》。字光甫，行二，年三十二，十月十七日生。曾祖升。祖全。父付。母苏氏。具庆下。兄宪。弟官、宥、容、宁。娶石氏。顺天府乡试第四十一名，会试第八十三名。

胡岳，贯江西饶州府鄱阳县，民籍，国子生，治《易经》。字宗高，行七，年四十二，六月二十一日生。曾祖景山，赠通议大夫刑部右侍郎。祖鼎和。父富。母陈氏，继母李氏、吕氏。慈侍下。弟岱，南京光禄寺署正。娶庄氏。江西乡试第五十六名，会试第一百九十一名。

顾珅，贯浙江宁波府慈溪县，民籍，国子生，治《诗经》。字于渐，行二，年三十五，六月二十三日生。曾祖璿。祖文。父铨。前母张氏，母方氏，继母罗氏。具庆下。兄翮。弟穗、翱、翎、翊、复、珽。娶邵氏。浙江乡试第四十三名，会试第九十四名。

王佩，贯顺天府霸州文安县，军籍，国子生，治《诗经》。字朝鸣，行二，年三十四，九月初三日生。曾祖辅。祖翱，听选官。父深。母周氏，继母周氏。重庆下。兄珂。弟璞、偄、玻、价。娶陈氏。顺天府乡试第一百三十五名，会试第九十名。

《嘉靖十一年进士登科录·策问》：

皇帝制曰：朕惟人君奉天命以统亿兆而为之主，必先之以咸有乐生，俾遂其安欲，然后庶几尽父母斯民之任，为无愧焉。夫民之所安者，所欲者，必首之以衣与食。使无衣无食，未免有冻馁死亡，流离困苦之害。夫匪耕则何以取食？弗蚕则何以资衣？斯二者，亦王者之所念而忧者也。今也，耕者无几而食者众，蚕者甚稀而衣者多。又加以水旱虫蝗之为灾，游堕冗杂之为害，边有烟尘，内有盗贼，无怪乎民受其殃，而日甚一日也。固本朕不类寡昧所致，上不能参调化机，下不能作兴治理，实忧而且愧焉。然时有今昔，权有通变，不知何道可以致雨旸时若，灾害不生，百姓足食足衣，力乎农而务乎织，顺乎道而归乎化？子诸士明于理，识夫时，蕴抱于内，而有以资我者，亦既久矣，当直陈所见所知，备述于篇，朕亲览焉，勿惮勿隐。嘉靖十一年三月十五日。

《嘉靖十一年进士登科录·林大钦对策》：

臣对：臣智识愚昧，学术疏浅，不足以奉大问。窃惟陛下当亨太之交，抚盈成之运，天下皆已大治，四海皆已无虞。而乃拳拳于百姓之未得所为忧，是岂非文王视民如伤之心耶？甚大美也。然臣之所惧者，陛下负聪明神智之资，秉刚睿明圣之德，举天下之事无足以难其为者，而微臣所计议，复不能有所补益于万一，陛下岂能以其言为未可尽弃，而有所取之耶？陛下临朝策士，凡有几矣，异时莫不光扬其名声，宠绥其禄秩，然未闻天下之人有曰：天子某日降某策问某事，因某策济某功者。是岂策士之言皆无可适于用者耶？抑亦其言或有可适于用，而未暇采之耶？是臣之所惧也。臣方欲为根极政要之说，明切时务之论，而不敢饰为迂阔空虚无用之文以罔陛下，陛下若以其言为可信，而不悉去之，试以臣之策付之有司，责其可行，则臣终始之愿毕焉。如或言不适用，则臣有瞽愚欺天之罪，俯伏以待罪遣，诚所甘心而不辞也。臣伏读圣策，有以见陛下拳拳于民生冻馁流离为忧，以足民衣食为急，此诚至诚恻怛以惠元元之念，天下之所愿少须臾无死以待德化之成者。然臣谓陛下诚怀爱民之心，而未得足衣食之道，诚见百姓冻馁流离之形，而未知百姓冻馁流离之实也。夫陛下苟诚见夫百姓冻馁流离之实，则必思所以富足衣食之道。未有人主忍见夫民之冻馁流离，而不思所以救援之者。未有人主救援夫民之冻馁流离，而天下卒坐于冻馁流离而不可救者也。今夫匹夫之心可形于一家，千乘之心可形于一国，何者？以一家一国固吾属也。曾谓万乘属天下者，有救援天下真实恳切之诚，而顾不效于天下者哉！是臣所未信也。臣观陛下临朝，凡十有余年于此矣，异时劝农蠲租之诏一下，天下莫不延颈以望更生，然而惠民之言（缺两页四十行，约八百字。）阨，夷狄盗贼不能困，以恒职修而本业固，仓禀实而备御先也。臣闻立国有三计，有万世不易之计，有终岁应办之计，有因时苟且之计。万事不易之计者，《大学》所谓生之者众，食之者寡，为之者疾，用之者舒者也。故王制三年耕则有一年之积，例之则九年当有三年之豫，其终岁所入，盖足以自给，而三年之畜，恒可以预待不虞。如此者，所谓天不能灾，地不能阨，夷狄盗贼不能困，臣前所谓王者之政，陛下今日所方切求而欲励之行者。所谓终岁应办之计者，盖生财之道未甚周，节财之道未甚尽，一岁之入仅足以充一岁之用，其平居无事，尤未见其甚弊，偶有凶荒盗贼之变，则未免厚敛重取，以至于困败而不能自振。若此者，盖素备不修，因时权设，汉、唐、宋以下治天下之大率，而非吾陛下之所以奉天理物而深厚国脉者。其所谓因时苟且之计者，盖平时之所以敛散于民者，颇无其度，而取民惟畏其不多，用财惟畏其不广。方其无事，百姓已不能自给，迨其有变，则不可复为之计矣。此则制国无纪，溃乱不时，盖昏乱衰世之政焉，盖臣前所谓起于游堕，病于冗杂之弊，亦略有同于是，陛下今所方欲改辙而易海内之观者。臣谓今日游堕之弊有二，冗杂之弊有三，此天下之所以常坐于困乏，而志士至今愤惋而叹息者也。其所谓游堕之弊二者，一曰游民，二曰异端。游民众则力本者少，异端盛则务农者稀。夫民所以乐于游堕者何也？盖起于不均不平之横征，病于豪强之兼并，小民无所利于农也，以为遂艺而食，犹可以为苟且求生之计。且夫均天下之田，然后可以责天下之耕，今夫里闾之小民，剥于污吏豪强者深矣，散食于四方者众矣。大率计今天下之民，其有田者一二，而无田者常八九也。以八九不耕之民，坐食一二之粟，其势不得不困。然而散一二有田者之业，以为八九自耕之养，其势未尝不足。议者病游民之众也，或有逐商之说。然臣以为，游民之固本于不得已也，而又无所变置而徒为之逐，臣惧夫商之不安于商也。臣窃谓今日之弊源已深，更化者当端其绪而缓理之。理而无绪，势将驱力农之民而商，而又将驱力商之民而盗也。天下为盗，国不可久。其便莫若颁限田之法，严兼并之禁，而又择循良仁爱恻怛之吏以抚劳之。法以定其世业，禁以防其奸贪，吏以时其安缉，游民其将归乎！若夫异端者，盖本无超俗利世之智，而徒窃其减额逃刑之利，不工不商，不农不士，以自便其身。且其倡无父无君之教于天下，将使流风之未可已焉。此其为害甚明，故臣不待深辨。然臣窃悼俗之方弊也，秃首黄冠充斥道路，珠宫琼宇照耀云汉，此风未艾，效慕者众，非所以令众庶见也，非所以端风正纪之要体也。故臣愿陛下严异端之禁，斥道佛之说，敕令此辈悉归之农。其有不如令者，许有司罪治不赦。盖非惟崇力本之风，抑且彰教化之道，此臣拳拳所望于陛下之至意。其所谓冗杂之弊三者，一曰冗员，二曰冗兵，三曰冗费。冗员之弊必澄，冗兵之弊必汰，冗费之弊必省。三冗去而财裕矣。夫圣人所以制禄以养天下之吏与兵者，何也？吏有治人之明则食之也，兵有敌人之勇则食之也。是其食之者，以其明且勇也，其或有不明不勇者，则非耕不得食，非蚕不得衣，何者？无事而禄，亦先王之所俭也。今夫天下之吏与兵何如也？臣非欲尽天下之吏与兵而不禄之也，臣徒见任州县者，固有软疲不胜而坐禄者焉，隶兵籍者，固有老弱不胜而滥食者焉。且入赀之途太多，任子之官太众，简稽之责不严，练选之道有亏。臣是以欲于此辈一澄且汰焉。其所以去冗滥而宽民赐者，不少也。若夫冗费之弊，不能悉举，即其大而著者论之：后宫之燕赐，不可不节也。异端之奉，不可太过也。土木之役，不可不裁也。陛下端身以率物，节己而居俭，其于三者，固未可议焉。然窃见天下之大，民物之众，九州四海之贡，尺帛粒米之赋，山林川泽之税，日夜合杂以输太仓，可谓盛矣。而国计未甚充，国用未甚足，以为必有所以耗之者矣。且夫上之赋其下者以一，而天之所以供夫上者常以十。盖道路之耗，漕挽之费，京师之一金，田野之百金也，内府之百金，民家之万金也。以百万民家之资，费之于一燕卿一赐予一供玩者何限。臣故曰冗费在今日，亦有未尽节者。盖臣闻之，以天下所有之财赋，为天下人民之供养，未有不足者。特其有以冗而费之者，则其势将横征极取，天下不至于饥寒冻馁大败极敝而不已。臣读《史记》，见周文王方其受命之时，地方不过百里，而四方君长交至于其国，其所以燕卿劳来之典，不容终无，然而当时百姓各足，饥寒不病，故民诵之诗曰：勉勉我王，纲纪四方。盖庆之也。传至于其子孙，以八百国之财赋自养一人，宜其甚裕而无忧，而民反流离困苦，至于黄鸟仳离之咏作焉。臣于此见君人节己以利人，则易为功，广费以厚敛，则难为力。臣是以拳拳以省冗费为陛下告也。陛下策臣曰："固本朕不类寡昧所致，上不能参调化机，下不能作兴治理，实忧而且愧焉。"此陛下忧勤之言，禹汤罪己之辞也。然臣谓陛下非徒为是言也，须欲励是行也。夫君人之言与士庶不同，一或不征，天下玩之，后虽有美意善政，人且骇疑不信。陛下往年尝有恤农之诏矣，然而天下皆以为陛下之虚言，何者？诚见其言若是焉，而未见其惠也。今陛下复策臣若是焉，臣以为亦致忧勤之实而已。欲致忧勤之实，须速行臣之言。然臣前所陈者，皆因圣策所及条对，要之所以振弊利世之道，犹有未尽于此，臣请终之。夫山泽之利未尽垦，则天下固有无田之忧，今夫京师以东，蔡邓齐鲁之间，古称富庶强国，三代财赋多出于此。汉唐以来，名臣贤守，其所以兴田利而裨国用者，沟洫封浍之迹，往往犹存。而今悉为空虚茅苇之地，此古人所谓地利犹有遗者。而陛下所使守此土者，一切苟且应职，而无能为任此忧者，此北人所以长坐仰给于东南。小有凶荒不继，辄辗转沟洫，而不能自给以生者，地利未尽也。臣意陛下莫若严其守令，重选有力量才干忠诚为国之士，使守其地，而专一以兴田利为事。朝廷宽其禁限，听其便宜，而惟以此为田利课，则海内当有赵过者出焉，不数十年之后，则江北之田应与江南类，可省江淮数百万之财赋，而纾北人饥寒冻馁之急。一举而利二焉，大惠也。陛下能断而行之，大勇也。或曰：非不欲行也，如东南异宜何？臣请有以折之。夫今日所谓空虚荒瘠无用之地者，非向时所谓富实，而所托赖以兴起之本区乎？昔以富实，今以荒虚，臣诚未喻其说，亦曰存夫人尔，魏人许下之屯，可见矣。方枣祗为屯许之画也，当时亦诚见其落落难合，洎其成也，操终赖之省粟数万。今天下之大，又安知其无能为枣祗者乎？臣是以愿陛下以此为田利课，则山泽垦矣。臣又闻之：山泽不征，市梁无禁，王者所以通天下大公大同之制也。自汉桑弘羊以剥刻之术媚上，而征榷之法始详。历代因之而不革，大公之制未闻也。然臣终以此为后世衰乱苟且之政。今朝廷之取民，茶有征，酒有榷，山泽有租，鱼盐有课，自一草木以上之利，莫不悉笼而归之公，其取下悉矣。夫上取下悉，则其势穷。夫兽穷则逐，人穷则诈，今陛下之民将诈矣。司国议者，非不知其势之不可以久也，然而明知其弊而冒之者，诚曰国家利权之所在也。臣以为利不胜义，义苟未安，利之何益？况又有不利者在乎？臣闻之，王者所以总制六合，而镇服民心，张大国体者，固在道德之厚薄，不问财赋之有无。臣观征利之说，不出于丰大之国，恒出于衰乱之世。纤纤然与民争利者，匹夫之事也。万乘而下，行匹夫之事，则其国辱，非丰大之时所尚也，陛下何不旷然为人所难，思大公之法，去衰乱之政？今天下人士争言曰：惜哉，汉、唐、宋不能舍匹夫之利以利人。至我明天子，然后能以天子大体镇服民心焉，陛下何久于此焉不为也？臣愿陛下息山林关市之征焉，使大圣人所作为，过于人万万也。若夫悉推富民之术，则平籴之法不可不立也，常平之仓不可不设也，奢侈之禁不可不严也。凡若此者，史策之载可考，陛下果能举而行之，成典具在，故臣不必深论之也。由臣前所陈而言之，均田也，择吏也，去冗也，省费也。由臣后所陈而言之，辟土也，薄征也，通利也，禁奢也。田均而业厚，吏良而俗阜，冗去而蠹除，费省而用裕，土辟而利广，征薄而息宽，利通而财流，奢禁而富益，八政立而王制备矣，陛下果能行臣之言，又何忧于百姓之冻馁饥寒流离，又何至于有盗贼之警？又何患夫不顺夫道而归乎化哉？通变宜时之道，其或悉备于此，然臣以为此数者，皆不足为陛下之难，所患人主一心，不能清虚寡欲，以为宽民养物之要，则虽有善政美令，未暇及行。盖崇高富贵之地，固易为骄奢淫逸之所。是故明主重内治也。故古之贤王，退观远虑，居尊而虑其危，处富而惧其溢，履满而防其倾，诚以定志虑而节逸欲，固寅畏而禁微邪也。故尧曰兢，舜曰业，禹曰孜，汤曰检。臣以为数圣人固得治心之要矣。臣尝读《汉书》，见汉武帝之为君，方其临轩策士，奋志六经也，虽三代之英主，不能过焉。洎其中年多欲，一念不能自胜，公孙弘、桑弘羊、张骞、卜式、文成、五利之辈，各乘其隙而售之，卒使更变纷然，天下坐是大耗。臣是以知人主一心，不可使有所嗜好形见于外，少有沉溺，为祸必大。故愿陛下静虚恬虑以为清心节欲之本，毋以深居无事而好逸游，毋以海宇平清而事远夷，毋以物力丰实而兴土木，毋以聪明英断而尚刑名，毋以财赋富盛而事奢侈，毋羡邪说而惑神仙，澄心正极，省虑虚涵，心澄则日明，虑省则日精，精明之运，旁烛无疆，举天下功业，惟吾所建者，岂止于富民生足衣食而已哉！臣始以治弊治法为陛下告，终以清心寡欲为陛下勉，盖非有惊世绝俗之论警动陛下，然直意以为，陛下之所以策臣者，盖欲闻凯切时病之说，故略敢尽私忧过计之辞，衷情所激，诚不知其言之犹有所惮，亦不知其言之犹有隐，惟陛下宽其狂易，谅其朴直，而一赐览之，天下幸甚。臣谨对。

《嘉靖十一年进士登科录·孔天胤对策》：

臣对：臣闻帝王之治，敦本以厚天下之生，达权以通天下之变，则天德孚而王道成矣。民生也者，邦家所恃以为基者也。然而厚生之道，有本存焉。事变也者，治忽所乘以为几者也，然而通变之道，有权存焉。夫其本之在是也，而弗敦之以厚天下之生，则化必不溥，泽必不深，而邦家之基或将匪安。夫其权之在是也，而弗达之以通天下之变，则弊弗可厘，滞弗可起，而治忽之几，将有大可畏者矣。是以圣帝明王之治天下也，代天理物，必以厚生为先，更化善治，必以通变为先。惟厚生也，则必自其本之所在者而敦之，躬行于上，而作则于下焉，经理之密，而讲画之详焉，必期化溥泽深而后已。惟通变也，则必自其权之所在者而达之，察时审势，而化裁之焉，随几应用，而神明之焉，必期弊厘滞起而后已。化溥泽深，则群生和，万物育，而邦基日以益固，弊厘滞起，则德富有，业日新，而治几日以益熙。由是天德孚于上下，王道成于始终，而有以昭帝王之盛者，固如是矣。恭惟皇帝陛下，膺天眷命，缵承大统，临御以来，视民如伤，望道未见，乃进臣等于廷，策以天下之务。臣庄诵窃叹，以为圣人建其有极，敷锡厥福，端宗理本，明烛化机，固有神明之道，而乃以询之末学之臣，臣愚何足以知之？然对扬休命，不敢以终默焉。臣尝读周之书有曰：惟天地万物父母，惟元后作民父母。言天生民而立之君，使司牧之也。读《易经》之辞有曰：后以财成天地之道，辅相天地之宜。言明王代天理物，奉若天道也。是知奉若天道，莫大乎子民。子民之道，莫大乎厚生。厚生之道，莫大乎遂其所安所欲之情。遂其所安所欲之情，则又莫大乎重农桑之务，足衣食之源。衣食足则民情遂，民情遂则民生厚，民生厚则教化行，风俗美，阴阳调，风雨时，群生和，庶类殖。民疹物眚之异，寇贼奸宄之变，莫不尽销，诸福之物，可致之祥，莫不毕至，而王道有终矣。是以古昔先王，继天立极，开物成务，必以此先焉。粤稽庖羲氏之王天下也，首教民耒耜而耕之制以兴，耕之制兴而食之源以开矣。轩辕氏之王天下也，首教民衣服而蚕之制以兴，蚕之制兴而衣之源以开矣。尧命羲和授民时，舜命益稷兴民利，禹汤平成允殖，文武咸和永清，率是道也。然三代之道，固无不同，而成周之法，尤为至备。于是天子有籍田之典焉，一拨三推庶民助以终亩也。王后有亲蚕之典焉，缫三盆手世妇布于蚕宫也。夫君后至贵也，而以服田野之劳，诚念夫稼穑之艰难，小民之所依，王业之根本在是也，故服劳以为天下先焉。是以当时之人，男则服事乎耕焉，所谓亦服尔耕，十千维耦也。女则服事乎蚕焉，所谓女执懿筐，爰求柔桑也。夫天下至大也，而皆力农桑之务，诚念夫食之资于耕，衣之资于蚕，而所安所欲之乐在是也，故协极以光其本焉。今观《无逸》之书，《七月》之诗，帝王所传心法之要，可绎思矣。成王以之致四十年之平，周家以之永八百年之祚，良以敦天下之本，而厚天下之生如是也。圣制曰："民之所安所欲者，必首之以衣与食。使无衣无食，未免有冻饿死亡流离困苦之害。夫匪耕则何以取食，弗蚕则何以资衣。斯二者，亦王者之所念而忧者也。"大哉皇言，其真得帝王之法，而敦本以厚天下之生者乎？何其忧勤惕励如此也。臣尝窃观天下之势矣，钱镈在野，非不耕也，而闾阎犹啼饥之众。杼机在室，非不蚕也，而寰宇多号寒之民。此其故何耶？汉贾谊告文帝曰：一人耕之，十人聚而食之，欲天下无饥，不可得也。十人织之，不能衣一人，欲天下无寒，不可得也。夫谊之为是言也，岂无见于天下之势而云尔哉！盖天下之物，生之丰败存乎天，用之多寡存乎人。天下之人，遗本逐末者亦已多矣，而游堕者又从而半之矣，终岁勤动者，不足用矣，而冗杂者又从而耗之焉。昔人论治，尝有官浮于冗员、禄浮于冗食、兵浮于冗费之说矣。又有赏盈于太滥、俗盈于太侈、利盈于太趋之说矣。之二说者，皆饥寒之由也，不独谊之论尔也。饥寒切身，则怨声愁气上干天和，而水旱蝗虫之为灾矣。人民流离，仓廪空竭，则外夷窥伺而边有烟尘矣。游堕无赖，俯仰相困，则放僻日恣而内有盗贼矣。圣制曰："耕者无几而食者众，蚕者甚稀而衣者多。又加以水旱蝗虫之为灾，游堕冗杂之为害，边有烟尘，内有盗贼，无怪乎民受其殃，日甚一日也。"是陛下之沉几先物，加志穷民，有以深识天下之势，而洞见其受弊之源矣。然犹省躬自咎，以上不能参调化机，下不能作兴治理，而忧且愧焉，且又以时有今昔，权有通变，欲有道以致雨旸时若，灾害不生，百姓足食足衣，力乎农而务乎织，顺乎道而归乎化，惓惓以清问刍荛之臣焉，是即尧咨衢室、舜察迩言、禹汤不自满假、文武不敢康宁之诚也。臣愚学不足以明理，智不足以识时，抑何以仰裨神圣治于万一乎！我皇上体元居正，通变宜民，设施于九五之尊，炳焕于敷天之下者，臣得见知于依被之余久矣，请以是而飏言之，而窃以一得之愚附焉。今夫圣人理天下，使万物各得其所为至极，而君相以父母天下为王道，故斯民失所则当敦本以厚天下之生，治化未孚则当达权以通天下之变。此帝王善治之规，古今不易之法也。今自其敦本者言之，农桑不复古久矣。我皇上光阐九畴，稼穑维宝，秩修六府，土谷是重，圣躬则秉耜于南郊，即古之三推之典也。皇后则亲桑于内苑，即古之三缫之典也。是故百辟卿士承式于下而农务聿勤，六宫嫔嫱率履于内而蚕典克振，是其敦本以为天下先者，固已躬行于上矣。又自其通变者言之，法久则弊生，固也。我皇上一德昭格，百度维贞，参调化机，作兴治理，敬天勤民，而祈报赈贷之有条，禁奓止暴，而品式兵刑之有节，是故礼乐教化，莫不振举，而上下四方，皆愿精白以承休德，是其达权以为通变之宜者，又以神明于上矣。夫敦本以厚天下之生，宜乎民生之尽厚也，而冻馁犹不免焉，无乃圣心虽恳恻，而奉行者之不以实乎？达权以通天下之变，宜乎事变之尽通也，而偏滞犹未振焉，无乃王制虽详密，而化裁者之或有蔽乎？盖君者出令者也，臣行其令而致之民焉，理也。君有惠下之德，而臣无宣德之诚，则膏屯而靡施，斯民安得不受其殃也。政者救时者也，时有所极而变生焉，势也。时有可变之势，而吾无神化之方，则弊流而弗返，斯治安得而尽其善也。是故必奉行之实，而后本可敦也，必化裁之当，而后变可通也。且力农而务织，足食而足衣，顺道而归化，有生者之所同欲也。今顾有欲耕而无其田，有田而不得耕者矣，欲蚕而无其桑，有桑而不得蚕者矣，又奚望其礼节之知，而道化之协也？此岂可责之民耶？上恬而下熙，内安而外静，时和而沴消，愿治者之所乐闻也。今边尘或有鼓之者矣，内寇或有致之者矣，而天灾时变，又未必无所感也，此岂可委之数耶？其所以奉而行之化而裁之，亦惟存乎其人而已尔。是故奉行之道，最患乎虚名之相尚，而实效之无补，而化裁之方，则以顺时宜民补偏救弊为首务焉。然则为之奈何？必也天子以实责宰相，宰相以实责监司，监司以实责守令，守令以实责庶民，而后谓之奉行之实。必也仰以观于天文，俯以察于地理，中以观于人物，远以稽于先王，近以酌于时政，而后谓之化裁之宜。故为今之计，不徒弥文之是饰也，而必尚实以敦其本焉。不贵更张之无渐也，而必达权以通其变焉。闾阎有劝课之吏，末作严裁抑之防，工役罢不急之务，贿敛禁催科之扰，豪强抑兼并之习，而又去三浮以从实，酌三盈以从约，则民将力乎农而务乎织，而衣食无不足之患矣。郡邑有循良之吏，乡里弘庠塾之规，力田敦孝弟之懿，士习崇礼义之正本，俗无缁黄之惑，而又修五礼以防伪，明七政以齐民，则人将归乎道而顺乎化，而游堕冗杂之不为害矣。由是练勇敢，励战斗，旌才略，以务治军选将之实，而又笃周之《采薇》以下五诗之义焉，则边疆有吉甫方叔之将，而烟尘可息矣。由是察言行，课功状，公荐举，以务求贤审官之实，而又如汉之重二千石之义焉，则郡邑有龚黄卓鲁之贤，而盗贼可化矣。至于欲雨旸时若而灾害之不生，则又在圣天子建中和之极，臻位育之功，而凡诸臣同心协德，兴道致治。三孤以调燮鼎，无媢疾私刻之流。六卿以赞襄机务，无险诐倾侧之士。有官守者尽其职，而不旷厥工，有言责者尽其忠，而不愧厥职。有功必赏，有罪必罚，俾体统正而朝廷尊。有利必兴，有害必除，俾恩惠流而教化广。由是人事尽于下，而天变自回，人心和于上，而天休自至。将见穹灵赐佑，壤祇贡祉，山出器车，河出马图，至治馨香达于神明，协气氤氲盈于宇宙，前星炳耀，百男兆麟趾之祥，后禄延和，万国巩鸿图之运。所谓天德孚而王道成者，盖至矣盛矣，而无以加矣，《易》曰：唯深也故能通天下之志，唯几也故能成天下之务，唯神也故不疾而速，不行而至。臣草野之人，不识忌讳，谨以是为圣明献。臣无任陨越之至，臣谨对。

《嘉靖十一年进士登科录·高节对策》：

臣对：臣闻天下有不可易之法，而率之存乎心。天下无不可化之民，而动之存乎机。何则？法以致理，凡可以监古者，无复能易也，而耕蚕于日用为尤切，然所以基之者心焉耳矣，是心者率法之基也。民以顺应，凡可以转移者，无复难施也，而农桑于民用为尤急，然所以感之者机焉耳矣，是机也者又所以立民之感也。夫惟基固而后可以为循法之本，感立而后可以责民心之应。其或基不先定，则志夺于习俗之故，用格于时势之殊，而其失也为无断。感不能诚，则上不足以神变化之道，下不足以通天下之志，而其失也为徒法。二者之失形，而因循之弊锢，则政日以怠，志日以惰，而天下之大计荒矣，如斯世斯民何？是故心存则神智精明，而帝王之法张矣，机立则变通宜民，而玩愒之气作矣。法张而举世皆有持循据守之方，气作而天下尽化为歌咏勤苦之俗，将见上得以享丰亨豫大之乐，下得以遂饱暖安乐之愿，协气嘉生，熏为太和，而诵声四作，泰道一心，尚何灾沴之足虞哉！此固古昔圣帝明王已试之明验，而《诗》《书》之所纪载者也。钦惟皇帝陛下，承天心，发大业，轸民生衣食之源，举帝王耕蚕之典，天下固已回心而向道，乐事而劝功矣，乃复不自神明，清问下及，臣愚知陛下此心，即尧舜禹汤文武忧勤惕厉之心也，倡率化道之机，盖已潜孚默应乎四方万国之远，而通乎千万世心法相传之要矣。然圣志谦冲，犹若有未释然者，盖询于刍荛，酌古验今，将以跻一世民物于仁寿之域也。是生人之大命也，臣虽愚陋，敢不掇拾所闻以为献，惟圣神采择焉。臣闻虞廷之论治也，曰：德惟善政，政在养民。于是乎正德利用，厚生惟和，水火金木，土谷惟修。及其盛也，则六府三事允治。惧其弗永也，则又劝之以九歌，俾勿坏焉。成周之隆，以农桑立国者也。故周公《无逸》之训，《六月》《七月》之诗，每倦倦于日月星辰之运行，昆虫草木之变化，与夫于耜举趾播谷涤场之早晚，以为成王告焉。呜呼，治至虞周，可谓极矣，而其所以为民者，惟生养是先，盖以其切于民命焉耳。及时衰也，舍我穑事之怨兴，而四海始困穷矣。不籍千亩，而鸿雁哀鸣之声作矣。夫同是天下，则所以率先之者，不容以顿异。同是民心，则所以倡道之者，岂容于顿殊。此虽时势之变更，良由世主失所操持之所致也。是故汉文作而劝农亲蚕之仪举，则海内致殷富之盛。唐宗起而力行仁义之道至，则庶几并成康之勋。彼徒求诸法，而弗求诸心，尚得以擅英君谊辟之名，而况得帝王心法感通之本者哉！夫今之天下，即古之天下。然则古人之道，今独不可复乎？而况夫人心虚灵不昧之体，应务不穷之用，感昭深化之方，达权倡率之妙，虽尧舜亦与人同也。而谓操可致之权，又有能致之资者，可安常习故而漫弗之省乎？此愚臣所尝究观往籍，而扼腕弗平者也。伏惟陛下超然远览，洞烛民艰，每岁循耕籍之典，所以率天下者何其勤，大内严躬桑之仪，所以风天下者何其备。则陛下之心，上有以契千圣之奥，而道民之机，下有以警万国之心，是宜间阎极储峙之丰，井落臻盈篚之帛，内宁外谧，灾沴沴销也。夫何迩年以来，关辅告歉，则不免发内帑之积，桴鼓时警，则不能施赈贷之策。或者圣心犹有未纯，而其机尚有阻劝乎！然臣观陛下闵念黎元，频切诏旨，仰稽之天，则灵雪宝露降焉，俯察之地，则瑞麦嘉禾出焉，中验之人心，则䜣䜣然决圣主焉。则陛下力行古训之心，固已格于上下，未可谓其弗纯，而感格倡率之机，又以昭布寰宇，未可谓其弗至也。而功化之未克如古者，则以奉法之吏，未能精白一心以承休德，而游手之民，未能尽缘南亩，是以心虽劳而功弗集，志虽切而民未变耳。夫古者天子亲耕于南郊，而三推五推，至于庶人终亩者，凡以率天下之民也。王后亲蚕于北郊，而分茧称丝，效功及于命妇者，凡以率天下红女也。是故天子率诸侯，诸侯率卿大夫士庶人，上下各以其班，内外咸共其事，不必躬履田亩，而天下化矣。后以率夫人世妇以及士庶人之妻，而天下则焉，则天下不必家喻而亦化之矣。此古昔圣帝明王，所以高拱于清穆之上，而化行于海隅之远者，以其有此具也。今也劝农之吏虽设，而尸素以得计，曾有如禹之乘四载以服勤于舜者乎？而况辽邈之邑，监司所不能按者，抑又多矣，民生之食，如之何其弗歉也？剥削之苦，又所不计矣。植桑之园犹故，而别业以自利，曾有如诗人刺蚕织之休，以冀复周制者乎？而况绮罗之辈，所以肆诛求乎吾民者，又无纪极矣，民生之衣，如之何其不鹑结也？琐尾之痛，又有所不忍言矣。是皆不知小人之依，安保其有寅亮之心哉！夫维昔之富不如今，维今之疚不若兹，周人所以叹家法之失也，大东小东，杼轴其空，周诗所以怨征求之苦也。以今考古，是安得不上厘渊衷，下究化理哉！昔真德秀著田家之苦以规其君，有所谓晓霜未释，忍饥扶犁，冻皱不可忍，则燎草火以自温者，为始耕之苦焉；焕气将炎，晨兴以出，伛偻如啄，至夕乃休，泥涂被体，热烁湿蒸，百亩告青，而形容变化不可复识者，为立苗之苦焉；暑日如金，田水若沸，耘耔是力，稂莠是除，爬沙而指为之戾，伛偻而腰为之拆（折）者，为耘苗之苦焉；迨垂颖坚粟，则缚草为舍，荷戟防卫，竟蔽风雨，焦劳不辍者，为守禾之苦焉；登场属饱，偿贷不支，则又称贷嗣岁，自此惟取茅以为生息，而蚕事之苦称是焉。呜呼尽之矣！夫民终岁勤苦若此，而啼饥尚不免焉，士大夫知此者鲜矣，况贵戚近倖乎！无惑乎民生之未安也。诚使奉法者皆能上体圣怀，下悉民隐，易田必求赵过之智，而不惮于循行，缫丝必稽夷中之咏，而不使其称贷。监司必申饬乎守令，守令必躬乎民亩，则天下皆能以圣人之心为心，而风声所树，无烦刑驱，孰不为敦本务实之图哉！此盖转贫为富之机，易危为安之策，在陛下奋乾刚以振天下怠缓之心，极明作以起天下委靡之气耳。夫法无不可行者，有所不行，以人心之弗诚也。心无不可挽者，有所未孚，以流俗之染深也。今承积弊之后，苟小大戮力，上下勤恤，以虞周之治为必可复，以先王之法为必可行，不狃于因仍苟且之见，不挠于古今时势之殊，则法立而功奏，事举而效见，何民生衣食之不充？何国用储积之弗赡？民心由是而可醇，兵食由是而可足，至治馨香，彻于神明，和气薰蒸，天地交泰，而雨旸自以时至，边陲自以守固矣，又何用上嘉下乐，远慕近法以劳为哉！虽然，法以心率者也，机以心神者也，是故虞廷每严于危微精一之训，而敕天之命亦必曰：惟时惟几焉，不独其政在养民已也。周公亦致警于所其无逸之戒，而后《豳风》之诗，使瞽矇诵焉，不徒俾其知稼穑艰难已也。夫心而曰精，则所以察之者密矣，无逸而必曰所焉，则所以宅心者严矣。是故其要存乎几微之审也。不然，则心或不免于外诱之移，臣惧法因以隳，而机因以弛也。臣愚仰见陛下德严敬一，则古人所谓敬可以检束此心者，亦既优为之矣，日御讲筵，则古人所谓惟学可以养此心者，亦既优为之矣，儒绅列侍，则古人所谓惟亲贤人君子可以维持此心者，亦既优为之矣。而臣愚之深忧过计，窃愿陛下尤致审于几微焉，诚以心体至微，众欲攻之，一或不审，则投间抵隙，必将为是心之累矣。盖事未有不始于微而成于著者。司马光曰：圣人之虑远，故能谨其微。胡寅亦曰：善为天下国家者，每谨于微而已矣。皆言几微之不可忽也。周敦颐则指其本曰：寂然不动者诚也。感而遂通者神也。动而未形，有无之间者，几也。盖是几之微，近则公私邪正，远则废兴存亡，皆于是乎判焉，不可以弗之审也，是故诚神几则圣矣。臣愿陛下宫闱深邃之中，心气清明之时，致研于理欲丝毫之分，考验于古今得失之监，不显亦临也，无射亦保也。敬畏崇焉，逸欲戒焉，敦朴发自由中，俭素本诸天性，由是以循法，则法可弘于往圣，由是以道民，则民可孚于至愚，凡所以为修养生息之方，以极博厚高明之业者，自可运诸此心，而无难矣。臣愚不胜惓惓之至。臣谨对。

据《嘉靖十一年进士同年序齿录》，本科进士地域分布情形如下：

北直隶三十一人；南直隶四十六人；浙江四十八人；江西二十二人；福建三十九人；四川二十二人；山东十七人；山西十八人；陕西十人；河南二十二人；湖广十八人；广东十三人；广西三人；云贵七人。

据《嘉靖十一年进士同年序齿录》，本科进士仕履情形如下：

副使，湖广蒋信，戊子乡试九名。会试九十七名。廷试二甲三十六名。字卿实，治《书经》。癸卯年八月二十七日生，武陵县人，观户部政，授户部福建司主事，升兵员外，历贵州提学副使，告休。号道林。曾祖睿。祖诚。父经。母万氏。兄杰。子如霖，如川。

同知，南直隶张鹗，戊子乡试一百八名。会试一百六名。廷试三甲二百一名。字直夫，治《诗经》。乙巳年十二月二十四日生。泗州卫籍，芜湖县人。观户部政，授临川知县，升严州府同知止。号南堤。曾祖贵。祖宗。父明。母章氏。弟鹏。子应科。

少卿，山东侯珮，戊子乡试二十六名。会试一百八十一名。廷试三甲一百四十九名。字天和，治《书经》。丙午年七月十四日生。范县人。观户部政，授府推官，升户部主事，历升苑马寺少卿，致仕。号静溪。曾祖钦。祖荣。父聪，卫经历。母翟氏。兄璋；珪；璠，省祭官。子来聘，生员。

佥事，福建米荣，戊子乡试二十七名。会试二百六十八名。廷试三甲二十三名。字仁夫，治《易经》。丙午年九月二十九日生，绍武县人。观兵部政，授太平府推官，升兵部主事员外，湖广佥事。号艮斋。曾祖友文。祖惟宝。父留住。母汤氏。弟华。子应钟、应锜、应铣、应铎。

知府，湖广谢尚箴，壬午乡试五十三名。会试一百五十九名。廷试三甲一百三十六名。字以善，治《易经》。丙午年十一月十四日生，华容县人。观兵部政，授成都知县，升刑主事郎中，福建宁知府。号南湖。曾祖纯一。祖如温。父让，司务。嫡母袁氏，母刘氏。兄上符、上策。弟上简、上籥。子蒙宾、蒙赏、蒙贵。

郎中，福建陈文浩，壬午乡试二十四名。会试二百九十七名。廷试三甲一百十一名。字子川，治《易经》。丁未四月十二日生。闽县人。观都察院政，授句容知县，升南户主事，工郎中。号孤峰。曾祖桧。祖秉。父铲。前母吴氏，母郑氏。兄文渊。子姪梦兰、梦桥。

知府，四川胡汝翼，壬午乡试五十二名。会试一百二十九名。廷试三甲一百五十六名。字伯邻，治《书经》。丁未年十一月十七日生，绵州人。观工部政，授丰城知县，升户主事郎中，临安知府，补襄阳府。号东岩。曾祖清，赠承德郎。祖兰，审理正。父秉中，教授。母古氏，继母粟氏。弟汝弼；汝霖，生员；汝楫；汝梅。子经、纶、约。

御史，山西申用休，戊子乡试六名。会试二百二十名。廷试三甲一百二十九名。字戒之，治《书经》。戊申年三月十七日生。乐平县人。观大理寺政，授行人，升南御史卒。号云溪。曾祖铎。祖信。父朗。母郝氏。弟用懋、用章。子岳、崇、崧、岩。

布政，北直隶韩威，丙子乡试十六名。会试一百十四名。廷试三甲二十二名。字德隅，治《诗经》。戊申年六月十九日生，河间卫籍，丰润县人。观礼部政，授常州府推官，历升都给事，山东参按察左布政。号渔洲。曾祖真。祖聪。父钦。母郭氏。兄升。弟陵，生员。

金事，江西刘仕贤，乙酉乡试五十一名。会试一百一名。廷试三甲一百四十四名。字以道，治《诗经》。戊申年六月二十四日生，南昌县人。观通政司政，授中舍，升御史广东金事，卒。号仰峰。曾祖杰胜。祖伯拱，赠主事。父廷重，工部郎中。母王氏，封安人。弟仕贵、仕资、仕赞。子曰虞、曰虚、曰睿。

主事，广东王玉汝，壬午乡试三十四名。会试二百八名。廷试三甲二百七名。字体成，治《诗经》。戊申年九月十六日生，东莞县人。观都察院政，授江阴知县，升南工主事，卒。号守素。曾祖纯。祖贞。父尚学，府同知进阶朝列大夫。母梁氏。兄士鹏。弟士鸾；用汝，生员；士凤；士鹗；与汝，生员。子所，生员；前；在。

主事，江西吕瑚，壬午乡试一百十八名。会试一百三十四名。廷试二甲六十六名。字汝器，治《书经》。己酉年二月三十日生。永丰县人。观吏部政，授工主事，卒于官。曾祖子英。祖茂忠。父璁。母潘氏。弟琏、珂。子德盛，生员。

江西廖天明，丙子乡试第五十七名。会试二百七十五名。廷试三甲一百九十九名。字敬之，治《诗经》。己酉年四月二十四日生，奉新县人。观兵部政，号东溪。曾祖彤。祖仕耕。父进。母喻氏，继母涂氏。兄天德。弟天祐。子本真、本畿、本彝。

郎中，山东李淳，乙酉乡试十四名。会试二百二十四名。廷试三甲八十六名。字文卿，治《诗经》。己酉年五月十八日生，濮州人。观礼部政，授山西潞城县知县，升户主事员外郎中。号缨溪。曾祖英。祖成。父瓒，义官。母马氏。兄恂，省祭官。子行知、行素、行远。

给事，四川王继宗，戊子乡试二十四名。会试二百七十六名。廷试三甲二十八名。字汝孝，治《易经》。庚戌年六月十七日生，南充县人。观工部政，授华容知县，升给事中，兵都给事，卒。号双溪。曾祖干。祖儒，监生。父汾。母张氏。兄绍宗，典膳。弟缵宗，生员；绎宗。子□。

侍郎，江西曾钧，戊子乡试五十四名。会试四十八名。廷试三甲十五名。字廷和，治《诗经》。庚戌年闰九月二十五日生，进贤县人。观都察院政，授行人，历升南京吏科给事中，刑部侍郎，赠尚书，谥恭肃，祀乡贤。号前溪。曾祖翊如。祖由勉。父文献。母傅氏。兄廷爕、廷鳌、廷范、廷式、廷高。子一唯、一初、一鸣。孙允功，姪孙时奉，甲午举人。

参议，福建王应诏，己卯乡试一十八名。会试三百三名。廷试三甲一百二十六名。字公举，治《易经》。庚戌年十月十四日生，瓯宁县人。观都察院政，授大理评事，历佥事，贵州参议止。号吉阳。曾祖升。祖民瞻。父贵，岁贡。母魏氏。兄用宾，生员。弟士策，举人。子大政，生员；大谏；大年，生员；大猷；大器；大韶。

福建方召南，丙子乡试九名。会试三百十六名。廷试三甲一百八十三名。字文化，治《书经》。辛亥年二月二十四日生，莆田县人。观礼部政，卒。号为斋。曾祖璿，训导。祖迪。父绅。母林氏。弟世南、道南。

知府，江西胡岳，戊子乡试五十六名。会试一百九十一名。廷试三甲二百三十一名。字宗高，治《易经》。辛亥年六月二十一日生，鄱阳县人。观吏部政，授工主事，历员外郎中、桂林知府止。号北冈。曾祖景山，赠通议大夫刑部右侍郎。祖鼎和。父富。母陈氏，继母李氏，吕氏。弟岱，南京光禄署正。子立，生员；彦，进士。

知府，浙江朱怀干，壬午乡试十二名。会试三百四名。廷试三甲一百七十七名。字守正，治《诗经》。辛亥年十月二十七日生，归安县人。观大理寺政，授刑主事，历郎中、扬州知府，调程蕃府止。号双桥。曾祖廷瑀，寿官。祖暶。父源。母郑氏。兄怀桢。弟怀策；怀采，生员。子夏，监生。

御史，福建陈让，辛卯乡试一名。会试五十二名。廷试三甲一百三十五名。字原礼，治《春秋》。辛亥年十一月初五日生，晋江县人。观礼部政，授绍兴推官，升御史，建言回籍。号见吾。曾祖汉。祖凯。父溥。母郭氏。兄言、设、谋、试。子欲浑、欲渐、欲润、欲淳。

广东李谨，乙酉乡试一百十六名。会试七十一名。廷试三甲一百六十六名。字常甫，治《书经》。壬子年正月初五日生，富峪卫籍，四会县人。观礼部政，授□□□□□。号南津。曾祖安，百户。祖福，百户。父淮，百户。母张氏，封安人。子正新。

副使，北直隶刘素，乙酉乡试百十名。会试六十一名。廷试三甲四十八名。字文之，治《礼记》。壬子年三月初五日生，深泽县人。观通政司政，授歙县知县，升户主事，南户郎中，陕西副使，卒。号静虚。曾祖海。祖逵。父洁。母李氏。

主事，云南贾文元，壬子乡试二十名。会试一百七十九名。廷试三甲一百二十四名。字体仁，治《诗经》。壬子年四月二十七日生，大理卫人。观工部政，授华阳知县，升刑主事止。号洱皋。曾祖顺。祖能。父铎。母魏氏。兄文英；文翰，提举；文辅；文华。弟文魁。子召麟。

少卿，江西昌怀，壬午乡试一百五名。会试一百五十五名。廷试二甲四十一名。字汝德，治《书经》。壬子年五月二十九日生，永丰县人。观刑部政，选翰林院庶吉士，历给事中，南司业，南通右参议，南太仆少卿，致仕。号巾石。曾祖子昂。祖茂辉。父贤。母祝氏。子德宗；德充，生员；德容；德齐。弟懔、慎。

知府，南直隶陈澍，壬辰乡试一百十九名。会试八十九名。廷试三甲五十二名。字伯雨，治《书经》。壬子年六月十一日生，合肥县人。观户部政，授户主事，升员外郎中、卫辉知府止。号□□。曾祖暹。祖颐。父春。母王氏。兄澜。弟濚、潜。

御史，南直隶钱籍，己卯乡试九十九名。会试二百九十六名。廷试三甲一百七十名。字汝载，治《书经》。壬子年七月十九日生。常熟县人。观刑部政，授遂安知县，升御史止。号海山。曾祖恂。祖文吉。父廷佐。母孙氏。兄节、箕。弟簧、筌、竺。子宇、宁、守。

参政，江西欧阳清，戊子乡试三十二名。会试一百七十名。廷试二甲六十九名。字懋直，治《诗经》。壬子年八月十四日生，上饶县人。观礼部政，授工主事，历员外郎中、浙江副使，四川参政，卒。号冲庵。曾祖文信。祖久镇。父贵，训导。母胡氏，继母贾氏。弟洪。

寺丞，福建周亮，壬午乡试三十二名。会试一百二十六名。廷试三甲一百一十三名。字尚寅，治《易经》。壬子年八月二十五日生，侯官县人，观大理寺政，授汝阳知县，升贵州道御史，三巡南直隶，晋京畿道，升南京大理寺丞，守制卒，从祀乡贤。号岐麓。曾祖荣，教谕。祖一鹗，寿官。父天秩，封贵州道监察御史。母张氏，继母赵氏，俱赠孺人，配魏氏，赠孺人，继配赵氏，封孺人。弟膏。子道；诰，俱庠生；书，万历三十年授训导；相，庠生。孙梦旸、继魁、继熙、继先、尔坤，俱庠生；尔震；尔巽；尔豫；梦兰；启瑞；启翔。曾孙弘议、弘谟、安仁、敦仁、华国、正国、泰国、兆隆、兆盛、昌祚、昌祺、士贵。

副使，山东杨勉学，辛卯乡试三十六名。会试二十五名。廷试三甲一百八十七名。字仲潜，治《春秋》。壬子年九月初九日生，茌平县人。观刑部政，授府推官，升御史、湖广副使。号菊坞。曾祖贵。祖靖，县丞。父春，监生。前母丁氏，母田氏。兄希学，知县。子于陋、于远。

参议，福建雍澜，戊子乡试四十二名。会试一百八名。廷试二甲六十八名。字斯道，治《书经》。壬子年九月二十二日生，莆田县人。观户部政，授户主事，升员外，广东金事参议止。号见川。曾祖志徽。祖青玉，封卫经历。父汝和，提举。母陈氏，封孺人。兄鸿、鲸。弟鲲，生员；鲤，武举。子□□。

府尹，江西熊洛，壬午乡试一百三名。会试一百四十九名。廷试二甲二名。字景之，治《易经》。壬子年十月二十六日生，南昌县人。观吏部政，授刑部主事，升员外郎中，云南副使，降通判，升知州，福建金事，副使，参政，按察使，左布政应府尹。号笔山。曾祖秉文。祖万象。父良，封兵部主事。母胡氏，赠安人，继母王氏。兄河。

弟汲，兵部主事；潢，贡士；治。子□□。

主事，四川高节，丙子乡试二十四名。会试一百十九名。廷试一甲三名。字公秉，治《礼记》。癸丑年正月十六日生，罗江县籍，绵州人。授翰林院编修，降通州判官，升南主事。号竹所。曾祖子清。祖本政。父胜，封吏部主事。母李氏，赠安人，继母王氏，封安人。兄第，云南按察司副使。弟简，己丑进士。子志、思。

副使，浙江何赞，癸酉乡试七十一名。会试十五名。廷试三甲一百八十四名。字尧卿，治《诗经》。癸丑年三月二十一日生，黄岩县人。观兵部政，授行人，升御史，福建副使，卒。号龙江。曾祖士周。祖潭。父圭。母陈氏。弟弼。子良臣。

布政，四川何其高，丙子乡试六十三名。会试一百二十三名。廷试二甲二十六名。字抑之，治《易经》。癸丑年三月二十一日生，阆中县人。观刑部政，授南京工部主事，改御史，降州判，升宁国通，户主事，郎中，吉安知府，陕西参政、右布政。号白坡。曾祖源。祖广。父明。母李氏。兄其俸，其显，生员。

尚书，浙江卢勋，壬午乡试五十三名。会试二百四十一名。廷试三甲一百二十五名。字汝立，治《易经》。癸丑年四月二十三日生，缙云县人。观工部政，授太常博士，升吏礼部都给事中，南太常少卿，改太少卿、右通政，巡抚南赣，改南操江大理卿、南刑侍、工侍、刑尚书。号后屏。曾祖守义，义民。祖世熙。父时勉，散官。母应氏。兄烛、耀、烦、炼、杰。子衢；敦，知府；致，福建运使。

布政，河南徐守义，乙酉乡试五十四名。会试一百四十五名。廷试三甲二百十六名。字子和，治《诗经》。癸丑年五月二十五日生，杞县人。观都察院政，授府推，升给事，山东副使、参政、按察、左右布政。号凤岗。曾祖志。祖淮。父伟。母王氏。兄尧相。弟守智、守忠，俱生员；尧臣；守信；守德；守廉，散官。子立、交。

知府，广东朱廷臣，癸酉乡试二十九名。会试二百八十五名。廷试三甲一百三十七名。字敬之，治《易经》。癸丑年闰五月十二日生，海阳县人。观兵部政，授吴县知县，升给事，建昌知府，止。号东城。曾祖惠。祖祐。父禄。母尤氏。弟廷琠、廷璞、廷璇、廷辅、廷佐。子若翼、若愚。

佥事，江西刘廷范，辛卯乡试七十四名。会试一百六十五名。廷试三甲一百九十六名。字汝颎，治《诗经》。癸丑年六月三十日生，临川县人。观礼部政，授刑部主事、员外，广东佥事，卒。号弦斋。曾祖景昂。祖梦龙。父俸，赠刑部主事。母甘氏，封太安人。弟廷约，庠生；廷辩，赠知县。子宏，国子生。亲侄一清，儒官；一滨，听选官；一澜，癸未进士，见任兵部员外；一海，庠生；一潢，儒士。孙继祖，庠生；绍祖；象祖；缵祖；述祖。曾孙邦瓒、邦珩、邦球、邦瑞、邦玳、邦璲、邦瑛、邦琦、邦瑢、邦瑀、邦璩、邦理、文明、文辉、文琬。

御史，江西曾孔化，乙酉乡试六十一名。会试八十五名。廷试二甲十七名。字宗周，治《诗经》。癸丑年七月十九日生，庐陵县人。观吏部政，授南京刑部主事，改御史止。号华山。曾祖一德。祖谦。父褒。母彭氏。兄孔渊，孔澄、孔济。子世臣。

御史，北直隶张㮊，己卯乡试十一名。会试二百十六名。廷试三甲四十七名。字体周，治《诗经》。癸丑年八月十九日生，邯郸县人。观都察院政，授金坛知县，升南御史卒。号西冈。曾祖晋，训导。祖锡，行太仆寺少卿。父瀚。母谭氏。兄杲，监生。弟渠，生员。子炯、煜、煌。

都科，陕西吕应祥，己卯乡试四名。会试一百二十二名。廷试三甲一百三名。字子和，治《诗经》。癸丑年八月二十二日生，泾阳县人。观兵部政，授行人，升给事，礼科都给事中。号龙山。曾祖恭。祖勉。父诚，经历。母姚氏。弟应禄、应福。子潜。

参政，浙江王梴，辛卯乡试十六名。会试六名。廷试三甲一百九十八名。字子长，治《诗经》。癸丑年九月初二日生。象山县人。观礼部政，授中舍，升工员外郎中，江西参议副使、参政，闲住。号□□。曾祖在明，知县。祖京，推官。父焕，监察御史。母周氏。兄林；桓；樏；檄；楷；模，训术；桥；梠；樍。弟楝、极、楠、杨。子文照，知县。

知府，南直隶严宽，辛卯乡试四十五名。会试二百五十一名。廷试三甲一百九名。字栗夫，治《诗经》。癸丑年十月三十日生，丹徒县人。观工部政，授海宁知县，升刑主事郎中，杭州知府。号玉山。曾祖庆。祖轸。父继宗。母孟氏。弟容、完、宥、宸、寰、宠。子湛、淳、沐。

知府，江西陈祯，壬午乡试二十三名。会试一百五十四名。廷试二甲七十八名。字大和，治《诗经》。癸丑年十二月十五日生，崇仁县人。观都察院政，授山东曹县知县，升刑主员外郎中，建宁知府。号南山。曾祖复旸。祖汝旐。父公翰。母李氏。弟祥。子粟，生员。

通政，福建陈时，戊子乡试二十名。会试七十九名。廷试三甲九十五名。字宜之，治《礼记》。癸丑年十二月十七日生，涿鹿中卫籍，长乐县人。观都察院政，授曹知县，升御史、左右通政。致仕。号北麓。曾祖信。祖通，赠奉训大夫。父玉，知府。母王氏，封宜人。兄玮、旸。弟爵，卫镇抚。子谧。

郎中，河南周卿，乙卯乡试二十五名。会试四十四名。廷试三甲四十九名。字尧果，治《书经》。甲寅年正月二十九日生，延津县人。观大理寺政，授山东禹城县知县，升吏部验封司主事，文选员外郎，验封司郎中，甲辰岁首失朝，谪庐州府推官，升常州府同知，未任，万历甲申，子评以同知奏复原职。寿七十八岁。从祀名宦乡贤。号东山。曾祖敬，寿官。祖良，耆宾。父璞，赠文选司主事。母卫氏，封太安人。弟宾，县丞；乡；定，耆宾；密，府通判赠户部主事；官，生员；守，光禄署丞；宦，训导；完，典膳；宜，赠察院右都御史兼兵部右侍郎；宠，顺天府院评；子恣，生员；访，生员；评，山西太原府同知，晋阶四品服色；近，山东按察司知事。孙六纪，生员，六□，岁贡生；六玺；六节；六冕。曾孙希旦，姪孙嘉庆，镇抚司掌刑都指挥佥事；嘉善太仆主簿，姪曾孙长祚，王府都事。

副使，河南董汉儒，乙酉乡试十名。会试一百四十一名。廷试二甲六十一名。字道夫，治《礼记》。甲寅年二月十六日生，考城县人。观都察院政，授通州知州，升南员外郎中，东昌知府、副使。号葵冈。曾祖英。祖继先，监生。父廷佐，训导。母宁氏。

弟汉卿，生员；汉杰，生员。子敕，生员；诏；诰。

副使，河南周南，壬午乡试五十九名。会试二百三十七名。廷试三甲一百四十六名。字道南，治《书经》。甲寅年二月十八日生，郏县人。观吏部政，授行人，升御史，浙江副使，止，号东皋。曾祖璜。祖荣。父玘。母王氏。子壎、华、莘。

知县，山西孙继先，己卯乡试五十五名。会试二百七十七名。廷试三甲九十名。字孝卿，治《诗经》。甲寅年三月初六日生，安邑县人。观刑部政，授直隶高阳知县，调咸宁县。号慎斋。曾祖铎。祖澄。父巍。母马氏。兄理学。弟孝先。子克顺、克和。

主事，河南曾大吉，丙子乡试六十八名。会试一百六十八名。廷试二甲五十八名。字子修，治《春秋》。甲寅年五月十九日生，陈州人。观刑部政，授户部主事。号颍坡。曾祖刚。祖和。父福。母卢氏。弟大全，生员；大用，生员。子一新、一善。

参议，浙江翁学渊，辛卯乡试三十四名。会试三百十九名。廷试二甲二十三名。字原道，治《诗经》。甲寅年六月二十八日生，遂昌县人。观兵部政，授南京户部主事，升员外郎中，湖广佥事，贵州参议，降。号舟山。曾祖存仁。祖守宁。父奎。前母潘氏，母黄氏。兄道渊、德渊。子遴、选。

副使，南直隶邢址，戊子乡试十四名。会试二百十八名。廷试三甲八十三名。字汝立，治《诗经》。甲寅年七月初九日生，当涂县人。观吏部政，授（缺），升御史，邵武府知府，河东盐运使。号阳川。曾祖纯。祖愚，赠主事。父珣，江西左布政使。母杨氏，封安人，继母倪氏。兄增；埴；墀；圻；坦；壂；垓；埴，贡士；埘。弟坊、垚、庄。

博士，福建俞世洁，乙酉乡试四十名。会试二百七十九名。廷试三甲五十五名。字与之，治《易经》。甲寅年七月初十日生，侯官县籍，福清县人。观礼部政，授吉水知县，降教授，升国博，卒。号石坡。曾祖继善。祖荆。父体中。母徐氏。兄士渊。弟士濂、士瀚、士灏。

主事，四川马中骥，壬午乡试三十一名。会试七十四名。廷试三甲二百十一名。字惟德，治《易经》。甲寅年八月二十二日生，新都县人。观户部政，授宁波推官，升户主事，卒。号颐庵。曾祖程。祖宗义。父先。母林氏。弟中龙、中骏、中騄。子致远、道远、行远、陟远、届远。

湖广胡明庶，乙酉乡试三名。会试五十四名。廷试三甲一百九十二名。字功甫，治《诗经》。甲寅年八月二十七日生，罗田县人。观通政司政，卒。曾祖宗，寿官。祖月辉。父大纪。母徐氏。

员外，广东潘恕，壬午乡试四名。会试二百十五名。廷试三甲二百二名。字行之，治《春秋》。甲寅年九月十五日生，海阳县人。观刑部政，授新建知县，升南户主事员外。号南窗。曾祖英。祖荣，贡士。父高，推官。母叶氏。兄忠。弟恩。子钧、锭、锌。

知府，山西孙哲，戊子乡试十四名。会试六十六名。廷试三甲一百六十二名。字用晦，治《易经》。甲寅年十月十五日生，石州人。观吏部政，授评事，历升寺正、知府止。号吉泉。曾祖全。祖执，教授。父子文，知县。前母苏氏，母武氏。兄振；麒，仓官；贤；良。子继鲁。

行人，河南郑吉甫，乙酉乡试三十名。会试七十七名。廷试三甲八名。字希宪，治《春秋》。甲寅年十一月初五日生，罗山县人。观兵部政，**授行人，卒**。号敬庵。曾祖文斌，贡士。祖纪。父洪，义官。母赵氏，继母翟氏，尚氏。兄重。弟光甫、行甫。

副使，北直隶王继芳，辛卯乡试一百七名。会试一百六十二名。廷试三甲一百八十名。字世昌，治《诗经》。甲寅年十一月二十二日生，固安县人。观户部政，**授兖推官，升南工给事，改户主事员外郎中，陕副使，调四川**。号亭皋。曾祖贵。祖端，赠刑科给事中。父钦，按察司副使前给事中，前母吕氏，赠孺人。母祖氏，封孺人。子道纯，政纯。

副都，云南赵汝濂，壬午乡试三名。会试二百二名。廷试三甲一百二十七名。字敦夫，治《易经》。乙卯年正月三十日生，太和县人。观都察院政，**选翰林院庶吉士，改吏主事、员外、郎中，升南尚宝卿、太常少卿、右通政、太仆卿、太常卿、南院右副都，调外任**。号雪屏。曾祖均。祖平，赠儒林郎。父仪，知州。母段氏，赠安人。弟汝洛。

知县，山西李朝阳，戊子乡试九名。会试六十名。廷试三甲五十六名。字伯鸣，治《书经》。乙卯年二月二十七日生，清源县人。观兵部政，**授宜阳知县**。号西峪。曾祖贤，寿官。祖子实。父梅，巡检。母梁氏。弟遇阳、荷阳。子光前、光世、光德。

南直隶陆期范，己卯乡试四十八名。会试三百二十名。廷试二甲三十三名。字仁卿，治《易经》。乙卯年四月二十八日生，兴化县人。观吏部政，**授未仕，卒**。号鹤田。曾祖砺。祖溉，寿官。父弥望。母虞氏，继母朱氏。弟期。子凤羽、凤毛。

御史，南直隶余光，辛卯乡试五十名。会试二百九十九名。廷试三甲一名。字晦之，治《书经》。乙卯年四月二十八日生，江宁县籍，祁门县人。观吏部政，**授大理寺左评事，调南京大理寺，改御史，卒**。号古峰。曾祖宗谅。祖仕英。父隆。嫡母汪氏，母吴氏。子孟；麟，万历甲戌榜眼，官谕德。

主事，陕西杨登，己卯乡试十四名。会试五十一名。廷试三甲八十一名。字子先，治《诗经》。乙卯年五月初八日生，咸宁县人。观大理寺政，**授四川富顺县知县，升工主事**。曾祖名。祖经。父锦。母姚氏，继母王氏。弟发、祭、督。

赞善，南直隶浦应麒，戊子乡试五名。会试二百八十六名。廷试二甲七十三名。字道徵，治《书经》。乙卯年五月二十三日生，无锡县人。观刑部政，**选翰林院庶吉士，授编修，升赞善止**。号后岩。曾祖森。祖宗盛。父瑾，知县前进士。母黄氏。弟应元、应辰、应登。子懋南。

主事，湖广叶国华，戊子乡试四十七名。会试二百八十一名。廷试三甲一百十名。字尚宾，治《诗经》。乙卯年七月十五日生，兴国州人。观都察院政，**授遂宁知县，升户主事，卒**。号观吾。曾祖思恭。祖鲜。父聪，教谕。母钟氏，继母刘氏。弟文华、士华、常华。子极。

参政，江西朱宪章，戊子乡试十三名。会试三十名。廷试三甲一百八十五名。字良范，治《诗经》。乙卯年七月二十七日生，进贤县人，观兵部政，授行人，升给事中，历左给事、川副使，降参议，起副使，福右参政止。字筮坡。曾祖光孚，恩寿。祖启明，赠兵科给事中。父魁，封兵科给事中。母李氏，封孺人。弟懿章，庠生。子应祯，国子生；应祐；永祚，庠生。孙鼎臣，国子生；裴，国子生；宸，吏目；裳，吏目；襄，吏目；仁臣；敬臣，庠生；毅臣，辛酉举人；和臣；简臣。曾孙贺、知至、太龄、心正，俱庠生。

少卿，南直隶史际，乙酉乡试十三名。会试二百二十五名。廷试三甲二百二十八名。字恭甫，治《易经》。乙卯年八月初二日生，溧阳县人。观吏部政，授礼部主事，调吏部文选司主事，改右春坊清纪郎，兼翰林院侍书，见忌落职，嘉靖甲辰荐饥，鳌济救饥数万。癸丑间倭寇猖獗，募兵助饷，加升太仆寺少卿，致仕，荫锦衣世袭百户，以军功特赐祭葬。号玉阳。曾祖镐。祖祚，赠给事中。父后，丙辰进士，南京刑科给事中，进阶光禄寺少卿，加四品服色。子继源，太学生，早卒；继书，荫授锦衣百户，历升指挥同知，管卫事。孙致爵、致荫、致凤。

福建郑普，辛卯乡试二十七名。会试七十二名。廷试三甲一百七十二名。字汝德，治《易经》。乙卯年九月十九日生，南安县人。观工部政，授（缺）。号海亭。曾祖妃乞。祖妈赞。父元。母伍氏。弟藻、苣、庄。子欲大。

知府，福建林华，乙酉乡试二十九名。会试二十名。廷试二甲二十二名。字廷彬，治《诗经》。乙卯年九月二十九日生，莆田县人。观礼部政，授户部主事，调刑主事，升员外，降六安州同，升长沙同知，镇江知府，止。号巽峰。曾祖崇善、祖聘。父鸾。母周氏。弟鹏，秋英，萃，章。子绖。

佥事，南直隶杨雷，己卯乡试五十二名。会试三百十八名。廷试三甲一百九十三名。字起潜，治《易经》。乙卯年十月十七日生，吴县人，观大理寺政，授口县知县，升南给事、广东佥事，止。号古崖。曾祖忠。祖顺。父昂。母杰氏。弟霆；霁；霖，生员；云。子之麟、之凤。

佥事，南直隶张翼翔，戊子乡试八十名。会试六十七名。廷试三甲二十名。字仲羽，治《诗经》。乙卯年十一月初五日生，凤阳县人。观户部政，授金华府推官，复登州推官，升兵给事，礼右给。号四山。曾祖义。祖纪，寿官。父廷璧，训导。母徐氏。兄翼翱，医官。弟翼举，生员；翼鸣。子荫祚、荫芳。

御史，浙江陈脩，乙酉乡试三十八名。会试三十五名。廷试三甲三十一名。字宗道，治《易经》。乙卯年十一月初十日生，山阴县人。观都察院政，授番禺知县，升御史，卒。号两江。曾祖贤。祖珪。父清。母赵氏，继母郑氏。兄朋。

知府，北直隶刘继禄，戊子乡试二十一名。会试二百一名。廷试二甲五十五名。字承德，治《诗经》。乙卯年十二月初六日生，永宁卫籍，三河县人。观户部政，授户主事，历员外郎中，临洮知府，止。号（缺）。曾祖政，副千户。祖俊，副千户。父希武。母张氏，继母王氏。弟继爵，千户，继位；继相；继善；继志。

副都，湖广方任，乙酉乡试四名。会试九十一名。廷试三甲二百二十二名。字志伊，治《春秋》。乙卯年十二月十六日生，黄冈县人。观吏部政，授工部主事，改兵员外郎中，四川佥事，江西参议副使，山东参政、按察使，江西左右布政、总督粮储，巡抚应天副都。号近沙。曾祖俊。祖华。父勇。母彭氏。弟仕、在、伋、作、杰。子一龙、一麟。

通判，陕西吴伯亨，戊子乡试十八名。会试二百三十八名。廷试三甲一百名。字子贞，治《易经》。乙卯年十二月二十九日生，兰州人。观户部政，授吉安推官，升吏主事员外，降大名通判。号（缺）。曾祖真。祖善。父锐，寿官。母王氏。弟伯祥，伯禄。子易。

副使，福建郑汝舟，戊子乡试八十五名。会试二百七十八名。廷试三甲二十九名。字宜济，治《书经》。丙辰年正月初四日生，莆田县人。观工部政，授南海知县，改教授，升国博，南工主事员外，湖广佥事，参议副使，卒。号少野。曾祖克敏。祖致中。父彦材。母黄氏。兄汝进；汝达；汝亨，生员；汝逞；汝逸；汝选。子潒、沔、勋，俱(缺)，勋生员。

寺丞，浙江陶谟，戊子乡试二十九名。会试一百二十名。廷试三甲一百二十二名。字大显，治《诗经》。丙辰年二月十三日生，秀水县人。观刑部政，授建德知县，改莆田知县，升御史，大理寺丞，卒。号见湖。曾祖泽，义官。祖楷，赠监察御史。父俨，按察司副使。母姜氏，封孺人。弟诺、讷、训。子（缺）。

仆卿，南直隶周复俊，乙酉乡试三十名。会试七名。廷试三甲二百二十四名。字子吁，治《易经》。丙辰年三月十五日生，昆山县人。观吏部政，授工主事，历员外郎中，四川提学副使，调山东副使参政，四川按察使右布政，云南左布政、南太仆寺卿，止。号木泾。曾祖毅。祖元学，七品散官，赠承德郎审理正。父在，知州。母吴氏。兄复吴。子泉、谷。

主事，福建宋天民，辛卯乡试三十三名。会试二百四十二名。廷试三甲一百十四名。字若尹，治《书经》。丙辰年闰三月十二日生，莆田县人。观吏部政，授潮阳知县，改严州教授，升国博、南户主事。号春野。曾祖克虑。祖镛，仓副使。父世用。母詹氏，继母林氏。弟天爵、天成、天球。子秉愚、秉鲁、秉模。

给事，浙江沈伯咸，壬午乡试四十名。会试一百四十四名。廷试三甲十四名。字公甫，治《书经》。丙辰年四月十五日生，秀水县籍，嘉善县人。观都察院政，授行人，升礼给事、右给事，宁国知府未任，降南国博丞，止。号鹤湖。曾祖真卿。祖达，寿官。父潮在。母缪氏。兄伯良。子三锡。

参政，南直隶茅鐅，辛卯乡试一百七名。会试二百三十一名。廷试二甲三十七名。字新之，治《诗经》。丙辰年六月初二日生，丹徒县人。观礼部政，授户部河南司主事，升员外郎中，平阳知府，改德安知府，升云南副使，起复补陕西副使，浙江右参政。号海门。曾祖颐。祖宇，散官。父坚，赠南京户部郎中。母聂氏，赠宜人。继母费氏。兄鉴，知县；銮，郡宾。娶曹氏，赠宜人，娶何氏，封宜人。子洵，监生；溉，选贡；湛，郡宾；□，选贡；泮；浃；洛；汾。姪源，郡宾；淮，生员；治，赠吉安府推官；溱，生员；濡，和州训导。孙崇位，礼部儒士；崇仕，生员；崇任；崇仪；崇化，生员；崇伟，生员；崇伊，生员；崇雅，生员；崇偲；崇傅，生员；崇倬，生员；崇脩，廪生；崇伯。姪孙崇采，士贡；崇本，庚辰进士，南京刑部主事；崇荣；崇俊；崇栋，俱生员。曾孙大经，廪生；大勋；大熙；大年；大燿；大昌，俱生员；大受；大章；大生；大同；大悦；大有；大琮；大璧；大度；大瑛；大钦。

知府运使，福建曾汝檀，乙酉乡试九十五名。会试九十五名。廷试三甲一百十五名。字惟馨，治《礼记》。丙辰年六月初五日生，漳平县人。观吏部政，授都察院都事，升南户员外，礼郎中，抚州知府，调南宁知府，终养，复补安庆知府，升盐运使。曾祖处安。祖澜，义官。父元清，按察司知事。母陈氏。子思鲁。

知府，浙江胡公廉，壬午乡试七十六名。会试二百三十六名。廷试三甲一百六十九名。字介卿，治《易经》。丙辰年六月十六日生，汤溪县人。观兵部政，授泉州推官，升刑主事、员外郎中，南昌知府，止。号简斋。曾祖以英。祖时珪。父枨。母戴氏。弟公明、公恕。子良贵、良魁。

参议，南直隶张珪，壬午乡试三十九名。会试二百三十五名。廷试三甲一百四十五名。字君如，治《诗经》。丙辰年八月二十二日，太仓州人。观大理寺政，授南行人，升刑主事员外，江西佥事，福参议，致仕。号春江。曾祖元鹏。祖溱。父铣。母陆氏，继母周氏。兄鸾；鹇；璧，生员；鹳；球。子节。孙大咸，戊戌进士。

郎中，福建徐表，辛卯乡试三十六名。会试二百八十七名。廷试三甲一百九十一名。字正夫，治《诗经》。丙辰年九月十二日生，漳浦县人。观都察院政，授上饶知县，升刑部主事、员外郎中，以执法降理问。号龙泉。曾祖悌。祖尚辉。父惠廷，封户部主事。母林氏，封安人。弟香；洛中，生员；子冲，主簿；凝，熙，兆，吉斗，俱生员。孙益大（以下模糊不清）。

同知，陕西冯应元，戊子乡试四十一名。会试九十六名。廷试三甲八十名。字体乾，治《诗经》。丙辰年十月二十四日生，咸宁县人。观通政司政，授稷山县知县，升登州府同知。号槐陂。曾祖玉。祖喜。父宾。母李氏。弟应奎。应登。子显、颙。

主事，南直隶贺恩，辛卯乡试一百二十五名。会试二百十四名。廷试三甲二百二十九名。字君锡，治《易经》。丙辰年十一月初十日生，仪真县人。观吏部政，授刑主事，降州同知，卒。号横山。曾祖安。祖盛。父昂。母邹氏。兄爵、禄。弟宠；祚，生员。

佥事，四川王惟贤，己卯乡试十名。会试六十九名。廷试三甲七十八名。字士官，治《春秋》。丙辰年十一月二十二日生，中江县人。观都察院政，授河南河内县知县，升刑主事员外，云南佥事。号卓峰。曾祖宏，监生。祖溥。父锡，监生。母夏氏。兄希贤，生员；介贤。弟贵；庆贤；三贤；用贤，生员；次贤，生员；进贤；成贤；可贤。子伸、佶、仔。

参政，福建张明，壬午乡试四十九名。会试一百六十六名。廷试二甲三十九名。字元亮，治《书经》。丙辰年十一月二十五日生，浦城县人。观兵部政，北户部郎中，升湖广武昌府知府，超升江西右参政。崇祀乡贤。号梅江。曾祖遵美。祖允让。父廷昭。母杨氏。弟秀。子可大，府经历；可久，承差；可立，儒官；可宗，廪生；可传，增广生。

知县，山西杨镃，己卯乡试四十一名。会试二十九名。廷试三甲一百三十九名。字应时，治《易经》。丙辰年十二月初五日生，锦衣卫籍，壶关县人。观刑部政，授平原知县，卒。号南溪。曾祖通，赠指挥。祖庆，义官。父伸，义官。母顾氏。兄钺。弟锁、钊。子于庭。

御史，南直隶王瑛，壬午乡试三十六名。会试十三名。廷试三甲一百九十四名。字汝玉，治《书经》。丙辰年十二月十三日生，无锡县人。观吏部政，授太常博士，升御史，庚子巡按福建，入场主试，致仕。号石沙。曾祖惠。祖诚。父浦，赠御史。母邵氏，继母成氏。兄瓒、环。弟琨、玲、珑、顼。子同毂，鸿胪主簿。孙国栋，礼部儒士；国栋，武生；国樟，鸿胪序班。曾孙我绍、我绳、我继、我缵、我绪、我续、我统。

推官，四川陈策，戊子乡试五十八名。会试一百五十二名。廷试三甲二十七名。字一得，治《诗经》。丙辰年十二月十八日生，忠州人。观刑部政，授杭州府推官，卒。号鸣冈。曾祖鉴，赠光禄少卿。祖瑞，光禄少卿。父大韶。母马氏。兄恩。弟箴、簧。子寿龄。

员外，浙江钱德洪，壬午乡试三十七名。丙戌会试二百三十一名。廷试三甲二百二十六名。字洪甫，治《易经》。丙辰年十二月二十二日生，余姚县人。观吏部政，授苏州府教授，升国子监丞，升刑主事员外，止。号绪山。曾祖师挚。祖习。父蒙。母马氏。兄德忠、德昭、德恕。弟德章，生员；德周；德充，生员。子应制；应度；应乐，知县。

佥事，陕西刘九容，乙酉乡试二十名。会试二百五十四名。廷试三甲一百二十三名。字慎卿，治《春秋》。丁巳年四月初五日生，榆林卫人。观刑部政，授舞阳知县，改祥符知县，升刑主事、员外，山东佥事。号榆泉。曾祖钊。祖顼，义官。父儒。母杨氏。兄九思，生员。子可方、可立、可度。

浙江骆骥，辛卯乡试四十七名。会试一百七十四名。廷试三甲一百七十一名。字汝良，治《礼记》。丁巳年四月十八日生，诸暨县人。观刑部政，授未仕，卒。号樵山。曾祖茂膺。祖璁，义官。父凤岐，教谕。母郑氏。兄骅；骝；骐，生员。弟验，生员；腾；骎；颞；驷；骧；驰。子大武。

佥事，四川文衡，壬午乡试四十九名。会试八十八名。廷试二甲八十名。字公孺，治《诗经》。丁巳年六月初五日生，南充县人。观大理寺政，授户主事，升员外，云南佥事，止。号似山。曾祖理，寿官。祖廷辅，县丞。父子贤。母杨氏。弟衢；卫，生员。

佥事，南直隶皇甫涍，戊子乡试二名。会试十一名。廷试二甲五十七名。字子安，治《易经》。丁巳年六月二十五日生，长洲县人。观刑部政，授工主事，改礼员外郎中，改春坊司直，谪通判，升佥事。号少玄。曾祖通。祖信，赠礼部员外郎。父录，知府。母黄氏，封宜人。兄冲，贡士。弟沆，知县；濂，生员。子桓、桢。

郎中，河南胡鲸，戊子乡试四十九名。会试四十三名。廷试三甲二十四名。字鱼伯，治《易经》。丁巳年七月初四日生，汝阳县人。观兵部政，授松江府推官，复处州，升吏主事、员外、郎中，止。号英溪。曾祖以诚，赠翰林院检讨。祖山，纪善，进阶长史正五品奉议大夫。父永芳，知县。嫡母李氏，生母景氏。弟鲲。子曰浊、曰浅。

御史，南直隶董玭，乙酉乡试一百二十二名。会试二百四十三名。廷试三甲一百三十八名。字子纯，治《诗经》。丁巳年七月初六日生，泾县人。观刑部政，授海盐知县，升御史，考降不仕。号晴溪。曾祖志道，赠知府。祖杰，右副都御史。父键。母徐氏。弟珍、琜。

副使，福建李恺，戊子乡试二名。会试十二名。廷试三甲六十一名。字克谐，治《诗经》。丁巳年十月初三日生，惠安县人。观工政，授番禺知县，历升吏稽勋郎中，调兵郎中，湖广副使。寿八十二。从祀乡贤。曾祖钦，赠宛马寺卿。父经，累赠宛马寺卿。母曾氏，累赠太淑人，号抑斋。弟悌，儒官；慎，庚戌进士，历任副使辽东宛马卿。子玉泽，监生；玉河，生员；呈春，按察司知事。孙明相，明达，俱监生；明淡、化龙、明鸾、明凤、明麟、明鹤，俱生员。曾孙景辰；景社，监生；景奎；景璧。

副都，北直隶苏志皋，辛卯乡试三名。会试一百名。廷试三甲六十四名。字德明，治《书经》。丁巳年十月初三日生，固安县人。观通政司政，授浏阳知县，调进贤，升刑主员、郎中、佥事、参议副使，降知州，升陕西佥事、副使、参政、按察使、右布政，巡抚辽东佥都、副都。号寒村。曾祖郁。祖伦。父子良。母宋氏。子大生，光禄典簿；广生；性生。

行人，四川胡魁，壬午乡试五十八名。会试七十八名。廷试三甲七十一名。字应辰，治《诗经》。丁巳年十二月十一日生，蒲江县人。观礼部政，授行人司行人，卒。号西源。曾祖志先。祖鼎。父伯琯。母刘氏，继母邵氏。

侍郎，湖广周琉，乙酉乡试三十三名。会试一百九十八名。廷试三甲三十五名。字润夫，治《诗经》。丁巳年十二月十八日生，应城县人。观吏部政，授永嘉知县，升户给事、右给，降典史，升礼主员、郎中、副使、右佥都，被劾，起巡抚应天、佥都，升兵侍郎兼佥都，以病乞休。号石崖。曾祖韶。祖域。父儆，同知。母□氏。弟玭；珑，生员。子延祐；延磬，甲午举人；延香，鸿胪寺。

寺丞，南直隶王京，辛卯乡试四十名。会试一百三十五名。廷试三甲九名。字得师，治《春秋》。丁巳年十二月二十二日生，府军前卫籍，高邮州人。观兵部政，授行人，降布政司照磨，升知县，太仆寺丞，降南昌通判。号神居。曾祖纪，主簿。祖业。父民，散官。母李氏，继母骆氏。弟云鹏、云瑞。子（缺）。

主事，四川陈魁，乙酉乡试五十八名。会试一百七十二名。廷试三甲五十名。字梅甫，治《诗经》。丁巳年十二月二十三日生，仪卫司籍，邻水县人。观吏部政，授泰和知县，升户主事。号（缺）。曾祖实。祖稳。父文。母辛氏。兄志、惠。子（缺）。

金事，**广东何中行**，壬午乡试二十一名。会试二百五十名。廷试三甲一百二名。字粹甫，治《礼记》。丁巳年十二月二十七日生，顺德县人。观户部政，授知县，升兵主事、员外、郎中，广西金事。号（缺）。曾祖源深。祖道养。父楚。母罗氏。弟中淳、中立、中孚。

知县，**南直隶承林**，辛卯乡试十五名。会试二百六十七名。廷试三甲一百五十八名。字茂卿，治《书经》。丁巳年十二月二十九日生，德州卫籍，江阴县人。观都察院政，授固始知县，复除阳武，卒。号南江。曾祖贵。祖玉。父玘。母宋氏。兄雄。弟勇。子三锡。

布政，**四川柳英**，戊子乡试三十八名。会试十七名。廷试三甲二十六名。字子钟，治《诗经》。戊午年正月初七日生，巫山县人。观刑部政，授直隶松江府推官，升刑主员郎中，云南知府，河东运使，复两淮湖广参政，回籍，勘明复参政，右布政。号鹤峰。曾祖文。祖琳，监生。父茂株。母黄氏。

长史，**福建徐荣**，癸酉乡试五十八名。会试三十三名。廷试三甲一百一十二名。字仁卿，治《春秋》。戊午年正月十八日生，晋江县人。观通政司政，授嘉善县知县，历户部主事，忤相旨，迁赵府长史。号浯溪。曾祖坤。祖源。父毓，封文林郎。母林氏。弟经、綮。子用宾，无锡县丞。侄行可。孙鸿渐、鸿儒、鸿举、鸿仪、鸿业、鸿猷，俱生员，侄孙愽卿，知县；岳卿，生员；曾孙□□、应聘、熙载，俱生员；缙华；缙芳，辛丑□□；翼翀，生员。

参议，**福建黄大廉**，壬午乡试三名。会试一百八十二名。廷试三甲八十五名。字洁甫，治《诗经》。戊午年二月十二日生，莆田县人。观户部政，授直隶长洲县知县，改吉安教授，升国助教，大理评事，寺副，广东金事，调广西，复除四川，升贵州参议。号（缺）。曾祖朝玉。祖伯声。父子循。母曾氏。兄大忠、大孝。子（缺）。

郎中，**福建林春**，戊子乡试六十九名。会试一名。廷试二甲七名。字子仁，治《诗经》。戊午年二月二十八日生，泰州千户所籍，福清县人。观兵部政，初任户部，调礼部，改吏部主事、员外郎中，卒。号东城，曾祖义。祖遑。父宏。生母许氏。弟青。子晓；晖；曜，同知。

给事，**福建薛廷宠**，戊子乡试三十六名。会试一百十六名。廷试三甲一百三十名。字汝承，治《诗经》。戊午年三月十五日生，福清县人。观吏部政，授吏科给事中。号萃轩。曾祖世晖。祖尚修。父德佐。母莘氏，继母李氏。弟廷真；廷亮，生员。子一举。

郎中，**浙江王畿**，己卯乡试五十六名。丙戌会试十八名。廷试三甲二百二十七名。字汝中，治《诗经》。戊午年五月初六日生，山阴县人。观吏部政，授南兵部主事、员外、郎中。号龙溪。曾祖可旺。祖理，知县赠御史。父经，弘治庚戌进士，按察副使。母陆氏，封孺人。兄朝；廷；国；臣；辅；邦，生员。子应桢，生员；应斌，武举，福建都司；应吉，万历己卯举人，壬辰进士，中书舍人。孙继晃；继楪；继炳，俱生员；

继耀。

副使，浙江顾翀，戊子乡试四十三名。会试九十四名。廷试三甲二百三十二名。字于渐，治《诗经》。戊午年六月二十三日生，慈溪县人。观吏部政，授工主事、员外，福建金事，调云南，升福参议，四川副使，致仕。号远斋。曾祖璿。祖文。父铨。母方氏，继母罗氏。兄翩。弟穗、翱、翎、翊、珽。子瑶、珍，珂。

副使，河南刘儒，辛卯乡试九名。会试一百四名。廷试二甲四十三名。字子醇，治《诗经》。戊午年七月十八日生，群牧所人。观工部政，授户主事，历员外，陕西副使。号黄溪。曾祖刚。祖智。父福。母李氏。弟仕、仪、仞。子希皋、希夔。

副使，北直隶杨瀹，己卯乡试三十一名。会试五十三名。廷试二甲五名。字弘功，治《书经》。戊午年八月十三日生，涿州人。观礼部政，授户部主事，改编修，升修撰，山东提学副使，止。号南郭。曾祖春。祖瓒。父鎡，知县。母樊氏。兄泽，判官；沛。弟潮、溱、泾、沔。

侍郎，山西郭鋆，己卯乡试五名。会试四名。廷试三甲一百十六名。字允重，治《春秋》。戊午年十月初八日生，高平县人。观户部政，授行人，历工给事，户都给事，太常少卿，升南光禄卿，顺天府尹，南大理卿，改大理卿，工侍郎，止。号一泉。曾祖质，知州。祖定，知州。父坤，知州。母王氏。兄銮，贡士。弟釜，生员；錾，贡士；鉴，生员。子治已；治统，郎中。

府丞，南直隶尤鲁，乙酉乡试六十三名，会试二百三名，廷试三甲十三名。字懋宗，治《诗经》。戊午年十月二十三日生，无锡县人。观工部政，授行人，升科给事，历工都给事，顺天府丞。号西村。曾祖亿。祖焕。父基，生员。母周氏，继母陆氏。弟讷、质。子绍芳、绍昌。

都科，湖广尹相，戊子乡试二十名。会试三百十一名。廷试三甲九十七名。字商衡，治《诗经》。戊午年十一月初三日生，嘉鱼县人。观大理寺政，授行人，升给事，历都给事中，止。号介石。曾祖复绍。祖友贤。父德彰。母孔氏。弟朴、彬、楝、梅。子汝吉。

御史，山东王弘道，戊子乡试十一名。会试三百一十五名。廷试三甲一百八十六名。字士达，治《易经》。戊午年十一月初三日生，霑化县人。观刑部政，授凤翔推官，升南御史，卒。号忠庵。曾祖升。祖奉。父庆，岁贡。母孙氏。兄弘仁。子汲、浚。

推官，广东陈谏，壬午乡试二十五名。己丑会试二百三十名。廷试三甲一百七十九名。字公从，治《诗经》。戊午十一月初八日生，番禺县籍，顺德县人。观吏部政，授杭州推官，卒。号晴峰。曾祖润。祖琼。父纪。母刘氏。弟谟，生员；诜；试。子化中。

御史终长史，浙江刘士逵，乙酉乡试四十二名。会试八十一名。廷试三甲一百五十四名。字伯鸿，治《诗经》。戊午十一月十八日生，慈溪县人。观刑部政，授长乐知县，升御史，降州判官，升汝宁通判、长史，致仕。号浙斋。曾祖炜，布政司左参政。

祖圻，正七品承事郎。父错，府经历，前母桂氏、方氏。母汪氏。弟士逢，生员。子廷川；廷洲，俱庠生。孙志超、志彬、宇，俱庠生。孙志式，乙举。

郎中，山东贾枢，乙酉乡试六十八名。会试二百四十四名。廷试三甲四十四名。字慎卿，治《易经》。戊午年十一月二十日生，商河县人。观工部政，授叶县知县，调襄垣，升刑主事、员外、郎中。号月川。曾祖斌，王府工正。祖铤，教授。父登。母徐氏。弟相、枨。子（缺）。

布政，南直隶谢少南，戊子乡试一百十八名。会试二百九名。廷试二甲十六名。字应午，治《易经》。戊午十二月初五日生，上元县籍，赣县人。观大理政，授南刑主事，调刑部，改御史提学政，左司直，降台州推官，升真定同知、广西提学佥事，河南参议，陕西提学副使、参政、按察使、右布政，卒于官。号与槐。曾祖信，赠奉直大夫南京兵部员外郎。祖芳，知府进阶亚中大夫。父承举，儒士。前母李氏，贾氏，母汤氏。子懋埙。

知府，江西闵旦，戊子乡试三十六名。会试二百六十九名。廷试三甲二百二十名。字景周，治《书经》。己未年正月初二日生，浮梁县人。观吏部政，授南礼主事，升南兵员外，工郎中，知府，止。号介庵。曾祖祐安，寿官。祖荫芳，教授。父仕朝。母王氏。弟暘、最、晜、量。子尧卿、舜卿、禹卿、汤卿。

知府，山西常应文，壬午乡试十五名。会试二百二十二名。廷试三甲四十一名。字汝实，治《春秋》。己未年正月三十日生，榆社县人。观兵部政，授上海知县，止。号冲澜。曾祖显，河南左布政。祖经，县封□史。父在，知府。前母李氏，封孺人，母李氏，封孺人，继母田氏，赠孺人。弟应周，散官；应恩，散官；应荣；应河。子三奇。

主事，湖广李大魁，丙子乡试六十二名。会试六十四名。廷试三甲二百十八名。字伯抡，治《诗经》。己未年二月十二日生，襄阳仪卫司人。观大理寺政，选翰林院庶吉士，改工兵主事，吏主事，降通判，止。号敬方，曾祖麟，典仗。祖素，典仗。父隆，监生。母王氏。弟大晓，举人。子孔徵。

佥事，四川汪东洋，戊子乡试三十二名。会试一百三名。廷试三甲一百五十二名。字德涵，治《书经》。己未年三月初六日生，绵州人。观兵部政，授主事，升员外，山东佥事，止。号（缺）。曾祖思拳。祖志训。父昌，驿丞。母陈氏。弟东海、东瀛、东洲。

知州，河南陈时熙，乙酉乡试三十八名。会试二百十名。廷试三甲一百八十一名。字舜民，治《诗经》。己未年三月初七日生，上蔡县籍，陈留县人。观户部政，授广德知州。号平崖。曾祖肃。祖安。父志文，府同知，进阶中议大夫赞治尹。前母杨氏，母李氏。兄时雍，生员。弟时皞，生员。子绍芳、承芳。

参政，湖广杨成，乙酉乡试四十四名。会试七十五名。廷试二甲七十名。字全卿，治《诗经》。己未年三月三十日生，南京留守中卫籍，桃源县人。观礼部政，授南兵主事，历升员外、郎中、严州知府、广东副使、四川参政，止。号水田。曾祖福，百户。祖海，百户。父宽，百户。母李氏。弟武，百户；咸；式；职。

金事，福建黄德纯，壬午乡试九名。会试二百三十名。廷试三甲一百五十七名。字敬修，治《书经》。己未年四月十一日生，莆田县人。观工部政，授知县，升南户主事、员外、郎中，浙江金事，止。号亦斋。曾祖尚彬，寿官。祖源深。父学善。母江氏。子愃、悝、怡。

知府，浙江韩岳，辛卯乡试八十一名。会试一百九十二名。廷试三甲五十七名。字镇伯，治《礼记》。己未年五月初十日生，余姚县人。观兵部政，授晋江知县，升御史，降州判官，升知县，卒。号鲁淙。曾祖循。祖永。父栜。母鲁氏。弟元、稷、恺、益、皋、官、贤、夔、旦、牧、伊。子国宝，鸿胪少卿。

都科，云南席大宾，辛卯乡试二十五名。会试二百十一名。廷试三甲一百六十五名。字子赡，治《易经》。己未年五月二十日生，左卫籍，澂江府人。观户部政，授行人，升给事、左右给事、都给事，卒。号星崖。曾祖庞。祖允中。父纯，监生。母向氏，继母蔺氏。兄璋，指挥；尚贤。子前谊、前绰。

御史，山西党承赐，己卯乡试二十九名。会试三十一名。廷试三甲三十九名。字汝锡，治《书经》。己未年七月初七日生，忻州人。观礼部政，授光山知县，升御史，卒。号系舟。曾祖庠，州同知。祖永龄，寿官。父茂，知县，累封吏部员外郎。母漫氏，累封宜人。兄承志，通政司右通政；承美，知县；承恩，知县；承禄。弟承学，典膳；承宣，监生。

知府，北直隶王佩，戊子乡试一百三十五名。会试九十名。廷试三甲二百三十三名。字朝鸣，治《诗经》。己未九月初二日生，顺天府霸州文安县军籍，国子生。观吏部政，初授工部主事，升员外，郎中，庆阳知府，致仕归。号月川。曾祖辅。祖翱，听选官。父深，封主事。母周氏，赠安人，继母周氏，封安人。兄珂，陕西三原县训导。弟璞、俨、玻、价。娶陈氏，封安人。子惟时，监生；惟几，戊辰进士，乐安县知县，入名宦；惟玄，庠生。姪惟祇，丁卯举人，山东蒙阴知县。孙升，辛丑进士，翰林院检讨，戊辰进士之子。

金事，南直隶吕怀健，戊子乡试九十一名。会试二百五十三名。廷试三甲一百七十八名。字思顺，治《诗经》。己未年七月十一日生，锦衣卫籍，泰州人。观吏部政，授金华府推官，升大理寺评事、寺副、山东金事，调河南金事，止。号乾斋。曾祖清。祖洪，序班赠郎中。父杰，知府。母马氏，封宜人。兄怀秀，生员。子荐、萌、萃。

御史，浙江谢瑜，戊子乡试五十九名。会试二百七十一名。廷试三甲九十一名。字良卿，治《易经》。己未年七月十四日生，上虞县人。观刑部政，授福建浦城知县，升南道御史，改北御史，罢。号狷斋。曾祖惠。祖俊。父允中，监生。母朱氏。兄煌。弟珣。子束。

参议，南直隶陈如纶，戊子乡试五十九名。会试一百二十二名。廷试三甲七十三名。字德宣，治《易经》。己未年八月二十日生，太仓卫人。观兵部政，授福建侯官县知县，升刑部主事、员外郎，江西金事，福建参议，致仕。号午川。曾祖瓶，寿官。祖章。父犯。母王氏，继母周氏。兄绎、经。子谦亨、节亨。

博士，福建周瑞，辛卯乡试八十三名。会试一百九十三名。廷试三甲五十八名。字循典，治《诗经》。己未年九月初八日生，莆田县人。观刑部政，授安福知县，改府学教授，升南国博，止。号东峰。曾祖赞。祖毂。父僎。母翁氏，继母吴氏。兄宣。弟琪、璧。

给事，浙江冯汝弼，辛卯乡试三十五名。会试十名。廷试三甲十八名。字惟良，治《书经》。己未年十月初七日生，平湖县人。观吏部政，授行人，选工科给事中，建言降潜山县丞，历任常熟、余干知县，太仓知州，扬州府同知，赠参政。祀名宦乡贤。号祐山。曾祖宗衍。祖澄。父俊，举人知县，赠参政，祀名宦乡贤。母胡氏，淑人。兄汝翼、汝明、汝听。弟汝资。子敏功，参政，赠太仆卿；敏勋，生员；敏效，监生。孙伯祯，监生；伯桱，举人；伯礼，监生。曾孙洪教，生员；洪业，生员；洪敦，廪生；洪学；洪孚、洪孜。

知府，广东黄鹏，壬午乡试五十六名。会试二百四名。廷试三甲四十六名。字拊之，治《书经》。己未年十月十四日生，潮阳县人。观都察院政，授闽县知县，升南兵主事、员外、郎中、知府，止。号南溟。曾祖统。祖权。父文仕。母林氏。兄凤。子在中、在谦。

知府，福建王钛，辛卯乡试六十二名。会试一百八十四名。廷试三甲六十五名。字公仪，治《春秋》。己未年十月二十二日生，福州中卫人。观大理寺政，授钱塘知县。号龙江。曾祖智，赠右副都御史。祖瓒。父升，教谕。母黄氏。兄铎，驿丞；钦，户部主事。弟键，贡士。子治。

副使，福建陈豪，戊子乡试三十一名。会试七十名。廷试三甲九十三名。字志兴，治《诗经》。己未年十一月十九日生，长乐县人。观工部政，授广东新会县知县，升御史，四川副使，止。号肖崔。曾祖宏炜。祖德隆，署教谕举人，赠户部郎中。父谈，知府。母李氏，封安人。弟充，生员；完。子伯怿。

参议，湖广赵维，戊子乡试四十名。会试二百三十八名。廷试二甲十九名。字张父，治《诗经》。己未年十二月初二日生，武昌府人。观户部政，授蒲州知州，升宁波同知，广东金事，四川参议。号南涯。曾祖知福。祖富。父弼，仪宾。母原陵县主。弟纹；缮；绩；经，生员；绅；绯。子祚、桱、裔。

副都，福建陈仕贤，辛卯乡试七十三名。会试二百九十一名。廷试二甲四十名。字邦宪，治《春秋》。己未年十二月初八日生，福清县人。观□部，授户主事，升员外、郎中、杭州知府、湖广副使、广东参政、按察使、河南右布、浙江左布、巡抚湖广右副都，止。号希斋。曾祖旺。祖元泽。父纲。母林氏。弟仕贵、仕贡、仕赞、仕赘、仕宝、仕贺、仕贞。子世则。

理卿，北直隶史褒善，戊子乡试一百一名。会试一百四十三名。廷试三甲一百三十一名。字文进，治《易经》。己未年十二月初十日生，开州人。观吏部政，授行人，升御史，降滁州判官，升国博、南吏主事、郎中，江西副使，浙江参政、按察使，河南右布政、操江右金都，升南大理卿，寻奉旨不准。号南渠。曾祖敬。祖英。父记。母马氏，继母孙氏。弟扬善、旌善。子燦、辉。

布政，山东扈永通，乙酉乡试四十一名。会试八名。廷试三甲八十八名。字一贯，治《书经》。己未年十二月二十三日生，曹县人。观兵部政，授中书舍人，升兵给事，工户右左，兵都，南太仆寺少卿，光禄正卿，应天府尹，调顺天府尹，赴任迟，改河南副使，转湖广参政，升河南右左布政，致仕。号会溪。曾祖伦。祖琼，义官。父国安，州判。母陈氏。弟永寿，先卒；永承，署丞。子拭，序班；扩，生员，先卒；拱，廪生；握，监生；孙立正，序班；立爱，庠生，卒；立升，监生。曾孙茂；蕃；萌，卒；苞；芳。

司丞，南直隶白悦，壬午乡试二十名。会试十八名。廷试二甲三十名。字贞夫，治《诗经》。己未年十二月二十五日生，锦衣卫籍，武进县人。观都察院政，授户主事，改礼部，历员外、郎中，改左司直，谪通判，升经历、南吏部郎中、尚宝司丞。号洛原。曾祖珂，教谕，赠光禄大夫柱国太子太保刑部尚书。祖昂，光禄大夫柱国太子太保刑部尚书。父圻，通议大夫都察院右副都御史。母何氏，封淑人。兄诏，序班。弟诲，监生；怡，官生；谱，监生。子启常，少卿，启京。

府尹，山西唐宽，乙酉乡试五十五名。会试一百四十八名。廷试三甲一百三十二名。字栗夫，治《书经》。己未年十二月二十九日生，平定州人。观户部政，授永平推官，升刑主司、员外、郎中，怀庆知府，陕西副使，行太仆卿，复苑马寺卿，四川参政，按察使，山东左布政，太仆卿，应天府尹。号鹊山。曾祖谦。祖茂。父廷琰，庠生。母荆氏，继母王氏。兄宠，庠生。弟宷。子尧咨。

参政，南直隶钱嵘，戊子乡试七十九名。会试三百五十六名。廷试三甲九十九名。字君望，治《诗经》。庚申年三月二十三日生，通州人。观吏部政，授抚州推官，复补永平，升御史，建宁知府，广东副使，浙江右参政，止。号平崖。曾祖思祯。祖叔惠。父录，县丞。母徐氏。兄罐、岳、峹。弟峰，生员；崀，生员；相，生员；芥；崗；嵋；峻；鼝；巍。子兆科。

佥事，浙江毛复，丙子乡试四十七名。会试一百三十八名。廷试二甲六十五名。字世亨，治《易经》。庚申年三月二十五日生，余姚县人。观吏部政，授（缺），升御史，江西佥事，止。号来斋。曾祖仕玒。祖淮，仓副使。父明。母鲍氏，继母周氏。兄宪，按察司副使；实，刑部郎中。弟师。子五采、五美、五英、五文、五云、五伦、五善。

知府，四川黄应中，乙酉乡试十一名。会试二十二名。廷试二甲四十七名。字子孚，治《诗经》。庚申年五月十四日生。忠州人。观通政司政，选翰林院庶吉士，改户主事、员外、郎中，庐州知府，止。号屏溪。曾祖珏。祖本立。父璧。母卢氏。弟应正。子瓯。

参政，南直隶王教，戊子乡试五十八名。会试四十二名。廷试三甲四十名。字道修，治《诗经》。庚申年五月二十八日生，华亭县籍，上海县人。观兵部政，授会稽知县，升南大理评事、寺正，南康知府，陕西苑马寺少卿，山东副使，复除陕西，升右参政，止。号白谷。曾祖璿。祖宗。父山，封大理寺评事。母姜氏，封孺人。弟政，生员。子子孝，生员；子学，监生；子孚，监生，选江西广信府检校；子厚。

副使，陕西何城，壬午乡试六十一名。会试一百八十名。廷试三甲一百八十九名。字叔防，号月梧，治《易经》。庚申年七月十七日生，绥德卫籍，萍乡县人。世居榆林卫官籍，正德间父炫治盐江淮，入籍扬州府江都县。观工部政，选翰林庶吉士，改刑部主事，兵部武库主事，提督武学，降安州添注同知，筑堤捍水患，民号何公堤，转徽州府同知，擢工部虞衡郎中，监督改建圜丘，辛丑奉敕至黄州府建御书楼，命陶仲文祝延圣寿，壬寅升武昌知府，丙午首发楚世弒逆闻于朝，举为问官之首，复请于抚按，翦世子腹心指挥甘玉海，戮党羽二十七人于市，世子党孤，正法坐死。丁未擢山西潞安兵备副使，分巡冀南道，己酉入晋闱取士，得人，首拔大学士蒲州张公四维，置魁选，庚戌大察，甘党据要津，坐僭还江都，家食十五年。值江淮倭乱，民受惨戮，又谓盐司钞部俱属外城，首倡筑新城御倭，至今赖之。屡经台省交荐，举边材。嘉靖甲子卒，葬城西句城塘之东刘家原。曾祖洪，镇抚。祖英，镇抚。父炫，千户。母杨氏。兄堂，指挥。弟□□□□、基，生员；址；增；埴，生员。子汝敬，例贡，授鸿胪寺署丞。孙昌祚、昌德。姪孙燦然，仪真县学生员；廓然，□□□□□□。曾孙瑞麟；文麟，昌祚出；玉麟；圣麟、与麟，昌德出。

山东范爱，壬午乡试一百二十六名。会试三百一名。廷试三甲一百八十八名。字体仁，治《诗经》。庚申年九月初一日生，营州中屯卫籍，汶上县人。观工部政，授□□□。号海村。曾祖锦。祖清。父山。母袁氏。兄璋。弟纯。子逢春。

禄卿，江西徐㮚，戊子乡试四十名。会试二百十二名。廷试二甲六十一名。字子直，治《书经》。庚申年九月初三日生，贵溪县人。观都察院政，授礼主事，历员外郎中，福建参议，贵州提学副使，山东参政，云南按察使，左右布政，过夷害，赠光禄寺卿。号波石。曾祖思文。祖孔全。父灌。母吴氏。兄棐。子辔，盐运运同。

御史，浙江陈玒，乙酉乡试七十一名。会试十四名。廷试二甲二十四名。字国祥，治《春秋》。庚申年九月初六日生，鄞县人。观兵部政，授南京刑部主事，改兵部，又改御史，卒。号容峰。曾祖处邦。祖洪镇。父彦洵。母杨氏。兄璋；瑀，刑部郎中；玉；玻；珀。子价、佺、倞。

廉使，陕西刘思唐，辛卯乡试十二名。会试六十八名。廷试三甲一百五十九名。字尚友，治《书经》。庚申年九月初六日生，宁夏右屯卫籍，祥符县人。改庶吉士，改户主事，改吏主事、员外郎中，浙江提学副使，湖广右参政、按察使，止。号西崖。曾祖智。祖三。父雄。母甘氏。子潜、湜、淹。

廉使，北直隶张思，壬午乡试二十三名。会试一百三十二名。廷试三甲二百九名。字慎父，治《诗经》。庚申年九月初九日生，任丘县人。观大理寺政，授府推官，升科给事，改翰林检讨，升参政广西按察使，卒。号石村。曾祖广。祖政。父轨，义官。母徐氏。兄恩；忠，己丑进士；恕，生员。子夏哥、春哥。

副使，山西李延康，壬午乡试五十七名。会试二百八十名。廷试三百二名。字允吉，治《礼记》。庚申年九月十二日生，潞安府人。观吏部政，授汝宁府推官，行取湖广道监察御史，以奏忤分宜权相，外转河南佥事，陕西参议，湖广副使。祀名宦乡贤。号黄崖。曾祖志美，寿官。祖蓥，安定县知县，祀名宦。父玹，洛南县县丞，赠监察御史，祀名宦。母冯氏，封孺人。兄延缨，寿官；延昌，封济南府推官；延馨，己丑进士，历官真定府知府。子如松，己卯举人，见任南京户部主事。亲侄如桂，丁未进士，历官陕西副使。孙向荣，庠生；向和，庠生。重孙安禧、万禧、亿禧。

佥事，南直隶施雨，戊子乡试一百三十名。会试二百七十名。廷试二甲五十一名。字傅霖，治《诗经》。庚申年九月十五日生，常熟县人。观礼部政，授刑主事，降濮州同，升府同，南刑郎中，广东佥事，止。号文峰。曾祖玘，寿官。祖荣。父伦，生员。母缪氏。弟霓。

副都，北直隶张愚，辛卯乡试七十四名。会试一百十一名。廷试二甲四十六名。字子明，治《诗经》。庚申年九月三十日生，天津左卫籍，诸城县人。观都察院政，授户主事，升员外，山西佥事、参议，陕西副使，右参政，巡抚延绥右副都御史。号东居。曾祖士能。祖洪。父凤。母董氏。

主事，南直隶王献芝，乙酉乡试十五名。会试二百七十三名。廷试三甲一百四十三名。字德仁，治《春秋》，庚申年九月三十日生，歙县人。观吏部政，授行人，升南御史，降州判，升府推官，南户主事，改工部主事，止。号湛塘。曾祖永良。祖瑗，封主事。父宠，州同知，前刑部员外郎。母方氏，封安人。弟献葵，生员；献蓍。

参政，江西陶钦夔，壬午乡试四十六名。会试一百七十三名。廷试三甲一百四十二名。字伯谐，治《书经》。庚申年十月初四日生，彭泽县人。观都察院政，授大理评事，改御史，升湖广副使，右参政，止。号镜峰。曾祖荣。祖焯，医学训科。父垫，医学训科。母宋氏，继母刘氏。兄钦民，贡士；钦时，医生。弟钦中，监生；钦皋，生员。子于校、于庠。

御史，湖广李完，乙酉乡试三十名。会试六十四名。廷试三甲一百七十六名。字子美，治《书经》。庚申年十月十四日生，石首县人。观通政司政，授府推官，升御史，卒。号龙塘。曾祖茂珍。祖德良，知县。父天和。母袁氏。兄实。弟容、官、守。

佥事，河南陈乙，戊子乡试七名。会试三十九名。廷试二甲十五名。字子元，治《诗经》。庚申年十一月初五日生，杞县人。观通政司政，授工部主事，升员外，山东佥事。号前山。曾祖礼，寿官。祖钦。父江，贡士。母王氏。弟卜，举人；丁，生员。子幼学。

佥事，广西李文凤，乙酉乡试一名。会试二百七名。廷试三甲七十名。字廷仪，治《礼记》。庚申年十一月初十日生，庆远卫籍，桃源县人。观礼部政，授大理寺左评事，升寺副，广东佥事。号月峰。曾祖辉，指挥。祖显，知县。父崙，学正。母彭氏，继母史氏。兄文魁，知县；霈；霁，指挥，前贡士；文明；文英。弟文德；文瓒，贡士；文黼；文绣。

知县，南直隶朱默，戊子乡试九十八名。会试八十七名。廷试三甲二百四名。字时言，治《易经》。庚申年十一月十三日生，太仓卫人。观工部政，授建阳知县，卒。号前江。曾祖琳，寿官。祖钎。父星，生员。母潘氏。子观光。

副使，河南冉崇礼，戊子乡试六十四名。会试二百八十九名。廷试三甲一百九十名。字季周，治《书经》。庚申年十一月二十九日生，中牟县人。观都察院政，授知县，升御史，四川参议，降湖广佥事，升参议副使。号村南。曾祖铭。祖艺。父鼎，知县。母李氏。兄崇儒，知县；崇诗。弟崇信，生员。子梦说；梦松，进士；梦云，鸿胪主簿。

佥事，福建陈位，辛卯乡试四十八名。会试二百六十二名。廷试三甲五十一名。字汝靖，治《书经》。庚申年十二月初四日生，莆田县人。观吏部政，授揭阳知县。升户部主事员外，四川佥事，止。号心斋，曾祖孔珣，封员外郎。祖懋源，刑部郎中。父大武，生员。母朱氏。弟仕、儒。

知府，北直隶王联，辛卯乡试六十七名。会试八十二名。廷试三甲三十三名。字应奎，治《书经》。庚申年十二月初五日生，任丘县人。观大理寺政，授休宁知县。号东浦。曾祖福。祖瓒。父良。母张氏，继母高氏。兄职。弟聆、聘、耿。

副都，福建傅镇，戊子乡试十名。会试三十六名。廷试三甲二百十名。字国鼎，治《诗经》。辛酉年正月二十二日生，同安县人。观吏部政，授行人，升南京广东道御史，河南副使，广西右参政，江西按察使，浙江右布政使，湖广左布政使，提督操江右副都御史。号近山。曾祖兴。祖福，寿官。父珙，封御史。母刘氏，封孺人。子南程，生员；南乔，生员；南武，监生。孙兆蕃，鸿胪序班；兆宣，生员；兆翱；兆翔，生员；兆诩；兆翊；兆翰，生员；兆赓。曾孙立相；立崇，生员；立柱；立楫；立植；立樑；立巇。

御史，南直隶桑乔，辛卯乡试三名。会试二十三名。廷试二甲三名。字子木，治《易经》。辛酉年二月初七日生，江都县人。观户部政，授户部主事，改补御史，谪戍。号南皋。曾祖宏。祖桂。父潮，寿官。母周氏。兄荫、兰。弟蕃、芊。

侍郎，北直隶樊深，戊子乡试七名。会试一百三十三名。廷试三甲一百十五名。字希渊，治《易经》。辛酉年二月十三日生，大同中屯卫人。观工部政，授推官，升给事中，左右给事中，都给事中，通政司参议，右通政，左通政，罢后起补，升刑部左侍郎，致仕。号西田。曾祖谦，寿官。祖资，义官。父景时，义官。母潘氏。弟潜，义官。

知州，河南沈弘彝，乙酉乡试二十名。会试九十三名。廷试三甲一百六十名。字君叙，治《书经》。辛酉年二月二十四日生，陈州人。观通政司政，授知县，升户部主事、员外、郎中，降州同，升石州知州。号柳川。曾祖琼。祖浩。父铭，贡士。母宋氏。弟弘化，生员；弘恩。子一韩。

佥事，浙江于廷寅，辛卯乡试五名。会试一百二十一名。廷试二甲五十三名。字贰卿，治《春秋》。辛酉年三月初七日生，余姚县人。观兵部政，授刑部主事、员外，山东佥事，止。号曹峰。曾祖庆谊，监生。祖瑛。父震，知县。嫡母舒氏，生母胡氏。兄廷谔。

山西董官，乙酉乡试六十一名。会试一百五名。廷试三甲一百六十七名。字惟贤，治《易经》。辛酉年四月十二日生，应州人。观礼部政，卒。号（缺）。曾祖政。祖铨，县主簿。父献，县主簿。母郑氏。弟宇。

知府，浙江邵元吉，乙酉乡试十四名。会试二百九十三名。廷试二甲七十九名。字惠旋，治《易经》。辛酉年六月二十八日生，余姚县人。观通政司政，授工部主事，升员外郎中，凤阳知府，止。号卢山。曾祖悌思。祖祚，义官。父穆。母陈氏。兄元臣、元善、元亨、元庶。弟元仁、元祥。子寀。

副都，南直隶杨伊志，辛卯乡试五十四名。会试一百六十一名，廷试二甲二十七名。字子任，治《易经》。辛酉年七月初五日生，吴县人，观工部政，授南京工部主事，升刑部员外郎，江西佥事，湖广副使，江西左参政，升河南按察使，福建右布政使，广东左布政使，巡抚南赣汀漳右副都御史，止。号胥江。曾祖文富。祖信，赠给事中。父升，礼科给事中。母陈氏，封孺人，生母何氏。

侍郎，北直隶石永，戊子乡试一百七名。会试二百四十名。廷试三甲一百四十三名。字寿卿，治《诗经》。辛酉年闰七月初七日生，威县人。观都察院政，授中书，升御史，降州判，升南京太仆寺寺丞，佥事，副使，右参政，按察使，山西左布政使，巡抚延绥右佥都御史，改大理寺卿，升南京兵部右侍郎，改户部右侍郎，转总督湖广川贵兵部左侍郎，兼右佥都御史，改户部左侍郎，兵部左侍郎，协理戎政，赠右都御史。号静斋。曾祖贵。祖荣。父坚。母李氏。子之王。

推官，南直隶沈越，乙酉乡试一百二十五名。会试二百十九名。廷试三甲九十四名。字中甫，治《易经》。辛酉年闰七月初八日生，南京锦衣卫籍，江宁县人。观都察院政，授罗田县知县，升监察御史，谪彰德府推官。号麓村。曾祖信，寿官。祖沂。父琪。前母李氏，母吴氏。兄超。弟起。

主事，广西罗大用，己卯乡试四十二名。会试二百八十四名。廷试三甲一百五名。字时行，治《春秋》。辛酉年八月初一日生，桂林右卫籍，云梦县人。观工部政，授杭州府推官，升礼部主事。号东江。曾祖迪，正千户。祖琼，指挥同知。父衮，指挥同知。母朱氏。弟大周。子承勋。

布政，浙江顾四科，戊子乡试六名。会试二百五十二名。廷试二甲十名。字齐贤，治《易经》。辛酉年八月十九日生，钱塘县人。观刑部政，授刑部主事，历任员外郎，潼州府知府，陕西提学副使，湖广左参政，按察使，湖广右布政使，山东左布政使，卒。号六泉。曾祖升，寿官。祖恭。父瑗，知县。母沈氏，继母武氏。弟四教。子汝言。

副使，四川曹迈，壬午乡试二十七名。会试九十九名。廷试三甲十九名。字德仲，治《诗经》。辛酉年八月二十六日生，荣县人。观户部政，授行人，升南京给事中，宁国府知府，陕西副使，卒。号凤冈。曾祖伯玮。祖蕭，县丞。父赏，训导。母刘氏，继母张氏。兄荐，生员。弟彦，屏，庠，廊，俱生员；仰；近。子履亨。

侍郎，山东谢九仪，戊子乡试三十一名。己丑会试二十三名。廷试三甲九十六名。

字君赐，治《易经》。辛酉年九月初四日生，□□县人。观通政司政，授雄县知县，改德清县，升御史，转北直隶提学御史，升浙江副使，江西右参政，按察使，复除浙江，升江西右布政使，河南左布政使，巡抚陕西右副都御史，户部右侍郎，改协理戎政，兵部右侍郎，转本部左侍郎，改户部左侍郎，致仕。号南阿。曾祖嵩。祖誉，赠卫经历。父肃智，运盐使司副使，进阶奉议大夫。母李氏，封孺人。兄九鼎，引礼舍人；九韶，生员。弟九式，生员；九棘。子庭楄。

　　佥事，浙江钱照，戊子乡试三十二名。会试一百二十六名。廷试三甲七十九名。字叔初，治《诗经》。辛酉年九月初十日生，慈溪县人。观都察院政，授郯城县知县，升大理寺评事，湖广佥事，止。号北桥。曾祖锾。祖深。父栻。母林氏。兄熟。弟奕，生员。子维垣。孙文荐，丁未进士，现任知县。

　　知府，北直隶尹宇，辛卯乡试四十一名。会试八十三名。廷试三甲二百三十名。字汝光，治《诗经》。辛酉年十月十七日生，南宫县人。观吏部政，授户部主事，历员外郎、郎中，升平凉府知府，止。号梧庵。曾祖升。祖全。父付。母苏氏。兄宪，生员。弟官，生员；宥；容；宁。

　　主事，四川赵民顺，壬午乡试三十四名，会试三十八名，廷试三甲八十二名。字敬孺，治《易经》。辛酉年十月二十七日生，巴县人。观吏部政，授浙江鄞县知县，升南京户部主事，号方洲。曾祖子贤。祖启，赠监察御史。父阳，教谕。母张氏，继母曾氏。兄民宜，举人。弟民式、民怀、民瞻、民宪。子逢辰。

　　郎中，福建王良柱，乙酉乡试八十名。会试四十七名。廷试三甲二百十九名。字全宇，治《易经》。辛酉年十一月十四日生，南安县人。观吏部政，授中书舍人，升工部员外郎、郎中。号九峰。曾祖尚瑀。祖锌，生员。父海，贡士，封中书舍人，再封郎中。母黄氏，封宜人。弟良炽；炫，增广生；良采，生员；熊，主簿。子烑，监生，都司都事；点，监生；烮，生员。孙坤京，生员；坊京，增广生；在京，生员；觐京，生员；墀京，廪生；堡京，监生；亘京，廪生；升京，生员；基京，生员；继曾，丁酉□□。

　　知府，福建邓燏，戊子乡试五十名。会试二百九十二名。廷试三甲六十九名。字世缙，治《礼记》。辛酉十二月二十七日生，闽县人。观户部政，授慈溪知县，降府儒学教授，卒。号（缺）。曾祖珙，布政司左参议。祖泰，义官。父荣，主簿。母董氏。兄世旸，生员。子公墀。

　　郎中，江西赵愈和，辛卯乡试四十一名。会试二百九十八名。廷试三甲五十九名。字以礼，治《诗经》。壬戌年三月十二日生，星子县人。观刑部政，授仁和知县，升工部主事，历员外郎、郎中，卒。号西庐。曾祖骏，卫经历。祖缨。父廷宣，训导。母钱氏，继母王氏。兄愈良；愈充，生员。弟愈儒、愈生。

　　参议，南直隶钱亮，辛卯乡试十四名。会试二十一名。廷试二甲四十五名。字执夫，治《书经》。壬戌年四月初四日生，丹徒县人。观都察院政，改翰林院庶言士，授科给事中，升右给事中，左给事中，吏科都给事中，太仆寺少卿，降广西右参议，止。

号南郭。曾祖明。祖鉴。父云。母曹氏。弟文、方。子大有。

侍郎，河南胡守中，壬午乡试七十一名。会试一百三十九名。廷试三甲一百六十三名。字伯时，治《诗经》。壬戌年四月初七日生，宁陵县人。观政，改庶吉士，授刑部主事，改监察御史，又改左春坊清纪郎，待书，升都察院右佥都御史兼詹事府丞，转左副都御史，升兵部右侍郎兼右佥都御史，经略畿辅典刑。号文溪。曾祖浩。祖暹。父霁。母乔氏。弟守正，生员；守道，生员；守义。子应鹤、应龙。

少卿，四川黄华，乙酉乡试六十七名。会试二百六十四名。廷试二甲四名。字秀卿，治《春秋》。壬戌年五月二十日生，遂宁县人。观户部政，授户部主事，升员外郎、郎中，苏州府知府，致仕。隆庆改元，起光禄寺少卿。号梓谷。曾祖鉴，赠资政大夫南京工部尚书。祖宗泗，知县，累赠资政大夫南京工部尚书进阶荣禄大夫。父珂，□□□尚书，赠太子少保，谥简。前母张氏，母聂氏。兄峤，岩，俱生员。弟峰，官生；岳。

佥事，北直隶王珩，辛卯乡试九十五名。会试一百五十九名。廷试二甲六十四名。字节甫，治《易经》。壬戌年六月十三日生，交河县人。观大理寺政，选翰林院庶吉士，授监察御史，升山西佥事，止。号合川。曾祖英，巡检。祖永。父浩。母史氏。兄琚。弟珂、理。子（缺）。

郎中，北直隶孙简，辛卯乡试四名。会试三百七名。廷试三甲九十八名。字维敬，治《诗经》。壬戌年六月十五日生，沈阳中屯卫人。观吏部政，授潞安府推官，升刑部主事，历员外郎、郎中，卒。号大居。曾祖昭。祖宗尧，府通判。父复初，甲戌进士。母张氏。弟默，生员。

参政，浙江陈垲，己卯乡试五名。会试五名。廷试三甲五名。字山甫，治《礼记》。壬戌年六月十七日生，余姚县人。观礼部政，授行人，升南京科给事中，湖广右参议副使，湖广参政，止。号宅平。曾祖霖。祖籥，义官。父炫，生员。母闻氏。兄坚、增。弟培。子钜。

侍郎，江西吴悌，辛卯乡试四十九名。会试一百四十六名。廷试三甲一百一名。字思诚，治《易经》。壬戌年七月初二日生，金溪县人。观礼部政，授乐安知县，升监察御史，养病不仕，起复监察御史，升太常寺少卿，提督四夷馆，南太仆寺卿，南大理寺卿，南刑部右侍郎，卒。号疏山。曾祖绍贤。祖福临。父望。母朱氏。弟怡、悦。子仁庆，州同知；仁杰；仁度，己丑进士，中书舍人；仁广，生员。孙元、启种、启秋、启穗、启穆。曾孙升。

主事，浙江来汝贤，乙酉乡试二名。会试二名。廷试三甲三十四名。字子禹，治《书经》。壬戌年七月初八日生，萧山县人。观吏部政，授奉新知县，调繁丹阳县，升兵部主事，改礼部主事，养病回，卒。号菲泉。曾祖珪。祖昉。父东。母孙氏。弟汝颐，岁贡；升，知州；经济，贵州参议；三聘，山东副使。子献策；献功，俱生员。

郎中，北直隶韩楫，辛卯乡试二名。会试一百二名。廷试二甲七十七名。字德懋，治《易经》。壬戌年八月初一日生，高阳县人。观都察院政，授户部主事，改兵部主事，历员外郎、郎中，答卒。号傀轩。曾祖得春。祖敬，主簿。父鹤，生员。母郭氏。弟且，生员；最；鼎。

参议，广东翟镐，乙酉乡试一百一十七名。会试二百六十三名。廷试三甲三十名。字周甫，治《易经》。壬戌年八月初九日生，镇南卫籍，东莞县人。观都察院政，授祁门知县，升户部主事，南京户部员外郎，河南佥事参议，止。号（缺）。曾祖旦鹭。祖荣，冠带总旗。父全。母石氏。兄镇、鉴。弟钺、钦。

副使，浙江孙枝，乙酉乡试二十四名。会试二百九十四名。廷试三甲一百四十八名。字右文，治《书经》。壬戌年八月十四日生，平湖县人。观礼部政，历工兵主事，谪广东提举，升南京刑部郎，四川重夔兵备副使，祀乡贤。号明轩。曾祖瑶，以子迪成化己未进士封御史。祖迤，廪生，输赈题旌尚义之门。父绂，监生，封工部主事。母周氏。兄槃，州同。弟志荣，监生；志道，生员，长子光茗，癸未进士，封副使，次子光裕，辛丑进士；栻；楫；祝；柱，生员。长子诗，应天己卯举人，荆州通判，次子谏，廪生。孙时彦，礼部儒士，谏出；梦圣，增广生，诗出。曾孙胤昌、胤奇，俱时彦出；文衡、文明、文铨，俱梦圣出。

仆卿，南直隶顾存仁，辛卯乡试十九名。会试一百五十三名。廷试三甲四十二名。字伯刚，治《易经》。壬戌年八月十五日生，太仓州人。观刑部政，授余姚知县，升科给事，以言事谪口外为民。隆庆初，起南京通政使司右参议，顺天府丞，大理寺右少卿，太仆寺卿。号怀东。曾祖谟。祖昊。父启明。母钱氏。弟存礼、允靖、价、俏、存性。

主事，山西张梯，辛卯乡试五十九名。会试一百十八名。廷试三甲一百七名。字子阶，治《书经》。壬戌年八月二十九日生，阳曲县人。观礼部政，授任丘知县，复除汲县，升监察御史，降户部主事，止。号南峒。曾祖永。祖琛，寿官。父勃，教谕。母贾氏。兄楷；杞；棠；休，生员；果；采；溱；榘；栗；寨。弟槃、楠。子笙。

主事，福建黄献可，辛卯乡试六十九名。会试一百六十名。廷试三甲一百十九名。字尧俞，治《诗经》。壬戌年九月十四日生，莆田县人。观礼部政，授武陵知县，改嘉兴知县，升礼部主事，降应天府学教授。号野塘。曾祖孟恭。祖汝保。父思达。母林氏。弟际可、学可。

员外，广东卫元确，辛卯乡试四十七名。会试一百八十三名。廷试二甲七十二名。字少乾，治《易经》。壬戌年九月十六日生，东莞县人。观兵部政，选翰林院庶吉士，授礼部主事，升员外郎，降延平府通判，升户部主事，卒。号如易。曾祖珪。祖特佐，寿官。父缨。前母黄氏，母张氏。弟元硕、元祖、元柱、元栋、元桂、元楫。子次夏、次玉。

主事，南直隶唐国相，辛卯乡试六十三名。会试六十二名。廷试二甲二十八名。字舜举，治《诗经》。壬戌年九月十六日生，上海县人。观工部政，授工部主事。号鹤坡。曾祖海。祖荣。父英。母徐氏。兄国栋。弟国柱。子熙载、熙绩。

布政，山西路天亨，辛卯乡试二十六名。会试一百六十七名。廷试三甲一百二十名。字仲元，治《诗经》。壬戌年九月三十日生，安邑县人。观兵部政，授涞水知县，升户部主事，改礼部，复改吏部主事，历员外郎、郎中，升山东左参政、按察使，陕西右布政使。号廓庵。曾祖文广，义官。祖显，知县。父埙，典膳。母杨氏。兄天衢，监生。子（缺）。

金事，浙江钱薇，乙酉乡试三十四名。会试四十九名。廷试三甲一百九十五名。字懋垣，治《书经》。壬戌十月一十三日生，海盐县人。观吏部政，授行人，使楚藩，却金还，升礼科给事中，数论大臣，会星变言事，忤权相削籍。穆庙恤录谏臣，与杨继盛一体恤赠太常寺少卿。本县春秋特祀。号海石。曾祖寔。祖达，赠刑部郎中。父珍，封礼科右给事中。母郑氏，封太孺人。兄著；蓼，监生；芹，戊戌进士，永州知州。弟萱，乙未进士，礼部主事；葵，生员；蕙，监生；袭，于潜县教官。子与映，甲子顺天举人；端晚，增广监生。孙世奎，府学廪生；世垚，国子生；世周，中书舍人；世升，国子生。曾孙鹤徵、嘉徵、甲徵、鹏徵、山徵、润徵、福徵、治徵。

金事，广东劳绍科，戊子乡试三十五名。会试一百四十七名。廷试三甲一百十八名。字献伯，治《诗经》。壬戌年十月三十日生，番禺县人。观户部政，授宁国知县，升南京户部主事、员外郎、郎中，四川金事。号东泉。曾祖秉贵。祖金悌。父琮。母陈氏。弟绍学。子汝记、汝谕、汝谆。

参议，山东辛童，辛卯乡试二十三名。会试二百六名。廷试二甲四十二名。字吉卿，治《易经》。壬戌年十二月初五日，安丘县人。观刑部政，授知县，升刑部主事、员外郎、郎中，陕西金事，山西参议。（缺）。曾祖贵。祖曾。父祥。母杨氏。兄永、宪、宗。

参议，北直隶刘世用，戊子乡试五十四名。会试一百五十一名。廷试三甲三十八名。字汝贤，治《诗经》。癸亥年正月初九日生，束鹿县人。观礼部政，授临汾知县，升太原府同知，河南金事，右参议，陕西副使左参政，卒。号禄轩。曾祖全。祖良。父希宪。母赵氏。弟世豪、世徵、世选。

侍郎，山东殷学，戊子乡试三十六名。会试三十二名。廷试三甲五十三名。字成南，治《诗经》。癸亥年正月十一日生，东阿县人。观户部政，授合肥知县，升监察御史，降湖广按察司知事，升临淮知县，南京户部主事，南京刑部郎中，陕西金事，河南提学副使，复除河南副使，调山西副使，升河南参政，浙江按察使，山西右布政使，陕西左布政，巡抚陕西右都御史，兵部右侍郎协理戎政，户部左侍郎，住。号（缺）。曾祖贵。祖清。父佑。母周氏。兄儒。弟举。子晋锡、晋接。

副使，福建刘汝楠，戊子乡试一名。会试二百四十六名。廷试三甲二十五名。字孟材，治《春秋》。癸亥年二月初五日生，同安县人。观吏部政，授湖州府推官，升刑部主事、员外郎、提学金事、副使，出。号南郭。曾祖大樑。祖廷理。父祚。母王氏。子遂贤，主簿；遂良，监生。

主事，浙江王梅，辛卯乡试七名。会试一百二十五名。廷试三甲二百六名。字时魁，治《书经》。癸亥年三月二十四日生，平湖县人。观都察院政，选翰林院庶吉士，授刑部主事，降州判官，卒。号柘湖。曾祖洪。祖鼎。父鸾。母胡氏，继母金氏。兄桂、槐。弟模、校、森、枢。

郎中，云南李启东，辛卯乡试三名。会试五十六名。廷试二甲一名。字伯升，治《书经》。癸亥年七月初二日生，楚雄县人。观吏部政，授兵部主事，复除南京礼部主事，升郎中。号（缺）。曾祖思存。祖权，义官。父鸿，岁贡。母刘氏。子春奇。

布政，浙江冯亮，辛卯乡试五十四名。会试二百二十一名。廷试三甲七十五名。字执夫，治《诗经》。癸亥年七月初十日生，金华县人。观刑部政，授丹徒知县，升兵科给事中，工科右给事中，礼科左给事中，兵科都给事中，河南左参政，四川按察使，右布政使，河南左布政使，卒。号贞斋。曾祖旸，知县，赠主事。祖滔。父璣，监生。母朱氏。兄充。弟襄。子懋。

主事，陕西贾士元，戊子乡试二十七名。会试七十三名。廷试二甲十一名。字仁甫，治《诗经》。癸亥年八月十三日生，凤翔县人。观工部政，授户部主事。号彭原。曾祖整。祖振。父清，教谕。母史氏。子凤翱、凤鸣。

尚书，浙江闵如霖，戊子乡试八十八名。会试二百八十三名。廷试二甲五十九名。字师望，治《诗经》。癸亥年八月二十八日生，乌程县人。观工部政，选庶吉士，授编修，历右春坊右中允事修撰，转左春坊左谕德，历翰林院侍读学士，掌院事，升太常寺卿，掌国子监祭酒事，历礼部左右侍郎，兼翰林院学士，掌院事，教习庶吉士，改吏部左侍郎，兼学士，掌詹事府事，仍教习庶吉士，升南京礼部尚书，卒赠太子少保。号午塘。曾祖复。祖理，赠通议大夫礼部左侍郎兼学士。父蕙，累赠通议大夫礼部左侍郎兼学士。母沈氏，累赠淑人。兄如松，颍州判官。弟如椿，庠生；宜劢，应天通判；宜力，监生，赠南昌知县。子道孚，官生，赠□部员外；道鸣，举人，赠安福知县。（模糊不清）

布政，江西刘天授，戊子乡试四十二名。会试一百十二名。廷试三甲八十七名。字可全，治《易经》。癸亥年九月二十日生，万安县人。观礼部政，授福建龙溪县知县，升刑部主事，历员外郎、郎中，降通判，升南京吏部主事、郎中，承天府知府，湖广副使，复山西左参政，福建按察使，浙江右布政使，调广西右布政使，升左布政使，卒。号沙溪。曾祖善庆，员外郎。祖遑。父杞，生员。母郭氏。子汝徕、汝循、汝衍、汝从。

尚书，山东曹邦辅，辛卯乡试五十名。会试二百三十四名。廷试三甲二百三名。字子忠，治《书经》。癸亥年九月二十八日生，定陶县人。观刑部政，授元城县知县，行取御史，升河南副使，山西参政，浙江按察使，都察院右金都御史，提督操江都察院左副都御史，兵部右侍郎，总督蓟辽保定军务，本部左侍郎，协理京营，南京都察院右都御史，南京户部尚书，致仕，赠太子少保。号东村。曾祖升。祖刚。父良广，累赠尚书。母徐氏，累封夫人。妻陈氏，封夫人。兄邦卿，散官卒。子鑰，太仆寺丞。孙如琦。

北直隶边浒，乙酉乡试二十六名。会试一百三十一名。廷试三甲二百十三名。字文跃，治《书经》。癸亥年十一月初九日生，任丘县人。观兵部政，授未仕，卒。号云庄。曾祖铺，南京刑部右侍郎。祖寅，主簿，封主事。父亿，布政司左参政。母解氏，封安人。兄瀛；淞，贡士。弟津沆，同科进士；津泽，生员。子植、楠。

寺丞，北直隶边优，乙酉乡试六名。会试一百三十七名。廷试二甲五十六名。字行甫，治《书经》。癸亥年十一月二十七日生，任丘县人。观户部政，选翰林院庶吉士，授科给事中，礼部主事，升光禄寺寺丞，尚宝司司丞，少卿，谪泽州知州。号贞谷。曾祖水，户部郎中，赠右副都御史。祖铺，南京刑部右侍郎。父宪，应天府尹。母郑氏，封孺人，继母张氏。兄伟，运使；亿，参政；备；侨，知州；偕；仲，郎中；偶，署正；佃。弟偲，贡士；任；倓，生员；偕；僕，贡士。

知府，云南段承恩，辛卯乡试二名。会试四十五名。廷试二甲七十五名。字德夫，治《易经》。癸亥年十二月十九日生，晋宁州人。观工部政，授工部主事，改监察御史，升辰州府知府，止。号午峰。曾祖士祥。祖俊。父永盛，义官。母杨氏。弟承宠，承爵。子衮、裹。

副使，广东徐进，戊子乡试五十三名。会试一百六十三名。廷试三甲三十七名。字与可，治《易经》。甲子年正月二十九日生，顺德县人。观户部政，授鄱阳知县，历升户部主事、员外郎、郎中、副使，止。号（缺）。曾祖敏。祖隆。父华。母黄氏。弟遑、迥、述、任、迁、迪、纲、纪、邵。子槤。

郎中，湖广刘濂，壬午乡试四十名。会试二百三十三名。廷试三甲四名。字汝静，治《春秋》。甲子年二月十六日生，麻城县人。观户部政，授行人，升大理司副、刑部员外郎、户部郎中，卒。号云数。曾祖仲辀，知县。祖璲，知县，累赠右都御史。父天和，右副都御史。母王氏，封恭人。兄淞，贡生。弟溧、淶，俱生员。子守有，锦衣卫掌卫都指挥使。孙承禧，见在锦衣卫同知。

少卿，陕西陈叔颐，辛卯乡试二十九名，会试五十名，廷试二甲三十一名。字子贞，治《易经》。甲子年闰四月初三日生，泾阳县人。观通政司政，授户部广西司主事，升员外郎，郎中，光禄寺少卿，降辰州同知。号玉山。曾祖椿。祖满，寿官。父玺，主簿。母张氏。兄用、叔周。弟叔善，生员；叔美，贡士。子治安、治本。

佥事，江西何天启，乙酉乡试十八名，会试一百六十九名。廷试三甲七名。字羲占，治《易经》。甲子年闰四月二十三日生，贵溪县人。观礼部政，授行人，升户科给事中，降淳安县丞，升嘉善知县，南雄府同知，复补东昌府同知，升南京兵部员外郎、郎中，浙江佥事，止。号凤冈。曾祖桂高。祖渊，参议。父章，知县。母夏氏。兄天麟，生员。弟天范，生员。子其泰。

首相，浙江吕本，戊子乡试二十四名。会试一百八十九名。廷试三甲一百七十三名。（以下模糊不清）

祭酒，山西阎朴，戊子乡试二名。会试一百九十六名。廷试三甲一百六十一名。字文甫，治《易经》。甲子年六月初九日生，榆次县人。观大理寺政，选翰林院庶吉士，授检讨，升右赞善，兼检讨，南京国子监祭酒，以到任违限罢。号又泉。曾祖最。祖瓒，寿官。父大纶，岁贡生。母张氏，继母李氏。兄梅。弟模、桓、格、枢、梯。子沐。

御史，山东侯度，辛卯乡试四十七名。会试二百四十八名。廷试三甲一百五十名。字宪甫，治《诗经》。甲子年六月二十三日生，东阿县人。观户部政，授府推官，升监察御史，罢。号西湄。曾祖珪。祖观，贡士。父克巇。母李氏。兄卿；三省，听选官；臣，生员；进。弟三术。子药。

副使，北直隶赵一中，戊子乡试五十六名。会试一百二十七名。廷试二甲六十七名。字立夫，治《诗经》。甲子年七月初二日生，青县人。观兵部政，授汝州知州，升南京刑部员外郎、郎中，山西佥事，右参议，陕西副使，卒。号青墅。曾祖宽。祖荣。父璠。母萧氏，继母夏氏。弟一厚。子孟庶、孟度。

尚书，山东吴岳，戊子乡试九名。会试一百六名。廷试二甲七十一名。字汝乔，治《春秋》。甲子年七月初五日生，汶上县人。观兵部政，授户部主事，升员外郎、郎中，庐州府知府，复除保定府，升山西副使，浙江参政，湖广按察使，山西右布政使，巡抚保镇右佥都御史，致仕，起都察院右副都御史，吏部右侍郎，左侍郎，南京礼部尚书，兵部尚书。号望湖。曾祖从善。祖贵。父彌。母姜氏。兄崇、嵩、岩、岭、崑、岫、岚、崟。子渊，知府；涵。

副使，河南陈俎，戊子乡试二名。会试一百九十五名。廷试二甲三十二名。字少志，治《诗经》。甲子年八月初四日生，封丘县人。观大理寺政，授户部湖广司主事，改吏部，降，又升南京刑部主事、员外郎、郎中，广平府知府，山东副使，住。号西坡。曾祖纪。祖果。父同。母韩氏，继母牛氏，季氏。子其常。

知府，浙江吴至，戊子乡试二十七名。会试八十名。廷试二甲四十九名。字道卿，治《易经》。甲子年八月初六日生，余姚县人。观吏部政，授刑部主事，升员外郎、郎中，济南府知府，降知州，升广信府知府，调惠州府知府，止。号中山。曾祖勤，赠员外郎。祖秩。父徵。母何氏。弟可至、学至。

知府，山东田大有，乙酉乡试四十四名。会试一百八十六名。廷试三甲一百六十四名。字豫甫，治《诗经》。甲子年九月初一日生，东平州人。观户部政，授行人，升监察御史，降钧州判官，升郎中，临洮府知府。号思斋。曾祖弘。祖安，驿丞。父明，义官。母徐氏。弟大登、大丰、大范、大壮。

尚书，四川王廷，乙酉乡试二十八名。会试八十四名。廷试二甲八名。字子正，治《易经》。甲子年九月二十三日生，南充县人。观兵部政，授户部主事，改监察御史，降亳州判官，升昆山知县，长沙同知，工部郎中，苏州知府，贵州副使，复补陕西副使，山西副使，升山西参政，山东按察使，右布政使，陕西左布政使，总理河道右副都御史，转南京户部右侍郎，复补南京工部侍郎，改户部右侍郎，兼右佥都御史，总督漕运兼提督军务，巡抚凤阳等处，改户部中左侍郎，升南京礼部尚书，改都察院左都御史，驰驿致仕，存问二次，赠太子少保，谥恭节。崇祀乡贤。号南岷。曾祖昺。祖锐，赠左都御史。父希文，赠左都御史。母马氏，赠夫人。弟延，大理评事。子续之，湖广左布政；继之，刑部广西司员外郎。孙兆龙、兆凤、兆麟、兆祯。

副使，山东范瑟，乙酉乡试七名。会试五十八名。廷试二甲四十四名。字孔和，治《易经》。甲子年十月初一日生，历城县人。观工部政，选翰林院庶吉士，授编修，降四川右参议，陕西副使。号柏峰。曾祖整。祖胜。父福。母马氏。兄珊；琜；璞，听选官；琚；班；珏；琴，生员。子储栋。

副使，福建何元述，戊子乡试七十四名。会试三百名。廷试三甲一百五十五名。字元孝，治《易经》。甲子年十二月初二日生，晋江县人。观刑部政，授惠州府教授，升国子监博士，历监丞、主事、员外、佥事、参议、副使，致仕，寿九十岁。从祀乡贤。号小洛。曾祖宗。祖燦，典史。父雄，封户部主事。母柯氏，封安人。兄纲，举人学正。弟元脩；元郁；元选，举人；元迪，元达，元远，俱生员。子居鲁，知府；居广，监生；居宪，生员。孙启祚，监生；启祥，生员；启祖；启格；启机；启袍；启陶；启祐，生员；启禄；启祜；启祝；启襘。曾孙承钟、承钦、承铤、承矿、承鉴、承录、承□。

副使，山西张冕，辛卯乡试二十七名。会试一百十三名。廷试二甲九名。字服周，治《书经》。甲子年十二月初四日生，孝义县人。观刑部政，授户部主事，升员外郎，河南佥事，右参议，山东副使，止。号胜溪。曾祖九隆。祖纛，义官。父大禄，监生。母武氏，继母胡氏。弟擎。子问明、问达。

仆卿，浙江姚翔凤，戊子乡试六十二名。会试一百八十八名。廷试二甲六十三名。字梦祯，治《诗经》。甲子年十二月初五日生，上虞县人。观通政司政，授兵部主事，升员外郎郎中，福建副使，陕西行太仆寺卿。号愚轩。曾祖崙。祖镗，署教谕举人。父霁。母孔氏。子伏生。

副使，福建陈储秀，辛卯乡试十四名。会试一百一十七名。廷试三甲二百二十一名。字舜弼，治《易经》。甲子年十二月初七日生，南安县人。观吏部政，授行人，升山东道御史，两广清军，广东巡按，河南副使。号瑞山。曾祖英。祖恕，义官。父乐，封御史。母赖氏，赠孺人，继母蔡氏。弟端郎，赠郎中；储材，生员。子孚衷，南海主簿；启衷，宪衷，俱庠生；效衷，鸿胪署丞；愚衷，四川布政司照磨；真衷，庠生。姪学孔，教谕；良言，训导；学伊，壬戌进士，江西佥事；学朱，赠大理寺评事；学潜，监生；直衷，慎衷，俱庠生。孙邦观，监生；邦童，奇标，衡仲，基，虞，邦铉，睿标，邦宠，邦镐，邦钺，俱庠生，邦铠；邦录。曾孙肇清、肇基，俱庠生。

副使，河南魏廷萱，辛卯乡试六十九名。会试一百四十九名。廷试二甲二十一名。字子宜，治《易经》。乙丑年正月初三日生，许州人。观礼部政，授南京户部主事，升员外郎、郎中，西安府知府，湖广副使。号新川。曾祖俊。祖瑞，义官。父校，监生。母李氏。兄廷蕙、廷菊，俱监生；廷华；廷莅；廷芹；弟廷荐，俱生员。子江；湖；澧，知县。

参政，浙江程秀民，辛卯乡试五十三名。会试九名。廷试三甲六十六名。字天毓，治《易经》。乙丑年正月十九日生，西安县人。观吏部政，授金溪知县，升刑部主事，改兵部主事、员外郎、郎中，泉州府知府，终养，补建宁府知府，升福建副使，调湖广，升云南参政。号习斋。曾祖惟谦。祖瑞，知县。父镶。母杨氏。兄舜民、吉民。子应鹏。

御史，河南张光祖，戊子乡试二十五名。会试二百二十八名。廷试三甲一百二十一名。字德徵，治《诗经》。乙丑年二月十六日生，颍川卫人。观兵部政，授钜鹿知县，改上虞县，升监察御史。号双溪。曾祖珣。祖守亨，知县。父治，举人。母李氏。弟光远；光弼；光祚，生员；光大；光国，生员；光启；光裕；光绪；光世。子好问、好学。

知府，南直隶洪垣，辛卯乡试一百名。会试二百十七名。廷试三甲八十四名。字峻之，治《书经》。乙丑年三月十八日生，婺源县人。观户部政，授浙江永康县知县，升监察御史，温州府知府，罢。号觉山。曾祖清。祖榴。父辉。母余氏。兄坤、均。弟圭、圻、埙。

同知，浙江王椿，辛卯乡试十八名。会试五十五名。廷试二甲六十名。字元龄，治《易经》。乙丑年六月初九日生，钱塘县人。观工部政，授刑部主事，降，升松江府同知，止。号霁山。曾祖复初。祖铺，义官。父璘，卫经历。前母吴氏，继母丘氏，母凌氏。兄相。弟材，生员。子梦龙。

参政，南直隶潘子正，戊子乡试九十七名。会试三十四名。廷试三甲十七名。字汝中，治《书经》。乙丑年六月二十五日生，六安州人。观大理寺政，授行人，升科给事中，降县丞，升开化知县、户部主事、员外郎、郎中，汝宁府知府，湖广副使，贵州参政。号十泉。曾祖岳，监察御史。祖稏，义官。父锐，行人。母仵氏。弟子如、子孝、子安。

副使，湖广胡鳌，辛卯乡试三名。会试三百八名。廷试三甲六十七名。字巨卿，治《易经》。乙丑年七月初五日生，沅陵县人。观吏部政，授乐安知县，改吉水县，补鄞县，升监察御史，降州判官，升南京刑部主事、员外郎、郎中，廉州府知府，四川副使。号鹿厓。曾祖琥，医学正科。祖谧，医学正科。父应相。母李氏。弟烈。子考宁。

布政，河南马汝彰，辛卯乡试三十七名。会试一百六十四名。廷试三甲六十八名。字存美，治《书经》。乙丑年七月初九日生，汲县人。观户部政，授武进知县，升科给事中，右给事中，左给事中，都给事中，陕西参政，山东按察使，右布政使，云南左布政，致仕。号璞冈。曾祖整，赠府通判。祖英，府同知。父图，贡士。母张氏。弟汝□、汝翼。

布政，山西孔天胤，辛卯乡试六名。会试二百七十二名。廷试一甲二名。字汝锡，治《诗经》。乙丑年八月十六日生，汾州人。授陕西按察司金事，提学，降祁州知州，升河南金事，陕西右参议，复补河南左参议，升浙江提学副使，参政，按察使，陕西右布政，河南左布政使。号文谷。曾祖表。祖大裿，巡检。父麟，仪宾。母新郑县君。弟天民。

御史，浙江叶经，辛卯乡试二十七名。会试一百九十九名。廷试三甲二十一名。字叔明，治《易经》。乙丑年八月二十二日生，上虞县人。观礼部政，授福州府推官，升监察御史，以试录逮杖，卒。号东原。曾祖爱同。祖罍，教谕。父时政。母张氏。弟纶、纬、缲。子裳。

主事，福建柯实卿，辛卯乡试四十六名。会试一百二十八名。廷试二甲十八名。字光仲，治《易经》。乙丑年十月十四日生，晋江县人。观吏部政，授南京户部主事。号肖海。曾祖淑荣。祖璟。父仪。母黄氏。兄秀卿。弟奇卿。

副使，南直隶顾玉柱，辛卯乡试一百二十名。会试四十名。廷试二甲十三名。字邦石，治《礼记》。乙丑年十一月十四日生，常熟县人。观都察院政，授南京工部主事，升工部员外郎、郎中，大名府知府，山东副使，致仕。号一江。曾祖立，知县。祖镐，义官。父湘。母郁氏。弟玉楼、玉树。子（缺）。

陕西张寿，辛卯乡试九十三名。会试一百九十七名。廷试三甲一百四十名。字汝静，治《书经》。乙丑年十一月十七日生，宜川县人。观工部政，授（缺）。号乐山。曾祖文贵。祖兴。父翱。前母郭氏，嫡母吴氏，生母赵氏。兄福；禄；爵，义官。子允塞、允齐。

副使，河南王朝贤，戊子乡试二十一名。会试三百十七名。廷试三甲一百八十二名。字立之，治《诗经》。乙丑年十二月十五日生，太康县人。观礼部政，授南京大理寺评事，升寺副、寺正，顺德府知府，副使。号三陵。曾祖簪。祖焘。父载，生员。母张氏。兄元朝，生员。子汝玉。

参政，南直隶周大礼，辛卯乡试五十二名。会试二百四十七名。廷试三甲二百二十三名。字子和，治《易经》。丙寅年正月初八日生，崑山县人。观吏部政，授工部主事，历员外郎、郎中，降邓州同知，升兴化知府，山东副使，河南左参政，止。号濲山。曾祖明。祖璿。父书。母晏氏。兄大伦，生员。弟大宾、大器。子（缺）。

寺丞，北直隶赵允亨，辛卯乡试一百一名。会试二百七十四名。廷试三甲一百四十一名。字伯通，治《易经》。丙寅年正月十三日生，安肃县人。观工部政，授长安知县，调阳谷知县，太仆寺丞，止。号龙山。曾祖英。祖宗。父廷仪，生员。母杨氏。兄允恭、允道、允中、允迪、允高、允怀。弟允修。

布政，浙江许应元，乙酉乡试八十五名。会试六十三名。廷试二甲五十四名。字子春，治《易经》。丙寅年正月二十八日生，钱塘县籍，东安县人。观工部政，授泰安知州，调泰州，升工部员外郎、郎中，夔州府知府，四川副使，调广西，升辽东苑马寺卿，云南参政，补福建，升云南按察使，广西右布政使。号茗山。曾祖九皋。祖绅。父龟年。母陈氏。弟应亨。子梦旸；季序，儒士。孙惠一，己酉举人。

参政，南直隶伊敏生，乙酉乡试二十六名。己丑会试四十四名。廷试三甲一百七十五名。字子蒙，治《易经》。丙寅年五月初一日生，上元县籍，吴县人。观都察院政，授（缺），升监察御史，山东副使，山西参政，卒。号山泉。曾祖溥，封主事。祖乘，按察司佥事。父伯熊，府同知。前母周氏，母傅氏。兄大生、直生。弟鲁生。子在廷，兵部员外。

郎中，河南刘训，辛卯乡试二十九名。会试一百九十四名。廷试三甲一百五十三名。字子伊，治《易经》。丙寅年五月二十二日生，汝阳县人。观兵部政，授温州府推官，升户部主事，历员外郎、郎中，止。号（缺）。曾祖瑛，布政司照磨，赠监察御史。祖绅，按察司副使，进通议大夫。父继儒，监生。母彭氏。兄诲；弟谟，俱生员；讷；试；评；讲；诵；读；谥。子志道、志学。

侍郎，福建林应亮，戊子乡试六十八名。会试十六名。廷试三甲一百六名。字熙载，治《礼记》。丙寅年六月初十日生，侯官县人。观刑部政，授颍上县知县，改秀水知县，升户部主事，复除礼部，升员外郎、郎中，常德府知府，广西副使，复除江西，升山东右参政，广东按察使，右布政使，广西左布政使，南京太仆寺卿，南京户部右侍郎，改户部右侍郎，复调南京。号少峰。曾祖世亨。祖汝和，封主事。父春泽，府同知，前户部郎中。母陈氏，封安人。弟应彦。子如楚，广东提学副使。

御史，南直隶包节，戊子乡试二十名。会试二百六十五名。廷试三甲一百五名。字元达，治《礼记》。丙寅年七月十六月生，华亭县籍，嘉兴县人。观刑部政，授山东东昌府推官，还授御史，历福建云南湖广巡按，论劾承天守备太监廖彬不法，逮系诏狱，廷杖，谪戍陕西庄浪卫，丙辰六月，卒于戍所。隆庆丁卯，奉诏恤录建言，赠光禄少卿，崇祀乡贤名宦。号蒙泉。曾祖俊，封南京礼部郎中。祖鼎，成化戊戌进士，池州府知府。父志，赠徵仕郎中书舍人，慈侍下。兄洪，贡生；浩；淳；濂，俱庠生。弟孝，进士，南京御史；汴，进士，四川右参议。子杞，鸿胪寺序班；梓，梗，俱监生。侄枕，监生；梯，庠生；柽芳，贵州提学副使；桂芳，廪生；柏芳，庠生；槐芳，监生；林芳，福建都司经历；渐林□□□□；敷林，监生。孙兆祥，监生；弘毅、弘焘、文燧、文燮，俱庠生。侄孙有鱼，福建布政司理问；世熙，监生；世杰，举人；文炯，诰敕房供事中书舍人；文煐；文煌；世美；文炘；文灯，俱庠生。

仆卿，山东杨贤，戊子乡试四十七名。会试一百八十七名。廷试三甲一百三十四名。字子庸，治《易经》。丙寅年八月二十五日生，济宁州人。观礼部政，授西安府推官，复除凤翔府，升武昌府知府，陕西副使，河南左参政，复除陕西右参政，升按察使，湖广右布政使，复除四川，转左，以王亲回籍，勘明，复除四川左布政使，升南京光禄寺卿，改太仆寺卿。号东泉。曾祖宾，赠右副都御史。祖汴，散官。父栗，训导。母李氏。兄贡。子自得。

尚书，江西雷礼，戊子乡试二十四名。会试一百九名。廷试三甲二百八名。字必进，治《诗经》。丙寅年九月十二日生，丰城县人。观通政司政，授兴化府推官，内艰服阕，（下缺）吏部主事，历员外郎中，浙江提学副使，太仆太常少卿，顺天府尹，工部左右侍郎，右都御史，工部尚书，加太子太保，少傅兼太子太傅，七疏致仕，卒赠太保。号古和。曾祖启升，赠少傅尚书。祖遂中，累赠少傅尚书。父邦鉴，累赠少傅尚书。母郑氏，累赠一品夫人。兄褉、祥、祕、祉、禋，弟祜，俱生员。子瀚，举人；淡，南京刑部郎中；瀛，工部员外郎，加正五品俸。孙梯，官生；之桢、乐、条、榖，俱庠生。曾孙文炯，官生；泓，通政司经历。

侍郎，九江兵备副使，广西参政，江西按察使，调福建云南右布政，陕西左布政，丁忧起复，调河南。浙江范钦，戊子乡试七十名。会试一百七十八名。廷试二甲三十八名。字尧卿，治《书经》。丙寅年九月十九日生，鄞县人。观礼部政，授湖广随州知州，（模糊不清）号东明。曾祖晁。祖诉，训导。父璧，封员外。母王氏。兄镛，封序班。弟钧；镐，知县；钜，知县；鏓；鎏；镜；钫，四川参政，□□□□□。

北直隶夏应元，辛卯乡试六十二名。会试二百五十五名。廷试三甲二百十七名。字体仁，治《礼记》。丙寅年九月二十五日生，景州人。观通政司政，授未仕，卒。号弦斋。曾祖迤。祖□。父商。母王氏。兄松、□。弟□；□；椿；庆元，生员；庠元；策；槎；权；森。

参政，广西董德明，戊子乡试四名。会试三百六名。廷试三甲一百五十一名。字汝哲，治《礼记》。丙寅年十月初三日生，护卫人。观礼部政，授南昌府推官，升户部主事、员外郎、郎中，处州府知府，山东副使，河南右参政。号东庄。曾祖继宗。祖春。父勉，义官。母郭氏。兄德顺；德纯，教谕；德茂。弟德润；德宏，监生；德升。

副使，云南张合，壬午乡试一名。会试一百四十名。廷试二甲六名。字懋观，治《书经》。丙寅年十二月十四日生，永昌府籍，江宁县人。观礼部政，授户部主事，改兵部，改吏部主事，历员外郎，升福建金事□□□，湖广副使。号贲所。曾祖宗。祖昺，赠郎中。父志淳，南京户部右侍郎。母狄氏。兄含，贡士。

参议，四川刘光文，辛卯乡试四十一名。会试一百五十六名。廷试三甲一百四名。字继纯，治《春秋》。丁卯年正月初二日生，阆中县人。观兵部政，授行人，升兵部主事，员外郎，湖广金事，复补河南，升陕西右参议。号亦斋。曾祖诜。祖芬。父潼，寿官。嫡母蒲氏，母程氏。弟光谦、光威、光业。

知县，浙江杜鏟，戊子乡试六十九名。会试二百六十一名。廷试三甲一百十七名。字邦平，治《易经》。丁卯年闰正月十九日生，鄞县人。观礼部政，授旌德县知县，卒。号馆江。曾祖允。祖仪。父玙。母董氏。弟锐、铼、锴、鈺、铉。子志和。

副使，湖广周宗镐，辛卯乡试八十四名。会试二百九十五名。廷试二甲二十九名。字子京，治《诗经》。丁卯年三月初八日生，巴陵县人。观都察院政，授蓟州知州，复除嘉定州知州，升府同知，四川金事，四川右参议，广东副使，卒。号白崖。曾祖友忠。祖以汰。父值。母方氏。弟宗夔、宗哲、宗稷。

金事，四川谢庭蒕，乙酉乡试三十三名。会试一百九十名。廷试三甲四十五名。字子佩，治《诗经》。丁卯年三月二十七日生，富顺县人。观工部政，授湖广黄波（陂）县知县，改新喻县，升科给事中，右给事中，左给事中，降典史，浙江金事。号（缺）。曾祖正立，散官。祖胤。父充，举人赠主事。母张氏，封安人。兄庭芝，刑部主事。

布政，四川高世彦，辛卯乡试二名。会试二十四名。廷试二甲二十名。字仲修，治《书经》，丁卯年四月初四日生，内江县人。观户部政，授南京户部主事，改北刑部，降判官，升府同知，河南金事，陕西参议副使，浙江参政，河南按察使，右布政使，河南左布政使。号白坪。曾祖召南，监生。祖公堂，义官。父冈。母田氏。弟世靖、世度。

副都，四川周满，戊子乡试四十九名。会试四十六名。廷试二甲十四名。字谦之，治《诗经》。丁卯年六月二十五日生，松潘卫籍，汉州人。观都察院政，授南京户部主事，升员外郎、郎中，云南府知府，复补鞏昌府，升广西副使，复补山西参政，云南按察使，陕西右布政使，左布政使，巡抚南赣汀漳右副都御史，致仕。号受庵。曾祖敏，正千户。祖文。父鸾。母张氏。兄荣。弟堂。子之槙。

参政，河南李乘云，辛卯乡试四十八名。会试二百四十五名。廷试三甲一十二名。字子雨，治《书经》。丁卯年七月十一日生，钧州人。观工部政，授行人，升监察御史，降太仓州判官，升蒲州知州，平阳府知府，山西副使，陕西右参政，养病卒。号荆阳。曾祖刚。祖全。父延。母周氏。弟登云、凌云，俱生员；披云；望云；庆云；燦云。

知府，福建姚虞，辛卯乡试二十名。会试一百三十六名。廷试三甲一百三十三名。字宗舜，治《诗经》。丁卯年九月十四日生，莆田县人。观户部政，授镇江府推官，升南道监察御史，改北道监察御史，升淮安府知府止。号泽山。曾祖资德，生员。祖商，封太常寺博士。父鸣鸾，知县，前进士。母董氏。弟夏，生员；殷；周。

参政，湖广李徵，辛卯乡试四十八名。会试一百十五名。廷试三甲十一名。字诚之，治《书经》。丁卯年九月十九日生，桃源县人。观刑部政，授行人，升科给事中，右给事中，江西副使，浙江参政。号云华。曾祖茂坚。祖遄，生员。父冕，京县主簿。母谢氏，生母周氏。兄岳、崟。弟徽，训术。子柟、槿。

少卿，南直隶左镒，辛卯乡试六名。会试三名。廷试二甲二十五名。字应衡，治《易经》。丁卯年十一月初一日生，泾县人。观刑部政，授南京户部主事，改兵部，升尚宝司少卿，卒。号东井。曾祖恕。祖燧。父瓒。母赵氏。兄锦；镀，生员；銮；铁；锟；錬。弟鏻，生员；鏴、镤、矿。子（缺）。

副都，湖广周采，戊午乡试二名。会试三百九名。廷试三甲一百九十七名。字子亮，治《诗经》。丁卯年十二月初六日生，宁乡县人。观户部政，授中书舍人，升科给事中，右给事中，左给事中，四川左布政使，巡抚云南右副都御史，卒。号沩江。曾祖添裕。祖镇。父策，知县。母唐氏。弟相、橄、干。子耀易。

知府，北直隶边沆，辛卯乡试三十四名。会试一百八十五名。廷试三甲一百二十八名。字文浩，治《书经》。戊辰年二月初九日生，任丘县人。观通政司政，授行人，升户部主事，历员外郎、郎中，升山东青州府知府，调平凉府知府，止。号九河。曾祖铨，百户。祖宏，百户。父儒。母吕氏。兄湜，百户；溁，同科进士。弟渥、沧。

参政，南直隶徐祯，辛卯乡试一百十一名。会试一百五十名。廷试二甲三十四名。字世兆，治《春秋》。戊辰年二月初十日生，长洲县人。观吏部政，授刑部云南司主事，历员外郎、郎中，降知州，升临江府同知，袁州府知府，广东副使、参政。号尧封。曾祖谅，赠通议大夫右副都御史。祖源，通议大夫右副都御史。父棠，监生。母沈氏。兄勋，知县；烈。子士行、士言，士志。

郎中，河南许楼，辛卯乡试二十二名。会试一百七十七名。廷试二甲四十八名。字国华，治《诗经》。戊辰年二月二十九日生，兰阳县人。观大理寺政，授湖广靖州知州，升南京户部员外郎、郎中，降通判，升平阳府同知。号西坡。曾祖真，县主簿。祖凯，累封郎中。父廷佑。母萧氏。兄东，生员；椿，监生。弟楹，生员；椴；榛；梅；柚；栱，榿；校。子（缺）。

修撰，浙江秦鸣夏，辛卯乡试五十七名。会试三百十四名。廷试二甲五十名。字子亨，治《春秋》。戊辰年三月二十五日生，临海县人。观吏部政，选翰林院庶吉士，历升春坊中允，兼翰林院修撰。号白崖。曾祖宗傅。祖彦彬，赠礼部尚书。父礼，赠礼部左侍郎。母包氏，赠太淑人。兄鸣春，刑部员外郎。弟鸣秋，生员；鸣雷，礼部尚书；鸣冬。子懋功，太学生；懋德，淮安府同知；懋敬，训导；懋恒、懋達，俱廪生。孙廷铨，太学生，廷炜、廷焯、廷焕、廷钟、廷炤、廷燫，俱庠生。姪懋绅，刑部郎中。

廉使，北直隶刘玺，辛卯乡试一百十一名。会试一百五十八名。廷试二甲三十五名。字国符，治《诗经》。戊辰年四月十七日生，唐县人。观户部政，授户部主事，升员外郎、郎中，卫辉府知府，复除济南府，升山西副使、参政，山东按察使，巡抚宣府右佥都御史，转右副都御史，照旧巡抚地方，降山东左参政，升按察使，止。号双泉。曾祖清，正千户。祖安，正千户。父颢，正千户。母赵氏。弟玮、瑀。

尚书，浙江吕光洵，辛卯乡试二十八名。会试八十六名。廷试三甲九十二名。字信卿，治《书经》。戊辰年七月初七日生，新昌县人。观工部政，授崇安知县，复除溧阳县，升河南道御史，复除河南、江西道，升南京光禄寺少卿，复补光禄寺少卿，升太仆寺少卿，大理寺右少卿，左少卿，南京光禄寺卿，应天府尹，南大理寺卿，总理粮储兼巡抚应天等处右副都御史，南京工部右侍郎，左侍郎，巡抚云南右都御史，转兵部尚书兼右都御史，照旧巡抚地方，改南京工部尚书。号沃洲。曾祖好和。祖廷安。父世良。母章氏。弟光演，生员；光泌。子（缺）。

金都，北直隶何思，戊子乡试六十七名。会试二百八十八名。廷试三甲三十二名。字慎之，治《易经》。戊辰年十一月初四日生，雄县人。观通政司政，授襄陵知县，升工部主事，改户部，历员外郎、郎中，升山西副使，巡抚大同右佥都御史，养病，起南赣汀漳右佥都御史，改宣府，止。号望山。曾祖贤。祖旺。父鲁，知县。母韩氏。弟虑、感、应、念、慈、志、忍。子勤；玉德，南京御史。

知府，南直隶张逊，戊子乡试一百二十名。会试三百二名。廷试三甲八十九名。字士敏，治《书经》，戊辰年十一月十三日生，高邮卫人。观兵部政，授嘉兴府推官，历升府同知，工部郎中，济南府知府，止。号东皋。曾祖忠。祖镗。父涌，寿官。母宣氏。兄道，举人；选。弟遵，俱生员；逵。子应凤。

知府，南直隶吴希孟，辛卯乡试一百十五名。会试二百五名。廷试三甲六十二名。字子醇，治《诗经》。戊辰年十二月十一日生，太医院籍，武进县人。观都察院政，授分水知县，改东知县，升科给事中，兵科右给事中，参议，降会稽县县丞，广信府知府，致仕。曾祖玘，寿官。祖宁，封太医院院判。父杰，太医院院使。母朱氏，继母廖氏。兄希颜、希曾。弟希周、希程。子（缺）。

中允，江西郭希颜，壬午乡试十五名。会试三十七名。廷试三甲二百二十五名。字仲愚，治《书经》。己巳年正月初七日生，丰城县人。观吏部政，选翰林院庶吉士，授检讨，升赞善中允，降延平府通判，升两淮盐运司副使，闲住，后上疏言事，枭首各省，隆庆改元，追赠太常少卿。号勿斋，曾祖惟信。祖俊。父锦。母雷氏。弟希曾、希思、希孟、希张。子汝宁；禹臣，郧阳府同知。

参议，北直隶张舜臣，辛卯乡试八十三名。会试二百八十二名。廷试三甲一百六十八名。字希皋，治《易经》。己巳年二月十一日生，安平县人。观兵部政，授益都县知县，升刑部主事、员外郎，河南佥事，山西右参议。号继斋。曾祖恺。祖伦，主簿。父天秩。母王氏，继母刘氏。兄尧臣，生员。弟汉臣。子绍勋。

知县，浙江何继高，辛卯乡试五十五名。会试三百十二名。廷试三甲七十二名。字思守，治《易经》。己巳年八月初七日生，仁和县人。观兵部政，授直隶怀宁县知县，止。号虚泉。曾祖琮，正议大夫资治尹兵部左侍郎。祖钢，都察院检校。父景福，生员。母朱氏。弟继曾、继祖。子（缺）。

侍郎，福建游居敬，辛卯乡试六十四名。会试二百十三名。廷试二甲七十六名。字行简，治《诗经》。己巳年八月二十七日生，南平县人。观工部政，选翰林院庶吉士，授山东道御史，升浙江佥事，历广东副使，湖广参政，浙江按察使，左右布政，山东左布政，升都察院右副都御史，巡抚云南，升南京户部侍郎，间因奉旨征剿东川逆贼阿堂，成功未报，忤首相，忌者捏奏，被逮，谪戍七年。隆庆元年，抚按交章荐，起南京刑部侍郎，改刑部右侍郎，因疏□李从祀不合，致仕。号可斋。曾祖廷赐。祖佑。父纶，知县，诰封广东副使。母吴氏，封宜人。弟主敬，高州府照磨。子于北，知县；于广，上林苑监左监丞；于臬；于畿，庠生。孙应梦，光禄署丞；应升、应召、应岳，俱生员；应荣；应华；应琴；应朝；应奇；应吉。曾孙学皋、学龙，俱庠生；学乾；学光。

副使，福建林功懋，辛卯乡试六十六名。会试一百四十二名。廷试三甲四十三名。字以谦，治《诗经》。己巳年九月十二日生，漳浦县人。观刑部政，授东莞知县，升南京户部主事、员外郎、郎中，赣州府知府，四川副使。号竹溪。曾祖灿。祖祥。父廷臣，贡士。母陈氏。兄松懋，德懋。子士弘，承天知府。

廉使，湖广廖希颜，辛卯乡试三十四名。会试三百五名。廷试三甲六十名。字叔愚，治《春秋》。己巳年九月二十四日生，茶陵州人。观工部政，授高安知县，升工部主事、员外郎、郎中，山西提学副使，浙江参政、按察使，卒。号东雩。曾祖武昂。祖本祥。父业，生员。母包氏，继母孔氏。弟希曾、希周。

尚书，河南魏尚纯，辛卯乡试十九名。会试二百二十三名。廷试三甲十名。字叔诚，治《礼记》。己巳年十月十五日生，钧州仪卫籍，滕县人。观刑部政，授行人，升左司副，户部员外郎、郎中，陕西左参议，湖广副使，调贵州副使，升甘肃行太仆寺卿，复除陕西行太仆寺卿，升陕西右参政，山西按察使，右布政使，左布政使，应天府尹，顺天府尹，巡抚保定右副都御史，养病，起大理寺卿，升工部左侍郎，南京工部尚书，乞休，未任。曾祖通。祖兴。父宗，典仗。母张氏。兄尚经；尚纶，举人。弟尚纲。

广东毕烜，辛卯乡试七十三名。会试一百二十四名。廷试三甲二百十二名。字彦晦，治《诗经》。己巳年十一月十二日生，番禺县人。观礼部政，授未仕，卒。号粤溪。曾祖篇。祖熙。父枢。母络氏。兄焯、炯。

尚书，湖广傅颐，辛卯乡试一名。会试三百十名。廷试三甲五十四名。字观蒙，治《书经》。庚午年二月二十四日生，汭阳卫籍，息县人。观礼部政，授庐陵知县，升兵部主事，历员外郎、郎中，改吏部郎中，降六安州同知，升南京户部主事，礼部郎中，四川提学副使，山东参政，复除江西左参政，陕西按察使，江西右布政使，左布政使，巡抚山东右副都御史，改总督漕运右副都御史，升刑部右侍郎，改户部右侍郎，回籍，听调，起南京太仆寺卿，南京户部右侍郎，俱未任，复起南京兵部右侍郎，改户部右侍郎，升南京都察院右都御史，南京户部尚书，改北。曾祖珉，指挥金事。祖□。父升。母陈氏。兄鸾；预；显，指挥金事；顿。子作舟，指挥金事；作霖，南京户部郎中。

布政，贵州赵维垣，辛卯乡试五十一名。会试四十一名。廷试三甲一百七十四名。字伯师，治《书经》。庚午三月三十日生，江都县籍，永宁卫人。观都察院政，改庶吉士，授刑部主事，改礼部，降大名府推官，升宝庆府同知，南京兵部郎中，江西金事，复除浙江金事，升云南参议提学副使，四川参政，福建按察使，右布政使，左布政使，止。号艮山。曾祖显。祖铨。父迪。母周氏，继母文氏。兄维藩，生员。弟维屏、维翰、维宁。子（缺）。

运使，浙江应鸣凤，辛卯乡试四十五名。会试九十二名。廷试三甲七十六名。字时鸣，治《易经》。庚午年五月十二日生，西安县人。观工部政，授瓯宁县知县，升工部主事、员外郎、郎中，饶州府知府，两淮盐运使，止。号梧冈。曾祖良安，赠知县。祖能，通判进阶朝列大夫。父旭，典膳。母陈氏，继母郑氏。弟翔凤、仪凤。

北直隶张世亨，辛卯乡试一百二十三名。会试二百五十七名。廷试三甲三十六名。字达卿，治《易经》。庚午年八月十二日生，安平县人。观户部政，授（缺），卒。号（缺）。曾祖果。祖鉴。父绮。母李氏，继母范氏。弟世隆、世光。

副使，四川唐曜，戊子乡试七名。会试三百十三名。廷试三甲六十三名。字幼贞，治《诗经》。庚午年九月十七日生，富顺县籍，南昌县人。观都察院政，授石埭知县，升刑部主事，员外郎、郎中，广平府知府，河南副使，住。号小潭。曾祖邦显。祖渊。父公正。母吴氏。子（缺）。

郎中，浙江周镐，辛卯乡试六十六名。会试一百七十五名。廷试三甲一十六名。字仲京，治《诗经》。辛未年二月二十五日生，慈溪县人。观通政司政，授行人，升大理寺副，工部员外郎，郎中，降州同知，卒。号少溪。曾祖桢，阴阳训术。祖煦，散官。父文进，贡士。母张氏。弟镒、铉。

廉使，浙江张谦，辛卯乡试八十名。会试二十六名。廷试二甲五十二名。字子受。治《诗经》，辛未年三月十三日生，慈溪县人。观礼部政，授刑部主事，降典史，升知县，南京刑部主事、员外郎、郎中，大名府知府，福建副使，广东参政，调贵州参政、廉宪。号鄮西。曾祖珊。祖场。父锦。母刘氏。兄俊，听选官；浩、谏、谨、训，俱生员；诩。子应文，选贡。孙光裕，举人。

副使，浙江俞咨伯，辛卯乡试七十名。会试二十七名。廷试二甲十二名。字礼卿，治《书经》。辛未年九月二十四日生，平湖县人。观工部政，授工部主事，历员外郎、郎中，泉州府知府，山西提学副使，养病致仕。号蒲山。曾祖士弘。祖璨。父金，监生。母沈氏。弟咨益、咨爕、咨垂、咨龙、咨岳、咨皋。子（缺）。

修撰，广东林大钦，辛卯乡试六名。会试五十九名。廷试一甲一名。字敬夫，治《诗经》。辛未年十二月初六日生，海阳县人。授翰林院修撰，卒。号东峰。曾祖山。祖璔。父乌。母刘氏。

尚书，江西朱衡，辛卯乡试九名。会试九十八名。廷试三甲七十七名。字士南，治《易经》。壬申年正月二十日生，万安县人。观工部政，授龙溪县知县，升刑部主事，历员外郎、郎中，复补礼部郎中，升福建提学副使，四川左参政，复除河南左参政，升山东按察使，右布政使，左布政使，巡按山东右副都御史，工部右侍郎，改吏部右侍郎，左侍郎，升南京刑部尚书，未任，改工部尚书，兼右副都御史，总理河道漕运，复改总理河道加太子少保，转北工部尚书，复兼右副都御史，经理河工，回部以太子太保致仕，寻革去。号镇山。曾祖贵，义官。祖宠。父鹏，冠带舍人。母陈氏。弟士荣，生员；士玘；微。子维京，光禄寺少卿建言。

布政，北直隶程珌，辛卯乡试二十五名。会试二百九十名。廷试三甲二百十四名。字子彬，治《诗经》。壬申年二月二十一日生，德州左卫籍，掖县人。观刑部政，授河南怀庆府推官，行取授兵部武库司主事，历升尚宝司卿，谪户部员外，历升副使，参政，至江西右布政使，致仕。号静泉。曾祖清。祖恕。父贤。母李氏。兄瑞、琳。弟琛、瑀。子讷，郡庠生，封文林郎，汝宁府推官；切，太学生。孙绍，己丑进士，见任户科给事中；绶、绂，俱生员。曾孙坤、震、泰、阳奇、闰奇、虎奇。

运使，山东高尚志，辛卯乡试十七名。会试十九名。廷试三甲一百八名。字德崇，治《易经》。壬申年四月初四日生，冠县人。观工部政，授城安知县，降顺天府学教授，升国子监学正，礼部主事，员外郎、郎中，平凉府知府，河东盐运使。号贞庵。曾祖安。祖勉。父泰。母孟氏。弟尚义、尚质、尚宾。

副使，浙江赵伊，辛卯乡试四十二名。会试一百七十六名。廷试二甲七十四名。字子衡，治《易经》。壬申年六月十五日生，平湖人。观刑部政，授刑部主事，升南京兵部员外郎、郎中，补北，兵部郎中，升广西副使，疏准致仕，祀乡贤。号上莘。曾祖瑞。祖璧，赠给事中。父汉，山西参政。母陆氏，封孺人。兄傅，生员；偕；偶，生员。子邦秩，丁丑进士，知县；邦程，教谕；邦和，生员。孙志宁，生员；瑸，贡生；志宸，增广生；志守、志寀，俱监生。曾孙以赓、以康、汝琦、汝璋、汝琨，俱生员。

参议，山西潘高，辛卯乡试四十三名。会试二百二十七名。廷试三甲三名。字子抑，治《书经》。甲戌年十二月初一日生，宁化所籍，合肥县人。观吏部政，授评事，升寺副寺正，陕西参议。号春谷。曾祖政，正千户。祖璟，正千户。父承爵，正千户。母江氏。弟亮，广昌参将；衮，指挥佥事；文，乙未进士，户部主事。子云祥，甲子解元，辛未进士，兵部员外；云程，陕西副总兵。孙龙鳞，辛丑武进士，侄云衢、云阶、云纵，俱庠生；云翼，丙午经元。

郎中，山西尹耕，辛卯乡试十五名。会试二百二十九名。廷试三甲七十四名。字子莘，治《易经》。乙亥年六月二十日生，蔚州卫籍，孝义县人。观刑部政，授藁城县知县，升礼部主事、员外郎，降州同知，升兖州府通判，兵部主事、员外郎、郎中。号任斋。曾祖普兴。祖琮。父玉，举人。母曹氏。

侍郎，浙江蔡汝楠，辛卯乡试三十三名。会试二百六十六名。廷试三甲二百名。字子木，治《易经》。乙亥年十月初六日生，德清县人。观兵部政，授行人，升右司副、刑部员外郎，复除刑部员外郎、郎中，归德府知府，复除衢州府知府，升四川副使，江西右参政，复除福建左参政，升山东按察使，江西右布政使，左布政使，巡抚河南右副都御史，兵部右侍郎，协理戎政，改本部右侍郎，调南京工部右侍郎，卒。号白石。曾祖本。祖麒。父玘，贡士。母陈氏，生母沈氏。兄汝震；汝舟；汝梅，生员。弟汝言、汝砺、汝明。子炳齐，惠州府通判。

知府，南直隶王廷干，辛卯乡试五名。会试一百五十八名。廷试三甲六名。字维桢，治《礼记》。丙子年五月十四日生，泾县人。观户部政，授行人司行人，升司副、司正，户部员外、郎中，调福宁州知州，升台州府同知，南京户部员外，郎中，九江府知府，降浙江盐司运同，升南安府知府。号岩潭。曾祖达，知府。祖镠，散官。父汝猷，封郎中。母赵氏，封宜人。兄柱，知县。弟廷杰，州判；楹；樟，主簿。子文炯，见任山东乐陵知县；文烨，廪例监生；文爌，万历壬辰进士，见任刑部主事；文灼。孙时誉、时隆，俱监生；时亮；时春；时可；时升。曾孙允仁、允宽、允元、允亨。

尚书，浙江毛恺，辛卯乡试二十名。会试一百十名。廷试三甲一百三十一名。字达和，治《易经》。丙寅年十二月十三日生，衢州府江山县人。观刑部政，授行人，选监察御史，调宁国推官，升南工部主事、员外郎、郎中，复补刑部，升瑞州知府，调宁国，复补莱州，升天津兵备，山西参政，河南廉使，右布政，真保定巡抚、金都，总督漕运，左副都，召掌院事，刑部侍郎，吏部左右侍郎，南京礼部吏部尚书，隆庆元年，改刑部，庚午致仕，驰驿回籍，九月卒，赠太子少保，谥端简，祀郡邑乡贤。号介川。曾祖有德，寿官。祖仕安，赠刑部尚书。父本荣，赠刑部尚书。母吴氏，赠夫人。弟悌、贡。娶杨氏，封夫人。子集，生员；育鲁，官生。孙允谦；允让，刑部员外郎知府；允言，府庠生；允讷，邑庠生。曾孙兆京、兆庆、兆夏。

主事，南直隶周山，丙子乡试一百二十八名。会试二百六十名。廷试三甲二百名。字子仁，治《诗经》。年四十八，十二月十二日生，武进县民籍。观礼部政，授南京户部主事，致仕。号（缺）。曾祖仲杰。祖昱，七品散官。父荣，德府引礼舍人。母吴氏，慈侍下。娶徐氏。子良金，选贡，授鸿胪寺寺宾署丞，登仕郎，致仕。孙治隆，国子生，任诰敕房中书舍人，加六品俸。曾孙易传，生员；诗雅；诗颂。

佥事，南直隶王问，己卯乡试（缺）名。壬辰会试（缺）名。戊戌廷试二甲（缺）名。字子裕，治《书经》。丁巳年十一月二十四日生，无锡县人。观政，授户部主事，告改南京兵部，升车驾司郎中，广东按察司佥事，致仕。号仲山。祖宗。父泽，封南京兵部车驾司郎中。母钱氏，封宜人。兄召，癸未进士，户部员外郎。子鉴，己未会试中式，乙丑廷试二甲十六名，太仆寺卿前吏部稽勋司郎中。孙大义，监生；大道，监生；太益，己卯举人，任福建漳州府推官。曾孙国儒，生员；国佐，礼部冠带儒士；国俊，生员；国杰，监生；国岳。

嘉靖十一年进士王畿云：举业不出读书、作文两事。钱谦益《牧斋有学集》卷四十五《家塾论举业杂说》："王龙溪云：'举业不出读书、作文两事。读书如饮食入胃，必能盈溢输贯，积而不化，谓之食痞。作文如写家书，句句道实事，自有条理。若替人写书，周罗浮泛，谓之沓舌。于此知所用心，即举业便是德业，非两事也。'"

刘成穆（1514—1532）卒。刘成穆，一名嘉寿，字玄倩，又字文孙，崇庆人。嘉靖辛卯举人。有《刘玄倩集》。《玉笥诗谈》卷上载："刘元倩，名成穆，其先世新淦人，以大姓商崇庆州，从外氏为杜氏。大父性谨厚，不御酒肉，妖人铎乱蜀之岁，梦吞五色石三，占之曰：'石之言世也。五色备乎文矣，三世之后，其以文名乎？'祖勤庵先生，举弘治壬子乡试，仕弗耀。父朝绅，以正德甲戌正月甲寅夜梦有鹤翥于庭，遂生元倩，名之曰成穆，别名以嘉寿，字曰文孙，志先梦也。元倩生七岁，能诗文，十岁博识，十五究经史百家，谈元理，谈兵，谈世务，珠贯川络，且澹然有山林之意。嘉靖辛卯，朝绅督饷江西，留元倩侍其母。杜史熊云梦，宗宪张南溟，檄有司起试，试嘉禾赋经义各一，比成，日未中。读之蔚然，因强入试院，以《春秋》举乡试第三。又强之试春官，不第，发愤卒，壬辰春三月二日也。先是己丑，元倩梦入五云洞，二道士迎于门，以诗赠别，末有'重龙望子回'之句。龙辰属三辰月，甲辰之三月重龙也，人谓先兆云。升庵杨先生甚爱其《过汉武陵》诗，云：'岁暮霜残过汉都，武皇陵墓旧荒芜。不将玉匣藏天马，犹使金灯照野狐。赋客词园清露尽，仙翁丹灶白云孤。千年惟有秋风曲，渭水长流啼野乌。'予爱其《温泉宫》，云：'碧洞霜泉卧火龙，翠华宫冷玉芙蓉。游人绿酒流春殿，妃子朱颜落夜峰。石阁独逢明月醉，瑶塘虚有晚霞封。霓裳不见梨园曲，愁听秦筝杂野蛩。'元倩于诗文初不经意，即席挥颖，有甚嘉者，若《秋霖赋》之类，俱散佚不传。所存集才三之一。初名诚穆，南溟改诚为成，易文孙以元倩，故集名《元倩集》云。"

四月

礼部议上考补钦天监官生事例。孙承泽《天府广记》卷二十九《钦天监》："嘉靖十一年四月，礼部议上考补钦天监官生事例：一、遇有官生缺役，许送嫡派子孙年终类考，果艺术精通，收役食粮。若顽钝无成，即将本户子弟考居优等者以次收补。或无以次人丁，候本生习学再考。一、择官生子弟性资聪慧者，分派各科教习，立教条，按季考试，本部委官一人会同提督，岁终送部会考。一、今后天文等科遇有八九品官员缺，以本科人役食粮十年以上者送部考选。一、近者天文、阴阳分为两途，而漏刻子弟不得推补堂官。请以后监副员缺，不分天文、漏刻科分，但有历俸年深者，皆得奏请简用。其六品七品官以八品考补，保章、挈壶以司晨、司历博士考补，司晨、司历博士以各科专业人役考补。一、间者添注之官等于旧额，又皆作为定员，因仍铨补，故多漏刻博士二人，灵台郎一人，皆当裁罢。诏可。"俞汝楫《礼部志稿》卷八十九："嘉靖十一年，礼部议上考补钦天监官生事例。一、遇有官生缺役，许送嫡派子孙年终类考，果艺术精通，收役食粮。若顽钝无成，即将本户子弟考居优等者以次收补。或无以次人丁，候本生习学再考。一、择官生子弟性资聪慧者，分派各科严立教条，按季考试。本部委官一人，会同提督岁终送部类奏。一、今后天文等科遇有八九品官员缺，以本科人役食粮十年以上者送部考选。一、近者天文、阴阳分为两途，而刻漏子弟不得推补堂官。请以后监副员缺，不分天文、漏刻科分，但有历俸年深者，皆得奏请简用。其六品、七品以八品考补，保章、挈壶以司晨、司历博士考补，司晨、司历博士以各科专业人役考补。一、间者添注之官等于旧额，又皆作为定员，因仍铨补，故多漏刻博士二人，灵台郎一人，皆当裁罢。诏可。"杨一清《关中奏议全集》卷五《为急处救荒事》："阴阳、医学、僧道官有缺，许额内阴阳、医生并其徒弟各纳银六十两，起送赴部，免其考试，授以阴阳、医学并僧道官。如无阴阳生愿纳者，许仕宦子弟并农民纳银一百两，各起送赴部，免考，授以阴阳医官。"《海瑞集》上编三《阴阳官参评》："阴阳官，测日晷星候，别昏晓雨旸。早晚气节，以占一邑之机祥而决趋避焉。故有平子之推算而后浑天之说行，有苏子容激水转轮之智而后知星辰之躔次。故阳得主遂，阴德主闭，调而燮之，无愆阴，无伏阳，人无灾厉，物无夭札。此阴阳所为福国也。若今则不然矣。古有男巫掌望祀望衍授号，女巫掌岁时袚除衅浴，春官司厥政焉，近因周礼久废，令阴阳官纳银充之，希图罔利。每于朔、望、月蚀、大旱、舞雩时而需索夫巫氏焉。问以阴阳之理，懵如也，不几与古阴阳之设大径庭哉。以是而称阴阳，是假阴阳不测之术，而行笼络巫氏之计也，非阴阳也。"

吏部以推官、知县等官管见等三十六员职名疏请行取，选补科道。令进士、举人、岁贡一体取用。《明世宗实录》卷一百三十七："丙午，吏部以推官、知县等官管见等三十六员职名疏请行取，选补科道，且言：近岁兼选办事进士，今新科进士尚未开选。得旨：科道乃朝廷耳目，必端谨老成，斯能称职。疏内开具人员，如拟行取，慎加考选。仍查节降三途用人诏旨，如有贤能彰著实心爱民者，无论举人、岁贡出身，一体取用。其进士宜复祖宗旧制，授职后习知民事，积有年劳，始如例行取选用。著为令。"

贡士李承箕卒。承箕嘉鱼人，同兄承芳举成化丙午乡榜。慕陈献章，不计偕，日端坐冥会。或劝之著述，曰："笺注繁芜，又可推波助澜耶？"伯仲间自相磨厉。年五十四。学者称大厓先生。（据《国榷》卷五十五）

辛卯，翰林院侍讲学士廖道南、修撰王用宾主武闱，得周乾等六十人。（据《明世宗实录》卷一百三十七、《国榷》卷五十五）

五月

吏部请令各抚按诸臣，将所属推官、知县、教职等官，无问举人、岁贡，详加评品，拔其优异者疏名以闻。从之。《明世宗实录》卷一百三十八：嘉靖十一年五月，"庚戌，吏部言：'顷奉三途用人明旨，诚古立贤无方之意。第本部行取，惟据抚按旌荐。乃迩来抚按所荐者，进士常十之七八，举人才百之二三，岁贡则绝不齿及，虽欲并用，何所凭据？即使别加咨访，恐亦不能尽真。请令各抚按诸臣，将所属推官、知县、教职等官，无问举人、岁贡，详加评品，拔其优异者疏名以闻，本部核实奏请。'诏可其议，仍命预行查访取用"。

吏部验封郎中李默，同考武举，宴兵部。与尚书王宪争礼，被论调。（据《国榷》卷五十五）

六月

夏言上《议处岁贡事宜以惜人才疏》。得旨，岁贡生员廷试不中，五名以上提学官降级，三名以上提学官提问。俱自嘉靖十一年为始。夏言《桂洲奏议》卷十二《议处岁贡事宜以惜人才疏》："该大学士张孚敬、李时、翟銮题，该礼部奏准天下岁贡生员行移翰林院考试，臣等钦遵，出题弥封。考试过，上等五十卷、上中四十五卷、中等六百四十一卷，俱堪作养，下等五十九卷，文理纰缪，例该发回原学肄业，仍令该提学官照例取招问罪，以警将来。未敢擅便，谨将各卷通行封进，伏乞御览定夺。嘉靖十一年五月廿六日奉旨：'是。该部知道，钦此。'钦遵，抄出送司。查得见今廷试不中生员五十九名，其嘉靖八、九年分湖广岁贡生员史潜等二名，系原任提学副使许宗鲁考送，广东岁贡生员孙达，系原任提学佥事林敖英考送，陕西岁贡生员胡钺，系原任提学佥事林希元考送，江西岁贡生员陈校，系原任带管提学佥事陈璧考送，山西岁贡生员潘鋐等二名，系原任带管提学佥事宋钦考送。嘉靖十年北直隶岁贡生员高第等三名，系见任提学御史胡明善考送。嘉靖十一年陕西岁贡生员左经等十名，系见任提学佥事王邦瑞考送，河南岁贡生员赵守光等一十二名，系见任提学副使敖英考送，湖广岁贡生员林文器等八名，系原任提学副使崔桐考送，四川岁贡生员赵伯遇等十名，系原任提学副使张鲲考送，山东岁贡生员刘温等三名，系见任提学副使陆钺考送，浙江岁贡生员袁麟，系见任提学副使汪文盛考送，江西岁贡生员李直，系见任提学副使张时彻考送，南直隶岁贡生员朱思聪，系原任提学御史邱养浩考送，辽东岁贡生员张钰等二名，系见任巡按御史李庸考送。又查得嘉靖十年正月内节该本部题为遵奉诏书、议处生徒以充国学、以备不次擢用事，内开自今岁为始，廷试有不中式生员，其提学官一名以上听本部参究提问，五名以上，降级改用，等因。节奉圣旨：'今后岁贡生员，务着该府、州、县提调官选举行检无碍，学识优长的，方许送巡按御史会同提学官并布、按二司官从公考核。其岁贡到京廷试，再有衰老无学及行检不修的，经该贡举等官依拟一体治罪不饶，钦此。'已经通行，钦遵去后，今该前因通查案呈到部，为照前项会考岁贡生员系嘉靖十年正月内举行，在外提学官员奉行前项，自当以嘉靖十一年为始，见今黜退生员有原应嘉靖八年、九年、十年分岁贡者，其考送官员如许宗鲁、林希元俱各升迁去任，况在事例未举之前，似难照例究问。其应十一年分岁贡者，一名以上，提学官例该提问，五名以上，提学官例该降级，但中间系奉行会考者，则有御史、布政二司官会同考试，似当分任其咎。今提问、降级之罚，若独坐提学官一人，揆之事体，似属偏碍。但查原系本部初议，已经题奉钦依，臣等未敢径自遵照，合当分别申请，伏乞命下之日，本部备查见今黜退生员名数及各该贡举提学官员职名移咨都察院及各处巡按御史，除嘉靖十年分以前者提学官经免追究外，其应十一年分岁贡者，查照名数多寡，通将各省提学及会考官员量从罚治。以后年分，听臣等从长更议处分，惟复照例止将提学官提问、降级。等因。奉旨：'这岁贡廷试不中五名以上的，各该提学官俱照见行事例，降一级别用，其余并未尽事宜，你部里还议处来说，钦此。'钦遵，抄出送司案呈到部，为照会考岁贡生员事例，既属巡按御史会同布、按二司及提学官公同举行，则贡举非人自当均受其罚，况一名以上提问，五名以上降级，似乎立例太严。提学官缘此畏罪，其弊必至于有不敢起贡之处，窃恐偏方下邑，遂至无人应贡，则学校之政益致废坠，教化之源由此湮塞，所以本部具题，欲别议处分，殊虑及此。昨奉钦依，止摘考退五名以上降级之例，独坐提学官，而一名以上例该提问者未奉明示，但二例俱属见行相应遵照先前明旨，一体施行。除将各省提学官例该降级者咨送吏部降级别用外，其各省黜退生员一名以上者，各该提学副使、佥事等官，仍从本部问查职名，参送都察院，转行各该巡按御史，所据犯该提问者，合无从两京都察院行提问罪，惟复止令本处巡按御史提问，俱伏乞圣裁。再照前项岁贡事例，既以考送之罚独坐提学官，则考贡一事亦宜独责于提学官，方为情法允当。臣等愚见，合无今后令提学官止是遵守钦奉敕谕内事理，各处岁贡生员照例止将食粮年深者严加考试，不必会官。如果年深者不堪充贡，就便照例黜罢，却将以次者考充，务要通晓文理，方许起送赴部。布政司、按察司及巡按御史不许侵越提督者职事，如此庶使责任专重，可以自效，即被遣罚，当亦无辞矣。其见今犯该提问、降级者，合无俯从本部议，拟将嘉靖十一年分者，如例提问、降级。其系嘉靖十年以前者免究，惟复不拘年分与事例有无先后，一概施行。再照先次题准在外考贡不中生员，愿告衣巾终身者，听于提学道，应贡到京，廷考不中者，愿告冠带荣身，听于本部，俱照例准行。合无今次廷考不中有愿告冠带荣身者，准给冠带以塞平生愿仕之志，以慰其末路无聊之情，庶于朝廷作养之恩始终优厚，而无一人不获其所矣。其边远地方学校生员，朝廷作兴事例原与中土不同，是以有免送监之例，有从便举贡之例，有选取身材不限文字之例，每每宽其条格，以开其进取之路。今若一例发回原学肄业，则道路遥远，资费艰难，况多有携挈妻子来京，进退往返，委的穷蹙难处。合无将云南、贵州、四川、两广及西北边方，不分有司、卫学，凡廷考不中者，准令在京听候下次覆考一次，庶不失祖宗曲成人材之遗法矣。已上俱系未尽事宜，相应议处。况钦奉圣旨，臣等不敢不尽其愚。嘉靖十一年六月十六日题，本月十八日奉旨：'岁贡会选事宜，俱系祖宗旧例，已都有旨了。巡按及二司官虽系会同考选，但提学官职专提调，近来旷职日甚，以致贡非其人，责实难辞。五名以上的降级，照前旨行，三名以上的提问，俱自十一年为始。南北直隶提学并辽东带考御史着两京都察院提问。考退生员，原无秋考事例，不准。愿告冠带并衣巾终身的，依拟，钦此。'"《明世宗实录》卷一百三十九：嘉靖十一年六月，"庚寅，礼部奏：今天下岁贡廷试，不中式者五十九卷，近本部遵奉诏书议处生徒，内开廷试有不中生员一名以上，提学官提问；五名以上，提学官降用。随奉圣旨，令巡按御史会同提学及布、按二司官从公考选起贡，此例定自嘉靖十年，各提学官奉行当自十一年始。今所考黜生员，惟当按应十一年贡者为各提学官罪，御史既与二司官会同考试，亦宜分受其罚，以后事宜更听臣等从长议处。得旨：'岁贡廷试不中五名以上，各提学官俱照见行事例降一级别用，未尽事宜，其更议处以闻。'于是礼部复言：提学官贡士既不得专委，则罪谴必宜分任，况一名以上提问，五名以上降级，似乎立例太严，臣恐提学官畏罪，必至有不敢起贡之处，偏方下邑，遂至无人，学校之政废而教化之源塞，非议之得也。今各处按察司提学官应降级者，咨送吏部，应逮治者，南、北直隶提学、辽东带考各御史，俱参送都察院，并断自十一年始，一遵明例示戒。夫考退之罚，提学官既以专职独坐，则考选之事亦须专任责成，请自今止令提学官遵奉敕谕，悉心从事。其岁贡照例先食粮年深者取考，果有不堪，方以其次考充，御史及二司各官毋得侵越，庶责任既专，可以自效，既被谴罚，当亦无词。其廷试不中生员，故事，有愿告冠带衣巾终身者听，宜与准给，以弘朝廷始终作养之恩。其边远地方，本与中土不同，是以累朝有免考送监之例，有从便举贡之例，有选取身材不限文字之例，今若一例发回，艰苦特甚，如云南、广西、北边，或稍宽以覆试之条，以无失祖宗曲成人材之意。上曰：'岁贡会选事宜，俱系祖宗旧制，已有明旨，巡按及二司官虽系会考，而提学官职专提调，贡非其人，责实难辞，五名以上降级，三名以上提问，俱自十一年为始，南、北直隶提学并辽东带考御史令两京都察院逮问。黜退生员原无覆考事例，愿告冠带并衣巾者听之。'已以生员被黜五名以上，降提学官湖广副使崔桐、四川副使张鲲、河南副使敖英、陕西佥事王邦瑞各一级"。

天下选贡之士愿就教职者试于礼部。阎庄《驹阴冗记·南宫试士倡和录》："嘉靖壬辰，天下选贡之士就教职、试礼部者一百人，时六月壬寅也。是日雨，尚书桂洲夏公言为诗一律云：'凉雨阶前老鹤鸣，广堂长日试诸生。秋风桂阙飞腾意，春水鱼龙变化情。须信朱衣能指点，未论藻鉴尽分明。圣朝雅重师儒职，莫使苏湖独擅名。'侍郎未斋顾公鼎臣、甘泉湛公若水、吏部尚书诚斋汪公鋐和焉。夏公命诸生皆和，诸生各以诗进。公谕曰：'子辈虽以贡来，实无异于科甲，故吾诗中"秋风桂阙飞腾意，春水鱼龙变化情"道其实也，子辈勉之。'盖自礼部考试以来，未有以诗慰勉诸生者，诸生亦未有人人能和者，今日亦一奇事也，盍相与传之，名之曰《南宫试士倡和录》，遂合赀授之梓。时传播甚广。初六部及翰林诸公俱有和，欲并入梓。夏公谓恐漫衍，止取本部及诸生之作者，示师生之义也，取诚斋公之作者，以诸生入铨选，亦门下士也。"

左春坊左中允孙承恩归养。（据《国榷》卷五十五）

八月

张孚敬罢。《明鉴纲目》卷六："纲：秋八月，张孚敬罢。目：给事中魏良弼，（字师说，新建人。）劾孚敬专横，窃威福，秦鳌（字子元，昆山人。）复诋其妒贤病国，二疏并入，帝为罢孚敬。"

翰林侍讲学士廖道南上《景德崇圣颂》，且请复史职，设起居注，储史官，荐备馆员。上是之。（据《国榷》卷五十五）

九月

复举馆选。夏言《桂洲奏议》卷十二《请复旧规储养人才以充史职疏》："近该大学士方献夫奏称：翰林、春坊员缺，欲令吏部访补，并荐所知者二人。昨该大学士李时等奏称：欲令部、院、寺等衙门堂上官并六科掌印官各荐僚属，照依庶吉士例，会同吏、礼二部严加考补。俱奉有钦依允行。臣惟二三辅臣前后讼奏，俱出为国荐贤至意，盖缘近日翰林委的缺员数多。仰惟皇上稽古右文，日勤劝学，而经帷史局供奉乏人，诚非所以仰副圣明求贤致治之体也。所以然者，实因近年以来，以翰林而改他官，以他官而改翰林，出者不厌其多，而入者每病其少。出者一往不复，而入者亦以不称斥去。夫以庶吉士之选为滥，宜择其不可者而去之可也，而并其可者亦去之。至于我太祖钦定资格，一甲三名为朝廷所亲擢，例该铨授翰林者，亦复出之其它，又或缘私，用不时考察之法，又尽出之，蓄善未闻，摧折太过，而庶吉士之选遂格而不举者，今两科矣。所以翰林缺人至此，积有自来，诚不能不烦圣虑，而不得不求之于荐举者也。臣以为今日荐举，不得不一行，所以为目前计耳。若夫为国远图，求贤良法，则莫若仍遵我文皇帝成宪，复庶吉士之选，如先年大学士丘浚所言，每科不必多选，所选不过二十人，每选不必多留，所留不过三五辈。其选也，选之者至公无私，其留也，留之者亦至公无私。又择人而严以教之，三年而考其成，如此储养作兴，而其才岂有不得者哉？盖庶吉士之选，其法本良，但近年行之者或有弊，盖人自弊之也，岂法之罪哉？盖亦求之乎用法之人耳，今并其法而废之，是不免于因噎废食之诮，而荐举之法殆不可久，久则弊有甚焉者矣。臣看得今年进士除选授内外官外，见在各衙门办事者尚不下二百人，臣请陛下特敕内阁会同吏、礼二部照例举行，但不必如往年投稿阅卷之法，宜将见在之数愿就试者通取严考，仍宜选拣年貌相应、天资学力可堪作养者，随其多寡，或得二十人、十七八人皆可入馆。尤望圣明遴选馆阁重臣学术醇正，性器端严，可为师范者一人，专领其事。仍望特降明旨，自今以始，令每科开选，定为著令，庶材馆可充，史职不废，而将来辅相之贤当有其人，以副我皇上燕翼之谋、太平之望矣。斯文幸甚，天下幸甚。嘉靖十一年九月十五日奉旨：'览卿奏，具见为国求贤至意，选庶吉士已有旨施行了，该衙门知道，钦此。'"董份《泌园集》卷三十七《明故南京太仆寺丞王子敬先生墓志铭》："明兴，重翰林，自庶吉士始。周歌吉士，未有其官。皇祖举数千载旷典，开文楼置馆，驾数幸，亲校肄优异之。而肃皇帝谕阁臣：以翰林承顾问，备辅弼，宜慎选。而壬辰岁选而报罢，罢复选之，甚慎重也。至辛丑岁，上亲命题览卷定其次，而浙王子敬在选中。"《明史·选举志》："迨十一年壬辰，已罢馆选，至九月复举行之。"

大学士方献夫，荐吏部文选郎中王道、河南道监察御史张珩堪补宫僚。遂改左春坊左右谕德，珩辞之。（据《国榷》卷五十五）

十月

进士吕怀、范瑟等二十一人为翰林庶吉士。《明世宗实录》卷一百四十三：嘉靖十一年十月，"甲申，先是，大学士方献夫言，宫僚馆职员缺，乞下两京科道部属推补。大学士李时复以荐举未必公，宜如考选庶吉士例，凡各衙门所举者，臣等会同吏部试之。内阁皆报可。无何，上命时等于新进士未选者，自年三十五而下，悉令就试，取二十一人。时等选取进士钱亮、许榙、闵如霖、卫元确、段承恩、韩勛、扈永通、吕光洵、谢九仪、刘光文、黄献可、刘士逵、刘思唐、阎朴、胡守中、钱籍、王梅、雷礼、边涝、李大魁、郭希颜等以闻。上阅卷，见弥封姓名，疑有私，遂报罢。翰林院编修程文德疏请上亲试文华殿，阅卷大臣校毕，惟上裁定。得旨：'朕既委辅臣及吏礼大臣，又何以亲临为？'于是时等复奉旨覆考进士吕怀、范瑟、钱亮、黄应中、秦鸣夏、边侁、闵如霖、王珩、卫元确、浦应麟、游居敬、赵汝濂、刘思唐、阎朴、胡守中、李本、赵维垣、何城、王梅、李大魁、郭希颜等，奏改翰林庶吉士。从之。升礼部右侍郎顾鼎臣为吏部左侍郎，仍兼翰林院学士，掌詹事府事，专管教习"。

夏言上请禁沙汰生员疏，从之。江西提学副使张时彻以沙汰诸生太过被劾免。夏言《桂洲奏议》卷十二《请禁沙汰生员疏》："看得通政使司右参议兼吏科都给事中李凤来等题称，近来提学官遵奉新例沙汰生员，奉行过刻，乞要宏文教以悯遗才，及江西提学副使张时彻行事乖方，欲将改调别官，以责后效一节，除更调官员系隶吏部掌行，其应否径直查覆外，臣等窃惟教化者，治世之首务，而学校者，人才之所出也。求之必广，而养之以豫，故上有随才成就之仁，而下无甘于自弃之患。古之治朝，所以或增广太学诸生，或增置学官弟子员，书之史册，俱为一时盛事。皇上圣德中兴，锐意教化，而建议之臣乃创为沙汰生员之例。其提学官承望风旨，奉行太过，将所该管府、卫、州、县学生员，有未经考校，辄据一时风闻访察及点名不到等项名目，将在学生员不分年少可进及文行无玷之人，一概尽行降黜。毁誉失真，贤否莫辨，良材竟遗于寸朽，斩伐先逮于萌芽，堙塞化原，沮丧士气，深为可惜。今据给事中李凤来等所陈，实系振举文教，爱惜人才至意，相应酌拟，合候命下移咨都察院转行天下抚、按衙门，行令各府、卫、州、县学，除经提学官岁考，以文理不通黜退过生员照例罢黜外，其奉例以沙汰之名及一时点名访察遽尔递降黜退者，尽行收录，造成清册一本，候新任提学官至日通行起送查明，复学肄业。候岁考之时，与在学诸生一体严加考试。如果年力衰迈，文词纰缪，方行黜退。其文学平通，年资可进者，一体作养，毋事苛刻，以伤风教，庶朝廷之教化大行，天下之贤才思奋，学政修举，而圣治益光矣。嘉靖十一年十月十八日题。二十日奉旨：'是。依拟行，钦此。'"《国榷》卷五十五："嘉靖十一年十月庚子，江西提学副使张时彻，专沙汰诸生，劾免。"

翰林院编修杨名，以星变言世宗喜怒失中，责对状。（据《国榷》卷五十五）

十一月

罗洪先病痊，补翰林院编修。（据《国榷》卷五十五）

十二月

翰林院侍读学士郭维藩免。以献《白兔赋》忤旨。（据《国榷》卷五十五）
詹事府少詹事张潮、翰林院学士席春为吏部右侍郎。（据《国榷》卷五十五）

本年

令岁贡到部考试不中五名以上者，提学官降一级，三名以上者，提学并带考御史从两京都察院，按察司官从巡按御史各提问。其考试不中生员，不许容留在京，听候下次覆考。（据俞汝楫《礼部志稿》卷二十三《仪制司职掌·贡举·凡考试》）

归有光与同县俞允文（1512—1579）定交。时有昆山三绝之说，谓归有光古文、俞允文诗、张鸿举业也。乾隆《江南通志·人物志·文苑》云："俞允文字仲蔚，昆山人。十五为《马鞍山赋》，援据该博，长老皆推逊之。年未及强，谢去诸生，读书汲古，才名日盛。工于临池，正书规模欧阳，行笔出入米芾。与王世贞交最善，列诸广五子之首。都穆曰：'昆山有三绝，允文诗，归有光文，张鸿举业也。'"

边贡（1476—1532）卒。李开先《边华泉诗集序》："国初诗微存古意，亦有古法，至成化年而萎腐极矣。敬皇兴文勤政，事简俗熙，士夫争以声实相高，诗三变而复古，不但微有古意古法而已。时则有庆阳李空同、信阳何大复，虽云角立而为二，其与边华泉实则鼎峙而为三。空同尝相与面议曰：'诗之雄浑吾能之，而俊逸则让二公；若官爵吾与何同，而崇贵则无如边者；寿年吾与边同，而何则不及耳。'后李、何止提学副使，华泉则由提学而至大司徒。何年三十九，边五十七，李五十八，皆如所逆料。李、何集家藏户有，人人能举其辞，而边集近亦沛然传矣。详观其作，或抚景物，或悲人代，或赠送倡酬，制裁错出，意匠妙解，其音清而越，其节畅而舒，其调高而雅，其体正而平，可以力振风骚，挽回正始，国初不足言矣。"（《闲居集》卷六）《四库全书总目》著录边贡《华泉集》十四卷、《华泉集选》四卷。

明世宗嘉靖十二年癸巳（公元 1533 年）

正月

再召张孚敬入阁。《明鉴纲目》卷六："纲：癸巳十二年，春正月，召张孚敬复入阁。"

三月

释奠于先师。《明世宗实录》卷一百四十八：嘉靖十二年三月，"戊午，衍圣公孔闻诏率三氏子孙，祭酒林文俊率学官诸生等上表谢恩。上御奉天殿受朝，赐闻诏以下衣带，文俊以下袭衣宝钞有差。是日，赐分献官羊酒宝钞，赐祭酒司业及衍圣公三氏子孙宴于礼部，命尚书夏言待。故事，表谢宴赉在幸学次日，以十四日为毅皇帝忌辰，故易期云。己未，祭酒司业率学官诸生谢恩。上赐之，敕曰：'朕惟人君御世，抚民教化为先。朕即位之初，尝亲临太学，祗谒先师，讲论治道，以劝励诸生。兹以祀典厘正，载诣孔庙，恭行释奠之礼，具进尔诸生，讲解经义。尔等尚懋乃学，率厉作兴，务在敦本尚实，用赞我国家文明之化，顾不为欤？於戏，孔氏之教，正名是先。大学之道，修己为要。尔师生其敬勉之。'明日，文俊等复谢恩"。《国榷》卷五十五："嘉靖十二年三月丙辰，上幸太学，释奠先师。国子祭酒林文俊讲《益稷》篇，司业马汝骥讲《易》颐卦。"

翰林院侍讲学士廖道南上《临雍崇教颂》。（据《国榷》卷五十五）

四月

嘉靖帝作律诗二首，张孚敬、李时、方献夫等应制奉和。《殿阁词林记》卷十二《侍游》："嘉靖十二年四月十三日，上御环碧殿，试《演马歌》曰：'朱夏才入四月中，乘闲试马出深宫。惟兹七马状且雄，登霄未可拟跳涧。或峥嵘。''爰因演步至环碧，命诸左右来辅弼。同游同游兮祖训昭，赞襄赞襄兮须竭力。朕非商高宗，诸辅勿我弃。旱为霖兮羹作梅，启心务期沃朕心。俾令汤孙继祖烈，庶几政化维日新。'"《明诗纪事》丁签卷九《李时》引田艺蘅《留青日札》："嘉靖十二年四月十三日，上演马南城，召大学士张孚敬、李时、方献夫、翟銮同游环碧殿、嘉乐馆，锡宴重华殿，赐孚敬蟒服、时等飞鱼服。上赐律诗二首纪之，群臣应制奉和，张公句云：'环碧殿前先试马，苍龙阙外更观花。'李公句云：'内苑草茵迎玉辇，行宫花气袭雕鞍。'翟公句云：'巧翦绯罗缠宝灯，分题玉篆佩花骢。'方公句云：'应制渐无《天马赋》，南熏惟诵舜廷歌。'"又引《列卿纪》："嘉靖十二年，帝幸南内，召张孚敬、李时、方献夫、翟銮同游西苑，制古乐府、七言、五言各二章命和。十三年五月，上幸南内，召孚敬、时同阅青爵尊，赐扇及酒食。阅宣宗《舆地图》诗，及御和诗。十四年三月，召同游南内，时等各作《奉制记乐赋》以献。帝亦作一诗，命曰《御制记乐同游》，刊示群臣。十五年五月，召时同夏言、郭勋泛舟西苑，命荡桨近龙舟，被顾问，赐宴无逸殿。翌日时等表谢，以为自宣宗赐蹇义同游万岁山、杨荣同游西苑后，今仅再见云。"《四库全书总目》卷五十三史部杂史类存目二著录《南城召对录》一卷，提要曰："明李时撰。时字宗易，号松溪，任邱人。弘治壬戌进士。官至华盖殿大学士。谥文康。事迹具《明史》本传。是编乃世宗亲祀祈嗣坛，时与大学士翟銮、尚书汪鋐、侍郎夏言等侍于南城御殿，召见论郊庙礼制，兼及用人赈灾之事。时因录诸臣问答之词。史称时恒召对便殿，接膝咨询。虽无大匡救，而议论多本于厚。于是编亦略见一斑云。"

兵部左侍郎黎奭，南京刑部右侍郎胡琏，国子祭酒陈寰，总督粮储右副都御史盛端明，巡抚顺天右佥都御史戴时宗，巡抚应天右副都御史陈祥等并拾遗免。（据《国榷》卷五十五）

五月

升养病左春坊左谕德王道为南京国子监祭酒。（据《明世宗实录》卷一百五十）

廖道南以进讲《论语》、《大学衍义》开罪张孚敬。《殿阁词林记》卷十五《日讲》："《会典》载日讲官仪云：'凡日讲止用讲读官，内阁大学士侍班，不用侍卫、侍仪、执事等官待班。讲读等官入见，行叩头礼，东西分立。先读《四书》，次读经或读史，每本读十数遍。直讲官先讲《四书》，次讲经或讲史，务在直说大义，明白易晓。讲读后，侍书官侍上习书毕，各官叩头退。每三日一温讲，将前所讲书通讲一遍，若讲官中有事故，同列代讲，其直解则讲毕补进。'嘉靖十二年五月内，臣道南轮讲《论语》高宗谅阴以下三章，时汪鋐拜冢宰，恳祈张孚敬改题，以其有'君薨听于冢宰'句也。臣道南执不之改，孚敬即上揭帖，上批云：'览卿等奏，朕悉已，旧日讲官徐缙讲孟敬子，撤去二节人之将死不讲。夫死生人道之常，何讳之有？如卿等言，则忠说之论，何由得闻？还着道南照旧进讲。'次日，臣道南讲毕，进说云：'臣按《说命》梦帝赉予良弼，其代予言。又云：其惟不言，言乃雍。即是以观，古之人君心纯乎孝，故宅忧而不暇于有言；古之人臣心纯乎忠，故摄政而不嫌于代言。然必有高宗之圣，而后可以用傅说之言；必有傅说之贤，而后可以辅高宗之德。不然，则莽、操、懿、温之流，又将以冢宰借口于千万世矣。'时孚敬闻之大怒，出谓铉曰：'讲官欲中之伤。'又明日，进讲《大学衍义》许敬宗立武昭仪章，及李林甫嫉李邕章，杨国忠比李辅国章，元载陷颜真卿章，卢杞嫉张镒章，李逢吉结王守澄章，江充害戾太子章，孚敬积憾。至十三年七月初三日慧（彗）星见，轮顾鼎臣、席春进讲，鼎臣未到，孚敬遂参臣道南及蔡昂不行代讲，乃谪道南于徽，正欲铉反噬也。圣明轸念，旋即赐环，而奸党无所容其欺矣。"

张璧服阕，补翰林院学士。（据《国榷》卷五十五）

广东提学副使王世芳及广州番禺等县儒学像未撤，俱逮下巡按御史。（据《国榷》卷五十五）

六月

贵州提学佥事始免兼屯田水利，归之巡道。（据《国榷》卷五十五）

七月

唐顺之、陈束、杨瀹、卢淮、陈节之、胡经试、周文烛等七人改翰林院编修。《明世宗实录》卷一百五十二："（嘉靖十二年七月）庚午，改吏部考功司主事唐顺之、礼部仪制司署外郎陈束、户部山西司主事杨瀹、兵部车驾司主事卢淮、武选司主事陈节之、河南道监察御史胡经试、御史周文烛俱为翰林院编修。先是，上以翰林侍从人少，诏吏部博采方正有学术，为众望所归者充其选。于是部臣疏顺之等十人名上，诏七人改补如拟。其报罢者三人：任瀚、王慎中、曾阼也。"徐问《再寄应德书》云："日见邸报，知擢翰林清切之地，无官事相萦缚，正好一意敬义工夫，时时整齐此心，事事不轻放过。""诗文亦不可废，而贵发诸性情，根于理致，古人体格言语不能强同，亦不必务为深远，以求不同。但穷理到处，出言皆能载道，其精粹处则文之至者也。尤不须苦心极力为之。非惟堕于玩物丧志，而以无益害吾气体，尤失所重。"（《山堂萃稿》卷八）唐顺之，字应德。李开先《荆川唐都御史传》云："往时翰林，皆由进士上甲与庶吉士两途，圣上以为此不足以尽人，遂更其制，选取十人，咸自科道部属入焉，而唐子则由吏部入者。陈束尤相厚，入则陪侍讲筵，出则校雠东观，暇则杯酒欢宴，或穷日夜不休。素爱空同诗文，篇篇成诵，且一一仿效之。及遇王遵岩，告以自有正法妙意，何必雄豪亢硬也。唐子已有将变之机，闻此如决江河，沛然莫之能御矣。故癸巳以后之作，别是一机轴，有高出今人者，有可比古人者，未尝不多遵岩之功也。"王惟中《河南布政司参政王先生慎中行状》："先生讳慎中，字道思，别号遵岩居士，惟中之仲兄也。"嘉靖丙戌进士。"嘉靖辛卯（1531），各省乡试复以京朝官主试，先生在岭南盛称得人。壬辰（1532）春，以廷对魁天下，即先生所收士林公大钦也。是岁转主客员外郎。天子向意文治，诏取才学之臣十人，以充史馆，而先生为之首。权贵人欲致先生，使人语曰：'得一见，馆职不足定也。'先生固不往见。乃点用九人，独先生竟沮不用。自是朝论嗷嗷，有失人之诮，乃改先生为吏部，以塞众望，由考功员外郎升验封郎中。""权贵人"指张璁（孚敬）。

屠应埈（1502—1546）由仪制郎中改任翰林修撰。 徐阶《明故右春坊右谕德兼翰林院侍读浙山屠公墓碑铭》："癸巳，今宰相夏公（夏言）以为天子方重文学侍从之臣，翰林诸先辈无在者，而公才任翰林，荐以为修撰，仍五品服。自近世来，翰林诸缙绅率以文词相雄夸，至于世务一切置不论，惟公不谓然，故与人语，往往先人才、风俗、钱谷、甲兵及政之所宜罢行者，方其意得时，驰骋古今，率数千言不倦也。"

乙巳，上朝毕，御文华殿，讲《大学衍义》。 翰林学士顾鼎臣疾不至，学士廖道南、蔡昂当代而辞。夺鼎臣俸六月，谪道南徽州通判、昂湖州通判。（据《国榷》卷五十五）

监察御史傅凤翔清军江西，滥荐二十六人，谪。 （据《国榷》卷五十五）

八月

右春坊右庶子费寀为南京通政司右通政。 （据《国榷》卷五十五）
翰林院修撰姚涞为左春坊左谕德。 （据《国榷》卷五十五）

十月

命乡试考官只用教职，不必差京官。 （据《明世宗实录》卷一百五十五"嘉靖十二年十月戊寅"）俞汝楫《礼部志稿》卷七十二《京省试官》："嘉靖十二年十月，礼部题为乡试事：查得嘉靖六年，该学士张璁题为'慎科目以风励人才事'，节该奉圣旨：'各乡试系有司职务，考官虽出钦命，但近来教官多不得人，补偏救弊，似亦相应。况先年亦曾举行，待开科之前数月，各布政司呈礼部，亦会举京官或进士，每处二员具奏，驰驿前去。主考监临官不许干预内帘职事，礼部仍作急先行各衙门及各提学官知道。钦此。'已经通行钦遵外，照得嘉靖十三年，例该天下乡试之期，合行照例依期乡试，但各省开科，名为乡试，本系有司职务，实古人乡举里选之意。近以京官主试，委属一时补偏救弊之法，可偶一行之。若遂踵为常规，似又不能无弊。况上科差出考官，与巡按御史每因争较礼节，竞生嫌隙，以致妨误试事。其《试录》文字，间有艰深奇僻，不堪为式，有坏文体。一切事宜，俱有未便。其正文体一节，合无查照本部上年题准事例，申明通行移咨都察院转行各该巡按衙门，及令各省考官务要明经取士，为文必合程序，毋得崇高奇诡。如有不遵，候《试录》进呈到部之日，摘其文疵参究，照例追夺聘币。其监临、提调、监试等官，亦要与考试官同心戮力，以共成宾兴重典，毋或异同贲事，重伤大体。奉圣旨：'考官只用教职，京官不必差。正文体依拟。钦此。'"
夏言《桂洲奏议》卷十四《科举疏》："仪制清吏司案呈：照得嘉靖十三年，例该天下开科取士，欲预行浙江等布政司及顺天、应天二府，各照前科事例，依期开科乡试。及查得嘉靖六年九月内，该督察院署掌院事兵部左侍郎兼翰林院学士张璁题'为慎科目以风励人材事'，节该奉旨：'各省乡试，系有司职务，考官虽出钦命，但近来教官多不得人，补偏救弊，似亦相应。况先年亦曾举行，待开科之前数月，各布政司呈礼部，亦会举京官或进士每处二员具奏，驰驿前去，主考、监临官不许干预内帘职事，礼部仍作急先行各该衙门及各提学官知道。钦此。'已经通行钦遵外，案呈到部。臣等照得嘉靖十三年例该两京及浙江等布政乡试之期，合行照例依期乡试，但各省开科，名为乡试，本系有司职务，实古人乡举里选之遗意。近以京官主试，委属一时补偏救弊之法，可偶一行之。若遂踵为常规，似又不能无弊。况上科差出考官与巡按御史，每因争较礼节，竞生嫌隙，以致妨误试事。其《试录》文字，间有艰深奇僻，不堪为式，有坏文体。一切事宜，俱有未便。其正文体一节，合无查照本部上年题准事例，申明通行，移咨都察院，转行各该巡按衙门，及令各省考官务要明经取士，为文必合程式，毋得崇尚奇诡。如有不遵，俟《试录》进呈到部之日，摘其文疵参究，照例追夺聘币。其监临、提调、监试等官，亦要与考试官同心戮力，以共成宾兴重典，毋或异同贡事，重伤大体。所据今次各省乡试，合无仍照上年事例，会举京官主试，惟复止令各布政司遵照祖宗旧制举行，伏乞圣明定夺。嘉靖十二年十月初六日具题，本月初九日奉旨：'考官只用教职，京官不必差。正文体依拟。钦此。'"

礼部郎中屠应埈、王汝孝，兵部郎中华察改翰林院修撰。吏部员外郎李学诗改编修。（据《国榷》卷五十五）"屠应埈"，《国榷》误作"屠应陵"。

十二月

袁黄（1533—1606）生。（据黄强考证）详见《游艺塾文规》校点本（武汉大学出版社 2009 年版）前言。

本年

礼部奏准凡乡试前一年八月，重申乡试条例。通行各省知会遵守。（据俞汝楫《礼部志稿》卷七十一《题行乡试条约》）

（嘉靖）十二年题准：各都司卫所应袭儿男并幼官二十五岁以下、十五岁以上，俱照例考送各该府卫州县儒学肄业。每间月，府州正官会同该卫掌印官，考验弓马策略，分等附簿。年终各该提学、守、巡等官，再加考试，通查优劣，量行赏罚。在京者，兵部委司属官考送京卫武学，听兵部堂上官会同提督营务侯伯等官，每两月考校一次，年终具奏赏罚。（据万历《大明会典》卷一百五十六《兵部·武学》）

河南巡抚吴山献白鹿，是为大臣谄媚之始。《万历野获编》卷二十九《白鹿》："嘉靖十二年，河南巡抚吴山献白鹿，为大臣谄媚之始。此后白兔、白龟、白鹊相继不绝，惟浙直总督胡宗宪两进白鹿，俱蒙褒赏。时世庙方崇道教，喜闻祥异，胡正剿倭立功名，每事辄称引玄威以自固，势自不能不尔。至壬戌（1562）会试遂以灵台命题，而鹤鹿悉登于闱牍矣。时主试为袁元峰炜相公、董浔阳份尚书，俱在直典青词，本无可责者。乃至癸亥年（1563），西苑白龟生穀，严分宜方率词林在直诸公上表称贺，他可知矣。此后则万历甲戌（1574），白莲、白燕见于翰林院，江陵大喜进之。上方冲龄，谦让不受，归之阁臣。虽以渺躬自处，而献谀一念，已为圣主所窥。张方以伊周自命，而举动乃与先朝诏媚诸公，如出一辙。盖上奉慈圣，下结冯珰，不觉澜倒至此，宜相业之不终也。"

董沄（1457—1533）卒。张惟骧《疑年录汇编》卷六："董萝石七十七沄，生天顺元年丁丑，卒嘉靖十二年癸巳。"《明史》儒林传："董沄，字子寿，海宁人。年六十八矣，游会稽，肩瓢笠诗卷谒守仁，卒请为弟子。"黄宗羲《明儒学案》卷十四："董沄字复宗，号萝石，晚号从吾道人，海盐人。以能诗闻江、湖间。嘉靖甲申年六十八，游会稽，闻阳明讲学山中，往听之。阳明与之语连日夜，先生喟然叹曰：'……今闻夫子良知之说，若大梦之得醒，吾非至于夫子之门，则虚此生也。'……至七十七而卒。先生晚而始学，卒能闻道。其悟道器无两，费隐一致，从佛氏空有而入，然佛氏终沉于空，此毫厘之异，未知先生辨之否耶？"

张九一（1533—1598）生。张九一，字助甫，新蔡人。嘉靖癸丑进士，授黄梅知县。擢吏部主事，历员外、郎中，迁南尚宝少卿，谪广平同知。擢湖广佥事，进参议。改陕西。有《绿波楼文集》五卷，《诗集》十四卷。据过庭训《张九一传》、钱谦益《列朝诗集小传》等。

明世宗嘉靖十三年甲午（公元 1534 年）

正月

国子祭酒林文俊为南京礼部右侍郎，南京大理寺卿冼光为南京工部右侍郎。（据《国榷》卷五十六）

二月

改通政司右通政王激为国子监祭酒。（据《明世宗实录》卷一百五十九）《国榷》卷五十六："（嘉靖十三年二月）癸酉，通政司右通政王激改国子监祭酒。"罗洪先《中宪大夫国子监祭酒王公激墓志铭》："癸巳君主誊黄，未几改国子祭酒兼经筵讲官，为吏部进贤，黜陟人才务当情实，尤能采拔幽滞，直己无所他徇。"王激为张孚敬甥，时委曲以救张孚敬之失。

三月

南京国子监祭酒王道引疾请告归，以南京通政使司右通政费寀代之。（据《明世宗实录》卷一百六十一）《弇山堂别集》卷六十三《南京国子监祭酒年表》："费寀，江西铅山人。由进士，（嘉靖）十三年任。"

黄州同知徐阶为浙江提学佥事。（据《国榷》卷五十六）

四月

方献夫因世宗喜怒难测而致仕。张孚敬求去，世宗不许。《明鉴纲目》卷六："纲：方献夫罢。（献夫好饰恬退名，而屡为言官所劾，中恶，虽执大政，气厌厌不振。又以帝恩威不测，居职二载，三疏引疾，帝优诏许之。初，献夫缘议礼进，以司马光与王莽同论，为人所痛诋。及与璁、萼共事，持论颇平恕，以此人不甚恶之。家居十年卒。）"《四库全书总目》卷一百七十六集部别集类存目三著录方献夫《西樵遗稿》八卷，提要云："是集名曰西樵，以早年读书西樵山也。献夫缘议礼骤贵，故开卷即冠所上大礼疏。《明史》本传谓其虽执大政，气恹恹不振。入阁之初，攻者四起。故集中多引疾求退之章，无所谓嘉言硕画云。"

翰林院编修张衮为侍读。（据《国榷》卷五十六）

五月

许诰（1471—1534）卒。《明世宗实录》卷一百六十三："（嘉靖十三年五月癸未）南京户部尚书许诰卒，赐祭葬如例，赠太子太保，谥庄敏。诰，河南灵宝县人。前吏部尚书进之子也。弘治十二年进士，授户科给事中。……逆瑾用事，调广西全州判官。……嘉靖四年，召为南京通政司参议。六年，升翰林院侍读学士，充经筵讲官。因进所著《通鉴前编》、《图书管见》、《太极论》、《道统源流录》，八年升太常寺卿，管国子监祭酒事。寻迁吏部右侍郎、南京吏部尚书，至是卒于官。诰，志气豪迈，行谊修洁，其所著述虽未臻理要，而人称其笃志好学，能益振其家声云。"

六月

齐之鸾（1483—1534）卒。汪居安《廉宪蓉川齐公行状》："公讳之鸾，字瑞卿，号蓉川。先世居桐为著族。……甲午春升河南按察司，炎月趋任，触署莅事，昼夜不息，报未完六百有奇，毒热过劳，疽发于背，延及脑后，病革，家人悲哭，公呵之曰："大丈夫当以马革裹尸回，何泣?"后竟无一言及家事。以六月十九日卒。公生于成化癸卯，殁于嘉靖甲午，享年五十有二。""诗思甚切，然喜多，有一韵叠至数十首者。搜探奇崛，毫末不遗，他人多即难工，公有馀力矣。在长兴有《唐语林》，南曹有《悠然亭集》，宁有《入夏录》，其它稿尚多，得高识之士雠校之，当为佳汇，可传也。"

七月

王锡爵（1534—1610）**生。**王锡爵字元驭，号荆石，太仓人。嘉靖壬戌进士。官至建极殿大学士。谥文肃。事迹具《明史》本传。著有《王文肃奏草》、《王文肃集》等。据焦竑《澹园集》续集卷十六《光禄大夫少保兼太子太保吏部尚书建极殿大学士赠太保谥文肃荆石先生行状》。

翰林修撰林大钦予告。（据《国榷》卷五十六）

八月

两京及河南、山东、陕西、山西、浙江、湖广、江西、福建、广东、广西、四川、云南等十二布政司乡试；贵州士子附云南乡试。

本年乡试，辽东生儒始附顺天府考试。嘉靖《辽东志》卷六《人物·举人》："辽东应试生儒，旧又赴山东布政司。嘉靖初，生员徐潮等屡乞附近，至甲午科，始附顺天府。"

江西乡试，录取九十名。李舜臣《愚谷集》卷五《江西乡试录序》（代作）："嘉靖甲午当贡士之年，……所选士三千有奇，而三试之，得中试者九十人。"李舜臣《愚谷集》卷五《江西贡士序齿录序》："（嘉靖）甲午秋，既大比，则选贡士。是年贡士惟府及州有之，刘会而下得十人焉。长朱守正，渐及宋金，次其年齿，将锓诸梓。夫贡士序齿，不见于往，何也。进士同举于廷，举人同举于乡，则称同年。礼让为急，故序之也。且将有责征诸后来，故录之也。贡士惟廪食最久及次久者，试于督学台，甲若乙二人尔，而甲常得一人耳，无有所谓同举，则不序也。朝廷以贡士之非人也，诏御史、布政使、按察使咸有责焉，群而试之，考第其文，虽举一人，亦务严选，必得隽者贡之京师。盖合数郡之士举于一日，亦谓同年，则宜序也。"

茅坤举乡试第十一名。茅坤《耄年录·年谱》曰："甲午赴乡试，时按察院使内黄张公子立，先撮十一府优等一百八十二人，共堂考《四书》题'当暑袗絺绤'一节、《经》题'威克厥，爱允济'二句。张公览予文，大奇之。八月初八日，阖考试官及提调监试藩臬饮宴入帘，张公特对藩臬使党公、路公辈而曰：'予今年堂考计一百八十二人，独得归安茅坤。'且曰：'此子《四书》文固已出群，至《经》文，可谓得孙吴兵钤者也。决当列之魁元，二司为我记其所编号。'已而弥封房编予为字第三号，而党亦未敢闻按院。其年三场，外帘分校。予头场落，对读房寿昌令钱公籍取第一。二场落，弥封房余姚令顾公取第二。三场又落，平阳令唐公英仍取第一。共荐之党公。岂谓内帘曾公嘉庆涂抹之不复出。党且三移文驳之，曾仍不以出也。党始怒，揭按院张公，行且欲参劾之。至廿七日填草榜，卷始出。张公按其所涂抹，怒曰：'既经涂抹若此，当不得首列矣。'异日公据人礼部似不雅，姑置之第十一。明日宴鹿鸣，按院及藩臬诸大夫并为予称屈者久之。"归有光《寿小洛何先生序》："嘉靖十三年甲午，时惟闽州小洛何公，暨西蜀高公，来典试事于浙。当是时，两公并海内名流，由进士起家，郡教授过焉；而予辈九十人，亦稍稍并以吴越所称高才生，甲乙而次。撤闱之日，按故事，矢歌鹿鸣而宾兴之。两公号大贤，而诸生亦雁翔鱼贯，杂沓而进，执觞献酬，滕席前寿，鼓钟前悬，匏竹后列，譬之张乐于洞庭之野，而马仰秣，鱼出听，何其盛也！"

高应冕（1503—1569）中举，此后三应进士试不第。 张瀚《光州知州高颍湖墓志铭》："高光州者，讳应冕，字文中，自号颍湖。其先由汴徙仁和。""甲午举于乡，三上春官不遇。"试吏绥宁，迁光州守。有《白云山房集》二卷。

夏言上《遵明旨陈时政备采择以裨修省疏》，请会试校士，务取醇正典雅、明白通畅、温柔敦厚之文。准议。 夏言《桂洲奏议》卷十六《遵明旨陈时政备采择以裨修省疏》："查得先该本部题为科举事内一件，变文体以正士习。窃惟国家建学校联师儒以教养天下之学者，既乃设科目较文艺以网罗天下之成材。自祖宗以来百六十年于兹，造士求才之法可谓尽善极美，是以学术日明，文运日昌。至于成化、弘治间，科举之文，号称极盛，凡会试及两京乡试所刻文字，深醇典正，蔚然炳然，诚所谓治世之文矣。近年以来，士大夫学为文章，日趋卑陋，往往剽剟摹拟《左传》、《国语》、《战国策》等书，蹈袭衰世乱世之文，争相崇尚，以自矜眩。究其归，不过以艰深之词饰浅近之说，用奇僻之字盖庸拙之文，如古人所谓减字换字之法云耳，纯正博雅之体，优柔昌大之气，荡然无有。盖自正德末年，而此风始炽。伏自皇上登极以来，圣学格天，帝文焕日，方且屡发德音，黜浮崇雅，宜乎文章之盛骎骎乎三代同风。乃昨岁天下进呈乡试程文，猥鄙不经，气格卑弱，背戾经旨，决裂程式，其或刻意以为高者，则浮诞诙诡而不协于中，骋词以为辨者，则支离决裂而不根于理。文体大坏，比昔尤甚。乃知俗学流弊，振起为难，有识者盖深忧之。兹圣明在上，若不大振颓风，力救斯文之弊，则将来道术日微，人才日坏，欲得真才以辅成至理，盖亦难矣。此事关系甚大。又臣等以人事君之义莫重于此，伏乞圣明采纳，敕考试官今次会试较士，务取醇正典雅、明白通畅、温柔敦厚之文，凡一切驾虚翼伪，钩棘轧茁之习，痛加黜落，庶几士子知所趋向，而文体可变而正矣。等因具题。节奉旨：'是。文运有关国运，所系不细。近来士子经义诡异艰深，大坏文体，诚为害治。恁部里便出榜晓谕，今次会试文卷，务要醇正典雅，明白通畅的方许中式。如有似前钩棘奇僻，痛加黜落，甚则令主考官指名具奏处治。钦此。'已经通行，钦遵去后。今御史郑坤所奏前因，合候命下，仍通行各布政司提调官、各按察司提学官，遵照本部先今具题并钦奉圣旨，行令各该有司官刊刻板榜，发各府、州、县儒学明伦堂悬挂，朝夕顾谉，以淑士心，务使文词丕变，以还敦厚之风，庶几他日科目得人，以成国家正大光明之业矣。仍将刊刻缘由申报本部，以凭查考。嘉靖十三年八月二十三日具题，二十五日奉旨：'准议。'"

吏部尚书汪鋐以其子试顺天不第，上书指摘科场事。《弇山堂别集》卷八十二《科试考二》："十三年甲午，命翰林院侍讲学士廖道南、翰林院侍读张衮主顺天试。以初场进题迟，下礼部参，道南辞鹿门宴，不许。时吏部尚书汪鋐有子不第，上疏指摘场事，以太祖诛刘三吾为言。道南引刘俨事答之，俱不问。命右春坊谕德伦以训、右春坊右赞善张治主应天试。"《万历野获编》卷十四《奏讦考官》："自来子弟不第，父兄无奏讦考官者。惟景泰丙子顺天乡试，内阁陈循、王文有之。循言子瑛，文言子伦，文字俱优，不为试官刘俨、王谏所识拔，欲罪之。赖大学士高谷力为救解，俨等宥罪，瑛、伦俱许会试。次年丁丑正月，睿皇复辟，而王文就诛，陈循遣戍矣。此事古今创见，宜其不旋踵而败，后人亦无敢效之者。惟嘉靖甲午顺天乡试，吏部尚书兼兵部尚书汪鋐，以子不与中式，乃指摘场弊，劾考官廖道南、张衮，且以太祖诛刘三吾为言。道南等即引陈、王及刘俨故事以答。上两不问。次年鋐亦劾罢，旋死。鋐之横恶，此特其一端。且狠暗无识至此，更为可笑。此后二科，为庚子（1540）顺天乡试，掌詹事礼部尚书霍韬亦以子畿试不录，恚甚，欲纠主司童承叙、杨惟杰。其门生李开先力劝之曰：公有子九人，安知无入彀者？姑听之。韬次子与瑕，果中广东乡试第九名。霍乃止疏不上。上，必有非常处分。赖李中麓巽言而止。总之，舐犊情深，裂四维而罔顾，或诛、或窜、或自毙，俱近在岁月间，则其心死久矣。"焦竑《玉堂丛语》卷六《科试》："嘉靖甲午，吏部尚书汪鋐子试顺天不第，上疏指摘场事，以太祖诛刘三吾为拟。考试官侍讲学士廖道南、侍读张衮，引刘俨、陈循、王文事答之，俱不问。"《明史·选举志》："辅臣子弟，国初少登第者。景泰七年，陈循、王文以其子北闱下第，力攻主考刘俨，台省哗然论其失。帝勉徇二人意，命其子一体会试，而心薄之。""科场弊窦既多，议论频数。自太祖重罪刘三吾等，永、宣间大抵贴服。陈循、王文之龁龁刘俨也，高谷持之，俨亦无恙。"查继佐《罪惟录》志卷十八《科举志》："（嘉靖）十三年，顺天乡试，进题迟。时吏部尚书汪鋐有子不第，上疏指摘主考廖道南场事，不问。尝有进呈试卷，结用'作聪明'等语，坐诽谤死。又或以大本堂作表题，及闻此堂为懿文皇太子事，惊惧欲死，厚赂阁下得免。至有'幅员'作'幅帧'书者。"《国榷》卷五十六："嘉靖十三年八月辛丑，侍读学士廖道南、侍读张衮主试顺天。"

令历年武举人中式，指挥果有谋勇可属将帅者，听抚按官荐举候用。（据《明世宗实录》卷一百六十六"嘉靖十三年八月庚戌"）

以黜落岁贡生，下福建提学副使潘潢于巡按御史讯。（据《国榷》卷五十六）

陕西提学佥事孔天颖（胤）降邳州知州。（据《国榷》卷五十六）

九月

以顺天乡试初场进题迟慢，府尹胡铎、考官廖道南等受惩处。《明世宗实录》卷一百六十七："嘉靖十三年九月甲子朔。先是，顺天乡试初场进题迟慢，有旨诘责府尹胡铎等，铎对罪由考官廖道南等迟误。上怒其饰词，诏以铎调南京用，夺府丞张汉俸三月，考官廖道南、张衮各俸一年。监试御史不行纠举，俟试毕，礼部参奏。主是礼部言，御史钱学孔、禅隐黜回护。诏下法司逮问。已乃赎罪还职。"《国榷》卷五十六："嘉靖十三年九月甲子朔，顺天府尹胡铎调南京，府丞张汉夺俸三月，考官廖道南、张衮夺岁俸。以初场试目不即上被诘。铎归咎考官，下监试御史钱学孔、周禅狱。赎罪还秩。"

应天上试录失裁，山西上试录误杂片纸，各提调官下巡按御史。（据《国榷》卷五十六）

前国子司业江汝璧为翰林侍读。（据《国榷》卷五十六）

十一月

着巡按御史提问张梦龙等。夏言《桂洲奏议》卷十六《明职掌以严铨选疏》："祠祭清吏司案呈，查得嘉靖十三年十月二十日该吏部大选官员，选过医官张梦龙、苏方、李监、阴阳官梁豸、僧官继经等，俱未经由本部咨送铨选。查《大明会典》一款，凡天下府、州、县举到医士堪任医官者，俱从礼部会考，中者送吏部选用，不中者发原籍为民，原保官吏治罪，钦此。又查得先为正奸弊、清朝政以图治安事，该本部题奉钦依《诸司职掌》，天下府、州、县起送阴阳、医生顶补阴阳、医官员缺，俱经本部查勘明白，札付太医院、钦天监，本部仍委该司官一员公同考试，如果术业精通者转行吏部铨选，考不中者发回原籍为民。及举保僧、道袭官，皆从本部参勘无碍，转发僧道录司考试中式，转咨吏部铨选。其阴、医、僧、道中间，虽有援例免考者，止是免其考试，其起送缘由，必从本部参勘无碍，转咨吏部铨选。况前此援例免考，经由本部咨送者，历历可考，日日有行。及查嘉靖四年八月内，该河南等处阴、医、僧、道李九成等，嘉靖十一年五月内，该凤阳府僧人演真，俱不由本部咨送，径自收选，已经申明职掌移咨吏部，及咨都察院转行在外巡按御史提问，各该故违官吏去后，今该前因查得陕西郿州医官张梦龙、巩昌府徽州阴阳官梁豸、直隶保定府雄县医官苏方、顺德府南和县医官李鉴、僧官继经等各官，俱径申送吏部，该部径自选补讫……看得各处起送医官、阴阳官、僧道官俱从本部考送选用，具载《会典》，其有纳银免考者，亦由本部参勘无碍，转咨吏部铨选，此系《职掌》旧规，见行事例，前此已经本部两次申明，内外知悉。今张梦龙等乃不由本部，径赴吏部投文，该部不行查正，令候命下移咨吏部，将选过张梦龙等五名选除医官等职先行革退，及咨都察院转行各该巡按御史行提各犯到官，并司、府、州、县承行官吏问拟应得罪名具由回报。遗下员缺另行保送。仍乞天语申谕该部，今后务宜恪守朝廷典制，无得任意窣更，以滋奸弊，庶职掌明而铨选严矣。嘉靖十三年十一月廿四日具题，廿七日奉旨：'张梦龙等并承行官吏着各该巡按御史提了问，今后都照旧规行。'"

定视朝中书舍人与翰林各四人分侍。初，上大祀御殿，以中书舍人傅启等不殿班，下狱。盖故事中书舍人未侍班。（据《国榷》卷五十六）

十二月

翰林院庶吉士钱亮等授职。辛酉，翰林院庶吉士钱亮、吕怀、边铣为兵、刑、工科给事中。王珩、游居敬为河南、山东道御史。赵汝濂、刘思唐、胡守中、赵维垣、何城、王梅、李大魁为主事。（据《国榷》卷五十六）

广东贡生斥五人，提学佥事田汝成贬滁州知州。（据《国榷》卷五十六）

本年

李舜臣本年八月前由户部浙江司郎中升江西提学佥事。李开先《大中大夫太仆寺卿愚谷李公合葬墓志铭》："戊子（1528）秋，（舜臣）起复，补稽勋司，已而升验封署员外郎。己丑（1529）秋，调考功。庚寅（1530）冬，养病得请，避权贵相忌，托病而逃之耳。癸巳（1533）赴部，补户部湖广司员外郎，升浙江司郎中，尽心国计，不以失清要而有愠色。其与后所排挤者，盖两权贵也，何权贵不能容人者多耶？取今之士，惟文不蹈袭，官不屈挠者，斯可贵也。愚谷每愤文体如妆粉骷髅，宦态如牵丝傀儡，则其所作与其所自持可知也。已当事者承望权贵风旨，将处以远恶地。王遵岩在文选，力争之，升江西提学佥事，此甲午年事也。愚谷以学职乃人才所系，江右为文献之邦，考阅无时，振作不倦，去留精审，条教详明，士风丕变，而人才辈出。往惟留心应出好题无忌讳者，《诗》废风雅之变，《易》废凶咎之爻，《书》废金縢顾命之策，《礼》废杂记、丧服、丧大记、三年问等篇，《春秋》废雨雹、日食、地震、山陁之灾，弑杀、崩薨、卒葬之书，愚谷一切命题，诸生始睹全经矣。远年如邵文庄、蔡虚斋、李空同，近如汪青湖、苏舜泽、蔡可泉与愚谷，是皆提学江西之出色者也。"王遵岩，王慎中也。"两权贵"，一为张璁（孚敬），一为夏言。

张岳（1492—1552）由广东提举起知廉州。徐阶《明故资政大夫总督湖广川贵军务都察院右都御史赠太子太保谥襄惠净峰张公墓志铭》："公讳岳，字维乔，号净峰。……五代时始自曲江迁闽之惠安。……弱冠试于乡，其所对策书纸背尽满，主司大奇之，擢置第一。举正德丁丑进士，授行人。武皇帝寝疾，豹房独宦者数人侍，公上疏，请令大臣台谏朝夕起居，不报。宁庶人谋逆，声播远近，上将南巡，中外汹汹，谏者数十辈，已前系诏狱，公复率其僚切谏，上怒杖阙下，既而释之，调南京国子监学正。今皇帝即位（1521），尽还武庙时谏者官，复以公为行人。居久之，迁司副，寻擢南京武选员外祠祭郎中。丁祖母忧，服阕补主客郎中，由主客出为广西提学佥事，复改江西。坐广西所贡士廷试黜落七人，贬广东提举。初，公为主客，大宗伯与执政议祃礼不合，执政知其出于公也，忌之，然未有以罪，至是乃贬云。甲午起知廉州。"壬寅（1542）拜佥都御史，巡抚郧阳，改江西。乙巳（1545）擢副都御史，总督两广军务。卒，复右都御史，赠太子少保，谥襄惠。有《净峰稿》等。

蔡羽（？—1541）以岁贡赴选，授南京翰林院孔目。崇祯《吴县志·人物》："蔡羽字九逵，升孙，居包山，自号林屋山人。为人高朗疏秀，聪警绝人。少失怙，母吴亲授之书，辄能领解。年十二，操笔为文有奇气。稍长，尽发家所藏书，自诸经子史而下，悉读而通之。然不事记诵，不习训诂，而融液通贯，能自得师。为文必先秦、两汉为法，而自信甚笃，发扬蹈厉，意必已出，见诸论著，奥雅宏肆，润而不浮。诗尤隽永，早岁微尚纤缛，既而澌涤曼靡，一归雅驯，晚更沉着，而时出奇丽，见者谓虽长吉不过，羽乃大悔恨，曰：'吾辛苦作诗，求出魏晋之上，乃今为李贺耶？吾愧死矣！'其高自表标，不肯屈抑如此。然其所作凌历顿迅，诚亦高夐莫及。当其得意时，不知古人何如也。羽故邃于《易》，出其绪馀为程艺，以应有司，而辞义藻发，每一篇出，人争传以为式。羽试辄不售，屡挫益锐，而卒无所成。盖弘治壬子至嘉靖辛卯（1492—1531）凡十有四试，阅四十年，而羽既老矣。岁甲午以岁贡赴选，部卿雅知其名，曰：'此吾少日所闻蔡羽，今犹滞选调耶？'然限于资也，亦不能有所振拔，特以程试第二人奏授南京翰林院孔目。居三年，致仕归，卒。所著有《林屋》《南馆》二集。（文征明志略）"

田汝成（约1503—约1563）《药洲先生文集》（凡六卷）刊行。时田汝成在广东提学佥事任。《列朝诗集小传》丁集上："汝成，字叔禾，钱塘人。嘉靖丙戌（1526）进士，授南京刑部主事，历礼部祠祭郎中，出为广东佥事，谪知滁州，迁贵州佥事，转广西右参议，罢归。叔禾在仪制，肇举南郊籍田亲蚕，西苑省耕课桑诸大礼，各有颂述。归里盘桓湖山，穷探浙西诸名胜。所著书凡一百六十馀卷，而《西湖游览志》、《炎徼纪闻》为时所称。"《明史·文苑》有传。田汝成《药洲先生诗集》（凡六卷）、《学约》（凡三章）、《试约》（凡九章）、《讲章》（凡二卷）亦任广东提学佥事时所刻。

张献翼（1534—1604）生。《列朝诗集小传》丁集上："献翼，字幼于，一名敉。年十六，以诗贽于文待诏，待诏语其徒陆子传曰：'吾与子俱弗如也。'入赀为国学生。姜祭酒宝停车造门，归而与皇甫子循暨黄姬水、徐纬，刻意为歌诗，于是三张之名，独幼于籍甚。幼于好《易》，十年中笺注凡三易，仿《颜氏家训》，教戒子弟，垂四万言。好游大人，狎声妓，以通隐自拟，筑室石湖坞中，祀何点兄弟以况焉。晚年与王百谷争名，不能胜，颓然自放。与所厚善者张生孝资，相与点检故籍，刺取古人越礼任诞之事，排日分类，仿而行之。或紫衣挟伎，或徒跣行乞，邀游于通邑大都，两人自为侣，或歌或哭，幼于赠之诗曰：'中年分义深，相见心莫逆。还往不送迎，抗手不相揖。荷锸随吾行，操瓢并吾乞。中路馈吾浆，携伎登吾席。蒿里声渐高，薤露歌甫毕。

子无我少双，我无君罕匹。'每念故人及亡妓，辄为位置酒，向空酬酢。孝资生日，乞生祭于幼于，孝资为尸，幼于率子弟衰麻环哭，上食设奠，孝资坐而飨之，翌日行卒哭礼，设妓乐，哭罢痛饮，谓之收泪。自是率以为常。万历甲辰，年七十馀，携妓居荒圃中，盗逾垣杀之。幼于死之前三日，遗书文文起，以遗文为属，及其被杀也，人咸恶而讳之，故其集自'纨绮'诸编外，皆不传于世。"

明世宗嘉靖十四年乙未（公元1535年）

二月

命翰林院侍读学士张璧、侍讲学士蔡昂为会试考官。取中许谷等三百二十人。《明世宗实录》卷一百七十二：嘉靖十四年二月戊戌"以会试天下举人，命翰林院侍读学士张璧、侍讲学士蔡昂为试官。都察院奏差监御史，上谕之曰：'近年监试官宽纵，致场中士子通同传递，作弊多端。今所遣御史，务尽心防禁，违者罪之'"。

许谷（1504—1586）为乙未科会元。姜宝《前中顺大夫南太常少卿石城许公墓志铭》："公讳谷，字仲贻，石城其号也。先世闽之侯官人，洪武二十一年徙富户实京师，遂占籍上元。""乙未上春官，旅次占梦，盖又有两异征焉。比奏名，果为南宫第一。"张大复《许谷》："薛方山应旂（1500—1570后），乙未北上，谓天下才无予选者。荆川翁语之曰：'兄居榜首何惑焉。虽然，白下许石城，其文温润典雅，元品也。兄谨备之。'薛访得许，乃大服。是岁许第一，薛第二。语云：'文章如金珠玉贝，是有定价。'然惟作者知之。"唐顺之（1507—1560）号荆川。梁章钜《制义丛话》卷五："徐存庵曰：石城许仲贻谷与方山，同为蔡鹤江所得士，所著诸稿，士林争购藏之。其'礼之用'全章题文，通篇全用'也'字，精神声吻，引人入胜。文云：'今夫礼也者，本天而出之者也，其体至严，不可得而易也；然因人情而为之者也，其理至顺，不可得而强也。是故礼之用也，非取夫矜持之太过也，优而游之，而行之以安舒，夫然后可以尽其意，此其为可贵焉者也。然而匪独今也，古人之已试焉者也。古之先王，其道非一，礼其大者也；其用非一，和其贵者也。是故严而能泰也，和而有节也，尽善尽美，准之百代可行矣。观其细行不遗也，大德不逾也，至中至正，达之天下皆然矣。夫可贵则可行，顾有和而不可行者，是岂礼之罪哉？吾独尤夫用礼者也。盖有见于从容，以为礼尽在是矣，乃溺而不止，无制度以节其淫；有见于安详，以为礼可行矣，乃流而不返，无节文以约其荡。一于淫则礼废，发之而病于政；一于荡则礼荒，出之而害于事也。是失其贵者也，是忘其美者也，其不可行者宜也。是知可行者此和也，因礼以求和，从乎天者也；不可行者此和也，外礼以求和，循乎人者也。古之用礼者由前，今之用礼者由后，世之究礼者，其亦知所辨而已。'""王陆亭大经曰：薛方山'追王太王、王季'二句题文，以德、以功、以世次，以法、以统、以庙食。分疏精确，艾千子所谓'八字经'也，后来名家俱不能出此范围。"梁章钜《制义丛话》卷十二："李雨村曰：唐荆川家居，薛方山上公车，来别荆川，荆川曰：'意君此去当作会元，但南京有许仲贻者，曾以窗艺相质，君往须防其出一头地也。'及榜发，许果得元，方山屈居第二。后方山提学浙江，试慈溪得向程卷曰：'今科子必得元也。'及试余姚，得诸大圭卷，为向程曰：'子不得元矣，有大圭在。'已而果如其言。"

陈束出为湖广金事。李开先《后冈陈提学传》："罗峰张国老，宠眷方隆，朝士多出其门下，而诚斋汪太宰，虽国之大臣，亦小心附丽之，凡事承望风旨不敢违。每岁时上寿，后冈惟虚投一刺，不肯候见，二老恨之刺骨，然未始相语也。及考满，司功有与后冈善者，风知汪意，虑其不安，故书中考，汪乃改而为上。张从左掖出，偶与汪值，汪云：'贵乡陈编修，以尊分书上考矣。'张遽怒色曰：'此乡曲素无状者，何得庇覆如此！'汪乃憫然自失，亟至部堂，立召文选郎取缺帖来，查一远恶地，出补陈翰林束，初只知其与内阁亲昵，不意其亦恶之也，遂注湖广金事，分司辰、沅，乃五溪故区，而苗蛮聚处也。"

唐顺之疏病乞归。张璁拟旨，令以吏部主事致仕，永不叙用。《明世宗实录》卷一百七十二："（嘉靖十四年二月）己酉，翰林院编修唐顺之疏请回籍养病，上曰：顺之方改史职，又属校对《训录》，何辄以疾请？令以原职致仕，永不起用。"洪朝选《荆川唐公行状》："公常以学问文章未成，意常思归。会校《累朝宝训》将完，心不欲受升赏，族子音会试期近，意避作考官，复上章告病。是时罗峰张公柄国，张公故敬公，常欲引公自近，而公每有远嫌意。僚友之衔公者，遂倡言公养病在远嫌，以激张公。张公果怒，使人以危言动公，而留其疏不下，促公供职。公曰：吾谢病疏上，即此足不可出户限矣，岂有复出供职之理。且祸福有定数，既告复出，何以为人？张公怒不已，遂取旨以原职吏部主事致仕，永不许起用。公浩然以为得遂己意，无几微忿色。"李开先《荆川唐都御史传》："罗峰张国老，虽会试举主，恶其不相亲近，有庆贺事，远投拜简，跃马径过其门，因其上疏养病，则票一旨意云：'唐顺之方改史职，又见校对《训录》，乃辄告病，着以原职致仕去，不许起用。'报出，士夫骇之，而唐子安之，曾无愠色。父在浙，泛闻有事，不知其何事，及得致仕消息，喜谓所知曰：'此有甚事，原以秀才得官，今还其官矣，固无损于秀才也！'议者以罗峰险毒，而唐子高亢。后罗峰有悔心，家居日，尝言：'倘蒙宣告，务荐用之，了此一事，仍复还山。'嗣是为相者宁复有此意哉？唐子既抵墟里，鸡犬柴门，依依桑梓，谢却业缘，便有终焉之计矣。诗文更进一格，以其侍从庆成朝堂雍容之作，而为村樵渔父歌咏太平之词。又以其暇日，精究天文，而问数学于顾箬溪，久之，乃有独得处，以古历惟大衍为精，被僧一行藏却金针，世徒传其鸳鸯谱耳。郭守敬别有一法，曰弧矢圈算，弧矢有横立，赤黄白道，变转最为活法，三道之畸零可齐，而气数之差可定。知历理又知历数，此其异于儒生，知死数又知活数，此又其异于历官者也。所著《弧矢论》、《勾股测望论》，真乃千古不传之秘，而历家作历之本也。"按，嘉靖十才子之唐顺之、王慎中、陈束诸人与张璁之间积怨甚深。

翰林编修杨惟杰、欧阳衢为侍读。（据《国榷》卷五十六）

三月

国子监祭酒王激疏请致仕，许之。（据《明世宗实录》卷一百七十三）罗洪先《中宪大夫国子监祭酒鹤山王公激墓志铭》："在国子岁余，振励有方，然其私心既不欲以身为口实，而被退抑与忌其进者窃揣知之，往往构谗相轧，遂决意弃去，盖屡疏始得归。既归，连遭内外艰，心不胜痛，遂以疾终。其归之年仅六十也。"

王慎中谪判常州，唐顺之、陈束、李开先、吴檄、吕高、熊过、张元孝、李遂饯于海甸，作诗文赠别。《明世宗实录》卷一百六十六："（嘉靖十三年八月）丁巳，右副都御史张衍庆父继为湖广左参政致仕。是时大庆覃恩，而继官与衍庆俱三品，不得推封。衍庆以请，吏部覆言：父祖有官与子孙同品者，皆不得封赠。考之诸司执事及《大明会典》，皆无此文。夫朝廷设官，虽同品而名实异，若如前例，是以父祖自致之阶，反限于子孙推锡之典，臣子之情似有缺。臣等议欲改定，凡京官应给诰敕者，父祖系外官，虽与子孙同品，得封赠如子孙官，父祖系官职者亦如之；父祖任京官，与子孙京官同品者，各以宗叙崇卑，衙门大小，差次定封。若父祖原任京官，而子孙以外官当封赠，及父祖子孙皆系京官，品同官同者，俱照旧例，请著为令。然恐新命一下，人多陈乞，仍宜断自今年八月以后，前已奉诏者，不得奏复。上曰：诰封重典，已有旧例。尔等既谓当政著为令，乃欲以今年八月为始，前此不得请补，偏私显然。况恩典出自朝廷，又辄足（定）为例，何任意若是！堂官姑宥，其令该司官以实对。已而郎中王慎中等上疏谢罪。上谪慎中外任，而夺员外郎左思中、主事张忠俸各三月，议格不行。"所谓"吏部覆言"，主其事者即王慎中。李开先《游海甸诗序》："王遵岩慎中，年十八举进士，负时名，颇能违众自立，久为当国者所不悦。历官吏部司封郎，为张方山衍庆以副都请封其父参政君继，虽父子同品，前此刘编修春，封其父御史君规，杨主事子器，封其父通判君禄，张罗峰（璁）不以为例也。票拟获谴，谪判毗陵，将行，丁属同志饯别海甸，夙闻其胜，而未尝一游，过此则终身或无复见期。于是武选吴皖山檄、吕江峰高、熊南沙过、翰林唐荆川顺之、陈后冈束、礼部张少室元孝、李克斋遂及予共八人焉，以嘉靖乙未三月望日，出阜城门。至则荒凉殊甚，盖张昌国以癸巳（1533）罹祸，及游日，已三年矣。亭台倾圮，惟水声潺潺，不异旧时。樵牧纷纭，牛羊蹂践，其水边诸洞，四面旋绕，藏歌妓，曳绮罗而奏弦管者，俱不可踪迹矣！主客两忘，酒酣赋诗，有蹙眉者，有昂首者，有口呻吟而身屈伸者。予因大笑曰：'本为游乐，而乃愁苦如此。或罚酒，或罚席，予首甘之，而诗则不能也。'遍阅诸友，有得数句者，有欠结句者，独皖山先成，意高辞雅，不亚唐之名家。继而诸作悉具，而予亦终篇，八句全美，无如皖山者，可谓压倒元、白矣。昌国在孝庙，宠绝当朝，科道交章论劾无虚月。钦命置酒陪礼，且传谕守科及该道接本者俱赴席，今日暂不发本，临时又赐御物助杯盘，翌日谢恩本上，而劾本亦上矣。孝庙乃叹曰：'既享其家酒食，劾待数日后，亦不为迟。亟戒其家，凡事早收敛。'可见大君德量，如天地之无不容，独恨其曾入禁闼，有干国宪，然亦为解辩。李空同弹章诗中，正点缀其事，所以高不可及。夏桂洲（夏言）遂劾张、李二司属，无事漫游海甸，并私诘李之兄逢，及曾汴二兵科同下狱。大同事不协其意，夫以一日不入部，则处之过重，而大同则又关系天下之公是非，亦以其不苟同于平日，而快其忿于一朝耳。未久，七人相次罢谪，皖山幸而独免。大臣忌才，往往挤其不党己者，岂惟古有之，今殆有甚焉者矣。诗卷归予手，事如隔世，而人多下世，怆然作序，不惟感诸友之易消歇，而且叹大臣之善倾陷也。诸诗字迹宛然如新，丰神则杳然不可复觌矣。'含情瞻北阙，洒泪向西风。'三复读之，更觉吴诗出色，特著序中，而他固不及详云。'五侯台榭竞芳菲，三月花深车马稀。弦管不随流水奏，绮罗应化暮云飞。空传玉馔分天府，曾睹金葩到禁闱。借问旧时桃李月，由来此地几人非？'"吴檄诗题为《春日过张侯亭园》，《明诗纪事》戊签卷十四选入，字句略有不同。游海甸诸作，王慎中诗题为《谪毘陵发都下》，陈束诗题为《赋得上林雁赠吏部王郎中谪毘陵》，吕高诗题为《送王郎中谪毘陵四首》，熊过文题为《赠遵岩谪毘陵序》。诸人以张昌国（指昌国公张鹤龄，嘉靖十二年十月削爵。）影射夏言之意甚明，戒其勿跋扈太甚。"夏桂洲"即夏言，时执掌朝政。李开先《遵岩王参政传》："朝议改格用人，将取部属充馆职，诸部属无如仲子者，权贵人欲其一见即定之，仲子固不肯往，曰：'吾宁失馆职，不敢轻易失身也。'已乃改吏部，以塞众望。仲子在吏部，不过一员外耳，以其才高，事事得与谋。少宰霍渭厓，独举其名，称于众中。循资升验封郎中，称其职，同列多有忌之者，短于罗峰张相国，因覆方山张衍庆请封奏本，谪判常州，实则恶其阻挠，不欲其为考功文选耳。闻者为之不平，仲子处之怡然，不以动意。之郡，能革吏弊而得民心。"

三月丁卯，日讲讫，召辅臣于文华殿西室。以大丧，改廷试四月，因言选庶吉士止一人教习足矣。张孚敬荐学士蔡昂，上俞之，问前顾鼎臣教习何如。李时曰甚善。（据《国榷》卷五十六）

四月

韩应龙、孙升、吴山等三百二十五人进士及第、出身有差。改赵贞吉、卢宗哲等为翰林院庶吉士。《嘉靖十四年进士登科录·玉音》："嘉靖十四年三月初九日，少保兼太子太保礼部尚书翰林院学士臣夏言等于奉天门奏为科举事。会试天下举人，取中三百二十五名。本年四月初二日殿试，合请读卷官及执事等官少保兼太子太保吏部尚书武英殿大学士李时等五十八员。其进士出身等第，恭依太祖高皇帝钦定资格。第一甲例取三名，第一名从六品，第二第三名正七品，赐进士及第。第二甲从七品，赐进士出身。第三甲正八品，赐同进士出身。奉圣旨：是，钦此。读卷官：光禄大夫柱国少保兼太子太保吏部尚书武英殿大学士李时，壬戌进士；光禄大夫柱国太子太保吏部尚书兼兵部尚书汪鋐，壬戌进士；资政大夫正治上卿户部尚书梁材，己未进士；资政大夫刑部尚书聂贤，庚戌进士；资德大夫正治上卿太子少保工部尚书秦金，癸丑进士；资政大夫兵部尚书兼都察院左都御史掌院事王廷相，壬戌进士；正议大夫资治尹掌詹事府事吏部左侍郎兼翰林院学士顾鼎臣，乙丑进士；正议大夫资治尹兵部左侍郎钱如京，壬戌进士；通议大夫通政使司通政使陈经，甲戌进士；中宪大夫大理寺左少卿罗辂，戊辰进士；中宪大夫太常寺少卿兼翰林院侍读谢丕，乙丑进士；奉直大夫协正庶尹翰林院侍读学士吴惠，辛未进士；奉直大夫翰林院侍读学士张璧，辛未进士；奉训大夫翰林院侍讲学士廖道南，辛巳进士；奉训大夫翰林院侍讲学士蔡昂，甲戌进士。提调官：光禄大夫少保兼太子太保礼部尚书翰林院学士夏言，丁丑进士；通议大夫礼部左侍郎黄绾，官生；通议大夫礼部右侍郎黄宗明，甲戌进士。监试官：文林郎广西道监察御史方钝，辛巳进士；文林郎江西道监察御史张鹏，丙戌进士。受卷官：奉训大夫右春坊右谕德伦以训，丁丑进士；承直郎翰林院侍讲江汝璧，辛巳进士；承事郎吏科都给事中董进第，辛巳进士；承事郎户科都给事中营怀理，己丑进士。弥封官：中大夫光禄寺卿吴大田，甲子贡士；中议大夫赞治尹太常寺少卿兼翰林院侍书刘鈗，恩生；中顺大夫太常寺少卿兼翰林院侍书徐富，甲子贡士；中宪大夫鸿胪寺卿王道中，甲戌进士；中宪大夫顺天府府丞周令，秀才；奉政大夫修政庶尹尚宝司卿沈锐，儒士；奉议大夫尚宝司卿张天保，秀才；翰林院侍讲杨维杰，丙戌进士；翰林院侍讲欧阳衢，丙戌进士；承事郎礼科都给事中潘大宾，己丑进士；文林郎兵科都给事中鲁忭，丙戌进士；翰林院掌典籍事承事郎大理寺右评事凌楫，儒士。掌卷官：翰林院修撰屠应埈，丙戌进士；翰林院修撰华察，丙戌进士；翰林院编修胡经，己丑进士；承事郎刑科都给事中周昆，癸未进士；承事郎工科都给事中戴继，己丑进士。巡绰官：镇国将军锦衣卫掌卫事署都指挥使王佐；镇国将军锦衣卫管卫事署都指挥使陆松；昭勇将军锦衣卫指挥使张锜；昭勇将军锦衣卫指挥使李文；明威将军锦衣卫指挥佥事陈寅；明威将军锦衣卫指挥佥事赵俊；明威将军金吾前卫指挥佥事刘勋；怀远将军金吾后卫指挥同知徐廷。印卷官：奉直大夫礼部仪制清吏司署郎中事员外郎欧阳塾，丙戌进士；承德郎礼部仪制清吏司主事皇甫涍，壬辰进士；承直郎礼部仪制清吏司主事张鏊，丙戌进士。供给官：奉政大夫光禄寺少卿黄嘉宾，甲戌进士；承德郎光禄寺寺丞彭黯，癸未进士；承德郎光禄寺寺丞窦一桂，丙戌进士；礼部司务杨美冕，丙子贡士；奉直大夫礼部精膳清吏司署郎中事员外郎胡松，己丑进士；承德郎礼部精膳清吏司署员外郎事主事杨仪，丙戌进士。"《嘉靖十四年进士登科录·恩荣次第》："嘉靖十四年四月初二日早，诸贡士赴内府殿试，上御奉天殿亲赐策问。四月初六日早，文武百官朝服侍班。是日，锦衣卫设卤簿于丹陛丹墀内，上御奉天殿，鸿胪寺官传制唱名，礼部官捧黄榜，鼓乐导引出长安左门外，张挂毕，顺天府官用伞盖仪从送状元归第。四月初七日，赐宴于礼部。宴毕，赴鸿胪寺习仪。四月初九日，赐状元朝服冠带及进士宝钞。四月初十日，状元率诸进士上表谢恩。四月十一日，状元率诸进士诣先师孔子庙行释菜礼，礼部奏请，命工部于国子监立石题名。"《弇山堂别集》卷八十二《科试考二》："十四年乙未，命翰林院侍读学士张璧、侍讲学士蔡昂为考试官，取中许谷等。廷试，赐韩应龙、孙升、吴山及第。先是，大学士李时等取中十二卷，进览，上批答曰：'卿等以堪作甲卷十二来呈，朕各览一周，其上一卷说的正合策题'夫周道善而备'，朕所取法，其上三说仁礼为用，夫仁基之，礼成之，亦甚得题意。其上四论仁敬，夫敬而能仁，他不足说，可以保治矣。其上二略泛而治于行，其下二却似说，虽与题不合，以言时事，故朕取之，可二甲首。馀以次挨去，不知是否？卿可先与鼎臣看一过，再同读卷官看行。'上复御批首三卷，韩应龙曰：'是题本意，可第一甲第一名。'于孙升曰：'说仁礼之意好，可第二名。'于吴山曰：'敬为心学之极，此论好，可第三名。'是岁并李玑、赵贞吉、郭朴、敖铣、任瀛、沈宏、骆文盛、尹台（1506—1579）、康大和九人策皆刻之。是年四月内，礼部请考庶吉士，以故事闻上，诏于文华殿大门外亲出御题考试。大学士李时会吏部尚书汪鋐，礼部尚书夏言，吏部左侍郎顾鼎臣、霍韬，右侍郎张邦奇，礼部左侍郎黄绾、右侍郎黄宗明，选进士李玑、赵贞吉、敖铣、郭朴、任瀛、骆文盛、尹台、康大和、沈翰、欧阳映、王立道（1510—1547）、嵇世臣、彭凤、郑一统、胡汝霖、林廷机、高时、黄廷用、奚良辅、汪集、郭鎜、沈良才、陈东光、王维桢（1507—1555）、张绪、李蓁、何维柏、卢宗哲、全元立、赵继本，名上，奉旨：'朕览赵贞吉等八名，卢宗哲等二十二名可留，卿还具题来行。内列吏礼二部堂上官及鼎臣名，不必部疏，此盖朕亲试也，可作例。'又升顾鼎臣为礼部尚书兼翰林院学士，教之，后又益以吏部左侍郎翰林院学士张邦奇。"《明史·选举志》："十四年乙未，帝亲制策问，手自批阅，擢韩应龙第一。降谕论一甲三人及二甲第一名次前后之由。礼部因以圣谕列登科录之首，而十二人对策，俱以次刊刻。"

定考选庶吉士仪注。《明世宗实录》卷一百七十四：嘉靖十四年四月，"丁酉，上谕大学士李时、尚书夏言曰：'今科进士考选庶吉士，送翰林院命教习读书，于十五日举行。'时等因请上亲御文华殿赐题考试，上许焉。时又奏曰：'国朝庶吉之选，储养翰林，以备馆阁之用。其事体所关至重。是以我太宗文皇帝亲简二十八人，宣宗章皇帝尝命大学士杨士奇等简选，赐诗谕意。历科以来，惟付之臣下，因循苟简，以致考阅弗精，去取不当。仰惟皇上英资圣学，高出千古，励精图治，百度维贞，于求才一事尤为切至，兹亲试之举，诚为盛典，臣等敢不恪恭承事。待命下之日，令礼部将今科进士，不必限年，十五日引赴文华殿候赐题考试。其一应礼文定拟仪注，上请礼部。'因具上其仪。一、四月十五日上御文华殿亲试进士，先期一日，鸿胪寺备写题案于文华殿门下，光禄寺备试案于文华殿门外阶前，至日早，鸿胪寺官引进士入至殿门外，东西北向序立。上常服御文华殿升座，内侍传呼执事官进。执事官具吉服分班趋入，侍列丹陛上。鸿胪寺官赞行叩头礼毕，仍暂分侍丹陛传赞，进士行五拜三叩头礼毕，各分东西，就案北向立，执事官入殿，东西侍，礼部尚书诣御前，跪奏请赐题。内侍官捧御题授礼部尚书，受讫，叩头，兴，捧从左门降阶，出至殿门外。内阁中书官以粉牌眷录，传示进士。上还宫，执事官退。试毕，吏部文选司、礼部仪制司郎中等官公同弥封，送辅臣并吏礼二部堂上官校阅，分正副卷进呈。御览报可"。

乙巳，世宗御文华殿亲试庶吉士。以《方今时务何为大》论、《读五伦诗有感》诗命题。（据《明世宗实录》卷一百七十四）郑晓《郑端简公吾学编余》："嘉靖乙未进士，礼部题请每科选庶吉士皆限年限地，又出大臣意。今请天子御文华殿，自第二甲一名以下俱引赴文华殿试，天子自临试，一如廷试仪，天子允其议。试诸进士以'当今时务何为大'策并《读五伦书有述》诗。大臣读卷取正副，天子临决，定取三十人。"万历《大明会典》卷五《选官》："凡庶吉士考选，洪武间，分置近侍衙门。永乐二年，令就文渊阁进学。后止送翰林院，命学士等官教习。学业成者，除翰林官。后定以二甲除编修，三甲除检讨，兼除科道部属等官。先年或间科一选，或连科皆选，或数科不选，或合三科同选。其选取，或内阁自选，或礼部选送，或会吏部同选，或限年岁，或拘地方，或采誉望，或就于廷试卷中查取，或别出题考试，无定制。天顺八年，命于午门里东阁前，内阁官会同吏、礼二部，出题考选。弘治六年奏准：每科一选，不拘地方，不限年岁，待进士分拨办事之后，行令有志学古者，各录其平日所作古文十五篇以上，限一月以里，投送礼部。礼部阅试讫，编号分送翰林院考订。文理可取者，按号行取。吏部该司，仍将各人试卷记号糊名，封送内阁，照例考选。每科取选不过二十人，留不过三五人。嘉靖十一年，令内阁会同吏、礼二部覆试，监察御史监试，锦衣卫官校巡察。十四年，令礼部引进士赴文华殿门外，赐题考试。自后选庶吉士皆赐题，仍于东阁前考试。"

选庶吉士赵贞吉、李玑、敖铣、郭朴、任瀛、骆文盛、尹台、康太和、沈翰、欧阳晔、王道立、嵇世臣、彭凤、郑一统、胡汝霖、林庭机、高时、黄廷用、奚良辅、汪集、郭盘（鋆）、沈良材、陈东光、王时（维）桢、张绪、李蓁（秦）、何维柏、虞宗哲、全元立、赵继本。礼部左侍郎顾鼎臣为礼部尚书兼翰林学士，署詹事府教习。（据《国榷》卷五十六）"王立道"，《国榷》误作"王道立"。

太常寺少卿兼翰林院侍读谢丕兼侍读学士，署院。（据《国榷》卷五十六）

王立道选翰林院庶吉士，其馆课屡冠其曹偶。张治《翰林院编修王君懋中墓石文》："君姓王氏，名立道，字懋中，无锡人。南礼部主客郎中表之子也。……嘉靖甲午（1534），予与谕德南海伦公奉诏典试南畿，得懋中文读之，相与叹曰：'婉而达，和而平，浩然而有馀思，其吴之俊才乎！'鹿鸣之旦，晋诸生堂下而谒焉。懋中美髯古貌，温温如处女，皎然秀者也。予窃喜之。乙未（1535）予复校《易》礼闱，帘中有持卷示予曰：'浑浑乎若，冲渊乎若，深而不可穷，湛乎若光发于太空，其天下之俊才乎！'及启卷则为懋中也。予叹曰：'丹砂玉札置药笼中久矣，今为予夺之。'相与以得人贺。既而廷对，懋中赐二甲进士。是岁，天子亲选士，于文华殿试诗文，而懋中诗第一，改翰林院庶吉士，读中秘书。懋中益大肆力于学，每阁试辄称首。"官至翰林院编修。有《具茨稿》等。王维桢《王太史传》："王太史者，无锡人也，名立道，字懋中，举嘉靖乙未进士，已选为翰林院吉士。是岁天子躬御文华殿，授籍命题校录进士，乃得选者三十人，而关中人王维桢在其中。时李文康公在内阁，月试吉士凡两，而顾文康公典教书。李公文尚温夷尔雅，诗婉切，乃懋中文即温夷尔雅，诗婉切，适与券合，一试辄冠吾曹，再试再冠，又再试又冠，如此至五。而顾公又数数称誉之，由此名显。桢竟试与懋中同案，懋中见桢作至阁次则恒独居后，为叹之，已规曰：'子第易子手即可前，不易不前也。'乃桢固不易。其后懋中授编修，桢亦为检讨。懋中既为编修，列史职，称曰：'夫太史之官立，为其志一代之故，集古先之鉴也。乃吾今守其事矣，隘而闷识，阙而弗修，如职何？'于是卜僻远居，尽括古坟籍，刺取今事大者，皆牒记，客时过其门，每见其下楗也。盖自其为士时，日坐一小楼，连数旬不下，即宗党造者，莫得睹其面。则耽嗜读书，其天性也。"《明诗纪事》戊签卷十九录王立道诗十首，陈田按："懋中入翰林，故事，馆师课之而已。嘉靖乙未，永陵临轩试之，选三十人，懋中第一。懋中为唐荆川妹婿，文学欧阳，诗学中唐。年三十八卒，同时名辈哀悼之。王槐野作传，张龙湖、唐荆川作志、铭，尹洞山作《解王子哀文》。洞山文词旨最美，今《洞麓堂集》不载，当在未刻稿中也。"

康太和选为庶吉士。嗣后授编修，历春坊谕德、侍讲学士，历时二十年，始迁南礼部侍郎。官终工部尚书。有《砺峰集》。《明诗纪事》戊签卷十九引《兰陔诗话》："砺峰在翰苑二十年，闭户著书，屏迹权门。人讥其拙，作《拙宦对》以述志。致仕时值莆中倭乱，寓嘉禾四年始归。其诗有'白发多情催我老，青山无地是吾家'，'庭堆白骨人踪少，鬼哭荒村日色荒'，'燕子不知旧垒破，呢喃犹向故园归'，皆凄婉可诵。"康太和字原中，莆田人。《明史·艺文志四》著录康太和《砺峰集》二十四卷。《明诗纪事》录其诗一首。

乙未科进士诸燮，其制艺以"不衫不履"见长。梁章钜《制义丛话》卷五："俞桐川曰：黄山谷有言：'士大夫百病可医，惟俗不可。'旨哉斯言！诸理斋燮之文，倾欹偏侧，游衍散漫，无意于工而不诡于理，后人搦管摹之，愈摹愈远，非文不及理斋，乃俗病之不可除也。昔人评理斋文曰：'不衫不履，物外遗人。'求理斋者，当求其所以不俗之故，则几矣。""《书香堂笔记》云：题理有最难解者，明乎郊社之礼、禘尝之义，何以便有治国示掌之功。方望溪先生但谓'从理一处打通，则分殊处自贯'，第亦空言之，未见其发为文章也。惟诸理斋文云：'明乎郊社之礼，则能事天如事亲；明乎禘尝之义，则能事亲如事天。吾知知化则善述其事，穷神则善继其志，而天下之民胞而物与者，无一非吾之所当仁、吾之所当爱，而吾之所以仁而爱者，自不容已也。虽曰天下之物，分不能以皆齐也，然所殊者分也，而所以一之者理也。推亲亲之厚，以大无我之公，以不忍人之心，行不忍人之政，则天下可运于掌，而况国乎？'原评云：'天地祖宗，是自吾身推而上的；天下民物，是自吾身推而广的。上头高一层，则下面阔一层。如只推到父母处，则旁阔只是兄弟，父母生兄弟者也；推到祖宗，则旁阔便有许多族姓，祖宗生族姓者也；如推到天地，则旁阔便包得民物在其中，天地生民物者也。人不孝于父母、祖宗者，安能爱兄弟族姓？不孝于天地者，又安能仁民爱物乎？若真能事天地、祖宗、父母，则必能以天地、祖宗、父母之心为心。此治国所以如示诸掌。虽王、钱做比，意思不出此，却明目张胆言之。'按：自有此文、此评，而此题之理始出。惟行文不单不偶，自系当时初体，非今日举业家所宜仿，此前人所以有'不衫不履'之评也。""俞桐川曰：昔人评酒，辣为上，苦次之，酸次之，甘斯下矣。得此意者，可以评文。夫文所以甘，理不足而和其颜、柔其骨、饰其貌也。理浅而故深之则酸，理平而故奇之则苦。若理足则达，理尽则止，直而不支，横而不溢，是之谓辣。辣者始则可畏，久则可爱；甘则食之易饱，弃之易饥。故不善学者之好时文，犹之不善饮者之好甘酒也。川南嵇世臣文境甚奇，而尽于'辣'之一字，知味者当自得之。"

据《嘉靖十四年进士登科录》："第一甲三名，赐进士及第。"

韩应龙，贯浙江绍兴府余姚县，民籍，附学生，治《礼记》。字汝化，行五十，年三十八，九月十五日生。曾祖孟退。祖广。父遄。母沈氏。慈侍下。兄荣华，听选官；应富；应贵。弟应奎、应元。娶傅氏。浙江乡试第三十一名，会试第二百五十三名。

孙升，贯锦衣卫官籍，浙江绍兴府余姚县人，国子生，治《易经》。字志高，行五十，年三十五，三月二十六日生。曾祖孟宏，赠礼部尚书。祖新，封刑部主事，赠礼部尚书。父燧，巡抚江西右副都御史，赠礼部尚书，谥忠烈。母杨氏，累封夫人。慈侍下。兄吉，典史；喜；基，经历；堪，团营坐营署都指挥佥事；鸶，佥事；墀，史馆监生；垒；塘；里；垚。弟埈。娶韩氏，继娶杨氏。浙江乡试第七十二名，会试第二百九十四名。

吴山，贯江西瑞州府高安县，军籍，国子生，治《诗经》。字曰静，行五，年三十六，三月二十五日生。曾祖浩。祖子机。父文选。母朱氏。具庆下。兄曰礼。弟曰鉴、曰卫。娶黄氏。江西乡试第三十二名，会试第一百五十三名。

据《嘉靖十四年进士登科录》："第二甲九十五名，赐进士出身。"

李玑，贯江西南昌府丰城县，军籍，国子生，治《诗经》。字邦在，行六，年三十七，十一月初十日生。曾祖世玉。祖与仁。父万古。母朱氏。具庆下。兄珩、璇。娶徐氏。江西乡试第三十名，会试第九十三名。

赵贞吉，贯四川成都府内江县，匠籍，国子生，治《易经》。字孟静，行六，年二十八，十一月二十四日生。曾祖伯州，寿官。祖文杰，知县。父勋。母余氏。重庆下。兄谦吉、占吉、升吉、孚吉。弟蒙吉，贡士；复吉；颐吉。娶陈氏。四川乡试第四名，会试第十九名。

敖铣，贯江西瑞州府高安县，民籍，国子生，治《诗经》。字纯之，行九，年三十二，三月二十一日生。曾祖洪，赠南京刑部主事。祖秩。父龙。母邹氏。慈侍下。兄钺，御史；锐；镜。弟铨、钧、镗。娶傅氏。江西乡试第二十四名，会试第一百二十七名。

郭朴，贯河南彰德府安阳县，民籍，国子生，治《诗经》。字质夫，行一，年二十五，四月十八日生。曾祖银。祖珫，县主簿。父清。母李氏。具庆下。弟枢、桢、栋。娶李氏。河南乡试第五十七名，会试第三十一名。

任瀛，贯山东兖州护卫军籍，山西文水县人，国子生，治《诗经》。字登之，行二，年三十八，三月二十八日生。曾祖义。祖资。父琛，寿官。前母孙氏、边氏，母蔡氏。具庆下。兄源。娶胡氏。山东乡试第六十三名，会试第一百九十七名。

沈宏，贯浙江嘉兴府崇德县，民籍，县学生，治《诗经》。字惟远，行一，年四十，九月初九日生。曾祖烨。祖淳。父鼎。母李氏，继母郑氏。具庆下。兄荣。娶陆氏。浙江乡试第三十四名，会试第一百五十八名。

骆文盛，贯浙江湖州府武康县，民籍，国子生，治《易经》。字质甫，行三，年四十，八月初五日生。曾祖仕隆，知州。祖嘉，大使。父润。母唐氏。慈侍下。兄文明，吏目；文魁；文振。弟文炳。娶费氏。浙江乡试第二十五名，会试第一百六十五名。

尹台，贯江西吉安府永新县，民籍，国子生，治《易经》。字崇基，行二，年三十，三月二十九日生。曾祖浚。祖相。父爽，训导。母刘氏。慈侍下。兄奎。弟塾。娶周氏。江西乡试第七十名，会试第七十四名。

康大和，贯福建兴化府莆田县，盐籍，县学生，治《诗经》。字原中，行一，年三十八，十月初七日生。曾祖逊安。祖良义，寿官。父长源。母崔氏。慈侍下。弟大充。娶崔氏。福建乡试第六十九名，会试第十二名。

李学颜，贯湖广黄州府黄冈县，民籍，儒士，治《诗经》。字幼潜，行二，年二十三，十月十五日生。曾祖璡，寿官。祖玉瑞，寿官。父大安。母魏氏，继母吴氏。重庆下。兄学舜。弟学侗。娶王氏。湖广乡试第十六名，会试第八十四名。

许谷，贯应天府上元县，匠籍，福建福州府侯官县人，国子生，治《书经》。字仲贻，行一，年三十二，四月初一日生。曾祖铭。祖荣，寿官。父陞。前母汪氏，母强氏。具庆下。兄田。娶陈氏。应天府乡试第六十七名，会试第一名。

郑质夫，贯福建兴化府莆田县，匠籍，府学附学生，治《书经》。字子质，行一，年三十二，二月初七日生。曾祖志。祖琴。父明德。母黄氏。慈侍下。弟亨夫。娶林氏。福建乡试第四十八名，会试第五十三名。

赵希夔，贯山西潞安府长治县，民籍，府学生，治《易经》。字一卿，行二，年二十八，十月初六日生。曾祖兴，兵马。祖会，典膳。父秉忠，州同知。母都氏。慈侍下。兄希鼎，典膳。娶张氏。山西乡试第二十二名，会试第三百十一名。

高燿，贯直隶保定府清苑县，民籍，增广生，治《诗经》。字子潜，行一，年二十二，五月初六日生。曾祖安，闸官。祖仲章。父显宗，监生。母季氏。重庆下。弟灿。娶黄氏。顺天府乡试第一百十六名，会试第七十名。

马从谦，贯应天府溧阳县，民籍，国子生，治《礼记》。字益之，行四，年四十一，五月十二日生。曾祖信可。祖公辅，封经历。父忠。嫡母史氏，生母赵氏。慈侍下。兄从训；从诲，岁贡生；从谨，义官；性鲁，知府，前兵科给事中。弟从言，省祭官。娶丁氏，继娶吕氏。顺天府乡试第一名，会试第二百四十六名。

沈瀚，贯直隶苏州府吴江县，民籍，国子生，治《诗经》。字原约，行一，年三十九，七月初二日生。曾祖政。祖达。父玒。前母王氏，母李氏。慈侍下。弟湛、淳、涞。娶顾氏。应天府乡试第六十七名，会试第二百三十名。

艾希淳，贯陕西延安府米脂县，军籍，国子生，治《诗经》。字治伯，行二，年三十，十月十六日生。曾祖旺。祖文吉。父蕙，典膳。母张氏，继母高氏。慈侍下。兄希清、希仁、志仁。弟希渊、纯仁。娶杜氏。陕西乡试第三十四名，会试第一百二十五名。

沈应龙，贯浙江湖州府乌程县，民籍，县学生，治《春秋》。字翔卿，行一，年三十，六月初二日生。曾祖士明。祖澄。父鉴，知县。前母胡氏，母朱氏。重庆下。弟应鹏、应鸾。娶花氏。浙江乡试第八十二名，会试第三十二名。

钱衢，贯江西临江府新喻县，民籍，国子生，治《诗经》。字贵徐，行五，年三十六，二月初七日生。曾祖忠显。祖爵，贡士。父瑞，知县。母翁氏。永感下。兄行、衍。弟术。娶谢氏。江西乡试第十名，会试第一百八十九名。

张标，贯山东青州府寿光县，军籍，县学生，治《诗经》。字汝式，行六，年二十八，二月十九日生。曾祖秀。祖沾。父东旸。母马氏。具庆下。兄杭、栋、良辅、良弼、良佐。弟羽、楠、约、楫、铎、粹、光绶、光霁、光宇、光宙、柱、格、楩。娶王氏。山东乡试第三十名，会试第一百八十四名。

方民悦，贯湖广黄州府麻城县，军籍，国子生，治《春秋》。字懋德，行一，年三十一，五月二十八日生。曾祖伯机。祖仕学。父凤，知县。母陶氏。具庆下。弟民怿、民怀、民协、民恂。娶蔡氏。湖广乡试第十五名，会试第三百九名。

谯孟龙，贯四川顺庆府南充县，民籍，国子生，治《易经》。字乾甫，行一，年三十三，四月二十一日生。曾祖明，理问。祖崇儒，典史。父旸，知县。母杨氏。具庆下。弟仲龙、季龙、吟龙、世龙、云龙、见龙、攀龙、士龙、槐龙。娶柳氏。四川乡试第四十名，会试第一百九名。

刘澍，贯腾骧右卫籍，陕西西安府蓝田县人，国子生，治《易经》。字汝霖，行二，年四十一，九月二十八日生。曾祖得川。祖杰。父亨，教谕赠征仕郎吏科给事中。母宗氏，赠孺人。永感下。兄瀹。弟济，刑科都给事中；汲；潜。娶白氏。顺天府乡试第九名，会试第二百六十八名。

欧阳晥，贯直隶真定府武强县，民籍，国子生，治《诗经》。字学章，行三，年三十，六月十六日生。曾祖鉴。祖瓒，省祭官。父伦。母李氏。具庆下。兄时，监生；晖。弟曜、晓、暄。娶郭氏。顺天府乡试第一名，会试第八名。

许登瀛，贯陕西兰州仪卫司，校籍，应天府江宁县人，州学生，治《书经》。字预甫，行一，年三十三，三月十四日生。曾祖友。祖锦。父懋。母邵氏。慈侍下。娶杜氏，继娶郑氏。陕西乡试第五十二名，会试第三百一名。

黄宗器，贯福建福州府闽县，民籍，府学增广生，治《易经》。字时震，行二，年二十六，十二月二十四日生。曾祖诚，义官。祖宣，义官。父继鼎。母陈氏。严侍下。兄宗举、宗彝。娶舒氏。福建乡试第八十四名，会试第二百四十五名。

姚文祜，贯直隶常州府武进县，军籍，府学生，治《诗经》。字申甫，行三，年三十六，五月十二日生。曾祖璋。祖镐。父儒，府通判。母杨氏，严侍下。兄文枝。弟文禋；文诰，贡士；文示；文禔；文谟。娶谢氏。应天府乡试第八十二名，会试第一百三十名。

　　彭大有，贯河南开封府陈州卫，官籍，州学生，治《易经》。字子谦，行一，年二十七，十一月初九日生。曾祖庆，千户。祖鋆，千户。父言。母刘氏。具庆下。娶张氏。河南乡试第四十四名，会试第二百六十一名。

　　公跻奎，贯山东青州府蒙阴县，军籍，国子生，治《易经》。字瑞文，行八，年四十，十一月二十九日生。曾祖评。祖忠，寿官。父景仁。母包氏。永感下。兄志良；志诚；志弘；志继，监生；志勇；志持；志绍。弟志谦、志纠、志维、志绪、志绾。娶包氏。山东乡试第二十名，会试第一百六十七名。

　　陈崇庆，贯直隶常州府武进县，民籍，江阴县人，府学增广生，治《诗经》。字懋贞，行一，年三十，正月初二日生，曾祖璇。祖叔端。父政。母蒋氏，继母谢氏。具庆下。弟有庆、馀庆。娶王氏，继娶唐氏。应天府乡试第三十五名，会试第五十七名。

　　舒缨，贯浙江宁波府鄞县，民籍，县学生，治《易经》。字振伯，行九，年三十，四月十九日生。曾祖晟。祖诰。父锐。母江氏。具庆下。兄纯。弟紤、缥。娶柴氏。浙江乡试第五十一名，会试第七名。

　　范庆，贯江西南昌府丰城县，军籍，县学生，治《诗经》。字元会，行四，年二十九，十月初一日生。曾祖敬之。祖至信。父楚苃。母陈氏。具庆下。兄元、述、康。弟廪、庶、庚、廊、庠。娶涂氏，继娶蒋氏。江西乡试第六十七名，会试第一百九十九名。

　　刘辅，贯云南云南前卫军籍，顺天府大兴县人，国子生，治《易经》。字少邻，行一，年三十七，六月二十九日生。曾祖贤。祖俨。父銮。母沈氏。重庆下。兄文通、文达。弟卿、相、良仕、尚仁、尚义、尚德。娶纪氏。云贵乡试第二十八名，会试第二百二名。

　　邹绚，贯浙江绍兴府余姚县，灶籍，国子生，治《礼记》。字原素，行二十七，年三十二，六月二十日生。曾祖本善。祖珙。父杲。母许氏。严侍下。兄纯、绪、缨、缙、绥、缥、纺、纪。弟组、练。娶胡氏。应天府乡试第七十六名，会试第三十九名。

　　李蓁，贯河南开封府祥符县，军籍，国子生，治《诗经》。字懋承，行一，年二十八，二月二十二日生。曾祖安，寿官。祖环，府通判赠奉政大夫。父士光，仪宾。母枣阳县君。重庆下。弟蕿，仪宾；荫，引礼舍人；苇；荅；荣；蕚；蔼；赍。娶陶氏，继娶姬氏。河南乡试第四十四名，会试第三百名。

　　王崇，贯保定后卫前所，官籍，直隶任丘县人，国子生，治《诗经》。字子谦，行一，年三十二，十月十六日生。曾祖衍，百户。祖英。父钊。母高氏，继母赵氏。具庆下。兄彝；璨；玺；鼎，副千户；爵；璋；琦；鼐；琴，贡士；庆；官。弟圉、岳、宫。娶刘氏。顺天府乡试第十九名，会试第三十五名。

　　王珉，贯直隶真定府深州，军籍，国子生，治《诗经》。字玉中，行一，年二十七，二月初四日生。曾祖政。祖铨。父思义，义官。母孟氏。重庆下。兄爵、禄。弟璞。娶杨氏。顺天府乡试第九十六名，会试第三百二十名。

王立道，贯直隶常州府无锡县，军籍，县学增广生，治《诗经》。字懋中，行一，年二十六，四月初五日生。曾祖子辉，寿官。祖冕，赠户部主事。父表，南京礼部主事。母朱氏，封安人。重庆下。弟重道、望道、体道、有道、顺道。娶唐氏。应天府乡试第三十二名，会试第二十五名。

陈尧，贯直隶扬州府通州，民籍，国子生，治《诗经》。字敬甫，行一，年三十四，正月十六日生。曾祖晟。祖雄。父尚忠。母邵氏。慈侍下。弟冠、完、元、霓、见、允、旭、魁、先。娶朱氏。应天府乡试第十七名，会试第九十一名。

嵇世臣，贯浙江湖州府归安县，民籍，国子生，治《礼记》。字思用，行五，年三十三，十月二十三日生。曾祖璘，县丞。祖恒，推官。父昂。前母杨氏，继母顾氏，生母王氏。慈侍下。兄良臣，监生；夔臣；龙臣；尧臣；舜臣；忠臣。弟荩臣。娶沈氏。浙江乡试第五名，会试第九名。

杨一谟，贯福建福州府闽县，民籍，府学附学生，治《易经》。字世文，行九，年二十三，四月二十七日生。曾祖满。祖文政。父叔玉。母林氏。具庆下。兄桐、槭。弟相、棨、梓、梧、桢。娶陈氏。福建乡试第十七名，会试第一百三十名。

王儒，贯山西汾州，民籍，国子生，治《诗经》。字聘卿，行一，年三十九，六月十三日生。曾祖贤。祖兴。父子然，寿官。母雷氏。慈侍下。娶赵氏，继娶田氏。山西乡试第八名，会试第一百二十九名。

林廷琛，贯福建福州府侯官县，民籍，国子生，治《易经》。字世献，行三，年二十六，正月二十四日生。曾祖仲礼，义官。祖惟仁。父文坡。母官氏。重庆下。弟廷琥、廷爵、廷第、廷养、廷匡、廷琢、应尝、廷现、应采、廷爱、廷璟。娶吴氏。福建乡试第四十九名，会试第五十名。

王朝相，贯直隶广平府永年县，军籍，县学生，治《春秋》。字志尹，行二，年三十三，八月初十日生。曾祖纯，知县。祖藩，义官。父翱，州吏目。母常氏。具庆下。兄朝卿。弟朝聘、朝举、朝贡、朝弼。娶刘氏。顺天府乡试第二十八名，会试第九十二名。

刘注东，贯山东东昌府茌平县，军籍，国子生，治《诗经》。字思禹，行一，年三十六，正月初一日生。曾祖茂。祖清。父贤。母朱氏，继母李氏。具庆下。弟顺东、泌东、行东。娶史氏。山东乡试第三十九名，会试第二百四十四名。

敖璠，贯江西临江府新喻县，民籍，国子生，治《诗经》。字贵之，行三，年三十六，十月十九日生。曾祖任贤。祖启，寿官。父义。母卢氏。慈侍下。弟珂、佩、璜。娶吴氏，继娶余氏。江西乡试第六十九名，会试第六十五名。

张天麟，贯直隶真定府深州，民籍，州学生，治《诗经》。字允祯，行八，年二十五，十二月二十九日生。曾祖让。祖佐，义官。父文弼，贡士。母刘氏。重庆下。兄天祥。弟天衢、天宠、天秀、天启、天彝。娶祖氏。顺天府乡试第九十六名，会试第六十七名。

吕韶，贯湖广黄州府黄冈县，民籍，府学生，治《诗经》。字凤仪，行二，年三十一，二月二十四日生。曾祖子贵。祖大才，封经历。父淳，州同知。母舒氏，封孺人；继母韩氏。具庆下。兄音，县丞。弟章、歆、韵。娶高氏。湖广乡试第九名，会试第四十八名。

李时达，贯四川保宁府南部县，民籍，县学增广生，治《春秋》。字中夫，行一，年二十六，十月二十四日生。曾祖璪，县丞。祖廷相。父世禄。母杨氏，继母罗氏。重庆下。弟文达、敏达、聪达、颖达、辞达、道达、豁达、茂达。娶刘氏。四川乡试第十三名，会试第二百九十六名。

李增，贯河南颍州卫，军籍，直隶颍州学军生，治《诗经》。字孟川，行一，年二十九，六月十一日生。曾祖琮，义官。祖兰，义官。父炳，监生。母刘氏。重庆下。兄坤、埰、坛。弟垆、垠、埏、均、埔、基、台、垌、培、在、至。娶朱氏。河南乡试第六十四名，会试第七十五名。

曹一贯，贯山东东昌府莘县，军籍，国子生。治《诗经》。字唯夫，行一，年三十一，八月初二日生。曾祖兴，府经历。祖恺，寿官。父周。母赵氏。重庆下。弟一变。娶王氏。山东乡试第三十四名，会试第二百六十三名。

彭凤，贯江西袁州府分宜县，民籍，国子生，治《诗经》。字起之，行十四，年三十七，三月十二日生。曾祖麟。祖敬。父瓘，省祭官。嫡母黄氏，生母李氏。慈侍下。兄蛟。弟凰、鸾、鸿、鹤、鹍、鹉、龙、鸥、修。娶李氏。江西乡试第四十五名，会试第一百七十八名。

万汝楫，贯四川泸州，民籍，州学生，治《书经》。字济卿，行一，年三十一，九月十八日生。曾祖宗添。祖永高，寿官。父水。母庞氏。重庆下。娶谢氏。四川乡试第六名，会试第一百七十七名。

李乐，贯湖广辰州府泸溪县，军籍，国子生，治《易经》。字和仲，行六，年三十七，六月初十日生。曾祖昕。祖时举。父廷鹏，知县。母龚氏，严侍下。兄棠；相，监生；杲；荣。弟格。娶陈氏，继娶董氏。湖广乡试第十三名，会试第八十六名。

谢佑，贯湖广荆州府松滋县，民籍，县学生，治《诗经》。字德夫，行一，年二十九，正月初四日生。曾祖荣。祖茂，布政司检校封监察御史。父珊，监察御史。母胡氏，封孺人。慈侍下。兄佐。弟佩、俊、佾、份。娶伍氏。湖广乡试第八十二名，会试第二百八十三名。

郭鉴，贯山西泽州高平县，民籍，县学生，治《春秋》。字允明，行五，年二十六，四月二十九日生。曾祖质，知州。祖定，知州。父坤，知州。母王氏。慈侍下。兄銮，贡士；鋈，行人；釜；鎜，同科进士。弟鑒、銮、鎀、鉴。娶申氏。山西乡试第十六名，会试第二百五十九名。

孙植，贯浙江嘉兴府平湖县，民籍，直隶华亭县人，县学生，治《书经》。字斯立，行四，年二十六，十月二十二日生。曾祖忠。祖轩，封奉议大夫。父玺，山西按察司佥事。母张氏，封宜人。具庆下。兄棐、栋、杰。娶沈氏。浙江乡试第四十八名，会试第六十八名。

张瀚，贯浙江杭州府仁和县，民籍，府学生，治《易经》。字子文，行六，年二十五，十一月三十日生。曾祖鹏，义官。祖纪。父应禄。母李氏。具庆下。兄洪、江、潮、深、源。弟濂，贡士；浙；淳；洵；洽；浩；溉；泽；溧；洲；渠；洹；瀛；澋。娶陆氏。浙江乡试第四十九名，会试第四十二名。

李载贽，贯湖广荆州府石首县，民籍，县学附学生，治《书经》。字进可，行四，年二十三，十一月初九日生。曾祖希鸿。祖椿，教谕。父文炤。母黄氏。重庆下。兄载道、载事。弟载万、载笔、载宾。娶袁氏。湖广乡试第十八名，会试第八十一名。

窦润，贯直隶滁州卫，军籍，国子生，治《易经》。字子雨，行一，年四十四，七月十八日生。曾祖寄生。祖盛。父钦。母黄氏，继母贾氏。具庆下。弟汉、淳。娶姜氏。应天府乡试第一百三十四名，会试第一百七十九名。

郑一统，贯广东潮州府揭阳县，军籍，县学生，治《书经》。字朝庆，行一，年二十七，五月十四日生。曾祖克永。祖宜赈。父阳春。母刘氏。具庆下。弟一绪、一统、一缉。娶陈氏。广东乡试第三十名，会试第八十八名。

陈元珂，贯福建福州府闽清县民籍，怀安县人，府学生，治《春秋》。字仲声，行五，年三十一，十月初九日生。曾祖宗坦。祖聪。父良策。母吴氏。具庆下。弟元琰。娶郑氏。福建乡试第四十二名，会试第一百三十二名。

陈椿，贯直隶苏州府长洲县，民籍，吴江县人，国子生，治《易经》。字子年，行二，年三十八，十月十四日生。曾祖珪，义官。祖铨。父澐，医学训科。母顾氏。具庆下。兄贵，官生。弟楫、桐、槐、枚、棉、楷、桷、集、李、枌、樾。娶陆氏。应天府乡试第七十五名，会试第九十名。

薛孟，贯浙江嘉兴府嘉善县，民籍，国子生，治《书经》。字惟亚，行四，年三十九，五月十五日生。曾祖圭。祖瑜，义官。父寅，典膳。母陶氏。具庆下。兄学，典膳；孚；孳。弟字、季，俱监生；享；厚；存；孝；教。娶唐氏，继娶沈氏。顺天府乡试第三十三名，会试第一百名。

许复礼，贯河南彰德府安阳县，民籍，口学生，治《诗经》。字仁甫，行一，年三十二，八月初七日生。曾祖坦，赠知县。祖显。父怀。母刘氏。具庆下。兄复始、复初。娶赵氏，继娶崔氏。河南乡试第三十八名，会试第二百四十七名。

翁琛，贯直隶松江府上海县，灶籍，国子生，治《诗经》。字德辉，行一，年四十三，七月二十二日生。曾祖叔美。祖震。父经。母顾氏。重庆下。弟瑶、琛、璋、璧、瑚、琏。娶俞氏。应天府乡试第四十四名，会试第一百九十四名。

江中跃，贯四川重庆府巴县，民籍，府学生，治《诗经》。字从之，行五，年二十一，六月二十六日生。曾祖熙暕。祖遂良，封奉议大夫刑部郎中。父玠，布政司左参政。嫡母李氏，封宜人；生母章氏。具庆下。兄中才，知州；中龙；中鹏；中美；中孚；中上；中渊；中义；中晓。弟中辂。娶刘氏，继娶胡氏。四川乡试第六十一名，会试第八十七名。

袁袭裳，贯四川眉州，民籍。国子生，治《诗经》。字子宜，行二，年三十八，十一月初七日生。曾祖伯祥。祖大昆。父圻，寿官。母周氏。具庆下。兄衮裳。弟绣裳。娶马氏，继娶程氏。四川乡试第六十八名，会试第一百六十三名。

易宽，贯江西吉安府安福县，民籍，县学生，治《春秋》，字栗夫，行十一，年四十二，八月二十五日生。曾祖砺璋。祖三锡。父镇岩。母刘氏。永感下。弟诚岱。娶刘氏，继娶杨氏。江西乡试第五十四名，会试第二百七十名。

赵宪，贯直隶松江府上海县，民籍，国子生，治《书经》。字子成，行一，年四十六，二月二十六日生。曾祖瑜。祖清。父山。母吴氏。具庆下。娶乔氏。应天府乡试第二十七名，会试第一百八十一名。

方孟缙，贯江西南昌府武宁县，民籍，国子生，治《春秋》。字文卿，行九，年四十一，八月十四日生。曾祖景华。祖汝宁。父璞。母吴氏。永感下。兄孟经、孟纬。弟孟绅。娶黄氏。江西乡试第一百六十三名，会试第一百八十名。

沈梦鲤，贯浙江绍兴府山阴县，民籍，国子生，治《诗经》。字龙卿，行一，年三十六，九月二十八日生。曾祖浤。祖辅。父芳。母余氏，继母寿氏。重庆下。弟梦麟、梦熊、梦鼋、梦鲸、梦鹿、梦鹏、梦鳌、梦相、梦豸。娶孙氏。浙江乡试第六十六名，会试第二十名。

姚良弼，贯武功中卫，匠籍，浙江钱塘县人，府学增广生，治《易经》。字梦贤，行二，年二十八，正月初四日生。曾祖庆。祖福，寿官。父铖，寿官。前母章氏，嫡母侯氏，生母吴氏。具庆下。兄良相。娶章氏，继娶庞氏。顺天府乡试第六十七名，会试第一百七十二名。

陈天然，贯广东琼州府琼山县，民籍，国子生，治《诗经》。字汝中，行五，年三十，十一月二十六日生。曾祖才望。祖征。父瑞，寿官。母孙氏，生母吴氏。具庆下。兄天祺、天祜、天佑。弟天熙。娶王氏。广东乡试第五十二名，会试第一百十八名。

刘佐，贯山东济南府德州，民籍，国子生，治《春秋》。字才甫，行一，年二十二，四月二十九日生。曾祖鉴。祖玉。父福。母张氏。重庆下。弟俚、儒、份。娶贺氏，山东乡试第七十一名，会试第五十二名。

施千祥，贯福建福州府福清县，盐籍，国子生，治《诗经》。字善征，行三，年三十二，十一月初十日生。曾祖恭。祖莹。父仁俊。母方氏。具庆下。兄千福、千禄。弟千祐、千祚。娶薛氏。福建乡试第七十八名，会试第二百十四名。

周世昭，贯广东琼州府琼山县，民籍，县学附学生，治《诗经》。字景服，行一，年三十五，十一月二十五日生。曾祖鼎，寿官。祖厚，寿官。父仲良，贡士。母黄氏，继母莫氏。慈侍下。弟世述。娶李氏，继娶海氏。广东乡试第十一名，会试第一百一名。

陈天资，贯广东潮州府饶平县，灶籍，县学生，治《春秋》。字汝学，行一，年三十三，十二月二十五日生。曾祖永福。祖桓功。父经申。母范氏。严侍下。弟天德、天开、天乙。娶郑氏，继娶黄氏。广东乡试第五名，会试第一百七十名。

萧体元，贯江西吉安府泰和县人，河南南阳府新野县，民籍，国子生，治《书

1852

经》。字善复，行二，年三十八，十一月二十二日生。曾祖孔资，教谕。祖聪，教谕。父麟，知县。母朱氏，继母李氏。具庆下。弟庆元。娶曹氏。河南乡试第八十名，会试第二百四十一名。

宋淳，贯浙江衢州府开化县，民籍，县学生，治《易经》。字德完，行五，年二十九，八月十九日生。曾祖进。祖谦。父鸿，教授。母吾氏。慈侍下。兄澄、清、溏。弟滋、汉。娶汪氏。浙江乡试第四十五名，会试第四十四名。

蒲泽，贯陕西西安府咸宁县，民籍，府学增广生，治《易经》。字仁伯，行三，年三十一，十月二十九日生。曾祖彦清。祖寿。父隆。母王氏，继母曹氏。严侍下。兄海、源。娶刘氏。陕西乡试第十一名，会试第七十二名。

黄云，贯陕西西安府咸宁县，匠籍，县学增广生，治《易经》。字叔卿，行三，年二十八，十一月初十日生。曾祖荣。祖铭。父臣。母李氏。具庆下。兄震、霈。娶李氏。陕西乡试第五十三名，会试第二百十名。

戴鳌，贯浙江宁波府鄞县，军籍，国子生，治《易经》。字时化，行八，年三十八，十一月初二日生。曾祖钟，封承德郎府通判。祖浩，知府进阶亚中大夫。父樻，教谕封奉直大夫南京刑部员外郎加四品服。母杜氏，封宜人。具庆下。兄鳌，中宪大夫知府；鳌，七品散官；鲸，州同知前按察司佥事；鳖，按察司佥事。娶陈氏。浙江乡试第三十五名，会试第五十五名。

刘栋，贯直隶河间府任丘县，军籍，县学附学生，治《诗经》。字曰隆，行一，年二十四，正月二十七日生。曾祖惠。祖淮，典史。父珏，引礼。母苏氏。重庆下。娶吕氏。顺天府乡试第三十一名，会试第一百四十九名。

曹嗣荣，贯直隶松江府华亭县，民籍，国子生，治《书经》。字绳之，行二，年四十七，四月二十二日生。曾祖琦，封刑部主事。祖蕭，按察司佥事。父凤。母奚氏。具庆下。兄嗣恩。娶夏氏，继娶陆氏。应天府乡试第二十二名，会试第三百八名。

康朗，贯福建泉州府惠安县，民籍，县学生，治《易经》。字用晦，行一，年二十八，七月二十日生。曾祖瓛。祖柏。父炅。前母周氏，母周氏。具庆下。弟朔、瑚。娶谢氏，继娶谢氏、连氏。福建乡试第十二名，会试第三十四名。

胡汝霖，贯四川成都府绵州，民籍，州学附学生，治《书经》。字仲望，行三，年二十四，闰五月二十八日生。曾祖清，赠承德郎。祖兰，审理正。父秉中，教授。前母古氏。母栗氏。具庆下。兄汝贤；汝翼，前科进士；汝弼；汝为。弟汝楫、汝梅。娶刘氏，继娶聂氏。四川乡试第一名，会试第三十名。

诸燓，贯浙江绍兴府余姚县，军籍，府学生，治《易经》。字子相，行四，年三十三，六月十四日生。曾祖端。祖澄。父鼎。母陈氏。具庆下。弟奕。娶李氏。浙江乡试第五十九名，会试第三名。

马承学，贯太医院医籍，直隶苏州府吴县人，国子生，治《易经》。字弘道，行一，年三十四，二月十三日生。曾祖升。祖琤，旌表冠带义夫。父骥，监生。母张氏。具庆下。弟承业，监生。娶汪氏。应天府乡试第一百二十一名，会试第一百四十名。

吴藩，贯直隶滁州全椒县，民籍，国子生，治《诗经》。字价甫，行二，年四十九，六月十八日生。曾祖郢。祖显，教谕。父骥，训导。母乐氏。慈侍下。兄藻。娶杨氏。应天府乡试第八名，会试第一百十一名。

吴九经，贯浙江金华府永康县，民籍，岁贡生，治《书经》。字子诚，行一，年三十五，九月十八日生。曾祖玙。祖盛。父海。母李氏。永感下。弟九畴、九峰、九霄。娶王氏。顺天府乡试第五十三名，会试第一百三十四名。

许福，贯福建泉州府同安县，军籍，国子生，治《诗经》。字尧锡，行五，年四十一，十一月十五日生。曾祖时嘉。祖纯阳，寿官。父良绚。前母李氏。母黄氏。慈侍下。兄角、征、宫、羽。娶陈氏。福建乡试第六名，会试第十五名。

周天佐，贯福建泉州府晋江县，民籍，府学附学生，治《易经》。字宇弼，行五，年二十三，十月初六日生。曾祖希颜。祖仲平。父琅。母陈氏。具庆下。兄天正、天复、天申、天爵。聘吴氏。福建乡试第五十二名，会试第二百十三名。

施峻，贯浙江湖州府归安县，民籍，国子生，治《易经》。字平叔，行二，年三十一，正月十四日生。曾祖谦，知县。祖瑄，寿官。父镗。母董氏。具庆下。兄嵩。弟嵚、嵋。娶沈氏。浙江乡试第八名，会试第三十七名。

李维藩，贯山西辽州，民籍，州学生，治《春秋》。字子价，行一，年三十，十二月二十七日生。曾祖祥。祖顺。父英。母范氏，继母刘氏。慈侍下。弟维垣、维屏、维翰、维城。娶裴氏，继娶韩氏。山西乡试第五名，会试第五名。

据《嘉靖十四年进士登科录》："第三甲二百二十七名，赐同进士出身。"

冯天驭，贯湖广黄州府蕲州，民籍，国子生，治《书经》。字应房，行一，年三十三，七月二十日生。曾祖英。祖翱，推官。父鹏，监生。母陈氏。慈侍下。弟天骏。娶张氏。湖广乡试第五十九名，会试第一百十五名。

毛渠，贯山东莱州府掖县，民籍，国子生，治《春秋》。字世节，行二，年四十一，六月初三日生。曾祖福英，累赠光禄大夫柱国少保兼太子太保户部尚书武英殿大学士。祖敏，教授封谕德累赠光禄大夫柱国少保兼太子太保户部尚书武英殿大学士。父纪，光禄大夫柱国少保兼太子太保吏部尚书谨身殿大学士。母官氏，封一品夫人。严侍下。兄棻，顺天府推官。弟桼，贡士；渠，礼部郎中；业；集，官生。娶毕氏，继娶蔡氏、侯氏。山东乡试第九名，会试第二百八十名。

章甫，贯武骧左卫军籍，直隶常州府武进县人，国子生，治《诗经》。字梦甫，行一，年四十二，十一月十三日生。曾祖玉。祖鉴。父明。母金氏。永感下。弟瓒。娶冯氏。顺天府乡试第十一名，会试第八十名。

顾廉，贯浙江绍兴府余姚县，民籍，县学增广生，治《礼记》。字惟简，行一，年三十一，七月十五日生。曾祖骏，赠府通判。祖兰，府同知。父达。母徐氏，继母钱氏。重庆下。弟文、京、衮、庶、府、序、奕、廙。娶邵氏。浙江乡试第三十名，会试第四名。

林庭机，贯福建福州府闽县，儒籍，国子生，治《春秋》。字利仁，行十，年三十，五月初四日生。曾祖观，赠知县累赠南京吏部尚书。祖元美，知府累赠南京吏部尚书。父瀚，南京兵部尚书赠太子太保谥文安，嫡母黄氏，封孺人加赠一品夫人，生母朱氏。慈侍下。兄庭枫，岁贡生；庭柱，贡生；庭模，府同知；庭楣，工部左侍郎；庭楷，福州中卫海运佥事；庭材；庭杓，知府；庭樟，州同知；庭榆，推官；庭枝，贡士。弟庭墍，同科进士。娶李氏。福建乡试第十一名，会试第二百十八名。

赵崇信，贯广东广州府顺德县，民籍，国子生，治《诗经》。字仲履，行一，年四十二，十月初五日生。曾祖不侧。祖善敬。父汝旻。母周氏。严侍下。弟崇裸、崇彦。娶黎氏。广东乡试第七十三名，会试第二百九十名。

刘尚义，贯山西汾州，军籍，州学生，治《书经》。字伯正，行一，年三十七，十月十六日生。曾祖寿。祖志，知县。父世芳，县丞。母朱氏。慈侍下。弟尚礼。娶宋氏。山西乡试第五十七名，会试第九十四名。

唐颐，贯山西太原府阳曲县，军籍，府学生，治《易经》。字子观，行五，年二十六，九月十二日生。曾祖诚，知县赠文林郎。祖希介，按察司副使进阶亚中大夫。父泌，监生。母张氏，继母张氏。重庆下。兄中、震、鼎、观。弟巽。娶许氏。山西乡试第十四名，会试第五十八名。

王达，贯山东济南府滨州，民籍，国子生，治《书经》。字子泉，行二，年三十九，五月二十四日生。曾祖思诚。祖恭。父政。母韩氏。慈侍下。兄逵、朝辅。弟通、适。娶赵氏。山东乡试第二名，会试第一百十二名。

邵南，贯浙江湖州府乌程县，民籍，国子生，治《诗经》。字文化，行二，年四十八，十一月十四日生。曾祖瑛，县丞。祖夔。父豫。母殳氏。慈侍下。兄棠。娶张氏。浙江乡试第七十四名，会试第三百六名。

来聘，贯陕西西安府三原县，军籍，国子生，治《诗经》。字安国，行二，年三十五，五月初六日生。曾祖肃。祖铠。父时廉，寿官。母冯氏，继母焦氏。具庆下。兄朝。弟贺，贡士；选；迎；征；宾。娶王氏。陕西乡试第五十七名，会试第一百十六名。

何彦，贯广东广州府顺德县，民籍，福建惠安县学教谕，治《诗经》。字善充，行一，年四十二，十一月十二日生。曾祖势亮。祖琏。父千之。母麦氏。具庆下。弟铭、锴、镛、铨、镇。娶黄氏。广东乡试第十三名，会试第二百十七名。

舒汀，贯福建福州府侯官县，民籍，县学生，治《易经》。字绍安，行一，年三十八，闰十一月初一日生。曾祖德懋。祖坦。父钦。母赵氏。永感下。兄淮、江。弟阳和。娶李氏。福建乡试第八十九名，会试第二百四十八名。

杨守约，贯彭城卫籍，湖广长沙县人，国子生，治《易经》。字允中，行三，年二十六，三月十八日生。曾祖福胜，赠通议大夫右副都御史。祖春，赠中宪大夫右佥都御史加赠通议大夫右副都御史。父志学，通议大夫刑部右侍郎。前母王氏，赠淑人；母陈氏，赠淑人。严侍下。兄守愚；守谦，兵部员外郎。弟守默；守鲁，贡士；守让；守朴；守初；守介。娶潘氏，继娶茹氏。顺天府乡试第九十一名，会试第二百二十七名。

范之箴，贯浙江嘉兴府秀水县，民籍，府学生，治《书经》。字从敬，行四，年十九，三月二十七日生。曾祖麟。祖琼，县丞。父诏。母姚氏。重庆下。兄承恩、承儒、之才。弟之廉、之嗣、之乐、之道、之义、之期、之勇、之忠、之齐、承孝、之交。娶张氏。浙江乡试第六十四名，会试第二十四名。

高时，贯浙江杭州府临安县，民籍，岁贡生，治《易经》。字中行，行十八，年三十，正月初一日生。曾祖澄浩，义官。祖良毓，义官。父文华。母童氏。具庆下。兄圻、升。弟坤、法、陛、陵、隅、墅、陆。娶胡氏。顺天府乡试第七十名，会试第一百七十六名。

陈绍，贯浙江绍兴府上虞县，民籍，国子生，治《易经》。字用光，行八，年三十五，十一月二十日生。曾祖滂。祖顼。父述。母严氏。具庆下。兄绪。弟维、绛、绾。娶钟氏。浙江乡试第五十一名，会试第一百九十名。

赵大佑，贯浙江台州府太平县，军籍，县学生，治《春秋》。字世胤，行一，年二十六，六月十一日生。曾祖坚。祖崇贤，知州。父相。母王氏。重庆下。弟大佃、大佶。娶牟氏。浙江乡试第七十二名，会试第十六名。

蔡其潮，贯浙江嘉兴府海盐县，民籍，国子生，治《易经》。字时信，行十四，年四十五，正月二十六日生。曾祖富，寿官。祖全。父琪。母徐氏。慈侍下。兄瀚、津、澜、浩、洪、湘、淞、滔、淳、浈、滋。弟泾、渭、汀、漳、浦、涧、淮、涛、涞、沾、澳。娶姚氏。浙江乡试第五十四名，会试第一百五十名。

赵应祥，贯湖广长沙卫，官籍，国子生，治《书经》。字伯征，行一，年三十三，十二月二十二日生。曾祖庸，百户。祖纲，百户。父珺，百户。母马氏。具庆下。弟应期、应亨、应诏、应奎、应昌。娶胡氏。湖广乡试第六十二名，会试第二百八十二名。

李梦祥，贯湖广荆州府监利县，军籍，附学生，治《易经》。字幼征，行二，年三十，六月初九日生。曾祖清。祖彦经，义官。父佃。母吴氏。慈侍下。兄梦玺。娶吕氏。湖广乡试第二十二名，会试第二百二十六名。

钱应扬，贯浙江绍兴府余姚县，民籍，国子生，治《书经》。字俊民，行一，年三十二，八月二十九日生。曾祖瑛，教官。祖裕。父绅。母杨氏。具庆下。弟应宿、应敦、应乾、应皋、应夔、应契、应奎。娶潘氏，继娶孙氏，继聘王氏。浙江乡试第八名，会试第六名。

黄廷用，贯福建兴化府莆田县，民籍，国子生，治《书经》。字汝行，行三，年三十六，正月二十九日生。曾祖澍。祖甘霖。父德卿。母郑氏。永感下。兄廷宣，按察司金事；廷义；廷礼。弟廷良、廷本、廷修、廷陈、廷纪。娶宋氏。福建乡试第三十三名，会试第一百三十七名。

焦琏，贯顺天府涿州，民籍，州学生，治《礼记》。字子重，行一，年二十八，七月二十八日生。曾祖升。祖森，训导。父镗。母马氏，继母尚氏、谢氏。具庆下。兄瑞、环。弟珙、璨、玳、珉。娶梁氏，继娶李氏。顺天府乡试第二十名，会试第一百二十三名。

奚良辅，贯直隶松江府上海县，民籍，县学生，治《诗经》。字世卿，行一，年三十四，六月十七日生。曾祖暹。祖伦，寿官。父钦。母吴氏，继母吴氏。具庆下。弟良弼、良翼。娶唐氏。应天府乡试第四十六名，会试第二百六十七名。

徐缉，贯浙江绍兴府山阴县，军籍，国子生，治《诗经》。字文熙，行四十五，年三十五，六月初六日生。曾祖叔瑾。祖钢。父怿。母孙氏。严侍下。弟综。娶翁氏。浙江乡试第六十八名，会试第八十九名。

杨上林，贯直隶淮安府山阳县，民籍，国子生，治《礼记》。字子渐，行一，年三十六，正月十七日生。曾祖昂。祖遇。父荣，寿官。母樊氏，继母王氏、张氏。具庆下。兄鸾。弟鳌、鲸、上栋、概、植。娶戴氏。应天府乡试第八十七名，会试第二百九十八名。

王遵，贯四川顺庆府南充县，民籍，国子生，治《易经》。字子法，行一，年二十八，九月二十二日生。曾祖昺，寿官。祖商。父希德，训导。母任氏。具庆下。兄选；迁；达；瑶；诰；廷，监察御史。弟追；郁，贡士；遴；谦；述。娶韩氏。四川乡试第三十五名，会试第一百八十三名。

汪集，贯江西南昌府进贤县，军籍，附学生，治《诗经》。字惟义，行四，年二十四，八月十三日生。曾祖季显。祖深，知县。父旦。嫡母万氏，继母周氏，生母万氏。具庆下。兄桂、楫。弟棐、案。娶叶氏。江西乡试第七十一名，会试第一百八十二名。

温学舜，贯福建泉州府晋江县，军籍，国子生，治《易经》。字宪统，行一，年三十三，九月初三日生。曾祖良，中书舍人。祖玉，训导。父夔。母蔡氏。具庆下。弟学周、学闵。娶李氏。福建乡试第四十名，会试第二百七十六名。

罗椿枝，贯浙江严州府桐庐县，匠籍，国子生，治《书经》。字日新，行二，年三十二，四月初五日生。曾祖永明。祖儒，训导。父翔凤。母陈氏，继母朱氏。具庆下。兄桂枝。弟楠枝、橡枝、松枝。娶张氏，继聘姚氏。浙江乡试第七十八名，会试第三百四名。

王崇冠，贯山西太原府榆次县，军籍，县学生，治《诗经》。字雅夫，行二，年二十八，十一月二十五日生。曾祖轼。祖景春。父明。前母原氏。母贾氏。慈侍下。兄崇仁。娶郝氏，继娶张氏。山西乡试第六名，会试第二百一名。

薛应旂，贯直隶常州府武进县，民籍，国子生，治《诗经》。字仲常，行二，年三十六，十一月初四日生。曾祖瑞。祖镆。父卿。母史氏，继母吴氏。具庆下。兄应廷。弟应辰、邦臣、应嘉。娶冯氏。应天府乡试第九十名，会试第二名。

周尚忠，贯直隶河间府景州吴桥县，民籍，国子生，治《诗经》。字伯显，行二，年三十五，二月二十五日生。曾祖政。祖裕，阴阳官。父冕，寿官。嫡母牟氏，生母李氏。具庆下。兄尚志，贡士。弟尚勤、尚友、尚恩。娶王氏。顺天府乡试第五十二名，会试第二十七名。

顾承芳，贯直隶凤阳府临淮县，民籍，国子生，治《礼记》。字子誉，行一，年三十九，六月十七日生。曾祖震，顺天府治中赠通议大夫都察院右副都御史。祖佐，资善大夫户部尚书赠太子太保。父伯谦，贡士。母康氏。永感下。弟承恩、承德、承勋、承忠、承志、承颜、承颐、承绪、承显。娶蔡氏，继娶潘氏。应天府乡试第四名，会试第二百八十七名。

卢璘，贯浙江绍兴府余姚县，匠籍，县学附学生，治《易经》。字秀夫，行四，年三十二，三月二十七日生。曾祖德清。祖敏政。父斗南。前母黄氏。母舒氏。具庆下。兄望。弟时、理。娶诸氏。浙江乡试第三十名，会试第十三名。

鲍龙，贯浙江杭州府临安县，民籍，国子生，治《易经》。字汝化，行十，年三十五，八月十六日生。曾祖仁。祖观。父理。母蒋氏。严侍下。兄鸾、凤、鹏、鲸。娶何氏。浙江乡试第五十五名，会试第二百七十九名。

马九德，贯直隶德州卫军籍，山东青州府益都县人，州学生，治《诗经》。字子懋，行二，年二十四，正月初七日生。曾祖雄。祖昌。父亨衢，知县。母焦氏。具庆下。兄九皋。弟九鼎、九畴、九迁、九万、九功、九渊。娶王氏。顺天府乡试第十二名，会试第十名。

杨时秀，贯直隶凤阳府怀远县，民籍，县学生，治《春秋》。字叔茂，行三，年三十八，四月初十日生。曾祖铣。祖成。父宾，教谕。母张氏。具庆下。兄堂、奎。娶徐氏。应天府乡试第十名，会试第六十一名。

张舜臣，贯山东济南府章丘县，军籍，国子生，治《诗经》。字熙伯，行二，年三十一，十月二十七日生。曾祖恂。祖统，义官。父灿，义官。前母王氏，母刘氏。具庆下。兄尧臣，省祭官。娶魏氏。山东乡试第二名，会试第二百五十一名。

吴镇，贯福建福州府长乐县，民籍，国子生，治《诗经》。字利用，行五，年三十七，八月二十四日生。曾祖彬。祖炳，寿官。父玺。母高氏，继母高氏。具庆下。兄钊、铃、锵。弟铸、钺、镒、铿、锦、鉴、铎。娶郑氏，继娶黄氏。福建乡试第五十四名，会试第二百三十三名。

戴梦桂，贯山东济南府济阳县，军籍，国子生，治《书经》。字仲芳，行二，年三十九，十二月十七日生。曾祖景忠。祖祯。父礼，知县。嫡母李氏，生母张氏。慈侍下。兄梦贤，主簿。娶郭氏，继娶刘氏。山东乡试第八名，会试第四十二名。

刘大直，贯四川宁川卫军籍，成都府华阳县人，国子生，治《诗经》。字养浩，行二，年三十四，九月二十四日生。曾祖晟。祖志宏。父佐，寿官。母袁氏。具庆下。兄大正。弟大宜、大立、大全。娶王氏。四川乡试第二十三名，会试第二百三十三名。

郭鉴，贯山西泽州高平县，民籍，国子生，治《春秋》。字允新，行四，年三十三，十二月初三日生。曾祖质，知州。祖定，知州。父城，州判。母李氏。严侍下。兄銮，贡士；鋆，行人；金。弟鉴，同科；鼗；鎏；鋈；鉴。娶赵氏。山西乡试第六十四名，会试第二百四十二名。

胡崇德，贯浙江绍兴府余姚县，灶籍，国子生，治《书经》。字伯贤，行二十三，年三十一，十一月初五日生。曾祖宜孙。祖绍。父丙。母童氏。慈侍下。兄崇元、崇仁、崇政、崇俭、崇礼。弟崇学、崇智。娶岑氏。浙江乡试第九十名，会试第三百十二名。

翁五伦，贯浙江绍兴府萧山县，民籍，附学生，治《书经》。字大经，行一，年二十九，七月十八日生。曾祖秉。祖文，训导。父尧。母萧氏。重庆下。弟五常、五章、五言、五音。娶徐氏，继娶张氏。浙江乡试第七十名，会试第一百五十二名。

黎尧勋，贯四川潼川州乐至县，民籍，国子生，治《诗经》。字子钦，行一，年三十三，九月十六日生。曾祖希贤，寿官。祖祯，寿官。父邦屏。母赵氏。重庆下。弟尧华、尧邻。娶张氏。四川乡试第十五名，会试第二百五十六名。

高跱，贯云南大理卫军籍，四川成都府汶川县人，国子生，治《春秋》。字仲龙，行二，年三十七，九月初九日生。曾祖德。祖信，寿官。父昂，知县。母周氏。严侍下。兄鹏、崧。弟岐，贡士；岑；峒；峨。娶熊氏，继娶钱氏。云贵乡试第十六名，会试第一百十七名。

余爌，贯江西饶州府乐平县，民籍，国子生，治《诗经》。字德明，行四，年三十一，七月二十七日生。曾祖寿增。祖荣福。父豸。母彭氏。具庆下。弟炯，贡士；辉；熾。娶夏氏。江西乡试第十八名，会试第二百二十一名。

陈凤，贯南京留守后卫官籍，浙江绍兴府会稽县人，国子生，治《诗经》。字羽伯，行一，年三十四，九月十三日生。曾祖礼。祖琳。父纲。前母黄氏，母徐氏，继母魏氏。具庆下。娶李氏。应天府乡试第七名，会试第二百九名。

闵煦，贯直隶河间府任丘县籍，松江府上海县人，县学生，治《诗经》。字和卿，行三，年二十九，十月初十日生。曾祖琦，赠山西左布政使。祖定，赠山西左布政使。父槐，按察司副使。母颜氏，封恭人。具庆下。兄勋，义官；寿，监生；然；杰，监生。弟照、鱼。娶李氏。顺天府乡试第四十八名，会试第二百三十五名。

李丕显，贯福建福州府长乐县，军籍，直隶休宁县教谕，治《诗经》。字宪文，行六，年四十二，十月十六日生。曾祖则仁。祖孟申。父德宣。母林氏，继母陈氏。慈侍下。兄丕正。弟文枢、文柯、丕承、文植。娶郑氏，继娶陈氏、林氏。福建乡试第七十六名，会试第二十二名。

傅珮，贯浙江杭州府仁和县，匠籍，国子生，治《书经》。字朝鸣，行三，年三十九，十月十九日生。曾祖延定。祖得祥。父祺。母姚氏。慈侍下。兄玺、琼。娶李氏。浙江乡试第八十九名，会试第二十一名。

谢镒，贯直隶徽州府祁门县，民籍，国子生，治《春秋》。字万卿，行十，年三十九，十月二十一日生。曾祖硕。祖玘。父傅。母王氏。慈侍下。娶胡氏。应天府乡试第三十八名，会试第三百五名。

沈良才，贯直隶扬州府泰州，军籍，国子生，治《诗经》。字德夫，行三，年三十，正月初一日生。曾祖源。祖儒，训导。父璁。母张氏。慈侍下。兄良臣、良士。娶王氏。应天府乡试第四十三名，会试第二百七十四名。

张维岳，贯浙江杭州右卫，军籍，岁贡生，治《易经》。字尧臣，行一，年四十一，十一月初三日生。曾祖义。祖颙，遇例冠带。父琪，遇例冠带。母柴氏，继母傅氏。具庆下。兄霆、维藩。弟维翰、维中。娶曹氏。顺天府乡试第四十七名，会试第六十六名。

吴应奎，贯浙江杭州府钱塘县，民籍，直隶休宁县人，府学增广生，治《易经》。字汝文，行一，年三十二，八月初一日生。曾祖福远。祖贵诚。父珎富。母李氏。重庆下。弟应祈、应辉、应祥、应佑、应宿。娶应氏。浙江乡试第二十二名，会试第一百九十五名。

叶懋赏，贯四川绵州，民籍，州学生，治《书经》。字功父，行二，年四十二，九月十一日生。曾祖清。祖仲本。父楚，监生。母郭氏。永感下。兄懋官。弟懋和、懋敬、懋昭、懋训、懋简。娶陈氏。四川乡试第三十二名，会试第二百五十五名。

谷宇龄，贯河南开封府祥符县，军籍，县学生，治《礼记》。字道延，行一，年三十二，闰四月初八日生。曾祖清。祖嵩，寿官。父廷臣，仪宾。母新平县主，继母李氏。慈侍下。娶周氏。河南乡试第一名，会试第二百六十名。

朱文质，贯云南前卫后所军籍，浙江海盐县人，府学生，治《易经》。字彬甫，行一，年二十九，五月十三日生。曾祖昂。祖俊，寿官。父玺。前母毛氏，母王氏。重庆下。弟文质。娶赵氏。云贵乡试第一名，会试第二百三十四名。

赵统，贯陕西西安府临潼县，军籍，府学生，治《礼记》。字伯一，行一，年三十六，十月初七日生。曾祖孟巳。祖靖，通判。父宗文，寿官。母陈氏。具庆下。兄宁、密、官、守、鼎、鼐、昂。弟景、升。娶牛氏。陕西乡试第四名，会试第二百二十三名。

陈东光，贯河南开封府钧州，匠籍，州学生，治《书经》。字叔晦，行一，年二十九，五月三十日生。曾祖纲。祖谦。父玑。母马氏。具庆下。弟东辉、东渐。娶刘氏。河南乡试第六十五名，会试第一百四十五名。

顾霄，贯浙江嘉兴府海盐县，灶籍，府学生，治《诗经》。字少雨，行一，年三十一，二月二十一日生。曾祖廷用。祖仁。父恺。母庄氏。重庆下。弟霁。娶管氏。浙江乡试第十八名，会试第二百七十八名。

黎秀，贯江西饶州府乐平县，民籍，县学附学生，治《易经》。字实甫，行四，年三十三，六月二十四日生。曾祖宪文。祖天龄。父璨。前母夏氏，母彭氏。具庆下。兄委。弟季。娶方氏。江西乡试第七十三名，会试第二百九十二名。

张尧年，贯浙江宁波府慈溪县，民籍，县学增广生，治《诗经》。字绍中，行七，年二十八，二月初一日生。曾祖恪。祖铁。父澜。母陈氏。具庆下。娶陈氏。浙江乡试第二十九名，会试第五十九名。

童汉臣，贯浙江杭州府钱塘县，匠籍，府学增广生，治《易经》。字仲良，行二，年二十八，三月二十三日生。曾祖斌。祖富。父伟。母沈氏。具庆下。兄舜臣。娶刘氏。浙江乡试第十一名，会试第一百十四名。

郑荺，贯福建兴化府莆田县，军籍，县学附学生，治《诗经》。字士馨，行一，年三十一，三月初七日生。曾祖杰，教谕。祖汝贵。父敬威。母李氏。具庆下。弟葳。娶杨氏。福建乡试第三十九名，会试第一百七十三名。

林应麒，贯浙江台州府僊居县，民籍，国子生，治《礼记》。字必仁，行一，年三十，正月初十日生。曾祖达本。祖文魁。父坚。母王氏。慈侍下。弟应鹏。娶应氏。浙江乡试第十名，会试第一百八十六名。

赵继孟，贯山西泽州，民籍，州学附学生，治《诗经》。字宗之，行一，年二十一，八月初九日生。曾祖贵。祖厚。父宠。母孟氏。永感下。弟继爵、继祖、继宗、继先。娶颜氏，继聘李氏。山西乡试第五十七名，会试第二百四名。

孙昺，贯山东东昌府临清州，军籍，国子生，治《书经》。字尚晦，行二，年三十九，十二月十三日生。曾祖刚。祖英。父辂。母曹氏，继母刘氏。慈侍下。兄昂。娶李氏。山东乡试第二十二名，会试第二百八名。

何允魁，贯广东广州府顺德县，军籍，县学附学生，治《易经》。字克升，行三，年二十七，九月十六日生。曾祖荣，寿官。祖璋，左长史。父淘，义官。母邝氏。具庆下。兄继之，户部主事；绍科。弟绍显、组之、绾之、允兆。娶周氏。广东乡试第六十二名，会试第二百三十九名。

陈瑚，贯直隶松江府华亭县，民籍，国子生，治《诗经》。字汝器，行五，年三十七，九月初二日生。曾祖琮。祖宽。父旻，义官。母盛氏。具庆下。兄恩，监生；册；宪；志。弟惠；方；批；愈；璋。娶沈氏。应天府乡试第七十六名，会试第一百六十八名。

萧祥曜，贯江西吉安府泰和县，民籍，县学附学生，治《书经》。字文奎，行三，年二十七，七月初八日生。曾祖季修，赠给事中。祖彦德。父甫玺。母陈氏。永感下。兄祥曦、祥旸。娶王氏。江西乡试第二名，会试第二百六十六名。

吴从义，贯福建福州府福清县，军籍，县学附学生，治《春秋》。字思忠，行二，年三十九，二月初七日生。曾祖穆。祖公让。父朝佐。母林氏。永感下。兄从周。弟从心、从嘉、从明。娶俞氏。福建乡试第七十三名，会试第二百五十五名。

向宗哲，贯四川成都府资县，民籍，国子生，治《易经》。字汝贤，行一，年三十九，十一月三十日生。曾祖敬，知府。祖玺，同知。父艾。母蔡氏。具庆下。弟宗启、宗乔、宗善、宗吕、宗帅、宗亨。娶熊氏。四川乡试第八名，会试第二百六十四名。

张祜，贯云南永昌卫官籍，河南南阳府人，国子生，治《书经》。字元秩，行一，年三十八，七月十九日生。曾祖瑀，副千户。祖康。父铧，寿官。母杜氏。严侍下。弟悲、懋。娶阮氏。云贵乡试第四十五名，会试第一百七十四名。

杨祜，贯四川成都府内江县，民籍，县学附学生，治《诗经》。字受夫，行一，年二十五，三月初二日生。曾祖雍，贡士。祖浩，省祭官。父廷蓁。母闻氏。具庆下。弟禧、祚。娶张氏。四川乡试第九名，会试第三百十六名。

陆坤，贯陕西兰州仪卫司校籍，直隶昆山县人，州学生，治《易经》。字子厚，行一，年一十九，六月二十七日生。曾祖海。祖岳。父爻，监生。母杨氏。重庆下。弟基、奎、坦、塈。娶林氏。陕西乡试第二十九名，会试第二百八十一名。

任道充，贯山西汾州孝义县，军籍，国子生，治《易经》。字少虚，行四，年三十七，三月十四日生。曾祖毅。祖文干。父恕，知县。前母阎氏，母张氏。永感下。兄道远。娶武氏。山西乡试第十九名，会试第一百五名。

冯良知，贯云南临安卫官籍，湖广黄陂县人，国子生，治《易经》。字养吾，行一，年三十，六月初九日生。曾祖政，寿官。祖珉。父基。母朱氏。具庆下。弟良能。娶朱氏。云贵乡试第四十六名，会试第一百四十六名。

艾朴，贯江西吉安府永丰县，民籍，县学附学生，治《易经》。字子文，行十，年二十九，八月十八日生。曾祖祖望。祖端和。父瑞，训导。前母邹氏，母刘氏。具庆下。娶萧氏。江西乡试第十一名，会试第八十三名。

王烨，贯直隶镇江府金坛县，军籍，县学生，治《书经》。字韬孟，行八，年三十七，五月十四日生。曾祖衷。祖宏，寿官。父材。母薛氏。慈侍下。兄炳、灿、焞。弟燨、熺、炼。娶欧阳氏。应天府乡试第二名，会试第二十六名。

李人龙，贯直隶松江府华亭县，军籍，国子生，治《春秋》。字子乾，行五，年三十二，十月二十八日生。曾祖年。祖希贤，训导。父政，恩例冠带。母王氏。具庆下。兄人杰、人儒、人仰、遇春。弟人凤、人伦、人臣、人仪、人麟、人统、人嗣、人表、人性、人熊、人奇。娶张氏。应天府乡试第八十九名，会试第二百九十九名。

郑锡麒，贯福建福州府长乐县，民籍，县学附学生，治《诗经》。字献祯，行六，年二十三，正月二十五日生。曾祖肃。祖世杰。父勉。母刘氏。具庆下。弟锡熊、锡驷、锡鲸、锡璁。娶陈氏。福建乡试第八十三名，会试第二百四十九名。

钱泮，贯直隶苏州府常熟县，民籍，县学增广生，治《诗经》。字鸣教，行一，年四十二，正月二十日生。曾祖建，义官。祖谔，义官。父鲋。母褚氏。具庆下。兄秩、冠、窀、伸、察、宠。弟激、和、灿、效、作、治、炼、荆。娶徐氏，继娶卢氏。应天府乡试第六十名，会试第一百八十七名。

高节，贯陕西西安后卫官籍，山东禹城县人，国子生，治《诗经》。字仲立，行一，年三十八，十一月二十日生。曾祖玉，百户。祖铎，百户。父升，百户。母吴氏，封安人；继母唐氏。重庆下。弟第、策。娶陈氏。陕西乡试第二名，会试第二十八名。

牟朝宗，贯四川叙州府宜宾县，民籍，县学附学生，治《诗经》。字子一，行一，年二十三，正月十三日生。曾祖刚。祖仕英。父勤。母屈氏。慈侍下。娶李氏。四川乡试第十一名，会试第四十一名。

邵基，贯浙江绍兴府余姚县，灶籍，国子生，治《书经》。字子厚，行一，年三十四，十月初二日生。曾祖有容。祖蒙，七品散官。父炼，按察司副使。母陈氏，继母金氏。重庆下。弟垔。娶沈氏。浙江乡试第三十五名，会试第四十七名。

王嘉元，贯四川叙州府宜宾县，民籍，国子生，治《诗经》。字仁仲，行一，年二十八，正月二十二日生。曾祖永彞，驿丞。祖应嵩，教谕。父璧。母罗氏，继母王氏、刘氏。重庆下。弟嘉辂。娶曹氏。四川乡试第五十六名，会试第一百四十二名。

李檗，贯广东肇庆府四会县，民籍，国子生，治《易经》。字时励，行四，年三十一，十一月初五日生。曾祖府，寿官。祖镶，义官。父永福，七品散官。母罗氏。重庆下。兄梁、繁、新。弟荥、檠、柒。娶陈氏。广东乡试第六十名，会试第二百五名。

聂静，贯江西吉安府永丰县，民籍，县学增广生。治《易经》。字子安，行十一，年二十九，六月二十二日生。曾祖日聪。祖玉治，封文林郎。父洪。母张氏。具庆下。弟靛。娶王氏。江西乡试第三十三名，会试第一百七名。

王世雍，贯山东兖州府东平州汶上县，民籍，县学生，治《诗经》。字尧治，行一，年三十五，正月二十三日生。曾祖钊。祖端，封知县进监察御史服色赠太仆寺少卿。父杲，大理寺左少卿。母郭氏，累赠恭人；继母许氏，封孺人，赠恭人；李氏。具庆下。弟世熙、世泰。娶郭氏。山东乡试第三十五名，会试第一百五十一名。

刘凤池，贯陕西西安府渭南县，军籍，国子生，治《书经》。字文甫，行一，年三十二，三月二十二日生。曾祖孝征。祖才，巡检。父潮。母田氏。慈侍下。弟凤山。娶任氏。顺天府乡试第八名，会试第三十六名。

吴琼，贯直隶徽州府祁门县，民籍，县学生，治《诗经》。字德辉，行三十一，年三十八，七月初十日生。曾祖敬宗。祖信，知县。父文教。母许氏。永感下。娶许氏。应天府乡试第五十六名，会试第五十四名。

赵炳然，贯四川保宁府剑州，民籍，国子生，治《书经》。字子晦，行二，年二十九，十一月十八日生。曾祖佐，知县。祖思济。父松。母郑氏。重庆下。兄挺然。娶王氏。四川乡试第六十一名，会试第一百十名。

许贯之，贯浙江杭州府钱塘县，民籍，国子生，治《春秋》。字道卿，行一，年四十一，八月初七日生。曾祖能。祖鹏。父鲸。母徐氏。永感下。娶沈氏。浙江乡试第三十七名，会试第七十七名。

王乔龄，贯浙江绍兴府余姚县，民籍，国子生，治《书经》。字维岳，行四十二，年三十八，十月初一日生。曾祖谌。祖淑。父椿。母熊氏。具庆下。弟高、嵩。娶夏氏，继娶赵氏。浙江乡试第二十四名，会试第七十六名。

汪宗凯，贯湖广武昌府崇阳县，军籍，国子生，治《诗经》。字子才，行二，年二十八，四月二十九日生。曾祖璇，寿官。祖藻，监生封兵部主事。父文明，知县。母杨氏。慈侍下。兄宗元，行人司行人。弟宗皋；宗伊，贡士；宗召；宗夔；宗南；宗光；宗介；宗轼；宗说；宗莱。娶陈氏。湖广乡试第三十四名，会试第六十二名。

包孝，贯直隶松江府华亭县，民籍，浙江嘉兴县人，县学生，治《礼记》。字元爱，行十二，年二十八，二月二十五日生。曾祖俊，封南京礼部郎中。祖鼎，知府进阶亚中大夫。父志，监生。母杨氏。慈侍下。兄洪；浩；泳；淳；濂；汉；节，前科进士；深；溙。弟汴、治、泽。娶曹氏。应天府乡试第六十一名，会试第一百三十八名。

张辐，贯浙江绍兴府山阴县，民籍，县学生，治《诗经》。字文衡，行二十四，年三十九，七月十八日生。曾祖筹。祖彩，巡检。父璐。母施氏。重庆下。兄轸。弟辘、轳、辐、辋、轴。娶沈氏，继娶陈氏。浙江乡试第十九名，会试第七十三名。

曹韩，贯陕西西安府咸宁县，军籍，府学生，治《易经》。字可宗，行一，年三十一，正月初七日生。曾祖福，赠行太仆寺卿。祖恭，赠行太仆寺卿。父兰，左布政使。母王氏，封淑人。具庆下。弟翰、朝、翶、赣、軒、朝。娶管氏，继娶吉氏。陕西乡试第三十九名，会试第二百二十四名。

郑寅，贯浙江绍兴府余姚县，民籍，国子生，治《易经》。字思敬，行四，年四十五，十月初十日生。曾祖仕让。祖叔伦。父文荣。母夏氏，继母赵氏。慈侍下。弟宪、宽、蒙、密、宗。娶钱氏，继娶邹氏。浙江乡试第十六名，会试第二百七十三名。

王维桢，贯陕西西安府华州，民籍，州学生，治《诗经》。字允宁，行三，年二十九，十一月初二日生。曾祖和。祖源。父载。母刘氏。慈侍下。兄维藩、维祺。弟维新、维厚。娶东氏。陕西乡试第五十一名，会试第九十六名。

张绪，贯江西临江府峡江县，民籍，国子生，治《书经》。字卿理，行十，年三十一，三月初五日生。曾祖教，按察司兵备副使。祖桂。父奋庸。母阮氏。慈侍下。兄纪、绣、统。娶袁氏，继娶萧氏。江西乡试第十九名，会试第一百六十九名。

王之臣，贯四川成都府内江县，民籍，国子生，治《易经》。字敬充，行三，年四十七，四月二十七日生。曾祖祚。祖守约，教谕封监察御史。父一言，都察院右佥都御史。母李氏，封孺人。永感下。兄忠臣、信臣。弟襄臣、尧臣、鼎臣。娶阴氏。四川乡试第二名，会试第六十三名。

王镗，贯福建福州府侯官县，军籍，县学附学生，治《春秋》。字孟声，行三，年三十一，八月二十六日生。曾祖玄。祖鑛，署训导事举人。父介，府同知。母翁氏。永感下。兄鉴；鋈，刑部员外郎；锜；钧。娶郑氏。福建乡试第六十二名，会试第二百二十八名。

牛斗，贯直隶淮安府山阳县，民籍，国子生，治《礼记》。字云章，行二，年三十三，十二月初六日生。曾祖俊，驿丞。祖雄。父璠，知州致仕进阶朝列大夫。母李氏。具庆下。兄山，州吏目。娶陆氏。应天府乡试第二十九名，会试第二百七十七名。

徐方，贯浙江绍兴府余姚县，民籍，国子生，治《易经》。字来夫，行十一，年三十七，十一月二十六日生。曾祖文德。祖杠。父冠。母童氏，继母伍氏。具庆下。兄襄、雍。弟立、直、亮、膏。娶胡氏，继娶黄氏。浙江乡试第二十二名，会试第一百八十八名。

昝如思，贯陕西西安府三原县，民籍，国子生，治《易经》。字子学，行六，年二十九，正月二十六日生。曾祖兴宗。祖恭，典史。父复性。母周氏。具庆下。兄如衡、如一、如绳、如心、如霜。娶李氏。陕西乡试第二十二名，会试第四十六名。

吴辕，贯浙江杭州府仁和县，民籍，绍兴府余姚县人，府学增广生，治《书经》。字子庸，行一，年三十四，十一月初七日生。曾祖宗海。祖志昱。父敬之。前母沈氏，母胡氏。具庆下。兄槐、山。弟轼、轾、轺、轨、轸。娶卜氏。浙江乡试第三名，会试第十七名。

薛腾蛟，贯陕西西安府华州渭南县，军籍，增广生，治《礼记》。字时化，行二，年二十五，五月初二日生。曾祖迪。祖文英。父璀，吏目。母王氏。具庆下。兄腾霄，驿丞。聘赵氏。陕西乡试第五名，会试第二百六十五名。

钱邦彦，贯直隶苏州府吴县，民籍，国子生，治《诗经》。字治征，行一，年三十六，五月二十二日生。曾祖玑。祖瀷，阴阳学正术。父应龙，阴阳学正术。母滕氏，继母葛氏、计氏。具庆下。弟邦直。娶沈氏，继娶仰氏。应天府乡试第四十七名，会试第一百七十一名。

汪旦，贯福建泉州府惠安县，军籍，晋江县人，国子生，治《易经》。字昭仲，行二，年三十七，六月二十三日生。曾祖扬清，岁贡生。祖志能，七品散官。父瀚，知县。母陈氏。严侍下。兄曙。弟昕。娶吴氏。福建乡试第四十名，会试第一百九十八名。

王梦弼，贯山西太原府代州，民籍，国子生，治《诗经》。字惟肖，行一，年三十，二月初七日生。曾祖儒，府同知。祖翅，义官。父世忠，知州。母董氏。慈侍下。兄梦熊、梦晓、梦松。弟梦旗、梦瀷、梦众、梦槐、梦黑。娶周氏。山西乡试第二十九名，会试第二百九十五名。

黄齐贤，贯浙江绍兴府余姚县，民籍，国子生，治《易经》。字汝思，行十五，年三十一，十月二十五日生。曾祖珊。祖敬。父仕。母叶氏。严侍下。弟京贤、立贤。娶卢氏。浙江乡试第七十一名，会试第一百四十三名。

杨奖，贯山西平阳府解州安邑县，盐籍，国子生，治《书经》。字懋德，行三，年三十七，十一月十四日生。曾祖昭。祖靖。父景，义官。嫡母孙氏，生母宋氏。慈侍下。兄辂、昌。弟樊、奂。娶曹氏。山西乡试第六名，会试第一百四十八名。

葛缙，贯山东莱州府平度州昌邑县，民籍，县学生，治《书经》。字仲荣，行二，年二十五，十月二十一日生。曾祖君用。祖珍。父庆，巡检。母王氏。具庆下。兄经，贡士；纬；纪。弟纶、纯。娶傅氏。山东乡试第六十八名，会试第二百十一名。

江应选，贯浙江衢州府常山县，民籍，国子生，治《易经》。字尚宾，行三十，年三十五，九月二十四日生。曾祖文华。祖克畚。父铤，教谕。母汪氏。具庆下。兄应举、祐、询、观澜；尚占；良才，贡士。娶何氏。浙江乡试第六十七名，会试第一百二十二名。

刘汀，贯直隶真定府冀州南宫县，民籍，县学生，治《春秋》。字叔南，行二，年二十六，五月十五日生。曾祖明。祖干，寿官。父锡，知县封监察御史。母张氏，封孺人。具庆下。兄濂，监察御史。弟涛、藻、沱、渚。娶李氏。顺天府乡试第一百八名，会试第一百九十六名。

李愈，贯山西太原府平定州，军籍，州学生，治《书经》。字惟中，行二，年二十七，正月十六日生。曾祖璞。祖凤，遇例冠带。父应奎，纪善。母董氏，继母穆氏、吕氏。重庆下。兄念，同科进士。弟慈、稔、悫、意、感、恩、憝、凭、总。娶杨氏。山西乡试第二十九名，会试第二百八十六名。

饶相，贯广东潮州府大埔县，民籍，府学生，治《书经》。字志尹，行一，年二十四，二月二十六日生。曾祖辉。祖世端。父经济。母范氏。重庆下。弟栋、模、楷、档。娶黄氏，继娶黄氏。广东乡试第四名，会试第二百十六名。

王光宇，贯山西平阳府蒲州临晋县，民籍，国子生，治《诗经》。字伯潜，行二，年二十六，三月十九日生。曾祖玘。祖进。父谦益。母李氏。具庆下。兄光世。弟光宙、光宅、光庭。娶郭氏，继娶畅氏。山西乡试第十名，会试第一百五十六名。

周凤岐，贯福建建宁府浦城县，民籍，县学生，治《易经》。字文征，行二，年二十一，十月初二日生。曾祖理安。祖洪。父瑚，监生。母陈氏。具庆下。兄凤鸣，监生。弟凤仪、凤韶。聘真氏。福建乡试第二十三名，会试第二十八名。

方介，贯直隶庐州府合肥县，军籍，国子生，治《书经》。字子和，行一，年三十九，九月二十六日生。曾祖仲名。祖裕，义官。父简，岁贡生。母吴氏，继母祁氏。慈侍下。弟念、任、合。娶汤氏，继娶胡氏。应天府乡试第八十五名，会试第九十七名。

杨万程，贯福建兴化府莆田县，军籍，县学生，治《诗经》。字志抟，行一，年三十四，四月三十日生。曾祖朝贡。祖恒四。父国贞。母陈氏，继母翁氏。具庆下。弟万里、万山、万条。娶林氏。福建乡试第二十名，会试第二百十二名。

沈民悦，贯山西太原前卫，军籍，国子生，治《诗经》。字惟公，行一，年四十一，四月十二日生。曾祖旺。祖清。父政，义官。母张氏。永感下。娶雷氏。山西乡试第二十名，会试第二百九十三名。

杨子臣，贯四川顺庆府南充县，医籍，国子生，治《诗经》。字维人，行一，年三十五，四月二十一日生。曾祖洪，贡士。祖言。父钲。母罗氏。永感下。兄济，理问；泽，贡士；顺明，知州；荩臣。弟顺健、顺升、重臣、良臣、翰臣、文臣、辅臣、廷臣。娶张氏。四川乡试第七十名，会试第一百四十四名。

王三接，贯直隶苏州府太仓州，民籍，昆山县人，州学生，治《易经》。字汝康，行三，年二十九，十二月初一日生。曾祖训，寿官。祖恢，承事郎。父时旸，听选监生。母顾氏。具庆下。兄任用，贡士；三锡，进士知州。弟三顾、三聘、三重。娶归氏。应天府乡试第六十六名，会试第二百五十二名。

蔡大用，贯广东潮州府海阳县，民籍，府学生，治《诗经》。字道行，行二，年三十一，十二月十三日生。曾祖来。祖荣福。父尾侪，寿官。前母刘氏，母黄氏。慈侍下。兄强。娶林氏。广东乡试第五十二名，会试第三百十三名。

张良贵，贯顺天府霸州文安县，军籍，国子生，治《易经》。字子元，行一，年三十五，十月二十九日生。曾祖彝。祖伟。父珏，主簿。母孙氏。重庆下。兄良翰、良相。弟良寿、良忠、良能、良筹、良材、良栋。娶孟氏。顺天府乡试第三十六名，会试第二百五十七名。

毛恺，贯浙江衢州府江山县，匠籍，县学生，治《易经》。字达和，行一百十六，年三十，十二月十三日生。曾祖有德，寿官。祖仕安。父本荣。母吴氏。具庆下。兄子礼、子义、子才。弟子智、子悌、子贡、子仪。娶杨氏。浙江乡试第二十名，会试第一百十名。

李秦，贯河南彰德府临漳县，民籍，府学生，治《诗经》。字仲西，行三，年二十九，四月初一日生。曾祖顺。祖鉴。父傅，寿官。前母武氏，母杨氏。具庆下。兄蓁、泰。弟春，贡士；奉；春。娶张氏。河南乡试第六十七名，会试第一百六十六名。

宿椿，贯山西沈阳郡牧所，旗籍，榆次县人，潞安府学生，治《书经》。字孔龄，行九，年三十二，十月初四日生。曾祖清，义官。祖昭，监生。父政，仪宾。前母莱芜县主，韩氏；母刘氏；继母栗氏。具庆下。兄糖、桓，俱义官；栌；松；栋，典膳；梁；相；榆。弟楷；楹；朴；梧；榛；彬，典膳；桂；栏；枫；槎；枌。娶柳氏。山西乡试第二十四名，会试第六十名。

苏应旻，贯广东广州府顺德县，军籍，国子生，治《诗经》。字幼清，行三，年三十三，十一月三十日生。曾祖鹗举。祖子彝。父政，训导。嫡母何氏，生母许氏。慈侍下。兄应奎，应星。娶韩氏。广东乡试第十一名，会试第一百三十六名。

陈暹，贯福建福州府闽县，民籍，县学附学生，治《春秋》。字德辉，行九，年三十三，四月二十一日生。曾祖周，封监察御史。祖叔复，赠监察御史。父娃，按察司佥事进阶朝列大夫。嫡母叶氏，封宜人；生母林氏。慈侍下。兄坝，贡士；墀，按察司副使；培；达，巡抚山西右佥都御史；台；进，监生。娶林氏。福建乡试第九名，会试第二百五十名。

舒迁，贯直隶徽州府黟县，民籍，县学生，治《易经》。字于乔，行五，年三十七，四月十一日生。曾祖景淳。祖长生。父思忠。前母周氏，母孙氏。慈侍下。兄逸。弟进。娶江氏。应天府乡试第一百二十五名，会试第三百二名。

姚濾，贯浙江宁波府慈溪县，军籍，国子生，治《诗经》。字维顺，行九十七，年四十，四月十二日生。曾祖悌，赠都察院右副都御史。祖坰，署训导事举人。父锁。前母王氏，母王氏。永感下。兄泮；洹；涞，左春坊左谕德。弟沐；汲，中军都督府都事。娶刘氏，继娶马氏。浙江乡试第四十九名，会试第一百三十九名。

李念，贯山西太原府平定州，军籍，国子生，治《书经》。字惟克，行一，年二十九，九月初六日生。曾祖璞。祖凤，遇例冠带。父应奎，纪善。母董氏，继母穆氏、吕氏。重庆下。弟愈，同科进士；慈；恚；稔；意；感；恳；恶；凭；总。娶王氏，山西乡试第二十名，会试第一百九十三名。

俞则全，贯浙江绍兴府新昌县，民籍，县学增广生，治《书经》。字祖修，行十一，年二十六，十月二十一日生。曾祖叔光，寿官。祖振英，奉政大夫尚宝司卿。父朝寰，七品散官。母王氏。具庆下。兄则廉。弟则征、则家。娶吕氏。浙江乡试第七十八名，会试第十四名。

赵弘，贯河南开封府郑州荥阳县，民籍，国子生，治《易经》。字鸣重，行一，年四十一，十月初七日生。曾祖宽。祖志，监生。父孔嘉。母楚氏。慈侍下。弟年；富；瑞，监生。娶李氏。河南乡试第八名，会试第一百六十二名。

梁格，贯山西平阳府绛州稷山县，儒籍，国子生，治《易经》。字君正，行三，年三十七，九月二十九日生。曾祖东。祖铸，巡检。父溥，右长史。母姚氏。慈侍下。兄相，儒官；楫。娶郝氏。山西乡试第二十六名，会试第三百十八名。

沈垣，贯浙江嘉兴府平湖县，灶籍，县学生，治《易经》。字子完，行二十八，年三十五，闰七月十三日生。曾祖渭，封主事。祖荣，布政司参政。父光，监生。母倪氏。具庆下。兄堂，监生；圻，参政；堨；坤；田；壕；垓；垔，丙戌进士；埘，教谕；坰；坪，监生。弟地、奎、陛、圩、基、墥，墠。娶张氏。浙江乡试第五十八名，会试第十八名。

谢衮，贯直隶安庆府桐城县，军籍，国子生，治《诗经》。字公补，行一，年三十九，十一月十七日生。曾祖寿，典史。祖谦。父宗，监生。母汪氏。具庆下。娶黄氏。应天府乡试第三十四名，会试第二百三十八名。

任万里，贯山东莱州府掖县，军籍，府学生，治《诗经》。字图南，行一，年三十，四月十七日生。曾祖通。祖鸾，驿丞。父汉。母张氏。慈侍下。弟百里、亿里、兆里。娶韩氏。山东乡试第七十五名，会试第二百六名。

陈策，贯福建兴化府莆田县，军籍，县学生，治《诗经》。字时偕，行一，年二十七，二月十一日生。曾祖宏禹。祖汝德。父琦，知县。母顾氏。重庆下。弟笺。娶柯氏。福建乡试第四十一名，会试第一百八名。

陈士仪，贯福建福州府闽县，军籍，县学生，治《易经》。字德隅，行一，年二十八，二月二十九日生。曾祖伯刚。祖文衡，知州。父洛。母石氏。慈侍下。兄果。弟棠。娶林氏。福建乡试第四十六名，会试第二百二十名。

李文进，贯四川重庆府巴县，民籍，县学生，治《书经》。字先之，行三，年二十八，六月二十二日生。曾祖洪，驿丞。祖源洁，赠奉直大夫户部员外郎。父邦，奉直大夫户部员外郎。母江氏，赠宜人；继母马氏，封宜人。具庆下。兄文远、文遂、文通。弟文迈、文遇。娶陈氏。四川乡试第二十七名，会试第一百四名。

沈鏊，贯浙江嘉兴府秀水县，民籍，国子生，治《书经》。字大新，行十三，年三十五，二月十一日生。曾祖彦明。祖玹。父嵩。母贺氏。具庆下。兄年，听选官；乾；权；诰；桐，训导；鏉；堂；铨，贡士；官；鏊，听选官；钦，监生；栴。弟钲、镛、銮。娶吴氏。浙江乡试第十九名，会试第十一名。

吴性，贯直隶常州府宜兴县，民籍，国子生，治《诗经》。字定甫，行五，年三十七，十二月十七日生。曾祖观。祖昊。父礼。母钱氏，继母陆氏。具庆下。兄忱、怿、恪、忕。弟慎、悃、憽、情、懹。娶杜氏，继娶段氏。应天府乡试第二十四名，会试第三百三名。

吴璁，贯江西抚州府临川县，民籍，国子生，治《诗经》。字世振，行八，年四十，十二月二十一日生。曾祖九皋。祖公朝。父伟。母游氏。具庆下。弟理、瑗、珉。娶胡氏。江西乡试第八名，会试第一百二十名。

王应期，贯山西平阳府蒲州，民籍，州学生，治《易经》。字伯起，行二，年三十四，五月初四日生。曾祖钰。祖源，寿官。父政。母沈氏。重庆下。兄应先。弟应诏、应聘、应试。娶田氏，继娶萧氏。山西乡试第一名，会试第二百七十一名。

陈棐，贯河南开封府鄢陵县，匠籍，国子生，治《礼记》。字汝忠，行一，年三十，八月十三日生。曾祖永清，寿官。祖铨，封户部主事。父溥，布政司参议进阶中宪大夫。母赵氏，封安人。具庆下。弟臬，监生；榘，监生；槼，监生。娶王氏。河南乡试第四十三名，会试第八十二名。

张永明，贯浙江湖州府乌程县，民籍，府学生，治《书经》。字钟诚，行四，年三十七，九月初一日生。曾祖武。祖珰。父杰。母史氏。慈侍下。兄永忠；永恩；永秀，监生；永惠。娶杨氏。浙江乡试第五十七名，会试第二百名。

徐祚，贯忠义后卫官籍，直隶宣城县人，国子生，治《书经》。字子厚，行三，年三十一，正月初五日生。曾祖敏，百户。祖麟，百户。父永昌，百户。母倪氏，封安人。具庆下。兄禄，百户；佑。娶沈氏，继娶郝氏。顺天府乡试第一百二十名，会试第二百八十九名。

李东光，贯江西南昌府南昌县，民籍，县学生，治《诗经》。字晋卿，行一，年三十，九月十六日生。曾祖文忠。祖廷祥，寿官。父玺。母殷氏。慈侍下。弟东晨。娶张氏。江西乡试第五十名，会试第一百三名。

陆子明，贯直隶常州府无锡县，军籍，县学生，治《诗经》。字东卿，行三，年三十一，五月十三日生。曾祖昌祚。祖纶。父介，教谕。前母邓氏，母范氏。慈侍下。兄时，遇例冠带；昕。娶施氏，继娶谢氏。应天府乡试第一百三十五名，会试第三十八名。

章檗，贯浙江宁波府鄞县，民籍，县学生，治《易经》。字贞叔，行三十四，年三十四，六月十九日生。曾祖经，封兵科给事中。祖锜。父瀚，典史。嫡母徐氏，生母朱氏。永感下。兄模、梓、栻、植、术、梧。弟椿、枢、林、檠、来、木。娶华氏，继娶王氏。浙江乡试第五十六名，会试第二百八十四名。

傅应诏，贯陕西汉中府南郑县，民籍，府学生，治《书经》。字起岩，行五，年三十一，十二月二十日生。曾祖廷钊。祖旺，寿官。父友爵，主簿。母杨氏。重庆下。弟应诰。娶陈氏。陕西乡试第三十八名，会试第二百二十九名。

龙遂，贯江西吉安府永新县，民籍，县学增广生，治《易经》。字良卿，行八，年二十九，十月初七日生。曾祖谋。祖敷。父必合。母李氏。慈侍下。兄遥、逊、遐。弟逮、遘、迪、途、逢。娶汤氏。江西乡试第三十八名，会试第二百十五名。

吴嘉会，贯山西振武卫军籍，湖广湘阴县人，代州学生，治《书经》。字惟礼，行八，年二十四，三月十七日生。曾祖贞。祖宁。父琇。母王氏。具庆下。兄嘉聪，按察司副使；嘉智，监生；嘉谟；嘉猷；嘉言。弟嘉禄、嘉音、嘉征、嘉兆、嘉胤。娶张氏，继娶席氏。山西乡试第三名，会试第一百二十八名。

张元，贯浙江绍兴府余姚县，官籍，县学生，治《易经》。字以贞，行一，年二十八，三月十三日生。曾祖伟，赠刑部主事。祖璇，刑部员外郎。父迁。母苏氏。重庆下。弟孟元、仲元、启元、继元、翊元、立元、秉元、复元、律元、应元、泰元。娶龚氏。浙江乡试第十四名，会试第二百三十一名。

魏希佐，贯山东济南府历城县人，国子生，治《书经》。字以道，行一，年三十四，五月二十六日生。曾祖聪。祖鉴，引礼舍人。父武。母黄氏。具庆下。娶牛氏。山东乡试第七十名，会试第一百八十五名。

王希贤，贯山东济南府济阳县，军籍，国子生，治《书经》。字行复，行一，年四十二，十二月十五日生。曾祖有才。祖泰。父肃。母萧氏。慈侍下。娶杨氏。山东乡试第二十九名，会试第一百二十四名。

陈中，贯湖广承天府沔阳州，军匠籍，州学生，治《诗经》。字时仲，行一，年三十五，四月三十日生。曾祖让。祖斌。父绅，教谕。母叶氏，继母萧氏。具庆下。弟章、卓。娶司氏。湖广乡试第二十名，会试第二百五十四名。

廖世魁，贯福建福州府怀安县，匠籍，县学生，治《易经》。字师文，行六，年三十七，十月十六日生。曾祖法。祖华。父肃。母叶氏。重庆下。兄世昭，博士；世奇；世经；世美。娶陈氏，继聘邓氏。福建乡试第三十二名，会试第一百十九名。

胡叔元，贯陕西西安府咸宁县，民籍，应天府溧阳县人，县学附学生，治《易经》。字允卿，行一，年二十二，四月十九日生。曾祖琏，封户部主事累赠通议大夫兵部左侍郎。祖汝楫，进士知县。父佑。母俞氏。重庆下。弟叔丙、叔才、叔辰、叔辛、叔午、叔戈、叔酉、叔田、叔羽、叔因、叔介、叔平、叔同，叔若。娶王氏。陕西乡试第四十三名，会试第一百三十五名。

黄文炳，贯福建兴化府莆田县，民籍，国子生，治《书经》。字以约，行十，年四十三，九月十四日生。曾祖弘珍。祖宗信。父敬甫。母张氏。重庆下。兄景钦；景诚；懋恩，知县。弟文蔚、文范。娶林氏。福建乡试第八名，会试第一百六十四名。

李世芳，贯山西潞安府黎城县，军籍，县学生，治《诗经》。字伯传，行一，年三十一，正月十五日生。曾祖浩。祖英。父谦。母刘氏。具庆下。弟世蕃、世菁、世蓁。娶王氏，继娶韩氏。山西乡试第三十二名，会试第一百六名。

张缨，贯河南彰德府安阳县，民籍，府学生，治《诗经》。字重卿，行三，年二十八，三月初一日生。曾祖时，主簿。祖泽。父瑁。母杨氏。慈侍下。兄缥、绍。娶刘氏。河南乡试第七十三名，会试第三百十名。

李秉仁，贯河南汝州宝丰县，民籍，国子生，治《书经》。字子元，行七，年三十五，七月十七日生。曾祖显质。祖信。父真。前母樊氏，母左氏。慈侍下。兄沧，监生；洪；洙；瀛，同知；济；浚。娶王氏。河南乡试第三十四名，会试第一百五十一名。

郑有周，贯广东潮州府揭阳县，民籍，县学附学生，治《书经》。字郁之，行三，年三十一，十一月十五日生。曾祖进。祖逢贵。父瑄。母陈氏，继母许氏。具庆下。兄有祯。弟有宋、有仪、有章、有学、有守。娶薛氏。广东乡试第二十四名，会试第二百三十七名。

何维柏，贯广东广州府南海县，民籍，三水县学附学生，治《礼记》。字乔仲，行一，年二十五，十一月十七日生。曾祖荣。祖方。父应初。前母陆氏，母冯氏。重庆下。弟维椿、维科、维桐、维樟、维魁、维岳、维椅、维崖、维英、维岩、维嵩、维梯。娶劳氏。广东乡试第七十一名，会试第一百五十四名。

魏良贵，贯江西南昌府新建县，民籍，县学生，治《诗经》。字师孟，行九，年三十三，九月二十七日生。曾祖仲鋐。祖默，知县赠文林郎。父荣，福建右布政使。母熊氏，封孺人。永感下。兄良佐，散官；良辅，刑部员外郎。娶李氏。江西乡试第三十四名，会试第二百七十二名。

李登云，贯河南开封府钧州，民籍，州学生，治《书经》。字子渐，行二，年二十七，十二月二十一日生。曾祖刚。祖全。父延。母周氏。具庆下。兄乘云，行人。弟凌云，贡士；披云；望云；度云；灿云。娶楚氏。河南乡试第二十八名，会试第二百三十二名。

郭廷冕，贯山西太原府文水县，军籍，国子生，治《易经》。字季文，行四，年三十九，四月十四日生。曾祖文杉。祖鉴，义官。父璠，吏目。母张氏。永感下。兄廷桂，儒官；廷辂，县丞；廷冠。娶康氏。山西乡试第五十二名，会试第二百四十三名。

饶天民，贯湖广武昌府崇阳县，军籍，国子生，治《易经》。字明先，行二，年三十四，十月初三日生。曾祖仕亨。祖昱。父伯浒。前母刘氏，母汪氏，继母陈氏。具庆下。兄天爵，知州。娶陈氏。湖广乡试第七名，会试第一百五十九名。

卢宗哲，贯直隶德州左卫军籍，保定府涞水县人，州学生，治《书经》。字浚卿，行三，年三十一，二月二十一日生。曾祖得。祖信，寿官。父经。母崔氏，继母刘氏。具庆下。兄宗儒、宗贤。娶谭氏。山东乡试第八名，会试第八十五名。

胡植，贯江西南昌府南昌县，民籍，县学生，治《诗经》。字立之，行九，年二十八，四月初三日生。曾祖绅。祖镒。父源。母张氏。慈侍下。弟柄、榜、栻。娶熊氏。江西乡试第六十九名，会试第二百一十九名。

陈邦修，贯广西桂林府全州，民籍，州学生，治《礼记》。字德卿，行二十六，年二十九，四月十九日生。曾祖朴，贡士赠工部右侍郎。祖表，封通政司左通政赠工部右侍郎。父瑛。母郭氏。慈侍下。兄邦杰，府通判；邦俊，府经历；邦伊，训导；邦伟，仕儒，贡士；邦傅，府同知；邦储，典膳；邦俸，知州；邦佑，武举；邦倚；信；俚，礼部主事；邦侃；俨；伋。娶李氏。广西乡试第三名，会试第二百九十一名。

安宅，贯山东东昌府冠县，民籍，国子生，治《礼记》。字子仁，行一，年二十五，九月三十日生。曾祖甫能。祖宏，巡检。父世昌。母刘氏。重庆下。弟边、述。娶许氏。山东乡试第五名，会试第二百三名。

梅凌云，贯江西九江府湖口县，民籍，浙江兰溪县教谕，治《易经》。字尚志，行二，年三十八，闰十一月二十一日生。曾祖清，赠工部主事。祖愈，知府。父凤。母崔氏。慈侍下。兄凌霄。弟凌雪、凌虚、凌寒。娶孙氏。江西乡试第一百四十六名，会试第九十五名。

张玭，贯山西太原府石州，民籍，州学增广生，治《易经》。字席王，行二，年二十四，二月十七日生。曾祖大全。祖让。父文绅，封监察御史赠大理寺左少卿。嫡母康氏，加赠恭人；继母冯氏，封孺人；生母崔氏。慈侍下。兄玫；玠；珩，大理寺少卿；

玮；珊；琼；琏；玩；理。娶王氏。山西乡试第二十六名，会试第三百十五名。

靳学颜，贯山东兖州府济宁州，民籍，州学生，治《易经》。字子愚，行一，年二十三，八月十七日生。曾祖礼。祖镗。父显，引礼舍人。母田氏。重庆下。弟学曾。娶张氏。山东乡试第一名，会试第一百五十五名。

周浩，贯浙江绍兴府山阴县，民籍，国子生，治《书经》。字允集，行四十二，年三十五，六月十五日生。曾祖永才。祖廷泽，封翰林院检讨。父礽，南京刑部郎中。母祁氏，封安人。慈侍下。兄淑，监生；澍，引礼舍人；灌，监生。弟沛、洞、沆、洪。聘朱氏。娶沈氏。浙江乡试第六十四名，会试第二百六十二名。

林庭㙟，贯福建福州府闽县，儒籍，国子生，治《书经》。字利节，行七，年二十八，四月十五日生。曾祖本，训导。祖元发，义官。父潮。母蓝氏。具庆下。兄庭棩，工部左侍郎；庭举；庭誉；庭机，同科进士。弟庭彬、庭学、庭黉、庭春。娶李氏。福建乡试第八十五名，会试第四十九名。

张旦，贯直隶扬州府高邮州宝应县，民籍，增广生，治《易经》。字子明，行三，年二十八，九月初六日生。曾祖震。祖岩。父礼，遇例冠带。母陈氏。重庆下。兄兰、蕙、芷、葵、易、习。弟蕳、藻、蕃、茂、音。娶许氏。应天府乡试第五十二名，会试第一百九十二名。

郑富，贯福建兴化府莆田县，民籍，府学附学生，治《书经》。字中虚，行一，年三十三，十一月初十日生。曾祖尚奇。祖永明。父辕。母陈氏。具庆下。弟寓、宿。娶林氏。福建乡试第二名，会试第四十三名。

全元立，贯浙江宁波府鄞县，民籍，国子生，治《易经》。字汝礼，行二，年三十八，闰十一月三十日生。曾祖伦。祖文瑜，寿官。父玫，教谕。母宋氏。重庆下。兄元方。弟元文、元亮。娶徐氏，继娶管氏、丁氏。浙江乡试第八十八名，会试第三百七名。

陈与音，贯河南卫辉府汲县，民籍，顺天府良乡县人，国子生，治《易经》。字汝和，行四，年四十五，十一月十八日生。曾祖光祖。祖谟，知州。父昕，按察司金事。母谈氏，封安人。永感下。兄与竑、与巘、与龙。弟与彦。娶阎氏。河南乡试第四十五名，会试第二百九十七名。

蓝济卿，贯福建福州府侯官县，民籍，县学附学生，治《易经》。字用楫，行五，年二十二，九月十二日生。曾祖森。祖琏，义官。父汝学。母郭氏。重庆下。兄芳卿、秀卿、茂卿。弟贤卿、则卿、永卿、调卿。娶薛氏。福建乡试第六十七名，会试第九十九名。

郑炯，贯浙江绍兴府余姚县，民籍，县学生，治《易经》。字章甫，行一，年二十九，七月十六日生。曾祖珊。祖德萃。父重义。母邹氏。重庆下。弟炼、焕、爌。娶徐氏。浙江乡试第八十三名，会试第三百十四名。

徐守道，贯直隶大名府开州长垣县，民籍，江西进贤县人，县学生，治《易经》。字子中，行一，年三十四，二月十六日生。曾祖汝成。祖华。父江。母王氏，继母孙氏。具庆下。弟守志、守义。娶高氏。顺天府乡试第五十三名，会试第一百二名。

徐桂，贯直隶安庆府潜山县，民籍，县学生，治《诗经》。字子芳，行三，年二十四，八月二十五日生。曾祖福。祖文昌。父珮。母汪氏。具庆下。兄栝、柏。弟榜、梧。娶陈氏。应天府乡试第九十九名，会试第二百六十九名。

赵继本，贯山东济南府历城县人，□学生，治《易经》。字孝甫，行二，年三十七，十二月初七日生。曾祖璇，知州。祖恺。父祺，义官。母张氏。永感下。兄继宗、继志。娶张氏。山东乡试第二十七名，会试第二百七名。

高捷，贯河南开封府钧州新郑县，军籍，县学生，治《书经》。字渐卿，行一，年三十四，正月初六日生。曾祖旺，赠工部郎中。祖魁，工部郎中进阶中宪大夫。父尚贤，光禄寺少卿。母沈氏，封宜人。重庆下。弟掇，引礼舍人；拱，贡士；才；拣。娶邵氏，继娶王氏。河南乡试第十二名，会试第二百二十二名。

朱尚质，贯直隶河间府沈阳中屯卫，军籍，应天府句容县人，国子生，治《易经》。字宗商，行一，年四十一，十二月三十日生。曾祖福。祖钦，知县。父伟，贡士。母李氏。慈侍下。娶张氏。顺天府乡试第三十名，会试第一百二十六名。

彭相，贯直隶真定府晋州安平县，军籍，教谕，治《书经》。字良仲，行四，年三十九，十一月二十九日生。曾祖真。祖翼。父谦。母逯氏。永感下。兄辅、岳、仁。娶吴氏。顺天府乡试第六十二名，会试第二百七十五名。

李天然，贯河南河南府洛阳县，民籍，国子生，治《书经》。字一中，行一，年四十一，正月二十五日生。曾祖贵。祖英。父漳。母张氏。永感下。娶潘氏。河南乡试第四十八名，会试第一百四十一名。

杨应奇，贯河南开封府归德州夏邑县，军籍，国子生，治《诗经》。字时望，行一，年四十三，十二月初七日生。曾祖威，教授封大理寺寺副。祖德，按察司副使。父绅，县丞。前母刘氏，母王氏。慈侍下。兄应凤，义官；应鄂。弟应鸿、应龙、应骥、应鹳、应图。娶段氏。河南乡试第三十三名，会试第三百十九名。

王三聘，贯陕西西安府盩屋县，民籍，县学生，治《书经》。字梦莘，行一，年三十五，九月十四日生。曾祖连。祖宰。父玉。母辛氏。慈侍下。兄来访、三顾、三重。弟三槐。娶邓氏。陕西乡试第一名，会试第六十四名。

李文升，贯直隶宁山卫，军籍，浚县人，国子生，治《书经》。字子蔚，行二，年三十六，九月二十六日生。曾祖广。祖铭，寿官。父节。母陈氏，继母张氏。具庆下。兄文进。弟文通、文献、文奎。娶秦氏，继娶孙氏。顺天府乡试第八十七名，会试第三十三名。

牛恒，贯陕西西安府乾州武功县，民籍，县学附学生，治《书经》。字子占，行一，年二十六，十二月二十二日生。曾祖宗。祖经，府经历。父兆祥，推官。母王氏，继母王氏。具庆下。弟恢、惟、恬、憺、怡、慎。娶李氏。陕西乡试第四十二名，会试第一百三十一名。

张拱文，贯云南大理府太和县，民籍，国子生，治《春秋》。字献仁，行一，年三十六，四月初六日生。曾祖祯，遇例冠带。祖璇，寿官。父云龙，学正。母康氏。慈侍下。兄拱尧，教授；拱汤。弟拱武、拱周、拱朝、拱时、拱明、拱极。娶董氏，继娶朱氏。云贵乡试第二十六名，会试第二百八十五名。

李墅，贯河南开封府杞县，民籍，国子生，治《诗经》。字樨安，行二，年四十四，六月二十七日生。曾祖新，赠工部郎中。祖惟聪，按察司副使。父倬。母任氏。永感下。兄堂。弟墅、堡、壑。娶宁氏。河南乡试第九名，会试第二百二十六名。

郭朝宾，贯山东兖州府东平州汶上县，军籍，县学附学生，治《易经》。字尚甫，行七，年二十三，十二月二十四日生。曾祖玉。祖顺。父绪。母陆氏。具庆下。兄朝用、朝卿、朝辅、朝聘、朝臣、朝贤。弟朝冕、朝宗。娶刘氏。山东乡试第五十四名，会试第二百八十八名。

翁世经，贯福建福州府福清县，军盐籍，附学生，治《诗经》。字可贞，行五，年二十七，二月二十六日生。曾祖福。祖瑶。父光。母林氏。具庆下。兄世和。弟世显、世绩、世锦、世硕、世灏、世方。娶林氏。福建乡试第六十六名，会试第一百六十一名。

许天伦，贯山西振武卫，官籍，湖广沔阳州人，代州学增广生，治《诗经》。字汝明，行一，年三十四，四月初七日生。曾祖能，正千户。祖璇，正千户。父印，正千户。母周氏，赠宜人。严侍下。弟天仪。娶曾氏。山西乡试第一名，会试第一百七十五名。

车邦佑，贯广东惠州府博罗县，军籍，国子生，治《易经》。字翊卿，行三，年二十九，十月初十日生。曾祖毅。祖广运。父霆。母黄氏，继母韩氏、周氏。具庆下。兄邦显，典膳；邦献。弟邦计、邦佶、邦定、邦屏。娶李氏。广东乡试第四十四名，会试第六十九名。

卢楩，贯直隶苏州府常熟县，医籍，昆山县人，国子生，治《书经》。字木伯，行一，年三十二，二月二十六日生。曾祖辅。祖常，赠太医院院判。父志，前太医院院判。母陈氏，封安人；生母薛氏。具庆下。弟楠。娶许氏。顺天府乡试第五十六名，会试第五十六名。

刘绘，贯河南汝宁府光州，军籍，州学生，治《诗经》。字少质，行二，年三十一，八月十五日生。曾祖忠，赠太仆寺寺丞。祖进，太仆寺少卿。父廷珮。前母陈氏，母钟氏。慈侍下。兄经。娶胡氏。河南乡试第一名，会试第七十八名。

张珍，贯直隶镇江府丹阳县，军籍，县学生，治《易经》。字聘之，行六，年三十二，十月二十六日生。曾祖宾南。祖悦。父翊。母王氏，继母蒋氏。具庆下。兄琼、璟、瑞。弟理、瑛、玮。娶卢氏。应天府乡试第六十六名，会试第七十九名。

王一言，贯福建福州府福清县，民籍，县学增广生，治《礼记》。字行恕，行二，年三十三，五月二十七日生。曾祖佐，同知。祖世雍。父谕。母石氏。慈侍下。弟一衮、一齐、一弼、一臣、一卿、一麟、一麒。娶施氏。福建乡试第四名，会试第一百九十一名。

崔官，贯四川保宁府守御千户所，军籍，阆中县人，府学增广生，治《诗经》。字懋德，行二，年二十四，十二月十六日生。曾祖杲。祖严。父天恩。母许氏。具庆下。兄爵。弟翰、寀、寅、宪。娶张氏，继娶张氏。四川乡试第二十四名，会试第二十九名。

李兆龙，贯广东广州府南海县，民籍，县学生，治《诗经》。字孺征，行三，年二十四，九月二十四日生。曾祖彦祥。祖璇。父乔。母罗氏，继母蔡氏。具庆下。兄跃龙、从龙。弟为龙。娶简氏。广东乡试第十二名，会试第二百五十八名。

舒鹏翼，贯四川保宁守御千户所，军籍，阆中县人，国子生。治《诗经》。字于南，行五，年三十，十月初五日生。曾祖荣。祖昂。父全。母沈氏。具庆下。兄鸥翼、鸾翼、鹜翼、凤翼。弟鹓翼、鹤翼、鸪翼、鸿翼。娶董氏。四川乡试第六十名，会试第五十一名。

胡宾，贯河南汝宁府光州，民籍，州学生，治《诗经》。字汝观，行一，年二十九，正月十二日生。曾祖满。祖球，知县。父用中。母刘氏。重庆下。弟贤、实、质、贲、资。娶张氏。河南乡试第十一名，会试第五十七名。

马森，贯福建福州府怀安县，军籍，国子生，治《书经》。字孔养，行五，年三十，十一月二十七日生。曾祖钧。祖俊，贡士。父璁。嫡母李氏，生母何氏。慈侍下。弟楷。娶任氏。福建乡试第十五名，会试第一百六十名。

周岱，贯湖广黄州府麻城县，民籍，国子生，治《易经》。字汝镇，行二，年三十八，九月二十二日生。曾祖鉴，按察司副使。祖泗。父廷仪。母朱氏，生母彭氏。慈侍下。兄傅，知县。弟傅。娶赵氏。湖广乡试第七十七名，会试第二百九十七名。

郭万程，贯福建福州府福清县，民籍，岁贡生，治《诗经》。字子长，行五，年二十九，八月二十日生。曾祖鉴。祖定。父世治。母何氏。慈侍下。弟万化。娶卢氏。顺天府乡试第三十七名，会试第四十五名。

钱萱，贯浙江嘉兴府海盐县，军民籍，国子生，治《书经》。字懋孝，行三，年三十三，四月十八日生。曾祖寔。祖达，赠南京刑部郎中。父琦，知府。母王氏，加封宜人。具庆下。兄颙；岳；著；兰；蓡，监生；蕙；芹，贡士；薇，行人。弟葵、菲。娶孙氏。顺天府乡试第六名，会试第七十一名。

卢孝达，贯浙江金华府东阳县，民籍，岁贡生，治《诗经》。字维周，行四十五，年三十二，闰四月初十日生。曾祖淙。祖梁。父焯。母吕氏。具庆下。兄孝通。弟孝逸、孝逊。娶龚氏。顺天府乡试第九十名，会试第九十八名。

陈云衢，贯福建兴化府莆田县，民籍，县学生，治《书经》。字邦英，行一，年三十四，二月十三日生。曾祖孟严。祖珩，训导。父文潮。母林氏。具庆下。兄叙，贡士。弟云程、云阶。娶吴氏。福建乡试第五十八名，会试第三百十七名。

曹亨，贯河南汝宁府新蔡县，民籍，县学生，治《诗经》。字伯贞，行四，年二十九，七月十二日生。曾祖端，封监察御史进二品服。祖凤，都察院右副都御史。父大夏。母张氏。具庆下。兄立、廓、辛。弟亭、亶、高、永、卞、意、文、廉、庚。娶王氏。河南乡试第二十二名，会试第一百十三名。

刘永，贯陕西西安府醴泉县，军籍，国子生，治《诗经》。字吉甫，行一，年三十八，五月二十四日生。曾祖谨，知县。祖廷玺。父逵，巡检。母王氏。慈侍下。弟东、芳、业。娶韩氏，继娶雒氏。陕西乡试第三十七名，会试第二百四十名。

孙国，贯直隶大名府开州，军籍，国子生，治《书经》。字道甫，行五，年三十三，十月初五日生。曾祖英。祖盛，训导加赠知府。父愚。母常氏。慈侍下。兄因、困、冏、白。弟向、可、召、石、占。娶常氏。顺天府乡试第九十七名，会试第一百二十一名。

冼桂奇，贯广东广州府南海县，民籍，县学增广生，治《易经》。字奕倩，行五，年二十七，四月初十日生。曾祖贤。祖昱。父灌。母陈氏。慈侍下。兄桂郁、桂荣、桂魁、桂畅。弟桂丛、桂尊、桂标。娶何氏。广东乡试第二十八名，会试第一百五十七名。

黄鳌，贯福建泉州府晋江县，军籍，国子生，治《易经》。字时镇，行四，年四十九，五月十四日生。曾祖荣珪。祖端，寿官。父勋，寿官。前母陈氏，母蔡氏。永感下。兄鲤、鹏、鲲。弟鲸。娶吴氏。福建乡试第三十名，会试第二十三名。

《嘉靖十四年进士登科录·策问》：

皇帝制曰：朕思首自三代，以末迄于宋终，中间虽历世有久近，而其君之历年，亦有长短，要之皆自其为君者何如耳。但传云：惟周之历世最多，国祚恒久。然周之所以享祚久，本于文武之所积累，亦后之继承者能保持之耳。上至夏商，垂及唐宋，亦若是焉。皆基之于先王德泽洽于民心，亦继之以嗣王能尽持盈慎满之道者也。洪惟朕皇祖高皇帝，代天复世，重肇中华，建振古无比之功德。朕太宗继述于草创之初，列圣遵承于太定之后，百有六十余载，传之于今，朕以宗支，方在冲昧之年，入承祖位，幼弱不才，多招灾害于民。兹来思祖宗创造万艰，惕然悚惧，朕欲长保洪业于无穷，有隆弗替，永宗社万禩之固，保家国千世之传，民得以遂生，物得以适所，如上之良法要道，朕心慕之思之，不知何以得此？故进尔多士于堂，尔等蕴持既久，王政素闲于怀，可罄所知以告朕，朕将亲择而勉之，钦哉！嘉靖十四年四月初二日。

《嘉靖十四年进士登科录·圣谕》：

谕读卷官少保时：卿等以堪作一甲卷十二来呈，朕各览一周。其上一卷说的，正合策题意。夫周道善而备，朕所取法。其上三说仁礼为用，夫仁基之，礼成之，亦甚得其意。其上四论仁敬，夫敬而能仁，他不足说，可以保治矣。其上二略泛而滞于行，其下二却似说，虽与题不合，言以时事，故朕取之，可二甲首。馀以次挨去，不知是否，卿可先与言，鼎臣看一过，再同读卷官看行。嘉靖十四年四月初三日。

《嘉靖十四年进士登科录·韩应龙对策》（御批：是题本意，可第一甲第一名）：

臣对：臣闻人君所以致天下之治者，法天而已矣。所以保天下之治者，法祖而已矣。善法天者，善致治者也。善法祖者，善保治者也。不法乎天，则致治者无其具，不法乎祖，则保治者无其具。如是而欲望天下之治，善其始以成开创之功，善其终以隆继承之誉，祇见其难矣。且古今言致天下之治与其所以保天下之治者，莫善于三代。三代之治，夫岂无因而致哉！盖其始也，思垂统之难，而法天以立其极，终也思创业之难，而法祖以守其成。法天以立其极，是故其始之也，致天下之治，而不见其化之塞。法祖以守其成，是故其终之也，保天下之治，而不见其法之弊。自是而下，驳乎无以议为矣。钦惟皇帝陛下，策士于廷，而以三代以后历世久近之故为问，且及于创业守成之道，诚图治之盛心也。臣也窃伏草茅，思见德化之成久矣，敢无言以对。臣伏读圣制，有曰："朕思首自三代以来，迄于宋终，中间虽历世有久近，而其君之历年亦有长短，要之皆自其为君者何如。"大哉皇言！其诚有见于治天下、保天下之极者矣。臣则以为三代之所以久长，与其治之所以隆盛者，善法天而已矣，善法祖而已矣。后世之所以祚短，与其治之所以不振者，不善法天而已矣，不善法祖而已矣。法天法祖，虽皇言之所未及，而实圣心之所独见者也，臣请举其大略而言之。夏之有天下也，而贻子孙者以典则，商之有天下也，而肇修者人纪，周之有天下也，而丕显之谟、丕承之烈咸正无缺。夫其典则也，人纪也，谟烈也，何者而非致治之法则？亦何者而非法天之道？其后世之君，如启之敬承，继禹之道也，如太甲之处仁迁义，高宗之恭默思道也，如成王之所其无逸，宣王之侧身修行也。夫其继禹之道也，其处仁迁义恭默思道也，其所其无逸侧身修行也，何者而非保治之法则？亦何者而非法祖之行？夫其创业之主，与其继世之君，所以致治之盛，保治之隆，其道有如此者。历世之所以永久，此其基也。自是而降，言国祚之久长者，莫盛于汉。然不事《诗》《书》而安马上之习，挟诈御臣而启杂伯之治，其如天之道何？创业如是，则其守成之所以不善其终，如元、成，如桓、灵者，无惑也。亦莫盛于唐。然胁父臣虏而大义之不明，推刃同气而天亲之有乖，其如天之道何？创业如是，则其守成之所以不善其终，如天宝，如建中者，无惑也。亦莫盛于宋。然受禅非正而继立之不明，崇事姑息而武功之不竞，其如天之道何？创业如是，则其守成之所以不善其终，如绍圣，如靖康者，无惑也。夫开创于前者，不知所以法其天，则守成于后者，亦将何以法其祖？是以历世虽久，而治不古若也。圣问及此，得非有慨于汉、唐、宋之治之弊，而欲复三代之旧矣乎？然三代之治纯矣，而圣意尤重有感于成周之盛，顾以传之所称历世最多、传祚恒久，而推本于文武之所积累者为言。上以例夏商之治之所以久，而下以例汉、唐、宋之治之所以弊，臣又于是而仰探圣心之所蕴，尤有慕于成周之治矣。夫周之有天下也，自后稷以来，其君子则焦劳于外，以躬稼穑之业，其后妃则焦劳于内，以躬织纴之勤。为絺为绤，服之无斁，《葛覃》之所以咏也。三之日于耜，四之日举趾，《豳风》之所以歌也。周之有天下，其恤民之心，勤民之事，类如此，则德泽之洽于民者诚深，而嗣王持盈慎满之道，亦不容外厥祖以为法者也。夫其始之创业也，以天为心，而以民为心，故其终之守成也，以祖为心，而以天为心。圣问若此，其亦心是心矣乎？臣以为徒善不足以为政，徒法不能以自行。陛下心其心矣，而欲有以法其法，不必远有所慕，法乎祖而已矣。盖我太祖高皇帝之兴也，代天复世，重造中华，举天下被发腥膻之民，而归之衣冠礼乐之域，是诚振古所无之功德也。太宗继述于草创之初，列圣遵承于太定之后，重熙累洽，百有六十余载，振古所无之治化也。

今我皇上以精明纯粹之资，刚健中正之德，因天下之心以理天下之政，治化之盛，比隆唐虞三代而上之矣，而犹不以至治之盛自满。臣伏读圣制曰："朕以宗支，方在冲昧之年，入承祖位，幼弱不才，多招灾害于民。"夫灾害之相乘，尧汤所不免，臣不敢谓无是也。然以灾害之招，而谓不才所致，自咎者谦谦之志耳。董仲舒曰：天心仁爱人君，则出灾异以警动之。惟陛下益修厥德，以格天以安民可也，若曰灾害之招，适然之数，则公孙弘之谀，非臣之所以事陛下也。圣制又曰："兹来思祖宗创造万艰，惕然悚惧，欲长保洪业于无穷。"且欲使民咸有以遂其生，物咸有以适其所，而求良法美意，可以行之当时，垂之后世者。顾臣何人，而当大问，然臣窃闻之：臣贤于君则辅君以所不能，臣不贤于君则将顺以承休德。臣也遭遇圣明，亦顺承已耳，复何言哉！而臣犹惓惓以法祖为献者，盖我皇祖之所以致天下之治者，法天而已矣。何者？心者天之所以与我者也。我皇祖观心有亭，以事心也。民者天之所以视听者也。我皇祖恤民有章，以勤民也。诸如此类，无非缘法以致治，则亦无非因天以立法。是皆创业以传诸后者也。今我皇上敬一有箴，四箴有注，即皇祖之所以事心也。亲耕有郊，亲蚕有室，即皇祖之所以勤民也。推而至于一念虑之微，一政事之著，无往而非皇祖之所行者为道，法祖之善，卓哉无容议矣，区区草茅之见，其将何以仰裨圣德于万一乎！臣窃闻之，民之所以遂其生者，在厚其生而已也。物之所以适其所者，在顺其性而已也。寒而不虞其衣，饥而不虞其食，厚生之道也。今之民果皆厚其生矣乎？顺其所欲，违其所恶，因其材质之宜以置其用，制其取用之节以遂其生，顺性之道也。今之物果皆顺其性矣乎？昔虞舜命弃以播时百谷，正虑夫民之不遂其生也。命益以若上下草木鸟兽，正虑夫物之不适其所也。今之在位者多矣，果皆如弃如益之臣矣乎？若犹未也，惟在皇上节费以裕天下之财，慎动以端天下之极，明法以立天下之纪，懋德以召天下之和，虚心以用天下之贤，辟聪以纳天下之言，明目以祛天下之蔽，则万民自遂其生，万物自适其所，而天下之化成，亿万载无疆之业，端在是矣。然其要则又在于无斁。盖天之行也，健而不息，故能成其大。日月之行也，运而有常，故能溥其照。惟皇上奋天道健行之勇，普日月久照之明，勇以致其决，明以察其几，不以始勤，不以终怠，不以暂勉，不以久忘，则皇猷允塞，而法祖法天之心，创业守成之道，兼举而无遗矣。此非臣之过为是言，以欺陛下也。居安者易危，处平者易倾，人之情也，故臣敢为是言也。臣冒渎天听，不胜战栗陨越之至。臣谨对。

《嘉靖十四年进士登科录·孙升对策》（御批：说仁礼之意好，可第一甲第二名）：

臣对：臣闻人君所以基命保业也，有仁以联天下之心，而有礼以示天下之轨。礼也者，经世之大典也。大典既立，夫然后亲疏隆杀、品节详明，愈久而人习之不敢犯。仁也者，生民之大德也。大德既敷，夫然后中外遐迩、惠泽洋溢，愈久而人思之不能忘。思之而不能忘，斯爱心生焉。习之而不敢犯，斯敬心生焉。上以仁礼使其下，下以爱敬事其上，布濩流衍，缠绵固结，而至于不可解，夫岂一朝一夕强为而袭取之乎？是必开创者懋植其本，深浚其源，而继之以栽培疏瀹之善焉尔。善创善守，而继世之君不能以皆贤，或靡以隳，乖以紊，斯本摇而源窒矣。非大有为之君出乎其间，而栽培疏瀹以还善创善守之旧，则深者失其所为深，懋者失其所为懋，而何以凝天心延国祚也哉！此三代而下政治之得失，而历年修短因之者也。钦惟皇帝陛下，秉天纵之资，邃敬一之学，膺历御极，兼总古今，慨政绪之隳以紊也，于是乎饬励而振起之，纲正目张，百度具举，十有四年于兹矣。图至治以永天祚，复何明有弗烛，隐有弗究耶？顾以是进多士策之于廷，使验往推来，以陈当时之政，好问好察，乐取诸人，诚谓治无底极，是以望治之深、求治之切，亦不自知其无底极尔。善治必待于真儒，臣岂其人哉！虽然，窃有感焉。傅说进言于高宗，曰：王忱不艰。惟说不言，有厥咎。今陛下宵旰孜孜，必欲身致成周久安长治之盛，以光我祖宗谟烈，问察之下，少有裨益，亟欲措之行矣，忱不艰何如也？幸际其会而无以自献，曷从委其咎乎？臣敢忘其鄙陋，披沥肝胆为陛下陈之。臣惟治天下有体，而致之有渐，握之有几。体有三渐，有二几，则一而已矣。何言乎体也？有创业垂统之体，有继世守成之体，有更化善治之体。是之谓三。何言乎渐也？有更张之渐，有化成之渐。是之谓二。今夫创业垂统之君，受天命于甚衰极乱之世，纲纪荡然，人心涣散，必新天下之耳目，以一其视听，夫然后足以慰来苏之望，而佑启其后人。盖虑无弗周，而为之无有弗尽者也。当其治定功成，法制大备，世济熙皞，民乐有生，是宜与时休息，遵先世之遗烈，而申敕其画一之规，以益臻隆平之治，始称守成有道之令主，而后世有述焉。及夫四海无虞，熙皞已极，时易趋于玩愒，事恒狃于因仍，斯群小郁郁，待逞之会也。而君德少弗协于大中，柔暗必为所制，刚毅则为所激，佞幸伺其便，奸逆附其末，而纲纪复荡然矣，此更化善治之时也。然其所以更之也，惟振起其颓废，厘正其紊乱，还祖宗创始之善，而复开守成之令绪焉尔。因天之道，察民之心，盖有不得不一为之者。而政由其旧，民安其常，又何尝有为之之迹乎？伏读圣制有曰："首自三代，以末迄于宋终，中间虽历世有久近，而其君之历年亦有长短，惟周之历世最多、国祚恒久。"陛下之及此言也，宗社无疆之福也。行有所稽，志有所慕，古今媲美，夫复何言。然周之所以享国长久者，果何道哉！司马光谓讲礼施仁，植本固而发源深尔。常考《周礼》一书，其大者曰辨方正位，体国经野，设官分职，以为民极。自米盐酒浆，无一不统于冢宰。稍委士诵，无一不统于司徒。钟镈鞉旄笙钥，无一不统于宗伯。兵戎庚圉匡襗，无一不统于司马。盟约薙剪，修闾禁暴，无一不统于司寇。轮舆筑冶桃兔，无一不统于司空。则其礼以示天下者，何广大而悉备乎？然后稷建邦启土，公刘克笃前烈，太王肇基王迹，王季其勤王家，文王惠鲜怀保，而咸和万民，武王顺天应人，而永清四海，继承之君，又皆尽持盈慎满之道。逮于宣王，号称中兴，联属天下之仁，益深益懋，引而弗替，上匹夏商，下陋唐宋，传世三十，而历年至八百焉，猗与盛哉！肆我太祖高皇帝龙飞淮甸，建功德之隆，太宗文皇帝鼎定幽燕，弘继述之孝，兴道致治，上仿成周。是故初立郊庙，即文之惠于宗公也，继册太子，即武之以燕翼子也。罢中书而设六部，分职率属之典也。封诸王而录功臣，列爵分土之制也。岩穴之士，罔不招致，其克知灼见者乎？忠荩之臣，率见褒录，其表墓式闾者乎？定吉礼十有四，凶礼二，军宾礼三，嘉礼五，则损益周宗伯之职矣。制乐九章，自本太初以至乐清宁，则仿佛大武之协矣。是其所讲之礼，使民罔不约之于轨，而君臣上下，咸有一德，所以举是礼而措之朝廷之上，以及四海之远，伸缩运用，莫非《关雎》《麟趾》之意，周流贯彻于其间也。盖礼以齐之，则固有仁以先之矣。所谓与治同道罔不兴，不亦可征也哉！列圣相承，守而弗失，礼以敷典，立天下之大防，仁以昭德，宏天下之大化。重熙累洽，以共成乎博厚高明之绩。然而承平日久，积习相因，至先朝则奸逆逞便，紊于更张，渐亦不能无可议者。陛下入继大统，适应中兴之期，天下跂焉望治，不啻饥渴，而龙兴一诏，举措宜民，大慰天下之愿。天下忻忻然咸奔走而相告曰：帝王自有真，太平于是有象矣。然犹恐天位之乐，久而或移其初尔。乃今励精图治，有加无已，侧身修行，无异周宣，请得而历举之。则召问元老，衮职之有补也。申命帅臣，猃狁之北伐也。严饬兵卫，车攻之选师徒也。亲信正人，张仲孝友之维在也。慧星示异而恐惧修省，云汉之畏天也。天下孰不延颈以睹中兴之盛乎！而圣制乃曰："幼弱不才，多招灾害。"是何谦冲自抑，而言之一至此也。然以耳目之所睹记，则亦窃有疑焉，而不敢深以为不然者，陛下亦尝思及之否乎？藩封盛而常禄不继，国费冗而内帑不充，西北则田野多芜，东南则赋敛日急，猈卒虽歼于朔漠，而兵已疲，戎羌虽挫于甘凉，而机可畏。是皆上厪当宁之虑，而下切书生之隐忧者也。夫灾不存于物异，而存于事之旷弛，害不生于幻妄，而生于民之穷困。握其几而图之以渐，则灾不蔓，害不滋，失今弗为，将有不胜其深远之虞焉者，则夫臣所陈之六事，可无善后之策也哉！圣制又曰："上之良法要道，朕心慕之思之，不知何以得此？"臣意陛下躬亲蹈之而复疑之，圣不自圣，夫亦过焉尔矣。陛下所谓良法，非臣之所谓礼乎？陛下所谓要道，非臣之所谓仁乎？周祚之所以久长，皇祖之所以创立，列圣之所以守成，而陛下今日所以中兴焉者，率不外此。但谨于前或忽于后，锐于作或怠于成。董仲舒曰：王者之道，必有偏废不举之处。非其道不善也，久而或有失之也。惟陛下讲礼施仁，率典昭德，竟其更化善治之绪，以要之于极，俾民各遂其生，物各适其所，至治馨香，通于神明，协气嘉生，遍于宇宙，斯圣帝明王之能事，而祈天永命之极功。陛下所以策臣，欲长保洪业于无穷，有隆弗替，延宗社万禩之固，永家国千世之传者，行将见之，而成周不得专美于前矣。虽然，心者治之本也，几者动之微也。所动虽微，所关实大，臣又敢以慎微之说进焉。一或不慎，则幽独得肆之地，投间抵隙，将不自知其此心之累，而施仁讲礼，皆为弥文，可不逆为之虑乎？怠荒游逸，益尝举以戒舜矣。是非古人之过计也。危平易倾，理所必至，而兢业万几，正舜之所以为圣焉者。狂瞽之言，弗识忌讳，清问下及，不敢不尽尔。陛下谅其衷，不录其罪，而特赐省览，则天下幸甚。臣无任悚惧之至。臣谨对。

《嘉靖十四年进士登科录·吴山对策》（御批：敬为心学之极。此论好，可第一甲第三名）：

臣对：臣闻帝王之于天下，其得之也，必本于仁，而其保之也，必本于敬。仁以得天下，则所以缔造而固结者，无弗至，敬以保天下，则所以继承而持守之者，无弗周。是固法之良、道之要也。苟得天下而不本于仁，则是莫为之前，虽美弗彰，何以为后人凭籍之地？保天下而不本于敬，则是莫为之后，虽盛弗传，且将坠先人创造之艰矣。孟子曰：三代之得天下也以仁。则夫得天下者，孰有外于仁哉！召公之诰成王曰：

王敬作，所不可不敬。德则天保。天下者孰有要于敬哉！然仁也敬也，匪在外也，皆在乎吾之一心而已。是故心存则仁存矣，仁存则敬无不存矣。此三代所以有道之长也，此我太祖高皇帝之所以肇造，太宗文皇帝之所以继述，列圣之所以遵承，陛下之所以中兴，而与天无极者也。是岂汉、唐、宋之所能及也哉！钦惟陛下禀聪明睿智之资，蕴刚健中正之德，爰自藩邸，入继大统。即位以来，励精化理，百度惟贞，万邦咸乂，真有以永宗社于无穷，保家国于弗替。而敬一之箴，则又真得夫千圣相传心法之要，保天下之道，信无逾于此矣。乃犹不自满假，惕然悚惧，进臣等于廷，而以三代以末迄于宋终，历世之久近与其君历年之长短，及我祖宗列圣之所以创守，发为明诏，以求所以保业之良法要道。顾臣何知，而可以与此？虽然，后克圣臣不命其承，矧陛下命之如此，臣虽至愚，敢不罄竭以对扬于万一乎！臣闻惟天生民，必立之君。是君也者，天之命也。天既命之以天下而为天之子，是必有祈天永命之道。故曰：惟皇上帝，降衷于下民。若有恒性，克绥厥猷，惟后。又曰：亶聪明，作元后。元后作民父母。曰：惟天聪明，惟圣时宪。则夫所以得之者固难，而所以保之者亦弗易也。故曰：天难谌命靡常。曰惟天无亲，克敬惟亲。苟失其所以得与夫所以保之之道，则虽或与之，亦或夺之，虽或就之，亦或去之，虽或得之，亦或失之，而崇高富贵之地，有不可恃者矣。今夫千金之家，其始也，未有不自其祖宗之艰难劳苦以成之，而其终也，亦未有不自其子孙之顽率奢傲以败之。况夫天下至大也，兆民至众也，四海至广也，以一人而偃然居于其上，以统理之，使皆帖服顺从，惟其欲以治，而为法于当时，可传于后世，是岂无道以致之哉！臣尝闻之，夏有天下四百年矣。其始也，则由禹之祗台德先文命诞敷以得之也。一传而为启，则贤能敬承，继禹之道，而遂以家天下。太康逸豫灭德而夏道以衰，至桀之暴，夏始转而商矣。非天私于商也，桀失其所以保之之道焉尔。商有天下六百年矣。其始也，则由汤之克宽克仁彰信兆民以得之也。一传而太甲，则克终允德，而其间之太戊也，祖乙盘庚也，皆贤圣之君也。至于高宗，则又不敢怠遑，允协于先王成德，而商道复兴。及纣之暴，商始转而周矣。非天私于周也，纣失其所以保之之道焉尔。故曰：我不可不监于有夏，亦不可不监于有殷。乃若周之有天下也，固本于文王之惠鲜怀保，武王之不泄不忘。然溯而上之，若后稷之克配彼天，公刘之克笃前烈，太王之肇基王迹，王季之其勤王家，其积功累仁，所由来者远矣。而成王之基命宥密，康王之敬忌天威，其所以继承之者，何如也？况又有周公之制礼作乐，其所以维持之者，又何如也？厉王暴虐，周道始衰，宣王承之，而侧身修行，宗周复赫赫矣。绵至春秋，陵夷已极，而天下之民，犹依依然不忍离去，是其德泽之深，风化之美，不可企及。而传称其历世最多，国祚恒久，良有以也。向使其子若孙不失其保之之道焉，则周虽至今存可也。自周而下，享国之久者，汉、唐、宋耳。以汉言之，高帝之宽仁大度，得国正矣。而其继体之君，若文景之恭俭，光武之中兴，亦粗得夫保之之道。此所以历年四百也。以唐言之，太宗之力行仁义，创业善矣。而其守成之主，若玄宗之励精政事，宪宗之光复旧物，亦仅得夫保之之道。此所以历年三百也。宋太祖以忠厚立国矣，而继以仁宗四十二年仁厚之政，有以培植其命脉，此所以享有三百余年也。如使其子若孙皆不失其保之之道焉，则虽如周之过其历，亦可也。是则三代也，汉、唐、宋也，其历世之久近，历年之长短，虽有不同，至要其所以得之与夫所以保之之道，则未有不本于仁敬者也。而圣策所谓皆基之于先王德泽，洽于民心，亦继之嗣王能尽持盈慎满之道者是已。然创守无二道，仁敬无二理。第举其重而言，则创业垂统，惟仁为最大，继体守成，惟敬为最切。是故言仁则敬在其中，能敬则仁在其中，夫非有二也。我太祖高皇帝独禀全智，应运而兴，廓清天地之大变，恢复帝王之正统，功德之隆，振古无比，其所以肇造而为根本之地者固矣。太宗文皇帝载靖内艰，奄奠两京，其所以继述而培植之者深矣。列圣相承，守而勿失，其所以率循而灌溉之者笃矣。是其创守之道，仁敬兼尽，真有以建亿万载无疆之休也，于今百六十余年矣。陛下践祚以来，大孝尊亲，至仁飨帝，圣敬日跻，十四年来，有如一日，深仁厚泽浃洽于民心，峻德成功昭布于海宇，盖真所谓赫然中兴之盛，而不特守成之美而已。圣策乃以为多招灾害于民者，此特陛下忧勤惕励视民如伤之心也。臣虽愚昧，亦知其无是事矣。又以为思祖宗创造万艰，惕然悚惧，欲长保鸿业于无穷，有隆弗替，永宗社万禩之固，保家国千世之传，民得以遂生，物得以适所，如上之良法要道，朕心慕之思之，不知何以得此？此特陛下忧勤惕励望道未见之心也，臣虽愚昧，亦知其无以加矣。何也？盖保天下之道，诚不外于敬焉尔矣。在昔尧之兢兢，舜之业业，率用此道。而周公《无逸》之篇，言殷之中宗高宗祖甲及周文王享国之长久，与厥后王之罔或克寿，亦惟在于无逸乃逸之分。召公之诰，言夏商之坠厥命，亦惟在于不敬厥德，且拳拳欲其君疾敬德以祈天永命。二公之所以告其君者如此。是知人君一念，敬肆之间，而天下之治乱，生民之休戚，寿命之长短，皆系于此，是不可不慎也。大哉敬乎！其合内外、贯创守之道乎！盖能敬则心无不存，而仁无不全，天下之道备于我矣。故曰：敬也者，圣学所以成始成终之要也。此在陛下，固已超然远览，渊然深识，身体而力行之矣，臣愚复何言哉？虽然，臣又闻之《诗》曰：靡不有初，鲜克有终。伊尹之告太甲曰：终始惟一，时乃日新。傅说之复高宗曰：念终始典于学，厥德修罔觉。臣愚无知，伏愿陛下常存此心，谨终如始，于凡圣箴之所载，如所谓惟敬惟一，执之甚固，畏天勤民，不遑宁处，与夫郊则恭诚，庙严孝趋，肃于明廷，慎于闲居，省躬察咎，做戒无虞之说，益笃弗懈，则夫所谓天亲民怀光前裕后者，皆自此而得之，而雍熙泰和之盛，亦在于此，又岂特所谓庶几汤孙底于嘉靖而已哉！虽然，此亦陛下尝言之矣。其曰行顾其言，终如其始者是已。而臣复以为言者，盖以傅说之复高宗，又曰：非知之艰，行之惟艰。王忱不艰，允协于先王成德。惟说不言，有厥咎。此臣所以于终篇而申言之也。臣诚愚昧，无所知识，拳拳芹曝之私如此而已。伏惟陛下谨厥终而力行之无忽，实宗社无疆之福，万世之幸也。臣干冒天威，无任陨越。臣谨对。

《嘉靖十四年进士登科录·李玑对策》：

臣对：臣闻帝王之于天下，其创之也以仁，其守之也亦以仁。而仁之为道有四焉，曰公曰俭曰宽曰敏。广大而溥，是之谓公。节制而当，是之谓俭。宏裕而容，是之谓宽。奋励而勇，是之谓敏。公则泽周，俭则利溢，宽则恩流，敏则效著。四者合而成仁，天德备矣。天德备而法形，王道章矣。夫德之备者，可与语神，神妙而应速焉。夫道之章者，可与语化，化达而绩凝焉。道洽政治，民心日益怀，而德盛业新，邦基日益固，享国长久之道，孰谓不在于此哉！何也？国保于民，民安而国自寿焉耳。民保于仁，仁普而民自安焉耳。苟弗公而僻，其失也私。弗俭而贪，其失也侈。弗宽而忍，其失也刻。弗敏而徇，其失也怠。仁之实壅而民之心离矣，天下可得而强制之乎？故创业而非仁，弗可以创也。守成而非仁，弗可以守也。良法要道，信莫有过于此者。稽之于古，验之于今，又何有不然者哉！臣跧伏草野，学识疏浅，岂曰素闲于王政。然志于用世，讲闻此说亦久矣。每欲自献而无由，乃今叨有司之荐，陛下进之廷而宠以问焉，且勉令罄所知以告，臣敢不披沥素所欲吐，以效其一得之愚乎？臣伏读圣制，首以历代享国之永，继以祖宗创造之艰，终之以求良法要道，思育民物，保洪业于无疆。夫欲仰缵先绪，大孝也。俯育民物，至仁也。道已至而望若未见，至谦也。持此以为天下，何所不济？臣请为陛下陈之，以备采择之万一，幸容其愚妄而试听之。臣尝谓得天下无他，存乎民心焉尔矣。得民心无他，存乎仁焉尔矣。究夫所以为仁，亦大略如臣所言四者而已矣。四者备而民心不我附焉，未之有也。民心附而天下不我有焉，亦未之有也。创业守成，均之不可舍乎？此臣请即以圣制享祚最久如周者证之，可乎？夫周之有国，自后稷封邰始。及文武而后，天下定于一。其积功累仁，由来有渐，而周公夹辅之力，亦不可诬也。观乎周官六典与夫《诗》《书》之所称者，沨沨乎一至仁之流行，至今言治者稽焉。故即其不泄迩，不忘远，可以知其公。九式制用，而日成月要，岁会有考，可以知其俭。三典诘奸，而平以八议三赦，可以知其宽。日中昃不暇，洛水讲武不废，可以知其敏。仁以经政，政以显仁，而民之衣被其休，要非一日之积矣，况其嗣世贤君迭作，而于所谓公俭宽敏者，曾不少改其绳墨，其间基命无逸如成王，率循对扬如康王，《车攻》复古，《云汉》忧民如宣王者，盛而能传，尤不可以多见。是则《关雎》《麟趾》之仁，奕世弥光，固不独见诸创造者然也。夫惟其创之者仁，则植本固而发源深，凭藉有其地，而守之以仁，则先德广而遗泽远，上之所以结其下者为益固。是以下逮敬元诸君，虽威令久矣不伸于天下，而天下依依不忍叛去者，以有此具也。传世三十，历年八百，夫岂适然哉？然前之曰夏曰商，均之享国之永者，而详考其故，亦仁焉耳矣。是故下车泣罪，子惠困穷，禹汤之仁既已素浃于民心，而其嗣王如启、仲康、大甲、盘庚、中宗、高宗者，又能嗣守先训，敬承而懋戒焉，允德而敷德焉，寅畏而恭默焉，虽欲不谓之仁，不可也。此其创守一道，亦有以绵国祚之永。至今言享国者，必与成周并诵于世而不衰，是则创守必以仁者，三代共之，岂非彰灼之大效也哉！孟轲曰：三代之得天下也以仁。是可明其所由创。又曰其失天下也以不仁。则其守之必以仁也，自可类推矣。嗣是而汉而唐而宋，虽非秦晋五代所能及，而概以三代，则未焉。盖汉高之豁达，唐太宗之爱人，宋祖之忠厚，庶几仁以创业矣。然汉高杂霸也，太宗杂夷也，宋祖武略不竞也。果有如三代之所创者乎？文景之恭俭玄默，玄宪之励精刚明，真仁之简易仁恕，庶几仁以守成矣。然文景溺于异端也，玄宪鲜克有终也，真仁刚勇不足也。果有如三代之所守者乎？夫是以即其得仁之似，固足寿其国，而仁有未纯，求如三代之盛且久，不可也。故臣尝溯而考之，则汉、唐、宋之享祚，俱不及三代，析而观之，则唐宋享祚不及汉，汉之享祚不及夏商，夏商享祚不及周。故曰：三代有道之长。又曰：惟周之历世最久，国祚恒永。而汉、唐、宋无称焉。夏、商、周、汉、唐、宋所以享祚之永者，非幸也，同乎其仁也，圣制所谓基于先王德泽，洽于民心，亦继以嗣王能尽持盈慎满之道者是已。汉、唐、宋享祚不及三代者，非他也，异乎其所以为仁也，圣制所谓历世有久近，而其君之历年亦有长短，要之皆自其为君者何如是已。向使汉、唐、宋之创守者，纯乎其仁焉，于臣之所谓公俭宽敏者无歉焉，则民罔常怀，怀于有仁，常厥德，保厥位，虽八百其历，亦可也，复何享国不及于周耶？陛下兼举汉、唐、宋以为问，而独详于周，臣知圣意有所择，而不屑乎此，且区区驳杂如汉、唐、宋者，臣固不欲为陛下详之。而我国家行将与天地相为无疆，亦非可望以汉、唐、宋者也。然岂独不足于后世而已哉？臣之于周，亦每喜其创者之善，而窃悲其守之不常成康也。何者？创业虽由于先王，而其守之常赖于后世，失于守而后创者终也。使周之嗣王世守其仁焉，举无愧于成康之际焉，则周虽至今存可也，讵止八百年已乎？故曰：道非亡也，幽厉不繇也。有天下者，亦可以监矣。钦惟太祖高皇帝奉天理民，攘夷安夏，敷锡皇极，肇造丕基，当时之民之苦于元者，不啻脱水火而就诸衽席，其至仁天覆，难遍以疏举，姑自其一二言之。罚不昵近，赏不遗远，则载诸《大诰》。宫漏必碎，鞍辔必却，则纪诸《圣政》。纳詹同之奏，至取刑具焚之，而造福缓刑之戒则严诸《祖训》。闲暇则阅经史，便殿则阅奏牍，而皇陵一碑，又谆谆乎缔造勤劳之由以示后焉。是其公俭宽敏，轩越往古，虽周莫或过之，而汉、唐、宋之创者，不足望其万一矣。继而太宗润色于草昧之初，列圣嗣兴于守文之日，深仁厚泽，渐被寰宇，百六十余年如一日焉，天下之人，亦如赤子之于父母，而不忍释者。我国家亿万年无疆之休，不在此乎？陛下临御以来，深惟民瘼，凡积年之弊，又一洗而重新之，与天下相为休息之政，天下固已囿于皇仁之中，而莫知所为之者。而陛下策臣乃曰："朕幼弱不才，多招灾害于民。兹来思祖宗创造万艰，惕然悚惧，朕欲长保洪业于无穷，有隆弗替，永宗社万禩之固，保家国千世之传，民得以遂生，物得以适所，如上之良法要道，朕心慕之思之，不知何以得此？"陛下之言及此，天地神人之福也，此天下所愿少须臾无死以待德化之成者。臣虽庸谫，奚容以自默，况遭逢有此，又可以肆其狂瞽，而无所虞于罪者，敢不思所以副休命之一二乎？臣窃谓：民者邦之本，仁者诚民永命之要道。非天下之至仁，不足以创业，非天下之至仁，亦不足以守成。且历代创守之故，臣已略陈其概，有足征也，然则又奚俟于远求哉？陛下欲保祖宗之业，亦惟思固民心而已耳。欲固民心，亦惟法祖广仁而已耳。所谓广仁者，毋亦于公俭宽敏加之意而已。然臣仰见陛下大德旁敷，日照而月临，凤蠹尽剔，风飞而雷厉，柔远能迩，好恶予夺之不私，亲耕亲蚕，蠲租禁奢之有诏，疑狱必覆谳，而减刑之使一岁一行，视朝有常规，而奏牍之繁随入随阅。盛德美政，莫可殚述，天下固已欣欣然决圣主，而国家灵长之祚，终必赖之，于臣所谓四者，复何议焉。但自迹者观之，陛下爱民之心虽不少衰，而弊端之在天下，或已渐形，而亦不可不为之所者，臣不暇毛举其细，而其大且急者，则一曰藩封之禄未理，一曰工作之兴大滥，一曰刑罚失平，一曰军伍不充。四弊不去，臣不敢欺陛下以为果无所歉于仁也。是则陛下虽有仁天下之实心，天下且得以其迹而辞于陛下矣。何以言之？盖藩封之禄未理，民且以为私。工作之兴大滥，民且以为侈。刑罚失平，民且以为刻。军伍不充，民且以为怠。是陛下虽无其心，不幸已有其迹，亦安能以其迹而自解于天下？欲为国家绵久远之福，而此等不之厘，臣不可得而知也。有以厘之，而民复不遂其生，物复不适其所者，臣未之信也。臣请得熟数于前，以为陛下持盈慎满之一助。何谓藩封之禄未理？臣闻王政莫先于亲亲，而亲之欲贵，爱之欲富者，此亦人情之自然。故祖宗时广建宗藩，丰其禄秩者，非以天下为私奉，直以行其亲爱富贵之心耳。且当时支派未盛，固不容豫为之限，亦曰后世自有增饰者。今则支派之盛，大非昔比，而宗藩之需，动称不足。及今不为之计，数世之后，天下将益耗竭而不可救。何者？上人之禄，下民之膏脂也。支派之盛日增，而田野之赋有限。以有限之赋，而周日增之禄，其势必至于病民，非仁也。以日增之禄，而制以有限之赋，其势必至于俭亲，非孝也。陛下以仁孝治天下者，何取于此？臣愿陛下申明旧例，制其妄御之数。其有不如例者，许有司举劾以闻，一断以法，则其势自不容于或滥。至其诸不在五服之限者，听其明经应举，禄之以官，而又限之位，若藩亲不使内补者然。夫服制既远，则其相临也便，限之以位，则其制御也周。虽有怀三窟之异志者，亦自戢而莫逞。此非惟禄可少杀，而或亦诱之向善之一机括也。如此则亲亲仁民，一举两得，庶几不嫌于私，而仁可以广矣。何谓工作之兴大滥？臣闻国家举事，非财不济，而财非取之于民不可。是故圣王慎于造作，非独裕后，且欲贻民以富耳。今陛下自以为天下之财何如也？西北之民，饥饿辗转，而东南困于征敛，且告竭矣。夫民之财可竭而不可继也，陛下曾不是念，大内之役，前后相仍，程督之使，冠盖相望于道路，近自畿甸，远而穷乡下邑，日扰扰焉奉行明诏之不暇。夫事系重要，固有不可已者，然于其间，亦岂无可已而不已者乎？可已不已，臣恐太仓之储无几矣。万一他变突起，复何以应之？且天地生财，止有此数，不在官则在民。国贫不已，不得不取诸民。民贫不已，不得不入于盗。今陛下之民，将入于盗矣，奈何其不节费以裕民乎？昔汉文帝惜十家之产，露台中辍，而唐太宗鉴亡秦之辙，一殿不为。当时由之以致富庶，至今使人称明。陛下德配尧舜，尝陋二帝于不为者，何独于此焉不省也？臣愿停无益之作，宽罢敝之民，则庶几不邻于侈，而仁可以广矣。何谓刑罚失平？臣闻刑之为道，轻者笞掠，重者编伍，其尤重者抵死。然裸体笞掠，为辱已极，仁人之所深隐者，况编伍乎？况抵死乎？此而不审，甚非所为体天而爱人者也。《书》曰：刑期无刑。又曰：与其杀不辜，宁失不经。正谓此耳。今天下奸吏纳贿，恣意出入，以伤和气，且不暇计。至如往者台省诸臣，言事失当，上干天怒，逐而放之而重论之，诚是矣。然原厥初心，亦欲忠于为国，非敢有他志者，但意见或少差耳。今举事一不当，而竟弃不复，遂使悔过无门，似亦非先王钦恤之道也。且君之于臣，犹父之于子。方子之为不善也，父固不免于怒甚，且挞而逐之矣。及其知悔而愆也，则未有忍于终弃者。然则陛下独能忍于终弃乎？况及今不宥，则远者将死于边，近者将死于狱矣，陛下果忍令后世谓此辈皆以言获罪而死乎？臣愿陛下辟天地之量，开悔过之门，则庶几不伤于刻，而仁可以广矣。何谓军伍不充？臣闻善谋国者必强其本，善制夷者先戢其兵。兵不戢则外夷乘其衅，而尾大不掉，皆自其不知强本者为之。今在京之兵，计七十余卫，分为三营。至正统间，复有十二团营之设。凡此皆为强本计也。迩则势豪者选其强壮以充私役矣，假其空名以笼实利矣，而日以应点者则皆老弱疲病，其力不足以负甲。至其番上之兵，则财尽于剥削，力尽于役繁，又有所不忍言者。如此而欲兵之强，其可耶？故内地有警，非边卒不可平。以此示远，臣窃不知其可也。若夫边镇之弊，臣亦尝推其故矣。平居无事，拊循非人，刍粮不时，朝廷实惠且半归奸滑之筐篚。及其乘机自奋，而取一级之劳也，则豪右呵谴夺去，从而掠之为己有。夫兵者将欲得其死力者也。欲其力之足以死，不先得其心，而内兵又不足以镇压之，是宜其群噪而屡为变矣。兵不戢，而又何惑于夷之肆也哉！故欲攘夷，必自戢边兵始。欲戢边兵，必自强本始。臣愿大厘此弊，简疲卒以归农，慎清理以剔奸，时拊循以昭恩，严纪纲以肃度。而又屯闲田通盐法以足饷，斯则庶几不流于怠，而仁可以广矣。陛下果不以臣言为妄且迂，敕下有司，择其所可行而益兴滞补弊，以广大其仁，则麟趾符祥，凫鹥歌治，光媲祖宗，道轶邃古，百姓大和而无不遂其生也，万物咸若而无不适其所也，诸福日集，后禄永绥，天德布而王道终将有传纪所不及载者，而宗社万禩之固，国家千世之传在是矣，岂特如成周历年八百已哉！良法要道，或不能越诸此。然臣愚之见，尚有进于此者，敢申其说于清问之下，幸无厌焉。臣谓人君之道，莫要于正圣学，莫急于开言路。夫圣学不正，则无以建天下之极，其见也塞。言路不开，则无以通天下之情，其见也隘。隘且塞，仁斯壅矣。然臣见陛下日御经筵，箴严敬一，甚者手不释卷，至夜分始寐，则所谓正圣学者，陛下固已优为矣。群下建白，每见嘉纳，至于国有大政，必反复谋议始行，则所谓开言路者，陛下亦既优为矣。但臣私忧过计，窃谓学而习其文艺也易，学而体诸身心也难，无所忤而用言也易，有所忤而用言也难，况帝王之道，法天立极，厥终少有懈焉，前美将尽弃矣。臣尝读书，见舜之圣，重华协帝，无所虞于败度者，禹且以无怠无荒者戒之，而禹之不自满假，亦非拒人自贤者明矣。翕受敷施，皋陶之所以劝禹者，谆如也。臣子爱君无已之心，类如此。臣之愚何敢自比于古人，而陛下之明，则兼夫舜禹，臣乌敢不以舜禹望其君父乎？故臣更愿陛下究理乱之源，察是非之极，密慎独之功，全躬行之实，而文艺之末，则始以后焉，斯可也。夫是之谓正圣学。壮正人之气，养公论之锋，容峻激之辞，大茹纳之量，而言虽有不适于用者，亦姑勿究焉，斯可也。夫是之谓开言路。夫正学以端其本，用言以虚其受，合人己以成其德焉，则神智日益精明，闻见日益充拓，天下事将惟吾所建，而仁且底于如天之盛矣，于去目前四弊何有哉！是则仁以守成，则其道在于正圣学、开言路如此。是固无有新奇可喜之说，且狂率不识忌讳，冒犯天威，罪在不赦。然直意陛下以制策求士，必将有取于凯切时务之论，而不贵于剿说雷同者，故敢略献其愚如此。惟谅其朴直而采览焉，则臣愚不胜幸甚。臣谨对。

《嘉靖十四年进士登科录·赵贞吉对策》：

臣对：臣闻天下势也，运势者机也，握机者志也，建志者时也。时也者，事之会也，圣人之所竞也。唯圣人能速赴时，以成天下之务，其志一定而不可移，而天下之势常固而不离也。势也者，天下之命也，圣人之所重也。且天下大器也，势离则或昂而不可挽，或低而不可举，低昂之间，诚有机焉。惟圣人能研先几以平天下之势，而常不失时也。此古之人所以欲帝而帝，欲王而王，欲守成而不惑不忘者也。成其道常历百世而不废，非有暴乱之裔，不即败也。后世循其迹，则合而称曰圣王，治天下之良法要道也。夫求圣王之法于千载之上，其势变矣，臣得其机焉。学圣王之道于千载之下，其时异矣，臣得其志焉。势也者，伏于无形者也。其来也不可豫，其去也不可追，其倏然而聚也不可度，其忽然而散也不可合也，非有机焉以运之，则亦漫涣瞆眊，而终不可执也。时也者，藏于有待者也。其蓄也或发之矣，其张也或弛之矣，或行而尼之，或塞而通之矣，非有志焉以随之，则亦颠倒错乱而会不逢其适也。机以持势，志以发机，时以建志，得其说者，天下国家之治可几也。陛下发德音，求历世长久之数，持盈保成之道，思祖宗创业之艰，念民物望治之愿，此愚臣之所怀蓄，而欲以献之于陛下者也。臣尝自谓，谦谦愕愕，思与天下返朴还淳，尽忠竭愚，可夙夜无怠也。恭遇陛下拔之于涂泥，而以缙绅弥纶之谋、大人御世之规询之，如是而不言，则臣之自弃甚矣，言而不详，择而不精，则臣之无具明矣。夫士莫大乎有自弃负君之罪，有不学无具之耻也。臣请以圣策所及者条对之，而后及臣之说，幸陛下详择其中焉。臣伏读圣策："朕思首自三代以来，迄于宋终，中间虽历世有久近，而其君之历年亦有长短，要之皆自其为君者何如耳。"夫历世永命之道，《诗》《书》备矣，臣敢冒昧亿对曰：上世风气淳固，贵道秉德，其君皆清明在躬，志气如神，心之精神乃与造化流通，故能其寿皆百，其在位皆六七十年，或四五十年，而天下大治，物不夭厉，民不雕丧，后世称曰治安未已也。夫人君居崇高富贵之地，故骄奢易生，而逸欲乃兴也。彼其宫室之壮丽，服器之绘饰，车马田猎之侈纵，声色子女之艳美，固自以为尽天下之腴养安宅矣，抑岂知惰聪明而坏气志，已包藏天下之大毒，而不自觉哉！是以高识远览之主，必求大道之原，知性命之贵，俭以自奉，不过乎物。虽以尊贵之极，而其恬愉简静，无以异于山林修洁者之为。是以精神充盈，年寿益坚，德性坚定，外诱不入。天下有奇邪之术，淫荡之巧，举无所入之。故天下阴受其休养绥宁之福，而历世之久近，亦从可卜也。是历年之久与历世之久，固相须也。臣又伏读圣策："唯周之历世最多，国祚恒久。然周之所以久，本于文武之积累，亦后之继承者能保持之耳。上至夏商，垂及唐宋，亦若是焉，皆基于先王德泽洽于民心，亦继之以嗣王能尽持盈慎满之道者也。"夫创业守成之事，当涂之士争言之矣，臣敢冒昧亿对曰：创业之君，得天下于至难，而守成之主，失天下于至易，何其不相及也？臣尝伏而求其故矣。贾谊曰：三代之王，所以有道之长者，以其谕教太子，而导之术业也。斯言可谓根极理要者矣。故周公教成王，至老而不倦也。《豳风》之诗，《无逸》之篇，是周之所以贻永年之具也。汉、唐、宋之君，其始也皆百战而有之，忧勤惕厉，若可述也。然亦有身亲为之，而身变其初者矣。况其子孙之继体者，皆出于妇人狎习之手，其于正人正言，心不相洽而意不相安，不见王业之所以难，安得不以易心乘之，不原天命之不可忽，安得不以怠心处之。老成忠爱之臣，起而救其遗余末流，已无及矣。虽其间英主谊辟，不无有之，然或得于天资之似，矜饬之粗，依仿假借，间断者众也，是以不逮于三代之美已。是故古之帝王，不恃其积之厚，而恃其继之者贤也。不恃其德泽入人之深，而恃其子孙维持之有其具也。谨择人选任使以教谕之，必所其无逸，必知稼穑之艰难，必知道术仁义之正，虽历百世，而天下蒙其福也。历年所永天命之道，实在于此。臣又伏读圣策："洪惟朕皇祖高皇帝代天复世，重肇中华，建振古无比之功德，朕太宗继述于草创之初，列圣遵承于太定之后，百有六十余载，传之于今。朕以冲昧之年，入承祖位，幼弱不才，多招灾害于民。"臣于此有以仰窥圣孝之大，圣德之谦也，臣谨冒昧献言曰：陛下之继位也，是中兴之运，治忽之机也。然而不能大有为，臣窃以为过矣。陛下聪明英哲，迥出前古，践祚以来，十四年间，讲学师古，更化善治，君臣之间，未尝不以尧舜相期，高宗傅说，盖屡歌而咏叹之矣。臣尝观高宗之学，方其退于默也，藏其精至不测也，养其明至不挠也，所精义者至神也，所研几者至变也，岂不缊原挈本直截简易哉！以是言治，无难矣，是故力定者必先为之强也，见定者必先为之明也，守定者必先为之植也。今时学士文儒，彬彬然会于此矣。非必无古说沃王心者也，陛下诚留神于此，以光太祖，以继太宗，至孝也。以承祖庙，以育群生，至明也。修之乎一时，而名誉垂之无穷，声光著而不磨，至美也。幸毋曰积累之者厚矣，可恃而安也。臣又伏读圣策："兹来思祖宗创造万艰，惕然悚惧。朕欲长保弘业于无穷，有隆弗替，永宗社万禩之固，保家国千世之传，民得以遂生，物得以适所，如上之良法要道，朕心慕之思之，不知何以得此。"臣于此可以窥仰陛下大有为之志，欲建万世之长策也，臣敢冒昧献言曰：天下之事，其深远切至者，非臣之愚所能睹。然其指归要领之地，不过曰法祖敬天勤民而已。天欲思其创造万艰，惕然悚惧，不可徒有是心，必实有是事可也，然而恭俭尽之矣。夫创业之君与守成之主，其求贤裕财以成天下之务，道未始有异也，然而每不相及者，其故可知已。彼以难处之，而此以易乘之而已也。夫人君之于臣也，如其不贤则急去之矣，如其贤也，乌可不改容貌而礼之也哉！臣尝观之，小者至于奴隶臧获，至卑贱也，一不得其欢心，则不能致其勤力，而况于天下耆艾魁伟之士，其视爵禄荣进，已不足以羁其逸气而絷之矣，又况接之以势而震之以威，何以能要其忠贞而俾之自尽也哉！盖末季之君，尝自以为贤为圣为天下莫己若也，挟是心也，安往而非其振矜骄忽之地也哉！佞谀之风因是而生，子思之观卫是已。是谓事虚名而忘本务，愿治之君，何便于此？先王之世，大臣尽瘁，小臣靖恭，百工师师，各思自效，彼固有以深激之也。臣闻之，民将穷，天下将多故，则府库必充实。何则？以君之侈心将生矣。天下之最可忧者，国富而君心侈也。汉以是而事边功，隋以是而恣游幸，岂不大可畏哉！天下之祸，起于有形者可备，而藏于不见者不可得而支也。仓廪实，府库充，此谓无虞之世，可卧而治者。君之欲一动，而大乱极坏随之矣。此非无形之隐祸不可支之至痛与？非夫中正撙节之君，安能富民而祈天也。是二者有国之恒患也，故曰：法祖者，恭俭尽之矣。夫欲保洪业，延永图，则当敬天。天命靡常，决去留于德之厚薄也，然而仁义尽之矣。夫仁者行乎天之阳者也，义者立乎天之阴者也。天以阳生万物而以阴成之，阴以辅阳可也。阴而胜阳，非天道也，故义而胜仁，非君德也。夫圣人以其不忍之心流溢域中，至于不得已而用刑罚，已非其初意矣，而况于敲朴鞭笞流血刻骨之惨哉！夫法吏之酷，慢天虐民，刀笔筐箧之所为，无礼义教化之道，而乃寄民之命于其手，或者非天意也甚矣！天之爱民之深也，岂其使舞文弄法之吏，任情恣意，以制其死命也哉？此先王所以恐恐焉，不观于天命，而观于民心之去留也。故法吏者，先王之大忌也。故曰：敬天者，仁义尽之矣。夫欲民得以遂生，物得以适所，则当务于勤民之要，然不过命吏教养之而已也。臣观三代以还，愿治之主，嘉谋之士，皆能随世以就功名，其于民之务，不可谓无意矣，然未有能跻之仁寿之域，天下咸称曰治安，何王道之难行与？臣尝稽之往古，验之时务，念此至熟也。三代之时，分土而治，故地近而化易及。分民而治，故势接而情易通。分田而耕，故业尝定而俗易成。此先王维系联固可久之道，坐而运天下之术也。夫三代之世，虽暴君污吏，亦不敢甚虐用其民，何则？以民者己之资籍也，甚则方伯问之，天子诛之，故民之势常重。时则各遂其生，各适其所，无有大盗崛起土崩之患，以先王有以深结之也。夫天树后王君公，承以大夫师长，不唯逸豫，惟以乱民。俗吏苦不知务，唯簿书期会之为急。大吏一出，黔首相与易宅鬻衣，拥驺从，盛廪饩，饰传舍，而劳之。大吏之威如神如帝，足以震耳目而耀于闾市。其至与民情邈不相及也，大吏已去，而民之室已尝索然，泯泯梦梦，民实劳止，唯恐其再至矣。受长牧之贵，任民社之寄者，固当如此乎？人方相安以为常，曰：是固然也。小吏以为荣，乃私心尝窃愿之，以大吏之足以制其命也，故厚遗而馈赂之，不给则急取诸民。夫小吏之禄每薄也，内有溪壑之欲，而窘于薄禄，而重以馈遗之不及，则其取于民也，有既乎？甚哉吏之巧于取民，如捕蝉者，夜爇薪而振其树也。其阘茸（茸）熟烂自弃之辈，知己之无能为也，方且饱吞厚㖷，日攘民而夺之金，不耻也。受亲民之任，承流而宣化者，固当如此乎？如是而欲民各遂其生，物各适其所，难矣哉！往者陛下以民之饥寒为忧，加意农桑之务，勤民之意至恳切也，然久未获其效者，吏不廉平，不能奉明诏也。诚能一重吏责，则科指条授而化行，裨海之外可算计课效，期日而得也，何惮而久不为此？夫天下之士方安于苟且自利之计，闻陛下核实刻意，期于惠民，则亦争自砥砺切磋，以功名自期待矣。人得自效，务可称述，而良法善政，彬彬洋洋相浃洽也。臣又闻之，吏有良者，而急夺之民，置之散处，此与不得良吏同。夫贤者已去，方来者未必贤，是天下终不得被贤者之惠也。画策者欲重禄秩而久其任，此亦计之得者，不可不察也。故曰：欲民得以遂生，物以适所，亦重夫吏责而已矣。凡是数者，皆臣就明诏所及者而演之耳。若所谓良法要道，善守善终之术，臣敢不竭其愚。臣又观自周以来，上下二千馀年之间，天下一统者仅七八百年而止耳。其间祸乱时时间作，皆由于势已移而机不持，时已过而志不逮，是以国祚天命，未之能延，而保业之君，终使成王高宗独美于其前也。今陛下策臣以良法，法之良，岂良于能运天下之势？策臣以要道，道之要，岂要于能握天下之机？臣前谓天下势者，何也？以一人而运天下，如臂之使手，手之使指者，是也。不得此势，则指痛臂蛊而不可动也。臣何以谓运势者机也？今天下之士，日趋于浮薄而无实用也，农日趋于困屈而不能自存也，工日趋于奇技淫巧而伤天下之财也，商日趋于操柄富赀而侔天下之利也，官师日趋巧宦锐进而不顾天下之大计也，黄缁之流日趋于自便自利而不顾衣食之原也。东南财赋，百倍其力而后致之也，西北戎马，万全其策而后安之也。边鄙日竭，而告不给矣，夷狄日横，而忧不备矣，宗藩日息，而禄不充矣，马政徭役军伍将吏，可谓月异而岁不同矣。此其势，亦可谓低昂之间，稍不平矣，在于操得其机而转移之耳。今天下虽未极治，亦可谓少安矣，然而天下方愬愬然若有隐忧他患者，此不得人心之效也。夫天下之情易通，则人心得矣。臣在草野，闻今之谏官稍失其职矣，此不善其机之大者。盖士无实学，每欲咳唾以成天下之务，故言议有余而鲜事实，宜有以一惩创之也。然全躯保妻子之志兴，虽负累不恤也。夫士不乘时自奋于功名之途，此士之罪也。然而或出于创惩之过与？则甚可惜矣。天下之势，安得运之而有余力也哉！是以保天下之良法，无逾此一机也。臣前谓握机者志，何也？臣愚妄议以为，陛下秉明睿生成之德，当百六十余年中兴之运，此正可以大有为之时也。乃今人望极矣，而效不见者，其亦陛下或于所谓志者，未甚切与？臣请演志之说以终焉。夫志者心之精神也。心之精神，圣之骈蠓神之底里也。古人之治天下，取之精神心术之际，而优为之矣。今夫古人之所以治天下者，可得而见也，其所以存之而神，动之而化，鼓舞之而民宜，而天下不倦者，此不可得而见也。盖可得而见者，圣人之应迹也。至退藏宥密，神明之此，岂流俗故常然哉！是道也，刊落枝柯，根原见矣。培养既至，端倪生矣。凑泊既融，素质露矣。尧得之而无名，舜得之而尽善，禹得之而无间，文得之而为至德，高宗得之而为恭默，陛下得之而为敬一也。盖敬则神，一则精。精神之极，与天地流通，天下之事，为之则必能胜，行之则必能至，可以永年，可以延世，可以保民，可以育物，可以光祖宗庇来裔也。但恐势尊位极之地，所以旷然以观，寂然以省，事克己之力，求定性之方，致合一之功，收一原之效者，有未至耳。是平天下之要道，无逾此一志也。臣何以谓建志者时也？方今势虽低昂而未去，机虽参差而未离，如上所陈者，失此不为，必为痼疾，起而图之，良法要道取之在我，是天命维新万世之一时也。语云：难得者时也。臣故曰：时也者，事之会也，圣人之所竞也。惟圣人能速赴时，以成天下之务，而天下之势，尝固而不离也，唯陛下始终留览，无失此大有为之时。天下幸甚。臣谨对。

《嘉靖十四年进士登科录·敖铣对策》：

臣对：臣闻圣王之于天下，其得之也以仁，其保之也亦以仁。夫仁者，天地好生之德也。天惟仁，故能生万物，而无一物不被其泽。圣人惟仁，故能生万民，而无一夫不获其所。夫能使天下无一夫不获其所，虽欲不王天下，其可得乎？何则？天能生物，不能自理，而命之圣人。圣人尽撙节爱养之宜，极财成辅相之道，是能以天地之心为心，自不能不以之为子矣。民生有欲，不能自遂，而望于圣人。圣人所欲与聚，所恶勿施，是能以父母之心为心，自不能不戴之以为君矣。是故自古得天下者，未有不本于此，而能建可久可大之业，以诒诸子孙者也。保天下者，亦未有不由于此，而能尽善继善述之实，以光其祖宗者也。何也？天人一理，创守一道，均之以为民而已。然则守成之道，又岂外于仁哉？孟轲氏曰：三代之得天下也以仁。其失天下也以不仁。知所以失之，则知所以保之矣。恭惟皇帝陛下，大孝格天，至仁育物，十四年来，民安物阜，虽三代之治亦不过此。然而策士于廷，犹皇皇焉欲保祖宗之业，遂民物之安，思得良法要道以补所未照。臣虽至愚，敢不奋发激昂，以对扬于万一乎？臣惟天下之治二，国势也，人心也。所以维持乎国势者，非法度乎？所以固结乎人心者，非德泽乎？法度立，则人知所畏而不敢背，德泽施，则人知所爱而不忍背。是故享国长久之道，无有逾于此者。然必人心固而后国势安，德泽深而后法度行，何也？德泽者本也，法度者末也。譬诸草木，德泽者其根也，根深矣，又从而沃之培之，则其根益深。譬诸居室，德泽者其基也，基固矣，又从而拓之筑之，则其基益固。臣尝观诸三代，禹有天下，弼成五服，有典则以诒子孙矣。汤有天下，肇修八纪，制风愆以儆有位矣。至于周，六卿分职，五等建邦，九一世禄之制，党庠术序之教，良法要道，至详至备。然后世语三代之治者，不曰禹汤文武之法，而曰禹汤文武之仁，何则？仁其本也。况禹之后如启，如少康，皆能敬承禹道，是故有四百年之夏也。汤之后如大甲、武丁，六七君皆能保乂有殷，是故有六百年之商也。文武之后如成康、宣王，皆能继续光明文武之业，是故有八百年之周也。故曰：有夏服天命，惟有历年。殷受天命，惟有历年。而周家卜世卜年，实过其历。是则三代有道之长，所以亘古今而独盛者，有由然也。嗣是而后，汉则高祖以宽仁开之，文帝以仁厚培之，光武明章以宽大煦妪之，厥享国四百年。唐则太宗以仁义启之，玄宗宪宗以经制维之，厥享国三百年。宋则前有太祖建隆之治，后有仁宗皇佑之化，厥享国亦三百年。其视秦隋以下，或百年，或五六十年，或仅止于一身者，固不侔矣。然究其心，则皆假仁者也。夫假仁者犹可以延历永祚，庶几三代，则夫超轶汉、唐、宋之治，而上继乎夏商周之盛者，当何如哉！洪惟太祖高皇帝，迅扫胡元，肇造华夏，明物察伦，达乎天德，执众率物，根于至诚，其所建立，皆取法于帝王，求端于天地，德合覆载之大，明并日月之光，可谓兼创守而尽之矣。太宗文皇帝载靖内难，奄定两京，圣德神功，昭布海宇，列圣相承，鉴于成宪，益隆弗替，是以百六十年于兹，仁风翔洽，德泽汪濊。陛下又以尧舜之资，入继大统，临御以来，蠲租以阜民财，赈贷以周民急，恤刑以苏民命，天下之至仁也。是以内则百僚效职，以熙于庶绩，外则夷狄向风，以输于职贡，赫然中兴之盛，岂徒曰守成而已哉！夫何迩年灾异频仍，旱潦相继，是岂天心仁爱陛下，以为修省之地耶？抑岂陛下之仁有所未纯耶？臣请推广仁之说焉。夫仁，人心也。心存则仁存。然人君每患于不存者，失在于自私而用智尔。自私则不能以有为为应迹，用智则不能以明觉为自然。一膜之外，视为胡越。是故天地自天地，民物自民物，吾身自吾身矣。天惟无私则公，公则廓然而无我，不用智则虚，虚则物来而顺应，真见夫天地万物，本吾一体，故不以天地视天地，而以吾身视天地，不以万物视万物，而以吾身四肢百骸视万物。夫人之视四肢百骸，宁有弗爱者哉！视四肢百骸而不爱者，非仁也。故一手足之痿痹，一耳目之瞆盲，一发肤之疴痒，心不与知，是岂得为仁乎？是故圣人通天下为一身者也。天下之饥者寒者疲癃残疾困穷而拂郁者，皆吾手足耳目发肤之毁伤也。思吾身之饥，则必食之矣。思吾身之寒，则必衣之矣。思吾身之疲癃残疾困穷拂郁，则必维持调护之矣。今者自朝廷以至百官，自百官以至万民，陛下果能视之如吾一身否耶？水旱蝗蝻，无岁无之，老弱转死于沟壑，少壮流移于四方，陛下果能视之如吾手足耳目发肤之毁伤否耶？陛下于此反之于心，有一之未尽，是陛下一念之仁有未纯也。一念之仁未纯，则与天地不相似，而仁道或几乎息矣，欲望气化大和，民物阜安也，不亦难乎？虽然，帝王之治本于仁，帝王之仁根于心。然所以养其心者，岂有他哉？亦惟在于崇敬畏、戒逸欲、亲君子、远小人而已矣。臣见陛下敬一之箴、五箴之注，经筵罔间于寒暑，儆戒不忘于燕闲，所以养其心者固无有弗纯矣。臣独惧夫用人行政之道，犹有所未尽也。何则？恓夫壬人，害吾仁者也，陛下能尽去之乎？声色货利，诱吾仁者也，陛下能尽远之乎？土木甲兵，妨吾仁者也，陛下能尽罢之乎？横赐滥赏，耗吾仁者也，陛下能尽革之乎？盖人之常情，务内者或遗乎外，谨始者多怠其终。臣愿陛下终始此心，内外无间，体验于深宫独行之时，致审于刑赏举措之际，则心日益存，仁日益熟，天德可全，而王道可终矣，所以永宗社万禩之固，保家国千世之传者，端不外此，尚何患灾沴之不消，民物之不得其所哉！臣不胜惓惓仰望之至。谨对。

《嘉靖十四年进士登科录·郭朴对策》：

臣对：臣闻人君建国家之业于无疆者，有经国之规模，有植国之根本。经国之规模存乎法，植国之根本存乎仁。创法定制，立纲陈纪，使一代之法整肃而不可易者，经国之规模也。深仁厚泽，真德实意，使一世之心固结而不可解者，植国之根本也。法制定则国赖之以立，德泽深则民赖之以生。自古享国长久之道，不外是二者。向使一于法而仁不足，是谓徒法，徒法不能以自行矣。一于仁而法不周，是谓徒善，徒善不足以为政矣。创立之也无其本，推行之也无其具，其何以底烝民之生，若万物之性，以绵国家之祚哉！恭维皇帝陛下，中和建极，仁孝格天，圣神之化遍于海宇，宽仁之德洽于民心，缵祖宗之洪猷，铲朝野之积弊，帝王雍熙之盛，宗社悠久之休，在今日矣。乃不自满假，进臣等于廷，策以永祚保邦之道，欲使民安物阜，以隆嘉靖之治。臣有以仰见皇上望道未见求治若渴之盛心也。臣疏庸不足以对扬明诏，敢不参之史传，酌之时宜，摅愚见以为陛下献乎？今夫立国之道二，心与政而已矣，未有心弗达诸政，政弗本诸心者也。历观前代之君，其先世之创业，后嗣之缵承，历年历世之永久，靡不由兹。是故方懋厥德，下车泣罪，禹之仁也。而其经国也，有典有则，以贻子孙焉，关石和钧，王府则有焉。继之者有若启，有若少康，仁益深于民，所以衍而为四百年之夏也。克宽克仁，彰信兆民，汤之仁也。而其经国也，旁求俊彦，启迪后人焉，三风十愆，儆于有位焉。继之者贤圣迭兴，仁益深于民，所以衍而为六百年之商也。怀保惠鲜，伐暴救民，文武之仁也。而其经纶之迹，以《天保》以上治内焉，《采薇》以下治外焉。嗣之者又有成康宣王之君，仁益深于民，所以衍为八百年之周也。故曰：有夏服天命，惟有历年。有殷受天命，惟有历年。而周家卜年卜世，实过其历。是虽当太和之运，亨豫之期，而法制之维持，德泽之优渥，亦不可诬也。由周而来，得国之正者，莫如汉、唐、宋。汉高之宽明仁恕，大纲以正，足以延汉祚矣。承之者有若七制之主，而文景之德泽尤深。其有四百年之汉，宜也。唐太宗之纳谏爱民，万目以举，足以永唐祚矣。承之者有若三宗之君，而开元之初政尤善。其有三百年之唐，宜也。艺祖之宽仁好士，法制明肃，其延宋祚，有道矣。继之者世有贤君，而仁宗四十年恭俭之泽尤长。其有三百年之宋，亦宜也。是虽汉、唐、宋之治，不足以拟夏商周之盛，然所以保民物而延国祚者，孰不基于仁心仁政之兼备乎？由是观之，自古国家建不拔之业，垂无疆之绪者，莫不由祖宗之积功累仁，创法定制，以作之于前焉，亦莫不由子孙之修德行仁，法祖慎宪，以承之于后焉。法制维持于外，而仁爱默运于中，其治化之隆，运祚之永，固其所哉！洪惟我朝，太祖以天纵之圣，再造寰宇，建自古所未有之事功，复帝王所自立之中国，德泽渊深，制作明备，所以基圣代之业，绵国家之祚者，至深远也。太宗继述于草创之初，列圣缵承于大定之后，所以光昭前烈，垂裕后昆者，至详备也。陛下以仁圣之资，际中兴之运，敬一以修身，仁爱以恤民，谦恭以礼臣，明睿以照物，厘正弊端，图回化理，所以缵烈祖之洪业，笃亿万年之丕基者，又至溥博也。圣祖神孙，后先相望，盛德大业，启佑无疆，国家长治久安之盛，有不待他求者矣。虽然，《周官》曰：若昔大猷，制治于未乱，保邦于未危。呜呼！此正陛下发策之意也。臣谨稽王政之端，先时务之急，条为四事，惟陛下采纳焉。其一曰久守令之任以责实效。臣闻《书》云：三载考绩，三考黜陟幽明。言久任也。今之任人，或一岁而遽迁，或未考而再调。虽有惠爱人之实，莫究其施。臣愿复久任之法，可乎？其二曰阅军伍之实以饬武备。臣闻《诗》云：赳赳有奭，以作六师。言讲武也。今之武备，行伍虚于老弱，节制疏于训练，设有征讨之举，莫得其用。臣愿重阅实之令，可乎？其三曰清赋役以恤民。臣闻陛下屡有蠲贷之诏，而民不得蒙实惠者，有司沮格之过也。臣愿陛下申戒百司，务以爱民为心，弛额外之征，省无名之赋，蠲其逋负，宽其力役，其不能宣德意者黜之，则民隐其少恤乎？其四曰谨贮蓄以防歉。臣闻陛下尝有积谷之令，而不待收实效者，有司奉行者之失也。臣愿陛下严饬所司，专以养民为务，省冗食之流，节滥用之费，谨其出纳，防其侵渔，而扰民废事者罚之，则荒政其少修乎？夫久任恤民则民蒙至治之泽，而得以享乐利之休。饬武备荒则政无废弛之弊，而足以弭意外之变。此即《夏书》之所谓民惟邦本，本固邦宁者也，即《周雅》之所谓君子万年，保其家邦者也。今日之务，莫急于此，而王政之大端，亦孰有外于此哉！陛下留神弊政，加志穷民，不弃刍荛，不罪疏陋，采臣之说，下之所司，议其可行者行之，则皇仁以沛，国脉以滋，邦本以培，王灵以振，黎民乐于变之治，万物遂咸若之性矣。抑臣犹有说焉。臣闻帝王之治本于道，帝王之道本于心。帝王之心纯于敬，帝王之敬精于学。要之心者圣学之要，天德之基，王道之本也。是故学所以养此也，敬所以存此也，道所以达此也，治所以成此也。以育民物，以立纲纪，以覆天下，以泽后世，孰非此心之用哉？况夫人主之心，攻之甚众，而保之甚难，使非纯一之至，何以达之治而诣其极耶？陛下谦虚望道，宥密基命，邃其学矣。执中协一，法祖宪天，懋其敬矣。明伦尽制，尊亲广孝，顺其道矣。秉宪贞度，礼贤爱民，隆其治矣。凡此谓不由此圣心之纯哉？臣愚杞人之怀，惟愿陛下存之不息，保之有终，不移于纷华波荡之中，不夺于外诱物欲之感。则纯一不已之施设，至诚无息之功用，上以昭祖宗之烈，下以永国家之传，而经国之规模，植国之根本，有隆而无替矣。臣草茅下士，不识忌讳，冒渎天威，无任陨越之至。臣谨对。

《嘉靖十四年进士登科录·任瀛对策》：

臣对：臣闻帝王以仁心而肇鸿庬之业，以仁政而保隆平之治。夫仁者，人心之生理也。天地之所以生育长养万物者在于仁，人君之所以代天理物者亦在于仁。心者政之本也，而政者所以推此心之仁以达之天下也。大哉心之为用乎！敛之无所不具，充之无所不周。至哉仁之为德乎！推之而无不准，动之而无不化。故创业不以仁，草昧之初何以收拾其涣散之心？守成不以仁，承平之日何以固结其绥服之念？有仁以遂其欲，则爱之也如父母，而归之也如流水，民将怀之而不能舍矣。有仁以厚其泽，则浃于肌肤，沦于骨髓，民将依之而不忍去矣。夫君人者，继天立极，固将以为民也。众非元后何戴？后非众罔与守邦。民怀之而不能舍，则有元后之戴，而无仇雠之心也。民依之而不忍去，则有盘石之固，而无瓦解之势也。取之以仁，守之以仁，心政兼备，本末具举，享国长久之道，在是矣。三代所以历年多、享国久者，政以能尽是道。我国家仁厚一脉，而历年之多、享国之久，将与天壤相为无穷，远过三代之历矣。下此而汉、唐、宋，又何足言哉！钦惟皇帝陛下，以刚健纯粹之资，缉熙光明之学，骏德贯于天地，伟略超乎古今，励精化理，光济前休，深仁厚泽，丕冒群生，恩泽及于庶物，声教洽于于兹，宗社亿万年灵长之祚，端在是矣。然且既圣而不自圣，已安而不自安，乃于万几之暇，进臣等于廷，发德音，下明诏，此即唐尧稽众舍己之意，虞舜好问好察之心也。顾以臣之谫陋，何足以仰承休德，少裨圣政之万一乎？伏念臣草茅贱士，一旦遭际若此，岂敢隐默不言，以负陛下今日策士之意哉！臣惟天生民有欲，无主乃乱，故必有出类之才，起而君长之，治之而争夺息，导之而生养遂，教之而伦理明。立君以安民者，天之心也。《易》曰：天地之大德曰生。圣人之大宝曰位。何以守位曰仁。以仁厚立国者，帝王君天下之道也。故必存于内者，有不忍人之心，而后发于外者，有不忍人之政。既不失之徒善，又不失之徒法，帝王立国之规模，保治之要道，不越乎此。自古历年之多、享国长久，以三代为称首。其所以如禹之乘四载而抑洪水，劳八年而拯黎民，祗台德先，而下车泣辠，地平天成，而万世永赖，何莫而非仁也？及启又能敬承继禹之道，孰非以仁守之乎？此有夏所以享国四百年之多也。成汤祝网以怀群动，祷旱以康兆民，代虐以宽而子惠困穷，推亡固存而表正万邦，何莫非仁也。太甲克终允德，盘庚训民迁国，高宗嘉靖殷邦，小大罔怨，孰非以仁守之乎？此有商所以享国六百载之久也。至于有周，文王之惠鲜怀保，而泽及枯骨，明德慎罚，而咸和万民，武王之惇信明义，而重民五教，胜殷遏刘，而永清四海，何莫而非仁也。逮乎成王，礼乐大备，刑措不用，康王率循大卞，对扬光训。守之以仁如此，此所以永定郏鄏之鼎，卜年八百而又过其历焉。自是而降，汉有天下四百年，若高帝鏖秦诛项，荡涤八荒，约法三章，与民更始，宽仁大度者也。继以文帝恭修玄默，景帝恭俭爱民，光武除莽苛政，总揽权纲，才明勇略，同符高祖者也。继以明帝法令分明，幽枉必达，章帝平徭简赋，事从宽厚。唐有天下三百年，若高祖起自晋阳，以除隋乱，太宗擒充戮窦，扫灭群雄，致治之美，庶几成康。后世识度弘远，英武果断，有如玄宗，英睿有谋，仁爱孝友，有如肃宗，志平僭叛，能用忠谋，有如宪宗。至于宋兴，合数世之瓜分，削百年之根据，豁达大度，爱养民力，而仁义之风，无让汉唐者，太祖也。洞察隐微，日用俭素，而于文籍尤所笃好者，太宗也。深仁厚泽，而培植国本者，仁宗也。继体守文，而中兴王业者，高宗也。肆宋享国，亦三百年。惟汉、唐、宋施仁有广狭浅深之不同，故国祚亦因之而有修短之殊。虽其君德有纯驳，心有诚伪，政杂王伯，而要之仁厚一念，以为立国之规模，断断乎不可诬也。圣制所谓基之于先王，德洽于民心，亦继之以嗣王能尽持盈慎满之道是已。洪惟我太祖高皇帝，悯元政之不纲，慨生民之无主，躬提师旅，誓清四海。自起义临濠，即拳拳以安养生息百姓为己任，命将征伐，每以毋妄杀毋焚掠为戒。平武昌以来，即议定律。虽当草创之初，而投戈讲艺，息马论道，纳不嗜杀人之说，焚锦衣卫之刑具，惟欲拯斯民于涂炭，跻天下于衽席，其生万民之心，即天地生万物之心也。逮天下既定，于是事为之制，曲为之防，凡所以维持天下、左右斯民者，无所不用其至。稽六典以建官，列藩省以制外。重亲藩之封，广卫兵之设。有《大诰》三编以训戒臣民，有卧碑监规以教育生徒。于万民也，种桑之令，有给盐之惠。于军士也，有月粮之给，衣物之赐。而减租之诏，赈恤之令，无岁不下。宫中无事，诵《论语》节用爱人之言，叹为格言。见晁错论富寿安逸之旨，而叹其切。志趣定矣。秦皇汉武好尚神仙，以求长生，则深论其非。宋真宗信天书，喜祥瑞，则厌恶其事。好尚端矣。戒嗜欲则毁缕金床，碎水精宫刻漏，节财用则宫室但取朴素，宫中隙地惟用种蔬。命牛谅定礼，命陶凯定乐，而中和之用著。乡饮有读法，高年有赐爵，而风动之化成。此所以复帝王所自立之中国，正中夏文明之大统，儒臣宋濂所谓功高万古，得国之正，独禀全智，敬天勤民，家法之严，兵政有统，是六者亦庶几铺张扬厉我圣祖之功德者哉！昔武王之反商政，而当时犹谓之于汤有光，况胡元以夷狄入主中国，天地于是易位，日月于是晦冥，纲常于是沦斁，自古以来中国所未有之祸也。我太祖起而驱逐之，而廓清之，其德业之隆，功烈之盛，振古之所无者也，又岂汉、唐、宋区区一时之功业可得而比拟其万一也哉！是以道洽政治，历年久远，诒燕翼于万年，垂鸿休于无疆。太宗文皇帝中靖家邦，纂述大统，润色洪业。列圣相承，守而弗替。百六十余年来，率皆以大圣之德，而行至仁之化，以纯王之心，而施纯王之政，创业守成，尽善尽美，圣子神孙，所当遵行体念，永永不可忘焉者也。恭惟陛下自临御以来，励精图治，宵旰不暇，着意礼文，留心圣学，明作之功，惇大之治，兼举无弊。大化流行于宇宙，至仁丕冒于华夷，熏蒸透彻，融液周遍，仁厚之风，将增光祖宗，超三代而上之矣。方且体道谦冲，以思祖宗创造万艰，惕然悚惧为言，又谆谆以民得以遂生，物得以适所为问，即此一念，所以永宗社万禩之固，保家国千载之传，胥此在矣，而又何以他求为哉？盖继世之君，不知创业之艰难，则无以体此仁，不知斯民之休戚，则无以施此仁。陛下既知此而念此矣，臣有以知陛下能尽善继善述之道，而得祈天永命之理，无疑也。然今日之所当积累力行而不懈者，亦惟以仁而已矣。所谓仁者，非徒然姑息之谓，煦煦小惠而已，必也以圣人之训为必可信，以帝王之道为必可行，一话一言，遵祖训而不失，一政一令，率旧章而不愆。喜怒以天不以人，赏罚以公不以私。慎刑宪之科，去烦苛之条，所以尽此仁。广忠谠之路，开不讳之门，所以广此仁。定上下之分以振纪纲，停不急之务以节财用，仁之实也。亲君子远小人，进忠直退邪佞，以法祖奉亲为要务，以敬天勤民为大本，仁之纲也。睹玉食之珍奇，而忧民之无食，服锦衣之轻暖，而忧民之无衣，处九重之壮丽，而忧民之无居，仁之事也。远声色为斧斤，戒晏安为鸩毒，不惑于异端之荒唐，不锢于祥瑞之蒙蔽，不役于耳目之新奇，抑奔竞以端士习，择将帅以诘戎兵，仁之发也。不宝远物，虑开贡献之门，以荡此仁，不轻改作，虑作聪明之渐，以蠹此仁。日新圣学以涵养之，亲近儒臣以讲明之，将见圣心虚明而静一，蕴于内者皆忠厚恻怛之充周，发于外者皆溥博公平之洋溢。由是大化神明，而鸿恩博洽，民无不遂其生，日月贞明，而雨旸时若，无物不适其所。国祚灵长雍熙泰和之盛，殆与天地相为终始矣。然此非臣之臆说也。孟轲氏尝曰：三代之得天下也以仁。其失天下也以不仁。孔子系《易》之乾曰：元者善之长也。夫乾大君之象也，元即仁也，而仁者德之聚也。其行之之端，惟其扩充而已。子思致曲之云，孟子善推所为之说，皆扩充之旨也。此固陛下所以行，而臣愚犹惓惓言之者，欲陛下持不息之诚，为克终之图，永保今日之仁于悠久焉耳。我太祖尝曰：日月之能久照，万世不改其明，尧舜之道不息，万世不改其行，三代因时损益者，其小过不及耳。若一代定法，不可轻改。后世子孙，当思敬守祖法。臣愚请以圣祖之训为陛下今日行仁之本。臣干冒天威，不胜惶惧陨越之至。臣谨对。

《嘉靖十四年进士登科录·沈宏对策》：

臣对：臣闻帝王继述之道，内存乎祈天永命之心，而外弘其御世酬物之政。夫心者政之本也，无是心则政不立。政者心之推也，无是政则心弗弘。政之不立，是谓徒善，徒善则天下之化泥矣。心之弗弘，是谓徒法，徒法则天下之治敝矣。泥且敝，皆帝王之所弗为也。帝王之道有要焉，亦曰敬而已矣。盖敬也者，彻内彻外之道也，成始成终之道也，所以祈天永命者在是，所以御世酬物者在是。是故以之创业，则足以伐暴救民，而贻燕翼之谋。以之守成，则足以兴滞补敝，而尽继述之善。古之久安长治者，罔不繇此矣。此所谓创守无二道，祖宗无二心者也。君人者将欲绵其运祚，而寿其国脉，岂不在于一敬之作所哉！臣伏草茅，历观往古，有见于废兴存亡之故，而未尝不三复于斯也。今日恭遇皇帝陛下，于万几之暇，特进臣等而清问及焉，得非臣愚可言之时乎？然观乎时势，而究其本指，以广德业，以裨弘深，则臣非其人也，而窃有志焉。臣伏读制策，有曰："三代以来，惟周之历世最多且久，盖由先王德泽洽于民心，亦继之以嗣王能尽持盈慎满之道者也。"继而先之以皇祖高皇帝之创业，次之以太宗文皇帝之继述，又次之以列圣之遵承，而思慕其良法要道，此有以见陛下嘉乐之意，谦恭之德，真得祈天永命之心，直欲追殷周而上之，以绵宗社于万年无疆之休者也，臣敢不对扬休命于万一乎？窃惟自古帝王之治天下，有德以基化本，有功以绥太平。德存乎心，政之所以立也。功显于外，心之所以形也。唐虞以往尚矣，今自三代论之，祗台德先，不距朕行，禹之所以立政也。九功惟叙，九叙惟歌，禹之所以弘心也。矧其继之则有敬承之启，兴复之仲康，而夏之所以创守者可见矣。圣敬日跻，昭假迟迟，汤之所以立政也。布昭圣武，子惠困穷，汤之所以弘心也。矧其继之则有克终允德之太甲，祗慎天命之太戊，嘉靖殷邦之高宗，而商之所以创守者可见矣。若夫周也，文武开之于前，成康继之于后，历世三十，历年八百，世祚之多且久，诚有以出夏商之右矣。然揆其所自，则缉熙敬止，世德作求，《天保》以上治内，《采薇》以下治外，而文武之功德盛矣。基命宥密，夙夜弗康，对扬文武，率循大卞，而成康之功德盛矣。至于宣王继厉之烈，犹能赫然中兴，以复文武之旧，可见德泽之在人心者诚深洽矣。使继世者皆若成康，皆若宣王焉，则周虽至今存可也。嗣是而下，其创业者，汉有高帝，唐有文皇，宋有艺祖，而开国之道，拟之先王，未备也。其继体者，汉有文宣，唐有玄宪，宋有仁宗，而承家之道，拟之先王，未备也。是故享祚之久，比之后世则有余，而拟之三代则未及，盖有由矣。洪惟我皇祖高皇帝，圣哲开运，纯敬格天，骏德神功，巍巍荡荡，有以迥出千古之上矣。迨太宗文皇帝，益弘继述之谟，列圣相承，世培熙洽之运，莫非本之于心为要道，推之于外为良法，则国祚绵延，历于无疆，固其所也。兹幸伏遇陛下，以不世出之资，持不自满之志，践祚以来，兴道致治，有加于昔矣。而又以未尽继述之道为虑，臣知陛下此心，即古之圣王兢兢业业所其无逸之心也。是心也，蕴于内则为祈天永命之本，达于外则为御世酬物之政，持盈慎满之道，莫过于此矣。臣尝伏读圣制敬一箴及五箴之解，未尝不仰而叹曰：尧舜禹汤文武之心在是矣。今日之对，臣复何言哉！臣闻人主坐法宫之中，若甚隐也，而风声美恶，鼓动天下，则甚显也，慎独之功，岂非持敬之所当勉者乎！《中庸》曰：知远之近，知风之自，知微之显。《诗》曰：相在尔室，尚不愧于屋漏。盖言几之当审，独之当慎也。今陛下欲恒敬一之德，以为国家无穷之福，则不可以不慎其独。欲慎其独，则不可以不审其几。夫审之慎之者，无他，惟陛下试省焉耳。或者大庭此心，而深宫时有不然者乎？万几此心，而暇逸时有不然者乎？惟严惟翼，勿贰勿参，必湛然于无感之时，而洞然于有感之际。至明以察之，至健以决之，而后可以为之审，而后可以为之慎。此心既存，则蕴之为本，达之为用，良法要道，有不合德于祖宗，匹休于先王，岂理也哉！制策又曰："尔多士蕴持既久，素闲王政，宜悉所知以告朕，朕将采择而勉之。"此有以见陛下不弃刍荛之贱，而使之尽言如此。臣愚承问，而可复讳乎？今略举为政之实以对，惟陛下试采择焉。其一曰务出治之实以立纪纲。夫国家安危之形在天下，而本原之地在朝廷。君人者如一元上运，大同其德以从人，公卿有司者如五气顺成，各致其能以相济。故元首明而股肱良，则庶事以之而康矣。元首丛脞而股肱惰，则庶事以之而斁矣。在昔帝王，君臣相得，都俞吁咈，天下不以为谀且戾也。今或不然，无乃陛下接之不以其时，访之不以其情乎？夫朝廷者四方之极，所为而是，虽立断之不为过，所为而非，虽屡更之不为病。故万全而无弊者，帝王之治也。臣愿陛下念手足腹心一体之义，虚心延访，推诚任人，一有所为，必反复辩论，以求至当之归。果见其有利于民，有利于国，然后断然行之而无疑也。如此则政无因循，朝无旷位，而明良喜起之风，君臣同游之盛，于是复见矣，纪纲其有不立，天下其有不治也哉！其二曰务恤民之实以若天鉴。臣闻之《书》曰：天视自我民视。天听自我民听。民心之欣戚，天心因之以为喜怒者也。故一妇负屈，三年致旱，一夫号冤，六月飞霜。况四海之广，兆民之众，无辜吁天，天变之多，岂无自耶？臣观今之民生，可谓困矣。西成之牧，不足以偿东作之贷，地之所出，不足以偿赋之所入。冬暖号寒，年丰啼饥，流离载道，十室九空矣，况又加之以水旱虫蝗之为灾，徭役差遣之为虐，如之何不夫鬻其妻，父弃其子，强则为盗贼，弱则填沟壑而止也？臣愿陛下急求所以恤民之道而行之，大要在于重守令而节财赋，省力役而斥异端。夫守令不重，则好民所恶，恶民所好，由是讼狱繁而盗贼起矣。财赋不节，则一以科百，十以科千，由是贪黩横而刑罚苛矣。力役省，则力本者得以自尽，而民之衣食有所出。异端斥，则左道者不能惑众，而民之衣食无所耗。慎此四者，而尤愿加之意焉。《春秋》于僖公而屡书不雨，见其有志于民也。于文公而一书不雨，见其无志于民也。陛下果能惓惓此心，加意于民，则虽不免灾害之见，而民不为灾矣。其三曰务纳谏之实以行直道。臣闻柔悦顺从者，耳目之娱，心腹之害也，虽芟夷之，而常患其有余。刚方谠直者，一时之忤，无穷之利也，虽长养之，而常患其不足。古之帝王，所以和颜逊志，助之以劳来之勤，劝赏之渥，所以来公论而锡天下之福也。臣伏见陛下之所以为直道计者，非不至矣。日有轮札，是以直道望谏官也。时御经筵，是以直道望辅臣也。五策大对，是以直道望诸生也。烛幽昭隐，天下以此咸服陛下之明，纳污藏疾，天下以此咸服陛下之量。而直道至今尤未尽行者，何也？无乃为之臣者，一有所惩，则以言为戒，谋国之心皆转而为自全之计，其风渐长，非国之福也。臣愿陛下无渝初心，益弘其量，凡以进言得罪者，悉优容而假借之，则直道无弗行矣。何者？盖闻人君之尊，天也，其威，雷霆也。人臣以卑微之身，而欲犯尊触威，亦难矣。故臣子之有志于尽职纳忠者，惟恃人主之善听焉耳。夫听言之道，非仁不容，非明不察，非武不断。人君三德，此尤不可少者。此尧舜之圣，所以开衢室，好问察，而至今颂之不衰也。其四曰务教化之实以端士习。臣闻穷之所养，达之所施，幼之所学，壮之所行也。古之识治体者，未尝不以厚士习为先务。夫今之士习，亦甚薄矣。凡有子而教之者，方其幼也，授之句读，即择其可合于有司者，俾诵习焉。及其长也，连篇累牍，持之以要科目，以媒青紫，至于人伦之大，行检之实，则漫不加意。何也？盖父兄所教，师友所传，利而已矣。其习已久，恬不为非，以之领郡邑，如之何责其为龚黄卓鲁？以之列朝宁，如之何望其为韩范欧富？士习之薄，此风俗之所以日偷也。臣愿陛下重师儒之官，严风纪之司，抑奔竞之风。夫师儒不重则模范不端，风纪不严则行检不饬，奔竞不抑则廉耻道丧。慎此三者，而又范之以皇极，鼓之以神化，又何忧乎人才之不辈出，匹休于三代也哉！夫出治也，恤民也，纳谏也，教化也，四者之敝，敝之大者，此至治之所以未臻，而有来当宁之忧也。虽然，主张之权在上不在下，运旋之术在内不在外，故臣愚始终以为，言者惟以主敬之道为陛下献，夫《无逸》一书，周公所以告成王者，其意亦不过曰：久此敬耳。《中庸》曰：不息则久，久则征。《易》曰：圣人久于其道，而天下化成。臣愿陛下敬德不息，久而益盛，永惟无逸，以体大《易》《中庸》之义，则德无不征，化无不成。以之出治，则所谓一人元良，万邦以贞也。以之恤民，则所谓岂弟君子，民之父母也。以之听纳，则所谓明四目、达四聪也。以之教化，则所谓成人有德，小子有造也。是故一敬立而天下之治从之矣。以言乎内，则万邦作孚也，以言乎外，则四夷来王也。其大至于位天地，育万物，召祯祥，而为盛德自然之应，理之所必至者，岂不鸯斯蛰蛰，遐寿无期，亦如尧舜禹汤文武也哉！圣念及此，天地神人之福也。久安长治之道，端在于是，而汉、唐、宋之诸君，皆不足以望下风矣。臣愚不识忌讳，干冒天威，臣不胜战栗陨越之至。臣谨对。

《嘉靖十四年进士登科录·骆文盛对策》：

臣对：臣闻古之帝王所以为创守之道，仁与敬而已矣。仁以结斯民之心，敬以承先世之志。结民心则国本以固，承先志则善政弗忘。若是乎创守之道胥得之矣，其所以垂至治之休，所以衍无疆之庆，外此岂有他术哉！臣智识愚昧，窃不自量，亦尝谂观于天下之势，而得其先后缓急之宜矣。顾披沥无由，徒怀耿耿，今幸进之大廷，仰承清问，惓惓于我祖宗之功德，而欲长保弘业于无穷，臣有以知陛下高驾远诣之志，岂不以仁厚立洪基，则当为文武，礼乐兴太平，则当为成康，其于夏商之盛且无论矣，而况于汉、唐、宋之有可议者乎！然夏商周之所以得，与夫汉、唐、宋之所以失，典册具存，陛下既已稔闻之矣。今臣复敢剿说雷同，上渎宸听，独以其至近至切者为陛下陈之，惟不以其庸常为可厌，不以其浅易为可忽，而试垂省览焉。钦惟我皇祖高皇帝，功德之隆，前代莫及。其在宋濂之序《日历》，有曰功高万古也，曰得国之正也，曰独禀全智也，曰敬天勤民也，曰家法之严也，曰军政有统也。而其恢弘一时者，固可概见。至求其所以为创造之基，则惟仁民而已矣。观夫谕诸臣之辞有曰：人民凋弊，失业者多。有曰：所业有限，供需百出。有曰：忧人者常体其心，爱人者每惜其力。盖未尝不以民命为重。至其政之所施，亦无非矜恤元元之实。是故刑狱以宽厚为本，宫室以绮丽为戒，定赋以节用而民力以舒，□步以悯农而末作有禁，岁事有种桑之法，凝寒有给□之惠，释费震之罪以劝良吏，停开封之役以惜农时，所谓以不忍人之心，行不忍人之政者，率多类此。《易》曰：上以厚，下安宅。《书》曰：民惟邦本，本固邦宁。是可见民苟未安，则天下之事无一可为者。我圣祖之高见远虑，其在是哉！自是太宗继述于草创之初，列圣遵承于太定之后，百有六十余载，传之于今，有由然也。兹者伏遇陛下思祖宗创造万艰，惕然悚惧，访所谓良法要道，于以永宗社万禩之固，保家国千世之传。臣以为，此何假于远求之哉！惟敬承我祖宗仁民之心，而致治之基在是矣。且今天下之民，承平日久，谓之未安，则农桑以为业，室家之相保，若无他可言也。谓之已安，则为民病者，殆不可胜数。臣未暇举其详，且自其最甚者言之。涸泽以渔，伤根而刈，此民之困于赋敛也。时诎举羸，烦劳生厌，此民之困于力役也。富连阡陌，贫无卓锥，此民之困于兼并也。巨浸滔天，赤土弥望，此民之困于水旱也。田庐取偿，妻子为质，此民之困于逋负也。一耕十食，一蚕百衣，此民之困于游惰也。叫嚣东西，咙突南北，此民之困于吏胥也。供给愈难，陪偿无已，此民之困于畜牧也。他如缁黄之蠹，贪残之政，婚娶之艰，丧葬之费，凡民之所以不安其生者，其势若此，谓之厚下，谓之本固，可乎？下不厚而谓之安宅，本不固而谓之邦宁，可乎？故臣妄谓，今天下之势，譬之人身，饥馁已久，尪羸已甚，虽日以膏粱厌饫之，参苓补助之，且不能顿复其元气。使徒被以文绣，习于声容，日从事于咏歌舞蹈之列，吾见祇益其患耳，乌在其病之能起也耶？臣愿陛下审于其势之所急，专意于养民为务，选用贤良，慎择守令，凡可以悯民之穷，恤民之患者，日夕遑遑以为之所。如欲均赋敛，则财用之当节。欲宽力役，则工作之当止。欲抑兼并，则限田之议可求。欲济水旱，则沟洫之制可讲。欲苏逋负，则申倍息之禁。欲止游惰，则重闲民之罚。欲惩吏胥，则严朘剥之条。欲便畜牧，则择闲厩之使。其它毁度以灭缁黄，远斥以乂贪残，论财有戒以便婚娶，厚殉有刑以惠丧葬，若是乎病日以去，而利日以兴，民食将于是乎足，民生将于是乎宁，国本以之固，国脉以之延。由是而肃军令以重国体可也，由是而慎边防以振国势可也，由是而通河漕以便国用可也，由是而精考课以明国宪可也，由是而重师儒以兴学校可也，由是而正风俗以息浮薄可也，由是而旌谠直以作士气可也，由是而抑奔竞以敦士习可也，由是而严祭祀以奉神灵可也，由是而定礼乐以致中和可也。所谓持盈慎满之道，莫大乎是，而历世之久，历年之长，亦岂有外于是哉！苟徒区区掇拾遗文，补葺故事，仪章则欲其备，度数则欲其详，而托言于光前启后之烈，是之谓有法祖之名，无法祖之实，浑厚之治体既未能敦，而精明之治功亦何以建哉！由此观之，可见爱民之仁，足以尽法祖之敬，而仁敬固为一道也，与夫爱民法祖之实，臣既以陈之于前矣，至其本原之地，则又有在焉。古之人曰：徒善不足以为政。又曰：有内圣之德，则有外王之业。臣尝伏读陛下之《敬一箴》与夫《五箴》之训，深感夫陛下之学，得之极其精，陛下之心，养之极其纯，陛下之德，充之极其盛，盖不必更求之古而有所增益，臣亦何所陈说，而冀以裨补于万一哉！但人之恒情，言之有余，而行之或未足，始之克谨，而终之或不继。臣固不敢以此疑陛下，惟考之实事，则若有未尽，征之治效，则若有未成。如汉文帝之海内富庶，黎民淳厚，如唐太宗之斗米三钱，外户不闭，如宋仁宗之恭俭仁恕，民物康阜，今亦未之见焉，又何有于成周之盛哉！又何暇于经制之定、礼乐之兴哉！此臣之所以不能无疑者也。臣愿陛下静观而反求之，不以臣言为妄，于是勉其所不足，求其所未至，敬胜夫怠，终如其始，将见日见之行，而焕然百度之咸熙，虽由是而成至治，登太和，超三轶五，将无不可者，尚何民生之有未遂，国本之有未植，天之眷命有未笃，变之消弭有未尽，经制之未可定，礼乐之未可兴也耶？盖至是而法祖之敬至矣，一毫无馀憾矣，于以作百王之则，于以垂万世之休，极自我建，法自我始，虽谓之创可也，而况于守乎哉！否则道非前定而易穷，法以无本而多戾，虚文胜而实意衰，立志远而成功少，天下后世，将以为不世出之大圣人，而治效犹止于此，则隆古之化，果不可以复见也耶？此臣之所以甚为激切者也。惟陛下矜其愚，宽其诛，俯赐采纳，强勉而行之，则天下幸甚，万世幸甚。臣谨对。

《嘉靖十四年进士登科录·尹台对策》：

臣对：臣闻帝王所以创守天下者，无异道焉，存乎心与政而已矣。天下之治，其创与守也，时殊而理若异致，然图大保有使上下昭然升于大猷，嗣服传久远不替，则岂独创之难，守之亦甚难也。夫知其难也，则凡求之吾心，以推之政事，咸觊其无失理者，始不容以易焉为之，是心与政相济以成治者，帝王创守天下所不异也。夫心者治之统也，政系以出矣。政者治之纪也，心由以达矣。古先帝王，其存于心者，既恒恐一民物之阙理，遗艰大之疾，而政又足以翼协之，苟慕乎心，无弗殚乎其政，是以当时大治，后世诵圣，功德戴乎无终，凡以创守之谋吁诒于久远者，有此具也。后之人君，其道鲜备矣。心狃于偏私，推之政则塞而不达，政崇于虚侈，求之心则缪而不合。若是而期治国大体，庶几古帝王什一，遗于后世，足以章一代创守之迹，不其左乎！夫后世治不古侔，使天下罕被其泽，而靡究乎历年之数，则盖有由然矣。臣窃诵《诗》《书》所载，及上世纪传所录闻，恒私叹三代创守之法不可尚，以为本诸心，政之统纪者甚著明焉，故其享祚久远，宜非后世所及。至观我祖宗创造丕构于前，列圣绍嗣休服于后，所以茂建懿模洪规于亿万年者，无不自其一心达之天下之政，然后知三代所以为有道之长，诚不越乎此矣，夫帝王之道岂不同条共贯哉！臣伏迹草野，盖尝讲图末议，志亦欲有所陈也。今幸预有司推选，获进诣明廷，备充数引对之列，陛下亲赐纶制策询之，且勉令罄所知以告。夫极帝王之规，征往代之故，明创守之说，察理要之论，皆非臣愚所能具也。然遇际陛下明圣，独观昭旷之道，驰驱域外之议，而臣得效谫谫之忠，无忌讳之患，此自昔贤智士所希蒙之时也，虽臣愚陋，敢不图一言自献乎？臣闻古之人有言曰：为君难。夫创业之难，难矣。守成之难，难矣。故天下莫难于为君。盖天生民物不能自理，于是焉托之大君。曰大君，统众理物，实为天下主。是故或肇治于先，则首制兴度，昭一代之典宪，立经陈纪，遗万世之法程。是曰创业之难也。或绍治于后，则御土宇之大，思燕翼之惟艰，抚神器之重，念嗣服之匪轻。是曰守成之难也。夫人君负大难于身，苟其心之不敢自暇逸，则必思难以图其易，达之于政，岂使有一不得其理者哉！圣制探求往世创守之迹，则稽自三代，以末迄于宋终。盖三代之君，所以创守天下者，其具至明备矣。是故其先必大圣人开而造之，暨其后嗣，又克敬承无失，是以能维持统纪于数百馀年不坠。然臣论之，大要盖不出乎心与政也。是故克艰祗承，懋昭建极，禹汤之心矻矻焉，恒恐一失其理，将无以为天下属也。故其政之昭施，至于平成天地，允殖兆民，四方无不祗服，累子孙数十世尚不绝息，凡以所积而遗之者深矣。况后王继作，又有若启仲康者，有若太甲盘庚中宗高宗者，咸有敬承懋戒之心，克终永肩，寅畏恭默之心，故能不堕其前王旧政，率履不越，以绵享国之祚。夫夏商创守之迹，概可见矣。使其后无甚不道之君，或稍扶持安全之，则二代虽至今存可也。若夫周之立国，则自后稷至公刘，并以稼穑勤其民。及太王迁岐，文王邑丰，盛德蒸发，益勃勃乎不可遏矣。《诗》曰：天作高山，太王荒之。彼作矣，文王康之。此谓也。武王平暴乱，拯民于水火。周公成文武之德，兴礼乐以相天下。今读《周官》六典之书，想见当时政治之迹，盖沨沨乎至仁流行哉，所以然者，其视民如伤，不泄迩忘远之心，与夫在官在庙，著于诗人所称，几杖盘盂刀剑户牖，莫不设铭以立戒。其中之所形见者，已若是至极也。又笃棐偶勖，迄终始相勉劝，如君奭之诰所陈，则一时儆惕不懈之心，君臣亹亹焉。夫其政泽渐被，至于今颂之不衰，不有由然乎？迨其嗣王，又得前人疾敬德之训，所其无逸之训，毋冒贡于非几之训，以早夜夹介，用持乃心于不迫，故成康之际，刑措圄空，文武之泽，益渍濡于天下。及乎中世，业颇陵迟，宣王中兴，饬治而作起之。观《云汉》诸诗，见其畏天悲民之心，恻然而不可已，宜不失文武成康令绪，以永厥闻于翼世矣。夫周家所以创造天下者，累数王，积数世，其泽既深入而浃乎民，后世又得不坠前闻之主若数君者，虽末季仅仅，犹能守先王典礼，不肯屑用以假其下，抑强大诸侯之僭，使毋猝犯于一朝，则周之所以享国独久者，固宜有以臻之也。是非明著大效邪？圣制谓本于文武之积累，亦其后之继承者能保持之，岂不信然哉！夫其创守一辙，成于心政之相济，盖三代共之矣。自是而下，遽乎不相及焉。历汉、唐、宋号称至治，其间创业若高帝、光武、太宗、艺祖，守成若文、景、明、章、玄、宪、仁、孝数君者，虽贤有优劣，要亦近乎古也。顾心不纯合，政则随之，虽或庶几一二，不过天资偶似，勉强旦夕，卒难行之终久。且其袭秦隋末轨，无能荡涤其虐遗，间缘饰仁义，已不免夷霸之杂。而宽大立国体者，其既浸淫乎退弱不振，是恶足言创守之善，而亦奚得乎心政之要哉，臣故曰后世治不古侔也。我太祖高皇帝代天复世，重肇中华，神武弘创立之规，圣文垂翼启之谋，振古无比之功德，建诸千万世，光乎若揭日月行天地矣。是曷由致是邪？臣尝恭诵训言，有以探测其一二焉。曰：朕观古帝王，治莫盛于尧舜。然其要在允执厥中。曰：人君一心，治化之本。存于中者，无尧舜之心，欲施于政者，有尧舜之治，不可得已。洋洋圣谟乎！夫古帝王心法政要，尽在是矣。是故著《存心》之录，谕《观心》之义，绎《洪范》之章，列《衍义》之书，所以敷宝诚于当时，遗元龟于后世者，本末条理，烂然睹见也。是以政化宣被，上下显冒，损益百王，经维尽伦制之美，监观历代，章采备今昔之宜。诚上轶三代，下陋汉、唐、宋矣。肆我太宗继述于草创之初，列圣遵承于太定之后，心法政要，播在方策，难遍以疏举也，百六十有余载，道化流宇内，声教讫四表，众生之类无不覆，根着之物无不载。则王者积德之大效矣。陛下聪明圣智，超乎百代之上，抚鸿庞之业，际盈成之运，然且缉熙圣学，勤志往道，首迪《敬一》，示皇极之领要，次注《五箴》，明理术之几微。所训者咸古帝王之心矣。感《无逸》《豳风》之陈，则复躬耕亲蚕之典，思丘泽昭穆之辨，则恢郊坛九庙之制，所兴者咸古帝王之政矣。夫心政大端，不过乎此，在举而措之耳。所以永宗社万禩之固，保国家千世之传，其良法要道，岂端出于二者之外哉！陛下又惕然悚惧，虑招灾害于民，清问刍荛之臣，思求其道而勉择之，则孳孳图理，不遗下问，虽古帝王何以过？臣敢不仰厪渊衷，计议所阙，以上承陛下之休德邪？臣闻至治之世，天不降灾，地不呈妖，人不受夭害。今边陲之内，干戈数动，畿辅之外，盗贼不衰，星纬传凶，坤灵示变，水旱不期，疫厉时兴，此其故诚何为而致？则圣制所谓招灾害于民者，殆不能无致疑于此矣。夫陛下苟致疑于此，则必深思其故，而计为之所，惴惴焉求之于心，察之于政，图去其蠹时伤理之为，毋使奸乎其间，令海内之气清和咸理，则今日灾变之动，殆太安舆兆也，岂足为虞虑邪？顾臣所谓阙者，诚以政因乎心者也。政纪弗修，则心之遗所加也。和成乎政者也，治功靡究，则政之失其理也。夫心遗所加，政失其理，将庶事坃而不振，百物蠜而不和，所以乖天地之应，干阴阳之统，而招灾害于百姓者，岂其微哉！臣请试言今日之政，计时诎伸，论其扶弊救溢之故，略陈数事于前，期圣心时加焉，愿幸详择察行毋忽。臣闻贤材者，圣王所恃以为理化辅翼也。然贤材不养，则不可得，而养之必于学校。今学校遍天下矣，养之者谁与？上以章句之文程其下，下以苟幸之心伺其上。此既无异乎贾贩相售，又况为之师者，皆取诸中庸流品，而有司任督劝之责者，恒漠焉视之曾不与其事。夫养士如是，而欲得贤材之用，昔人比之不篆玉而求文采者也。自非豪杰士，孰能自拔于流俗哉，彼豪杰士，视上之所养若是，其心固窃耻之，而中材则何赖以效持也？陛下诚加心于贤材之养，则令司是任者毋专徇文艺，必兼材德为择。慎选经明行修之士以居师守，而有司时督其勤勿怠。如此则贤材必众出矣。

选课者，士操贤否以为出入之途，冢宰执之，用进退百司者。今诸途并用，则诚率祖宗之旧矣。顾荐法不行，终无以待天下异材也。夫奇伟魁垒之士，类不可以凡调得，而爵禄之悬，抑岂尽足以奔走天下哉！上无以求之，则下无以应之矣。祖宗成法固在，诚举而行之，令郡邑上计，必以得贤为最，非其人而荐者有坐。如此则奇行逸能之人，复有遗于山泽者乎？课法则日趋简便易行，而实有足深惜者。夫虞周之法通于后世，国初参稽其典要，凡内外之官，铨司例三载考其称否，九载总三考之实以行赏罚黜陟之令。其自外入者，内台又有纪册之究视，然后铨司审以为计。今初法大亡矣。铨司略考绩之实，而黜陟持借乎毁誉。内台遗纪册之究，而称否征信乎举劾。夫任其喜怒举劾，固易以为私，而兴于爱憎毁誉，又难以言公，且非所以因久任之便，长迁善之萌也。陛下诚加心于选课之法，盍举成宪而张弛之，行臣所陈，则贤否必自别异，而百司咸得其职矣。若夫地力不兴，则民之游籍者多，民之游籍者多，则奸宄滋而盗贼炽，其为治理伤，至不小也。臣闻南自荆襄，北极许郑之交，沃野数千里，皆古诸侯所争利富强之地。汉后名守贤臣，封洫故在，今并荒弃不理，环望无际，司国者莫为省忧。或议古有贸迁之法，欲徙众地之民垦化之。夫人情怀土，改乐业之人居荒瘠之地，是骚天下而动也。臣谓在其土著者，未必枵腹甘毙，不一事于耕种也。封洫之政不修，则地无所潴泄，虽有良农，何所措其手足哉！陛下诚加心于民利之兴，则法祖宗营田之制，择能遣官，坐分方而计委之，使主其事。如此则民不驱而归南亩，游籍者少矣。乃若边镇之患，则事之大者。今诸镇屡反复矣。议者咸咎于纪纲失振，法度纵弛，是则有縣然者。臣独探本论之，谓亦计事者无以纾士卒之困也。人情虐之则乱生，岂复顾其所哉！夫边镇之大务，莫先于马政，而大计莫要于盐法。今马政益弊，盐法益阻矣，欲边人毋重困，得乎？盖养应数之马，罢见伍之兵，取中国之所短，敌胡虏之所长，利不一而害百，非甚有理。此先朝大臣所以议欲损骑而增步也。至若盐利之通，本以济国家输挽之役，而使士卒居受刍粟之便耳。今委臣不务先天下重计，而徒徇一己私，名加积余盐，要之以为功，而边盐乃反虚置于不用。是以荛粮不时给，士卒嗷嗷待匮，因致召怨而速乱。此其明较也。陛下诚加心于边镇之患，举其大者若二端，而其细故一切听计于筹边之臣，则士卒无困于居聚，他变曷从生哉！夫学校兴则贤材众，而辅理不患其无人。选课得则举用称，而任官不患其失职。民利兴于内，则恒产有资，礼义可以治矣。边计足于外，则士心豫附，勇敢可以倡矣。四者皆政之大而不可忽易者。圣制所谓欲民得以遂生，物得以适所，此固其急要也。虽然，政固多端矣，岂特乎四者。臣不敢喋喋，愿以加心之论终焉。夫神明乎内，而经纬乎外，岂出是心之范围哉！是故天下之治，甚难悉举而遍议，惟致其心法，可以转移而成化。夫心法之存，岂有他术，不过陛下《敬一》所昭示而已耳。昔说复高宗曰：非知之艰，行之惟艰。王忱不艰，允协于先王成德。陛下睿识英知，独符古圣健行不息妙法，纯乾知之所在，行必随之矣。臣愿圣学缉熙，益严治心之法，远观谟迪于先王，近承训式于祖宗。便嬖使令，恒思赞御之箴诵，宫庭燕暇，不忘儒绅之奏对。务存敬一以立心极之本，凡一切土木声色货利之好，举不足以一动其中，则中和协而上下应，庶政得其理，万物无不顺，治化之盛，可以配象天地，光昭古今，而有上世纪传所不及记，《诗》《书》所不及载者矣。臣不胜惓惓，昧死谨对。

《嘉靖十四年进士登科录·康大和对策》：

臣对：臣闻有立国之大本，有保国之要道。立国之本在德泽之浅深，而不在乎强与弱。保国之道在守成之谨忽，而不在乎盛与衰。故创业之君，能以仁而为开创之基，则天下之大，如泰山四维之不可摇。夫是之谓善创。守成之主，能以敬而为持满之道，则盈成之业，将保之千万世而无穷。夫是之谓善守。仁敬相须，先后一致，则国家历数之传，斯绵绵与天无极矣。夫苟创始者无德泽于民心，而徒逞国势之强，以为可恃，守成者无持满之敬，而徒幸运祚之盛，以为无虞，则天难忱斯不易，惟王无疆，惟休亦无疆，惟恤而能以克永世，臣未之前闻也。恭惟皇帝陛下，刚健中正，文武圣神，已得夫祈天永命之道矣。而圣心谦冲，不自满假，乃于万几之暇，爰进臣等于廷，降赐清问，首之以三代汉、唐、宋享国长久之道，次之以祖宗创造之艰，终之以欲保洪业于无穷，而求良法要道者何在。陛下之言及此，天地神人之福，祖宗庙社之福也。然不知陛下将以臣等之言为可用而举行耶？抑率循成规，而聊以举故事已耶？臣闻宋臣有曰：人主开求言之路，必将有听言之实。人臣遇得言之秋，不可无献言之诚。今陛下临轩策士，将有听言之实矣，微臣以一介草茅，与子大夫之选，宁敢无言以献，以上负圣明、下负所学哉！臣方欲为剀切时务之谈，而不欲因循回护以陷欺君之罪，惟陛下垂听焉。臣伏读制策曰："首自三代，迄于宋终，其间虽历世有久近，历年有长短，要之皆自其为君者何如尔。"臣闻天子者，以其一身寄之于巍巍之上，以其一心运之于茫茫之中。合则为腹心，离则为楚越，离合之势起于须臾，存亡之机悬于呼吸，甚可畏也。唐虞之君，都俞吁咈，保命之道，盖粹乎无以议为也，试以三代言之。夏有天下四百馀年，商有天下六百馀年，而周之卜世卜年，实过其历，尤为恒久。所以然者，岂无故哉！禹之下车泣罪也，汤之克宽克仁也，文王视民如伤也，武王之怙冒下土也，其仁何如也？其所以开夏商周之业者，植本固而发原深矣，继以启之能敬承继也，少康之兴复旧业也，太甲之克终允德也，太戊之严恭寅畏也，祖乙之谨恪天命也，盘庚之祗绥四方也，武丁之罔敢怠遑也，成王之于缉熙单厥心也，康王之嗣守大训也，宣王之侧身修行也，其所就业保持者，不外乎敬而已。则夏商周之所以享国长久者，仁敬相为终始，固国祚之所以绵延者也。降是而汉而唐而宋，其所以开业传世者，已不如三代，然观汉祖之宽仁，仁之似者也，唐宗之纳谏，仁之假者也，宋祖之神武不杀，仁之庶几者也。既皆有以为创业基命之地，继以文帝之恭俭，武帝之厉精也，宣帝之综核也，光武明章之严密宽厚也，玄宗宪宗之聪明果断也，以至太宗之右文守业也，仁宗之恭俭慈仁，社稷长远，终必赖之也。虽其君德醇疵不能皆同，而敬守之道，庶几无愧，则汉、唐、宋之所以享国长久者，亦其创之者庶几乎仁，守之者庶几乎敬，有以为之地尔。是何也？盖创守一道也，仁敬一理也。但自其培植而言，则谓之仁，自其持守而言，则谓之敬。创不以仁，则培植浅而无以兴业，守不以敬，则保持弛而无以居功。故孟子曰：三代之得天下也以仁。而召公亦曰：惟不敬厥德，乃早坠厥命。此则古与今之所同者也。但其得之仁敬者有浅深，故其见之治理者有隆污。见之治理者有隆污，故其传之运祚也有修短。此又三代之盛，周为最隆，而均非汉、唐、宋之所可及者也。惟我太祖高皇帝，用夏变夷，肇造区夏，建振古所无之功德，其深仁厚泽，良法要道，真与三代开创之主同符，而汉、唐、宋诸君固未易拟议之也。我太宗文皇帝继述于草创之初，列圣遵承于大定之后，重熙累洽，百有馀年，敬守之道，有隆无替。迨我皇帝陛下起自亲藩，入继大统，鼎新厘革，泰道一新，守成之美，上追成康，中兴之烈，比诸殷武，而国家运祚将绵之亿万载无穷矣。圣策下询，乃以幼冲不才，多招灾害于民，且欲保洪业于无穷，而求良法要道之所在，臣有以见陛下此心，即尧之兢兢，舜之业业，禹之孜孜，汤之栗栗，文武之无逸无贰之心也。然迩年以来，水旱螟蝗屡闻郡国，火灾星孛迭见京师，则天灾人害，未可谓无，或者于法祖之道犹有未尽者乎？夫法祖之道，不外乎敬。敬者内外合一之功，圣学始终之要也。仰惟陛下《敬一》有箴，四箴有注，则持敬保命之道，已得之躬行之实矣。然治理之间，有所未尽者，臣请为陛下诵之。夫台谏也，经筵也，守令也，师儒也，边防也，财用也，此六者皆治理之大切要者也。国初有午朝之礼，故科道日亲于丹陛，凡大奸大蠹，皆得以面奏之。今则面奏之规不复，弹劾之职不尽，如苏轼所谓言及乘舆，则天子改容，事关廊庙，则宰臣待罪者，何有乎？此台谏所以不如古也。国初经筵无常所，而讲毕之后，凡遇五府军政，六部要务，皆得以敷奏之。今则讲毕而退，君门已如万里，如程子所谓有剪桐之戏，则随事箴规，违养生之方，则应时谏止者，何有乎？此经筵所以不如古也。国初守令恒久任，有治行优异者，然后陟以隆重之职，仍察举主之廉，以示劝惩。今则计日而迁，所至殆如传舍，民知吏之不久，则不复服行其化，吏知任之不久，则不复展布其心，虽龚黄卓鲁，亦何自而竟其施耶？国初兵政恒有统，有将材者则重以阃外之寄，而又于大阅之期，车驾岁一临之。今则大阅之礼不行，任将之道不重，疲民以养军，而失机往往有罪，分符以授将，而谋算不得自专，虽孙吴颇牧，亦何自而效其能耶？国初崇重师儒，凡乡校之官，多以进士为之，一有称职，则不次超迁。今则官守既卑，礼待甚薄，彼方以上之人不加优异，而甘心于自弃，则职业之不修，弦诵之不闻，无惑也。国初崇尚节俭，凡奢丽之物，一切屏斥不御，故虽兵兴创造，而免租之诏，无岁无之。今则赏赉太侈，土木太繁，冗员太多，凡所以耗财之由，纷然四出，则民力之不堪，公私之告乏，无惑也。凡此六者，皆祖宗深仁厚泽之敷施，良法要道之运用，而近来所蠹坏，因循而未改者也。臣愿陛下推持敬之心，以举祖宗之典，以更因循之弊。台谏复面奏之礼，经筵追进言之规，守令严久任之科，将帅重分阃之寄，师儒隆优待之典，财用崇节俭之风，则敬德之施缉熙光明，政治之行融通熙洽，直道可伸，君德可纯，民生可安，边防可靖，人才可兴，国计可裕，中国可以乂安，四夷可以宾服，变异可销，休征可至，圣寿可以绵延，历数可以永保，祖宗可以增光，二帝三王可以匹休，而区区汉、唐、宋之小康，何足为陛下道哉！臣因策问所及，而欲陛下法祖于治理之间者如此。若夫出治之大本，则又在于陛下之心。臣尝读前史，而有感于汉武之为君。其言治也，未尝一日不三代，天下亦未尝不以三代望之。迨其晚年，多欲之念一横于中，则颠倒错谬，不可胜救。下帷之儒，处之江都，直声之黯，置之内史，曲学之弘，列之平津，卒使干戈土木聚敛神仙之事，杂然并兴，而天下骚然，几为亡秦之续，由其不能清心，故不能知人也。臣愿陛下以正心为本，以汉武为戒，凝神以弘化，主静以立极，学以养此心，一以主此心，亲近君子以维持此心，始终一致，内外一辙。凡其莫难降如骄心，莫难疆如怠心，莫难平如怒心，莫难制如欲心，莫难解如疑心，莫难正如偏心，不使有一毫隐伏其间，则圣心有养，正大光明，神仙佛老之说自不能为之惑，土木声色之好自不能为之移，聚敛货殖之术自不能为之诱，金壬邪佞之徒自不能为之乘机而杂进，何患乎治之不如成周，历年之不如成周也哉？臣始以法祖为陛下献，终以正心为陛下勉，要不外乎敬之一字，初非有惊人可喜之论。然窃意祈天永命之道，宜无出于此者。臣草野之人，不识忌讳，惟陛下矜其狂愚而留神采纳焉，天下幸甚，微臣幸甚。干冒天威，无任殒越，俟命之至。臣谨对。

　　王立道《具茨文集》卷一收有嘉靖乙未科进士王立道《殿试策》。王立道《殿试策》：臣对：臣闻帝王之治天下也，固以善始为难，而尤以保终为贵。能保其终，则其基之而为圣学，蕴之而为天德，推之而为王道，莫不尽善尽美、可久可大，而所以保业之固、享祚之长者，皆于此乎在。不能保其终，则其学荒而弗绪，德隳而弗宏，道弛而弗振，而一时之治亦且于是乎衰矣，而况于千万年之久乎？故曰：慎厥终，惟其始。又曰：慎厥初，惟厥终。帝王治天下之要，臣窃以为无出于此者矣。夫国之将兴也，自以为不足，其亡也，若有馀。臣以草茅书生，滥与计偕，仰承明问，虽不足以测天地之高深，然反复圣制，惟惓惓于三代以来，历世之久近、历年之长短，而有及于祖宗之肇创，列圣之遵承，求所以永宗社万祀之固，保家国千世之传，民得以遂生，物得以适所，臣有以知陛下之心，盖兢兢焉若不足，而太平之基、万世之治，皆可以逆决于此矣，其敢无辞以复乎？恭惟陛下以明圣之资，抚盈成之运，践祚以来，盛德大业，与日俱新，志定而事成，道洽而政治，群生和，万物遂，斯世斯民，皆熙然于和气熏蒸之中，德化洋溢之内。此董子所谓"正心以正朝廷，正朝廷以正百官，正百官以正万民，而远近莫敢不一于正"，公孙弘所谓"心和则气和，气和则形和，形和则声和，而天地之和应"者也。臣虽欲有言，亦纯乎无以议为矣。所以反复究思，以为陛下万分有一之助者，无亦曰保终而已。诚以自三代以迄于宋，中间历世之久近、历年之长短，虽杂然不齐，然未有不以能保其终而久而长、以不能保其终而近而短者也。自一代而言，则厥后之克艰，降而为暴德之罔后，而汤以之兴；耿命之丕厘，降而为元良之剥丧，而武以之兴。自一君而言，则严恭寅畏，殷中宗所以享国之长也。自时厥后，立王生则逸，生则逸而罔或克寿矣。陛下所谓视其为君者何如？臣则曰：视其君之能保终与否而已。其在于周，则文、武之所积累，后之所以保持，皆未有不保其终者。其所以卜世三十、卜年七百而卒过其历者，岂偶然之故哉。上至夏、商，垂及唐、宋，夫亦若是而已。其在于我国家，则高皇之创业，以能保终而创之也；太宗之继述，以能保终而继述之也；列圣之遵承，以能保终而遵承之也。陛下诚念祖宗创造之艰，而欲求夫良法要道，以永宗社，以保家国，使民得遂生，物得适所，臣窃以为亦无出于保终而已。虽然，谨终于始，陛下既善其始矣，仲舒强勉之言，可毋陈也，魏征十渐之屏，可无列也，而臣区区之情，犹不能无言者，亦忧治世而危明主之意而已。夫今日之务，有关于陛下之保终者，臣虽不能备言之，窃以为其大者有四。四者何也？一曰尽下。臣闻人君尽下则聪明开，故古之帝王虽德之至治之极，而犹有进善之旌、有诽谤之木、有昌言之拜、有多闻之求，凡以道之使言，而兢兢焉日求其所未及也。夫是以下无匿情而上无遗听，臣无隐忠而君无蔽明。盖有赏之而使言者，《传》曰"兴王赏谏臣"是也；有罚其不言者，《书》曰"臣下不匡，其刑墨"是也。陛下即位以来，未闻赏一谏臣，而以言受罪者屡矣。陛下设谏争之职，置辅弼之臣，皆将使为立仗马与？不然，而何一鸣辄斥去也。若是者，其可以保终乎！此臣所以望陛下之优直也。公卿大臣皆陛下之所托重，而恃力者固不止于四三人而已也，而陛下之所及咨议者，独惟四三大臣；而顷刻之召对，仓卒之敷陈，又未必尽其所当言与其所欲言也。文学侍从之臣，本以论说古今兴衰之大要，非以备数讲论而已也，而其所及陈于陛下之前者，不过经筵之讲章，而讲章之所及，又多陈善之词而不皆责难之语，论于古者详而及于今者略，得无犹有所惮而未尽乎？臣愿陛下广览兼听，凡公卿大臣以及于文学侍从皆得从容以献其说。或如司马光之请，每日轮一员直资善堂，夜则宿于崇文院，以备非时宣召可也。远方之贱吏，闾里之小民，虽甚微细，不足以烦陛下之念，然其情之休戚，固国势安危之所系，而亦享国久近之所关也。臣愿陛下开其自进之途，使皆得以陈其欲言之情，可乎？凡此皆臣所谓尽下之说也。二曰省费。臣闻圣王不尽民之力，不尽民之财，故古者人君之养财也，修之以六府，厚之以八政，而经之以九式，无浮费也。其养力也，用民不过三日，起役无过一人，而又使之任老者之事、食壮者之食，无竭作也。夫是以财力纾而百姓给，百姓给而储积富，储积富而国家安，卒有水旱、凶荒、盗贼之患而皆待之有余矣。今者陛下土木之功日以益胜，阙廷之外，斤凿相闻，畿甸之间，轮蹄交错。臣亦知陛下凡所经营，类由轨物而非以供耳目之娱，然天下不可户晓，大抵君子信之而小人惑焉，诚以朝廷之一金，田野之百金也，内帑之百金，民间之万金也。陛下费以百金而民以万金供之，至于万金则又可知矣。且其所自来，皆鬻妻俍产之需、梏挛鞭打之余也。用之益多，索之益急，民安得而不穷，则亦安得而不惑？至于赋漕不给，又不免出内府以继之，而三年九年之蓄益耗，至是则虽君子亦不能无惑焉矣。若是者其以为保终之道乎？陛下欲民得以遂生，物得以适所，则此固其所当先虑者矣。三曰正俗。臣闻治天下以正风俗、得贤才为本，盖上行下效谓之风，众心安定谓之俗，此世道所由以盛衰，而实治道所由以升降也。陛下履中居正，躬自勉以厚天下，而风俗犹有未尽善者，盖有怙侈灭义、骄淫矜夸，如《书》称殷士者矣。有车马衣裘、宫室竞饰，和五味，杂五色，调五声，以观欲于天下，如严安之言于武帝者矣。有财多而光荣，史书而仕宦，勇猛而临官，如《贡禹》之所论者矣。有交亲戚，倚贵势，走高门，邀大车，巧笑而伪言，卑陬而姁愉，偷一旦之容以售其技，如柳宗元之所讥者矣。凡此皆古之所谓敝俗，而今皆有之。陛下左右之臣，计亦有以上闻者，曾是不正，则日以益敝，而所以为陛下治道之累者，盖不浅矣，若是者，其可以保终乎！臣窃以为正俗之道，莫大于纪纲，莫重于教化，莫急于得人。司马光曰："愿先定纪纲，以还淳美之俗。"言风俗则系于纪纲也。胡寅曰："朝廷有教化，则士人有廉耻。士人有廉耻，则天下有风俗。"言风俗之系于教化也。董仲舒曰："移风易俗，使天下回心而向道，类非俗吏之所能为。"则风俗之系于良吏又可见矣。陛下有意于正俗，其将于三者而留意乎？四曰经武。臣闻兵贵精而不贵多，多而不精，则徒耗廪给，而无益于缓急之用。今者兵非不多，而常有微弱不振之患者，何与？谓之兵而不知战也。给漕挽者，兵也；服工役者，兵也；占于将校之役使者，兵也；羸老而坐食者，兵也；此孙洙所谓"离为六七"者也。且缘边之卒，多强壮蜂悍，而京师之兵，反微弱不振，则于古人所谓居重驭轻之意，无乃失乎？臣常窃求其故，由于汰择之无法、简教之无实而已。所谓汰择之法者何也？兵之老弱者固多，而强壮者计亦居其三四，诚能择其强壮者以时教之，而老弱者则姑廪之，而使给夫杂役，既不滥耗夫强壮之力，而简教亦不虚废于老弱之徒，兵其有不精乎？所谓简教之实者何也？臣闻周官司马之掌政也，寓兵于农，使家各推其壮者以为兵，然必中春教振旅，中夏教茇舍，中秋教治兵。凡旗物名号钟鼓镯铙之节，莫不习之有素，若关节脉络相通为一。而又中春振旅，王执路鼓，中秋治兵，王载太常，盖一岁四时之教，而天子再临焉。非如今之所谓操者，止以崇虚名、应故事而已也。如是而兵有不精乎？此臣所以有经武之说也。虽陛下所以保终之道，不止于此四者，然因是四者而求之，庶几有得于万分之一，而臣区区之私忧过计，亦可以少自释矣。虽然，臣所论者，政也，保国之末而享治之流也。陛下无亦于其本源而求之乎？何谓本？曰礼是已。何谓源？曰仁是已。礼以为本，仁以为源，此三代所以享国长久之道，而我祖宗之所以立国，列圣之所以守成，皆未尝有出于此。况夫由是而尽下，则仁足以容其直，而礼足以感其诚也。由是而省费，则仁不忍于竭民，礼不靡于非制。由是而正俗，则一人仁而天下兴仁也，一人让而天下兴让也。由是而经武，则仁不至于殃民，礼不违于军政也。而天下之事皆可于是乎推矣，而何有于保终乎？而何宗社之弗永、家国之弗保乎？而何民有不遂其生，物有不适其所者乎？臣愚草野之人，不知忌讳，惟陛下恕其狂而终览之，幸甚。臣谨对。

新科进士吴性乞为校官，得河南南阳教授。徐阶《世经堂集》卷十八《明故尚宝司丞寓庵吴公墓志铭》："公讳性，字定甫。……年三十七，举嘉靖乙未进士。于时仕者方喜躁竞，公独谓可愧耻，上书乞为校官，得河南南阳教授。……故事，进士就教，再期转胄监，三年迁部属。公既无贵援，又不以资俸自言于人，积五年始迁户部主事，且南京也。"

张瀚中进士，稍后作《同选录后序》。张瀚《奚囊蠹余》卷十一《同选录后序》："粤稽我明聿兴，隽彦布列，赞扬弘休。爰设贤良方正、聪明正直、孝弟力田、通经孝廉等科，杂进并用。时维穷荒僻壤，齐氓下役，悉得以技能表见，嘉猷伟绩，载在史传，班班可考。既乃文教日盛，士争向风由举子业进。于是诸科皆报罢，科、贡之外，无他途可致通显。夫科、贡诚足以尽人，然而功不度越往哲，才或局于随时。何则？习不振、志不立也。……科、贡宜不若选举得人，犹兼名实。何得更为差等，使贡不得埒于科，科不得埒于进士？尽失祖宗初意，而士习益衰，可慨也。"

升翰林侍读学士吴宪为太常寺卿，管国子监祭酒事。据《明世宗实录》卷一百七十四。

张孚敬致仕。《明鉴纲目》卷六："纲：夏四月，张孚敬罢。目：孚敬有疾，帝与李时言，颇及其执拗，且不惜人材以丛怨。孚敬闻之，念前此三黜，皆为帝所薄，遂屡疏乞骸骨，许之。明年，复遣官视疾，趣入朝，行至金华，疾大作乃归。"

再召费宏入阁。《明鉴纲目》卷六："纲：召费宏复入阁。目：帝追念宏，遣行人即家起之，比还朝，眷遇益厚。常偕李时召入无逸殿，与周览殿庐，从容笑语，移时始出。自是数有咨问，宏亦竭诚无隐，承张、桂操切之后，易以宽和，朝士皆慕乐之。"

赵用贤（1535—1596）生。赵用贤字汝师，参议承谦子。先世为宋宗室，有士鹏者守江阴军，因家焉。后徙常熟。用贤少有才名，登隆庆辛未进士，选庶吉士第一，授检讨。万历丁丑（1577），江陵相不奔丧，台省保留，用贤抗疏请听终制，拜杖阙下，为编氓。癸未（1583）召复原官，晋中允。时迁人辐集，欲反江陵政，而江陵旧人犹布满九列，因倡党人之议。用贤疏极言党祸，与吴编修俱乞归，不允，后晋洗马祭酒，历官吏部侍郎，与选郎顾宪成辨论人材，以进贤退不肖为己任，竟用谗归。先是拜杖日，刲败肉如掌，陈夫人腊而藏之，每见其嚼齿击案，辄奉楪进曰："盍为馀腊地乎？"虽为之敛容叹息，终不能改也。其为文章博达详赡，尤长于奏疏尺牍。有文集行于世。赠太子太保礼部尚书，谥文毅。据瞿汝稷《嘉议大夫吏部左侍郎定宇赵公行状》、《明书》卷一百九、《罪惟录》列传等。

夏

诏天下诸生，入银若干，得入监为岁贡生。陈卜《过庵遗稿》卷三《赠李国贤游太学归序》："嘉靖乙未夏，制诏天下：十二宫费剧，诸生入银若干，得入监比岁贡生。于是杞生李国贤应之。月余，谒归。……曰：'非德选也，吾愧焉尔。例除迁，问所由赀选者，鲜至大官。……'过庵子曰：'……然监员固得试进士科矣。今天下由例贡登至大官者，往往而有。国贤如克其志，肆力太学中，交海内豪隽，弘蓄博闻，以博科第，无难也。……'"

六月

张星补南京国子司业。（据《国榷》卷五十六）
启祥宫成，翰林侍读学士廖道南上颂。（据《国榷》卷五十六）

七月

起原任大理寺卿周期雍原职。以南京太常寺少卿吕柟为国子监祭酒。据《明世宗实录》卷一百七十七。

王稚登（1535—1612）生。《列朝诗集小传》闰集马湘兰传："万历甲辰秋，伯谷七十初度。"稚登字伯谷，长洲人，四岁能属对，六岁善擘窠书，十岁能诗，长益骏发有盛名。嘉靖末游京师，客大学士袁炜家，炜试诸吉士《紫牡丹诗》，不称意，命稚登为之，大加击赏，欲荐于朝，不果。吴中风雅，自文征明后无定属，稚登起而振之，主词翰之席三十馀年。有《晋陵》、《金闾》、《燕市》、《客越》、《青雀》、《竹箭》、《梅花什》、《荆溪》、《松坛》诸集。据李维桢《征君王百谷先生墓志铭》、崇祯《吴县志》、《列朝诗集小传》等。

国子监司业马汝骥为南京通政司右通政。（据《国榷》卷五十六）

监察御史曾翀、戴铣，劾南京兵部尚书刘龙、刑部尚书聂贤、户部左侍郎张云、刑部右侍郎陈璋、工部右侍郎甘为霖、大理寺卿署国子监吴惠、南京太常寺卿冼光、巡抚甘肃右佥都御史赵载，各庸劣宜罢。下吏部议。……上又论张云诚悫，甘为霖有才，赵载无过，吴惠虽少文，亦不忝厥职，调南京翰林。（据《国榷》卷五十六）

赐致仕大学士费宏手敕，宏疏谢。（据《国榷》卷五十六）

八月

夏言请于广宁右屯添设儒学，从之。夏言《桂洲奏议》卷十八《议广宁右屯卫添设儒学疏》："建学校以广文教。臣惟天之生才不惟其地，惟其时，贵乎有以振作之耳。窃照辽东地方每城各设学校以养育人材，而广宁右屯卫独无。先年巡抚张都御史以之具奏礼部，议得人材尚少，待后人材渐盛，堪以专立学校，具奏定夺，事因不果。巡历该卫，亲见户口繁滋，风俗纯朴。士之向学，民之兴行，较之昔年大不相同。其见充生员者不下四十馀人，俱寄广宁镇城并义州卫学，相隔一百三十馀里。中间道路跋涉，不惟一暴而十寒，抑且供送艰难，又多半途而自废，诚非所以陶成人材之道也。恭惟圣神作新，文风丕振。虽以辽东边地而人材渐盛，是以去年秋顺天府乡试，辽东各卫中式者九人，右屯中韩文德一人，此其明征也。合无于广宁右屯卫比照海、盖等卫一体建立儒学，设官分职，将寄学生员、武生俱擎回本学肄业。仍于辽东各卫儒学，遇有员缺，量选举教职数人，以训迪之。庶几偏方下邑，均睹礼乐文物之美，而梁栋榱桷，可备宫室将来之用矣。等因条陈，奉旨：'该衙门知道，钦此。'钦遵。抄出送司案呈到部，看得巡按山东监察御史常时平条陈六事内，'严考选以重军政'等五事，系隶别部掌行，除移咨各另查覆外，为照本官奏称'辽东地方每城各设学校，而广宁右屯卫独无，巡历该卫，亲见户口繁滋、士之向学。见充生员俱寄学广宁镇城，相隔一百三十馀里，道路跋涉，供送艰难，多半途而废。乞要于广宁右屯卫建立儒学，设官分职，将寄学生员、武生挈回本学肄业'一节，查得先该巡抚张都御史具奏，乞要设立儒学，该本部议得，人才尚少，待后渐多之日，具奏定夺。今既经本官巡历彼处，目见人材视昔加倍，见充生员不下数十馀人，堪以建立，似已相应，合候命下移咨都察院转行彼处巡抚衙门行卫取置无碍官银，建立学校、文庙，并拨命典史、斋膳夫役。仍移咨吏部铨选教官给凭，令其到任训诲生徒。本部仍铸造广宁右屯卫儒学记一颗，给发前去用使。惟复止令各生照旧寄学肄业，臣等俱未敢擅便，伏乞圣裁。嘉靖十四年八月十三日具题，十五日奉旨：'是。广宁右屯卫准添设儒学，钦此。'"

申时行（1535—1614）生。 申时行字汝默，长洲人。嘉靖壬戌第一人及第，授修撰。历中允、谕德、左庶子，擢礼部侍郎，改吏部，兼东阁大学士，入预机务。进礼部尚书，兼文渊阁大学士，累进少傅，兼太子太傅、吏部尚书、建极殿大学士，加少师，兼太子太师、中极殿大学士。赠太师，谥文定。有《赐闲堂集》四十卷。

云南乡试解额准取四十名，贵州二十五名。贵州独立开科始于今年。 夏言《桂洲奏议》卷十八《议贵州开科取士疏》："仪制清吏司案呈：'奉本部送礼科抄出巡按贵州监察御史王杏等题：……据贵州宣慰司、贵州二卫致仕官孟震等呈："仰惟我朝取士开科，惟贵州附搭云南，两省隔越山箐险阻，赴试之时溽暑瘴疠正甚，往者隐忧，居者积虑，构病遭劫，亡财丧身，历历可数。伏望采择奏闻，一体设科，拯救士子无限之苦，转移夷丑昏悍之俗，实为便益。"为此具呈'。蒙批：'布政司会同都、按二司并提学道查议详报。'查弘治七年十月内，巡抚贵州右副都御史鄂廷瓒等各奏要于贵州开设科场，量增解额。该礼部看得人材未盛，难以准理，行令贵州量助钱粮，以备云南供给，及将解额再增五名，题奉孝宗皇帝圣旨：'是。举人名数，云南准添二名、贵州三名，钦此。'嘉靖九年三月十九日，据经历司呈抄，蒙巡按贵州监察御史陈邦敷案验，奉都察院勘合札付，准礼部咨：'开设贤科以惠远人、以宏文教事。该给事中田秋题称："贵州一省，远在西南，未设乡试科场，止附云南科举。生儒赴试，其苦最极。试者曰：科之不开，病于钱粮之少。臣窃以为不然，盖贵州虽赴云南乡试，而举人坊牌之费，贵州自办也。鹿鸣之宴，贵州自有也。今所加者，不过三场供给、试官聘礼耳。镇远、永宁等税课司每年不下数百两，思南府又有绵花税，若委一官监收之，每岁亦可得银数百两，只此数项，足够费用。且历年抚、按官屡有举奏，盖一方之至愿，上下之同情。其建置之地，区画之详，在彼必有定议，乞敕该部再加详议。开科之后，二省各于旧额之上，量增数名，以风励远人"等因。该本部看得云、贵二省同举乡试，遵行已久。贵州赴试生员，往复艰苦，以事势度之，在所不免，但另设科场，中间支费不赀，虽文教所宜，难保地方不便。相应查勘，以便拟请施行。备咨到职，会同按察司掌印带管提学按察使韩士英等议照，事关于文教者，不可惜小费，而法之便乎人情者，未宜拘成案。况屡恳开科，俱蒙抚、按衙门博访具奏，议者辄以旧制有碍，人材未充，钱粮不及，事竟中寝。两广旧设一科，及后另开，人材荐出。以云、贵较之，虽地方丰啬不同，而天地生才，国家养士，岂以彼此异视乎？则旧制未有碍也。贵州合省士子，不下三千馀名，每科中式，《五经》皆全，而上春官登朊仕者，先后弗绝，则于人材未为不充也。该省城南隅见有空闲，分司屡经委官查估，堪立贡院。合用钱粮，动支库贮无碍银两，亦够应用，则于钱粮未为不及也。近如武举乡试，渐倍于前，盖鼓舞之下，人皆趋励。伏蒙圣天子在上，崇文重学，立贤无方，成一代之盛规，补旷世之缺典，正惟其时，如蒙轸念边省，敕下该部详议，如前项事理，委于文教有关，国体无碍，题请敕下该省抚、按衙门会同都、布、按三司，动支无碍官银于议定旧址建立科场，每科礼费量于税银支给。他如生员应试之费，科、贡坐监之费，再加议处，以补欠缺。则不必动军国之储，而可以备全省之制，人心知奋，文教渐兴，而于国家一统之化未必无补于万分矣，边方幸甚'等因。题奉圣旨：'该部知道，钦此。'钦遵。抄出送司案呈到部。看得巡按贵州监察御史王杏题称，行据贵州布政司左布政使周忠、按察司带管提学按察使韩士英、都司都指挥佥事田茂查得贵州地方，古称荒服，国初附庸四川，洪武十七年开设科目，以云、贵、两广皆隶边方，将广西乡试附搭广东，取士一十七名，贵州乡试附搭云南，取士一十五名。永乐十二年，贵州增建布政司，以后抚、按、镇总三司衙门渐次全设，而所属府、卫、州、司遍立学校，作养人材，迄今百五十余年，文风十倍，合省士子不下三千馀名。恭遇我朝列圣继祚，启佑绥怀，学校之教，礼义之化，已骎骎与中原等。乃惟科场一事，仍附云南应试，则有瘴疠箐坎之厄，登涉切肤之危，间有被贼触瘴，死于非命者，举家累世遂以读书为戒，致令隳作养之心，馁向进之志。倘蒙矜悯，得于该省开科，不惟士类少免艰危，而山谷民黎获睹国家宾兴盛制。广西原附广东，今广西久已开科。近如兵备之官，各于要害地方添设，就近辑理，以安民俗。如辽东旧附山东乡试，近蒙改附顺天府，群生称便。前项事理，委于文教有关、国体无碍，题请动支无碍官银于议定旧址建立科场，不必动军国之储，而可备全省之制一节，为照我朝设科取士，内而两京，外而浙江等布政司，每三年一举，其解额之众多，视人材为差等。先年以广西、贵州人材缺少，故将广西附搭广东，贵州附搭云南。后广西因人材渐多，奏准另自开科，惟贵州仍附云南乡试。节该彼处抚、按等官具题，止量增额数。近该给事中田秋建议本部，以未经查勘，有碍拟请，又恐人材未充，地方不便，支费不赀，行令查议去后。今该巡按御史王杏备细勘报前来。臣等看得贵州虽与云南接壤，而山势险绝，道里逈阻，盗贼出没无常，秋夏岚瘴盛发，以致每科应试生员跋涉冲冒，多所殒伤。其于人情，委为未便。况今文教渐治，遐方绝域，人材日盛，每科应试之士，数逾七百，中式录文，《五经》具备，及举进士，科不乏人。近年被翰林、台谏之选者，往往文章风节与中原才俊齐驱。但贵州地里视云南稍狭，故学校之数差少。今于应试七百人之中，取原定解额二十一人，则贵州一省自可成录，况贵州虽附云南，而举人坊牌之费，该省自办，鹿鸣之宴，该省自举，所议增者止建立贡院并三场供给、试官聘礼耳。今据查有省城南隅空闲分司堪立贡院，估计用银二千八百馀两，而在库堪动官银实有三千一百之数，及增聘礼、供给等费，亦不过五百馀两，则财力未为不敷，况系圣朝兴文盛典，事理可行，所据御史王杏勘报事情相应准议。合无候命下行令彼处抚、按官会同都、布、按三司，即便动支前项无碍官银，于议定旧址建立科场，依期开设乡试，以备一省宾兴之制。但不许因而大肆科扰于民。其原定乡试解额云南三十四名、贵州二十一名，今二省人材比昔倍盛，伏乞圣裁，每省均赐加增三五名，尤足以昭一代文明之盛。嘉靖十四年八月十二日具题，本月十四日奉圣旨：'是。云南乡试解额准取四十名，贵州二十五名，钦此。'"

九月

命浙江道监察御史朱廷立提调直隶学校。南京国子监祭酒费寀条奏太学事宜六条，多从之。《明世宗实录》卷一百七十九：嘉靖十四年九月，"丙戌，命浙江道监察御史朱廷立提调直隶学校。南京国子监祭酒费寀条奏太学事宜六条。一、南监故有先朝所降书籍，久多残阙，请考监志所载及近年御制新开诸书，一体颁赐，仍将修完二十一史分给六馆，以备诸生讲习。一、举贡恩官生入监者，通当三千馀人，而南京正襟历止二百七十人，请将正历杂历每名递减日月，或令诸司量许添注，仍查旧例放回依亲读书。一、科道员缺，乞将南京博士、助教等官一体行取，以备选用。一、诸生历满还乡，凡遇乡试，皆令所在巡按御史收考入试。一、南监自革膳夫，久无庙户，乃以法司囚徒酒扫。请如北监例，改庙丁。一、本监号房故有一千馀间，请令所在体勘修造。仍将南监各官俸米改支折银，如两京文武百官事例。奏上，所司勘议以闻。已而吏部言：先年监生十年乃得拨历，三年乃得上选。今到监未及一年，即得上选，皆相沿姑息之弊。若又再减月日，添注拨历，则监生候选愈多，选法愈冗，流弊不可救矣。其行取依亲，宜从其请。馀所言，各部议覆，皆允行之"。

诏九卿会推巡抚官。《明鉴纲目》卷六："纲：秋九月，诏九卿会推巡抚官。目：帝惩辽东之变，欲慎简抚臣，费宏请会九卿推举，如京堂官例，从之。"

十月

李舜臣由江西提学佥事转南京国子监司业。汪应轸《赠愚谷李先生擢南国子司业序》："嘉靖乙未冬十月，愚谷李子董学江右，声迹腾远迩，铨曹以最闻。圣天子曰：'俞，惟兹南雍，尚赖表仪。'乃以白山伦子为祭酒，而以司业属之李子。二子皆天下文章第一人妙选也。"李开先《大中大夫太仆寺卿愚谷李公合葬墓志铭》："寻转南京国子监司业，与伦白山、邹东廓二祭酒，同心一德，迪教育才，监丞有绳愆册，博士有登善簿，助教、学正、学录，授书有时，典簿、掌馔，钱谷有考，堂友长必推择有行，拨例以公，举事以实，监规严而可称贤士之关矣。无何，乃转尚宝司卿。尚宝在南京为散秩，禁城四门留守指挥，以铜符领把总以下若干人，人一木符，都督府持令牌人，五兵马亦各持令牌人，每三日一易，卿但视其交承符牌无阙而已，辰巳二刻，即可完事，馀日得闭门读书。愚谷未及不惑之年，弃世所尚诗文，而读汉人经注，初则苦其精严难入，已而知其旨归在《尔雅》。《尔雅》本六书，六书如五味使相为用，边旁一也，篆当然者，隶楷亦当然，可使经文乱俗笔哉！《易》、《诗》、《书》、《仪礼》、《戴礼》、《左氏春秋》，分日读之，每六日一易，舛则质以篆隶与《增广韵》，旁及唐陆德明音义，工未半而升应天府丞。"

费宏（1468—1535）卒，谥文宪。《明鉴纲目》卷六："纲：冬十月，华盖殿大学士费宏卒。（谥文宪。）目：帝深嗟悼，赙恤有加，赠太保。（宏恭慎谦抑，明习国家故事，持重得大体。三入政府，中遭谗构，迄以功名终。）"《四库全书总目》著录《费文宪集选要》七卷、《宸章集录》一卷，《选要》提要云："明费宏撰。宏字子充，铅山人。成化丁未（1487）进士第一。官至吏部尚书、华盖殿大学士。谥文宪。事迹具《明史》本传。所著《鹅湖摘稿》本二十卷。此本乃徐阶、刘同升所选录，非全帙也。"

许成名服阕，补翰林侍读学士。（据《国榷》卷五十六）

十一月

南京国子祭酒费寀为南京礼部右侍郎。（据《国榷》卷五十六）

国子监司业张星为南京太常寺少卿。（据《国榷》卷五十六）

右谕德伦以训为南京国子祭酒。（据《国榷》卷五十六）

诏孔子六十代孙仪封孔承寅为国子学正，世袭。（据《国榷》卷五十六）

十二月

张诗（1487—1536）卒。（卒年据公历标注）李开先《昆仑张诗人传》："北平张子言，八岁入小学，其童子师名之曰诗，字之曰子言，长果以诗名天下，师或有先见，抑偶合欤？……子言生成化丁未，卒嘉靖乙未十二月十日，少二十日不五十也。""初学举业于吕泾野，继学诗文于何大复。"曾至大梁。"梁故汉孝王之封疆，而吹台巍巍独壮，又有文人之宗李空同在焉。凡数十日，歌咏酬赠颇多，空同称其为燕山豪士。夜宴，瓶芝忽尔自堕，以为桦行筹焉，亦一奇怪事也。与空同各作《芝桦行》，俱有李、杜风骨。前此曾送王梦泽还乡，因策杖荆山，挐舟洞庭，至汝南视其何师之疾，相守七日，师卒，乃旋京师。""有拟之以太白孙山人者，是皆豪荡之才，崎岖之气，悲愉之音，而子言则更觉追古。有言：'何必拘拘于古者。'予应以：'物不古不灵，人不古不名，文不古不行，诗不古不成。'子言亦云：'太白独歉于古。'会日，曾行酒令，各诵楼字韵旧诗。太白多宋、元人作，子言首首驳回，因之各怀不平。太白自夸其'青崖贴天日，下照芝草斑'两句，真曹氏父子也。子言笑曰：'尖新浅近，曹氏父子便不如此。'作赠之诗，有'张子自高格，入山从我游'之语。子言怒曰：'吾岂汝门弟子耶？'从此绝交。""所著《骂鬼》、《诘发》、《笑琳七子》等文，雄奇变怪，览者不敢以今人待之。其《上上官求书书》，亦复骇观。其大约言：'成帝时，扬雄从上借书，上壮其志，尽发石渠之藏，雄乃竟无端涯之辞，而冒天下之道，文章都诡不羁，万世称善，吾今不向上公求之，无以恢其曼衍瑰玮之胸次，而肆为森严戈甲之文辞，若遣一力士，送书五车，否则宾之堂下，就邺架而读之，得睹绝目之语，广隘心之窍，谈天地之符，而搜鬼神之秘，是亦古今之奇矣。'""子言文非不高，世独尚其诗，因题其传曰昆仑张诗人云。"(《闲居集》卷十)

本年

嘉靖十四年议准：武举千户以下，不愿赞画者，查原籍原卫，如系边方，兵部即咨各该抚、镇等官，酌量差委推用，其腹里地方，行抚、按衙门，两京地方，悉听兵部，及行南京兵部，各量材委用，以后虽无军功，但积有年劳、累经荐举者，与指挥以上一体推用。若十年以上未著贤劳，亦无荐举，及审年力虽有不堪，原非犯该革带俸闲住人员，各该卫所开报前来，其原加米石，临时议处。(据万历《大明会典》卷一百三十五《兵部》十八《武举》)

归有光作《山舍示学者》，论及科举之弊。文云："有光疏鲁寡闻，艺能无效。诸君不鄙，相从于此。窃以为科举之学，志于得而已矣，然亦无可必得之理。诸君皆禀父兄之命而来，有光固不敢别为高远，以相骇眩。第今所学者虽曰举业，而所读者即圣人之书，所称述者即圣人之道，所推衍论缀者，即圣人之绪言。无非所以明修身、齐家、治国、平天下之事，而出于吾心之理。夫取吾心之理而日夜陈说于吾前，独能顽然无概于中乎？愿诸君相与悉心研究，毋事口耳剽窃。以吾心之理而会书之意，以书之旨而证吾心之理，则本原洞然，意趣融液。举笔为文，辞达义精，去有司之程度亦不远矣。近来一种俗学，习为记诵套子，往往能取高第。浅中之徒，转相仿效，更以通经学古为拙。则区区与诸君论此于荒山寂寞之滨，其不为所嗤笑者几希。然惟此学流传，败坏人才，其于世道，为害不浅。夫终日呻吟，不知圣人之书为何物，明言而公叛之，徒以为攫取荣利之资。要之，穷达有命，又不可必得；其得之者，亦不过酣豢富贵，荡无廉耻之限，虽极显荣，只为父母乡里之羞。愿与诸君深戒之也。"(《震川先生集》卷七)

许孚远（1535—1604）生。张惟骧《疑年录汇编》卷七："许敬安七十孚远，生嘉靖十四年乙未，卒万历三十二年甲辰。"《明经世文编·姓氏爵里》："许孚远，字孟仲，德清人。"黄宗羲《明儒学案》卷四十一："许孚远字孟仲，号敬庵，浙之德清人。"又见《明史》卷二百八十三。

僧莲池（1535—1615）生。憨山德清《憨山梦游集》卷二十七："师讳袾宏，字佛慧，别号莲池……俗姓沈氏，古杭仁和人。……言讫面西念佛，端然而逝，万历四十三年，七月初四日午时也。师生于嘉靖乙未，世寿八十有一。"中国佛教协会《中国佛教》卷八十三："袾宏，杭州人，俗姓沈。他十七岁时补诸生。二十七岁以后，在四年之间，连遭丧父、失儿、悼亡和丧母的刺激，即作《七笔勾》而出家受具，自号莲池。晚年居云栖寺，所以世称莲池大师或云栖大师。他提倡念佛，风化被于一代，被推为莲宗第八祖；他又和紫柏真可、憨山德清、蕅益智旭，并称为明代四高僧。"

明世宗嘉靖十五年丙申（公元 1536 年）

正月

九日，管志道（1536—1608）生。据《明儒学案》卷二十四等。管志道，字登之，娄县人。《江南通志》称其由隆庆辛未进士，官南京刑部主事，疏陈利弊九事，忤张居正，出为分巡岭东道。与巡按御史龃龉，为御史劾奏镌秩。遂移疾归。考《明史》颜鲸传，载御史顾云程疏言，神宗大起遗逸，独鲸及管志道以考察格之。又登用被察吴中行、艾穆、魏时亮、赵世卿，独斩鲸、志道。是志道以察典罢官，《通志》有误。著有《孟义订测》、《问辨牍》、《续问辨牍》、《觉迷蠡测》、《剩言》等。

郭维藩补翰林侍读学士。（据《国榷》卷五十六）

故石州判官陶玺殉盗。赠知州，荫国子生。（据《国榷》卷五十六）

二月

翰林院庶吉士范瑟为编修。（据《国榷》卷五十六）

三月

行各处提学官，着以食粮深浅次第起贡。其一应提督学校事宜，并遵成宪。夏言《桂洲奏议》卷十九《条奏岁贡疏》："仪制清吏司案呈，查得本部格眼文簿，自嘉靖十一年起至嘉靖十四年止，缺贡地方南直隶三十七处，北直隶一百二十处，浙江三十五处，江西二十二处，湖广一百八十六处，福建二十处，广东六十九处，广西一百二十四处，山东七十六处，山西九十三处，陕西一百二十六处，河南五十一处，四川一百七十处，云南四十三处，贵州二十一处，通共一千一百九十三处，俱系未经起贡，应否行令考补。等因。案呈到部，臣等看得科、贡二途，系祖宗旧制，除三年一次开科乡试外，其岁贡之制，每府学一年起贡一人，州学三年二人，县学二年一人，俱令提学官于各学食粮年深生员内径自考送。如正贡不堪，将以次陪贡者考充，一应条禁具载提学官敕内，凡布政司、按察司及巡按御史不许侵越提学官职事。其提学官必文行优长者方得选授，若贡非其人，廷试不中者，发回原学肄业，次年再试。再试不中者，照例充吏。提调官、教官罚治，具招回部。祖宗立法之意可谓尽善矣。近年以来奏行新例，令提学官会同巡按御史并二司官，不论食粮深浅，通行考取，至将新进年少附学生员超补起贡。廷考不中数及五名，提学官降一级别用，坐是提学官畏忌太甚，考校过严，辄必违背成宪，将各府、州、县学于该贡年份，竟不起贡。且如福建福州、泉州、侯官、晋江、莆田等府县，江西南昌、吉安、广信、临江、贵溪等府县，浙江处州、东阳、嘉善、义乌等府县，湖广荆州、襄阳、承天、永州、江夏、嘉鱼等府县，河南光州、洛阳，山东临清、濮州，陕西延安、泾阳，山西潞州、代州，四川叙州、新都，广东东莞，广西桂林，云南大理，北直隶顺德，南直隶宁国等府州县，俱素称文献之地，发科登第，未尝乏材，岂无一人可充该学岁贡之选？且国初诏天下建立学校，犹虑僻壤遐陬，未谙文教，难概律以中土，是以或令免考送监，或令从便举贡，或令选取身材，不限文字，每每宽立条格，以开进取之路，其良法美意固有在矣。今乃不拘地方人才多寡，一例考选，以致廷试黜落率多偏方下邑之人，往往羁孤流落，不得其所。提学官因是遂于乏才之地愈不敢起贡，是使偏方下邑既鲜科目，又无岁贡可望，其势必至颓废学校，尽散生徒，人沮进取之心，俗失礼义之教，似非祖宗立学设教之意。况考选名虽会同，权实归于御史，及至廷考不中，却又独罪提学官员，事理不通，人心未协，其于先年设官专督学政初议，又大谬矣。臣等目击时弊，不敢因循默默，伏望皇上俯念学校乃人才教化所出，关系治理，伏乞敕下查复累朝学校起贡旧例，行令各处提学官，今后考试生员，止许于食粮年深内起送二人考选，如正贡不堪，方将以次陪贡者考充，不必会同巡按御史并二司官员，庶免牵制，方可委任责成，不许概学通考，以启夤缘幸进之门。其赴京廷试不中，准令回学肄业，次年再试，再试不中，照例充吏，止将提调官、教官仍旧罚治，提学不必降级。其一应提督学校事宜，俱遵照祖宗成宪，并见奉敕书行事，仍通行南、北直隶，其浙江等十三布政司提学官备将嘉靖十一年后未曾起贡地方，依例考补起贡前来，庶事体归一，便于遵守，学校不致废弛，而人才各得其所矣。嘉靖十五年三月初四日具题，初六日奉旨：'是。都只照旧例行，便行与各处提学官着以食粮次第起贡，钦此。'"《明世宗实录》卷一百八十五："嘉靖十五年三月辛酉，是时岁贡例严，自嘉靖十一年始至十四年，天下郡邑缺贡至一千一百九十馀处。礼部言，国初建学设贡，本以兴起斯文，故宽立条格，开其进取之路，今新例既严，提学官畏避降罚，于各府、州、县学该贡年份多不起贡，且偏方下邑，既鲜科目，又无岁贡，其势必至颓废学校，尽散生徒，非祖宗立法意也。况考选虽名会同，权实专于御史，及廷考不中，顾乃独罪学官，不特情理未协，而于先年设官专督学政初意亦已大谬。臣请查复累朝学校起贡旧例，行令各提学官自后惟于食粮年深者起送二人考选，正贡不堪，许以陪贡考充，不必会同巡、按二司官，亦不许概学通考，以启贪缘幸进之路。其赴京廷试不中，准令回学肄业，再试不中，照例充吏，止罚至提调、教官，提学官不必降级。其一应提督学校事宜，并遵成宪，并见奉敕书行事。仍通行各提学官将十一年后缺贡地方依例考补起贡，庶事体归一，易于遵守，而人才亦各得其所矣。得旨允行。"

四月

南京礼部郎中王慎中升任山东提学佥事。顾璘作《赠别王道思序》。《明世宗实录》卷一百八十六："（嘉靖十五年四月）壬辰，升南京礼部署郎中王慎中为湖广按察司佥事提调学校。""湖广"为"山东"之讹。王惟中《河南布政司参政王先生慎中行状》："（1535年）谪判常州，时年二十有七。……在郡仅数月，升南京户部主事，转礼部员外郎。礼部于留都尤闲简，得益肆力于问学。……丙申升山东督学，慨然以敦风教齐习尚为己任。"顾璘《赠别王道思序》："夫天将兴一代之文，必生天资绝出之贤，力学好古以成其业，考之前代可见已。今余观于海内，若王子道思其人也。道思弱冠举进士为郎，读书过目成诵，文词烂然。尝主广东试事，刻文甚奇，余以故志其名。今年来为南京礼部主客郎中，会余，余称其试文，乃蹙然曰：'公罔某邪？某初学文，好拟古，最先《六经》语，已而学左氏，又之迁、固。试文则是物也，殆扬雄所谓雕虫技乎？近乃爱昌黎，为文日见其难及，不知昔者何视之易也？'璘惊曰：'有是哉！今英贤并易昌黎文，而浅晦庵于道。子睿质强气，乃逊志如此乎？'再会，则又曰：'古之圣人必有学，后世或失其传。故秦汉而后，虽纯德笃行之士盛矣，终不可以称圣，岂所谓得其门者或寡乎？'余因敛衽向之曰：'子真绝出人也。今天下有大患二，异端恶德不存焉。学道务虚，学文务奇，其究至于荡人心伤国体，非细事也。夫圣人之道，自洒扫应对，以至精义入神，初无二物，在安勉之间耳。今学者遗躬行而索虚无，盖不知圣人之静为无欲，而以为无事也，顾又曰非佛老之玄寂，非罔乎！至于文，则明道达意止矣，浅深大小，唯其所造，六经异体，非群圣人之殊致邪？拟之虽肖，绘工耳，故君子丑之。'道思曰：'今之贤者，其言皆异于是，某请识之。'又数月，道思乃拜山东督学之命，二者则其所从政也。诸公赋诗赠之，余遂书前所说为引，是非之衷，愿君子终裁之。修大业以承天意，其在此行矣。"（《息园存稿文》卷三）

国子监祭酒吕柟上《恭和圣制谒陵》诗赋各一，曲十首。（据《国榷》卷五十六）

改武学于大兴隆寺旧址，用文武重臣教习。（据《国榷》卷五十六）孙承泽《天府广记》卷三《武学》："嘉靖改建武学，命兵部会同礼、工二部条议事宜具奏。一、专教将领。宜命才望素著、谙兵文臣一员提督讲武，选各府掌印金书侯伯及各营坐营将官二三十员，每月遇三日赴讲《武经》等书，遇八日演习武艺。至岁仲冬，请车驾幸讲武殿，行大阅礼，考校将帅而赏罚黜陟之。一、尊崇庙享。古今言兵者，以太公吕望为宗，请仿唐制，立武成王庙，以汉唐以来名将，如孙武、吴起、司马穰苴、尉缭子、黄石公、张良、韩信、李广、赵充国、诸葛亮、邓禹、冯异、关羽、张飞、李靖、李勣、郭子仪、曹彬、韩世忠、岳飞，本朝之徐达、常遇春、张玉、汤和配享。每岁春秋致祭，庶典制不阙，武教有所兴起。一、时加劝惩。每岁仲冬大阅外，其春秋仲月望日，该部请旨会官严加校阅弓马兵书，开其等第，奏行该部纪录。果弓马熟娴，通晓兵略者，即遇缺推补，否则不得升叙。上从之。"据孙承泽《天府广记》卷三《武学》："嘉靖十五年，以（京卫）旧学在城东偏狭之地，改建于皇城西隅大兴隆废寺。"康熙《大兴县志》卷二《学校考·附武学》："京卫武学，明朝属兵部。春秋二考，应考者系锦衣卫等卫、七十八卫所籍贯子弟。乡试为京卫武举独为一榜，不与外府同。其学官公署在录米仓隔壁，殿庑衙舍鼎革以来圮坏不堪，惟存基址。其官：教授一员，训导一员。有四斋，曰居仁，曰由义，曰崇礼，曰弘智。斋各一长，考试令其出考童生。""顺天府郭为大、宛二县，例应设三学，而止一府学者何居？盖首善之地，制度如斯尔。则府学即系县学，而府学之士即两县之士。两县志皆载府学者，盖为是欤？至于武学，在明时作养勋官子弟，立学隶于兵部。"

五月

王世懋（1536—1588）生。王世懋，字敬美。世贞弟。嘉靖三十八年（1559）成进士，即遭父忧。父冤雪，始选南京礼部主事。历陕西、福建提学副使，再迁太常少卿，先世贞三年卒。好学，善诗文，名亚其兄。世贞力推引之，以为胜己，攀龙、道昆辈因称为"小美"。有《奉常集》等。据王世贞《亡弟中顺大夫太常寺少卿敬美行状》、《明史·文苑传》等。

六月

吏部左侍郎霍韬言："考选行人博士中书舍人，优游闲局，坐致华要，是不种而获也。进士宜临选糊名校试，择其优长，授博士等官，馀授有司。"报可。礼部观政进士卢楩上书曰："博士等官，选且过半，韬始议上。盖寮寀讥其曲庇乡里，饰私文过也。"因言其三不可，遂寝其议。（据《国榷》卷五十六）

应天巡抚都御史侯位忧去。荐举非例，夺其官。（据《国榷》卷五十六）

七月

前太子太保吏部尚书汪鋐卒。鋐婺源人，弘治壬戌进士。授南京户部主事，历佥事副使，至兵部尚书。初以才略称，折节取声誉，善窥时好。自金事至布政使，悉在广东。因方、霍纳交张、桂，抚南赣。首进甘露，《明伦大典》因标之卷末，亡何，擢中台典铨，大被宠任，多所建论。然性倾狡，外示强直，内软媚取悦。每见弹辄指为报复。上后亦厌之。赠少保，谥荣和。（据《国榷》卷五十六）

八月

翰林侍读学士廖道南忧去。（据《国榷》卷五十六）
国子祭酒吕柟为南京户部右侍郎。（据《国榷》卷五十六）

九月

升翰林院侍读学士许承名为太常寺卿，管国子监祭酒事。（据《明世宗实录》卷一百九十一）

甲寅，进武定侯郭勋左柱国，大学士李时少傅兼谨身殿大学士，尚书夏言少保，顾鼎臣太子太保。谢丕、张璧为吏礼部右侍郎，丕署翰林院。蔡昂为翰林学士，姚涞为侍读学士，张衮、张汝璧俱左谕德，张治、王用宾俱右谕德。童承叙、杨惟杰、欧阳衢俱洗马，屠应陵（埈）、华察俱侍读，胡经侍讲，杨瀹、陈节之、周文烛俱修撰。馀升秩有差。（据《国榷》卷五十六）

十月

吕坤（1536—1618）生。（据郑涵《吕坤年谱》）张惟骧《疑年录汇编》卷七："吕叔简八十三坤，卒万历四十六年戊午。"黄宗羲《明儒学案》卷五十四："年八十三卒，赠刑部尚书"。吕坤字叔简，宁陵人，万历甲戌（1574）进士，知襄垣、大同二县，为吏部主事，历员外郎中，出参政山东，按察山西，转陕西右布政，以右金都御史巡抚山东，升刑部侍郎。有《去伪斋集》。参见《列朝诗集小传》等。

遣翰林院侍读屠应陵（埈）、华察等报书诸王。以皇子生。（据《国榷》卷五十六）

以皇子生，颁诏朝鲜安南，遣翰林修撰龚用卿、户科给事中吴希孟使朝鲜。（据《国榷》卷五十六）

十二月

夏良胜（1480—1536）卒。（据欧阳铎《太常寺少卿夏公良胜墓志铭》）

以道士邵元节为礼部尚书。《明鉴纲目》卷六：“纲：冬十二月，以道士邵元节为礼部尚书。目：元节自嘉靖三年召入京，大加宠信，封真人，班二品。（赠其父母，官其孙，及曾孙。）至是，以皇储生，嘉其祷祀功，拜尚书。”赵翼《廿二史札记》卷三十四《成化嘉靖中方技授官之滥》：“其后嘉靖中，又有方技滥官之秕政。道士邵元节，以祷祠有验，封为清微妙济守静修真凝元演范志默秉诚致一真人，统辖朝天、显灵、灵济三宫，总领道教，锡金、玉、象牙印各一，班二品，紫衣玉带，以校尉四十人供洒扫。寻又赐阐教辅国玉印，进礼部尚书，给一品服。荫其孙启南为太常丞，进少卿；曾孙时雍为太常博士。其徒陈善道亦封清微阐教崇真卫道高士。又有陶仲文，以符水治鬼，封神霄保国弘烈宣教振法通真忠孝秉一真人，累进礼部尚书、少保、少傅、少师，明代一人兼三孤者，惟仲文一人而已。寻又封恭诚伯，岁禄千二百石。荫其子世同为太常丞，世恩为尚宝丞，婿吴浚，从孙良辅为太常博士。其它段朝用、龚可佩、蓝道行、王金、胡大顺、蓝田玉、罗万象之属，亦皆以符咒烧炼扶鸾之术，竞致荣显。甚至顾可学官浙江参议，亦以炼秋石得幸，超拜工、礼二部尚书。盛端明官副都御史，亦以通晓药术，拜工、礼二部尚书。朱隆禧官顺天府丞，亦以长生秘术，加礼部侍郎。（以上诸官，皆食俸而不治事。）则不惟方士藉以干进，即士大夫亦以希荣邀宠矣。（皆《佞幸传》）是嘉靖时之优待方技，较成化更甚。其故何也？盖宪宗徒侈心好异，兼留意房中秘术，故所昵多而尚非诚心崇奉。世宗则专求长生，是以信之笃而护之深，与汉武之宠文成、栾大遂同一辙，臣下有谏者必坐以重罪，后遂从风而靡，献白兔、白鹿、白雁、五色龟、灵芝、仙桃者，几遍天下。贻讥有识，取笑后世，皆贪生之一念中之也。”

吏部右侍郎兼翰林学士席春卒。（据《国榷》卷五十六）

闰十二月

夏言入内阁，预机务。《明鉴纲目》卷六：“纲：闰月，以礼部尚书夏言兼武英殿大学士，预机务。目：言入阁，李时虽为首辅，政多自言出，时亦每推让焉。”

敕武定侯郭勋，大学士李时、夏言录囚。（据《国榷》卷五十六）

本年

何孟春（1474—1536）卒。《列朝诗集小传》丙集《何侍郎孟春》：“孟春字子元，郴州人。弘治癸丑进士。长沙异其才，拟入史馆，以父忧罢。授兵部职方主事，历郎，出补河南参政，入为太仆卿，以佥都御史巡抚云南，召为吏部右侍郎。世庙即位，诏议尊亲礼，大臣相继去位，子元率部院台谏力争，泣谏于左顺门，上疏，上抚谕再四，跪泣不起，左迁南京右侍郎。居无何，尽斥诸咈议者，削籍，锢不复用。屏居著述，有《馀冬叙录》行世。穆庙初，追赠礼部尚书，赐谥文简。”

金大车（1493—1536）卒。许谷《刻金子有诗集后语》："亡六年，羽伯（陈凤）茸其遗诗，刻之梓。诗凡若干首，诸体略备，往来商订刊落者，凡十倍，兹盖存其菁华可述者尔。嘉靖壬寅（1542）仲冬既望，吏部文选司员外郎，石城许谷记。"《列朝诗集小传》丁集上："子有屡上南宫不第，从其妇于广陵，以旅病卒。子有诗法襄阳、随州，每摇笔执卷，顷刻立就。尝赋诗有'不堪摇落逢秋日，况复蹉跎入暮年'之句，陈羽伯怪其壮岁出语不祥，时年四十四。"生卒年据以推定。金大车字子有，其先西域默伽国人。明初归义，赐姓，居南京，遂为上元人。嘉靖乙酉举人。有《方山遗稿》。

明世宗嘉靖十六年丁酉（公元 1537 年）

正月

乙巳，诏授庶吉士李玑、赵贞吉、敖铣、郭朴、骆文盛（1496—1554）、尹台、康太和、欧阳�􀀀、王立道（1510—1547）、嵇世臣、彭凤、郑一统俱翰林院编修，林廷机、黄廷用、郭鎜、陈东光、王维桢、卢宗哲、全元立俱检讨，沈瀚等俱给事中。瀚吏科、胡汝霖、高时户科、奚良辅礼科，沈良才兵部，李秦刑科。何维柏等俱御史，维柏浙江道，赵继本广东道，汪集礼部精膳司，卫元确祠祭司，俱主事。据《明世宗实录》卷一百九十六张治《翰林院编修王君懋中墓石文》：王立道，字懋中，无锡人。嘉靖乙未（1535）进士，选庶吉士。"丁酉授本院编修，懋中曰：'翰林职文字，然时俗弊久矣，夸浮怪谲，非所以称良史、润贲皇猷也，徒区区絫墨间，不通天下之务，苴块焉耳，则国亦何赖哉！'乃与编修孙子升、赵子贞吉、检讨王子维桢裁质疑义，论度古今治理得失及经制民物之略。其为文力追秦汉而止乎理，诗冲雅，骎骎入韦、柳门户也。"孙升《骆两溪墓志铭》："吾友两溪骆公，盖今之笃行君子云。公讳文盛，字质甫，别号两溪。其先义乌人也。宋乌程尉讳免者徙家武康，遂世为武康人。""正德己卯领浙江乡荐，试南宫下第，卒业太学，志益坚定。嘉靖乙未（1535）举进士，阁大臣以所对策高等十二篇呈宸览，并梓其文，公与焉。已又天子躬御文华殿命题授简，校选进士三十人为庶吉士，公名在选中。皆异数也。丁酉（1537）授翰林院编修。己亥（1539）使鲁郑，诸藩馈贻，秋毫弗受。辛丑（1541）为会试同考官，所取称得人。当是时，四海静谧，明主右文，吾同榜官词林者，公年最长，乃公与诸君子约，岁时宴集赋诗，犹记菊月宴公之堂，分韵咏菊，公各为属和，词采烂然盈卷，称一时胜事焉。"有《骆两溪集》十四卷。

许承天贡生如京学，二岁三人。（据《国榷》卷五十六）

二月

刑部尚书唐龙录上前坐事充军应赦者马录等共 **142** 人，丰熙、杨慎、王元正等八人**不赦**。《万历野获编》卷二《献帝称宗》："坊父丰熙，以翰林学士率修撰杨慎等词臣，于嘉靖二年，痛哭阙下，撼门长跪，力辨考兴献之非，廷杖濒死，下狱远戍。至嘉靖十六年，恩诏大霈，部议赦还。上许尽还诸臣，独丰熙、杨慎等不宥。是年熙即卒于戍所。"

礼部右侍郎张璧为左侍郎翰林学士，蔡昂为礼部右侍郎并兼翰林侍讲学士。（据《国榷》卷五十六）

三月

翰林侍读学士郭维藩为太常寺少卿兼侍读学士，署院。（据《国榷》卷五十六）

四月

世宗令拆毁湛若水所创书院。《明会要》卷二十六："十六年四月壬申，罢各处私创书院，以御史游居敬论王守仁、湛若水为伪学，乞毁其书院。从之。"《万历野获编》卷二《讲学见绌》："世宗所任用，皆锐意功名之士，而高自标榜，互树声援者，即疑其与人主争衡。如嘉靖壬辰年（1532）御史冯恩论彗星，而及吏部侍郎湛若水，谓素行不合人心，乃无用道学。恩虽用他语得罪，而此言则不以为非。至丁酉年（1537），御史游居敬又论南太宰湛若水学术偏陂，志行邪伪，乞斥之，并毁所创书院。上虽留若水，而书院则立命拆去矣。比湛殁请恤，上怒叱其伪学盗名，不许，因以逐太宰欧阳必进。其憎之如此。至辛未年九庙焚，给事戚贤等因灾陈言，且荐郎中王畿当亟用。上曰：畿伪学小人，乃擅荐植党。命谪之外。湛、王俱当世名流，乃皆以伪学见斥。至于聂双江（豹）道学重望，徐文贞力荐居本兵，上以巽懦偾事逐之，徐不敢救。比世宗上宾，文贞柄国，湛、聂俱得恩赠加等，湛补谥文简，聂补谥贞襄。盖二公俱徐受业师，在沆瀣一脉宜然，而识者以为溢美，非世宗意矣。若王文成之殁，在嘉靖初年，既靳其恤典，复夺其世爵，亦文贞力主续封，备极优异，而物论翕然推服。盖人情不甚相远也。王龙溪位止郎署，且坐考察斥不得复官，故文贞不能为之地，即隆庆初元起废，亦不敢及之，第为广扬其光价耳。"

五月

升左春坊左谕德掌南京翰林院事王教为国子监祭酒。（据《明世宗实录》卷二百）

帅机（1537—1595）生。帅机字惟审，号谦斋，临川人。隆庆戊辰进士，授汝宁教授。改国子学正，迁兵部主事。乞南，改礼部，历郎中，谪两浙盐运司运副。历彰德同知，迁南刑部郎中，出为思南知府。有《阳秋馆集》。据帅先慎《惟审先生履历》。

左春坊左谕德张衮为南京翰林侍读学士。（据《国榷》卷五十六）

六月

高叔嗣（1502—1537）卒。（生年据公历标注）霍韬《高廉使墓志铭》："子业生弘治辛酉十二月十四日，卒嘉靖十六年六月十七日。"《明史·文苑传》："高叔嗣，字子业，祥符人。年十六，作《申情赋》几万言，见者惊异。十八举于乡，第嘉靖二年（1523）进士。授工部主事，改吏部。历稽勋郎中。出为山西左参政，断疑狱十二事，人称为神。迁湖广按察使，卒官，年三十有七。叔嗣少受知邑人李梦阳，及官吏部，与三原马理、武城王道同署，以文艺相磨切。其为诗，清新婉约，虽为梦阳所知，不宗其说。陈束序其《苏门集》，谓有应物之冲澹，兼曲江之沉雄，体王、孟之清适，具高、岑之悲壮。王世贞则曰：'子业诗，如高山鼓琴，沉思忽往，木叶尽脱，石气自青；又如卫洗马言愁，憔瘁婉笃，令人心折。'而蔡汝楠至推为本朝第一云。"

大同儒学改试冀北分巡道。（据《国榷》卷五十六）

吏部左侍郎兼翰林学士温仁和为工部尚书，仍兼官。（据《国榷》卷五十六）

七月

命左春坊左谕德江汝璧、司经局洗马欧阳衢主试应天。（据《国榷》卷五十六）

前户部尚书邹文盛卒。文盛公安人，弘治癸丑进士。授吏科给事中。尝出守保定，累进抚贵州，平香炉山叛苗。入南台，至尚书。廉慎古朴，虽持丰节，而貌悛悛若庸人。赠太子少保，谥庄简。（据《国榷》卷五十六）

八月

姚涞、孙承恩任顺天乡试主考。《弇山堂别集》卷八十二《科试考二》："十六年丁酉，命翰林院侍讲学士姚涞、左春坊左中允孙承恩主顺天试。命右春坊右谕德江汝璧、司经局洗马欧阳衢主应天试。"孙承恩《文简集》卷三十《同年录序》："嘉靖丁酉之岁，予与学士四明姚明山主北畿乡试。未几，诸中式之士茸有斯录，欲予二人各系一言。逮兹十馀稔矣，于是诸士凡四上礼闱，而获隽者致五十馀人。咸以是科得人为盛，乃今五十一人之仕于朝者。"

两京及河南、山东、陕西、山西、浙江、湖广、江西、福建、广东、广西、四川、云南、贵州等十三布政司乡试。徐学聚《国朝典汇》卷一百二十八："（嘉靖）十六年八月，命侍讲学士姚涞、中允孙承恩主顺天乡试，谕德江汝璧、洗马欧阳衢主应天试，取郑光溥、王讽等各百三十五人。南考官批语失列名，下部参看，谓'不敬'，当提问。又策题以《周礼》'祀戎'为问，语多讥讪。试官汝璧、衢，锦衣卫逮讯；提调府尹孙懋、丞杨麒、监场御史何宏、沈应阳，南京法司究问，房考学正许文魁等，所在巡按逮问。所取士不准会试。后复许之。降璧提举，衢通判。礼部尚书严嵩又指《广东试录》'圣谟'、'帝懿'、'四郊'、'上帝'俱不抬头，陈白沙、伦迁冈非君前臣名义。且飞卫、纪昌道逐交射，黄郊紫薇碧虚子问答怪异。诏学正王本才等、布政陆杰等、按察司蒋淦等，俱巡按官逮问。本才等仍夺礼币，御史余光法司逮讯。仍通行天下提学官，禁士习怪诞，违式者悉黜之。"

顺天乡试，次题为"天地之道博也"一节，犯世宗名讳。沈德符《万历野获编补遗》卷二《科场·场题犯讳》："世宗朝，章奏触忌者，例得重遣，至中年而乡、会《试录》，尤多讳忌，然亦有不尽然者。如初登极时不必论，嘉靖十六年丁酉顺天乡试，次题为'天地之道博也'一节，则犯御名上一字。次年戊戌会试，出'博厚所以载物'一节，又犯御名。十九年庚子，福建出'至诚无息'五节，凡四犯御名。然是时犹未逮治考官也。至二十八年己酉，浙江题为'博厚配地'一节，亦犯御名。是年山东以'无为而治'程文语涉讥讪，逮巡按御史叶经，死于杖下。何以独不问浙江也？至三十一年壬子，四川出'博厚所以载物'二节，则两犯御名。三十七年戊午，山西、云南、贵州俱出'征则悠远'三节，则三犯御名，俱置若不闻。至四十年辛酉，顺天、山东俱出'久则征至，博厚则高明'，湖广出'征则悠远'一节，俱两犯御名，以上俱不见诘。虽云二名不偏讳，然张永嘉嫌名亦已奉钦改，何诸臣不照顾及此？盖上是时方修祈年永命故事，臣下争进谀词以求媚，故'至诚无息'一章层出迭见，初不计及御名上一字也。揆之唐宋臣子避讳同音者，何啻千里云。"

冯惟敏（1510—1590）中举。咸丰《青州府志》卷四十四：冯惟敏，"字汝行，裕三子。总角时，裕之官石阡，力不能携家，以惟敏行，课以六经、诸子史，性聪颖，学日益进。为文弘肆，万言立就。归自石阡，声誉噪一时。晋陵王慎中督学山东，自谓无书不读，少所推许，及见惟敏文，乃大赏异之，以为其才不能逮也。嘉靖十六年举于乡，谒选，授直隶涞水知县"。改教润州，迁保定府通判。有《海浮山堂词稿》、《击筑余音》和杂剧《梁状元不伏老》、《僧尼共犯》等。

潘士藻（1537—1600）生。藩士藻，字去华，号雪松，婺源人。万历癸未进士。官至尚宝司少卿。事迹附见《明史》李沂传。著有《洗心斋读易述》十七卷，《闇然堂类纂》六卷。

吏部左侍郎张邦奇兼翰林学士，署院。（据《国榷》卷五十六）

湖广提学佥事陈束刻《湖广乡试录》并作序，王慎中不满于第二问策之指斥宋儒。王慎中复陈束书云："得读《湖广录》，其二十篇之中，词致奇，文采伟丽者数篇，盖超然而不同，虽微吾子晓谕之，予固亦能识其为名笔也。是使秦汉之士复生，授之以简，使为之，亦若此而已。而余私心所不足于子者，惟第二问策，指斥宋儒，殊失其真。且诬其书，以为读之令人眩瞀而不可信，是子于此数子之书，未尝潜心以读之也。夫学未到彼，则于其言宜未能知，既未之知，则其不信也亦宜，但不宜以己之不信，而遂斥立言者之非耳。吾子材高意广，卓越时流，愿稍自抑损，尽心于宋人之学，则其所就，又当如何？"（《遵岩先生文集》卷十五）

九月

谪谕德江汝璧为福建市舶提举司副提举，洗马欧阳衢为广东南雄府通判。《明世宗实录》卷二百四：嘉靖十六年九月，"癸卯，应天府进呈乡试录考官批语，失填名，下礼部参看，谓事属不敬，考试提调同考试监试等官皆当提问。议上，上谓试录进呈，考官既不填名，策题又以国家祀戎大事为问，所对语多讥讪，谕德江汝璧、洗马欧阳衢令锦衣卫官校逮治，提调府尹孙懋、府丞杨麒，监试御史何宏、沈应阳南京法司究问，同考官学正舒文奎等，所在巡按御史逮问。所取生儒不许会试。该部奉旨不行参出，明是回护，本当查究，姑宥之。已乃谪汝璧为福建市舶提举司副提举，衢为广东南雄府通判"。

陆采（1497—1537）卒。陆粲《天池山人陆子玄墓志铭》云："天池山人陆子玄者，吾弟也，名灼，更名采。世吴人。吴之西境，有山曰天池，盖道书所称可以度世者也。君意慕之，因自谓山人云。……其于人喜称六代，诗初规摹盛唐，晚宗谢康乐，造语往往似之。居闲弄笔游戏，为近体乐府，若调笑率然之作，亦蕴藉可喜。独好闻国朝故实，所至延访勤切，黠者或谩言以中其意，君亦倾听弗疑。他如幽冥物怪、黄冶变化之言，靡不采获，著之编录，多至数十百卷，藏于家。闻有奇人异书，不远数百里走求之。其笃好如此。""（采）语人曰：世无知我者。吾闻京师，天下豪杰辐辏，又燕赵多慷慨士，吾且往观焉，傥庶几乎？行半道，病还。及家，意颇惘惘。夜中数起东西行。谓余曰：日者言吾岁行在酉当厄。吾形神不相摄矣。吾殆将死也！因屏人属余后事。其言凄怆，不忍闻。兄弟相对唏嘘，泣数行下。居亡何，竟不起。伤哉。是岁嘉靖丁酉九月廿二日也。年四十一。"（《皇明文范》卷五十）据沈德符《顾曲杂言·填词名手》，陆采作有传奇《明珠记》、《南西厢》、《韩寿偷香记》等。

吏部右侍郎张潮为左侍郎兼学士，仍直经筵。（据《国榷》卷五十六）

左春坊左中允孙承恩为南京翰林侍读学士。（据《国榷》卷五十六）

翰林修撰龚用卿、户科给事中吴希孟使朝鲜。（据《国榷》卷五十六）

十一月

故昌国公张鹤龄下狱死。《明鉴纲目》卷六："纲：冬十一月，故昌国公张鹤龄下狱死。目：奸人班期于云鹤，告延龄兄弟挟左道咒诅，逮鹤龄下诏狱。太后衣敝襦席稿为请，不得，鹤龄瘐死狱中。"

礼部尚书严嵩，摘广东试录，如圣谟、帝懿、四郊、上帝等失崇上，称陈白沙、伦迁冈非君前臣名之义，逮巡按御史余光于法司。考官学正王本等，布政使陆杰等，按察使蒋淦等，并下巡按御史。（据《国榷》卷五十六）详见《弇山堂别集》卷八十二《科试考二》。

本年

令今后顺天府乡试，凡以"儒士"身份入试者，务要查明其籍贯所在，其附籍可疑之人，取有同乡正途出身官印信保结，方许应试。（据万历《大明会典》卷七十七《礼部》三十五《贡举·科举·乡试·凡应试》）

陆深（约1475—1544）召为太常卿兼侍读学士。《明史·文苑传》："陆深，字子渊，上海人。弘治十八年进士，二甲第一。选庶吉士，授编修。刘瑾嫉翰林官亢己，已改外，深得南京主事。瑾诛，复职，历国子司业、祭酒，充经筵讲官。奏讲官撰进讲章，阁臣不宜改窜。忤辅臣，谪延平同知。晋山西提学副使，改浙江。累官四川左布政使。松、茂诸番乱，深主调兵食，有功，赐金币。嘉靖十六年召为太常卿兼侍读学士。世宗南巡，深掌行在翰林院印，御笔删侍读二字，进詹事府詹事，致仕。""深少与徐祯卿相切磨，为文章有名。工书，仿李邕、赵孟頫。赏鉴博雅，为词臣冠。然颇倨傲，人以此少之。"

南京翰林院孔目蔡羽（？—1541）致仕归。《盛明百家诗·蔡翰目集》："林屋蔡公名羽，字九逵，吴县洞庭西山人。有声庠校，竟以贡授南翰林孔目，然非其志也，故每自称山人云。平生好古文词，尝见其《南馆集》十卷，就中刻诗数十篇，备一家之言。"蔡羽1534年以岁贡赴选，授南京翰林院孔目。

李攀龙（1514—1570）得山东督学王慎中赏拔。王世贞《李于鳞先生传》："李于鳞者，讳攀龙，其家近东海，因自号沧溟云。当其业成时，海内学士大夫无不知有沧溟先生者。而自其六七友人，居恒相字之，故其为于鳞独著。于鳞之先世济南历城人，父宝，以资事德庄王为郎，善酒任侠，不问家人生产。继娶于张，梦日入怀而生于鳞。于鳞生九岁而孤，其母张，影相吊也。但游？不足以资修脯，而自其挟册请益，塾师为之逊席者数矣。补博士弟子，与今左长史许君邦才、少保殷公士儋结髻臭交。晋江王慎中来督山东学，奇于鳞文，擢诸首。然于鳞益厌时师训诂学，间侧弁而哦若古文辞者，诸弟子不晓何语，咸相指于鳞'狂生狂生'，于鳞夷然不屑也，曰：'吾而不狂，谁当狂者？'亡何，举其省试第二人。"今年，王慎中在山东提学佥事任。

沈一贯（1537—1615）生。《明史》有传，此处从略。

明世宗嘉靖十七年戊戌（公元 1538 年）

正月

广西道监察御史吴悌请容应天贡士会试，不许。下悌镇抚司，寻释。（据《国榷》卷五十六）

二月

顾鼎臣、张邦奇为会试考官，取袁炜等三百二十人。《明世宗实录》卷二百九：嘉靖十七年二月，"庚午，礼部会试，取中式举人袁炜等三百二十名"。茅坤《茅鹿门集》卷首张汝瑚《茅鹿门先生传》："先生姓茅氏，名坤，字顺甫。……戊戌会试，中允李公学诗得先生卷，奇之，拟首。总裁尚书顾公鼎臣怒其策中讥切时政，欲抑之。学士张公邦奇力争，乃置第十三。"吕本《光禄大夫柱国少傅户部尚书建极殿大学士赠少师谥文荣袁公墓志铭》云：袁炜（1508—1565），字懋中，别号元峰。慈溪人。"十岁习举子业，读书一过目辄成诵。十七补县学生，淹贯经史，名誉日殷殷起。嘉靖丁酉举乡试第二。明年会试第一。廷试卷呈上览，已批第一，中言边将事过直，文华读卷后，易置第三，授翰林院编修。是年端居公卒，守制还，用礼襄事，癸卯起复。"

巡按山西御史何赞疏请增进士科额，以补州县长吏。吏部覆如赞议。诏临期奏请。（据《明世宗实录》卷二百九）

王慎中由山东按察司佥事升为江西布政司左参议。山东按察司副使顾梦圭迁河南提调学校。王惟中《河南布政司参政王先生慎中行状》："丙申升山东督学。……甫一年，转江西参议。江西，故阳明讲习化导之区，其老先生多以学鸣世，士之知学者不少。先生以职事往来白鹿鹅湖间，与学者犹订证发明，简易通彻，不为蹊径。诸老先生如宗伯南野欧阳公、司马双江聂公、司成东廓邹公、礼部明水陈公、翰林念庵罗公，皆以德学文章相雅善。元相徐存翁时以馆阁儒臣督学兹省，德尊誉重，士友每私相语，谓难于为继，莫不愿先生为督学，以继徐公。而先生乃遂迁河南参政而去。"王慎中于嘉靖八年

（1539）五月迁河南参政。

吏部左侍郎张邦奇、太常寺卿兼侍读学士陆深纂修玉牒。（据《国榷》卷五十六）

前大学士张孚敬请立东宫，优答之。（据《国榷》卷五十六）

三月

茅瓒、罗珵、袁炜等三百二十人进士及第、出身有差。《明世宗实录》卷二百十：嘉靖十七年三月，"戊子，上亲策会试中式举人袁炜等……是日上不御殿，命礼部官给散制题"。《嘉靖十七年进士登科录·玉音》："嘉靖十七年三月初九日，礼部尚书兼翰林院学士臣严嵩等于奉天门奏为科举事。会试天下举人，取中三百二十名。本年三月十五日殿试，合拟读卷官及执事等官少傅兼太子太师吏部尚书华盖殿大学士李时等六十四员。其进士出身等第，恭依太祖高皇帝钦定资格。第一甲例取三名，第一名从六品，第二第三名正七品，赐进士及第。第二甲从七品。赐进士出身。第三甲正八品，赐同进士出身。奉圣旨：是，钦此。""读卷官：光禄大夫柱国少傅兼太子太师吏部尚书华盖殿大学士李时，壬戌进士；光禄大夫柱国少傅兼太子太师礼部尚书武英殿大学士夏言，丁丑进士；荣禄大夫太子太保吏部尚书许赞，丙辰进士；光禄大夫掌詹事府事太子太保礼部尚书兼翰林院学士顾鼎臣，乙丑进士；光禄大夫太子太保兵部尚书张瓒，乙丑进士；资德大夫太子太保刑部尚书唐龙，戊辰进士；资善大夫工部尚书兼翰林院学士温仁和，壬戌进士；资德大夫正治上卿太子少保兵部尚书兼都察院左都御史掌院事王廷相，戊戌进士；通议大夫吏部左侍郎兼翰林院学士掌院事张邦奇，乙丑进士；嘉议大夫通政使司通政使郑绅，甲戌进士；通议大夫大理寺卿屠侨，辛未进士；嘉议大夫太常寺卿兼翰林院侍读学士陆深，乙丑进士；翰林院侍读学士奉直大夫姚涞，癸未进士。提调官：资政大夫礼部尚书兼翰林院学士严嵩，乙丑进士；通议大夫礼部左侍郎兼翰林院学士张璧，辛未进士；嘉议大夫礼部右侍郎兼翰林院侍讲学士蔡昂，甲戌进士。监试官：文林郎山西道监察御史王镐，己丑进士；文林郎河南道监察御史董珊，丙戌进士。受卷官：奉直大夫右春坊右谕德张治，辛巳进士；奉直大夫右春坊右谕德王用宾，辛巳进士；文林郎吏科都给事中高擢，乙丑进士；征仕郎户科左给事中曾烶，癸未进士。弥封官：中大夫光禄寺卿周令，秀才；中大夫太仆寺卿徐富，甲子贡士；中顺大夫鸿胪寺卿陈璋，礼生；中宪大夫太常寺少卿张文宪，癸未进士；中宪大夫尚宝司事太常寺少卿刘皋，生员；奉政大夫光禄寺少卿陈侃，丙戌进士；奉直大夫司经局洗马杨维杰，丙戌进士；奉直大夫尚宝司少卿张湘，丙戌进士；翰林院编修文林郎秦鸣夏，壬辰进士；文林郎礼科都给事中李充浊，丙戌进士；文林郎兵科都给事中朱隆禧，己丑进士；翰林院掌典籍事奉直大夫户部浙江清吏司员外郎凌楫，儒士。掌卷官：翰林院检讨从仕郎阎朴，壬辰进士；翰林院检讨征仕郎李本，壬辰进士；翰林院检讨征仕郎郭希颜，壬辰进士；征仕郎刑科右给事中李征，壬辰进士；征仕郎工科左给事中薛廷宠，壬辰进士。巡绰官：骠骑将军锦衣卫掌卫事都指挥使陈寅；昭毅将军锦衣卫管卫事都指挥金事袁天章；昭毅将军锦衣卫都指挥佥事张琦；昭勇将军锦衣卫署都指挥佥事季英；明威将军锦衣卫署指挥使陆炳；怀远将军锦衣卫指挥同知郑玺；明威将军锦衣卫指挥佥事赵俊；明威将军锦衣卫指挥佥事刘鲸；明威将军锦衣卫指挥佥事高恕；明威将军锦衣卫指挥佥事张爵；武德将军锦衣卫署指挥佥事杜承宗；明威将军金吾前卫指挥佥事刘勋；昭勇将军金吾后卫指挥使贾澄。印卷官：奉政大夫礼部仪制清吏司郎中陈篪，癸未进士；奉直大夫礼部仪制清吏司员外郎皇甫涍，壬辰进士；承德郎礼部仪制清吏司主事尹耕，壬辰进士；承德郎礼部仪制清吏司主事张铁，己丑进士。供给官：奉政大夫光禄寺少卿彭黯，癸未进士；奉政大夫光禄寺少卿冯惠，己丑进士；承德郎光禄寺寺丞窦一桂，丙戌进士；承德郎光禄寺寺丞边侁，壬辰进士；奉政大夫礼部精膳清吏司郎中胡松，己丑进士；奉直大夫礼部祠祭清吏司员外郎江曜，官生；承德郎礼部精膳清吏司署员外郎事主事许勉仁，己丑进士；承德郎礼部精膳清吏司主事汪集，乙未进士。"《嘉靖十七年进士登科录·恩荣次第》："嘉靖十七年，三月十五日早，诸贡士赴内府殿试，上御奉天殿亲赐策问。三月十九日早，文武百官朝服侍班。是日，锦衣卫设卤簿于丹陛丹墀内，上御奉天殿，鸿胪寺官传制唱名，礼部官捧黄榜，鼓乐导引出长安左门外，张挂毕，顺天府官用伞盖仪从送状元归第。三月二十日，赐宴于礼部。宴毕，赴鸿胪寺习仪。三月二十日，赐状元朝服冠带及进士宝钞。三月二十三日，状元率诸进士上表谢恩。三月二十四日，状元率诸进士诣先师孔子庙行释菜礼，礼部奏请命工部于国子监立石题名。"《弇山堂别集》卷八十二《科试考二》："十七年戊戌，命太子太保礼部尚书掌詹事府事翰林院学士顾鼎臣、太子宾客吏部左侍郎翰林院学士张邦奇为考试官，取中袁炜等。廷试，赐茅瓒、罗珵、袁炜（1508—1565）及第。""是岁，内阁初拟吴人陆师道为状元，御笔批作二甲第五，取袁炜第一。文华宣读已出，复召大学士李时、夏言，学士顾鼎臣入，改作第三，亲擢茅瓒第一。见陆詹事深家书中。"孙应鳌《孙山甫督学文集》卷四《乔三石公墓志铭》："三石先生乔公，耀州人也，讳世宁，字景叔。……公在诸生，督学使秦公文、何公景明、唐公龙皆目为国士。嘉靖乙酉举于乡，果第一。戊戌，诸进士对制，独公文剀切粹美，业已置进士选首。会唐公为司寇，与读卷，见文词大类公，于是间语诸同事。语稍泄，执政意忌，遂不以选首进。"查继佐《罪惟录》志卷十八《科举志》："（嘉靖）十七年戊戌正月，礼部请正文体，禁引用《庄》、《列》不经语，诏可。试贡士，得袁炜等三百二十人。阁拟陆师道一甲第一，上手判二甲第五，取袁炜第一。文华殿宣读已出，上复改为第三，特简茅瓒第一，而罗珵次之，炜又次之。"陆师道字子传，长洲人。嘉靖戊戌进士，除工部主事。改礼部，复改南礼部，迁工部郎中，进尚宝少卿。《明诗纪事》己签卷十七录其诗一首，陈田按语云："子传廷试策入夏桂洲手，桂洲称其文贾、董，字钟、王，拟第一，永陵改置二甲，除工部主事。桂洲奏改礼部，入直内阁。子传不欲近权相，请急归。师事文征中，友王雅宜、彭孔嘉、征仲子寿承、休承，评骘文事，考校金石，以事丹青。茗碗炉香，翛然竟日。间从诸人泛石湖，取越来道，放舟胥口，寻览虎丘、上方、支硎、天池、玄墓、灵岩、邓尉、万笏、大石之胜。吴中好事人操酒船迹之于山水间，取酣适而别，兴到弄笔，得薄蹄一点染，可谓高致。余见子传小幅淹润精致，不减文画。诗长于摹古，《张烈妇行》拟《庐江小吏》，大是佳作。"

茅坤（1512—1601）中进士。茅坤字顺甫，号鹿门山人。归安人。嘉靖戊戌进士，历官礼部、吏部主事，南兵部主事，广西佥事，大名兵备副使，有《白华楼藏稿》、《续稿》、《吟稿》、《玉芝山房稿》、《耄年录》等。茅坤《耄年录·年谱》曰："戊戌会试，左春坊中允平度李公芳仍首荐之两主试掌詹事府事尚书顾公鼎臣，及吏部侍郎兼翰林院学士张公邦奇，张称之喷喷不置，然顾独览予《答策》而曰：'正德以前贿赂之风止行于中官，而近年来则交乎缙绅矣。'顾大怒，且曰：'此子浮薄不足取！'李公轩颐讼不置，他经房屠公应埈辈亦力赞之，而顾犹色愠未解也。于是张公两解之，填第十三，仍刻策一道。已而殿试，适同乡官翰林者谓掌卷检讨某曰：'予湖中二生，茅坤同吴维岳，兹二人者行且并入御览，或大魁矣。'辄匿卷。已而张公亦以读卷官上殿三检予试卷，且谓刑部尚书唐公龙曰：'茅某前会试策场中为最，殿试策当呈御览，今且久之不及见，奈何填榜至第三甲中？'予同吴卷始出，且复扯坏。"（见《耄年录》）茅国缙《先府君行实》："年二十三，乡举第十一。又三年戊戌，礼部举第十三人。时都人士传其文，声籍甚。及廷试，忌者故匿其卷，漫滥始出，公卿咸惜之。因请急归省。比归，抵家良久，里人无知者。家人愠曰：'衣锦者，固夜行耶？'父老殊器之。"梁章钜《制义丛话》卷五："俞桐川曰：艾东乡于文首推归震川，继又以茅鹿门为上，二说相持未定。要之，震川文固涵盖一世，而古雅温醇，鹿门亦不相上下也。鹿门贯通经籍，善抉古人之奥，以龙门为师，以韩、柳、欧、苏为友，于明之古文则取阳明，时文则取荆川，余无当意者。昔阳明擒宸濠，荆川破倭寇，皆以文武全才有功当世。而鹿门之治粤西与大名也，兵法精妙，出奇制胜，亦有王、唐二公之风。然则鹿门所取，非仅文词已也，惟其有之，是以似之。凡师友古今者，当以鹿门为法矣。"

今年停选庶吉士。茅坤《耄年录·年谱》："已而例选庶吉士。适武定侯郭公勋与首辅夏公言相睚眦，时夏公婿吴君春亦中会试，而且殿二甲也。计夏公当必选列庶吉士，密为揭帖上闻。世宗肃皇帝夜半传：'今年庶吉士且停选。'予以五更入朝囊笔砚赴试，及获传旨，辄已明日。办事刑部堂唐公首令办事官携之入谒火房，面谕张学士公云云。嗟乎，岂非命哉！"

据《嘉靖十七年进士登科录》，第一甲三名，赐进士及第。履历如下：

茅瓒，贯浙江杭州府钱塘县，匠籍，县学增广生，治《易经》。字邦献，行一，年三十，九月初六日生。曾祖仕安。祖茂。父麟，听选官。母张氏，继母茹氏。具庆下。弟瑶、珂。娶方氏。浙江乡试第二十二名，会试第二百四十四名。

罗珵，贯江西吉安府泰和县，军籍，国子生，治《书经》。字邦珍，行一，年四十六，十一月十五日生。曾祖铎，举人署训导事赠通议大夫吏部右侍郎。祖用俊，国子监助教累封通议大夫吏部右侍郎。父钦德，按察司按察使。母康氏，封宜人。具庆下。弟珰。娶杨氏。江西乡试第三十八名，会试第二百三十二名。

袁炜，贯浙江宁波府慈溪县，民籍，县学附学生，治《诗经》。字懋中，行三，年三十一，十月十八日生。曾祖完。祖瑶。父汝舟。母汪氏，继母张氏。具庆下。兄炤、焕。弟灼。娶管氏。浙江乡试第二名，会试第一名。

据《嘉靖十七年进士登科录》，第二甲九十五名，赐进士出身。履历如下：

张惟一，贯直隶保定府安肃县，民籍，国子生，治《诗经》。字守中，行二，年三十六，九月十五日生。曾祖嵩。祖亨。父玉，教谕。母李氏。具庆下。兄惟精。弟惟时、惟几、惟允、惟翰。娶胡氏。顺天府乡试第一名，会试第六十八名。

朱应云，贯浙江嘉兴府海盐县，医籍，国子生，治《书经》。字从龙，行二，年四十六，正月十八日生。曾祖全。祖玉，寿官。父缙。母冯氏。永感下。兄雷。弟电、霁、沾。娶孙氏。顺天府乡试第六十名，会试第二百八十八名。

吴源，贯浙江杭州府钱塘县，民籍，国子生，治《礼记》。字宗乾，行九，年四十六，八月二十三日生。曾祖士宁，赠通议大夫都察院右副都御史。祖谦，八品散官。父璇，府同知进阶朝列大夫。嫡母陈氏，生母林氏。永感下。兄济、沂、溥、汉、泰、洵、深。弟浚；瀛，卫经历；澈；漳，省察官；洲，医官；潮；演；浐；湘；涣；治；法；涵；浃；泳。娶陆氏。浙江乡试第三十一名，会试第一百五十名。

莫如忠，贯直隶松江府华亭县，民籍，岁贡生，治《书经》。字子良，行一，年三十，四月初七日生。曾祖昂。祖昊，通判。父愚，贡士。母朱氏。具庆下。弟如信、如德、如爵、如义。娶富氏，继娶杨氏。顺天府乡试第二名，会试第二百三十八名。

陆师道，贯直隶苏州府吴县，民籍，长洲县人，府学生，治《春秋》。字子传，行一，年二十九，九月初八日生。曾祖镛。祖玮。父平。母陈氏。慈侍下。弟安道。娶曹氏，继娶吴氏。应天府乡试第三十三名，会试第一百九十三名。

伦以诜，贯广东广州府南海县，民籍，儒士，治《春秋》。字彦群，行八，年三十七，十二月二十二日生，曾祖敬。祖明，封翰林院修撰。父文叙，右春坊右谕德兼翰林院侍讲赠朝议大夫南京国子监祭酒。母区氏，封太恭人。慈侍下。兄以谅，吏部主事；以训，南京国子监祭酒。弟以讠果、以谟、以谌、以谦、以谔、以讲、以咨、以诚、以海、以谐、以访。娶邓氏。广东乡试第二十名，会试第八十七名。

方国佐，贯福建兴化府莆田县，民籍，府学附学生，治《书经》。字君英，行二，年四十一，六月十三日生。曾祖景大。祖学文。父师孔。母郑氏。慈侍下。弟国烈、国照、国休、国樵。娶黄氏。福建乡试第二十四名，会试第二十四名。

乔世宁，贯陕西西安府耀州，军籍，国子生，治《书经》。字景叔，行一，年三十六，十月十八日生。曾祖刚。祖志玉。父仲节。前母姚氏，母李氏，继母白氏。严侍下。弟世定，义官。娶宋氏。陕西乡试第一名，会试第二十名。

马拯，贯广东广州府南海县，军籍，府学增广生，治《诗经》。字壮宇，行三，年一十八，十二月二十九日生。曾祖超。祖文祥，寿官。父良遇。母霍氏。重庆下。兄招、钧。弟捷。娶陈氏。广东乡试第一名，会试第五十四名。

吴春，贯江西广信府贵溪县，民籍，国子生，治《书经》。字以容，行十九，年二十七，八月二十四日生。曾祖嘉谋，寿官。祖守绪，赠奉政大夫兵部郎中。父道南，兵部郎中。母舒氏，封宜人。具庆下。兄秦；奉，监生；奏，监生。弟蓁；券，监生。娶夏氏。顺天府乡试第十名，会试第七十四名。

吴昆，贯直隶苏州府吴江县，匠籍，国子生，治《书经》。字美之，行四，行三十七，五月十一日生。曾祖伯昂，赠中大夫太仆寺卿。祖璋，封刑部主事赠中大夫太仆寺卿。父洪，南京刑部尚书进阶资德大夫正治上卿赠太子少保。前母王氏，赠夫人；夏氏，赠淑人；母丘氏，封夫人。慈侍下。兄山，都察院左金都御史前右都御史；岩，布政司右参政；峤，前光禄寺典簿。娶陈氏，继娶王氏、洪氏。应天府乡试第八十二名，会试第二百六十六名。

姚璋，贯湖广辰州府沅陵县，民籍，府学生，治《易经》。字汝玉，行三，年三十，十月二十八日生。曾祖宗显，知县。祖让。父时泰，义官。前母何氏，嫡母李氏，生母童氏。慈侍下。兄琼、瑛、瑞。弟玮、瑄。娶萧氏。湖广乡试第一名，会试第二百七十七名。

沈奎，贯浙江嘉兴府海盐县，民籍，国子生，治《书经》。字文明，行一，年三十九，十二月二十七日生。曾祖荣。祖本。父轩。母陈氏，继母吴氏、伍氏。严侍下。娶朱氏，继娶吴氏。浙江乡试第四十八名，会试第四名。

杨濂，贯直隶保定府安州，民籍，州学生，治《易经》。字伯清，行二，年三十五，六月二十七日生。曾祖珪。祖勉，进士。父汉卿，训导。母庄氏。慈侍下。兄澜，贡士。娶张氏。顺天府乡试第一百二十四名，会试第一百十三名。

董子仪，贯直隶松江府上海县，民籍，国子生，治《书经》。字羽吉，行一，年三十七，正月二十二日生。曾祖和。祖经。父龙。母乔氏。严侍下。弟子儆、子佩。娶黄氏。应天府乡试第八十九名，会试第一百二十名。

王健，贯浙江温州府永嘉县，军灶籍，国子生，治《易经》。字伟纯，行十，年三十七，二月初三日生。曾祖文燠，赠通议大夫礼部左侍郎。祖祚，封翰林院编修文林郎赠通议大夫礼部左侍郎。父瓒，南京礼部左侍郎赠礼部尚书。母应氏，封淑人。永感下。兄傅；偶，监生；侨；备；传，监生；儁；徽；侹，南京都察院都事；倖。弟佐。娶戴氏。顺天府乡试第二名，会试第十一名。

丁以忠，贯江西南昌府新建县，民籍，县学生，治《诗经》。字崇义，行五，年四十，十月十九日生，曾祖用治。祖仪。父大章。母程氏，永感下。兄以诚。娶余氏。江西乡试第六十八名，会试第二十九名。

王问，贯直隶常州府无锡县，民籍，国子生，治《书经》。字子裕，行二，年四十二，十一月二十四日生，曾祖经。祖宗，寿官。父泽，封户部主事。母钱氏，封安人。具庆下。兄召，州同知前户部员外郎。弟咨。娶李氏，继娶袁氏。应天府乡试第二十八名，会试第七十六名。

郭乾，贯直隶河间府任丘县，民籍，国子生，治《书经》。字易甫，行四，年二十八，五月二十九日生。曾祖钦，县主簿。祖源。父胜。前母郝氏，母张氏。慈侍下。兄节。娶刘氏。顺天府乡试第九十五名，会试第三百一名。

朱用，贯河南河南卫，军籍，国子生，治《诗经》。字伯际，行一，年四十二，九月二十六日生。曾祖旺。祖通。父永。母李氏。具庆下。弟周。娶沈氏。河南乡试第十一名，会试第二百六十五名。

唐穆，贯广东琼州府琼山县，民籍，国子生，治《礼记》。字景文，行一，年四十一，正月初二日生。曾祖乾界，赠通议大夫户部左侍郎。祖正，赠通议大夫户部左侍郎。父胄，户部左侍郎。母钟氏，封淑人。具庆下。弟秩、稼。娶李氏，继娶高氏。广东乡试第四名，会试第六十名。

刘廷臣，贯山西平阳府洪洞县，军籍，县学生，治《易经》，字伯邻，行二，年三十，四月十四日生。曾祖贤。祖恭，义官封兵马司副指挥。父荣，府通判。嫡母吉氏，封孺人；生母林氏。慈侍下。兄廷相，贡士。弟廷弼，廷聘。娶段氏。山西乡试第一名，会试第一百九十六名。

燕楫，贯直隶真定府真定县，民籍，府学生，治《礼记》。字廷济，行三，年二十七，正月十八日生。曾祖恕，所吏目。祖云，赠监察御史。父澄，府同知前监察御史。母李氏，封孺人。永感下。兄槔，监生；桂，七品散官。娶张氏。顺天府乡试第二十四名，会试第三百十四名。

陈宪，贯浙江嘉兴府嘉兴县，民籍，国子生，治《书经》。字道夫，行一，年三十三，十二月二十六日生。曾祖坚。祖昭。父情。母李氏。慈侍下。弟寰、宏、宙。娶刘氏，继娶金氏。浙江乡试第十名，会试第一百二十四名。

陈昌积，贯江西吉安府泰和县，军籍，国子生，治《书经》。字子发，行四，年三十八，六月二十六日生。曾祖正大。祖必训。父主德。母罗氏。永感下。兄德鸣，按察司佥事；德文，贡士；昌默；昌钧。弟昌福，知县。娶罗氏，继娶朱氏。江西乡试第一名，会试第二百九十五名。

谢淮，贯直隶河间府任丘县，民籍，高阳县人，国子生，治《诗经》。字禹汇，行二，年三十八，十月十二日生。曾祖聚。祖镇。父傲。母王氏。慈侍下。兄溱。弟江、洧。娶卞氏，继娶卞氏。顺天府乡试第十六名，会试第一百六十一名。

侯汝谅，贯山西太原左卫，官籍，直隶滑县人，府学增广生，治《易经》。字叔贞，行三，年二十四，六月初九日生。曾祖守贤，武略将军副千户。祖盛，武略将军副千户。父纶，苑马寺卿。前母余氏，赠安人；母王氏，封安人。严侍下。兄汝忠，副千户；汝谦；汝讷；汝端；汝惠。弟汝慎、汝谌、汝靖。娶阎氏。陕西乡试第十九名，会试第十六名。

翁大立，贯浙江绍兴府余姚县，民籍，国子生，治《易经》。字孺参，行一，年二十二，三月二十八日生。曾祖珉。祖铨。父祚。母杨氏。重庆下。兄慈。弟大音、大章、大意。娶蒋氏。浙江乡试第六十五名，会试第七十八名。

汪俅，贯江西广信府贵溪县，军籍，国子生，治《礼记》。字克敬，行一百一十九，年三十四，九月二十二日生。曾祖景深。祖廷俊。父晅。前母徐氏，母朱氏，继母丘氏。永感下。兄倬，府同知；俸，知县；仅；化，教谕；似，前监察御史；仟；何。

弟储。娶叶氏。江西乡试第九十四名，会试第二百四十九名。

林懋植，贯福建兴化府莆田县，民籍，县学附学生，治《书经》。字君本，行一，年二十，十月十九日生。曾祖辑，税课局大使。祖铎，义官。父焕。母方氏，继母陈氏。具庆下。兄应标，按察司副使；云同，按察司佥事；应采，贡士；应桂；应枢；应麓。弟应构、应楫、应櫶。聘宋氏。福建乡试第三名，会试第五十三名。

万敏，贯江西南昌府南昌县，军籍，国子生，治《书经》。字钦夫，行五，年三十七，十一月十九日生。曾祖孔昭。祖孟智。父晨爽。母廖氏，继母邓氏。具庆下。兄敬。弟教、效。娶龚氏。江西乡试第二名，会试第一百十五名。

杨金，贯直隶太平府当涂县，军籍，国子生，治《诗经》。字重南，行二，年三十五，三月二十三日生。曾祖礼三。祖通，赠奉直大夫南京户部员外郎。父谏，南京户部员外郎。母张氏，封宜人。具庆下。兄銮。娶徐氏。应天府乡试第四十名，会试第一百二十一名。

卢璧，贯南京羽林右卫官籍，直隶盱眙县人，国子生，治《诗经》。字国贤，行二，年三十九，正月初九日生。曾祖文，指挥使。祖珎，指挥使。父晟，指挥使。母郭氏。永感下。兄玺，百户。弟莹、润。娶徐氏，继娶蒋氏。应天府乡试第八十四名，会试第二十六名。

沈岔，贯直隶苏州府吴县，民籍，吴江县人，国子生，治《易经》。字子由，行四，年四十一，八月二十一日生。曾祖端。祖本，七品散官。父经，医学训科。前母方氏，母吴氏。永感下。兄螯，州吏目；岳，州吏目；山。弟嵒；岱，监生。娶郭氏。应天府乡试第四十名，会试第三百名。

洪世文，贯福建福州府闽县，民籍，国子生，治《礼记》。字国华，行五，年二十九，十二月十一日生。曾祖英，资善大夫都察院右都御史。祖瑞，恩生。父晅，知县。嫡母郑氏，生母黄氏。慈侍下。弟世迁。娶邓氏。福建乡试第五十名，会试第十名。

侯一元，贯浙江温州府乐清县，民籍，县学生，治《诗经》。字舜举，行三，年二十八，九月初六日生。曾祖仁。祖敬，州判官，封礼部主事。父廷训，府同知，前南京吏部主事。母陈氏，封安人；继母林氏。具庆下。兄一夔，监生；守隅；一阳；一中。弟一恭、守衡、一麟、守绶、一凤。娶王氏。浙江乡试第二十一名，会试第一百十八名。

毕竟容，贯江西广信府贵溪县，军籍，国子生，治《礼记》。字仁叔，行五十七，年三十四，六月二十七日生。曾祖琎。祖铿。父寅卿。母花氏，继母郑氏。具庆下。弟竟可。娶李氏，继娶吕氏。江西乡试第十七名，会试第八十名。

白若圭，贯直隶常州府武进县，官籍，国子生，治《礼记》。字德纯，行二，年二十七，七月初四日生。曾祖昂，光禄大夫柱国太子太傅刑部尚书赠特进太保谥康敏。祖埈，镇国将军锦衣卫都指挥同知。父诏，鸿胪寺序班。嫡母张氏，继母陈氏、胡氏、蒋氏，母吴氏。具庆下。兄僖。弟偶；若思，监生；倬，监生；启；登；儒，监生；侃；若水，监生；伟；启常；启京；启嘉；若璧；若泉。娶胡氏。顺天府乡试第二十名，会试第九十一名。

吴元璧，贯江西饶州府安仁县，军籍，国子生，治《书经》。字君锡，行十，年四十，五月二十八日生。曾祖克己。祖玙，义官。父上达。母徐氏，继母李氏。具庆下。兄元诚、元翰。弟元功。娶艾氏，继娶李氏。顺天府乡试第二十三名，会试第八名。

闻人惹行，贯浙江绍兴府余姚县，民籍，府学生，治《礼记》。字元科，行一，年二十七，九月初八日生。曾祖寿。祖言，县主簿。父庄。母徐氏，继母郑氏。重庆下。弟惹容、惹业、惹教、惹隆、惹化、惹政、惹敷、惹应。娶于氏。浙江乡试第十名，会试第三十七名。

俞宪，贯直隶常州府无锡县，民籍，国子生，治《书经》。字汝成，行一，年三十一，三月初八日生。曾祖公元。祖廷俊。父晖。母杨氏。慈侍下。兄岳。弟寰、寅、官、宷、宾、寔、宣。娶张氏。应天府乡试第六十三名，会试第一百九十五名。

张镐，贯直隶保定府定兴县，民籍，陕西泾阳县人，国子生，治《春秋》。字启周，行三，年三十八，六月二十日生。曾祖见。祖材。父景芳，寿官。母李氏。具庆下。兄锦；铨，冠带将军。弟鑗。娶赵氏，继娶徐氏。顺天府乡试第五名，会试第一百四十七名。

周鲲，贯福建兴化府莆田县，军籍，国子生，治《诗经》。字少鱼，行二，年三十二，四月十八日生。曾祖莘，训导。祖俅，训导赠监察御史。父宣，布政使司左布政使。母陈氏，封孺人。慈侍下。兄鳌。娶柯氏。福建乡试第七十三名，会试第二百十一名。

王轮，贯山西平阳府蒲州，军籍，国子生，治《书经》。字子庸，行一，年三十二，二月初五日生。曾祖健。祖寅。父珪。母张氏，继母祁氏、李氏、高氏。慈侍下。弟轸，聘杨氏。娶何氏。山西乡试第十八名，会试第三十三名。

黄懋官，贯福建兴化府莆田县，民籍，府学附学生，治《诗经》。字君辨，行六，年二十三，十月初二日生。曾祖仲昭，按察司提学佥事诏进朝列大夫前翰林院编修。祖乾刚，赠承德郎南京户部署员外郎。父希濩，知县。母郑氏。重庆下。兄懋宣；惠；道允，光禄寺署丞；尚唐；谦；进；赏。弟懋悤、宾、志、勋、宗、都、煦、昊、晏、寅、昕、晁。娶洪氏。福建乡试第五十三名，会试第二百八十五名。

叶选，贯浙江绍兴府余姚县，民籍，国子生，治《易经》。字仁夫，行三，年三十六，六月十五日生。曾祖诜。祖世荣。父景贤。母史氏，继母严氏。具庆下。兄迪。弟逊、建、述、迅、达、週。聘徐氏。娶罗氏。浙江乡试第二十名，会试第二百四十一名。

张朝聘，贯陕西西安府长安县，民籍，国子生，治《诗经》。字伯时，行一，年二十九，六月初七日生。曾祖鼎。祖英。父琏。母王氏。永感下。娶王氏，继娶施氏。陕西乡试第三十七名，会试第二百五十六名。

李宪卿，贯直隶苏州府昆山县，民籍，县学附学生，治《易经》。字廉夫，行一，年三十三，十一月十二日生。曾祖懋。祖聪。父玉。母杜氏。慈侍下。娶顾氏。应天府乡试第十一名，会试第一百五十五名。

李廷春，贯江西饶州府余干县，民籍，县学附学生，治《诗经》。字懋仁，行一，年二十六，三月初一日生。曾祖曙。祖经。父宪。母张氏。具庆下。弟廷相，廷对、廷试、廷育、廷时。聘刘氏。江西乡试第二十一名，会试第三十一名。

严中，贯浙江绍兴府余姚县，匠籍，县学附学生，治《易经》。字执甫，行一，年二十八，四月二十八日生，曾祖昊。祖琛。父昂。母邹氏。具庆下。弟和。娶陈氏。浙江乡试第六十七名，会试第二百三十一名。

孙璧，贯山西平阳府蒲州，军籍。国子生，治《诗经》。字文甫，行十一，年四十，八月十三日生。曾祖裡。祖镇，义官。父鹓，仪宾。母永川郡君。具庆下。兄璐、瓒、琦、玹、环。弟瑁；宝，仪宾；瑜；瑚，仪宾；琏，仪宾；玠，仪宾。娶王氏。山西乡试第十名，会试第一百五十三名。

陈鎏，贯直隶苏州府吴县，匠籍，县学附学生，治《易经》。字子兼，行一，年三十三，三月二十三日生。曾祖宁，王府教授。祖怀。父冕。前母沈氏，母莫氏。具庆下。娶曹氏，继娶韩氏。应天府乡试第二名，会试第四十二名。

谭维，贯四川潼川州蓬溪县，民籍，国子生，治《易经》。字元立，行九，年四十七，五月二十五日生。曾祖必成。祖宣，知县。父宗简，封监察御史。母陈氏，封孺人。慈侍下。兄珪；俨；价；冠，府同知；采；魁，仓大使；缵，按察司副使；纯，义官。弟继，监生。娶张氏。四川乡试第三十七名，会试第一百七十一名。

王楠，贯直隶兴州后屯卫，官籍，浙江会稽县人，三河县学生，治《诗经》。字惟乔，行四，年四十六，九月二十日生。曾祖忠，指挥金事赠锦衣卫都指挥同知。祖鉴，指挥金事赠锦衣卫都指挥同知。父玉，锦衣卫都指挥同知充漕运参将。母邢氏，封夫人。永感下。兄桐。弟杨，兵部员外郎；栋；桐；栩；槐。娶袁氏。顺天府乡试第四十三名，会试第一百六名。

刘志，贯山西平阳府翼城县，民籍，国子生，治《易经》。字宁卿，行三，年三十六，正月初九日生。曾祖复严。祖篛，恩例冠带。父珊，训导。母曹氏。具庆下。兄愈。弟悉，聪。娶李氏。山西乡试第七名，会试第三百十三名。

徐纬，贯浙江绍兴府山阴县，军籍，国子生，治《诗经》。字文成，行四十三，年三十九，十二月十四日生。曾祖瑾。祖钢。父惟。母沈氏。具庆下。兄绅、级、绮。弟缨、显、缤、绾、缪。娶周氏。浙江乡试第二十三名，会试第二百九十六名。

郑廷鹄，贯广东海南卫，军籍，浙江德清县人，国子生，治《易经》。字元侍，行一，年三十二，八月二十四日生。曾祖籯。祖顺宗。父文。母俞氏。具庆下。娶海氏。广东乡试第十九名，会试第三名。

章焕，贯直隶苏州府长洲县，民籍，吴县人，国子生，治《易经》。字懋实，行二，年三十四，七月十一日生。曾祖思恭。祖澄。父栋。母唐氏，继母鲁氏。具庆下。兄炤。弟灿、矿、烨、焯。娶沈氏。应天府乡试第一百二十二名，会试第三百十七名。

蒋怀德，贯浙江绍兴府山阴县，民籍，府学生，治《诗经》。字维宁，行十四，年三十九，九月二十日生。曾祖玉。祖孝。父实。母潘氏。严侍下。兄怀正、怀义、怀远。弟怀礼、怀贞。娶汪氏，继娶王氏、赵氏。浙江乡试第六十八名，会试第七名。

卿文瑞，贯湖广荆州府公安县，匠籍，国子生，治《书经》。字孺贤，行一，年四十，二月初七日生。曾祖纶。祖玺，寿官。父诚。母张氏。具庆下。弟文元。娶祝氏，继娶田氏。湖广乡试第四十二名，会试第二百四名。

俞维屏，贯福建兴化府莆田县，军籍，县学附学生，治《书经》。字树德，行一，年二十五，六月初三日生。曾祖钊，教谕赠南京兵部主事。祖应星。父直宗。母周氏。具庆下。兄维翰。娶林氏。福建乡试第九十名，会试第三百十九名。

彭希贤，贯福建兴化府莆田县，军籍，国子生，治《诗经》。字及夫，行二，年三十七，十二月初三日生。曾祖体资。祖钊。父良璞。母陈氏。具庆下。兄希圣。弟希武、希英、希参、希颜、希宾、希渠、希濂。娶许氏。福建乡试第五十六名，会试第一百十四名。

陈叙，贯福建兴化府莆田县，民籍，国子生，治《书经》。字邦礼，行十六，年四十四，九月十二日生。曾祖孟严。祖珩，训导。父文滨。母宋氏。具庆下。弟云衢，进士；云程；云阶；收。娶俞氏。福建乡试第六十八名，会试第二百六十名。

周南，贯湖广长沙府仪卫司，校籍，国子生，治《诗经》。字文化，行一，年四十二，五月二十四日生。曾祖仕原。祖福浩。父昱。母潘氏。永感下。娶张氏。湖广乡试第二十一名，会试第二百四十名。

张敦仁，贯浙江处州府丽水县，民籍，国子生，治《诗经》。字仲安，行二，年三十九，八月初十日生。曾祖文炳。祖宁，训导。父钦，教谕。母叶氏。具庆下。兄敦厚。弟敦化；敦复，贡士。娶潘氏。浙江乡试第二十一名，会试第一百十二名。

冯焕，贯直隶淮安府山阳县，民籍，国子生，治《诗经》。字养晦，行三，年三十七，七月十九日生，曾祖鉴。祖升。父桂。母叶氏。慈侍下。兄燦、勋。弟炳、羔。娶刘氏。应天府乡试第六十五名，会试第一百七十六名。

南逢吉，贯陕西西安府华州渭南县，军籍，国子生，治《易经》。字元贞，行二，年四十五，七月二十八日生。曾祖言。祖珪。父金，教谕加赠奉政大夫户部郎中。母焦氏，加封太宜人。永感下。兄大吉，知府。娶李氏。陕西乡试第三名，会试第三十二名。

吕颙，贯陕西庆阳府宁州，民籍，国子生，治《书经》。字幼诚，行二，年三十六，四月二十六日生。曾祖英，州判官。祖升，赠征仕郎礼科给事中。父经，前督察院右副都御史。母高氏，封孺人。严侍下。兄颛，知府。弟顾、硕、预。娶周氏。陕西乡试第七名，会试第八十九名。

辛烜然，贯山西太原府石州，军籍，州学生，治《易经》。字养晦，行二，年二十九，十二月初十日生。曾祖宪。祖文渊，知府。父柱，府通判。母张氏，赠孺人；继母郝氏，封孺人。具庆下。兄煜然。弟熹然、燨然。娶温氏。山西乡试第四十六名，会试第一百三十名。

徐楚，贯浙江严州府淳安县，民籍，国子生，治《春秋》。字世望，行一，年三十七，七月初一日生。曾祖恒。祖源。父让。母王氏。慈侍下。弟懋、棼。娶卢氏，继娶洪氏。浙江乡试第八十四名，会试第十七名。

蒋坎，贯浙江绍兴府余姚县，军籍，县学附学生，治《易经》。字养孚，行十一，年三十二，十一月二十七日生。曾祖宁。祖瀁。父栻。母刘氏。具庆下。兄坤、临、达、善、鼎、涣、泰、师。娶黄氏。浙江乡试第八十二名，会试第一百四十七名。

赵同言，贯山东济南府长清县，军籍，国子生，治《诗经》。字德孚，行二，年二十二，三月十九日生。曾祖宣。祖明，巡检。父谏之，监生。母张氏。具庆下。兄同仁。弟同象、同贤、同才、同礼。娶李氏。山东乡试第六名，会试第一百六十三名。

姚汝舟，贯浙江嘉兴府崇德县，灶籍，县学生，治《诗经》。字济卿，行二，年三十一，八月初六日生。曾祖斌。祖孟雄。父敳。母钱氏。慈侍下。兄汝敬、汝霖。弟汝砺、汝言、汝训、汝行。娶陈氏。浙江乡试第八十一名，会试第一百五十一名。

盛若林，贯广东潮州府海阳县，军籍，府学生，治《诗经》。字子才，行一，年三十，十一月二十六日生。曾祖凤仪，教谕赠奉政大夫左春坊左庶子兼翰林院侍读。祖端明，都察院右副都御史。父瀚，岁贡监生。母陆氏。重庆下。弟若树，贡士；若植；若株；若果；若枚。娶翁氏。广东乡试第二十二名，会试第二百九十二名。

翁相，贯浙江杭州府钱塘县，军籍，杭州右卫人，国子生，治《书经》。字长卿，行三，年四十，六月二十三日生。曾祖祥。祖茂，寿官。父浩。母周氏。具庆下。兄橙、椿。弟楩、楠。娶孙氏。顺天府乡试第四十六名，会试第六十五名。

唐臣，贯大兴左卫官籍，直隶天长县人，国子生，治《易经》。字止敬，行一，年三十一，四月初九日生。曾祖钰。祖杰。父祥。前母魏氏。母张氏。具庆下。娶任氏。顺天府乡试第九十七名，会试第二百五十八名。

李继先，贯四川泸州，民籍，州学生，治《书经》。字伯孝，行一，年三十三，二月二十三日生。曾祖勋，赠推官。祖复初，知州。父宋。母何氏。慈侍下。兄继登、继升、继昌。弟继贤、继学。娶吴氏。四川乡试第十六名，会试第一百七十五名。

陈穆，贯浙江宁波府鄞县，匠籍，县学增广生，治《易经》。字舜宾，行六，年三十一，十一月十五日生。曾祖尚文。祖悌。父璘，寿官。母钟氏。严侍下。兄稷、秩、和。娶徐氏。浙江乡试第一名，会试第二百九名。

王时俭，贯福建泉州府晋江县，民籍，国子生，治《易经》。字本节，行四，年四十二，七月二十一日生，曾祖宗道。祖继。父缙。前母黄氏。母苏氏。永感下。兄时杨、时温、时通、时良、时恭。弟时瞻、时让、时达、时显。娶张氏。福建乡试第五十六名，会试第七十二名。

陈绍儒，贯广东广州府南海县，民籍，国子生，治《易经》。字师孔，行一，年三十三，正月二十一日生。曾祖思贤。祖珙，训导赠户部主事。父鏊，八品散官。母汤氏。具庆下。兄绍诗；绍礼；滔；濩；泳；尚志；绍文，贡士；绍武。弟绍义、河、准、绍谦、绍献。娶关氏。广东乡试第五十七名，会试第十八名。

张涣，贯直隶真定府定州，民籍，国子生，治《诗经》。字文甫，行一，年三十一，九月初九日生。曾祖纶，知府。祖璇，义官。父镛。母王氏，继母周氏。重庆下。弟洙、泗、潢、湘。娶田氏，继娶罗氏。顺天府乡试第八十二名，会试第二百二十三名。

卢梦阳，贯广东广州府南海县，军籍，府学附学生，治《诗经》。字少明，行一，年二十一，十一月初七日生。曾祖成。祖满，寿官。父世儒。母霍氏。重庆下。兄武安、武宾。聘游氏。广东乡试第六名，会试第一百四十一名。

钱芹，贯浙江嘉兴府海盐县，军籍，国子生，治《书经》。字懋文，行二，年三十八，三月二十八日生。曾祖寔。祖达，赠刑部郎中。父琦，知府。母王氏，封宜人。具庆下。兄颙；岳；显；岑；著；兰；蓼，监生；蕙。弟薇，礼科给事中；萱，进士；葵，监生；菲。娶胡氏。浙江乡试第四十三名，会试第二百七十三名。

郭纮，贯陕西太原府平定州，民籍，国子生，治《书经》。字伯瞻，行十四，年四十三，七月二十四日生。曾祖恒。祖贤，州判官。父思敬，知县。母吕氏，继母李氏。慈侍下。兄经；纶，县丞；纲，知县；纪；绶；绍。弟缙、继、綖。娶吕氏。山西乡试第四十四名，会试第一百三十八名。

李宠，贯陕西西安府泾阳县，军籍，国子生，治《易经》。字汝承，行四，年四十一，三月十六日生。曾祖端。祖美。父祯。母孟氏。严侍下。兄宷、宸、宵。弟寏。娶萧氏。陕西乡试第一名，会试第二百七十一名。

戴梗，贯河南河南府渑池县，军籍，国子生，治《易经》。字汝材，行一，年四十，十二月十六日生。曾祖琰，知县。祖鉴，七品散官。父淦。母毕氏。永感下。娶谢氏。河南乡试第六十三名，会试第一百六十七名。

黄九皋，贯浙江绍兴府萧山县，民籍，国子生，治《书经》。字汝鸣，行十一，年三十二，闰正月初九日生。曾祖瑾。祖渊。父怿，府通判。母丁氏。具庆下。兄九韶。弟九川、九苞、九山。娶周氏。浙江乡试第六十四名，会试第二百五十七名。

孙铨，贯浙江湖州府归安县，民籍，府学生，治《书经》。字文揆，行五，年二十六，正月十二日生。曾祖元瑞。祖宾，封刑部主事。父萃。母胡氏。具庆下。兄钶、锷、铎。弟钺、钊、镐、锡、�、鏵、锴、镆。娶周氏。浙江乡试第七名，会试第一百七十九名。

张祉，贯河南汝宁府光州固始县，民籍，国子生，治《书经》。字子受，行三，年三十三，十一月十三日生。曾祖得山。祖英。父政。母许氏。慈侍下。兄福、禄。娶田氏。河南乡试第四十二名，会试第二百名。

李棠，贯湖广长沙府长沙县，民籍，县学增广生，治《易经》。字叔思，行二，年二十五，六月二十九日生。曾祖端。祖源聪。父仲升。母许氏，继母陶氏。慈侍下。兄相。娶彭氏。湖广乡试第十二名，会试第五十一名。

王嘉谟，贯山东青州府安丘县，军籍，县学生，治《书经》。字仲陈，行四，年二十七，三月初五日生。曾祖普。祖祀。父孜。母张氏。具庆下。兄存仁、存义、嘉言。

娶傅氏。山东乡试第三名,会试第一百二十八名。

沈友儒,贯浙江杭州府海宁县,民籍,县学生,治《书经》。字子真,行三,年二十二,十一月十二日生。曾祖甫。祖泉,寿官。父泾。母徐氏。重庆下。兄友仁、友伦、友侨。弟友佳、友信、友仪、友偲。娶董氏。浙江乡试第三名,会试第一百七十一名。

李时春,贯河南汝宁府光州,军籍,国子生,治《春秋》。字一元。行一,年三十,闰九月十八日生。曾祖魁。祖智。父文章。母季氏。具庆下。兄时晓。弟时先、时阳、时新、时亨。娶刘氏。河南乡试第四名,会试第二十五名。

周建邦,贯四川保宁府巴州,民籍,国子生,治《易经》。字维新,行一,年三十四,五月二十七日生。曾祖亮,卫知事。祖凤仪,寿官。父谟,岁贡生。母李氏。具庆下。弟建子。娶王氏。四川乡试第二名,会试第六十三名。

张濂,贯浙江杭州府仁和县,民籍,国子生,治《易经》。字子清,行七,年二十七,四月初十日生。曾祖鹏,义官。祖绶,寿官。父应祯,听选官。母吴氏。严侍下。兄洪;江;湖;深;源;瀚,工部主事。弟浙;淳;洵,贡士;洽;浩;潞;沐;□;溧;淞;洲;济;渠;瀛;激;泮。娶沈氏。浙江乡试第一名,会试第一百四十九名。

据《嘉靖十七年进士登科录》,第三甲二百二十二名,赐同进士出身。履历如下:

刘洵,贯江西饶州府鄱阳县,军籍,国子生,治《礼记》。字睿甫,行六十,年三十,闰九月十三日生。曾祖烈,布政使司左参政赠大中大夫资治少尹。祖城,都察院右副都御史赠通议大夫。父录,工部主事。母赵氏,赠安人。严侍下。弟泌、法、沾、治、泳、冲、泚、浚。娶戴氏。顺天府乡试第五名,会试第二名。

张元冲,贯浙江绍兴府山阴县,民籍,国子生,治《诗经》。字叔谦,行三十三,年三十七,七月十三日生。曾祖蕴辉,封兵科给事中。祖以弘,布政使司左参议。父景琦,知府。母唐氏,封宜人。慈侍下。兄元楚;元本;元溥,兵马司副指挥;元杰;元亮。弟元叙;元万;元重。娶胡氏。浙江乡试第八十六名,会试第二百八十九名。

裴绅,贯陕西平阳府蒲州,军籍,国子生,治《书经》。字子书,行一,年二十六,六月初六日生。曾祖赞。祖英,寿官。父庸。母张氏。具庆下。弟绥,纯。娶陈氏。山西乡试第三十五名,会试第一百五十九名。

江鲲,贯江西饶州府余干县,民籍,县学生,治《书经》。字子鹏,行二十八,年三十四,七月二十一日生。曾祖廷杰。祖澧。父朝宗。母余氏。慈侍下。兄鲸,鳞。弟鳇、鲨。娶舒氏。江西乡试第二名,会试第二百七十八名。

陈光哲,贯浙江台州府临海县,军籍。岁贡生,治《礼记》。字子愚,行五,年三十一,五月二十二日生。曾祖华。祖璘。父经。母王氏。重庆下。兄光启。弟光祐、光治、光韶、光台、光祖、光周。娶余氏。顺天府乡试第十三名,会试第一百三十四名。

齐誉,贯江西南昌府南昌县,民籍,府学增广生,治《诗经》。字文实,行二,年二十八,十月初九日生。曾祖若山。祖正益。父世懋。母龚氏。具庆下。兄警。弟燮、言。娶万氏。江西乡试第八十一名,会试第三十六名。

张景贤，贯四川眉州，民籍，州学生，治《诗经》。字勉之，行一，年二十六，十月二十四日生。曾祖溥中，赠户部主事。祖愈严，知府。父弘用，贡士。母李氏。慈侍下。弟象贤。娶刘氏，继娶郭氏。四川乡试第六十四名，会试第二百七十九名。

李纶，贯万全都司怀安卫，官籍，直隶颍上县人，国子生，治《诗经》。字德言，行一，年二十七，九月十五日生。曾祖洪，所镇抚。祖献，所镇抚。父珝。前母陈氏，母韩氏。具庆下。弟绅、缉、维。娶张氏。顺天府乡试第六十四名，会试第一百二十五名。

潘钎，贯直隶徽州府婺源县，民籍，国子生，治《书经》。字希行，行四，年三十四，九月三十日生。曾祖思文，赠通议大夫兵部左侍郎。祖积。父琪。母戴氏，继母胡氏。永感下。兄钰，贡士；荣；镗。弟锦。娶戴氏，继娶胡氏。应天府乡试第五十名，会试第一百六十六名。

陈淮，贯福建福州府闽县，民籍，山东濮州学正，治《春秋》。字东之，行五，年三十七，八月十八日生。曾祖晔，举人署教谕事。祖祥，驿丞。父镶。母林氏，继母叶氏。具庆下。弟灌。娶吴氏。福建乡试第三十四名，会试第九十五名。

厉汝进，贯直隶永平府滦州，民籍，州学增广生，治《易经》。字子修，行三，年三十，十一月初四日生。曾祖翱。祖友谅。父鉴。母杨氏，继母王氏。具庆下。兄章、汝成。娶薛氏。顺天府乡试第九名，会试第三十八名。

刘廷诰，贯浙江宁波府慈溪县，民籍，府学附学生，治《诗经》。字汝钦，行二十一，年二十七，九月二十二日生。曾祖垲。祖錬，赠礼部郎中。父洪。前母胡氏，母樊氏。慈侍下。兄廷诫；廷训；廷诏；廷言；廷仪，同科进士。弟廷谦、廷让、廷试。娶叶氏。浙江乡试第六十五名，会试第二十一名。

任良，贯四川顺庆府南充县，军籍，县学生，治《诗经》。字康孟，行一，年三十五，十一月初九日生。曾祖弘，布政使司左布政使。祖效。父缵，知县。母罗氏。具庆下。弟直、台、文。娶程氏，继娶马氏。四川乡试第二十五名，会试第一百七十八名。

张松，贯河南河南府洛阳县，匠籍，府学生，治《易经》。字汝乔，行一，年二十五，八月初二日生。曾祖成。祖杰。父臣。母韦氏。重庆下。弟梅、椿、榆、桢。娶蔡氏，河南乡试第五十六名，会试第二百九十七名。

李栋，贯湖广辰州府卢溪县，军籍，国子生，治《诗经》。字隆仲，行一，年三十六，十一月初九日生。曾祖茂。祖时勉，寿官。父廷鹤。母杨氏。重庆下。兄乐，南京户部主事。弟柱、梧、柏、槚、枢。娶张氏。湖广乡试第十名，会试第一百四十三名。

冯炫，贯广东广州府南海县，民籍，国子生，治《诗经》。字体谦，行四，年三十六，五月十八日生。曾祖进。祖治，举人署训导事。父朴，寿官。母徐氏。永感下。兄焯、炳。弟默、然、煦。娶李氏。广东乡试第五十四名，会试第一百六十八名。

朱执中，贯浙江杭州府海宁县，民籍，国子生，治《易经》。字汝一，行一，年三十二，七月二十九日生。曾祖恺。祖坤。父鸾。母顾氏。重庆下。兄允中。弟时中、秉中、致中、懋中、思中、用中。聘许氏。娶周氏。浙江乡试第七十一名，会试第一百八十二名。

王士翘，贯江西吉安府永新县，民籍，安福县人，县学增广生，治《春秋》。字民瞻，行一，年三十八，四月十三日生。曾祖猷允。祖槐兆。父宽。母刘氏，继母朱氏。严侍下。兄敏，官生；士俊，知府。弟士翱。娶刘氏，继娶刘氏。江西乡试第三十五名，会试第二百八十七名。

颜嘉会，贯湖广长沙府攸县，民籍，国子生，治《易经》。字子亨，行二，年二十五，正月三十一日生。曾祖蘷，知县。祖选，卫经历。父守忠，知县。母钟氏。重庆下。兄嘉宾，监生。弟嘉善、嘉庆、嘉兆。娶沈氏。湖广乡试第五十一名，会试第一百五十二名。

施谞，贯浙江宁波府鄞县，民籍，国子生，治《易经》。字敬叔，行四，年三十六，九月初二日生。曾祖骞。祖奎。父彪。母刘氏。具庆下。兄赞、训。弟谅、谏。娶宋氏。应天府乡试第四十四名，会试第二百五十名。

鲍龙，贯陕西潞安府长治县，民籍，国子生，治《诗经》。字时化，行五，年四十，四月二十八日生。曾祖铎。祖智，典史。父才。前母王氏，母王氏。永感下。兄明；藩，典膳；屏；恭。娶秦氏。山西乡试第三十名，会试第三百二名。

魏尚纶，贯河南钧州仪卫司，官籍，山东滕县人，国子生，治《书经》。字仲一，行二，年三十五，八月十四日生。曾祖通。祖兴。父宗，仪卫司典仗。母张氏。具庆下。兄尚经。弟尚纯，户部员外郎；尚绹。娶周氏，继娶康氏。河南乡试第二名，会试第九十六名。

汪伊，贯直隶徽州府歙县，匠籍，府学生，治《诗经》。字汝衡，行二，年三十九，二月初三日生。曾祖永初。祖从礼。父廷器。母方氏。慈侍下。兄佐，贡士。娶罗氏，继娶胡氏。应天府乡试第三十九名，会试第二百五十九名。

薛尚义，贯直隶河间府河间县，民籍，府学生，治《诗经》。字仲行，行二，年三十二，三月二十一日生。曾祖景春。祖胜。父隆。母巩氏。具庆下。兄尚仁。弟尚礼，尚智。娶张氏。顺天府乡试第三十三名，会试第六十六名。

林万潮，贯福建兴化府莆田县，军籍，国子生，治《书经》。字养晦，行二，年二十九，正月二十四日生。曾祖弥宣，训导，封顺天府推官赠兵部右侍郎兼右佥都御史。祖垠，封大理寺评事赠兵部右侍郎兼右佥都御史。父富，兵部右侍郎兼右佥都御史。前母张氏，加赠淑人；翁氏，封孺人赠淑人；母柳氏。具庆下。兄万仞，官生。弟继祖、万载、万峰、万殊、继藩、万言。娶郑氏。福建乡试第二十八名，会试第二百十五名。

陈宗蘷，贯湖广武昌府通山县，军籍，国子生，治《易经》。字惟一，行一，年三十二，三月初二日生。曾祖原甫，寿官。祖琉，监生。父兴贤，训导。母吴氏。重庆下。弟宗蕃。娶宋氏。湖广乡试第四十六名，会试第二百九十名。

步允迁，贯顺天府蓟州军籍，山东高苑县人，州学生，治《礼记》。字子安，行一，年二十四，八月初五日生。曾祖瀛。祖雄。父天衢，贡士。母李氏。具庆下。娶孟氏。顺天府乡试第九十八名，会试第一百六十二名。

杨以诚，贯江西袁州府宜春县，民籍，国子生，治《易经》。字明夫，行三，年二十九，四月十五日生。曾祖东辉。祖柄机。父春美。母张氏。重庆下。弟以清；以正，贡士；以谦；以让；以谏；以谅；以治；以齐；以平。娶张氏。江西乡试第四十六名，会试第八十三名。

敖宗庆，贯贵州思南府水德江长官司，民籍，江西新喻县人，国子生，治《诗经》。字汝承，行一，年三十，二月二十五日生。曾祖勖勤。祖利贞。父元佑。前母简氏，母董氏。慈侍下。弟国庆、家庆。娶田氏，继娶罗氏。云贵乡试第五十名，会试第九十四名。

卜大同，贯浙江嘉兴府秀水县，匠籍，国子生，治《书经》。字吉夫，行一，年三十，六月二十日生。曾祖颙。祖周，义官。父宗洛，监生。前母周氏，母贺氏。具庆下。弟大有、大观、大顺。娶周氏。顺天府乡试第七十名，会试第一百二名。

贾大亨，贯浙江绍兴府上虞县，军籍，国子生，治《诗经》。字贞甫，行三，年四十，九月十二日生。曾祖章，国子监典簿。祖逻，教谕。父幼安。母陈氏。具庆下。兄大川。弟大节。娶罗氏。浙江乡试第五十八名，会试第二百十六名。

张汝栋，贯陕西西安府泾阳县，军籍，国子生，治《易经》。字伯隆，行一，年二十九，七月十三日生。曾祖信。祖鹦。父璇。母王氏。具庆下。弟汝梁；汝梻，贡士；汝材。娶陈氏。陕西乡试第六十四名，会试第三十名。

周怡，贯直隶宁国府太平县，民籍，国子生，治《诗经》。字顺之，行十六，年三十四，十二月十七日生。曾祖德夫。祖全。父本秀。母刘氏。慈侍下。弟忭、恪。娶黄氏，继娶程氏。应天府乡试第九十三名，会试第一百三十三名。

赵正学，贯四川嘉定州犍为县，民籍，县学增广生，治《诗经》。字子崇，行三，年三十五，十二月初十日生。曾祖俊。祖天禄。父时，知府。母江氏。具庆下。兄正秀；正吉，监生；正言。弟正心。娶刘氏。四川乡试第六名，会试第一百八十九名。

高节，贯大兴左卫官籍，直隶永清县人，顺天府学增广生，治《易经》。字尔瞻，行一，年二十六，五月初二日生。曾祖钦，指挥使赠昭勇将军。祖深，指挥使封昭勇将军。父镇，指挥使。母陈氏。具庆下。弟箕、第。娶郭氏。顺天府乡试第六十一名，会试第一百七十二名。

黄注，贯江西赣州府信丰县，军籍，县学生，治《书经》。字汝霖，行七，年三十四，八月二十四日生。曾祖鼎。祖学，义官。父税，岁贡生。母甘氏。永感下。兄浔、淇。弟汴、流、渚。娶林氏。江西乡试第二十五名，会试第二百七名。

杨九泽，贯陕西西安府华州华阴县，民籍，国子生，治《书经》。字子德，行一，年四十一，二月初九日生。曾祖辉，举人署学正事。祖伸，寿官。父尽忠。母刘氏，继母王氏、李氏。具庆下。弟九渊、九功、九畴、九经、九围、九山、九官、九韶。娶刘氏，继娶王氏、梁氏。陕西乡试第二十七名，会试第二百五十四名。

刘廷仪，贯太医院籍，浙江慈溪县人，顺天府学生，治《诗经》。字汝修，行二十，年二十七，六月二十三日生。曾祖埈。祖镜。父藩。母邵氏。重庆下。弟廷诰，同科进士；廷制；廷咏；廷诨。娶冯氏。顺天府乡试第二十九名，会试第二百四十三名。

张煌，贯福建福州府怀安县，民籍，闽县人，县学生，治《易经》。字用韬，行三，年三十六，十一月二十四日生。曾祖鋐。祖源。父秉。母董氏。慈侍下。兄炫。娶林氏。福建乡试第六十五名，会试第七十六名。

赵汴，贯直隶苏州府太仓州，民籍，国子生，治《春秋》。字伯京，行一，年三十六，四月初四日生。曾祖谦，义官。祖璧，七品散官。父原锡，府知事。母李氏。具庆下。兄汝，监生；汉，监生；濂，州吏目；潼，听选官；淳。弟潞；瀚，岁贡监生；渊；淮；深。娶曹氏。应天府乡试第一名，会试第二百四十八名。

李希程，贯河南开封府兰阳县，军籍，国子生，治《易经》。字宗伊，行一，年三十六，三月初七日生。曾祖愚，知州。祖锦，训导。父浚，监生。母毛氏。具庆下。弟希韩、希欧。娶黄氏，继娶韩氏。河南乡试第十三名，会试第一百六十四名。

胡叔廉，贯江西临江府新淦县，军籍，县学生，治《诗经》。字明发，行八，年二十七，十一月二十二日生。曾祖洞彻。祖宽爵。父深道。母敖氏。具庆下。兄叔龄、叔芳。弟叔爱。娶萧氏，继娶刘氏。江西乡试第三十五名，会试第五十九名。

王之臣，贯四川顺庆府南充县，民籍，府学生，治《诗经》。字原孝，行一，年三十，七月二十日生。曾祖能。祖充，训导封按察司佥事。父栋，布政司右参议进阶朝列大夫。母赵氏，封宜人。慈侍下。兄学文、勤、之民、学儒、之卿、舒。弟之宾，之祜。娶张氏，继娶陈氏。四川乡试第三名，会试第三百十五名。

孙宏轼，贯四川成都府资县，民籍，国子生，治《诗经》。字以瞻，行三，年三十二，四月初三日生。曾祖林。祖大魁。父琴。嫡母凌氏，母李氏。慈侍下。兄宏轨、宏轩。弟宏辙。娶汤氏。四川乡试第二十八名，会试第三百二十名。

谭棨，贯四川重庆府涪州，民籍，州学生，治《易经》。字朝器，行十一，年二十八，九月初八日生。曾祖本芳。祖宗学，义官。父子伟。母沈氏。重庆下。兄海，县丞；栋，省祭官。弟荣、棠、讲、杲。娶黄氏。四川乡试第五十七名，会试第九十三名。

林应箕，贯福建兴化府莆田县，民籍，府学增广生，治《春秋》。字辉南，行十一，年二十九，七月十二日生。曾祖汝良，七品散官。祖雍，寿官赠大理寺右评事。父仕凤，按察司佥事。母朱氏，赠孺人；继母顾氏，封孺人。具庆下。兄应壁。弟应辰、应斗。娶吴氏。福建乡试第三十三名，会试第二百二十一名。

臧珊，贯直隶淮安府山阳县，民籍，陕西行都司人，国子生，治《礼记》。字子珮，行一，年三十五，五月二十七日生。曾祖政。祖钺。父海，寿官。母高氏，继母赵氏。具庆下。弟瑚；璘，监生；琏；瑷；珠，监生；玑；璇。娶涂氏。应天府乡试第一百二十名，会试第二百七十六名。

韩一右，贯山东济南府青城县，民籍，县学生，治《礼记》。字汝弼，行二，年三十，十月二十六日生。曾祖瑜。祖相，知县。父齐，知县。嫡母焦氏，生母马氏。慈侍下。兄一左。弟一动、一静。娶李氏。山东乡试第五名，会试第一百八十四名。

刘养直，贯四川成都府内江县，民籍，国子生，治《诗经》。字敬夫，行三，年三十五，九月十四日生。曾祖志宁，赠户部主事。祖珏，知府。父时，府通判。母张氏，继母黄氏。严侍下。兄养蒙；养仕，贡士。弟养民、养性。娶傅氏，继娶王氏。四川乡试第二十七名，会试第一百九十四名。

冯时雨，贯直隶河间府景州，军籍，国子生，治《诗经》。字慰民，行二，年三十五，七月二十八日生。曾祖得才。祖宁，寿官。父积德，知县。嫡母孙氏，生母庞氏。慈侍下。兄时通。弟时选。娶王氏。顺天府乡试第九十八名，会试第二百六十一名。

李廷松，贯直隶保定府安肃县，民籍，国子生，治《春秋》。字茂贞，行二，年三十七，十一月二十九日生。曾祖德。祖铭。父正，县丞。母张氏。具庆下。兄廷桂，府通判；廷槐。弟廷梧、廷梅。娶王氏。顺天府乡试第一百十名，会试第八十一名。

诸葛峴，贯浙江金华府兰溪县，军籍，县学生，治《易经》。字叔静，行一百三十八，年三十一，十二月二十五日生。曾祖彦谭。祖宗显，义官。父琅。母范氏。具庆下。兄山。弟岱。娶王氏。浙江乡试第四十二名，会试第六名。

马麟，贯四川重庆府巴县，军籍，县学增广生，治《诗经》。字子振，行四，年二十八，三月二十八日生。曾祖永聪。祖政。父应祥。母何氏。具庆下。兄龙、健。娶陈氏，继娶谢氏。四川乡试第十一名，会试第一百八十七名。

吴宠，贯江西饶州府德兴县，民籍，县学生，治《诗经》。字俊卿，行十九，年三十六，九月初七日生。曾祖寊，赠知县。祖浚，知州。父颖，义官。母王氏。慈侍下。兄安、守。弟实、宬、察、寄、宇、寰、宰、宓、寂、赛、骞、宴。娶张氏。江西乡试第七十四名，会试第二百六十八名。

刘维禴，贯陕西延安府清涧县，官籍，国子生，治《易经》。字子孚，行二，年四十一，十月二十八日生。曾祖尚纲，封知府。祖镛，布政使司右参政进阶中奉大夫正治卿。父介，前太常寺少卿。嫡母杨氏，封恭人；生母周氏。永感下。兄维祯，监生。弟维裕，监生；维褫，指挥佥事。娶梁氏。陕西乡试第十五名，会试第二百三十四名。

喻时，贯河南汝宁府光州，民籍，州学生，治《诗经》。字中甫，行二，年三十二，二月初五日生。曾祖克恭。祖孟烈。父宣，监生。前母李氏，母夏氏。慈侍下。兄止。娶郝氏，继娶赵氏。河南乡试第六名，会试第二百七十四名。

曹守贞，贯直隶扬州府江都县，民籍，国子生，治《易经》。字子一，行二，年二十七，十一月十八日生。曾祖彦和。祖斌。父璇，监生。母周氏。具庆下。兄守愚。弟守约。娶孔氏，继娶刘氏。应天府乡试第十五名，会试第五十七名。

喻希学，贯河南汝宁府光山县，民籍，增广生，治《春秋》。字博之，行一，年三十七，十二月二十三日生。曾祖旭。祖明，岁贡生。父正本。母胡氏。慈侍下。兄希立，贡士。弟希纯，贡士；希大；希益。娶吕氏。河南乡试第三十九名，会试第二百七十五名。

顾问，贯湖广黄州府蕲州，军籍，州学附学生，治《书经》。字子承，行一，年二十八，十一月初八日生。曾祖升。祖宗儒。父敦。母陈氏。具庆下。弟阙。娶胡氏。湖广乡试第三十七名，会试第七十名。

王春复，贯福建泉州府晋江县，军籍，国子生，治《易经》。字学收，行一，年三十二，三月初五日生。曾祖玘。祖和。父琥。母林氏，继母黄氏。具庆下。兄休复、阳复、克复、德复。弟三复、速复、初复、礼复。娶李氏。福建乡试第三十二名，会试第一百五十七名。

王炯，贯贵州清平卫官籍，浙江嵊县人，卫学生，治《春秋》。字幼明，行七，年二十四，九月初三日生。曾祖聚，都指挥佥事赠镇国将军都指挥同知。祖漳，知县封监察御史。父木，按察司佥事。母孙氏，封孺人。重庆下。兄承祖，指挥□；学祖；念祖。弟耀、炼、煨。娶金氏。贵州乡试第五名，会试第二百六十三名。

孙乔，贯浙江杭州府海宁县，灶籍，县学生，治《易经》。字世南，行一，年三十一，四月十九日生。曾祖颐。祖裡。父峦。母许氏。具庆下。兄楫、栋。弟科、稼、和、高、秩、榜、穆。娶贾氏。浙江乡试第四十一名，会试第一百八十六名。

李孔阳，贯直隶真定府冀州武邑县，民籍，国子生，治《诗经》。字子朱，行三，年二十九，八月初二日生。曾祖斌。祖萧。父好实，听选监生。母高氏。具庆下。兄孔嘉，监生；孔厚。弟孔时。娶滕氏。顺天府乡试第七十五名，会试第二百二十六名。

刘昭文，贯江西南安府南康县，军籍，县学附学生，治《礼记》。字汝简，行五，年二十一，十一月十五日生。曾祖恓。祖恩泽。父翔，岁贡生。母王氏。具庆下。兄昭勋，昭理。弟昭武。娶田氏。江西乡试第三十名，会试第二百十二名。

金城，贯山东济南府历城县，民籍，国子生，治《诗经》。字邦卫，行一，年四十，十一月二十八日生。曾祖鼎，南京户部主事。祖章，寿官。父珮，训导。母李氏。严侍下。娶张氏。山东乡试第十一名，会试第四十九名。

冯惟重，贯辽东广宁左卫军籍，山东临朐县人，国子生，治《诗经》。字汝威，行二，年三十五，正月初七日生。曾祖春。祖振，赠南京户部署郎中事员外郎。父裕，按察司副使。母伏氏，封宜人。具庆下。兄惟健，贡生。弟惟敏，贡士；惟讷，同科进士；惟直。娶蒋氏。山东乡试第二十三名，会试第一百十六名。

程轨，贯山东东昌府临清州，民籍，国子生，治《易经》。字信甫，行二，年三十八，二月初三日生。曾祖思忠。祖源。父瑛，寿官。母赵氏。具庆下。兄锐，七品散官。弟辂，临生。娶武氏，继娶龚氏。山东乡试第七十五名，会试第二百十七名。

王国桢，贯浙江绍兴府山阴县，民籍，儒士，治《诗经》。字以宁，行二十五，年二十六，十一月十七日生。曾祖彦德。祖玉玭。父恺。母茅氏。重庆下。兄国臣。弟国言、国宾、国望、国器。娶朱氏。浙江乡试第二十四名，会试第七十七名。

李天宠，贯河南河南府孟津县，军籍，国子生，治《易经》。字子承，行一，年二十八，八月十五日生。曾祖端。祖凤。父瀛。母柴氏。永感下。弟天定。娶孟氏。河南乡试第二十五名，会试第一百二十二名。

刘三畏，贯山东青州府昌乐县，军籍，国子生，治《诗经》。字少钦，行一，年三十八，十一月二十六日生。曾祖贞，州判官。祖惠。父士弘，州判官。母赵氏，继母张氏。严侍下。弟三近，三善。娶赵氏。山东乡试第三十名，会试第五十二名。

孙文锡，贯福建福州府连江县，民籍，国子生，治《易经》。字公爵，行一，年三十五，十一月初二日生。曾祖泰。祖寔。父垣。母丘氏。重庆下。弟文钢。娶苏氏。福建乡试第二十一名，会试第一百三十七名。

郑一鸾，贯福建泉州府晋江县，民籍，国子生，治《易经》。字鸣阳，行一，年四十七，七月初八日生。曾祖永宽。祖观。父祜。母蔡氏。永感下。弟一凤。娶冯氏。福建乡试第七十六名，会试第二百八十三名。

郭进，贯江西袁州府宜春县，民籍，县学生，治《易经》。字抑之，行三，年三十一，四月初一日生。曾祖其元。祖蔼。父鸾。母汤氏。慈侍下。弟迁、道、远、迪、逊、遇、选。娶张氏。江西乡试第五十三名，会试第二百八十六名。

赵承谦，贯直隶苏州府常熟县，民籍，江阴县人，国子生，治《诗经》。字德光，行三，年四十二，五月初五日生。曾祖孟昭。祖实。父玭。母顾氏。永感下。兄松，府经历；柟；桢。弟枨，楷、格。娶萧氏。应天府乡试第二十一名，会试第一百四十八名。

朱尚文，贯直隶保定府新城县，民籍，国子生，治《书经》，字质卿，行一，年四十三，十一月初八日生。曾祖英。祖海全。父逵，典史。前母齐氏、崔氏，母郑氏。永感下。弟博文。娶张氏。顺天府乡试第一百六名，会试第二百十八名。

蒋宗鲁，贯直隶普安卫军籍，应天府溧阳县人，普安州学增广生，治《易经》。字道父，行二，年二十二，十二月十三日生。曾祖铭。祖胜，义官。父廷璧，南京国子监学正。前母徐氏，母罗氏。具庆下。兄芹、宗周。弟宗曾。娶潘氏。贵州乡试第十五名，会试第二百八十名。

李和芳，贯湖广荆州府公安县，军籍，县学附学生，治《书经》。字仁父，行二，年三十六，十二月初七日生。曾祖谦。祖德明，八品散官。父秀，监生。母严氏。永感下。兄文芳，贡士。弟元芳、袭芳、群芳。娶曹氏。湖广乡试第四十五名，会试第二百六十九名。

朱征，贯河南南阳府唐县，民籍，国子生，治《春秋》。字晋卿，行一，年四十，十月十三日生。曾祖文昌。祖宽。父凤。母刘氏，继母王氏。永感下。弟德。娶杨氏。河南乡试第八十名，会试第二百三十名。

黄宗棨，贯福建福州府闽县，民籍，县学附学生，治《易经》。字时节，行九，年三十三，正月十六日生。曾祖诚。祖垕庆。父继魁。母林氏。具庆下。弟裳；宗器，南京户部主事；宗秩；宗侃；宗岱。娶林氏，继娶张氏。福建乡试第五十四名，会试第二百二十名。

齐宗道，贯辽东广宁右卫军籍，山东日照县人，国子生，治《诗经》。字叔鲁，行二，年三十三，十月十二日生。曾祖参。祖斌。父友，寿官。母陈氏。具庆下。兄春；宗贤，贡士。弟泰、宗睿、宗哲。娶耿氏。顺天府乡试第五十九名，会试第一百六十五名。

张道，贯湖广衡州卫，官籍，国子生，治《诗经》。字允中，行三，年三十三，五月初七日生。曾祖英。祖珏，正千户。父宪。母鲁氏。慈侍下。兄本，指挥佥事；立。弟选。娶范氏。湖广乡试第七十六名，会试第三十九名。

邹守，贯四川成都府双流县，民籍，国子生，治《礼记》。字惟一，行一，年二十九，十二月十二日生。曾祖彦和。祖秩。父正东，府通判。母王氏，继母史氏。重庆下。弟可、止。娶任氏。四川乡试第五名，会试第二百九十四名。

程绅，贯山东青州府乐安县，匠籍，县学生，治《书经》。字伯书，行三，年三十一，九月十六日生。曾祖胜。祖琼。父玉，县丞。母祝氏。慈侍下。兄纪，教授；纶；缙。弟繻、绶。娶蒋氏，继娶崔氏。山东乡试第四十一名，会试第一百九十名。

林冕，贯广东广州府番禺县，民籍，县学增广生，治《诗经》。字端吾，行二，年三十，四月二十一日生。曾祖迪。祖泰。父秀。母何氏。永感下。兄夏、昊。弟昇、晟、杲。娶郭氏。广东乡试第五十九名，会试第七十九名。

张瑞，贯福建泉州府惠安县，民籍，岁贡生，治《诗经》。字应时，行一，年四十，十二月十五日生。曾祖永渊。祖荣科。父昆。母孙氏。慈侍下。弟琪。娶黄氏。顺天府乡试第四十六名，会试第一百五十八名。

缪文龙，贯贵州乌撒卫军籍，直隶华亭县人，国子生，治《书经》。字惟德，行三，年二十九，正月二十八日生。曾祖恺。祖仁。父良玉，知县。母解氏。具庆下。兄文献，文英。弟文明，文凤。娶钱氏。云贵乡试第三十八名，会试第二百二十二名。

葛廷章，贯陕西临洮府兰州工正所，匠籍，州学生，治《书经》。字朝宪，行二，年三十五，四月二十二日生。曾祖祯。祖忠。父林。母王氏。永感下。兄廷美。娶朱氏，继娶刘氏。陕西乡试第三十名，会试第二百二十五名。

李凌云，贯河南开封府钧州，民籍，国子生，治《书经》。字子鹏，行三，年二十六，六月初七日生。曾祖刚。祖全。父延，封监察御史。母周氏，封孺人。具庆下。兄乘云，监察御史；登云，大理寺右评事。弟披云、望云、庆云、燦云。娶师氏。河南乡试第十名，会试第五十八名。

郑光溥，贯山东青州府益都县，民籍，国子生，治《诗经》。字伯公，行一，年三十七，十月二十五日生。曾祖赟。祖堂。父稷，引礼舍人。母于氏。永感下。娶马氏。顺天府乡试第一名，会试第八十五名。

刘学易，贯山东青州府寿光县，民籍，国子生，治《春秋》。字道甫，行四，年四十一，四月二十七日生。曾祖文贵。祖森。父颖，知县。母游氏。慈侍下。娶王氏。山东乡试第九名，会试第二百九十八名。

赵恒，贯福建泉州府晋江县，军籍，府学增广生，治《春秋》。字志贞，行二，年二十八，十一月十三日生。曾祖森，赠户部主事。祖瑞，户部郎中。父信。母李氏。慈侍下。弟忧。娶王氏。福建乡试第五名，会试第四十六名。

李珊，贯湖广衡州卫，官籍，国子生，治《诗经》。字敬孚，行一，年三十四，九月初六日生。曾祖赟。祖贤，寿官。父恩。母王氏。重庆下。兄龙，都指挥佥事；爕，指挥使；凤；汉；琦。弟苍、玑、珠、项。娶王氏。湖广乡试第七十八名，会试第一百一名。

朱家相，贯河南开封府归德州，民籍，直隶太仓州人，国子生，治《诗经》。字伯邻，行二，年二十九，十一月二十二日生。曾祖纯。祖洪。父寿。母钱氏。慈侍下。兄卿。弟宰。娶范氏。河南乡试第七十九名，会试第二百九十九名。

黄洪毗，贯福建兴化府莆田县，军籍，府学生，治《书经》。字协恭，行二，年三十二，八月十六日生。曾祖玉英，赠南京翰林院侍讲学士奉直大夫。祖澜，南京翰林院侍讲学士。父肯堂，贡士。母张氏。慈侍下。兄洪昆。弟洪鹏、洪翰、洪化。娶陈氏，福建乡试第二十二名，会试第四十四名。

周宁，贯福建兴化府莆田县，军籍，国子生，治《诗经》。字彦靖，行七，年四十六，二月二十七日生。曾祖勃。祖辅。父仕。母林氏。具庆下。兄宣，布政使司左布政使；宽；寅。弟密，听选官；瑞，知县；完。娶林氏。福建乡试第三十七名，会试第一百三十六名。

胡经，贯河南彰德府磁州，民籍，国子生，治《春秋》。字伯常，行三，年三十九，十一月十六日生。曾祖英。祖仲友。父广。母柯氏。永感下。兄甫、显。弟表、进、伦。娶李氏。河南乡试第四名，会试第一百三十二名。

林策，贯福建漳州府漳浦县，军籍，县学生，治《诗经》。字直夫，行三，年三十，十月初九日生。曾祖普玄。祖弘。父泉。母陈氏。具庆下。兄勋、材。弟会。娶丘氏。福建乡试第十一名，会试第三百八名。

孙孟，贯直隶滁州，官籍，国子生，治《易经》。字端甫，行五，年三十五，正月二十八日生。曾祖和。祖允恭，府教授。父序，推官，封礼部主事，赠知府。前母李氏，赠恭人；母黎氏，封太恭人。慈侍下。兄瑛，指挥佥事；孝，典膳；孜，义官；存，按察司副使；季。弟厚、孚。娶方氏。应天府乡试第一百三十三名，会试第二百十四名。

李用和，贯山东青州府益都县，民籍，府学生，治《诗经》。字元乐，行一，年三十一，十月初十日生。曾祖俊。祖瞻。父鉴。母韩氏。重庆下。弟用敬，贡士；用中。娶苏氏。山东乡试第十二名，会试第一百八十一名。

戴维师，贯浙江绍兴府萧山县，灶籍，国子生，治《诗经》。字秉文，行六，年三十四，六月十六日生。曾祖仲儒。祖民举。父光，府通判。母高氏。具庆下。兄维忠、维孝。弟维宗、维正、维吉。娶黄氏。浙江乡试第四十三名，会试第二百五十二名。

吴相，贯直隶顺德府内丘县，民籍，县学生，治《书经》。字汝立，行一，年二十五，八月十六日生。曾祖叁。祖真。父聪。嫡母张氏，生母吕氏。慈侍下。娶冀氏。顺天府乡试第四十九名，会试第二百九十一名。

杨梁，贯浙江衢州府西安县，民籍，国子生，治《易经》。字廷材，行七，年二十八，正月十一日生。曾祖昊，推官。祖锌，岁贡生。父澍。母叶氏。具庆下。兄棠。弟棐。娶郑氏。浙江乡试第十二名，会试第二百二十四名。

刘起宗，贯四川重庆府巴县，民籍，国子生，治《书经》。字宗之，行一，年三十五，八月初四日生。曾祖规，监察御史历封翰林院侍讲学士赠资政大夫礼部尚书。祖春，掌詹事府事资政大夫礼部尚书兼翰林院学士赠太子太保谥文简。父彭年，按察司按察使。母牟氏，封安人。具庆下。弟起元；起东，官生；起溟；起蒙；起敬；起莘；起江。娶李氏，继娶柳氏。四川乡试第二名，会试第一百五名。

张思诚，贯顺天府固安县，民籍，陕西长安县人，县学生，治《诗经》。字子修，行三，年三十五，十一月二十八日生。曾祖霖。祖干。父永。前母章氏，母辛氏。慈侍下。兄思敬、思明。弟思懋、思睿、思元。娶孙氏，继娶王氏，顺天府乡试第三十名，会试第一百三十一名。

何御，贯福建福州府福清县，民籍，县学附学生，治《诗经》。字范之，行一，年三十四，八月十八日生。曾祖熙，举人署教谕事。祖璋。父元秩。母林氏。永感下。弟衍、徽、术、衢。娶陈氏。福建乡试第八十二名，会试第一百八十五名。

孟淮，贯河南开封府祥符县，民籍，府学附学生，治《礼记》。字豫川，行一，年二十六，七月十七日生。曾祖信。祖善。父廷兰，典膳。母谢氏。具庆下。弟泽、津、洙。娶苗氏，继娶苏氏。河南乡试第十九名，会试第二百六十四名。

张僖，贯福建汀州府永定县，民籍，国子生，治《书经》。字廷和，行三，年三十二，九月二十四日生。曾祖璘。祖绍。父世弘。母郑氏。重庆下。兄侃，训科。弟俊。娶赖氏。福建乡试第九十二名，会试第一百四十二名。

鲍道明，贯直隶徽州府歙县，民籍，府学生，治《春秋》。字行之，行八，年三十六，五月初三日生。曾祖显。祖文苏。父荣芳。母汪氏。具庆下。兄清、伦、濂、光、寿、濬、隆。弟纯、深、求、坚、相、洪、迪、达、远、选。娶方氏。应天府乡试第四名，会试第一百八十名。

叶遇春，贯直隶苏州府太仓州民籍，常熟县人，国子生，治《礼记》。字体仁，行四，年四十一，正月二十二日生。曾祖璜，赠知县。祖颢。父冲。母陆氏。永感下。兄富春、茂春、寿春。弟芳春、萃春、复春。娶王氏。应天府乡试第三十五名，会试第一百十一名。

刘大武，贯湖广荆州府江陵县，民籍，国子生，治《易经》。字象成，行一，年三十二，闰正月三十日生。曾祖遂。祖永宁。父鹏。母张氏。具庆下。弟大本、大章、大和。娶徐氏，继娶李氏。湖广乡试第十五名，会试第一百三名。

程时思，贯江西饶州府浮梁县，军籍，府学生，治《易经》。字以学，行二十四，年二十五，九月十七日生。曾祖万元。祖富昶。父儦。母汪氏，继母吴氏。具庆下。兄时鸣。弟时相、时行、时茂、时济、时彰、时宝、时轼。娶郑氏。江西乡试第六十二名，会试第一百七十四名。

董子策，贯直隶庐州府合肥县，军籍，湖广京山县人，国子生，治《书经》。字元正，行一，年三十五，十一月十二日生。曾祖俊。祖忠，寿官。父钺。母陈氏。慈侍下。娶刘氏。应天府乡试第三十名，会试第五十名。

叶照，贯江西南昌府南昌县，军籍，府学生，治《易经》。字以明，行七，年二十，三月十九日生。曾祖思楚。祖景发。父时盖。母何氏。重庆下。弟汝敬、汝亮、汝颐、汝文。娶辜氏。江西乡试第四十五名，会试第九十七名。

叶春泽，贯福建福州府闽县，民籍，府学生，治《书经》。字仁敷，行八，年三十五，九月十一日生。曾祖显。祖徽，府教授。父璧。母盛氏。慈侍下。兄秀。娶林氏。福建乡试第七名，会试第一百五十四名。

许元祥，贯浙江宁波府鄞县，民籍，国子生，治《易经》。字国钟，行四，年四十，四月十八日生。曾祖伯义。祖纯。父珑。母薛氏。慈侍下。兄元吉、元庆、元祯。弟元瑞，听选官；元廉；元禄；元德。娶周氏。浙江乡试第三名，会试第三百九名。

聂标，贯山东临清卫军籍，河南祥符县人，济宁州学生，治《易经》。字公寿，行二，年三十七，六月十一日生。曾祖让。祖敬，训导。父瓒，长史。母刘氏。具庆下。兄樗。弟枂。娶王氏，继娶石氏。山东乡试第二十四名，会试第一百三十五名。

刘洛生，贯山东东昌府恩县，民籍，县学生，治《易经》。字希程，行二，年二十三，八月十九日生。曾祖忠。祖进，典史。父镐，县主簿。前母马氏、郭氏，母房氏。具庆下。兄鲁生，贡士。弟关生、闽生、兖生。娶赵氏，山东乡试第五十五名，会试第九十名。

刘大实，贯河南汝宁府确山县，民籍，山东淄川县人，县学生，治《易经》。字子虚，行一，年二十四，十月十二日生。曾祖荣。祖鉴。父富。母董氏。具庆下。弟大贞、大贯。娶陈氏。河南乡试第四十八名，会试第四十八名。

陈鹄，贯浙江绍兴卫，官籍，直隶武进县人，国子生，治《诗经》。字鸣霄，行二，年三十，十二月初九日生。曾祖杰，百户。祖绎，百户。父瑞，百户。母李氏，封安人。重庆下。兄鹤，百户。弟鸣、凤、鹊。娶吴氏，继娶朱氏。浙江乡试第四十三名，会试第六十二名。

张秉壶，贯福建兴化府莆田县，民籍，国子生，治《书经》。字国镇，行三，年三十二，正月初八日生。曾祖勉，学正。祖道亨，七品散官。父超升，知县。嫡母翁氏，生母刘氏。慈侍下。兄秉罗；秉浮；应；凤，贡士；大纪。弟秉辰、秉乾、秉初。娶朱氏。福建乡试第十四名，会试第二百十名。

张文卿，贯陕西西安府三原县，军籍，国子生，治《书经》。字质夫，行一，年三十二，闰正月十六日生。曾祖惟孝。祖通。父志聪。母师氏。慈侍下。弟钦卿、思卿。娶杜氏。陕西乡试第一名，会试第一百八名。

胡川楫，贯直隶徽州府歙县，匠籍，国子生，治《易经》。字巨卿，行三，年三十四，九月十九日生。曾祖宗应。祖真赐。父俨。母程氏，继母张氏。具庆下。兄元夔、载嘉、继明。弟乘、雁、鹏、鹤、完、性。娶陈氏。应天府乡试第三十三名，会试第二百九十三名。

袁凤鸣，贯湖广辰州卫军籍，直隶盱眙县人，县学生，治《易经》。字子时，行一，年三十七，十二月初八日生。曾祖敬，百户。祖礼。父经。母颜氏。永感下。弟凤仪。娶高氏。湖广乡试第四十名，会试第一百四十四名。

吴兰，贯直隶庐州府六安州霍山县，民籍，云南沾益州人，国子生，治《礼记》。字卿佩，行一，年四十四，正月初九日生。曾祖信。祖泰，府教授。父凤仪，训导。母严氏。具庆下。弟莅。娶李氏。应天府乡试第一百七名，会试第三百十八名。

蒿宾，贯山东兖州府滕县，民籍，直隶清河县人，国子生，治《诗经》。字大宾，行一，年二十八，五月十六日生。曾祖友。祖明。父恕。母牛氏，继母邹氏。具庆下。弟儒。娶孙氏。山东乡试第五十四名，会试第二百三十三名。

徐良傅，贯江西抚州府东乡县，民籍，府学生，治《书经》。字子弼，行二十三，年三十四，八月二十九日生。曾祖禄。祖诚，寿官。父纪，训导。母乐氏。严侍下。兄良器。娶邓氏。江西乡试第八名，会试第四十名。

欧阳建，贯广东广州府新会县，民籍，国子生，治《诗经》。字参可，行一，年三十九，二月十三日生。曾祖乾祯。祖暾，义官。父纯熙。母伍氏。具庆下。弟律、津。娶陈氏。广东乡试第二十六名，会试第二百七十二名。

洪庭桂，贯福建泉州府南安县，军籍，县学生，治《易经》。字德馨，行三，年三十五，九月二十一日生。曾祖敏伦。祖昕，义官。父宙。母林氏，继母吴氏。严侍下。兄庭芳；庭梧；庭实，贡士。弟庭秀、庭兰。娶涂氏。福建乡试第七十一名，会试第六十一名。

胡尧臣，贯四川重庆府安居县，军籍，国子生，治《诗经》。字伯纯，行二，年三十二，正月二十五日生。曾祖存禄。祖鹏。父自明，训导。母朱氏。重庆下。兄诚。弟舜臣、禹臣。娶杨氏。四川乡试第五十名，会试第一百四名。

董懋中，贯直隶保定府安州，高阳县人，国子生，治《书经》。字德甫，行二，年二十三，九月二十四日生。曾祖荣。祖纹。父兵。母王氏。具庆下。兄用中；执中，贡士；立中，贡士；秉中；化中；韦。弟黄中、协中、一中、龙中、虚中、就中、适中。娶苑氏。顺天府乡试第二十六名，会试第二百二十四名。

郭惟清，贯武功中卫，匠籍，直隶昆山县人，顺天府学附学生，治《书经》。字寅仲，行一，年三十，十月初二日生。曾祖福敬。祖泰。父升。母杨氏。具庆下。弟惟和，惟一。娶文氏。顺天府乡试第一百六名，会试第二百二十八名。

倪瑗，贯陕西咸宁县，民籍，直隶长洲县人，府学生，治《春秋》。字公引，行四，年三十五，十二月初八日生。曾祖曙。祖颙，散官。父通，封给事中。嫡母刘氏，封孺人；生母刘氏。慈侍下。兄玑，按察司佥事；环，驿丞；玳，贡士；瑶；珮。弟璜，监生。娶黄氏。陕西乡试第五十六名，会试第一百四十六名。

袁衮，贯直隶苏州府吴县，民籍，国子生，治《易经》。字补之，行三，年四十，五月十六日生。曾祖琼。祖敬。父鼎，训科。母韩氏。永感下。兄表，南京兵马司副指挥；裵。弟褒，监生；裒，前兵部主事；裘。娶卢氏。应天府乡试第六十六名，会试第五十五名。

庄思宽，贯福建泉州府晋江县，民籍，县学附学生，治《易经》。字君栗，行二，年三十三，八月二十日生。曾祖仪则。祖元善。父龙。母郭氏。慈侍下。兄思恭。弟思信。娶张氏，福建乡试第六十一名，会试第十四名。

孟颜，贯陕西泽州，民籍，国子生，治《诗经》。字学颜，行一，年二十四，三月初一日生。曾祖彪，赠太仆寺少卿加赠都察院右副都御史。祖春，通议大夫吏部左侍郎。父阳，行人赠监察御史。母颜氏，封孺人。永感下。弟学孔、学思、频、项、学尧。娶庞氏。山西乡试第三名，会试第一百九十一名。

刘乾，贯直隶保定府唐县，军籍，国子生，治《诗经》。字仲坤，行三，年三十二，十一月十一日生。曾祖著，教谕。祖瑜，翰林院检讨。父汝教。母左氏。慈侍下。兄鼎、泰。弟恒。娶王氏，继娶徐氏。顺天府乡试第一百十七名，会试第二百十九名。

赵之屏，贯四川顺庆府南充县，民籍，国子生，治《诗经》。字宪甫，行一，年二十八，十二月十四日生。曾祖求富。祖廷爵，夫恺。母师氏。具庆下。弟之翰、之藩、之纲、之纪。娶韩氏。四川乡试第七名，会试第一百四十五名。

甄成德，贯山西太原府平定州守御千户所，军籍，岚县人，国子生，治《书经》。字行叔，行一，年三十八，七月初四日生。曾祖海。祖福祥。父铺。母郭氏。具庆下。弟成业、成性、成仁、成义。娶马氏。山西乡试第三十八名，会试第二百五十一名。

冷珂，贯四川重庆府荣昌县，军籍，湖广麻城县人，国子生，治《易经》。字鸣叔，行五，年四十，六月二十日生。曾祖廷杰。祖奎，教谕赠奉政大夫府同知。父宗元，知府。母张氏，赠宜人；继母郑氏，封宜人。具庆下。四川乡试第五十九名，会试第一百四十名。

孟廷相，贯顺天府霸州，军籍，州学生，治《书经》。字爱立，行一，年三十五，十一月十二日生。曾祖安，府照磨。祖钦，七品散官。父瑛，州学正。母胡氏。具庆下。弟廷芳，廷邻。娶司氏。顺天府乡试第二十八名，会试第二百四十五名。

刘选，贯河南汝宁府汝阳县，民籍，山西安邑县人，府学生，治《诗经》。字子铨，行一，年二十八，八月十六日生。曾祖顺。祖江。父亮。嫡母王氏，生母张氏。具庆下。娶郑氏。河南乡试第二名，会试第一百九名。

王尚学，贯广西柳州府马平县，民籍，县学生，治《易经》。字敏叔，行四，年三十，四月十一日生。曾祖昕。祖沂。父相。母文氏。具庆下。娶陈氏。广西乡试第三名，会试第二百三名。

王德，贯浙江温州府永嘉县，军灶籍，县学附学生，治《诗经》。字汝修，行三，年二十二，闰十二月十二日生。曾祖廷芳。祖镯。父泹。母林氏。具庆下。兄庆、立。娶邵氏。浙江乡试第八十名，会试第七十三名。

谢体升，贯江西吉安府吉水县，军籍，县学生，治《易经》。字顺之，行五，年三十三，三月二十五日生。曾祖建康。祖充选，义官。父显簪，义官。前母高氏，母萧氏，继母周氏。具庆下。兄体蒙，监生；体师；体鼎，监生。弟体履。娶黄氏。江西乡试第五十一名，会试第二百二十七名。

唐时，贯直隶保定府雄县，民籍，县学生，治《诗经》。字学孔，行一，年二十七，十月二十二日生。曾祖兴。祖全。父林。母高氏。具庆下。娶李氏。顺天府乡试第一百二十一名，会试第四十一名。

魏谦吉，贯直隶真定府柏乡县，民籍，国子生，治《春秋》。字子惠，行四，年三十，十一月初一日生。曾祖鉴。祖寿，训导。父岩，儒官。母赵氏。具庆下。兄谦光，监生；谦亨；谦利。弟谦贞、谦荣、谦劳、谦执。娶李氏。顺天府乡试第二名，会试第五名。

张情，贯直隶苏州府昆山县，匠籍，国子生，治《诗经》。字约之，行二，年三十六，九月二十四日生。曾祖思明。祖绘。父祥，岁贡生。母杜氏。慈侍下。兄性。弟意，按察司副使；心。娶朱氏。应天府乡试第四十九名，会试第二百一名。

刘焘，贯直隶天津左卫，军籍，河南项城县人，卫学生，治《诗经》。字仁甫，行三，年二十七，正月二十二日生。曾祖兴。祖清。父气，寿官。母石氏。具庆下。兄勋，臣。娶陈氏。顺天府乡试第四十七名，会试第四十三名。

查秉彝，贯浙江杭州府海宁县，民籍，国子生，治《诗经》。字性甫，行八，年三十五，四月十三日生。曾祖实。祖益，封按察司佥事。父绘。母周氏。永感下。兄秉中；秉直；秉衡；秉清；秉濂；秉铨，监生。弟秉钺，贡生；秉伦；秉信；秉估；秉钧。娶陈氏。浙江乡试第二十一名，会试第十五名。

吴世良，贯浙江严州府遂安县，民籍，县学生，治《春秋》。字元良，行三，年三十，十一月十三日生。曾祖汝广。祖士雍，寿官。父汉。母余氏。具庆下。兄世恩、世忠。弟世义、宗鲁。娶凌氏，继娶严氏。浙江乡试第九名，会试第一百六十名。

张诏，贯山东济南府济阳县，民籍，县学生，治《易经》。字朝宣，行一，年二十八，三月初六日生。曾祖斌。祖玉。父遵，前母刘氏。母周氏。严侍下。弟侣、俦、化、儒。娶谢氏，继娶谢氏。山东乡试第三十五名，会试第一百六十九名。

丘玭，贯直隶庐州府六安州，军籍，国子生，治《书经》。字文玉，行二，年四十二，十月初五日生。曾祖嵩。祖炫。父附。母吴氏。具庆下。兄珩。弟瑞。娶龚氏，继娶王氏。应天府乡试第一百九名，会试第二百八十一名。

李实，贯河南河南府灵宝县，民籍，县学生，治《易经》。字幼华，行三，年三十四，七月初八日生。曾祖孜，义官。祖孟阳。父裡。母葛氏。具庆下。兄继义、继儒。弟守。娶闾氏。河南乡试第七十四名，会试第二百三十七名。

许瑄，贯福建泉州府晋江县，匠籍，县学附学生，治《易经》。字伯温，行二，年二十七，四月初十日生。曾祖舜谦。祖成高。父元明。母郑氏。慈侍下。兄璘。弟璈。娶萧氏。福建乡试第八十三名，会试第一百八十八名。

张潜，贯山东济南府齐河县，官籍，县学生，治《诗经》。字时见，行一，年二十二，八月初八日生。曾祖纯。祖居仁，府知事。父九经。母毕氏。重庆下。弟津、洞、洋、涞、湘、沾，聘李氏。山东乡试第三十二名，会试第二百三十六名。

黄如桂，贯江西吉安府庐陵县，民籍，国子生，治《诗经》。字德馨，行三，年四十二，三月十二日生。曾祖时佐。祖镐。父懋哲。母李氏。永感下。兄照、文、乔。娶李氏。江西乡试第八名，会试第十九名。

萧世延，贯四川成都府内江县，民籍，县学生，治《书经》。字可静，行六，年三十四，四月初十日生。曾祖汝明，赠都察院右都御史。祖骐，义官。父露。嫡母吴氏，生母李氏。慈侍下。兄世显，寿官；世雍；世选；世熙，监生；世建。弟世尚；世曾，贡士；世谦；世赏。娶梅氏，继娶罗氏。四川乡试第十名，会试第三百十一名。

罗廷绣，贯陕西西安府邠州淳化县，民籍，国子生，治《书经》。字公裳，行七，年三十，闰九月初八日生。曾祖楫，知州。祖九霄，寿官。父仁夫。母袁氏。重庆下。弟廷绂。娶姚氏。陕西乡试第五十二名，会试第三百七名。

金志，贯浙江绍兴府山阴县，民籍，国子生，治《诗经》。字允立，行六十一，年三十七，三月十三日生。曾祖宁。祖玘。父谧，知县。母茅氏。永感下。兄恕、愚。娶陈氏。浙江乡试第六十名，会试第二百八名。

余善继，贯四川重庆府长寿县，民籍，县学附学生，治《春秋》。字伯贤，行一，年二十七，三月初三日生。曾祖永寿。祖钟，王府教授。父龙。母赵氏。具庆下。兄廷宠。弟能继、可继。娶谢氏。四川乡试第三十一名，会试第三百十名。

吴道南，贯河南汝宁府光州，民籍，江西丰城县人，国子生，治《易经》。字文在，行二，年三十一，八月十二日生。曾祖世荣。祖权。父昭凤。母金氏，继母陈氏。具庆下。弟道明。娶蔡氏。河南乡试第五十八名，会试第六十七名。

杨载鸣，贯江西吉安府泰和县，儒籍，县学生，治《易经》。字虚卿，行二，年二十五，十月二十三日生。曾祖昱，太仆寺丞。祖雯。父训，教谕。母刘氏。具庆下。兄载芳。弟载赏。娶龙氏。江西乡试第十五名，会试第一百名。

沈炼，贯浙江绍兴卫军籍，丽水县人，国子生，治《易经》。字纯甫，行五，年三十二，九月初八日生。曾祖伯才。祖庆。父璧。母俞氏。具庆下。兄镇、铛、釧。弟镐、钟、铢、镒、锷。娶徐氏。浙江乡试第六十五名，会试第一百七名。

李一瀚，贯浙江台州府仙居县，民籍，国子生，治《诗经》。字源甫，行四，年三十四，八月二十日生。曾祖良平。祖震。父钁。母彭氏。具庆下。兄一灌、一浙、一潮。弟一沛。娶应氏。浙江乡试第八十六名，会试第六十四名。

洪恩，贯湖广黄州府蕲州黄梅县，民籍，县学生，治《诗经》。字从仁，行一，年二十九，十月十四日生。曾祖宇璇。祖晟，知县。父模，贡士。母胡氏。重庆下。弟勋、达、造。娶王氏。湖广乡试第三十六名，会试第四十七名。

符验，贯浙江台州府黄岩县，军籍，国子生，治《诗经》。字大克，行六十八，年四十六，八月十四日生。曾祖永廉。祖乎。父匡，教谕。母金氏。永感下。兄玺。弟琼。娶王氏，继娶吴氏。浙江乡试第七名，会试第八十八名。

高谦，贯陕西绥德卫，军籍，榆林卫人，国子生，治《春秋》。字孔益，行五，年二十六，七月十八日生。曾祖旺。祖崟，百户。父鸾，府经历。前母王氏，母张氏。慈侍下。兄奎，百户；儒，千户；科；第。娶时氏。陕西乡试第四十六名，会试第二百三十九名。

汝齐贤，贯直隶苏州府吴江县，民籍，国子生，治《诗经》。字懋思，行三，年三十一，八月二十五日生。曾祖思聪，兵马司指挥。祖仲器，赠吏部郎中。父泰，知府。前母郁氏，赠宜人；母丁氏，封宜人。慈侍下。兄惟贤，州判官；贡；赟。娶张氏。应天府乡试第五十八名，会试第十二名。

吴维岳，贯浙江湖州府吉安州孝丰县，军籍，县学生，治《礼记》。字峻伯，行五，年二十五，六月初四日生。曾祖玒，寿官。祖松，封奉政大夫吏部郎中。父麒，知县前监察御史。前母王氏，赠孺人；王氏；母方氏，封孺人。重庆下。弟维川、维夏、维京、维城。娶臧氏。浙江乡试第五名，会试第一百九十七名。

万虞恺，贯江西南昌府南昌县，民籍，国子生，治《诗经》。字懋卿，行九，年三十四，三月十三日生。曾祖景星。祖必昌。父广载。母傅氏，继母李氏。具庆下。兄虞托、虞时。弟虞瑞、虞邻。娶萧氏。江西乡试第八十六名，会试第一百三十九名。

茅坤，贯浙江湖州府归安县，民籍，县学生，治《书经》。字顺甫，行二，年二十七，七月二十一日生。曾祖刚。祖珪。父迁。母李氏。重庆下。兄乾。弟艮、益、应龙、大有、应虎。娶姚氏。浙江乡试第十一名，会试第十三名。

汪宗伊，贯湖广武昌府崇阳县，军籍，县学生，治《诗经》。字子衡，行三，年二十九，正月十五日生。曾祖璇，寿官。祖藻，监生封兵部主事赠中宪大夫都察院右佥都御史。父文盛，都察院右佥都御史。母彭氏，封恭人。具庆下。兄宗元，兵部主事；宗凯，中书舍人；宗皋。弟宗召，贡士；宗蘷；宗南；宗光；宗介；宗栻；宗说；宗莱。娶蔡氏。湖广乡试第一名，会试第二十三名。

冯璋，贯浙江宁波府慈溪县，军籍，国子生，治《春秋》。字如之，行六十七，年三十七，七月十四日生。曾祖民。祖鲁。父隽。前母张氏，母魏氏。慈侍下。兄礼；良贵；岳，知府。弟节。娶陈氏。浙江乡试第三十八名，会试第九名。

林绅，贯陕西凤翔府宝鸡县，民籍，国子生，治《书经》。字佩之，行六，年四十七，九月十三日生。曾祖秀。祖虎，赠知州。父恭，知府。嫡母焦氏，封恭人；生母张氏。永感下。兄经，义官；纶，监生；继，监生；绪，监生；纯。弟纬，上林苑监录事。娶彭氏。陕西乡试第三十九名，会试第二百七十名。

顺境，贯湖广武昌府江夏县，军籍，府学生，治《诗经》。字履常，行三，年三十八，四月十五日生。曾祖德昭。祖成美。父友刚。母顺氏。慈侍下。兄铉、锡。娶郝氏。湖广乡试第四十四名，会试第五十六名。

李槃，贯湖广岳州府澧州，官籍，四川内江县人，国子生，治《易经》。字新甫，行三，年三十六，十二月初六日生。曾祖蕃，兵科左给事中累赠资政大夫太子少保工部尚书兼都察院左副都御史。祖吉安，王府教授累赠资政大夫太子少保工部尚书兼都察院左副都御史。父振嗣，前母马氏。母程氏。永感下。兄檀；棠；轸，府同知；弁，百户。弟点；松，光禄寺署丞。娶张氏，继娶陈氏。湖广乡试第二名，会试第一百十九名。

李嵩，贯河南归德卫，军籍，陕西华阴县人，归德州学增广生，治《易经》。字子中，行二，年二十二，正月初六日生。曾祖贵。祖通。父芳。母宋氏，继母周氏。具庆下。兄昆。娶陈氏。河南乡试第十七名，会试第八十六名。

刘存德，贯福建泉州府同安县，民籍，县学生，治《易经》。字志仁，行一，年三十一，十一月初六日生。曾祖弘渊。祖朝权。父恭。母叶氏，继母林氏。具庆下。弟存业。娶叶氏，福建乡试第四十六名，会试第四十五名。

阮高，贯直隶保定府大宁都司，官籍，中卫人，国子生，治《诗经》。字思抑，行二，年二十九，二月初一日生。曾祖璜，都指挥使。祖洪。父泰。母李氏。慈侍下。兄登。娶李氏，继娶尹氏。顺天府乡试第十一名，会试第二百二十九名。

游震得，贯直隶徽州府婺源县，民籍，国子生，治《易经》。字汝潜，行二，年三十四，十月初五日生。曾祖敬宽，寿官。祖侃。父泰亨。前母程氏，母汪氏。慈侍下。兄孟得。弟再得、三得、壮得、同得、明得、后得。娶詹氏。应天府乡试第八十八名，会试第三十五名。

杜汝桢，贯四川顺庆府南充县，民籍，国子生，治《诗经》。字公宁，行三，年三十六，六月初七日生。曾祖明，府经历。祖华，长史。父纯，府通判。母任氏。具庆下。兄汝舟、汝楫、冕、汉、濬。弟杲、汝干。娶杨氏，继娶庞氏。四川乡试第四十八名，会试第九十二名。

盛唐，贯浙江嘉兴府嘉善县，民籍，国子生，治《诗经》。字原陶，行一，年三十，十月十五日生。曾祖完。祖庄。父奎。母沈氏。具庆下。弟虞。娶戴氏。浙江乡试第六十名，会试第九十八名。

李遇春，贯直隶苏州府常熟县，民籍，吴县人，国子生，治《诗经》。字时芳，行三，年三十八，八月二十四日生。曾祖邕。祖梗。父乾。母杭氏。具庆下。兄应春，省祭官；秀春。娶蒋氏。顺天府乡试第八十七名，会试第一百七十名。

郑直，贯山东兖州府东平州，军籍，州学生，治《诗经》。字子敬，行一，年二十八，十二月十七日生。曾祖观，布政使司理问，赠南京户部主事。祖伦。父维垣，通判。母李氏，继母梁氏。重庆下。弟立，监生；室；鉴；童；登。娶徐氏。山东乡试第三十名，会试第二百五名。

坑进良，贯直隶保定府安肃县，民籍，山西安邑县学教谕，治《诗经》。字汝率，行三，年四十四，九月二十八日生。曾祖恭。祖奉。父大纲，县主簿。母阎氏。具庆下。兄进贤，进善。弟进臣，进言，进道，进友。娶李氏，继娶郭氏、李氏、李氏。顺天府乡试第九十二名，会试第三百十二名。

冯惟讷，贯辽东广宁左卫军籍，山东临朐县人，国子生，治《诗经》。字汝言，行五，年二十六，六月十九日生。曾祖春。祖振，赠南京户部署郎中事员外郎。父裕，按察司副使。母伏氏，封宜人。具庆下。兄惟健，贡士；惟重，同科进士；惟敏，贡士。弟惟直。娶熊氏。山东乡试第五十六名，会试第一百二十三名。

许东望，贯山东平山卫，旗籍，直隶宿松县人，国子生，治《易经》。字应鲁，行五，年三十，闰九月初一日生。曾祖宏，赠知县。祖麾，太仆寺寺丞。父尧，引礼舍人。母田氏。永感下。兄东明，县主簿；东高，监生；东青，义官；东迎，监生；东华，总旗。弟东聚；东作，义官；东渐；东光，义官。娶沈氏。山东乡试第四十三名，会试第二百五十三名。

胡宗宪，贯直隶徽州府绩溪县，民籍，县学附学生，治《书经》。字汝钦，行二，年二十七，九月二十六日生。曾祖若川，寿官。祖昆，义官。父尚仁。母方氏。具庆下。兄宗虞。弟宗廷。娶章氏。应天府乡试第一百名，会试第八十四名。

萧轼，贯江西吉安府吉水县，民籍，国子生，治《易经》。字仲敬，行五，年三十一，五月十六日生。曾祖世桢。祖延通，赠刑部主事。父晚，按察司副使。母杨氏，封安人。具庆下。兄干。弟辙，贡士。娶胡氏。江西乡试第八十一名，会试第一百七十七名。

诸敬之，贯浙江绍兴府余姚县，民籍，县学附学生，治《易经》。字守礼，行三，年三十二，正月二十七日生。曾祖琳。祖永言。父巽。母徐氏。重庆下。兄桂。弟学之。娶王氏。浙江乡试第三十四名，会试第一百九十九名。

谭大初，贯广东南雄府始兴县，民籍，府学生，治《诗经》。字宗元，行二，年三十五，九月三十日生。曾祖逊，县丞。祖升。父骥，训科。嫡母刘氏，生母刘氏。慈侍下。兄大中，训科。娶陈氏。广东乡试第七十五名，会试第二百四十六名。

徐鹤龄，贯浙江杭州府海宁县，军籍，府学增广生，治《易经》。字仁甫，行一，年三十一，正月二十六日生。曾祖庆。祖兰。父文卿，冠带生员。母王氏。重庆下。弟鹤翔、鹤鸣、鹤生、鹤年。娶沈氏，继娶孙氏。浙江乡试第五十九名，会试第二百四十七名。

万文彩，贯云南临安卫官籍，江西南昌县人，国子生，治《诗经》。字国华，行二，年三十二，三月十一日生。曾祖俊。祖昂。父祚，八品散官。母贾氏。慈侍下。兄言策，贡士；文奎。弟文光。娶何氏。云贵乡试第三十一名，会试第二百八十二名。

邵楩，贯浙江杭州府仁和县，民籍，国子生，治《易经》。字良用，行三，年三十六，二月三十日生。曾祖惟政，赠文林郎大理寺评事。祖琮，按察司副使进从三品阶。父昺。母陈氏。严侍下。弟楷、椿、槐、桂、桐、槚、榴、梓。娶赵氏。浙江乡试第五十一名，会试第一百九十二名。

李仅可，贯直隶广平府清河县，民籍，国子生，治《诗经》。字子与，行一，年三十五，正月初三日生。曾祖祥。祖玺。父隆。母阎氏。具庆下。弟学可、许可。娶张氏。顺天府乡试第三十一名，会试第一百二十七名。

罗崇奎，贯江西南昌府南昌县，民籍，国子生，治《易经》。字子文，行八，年三十一，五月十三日生。曾祖九锡，义官。祖贡任。父大辅。母贾氏。慈侍下。兄崇贞、崇进。弟崇信、崇睿、崇简、崇明、崇震。娶徐氏。江西乡试第二十一名，会试第二十七名。

陈珂，贯直隶涿鹿左卫官籍，顺天府蓟州遵化县人，州学附学生，治《书经》。字仲声，行六，年二十八，七月二十四日生。曾祖玉，昭勇将军指挥使。祖广，昭勇将军指挥使。父渊，户部员外郎。母郭氏，赠安人。永感下。兄珮，昭勇将军指挥使；瑞，七品散官；珍，七品散官。弟昆、璜、瑶、珙。娶王氏。顺天府乡试第一百五名，会试第一百八十三名。

孟养性，贯山东济南府齐河县，民籍，县学生，治《诗经》。字存甫，行一，年三十，十一月十九日生。曾祖昉。祖珪。父崇儒，监生。母杨氏。严侍下。娶赵氏。山东乡试第四十四名，会试第一百九十八名。

阮朝策，贯湖广黄州府麻城县，民籍，国子生，治《春秋》。字子定，行七，年三十八，八月十八日生。曾祖刚，县丞。祖大用，寿官。父圭，赠户部主事。前母贺氏；母蔡氏，赠安人。永感下。兄朝阳，贡士；朝东，按察司提学副使；朝南；朝端；朝随，贡士；朝士；朝仪；朝倚；朝任。娶梅氏。湖广乡试第八名，会试第一百十名。

周山，贯直隶常州府武进县，民籍，国子生，治《诗经》。字子仁，行一，年四十八，十二月十二日生。曾祖仲杰。祖昱。父荣。母吴氏。慈侍下。娶徐氏。顺天府乡试第一百二十八名，会试第二百六十名。

张雨，贯江西吉安府万安县，民籍，国子生，治《易经》。字惟时，行一，年二十七，正月初七日生。曾祖守约。祖资云，义官。父士优。母廖氏。重庆下。弟霆、霄、霈、霁。娶刘氏。江西乡试第二十四名，会试第二十二名。

欧思贤，贯顺天府蓟州民籍，福建连江县人，国子生，治《书经》。字希甫，行五，年三十五，十月初七日生。曾祖宝，赠户部郎中。祖俊。父弘惠，府通判进阶承德郎。母孟氏，封安人。具庆下。兄思廉，义官；思诚，大理寺右寺副；思孝。弟思齐，义官；思法；思元；思迁。娶贾氏。顺天府乡试第六十名，会试第二百六十二名。

杨皆，贯福建兴化府莆田县，民籍，府学生，治《诗经》。字同卿，行十九，年三十二，闰正月十三日生。曾祖察，赠奉直大夫吏部员外郎。祖瓒，布政使司左参政。父褒。母翁氏。慈侍下。兄鲁、晢、曹。娶林氏。福建乡试第六十五名，会试第三百五名。

荆应春，贯河南怀庆府武陟县，军籍，国子生，治《易经》。字子元，行二，年三十四，七月二十二日生。曾祖钦，义官。祖鸾，寿官。父华。母赵氏。具庆下。兄应节。弟应夏、应秋、应冬。娶王氏。顺天府乡试第五十二名，会试第六十九名。

李宠，贯湖广黄州府麻城县，民籍，国子生，治《春秋》。字元勋，行二，年三十，三月初五日生。曾祖善芳，训术。祖澄。父文玉，冠带生员。母刘氏。具庆下。兄采，推官。弟宰、柟、梅、乐。娶邹氏。湖广乡试第三十八名，会试第二百二名。

王尧日，贯河南开封府归德州鹿邑县，民籍，国子生，治《诗经》。字明时，行三，年三十七，三月二十二日生。曾祖智，卫经历。祖纪。父淙，典宝。母普氏，继母罗氏。严侍下。兄尧春、尧年。弟尧时、尧臣、尧节。娶完氏。河南乡试第九名，会试第一百七十三名。

魏梦贤，贯浙江绍兴府山阴县，民籍，国子生，治《诗经》。字良辅，行十，年三十九，十二月十三日生。曾祖达。祖英。父淳。前母王氏，母朱氏。具庆下。弟梦卜。

娶朱氏。浙江乡试第七十四名，会试第七十五名。

谷峤，贯直隶兴州前屯卫，官籍，河南息县人，国子生，治《易经》。字惟升，行一，年三十一，二月二十三日生。曾祖亮，指挥佥事。祖涌。父选。母董氏。具庆下。弟峦。娶杨氏。顺天府乡试第二十二名，会试第三百三名。

温新，贯河南洛阳中护卫，官籍，山东益都县人，国子生，治《诗经》。字伯明，行一，年四十八，三月十二日生。曾祖全，指挥同知。祖厚，指挥同知。父胜，指挥同知。母王氏，封淑人；继母张氏。慈侍下。弟秀，知州；习。娶王氏。河南乡试第二名，会试第三百十六名。

张玶，贯直隶河间府景州东光县，民籍，县学生，治《诗经》。字子珍，行一，年三十四，六月十九日生。曾祖荐。祖安。父庆。母息氏。永感下。娶王氏，继娶庄氏。顺天府乡试第一百十四名，会试第八十二名。

朱鹄，贯广西桂林府阳朔县，民籍，国子生，治《易经》。字秉直，行九，年三十二，正月初一日生。曾祖龙光。祖声，府经历赠刑部员外郎。父璧，监生。母容氏。永感下。兄鸾，知县；鹏，知县；鹭；鹗，监生；鸥；鸿；鸷；鹑。娶王氏。广西乡试第二十名，会试第一百十七名。

尹纶，贯山东济南府齐河县，民籍，德州人，国子生，治《诗经》。字汝渔，行四，年三十九，正月十八日生。曾祖进。祖钦。父天章，巡检。母王氏。严侍下。兄溏、潮、泾。娶李氏。山东乡试第二十一名，会试第二百五十五名。

林大有，贯广东潮州府潮阳县，民籍，国子生，治《书经》。字端时，行一，年二十四，正月二十日生。曾祖永恩。祖缙绶。父惠。前母赵氏，母范氏。具庆下。弟大壮、大畜。娶萧氏。广东乡试第六十名，会试第二百三十五名。

王崇义，贯山东济南府淄川县，军籍，国子生，治《诗经》。字子由，行四，年三十，闰九月十六日生。曾祖俊。祖振。父逵。母鲁氏，继母曹氏。具庆下。兄崇德；崇儒，省祭官；崇仁。弟崇文、崇学、崇化。娶许氏，继娶刘氏。山东乡试第十六名，会试第一百二十九名。

汪柏，贯江西饶州府浮梁县，民籍，府学生，治《易经》。字廷节，行二十九，年二十六，二月十三日生。曾祖文琦。祖钧。父泗。母张氏。具庆下。兄槚、札、松、林。弟梧、栗、柈。娶郑氏。江西乡试第十六名，会试第一百二十六名。

王大平，贯山东青州府安丘县，民籍，县学生，治《易经》。字象行，行四，年二十八，十月十七日生。曾祖振。祖伯成。父玉。母李氏。具庆下。兄大化、大任、大均。弟大治、大雍、大熙、大皞、大命。娶黄氏。山东乡试第十六名，会试第二百六名。

陈应魁，贯福建兴化府莆田县，民籍，府学附学生，治《书经》。字孚元，行五，年一十九，正月初二日生。曾祖瑜，监生。祖钟，府同知。父淮，冠带生员。母雍氏，生母杨氏。重庆下。兄在邦；在科，听选官；在贤；在田，聘郑氏。福建乡试第二十九名，会试第二百八十四名。

杜拯，贯江西南昌府丰城县，军籍，县学附学生，治《诗经》。字子民，行二百四，年二十一，四月二十五日生。曾祖叔真。祖玉环。父士希。母游氏。重庆下。弟抃、拙、撰、擢、扬、揭，聘邹氏。江西乡试第二十三名，会试第七十一名。

王心，贯直隶龙江右卫，军籍，浙江定海县人，国子生，治《易经》。字惟一，行二，年三十八，七月十四日生。曾祖敬祥。祖雷。父浩。母杨氏。慈侍下。兄言。娶张氏。应天府乡试第三十一名，会试第二百六十七名。

徐文亨，贯辽东定辽后卫，官籍，江西余干县人，国子生，治《书经》。字道行，行二，年三十四，十月十三日生。曾祖伯迪，百户。祖昂，赠千户。父渊。母万氏。慈侍下。兄文贤、文方。弟文贞、文中、文和、文征。娶王氏。顺天府乡试第一百十三名，会试第三百四名。

牛沈度，贯河南南阳府叶县，民籍，国子生，治《书经》。字玄范，行一，年四十四，五月二十六日生。曾祖麟。祖铎，赠吏部郎中。父凤，南京太常寺卿。母任氏，封宜人。具庆下。弟沈裕，贡士。娶李氏，继娶李氏，河南乡试第三十九名，会试第二十八名。

宋惟元，贯浙江绍兴府余姚县，灶籍，国子生，治《春秋》。字以贞，行四，年四十二，五月初七日生。曾祖廷芳，赠都察院右副都御史。祖琏，寿官。父轩，典史。母王氏。严侍下。弟惟性、惟奎、惟新、惟几。娶陈氏、继娶胡氏、许氏。浙江乡试第九名，会试第二百十三名。

《嘉靖十七年进士登科录·策问》：

皇帝制曰：朕闻立天之道，曰阴与阳，立地之道，曰柔与刚，立人之道，曰仁与义。三才之道一而已，何又有去义为论乎？于是未免贤者自相私反，必如圣经而后可。且今人尤大非贤者及，人君才一用义，即谓严刻，乃作言曰：上任刑以为治，非三代之治也。却一不之反于己。三代之人皆人也，不待义临，而自持惟恐放侈。今之人，果三代之同欤？将欲利之是贪，欲之是纵，国而罔思，民而罔恤，以至于上下礼度，悉不之慎。为之君人者，可不一教一治之？是非当否，抑果当乎？朕祗承天位，惟民是保，何官人者，比比皆负国虐民之图，奚为用哉？尔多士，师孔子之学，必心孔子之心。将此心之平正，陈为篇列，以除弊革私之道，衍为仁育义断之方，以告我。勿讳勿欺，朕览之。嘉靖十七年三月十五日。

《嘉靖十七年进士登科录·茅瓒对策》：

臣对：臣闻帝王之御临天下也，内必有敬天之心，而外必有宪天之政。夫天者，理之原也。人君代天理物，故其所行，必求端于天。天之道，虽广博而难终穷，神妙而不可测，而其端不过有二，曰阴与阳而已矣。阳居大夏，以长育为事，有刚道焉。王者继天而为之子，则用仁，而凡为慈爱，为谦屈，无非仁之统体矣。阴居秋冬，以肃杀为事，有柔道焉。王者继天而为之子，则用义，而凡为果断，为裁制，无非义之散殊矣。故天道运而无所积，帝德运而无所私。以此存之于中，是谓敬天纯王之心也。以此发之于事，是谓宪天纯王之政也。合心与政皆纯乎天，夫是之谓格天之治，而尧舜禹汤文武由此其选也，奚独三代之治为然乎？钦惟皇帝陛下，禀刚健中正之资，备文武圣神之德，自即位以来，信赏必罚，威行如雷霆，发奸摘伏，明照如日月，对时茂育，容保如天地，盖粹乎斯道之中，而建维皇之极者也。臣也窃伏草茅，遥被治化久矣。乃者叨有司之荐，得以与于大廷之对，而清问及焉。永惟圣经之言，而又取于仁义并行之道，既而有慨于庶官之庞，而欲以兼夫治教之法，且冀臣等以除弊革私之道为仁育义断之方，而戒之以勿讳勿欺也。顾臣之愚陋，何足以仰裨休德之万一乎？虽然，有所言而不实，是之谓欺，则上负陛下矣。有所言而不尽，是之谓讳，则下负所学矣。上负天子，下负所学，畴昔之所自许者谓何？朝廷之作养者谓何？而可如此也？臣敢披沥衷悃，就陛下之所问及者而条陈之，陛下试垂听焉。臣惟天下之道，有经有权。经也者，一定而不可易者也。权也者，或相兼以适其宜，或相济以补其所不及者也。人君抚舆图之广，临兆民之众，天下之所恃以立命者也。苟一于义，则威之太震，民畏之而不敢亲。一于仁，则惠之太亵，民狎之而不知敬。是仁之与义，犹天之有阴阳，而不容以或偏也。臣故曰：道之一定而不可易者也。然德教以象天之生育，仁矣，而义者未尝不防之于中。刑戮以象天之震撼，义矣，而仁者未始不贯乎其内。是仁义之交相为用，犹阴阳之互为其根。臣故曰：道之相兼以适其宜也。然天下之势有强弱，而人君之政有德与刑。乘弱之后者，利用威，而乘强之后者，利用惠。此其斟酌操纵之间，犹之天道之雨以润而日以晅，雷以动而风以散，既成万物，而人莫窥其神。臣故曰：道之相济以补其所不及者也。是故仁义之为道也，一定而不可易者，以立天下之经。或相兼以适其宜，相济以补其所不及者，以达天下之变。稽之于圣经，验之于往古，何莫不然？彼其去义以为论，专任德而不用刑者，何其失之偏乎？臣伏读圣制之篇，而又以辨人言之为妄矣。人之言曰："人君才一用义，即谓之严刻任刑，非三代之治。"臣愚以为，用义之与严刻任刑，不同也。既曰用义，则不可谓之严刻任刑。曰严刻任刑，则不得谓之用义。人君之于天下，何容心哉，视其理之所宜而已。苟于义所当用，则虽杀人而不可谓之严，虽致人于死而不得谓之刻。盖以义之为道，当如是也。至谓用义非三代之治，此尤非所谓知理者，臣不暇远引泛取，即以三代之事明之。禹之承舜也，先罚后赏以示威。汤之革夏也，申伐誓众以张武。而文武之继殷也，驱除元恶、歼灭暴国以救民。故夏有禹刑，商有汤刑，周有甫刑。三代之得天下，虽曰以仁，而未尝专倚于仁，有义以济其仁之所不及也。后世事不师古，遂以为三代之治，纯用德而不用刑，何失之远欤？是故不朝者赐之几杖，受赂者愧之金钱。言宽仁者，莫如汉之文帝矣，然姑息成风，乾纲罔断，故不再传而有指大如股、胫大如腰之患。刑以不杀为威，财以不蓄为富。言仁厚者，亦莫如宋之仁宗矣，然声容盛而武备衰，议论多而成功少，故不再传而有流言道路变令推恩之讥。夫二君则汉宋之良也，一于仁而不义，而其流弊犹不免有如此者。若是而谓三代之专于任德，后世之专于任刑，可乎不可乎？由是观之，三代之所以治隆俗美者，以其仁义之并用，内有敬天之心，而外有宪天之政也。后世之所以不古若者，以其仁义之或偏，而不能审时以度势。其于天也，或亵焉而不知敬，或悖焉而不知法也。我太祖高皇帝承元人积弊之后，故其所以创制立法者，大率以严为本，及天下已定，又戒圣子神孙，不得复用国初之典。是其仁义之并行，刚柔之相济，其所以察乎天人之际，审乎消息之宜，而为万事虑者深矣。但国家承平日久，重熙累洽，民志日趋于玩愒，事体日废于因循。盖自正德以来，兹弊极矣。肆陛下入继大统，始振起而一新之。故自临驭十有七年以来，革者故鼎者新，蛰者奋困者苏，天下欣欣，咸睹太平于有象矣。而陛下犹有歉于官人者负国虐民，若追羡于三代之英，而未之逮者。臣愚以为，虽尧舜在上，不能无小人，此在君人者驭之得其道耳。驭之之道，臣前所谓仁义之并用者是也。盖尝闻之，法禁之不行，自上犯之也，而小民之所以敢为非义者，庶官之贪顽者启之也。今天下之大，其在于朝廷辇毂，岂无有秉义竭忠之臣？然而违上所好，朋家作仇者，未尽无也。其在于百工庶府，岂无有亮采惠畴之臣？然而协权相灭，诬上行私者，未尽无也。其在于都邑藩省，岂无有旬宣和惠之臣？然而违道干誉，尸禄养望者，未尽无也。甚者削民之膏脂以肥其家，窃君之荣宠以张其势，掠众之美以示其恩，恣己之私以败其度者，未尽无也。陛下尊礼大臣，愈久益亲，体悉群臣，有隆弗替，其于股肱之良，而谟明弼谐者，固尝抚之以恩，而勤之以礼矣，而于此不悛之徒，明罚敕法，惩一以警其百，是犹春阳之后，而震之以雷雨之威，天下方将感陛下之仁，而畏陛下之法，奚为而不可行乎？虽然，处今之时势，而义之所当用者，非独一驭臣为然也。夷狄跳梁而横于西北，则薄伐之师不可以不整也，庶民僭越而拟于王章，则奢汰之禁不可以不严也。军旅疲弊而阙于勇敢，则简阅之令不可以不怒也。凡若此者，要皆以精明之治，而敦夫浑厚之体，以立君道之纪纲，以跻中兴之盛业，道莫有先于此者矣。抑臣又闻之，仁育而义正者，王者之政也。所以主是政者，心也，故必有纯王之心，斯有纯王之政，而宪天之政，谓非有敬天之心不可也。臣尝庄诵陛下《敬一》之箴，而有以知陛下之心，直可以质诸天地而无疑也。有德弗敦，是违天之所喜矣，敢不敬欤？有恶弗惩，是渝天之所怒矣，敢不敬欤？以此常存于心，兢兢业业，罔敢失坠，夫然后以达于政也。仁足以育天下，而天下莫不归于仁，义足以正天下，而天下莫不强于义，宪天之政，由是而会其全，格天之功，至是以要其极。虽然，敬亦未易言也。隐微之间，真妄错杂，毫厘之差，千里之缪，苟辨察之功不悉于几微，持守之力不继于厥服，则人得以胜天，欲得以夺理，又恶知其为仁而在所当体，恶知其为义而在所当用也哉？故曰：勿参以三，勿贰以二。行顾其言，终如其始。静虚无欲，日新不已。然则陛下之言，固可谓能自得师者矣。除弊革私之道，仁育义断之方，岂外此而他求乎哉！臣始以仁义并行之道为陛下告，终以主敬协一之功为陛下勉，初非有惊世可喜之论。然直意陛下以言求士，而臣之所以献言于陛下者，惟以明诸其心，上不敢负明问，下不敢负所学而已，惟陛下矜其愚，不录其罪，而留神采纳焉。臣不胜惓惓陨越之至。臣谨对。

《嘉靖十七进士登科录·罗珵对策》：

臣对：臣闻人君法天以为治，有仁以育天下，必有义以裁天下。夫天之于物也，有春生必有秋杀，有长养必有敛藏。非有心于物也，公而已矣，不如是不足以为天之道也。人君宰制天下，向明而治，所以成一统之治，系四海之心者，亦惟法天之公而已矣。是故庆赏爵秩，懋官懋禄，所以奔走天下之豪杰，仁以为治，犹之天之于物，春以生之也。威严以督责，教戒而惩创，所以振起一时之怠惰，义以为治，犹之天之于物，秋以止之也。故一于仁则流于姑息，其失也则纵，一于义则流于苛刻，其失也则严。仁义并用，恩威兼举，久安长治，不外是也。然仁义之为施虽殊，而君人之为心则一。是故父母之于子也，抚摩而鞠育之，爱也，劳苦而鞭策之，亦爱也。知天之于万物之心，则知父母于子之心矣。知父母于子之心，则知人君于臣之心矣。故曰：父母爱之，喜而勿忘，父母恶之，劳而无怨。又曰：惟天聪明，惟圣时宪。唐虞三代所以成雍熙悠久之治者，仁义无偏举之弊也。汉、唐、宋所以治不古若者，或一于仁，或一于义，均之各有所失也。钦惟皇帝陛下，刚健纯粹之资，高明光大之学，仁以育万民，而天下皆覆冒于阳春姁煦之内。义以正万民，而天下皆震悚于风行电刷之余。道洽政治，大法小廉，一十七年于兹矣。乃谓承平既久，玩愒或生，慨然欲兴起而振刷之。万几之暇，进臣等于廷，而赐之清问，臣有以知陛下之心，即天地之于物，父母之于子也。臣虽至愚陋，敢不撮拾所闻以对乎？夫世之称极治者，曰唐虞，曰三代，然稽诸往牒，考之前闻，则其治道，班班可见。故称尧曰：其仁如天。称舜曰：其德好生。固也。然而四凶之诛，三苗之伐，其于义未尝偏废也。称禹曰：文命四敷。称汤曰：德及禽兽。称文武曰：仁厚立国。固也。然五刑之用，五罚之训，八刑之纠，其于义亦未尝偏废也。虽曰不赏而民劝，不怒而民威，未施信而民信，未施敬而民敬，而威克爱克，刚克柔克，威福予夺，抑扬进退，一张一弛，以抚世酬物者，固未尝得此而失彼，举一而废一也。故天有阴而无阳，则所以覆万物者，或几乎息矣。地有柔而无刚，则所以载万物者，或几乎息矣。君人者仁而不足于义，何以赞天地之化育，以并立而为三哉？《传》曰：刑罚不可弛于国，征伐不可弛于天下，鞭朴不可弛于家。彼以去义为言，是岂知治体之所尚乎？又有王者尚德缓刑之说，圣人遭时定制之说。是曲儒之偏见，而不知圣人为治大中至正之道也。夫人之情，大抵乐放肆而恶检束，喜便安而厌准绳。不知人君所以驭臣下者，仁与义而已矣。仁非姑息之谓也，所以结其心也。义非惨刻之谓也，所以闲其邪也。三后成功，惟殷于民，士制百姓，以教祇德，穆穆明明，惟德之勤，率义于民，以棐其彝，古之圣帝明王，岂不欲与天下相安于无事哉！知天下之君子固常多，而小人亦不少，知天下之慕仁者固常多，而不畏义者亦不少，故仁义并用，威惠并举，仁以主之，义以辅之，惠以维之，威以慑之，无偏而不全之敝，固不一于仁而忘乎义也。有兼而并用之美，固不专乎威而弛乎惠也。唐虞尚矣！夏之四百，商之六百，周之八百，且过其历，何莫而不本于此哉！是虽三代之人心忠信诚悫，而三代之英君谊辟，所以维持天下之具，防范人心之道者，则一言以蔽之曰：仁与义而已矣。臣尝观之，天下之日趋于变也，犹江河之日趋于下也。然挽而回之，其机端有在也。我皇帝励精图治，风励天下，大小臣工，奉承休德，百工既已惟时，庶绩既已惟凝，轶唐虞三代，而侔德祖宗矣。而恬嬉之念，犹不愆焉，圣策之所虑，臣不敢谓其必无也。是故廉耻之道或丧，而利之是趋，刚介之节或渝，而欲之是从。室家之念系，而国或罔念矣。囊橐之心横，而民或罔恤矣。上下纪纲，愆而不修，国之礼度，其何赖焉。宵旰勤劳，视民如子，而司民牧者，恬不加意。此圣虑所以惓惓而不能已也。臣惟斯民也，三代之所以直道而行也。臣愿陛下宪天聪明，明示意向，务令天下改弦易辙，奖恬退以励士风，抑奔竞以端习尚，则素丝羔羊之节著，而惟利是贪者无足虑矣。清介自持者必禄，贪墨自污者必摈，则琴鹤自随之士见，而维欲是纵者无足虑矣。公尔而忘私，国尔而忘家，何有于国之罔念乎？恫瘝之在乃身，饥寒之切其体，何有于民之罔恤乎？至于上下礼度，则我祖宗之成宪，异代如见，我皇上之制作，万世不刊。申戒所司，各遵彝则，上下有章，而民志定矣，贵贱有等，而朝廷遵矣。否则天冠地履之分，森不敢犯者，彼将何可逃哉！其驭民也，令其不以催科先抚字，不以茧丝先保障，而凡负国虐民者，摈而弃之，终身不齿，则龚遂、卓茂之辈，寇恂、黄霸之徒，民受其福，国承其休矣。否则以私灭公之法，凛不容逭者，彼将何所赎哉？凡臣所愿于陛下者，固非欲一于义，而弃乎仁也，亦非欲一乎治而忘乎教也。皋陶曰：天命有德，五服五章哉！天讨天罪，五刑五用哉！箕子曰：惟辟作福，惟辟作威。陛下之深仁厚泽，至恩美意，固已浃民肌肤，沦民骨髓矣。然所以行乎义者，正所以济乎仁也。所以正之者，正所以教之也。仁与义并行而不悖，治与教兼举而无遗，上有道揆，而下有法守，臣惟钦若，而民惟从义，唐虞三代之休，复见于今日，功光祖宗，德流后裔矣，而何有于用义严刻、任刑为治之虞乎？惟陛下一转移之间，而天下皆已改观易听，洗心涤虑矣，俄顷功化，神速如此。抑臣学于孔子而有闻焉。孔子曰：政宽则民慢，慢则纠之以猛。民（政）猛则民残，残则施之以宽。宽猛相济，政是以和。又曰：张而不弛，文武不为也。弛而不张，文武不为也。一张一弛，文武之道也。此在今日，除弊革私之道，仁育义断之方，无有出于是焉。臣不敢漫为臆说，干渎聪听，伏惟陛下采而行之，抑臣于篇终尚有献焉。臣愚又闻之曰：为治之道，仁可过也，义不可过也。夫天以春夏成万物，而长用于生育长养之地，以秋冬止万物，而常积于空虚无用之地。孔子曰：导之以政，齐之以刑，民免而无耻，道之以德，齐之以礼，有耻且格。孟子曰：善政不如善教之得民也，善教民爱之，善教得民心。故称舜德之罔怨者，必曰：宥过无大，罪疑惟轻。又曰：钦哉钦哉，惟刑之恤。夫圣人制刑，特以为辅治之具，而期于无刑，则又圣人之初意也。伏愿陛下必如舜之眚灾肆赦，德洽民心，必如汤之开释无辜，亦克用劝，必如文之怀保小民，敬明乃罚。宽而有制，从容以和，立精明之治功，存浑厚之治体，于整齐严肃之中，寓曲成造就之意，则天下幸甚，宗社幸甚。臣草茅贱士，不识忌讳，干冒宸严，无任战栗之至，臣谨对。

《嘉靖十七年进士登科录·袁炜对策》：

臣对：臣闻圣王之弘化于天下也，有孚天之德，而仁义之具也无所偏，有宪天之政，而治教之行也无所悖。夫不偏而后德之本诸身者，见中正之轨，不悖而后政之达诸民者，见皇极之敷。德焉中正，而孚天之妙尽之矣，政焉皇极，而宪天之道尽之矣。夫是以育诸仁，而天下莫不循其教以为劝，断诸义，而天下莫不顺其治以为惩。纪纲理而庶官以贞，人心正而风俗以美，精纯和粹之化，不亦四达而大同乎治。古之君有见于此，其蕴之而为德也，仁义未始不相须，其发之而为政也，治教未始不相济，是故当时之人，咸知夫君之有所爱者，固所以仁天下，而其有所不爱者，亦所以仁天下，罔不洗心涤虑，防贪窒欲。而在位者皆廉吏，在野者皆良民，敏德以从义，时雍而迓衡，治古之化，迥乎弗可及也已矣。三代以还，是说不明。孚天之德既荒，宪天之政亦弊。偏于仁以敷教者，不免于因循怠弛之病，偏于义以饬治者，或罹夫严刻苛切之愆，此所以惠亵而教衰，刑严而俗弊，宠赂章于有位，礼义溃于匪彝，而化理之所成者，终不能登之于古也。钦惟皇帝陛下，天纵之资既有以涵乎仁义之懿，而日跻之敬又有以慎乎刑赏之权，惠行而天下欣戴，威发而海内震慄。廉耻达于君子，信义行于小人，中兴之治，固有咸五登三，而陋汉、唐、宋于不居矣。然犹虑仁恩之过，或足以长淫纵破义之风，而德教之专，不能无顽弊不振之患。乃进臣等于廷，降赐清问，而咨以除弊革私之道，仁育义断之方，是将以明作之功，济惇大之裕，使天下回心而向道也。臣濡沃陛下仁义之泽，范围治教之中，盖有年矣，敢不掇拾所闻，以对扬休命于万一乎！臣窃惟，天道运于上，而万物资始者，阴阳之相禅也，地道运于下，而万物资生者，刚柔之相济也，使天地有阳而无阴，有柔而无刚，则化生形色，何自而各正性命也哉！夫天地者，人君之父母也，人君者，天地之子也。人君继天地而为之子，则任德以行吾之仁，而类其生殖长育，任刑以行吾之义，而类其震曜杀戮者，信乎可相有而不可相无矣。古今帝王，未之有改，故如天之仁，好生之洽，尧舜之所以仁天下也，而四凶之诛，有苗之北，未尝不裁之以义焉。文命之敷，兆民之殖，咸和之施，三王之所以仁天下也，而升陑之师，密黎之戡，亦未尝不治之以义焉。司马迁曰：教笞不可废于家，刑罚不可弛于国，甲兵不可偃于天下。盖言义之所以成乎仁也，刑之所以弼乎教也。彼去义之论，宋儒容或有见，而折诸圣经三才之旨，不亦失于偏乎？是何也？人君之为国也，有元气，有神气。深仁厚泽，优游而浸灌焉者，所以培元气也，明罚敕法，果敢而奋厉焉者，所以作神气也。《传》曰：昭我王度，式如玉，式如金。其是之谓乎！说者徒以汉文之玄默足以措刑，而汉宣之严毅祇以开衅，宋仁之恭俭足以延祚，而神宗之厉精适以滋乱，遂谓义之可去，而刑之不必任也，而岂知所谓独阳不生，独阴不成者乎！是贤者之言，不免于私反，而圣人之经，信百王不易之轨矣。臣又伏读圣策曰："今之人大非贤者及，人君才一用义，即为严刻。乃作言曰：上任刑以为治，非三代之治也。却一不之反于已。三代之人皆人也，不待义临，而自持惟恐放侈，今之人果三代之同欤？"至哉皇言！真足以破世俗之见，而启复古之机也。盖以三代之君，仁渐义染，礼陶乐淑，而所以化导乎天下者，固不专恃乎刑罚之加，然淫用匪彝，率怠弗协者，未始不绳之以法。故夏有官刑，商有汤刑，周有祥刑，皆所以赞吾德教之所不及也，谓任刑为三代之治，固不可，谓三代之治去乎刑，岂得为通论哉！又况政教章明，人心丕式，不临之以义，而莫非畏义之士，不迫之以刑，而皆切怀刑之心，贵名检而贱放侈，重节行而恶贪叨，三代之人，固不可得而訾也已。然臣窃因是而疑焉。陛下临御以来，十有七年于兹，仁以育之，而被其泽者，广博而深厚，义以断之，而服其明者，迁善而敏德。是宜洒濯其心，明征其度，在位者励周官之六计，而临民者畏杨震之四知，利不贪而纯心以报国，欲不纵而苦节以厚民，羔羊之风，上匹乎周，而阖郡不举之耻，下刷乎汉可也，而何怙天子之仁，而不知检之以义？裴宽之鹿，未见其瘗也，而储椒如元载者不能无。羊续之鱼，未见其悬也，而耀幨如王恺者不能免。清介如赵抃不多得也，而罔不酌贪泉以自爽，俭素如杨绾未之有也，而莫非欲竭泽以为渔。上负君国而弗之悟，下瘵民生而弗之恤。吏治如此，乌足以臻三代之化哉！夫直道无间于古今，而斯民可追乎三代。古以义，今以利贪，古以理，今以欲纵。是岂三代终不可企乎？无亦陛下之所以教之者纯乎仁，而所以治之者未尽断以义欤？夫吏以赇败，则终身不齿于缙绅，政以贿成，则禄位不甄于清要。古之所以训廉者如此也。陛下诚能不循姑息，不挠权贵，清操自厉者推以不次之位，贪墨不法者加以不贷之刑，则赏罚以公，功罪以当，吏治不有瘳乎？国之与民，不亦具有赖乎？臣又伏读圣策曰："朕祗承天位，惟民是保。何官人者皆负国虐民之图，奚为用哉？"呜呼！陛下兴言及此，实天下生灵之福也，宗社无疆之休也。在昔皋陶之谟曰：在知人，在安民。知人则哲，安民则惠，此论官理民之所必稽也。臣观陛下践祚以来，孜孜保民，精选举以公入仕之途，严考课以杜冗官之弊。而又裁抑侥幸之风，痛惩奔竞之习，科目必得乎真才，铨曹必核其实行。凡所以慎于知人，而笃于安民者，无弗详且密也。而吏不廉平，一至于此，陛下何赖于斯人而用之哉？则夫制为禄位以劝其徒，严断刑罚以威其淫，如丘明之所载者，可行也。辨贤否以别忠邪之分，核功罪以公赏罚之施，如荀悦之所论者，可行也。不然，官之失德，宠赂章也。国家之败，由官邪也。僖伯之言，可鉴矣。夫敕刑以警贪，正义以防欲，固陛下以孚天之德达宪天之政矣。然化裁必本于身，而推行当自于近。何者？后宫有大练之饰，则天下以纨绮为羞。大臣有脱粟之节，则天下以膏粱为愧。陛下惟怀永图，慎乃俭德，自宫闱而达之朝廷，自朝廷而达之天下，则清化行而人皆浴德，大义孚而士皆惇节，孰肯自陷于簠簋不饰（饬）之地，以上负吾君，下虐吾民也哉！然圣策之终，策臣等曰："尔多士，师孔子之学，必心孔子之心。将此心之平正，陈为篇列，以除弊革私之道，衍为仁育义正之方，以告我。"是陛下圣不自圣，询于刍荛之心也。臣闻孔子之学，在仁育而义断，而帝王之治，贵观变以协中，是故过于仁则政宽民慢，而教焉有所不行，过于义则政猛民残，而治焉有所不继。伏望陛下变通以尽其利，鼓舞以尽其神，惠有所当加，赏不以无功而得，如《书》所谓爵罔及恶德，官不及私昵者，而后可也。威有所当立，罚不以无罪而施，亦如《书》所谓钦哉钦哉，惟刑之恤哉者，而后可也。仁义交相为用，治教并行不悖，兹非愚臣之惓惓于陛下者乎！不然，汉元非无仁也，而优柔不断，终以基新室之祸。汉明非不义也，而苛察过当，终不足于弘人之度。将以除弊而弊日滋，将以革私而私日固，其何以惩庶官之贪，而示帝王之神武哉！虽然，仁可过而义不可过，昔人尝有是言矣。然今日之患，正坐于仁之过，而义之不足也，何则？纪纲所由以出治也，而今或上下无别，贵贱无章，不能无陵替之患。振而举之，不有望于凭河之勇乎？守令所恃以安民也，而今或以利灭义，诬上行私，不能无瘝官之消。饬而厉之，不有望于黜陟之严乎？将帅所以握兵而卫国也，而或付诸乳臭之童，甚者晚唐债帅复见于今矣。厘而正之，不有望于纠纠之宸断乎？刑罚所以诘奸而惩慝也，而或委诸吏胥之手，甚者刻木不对，诚可哀痛矣。督而责之，不有望于明明之庙谟乎？凡此皆今日玩弛之弊，而陛下所当武断而不恤者也。虽然，救弊固存乎正义，而精义又在于知几。使几有不知，则理欲混淆，真妄错杂，未有不以义为利，而以利为义者矣。伏望陛下清心讲学，极深研几，见天下之赜而不乱，通天下之故而不遗。由是以仁惠天下，则天下莫不以为恩，以义威天下，则天下莫不以为武，庶官惟叙，百姓用康，而王道神矣。《易》曰：惟几也，故能成天下之务。愿陛下加之意焉。臣草茅不识忌讳，惟陛下矜其愚，不录其罪，则愚臣幸甚，天下幸甚。臣谨对。

户部尚书梁材致仕。以总督仓场提督西苑农事户部尚书李廷相代之，仍兼翰林学士。（据《国榷》卷五十六）

春

归有光再入文社。归有光《野鹤轩壁记》："嘉靖戊戌之春，予与诸友会文于野鹤轩。吾昆之马鞍山，小而实奇；轩在山之麓，旁有泉，芳冽可饮。稍折而东，多盘石，山之胜处，俗谓之东崖，亦谓刘龙洲墓，以宗刘过葬于此。墓在乱石中，从墓间仰视，苍碧嶙峋，不见有土。惟石壁旁有小径，蜿蜒出其上，莫测所往。意其间有仙人居也。始，慈溪杨子器名父创此轩。令能好文爱士，不为俗吏者，称名父。今奉以为名父祠。嗟夫！名父岂知四十余年之后，吾党之聚于此耶？时会者六人，后至者二人。潘士英自嘉定来，汲泉煮茗，翻为主人。予等时时散去，士英独与其徒处。烈风暴雨，崖崩石落，山鬼夜号，可念也。"（《震川先生集》卷之十五）

五月

诏凡武举开科，试卷分别边方、腹里及南方为三等。从给事中朱隆禧等言也。（据《明世宗实录》卷二百十二）

翰林简讨李本为南京国子司业。（据《国榷》卷五十六）

六月

诏议明堂大飨礼。唐胄争之，下狱，黜为民。《明鉴纲目》卷六："纲：戊戌十七年，夏六月，诏议明堂大飨礼，下户部侍郎唐胄（字平侯，琼山人。）于狱。目：初，献皇帝庙止修时祀，至是，前扬州府同知丰坊（字存礼，熙之子），请建明堂，尊献皇帝庙号为宗，以配上帝。下礼部集议，尚书严嵩（字惟中，分宜人）言：传称万物成形于秋，故秋祀明堂，以父配，主亲亲也。至宋儒论，则主祖宗之功德。今以功德，则宜配文皇。以亲，则宜配献皇。且未有称宗而不祔太庙者。帝示夏言，言不敢议。帝曰：'皇考称宗，岂为过情？'嵩于是曲顺帝旨，以为严父配天，允合周道。唐胄争之曰：'三代之礼，莫备于周，郊祀后稷以配天，宗祀文王于明堂以配帝。至周成王之世，未闻以严父配天之祭，移于武王也。臣谓明堂宜奉太宗配。若献皇帝得圣人为子，不待称宗议配，而专庙之享，百世不迁矣。'疏入，帝大怒，下诏狱，黜为民。（坊性狂诞，熙既卒，家居贫乏，思效张、桂等以片言取通显。待命久之，无所进擢，归家悒悒以死。）"

陈沂（1469—1538）卒。顾璘《山西行太仆寺卿陈先生沂墓志铭》："丁酉，璘召起为副都御史抚楚，与先生别，殊怏怏。戊戌秋忽以讣闻，实卒于六月十六日，璘哭之恸。"陈沂，字鲁南。正德中进士。由庶吉士历编修、侍讲，出为江西参议。量移山东参政。以不附张孚敬、桂萼，改行太仆卿致仕。弘治十子之一。《明史·文苑传》附见顾璘传中。有《遂初集》、《拘墟馆》二集。

山西辽州同知李文利上《乐书四圣图解》二卷，《乐记补说》二卷，《律吕新书补注》一卷，《兴乐要论》三篇。授太常寺典簿。文利成化庚子贡士，授思南府教授，著《律吕元声》六卷。嘉靖三年，御史范永銮荐于朝，不报。（据《国榷》卷五十六）

七月

徐霖（1462—1538）卒。顾璘《隐君徐子仁霖墓志铭》："自前元赵孟頫亡，书学遂微，篆法尤多失正。至周伯温（伯琦）始复振。本朝少师李文正公（东阳）远续其绪，时则徐君子仁出，以其超颖之姿，躬诣堂室。早尚雄丽，晚益朴古拔俗，卓登神品。馀若真行皆入妙。碑板书师颜柳，楷法题榜大书师本朝詹孟举，并绝。海内四方，操金币走其门求书者，恒满宾馆，声沛夷裔。朝鲜、日本使臣得其书者什袭为珍。以故有豪士乐志之适，如李北海风。""嘉靖戊戌，年七十七，以七月二日，卒于家。讯传于郢，余惋痛累日，时太仆陈君鲁南亦卒，甚痛乡国雅文之凋丧也。"据墓志铭，徐霖著有《南京志》、《端居咏》、《远游纪》、《北行稿》、《皖游录》、《古杭清游稿》、《丽藻堂文集》、《快园诗文类选》、《中原音韵注释》、《续书史会要》等。

八月

礼部尚书掌詹事府顾鼎臣兼文渊阁大学士，预机务。时夏言当国，顾鼎臣充位而已。《国榷》卷五十六："（嘉靖十七年八月）丙辰，署詹事府太子太保礼部尚书顾鼎臣兼文渊阁大学士，直阁。"

工部尚书兼翰林学士温仁和改礼部尚书，署詹事府。（据《国榷》卷五十六）

行人吴从义、席大宾、余熿、任道充、张福，知县朱廷臣为给事中。行人高封、何允魁、萧祥曜、张祐、郑寅，中书舍人包孝，国子学录彭世潮，助教周论，知县冯彬、杨逢春为试监察御史。福、逢春、论俱南京。（据《国榷》卷五十六）

九月

都察院差御史曾守约、周道监试武举，疏名以闻。世宗命自后文、武举监试御史，须请旨而定，毋得擅委。（据《明世宗实录》卷二百十六"嘉靖十七年九月辛未朔"）

武举会试，诏取六十五人。（据《明世宗实录》卷二百十六"嘉靖十七年九月己丑"）

前总督南京粮储右副都御史杭淮（1462—1538）卒。年七十七。宜兴人，弘治己未进士。（据《国榷》卷五十六）

十一月

禁"创为异说，诡道背理，非毁朱子"，违者"许科道官指名劾奏"。（据《明世宗实录》卷二百十八"嘉靖十七年十一月辛卯"）

十二月

李时（1417—1538）卒，谥文康。《明鉴纲目》卷六："纲：十二月，李时卒。（谥文康。○时在阁，帝待之不如张孚敬、夏言，然颇少责辱，恩礼亦始终不替。及是卒，赠太傅。）"

本年

凡试院应用物件，并板木纸札，及登科录纸札等项银等，俱各省科举用剩银解纳。万历《大明会典》卷七十七《科举》："凡科场应用物件，弘治七年，令各布政司并应天府，量将本处科举供给馀银送部，以备会试供给。云南、两广免送。嘉靖十七年题准，试院应用物件，并板木纸札，及登科录纸札等项银一千九百五十两，供给银五百两，筵宴银三百两，俱各省科举用剩银解纳。内浙江、江西、湖广、福建、四川各二百七十两，河南、山东、山西、陕西、广东、应天府各二百两，云南、广西各一百两。其刊字刷印等匠工食，俱北直隶各府解纳，内真定府二十八两，保定府二十五两二钱，大名、永平二府各二十二两四钱，顺德、广平二府各一十九两六钱，河间府一十四两。"

张治任翰林学士，兼右谕德。《弇山堂别集》卷四十六《翰林诸学士表》："张治，湖广茶陵人。由进士，嘉靖十七年任，兼右谕德，后复以吏左侍兼任。"

令武举定于秋行，以后开科，俱于九月行事。（据万历《大明会典》卷一百三十五《兵部》十八《武举》）

夏尚朴（1466—1538）卒。张惟骧《疑年录汇编》卷七："夏敦夫七十三尚朴，生成化二年丙戌，卒嘉靖十七年戊戌。"黄宗羲《明儒学案》卷四："夏尚朴字敦夫，别号东岩，永丰人。从学于娄一斋谅。登正德辛未进士第。历部属、守惠州、山东提学道，至南京太仆少卿。逆瑾擅政，遂归。……先生传主敬之学，谓'才提起便是天理，才放下便是人欲'。魏庄渠叹为至言。然而訾'象山之学，以收敛精神为主。吾儒收敛精神，要照管许多道理，不是徒收敛也'，信如兹言，则总然提起，亦未必便是天理，无乃自背其说乎！盖先生认心与理为二，谓心所以穷理，不足以尽理。"

唐鹤征（1538—1619）生。张惟骧《疑年录汇编》卷七："唐凝庵八十二鹤征，生嘉靖十七年戊戌，卒万历四十七年己未。"黄宗羲《明儒学案》卷二十六："唐鹤征字元卿，号凝庵，荆川之子也。……万历己未，年八十二卒。"

张元忭（1538—1588）生。张惟骧《疑年录汇编》卷七："张阳和五十一元忭，生嘉靖十七年戊戌，卒万历十六年戊子。"黄宗羲《明儒学案》卷一十五："张元忭字子荩，别号阳和，越之山阴人。……丁亥升右春坊左谕德，兼翰林侍读，明年三月卒官，年五十一。"

明世宗嘉靖十八年己亥（公元 1539 年）

二月

起翟銮为兵部尚书，节制诸边。《明鉴纲目》卷六："纲：起翟銮为兵部尚书行边。目：先是，銮以忧归，服阕，久不召，夏言、顾鼎臣居政府，銮与谋召己。及是，帝将南巡，（欲谒显陵。）虑塞上有警，议遣重臣巡视。言等因荐銮，改兵部尚书，节制诸边。"

立皇子载壑为皇太子，选置东宫僚属。夏言、顾鼎臣举陆深、崔铣、王教、罗洪先、唐顺之、黄佐等三十七人，皆天下名儒。顺之复编修原职。已而御史洪垣等疏言温仁和、张衍庆、薛侨、胡守中、屠应埈、华察、胡经、史际、白悦、皇甫涍等皆庸流，不可使辅导东宫。三月，仪部郎中白悦、皇甫涍以扈从失职降调外任，悦为直隶永平府通判，涍为直隶大名府通判。五月，世宗以选补事属吏科给事中钱薇、吕应祥、任万里，乃举霍韬、毛伯温、顾璘、吕柟、邹守益、徐阶、任瀚、赵时春等。据《明世宗实录》卷二百二十一、二百二十二。《明鉴纲目》卷六："纲：己亥十八年，春二月，立子载壑（帝第二子）为皇太子，封载垕（帝第三子，即穆宗。）为裕王，载圳（帝第四子）为景王。（后之藩安陆。）"

张孚敬（1475—1539）卒。《静志居诗话》卷十一《张孚敬》："张孚敬，初名璁，字秉用，永嘉人。正德辛巳进士，上疏言大礼，除南京刑部主事，再上疏，超擢翰林学士，升礼部尚书，兼文渊阁大学士，历少师，兼太子太师，吏部尚书，华盖殿大学士。卒，赠太师。谥文忠。有《宝纶楼和御制诗》、《萝峰集》。萝峰不由史馆起家，特授学士。又以议礼，为持名教者所轻。以是嫉词林特甚，尤恶诗人文人，八才子者无得免者。比诸夏、严，更觉深刻。"《四库全书总目》著录张璁《谕对录》三十四卷、《奏对稿》十二卷、《保和冠服图》一卷、《张文忠集》十九卷。《张文忠集》提要曰："是集凡奏疏八卷，诗稿四卷，续稿一卷，文稿六卷。孚敬以议礼得君，故其著述，强半皆考礼之词。不惟议兴献王礼，而且议郊祀礼，议孔庙礼。不惟撰《明伦大典》，而且撰《礼记章句》。自谓有明一代持礼教之人。其间所论，未必百无一当。然穿凿附会以迁就时局者，比比然也。"《明鉴纲目》卷六："纲：张孚敬卒。目：孚敬卒于家，帝至承天始闻之，伤悼不已，赠太师。（孚敬刚明果敢，持身特廉，痛恶赃吏，一时苞苴路绝。而性狠愎，报复相寻，不护善类，欲力破人臣私党，而己先为党魁。大礼大狱，丛诟没世，顾帝始终眷礼，卒谥文忠。）"

翰林院侍读华察、工科左给事中薛廷宠使朝鲜颁诏。（据《国榷》卷五十七）

刑科左给事中沈伯咸为宁国知府，不欲行，讦文选郎中黄祯失实，降南京国子监丞。（据《国榷》卷五十七）

三月

守制学士廖道南上《南巡赋》、《瑞应颂》，衣绯入朝，褫秩。（据《国榷》卷五十七）

四月

冯惟重（1504—1539）奉命告谕湖湘，病死于庐州。陶望龄《赠主事芹泉冯公暨配蒋太安人墓志铭》："芹泉冯公讳惟重，字汝威，本青州之临朐人。""甲午（1534）举于乡。……戊戌（1538）举进士，授行人司行人。明年（1539）肃皇帝南狩，奉使告谕湖湘，触甚暑行，日夜不暇息。行至庐，疽出于背，同年友人过视公疾而泣曰：'子疾至是，姑东归，幸而可已。'公谢曰：'使臣不任及于踣顿，废天子成命，受事在行而死于道途，职也。使臣其尚有余息，敢委而归，以重大戾？'竟卒于庐。"年仅三十有六。有《大行集》。《明诗纪事》戊签卷八录冯惟重诗二首。惟重之兄（冯惟健）、之弟（冯惟敏、冯惟讷）均有诗名。

河南道监察御史吕光洵劾留守大学士顾鼎臣纳贿，下令补教官。尚书张瓒纳边将贿，上责实。（据《国榷》卷五十七）

五月

夏言落职致仕，寻复入内阁。《明鉴纲目》卷六："纲：五月，夏言罢，寻谕留之。目：翊国公郭勋（勋以献皇帝祔庙，进封公。）得幸，害言宠，严嵩亦心妒言，遂相与构之。会帝自承天还，复幸大峪山，言进居守敕，稍迟，帝大怒，责言怠慢不恭，命还前赐银章，（言前赐银章，文曰学博才优，得密封言事。）并累所降手敕。言惶惧谢罪，请免追银章手敕，为子孙百世荣，词甚哀。帝怒不已，疑言毁损，令礼部追取，削言勋阶，（言以祗荐皇天上帝册表，加少师，特进光禄大夫上柱国。明世人臣，无有加上柱国者，言所自拟也。）令致仕。言乃以手敕四百馀，并银章上之。居数日，帝怒解，命止行，复谕入直。言疏谢，帝悦，谕令励初忠，秉公持正，免众怨。言心知所云众怨者，勋辈也。再疏谢，谓自处不敢后他人，一志孤立，为众所忌。帝复不悦，诘责之，惶恐谢乃已。未几，以所追银章手敕还之。"

阁拟宫僚。南京吏部考功郎中邹守益，江西提学副使徐阶并改司经局洗马兼翰林院侍读。吏部考功员外郎任瀚为左春坊左司直。南京吏部文选郎中张寅，前考功郎中薛蕙为右春坊右司直兼翰林检讨。（据《国榷》卷五十七）

起赵时春翰林院编修兼司经局校书。（据《国榷》卷五十七）

闰七月

詹事府少詹事兼翰林院侍读学士崔铣为南京礼部右侍郎。（据《国榷》卷五十七）

礼部尚书兼翰林学士黄绾使安南。（据《国榷》卷五十七）

八月

穆孔晖（1479—1539）卒。黄宗羲《明儒学案》卷二十九："穆孔晖字伯潜，号玄庵，山东堂邑人。弘治乙丑进士。由庶吉士除简讨，为刘瑾所恶，调南京礼部主事。瑾败，复官。历司业、侍讲、春坊庶子、学士、太常寺卿。嘉靖己亥八月卒，年六十一。赠礼部右侍郎，谥文简。阳明主试山东，取先生为第一。初习古文词，已而潜心理学。其论学云：'古人穷理尽性以至于命，今于性命之原，习其读而未始自得之也。顾谓有见，安知非汩虑于俗思耶！'又云：'鉴照妍媸，而妍媸不着于鉴，心应事物，而事物不着于心，自来自去，随应随寂，如鸟过空，空体弗碍。'又云：'性中无分，别想何佛何老。'临卒时，有'到此方为了事人'之偈。盖先生学阳明而流于禅，未尝经师门之锻炼，故《阳明集》中未有问答。"《明史》儒林传："孔晖端雅好学，初不肯宗守仁说，久乃笃信之，自名王氏学，浸淫入于释氏。"

秋

右春坊右谕德兼翰林侍读屠应埈（1502—1546）上疏乞归。徐阶《明故右春坊右谕德兼翰林院侍读渐山屠公墓碑铭》："己亥（1539）始建储宫，迁右春坊右谕德兼侍读。会诸宫僚或自他途以进，于是给事中御史疏论十有八人，而公亦在论中，章一再上，天子尽去十七人者，独留公。公素负气，既横被口语，忿不能自持，疾大作，及独被留，益思有以自明，亦三上书以去请。其秋予自江西提学副使召为司经洗马，数往留不得，则谓曰：'疾已其速来！'公不应。归一年疾增剧，又六年遂卒，寿四十五耳。"袁袠《右春坊右谕德屠公行状》："己亥升春坊右谕德。时春宫初建，慎简僚寀，而诸臣幸有渥恩，觊为宫僚者甚众。于是给事中御史概论诸宫僚，公亦在论中。章一再上，所论十八人者皆罢免，有旨独留公。或谓屠公曰：'天子方知君，诚以此时奏赋颂，必得近幸。'公喟然曰：'臣蒙恩待以不诛，虽捐躯暴骸，无以自效。乃欲乘机徼进耶？'公素修谨，横被口语，颇怀不平，且耻不自表见，遂抗疏乞归，曰：'臣有狗马疾，愿放还田里。倘不即死，敢忘所以报陛下者。'疏三上得请，归而疾作。"

十月

前国子监祭酒陈霁卒。霁吴人，弘治丙辰进士。馆选，授编修。年七十五。赐祭葬。（据《国榷》卷五十七）

湖广提学副使江以达削籍。（据《国榷》卷五十七）

十二月

御史闻人诠请力崇古朴，纠治诡异文体。从之。《明世宗实录》卷二百三十二：嘉靖十八年十二月，"丙戌，河南道御史闻人诠言：今时文体诡异已极，乞申饬天下，力崇古朴。其要在先责学校，使提督宪臣痛加黜罚。次责场屋，使考校等官公为品骘。上是其言，命自后遇乡试，礼部必详阅试录与各生公据，有仍前离经叛道诡辞邪说者，则治监临考校官之罪，而黜其中式者为民"。

本年

凡拣拨，嘉靖十八年题准，其应考拣都吏者，每岁春秋二季，当堂考试酌取。其经考二次不中者，即照本等行头参拨。其馀各行，酌量原定缺之繁简，分为急拨、大拨二项，每岁二季考拣，分取二等，列一等者，充事繁急拨之缺，列二等者，充事简大拨之缺。或本行人多缺少，仍照旧搭拨供役。其写字粗拙、文移不通，并老疾残废者，照例革退为民。（据万历《大明会典》卷八《吏部七·吏役参拨》）

吕柟（1479—1542）以灾异自劾，致仕归。李舜臣《刻泾野先生文集序》："先生以南京吏部侍郎于嘉靖己亥致仕于京。"薛应旂《泾野先生传》："丁酉（1537）升南京礼部右侍郎，未几以灾异自劾，得致仕去。"《玉堂丛语》卷五："吕仲木，关西人。夏贵溪怙宠负才，傲睨一世，独心敬仲木。夏方与霍文敏交恶，文敏之为南宗伯也，仲木为贰，文敏时时诟贵溪，仲木乘间讽曰：'大臣有过，规之可也，背噂非礼。'文敏疑其党夏，心衔之。未几，仲木以考满之都，谒贵溪，时贵溪柄国矣，得仲木甚欢，亟欲援之为助。已，乃对仲木数短文敏，至谓不可一日近。仲木毅然曰：'霍君天下才也，公奈何以寸朽弃栋梁耶？'贵溪又以仲木附文敏而异己，历岁不迁，仲木乃致政归。"吕柟字仲木。夏言，贵溪人。霍韬谥文敏。

郑岳（1468—1539）卒。据《闽中理学渊源考》卷五十四《侍郎郑山斋先生岳》。《四库全书总目》著录郑岳《莆阳文献》十三卷、《列传》七十五卷、《山斋集》二十四卷。

明世宗嘉靖十九年庚子（公元1540年）

正月

翟銮还京，复入内阁。《明鉴纲目》卷六："纲：庚子十九年，春正月，翟銮还京，复入阁。目：銮之行边也，诸边文武大吏，俱橐鞬郊迎，惟恐不得当銮意，馈遗不资。既事竣，归装千辆，用遗贵近，遂复以原官入阁。"

二月

兵部请开武科乡试，世宗以累科未见得人报罢。《明世宗实录》卷二百三十四："嘉靖十九年二月己卯，兵部请开武科乡试，上以累科未见得人报罢。给事中王梦弼言：'国朝武科本无定制，间尝举行，后以六年为率，士之登进者，众不过三十二人，寡或二十人，盖取之不广，故习者少也。自陛下定制，以三年一试，取或至五六十人，士皆踊跃思奋，而一旦报罢，恐多士解体，后之拊髀，犹今之云云也。请以六年一试。著为令。'诏如前旨，不许妄议。责梦弼云云谩语，非对君之言，夺俸三月。"郑若曾《筹海图编》卷十一《择将才》："闽县知县仇俊卿云：地利既得，必贵择将。法曰：有良将，无弱兵。今将帅取诸世胄，纨绮习深，英雄气少，虽驰马弯弓有未能者，况望其谙韬略乎？武举科亦未能尽得其人。欲将外卫官员照京卫保举、会举之例，拔擢听用，其不称任使者，照文职加俸、住俸事例，或递减其俸，留为军门砺钝之具。文职之中，有能知兵善阵者，参酌要用，不必拘以常格，则豪杰之伏未必无人。或致仕官僚，或举监生员，或山林韦布，诸凡术数小道，有能占天文，晓兵法，娴武艺，善游说，一切可为海防之神者，皆招致之。察其声实之如何，随其材品之高下，使之各尽所长，以神鼓舞，则人莫不激发而贾勇效能矣。此王阳明于居家握兵之日，每能延揽，以寓此意。'"

左春坊左司直兼翰林院检讨任瀚引疾遽去，不见报，又还，被劾。疏辨，刺霍韬抑

之，削籍。（据《国榷》卷五十七）

翰林院编修兼司经局校书王同祖为国子监司业。（据《国榷》卷五十七）

广西道监察御史舒鹏翼，劾湖广提学金事刘汝楠，文尚险怪，宜斥。部覆汝南渐就平正，遂仍留。（据《国榷》卷五十七）

三月

升太常寺少卿提督四夷馆崔桐为太常寺卿，掌国子监祭酒事。（据《明世宗实录》卷二百三十五）

诏儒臣议薛瑄从祀文庙。《明世宗实录》卷二百三十五："（十九年三月庚子）先是御史杨瞻、樊得仁奏故礼部侍郎薛瑄国朝大儒，宜从祀文庙。诏下儒臣议。时尚书霍韬、侍郎张邦奇、詹事陆深、少詹事孙承恩、祭酒王教、学士张治、詹事府丞胡世忠、庶子杨维杰、谕德龚用卿、屠应埈、洗马徐阶、邹守益、中允李学诗、秦鸣夏、闵如霖、赞善阎朴、司直谢少南、吕怀、编修兼校书王同祖、赵时春、编修兼司谏唐顺之、黄佐、侍讲胡经二十三人，议宜祀。庶子童承叙、赞善浦应麒议宜缓；赞善兼检讨郭希颜以瑄无著述功，议不必祀；给事中丁湛等请从众议之多者。……上曰：圣贤道学不明，士趋流俗，朕深有感。薛瑄能自振起，诚可嘉尚，但公论久而后定，宜候将来。"唐顺之作有《故礼部左侍郎薛瑄从祀议》，见《荆川先生外集》卷一。

前翰林侍读学士廖道南上《文华大训箴》。（据《国榷》卷五十七）

司经局洗马邹守益为南京太常寺少卿兼翰林院侍讲学士。署翰林院监察御史毛恺言宿儒不宜远，谪恺宁国推官。（据《国榷》卷五十七）

四月

国子监司业王同祖请将正杂等历俱复原额，其历事月分仍照旧限。从之。《明世宗实录》卷二百三十六：嘉靖十九年四月，"甲戌，国子监司业王同祖疏言，监生拨历原额，正杂历共八百八十七名，其历事俱十二月，长差二十四月，比年更定不常，即今拨历之数，增至一千八十名，历事月分减正历为九月，杂历六月，长差十五月。夫月数愈减，则历数愈增，历事者愈多，则在监者愈少。计今六月馆诸生仅百馀人，不惟聚散倏忽，无以称国学之规，而随缺随补，何以给诸曹之用。宜将正杂等历俱复原额，其历事月份仍照旧限，庶事体适均，无偏重之弊。吏部议覆，报可"。

五月

国子监司业王同祖请令两京公侯伯子弟，凡未任者，悉送监读书。兵部覆请，从之。《明世宗实录》卷二百三十七：嘉靖十九年五月，丙申，"国子监司业王同祖言：

世禄之家，鲜克由礼。如教之不豫，则纨裤之子，何望干城？请令两京公侯伯子弟，凡未任者，悉送监读书，如嘉靖八年制。自今以往，岁以二月举行，学有可观，则奏闻叙荫。不率教者，并听纠治。兵部覆请，上从之。已乃诏襄城伯李应臣、兴安伯徐梦旸、惠安伯张镧、崇信伯费炜、清平伯吴家彦俱赴监读书观礼"。《明鉴纲目》卷六："纲：夏五月，诏勋戚子弟入监肄业。目：司业王同祖（字绳武，昆山人）言：世禄之家，鲜克由礼，失教故也。请敕公侯伯子弟未仕者，悉入成均，俟学有可观，奏请叙荫，不率者纠治。从之。寻命已任事者，亦送监肄业。于是少年勋戚，争以入学为荣。"

六月

左国玑（1480—1540）卒。李濂《左舜齐传》："左国玑字舜齐，其先江西之永新人也。大父辅正统间为御史，以言事谪云南炎方驿丞，擢河南尉氏令。父梦麟，周藩镇平王府仪宾，母广武郡君。先是河决大梁，王避水如尉氏，因缔婚，乃落第汴城，遂为大梁人。舜齐风骨莹爽，长身玉立，眉目秀朗，读书日记数千言，终身不忘。幼师其姊夫李公梦阳，李公奇其才，挈之京师，俾受《毛诗》于慈溪姚公镆。舜齐跅弛不羁，性嗜酒，不汲汲仕进。束发作诗赋古文，出语辄惊人。顾不甚攻举子业，年几四十始举于乡，数试礼部不第。嘉靖庚子夏六月，饮南郭水亭，醉归而病，病数日卒，时年六十一。舜齐襟度磊落，无城府畦畛，平生不藏怒蓄怨，故人乐与之交。与人饮亡所择，必尽欢，投壶酣歌，旁若无人。喜读《史记》、《文选》、李杜诸家诗。其为文驰骋踔厉，落笔滚滚，千百言不休，如绝群之马，奔踶腾骛于平旷之野，武夫悍卒，莫得而羁縻之。五七言律诗学杜甫，沉着悲壮如边城鼓角，闻者动色。歌行长篇又往往学李白，沛放厥辞，才藻逸发，如汉滨游女，靓妆丽服，委蛇容与，日暮忘归。顾所作多不存稿。尝自言曰：'诗文乃儒者余事，奚用稿为？'字画遒劲奇古，四方之士得其片纸只削，辄藏以为宝。"《千顷堂书目》卷二十一著录左国玑《南郭集》七卷。

兵部覆御史舒鹏翼条陈严武举以杜侥幸，奏准申明诸边武举赞画如五年无功，及未五年而偾事不职者，送回兵部议处。（据《明世宗实录》卷二百三十八"嘉靖十九年六月庚午"）

七月

癸巳，翰林学士张治、左谕德兼侍读龚用卿主考应天。（据《国榷》卷五十七）

诏增湖广解额五名，共九十名。（据《明世宗实录》卷二百三十九"嘉靖十九年七月甲寅"）

八月

童承叙、杨维杰为顺天乡试主考。两京及各布政司举行乡试。《弇山堂别集》卷八十二《科试考二》："十九年庚子，命左春坊左庶子童承叙、右春坊右庶子杨维杰主顺天试。命翰林院学士张治、右春坊右谕德龚用卿主应天试。"赵用贤《松石斋文集》卷十八《太学生帆泾汤公行状》："公讳某，字子重，帆泾其别号。……未弱冠晋廪生，自是每试则冠其曹。然至大比，数困弗利。……于是乃以例贡人北畿，试又弗利。嘉靖庚子，翰林童先生主试事，得公卷，拟置高第。比觅第三试卷，不可得，竟弃去。已撤棘而卷出。"公，指汤子重。嘉靖庚子，即嘉靖十九年（1540）。《国榷》卷五十七："嘉靖十九年八月丙寅，左春坊左庶子兼侍讲童承叙、左中允兼修撰李学诗主考顺天。"

归有光（1506—1571）举应天乡试第二名。王锡爵《明太仆寺寺丞归公墓志铭》："岁庚子，茶陵张文毅公（治）考士，得其（归有光）文，谓为贾、董再生，将置第一，而疑太学多他省文，更置第二，然自喜得一国士。其后八上春官不第。盖天下方相率为浮游泛滥之词，靡靡同风，而熙甫深探古人之微言奥旨，发为义理之文，洸洋自恣，小儒不能识也。于是读书谈道于嘉定之安定江上，四方来学者常数十百人。"

贵州试，录取二十五名。杨慎《升庵集》卷三《贵州乡试录序》："嘉靖庚子秋八月，天下乡试期。……人试之士凡若干人，提学副使某所遴也。先某应聘于迈，途贯重阻，山则侵霄，溪肆无景，草树蒙密，分天阁日。虎豹之所穴，猿猱之所捷，上援弱枝，俯蹈弱泥，步者谬橇利屐，骑则缄铁凿蹄。晨与鸡俱兴，夕篝火犹登，信天下之至险且远也。及将入其会城，则山经水纬，壤沃屋润，郁郁乎葱葱乎。……三试竣事，分经阅卷。文则彬彬，有中州风，其敢以退异衡逆改鉴乎！精核严覆，得士之中式二十五人，梓其善文二十篇为录以献。"

杨慎作《云南乡试录序》。杨慎《升庵集》卷三《云南乡试录序》："圣天子嗣大历服之十九年……入彀之士二千有奇……乃胪唱诸士而试之。戊辰一之、辛未二之、甲戌三之，题则抽简刺之，卷则分经阅之，公帘以内，司试者鐍之，涌涌如也，鳃鳃如也。公帘以外，司调司监者分职之，鱼鱼如也，雅雅如也。御史又实临内外而纲维之，翼翼如也，井井如也。拔简其试之中得四十人，锲雕其文之优廿首，为《云南庚子科乡试录》以献。……又尝观先正首科之题辞矣，曰：初场在通经而明礼，次场在通古而赡辞，末场在通今而知务。"

霍韬之子应顺天乡试，不中。李开先《闲居集》之七《太子少保礼部尚书谥文敏渭厓霍公墓志铭》："庚子，顺天乡试，公子及馆宾有应中举者，考官畏执政大臣，不之取。公即上疏指摘录及卷之疵缪，并劾中者纳贿，予面争之，不肯已。既而以一简走问：'君多阅前试卷，若今卷当置之何地？'予曰：'顺天乡试卷，有见有不见，请断自戊午，若孙清之葩丽，谢丕之稳当，张璇之粗雄，张行甫之平正，王江之顺畅，史道之初场，周光宙有京刻、有闽刻，而闽刻者佳，物议沸腾，每次会试，阁其卷不誊不阅。

杨维聪有理致，有笔力，三场皆优，所以会试前列，而廷试状元周𥜥之妥帖，张维一七篇束结有新意，而表更可观，二马俱好，但传言有代笔之者，欧阳涣之该洽，郑光浦之丰沛，博而精，卷之劣，今殆难言。诸子俱望进取，不在此一时，安知广东不有中者耶？疏入，考官必得重罪，后有中者，畏耶？抑应中耶？是自塞其路矣！录之美恶，卷之高下，主司之有意无意，悉置之不问可也。'公得复简，遂碎其疏，不果上。"

太仆卿杨最以谏世宗求仙被杖杀。《明鉴纲目》卷六："纲：秋八月，杀太仆卿杨最（字殿之，射洪人）。目：时帝好神仙，给事中顾存仁（字伯刚，太仓人）、高金（石州人）、王纳言（信阳人）皆以直谏得罪。会方士段朝用，以所炼白金器百余，因郭勋以进，云以盛饮食物供斋醮，即神仙可致也。帝立召与语，大悦。朝用言：帝居深宫，无与外人接，则黄金可成，不死药可得。帝益悦，即谕廷臣，令太子监国，朕少假一二年，再亲政。举朝愕不敢言。最抗疏谏曰：陛下春秋方壮，乃兴言及此，不过得一方士，欲服食求神仙耳。夫神仙乃山栖澡炼者所为，岂有高居紫闼，衮衣玉食，而能白日翀举者？臣虽至愚，不敢奉诏。帝怒，立下诏狱，杖杀之。监国议亦罢。（明年，朝用伏诛。隆庆初，赠最副都御史，谥忠节。）"

王济（1474—1540）卒。刘麟《广西横州判官王君济墓志铭》："庚子八月十九日卒。"顾元庆《夷白斋诗话》云："吴兴王雨舟济，人物高远，奉养雅洁，刻意诗词。所著有《宫词》一卷，有《水南词》一卷，有《谷应集》，有《铁老吟余》。其《宫词》尤蕴藉可喜。姑举一二，染指可知鼎中之味矣。词云：驾幸长春二鼓时，提灯驰报疾如飞。上房供奉忙多少，才拭龙床布地衣。昨夜闽中进荔枝，君王亲受幸龙池。先将并蒂盛金盒，密赐昭仪尽不知。锦标夺得有谁争，跪向君王自报名。宣索宫花亲自插，连呼万岁两三声。余皆类此。"

右春坊右庶子兼侍读杨维聪予告。（据《国榷》卷五十七）

十月

顾鼎臣（1473—1540）卒，谥文康。《明鉴纲目》卷六："纲：冬十月，顾鼎臣卒。（谥文康。○鼎臣素柔媚，其居政府，谨事夏言，不能有为。及是卒，赠太保。）"

霍韬（1487—1540）卒。李开先《太子少保礼部尚书谥文敏渭厓霍公墓志铭》："霍公讳韬，字渭先，号兀厓。人士有致书者，误称渭厓，公以为与名字亦有情，遂改号渭厓云。""正德庚午、辛未年，屡试府县，皆不利，尤为府守郑琚所抑挫。壬申，始得备数郡庠，癸酉，即领乡荐第二，甲戌，会试第一，廷试仍置列一甲第一。"官至太子太保，礼部尚书。谥文敏。"公生成化丁未四月二十一日，追殁（'庚子十月七日捐馆'），年仅五十四。""诗律非其所长，唐荆川所谓'寒山击壤，别有一机'。而奏疏则席、桂、张、夏之外，少见其比也。集外他刻未及成者，又有《书解》、《春秋解》、《西汉书》、《程朱训》、《象山学辨》，诗注止缺《大雅》。"《国榷》卷五十七："（嘉靖十九年十月）乙丑，署詹事府太子少保礼部尚书霍韬卒。韬南海人，正德甲戌进士。授兵部主事，由议礼进少詹事，历今官。性刚褊，不能容物，好论事，时龃龉。始善张璁、桂萼，后更戾，并仇夏言。才有余而器不足。赠太子太保，谥文敏。"

前太子太保户部尚书梁材卒。材字大用，上元籍，大城人，弘治己未进士。授令，历刑曹，改御史，历户部尚书，致仕。及再召，途人丐子相庆曰："天有眼。"又忤郭勋，去。扬历中外，清节著闻。司国计先后十年，谨守管钥。虽工作繁兴，不加赋而用亦足。时尚流通，材屹然自守，靡愧古人。隆庆初，赠少保，谥端肃。（据《国榷》卷五十七）

南京国子祭酒马汝骥为礼部右侍郎。（据《国榷》卷五十七）王维桢《赠礼部尚书谥文简西玄先生行状》："庚子，礼部右侍郎缺，升祭酒右侍郎。当是时，少傅严翁为宗伯宫詹，松江孙公为左侍郎，而上兴礼乐，创制度，诸大典更起不绝，诸公日聚讲议，而先生洽览群集，习识今昔，故遇可言则应答如响，平居视之，顾恂恂若不能者。严翁贤之，又尝善其诗，爱重逾等。居久之，严翁拜相，见上言马侍郎贤，上由是知侍郎，因以其官加翰林侍讲学士宠之。"严翁，严嵩也。

右春坊右谕德兼侍读屠应陵（埈）予告。（据《国榷》卷五十七）

十一月

改太常寺少卿兼翰林院侍读学士邹守益为国子监祭酒。（据《明世宗实录》卷二百四十三）

陈束（1508—1540）卒。张时彻《明故河南按察司提督学校副使后冈陈君墓碑》："嘉靖庚子，竟以劬瘁致疾，呕血而卒，年仅三十有三耳。"李开先《后冈陈提学传》："后冈陈子者，中麓子同年友也，契厚以词藻、行检，不专同年故。幼名束，长字约之，擢居高第，始有号，号后冈。圣天子御批其制策，称为不易之说，一日而名天下。选授庶吉士，无何，除礼部祠祭司主事，迁员外郎，改翰林院编修。日与少洲所述数子并熊南沙、屠渐山、田豫阳游衍，竞为奇古诗文。士方守常袭陋，见其作，惊讶，谓为捉鬼擎神之手，姗且笑之者十人而八九矣。……注湖广金事，分司辰、沅，乃五溪故区，而苗蛮聚处也。……升福参议。……竟死淇上，年甫三十三。""大抵李、何振委靡之弊而尊杜甫，后冈则又矫李、何之偏而尚初唐，两浙以文擅天下，后冈乃两浙之首出者也。"所云"少洲所述数子"，乃王慎中、唐顺之、陈束、吕高。陈束丧事即由王慎中经纪。

十二月

康海（1475—1541）卒。（卒年据公历标注）张治道《翰林院修撰对山康先生行状》："嘉靖庚子十二月十四日，前翰林院修撰对山康先生卒。……先生讳海，字德涵，别号对山，又号浒西山人。……读书不专记诵，但通其大义，余能类融，下笔数千言不竭。时提学杨邃庵先生奇其才，即以天下士许之。其为文脱去近习，上追汉魏，以《诗经》中弘治戊午乡试、壬戌进士第一，除翰林院修撰。是时孝宗皇帝拔奇抡才，右文兴治，厌一时为文之陋，思得真才雅士，见先生策，谓辅臣曰：'我明百五十年无此文体，是可以变今追古矣。'遂列置第一。而天下传诵则效，文体为之一变，朝野景慕，若麟凤龟龙，间世而一睹焉。……孝宗时，谢阁老迁见知主上，其子丕为翰林编修，文亦有名。焦阁老芳，其子黄中亦为翰林检讨，争胜于谢，各树党与，互为标榜。焦欲引先生为附，一日置酒，托先生厚请先生。先生往，见座客皆邪媚者，曰：'此为排谢招我耶？'遂正言责之。座客皆愧服，衔先生者益众矣。是时李西涯为中台，以文衡自任，而一时为文者皆出其门，每一诗文出，罔不模效窃仿，以为前无古人。先生独不之效，乃与鄠杜王敬夫、北郡李献吉、信阳何仲默、吴下徐昌谷为文社，讨论文艺，诵说先王。西涯闻之，益大衔之。戊辰（1508），先生同考会试，场中拟高陵吕仲木（吕柟）为第一，而主者置之第六。榜后，先生忿言于朝曰：'仲木天下士也，场中文卷无可与并者。今乃以南北之私忘天下之公，蔽贤之罪，谁则当之？会试若能屈吕矣，能屈其廷试乎？'时内阁王济之为主考，甚怨先生焉。及廷试，吕果第一人，又甚服之。无何，丁母忧，归关中。往时，京官值亲殁，持厚币求内阁志铭以为荣显，而先生独不求内阁文，自为状，而以鄠杜王敬夫为志铭，北郡李献吉为墓表，皋兰段德光为传。一时文出，见者无不惊叹，以为汉文复作，可以洗明文之陋矣。西涯见之，益大衔之，因呼为子字服（股），盖以数公为文称子故也。若尔，非大衔也耶？……其为学道披玄门，识该宗旨，议论如孟轲，为文类马迁。诗以兴致为先，格高辞峻，凌驾古人。乐府数百篇，可羽翼骚雅。使遭时用事，管、晏不足为，伊、傅不足追也。"（《皇明文范》卷五十三）李开先《对山康修撰传》："君姓康名海，字德涵，自号对山，而浒西山人、沜东渔父，则其别号也。在人之称之者，惟对山。故对山之名溢海内，以其行高见远，不但诗古文精也。先籍河南固始人，今籍则陕西武功县。""弘治戊午，举乡试第七，壬戌，举进士第一……释褐授翰林院修撰。"以救李梦阳事，坐刘瑾党削籍。"嘉靖庚子十二月十四日，终于正寝。……距生成化乙未六月二十日，寿六十有六。""所著有《武功志》、《张氏族谱》、《沜东乐府》、《纳凉余兴》、《春游余录》、《王兰卿传奇》、《即景余录》，有史笔，有元音，而《对山文集》十九卷，不雕刻，有识见，不止还国初之质直浑厚。张太微所谓'驰驱屈、宋，陵轹班、马'，非虚誉也。"

罗洪先、唐顺之、赵时春疏请来岁朝正后，皇太子出御文华殿，受群臣朝贺。世宗怒，并免为民。焦竑《玉堂丛语》卷四《侃直》："春坊赞善罗洪先、司谏唐顺之、司经局校书赵时春，以上不御朝，各疏请来岁元日朝贺，礼成，请皇太子出御文华殿，受文武百官及朝觐官朝贺。礼部复洪先等所言谬妄，不达大体。上曰：'东宫目上视未愈，且朕疾未平复，遂欲储贰临朝，是必君父不能起者。罗洪先等狂悖浮躁不道，姑从宽，俱黜为民。'由是三人名重天下。时东宫尚在童龀。即无疾，亦非朝百官之日，矧上方不预，岂欲闻此不祥语，三人之名固不当倚此为重。而独怪夫希声附影之徒，恒以事之不足重者为可重也。其后，时春、顺之相继以兵事起而不效干用，独洪先名在疏首，为上所记忆，卒不及用，故得全其名云。"周鉴《明御史中丞浚谷赵公行实》："庚子十二月，同罗念庵、唐荆川公请正东宫朝会礼仪，备文武官僚以崇国本。适方士倡两龙不相见之说，蛊惑圣听，时宰因欲罪之。上以三人儒学系时望，察其意无他，札内阁尚称三翰林臣，迟久之，乃罢为民。家居将十年，督耕课艺，日率子孙承太孺人欢。"时赵时春为翰林院编修兼司经局校书。《明史》罗洪先传："（嘉靖）十八年简宫僚，召拜春坊左赞善。明年冬，与司谏唐顺之、校书赵时春疏请来岁朝正后，皇太子出御文华殿，受群臣朝贺。时帝数称疾不视朝，讳言储贰临朝事，见洪先等疏，大怒曰：'是料朕必不起也。'降手诏百余言切责之，遂除三人名。"罗洪先自是家居，不再出。赵时春至庚戌（1550）年始起为兵部管营主事。

王艮（1483—1541）卒。（卒年据公历标注）黄宗羲《明儒学案》卷三十二："王艮字汝止，号心斋，泰州之安丰场人。七岁受书乡塾，贫不能竟学。从父商于山东，常衔《孝经》、《论语》、《大学》袖中，逢人质难，久而信口谈解，如或启之。……时阳明巡抚江西，讲良知之学……（先生）以古服进见，至中门举笏而立，阳明出迎于门外。……论毕，乃叹曰：'简易直截，艮不及也。'下拜自称弟子。……阳明卒于师，先生迎哭至桐庐，经纪其家而后返。开门授徒，远近皆至。……嘉靖十九年十二月八日卒，年五十八。"《明史》儒林传："艮读书，止《孝经》、《论语》、《大学》，信口谈说，中理解。……王氏弟子遍天下，率都爵位有气势。艮以布衣抗其间，声名反出诸弟子上。然艮本狂士，往往驾师说之上，持论益高远，出入于二氏。"

翰林院编修兼左春坊左司谏黄佐为南京侍读，署院。（据《国榷》卷五十七）

本年

金山卫学置廪膳二十人。徐阶《世经集》卷十四《金山卫学初置廪膳记》："金山卫故有学有师，以教吏士之子弟及其民之秀者，率再岁而贡士一人于廷，比于邑学。盖自正统己未迄于今百馀年矣，而其士犹未得养于有司，于是其当贡者亦恒争不能决。嘉靖庚子，教授王新请于督学御史杨公宜，得以文之优者二十人当廪膳之数而次第贡之。其明年，新率训导蒋诜及诸生孙寅、陆中美等言于巡按御史舒公汀曰：'国家疆域万里，以养士二十人不为费，然而可以见一视之仁焉，可以见右文之盛焉。如以请，当无不可。'……得诏，置廪膳二十人。"

南畿学政杨宜按临苏松，所拔皆有才有名之士。何三畏《云间志略》卷二《学使栽庵杨公传》："杨宜，字伯时，号栽庵，直隶衡水人也。由嘉靖癸未科进士为山东潍县知县，多惠政及民，立祠祀之，有碑记。擢居御史台，督南畿学政，于十九年按临苏、松，所拔皆有才有名之士，如朱公大韶、袁公福征、周公思兼、陆公树声、高公才、张公仲谦，先后相继登巍科取上第，非其所首录则其所优录者也。其校文之役，敏而且精，从来学台无能出其右者矣。吴兴茅公鹿门为丹阳令，文章重名，为公所雅重，凡考试必以鹿门随，巡阅诸士卷，皆与之参覆艺文，上下其名次。而公取高才卷为第一，高故积学名家，与皮豹齐驱并誉。公尝曰：'南京有皮豹，松江有高才，此必魁解会状。'而鹿门不以为然，第谓：'高才虽不虚名下，第非科第中人。'卒如鹿门言，止于应贡。当是时，院中阅袁公福征卷，公极叹赏其文，跌宕不羁，以为奇士。因视鹿门，鹿门谓：'此卷非但名士，当是美少年。'公犹未之信也。及发落，唱彭公名，果然英妙美丰神，公乃盛称鹿门眼力之高，至能决人年华姿貌。而公自督学以来，鉴空衡平，品藻百不失一，仅失之吾松高才一人耳。"

徐渭（1521—1593）进学为诸生，秋试落第。徐渭《畸谱》："二十岁。庚子，渭进山阴学诸生，得应乡科，归聘潘女。秋八月，潞卒于贵州。冬，妇翁得主阳江县簿，携予偕。"陶望龄《徐文长传》："徐渭字文长，山阴人。幼孤。性绝警敏。九岁能属文。年十馀，仿扬雄《解嘲》作《释毁》。二十为邑诸生。……渭为诸生时，提学副使薛公应旗阅所试论，异之，置第一，判牍尾曰：'句句鬼语，李长吉之流也。'"

黄省曾（1490—1540）卒。皇甫汸《五岳黄山人集序》："年才半百，奄隔大命。"《静志居诗话》卷十四："黄省曾，字勉之，吴县人。嘉靖辛卯举人。有《五岳山人集》。勉之诗品太庸，沙砾盈前，无金可拣，当时从游李、何，漫无师资之益，反不若方山、泖溪二贾人子，尚有秀句可采也。《江南曲》云：'旖旎绿杨楼，侬傍秦淮住。朝朝见潮生，暮暮见潮去。'"

汪佃（1471—1540）卒。江西弋阳人，字有之，号东麓。正德十二年（1517）进士。有《东麓遗稿》。《明诗纪事》戊签卷十三《汪佃》陈田按："史称张璁初拜学士，诸翰林耻之，不与并列。璁深恨。及侍读汪佃讲《洪范》不称旨，帝令补外。璁乃请自讲读以下，量才外补，改官及罢黜者二十二人。诸庶吉士皆除部属及知县，由是翰苑为空。余检《嘉靖实录》，与史合。《实录》云：'帝以侍读汪佃讲《书》迟钝，外调，改宁国通判。'查夏重《西江志》、曾宾谷《江西诗征》云：'佃以编修议礼不合，出为松江同知。'非其实也。《诗综》亦不详佃仕履，因特著之。"

明世宗嘉靖二十年辛丑（公元 1541 年）

正月

蔡羽（？—1541）卒。文征明《翰林蔡先生墓志》："嘉靖二十年辛丑正月三日，吴郡蔡先生卒。吾吴文章之盛，自昔为东南称首，成化、弘治间，吴文定、王文恪继起高科，传掌帝制，遂持海内文柄。同时若杨礼部君谦、都太仆玄敬、祝京兆希哲，仕不大显，而文章奕奕，颙然在人，要亦不可以一时一郡言也。先生虽稍后出，而所造实深，自视甚高，常所评骘，虽唐宋名家，犹有所择，其隐然自负之意，殊不肯碌碌后人。而潦倒场屋，曾不得盱衡抗首，一侪诸公间，而以小官困顿死。呜呼！岂不有命哉？先生讳羽，字九逵。"（《甫田集》卷三十二）《静志居诗话》卷十一《蔡羽》："'杜诗韩笔'，百世之师也。人其可自绝乎？孔目于诗文，高自标许，以少陵不足言，所著者建安、西京。韩、柳不足言，所撰者先秦、两汉。今其集具在，篇无妍辞，句无警策。此犹淮南帝前，自称寡人，夜郎天末，不知汉大，妄人也已。其《自序》云：'古之言者必有得，有所得而不言，与无所得而言，均非也。'其言诚是矣。第不知何者为孔目所得？虽有诗赋八百馀首，文二百首，恒河之沙，钩金安在？愚山纵曲为解嘲，其谁信诸？"蔡羽为"东庄十友"之一。

薛蕙（1489—1541）卒。唐顺之《薛西原先生墓志铭》："西原先生姓薛氏，名蕙，字君采。……先生以正德甲戌举进士，授刑部贵州司主事，病免，起为刑部主事，以才调吏部主事。嘉靖中，先生在吏部，历考功司郎中而罢。后十八年辛丑正月九日，以病卒于家，年五十有三。""先生少尝刻镂于诗，世绝喜其工，今所传《西原集》者其少作也。既有志于道，则弃不复为，虽为之，亦绝不较工与否。然《西原集》世争慕效之，而《约言》、《老子解》好者希矣。"（《皇明文范》卷五十一）《列朝诗集小传》丙集《薛郎中蕙》："年十二，以能诗闻。王廷相谪判亳州，激赏之，曰：'可继何、李。'后之论者亦曰：'弘、嘉之际，三君鼎立。'然君采为诗，温雅丽密，有王、孟之风。尝与杨用修论诗曰：'近日作者，摹拟蹈袭，致有拆洗少陵、生吞子美之谲。求近性情，无若古调。'则君采之意，尚未肯肩随仲默，而况于献吉乎？貌癯气清，行己峻洁，屏居西原，陂鱼养花，著书乐道，自守泊如也。晚岁，有得于二氏玄寂之旨，注《老子》以自见。唐应德亟称之。"按，薛蕙卒，唐顺之撰《薛西原先生墓志铭》，于其心学造诣表彰尤力。

二月

温仁和、张衮为会试考试官，取林树声等三百名。（据《明世宗实录》卷二百四十六）陆深《俨山集》卷四十六《拟会试录序》："嘉靖岁辛丑，今上皇帝纪元之二十年也。会试复当开科。……春二月，实当其期。……臣等以某日陛辞，锡燕礼部而后入院，棘锁帘埔，百务整整。……乃如例三试之。……时就试者两畿、十三省咸集，而湖广实皇上龙飞之地，特展解额，总之新旧士凡四千有奇，中式者三百二十人，遵宸断也。择其文之尤者二十篇与诸名氏锓梓为录。"赵用贤《松石斋文集》卷十七《少保谥文靖严公行状》："公讳讷，字敏卿。……辛丑，第进士。……公为学，不主章句，要以意绎圣贤之旨，而其归率体会于身心实践。弱冠时，喜阳明先生家言，每读一篇，必置几上一叩首。辛丑对策卷，盛推先生能继濂、洛绝统。主司者大不悦，为标数十语评击。幸卷既入录，得不摈及。"《国榷》卷五十七："（嘉靖二十年二月）甲子，署詹事府事礼部尚书温仁和、翰林院侍读学士张衮主礼闱。"

御史杨爵（1493—1549）言时政，下锦衣狱。周天佐、浦鋐疏救，先后死狱中。《明鉴纲目》卷六："纲：辛丑二十年，春二月，下监察御史杨爵（字伯珍，富平人）于狱。目：时帝经年不视朝，日事斋醮，工作烦兴。岁频旱，元日微雪，夏言、严嵩作颂称贺。爵抚膺太息，上疏言：今天下大势，如人衰病已极，腹心百体，无不受患，犹且奔竞成风，贿赂公行，遇灾不忧，非瑞称贺，邪佞日亲，诤臣日远，此大忧也。因历陈诸弊。（其一以郭勋奸蠹，任用肆毒，其二以工作不休，朘民膏血，其三以朝御希简，经筵旷废，其四以崇信方术，滥加保傅，其五以阻抑言路，忠荩杜口。）词俱切直。帝震怒，立下诏狱搒掠，血肉狼籍，死一夕复苏。狱卒以帝意不测，屏其家人，不纳饮食。屡濒于死，处之泰然。主事周天佐（字子弼，晋江人），御史浦鋐（字汝器，文登人），疏救，先后死狱中，自是无敢言者。（天佐与爵，无生平交，入狱时，爵第隔扉相讯而已。比三日，天佐不胜楚遂死。尸出狱，大兴民有祭而哭之恸者，或问之，曰：吾哀其忠之至而死之酷也。鋐方病入狱，被杖百，复锢以铁桚。爵迎哭之。鋐息已绝，徐张目曰：'此吾职也。子无然。'后数日卒。隆庆初，天佐赠光禄卿，鋐赠光禄少卿。）"

三月

沈坤（1507—1560）、潘晟、邢一凤等二百九十八人进士及第、出身有差。（据登科录）《明世宗实录》卷二百四十七：嘉靖十二年三月，"辛丑，策试天下贡士"。《嘉靖二十年进士登科录·玉音》："嘉靖二十年三月初九日，少保兼太子太保礼部尚书翰林院学士臣严嵩等于奉天门奏为科举事。会试天下举人，取中三百名。本年三月十五日殿试，合拟读卷官及执事等官少师兼太子太师吏部尚书华盖殿大学士夏言等六十九员。其进士出身等第，恭依太祖高皇帝钦定资格。第一甲例取三名，第一名从六品，第二第三名正七品，赐进士及第。第二甲从七品，赐进士出身。第三甲正八品，赐同进士出身。奉圣旨：是，钦此。""读卷官：特进光禄大夫上柱国少师兼太子太师吏部尚书兼华盖殿大学士夏言，丁丑进士；荣禄大夫少保兼太子太傅礼部尚书武英殿大学士翟銮，乙丑进士；光禄大夫柱国少保兼太子太保吏部尚书许赞，丙辰进士；光禄大夫少保兼太子太保礼部尚书翰林院学士严嵩，乙丑进士；光禄大夫柱国少保兼太子太保兵部尚书张瓒，乙丑进士；荣禄大夫太子太保兵部尚书兼都察院左都御史掌院事王廷相，壬戌进士；户部尚书李如圭，己未进士；掌詹事府事资政大夫礼部尚书兼翰林院学士温仁和，壬戌进士；资政大夫刑部尚书钱如京，壬戌进士；资政大夫太子少保工部尚书甘为霖，癸未进士；正议大夫资治尹太子宾客吏部左侍郎兼翰林院学士掌院事张邦奇，乙丑进士；正议大夫资治尹礼部左侍郎掌通政使司事陈经，甲戌进士；通议大夫大理寺卿牛天麟，戊辰进士；通议大夫詹事府詹事兼翰林院学士陆深，乙丑进士；翰林院学士奉议大夫兼右春坊右谕德张治，辛巳进士；翰林院侍读学士奉直大夫张衮，辛巳进士。提调官：嘉议大夫礼部左侍郎兼詹事府少詹事翰林院侍读学士孙承恩，辛未进士；礼部右侍郎马汝骥，丁丑进士。监试官：文林郎河南道监察御史党承赐，壬辰进士；文林郎浙江道监察御史史褒善，壬辰进士。受卷官：奉议大夫左春坊左庶子兼翰林院侍讲童承叙，辛巳进士；奉训大夫左春坊左谕德兼翰林院侍读龚用卿，丙戌进士；文林郎吏科都给事中邢如默，己丑进士；承仕郎户科都给事中郭鋆，壬辰进士。弥封官：中大夫光禄寺卿杨麒，辛巳进士；太仆寺卿张文宪，癸未进士；中宪大夫鸿胪寺卿陈璋，礼生；中宪大夫掌尚宝司事太常寺少卿刘皋，生员；太仆寺少卿张电，儒士；中顺大夫顺天府府丞张湘，丙戌进士；奉议大夫通政使司右参议兼礼科都给事中掌科事李凤来，辛巳进士；翰林院修撰周文烛，丙戌进士；翰林院编修文林郎郭朴，乙未进士；翰林院检讨征仕郎张绪，乙未进士；兵科都给事中王继宗，壬辰进士；湖广布政使司左参议林应禧，儒士；翰林院掌典籍事奉直大夫户部浙江清吏司员外郎凌楫，儒士；承直郎礼部仪制清吏司主事陈昌积，戊戌进士。掌卷官：都察院右副都御史兼詹事府府丞胡守中，壬辰进士；翰林院侍讲胡经，己丑进士；左春坊左中允兼翰林院修撰李学诗，丙戌进士；承直郎右春坊右中允兼翰林院修撰闵如霖，壬辰进士；刑科给事中刘大直，乙未进士；工科都给事中韩威，壬辰进士。巡绰官：特进荣禄大夫锦衣卫掌卫事后军都督府右都督陈寅；荣禄大夫锦衣卫管卫事后军都督府都督佥事张锜；镇国将军锦衣卫都指挥同知高恕；镇国将军锦衣卫都指挥同知袁天章；昭毅将军锦衣卫都指挥佥事赵俊；昭勇将军锦衣卫指挥使陆炳；怀远将军锦衣卫指挥同知郑玺；明威将军锦衣卫指挥佥事刘鲸；明威将军锦衣卫指挥佥事张爵；明威将军锦衣卫指挥佥事杜承宗；怀远将军金吾前卫指挥同知张光祚；昭勇将军金吾后卫指挥使贾澄。印卷官：承德郎礼部仪制清吏司署郎中事主事葛守礼，己丑进士；承德郎礼部仪制清吏司署员外郎事主事易宽，乙未进士；承直郎礼部仪制清吏司主事王楠，戊戌进士；承直郎礼部仪制清吏司主事南逢吉，戊戌进士。供给官：奉政大夫光禄寺少卿陈叔颐，壬辰进士；奉政大夫光禄寺少卿胡奎，辛巳进士；承德郎光禄寺寺丞李锌，癸未进士；光禄寺寺丞孙应奎，己丑进士；登仕佐郎礼部司务吴梦麟，壬午贡士；礼部精膳清吏司署郎中事主事林炫，甲戌进士；承德郎礼部主客清吏司署员外郎事主事吴春，戊戌进士；承直郎礼部精膳清吏司主事黄懋官，戊戌进士。"《嘉靖二十年进士登科录·恩荣次第》："嘉靖二十年三月十五日早，诸贡士赴内府殿试，上御奉天殿亲赐策问。三月十九日早，文武百官朝服侍班。是日，锦衣卫设卤簿于丹陛丹墀内，上御奉天殿，鸿胪寺官传制唱名，礼部官捧黄榜，鼓乐导引出长安左门外，张挂毕，顺天府官用伞盖仪从送状元归第。三月二十日，赐宴于礼部。宴毕，赴鸿胪寺习仪。三月二十二日，赐状元朝服冠带及进士宝钞。三月二十三日，状元率诸进士上表谢恩。三月二十四日，状元率诸进士诣先师孔子庙行释菜礼，礼部奏请命工部于国子监立石题名。"《弇山堂别集》卷八十二《科试考二》："二十年辛丑，命掌詹事府礼部尚书翰林院学士温仁和、翰林院侍讲学士张衮为考试官，取中林树声等。廷试，赐沈坤、潘晟、邢一凤及第。改进士高仪（1517—1572）、董份、严讷（1511—1584）、高拱（1512—1578）、梁绍儒（1509—1573）、熊彦臣、晁瑮、陆树声（1509—1605）、陈升、裴宇、陈以勤（1511—1585）、王材、徐养正、潘仲骖、杨宗气（？—1570）、王显忠、何云雁、张铎、王交、徐南金、曹忭、林懋和、王三聘、王言、何光裕、万士和（1516—1586）、叶镗、夏子开为庶吉士，命仁和及太子宾客吏部侍郎翰林院学士张潮教习。"按，今年选庶吉士在十一月。《万历野获编》卷十六《嘉靖三丑状元》："嘉靖二十年辛丑状元沈坤，直隶太和卫人也。历官南祭酒，忧居，以倭事起，将吏奔溃，坤率壮勇保其乡里，遂以军法榜笞不用命者。其里中虽全，而人多怨之。有儒生辈为谣言构之，御史林润弹治之。时坤起为北祭酒，上命捕至诏狱拷治，瘐死狱中。润所劾枭败卒之首，并剁住房人两手，皆无其事也。"林树声即陆树声。《万历野获编》卷十六《一榜词林之盛》："弇州纪盛事，但述一榜中大僚，而未及词林。今按嘉靖辛丑馆中，则宰相五人，潘宫保晟、高宫保仪、严宫保讷、高少师拱、陈少傅以勤。尚书五人，董宗伯份、陆宗伯树声、徐司空养正、万宗伯士和、裴宗伯宇。赠尚书一人，陈宗伯升。其三品大九卿又七人，不暇尽记。然内惟潘为一甲第二人，余皆庶常也。弇州记一榜四相，于辛丑但纪潘新昌、严常熟、高新郑、陈南充，而遗高仁和仪，亦千虑之一失也。后戊辰词林，七相、五尚书、十侍郎中丞，可以继之。"

何良傅（1509—1562）中进士，颇得严嵩赏识。授行人司行人。何良俊《弟南京吏部祠祭郎中大塈何君行状》："君讳良傅，字叔皮，华亭柘林里人也。""十四选补博士弟子员。时永丰双江聂公为华亭令，方右文兴学，选弟子中之秀异者召置门下，月出数题命作时义，每篇必出其疵颣，授以作文之法。余与君皆在选中。君体素赢，不任劳苦，凡入试于应天，辄以病不克终试。后以拔贡卒业于南太学。从南太学入试于应天，又辄以病不克终试。至庚子（1540）年，一终试即举于应天。辛丑连举进士。时介溪严公（严嵩）在礼部知举，拆卷时，手其文语同事诸人曰：'此子与其兄良俊皆吴中名士，今喜拔得其一矣。'廷试在第三甲，授行人司行人。"迁行部主事，改南礼部，历员外郎中。有《礼部集》十卷。

据《嘉靖二十年进士登科录》，第一甲三名，赐进士及第。履历如下：

沈坤，贯直隶大河卫军籍，苏州府昆山县人，山阳县学生，治《诗经》。字伯载，行一，年三十五，十一月初十日生。曾祖澄。祖蕙。父炜。母于氏。慈侍下。弟增、埙、坊。娶赵氏。应天府乡试第七十三名，会试第二百十名。

潘晟，贯浙江绍兴府新昌县，民籍，县学生，治《书经》。字思明，行十，年二十五，七月初八日生。曾祖尚宗。祖宪潮。父日升，教谕。母石氏。具庆下。兄时、昃、最。弟戺、昊、晨、冕、京。娶何氏。浙江乡试第七十七名，会试第七名。

林一凤，贯南京龙江左卫籍，河南祥符县人，国子生，治《书经》。字伯羽，行一，年三十二，正月初五日生。曾祖组。祖宗。父在。母林氏，继母周氏、高氏。严侍下。弟一麟。娶郑氏。应天府乡试第一百一十四名，会试第七十六名。

据《嘉靖二十年进士登科录》，第二甲九十名，赐进士出身。履历如下：

高仪，贯浙江杭州府钱塘县，民籍，县学生，治《易经》。字子象，行三，年二十五，十月初三日生。曾祖源。祖富。父钺。前母曹氏，母徐氏。具庆下。兄儒、伦。弟伟。娶钟氏。浙江乡试第六名，会试第一百十五名。

董份，贯浙江湖州府乌程县民籍，府学生，治《易经》。字用均，行一，年三十二，八月二十六日生。曾祖铎。祖庠。父环，贡士。母张氏。慈侍下。娶顾氏。浙江乡试第六十九名，会试第一百九十三名。

陈升，贯浙江绍兴府余姚县，民籍，县学生，治《礼记》。字晋甫，行二十八，年三十，十二月初九日生。曾祖雷，封府同知赠中大夫布政使司左参政。祖廷敬，判官累赠中大夫布政使司左参政。父焕，布政使司右布政使。母胡氏，封淑人。具庆下。兄坦；文；魁，监事；垲，布政司右参政；背；墀，同科进士；坛；培。弟善；壮，州判官；塾；璪；吉；觐，监生；壁；埱；坪；侍；垣；垫。娶徐氏。浙江乡试第五名，会试第五名。

林树声，贯直隶松江府华亭县，军籍，县学生，治《春秋》。字与吉，行二，年三十三，二月初九日生。曾祖庭训。祖兰，义官。父鹄。母沈氏。严侍下。兄树芳。弟树德。娶李氏。应天府乡试第五名，会试第一名。

潘仲骖，贯浙江湖州府乌程县，民籍，国子生，治《礼记》。字时乘，行六，年二十九，十二月二十九日生。曾祖璇。祖孝，州判官。父蘷，监生。母闵氏。具庆下。兄伯骧。弟叔骏、季驯。娶邵氏。浙江乡试第三名，会试第二十二名。

谢东山，贯四川潼川州射洪县，民籍，国子生，治《诗经》。字少安，行七，年三十六，正月初五日生。曾祖文高。祖爱。父应宗，寿官。母张氏。严侍下。兄恩光，监生；恩深；赐诏；良臣，贡士。娶覃氏，继娶王氏。四川乡试第三名，会试第一百五名。

朱凌，贯福建建宁府建阳县，儒籍，国子生，治《易经》。字原冲，行六，年三十四，十月初四日生。曾祖洵，七品散官。祖格。父廉。母蔡氏。具庆下。兄廷玉。弟彭、逯、程、雍、珊。娶范氏。福建乡试第七十一名，会试第一百九名。

严讷，贯直隶苏州府常熟县，民籍，吴县人，国子生，治《诗经》。字敏卿，行一，年三十一，十月十二日生。曾祖昌。祖衡。父恪。母吕氏。重庆下。兄讽、诰。弟词、言。娶吴氏。应天府乡试第九十五名，会试第一百八十八名。

徐养正，贯广西柳州府马平县，民籍，国子生，治《诗经》。字吉夫，行一，年三十一，七月初九日生。曾祖仲荣。祖亨，知县。父钟淮，府同知。母戴氏，继母卢氏。严侍下。弟养愚、养晦。娶李氏。广西乡试第二十五名，会试第六十九名。

杨谟，贯山西泽州民籍，大同府大同县人，国子生，治《书经》。字汝承，行一，年三十九，二月十三日生。曾祖理。祖洪，仪宾。父森，义官。母赵氏，继母梁氏。永感下。弟训。娶续氏。山西乡试第一名，会试第一百二十二名。

赵大纲，贯山东济南府滨州，军籍，国子生，治《书经》。字万举，行三，年三十三，十月十三日生。曾祖宪。祖雄。父世荣。母程氏。慈侍下。兄大经、大纶。弟大纪。娶王氏，继娶李氏。山东乡试第二名，会试第二百八十四名。

高拱，贯河南开封府钧州新郑县，军籍，国子生，治《礼记》。字肃卿，行三，年三十，十二月十三日生。曾祖旺，赠工部主事。祖魁，工部郎中赠光禄寺少卿。父尚贤，光禄寺少卿。母沈氏，封宜人。慈侍下。兄捷，户部主事；掇，引礼舍人。弟操、才、拣。娶张氏。河南乡试第五名，会试第四十九名。

宋大武，贯浙江绍兴府余姚县，民籍，国子生，治《书经》。字文成，行六，年三十六，二月初十日生。曾祖楷，府教授。祖庠，驿丞。父仁。母朱氏，继母黄氏。具庆下。兄大韶、大章。弟大元，听选官；大勺，同科进士；大奇；大渊。娶杨氏，继娶曹氏。浙江乡试第四十九名，会试第五十名。

贾鹤年，贯顺天府蓟州平谷县，民籍，国子生，治《诗经》。字惟仁，行一，年三十二，十二月十九日生。曾祖全。祖智，封文林郎知县。父真儒，府通判进阶奉训大夫。母金氏，封孺人。具庆下。弟鹏年、鸥年、松年。娶张氏。顺天府乡试第一百一十二名，会试第一百三十三名。

叶铠，贯江西广信府上饶县，民籍，县学生，治《诗经》。字汝声，行三十九，年三十五，九月十三日生。曾祖志显。祖琼，赠奉直大夫南京工部员外郎。父鹄，知府。前母毛氏，赠宜人；母程氏，封宜人。严侍下。弟钶，聘娄氏。娶王氏。江西乡试第三十七名，会试第一百四十九名。

吴三乐，贯河南河南卫军籍，直隶苏州府吴县人，洛阳县学生，治《易经》。字子有，行二，年二十七，十二月初九日生。曾祖兴，赠中大夫行太仆寺卿。祖全，赠监察御史加赠中大夫行太仆寺卿。父瀚，布政使司左布政使。母王氏，封淑人。具庆下。兄三近。弟三聘、三省、三锡、三策、三槐、三重。娶丁氏。河南乡试第一名，会试第十一名。

万士亨，贯直隶常州府宜兴县，民籍，国子生，治《书经》。字思通，行二，年三十七，正月初九日生。曾祖政。祖玙。父吉，训导。母李氏。具庆下。兄士弘。弟士安；士宁；士和，同科进士；士完；士立；士宜。娶邵氏。应天府乡试第五十名，会试第四名。

张鹗，贯四川保宁府苍溪县，民籍，国子生，治《诗经》。字一卿，行三，年三十五，三月初五日生。曾祖忠。祖清。父伯贵。母蒲氏。慈侍下。兄恩、荣。娶赵氏。四川乡试第五十三名，会试第二百五十六名。

张子瑶，贯浙江宁波府鄞县，民籍，府学增广生，治《易经》。字仲玉，行二，年二十七，七月初六日生。曾祖恒。祖时政。父邦俊。母杨氏。重庆下。兄子瑞。弟子瑜；子顺；子中，官生；子璋；子珩。娶林氏。浙江乡试第二名，会试第七十名。

孙续，贯四川成都府绵州军籍，直隶上海县人，州学生，治《书经》。字道父，行二，年二十九，二月初八日生。曾祖本洪。祖鹏，寿官。父万镒。母徐氏，继母邵氏。具庆下。兄继。弟绪、绳、缵、纶、綏。娶王氏。四川乡试第二十五名，会试第一百六十名。

吕时中，贯直隶大名府清丰县，匠籍，县学生，治《诗经》。字道夫，行一，年二十七，二月二十九日生。曾祖廷训。祖凤，寿官。父应魁。母阎氏，继母赵氏。具庆下。弟建中、协中。娶孟氏。顺天府乡试第九十四名，会试第二百名。

杜秉彝，贯直隶广平府永年县，民籍，国子生，治《春秋》。字性之，行三，年三十，六月初六日生。曾祖彬。祖春。父浩。母郭氏。慈侍下。兄秉钧，秉臣。弟秉伦。娶韩氏。顺天府乡试第七十一名，会试第一百二十六名。

何云雁，贯浙江严州府分水县，匠籍，国子生，治《易经》。字时宾，行八，年三十，九月二十四日生。曾祖永镇，义官。祖玑。父瀚，所吏目。母陈氏。慈侍下。兄云龙。娶陈氏。应天府乡试第四十三名，会试第二十三名。

洪朝选，贯福建泉州府同安县，军籍，县学增广生，治《春秋》。字舜臣，行一，年二十六，八月二十九日生。曾祖源浩。祖蕤宾，义官。父溙。母叶氏。重庆下。弟朝藔、朝冕、朝声。娶林氏，继娶蔡氏。福建乡试第十三名，会试第一百六十二名。

戴章甫，贯直隶徽州府休宁县，民籍，国子生，治《书经》。字元礼，行三，年三十四，九月十三日生。曾祖克明。祖叔臻。父廷清。母吴氏。具庆下。兄绶、统。弟绂、纯、绎、级。娶吴氏。应天府乡试第三十名，会试第七十二名。

谢廷试，贯浙江绍兴府会稽县，民籍，国子生，治《诗经》。字汝明，行十五，年四十，二月初八日生。曾祖彪。祖澄。父泽。母谢氏。慈侍下。兄琔，推官。娶陈氏。浙江乡试第三十四名，会试第六十二名。

曹忭，贯湖广荆州府江陵县，民籍，国子生，治《书经》。字子诚，行十二，年三十，正月十九日生。曾祖廷征。祖璟，寿官。父庆。母刘氏。具庆下。兄悦；怡；慎；怀；愉；恂；恺，引礼舍人；性；忻；恒；悌；愬。娶程氏。湖广乡试第三名，会试第二百三十四名。

杨周，贯浙江杭州府仁和县，民籍，国子生，治《易经》。字道甫，行一，年三十九，五月二十九日生。曾祖铺，赠推官。祖玘。父俊。母朱氏，继母俞氏。具庆下。兄万春。弟东。娶张氏。顺天府乡试第三名，会试第一百名。

范惟一，贯直隶松江府华亭县，民籍，苏州府吴县人，县学生，治《诗经》。字于中，行一，年三十二，十二月十八日生。曾祖从江。祖汝信。父启晔。母顾氏。严侍下。弟惟立、惟丕。娶张氏。应天府乡试第十一名，会试第二百三十二名。

赵文燿，贯山东登州府莱阳县，军籍，国子生，治《书经》。字绅夫，行二，年三十八，八月二十二日生。曾祖锐。祖漳。父松，教授。前母丘氏，母李氏。具庆下。兄文焕。弟文炜、文炳、文炽。娶孙氏，继娶刘氏。山东乡试第八名，会试第二百七十五名。

张希举，贯江西南昌府南昌县，民籍，县学生，治《诗经》。字直卿，行四，年二十六，正月初三日生。曾祖文美。祖行政。父元龙，寿官。前母熊氏，母胡氏。具庆下。兄希秋、希燧。娶秦氏。江西乡试第一名，会试第二百六十六名。

张斗寅，贯湖广常德府武陵县，民籍，府学附学生，治《春秋》。字子人，行一，年二十五，四月初八日生。曾祖鋐。祖纪。父廷英。母梁氏。具庆下。弟斗宿、斗枢、斗柄、斗正。娶彭氏。湖广乡试第六十三名，会试第九十七名。

周土，贯直隶苏州府太仓州，民籍，常熟县人，国子生，治《诗经》。字厚卿，行十，年五十四，十月三十日生。曾祖济。祖棠。父烨，封监察御史。母王氏，封孺人。永感下。兄塾，训导；坤，知府；墨，知府；坚；室；墅；壁，监生；在，参政；垄，司务。弟坦、增、堊。娶陈氏。应天府乡试第四十一名，会试第三百名。

全赐，贯广西桂林府灵川县，民籍，国子生，治《礼记》。字厚甫，行一，年三十一，九月初七日生。曾祖溥。祖存义。父瑞。母焦氏。具庆下。娶陆氏。广西乡试第十五名，会试第一百十九名。

尹祖懋，贯江西吉安府永新县，民籍，国子生，治《易经》。字德卿，行四，年三十六，六月二十七日生。曾祖时裕，寿官。祖谟，赠翰林院编修加赠刑部员外郎。父襄，司经局洗马。母史氏，赠孺人；继母郭氏，封孺人。慈侍下。兄祖爱。祖宪，训术；祖庆。弟祖恕、祖宁、祖忠、祖心。娶高氏。江西乡试第四十二名，会试第六十三名。

刘梦元，贯直隶保定府安州，民籍，国子生，治《易经》。字伯始，行一，年三十四，五月初三日生。曾祖珪，岁贡生。祖表，义官。父伦，监生。母张氏。慈侍下。弟希元。娶张氏。顺天府乡试第十三名，会试第二百四十八名。

方治，贯湖广黄州府麻城县，民籍，县学生，治《春秋》。字进卿，行二，年二十一，八月二十四日生。曾祖天铎。祖绪。父本洪。嫡母俞氏，生母张氏。具庆下。兄泮。弟沾。娶刘氏。湖广乡试第二十三名，会试第九名。

阴标，贯直隶保定府容城县，民籍，国子生，治《书经》。字时准，行一，年二十九，十一月十二日生。曾祖祜，巡检。祖廷玺，寿官。父从光。母何氏。重庆下。弟樽、梯、枓、椽。娶孙氏。顺天府乡试第一百十三名，会试第六十五名。

毕竟虁，贯江西广信府贵溪县，军籍，国子生，治《礼记》。字叔元，行三十六，年四十，十一月初六日生。曾祖清。祖鉴。父伟卿。母方氏，继母彭氏。永感下。兄竟英；竟恭，府通判；竟芳。弟竟容，兵部员外郎；竟立，贡士；竟万。娶程氏。江西乡试第五名，会试第二百十二名。

陆杲，贯锦衣卫官籍，浙江嘉兴府平湖县人，国子生，治《礼记》。字元晋，行四，年三十六，二月初九日生。曾祖珪，义官。祖铁，知县累赠南京鸿胪寺卿加赠都察院右副都御史。父淞，南京光禄寺卿赠都察院右副都御史。母王氏，封太淑人。慈侍下。兄楷，监生；东；杰，工部右侍郎兼都察院右副都御史；柔，贡士；樟；檠。弟集，贡士；炳，锦衣卫指挥使；炜，中书舍人；标；檠。娶沈氏。顺天府乡试第四名，会试第八十一名。

罗衣，贯江西九江府德化县，民籍，县学生，治《诗经》。字章甫，行二，年二十四，五月二十六日生。曾祖纲。祖大有。父位。母张氏。具庆下。兄衮。娶夏氏。江西乡试第六十九名，会试第二百三十名。

沈桥，贯浙江绍兴府会稽县，民籍，国子生，治《易经》。字宗周，行二十七，年四十六，八月二十日生。曾祖性，知府。祖璞，教授。父茏。母章氏。具庆下。弟桢、梓、根、枞。娶车氏，继娶鲁氏。顺天府乡试第五十六名，会试第八十七名。

黎材，贯广东广州府顺德县，民籍，国子生，治《易经》。字用卿，行二，年三十四，五月十三日生。曾祖敏宽。祖忠佐。父庇。母张氏。具庆下。兄权。弟桓。娶梁氏。广东乡试第六十二名，会试第一百七十九名。

董策，贯湖广长沙卫，军籍，长沙县学生，治《书经》。字希舒，行一，年三十七，四月十二日生。曾祖贵。祖俊。父历。母毛氏。慈侍下。娶段氏。湖广乡试第六十六名，会试第二百五十五名。

王景象，贯直隶徽州府歙县，民籍，国子生，治《诗经》。字启明，行十一，年三十六，十一月初一日生。曾祖祐。祖文修。父经。母孙氏。具庆下。弟景星，景云，景阳。娶程氏。应天府乡试第六十四名，会试第八十八名。

章美中，贯浙江绍兴府会稽县，军籍，国子生，治《诗经》。字积之，行八，年三十六，十月初二日生。曾祖以诚，知州。祖文泰。父浚。母张氏。具庆下。兄时中、用中。弟道明，卫经历；建中；秉中，贡士；懋中；积中；道中。娶张氏。浙江乡试第五十二名，会试第二百四十七名。

徐一鸣，贯浙江绍兴府余姚县，匠籍，国子生，治《礼记》。字原默，行二，年三十八，六月初九日生。曾祖仪，训导。祖汉。父广。前母景氏，母黄氏。具庆下。弟一鹗，一揆。娶黄氏。浙江乡试第四十七名，会试第二百四十四名。

张纬，贯江西南昌府南昌县，民籍，府学生，治《诗经》。字朝文，行八，年二十七，三月二十八日生。曾祖颖，寿官。祖记，封刑部主事赠礼部员外郎。父钦，南京刑部郎中。母邹氏，封安人。具庆下。兄统，文思院大使；绶，监生。弟绪、缨、徽。娶裘氏。江西乡试第十二名，会试第七十五名。

王重光，贯山东济南府新城县，匠籍，国子生，治《诗经》。字廷宣，行二，年四十，十月二十五日生。曾祖贵。祖伍。父麟，教谕。母沈氏，继母常氏、岳氏、卢氏。具庆下。兄耿光。弟恩光、文光、国光、近光、观光。娶刘氏。山东乡试第十名，会试第一百三十五名。

夏子开，贯武城中卫军籍，直隶无锡县人，翰林院生员，治《诗经》。字本初，行一，年三十三，正月二十三日生。曾祖灵寿。祖必繁。父铭，锦衣卫百户。母陶氏。慈侍下。兄廷璋、廷玉。弟廷璧。娶张氏。顺天府乡试第五十一名，会试第九十五名。

曾于拱，贯江西吉安府泰和县，军籍，县学附学生，治《易经》。字思极，行一，年二十一，二月初七日生。曾祖瑛。祖钦，盐课司副使。父才达。母易氏。具庆下。弟于良、于耿、于乔、于鲜、于祉、于鲤、于贤、于鲸。娶郭氏。江西乡试第二十四名，会试第一百八十四名。

周镐，贯河南卫辉府汲县，民籍，陕西狄道县人，国子生，治《诗经》。字元化，行二，年三十三，五月二十四日生。曾祖英，经历，赠中顺大夫赞治尹。祖凤，都转运盐使司运使。父廷，光禄寺署正封承务郎。前母徐氏，封安人；母何氏，封安人。永感下。兄洛。弟崏。娶郭氏。河南乡试第三十名，会试第一百九十八名。

黄深，贯福建福州府闽县，民籍，广东万州学正，治《春秋》。字舜功，行七，年四十二，正月十五日生。曾祖珏。祖文升，训导。父衢。母郑氏。具庆下。兄大澍。弟渊。娶林氏。福建乡试第十八名，会试第二百一名。

费溏，贯浙江嘉兴府嘉兴县民籍，海盐县人，国子生，治《诗经》。字子雨，行二，年三十四，八月二十日生。曾祖文毅。祖慎。父钦。母周氏。慈侍下。兄瀹。弟涣，监生；深；澡。娶李氏。浙江乡试第十六名，会试第三十六名。

齐準，贯四川成都左护卫，旗籍，陕西临潼县人，国子生，治《易经》。字平甫，行三，年四十三，二月十六日生。曾祖志学。祖忠。父仕宽。母李氏，继母蒋氏。具庆下。兄家仁、家让。弟斗、阜、卓、皋、芉、革。娶尹氏。四川乡试第四十三名，会试第六十七名。

弋中和，贯四川顺庆府南充县，军籍，国子生，治《易经》。字道夫，行一，年四十二，十月初九日生。曾祖宽，寿官。祖天爵。父纶。母赵氏。具庆下。弟中立；中孚，贡士；中道；中尧。娶杜氏。四川乡试第六十二名，会试第二百八十八名。

陈洪范，贯浙江杭州府仁和县，匠籍，国子生，治《诗经》。字锡卿，行一，年三十三，九月初七日生。曾祖俊。祖琬。父景祥。母黄氏。慈侍下。弟洪蒙，同科进士。娶吴氏。浙江乡试第八十六名，会试第一百九十一名。

万士和，贯直隶常州府宜兴县，民籍，县学生，治《书经》。字思节，行六，年二十六，十月十三日生。曾祖政。祖玙。父吉，训导。母李氏。具庆下。兄士弘；士亨，同科进士；士安；士宁。弟士完、士立、士宜。娶张氏。应天府乡试第九名，会试第一百七名。

林大章，贯福建福州府闽县，军籍，国子生，治《礼记》。字章之，行三，年三十二，九月初二日生。曾祖均善。祖祈。父文乔。母李氏。重庆下。兄崇峨。弟钟山、大新、大资、大彦、大鼎、大叙、大昶。娶陈氏。福建乡试第二十五名，会试第一百三十七名。

陈时范，贯福建福州府长乐县，民籍，县学生，治《诗经》。字敷畴，行四，年三十，四月二十一日生。曾祖塾。祖昌朝，封南京工部郎中。父文沛，行太仆寺卿。母谢氏，封宜人。具庆下。兄时渐、时道。娶戴氏。福建乡试第二十三名，会试第四十名。

陈洪濛，贯浙江杭州府仁和县，匠籍，县学增广生，治《诗经》。字元卿，行二，年三十，十一月初二日生。曾祖俊。祖琬。父景祥。母黄氏。慈侍下。兄洪范，同科进士。娶韩氏。浙江乡试第六十七名，会试第二百十四名。

李洞，贯山东登州府莱阳县，军籍，国子生，治《春秋》。字伯远，行一，年三十九，六月十三日生。曾祖凯。祖旻，县丞累赠都察院右佥都御史。父铎，都察院右副都御史。母赵氏，封宜人。慈侍下。弟沟、泏。娶孙氏，继娶赵氏。山东乡试第六十九名，会试第六十一名。

王言，贯山东登州卫，旗籍，招远县人，蓬莱县学生，治《书经》。字子大，行一，年二十九，十月十五日生。曾祖玉。祖震。父鏊。母张氏。具庆下。娶孙氏。山东乡试第七十二名，会试第九十八名。

殷迈，贯南京留守右卫，军籍，应天府溧阳县人，国子生，治《易经》。字时训，行三，年三十，八月初十日生。曾祖福。祖冕。父俸。前母马氏，母钱氏，继母张氏。具庆下。兄迁，训导；选。娶朱氏。应天府乡试第三十八名，会试第十八名。

王正容，贯山东兖州府宁阳县，军籍，县学生。治《诗经》。字德辉，行一，年三十一，十一月十三日生。曾祖尚志。祖应桢。父克勤。母纪氏。具庆下。弟正色。娶刘氏，继娶曹氏。山东乡试第十六名，会试第八十四名。

谢国宾，贯山东平山卫，旗籍，福建晋江县人，国子生，治《诗经》。字思敬，行二，年三十四，九月二十七日生。曾祖洪。祖昱，监生。父天锡，训导。母郝氏。慈侍下。兄国恩，贡士。娶王氏。山东乡试第二十六名，会试第一百五十六名。

黄显，贯广东琼州府琼山县，军籍，国子生，治《诗经》。字仁叔，行二，年四十四，九月十一日生。曾祖本。祖璲。父通。母吴氏。慈侍下。兄颢。弟颐。娶林氏。广东乡试第七十四名，会试第二十九名。

李迁，贯江西南昌府新建县，民籍，县学生，治《诗经》。字子安，行五，年三十一，九月十七日生。曾祖时中。祖宣政。父素馨。母范氏。具庆下。兄达、道、选、逢。弟遐、通、述、迪、暹、逊、迈、遵、运。娶秦氏。江西乡试第六名，会试第一百三十名。

张鹗翼，贯直隶松江府上海县，灶籍，国子生，治《易经》。字习之，行二，年四十三，七月二十五日生。曾祖昱。祖泽。父锡。前母高氏，母朱氏。永感下。兄鹏翼。娶杨氏。应天府乡试第八十一名，会试第二百八十一名。

尹焘，贯浙江衢州府龙游县，民籍，国子生，治《诗经》。字明溥，行三十九，年三十四，八月十二日生。曾祖汝浤。祖元魃。父蒙。母周氏。具庆下。兄宽；济；勋；照，贡士；煦。弟烈、然、继善。娶余氏。浙江乡试第五十七名，会试第一百五十三名。

金翮，贯浙江温州府乐清县，灶籍，国子生，治《诗经》。字思振，行二，年三十三，五月初七日生。曾祖琯。祖旺。父绪。母严氏。慈侍下。兄澳。弟策。娶王氏。浙江乡试第十二名，会试第二百五十四名。

徐南金，贯江西南昌府丰城县，民籍，县学生，治《易经》。字体乾，行二，年二十四，二月二十五日生。曾祖大平。祖洪。父橔。母漆氏，继母罗氏。具庆下。弟南轸、南衡。娶彭氏。江西乡试第六十七名，会试第二百二十三名。

梁津，贯广东广州府番禺县，民籍，国子生，治《诗经》。字济卿，行五，年二十九，五月十二日生。曾祖遂奇，主簿。祖齐匡，典史。父天祚。母区氏。慈侍下。兄可久；可大，贡士；瀛；瀚，鸿胪寺序班；澜。弟潮、江、浩。娶何氏。广东乡试第一名，会试第七十一名。

陈善，贯广东广州府南海县，民籍，广西全州学正，治《易经》。字继初，行一，年三十八，八月十四日生。曾祖愈希。祖厚聚。父李生。母霍氏。慈侍下。弟杰、贤。娶黎氏。广东乡试第九名，会试第七十四名。

吴天寿，贯顺天府宛平县，匠籍，直隶松江府上海县人，国子生，治《易经》。字平甫，行三，年三十二，十月二十九日生。曾祖辅。祖玉。父凤。母李氏。慈侍下。兄天福，铸印局副使；天禄。娶陆氏。顺天府乡试第十七名，会试第九十六名。

刘鉴，贯直隶真定府晋州安平县，民籍，国子生，治《诗经》。字汝照，行四，年二十八，正月初七日生。曾祖昶，贡士。祖澍，省祭官。父以孝。母王氏。具庆下。兄金、银、镦。娶姚氏。顺天府乡试第一百六名，会试第一百七十六名。

齐杰，贯直隶安庆府桐城县，军匠籍，县学生，治《诗经》。字士庸，行二，年四十二，十月二十九日生。曾祖良佐。祖可道。父秀。母乔氏。永感下。兄仁。弟俪；迈；述，监生；遇，贡士。娶潘氏。应天府乡试第一百二名，会试第二百九十二名。

朱乾亨，贯武骧左卫军籍，直隶徐州人，国子生，治《易经》。字子贞，行一，年二十九，四月十五日生。曾祖鉴。祖明。父华。前母宋氏，母刘氏。永感下。娶李氏，继娶方氏、邵氏。顺天府乡试第二十六名，会试第三十七名。

李台，贯湖广荆州府公安县，军籍，国子生，治《书经》。字星伯，行一，年三十九，七月二十一日生。曾祖广。祖珂。父大本，知县。母伍氏，继母王氏。具庆下。弟右、若。娶叶氏，继娶王氏。湖广乡试第六名，会试第二百九十三名。

王觉，贯直隶常州府武进县，民籍，国子生，治《诗经》。字士先，行四，年五十，八月十一日生。曾祖珩。祖尹，义官。父觐，义官。母潘氏。永感下。兄学，奉祀正；举，监生。弟誉，监生。娶徐氏。应天府乡试第四十名，会试第九十三名。

章焕，贯浙江绍兴府会稽县，民籍，县学生。治《易经》。字叔晦，行二十九，年三十四，十月十四日生。曾祖谦。祖碧。父穑。母何氏。严侍下。兄炼。娶王氏。浙江乡试第十一名，会试第三百六名。

张洽，贯浙江杭州府仁和县，民籍，县学附学生，治《易经》。字子德，行十二，年二十六，十二月二十二日生。曾祖鹏，遇例冠带。祖绘，医学正科，封刑部主事。父应佑，贡士。母王氏。具庆下。兄洪；江；潮；深；源；瀚，工部主事；濂，刑部主事；浙；淳；洄，贡士；澜。弟浩；溥，贡士；溉；治；沐、泽、溧、洲、渠、瀛、涵、霈、澡。娶柴氏。浙江乡试第四十一名，会试第一百四十六名。

陶大年，贯浙江绍兴府会稽县，民籍，县学生，治《春秋》。字长卿，行十二，年二十九，十二月十八日生。曾祖恺，赠通议大夫兵部左侍郎兼都察院左佥都御史。祖讲，县主簿。父师齐，典膳。母沈氏。重庆下。弟大化，监生；大全。娶章氏。浙江乡试第七十四名，会试第一百四十一名。

董士弘，贯直隶常州府武进县，民籍，国子生，治《诗经》。字体仁，行一，年三十九，三月二十日生。曾祖珍。祖尚彬，七品散官。父绍，知县。母徐氏，继母陈氏。慈侍下。弟士毅，监生；士奇，监生；士安；士宁。娶唐氏。应天府乡试第一百二十六名，会试第五十九名。

王抚民，贯直隶真定卫右所军籍，山西清源县人，真定府学生，治《易经》。字仁甫，行一，年二十七，二月十三日生。曾祖璋。祖连。父佑。母石氏。具庆下。弟育民、新民、泽民。娶任氏。顺天府乡试第七十六名，会试第二百六十七名。

徐纲，贯浙江绍兴府会稽县，民籍，国子生，治《易经》。字振之，行四，年四十二，七月初十日生。曾祖汉。祖鋐。父璧。母陈氏。慈侍下。兄绩、绥。弟纯。娶张氏。应天府乡试第四十四名，会试第二百九十五名。

王崇古，贯山西平阳府蒲州，军籍，州学增广生，治《书经》。字学甫，行六，年二十七，四月二十一日生。曾祖孟华，寿官。祖馨，教谕，赠中书舍人。父瑶。母孙氏，继母孟氏。具庆下。兄崇仁、崇义、崇道、崇祖、崇志。弟崇雅、崇典、崇勋、崇教。娶张氏。山西乡试第十名，会试第二百七十九名。

侯钺，贯山东兖州府东平州东阿县，军籍，国子生，治《诗经》。字义甫，行二，年三十八，十月十六日生。曾祖随。祖友德。父全。母宫氏。慈侍下。兄钦。弟镳。娶王氏，继娶王氏。山东乡试第六十九名，会试第二百七十一名。

陈梧，贯福建漳州府漳浦县，民籍，县学生，治《诗经》。字思植，行一，年二十四，十二月初四日生。曾祖瓛，教授。祖希诚。父则武。母程氏。具庆下。弟柱。娶程氏。福建乡试第六十二名，会试第二百二十七名。

朱惟一，贯河南汝宁府光州，民籍，州学附学生，治《春秋》。字吉夫，行一，年三十一，九月二十九日生。曾祖经。祖友。父杲。母胡氏。慈侍下。弟惟新。娶范氏。河南乡试第二十名，会试第二十一名。

据《嘉靖二十年进士登科录》，第三甲二百五名，赐同进士出身。履历如下：

周嵆，贯直隶常州府武进县，民籍，县学增广生，治《诗经》。字景鲁，行二十八，年三十五，八月二十四日生。曾祖逊。祖溥。父瑜。母詹氏。具庆下。兄嵩、巍、樫、相。弟嵒、嵓、嵩、峤、峄、木、椿、山。娶陈氏。应天府乡试第二十六名，会试第一百五十六名。

王养浩，贯四川顺庆府南充县，民籍，国子生，治《易经》。字伯充，行三，年三十六，正月二十四日生。曾祖进。祖邑。父瑶，封奉政大夫户部郎中。母叶氏，封太宜人。严侍下。兄养正，知府；养贤。弟养素、养濂。娶杨氏。四川乡试第三十四名，会试第一百二十九名。

陈王道，贯直隶大名府滑县，民籍，县学生，治《诗经》。字子敬，行二，年二十四，十二月初三日生。曾祖松，寿官。祖富。父绪。母赵氏。重庆下。兄进、暹。弟王化、善道。娶史氏。顺天府乡试第九十二名，会试第三十八名。

周冕，贯四川成都府资县，民籍，国子生，治《书经》。字叔敬，行一，年三十二，十一月初七日生。曾祖永刚。祖世聪。父全。母姜氏。具庆下。弟胃、晃、勖。娶徐氏。四川乡试第二十名，会试第一百五十名。

唐志大，贯直隶松江府上海县，灶籍，县学增广生，治《春秋》。字子迪，行一，年二十七，十二月十六日生。曾祖德华，赠刑部主事。祖懂，知县，前刑部主事。父琰。母陶氏。慈侍下。兄金、志孝、志仁。弟志谦、志高、志德、志明、志忠、志善、志远。娶董氏，继娶谢氏。应天府乡试第一百二十二名，会试第二百八十二名。

刘瑶，贯河南卫辉府胙城县，军籍，国子生，治《易经》。字润夫，行一，年三十，九月十六日生。曾祖铎。祖深，司狱。父纪，州判官。嫡母李氏，继母张氏，生母郜氏。慈侍下。弟琨。娶王氏。河南乡试第六十六名，会试第一百八十九名。

何良傅，贯直隶松江府华亭县，灶籍，国子生，治《诗经》。字叔皮，行三，年三十三，闰九月十五日生。曾祖复。祖泉。父孝，寿官。嫡母曹氏，生母孙氏。慈侍下。兄良佐，监生；良俊，岁贡生。娶宋氏。应天府乡试第二十四名，会试第十三名。

路可由，贯山东兖州府曹州曹县，军籍，国子生，治《书经》。字子正，行二，年三十五，十月十三日生。曾祖铎，县主簿。祖云汉，府教授。父音。母刘氏，继母杨氏。具庆下。兄可遵。弟可履，可远，可大。娶扈氏。山东乡试第四十九名，会试第一百三十一名。

鄢懋卿，贯江西南昌府丰城县，民籍，国子生，治《易经》。字景修，行六，年三十四，正月三十日生。曾祖承之，义官。祖谧，寿官。父高，知县。母周氏，继母谢氏、杨氏。严侍下。兄愚卿。弟愈卿、恕卿、意卿、懿卿。娶王氏。江西乡试第十一名，会试第一百十八名。

李时济，贯山东青州府寿光县，军籍，县学生，治《易经》。字伯舟，行一，年三十，九月二十四日生。曾祖随。祖海，税课局副使。父镛，县丞。母马氏，继母刘氏。具庆下。弟时渐、时晋、时升、时临。娶张氏。山东乡试第十五名，会试第四十三名。

陈松，贯直隶河间府青县，屯种军籍，河南裕州人，县学增广生，治《诗经》。字子乔，行一，年二十八，五月十八日生。曾祖胜。祖智。父诗。母金氏。重庆下。弟梅。娶张氏。顺天府乡试第七十五名，会试第二百二十五名。

陈鑑，贯浙江严州府分水县，民籍，岁贡生，治《诗经》。字世嘉，行五，年三十六，八月初八日生。曾祖公勉。祖杰。父谧。母方氏，继母王氏。慈侍下。兄钟、镶、镳、镮。弟鍨、铁、录。娶从氏。顺天府乡试第十八名，会试第八十名。

黄应策，贯福建兴化府莆田县，民籍，县学生，治《书经》。字君用，行六，年二十九，八月十五日生。曾祖瑜，封刑部主事。祖镇，赠知县。父漳，府通判。前母柯氏，赠孺人；母林氏，封孺人。具庆下。兄应祥；应辰；应星，贡士；应佑；应轸。娶林氏。福建乡试第十八名，会试第二百六名。

白璧，贯直隶河间府河间县，民籍，国子生，治《诗经》。字石仲，行一，年二十八，十二月初六日生。曾祖友谅，寿官。祖晟。父允经。母南氏。重庆下。兄琇。弟壁、垩。娶曹氏。顺天府乡试第二十名。会试第一百七十一名。

杨思忠，贯山西太原府平定州，军籍，国子生，治《书经》。字孝夫，行二，年三十二，十月初六日生。曾祖凤。祖文茂，寿官。父荣，典史。母刘氏。慈侍下。兄思臣。弟思恕。娶荆氏。山西乡试第二十四名，会试第八十五名。

王学柳，贯山西泽州，民籍，州学生，治《书经》。字宗文，行二，年三十七，五月初五日生。曾祖进，县主簿。祖原。父相，府知事。母张氏。具庆下。兄学韩。弟学欧、学苏、学周、学召、学曾。娶孙氏。山西乡试第十八名，会试第二百四十名。

翟澄，贯山东济南府德州，军籍，国子生，治《易经》。字宪清，行三，年三十，九月十一日生。曾祖敏。祖琼。父钦。母毛氏，继母承氏、张氏。永感下。兄瀛、洲。娶高氏。山东乡试第五十九名，会试第一百七十二名。

赵绅，贯顺天府通州武清县，民籍，县学生，治《诗经》。字子缙，行二，年二十九，十一月二十二日生。曾祖文行。祖俨。父景锃。母张氏。具庆下。兄恩、迪、经。弟纬、纯、绶。娶孙氏。顺天府乡试第一百九名，会试第一百六十三名。

龚秉德，贯山东东昌府濮州民籍，江西新建县人，州学生，治《诗经》。字性之，行一，年三十，五月十八日生。曾祖礼远。祖伯灿。父仕刚。母雷氏。永感下。弟秉哲。娶李氏。山东乡试第十八名，会试第三十二名。

崔一濂，贯广东广州府南海县，军籍，国子生，治《诗经》。字学周，行一，年三十七，四月二十七日生。曾祖受。祖安。父世杰。母老氏。慈侍下。弟一汉。娶黄氏，继娶关氏。广东乡试第六十三名，会试第七十三名。

王崇俭，贯山东兖州府曹州曹县，民籍，国子生，治《春秋》。字叔度，行七，年五十二，十月十二日生。曾祖导，赠右副都御史。祖兰，赠右副都御史。父珣，都察院右副都御史。前母李氏，赠淑人；孔氏，赠淑人；母黄氏，封恭人，赠淑人。永感下。兄崇儒，知县；崇仁，按察司副使；崇文，都察院右副都御史；崇献，南京太仆寺卿；崇让，千户；崇有，典膳。弟崇素。娶李氏。山东乡试第十名，会试第二百七十二名。

王显忠，贯顺天府霸州保定县，匠籍，国子生，治《诗经》。字元孝，行二，年二十七，闰四月二十四日生。曾祖兴。祖宗，仓副使赠知县加赠奉政大夫应天府治中。父诰，奉政大夫应天府治中。前母徐氏，赠宜人；母徐氏，封宜人。具庆下。兄尚宾，义官；尚忠，七品散官；尚贤，听选官，轲。弟轩。娶任氏。顺天府乡试第七十九名，会试第一百十六名。

梁汝璧，贯四川重庆府江津县，民籍，县学生，治《诗经》。字应文，行二，年三十一，三月十五日生。曾祖桢。祖尚用。父佐。母周氏。具庆下。兄汝奎。娶袁氏。四川乡试第五十二名，会试第二百七十三名。

马钟英，贯广东广州府顺德县，民籍，县学附学生，治《礼记》。字君储，行三，年二十六，六月十三日生。曾祖骧。祖璋。父逢乐。母傅氏。慈侍下。兄应甫、钟蒙。弟中有，中存，中涵。娶郑氏。广东乡试第五十名，会试第十名。

李豸，贯山西泽州阳城县，军籍，国子生，治《易经》。字直卿，行一，年三十三，二月二十日生。曾祖子钊。祖誉。父思忠。母延氏。重庆下。弟孚，爵。娶梁氏。山西乡试第三十七名，会试第一百二十一名。

李时行，贯广东广州府番禺县，民籍，府学生，治《易经》。字少偕，行一，年二十八，十一月二十四日生。曾祖富。祖聪。父闻韶。母费氏，继母钟氏。重庆下。弟时郁、时逢、时亮、时春、时进。娶龚氏。广东乡试第六十四名，会试第一百四十三名。

徐履祥，贯直隶苏州府长洲县，民籍，国子生，治《礼记》。字子旋，行一，年三十，十二月十一日生。曾祖渊。祖朴，义官。父耀，阴阳典术。前母张氏，母杨氏，继母王氏。慈侍下。弟履中、履和、履道。娶张氏。应天府乡试第九十八名，会试第二百二十六名。

陈其乐，贯江西广信府贵溪县，军籍，县学生，治《书经》。字惟和，行一百三十七，年三十，七月十九日生。曾祖崇。祖瑞。父冕。前母汪氏，母石氏。严侍下。兄其礼。娶吴氏。江西乡试第四名，会试第二十四名。

华舜钦，贯直隶常州府无锡县，民籍，国子生，治《易经》。字叔俞，行五，年四十三，七月二十四日生。曾祖思淳，寿官。祖楷，寿官。父恩。母邹氏。具庆下。兄昊钦；尧钦，监生。弟文钦。娶钱氏。应天府乡试第八十一名，会试第二百七十名。

朱瑞登，贯浙江杭州府海宁县，民籍，县学生，治《诗经》。字禾仲，行一，年二十七，五月十八日生。曾祖颙，义官。祖恺。父裡。母祝氏。重庆下。弟瑞成、瑞明、瑞迁、瑞隆。娶查氏。浙江乡试第二十七名，会试第一百九十五名。

方逢时，贯湖广武昌府嘉鱼县，民籍，县学附学生，治《书经》。字兆行，行三，年二十，四月二十八日生。曾祖孟锭，寿官。祖宠。父亨。母孔氏。具庆下。弟逢源、逢吉、逢寅。娶周氏。湖广乡试第三十七名，会试第一百九十九名。

尚维持，贯河南汝宁府信阳州罗山县，民籍，县学附学生，治《春秋》。字国相，行一，年二十七，九月二十二日生。曾祖彪。祖培之。父化。母徐氏。具庆下。娶潘氏。河南乡试第一名，会试第一百十名。

吴必孝，贯浙江绍兴府余姚县，军籍，国子生，治《礼记》。字纯卿，行六，年三十六，十月十三日生。曾祖勤，赠刑部员外郎。祖叙，知府。父律。母毛氏。具庆下。兄必谅，岁贡监生；必敬，县丞；至，知府；必义；必顺。弟必礼、必宏、必述、必密、必方、必大、必用。娶张氏。浙江乡试第八十名，会试第一百一名。

徐亮，贯直隶常州府江阴县，军籍，国子生，治《诗经》。字子寅，行十，年四十二，七月初六日生。曾祖庄。祖宗迅。父孟平。嫡母孙氏，生母杜氏。慈侍下。兄亶、衰、襄、褒、衮、充、衺、表、兖。娶吕氏。应天府乡试第八十六名，会试第十六名。

萧端蒙，贯广东潮州府潮阳县，民籍，县学生，治《书经》。字曰启，行一，年二十七，五月初八日生。曾祖昆。祖廷国，封翰林院检讨。父与成，翰林院修撰。母郑氏，封孺人；继母范氏。严侍下。弟端贲、端升、端晋、端渐、端遁。娶姚氏。广东乡试第七十二名，会试第一百四十名。

冯元，贯广东广州府番禺县，军籍，国子生，治《易经》。字大本，行一，年三十四，八月初三日生。曾祖诚。祖德。父镔。母黄氏。具庆下。弟澡、液、泗、涞。娶韩氏。广东乡试第四十一名，会试第二百四名。

邢尚简，贯山东莱州府平度州昌邑县，民籍，县学生，治《书经》。字原敬，行一，年三十四，三月十一日生。曾祖志。祖瑾，推官。父时举，监生。母朱氏。慈侍下。弟尚宽、尚公、尚德、尚清。娶孙氏。山东乡试第三十七名，会试第一百三十六名。

周希程，贯浙江宁波府象山县，军籍，山东寿张县学教谕，治《书经》。字道夫，行四，年三十五，七月初四日生。曾祖孟初，府同知。祖尚贤，训导。父璋，州学正。母杨氏。永感下。兄黼、文豪、黻。娶董氏，继娶徐氏。浙江乡试第八十四名，会试第八十九名。

罗时霖，贯江西吉安府泰和县，民籍，县学附学生，治《书经》。字汝济，行三，年四十三，二月初一日生。曾祖方昌。祖仲玑。父贵康，寿官。母陈氏。严侍下。兄文仿、文征、文彻。弟文敕，文庄。娶胡氏。江西乡试第五十七名，会试第二百六十名。

曾佩，贯江西抚州府临川县，民籍，国子生，治《诗经》。字德夫，行十，年三十八，十月二十七日生。曾祖崇献，七品散官。祖时谅。父昂，县丞。母熊氏。严侍下。弟仕、修、伸。娶潘氏，继娶卫氏、刘氏。江西乡试第六十二名，会试第二百八十三名。

陈九德，贯直隶真定府栾城县，民籍，县学生。治《易经》。字吉夫，行五，年三十，二月初一日生。曾祖贵。祖正，巡检。父鸾，训导。母许氏，继母张氏。重庆下。兄九功、九韶、九畴、九皋。弟存仁，存礼。娶魏氏。顺天府乡试第八十九名，会试第九十二名。

吴崇文，贯河南汝宁府光山县，军籍，县学附学生，治《易经》。字质夫，行一，年二十七，二月初九日生。曾祖珏，县主簿。祖九岐，府检校。父汉。母刘氏。具庆下。弟崇献、崇道。娶夏氏。河南乡试第四十六名，会试第一百四名。

王忬，贯直隶苏州府太仓州军籍，昆山县人，国子生，治《易经》。字民应，行十一，年三十五，五月初四日生。曾祖琳，赠通议大夫兵部右侍郎。祖辂，累赠通议大夫兵部右侍郎。父倬，通议大夫兵部右侍郎。前母隐氏，赠淑人；陈氏，赠孺人；母陈氏，封淑人。永感下。兄恺；悌，贡士赠礼部主事；怡；憬，知县；憎，布政司都事；恬，监生；懽，典膳；恪，监生；祯，监生；忱。娶郁氏。应天府乡试第六十二名，会试第一百六十六名。

周瑶，贯四川成都府内江县，民籍，县学生，治《诗经》。字鸣佩，行八，年三十，二月十三日生。曾祖本学。祖辅臣。父宗元，寿官。前母阴氏，母郭氏。具庆下。兄珊；璈；玠，省祭官；琼；璁；璋；珙。弟玳、瑢、琥、珮、琅、瑄、璇、芝、萃。娶张氏。四川乡试第六十九名，会试第二百三十七名。

黄钲，贯江西抚州府宜黄县，民籍，县学生，治《书经》。字克静，行十七，六月二十九日生。曾祖孟宽。祖守瑛，寿官。父奕，训导。母程氏。严侍下。兄鉴，州吏目；镛；锷；镐，教谕；钥；铭；镇，典膳。弟钧、钰。娶江氏，继娶危氏。江西乡试第六十八名，会试第二百六十四名。

方廉，贯浙江杭州府新城县，民籍，县学增广生，治《书经》。字以清，行十，年二十九，正月十一日生。曾祖铺，医学训科。祖源，教谕。父模。前母罗氏，母钱氏，继母洪氏。具庆下。兄晖、焕、炼。弟勋、炬、炘。娶罗氏。浙江乡试第十四名，会试第一百二名。

何孟伦，贯广东广州府新会县，民籍，国子生，治《易经》。字慎明，行一，年三十六，七月初五日生。曾祖真宗。祖洋。父章。母吴氏，继母黄氏。重庆下。弟仲伦、季伦。娶余氏。广东乡试第二十八名，会试第三名。

李庶，贯福建福州府福清县，盐籍，县学附学生，治《诗经》。字季卿，行九，年二十七，闰四月初二日生。曾祖钚。祖润，署教谕事举人。父福。前母谢氏，母施氏。慈侍下。兄焞；樵；默；季守；春；季承，听选官。弟羔、廉、琰、烈、虎。娶曾氏。福建乡试第七十四名，会试第三十四名。

郝良臣，贯山西潞安府襄垣县，军籍，国子生，治《诗经》。字廷荩，行一，年四十，五月二十六日生。曾祖軓。祖文益。父珎。母傅氏，继母许氏。永感下。娶崔氏。山西乡试第五十六名，会试第一百四十二名。

钮纬，贯浙江绍兴府会稽县，民籍，国子生，治《诗经》。字仲文，行十五，年三十四，七月二十四日生。曾祖达，赠按察司佥事。祖清，按察司副使。父廷信。母陈氏。慈侍下。兄经。弟绪、绎。娶刘氏。浙江乡试第六十名，会试第二百七名。

杨顺，贯直隶德州左卫军籍，山东文登县人，国子生，治《诗经》。字子备，行二，年三十一，十月十八日生。曾祖兴。祖浩。父秉中。母李氏。具庆下。兄显。弟颙、颖。娶张氏。山东乡试第六名，会试第八十六名。

张牧，贯浙江绍兴府山阴县，民籍，山西临县学教谕，治《易经》。字舜臣，行一，年四十四，二月二十四日生。曾祖杰。祖皋。父廷瑞。母王氏。慈侍下。弟敏；橄，教谕；政。娶毛氏。河南乡试第二十四名，会试第一百八十七名。

杜瑢，贯直隶庐州府合肥县，民籍，国子生。治《书经》。字玉仲，行五，年四十三，正月二十日生。曾祖义。祖能。父宽，寿官。前母杨氏，母张氏。慈侍下。兄琇，医官。娶吴氏。应天府乡试第一百十四名，会试第二百八十九名。

曾茂卿，贯福建福州府长乐县，军籍，浙江儊居县学教谕，治《诗经》。字时育，行二，年四十五，十二月二十日生。曾祖侨。祖钟秀。父继立。母林氏，继母何氏。慈侍下。弟调卿、节卿、一卿、建卿、举卿。娶黄氏，继娶陈氏。福建乡试第八十四名，会试第二百四十九名。

张祥，贯南京锦衣卫官籍，直隶常州府武进县人，山东泗水县学训导，治《易经》。字元吉，行二，年四十六，六月二十一日生。曾祖镐，荫袭舍人。祖浩，锦衣卫正千户。父春，锦衣卫正千户。前母刘氏、李氏；母唐氏，封宜人；继母马氏、彭氏。慈侍下。兄瑞，锦衣卫正千户。弟祉。娶吴氏。山东乡试第四十七名，会试第二百五十七名。

陆美中，贯浙江绍兴府余姚县，灶籍，国子生，治《易经》。字汝文，行六，年三十二，四月二十九日生。曾祖昶。祖恕。父迪。母孙氏。具庆下。兄大中、致中、养中。弟用中、守中、秉中。娶邹氏。浙江乡试第三十九名，会试第三十一名。

余梦说，贯四川顺庆府广安州，民籍，国子生，治《易经》。字商卿，行五，年三十九，四月二十日生。曾祖敏时。祖琏，典史。父相，知县。前母周氏，母熊氏。慈侍下。兄梦麟；梦龙，监生；梦熊；梦璋。娶薛氏。四川乡试第二十六名，会试第二百一十三名。

　　冯荐，贯四川顺庆府南充县，民籍，国子生，治《易经》。字伯受，行四，年三十六，八月二十三日生。曾祖敬。祖冕。父乔。母谢氏。慈侍下。兄载、亨。娶赵氏。四川乡试第五十四名，会试第二百八名。

　　莫如爵，贯龙骧卫军籍，广东广州府新会县人，国子生，治《易经》。字子修，行一，年三十六，十二月初八日生。曾祖满。祖雄。父违仁，前锦衣卫正千户。母苏氏。严侍下。弟如齿；如德；如善，贡士；如士，贡士；如学；如诚；如俭。娶朱氏。顺天府乡试第一百十八名，会试第一百十三名。

　　金世龙，贯直隶苏州府长洲县，民籍，昆山县人，国子生，治《春秋》。字孟阳，行一，年三十六，四月二十四日生。曾祖源。祖荣。父佩。母许氏。具庆下。娶顾氏，继娶陆氏。应天府乡试第一百四名，会试第二百九名。

　　林议，贯福建兴化府莆田县，军籍，县学增广生，治《书经》。字邦直，行一，年二十三，十二月初六日生。曾祖弥睿，义官。祖墇，知县赠奉政大夫按察司佥事。父云腾。母郑氏。具庆下。兄谕。弟访、诏、谋、训、诜。娶吴氏。福建乡试第二十七名，会试第一百十七名。

　　郭大鲲，贯广东潮州府海阳县，民籍，县学生，治《书经》。字时化，行二，年二十六，四月初四日生。曾祖永睿。祖瑞。父亮。母吴氏。慈侍下。娶洪氏。广东乡试第六十二名，会试第四十四名。

　　姚梧，贯浙江宁波府慈溪县，民籍，县学附学生，治《诗经》。字文阳，行八十三，年二十九，四月十六日生。曾祖安。祖鑑。父颖。前母周氏，母汤氏，继母冯氏。具庆下。兄槐。弟樗、械、檍、术。娶陈氏。浙江乡试第六十八名，会试第一百二十八名。

　　陆鉴，贯浙江金华府兰溪县，民籍，国子生，治《易经》。字子明，行六十三，年三十六，十月初四日生。曾祖宗贵。祖球，寿官。父材。母黄氏。慈侍下。兄腾、骏。弟载。娶鲍氏。应天府乡试第六十二名，会试第二百六十一名。

　　宋大勺，贯浙江绍兴府余姚县，民籍，国子生，治《书经》。字道成，行十一，年三十四，七月二十六日生。曾祖楷，府教授。祖庠，驿丞。父仁。母朱氏，继母黄氏。具庆下。兄大韶；大章；大武，同科进士；大元，听选官。弟大奇、大渊。娶胡氏。浙江乡试第四十四名，会试第十九名。

　　冷起元，贯山东青州府益都县，民籍，县学生，治《易经》。字继贞，行一，年二十三，二月十二日生。曾祖端。祖彪。父昂，教谕。母李氏。具庆下。弟起予、起震。娶刘氏。山东乡试第五十六名，会试第一百六十一名。

　　浦之浩，贯山东登州卫军籍，直隶嘉定县人，府学生，治《诗经》。字子化，行四，年三十三，十二月初九日生。曾祖安。祖德，七品散官。父钥，州判官。前母李氏，母许氏。慈侍下。兄之澜、浚、津。弟之渊、珠、溁、云、润、源、洲、浍。娶梁氏，继娶王氏。山东乡试第四十六名，会试第二百四十一名。

张科，贯直隶安庆府太湖县，民籍，县学生，治《诗经》。字子渐，行一，年二十八，十一月初十日生。曾祖继良。祖祢。父亿，寿官。母洪氏。具庆下。弟和。娶孙氏。应天府乡试第八十名，会试第一百十一名。

李仰止，贯福建兴化府莆田县，民籍，浙江汤溪县学教谕，治《诗经》。字君山，行一，年四十二，十二月初五日生。曾祖士元。祖时宁。父从威。前母魏氏，母苏氏。永感下。弟仰敬；仰舜；仰孟；德用，贡士。娶黄氏。福建乡试第八十八名，会试第七十七名。

雷逵，贯江西南昌府丰城县，民籍，县学增广生，治《易经》。字时渐，行六，年二十三，十月初五日生。曾祖遂洪。祖天健。父裕，国子监助教。母陈氏。具庆下。弟选、逊、迟、造。娶黄氏。江西乡试第十一名，会试第二百三十八名。

雷贺，贯江西南昌府丰城县，军籍，县学生，治《书经》。字时雍，行五，年三十五，十一月二十七日生。曾祖轰岳。祖春省。父述，府通判。前母余氏，母刘氏。永感下。兄赞；贤，驿丞；贡，省祭官；贽。娶聂氏。江西乡试第十三名，会试第十二名。

闻贤，贯贵州永宁卫，官籍，卫学增广生，治《诗经》。字国宾，行一，年三十九，九月二十三日生。曾祖祥。祖志连。父钺。前母周氏，母钱氏，继母赵氏、张氏、丁氏。永感下。弟质、实。娶蔡氏，继娶黄氏。贵州乡试第十名，会试第一百八十名。

魏希相，贯山西太原府阳曲县，民籍，府学生，治《易经》。字汉卿，行三，年三十三，六月十二日生。曾祖钦。祖刚。父通。母张氏。严侍下。兄茂、盛。娶李氏，继娶陈氏。山西乡试第五十八名，会试第一百三十二名。

张重，贯顺天府昌平州顺义县，官籍，国子生，治《诗经》。字汝任，行三，年三十二，十二月二十五日生。曾祖钦，指挥佥事。祖瑀，指挥佥事。父绪，义官。前母赵氏、郭氏，母宋氏。具庆下。兄维藩，指挥佥事；乔，监生。弟香，阴阳官；秉；里；厚；簪；策。娶郭氏。顺天府乡试第三名，会试第一百一十四名。

李长盛，贯福建兴化府莆田县，军籍，府学生。治《书经》。字宗裕，行一，年三十七，八月二十五日生。曾祖玘。祖浚，府通判。父孚先，知州。母黄氏，继母毛氏。具庆下。弟长芳、日新、震、长泰。娶林氏，继娶杨氏。福建乡试第三名，会试第二百五十名。

林松，贯广东潮州府揭阳县，民籍，国子生，治《礼记》。字乔年，行九，年三十七，十月二十四日生。曾祖箕。祖谦。父玖。母谢氏。慈侍下。兄椿、槐、相、楷。弟柏。娶杨氏。广东乡试第十九名，会试第一百九十四名。

何派行，贯广东广州府香山县，民籍，县学生，治《易经》。字应充，行一，年三十二，十二月初一日生。曾祖溢。祖�。父世隆。母李氏。严侍下。弟派征、派从、派徐、派循。娶严氏。广东乡试第十六名，会试第二百三十六名。

彭谨，贯福建福州府闽县民籍，江西临江府新淦县人，山东沂州学正，治《春秋》。字德全，行六，年三十七，二月初六日生。曾祖钧。祖彦珪。父大纲。母赵氏。永感下。兄诚、谦。娶郑氏。福建乡试第八十四名，会试第七十九名。

潘玙，贯四川成都府成都县，匠籍，县学生，治《礼记》。字鲁珍，行六，年四十八，十月初五日生。曾祖文政。祖铉，寿官。父伯镒，教谕。母周氏。慈侍下。兄玹。娶柯氏，继娶杨氏。四川乡试第三十四名，会试第二百七十四名。

刘子兴，贯广东潮州府海阳县，民籍，县学生，治《诗经》。字宾之，行一，年二十五，二月二十六日生。曾祖润。祖伦。父宗保。母李氏。具庆下。弟子荣、子华。娶蔡氏。广东乡试第二十一名，会试第八名。

陈采，贯浙江绍兴府余姚县，灶籍，县学附学生，治《春秋》。字懋载，行十四，年二十四，四月十五日生。曾祖涌。祖华。父文显。母柴氏。重庆下。兄程、秩、来、禾、种。弟秉、穰、季、臬。娶周氏。浙江乡试第七十五名，会试第四十六名。

杨宗气，贯陕西延安卫官籍，浙江湖州府归安县人，延安府学生，治《春秋》。字子正，行四，年二十八，正月初六日生。曾祖信，都指挥使封镇国将军。祖聪，县丞进阶文林郎。父时遇。母陈氏，继母徐氏。具庆下。兄宗元，监生；宗一；宗理。娶刘氏。陕西乡试第二十一名，会试第二百九十四名。

宋伊，贯河南南阳府裕州，军籍，州学生，治《书经》。字汝任，行三，年二十六，九月二十四日生。曾祖杰。祖珤，寿官。父昌隆，府同知。母王氏，继母文氏。慈侍下。兄仕、侨。弟位、仁。娶吴氏。河南乡试第二十七名，会试第二百二十九名。

阮堊，贯应天府江宁县民籍，河南祥符县人，府学增广生，治《易经》。字德载，行一，年三十七，十月初十日生。曾祖升。祖刚，义官。父山。母强氏。严侍下。弟坤、垚、堂。娶江氏，继娶范氏。应天府乡试第七十七名，会试第四十一名。

陈宗仁，贯山东莱州府平度州潍县，军籍，国子生，治《诗经》。字仲居，行二，年三十三，八月二十日生。曾祖刚。祖通。父策。母张氏，继母杨氏。具庆下。兄潭。娶王氏。山东乡试第二十八名，会试第一百四十七名。

金蕃，贯浙江绍兴府余姚县，民籍，县学附学生，治《易经》。字世宣，行十一，年三十，九月初七日生。曾祖思仁。祖愇。父镇。母黄氏，继母吴氏。具庆下。兄葵。弟芥、莱、蒙、蓁。娶宋氏。浙江乡试第四十四名，会试第二百十六名。

胡彦，贯湖广沔阳卫中千户所，官籍，国子生，治《书经》。字稚美，行二，年四十，十月十一日生。曾祖让。祖凤皋。父纪，寿官。母宋氏，继母杨氏。具庆下。兄靖。弟新、韶、端、龙。娶刘氏。湖广乡试第三名，会试第五十三名。

王继洛，贯河南开封府郑州，民籍，国子生，治《书经》。字希程，行二，年三十五，十二月十四日生。曾祖琼。祖治。父铼。母杨氏。慈侍下。兄继濂。娶赵氏。河南乡试第三十四名，会试第一百八十一名。

徐岱，贯直隶苏州府长洲县，军籍，府学生，治《易经》。字太丘，行一，年二十五，六月十一日生。曾祖伯顺。祖俊。父麒。嫡母傅氏，生母章氏。具庆下。兄山、康。娶王氏。应天府乡试第二十五名，会试第一百六十四名。

宋治，贯直隶凤阳府临淮县军籍，定远县人，直隶内黄县学教谕，治《易经》。字时雍，行一，年三十，十月二十五日生。曾祖玘。祖祥。父良。前母金氏，母徐氏。慈侍下。弟宁、思明、清、淳、洁、溥。娶祖氏。顺天府乡试第五十三名，会试第一百六十八名。

王三聘，贯山东登州府黄县，民籍，国子生，治《礼记》。字伯衡，行一，年三十五，十二月初一日生。曾祖成。祖禧，卫知事。父瑶，监生。母郭氏，继母方氏。具庆下。弟三顾、三让。娶赵氏。山东乡试第五名，会试第九十九名。

蒋珊，贯直隶常州府武进县，军籍，国子生，治《诗经》。字叔珍，行十四，年三十八，九月十一日生。曾祖继祖。祖以能，寿官。父宏。前母陈氏，母郑氏。永感下。兄新民，封大理寺寺副；黼；孟；盈，引礼舍人；益，知府；盥，审理副；琥；冠；监，正术；缨；珀，听选官。娶郑氏，继娶陈氏。应天府乡试第二十八名，会试第一百二十三名。

杨胤贤，贯山东兖州府东平州寿张县，军籍，县学增广生，治《诗经》。字子容，行一，年二十一，三月二十六日生。曾祖清。祖瓕。父缙，刑部主事。母刘氏。具庆下。弟胤芳、胤秀。娶孟氏。山东乡试第十名，会试第四十二名。

王霁，贯湖广黄州府黄陂县，军籍，县学生，治《诗经》。字汝明，行四，年三十六，四月初十日生。曾祖才。祖圭。父廷宾。母熊氏。慈侍下。兄霖、霆。弟霂。娶余氏。湖广乡试第三十九名，会试第二百五十九名。

方大乐，贯福建兴化府莆田县，民籍，府学附学生，治《书经》。字宪夔，行二，年三十六，十月十四日生。曾祖文谟。祖思善，义官。父仲绅。母林氏。严侍下。兄大顺，贡士。弟大恩、大章、大恺、大本、大观、大旭。娶林氏，继娶黄氏。福建乡试第八十六名，会试第八十二名。

朱舜民，贯山东济南府齐东县，民籍，县学生，治《易经》。字虞甫，行二，年三十六，二月初五日生。曾祖聪。祖瑄。父世贤，理问。母王氏。永感下。兄尧民。娶杨氏。山东乡试第二十七名，会试第一百五十七名。

许镛，贯浙江杭州府钱塘县，民籍，国子生，治《书经》。字准卿，行四，年四十七，七月初七日生。曾祖玉。祖彬，寿官。父璋。母姚氏。慈侍下。兄铨、锜、镰。弟镡。娶胡氏。浙江乡试第四十六名，会试第一百十二名。

晁琛，贯直隶大名府开州，匠籍，州学生，治《书经》。字君石，行二，年三十，八月初六日生。曾祖信。祖珏。父德龙。前母赵氏，母刘氏，继母徐氏。具庆下。兄琦，省祭官。弟璞，驿丞；璋；璠；璔；琇。娶张氏。顺天府乡试第一百十七名，会试第一百六十五名。

姜博，贯江西南昌府南昌县，民籍，县学生，治《诗经》。字约甫，行一，年三十一，十月十八日生。曾祖浩。祖梓，典史。父愈。母胡氏，继母章氏。重庆下。弟忱、愤、悱、悟、恪、忭。娶张氏，继娶刘氏。江西乡试第十八名，会试第二十名。

曹天宪，贯江西饶州府浮梁县，民籍，县学生，治《易经》。字恒卿，行八，年三十一，九月十一日生。曾祖邦仁。祖璷，封知县。父昙，教谕。母张氏。具庆下。兄旸；天相，监生；天文，监生。弟天章、天俸、天牌、天球。娶程氏。江西乡试第五十三名，会试第十四名。

舒载道，贯江西饶州府鄱阳县，民籍，国子生，治《易经》。字以文，行一，年四十四，十一月十六日生。曾祖添佑。祖昱，卫经历。父穆，寿官。母张氏。严侍下。娶程氏。江西乡试第九十一名，会试第二百三十三名。

黄缙，贯河南开封府钧州密县，民籍，国子生，治《诗经》。字公华，行一，年三十七，十一月初十日生。曾祖瑛，训科。祖辅，审理正。父鼎，寿官。母徐氏。具庆下。弟绶、绯。娶刘氏，继娶孟氏。河南乡试第二十七名，会试第五十四名。

陈善，贯浙江杭州府钱塘县，民籍，国子生，治《易经》。字思敬，行三，年二十八，正月二十八日生。曾祖琦。祖训。父荆献。母王氏。具庆下。兄情、道。弟事、师、猷。娶俞氏。浙江乡试第二名，会试第一百三十九名。

陈时霖，贯福建福州府长乐县民籍，闽县人，县学生，治《诗经》。字商卿，行八，年二十八，十二月初一日生。曾祖耀。祖安土。父则兴，听选官。前母齐氏，母张氏。重庆下。兄时济、进、亮。弟时雍、旸、觐、迪、睿、霖、尧、章。娶林氏。福建乡试第十名，会试第一百六十七名。

冯守，贯四川顺庆府南充县，民籍，国子生，治《诗经》。字仁仲，行二，年三十八，六月二十日生。曾祖林，封知府。祖祥，都转运盐使司知事。父诰，典膳。母王氏。慈侍下。兄宜、宷、官。弟宠，宸。娶范氏。四川乡试第六十九名，会试第二百六十二名。

李继宗，贯山东东昌府濮州朝城县，民籍，江西吉安府永丰县人，国子生，治《易经》。字克承，行二，年三十七，十二月二十七日生。曾祖久伏。祖东荣。父鹏。母王氏。具庆下。兄继先。娶冯氏。山东乡试第六十五名，会试第二百九十一名。

何光裕，贯四川保宁府剑州梓潼县，军籍，国子生，治《书经》。字思问，行三，年二十七，九月初五日生。曾祖端。祖文亮，寿官。父智。母赵氏。重庆下。兄光祖，岁贡生；光启。娶沈氏。四川乡试第四十九名，会试第六十八名。

陈以勤，贯四川顺庆府南充县，民籍，国子生，治《礼记》。字逸父，行一，年三十一，九月二十四日生。曾祖衡，训导。祖信，监生。父大策。母王氏。具庆下。兄弘德、宗德、以中。弟以廉。娶王氏。四川乡试第十五名，会试第二十七名。

张洽，贯浙江绍兴府山阴县，军籍，国子生，治《诗经》。字文德，行三，年三十九，十一月二十日生。曾祖永隆。祖圮，义官。父慈。母谢氏。具庆下。兄浙、浃。娶钮氏。浙江乡试第十九名，会试第二百五十一名。

王惟中，贯福建泉州府晋江县，民籍，府学生，治《易经》。字道原，行三，年三十一，九月十三日生。曾祖瑞昌。祖寰。父纪，封吏部员外郎。母李氏，封宜人。具庆下。兄孟中；叔中；恒中；慎中，布政使司右参政。弟性中、敬中、恺中、致中。娶林氏。福建乡试第三十五名，会试第三十三名。

路伯镗，贯南京龙江左卫官籍，山西阳曲县人，应天府学附学生，治《书经》。字元振，行一，年三十六，十月十五日生。曾祖顺，副千户。祖暹，副千户。父通，副千户。母王氏。慈侍下。弟仲铠。娶李氏。应天府乡试第一百三十五名，会试第三十九名。

梅守德，贯直隶宁国府宣城县，军籍，国子生，治《诗经》。字纯甫，行四，年三十二，六月初五日生。曾祖琜。祖楷。父继先。母刘氏。慈侍下。兄守仁，监生；守约。弟守恒、守忠、守信。娶郭氏。应天府乡试第三十九名，会试第二百四十三名。

徐霈，贯浙江衢州府江山县，民籍，国子生，治《易经》。字孔霖，行十七，年四十二，十月初九日生。曾祖昶。祖白。父琪。母毛氏。慈侍下。兄霁。兄孔鸣，省祭官。娶祝氏。应天府乡试第十五名，会试第六名。

郑维诚，贯直隶徽州府祁门县，军籍，国子生，治《书经》。字伯明，行一，年三十四，八月十五日生。曾祖仁豪。祖良楷。父岳。母汪氏，继母汪氏。具庆下。弟维藩、维调。娶汪氏，继娶陈氏。应天府乡试第一名，会试第一百四十五名。

冯绶，贯四川潼川州遂宁县，匠籍，国子生，治《春秋》。字以著，行二，年三十七，四月二十日生。曾祖源广，知县。祖玠。父直之。母王氏，继母陈氏。慈侍下。兄璎。弟绅、绣、细、缲、绢、缜、绂、缵、缙、缤、绾、绚、繻。娶赵氏，继娶王氏。四川乡试第三十九名，会试第一百九十二名。

赵介夫，贯直隶河间府阜城县，匠籍，县学生，治《诗经》。字士节，行三，年三十，十一月二十九日生。曾祖名瓒。祖茂，巡检。父珊，听选官。母李氏，继母宋氏。具庆下。兄廉夫、乾夫。弟坤夫、中夫、晓夫、哲夫、晚夫。娶刘氏。顺天府乡试第四十名，会试第九十九名。

尹梁，贯直隶真定府晋州，军籍，国子生，治《书经》。字子充，行二，年三十七，十二月二十七日生。曾祖镛。祖璟。父国正。母邵氏。慈侍下。兄桥。弟梓。娶秘氏。顺天府乡试第九十五名，会试第二百三名。

林懋和，贯福建福州府闽县，民籍，国子生，治《春秋》。字惟介，行三，年二十五，四月十四日生。曾祖贵。祖文琪。父焯。母陈氏。重庆下。兄均、增。弟举、城、埠、塾。娶胡氏。福建乡试第七十九名，会试第二百四十二名。

李楫，贯陕西宁羌卫，军籍，汉中府学生，治《礼记》。字济川，行一，年三十，九月二十七日生。曾祖德明，寿官。祖琼，县主簿。父旸。母何氏。具庆下。弟枸、栋、棐、桥、梅、槐、柯、楠。娶马氏。陕西乡试第四十四名，会试第一百五十五名。

王应钟，贯福建福州府侯官县，民籍，国子生，治《春秋》。字懋复，行八，年三十二，十二月二十四日生。曾祖宣。祖赞。父密。母陈氏。重庆下。兄应钧。弟应镜、应曾、应铣、应诏。娶许氏。福建乡试第四十二名，会试第二百三十一名。

谢应征，贯直隶松江府华亭县，匠籍，县学生，治《诗经》。字征梦，行一，年三十，十二月十五日生。曾祖景安。祖贤。父埔，冠带生员。母陈氏。具庆下。娶吴氏。应天府乡试第六十名，会试第四十五名。

梁绍儒，贯山东兖州府东平州，民籍，州学生，治《易经》。字存业，行二，年三十三，六月初四日生。曾祖安，知府赠监察御史。祖觏，按察司副使。父谷，吏部主事。母孔氏。慈侍下。兄绍元，监生；绍胤，贡士；绍洙。弟绍先，监生；绍允；绍同；绍奇，监生；绍贞；绍荣；绍龙；绍阳；绍隐；绍东。娶郑氏。山东乡试第十一名，会试第二百五十三名。

黄封，贯四川夔州府云阳县，民籍，县学生，治《诗经》。字伯勋，行一，年三十，十一月二十四日生。曾祖永寿。祖春。父文相。嫡母郭氏，生母赵氏。具庆下。兄流、鹤。弟河、屋、扉、虞。娶向氏。四川乡试第二十五名，会试第二百二十二名。

张登高，贯山东东昌府濮州千户所军籍，湖广汉阳县人，国子生，治《诗经》。字子升，行一，年三十五，七月十一日生。曾祖旺。祖锐，义官。父尚文。母李氏。重庆下。弟登名、登先、登岸、登仕。娶冯氏。山东乡试第二十四名，会试第五十一名。

郭维宁，贯直隶镇朔卫军籍，山西太平县人，国子生，治《书经》。字公怀，行二，年三十八，二月二十一日生。曾祖思让。祖鳌。父全。前母李氏，母杨氏。具庆下。兄镛。娶王氏。顺天府乡试第十七名，会试第一百九十名。

霍薰，贯云南永昌卫，官籍，永昌府学生，治《书经》。字虞南，行三，年四十三，九月二十四日生。曾祖鉴。祖源。父森。母丘氏。慈侍下。兄煦。弟照、烜。娶白氏。云南乡试第三十四名，会试第二百二十四名。

赵忻，贯陕西西安府盩厔县，民籍，岁贡生，治《春秋》。字子乐，行二，年三十三，三月二十七日生。曾祖彬，寿官。祖策，伴读。父应麟。母李氏。慈侍下。兄恒、悱、恪。娶邓氏。陕西乡试第三十二名，会试第二百十八名。

王嵩，贯浙江绍兴府余姚县，民籍，县学附学生，治《书经》。字维中，行五十七，年三十六，八月初五日生。曾祖谌。祖淑。父椿，封南京大理寺评事。母熊氏，封孺人。具庆下。兄乔龄，南京大理寺寺正；高。娶汪氏。浙江乡试第六十五名，会试第十五名。

许嗣宗，贯福建福州府闽县，民籍，国子生，治《易经》。字绍德，行二，年四十二，三月二十一日生。曾祖景阳，赠户部主事。祖坦，知府加赠中宪大夫。父纶，七品散官。前母邓氏，母林氏。重庆下。兄郊。弟振宗、亢宗、远宗、儒宗、超宗、赣宗、定宗、追宗、慎宗。娶曾氏。福建乡试第三十名，会试第二百九十七名。

陈炌，贯江西抚州府临川县，民籍，府学生，治《诗经》。字文晦，行五，年二十六，八月二十三日生。曾祖景蕃。祖邦瑞，义官。父道，知州。母黄氏。具庆下。兄灿；焕；熺；焞，所吏目。娶施氏。江西乡试第十四名，会试第二百八十名。

张英，贯福建兴化府莆田县，军籍，县学附学生，治《诗经》。字彦实，行十，年二十七，十一月初八日生。曾祖华玉。祖宏志。父俨时。母林氏。慈侍下。兄云翰、云衢、云翼、云阶。弟普。娶洪氏。福建乡试第六十一名，会试第二百十七名。

徐自得，贯河南开封府杞县，民籍，县学生，治《诗经》。字深父，行一，年三十五，闰正月初二日生。曾祖伯贵。祖文。父江。母杨氏，继母田氏。具庆下。娶耿氏。河南乡试第二十六名，会试第二百三十五名。

刘九章，贯锦衣卫匠籍，湖广衡州府衡阳县人，国子生，治《诗经》。字公仪，行六，年四十二，正月二十四日生。曾祖潮德。祖通。父旦，文思院副使。母王氏。永感下。兄九成，贡士；九德，监生；九泽；九畴；九河；九叙；九采。娶李氏，继娶孙氏、张氏。顺天府乡试第一百二十九名，会试第九十一名。

裴宇，贯山西泽州，民籍，国子生，治《书经》。字子大，行六，年三十二，五月初八日生。曾祖广。祖椿，县丞，旌表孝子。父爵，知县。母杨氏，继母郜氏。具庆下。兄宣；宠，岁贡生；骞，按察司副使；宁；守。弟宸；寀，贡士；宦；寐。娶田氏。山西乡试第二十名，会试第三十名。

陈吉，贯山西潞安府长治县，民籍，国子生，治《易经》。字子元，行五，年三十九，四月初一日生。曾祖鉴。祖珝，奉祀正。父晓，引礼舍人。母李氏。具庆下。兄善、哲、可、召。弟品、治。娶田氏，继娶张氏。山西乡试第三十八名，会试第一百五十二名。

王材，贯江西建昌府新城县，民籍，国子生，治《易经》。字子难，行一，年三十四，正月初六日生。曾祖鼎。祖达，训导。父禄，知县。母包氏，继母郭氏、曾氏。具庆下。弟标、休、橄、臬、棐、槚。娶钮氏。江西乡试第九名，会试第二十八名。

袁祖庚，贯直隶苏州府长洲县，民籍，县学生，治《易经》。字绳之，行一，年二十三，正月十四日生。曾祖纲。祖瓘。父校。母朱氏。具庆下。兄炤。弟祖述。娶文氏，继娶王氏，应天府乡试第四十六名，会试第八十三名。

李用敬，贯山东青州府益都县，民籍，国子生，治《诗经》。字仲学，行二，年三十，正月二十八日生。曾祖俊。祖瞻。父鉴。母韩氏。具庆下。兄用和，大理寺右寺副。弟用中。娶陈氏。山东乡试第三十四名，会试第一百二十名。

黄养蒙，贯福建泉州府南安县，军籍，县学生，治《诗经》。字存一，行一，年三十九，十二月二十九日生。曾祖彝。祖德平，赠刑部员外郎。父澄，按察司佥事。母李氏，赠孺人。严侍下。弟养素、养廉、养知、养道、养新。娶留氏，继娶林氏。福建乡试第八十名，会试第二名。

刘宦，贯湖广衡州卫，官籍，国子生，治《诗经》。字士晋，行四，年二十九，四月初八日生。曾祖德华，寿官。祖仲良。父廷福。前母魏氏，母康氏。具庆下。兄吉，百户；润；卿；相。弟尚、官、宗、寀、容。娶王氏。湖广乡试第二十七名，会试第一百八名。

周易，贯陕西凤翔府凤翔县，民籍，国子生，治《诗经》。字祖羲，行一，年三十八，二月十七日生。曾祖楫。祖恕。父晃，府经历。母张氏。慈侍下。弟诗。娶汤氏。陕西乡试第四十八名，会试第二百二名。

邓巍，贯湖广长沙府浏阳县，军籍，府学生，治《诗经》。字惟成，行二，年三十五，正月初七日生。曾祖子奇。祖宗瑀。父凤翔。母鄢氏。慈侍下。兄朝阳，监生。弟雍，监生；京；廉。娶黄氏。湖广乡试第十八名，会试第二百八十七名。

王交，贯浙江宁波府慈溪县，民籍，县学附学生，治《春秋》。字征久，行三十三，年二十八，六月初八日生。曾祖濂。祖琐，州判官。父峪，知县。母周氏。具庆下。兄方。弟齐、彦、宣。娶费氏，继娶薛氏。浙江乡试第一名，会试第一百五十八名。

周大有，贯浙江绍兴府余姚县，军灶籍，国子生，治《易经》。字元亨，行十八，年三十八，十月十五日生。曾祖瓘。祖谦。父坛。母黄氏。严侍下。兄大宜、大宗。弟大宜、大赍、大宇、大容。娶沈氏。浙江乡试第十四名，会试第九十名。

陆从大，贯直隶松江府华亭县，民籍，国子生，治《诗经》。字履贞，行二，年二十四，四月十九日生。曾祖顺。祖麒。父应辰。母曹氏。慈侍下。兄从远。弟从高、从平。娶陈氏。应天府乡试第八十二名，会试第一百六十九名。

李画，贯河南彰德府林县，民籍，国子生，治《诗经》。字元素，行四，年三十三，正月十二日生。曾祖成。祖整。父聪。母王氏。具庆下。兄琴、棋、书。娶王氏。河南乡试第六十三名，会试第二百十九名。

周俶，贯四川织染局，匠籍，成都县人，国子生，治《书经》。字初卿，行二，年二十八，五月初九日生。曾祖福。祖应祖。父杲。母邓氏。具庆下。兄俊。娶杨氏。四川乡试第三十七名，会试第一百五十四名。

史载德，贯直隶河间府任丘县，民籍，国子生，治《诗经》。字惟一，行三十六，正月初三日生。曾祖璘。祖文信，知州。父济。母于氏。具庆下。兄载道。弟载事；载言，监生；载贤，监生；载范。娶边氏。顺天府乡试第七十二名，会试第二百七十七名。

李鸾，贯广东广州府番禺县，民籍，江西大庾县人，国子生，治《诗经》。字鸣国，行一，年四十一，闰七月二十日生。曾祖源。祖棠。父贤。母罗氏。具庆下。弟鹗、凤。娶卢氏。广东乡试第四十二名，会试第六十六名。

崔峨，贯直隶保定府新城县，民籍，国子生，治《诗经》。字汝瞻，行一，年三十八，五月十一日生。曾祖礼，驿丞，赠兵科给事中。祖睿，义官。父海，知县。母侯氏。具庆下。兄崇，锦衣卫千户；勋；岩；冈。弟岜、山。娶李氏。顺天府乡试第四十三名，会试第二百九十六名。

熊彦臣，贯江西南昌府新建县，民籍，南昌县人，县学生，治《易经》。字元直，行四，年三十，正月二十一日生。曾祖瑄，赠监察御史加赠知府。祖达，布政司左参政进阶中奉大夫。父键，知县。母高氏。具庆下。弟端臣、翰臣。娶张氏，继娶张氏。江西乡试第三名，会试第一百六名。

彭世爵，贯四川潼川州安岳县，军籍，县学生，治《春秋》。字懋贤，行一，年三十一，四月十四日生。曾祖大甫，赠文林郎兵马司副指挥。祖兰，府通判。父极。母董氏。重庆下。弟世禄、世臣、世勋、世卿、世德、世官。娶张氏。四川乡试第三十九名，会试第一百七十八名。

董威，贯河南汝宁府信阳州，军籍，州学增广生，治《书经》。字重夫，行五，年二十九，五月十四日生。曾祖浩理。祖志望。父果。母王氏。永感下。兄文方、文章、文升。娶张氏，继娶刘氏。河南乡试第六十五名，会试第五十七名。

俞鸾，贯陕西灵州守御千户所，军籍，直隶昆山县人，国子生，治《书经》。字应和，行二，年三十九，正月十五日生。曾祖福。祖得。父庆。嫡母刘氏，生母袁氏。慈侍下。兄凤。弟鹤。娶李氏，继娶杨氏。陕西乡试第十八名，会试第二百四十六名。

陈志，贯直隶德州卫官籍，直隶宿松县人，州学生，治《礼记》。字惟学，行三，年三十五，七月十三日生。曾祖鉴。祖祥。父纪。母张氏，继母李氏。具庆下。兄忠，懋。娶黄氏。山东乡试第六十二名，会试第二百八十六名。

张淑励，贯山西太原府孟县，民籍，国子生，治《书经》。字自勉，行一，年三十七，四月十五日生。曾祖广，县主簿。祖宗政。父珍。母李氏。具庆下。弟淑仪、淑射、淑谟、淑猷。娶李氏。山西乡试第二名，会试第二百六十九名。

许廷用，贯福建泉州府同安县，军籍，河南许州学正，治《易经》。字惟范，行一，年四十，正月二十日生。曾祖文成。祖正衷。父钟会。母林氏。严侍下。弟惟德、惟业、惟学。娶王氏，继娶吴氏。河南乡试第六名，会试第四十八名。

喻希立，贯河南汝宁府光州光山县，民籍，国子生，治《春秋》。字惟中，行三，年四十一，四月初九日生。曾祖旭。祖明，岁贡生。父端本，知县。母甘氏，继母张氏。永感下。兄希宜、希揆。弟希学，知县；希纯，贡士；希大；希益。娶徐氏。河南乡试第十五名，会试第二百五十二名。

孙士仪，贯直隶真定府栾城县，民籍，国子生，治《诗经》。字文范，行一，年三十三，正月二十二日生。曾祖贵。祖显，知县。父宗周。母张氏。永感下。娶韩氏。顺天府乡试第八十五名，会试第一百八十三名。

唐爱，贯直隶苏州府嘉定县，民籍，县学增广生，治《易经》。字良德，行四，年二十九，三月初九日生。曾祖信。祖钦，七品散官。父槿，典膳。嫡母沈氏，生母卢氏。具庆下。兄爵，州同知；孚；舜。弟受、豹、书、豸。娶郭氏。应天府乡试第一百十九名，会试第二百八十五名。

郑邦仰，贯浙江绍兴府余姚县，民籍，国子生，治《书经》。字思贤，行三，年三十七，九月初七日生。曾祖宜训。祖辂。父相。母徐氏。永感下。兄邦彦。弟邦祯、邦达、邦正。娶邹氏。浙江乡试第四十一名，会试第一百七十七名。

王儁，贯浙江杭州右卫官籍，直隶宿州人，杭州府学增广生，治《易经》。字守道，行二，年二十七，九月十三日生。曾祖泽，都指挥佥事。祖埜，义官。父廉。母徐氏，继母李氏。重庆下。兄儒，都指挥佥事。弟化、佶、佃、仪、俊、仲、佩。娶陈氏。浙江乡试第七十九名，会试第五十二名。

张铎，贯南京留守后卫旗籍，直隶常熟县人，国子生，治《易经》。字世鸣，行二，年三十五，二月二十九日生。曾祖智。祖绅。父涌。母陈氏。慈侍下。兄镐。弟镗。娶钱氏。应天府乡试第五十一名，会试第七十八名。

陈墀，贯浙江绍兴府余姚县，民籍，国子生，治《礼记》。字宣甫，行二十一，年三十二，十月二十三日生。曾祖雷，封府同知赠中大夫布政使司左参政。祖廷敬，州判官累赠中大夫布政使司左参政。父焕，布政使司右布政使。母胡氏，封淑人。具庆下。

兄坦；璋，提举；增；堂；阶；达；城；垲，布政司右参议；皆。弟里，驿丞；升，同科进士；壮，州判官；塾；觊，监生；壁；都；晓；既。娶毛氏。应天府乡试第一百一名，会试第一百七十四名。

王嘉孝，贯河南开封府钧州，军籍，州学生，治《书经》。字体曾，行一，年四十二，九月二十日生。曾祖信，寿官。祖璋，知州。父时雍，知县。前母李氏，母李氏。永感下。弟嘉节。娶任氏，继娶董氏。河南乡试第七十六名，会试第九十四名。

梁木，贯陕西西安府三原县，军籍，国子生，治《易经》。字仁夫，行三，年三十三，八月十五日生。曾祖玘，赠监察御史。祖潜，义官。父宦。母康氏。具庆下。兄秋、谷。弟瑶、储、采、科、备、时选、时进。娶管氏，继娶盖氏。陕西乡试第五十九名，会试第一百九十七名。

刘应熊，贯陕西巩昌府陇西县，军籍，县学生，治《礼记》。字体阳，行二，年二十六，五月二十六日生。曾祖政。祖仲温，卫经历。父钺，知县。母马氏。慈侍下。兄应麟、应兆。弟应光。娶李氏，继娶杨氏。陕西乡试第四名，会试第二百五十八名。

周俊民，贯直隶常州府无锡县，儒籍，国子生，治《书经》。字明甫，行一，年三十七，十二月二十六日生。曾祖旸。祖玉。父臣。母叶氏。永感下。弟麒、爱民、新民。娶许氏。应天府乡试第九十二名，会试第二百二十名。

吴俊，贯直隶苏州府常熟县，军籍，武功左卫人，国子生，治《春秋》。字伯英，行一，年二十九，十一月二十二日生。曾祖福海。祖全。父迪。母王氏，继母张氏。具庆下。兄仅、佐、佶。弟伟、杰、伸、价、像。娶贾氏，继娶李氏。顺天府乡试第一百二十五名，会试第二百六十三名。

郭廷序，贯广东潮州府潮阳县，民籍，国子生，治《诗经》。字循夫，行二，年四十一，九月十五日生。曾祖聪。祖吾。父汉。母丁氏。永感下。兄廷秀，贡士。弟廷瑞、廷向、廷茂、廷美。娶杨氏。广东乡试第七十一名，会试第一百三名。

张文愚，贯浙江衢州府龙游县，民籍，县学增广生，治《诗经》。字维学，行四十三，年二十二，十一月三十日生。曾祖郎。祖德富，义官。父轲。母李氏。重庆下。兄良魁，贡士；文忠。弟文思、文念、文愈、文懋、文惠、文志、文态。娶叶氏。浙江乡试第五十三名，会试第二百九十名。

盛汝谦，贯直隶安庆府桐城县，民籍，国子生，治《书经》。字亨甫，行五，年三十七，十一月初一日生。曾祖茂。祖健。父仪，寿官。母张氏。严侍下。兄心、恩、惠、志。弟应。娶王氏。应天府乡试第一百名，会试第三十四名。

龚云从，贯福建兴化府莆田县，军籍，县学附学生，治《礼记》。字时际，行一，年三十二，九月十六日生。曾祖永庆。祖汝安。父体玑。母周氏。严侍下。弟云仍。娶刘氏。福建乡试第三十二名，会试第五十八名。

戴仁，贯四川保宁府剑州江油县，民籍，国子生，治《诗经》。字行父，行一，年三十五，二月初七日生。曾祖胜刚。祖金。父荣。母罗氏，继母李氏。具庆下。弟佶、位。娶叶氏。四川乡试第六十三名，会试第六十四名。

程良，贯江西饶州府乐平县，民籍，国子生，治《易经》。字明辅，行二十七，年四十四，七月初四日生。曾祖凤翔。祖文宽。父永亮。前母杨氏，母詹氏。永感下。兄计。弟谨。娶陶氏，继娶萧氏。江西乡试第三十二名，会试第二百七十八名。

胡恺，贯河南南阳府南阳县，民籍，国子生，治《诗经》。字敬夫，行一，年四十，十一月初七日生。曾祖昂，寿官。祖瀛。父朝献。母徐氏。慈侍下。弟恪。娶杨氏。河南乡试第四十六名，会试第一百八十六名。

刘元凯，贯四川保宁府阆中县，民籍，府学生，治《诗经》。字舜举，行一，年二十九，正月十七日生。曾祖蕙，义官。祖湖，义官。父光启，引礼舍人。母白氏。慈侍下。弟元正、元亨。娶李氏。四川乡试第三名，会试第四十七名。

徐绅，贯直隶池州府建德县，军籍，县学生，治《诗经》。字思行，行六，年二十六，正月初三日生。曾祖公振。祖永清，义官。父黻，义官。前母周氏、杨氏，母汪氏。具庆下。兄轸；参；曤，监生；翼，医学正术；缙，省祭官。娶李氏。应天府乡试第一百八名，会试第五十六名。

吴祯，贯直隶常州府无锡县，民籍，国子生，治《易经》。字元吉，行一，年三十五，四月十二日生。曾祖稷。祖玉，监生。父恩，阴阳训术。母殷氏，继母沈氏。慈侍下。弟视；祗；祺，监生；佑；禴。娶莫氏，继娶虞氏。应天府乡试第一百二十五名，会试第一百二十四名。

华云，贯直隶常州府无锡县，民籍，国子生，治《书经》。字从龙，行一，年五十四，八月十三日生。曾祖本盛。祖栋。父麟祥，布政司都事。母张氏。严侍下。弟电，贡士；露。娶杨氏。顺天府乡试第七名，会试第一百八十五名。

杨挺高，贯山东兖州府金乡县民籍，江西崇仁县人，县学增广生，治《诗经》。字叔谦，行四，年三十六，二月二十九日生。曾祖春，县主簿。祖珪。父魁，训导。嫡母唐氏，生母吕氏。具庆下。兄挺秀、挺萃、挺茂。娶祖氏。山东乡试第七十五名，会试第二百六十八名。

王曰然，贯河南卫辉守御千户所，军籍，国子生，治《诗经》。字汝从，行一，年二十九，九月十六日生。曾祖素，府通判。祖卿，监生。父施恩。母胡氏。具庆下。弟曰可、曰善。娶曹氏。河南乡试第六名，会试第二百三十九名。

宋岳，贯浙江绍兴府余姚县，灶籍，府学生，治《易经》。字伯镇，行一，年二十六，十二月二十八日生。曾祖璇，封刑部主事赠都察院右副都御史。祖冕，通议大夫都察院右副都御史。父惟明，官生。母姜氏。重庆下。弟峦、山、嶅、嵇、岱。娶陈氏。浙江乡试第六十四名，会试第六十名。

孙渭，贯福建福州府闽县，民籍，县学附学生，治《春秋》。字应清，行四，年三十二，三月初十日生。曾祖子芬。祖塘。父铜。母王氏，继母陈氏。慈侍下。兄液。弟泽。娶陈氏。福建乡试第四十四名，会试第二十六名。

贵仁，贯太医院籍，河南汝宁府汝阳县人，国子生，治《易经》。字子任，行一，年三十五，四月十三日生。曾祖茂，御医。祖瑄，良医正。父晟。母宗氏。慈侍下。弟儒，贡士；仕；伸；伦；俸；像。娶翁氏。河南乡试第三名，会试第二百二十八名。

应云鹜，贯浙江宁波府象山县，军籍，国子生，治《诗经》。字瑞伯，行三，年三十五，二月初二日生。曾祖杰，教谕。祖元征，府同知。父振肃。母谢氏。慈侍下。兄云龙。弟云凤、云鹭、云鹓、云翰、云鲲、云骞。娶鲍氏，继娶鲍氏。浙江乡试第二十六名，会试第十七名。

周奎，贯江西吉安府万安县，民籍，县学附学生，治《易经》。字贤象，行四，年二十八，十一月初八日生。曾祖秉章。祖古宪。父望。前母郭氏、蔡氏，母郭氏。具庆下。兄黄、持、体。弟斛、虚、房、蟾、楝、莘、井。娶萧氏。江西乡试第二十四名，会试第一百五十九名。

张习，贯直隶扬州府高邮州宝应县，民籍，县学生，治《易经》。字子翀，行二，年三十六，九月二十二日生。曾祖震。祖岩。父礼，封征仕郎中书舍人。母陈氏，封孺人。具庆下。兄兰、蕙、芷、葵、易。弟旦，户部员外郎；蒟；蕃；藻；茂；音。娶吴氏。应天府乡试第一百二十一名，会试第一百八十二名。

潘继光，贯河南卫辉府汲县，民籍，国子生，治《易经》。字懋学，行二，年三十，十一月初五日生。曾祖能。祖全。父雄。母徐氏。具庆下。兄继宗。娶李氏，继娶张氏。河南乡试第五十一名，会试第二百二十一名。

刘逢恺，贯江西吉安府泰和县，民籍，国子生，治《易经》。字虞让，行十，年三十二，七月初三日生。曾祖仕升。祖汪。父端祥。母周氏。具庆下。兄逢元、逢吉、逢玉、逢春、逢艮、逢汤、逢文、逢泰、逢景。弟逢亘、逢霄。娶罗氏，继娶周氏。江西乡试第十四名，会试第一百四十八名。

梁成，贯山东兖州府平阴县，民籍，县学生，治《书经》。字公济，行三，年三十，六月二十三日生。曾祖英。祖俊，府照磨。父栋，县丞。母赵氏。慈侍下。兄金，善。娶尹氏。山东乡试第四十五名，会试第一百九十六名。

高冕，贯浙江湖州府孝丰县，军籍，国子生，治《易经》。字服周，行四，年三十四，二月初十日生。曾祖亨。祖关。父奎。母梅氏。慈侍下。兄升、昙、星。娶吴氏。应天府乡试第三十四名，会试第二百六十五名。

刘璧，贯直隶苏州府长洲县，民籍，国子生，治《易经》。字朝完，行二，年四十一，十月初十日生。曾祖淳，赠工部主事。祖杲，都察院右副都御史赠通议大夫。父恢。母谢氏。具庆下。兄珠。弟琛、琯、璞、瑝、玺、琅。娶季氏。应天府乡试第一百十七名，会试第二百四十五名。

马珮，贯山东济南府德州民籍，国子生，治《书经》。字服玉，行二，年三十一，五月二十一日生。曾祖陆。祖真。父龙，义官。母张氏。慈侍下。兄琚、珙、玹。娶王氏。山东乡试第三十七名，会试第二百十五名。

陈玉，贯福建福州府长乐县，民籍，江西会昌县学教谕，治《诗经》。字汝良，行一，年三十七，八月十一日生。曾祖定。祖哲。父德宗，训导。母高氏。具庆下。兄金、鑑、铉。娶林氏。福建乡试第七十五名，会试第一百二十五名。

于德昌，贯四川成都左护卫军籍，华阳县人，国子生，治《书经》。字子顺，行三，年三十六，四月十二日生。曾祖师鉴。祖顗。父辉祖，府同知进阶知府。母罗氏。严侍下。兄德兴、德裔。弟德佑，贡士；德宜。娶王氏，继娶潘氏。四川乡试第四十四名，会试第二百九十八名。

朱应奎，贯锦衣卫匠籍，直隶丹阳县人，国子生，治《易经》。字士征，行一，年三十八，六月十五日生。曾祖福海。祖玉。父文。嫡母毛氏，生母徐氏。慈侍下。娶王氏。顺天府乡试第五十三名。会试第二百七十六名。

谷钟秀，贯浙江绍兴府余姚县，民籍，国子生，治《诗经》。字毓卿，行二，年三十七，九月二十八日生。曾祖志。祖应。父明。母王氏。永感下。兄钟灵。弟钟祥、钟清、钟和、钟华、钟美、钟良、钟粹、钟醇、钟淑、钟正、钟一。娶张氏。浙江乡试第十五名，会试第三十五名。

赵玘，贯四川叙州府富顺县，民籍，府学生，治《诗经》。字子献，行三，年三十六，七月二十五日生。曾祖学。祖伯香。父承犨，寿官。母先氏，继母丘氏。具庆下。兄珂、璟。娶刘氏。四川乡试第五十名，会试第一百三十八名。

何迁，贯湖广德安守御千户所，官籍，国子生，治《易经》。字懋益，行一，年四十一，九月初五日生。曾祖洪，副千户。祖泰，副千户。父勋，指挥同知。母张氏，继母朱氏。永感下。弟远。娶杨氏。湖广乡试第三十五名，会试第一百三十四名。

汪来，贯直隶天津卫军籍，直隶宁国县人，国子生，治《书经》。字伯阳，行一，年二十七，四月二十一日生。曾祖礼。祖瀛。父宦。母张氏。具庆下。弟耒。娶王氏。顺天府乡试第一百十八名，会试第一百二十七名。

段炼，贯顺天府固安县，民籍，国子生，治《诗经》。字文纯，行一，年三十，十一月十二日生。曾祖纪。祖裕之。父进，训导。前母王氏，母陶氏。具庆下。兄锦；录；镳，贡士；钛。弟铠、镎。娶王氏。顺天府乡试第六十三名，会试第一百五十一名。

徐贡元，贯直隶太平府繁昌县，民籍，国子生，治《书经》。字孔赐，行十九，年三十五，闰正月二十四日生。曾祖俊。祖瑞，义官。父昆，训导。母丁氏。具庆下。弟赞元、贺元、真元、宾元、质元、贤元。娶汪氏，应天府乡试第一百三名，会试第二百十一名。

马慎，贯顺天府霸州大城县，民籍，县学生，治《诗经》。字自修，行一，年二十六，四月初十日生。曾祖志广，赠文林郎。祖永，寿官。父龄，知县。前母孙氏，母郭氏。具庆下。弟恪、惺。娶魏氏。顺天府乡试第四十七名，会试第二百五名。

吴守贞，贯广东高州府电白县，军籍，县学生，治《诗经》。字定夫，行四，年三十四，十一月初十日生。曾祖政，岁贡生。祖纶，署教谕举人。父思齐，县丞。前母刘氏，母陈氏。具庆下。兄守仁、守礼、守忠。弟守谦。娶萧氏。广东乡试第五十一名，会试第一百七十三名。

《嘉靖二十年进士登科录·策问》：

皇帝制曰：朕惟六经之道同归，而礼乐之用为急。自昔唐虞三代之治，莫不由斯。夫六经所陈，固治天下之大经大法也，而本之则在礼乐。然则政刑末务，果不足以为治欤？抑各适其用而不能相通欤？议者谓三代而上，治出于一，而礼乐达于天下，后世则否，然欤？否欤？朕缵承皇祖大统，列圣鸿绪，践阼以来，不遑他务，首以人伦典礼，是究是图。盖勤心宵旰者，十余年于兹，而郊社禘尝之义，始克协于成，其在邦国乡党之制，不暇悉指。乃若天子之事，固不越此。不知今日国家之礼，亦有合于三代而上者欤？我太祖高皇帝开天肇纪之初，即以礼乐为急，盖尝征贤分局以讲究切劘，今载诸《大明集礼》者可考也。不知当时诸臣折衷损益，果足以会其成，而克副我皇祖制作之意否欤？抑犹有待于后欤？夫复古礼乐以建中和之极，朕之志也。何二十年间，教化未尽孚，风俗未尽美，灾害未尽弭，生养未尽遂，其故何欤？孔子曰：言而履之，礼也，行而乐之，乐也。力此二者，南面而立，是以天下太平。然则斯言也，将不足征邪？兹欲使礼乐刑政，四达而不悖，比隆于先王之盛，将何修而可？尔诸士，学道有闻久矣，宜详著于篇以对，朕亲览焉。钦哉！嘉靖二十年三月十五日。

《嘉靖二十年进士登科录·沈坤对策》：

臣对：臣闻帝王之经世也，有立治之大本，有善治之大法。本者何？天德在我，所以制作之根柢也。法者何？王道四达，所以经纶之显设也。本之不立，则法不能以自行，法之不善，则本亦有所未尽。推究而言之，本立而法行者有矣，未有无本而善法者也。体具而用周者有矣，未有遍体而无用者也。本立法善，体用备矣，亦未有治功之不成者也。知夫此，则礼乐之务，中和之极，与夫古今之制作，治道之污隆，皆可得而言之矣。自昔帝王立极经世，皆本之躬行心得之余，措之弥纶参赞之业。是故修于身，齐于家，用之于乡党邦国，以大同于天下。盖不独当时蒙其至治，而施诸后世，犹足以俟圣人考之而不谬。其不然者，则图治无本，取给于仪文器数之末，本与法判然二道，此治之所以不古若也。然岂惟无本，且并其法而失之，尚何足以与制作之列乎？恭惟皇帝陛下，合天地阳阴之德，总明圣述作之能，建中和位育之功，抚盈成熙洽之运，制礼作乐，尽善尽美，信乎远追古帝王之道而无愧，近守我祖宗之法而加隆者也。犹且进臣等于廷，询以礼乐之务，欲何修以比于先王之盛，此诚陛下望道未见之心也。臣草茅迁贱，何足以识此。虽然，言及之而不言，则谓之隐。况黎献帝臣，方齿于万邦之举，而愚者千虑，或冀于一得之末哉！臣敢不掇拾所闻以对。尝惟六经之道同归，而礼乐之用为急。故天高地下，万物散殊，而礼兴矣，流而不息，合同而化，而乐兴焉。先王观履之象以制礼，是故有取于天泽之分，而截然不易者，其体也。观豫之象以作乐，是故有取于顺动之义，而欢欣无间者，其情也。盖天地示人以和序，圣人因造化以成能。且圣人之所以自淑其身心者，要亦不出于礼乐之外。粤稽诸古，唐虞三代，若尧舜禹汤文武之为君，既皆以精一执中之传，建极于上，而一时辅理承化之臣，又皆夷夔伊傅周召之流，典司于下，其在当时，自民生日用之常，以极于际天蟠地之盛。盖治外无道，道外无治，虽未尝明言礼乐于天下，而其治化之隆，已四达而不悖矣。宋儒欧阳修所谓三代而上，治出于一，而礼乐达于天下者也。斯时也，以礼乐为治，即所以为政，而刑则视为辅治之法。虽以是为末务，要非各适其用，而不能相通者矣。至于后世，享国之久者莫如汉、唐、宋。夷考其时，虽议礼作乐，后先相闻，而要其制度之所就，则如绵蕝之习，房中之歌，贞观之仪，七德之舞，与夫通礼之名，雅乐之定，纷纷制作，未能悉举。大率汉高祖、唐太宗、宋艺祖以下诸君，既非有纯王之德主之于上，而一时任事之臣，又非皆庶几礼乐之贤以承之于下，则其治功之所及，要亦止于汉、唐、宋而已耳。欧阳修所谓三代而下，治出于二，而礼乐为虚文者也。斯时也，政与治既为二道，则礼乐不过为观美之具，而政刑亦从事于苟且之间，岂止于不相为用而已哉！天启国朝，我太祖高皇帝用夏变夷，复纲常于沦斁之后，除残去暴，拯生民于涂炭之中。所谓以圣人之德，在天子之位，而又当兴王之始，三重既备，则制作之任，自不容逭。故于洪武初年，天下甫定，虽日不暇给，而必首以礼乐为重。征贤分局，讲究切劘，方开天肇纪之初，其规模宏远，已非复汉、唐、宋之草率矣。盖我太祖以天纵圣神之资，得治躬治心之道，凡履中正而乐和平之实，备载于《圣政记》诸书者，可考而知也。方是时，明良契合，天作之会，夷夔经济，殆不止于陶凯、牛谅诸臣而已。若今《大明集礼》一书，其旨则断自宸衷，其成则出于曾鲁、徐一夔、董彝、梁寅诸臣之手。其礼之目二十有六，以至于冠服车辂仪仗卤簿之制，其乐之成有九，以至于黄钟太吕弦歌干羽之式。礼乐明备，凡以和神人而谐上下者，未必非我太祖制作之意，而在当时诸臣，亦足以为会其成矣。然以郊社之合祀，并举于一时，祖庙之烝尝，未分于特祫，大禘之礼未之搜讲，明堂之议莫有建明，列圣嗣守鸿业以来，率而行之，亦以举之而莫敢废，废之而莫敢举也。然而创与守之时不同，文与质之尚亦异，况三五之不同沿袭，而善继善述，惟圣者能之，则今日之礼乐，所以因略致详，随时从道者，岂能不有待于皇上也哉！盖我皇上极建中和，功收位育，同符太祖，远驾唐虞，德与位之兼隆矣。而又当世运百年之余，治功有成之日，嗣统更议之始，伦理正名之初，所谓圣人乘时之会，天下改观易听之时也。臣在学校，尝伏读《明伦大典》，而已知陛下致谨于纲常伦理之间矣。夫礼非圣莫之有作，既作而致其情，则凡其心之所不安者，皆不能以无易也。嗣是而后，每大礼更定，必诏告海内，故天地昔尝合祀矣，今南北郊之建，圜丘方泽，坛坎攸分，方位之各得其所也。亦尝并举于上辛矣，今冬夏二至，根阴根阳，顺以逢其吉，时日之必从其类也。国初首建四亲庙，既而两京太庙之制，乃同堂而异室矣。皇上特立太庙，奉享太祖高皇帝，以报开创之功，创建成祖庙，百世不迁，以崇文皇帝守成之德。自仁宣以下，三昭三穆，各专一庙。亲尽而递迁，此即王制天子七庙，周加文武二世室之义也。冬夏尝各祭于列庙矣。今孟春特享，以全群庙之尊，三时祫祭，以洽同祖之礼。季冬大祫，遵太祖当代之制，岁暮节祭，则于奉先殿行之，此即王制天子礿禴祫禘祫尝祫烝与夫三年大祫之义，而礼益加隆也。大禘尝阙而不行矣。今追祀德祖之所自出，而以太祖配之，设虚位而奉，既有以陋世系之失真，求在我之诚，尤足以见感通之必有。此即礼不王不禘之义也。明堂尝废而不讲矣。今大享上帝于玄极殿，而以睿宗配之。季秋之月，有取于万宝之告成，严父之心，深契乎生物之一本。此即周公宗祀文王于明堂以配上帝之义也。至于配天之大，惟太祖专祀，而独尊追远之深，虽德祖始传而莫与，凡此皆合乎天道，本之人情，妙作述以用中，配古今而独备。是盖仁孝之至，通于神明，故制作之隆，真足以善继述，而参天地矣。若夫庙乐之章，佾舞之数，声容之实，节奏之美，率多出于皇上之所裁定，所谓天子建中和之极，兼总条贯，金声而玉振之。信乎自隆古以至于今，则我国朝固当制作之盛，由祖宗创守以至于今，则我皇上又岂非集众美之大成者哉！然礼乐治道，通一无二，我皇上既以礼乐为治，二十年间，宵旰图惟，亦云至矣，顾于治化之隆，方之古昔，或有不逮，教化之未尽乎，风俗之未尽美，灾害之未尽弭，生养之未尽遂，诚有如圣制所云者。此其故，端必有在也，臣敢昧死为陛下言之。孔子曰：言而履之，礼也。行而乐之，乐也。夫所履所乐，非止于见诸制作，以为经世之具而已，言斯须不可以去身也。《礼》有之曰：君子致礼以治躬，致乐以治心。故斯须不庄不敬，则易慢之心入之矣。斯须不和不乐，则鄙诈之心入之矣。今陛下自起居食息之微，以至于刑赏举措之大，自深宫独处之时，以至于大廷朝见之际，果能一一尽出于中正而和平否乎？此臣之愚昧，不识忌讳，愿陛下宽其斧钺之诛，而自省焉。使其尽中正而和平耶？则治化之未隆者，不足待也。使万分之一有未合耶？此固升降污隆之本矣。况今内外大小臣工，未能尽承德意。礼乐之教，发端于朝廷，而莫能宣布于天下。故品节限制之不相逾越，似亦可谓序矣，然骄亢者或至于欺凌，谄求者不谓其辱己。雍容揖让之不相侵侮，似亦可谓和矣。然利害多出于面从，倾夺不下于仇敌。凡若此者，未必其尽去也。夫以如是诸臣，既不能以礼乐之道自淑其身心，又不能致礼乐之道以事乎君上，此亦教化风俗灾害生养四者之所由致也。陛下诚能因臣之言，赫然奋励，以正朝廷，以正百官，以正万民，其出之也，既有本而不穷，其行之也，又有渐而不紊，则太平之效可以立致，而孔子之言，岂欺我哉！然臣又窃有说焉。今天下以礼乐为治，要之虽不能尽合，而亦不至于尽废。然作兴感化之机，实出于学校。而《礼》《乐》二经，残缺已久，昔人谓其数可陈也，其义难知也。夫有其数，尚不能悉其义，况数与义之俱失也。先儒朱熹尝欲以《仪礼》为经，《礼记》为传，而《乐经》则有取于蔡元定《律吕新书》，与夫别求声音以为谱谍之说。今幸际皇上操制作之权，而二三大臣，岂无可与寄删述之任者乎？诚能颁之学校，联之师儒，取之科第，需之岁月，肄习既久，必有能者出焉。此亦礼乐之大务也。乃若所以建极之本，致治之机，则惟在我皇上持守此心，内外合一，久暂同归，中正和乐之日新，而制度文为之富有，则天德备而王道行，其辅理承化之功，又今日家相之能事耳。草茅之见，迂疏之谈，不切实用，然求言之道，愿陛下采纳而优容之，则愚臣幸甚，天下幸甚。臣干冒天威，无任战栗陨越之至。臣谨对。

《嘉靖二十年进士登科录·潘晟对策》：

臣对：臣闻人君之治天下，必存诸中者有纯王之心，而后达诸外者有纯王之政。心与政通，而天下之化会于极矣。何谓政？礼乐通于天下，所以立风化之具者也。何谓心？和敬积于中涵，所以立礼乐之本者也。使和敬之极不修于预养，则心有不纯，而所以为制作之用者，无其基。则虽礼乐之制，亦徒事为弥文。而政有不纯，所以为推行之感者，亦无其具。体用乖违，心迹驰悖，虽欲致天下于雍熙之化，其可得哉！故人君有志于礼乐者，亦惟致力于涵养，澄清其本源。使敬以直内，和以平中者，一复吾天德之良能，则中心清明而无非僻之扰。然后以是发挥于礼乐，风动乎臣民，礼以导敬，乐以宣和，一本诸吾心之精蕴，则制用有本，而自无驳杂之偏。将见大礼一立，而天下之度以轨，大乐一宣，而天下之情以平。内外协一之妙，圣神功用之全，至此极矣，尚何教化风俗之不善，灾害之不去，生养之不遂，有可言者乎？此唐虞三代，由此其选。迨我皇祖之所以创业，陛下之所以中兴，夫岂有二道哉！钦惟陛下以刚健中正之资，懋正大光明之学，观圣贤之格训，集帝王之大成，制礼作乐，一本之和敬，以为天下风。今之臣民，优柔浸渍，讽咏涵濡，忘大化以出入者，二十年于兹矣，岂不盛哉！然犹不自满假，治不为治，乃于万几之暇，特进臣等于廷，拳拳以礼乐之用未足以尽致天下之化者为问，此足以见陛下望道未见求治无已之盛心也。第臣草茅疏愚，不足以仰承休问。然后克圣，臣不命其承。今臣既亲见德化之成，而陛下复命之如此，敢不以平生所学者，祗若于万一乎？臣闻之《经》曰：天高地下，万物散殊，而礼制行矣。流而不息，合同而化，而乐兴焉。□礼乐之原，出诸天地者也。又曰：欣喜欢爱，乐之官也。恭敬庄顺，礼之制也。是礼乐之作，本于吾心者也。又曰：大礼必简，大乐必易。礼至则无怨，乐至则不争。揖让而治天下者，礼乐之谓也。是礼乐之用，通于天下者也。故六经之道，虽帝王治天下之大经大法，而其用之最急，本之所先，尤有在于礼乐者，诚如圣制所言矣。然必原诸天地，本诸吾心，于是而通之天下，则无体之礼，无声之乐，原于天理之精微，本诸吾心之性命，初非声容器数之可拘者已。先得于我，是吾心之纯，固已备天下之礼乐也。由是以序天下，即吾心之序，推之而制为不易之礼，则群物知所以自别，轨于度而不能违。由是以和天下，即吾心之和，推之而制为由衷之乐，则百物知所以自化，协于和而不能拂，非有所牵制强假于其间也。至德渊微之妙，一理感通之机，吾以出诸性情者为感天下，岂有外于性情而得之也哉！故虽不齐以政，而天下自无不正，不纠以刑，而天下自不犯于刑，又何必区区于品节制度之间，流宥刑辟之末，乃能置天下以同序同和之治乎？不然，声色之于化民，孔子何鄙之为末务？不赏而民劝，不怒而民威于铁钺，子思何必要于笃恭之盛乎？此礼乐所以为出治之本，而心之和敬，则又礼乐之本也。尝观古之帝王矣，典礼之惇，《咸》《韶》之作，尧舜尝以风乎唐虞矣，而民之昭明协和者，率本其精一执中之旨，正德修己之训。《大夏》《大濩》之兴，禹汤尝以振于夏商矣，而民之修和辑宁者，一本其祇德绥猷之精，以至彝伦之叙。《大武》之作，文武之重光相继者，亦以风乎周室矣，而民之时叙修和者，一出其徽柔懿恭，皇建有极之妙。盖其和敬充积之余，既有纯王之心，而礼乐四达之用，又有纯王之政，故其致教化之善，大风俗之同，九年七年之灾，不为盛治之累，而引养引恬之乐，自致兆民之阜成也，有由然矣。夫何三代以降，大道斯湮。叔孙绵蕞之仪，武帝宗庙之乐，汉若具其文矣，而嫚骂多欲，则非积德之基。房玄龄贞观之礼，祖孝孙雅乐之定，唐若有其仪矣，而惭德败伦，则非制用之本。至于宋室之兴，立国虽云仁厚，授禅亦非光明，则礼虽定于聂陈，乐虽制于王窦，要不过仪文器数之末而已矣，尚何望其秩天下以大序，乐天下于太和，而使教化风俗之尽美，灾祥之尽去，生养之尽遂哉！亦可慨也已。故欧阳修曰：三代而上，治出于一，而礼乐达于天下。三代而下，政出于二，而礼乐为虚名。朱熹称其为万世不易之定论，岂不信哉！洪惟我太祖高皇帝，龙飞淮甸，汛扫胡元，举衣冠于羯膻，振纲常于沦斁。登极肇政之初，他务未恤，而独以礼乐为急。大征天下名儒，如曾鲁、徐一夔、董彝、梁寅之徒，以分丽诸局，讲究讨论，损益裁定。礼观会通之繁，而其数则有常，吉礼十有四，凶礼二，军礼三，宾礼二，嘉礼五是也。乐求声气之元，而其章则有九，曰本太初、仰大明、民初生、品物亨、御六龙、泰阶平、君德成、圣道成、乐清宁是也。其他仪文器数，周旋曲折，载诸《明集礼》者，已不假臣言而具昭矣。然其所以能于大乱之后，不二十年而遂使教化乎于海隅，风俗还于淳厚，灾害消于无虞，生养成于有象者，其故何哉！盖由我皇祖远通天地之蕴，深知礼乐之源，有以启之耳。臣伏观讲《易》家人，而知诚实威严之不可废，则其致礼以治躬者，已与天地同其序。《祖训一书》，而叙君臣同游之盛，则其致乐以治心者，已与天地同其和。其他如观心之亨，精诚之录，存心省躬之戒，导敬宣和之谕，虽难概举，要不外吾心之和敬以宣之也。此其所以致治之美，继唐虞三代，而陋汉、唐、宋于不居也欤？然而时方草创，经纶间有未及，势值初平，制作或有未周，而一时赞襄礼乐诸臣，如天地禘尝之典，祧庙世室之仪，明堂大飨之礼，亦未能尽承我圣祖仁孝之心，以悉复古制。逮我列圣继统，率由旧章，治化之隆，磅礴无间，而礼乐之事，谦让未遑，则丕弘大典，善扬圣谟，以成一代大成之礼乐，诚不能不有待于今日者矣。洪惟陛下，具天纵之资，建中和之极，《敬一》有箴，得帝王传心之秘，《五箴》有注，发孔颜授受之机。《钦天记》颂，圣敬与天地合一，《春游咏》诗，圣和与万物同春。则所以绍徽皇祖，以浚礼乐之源者，其来已远矣。乃新制作，大观厥成，独明宸断，旁采嘉猷，象天地之宜，则阴阳之义，酌古今之变，察民物之道，殚仁孝之心，兼帝王之制。即位之初，首制《明伦大典》一书，正名考议，式定经常，真足以折千古似是之非，而伸圣人之孝于不穷矣。以至诸礼未尽复古者，悉加删定而厘正之。天地昔尝合祀，而屋之以大祀殿矣，今则分祀于南北郊，则天明地察之义也。行礼以二至日，则根阴根阳之意也。配享以太祖高皇帝，则独全开创之尊也。庙祭昔尝止于四亲，而不及其所出矣，今大禘之举，则追祀德祖之所自出，而以太祖配之，亦礼不王不禘之义也。祫祭之行则孟春特飨，三时祫飨，季冬大祫于太庙，岁暮节祭于奉先殿，则春秋荐祭之义也。世庙止行四孟礼，岁暮归祭于崇先殿，则无丰于昵之意也。建庙则厌同堂之渎，去设幄之制，太祖独立太庙，正南向之尊，太宗为成祖庙，御三昭之上，仁宣以下六主，又各以其本名额之，则周七庙加文武世室之制也。明堂尝缺于亲亲矣，今当季秋之时，万宝告成，大飨上帝于玄极殿，而以献皇帝配之，则宗祀文王于明堂以配上帝之义也。他如社稷订配飨之非，先师正像祀之谬，以及庙乐之定，乐章之陈，乐器乐舞之设，靡不损益三代，折中周官，而定之以大成。一代之典，其伦与制，其情与文，虽未必与古缕合丝同，而仁人飨帝、孝子飨亲之至诚，真足以考三王而不谬，俟后圣而不惑者也，岂非所以善继皇祖欲为之志，善述皇祖未成之事，而加以因时变迁之宜，与世推移之妙哉！天下臣民，乐圣人之有作，睹礼乐之大成，鼓舞作兴，盖已不待刑政之驱驰，而会归于典礼，不敢越度以自败，乐化于和平，而不敢纵欲以伤生，宜可以为中兴之庆矣。而陛下乃曰："复古礼乐以建中和之极，朕之志也。何二十年间，教化未尽孚，风俗未尽美，灾害未尽珍，生养未尽遂，其故何与？"此固陛下谦冲之志也。然臣伏观天下事势，亦未敢尽以为不然者。盖大化虽已行，而江洋兆无故之变，蛮貊动不庭之征者，未必尽其善良也。风俗虽大同，而士民纵流荡之趋，中外竞奢丽之尚者，未必尽其俭饬也。灾害虽天心所以仁爱，而频年风霾之迭见，水旱之继仍，终非善政之感也。生养虽王政得以安遂，而穷民苦于征役，富室困于贪渔，要皆惠德之亏也。是四者之未尽，陛下因之以自歉。臣不佞谓，陛下虽居九重之邃，而明见万里之外，有如是也。虽或百姓之愚，未必由通于孝弟，而日用之知，故无以与能于礼乐，有以致之耳。臣切意帝舜之圣，犹化苗于旋师之后，而三宗之德，乃讼愆于迪哲之余。或者陛下盛德虽云无瑕，中和虽建有极，而心神感运之下，犹未尽人于渊微之域，而绥来动和之妙，乃未得于和敬之熏蒸。此四者之累，所以不能不厪陛下之忧也。而复求礼乐刑政四达不悖之道，以比隆于先王之盛，臣非有知者，而何以对扬乎？然亦有说焉。臣闻天下之道，无间于隐微，而人君之德，常存于戒惧。苟执礼者矜持于仪文制度之间，而宴闲之或亵，则即此空隙之中，而慢易之心已入，虽欲责天下以同礼，其如中心之不敬何哉！治乐者矫饰于声音蹈舞之际，而侈欲之或恣，则即此淫放之内，而鄙诈之念已萌，虽欲强天下以同乐，其如中心之不和何哉！此其为功愈难，而致效亦愈远也。臣伏愿陛下致礼以治躬，不惟宗庙朝廷，虽深宫内寝，侍御仆从，亦必如大祭之承，大宾之接，而不敢有一息之懈以肆于内。致乐以治心，不惟声依律和，虽一事一物，一言一动，亦必如大羹之调，大鼎之烹，而不敢有一毫之过以流于淫。则功深于顾諟，力积于潜微，陛下所以行于郊社禘尝者，不徒苍璧黄琮之陈，而仁人诚敬之心，自可以通彻于天下。不惟秉璧植圭之具，而孝子信悫之念，自可以感动于万方。故虽不必道之以政，齐之以刑，而君臣笃于义，父子厚于亲，长幼明于序，内外严于别，天下之会归于礼者，固不戒而孚之矣。暴民不作，诸侯宾服，兵革不试，五刑不用，百姓无怨，而天下之平于乐者，自不行而至之矣。如此，则教化不必推，而道德自是丕冒也。风俗不必同，而廉耻自是其重也。灾害不必消，而大和已积，自致祯祥之兆。生养不求遂，而居业有常，自享利乐之成。孔子所谓，言而履之礼也，行而乐之乐也。力此二者，南面而立，是以天下太平，不于是而益可信耶？虽然，其要犹有不在于是也。臣闻程颐曰：明君以务学为急，圣学以正心为要。真德秀曰：惟敬可以存此心，惟学可以养此心，惟亲近贤人君子，可以维持此心。即二言观之，人君进德修业，尤莫有过于学者矣。苟有和敬之心，而无学问之力，臣恐不沦于虚无而无实用之妙，则涉于利欲而多戕贼之非，日转月移之间，其有存焉者亦寡矣。陛下诚欲和敬之心常存无斁，则必于万几之暇，爰稽古典，以求二帝三王所以传心之要道，亲贤人，厚君子，以为学问自修之培植。经筵御讲，必求其明善诚身之要，而不徒于文章句诵之烦。谏台受言，必取其涵养身心之助，而不徒于用人行政之末。则出诸人者，实所以裕于己，而受诸己者，皆所以自养其学也。他如师巫足以淫此学者，辨之而不信。土木足以荒此学者，阻之而不兴。声色足以荡此学者，屏之而不迹。货利足以卑此学者，贱之而不殖。则外物之干不扰，而纯王之心自在，岂不足以常存和敬，出纯王之政，而为鼓舞天下之机哉！伊尹之告太甲曰：德无常师，主善为师。正取人为学之要也。傅说之告高宗曰：念终始典于学，厥德修罔觉。正恒以敏学之功也。臣草茅愚士，虽不敢上拟伊傅，而平生致君之心，亦自知以二臣为慕也，故篇终敢附二臣之言以为陛下盛德加勉之少助焉。伏惟陛下矜其愚，不录其罪，择之千虑，而取其一得，则天下幸甚，愚臣幸甚。臣干渎天威，不胜恐惧陨越之至。臣谨对。

《嘉靖二十年进士登科录·林一凤对策》：

臣对：臣闻人君有纯天之心者，而后可以语宪天之道。有宪天之道者，而后可以语格天之功。心者治之本也，道者治之迹也。道本乎心，则动之有几，作之有自。由是而一则天，天则神。治本于道，则推无不准，动无不化。由是而明则章，章则溥。故曰：天下之治本于道。天下之道本于心。否则，有其心而不能达于道者，是谓徒善，徒善不足以为政。窃夫道而不纯于心者，是谓徒法，徒法不能以自行。要之功皆小补，而能有成夫格天之治者，臣未之前闻也。是故中和也者，纯天之心也。礼乐也者，宪天之道也。化行俗美，政治民安者，格天之功也。此固尧舜禹汤文武圣人之能事，而我国家之所以比隆唐虞三代者，率惟此道而已。彼三代而下之君，果有一于是乎？钦惟皇帝陛下，禀神圣之资，际文明之运，有内圣外王之学，有通变宜民之政，居仁秉智，而兼体不遗，思艰图易，而忧勤靡懈。笃于钦天法祖，诚于尚德缓刑。自即位以来，凡六策士于兹。首之以因革之宜，则通变宜民之政也。继之以王伯之辨，则内圣外王之学也。次三则有知人安民之询，是欲兼体夫仁智矣。次四则有足民衣食之问，是欲思艰而图易矣。次五曰创守匹休，则敬天法祖之意昭矣。次六曰仁义并用，则尚德缓刑之情见矣。乃今二十年于兹，中和建极，礼乐明备，化行而俗美，政义而民安，虽唐虞三代之世，不能过矣。方且谦冲自居，望道未见，复进臣等于廷，降赐清问，而及礼乐之事。顾臣草莽疏贱，岂能达礼乐之本，识礼乐之情者。然窃愿学焉，而未能也，敢不掇拾所闻，以对扬休命之万一乎！臣闻天高地下，万物散殊，而礼兴矣。流而不息，合同而化，而乐行焉。是礼非无因而强作也，法天地自然之序为之也。乐非作而致其情也，法天地自然之和为之也。稽诸古昔，唐虞命伯夷典礼，命后夔典乐，而黎民于变，四方风动之化成。夏商周有典有则，经礼曲礼之制，《大夏》《大濩》《大武》之作，而兆民阜成，四海永清之治致。然要之，此其经纶之迹耳，而制作之本，固有在也。是故尧之峻德，舜之重华，禹汤之建中建极，文武之敬止敬胜，其中和之本已具矣。则夫出于朝廷而行于郊庙，用之乡人而达于邦国，后有作者，斯其不可及乎！故欧阳修曰：三代而上，治出于一，而礼乐达于天下。此也。厥后叔孙绵蕞之仪，开元庆历之制，后世之所谓礼也，而君子非之。安世房中之歌，七德庙中之舞，后世之所谓乐也，而识者鄙之。然要之，窃其声容之末耳，而制作之本，固未闻也。是故马上之习未去，而击剑之风尚存，闺中之德以惭，而舞干之仪何在？其中和之极已亡矣，则其著于笾豆簠簋，与夫升降揖逊，形于干戚羽旄，与夫清浊长短者，末节可观，亦奚足贵哉！故欧阳修曰：三代而下，治出于二，而礼乐徒为虚文。此也。盖礼乐者为治之道也，而六经所陈，亦不能外此以为之用。如《书》之命夷夔，《易》之定志殷荐，《春秋》之两观六羽，何者而不相通于道耶？然则汉史所谓六经之道同归，而礼乐之用为急者，义固有所偏也。礼乐者为治之本也，而政刑所在，亦惟辅其治之所不及。如唐虞士师之官，商人官刑之徼，成周司寇之属，是岂盛世之所偏废哉！然则圣制所谓政刑末务，果不足以为治者，意固有所在也。洪惟太祖高皇帝，独禀全智，超越千古，明华夏于既污，复衣冠于左衽。乃于开天肇纪之初，即以礼乐为急，征贤分局，讲究切劘，爰命牛谅制礼，而大礼以定。其载诸《集礼》者，则吉礼十有四，曰祭天地社稷也，山川城隍也，日月风云雷雨也，岳镇海渎也，先圣先师祀典神祇也。嘉礼五，曰朝会、册拜也，曰冠、昏、乡饮也。宾礼二，曰朝贡也，遣使也。军礼三，曰亲征也，遣将、大将也。凶礼二，曰吊赙、丧仪也。他如冠服车辂仪仗卤簿，莫不秩有定制，顺于鬼神，合于人心，至精而至密，所以教天下之敬者，何至也。又命陶凯制乐，而大乐以成。其载诸《集礼》者，则有曰本太初，曰仰大明，曰民初生，曰品物亨，曰御六龙，曰泰阶平，曰君德成，曰圣道成，曰乐清宁。他如黄钟大吕，管籥干羽，莫不雅有定式，以和神人，以谐上下，尽善而尽美，所以宣天下之和者，何至也。是以礼让之美，达于黎庶，弦歌之声，彻于闾阎，而礼乐教化，信乎蔚然于安居乐业之中矣。但圣人有作，固皆出于不思不勉之德，而天造草昧，或犹歉于可久可大之规。是以道不虚行，而事必有待也。肆我皇上缵承大统，仁孝之德，本乎天纵，圣敬之学，由于日跻。践阼以来，不遑他务，首以人伦典礼是图。是故明大伦之典，则父子之位定，而继统继嗣之义，昭一本之亲，天性之不可解也。阐分祀之礼，则天地之分严，而圜丘方泽之位，奠二至之候，阴阳之以其时也。王制，天子七庙，至周而有文武世室之创。我国家太庙之立，尝袭同堂异室之制矣。今则尊太祖于南向，专享特庙，以祖开国肇基之功。崇太宗为成祖，百世不迁，以宗继体守文之德。昭穆以下，各专一庙，而亲尽递毁之所以立，庙制之典何如也？王制，天子礿牲祫禘，祫尝祫烝，至三年而有大祫之礼。我国家列庙之祀，尝为冬夏各祭之举矣。今则孟春特享，以示群庙之常尊，三时祫祭，以溯本源之有自，岁暮时祭，仍于奉先殿行之，所以隆祀事之典，何如也。大禘之礼，阙而不行者非一日矣，今追祀德祖之所自出，而以太祖配之。虚位之设，真足以洗世系之诬，而如在之诚，感通之妙，即礼不王不禘之义也。明堂之制，废而不讲者亦有年矣，今大享上帝于玄极殿，而以睿宗配之，季秋之月，固有以报成事之休，而万物本乎天，人本乎祖，即周人宗祀文王于明堂以配上帝之义也。凡若此者，奉天道以周旋，本人情而因革，以昭百世不刊之典，以破千古不决之疑，以立百王不易之法，真足以比隆唐虞三代，而仰成我皇祖未成之典，所谓善继其志，而善述其事者也。若犹未也，他如肇亲蚕之典以开民衣食之原，隆先师之号以去彼衮冕之侈，与夫大狩有录，冠服有图，何莫而非礼之散见也。礼之所至，则乐亦至焉矣。春游有咏，以纪君臣之同游，钦天有颂，以俨上帝之临女，与夫除夕之作，平台之诗，何莫而非乐之敷陈也。乐之所极，则礼亦极焉矣。然则历代之礼乐，固未有如我朝之盛，而我朝之礼乐，亦未有如今日之尤盛者也。则夫仁让之风，沦肌而浃髓，中和之效，际天而蟠地，岂非势之所必至哉！而陛下则虑夫教化未尽乎，风俗未尽美，灾害未尽殄，生养未尽遂，是诚治已至而犹以为未至，民已安而犹以为未安也。臣则以为，礼乐也者，所以同民心而出治道者也，所以位天地而育万物者也。礼乐行，则化孚俗美，政治民安，固其所也。而或有不然者，是非可以徒归咎诸礼乐也。意者为治之道，固自有出于礼乐之外者矣。何也？致格天之功者固难，而尤难于有宪天之道。尽宪天之道者固难，而尤莫难于有纯天之心。盖非制礼作乐，固不足以为宪天，而非建中和之极者，亦未可轻以语夫纯天也。心者中和之极也，中和也者无体之礼，无声之乐也。至礼不让，而天下治矣，至乐无声，而天下和矣。此唐虞三代所以为治之极也。今陛下以纯天之心，尽宪天之道，方且以未臻格天之功为忧，故于圣制之末，复进臣等于有言，以为何修而可以比隆于先王之盛。则臣愚以为，天下之治，常患乎君臣相遇之难。故有是君，而不得名世之佐，则辅之者无其人。有是臣，而不遇王者之兴，则主之者无其人。是以汉之贾谊，有志于礼乐，而文帝谦让未遑。唐之太宗，尝询乎礼仪，而房杜嗫不能对。良可慨也。今幸遇圣天子在上，贤公卿在下，君臣相遇，于斯为盛。此正王者必世后仁，礼乐百年可兴之期也，臣敢不罄言以为圣化万分之一助乎？盖人君之所贵者，莫贵乎以礼乐为实用也。人君之所病者，莫病乎以礼乐为虚文。何为实用？本诸心以形诸其身，始于宫阙以达诸朝廷，由乎畿甸以风乎天下者也。何谓虚文？烦于治臣下，而简于人主之一身，遍于四境，而不及乎其家，铺张乎粉饰太平之具，而阔略于礼让为国之实者也。故曰：簠簋俎豆，制度文章，礼之器也。升降上下，周旋袭裼，礼之文也。钟鼓管磬，羽籥干戚，乐之器也。屈伸俯仰，缀兆疾徐，乐之文也。又曰：中正无邪，礼之质也。庄敬恭顺，礼之则也。论伦无患，乐之情也。欣喜欢爱，乐之官也。盖礼乐之实，不外乎中和之极，中和之极，不外乎性情之德，而性情之德，不外乎主静慎独之功。故深宫大庭，俱为一体，且昼夜气，初无二机。诚能自戒惧而约之，以至于至静之地，无少偏倚，而其守不失，则为有以致其中矣。自谨独而精之，以至于应物之处，无少差谬，而无适不然，则为有以致其和矣。乃若土木之事，神仙之技，甲兵之寡，必绝而去之，惧其有以戾吾之中也。世俗之乐，郑卫之音，萋菲之言，必放而远之，惧其有以乖吾之和也。由是吾之心正，而天地之心亦正，吾之气顺，而天地之气亦顺。虽未施敬于民，而民莫不敬焉，况夫礼以齐之乎？虽未导和于民，而民莫不和焉，况夫乐以宣之乎？由是而教化以孚，人人有君子之行矣，风俗以美，比屋有可封之俗矣，灾害以殄，而雨旸之以时，生养以遂，而祸乱之不作。又由是而天地忻合，阴阳相得，山出器车，河出马图，草木繁殖，蛰虫昭苏，与夫诸福之祥，四灵之物，莫不毕至。是谓大顺大化，治之至也。此圣神功化之极，正陛下之能事也。苟或中和之效，犹未能如先王之盛，则愚臣之言，或亦未可以葑菲而遽弃也。臣狂瞽之见，干冒天威，无任恐惧陨越之至。臣谨对。

四月

刑科都给事中戚贤奏抡选庶吉士事宜。从之。《明世宗实录》卷二百四十八：嘉靖二十年四月，"庚申，刑科都给事中戚贤奏，近奉圣谕，拳拳及庶吉士之选，仰见储材备任素教预养之盛心。臣愿考选务秉至公，广询博访，循名采行，因言察心，开端方简静之门，塞浮薄奔兢之路，毋泥于甲第，毋额其名数，作养务求实学，不徒华藻。曲成善诱，正本清源，风冯翼孝德之修，黜尖新斩刻之习。入馆必相砥砺名节，进思考德问业，退思亲贤友善。师席必委任仁贤，其言足以开关启钥，其动足以镇妄消邪，勿拘衙门资格之推，务审儒流观望之实。然四者之中，作养趋向，尤在师模。乞皇上与二三大臣精择一人以司其任。上是其言，下该部议行。尚书许赞等具覆，得旨：选教庶吉士依拟。师模重任，朕自有简命"。

诏改安南国为安南都统使司。《明鉴纲目》卷六："纲：夏四月，置安南都统使司。目：毛伯温等督师至广西，传檄谕莫登庸，能束身归命，即待以不死。登庸乃率从子文明，及诸部目，入镇南关（在广西凭祥县西南，左右石山，高插云表，设关建城，为安南入贡之道），上土地军民籍，请奉正朔，永为藩臣。伯温承制许之，纳其图籍，权令还国听命。疏闻，帝大喜，诏改安南国为安南都统使司，授登庸都统使，更十三道为十三宣抚司，各设同知副使金事，听都统黜陟。一岁一贡以为常。并令核黎宁真伪，如果黎氏后，割所据四府，俾奉祀事，否则已之。伯温受命，岁余，不发一矢而安南定，由帝本不欲用兵故也。"

五月

崔铣（1478—1541）卒。《明世宗实录》卷二百四十九："（嘉靖二十年五月戊申）致仕南京礼部右侍郎崔铣卒。赐祭葬如例，赠礼部尚书，谥文敏。……铣，博学好古，行履修洁，所著书甚多。"《明史》儒林传："铣举弘治十八年进士，选庶吉士，授编修。……卒，赠礼部尚书，谥文敏。铣少轻俊，好饮酒，尽数斗不乱。中岁自厉于学，言动皆有则。尝曰：'学在治心，功在慎动。'又曰：'孟子所谓良知良能者，心之用也。爱亲敬长，性之本也。若去良能，而独挈良知，是霸儒也。'"《明儒学案·诸儒学案中二·文敏崔后渠先生铣》："崔铣字子钟，一字仲凫，号后渠，河南安阳人。弱冠举乡试，入太学，与四方名士马理、吕柟、寇天叙辈相期许。登弘治乙丑（1505）进士第，改庶吉士，授编修。逆瑾窃政，朝士见者多屈膝，先生与何瑭长揖而已。瑾怒其轻薄……终出为南京稽勋主事。瑾诛，召还翰林。……晋侍读，遂告归。嘉靖改元，起原官，寻擢南京祭酒。大礼议起（1524），上疏勤圣学，辨忠邪，以回天变。上以为刺己也，勒令致仕。家居十六年，以皇太子立，选宫僚，起少詹事兼侍读学士，转南礼部右侍郎，入贺圣节，过家疾作而卒，辛丑岁也，年六十四。赠礼部尚书，谥文敏。"

六月

国子祭酒邹守益以上疏触讳，落职。（据《国榷》卷五十七）

八月

夏言罢。九月，郭勋以罪下狱。十月，夏言复入阁。《明鉴纲目》卷六："纲：秋八月，夏言罢。九月，郭勋以罪下狱。冬十月，言复入阁。目：言、勋交恶日甚。会昭圣太后崩，诏问太子制服，言报疏有讹字，帝切责言，言谢罪，且乞还家治疾。帝益怒，令致仕。及将出都，诣西苑斋宫叩首谢，帝怜之，俾还私第治疾，俟后命。时勋以言官重劾，（给事中戚贤等劾勋擅作威福，网利虐民。）亦引疾在告。京山侯崔元新有宠，直内苑，忌勋。帝从容问元：'言、勋皆朕股肱，相妒何也？'元不对。帝问：'言归何时？'曰：'俟圣诞后乃敢请。'及问勋何疾，曰：'勋无疾，言归即出耳。'帝颔之。言官知帝眷言恶勋，因共劾勋。勋辨语悖谩，（先是，帝给勋敕，与兵部尚书王廷相等，同清军役，敕具，勋久不领。言官劾之，勋疏辨，有何必更劳赐敕语。）帝怒责勋无人臣礼。给事中高时（浙江临安人），因尽发勋贪纵不法十数事，遂下勋锦衣狱，复诏言入直。方言在告时，阁事多取裁决。及治勋狱，排根批柢，悉其指授。朝士方恶勋，不以咎言也。（勋下狱后，帝念其曾赞大礼，谕镇抚司勿加刑讯。奏上，当勋罪斩，帝以奏当不明，令法司覆勘。法司更当勋不轨罪斩，没入妻孥田宅。奏上，留中不下。帝意本欲宽勋，屡示意指，而廷臣恶勋，谬为不喻指者，更坐重辟。久之，勋竟死狱中。）"

翰林院学士兼右春坊右谕德张治为南京吏部右侍郎。（据《国榷》卷五十七）

九月

兵部请再开武举。《明世宗实录》卷二百五十三：嘉靖二十年九月，"丁未，给事中王继宗、苏应旻、御史陶谟等以虏警先后疏言边事，上命兵部集廷臣议。至是，条上十二事：'……一、武举原以搜罗将才，近以所举非人，辄为报罢。今给事中任瀛疏请再举，幸俯从之。仍分边方、内地，如每科取五十人，边方则三十，内地则二十，庶获材武之用'"。

顾大典（1541—1596）生。乾隆《江苏震泽县志》卷十九《文学》："顾大典字道行。祖舅，见《吴江志》。大典少孤，依母家周氏，读书过目成诵。隆庆二年成进士。年未及壮，丰神秀美，望之若仙。授绍兴府教授，迁处州府推官。万历二年擢刑部主事，改南京兵部，累迁吏部郎中。大典工诗善书画，在金陵，暇即呼同曹郎载酒游赏，遇佳山水辄图之，或晨夜忘返，而曹事亦无废。十二年，升山东按察副使，改福建提学副使。请托一无所徇，忌者追论其为郎时放于诗酒，坐谪禹州知州，遂自免归。再起开州，不就。家有谐赏园，池台清旷，宾从觞咏不辍。又妙解音律，颇畜歌妓，自为度曲。不入公府，曰：'吾性本疏懒，非恶见贵人也。'归后七八年而卒。所著有《清音阁集》、《海岱吟》、《闽游草》、《园居稿》行于世。子二，庆延词翰清绝，庆恩见《名臣传》。（参献集）"《列朝诗集》、康熙《吴江县志》等有顾大典传，可参考。

工科给事中张思改翰林检讨。避其兄通政忠。（据《国榷》卷五十七）

十月

刘天民（1486—1541）卒。李开先《四川按察司副使前吏部文选司郎中函山刘先生墓志铭》："函山刘先生者，讳天民，字希尹，济之历城人。城南二十里，有函山，因以为号焉。"正德甲戌（1514）进士，除户部主事，谏南巡受笞阙下。改吏部，谏大礼，又受笞。历文选郎中，调知寿州，累迁河南按察副使，改四川，以计典罢。"先生生于成化丙午夏四月二十七日亥时，卒于嘉靖辛丑冬十月十一日辰时。""诗文书翰，为当世所推尚。晚年为词曲，杂俗兼雅，歌者便之。盖虽假金元之音以泄不平，亦可见才之优赡，无往不宜也。自少以至投老，有风调，善谈吐，庶几乎嬉笑怒骂皆成文章者。黄方伯海亭尝谓余曰：'同一事也，他人言之或无意味，但自函山口出，人无不倾听者矣。'饮酒多而不废事，次日亦不病酒。每对客自矜，曰：'人谓解醒不可去酒，醒之病状，吾平生未知，非饮中一福人耶？'所著有《愧庵集》、《刺寿稿》、《游蜀吟》、《南行稿》、《草虫吟》、《田间集》，并前所云《禹贡》、《洪范》二解。"《明史·艺文志》著录刘天民《洪范辨疑》一卷。

吏部文选郎中林春（1498—1541）卒。春泰州人。父漕卒，独与母妻织屦读书。壬辰，南省第一，登进士。授户部主事，调礼、吏部主选。故事，矜崖岸，锁门谢客。春长厚清苦，日讲学不辍。年四十四。遗橐四金，不能棺。（据《国榷》卷五十七）黄宗羲《明儒学案》卷三十二："林春字子仁，号东城，扬之泰州人。家贫，佣王氏为僮子。王氏见其慧，因使与子共学。先生亦刻苦自励。嘉靖壬辰，举会试第一，登进士第。除户部主事，改礼部，又改吏部。久之，转员外郎。请告归，起补郎中。辛丑卒官，年四十四。先生师心斋，而友龙溪，始闻致良知之说，遂欲以躬践之。日以朱墨笔点记其意向臧否醇杂，以自考镜。久之，乃悟曰：'此治病于标者也，盍反其本乎？'自束发至盖棺，未尝一日不讲学。……荆川曰：'君问学几二十年，其胶解冻释，未知其何如也。然自同志中语质行者必归之。'由此言之，先生未必为泰州之入室，盖亦无泰州之流弊矣。"参见《明史》卷九十九。

十一月

改授董份、陈升等三十三人为庶吉士。《明世宗实录》卷二百五十五：嘉靖二十年十一月庚子，"先是大学士翟銮言，今年庶吉士之选，奉圣谕于八月内行。届期值孝康敬皇后大丧，是以未遑。今进士开选在即，宜遵谕举行。欲照嘉靖十四年例，不限年岁，俱引赴文华殿大门外恭候钦试。或依先年例，臣会同吏、礼二部堂上官并翰林院掌印官于东宫，限三十五岁以下取考，品列次第进呈，恭候圣明裁定。诏暂照先年例，会考取拟封卷呈览。上复谕大学士夏言等曰：考选庶吉士必精择吉人。已乃钦降御题，文曰《原政》，诗曰《读大明律》。于是大学士言等会同吏、礼二部并翰林院官于东阁考试，取正副四十五卷进呈。上亲赐览别，钦定三十三名，高仪、董份、陈升、林树声、潘仲骖、严讷、徐养正、高拱、叶镗、吴三乐、吕时中、何云雁、曹忭、夏子开、万士和、王言、徐南金、王显忠、萧端蒙、杨宗气、王三聘、晁瑮、何光裕、陈以勤、林懋和、王应钟、梁绍儒、裴宇、王材、王交、熊彦臣、彭世爵、张铎，命吏部改授庶吉士，送翰林院读书'"。"夏子开"，《明实录》原文误为"夏士开"。

陆树声（1509—1605）选庶吉士。陆树声即林树声。陆字与吉，松江华亭人。嘉靖辛丑会试第一，廷对二甲第四，改庶吉士，授编修，累官礼部尚书。卒，赠太子太保，谥文定。有《陆树声诗文集》等。于慎行《明故资政大夫太子少保礼部尚书兼翰林院学士赠太子太保谥文定平泉先生陆公墓志铭》："故事：南宫第一人，被选必授馆职。而分宜与其胄子衔公落落，见无加礼，欲以他官抑之。先进有欲得公一言以为地者，公为不省。分宜诎于朝论，竟授编修。一日同馆谒寿分宜，皆更绯衣而入，公独青袍鹄立其间。分宜则目摄之，然亦不深讶也。肃皇帝祠竹宫，儒臣竞进青词，公独无所预。执政间以尝公，逊谢不应，而日与同舍高文端公、毗陵荆川唐公、同郡中江莫公诸人以问学志行相切劘，大为清议所归。"光绪《重修华亭县志·杂志》："陆文定公为编修，一日偕众以事至严分宜宅，盆菊缤纷，众争先致殷勤，公逡巡独后，谓诸人曰：'毋压倒陶彭泽。'闻者解颐。（郭宋府志）"《万历野获编》卷十三《辛丑二宗伯》："嘉靖辛丑科，词林二宗伯，一为乌程董浔阳份，一为华亭陆平泉树声，吴越接壤，相去不三舍。董先贵，世宗朝宠眷隆赫，以忤旨削籍归。又十八年而陆始正春卿之席，则今上龙飞，江陵欲收陆以为重，且示意即入揆路，将主甲戌会试。陆知其为乃子登进地，屡疏始允归，遂不出矣。至戊子年八十，抚按为请于朝，得存问，且加太子少保。董次年己丑，亦登八十，巡按御史蔡系周亦为之请。时申吴门当国，王太仓为次揆，俱董壬戌所举会试廷试第一人，业已允行，而御史万国钦驳之，备数董立朝邪佞，居乡不法诸状，成命为寝。是年董之子给事道醇殁于家，而陆之子彦章，适登第拜行人使归，则情境大不侔矣。又七年乙未，董之长孙礼部郎嗣成在侍，而次孙嗣昭成进士，殁于京邸。董宗伯不胜痛，寻病卒。礼部君亦坐家难，愤恚发疾死，年亦未四十也。又三年戊戌，陆登九十，上遣中书柴大履存问于家。时申、王两公，俱以首揆居里，同执羔雁往贺，修后进礼，隔坐屏息以待，观者荣之。而董八十时，两公门生方在事，且遭万抨章，更无此盛举也。又三年辛丑，而陆之同邑张以诚举状元，适值一甲子，陆喜甚，以年弟帖投之，虽属戏剧，然实清朝所希觏者。陆后再膺存问，九十七而下世，饰终赠谥之典大备，尤非董所敢望。二公品行，世所共见，不复置喙，特纪其同登第，同词林大僚，同高年林下，同在三吴一方，而后先荣悴不同如此。"

十二月

进士齐准等九十二人依亲，许之。（据《国榷》卷五十七）

前翰林院侍讲学士廖道南上《显亲达考颂》、《清北八箴》、《平南九歌》。报闻。（据《国榷》卷五十七）

本年

今年大计，河南参政王慎中落职。时年三十有三。王惟中《河南布政司参政王先生慎中行状》："属岁大饥，大梁宋卫之墟殍胔蔽野，民且相食。天子为遣户部侍郎王公（王杲）奉宣德意，以赈贷全活之。王公至，檄先生（时任河南参政）将事。先生为见历郡邑，周行乡井，开廪发粟，劝分平籴，而赈给有方，里胥豪猾不得侵置铢发，饥者得食，待哺之民倏获更生，枯润仆起，诵声载途。王公具以其状闻，且荐先生宜大用，人亦旦夕望其为公卿。乃嘉靖辛丑，忽从中报罢，朝野骇愕，莫得其故。先生所以罢，由在江西时夏相方以权焰为缙绅所辐辏，吏于其乡者皆曲意取容，先生独漠然不顾，蓄憾特甚。会考察，遂以意讽吏部，考功惧拂其意，而外惮公论，姑以不及调先生。迨疏入，乃出内批以不谨罢，时年才三十三也。"王慎中《河南参政刘涵江墓表》云："辛丑岁，予与公同罢河南参政。予方倨侮自恣，驰书于公，约游淇水、王屋、太少二室、武当山，相携而归。公艴然径归，且报书曰：'君报罢犹出内批，孰不知为权贵人所为，如吾谁当为明者？吾归矣，不能从君游。且宦其土，方见罢，而又往游焉，得毋太作意乎？'予时已至淇上，徜徉百泉、苏门之间，愧公之言，径趋安阳，访故学士崔后渠先生，谈数日，亦遂归，不复至孟门、洛阳矣。"《明史·文苑传》："久之，（慎中）擢山东提学佥事，改江西参议，进河南参政。侍郎王杲奉命振荒，以其事委慎中，还朝，荐慎中可重用。会二十年大计，吏部注慎中不及。而大学士夏言先尝为礼部尚书，慎中其属吏也，与相忤，遂内批不谨，落其职。"

焦竑（1541—1620）生。张惟骧《疑年录汇编》卷七："焦弱侯八十竑，生嘉靖二十年辛丑，卒万历四十八年庚申。"黄宗羲《明儒学案》卷三十五："焦竑字弱侯，号澹园。南京旗手卫人。"《明史》本传："焦竑，字弱侯，江宁人。……万历四十八年卒，年八十。"焦竑，字弱侯，南京人。万历己丑举进士，廷试第一人，除翰林修撰。谪福宁州同知。天启初赠谕德，福王时追谥文端。有《澹园集》、《续集》等。《列朝诗集》、《罪惟录》、《明史》等有传。

明世宗嘉靖二十一年壬寅（公元 1542 年）

正月

丰越人（1542—1619）生。丰建《丰正元先生诗跋》："先君生于世庙壬寅之王正朔日。"《列朝诗集小传》丁集下："越人字正元，鄞县人。有《天放野人集》。"丰越人自号天放道人。《四库全书总目》集部别集类存目七著录《丰正元集》四卷。

吏部左侍郎兼翰林学士张潮教习庶吉士。（据《国榷》卷五十七）

二月

前太子少保南京吏部尚书吴一鹏（1460—1542）卒。一鹏字南夫，长洲人，弘治癸丑进士。选馆，授编修。以侍读忤刘瑾，调外。已复官南刑部员外郎，转礼部郎中。瑾诛，仍侍讲。迁侍讲学士，出为南祭酒，转太常寺卿，仍南京。嘉靖初，拜礼右，转左。寻掌詹事府，进尚书，予告。器量宽然长者。年八十三。当时祭葬稿失载。赠太子太保，谥文端。（据《国榷》卷五十七）《静志居诗话》卷九《吴一鹏》："吴一鹏，字南夫，长洲人。弘治癸丑进士，累官太子少保，南京吏部尚书。卒，赠太子太保，谥文端。有集。尚书名位与原博、济之鼎峙中吴，诗虽不敌原博，品在济之伯仲之间。原博辟一鹤园于都下，中有玉延亭、海月庵，及以忧去，推尚书居焉。赵栗夫过之，谓其亭曰借玉，谓其庵曰借月。尚书诗所云'乾坤浩荡谁非主，丘壑风流我所私'也。诗集十卷，选家罕有录之者。"

太子宾客吏部左侍郎兼翰林学士张邦奇署詹事府。（据《国榷》卷五十七）

太子宾客吏部左侍郎兼翰林院学士张潮署院。（据《国榷》卷五十七）

三月

南京大理寺卿王学夔为吏部左侍郎太常寺卿，署国子监事。（据《国榷》卷五十七）

四月

　　升都察院右副都御史戴金大理寺卿，翰林院侍读学士张衮为太常寺卿，掌国子监祭酒事。据《明世宗实录》卷二百六十。

　　广西道监察御史闵煦改翰林院编修。兵部右侍郎楷从子。（据《国榷》卷五十七）

五月

　　陆铨（？—1542）卒。戴鲸《广东右布政使陆公铨行状》："公讳铨，字选之，别号石溪。"嘉靖癸未进士。官至广东布政使。"卒，实嘉靖二十一年五月十一日。"《千顷堂书目》卷二十三著录陆铨《石溪集》。《静志居诗话》卷十一《陆铨》："陆铨字选之，鄞县人。嘉靖癸未进士，除刑部主事，谏大礼，廷杖，迁兵部员外，转礼部郎中，为张孚敬所忌。出为福建按察副使，历广西按察使，广东布政使。有《石溪集》。石溪论诗，专以性情为主。尝曰：'宋人不能为唐，唐人不能为汉、魏，时为之也。其偶似者，宋之似唐，唐之似汉、魏尔。'故诸体不沿时习。五言如'鸟白云中树，山青雨后峰'，'乱帆争入浦，羸马怯过桥'，'越竹成游轿，吴蚕吐钓丝'；七言如'山田雨足秋仍熟，石室风高夏亦寒'，'绝壁有松人不到，深林无主鸟相忘'，'沙头水急潮初落，山腹烟多雨未收'，'野树巢空惊鹤去，浅沙船动觉潮来'，'轻便度岭双肩轿，小巧穿桥独橹舟'，'一别动经千里阔，百年消得几回忙'，皆非陈言也。至若《狱中次季举之韵》云：'圣怒不妨为孝子，狂言岂敢托忠臣。'庶几哉，忠厚之遗矣！"

　　存问前少保大学士毛纪，时年八十。（据《国榷》卷五十七）

六月

　　柴奇（1470—1542）卒。陆深《应天府府君柴公奇行状》："公讳奇，字德美，号黼庵，姓柴氏，昆山人也。"正德辛未进士，历官吏科给事中、南光禄少卿、应天府尹。"公以成化庚寅十月十有九日生，以嘉靖壬寅六月七日考终于正寝，年七十有三。所著有《石池稿》、《嘉树轩纪闻》并《黼庵集》，藏于家。"《四库全书总目》集部别集类存目三著录柴奇《黼庵遗稿》十卷，提要曰："奇在正德时，谏南巡，劾权幸，及上边储屯政诸疏，颇著直声。以当时自焚其草，故集中不载。是编前有正德辛巳题识，称旧有《石池诗稿》、《石池文稿》、《嘉树轩纪闻》各一册。己卯转南光禄，失之。重置一册，录后来之作。时有所忆，或就人录得，亦错置其间云云。盖犹奇所手编也。凡诗六卷、杂文四卷，皆平易有余，精深不足，邹守益序称其诗文典雅雄健，不落骫骳，不矜刻峭。友朋推挹之词耳。"《明诗纪事》戊签卷十一录柴奇诗三首，陈田按："德美诗疏豁无滞，七绝特有风韵。"

朔，日食昼晦，世宗大恐，问天官主何占。户科给事中刘绘引《汉书》对，请去夏言以塞天怒，夏言遂去位。张佳胤《中宪大夫重庆府知府嵩阳刘公暨配胡孺人墓志铭》："初，贵溪相（夏言）与侯勋（武定侯郭勋）阴害而阳浮好，谋共倾司马王公。公遂劾勋奸赃，竟下狱，而夏缘是欲中王，并罪之，先生为上书理其冤，明日罢王归。夏恚甚，然无可谁何先生者，乃遣客李宝以姑布之术说先生附己，当大显，先生怒发竖，捽胡投宝柱下，明日揖夏于朝曰：'某且死职，不能从客言。'他日从诸给舍寿相公，相公手玉碗行酒，至先生前，诵丽词为欢，公色勃勃，故堕碗，客尽惊出。明日疏夏十罪，谓夏专权骄恣，无人臣礼，当坐死。疏寝不报。是岁壬寅六月朔昼晦，上大恐，问天官主何占，公复上封事曰：'臣谨按《汉书》，刘向、京房、郎颛皆谓阴掩阳为臣迫君之象，沴气下盛，上著于天，宜亟去言以塞天意。'明日遂逐夏，一时台省出夏门者悉被黜。"

七月

吕柟（1479—1542）卒。李开先《泾野吕亚卿传》："泾野姓吕，讳柟，字大栋，既而改字仲木，西安之高陵人也。居泾水之阳，四方学者共称为泾野先生。""以壬寅六月左臂痛发，坐卧北泉精舍，至七月一日卒……生则成化己亥四月二十一日，享年六十四。"正德戊辰进士第一。官至南京礼部右侍郎。参见马理《南京礼部右侍郎泾野吕先生墓志铭》、马汝骥《通议大夫南京礼部右侍郎泾野吕公柟行状》。《明史》儒林传："吕柟，字仲木，高陵人，别号泾野，学者称泾野先生。正德三年登进士第一，授修撰。……柟受业渭南薛敬之，接河东薛瑄之传，学以穷理实践为主。……时天下言学者，不归王守仁，则归湛若水，独守程、朱不变者，惟柟与罗钦顺云。所著有《四书因问》、《易说翼》、《书说要》、《诗说序》、《春秋说志》、《礼问内外篇》、《史约》、《小学释》、《寒暑经图解》、《史馆献纳》、《宋四子抄释》、《南省奏稿》、《泾野诗文集》。"吕柟门生有吕潜、张节、李挺等。吕柟卒年，李舜臣《刻泾野先生文集序》作"癸卯"（1543），误。

周伦（1463—1542）卒。文征明《周康僖公传》："周公名伦，字伯明，苏之昆山人也。"晚号贞翁。弘治己未进士。官至南京刑部尚书。"二十一年，年八十卒。是岁七月一日也，讣闻，赠太子太保，谥康僖。……为文典雅明洁，必宗于理，诗尤新丽。所著有《贞翁净稿》二十卷，《奏议》二十卷，《西台纪闻》二卷，《医略》四卷。"《明史·艺文志》著录周伦《贞翁稿》十二卷。

八月

礼部尚书严嵩兼武英殿大学士，预机务。（据《国榷》卷五十七）《弇山堂别集》

卷四十五《内阁辅臣年表》:"严嵩字惟中,江西分宜人。由弘治己丑进士,嘉靖二十一年以少保、武英殿学入,累迁少师、华盖殿学,四十一年罢,寻籍没,卒年八十六。"严嵩为杨廷和(杨慎之父)门生。何良俊《四友斋丛说》卷二十六:"余在都,见双江于介老处认门生。余问之,双江曰:我中乡举时,李空同做提学,甚相爱。起身会试,往别之,空同曰:'如今词章之学,翰林诸公严惟中为最,汝至京须往见之。'故我到京即造见,执弟子礼,今已几四十年矣。"双江,王守仁私淑弟子聂豹。李梦阳于正德六年辛未(1511)任江西提学副使,至此已32年。姑系于此。介老指严嵩。

周履靖(1542—1632)生。据李日华《味水轩日记》万历三十九年八月十九日日记。周履靖,字逸之,别号梅墟、螺冠,嘉兴(今属浙江)人。作有《锦笺记》传奇。

九月

工部员外郎刘魁以谏雷坛事下狱。(据《国榷》卷五十七)《明鉴纲目》卷六:"纲:九月,作雷坛,锢工部员外郎刘魁(字学书,泰州人。)于狱。目:帝用陶仲文言,建雷坛于太液池西,所司希帝意,务宏侈,程工峻急。魁欲谏,度必得重祸,先命家人鬻棺以待,遂上章曰:'顷营大享殿大高元殿,工费以亿万计。土木衣文绣,匠作班朱紫,道流所居,拟于宫禁。国用已耗,民力已竭,而复为此不经之事,非所以示天下后世。'帝震怒,杖于廷,锢之诏狱。"

十月

十月丁丑朔,颁历。**监生喧争。太常寺卿署国子祭酒张衮降南京太仆寺少卿。**(据《国榷》卷五十七)

改南京吏部尚书闻渊为刑部尚书,南京刑部右侍郎文明为工部右侍郎,起原任南京国子监祭酒王道为国子监祭酒。(据《明世宗实录》卷二百六十七)

宫女杨金英以丝带缢杀世宗未果,史称"宫婢之变"。《万历野获编》卷十八《宫婢肆逆》:"嘉靖壬寅年,宫婢相结行弑,用绳系上喉,翻布塞上口,以数人踞上腹绞之,已垂绝矣。幸诸婢不谙绾结之法,绳股缓不收,户外闻咯咯声,孝烈皇后率众入解之,立缚诸行弑者伏法。时上乍苏,未省人事,一时处分,尽出孝烈,其中不无平日所憎,乘机滥入者。又宁嫔王氏,首谋弑逆,端妃曹氏,时虽不与,然始亦有谋。俱载《实录》中。故老相传,曹妃为上所嬖,孝烈妒而窜入之,实不与逆谋。然而宫禁事秘,莫能明也。今《实录》所载姓名,稍异一二。偶得当时底案,录其姓名,并刑部奉旨于后。曹端妃不列名于疏,想正法禁中矣。曹氏本端嫔,因生皇第一女,以十四年进封端妃。是夜上寝于端妃所。宫婢张金莲,报变于中宫。盖先同谋,事露始告耳。"

国子司业王同祖请改元延寿,削籍。(据《国榷》卷五十七)

十一月

李中（1478—1542）卒。黄宗羲《明儒学案》卷五十三："李中字庸，吉水人。谷平其所居里名也。正德甲戌进士。授刑部主事。……擢广东金事，转广西左参议，寻以副使提督其省学校。丁内艰。再任升浙江右参政，广东按察使。外艰。起复，转右布政使……以右金都御史巡抚山东……晋右副都御史，总督南京粮储。嘉靖壬寅十一月卒官，年六十五。……先生资质清苦，入仕十余年，俸入不足以供朝夕。……以为'学只有存养，省察是存养内一件。儒者之学，理一而分殊，分不患其不殊，所难者理一耳。'若非工夫亲切，不敢如此道也。夫理不患其不一，而难者分殊耳。此李延平之言也。盖延平以救笼侗之失，而先生反之者，欲其事事从源头而出，以救零星装合之非。"

十二月

升司经局洗马兼翰林院侍讲徐阶为国子监祭酒。（据《明世宗实录》卷二百六十九）

丁奉（？—1542）卒。薛应旂《南湖留稿序》："海虞丁南湖先生，举进士，历官南验封郎中，正德中以忤误去。既谏垣白其事，诏复登用。时值其舅氏陆水村位冢宰，累遗书促之起，先生辞不赴，雅志艺文，多所著述，是稿盖其一尔。嘉靖壬寅秋，介其友益斋赵子德光属薛子为序。薛子以吏冗，未有以应也。迨冬十二月，先生殁矣。……先生名奉，字献之，南湖其所自号，故题其稿云。时大明嘉靖癸卯（1543）季夏谷旦，谨序。"

太子宾客吏部左侍郎张潮为礼部尚书，署詹事府，仍教习庶吉士。（据《国榷》卷五十七）

兵部左侍郎费寀改礼部左侍郎兼翰林学士，署院。（据《国榷》卷五十七）

本年

嘉靖二十一年题准：直隶金山卫学照福建平海卫学例，添设廪膳二十名，给廪米，华亭、上海二县出办。又题准：贵州普定等十三卫各设廪膳生员二十名，各该衙门通融处给廪米。（据王圻《续文献通考》卷六十《学校考·选补生员事例》）

王骥德（约1542—1623）或生于今年。王骥德，字伯良，别号方诸生、秦楼外史，会稽人。所作传奇今知有五种，现存《题红记》一种。杂剧亦有五种，今存《男王后》一种。有戏曲论著《曲律》、《南词正韵》。

明世宗嘉靖二十二年癸卯（公元 1543 年）

二月

葛守礼主持重修督学道。 葛守礼《葛端肃公集》卷七《重修督学道记》："督学道，故道院之别区也。嘉靖三年定斋王公始建为道。初以务简袭陋，不暇称规制者，因之门当地腹，台筑于外，入其门见厦而不见堂。有室逼周垣，白日不能辨物。嘉靖壬寅冬，余承乏督学，初至，晤同寀，皆曰课士之所猥敝甚矣，前事事者多假别署，岂其宜然？及见菊坞杨侍御，亦为言，且曰年当大比，诸士操觚来者应众，盍为诸以便考校。时抚公李时叠则宪使新陟也，于是经营荒度，以其费白二公，取之书院学田子粒，计百三十金，报曰可哉。檄府、县，委官姜霓理其事。经始于癸卯春二月，六月下浣告成。重门有所，堂室各增为五楹，参候之庐，当门左右堂室前各列六楹，分为别舍，制颇轩厂整严，始称官府厅事矣。改作一番，瓦甓尽易，谅亦非偶，宜以石纪岁月。且尝端坐堂中，静言曰：百工居肆而不足以成其事，则人将曰：敝工乃心之光明正大少，不如洞开诸门，是愧屋漏者也。居其室能无省。请并命镌诸石。"

南京兵部署郎中江如璧为国子司业。（据《国榷》卷五十八）

四月

礼部尚书张璧至自南京，大学士严嵩解部事。（据《国榷》卷五十八）

严抚按荐举及境内人才之禁。 吏科给事中周怡言："湖广巡抚陆杰滥荐官吏，又考察闲住廖道南预焉，宜重其事。"从之。置杰不问。（据《国榷》卷五十八）

五月

张綖（1487—1543）卒。 顾璘《南湖墓志铭》："君讳綖，字世文……追今五世为高邮人。"中正德癸酉（1513）乡试，除武昌通判，迁知光州。"君生于成化丁未二月二十二日，以嘉靖癸卯五月五日卒，得年五十有七。""所著《诗余图谱》、《杜诗释》、《杜诗本义》、《南湖人楚吟》，皆刊行于世。其它诗文未经编辑者，与《杜诗通》十八卷，皆藏于家。""为诗文操笔立就，而尤工于长短句，率意口占，皆合格调。"

定湖广所部清浪、镇远、五开、平溪、偏桥五卫军生寄学贵州者，乡试贵州。（据《明世宗实录》卷二百七十四、《国榷》卷五十八）

六月

屠隆（1543—1605）生。据1919年《甬上屠氏宗谱》卷七。屠隆字长卿，鄞县人。万历丁丑进士，除颍上知县。改青浦，征授礼部主事，历员外、郎中。有《由拳集》、《白榆集》、《栖真馆集》等。《列朝诗集》、《明史》、康熙《松江府志》等有传。

僧真可（1543—1604）生。（卒年据公历标注）中国佛教协会《中国佛教》卷八十四："真可，字达观，号紫柏，世称紫柏尊者，是明末四大师之一。俗姓沈，江苏吴江人。十七岁时，辞亲远游，欲立功塞上。行至苏州，宿虎丘云岩寺，闻寺僧诵八十八佛名号，内心欢喜；次日晨，即解腰缠十余金设斋供佛，从寺僧明觉出家。"《紫柏老人集》卷首："师讳真可，字达观，唤号紫柏。门人称尊者，重法故也。……端坐安然而逝。……时癸卯十二月十七日也。师生于癸卯六月十二日，世寿六十有一。"

南京翰林院侍读黄佐为右春坊右谕德兼修撰，同礼部左侍郎费寀纂修玉牒。（据《国榷》卷五十八）

七月

翰林院侍读华察、右春坊右中允兼修撰闵如霖主试应天。（据《国榷》卷五十八）

调南京国子祭酒龚用卿。（据《国榷》卷五十八）

许实授中书舍人陆炜应乡试。锦衣都督炳之弟。（据《国榷》卷五十八）

八月

升右春坊右谕德兼翰林院修撰黄佐为南京国子监祭酒。（据《明世宗实录》卷二百七十七）

秦鸣夏、浦应麒任顺天乡试主考。两京及各布政司举行乡试。《弇山堂别集》卷八十二《科试考二》："二十二年癸卯，命左春坊左中允秦鸣夏、左赞善浦应麒主顺天试。命翰林院侍读华察、右春坊右中允闵如霖主应天试。"张萱《西园闻见录》卷四十四《吏部》三《科场·往行》："闵如霖，字师望，号午塘，乌程人。嘉靖壬辰进士，改庶吉士，历官南京礼部尚书。嘉靖癸卯，主应天乡试，既撤棘，有狂生某者诣公自言，公令诵其文，诵未毕，公即抽所落卷示之，议弹甚悉，其人愧服而去。"嘉靖壬辰，即嘉靖十一年（1532）。嘉靖癸卯，即嘉靖二十一年（1543）。梁章钜《制义丛话》卷十二："周晖《金陵琐事》云：嘉靖癸卯科，《论语》题为'仁者先难而后获，可谓仁矣'，尤英在场中大言曰：'过文中若用'先其所难，则易者可知，后其所获，则失亦勿恤'四句，未有不中者。'开榜，尤为解元，程文墨卷中皆有此语。按：《贡举考略》是科解元为昆山沈绍庆，非尤英也。此恐有误，姑存之。"

九月

　　监察御史叶经监临山东乡试，乞顺之为乡试录文，山东提学副使吕高心存不满，寓书京师友人言叶经纰谬。严嵩与叶经有宿憾，遂逮叶经杖杀之。李开先《江峰吕提学传》云："录文旧多出提学手，君之时文，精莹简当，叶御史经乃置而不用，顾于二千里外求唐荆川顺之之作，而亦不过一半篇。录成，君以一册寄余，且贻之书曰：'录中无仆一字，不敢冒他人之美。其间纰缪处，必为礼部之所参驳，是又往年一余光也。'余亦不知何所见闻，复书料其不但余光，光止提问，此则旗校早晚必有一行。君与赵甫江文华书中，亦具此意，不过简札往来常事耳。严介溪嵩，深恨叶御史弹劾，假此报复之，摘其辞之似涉讥讪者以闻，上因大怒，械致御史并藩臬之有职事者，系之狱，罪谪各有等差，而御史竟死杖下，台中误以为君从臾之也。甲辰（1544）外考，杨虞坡博虑其不安，言之冢宰许松皋赞：'如吕某者，历官行己俱无异议，今次考察，幸毋及之。'松皋应曰：'然。'已而邸报有名，虞坡向松皋扣其由，松皋言初拟无事，而众御史必欲黜之，恶其曾害道中人。"甲辰为明年。《明史·文苑传》："吕高，字山甫，丹徒人。亦（陈）束同年进士。历官山东提学副使。乡试录文，旧多出学使者手，巡按御史叶经乞顺之文。高心憾，寓书京师友人言经纰缪。严嵩恶经，遂置之死。及后大计，诸御史谓经祸由高，乃斥归，于八子中，名最下。"《明史·选举志》："二十年，帝手批山东试录讥讪，逮御史叶经杖死阙下，布政以下皆远谪，亦（严）嵩所中伤也。"《弇山堂别集》卷八十二："上览山东所进乡试小录，手批其第五问'防边御虏策'曰：'此策内含讥讪，礼部其参看以闻。'于是尚书张璧等言：'今岁虏未南侵，皆皇上庙谟详尽，天威所慑，乃不归功君上，而以丑虏餍饱为词，诚为可恶。考试官教授周鑛、李弘，教谕刘汉、陶悦、胡希颜、程南、吴绍曾、叶震亨、胡侨，率意为文，叛经讪上，法当重治；监临官御史叶经漫无纠正，责亦难辞；其提调官布政使陈儒、参政张臬、监试官副使谈恺、潘恩，均有赞襄之职，俱属有罪。'上曰：'各省乡试出题刻文，悉听之巡按，考试教官莫敢可否，此录不但策对含讥，即首篇《论语》义"继体之君"，不道。叶经职司监临，事皆专任，并同鑛等陈儒等俱令锦衣卫差官校逮系至京治之。'寻逮经、儒、臬、恺、恩至，上以经狂悖不道，命廷杖八十为民，乃降儒等边方杂职，经遂死于杖下，及补儒等为宜君等县典史。寻贵州试录至，亦以忤旨，御史为民，右参政等各降三级。"《明鉴纲目》卷六："纲：癸卯二十二年，秋九月，逮巡按山东御史叶经（字叔明，上虞人）杖杀之。目：严嵩与经有宿憾。（嵩在礼部，以秦晋二藩宗人袭封事，受重贿，经发之，弥缝得免，故恨经）及是，经按山东，监乡试，试录上，嵩指发策语为诽谤，激帝怒，下礼部参论。尚书张璧（字崇象，石首人）等阿旨，请逮考试官周鑨，提调布政使陈儒，及经等并治。嵩密言试事尽由御史，帝乃降旨，斥文中语为狂悖，经杖八十为民，创重卒。鑨、儒等谪官。由嵩报复也。（嵩借事杀异己，自经始）先是，嵩相甫逾月，御史谢瑜（字如卿，上虞人）即劾之，比之四凶，请急诛斥。帝虽谯让瑜，然未深罪，嵩亦以初得政，未敢显为挤陷，故瑜得居职如故。及经杖死，嵩益发舒，其后劾嵩者希得免矣。（瑜后以大计，嵩嘱主者黜之，遂除名。于是给事中王瑞、沈良才、陈瓒，御史喻时、陈绍，及山西巡抚童汉臣，福建巡按何维柏等，相继得罪，皆并瑜劾嵩者也。○王瑞，字韬孟，金坛人。沈良材，泰州人。陈瓒，余姚人。喻时，光山人。陈绍，上虞人。童汉臣，钱塘人。何维柏，字乔仲，南海人。"

何瑭（1474—1543）卒。据《明儒学案》卷四十九《文定何柏斋先生瑭》，何瑭卒于今年九月。《明史》儒林传："何瑭，字粹夫，武陟人。年七岁，见家有佛像，抗言请去之。十九读许衡、薛瑄遗书，辄欣然忘寝食。弘治十五年成进士，选庶吉士。……嘉靖初，起山西提学副使，以父忧不赴。服阕，起提学浙江。敦本尚实，士气不变。未几，晋南京太常少卿，与湛若水等修明古太学之法，学者翕然宗之。历工、户、礼三部侍郎，晋南京右都御史，未几致仕。是时，王守仁以道学名于时，瑭独默如。尝言陆九渊、杨简之学，流入禅宗，充塞仁义。后学未得游、夏十一，而议论即过颜、曾，此吾道大害也。里居十余年，教子姓以孝弟忠信，一介必严。两执亲丧，皆哀毁。后谥文定。所著《阴阳律吕》、《儒学管见》、《柏斋集》十二卷，皆行于世。"

十月

礼科给事中陈棐历陈京闱冒籍之弊。令分别处之。《明世宗实录》卷二百七十九：嘉靖二十二年十月，"辛巳，初，顺天乡试，岁多冒籍中式。至是，余姚人钱德充易名仲实，冒大兴籍以中。慈溪人张汝濂易名张和，冒良乡籍以中。礼科给事中陈棐奏之。因历陈京闱之弊，其略谓：国家求贤，以科目为重，而近年以来，情伪日滋，敢于为巧以相欺，工于为党以相蔽。其中奸宄之徒，或因居家之时，恃才作奸，败伦伤化，削籍为民，兼之负累亡命，变易姓名，不敢还乡者，有之。或因本地生儒众多，解额有限，窥见他方人数颇少，遂学（逃）入京，投结乡里，交通势要，钻求诡遇者，有之。或以顺天乡试多四海九州之人，人不相识，暮夜无知，可以买托代替者，有之。一遇开科之岁，奔走都城，寻觅同姓，假称宗族，贿嘱无耻乡官拴通保结，不得府学则谋武学，不得京师则走附近，不得生员则求儒士，百孔营私，冀遂捷径。及其中科回籍，则既告路费，及（又）告牌坊，四顾罔利，真同登珑，而其未得者，则从旁挟持，互相攻发，蜂起浮议，呈帖匿名，圣明荜毂之下，岂宜有此不美之事哉。请令所司核究顺天府学冒籍生员，俱遣回原籍，降等肄业。京卫武学，非职应袭，不得滥入。岁贡援例监生，如举人教官会试例，止得一人京闱，后但本省应试。而京闱乡试如各省法，唱名辨验，不得混冒，庶乎前弊可革。得旨：钱仲实、张和下法司逮治。冒籍生员，提学御史核实具奏。余俱下礼部议。会给事中李念疏论工部侍郎陆杰从子光祚、太仆卿毛渠子廷魁、鸿胪卿陈璋子策，冒京卫、顺天二学中式，劾杰等欺罔不忠。提学御史谢九仪以被讦冒京卫、顺天二学中式，郑梦纲等十人论奏，俱下礼部，行所司核其真伪。至是议上，谓：孙镒、孙鑛、王宸、陆宏共四人，系锦衣卫、太医院见任官亲子侄，当存留会试。郑梦纲、陶大壮、沈谱、丁子裁、陆可承、翟钟玉共六人，俱诈冒籍贯，当发回原籍，入学肄业，仍得应其省试。陆光祚、陈策、毛廷魁虽称随任，亦当一体发回。得旨：孙镒等、郑梦纲等，俱依拟。陆光祚等，姑准存留，不许对制。陆杰、陈璋、毛渠俱贷之。"《弇山堂别集》卷八十二《科试考二》："初，顺天乡试，岁多冒籍中者。慈溪人张汝濂易名张和，冒良乡籍。礼科给事中陈斐劾奏之，因历陈京闱之弊。其劾谓：'国家求贤，以科目为重，而近年以来，情伪日滋，敢于为巧以相欺，工于为党以相弊。其中奸宄之徒，或居家之时恃才作奸，败伦伤化，削籍为民，兼之负累亡命，变易姓名，不敢还乡者有之；或因本地生儒众多，解额有限，窥见他方人数颇少，逃奔入京，投结乡里，交通势要，钻求诡遇者有之；或以顺天乡试多四海九州之人，人不相识，暮夜无知，可以买托代替者有之。一遇开科之岁，奔走都城，寻觅同姓，假称宗族，贿嘱无耻乡官，拴同保结，不得府学，则谋武学，不得京师，则走附近，不得生员，则求儒士，百孔营求，冀遂捷径。及其中科回籍，则既告路费，又告牌坊，四顾罔利，真同登珑。而其未得者，则从旁挟持，互相攻发，蜂起浮议，呈帖匿名。圣明辇毂之下，岂宜有此不美之事！请令所司核究顺天府学冒籍生员，俱遣回籍，降学肄业。京卫武学，非武职应袭，不得滥入。岁贡援例监生，如举人教官会试例，止得一人京闱，后但本省应试，而京闱乡试，如各省法，唱名辨验，不得混冒。庶乎前弊可革。'得旨，钱仲实、张和下法司逮治，冒籍生员，提学御史复勘，余俱下礼部会议。给事中李念疏论工部侍郎陆杰从子光祚、太仆寺卿毛渠子延魁、鸿胪寺卿陈璋子策冒京卫、顺天二学中式，劾杰等欺罔不忠。提学御史谢九仪以被讦冒京卫、顺天二学中式郑梦纲等十人论奏。俱下礼部，行所司核其真伪。至是议上，谓：'孙镒、孙鑛、王宸、陆宏共四人，系锦衣卫太医院见任官的亲子侄，当存留会试。郑梦纲、陶大壮、沈谱、丁子载、陆可成、翟钟玉共六人，俱诈冒籍贯，当发回原籍，入学肄业，仍得应其乡试。陆光祚、陈策、毛延魁虽称随任，终属冒籍，亦当一体发回。'得旨：'孙镒等、郑梦纲等俱依拟，陆光祚等姑准存留，不许对制。陆杰、陈璋、毛渠俱贷之。'明年，言官复摘左赞善浦应麒卖题事，下狱，杖之六十，并举人翟钟玉等俱为民。又以取中翟汝孝、汝俭，并左中允秦鸣夏俱逮捕夺职。"

仿积分法制定条约，颁行于国子监。黄佐《南雍志》卷十六《储养考》："嘉靖二十二年十月，颁条约于诸生曰：'……今仿积分之法，季考上等、行谊可取者，俱各优待，五日到班，果有材学异群者，奏闻擢用。凡上序拨历，以三七为率，如遇东序人少，临期务要斟酌均平，系成化年间题准事例。今乃入监之初，已萌超拨之念，视贤关如传舍，苦讲诵如桎梏，无乃违我圣祖之彝训也乎？'"高仪《高文端公奏议》卷四《议饬监务疏》："量存积分法。……为照积分之法，委系我圣祖养士成材第一义。盖因彼时太学诸生或由岁贡，或系举人，本以抡选之英才，积以陶镕之教法，其坐班久者多至一二十年，岁月既深，故能积分升堂，以待殊擢，一时得人之盛，委不可及。近年以来，岁贡率多衰耄，惟以就教为良图，举人皆溺便安，祗以家居为善计，其肯入监肄业者盖无几矣。至于援例诸生，则有志者少，无志者多，所谓有志者不过借京闱以图科第，而其无志者则皆冒胄监以窃衣冠。于是稍及上序之期，惟恐拨历之不速。敝习若此，即求受教之人已不可得，而欲施积分之法，其安能哉？但今年恩贡诸生皆由妙选，已经本部题奉钦依俱送监读书，不许就教。兹复严催各处举人作速前来，则将来太学人才非往岁之比。所以祭酒姜宝等欲量存积分法，意以寓激励之机，具见留心教养以图尽职之意。然举、贡二途，拨历尤速，在监尤浅，恐教化未能浃洽，则人品遽难深知。通应议拟，合候命下本部通行两京国子监各堂上官，将在监诸生用心教训，严加甄别，举、贡中如有学行俱优、才识兼茂者，不必拘以拨历常期，许令量增月日，仍留在监，相与切劘、讲习，以存积分遗意，俟观器业，委堪大用，志行果系超群者，岁终许令特疏奏荐，吏部覆加考验，径自议拟上请。至于无其人，则缺不举。举非其人，则罪坐举主。悉照监原题事理施行，伏乞圣裁。"

丁酉，授庶吉士董份、潘仲骖、高拱、陈升、严讷、高仪俱翰林院编修，王材、熊彦臣、裴宇、陈以勤、梁绍儒、晁瑮俱检讨。（据《明世宗实录》卷二百七十九）

左春坊左庶子兼翰林院侍读童承叙（1495—1543）卒。承叙字士畴，沔阳人，弘治己未进士。授户部主事，历郎中。出守兖州。忤鲁藩，逮下狱，调桂林。嘉靖初进士选馆，壬午授编修，壬辰谪司业。已进今官，壬辰予告。（据《国榷》卷五十八）《国朝献征录》所录佚名《左春坊左庶子童公承叙传》："童承叙字士畴，其先随州人。元季始祖避兵居沔阳，遂为沔阳人。"正德辛巳进士。官至左春坊左庶子。"壬寅以先墓历岁弗省葺，疏乞假归，未几卒，上赐谕祭。"《列朝诗集小传》丁集上："庶子以茶陵张治、蒲圻廖道南，并以世庙初元入中秘，世庙以从龙侍臣遇之。张登宰执，而童、廖止于宫僚。廖才名甚著，其诗尤芜浅，不及录。"

十一月

以贵州所进《乡试小录》多所违误，魏洪冕等降黜有差。《明世宗实录》卷二百八十：嘉靖二十二年十一月壬戌，"诏黜贵州乡试监临官御史魏洪冕职为民，提调右布政使侯缄、参议翁学渊、监试官按察司副使王积、佥事施昱各降三级，考试官教授杨伯元、教谕穆旺、谢德聪、欧阳深、黄持衡各降杂职，以所进《小录》体式多违误，其书、经义及论词复华鳌不经，礼部参请薄罚。上谓其差谬既多，且意涉讥讽，特重遣之。已乃降缄云南按察司副使、学渊真定府通判、积两浙运司副使、昱茶陵州同知，伯元等俱降准浙盐课司大使等官"。

马汝骥（1493—1543）卒。王维桢《赠礼部尚书谥文简西玄先生行状》："西玄先生者，绥德州人也。姓马氏，讳汝骥，字仲房。"丁丑举进士，已选庶吉士。官至礼部右侍郎，兼侍读学士。"先生之生也为弘治癸丑九月十九日……遂卒，癸卯十一月六日也，年五十一。"赠尚书，谥文简。有《西玄集》。《国榷》卷五十八："嘉靖二十二年十一月丙午，礼部右侍郎兼翰林院侍讲学士马汝骥卒。汝骥字仲房，绥德人，正德乙丑进士。馆选，授编修。阻南巡，廷杖谪泽州。上初复官，历南京祭酒。工文词，明习典故，沉毅有大节。赠尚书，谥文简。"

南京河南道御史包孝奏辛丑会试有弊，得旨勿论。《弇山堂别集》卷八十二《科试考二》："冬十一月，南京河南道御史包孝奏：辛丑会试，以礼部尚书温仁和主试，翰林院编修嵇世臣为《礼经》分考，贿中进士徐履祥、陈志、潘仲骖，当追罢。且言左庶子童承叙之嗜酒，右赞善郭希颜之轻险，编修袁炜之放荡，俱不当与试。事下吏部覆，得旨，俱勿论。"

翰林院庶吉士吕时中、徐养正、叶堂、王交、何光裕、何云雁、杨宗气为给事中，王三聘、王言、萧端蒙、张铎、徐南金、王应钟、曹汴为监察御史。（据《国榷》卷五十八）

兵部职方郎中杨博为山东提学副使。（据《国榷》卷五十八）

十二月

礼部请明年会试严禁冒籍，报可。《明世宗实录》卷二百八十一：嘉靖二十二年十二月乙酉，"礼部言：国家开设贤科，两京、各省三年大比，各简其士之贤者，贡于礼部合试之，简其贤者对制大廷，以供中外百司之任，所系甚重。夫人才之生其地者，多寡不同，故解额因之而异。至于会试，则分为南、北、中卷，取之各有定数，所司不得增损。奈何法久禁疏，遂有游学矫诈之徒，见他方解额稍多，中式颇易，往往假为流移，冒籍入试，至有脱逃罪犯，变易姓名，奔走营求，靡所不至。至于会试举人，报籍印卷，亦有假托族属，改附籍贯，朦胧开具，以南作北，国法罔存，士风大坏，乞于明年会试，严加核究，但系先年冒籍，尝经恩赦者，许其首正。其他籍贯不明，妄报中卷、北卷者，本部指名参退。仍行两京、各省，凡遇乡试开科，提学考选生儒，不得将流移附籍之徒一概滥收，以玷科目，违者奏请治罪。报可"。

直隶提学御史谢九仪核奏，顺天等学冒籍生员有罪逃回者十四人，逮治。本无他故，但冒籍十三人，削为民。族属颇远，至京未久者十四人，发原籍入学。籍贯明白者一人，肄业如故。报可。（据《明世宗实录》卷二百八十一）

国子司业江汝璧为左春坊左庶子兼翰林院修撰，纂修玉牒。（据《国榷》卷五

十八)

黜武学冒籍者。（据《国榷》卷五十八）

旌石州孝子贡士张钧。（据《国榷》卷五十八）

本年

礼科右给事中陈棐劾江西、四川提学副使陆时雍、周复俊旷职。俞汝楫《礼部志稿》卷七十《学校备考·学官·严饬督学旷职》："嘉靖二十二年，礼科右给事中陈棐劾江西、四川提学副使陆时雍、周复俊旷职，宜改调。疏中复陈五事，一、严巡督之限。董学三年，限以岁考二次，仍敕各巡按御史验其考之数，疏以别勤惰。……"

太医院官自御医、吏目以下，考满、丁忧俱由礼部查明，转送吏部，如钦天监例。俞汝楫《礼部志稿》卷八十九："嘉靖二十二年，礼部奏太医院官自御医、吏目以下，考满、丁忧俱隶本部查明，转送吏部，如钦天监例。报可。已太医院争非旧制，下礼部议：'御医、吏目等官原额不满三十，近年因事升授，增浮数倍，率皆不谙方书，虚糜官廪良田。考核之法不严，以致贤否莫知，侥冒滋甚耳，必隶查送，庶可以杜幸阶，一法制，请如前命。'从之。"徐阶《世经堂集》卷七奏疏《岁考医士》："查得本部原题，通将太医院暨院食粮医士、医生，严加考校。……今臣等督同该院堂上官，将送到各该医士人等，当堂糊名，按科于《素问》、《难经》、《本草》、《脉经》、《脉诀》并古今名方内出题。考得方脉兼通一等医士许玄龄等一十六名，方脉亦通二等医士医生赵世美等二十五名，方脉仅通三等医士医生陈云凤等三十一名，方脉全不能通医士医生朱守亚三名。合无候命下之日，本部将考居一等，原系医士无冠带者给与冠带，原在内殿供事者量升俸一级，俱各候内殿缺人，该院于各科内挨次呈部，送入供事。考居二等，原系医生者与充医士食粮，原系医士无冠带者给与冠带，原在内殿者不准供事。三等者俱各照旧，仍与二等者俱发该院当差。全不通者，原有冠带者不准冠带，原支品级俸者降俸一级，支杂职俸者降充冠带医士、食粮七斗，原医士者降充医生。医生住支月粮。俱听习学半年，该院送部再考。如有进益，准其照旧支俸、食粮、冠带，如再不通，俱降充医生，发回该院，专供剉碾之役。……其今后凡差各该衙门用药医士，俱要于考居二等人役内挨次送部差委。三等者候二等差尽，方许挨次差用。如遇有御医吏目员缺，将该院内殿供事人员送部再考，择其术业精通、操履端谨者，御医于吏目内铨补，吏目于医士内铨补。遇有良医大使等缺，于该院二等人役内如前考补，俱各定拟堪任职事，咨送吏部照缺填补。再照太医院官生，职专调护，责任匪轻。自近年考试之法不行，勤惰无别，艺业渐废。……其今后该院不拘大小官医，俱要将《素问》、《难经》、《本草》、《脉经》、《脉诀》及本科紧要方书，熟读详解。待各考满到部及考试之时，于内出题，令其默写登答。如不能通，除医士、医生照前施行外，若系考满官，发回讲习半年再考。如此，则艺成者有进身之阶，荒惰者无滥竽之弊，人咸思奋，而医学可兴矣。奉圣旨：'依拟行。'"《利玛窦中国札记》第一卷第五章："中国医疗技术的方法与我们所习的大为不同。他们按脉的方法和我们的一样，治病也相当成功。一般说来，他们用的药物非常简单，例如草药或根茎等诸如此类的东西。事实上，中国的全部医术就都包含在我们自己使用草药所遵循的规则里面。这里没有教授医学的公立学校。每个想要学习的人都由一个精通此道的人来传授。在两京（南京和北京）都可以通过考试取得医学学位。然而，这只是一种形式，并没有什么好处。有学位的人行医并不比没有学位的人更有权威或更受尊敬，因为任何人都允许给病人治病，不管他是否精于医道。在这里每个人都很清楚，凡有希望在哲学领域成名的，没有人会愿意费劲去钻研数学或医学。结果是几乎没有人献身于研究数学或医学，除非由于家务或才力平庸的阻挠而不能致力于那些被认为是更高级的研究。钻研数学和医学并不受人尊敬，因为它们不象哲学研究那样受到荣誉的鼓励，学生们因希望着随之而来的荣誉和报酬而被吸引。这一点从人们对学习道德哲学深感兴趣，就可以很容易看到。在这领域被提升到更高学位的人，都很自豪他实际上已达到了中国人幸福的顶峰。"

黄佐《南雍志》成书。《四库全书总目》卷八十史部职官类存目著录《南雍志》二十四卷，提要曰："明黄佐撰。佐有《泰泉乡礼》，已著录。南都太学，建于明太祖吴元年。景泰中，祭酒吴节尝撰志一十八卷。嘉靖初，祭酒崔铣重纂未就。佐得其遗牍，因复加修订，以吴志为本，而增损成之。凡事纪四，职官表二，杂考十二，列传六。书法一准史例，颇为详备。惟音乐考一门，多泛论古乐，皆佐一己之见，于太学制度无涉，殊失限断。其第十八卷经籍考，当时以委助教梅鷟成之。鷟学问淹贯，故叙述亦具有本末。书成于嘉靖二十二年，而中有万历中事，盖后人随时续添者也。"黄佐字才伯，泰泉其号也。香山人。正德辛巳进士。官至少詹事。事迹具《明史·文苑传》。

（嘉靖）二十二年议准：各营各卫幼官二十以下、十五以上者，通查送学，其余子弟，果系在册有名亲堂弟侄，方许保送。如将军余及远房舍余混送者，听兵部委官查究。（据万历《大明会典》卷一百五十六《兵部·武学》）

徐阶任国子祭酒。《弇山堂别集》卷六十三《国子祭酒年表》："徐阶，直隶华亭人。由探花，（嘉靖）二十二年任。"

高濲（1494—1543）卒。邱云霄《高石门传》："石门子姓高氏，名濲，字宗吕。居石门山，贫以自耕，又自号曰庖羲谷老农氏云。"别号霞居子。侯官人。"岁癸卯，行年五十，疾革，梦有画舫载尼促其登舟者，遂呼家人进之酒，再饮而卒。"《明史·艺文志》著录高濲《石门集》二卷。《列朝诗集小传》丙集："诗与傅汝舟齐名，时称高、傅。书自取适意，不受促迫，遇其酣畅，以绢素投之，虽小夫稚子，可掩而得也。邑子宋生者，病疟，宗吕过之，酒酣泼墨，写菊数本，复写奇石修竹，寒香飘拂，凉风飒然，宋跃起视之，病霍然良已。人谓霞仙画真不减少陵诗也。"

魏校（1483—1543）卒。据吴中行《明太常卿赠正议大夫资治尹礼部右侍郎恭简魏公墓碑》。《国榷》载魏校卒于嘉靖二十四年十一月。魏校字子才，号庄渠，昆山人。

弘治乙丑进士。官至太常寺卿。迁国子监祭酒，未上卒。谥恭简。张惟骧《疑年录汇编》卷七："魏庄渠六十一校，生成化十九年癸卯，卒嘉靖二十二年癸卯。"《明世宗实录》卷三百五："校幼有异质，能通诸家言，折衷于《六经》，醇如也。貌朴讷简重，言动以礼，近世称为儒宗。所著有《大学指归》、《六书精蕴》等书行于世。"《明史》儒林传："魏校字子才，昆山人。其先本李姓，居苏州莳门之庄渠，因自号'庄渠'。弘治十八年成进士。历南京刑部郎中。……累迁国子祭酒、太常卿，寻致仕。校私淑胡居仁主敬之学，而贯通诸儒之说，择执尤精。……所著有《大学指归》、《六书精蕴》。卒，谥恭简。"

张燕翼（1543—?）生。燕翼字叔贻。《列朝诗集小传》丁集中："凤翼，字伯起，长洲人。与其弟献翼幼于、燕翼叔贻，并有才名。吴人语曰：'前有四皇，后有三张。'伯起、叔贻，皆举乡荐，幼于困国学，叔贻早死，而伯起老于公车，年八十余乃终。"

明世宗嘉靖二十三年甲辰（公元1544年）

正月

丁卯，翰林院修撰周文炳为国子监司业。（据《国榷》卷五十八）

戊辰，翰林院侍读华察为侍读学士，署院。（据《国榷》卷五十八）

二月

会试，命太子宾客礼部尚书兼翰林学士张潮、左春坊左庶子江汝璧为主考官，取瞿景淳等三百二十名。（据《明世宗实录》卷二百八十三）张萱《西园闻见录》卷四十四《礼部》三《科场·往行》：钱萱，"嘉靖乙未进士，初授刑部主事，历官仪部员外郎。甲辰，提调会试，会某举子卷违式，公判不耆，监试御史某力耆之，揭榜出，举子第。举子者，夙富有资，又御史乡里也。于是言事官以闻，主考试官及御史、举子咸谴废，而公以判得免。及核京朝官，吏部谓必黜公，然后诸所谴废平也。乃署公不谨，当黜。费尚书力争之不得，改署浮躁，填德庆州同知。"王世贞《觚不觚录》："翰林分考会试，虽本房而不系所取者，不称门生，惟入翰林则称门生侍坐，而至位三品以上不复叙。嘉靖甲辰，吾乡瞿文懿公景淳及第，而太保严公讷同考皆《诗经》。瞿以齿长坐辄据其上，亦不投门生刺也。至乙未，严公复入场，而少师李公春芳复于《诗经》中会试，亦不于严公投门生刺也。此皆不可晓。"

赵时春不喜瞿景淳举业文字。钱谦益《牧斋有学集》卷四十五《家塾论举业杂说》："赵浚谷子有隽才，不课举业。其婿李廓庵怪而问之，浚谷曰：'吾见近来举业日敝一日，故不欲儿曹为之。'廓庵曰：'近来举业日盛一日，乃以为敝，何也？'谷曰：'子试举近代举业之佳以示余。'廓庵捡得《十先生稿》瞿昆湖'子使漆雕开仕'一节文字呈上。浚谷看讫，问曰：'此文佳处何在？'廓庵指其讲'子说'处云：'"即其不轻于仕，则他日之能事可知，即其不安于未信，则他日之能信可知"，此皆前人所未发。'浚谷曰：'吾谓近来举业之敝，正指此等处也。子之悦之，只悦其当下一念，岂暇推及他日？他日之信不信，夫子岂能预保而预喜之耶？《荀子·非十二子》有漆雕氏之儒，毕竟斯之终未能信，流为曲学，使夫子预保而预喜之，是为漆雕氏所卖矣，圣人不若是愚也。'"

瞿景淳（1507—1569），字师道，号昆湖。其抡元之作，有"集大成"之誉。《游艺塾文规》卷一《墨卷当看》："前日之墨卷，后日之法程也。予幼颇不愚，自负深诣，见墨卷初出，心颇不惬，一一拈出而诋排之。时从管南屏先生游，告予曰：'墨卷者，今之中式文字，汝以彼为非，则与彼异趣矣。须要看得他好，方有入头处，方可利中。'予领其教，重复细阅，乃知向来多少粗心浮气。盖风檐寸晷之文，诚有不必尽善者，然词或未修，而意独出群；意或未佳，而气独昌顺；气或未畅，而理独到家。其他或轻清，或俊逸，或自然，或平澹，有一可取，便足中式，不必专摘其疵，亦不必曲为之护，政使瑕瑜不掩，亦自成家。荆川先生批选程墨极精极细。昆湖先生将辛丑陆先生、戊戌袁炜、乙未许谷、壬辰林春、己丑唐先生五科会元墨卷，从头细批，阐其精微，破其关键。盖会前五人之精髓，以作甲辰之文字，所谓集大成者也。今之后生未尝不阅墨卷，亦未尝不选墨卷，然得其皮毛，遗其神理，总之，在影响之间耳。甚有选定之后，束之高阁，并不翻阅，政如市娟倚门，阅人虽多而留意者少，后来相见，即素所赏契者，亦茫然不复忆矣。"《游艺塾续文规》卷四《了凡袁先生论文》："诸格中惟一滚格最难。大凡文字，一股要一意到底，若合二股观之，又要似一股；更合八股观之，又要似一股。从源发流，由本生末，方是合式文字，故惟一滚格为最难。有提有缴，中间只六股，然亦难得一意到底。前辈惟瞿昆湖先生得其宗旨，其会试墨卷中，《论语》犹有遗憾，《诗经》'彼有不获穉'四句，是一滚格。此题总来只言'丰成之利'，使俗笔为之，一句便把题目说尽，斩然无味矣。渠首二比却根'时雨'，渐渐说到'彼此俱足'上，第四比又承'俱足'说去，始把题目上'穉穧秉穗'等实填出来。第四比末句云：'取之而不能尽取也。'第五比起云：'所在盈溢而丰登有象。'两意相承，了无痕迹，真不可及，宜熟玩之。""昆湖先生窗稿中，如'舜禹有天下而不与焉'，绝妙可法。先把'巍巍乎'发起，中间六股极有变化，如飞龙出没，不可端倪。其初提云：'天下非小物，匹夫之有天下，又非其素也；以匹夫而有天下，人之动心，宜何如者？而舜禹则若不与者焉。'既如此，下便合整做二小比，此常格也，渠却接云：'方其未得乎此也，固非有期乎此也；及其既得乎此也，又非有察乎此也。’玲珑写意，妙处令人难觅。至‘九官之命’二比，以真境写真理，说题极透。论常格，则末二比宜即接此二比讲去，渠却收：‘乐舜之有天下者，有虞之民，而在舜则无乐乎？尧之禅也。乐禹之有天下者，有夏之民，而在禹则无乐乎？舜之禅也。’翻空摘奇，工在意外。”梁章钜《制义丛话》卷二：“瞿昆湖景淳曰：幼习举业，只是胡做，如是十余年，学既不成，试每不利。一日偶读《庄子》云：‘风之积也不厚，其负大翼也无力；水之积也不厚，其负大舟也无力。’恍然悟为文之法，遂屏去笔砚，调息凝神，一意涵养性灵，以培其基。闭门静坐三月有余，自此试笔为文，便觉轻新流逸，迥然出群。既而屡试冠军，联捷乡会，而阅吾文者无不称善。甚矣，静之为功，大也。”“瞿昆湖曰：作文须要从心苗中流出，初时觉难，久之自易，盖熟极自能生巧也。今之后生，专去翻阅腐烂时文，以为得法，抑知吾有至宝不去寻求，而取给他人口吻以为活命之资，真可叹矣。更有一题到手，辄取旧文以为式样，初时以为省力，不知耳目增垢，心志转昏，自家本来灵性反被封闭不得透出，即能成文，亦平庸敷浅，不足观矣。”梁章钜《制义丛话》卷五：“王耘渠曰：瞿昆湖景淳‘天子一位’六节文，炼格炼意，不着一词以障其间，故格整而意自圆，意密而气愈浑，使昆湖文尽如是，何愧大家？惜其趋向圆美，过于成熟，以会元为风气之归，使后人揣摩利便，遂于斯道别成一小宗。嗣之为月峰、具区犹可也，降至霍林、求仲，则于圆熟中益之以芜秽之词、庸靡之调，而为此道诟病者，遂波及先生矣。”“余在鳌峰书院肄业时，掌教者为孟瓶庵师超然，师本吾乡名解元，乾隆己卯科‘事君敬其事而后其食’元墨，及门诸生无不能背诵如流者。文见后十六卷。师曰：‘此题前后名作如林，余文亦不过时墨熟调，何足讽诵。君等独未见前明瞿昆湖先生之文乎？此余少所熟读在口者，幸在风檐中未袭其一字，而实不能不袭其意耳。今为君等诵之，自知拙文之瞠乎后也。’文云：‘臣之事君，自一命而上，孰不有事之当为者乎？是事也，所以熙帝之载也，存乎臣者也。亦孰不有食之当得者乎？是食也，所以恤臣之私也，存乎君者也。其小而为服休之臣也，其事虽小，亦必有难尽者，亦必思任使之未称而精白以承之，翼翼乎，惟惧事之或忝而已矣；其大而为服采之臣也，其事愈大，尤必有难尽者，则必思付托之未效而偬恪以图之，兢兢焉，惟恐事之或旷而已矣。上之求不负吾君也，而非求以自利也，虽曰君之昭禄因吾事之上下，然吾惧食之浮于人，而不惧人之浮于食，则亦靖共尔位可矣，而他又何知焉？下之求不负所学也，而非求以肥家也，虽曰君之受糈因吾事之繁简，然吾方以素食为耻，而不以得禄为荣，则亦无旷庶官足矣，而他又何计焉？’按：似此隐括群言，似淡而实浓，似轻而实重，岂时墨所能相提并论？然此在当日，亦尚是揣摩科举文字，虽未离化、治矩矱，而易方为圆，已渐为谈机法者导乎先路，吾党正当先熟此以立其根基也。’”梁章钜《制义丛话》卷十二：“俞桐川曰：瞿昆湖先生景淳少负异才，试辄不利，日讽五科会元文，渐入大雅，乃冠南宫，元家衣钵所自始也。世之论文者，以高朴为贵，以圆熟为卑，昆湖之派极于宣城，遂为世所诟病。然吾观昆湖之文，择理精、树义确，而出之以冲夷之度。宣城亦然，间杂时语，故逊昆湖，昆湖何可少也？传言昆湖喜怒弗形，容貌渺小。而不阿权贵，大节莫夺，王弇州极称之。若其文内坚凝而外浑厚，亦如其貌。人不可皮相，文又可皮相乎哉？"

陈与郊（1544—1611）生。据李维桢《陈公墓志铭》，与郊生于今年二月二十三日。陈与郊，字广野，号隅阳，一作玉阳。海宁人。康熙《浙江通志》卷三十一《陈与郊》："本高氏裔，赘陈，因以为氏。万历甲戌进士，授河南府推官。是时，江陵为政，以法绳郡县吏。与郊独济以宽和，时有纵舍，征拜吏科给事中。江陵败，诸言事者尚编成籍，与郊上疏，请召还。癸未大计，特疏严纲纪。戊子掌垣，复当计吏，因申馈遗之禁。在谏垣八年，若裁织造、省营建、修实政、停助工诸疏，皆裨国体，擢太常寺少卿。丁母忧居家，竟以忌口罢免。"著有《隅园集》、《蕰川集》和《灵宝刀》、《昭君出塞》等戏曲作品。康熙《浙江通志》、康熙《顺德府志》等有传。

辛未，南京河南道监察御史包节，追劾辛丑主试官尚书温仁和、分试官编修嵇世臣，贿私贡士徐履祥、陈志、潘仲骖。又及左庶子童承叙，右赞善郭希颜，编修袁炜，并不堪典试。上不问。（据《国榷》卷五十八）

署詹事府事礼部尚书张潮卒于礼闱。潮内江人，正德辛未进士。馆选，授编修，历今官。（据《国榷》卷五十八）

三月

礼部左侍郎兼翰林学士费寀为礼部尚书，署詹事府。（据《国榷》卷五十八）

左春坊左庶子兼翰林院修撰江汝璧为少詹事兼学士，署院。（据《国榷》卷五十八）

秦鸣雷（1518—1593）、瞿景淳（1507—1569）、吴情等三百二十二人进士及第、出身有差。是科未考选庶吉士。《嘉靖二十三年进士登科录·玉音》："嘉靖二十三年三月初九日，礼部尚书兼翰林院学士臣张璧等于奉天门奏为科举事。会试天下举人，取中三百二十名。本年三月十五日殿试，合拟读卷官及执事等官少保兼太子太保礼部尚书武英殿大学士严嵩等六十三员。其进士出身等第，恭依太祖高皇帝钦定资格。第一甲例取三名，第一名从六品，第二第三名正七品，赐进士及第。第二甲从七品，赐进士出身。第三甲正八品，赐同进士出身。奉圣旨：是，钦此。读卷官：光禄大夫柱国少保兼太子太保礼部尚书武英殿大学士严嵩，乙丑进士；光禄大夫柱国少保兼太子太保吏部尚书许赞，丙辰进士；荣禄大夫太子太保兵部尚书毛伯温，戊辰进士；户部尚书王杲，甲戌进士；掌詹事府事礼部尚书兼翰林院学士费寀，辛未进士；资政大夫兵部尚书兼都察院右都御史掌管院事熊浃，甲戌进士；资德大夫正治上卿刑部尚书闻渊，乙丑进士；资德大夫正治上卿太子少保工部尚书甘为霖，癸未进士；资善大夫通政使司掌司事工部尚书郑绅，甲戌进士；大理寺掌管寺事都察院右都御史戴金，甲戌进士。提调官：资政大夫礼部尚书兼翰林院学士张璧，辛未进士；通议大夫礼部左侍郎兼詹事府少詹事翰林院侍读学士孙承恩，辛未进士；通议大夫礼部右侍郎许成名，辛未进士。监试官：文林郎陕西道监察御史阎邻，己丑进士；文林郎贵州道监察御史周亮，壬辰进士。受卷官：奉议大夫右春坊右庶子兼翰林院侍讲杨维杰，丙戌进士；文林郎吏科都给事中卢勋，壬辰进士；承事郎礼科都给事中周采，壬辰进士。弥封官：中大夫光禄寺卿王祯，丙戌进士；通议大夫太常寺卿兼司经局正字周令，秀才；嘉议大夫太常寺卿兼司经局正字张电，儒士；嘉议大夫太常寺卿张文宪，癸未进士；嘉议大夫尚宝司掌司事太常寺卿刘皋，生员；中宪大夫鸿胪寺卿陈璋，礼生；奉议大夫光禄寺少卿曹梁，儒士；奉议大夫尚宝司少卿严世蕃，官生；奉训大夫尚宝司少卿谈相，儒士；左春坊左司直郎兼翰林院检讨承德郎谢少南，壬辰进士；承德郎尚宝司司丞兼翰林院五经博士闻人惠行，戊戌进士；翰林院编修文林郎康大和，乙未进士；翰林院检讨征仕郎黄廷用，乙未进士；承事郎兵科都给事中戴梦桂，乙未进士；刑科都给事中王梦弼，乙未进士；承德郎礼部仪制清吏司主事高尚志，壬辰进士；翰林院掌典籍事征仕郎中书舍人刘铠，监生。掌卷官：翰林院编修文林郎李玑，乙未进士；翰林院编修文林郎敖铣，乙未进士；翰林院编修文林郎王立道，乙未进士；承事郎工科都给事中张尧年，乙未进士；从仕郎户科给事中鲍道明，戊戌进士。巡绰官：特进光禄大夫锦衣卫掌卫事后军都督府右都督陈寅；荣禄大夫锦衣卫管卫事后军都督府都督佥事张锜；骠骑将军锦衣卫都指挥使袁天章；镇国将军锦衣卫都指挥同知高恕；昭毅将军锦衣卫都指挥佥事赵俊；昭勇将军锦衣卫指挥使陆炳；怀远将军锦衣卫指挥同知郑玺；明威将军锦衣卫指挥佥事刘鲸；明威将军锦衣卫指挥佥事张爵；明威将军锦衣卫指挥佥事杜承宗；怀远将军金吾前卫指挥同知张光祚；昭勇将军金吾后卫指挥使贾澄。印卷官：奉议大夫礼部仪制清吏司郎中汪集，乙未进士；承德郎礼部仪制清吏司署员外郎事主事张铁，己丑进士；礼部仪制清吏司主事万士和，辛丑进士；礼部仪制清吏司主事袁衮，戊戌进士。供给官：奉政大夫光禄寺少卿高澄，己丑进士；奉政大夫光禄寺少卿李锦，癸未进士；承德郎光禄寺寺丞窦一桂，丙戌进士；将仕佐郎礼部司务井震，乙酉贡士；登仕郎礼部精膳清吏司署郎中事司务胡东鲁，癸酉贡士；承德郎礼部精膳清吏司署员外郎事主事王健，戊戌进士；承德郎礼部精膳清吏司主事高简，己丑进士。"《嘉靖二十三年进士登科录·恩荣次第》："嘉靖二十三年三月十五日早，诸贡士赴内府殿试，上御奉天殿亲赐策问。三月十九日早，文武百官朝服侍班。是日，锦衣卫设卤簿于丹陛丹墀内，上御奉天殿，鸿胪寺官传制唱名，礼部官捧黄榜，鼓乐导引出长安左门外，张挂毕，顺天府官用伞盖仪从送状元归第。四月初二日，赐宴于礼部。宴毕，赴鸿胪寺习仪。四月初五日，赐状元朝服冠带及进士宝钞。四月初六日，状元率诸进士上表谢恩。四月初七日，状元率诸进士诣先师孔子庙行释菜礼，礼部奏请命工部于国子监立石题名。"孙承恩《文简集》卷三十一《奉敕撰甲辰进士题名记》："嘉靖二十三年，是为甲辰之岁。礼部以会试中式士于大廷，皇上亲降策问。赐秦鸣雷等三百二十人及第、出身有差，余皆恩赉率行如例。"《弇山堂别集》卷八十二

《科试考二》：“二十三年甲辰，命太子宾客礼部尚书兼翰林院学士张潮、左春坊左庶子江汝璧为考试官。时潮入贡院，三场毕，以病死，舆尸出。考试唯江一人，而后序则属同考修撰茅瓒。是当取中瞿景淳等。廷试，赐秦鸣雷、瞿景淳、吴情及第，而少傅翟銮二子汝俭、汝孝俱与焉。少傅以嫌故，辞读卷，不许。既试，以进呈卷上，上疑汝俭等在首甲，因抑第一卷置第三，复抑第三卷置二甲第四，拆卷果汝孝也。上又梦闻雷，遂拔鸣雷为状元。”《万历野获编》卷八《命名被遇》：“我朝世宗极重命名，如甲辰状元，以梦闻雷，即取秦鸣雷为首。”《明史·选举志》：“嘉靖二十三年廷试，翟銮子汝俭、汝孝俱在试中。世宗疑二人滥首甲，抑第一为第三，以第三置二甲。及拆卷，而所拟第三者，果汝孝也，帝大疑之。给事中王交、王尧日因劾会试考官少詹事江汝璧及诸房考朋私通贿，且追论顺天乡试考官秦鸣夏、浦应麒阿附銮罪，乃下汝璧等镇抚司狱。狱具，诏杖汝璧、鸣夏、应麒，并革职闲住，而勒銮父子为民。”翟銮罢职，事在今年八月。

据《嘉靖二十三年进士登科录》：“第一甲三名，赐进士及第。”

秦鸣雷，贯浙江台州府临海县，军籍，府学增广生，治《春秋》。字子豫，行四，年二十七，二月初二日生。曾祖宗傅。祖彦彬，封行人司司副赠刑部郎中。父文，布政司左参政。母姚氏，封宜人；继母杨氏。慈侍下。兄鸣春，贡士；鸣夏，右春坊右中允兼翰林院修撰；鸣秋。弟鸣冬。娶赵氏。浙江乡试第八十名，会试第一百七名。

瞿景淳，贯直隶苏州府常熟县，匠籍，县学生，治《诗经》。字师道，行一，年三十八，五月二十七日生。曾祖钦。祖珃。父国贤。母秦氏。慈侍下。娶李氏。应天府乡试第十六名，会试第一名。

吴情，贯直隶常州府无锡县，军籍，国子生，治《诗经》。字以中，行一，年四十一，正月十二日生。曾祖贯。祖程。父亨。母徐氏。重庆下。弟怀、惺、恒、忱、惇。娶杨氏，继娶戴氏。应天府乡试第十二名，会试第七十三名。

据《嘉靖二十三年进士登科录》：“第二甲九十三名，赐进士出身。”

涂铉，贯江西南昌府丰城县，军籍，国子生，治《诗经》。字廷举，行八，年三十五，八月初三日生。曾祖具鉴。祖质循。父朝宁。母熊氏。严侍下。娶左氏。江西乡试第四十四名，会试第四十二名。

熊逵，贯江西临江府清江县，民籍，国子生，治《诗经》。字于渐，行五，年三十四，十月二十日生。曾祖可昂。祖春和。父爱。母彭氏。具庆下。兄运、逢。弟造。娶杨氏。江西乡试第十八名，会试第一百九十五名。

戴完，贯直隶安庆府桐城县，民籍，县学生，治《书经》。字仲修，行五，年二十六，二月二十七日生。曾祖冕，岁贡监生。祖宝。父儒，义官。母刘氏，继母余氏。具庆下。兄元、充。弟克、觉。娶尹氏，继娶方氏。应天府乡试第九十一名，会试第二百四十五名。

林洙，贯山东登州府宁海州文登县，民籍，县学生，治《诗经》。字孔源，行一，年三十一，十月二十日生。曾祖俊。祖忠。父用，省祭官。母姜氏，继母姜氏。永感下。娶张氏。山东乡试第五十九名，会试第一百九十名。

刘恳，贯江西吉安府万安县，民籍，国子生，治《易经》。字致卿，行二，年三十七，六月初十日生。曾祖广衡，资善大夫刑部尚书。祖乔，左布政使赠阶通议大夫。父玉，前通议大夫刑部左侍郎。前母萧氏，赠淑人；母王氏，封淑人。慈侍下。兄憼，都察院司务。弟愆，官生。娶曾氏。江西乡试第十九名，会试第一百二名。

蒋宾，贯浙江台州府临海县，匠籍，县学生，治《春秋》。字汝观，行一，年三十三，十月二十二日生。曾祖伦。祖瑛。父仪。前母彭氏，母杨氏。严侍下。弟宣、宏。娶侯氏，继娶谢氏。浙江乡试第五十九名，会试第二百四十六名。

章士元，贯直隶苏州府昆山县，民籍，吴县人，国子生，治《诗经》。字伯允，行一，年三十二，四月十一日生。曾祖镛。祖泽。父杲。母屠氏。具庆下。弟炳、士龙、灿。娶金氏。应天府乡试第一百十名，会试第十三名。

李懿，贯直隶河间府景州吴桥县，民籍，国子生，治《诗经》。字美卿，行二十九，年二十九，四月二十八日生。曾祖兴。祖旻，寿官。父顺，寿官。母于氏。具庆下。兄时，省祭官；尚绅；尚仁，俱岁贡生；桐，贡士；栋，监生；文学；文举。娶梁氏。顺天府乡试第七十二名，会试第一百五十二名。

周士佐，贯浙江绍兴府余姚县，民籍，国子生，治《书经》。字汝良，行二十八，年三十，正月十二日生。曾祖鼎，长史。祖武。父训。母李氏。具庆下。弟士佑、士侨、士伦。娶王氏。浙江乡试第九十名，会试第三名。

刘松，贯江西临江府新喻县，匠籍，县学生，治《诗经》。字汝贞，行七，年二十九，三月初六日生。曾祖肃。祖进。父浚，寿官。母习氏。具庆下。兄桧。娶傅氏，继娶章氏。江西乡试第十八名，会试第十八名。

王之臣，贯直隶徽州府歙县，民籍，国子生，治《诗经》。字惟忠，行三，年三十五，七月十五日生。曾祖晥。祖福宗。父尚。母方氏。具庆下。兄伯寿。弟之子。娶汪氏。应天府乡试第六十名，会试第一百六十名。

陈天佑，贯山西泽州，民籍，国子生，治《诗经》。字谦甫，行二，年三十六，正月初九日生。曾祖林。祖秀，典史。父珏，典史。母裴氏。慈侍下。兄仁、儒、伟。弟俊、侨、杰、修、信。娶张氏。山西乡试第十一名，会试第一百十六名。

许应亨，贯浙江杭州府钱塘县，民籍，顺天府东安县人，县学增广生，治《易经》。字子嘉，行九，年三十，九月十七日生。曾祖九皋。祖绅。父龟年，赠奉直大夫工部员外郎。母陈氏，封太宜人。慈侍下。兄应爵；应元，工部虞衡司郎中；奎；龙；宿；禄；能；期。弟德、台、衡、岳、鹰、其、庚、山、科、参。娶张氏。顺天府乡试第九十九名，会试第一百四十三名。

谢彬，贯福建漳州府龙溪县，民籍，府学附学生，治《易经》。字文华，行一，年三十一，十二月十一日生。曾祖兴邦。祖崇显。父正雄。母林氏。慈侍下。弟彭、彩、彦。娶方氏。福建乡试第九十名，会试第二百一十一名。

许用中，贯山东兖州府东平州东阿县，军籍，县学增广生，治《书经》。字子执，行一，年二十八，十一月初九日生。曾祖纯。祖汝聪，监生。父东阳。嫡母周氏，继母孔氏，生母王氏。慈侍下。弟黄中。娶杨氏。山东乡试第七十三名，会试第四十一名。

阮鹗，贯直隶安庆府桐城县，民籍，国子生，治《易经》。字应荐，行六，年三十四，十月二十四日生。曾祖永诚。祖暹。父廷瓒，寿官。母吴氏，生母童氏。永感下。兄鹏，监生。娶张氏，继娶程氏。应天府乡试第四十八名，会试第一百九十九名。

陈皋谟，贯直隶常州府江阴县，民籍，县学增广生，治《易经》。字思赞，行一，年四十，十二月二十六日生。曾祖至中，七品散官。祖庆，七品散官。父鲁。母盛氏。慈侍下。弟益谟。娶华氏。应天府乡试第一百十七名，会试第一百六十九名。

雷梦麟，贯江西南昌府进贤县，民籍，县学附学生，治《书经》。字伯仁，行二，年三十一，十月初十日生。曾祖仲迅。祖宣。父伦。母朱氏。具庆下。弟梦熊、梦龙、梦鸾。娶万氏。江西乡试第六十二名，会试第二十四名。

汪坦，贯直隶徽州府休宁县，军籍，国子生，治《书经》。字仲弘，行二，年三十四，正月初七日生。曾祖武贵。祖齐。父昱，训导。前母吴氏，母戴氏。重庆下。兄培。弟埔。娶王氏，继娶张氏。应天府乡试第九十二名，会试第一百三十七名。

吴桂芳，贯江西南昌府新建县，军籍，县学生，治《诗经》。字子实，行一，年二十四，九月初三日生。曾祖世雄。祖珂，省祭官。父山。前母叶氏，母舒氏，继母潘氏。具庆下。弟秀芳。娶崔氏。江西乡试第二名，会试第二百十三名。

李逊，贯江西南昌府新建县，民籍，县学生，治《易经》。字子益，行十，年二十七，七月二十三日生。曾祖时中。祖文政。父素端。母程氏。具庆下。兄达；道；选；逢；迁，南京兵部主事；退；通；述；迪；暹。弟遇，监生；遵；运；逵。娶孔氏。江西乡试第五十三名，会试第二百四十四名。

查懋昌，贯太医院籍，直隶苏州府长洲县人，国子生，治《易经》。字允言，行一，年三十九，十月十五日生。曾祖文，府同知，赠中大夫布政使司右参政。祖恂，累赠中大夫布政使司右参政。父应臣，训导。母陈氏，继母孙氏、雷氏。具庆下。弟懋光，前刑部主事；懋昭，贡士；懋钦；懋芳；懋贤；懋元。娶徐氏。顺天府乡试第七十九名，会试第二百三十九名。

罗一鸾，贯福建福州府闽县，民籍，县学增广生，治《易经》。字应周，行四，年三十四，十一月初七日生。曾祖耆。祖絃。父惟远，学正。前母陈氏，母曾氏。慈侍下。兄一凤。娶方氏。福建乡试第三十五名，会试第二百二名。

余一鹏，贯福建兴化府莆田县，军籍，国子生，治《诗经》。字朝举，行四，年三十二，十一月初六日生。曾祖贪宾。祖用和，累赠中宪大夫太仆寺少卿。父瓒，亚中大夫太仆寺卿。母姚氏，累封恭人。慈侍下。兄一夔、一龙、一鹗。娶陈氏。福建乡试第八十七名，会试第一百四十七名。

刘光济，贯直隶常州府江阴县，民籍，靖江县人，县学增广生，治《易经》。字宪谦，行一，年二十五，二月二十日生。曾祖沂。祖和。父绪。母郑氏。具庆下。弟光亨、光化、光国、光昭。娶吕氏。应天府乡试第六十七名，会试第二百九十七名。

冯有年，贯直隶常州府无锡县，军籍，国子生，治《书经》。字子占，行二，年四十五，十月初一日生。曾祖以顺。祖绪。父季贵。母周氏。慈侍下。兄文富。弟霖。娶周氏，继娶谢氏、张氏。应天府乡试第一百二十四名，会试第一百三名。

徐惟贤，贯浙江绍兴府上虞县，民籍，国子生，治《易经》。字师圣，行一，年三十四，六月初一日生。曾祖楩。祖子瀹，恩例冠带。父大中。母张氏，继母杨氏。具庆下。弟惟能、惟德、惟聪、惟明、惟睿、惟智。娶庄氏。浙江乡试第七十一名，会试第二百七十六名。

王宗尧，贯四川叙州府富顺县，灶籍，国子生，治《诗经》。字见甫，行二，年四十六，十二月初六日生。曾祖大宾。祖聘。父楚凤。母欧氏，继母曾氏、章氏。永感下。兄宗武。弟宗德。娶刘氏，继娶羊氏、杨氏。四川乡试第三十九名，会试第二百七十名。

冯熊，贯浙江金华府金华县，民籍，国子生，治《诗经》。字伯祥，行四十五，年三十二，十月十九日生。曾祖杰，按察司按察使进阶中奉大夫。祖旸，知县赠主事。父洙，知州前员外郎。前母章氏，赠安人；母司马氏，封安人。慈侍下。兄玑，知县；珂；龙，知州；珊；珣；珮；虎；獬；骅。弟鹏。娶白氏。浙江乡试第三十七名，会试第一百十一名。

季德甫，贯直隶苏州府太仓州，匠籍，国子生，治《易经》。字仲修，行二，年三十七，八月二十七日生。曾祖让。祖鉴，寿官。父沐。前母薛氏，母朱氏。具庆下。兄德英。弟鸿磬、孔阳、孔固。娶张氏。应天府乡试第一百二名，会试第二百二十五名。

戈九章，贯锦衣卫匠籍，直隶吴县人，国子生，治《礼记》。字惟衷，行三，年三十二，十月初六日生。曾祖宁。祖瑀。父裕，鸿胪寺司宾署署丞。母雷氏。具庆下。兄九功、九成、九德。弟九仪；九寿，贡士；九经。娶叶氏，继娶杜氏。顺天府乡试第四十八名，会试第一百七十四名。

刘崙，贯直隶庐州府无为州，军籍，州学生，治《诗经》。字山甫，行三，年二十七，九月初四日生。曾祖克恭。祖琛，七品散官。父镗，义官。母林氏。具庆下。兄崒。弟徽、嵩。娶后氏。应天府乡试第六十名，会试第一百九十三名。

林爱民，贯福建福宁州，民籍，国子生，治《礼记》。字惟牧，行八，年三十七，十二月二十六日生。曾祖滕。祖文孟，贡士。父况。母盛氏。慈侍下。兄栻、梁。娶黄氏，继娶胡氏、陈氏。福建乡试第十名，会试第六十一名。

曾楚，贯广东广州府南海县，民籍，府学增广生，治《诗经》。字维翘，行二，年三十，十二月初二日生。曾祖广积。祖恺。父庆。母刘氏。具庆下。兄琪。弟翰。娶黄氏。广东乡试第二十四名，会试第七十名。

谢孟金，贯河南陈州卫中所，军籍，州学生，治《春秋》。字子纯，行三，年三十，十二月二十一日生。曾祖旺。祖鹏。父让。前母李氏，母乔氏。慈侍下。兄玉、孟阳。弟孟臣。娶齐氏，继娶娄氏。河南乡试第四名，会试第九十一名。

方瑜，贯直隶徽州府歙县，民籍，国子生，治《春秋》。字元忠，行一，年四十一，四月二十九日生。曾祖彦荣。祖柳宗。父从政。母汪氏。具庆下。弟珦；璧；琯；瑞；瓱，监生；玠；琛。娶宋氏。应天府乡试第五十二名，会试第二百十五名。

洪公谐，贯福建漳州府龙溪县，民籍，府学增广生，治《易经》。字廷和，行一，年三十，三月十八日生。曾祖明，赠监察御史。祖异，布政司左参议。父日瑞。母沈氏。重庆下。弟一泰，贡士；公谅；公训；公赞；公谨；公志；公谔。娶苏氏。福建乡试第十二名，会试第四十七名。

张烛，贯浙江绍兴府萧山县，民籍，国子生，治《书经》。字汝玉，行三，年三十，九月初七日生。曾祖江，赠资政大夫都察院右都御史。祖山，寿官。父翼。嫡母史氏，继母俞氏，生母陈氏。严侍下。兄灯。弟烁。娶沃氏。浙江乡试第八十二名，会试第六十名。

江冕，贯江西建昌府南丰县，民籍，国子生，治《书经》。字端甫，行一，年三十五，十二月初十日生。曾祖景纶。祖秉昭，寿官。父宙。母李氏，继母黄氏。重庆下。弟昱。娶朱氏，继聘马氏。江西乡试第四十四名，会试第八十六名。

陶大有，贯浙江绍兴府会稽县，民籍，县学生，治《春秋》。字子谦，行七，年三十四，十二月十九日生。曾祖性，贡士。祖谐，知县。父师文，知县。母杨氏。重庆下。兄大经，省祭官；大伦；大本，监生。弟大用，省祭官；大羊，南京兵部主事；大观；大心；大章；大山；大益；大时；大防；大辂；大冕；大廷。娶董氏。浙江乡试第四十七名，会试第五十二名。

陆炜，贯锦衣卫官籍，浙江嘉兴府平湖县人，试中书舍人，治《诗经》。字文蔚，行二，年二十三，正月十七日生。曾祖轼，赠骠骑将军后军都督府都督佥事。祖埒，赠骠骑将军后军都督府都督佥事。父松，管锦衣卫事后军都督府都督佥事赠荣禄大夫后军都督府都督同知。前母张氏，赠夫人；范氏，赠夫人；母李氏。慈侍下。兄炳，壬辰武举，锦衣卫管卫事指挥使。娶刘氏。顺天府乡试第一百名，会试第三百十八名。

于锦，贯山东济宁卫籍，莱阳州人，州学生，治《易经》。字实甫，行一，年三十五，七月初八日生。曾祖胜。祖龙。父贤。母孟氏。具庆下。弟乾、舟、盐。娶谢氏。山东乡试第六十四名，会试第一百八十三名。

王宗沐，贯浙江台州府临海县，民籍，府学增广生，治《春秋》。字新甫，行二，年二十二，正月十九日生。曾祖缵。祖逸卿，医官。父训。母郑氏。重庆下。兄宗渊。弟宗沛、宗汜、宗浃、宗洛。娶秦氏。浙江乡试第三名，会试第一百六十八名。

徐文通，贯浙江金华府永康县，匠籍，国子生，治《书经》。字汝思，行八十八，年三十三，十月初三日生。曾祖得晟。祖恪。父时，县丞。母孙氏。具庆下。弟文述。

娶赵氏。浙江乡试第二十四名，会试第二百一十二名。

冯觐，贯浙江杭州府海宁县，匠籍，钱塘县人，国子生，治《诗经》。字晋叔，行一，年三十六，六月十三日生。曾祖亮。祖贵。父谦。母陈氏。重庆下。弟观、见、觉、亲、靓、觌、宽。娶包氏。浙江乡试第二十七名，会试第二十二名。

李宜春，贯福建兴化府莆田县，盐籍，儒士，治《书经》。字应元，行二，年三十三，九月初八日生。曾祖孟骄。祖完，河泊官。父玉。母黄氏。永感下。兄仁。弟开春、会春。娶刘氏。福建乡试第三十一名，会试第三十四名。

皇甫濂，贯直隶苏州府长洲县，民籍，国子生，治《易经》。字道隆，行四，年三十六，十月初八日生。曾祖通。祖信，赠礼部员外郎。父录，知府，封中宪大夫。母黄氏，累封恭人。慈侍下。兄冲，贡士；涔，按察司金事；汸，南京吏部郎中。娶顾氏。应天府乡试第八十一名，会试第二名。

徐学诗，贯浙江绍兴府上虞县，军籍，县学附学生，治《诗经》。字以言，行十八，年二十八，闰十二月十五日生。曾祖徽。祖教，恩例冠带。父子忱，知州。母葛氏。重庆下。兄球，教谕；学知；学道；学贤；学礼；学易；学成。弟学颜。娶刘氏。浙江乡试第七十三名，会试第八名。

李桥，贯江西建昌府南丰县，匠籍，国子生，治《诗经》。字文济，行一，年三十三，九月初四日生。曾祖孔荣。祖琼。父銮。母舒氏。重庆下。弟柏、檀。娶罗氏。江西乡试第四十七名，会试第一百六十五名。

钱嘉猷，贯湖广镇远卫官籍，贵州镇远府人，国子生，治《书经》。字敬承，行四，年四十五，十月二十八日生。曾祖安。祖宁，明威将军。父山，封怀远将军。母许氏，封淑人。严侍下。兄嘉庆、嘉言、嘉谋。娶周氏。贵州乡试第三名，会试第二百九十六名。

陆稳，贯浙江湖州府归安县，民籍，县学生，治《书经》。字汝成，行三，年二十八，三月初五日生。曾祖震，知州。祖嵩，知县。父阶，医官。母陈氏。重庆下。弟稷、秩。娶潘氏。浙江乡试第七十一名，会试第一百五十五名。

赵钗，贯直隶安庆府桐城县，民籍，县学生，治《书经》。字子举，行十，年三十三，四月二十九日生。曾祖信。祖永芳。父弼。母汪氏。具庆下。兄钦，省祭官；锐，贡士；锡；钧。弟铢。娶方氏。应天府乡试第一名，会试第一百八名。

周冉，贯直隶永平府滦州，民籍，国子生，治《易经》。字子云，行十三，年三十四，正月初一日生。曾祖贤。祖通。父珍。母张氏。具庆下。兄尚文、尚质、府。弟邑、户。娶张氏，继娶张氏。顺天府乡试第三十六名，会试第二十三名。

张仲，贯江西南昌府南昌县，民籍，府学附学生，治《书经》。字明孝，行一，年二十二，九月十一日生。曾祖瑞。祖元春，知府食三品俸进阶亚中大夫。父登。母李氏。严侍下。弟仕、作、位、佩、化。娶赵氏。江西乡试第三名，会试第一百七十三名。

万恭，贯江西南昌府南昌县，军籍，府学生，治《诗经》。字肃卿，行二，年三十，八月二十三日生。曾祖钦武。祖明达。父文炳。母胡氏。重庆下。兄思从、思泰。娶周氏。江西乡试第二十名，会试第九十四名。

唐禹，贯浙江杭州府海宁县，民籍，国子生，治《易经》。字思平，行二，年三十八，九月初九日生。曾祖安。祖琳，训导。父世卿，通判。母杨氏。永感下。兄夔。弟稷、契。娶姚氏。浙江乡试第十六名，会试第九名。

胡安，贯浙江绍兴府余姚县，军籍，国子生，治《礼记》。字仁夫，行四，年三十四，正月初一日生。曾祖礼。祖楷。父轩，运使。母王氏。永感下。兄宽，监生；宝；宁；完。弟寅。娶谢氏。浙江乡试第四十五名，会试第四名。

林光祖，贯广东潮州府揭阳县，民籍，国子生，治《书经》。字以谦，行一，年三十七，八月二十七日生。曾祖鸾。祖恺。父文，国子监学正。母陈氏，继母郑氏、杨氏。永感下。弟光裕。娶陈氏。广东乡试第三名，会试第六名。

张子弘，贯江西吉安府庐陵县，军籍，县附学生，治《诗经》。字汝容，行十二，年三十，三月初四日生。曾祖轼，寿官。祖励。父江，知县。母曾氏。慈侍下。兄子勋、子介。娶刘氏。江西乡试第五十五名，会试第三十二名。

王询，贯四川成都右卫，官籍，国子生，治《春秋》。字可庸，行一，年二十九，三月二十四日生。曾祖昱。祖楠。父辙，指挥使。嫡母马氏，生母梁氏。具庆下。弟访。娶李氏。四川乡试第四名，会试第六十九名。

舒春芳，贯江西饶州府鄱阳县，民籍，县学生，治《易经》。字景仁，行一，年二十七，十月初十日生。曾祖昱，卫经历。祖穆，寿官。父载道，终养进士。母程氏。具庆下。弟春和。娶刘氏。江西乡试第三十八名，会试第二百四十一名。

刘佃，贯江西吉安府庐陵县，民籍，安福县人，府学附学生，治《易经》。字仲有，行三，年二十六，正月二十一日生。曾祖景隆，遇例冠带。祖梃，遇例冠带。父昉，训导。母王氏。重庆下。兄偲。弟僴、位。娶高氏。江西乡试第八十六名，会试第一百二十八名。

张大中，贯山东东昌府临清州，民籍，州学生，治《书经》。字子用，行一，年四十一，二月二十七日生。曾祖兴。祖信。父功。母李氏，继母赵氏。慈侍下。弟大才、大用、大业。娶王氏。山东乡试第九名，会试第一百四十名。

邓向荣，贯福建汀州府清流县，民籍，国子生，治《诗经》。字元植，行一，年三十五，六月十二日生。曾祖得实。祖稳。父烜，县丞。母伍氏。具庆下。弟向用、向道。娶汤氏。福建乡试第十六名，会试第五十一名。

方九叙，贯浙江杭州府钱塘县，民籍，国子生，治《易经》。字禹绩，行二，年三十八，九月十三日生。曾祖仲仁。祖贵。父人。前母柴氏、柴氏，母陈氏。具庆下。兄九功。弟九德。娶金氏。浙江乡试第二十五名，会试第二百六名。

谭纶，贯江西抚州府宜黄县，军籍，儒士，治《书经》。字子理，行三，年二十五，七月二十一日生。曾祖积，监生。祖廷用。父镐，教授。前母黄氏，母罗氏。具庆下。兄经。弟绰。娶饶氏。江西乡试第八十名，会试第二百四名。

袁福征，贯直隶松江府华亭县人，军籍，府学生，治《书经》。字履善，行一，年二十四，七月三十日生。曾祖瑛，知州。祖贵。父以嗣，训导。母唐氏。具庆下。兄元征。弟嘉征、孝征、晋征、梦征。娶彭氏。应天府乡试第九名，会试第一百十五名。

陆梦豹，贯江西南昌府丰城县，军籍，国子生，治《诗经》。字文蔚，行四，年四十，二月二十日生。曾祖具载，旌表义民。祖德美。父时叙，生员封文林郎府推官。母杜氏，封太孺人。慈侍下。兄梦麟，前监察御史。娶万氏，继娶方氏、蒋氏。江西乡试第十名，会试第二百二十八名。

周键，贯四川叙州府富顺县，军籍，县学增广生，治《诗经》。字启夫，行八，年三十，正月初九日生。曾祖秉儒。祖万斗，赠户部主事。父诏，知府。前母彭氏，赠安人；母方氏，封安人。慈侍下。兄锐；鋕；锦，引礼舍人；铣；铁；铉；鍊。弟鏼、钶、镕。娶杨氏。四川乡试第二十二名，会试第六十五名。

周爻，贯四川叙州府宜宾县，军籍，国子生，治《书经》。字易夫，行二，年三十九，六月初八日生。曾祖友信。祖旋，赠征仕郎义勇卫经历。父嘉诰。母左氏，继母陈氏。具庆下。兄士，监生。弟令、典、册、历。娶吴氏，继娶陈氏。四川乡试第六名，会试第一百四十四名。

余文献，贯江西九江府德化县，民籍，国子生，治《诗经》。字伯初，行一，年三十九，四月初五日生。曾祖旻。祖志琳。父仁。母王氏。严侍下。弟文华。娶陈氏。江西乡试第三名，会试第六十二名。

项守礼，贯浙江宁波府奉化县，军籍，县学生，治《诗经》。字进伯，行一，年三十二，正月二十六日生。曾祖憬，山西道监察御史。祖颖，府学训导。父秀，岁贡生。母周氏。严侍下。弟守义、守廉。娶沈氏。浙江乡试第五十名，会试第三百一名。

王会，贯直隶松江府华亭县，匠籍，国子生，治《易经》。字子嘉，行一，年二十七，十二月十五日生。曾祖纶。祖瓒，义官。父良玉。母杜氏。具庆下。兄章、命。弟俞、念、金。娶陈氏。应天府乡试第一百十九名，会试第三十八名。

蒋孝，贯直隶常州府武进县，民籍，国子生，治《诗经》。字惟忠，行二，年四十一，三月初四日生。曾祖宾。祖志。父瓛，寿官。前母白氏，母冯氏。严侍下。兄节、堂、云。娶华氏。应天府乡试第三十一名，会试第二百十名。

陈士元，贯湖广德安府应城县，军籍，国子生，治《易经》。字心叔，行一，年二十九，三月十四日生。曾祖瑶。祖尚言，散官。父正，岁贡生。母华氏。具庆下。弟士充、士宅、士兑、士光、士先。娶程氏。湖广乡试第十四名，会试第二十五名。

迟凤翔，贯山东青州府临朐县，军籍，县学生，治《易经》。字德征，行一，年三十九，十一月二十二日生。曾祖让，县丞。祖殷。父聪。母聂氏。慈侍下。弟凤仪。娶沈氏。山东乡试第十三名，会试第一百八十七名。

邬琏，贯江西瑞州府新昌县，民籍，国子生，治《易经》。字宜莹，行八，年三十二，四月二十日生。曾祖三谟。祖尚缙。父承业。前母吴氏，母晏氏。慈侍下。兄璜。弟玘。娶胡氏。江西乡试第七十八名，会试第二百四十九名。

计士元，贯江西饶州府鄱阳县，民籍，县学生，治《春秋》。字允卿，行一，年二十九，七月初八日生。曾祖筹。祖尚贤。父仁，散官。母罗氏。具庆下。弟士明、士奇、士良。娶江氏。江西乡试第十四名，会试第一百五十六名。

陶钦皋，贯江西九江府彭泽县，民籍，县学生，治《礼记》。字克允，行十四，年三十三，七月二十八日生。曾祖荣。祖焯，医学训科。父垫，医学训科封文林郎浙江道监察御史。母宋氏，赠孺人；继母刘氏。严侍下。兄钦民，贡士；钦时；钦夔，按察司副使；钦中，监生。娶冯氏。江西乡试第三名，会试第二百二十三名。

刘朝佐，贯江西吉安府安福县，军籍，国子生，治《春秋》。字道卿，行二，年三十三，正月十九日生。曾祖资赞。祖瑞。父潜。前母王氏，母吴氏。具庆下。兄朝用，恩例冠带。弟朝杰。娶王氏。江西乡试第十九名，会试第三十三名。

杨师震，贯山东东昌府馆陶县，军籍，县学生，治《诗经》。字子畏，行一，年二十九，八月二十日生。曾祖盛。祖钧。父杰。前母王氏，母武氏。慈侍下。娶宗氏。山东乡试第十二名，会试第一百四十四名。

刘尔牧，贯山东兖州府东平州，民籍，州学增广生，治《诗经》。字成卿，行二，年二十，二月初八日生。曾祖海，赠兵部左侍郎兼右副都御史。祖恩，封大理寺右寺丞赠兵部左侍郎兼右副都御史。父源清，通议大夫兵部左侍郎兼都察院右副都御史。嫡母李氏，封淑人；生母张氏。严侍下。兄尔耕，官生。弟尔仆、尔卜。娶赵氏。山东乡试第二十五名，会试第二百四十三名。

朱大器，贯江西建昌府南城县，民籍，国子生，治《书经》。字自充，行一，年三十九，十月三十日生。曾祖以忠。祖子敬。父宏，训导。母邹氏。具庆下。娶左氏，继娶单氏。应天府乡试第五十九名，会试第一百二十五名。

熊汝达，贯江西南昌府进贤县，军籍，县学附学生，治《诗经》。字德明，行八，年二十五，十一月初二日生。曾祖恕民。祖怀道。父誉。母万氏，继母魏氏、朱氏。重庆下。兄沾。弟愈奇、汪、洋、激、淑。娶闵氏。江西乡试第七名，会试第三百十五名。

毕锵，贯直隶池州府石埭县，匠籍，县学生，治《春秋》。字廷鸣，行三，年二十八，五月初五日生。曾祖庚生。祖贵。父永高。前母万氏，母崔氏，继母孙氏。具庆下。兄钢、镗。娶邵氏。应天府乡试第一百四名，会试第五名。

何一举，贯四川成都府成都县，民籍，国子生，治《诗经》。字德卿，行一，年三十八，七月初一日生。曾祖彦昭。祖谦。父佐。母王氏。具庆下。娶高氏。四川乡试第一名，会试第七十五名。

范阶，贯山东莱州府胶州即墨县，军籍，县学增广生，治《易经》。字景志，行二，年二十八，九月二十一日生。曾祖清。祖能。父鹏。前母王氏，继母刘氏，生母陈氏。慈侍下。兄升。弟防、陛、阡、陌、陶。娶杨氏。山东乡试第十八名，会试第八十名。

王一阳，贯直隶扬州府江都县，军籍，国子生，治《易经》。字子复，行一，年三十五，十一月二十二日生。曾祖珏，寿官。祖辅，知县。父迁，监生。母孙氏，继母林氏。慈侍下。弟一德、一言、一蘷、一恭、一心、一桂、一恩、一儒、一举、一贞、一方、一治。聘俞氏，娶沈氏。应天府乡试第一百十四名，会试第一百五名。

蔺子充，贯河南汝宁府汝阳县，民籍，府学生，治《书经》。字仲实，行二，年三十四，八月十四日生。曾祖珙。祖钦，寿官。父泽，知县。前母杨氏，母房氏。慈侍下。兄子完。弟子冠、子民。娶石氏，继娶王氏。河南乡试第三十七名，会试第二百三十七名。

李临阳，贯四川重庆府江津县，军籍，国子生，治《春秋》。字汝贞，行三，年三十八，十一月初六日生。曾祖树，寿官。祖孟奇。父周。母周氏。严侍下。兄扶阳、载阳。娶王氏。四川乡试第二十四名，会试第二百三十三名。

吴朝凤，贯浙江温州府乐清县，军籍，国子生，治《诗经》。字鸣仲，行三十一，年四十，二月十四日生。曾祖纶，通议大夫南京礼部左侍郎赠吏部尚书谥恭毅。祖玄应，正奉大夫广东右布政使。父九仁。母金氏。严侍下。兄朝钺、朝键。弟朝铼、朝钝、朝鸾、朝鹏、朝陛、朝钰、朝宽、朝铗。娶赵氏。浙江乡试第二十一名，会试第一百七十五名。

康迪吉，贯山东济南府章丘县，军籍，县学生，治《诗经》。字道甫，行二，年二十六，五月初四日生。曾祖乐。祖钺，大使。父济民，省祭官。前母李氏，母胡氏。具庆下。兄修吉。弟逢吉。娶宁氏。山东乡试第五十六名，会试第四十八名。

陈淮，贯浙江宁波府奉化县，民籍，县学生，治《诗经》。字豫之，行二，年三十二，十一月二十八日生。曾祖忠素。祖瑗。父缙。母袁氏。慈侍下。兄泽。弟河。娶邬氏。浙江乡试第八十六名，会试第二百五十三名。

据《嘉靖二十三年进士登科录》："第三甲二百一十六名，赐同进士出身。"

曹三旸，贯直隶常州府宜兴县，民籍，县学生，治《礼记》。字子泰，行三，年二十九，九月十九日生。曾祖立。祖诏。父珮。母毛氏，继母史氏。具庆下。兄一旸、二旸。弟景旸、应旸、鸣旸、秉旸、春旸。娶吕氏。应天府乡试第五名，会试第一百四十一名。

姜良翰，贯浙江金华府金华县，民籍，国子生，治《诗经》。字希召，行九，年三十六，十二月二十二日生。曾祖约，吏部文选司主事升广东南雄府知府。祖瑛，知县。父淮，知县。母严氏。具庆下。兄良辅，大使；良能；良臣；良佐；良璧；良高；良相；良卿；良应。弟良豪、良策、良谟。娶陈氏。浙江乡试第一名，会试第二百一十八名。

刘凤，贯直隶苏州府长洲县，民籍，府学生，治《易经》。字文起，行一，年二十八，六月二十九日生。曾祖镗。祖相，义官。父梅，推官。前母俞氏，母吴氏。具庆下。娶顾氏。应天府乡试第七十一名，会试第二十九名。

申价，贯直隶广平府永年县，民籍，府学生，治《诗经》。字懋德，行二，年二十九，十月初二日生。曾祖广，主簿赠兵部员外郎。祖纶，按察司副使。父翰，州判官。母张氏。具庆下。兄仕。弟伟，贡士；储；备；倬；侨；俨。娶张氏。顺天府乡试第四十二名，会试第二百九十名。

陈其学，贯山东登州卫军籍，直隶宣城县人，登州府学生，治《礼记》。字宗孟，行三，年三十三，二月二十四日生。曾祖安，七品散官。祖善，赠礼科给事中。父鼎，应天府府尹。前母王氏，母王氏，继母王氏。慈侍下。兄邦治；邦礼；其可；其愚，贡士。弟其立、其居。娶王氏。山东乡试第三名，会试第一百一十九名。

吉来献，贯陕西西安府兴平县，民籍，国子生，治《春秋》。字子钦，行二，年三十四，七月初七日生。曾祖赟。祖友文。父体仁，贡士。母刘氏。慈侍下。兄来逢。弟来朝、来旬、来宣。娶王氏。陕西乡试第五名，会试第二百五十四名。

章熙，贯广东潮州府海阳县，民籍，国子生，治《礼记》。字尧载，行二，年三十九，十月十一日生。曾祖蕃。祖凯。父廷琇。前母姚氏，母朱氏。严侍下。兄焕，府同知。弟烨、炳。娶傅氏。广东乡试第四名，会试第二百六十五名。

马锡，贯河南开封府尉氏县，军籍，国子生，治《易经》。字伯厚，行三，年三十五，十二月初五日生。曾祖三。祖通。父文奎。母常氏。具庆下。兄镗、镒。弟钿、镂、锴。娶高氏。河南乡试第四十六名，会试第一百九十一名。

张承宪，贯直隶松江府华亭县，民籍，国子生，治《诗经》。字监先，行二，年三十六，三月十一日生。曾祖瑄，赠监察御史。祖绅。父应祥。母胡氏。具庆下。兄宇、承宗。弟宿；承祖，监生；承学；承守；承甫。娶杨氏。应天府乡试第八名，会试第二十六名。

赵世奎，贯神武右卫右所军籍，直隶江都县人，国子生，治《诗经》。字启文，行八，年三十九，七月二十日生。曾祖旺。祖演，赠文林郎云南道监察御史。父琪，寿官。母张氏，继母王氏。永感下。兄世瞻；世普，岁贡生；世显；世焕；世卿。娶姬氏。顺天府乡试第三十二名，会试第一百二十七名。

叶材，贯锦衣卫校尉籍，直隶常州府武进县人，国子生，治《诗经》。字达卿，行六，年四十三，正月二十六日生。曾祖荣。祖元亨。父英，封知县。母潘氏，赠孺人；继母朱氏。慈侍下。兄林，知县；彬；松；桓；权。弟相。娶曹氏，继娶吴氏。应天府乡试第三十七名，会试第一百六十二名。

霍冀，贯山西汾州孝义县，军籍，县学生，治《诗经》。字尧封，行一，年二十九，正月二十九日生。曾祖深。祖凤。父文。母郭氏。具庆下。娶张氏。山西乡试第九名，会试第一百八十六名。

任璜，贯陕西西安府临潼县，民籍，国子生，治《诗经》。字北玉，行五，年三十八，九月十三日生。曾祖信。祖昶。父动阳。母贾氏。慈侍下。兄珮、玠、环、珠、珪、玑、瑶。弟瑱。娶邓氏。陕西乡试第三十七名，会试第一百七十名。

文方，贯四川重庆府合州，民籍，州学增广生，治《易经》。字子静，行五，年二十七，三月初七日生。曾祖仲清。祖献。父诚，知州。母刘氏。慈侍下。兄伯；钧；斗；璧；言，监生；衡；启。娶王氏，继娶王氏。四川乡试第七名，会试第二十二名。

张德熏，贯福建福州府福清县，军灶籍，县学附学生，治《诗经》。字宗儒，行一，年二十九，九月二十七日生。曾祖钧。祖浚。父文材。母方氏。具庆下。兄德烨、德炀。弟德美、德勋。娶郑氏。福建乡试第六十四名，会试第二百五名。

黄国卿，贯广东潮州府揭阳县，民籍，国子生，治《书经》。字君任，行十五，年三十四，六月初三日生。曾祖崇。祖三才。父邦杰。母张氏。慈侍下。兄国宾。弟国治。娶张氏。广东乡试第六十名，会试第三十一名。

尚薰，贯陕西西安府乾州武功县，军籍，国子生，治《书经》。字德馨，行一，年四十二，四月初十日生。曾祖忠。祖廉。父达，巡检。前母党氏，母贾氏。慈侍下。兄兰，文思院副使；万；云。弟芳，贡士；廷臣；廷锡；廷相。娶马氏。陕西乡试第五十五名，会试第三百二名。

李檀，贯河南卫辉府汲县，民籍，国子生，治《礼记》。字子荐，行四，年三十八，八月初四日生。曾祖十三。祖顺。父景和。母康氏。永感下。兄梅、橘、楠。娶张氏。河南乡试第五名，会试第三百十七名。

陈绛，贯浙江绍兴府上虞县，民籍，国子生，治《易经》。字用阳，行十九，年三十二，五月十五日生。曾祖太滂。祖顼。父述。母俞氏，继母吴氏。具庆下。兄绘，岁贡生；绪；信，同科进士；绍，知府；级；缓。弟绾。娶丁氏。浙江乡试第六十一名，会试第四十三名。

蒋贲，贯广西桂林府全州，民籍，国子生，治《易经》。字子素，行四，年三十一，十二月初九日生。曾祖键。祖基。父晓。母唐氏。慈侍下。兄贤，省祭官；员。娶陶氏。广西乡试第二十八名，会试第三百三名。

王民，贯山东东昌府临清州，民籍，州学生，治《诗经》。字皥如，行一，年三十四，十一月初七日生。曾祖玉。祖和。父琼。母薛氏。慈侍下。娶张氏。山东乡试第三十六名，会试第二百一名。

朱熙载，贯山东平山卫旗籍，直隶扬州府大兴县人，国子生，治《易经》。字懋勋，行一，年三十一，十月初三日生。曾祖宏，诰封奉直大夫户部员外郎。祖荣，苑马寺少卿。父堂，主簿。母王氏。具庆下。娶陈氏。山东乡试第四十三名，会试第二百七十四名。

徐易，贯江西广信府永丰县，民籍，府学附学生，治《书经》。字希文，行六十八，年二十八，十二月十八日生。曾祖茂仙。祖纪。父琼。母周氏。严侍下。兄昊、晟。娶王氏。江西乡试第九十一名，会试第一百九十七名。

向洪迈，贯浙江宁波府慈溪县，民籍，县学生，治《诗经》。字景皋，行二十一，年三十七，正月初七日生。曾祖秉直，教谕。祖堂。父金。母裘氏。慈侍下。兄洪仪、洪仕、洪信。弟上。娶陆氏。浙江乡试第七十四名，会试第五十四名。

俞介，贯浙江绍兴府余姚县，匠籍，国子生，治《易经》。字仲和，行一，年三十八，十月十七日生。曾祖固祯，寿官。祖钦。父澜，知县。母徐氏。慈侍下。弟仝。娶韩氏，继娶娄氏。浙江乡试第四名，会试第十一名。

钱峰，贯浙江宁波府鄞县，民籍，国子生，治《诗经》。字景鲁，行六十，年三十二，正月十九日生。曾祖柜，县丞赠太中大夫资治少尹左参政。祖杂，正奉大夫正治卿左布政使。父瓒，中宪大夫按察司副使。嫡母毛氏、李氏，生母王氏。永感下。兄昆，知县；峰；岑，岁贡生；嵘；幽。弟岠。娶周氏，继娶王氏。浙江乡试第八名，会试第九十六名。

金九成，贯直隶常州府武进县，民籍，国子生，治《诗经》。字鸣韶，行二，年三十五，十月二十九日生。曾祖洪。祖俊。父珮。母杨氏。具庆下。兄昇；星；九龄，同科进士。弟九皋、九思。娶陈氏。应天府乡试第四十九名，会试第二百四十九名。

洪遇，贯山东济南府历城县，民籍，府学生，治《春秋》。字伯时，行三，年三十七，九月初四日生。曾祖昙。祖秀，义官。父淮，义官。嫡母张氏，生母朱氏。严侍下。兄进、远。弟邃。娶刘氏，继娶王氏。山东乡试第二十名，会试第二百八十四名。

任环，贯山西潞安府长治县，匠籍，府学增广生，治《易经》。字应乾，行二，年二十六，二月十八日生。曾祖增。祖仕能。父翱。嫡母张氏，生母赵氏。具庆下。兄琦，医官。娶李氏。山西乡试第六十一名，会试第二百七十一名。

赵世禄，贯山西汾州，军籍，州学增广生，治《书经》。字汝公，行一，年三十七，八月初二日生。曾祖兴。祖博。父廷璧。母刘氏。严侍下。弟世臣。娶仕氏。山西乡试第四十一名，会试第二百四十二名。

欧阳震，贯四川重庆府巴县民籍，江西泰和县人，国子生，治《易经》。字起叔，行二，年四十四，正月初八日生。曾祖隆。祖仲谦。父润。前母张氏，母杜氏。永感下。兄复，贡士。娶杭氏。四川乡试第三十七名，会试第三百七名。

闾东，贯四川成都府内江县，民籍，县学生，治《诗经》。字启明，行一，年三十九，十二月二十五日生。曾祖澄清。祖宗器。父光。母王氏。慈侍下。弟元、亨、仁、永。娶潘氏，继娶马氏。四川乡试第五十四名，会试第三百六名。

卢岐嶷，贯福建漳州府长泰县，军籍，国子生，治《书经》。字希稷，行一，年三十，三月十二日生。曾祖惟贞。祖德集。父道明。母薛氏。严侍下。娶戴氏。福建乡试第八名，会试第三十七名。

唐守勋，贯广东广州府番禺县，民籍，国子生，治《诗经》。字允懋，行一，年三十四，九月二十八日生。曾祖广基。祖景华。父纲。母谭氏。具庆下。弟守明、守文、守谟、守敬。娶王氏。广东乡试第十四名，会试第四十六名。

孙昭，贯浙江温州府永嘉县，民籍，县学生，治《诗经》。字明德，行二，年二十七，九月十三日生。曾祖怡。祖袍。父沧。前母丁氏、陈氏，母陈氏。具庆下。兄曜。弟晬。娶陈氏。浙江乡试第七十六名，会试第六十七名。

王本固，贯直隶顺德府邢台县，军籍，府学生，治《诗经》。字子民，行一，年三十一，九月初十日生。曾祖信。祖瑛。父钊。前母张氏，母陈氏。慈侍下。娶曹氏，继娶刘氏。顺天府乡试第三十五名，会试第二百九十八名。

倪润，贯直隶大河卫军籍，苏州府常熟县人，国子生，治《诗经》。字伯雨，行一，年四十四，十一月十二日生。曾祖能。祖玉。父和。母杨氏。严侍下。弟澜。娶张氏。应天府乡试第二十九名，会试第二百五十八名。

俞时歆，贯浙江绍兴府新昌县，民籍，县学生，治《书经》。字伯骏，行二十三，年二十九，正月十三日生。曾祖铎，左布政使进阶正奉大夫正治卿。祖溥，赠监察御史。父柔，推官。母潘氏。具庆下。弟时叙、时若。娶董氏。浙江乡试第七十八名，会试第二百九十九名。

丘秉文，贯福建兴化府莆田县，军籍，国子生，治《书经》。字鸣周，行三，年三十二，四月初二日生。曾祖山，按察司副使。祖守渊，义官。父茂槺，贡士。母陈氏，继母林氏。具庆下。兄陵、秉和。弟阶、陟、隅、秉咸、秉奇、秉玄、秉鲁、秉哲、陈。娶洪氏。福建乡试第五十一名，会试第四十四名。

王斛，贯湖广汉阳府汉阳县，民籍，府学生，治《诗经》。字应万，行二，年二十，十月二十九日生。曾祖继宗。祖清。父教，卫经历。母吴氏，继母陶氏。具庆下。兄角。弟觯、觯、觟、觿。娶朱氏。湖广乡试第二十六名，会试第一百八十二名。

缪宣，贯直隶苏州府常熟县，民籍，吴县人，国子生，治《诗经》。字时化，行四，年四十一，六月初一日生。曾祖士实。祖杲，寿官。父京。母陈氏。永感下。兄寅、宸、室。弟察、宠、守、完。娶季氏。应天府乡试第七十六名，会试第一百二十二名。

王光祖，贯直隶大名府魏县，民籍，山西黎城县人，县学生，治《易经》。字子孝，行一，年二十七，二月初七日生。曾祖玘。祖文。父烦。母申氏。具庆下。弟光考。娶马氏。顺天府乡试第十四名，会试第一百十七名。

宋国华，贯江西南昌府奉新县，民籍，国子生，治《诗经》。字崇乐，行五，年三十，闰四月初四日生。曾祖迪吉。祖岳。父庆，贡士。母徐氏。永感下。弟国英。娶黄氏。江西乡试第二十六名，会试第九十九名。

胡汝安，贯陕西西安府三原县，民籍，国子生，治《易经》。字恭甫，行二，年三十五，十一月二十七日生。曾祖善。祖鳌。父彦昭。母李氏，继母袁氏、袁氏。具庆下。兄汝宁。弟汝宽、汝宏。娶王氏。陕西乡试第二十一名，会试第二百二十九名。

刘时进，贯河南开封府中牟县，民籍，县学生，治《易经》。字子亨，行一，年二十三，五月初五日生。曾祖参。祖环。父朝阳。母胡氏。具庆下。娶郭氏。河南乡试第三十四名，会试第二百五十七名。

胡景荣，贯直隶扬州府江都县，民籍，京卫武学生，治《礼记》。字子仁，行一，年四十四，七月二十八日生。曾祖志大。祖海。父宁。母贾氏。慈侍下。弟景华、景富、景贵。娶张氏。顺天府乡试第十四名，会试第七十九名。

张才，贯陕西西安后卫官籍，直隶江都县人，西安府学生，治《易经》。字茂参，行一，年三十九，三月初八日生。曾祖秤，指挥佥事赠昭勇将军都指挥佥事。祖敏，指挥佥事赠昭勇将军都指挥佥事。父鹏霄，昭勇将军陕西都司都指挥佥事。嫡母胡氏，封恭人，赠淑人；继母周氏；生母白氏。慈侍下。娶杨氏，继娶韩氏、焦氏。陕西乡试第十六名，会试一百二十八名。

张承叙，贯顺天府固安县，民籍，国子生，治《书经》。字怀德，行二，年三十二，十二月十三日生。曾祖祯，县丞。祖铎。父材，大使，前母高氏。母侯氏。永感下。兄承恩。弟承祚。娶辛氏。顺天府乡试第二十三名，会试第七十六名。

刘禄，贯山东济南府章丘县，军籍，国子生，治《诗经》。字惟学，行二，年三十六，九月初三日生。曾祖雄。祖栾。父宗良。母殷氏。永感下。兄福。弟祉、祚。娶苗氏。山东乡试第七十五名，会试第二百八十三名。

张志学，贯四川重庆府长寿县，民籍，国子生，治《诗经》。字叔行，行一，年四十三，正月初八日生。曾祖和。祖藩。父钰。嫡母方氏，生母王氏。永感下。娶周氏。四川乡试第二十九名，会试第一百三十名。

郭维藩，贯广东潮州府揭阳县，民籍，国子生，治《诗经》。字价夫，行二，年四十三，二月初五日生。曾祖宏毅。祖骏。父淳。前母陈氏，母杜氏。慈侍下。兄世臣。弟维翰。娶杨氏。广东乡试第十七名，会试第三十六名。

王楠，贯直隶德州左卫军籍，山东文登县人，国子生，治《易经》。字子梁，行二，年四十，十二月二十七日生。曾祖福荣。祖聚，寿官。父崇。母李氏。永感下。兄松。娶熊氏。山东乡试第四名，会试第二百十九名。

王鸣臣，贯江西吉安府泰和县，民籍，县学附学生，治《诗经》。字汝文，行三，年三十一，六月初一日生。曾祖大溪，寿官。祖学渔。父国赐。母颜氏。具庆下。兄举臣、彦臣。弟哲臣、礼臣、元臣。娶萧氏。江西乡试第六十九名，会试第二百七十五名。

戚慎，贯直隶宁国府宣城县，民籍，国子生，治《易经》。字汝初，行四，年三十五，十月初四日生。曾祖荣。祖瑶。父亨。母胡氏。具庆下。兄悦、怿，忻。弟恬、惺、悌、忏、怀、恢。娶丁氏。应天府乡试第一百十二名，会试第一百五十九名。

蔡朴，贯直隶河间府沧州，灶籍，州学生，治《易经》。字子初，行一，年三十，十二月初三日生。曾祖祥，知州。祖英。父汶。母顾氏。具庆下。兄恭。弟栻。娶王氏。顺天府乡试第一百十五名，会试第一百二十三名。

陈大宾，贯湖广荆州府江陵县，匠籍，府学生，治《易经》。字敬夫，行一，年二十九，六月初三日生。曾祖溥。祖伯泰。父琳。母赵氏，继母卓氏。重庆下。娶艾氏，继娶赵氏。山东乡试第六十二名，会试第二百四十七名。

赵锦，贯浙江绍兴府余姚县，灶籍，县学生，治《易经》。字元朴，行五十一，年二十九，二月初十日生。曾祖玟。祖昺，赠刑部贵州司主事。父埧，府同知。母诸氏，赠安人；继母鲁氏，封安人。具庆下。兄世美，医官；镇；釜；铧。弟镕、镇、炼、金。娶尹氏。浙江乡试第七十九名，会试第一百四十九名。

朱绘，贯山西平定州守御千户所官籍，直隶凤阳府人，儒士，治《书经》。字白甫，行八，年二十四，七月二十九日生。曾祖玺。祖凤，赠文林郎推官。父方，右佥都御史。母董氏，封孺人。具庆下。兄纪、绅、幼、绥、彩、绂。弟维、约。娶周氏。山西乡试第八名，会试第一百三十一名。

吉澄，贯直隶大名府开州，匠籍，国子生，治《书经》。字静甫，行二，年三十八，六月十三日生。曾祖宣。祖伦。父陈，长史。母刘氏。具庆下。兄荐。弟肃、慎、芳、淓、沾、芬、洽、冲、湛。娶张氏，继娶李氏。顺天府乡试第八十五名，会试第一百七十八名。

严天祥，贯陕西西安府同州朝邑县，军籍，国子生，治《易经》。字叔善，行一，年三十一，十二月十六日生。曾祖恪。祖凤。父尧黼。母李氏。具庆下。弟天佑、天祺。娶曹氏。陕西乡试第六名，会试第二百五十二名。

张鉴，贯四川顺庆府南充县，民籍，国子生，治《易经》。字汝明，行四，年三十六，七月十三日生。曾祖大贵。祖从政，赠奉政大夫蜀府右长史。父玠，蜀府右长史进阶正四品。前母李氏，赠宜人；母何氏，封宜人；继母刘氏。永感下。兄铨；炼；铎，同科贡士；银。弟铉。娶王氏，继娶常氏、王氏。四川乡试第十四名，会试第一百九十六名。

刘应箕，贯四川重庆府巴县，民籍，国子生，治《诗经》。字维南，行一，年三十二，十一月二十二日生。曾祖仲英。祖伯全。父翱。母杨氏。具庆下。弟应毕、应奎。娶曹氏。四川乡试第七十名，会试第二百五十六名。

甘观，贯南京府军右卫官籍，直隶怀宁县人，国子生，治《易经》。字贞父，行三，年四十一，九月十七日生。曾祖俊，赠明威将军。祖敬，指挥佥事赠昭勇将军。父洤。母李氏，继母张氏。永感下。兄雨，署都指挥佥事；露。弟雯。娶鲁氏，继娶孙氏。应天府乡试第一百一名，会试第二百六十三名。

高光，贯四川嘉定州峨眉县，军籍，县学生，治《书经》。字子谦，行五，年三十三，九月二十四日生。曾祖裕。祖伦。父世贤，监生例授七品散官。母徐氏，继母尹氏。具庆下。兄辅、弼、杰、尚。弟常。娶何氏。四川乡试第三十四名，会试第二百六十九名。

申思夔，贯直隶苏州府吴江县，民籍，国子生，治《诗经》。字汝一，行二，年二十八，二月二十六日生。曾祖俊，七品散官。祖显，州判官。父意，监生。前母陈氏，母徐氏，继母陆氏。重庆下。兄思伊。弟思皋，监生；思稷；思契；思龙。娶钮氏。应天府乡试第七十八名，会试第一百一名。

汪克用，贯江西广信府永丰县，民籍，府学附学生，治《书经》。字子才，行一十九，年二十八，十二月十三日生。曾祖贵，同知。祖炳，州吏目。父台。母吕氏。重庆下。兄克良。弟克让、克忠、克俊、克勤。娶李氏。江西乡试第五十名，会试第一百六十六名。

俞乾，贯浙江嘉兴府平湖县，民籍，国子生，治《书经》。字一清，行一，年三十六，七月十一日生。曾祖瑛。祖祯。父鎣。母潘氏。慈侍下。娶马氏，继娶张氏。浙江乡试第二十九名，会试第九十三名。

万寀，贯江西南昌府丰城县，军籍，县学增广生，治《春秋》。字一和，行五，年二十八，十月十九日生。曾祖容舒。祖敬方。父洪。母黄氏。慈侍下。兄冲；逮，省祭官；化；遂，省祭官；远。娶熊氏。江西乡试第五十四名，会试第三百四名。

王学，贯广西桂林府阳朔县，民籍，国子生，治《诗经》。字师古，行三，年三十一，四月初六日生。曾祖素，主簿。祖佐。父理，通判。母苏氏，继母蒋氏。具庆下。兄勤学、好学。弟实学、问学、幼学。娶容氏。广西乡试第三十九名，会试第三百二十名。

张鍊，贯陕西西安府乾州武功县，民籍，国子生，治《诗经》。字伯纯，行十，年三十五，七月二十四日生。曾祖海。祖让。父儒珍。母康氏。慈侍下。兄应中；应祥；铸；应祺；应福；钥；应和；镐；镈，贡士。娶赵氏。陕西乡试第四十六名，会试第二百八十七名。

张侃，贯直隶大河卫军籍，苏州府昆山县人，国子生，治《礼记》。字巽卿，行一，年三十六，闰九月十九日生。曾祖清。祖经，义官。父盖，义官。嫡母金氏，生母屈氏。慈侍下。兄贤、相、伟。弟信；表；褒，监生；襄，监生；袭。娶谢氏，继娶沈氏。应天府乡试第四十一名，会试第一百五十八名。

何海晏，贯山东兖州府东平州平阴县，军籍，县学生，治《书经》。字治象，行一，年二十四，十一月十六日生。曾祖泰。祖澍。父琦。嫡母周氏，生母司氏。慈侍下。娶姜氏。山东乡试第二十四名，会试第二百八十六名。

葛楠，贯浙江绍兴府上虞县，民籍，国子生，治《易经》。字安甫，行一，年三十七，七月二十三日生。曾祖文玉，赠通议大夫大理寺卿。祖用成。父潹。母范氏。具庆下。兄梅；模，义官；木，参政；相。弟槠；檠；枭，监生；桌，官生。娶俞氏。浙江乡试第六十九名，会试第一百八十名。

钱仕，贯湖广荆州府江陵县，民籍，府学生，治《易经》。字忠甫，行一，年三十九，十一月二十七日生。曾祖讯。祖宁。父福祯。母胡氏，继母庄氏。具庆下。弟佶、像、仁、儒、信、仪、佃、俊。娶阎氏。湖广乡试第十四名，会试第二百六十八名。

薛樟，贯山东济南府历城县，匠籍，县学生，治《诗经》。字子乔，行三，年三十二，八月初三日生。曾祖友德。祖盛。父虎。母贾氏。具庆下。兄梅，岁贡生；楠。娶张氏，继娶张氏。山东乡试第十二名，会试第一百九十八名。

谷中虚，贯山东济南府海丰县，民籍，县学生，治《易经》。字子声，行二，年二十，六月初二日生。曾祖文友。祖强。父通。前母唐氏、刘氏，母门氏。具庆下。兄铖。弟中含。娶杨氏。山东乡试第十六名，会试第七十二名。

凌汝志，贯直隶苏州府太仓州，民籍，府学生，治《诗经》。字云鹄，行一，年三十二，十二月初五日生。曾祖方。祖缙。父昆。母陈氏。具庆下。弟汝学；云翼，贡士。娶顾氏。应天府乡试第四十一名，会试第二百五十一名。

陈甘雨，贯福建兴化府莆田县，盐籍，国子生，治《诗经》。字应时，行五，年二十九，二月十七日生。曾祖宏，七品散官。祖世显，典史。父泉。前母林氏，母方氏。慈侍下。兄甘露。弟甘霖、甘瓠。娶黄氏。福建乡试第二十九名，会试第二十八名。

席上珍，贯四川潼川州遂宁县，民籍，国子生，治《春秋》。字聘之，行一，年三十五，十一月二十三日生。曾祖祖宪，封知县□□□大夫柱国少保兼太子太保礼部尚书。祖书，光禄大夫柱国少保兼太子太保礼部尚书武英殿大学士赠太傅谥文襄。父中，尚宝司卿。母杨氏，赠宜人；继母杨氏，封宜人。具庆下。弟上贤、上宾、上儒、上卿、上士、上寿、上第、上相、上璧、上台、上应。娶赵氏。四川乡试第十九名，会试第二百七十三名。

李九功，贯河南南阳府裕州，军籍，州学生，治《易经》。字惟叙，行二，年三十四，五月二十一日生。曾祖海。祖贵。父裕。母周氏，继母王氏。具庆下。兄九思。弟九叙、九成、九皋、九德。娶杨氏。河南乡试第二十七名，会试第二百六十六名。

王宗性，贯山东兖州府沂州，军籍，州学生，治《书经》。字继善，行九，年二十七，九月初九日生。曾祖纲，赠资政大夫都察院右都御史。祖璟，荣禄大夫太子太保都察院左都御史赠少保谥恭靖。父士彦，监生。嫡母奚氏，生母郭氏。慈侍下。兄宗贤，长史；宗哲，散官；宗英，散官；宗明，散官；宗续，贡士；宗业；宗文；宗武。弟宗敏、宗逊。娶孙氏。山东乡试第二十一名，会试第二百六十二名。

赵孔昭，贯直隶顺德府邢台县，民籍，县学生，治《易经》。字子潜，行三，年二十六，五月初七日生。曾祖英。祖仿。父用。母张氏。具庆下。兄孔阳，监生；孔仪，省祭官。弟孔嘉。娶郝氏。顺天府乡试第十二名，会试第一百五十三名。

栗永禄，贯山西潞安府长治县，民籍，府学生，治《礼记》。字士学，行二，年二十七，八月二十二日生。曾祖铭，进士。祖漳，典膳。父木，典膳。母陈氏，旌表节妇。重庆下。兄永爵，贡士。娶李氏。山西乡试第一名，会试第二百八十名。

陈昌言，贯广东潮州府揭阳县，民籍，国子生，治《易经》。字德夫，行三，年四十九，三月二十七日生。曾祖孟容。祖进宝。父廉。母石氏。永感下。兄昌代。娶纪氏。广东乡试第七十二名，会试第二百八十二名。

杨选，贯山东济南府章丘县，军籍，县学生，治《书经》。字以公，行三，年三十一，十二月二十日生。曾祖鼎。祖璞，寿官。父盈，知县。母时氏。重庆下。兄进、道。弟逊、连。娶赵氏。山东乡试第四十一名，会试第二百三十四名。

萧一鹗，贯江西临江府新喻县，民籍，国子生，治《易经》。字尔荐，行五，年三十二，五月二十八日生。曾祖元商，赠卫经历。祖廉胤。父立德。母章氏。重庆下。弟一鸣、一凤、一凰、一鸢、一鹭。娶周氏，继娶张氏。江西乡试第六十一名，会试第二百三十六名。

王鹤，贯陕西西安府长安县，民籍，国子生，治《诗经》。字子皋，行一，年三十一，十二月二十六日生。曾祖琰。祖敬。父銮。母赵氏。具庆下。娶周氏。陕西乡试第七名，会试第八十八名。

王顺德，贯四川泸州，民籍，国子生，治《书经》。字叔昌，行二，年四十四，五月十一日生。曾祖瑄。祖臣。父大才。母华氏，继母李氏。慈侍下。兄顺贤。娶杨氏。四川乡试第六十二名，会试第二百六十七名。

黄希周，贯山东兖州府滕县，军籍，国子生，治《书经》。字宗鲁，行一，年四十，十一月初八日生。曾祖参。祖玘，寿官。父金，承运库大使。母董氏，继母门氏、孙氏。永感下。弟希颜、希孟、希曾、希闵。娶刘氏。山东乡试第六十名，会试第三百九名。

冯应麟，贯陕西凤翔府凤翔县，民籍，国子生，治《诗经》。字德及，行二，年三十五，八月十三日生。曾祖胤。祖绥，贡士。父晟。前母樊氏，母董氏。严侍下。兄应麟。娶王氏。陕西乡试第十二名，会试第三百八名。

李淳，贯四川嘉定州夹江县，灶籍，国子生，治《易经》。字彦穆，行一，年四十五，八月初八日生。曾祖廷佐。祖墨。父观，教授。母郑氏。严侍下。娶姜氏，继娶王氏。四川乡试第二十一名，会试第一百七十五名。

申旟，贯直隶大名府魏县民籍，山西潞城县人，县学生，治《诗经》。字仪卿，行一，年三十六，二月二十七日生。曾祖铸，主簿。祖清，巡检。父乾。母王氏。严侍下。娶李氏。顺天府乡试第七名，会试第五十九名。

江珍，贯直隶徽州府歙县，军籍，国子生，治《诗经》。字民璞，行十，年三十七，正月三十日生。曾祖永祯。祖文瀚。父才。母郑氏，继母张氏。具庆下。兄琇；佩；瓘，生员。弟瑄、璐。娶吴氏。应天府乡试第三十二名，会试第二百二十六名。

张岚，贯山东济南府历城县，民籍，县学生，治《春秋》。字云少，行一，年三十九，十月初四日生。曾祖荣。祖显惠。父儒。嫡母彭氏，生母庞氏。慈侍下。娶曹氏。山东乡试第六十七名，会试第二百九十一名。

石鲸，贯山东青州府益都县，民籍，府学生，治《诗经》。字应声，行八，年二十八，五月二十一日生。曾祖瑛，州吏目。祖铭，府通判赠奉直大夫南京户部员外郎。父存礼，知府进阶中宪大夫。嫡母姜氏，封宜人；刘氏；生母翟氏。慈侍下。兄麒；麟，监生；璞；凤，贡士；琚，贡士；瑜；璜。弟渠、栋。娶李氏。山东乡试第七名，会试第二十名。

马快，贯直隶广平府广平县，民籍，县学生，治《诗经》。字汝励，行二，年二十九，正月二十五日生。曾祖祥。祖宏。父政，训导。母李氏。永感下。兄慎。娶郑氏。顺天府乡试第六名，会试第一百四十二名。

张廷柏，贯山西平阳府蒲州，军籍，州学生，治《书经》。字寿卿，行三，年四十，九月二十八日生。曾祖威。祖鉴。父驯。母谷氏。具庆下。兄廷木、廷松。弟廷梓。娶梁氏，继娶李氏。山西乡试第十六名，会试第一百三十四名。

张邦彦，贯福建福州府怀安县，民籍，县学附学生，治《易经》。字允桢，行五，年二十八，正月十八日生。曾祖华。祖铭，按察司司狱。父文汉。母林氏。重庆下。娶林氏。福建乡试第四十一名，会试第三百十四名。

姜廷颐，贯湖广岳州府巴陵县，军籍，府学生，治《诗经》。字以正，行一，年三十八，五月二十五日生。曾祖淳。祖永隽，赠经历。父镒，冠带生员。母陈氏。重庆下。弟廷赜、廷显、廷赖、廷顾、廷□。娶谢氏。湖广乡试第五十九名，会试第一百五十七名。

孙坊，贯锦衣卫籍，浙江余姚县人，国子生，治《易经》。字志国，行六十，年二十九，五月二十三日生。曾祖孟宏，赠礼部尚书。祖彬，教谕。父炼。母郑氏。具庆下。兄达，仓官；堪，前府都督佥事；墀，大理寺寺正；升，翰林院编修；玉，听选官；住，贡士。弟垍。娶夏氏，继娶汪氏。顺天府乡试第三十四名，会试第五十五名。

朱日藩，贯直隶扬州府高邮州宝应县，军籍，国子生，治《书经》。字子价，行一，年四十四，六月十八日生。曾祖瓘。祖讷，知县封户部主事进三品服。父应登，布政司参政。母陶氏，封安人。慈侍下。弟曰夔；曰庄，监生；曰蕙。娶茆氏。应天府乡试第三十六名，会试第一百二十九名。

俞谨，贯直隶常州府无锡县，民籍，国子生，治《书经》。字懋庸，行三，年四十一，七月二十二日生。曾祖允恭。祖纯。父显。母丁氏。永感下。兄武文。弟斌。娶陈氏。应天府乡试第九十六名，会试第二百八十九名。

李廷春，贯四川重庆府江津县，军籍，国子生，治《诗经》。字元甫，行四，年四十二，十月十九日生。曾祖璇。祖志昂。父林。前母胡氏，母刘氏，继母刘氏。永感下。娶黄氏。四川乡试第六名，会试第三百十二名。

李汝兰，贯陕西西安咸宁县，匠籍，府学生，治《易经》。字秀夫，行二，年三十，九月二十六日生。曾祖约。祖梅。父遇春。母王氏，继母冯氏。具庆下。兄汝芝。弟汝蕙、汝萱。娶白氏。陕西乡试第二十五名，会试第八十四名。

乌从善，贯山东东昌府博平县，民籍，国子生，治《诗经》。字汝登，行二，年三十，八月二十六日生。曾祖士贤。祖山。父钊，明智坊大使。母傅氏。重庆下。兄为善。弟继善。娶杨氏。山东乡试第二十一名，会试第一百三十九名。

金九龄，贯直隶常州府武进县，民籍，国子生，治《诗经》。字与寿，行一，年三十六，十二月十二日生。曾祖洪。祖俊。父环。母杨氏。慈侍下。兄升、星。弟九成，同科进士；九皋、九思。娶陈氏。应天府乡试第四十名，会试第一百三十六名。

郭公周，贯福建福宁州福安县，民籍，县学生，治《诗经》。字景复，行六，年三十三，四月初八日生。曾祖克茂。祖惟盛。父允宁。母李氏。慈侍下。兄景调、景鸣。弟景声、景芝、文宾。娶李氏，继娶薛氏。福建乡试第四十三名，会试第一百八名。

朱有孚，贯浙江杭州府海宁县，民籍，国子生，治《易经》。字子贞，行一，年四十，五月初四日生。曾祖芳。祖广。父稷。母沈氏。具庆下。弟有恒、有节、有相、有光。娶姜氏。浙江乡试第七十三名，会试第五十五名。

马汝松，贯直隶河间府景州东光县，民籍，山西灵川县人，县学生，治《书经》。字节甫，行一，年二十九，八月二十三日生。曾祖进。祖杲。父尧辅，驿丞。母杨氏。重庆下。娶曲氏。顺天府乡试第十七名，会试第一百八十九名。

刘体乾，贯直隶顺天府东安县，民籍，县学生，治《礼记》。字子元，行四，年三十三，十一月二十三日生。曾祖原。祖旺。父景，教谕。嫡母马氏、万氏，生母高氏。慈侍下。兄荣；九思，省祭官；九经，阴阳官。娶张氏。顺天府乡试第五名，会试第四十名。

李万实，贯江西建昌府南丰县，民籍，国子生，治《春秋》。字少虚，行一，年三十五，正月初七日生。曾祖廷予，卫经历。祖淡，县丞。父柱。母黄氏，继母揭氏。重庆下。娶黄氏。江西乡试第十二名，会试第一百二十一名。

贺承光，贯陕西西安府华州渭南县，军籍，县附学生，治《诗经》。字子谦，行一，年二十七，四月二十九日生。曾祖儒。祖仓，封兵部主事。父府，任兵部主事。母王氏，封安人。具庆下。娶高氏。陕西乡试第九名，会试第二百七十七名。

沈束，贯浙江绍兴府会稽县，民籍，府学生，治《易经》。字宗安，行七十九，年三十一，四月十八日生。曾祖恪。祖琨。父葱，知州。母张氏，继母庄氏。具庆下。兄桥，刑部主事；术；东；棟。弟竦、乘、禀。娶张氏。浙江乡试第一名，会试第一百二十六名。

苏志仁，贯广东潮州府海阳县，军籍，国子生，治《诗经》。字道先，行二，年二十九，七月二十九日生。曾祖经。祖沂。父思绎。前母郑氏，母许氏。具庆下。兄志学。弟志古、志䜣。娶丘氏。广东乡试第十八名，会试第七十八名。

刘自强，贯河南开封府扶沟县，民籍，国子生，治《诗经》。字体乾，行二，年三十七，十二月初三日生。曾祖宪，义官。祖瑞，知县。父东，监生。母范氏。永感下。兄自修，岁贡生。弟自得、自任、自秀、自存、自励。娶李氏。河南乡试第六十七名，会试第一百七十九名。

吴昶，贯山东登州卫旗籍，直隶泰州人，国子生，治《诗经》。字伯明，行一，年四十五，二月二十七日生。曾祖瀛。祖桢。父河。母倪氏。慈侍下。弟章。娶丁氏。山东乡试第五十六名，会试第三百十名。

林懋举，贯福建福州府怀安县，民籍，闽县人，国子生，治《易经》。字直卿，行三，年三十五，五月初九日生。曾祖瀛。祖夔。父昃。母邓氏。永感下。弟懋忠、懋誉、懋材、懋修、懋功、懋章。娶龚氏。福建乡试第三十七名，会试第九十八名。

张祼，贯河南开封府祥符县，民籍，府学生，治《书经》。字介福，行二，年三十四，十二月十五日生。曾祖木。祖亮。父明德。母田氏。慈侍下。兄祺。弟祉。娶王氏。河南乡试第四十九名，会试第二百三十名。

任希祖，贯四川保宁府苍溪县，民籍，府学生，治《诗经》。字元孝，行一，年三十四，四月二十五日生。曾祖彬，知州。祖谟。父仲仁。前母李氏，母王氏。具庆下。弟继祖；绳祖，贡士；缵祖；率祖；法祖。娶何氏。四川乡试第三十五名，会试第二百三名。

冀錬，贯山东青州府益都县，民籍，国子生，治《书经》。字纯夫，行二，年三十二，二月初二日生。曾祖文道。祖琨。父九经，教谕。母李氏。具庆下。兄锻。娶张氏，继娶宋氏。山东乡试第十五名，会试第九十七名。

涂泽民，贯四川成都府汉州，民籍，州学生，治《诗经》。字志伊，行一，年二十三，二月初十日生。曾祖魁。祖万龙。父伦。母文氏。具庆下。弟济民。娶顾氏。四川乡试第十八名，会试第一百六名。

段镳，贯直隶顺天府固安县，民籍，国子生，治《诗经》。字文贵，行二，年三十九，正月初十日生。曾祖纪。祖补之，知县。父贡，驿丞。母高氏，继母韩氏。重庆下。兄锦。弟钛；錬，工部主事；锌；铠；锐。娶袁氏。顺天府乡试第九十名，会试第二百三十一名。

李文麟，贯直隶常州府无锡县，军籍，国子生，治《书经》。字应祯，行三，年三十四，七月十二日生。曾祖泰，寿官赠刑部员外郎。祖理，工部郎中进阶朝列大夫。父雍。母过氏。具庆下。兄文声、文凤、文著、文卫、文龙。弟文鹏。娶王氏。应天府乡试第五十六名，会试第五十六名。

胡惟中，贯江西瑞州府高安县，民籍，国子生，治《易经》。字可久，行三，年三十四，二月十六日生。曾祖瑞，封给事中。祖镇，浙江布政使司参议。父嵩，援例冠带。母傅氏。重庆下。兄惟宁、惟静。弟惟立，贡士；惟直；惟哲。娶单氏。江西乡试第四十八名，会试第七十四名。

吴岳，贯直隶常州府武进县，民籍，无锡县人，国子生，治《易经》。字宗泰，行二，年三十五，二月二十九日生。曾祖清。祖元，义官。父大经，引礼舍人。母陆氏。慈侍下。兄嵩，监生。弟峤，监生；岩，吏目；钦；釜；崖；岑。娶刘氏。应天府乡试第九十四名，会试第一百七十一名。

谢诮，贯浙江绍兴府上虞县，军籍，国子生，治《诗经》。字献忠，行三，年三十三，六月十九日生。曾祖渚。祖锷。父恬。前母沈氏，母夏氏，继母顾氏。慈侍下。兄谥、谧。弟托、譬、变。娶徐氏。浙江乡试第七十七名，会试第一百十四名。

朱木，贯直隶苏州府常熟县，民籍，国子生，治《礼记》。字子乔，行二，年四十一，正月二十六日生。曾祖墅。祖丙。父寅，工部主事。母邹氏，继母汤氏。慈侍下。兄栋，省祭官。弟本。娶邹氏，继娶卢氏、李氏。顺天府乡试第六十二名，会试第九十五名。

刘㮮，贯浙江绍兴府山阴县，军籍，国子生，治《春秋》。字元美，行三十六，年三十三，二月初四日生。曾祖玘。祖鉴。父灌。前母田氏，母胡氏。具庆下。兄栋，南京兵部侍郎；本，教谕；集，贡士；校；㮮；荣；梧。弟桢。娶姚氏。浙江乡试第四名，会试第二十五名。

郝鸣阴，贯顺天府通州宝坻县，民籍，县学生，治《书经》。字子和，行一，年三十二，四月十二日生。曾祖伦。祖钦，寿官。父瑜，岁贡生。母孟氏，继母邵氏。重庆下。兄良栋、良佑、鸣远。弟鸣亮。娶田氏。顺天府乡试第八十二名，会试第八十九名。

邵漳，贯浙江绍兴府余姚县，民籍，县学生，治《礼记》。字子清，行二，年三十，二月二十二日生。曾祖骍，封监察御史。祖蕃，提学副使前提学御史封中宪大夫。父时顺，知县。母来氏，封孺人。重庆下。兄稷，同科进士；潍。弟潢、淄、沄、澹、洲。娶胡氏。浙江乡试第四名，会试第二百七名。

杨廷相，贯云南临安卫军籍，直隶金坛县人，国子生，治《易经》。字爕甫，行二，年三十二，六月初四日生。曾祖升。祖俭。父均，教授。母夏氏。具庆下。兄廷芳；廷春；环，贡士；廷璧；珍。娶刘氏。云南乡试第六名，会试第二百六十一名。

边洵，贯直隶河间府任丘县，官籍，国子生，治《书经》。字文允，行四，年三十四，三月初七日生。曾祖铨，百户。祖宏，百户。父伟，运使。母刘氏，封安人。永感下。兄湜，百户；清；浦。弟沆，知府。娶闵氏，继娶朱氏。顺天府乡试第九十一名，会试第一百八十一名。

徐洛，贯河南开封府许州，军籍，州学生，治《诗经》。字子京，行二，年三十四，八月二十五日生。曾祖学，寿官。祖富，典史。父绶，医官。母黄氏。严侍下。兄汤。弟汴。娶吴氏。河南乡试第五十九名，会试第二百九十九名。

姚一元，贯浙江湖州府长兴县，军籍，国子生，治《诗经》。字惟贞，行二，年三十六，五月初十日生。曾祖正。祖岳，知县。父良辅，岁贡生。母游氏。慈侍下。兄一夔。弟一旸、一鸣、一清、一澜。娶钱氏。浙江乡试第十二名，会试第二百二十一名。

郑河，贯应天府江宁县，民籍，江西新建县人，国子生，治《易经》。字师程，行二，年三十四，九月二十八日生。曾祖思恭。祖礼，知府。父珉，封监察御史。嫡母欧阳氏，封孺人；母李氏。慈侍下。兄濂，按察司副使。弟渠。娶丁氏，继娶丁氏。应天府乡试第五十九名，会试第一百十名。

汪一中，贯直隶徽州府歙县，匠籍，国子生，治《礼记》。字正叔，行二，年三十，六月三十日生。曾祖隆胜。祖福琛。父文显。母方氏。具庆下。兄一贯。弟一诚，监生。娶程氏。顺天府乡试第十六名，会试第十七名。

许彦忠，贯应天府句容县，民籍，国子生，治《易经》。字汝敬，行三，年三十九，九月二十一日生。曾祖志海。祖镇。父宗伦。母朱氏。慈侍下。兄彦文、彦武。弟彦孝、彦芳、彦荣、彦志、彦愙、彦博。娶乔氏。应天府乡试第八十四名，会试第五十八名。

孙慎，贯大宁都司保定右卫官籍，河南武安县人，国子生，治《诗经》。字用修，行一，年三十，九月十八日生。曾祖镇。祖濂，百户。父经，百户。母贾氏。重庆下。娶刘氏。顺天府乡试第二十八名，会试第二百八名。

徐纲，贯湖广武昌府兴国州，军籍，国子生，治《易经》。字立之，行一，年三十四，四月二十七日生。曾祖均宪。祖必华。父兴汉。前母李氏，母黄氏。慈侍下。娶成氏。湖广乡试第二十二名，会试第六十六名。

陈信，贯浙江绍兴府上虞县，匠籍，县学生，治《诗经》。字子行，行二，年四十，十一月十二日生。曾祖敬夫。祖汝勉，贡士。父大练。母朱氏。具庆下。兄佐，知县。弟任；仅；傅；绛，同科进士。娶龚氏。浙江乡试第三十七名，会试第十五名。

牛珠，贯河南开封府通许县，匠籍，国子生，治《易经》。字光甫，行一，年四十三，三月二十日生。曾祖春。祖增。父泉。母李氏，继母安氏。慈侍下。弟璜。娶兰氏。河南乡试第三十五名，会试第二百七十九名。

林应奎，贯福建漳州府龙溪县，军籍，府学附学生，治《易经》。字德晖，行二，年三十，十月初二日生。曾祖启昭。祖体用。父泰。母傅氏。具庆下。兄应元。弟应祥。娶吴氏，继娶张氏。福建乡试第五十三名，会试第一百四十六名。

王之诰，贯湖广荆州府石首县，军籍，县学生，治《书经》。字告若，行十二，年三十三，十一月初八日生。曾祖俸，七品散官。祖伯载。父芳，同知。母曾氏。慈侍下。兄之诚。弟之度、之纪、之纲、之惠。娶刘氏。湖广乡试第七十六名，会试第二百九十四名。

石茂华，贯山东青州府益都县，民籍，府学生，治《诗经》。字君采，行一，年二十三，七月初九日生。曾祖铭，府通判赠奉直大夫南京户部员外郎。祖存礼，知府进阶中宪大夫。父麒。嫡母公氏，生母张氏。具庆下。弟茂藻、茂贞。娶茂氏。山东乡试第二十九名，会试第二百十六名。

宋贤，贯直隶松江府华亭县，灶籍，国子生，治《春秋》。字及甫，行一，年三十九，六月初八日生。曾祖错。祖玉。父蕙。母吴氏。重庆下。弟士、使、卿、相。娶金氏。应天府乡试第二十二名，会试第十六名。

赵宸，贯直隶保定府定兴县，民籍，国子生，治《书经》。字德聪，行二，年三十九，正月初三日生。曾祖刚。祖让。父自。母张氏。慈侍下。兄寅。弟宇、宦。娶马氏。顺天府乡试第一百二十二名，会试第四十九名。

高镛，贯四川成都府内江县，民籍，国子生，治《书经》。字景甫，行二，年三十三，九月初九日生。曾祖友恭，知县赠通议大夫户部右侍郎。祖齐南，府通判赠承德郎加赠通议大夫户部右侍郎。父公韶，通议大夫户部右侍郎。前母冉氏，赠孺人，加封淑人；母罗氏，封孺人，加封淑人。具庆下。兄麒冈，封主事；科，登；掇；陟；恩；珏；斌；锁；钺，贡士；铨；鍊；锡，监生；镡。弟镐；钊；铣；镎；釪，官生；钲；钥；错。娶郑氏，继娶喻氏。四川乡试第四十九名，会试第二百十七名。

金渼，贯浙江金华府东阳县，民籍，县学生，治《诗经》。字汝东，行二十三，年三十三，十月初七日生。曾祖宗逢。祖邦。父琜。母许氏。重庆下。弟溥、渊、河。娶宣氏，继娶许氏。浙江乡试第七名，会试第一百七十七名。

成子学，贯广东潮州府海阳县，军籍，国子生，治《易经》。字怀道，行四，年四十一，五月十八日生。曾祖尚。祖胤。父瑚。母蔡氏。永感下。兄子俊、子杰、子佑。娶洪氏。广东乡试第十一名，会试第一百十二名。

张守直，贯顺天府蓟州遵化县，民籍，国子生，治《礼记》。字时举，行三，年二十九，六月二十七日生。曾祖成。祖士能，知县进级六品。父继本，州吏目。嫡母王氏，生母高氏。慈侍下。兄希载、希戬。弟守简、希儒、守约。娶李氏，继娶赵氏。顺天府乡试第四十四名，会试第二百五十名。

周世远，贯四川重庆府江津县，民籍，县学附学生，治《诗经》。字子道，行二，年二十五，九月十八日生。曾祖瑄。祖玉鉴，寿官。父谟。母何氏。具庆下。兄世才。弟世表、世业。娶杨氏。四川乡试第五十四名，会试第五十七名。

马汝骥，贯辽东都司金州卫，官籍，国子生，治《书经》。字德甫，行三，年二十七，十一月初一日生。曾祖雄，寿官。祖钊。父昂，通判。母刘氏。重庆下。兄汝献；汝矛；朝宗，指挥佥事。弟汝龙、汝聪、汝骅。娶孙氏。顺天府乡试第八十七名，会试第一百五十一名。

蔡扬金，贯河南卫辉府千户所军籍，江西新淦县人，国子生，治《易经》。字子砺，行二，年三十二，九月初八日生。曾祖兴。祖润。父荆玉。母黄氏。永感下。兄南金。娶杨氏。河南乡试第七十四名，会试第三百名。

彭应麟，贯直隶松江府华亭县，民籍，县学生，治《诗经》。字太符，行一，年四十一，三月十二日生。曾祖文。祖忠。父溶。前母张氏，母冯氏。永感下。娶周氏。应天府乡试第十六名，会试第一百三十二名。

傅卿，贯福建兴化府莆田县，军籍，湖广蒲圻县人，府学生，治《书经》。字献卿，行五，年三十五，九月十九日生。曾祖汝贤。祖坛。父子严。前母何氏，母方氏。具庆下。兄恺、悌、楠、庠。弟懋春。娶阮氏。福建乡试第六十一名，会试第五十三名。

孙学古，贯浙江绍兴府萧山县，匠籍，县学生，治《书经》。字汝邃，行三，年三十，四月初四日生。曾祖昕，七品散官。祖式，义官。父焕，听选官。母蔡氏，继母周氏。严侍下。兄学思，中书舍人；学礼。娶张氏。浙江乡试第八名；会试第六十四名。

马震章，贯南京应天府溧阳县，民籍，国子生，治《书经》。字国华，行五，年四十，四月初三日生。曾祖蒙。祖永庆。父肃。母杨氏。永感下。弟震彦，监生。娶史氏。应天府乡试第五十七名，会试第八十二名。

徐承祖，贯山东济南府历城县，民籍，国子生，治《易经》。字克修，行一，年二十九，二月初三日生。曾祖贵，大使。祖暹，按察司副使。父淳。母卢氏。具庆下。弟承业。娶高氏，继娶司氏。山东乡试第一名，会试第三百十三名。

严清，贯云南后卫军籍，浙江嘉兴县人，府学生，治《易经》。字直卿，行三，年二十一，四月十八日生。曾祖亮。祖昌。父锁。母余氏。重庆下。兄济、汉、治、学、誉、湛、淳、润、璋、肃、洲。弟滋、珊。娶施氏。云南乡试第三十六名，会试第一百六十四名。

卢宁，贯广东广州府南海县，军籍，国子生，治《易经》。字忠献，行一，年四十一，九月二十七日生。曾祖润。祖辉。父津，训导。母崔氏。具庆下。弟宪、宇、宜、密、密。娶刘氏。广东乡试第三十二名，会试第十九名。

李恕，贯直隶河间府献县，民籍，县学生，治《书经》。字道夫，行一，年三十一，十一月初八日生。曾祖贵。祖鉴。父综。母于氏。具庆下。弟应。娶唐氏。顺天府乡试第五十五名，会试第一百八十五名。

徐公遴，贯浙江衢州府开化县，民籍，县学生，治《易经》。字举之，行五，年三十一，八月十二日生。曾祖绵，寿官。祖玺，义官。父文漷。母余氏。慈侍下。弟公廉、公选、公禄、公锡、公望。娶余氏，继娶施氏。浙江乡试第二十三名，会试第一百六十一名。

魏文焌，贯福建福州府侯官县，军籍，福清县人，府学生，治《易经》。字德章，行六，年三十，六月二十八日生。曾祖安。祖振清。父铎，寿官。嫡母陈氏，生母胡氏。具庆下。兄文焕，典史；文灿；文炳。娶郑氏，继娶高氏。福建乡试第四十九名，会试第四十五名。

郭邦光，贯山东东昌府冠县，军籍，县学生，治《诗经》。字元宾，行二，年三十八，闰正月十六日生。曾祖敏。祖伦，典史。父鼎，同知。母曹氏。永感下。兄邦宪，监生。娶徐氏。山东乡试第六十二名，会试第二百三十八名。

张邦彦，贯山西潞安府长治县，民籍，国子生，治《易经》。字德崇，行三，年四十三，九月十五日生。曾祖玘。祖英。父富。母刘氏。慈侍下。兄邦重；邦杰，监生。弟邦奇、邦毅、邦韶、邦立。娶申氏。山西乡试第五十九名，会试第二百十四名。

韩朝江，贯陕西西安府乾州醴泉县，军籍，国子生，治《春秋》。字顺甫，行三，年四十五，九月初二日生。曾祖英。祖名，寿官。父璋。母杨氏。永感下。兄佑、子玉。弟朝湖；疏江；朝勋，监生；朝淮。娶张氏。陕西乡试第三名，会试第一百八十四名。

徐行可，贯湖广荆州府监利县，军籍，县学生，治《易经》。字子恕，行二，年三十八，十一月二十五日生。曾祖昱。祖仁寿。父杞。母李氏。重庆下。兄行健。弟行复、行是。娶周氏。湖广乡试第七十二名，会试第三百一十九名。

李侨，贯山东济南府长清县，民籍，县学生，治《诗经》。字子高，行二，年三十三，八月初七日生。曾祖让。祖彦名。父瑄，典史。母陈氏。永感下。兄儒。娶张氏。山东乡试第三十二名，会试第一百二十名。

周美，贯直隶苏州府昆山县，民籍，国子生，治《易经》。字济叔，行一，年三十三，七月初一日生。曾祖玄本。祖晟。父荣。母徐氏。具庆下。娶张氏。应天府乡试第三十一名，会试第二百九十三名。

陆州，贯浙江杭州府海宁县，民籍，国子生，治《易经》。安汝行，行二，年三十四，九月二十二日生。曾祖思敏。祖钊。父萱。母唐氏。具庆下。兄府。弟科、翰。娶祝氏。浙江乡试第三十二名，会试第八十七名。

左旦，贯四川重庆府大足县，军籍，县学附学生，治《诗经》。字君发，行一，年二十七，正月十五日生。曾祖伯训。祖万迪。父立教。母梁氏。具庆下。弟昆、鼎、遏。娶周氏。四川乡试第二十二名，会试第二百七十二名。

都文奎，贯河南开封府祥符县，民籍，府学生，治《礼记》。字彦卿，行一，年三十四，八月初五日生。曾祖英，寿官。祖鉴。父臣，典膳。母郑氏。具庆下。娶庞氏。河南乡试第七十五名，会试第二百五十五名。

赵彦章，贯直隶真定府定州，民籍，州学生，治《春秋》。字征甫，行二，年三十，四月十五日生。曾祖腻。祖刚。父锐。母史氏。重庆下。兄彦文。弟彦武。娶王氏。顺天府乡试第一百三十二名，会试第一百三十五名。

沈科，贯浙江嘉兴府嘉善县，民籍，国子生，治《书经》。字子进，行一，年三十六，正月十五日生。曾祖济。祖骞。父扬，听选官。母袁氏。具庆下。弟称。娶张氏。浙江乡试第二十五名，会试第二十七名。

宿应参，贯山东莱州府掖县，民籍，府学生，治《诗经》。字文炳，行二，年三十，正月初五日生。曾祖福干。祖富。父敫，典膳。母张氏。具庆下。兄应轸。娶张氏。山东乡试第六十八名，会试第二百六十名。

杨应元，贯陕西群牧所籍，浙江绍兴府萧山县人，国子生，治《书经》。字伯仁，行三，年三十四，十二月初六日生。曾祖孟清。祖完。父璩。母胡氏。慈侍下。兄应嵩、应宿。弟芥。娶范氏。陕西乡试第四十六名，会试第一百名。

尤瑛，贯直隶常州府无锡县，军籍，县学生，治《书经》。字汝白，行七，年三十四，十一月十九日生。曾祖谦。祖悦。父晋。前母朱氏，母华氏。具庆下。兄璇、琢、璧、珣、璘、环。弟琛、珙、理、瑗、璇、璠、珏。娶钱氏。应天府乡试第一名，会试第十二名。

何尚贤，贯山西平阳府猗氏县，监籍，县学生，治《春秋》。字汝思，行二，年三十二，七月初八日生。曾祖济，鸿胪寺序班。祖纯。父廷璋。母张氏。慈侍下。兄尚德，知州。娶张氏，继娶王氏。山西乡试第六十名，会试第一百五十名。

李尚智，贯山西潞安府屯留县，民籍，国子生，治《诗经》。字汝愚，行一，年二十七，九月二十日生。曾祖友。祖纲。父世雷。母赵氏。慈侍下。兄尚仁。弟尚信、尚矩。娶郝氏，继聘尹氏。山西乡试第三十二名，会试第二百二十四名。

胡志夔，贯山西平阳府安邑县，盐籍，国子生，治《诗经》。字鸣和，行三，年二十九，十二月二十九日生。曾祖敏聪。祖睿，知县。父珍，监生。前母路氏，母文氏。永感下。兄志皋、志太。弟志龙。娶郭氏，继娶郭氏。山西乡试第四十五名，会试第一百八十八名。

林轵，贯四川成都左护卫中所，总旗籍，国子生，治《易经》。字济远，行一，年三十七，四月十二日生。曾祖宽，寿官。祖景元。父森。母韩氏。永感下。娶王氏。四川乡试第四十四名，会试第二百三十二名。

梁恩，贯湖广岳州府巴陵县，军籍，县学生，治《诗经》。字子承，行七，年二十九，五月十三日生。曾祖文达。祖志澄。父原千。母许氏，生母邹氏。慈侍下。兄昆、仑、岳、爵、俊、冕。娶廖氏。湖广乡试第五十一名，会试第二百八十一名。

张达，贯浙江绍兴府余姚县，官籍，国子生，治《易经》。字懋德，行十二，年三十二，十二月十七日生。曾祖皞。祖仅。父珊。母史氏。永感下。兄迁；逯，刑科右给事中；迪；逊，监生；远；遴；建，贡士。弟选。娶吴氏。浙江乡试第五十七名，会试第六十三名。

张守蒙，贯山东兖州府滕县，军籍，陕西西安府华阴县人，国子生，治《书经》。字启哲，行一，年三十四，七月十九日生。曾祖升。祖环。父钊。母傅氏。重庆下。弟守遁、守巽、守恒。娶党氏。山东乡试第十三名，会试第二百二十七名。

刘景韶，贯湖广武昌府崇阳县，军籍，县学附学生，治《诗经》。字子成，行三，年二十八，正月初三日生。曾祖铎。祖绍箕。父缙。嫡母甘氏，生母汪氏。具庆下。兄景明、景芳。弟景光、景钟。娶张氏。湖广乡试第六十名，会试第一百六十七名。

李华鲁，贯河南开封府祥符县，民籍，国子生，治《诗经》。字季荣，行一，年三十四，六月初十日生。曾祖璘。祖巍，寿官。父润，学正。母傅氏。具庆下。弟观鲁、在鲁、变鲁、兴鲁。娶贾氏。河南乡试第十五名，会试第八十一名。

罗文蔚，贯四川重庆府綦江县，民籍，国子生，治《书经》。字变夫，行三，年三十九，十二月初十日生。曾祖鉴。祖添亮。父敏。母孙氏。严侍下。兄文教、文训。娶孟氏。四川乡试第三十名，会试第一百十三名。

李初元，贯四川顺庆府营山县，民籍，县学生，治《易经》。字少贞，行一，年二十六，正月十五日生。曾祖仕麒，主簿。祖鉴。父浑然。母任氏。具庆下。弟庆元、亨元、体元。娶陈氏。四川乡试第四十七名，会试第一百七十六名。

王国光，贯山西泽州阳城县，民籍，国子生，治《易经》。字汝观，行二，年三十三，十一月初一日生。曾祖子文，义官。祖昺。父承祖。母原氏，继母曹氏、张氏。具庆下。兄重光。弟争光、前光、奎光、近光、耿光。娶张氏，继娶卫氏。山西乡试第十九名，会试第一百九十四名。

赵祖元，贯浙江金华府东阳县，民籍，县学生，治《诗经》。字宗仁，行六十四，年三十三，二月十八日生。曾祖太锦，监生。祖为濂。父继宋。母吴氏。具庆下。兄祖庶。弟祖朝，贡士；祖鹿。娶刘氏。浙江乡试第九十名，会试第三十名。

朱宠，贯湖广武昌卫后千户所官籍，山东兖州府宁阳县人，国子生，治《诗经》。字德承，行三，年三十二，七月十六日生。曾祖瑛，千户。祖玺，千户。父金，千户。母张氏，封宜人。具庆下。兄官，千户；寅。娶李氏，继娶刘氏。湖广乡试第五十四名，会试第二百三十五名。

张子顺，贯直隶德州卫官籍，河南唐县人，州学生，治《春秋》。字聚甫，行二，年三十五，九月十七日生。曾祖纪。祖宁。父珮。母武氏，继母许氏。具庆下。兄子孝。弟子化、子泮。娶夏氏。山东乡试第五名，会试第二百六十四名。

汪任，贯直隶徽州府祁门县，民籍，县学生，治《诗经》。字子仁，行十五，年三十，闰四月十四日生。曾祖宏道。祖汝洪。父介。母谢氏。具庆下。兄伻。弟倅。娶胡氏。应天府乡试第六十九名，会试第十名。

殷从俭，贯广西桂林右卫，官籍，桂林府学增广生，治《易经》。字汝中，行一，年二十六，二月二十一日生。曾祖旺。祖雄。父瓒。母黄氏。永感下。兄杰，百户；俸。弟从义。娶秦氏。广西乡试第六名，会试第三百十六名。

裘仕濂，贯浙江绍兴府嵊县，民籍，国子生，治《书经》。字子宪，行三十八，年三十七，八月二十五日生。曾祖准。祖总，生员。父曰麟。母张氏，继母李氏。严侍下。弟仕涓、仕洪、仕沛、仕汴。娶邢氏。应天府乡试第七十九名，会试第十四名。

杨敷，贯四川顺庆府西充县，军籍，县学生，治《易经》。字震卿，行一，年二十五，闰八月十四日生。曾祖春，吏目。祖儒。父凌汉。母任氏。具庆下。弟敏。娶罗氏。四川乡试第十四名，会试第二百八十五名。

李庭桂，贯山西潞安府长治县，军籍，国子生，治《易经》。字子馨，行一，年四十二，六月初十日生。曾祖昱，光禄寺署丞赠征仕郎。祖潭，寿官。父壕，同知。嫡母崔氏，继母张氏，生母杨氏。永感下。兄充富、充桓、充耘。弟充善，贡士；庭梧，仪宾；充道；充桂；充栋；充慧；充孚；充荣。娶王氏。山西乡试第六十名，会试第二百八十八名。

陈璨，贯湖广岳州府巴陵县，军籍，国子生，治《诗经》。字德润，行一，年三十，正月初五日生。曾祖溥。祖伯胜。父舜谟，省祭官。母张氏，继母谈氏。具庆下。弟瑗、玫、琰、珣、珏、玉。娶刘氏，继聘柴氏。湖广乡试第三十四名，会试第九十名。

陈效古，贯河南汝宁府光州息县，民籍，国子生，治《易经》。字武周，行二，年四十，八月十四日生。曾祖让。祖海。父子谦，训导。母陈氏。永感下。兄慕古。弟蕴古。娶雷氏。河南乡试第五十名，会试第二百五十九名。

万善，贯辽东都司定辽前卫官籍，江西抚州府临川县人，国子生。治《书经》。字一之，行二，年四十，九月初四日生。曾祖俊，百户。祖瑛，百户。父钺，百户。母王氏。具庆下。兄堂，百户。弟言、喜。娶刘氏，继娶陈氏、孙氏。顺天府乡试第七十七名，会试第二百三名。

邵稷，贯浙江绍兴府余姚县，民籍，县学附学生，治《易经》。字子嘉，行二，年三十二，十月初六日生。曾祖礼，知县。祖孟甫，中书科儒士。父至。母胡氏。具庆下。兄涛。弟漳，同科进士；沺；浥；畯；冻；涟；潭；㳘；㵆；泸。娶胡氏，继娶姜氏。浙江乡试第二十九名，会试第七名。

杨允绳，贯直隶松江府华亭县，匠籍，国子生，治《诗经》。字翼少，行一，年三十五，十月初三日生。曾祖云，赠承德郎工部主事。祖玮，四川按察司副使。父秉道。母戴氏。永感下。娶黄氏。顺天府乡试第六十二名，会试第一百七十二名。

赵轼，贯山西泽州高平县，民籍，国子生，治《易经》。字以载，行二，年三十六，六月十六日生。曾祖子成，义官。祖伦，义官。父科，典膳。母秦氏，继母范氏。具庆下。兄轴。弟金，监生；辚。娶李氏。山西乡试第十一名，会试第五十名。

曹钿，贯四川顺庆府渠县，民籍，县学生，治《礼记》。字右文，行二，年三十三，十一月初二日生。曾祖彦彬。祖宥。父孟瓒。前母陈氏，母吴氏，继母毛氏。永感下。兄钥。弟锜。娶蔡氏。四川乡试第二十一名，会试第一百九十二名。

申仲，贯河间府任丘县，军籍，山西潞安府屯留县人，县学生，治《诗经》。字次孟，行四，年三十五，十一月十九日生。曾祖清，大使。祖瑛。父序。母高氏。具庆下。兄佑、信、伟。弟修、杰。娶庞氏。顺天府乡试第八十三名，会试第一百九名。

张廷槐，贯万全都司兴和守御千户所官籍，顺天府蓟州人，国子生，治《诗经》。字子征，行六，年三十六，九月二十一日生。曾祖信，正千户。祖鉴，赠文林郎监察御史。父濂，山西按察司佥事前监察御史。前母叶氏，赠孺人；母茹氏，封孺人。严侍下。兄瑾，正千户；玹；廷相；廷栋；廷楫。弟廷桂、廷松、廷柏、廷椿。娶刘氏。顺天府乡试第三十八名，会试第八十三名。

何璋，贯湖广荆州府夷陵州，军籍，国子生，治《春秋》。字国珍，行三，年三十九，正月初五日生。曾祖宗。祖昱。父永富。母邓氏，继母王氏。严侍下。兄瓒；琦，知县；珤、瑶。娶张氏。湖广乡试第四十名，会试第七十七名。

金豪，贯浙江金华府兰溪县，民籍，县学增广生，治《易经》。字文兴，行三十四，年三十五，五月初九日生。曾祖彦良。祖仕恺。父皎。母章氏。永感下。兄富。弟俊、杰。娶王氏。浙江乡试第五十八名，会试第二百九名。

陈全之，贯福建福州府闽县，民籍，县学附学生，治《春秋》。字粹中，行三，年三十三，二月十六日生。曾祖叔刚，翰林院侍读。祖炜，布政使司左布政使。父玺。嫡母姚氏，继母邓氏，生母王氏。慈侍下。兄举之、觐之、成之。弟启之，阴阳官；慎之；朝鋆；约之；容之；熙之；朝鑣。娶林氏。福建乡试第二十三名，会试第二百二十二名。

李燧，贯山东兖州府金乡县，军籍，县学生，治《诗经》。字晦夫，行一，年三十，八月初一日生。曾祖纲。祖淮，贡士赠工部员外郎。父檠，行太仆寺少卿。母周氏，封宜人。重庆下。弟炎、燹、燅、燃。娶高氏。山东乡试第四十二名，会试第二百四十名。

戴才，贯直隶河间府沧州，民籍，州学生，治《诗经》。字大需，行一，年二十九，十一月十三日生。曾祖庆。祖宣。父臣。母萧氏。具庆下。兄珑。弟环。娶田氏。顺天府乡试第五十六名，会试第一百四十五名。

李逢时，贯直隶德州卫军籍，江西赣县人，州学生，治《春秋》。字化甫，行一，年三十二，十一月初十日生。曾祖清。祖琳。父芥，义官。母董氏。慈侍下。娶毛氏。山东乡试第五十五名，会试第二百名。

王宗圣，贯浙江金华府义乌县，民籍，国子生，治《书经》。字汝学，行五十三，年三十三，八月初六日生。曾祖深。祖佺。父敏，教授。母陈氏。严侍下。弟宗祖。娶刘氏。浙江乡试第二十八名，会试第二十一名。

李攀龙，贯山东济南府历城县，民籍，府学生，治《诗经》。字于鳞，行三，年三十一，四月十八日生。曾祖祯。祖端，义官。父宝，典膳。前母郭氏，母张氏。慈侍下。兄登龙、跃龙。弟化龙、成龙。娶徐氏。山东乡试第二名，会试第三十九名。

范充浊，贯顺天府霸州，民籍，国子生，治《书经》。字清夫，行一，年二十五，九月二十二日生。曾祖延寿，巡检。祖昭。父魁，岁贡生。母王氏。重庆下。弟充愚、充钝。娶曹氏。顺天府乡试第八十二名，会试第二百七十八名。

靳学曾，贯山东兖州府济宁州，民籍，州学增广生，治《易经》。字子鲁，行二，年二十九，二月初三日生。曾祖礼。祖镗。父显，散官。母田氏。重庆下。兄学颜，同知。娶周氏，继娶孟氏。山东乡试第五十一名，会试第一百三十三名。

《嘉靖二十三年进士登科录·策问》：

皇帝制曰：朕惟文武二道，并用而不可缺与偏者也。《传》曰：张皇六师。又曰：其克诘尔戎兵。此非好于用兵邪？朕皇祖高皇帝，以武功定天下，即位之始，思欲偃武修文，以德化天下。至于列圣相承，懋修文德，海宇乂安，国家无事。朕以支末上承天命，入缵宝位，兹越二旬载矣。夫何连岁以来，北虏寇疆，入我中国，若蹈无人之境，残我天民，前所未有。本之以朕罔德基之立于中，是以教化莫克行于外者也。然朕又闻之曰：帝王之政，守在四夷。今朕欲求长治久安之术，无出于守之一端。欲得其守之之道，当何施用以尽其长且久焉。尔多士抱经世之略，亦有日矣，宜各著于篇，朕将采而行之。毋忌毋隐。嘉靖二十三年三月十五日。

《嘉靖二十三年进士登科录·秦鸣雷对策》：

臣对：臣闻帝王保大业于无疆者，有经国之规模，有植国之根本。规模之经也存乎法，根本之植也存乎仁。是故崇文诘武，经制豫定，使夫法之行于天下者，整饬而不可紊，夫是之谓规模。修德行仁，膏泽下究，使夫仁之洽于人心者，固结而不可解，夫是之谓根本。经制定则国威立，德泽究则国脉固。由是万姓胥悦于域中，声教四讫于海外，大业之保，盖卓乎其不可拔矣。自古帝王享国长久之道，何能外是二者？苟法矣而未仁，则品式虽周，而所以纲维之者无其本。仁矣而无法，则恩意虽笃，而所以经纶之者无其具。是谓治之偏而弗会其全，始虽善而终流于弊，将何以保基图之固，而绵国祚之永也哉！钦惟皇帝陛下，中和建极，仁孝作孚，德化洽于民心，而万邦时宪，神武布于海宇，而四夷来宾。缵列祖之鸿图，贻百世之燕翼。太平有道之长，端有在于今日矣。乃尤不自满假，特进臣等于廷，策以御夷之道，且欲求夫长治久安之术，是岂徒以修举故事为哉？诚以草茅之下，必有明习文武大猷，可以裨补治体者，而臣非其人也。然臣即是有以仰窥陛下望道未见求治若渴之盛心矣，敢不参之经传，酌之时宜，俯摅愚见，以对扬明诏于万一乎！臣尝考之，《易》曰：鼓万物而不与圣人同忧，天道也。《书》：天佑下民，作之君，作之师。惟其克相上帝，宠绥四方。则知天虽以生物为心，而理物之责，不能不望于君。君之茂膺天眷也，非徒肆于民上，实以君师之道存乎我，而代之理也。则凡斯民之安危利病，世道之否泰盛衰，凡可以克尽其道，而奠天下于文熙武谧之域者，自有不容于不讲矣。今夫立天之道，曰阴与阳，立人之道，曰仁与义。而帝王也者，又所以法天而图治者也。是故帝王以仁育天下，非文无以昭休明之治，故凡崇奖儒彦，怀保黔黎，与夫体国经野，明物章轨，以成经纬之德者，皆文之属也。帝王以义正天下，非武无以示挞伐之威。故凡选择将帅，振励卒徒，与夫诛暴禁乱，饬法严备，以成安定之功者，皆武之属也。文以敷德，则海宇奠而内顺治，武以示威，则疆圉静而外威严。此诚有国家者不容以偏废者也。使有武而无文以济之，则义胜而流于刚，其何以敦浑厚之治体？有文而无武以济之，则仁胜而流于懦，又何以立精明之治功也哉！乃若召公之告康王曰：张皇六师。周公之告成王曰：其克诘尔戎兵。此其为言，若有所偏者，而不知乱者保其治者也，危者保其安者也。是扬武者，乃所以翼文，初非好于用兵也。一或讲之无素，备之弗豫，则所以为防者必疏，而其为累也亦必不小。是诚不容以或后者也。臣闻中国之有夷狄，犹阳之有阴，昼之有夜，君子之有小人，不能以必去焉者也。是故先王建国，列之侯封采服之外，所以峻其防焉。号令不及其人，正朔不加其国，所以别其类焉。刑以惩叛，礼以怀来，所以服其心焉。奈之何狼子野心，非我族类，重以消长之势无常，强弱之机莫测，值其弱则稽颡而称臣，当其强则犯顺而干纪，盖自古则然矣。故有化足以成风动，而不免于有苗之征，德足以臻时义，而不免于鬼方之伐，治足以致中兴，而不免于猃狁之孔炽，是又奚足为盛世之累哉！故曰：帝王不患有夷狄之强，而患吾无御之之具，不贵有御夷之具，而贵吾无以致夷之窥而已矣。强本以治内，严兵以固圉，来则必治，去则不追，务使各安其所，而不敢干吾治者，兹非计之良乎？三代以降，此道则寖微矣。嬴秦命将出师，筑塞以御强胡，糜费巨万，夷患未袪，而国衅已不可救矣。是谓虚内以事外。汉武以雄才大略之资，为穷追远讨之举，登南台于塞北，绝王庭于幕南，夷氛虽息，而民生已不胜困矣。是谓计末而忘本。斯皆策之最下者也。他如唐称臣于突厥，既病贻谋之不臧，宋迫辱于辽金，复患修攘之坐失，是又几于无策矣，安得而不沦胥以致兹极乎？幸而天启皇明，我圣祖高皇帝，以天纵之圣，奋起淮甸，迅扫腥膻，驱之北归，绝其南寇，建自古所未有之事功，复帝王所自立之中国，神谟勇略，固尝以武功定天下矣。至于即位之始，干戈甫息，乃欲偃武修文，以德化天下者，其故何哉？夫亦以天下初定，扶伤持危，与天下休息，道盖莫先于此，非固果于忘战耳也。观其思患预防，垂训谆切，所以奠不拔之基以贻则后昆者，何深远也。肆我成祖，六飞三驾，再昭挞伐之威。爰及列圣，养威峻防，不忘制驭之策。其所以绵国祚之永，而恪遵成宪者，又何明备也。仰惟皇上，蕴神明之德，际中兴之期，武以止戈为威，兵以全国为上。疆场之患，扑之于方萌，隐微之祸，消之于未著。南夷系颈，北虏贡琛，唐虞三代之盛，何以加此？圣祖神孙，后先相望，盛德大业，笃祜无疆，国家长治久安之术，尚何以他求为哉？虽然，帝王望治之心无穷，人臣爱君之心无已。故古称大舜之知，必曰好问好察。彼贾谊当文帝之世，犹有取于厝火积薪之喻焉。则臣虽至愚，所以仰称德意，而自靖厥忠者，可终默焉而已乎！臣请得而筹之。夫王者以京师为室，以诸夏为庭户，以四夷为藩篱，其内外远近之分，先后缓急之序，盖不待较而知已。粤自先王寓兵于农之意既坏，而后世制驭之道不容不分。要之，厚民所以足兵，恤兵所以卫民，实相资而非相病也。然则端本自治之道，夫亦于二者而加之意乎？以今日之民言之，安其田里，施之教化，殿最书于台臣，而守牧有考，利病关于藩臬，而兴革以时。以至水旱凶灾之必闻，赈贷蠲免之屡下，是陛下所以厚民者，无不尽也。以今日之兵言之，岁给之衣，月给之粮，额籍总于司马，而逃亡可稽，节钺授于制帅，而上下有统，以至团练教习之有方，赏罚鼓舞之无倦，是陛下所以恤兵者，无遗策也。夫民安而本益以固，兵精而气益以振，是宜势益以昌，威益以远，文熙而武益以谧也。然而北虏之窥伺犹昨，边境之烽火绎闻。顷者入我中国，若蹈无人之境，诚有如圣谕所及者。此其故何也？臣愚以为，圣心之忧民至矣，而所以宣力于下者，或非其良。圣政之养兵善矣，而所以分阃于外者，或非其寄。是故以承奉敏捷为能，而不劳心于厚下，以期会簿书为急，而不加志于推恩。甚者锐意催科，虚张敛散之能，厚自封植，因行渔猎之计。夫守令之职最为近民，使天下果若人焉，又安能保斯民之皆得其所乎？以纨袴而滥韬钤之寄，方略有所未闻，虐士卒以张威福之权，抚绥有所未备。甚者功图速化，驰捷报之虚声，志切自肥，仍偾帅之故辙。夫三军之命悬于一人，使将帅而咸若是焉，又安能保边兵之皆乐于用乎？夫民心不固，而示敌以守，是投之以可乘之隙，守之未见其固也。士气未张，而应敌以战，是先之以可败之道，战之未见其利也。然则长治久安之术，抑何以他求为哉？亦惟重守令之任，而选之也必精，使郡县之布列，皆龚黄卓鲁其人焉。于是严黜陟之典，申久任之规，劳心抚字，必增秩以示荣，奉职无闻，必夺爵以示辱。塞奔竞侥幸之门，斥阘茸贪墨之吏。如是则民安而无复失所之叹矣。重将帅之任，而简之也必慎，使阃外之分据，皆颇牧韩范其人焉。于是专委任之托，昭劝惩之典，有功必赏，宽之以岁月之余，有罪必诛，略之以文法之细。无以一人之誉而尚其贤，无以盈篋之谤而挠其志。如是则兵精而咸起报效之思矣。由是而昭武勇以示威，修战备以利用，谨关隘以辩奸，远间谍以防诈。严吾之守，以俟敌之战，将见投之无衅，觇之无隙，虏知吾之有守矣。以静制动，以逸待劳，虏屈吾之不战矣。兹固帝王万全之策，古今不易之道也，尚何夷患之足忧耶？否则玩寇轻敌，其祸大，邀功生事，其计危。皆非臣之所敢知也。虽然，御夷之道，固在于治内，而治内之要，莫切于治心。故心存于正，则事无不正，而天下蒙其福，心蔽于邪，则事无不邪，而天下与其忧。陛下绍心学之传，发道统之秘，《敬一》有箴，四箴有注，所以预养此心者，固已能自得师矣，臣恒虑操持之甚难，察识之不易耳。夫人主深居九重，攻之者众，倘于防微杜渐之戒，省察克治之功，一未至焉，臣恐虚明湛一之体，有不能复如其初矣。臣愿陛下戒之慎之，明通公溥以植其本，静虚动直以培其基，戒谨于不睹不闻之时，察识于内外宾主之辩。亲贤远佞，俾一暴弗替于十寒，慎终如始，使九仞罔亏于一篑。淫哇之声，奇巧之色，则曰吾心之贼也。便嬖之言，侧媚之态，则曰吾心之蠹也。土木游田之娱，宫室侈靡之奉，则曰吾心之所以丧失，而不自觉者也。兢兢如尧，业业如舜，孜孜如禹，慄慄如汤，亦保亦临如文，不泄不忘如武，则心存而德可修，德修而道可立，道立而政可举。由是显设于朝廷，而庶事康矣，颁布于四海，而万民乐矣，洋溢于蛮陌，而四夷慕矣。天地位，万物育，诸福之物，可致之祥，莫不毕至，而王道终矣。此非臣之臆说也。伯益之戒舜曰：无怠无荒，四夷来王。汉儒董仲舒曰：正心以正朝廷，正朝廷以正百官。而宋儒朱熹亦谓其本不在威强而在德业，其任不在边境而在朝廷，其具不在兵食而在纪纲。此端本之道，古今一致，而实臣愚之所恳望于今日者也。惟陛下不弃刍荛，留神省览，见之施行，则宗社幸甚，天下幸甚。臣干冒天威，战慄无地，不胜惓惓仰望之至。臣谨对。

《嘉靖二十三年进士登科录·瞿景淳对策》：

臣对：臣闻帝王之御天下也，有致治之大法，有善治之大几。文武者致治之大法也，文武之用，各惟其时者，善治之大几也。帝王之受命于天，而统理华夷也，观天之有阳，而文教兴焉，是文也者，所以象天之生育也。观天之有阴，而武备修焉，是武也者，所以象天之震曜也。然创业之初，不患无武，而患文教之或微。守成之日，不患无文，而患武功之弗竞。所贵乎善治者，亦随时张弛，使适于治而已矣。是故，知大法则天下之治并行而不悖，知大几则天下之治善救而不穷。古之帝王，所以不动声色，而奠宗社于泰山之安者，由此其选也。恭惟皇帝陛下，躬神圣之资，抚盈成之运，秉离照以宣文，则有以成文明之治，奋乾刚而用武，则有以张震迭之威。如臣者，盖亦沐浴膏泽，歌咏太平，而荡荡其难名矣。乃于万几之暇，特进臣等于廷，俯赐清问，上嘉祖宗致治之盛，下求今日保治之方，且谕臣等以守之之道详著于篇。臣虽愚陋，有以仰窥圣心之纯，有不以今日治安为已足，直欲建万世之长策，保大业于无疆矣。夫尧舜之圣，尚有蛮夷猾夏之忧，则今兹北虏，亦何足以累圣治乎？然臣闻之，四郊多垒，卿大夫辱也。执干戈以卫社稷者，亦士之任也。则今边鄙多耸，稽人无功，凡吾臣子，皆与有责矣，臣敢不罄一得之愚，以答千载之遇乎！夫帝王之御天下，以成久安长治之术者，无他，惟文武二途而已矣。顾其为道也不可易，而其为用也不可齐。文教之绥，所以求内之顺治也，一于文而不知有武，则祸乱无所于定，而或以废天下之功。武卫之奋，所以求外之威严也，一于武而不知有文，则化理无所于饬，而或以启天下之衅。臣故曰：道之不可易者，此也。然天下之势有强弱，而文武之用有缓急。开国之初，国势为强，乘强之势者，利用文。继体之日，国势为弱，乘弱之势者，利用武。有武以济文之所不及，则惠尊而不之玩，有文以济武之所不及，则威震而不之折。臣故曰：用之不可齐者，此也。然帝王以天下为度，其选将练兵，有时而用武者，非求胜于夷狄也，吾自治吾中国，令勿扰之而已矣。文也者，国之经也，所以为守也。武也者，国之辅也，所以固吾守也。其用虽殊，适治则一。臣故曰：帝王之治天下，惟文武二途也。伏读圣制有曰："朕惟文武二道，并用而不可缺与偏者也。《传》曰：张皇六师。又曰：其克诘尔戎兵。此非好于用兵耶？"大哉皇言！盖有见于天下之势，而得夫张弛之权矣。臣请稽诸经史，质诸古今，为陛下陈之。夫文武之在昔，未始分也，分之自后世始，而用之亦未始偏也。以言乎将相，无事而谟谋帷幄，则为敬义一德之训，有事而出总戎行，则为升陑鹰扬之师。是相亦将也。以言乎兵农，无事而耕，则为比闾族党之民，有事而战，则为伍两军师之制。是兵亦农也。文武之在昔，未始分也，自管敬仲以国中之民为兵，以四郊之民为农，兵农始分，而不可合矣。自宋人以枢密主兵，中书主民，将相始分，而不相统矣。然兵以卫民，民以养兵，相主运筹，将主决战，体统相维，中外相应，后之帝王亦未始独任而成功者。文武之在后世，用之亦未始偏也。夫惟未始分也，是故有浑融完固之势。夫惟用之未始偏也，是故有迭运不穷之神。譬之天道之阴阳，虽惨舒各一其气，其成岁功则一而已矣。顾帝王所以制治于未乱，保邦于未危，使天下之势不至于极重而难反者，则有几焉。昔周公之辅成王也，礼乐之化致夫重译，盖以文治为先矣。而克诘戎兵之训，首迪于访落之始。召公之辅康王也，保厘之治洽于东郊，盖亦以文治为先矣。而张皇六师之训，首陈于践阼之初。成康之为君，夫岂以武功毒其民，周召之为臣，夫岂以武功适其君者。周治尚文，其势已弱，而又当丰亨豫大之时，使不从武备之易骤者而振励之，则以弱政济弱势，四夷之交侵，诸侯之负固，当不俟夫昭王之后而后见。此臣所以妄论天下之势，必识其几而后可以善其治于不穷也。臣请以皇祖之所以垂统，列圣之所以绍休，今日之所以守天下者，次第陈之，可乎？我皇祖之开天抚运也，驱策英豪，迅扫胡虏，武功之盛，盖已震乎殊方矣。而登极之日，首崇学校，其治若先乎文。我成祖之继天立极也，亲礼儒臣，表章性理，文德之盛，盖已光于海隅矣。而靖难之后，三犁虏庭，其治若先乎武。此固帝王补偏救敝之大权，未易以常情测者也。自是以来，列圣相承，大业益固，盖虽文治之精华，而武烈之所被者，实开其先矣。今我皇上，以圣神文武之资，致雍熙悠久之治，盖二十有三年于兹。是故德之所及，涵濡如雨露，威之所及，震动如雷霆，治之所及，容保如天地，盖不止于西旅之贡獒，越裳之献雉也。迩者北虏遗孽，乃忘我天覆之仁，哨聚入寇，残我天民，有如圣制所云者，此固文武臣工，奉行未至者之罪也。使文武臣工，各供其职，各效其能，则干羽之化，既足以怀其携贰之心，庙算之胜，又有以折其骄悍之气，抚之而易从，征之而易服矣。今陛下乃曰："朕罔德基之立于中，是以教化莫克行于外。"此诚禹汤罪己之盛心也。凡我臣工，又孰敢不祗承德意，而修其职分之所未尽者乎？臣固知北虏之不足平也。伏读圣制之篇终有曰："帝王之政，守在四夷。今朕欲求久安长治之术，无出于守之一端。欲得其守之之道，当何施用，以尽其长且久焉。"且诚臣等毋忌毋隐，各著于篇。臣虽不肖，亦不敢上负天子，下负所学，而自弃于无讳之朝也。窃以为今日之计，亦不能舍文武二者，而别为之图，惟就其坏于因循者而振扬之耳。昔宋人西事之兴，韩琦之陈谟也，不急于其他，而急于立纪纲。欧阳修之陈谟也，不急于其他，而急于明赏罚。此皆振扬之说也。方今缙绅之士，以文名者，盖已充斥于中外矣，然文艺徒工，而经济之未闲，其弊也虚。介胄之士，以武名者，盖已布列于遐迩矣，然团练徒勤，而击刺之未闲，其弊也玩。文恬武嬉，其事适等，而武备之衰为尤甚。今欲立明作之功，济惇大之体，建万世久安长治之策，安得不立纪纲，明赏罚，从其坏于因循者而振扬之也？臣敢冒昧，悉以边事之弊者为陛下陈之。中国之御戎，地险以为坊。顷自大宁既弃，而东北之藩篱以薄，东胜不守，而西北之形势以孤。此地险之失据，其弊一也。中国之御戎，人和以为本。顷自大同倡乱，而人怀判涣之谋，诸镇观望，而军无纪律之固。此人和之未至，其弊二也。中国之御戎，兵食以为具。顷自屯政不修，而列屯无可仰之资，盐法未清，而转漕无飞挽之助。此兵食之未充，其弊三也。弊端日新，则边备日隳，而臣愚以为，非一朝一夕之故也。陛下诚建久安长治之策，以尽夫守之之道，亦惟察其致弊之原，亟为之所而已矣。臣尝妄论今之事宜有六，而攻讨之术不与焉。明居重驭轻之权，则畿兵之简阅，不可以不严也。修列屯固圉之略，则土兵之团练，不可以不恤也。广推诚授任之道，则精择久任之说，不可以不行也。慎招携怀远之图，则抚绥节制之宜，不可以不详也。为深根固本之虑，则茧丝保障之辨，不可以不早也。求足国裕用之规，则酌盈济虚之道，不可以不力也。凡此数者，臣盖日夜思之，而未知其合于国体否也。今陛下以天下为度，以生民为念，深求夫守之之道，则惟择将择相，与之共理而已矣。盖将所以捍卫于外，相则计其功过，诏王而驭之者也。昔汉高之王秦也，有萧何为之谋，而后韩信得以毕其策。宣帝之屯金城也，有魏相为之主，而后赵充国得以定其功。唐宗之定蜀也，有杜黄裳为之辅，而后高崇文得以展其志。天下之事，未有不由于君臣一德，将相戮力，而可与有成者。今从容密勿者，有张仲之贤，宠握韬钤者，有吉甫之略。而又益求遗才，搜剔弊陋，沉毅有断，而不重发以隳其功，更张有渐，而不轻为以速其败。则谋运于帷幄之中，而业彰于万里之远，大业之固，当与天地同久，而胡虏一时之驿骚，旋即底定矣，又何足以劳圣虑哉！然臣于此复有献焉。昔孟轲氏有曰：孰不为守？守身，守之本也。是以古先哲王，承历数之重，为华夷之主，虽天下有一之不理，皆为王政之缺，而尤急于守身。奸声乱色，足以荡吾守也，则斥之。淫乐慝礼，足以移吾守也，则绝之。便嬖侧媚，足以摇吾守也，则远之。甘言卑辞，足以乱吾守也，则放之。虽在纷华波荡之中，幽独得肆之地，而精之一之，克之复之，凛然如对神明，不敢失守者，诚以能守其身，则能守天下也。我皇祖之训曰：人心虚灵，乘气机出入，操而存之为难。所以光启一统之业，而垂之万世者，盖本诸此。今陛下弘绍丕图，益敦前烈，《敬一》有箴，而操存于内者为甚严，《五箴》有注，而省察于外者为甚密。以此而取人，则有克知灼见之明，而任贤勿贰矣。以此而立政，则有旋乾转坤之功，而庶绩咸熙矣。是故其本在君心，其辅在将相，其具在纪纲，久安长治之策，在陛下一加之意而已，臣又何言哉！臣愚不识忌讳，干冒天威，无任战慄殒越之至。臣谨对。

《嘉靖二十三年进士登科录·吴情对策》：

臣对：臣闻帝王之制驭远夷也，心不可一念忘，而其威则不可亵，备不可一日弛，而其用则不可轻。心不忘则本立，本立而允塞之猷基矣，备不弛则政修，政修而无竞之烈著矣。夫允塞之猷，日新之盛德也。无竞之烈，富有之大业也。有盛德以来归疑之诚，有大业以折骄悍之气，所谓明王慎德，四夷咸宾者，而又何忧于远人之不服哉！然而丑虏之性未易憬悟，向背之情尤为叵测，吾惟心弗忘而备弗弛，于其来也，则惩而御之，其去也，则备而守之，以养吾威，以制吾用，斯则万全之道也。苟虑之不审，持之不固，而徒与之争胜负于强弱之间，则虽百战百胜，而幕南无王庭，酒泉列亭障，犹为策之最下者，岂帝王之所当务哉？故曰：其政不在威强而在德业，其具不在兵食而在纪纲，其本不在边境而在朝廷。此则制驭万全之常道，而臣之所谓心不可忘而备不可弛者，诚亦有见于此也。夫心忘则备弛，用轻则威亵，故虽款塞称臣，不足为喜，恣肆侵掠，不足为怒。而吾之所以自治者，惟备御之有素是图也。陛下不以经生卑臣，而顾锡之以清问，宽之以毋忌，谕之以毋隐，而且以久安长治之道，诱之使言。臣虽卑之不敢高论，而感激思奋，宁不有以一吐经生之常谈哉！盖臣自游学校，常慨然有经营天下之志，虽未敢自附于孔明、仲淹其人，而于所谓内中国、外远夷、振纪纲、修德业而不可忘以弛者，则尝区画一二，想望明天子之廷，而欲进其说久矣。第赵充国以汉之老将，犹谓兵难遥度，而愿至金城以图方略，矧经生以农之子跧伏民间，未谙兵略，而徒欲掇拾旧闻以塞明诏，则亦何足以仰副陛下保卫生灵、抚安夷夏之盛心也哉！然而舍旧所闻，又无可以效芹曝之献者。是故有允文允武之全德焉，有无怠无荒之大猷焉，有附民而不毒民之仁焉，有养兵而不穷兵之要焉，臣请为陛下一陈之。臣闻夷狄之患，自古有之，而苗民逆命，昆夷不殄，虽以虞周之盛，亦不能免也。顾其制驭之道，一则儆戒无虞，一则修攘有要。使后世图治之君，愿治之佐，仰慕企望，而不可及，此则虞周之所以为盛也。且虞帝不可尚已，姑自成周观之。《天保》以上治内，而君臣之德合，《采薇》以下治外，而夷夏之防严。其所以致是者，盖曰缉熙敬止也，曰于皇执竞也，曰矢文德塞王猷也，其修之君者，未尝一念忘也。曰有严有翼也，曰忧心悄悄也，曰共武服定王国也，其修之臣者，未尝一念忘也。是则其本既立，而允塞之猷所由以基也。其在当时，抑又兵师之制，寓之井田，无事则为比闾族党州乡之民，而统于大司徒，有事则为伍两卒旅军师之众，而属之大司马。鹰扬蹈厉之将，固不外于都俞揖逊之公卿也。夫是以兵农一致，农聚而兵即存，文武同方，文敷而武亦振。以之守者此道也，以之战者亦此道也。与之守者此民也，与之战者亦此民也。自时厥后，知此义者则鲜矣。是故汉则困于匈奴，唐则衰于藩镇，宋则削于契丹，迨至胡元入主中国，则三纲沦，九法斁，而天地且为之晦塞矣。惟我太祖高皇帝，继天立极，驱之于沙漠之外，而复帝王所自立之中国，可谓有功于天地，有功于生民。是虽延之亿万年，而天地之所以报其功德者，固为无疆也。况天下既定，务修文德以开太平，此即周武王下车而访范叙畴，聿求懿德，以肆于时夏之心也。列圣相承，光昭祖训，懋修文德，天下乂安。至我陛下，以大有为之圣，益起而觐扬之，明作以励治功，敦大以裕治体，文武兼用，恩威并伸，所谓天下有道，守在四夷者，固将与天地相为悠久也。夫何比年以来，北虏入寇，窃伺我藩篱，虔刘我边庶，未免厪我皇上宵旰之隐忧。臣知陛下之心，固未尝一日忘乎边境矣，而边境之将领，能无纨袴不知兵，徒读父书之流矣乎？边境之卒戍，能无朽戈敝甲，失伍离次，而无斗志者乎？边境之抚巡，能无徒握重权，而未知歌咏劳苦之典，激励作兴之道者乎？此无竞之烈所繇以弗著也。而陛下策臣，乃引之以自责曰："此固朕以罔德基之立于中，是以教化莫克行于外。"臣有以仰窥陛下制治未乱、保邦未危之心，不能以一日遑暇，是以不自知其谦冲至此也。陛下此心，真所谓不出户庭之间，而可以折冲千里之外，干羽之舞，文教之修，率是道也。《诗》云：勉勉我王，纲纪四方。陛下实有之。是故虏之入寇，虽若可忧，而陛下赫业之天威，臣工早夜之振励，固足以寒毡裘之胆，而折其心。此兵家所谓先声也。虽然，不足忧之中，而深可忧者实在焉。何也？向背靡常者，丑虏之情也。是故圣王之于夷狄，每治之以不治，不以其来而慑，不以其去而弛也。是以不忧外患之未息，而深忧内治之未修，不以裔夷之单弱为可喜，而恒以吾之备御之素定为无患也。然则所以张皇六师、克诘戎兵者，岂无道哉？是宜慎之纪纲，明赏罚之权，核功罪之当，使太阿之柄常在朝廷可也。若希冀无事，因循除拜，如魏博之姑息不可也。若诛求责望，损威伤重，如承倩之将命，不可也。若优游牵制，而启王武俊之邪谋，不可也。若隔绝排摈，而致李怀光之怨望，不可也。务使有纪律之严，无壅蔽之患。则虽无救于既往，尚可责效于将来。行之既久，臣见将领之在边境也，赏既酬劳，恩常逾望，推心置腹，效死恐后矣。卒戍之在边境也，沙草晨牧，河水夜渡，风雨罢劳，饥渴不困矣。不必司马孙吴颇牧之复出，而陛下未尝无将也。不必《采薇》《出车》《六月》之师之复兴，而陛下未尝无兵也。是故据鞍矍铄者可遣也，不亲戎服、轻裘缓带者亦可遣也。膂力方刚者可遣也，身不跨马、射不穿札者亦可遣也。闲之以节制，则能使之有勇，附之以仁义，则能使之知方。由是畜刍粮，备器械，谨斥堠，严瞭望。当虏之来也，而不畏其来，吾惟坚壁清野，而不为结怨深雠之举。虏虽去也，而犹若未去，吾惟日相警戒，而恒有不测不克之严。则以饱待饥，以逸待劳，无战之名，有胜之实，北虏不足攘，中国不足安，而可保亿万年无事者，端在于此。臣将歌匡王国佐天子之诗以为国家颂，陛下北顾之忧，不亦可尽舒也哉！然臣又有说焉。荆楚之来王，商宗濯濯之灵振矣，然不敢怠遑，实基之也。南北之荡平，周天子中兴之功伟矣，然夙夜基命，实致之也。《大雅·抑》之诗有曰：夙兴夜寐，洒扫庭内，维民之章。又曰：修尔车马弓矢，戎兵用戒，戎作用逷蛮方。盖内自庭除之近，外及蛮方之远，细而寝兴洒扫之常，大而车马戎兵之变，虑无不周，备无不饬，可谓勤矣。然其用功切要之处，则有曰：视尔友君子，辑柔尔颜。又曰：视在尔室，尚不愧于屋陋。此正子思所谓慎独者，而天德所自立，王道所从出也。以陛下文武神圣之资，刚健中正之德，并殷周之治，而远轶帝王之盛，诚无难者。而臣惓惓一念尤望陛下自谨独始，则瑟兮僩兮，赫兮喧兮，而驯至于光被四表，格于上下。虽中和位育之极，亦可坐而致也。憬彼北虏，将兑喙奔突之不暇矣，而奚足累光裕之大烈也哉！臣俯伏阙廷，牵制文义，诚未能切磋究之，以答称陛下之德意。然使臣不以圣贤大学之道进，而窃取五饵三表之余，试以缚单于之颈，扼中行说之吭而抚其背之说，以渎陛下，则洛阳少年之所以见黜于汉文者也，而臣岂敢哉？臣不胜陨越战慄之至。臣谨对。

陆州中进士。曾典湖广乡试。张萱《西园闻见录》卷四十四《礼部》三《科场·往行》："陆州，字汝行，海宁人，嘉靖甲辰进士，历官兵备副使。初为南昌校官，典湖广乡试。故事，校官处帘内，乃品题之权，御史多属之帘外。州既默默不自得。比定解额，诸校官与御史俱坐公堂，州偶抽中式二人卷阅之，颇纰缪。州起，袖二卷怀之以诘御史，御史不能对，即为转易二卷，同校者懔懔，咸服其持正。"

复郭希颜右春坊右赞善兼检讨。（据《国榷》卷五十八）

左赞善浦应麒免。以北闱私贡士马銮等，给事中吕时中劾之。銮等削籍。（据《国榷》卷五十八）

五月

嘉靖二十三年五月己酉，兵部覆兵科给事中杨上林等查革冗员事宜：……一、历科武举通行查出，每遇考选年分，但有掌印佥事、管屯、管操等缺，与该卫所官酌量选用。（据《明世宗实录》卷二百八十六）

六月

前少保兼太子太保吏部尚书武英殿大学士方献夫卒。献夫南海人，弘治乙丑进士。授礼部主事，议礼至大拜。其视桂萼辈稍和平，然亦不肯降下持易退之操。居家数与郡国竞，毁誉半焉。赠太保，谥文襄。（据《国榷》卷五十八）

七月

前户部尚书兼翰林学士李廷相卒。廷相濮州人，弘治壬戌进士及第。授编修。后忤刘瑾，调兵部主事。瑾败，复官至大用。赠太子少保，谥文敏。（据《国榷》卷五十八）

前詹事兼翰林学士陆深（1477—1544）卒。深上海人，弘治乙丑进士。馆选，授编修，历祭酒。经筵抗奏，谪延平同知。后累进詹事。辨博宏伟，多所著述。而气高性忌。赠礼部右侍郎，谥文裕。（据《国榷》卷五十八）《碧里杂存·陆俨山》："陆俨山祭酒深，嘉靖二十三年十二月二十一日以疾终。"本书暂从《国榷》。《静志居诗话》卷九《陆深》："陆深字子渊，上海人。弘治乙丑进士，改庶吉士，授翰林院编修，迁国子司业，进祭酒，谪延平府同知，升山西提学副使，改浙江，历江西参政，四川布政使，召为光禄卿，改太常卿，兼侍读学士，升詹事府詹事。卒，赠礼部右侍郎，谥文裕。有《俨山集》。俨山诗，其原出于'大历十子'。平衍帖妥，如设伊蒲之馔，方丈当前，虽远膻腥，终鲜滋味。至其折衷经史，练习典章，其所纪载，可资国史采择。昔朱晦翁讥叶正则知古而不知今，陈同甫知今而不知古，惟许吕伯恭克兼之。俨山亦可无愧伯恭矣。若夫正书似颜尚书，行书似李北海，莫云卿之论，谓'风力实出赵吴兴之上。自董尚书墨迹盛行，而俨山遂为所掩'。然尚书论书法，推为正宗。世有张怀瓘估直，未必定取董而遗陆也。"

八月

斥翟銮为民。《明世宗实录》卷二百八十九：嘉靖二十三年八月甲午，"刑科给事中王交、王尧日论劾少詹事江汝璧、修撰沈坤、编修彭凤、欧阳晔、署员外郎高节朋私通贿，大坏制科，大学士翟銮以内阁首臣，二子汝俭、汝孝既联中乡试，又连中会试，若持券取物然。崔奇勋乃汝俭等师，焦清与俭结姻，又同受业四人者，会试俱一号。汝俭、汝孝、奇勋皆彭凤所取，《诗经》考官五人，何俱在凤一房？欧阳晔亦汝俭等师，本同经，又改看《书经》，迹若引嫌，而阴助凤寻卷，及沈坤之取中陆炜，高节之取中彭谦、汪一中，皆以纳贿故。乞明正其辜，且欲追论顺天乡试主考秦鸣夏、浦应麒阿奉翟銮之罪。上下其章吏部、都察院，从公参看。銮随具疏自理，且请钦降题目，命部、院大臣覆试。上怒曰：'銮被劾，有旨参看，乃不候处分，肆行扰辩，屡屡以直无逸为辞；同夏言禁苑坐轿，止罪一人，全不感惧，敢以撰科文、赞玄修为欺朕；内阁任重不早赴，以朕不早朝，并君行事；二子纵有轼、辙才，岂可分明并用？恣肆放僻如此，部、院其参阅治罪，不许回护。'部、院覆请下汝璧于理严究，分别情罪轻重。上以迹弊明显，大坏祖宗取士之制，遂勒銮并汝孝、汝俭、奇勋、清及凤、晔俱为民，汝璧等俱下镇抚司逮问。已，法司会鞫汝璧、鸣夏、应麒虽各阿取辅臣之子，然实非以贿故。

坤之取炜、节之取一中亦然。独彭谦实以校尉张岳赂节五百金而中，监察御史王珩、沈越失于纠察，罪亦难逃。疏上，诏杖汝璧、鸣夏、应麒六十，革职闲住不叙。珩、越降一级，调外任。节、岳充军。谦为民。坤、一中、炜存留供职"。董份《泌园集》卷三十七《明故南京太仆寺丞王子敬先生墓志铭》："久之……子敬改刑科给事中。……会礼部试天下士。故事：考官入试闱中，各扃户，阅所分卷。人不得数往来，卷不得更易。而考官彭者，分宜人，怙势险诐，刚暴士也。居尝突入他考官所，强其卷夺之。他考官不能拒，已相顾咤矣。及出，而辅臣翟公二子皆在彭取中，核之则夺他考官卷也。以是人益咤。而京师大侠张者，亦江西人……出入彭、翟间，醉酒宣泄，事甚露，诸司无不传相语咤矣。而翟方当国，人未敢动。又翟在诸辅中，能恭谨下士，士感其煦濡忍之。而子敬……乃抗疏。疏上，肃皇帝下其事诏狱，逮彭、张杂考之，引绳批根，得其实。上盛怒，立罢翟，黜其二子，而彭、张或黜或戍，他考官谪有差。"沈德符《万历野获编》卷十五《现任大臣子弟登第》："弇州云：'大臣在事，而子弟登第者，成化以前俱无之。'此又大谬不然。永乐二年甲申，会元又馆元杨相，为辅臣士奇侄。宣德二年丁未，进士金昭伯，为次揆幼孜之侄。正统元年丙辰，二甲进士章瑾，为礼部左侍郎张敞之子，试时竟不引例回避，瑾后亦至礼部右侍郎。正统十年乙丑，进士刘珤，为户部左侍郎刘中敏之子。正统十三年戊辰，二甲第二名曹鼎，为首揆文忠公鼐之嫡弟，文忠读卷不回避，又选为庶吉士。景泰二年辛未，二甲进士陈僎，为都察院左都御史鉴之嫡侄。三甲进士曹景，为南京吏部尚书义之嫡侄。景泰五年甲戌，三甲选士孟淮，为户部左侍郎鉴之子，耿裕为刑部侍郎九畴之子，罗淮为太子少保右都御史通之嫡侄。二甲进士何乔新，父文渊为太子太保、礼书，甫去任半年。天顺元年丁丑，二甲进士许起，为次揆许彬之子，二甲进士石浚，为忠国公石亨嫡侄，进士沈瑶，为南京户部尚书翼之子。天顺四年庚辰，三甲进士周经，为刑部左侍郎瑄之子，俱现任大臣，此皆成化以前之事也。乃成化以后，弇州所纪亦未详，如成化二年第一甲第二名程敏政，为首揆少师李文达贤之婿。而庶吉士商良臣，则故相商文毅辂之子，文毅即以是年冬出山再相矣。庶吉士李璿为礼部侍郎绍之子。成化五年己丑，庶吉士尹龙，为吏部左侍郎旻之子。成化十一年乙未，二甲进士王沂，为南祭酒玙之子。三甲进士章元应，为南礼部左侍郎纶之子。成化十四年戊戌，三甲进士庶吉士杨时畅，为户部尚书鼎之子，三甲进士周纮，为南刑部尚书瑄次子。成化二十年甲辰，二甲进士黎民表，为吏部右侍郎淳之子。成化二十三年丁未，庶吉士万宏璧，为首揆少师安之孙，兵部右侍郎翼（一作翚）之子，二甲进士倪阜，为礼部右侍郎岳之嫡弟。岳会试不回避，且为廷试提调。弘治六年癸丑，二甲进士王承裕，为太子太保吏部尚书王端毅恕之子，端毅不读卷。弘治九年丙辰，二甲进士刘东，为次辅健之子，健不辞读卷。又南左都御史瞿瑄子铨，南礼部侍郎董越子天锡，俱举进士，时越考绩在京。又进士许赞为右副都御史进之次子。弘治十二年己未，二甲进士谢迪，为次揆谢文正迁之嫡弟，三甲进士许诰，礼部左侍郎进之长子。弘治十八年乙丑，第一甲第二名谢丕，又为迁之子，以出后其叔选，不书本生父文正公名，文正虽亦引嫌，竟充读卷官。进士金达，为南兵部侍郎宪之子。正德三年戊辰，传升检讨、又升侍讲焦黄中，为次揆芳之子，传升编修刘仁，为兵部尚书宇之子，庶吉士韩守愚，为户部右侍郎鼎之子，进士刘寯年，为礼部尚书春之侄，春辞提调。正德六年辛未，状元杨慎，为次揆杨文忠廷和之子，庶吉士费寀，为礼部尚书费文宪宏弟。正德九年甲戌科，庶吉士余承勋，为首揆杨廷和之婿。十二年丁丑科，三甲进士李惠，为金都御史钺之子，庶吉士叶桂章，为首揆杨廷和之婿。正德十六年辛巳，第一甲三名费懋中，又为文宪之侄。嘉靖二年癸未，状元姚涞，为新任工部左侍郎姚镆子，二甲进士杨惇，为首揆少师杨文忠廷和次子，仍充读卷官，二甲进士崔允，为驸马都尉京山侯元嫡弟。嘉靖五年丙戌，庶吉士费懋贤，又为首揆费文宪之子，庶吉士毛渠，为次辅毛文简纪之子。又先一年乙酉解元、二甲进士王汝孝，为兵部尚书宪之子。嘉靖八年己丑，三甲进士吴子孝，为南京吏部尚书一鹏之子。嘉靖十一年壬辰，三甲进士刘灿，为副都天和之子，此后数科未之见。至嘉靖二十三年甲辰，而翟诸城当国，长子汝伦，以试中书舍人，次子汝孝，以国子生登第，为科臣王交等所劾，致父子削夺。然是科二甲进士，亦试中书舍人，为故锦衣帅陆松次子，现任锦衣帅陆炳嫡弟，独无一人指及。盖是时陆焰已炽，非翟石门比，故言官求多于宰辅，而缄口于权幸也。二十六年丁未，二甲进士陈以寯，为兵部尚书陈经之子。二十九年庚戌，三甲进士王正国，为吏部左侍郎邦瑞之子。嘉靖三十二年癸丑，二甲进士孙铤，为礼部左侍郎升之子。南宫试亦不回避，仍充廷试提调。三十五年丙辰，二甲进士孙鑨，又吏部右侍郎升之子。三十八年己未，吏部尚书吴鹏子绍，登二甲进士，则倩人入试，途人皆知，而言路无敢言者，乃父太宰亦不辞读卷也。至四十一年壬戌，少保兵部尚书杨襄毅博之俊民，左都御史潘恭定恩子允端登第，两公辞读卷，不许。二子俱二甲进士。南京兵部尚书李遂子材，亦以是科得隽。至四十四年乙丑，遂次子试，又举进士，时乃父尚在位云。隆庆以后，耳目所及，不必记矣。李文达，河南之南阳人，程篁墩，南直之休宁人，何以数千里外结姻？且程举鼎甲，年已二十有二，乃父信现任兵部侍郎，何以聘而未娶，且妇翁为读卷首臣，竟置前列，当时亦无异议，均不可解。"《明鉴纲目》卷六："纲：甲辰二十三年，秋八月，翟銮罢。目：严嵩入阁，銮以资地居其上，嵩恶之，嗾言官劾其子，夤缘举进士，遂斥为民。銮子汝俭、汝孝，与其师崔奇勋，所亲焦清，同举进士。嵩属给事中王交等，劾其有弊，帝怒，下吏部都察院。銮疏辨，帝益怒曰：'銮被劾待勘，敢先渎扰邪？二子纵有才，何至与其师并进。'勒銮父子、奇勋、清及分考官等，皆为民。"

九月

升右春坊右谕德王用宾为南京国子监祭酒。（据《明世宗实录》卷二百九十）

吏部尚书许赞兼文渊阁大学士，礼部尚书张璧兼东阁大学士，预机务。《明鉴纲目》卷六："纲：九月，以吏部尚书许赞，兼文渊阁大学士，礼部尚书张璧，兼东阁大学士，并预机务。目：时大权一归严嵩，赞、璧不得预票拟。赞常叹曰：'何夺我吏部，使我旁睨人？'因屡乞休。"

王廷相（1474—1544 年）卒。（据《国朝献征录》卷三十九《浚川王公廷相墓表》）黄宗羲《明儒学案》卷五十："王廷相字子衡，字浚川，河南仪封人。弘治壬戌进士。改庶吉士，授兵科给事中。正德戊辰谪为州判，稍迁知县，复召为御史，出按陕西镇守。奄人廖鹏虐民，先生绳之以法，鹏大恨。已而视学北畿，有两奄干请，先生焚其书，两奄亦恨，未有以发也。鹏因上书构之，两奄从中主其奏，逮入诏狱。又谪为县丞，稍迁知县同知，擢四川佥事、山东副使，皆视学政。嘉靖初，历湖广按察使，山东左、右布政使，以右副都御史巡抚四川，入为兵部左、右侍郎，转南京兵部尚书，召为左都御史，进兵部尚书兼掌院事，加太子太保。辛丑罢，又三年而卒。年七十一。隆庆初，赠少保，谥肃敏。先生主张横渠之论理气，以为'气外无性'，此定论也。但因此而遂言'性有善有不善'，并不信孟子之性善，则先生仍未知性也。"《明史》王廷相传："廷相博学好议论，以经术称。于星历、舆图、乐律、河图、洛书及周、邵、程、张之书，皆有所论驳，然其说颇乖僻。"

进严嵩兼吏部尚书谨身殿大学士。（据《国榷》卷五十八）

武举会试，取四十人。（据《国榷》卷五十八）

十一月

授服阕庶吉士王显忠为户科给事中。（据《明世宗实录》卷二百九十二"嘉靖二十三年十一月壬子"）

改南京国子监祭酒王用宾为国子监祭酒。（据《明世宗实录》卷二百九十二）

前南京兵部尚书张邦奇（1484—1544）卒。邦奇鄞人，弘治乙丑进士。馆选，授简讨。尝出补湖广四川副使，迁左庶子兼侍读，历尚书。好学笃志，端洁养恬。赠太子太保，谥文定。（据《国榷》卷五十八）嘉靖《浙江通志·人物》："张邦奇字常甫，鄞人。弘治十八年进士，改翰林庶吉士，授检讨，历任湖广提学副使，南京国子祭酒。端重典雅，所至卓有师模。仕至南京兵部尚书，卒。所著有《芝园集》。"

礼部右侍郎许成名为左侍郎国子祭酒。（据《国榷》卷五十八）

十二月

升广东按察司提调学校副使程文德为南京国子监祭酒。（据《明世宗实录》卷二百九十三）《弇山堂别集》卷六十三《南京国子监祭酒年表》："程文德，浙江永康人。由进士，（嘉靖）二十三年任，二十六年忧。"

本年

张居正应进士试落第，自是殚精毕力于场屋之文。张居正《张太岳集》卷三十五《示季子懋修》："吾昔童稚登科，冒窃盛名，妄谓屈、宋、班、马，了不异人，区区一第，唾手可得。乃弃其本业而驰骛古典，比及三年，新功未完，旧业已芜，今追忆当时所为，适足以发笑而自点耳。甲辰下第，然后揣己量力，复寻前辙，昼作夜思，殚精毕力，幸而艺成，然亦仅得一第止耳，犹未能掉鞅文场，夺标艺苑也。今汝之才未能胜余，乃不俯寻吾之所得，而复蹈吾之所失，岂不谬哉！"

孙宜（约1507—约1556）年三十有八，绝意仕进，肆力于词赋。王世贞《洞庭渔人传》："最后渔人罢试归，而道闻提学公讣，日夜奔驰哭踊，两目为损，凡四载，遇医得神方，砭之复明。渔人年三十有八，而叹曰：'丈夫安能龌龊老死辕下驹哉！且夫能衡命者我也，能衡命者我也。'盖渔人所由称矣。"陈文烛《洞庭渔人传》："辛丑（1541）遭副使公丧，哀几损目，得神人秘方始愈。年三十有八，遂绝意世故。"自1541至1544，正四个年头。孙宜字仲可，华容人。嘉靖戊子（1528）举人。有《洞庭渔人集》五十卷。

严讷（1511—1584）、李春芳（1510—1584）、董份俱直西苑，撰应奉青词。《明诗纪事》戊签卷二十一《董份》陈田按："嘉靖二十三年，命吏部尚书兼学士严讷、礼部尚书兼学士李春芳、吏部侍郎兼学士董份俱直西苑，撰应奉青词。寻严、李入阁，参预机务。董以给事中欧阳一敬论劾，削职去。先是，董为考官，取妻弟吴绍中式，绍吏部尚书吴鹏子也，为御史耿定向所举劾，吴、董各疏辩求罢。帝命鹏竭忠供职，份安心直撰。吴，分宜党也，董亦与分宜子世蕃往还。时严氏得罪，人言啧啧。董得世蕃二万金。董虽供直西苑，帝终不能曲祖也。董归后，以资名，为有司持短长，乡人缘间起，数见凌夺，不胜恚愤。死时呼其子曰：'吾死毋书吾故官，以白布三尺题曰"耐辱主人"足矣。'亦可哀也。份诗五言有清致，为何元朗所推。"

明世宗嘉靖二十四年乙巳（公元1545年）

正月

录《二祖列圣御集》、《圣学心法》、《九经》、《性理大全》、《二十一史》成。赐辅臣金币。校录官右春坊右庶子兼侍讲杨维杰为左庶子兼翰林侍读，右中允兼修撰闵如霖为左谕德，右赞善兼检讨郭希颜为左中允，翰林编修孙升为右中允，吴山为左赞善，国子监司业周文烛为右春坊右中允，眷录官太常寺卿张电进通政使，尚宝司少卿谈相进光禄寺少卿。馀升转有差。（据《国榷》卷五十八）

黄冈诸生刘文煜进瑞兔，赐币一双、钞五百贯。（据《国榷》卷五十八）

闰正月

顾璘（1476—1545）卒。（据《明文海》卷四百三十五文征明《顾公墓志铭》）《明史·文苑传》：顾璘，字华玉，上元人。"初，璘与同里陈沂、王韦，号'金陵三俊'。其后宝应朱应登继起，称四大家。璘诗矩矱唐人，以风调胜。韦婉丽多致，颇失纤弱。沂与韦同调。应登才思泉涌，落笔千言。然璘、应登羽翼李梦阳，而韦、沂则颇持异论。三人者，仕宦皆不及璘。""南都自洪、永初，风雅未畅。徐霖、陈铎、金琮、谢璇辈谈艺正德时，稍稍振起。自璘主词坛，士大夫希风附尘，厥道大彰。许谷，陈凤，璇子少南，金大车、大舆，金銮，盛时泰，陈芹之属，并从之游。谷等皆里人，銮侨居客也。仪真蒋山卿、江都赵鹤亦与璘遥相应和。沿及末造，风流未歇云。"

吏部右侍郎张治为左侍郎兼翰林学士，署院。（据《国榷》卷五十八）

续纂《大明会典》，自嘉靖八年始。总裁大学士严嵩、许赞、张璧。副总裁吏部左侍郎孙承恩。纂修官左春坊左谕德闵如霖，左中允郭希颜，右赞善吴山，司直郎吕怀、谢少南，翰林修撰茅瓒，检讨林庭机，编修李玑、赵贞吉、敖铣、郭朴、康太和、嵇世臣、袁炜、黄廷用、陈东光、王维桢、卢宗哲。（据《国榷》卷五十八）

三月

翰林检讨张绪为湖广布政司右参议。（据《国榷》卷五十八）

内计拾遗。右佥都御史王仪，光禄寺卿陈焕，南京翰林侍读学士华察，左司直郎兼检讨谢少南，并调外。（据《国榷》卷五十八）

五月

逮巡按福建监察御史何维柏。维柏论大学士严嵩奸邪宜罢。（据《国榷》卷五十八）

工部尚书樊继祖，光禄寺卿陈焕，南京刑部右侍郎郭持平并免。太仆寺卿毛渠调南京。左春坊左庶子郭希颜调外。南科拾遗。（据《国榷》卷五十八）

六月

礼部议覆给事中胡叔廉、郑大同奏科场事宜，乡试主考并内帘散卷官之取用，仍循旧规。廷试阅卷不得"以官之崇卑定卷之高下"。《明世宗实录》卷三百：嘉靖二十四年六月，"丁酉，礼部议覆给事中胡叔廉、郑大同奏科场事宜，一、关防考试。谓两京主考，需次差遣则易于窥伺，用乡土之人则多招物议。各省乡试之弊，则又在提调、监试与各供事官得相接也。宜禁革之。一、饬乡试之法。谓各省乡试以权归外帘，故弊端滋多，遂使礼聘考校徒寄空名，糊名易书竟成虚典。此教职权轻之所致也。宜照两京例，以京官主考。一、饬会试之法。谓监试御史不过防范于外，故内帘之弊无从纠察，而散卷等官始得以徇私分送。故内帘亦宜置监试官一员。一、饬廷试之法。谓廷试阅卷，往往以官之崇卑定卷之高下，以故送卷官得以高下其手。宜敕下辅臣，痛厘夙弊，监试御史二员专意防范，使人不得以行其私。得旨：取用考官并内帘散卷官，俱照旧规行，不必纷更，其余如拟"。

毛伯温（1482—1545）卒。徐阶《明故光禄大夫太子太保兵部尚书东塘毛公墓志铭》："乙巳五月，公病痁，遂以六月一日卒于家，距生成化壬寅七月初六日，享年六十四。公讳伯温，字汝厉，东塘其号。"《四库全书总目》著录毛伯温《毛襄懋奏议》二十卷、《毛襄懋集》十八卷、《东塘诗集》十卷，《毛襄懋集》提要曰："此本凡诗十卷，文八卷。文格颇疏畅。诗则所造不深，词多浅易。盖伯温北拒蒙古，南服安南，以功名自见于世，文章非所专营。童承钦（叙）序称：正德间，李、何首倡，雅颂复振。嗣响有唐，伯温亦其一。乃自尊其师之词，非公论也。"《明诗纪事》戊签卷十录毛伯温诗二首。《国榷》载毛伯温卒于今年五月。

八月

张璧（1473—1545）卒。《弇山堂别集》卷四十五《内阁抚臣年表》："张璧字子象，湖广石首人。由正德辛未进士，嘉靖二十三年以礼书、东阁学入，二十四年以太子太保卒，年七十三。"《国榷》卷五十八："嘉靖二十四年八月己酉，大学士张璧卒。字崇象，石首人，正德辛未进士。馆选，授编修，预修《武宗实录》，进侍讲。嘉靖初，起太常寺卿兼学士，署院。进礼部侍郎南礼部尚书，改北。性笃慎，久在讲帷，多启沃。其辅政无闻焉。赠少保，谥文简。"

故国子祭酒陈敬宗谥文定。（据《国榷》卷五十八）

左春坊左司直郎兼检讨吕怀为南京国子司业。（据《国榷》卷五十八）

九月

于慎行（1545—1607）生。慎行字可远，更字无垢，慎言弟。隆庆戊辰进士，选庶吉士，授编修。历修撰、侍讲、左谕德、侍读学士，擢礼部侍郎，改吏部。拜礼部尚书，加太子少保，兼东阁大学士，入参机务，以疾廷谢失仪，寻卒。赠太子太保，谥文定。《有谷城山馆文集》四十二卷、《诗集》二十卷。叶向高《太子少保礼部尚书兼东阁大学士赠太子太保谥文定于公墓志铭》："公生于嘉靖乙巳年九月二十九日，卒于万历末年十一月二十二日，得年六十三。"《明史》有传。

再召夏言入阁。《明鉴纲目》卷六："纲：秋九月，召夏言复入阁。目：帝微觉严嵩贪横，复召用言。言至，复盛气陵嵩，出其上，凡所批答，略不顾嵩。嵩嗫不敢吐一语，所引用私人，言多斥之，亦不敢救，衔刺骨。而言以废弃久，务张权，所遣逐亦不尽当。御史陈其学，以盐法事劾崔元，及锦衣都督陆炳，言拟旨令陈状。皆造言请死。炳行三千金求解不得，长跪泣谢罪乃已。二人与嵩比而构言，言不悟。"

十一月

大学士许赞屡乞休，忤旨。（据《国榷》卷五十八）

翰林院编修郭朴为侍读，检讨黄廷用为修撰。（据《国榷》卷五十八）

十二月

翰林院庶吉士林树声服阕，授编修。（据《国榷》卷五十八）

前太子太保兵部尚书刘天和卒。天和麻城人，正德戊辰进士。授南京礼部主事，拜御史，按秦。忤镇阉廖堂，逮狱，谪金坛丞。屡迁守湖州，历山西副使太常少卿。进抚甘肃陕西，总河，历总督三边，有军功。入本兵，有文武略，闲住必见称，其治水防边尤著。所作轻车强弩乘沙量水诸器，皆永利也。赠少保，谥庄襄。（据《国榷》卷五十八）

本年

命礼部即会同吏部通行考试在馆通事人员。俞汝楫《礼部志稿》卷九十二："嘉靖二十四年，礼部覆给事中厉汝进奏，欲将译字通事官生会同大臣从公考较，甄别去留。照得前项官生在馆人数甚多……该管教师，宜听内阁裁酌去取，精选得人。其各官生俱要严立期限，勤督课业，月有试，季有考，译业精晓者方准留用，不通者黜。其通事序班人员，收取太滥，宜严加精选，分别去留。俱照译字生事例，每日进馆习熟番语。以后通事食粮、冠带、授职等项俱以三、六、九年为期，通将在馆官员人等一并考试，不通者黜为民。得旨：'译学不精，本于选收多弊，教法不严，在馆通事人员即会同吏部通行考试。'已乃罚治、罢黜有差。"

世宗令辅臣举编修二人检讨三人于中秘撰文官诰敕。《四库全书总目》卷一百七十七集部别集类存目四著录《外制集》一卷，提要曰："明高拱撰。嘉靖乙巳，世宗令辅臣举编修二人检讨三人于中秘撰文官诰敕，拱时在列。是编乃其代言之稿也。前有自序，称掌诰敕者初以阁学或翰詹掌贰。后乃属之两院供事官。至是始复翰林之旧云。"

徐缙（1489—1545）卒。皇甫汸《徐文敏公集序》："公卒逾三年，玄成（徐缙子）赴阙上书而祭葬锡，再上而赠典隆，谥荫备。逾十有九年，玄素（徐缙子）请于监司，而祠宇考。又逾年，诸子搜采遗阙，刊校讹谬，汇次之，属予为序以梓，而文集成。……隆庆二年（1568）冬十月既望，司勋氏门生皇甫汸顿首谨书。"崇祯《吴县志·人物》："竟卒，年六十有七。"徐缙生卒年据以考定。《静志居诗话》卷九："徐缙字子容，吴县人。弘治乙丑进士，历官吏部左侍郎，兼翰林侍讲学士。卒，谥文敏。有集。文敏与献吉（李梦阳）、仲默（何景明）、昌谷（徐祯卿）俱深揽环结绶之好。诗虽平衍，较王锦夫、孟望之（孟洋）似胜。"

明世宗嘉靖二十五年丙午（公元 1546 年）

正月

御史周冕极言太子豫教不可缓，被谪为通海县典史。《明鉴纲目》卷六："纲：丙午二十五年，春正月，谪御史周冕（资县人），为通海县（元置，今属蒙自道）典史。目：时太子生十一年，尚未出阁讲学，冕极言豫教不可缓，帝怒谪之。"

屠应埈（1502—1546）卒。徐阶《明故右春坊右谕德兼翰林院侍读渐山屠公墓志铭》："公讳应埈，字文升，别号渐山，处士六世孙，刑部尚书赠太子太保谥康僖讳勋之子。"嘉靖丙辰进士，官至右春坊右谕德。袁袠《右春坊右谕德屠公行状》："公生弘治壬戌，卒嘉靖丙午，享年四十有五。""丙午正月十三日竟卒。"《明史·文苑传》附载王慎中传中。《静志居诗话》卷十二《屠应埈》："屠应埈字文升，平湖人。嘉靖丙戌进士，选庶吉士，改刑部主事，调礼部，历员外郎中，仍改翰林修撰，升侍读，进春坊右谕德。有《兰晖堂集》。谕德取材六代，具体初唐，烂若春葩，将以秋实，是众作之有滋味者。"

三月

皇甫涍（1497—1546）卒。文征明《浙江按察司佥事皇甫君墓志铭》："君讳涍，字子安，裔出宋戴公，以字为氏。世望安定，赵宋时有为提刑者，扈高宗南渡，居吴城孔圣里，占数为长洲人。""雅性闲靖，慕玄晏先生所为，自号少玄子，作《续高士传》以著志。居常问学之外，他无所事，群经子史，莫不贯综。而酷喜左氏，著《春秋书法纪原》，选《唐文粹》为《文粹》，（阙）为文必古人为师，自两汉而下，咸有所择，见诸论撰，居然合作。诗尤沉蔚伟丽，早岁规仿初唐，旋入魏晋，晚益玄造，铸词命意，直欲窥曹刘之奥而及之，惜乎未见其止也。没后，其兄子浚集所作为《皇甫少玄集》云。君生弘治丁巳六月某日，卒嘉靖丙午三月九日，享年五十。"嘉靖壬辰（1532）进士。除工部主事。官至浙江按察司佥事。事迹具《明史·文苑传》。

四月

礼部覆南京给事中万虞恺等条奏科场事宜。得旨：会试及两京考官俱遵旧制。举子入场始唱名给卷，纳卷即登时弥封，以杜关节。《明世宗实录》卷三百一十：嘉靖二十五年四月，"己酉，礼部覆：'南京给事中万虞恺等条奏科场事宜，请会试及南京主考翰林官内尽数开列，及部、科官亦多拟上候点。其各省乡试，精聘教职，不足则聘外省推官、知县等官入内帘主事，外帘不得有所干与。印卷、封号须加详慎，入场始唱名给卷，纳卷即登时弥封，使奸人不得措手，以杜关节。'得旨：'会试及两京考官俱遵旧制，余如议行'"。

曾铣总督陕西三边军务。《明鉴纲目》卷六："纲：夏四月，以兵部侍郎曾铣，总督陕西三边军务。目：是秋，谙达以十万骑西入延安庆阳，铣率兵数千驻塞门（砦名，在陕西安塞县北），而遣前参将李珍（陕西人，坐事夺官，铣复加录用），捣巢于马梁山（在陕西榆林县北）后，敌始退。"

五月

南京右春坊右中允李本改左中允。（据《国榷》卷五十八）

六月

服阕国子祭酒王道为南京太常寺卿。（据《国榷》卷五十八）

前吏部左侍郎兼学士董玘（1483—1546）卒。玘字文玉，会稽人，弘治乙丑进士。授编修。忤瑾谪成安令。补刑部主事，改吏部。瑾诛复官，进侍读，历谕德、侍讲学士、詹事。博学能文，性峭直，佐铨绝请托，多贾怨。坐闻丧落职，已事白。隆庆初，赠礼部尚书，谥文简。（据《国榷》卷五十八）嘉靖《浙江通志·人物》："董玘，字文玉，会稽人。弘治十八年举礼部第一，登进士及第第二，授翰林编修，历谕德詹事。嘉靖初修《武宗实录》，玘因上言曰：'昔者武宗即位，纂修《孝宗实录》，于时大学士焦芳依附逆瑾，变乱国是，报复恩怨，毒流天下，犹为未足。又肆其不逞之心，将以欺乎后世。其于叙传，即意所比，必曲为掩护，即夙所嫉，辄过为丑诋。又时自称述，甚至矫诬敬皇而不顾。凡此类，皆阴用其私人誊写，同在纂修者或不及见。伏望将《孝宗实录》一并发出，逐一重为校勘，出于焦芳一人之私者，悉改正之，庶敬皇知人之哲，不为所诬，而诸臣难明之迹，得以自雪，传之无穷，可据以为信矣。不然，万世之下，安知此为芳之私笔也哉！'疏上，士论慊然。其诸经筵陈奏据经议礼，亦多类此。官至吏部左侍郎兼翰林学士，以忧制归，为胡明善、汪鋐论劾，遂不复出。"所著《中峰先生文选》有唐顺之、沈束、王国桢序。唐序署"嘉靖壬子（1552）仲春望日"，沈序署"嘉靖丙寅（1566）六月初九日"，王序署"嘉靖辛酉（1561）春三月既望"。《明史·艺文志》著录《董玘文集》六卷。

七月

　　唐龙（1477—1546）**卒。**徐阶《明故光禄大夫太子太保吏部尚书赠少保谥文襄唐公墓志铭》："嘉靖丙午夏六月，太子太保吏部尚书唐公病弗能朝，三上疏乞致仕，上方倚重公，以为忘国，夺其官放归。七月十九日公舆出都门三十里，卒于旅舍。……公生成化丁酉六月二日，享年七十。""素善属文。当其得意时，长篇短章，操觚立就，莫不婉丽畅达。或戏为奇深文，杂字至不可读，然终不诡于理。所著《易经大旨》若干卷，《渔石集》若干卷，《云南江西督府总督奏议》各若干卷传于世。"

　　增贵州解额五人。共三十名。（据《国榷》卷五十八）

　　命翰林侍读学士郭朴、右春坊右中允孙升主试应天。（据《国榷》卷五十八）

八月

　　李本、吴山任顺天乡试主考。两京及各布政司举行乡试。《弇山堂别集》卷八十三《科试考三》："二十五年丙午，左春坊左中允李本、右春坊右赞善吴山主顺天试。命翰林院侍读郭朴、右春坊右中允孙升主应天试。"《游艺塾续文规》卷四《了凡袁先生论文》："一句格，其变化多在首二比。如嘉靖丙午应天袁解元'孝者所以事君也'墨卷，他把'孝'与'事君'提起，却接去云：'然自其理而究之，则主乎家者，莫尊乎亲，而子之所以事其亲者，固不容有一毫之不尽；主乎国者，莫尊乎君，而臣之所以事其君者，亦不容有一毫之不尽也。'下面便好做，作六比固可，四比亦可，'不容有一毫之不尽'，句甚佳，盖理到尽头处，便无加损，臣、子相同处，全在这里，所谓得其大意者也。"

九月

兵部覆工科给事中杨宗气条陈边防弊政所当厘革者，奏准"其赞画名色，悉令除革"。（据《明世宗实录》卷三百十五"嘉靖二十五年九月壬申"）

十月

僧憨山（1546—?）生。《憨山老人自序年谱》卷上："嘉靖二十五年丙午，予姓蔡氏，父彦高，母洪氏，生平爱奉观音大士。初梦大士，携童子入门，母接而抱之，遂有娠。及诞，白衣重胞。是年十月己亥，十二日丙申，己丑时生也。"中国佛教协会《中国佛教》卷八十五："德清，是明末四大师之一。俗姓蔡，安徽全椒人。年二十，投南京报恩寺出家，住持西林命法孙俊公教他读《法华经》，四月即能背诵。……嘉靖四十三年（1564）……决意学禅。"

故建昌侯张延龄弃市。《明鉴纲目》卷六："纲：冬十月，故建昌侯张延龄弃市。目：初，延龄下狱后，奸人刘东山发其手书，有君道赏罚不明字，延龄复加讪上罪，长系如故。至是，竟斩西市。"

国子祭酒王用宾，前南京国子祭酒黄佐俱为少詹事兼翰林侍读学士。（据《国榷》卷五十八）

十一月

南京户部右侍郎王道改礼部右侍郎，署国子祭酒。（据《国榷》卷五十八）

十二月

许南京国子监太常寺博士预考选。（据《国榷》卷五十八）

本年

魏允中（1546—1585）生。据顾允成《小辨斋偶存，哭魏懋权》。魏允中字懋权，南乐人。万历庚辰（1580）进士，除太常博士，迁吏部主事。有《仲子集》八卷。《列朝诗集》、《明史》有传。

明世宗嘉靖二十六年丁未（公元 1547 年）

正月

太子少保吏部尚书周用卒。用字行之，吴江人，弘治壬戌进士。授行人，拜南京兵科给事中。迁广东左参议，历河南右布政使，以右副都御史镇南赣。入台，迁吏部右侍郎，转左，下除南刑部右侍郎。寻长南院，历刑工部尚书。里居十年，起总漕。入内台，改吏部，历典铨。雅著文行，方位统钧，天下想望丰采，乃遽失之。再司内外察，公平自持。历官四十余年，不以家自随。赠太子太保，谥恭肃，予祭葬。（据《国榷》卷五十九）

翰林检讨卢宗哲为南京国子司业。（据《国榷》卷五十九）

二月

吏部议博士、助教等官选除事宜。诏可。定两雍监丞、博士、助教，太常寺博士俱许考选科道。《明世宗实录》卷三百二十：嘉靖二十六年二月，"己亥，祭酒程文德、给事中陈棐等奏，欲将就教生员守备候选者，令其坐监就业，以实国学，未经廷试者俱发回送监。以后岁贡生员初到礼部，量准数十名送部就教。余年五十以下者，俱分送两监肄业。其博士、助教等官，于三甲进士内选除。吏部议，候选生员复令入监，人情不堪，宜晋部选。其后续至者，当如其言。至博士等官于进士内选授，非太祖钦定资格，且于选法有碍。今后两监员缺，照例于举人出身教官优等及进士奏愿降除国学者斟酌升补，待任满奏续，与行人等官一体考选风宪。诏可"。

孙承恩、张治为会试考试官。庚戌，会试，取胡正蒙等三百名。（据《明世宗实录》卷三百二十）孙承恩《文简集》卷三十《会试录序》："嘉靖二十有六载，是为丁未。天子朝群后来万邦，万邦之士与计偕者四千三百人有奇，景附阙下，愿为帝臣，求试于有司。春二月……三试之，仰遵宸断，取中式者三百人。"杨继盛《杨忠愍集》卷三《自著年谱》："丁未，年三十二岁。会试中三十八名，主考孙毅斋、张龙湖，房考都给事中蒲田郑于野公也。殿试中二甲第十一名。未开榜先，郑于野两次差人报予中第一甲，盖大学士夏公以予策多伤时语，遂不敢进呈。"《国榷》卷五十九："嘉靖二十六年二月己丑，吏部左侍郎兼翰林学士署詹事府事孙承恩、署翰林院事张治主礼闱。"梁章钜《制义丛话》卷五："卫壮谋廷琪《文行集》云：王任用，字汝钦，太仓人，弇州

先生族孙。试久不利，益治经术。嘉靖丁未会试，揭晓日无报捷者，自分复刖，疾视其
稿曰：'文如此，何以得隽？'既知在第二名，复取稿视之曰：'文如此，何以不元？'
闻者绝倒。按：是科题为'固天纵之将圣'二句，王汝钦破题云：'圣人者，天厚其
德，而兼通乎艺者也。'考是科会元胡目门正蒙破题云：'贤人论天厚圣人以德，而有
以兼乎艺也。'评者遂谓王破用'兼通'二字，不如胡破只用一'兼'字妙。愚谓此亦
强生分别，皮相之见也。王作后幅云：'是知夫子之所以异于人者，非多能也，圣也；
夫子之所以为圣者，非人也，天也。天生人而厚于圣人，天生圣人而厚于夫子，非子贡
知足以知圣人，不能为此言也。'此数语清空如话，题妙毕该，恐非元作所能及也。"
梁章钜《制义丛话》卷六："郑苏年师曰：《明文小题选》中，有杨椒山先生'王勃然
变乎色'文，云：'暴国之势，尊君而抑臣；骄主之心，好谀而恶直。'极似先生愤时
口吻。惟陆稼书先生曰：'此系苏州文学尤钿作，钿字洵美，才命甚盛，屡试不第。尝
感时事，借杨椒山名作此文，见尤展成《西堂杂俎》二集。'按：卫壮谋辑《明人文行
集》，有杨公会墨'禹思天下有溺者'一节文，乃嘉靖丁未科三十八名也。"

三月

　　李春芳、张春、胡正蒙等三百零一人进士及第、出身有差。《明世宗实录》卷三百
二十一：嘉靖二十六年三月，"丙寅，策赐试天下贡士"。《嘉靖二十六年进士登科
录·玉音》："嘉靖二十六年三月初九日，太子少保礼部尚书兼翰林院学士臣费寀等于
奉天门奏为科举事。会试天下举人，取中三百名。本年三月十五日殿试，合拟读卷官及
执事等官少师兼太子太师吏部尚书华盖殿大学士夏言等六十六员。其进士出身等第，恭
依太祖高皇帝钦定资格。第一甲例取三名，第一名从六品，第二第三名正七品，赐进士
及第。第二甲从七品，赐进士出身。第三甲正八品，赐同进士出身。奉圣旨：是，钦
此。读卷官：特进光禄大夫上柱国少师兼太子太师吏部尚书华盖殿大学士夏言，丁丑进
士；特进光禄大夫柱国少师兼太子太师吏部尚书谨身殿大学士严嵩，乙丑进士；资德大
夫正治上卿吏部尚书闻渊，乙丑进士；资政大夫户部尚书王杲，甲戌进士；资政大夫兵
部尚书陈经，甲戌进士；工部尚书文明，丁丑进士；资政大夫都察院左都御史王以旗，
辛未进士；掌詹事府事正议大夫资治尹吏部左侍郎兼翰林院学士孙承恩，辛未进士；掌
翰林院事通议大夫吏部左侍郎兼翰林院学士张治，辛巳进士；通议大夫刑部左侍郎刘
切，丁丑进士；嘉议大夫通政使司通政使孙梴，甲戌进士；中顺大夫大理寺左少卿周
禅，丙戌进士；詹事府少詹事兼翰林院侍读学士王用宾，辛巳进士。提调官：资政大夫
太子少保礼部尚书兼翰林院学士费寀，辛未进士；通议大夫礼部左侍郎许成名，辛未进
士；通议大夫礼部右侍郎崔桐，丁丑进士。监试官：文林郎广东道监察御史赵大佑，乙
未进士；文林郎云南道监察御史曹邦辅，壬辰进士。受卷官：左春坊左中允李本，壬辰
进士；左春坊左赞善吴山，乙未进士；吏科都给事中郑大同，己丑进士；户科都给事中
厉汝进，戊戌进士。弥封官：通议大夫礼部左侍郎兼司经局正字张电，儒士；通议大夫

通政使司通政使张文宪，癸未进士；亚中大夫光禄寺卿彭黯，癸未进士；亚中大夫光禄寺卿谈相，儒士；通议大夫太常寺卿兼司经局正字周令，秀才；嘉议大夫掌鸿胪寺事太常寺卿陈璋，礼生；中宪大夫掌尚宝司事太常寺少卿严世蕃，官生；奉议大夫大理寺右寺丞王槐，生员；奉政大夫尚宝司卿席中，生员；承德郎右春坊右中允孙升，乙未进士；翰林院修撰儒林郎黄廷用，乙未进士；翰林院编修文林郎邢一凤，辛丑进士；承直郎尚宝司司丞孙墀，监生；承事郎礼科都给事中李纶，戊戌进士；承事郎兵科都给事中扈永通，壬辰进士；翰林院掌典籍事儒林郎大理寺左寺左寺副刘铠，监生；翰林院典籍张濂，儒士。掌卷官：翰林院编修文林郎敖铣，乙未进士；翰林院编修文林郎袁炜，戊戌进士；翰林院编修文林郎闵煦，乙未进士；翰林院检讨征仕郎全元立，乙未进士；刑科都给事中鲍道明，戊戌进士；承事郎工科都给事中刘大直，乙未进士。巡绰官：特进荣禄大夫锦衣卫掌卫事后军都督府都督同知陆炳；特进光禄大夫锦衣卫管卫事后军都督府右都督高恕；荣禄大夫锦衣卫管卫事后军都督府都督佥事张锜；荣禄大夫锦衣卫管卫事后军都督府都督佥事袁天章；骠骑将军锦衣卫都指挥使朱希孝；昭勇将军锦衣卫指挥使张爵；怀远将军锦衣卫指挥同知郑玺；明威将军锦衣卫指挥佥事刘鲸；明威将军锦衣卫指挥佥事杜承宗；明威将军金吾前卫指挥佥事倪鸾；怀远将军金吾后卫指挥同知徐隆。印卷官：奉直大夫礼部仪制清吏司署郎中事员外郎吴春，戊戌进士；承德郎礼部仪制清吏司署员外郎事主事袁衮，戊戌进士；承直郎礼部仪制清吏司主事章焕，戊戌进士；承直郎礼部仪制清吏司主事郑廷鹄，戊戌进士。供给官：奉政大夫光禄寺少卿窦一桂，丙戌进士；承直郎光禄寺寺丞汪柏，戊戌进士；承德郎光禄寺寺丞吴子孝，己丑进士；登仕佐郎礼部司务徐应奇，辛卯贡士；承德郎礼部主客清吏司署员外郎事主事李宠，戊戌进士；登仕佐郎礼部精膳清吏司署员外郎事司务刘文光，戊子贡士。"《嘉靖二十六年进士登科录·恩荣次第》："嘉靖二十六年三月十五日早，诸贡士赴内府殿试，上御奉天殿亲赐策问。三月十九日早，文武百官朝服侍班。是日，锦衣卫设卤簿于丹陛丹墀内，上御奉天殿，鸿胪寺官传制唱名，礼部官捧黄榜，鼓乐导引出长安左门外，张挂毕，顺天府官用伞盖仪从送状元归第。三月二十日，赐宴于礼部。宴毕，赴鸿胪寺习仪。三月二十二日，赐状元朝服冠带及进士宝钞。三月二十三日，状元率诸进士上表谢恩。三月二十四日，状元率诸进士诣先师孔子庙行释菜礼，礼部奏请命工部于国子监立石题名。"《弇山堂别集》卷八十三《科试考三》："二十六年丁未，命掌詹事府吏部左侍郎翰林院学士孙承恩、吏部左侍郎翰林院学士张治为考试官，取中胡正蒙等。廷试，赐李春芳、张春、胡正蒙及第。选进士孙世芳、张思静、汪镗孙（1512—1588）、朱大韶、亢思谦、胡杰、毛起、张居正、殷士儋（1522—1582）、林燫、马一龙、张勉学、谢登之、蓝璧、黎澄、李敏、刘泾、赵镗（1513—1584）、刘锡、任士凭、任有龄、蔡文、陈一松、马三才、孙裒、莫如士为庶吉士，命张治及吏部左侍郎兼学士徐阶教习，后续命吏部左侍郎兼学士欧阳德。林燫，翰林廷机子也。"

　　归有光应礼部试下第南还。是年试卷为《中庸》题，"天地位万物育"，有光用"山川鬼神莫不乂安，鸟兽鱼鳖莫不若"，房考官大笔批一"粗"字，有轻薄子，每诵此以为嬉笑，有光终不与之计较。据沈新林《归有光年谱》。

王世贞举进士，每岁约费三百金。 王世贞《觚不觚录》："余举进土，不能攻苦食俭，初岁费将三百金，同年中有费不能百金者。今遂过六七百金，无不取贷于人。盖赘见大小座主，会同年及乡里官长酬酢公私宴醵，赏劳座主仆从与内阁吏部之舆人，比旧往往数倍，而裘马之饰又不知省节，若此将来何以教廉？"

汪道昆（1525—1593）去年中举，今年举进士。 俞均《明通议大夫兵部左侍郎汪南溟先生墓志铭》："丙午领乡书，明年成进士。当是时，夏文愍公在首揆，方抡中秘士，慕先生才品，语所善吴公，欲一识面，而吴公与先生有连，为绍介，先生谢不往。"

据《嘉靖二十六年进士登科录》："第一甲三名，赐进士及第。"

李春芳，贯直隶扬州府高邮州兴化县，民籍，句容县人，国子生，治《诗经》。字子实，行一，年三十八，十二月十五日生。曾祖秀。祖旭。父镗。母徐氏。重庆下。弟齐芳、承芳。娶徐氏。应天府乡试第一百十七名，会试第十名。

张春，贯江西临江府新喻县，民籍，国子生，治《易经》。字仁伯，行一，年三十七，十月二十五日生。曾祖永龄。祖端教。父天质。母施氏。严侍下。兄翰伯、少伯、郡伯、颖伯、儒伯。弟化伯、信伯、仕伯、泰、佐伯、在伯。娶吴氏。江西乡试第八十七名，会试第一百三十九名。

胡正蒙，贯浙江绍兴府余姚县，民籍，国子生，治《礼记》。字正伯，行十，年三十五，正月二十四日生。曾祖海。祖玠，听选官。父青。母徐氏。具庆下。兄先之；与之，贡士；准之；执之；献之。弟正学、正家、正字、奕之。娶翁氏。浙江乡试第七十三名，会试第一名。

据《嘉靖二十六年进士登科录》："第二甲九十名，赐进士出身。"

亢思谦，贯山西平阳府临汾县，民籍，国子生，治《易经》。字子益，行二，年三十三，十月十五日生。曾祖通。祖升，府知事。父逢霄，七品散官。前母贺氏，母郑氏。慈侍下。兄思中。娶卢氏，继娶田氏。山西乡试第一名，会试第二十五名。

汪镗孙，贯浙江宁波府鄞县，军籍，国子生，治《礼记》。字振宗，行二，年三十六，二月初五日生。曾祖公宪。祖溶卿。父子晃。母丁氏。慈侍下。兄金孙。弟镳孙。娶陆氏。浙江乡试第六十三名，会试第十一名。

恽绍芳，贯直隶常州府武进县，民籍，国子生，治《诗经》。字光世，行一，年三十，二月十七日生。曾祖禧，赠南京户部郎中。祖镒。父训。母赵氏。具庆下。弟绍元、绍亨、绍德、绍祖、绍贤、绍美、绍文。娶张氏，继娶黄氏。应天府乡试第八十四名，会试第四十二名。

史朝宾，贯福建泉州府晋江县，匠籍，国子生，治《易经》。字应之，行一，年三十八，四月二十九日生。曾祖隝。祖时泰。父宏琏，训导。母包氏。慈侍下。弟朝宜，贡士；节之，贡士；朝寀；朝实；朝宦；朝守。娶吴氏。福建乡试第二名，会试第七名。

曹金，贯河南开封府祥符县，匠籍，府学生，治《诗经》。字汝砺，行二，年三十，六月二十四日生。曾祖俊。祖亮。父凤。母刘氏。慈侍下。兄镗。娶贾氏，继娶宋氏。河南乡试第一名，会试第一百八十八名。

张正和，贯江西南昌府南昌县，民籍，府学生，治《易经》。字以礼，行一，年三十二，八月十九日生。曾祖玉辉。祖大行，寿官。父元芳。母卢氏。重庆下。弟正谟，贡士；正思；正谊。娶喻氏。江西乡试第十五名，会试第六十四名。

黎澄，贯江西饶州府乐平县，民籍，县学生，治《诗经》。字本静，行三，年四十一，闰正月十六日生。曾祖宪象。祖天节。父品。母姚氏，继母叶氏。慈侍下。兄清；泮，知县。弟济、渊、沛、潮。娶操氏，继娶鲍氏。江西乡试第六名，会试第一百一名。

黄铸，贯福建泉州府晋江县，军籍，县学生，治《易经》。字国范，行十二，年四十二，五月十八日生。曾祖云清。祖从和。父璘。母吴氏。永感下。兄鏻。弟铠、钥、钰。娶龚氏。福建乡试第三十四名，会试第二百五名。

张居正，贯湖广荆州卫，军籍，荆州府学生，治《礼记》。字叔大，行二，年二十三，五月初五日生。曾祖诚。祖镇。父文明。母赵氏。重庆下。兄居仁。弟居敬、居安、居易、居宽、居业、居学、居中。娶顾氏。湖广乡试第三十名，会试第一百六十名。

胡杰，贯江西南昌府丰城县，民籍，府学生，治《易经》。字子文，行八，年二十六，十一月初九日生。曾祖礼瓒。祖康固，寿官。父汲，引礼舍人。母徐氏。重庆下。兄栋、奇魁、谏。娶涂氏。江西乡试第一名，会试第二百十二名。

杨继盛，贯直隶保定府容城县，民籍，国子生，治《书经》。字仲芳，行三，年三十二，五月十七日生。曾祖俊。祖青。父富。母曹氏。永感下。兄继昌、继美。娶张氏。顺天府乡试第二十一名，会试第三十八名。

杨豫孙，贯直隶松江府华亭县，民籍，青浦县人，国子生，治《诗经》。字幼殷，行一，年二十七，十月二十日生。曾祖溥，七品散官。祖钦，典膳正。父枢，推官。母李氏。重庆下。兄晋孙。弟蒙孙、益孙、观孙、萃孙、升孙、贲孙、鼎孙、井孙。娶张氏。应天府乡试第三十五名，会试第一百七十七名。

高超，贯福建兴化府莆田县，军盐籍，府学生，治《诗经》。字廷华，行二，年三十四，八月二十六日生。曾祖旸禄。祖绚。父通，知县。母张氏。慈侍下。兄显。弟颖、试。娶陈氏。福建乡试第六十五名，会试第二百二十五名。

奚世亮，贯湖广黄州卫，官籍，黄州府学生，治《礼记》。字仲明，行五，年三十三，十一月二十六日生。曾祖镇。祖淮。父朴，知县。母姜氏。具庆下。兄世守，百户；世豪；世鸾。弟世奕，监生；世文，贡士；世方；世言；世彦。娶王氏。湖广乡试第五十一名，会试第二百二名。

章世仁，贯直隶池州府青阳县，民籍，国子生，治《诗经》。字元卿，行一，年三十二，六月三十日生。曾祖叔泰。祖校。父时文。母王氏。重庆下。兄世隆，贡士；世昭，贡士。弟世俅、世作、世仰、世仕、世修。娶施氏。应天府乡试第一百二十八名，会试第七十五名。

任惟钧，贯四川重庆府巴县，民籍，国子生，治《易经》。字子范，行一，年三十七，十一月十一日生。曾祖瑛。祖卿。父冕，通判。母李氏。具庆下。弟惟镗，贡士；惟铨；惟鉴；惟钥；惟铉；惟钰。娶曹氏，继娶刘氏、蹇氏。四川乡试第十七名，会试第一百七十八名。

莫如士，贯龙骧卫军籍，广东新会县人，国子生，治《易经》。字子元，行四，年三十六，六月二十四日生。曾祖满。祖雄。父违仁，封监察御史。母苏氏，赠孺人。严侍下。兄如爵，监察御史；如齿；如德；如善，贡士。弟如学、如诚。娶黄氏，继娶蒋氏。顺天府乡试第二十九名，会试第一百七十三名。

谢登之，贯湖广岳州府巴陵县，军籍，县学附学生，治《诗经》。字汝学，行六，年二十九，八月初六日生。曾祖文德，赠监察御史。祖绶，寿官。父彬，教谕。母曹氏。具庆下。兄与之、益之、定之、元之、熙之、官之。弟似之。娶葛氏。湖广乡试第一名，会试第一百五十名。

王惟恕，贯福建漳州府长泰县，军籍，国子生，治《书经》。字行甫，行一，年二十七，十月二十一日生。曾祖光重。祖廷表。父莹之，知州。母谢氏。重庆下。弟惟惠、惟凭、惟懋、惟应。娶薛氏。福建乡试第二十二名，会试第一百七十六名。

徐光启，贯江西广信府贵溪县，官籍，国子生，治《书经》。字叔贤，行七十八，年三十一，九月十二日生。曾祖孔福。祖潮，寿官。父椅，太医院医士。母杨氏。重庆下。兄焞，省祭官；燔；焌；燧；光亨。弟光行、光国、光大、光宙。娶江氏。江西乡试第八十三名，会试第一百六名。

张邦彦，贯山东青州府临朐县，军籍，国子生，治《诗经》。字才甫，行一，年三十九，十二月十四日生。曾祖凤。祖绎，通判。父一中。母金氏。慈侍下。弟邦本；邦直，贡士；邦教；邦土。娶黄氏，继娶刘氏。山东乡试第四十五名，会试第一百八十名。

王时槐，贯江西吉安府安福县，民籍，府学生，治《诗经》。字子植，行六，年二十六，七月初二日生。曾祖续友。祖希礼。父一善。嫡母刘氏，生母姜氏。具庆下。兄时椿、时梅、时松、时柏、时桂。弟时格、时梧、时相、时栋、时楠、时权。娶陈氏，继娶邹氏。江西乡试第二十名，会试第二百十三名。

杨世芳，贯浙江绍兴府余姚县，军籍，国子生，治《书经》。字懋德，行五，年三十四，三月初一日生。曾祖苓，七品散官。祖节，州判官。父大纲。母邵氏。具庆下。兄世言。弟世英、世华、世美、世蕃。娶毛氏，继娶黄氏。浙江乡试第四十一名，会试第三十一名。

史阙疑，贯顺天府涿州，民籍，州学生，治《书经》。字子慎，行二，年三十三，十一月十一日生。曾祖敬。祖玉。父书。前母王氏，母崔氏。具庆下。兄阙文。娶张氏，继娶李氏。顺天府乡试第六十九名，会试第二百三十四名。

王一夔，贯江西吉安府安福县，民籍，县学附学生，治《春秋》。字章夫，行一，年三十一，十月二十一日生。曾祖理，四川布政使司左参议。祖镗。父仲贵。母彭氏。重庆下。弟一龙、一尹。娶刘氏。江西乡试第三十九名，会试第三十五名。

陈梦鹤，贯山东青州府益都县，匠籍，国子生，治《诗经》。字子羽，行一，年三十六，十月二十三日生。曾祖俊，赠资政大夫户部尚书。祖庆，封通议大夫通政使司通政使赠资政大夫户部尚书。父经，兵部尚书。母苏氏，封夫人。具庆下。弟梦川；梦草，前府经历；梦岱；梦衡；梦云；梦斗；梦期；梦鏊；梦璜。娶石氏。山东乡试第四十二名，会试第一百十五名。

徐陟，贯直隶松江府华亭县，民籍，国子生，治《易经》。字子明，行十，年三十五，五月初六日生。曾祖贤。祖礼，赠通议大夫吏部右侍郎。父黼，县丞，累赠通议大夫吏部右侍郎，前母林氏、钱氏。母顾氏，封太恭人赠淑人。永感下。兄隆，义官；盛；亨，省祭官；随；附；阶，吏部左侍郎；陛；陈；防。弟邻。娶宋氏。顺天府乡试第二十五名，会试第一百九十四名。

耿随朝，贯直隶大名府滑县，军籍，县学生，治《书经》。字子衡，行二，年三十一，十一月二十日生。曾祖表。祖润。父节。母母氏。重庆下。兄随国。弟随卿，同科进士；随相；随行；随佐；随谏；随用；随孝；随弟。娶张氏。顺天府乡试第三十九名，会试第九十九名。

蔡用乂，贯锦衣卫旗籍，浙江海宁县人，国子生，治《易经》。字行甫，行一，年三十九，四月初五日生。曾祖雨。祖晟。父祯。嫡母夏氏、王氏，生母马氏。永感下。兄麒。弟俊乂、惟乂、时乂。娶王氏。顺天府乡试第一百二十五名，会试第一百九十七名。

吴国相，贯山东登州卫旗籍，直隶泰州人，国子生，治《易经》。字楹甫，行三，年三十一，正月二十七日生。曾祖景。祖潇。父钰。前母李氏，母张氏。慈侍下。兄国仁、国臣。娶季氏。山东乡试第四十七名，会试第三十名。

凌云翼，贯直隶苏州府太仓州，民籍，州学生，治《诗经》。字汝成，行三，年二十九，十月初五日生。曾祖方。祖缟。父昆。母陈氏。具庆下。兄汝志，知县；汝学。娶薛氏。应天府乡试第十一名，会试第一百六十二名。

朱笈，贯直隶淮安府桃源县，民籍，县学生，治《诗经》。字懋学，行一，年三十六，二月二十一日生。曾祖翔。祖銮，县丞。父洪，卫知事。母夏氏，继母单氏。重庆下。弟简、符、节、笸、簧、筦、签、篆、竿、筒、钥。娶田氏，继娶戴氏。应天府乡试第六十八名，会试第一百二十九名。

熊琦，贯江西南昌府南昌县，民籍，国子生，治《易经》。字宪韩，行七，年三十九，十一月十六日生。曾祖万彪。祖尚礼。父瀹。母王氏。具庆下。兄珂，州判官；璧，省祭官；瑄，县丞；瑗，监生；瑛。弟瑜；球，监生；珩，监生；珗，监生；珦，监生；琪。娶李氏。江西乡试第四十五名，会试第六十一名。

蓝璧，贯江西瑞州府高安县，民籍，国子生，治《诗经》。字完卿，行三，年三十七，十二月十六日生。曾祖惟祥。祖安成。父贤。母刘氏，继母黄氏。具庆下。兄莹。弟壅、壑、垄。娶邹氏，继娶谢氏。江西会试第四十六名，会试第一百二十六名。

丘瓒，贯留守中卫军籍，福建惠安县人，顺天府学生，治《诗经》。字献卿，行二，年三十三，十一月十七日生。曾祖亦民。祖俊。父锐。母葛氏。严侍下。兄璋。弟琮、瑀、琦、瑗。娶宁氏。顺天府乡试第一百三十名，会试第六十六名。

翁时器，贯浙江绍兴府余姚县，民籍，县学附学生，治《易经》。字德卿，行二，年三十七，十二月初九日生。曾祖宗泽。祖祥。父鸦。母倪氏。具庆下。弟时勉、时中、时敏、时泰。娶严氏。浙江乡试第八十一名，会试第一百二十八名。

陆九成，贯浙江金华府东阳县，民籍，县学附学生，治《诗经》。字子韶，行八十二，年三十一，十月十五日生。曾祖象。祖达。父铿。母陈氏，继母骆氏。重庆下。弟九思、九章。娶王氏。浙江乡试第三十五名，会试第二百二十七名。

李敬，贯陕西西安府泾阳县，民籍，国子生，治《诗经》。字直夫，行二，年三十八，十月二十四日生。曾祖节。祖锦。父兰。母王氏，继母张氏、程氏。具庆下。兄爱。弟矛、采、征、宣。娶秦氏。陕西乡试第十九名，会试第二百九十四名。

王春泽，贯福建漳州府漳浦县，军籍，国子生，治《诗经》。字以润，行三，年三十三，四月二十二日生。曾祖亨。祖龙。父矛。母林氏。具庆下。兄春澜。弟春淮、春洛。娶林氏。福建乡试第四十九名，会试第一百十八名。

顾柄，贯直隶苏州府常熟县，匠籍，县学生，治《诗经》。字文谦，行三，年三十九，四月初十日生。曾祖海。祖彦玙。父胤。母邓氏。慈侍下。兄模、格。弟桢、楷、栩、应龙。娶卢氏。应天府乡试第八十六名，会试第二百八十三名。

彭登瀛，贯广西桂林府临桂县，民籍，江西丰城县人，县学生，治《春秋》。字选之，行三，年三十六，七月初十日生。曾祖万三。祖远。父福。母汪氏。慈侍下。娶裴氏。广西乡试第九名，会试第二百九十九名。

吴衍，贯江西建昌府南城县，军籍，国子生，治《书经》。字子蕃，行二，年四十七，正月十七日生。曾祖企康。祖杰。父承训。母梅氏。严侍下。兄盛。娶李氏。江西乡试第五十四名，会试第一百七十名。

张勉学，贯直隶苏州府长洲县，匠籍，县学生，治《礼记》。字益甫，行一，年三十五，十月初六日生。曾祖聪。祖理。父钦。母许氏。永感下。弟辐。娶陈氏，继娶汤氏。应天府乡试第三十六名，会试第二十六名。

蔡文，贯福建漳州府南靖县，民籍，龙溪县人，县学增广生，治《易经》。字孚中，行二，年三十一，十一月十一日生。曾祖永言。祖弘。父德流。母严氏。具庆下。兄宜，省祭官。弟怀。娶黄氏。福建乡试第四十五名，会试第一百十三名。

蔡鑨，贯湖广承天卫官籍，陕西同州人，国子生，治《诗经》。字伯启，行二，年三十九，二月十六日生。曾祖英，昭毅将军都指挥佥事。祖良，昭毅将军指挥使。父深，监生。前母李氏，母王氏。慈侍下。兄铭，训导；钦，明威将军署指挥同知。弟鍊。娶陈氏。湖广乡试第二十名，会试第二百六十名。

刘芹，贯四川叙州府宜宾县，民籍，县学生，治《诗经》。字子献，行四，年三十四，七月初六日生。曾祖节明。祖汝钊。父海川。母刘氏，继母姚氏。慈侍下。兄佐、达、芥。娶冯氏。四川乡试第六十七名，会试第五十四名。

黎遵训，贯湖广承天府京山县，军籍，国子生，治《易经》。字孝若，行三，年三十七，八月二十八日生。曾祖瓒，赠通议大夫工部左侍郎。祖永孝。父金，七品散官。前母杨氏，母王氏。永感下。兄遵谟。弟遵诏、遵诰、遵海。娶王氏，继娶魏氏。湖广乡试第八十二名，会试第一百三十二名。

梁佐，贯云南大理卫军籍，河南兰阳县人，国子生，治《礼记》。字应台，行一，年三十二，九月十五日生。曾祖忠，寿官。祖材，义官。父金。母赵氏。具庆下。弟佑。娶何氏。云南乡试第五名，会试第二百四十六名。

任士凭，贯山东济南府德州平原县，民籍，国子生，治《诗经》。字可依，行一，年二十七，正月十八日生。曾祖武。祖天锡。父弘道，监生。母姚氏。慈侍下。弟士翼、士孝、士德、士清、士慎、士勤。娶谭氏。山东乡试第二十一名，会试第二百三十五名。

张东周，贯湖广武昌府蒲圻县，军籍，国子生，治《诗经》。字子用，行二，年三十六，十月二十日生。曾祖朝斌。祖仲荣。父玺。母陈氏。具庆下。兄东鲁。娶佘氏。湖广乡试第二十四名，会试第二百十名。

张元谕，贯浙江金华府浦江县，民籍，国子生，治《春秋》。字伯启，行二十八，年二十九，四月二十八日生。曾祖子治，寿官。祖文柚。父孟晶。母戴氏。具庆下。兄元亨。弟元谅、元平、元康、元谦、元调、元谔。娶赵氏。浙江乡试第三十四名，会试第一百十四名。

王有为，贯湖广辰州府沅州黔阳县，军籍，国子生，治《诗经》。字希颜，行一，年四十一，十一月十八日生。曾祖绌。祖彦璋。父鹏，县丞。母向氏，继母谭氏。慈侍下。弟有道、有贤、有守、有藩、有年。娶何氏。湖广乡试第九名，会试第二百十七名。

顾言，贯浙江杭州府钱塘县，民籍，仁和县人，府学增广生，治《易经》。字子行，行一，年二十八，十月二十五日生。曾祖铭，七品散官。祖文渊。父恩，省祭官。母杨氏。重庆下。娶张氏。浙江乡试第七十二名，会试第一百六十一名。

张任，贯直隶苏州府嘉定县，民籍，县学附学生，治《诗经》。字希尹，行二，年二十四，五月二十七日生。曾祖清。祖玘。父子爱，监生。母徐氏，继母朱氏。具庆下。兄省。弟集。娶杨氏。应天府乡试第十四名，会试第二十一名。

庄朝宾，贯福建泉州府惠安县，民籍，县学生，治《诗经》。字于观，行二，年四十二，十一月初七日生。曾祖逸民。祖永初。父锵。母陈氏。永感下。兄顺清。娶王氏，继娶何氏。福建乡试第三名，会试第七十二名。

黄世科，贯浙江绍兴府萧山县，民籍，县学生，治《书经》。字子登，行二，年三十五，八月初二日生。曾祖渊。祖惧。父九思。母曹氏。重庆下。兄世显，贡士。弟世聪、世臣、世儒。娶丁氏。浙江乡试第三十三名，会试第一百六十四名。

任有龄，贯四川嘉定州，民籍，州学生，治《礼记》。字梦锡，行五，年三十五，十一月初十日生。曾祖敏，按察司佥事。祖靖。父性文。母张氏。慈侍下。兄退龄、寿龄、康龄、仕龄。弟长龄。娶熊氏。四川乡试第四名，会试第二百三十名。

周思兼，贯直隶松江府华亭县，民籍，国子生，治《诗经》。字叔夜，行一，年三十，六月二十日生。曾祖榆。祖裡，县主簿。父云鹄。母杨氏。具庆下。弟思齐。娶张氏。应天府乡试第三十二名，会试第一百九十八名。

林一新，贯福建泉州府晋江县，民籍，府学增广生，治《易经》。字震起，行六，年三十五，九月二十一日生。曾祖良稠。祖峣，岁贡生封南京户部主事。父性之，南京户部郎中。母陈氏，封安人。慈侍下。兄德新。弟尚新、恩新。娶伍氏。福建乡试第十一名，会试第一百名。

宋守志，贯河南开封府延津县，民籍，国子生，治《诗经》。字贞甫，行一，年三十八，正月二十四日生。曾祖彪，典史。祖珣，贡士。父滋。母张氏。永感下。娶刁氏。河南乡试第十四名，会试第一百四名。

刘斯洁，贯直隶保定府易州，民籍，顺天府昌平州人，州学生，治《书经》。字原静，行四，年二十九，三月二十九日生。曾祖鉴，赠府同知。祖维宗，义官。父晟，州判官。前母李氏，母陈氏。具庆下。兄似澜、如渤、若清。娶万氏。顺天府乡试第四名，会试第五十六名。

梁明翰，贯山西汾州孝义县，军籍，国子生，治《书经》。字维宪，行一，年三十五，三月二十一日生。曾祖友。祖志福。父雷。母任氏。具庆下。弟明试、明辨、明时、明允。娶乔氏。山西乡试第五十四名，会试第一百六十九名。

李三畏，贯山东兖州府东平州汶上县，民籍，县学生，治《诗经》。字汝敬，行一，年二十九，二月十七日生。曾祖荣。祖宗。父相。母陈氏，继母唐氏。严侍下。弟三德、三变、三聘。娶姬氏。山东乡试第六十九名，会试第六十三名。

史直臣，贯顺天府涿州，民籍，国子生，治《书经》。字子忠，行一，年三十七，八月二十八日生。曾祖仲善，户部主事赠通议大夫都察院右副都御史。祖俊，按察司佥事通议大夫都察院右副都御史。父道，前通议大夫兵部左侍郎。母安氏，封淑人。具庆下。兄钦臣、寅臣、良臣、儒、佐、尚德。弟献臣，官生；朝臣；纯臣；吉臣；聘臣；佑；仪；尚仁。娶张氏。顺天府乡试第六十六名，会试第一百四十五名。

黄元恭，贯浙江宁波府鄞县，民籍，国子生，治《易经》。字资礼，行十三，年三十二，正月初四日生。曾祖瑛，教谕赠大中大夫光禄寺卿。祖骥，驿丞赠大中大夫光禄寺卿。父宗钦，知县。前母范氏。母周氏。具庆下。兄元肃，监生。弟元意，府知事。娶毛氏。浙江乡试第二十六名，会试第一百八十三名。

顾允扬，贯直隶苏州府太仓州，民籍，常熟县人，国子生，治《诗经》。字懋称，行十八，年四十一，二月二十二日生。曾祖志行，封知县。祖岩，府通判。父鉴。母李氏。永感下。弟允祯、允修、允华。娶陆氏。应天府乡试第九十三名，会试第一百三十一名。

姚九功，贯山西潞安府襄垣县，民籍，国子生，治《易经》。字惟叙，行三，年二十五，二月二十四日生。曾祖海。祖仁，省祭官。父珊。母李氏。具庆下。兄九思、九卿。弟九阳。娶韩氏。山西乡试第五十五名，会试第一百二十三名。

宋文明，贯山东东昌府临清州，民籍，山西洪洞县人，国子生，治《易经》。字汝化，行一，年四十四，二月二十八日生。曾祖拯，提学副使。祖让。父天祥。母郭氏。永感下。弟文升、文言、文选、文粹。娶梁氏，继娶张氏。山东乡试第三十一名，会试第七十八名。

刘应时，贯山西平阳府洪洞县，军籍，县学附学生，治《易经》。字子易，行三，年二十六，八月初四日生。曾祖恭，封文林郎兵马司副指挥。祖荣，通判封奉直大夫刑部员外郎。父廷相，贡士。母张氏。重庆下。弟应科、应材、应元、应岳、应宿、应龙、应场、应诰、应制。娶郭氏。山西乡试第五十九名，会试第二百二十一名。

林一新，贯福建漳州府漳浦县，军籍，县学增广生，治《诗经》。字跻夫，行三，年三十三，八月初十日生。曾祖普玄，寿官。祖振，寿官。父黼。母程氏。具庆下。兄一初，贡士；一阳，贡士；功懋，知府；策，大理寺右评事；成；纲，贡士。娶吴氏。福建乡试第四十七名，会试第九十五名。

何镗，贯浙江处州卫军籍，顺天府宛平县人，国子生，治《诗经》。字振卿，行五，年三十，二月初二日生。曾祖孟昦。祖允恭。父珙。母章氏。重庆下。兄钫、鳞、鏊。弟钥、铢、镔、镐、铤、铣、键。娶陈氏。浙江乡试第八十六名，会试第三名。

张西铭，贯山东济南府滨州，军籍，州学生，治《书经》。字原仁，行二，年二十八，八月三十日生。曾祖銮。祖淳。父拱辰。母胡氏。具庆下。兄大化。弟西岳、西昆。娶王氏。山东乡试第二十五名，会试第六十七名。

宋曰仁，贯福建兴化府莆田县，民籍，县学附学生，治《书经》。字思表，行一，年三十七，八月初二日生。曾祖晓。祖汝玉。父文章。母林氏。永感下。弟孔、曰位、信、旦、伟、忠、孝、淮。娶林氏。福建乡试第三十八名，会试第一百九十三名。

李一元，贯直隶池州府建德县，匠籍，国子生，治《春秋》。字调卿，行一，年三十，二月初八日生。曾祖源。祖佑，恩例冠带。父希周，监生。母柯氏。严侍下。弟一夔、一贯、一中、一致、一新。娶童氏。应天府乡试第三十三名，会试第二百十五名。

李景萃，贯直隶顺德府任县，民籍，县学生，治《诗经》。字德聚，行一，年二十五，三月初二日生。曾祖铭。祖志皋。父璋，寿官。母陈氏，继母陈氏。具庆下。弟景茂。娶张氏。顺天府乡试第一百二十八名，会试第一百四十七名。

张希贤，贯山东兖州府济宁州，军籍，国子生，治《易经》。字尚友，行三，年三十七，七月二十一日生。曾祖晟。祖滋。父瑀。母刘氏。永感下。兄希周、希宪。娶曹氏。山东乡试第二十三名，会试第一百十七名。

汪烓，贯浙江杭州府临安县，民籍，国子生，治《诗经》。字子光，行五十三，年三十五，正月二十五日生。曾祖勇。祖明。父淑。嫡母徐氏，生母罗氏。严侍下。兄聪、燧。弟应征、烟、党。娶王氏。浙江乡试第七十名，会试第一百三十七名。

万思谦，贯江西南昌府南昌县，民籍，国子生，治《诗经》。字益甫，行四，年三十一，九月十七日生。曾祖子魁。祖集仁。父时律。母饶氏。具庆下。兄思诚。弟思谟、思训、思让、思谏。娶刘氏。江西乡试第七十四名，会试第二百四十一名。

李心学，贯直隶凤阳府临淮县，民籍，县学生，治《诗经》。字建中，行三，年二十八，四月初三日生。曾祖安。祖荣。父秀，训导。母杨氏。具庆下。兄潮、灌。弟性学、淳、浩、志学、清、洞、泷、勉学。娶陈氏。应天府乡试第一百二十四名，会试第二百四十五名。

王世贞，贯直隶苏州府太仓州军籍，昆山县人，州学附学生，治《易经》。字元美，行十九，年二十二，十一月初五日生。曾祖辂，累赠通议大夫南京兵部右侍郎。祖倬，通议大夫南京兵部右侍郎。父忬，监察御史。母郁氏，封孺人。具庆下。兄世芳，提学副使；世德，官生；世业，译字生。弟世闻、世望、世懋。娶魏氏。应天府乡试第五十八名，会试第八十二名。

江治，贯江西南昌府进贤县，民籍，国子生，治《书经》。字顺之，行五，年四十七，七月初三日生。曾祖启明，义官。祖正奇。父玠。母杨氏。永感下。兄洪。弟泗。娶吴氏。江西乡试第二名，会试第一百五十五名。

朱天俸，贯忠义后卫军籍，直隶浚县人，国子生，治《书经》。字子学，行三，年三十二，七月十一日生。曾祖绍。祖荣。父鉴。前母林氏，母林氏，继母谢氏、柴氏。严侍下。兄天爵。娶洪氏。顺天府乡试第七名，会试第一百九名。

胡朝臣，贯浙江绍兴府会稽县，民籍，府学附学生，治《易经》。字汝邻，行十三，年三十四，九月二十二日生。曾祖庆。祖谨，寿官。父廷璋，典史。母赵氏。严侍下。兄朝宗、伫、朝元、朝冕、朝会、朝阳、朝著、朝京。弟朝佐、朝卿、朝相。娶童氏。浙江乡试第十八名，会试第二百五十九名。

王良贵，贯直隶河间府宁津县，匠籍，县学生，治《书经》。字少思，行一，年三十一，四月初二日生。曾祖宪。祖锦，教谕。父玶，都司都事。母张氏。具庆下。弟良材、良士、良器、良史。娶詹事，继娶潘氏。顺天府乡试第三十一名，会试第二百七十五名。

徐文沔，贯浙江衢州府开化县，民籍，国子生，治《易经》。字可绳，行四十七，年三十三，十二月二十三日生。曾祖銮，监察御史。祖组，教谕。父璡，学正。母程氏。严侍下。兄文溥，按察司副使；可宾；文汤。弟文鹏、文瀹、文潢、文泮、文滨。娶方氏。浙江乡试第六十一名，会试第八十七名。

李郁，贯四川重庆府安居县，民籍，国子生，治《诗经》。字文甫，行二，年三十四，十一月二十八日生。曾祖常。祖亿株。父有。母向氏。永感下。兄恩。弟节。娶何氏。四川乡试第三十五名，会试第六十名。

纪璇，贯顺天府蓟州，军籍，国子生，治《书经》。字天仪，行四，年三十八，三月二十五日生。曾祖能。祖聪。父镇。前母李氏，母徐氏。慈侍下。兄璋、瓒、汉。娶王氏。顺天府乡试第八名，会试第一百八十一名。

金铣，贯江西南昌府新建县，民籍，国子生，治《诗经》。字子良，行七，年二十九，六月二十八日生。曾祖玉。祖曰荣。父应隆。母余氏。具庆下。弟镗、镛。娶李氏。江西乡试第五十二名，会试第一百三十四名。

周镗，贯直隶淮安府邳州宿迁县，匠籍，州学生，治《书经》。字德扬，行一，年四十，二月十九日生。曾祖霖。祖锦。父弼。母刘氏。慈侍下。娶宋氏。应天府乡试第一百十八名，会试第二百十九名。

张思静，贯陕西西安府同州，民籍，国子生，治《书经》。字伯安，行三，年三十，正月十二日生。曾祖琰，贡士。祖绩，知县。父黻。母杨氏。重庆下。兄思鲁；思中，贡士。弟思孝、思弟、思卫、思诚、思睿、思明、思恭。娶翟氏。陕西乡试第三名，会试第二百四十四名。

据《嘉靖二十六年进士登科录》：“第三甲二百八名，赐同进士出身。”

熊勉学，贯河南汝宁府仪卫司籍，江西德化县人，府学生，治《诗经》。字懋伦，行三，年二十七，五月十四日生。曾祖旺。祖鼐，义官。父选，贡士。母邓氏。慈侍下。兄勉仁、勉诚。弟勉甲。娶孔氏。河南乡试第七十三名，会试第四十五名。

陈一松，贯广东潮州府海阳县，军籍，府学附学生。治《书经》。字宗岩，行一，年二十八，十一月十三日生。曾祖垸。祖钺。父源滔。母蔡氏。慈侍下。弟一干、一柏。娶吴氏。广东乡试第四十五名，会试第二百八十一名。

高尚文，贯直隶太平府当涂县，军籍，县学生，治《春秋》。字从周，行三，年二十八，十月二十四日生。曾祖源。祖永通。父嵩。母胡氏。具庆下。兄尚志、尚贤。娶陈氏。应天府乡试第二十四名，会试第二百二十八名。

贺镂，贯江西吉安府永新县，民籍，国子生，治《易经》。字邦器，行一，年三十九，十月十二日生。曾祖叔正。祖攸。父廷曾。母左氏，继母陈氏。具庆下。弟钩、鈺、鍋、鉽。娶欧阳氏。江西乡试第八十四名，会试第二百四十九名。

陶承学，贯浙江绍兴府会稽县，民籍，县学附学生，治《易经》。字子述，行八，年三十，正月十八日生。曾祖愫。祖试，训导。父廷奎，岁贡生。母商氏。具庆下。兄大有，刑部主事；惟学；大年，南京兵部郎中。弟幼学、勉学、来学、时学、典学、永学、勤学、笃学。娶王氏。浙江乡试第五十三名，会试第二百八十二名。

刘泾，贯河南怀庆卫军籍，直隶靖江县人，国子生，治《诗经》。字叔清，行三，年三十八，三月十六日生。曾祖通。祖宽。父纲。母何氏，继母伦氏。具庆下。兄汉、渭。弟溱、澜、洧。娶戈氏。河南乡试第四十一名，会试第二百七十名。

钱鲸，贯浙江宁波府慈溪县，民籍，国子生，治《诗经》。字叔鸣，行五十五，年四十三，九月三十日生。曾祖镟。祖瀚。父懋。母冯氏。慈侍下。兄熜、焘。弟鲲、鲔、煌、炉、炫。娶孙氏。浙江乡试第四名，会试第五十一名。

姚仕显，贯福建福州府闽县，民籍，县学附学生，治《易经》。字原学，行一，年三十六，十月十八日生。曾祖琇，府知事。祖惟滔，仓大使。父世桴。母陈氏。具庆下。弟仕焲、仕灼、仕炓。娶郑氏。福建乡试第七十一名，会试第二百十四名。

宋廷表，贯广西桂林府临桂县，民籍，国子生，治《易经》。字进之，行一，年二十五，二月初四日生。曾祖升。祖鉴。父儒。母王氏。具庆下。弟廷策、廷锦、廷彦。娶朱氏。广西乡试第一名，会试第二百四十二名。

杨美益，贯浙江宁波府鄞县，民籍，县学附学生，治《易经》。字以谦，行五十八，年三十三，五月初八日生。曾祖自忍。祖守阳，义官。父茂格，知县。母鲍氏。具庆下。兄美璘、美寿。弟美禄、美爵、美祺、美祉、美裡、美恒、美裕。娶陈氏。浙江乡试第四十九名，会试第二百二十九名。

樊献科，贯浙江处州府缙云县，民籍，县学生，治《易经》。字文叔，行八十四，年三十，十二月十八日生。曾祖禄，义官。祖铎。父守，训导。前母施氏，母王氏。具庆下。兄献忠。弟献寿、献纲。娶朱氏。浙江乡试第三十四名，会试第十五名。

李幼滋，贯湖广德安府应城县，军籍，国子生，治《书经》。字元树，行一，年三十二，正月二十九日生。曾祖琼，府知事。祖铭，知县。父世秀，监生。母陈氏。具庆下。弟幼培、幼淑、幼植、幼蕃、幼时、幼增。娶周氏。湖广乡试第七十三名，会试第六十五名。

谢江，贯河南河南卫，官籍，国子生，治《易经》。字仲川，行三，年三十九，十月十八日生。曾祖庆。祖旺，寿官。父鉴。前母王氏，母李氏。慈侍下。兄俊、忠。弟淮。娶史氏，继娶许氏。河南乡试第七十二名，会试第二百二十六名。

孙永思，贯山西平阳府蒲州，民籍，州学生，治《书经》。字性孝，行三，年三十八，七月二十九日生。曾祖惟温。祖遄。父鼐。母李氏。慈侍下。兄邦畿、邦域。弟永恩。娶张氏。山西乡试第二十四名，会试第一百九十六名。

王樵，贯直隶镇江府金坛县，民籍，县学增广生，治《书经》。字明逸，行九，年二十二，九月二十六日生。曾祖镇。祖瀚，赠兵部主事。父臬，按察司副使。母于氏，封宜人。具庆下。兄黯；然；煮；点，监生；烋；熙，监生；烝；杰。弟维熊、维罴、梦羔、梦鱼。娶虞氏。应天府乡试第六十七名，会试第二百二十四名。

吴仲礼，贯直隶池州府贵池县，民籍，县学生，治《诗经》。字思立，行一，年三十五，十一月初十日生。曾祖怡兴，县丞。祖浦源。父守宁。母檀氏。严侍下。弟仲裡。娶檀氏。应天府乡试第十九名，会试第二百六十三名。

庞俊，贯陕西西安府泾阳县，民籍，国子生，治《诗经》。字孟章，行十一，年四十，五月二十三日生。曾祖玉。祖政。父臣，典史。母张氏。慈侍下。兄武、赟、福、学、锐、钺、彦、章、恩、宪、经。弟杰、义。娶岳氏。陕西乡试第四十九名，会试第八十六名。

毛起，贯四川嘉定州夹江县，民籍，国子生，治《书经》。字潜宾，行一，年四十七，三月初九日生。曾祖凤，知府。祖经纶。父亨，贡士。母王氏。永感下。弟赴。娶宿氏，继娶莫氏、胡氏。四川乡试第三十三名，会试第一百十八名。

张谧，贯直隶河间府沧州南皮县，匠籍，县学生，治《礼记》。字子靖，行三，年三十一，九月二十二日生。曾祖璇，盐运司副使。祖绣，主簿。父继宗。母毕氏。慈侍下。兄谠、谟。弟讱、言。娶马氏。顺天府乡试第七十四名，会试第二百七十二名。

杨守鲁，贯彭城卫军籍，湖广长沙县人，国子生，治《春秋》。字允得，行五，年三十二，六月初八日生。曾祖福胜，累赠资政大夫刑部尚书。祖春，封户部郎中累赠资政大夫刑部尚书。父志学，资政大夫刑部尚书赠太子太保谥康惠。前母王氏，赠夫人；母陈氏，赠□夫人。永感下。兄守愚；守谦，都察院右金都御史；守约，知府；守默。弟守让，官生；守朴；守介，官生。娶吴氏，继娶周氏。应天府乡试第四名，会试第五名。

郑本立，贯浙江金华府兰溪县，民籍，县学生，治《易经》。字充道，行百四，年三十三，九月十九日生。曾祖统。祖永遐。父芝。母陈氏。慈侍下。兄枢。弟格。娶吴氏。浙江乡试第八十一名，会试第五十二名。

张渊，贯河南开封府陈州民籍，浙江鄞县人，国子生，治《易经》。字惟本，行三十三，年四十，五月初八日生。曾祖旺。祖谦。父铠。母童氏。永感下。兄洪。弟浚；瀹，监生。娶范氏。河南乡试第六十四名，会试第四十九名。

张敦复，贯浙江处州府丽水县，民籍，国子生，治《诗经》。字叔中，行四，年三十四，八月十五日生。曾祖文炳。祖宁，训导。父钦，教谕。母叶氏。永感下。兄敦厚；敦仁，兵部主事；敦化。娶寿氏。浙江乡试第三十五名，会试第二百四十八名。

孙世芳，贯万全都司宣府右卫军籍，直隶安东县人，国子生，治《诗经》。字克承，行一，年三十七，九月初八日生。曾祖海。祖昱。父继先。母张氏，继母童氏。慈侍下。娶王氏。顺天府乡试第七十二名，会试第六名。

王尚礼，贯陕西西安府华州渭南县，民籍，国子生，治《礼记》。字叙夫，行一，年四十，十一月十一日生。曾祖秀，寿官。祖孟常。父政，州判官。母李氏，继母郭氏。具庆下。娶史氏，继娶张氏。陕西乡试第二十八名，会试第四十一名。

陆佐，贯浙江衢州府龙游县，民籍，县学增广生，治《诗经》。字子翼，行二十八，年二十九，十月初十日生。曾祖孔彰。祖孟圭，义官。父杞。前母劳氏，母叶氏。严侍下。兄仁。弟俊。娶劳氏。浙江乡试第八十四名，会试第五十七名。

彭范，贯河南河南府陕州灵宝县，军籍，国子生，治《春秋》。字克宪，行四，年三十四，正月二十四日生。曾祖满。祖珪。父仪。母杨氏。具庆下。兄简、符、筹。弟箸、箴、籍、策。娶张氏，继娶赵氏。河南乡试第三十一名，会试第九名。

甘茹，贯四川叙州府富顺县，军籍，县学生，治《诗经》。字征甫，行五，年二十五，九月二十二日生。曾祖修身，参政累赠光禄大夫少保兼太子太保工部尚书。祖泽，累赠光禄大夫少保兼太子太保工部尚书。父化霖，贡士。前母刘氏，母刘氏，继母曹氏。重庆下。兄苏，前府经历；藿，官生。弟芹；芊；芥，恩生；芸，监生；菜；荃；茗；莼。娶刘氏。四川乡试第二十一名，会试第一百二十一名。

马一龙，贯应天府溧阳县，民籍，国子生，治《书经》。字负图，行四十一，年三十九，五月初三日生。曾祖公辅，赠征仕郎卫经历。祖清，卫经历。父性鲁，前兵科给事中。母许氏，封孺人。慈侍下。弟一麟。娶孙氏，继娶袁氏、徐氏。顺天府乡试第一名，会试第二百六名。

李昭祥，贯直隶松江府上海县，灶籍，国子生，治《诗经》。字元韬，行二，年三十六，七月十一日生。曾祖璠。祖观。父塾，县主簿。母施氏，继母王氏。慈侍下。兄嘉祥，监生。弟得祥、钟祥、鼎祥、征祥、考祥、丰祥、彦祥。娶陈氏，继娶王氏。应天府乡试第一百十六名，会试第二十四名。

陈善治，贯四川重庆府巴县，民籍，国子生，治《书经》。字时化，行一，年三十一，四月初一日生。曾祖洪演。祖廷佐。父弟。母郭氏。具庆下。兄荣治、大治。弟盛治、嘉治、长治、安治、平治。娶莫氏。四川乡试第十一名，会试第一百三十三名。

张言，贯广西桂林府临桂县，民籍，儒士，治《易经》。字思默，行一，年三十四，十月十三日生。曾祖辉。祖玉。父策，知县。母袁氏。永感下。弟襄、齐、京、高。娶屠氏。广西乡试第六名，会试第九十名。

詹莱，贯浙江衢州府常山县，民籍，县学增广生，治《易经》。字时殷，行七十三，年二十六，六月二十八日生。曾祖光。祖斯，义官。父烈，岁贡生。母徐氏。重庆下。兄夔。弟芹、荐、蓥。娶徐氏，继娶吴氏。浙江乡试第三十三名，会试第一百四十四名。

韩弨，贯浙江嘉兴府平湖县，民籍，余姚县人，国子生，治《礼记》。字汝良，行二，年三十一，十一月初六日生。曾祖璲。祖铭。父汉。母汪氏。具庆下。兄窻。弟念。娶郑氏。浙江乡试第五十七名，会试第二百五十八名。

张可述，贯四川嘉定州洪雅县，民籍，县学生，治《春秋》。字惟孝，行四，年二十五，二月二十一日生。曾祖思隆。祖甫森，封监察御史。父鹏，知府。嫡母詹氏，封孺人；生母袁氏。慈侍下。兄可成、可立、可迪、可遂、可适。弟可达、可逾、可逊、司远，可近、可遇。娶杨氏。四川乡试第二十六名，会试第二百五十一名。

白大用，贯陕西西安府华州渭南县，军籍，国子生，治《诗经》。字幼权，年四十，三月初二日生。曾祖秀。祖俊。父济民。母梁氏。永感下。娶赵氏。陕西乡试第三十二名，会试第七十七名。

李儒烈，贯浙江嘉兴府海盐县，民籍，国子生，治《书经》。字忠甫，行四十八，年三十八，九月二十四日生。曾祖景孟，知县。祖潹，知县。父世楢，监生。前母周氏，母倪氏。慈侍下。兄云。弟儒烋、儒爇、儒谦。娶范氏。浙江乡试第八十九名，会试第一百三十八名。

徐敦，贯直隶苏州府太仓州，民籍，长洲县人，国子生，治《诗经》。字叔厚，行三，年三十九，闰九月二十日生。曾祖楩。祖克清。父忱。前母王氏、浦氏、王氏，母吴氏。慈侍下。兄整。弟效。娶杨氏，继娶郁氏。应天府乡试第三十四名，会试第三十二名。

俞时及，贯浙江绍兴府新昌县，民籍，县学生，治《书经》。字伯雨，行二十七，年三十一，四月十二日生。曾祖铎，左布政使进阶正奉大夫正治卿。祖溥，赠监察御史。父集，监察御史。前母吕氏，赠孺人；母范氏，封孺人。慈侍下。娶何氏，继娶陈氏。浙江乡试第二十一名，会试第二百五十名。

李应时，贯山西太原府平定州，匠籍，州学生，治《春秋》。字际可，行一，年二十九，四月初十日生。曾祖干。祖胜。父海良。母郗氏。具庆下。弟应轸、应春、应阳。娶王氏。山西乡试第四十一名，会试第一百四十一名。

邵德，贯直隶常州府无锡县，民籍，县学生，治《易经》。字明甫，行一，年三十三，六月初四日生。曾祖洪，义官。祖昱。父一经。母郑氏。重庆下。弟复、衎。娶胡氏。应天府乡试第九十八名，会试第一百五名。

郝成性，贯锦衣卫官籍，直隶江都县人，国子生，治《易经》。字存甫，行三，年三十一，六月初六日生。曾祖钦。祖泰，锦衣卫百户。父理。前母方氏，母靳氏。具庆下。兄惠。弟应，监生。娶李氏。顺天府乡试第一百十九名，会试第四十七名。

王健，贯福建漳州府漳浦县，民籍，国子生，治《诗经》。字于行，行一，年二十九，七月十五日生。曾祖勖。祖谧，知县。父璇，知县。母陈氏，继母苏氏。具庆下。弟侁、侨、俶、倬。娶林氏。福建乡试第七十八名，会试第七十六名。

吕孔良，贯河南河南府洛阳县，匠籍，府学生，治《易经》。字子性，行二，年三十一，二月十九日生。曾祖钊。祖泽，驿丞。父相，典膳。母李氏。具庆下。兄孔嘉。弟孔善。娶方氏。河南乡试第二十六名，会试第一百二十五名。

王铃，贯浙江台州府黄岩县，匠籍，县学生，治《春秋》。字子才，行二，年三十八，九月初九日生。曾祖秬，州判官封刑部主事。祖烜。父堂。母胡氏。严侍下。兄钟，监生。弟锳。娶赵氏。浙江乡试第十八名，会试第六十二名。

袁洪愈，贯直隶苏州府长洲县，民籍，吴县人，县学附学生，治《易经》。字抑之，行四，年三十二，十月十四日生。曾祖骧。祖昴。父雯。母皇甫氏。永感下。兄世恩、世忠。弟洪志。娶申氏，继娶邹氏。应天府乡试第一名，会试第七十名。

刘世魁，贯四川成都府双流县，民籍，国子生，治《诗经》。字伯春，行一，年四十，三月二十八日生。曾祖添钟。祖文璧。父朝凤。母牛氏。慈侍下。弟世臣。娶王氏，继娶周氏。四川乡试第六名，会试第三百名。

林爊，贯福建福州府闽县，儒籍，县学附学生，治《春秋》。字贞恒，行五，年二十四，二月十五日生。曾祖元美，知府累赠南京吏部尚书加赠光禄大夫太子太保工部尚书。祖瀚，南京兵部尚书赠太子太保谥文安。父庭机，翰林院检讨。母李氏，封孺人。具庆下。兄炫，南京通政司参议；炀，南京中府经历；熣；爌，监生；烺；燴。弟熺、焇、烔、熥、煠、烃、烧。娶郑氏，继娶黄氏。福建乡试第九名，会试第一百七十二名。

李秋，贯顺天府蓟州，民籍，国子生，治《书经》。字伯成，行一，年三十八，十月初一日生。曾祖文友。祖敖。父杲，寿官。母郭氏。具庆下。弟秩，将军；积；稚；稶。娶张氏。顺天府乡试第三十八名，会试第二百九十五名。

徐可相，贯广西桂林府临桂县，民籍，国子生，治《书经》。字懋忠，行二，年二十八，六月十九日生。曾祖英。祖颙，县主簿。父淮，知州。前母龙氏，母刘氏。慈侍下。兄可栋。弟可楷。娶萧氏。广西乡试第四名，会试第五十三名。

徐承嗣，贯四川潼川州遂宁县，民籍，国子生，治《礼记》。字克敬，行三，年四十三，六月十九日生。曾祖纲，知府。祖大邦。父忠。母何氏。永感下。兄承宗、承祖。弟承顺、承宣、承教、承学、承颜。娶郭氏。四川乡试第二十二名，会试第三百五名。

郭鑰，贯浙江金华府兰溪县，民籍，县学生，治《礼记》。字启之，行一，年三十七，十二月二十五日生。曾祖进。祖祚。父琏。前母黄氏，母郑氏。永感下。兄钟。弟锋、镬。娶杨氏。浙江乡试第二十一名，会试第一百十六名。

张来征，贯锦衣卫籍，山西临汾县人，国子生，治《易经》。字献孚，行七，年三十八，十二月初五日生。曾祖能，将军。祖武，冠带总旗。父诏，前锦衣卫指挥佥事。母杨氏。具庆下。兄梦征，知州。娶魏氏，继娶杨氏。顺天府乡试第一百十五名，会试第一百六十三名。

孙允中，贯山西太原右卫后所，官籍，国子生，治《诗经》。字汝时，行二，年三十八，十一月十六日生。曾祖铭。祖景。父宪。母钱氏。严侍下。兄朝阳。弟允升、朝东、允德、允恭、允殖、朝凤。娶张氏。山西乡试第三十八名，会试第二百九十八名。

罗椿，贯浙江绍兴府山阴县，民籍，县学增广生，治《诗经》。字元龄，行一，年三十三，五月二十日生。曾祖克谦。祖辅。父观。母沈氏。具庆下。弟松。娶徐氏，继娶虞氏。浙江乡试第六十九名，会试第一百五十六名。

庄应祯，贯福建泉州府惠安县，军盐籍，国子生，治《诗经》。字希周，行四，年二十九，三月三十日生。曾祖廷爱。祖元玑。父璋。母何氏。严侍下。兄应鸿、应文、应会。娶洪氏。福建乡试第二十名，会试第二百二十三名。

边毅，贯江西临江府峡江县，军籍，国子生，治《书经》。字德弘，行九，年四十二，十月十九日生。曾祖恢明。祖景象。父纯。母尹氏，继母袁氏。永感下。兄衷、智。娶朱氏，继娶李氏。江西乡试第四十七名，会试第一百六十六名。

郑东白，贯福建兴化府莆田县，军籍，国子生，治《春秋》。字叔晓，行一，年三十，四月初十日生。曾祖乾，训导。祖恢，封户部主事。父弼，知府进阶亚中大夫。母余氏，封安人。重庆下。弟东都、东江、东野、东汇、东霖、东春、东土、东葛。娶柯氏。福建乡试第四十四名，会试第七十四名。

吴遵，贯浙江杭州府海宁县，民籍，国子生，治《易经》。字公路，行一，年三十八，五月三十日生。曾祖至喜。祖衢。父璧。母沈氏，继母孙氏。慈侍下。弟道、遂、迈。娶俞氏，继娶胡氏。浙江乡试第六十三名，会试第三十六名。

刘廷梅，贯江西南昌府南昌县，民籍，府学生，治《诗经》。字与和，行五，年四十七，五月十七日生。曾祖子南。祖杰灏。父伯封。母萧氏。慈侍下。兄廷庆，巡检；廷赞；廷亮；廷享。弟廷旭；廷道；廷楫，贡士；廷膏，贡士；廷宾，贡士。娶胡氏。江西乡试第四十四名，会试第二百四名。

孙汝贤，贯浙江绍兴府余姚县，民籍，国子生，治《书经》。字允功，行一，年三十五，五月十六日生。曾祖鼎。祖铨。父应乾。母徐氏。重庆下。弟汝实、汝贞、汝赍。娶邹氏。浙江乡试第五名，会试第二十名。

龚恺，贯直隶松江府上海县，民籍，府学生，治《诗经》。字次元，行三，年三十四，五月三十日生。曾祖晖。祖颢。父袭。母蒋氏。慈侍下。兄忧；情，贡士。弟悌。娶夏氏，继娶张氏。应天府乡试第四十五名，会试第二百八十九名。

韩子允，贯浙江宁波府慈溪县，民籍，府学生，治《礼记》。字明仲，行二，年三十四，六月二十六日生。曾祖静。祖渊。父秉文，国子监助教。母姚氏。慈侍下。兄子元。弟子先、子充、子尧、子尤、子光。娶周氏。浙江乡试第四名，会试第九十一名。

于业，贯直隶镇江府金坛县，军籍，县学生，治《礼记》。字建公，行二，年三十，十月初十日生。曾祖盛，赠通议大夫都察院右副都御史。祖镒，知县封兵部郎中赠通议大夫都察院右副都御史。父泗。母王氏。慈侍下。兄粜，监生。弟未，监生；束；集。娶高氏。应天府乡试第三十一名，会试第二百二十二名。

黄季瑞，贯福建福州府闽县，民籍，府学增广生，治《春秋》。字宗和，行三，年三十九，十二月十二日生。曾祖孜。祖珙。父源大，知县。嫡母金氏，生母赵氏。永感下。兄孟台；仲阳，教授。娶阮氏，继娶陈氏。福建乡试第二十二名，会试第一百七十九名。

李天荣，贯江西南昌府南昌县，民籍，县学生，治《易经》。字仁卿，行四，年三十一，十一月初八日生。曾祖洪贵。祖大勋。父时俊。母周氏。慈侍下。弟天华、天宪。娶樊氏，继娶喻氏。江西乡试第四十一名，会试第二百六十二名。

曹禾，贯浙江嘉兴府平湖县，民籍，国子生，治《书经》。字世嘉，行二，年三十三，九月二十三日生。曾祖斌。祖瑜。父渭，驿丞。母陈氏。具庆下。兄采。弟来、桐、束。娶朱氏。浙江乡试第七十四名，会试第七十一名。

皇甫涣，贯直隶苏州府吴江县，民籍，国子生，治《易经》。字时亨，行三，年三十八，二月十七日生。曾祖廷璧。祖杰，义官。父牧。母吴氏。具庆下。兄泾。弟泮，贡士；滂；潋；涵；沛；津；沂；瀹；潮；沽。娶沈氏。应天府乡试第九十七名，会试第二百七十九名。

朱伯辰，贯江西南昌府南昌县，民籍，府学生，治《诗经》。字文拱，行九，年三十二，正月初十日生。曾祖济霖。祖奇龄。父楚。母杨氏。慈侍下。兄伯晓；伯炎，省祭官；伯云；伯瑷。娶杨氏。江西乡试第五十九名，会试第三十九名。

周如斗，贯浙江绍兴府余姚县，民籍，国子生，治《书经》。字允文，行二十九，年三十六，十一月十四日生。曾祖庭兰。祖沄。父璟。母陈氏。慈侍下。兄如底，太仆寺少卿；如山，县丞。弟如登；如纶，监生；如江；如汉。娶毛氏。顺天府乡试第十四名，会试第十七名。

黄履旋，贯福建福州府侯官县，民籍，县学生，治《易经》。字性之，行二，年三十四，五月初九日生。曾祖鉴。祖亨，巡检。父继文。母彭氏。永感下。弟履谦、履端、履经。娶李氏，继娶陈氏。福建乡试第三十四名，会试第二百十六名。

袁光翰，贯江西南昌府丰城县，军籍，国子生，治《诗经》。字宪甫，行二，年三十四，七月初七日生。曾祖文渊。祖习初。父葵，训导。母傅氏。严侍下。兄光儒，知州；光相；光表；光鹏。弟光辰。娶李氏。江西乡试第十三名，会试第二百七十八名。

程嗣功，贯直隶徽州府歙县，民籍，国子生，治《诗经》。字汝懋，行一，年二十三，十一月十三日生。曾祖景嵩。祖永安。父侻。母方氏。具庆下。弟嗣勋、嗣烈。娶汪氏。应天府乡试第六十六名，会试第二百八十名。

萧禹臣，贯湖广长沙府长沙县，民籍，国子生，治《春秋》。字子益，行三，年四十一，十一月初二日生。曾祖诚。祖德贵。父仁，教授。母向氏。永感下。兄尧臣、舜臣。弟汤臣。娶杨氏。湖广乡试第二十三名，会试第二百七十七名。

吴伯朋，贯浙江金华府义乌县，民籍，国子生，治《诗经》。字惟锡，行九十九，年二十九，六月二十九日生。曾祖文高。祖澜。父琼，教谕。母蔡氏，继母金氏。重庆下。兄伯元、伯忠。弟伯顺、伯谦、伯厚、伯禄、伯恰。娶王氏。浙江乡试第四十名，会试第一百十二名。

沈淮，贯浙江杭州府仁和县，民籍，县学生，治《易经》。字澄伯，行一，年二十六，五月初五日生。曾祖林。祖智，寿官。父德铭。母倪氏。具庆下。弟沂、泫、淞、澜。娶何氏。浙江乡试第八十九名，会试第一百三名。

李遇元，贯云南临安卫军籍，直隶江都县人，国子生，治《诗经》。字应乾，行一，年三十九，十一月十二日生。曾祖福。祖森。父富。母叶氏。具庆下。弟调元。娶张氏，继娶任氏。云南乡试第五十二名，会试第二百九十六名。

章美中，贯直隶苏州府昆山县，民籍，吴县人，县学生，治《春秋》。字道华，行三，年三十二，九月十四日生。曾祖达。祖广。父列宿。母曹氏。慈侍下。兄萃中、英中、养中。弟茂中、蕴中、华中、蔚中、炳中。娶钱氏。应天府乡试第四十八名，会试第二十八名。

李守仁，贯陕西凤翔府凤翔县，民籍，国子生，治《诗经》。字与安，行一，年三十五，十一月二十七日生。曾祖旺。祖辉。父实。母张氏。具庆下。弟怀仁。娶田氏。陕西乡试第十九名，会试第一百五十三名。

邵惟中，贯云南永昌卫军籍，浙江嵊县人，国子生，治《书经》。字希舜，行一，年三十三，五月二十四日生。曾祖经。祖昂，寿官。父节。母史氏。重庆下。弟惟和。娶赵氏。云南乡试第十三名，会试第二百十一名。

王遴，贯顺天府霸州，民籍，州学生，治《诗经》。字慎征，行四，年二十五，六月初二日生。曾祖富。祖聪。父宗义，州判官。母宋氏。重庆下。兄叙、道、遵。弟选。娶高氏。顺天府乡试第一百十六名，会试第一百七十一名。

黄宸，贯陕西西安府咸宁县，民籍，国子生，治《易经》。字思瞻，行二，年三十二，十二月十三日生。曾祖寿宗，教授。祖如钥。父镗，府通判。母魏氏。永感下。兄衮。弟表。娶唐氏。陕西乡试第三十三名，会试第一百八十七名。

孟官，贯陕西西安府咸宁县，民籍，府学生，治《易经》。字惟正，行一，年二十五，十一月二十五日生。曾祖琮，府同知。祖仁。父思善，驿丞。母刘氏。具庆下。弟宷、守。娶王氏，继娶陈氏。陕西乡试第三十二名，会试第二百六十六名。

林腾蛟，贯福建延平府永安县，民籍，国子生，治《易经》。字士才，行三，年三十一，八月三十日生。曾祖道清。祖绍。父祥，府经历。母邓氏。具庆下。兄腾骥；腾鲤，贡士。弟腾鲲、腾鹏、腾鹄。娶张氏。福建乡试第二名，会试第九十七名。

钱鑪，贯江西南康府星子县，民籍，县学生，治《诗经》。字汝化，行一，年二十八，正月十七日生。曾祖孟璋。祖垣，典史。父充。嫡母周氏、朱氏，生母周氏。慈侍下。弟锤、钜。娶吴氏。江西乡试第十四名，会试第二百六十七名。

金勿，贯四川叙州府富顺县，民籍，国子生，治《易经》。字希颜，行一，年三十七，四月二十八日生。曾祖容善。祖莺。父尚纲。母周氏，继母刘氏。具庆下。弟省；鉴，贡士；果；达。娶何氏。四川乡试第二十三名，会试第七十三名。

郭东藩，贯山东兖州府金乡县，民籍，县学增广生，治《易经》。字镇夫，行一，年二十四，十月十五日生。曾祖清。祖文。父囊。母黄氏。重庆下。弟东井。娶李氏。山东乡试第五十六名，会试第二百九名。

萧汝默，贯直隶河间府静海县，军籍，国子生，治《春秋》。字时言，行一，年三十五，九月初八日生。曾祖盘，卫经历。祖韶，寿官。父邦奇。母张氏。具庆下。弟汝简；汝厚；汝器，监生；汝重；汝柔；汝慎。娶李氏，继娶王氏、漆氏。顺天府乡试第一百六名，会试第一百五十七名。

陈惟举，贯福建福州府长乐县，民籍，县学附学生，治《诗经》。字直孚，行三，年三十六，七月二十七日生。曾祖继翁。祖公明。父景才。母郑氏。永感下。兄惟学。弟惟兴。娶袁氏。福建乡试第二十七名，会试第二百七十三名。

郭仁，贯直隶苏州府长洲县，民籍，县学附学生，治《诗经》。字静甫，行一，年三十八，十月初七日生。曾祖轩。祖畴。父胤。母陈氏。慈侍下。弟儒。娶邹氏。应天府乡试第一百三十一名，会试第三十七名。

张云路，贯山西泽州高平县，军籍，国子生，治《春秋》。字伯登，行三，年三十三，十二月初二日生。曾祖厥。祖子能。父垒。母范氏。永感下。兄天德、云腾。娶郭氏。山西乡试第十二名，会试第二百名。

黄元白，贯四川夔州府达州，民籍，州学生，治《诗经》。字用章，行一，年三十，正月二十日生。曾祖珣，寿官。祖时良。父浩，知县。母田氏。重庆下。弟远迪、元正、元恺、元嗣、元晋。娶唐氏。四川乡试第十四名，会试第八十三名。

李承华，贯山西平阳府曲沃县，军籍，国子生，治《书经》。字实甫，行三，年三十一，闰十二月二十六日生。曾祖祯，县丞封工部主事累赠通议大夫兵部左侍郎。祖浩，资政大夫太子少保礼部尚书赠太子太保谥庄简。父铺，应天府府丞。母许氏，封恭人。具庆下。兄承光，官生；承德，监生。弟承诏，监生；承赐，监生；承宠。娶符氏，继娶张氏。山西乡试第三十五名，会试第二百五十四名。

刘修己，贯河南汝宁府新蔡县，民籍，国子生，治《诗经》。字以敬，行一，年三十三，二月十二日生。曾祖宗。祖昺。父价。母张氏。慈侍下。弟正己、行己。娶李氏，继娶戴氏、马氏。河南乡试第二十六名，会试第九十八名。

姚唐，贯山西潞安府屯留县，军籍，县学生，治《诗经》。字时雍，行一，年三十四，十二月初八日生。曾祖钦。祖永谦。父伦。母李氏。慈侍下。弟虞、谟、宪、诰、训、诏。娶尹氏，继娶王氏。山西乡试第三十九名，会试第二百一名。

高跃，贯四川成都府绵州，民籍，州学生，治《书经》。字文化，行三，年四十，六月十七日生。曾祖明。祖覆，知县。父拱，教授。嫡母余氏，生母罗氏。慈侍下。兄翮、翥、翕。弟翘。娶蔡氏。四川乡试第九名，会试第一百二十二名。

阎绳芳，贯山西太原府祁县，军籍，国子生，治《礼记》。字世武，行三，年三十三，四月十八日生。曾祖威，税课司大使赠知县。祖睿，按察司副使。父师贤。母陈氏。具庆下。兄绍芳、继芳。弟联芳、缉芳、缵芳、绵芳、维芳。娶武氏。山西乡试第二十二名，会试第二百九十一名。

陈学夔，贯广西庆远府宜山县，民籍，国子生，治《诗经》。字汝谐，行一，年二十九，四月十四日生。曾祖谦。祖广惠，义官。父策，推官。母李氏。慈侍下。弟学益。娶宋氏。广西乡试第三十名，会试第一百二十四名。

岳粹，贯山东东昌府冠县，民籍，国子生，治《书经》。字纯甫，行一，年三十五，十月十二日生。曾祖祥。祖隆，寿官。父恒。母苗氏。慈侍下。弟粆。娶吴氏。山东乡试第五十八名，会试第一百四十九名。

张嘉孚，贯陕西巩昌府安定县，民籍，国子生，治《书经》。字以贞，行二，年三十二，四月二十八日生。曾祖进。祖文盛。父鹗，监生。母梁氏。具庆下。兄嘉行。弟嘉兆、嘉亨、嘉绩。娶南氏。陕西乡试第七名，会试第十三名。

方祥，贯江西饶州府浮梁县，民籍，县学生，治《易经》。字履祥，行四十七，年三十四，十二月十一日生。曾祖巽。祖琬。父仁。母吴氏。慈侍下。兄初。弟禧。娶陈氏。江西乡试第二十四名，会试第二百三十九名。

屈谏，贯山西潞安府长治县，民籍，国子生，治《礼记》。字正父，行十一，年三十三，八月初二日生。曾祖鉴。祖端。父俊，寿官。母张氏。慈侍下。兄诚、谨、铠、珣、龙、环、展、方、直、廷美。娶宋氏。山西乡试第二十五名，会试第二百八十五名。

李价，贯广东广州府番禺县，军籍，县学增广生，治《诗经》。字少藩，行一，年二十五，十一月二十九日生。曾祖政。祖科。父士弯。母陈氏。重庆下。弟材、柄、枢、楹、机、模、桢、杜。娶卫氏。广东乡试第七名，会试第一百五十九名。

罗鸿，贯广东广州府南海县，民籍，番禺县学生，治《礼记》。字廷猷，行一，年二十八，八月十六日生。曾祖维政。祖珊，知县。父宪，贡士。母陈氏。重庆下。弟鹗、鸾、鹏。娶李氏。广东乡试第四名，会试第一百四十六名。

李彬，贯直隶泰州守御千户所，军籍，福建尤溪县人，国子生，治《诗经》。字国华，行一，年三十二，八月初三日生。曾祖实。祖达。父潮。母范氏。永感下。弟杉。娶冯氏。应天府乡试第四十九名，会试第一百八十五名。

殷士儋，贯山东济南府历城县，民籍，武定州人，国子生，治《礼记》。字正甫，行一，年二十六，三月初二日生。曾祖衡，审理正。祖畯，贡士。父汝麟。母郭氏。慈侍下。娶翟氏。山东乡试第五名，会试第三十三名。

汪道昆，贯直隶徽州府歙县，民籍，府学增广生，治《礼记》。字玉卿，行一，年二十三，十二月二十七日生。曾祖埙。祖玄仪。父良彬。母胡氏。重庆下。弟道坦、道贯、道会。娶吴氏，继娶吴氏。应天府乡试第九十名，会试第五十九名。

刘崇文，贯山西泽州高平县，民籍，县学生，治《易经》。字原质，行三，年二十六，二月初九日生。曾祖扩。祖赟。父韬，岁贡生。前母程氏、袁氏，母陈氏。具庆下。兄崇道、崇德。弟崇儒。娶张氏。山西乡试第二十四名，会试第一百九十一名。

陆灿，贯直隶河间府景州东光县，军籍，国子生，治《易经》。字晦甫，行二，年三十五，十二月十四日生。曾祖用亨，主簿。祖源，教授。父松。母张氏，继母樊氏。具庆下。兄焕、烨炜、耀、烨、照、炼、燫、焯、煜。娶穆氏。顺天府乡试第一百三十五名，会试第二百三十二名。

李佑，贯贵州清平卫官籍，福建崇安县人，国子生，治《易经》。字吉甫，行二，年三十一，九月十一日生。曾祖宾。祖纯，教谕。父夔，南京刑部员外郎。母孙氏。具庆下。兄佐，知县。娶白氏。贵州乡试第六名，会试第一百五十八名。

祁清，贯浙江绍兴府山阴县，匠籍，国子生，治《易经》。字子扬，行七，年三十六，四月初九日生。曾祖福，教授赠知府。祖司员，知府。父锦。母沈氏。具庆下。弟澄、洪、瀛、泮、浑。娶金氏。浙江乡试第三十五名，会试第一百七十五名。

黄增，贯四川叙州府富顺县，民籍，县学生，治《易经》。字元登，行六，年三十，正月二十八日生。曾祖璇，知府。祖斗。父诰卿。母朱氏。具庆下。兄圻；坫，贡士；垅；墇；垲。娶甘氏。四川乡试第三十名，会试第二百九十三名。

郑真，贯山东济宁卫军籍，湖广黄冈县人，国子生，治《易经》。字惟诚，行二，年四十一，九月初八日生。曾祖兴。祖通，封南京户部主事。父文炳，知府。母王氏，封安人。慈侍下。兄直。娶周氏，继娶孙氏。山东乡试第七十二名，会试第一百六十七名。

丘岳，贯湖广黄州府黄冈县，军籍，国子生，治《诗经》。字子瞻，行五，年二十九，正月二十五日生。曾祖端文。祖大鹏。父尚忠。母熊氏。慈侍下。兄山、坤、均、坦。弟增、坊。娶黄氏。湖广乡试第四十一名，会试第一百七十四名。

段锦，贯山东东昌府高唐州恩县，军籍，县学生，治《书经》。字美中，行一，年三十，十一月二十四日生。曾祖荣。祖兴。父文高。母栗氏。具庆下。娶郑氏，继娶郑氏。山东乡试第二十一名，会试第二百六十八名。

丘纬，贯直隶常州府武进县，民籍，国子生，治《诗经》。字世章，行三，年三十四，四月二十五日生。曾祖洪。祖显。父山。母刘氏。慈侍下。兄经。弟组、绅、绹、约。娶丁氏。应天府乡试第五十二名，会试第十六名。

刘秉仁，贯贵州贵州卫军籍，湖广大冶县人，国子生，治《易经》。字子元，行一，年二十五，七月二十日生。曾祖锦。祖增。父恒，知州。母郝氏。重庆下。弟秉义、秉礼。娶汤氏。贵州乡试第十二名，会试第五十八名。

戴愬，贯南京江阴卫军籍，直隶天长县人，县学生，治《易经》。字远之，行三，年二十六，二月十八日生。曾祖本祥。祖旭。父玠。母陈氏。具庆下。兄感。弟悫、稳、恕。娶刘氏。应天府乡试第六十八名，会试第二百五十三名。

王惟善，贯河南汝宁府新蔡县，军籍，县学生，治《春秋》。字衷甫，行一，年三十，正月二十五日生。曾祖和。祖迪，寿官。父纮。母汪氏。具庆下。娶张氏。河南乡试第六十五名，会试第一百八十九名。

郑铭，贯福建福州府闽县，民籍，县学增广生，治《春秋》。字警吾，行三，年三十七，十二月初六日生。曾祖普。祖寿。父德全。嫡母林氏、杨氏，生母林氏。慈侍下。娶林氏，继娶黄氏、陈氏。福建乡试第六十七名，会试第八十八名。

杨巍，贯山东济南府武定州，海丰县人，县学生，治《易经》。字伯谦，行二，年三十一，五月十四日生。曾祖麟，义官。祖斌，义官。父光祖，阴阳官。母安氏。具庆下。兄崇。弟岩。娶陈氏。山东乡试第四十八名，会试第一百八名。

祝天保，贯直隶顺德府唐山县，民籍，国子生，治《诗经》。字惟忠，行一，年三十四，八月二十三日生。曾祖荣。祖宾，寿官。父明，义官。前母郭氏，母李氏。永感下。弟天祜、天眷、天祚。娶许氏。顺天府乡试第一百二名，会试第一百九十五名。

陈言，贯福建兴化府莆田县，民籍，府学生，治《书经》。字宜昌，行一，年四十一，七月三十日生。曾祖德诚，寿官。祖必清，寿官。父一通。母黄氏。严侍下。弟席、广、廉、厚、音、廪、襄。娶朱氏。福建乡试第八名，会试第四名。

李如桂，贯山西潞安府长治县，民籍，府学生，治《易经》。字希窦，行一，年二十八，九月初六日生。曾祖寿，知县。祖玹，县丞赠监察御史。父延昌，七品散官。前母赵氏，母章氏。具庆下。弟如楠、如松。娶王氏，继娶宋氏、阎氏。山西乡试第二十二名，会试第二百三十六名。

丘预达，贯福建兴化府莆田县，匠籍，县学生，治《书经》。字若孚，行五，年四十，八月十七日生。曾祖希高。祖朝辅。父璞。母许氏。永感下。兄预馨、预学、预进、预彰。娶郑氏。福建乡试第八十一名，会试第九十六名。

吴俊，贯浙江绍兴府山阴县，民籍，府学生，治《易经》。字子鲁，行五，年三十八，正月初六日生。曾祖文深。祖瑜。父廷冥。母张氏。具庆下。兄倬。弟伟。娶何氏。浙江乡试第七十四名，会试第一百五十四名。

狄斯彬，贯应天府溧阳县，军籍，国子生，治《易经》。字文中，行六，年四十三，十二月初八日生。曾祖竭。祖钦，赠南京工部郎中。父津。母葛氏，继母杨氏。永感下。弟斯本、斯东。娶张氏。应天府乡试第六十一名，会试第十二名。

张柱，贯山东青州府寿光县，军籍，县学增广生，治《诗经》。字汝任，行八，年二十五，正月二十八日生。曾祖锈，义官。祖沾。父东旸，封南京刑部主事。母马氏，封安人。具庆下。兄杭；良辅；弼，良佐；标，知府；铎；粹。弟格。娶刘氏。山东乡试第四十七名，会试第二百九十二名。

张天复，贯浙江绍兴府山阴县，民籍，国子生，治《易经》。字复亨，行十四，年三十五，九月十二日生。曾祖恭。祖宗盛，七品散官。父诏。母赵氏。慈侍下。兄天衢，府同知；天德。娶刘氏。浙江乡试第七十五名，会试第一百五十一名。

陈观衡，贯山东兖州府东平州，民籍，国子生，治《诗经》。字季平，行三，年三十，五月二十一日生。曾祖忠。祖校。父善道，省祭官。母于氏。具庆下。兄观颐、观澜。娶张氏。山东乡试第三十八名，会试第二百三十一名。

李敏德，贯山西潞安府长治县，民籍，国子生，治《书经》。字伯修，行二，年三十一，四月二十七日生。曾祖贵，赠锦衣卫经历。祖纪，运使。父汝佑，仪宾。母临汾县主。具庆下。兄敏政。弟敏求。娶王氏。山西乡试第十三名，会试第一百四十二名。

郭民敬，贯山西大同府山阴县，军籍，国子生，治《春秋》。字子庄，行二，年三十四，九月二十二日生。曾祖九龄。祖瓒。父冕，监生。前母高氏、刘氏，母王氏。慈侍下。兄民望。弟民信。娶把氏。山西乡试第四十五名，会试第二百七十一名。

蔡亨嘉，贯广东潮州府潮阳县，民籍，国子生，治《书经》。字元会，行一，年四十八，二月二十九日生。曾祖迁潮。祖仲纲。父哲。母程氏。严侍下。弟亨衢、亨邦、亨道。娶陈氏。广东乡试第十三名，会试第一百五十二名。

王陈策，贯直隶扬州府泰州，军籍，国子生，治《诗经》。字师董，行一，年三十二，九月初七日生。曾祖让，知县。祖贡，教谕。父交。母吴氏。具庆下。兄陈善。弟陈范。娶何氏。应天府乡试第七十六名，会试第二百五十六名。

刘梁，贯福建汀州府清流县，民籍，县学生，治《书经》。字廷材，行一，年二十八，二月十五日生。曾祖永和。祖金。父希文。母王氏。具庆下。弟相。娶陈氏。福建乡试第六十一名，会试第八十一名。

眭明才，贯四川成都府资县，民籍，国子生，治《书经》。字哲卿，行二，年四十四，正月二十七日生。曾祖礼。祖尚斌，寿官。父朝阳。嫡母黄氏，生母熊氏。永感下。兄廷才，典膳。娶田氏。四川乡试第六十五名，会试第二百六十一名。

贺泾，贯江西吉安府庐陵县，民籍，国子生，治《易经》。字汝明，行四，年三十三，八月初五日生。曾祖道亨。祖嵩。父钧，知县。母刘氏。具庆下。兄沂，知县。弟渭。娶王氏。江西乡试第六名，会试第二百九十名。

蒋勋，贯锦衣卫旗籍，顺天府霸州人，国子生，治《书经》。字子忠，行一，年四十一，三月初十日生。曾祖英。祖庆。父钦。母赵氏。慈侍下。娶吴氏，继娶褚氏。顺天府乡试第一百二十五名，会试第二百四十三名。

朱文汉，贯福建兴化府莆田县，民籍，县学生，治《诗经》。字章卿，行七，年四十，八月初八日生。曾祖侃，寿官。祖璋。父铨，听选官。母刘氏。慈侍下。弟文治。娶林氏。福建乡试第五十五名，会试第一百四十三名。

徐鹓，贯浙江嘉兴府海盐县，灶籍，县学增广生，治《书经》。字鸣川，行二，年四十一，四月二十九日生。曾祖暹。祖宗嗣。父煜。母汤氏。永感下。兄鹳。弟鹇。娶俞氏。浙江乡试第四十四名，会试第一百十一名。

章适，贯浙江金华府兰溪县，民籍，国子生，治《易经》。字景南，行一，年三十七，十一月初十日生。曾祖柽。祖㴖。父贽，贡士。母许氏。永感下。兄祜。弟述，贡士；迈；遗；逅；边。娶凌氏。浙江乡试第四十名，会试第六十八名。

乐其雅，贯江西抚州府临川县，军籍，县学生，治《书经》。字必所，行二，年三十五，二月十七日生。曾祖杞。祖凤鸣。父佳。母刘氏。具庆下。兄其闻。弟其模、其咸。娶杨氏，继娶孔氏、徐氏。江西乡试第十七名，会试第二十三名。

张万纪，贯陕西临洮卫军籍，盩厔县人，国子生，治《易经》。字舜卿，行一，年二十九，十一月二十九日生。曾祖旺。祖锐。父淮。母吴氏。具庆下。弟万禄。娶蒋氏，继娶杨氏。陕西乡试第四十九名，会试第二百五十七名。

杨海，贯江西吉安府泰和县，民籍，国子生，治《易经》。字汝容，行一，年四十二，九月十五日生。曾祖秌，刑部司务。祖昺，通政司经历。父忠。母严氏。严侍下。娶郭氏，继娶刘氏。顺天府乡试第一百八名，会试第二百十八名。

叶应麟，贯直隶池州府建德县，民籍，国子生，治《诗经》。字时瑞，行十二，年三十八，十月初六日生。曾祖常青。祖盛，训导。父益昌。前母徐氏，母魏氏。慈侍下。弟应麟。娶李氏，继娶仰氏。应天府乡试第二十八名，会试第十四名。

陈嘉谟，贯江西吉安府庐陵县，民籍，县学生，治《易经》。字世显，行一，年二十七，八月二十九日生。曾祖颖。祖恒铦，寿官。父汶。母刘氏。重庆下。弟嘉训、嘉谋。娶王氏。江西乡试第十七名，会试第一百九十九名。

高士，贯直隶松江府华亭县，民籍，国子生，治《书经》。字淳甫，行一，年三十二，四月初七日生。曾祖平。祖博，州学正。父国容，岁贡生。母莫氏。具庆下。兄节。弟才；宪，省祭官；选；年；位。娶黄氏，继娶吴氏、姚氏。应天府乡试第七十九名，会试第四十六名。

秦梁，贯直隶常州府无锡县，民籍，国子生，治《书经》。字子成，行一，年三十三，十月二十四日生。曾祖永孚，旌表孝子。祖镗，南京都察院都事。父瀚。母殷氏。具庆下。兄采，监生。弟禾，贡士；菜；䅲；染；菓；楠；木；渠。娶陈氏。应天府乡试第九十九名，会试第八名。

黄胐，贯江西南昌府丰城县，军籍，国子生，治《易经》。字文辉，行六，年四十六，十月十三日生。曾祖季扬。祖顺模。父绵，训导。母聂氏，继母高氏。慈侍下。弟肱。娶杨氏。江西乡试第六名，会试第二百四十七名。

毛鹏，贯直隶真定府冀州枣强县，民籍，县学生，治《诗经》。字汝南，行一，年二十六，十月初二日生。曾祖福。祖从善。父泽。母贺氏。重庆下。弟鸷、鹜、鹇、鹗。娶陆氏。顺天府乡试第十五名，会试第二百五十二名。

叶应乾，贯直隶武清卫军籍，浙江慈溪县人，国子生，治《礼记》。字际清，行九十三，年三十，十月初九日生。曾祖蕃，七品散官。祖一模，赠卫经历。父允扬，州同知。母魏氏，封孺人。严侍下。兄应春；应时，知州；应期；应充；应璧，监生；应前，卫经历；应魁；应冀。弟应箕、应斗。娶葛氏。顺天府乡试第一百二十名，会试第一百八十四名。

胡晓，贯直隶徽州府绩溪县，民籍，县学增广生，治《书经》。字东白，行二，年二十九，五月二十一日生。曾祖显安。祖晟。父廷楚。前母洪氏，母叶氏。具庆下。兄明。弟时、旦、泉、昌、昺。娶汪氏。应天府乡试第三十三名，会试第一百六十三名。

赵镗，贯浙江衢州府江山县，民籍，府学生，治《书经》。字仲声，行三十八，年三十五，四月初七日生。曾祖允中。祖夔，训导。父凤山。母胡氏。具庆下。弟鉴、铨。娶毛氏。浙江乡试第六十三名，会试第一百二十七名。

徐栻，贯直隶苏州府常熟县，军籍，国子生，治《诗经》。字世寅，行六，年二十九，十一月二十五日生。曾祖孜。祖鲲。父天民。母吴氏，继母张氏。慈侍下。兄侯、俶、伋、俸、仿。娶浦氏。应天府乡试第一百十二名，会试第三十四名。

庄莅民，贯直隶河间府景州东光县，民籍，国子生，治《春秋》。字善甫，行二，年三十九，十月十四日生。曾祖忠。祖显，省祭官。父纲，寿官。母刘氏。慈侍下。兄爱民。弟保民、御民、济民、治民。娶李氏，继娶杨氏。顺天府乡试第五名，会试第一百二名。

刘鲁生，贯山东东昌府高唐州恩县，民籍，国子生，治《易经》。字希孔，行一，年三十五，三月初八日生。曾祖忠。祖进，典史。父镐，主簿。母马氏，继母郭氏、房氏。慈侍下。弟洛生，知州；关生；闽生；兖生。娶孙氏，继娶商氏。山东乡试第四十六名，会试第四十名。

马三才，贯浙江杭州府仁和县，民籍，德清县人，县学生，治《易经》。字思参，行一，年三十二，八月二十日生。曾祖恒。祖景暹，七品散官。父珑。母张氏。具庆下。兄三元、三畏、三省。弟三锡、三纲。娶贾氏。浙江乡试第三十九名，会试第二百五十五名。

汪芸，贯浙江宁波府奉化县，民籍，县学生，治《易经》。字秀卿，行一，年三十四，三月初二日生。曾祖怡。祖昌。父仲玉。母朱氏。严侍下。弟庄，省祭官；蕙；荐；蓁。娶任氏。浙江乡试第七十名，会试第八十四名。

沈晃，贯直隶镇江府丹徒县，军籍，国子生，治《易经》。字克昭，行十一，年四十四，十一月十八日生。曾祖彤。祖毅。父瑀，寿官。前母林氏，母汪氏。永感下。兄鲁，训导；鼎；蒲；昱；昂；杲；升；昆；勋；显；景。娶冯氏。应天府乡试第四十三名，会试第十九名。

张师载，贯湖广承天府潜江县，民籍，县学生，治《春秋》。字以道，行一，年三十四，五月二十四日生。曾祖贵。祖洪。父永祥。母胡氏。具庆下。弟师栻、师载、师成、师仪、师戬。娶罗氏。湖广乡试第四十名，会试第五十名。

何璇，贯直隶扬州府泰兴县，民籍，国子生，治《春秋》。字德齐，行四十三，年三十一，四月十三日生。曾祖顗。祖岱，兵马司指挥。父栗，监生。母储氏。具庆下。弟城、璀、珝、琯、珒。娶徐氏，继娶马氏。应天府乡试第九十五名，会试第四十四名。

苏继，贯山东青州府寿光县，军籍，国子生，治《易经》。字子志，行一，年三十七，七月十四日生。曾祖潮。祖文恭。父茂。嫡母刘氏、萧氏，生母徐氏。慈侍下。弟约、纯、绅、钥、锐、镇、锦、钦。娶赵氏。山东乡试第六十六名，会试第二百七十四名。

宋仪望，贯江西吉安府永丰县，民籍，县学生，治《诗经》。字望之，行四，年三十四，正月二十八日生。曾祖邦铉，寿官。祖魁昂，七品散官。父闻义。前母严氏，母钟氏。慈侍下。兄敏、凤、掀、仿。娶郭氏。江西乡试第三十名，会试第二百六十九名。

朱纲，贯山东兖州府曹州曹县，军籍，县学生，治《诗经》。字振甫，行三，年三十四，十月初六日生。曾祖亮。祖鉴，省祭官。父綦。母李氏。具庆下。兄纪。弟绚、绣。娶郑氏。山东乡试第十二名，会试第六十九名。

王任用，贯直隶苏州府太仓州，民籍，昆山县人，国子生，治《易经》。字汝钦，行一，年四十七，三月二十六日生。曾祖训，寿官。祖恢，七品散官。父时雨。母项氏，旌表节妇。慈侍下。弟三锡，知州；三接，知府；三顾，监生；三聘，监生；三重。娶钱氏。应天府乡试第五十八名，会试第二名。

王大猷，贯浙江海宁卫官籍，海盐县人，国子生，治《书经》。字世升，行三，年三十三，十一月初三日生。曾祖珙，指挥使。祖鉴，指挥使。父勇，指挥使。前母李氏，母沈氏。慈侍下。兄大邦，指挥使；大政。弟大化。娶马氏。浙江乡试第二十名，会试第二百六十四名。

王宗茂，贯湖广承天府京山县，军籍，国子生，治《诗经》。字时育，行一，年三十七，十月十九日生。曾祖易。祖大韶，赠南京户部主事。父桥，知府。母郝氏，封安人。具庆下。弟宗泰；宗蕃；宗予，监生；宗彦；宗著；宗棻；宗义；宗荫。娶石氏。湖广乡试第二十三名，会试第一百六十八名。

周璞，贯浙江湖州府德清县，军籍，县学生，治《诗经》。字元治，行二，年三十四，十月初六日生。曾祖伦，赠布政使司右参政。祖鼎，封布政使司右参政。父寓。母姚氏，继母俞氏。严侍下。兄玠、球、轸、玭、珣、瑷、璋。弟璇、玑。娶沈氏。浙江乡试第六十一名，会试第一百六十五名。

耿随卿，贯直隶大名府滑县，军籍，县学生，治《书经》。字子承，行三，年三十一，十二月二十六日生。曾祖表。祖润。父腾。母郭氏，继母朱氏、何氏。重庆下。兄随国；随朝，同科进士。弟随相、随行、随佐、随谏、随用、随孝、随弟。娶刘氏。顺天府乡试第四十一名，会试第七十九名。

彭辂，贯浙江嘉兴府嘉兴县，匠籍，县学生，治《诗经》。字子殷，行一，年三十三，十一月初六日生。曾祖诚。祖济。父谏。母金氏，继母吴氏。永感下。弟辅。娶张氏。浙江乡试第十五名，会试第十八名。

韩叔阳，贯应天府高淳县，军籍，国子生，治《易经》。字健甫，行一，年三十五，十二月二十六日生。曾祖恺。祖亿。父烈。母袁氏，继母王氏。慈侍下。弟叔和、叔仁，叔义。娶黄氏。应天府乡试第二十三名，会试第一百二十名。

张冕，贯福建泉州府晋江县，军籍，国子生，治《易经》。字庄甫，行一，年三十五，五月十五日生。曾祖福，县丞。祖旺，贡士。父元莹。母曾氏，继母杨氏。具庆下。弟昂。娶王氏。福建乡试第六名，会试第二百八十八名。

沈绍德，贯直隶保定府安州，民籍，州学生，治《诗经》。字纯甫，行二，年二十五，十月二十一日生。曾祖文。祖瑄，义官。父元成。前母陈氏，母邵氏。具庆下。兄绍代。娶谷氏。顺天府乡试第五十六名，会试第二百三十三名。

徐衍祚，贯河南开封府钧州，军籍，国子生，治《书经》。字子厚，行二，年三十三，十二月二十日生。曾祖纯，知县。祖禄。父辅宸。母冯氏。具庆下。兄衍仕。弟衍儒、衍襌。娶顾氏。河南乡试第四十三名，会试第二百四十名。

朱大韶，贯直隶松江府华亭县，军籍，国子生，治《诗经》。字象玄，行五，年三十一，十月初十日生。曾祖瑄，按察司副使进阶中议大夫赞治尹。祖宪，南京天策卫经历。父良讽，监生。母张氏。具庆下。弟大章、大英。娶陆氏。应天府乡试第二名，会试第二百二十名。

高尚志，贯湖广荆州府石首县，民籍，国子生，治《书经》。字以达，行一，年三十四，四月十七日生。曾祖伯温。祖纲。父迪。母贺氏。重庆下。娶杨氏。湖广乡试第五十二名，会试第七十一名。

曾承芳，贯福建泉州府惠安县，军籍，国子生，治《诗经》。字英遇，行一，年二十九，正月二十五日生。曾祖荣光。祖犊。父安。母许氏。具庆下。弟春芳、腆芳、瑞芳、祥芳。娶林氏。福建乡试第七名，会试第四十八名。

卜大有，贯浙江嘉兴府秀水县，匠籍，国子生，治《书经》。字谦夫，行二，年三十六，十月初六日生。曾祖颙。祖周，义官。父宗洛，监生累赠奉直大夫刑部员外郎。前母周氏；母贺氏，累封太宜人。慈侍下。兄大同，按察司金事。弟大观、大顺。娶怀氏。浙江乡试第四十八名，会试第九十四名。

郭中，贯河南开封府祥符县，民籍，国子生，治《易经》。字子立，行三，年三十，十一月初十日生。曾祖泰，寿官。祖昂，仪宾。父凤仪，知府。母刘氏。具庆下。兄南。弟西。娶李氏。河南乡试第九名，会试第九十三名。

郑绮，贯直隶徽州府歙县，民籍，国子生，治《礼记》。字汝文，行二，年四十九，二月初六日生。曾祖瓒，县丞。祖惟仁。父廷宣。母徐氏。具庆下。弟纺、绎、绣。娶宋氏。应天府乡试第五十一名，会试第八十名。

唐时举，贯湖广武昌府咸宁县，军籍，国子生，治《春秋》。字汝贤，行二，年三十二，九月十五日生。曾祖昂，义官。祖秉聪，寿官。父毓，贡士。母钱氏。慈侍下。兄时儒。弟时范、时献。娶刘氏。湖广乡试第四名，会试第二百三十七名。

李先芳，贯山东东昌府濮州军籍，湖广监利县人，国子生，治《易经》。字伯承，行一，年三十五，六月二十三日生。曾祖愿忠。祖海。父鉴。母刘氏。具庆下。弟春芳；仲升，贡士；同芳；季登。娶盛氏，继娶任氏。山东乡试第十四名，会试第五十五名。

王三接，贯山西平阳府洪洞县，匠籍，国子生，治《诗经》。字晋甫，行二，年四十，八月十七日生。曾祖从宣。祖俊，寿官。父相，知县。前母张氏、陈氏，母孔氏。慈侍下。兄三德、三槐、三聘。弟三省、三益。娶李氏。山西乡试第四名，会试第二百七十六名。

陈瓒，贯直隶河间府献县，民籍，国子生，治《诗经》。字敬夫，行二，年三十七，十二月二十九日生。曾祖英。祖思义。父大川。母刘氏。具庆下。兄璜。弟现、璜。娶李氏，继娶郭氏、韩氏。顺天府乡试第一百二十三名，会试第二百三十八名。

杨鑰，贯云南鹤庆府剑川州，民籍，州学生，治《诗经》。字启之，行四，年三十三，三月二十五日生。曾祖春。祖芳。父元。嫡母郭氏，生母杨氏。永感下。兄志永、铠、铎。娶郭氏。云南乡试第二十八名，会试第二百三十五名。

张芹，贯山西汾州孝义县，军籍，县学生，治《诗经》。字献之，行八，年三十一，七月初七日生。曾祖九隆，义官。祖翱，义官。父大纲，州吏目。母赵氏。具庆下。兄芝；冕，按察司副使；艾，贡士；蕃；文。弟芎。娶阎氏。山西乡试第二十三名，会试第九十二名。

喻显科，贯江西南昌府南昌县，民籍，县学增广生，治《书经》。字时晋，行一，年三十七，九月二十二日生。曾祖武成。祖公豪，寿官。父忠节。母涂氏。具庆下。兄魁，省祭官；显民。弟显职、显秩、显程、显称。娶熊氏，继娶龚氏。江西乡试第五十七名，会试第八十五名。

阴秉旸，贯河南卫辉府汲县，民籍，国子生，治《诗经》。字子寅，行一，年三十四，二月十七日生。曾祖显。祖璋，典史。父文泰。母李氏，继母董氏、安氏。慈侍下。弟秉晖、秉昕。娶罗氏。河南乡试第十六名，会试第二百八十六名。

贾天爵，贯山西潞安府襄垣县，民籍，国子生，治《春秋》。字子修，行一，年三十五，五月十七日生。曾祖聪，府知事。祖儒，训术。父良相，驿丞。母郝氏，继母申氏。具庆下。弟天叙、天秩、天民、天伦、天佑、天章、天衢。娶李氏，继娶赵氏。顺天府乡试第三十五名，会试第二百八名。

徐怀爱，贯浙江绍兴府余姚县，民籍，国子生，治《易经》。字日民，行二十二，年三十四，正月初五日生。曾祖廷华。祖堂。父镜。嫡母祝氏，生母夏氏。具庆下。兄怀信。弟怀德、怀志、怀忠、怀佐。娶范氏，继娶黄氏。浙江乡试第六名，会试第一百七十名。

杨经，贯云南云南左卫军籍，直隶卢龙县人，国子生，治《书经》。字子正，行二，年三十八，三月十一日生。曾祖文。祖名。父瀼。母张氏。慈侍下。兄纲。娶王氏。云贵乡试第二十一名，会试第二百八十四名。

苗敏学，贯山西太原府平定州，匠籍，州学生，治《书经》。字以勤，行三，年三十七，十二月二十九日生。曾祖春。祖泽。父必成，省祭官。母刘氏。慈侍下。兄敏政。弟敏德。娶李氏。山西乡试第四十九名，会试第二百三名。

李豸，贯济阳卫军籍，山东齐东县人，顺天府学生，治《易经》。字子仁，行五，年三十六，八月十五日生。曾祖有余。祖全。父秀。母魏氏，继母靳氏、吕氏。慈侍下。兄鸾、凤、麒、麟。娶程氏，继娶杨氏。顺天府乡试第七十三名，会试第一百四十八名。

陆光祖，贯锦衣卫官籍，浙江平湖县人，国子生，治《礼记》。字与绳，行十，年二十七，二月初一日生。曾祖钣，知县累赠都察院右副都御史。祖淞，南京光禄寺卿赠都察院右副都御史。父杲，刑部主事。母沈氏。具庆下。弟光裕；光祚，贡士；光儒；光弼，官生；光宅。娶陶氏。顺天府乡试第一百十六名，会试第一百三十六名。

周恂懋，贯浙江嘉兴府秀水县，民籍，府学生，治《诗经》。字季实，行四，年三十五，十一月初四日生。曾祖秉。祖鉴。父德。母张氏。严侍下。兄嘉懋、端懋、英懋。娶沈氏。浙江乡试第十二名，会试第一百九十二名。

刘锡，贯直隶广平府鸡泽县，民籍，县学生，治《诗经》。字德纯，行二，年二十四，二月初三日生。曾祖禹。祖仲良。父雷。母李氏。具庆下。兄怡。娶戴氏。顺天府乡试第一百七名，会试第二百七名。

殷正茂，贯直隶徽州府歙县，民籍，国子生。治《春秋》。字养实，行二，年三十五，六月初四日生。曾祖文清。祖颖。父镇。母吴氏，继母程氏。重庆下。弟正芳、正华、正蒔、正蓝。娶庄氏。应天府乡试第三十五名，会试第一百三十名。

李敏，贯山西太原府榆次县，民籍，国子生，治《诗经》。字钝甫，行一，年三十七，八月二十六日生。曾祖文玘。祖凤良。父奇。母赵氏。重庆下。弟聪。娶王氏。山西乡试第四十名，会试第一百十名。

楼镇，贯浙江金华府义乌县，民籍，国子生。治《诗经》。字子安，行七十三，年三十五，七月十五日生。曾祖文华。祖球。父全。母金氏，继母王氏。严侍下。兄銮、钥、铎。娶金氏。浙江乡试第四十三名，会试第一百七名。

刘应节，贯山东莱州府平度州潍县，民籍，国子生，治《诗经》。字子和，行一，年二十五，二月十五日生。曾祖深。祖轲。父润。母韩氏。具庆下。娶王氏。山东乡试第四名，会试第二十九名。

胡致和，贯山东济南府德州平原县，民籍，国子生。治《易经》。字顺夫，行二，年四十，二月十五日生。曾祖林。祖鉴。父贯。母周氏。慈侍下。兄致中。娶朱氏，继娶马氏。山东乡试第六名，会试第一百三十五名。

张愉，贯直隶大名府长垣县，民籍，国子生，治《诗经》。字孝征，行二，年三十五，十月初八日生。曾祖亨。祖璁，教授赠监察御史。父昇。前母郑氏，母齐氏。永感下。兄恺。弟悱。娶杨氏。顺天府乡试第六十名，会试第一百四十名。

詹珊，贯江西饶州府浮梁县，民籍，县学生，治《书经》。字廷佩，行二十六，年四十，十二月初九日生。曾祖禄兴。祖灿。父时。母李氏。严侍下。娶李氏，继娶卢氏。江西乡试第七十一名，会试第一百十九名。

李诗，贯四川重庆府江津县，军籍，县学生，治《诗经》。字以兴，行一，年二十六，十月十九日生。曾祖志昂。祖林。父廷春，知县。母黄氏。具庆下。弟言、访、交、直、许。娶刘氏，继娶罗氏。四川乡试第三名，会试第八十九名。

孙衮，贯贵州清平卫官籍，直隶如皋县人，国子生，治《书经》。字益之，行七，年二十六，五月初五日生。曾祖铎。祖瀚，府同知进阶中议大夫。父重，知县。母宋氏。重庆下。兄衣，知县；衮；卞；雍；襄；褒，贡士。娶王氏。贵州乡试第八名，会试第二百八十八名。

贾衡，贯直隶保定府祁州束鹿县，民籍，国子生，治《书经》。字守準，行二，年三十八，十一月初八日生。曾祖忠。祖瓒，封监察御史。父运，按察司副使。母魏氏，封孺人。慈侍下。兄衢。弟卫。娶徐氏，继娶张氏。顺天府乡试第一百二十八名，会试第一百八十六名。

何琚，贯福建泉州府晋江县，民籍，国子生，治《易经》。字佩甫，行二，年三十五，十一月二十四日生。曾祖祜，州同知。祖德仁。父聪。母梁氏。慈侍下。兄琦。娶顾氏。福建乡试第三十名，会试第二百九十七名。

吕荫，贯山东济南府武定州阳信县，民籍，国子生，治《诗经》。字承之，行一，年四十二，八月十四日生。曾祖思英。祖邑。父铖，锦衣卫右所副千户。母刘氏。具庆下。弟廑，监生；赓；庸。娶张氏，继娶张氏。山东乡试第五十九名，会试第二十七名。

《嘉靖二十六年进士登科录·策问》：

皇帝制曰：朕惟人君受天之命而主天下，任君师治教之责，惟聪明睿智，足以有临。自古迄今，百王相承，继天立极，经世牧人，功德为大，是故道统属之，有不得而辞焉者。唐韩愈氏，乃谓尧舜禹汤文武周公孔子之传，至孟轲而止。孟子则以尧舜禹汤文王之为君，皋陶伊尹莱朱太公望散宜生之为臣，各有闻知见知之殊，其详略同异，果何义欤？其授受之微，有可指欤？宋儒谓周敦颐程颢兄弟朱熹四子，为得孔孟不传之绪，而直接夫自古帝王之统，道果若是班欤？其讲求著述之功，果可与行道者并欤？抑门人尊尚师说，递相称谓，而忘其僭欤？汉、唐、宋而下，虽不能比隆唐虞三代之盛，其间英君谊辟，抚世宰物，德泽加于四海，功烈著诸天地者，不可概少，果尽不可以当大君道统之传欤？洪惟我太祖高皇帝，体尧舜授受之要，而允执厥中，论人心虚灵之机，而操存弗二。我成祖文皇帝言帝王之治，一本于道。又言六经之道明，则天地圣人之心可见，至治之功可成。斯言也，真有以上继皇王道统之正，下开万世太平之基。迨我列圣，克笃前业，所以开天常，叙人纪者，历百八十余年于兹。朕缵绍祖宗鸿绪，登践宝祚，惟敬惟一，叙彝伦，惇典礼，祈天命，拯民穷，思弘化理，以成参赞继立之功者，宵旰孳孳，不遑宁处。兹欲远绍二帝三王大道之统，近法我祖宗列圣心学之传，舍是又何所致力而可？夫自尧舜禹文之后，孔孟以来，上下千数百年间，道统之传，归诸臣下，又尽出于宋儒一时之论，此朕所深疑也。子大夫学先王之道，审于名实之归，宜悉心以对，毋隐毋泛，朕将注览焉。嘉靖二十六年三月十五日。

《嘉靖二十六年进士登科录·李春芳对策》：

臣对：臣闻帝王之治本于道，道立而后化以之弘。帝王之道本于心，心纯而后道以之会。心也者，统夫道者也。心有弗纯，则存诸中者无贞纯精一之懿，其于道也为小成。道也者，弘夫治者也。道有弗粹，则发诸外者无正大光明之业，其于治也为小康。小成不足以语天德，小康不足以语王道，斯岂帝王之所以继天立极者哉！故必本之心也，浑乎天理，而有以裕内圣之基，而后敷之治也，若乎天道，而有以熙外王之业。天德王道，其极一也，然其本则系之学焉已矣。学以纯心，心以会道，道以出治，治以格天。其在当时也，则帝王之治法以立，其在万世也，则帝王之心法以传。斯其道统之所由肇乎！循之而治，唐虞三代是也。得其似而理，汉唐宋是也。至于有宋诸儒，则亦讲明斯学，以翼乎圣道而已矣，乌可以与帝王并欤？洪惟我太祖高皇帝，成祖文皇帝，体天弘道，因心出治，以上继皇王道统之正，下开万世太平之基。而我陛下则又神圣纵于天，光明缉乎学，而治之所溥，四达不悖，熏蒸透彻，融液周遍，二帝三王道统之传，远绍而无间，二祖列圣心学之邃，近述而弥光，粹乎无以尚矣，乃犹于万几之暇，进臣等于廷，俯赐清问，且曰宵旰孳孳，不遑宁处。臣有以仰窥陛下望道未见之心矣。臣草茅疲贱，何所知识，可以仰神圣学之万一。虽然，涵濡圣化，盖亦有年，其于我祖宗治道之盛，及我陛下心学之精，亦尝佩服涵泳，有以少窥其涯涘矣，敢不敬陈以对扬休命乎！臣尝闻之：天地未判，道在天地。天地既判，道在圣人。是圣人者，道之宗也。又尝闻诸《书》曰：惟天地万物父母，惟人万物之灵。亶聪明作元后，元后作民父母。是元后者，人之主也。然则道在天下，安得不属之圣人？又安得不属之大君也哉！是故三代而上，位称其德，达而在上者，莫匪圣神，而道统之传，有自来矣。请因圣问而条陈之。唐虞以往，书契未立，邈哉无以稽矣。故韩愈孟轲之所称，率自尧舜而始。愈谓尧以是传之舜，舜以是传之禹，禹以是传之汤，汤以是传之文武周公孔子。是立功立言虽异，以言乎道统则均也。轲谓由尧舜至于汤，五百有馀岁，若禹皋陶则见而知之，若汤则闻而知之。由汤至于文王，五百有馀岁，若伊尹莱朱，则见而知之，若文王则闻而知之。由文王至于孔子，五百有馀岁，若太公望散宜生则见而知之，若孔子则闻而知之。是见知闻知虽殊，以言乎道统则一也。然观孔子，有志三代之英，而自伤其未逮，伊尹乐尧舜之道于田亩，而必以吾身亲见为幸。则托之空言者，岂若见之行事哉？此二帝三王之道，所以为独盛，而道统之传，非帝王莫之能当也。何也？夫所谓道者，非徒以其蕴之心也，以其本之心而宣之化也。是故以之经天，则阴阳宣节，天道其清乎！以之纬地，则山川静翕，地道其宁乎！以之总民物之纪，则百姓太和，万类咸若，民物其熙乎！道猷章而道妙流焉，实政乂而实心昭焉。礼用一源者也，微帝王其孰能与于此哉？然求其要则心焉尽之矣，究其功则学焉尽之矣。何也？非道无以弘天下之治，非心无以会天下之道，而学也者，所以纯心以体道，凝道以出治者也。大哉学乎！斯固帝王之所不可忽者乎！是故格于上下，尧之道盛矣。然求其所以为学者，则曰钦明允恭。其所以事其心者，何如其至也！重华协帝舜之道，盛矣！然求其所以为学者，则曰浚哲温恭。其所以事其心者，何如其至也！三代有道之长，禹汤文武之道，亦云盛矣。然求其所以为学者，则曰勤俭，曰执中，曰缉熙执兢。其所以事其心者，何如其至也！则夫治之所成，黎民于变也，四方风动也，文命诞敷也，万邦惟怀也，燕及皇天，会朝清明也。唐虞三代之化，巍乎其不可及者，谓不本于此哉？德至此而后谓之天德，道至此而后谓之王道。若夫皋陶伊尹诸臣赞翊之功，固不可泯，而其宅中图大以恢弘化理，建中建极以丕昭道猷者，则岂诸臣所得而专之哉？故《易》曰：地道也，妻道也，臣道也。地道无成，而代有终也。此之谓也。三代而降，享国长久者，莫如汉唐宋。其间英君谊辟，抚世宰物，德泽加于四海，功烈著诸天地者，亦不可少，诚有如圣制所云者。是故汉之除秦苛也，深得吊民之理，以至七制嗣兴，风俗淳美矣。唐之靖隋乱也，汛收底定之功，以至三宗迭出，海宇乂安矣。宋振五季之衰也，爱养民力，出生灵于涂炭之苦，而好文守成之主，又绳绳相继焉，不可谓其尽畔于道也。向使尽畔于道，则不足以总一四海整齐万民矣，又安能历数百年而巍然民上，以握神器乎？后之尚论，犹不能无憾焉者，以其学之未纯焉耳。学苟未纯，则蕴之心者，不足以语帝王精一之传，敷之治者，不足以语雍熙太和之盛。斯岂天德王道之极哉！夫惟道化衰于上，而后讲学倡于下，此宋之四子所由兴也。以周敦颐言之，学以主静为宗，以一为要，而究其极于明通公溥，不由师传，默契道体者也。以程颢兄弟言之，涵养则曰用敬，进学则曰致知，而又欲以大公顺应，学天地之常，宽和严毅，殊途同归者也。以朱熹言之，以讲学为入门，以践履为实地，博极群书，而会通于心，集诸儒之大成者也。此四子之学之大较也。是其学，固亦远宗乎周孔，而授之以政，则亦伊傅之俦耳。夫即为伊傅也，犹不可与帝王并，况无伊傅之业乎！何也？道在天下，惟帝王为能行。故道统在天下，惟帝王为能传。而臣之贤者能者，则效用仰成于下者也。辄欲接续帝王道统之传，不亦僭乎？故四子者，谓之有功于斯道可也，以之直接帝王之道统不可也。何也？不观之天乎？方万物之生也，日以暄之，雨以润之，风以鼓之，雷以动之。夫天穆然深尔，确然静尔。然颂生物之功者，必举而归之于天，而日雨风雷不得而有其功。何也？太和之充盈，天实司之，而日雨风雷效其动而已矣，可与天道并乎？知日雨风雷不可与天道并，则知臣不可与君道并矣。知臣不可与君道并，则知四子者不可与帝王并矣。而后之推尊者，若黄干则叙尧舜禹汤文武周公孔孟，而直以周子继孔孟不传之绪，二程得统于周子，先师朱子得统于二程，而撮其要旨于居敬穷理致知克己四者，而谓千圣万贤所以传道而教人者，不越于此。至于真德秀则曰：孔孟之道至周子而复明。周子之道至二程而益明。二程之道至朱子而大明。吴澄则曰：周子始有以接孟子之传于千载之下，二程则师于周子而传其学，后又有朱子集周程之大成。是皆得夫道统之传者也。夫德秀以为道至周程朱子而大明，则诚有之。若黄干、吴澄遂以四子为直接皇王道统之传于千载之下，递相称述，其论蔓衍波流，直至于今，学者尊之而莫敢违，信之而莫或疑，抑孰知其失之过乎？故四子讲明著述之功，不可谓其无裨于道，而直以为远续道统之传，与帝王并论焉，是诚门人推尊之过，恐亦非四子之心也。是故由唐虞而三代，由三代而汉唐宋，其帝王道统之传，端不可诬，若秦之于汉，六朝之于唐，五代之于宋，则皆帝王之驱除，乌足以与斯道哉！至于胡元，则又我国朝之驱除，若汉之秦、唐之六朝、宋之五代也。道统之在天下，不其沦胥以没乎！幸而皇天厌乱，我太祖高皇帝挺生淮甸，廓清海宇。我成祖文皇帝笃生于后，丕绍鸿休。其治化之隆，真有以远追唐虞三代之盛，而超轶汉唐宋之上矣。然其所以致治者，则莫非本于道。其所以体道者，则莫非本于心。其所以存心以体道，体道以出治者，则又孰非学以基之也哉！圣制所谓："太祖高皇帝体尧舜授受之要而允执厥中，论人心虚灵之机而操存勿二。我成祖文皇帝言帝王之治一本于道，又言六经之道明则天地之心可见，至治之功可成。"帝王相传之要，端在是也。然臣尝求我二祖圣学之精，则《存心》一录与夫《圣学心法》，尤其至要者欤？《存心录》，凡历代帝王祭祀有感于灾祥者，备载以垂训，而于敬天之怒无敢戏豫者，尤致意焉。《圣学心法》，凡有关于君臣父子之道者，详述以迪后，而于敬天法祖用人理财者，尤申重焉。则我二祖之所以为学者，具见于二书，而精纯贞一，心即二帝三王之心，太和咸熙，治即二帝三王之治。天德王道，巍然焕然，又奚惑哉？此列圣之所以克笃前业，开天常，叙人纪，历百八十余年而皇图巩固者，信皆有得于是也。恭惟陛下以聪明圣智之资，懋精一执中之学，心之所裕者，与天地合，其德治之所成者，与皇王匹其休。肆今大化流衍，百姓太和，德浃于中夏，威行于蛮貊，至治馨香，达于上下，而休征毕集，千古所未有也，臣何幸躬逢其盛哉！臣尝窃窥陛下之所以臻此者，信本于学，而学之精实典要，则又莫过于《敬一》之一箴，而彝伦之叙、典礼之敦所由出也，臣请得而飏言之。其曰："人有此心，万理咸备，体而行之，惟德是据。"盖言道本于心也。其曰："匪一弗纯，匪敬弗聚，畏天勤民，弗遑宁处。"盖言学以体道也。其曰："敬怠纯驳，应验顿殊，征诸天人，如鼓答桴。"盖言治以征学也。其曰："郊则恭诚，庙严孝趋，肃于明廷，慎于闲居。"反躬以实践也。其曰："天亲民怀，永延厥庆，光前垂后，绵衍蕃盛。"考祥以视履也。语其目，则析之极其精而不乱，究其旨，则合之尽其大而无余。斯其学即二帝三王之学，心即二帝三王之心，而至治之成，近有光乎二祖列圣之传，远以跻乎唐虞三代之盛，夫固体信而达顺，合一而不测者也。存之为天德，而日新之盛德以裕，达之为王道，而富有之大业以昌，帝王之道统，谓不在兹乎！臣欲拟议其盛，而且未易以名言矣，复何所称述，以为圣学之神乎？然臣闻之《书》曰：慎厥终，惟其始。《易》曰：日月得天而能久照，四时变化而能久成，圣人久于其道而天下化成。我陛下之自箴也，亦曰终如其始。又曰：日新不已。故学必缉熙而后底于纯，治必永贞而后底于化。陛下之学亦既纯矣，天下之化亦既洽矣。然端拱穆清之上，一日二日，事有万几，有一之弗得其宜，非纯也。此敕天之命，惟几惟康，尧舜所为兢兢也。四海九州之远，刚柔异性，轻重异宜，有一之弗得其所，非洽也，此一夫不获时，予之辜，尧舜所为拳拳也。学之纯者，不使其或间，化之洽者，不使其或漓。夫然后常敬常一，而道久化成，其在兹矣，非我陛下所当致力者乎！其要则在求之心而已矣。太祖高皇帝尝谕辅臣曰：防闲此身，使不妄动，自谓已能。若防闲此心，使不妄动，尚难能也。成祖文皇帝尝谕解缙曰：心能静虚，事来则应，事去如明镜止水，自然纯是天理。是二祖之学，诚不外于心而得之也。臣愿陛下毅然以道自任，上法乎二祖，反求诸一心，养之于念虑未萌之先，以存其寂然不动之体，察之于几务既兴之际，以妙其感而遂通之用。俾其湛而虚也，神而明也，与太虚同其空洞焉，日月同其照临焉，四时同其运行焉，万物同其冲和焉，则一心既正，万化以行，敬不期敬而自尔其常敬，一不期一而自尔其常一，天德益以立，王道益以溥矣。帝王道统之传，不其益光也哉！至于用人必当，而皋夔稷契之在列，行政必允，而礼乐刑政之覃敷，则又此心之妙用，而我陛下之余事也，何敢以渎圣听哉？陛下倘能鉴臣之愚，而于所谓敬一者，贞之于久，而会之于心，则道统之传，亘古今而独盛矣，斯文幸甚，宗社幸甚。臣何任祈吁陨越之至。臣谨对。

《嘉靖二十六年进士登科录·张春对策》：

臣对：臣闻帝王之御世也，有君道以临天下，必有师道以淑天下。君道以临之，则天下成一统之治，而内圣之用彰，师道以淑之，则天下宗一本之教，而外王之体立。是故兼君师之任者，必会体用而并全，总治教之能者，必合内外而交盛。要之，治本于道，道生于心，心纯于敬，敬主于一而已矣。此自古帝王一脉相承而无后先之间，一理相授而无彼此之殊，为治统之所归者，必为道统之所属者也。苟有治而无教，则为有用而无体，天下岂有无体之用哉？此其治也，必不达。有教而无治，则为有体而无用，天下岂有无用之体哉？此其教也，必不尊。无惑乎道统竟莫之底丽也已！陛下策士于廷，而以道统为问，甚盛心也。顾臣草茅微生，章句末学，虽仰诵陛下《敬一》之训有年，而无所自得也，何足以对扬休命之万一乎？然慨自隆古，君臣密勿，相与论道，至于叔季之世，寥寥数千载，蔑无闻矣。幸天笃生陛下，以斯道为己任，幸陛下俯进臣等，以斯道为首询。自陛下于臣言之，为试臣之始，自臣于陛下言之，为告君之始，而乃不遑他及，远诹帝王之大法，近述祖宗之鸿猷，旁求列辟之治，以至诸儒之学，发至精之义，欲闻至当之论，诚千载一时，难得之遇也，臣岂敢隐默不宣，以欺陛下？又岂敢泛引不根，以欺吾心哉？臣尝读书曰：天佑下民，作之君，作之师。言治必有教也。又曰：惟皇上帝，降衷于下民。若有恒性，克绥厥猷。惟后言，教之在君也。故尝以为君也者，以受天之命言也，师也者，以立民之命言也。必有其位，斯谓受天命，而克荷司牧之责。必有其德，斯谓立民命，而无忝历数之应。知乎此，而后知道统之所归矣。嗟夫，道岂易言哉？臣闻之，立天之道，曰阴与阳。立地之道，曰柔与刚。立人之道，曰仁与义。三才一道也。伏羲氏之王天下也，仰观俯察，已发挥其道于八卦矣，而无文字可考也。故曰：道统之传，自尧舜始。盖尧惧夫阴阳刚柔仁义之不协于一也，而贯之以中。舜又惧夫危微之几中难于执也，而申之以精一。自是而谈道者有所本，学道者有所宗矣。然古昔盛时，道之所在，位亦大焉，位之所在，道亦在焉。是以尧授舜以天下，而传尧之道者即舜也。舜授禹以天下，而传舜之道者即禹也。至若汤能改夏之命，而不能不缵禹之旧服，文武能改殷之命，而不能不率汤之旧章，凡以道一而已矣。是道也，即受天之命以立民之命者也。不公之于天下，不足以见大，为富有之业，不垂之于万世，不足以见久，为日新之德。故惟天下之大人，而后能居天下之大位，居天下之大位，而后能行天下之大道，行天下之大道，而后能继天下之大统。由今观之，尧舜禹汤文武之德，曰钦明，曰浚哲，曰勤俭，曰宽仁，曰敬止，为德不同，而同本于心也。尧舜禹汤文武之治，曰协和，曰风动，曰诞敷，曰允殖，曰永清，为治不同，而同本于道也。道本于心，则廓之万化者一，此理之根柢。治本于道，则根之一心者一，此化之流衍。故博厚以载物，高明以覆物，悠久以成物，而言大业者必归焉。为天地立心，为生民立命，为万世开太平，而言盛德者必归焉。是则无负君师之任，兼体治教之能，尧舜禹汤文武，功德独隆，诚如圣制所谓道统属之，有不得而辞焉者矣。乃若韩愈继以周公孔子，而有止于孟轲之论，孟子继以皋陶、伊尹、莱朱、太公望、散宜生而有见知闻知之说，岂下而为臣者，亦可与道统之传欤？臣请言其故矣。周公制作礼乐，有以备帝王之所未备，孔子删述六经，有以成帝王之所未成。纪纲法度之懿，八百年守之而不敢失，性与天道之微，七十子学之而不能殚。开物成务，功在万世，后有作者，莫之与京。故周公孔子，必与道统者，不可以臣道诎也。伊吕诸臣，遭际圣世，固有幸而见知于当时，而不为先，亦有幸而闻知于异世，而不为后。嘉猷之赞，彝宪之守，竭忠效劳，社稷之役也。有君以主于其上，斯统之不可以旁及矣。孟子以其同与闻乎道也，故旁及诸臣而不以为嫌，韩愈欲附己于立言者，故直推孟以继周孔，而不惧其僭。若以臣君师治教受命立命之说律之，二子安得无遗论哉！何则？道之在天下，固无时而可息，无人而不得，而统之在人，有得承与不得焉耳。孟韩之后，遂有薄汉唐宋人主治世之功，而崇周程朱四臣讲论之学，推许其功，直侪帝道，是岂历代人主，果俱不足以承藉天命，而诸儒者顾足以迓续治统与？臣请得而言之。周敦颐、程颢、程颐、朱熹四子者，固世之名儒也。学于古训，深究渊源，真将遡虞廷之授受，孔门之问答，而得其指归矣。观其图书作而千古之疑以订，传义明而群圣之秘以发。其他所著述，微而鬼神性命，显而礼乐刑政，大而纲常伦理，小而事物细微，莫不备具，诚于斯道为有巨功。盖训诂兴于汉矣，今则平正通达，而穿凿之弊以革。词章盛于唐矣，今则根极要妙，而浮靡之习已祛。四子者，岂三代以下，世儒俗学可比伦耶？虽然，视周公之制作，孔子之删述，则亦有间矣。故尝谓使四子亲炙仲尼之门，当居颜闵之亚。得尧舜禹汤文武之君而事之，固亦伊吕之俦。精思力践，允矣述者之贤，而穷神知化，未可遽跻作者之圣。乃欲借周孔而直附之于帝王之统，恐非四子之本意矣。由其门人知师之可尊，而不知统之不可僭，始于宗信所学，而成于张大其说，后之儒者，承乖踵舛，直据以为确论耳。抑孰知道非自相发明之谓也，必立民之命而后谓之大道，统非私相推许之谓也，必受天之命而后谓之大统。三代而下，汉唐宋诸君，亦尝受命而兴，膺有抚世宰物之责者。当天心之厌乱，世变之已穷，英主者起而开一代之治，此其时，三纲赖以不沦，九法赖以不斁，鬼神赖之以享祀，苍生赖之以出水火于衽席，夫固有道以行乎其间也。是故宽仁豁达者，有帝王之度，仁义既效者，有帝王之功，恭俭仁厚者，有帝王之体。伟略雄谟，追汤武以上为不足，风醇俗厚，视成康以下为有余。之数君者，岂可概少哉？然而资质之美，仅符其近似，学问之疏，未止诸至善。其于尧舜禹汤文武道统之传，犹有遗恨矣。夫以数君德泽加于四海，功烈著诸天地，而所养未粹，犹不可当帝王之统。乃儒者以讲学穷理著书立言之微劳，而可遽若是班耶？大贤如四子，且不可，而况不及于四子者乎？故臣窃譬，斯道之统，犹之木之本，水之源也。标枝条干，不可不谓之木，而犹为本之支。流波衍派，不可不谓之水，而犹为源之委。是故礼用并全，内外交盛者，得道之本源者也。数君有行道之责，而全体未纯，四子有体道之功，而大用莫究。此臣所谓有用而无体，治必不达，有体而无用，教必不尊。均非统之所可寄者矣。要之，正学之兴，自有其时，大统之归，不为无待。天启我明，祖宗列圣，相授守一道，而我皇上益光大而中兴之，有以远绍帝王之统，而陋汉唐宋于不为者，岂偶然哉？洪惟我太祖高皇帝肇基于前，而斯道之风始倡，如圣制述其要，曰"体尧舜授受之要，而允执厥中，论人心虚灵之机，而操存弗二"者是已。我成祖文皇帝继体于后，而斯道之脉益固，如圣制称其言曰：帝王之治一本于道。又曰：六经之道明，则天地圣人之心可见，至治之功可成者是已。盖我二祖虽以武功定天下，然而精粹渊涵，英华焕发，经生学士，穷年所不能研其义者，矢口所宣，即为律度，家人之训迪，臣工之诏告，几务之剖裁，宫庭之宴息，著之一话一言之间，莫非心学精微之蕴。所以上继皇王道统之正，下开万世太平之基，良有以也。至于列圣，绍休济美，垂裕延长，历百八十余年于兹，猗欤盛矣！肆我皇上入受丕基，孳孳化理，超然逖览，穆然深思，知二帝三王之所以治天下者，此道也，此心也，而我祖宗列圣之所以治天下者，亦此道也，此心也。存心之要，惟敬惟一而已矣。力而行之，日新月盛，于是摅发宸衷，制箴垂训，颁示学校，覃被遐荒。今者圣谕家习户晓，师以为教，弟子以为学，先王之道大明于天下矣。此我皇上以聪明睿智之资，缉熙光明之学，妙契道之大原，自得千载不传之绪者也。践祚以来，纪纲振肃，礼乐明备，神人和洽，海宇宁谧，得非根之心而廓之化，盛德大业，不可尚者乎？顷岁又于文华殿左祀伏羲以下，至周公孔子十一圣，尊以师称，著之祀典，孟氏而下无取焉。是盖涵养熟而见道益明，阅历深而履道靡懈，真知夫大道之师外，数圣不可以他及，而天命之归，在今日不容以自诿者矣，大圣人之作为，何其度越寻常万万也哉！而犹不自满假，有若望道未见者焉。不曰敬一，已知之矣，乃曰舍是又何所致力而可？臣诚不知舍是将何所致力也，臣愿陛下无舍是而已。盖昔者，尧之世极治矣，尧不自知也，而问之在朝在野焉。禹之德至盛矣，禹不自知也，而且设磬铎鼗钟焉。臣有以知陛下之心，即尧问在朝在野之心也，即禹设磬铎鼗钟之心也。臣等何幸，躬逢圣人在天子之位，君子闻大道之要，小人蒙至治之泽，而唐虞三代之盛，复见于今日哉！臣于终篇，窃有感夫圣制，以审于名实之归望臣等也。夫名实之辨，世运之否泰，民命之休戚，风俗之隆污所繇系者也，而可以不审哉？臣故为之说曰：人臣议道于下，则有道学之名，而无其实。人君倡道于上，则有道学之实，而无其名。唐虞三代之盛，未闻有其名，而可封之俗，比屋皆然，干城腹心，武夫且尔，实胜故也。陛下建中立极，倡之于上，而天下遵道遵义，无敢议之于下。有实而无其名，此臣所谓唐虞三代之盛，复见于今日者也。虽然，审天下之名实易，审一心之名实难。道也者，在天为实理，在人为实心。所贵于求道者，以实心体夫实理，以实理见诸实事，以实事崇其实德。而审此心之实否，则在于谨独而已。人所不知，己所独知，天下之真知也。一念之发，而为敬天，为勤民，为法祖，果肫肫然为己而法欤？则实矣。少有为人之心，斯未免杂之以名也。闲邪而存诚，领恶而全好，夫是之谓知审。知审则拟议而变化成，渊泉而道义出。以之用人，邪正不淆，以之行政，是非莫眩，而天下臻实效矣。是故必审一心之名实，而后能审天下之名实也。要之，陛下《敬一》之训，至矣尽矣，复何以加之？循名责实，得陛下为之严师，务实胜而不务名胜，臣等敢不勉自砥砺，以期无负今日千载一时之遇哉！臣不胜战栗陨越之至。臣谨对。

《嘉靖二十六年进士登科录·胡正蒙对策》：

臣对：臣闻帝王任君师之责，以临御天下也，有治法以永万世无疆之业，有心法以续千载不传之统。何谓治法？敬天勤民，尽伦尽制，以成参赞继立之功者也。何谓心法？存心体道，惟敬惟一，以懋缉熙光明之学者也。有是治法，而后帝王之道以行。有是心法，而后帝王之道以明。道行于天下，则有以尽祈天永命之实，致四海雍熙之化，而万世之大业在是矣。道明于天下，则有以阐精义至理之存，发千古渊源之秘，而群圣之至德在是矣。苟治法不弘，则无以行道，而君天下之责有未尽。心法不启，则无以明道，而师天下之责有未全。皆不可以与于道统之传也。是故二帝三王，职任君师，道隆德业，治法心法，兼举以无遗，有实有名，相符而不谬，此其道统之传，历世无间。而千载之下，必有在于我太祖高皇帝，成祖文皇帝，以至于皇上之大圣乎！恭惟皇帝陛下，亶聪明睿智之资，绍丰亨熙治之运，居尧舜禹汤文武之位，有尧舜禹汤文武之德。临御以来，敬天法祖，峻德塞于宇宙，叙伦惇典，鸿业冒于海隅。德业之盛，比隆于二帝三王，而陋汉唐宋于下风矣。比者万几之暇，进臣等于廷，询以帝王道统之传。臣在学校，尝庄诵《敬一》箴《五箴》注，而涵濡于道化久矣，敢不对扬明诏于万一乎？臣闻天生万民，虑其无所主也，故作之君以主之。惟皇降衷，虑其不自觉也，故作之师以觉之。于是乎有继天立极之圣人，中天地以为三纲五常之主，任行道之责以君天下，而恢弘化理，弥纶参赞之事，其身之矣。任明道之责以师天下，而发挥精蕴，教诲启迪之事，其身之矣。惟其君天下也，故有叙伦惇典，以建治法于无疆，而道行焉。惟其师天下也，故有垂世立教，以昭心法于不替，而道明焉。行道明道，非有二途，作君作师，实惟一致，皆圣人体天之意，成天之能，以无忝于天之所以与我者耳。粤稽诸古，道之大原出于天，而寄于圣人。故尧则得统于天，而有允执厥中之旨，道统之说，昉于此矣。人心惟危，道心惟微，惟精惟一，允执厥中，则舜之得统于尧也。祗台德先，建中制心，则禹之得统于舜，汤之得统于禹也。缉熙敬止，执竞惟烈，则文武之得统于汤也。一贯之传，博约之教，则孔子之得统于文也。当其时，若尧以明德睦族而成时雍之治，舜以徽典叙揆而成风动之治，禹以典则修和而成永赖之治，汤以肇修人纪而成允怀之治，文武以纲纪建极而成咸和永清之治。是数圣人者，达而在上，故其道行。然精一执中，以开万世之心法，群圣相传，昭垂罔极，道之大明于天下万世者，不可易也。孔子穷而在下，故其道明。然斟酌礼乐，删述六经，以立万世之治法，而群圣之统，赖以益光。道之所在，虽未尝身亲行之，而所以垂示于天下万世者，皆其功矣。臣故曰：治法心法，兼举无遗，所以得道统之传者此也。孟轲氏群圣之叙，曰尧舜汤文孔子者，以明传之有属。曰禹皋陶伊尹莱朱太公望散宜生者，以明传之有因。故见知闻知之说兴，而道统相传之绪明矣。韩愈《原道》之论，首自尧舜，终于孔孟，较诸孟氏之言，虽详略不同，语其叙相传之统，夫岂有二乎哉！然道之在天下，未尝亡也。由周而来，以至于汉唐宋之世，英君谊辟，间见迭兴，其德泽之所加，功烈之所著，或宽仁爱人，规摹弘远，或身致太平，刑措不用，或仁厚立国，以德化民。即其功德之成，庶几乎古帝王之盛，亦宜其可以与于道统之传也。特正心修己之功，或有未至，操存涵养之学，或有未纯。求其粹然一出于正，卓然独得其宗，以几于精一执中之心法者，不可得也。其所谓学，既非二帝三王之学，则其所谓治，亦非二帝三王之治矣，乌足以语于道统之传哉！韩愈所谓，轲之死而不得其传者，此也。有宋之世，真儒辈出，道学大明，周敦颐奋于百世之下，不由师传，默契道体，建图属书，根极领要。程颢辨异端似是之非，开百年未明之惑，而充养有道，见于定性之书。程颐学极圣人之精微，行全君子之纯粹，而道德渊源，发于四箴之警。至于朱熹，则穷理以致其知，反躬以践其实，而考订探索，注书释经，有以集诸儒之大成。自孟子而后，若四子者，讲求著述之功，亦诚多矣。但在当时，其立朝也不显于位，其筮仕也不竟其施，所谓悙叙化成之事，弥纶参赞之功，方诸皋夔伊傅，然且未可，乃直侪诸二帝三王，要非所敢当也。后儒黄干推尊其功，而曰：尧舜禹汤文武周公生而道始行，孔子孟子生而道始明。孔孟之道，周程张子继之，周程张子之道，文公朱先生又继之。于是陈淳、李方、真德秀、吴澄辈相祖其说，昭布于天下，渐渍于耳目，盖已久矣。圣制所谓，道统之传归诸臣下，又尽出于宋儒之论者，此也。夫干之为是论也，由其不知君师之非有二致，治教之非有二途，故以行道明道歧而二之，遂有见于道，而无见于统，而不知其言之过也。其于名实之归，诚有未审者矣。臣尝闻之，圣王继天立极以君天下，自其主张斯道也，而有道统之名。以是而治，以是而教，天下万世之所谓心学者也，已开矣。然或不得其位，而无行道之责，则自其讲明斯道也，而有道学之名，以弼其治，以彰其教，而天下万世之所谓道统者，亦寓矣。故世有圣君，则道统之传，以属于上，时无明主，则道学之儒，遂见于下。自四子而观之，其讲求著述之功，以窃比于禹皋陶诸臣下之见知，而为道学可也。然师道虽然立，而阻于君道之未弘，心法虽明，而限于治法之未溥，若以嗣帝王之真传，如古圣人，而遂谓之道统，则不可也。黄干诸儒之论，岂为至当不易之言哉！夫汉、唐、宋之诸君，有其位而无其学，周程朱之四子，有其学而无其功，此上下千数百年之间，道统之传，所以不续也。天于斯道，未尝忘情，必当贞元会合之期，笃生大圣者出，而居君师之位，以任明道行道之责，以续千载不传之统，诚有非偶然者矣。钦惟太祖高皇帝，以神圣之资，汛扫胡元，肇造区夏，明三纲于既斁，正九法于已亡，制礼以范世，敷典以淑民，经纶之迹，燦乎王道大备，莫非古帝王之治法也。观心有亭，省躬有禄，《衍义》有庑，《洪范》有注，体尧舜授受之旨，而允执厥中，绍群圣相传之要，而操存不已。尝观其论曾鲁有曰：人君一心，治化之本。存于中者无尧舜之心，欲施于政者有尧舜之治，不可得也。论宋濂有曰：人心乘气机出入，操而存之为难。朕罔敢自暇自逸。持守之功，浑乎天德之全具，莫非古帝王之心法也。有治法以弘化，而君道立，有心法以懋德，而师道全。尧舜禹汤文武孔子之统，于是乎始续矣。一传而有成祖文皇帝。靖难安边，定鼎燕京，制度聿新，治化洋溢。作《五经四书性理大全》诸书以绍先王之统，以成熙皞之化，其见于御制序有曰：帝王之治，一本于道。又曰：六经之道明，则人之心可见，至治之功可成。治法心法，宛乎授受之旨也。上接皇王道统之正，下开万世太平之基，不以是哉！列圣相传，开天常，叙人纪，于治法心法之垂益笃弗替，百八十年熙洽之治，有由然也。肆我皇上，敬天以御极，而严翼匪懈，勤民以出治，而仁义并行。祀伏羲尧舜禹汤文武周公孔子于文华东室，上古群圣人之以道相传者，俨然对越，神会一堂，千载之下，所谓闻而知之者也。因观书有得，而亲制《敬一箴》以绍尧舜授受之旨。首原此心之当存，次述敬一之为要，继论元后所关之大，中详戒慎持守之方，而终之以修德正邦延庆致治之效。是即惟危惟微之辨，精一执中之传，慎位敬修之徵也。又为《五箴》注以阐义理，精微之极，则以人之一心，惟敬是主，而众欲之攻，则由视听言动以入，故操存之功，见于注释所以阐明敬一者，无余蕴矣。至于《明伦大典》，昭揭纲常之懿，《钦天记颂》焕发昭事之忱，重华有咏，丕阐此心之微，圣学有诗，备述《大学》之要，其存之而为敬一之至德者，远而宗之，固尧舜禹汤文武之心法也，近而守之，非祖宗之心法乎？正祀郊社以明阴阳之分，鼎建宗朝以序昭穆之义，亲定祫禘以尽孝享之心，肇举明堂以隆尊亲之典，其溥之而为惇叙之大业者，远而宗之，固尧舜禹汤文武之治法也，近而守之，非祖宗之治法乎？有是心法，以立出治之基，而焕乎斯道之大明。有是治法，以广此心之用，而沛乎斯道之大行。上而继立之功，既以克建，下而著述之盛，又以兼能。盖帝王之道，赖以复明，而开创之烈，赖以懋著。其所以为天地立心，为生民立命，为往圣继绝学，为万世开太平，而有功于二帝三王者，莫大于是矣。《书》曰：作之君，作之师。其助上帝，宠绥四方。我皇上之谓也。临御以来，道化流通，至和宣畅，仰焉与天合德，上焉与祖同道，而接夫千载不传之统，宁非名实之允称者乎？使宋儒复生，其扬厉颂美，当何如也？然伏读圣制有曰："欲远绍二帝三王大道之统，近法我祖宗列圣心学之传，舍是又何所致力而可？"此陛下望道未见不自满假之心也。臣尝闻之：帝王之治本于道，帝王之道本于心。故心法者，治法之本也，治法者，心法之推也，心法治法，相为流通，而万世无疆之业，皆此心之所由以成者。陛下祖述尧舜，敬一存心性之德也，夫复何言？臣恒虑夫道心之所主，难于存养，人心之所发，易于放逸。一或省察不周，持守不力，则惟微者无以察其几，而惟危者无以识其渐矣。况人君一心，尤为天下国家之主。苟心之弗敬，何以凝道？道之弗凝，何以永业哉！臣愿陛下戒谨之心，益笃于初，缉熙之学，愈严于后。如圣训所谓郊则恭诚，庙严孝趋，肃于明廷，慎于闲（下缺）。

四月

　　赵镗（1513—1584）中丁未科进士，官至都察院右都御史，曾以御史视南畿学政。有《留斋漫稿》。 张萱《西园闻见录》卷四十五《提学·往行》："赵公镗，字仲声，号方泉，江山人。嘉靖丁未进士，历官都察院右金都御史，尝以御史视南畿学政。时宾兴期迫，诸生待试者万余人，公刻日校阅，不十旬而遍。诸生呈卷，公泚笔加点，一瞬而尽，已数十辈踵至，亦如之，时论服其精敏。其所取士，常在骊黄牝牡外，不以声句，间或通卷抹杀而置高等，或叙次稍抑，而独呼召使前，对众称扬，之后皆取科第，以淹滞崛起者不可胜数。至其训诫严整，务以明义理执节概为急，功令肃如也。时津涂有所请寄，悉泥不行。"

　　朱大韶中丁未科进士，改庶吉士，历官南京国子司业。 张萱《西园闻见录》卷四十五《国学·往行》："朱大韶，字象玄，号文石，华亭人。嘉靖丁未进士，改庶吉士，历官南京国子司业。南都士习侈，公谓渐不可长，尝慨然曰：'太学故养士地，今诸生皆诵法孔子，而鲜衣怒马，六博蹋鞠为戏，无有明于尚齿贵爵之训者，教之谓何？宜如宋祭酒讷故事，著功令示之不宜，数考问以尽材已也。'议沮不行，上论至今惜之。"

　　考选庶吉士于东阁。世宗命题，文曰《原心》，诗曰《善为宝》。（据《明世宗实录》卷三百二十二）

　　罗钦顺（1465—1547）卒。《明世宗实录》卷三百二十二："（嘉靖二十六年四月）乙巳，致仕吏部尚书罗钦顺卒。赐祭葬如例，赠太子太保，谥文庄。……钦顺学术纯正，操履端方。是时有倡为师心顿悟之学者，钦顺为之反复辩正，其说甚具，究所造诣，可谓信道不惑者也。"《明史》儒林传："罗钦顺，字允升，泰和人。弘治六年进士及第，授编修。迁南京国子监司业，与祭酒章懋以实行教士。未几，奉亲归，因乞终养。刘瑾怒，夺职为民。瑾诛，复官，迁南京太常少卿，再迁南京吏部右侍郎，入为吏部左侍郎。……改礼部尚书，会居忧未及拜。再起礼部尚书，辞。又改吏部尚书，下诏敦促，再辞。……里居二十余年，足不入城市，潜心格物致知之学。……钦顺为学，专力于穷理、存心、知性。初由释氏入，既悟其非，乃力排之，谓：'释氏之明心见性，与吾儒之尽心知性相似，而实不同。释氏之学，大抵有见于心，无见于性。今人明心之说，混于禅学，而不知有千里毫厘之谬。道之不明，将由于此，钦顺有忧焉。'为著《困知记》，自号整庵。年八十三卒，赠太子太保，谥文庄。"按，《困知记》成于嘉靖戊子（1528），《困知续记》成于嘉靖辛卯（1531）。

　　王世贞所见翰林局体已与此前不同。 王世贞《觚不觚录》："翰林旧规：凡入馆而其人已拜学士者，即不拜学士而先登甲第七科者，投刺皆称晚生，馀不尔也。余入朝，见分宜首揆而华亭次之，其登第相去六科，分宜又不为学士，华亭首揆而常熟新郑次之，科第相去亦六科，华亭又不为学士，投刺俱称晚生，已小变矣。至江陵首揆而蒲坂次之，相去仅二科，而亦称晚生，何也？闻局体自是大变矣。"

　　傅光宅（1547—1604）生。于慎行《明故中宪大夫四川按察司提学副使金沙傅公合葬墓志铭》："傅公讳光宅，伯俊其字也，别号金沙居士。……以其年（甲辰）五月二十九日终于正寝，距生嘉靖丁未四月二十日，得寿五十八岁。""所著有《巽曲》、《吴门》、《燕市》、《蚕丝》诸草，半行于世。"《列朝诗集小传》丁集下："光宅字伯俊，聊城人。万历丁丑（1577）进士，除吴县知县，召拜御史，转副使。负意气，通禅理，为通人所称。"

　　定翰林院庶吉士亢思谦、汪镗孙、黎澄、张居正、胡杰、莫如士、谢登之、蓝璧、张勉学、蔡文、任士凭、任有龄、张思静、陈一松、刘泾、毛起、孙世芳、马一龙、林燫、李遇元、殷士儋、胡晓、赵堂、马三才、朱文韶、刘锡、李敏、孙裒。吏部左侍郎兼翰林学士张治、徐阶教习庶吉士。（据《明世宗实录》卷三百二十二、《国榷》卷五十九）

五月

　　改南京太常寺卿欧阳德为太常寺卿，管国子监祭酒事。（据《明世宗实录》卷三百二十三）

　　令边方守令精选进士、举监任之，并行于川广云贵。（据《国榷》卷五十九）

六月

　　袁裒（1502—1547）卒。文征明《广西提学佥事袁君墓志铭》："君讳裒，字永之，别号胥台山人，世吴人。"嘉靖丙戌（1526）进士，选庶吉士。会有诏翰林官并除郎署，授刑部主事，改兵部。上官未几，兵部火，下诏狱，谪戍湖州。会赦归，以荐起补南职方员外郎，出为广西提学佥事。移疾乞休。"君生弘治壬戌（1502）十月二十六日，卒嘉靖丁未六月十有三日。""为文必先秦两汉为法，乐府师汉魏，赋宗屈贾，古律诗出入唐宋，见诸论撰，莫不合作。所著文集二十卷，《皇明献实》二十卷，《吴中先贤传》十卷，《世纬》及《岁时记》及《周礼直解》总若干卷。始君雅志用世，及事与心违，时移身远，乃肆意于此，以泄其所蕴耳。观《世纬》所著，皆凿凿乎经世之论。其《官宗遴传》与夫《距伪》诸篇，实维时敝，惜不得少见于事，而徒托之空言，可慨也已。"

七月

　　王道（1487—1547）卒。《明世宗实录》卷三百二十五："（嘉靖二十六年七月）

庚午，吏部右侍郎王道卒。道，山东武城人。正德辛未进士，改庶吉士，授应天府儒学教授。升南京礼部主事，改吏部历员外郎、郎中。以辅臣方献夫荐，升左春坊左谕德。引疾辞归。寻起南京国子监祭酒。未几，又归。廷臣交荐，起南京太常寺卿，迁南京户部侍郎，改礼部，掌国子监事，寻改吏部，甫阅月卒。赐祭葬如例。道潜心理学，其持论不苟同于俗，多所著述，士林重之。"黄宗羲《明儒学案》卷四十二："王道字纯甫，号顺渠，山东之武城人。正德辛未进士，选庶吉士。……改应天教授，召为吏部主事，历考功文选郎中。……（嘉靖）二十五年，起南太常寺卿，寻升南户部右侍郎，改礼部，掌国子监事，又改吏部而卒。赠礼部尚书，谥文定。先生所论理气心性，无不谛当。又论人物之别，皆不锢于先儒之成说，其识见之高明可知。"

八月

秉一真人少师少傅兼少保礼部尚书陶仲文满六年考，授特进光禄大夫柱国，兼大学士俸。荫子世恩尚宝司丞。（据《国榷》卷五十九）

九月

翰林编修敖铣为侍读。（据《国榷》卷五十九）

前巡抚山西右副都御史孙继鲁卒于狱。继鲁云南右卫人，弘治癸未进士。性耿介，慷慨有大节。尝守卫辉。忤权珰被逮，民卧辙死数人。调淮安，却羡金。又调黎平，清白益著。迁湖广提学副使，历晋抚。以争翁万达抚边之议下狱。讣闻，晋数百人哭于京。隆庆初，赠兵部左侍郎，谥清愍，仍赐祭录后。（据《国榷》卷五十九）

仍武举，诏取七十人。（据《国榷》卷五十九）

南京右副都御史韩邦奇为南京兵部尚书太常寺卿，署国子监事。（据《国榷》卷五十九）

闰九月

升右春坊右中允管司业事周文烛为国子监祭酒。（据《明世宗实录》卷三百二十八）

十月

兵部乞将今次中武举尹凤等照例升授职级，随宜委用。从之。《明世宗实录》卷三百二十九：嘉靖二十六年十月辛亥，"兵部言：'中式武举，原议指挥以上酌量推用，千、百户以下分送各边，赞画戍守，盖欲随材任使，各尽所长。近给事中杨宗气奏，赞画无益，罢之，但设科取之，复不见用，匪惟武材无所展布，而抡选初意亦或失之。乞将今次中式武举尹凤等照例升授职级，随宜委用，俟有成绩，一体升录。'得旨：'武举中式官生既出自科目，当令得效用，所议允行'"。

准甘肃巡按监察御史兼理学政。（据《国榷》卷五十九）顺治《肃镇志》卷二《学校·嘉靖二十六年巡抚都御史杨博奏改敕巡按御史兼理学政疏》："臣惟自昔圣王之政，莫不先于建学立师，非徒为一时视美之具也，大要以明伦为上。故学校荒秽则教化陵夷，教化陵夷则风俗颓败，士纲人纪因之弗振，其所关涉岂细故哉？我国家自混一以来，绝徼穷荒莫不有学。其在陕西如延绥，如宁夏，则文雅蔚然，科第相望。本镇百八十年来，中科不过一二人，乡科亦仅数人。方之二镇，天渊悬绝。臣近日将生徒略加考校，大半皆句读不通之士。亟求其故，因提学官经年不到，无所惩劝，以故狼狈至此极尔。……议者皆欲责望于提学官。本镇去陕西千余里，提学官一人，八府三边皆其督理，即使精力有余，亦且不能遍历，而况警报时闻，动见阻隔。弘治间，提学副使杨一清始曾一至；昨嘉靖二十四年，副使杨守谦方至凉州，又复中止。非诸臣怠缓，自废官常，此其势固有所不能也。议者又谓分巡副使可以就近督理。夫分巡副使同为十五卫所纠察奸弊设也，近日题奉明旨，与分守、兵备分管地方，如分巡则管甘山等七卫所，一应钱粮出纳皆其综理，驻札镇城，时不可离，乃责之以巡历之役，兼之以学校之政，此其势尤有所不能也。议者又欲得管粮佥事复设分巡副使，专管学政，不知河西止十五卫所，已有巡守兵备四员，画地经理，官已备矣，若又增设管粮佥事，所谓官多民扰，此其理又有所不可也。臣尝会集官属父老人等，遍加咨访，咸谓巡按御史岁一巡历，所至未尝不考校生徒，以无进退之权，士心玩愒。若使之兼董学政，揆之事势，似为稳便。臣又虚心量度，御史管学，官不增设而学政可举，其便一也。学政既举，而浇漓之俗居然可变，其便二也。武弁子弟寄学，作养忠义，敌忾之气因之发作，其便三也。环住诸夷，习闻弦诵之声，疏野之性可以潜消默化，其便四也。用是不避烦渎，憪为陈请，如蒙乞敕礼部加议拟，如果臣言可采，将本镇学校照依辽东事例，专敕巡按御史管理，其陕西提学副使不必干预。再照腹里地方有司官，月考在教官，季考在州县官，岁考在提学官，上下相承，体统不紊。本镇皆军卫衙门掌印，指挥千户类多不解文义，无能提调，合无将季考事理，甘山等七卫所行分巡副使；肃镇二卫所行甘肃兵备副使；庄、镇、凉、永、古五卫所行分守参政，西宁卫行西宁兵备副使，各分投管理，仍听巡按御史稽查，复命之时，第其勤惰，一并举刺。臣之肤见如此，但事体重大，伏乞圣明俯赐裁处。"

十一月

王立道（1510—1547）卒。张治《翰林院编修王君懋中墓石文》："君姓王氏，名立道，字懋中，无锡人。南礼部主客郎中表之子也。"嘉靖乙未进士。官翰林院编修。

"懋中生正德庚午月日，卒以嘉靖丁未月日，年三十有八。""其为文力追秦汉而止乎理，诗冲雅，骎骎入韦、柳门户也。"王维桢《王太史传》："后十二岁为嘉靖丁未，太史自告起还翰林，相见，亟称欧阳永叔之文粹固须法，诗谈唐张司业、刘随州，以为质而近。乃索其自作读之，果皆似之。""疏上未报，而太史卒，即其年十一月二十四日也。"

翰林院编修李玑为左春坊左中允，署国子司业南京吏部职方郎中郑晓为南京尚宝司卿。（据《国榷》卷五十九）

立敬一亭于南京翰林院。（据《国榷》卷五十九）

十二月

周道袭翰林五经博士。绣麟子。（据《国榷》卷五十九）

冬

王廷表访杨慎于滇，得《经义模范》一卷。王廷表《经义模范序》："丁未冬，表访太史杨升庵，得《经义模范》一帙，乃同年朱良矩所刻也。退观之，义凡十六篇，易义二篇，为姚孝宁，余篇则蜀先贤广安张才叔、中江吴师孟、简州张孝祥也。夫经义盛于宋，张才叔《自靖，人自献于先王》之义，吕东莱取之入《文鉴》，与古文并传。朱文公每醉后口诵之，至与诸葛武侯《出师》二表同科。我成祖文皇帝命儒臣纂集《尚书大全》，以其义人注，经义之盛，无逾此篇。选者以此特轧卷首，有见哉。其馀十五篇皆称是，盖出于胸臆之妙，非口耳剿说，如今之套括也。临安大邦伯左绵、东崖胡公属表序而重梓之，非惟表蜀之先贤，抑惠我滇后学之盛心乎？敬序以复于公云。"《明史·艺文志》著录杨慎《经义模范》一卷。《四库全书总目》卷一百八十九集部总集类四著录《经义模范》一卷，提要曰："不著编辑者名氏。前有王廷表序，称嘉靖丁未访杨升庵于滇，得《经义模范》一帙，乃同年朱良矩所刻云云。考廷表为正德甲戌（1514）进士，是科题名碑有朱良、朱敬、朱裳、朱节、朱昭、朱方六人，未详孰是。以字义求之，殆朱方为近乎？方，浙江永康人，其仕履亦未详。所录凡宋张才叔、姚孝宁、吴师孟、张孝祥四人经义十六篇，其弁首即才叔《自靖，人自献于先王》一篇，吕祖谦录入《文鉴》者也。时文之变，千态万状，愈远而愈失其宗，亦愈工而愈远于道。今观初体，明白切实乃如此。考吴伯宗《荣进集》，亦载其洪武辛亥会试中式之文，是为明之首科。其所作与此不甚相远。知立法之初，惟以明理为主，不以修词相尚矣。康熙中，编修俞长城尝辑北宋至国初经义为《一百二十家稿》，然所录如王安石、苏辙诸人之作，不能尽知所自来，世或疑焉。此集虽篇帙寥寥，然犹见经义之本始。录而存之，亦足为黜浮式靡之助。"

本年

嘉靖二十六年题准：武举中式人员，其在腹里若有才堪边用、愿立功名者，起送兵部，再行考验，革去赞画名色，分送九边总兵参将，委领管军杀贼。（据万历《大明会典》卷一百三十五《兵部》十八《武举》）

俞允文（1513—1579）谢去诸生，一意读书汲古。顾章志《明处士俞仲蔚先生行状》："君姓俞氏，初名允执，更名允文，仲蔚其字也，世为昆山人。"年十七补郡诸生，才名藉藉。"嘉靖丁未，督学使者豫章胡公植按吴，君决意求去，郡守丰城范公庆惜其才，极口荐之于胡，仍力留君就试。然胡竟不知君，君亦不求知也。遂辞归，益闭户读书，肆力古学，或模搨古书刻，暇则玩禽鱼花卉以自娱。所养益纯，所造益邃，就之者如入芝兰之室而饮醇醪也。"

方太古（1471—1547）卒。《静志居诗话》卷九《方太古》："方太古，字元素，兰溪人。有《寒溪子集》。布衣。初受经于枫山，中年弃去，专力于诗，不苟随时尚。句如'老松万树霁深雪，流水一溪浮落花'，'白布探囊无长物，乌皮凭几笑贫居'，'平田白氵邕流新雨，绝壁青枫挂断云'，'朝看烟云如画里，夜闻风雨似潮生'，'多情夜雨马兰草，无限春风莺粟花'，'云洞草香初过雨，月台松老不知年'，颇近江西诗派，盖特立之士也。"《明诗纪事》丁签卷十五录其诗六首，陈田按语云："太古负气傲岸，山泽俊人，诗亦洒落不凡。"

廖道南（1494—1547）卒。《国朝献征录》卷十九《廖中允道南传》："廖道南，字鸣吾，蒲圻人。登正德辛巳进士，嘉靖元年，赐进士出身二甲第一名，改庶吉士，授翰林院编修。四年，纂修《明伦大典》成，升中允。六年，陈《洪范》以裨圣学，因命进讲《洪范》及《大学衍义》，充日讲官。七年，星变日食，应诏陈言，进《灵雪赋》。九年，奏遵谕以陈旧制，申明祀典。又陈末议，以裨典礼，得毁夷鬼淫像，罢姚广孝配享太庙，移祀大兴隆寺。又奏稽古乐以裨盛典，进《大祀圜丘赋》。十年，彗星见，陈议修省及议崇典礼等事，有诗赋进，申明宗庙大典，有颂进，又申明祫祭，及稽吉礼以崇帝祫。赐甘露，进《宝露颂》；祀方泽，进《方泽颂》；又进《帝苑农蚕赋》。十一年，进《圣驾临雍颂》，进《景德崇圣颂》。十二年，坐不代讲，谪徽州府通判。十二年，取回复职，赐《大报歌》，进和奉御札，和圣制《钟粹宫步虚词》，进《九五齐恭默室颂》。十四年，丁忧，该礼部为进呈训录事，吏部查奉钦依，廖道南制满，升一级用。十五年，纪祀典，有颂。十八年，世宗驾幸承天，恭纪盛烈，有颂。又奏恭纪瑞应，以彰天贶，有诸颂进。言官拾遗，着闲住。十九年，奏昭圣谟，以崇国本。二十年，奏恭述圣谟，以懋昭圣政，进献颂歌箴。其口口奏章，俱蒙钦依褒誉，所进和诗词歌颂箴赋，悉蒙留览付史馆。二十六年，卒于家。"（胡口撰）

李维桢（1547—1626）生。李维桢，字本宁，京山人。隆庆戊辰进士，选庶吉士，历南京礼部尚书。有《大泌山人集》。

俞安期约生于今年。俞安期，初名策，字公临，既更今名，改字羡长，吴江人。有《蓼蓼集》。

明世宗嘉靖二十七年戊申（公元 1548 年）

正月

令夏言致仕。《明鉴纲目》卷六："纲：戊申二十七年，春正月，夏言罢。目：言素慷慨，以经济自许。会曾铣议复河套，欲倚以成大功，因密荐铣，谓群臣无如铣忠者。铣鸠兵缮塞，辄破敌，帝亦颇向之，令言拟旨优奖者再。铣喜，益锐志出师，条上方略，廷议一如铣言。帝忽中变，降旨诘责，词甚厉。（曰：今逐贼河套，师果有名否？兵食果有余，成功可必否？一铣何足言，如民生荼毒何？）严嵩知帝意，遂极言河套必不可复。廷臣亦尽反前议，如嵩说。嵩乃力攻言，谓向拟旨褒铣，臣不与闻。言始大惧谢罪，且云：'嵩初未尝异议，今胡乃尽委于臣？'帝已入嵩谮，怒不可解，尽夺言官阶，令言致仕。（初，言与嵩同直西苑，帝数使小内竖诣言所，言负气岸，奴视之。其诣嵩，嵩必延坐，亲纳金钱袖中，以故日誉嵩而短言。言进青词，取具而已，往往失帝旨。嵩闻，愈精治其事。由是嵩益被宠，而言眷渐移。及套议起，嵩复从中阴诋之，以激帝怒，言遂败。）"

左中允李本为南京国子祭酒。（据《国榷》卷五十九）

吏部左侍郎兼翰林学士徐阶，署院。（据《国榷》卷五十九）

三月

兵部侍郎曾铣（？—1548）力主收复河套，受严嵩诬陷，被杀。《明鉴纲目》卷六："纲：三月，杀总督侍郎曾铣。目：兵部侍郎万镗（字平甫，济阳人。）等，劾铣罔上贪功，擅开边衅，逮下狱，出兵部尚书王以旂代之。先是，咸宁侯仇鸾（钺之子。）镇甘肃，以贪纵为铣所劾，遂逮问。严嵩雅亲鸾，至是，代鸾狱中草奏，诬夏言纳铣金。（铣所善同邑苏纲，言继妻父也。方铣建议复套时，纲亟称之，言益信铣为可办，因力主其议。及是，嵩代鸾诬奏铣克饷巨万，属纲赂言，交关为奸利。）法司承帝旨，坐铣交结近侍律，斩西市，妻子流二千里。并逮言下吏，出鸾于狱。（铣有胆略，长于用兵。性特廉。既没，家无余资。隆庆初，赠尚书，谥襄愍。）"

四月

瞿汝稷（1548—1610）生。汝稷字元立，常熟人，侍郎景淳子。用荫补官，迁刑部主事，历郎中，出为黄州知府。改邵武、辰州，迁长芦都转运使，以太仆少卿致仕。有《冏卿集》。

五月

闵汝霖补右春坊右谕德。（据《国榷》卷五十九）

六月

停监生告改远方例。（据《国榷》卷五十九）

国子祭酒周文烛劾免。（据《国榷》卷五十九）

增承天府儒学乐舞。（据《国榷》卷五十九）

七月

工部右侍郎王崇庆改礼部，南京国子祭酒李本改北。（据《国榷》卷五十九）

浙江左布政使李默为太常寺卿，署南京国子祭酒。（据《国榷》卷五十九）

前少傅兼太子太傅吏部尚书文渊阁大学士许赞卒。赞灵宝人，弘治丙辰进士。授大名推官，拜御史。避父进冢宰，改编修。忤逆瑾，谪临淄令。起浙江佥事，历刑吏部尚书，直阁。名家子，练习典故，醇厚不伐。然柔巽无大臣节。晚颇贿闻，颓其家声。后其子僎求恤，赠少师，谥文简。（据《国榷》卷五十九）

八月

翰林检讨全元立为修撰。（据《国榷》卷五十九）

九月

礼部议覆国子监管理事宜，令今后岁贡生员年力精壮者送监肄业，其有自愿守部就教者，亦从其便。《明世宗实录》卷三百四十：嘉靖二十七年九月甲戌，"先是，祭酒程文德以国学空虚，议于岁贡生员廷试之后，择当年应选者留之守部，余者尽令入监肄业，以实国学。已得旨报可。至是，岁贡生员张仕良等疏言：年老家贫，不愿入监。吏科都给事中刘学易等亦上疏称其不便。礼部覆言，文德初议只以近年选法壅滞，各生守候艰难，不若令其入监就廪饩，以实国学。其意实欲以便之，非苦之也。而诸生不乐从者，则亦有说。盖往年贡有常数，选途不壅，即在监生儒例得告送就选，故人不以入监为惮烦，而监亦充实。自选贡增贡之例开，而老成格于少壮，人数倍于往昔，仕禄之念弥急，铨选之法益滞。是以在部日见其多，而在监日见其少。一闻送监，则惨然不乐。盖庞眉皓首之人，力不能任升散之劳，复使之循次逾时以俟有司之选，则年不及待，而其志已灰。故宁愿留部候选以遂禄养之计，而不愿入监需选，以侥幸不可必得之官也。乞令今后，岁贡生员年力精壮者送监肄业，其有自愿守部就教者，亦各从其便。至于下第举人，则多系年少气高，不屑就监，与贡生不同，宜尽发两监肄业，不许托故回籍。其有已送监而迁延不至，及到监而无故潜回者，该监治之。有全不赴监，辄持原引及原籍起送入监文书投试者，有回籍之后陆续投告送监以觊赴试者，本部治之，仍不听会试。如此则不必假岁贡而国学自实矣。议入，报可"。

山东提学佥事王华给由离任十月，诏免官。（据《国榷》卷五十九）

巡按河南御史张坪谪。坪荐地方人材，及削籍御史张光祖。吏部纠之。（据《国榷》卷五十九）

制敕房光禄寺卿谈相秩满，请荫，许之。子文明录入太学。故事，杂流考满不荫。（据《国榷》卷五十九）

十一月

前华盖殿大学士夏言弃市。《明鉴纲目》卷六："纲：冬十月，杀前华盖殿大学士夏言。目：言抵通州，闻铣所坐，大惊堕车，曰：'噫，吾死矣。'上疏讼冤，言：'鸾方就逮，上降谕不两日，鸾何以知？盖严嵩与崔元辈诈为鸾疏以倾臣。嵩静言庸违，似共工，谦恭下士，似王莽，奸巧弄权，父子专政，似司马懿。臣生死系嵩掌握，惟圣慈曲赐保全。'帝不省，狱成论死。法司援议贵议能条以上，帝怒，切责之，犹言及前不戴香冠事。会谍达寇居庸，嵩谓夏言等收河套，故报复至此。遂弃言市，妻苏氏流广西，从子主事克承，从孙尚宝丞朝庆，皆削籍。（言豪迈有俊才，纵横辨博，人莫能屈。初被特眷，日与议礼诸贵人抗。及居政府，与嵩共事，嵩怀奸黩贿，言独能裁抑之，以是天下多称言者。然自大用后，日蹇傲，寝为帝所厌。裁决机务颇专恣，物议亦不悉协。特因其为嵩诬陷以死，人方恶嵩，故于言益深惜之。隆庆初，复官，谥文愍。）"

十二月

少保兼太子太保礼部尚书兼翰林学士费寀卒。宋铅山人，正德辛未进士。馆选，授编修。忤时去。上初起官，进左赞善，迁南京尚宝卿，历今官。赠太保，谥文通。（据

本年

徐阶《崇雅录序》论正德以降场屋之文日趋奇博，作于本年前后。徐阶《世经堂集》卷十二《崇雅录序》："国家以文取士，百八十年于兹。在宣德以前，场屋之文虽间失之朴略，而信经守传，要之不抵牾圣人。至成化、弘治间，则既彬彬盛矣。正德以降，奇博日益，而遂以入于杨、墨、老、庄者，盖时有之。彼其要归，诚与圣人之道不啻秦越，然其言之似是，世方悦焉，而莫之能改也。"

欧阳德（1496—1554）以礼部左侍郎兼任翰林学士。《弇山堂别集》卷四十六《翰林诸学士表》："欧阳德，江西泰和人。由进士，嘉靖二十七年以礼左侍兼任，迁吏左侍、礼书，仍兼任。"

冯梦祯（1548—1605）生。据钱谦益《南京国子监祭酒冯公墓志铭》。冯梦祯，字开之，秀水人。万历丁丑进士，除编修，终南京国子祭酒。有《快雪堂集》。

杨东明（1458—1624）生。张惟骧《疑年录汇编》卷七："杨晋庵七十七东明，生嘉靖二十七年戊申，卒天启四年甲子。"黄宗羲《明儒学案》卷二十九："杨东明号晋庵，河南虞城人。……天启甲子卒，年七十七。"

何白（1548—1628）生。《列朝诗集小传》丁集下谓何白"崇祯初年，以老寿终"，光绪《永嘉县志》卷十八《人物·寓贤》谓何白"卒年八十一"，生卒年据以推定。《列朝诗集小传》丁集下："白，字无咎，永嘉人。幼时为郡小吏，龙君御为郡司理，异其才，为加冠，集诸名士赋诗以醮之，为延誉于海内，遂有盛名。西游酒泉，南穷湘沅，归隐于梅屿山中。……无咎能书善画，有《汲古阁集》行世。"《静志居诗话》卷十八："无咎起于侧微，事容有之。第考万历庚辰（1850）履历，龙君御初授徽州府推官，镌级改温州府学教授，入为国子博士，未尝任温州司李也。钱氏殆亦道听之说。《汲古堂集》原亦出于七子，颇与俞羡长根近。"龙膺字君御。

明世宗嘉靖二十八年己酉（公元 1549 年）

正月

梅鼎祚（1549—1615）生。《鹿裘石室集》卷一《释闵赋》自述："唯祝犁（己）冠于作噩（酉）兮，月毕陬（正月）而为阳。贞焉逢（甲）之淹茂（戌）兮，予乃谢阛阓而以降。"即己酉年正月甲戌生。甲戌，初三也。据徐朔方《梅鼎祚年谱》。《列朝诗集小传》丁集下《梅太学鼎祚》："鼎祚，字禹金，宣城人。云南参政守德之子。禹金舞象时，陈鸣埜、王仲房皆其父客，故禹金少即称诗。长而与沈君典齐名。君典取上第，禹金遂弃举子业，肆力诗文，撰述甚富。万历末，年六十七，赋诗说偈而逝。有《鹿裘集》六十五卷。"另有传奇《玉合记》、《长命缕记》和笔记《青泥莲花记》等。

二月

升右春坊右中允孙升为国子监祭酒。（据《明世宗实录》卷三百四十五）

改礼部左侍郎欧阳德为吏部左侍郎兼翰林院学士，掌詹事府事，教习庶吉士。（据《明世宗实录》卷三百四十五）

南京吏部尚书张治（1490—1550）为礼部尚书兼文渊阁大学士，祭酒李本为少詹事兼翰林学士，入阁预机务。《明鉴纲目》卷六："纲：己酉二十八年，春二月，以张治（字文邦，茶陵州人。）为礼部尚书，兼文渊阁大学士。李本（余姚人）为少詹事，兼翰林院学士，入内阁，并预机务。目：夏言得罪死，严嵩遂独相。至是，治、本以疏远入阁，（治自南京吏部召）益不敢预可否，嘿嘿而已。"

吏部左侍郎兼学士徐阶为礼部尚书。（据《国榷》卷五十九）

左春坊左谕德闵如霖为翰林侍读学士，署院。（据《国榷》卷五十九）

翰林编修康太和为侍读。（据《国榷》卷五十九）

三月

皇太子朱载壑卒。《明鉴纲目》卷六："纲：三月，皇太子载壑卒。"

巡盐监察御史刘时进滥荐至四十余人，非诏例，谪。（据《国榷》卷五十九）

六月

大学士张治，学士李本，礼部尚书徐阶直无逸殿。（据《国榷》卷五十九）

七月

倭寇浙东。《明鉴纲目》卷六："纲：秋七月，倭寇浙东。目：初，倭虽通贡，而濒海州县，数被侵掠。（倭自永乐末贡使不至，宣德中，命琉球国王转谕之，使复至。倭惟黠，时载方物戎器，出没海滨，得间，则张戎器而肆攻掠，不得，则陈方物而称朝贡。）然利中国互市，每贡所携私物，逾贡数十倍。旧制于浙江设市舶提举司，驻宁波，海舶至则平其直，制驭之权在官。及帝初年，废市舶不设，（市舶司旧以中官主之。会倭使宋素卿、宗设数辈至，互争真伪。素卿本中国人，逃入倭，太监赖恩纳其金，右之。宗设怒，遂相斗杀，大肆焚掠而去。事闻，诏逮素卿及恩并治，遂撤市舶。议者谓当罢者中官，非市舶也，然卒罢之。）滨海奸人，遂阑出中国财物，与倭交易，居宁波之双屿为之主，屡负倭直。已而严通番之禁，（倭使互市，往往留海滨不去，内地诸奸，多为之囊橐。巡按御史高节，请严禁奸豪交通，得旨允行。）遂移之贵官势家，负直愈甚。倭粮匮不得返，大怨恨，奸民句之，遂煽为乱。朝议设重臣巡抚浙江，兼统福建沿海诸府，以都御史朱纨（字子纯，长洲人）为之。纨至，严为申禁，获交通者，不俟命，辄以便宜斩之。由是浙闽大姓，素为倭内主者，失利而怨。纨又数腾疏于朝，显言大姓通倭状，闽浙人咸恶之，而闽尤甚。巡按御史周亮，闽人也。上疏诋纨，请改巡抚为巡视，以杀其权。其党在朝者左右之，竟如其请。御史陈九德，复劾纨擅杀，（贼渠闽人黎光头，数为倭主，已复引佛郎机行劫，纨擒而戮之，遂为九德所劾。）遣官按问，罢纨职，纨仰药死。自是海禁复弛，乱益滋甚。（时海上承平日久，民不知兵，闻倭至，窜走一空，终帝之至，迄无宁岁。）"

命翰林侍读敖铣、修撰黄廷用主试应天。（据《国榷》卷五十九）

八月

康太和、阎朴任顺天乡试主考。两京及各布政司举行乡试。《弇山堂别集》卷八十三《科试考三》："二十八年己酉，命翰林院侍读康太和、右春坊右赞善兼翰林院检讨阎朴主顺天试。命翰林院侍读敖铣、修撰黄廷用主应天试。"

朱达卿举浙江乡试。姜准《歧海琐谭集》卷十四："朱达卿中嘉靖己酉浙江乡试。尝祈梦于栝之丽阳神，以卜前程之否泰，神告之曰：'回首已成黄阁赋，知君原是栋梁材。'以为异时有台鼎之望。忽一日江水暴涨，有一巨木乘流漂至西郊，达卿拾诸水浒，木上题有'栋梁'二字，遂改制为其父松坡生椁。居无几何，达卿先没，即以是椁殡之。瓯人称椁为材，所谓栋梁者，此其验矣。"

海瑞（1514—1587）中举。梁云龙《海忠介公行状》：海瑞，字汝贤，一字国开，号刚峰，学者称刚峰先生。琼山人。"己酉，督学蔡公继至，试题有'不曰白乎'之句，手公卷珍玩移时，因询知公微隐事，叹曰：'兹所谓"涅而不缁"者非耶？'是岁公举广东乡试。"梁章钜《制义丛话》卷五："俞桐川曰：少时见海中介拟墨三首，心嗜之，以其违俗，故墨选阙如也。继观公集，又得数艺，文虽怪，然自成一家矣。忠介为人绝不识揣摩为何事，故文亦然，崛强不屈，自适己意，而得成孝廉，筮仕二十年，复赐进士，遇亦奇矣。世儒见忠介文，必狂走，以其违俗。夫文而违俗，不过不遇而止，未若人之违俗，可以得祸也。然忠介又何尝不遇，人自不肯学耳。人且不肯学，况肯学其文哉？"

九月

朵颜三卫进犯辽东。(据《明鉴纲目》卷六)

十月

戊申，授庶吉士亢思谦、胡杰、汪镗孙、张居正为翰林院编修，孙世芳、朱大韶、林燫、殷士儋、毛起为检讨。张勉学、谢登之吏科，张思静、蓝璧户科，黎澄礼科，李遇元、任有龄兵科，李敏刑科，俱给事中。赵镗河南道，马三才山东道，刘锡山西道，孙衮陕西道，胡晓四川道，莫如士福建道，刘泾贵州道，俱监察御史。任士凭礼部祠祭司主事，陈一松、蔡文兵部职方司主事。(据《明世宗实录》卷三百五十三)

前河南道监察御史杨爵（1493—1549）卒。爵字伯修，富平人，嘉靖己丑进士。授行人，屡使藩国，辞其馈。拜御史，丧母庐墓三年，有冬笋驯兔之异。庚子入台，言事忤旨，下诏狱。七年旋释，又逮狱三年，读书无几微怨色。放归，乃教授里中。疾革，援笔自志。年五十七。隆庆初，赠光禄寺少卿。万历中，谥忠介。(据《国榷》卷五十九)《四库全书总目》著录杨爵《周易辨录》四卷、《杨忠介集》十三卷。《杨忠介集》提要曰："是编第一卷为奏议，二卷为序、碑、记，三卷为传，四卷为书，五卷为家书，六卷为语录，七卷为祭文、志铭、杂著，八卷至十二卷则皆诗。世宗时斋醮方兴，士大夫率以青词取媚，而爵独据理直谏。如所陈时雪之不可为符瑞，左道之不可以惑众，词极剀切。下狱以后，犹疏谏以冀一悟。其忠爱悱恻，至今如见。家书二十五则，谆谆以忠孝勖其子孙，未尝一言及私。语录皆不为高论，而笃实明白，真粹然儒者之言。按爵与罗洪先、钱德洪等源出姚江，务阐良知之说。爵则以躬行实践为先，关西道学之传，爵实开之。迹其生平，可谓不负所学者。所作诗文，大抵直抒胸臆。虽似伤平易，然有本之言，不由雕绘，其可传者正不在区区词采间矣。"

翰林检讨张思为山西按察副使。思给事中，避兄忠改馆。(据《国榷》卷五十九)

翰林院编修袁炜为侍读，检讨王继桢为修撰。(据《国榷》卷五十九)

十一月

太常寺卿署南京国子祭酒李默为礼部右侍郎。(据《国榷》卷五十九)

本年

陈鎏（1508—1581）在四川学政任上。陈鎏为嘉靖十七年进士，官至四川右布政使。有《己宽堂集》。张萱《西园闻见录》卷四十五《提学·往行》："陈公鎏，字子兼，吴人也。以按察金事督四川学政。公雅好经术，砥士行而不务为操切诡激，于文取朗洞尔雅，然亦惟陈言之务去，蜀俗为变。当公之试诸生也，第待其文甲乙之毕，即付郡邑庠，不复问为某子甲，有无知名士，以故居闻遂绝，而所识拔若张中丞肖甫辈，皆时名士。既贵而造公庐，或以书赞谢者，公戏答曰：'向者吾知君，实不知为君；今者君知我，我又不识为何君也。'后先己酉、壬子得士，皆公造，而其于录公文居多。"

重修《大明会典》。《明会要》卷二十六："万历四年，诏复修《大明会典》。是书重修于嘉靖二十八年，进呈，未刊。"《四库全书总目·明会典提要》："《明会典》一百八十卷：明弘治十年奉敕撰，十五年书成，正德四年重校刊行，故卷端有孝宗、武宗两序。其总裁官为大学士李东阳……。其后嘉靖八年复命阁臣续修《会典》五十三卷。"

归有光计偕北行，是为四上公车。《震川先生年谱》："先生每上春官，辄赁骡车以行。先生俨然中坐，后生弟子执书夹侍。嘉定徐宫伯学谟年最少，从容问：'李空同（梦阳）文云何？'因取集中《于肃愍庙碑》以进。先生读毕，挥之曰：'文理那（哪）得通？'偶拈一帙，得曾子固《书魏郑公传后》，挟册朗诵，至五十余过。听者皆欠伸欲罢，先生沉吟讽咏，犹有余味。宫伯每为人道之，叹其好学深思，不可几及。宫伯即于次年成进士。"年内作有《思子亭记》、《雪竹轩记》等。

梅鼎祚（1549—1615）生。《光绪宣城县志》卷二十八："岁乙卯卒，年六十七。"梅鼎祚字禹金，号胜乐道人，又号梅真子，太乙生。宣城人。著有《鹿裘石室集》，编有《历代文纪》、《汉魏诗乘》、《古乐苑》、《唐乐苑》、《书记洞诠》等。著杂剧《昆仑奴》、传奇《玉合记》、《长命缕》等。

明世宗嘉靖二十九年庚戌（公元1550年）

正月

前南京户部尚书徐问卒。问常州武进人，弘治丙戌进士。授广平推官，迁刑曹。历广东左布政使，治行第一。抚贵州。深沉廉静，历官俱有声。隆庆初，赠太子少保，谥庄裕。（据《国榷》卷五十九）

翰林编修邢一凤为侍读。（据《国榷》卷五十九）

二月

起用服阕南京国子监祭酒程文德原职。（据《明世宗实录》卷三百五十七）

臧懋循（1550—1620）生。据徐朔方《臧懋循年谱》。《列朝诗集小传》丁集上："懋循，字晋叔，长兴人。万历庚辰进士，风流任诞，官南国子博士，每出必以棋局、蹴球系于车后。又与所欢小史衣红衣，并马出凤台门，中白简罢官。时南海唐伯元上书议文庙从祀，恭进石经《大学》，与晋叔偕贬，同日出关。汤若士为诗云：'却笑唐生同日贬，一时臧谷竟何云？'艺林至今以为美谈。"

起陈经太子少保户部尚书，总督仓场督理西苑农事。先卒。经山东益都人，正德甲戌进士。授给事中，历兵部尚书。（据《国榷》卷五十九）

琉球遣陪臣子五人入太学。（据《国榷》卷五十九）

张治（1488—1550）、欧阳德任会试主考，尹台等任同考试官，以权臣重臣发策。《玉堂丛语》卷四："张文肃治虚怀高朗，临事果断，秉直不挠。时严相用事，一时脂韦涊涩，不敢与伉。公庚戌主会试，发策问，乃以权臣重臣立题，辞峻峭弗之讳。是秋，虏犯京师，力疾抗疏，乞决白河御之，不报，遂怏怏而终。（《国雅》）"胡直《宗伯尹洞山先生传》："洞山先生尹氏，讳台，字崇基，吉永新人也。庚戌复充会试同考试官，策问及重臣权臣，上览，亟取《臣鉴录》、《贤奸传》省览，为之感动，由是稔先生名，一时上下有延颈相天下之望。而不相中者进谗辅臣严嵩曰：'权臣盖指公也。'嵩阳答以好言而中心怨次骨矣。"《国榷》卷五十九："（嘉靖二十九年二月）壬寅，礼部尚书兼文渊阁大学士张治、署詹事府事吏部左侍郎欧阳德主礼闱。"

王维桢（1507—1555）为会试同考官，以辽蓟兵备事发策询士。瞿景淳《南京国子监祭酒槐野王公行状》："公姓王氏，字允宁，别号槐野，陕西华州人也。……岁辛卯（1531）举于乡，越乙未（1535）举进士，选授翰林院庶吉士，读书中秘，三阅年乃授检讨……甲辰（1544）会试为同考官，取士号多人。……己酉（1549）以九载考绩，乃晋秩为修撰。……庚戌会试，复为同考官。公发策询士，略曰：'今大同边垣既以底绩，而蓟州一路顾有遗谋，自今作之，西接宣府，东抵山海，为边千二百里，使干济之臣戮力经营，患可少止。'是年秋，虏果自蓟州入。天子采群臣议，特设总督大臣一人，使专备辽蓟。其议盖自公发之。"

会试自嘉靖庚戌后，士子多用怀挟。徐树丕《识小录》卷二："会闱自嘉靖庚戌后，士子多用怀挟。丙辰以还，皆明言而公行之。言官建议，欲严加搜检，如乡场故事。礼书吴山持之曰：'会试之士，皆歌《鹿鸣》而来者也，祖宗待之甚厚，不过防之。今使之囚首垢辱于奴隶之手，法诚密矣，如旧例何？吾宁使士负朝廷，不可使朝廷负士。'竟寝不行。盖前此《会试录》尚无搜检官也，山之议可谓恢恢大臣之体矣，而其后卒置搜检官。犯法愈众，世道愈下，人心愈漓矣！"

庚申，礼部会试，取傅夏器等三百二十名。据《明世宗实录》卷三百五十七。查继佐《罪惟录》志卷十八《科举志》："（嘉靖）二十九年庚戌，试贡士，得傅夏器等三百人，赐唐汝楫、吕调阳、姜金和等及第、出身有差。或曰汝楫与首辅有连，故得殊拔。"梁章钜《制义丛话》卷十二："《明文百家萃》云：傅夏器，福建南安人。久困公车，志愈锐，于制义日益讨论，技乃无匹。时章华阳分校礼闱，首荐公卷，大学士张文邦击节赏之，及拆号见公名，叹曰：'吾释褐时，耳传廷璜名，今其人犹在耶？非华阳荐之，又失之矣。'按：此嘉靖庚戌科，题为'子贡问君子'一章、'洋洋乎发育万物'一节、'既竭心思焉'三句，主试者张治、欧阳德。"

三月

唐汝楫、吕调阳（1506—1580）、姜金和等三百二十人进士及第、出身有差。是科未考选庶吉士。《明世宗实录》卷三百五十八：嘉靖二十九年三月，"己卯，策试天下贡士"。《嘉靖二十九年进士登科录·玉音》："读卷官：特进光禄大夫上柱国少师兼太子太师吏部尚书华盖殿大学士严嵩，乙丑进士；资善大夫礼部尚书兼文渊阁大学士张治，辛巳进士；资政大夫吏部尚书夏邦谟，戊辰进士；资善大夫户部尚书潘潢，辛巳进士；资善大夫刑部尚书刘訒，丁丑进士；工部尚书李士翱，癸未进士；资政大夫都察院左都御史屠侨，辛未进士；嘉议大夫掌詹事府事吏部左侍郎兼翰林院学士欧阳德，癸未进士；通议大夫通政使司通政使孙禬，甲戌进士；嘉议大夫大理寺卿骆颙，癸未进士；中顺大夫詹事府少詹事兼翰林院学士李本，壬辰进士；詹事府少詹事兼翰林院侍读学士王用宾，辛巳进士；翰林院侍读学士奉直大夫闵如霖，壬辰进士。提调官：资善大夫礼部尚书兼翰林院学士徐阶，癸未进士；嘉议大夫吏部左侍郎王崇庆，戊辰进士。监试官：文林郎山东道监察御史黄如桂，戊戌进士；文林郎江西道监察御史萧世延，戊戌进士。受卷官：翰林院侍读承德郎郭朴，乙未进士；翰林院编修文林郎赵贞吉，乙未进士；文林郎吏科左给事中张秉壹，戊戌进士；承事郎户科都给事中叶镗，辛丑进士。弥封官：正议大夫资治尹通政使司通政使兼司经局正字周令，秀才；通议大夫通政使司通政使张文宪，癸未进士；嘉议大夫掌鸿胪寺事太常寺卿吴祖乾，官生；亚中大夫光禄寺卿高澄，己丑进士；中大夫光禄寺卿谈相，儒士；中宪大夫掌尚宝司事太常寺少卿严世蕃，官生；奉政大夫大理寺右寺丞王槐，生员；奉政大夫尚宝司卿谢敏行，官生；翰林院修撰儒林郎茅瓒，戊戌进士；翰林院检讨征仕郎林庭机，乙未进士；翰林院检讨征仕郎郭鎜，乙未进士；承德郎尚宝司司丞孙墀，监生；承事郎礼科都给事中杨思忠，辛丑进士；承事郎兵科都给事中俞鸾，辛丑进士；朝议大夫山东布政使司右参议李宏，癸酉进士；翰林院掌典籍事儒林郎大理寺左寺左寺副刘铠，监生；文林郎协掌典籍事大理寺右寺右评事吴应凤，儒士。掌卷官：翰林院编修文林郎潘晟，辛丑进士；翰林院编修文林郎林树声，辛丑进士；翰林院编修文林郎严讷，辛丑进士；翰林院编修文林郎高拱，辛丑进士；承事郎刑科都给事中张侃，甲辰进士；承事郎工科都给事中李珊，戊戌进士。巡绰官：特进光禄大夫柱国锦衣卫掌卫事后军都督府右都督陆炳；特进光禄大夫锦衣卫管卫事后军都督府右都督高恕；荣禄大夫锦衣卫管卫事后军都督府都督同知袁天章；荣禄大夫锦衣卫管卫事后军都督府都督佥事张锜；骠骑将军锦衣卫都指挥使朱希孝；昭勇将军锦衣卫指挥使张爵；明威将军锦衣卫指挥佥事刘鲸；明威将军锦衣卫指挥佥事杜承宗；明威将军锦衣卫指挥佥事鲍瓒；明威将军金吾前卫指挥佥事倪鸾；怀远将军金吾后卫指挥同知徐隆。印卷官：奉议大夫礼部仪制清吏司郎中张子瑶，辛丑进士；承德郎礼部仪制清吏司署员外郎事主事王惟中，辛丑进士；承直郎礼部仪制清吏司主事尤瑛，甲辰进士；承直郎礼部仪制清吏司主事刘斯洁，丁未进士。供给官：奉议大夫光禄寺少卿王绅，乙丑进士；奉政大夫光禄寺少卿陈儒，癸未进士；承德郎光禄寺寺丞汪柏，戊戌进士；光禄寺寺丞孙植，乙未进士；登仕郎礼部司务徐应奇，辛卯贡士；奉训大夫礼部精膳清吏司员外郎刘文光，戊子贡士；承直郎礼部精膳清吏司主事宋大勺，辛丑进士。"《嘉靖二十九年进士登科录·恩荣次第》："嘉靖二十九年三月十五日早，诸贡士赴内府殿试，上御奉天殿亲赐策问。三月十八日早，文武百官朝服侍班。是日，锦衣卫设卤簿于丹陛丹墀内，上御奉天殿，鸿胪寺官传制唱名，礼部官捧黄榜，鼓乐导引出长安左门外，张挂毕，顺天府官用伞盖仪从送状元归第。三月十九日，赐宴于礼部。宴毕，赴鸿胪寺习仪。三月二十一日，赐状元朝服冠带及进士宝钞。三月二十二日，状元率诸进士上表谢恩。三月二十三日，状元率诸进士诣先师孔子庙行释菜礼，礼部奏请命工部于国子监立石题名。"《弇山堂别集》卷八十三《科试考三》："二十九年庚戌，命礼部尚书文渊阁大学士张治、吏部左侍郎翰林院学士欧阳德为考试官，取中傅夏器等。廷试，赐唐汝楫、姜金和、吕调阳及第。时以汝楫与首相有连，故得第云。"陈文烛《二酉园文集》卷十三《明故进阶中议大夫资治尹山西提刑按察司副使先君行状》："先君讳柏，字宪卿。……庚戌礼闱，翰林黄公廷用得先君卷，奇之。张文毅公主试，一见先君名，欣然曰：'此吾乡志士也，黄先生可为得人。'……至廷试，张公荐先君卷为一甲，分宜扼之。张公拂然曰：'登第耳，何计先后也！'张公每语，尚愤不平也。"《国榷》卷五十九："（嘉靖二十九年三月）己卯，策贡士傅夏器等三百二十人，赐唐汝楫等进士及第、出身有差。恩荣宴，命内阁少詹事李本序坐二品末。"

归有光应礼部试下第，谒张治于邸第。张曰："吾阅天下士多矣，若子者可谓入水不濡，入火不爇者也。"欲留就乙科，意有所他处，有光辞不就。张治于丁未、庚戌连主南宫试，见有光不第，辄不怿者经旬，对客曰："吾为国得士三百人不为喜，而以失一士为恨。"（《归震川先生年谱》）

唐一庵云：嘉靖庚戌以后，廷对策渐失朝廷策士之意。李乐《见闻杂记》卷二："唐一庵先生曰：'本朝只有两部书，一部是《大明律》，一部是状元廷对策。可惜《大明律》今日居官问理者专尚姑息苟且，将律意律文俱不用。廷对策自嘉靖庚戌以前还近古，以后渐失朝廷策士之意矣。'"

据《嘉靖二十九年进士登科录》："第一甲三名，赐进士及第。"

唐汝楫，贯浙江金华府兰溪县，民籍，国子生，治《易经》。字思济，行二十八，年三十七，八月初七日生。曾祖贤，推官累赠光禄大夫太子太保兵部尚书。祖学，累赠光禄大夫太子太保兵部尚书。父龙，前光禄大夫太子太保吏部尚书。前母徐氏，累赠一品夫人；母刘氏，赠一品夫人。永感下。兄汝器，监生；弟汝舟，贡士；汝梅；汝秀；汝渭；汝明；汝阳；汝礼；汝丰；汝淮；汝旦；娶郭氏。顺天府乡试第一百三名，会试第十一名。

吕调阳，贯广西桂林中卫军籍，临桂县人，国子生，治《易经》。字和卿，行三，年三十五，二月十八日生。曾祖鉴。祖纲。父璋，知县。母张氏。具庆下。兄应阳。弟鸣阳、端阳。娶朱氏，继娶张氏。广西乡试第二十二名，会试第八十七名。

姜金和，贯江西饶州府鄱阳县，民籍。县学生，治《易经》。字节之，行一，年三十六，七月初三日生。曾祖宪，伊府长史。祖信，赠刑部郎中。父地，知府。母范氏，封宜人。具庆下。弟金砺。娶王氏，继娶计氏。江西乡试第三十三名，会试第二百八十二名。

据《嘉靖二十九年进士登科录》："第二甲九十五名，赐进士出身。"

田杨，贯福建泉州府晋江县，军籍，府学附学生，治《书经》。字廷翰，行一，年三十一，闰八月初五日生。曾祖隆，封南京吏部郎中。祖昆，知州。父濂。母佘氏，继母陈氏。具庆下。兄梅、桃。弟桂、楣、梗、柱、榜、槭、槐、梃、权。娶世氏，继娶蔡氏。福建乡试第十名，会试第一百二十七名。

陈谏，贯直隶苏州府常熟县，民籍，国子生，治《诗经》。字信可，行二，年四十二，闰九月十一日生。曾祖惠迪。祖立。父复，通判。前母金氏，母徐氏。永感下。兄策。弟节，阴阳正术。娶孙氏。应天府乡试第二十一名，会试第三百名。

宗臣，贯直隶扬州府兴化县，民籍，县学生，治《礼记》。字子相，行一，年二十六，三月初四日生。曾祖玙。祖宪章。父周，知县。母徐氏。具庆下。弟原。娶陆氏。应天府乡试第二十三名，会试第一百七十八名。

包应麟，贯浙江台州府临海县，民籍，国子生，治《春秋》。字子瑞。行三，年三十三，八月初七日生。曾祖原昺，典史。祖祥，寿官。父冀。母胡氏。具庆下。兄铎。弟应芳、应锡。娶陈氏。浙江乡试第五十名，会试第一百七十一名。

林烃章，贯福建兴化府莆田县，民籍，府学附学生，治《书经》。字继晖，行六，年二十，正月二十三日生。曾祖与饰。祖师颐，封礼部主事赠按察司副使。父应标，布政司左布政使。母陈氏，封恭人。重庆下。兄灿章，贡士；炫章；燠章；燡章。弟烺章。娶洪氏。福建乡试第五十五名，会试第十九名。

金立敬，贯浙江台州府临海县，民籍，国子生，治《春秋》。字中夫，行十七，年三十六，十月初十日生。曾祖钧。祖纮，封南京刑部主事。父赍亨，按察司提学副使。母张氏，封安人。具庆下。兄立爱，同科进士。弟立相，贡士；立常。娶陈氏，继娶王氏。浙江乡试第二十六名，会试第二百九十五名。

黄士观，贯福建兴化府莆田县，民籍，府学生，治《书经》。字国光，行五，年二十七，五月十三日生。曾祖思立。祖顺。父珠，知县。母陈氏。具庆下。兄士明。弟士豫、士志。娶陈氏。福建乡试第一名，会试第五十六名。

方弘静，贯直隶徽州府歙县，民籍，府学生，治《易经》。字定之，行三，年三十四，十一月十八日生。曾祖茂富。祖泰孙。父虎。母胡氏，继母郑氏。慈侍下。兄玄静、颐静。弟武静、本静、守静。娶郑氏。应天府乡试第十名，会试第十四名。

傅夏器，贯福建泉州府南安县，军籍，国子生，治《易经》。字廷璜，行三，年四十二，五月初二日生。曾祖良。祖贤。父龄。母王氏。具庆下。弟商器、周器、献器。娶吴氏。福建乡试第六名，会试第一名。

罗一道，贯广东广州府东莞县，军籍，县学附学生，治《诗经》。字贯卿，行一，年三十六，十一月十七日生。曾祖祖胜。祖积真。父观贵。母冯氏。慈侍下。弟一达、一遂、一通。娶李氏。广东乡试第三十九名，会试第二百六十六名。

陈元琰，贯福建福州府怀安县，民籍，府学生，治《春秋》。字仲文，行六，年三十九，十月十七日生。曾祖宗坦。祖聪。父良策，封户部主事。母吴氏，封安人。具庆下。兄元珂，知府。娶蓝氏，继娶李氏。福建乡试第四十三名，会试第一百四十六名。

钦拱极，贯直隶苏州府吴县，匠籍，太仓州人，国子生，治《易经》。字子辰，行四，年四十二，八月十一日生。曾祖昱。祖瑄。父泰。母李氏。严侍下。弟会极、敷极、福极、锡极、太极、寿极、有极。娶王氏。顺天府乡试第十六名，会试第五十名。

陆纮，贯浙江湖州府归安县，民籍，府学生，治《春秋》。字理之，行三，年四十一，四月十九日生。曾祖坦。祖肇。父瑞。母卞氏。永感下。兄经、㻦。弟科，监生；昆；绅；稷；弦、纮。娶卞氏。浙江乡试第九名，会试第八十四名。

游天廷，贯福建镇海卫铜山所，军籍，岁贡生，治《诗经》。字士达，行二，年三十七，十二月初三日生。曾祖存凯。祖洪珍。父晃。前母杨氏，母高氏。慈侍下。兄天衢。娶刘氏。顺天府乡试第二十二名，会试第二十九名。

黄宪卿，贯直隶常州府武进县，民籍，国子生，治《诗经》。字弘度，行一，年四十，八月二十六日生。曾祖孟献，南京太常寺典簿赠刑部员外郎。祖俊，运使进阶资治少尹。父诰，七品散官。母徐氏。具庆下。弟懋卿。娶李氏。应天府乡试第四十二名，会试第四十九名。

张守宗，贯贵州思南府水德司，民籍，府学生，治《诗经》。字继先，行一，年二十五，四月初五日生。曾祖缙。祖益龄。父伟。母向氏。具庆下。娶熊氏。贵州乡试第六名，会试第七十二名。

李光宸，贯广东广州府南海县，民籍，府学增广生，治《诗经》。字仲熙，行二，年二十四，九月二十二日生。曾祖鲜。祖齐。父绍敏。母梁氏。重庆下。兄光宙，贡士。弟光宅、光宰、光宁、光寮、光宾、光寀。娶徐氏。广东乡试第六十一名，会试第一百一十四名。

魏裳，贯湖广武昌府蒲圻县，军籍，国子生，治《诗经》。字顺甫，行九，年三十一，十月初八日生。曾祖碧。祖溶，知县。父正蒙。母李氏。具庆下。兄表，贡士。弟製、裦、衮、裁、裏、袗、裰、衮。娶刘氏。湖广乡试第十二名，会试第六十五名。

胡膏，贯浙江绍兴府余姚县，民籍，国子生，治《易经》。字来霈，行六，年四十二，十月二十六日生。曾祖世泽。祖溥。父珩。母项氏。永感下。兄朝；明，巡检；青，封翰林院编修；映。弟能、龙、腴、宠、脩、胜、冒、肖。娶俞氏。浙江乡试第八十三名，会试第二十二名。

李淑，贯湖广承天府京山县，民籍，江西吉水县人，国子生，治《诗经》。字师孟，行一，年三十四，二月初七日生。曾祖九渊。祖珏。父景瑞。母杨氏。具庆下。娶王氏，继娶陈氏。湖广乡试第三十九名，会试第一百二十五名。

熊桴，贯湖广武昌府武昌县，民籍，国子生，治《诗经》。字元乘，行三，年四十四，正月初九日生。曾祖友信，知县。祖鐩，寿官。父清，县丞。前母周氏，母万氏。永感下。兄极，卫经历；栻，阴阳训术。娶陈氏。湖广乡试第七十七名，会试第二百五十三名。

白启常，贯锦衣卫官籍，直隶武进县人，县学附学生，治《诗经》。字伯伦，行一，年二十二，三月初三日生。曾祖昂，光禄大夫柱国太子太傅刑部尚书赠特进太保谥康敏。祖圻，通议大夫都察院右副都御史。父悦，尚宝司司丞。嫡母邹氏，封宜人；继母杨氏，封宜人；生母陈氏。具庆下。兄若圭，前兵部主事；仲；偶；倬；偲；应；云；儒；侃；伟；若水，监生。弟启景；若璧，监生；启詹；应元；启吴；应奎；应寿；启河。娶富氏。应天府乡试第一百名，会试第五十一名。

李玭，贯顺天府霸州，民籍，国子生，治《易经》。字廷实，行二，年四十三，十一月二十二日生。曾祖达，义官。祖铭，义官。父绍，主簿。母杨氏。慈侍下。兄珮。弟瑚、珠。娶许氏。顺天府乡试第六十八名，会试第九十四名。

任民望，贯山西平阳府临汾县，民籍，国子生，治《书经》。字子重，行一，年三十三，九月初五日生。曾祖本。祖纪，训导。父敏。母范氏。重庆下。弟民敬、民孚。娶安氏。山西乡试第九名，会试第二百五名。

张荣，贯山东登州卫军籍，浙江鄞县人，国子生，治《书经》。字仁卿，行一，年四十一，正月十八日生。曾祖瑄。祖铨。父显。嫡母汪氏，生母彭氏。慈侍下。弟秀、麒、麟、成。娶杨氏。山东乡试第四十五名，会试第一百八十九名。

范楬，贯浙江绍兴府会稽县，民籍，府学附学生，治《诗经》。字子美，行二十五，年三十四，正月十二日生。曾祖镰，知县。祖垣。父琦，典史。母黄氏。慈侍下。兄相、楠、梧、椿、机、本。弟木；楃，省祭官。娶沈氏。浙江乡试第三十名，会试第六十四名。

郑逑，贯福建福州府闽县，民籍，府学生，治《春秋》。字世美，行十，年四十三，二月十一日生。曾祖仕清。祖琳，知县。父觉。母林氏。慈侍下。兄造。娶陈氏。福建乡试第四名，会试第二百五十六名。

吴炳庶，贯浙江台州府仙居县，军籍，县学生，治《易经》。字朝征，行三，年三十一，三月十五日生。曾祖邦庆。祖叔深，府经历赠文林郎。父荣贺，知县。母王氏，封孺人。慈侍下。兄炳熙，监生；炳廉，所吏目。娶朱氏。浙江乡试第七十五名，会试第二十六名。

何思赞，贯广东广州府顺德县，军籍，县学附学生，治《礼记》。字绍襄，行二，年三十一，十月初三日生。曾祖昌，知县。祖一逵，赠文林郎监察御史。父鳌，布政司布政使。前母梁氏，赠孺人；母潘氏，封孺人。永感下。兄思存、思翊。弟思慎、思叙。娶梁氏。广东乡试第二十二名，会试第五十三名。

张蕴，贯应天府高淳县，军籍，县学生，治《诗经》。字一贞，行五，年三十七，十二月二十三日生。曾祖煜。祖坝。父价，通判。母芮氏，继母朱氏、陈氏。永感下。兄芹、薰、苊、道。弟苌。娶虞氏。应天府乡试第四十八名，会试第一百九十九名。

黄甲，贯南京兴武卫军籍，江西上犹县人，国子生，治《易经》。字首卿，行四，年三十二。正月十一日生。曾祖诚。祖润。父钟。母陈氏。具庆下。兄宣、完、宇。娶徐氏。应天府乡试第一百三十四名，会试第二百五十八名。

曹麟，贯湖广黄州府蕲州黄梅县，民籍，国子生，治《春秋》。字汝祥，行二，年三十六，四月二十一日生。曾祖冕。祖友让。父容，所吏目。母黄氏。具庆下。兄钦。弟凤、鲲。娶许氏。湖广乡试第三十三名，会试第二十名。

徐学诗，贯直隶苏州府嘉定县，民籍，县学附学生，治《易经》。字子言，行二，年二十九，十一月初六日生。曾祖杰。祖经。父甫。母陈氏。具庆下。兄学礼。娶欧氏，继娶王氏。应天府乡试第二十八名，会试第一百九十四名。

梁有誉，贯广东广州府番禺县，民籍，国子生，治《诗经》。字公实，行一，年三十二，九月十六日生。曾祖信。祖韶，赠南京河南道监察御史。父世骠，按察司佥事。母张氏，封孺人。慈侍下。弟有孚、有兆、有贞。娶周氏。广东乡试第十一名，会试第八十六名。

郭应聘，贯福建兴化府莆田县，军籍，国子生，治《诗经》。字君宾，行三，年三十一，八月初八日生。曾祖宗训。祖伯玉，封南京户部主事。父湍，通判。前母黄氏，母卓氏。慈侍下。兄应科、应征。弟应重、应全。娶余氏。福建乡试第十二名，会试第二百五十名。

王献图，贯河南归德府宁陵县，民籍，县学生，治《诗经》。字应祥，行一，年二十二。十二月初七日生。曾祖义。祖钥。父灌。母郑氏。慈侍下。弟献书、献奇、献可、献策、献诗、献文、献言。娶张氏。河南乡试第六十二名，会试第一百一名。

曹天佑，贯江西饶州府浮梁县，民籍，国子生，治《诗经》。字有卿，行八，年四十，八月初十日生。曾祖邦仁。祖璲，封知县。父煜，按察司佥事。嫡母李氏，封孺人；生母胡氏。永感下。兄天相，监生；天德，监生；文，监生；弟天宪，兵部员外郎；天章；天俸，贡士；天秩；天球；天衡；天祺；天宠；天胤。娶汪氏。江西乡试第七十一名，会试第二十七名。

万仲，贯江西南昌府进贤县，民籍，县学生，治《书经》。字彦和，行三，年三十六，正月初二日生。曾祖仲熙。祖孔武。父瑚。嫡母傅氏，继母邓氏，生母邓氏。慈侍下。兄伯。弟傅。娶汪氏。江西乡试第二十六名，会试第一百五十七名。

何宽，贯浙江台州府临海县，民籍，国子生，治《诗经》。字汝肃，行二，年三十七，十二月初一日生。曾祖允直。祖侃。父从良，典史。母汪氏。慈侍下。兄宠，贡士。弟寀。娶俞氏。浙江乡试第二十三名，会试第九名。

周诏，贯河南开封府延津县，民籍，国子生，治《书经》。字若师，行三，年三十五，十一月二十三日生。曾祖良。祖珍，寿官。父密，通判。母杨氏。慈侍下。兄训，知县；诰，监生。弟论；诲；言，监生；诗，监生；志；诹；评；讲；諴。娶任氏，继娶孟氏。河南乡试第十八名，会试第二百五十二名。

王三接，贯福建泉州府同安县，军籍，国子生，治《易经》。字允康，行二，年二十五，三月十四日生。曾祖钦智。祖岑。父济。母叶氏。重庆下。兄三赐。弟三聘。娶叶氏。福建乡试第二十二名，会试第二百二十一名。

王道行，贯山西太原府阳曲县，民籍，府学附学生，治《易经》。字明辅，行一，年二十，五月初七日生。曾祖居。祖鼎，寿官。父尚智，巡检。母米氏。具庆下。弟道明。娶杨氏。山西乡试第九名，会试第二百九十一名。

陈应和，贯浙江湖州府归安县，军籍，国子生，治《诗经》。字文祥，行三，年四十七，三月十九日生。曾祖琦，七品散官。祖学，赠知县。父恪，大理寺卿。母朱氏，封太淑人。永感下。兄应期，盐课司提举；应奎，推官。娶潘氏。顺天府乡试第二名，会试第八十一名。

吕燿，贯直隶河间府献县，民籍，国子生，治《诗经》。字思晦，行一，年二十八，三月二十日生。曾祖智。祖霖。父稊。母牛氏。重庆下。弟灿、煌。娶唐氏。顺天府乡试第二十二名，会试第二百二十三名。

胡庭兰，贯广东广州府增城县，民籍，县学生，治《诗经》。字伯贤，行一，年四十四，十月十五日生。曾祖通。祖璋，知县。父凤虞。前母汤氏，母单氏。永感下。弟庭萼。娶张氏，继娶英氏、邓氏。广东乡试第一名，会试第三百十三名。

沈应魁，贯直隶苏州府常熟县，民籍，国子生，治《礼记》。字仲文，行二，年三十七，七月二十三日生。曾祖达，赠刑部主事。祖海，知府。父虞，兵马指挥。母张氏，继母程氏。慈侍下。兄应元，贡士。弟应麒，监生；应聘。娶卢氏。应天府乡试第八十五名，会试第一百五十二名。

柯本，贯福建兴化府莆田县，民籍，国子生，治《诗经》。字正之，行二，年三十四，五月二十八日生。曾祖暄，赠大理寺评事。祖英，知府。父维罴，知县。母卢氏。

永感下。兄梧、植。弟木、梗、鸣、金、楷、楠、桐、杲、槑、集、渠、案、梃、桦、概、楚、朴、干、朱、麓、校、末、杼。娶黄氏。福建乡试第三十六名，会试第五十四名。

金立爱，贯浙江台州府临海县，民籍，国子生，治《春秋》。字元夫，行十五，年三十八，十月初八日生。曾祖鉤。祖纮，封南京刑部主事。父赉亨，按察司提学副使。母张氏，封安人。具庆下。弟立敬，同科进士；立相，贡士；立常。娶虞氏，继娶蔡氏。浙江乡试第四十三名，会试第六十七名。

杨一和，贯云南云南府昆明县，民籍，大理府太和县人，国子生，治《易经》。字贞甫，行二，年四十三，八月十五日生。曾祖鉴。祖斌，遇例冠带。父鼐。母阳氏。具庆下。兄一中。娶李氏。云南乡试第二十五名，会试第二百六十七名。

高岱，贯湖广承天府京山县，军籍，钟祥县人，国子生，治《易经》。字伯宗，行一，年四十三，九月初一日生。曾祖让。祖镇。父节，教谕。母李氏。具庆下。弟嵩；岱，贡士；崟，贡士。娶李氏。湖广乡试第三名，会试第一百六十七名。

李春芳，贯福建泉州府同安县，民籍，国子生，治《易经》。字实夫，行一，年二十六，九月二十三日生。曾祖贤，户部郎中。祖桃，岁贡生。父伯成。母林氏，生母翁氏。慈侍下。弟春菲、春华。娶叶氏。福建乡试第五十六名，会试第七十六名。

徐中行，贯浙江湖州府长兴县，民籍，国子生，治《易经》。字子与，行三，年三十四，八月二十日生。曾祖亨禄。祖礼。父柬，寿官。母许氏。具庆下。兄中孚、中和。娶杨氏。浙江乡试第三十名，会试第一百二十六名。

周希哲，贯四川嘉定州威远县，民籍，国子生，治《诗经》。字叔愚，行二，年三十四，六月二十二日生。曾祖伯瑞。祖卿。父宗江。母魏氏。具庆下。兄希善。弟希台。娶罗氏。四川乡试第九名，会试第一百四十七名。

刘衍祚，贯河南河南府洛阳县，军籍，国子生，治《诗经》。字淑嗣，行一，年三十一，七月初六日生。曾祖纪。祖鼎，寿官。父润，知县。母王氏，继母周氏。重庆下。弟衍畴。娶张氏。河南乡试第六十名，会试第三十一名。

许岳，贯浙江杭州府钱塘县，民籍，国子生，治《书经》。字子峻，行三，年三十二，八月二十一日生。曾祖昌。祖洞，寿官。父桂，听选官。前母沈氏，母顾氏。具庆下。兄山；峤，监生。娶朱氏。浙江乡试第六十二名，会试第一百九十五名。

章懋，贯四川泸州卫，官籍，浙江长兴县人，国子生，治《书经》。字世功，行三，年四十三，三月初六日生。曾祖旺，正千户。祖能。父旒。母同氏。具庆下。兄勋，指挥佥事；德；宪。弟愈。娶荀氏。四川乡试第五十九名，会试第一百六十六名。

朱天球，贯福建漳州府漳浦县，军籍，县学附学生，治《礼记》。字君玉，行四，年二十三，十月十七日生。曾祖德，寿官。祖鲁，寿官。父琯。母陈氏。具庆下。兄鸿渐。弟天中。娶涂氏。福建乡试第三十八名，会试第八十名。

莫如善，贯龙骧卫，军籍，广东恩平县人，国子生，治《易经》。字子明，行一，年四十，九月初二日生。曾祖寅。祖牛。父疑，锦衣卫冠带总旗。母朱氏，旌表节妇。慈侍下。兄如爵，监察御史。弟如士，监察御史。娶凌氏。顺天府乡试第十四名，会试第二百十七名。

冯皋谟，贯浙江嘉兴府海盐县，民籍，县学生，治《书经》。字明卿，行一，年三十一，十月二十日生。曾祖璇，卫经历。祖金。父乾。母吴氏。具庆下。弟诏、训、诰、嘉言、昌言、正言。娶朱氏。浙江乡试第十八名，会试第二百名。

吴一儒，贯浙江湖州府归安县，民籍，嘉兴府崇德县人，国子生，治《书经》。字望鲁，行一，年四十七，九月二十二日生。曾祖琛。祖正。父悦。母徐氏。具庆下。弟一民、一相、一臣。娶钱氏。浙江乡试第十七名，会试第一百六十二名。

陈茂礼，贯浙江宁波府慈溪县，民籍，县学附学生，治《诗经》。字履卿，行三，年二十四，七月二十五日生。曾祖志。祖伦。父安。前母冯氏，继母丘氏，生母王氏。慈侍下。兄茂仁，国子生；茂义，布政使司左参政。弟茂智。娶王氏。浙江乡试第八十六名，会试第二十一名。

阎光潜，贯山东兖州府东平州，军籍，州学生，治《书经》。字孔昭，行二，年三十三，六月初八日生。曾祖宏。祖昂，义官。父儒。母赵氏。具庆下。兄光著。弟光含、承构。娶靳氏。山东乡试第二十三名，会试第七十四名。

李缵，贯福建泉州府晋江县，民籍，国子生，治《礼记》。字存孝，行二，年三十，九月十七日生。曾祖文采。祖朝机。父兴仁。母陈氏，继母张氏、谢氏。具庆下。兄续。娶吴氏。福建乡试第十名，会试第四名。

李慎，贯福建泉州府惠安县，民籍，国子生，治《春秋》。字克念，行三，年四十三，十一月二十三日生。曾祖钦。祖普。父经，赠知县。母曾氏，封孺人。永感下。兄恺，按察司副使；悌，散官。弟懽、怀。娶吴氏。福建乡试第五名，会试第一百六十一名。

田汝麟，贯顺天府涿州，民籍，直隶涞水县人，国子生，治《诗经》。字子仁，行七，年三十六，四月十一日生。曾祖宽，累赠资政大夫礼部尚书。祖景贤，光禄大夫柱国太子太保礼部尚书赠太子太傅。父穗，上林苑监署丞。母翟氏。永感下。兄汝耕、汝耘、汝籽、汝麒、如耟。弟汝耒。娶杨氏。顺天府乡试第一百二名，会试第二百十四名。

邵龄，贯直隶徽州府休宁县，民籍，国子生，治《易经》。字汝仁，行二，年四十二，九月二十八日生。曾祖希武。祖阳德，义官。父廷万，义官。母程氏，继母金氏。慈侍下。兄振。弟爵、麒、龄。娶吴氏。应天府乡试第一百七名，会试第一百三十五名。

欧珮，贯四川潼川州，站籍，直隶吴县人，国子生，治《易经》。字声甫，行三，年三十七，五月十八日生。曾祖仕杰。祖凤。父大钦，封监察御史。前母刘氏，赠孺人；母张氏。永感下。兄珠，前监察御史；珂。弟玠。娶吴氏。四川乡试第十二名，会试第三百十一名。

张选，贯直隶扬州府高邮州，军籍，浙江宁海县人，国子生，治《书经》。字士直，行二，年四十四，正月初七日生。曾祖忠，寿官。祖镗。父涌，封工部郎中。母宣氏，封宜人。永感下。兄道，知州。弟逊，知府；遵；逵，七品散官。娶林氏，继娶徐氏。应天府乡试第七十九名，会试第一百五十三名。

蒙大赉，贯广西柳州府宾州，民籍，国子生，治《礼记》。字善卿，行一，年三十二，十一月初九日生。曾祖赞。祖璋。父仲元，训导。母韦氏。具庆下。弟大惠、大化、大有。娶周氏。广西乡试第三十一名，会试第三十五名。

余应举，贯江西南昌府南昌县，民籍，国子生，治《书经》。字德甫，行一，年三十七，六月二十二日生。曾祖子良。祖泰。父叙。母万氏，继母蒋氏。具庆下。弟应期、应兆。娶李氏。江西乡试第九十一名，会试第二百四十八名。

王叔果，贯浙江温州府永嘉县，灶籍，国子生，治《礼记》。字育德，行一，年三十，二月初七日生。曾祖封。祖钲，封通政司右通政。父澈，兵部郎中。母潘氏，封宜人；继母张氏。具庆下。弟叔杲，贡士。娶林氏。浙江乡试第五十四名，会试第二百六十五名。

李伸，贯江西南昌府南昌县，民籍，县学生，治《礼记》。字道卿，行三，年二十八，八月二十四日生。曾祖纶。祖嵩。父时济。母姜氏。具庆下。兄健、钥。娶喻氏。江西乡试第二十九名，会试第一百三十八名。

周后叔，贯直隶苏州府昆山县，民籍，国子生，治《易经》。字胤昌，行一，年三十四，八月十八日生。曾祖贤。祖永年。父慈。前母徐氏，母陈氏。永感下。弟之程、之甫、之申、之翰、之稼。娶邹氏，继娶戴氏。应天府乡试第五十三名，会试第一百六十五名。

陈柯，贯福建福州府闽县，民籍，国子生，治《易经》。字君则，行三，年三十四，正月十六日生。曾祖绅。祖莹，寿官。父源清，教谕。母马氏。永感下。兄桂。弟模、相、梅、杞。娶林氏。继娶林氏。福建乡试第六十名，会试第二百七十四名。

胡宪仲，贯浙江海宁卫，军籍，海盐县人，国子生，治《书经》。字文澄，行一，年三十七，三月十七日生。曾祖继海。祖宏。父颜。母严氏。严侍下。弟懋叔。娶王氏。浙江乡试第五十八名，会试第七十名。

吴崧，贯云南永昌卫，军籍，浙江嘉兴县人，永昌府学生，治《诗经》。字中望，行一，年三十五，五月十七日生。曾祖诚。祖历。父兰。母华氏。严侍下。弟崇、岐、岩。娶王氏。云南乡试第九名，会试第三百二十名。

方邦庆，贯直隶徽州府婺源县，民籍，国子生，治《书经》。字以贤，行二，年三十四，正月十四日生。曾祖文缵，寿官。祖世明。父照。母程氏。具庆下。兄加庆。弟普庆、可庆。娶罗氏。应天府乡试第二十七名，会试第一百十五名。

柳宗葵，贯直隶河间府河间县，民籍，国子生，治《诗经》。字公献，行一，年二十九，七月十四日生。曾祖祥。祖凤。父志学，恩荣官。母张氏。具庆下。弟宗薰。娶魏氏，继娶陈氏。顺天府乡试第一百二十八名，会试第一百七十四名。

范大儒，贯山东济南府滨州霑化县，军籍，国子生，治《易经》。字子师，行一，年三十五，十月初七日生。曾祖俊。祖魁。父韶仪。母张氏。具庆下。弟大训、大伦、大作、备。娶孙氏。山东乡试第三十五名，会试第九十一名。

薛天华，贯福建泉州府晋江县，民籍，国子生，治《易经》。字思素，行二，年三十八，十二月二十日生。曾祖崇。祖琛。父时通。前母范氏，母魏氏。永感下。兄天荣。弟天富、天民、天申。娶吴氏，继娶陈氏。福建乡试第四十九名，会试第六十九名。

黄大节，贯福建泉州府南安县，民籍，国子生，治《易经》。字克完，行一，年四十一，七月初三日生。曾祖添。祖逸。父存实。嫡母张氏，继母张氏，生母王氏。慈侍下。弟大范、大礼、大乐、大闰、大芳。娶戴氏，继娶谢氏。顺天府乡试第四十六名，会试第三百五名。

孟羽正，贯直隶松江府华亭县，民籍，国子生，治《诗经》。字仲禹，行三，年三十七，三月初二日生。曾祖全。祖元。父永。母沈氏，继母何氏。严侍下。兄羽儒。弟羽中、羽治、羽明、羽业、羽纪、羽文、羽翔。娶董氏。应天府乡试第八名，会试第一百二十二名。

喻楘，贯浙江绍兴府嵊县，民籍，国子生，治《诗经》。字彦章，行十，年四十一，六月十四日生。曾祖谊甫。祖远。父一仪。母胡氏。慈侍下。兄衮、袭、襄。弟表。娶王氏。浙江乡试第八十一名，会试第二十三名。

崔学履，贯顺天府昌平州，民籍，直隶吴县人，国子生，治《易经》。字伯和，行一，年三十六，十月二十日生。曾祖忠，工部文思院大使赠光禄寺卿。祖杰，光禄寺卿。父子才，通判。母吴氏，封孺人。具庆下。弟学谦，岁贡生；学观。娶马氏。顺天府乡试第一百二十四名，会试第一百五十八名。

余田，贯浙江嘉兴府崇德县，军籍，国子生，治《诗经》。字舜耕，行一，年三十三，十月初九日生。曾祖璇。祖僖，县主簿。父怀忠。母赵氏。具庆下。弟畿、疆。娶胡氏。浙江乡试第六十六名，会试第一百八十一名。

聂瀛，贯直隶真定府冀州新河县，匠籍，山西阳曲县人，国子生，治《诗经》。字汝登，行三，年二十九，十月初九日生。曾祖祥。祖富，寿官。父俊。母苗氏。具庆下。兄濂，监生；汀，贡士；弟洲、洛、渭、浃、洵、洽、淇、澜、滨、涣。娶王氏，继娶鲁氏、李氏。顺天府乡试第一百一十八名，会试第九十五名。

郝守业，贯河南开封府钧州，军籍，州学生，治《书经》。字子述，行一，年三十四，闰十二月初七日生。曾祖谅。祖秀。父松。母刘氏，继母郭氏。重庆下。弟守平。娶王氏。河南乡试第四十二名，会试第二百九名。

陈瑞龙，贯广东潮州府潮阳县，民籍，国子生，治《书经》。字体乾，行一，年三十五，十一月二十七日生。曾祖黉。祖万龄。父成周。母杨氏。慈侍下。弟瑞禾。娶萧氏。广东乡试第二十五名，会试第二百四十三名。

王应时，贯福建福州府永福县，民籍，侯官县人，县学生，治《春秋》。字懋行，行二，年三十三，四月十八日生。曾祖宣。祖谭。父容，寿官。母陈氏。严侍下。兄应镐；应钟，监察御史；应曾。弟应期、应钰、应民、应聘。娶林氏。福建乡试第五名，会试第五名。

李彦士，贯山西太原府榆次县，军籍，国子生，治《诗经》。字惟聘，行四，年三十四，六月十九日生。曾祖茂。祖公明。父约。母刘氏。具庆下。兄彦宝；彦金，贡士；彦琛。娶阎氏，继娶安氏。山西乡试第四十七名，会试第一百四十二名。

丁自申，贯福建泉州府晋江县，盐籍，府学附学生，治《易经》。字朋岳，行二，年三十，四月二十一日生。曾祖全。祖德，寿官。父怿。母张氏。具庆下。娶张氏。福建乡试第三十二名，会试第二百三十八名。

陈柏，贯湖广承天府沔阳州，军籍，国子生，治《书经》。字宪卿，行四，年四十五，六月十三日生。曾祖勉，旌表义民。祖瓒。父泮。母吴氏。具庆下。兄梓；杞，监生；松，监生；弟栗；楠；札；格，监生；楹；桂；枢；楼；柔。娶任氏。湖广乡试第七十六名，会试第一百七十名。

蹇来誉，贯四川重庆卫，官籍，国子生，治《书经》。字子修，行一，年三十三，二月十五日生。曾祖应权，百户。祖洪。父廷相。母江氏。慈侍下。弟来朋、来硕、来连。娶王氏。四川乡试第三名，会试第四十七名。

诸暲，贯浙江绍兴府余姚县，民籍，国子生，治《易经》。字子诚，行二十九，年四十二，十二月二十七日生。曾祖惠泽。祖伦。父永贞。母舒氏。永感下。兄时。弟晖、映。娶周氏，继娶许氏。浙江乡试第四十四名，会试第一百三十名。

孙塘，贯浙江杭州右卫后所，军籍，国子生，治《易经》。字子源，行一，年三十八，十月二十三日生。曾祖茂。祖玉。父景昭，义官。母郭氏。慈侍下。兄泰。弟郊。娶盛氏，继娶江氏。浙江乡试第六十五名，会试第一百三名。

据《嘉靖二十九年进士登科录》："第三甲二百二十二名，赐同进士出身。"

崔都，贯山西平阳府蒲州，军籍，国子生，治《书经》。字民极，行三，年三十四，七月二十五日生。曾祖亨。祖连。父经。母李氏。慈侍下。兄周、宪。弟明。娶李氏。山西乡试第四十名，会试第二百三十一名。

何廷钰，贯福建邵武府邵武县，匠籍，国子生，治《诗经》。字润夫，行二，年三十六，十二月初一日生。曾祖琼。祖宽。父洪。母虞氏，继母吴氏。严侍下。兄廷锦。弟廷铣、廷铭、廷锐、廷钟。娶郑氏。福建乡试第六十八名，会试第一百十九名。

吕阳，贯山西平阳卫，官籍，山东曹县人，国子生，治《诗经》。字调阳，行一，年二十九，七月二十三日生。曾祖英，指挥同知赠怀远将军。祖经，指挥同知赠怀远将军。父悦，指挥同知充守备，前母邓氏，赠淑人；母王氏，封淑人。慈侍下。弟昆。娶张氏。山西乡试第二十六名，会试第三百十七名。

詹理，贯浙江严州府遂安县，军籍，县学生，治《春秋》。字燮卿，行二，年三十五，七月十七日生。曾祖永仁。祖廷枨。父文禧。母鲍氏。具庆下。兄珙。弟玲、玢、瑝。娶方氏。浙江乡试第六十九名，会试第六十一名。

赵锵，贯直隶保定府易州，民籍，州学生，治《书经》。字子振，行七，年二十五，四月初六日生。曾祖祐。祖温，府知事。父景荣，义官。前母秦氏，母王氏。慈侍下。兄鏊，典膳；鍪，县主簿；钥；锡；铿，监生；铉。娶徐氏。顺天府乡试第七名，会试第二百六十八名。

王价，贯锦衣卫，旗籍，山东胶州人，顺天府学增广生，治《诗经》。字维藩，行一，年二十三，十月初十日生。曾祖昂。祖缙，锦衣卫副千户。父简。母方氏。具庆下。弟仲、佃、何、攸、佺。娶戴氏。顺天府乡试第四十五名，会试第二百七名。

李邦珍，贯山东济南府肥城县，民籍，国子生，治《易经》。字子玉，行一，年三十八，六月十五日生。曾祖增，省祭官。祖章，义官。父第。母武氏。重庆下，第邦儒、邦仕。娶胡氏。山东乡试第六十六名，会试第二百四十五名。

阎望云，贯山西平阳府解州安邑县，军籍，国子生，治《诗经》。字大济，行二，年三十九，十一月初六日生。曾祖干。祖礼。父宗。母张氏。具庆下。兄凌云。娶卫氏。山西乡试第二十名，会试第二百七十三名。

钱庶，贯直隶苏州府常熟县，民籍，国子生，治《诗经》。字国征，行三，年三十四，三月二十二日生。曾祖建。祖谨。父祀。嫡母徐氏，生母侯氏。慈侍下。兄升、昊。弟之选，同科进士。娶袁氏，继娶徐氏。应天府乡试第一百三十五名，会试第二百三名。

王舆，贯陕西西安府泾阳县，民籍，国子生，治《春秋》。字仲任，行四，年三十八，四月二十二日生。曾祖敬。祖干。父鼎，赠县丞。嫡母张氏，赠孺人；生母张氏。慈侍下。兄辂，知县。娶吴氏，继娶李氏。陕西乡试第五十六名，会试第八名。

丘鹏，贯直隶苏州府长洲县，民籍，国子生，治《易经》。字志弘，行一，年三十九，八月二十八日生。曾祖芳。祖云。父镗。母沈氏。慈侍下。兄山。弟鲸、龙、麒、鹗、渊。娶杨氏。应天府乡试第十八名，会试第四十三名。

傅鸣会，贯直隶真定府灵寿县，校尉籍，县学生，治《礼记》。字汝嘉，行三，年二十九，十二月初九日生。曾祖宽。祖千，寿官。父沔。嫡母李氏，生母王氏。具庆下。兄鸣世；鸣元，监生。弟鸣运。娶罗氏。顺天府乡试第九十三名，会试第二百十八名。

李凤毛，贯四川成都府彭县，民籍，国子生，治《书经》。字于翔，行一，年三十六，闰四月十四日生。曾祖燧，教谕。祖岳，府教授。父培。母邓氏。具庆下。弟凤阁。娶陈氏。顺天府乡试第六十三名，会试第二百八十九名。

高鹤，贯浙江绍兴府山阴县，民籍，国子生，治《易经》。字若龄，行二，年三十四，五月十六日生。曾祖铼。祖玥。父本忠。母胡氏。永感下。弟鹏，鸣。娶张氏。浙江乡试第一名，会试第五十五名。

吴国宝，贯直隶庐州府无为州，民籍，国子生，治《易经》。字懋贤，行一，年三十九，十月二十二日生。曾祖信，寿官。祖景昭，赠吏部主事。父廷翰，布政使司左参议。母李氏，封安人。重庆下。弟国宾、国賨、国赏、国寅。娶谢氏，应天府乡试第八十七名，会试第七十八名。

李方至，贯四川叙州府富顺县，民籍，国子生，治《诗经》。字如川，行二，年四十二，五月十二日生。曾祖本，南京礼部尚书。祖文昌，赠监察御史。父凤，按察司副使。母严氏，封孺人。严侍下。兄方恩，方升。弟方华、方中、方进、方正、方巡、方泰、方苞、方殷、方懋、方捷。娶朱氏。四川乡试第三十六名，会试第二百四十四名。

符允中，贯顺天府永清县，民籍，国子生，治《诗经》。字汝执，行一，年三十一，十一月十四日生。曾祖让。祖钦，卫学教授。父存心。母胡氏。具庆下。弟美中，建中。娶石氏。顺天府乡试第九十名，会试第二百十六名。

袁汝是，贯湖广荆州府石首县，民籍，国子生，治《书经》。字公孺，行四，年三十九，十一月二十九日生。曾祖谆。祖宗稷，公齐。母曾氏。具庆下。兄汝昌，贡士；汝星；汝最。娶刘氏。湖广乡试第二十七名，会试第三十八名。

王极，贯顺天府蓟州，官籍，直隶无为州人，国子生，治《书经》。字伯准，行一，年三十五，九月二十日生。曾祖臣，正千户。祖锐，正千户。父济，正千户。母张氏。重庆下。弟栋、桂、桧、楹、柱。娶邢氏。顺天府乡试第七十八名，会试第二百二十七名。

刘一麟，贯顺天府昌平州，民籍，国子生，治《书经》。字子仁，行一，年三十六，八月二十六日生。曾祖泰，知县。祖嗣荣，右长史进阶亚中大夫。父相，义官。母王氏。慈侍下。娶王氏。顺天府乡试第一名，会试第一百六名。

张林，贯直隶苏州府嘉定县，民籍，国子生，治《易经》。字子培，行一，年三十三，八月初十日生。曾祖璠。祖铠。父沄，岁贡生。嫡母李氏，生母邵氏。具庆下。兄梓，鸿胪寺署丞。弟楚、麓。娶李氏。应天府乡试第五十二名，会试第一百名。

汤日新，贯浙江嘉兴府秀水县，匠籍，国子生，治《书经》。字懋昭，行一，年三十七，六月十八日生。曾祖澄。祖宗远。父诰。母何氏。慈侍下。娶倪氏，继娶张氏。浙江乡试第三名，会试第二名。

郑一龙，贯福建泉州府惠安县，民籍，国子生，治《诗经》。字于田，行一，年三十五，十二月二十五日生。曾祖铭爵。祖宏德。父昭。母王氏。具庆下。弟一麟、一凤。娶刘氏。福建乡试第五十二名，会试第二百二十八名。

张益，贯江西南昌府丰城县，民籍，国子生，治《诗经》。字舜卿，行三，年三十五，十一月初五日生。曾祖定庸。祖先能。父美珩。前母陈氏，母杨氏。具庆下。兄燮。弟莱。娶徐氏。江西乡试第五十二名，会试第二百九十八名。

叶恩，贯锦衣卫军籍，直隶山阳县人，国子生，治《礼记》。字嗣光，行一，年三十八，二月二十九日生。曾祖洋，赠都察院右都御史。祖宝。父策，监生。母王氏。永感下。兄科、稼、儒。弟思、稷、愚、恕、愿。娶盛氏，继娶刘氏。顺天府乡试第三十六名，会试第一百二十一名。

赵河，贯陕西西安府长安县，军籍，府学生，治《诗经》。字伯泓，行二，年三十二，九月十六日生。曾祖寿。祖锐。父珊。前母孙氏，母萧氏。慈侍下。兄洛。弟濂。娶李氏。陕西乡试第二十六名，会试第一百三十九名。

陈道基，贯福建泉州府同安县，民籍，府学生，治《书经》。字以中，行一，年三十二，十二月初十日生。曾祖安。祖材。父光节。母林氏。具庆下。弟道寅。娶蒋氏。福建乡试第六名，会试第二十四名。

黄朝聘，贯广东广州府顺德县，民籍，国子生，治《诗经》。字希尹，行一，年三十四，闰十二月二十四日生。曾祖元。祖培。父忱。前母谈氏，母欧氏。慈侍下。弟朝梦、朝觐、朝载。娶欧氏。继娶欧氏。广东乡试第五十四名，会试第十七名。

张师价，贯四川重庆府巴县，民籍，县学生，治《书经》。字伯垣，行五，年三十四，五月二十八日生。曾祖清，布政司左布政使。祖祥叔，知县。父增，遇例冠带。母罗氏。慈侍下。兄师伦；师伋；师佖，知县；师侗。弟师储。娶岳氏。四川乡试第五十七名，会试第二百十五名。

王希尧，贯陕西庆阳府安化县，民籍，县学生，治《诗经》。字汝仁，行一，年二十六，十一月二十八日生。曾祖允。祖怀，典史。父守正。母刘氏。重庆下。弟希舜、希禹。娶王氏。陕西乡试第三名，会试第一百五十四名。

郑存仁，贯山东东昌府临清州卫河提举司，匠籍，州学增广生，治《诗经》。字子义，行一，年三十二，四月初五日生。曾祖荣。祖贵，寿官。父玺。母黄氏。慈侍下。弟存礼。娶孙氏。山东乡试第二十四名，会试第一百八十八名。

崔近思，贯山东济南府滨州，军籍，国子生，治《书经》。字希睿，行一，年四十三，十月初三日生。曾祖进。祖端，赠推官。父巍，府同知。母穆氏，封孺人。具庆下。弟近里、近臣、近性。娶张氏。山东乡试第十三名，会试第一百四十一名。

陆㯋，贯河南开封府祥符县，民籍，浙江金华县人，县学生，治《易经》。字道函，行七，年四十一，八月二十二日生。曾祖贵，教谕。祖鉴，寿官。父清，训导。前母陈氏、杨氏，母李氏。永感下。兄兰、东。娶袁氏，继娶蒲氏、刘氏。河南乡试第八名，会试第一百七十五名。

孙濬，贯直隶宁国府宣城县，军籍，县学增广生，治《诗经》。字宗禹，行三，年二十九，三月初四日生。曾祖伯凯。祖纶。父相。母徐氏。具庆下。兄淮、汉、潮。弟浲。娶贡氏。应天府乡试第七名，会试第八十五名。

罗瑶，贯湖广岳州府巴陵县，民籍，府学增广生，治《书经》。字国华，行一，年二十八，九月十二日生。曾祖凤，教谕。祖楚彦，驿丞。父汝砺。母颜氏，继母易氏。

严侍下。弟瑜、莹。娶徐氏，湖广乡试第十三名，会试第六十名。

吕焯，贯浙江嘉兴府秀水县，匠籍，县学附学生，治《书经》。字文华，行六，年二十一，六月十七日生。曾祖英。祖廷瑞。父椿。嫡母杨氏，生母陆氏。具庆下。兄烨；辉；炤，监生；灿，监生；炌。弟燨。娶沈氏。浙江乡试第六十二名，会试第八十八名。

王应璧，贯山东东昌府聊城县，民籍，国子生，治《礼记》。字宾之，行四，年三十八，三月十一日生。曾祖义。祖鉴，训导赠监察御史。父禄，运使进阶嘉议大夫。母李氏，赠孺人；继母朱氏，封孺人；许氏。永感下。兄应元、应麒、应祥。弟应参、应麟、应凤。娶夏氏，继娶陈氏。山东乡试第三十八名，会试第二百六名。

张蕙，贯山东济南府德州平原县，民籍，县学生，治《诗经》。字时芳，行四，年三十，十一月二十七日生。曾祖寿，赠光禄寺署丞。祖福，光禄寺署丞。父邦杰，府知事。前母任氏、吴氏，母吴氏，继母祁氏。具庆下。兄衡、兰、芹。娶邵氏。山东乡试第二十二名，会试第一百六十八名。

尤烈，贯福建泉州府晋江县，民籍，国子生，治《易经》。字子伟，行二，年四十四，五月初七日生。曾祖仁。祖理宝，寿官。父明。母洪氏，继母林氏。具庆下。兄寿；赐；子卿，听选官。弟默、兼、庑、然。娶蔡氏。福建乡试第七十六名，会试第六名。

朱景贤，贯直隶苏州府昆山县，民籍，府学附学生，治《易经》。字范之，行二，年三十七，十月十七日生。曾祖缨。祖莹，遇例冠带。父希伯。母孙氏。慈侍下。兄景固，南京前府都事；景仪，监生；景俨；景福；弟景臣；景偶，监生；景僖。娶龚氏，继娶陈氏。应天府乡试第十三名，会试第二百四十一名。

刘勃，贯直隶河间府任丘县，军籍，国子生，治《书经》。字仲安，行二，年二十八，正月初一日生。曾祖赋，仓大使。祖璟。父蓁。前母房氏，母张氏。具庆下。兄动。弟勖、劲。娶章氏。顺天府乡试第二十三名，会试第二百九十四名。

查绛，贯直隶宁国府泾县，民籍，国子生，治《诗经》。字汝素，行一，年三十二，十月二十日生。曾祖琳。祖铜。父标。母盛氏。具庆下。弟经、纬。娶王氏。应天府乡试第三十八名，会试第一百四十八名。

曹光，贯浙江嘉兴府平湖县，民籍，县学生，治《礼记》。字原实，行一，年二十九，十二月二十八日生。曾祖琦。祖深，寿官。父校，监生。母沈氏。具庆下。弟炜。娶顾氏。浙江乡试第十名，会试第七十一名。

王正国，贯河南河南府宜阳县，民籍，国子生，治《易经》。字佐之，行一，年二十九，十二月初七日生。曾祖臣，寿官。祖谟，赠奉直大夫南京吏部文选司郎中。父邦瑞，嘉议大夫吏部左侍郎。母冀氏，封宜人；继母李氏。具庆下。弟正直、正方、正大。娶蔺氏。河南乡试第四十四名，会试第一百六十三名。

李一经，贯河南归德府睢州，军籍，国子生，治《书经》。字子源，行一，年三十一，十二月初二日生。曾祖荣。祖朋。父廷璲，县丞。母任氏。永感下。娶韩氏，继娶唐氏。河南乡试第三十二名，会试第一百四十五名。

杨元吉，贯浙江绍兴府余姚县，民籍，国子生，治《易经》。字来贞，行四，年三十九，九月二十六日生。曾祖昱。祖时中。父廷仪。母张氏，继母柴氏。慈侍下。弟元巽、元仁、元蒙。娶王氏。浙江乡试第四十八名，会试第一百二十三名。

周良寀，贯福建泉州府晋江县，民籍，国子生，治《春秋》。字以介，行一，年三十四，八月二十九日生。曾祖清。祖运。父椿。母王氏。严侍下。弟良寀。娶陈氏。福建乡试第二十一名，会试第二百十二名。

黄正色，贯河南汝宁府光山县，民籍，国子生，治《易经》。字则征，行一，年三十六，七月十七日生。曾祖仕通。祖俸。父甲，监生。母徐氏。重庆下。弟中色。娶王氏，河南乡试第七名，会试第一百四十四名。

况叔祺，贯江西瑞州府高安县，民籍，国子生，治《春秋》。字吉夫，行二，年三十，八月初九日生。曾祖万谋。祖璟，南京刑部郎中。父一经，知州。前母吴氏，母黄氏。慈侍下。弟叔初。娶吴氏。江西乡试第四名，会试第二百四十二名。

谯思，贯四川顺庆府南充县，军籍，国子生，治《易经》。字叔通，行四，年四十五，七月初七日生。曾祖林。祖应隆。父珠，典史。前母黄氏，母黄氏。永感下。兄忠，知县；恕；懋，通判；弟愈。娶王氏。四川乡试第三十一名，会试第二百八十四名。

陈典，贯大宁都司保定中卫，官籍，都司学生，治《诗经》。字子厚，行一，年三十，十月二十日生。曾祖宁。祖大纲。父世昌，县丞。母李氏，继母刘氏。严侍下。弟奥。娶宋氏。顺天府乡试第十一名，会试第一百四十三名。

唐世隆，贯直隶河间府献县，民籍，国子生，治《书经》。字德亨，行二，年三十五，六月初三日生。曾祖凤。祖岷，州吏目。父宪，教谕。母陈氏。重庆下。兄世勋。弟世显。娶刘氏。顺天府乡试第三十九名，会试第二百二十二名。

王用贤，贯直隶保定府祁州，民籍，国子生，治《春秋》。字伯纯，行一，年三十六，闰四月二十四日生。曾祖伟。祖子鲁。父瑶。母张氏，继母李氏。重庆下。弟尚贤、进贤、梦贤。娶刘氏。顺天府乡试第四十三名，会试第一百二十八名。

毛汝麒，贯浙江衢州府龙游县，民籍，县学增广生，治《诗经》。字伯祥，行三，年三十八，九月初三日生。曾祖永福。祖最诚。父文瑛。母江氏，继母姚氏。慈侍下。弟汝獬、汝黑。娶余氏。浙江乡试第三十五名，会试第一百八十二名。

麻济邦，贯陕西延安府绥德州，军籍，山西石州人，国子生，治《易经》。字子忠，行四，年三十三，二月十三日生。曾祖整，知县。祖经，县主簿。父兰，县主簿。母霍氏。具庆下。兄济民、济世、济工。弟济时、济人、济周、济众。娶霍氏。陕西乡试第十四名，会试第一百十七名。

宋登，贯直隶保定府定兴县，民籍，县学生，治《春秋》。字子瀛，行一，年二十五，正月十五日生。曾祖胜。祖琛。父世华。母刘氏。具庆下。娶赵氏。顺天府乡试第十名，会试第二百八十六名。

汤宾，贯直隶河间府沧州南皮县，军籍，国子生，治《易经》。字继寅，行一，年二十七，十二月初七日生。曾祖福春。祖澄，义官。父殷，县丞。前母李氏，母刘氏。具庆下。娶谢氏。顺天府乡试第一百十九名，会试第一百八名。

沈绍庆，贯直隶苏州府昆山县，民籍，国子生，治《易经》。字子善，行一，年三十七，十二月十五日生。曾祖存，知县。祖浈，赠奉政大夫南京吏部郎中。父大楠，知府。母盛氏，封宜人。重庆下。兄思忠，绍孙。弟具庆，衍庆，征庆。娶顾氏，继娶施氏。顺天府乡试第一名，会试第四十五名。

沈阳，贯直隶松江府上海县，民籍，苏州府嘉定县人，县学附学生，治《易经》。字复卿，行三，年三十三，十二月十八日生。曾祖宙。祖岳，七品散官。父龙。母严氏。慈侍下。兄阶，国子生；随。弟陶、陵、浚。娶瞿氏。应天府乡试第一百十六名，会试第二百四十七名。

董遂，贯河南河南府嵩县，民籍，国子生，治《易经》。字叔良，行一，年三十三，三月十九日生。曾祖士新。祖昂。父相，按察司副使。母王氏。具庆下。弟逊；选，贡士；适。娶李氏。河南乡试第十二名，会试第二百十一名。

沈应乾，贯直隶凤阳府五河县，匠籍，国子生，治《诗经》。字惟顺，行一，年四十一，十月十七日生。曾祖礼，监生。祖瀚，审理正进阶分议大夫。父材。母欧氏。具庆下。弟应时，应祯。娶陈氏。应天府乡试第二十一名，会试第三百十名。

郑佶，贯湖广黄州府黄陂县，官籍，国子生，治《易经》。字元健，行三，年三十八，三月初十日生。曾祖子璋。祖乾。父鸾，岁贡生。母周氏。永感下。兄伟、俊。弟仕。娶余氏。湖广乡试第六十四名，会试第二百七十六名。

萧可教，贯直隶扬州府江都县，军籍，国子生，治《易经》。字子修，行一，年四十四，闰正月十八日生。曾祖铠，医学正科。祖深。父𤏅。母马氏。慈侍下。弟可畏、可进。娶张氏。应天府乡试第十五名，会试第二百名。

卫东吴，贯河南南阳府裕州叶县，民籍，县学增广生，治《诗经》。字叔京，行二，年三十一，十二月十五日生。曾祖项，知县赠南京太仆寺卿。祖钺，岁贡生赠工科给事中加赠南京太仆寺卿。父道，南京刑部右侍郎。母焦氏，封淑人。具庆下。兄东楚，贡士。娶康氏。河南乡试第七十七名，会试第一百十六名。

屠仲律，贯直隶营州中屯卫，军籍，浙江平湖县人，国子生，治《书经》。字宗豫，行二，年三十，十二月初八日生。曾祖机，赠刑部尚书。祖勋，太子太保刑部尚书赠太保谥康僖。父应埈，右春坊右谕德。母项氏。慈侍下。兄钰，监生；钶，监生；铸，监生；钛，监生；孟；玄，监生；钺，监生；鐩，监生。弟仲行、铀、钺、锐、镇、镮叔、方叔、章、集。娶张氏，继娶沈氏。顺天府乡试第四十九名，会试第一百四十八名。

荀颖，贯四川保宁府阆中县，民籍，国子生，治《诗经》。字希颜，行一，年三十八。十二月初七日生。曾祖志英。祖昌，寿官。父良璧。母阎氏。重庆下。弟预。娶白氏。四川乡试第四十名，会试第九十二名。

王道直，贯陕西西安府咸阳县，军籍，国子生，治《易经》。字子绳，行二，年三十四，七月二十九日生。曾祖整。祖才，封文林郎监察御史赠中宪大夫按察司副使。父献，布政司左参政。母冯氏，封孺人，加封恭人。慈侍下。兄道正，监生；弟道平、道宽、道纯、道成、道公。娶张氏，继娶柳氏。陕西乡试第三名，会试第一百七十七名。

罗纬，贯四川重庆府巴县，民籍，国子生，治《诗经》。字宿甫，行一，年三十一，正月十八日生。曾祖朝礼。祖仲渊。父文葵。母赵氏。具庆下。弟缙。娶卫氏，继娶陈氏。四川乡试第七名，会试第一百五十六名。

郭立彦，贯福建泉州府晋江县，军盐籍，国子生，治《易经》。字如选，行二，年三十八，十月三十日生。曾祖缵弼。祖津。父桐。母王氏。永感下。兄立言。弟立统、立表。娶尤氏。福建乡试第七十四名，会试第七十三名。

颜弘潞，贯浙江台州府仙居县，民籍，国子生，治《诗经》。字敬文，行三，年三十五，十二月二十二日生。曾祖墀。祖环。父钊。母王氏，继母宋氏。具庆下。兄弘渤、弘渊。弟弘汴、弘淦。娶杜氏。浙江乡试第六十一名，会试第九十九名。

陈庆，贯江西吉安府永丰县，儒籍，国子生，治《易经》。字履旋，行二，年四十一，五月二十九日生。曾祖廷充。祖文彬。父一鹗。母刘氏。慈侍下。兄概。弟贵。娶彭氏。江西乡试第三十三名，会试第二百五十五名。

操守经，贯江西饶州府浮梁县，民籍，县学附学生，治《诗经》。字仲权，行三，年二十七，九月二十五日生。曾祖仕宽。祖汝谐，赠南京工部员外郎。父柏。母李氏。具庆下。兄守仁、守廉。弟守介、守洁。娶郑氏。江西乡试第二十八名，会试第一百三十四名。

潘季驯，贯浙江湖州府归安县，民籍，乌程县人，县学生，治《春秋》。字时良，行十，年三十，四月二十三日生。曾祖璇。祖孝，州判官。父夔，监生。母闵氏。具庆下。兄录；可大，监生；键，监生；伯骧；铣，府知事；仲骖，府同知；可久；叔骏；钛；可贤，贡士。弟可教、锃、禹锡。娶施氏。浙江乡试第九名，会试第一百十三名。

陈经，贯直隶涿鹿左卫，旗籍，国子生，治《书经》。字汝济，行一，年四十五，八月初十日生。曾祖景春。祖信。父松，寿官。母龚氏。永感下。弟纶。娶顾氏。顺天府乡试第四名，会试第九十八名。

赵理，贯浙江绍兴府会稽县，民籍，山阴县人，国子生，治《易经》。字性甫，行七，年三十一，十月十八日生。曾祖闾。祖镒。父洪，典膳。母周氏。慈侍下。兄珊、琳、瑆。娶刘氏。浙江乡试第六十六名，会试第二百六十四名。

翁梦鲤，贯福建兴化府莆田县，民籍，府学附学生，治《书经》。字希登，行一，年二十八，五月十六日生。曾祖绍。祖义。父子迪。母陈氏。慈侍下。娶谢氏。福建乡试第四十九名，会试第一百三十三名。

黄谦，贯福建兴化府莆田县，盐籍，国子生，治《诗经》。字亨夫，行一，年三十二，十月二十七日生。曾祖华，按察司佥事。祖九皋，纳粟千户。父必大，知县。母周氏。严侍下。弟议、海、萃、谧、寅、宾、谨。娶姚氏，继娶陈氏。福建乡试第三名，会试第一百七名。

刘克学，贯四川成都府汉州什邡县，民籍，县学生，治《书经》。字子行，行二，年二十八，正月十九日生。曾祖昱。祖琴辅。父钧，监生。母杨氏。慈侍下。兄克孝。弟克孚、克挚。娶王氏。四川乡试第二十二名，会试第五十二名。

朱安期，贯福建泉州府晋江县，军籍，国子生，治《易经》。字子和，行二，年四十，正月二十六日生。曾祖璇，七品散官。祖轩，七品散官。父潜。前母赵氏，母张氏。慈侍下。兄昌期。弟梧，知县；应期；凤期；鹏期。娶李氏。福建乡试第九名，会试第一百九十八名。

李正彝，贯湖广岳州府巴陵县，军籍，国子生，治《诗经》。字德叙，行二，年三十二，十月二十一日生。曾祖元道。祖必涌。父珣。母余氏。具庆下。兄正仁，省祭官。弟正信。娶赵氏。湖广乡试第十六名，会试第二百六十名。

王诤，贯湖广郧阳府竹山县，民籍，浙江永嘉县人，国子生，治《诗经》。字子孝，行四，年三十五，三月十八日生。曾祖秉圭。祖陆。父炼，府教授。母邵氏。具庆下。兄训、诰、诚。娶蓝氏。应天府乡试第一百十四名，会试第一百九十六名。

王用康，贯山东兖州府东平州汶上县，军籍，县学生，治《易经》。字允靖，行一，年三十，五月十九日生。曾祖亮。祖萱。父尚忠。母杜氏。具庆下。娶冯氏。山东乡试第四十一名，会试第二百五十一名。

董传策，贯直隶松江府上海县，民籍，府学生，治《书经》。字原汉，行六，年二十一，五月二十七日生。曾祖怿，知州进阶奉议大夫。祖继芳。父体仁，岁贡生。母宋氏。具庆下。兄传性、传谟、传教、传诗、传典。弟传章、传科、传史、传奇、传声、传习、传一。娶李氏。应天府乡试第五十八名，会试第十六名。

崔栋，贯顺天府蓟州卫，军籍，州学生，治《礼记》。字孔材，行一，年三十六，二月十五日生。曾祖富。祖继英。父江。前母卢氏，母卢氏。重庆下。弟杨、榛、槟、接、检、榆。娶尹氏。顺天府乡试第三十六名，会试第一百五名。

傅汝砺，贯陕西宁羌卫，军籍，西安府长安县人，国子生，治《诗经》。字若金，行五，年四十二，十月初九日生。曾祖安。祖本。父瑁，寿官。嫡母丁氏，生母王氏。慈侍下。兄铎，知县；汝霖，知县；汝丹；汝楫；汝和。娶何氏。陕西乡试第三十一名，会试第三百四名。

丘橃，贯山东青州府诸城县，民籍，国子生，治《礼记》。字懋实，行四，年三十五，九月三十日生。曾祖能。祖玘。父让。母张氏。具庆下。兄先、贤、瑶。弟桴。娶范氏。山东乡试第二名，会试第一百六十九名。

丘文学，贯山东东昌府博平县，民籍，江西永丰县人，国子生，治《易经》。字子晋，行一，年三十七，十月二十五日生。曾祖一信。祖公玉。父明。母孙氏。重庆下。弟懋学。娶尹氏。山东乡试第四十七名，会试第四十一名。

纪凤鸣，贯锦衣卫旗籍，陕西榆林卫人，国子生，治《诗经》。字明瑞，行一，年三十六，九月十三日生。曾祖溁，赠承德郎太常寺寺丞。祖世梁，太常寺寺丞。父汴，七品散官。母陈氏。严侍下。弟凤仪。娶于氏，继娶王氏、茹氏。顺天府乡试第八十八名，会试第二百九十名。

柳希玭，贯直隶庐州府庐江县，民籍，国子生，治《诗经》。字子敬，行一，年四十五，九月初五日生。曾祖广。祖万。父琪。母王氏。永感下。弟希礼，希浑、希儒。娶刘氏。应天府乡试第七十八名，会试第四十四名。

王潾，贯锦衣卫官籍，直隶长垣县人，国子生，治《易经》。字公沛，行四，年四十一，正月十一日生。曾祖斌，正千户封武德将军。祖宇，正千户封武德将军。父钺，正千户封武德将军。母陈氏，封宜人。慈侍下。兄洧，正千户；沂，副千户；泽。弟洋。娶万氏，继娶季氏。顺天府乡试第一百二十九名，会试第二百八十八名。

袁世荣，贯直隶松江府华亭县，军籍，国子生，治《书经》。字子仁，行一，年三十二，三月十四日生。曾祖凯，布政使司左布政使。祖佩，中书舍人。父赞，前鸿胪寺少卿。母周氏，封孺人。永感下。弟世华、世孝。娶潘氏。应天府乡试第一百名，会试第二百七十一名。

刘效祖，贯武骧左卫籍，山东滨州人，国子生，治《春秋》。字仲修，行二，年二十九，七月初五日生。曾祖能，赠都察院左副都御史。祖通。父寓，官生。母彭氏。永感下。兄希祖。弟继祖、绳祖、同祖、顺祖。娶杜氏。顺天府乡试第一百三十三名，会试第四十八名。

徐应，贯浙江金华府兰溪县，民籍，国子生，治《易经》。字顺叔，行十六，年四十，四月十八日生。曾祖原俊。祖山。父珠。前母陈氏，母洪氏。永感下。兄恕。弟悆。娶郑氏，继娶邵氏。浙江乡试第三十六名，会试第二百四名。

赵周，贯云南大理府太和县，民籍，国子生，治《春秋》。字子郁，行四，年三十九，九月二十九日生。曾祖文义。祖永英。父清。母李氏。永感下。兄仁，县丞；镗，州吏目；亨。娶杨氏。云南乡试第三十三名，会试第三百十四名。

王应显，贯福建漳州府漳浦县，军籍，县学生，治《诗经》。字惟谟，行一，年四十，九月初十日生。曾祖希德。祖亨。父穹。母阮氏。具庆下。弟应纪，应琮。娶郑氏。福建乡试第五十八名，会试第一百七十二名。

谢教，贯直隶常州府武进县，民籍，县学增广生，治《诗经》。字敬敷，行一，年三十五，七月十九日生。曾祖贵，寿官。祖晟。父纬。母浦氏，继母杜氏。具庆下。弟考、征、敕。娶许氏。应天府乡试第七十三名，会试第四十六名。

许公高，贯四川保宁府南部县，军籍，国子生，治《诗经》。字德升，行一，年三十四，九月二十七日生。曾祖瓒，义官。祖正奇。父重本，断事。母庞氏，继母刘氏、任氏。重庆下。弟公亨、公大、公进、公清、公廉。娶沈氏。四川乡试第三十九名，会试第六十八名。

尹庭，贯山东济南府肥城县，民籍，国子生，治《书经》。字子绍，行一，年三十七，二月初九日生。曾祖纲。祖凤。父天民，知县。母孟氏，继母张氏。严侍下。弟进、遴。娶傅氏。山东乡试第三十七名，会试第四十三名。

林兆金，贯福建兴化府莆田县，军籍，国子生，治《书经》。字懋南，行一，年三十六，五月二十四日生。曾祖垠，封文林郎大理寺评事赠通议大夫兵部侍郎兼都察院右佥都御史。祖富，通议大夫兵部右侍郎兼都察院右佥都御史。父万仞，官生。母李氏。慈侍下。弟兆恩、兆居、兆宪、兆诰、兆复、兆琼、兆矛、兆箕、兆穀、兆瓒、兆坤、兆文、兆麟。娶高氏，继娶吴氏。福建乡试第六十三名，会试第二百四十名。

卓尔，贯福建福州府长乐县，民籍，县学生，治《诗经》。字见可，行一，年三十八，五月十一日生。曾祖诚。祖仕英。父廷绅。母林氏。具庆下。弟有为。娶陈氏，继娶陈氏。福建乡试第八十九名，会试第三百十五名。

刘炌，贯浙江嘉兴府海盐县，民籍，国子生，治《书经》。字元白，行六十七，年二十八，二月初七日生。曾祖璠。祖潆，封知县。父术，工部主事。母郑氏，封孺人。慈侍下。兄熠，教谕；焌；谦；兼。弟燿。娶钱氏。浙江乡试第三十二名，会试第七名。

马斯臧，贯河南开封府钧州，民籍，国子生，治《礼记》。字远谟，行一，年三十六，六月二十一日生。曾祖文麟，知县。祖安，封知府。父纪，布政使司右参政。母连氏，封恭人。慈侍下。弟斯才；斯作；斯祖，贡士。娶王氏。河南乡试第五名，会试第三百三名。

杨惟平，贯直隶真定府冀州南宫县，民籍，县学生，治《诗经》。字君正，行一，年三十六，正月十三日生。曾祖辅，县丞。祖懋。父崟。母李氏。慈侍下。弟惟聪、惟中、惟一。娶张氏。顺天府乡试第十九名，会试第一百九十名。

周国卿，贯锦衣卫校籍，浙江海宁县人，国子生，治《易经》。字台仲，行一，年三十六，十月初二日生。曾祖敞。祖珍，义官。父经，义官。母陈氏。具庆下。弟国相、国柱、国良。娶陈氏。顺天府乡试第二名，会试第三十二名。

鲁邦彦，贯河南归德府睢州，民籍，州学增广生，治《书经》。字朝选，行一，年二十三，十一月二十六日生。曾祖诚。祖铎。父勤。母席氏。慈侍下。娶李氏，继娶皇甫氏。河南乡试第一名，会试第十二名。

侯东莱，贯山东莱州府掖县，军籍，国子生，治《诗经》。字儒宗，行二，年二十九，三月初二日生。曾祖信。祖兴。父思义。前母宋氏，母卞氏。慈侍下。兄东鲁。弟东方。娶李氏。山东乡试第六十一名，会试第一百六十四名。

胡崇曾，贯浙江绍兴府会稽县，军籍，府学生，治《易经》。字参伯，行四十三，年三十四，八月初十日生。曾祖谧，布政司右参政加赠大中大夫资治少尹。祖悥，刑部主事。父洲。母何氏。具庆下。弟崇善，监生；崇祖；崇甫；崇吉；崇义；崇科；崇禄。娶杨氏。浙江乡试第七十名，会试第九十六名。

孙佳，贯锦衣卫籍，浙江余姚县人，国子生，治《易经》。字志完，行五十六，年三十八，九月初七日生。曾祖孟宏，赠礼部尚书。祖彬，教谕。父炼。母郑氏。具庆下。兄堪，前军都督府都督佥事；墀，尚宝司司丞；升，国子监祭酒；玉，省祭官。弟坊，刑部主事；坤。娶汪氏。顺天府乡试第十名，会试第一百六十名。

王汝安，贯直隶保定府雄县，军籍，国子生，治《春秋》。字子乐，行一，年四十一，十月初一日生。曾祖明。祖伦。父举。母李氏。具庆下。弟汝宁、汝宜、汝宠、汝寀。娶李氏。顺天府乡试第四名，会试第一百八十七名。

曹本，贯直隶庐州府无为州巢县，军籍，国子生，治《春秋》。字子中，行二，年四十三，十一月二十日生。曾祖亨，知县。祖广，教谕赠户部主事。父琥，知府赠光禄寺卿。母张氏，封安人。永感下。兄采。弟泉、承。娶杨氏，继娶姚氏。应天府乡试第一百二十三名，会试第一百四名。

徐鼎，贯福建漳州府漳浦县，民籍，县学附学生，治《诗经》。字思重，行二，年二十九，十一月初一日生。曾祖仕耕。祖体瑞。父宗祉。嫡母程氏，生母苏氏。慈侍下。兄最。弟遄、贲、昊。娶张氏。福建乡试第五十二名，会试第一百十名。

薛如淮，贯直隶常州府江阴县，民籍，国子生，治《诗经》。字东卿，行二，年四十五，十一月二十五日生。曾祖佺。祖霆，寿官。父鉴，州判。母陈氏。具庆下。兄如渊。弟如沂、如洛、如澜、如淳、如汶、如渑。娶彭氏。应天府乡试第九十二名，会试第一百九十一名。

郭良璞，贯福建泉州府晋江县，军籍，国子生，治《易经》。字卞玉，行一，年三十七，六月二十六日生。曾祖启。祖体毓。父恭。母孙氏。严侍下。弟良琛、良珉、良瑾。娶薛氏。福建乡试第五十九名，会试第三十七名。

段顾言，贯顺天府蓟州遵化县，军籍，山西临汾县人，国子生，治《易经》。字汝行，行一，年二十九，四月二十七日生。曾祖敬。祖璟。父永常，知县。前母郭氏，母张氏。慈侍下。娶李氏。顺天府乡试第三十七名，会试第二百三十名。

周汝器，贯河南汝宁府信阳州罗山县，民籍，县学附学生，治《春秋》。字子才，行一，年三十六，八月二十日生。曾祖通。祖孟宪，寿官。父济。母彭氏。永感下。弟汝贲、汝洛、汝光、汝明、汝第。娶胡氏。河南乡试第四十六名，会试第三十名。

施尧臣，贯直隶池州府青阳县，民籍，县学生，治《诗经》。字钦甫，行二，年三十一，四月初十日生。曾祖戬。祖浤。父宗德。母鲍氏。具庆下。兄恭臣。弟舜臣、文臣、人臣。娶徐氏。应天府乡试第一百九名，会试第三百七名。

赵文同，贯江西南昌府靖安县，军籍，国子生，治《书经》。字一重，行五十八，年三十八，正月十一日生。曾祖子滨。祖珤。父宪。母项氏，继母余氏。具庆下。弟秋、耿。娶涂氏。江西乡试第二十六名，会试第二十八名。

任良贵，贯江西抚州府临川县，民籍，县学增广生，治《诗经》。字汝爵，行七，年三十四，九月二十九日生。曾祖启邦。祖希胜。父锦膺。母饶氏。具庆下。兄良善、良仁、良义、良秉、良彝、良富。弟良寿、良能。娶黄氏。江西乡试第四十四名，会试第二百七十九名。

马濂，贯直隶常州府无锡县，民籍，国子生，治《书经》。字濬卿，行一，年三十七，十月初一日生。曾祖绶。祖珮，寿官。父钝。母吕氏。具庆下。弟怀。娶金氏。应天府乡试第三名，会试第二百三十五名。

张杰夫，贯广东广州府新会县，军籍，国子生，治《诗经》。字朝伯，行二，年三十四，八月三十日生。曾祖时中。祖汝坚。父卿。母李氏。慈侍下。兄俊夫、继夫、厚夫。娶邓氏。广东乡试第三十四名，会试第九十名。

卫心，贯山西泽州阳城县，民籍，国子生，治《易经》。字之正，行一，年四十，十二月初二日生。曾祖完。祖成德。父缙，冠带生员。母李氏。具庆下。娶王氏。山西乡试第七名，会试第一百八十三名。

张灯，贯江西饶州府浮梁县，民籍，国子生，治《易经》。字文辉，行十七，年四十，九月十九日生。曾祖仕宁。祖浒。父乐。母郑氏。永感下。兄炫、烔、炯、美、炽。弟熔、烒。娶朱氏。顺天府乡试第一百二十九名，会试第三百八名。

方正脩，贯四川潼川州，民籍，国子生，治《礼记》。字仲安，行二，年三十三，五月十六日生。曾祖策。祖自中。父巩。前母叶氏，母程氏。慈侍下。兄正仪、正明、正传。娶周氏，继娶傅氏。四川乡试第五名，会试第二百四十九名。

时通，贯锦衣卫匠籍，应天府上元县人，国子生，治《诗经》。字睿夫，行二，年三十五，三月二十九日生。曾祖良。祖纶。父铎。前母张氏，母单氏。永感下。兄逶。弟达、逢、迁。娶孙氏。顺天府乡试第九十名，会试第二百五十四名。

高敏学，贯顺天府宝坻县，民籍，县学生，治《诗经》。字希曾，行二，年三十二，十月十二日生。曾祖俊。祖升。父琦，巡检。母陈氏。具庆下。兄文学，州判官。弟致学、敬学。娶王氏。顺天府乡试第七十名，会试第一百五十九名。

路楷，贯山东兖州府东平州汶上县，民籍，县学生，治《书经》。字子中，行二，年二十九，四月初二日生。曾祖宽，赠通议大夫都察院右副都御史加赠兵部左侍郎。祖明，封兵部主事赠通议大夫都察院右副都御史加赠兵部左侍郎。父迎，兵部尚书。前母李氏，赠安人，加赠淑人；母郑氏，封安人，加封淑人。严侍下。兄栻。弟柱，监生；槐，贡士；桂，官生；椴，官生。娶徐氏。山东乡试第八名，会试第六十三名。

姚世熙，贯贵州新添卫官籍，直隶舒城县人，国子生，治《易经》。字思载，行一，年二十八，十月十一日生。曾祖信。祖鉴，百户。父璋。母胡氏。具庆下。弟世泰、世和。娶潘氏。贵州乡试第四名，会试第一百四十九名。

牟蓁，贯四川重庆府巴县，军籍，国子生，治《书经》。字以登，行三，年五十八，十月初一日生。曾祖永英，赠都察院左佥都御史。祖俸，都察院右副都御史。父正大，知州进阶奉政大夫。母杨氏，封太宜人。永感下。兄泰，知府；春。娶陈氏。四川乡试第二十七名，会试第一百八十名。

卢镒，贯陕西西安府咸宁县，民籍，国子生，治《书经》。字君万，行一，年三十，七月初五日生。曾祖茂。祖祐。父维，盐运司知事。母刘氏，继母杨氏、葛氏。具庆下。弟锷、钟、钿、镛。娶桑氏。陕西乡试第二十八名，会试第一百五十名。

沈应时，贯河南河南卫，军籍，国子生，治《易经》。字子易，行一，年三十，十二月二十一日生。曾祖宏。祖澜。父机。母辛氏。具庆下。弟随时、秉时、济时。娶李氏。河南乡试第六十八名，会试第二百九十三名。

孙荣仁，贯河南开封府郑州，民籍，国子生，治《书经》。字惟善，行一，年三十七，六月十九日生。曾祖祥。祖玘。父道。母张氏。永感下。弟安仁、依仁。娶杨氏。河南乡试第三名，会试第二百六十二名。

姚邦材，贯浙江湖州府归安县，民籍，国子生，治《书经》。字抡伯，行一，年四十五，二月初三日生。曾祖恺，典史。祖祯，知县。父舜臣。母吴氏。永感下。弟邦荣、邦彦。娶叶氏。浙江乡试第六名，会试第二百九十七名。

曹司贤，贯湖广常德府武陵县，军籍，府学生，治《书经》。字名卿，行六，年三十一，四月二十二日生。曾祖鉴，递运所大使。祖祥，卫经历。父文相，兵马司指挥。母杨氏。慈侍下。兄司清。弟司忠。娶王氏。湖广乡试第八名，会试第八十三名。

王如纶，贯直隶真定府晋州安平县，民籍，国子生，治《易经》。字汝言，行一，年四十，十月二十七日生。曾祖鉴。祖昭。父杰，散官。母刘氏。具庆下。娶李氏。顺天府乡试第六名，会试第一百九十名。

麻瀛，贯直隶宁国府宣城县，军籍，国子生，治《诗经》。字登之，行二，年四十一，六月初一日生。曾祖泰十。祖愈二。父伟。母王氏。具庆下。弟滋、汉、济、注、涯。娶马氏，继娶唐氏。应天府乡试第一百十七名，会试第一百八十二名。

樊钟岱，贯直隶保定府清苑县，民籍，府学生，治《诗经》。字东望，行一，年三十五，四月初六日生。曾祖珷。祖昺，知县。父衍，训导。母郁氏，继母刘氏。具庆下。弟钟恒。娶常氏，继娶张氏。顺天府乡试第二十四名，会试第二百三十七名。

于闻，贯四川成都左护卫，军籍，府学增广生，治《易经》。字子行，行一，年三十五，四月二十一日生。曾祖聪。祖纪。父敬。母蒲氏，继母魏氏。具庆下。弟问。娶张氏。四川乡试第五十六名，会试第三百十九名。

吴翰词，贯湖广德安府随州应山县，民籍，江西金溪县人，国子生，治《诗经》。字子脩，行二十一，年三十七，正月二十八日生。曾祖伯重。祖希泰。父珊。母李氏。永感下。兄翰霖、翰章、翰秩。弟翰书。娶应氏，继娶闵氏。湖广乡试第七十五名，会试第二百三十二名。

刘畿，贯直隶苏州府长洲县，民籍，府学生，治《易经》。字朝宗，行一，年四十二，四月十三日生。曾祖浒，承事郎。祖桐，知县。父点，阴阳正术。母陈氏，继母都氏。慈侍下。弟坊、堪。娶钱氏。应天府乡试第五十名，会试第三百十二名。

岑远，贯广东广州府南海县，军籍，国子生，治《易经》。字昂霄，行四，年三十五，五月初一日生。曾祖桂清。祖观全。父妙安。母梁氏。慈侍下。兄达、贵、逵。娶梁氏，继娶黄氏。广东乡试第二十八名，会试第一百四十名。

钱铸，贯顺天府大兴县，匠籍，直隶吴县人，国子生，治《书经》。字宗颜，行二，年三十八，十月二十四日生。曾祖通。祖昭。父洪。母张氏，继母于氏。慈侍下。兄铎。弟铺、镐、录、铉。娶阎氏。顺天府乡试第六十五名，会试第一百七十六名。

黄垣，贯江西南昌府南昌县，民籍，县学附学生，治《诗经》。字拱辰，行四，年二十九，三月二十六日生。曾祖子厚。祖橙。父钟，岁贡生。母张氏，继母熊氏。重庆下。兄圻。弟埏。娶万氏。江西乡试第二十名，会试第二百八十七名。

王守充，贯广东惠州府归善县，军籍，县学生，治《易经》。字美中，行三，年二十八，三月十五日生。曾祖玺。祖凤翥。父密。母李氏。具庆下。兄守立、守高。娶叶氏。广东乡试第十九名，会试第二百二十九名。

秦钫，贯浙江宁波府慈溪县，民籍，府学附学生，治《诗经》。字鸣和，行七十一，年二十九，十一月二十四日生。曾祖木。祖焯。父垠。前母杨氏，母刘氏，继母王氏。慈侍下。兄铎、钜。弟銛。娶华氏。浙江乡试第五十名，会试第十三名。

张云霖，贯辽东广宁左卫，官籍，山西应州人，国子生，治《诗经》。字子润，行一，年四十二，正月二十六日生。曾祖端。祖铭。父春。母郭氏，继母吴氏。慈侍下。弟云瑞。娶郑氏，继娶陈氏。顺天府乡试第六十二名，会试第三十三名。

纪公巡，贯山东东昌府高唐州恩县，民籍，县学增广生，治《易经》。字恒甫，行二，年三十一，二月初七日生。曾祖纶，监生。祖存仁，知县。父鹤，医官。母刘氏。具庆下。兄公遇。弟公逊、公迪、公述。娶马氏。山东乡试第五十八名，会试第一百七十九名。

陈宗虞，贯四川保宁千户所，军籍，国子生，治《春秋》。字于韶，行二，年二十八，四月初九日生。曾祖政。祖敏。父信。前母邢氏，母杨氏，继母陆氏。具庆下。兄吉；宗周，贡士。娶徐氏，继娶杨氏。四川乡试第二名，会试第二百一名。

宋继先，贯山东莱州府潍县，军籍，国子生，治《诗经》。字子孝，行三，年二十九，正月十九日生。曾祖英，巡检。祖铎。父大强。母唐氏。具庆下。兄豹、继商。弟继鲁。娶王氏。山东乡试第十九名，会试第二百十名。

张峰，贯福建泉州府惠安县，民籍，县学生，治《诗经》。字维直，行四，年四十一，正月二十七日生。曾祖茂，县丞。祖纶，知县赠通议大夫都察院右副都御史。父忱。母蔡氏。永感下。兄岳，都察院右都御史；嵩；崑。弟嵚、峇、凤山。娶何氏。福建乡试第二十名，会试第五十七名。

罗元祯，贯江西饶州府鄱阳县，匠籍，府学生，治《诗经》。字汝符，行八，年三十一，十一月初七日生。曾祖清。祖瑄。父容。母黄氏。慈侍下。兄元恺、元吉。弟元勋、元良、元气、元龄、元和、元士、元亨。娶胡氏。江西乡试第七十名，会试第二百六十九名。

栾尚约，贯山东莱州府胶州，军籍，国子生，治《礼记》。字孔源，行四，年二十四，十月二十日生。曾祖鸣。祖滋，闽官赠文林郎知县。父骡，代府右长史。母张氏，赠孺人；继母刘氏，封孺人。具庆下。兄尚纲、尚志、尚简。弟尚缜、尚纯。娶匡氏。山东乡试第六十二名，会试第二百二十五名。

方攸跻，贯福建兴化府莆田县，民籍，府学增广生，治《书经》。字君敬，行三，年三十九，七月二十八日生。曾祖朝深，累封南京礼部郎中赠都察院右副都御史。祖良节，布政司左布政使。父重熙，贡士。前母林氏，母翁氏。永感下。兄攸塈，通事舍人；叔猷，贡士。弟攸宁；攸宜；攸居，监生；攸叙；攸同；攸宾。娶刘氏。福建乡试第七十七名，会试第一百八十五名。

周岱，贯直隶扬州府泰兴县，灶籍，国子生，治《诗经》。字伯宗，行二，年三十二，九月初七日生。曾祖廷璋。祖义。父舜。母于氏。具庆下。兄岳。弟崇、峰、嶅、嵘、峻。娶何氏。应天府乡试第八十七名，会试第一百三十一名。

王汝述，贯浙江金华府金华县，民籍，国子生，治《诗经》。字朝明，行四十八，年三十六，六月十五日生。曾祖克厚。祖琨，封刑部主事。父铨，按察司佥事。嫡母朱氏，封安人，生母黄氏。慈侍下。兄汝谦；汝嘉；汝舟；汝光，监生；汝耀，监生；汝伦，典膳；汝伟，府经历；汝继；汝仪；汝倬；汝新；汝直。娶陈氏。浙江乡试第二名，会试第一百九十二名。

周秀，贯浙江金华府永康县，民籍，国子生，治《诗经》。字实卿，行二十八，年三十五，正月二十九日生。曾祖伦。祖琅。父锵。母胡氏。具庆下。兄俊，监生。弟鸿。娶陈氏。浙江乡试第三十四名，会试第一百二名。

陶天忠，贯浙江宁波府鄞县，军籍，府学生，治《易经》。字舜佐，行六，年三十三，八月初十日生。曾祖雍。祖敏。父钥。母李氏。具庆下。弟天爵、天宠。娶李氏，继娶翁氏。浙江乡试第四十二名，会试第一百八十六名。

杨守愚，贯直隶大名府大名县，军籍，国子生，治《诗经》。字子发，行二，年四十五，三月十九日生。曾祖安。祖辂，散官。父希哲。母李氏。慈侍下。兄智。弟守鲁、守纯、守约、守恶、光、守木、守默。娶张氏。顺天府乡试第一百二十八名，会试第二百三十六名。

文希儒，贯广西桂林府全州，民籍，国子生，治《易经》。字真卿，行三，年三十三，十二月初九日生。曾祖克钰。祖均暚。父有澜。母伍氏。具庆下。弟希脩，教谕。娶伍氏，继娶唐氏。广西乡试第七名，会试第二百六十一名。

陈耀文，贯河南汝宁府确山县，军籍，国子生，治《易经》。字晦伯，行一，年二十七，正月初六日生。曾祖仁，岁贡生。祖万言，卫经历。父惟精。母张氏。重庆下。

弟耀武、耀勋、耀儒、耀德。娶李氏。河南乡试第十五名，会试第一百三十二名。

刘贽，贯河南河南府洛阳县，匠籍，国子生，治《易经》。字子礼，行一，年二十八，三月十三日生。曾祖皓。祖江。父相，训导。母王氏。具庆下。弟贷、贳、慎。娶杨氏。河南乡试第十五名，会试第六十六名。

王元春，贯浙江绍兴府山阴县，民籍，国子生，治《易经》。字孟和，行九，年四十二，十二月二十九日生。曾祖珉。祖哲。父滋。母漏氏，继母陈氏。具庆下。兄棣。弟元默；材；元道；元敬，贡士。娶陈氏。浙江乡试第四十九名，会试第十八名。

姚绍祖，贯直隶德州卫，军籍，国子生，治《诗经》。字景芳，行一，年四十四，五月初十日生。曾祖慷。祖玉，伴读进阶登仕佐郎。父宁。母姜氏，继母王氏、胡氏。严侍下。弟继贤、绳武。娶徐氏。山东乡试第三十六名，会试第二百六十三名。

吴一澜，贯江西南昌府南昌县，民籍，国子生，治《诗经》。字汝观，行五，年二十八，正月十二日生。曾祖玘，县丞。祖韫锷。父显纬。母徐氏。具庆下。弟一泓、一潮。娶余氏。江西乡试第三十四名，会试第二百七十五名。

昌应时，贯福建兴化府莆田县，军籍，府学附学生，治《书经》。字廷佐，行三，年二十七，十月初二日生。曾祖孟和，寿官。祖体敬。父在通。母朱氏。具庆下。兄应瑞；应富；应会，贡士。弟应科、应际。娶罗氏，继娶陈氏。福建乡试第十五名，会试第二百七十七名。

江一川，贯江西南康府都昌县，官籍，国子生，治《礼记》。字体行，行三十，年四十，十二月十七日生。曾祖陵。祖山辉。父鳟。母李氏，继母舒氏。具庆下。弟一蜚。娶汪氏。江西乡试第五名，会试第八十九名。

万民英，贯大宁都司茂山卫右所，军籍，湖广江夏县人，直隶易州学生，治《书经》。字子才，行四，年二十九，十二月十八日生。曾祖源。祖敬，义官。父魁，县主簿。嫡母周氏，生母赵氏。慈侍下。兄民和，义官；民俊；民杰。弟民平；民范，贡士。娶岳氏。顺天府乡试第六十六名，会试第一百三十六名。

刘光远，贯河南开封府杞县，民籍，宛平县富户，国子生，治《诗经》。字子旭，行一，年四十六，正月初四日生。曾祖鉴。祖琼。父持敬，监生。母李氏，继母李氏。永感下。弟光运，九品散官；光遂；光迎，贡士；光选。娶徐氏。河南乡试第三十一名，会试第七十五名。

谭臬，贯四川重庆府涪州，民籍，州学生，治《易经》。字朝宪，行二，年三十一，九月二十八日生。曾祖本芳。祖宗学，寿官。父伟，封大理寺评事。母沈氏，封孺人。重庆下。兄荣，布政司右参议；荣；讲。弟渠、梁。娶胡氏。四川乡试第六十四名，会试第二百十三名

颜会，贯福建漳州府龙溪县，军籍，国子生，治《易经》。字礼卿，行一，年三十七，八月十六日生。曾祖光理。祖子敬。父甫用。母杨氏。慈侍下。娶何氏。福建乡试第二十七名，会试第一百五十五名。

裴天祐，贯直隶淮安府海州赣榆县，民籍，国子生，治《诗经》。字顺之，行三，年四十一，十月二十四日生。曾祖盛。祖通，县丞。父璋，监生。母仲氏。永感下。兄天伦、天祚。弟天倪、天泽。娶张氏。应天府乡试第七十三名，会试第二百三十九名。

孙锐，贯浙江台州府临海县，军籍，国子生，治《礼记》。字希纯，行四，年四十，八月初五日生。曾祖文泽。祖楷。父瓒。嫡母王氏，继母黄氏，生母丁氏。永感下。兄鉴；钜，寿官；铿，通判。娶周氏。浙江乡试第九名，会试第一百九十三名。

蹇应祺，贯陕西西安府泾阳县，民籍，国子生，治《春秋》。字伯吉，行七，年三十二，十二月初四日生。曾祖真。祖鸾。父贤，知县。母刘氏。慈侍下。兄永康；永宁，县丞；永福，王府引礼舍人；应祥；应辰；永亨。弟应宿、应祜。娶刘氏。陕西乡试第五十九名，会试第二百三十三名。

彭继业，贯山东莱州府胶州守御千户所，军籍，江西龙泉县人，国子生，治《春秋》。字大芳，行二，年三十四，二月初三日生。曾祖源，赠南京刑部主事。祖瓒，南京刑部主事。父鹤龄，训导。母纪氏。慈侍下。兄继祖，贡士。娶王氏，继娶李氏。山东乡试第七十名，会试第九十七名。

牛轵，贯山西泽州高平县，民籍，国子生，治《易经》。字伯行，行三，年四十二，四月二十六日生。曾祖睿。祖拳。父琏。母李氏。永感下。兄辅、轩。弟轶。娶秦氏，继娶李氏。山西乡试第十一名，会试第三百二名。

赵时举，贯广东潮州府饶平县，民籍，国子生，治《书经》。字存晦，行一，年四十一，七月十三日生。曾祖权。祖试。父通，知州。母张氏。永感下。娶陈氏，继娶周氏。广东乡试第十七名，会试第二百八十五名。

郑逢阳，贯顺天府固安县，民籍，国子生，治《诗经》。字道亨，行一，年三十七，三月二十五日生。曾祖嗣恭。祖纯。父恕。母庞氏。慈侍下。弟逢时，贡士。娶方氏。顺天府乡试第一百三十二名，会试第三十六名。

钱镎，贯湖广显陵卫，官籍，荆州府学增广生，治《易经》。字鸣叔，行一，年二十六，八月初九日生。曾祖通。祖康。父寰。母赵氏。慈侍下。弟铢、铤。娶蒋氏。湖广乡试第三十八名，会试第一百七十三名。

陶应龙，贯直隶真定府冀州枣强县，军籍，县学生，治《诗经》。字文化，行一，年四十二，十一月二十一日生。曾祖源。祖全。父明。母杨氏。具庆下。弟应麒。娶高氏，继娶李氏。顺天府乡试第一百十八名，会试第二百四十六名。

郑国宾，贯浙江金华府兰溪县，民籍，国子生，治《易经》。字汝嘉，行九十，年三十二，三月二十七日生。曾祖锜，知县。祖瑞。父缵。前母赵氏，母陈氏。严侍下。娶邵氏。浙江乡试第八十九名，会试第三百一名。

王文翰，贯山西汾州卫，军籍，直隶蒙城县人，国子生，治《诗经》。字则野，行五，年三十九，十二月二十二日生。曾祖全。祖林。父继，寿官。前母吴氏，母黄氏。永感下。兄文宗；文宣；文荣，义官；文华。娶韩氏。山西乡试第二十三名，会试第一百五十一名。

陈斗南，贯直隶淮安府盐城县，灶籍，县学生，治《诗经》。字子一，行四，年三十五，二月初四日生。曾祖宗美。祖伦。父训，知县。母刘氏，继母季氏。严侍下。兄斗爵、斗箕。弟斗璧、斗枢、斗相、斗科、二南。娶夏氏。应天府乡试第十五名，会试第三名。

巫继咸，贯直隶广德州，民籍，国子生，治《礼记》。字宗臣，行六，年三十五，七月二十三日生。曾祖慈。祖浩。父危。母葛氏，继母侯氏。慈侍下。兄尚文。弟尚质、尚友、尚宾。娶步氏。应天府乡试第一百九名，会试第二百七十八名。

张佳胤，贯四川重庆府合州铜梁县，军籍，县学生，治《易经》。字肖甫，行二，年二十四，七月初五日生。曾祖迥。祖曰巽。父文锦。母沈氏。重庆下。兄宗胤。弟锡胤。娶向氏。四川乡试第十五名，会试第八十二名。

吴国伦，贯湖广武昌府兴国州，军籍，州学生，治《易经》。字明可，行五，年二十七，正月二十一日生。曾祖澄。祖义。父颜。母李氏。永感下。兄国佐、国仕、国典、国化。娶陈氏。湖广乡试第一名，会试第三百十六名。

王杰，贯浙江湖州府乌程县，匠籍，国子生，治《春秋》。字子秀，行二，年三十六，九月十三日生。曾祖镛。祖盘。父滔，医学正术。母朱氏，继母闵氏。永感下。兄材。弟榜，监生；本，监生；杏；梯；乐；桐。娶张氏。应天府乡试第八十二名，会试第七十九名。

郑伯兴，贯直隶常州府无锡县，民籍，国子生，治《诗经》。字子振，行三，年三十四，五月十七日生。曾祖恪。祖莼。父钺。母傅氏。具庆下。兄伯强、伯达。娶顾氏。应天府乡试第十三名，会试第二十五名。

康世耀，贯直隶保定府完县，军籍，大宁都司保定中卫人，县学增广生，治《诗经》。字子潜，行一，年二十四，二月二十一日生。曾祖有能。祖旺。父驯。母冀氏。重庆下。弟世辉、世炫、世光。娶石氏。顺天府乡试第一百十四名，会试第二百八十一名。

王乔年，贯山东莱州府高密县，民籍，县学生，治《诗经》。字耆卿，行一，年二十六，四月初四日生。曾祖仁。祖辅，府教授。父邦宪，训导。前母张氏，母李氏。慈侍下。娶单氏，继娶管氏。山东乡试第五十四名，会试第三百十名。

谢莆，贯山西太原府代州，旗籍，国子生，治《诗经》。字符德，行七，年三十六，五月十八日生。曾祖铎，推官。祖玺，按察司佥事赠通议大夫工部右侍郎。父国表，监察御史。母吴氏，封太孺人。永感下。兄芝，按察司副使；兰，通议大夫兵部右侍郎；蕃；葵，监生；菊；荫。弟草。娶高氏，继娶王氏。山西乡试第三十名，会试第七十七名。

李体，贯直隶大名府开州长垣县，民籍，国子生，治《诗经》。字仲全，行四，年四十五，十二月十五日生。曾祖荣。祖泰。父垻，训导。母陈氏。永感下。娶陈氏。顺

天府乡试第一百二十四名，会试第一百八十四名。

王言，贯陕西巩昌府陇西县，军匠籍，国子生，治《春秋》。字子大，行一，年二十六，三月十一日生。曾祖通。祖锐，寿官。父世福。母巨氏。具庆下。弟心。娶乔氏。陕西乡试第二十五名，会试第三百九名。

夏栻，贯江西南昌府丰城县，匠籍，县学生，治《易经》。字廷瞻，行六，年二十五，九月二十九日生。曾祖曰�。祖宗捷。父若水，岁贡生。母周氏，继母孙氏。具庆下。娶熊氏。江西乡试第三十八名，会试第五十八名。

杨乾亨，贯江西南昌府南昌县，民籍，国子生，治《诗经》。字启元，行四，年三十五，十二月十八日生。曾祖祐，都司经历进阶奉训大夫。祖英，知县。父元龙。母辜氏。慈侍下。兄文亨；永亨；郎，国子监学正；赐亨、晨亨。弟仕亨、尚亨、谦亨、端亨、光亨、濬亨。娶张氏。江西乡试第二名，会试第二百五十七名。

张升，贯山西泽州阳城县，民籍，国子生，治《易经》。字伯东，行一，年三十七，正月十一日生。曾祖演。祖表。父晓。母王氏。慈侍下。弟冕、鼎。娶尹氏，继娶王氏。山西乡试第二十二名，会试第一百十一名。

乔光大，贯山西太原府忻州定襄县，军籍，国子生，治《书经》。字子充，行一，年三十八，八月初十日生。曾祖瑛，寿官。祖震，知州。父茂亨，州吏目。母郭氏。慈侍下。弟光远、光宙、光宣、光裕、光祚、光武。娶杨氏。山西乡试第十八名，会试第一百九名。

许�，贯浙江嘉兴府嘉兴县，民籍，国子生，治《书经》。字文升，行四，年三十二，十一月二十六日生。曾祖钢。祖节。父梧，训导。母朱氏。具庆下。兄灼、燿、熇。娶葛氏。浙江乡试第八十名，会试第一百二十四名。

丁希孔，贯山东登州府招远县，民籍，国子生，治《易经》。字颜学，行一，年三十，八月二十二日生。曾祖忠。祖享。父豪，省祭官。母刘氏。具庆下。弟希尹。娶刘氏，继娶孙氏。山东乡试第六十名，会试第五十九名。

文阶，贯四川顺庆府南充县，民籍，国子生，治《诗经》。字克升，行二，年三十四，八月初四日生。曾祖廷举。祖子英，教谕。父藻。前母王氏，母刘氏，继母刘氏。具庆下。兄德。弟阳、陛。娶易氏。四川乡试第二十二名，会试第二百八十三名。

丁永成，贯山东济南府德州，军籍，国子生，治《诗经》。字子观，行一，年四十一，十月十六日生。曾祖琛。祖鑑。父�趗。母唐氏，继母李氏。具庆下。娶张氏，继娶陈氏。山东乡试第四十八名，会试第三十九名。

王铁，贯武骧左卫军籍，浙江东阳县人，国子生，治《书经》。字德威，行四，年三十七，四月十四日生。曾祖邦治。祖通。父睿。前母郭氏，母和氏。慈侍下。兄钺、钊、铎。弟镞。娶董氏。顺天府乡试第五十二名，会试第二百五十九名。

钟崇武，贯江西南昌府南昌县，民籍，国子生，治《礼记》。字季烈，行二，年三十四，十一月二十二日生。曾祖叔顥。祖光。父任，寿光。母田氏。具庆下。兄崇文。

娶胡氏。江西乡试第五名，会试第十名。

陈治安，贯贵州宣慰司军籍，直隶昆山县人，宣慰司学增广生，治《诗经》。字超谊，行一，年二十九，四月十一日生。曾祖晟。祖锐。父恕。母耿氏。具庆下。娶李氏。贵州乡试第十八名，会试第二百二十名。

万虞龙，贯江西南昌府南昌县，民籍，国子生，治《诗经》。字言卿，行七，年二十九，五月初六日生。曾祖韫华。祖钟秀，寿官。父开礼，州判官。前母熊氏，母林氏。具庆下。兄虞佐。娶刘氏。江西乡试第八十二名，会试第十五名。

孙应魁，贯直隶松江府上海县，民籍，国子生，治《诗经》。字元之，行一，年三十二，八月初九日生。曾祖寅，七品散官。祖鹗，刑部司务。父继科，监生。母刘氏。具庆下。弟应诏、应斛、应松、应椿、应举、应兆、应开、应扬。娶唐氏。应天府乡试第九十八名，会试第一百二十九名。

刘廷举，贯湖广黄州府麻城县，民籍，直隶休宁县学教谕，治《春秋》。字直卿，行一，年四十二，正月二十一日生。曾祖伯金。祖名山。父濬。前母李氏，母丁氏。永感下。弟廷聘、廷诏、廷栋、廷彦、廷亮、廷硕、廷望、廷对、廷宣。娶李氏。湖广乡试第十名，会试第一百三十七名。

钱之选，贯辽东铁岭卫，民籍，直隶常熟县人，卫学生，治《诗经》。字舜臣，行一，年三十三，七月二十六日生。曾祖泰。祖元衿。父表。母王氏。严侍下。兄庶，同科进士。弟之遒。娶徐氏，继娶常氏。顺天府乡试第二十六名，会试第四十二名。

严杰，贯浙江湖州府乌程县，民籍，府学生，治《书经》。字子俊，行一，年二十九，二月二十三日生。曾祖绎，义官。祖鉰。父沄，岁贡生。母吴氏。具庆下。弟果、束。娶蔡氏。浙江乡试第六名，会试第三十四名。

马铁，贯河南归德府睢州，军籍，国子生，治《礼记》。字肃容，行二，年三十八，三月十八日生。曾祖贤，岁贡生。祖成。父文举。母翟氏。慈侍下。兄钦，训导。弟钹。娶高氏。河南乡试第四十名，会试第三百十八名。

毛孔墀，贯福建福州府福清县，军籍，县学附学生，治《诗经》。字茂对，行六，年四十，九月二十六日生。曾祖潜。祖文柏。父元煜。母秦氏，继母陈氏。永感下。兄孔域，封户部郎中。娶陈氏，继娶王氏。福建乡试第二十九名，会试第一百九十七名。

王好问，贯直隶永平府滦州乐亭县，民籍，国子生，治《诗经》。字裕卿，行二，年三十四，六月二十三日生。曾祖钦。祖茂。父臣，省祭官。母史氏，继母杨氏。严侍下。兄好学，贡士。娶李氏。顺天府乡试第二十二名，会试第一百十二名。

张时，贯直隶保定府易州，民籍，国子生，治《易经》。字宗易，行一，年四十一，十月十五日生。曾祖宁。祖世英。父受恩，典膳。母郝氏，继母王氏。重庆下。弟旸，省祭官；昭。娶贾氏，继娶胡氏。顺天府乡试第一百二十九名，会试第一百二十名。

王纳讲，贯广西柳州府融县，民籍，县学生，治《书经》。字亦颐，行七，年三十九，十二月十一日生。曾祖晖，所吏目。祖宏，巡检。父儒，通判。前母李氏，嫡母吴氏，生母刘氏。慈侍下。兄纳言，贡士；纳议，教谕。娶胡氏。广西乡试第七名，会试第三百六名。

韩询，贯陕西西安前卫，军籍，国子生，治《诗经》。字子虚，行一，年四十一，二月十八日生。曾祖铎，知州累赠嘉议大夫大名府知府。祖福，前户部左侍郎兼都察院左副都御史。父俱，七品散官。母姚氏。慈侍下。弟许、训。娶王氏，继娶李氏，陕西乡试第五十名，会试第二百十九名。

邓栋，贯浙江台州府临海县，官籍，湖广汉川县人，县学生，治《春秋》。字少隆，行九，年三十九，九月二十二日生。曾祖玄敬。祖鸿。父显，恩例冠带。母陈氏。慈侍下。兄松、梱。弟杞、校。娶杨氏。浙江乡试第十名，会试第二百七十二名。

林大春，贯广东潮州府潮阳县，军籍，国子生，治《诗经》。字邦阳，行一，年二十八，十一月初三日生。曾祖璟。祖显。父杉。母陈氏。具庆下。弟邦瑞、大芝。娶陈氏。广东乡试第六十一名，会试第二百二名。

钱有威，贯直隶苏州府常熟县，民籍，吴县人，县学生，治《易经》。字维重，行一，年二十六，正月初六日生。曾祖绶，王府教授。祖袍。父体志。母陈氏。重庆下。娶苏氏。应天府乡试第四十一名，会试第二百九十六名。

刘一桧，贯福建漳州府长泰县，军籍，县学生，治《易经》。字士奇，行一，年三十九，十一月初一日生。曾祖诚。祖子健。父敦俊。母薛氏。永感下。弟一柏。娶蔡氏。福建乡试第七十名，会试第二百二十六名。

张四知，贯河南汝宁府信阳州，民籍，国子生，治《易经》。字子畏，行一，年三十，四月十七日生。曾祖宣。祖镜。父文英。母杨氏。慈侍下。娶李氏。河南乡试第十二名，会试第二百三十四名。

陈策，贯山西泽州沁水县，民籍，县学生，治《书经》。字效愚，行一，年三十五，九月初十日生。曾祖琏。祖良政，寿官。父楚。母杨氏，继母杨氏。具庆下。弟谟、诗、篆。娶康氏。山西乡试第五十六名，会试第九十三名。

毛文邦，贯浙江处州府松阳县，民籍，国子生，治《易经》。字希周，行二，年四十一，六月十五日生。曾祖洪龄。祖晋熙，寿官。父泰。母刘氏。慈侍下。兄文郁。弟文崇、文教、文元。娶周氏，继娶戚氏。浙江乡试第四十五名，会试第六十二名。

林养高，贯广东琼州府琼山县，民籍，国子生，治《易经》。字汝贞，行一，年四十一，三月初八日生。曾祖生。祖定。父宣。母王氏。慈侍下。弟养健、养勇、养正、养粹、养纯。娶吴氏。广东乡试第七十名，会试第二百七十名。

杨得春，贯直隶保定府清苑县，民籍，国子生，治《书经》。字东卿，行二，年二十八，十月十五日生。曾祖斌。祖进。父镛。母张氏。具庆下。兄舒春。娶彭氏。顺天府乡试第七十一名，会试第二百八十名。

《嘉靖二十九年进士登科录·策问》：

皇帝制曰：朕恭承天命，君主兆民，二十有九年于兹矣。顾论治者，往往以敬天勤民为务，古先帝王之所以兴道致治，与我祖宗之所以立极垂宪，要不外此二者。其为治之迹，可举而言之欤？朕寅奉上玄，钦若天道，而凡以惠恤计安乎斯民者，未尝须臾懈其念。比岁以来，嘉祥屡臻，方内乂宁，天人交，应之固不可诬也。然水旱馑荒，苗狄不靖，民生未遂，治化未孚，岂朕诚之必有未尽者？亦或任事之臣，亲民之吏，果能都体朕勤恤之心也欤？无乃玩愒贪残弗念于民者欤？朕欲俾休征时若，边警不闻，百工克厘，庶绩咸熙，不令一夫失其所，朕志也，当何道而可以臻此？尔多士，蕴畜有日，岂无我助者？宜明著于篇，毋泛毋隐，朕将亲览焉。嘉靖二十九年三月十五日。

《嘉靖二十九年进士登科录·唐汝楫对策》：

臣对：臣闻帝王之致治也，有敬畏之诚，而后可以弘天下之大化，有当务之智，而后可以执天下之大机。何谓敬畏之诚？上体天心，下恤民隐，精纯而恳至者是也。何谓当务之智？辨人才之实，得任驭之宜，翕受而敷施者是也。惟诚也，故兴道致治之具，皆根于交修傲戒之真，而其治也为有本。惟智也，故承流宣化之泽，自得乎执简御烦之方，而其运也为不劳。治有本则王道敷于天德，而天下之大化以弘，运不劳，则端拱委于责成，而天下之大机以执。是故古之帝王，竭一己之诚，而敬天勤民，以克尽其代天理物之责，极一己之明，而选贤任能，以聿臻其咸熙底绩之功。爱民以奉天，知人以安民，权度精切，而恩惠广大，机之所以妙运而不测也。庶明励翼，而帝力不知，化之所以溥博而无疆也。由是垂衣裳而万国宁，戢兵革而四夷服，泰和薰蒸，灾眚不作，致治之盛，孰有加于此者哉？钦惟皇帝陛下，膺神圣之资，邃敬一之学，中和建极，仁孝作孚，至德凝于渊穆，而灵贶昭祥，神功彻于昊穹，而休征协庆，肆今至治馨香，昭假于上下，大化流衍，遍洽于华夷，盖千古所未有也。乃犹不自满假，进臣等于廷，策以敬天勤民之道，惠恤计安之略。然臣即是有以仰窥陛下望道未见求治若渴之盛心矣。顾臣愚学惭稽古，志切摅忠，敢不披沥罄竭，以对扬休命于万一乎？臣惟古圣王之致治也，莫不以敬天勤民为首务。盖以帝者，天之子也，天子者，父天母地而以养人为责者也。以子事父，可不敬乎？代天养人，可不勤乎？然知所以敬天则必求所以勤民。惟勤民之政，有验于实用，斯敬天之心，不徒为虚文矣。斯又天人通一而不二之理也。尝观诸《诗》曰：敬天之怒，无敢戏豫。敬天之渝，无敢驰驱。何如其为敬也。《书》曰：怀保小民，惠鲜鳏寡。自朝至于日中昃，不遑暇食。何如其为勤也？故尧之兢兢，舜之业业，禹之孜孜，汤之栗栗，文王之亦保亦临，武王之敬胜义胜，其寅畏莹彻于表里，而严恭无间于显微，是以敷之为勤民之政，则所谓劳来匡直，利用厚生，敛福建极，康阜惠养者，无不至矣。故当时治化之隆，冠绝古今，而卓乎不可尚矣。恭惟我太祖高皇帝，肇造区夏，成祖文皇帝缵嗣丕图，其骏烈鸿猷，固不容以殚述，而其立极垂宪之大者，实不外乎敬天勤民而已矣。如《精诚》之录，大礿之文，皆所以崇祀典而敬天也。因旱免租，告饥赈粟，皆所以恤隐忧而勤民也。垂亿万年贻燕之谋，以启佑后人者，猗欤盛欤！列圣相承，授受一道。至我陛下，妙契真传，敬承先绪，盖有以对扬而光大之。效坛分祀，辨证阴阳之位，钦天有记，焕发昭事之忱。其敬天也，可谓至矣。躬祈祷以重农事，蠲杂租以济民艰，发内帑以苏困穷，减贡献以节冗费，其勤民也，可谓悉矣。临御以来，二十九年于兹，敬慎夙夜，不遑宁处，盖始终如一日也。方今文恬武熙，内宁外谧，天下乐育于雍熙泰和之域，而涵濡乎汪洸浸润之泽者，亦既久矣。然民歌有年之颂，而水旱饥馑或时见焉，人乐承平之休，而烟尘烽镝或窃发焉。近者魃潦频仍，闾阎愁苦，胡骑猖獗，边陲驿骚，夫天人之应不诬，而安攘之功，有自今若此者，岂惟陛下虑之，臣亦且疑之矣。臣请根据其说而条陈之。夫王者，求端于天，而察法于地。天确然示人，易也，必五行四时宣其能，而后彰保合太和之化。地隤然示人，简也，必山岳河海运其功，而后著含弘光大之德。然则人君之治天下，亦至易至简也。而其致理图化，当必有共济之义，大公之制矣。臣闻天生万物，不能以自理，而命之圣人曰：天佑下民，作之君，作之师。惟其克相上帝，宠绥四方。圣人以一身裁天下之务，不能以独理，而命之庶职曰：惟王建国，辨方正位，体国经野，设官分职，以为民极。稽古称盛治者，莫过于唐虞三代，然钦明浚哲之德，必牧岳熙载，寅亮天工，而后协和时雍之治成焉。宽仁勤俭之德，必百僚师师，俊彦旁求，而后文命覃敷，兆民允殖之治成焉。至于文武，亦必六卿率属，以总之于内，九牧分治，以布之于外，而后咸和永清之治成焉。百姓用康，在庶官之惟叙，黎民敏德，由臣邻之克艰。大抵然也。且人君以一身成位乎中，耳目一闻见也，手足一运用也，兆民之繁，庶务之集，非惟势不克一，而身亦已劳矣。臣未见身处其劳，而能致人于逸者也。故人君于此，亦惟执天下之大机而图之。譬之柂以运舟，括以发矢，功用神速，无难致者。固非物物而照之也，而德泽之流，普遍而无方矣。亦非事事而察之也，而神明之用，兼举而不匮矣。盖所谓廓然太公，俨然至正，泰然行其所无事，而坐收百官众职之成功者，此尔。臣伏读圣制曰："水旱馑荒，苗狄不靖，民生未遂，治化未孚，岂朕诚之必有未尽者？"臣愚以为，怀山襄陵之水，不失为治世。焦山烈石之旱，不累于明王。化足以成风动，而不免于有苗之征，德足以臻时乂，而不免于鬼方之伐。是水旱夷狄之患，何代无之，殊不足为有道累也。故昔之言者曰：天心仁爱人君，时出灾异以警动之。又曰：帝王不患有夷狄之侵，而患无御之之具。不贵有御之之具，而贵吾无以致夷之窥而已。然则今日仰答仁爱之天心，曲尽备御之至计，是诚不可以不之讲也。臣又伏读圣制曰："亦或任事之臣，亲民之吏，果能都体朕勤恤之心也欤？无乃玩愒贪残，弗念于民者欤？"大哉皇言！所谓明见万里之外，独观万化之原者也。臣请发渊衷而极论之。夫变不虚生，致寇有自。天变之来，人心之怨也。人心之怨，吏治之非也。今陛下悯念黎元，心固切矣，而所以奉行于下者，或不能精白以承休，则膏泽屯而不究矣。外夷之侵，内备之弛也。内备之弛，将领之非也。今陛下惠养军士，政固善矣，而所以分阃于外者，类多苟且以塞责，则威严弛而不振矣。尝闻四海之利病，系于斯民之休戚。斯民之休戚，系于守令之贤否。乃今催科赋敛以效职，而无旬宣惠和之政，簿书期会以程能，而鲜亮采靖共之忠。甚者假上剥民，为国敛怨，恣意贪饕，肆行渔猎者，尤可畏也。夫守令之官，最为近民。使天下皆若人焉，则小民其有不困者几希。虽日厪陛下焦劳之思，而斯民流离辗转，陷于危亡，陛下得而见之乎？兵不能御敌，由于将非其人。将不能将兵，由于用非其道。乃今世胄纨绔之骄习，难以责其折冲御侮之勇，召募挽强之粗才，初不闻乎坚瑕张弛之方。甚者擅夺首功，扣除常给，残虐多端，朘剥无厌者，尤可畏也。夫三军之命，悬于一人，使将领皆若人焉，则边兵其有不困者几希。虽日切陛下宵旰之忧，而军士扼腕疾视，莫之控诉，陛下得而见之乎？然则足国安民之道，弭灾御寇之方，岂必他求哉！盖闻百官修辅，则夏后之山川以宁，方叔壮猷，则宣王之武功以竞。今日民生之未遂，守令之责耳。边围之多警，将领之责耳。陛下知致弊之由，曷思所以救之乎？病化理之郁，曷思所以更之乎？史有之曰：今之郡守，民之师帅也。师帅不贤，则主德不宣，恩泽不流。盖言守令之任，不可不重也。任守令之道，大约有三：精其选，严其课，久其任而已矣。必先安静恬愉之求，鉴贤愚淆混之失，重殿最核实之条，略累资积考之说。所谓秩当迁也，不移其地，禄当厚也，不移其官，可也。所谓以亲民长吏转为郡守，有绩则进爵加秩者，可也。他若驭之以八统，察之以六条，叙之以三式，法固亦有可行者焉。志有之曰：将者国之辅也。辅周则国强，辅隙则国弱。盖言将领之任，不可不重也。任将领之道，大约有三：慎其简，重其责，假其权而已矣。必公取舍，而不以爱憎加，较勇略，而不以黩货进。功必录，而不以贱遗，罪必诛，而不以亲贷。无持细苛，而长养其投石超距之气，可也。俯从宽假，而开放其鸷击虎搏之心，可也。他若先之以六术，继之以五权，察之以八征，法固亦有可用者焉。甄别黜陟之典明，则贤者劝，而不贤者亦有所畏而不敢。鼓舞振作之用神，则能者勉，而不能者亦知自奋以效用。由是称强项者，有砥砺名节之董宣，持风裁者，有不畏贵戚之郅都。后催科者，有劳心抚字之阳城，敦本实者，有修明礼教之卫飒。而守令得人矣。守令得人，则民遂安全饱暖之欲，而无咨嗟愁怨之声，阴阳不至于缪盭，氛气不至于充塞，人心讼合，而天休滋至，何有乎水旱饥荒之患哉！设或数有适然，灾诊时作，而吏称民安，本业以固，所谓有道之国，天不能灾，地不能阨，年谷不登，而民无菜色者，固自若矣。由是司督抚者，抱良平之器，膺统驭者，负韩白之才。分阃授钺者，必李牧魏尚其人焉，据险阻要者，必张仁愿王承嗣其人焉。而将领得人矣。将领得人，则有摧坚制胜之具，而无奔北败衄之虞。先声以夺其志，持胜以寝其谋。闻望精神，可以潜消骄悍，何有乎凭陵侵轶之患哉！设或桀骜未驯，枭雄反覆，而养锐畜力，备御有素，所谓来则惩而御之，去则备而守之，宁我致人，可常坐而役敌矣。故曰：圣人在上，日月不薄食，雷发不震，雨雹不为灾。又曰：中国有圣人，海不扬波，重三译而来朝。臣愚何幸，而得躬逢其盛邪？虽然，臣举其要，犹有可言者焉。盖养士莫大乎学校，而今之守令，学校之所储也。必谨庠序之教，崇师儒之职，一道德以明礼义，而不以割裂装缀为能，尊经术以正习尚，而不以规绳课试为艺。如阳城之在国子，胡瑗之在乡学，则菁莪乐育之教兴，兔罝好仇之才出矣。故居则为端人正士，出则为循吏良臣，而何虑乎守令之不贤？选将莫大乎武举，而今之将领，武举之所拔也。必申敕骑射之技，兼举文事之科，深于兵法明经者隶其事，而庸妄不之用，亲试其勇，而有谋者待以不次之位，而章句不之取。不率教者，不得举于乡，不有实学者，不得举于司马。则仁义忠信之道明，奇正机权之略谙矣。故无事则为帷幄赞画之臣，有事则为干城腹心之将，而何虑乎将领之不贤？虽然，臣究其本，犹有可言者焉。孔子曰：为政在人，言安民之本于知人也。取人以身，言知人之本于自治也。知人之哲尽，则安民之惠行，纯心之本端，斯用贤之道得。此古今不易之定论也。况乎人君，以一人之闻见，而欲尽天下之贤才，力既不能，日亦不给。是故议道自己，以守至正，恭己南面，建其有极，夫然后明目达聪，广四方之视听，鉴空衡平，定百职之妍媸，孰有能遁其情者哉？于是乎人必称官，官必称职，大小臣工，罔不淬砺笃忠，修明职守，政治彰，教化洽，而海内晏然矣。董子所谓正心以正朝廷，正朝廷以正百官，正百官以正万民，正此谓也。仰惟陛下敬一持心，无逸示训，教操存涵养之功，懋时敏日新之学，所以正其心者，已无不尽矣。则夫取人以身之则，纯心用贤之本，臣复何言哉？抑臣闻之《书》曰：慎厥终，惟其始。盖言锐于始者，未必继于终，而胜于暂者，或不持于久。故四时常运，不息其机，日月贞明，不改其度。上者法天，以行健不辍，其功纯亦而不已，圣学之所以光明也。夙夜而不怠，基命之所以宥密也。今陛下斋栗对越之心，勿懈须臾，恻怛慈惠之念，无少瑕翳，固矣。然理欲危微之辨，间不容发，操舍出入之防，实则无时。是故作之以忧勤矣，而或秉之以因循，出之以诚笃矣，而或胜之以仪文。防微杜渐之戒，省察克治之功，少有弗至，窃恐虚灵之体，必将窒而不达，裁制之用，亦有发而不当者矣。臣愿陛下始终惟一，而不杂于二三，自强不息，而无有乎间断，防闲于莫见莫显之际，敬谨于不言不动之时。端庄静一，凝其真也。明通公溥，植其本也。慎密缉熙，联其间也。长永贞固，恒其德也。根柢于一心，而显设于庶务，卷之于退藏之密，而达之于酬酢之神。诚由此立，智由此出，化由此弘，机由此执。以此事天，则恐惧不弛，以此治民，则曲成不遗，以此任贤，则有克知灼见之明，以此立政，则妙裁成经纬之用。行于朝廷，而群工率职矣，布于邦国，而百姓乐业矣，洋溢于蛮貊，而四夷来王矣，充塞于穹壤，而万物蕃育矣。三光凝，七政齐，诸福骈集，百嘉丰遂，天德孚而王道终矣。此端本澄源之道，圣修神化之极，实臣愚所惓惓恳望于今日者也。陛下不弃刍荛，留神省览，天下幸甚，臣愚幸甚。干冒天威，不胜战栗陨越之至。谨对。

《嘉靖二十九年进士登科录·吕调阳对策》：

臣对：臣闻帝王之御天下也，固必有格天化民之心，以立其本，亦必有奉天子民之政，以达其用。心也者，原于精神念虑之微，虽存诸中，而实所以立，是政之本。政也者，见于法制品节之详，虽显诸外，而实所以达，是心之用。是故有格天化民之心，则天德素豫，而施之于政者，非徒法矣。有奉天子民之政，则王道四达，而存之于心者，非徒善矣。心以主之，政以行之，古昔帝王所以尽敬天勤民之实者，亦率是道耳。若夫后世，虽或有其心矣，然心不纯于天德，则隐微之间，未免真妄错杂之咎，而不足以为格天化民之本。虽或有其政矣，然政不纯于王道，则注措之际，未免虚文末节之繁，而不足以言奉天子民之用。此其一时所建立者，非无可观，而雍熙泰和之治，不复见矣。否运既极，泰道聿兴，我祖宗之垂宪立极者，莫非以敬天勤民为务，其纯心实政，盖传为家法，而世守之者也。钦惟皇帝陛下，敬一以宅衷，慈仁以广爱，王心纯矣。宪天以立极，通变以宜民，王政举矣。休征嘉应之迭见，薄海外内之宁谧，王化臻矣。然犹不以已治已安为自慊，而必以大顺大化为未能，乃进臣等，而降赐清问，惓惓以敬天勤民之治为图。臣捧诵拜读之余，而有以知陛下求治之心之切矣。顾臣学术疏浅，智识愚昧，何足以仰承休德之万一乎？虽然，敕命之歌，交儆于无虞之时，如伤之视，加意于丕冒之众，帝王望治无穷之心也。皇天眷命，犹陈做戒之谟，万邦作乂，不废几康之弼，人臣爱君无已之念也。今陛下有望治无穷之心，而臣愚乏忠爱无已之念，是上负朝廷，下负所学矣，畴昔之期待者谓何？而可如此乎？盖必不敢也。臣请殚心毕虑为陛下陈之。臣惟人君宅中图大，以抚万邦，奉乎天而为之子，天心之未顺，子道之有亏也。统乎民而作之父母，民生之未遂，父母之未尽也。是其任诚匪轻，其事诚匪易矣。而其所以图为之者，则有本焉，心是已，有用焉，政是已。心足以格天化民，而内圣之本立，政足以奉天子民，而外王之用行。人君治天下，夫亦修此二者而已。然究而言之，曰天曰民，其分不同，而理则相通。曰敬曰勤，其事不同，而效则相因。故知所以敬天者，未必不勤恤于民，知所以勤民者，未必非善事天者也。《书》曰：惟天惠民，惟辟奉天。又曰：天佑下民，作之君，作之师。然则天矜于民，民之所欲，天必从之者也。人君诚能加意于民，则所以克享天心者，岂外是哉！稽古污隆升降之迹，率由于此。尧之钦天，舜之敕天，人知之矣。而不知其平章协和，柔远能迩者，乃其敬天之实也。禹之克谨天戒，汤之奉若天命，人知之矣，而不知其平土粒食，克宽克仁者，乃其敬天之实也。文之肃将天威，武之恭天成命，人知之矣，而不知其发政施仁，敷佑四方者，乃其敬天之实也。是数圣人者，善承天道，故直体其阴骘惠爱之意，而代终其事。是以上则当乎天心，下则协乎人心，唐虞三代之治，于今为烈也。降而春秋，君德寖衰，如日食星陨雨雹地震之类，告戒甚明，而迄不闻其修省之实。独楚庄王以天无灾异为天且忘我，似足以语天人之际矣。然而虐用其民，殆无虚日，岂知事天之道者哉！汉唐宋之世，或素服避殿，议赈蠲租，或谪见日月，寝兵罢事，或彻乐减膳，遣使劝农，或星孛营室，求言释囚，是皆英君谊辟，励精图治，固足以消回天变，而奠安民社矣。然惜其天德未纯，王道弗究，虽能行之于一时，而不能持之以悠久。说者谓其徼福而为善，惧祸而不为恶，律以帝王诚心直道之事，概乎未之有得也。洪惟我太祖高皇帝，本天授圣人之资，当拯溺亨屯之任，规为燕贻，以开万世之太平者，虑至远矣，而于敬天勤民二者，尤汲汲焉。如《洪范》庶征之应语博士许存仁，祈天永命之道语县令许好问，因冬寒而念守边之士，因春和而矜系狱之人，其平时之所经画者如此。大旱减膳，则宫中皆然，淫雨不止，则存恤赈贷。至于草履卧地之辛勤，不但居处奉养之俭也。皇后诸妃之执爨，不忘昔日农家之事也。其遇变而图回之者又如此。是盖体天之心为心，任民之忧为忧。百八十年来，天休滋至，民心固结，治化之隆，直追前古，谓非圣祖培植之功，不可也。当时儒臣，如宋濂、刘基辈，或赞其修德省愆，或赞其一心爱民，揄扬播颂，信非溢美，真足以传诸万世，而为君天下者之准则矣。列圣嗣兴，益隆继述，事天之孝，逮下之仁，授受相承，后先一道，所以协上下之休，隆熙洽之运者，猗欤盛矣。肆我皇上，功参三极，道济群生，大报有歌，钦天有颂，商汤桑林之祝也，谷祗有作，蚕坛有赋，虞帝南风之奏也，寅奉钦若之诚，惠恤计安之念，存之于中，而发之为文，本之于心，而敷之为政，其敬天勤民，无所不用其极。是以嘉祥屡臻，方内乂宁，天人交应，信不诬矣。而圣谕复以水旱馑荒、苗狄弗靖、民生未遂、治化未孚为忧者，此固陛下望治无穷之心，谦冲自牧之志也。然臣窃观天下之势，不免有如圣制所云者，此其故何也？臣愚以为，陛下心足以格天，而奉天之政，容有未备，德足以化民，而子民之政，容有未周。陛下精诚昭事，非不加意于奉天之政也，然而祗承于下者，能无或失其意乎？陛下仁爱洽浃，非不加意于子民之政也，然而宣力于位者，能无或鲜其良乎？是故水旱赈荒赈贷之令不可不行也。今漂没之患，万顷为淤，亢魃之灾，千亩尽赤，展转流离之苦，不可胜言，而守令未闻拯济之方，求其抚字心劳，催科政拙者，盖不多见矣。苗狄未靖，挞伐之威不可不张也。今南夷啸聚，攻陷日深，北虏寇疆，侵轶无忌，桀骜猖獗之势，不可渐长，而将帅未成擒扑之功，求其匈奴未灭，何以家为者，盖不多见矣。夫人臣之职，所以宣上德，达下情，翊赞皇猷，弼成至治者也，今贪残玩惕之弊，日滋于下，而赏罚黜陟之权，未彰于上，则民生之弗遂，治化之未孚，无怪其然也，何以仰副上天仁爱之心，少纾陛下宵旰之虑哉！此臣所深惧，而皇皇然欲一言以摅杞人之忧者也，今幸际可言之时矣，敢不罄刍荛之愚，为陛下告哉？天下之势，在内曰郡县，郡县得人，则邦本固。在外曰边陲，边陲得人，则国威振。故安内莫先于择守令，守令之无良，非吏习不可变也，所以劝惩之者未尽耳。臣请优之厚赏，以作其忠焉，其有政绩超卓者，待以不次之位，而不拘于资格可也，古有刺史入为三公者矣。纠之重罚，以警其惰焉，其有奸恶显著者，加以不赦之刑，而勿惜其科目可也，古有烹阿而齐国大治者矣。以此御吏，则守令知所奋发，龚黄卓鲁之徒，有不接迹而兴耶？攘外莫先于选将帅，将帅之无良，非武功不可振也，所以驾驭之者，未善耳。臣请先之精择，以简其人焉，如其英雄谋略之士，虽在行伍，拔之上将可也。古有发迹驭虏，而伸威绝域者矣。继之专任，以假其权焉，如其张设予夺之机，听其便宜，勿从中制可也，古有将在军中，不闻诏令者矣。以此御将，则边臣知所感激，颇牧韩范之辈，有不继踵而出耶？是皆安攘之大略，鼓舞之微权，陛下所宜深念而早图者也。若夫责实之政，则广储蓄以备赈，辟荒芜以复业，抑末技以力本，禁奢僭以裕用，守令之职也。诚稽此以为考课之典，则内治聿兴，即有凶荒水溢，民其不至于流离矣。修墩堡以固防，募精壮以足伍，严训练以扬威，精器械以利用，将帅之职也。诚核此以为旌赏之令，则武备振饬，即有夷虏盗贼，民其不至于残僇矣。故曰：明王劳于求贤，逸于任人。又曰：君人者如天运于上，而四时寒暑，各司其序。殆识治之论也。此所谓大君之宜，而敬天勤民之实，于是亦毕举矣。抑臣犹有闻焉。朝廷四方之极，君身万化之原。后克圣则臣不命其承，是质翊弼成，固臣工之职分，而表仪倡率，则陛下所自尽也。臣愚狂昧，复为根极之说，亦曰陛下圣德纯矣，而自考之功尤不可缓焉。《易》曰：视履考祥，其旋元吉。又曰：敦复无悔，中以自考也。臣愿陛下体验于宫闱深邃之地，察识于游息晏安之时，辨别于机缄萌动之初，究竟于事为暴著之后，果无一念一事之不顺乎天，然后为敬天之至，而宗子之责塞矣。果无一念一事之不体乎民，然后为勤民之至，而父母之责塞矣。此正反观之术，慎独之要，周敦颐所谓思，朱熹所谓审，皆是道也。体而行之，天德益纯，王道益粹，百司庶府，莫敢不精白承休，而内安外攘之绩，可以匹唐虞，而驾三代矣。由是和气薰蒸，大顺丕应，三辰正，四时序，八蛮贡，九夷服，诸福之物，可致之祥，莫不骈集。《诗》所谓天保定尔，亦孔之固。《书》所谓百谷用成，俊民用章。《礼运》所谓天不爱道，地不爱宝，人不爱情者，皆于今日验矣，何至治之不可臻哉！封菲之言，惟陛下不遗下体，而采择之，则天下幸甚，臣愚幸甚。臣干冒天威，不胜战栗陨越之至。臣谨对。

《嘉靖二十九年进士登科录·姜金和对策》：

臣对：臣闻帝王之治天下，善事乎天，而天心无不眷者，推此心之孝。善体乎民，而民生无不遂者，推此心之仁也。夫天以参赞之责付之人，不钦翼以事之则亵，亵则违乎天矣。唯能推此心之孝，斯足以格天，而无不默相之者焉。民以辑宁之治望之君，不怀保以体之则慢，慢则拂乎民矣。唯能推此心之仁，斯足以感民，而无不丕应之者焉。盖天人一理也。人君事天犹父，而与天默契，则天之道在我矣。由是以心之天格天之天，天何有于违也。上下一情也。人君视民犹子，而与民无间，则民之情在我矣。由是以己之心感民之心，民何有于违也。盖惟辟奉天，惟天眷德。有抑畏之心者，致仁爱之祐，尽人而天自合也。惟上作德，惟民从义。有励精之心者，成和平之化，修己而民自安也。人君不患天之不可格，而患己不能尽其孝。不患民之不能治，而患己不能尽其仁。以孝事天，则事之无不至，以仁育民，则育之无不尽。自古帝王之治天下，所存之心，莫非敬天勤民之心，所敷之治，莫非宪天保民之治。心以出治，而存之尽其神，治本于心，而感之尽其化。此致治之所以极其盛也。我国家匹休隆古，非汉唐宋之可及者，端有在于是矣。恭惟皇帝陛下，圣神天纵，仁孝日孚，精一绍传，中和立极。善事心以格天，而膺保祐之命。善推心以爱民，而隆熙皞之治。然犹不自满假，敬天之匪懈，爱民之无已，实出于圣衷之真切，而非托之空言者。兹于万几之暇，特进臣等于廷，俯赐清问，惓惓以敬天勤民为务。陛下之心，即二帝三王之心，推之为道，即二帝三王之道也。《书》曰：惟天地万物父母，惟人万物之灵。亶聪明作元后，元后作民父母。是天人之分虽殊，而理则一，君民之势虽隔，而情则通。君也者，天之宗子，民之父母，本出于一，不可以异视之者也。仰惟陛下，丕承天命，而任宠绥之责，抚有方夏，而为亿兆之主，已二十九年于兹矣。极天际地，无非敬务之潜乎，仁泽之融溢者。然犹欲钦承乎天，俾上帝之时歆，勤恤乎民，俾下民之祗协，故远稽诸古，而求兴道致治之端，近法乎祖，而询立极垂宪之道。臣愚何足以上下古今，敷陈至理哉！虽然，不敢不悉所闻以对。粤稽上古，若尧之钦若昊天，舜之敕天之命，禹之钦受上帝，汤之钦崇天道，文王之亦临亦保，武王之不泄不忘，所以敬天者不同，同归于孝也。尧之仁则如天，舜之德则好生，禹之思日孜孜，汤之克宽克仁，文王怀保小民，武王之大赉四海，所以勤民者不同，同归于仁也。自有唐之肇兴，历乎虞夏商周之盛，本执中以相授，衍其精一敬义之传，凡所以兴道致治，发之为礼乐教化，著之为典章文物，虽不可以尽述，莫非敬天勤民之心，以基之矣。嗣是而下，若高祖之于汉，栎阳方还，即举天地四方之祀，中原甫定，遂下约法弛民之诏。是亦敬天勤民之心也，故能成创造之功。太宗之于唐，欲合天意，而持兢兢业业之心，推心恻物，欲收济世安民之绩。是亦敬天勤民之心也，故能成贞观之治。太祖之于宋，信宿祷天，弭天灾之流行，日夜焦劳，念霖雨之不止，亦敬天之心也。仁厚立国，嘉治世爱民之言，夙夜畏惧，求以德化民之义，亦勤民之心也。故不劳而集一统之业。之三君者，虽不能如帝王仁孝之纯，亦可以当天人顺应之归矣。又降是而躬修玄默，勤趣农桑者，汉之文帝，亦可谓用心于敬天勤民矣，而刑措之风成焉。不事佚乐，励精政事，唐之玄宗，亦可谓用心于敬天勤民矣，而开元之治臻焉。闻雷露立，禁中夜祷，却献瑞，事俭约，宋之仁宗，亦可谓敬天勤民者矣，故社稷长远，终必赖之。若此者，虽未及乎创业之诸君，亦可谓守成之令主矣。盖自古帝王真有见于天道虽远而实迩，民心虽愚而至神，故于天而敬之，神明其德，一内圣之心法也。于民而勤之，恪恭厥政，一外王之治法也。然敬非幸福于天，所以尽己之心尔。人君之心，天下仰之以为天者，喜怒之形，即天道惨舒之运，仁义之用，即天道生杀之权。一毫不敬，或有不能顺天之命者，故尽己之心，即所以敬天也。勤非要誉于民，所以推己之心尔。人君之心，天下倚之以为治者，劳逸不同，四海之安危系之，勤惰不同，天下之休戚因之。一息少懈，或有不能奠民之生者，故推己之心，即所以勤民也，苟不求敬于心，而徒减膳彻乐，素服避殿，从事封禅者，岂所以为敬天之孝哉！观于昭于天之《诗》，而敬天之道不能外矣。苟不求勤于心，而徒衡石程书，卫士传餐，下行尚书事者，岂所以为勤民之仁哉！观所其无逸之《书》，而勤民之道不能外矣。仰惟我太祖高皇帝，有见于此，故于草创之始，恒谕群雄曰：毋违天，毋虐民。其得天下之初，已知二者为天下之大端。观其与博士许存仁讲《洪范》，曰天道微妙难知，人事感通易见。君能修德，则七政顺度，雨旸应期，灾害不生。不能修德，则三辰失行，旱潦不时，灾异迭见。又期之以上下交修，斯为格天之本。其敬天何如也？至于钦天有监，大祀有文，《精诚》之录，《存心》之篇，凡所以极其诚敬以对越上帝者，真能体乾父坤母之心，无忝于宗子之责者矣。又曰：得天下者，得民心也。老者民之父母，幼者民之子弟。恤其老，则天下之为子弟者悦，恤其幼，则天下之为父母者悦。老幼咸悦，其心其不归者寡矣。继又云：今日之务，此最为先，宜速行之。其勤民何如也？至于恤民有谕，宽租有诏，劝耕而躬，祷雨而露，凡所以竭其仁爱以勤恤民隐者，真能扩民胞物与之念，无歉于父母之任者矣。是诚见于上帝之眷，根于乃心下民之怀，本于有德，故贻谋之善，垂训之勤，合千古帝王而一之。列圣相承，莫不体其心而效其法，敬其所尊，事天以尽孝也，爱其所亲，治民以尽仁也。是以天眷隆而民志定，重熙累洽之治，深仁厚泽之化，远而不御，久而弥彰。太祖肇造之心，开先之德，至今益有以扩而大之，培而厚之，濬而深之矣。逮我陛下，继帝王祖宗之统，为天地民物之主，所以奉天子民者，无所不用其诚。定郊祀之典，修农桑之政，钦天有记，慰民有诏，至于斋戒祗畏之心，宽宥勤恤之治，不能悉举。天下咸囿于陛下之仁，咸感于陛下之孝，而不自知矣。圣制则曰：“朕寅奉上玄，钦若天道，凡惠恤计安乎斯民者，未尝少懈其念。”此陛下之所自信，亦天下之所仰戴而向应者也。由是荷陛下参赞之诚，稽宰辅调燮之功。比年以来，嘉祥屡臻，天不爱道，而祥云甘露降于上，地不爱宝，而河清醴泉见于下。凡诸福之物，可致之祥，莫不毕至，不可以历纪者。故方内见其乂安矣，纲举目张，文治隆而武备修，德盛化神，天地位而万物育，海宇翕然，丕冒于休养生息之中，沾濡乎二帝三王之泽矣。敬天勤民之修，而天人交感之效，其不可诬，有如此者。钦惟陛下以孝治天下，而维则之思，四方效之，故所以事天者，真有如事亲者矣。陛下以仁育天下，而恫瘝之念，万民赖之，故所以体民者，真有如爱子者矣。是故天之祐助，宜无不至，民之怀保，宜无不周焉。夫何迩年以来，水旱相仍，馑荒不免，而南北之鄙，苗狄未靖。太平极盛之时，亦有流离无告之民，王化大行之际，间有渗漏未洽之地。民生未遂，治化未孚，诚有如圣问之所及，圣心之所忧者也。虽然，仁孝克全而无歉于心，天人协应而不违乎理，则陛下亦自尽乎道，自信诸心而已矣。至于九年之水，七年之旱，有苗之未格，猃狁之未靖，黎民之阻饥，博施济众之犹病，虽二帝三王之盛，亦所不免尔，又何足为圣德王业之累哉？圣制则曰：“岂朕诚之有未尽者。”是则陛下求诸己而不求诸外，贵以实而不贵以文之盛心也。盖惟天聪明，本不容伪，民心至灵，亦不可欺。果能诚于敬天，而肃雍之念无间于宫庙，戒惧之功无异于隐显，不徒为祗畏之弥文而已。诚于勤民，而竭精研虑无忽于心，宵衣旰食不怠于政，不徒为勤恤之徒说而已。则天必久而自定，民必久而自安，又何必望助于近，责效于速哉！至于任事之臣，亲民之吏，不能体陛下勤恤之心，而玩愒贪残，罔以斯民为念者，间亦有之，诚不能逃陛下天纵之聪者。夫辩臧否，慎黜陟，崇教化，广储蓄，修兵刑，奠万物者，六卿之职也，必德足以称位，如禹稷夔龙之徒，斯可矣。协谋虑，立威信，除戎器，勤训练，精奇正，慎攻守者，将帅之职也，必才足以集事，如吉甫方叔之辈，斯可也。贞僚肃度，明目达聪，辟贤路，通民情者，台谏之职也，其敢言直谏，能如汉之汲黯、唐之魏征，斯可也。均财赋，清刑狱，植斯民之命，定天下之平者，藩臬之职也，果能承流宣化，激浊扬清否乎？善催科，勤抚字，保乂元元，安集邦本者，守令之职也，果能政平讼理，吏称民安否乎？或兼理庶务之烦，或分牧兆民之众，能效法乎先哲，宣布乎德意者，固未尝乏才，但任之者众，不必尽忠且贤矣。称恬静者，虚度岁月，无所建立于时，称练达者，贪婪自用，罔知尽心于国。有弗畏于天，弗念于民，戾乎宪章，违乎官箴者，是则臣工之罪，亦君上所当慎简任，而严罚黜者也。天命难谌，民心罔常，抑可不为之所乎？圣制又曰：“朕欲俾休征时若，边警不闻，百工允厘，庶绩咸熙，不令一夫失其所，朕志也。"是志也，善继天之志者也，善继祖之志者也。果能实有是心，而言行相顾，久于其道，而始终不渝。必欲先天而不违，后天而奉时，而孝之存于心者纯。通天下为一家，合中国为一人，而仁之及于物者溥。殆见和气致祥，休征无不应也，公孙弘所谓心和则气和，气和则形和，形和则天地之和应之者是矣。内治既修，边警自不闻也，朱熹所谓其本不在威强，而在德业，其任不在边境，而在朝廷，其具不在兵食，而在纪纲者是也。统治于上者，奉天子民，尽其心，则辅治于下者，爱君忧国，覃其虑，百工无不允厘也，庶绩无不咸熙也，董仲舒所谓正心以正朝廷，正朝廷以正百官，正百官以正万民，远近莫不一于正者是也。自古谋国之臣，其言莫不本于人君之心。人君之心，果能本之学而益加涵养之功，求之人而益弘维持之助，懋精一之训以培道心之微，体绥猷之义以全所降之衷，本皇极之训于《洪范》，而不流于偏陂，求敬义之教于丹书，而不溺于怠欲，则吾之一心，上有以孚乎天，下有以通于民矣。治天下之道，谓不在于是耶？臣愿陛下之于事天也，念付寄之重，为永命之图，求其端而不忽，顺其命而不违，辩灾眚祯祥之异，而致修省之功，妙弛张缓急之宜，以时顺承之道。出入起居，莫非天理，动静语默，罔非天则。由是天鉴其诚，保祐益至矣。外此而有所谓敬者，非敬也。陛下之于治民也，念万几之难总，四海之难一，西北之民惫于力役，则思所以逸之，东南之民竭于征求，则思所以苏之。又必慎循良之选以广其惠，汰贪酷之吏以去其害，则民得其所，感仰益深矣。外此而有所谓勤者，非勤也。是敬天勤民之道，皆不必外有所慕，亦惟求之此心而已。然有外之心，不足以合天心，必求合乎天心，然后谓之孝。有我之心，不足以当民心，必求当乎民心，然后谓之仁。是故天命有善而无恶，人心好善而恶恶。能培吾心之善，以来天下之善，抑吾心之恶，以止天下之恶，则所谓践形惟肖者是矣。《易》曰：君子以遏恶扬善。顺天休命，其善事天者欤？天下有不同之人，而无不同之情，果能公吾心之好，以遂天下之好，公吾心之恶，以遂天下之恶，则所谓父母孔迩者是矣。《传》曰：民之所好好之，民之所恶恶之。此之谓民之父母，其善体民之谓欤？然天人一理也，仁孝一道也。民心得，则天心亦无不得，拂乎民，则天亦因之。《书》曰：天聪明自我民聪明。天明畏自我民明威。达于上下，敬哉有土。可见民心所存，即天理之所在，而吾心之敬，又合天人而一之也。是天虽远也，吾心则近也。民虽众也，吾心则约也。由近以达之远，守约以该乎博，则天意回而民困日纾，民生遂而天眷自隆。上下交感之几，天人会合之理，自不期而同者。但不知陛下之敬天勤民，果能极其诚，而无一念之不诚否也？窃闻成祖尝谓侍臣曰：一夫有怨，岂得谓仁。一念不诚，岂能格天。知用心之密如此，则仁孝之道，应之而配乎天地，溥之而横乎四海，天下不足治矣，又何帝王之治之不可及哉！虽然，有敬天之心，不可无宪天之治。有爱民之念，不可无法祖之行。故皋陶告舜曰人代，傅说告高宗曰时宪。臣之望君，未尝不欲其求端于天也。伊尹之告太甲曰率攸行，周公之告成王曰修厥德，君臣之际，未尝不欲其无违乎祖也。夫天道不言，莫非至教。至德之施，祖训无愆。要皆尽伦尽制之道。臣愿陛下体元居正，法其自然之运，善继善述，守其不易之则。天之所以望我者何如，而所以事天者必有以慰之矣。祖宗之所以贻我者何如，而所以法祖者必有以成之矣。欲尽其道，以臻致治之盛，孰有逾于此者哉！故孝所以事天，亦所以法祖，仁以勤民，亦所以法天。一以贯之，皆本于心者也。陛下扩敬一之学，成中兴之治，四海之永宁，万民之咸服，合二十九年如一日者，然犹下询刍荛之言焉，是则以斯民为念，求治若渴，不自足之极究也。臣荷蒙圣问，复缀以法天法祖之说于篇终者，诚欲圣德之隆，合上下而同流，通古今于一息，则繁祉之锡，申重无穷，德化之孚，沦浃不替矣。一得之见如此。若夫泛而不切于用，隐而不尽于言，非臣之所敢事陛下者也。臣干渎天威，战兢陨越之至。臣谨对。

巡视京营科道官乌从善等言武科谒选者往往淹滞至一二十年，奏准历年武举与在京军职署都指挥佥事当留用者参酌奏用。（据《明世宗实录》卷三百五十八"嘉靖二十九年三月己丑"）

四月

赵南星（1550—1628）生。（卒年据公历标注）姚希孟《荣禄大夫太子太保吏部尚书赵忠毅公墓志铭》："公生于嘉靖庚戌四月三日，殁于天启丁卯十二月十七日，得年七十有八。"《雍正畿辅通志》七十二载："字梦白，高邑人。万历进士，授汝宁府判官，称廉平。历文选郎，方严嫉恶。上疏陈四事，乞归。再起考功郎，主京察，与政府忤，削籍归。光宗立，起左都御史，主大计，弹劾无所避，人多震栗。改吏部尚书。魏忠贤夺爵，戍代州，卒。崇祯初，复官，追谥忠毅。"

翰林编修赵贞吉为右春坊右中允，署国子司业。（据《国榷》卷五十九）

五月

南京国子监祭酒程文德为礼部右侍郎。（据《国榷》卷五十九）

湖广提学副使乔世宁为河南布政司左参政。世宁校士精勤，抚按交荐。（据《国榷》卷五十九）

六月

升右春坊右赞善兼翰林院检讨阎朴为南京国子监祭酒。（据《明世宗实录》卷三百六十一）

翰林编修闵煦为山西按察副使。（据《国榷》卷五十九）

闰六月

南京右春坊右中允吕怀为南京通政司右参议。（据《国榷》卷五十九）

翰林修撰茅瓒为左春坊左谕德。（据《国榷》卷五十九）

左春坊左赞善吴山为南京左庶子兼翰林侍讲，署院事。（据《国榷》卷五十九）

从礼科给事中杨允绳之言，慎选督学官。（据《国榷》卷五十九）

七月

起孙承恩仍礼部尚书兼翰林学士，署詹事府事。（据《国榷》卷五十九）

八月

汤显祖（1550—1616）生。 汤显祖《送汪仲蔚备兵入闽》首四句云："肃帝金天精，庚戌秋八月，七日子生辰，再七我如达。"知显祖生于明世宗（肃帝）嘉靖二十九年庚戌八月十四日。汤显祖，字义仍，临川人。万历癸未（1583）进士，除南太常博士，迁南礼部主事，谪徐闻典史，量移知遂昌县。有《玉茗堂集》和传奇"临川四梦"等。

谙达进犯京师。兵部尚书丁汝夔以不敢主战弃市。《明鉴纲目》卷六："纲：庚戌二十九年，秋八月，谙达犯京师。目：先是，夏六月，谙达犯大同，总兵官张达，副总兵林椿，战死，敌引去，传箭诸部大举。至是，循潮河川南下，至古北口中，都御史王汝孝率蓟镇兵御之。敌阳引满内向，而别遣精骑自间道溃墙入，汝孝兵溃，遂大掠怀柔，围顺义，长驱至通州，营白河东，（时巡按御史王忬奏言：潮河川有径道，一日夜可达通州。因疾驰至通，为守御计，尽撤舟楫之先东岸者。夜半寇果大至，阻白河不得渡。○王忬，字应民，太仓人。）分兵剽昌平，犯诸陵，杀掠不可胜纪。京师戒严，诏各镇勤王。分遣文武大臣各九人，守京城九门。急集诸营兵，仅四五万，老弱半之，（是时禁军册籍皆虚数，又半役内外提督大臣家，不归伍。在伍者亦涕泣不敢前，从武库索甲仗，主库阉人勒常例，不时发。）久之不能军。诏城中居民，及四方入应武举者，悉登陴守。命都御史商大节（字孟坚，钟祥人），率五城御史统之。发帑金五千两，令便宜募壮士。时寇已自通州度河而西，前锋七百骑，驻安定门外教场，遂薄都城。会大同总兵官仇鸾，巡抚保定都御史杨守谦（字允亭，徐州人），各以兵至，帝拜鸾大将军，节制诸路兵马，守谦为兵部侍郎，提督军务。时勤王兵先后五六万人，皆闻变即赴，未赍糗粮，制下犒师，牛酒诸费，皆不知所出。户部文移往复，越二三日，军士始得数饼饵，益饥疲，不任战。帝久不视朝，军事无由面白，廷臣多以为言，不许。

礼部尚书徐阶复固请，乃许之。群臣昧爽入，至日晡，帝始御奉天殿，不发一词，但命阶奉敕谕切责百官，而趣诸将战甚急。兵部尚书丁汝夔（字大章，沾化人），以咨严嵩，嵩曰：'塞上败可掩也，失利辇下，上无不知，谁执其咎？寇饱自扬去耳。'汝夔因不敢主战，且承嵩意，戒诸将勿轻举。守谦以孤军薄谙达营而阵，无后继，亦不敢战。于是诸将皆坚壁，不发一矢，辄以汝夔及守谦为辞。寇遂毁城外庐舍，火光烛天，亦莫能救。（城西北隅，内臣园宅在焉，环泣帝前曰：'将帅为文臣制，故寇得至此。'帝怒守谦益甚。）寇纵横内地，凡八日。本无意攻城，且所掠已过望，乃整辎重，将趋白羊口（在京兆昌平县西，有城，亦曰白杨）而去。仇鸾尾之，寇猝东返，鸾兵溃，死伤千余人。寇遂徐由古北口出塞。诸将收斩遗尸，得八十余级，以捷闻。帝优诏慰鸾，加太保，赐金币。汝夔、守谦弃市。（帝将大行诛以惩后，汝夔窘，求救于嵩。嵩曰：'我在，必不令公死。'及见帝，帝怒甚，嵩不敢言。汝夔临死，始知为嵩所卖。守谦性迟重，客有劝之战者，应曰：'周亚夫何人乎？'客曰：'公误矣。今日何得比汉法？'守谦不纳，竟得罪。方寇薄通州时，诏副都御史王仪，以兵二千往守。巡按王忬奏其虐大同军，大同军者，仇鸾兵也。及寇退，帝立命逮仪，斥为民，而擢忬佥都御史代之。〇王仪，字克敬，文安人。）"

遣重臣守通州。录用武举待试之士。（据《国榷》卷五十九）

暂停九月武举。（据《国榷》卷五十九）

九月

仇鸾总督京营戎政。复三大营旧制。《明鉴纲目》卷六："纲：九月，以仇鸾总督京营戎政。目：吏部侍郎王邦瑞（字惟贤，宜阳人），摄兵部事。以营政久弛，上疏论之，（略曰：国初京营劲旅，不减七八十万。自三大营变为十二团营，又变为两官厅，虽寝不如初，然额军常三十八万有奇。今武备积弛，见籍至十四万，而操练者不过五六万。此寇骑深入，战守俱困，此其弊不在逃亡，而在占役，不在军士，而在将领。盖提督以下诸官，多世胄纨袴，平时占役营军，以空名支饷，临操则集市人，呼舞博笑而已。乞遣官精核。）帝是其言。于是悉罢团营两官厅，复三大营旧制。设戎政府，以仇鸾统之，邦瑞协理。鸾方贵幸，请选各边兵更番入卫，分隶京营。塞上有警，主将不得征集。由是边事益坏。（鸾欲节制边将，罢筑蓟镇边垣，邦瑞皆以为不可，鸾大憾，遂肆谗构。会邦瑞陈安攘大计，被旨落职，鸾死逾十年，始复官。）"

刑部郎中徐学诗（1517—1567）上疏，请罢严嵩、严世蕃，杖责削籍为民。《明鉴纲目》卷六："纲：削刑部郎中徐学诗（字以言，上虞人）籍。目：先是，谙达既退，诏廷臣陈制敌之策，诸臣多掇细事以应，学诗愤然曰：'大奸柄国，乱之本也。乱本不除，能攘外患哉？'即疏劾严嵩。（略曰：外攘之备，在于内治，内治之要，在于端本。今大学士嵩，辅政十载，奸贪日甚，内结勋贵，外比群小，文武迁除，悉要厚贿，致此辈搭克军民，酿成寇患，国事至此，犹敢谬引佳兵不祥之说，以谩清问。近因都城有警，密输财贿南还，大车数十乘，楼船十余艘，水陆载道，骇人耳目。举朝莫不叹愤，而无一人敢言之者，诚以内外盘结，上下比周，积久势成，而其子世蕃，又凶狡成性，擅执父权，凡诸司章奏，必先关白，然后上闻。掩罪饰非，乘机构隙，故风论之者，虽不能显祸之于正言直指之时，莫不假事因人，阴祸之于迁除考察之际。天下痛心，视为鬼蜮，伏愿陛下罢嵩父子，别简忠良，则内治既清，外患自宁矣。）帝览疏，颇感动。方士陶仲文密言：'嵩孤立尽忠，学诗特为所私修隙耳。'帝于是发怒，下学诗诏狱，削其籍。（先劾嵩者、叶经、谢瑜、陈绍，与学诗皆同里，时称上虞四谏。又都给事中厉汝进，劾世蕃窃弄父权，嗜贿张焰，嵩上疏自理，且求援中官，以激帝怒。帝廷杖汝进，谪典史。明年，嵩假考察夺其职。〇厉汝进，字子修，滦州人。）"

翰林编修伊（尹）台为右中允，署国子司业。（据《国榷》卷五十九）
故翰林编修赵时春、刑部主事申穟添注兵部。（据《国榷》卷五十九）

十月

张治（1488—1550）卒。吕本《大中太保礼部尚书兼文渊阁大学士赠少保谥文隐张公墓志铭》："按状，公讳治，字文邦，湖广长沙茶陵州人也。"正德辛巳进士，改庶吉士，授编修。以修《明伦大典》成，擢赞善，进谕德，以翰林学士宣谕安南，未行遂止。擢南吏部侍郎，改北，进南吏部尚书，召拜礼部尚书，兼文渊阁大学士。"二十九年春，命复主考会试。比夏在直，婴暑毒，忽疾大作，上疏请告，上遣中使偕御医往视。……八月以大庆恩加太子太保，辞不允。""十月……十四日竟卒于长安西第。……距生弘治戊申六月十六日，卒年六十有三。""其学博极群书，而统要卒归于圣人。诗高浑昌丽，多开元大历之风。乃其微志不他著，间著于文若诗，后之览者，不能无感矣。"

左谕德兼侍讲茅瓒、修撰王维桢主武举会试，录九十人。（据《国榷》卷五十九）
礼部署郎中薛应旂为浙江提学副使。（据《国榷》卷五十九）

十二月

前广东按察司佥事林希元，上改编《大学经传》，《定本四书》，《易经存疑》，乞刊布。命燬之。下台讯，削籍。（据《国榷》卷五十九）

本年

袁黄（1533—1606）拜唐顺之为师，研习时文。《游艺塾文规》卷一《文须请教前修》："世间万事，皆有法度，皆有源流，即小小技艺，亦须得人传授，方可名家，况文章乎？忆予十八岁，见荆川唐先生于嘉兴天宁寺之禅堂，即礼之为师，相随至杭，往返几两月。先生之学，大率以理为宗，每作一文，必要一段千古不可磨灭之意，见其阐发题意，往往皆逼真入微。我朝夕执书问业，《学》、《庸》、《论》、《孟》，大约皆完。除平常易晓者不录，录其深奥者，题曰《荆川疑难题意》。先生又躬阅而手订之，始付剞劂。尝语予曰：'学者，当借传以明经，不可驱经以从传；当尊经而略传，不可信传而疑经。'闻者以为名言。明年十九岁，方山薛先生督学两浙，自湖而之嘉。初考湖州，出'及其至也，虽圣人有所不知焉'。此题诸理斋有刻文，原不依'问礼问官'之说，谓：'道固有出于圣人所知之外者，圣人固不得而尽知也。'湖士凡见此文者，皆遵用其说，方山大加称赏。及至嘉兴，出'居敬而行简'二节，此题前辈未尝有作也，诸生皆依'仲弓未喻夫子可字之意'立说。发案之日，方山大怒诸生无见识，且曰：'仲弓贤者，身通六艺，岂有不识一"可"字之理？且均一可也，"可使南面"之"可"，便以为优，"可也简"之"可"，则以为劣，一字而两解之，此何说也？'予聆其论，隐然动唐师之想，知此二人同以理学为宗者也。然上下分殊，无由细领其教。及薛罢官归，予造其宅，始知薛公乃当时高才博学，极有时名，久困场屋不得第。我浙中前辈董中峰、来菲泉得举业正传，来乡、会皆中第二，选授丹阳知县。方山往谒之，呈其文，来公览之，告曰：'文字有必中者，有必不中者，有歪文而可利中，有好文而必不中者，汝之文乃好而必不中者。'薛惊问其故，因出董中峰批点程墨一秩授之，曰：'依此必中矣。'薛受而习之。菲泉壬辰会魁，方山乙未亦中第二。是日，方山出以示予，予早暮服膺，始知举业自有的传。予又慕昆湖瞿先生之高，闻其在籍，特往拜之。至姑苏，昆湖适揽舟北行，泊于阊门。予具衣冠进谒，瞿公极简易，不立崖岸，一见欢如平生，问曰：'汝看我文，何篇最佳？'予曰：'《五柳堂稿》篇篇皆佳。'先生曰：'韩、柳、欧、苏集上，其文不能尽佳，吾独尽佳乎？有几篇可看。'首举'君子之道费而隐'之作，予起曰：'此生所熟诵也。'先生问：'何以见其佳？'予不能答。先生指示云：'注："费，用之广。隐，体之微。"要训此二字，不得不如此解。若论作文，只宜重讲"费"字，"隐"则非言语所可及者。你看一部《中庸》都说"费"，而其所以然处，则隐也。故吾文云："自其散殊者言之，天地之所以高深，鬼神之所以隐显，皆于是乎统焉，而特不得其故耳；自其流行者言之"云云，大率重讲"费"字，而"隐"只在言外见之。'予深服其论，因请问别篇。先生曰：'"君子务本"二句亦好。'予请其故，先生曰：'注言："凡事专用力于根本。"事有万端，本惟一致，岂有一事即有一本乎？又岂有事时方务本，无事时即无本可务乎？吾文以"培吾未离之天，防吾未萌之欲"立论，颇似透彻。'予又请问，先生复举'不迁怒'二句文字示予，曰：'此二句是颜子心学工夫，闵、曾而下，皆不能及，故曰今也则亡。'时适有二童子在傍，先生指曰：'若说怒于甲者，不移于乙，如怒此童，而移于彼童身上，即我亦不曾如此，况颜子乎？我文中二小比云："太公以虚其体，而不牵于易发之私；随感以安其常，而不淆于难制之气。"先说"太公以虚其体"，是内不迁于心；次说"随感以安其常"，是外不迁于境。程子言：气之易发而难制者，莫如怒。今日"不牵于其私"，"不涑于其气"，皆是模写不迁的景象。'连讲十余题，予心洒然，方知向之知先生未尽也，方知瞿也、唐也、薛也三先生之文，同一杼轴也。予非能文者，数奉教于君子，每拜一师，辄觉有一番进益，是故学者须虚心请益，多访高人。孔子曰：'毋友不如己者。'彼之识趣既卑，我之见闻益陋，即竟日悬梁，终宵凿壁，而燕僻在前，庸秽鄙俗之气，默默入吾肺腑中，不可救药也。然人不如己，我绝之，我不如人，人又岂肯友我哉？两执己见，胜友当绝迹矣。孟子曰：'事之云乎，岂曰友之云乎？'盖不如己者勿友，胜己者我当事之，此一定之法也。今之学者，师心自用，不肯屈志于前修，偶有一知半解，辄自负深玄，所作或稍清新，足惊众目，便神厉九霄，志轻先辈，政如夜郎王问汉使者：'汉何如我大也？'吾见今日须将浮惰之气，尽情扫除。如管东溟、冯具区、董思白诸先辈，皆当造其庐而礼请之，得其一言半句，即奉如蓍龟，绎其旨趣，以点化吾之凡骨。大率与前辈相处，真诚领教，即微言微动，皆受益无穷。苟不能虚怀承受，而反去检点人过，即圣贤与居，亦多见其可疑耳。嗟嗟！昔也，见贤思齐；今也，见贤生妒。昔也，见不贤而内省；今也，见不贤而外憎。内失己之益，外孤人之赐，如是而尚可为人乎？思之，勉之。"

莫如忠（1509—1589）由礼部祠祭司郎中升贵州提学副使，以道远不能将母，辞官归，自此家居达十五年之久。林景旸《明故通奉大夫浙江布政使中江莫公行状》："庚戌升贵州学宪，次岳阳，夜梦太安人，忽忽心动，已微知太安人病状，辄大恸曰：'猥以不奈劳之身试九折之阪，而贻老亲忧，须富贵何为？'从者闻之皆感泣，遂复乞归。"《列朝诗集小传》丁集中："如忠，字子良，华亭人。嘉靖戊戌（1538）进士，授南虞衡主事，改仪制，擢贵州提学副使，道远不能将母，投劾归。家居十五年，补湖广副使。"

陈霆（？—1550）卒。《静志居诗话》卷九《陈霆》："陈霆字声伯，德清人。弘治壬戌进士，刑科给事中。正德初，谪判六安州，历山西提学佥事。有《水南集》。水南博洽著闻，留心风教，诗不苟作，予录其三篇，稍加删汰。"《四库全书总目》著录陈霆《唐余纪传》二十四卷、《两山墨谈》十八卷、《山堂琐语》二卷、《水南稿》十九卷、《渚山堂诗话》三卷、《渚山堂词话》三卷。

顾宪成（1550—1612）生。张惟骧《疑年录汇编》卷七："顾叔时六十三宪成，生嘉靖二十九年庚戌，卒万历四十年壬子。"黄宗羲《明儒学案》卷五十八："顾宪成字叔时，别号泾阳，常之无锡人。父学，四子。先生次三，其季允成也。……壬子五月，先生卒，年六十三。"

邹迪光（1550—1626）生。《列朝诗集小传》丁集上《邹提学迪光》："迪光，字彦吉，无锡人。万历甲戌进士，官至副使，提学湖广，罢官时年才及强。以其间疏泉架壑，征歌度曲，卜筑惠锡之下，极园亭歌舞之胜。宾朋满坐，觞咏穷日，享山林之乐几三十载。年七十余乃卒。愚公亡，而江左风流尽矣。前后集三百余卷，连篇累牍，烦缛秾艳，无如其骨气猥弱，不堪采撷。其文又不必置喙矣。"

明世宗嘉靖三十年辛亥（公元 1551 年）

正月

锦衣卫经历沈炼（1507—1557）上疏劾首辅严嵩，请诛之以谢天下，被谪佃保安。《明鉴纲目》卷六："纲：辛亥三十年，春正月，戍锦衣卫经历沈炼（字纯甫，会稽人）于边。目：初，赵贞吉请勿许谙达求贡，廷臣无敢是贞吉者，炼独大言以为是。吏部尚书夏邦谟目之曰：'若何官？'炼曰：'锦衣经历沈炼也。大臣不言，故小吏言之。炼愤国无人，致寇猖獗，请以万骑护陵寝，万骑护通州军储，合勤王师十余万，击其惰归，可大得志。'帝不省。时严嵩用事，边臣争致贿遗，及失事惧罪，益辇金贿嵩，炼时时扼腕。一日从尚宝丞张逊业饮，酒半，及嵩，因慷慨詈骂，流涕交颐，遂疏劾嵩黩贿十罪，并及邦谟谄谀状，请均斥罢。帝怒，榜之数十，谪佃保安。（炼既被谪，中外慑嵩威，益箝口。南京御史王宗茂，拜官甫三月，即劾嵩负国十罪。疏至，通政司赵文华，密以示嵩，留数日始上。由是嵩得预为地，遂以宗茂诬诋大臣，谪平阳县丞。○王宗茂，字时育，京山人。平阳，五季吴越县，今属瓯海道。）"

礼部右侍郎程文德为左侍郎国子祭酒。（据《国榷》卷六十）

二月

升翰林院侍读学士闵如林（霖）为太常寺卿，官国子监祭酒事。（据《明世宗实录》卷三百七十）

京察拾遗。吏部尚书夏邦谟，南京刑部尚书傅炯，兵部右侍郎史道，南京刑、工右侍郎虞守愚、严时泰，南京太仆寺卿谢兰，右副都御史张素、于湛，国子祭酒周文烛并免。（据《国榷》卷六十）

三月

仇鸾主和，与俺答通马市。杨继盛（1516—1555）上疏力言不可，下狱，谪狄道典史。徐阶《明兵部武选司员外郎赠太常少卿谥忠愍杨公墓志铭》："公讳继盛，字仲芳，别号椒山，忠愍者谥也。国朝之制，非大臣不得与于易名，公位下乃得谥者，今皇帝御极，溯观化源，谓公死谏，节甚伟，宜尊显以励士大夫，故奉遗诏，赠公太常寺少卿，荫子应尾为国子生，而特赐今谥。其义则取诸危身奉上在国逢难云。初，公举嘉靖丁未（1547）进士，授南京吏部验封主事，师事大司马苑洛韩公，尽通其天文地理太乙壬奇兵阵之学，名声重一时。辛亥（1551）迁兵部车驾员外郎。当是时，大将军仇鸾骄，然心惮敌，欲利唊之以缓兵，请与敌为马市，有成议矣。公上疏斥其不可者十，辩其说之谬者五，鸾因诋公挠边计，惑众心，诏锦衣卫逮公置讯，狱具，贬狄道典史。"

翰林院侍读敖铣为南京侍讲学士，署院。（据《国榷》卷六十）

四月

白悦（1499—1551）卒。（生年据公历标注）王维桢《明尚宝司司丞致仕洛原白公墓碑》："洛原白公者，常州武进人也。名悦，字贞夫，其先洛阳人，后徙武进，居采菱港。白公不忘始，故号洛原白公。""嘉靖壬午（1522），白公举顺天乡试，推荫与弟。又十年举壬辰（1532）进士，除户部主事。"改礼部，历员外、郎中，迁左春坊司直，谪永平通判。历南后军都督府经历、吏部郎中，再谪河间通判。迁户部主事，改尚宝司丞，出为江西按察佥事。"白公生弘治庚戌（当作戊午）十二月二十五日，卒嘉靖辛亥四月二十四日，年五十四。"徐阶《尚宝司司丞致仕洛原白君墓志铭》："己酉（1549）改尚宝司司丞。……辛亥（1551）三月升江西按察司佥事，病，未能诣阙谢，会被论，诏仍以尚宝致其仕。……病已剧，四月二十日竟卒，距生弘治戊午十二月二十五日，享年五十四。君能为古文歌诗，行草小楷皆有法，意兴所到，濡笔引纸，往往屈其坐人，故每见谓浮薄。性又喜宾客，延访结纳，朝夕不暇，而时名公巨卿之好士者，亦喜与君游，故又见谓奔竞。及既病，日闭门与客绝，间有访君榻前者，君辄与论时务，亹亹不置，故又见谓矫抗。其仕宦以是不达。然君之心固未尝一日不志于为善也。士生于世，其仕止毁誉，信有幸不幸哉！"

六月

赠徐樾光禄寺卿，录子太学。（据《国榷》卷六十）

七月

薛应旂自南考功转浙江提学，谆谆教士子读《四书五经大全》。《游艺塾续文规》卷一《方山薛先生论文》（门人袁黄手录）："辛亥七月，先生自南考功转浙江提学，甫下车即颁训戒，谆谆教士子看《大全》，谓：祖宗以朱熹一人之说不足以尽六经之旨，下诏征集群儒，修缉《四书五经大全》，颁行学官，令士子传习。当时乡会程墨，皆博采儒先之说，不拘拘于朱注，其摛词用意，真足以发古先圣贤之精蕴。近来，士风转陋，文运益卑，驾言于尊朱，而并朱注亦不复理会，束书不观，猖狂自恣。由向来柄文衡者，不遵朝廷训典，阅文惟取浮华，而置理学于度外，故相习成风，而登词坛者多由草窃，良可深憾。兹本道出题必本《大全》，诸儒之说有足以发明孔孟之真传，而订正朱子之所未尽者，诸生能阐发其旨，即文不甚工，亟置高等，不然，弗录也。""先生初至湖州，出'及其至也虽圣人有所不知焉'。此题先辈诸燮有文，原不依本注'问礼问官'之类，谓道本出于圣人所知之外，即天聪明之尽者，而心思有所不能及，意见有所不能到，固不得而尽知也。诸生如臧继芳辈，凡预见此文者，皆依此立说，先生大加称赏。及至嘉兴，出'居敬而行简'二节，此题前辈未尝有文也，诸生皆用仲弓未喻夫子可字之意。发案之日，先生呼诸生至前，厉声叱之曰：'何尔辈之浅陋也？仲弓贤者，居德行之科，身通六艺，岂有不识一个"可"字之理？且同一"可"字，"可使南面"之"可"则以为优，"可也简"之"可"则以为劣，一字而两解之，成何等学问？夫子说"雍也可使南面"，犹"使漆雕开仕"，只欲行其所学也。南面不独人君之位，凡有司临民者皆南向，即今各衙门皆然，岂有圣人而私许其弟子可为人君之理？及问子桑、伯子，而曰"可也简"，谓智周万物，不如一愚；博综群务，不如一约，所可者惟简耳，仲弓遂就"简"字而论之，谓居敬则可，居简则不可。若以"可"字为有所未尽之意，则仲弓所谓"不亦可乎"者，岂亦有所未尽乎？夫子曰"雍之言然"，不特契其言，亦契其心也。仲弓不以所行论简，而以所居别简之得失，其言最为有理，盖使心而有主，则所行之要约，皆有精神之贯通，而可以不愧于南面，心一懈弛，则所行之不烦，适足恣其怠荒之习，而不可以临民矣，故此句全要重"心"上发挥。'诸生闻之，皆瞿然有省，而两浙士风文运实自此一振云。"

九月

评事陆从大为礼部主事，改礼部主事张天复兵部主事，徐学诗为吏部主事，吴兰、郭宗藩，进士吴国伦、严杰为中书舍人，直制诰制敕两房。（据《国榷》卷六十）

罢南京国子祭酒阎朴。赴任稽缓。（据《国榷》卷六十）

十月

升巡抚辽东右副都御史蒋应奎为户部右侍郎，左春坊左谕德茅瓒为南京国子监祭酒。（据《明世宗实录》卷三百七十八）

兵部覆湖广、襄阳等卫武举官生许献中等奏，曾经三次乡试中式官生，开科之年，免其再试。王圻《续文献通考》卷四十七《选举考·武举》："世宗嘉靖三十年十月，兵部覆湖广、襄阳等卫武举官生许献中等奏，曾经三次乡试中式官生逐一查明，登记在官，开科之年，查照文举会试事理，不拘官舍军民，免其再试。各省从布政司，两直隶从本府申呈，抚按衙门取具各该官司供结，给与批文，仍量给路费，与同新科乡举之人一体赴京会试。其有已经给文、别无事故而不行赴京者，各司府官访出，系军职参奏，军民舍余问革，仍将原给文引、路费通行追夺。若非三科以上者，军卫有司不许朦胧起送，永为定规。应试人员各该官司严加考选，不拘名数起送。监生、省祭官、生员俱不许应试。武生作文依例回避御名、庙讳、亲王名讳，不许违犯，惟二字不偏讳。武举会试既奉钦依改于秋九月举行，其各处取中乡试人员合于次年五月以后，各该官司查例应付脚力口粮赴部会试。"

世宗作承天府儒学碑。（据《国榷》卷六十）

十一月

邢侗（1551—1612）生。 李维桢《陕西行太仆寺少卿邢公墓志铭》：卒"岁在万历壬子四月二十有七日，距生嘉靖辛亥十有一月二十有六日，年六十有二"。"子愿名侗，士大夫率字之。晳而清扬，左眉有黑子，相者以为文星。既长，声如钟，目如电，发鬒如云，须髯如戟。"邢侗，字子愿，临邑人。万历甲戌（1574）进士，除南宫知县，征授监察御史，出为湖广参议，升陕西行太仆少卿。有《来禽馆集》。

大理寺卿马坤为户部右侍郎，翰林检讨林廷机为国子司业。（据《国榷》卷六十）

升礼部右侍郎孙升为本部左侍郎太常寺卿，管国子监祭酒事，闵如霖为礼部左侍郎。（据《明世宗实录》卷三百七十九）

十二月

陆粲（1494—1552）卒。（卒年据公历标注）黄佐《贞山先生给事中陆公粲墓表》："己酉，侍太夫人疾，亲调汤药，衣不解带。比宅忧，哀痛逾礼。……然而逝，辛亥十二月二十五日，距其生弘治甲寅六月二十六日，春秋五十有八。"《国榷》载陆粲卒于去年十月。王世贞《吴中往哲像赞》："陆贞山先生粲，字子馀，一字浚明，生而朗秀，长身玉立，美须髯。自其诸生时，则已为王文恪所赏识，曰：'是子也，材非吾翰林所能有也。'而久之乃举乡试，魁其经，明年会试，复魁其经，以进士改翰林庶吉士，凡七试皆居首。当是时，新贵人张、桂长翰林，先生耻为之寮，约诸庶吉士毋得往见，张、桂衔之，中于上，谓皆故相费公宏桃李。以故当散馆，公仍试第一，而仅得工科给事中。先生上言，请开弘文馆，与博闻有道之士讲说政术；开太学，举贡诸生，途与进士并，王国及教官材者一体迁擢。士毋得乞远方，远方二千石以上，毋以不及调，行太仆苑马盐运，毋以下考迁。又上久任使、慎考察、汰冗官、复制科四事，皆次第采纳。故相杨公一清，见辄叹曰：'子自爱，真经世才也。'先生以是益自信，论事亡所避。主浙江试还，而法司与厂卫狱互异，上右厂卫，至为斥台长浃，先生力言其不可，以是得上怒，下诏狱杖三十，寻释之。时张与桂俱继相，拟杨公后，先生遂露章劾其奸，上为之罢二相，一时朝廷肃然望治。而上寻入霍詹事韬语，谓先生缘杨公指，于是首召张，而杨公不自安，更请去，而先生再下诏狱以谪矣。先生之自都镇驿丞迁永新令，有善政，其士民多讴谣之。而念相张数踬起，不能不相中，且母老，上书乞致仕归，里居凡十八年，中外论荐者，无虑三十疏，而皆报罢。先生以母老，多戚戚，为选声色以娱之，而己不能无染指。及母死，悉屏去之。先生性伉爽，每语意气及不平事，慷慨攘臂，须尽张。其为文精雅有法，得班氏及韩欧遗意。"

升左春坊左庶子兼翰林院侍讲学士吴山为太常寺卿，管国子监祭酒事，（据《明世宗实录》卷三百八十）

南京翰林院侍讲学士敖铣为左春坊左庶子兼侍讲学士。（据《国榷》卷六十）

南京国子司业卢宗哲为南京尚宝司卿。（据《国榷》卷六十）

本年

黄绾（1477—1551）卒。黄宗羲《明儒学案》卷十三："黄绾字叔贤，号久庵，台之黄岩人。以祖荫入官，授后军都事。告病归，家居十年。以荐起南京都察院经历。……升南京工部员外郎，累疏乞休。尚书席书纂修《明伦大典》，荐先生与之同事。起光禄寺少卿，转大理寺，改少詹事兼侍讲学士，充讲官。《大典》成，升詹事，兼侍读学士。出为南京礼部右侍郎，转礼部左侍郎。……起礼部尚书，兼翰林院学士，充安南正使，以迟缓不行。闲住，迁家翠屏山中。寒暑未尝释卷，享年七十有五。先生初师谢文肃……阳明归越，先生过之，闻致良知之教，曰：'简易直截，圣学无疑。先生真吾师也，尚可自处于友乎？'乃称门弟子。"

王九思（1468—1551）卒。李开先《渼陂王检讨传》：先生"讳九思，字敬夫，居近渼陂，因以渼陂为号"。"至丙辰，则文学成矣，第进士，考选庶吉士，试题乃端阳赐扇诗，翁有'谁剪巴江，天风吹落'之句，闻者以为必膺首选。何也？以其似李西涯之作，已而名出，果然。是时西涯当国，倡为清新流丽之诗，软靡腐烂之文，士林罔不习其体，而翁亦随例其中，以是知名，得授翰林院检讨，故曰：'上有三老，下有三讨。'自以为是矣。及李空同、康对山相继上京，厌一时诗文之弊，相与讲订考正，文非秦、汉不以入于目，诗非汉、魏不以出诸口，而唐诗间亦仿效之，唐文以下无取焉。故其自叙曰：'空同为予改诗稿今尚在，而文由对山改者尤多，然亦不止于予，虽何大复、王浚川、徐昌谷、边华泉诸词客，亦二子有以成之。'人之称之者，则以为叙事似司马子长，而不琐屑于言语之末，议论似孟子舆，而能从容于抑扬之际。至其因怀陈致，寄景道情，则又出入乎风雅骚选之间，而振迅于开元天宝之上。士夫虽倾心，然不免有侧目者矣。刘晦庵虽不喜诗，然犹爱才，而李西涯则直恶其异己，蓄怒待时而发。……其为予作《宝剑记后序》，年已八十二矣，而文思尚如涌泉，料必寿过百岁，乃于辛亥某月日病卒，八十二岁至是又加二矣。""所著有《渼陂集》、《渼陂续集》、《王氏族谱》、《鄠县志》、《游春记》、《碧山续稿》、《新稿》，此其已刻行者，而未刻者尚多也。"

何廷仁（1486—1551）卒。黄宗羲《明儒学案》卷十九："何廷仁字性之，号善山，初名秦，江西雩县人。……三十年卒，年六十六。……先生论学，务为平实，使学者有所持循。尝曰：'吾人须从起端发念处察识，于此有得，思过半矣。'又曰：'知过即是良知，改过即是本体。'又曰：'圣人所谓无意无情者，非真无也，不起私意，自无留意留情耳。若果无意，孰从而诚？若果无情，孰从而精？'或谓：'求之于心，全无所得，日用云为，茫无定夺。'……乃作《格物说》，以示来学，使之为善去恶，实地用功，斯之谓致良知也。细详先生之言，盖难四无而伸四有也。"何廷仁《善山语录》："天下之事，原无善恶，学者不可拣择去取，只要自审主意。若主意是个真心，随所处皆是矣；若主意是个私心，纵拣好事为之，却皆非矣。譬如戏谑是不好事，但本根是个与人为善之心，虽说几句笑话，动人机括，自揣也是真心。但本根是个好名之心，则虽孝亲敬长，温凊定省，自揣还是欺心。"

唐时升（1551—1636）生。吴荣广《历代名人年谱》："崇祯九年，唐叔达卒（年八十六）。"《明史·文苑传》："唐时升，字叔达，嘉定人。父钦训，与归有光善，故时升早登有光之门。年未三十，谢举子业，专意古学。王世贞官南都，延之邸舍，与辨晰疑义。时升自以出归氏门，不肯复称王氏弟子。及王锡爵柄国，其子衡邀时升入都，值塞上用兵，逆断其情形虚实，将帅胜负，无一爽者。家贫，好施予，灌园艺疏，萧然自得。诗援笔成，不加点窜，文得有光之传。与里人娄坚、程嘉燧并称曰'练川三老'。卒于崇祯九年，八十有六。"

胡应麟（1551—1602）生。据吴晗编《胡应麟年谱》（载《清华学报》1934年第9卷第1期）。胡应麟，字元瑞，更字明瑞，兰溪人。万历丙子（1576）举人。有《寓燕》、《还越》、《计偕》、《岩栖》、《卧游》、《两都》、《兰阴》、《邯郸》、《华阳》、《养疴》、《娄江》、《白榆》、《湖上》、《青霞》等集，合为《少室山房稿》。另有《少室山房笔丛》等多种著述。

明世宗嘉靖三十一年壬子（公元 1552 年）

正月

翰林检讨王材为南京国子司业。（据《国榷》卷六十）

二月

兵部左侍郎聂豹，左副都御史王学益同翰林侍读郭朴清理军职贴黄。（据《国榷》卷六十）

三月

置内府营。《明鉴纲目》卷六："纲：壬子三十一年，春三月，置内府营。目：置于内教场，以练诸内使。"

礼部尚书徐阶兼东阁大学士，预机务。《明鉴纲目》卷六："纲：以礼部尚书徐阶，兼东阁大学士，预机务。目：初，阶由夏言荐，严嵩忌之，阶恐被中伤，乃精治斋词，迎帝意，左右亦多为地者。遂入阁。"

五月

复许赞少傅兼太子太傅吏部尚书文渊阁大学士。（据《国榷》卷六十）

六月

礼科给事中袁洪愈，劾翰林检讨梁绍儒交通权要，吏部文选郎中白璧招权鬻爵，至姑妇争攫金钱。俱宜斥。（据《国榷》卷六十）

七月

命右春坊右中允兼翰林院修撰尹台、郭鎜主试应天。（据《国榷》卷六十）

礼部尚书东阁大学士徐阶请二王讲学，诏择吉行。（据《国榷》卷六十）

增贵州宣慰司儒学廪额四十人。（据《国榷》卷六十）

八月

仇鸾罢。病死，戮尸。《明鉴纲目》卷六："纲：八月，仇鸾死，诏戮其尸。目：马市既开，诸边日苦侵暴，帝命鸾逐寇大同。鸾不得已出镇川堡，遇伏败还。至是病疽，犹恋大将军印，不肯上。徐阶密疏发鸾罪，兵部尚书赵锦，亦言强寇压境，而鸾病不能军，万一寇众长驱，贻忧君父不小。帝命罢鸾，以侍郎蒋应奎暂掌戎政。鸾大恚恨，疽益剧，遂死。始鸾与嵩约为父子，已而相恶，嵩密疏毁鸾，鸾亦陈嵩、世蕃贪横状，帝少疏嵩。（嵩当人直，不召者数矣。嵩见徐阶、李本入西内，即与俱人，至西华门，门者以非诏旨格之。嵩还第，父子对泣。）嵩因结锦衣都督陆炳，共图鸾。鸾既死，炳尽发其通虏纳贿状。帝大怒，下诏暴鸾罪，追戮之，传首九边。"

郭朴、秦鸣雷任顺天乡试主考。两京及各布政司举行乡试。《弇山堂别集》卷八十三《科试考三》："三十一年壬子，命左春坊左庶子兼翰林院侍读郭朴、翰林院修撰秦鸣雷主顺天试。命左春坊左中允兼翰林院修撰尹台、翰林院修撰郭鎜主应天试。"梁章钜《制义丛话》卷五："贺耦耕长龄曰：李长吉谓笔补造化天无功，故作文莫妙于斡旋。嘉靖壬子科应天乡试，首题'君子不可小知而可大受也'，他人讲'不可小知'，只随题讲去，若谓君子于细事全不理会，孙溥卷则云：'故以一事之尽善，而谓其为君子焉，吾意君子不如是之隘也；以一事之未尽善，而谓其非君子焉，吾意君子不如是之浅也，果可以小知乎哉？'遂以弁冕群英。"

广东乡试，例取七十五人。林应麟《介山稿略》卷十一《拟广东乡试录后序》："广东乡试例取士七十五人，第其名氏，择其文之最雅驯者二十篇，汇书为录以献，制也。乃嘉靖壬子，某滥殿兹役，宜序诸末简。……夫广东之属，其设为庠校，不止以百数。而士之列于庠校弟子员者，极于万且赢焉。今所录士殆百不能一，可不为难乎！"

茅坤作《广西乡试录序》。时在广西金宪任。序曰："嘉靖三十有一年，巡按御史朱某监临广西试事，于是千里走书，币聘某暨学政某为考试官，教谕某某为同考试官。时提调则右布政使刘某、左参政张某，监试则按察使魏某、佥事茅某，暨百执事相与进提学佥事王某所简之士一千二百有奇；三校之，而得五十有五人。录其文之尤者以献焉，制也，且属余叙诸首简。"

徐渭乡试落第。徐渭《畸谱》："三十二岁。应壬子科。时督浙学者薛公，讳应旗，阅余卷，偶第一，得廪科。后北。初夏赴归安。潘友招，图继我偶，后先以三女，余三忤之，上文云悔，悔是也。是时移居目连巷，与丁子范模同门。"

翰林编修高拱，检讨陈以勤直裕王讲。国子助教尹乐舜、郑守德改翰林待诏、侍读。中书舍人吴昂、吴应凤侍书。检讨孙世芳、林爛直景王讲。助教潘静深、邢台教谕李秀改待诏侍读。（据《国榷》卷六十）

乙丑，江西试院火。（据《国榷》卷六十）

十月

筑京师外城以备寇。《明鉴纲目》卷六："纲：冬十月，筑京师外城。目：以寇警故，筑外城一十五里，阅九月讫工。"

翁万达（1498—1552）卒。据汪道昆《明兵部尚书翁公传》。《国榷》载翁万达卒于今年十一月。《明史·艺文志》著录翁万达《平交纪事》十卷、《宣大山西诸边图》一卷。《明史》有传。

礼部尚书欧阳德入朝，大学士徐阶解部事。（据《国榷》卷六十）

以秉一真人陶仲文阴兵慑虏，加岁禄百石，荫子入太学。（据《国榷》卷六十）

十二月

张岳（1492—1553）卒。（卒年据公历标注）徐阶《明故资政大夫总督湖广川贵军务都察院右都御史赠太子少保谥襄惠净峰张公墓志铭》："公讳岳，字维乔，号净峰……公生于弘治壬子十月四日，卒于嘉靖壬子十二月二十四日，享年六十有一。""公所著有《惠安志》、《古文要典》、《三礼经传》、《宋元名辅事业》、《宋名臣奏议》、《载道集》、《大儒文集》、《圣贤正传》、《历代兵鉴》、《恭敬大训》、《小山类稿》凡若干卷，藏于家，皆有补于世教云。"

本年

敖铣任讲读学士。《弇山堂别集》卷四十六《翰林诸学士表》："敖铣，江西高安人。嘉靖三十一年任讲学，迁太常卿兼祭酒。"

朱涮（1486—1552）卒。《四库全书总目》卷一百七十二集部别集类二十五著录《天马山房遗稿》八卷，提要曰："明朱涮撰。涮字必东，号损岩，莆田人。嘉靖癸未进士。授湖广道监察御史。会兴国太后诞节，诏命妇朝贺。而慈寿太后诞节转不令命妇朝贺。涮上书争之，廷杖斥归，终于家。事迹具《明史》本传。其诗文不事铅华，独抒怀抱。朱彝尊《静志居诗话》称其诗无俗韵，诵之想见其人。盖泽畔行吟，沉沦没世，而未尝有一穷郁怨尤之语，是为难也。至家居三十馀年，于民生国计，切切不忘。集中所载南洋水利之议，山寇海寇之防，皆指陈利病，斟酌时宜，委曲以告当事，不以罢黜而漠视，抑又难矣。其争诞节朝贺疏，史仅删大略，集中尚载其完本，用以压卷。盖自议礼诸臣获罪后，举朝皆附新局。涮与马明衡独惓惓故君，尤其一生大节。故编录遗文者，别为一卷，弁于集首云。"

明世宗嘉靖三十二年癸丑（公元1553年）

正月

兵部武选司员外郎杨继盛（1516—1555）上疏劾严嵩十大罪、五奸，系刑部狱。徐阶《明兵部武选司员外郎赠太常少卿谥忠愍杨公墓志铭》："辛亥（1551）迁兵部车驾员外郎。……贬狄道典史。逾年擢知诸城，寻迁南京户部主事，又迁刑部员外郎，调兵部之武选。尝独居深念至夜分，配张安人问其故，公曰：'吾受上恩，思有以报耳。'安人曰：'严相国方用事，此岂君直言时耶？'公不应，而心自计，欲报恩，其道莫如去奸人，使不得乱政。遂以癸丑正月疏论少师严嵩十罪五奸，请召二王问状。公意以嵩在位久，其党羽布满中外，上即问必不肯言，而今皇帝以明圣在东府，冀一召问，可尽得其实。嵩更借以为谗，诏逮公，讯所以引二王者，公具对侃侃，至断指出胫，不易词。诏杖公百，送刑部狱。郎史君朝宾议从轻比，而其长贰皆嵩党，竟当公诈传亲王令，旨绞。"《明鉴纲目》卷六："癸丑三十二年，春正月，兵部员外郎杨继盛上疏，劾严嵩，下诏狱。"

命吏部左侍郎程文德知贡举。（据《国榷》卷六十）

张岳卒。《国榷》卷六十："提督湖广川贵兵部右侍郎兼右佥都御史张岳卒。岳字惟乔，惠安人，正德丁丑进士。授行人。谏南巡，廷杖。改南监学正。上即位，复行人。历礼部郎中、广东提学佥事。谪广东提举，知廉州，历抚郧阳江西。进督两广，屡破贼巢。改今官，平铜仁叛苗。复右都御史。赠太子少保，谥襄惠。"

二月

沈璟生。据凌敬言《词隐先生年谱及其著述》引《沈氏家谱》。沈璟（1553—1610），号宁庵，自署词隐生。吴江（今属江苏）人。万历二年（1574）进士。历任礼部仪制司主事，员外郎，光禄寺丞。他是格律派巨子，对音韵极为重视。所作戏曲作品甚多，《红蕖记》、《埋剑记》、《双鱼记》、《义侠记》至今尚存。

江盈科（1553—1605）生。据袁宏道《哭江进之》序、袁中道《江进之传》。江盈科字进之，号绿萝山人，湖广桃源人。万历壬辰（1592）进士。官至四川提学副使。著有《明十六种小传》、《雪涛阁集》、《雪涛谐史》等。按，《江盈科集》卷四《初度》诗云："二月春光最可怜，一杯独酌小桃前。客中几度逢生日，镜里何时再少年？相马谩劳重问齿，属牛只合早归田。君平往往空相誉，道说官星八座边。"第六句"属牛"二字后作者自注："余生癸丑。"据此则盈科生于嘉靖三十二年二月。卷二《迎春感赋》诗曰："我今行年四十四，蹉跎小吏成何事。墨绶纠缠已五年，管领春风经四次。"题下作者自注："丙申冬作。"与《初度》诗自注"余生癸丑"相合。

少保大学士徐阶、侍讲学士敖铣主礼闱。甲戌，会试，取曹大章等四百名。（据《明世宗实录》卷三百九十四）

翰林编修瞿景淳为侍读。（据《国榷》卷六十）

三月

吏部左侍郎兼翰林学士程文德署詹事府事。（据《国榷》卷六十）

陈谨、曹大章、温应禄等四百零三人进士及第、出身有差。《明世宗实录》卷三百九十五：嘉靖三十二年三月，"辛卯，策试天下举人"。《嘉靖三十二年进士登科录·玉音》："嘉靖三十二年三月初九日，礼部尚书兼翰林院学士臣欧阳德等于奉天门奏为科举事。会试天下举人，取中四百名。本年三月十五日殿试，合拟读卷官及执事等官少师兼太子太师吏部尚书华盖殿大学士严嵩等六十六员。其进士出身等第，恭依太祖高皇帝钦定资格。第一甲例取三名，第一名从六品，第二第三名正七品，赐进士及第。第二甲从七品，赐进士出身。第三甲正八品，赐同进士出身。奉圣旨：是，钦此。读卷官：特进光禄大夫柱国少师兼太子太师吏部尚书华盖殿大学士严嵩，乙丑进士；荣禄大夫少保兼太子太保礼部尚书东阁大学士徐阶，癸未进士；资善大夫礼部尚书兼东阁大学士李本，壬辰进士；资政大夫吏部尚书万镗，乙丑进士；资善大夫户部尚书方钝，辛巳进士；资善大夫兵部尚书聂豹，丁丑进士；资善大夫刑部尚书何鳌，丁丑进士；资善大夫工部尚书欧阳必进，丁丑进士；资德大夫正治上卿太子少保都察院左都御史屠侨，辛未进士；嘉议大夫掌詹事府事吏部左侍郎兼翰林院学士程文德，己丑进士；嘉议大夫通政使司通政使赵文华，己丑进士；大理寺卿卢勋，壬辰进士；翰林院侍讲学士奉训大夫敖铣，乙未进士。提调官：资善大夫礼部尚书兼翰林院学士欧阳德，癸未进士；嘉议大夫礼部左侍郎孙陞，乙未进士；嘉议大夫礼部右侍郎闵如霖，壬辰进士。监试官：文林郎四川道监察御史邢尚简，辛丑进士；文林郎浙江道监察御史董威，辛丑进士。受卷官：奉议大夫左春坊左庶子兼翰林院侍读郭朴，乙未进士；奉训大夫右春坊右谕德兼翰林院侍讲康大和，乙未进士；翰林院修撰承务郎郭鎜，乙未进士；承事郎户科都给事中凌汝志，甲辰进士；从事郎吏科给事中秦梁，丁未进士。弥封官：通议大夫工部右侍郎张文宪，癸未进士；亚中大夫光禄寺卿窦一桂，丙戌进士；通议大夫鸿胪寺掌寺事太常寺卿吴祖乾，官生；奉议大夫尚宝司卿王楠，戊戌进士；奉议大夫尚宝司卿费懋良，官生；承直郎左春坊左中允兼翰林院修撰李玑，乙未进士；翰林院编修承事吕调阳，庚戌进士；翰林院编修承事郎姜金和，庚戌进士；承事郎兵科都给事中王国祯，戊戌进士；从事郎礼科给事中章适，丁未进士；朝列大夫山东布政使司右参议王槐，生员；儒林郎大理寺左寺左寺副刘璋，儒士；儒林郎大理寺右寺右寺副赵性鲁，儒士；儒林郎大理寺右寺右寺副徐应丰，儒士；儒林郎大理寺右寺右寺副孙学思，儒士；文林郎大理寺右寺右评事掌翰林院典籍事吴应凤，儒士；文林郎大理寺右寺右评事季芮，儒士。掌卷官：承直郎右春坊右中允兼翰林院修撰尹台，乙未进士；翰林院修撰儒林郎秦鸣雷，甲辰进士；翰林院修撰承务郎唐汝楫，庚戌进士；翰林院编修文林郎吴情，甲辰进士；文林郎刑科都给事中姜良翰，甲辰进士；承事郎工科都给事中马汝松，甲辰进士。巡绰官：特进光禄大夫柱国少保兼太子太保掌锦衣卫事后军都督府左都督陆炳；特进荣禄大夫锦衣卫管卫事后军都督府右都督麦祥；荣禄大夫锦衣卫管卫事后军都督府都督同知袁天章；骠骑将军锦衣卫管卫事都指挥使朱希孝；昭勇将军锦衣卫管卫事都指挥佥事张柏龄；昭勇将军锦衣卫管卫事都指挥佥事周京；昭勇将军锦衣卫管卫事指挥使张爵；明威将军锦衣卫管卫事指挥佥事刘鲸；怀远将军金吾前卫指挥同知刘文；昭勇将军金吾后卫指挥使刘勋。印卷官：奉议大夫礼部仪制清吏司郎中王惟中，辛丑进士；承德郎礼部仪制清吏司署员外郎事主事阴标，辛丑进士；承直郎礼部仪制清吏司主事傅夏器，庚戌进士；承直郎礼部仪制清吏司主事王任用，丁未进士。供给官：奉政大夫光禄寺少卿江冕，甲辰进士；承德郎光禄寺寺丞孙植，乙未进士；登仕佐郎礼部司务陈铨，辛卯贡士；承德郎礼部精膳清吏司署郎中事主事刘斯洁，丁未进士；承德郎礼部精膳清吏司署员外郎事主事刘朝佐，甲辰进士；承直郎礼部精膳清吏司主事宋廷表，丁未进士。"《嘉靖三十二年进士登科录·恩荣次第》："嘉靖三十二年三月十五日早，诸贡士赴内府殿试，上御奉天殿亲赐策问。三月十八日早，文武百官朝服侍班。是日，锦衣卫设卤簿于丹陛丹墀内，上御奉天殿，鸿胪寺官传制唱名，礼部官捧黄榜，鼓乐导引出长安左门外，张挂毕，顺天府官用伞盖仪从送状元归第。三月十九日，赐宴于礼部。宴毕，赴鸿胪寺习仪。三月二十一日，赐状元朝服冠带及进士宝钞。三月二十二日，状元率诸进士上表谢恩。三月二十三日，状元率诸进士诣先师孔子庙行释菜礼，礼部奏请命工部于国子监立石题名。"《弇山堂别集》卷八十三《科试考三》："三十二年癸丑，命少保太子太保礼部尚书东阁大学士徐阶（1503—1583）、翰林院侍讲学士敖铣为考试官，取中曹大章等。廷试，赐陈谨、曹大章、温应禄及第。是岁特开科，凡四百人。改进士张四维、王希烈、姜宝、万浩、南轩、孙铤、吴可行、梁梦龙（1527—1602）、孙应鳌（1527—1576）、晁东吴、孙九功、冯叶、陆泰、马自强（1513—1578）、李贵、赵祖鹏、吕旻、方万有、胡汝嘉、徐师曾（1417—1580）、王文炳、姚弘谟、张巽言、王学颜、郭敬言、李蓘、蒋淳、王咏为庶吉士，命吏部左侍郎翰林院学士程文德、礼部左侍郎翰林院学士闵如霖教习。晁东吴，翰林瑮子。孙铤，吏侍升子。"《万历野获编》卷十六《嘉靖三丑状元》："三十一（二）年癸丑科，状元为陈谨，福建闽县人。以中允丁忧归，忤其乡戍海之卒，被众聚殴而死。"梁章钜《制义丛话》卷十二："《广舆记》云：金坛曹大章，字一望，嘉靖癸丑会试第一。平日作文，每于最喧遝处伸纸疾书，尝曰：'必使我枯坐而后作文，岂场屋中有此静境？'按：此一良法，习举业者不可不知。"

海瑞谒选，授福建南平县教谕。梁云龙《海忠介公行状》："甫应癸丑一科会试不第，而当四十强仕，即毅然自决曰：'士君子由科目奋迹，皆得行志，奚必制科？'遂就教。……已授南平县教谕。"本年十二月到任。至嘉靖三十六年皆在南平任。

据《嘉靖三十二年进士登科录》："第一甲三名，赐进士及第。"

陈谨，贯福建福州府闽县，民籍，县学生，治《诗经》。字德言，行七，年二十九，闰十二月十二日生。曾祖志。祖琇，寿官。父伯亮。前母林氏、林氏，母卓氏。具庆下。弟记、文、猷、大、经、询、咨、谑、谔、诗、海。娶石氏，继娶邓氏。福建乡试第五十二名，会试第二十四名。

曹大章，贯直隶镇江府金坛县，民籍，国子生，治《书经》。字一呈，行二十，年三十三，六月二十四日生。曾祖雍。祖广。父邦彦，户部司务。母蔡氏。慈侍下。娶王氏。应天府乡试第三十三名，会试第一名。

温应禄，贯浙江湖州府乌程县，民籍，国子生，治《易经》。字以庸，行三，年四十六，九月初十日生。曾祖璋，寿官。祖鑑。父瀚，监生。母张氏。具庆下。兄应祥、应潮。弟应禧、应祉、应礼、应初、应祯、应福、应祐。娶臧氏。浙江乡试第七十名，会试第六十七名。

据《嘉靖三十二年进士登科录》："第二甲一百五名，赐进士出身。"

万浩，贯江西南昌府进贤县，民籍，国子生，治《易经》。字汝孟，行二十六，年三十七，七月十九日生。曾祖和，教授赠南京都察院右都御史。祖福，知府封府尹赠南京都察院右都御史。父锐，前母艾氏。母张氏。具庆下。兄潮，都察院右副都御史；澜。弟沂、濂、洛，俱驿丞；淳，官生；蒲；洪；浚；渼。娶吴氏。江西乡试第二十七名，会试第一百四十一名。

刘师颖，贯湖广武昌府兴国州，民籍，国子生，治《易经》。字方回，行四，年三十六，十一月二十一日生。曾祖钜。祖珽。父守敬，七品散官。前母庄氏，母庄氏。慈侍下。兄师颢、师颐、师颂。弟师颇。娶董氏。湖广乡试第七十四名，会试第四十七名。

陈绾，贯浙江绍兴府上虞县，民籍，国子生，治《易经》。字用章，行二十，年三十四，七月二十九日生。曾祖需。祖顼。父述，封监察御史。母严氏，封孺人。具庆下。兄绪；绍，知府；维；绛，工部主事。娶陶氏。浙江乡试第三十九名，会试第三十七名。

庞远，贯直隶苏州府吴江县，民籍，国子生，治《易经》。字惟明，行四，年三十，十二月十二日生。曾祖僖。祖缙。父策。母王氏。具庆下。兄淳、永、久。弟遬。娶钟氏。应天府乡试第一百九名，会试第二十三名。

姚弘谟，贯浙江嘉兴府秀水县，民籍，县学生，治《书经》。字继文，行一，年二十三，五月十五日生。曾祖王，教谕。祖汉，教谕。父应科。母丁氏。永感下。弟弘训。娶徐氏。浙江乡试第十六名，会试第三百七十七名。

秦宗道，贯浙江宁波府慈溪县，民籍，国子生，治《诗经》。字仲学，行十三，年三十八，正月二十二日生。曾祖辉，赠通议大夫都察院右副都御史。祖坤，赠通议大夫都察院右副都御史。父钺，通议大夫都察院右副都御史。母陈氏，封孺人。慈侍下。兄淮；宗儒，长史；汀；津。弟汉、潜、尚忠、尚质、尚文。娶王氏。浙江乡试第八十七名，会试第一百七十九名。

陆瓒，贯浙江衢州府龙游县，民籍，县学增广生，治《诗经》。字邦器，行四十三，年二十五，正月初四日生。曾祖孔彰。祖孟良。父楼。母徐氏。重庆下。兄球；璇；培；佐，工部郎中；堪；玑。聘郑氏。浙江乡试第四十三名，会试第二十九名。

何东序，贯山西平阳府蒲州猗氏县，灶籍，县学生，治《春秋》。字崇教，行二，年二十三，十月二十八日生。曾祖纯。祖廷璋。父尚德，府同知。前母王氏，母潘氏。重庆下。兄东璧，监生。弟东观、东麟、东胶、东凤、东龙。娶薛氏。山西乡试第九名，会试第一百三十二名。

张志孝，贯山东兖州府济宁州，军籍，国子生，治《易经》。字永锡，行一，年三十五，十二月二十五日生。曾祖贵。祖升。父淮。嫡母李氏，生母赵氏。慈侍下。弟志德。娶罗氏，继娶罗氏。山东乡试第七十一名，会试第一百八十七名。

许汝骥，贯直隶宁国府宁国县，匠籍，府学生，治《书经》。字德卿，行六，年三十二，七月十六日生。曾祖秉清。祖旦。父万相，知县。母葛氏，继母李氏。具庆下。兄汝奇、汝皋、汝梅。弟汝聪、汝骠、汝骏、汝骝。娶周氏。应天府乡试第二名，会试第一百五十四名。

罗廷绅，贯陕西西安府邠州淳化县，民籍，国子生，治《书经》。字公书，行十九，年三十二，十一月二十七日生。曾祖楫，知州。祖九霄，寿官。父中夫。母刘氏。具庆下。兄廷绣，通政司右通政。弟廷弦、廷缥、廷杰。娶吕氏。陕西乡试第四十名，会试第二百五十四名。

杨准，贯直隶常州府宜兴县，军籍，国子生，治《诗经》。字汝平，行三，年三十五，九月二十四日生。曾祖参。祖伯和。父廷璇。母李氏。永感下。兄卓，岁贡生；皋，知县。娶李氏，继娶沈氏。应天府乡试第三名，会试第十九名。

叶万禄，贯江西饶州千户所，军籍，府学生，治《易经》。字惟学，行二，年四十，八月初五日生。曾祖永清。祖贵春，赠工部主事。父正英，工部主事。母丘氏，封安人。慈侍下。兄万爵。弟万祐、万裕、万祉。娶刘氏。江西乡试第十五名，会试第十三名。

黄钧，贯河南归德卫军籍，南阳府镇平县人，国子生，治《诗经》。字叔秉，行一，年三十二，四月初五日生。曾祖钊。祖雄。父璜。母文氏，继母史氏。具庆下。弟镐。娶胡氏。河南乡试第六十一名，会试第三百七十一名。

李如松，贯山西平阳府洪洞县，军籍，国子生，治《易经》。字子茂，行二，年二十九，闰十二月初二日生。曾祖杲，知州进阶奉议大夫。祖九卿，封知县。父复初，按察司副使。母郭氏，封孺人。具庆下。兄如梅，监生。弟如椿、如梗、如樻、如桐、如栩。娶韩氏。山西乡试第二十七名，会试第三百二名。

庄士元，贯福建泉州府晋江县，民籍，国子生，治《易经》。字君聘，行一，年四十一，十月初七日生。曾祖宜晟。祖晋阳，知县。父敬。母林氏。重庆下。弟士利、士奇、士登、士治。娶柯氏。福建乡试第五十四名，会试第二名。

李贵，贯江西南昌府丰城县，军籍，府学生，治《诗经》。字廷良，行七，年三十二，十月十三日生。曾祖槃，知府，进阶亚中大夫。祖环。父闿。母刘氏。具庆下。弟寅、实。娶吴氏。江西乡试第一名，会试第七十六名。

吕穆，贯浙江嘉兴府秀水县，民籍，国子生，治《书经》。字宗文，行五，年三十五，五月二十七日生。曾祖原，翰林院学士赠礼部右侍郎谥文懿。祖慈，南京太常寺卿。父处。母周氏。具庆下。兄科，贡士；秩；程，同科进士；稷。弟秸。娶周氏，继娶王氏。浙江乡试第五名，会试第二百四十三名。

胡麟，贯直隶真定府藁城县，民籍，国子生，治《诗经》。字伯祥，行二，年三十四，四月十六日生。曾祖宾。祖全。父胜。母高氏，继母董氏。具庆下。兄麒。弟觏。

娶李氏。顺天府乡试第四十二名，会试第二百七十七名。

赵祖朝，贯浙江金华府东阳县，民籍，国子生，治《诗经》。字宗正，行七十四，年三十五，八月初五日生。曾祖大锦，监生。祖为濂。父继宋，封刑部员外郎。母吴氏，封安人。具庆下。兄祖庶；祖元，刑部员外郎。弟祖廗；祖鹏，同科进士；祖述，贡士；祖𪄢，贡士。娶金氏。浙江乡试第二十七名，会试第二十二名。

吕旻，贯福建漳州府龙溪县，军籍，府学附学生，治《礼记》。字仁甫，行二，年二十六，闰十月十九日生。曾祖宗述。祖琅。父景鸣。母杨氏。重庆下。兄昊。娶杨氏。福建乡试第五十一名，会试第二百二十三名。

江一麟，贯直隶徽州府婺源县，民籍，国子生，治《书经》。字仲文，行七，年三十四，七月初八日生。曾祖永仁。祖德良。父𫐄。母汪氏。慈侍下。兄一凤。弟一皋。娶程氏。应天府乡试第六名，会试第五十五名。

何宠，贯浙江台州府临海县，民籍，国子生，治《诗经》。字汝锡，行一，年四十二，八月十一日生。曾祖允直。祖侃。父从良，典史。母汪氏。慈侍下。弟宽，南京刑部主事；宷。娶顾氏。浙江乡试第十五名，会试第五十六名。

郭敬贤，贯广东潮州府海阳县，民籍，国子生，治《书经》。字希尧，行一，年三十四，十一月初九日生。曾祖仲。祖明哲。父松。母黄氏。严侍下。弟敬宗。娶金氏。广东乡试第三名，会试第一百四十三名。

梁梦龙，贯直隶真定府真定县，民籍，县学生，治《礼记》。字乾吉，行一，年二十七，十一月十一日生。曾祖钊，训导。祖泽，省祭官。父相，岁贡生。前母郝氏，母崔氏，继母张氏。重庆下。弟梦熊、梦弼、梦龄。娶武氏，继娶马氏。顺天府乡试第百二十六名，会试第二百五十二名。

齐遇，贯直隶安庆府桐城县，军匠籍，国子生，治《诗经》。字士宾，行一，年三十八，二月初二日。曾祖相，卫经历。祖莹，赠刑科给事中。父之龙，布政司都事。母方氏。慈侍下。兄仁；杰，知府；迈；述，监生。弟迪、适、远、达、遵、边、近。娶谢氏，继娶方氏。应天府乡试第一百十三名，会试第三百七十八名。

邹察，贯直隶苏州府长洲县，民籍，常熟县人，国子生，治《诗经》。字明卿，行一，年三十九，十一月十四日生。曾祖胤。祖鸣鹤。父龄。母李氏。具庆下。娶黄氏。应天府乡试第七十二名，会试第五十四名。

周道光，贯直隶苏州府太仓州，民籍，国子生，治《易经》。字子孚，行一，年三十六，九月十九日生。曾祖显，光禄寺署丞。祖璐。父侃。母顾氏。具庆下。兄相。弟道充、道隆。娶王氏，继娶陶氏。应天府乡试第七名，会试第七十四名。

何汝健，贯南京留守左卫，军籍，直隶无锡县人，国子生，治《诗经》。字体乾，行一，年二十六，闰十月初九日生。曾祖宽。祖岳。父卿。前母周氏，母袁氏。具庆下。弟汝成、汝器、汝元、汝杰。娶孙氏。应天府乡试第八十二名，会试第二百四十九名。

应明德，贯浙江台州府临海县，民籍，国子生，治《诗经》。字在明，行二，年四十，五月初四日生。曾祖永。祖伟。父鲸。母赵氏。慈侍下。兄敬德。弟钟德、懋德。娶沈氏。浙江乡试第五十五名，会试第一百八名。

李裘，贯江西南昌府南昌县，民籍，县学生，治《礼记》。字绍冶，行一，年三十一，八月二十四日生。曾祖嵩。祖时济。父钥。母龚氏。重庆下。娶邓氏。江西乡试第五名，会试第三百二十七名。

吴遵晦，贯浙江杭州府钱塘县，民籍，国子生，治《书经》。字明仲，行二，年三十四，十二月初五日生。曾祖政。祖宗裕，封刑部主事。父鼎，布政司左参议。母顾氏。慈侍下。兄梦登。弟遵道。娶徐氏。浙江乡试第八十八名，会试第一百三十六名。

钞介，贯河南彰德卫，军籍，府学生，治《书经》。字右宾，行一，年三十七，九月二十九日生。曾祖全。祖贯。父奇，知县。母郝氏。具庆下。弟贝、胤、贞、分、稷、科、曾。娶袁氏。河南乡试第二名，会试第三百五十六名。

曾镒，贯直隶德州卫，军籍，江西赣州府兴国县人，国子生，治《书经》。字万甫，行一，年三十九，四月十四日生。曾祖倬。祖淳。父乾。母王氏。具庆下。弟鑛、钶、铨。娶宋氏。山东乡试第六十四名，会试第三百九十一名。

谢鹏举，贯湖广武昌府蒲圻县，厨籍，县学生，治《易经》。字仲南，行四，年三十八，四月二十六日生。曾祖思恭。祖明。父宽。嫡母王氏，生母张氏。慈侍下。兄鹏程，鹏升。娶全氏。湖广乡试第十七名，会试第一百九十七名。

阮文中，贯江西南昌府南昌县，匠籍，县学生，治《诗经》。字用和，行一，年三十六，四月二十四日生。曾祖宗阳。祖仲钦。父凤。母陈氏。慈侍下。娶谢氏。江西乡试第二十八名，会试第二百二十二名。

孙鸣世，贯湖广承天府京山县，军籍，国子生，治《春秋》。字应卿，行一，年三十，十月十四日生。曾祖衡，知县。祖良弼，知县。父越，县主簿。母黎氏，继母何氏。重庆下。弟鸣时、鸣谦、鸣龙。娶赵氏。湖广乡试第十九名，会试第十一名。

邓廷猷，贯湖广武昌府蒲圻县，军籍，国子生，治《诗经》。字汝嘉，行二，年三十，十二月二十二日生。曾祖琳。祖澄。父友信。母汤氏。慈侍下。兄廷策。弟廷佩、廷儒、廷序、廷训、廷弼。娶吕氏。湖广乡试第三十名，会试第九十三名。

张大韶，贯直隶苏州府太仓州，民籍，州学生，治《诗经》。字鸣德，行一，年二十八，正月初五日生。曾祖铣，赠南京刑部主事。祖璧，教谕。父印，监生。母唐氏。具庆下。弟大武，监生；大英；大成。娶凌氏。应天府乡试第九名，会试第一百三十六名。

赵与治，贯直隶常州府江阴县，民籍，县学生，治《书经》。字道隆，行三，年三十四，五月二十七日生。曾祖煜，寿官。祖堪，岁贡生。父钟，通判。母徐氏。慈侍下。兄沧；沾；与淳；大河，贡生；潘；从；濂；湎；与澄；从；潞。弟大梁、思贤。娶华氏。应天府乡试第四十四名，会试第三百三十三名。

沈志言，贯浙江杭州府海宁县，民籍，国子生，治《书经》。字子谟，行二，年三十一，四月十八日生。曾祖升。祖文礼，寿官。父美。前母周氏，母戴氏。具庆下。兄志德。弟志政、志文。娶余氏。浙江乡试第七十六名，会试第二百八十六名。

郑源彬，贯福建福州府长乐县，民籍，县学附学生，治《诗经》。字汝宜，行七，年二十六，七月二十一日生。曾祖孟进，教谕。祖叔定。父锡秀。母林氏，继母林氏。具庆下。弟源琳。娶曾氏。福建乡试第四十四名，会试第二百八名。

徐善庆，贯江西抚州府金溪县，民籍，县学生，治《书经》。字元祯，行六，年二十二，九月十五日生。曾祖谷，寿官。祖脩，寿官。父钧。母许氏，继母袁氏。重庆下。兄汤、沾。弟同庆。娶王氏。江西乡试第四十一名，会试第二百八十一名。

王希烈，贯江西南昌府南昌县，民籍，临川县人，国子生，治《诗经》。字子忠，行四，年三十三，十一月初十日生。曾祖绍肃。祖崇祯。父廷望。母徐氏。重庆下。兄希昂。弟希周、希程、希张、希佐。娶李氏，继娶戴氏。江西乡试第九十三名，会试第二百五十八名。

杨彩，贯虎贲右卫军籍，江西吉安府泰和县人，顺天府学生，治《诗经》。字质甫，行三，年二十五，二月十一日生。曾祖兴。祖洪。父瑭。母王氏。慈侍下。兄缙、纲、纪、绅。娶刘氏。顺天府乡试第三十二名，会试第二百三名。

吴邦桢，贯直隶苏州府吴江县，匠籍，国子生，治《易经》。字子宁，行三，年三十七，七月初六日生。曾祖璋，封刑部主事赠中大夫太仆寺卿。祖洪，南京刑部尚书赠太子少保。父山，前刑部尚书。前母毛氏，赠淑人；母刘氏，封淑人。慈侍下。兄邦栋，监生；邦寀，监生；邦模，南京光禄寺署丞。弟邦本，阴阳正术；邦杰，监生；邦棐，监生；邦荣，监生；邦福；邦敏；邦相；邦校。娶史氏。应天府乡试第一百二十九名，会试第二百五十九名。

祝世廉，贯浙江杭州府海宁县，匠籍，国子生，治《礼记》。字子隅，行二，年三十四，正月初九日生。曾祖沔。祖鳌，知县。父继伦，知县。母贾氏。慈侍下。兄世康。弟世庸、世庆、世庠、世广、世序、世应。娶周氏。浙江乡试第九名，会试第十六名。

南轩，贯陕西西安府渭南县，军籍，县学生，治《易经》。字叔后，行一，年三十七，正月十五日生。曾祖珪。祖金，教谕赠户部郎中。父逢吉，按察司副使。母李氏，封宜人。具庆下。弟辕、轸、辕。娶裴氏。陕西乡试第六十五名，会试第二百四十一名。

姜宝，贯直隶镇江府丹阳县，军籍，国子生，治《春秋》。字廷善，行四十二，年四十，八月初九日生。曾祖深。祖昕。父金。母孔氏，继母金氏。慈侍下。兄宪；寀，岁贡生。弟寅、宋。娶刘氏，继娶贺氏。应天府乡试第六十九名，会试第三名。

王学颜，贯湖广长沙府湘潭县，军籍，国子生，治《易经》。字少潜，行一，年三十四，五月初六日生。曾祖汝霖。祖琦，知县。父相，训导。母张氏。严侍下。弟学曾、学孟、学周、学朱。娶杨氏，继娶史氏。湖广乡试第三十七名，会试第三百十九名。

赵祖鹏，贯浙江金华府东阳县，民籍，国子生，治《诗经》。字宗南，行七十六，年三十五，十月三十日生。曾祖大钦。祖为潜。父继机。母郭氏。慈侍下。兄祖熙；祖羔，监生；祖元，刑部主事；祖朝，同科进士。弟祖凤；祖鹗；祖述，贡士；祖焉，贡士。娶郭氏。浙江乡试第二十七名，会试第四十八名。

徐炳，贯浙江杭州府海宁县，军籍，国子生，治《易经》。字仲孚，行二，年三十三，九月初一日生。曾祖璋。祖恺。父子乔。母方氏。慈侍下。兄炅。弟煜、勋、炜。娶方氏。浙江乡试第三十六名，会试第四十名。

沈继志，贯浙江嘉兴府桐乡县，民籍，县学生，治《书经》。字体道，行五，年二十五，二月初八日生。曾祖文。祖珪。父祐，县主簿。嫡母顾氏，生母李氏。具庆下。兄继儒；继经；继学；继科，听选官。弟继可。娶周氏，继娶李氏。浙江乡试第六十三名，会试第五十一名。

余朝卿，贯江西南昌府南昌县，民籍，国子生，治《诗经》。字汝弼，行一，年四十，二月十九日生。曾祖必仕。祖清。父文烨。母杨氏。永感下。娶雷氏。江西乡试第三十四名，会试第二百十六名。

瞿晟，贯湖广黄州府蕲州黄梅县，官籍，县学生，治《诗经》。字景明，行八，年三十八，十一月初十日生。曾祖子暹。祖玺。父廷桂。母王氏。永感下。兄昱、旸、时。弟星，贡士；昉；升。娶杨氏，继娶王氏。湖广乡试第八十八名，会试第三百八十一名。

徐玭，贯浙江金华府兰溪县，民籍，国子生，治《春秋》。字叔明，行一百十九，年三十五，五月初四日生。曾祖守雍。祖愚。父龄。母祝氏。具庆下。兄大成、大器。娶赵氏。浙江乡试第七十七名，会试第一百七十四名。

胡汝嘉，贯南京鹰扬卫，官籍，府学生，治《诗经》。字懋中，行二，年二十五，五月初二日生。曾祖铺。祖彻。父璟。前母陈氏、李氏，嫡母丁氏，生母熊氏。具庆下。兄汝庭。弟汝明、汝升。娶陆氏。应天府乡试第二十六名，会试第十四名。

冯叶，贯浙江宁波府慈溪县，军籍，府学附学生，治《诗经》。字子奕，行二十四，年三十，十一月十一日生。曾祖厚，淮府长史进阶朝请大夫赞治少尹。祖錬，驿丞。父光国，县丞。母郑氏。具庆下。兄棨、菜、琛。弟乐、檠、渠。娶徐氏。浙江乡试第十七名，会试第四名。

夏惟纯，贯锦衣卫籍，直隶真定府冀州人，国子生，治《诗经》。字德卿，行一，年三十，五月初五日生。曾祖广，封监察御史。祖时，左布政使。父麟，知县。母应氏。严侍下。弟惟和、惟勤、惟安、惟一、惟康。娶杨氏。顺天府乡试第二十四名，会试第九十四名。

刘侃，贯湖广承天府京山县，军籍，县学增广生，治《易经》。字正言，行五，年三十一，五月初一日生。曾祖子亮。祖淮。父彦福。母田氏。具庆下。兄保、伸。弟任。娶廖氏。湖广乡试第二十二名，会试第二百八十五名。

曾一经，贯广东惠州府博罗县，民籍，国子生，治《诗经》。字正夫，行一，年三十五，正月二十日生。曾祖祺。祖应璋，寿官。父宏。母张氏，继母佘氏。重庆下。弟一纶、一桂、一统、一绣。娶叶氏。广东乡试第三十名，会试第二百十四名。

喻南岳，贯江西南昌府新建县，民籍，县学生，治《诗经》。字极夫，行九，年三十二，八月十一日生。曾祖汉兴。祖瑞，寿官。父楒。母刘氏，继母田氏。重庆下。兄南成。弟南崐、南岺、南俊、南华、南英、南藩、南杰、南岐、南仲。娶邓氏。江西乡试第六名，会试第三十六名。

於惟一，贯直隶安庆府怀宁县，官籍，府学生，治《易经》。字德夫，行一，年三十三，十二月初六日生。曾祖贵。祖宽。父瓒。前母徐氏、汪氏，母南氏。慈侍下。兄松、惟敬。娶舒氏。应天府乡试第六名，会试第二百七名。

周贤宣，贯江西吉安府万安县，民籍，国子生，治《易经》。字仲含，行二，年四十三，十一月二十六日生。曾祖秉清。祖古直。父文珎，荆府大使。母刘氏。永感下。兄贤寀。弟贤寰。娶王氏。江西乡试第八十一名，会试第三百四十名。

孙应鳌，贯贵州清平卫，官籍，直隶扬州府泰州如皋县人，国子生，治《书经》。字山甫，行一，年二十七，八月十四日生。曾祖瀚，府同知进阶中议大夫。祖重，知县。父衣，府同知。母司氏。重庆下。兄昂，正千户。弟应豸。娶李氏。贵州乡试第一名，会试第一百六十二名。

戴时雍，贯江西饶州府浮梁县，民籍，国子生，治《书经》。字逢尧，行三十七，年四十，七月初四日生。曾祖城，寿官。祖晅，贡士。父鏓，典仪。母侯氏。严侍下。兄时盛。弟时亮、时会。娶方氏。江西乡试第四十五名，会试第一百四十九名。

孙铤，贯锦衣卫官籍，浙江绍兴府余姚县人，顺天府学增广生，治《易经》。字文和，行二十五，年二十六，正月十七日生。曾祖新，赠礼部尚书。祖燧，巡抚江西右副都御史赠礼部尚书谥忠烈。父陞，礼部左侍郎。母韩氏，赠孺人；继母杨氏，封孺人。重庆下。兄镆，光禄署丞；钶，监生；镒，贡士；钰，会举官；鏊，监生；鑨，贡士。弟钧、鑛。娶魏氏。顺天府乡试第一名，会试第一百二十三名。

张大化，贯顺天府宛平县，民籍，府学附学生，治《书经》。字原德，行一，年三十三，七月二十四日生。曾祖敬。祖林。父禄。母潘氏。慈侍下。弟大礼、大治、大经、大乐、大纪。娶高氏。顺天府乡试第三十四名，会试第二百七十五名。

屠宽，贯直隶松江府上海县，民籍，苏州府吴江县人，国子生，治《诗经》。字德宏，行二，年四十，二月二十二日生。曾祖升。祖敏。父源。母戴氏。具庆下。兄商。弟廑、寅、戍、守、寀。娶张氏。应天府乡试第十七名，会试第一百三十三名。

桂嘉孝，贯四川成都府成都县，民籍，县学生，治《春秋》。字纯甫，行六，年四十二，十月初五日生。曾祖山，布政司参政。祖茂之，布政司参政。父珠，知县。母庄氏，继母杨氏。永感下。兄嘉义、嘉谟、嘉猷、嘉忠、嘉宾。弟嘉廉。娶庄氏。四川乡试第十七名，会试第二百二十七名。

方良曙，贯直隶徽州府歙县，民籍，府学附学生，治《春秋》。字子宾，行二十三，年三十九，二月十五日生。曾祖懋安。祖泰。父祥庆。母姚氏。具庆下。兄良明。弟良启、良用、良镶、良镇、良肇。娶叶氏。应天府乡试第二十九名，会试第二百十五名。

周望，贯广东广州府东莞县，军籍，国子生，治《春秋》。字道见。行五，年三十九，七月初九日生。曾祖再省。祖轸。父严惠。母刘氏。慈侍下。兄源，教谕；立；正；旦；益；里。弟宜。娶黄氏。广东乡试第六十九名，会试第一百九十五名。

王宁，贯直隶苏州府昆山县，军籍，国子生，治《易经》。字大猷，行五，年三十六，五月二十五日生。曾祖宝，翰林院检讨。祖庆，教谕。父亿。母朱氏。具庆下。兄璇、琨、卿、宜、完。弟宙、宪。娶唐氏。应天府乡试第七十二名，会试第八十六名。

顾阙，贯湖广黄州府蕲州，军籍，州学附学生，治《书经》。字子良，行三，年二十六，四月初六日生。曾祖升。祖宗儒。父敦。母陈氏。具庆下。兄问，布政司参议；闵。弟闻。娶刘氏，继娶李氏。湖广乡试第六十七名，会试第一百十八名。

金深，贯四川成都府绵州，旗籍，直隶上海县人，州学生，治《书经》。字孔志，行一，年四十一，四月初一日生。曾祖爵，布政司左参政。祖献民，兵部尚书。父皋，右春坊右赞善。母王氏，封孺人。慈侍下。弟济，贡士；沂；淑；海；汉；湘；澍。娶陈氏。四川乡试第二名，会试第十五名。

李元泰，贯云南云南中卫军籍，浙江余姚县人，县学生，治《易经》。字道隆，行二，年二十五，五月二十九日生。曾祖斌。祖浩。父朝相。母陈氏。具庆下。兄元春。娶钱氏。云南乡试第三十三名，会试第二百八十九名。

徐师曾，贯直隶苏州府吴江县，民籍，县学增广生，治《易经》。字伯鲁，行六，年三十一，四月初五日生。曾祖达。祖缙，县主簿。父朝，医学训科。嫡母王氏，生母凌氏。慈侍下。弟师程。娶陈氏。应天府乡试第一百十一名，会试第二十二名。

金立相，贯浙江台州府临海县，民籍，国子生，治《春秋》。字道夫，行二十一，年三十七，十二月初七日生。曾祖钧。祖纮，封南京刑部主事。父贲亨，提学副使。母张氏，封安人。具庆下。兄立爱，南京刑部主事；立敬，南京兵部主事。弟立常。娶柳氏。浙江乡试第六十九名，会试第一百十四名。

周时中，贯广西桂林右卫官籍，山东济南府临邑县人，国子生，治《春秋》。字从道，行二，年三十二，正月二十二日生。曾祖清。祖镛，仪宾。父瑾，知县。母丁氏，继母李氏。具庆下。兄冕中、建中。娶朱氏。广西乡试第十八名，会试第三百六十六名。

杨一鹗，贯直隶广平府曲周县，民籍，县学生，治《诗经》。字子荐，行一，年二十，七月十九日生。曾祖廉，县主簿。祖泽，州吏目。父世爵，理问。母阎氏，继母阎氏。重庆下。弟一鹏、一鹤、一凤。聘黄氏。顺天府乡试第一百三十五名，会试第一百二十四名。

孔惟德，贯河南汝宁府汝阳县，匠籍，县学生，治《诗经》。字恒夫，行一，年二十九，十一月二十八日生。曾祖文钊。祖钺。父举。前母张氏、杨氏，母闫氏。具庆下。弟惟中。娶张氏，继娶李氏。河南乡试第五十六名，会试第九十七名。

程金，贯直隶徽州府歙县，民籍，国子生，治《易经》。字德良，行七，年三十六，十月二十四日生。曾祖福荣。祖显英，义官。父升。前母汪氏，母闵氏。具庆下。兄钒；铎，省祭官；锐；钟；键；钰。弟镗、镅、鋬、錾、鏊、鏊。娶吴氏。应天府乡试第三十九名，会试第九十名。

王可大，贯南京锦衣卫镇抚司籍，苏州府吴江县人，国子生，治《易经》。字元简，行二，年三十九，六月二十九日生。曾祖信。祖闵，封奉直大夫吏部考功司员外郎。父銮，奉政大夫吏部验封司郎中。嫡母尹氏，赠宜人；生母柏氏。慈侍下。兄可久。弟可立。娶朱氏。应天府乡试第一百十三名，会试第一百二十一名。

张僎，贯江西饶州府浮梁县，民籍，国子生，治《书经》。字诚之，行十，年四十一，十一月十六日生。曾祖贵贤，义官。祖文通。父瓘。母吴氏。严侍下。弟仕、侃、俨。娶王氏。江西乡试第二十二名，会试第一百五十一名。

臧继芳，贯浙江湖州府长兴县，民籍，国子生，治《易经》。字原实，行一，年三十八，十二月二十三日生。曾祖瓛。祖维，副千户赠礼部主事。父应璧，贡士授光禄寺署丞。母吴氏。具庆下。弟继华、继莄。娶吴氏。浙江乡试第十七名，会试第二十七名。

张四维，贯山西平阳府蒲州，军籍，州学生，治《易经》。字子维，行一，年二十八，五月十二日生。曾祖宁。祖谊。父允龄。母王氏。具庆下。弟四端、四教、四事、四象、四术、四辅。娶王氏。山西乡试第二名，会试第八十三名。

钟一元，贯浙江嘉兴府秀水县，军籍，府学生，治《诗经》。字太初，行一，年二十九，九月二十九日生。曾祖广。祖秀，贡士。父灵。母姚氏。具庆下。弟一阳、一贞。娶向氏。浙江乡试第三十五名，会试第八十四名。

周鉴，贯陕西平凉府仪卫司，军籍，江西萍乡县人，府学生，治《诗经》。字子明，行四，年二十四，十月二十一日生。曾祖允行。祖亮。父尚仁。前母赵氏，母李氏。具庆下。兄钦、锐、铎。娶白氏。陕西乡试第一名，会试第二百二十三名。

曾杰，贯江西建昌府南城县，匠籍，府学生，治《诗经》。字国佐，行十二，年二十八，三月十八日生。曾祖荣，府检校。祖菖。父禧。母饶氏，继母万氏。重庆下。弟傅。娶钱氏。江西乡试第三十九名，会试第三百八十三名。

丘有嵩，贯福建泉州府晋江县，军籍，县学附学生，治《易经》。字孔观，行一，年三十，九月初八日生。曾祖崇。祖玺。父寿民。母林氏。慈侍下。弟有峰、有尧、有峨、有岦、有峇。娶李氏。福建乡试第七十一名，会试第十八名。

程廷策，贯直隶徽州府休宁县，民籍，县学增广生，治《易经》。字汝扬，行十，年三十二，十二月初十日生。增祖永祯。祖天然。父盖兴。母孙氏。具庆下。兄廷试。弟廷训、廷龙、廷佐。娶吴氏。应天府乡试第七十八名，会试第二百九十三名。

方万有，贯福建兴化府莆田县，民籍，国子生，治《春秋》。字如初，行四，年三十四，九月二十六日生。曾祖叔进。祖临，教谕。父在渊。母林氏。永感下。兄万载、万箱、获麟、万松。弟继曾。娶吴氏。福建乡试第三十九名，会试第二十五名。

张谊，贯浙江绍兴府萧山县，匠籍，国子生，治《书经》。字宜言，行三，年三十二，三月十六日生。曾祖珏。祖干山，指挥使。父廷柱。母高氏。具庆下。兄諠。弟词；诘；调；语；谐，监生；试；谅。娶黄氏。浙江乡试第十六名，会试第十七名。

戴一俊，贯福建泉州府惠安县，军籍，县学附学生，治《诗经》。字惟宅，行一，年二十三，九月初九日生。曾祖廷让。祖晟。父琦。母何氏。慈侍下。弟一敬。娶张氏。福建乡试第六十名，会试第三百五十三名。

毛术，贯直隶顺德府任县，民籍，府学生，治《书经》。字仲和，行三，年三十五，二月二十九日生。曾祖玘，进士。祖鏓。父淮。母李氏。慈侍下。兄桢；枢，省祭官。娶刘氏。顺天府乡试第九十五名，会试第二百三十九名。

林敬，贯福建漳州府漳浦县，民籍，国子生，治《诗经》。字确成，行三，年三十四，十一月初五日生。曾祖用硕，封南京户部员外郎。祖表，知府。父赉。母赵氏。永感下。兄敷、敏。弟效，监生；牧；敕。娶吴氏。顺天府乡试第二十八名，会试第四十四名。

蒋焞，贯广西桂林府全州，民籍，州学生，治《礼记》。字子厚，行四，年二十二，十二月二十八日生。曾祖钰。祖灌。父棫，贡士。母杨氏。具庆下。兄爚、烑。弟爝、辉、烜、燗、煌、燷、燆、燫。娶唐氏。广西乡试第五名，会试第二百八十四名。

黎德充，贯江西饶州府乐平县，民籍，县学生，治《诗经》。字本虚，行十二，年四十九，八月十五日生。曾祖宪祺。祖瑄。父愈。母邬氏。慈侍下。兄朗。弟德明。娶王氏。江西乡试第四十九名，会试第一百一名。

凌立，贯浙江杭州府钱塘县，民籍，国子生，治《易经》。字子中，行一，年三十四，九月二十七日生。曾祖高，卫知事。祖恩。父桂。母张氏，旌表节妇。慈侍下。娶朱氏。浙江乡试第三十一名，会试第二百五十名。

张问行，贯直隶定边卫军籍，山西蒲州人，国子生，治《诗经》。字维诚，行三，年三十一，三月二十五日生。曾祖得让。祖玘。父清。母李氏。具庆下。兄儒，问明。娶李氏。顺天府乡试第七十二名，会试第五十八名。

徐用光，贯浙江金华府兰溪县，民籍，县学附学生，治《易经》。字成孚，行二十三，年二十八，六月二十四日生。曾祖芝。祖讲。父袍，贡士。母胡氏。永感下。兄用圭。弟用检、用乾、用脩、用襄、用咸、用齐、用登。娶唐氏。浙江乡试第十九名，会试第二百二十四名。

汪春时，贯直隶徽州府婺源县，民籍，县学生，治《礼记》。字子育，行一，年三十六，九月初七日生。曾祖梅兴。祖复承。父澜。母江氏。具庆下。弟春曙、春暄。娶江氏。应天府乡试第五十四名，会试第一百二名。

张正位，贯江西南昌府南昌县，民籍，府学生，治《易经》。字以立，行一，年三十四，五月十九日生。曾祖王器。祖大训。父元宗。母涂氏。慈侍下。兄正邦、正卿。弟正心。娶罗氏。江西乡试第七名，会试第三百十七名。

胡涌，贯江西南康府星子县，民籍，县学生，治《诗经》。字汝原，行二十一，年三十八，二月初九日生。曾祖韫玉。祖锾，卫经历。父和。母周氏。具庆下。兄泌。弟沂、濂、潜。娶王氏。江西乡试第十一名，会试第一百七十名。

胡士彦，贯江西饶州府鄱阳县，民籍，县学生，治《易经》。字世美，行十七，年三十一，二月初五日生。曾祖鼎和。祖富，赠兵部主事。父岳，知府。母庄氏，封安人。严侍下。兄立，监生；荫，监生；齐。弟永。娶朱氏。江西乡试第十二名，会试第二百十九名。

据《嘉靖三十二年进士登科录》："第三甲二百九十五名，赐同进士出身。"

李东华，贯江西南昌府丰城县，民籍，国子生，治《易经》。字景晓，行九，年三十二，十月十四日生。曾祖焕，教谕。祖黼。父恩。母涂氏。具庆下。弟东苹，贡士。娶刘氏。江西乡试第六十四名，会试第四十一名。

郭文辅，贯金吾左卫匠籍，山西阳曲县人，国子生，治《易经》。字共臣，行一，年三十三，二月十三日生。曾祖聪。祖智，封礼部员外郎。父俊，运司副使。母张氏。具庆下。弟文度、文弼、文寿、文和、文恺。娶范氏。顺天府乡试第十二名，会试第一百九十名。

姜继曾，贯山东莱州府胶州，官籍，州学增广生，治《礼记》。字守约，行三，年二十七，十月二十三日生。曾祖达，监生。祖业，寿官。父光宿，岁贡生。母武氏。具庆下。兄继孟、继颜。弟继尹、继夷、继齐、继稷。娶韩氏。山东乡试第五名，会试第三百六十八名。

顾章志，贯直隶苏州府太仓州，民籍，昆山县人，州学附学生，治《春秋》。字子行，行二，年三十一，四月十一日生。曾祖珩。祖鉴，封刑科给事中。父济，刑科给事中。母陆氏，封孺人。慈侍下。兄枞，监生。娶王氏。应天府乡试第三十名，会试第一百四十七名。

徐仲楫，贯直隶苏州府长洲县，民籍，县学附学生，治《易经》。字济卿，行二，年三十七，五月初三日生。曾祖澄。祖升。父华。母朱氏。具庆下。兄伯梅。娶汤氏。应天府乡试第二十六名，会试第三十名。

温如玉，贯湖广郧阳府郧县，民籍，县学生，治《书经》。字孟纯，行一，年二十六，六月十八日生。曾祖聪，寿官。祖淮。父昕。母左氏。重庆下。弟如春、如泉、如璧。娶钟氏，继聘钟氏。湖广乡试第九十名，会试第二百六十一名。

方敏，贯直隶徽州府祁门县，民籍，国子生，治《诗经》。字汝修，行四，年四十一，十一月十三日生。曾祖彦高。祖秉琳。父文早。前母陈氏，母吴氏。永感下。兄敬、效、赦。娶蒋氏。应天府乡试第八十六名，会试第二百十八名。

周京，贯直隶广平府永年县，军籍，县学生，治《诗经》。字子依，行一，年三十八，十一月十七日生。曾祖安。祖祥。父富。前母张氏，母张氏。具庆下。弟书、策、冕。娶王氏，继娶许氏。顺天府乡试第七十一名，会试第三百九十名。

吕程，贯浙江嘉兴府秀水县，民籍，国子生，治《书经》。字宗洛，行三，年五十，六月十四日生。曾祖原，翰林院学士赠礼部右侍郎谥文懿。祖恚，南京太常寺卿。

父交。母毛氏。严侍下。兄科，贡士；秩。弟稷；穆，同科进士；秸。娶贺氏。应天府乡试第八十八名，会试第二百三十六名。

李蓘，贯河南南阳府内乡县，民籍，县附学生，治《春秋》。字子由，行一，年二十三，二月二十二日生。曾祖贵，府同知。祖暶，知县。父宗木，贡士。母王氏。具庆下。弟荫、莼、冀。娶胡氏。河南乡试第四十六名，会试第三百五十二名。

吴时来，贯浙江台州府仙居县，军籍，县学生，治《春秋》。字维脩，行一，年二十七，四月二十八日生。曾祖叔深，经历，赠文林郎。祖荣赞。父炳台。母王氏。严侍下。弟时教、时永。娶尹氏。浙江乡试第八十名，会试第二百一名。

徐爌，贯直隶苏州府太仓州，民籍，国子生，治《诗经》。字明宇，行三，年三十七，二月二十七日生。曾祖廷瑞，寿官。祖守元。父㮣。母杨氏。具庆下。兄炤、炯。弟烈、炼、灿、煮。娶吴氏。应天府乡试第三十九名，会试第一百十六名。

李叔和，贯直隶徽州府祁门县，民籍，国子生，治《书经》。字介甫，行二，年三十六，十二月初九日生。曾祖寄玹。祖俊。父琪。嫡母张氏，生母谢氏。具庆下。兄伯兴。弟仲发、仲达。娶汪氏。应天府乡试第三十七名，会试第二十八名。

蒋应期，贯广西桂林府全州，军籍，国子生，治《易经》。字汝昌，行一，年三十三，九月初十日生。曾祖子仁。祖永纲。父世科，典史。母王氏。具庆下。弟应乾、应聘、应登。娶胡氏。广西乡试第四十六名，会试第一百三十名。

曹灼，贯直隶苏州府太仓州，民籍，国子生，治《礼记》。字用晦，行一，年四十二，九月十六日生。曾祖良瑛。祖昴，训导封兵马指挥。父献，兵马司指挥。母王氏，赠孺人；继母屈氏。具庆下。兄逡，知府。弟炫、炜、焕、爌、焨、炤、炯、炼、熠。娶罗氏。应天府乡试第十三名，会试第二百三十二名。

王三锡，贯浙江嘉兴府嘉兴县，民籍，国子生，治《易经》。字怀国，行一，年三十，九月十三日生。曾祖敏，通判。祖璇。父绶。母潘氏。具庆下。弟三接、三聘、三顾。娶宗氏。浙江乡试第八十三名，会试第二百五十三名。

苑囤，贯顺天府通州宝坻县，民籍，国子生，治《书经》。字公甫，行一，年三十，九月二十一日生。曾祖能。祖礼。父章。母吴氏。具庆下。弟因、固。娶彭氏。顺天府乡试第六十一名，会试第八十一名。

魏元吉，贯江西南昌府南昌县，民籍，府学附学生，治《诗经》。字敬之，行三，年三十三，七月二十三日生。曾祖仲穆。祖叔华。父季伟。母周氏，继母曹氏。具庆下。兄元健、元忠。弟元善。娶徐氏。江西乡试第三十二名，会试第三百四十六名。

王其勤，贯湖广荆州府松滋县，民籍，县学生，治《书经》。字时敏，行一，年二十三，八月初七日生。曾祖本义，知县。祖相之，州同知。父天章。母李氏。重庆下。弟其贤。娶胡氏。湖广乡试第六名，会试第四十三名。

张求可，贯四川成都府内江县，民籍，国子生，治《易经》。字中甫，行二，年三十九，十二月十一日生。曾祖时宗，赠推官。祖拱，南京户部郎中。父玙。母宋氏。慈侍下。兄适可、际可。弟见可、其可、行可、进可、期可、永可、孚可。娶杨氏。四川乡试第五十二名，会试第一百三十七名。

李春芳，□□□州沁水县，民籍，国子生，□□□，□□实，行一，年三十四，十二月初三日生。曾祖宪。祖□。父价，岁贡生。母张氏。具庆下。弟良士、良相、继芳、时芳、良臣。娶牛氏。山西乡试第六名，会试第一百八十六名。

陈奎，贯福建福州府怀安县，民籍，府学增广生，治《春秋》。字汝星，行八，年三十，九月二十七日生。曾祖仁。祖瀚。父哲。母刘氏。慈侍下。弟璧。娶郭氏，继娶齐氏。福建乡试第四名，会试第二百四十五名。

王学谟，贯陕西西安府同州朝邑县，匠籍，县学增广生，治《诗经》。字子扬，行四，年二十五，十一月二十五日生。曾祖文美。祖昆。父世卿。母梁氏。具庆下。兄学诗，贡士；学诚；学古，贡士；学诰；学仕；学诵。弟学让、化行、学诲。娶杨氏。陕西乡试第四十名，会试第二百二十六名。

吴承焘，贯直隶苏州府吴江县，匠籍，县学附学生，治《易经》。字仁甫，行二，年二十六，八月十二日生。曾祖洪，资善大夫南京刑部尚书赠太子少保。祖山，前刑部尚书。父邦栋，监生。母徐氏。重庆下。兄承熙，官生。弟承光、承照、承谦、承默、承廉、承抚、承烈。娶金氏。应天府乡试第一百二十三名，会试第二百九十九名。

钟沂，贯江西南昌府南昌县，民籍，国子生，治《诗经》。字宗鲁，行一，年四十，十月二十九日生。曾祖叔顺。祖玉润。父彩。母何氏，继母熊氏。具庆下。弟沐、洽、浃、治、淳、滚。娶熊氏。江西乡试第二十五名，会试第三百九名。

张九功，贯山西沁州，民籍，州学生，治《诗经》。字惟叙，行二，年二十六，七月十八日生。曾祖颙，监生。祖好古，监生赠文林郎监察御史。父鹏，大理寺右寺丞。母周氏，封孺人。慈侍下。兄九思。弟九式，监生；九仪；九德。娶刘氏。山西乡试第五十八名，会试第一百二十七名。

唐自化，贯直隶松江府华亭县，灶籍，国子生，治《诗经》。字伯咸，行二，年四十三，八月二十日生。曾祖墉，赠兵部车驾司主事。祖祚，寿官。父僎。母刘氏，继母戴氏、钱氏。永感下。兄自明，监生。弟自得，监生；自立；自治，监生；自守；自脩；自然。娶杨氏。应天府乡试第十九名，会试第一百九十六名。

江北，贯顺天府霸州，民籍，江西广□府铅山县人，国子生，治《书经》。字拱北，行四，年二十七，十月二十一日生。曾祖均善。祖源。父谦，训导。前母田氏、李氏，母王氏。慈侍下。兄西；东，知县；南，训导。娶王氏，继娶金氏。顺天府乡试第五十九名，会试第一百六十名。

吴可行，贯直隶常州府武进县，民籍，宜兴县人，国子生，治《易经》。字子言，行十，年二十七，十一月十四日生。曾祖昊。祖礼，封南京户部主事。父性，南京礼部郎中。前母杜氏，赠安人；母段氏，封安人。具庆下。兄让、间、注、课、诤、督。弟时行、景行、中行、尚行、同行。娶陈氏。应天府乡试第二十二名，会试第六名。

陆泰，贯浙江宁波府鄞县，军籍，国子生，治《易经》。字惟安，行一，年三十二，八月初十日生。曾祖培。祖偲。父钢。母包氏。重庆下。弟水、荥、泶。娶水氏。

浙江乡试第六十三名，会试第三百二十八名。

马自强，贯陕西西安府同州，军籍，国子生，治《春秋》。字体乾，行二，年四十一，十一月初二日生。曾祖文。祖通，知县赠文林郎。父珎，县丞。母李氏，封孺人；继母张氏。具庆下。兄秉中，驿丞；驸，监生；𬴂；堂；芥，训导；荐；□。弟自脩、自进、自道、自省。娶李氏。陕西乡试第一名，会试第二百九十二名。

蔡本端，贯福建福州府闽县，民籍，府学附学生，治《易经》。字幼贞，行五，年三十五，五月二十日生。曾祖荣。祖文鑛。父浩，知州。嫡母陈氏，生母林氏。永感下。弟本瑞、本颙。娶林氏。福建乡试第二十五名，会试第一百八十七名。

叶可成，贯直隶苏州府吴江县，民籍，县学生，治《书经》。字懋学，行九，年三十一，八月二十八日生。曾祖芳，广西布政司副理问赠尚宝司少卿。祖绅，尚宝司少卿。父旦。母汝氏。具庆下。兄可久；可大；叙，贡士；观，阴阳正术；可守；允。弟可与、可仕、可畏。娶卢氏。应天府乡试第九十二名，会试第一百八十名。

梁淮，贯锦衣卫镇抚司军籍，浙江金华县人，顺天府学增广生，治《诗经》。字中行，行三，年三十，十月二十六日生。曾祖宗德。祖景辉。父宣。母陈氏。严侍下。兄清。弟澄。娶俞氏。顺天府乡试第三十名，会试第三百三十名。

李瑶，贯山西平阳府解州，民籍，州学生，治《礼记》。字温甫，行二，年二十一，正月二十二日生。曾祖威。祖素。父成郊。母孙氏。具庆下。兄瑞。弟珍、琬。娶丘氏。山西乡试第五名，会试第三百八十名。

赵桐，贯山西平阳府绛州，匠籍，州学生，治《书经》。字汝阳，行一，年二十七，三月二十四日生。曾祖演。祖统。父玭。母冯氏。具庆下。娶毛氏，继娶靳氏。山西乡试第二名，会试第二百二十五名。

秦禾，贯直隶常州府无锡县，民籍，国子生，治《书经》。字子实，行三，年三十二，四月二十三日生。曾祖永孚，旌表孝子。祖锴，南京都察院都事。父淮，岁贡生。母周氏。严侍下。兄采，县丞；梁，吏科给事中。弟菜、荣、窯、耒、楠、木、彬、森。娶葛氏。应天府乡试第四十四名，会试第一百八十九名。

殷仁，贯龙骧卫官籍，顺天府怀柔县人，国子生，治《易经》。字静夫，行二，年二十九，五月十一日生。曾祖杰，副千户封武略将军。祖老，副千户封武略将军。父辂，副千户封武略将军。母崔氏，封宜人。慈侍下。兄礼，署指挥佥事。娶陈氏。顺天府乡试第二十五名，会试第二百三十四名。

宋儒，贯河南彰德府安阳县，匠籍，国子生，治《诗经》。字子淳，行二，年三十九，九月初四日生。曾祖福，义官。祖增。父凤。母冯氏。重庆下。兄杰。弟仁、伟、代。娶周氏。河南乡试第五十六名，会试第三百三十五名。

汪汝达，贯直隶常州府无锡县，民籍，国子生，治《书经》。字志行，行一，年三十六，七月二十八日生。曾祖理。祖淳，寿官。父时泰。母周氏。慈侍下。娶周氏。应天府乡试第八十八名，会试第一百十九名。

李琏，贯顺天府蓟州遵化县，民籍，国子生，治《易经》。字从商，行三，年三十三，正月二十五日生。曾祖恩。祖全。父文寓。母郭氏，继母彭氏。慈侍下。兄璋、瑚。弟斑。娶王氏。顺天府乡试第五十名，会试第一百七十八名。

黄休泰，贯福建兴化府莆田县，民籍，府学附学生，治《书经》。字启大，行八，年三十一，十二月二十三日生。曾祖洙，训导。祖希宽。父景礼。前母徐氏，母张氏。永感下。兄休贲、休复、有济、休咸、休征。弟休兆、休光。娶吴氏。福建乡试第三名，会试第二百四十八名。

李从宜，贯直隶大名府开州长垣县，民籍，县学生，治《诗经》。字宗贤，行一，年二十七，十二月十四日生。曾祖泰。祖埙，训导。父体，行人。母陈氏。具庆下。弟从众。娶尹氏。顺天府乡试第一百二十三名，会试第三百九十四名。

郑茂，贯福建兴化府莆田县，军籍，县学附学生，治《诗经》。字士元，行十四，年二十八，八月初九日生。曾祖杰，教谕。祖珂。父敬道，知县。嫡母林氏，生母林氏。慈侍下。兄菽；蒻；莼；藻，驿丞；苘；菁；芸，监察御史；苣；蕨，省祭官；莘；药；莨；荐。弟艾。娶林氏。福建乡试第三十八名，会试第二十六名。

杨文光，贯直隶保定府安州，民籍，州学增广生，治《诗经》。字诚甫，行一，年二十六，三月十八日生。曾祖勉，推官。祖舜卿，兵马指挥。父澜，知州。母沈氏。重庆下。弟文盛、文政、文训。娶于氏。顺天府乡试第十二名，会试第三十三名。

司马初，贯浙江绍兴府会稽县，儒籍，县学生，治《诗经》。字元甫，行一，年四十一，九月初二日生。曾祖坛。祖公辕，赠刑部主事。父相，按察司佥事。母赵氏，封安人。慈侍下。弟禄、法、止、收、吉、礼。娶章氏。浙江乡试第六十一名，会试第三十八名。

张巽言，贯山东青州府益都县，民籍，国子生，治《易经》。字子绎，行一，年三十六，正月十一日生。曾祖贵。祖鹏，知县。父嘉禾。母黄氏，继母马氏。永感下。娶刘氏。山东乡试第二十三名，会试第三百五十四名。

郑东，贯河南归德府商丘县，民籍，府学生，治《春秋》。字子元，行二，年三十九，二月十八日生。曾祖宣。祖珏，监察御史。父铦。母路氏。永感下。兄南。弟西。娶朱氏。河南乡试第三十一名，会试第三百二十二名。

陈懋观，贯福建福州府长乐县，民籍，国子生，治《诗经》。字孔质，行一，年三十八，十一月十六日生。曾祖景隆，监察御史。祖良贵，教谕。父山。母潘氏。慈侍下。弟懋明、懋章、懋宪。娶林氏。福建乡试第五十五名，会试第二百四十名。

胡应文，贯直隶广平府永年县，民籍，国子生，治《诗经》。字子会，行一，年三十五，四月二十日生。曾祖景山。祖安。父瑁。母杜氏。具庆下。弟应荐、应宣。娶郑氏。顺天府乡试第九名，会试第三百八十五名。

张于逵，贯广东广州府番禺县，民籍，国子生，治《易经》。字鸿与，行一，年三十二，七月初三日生。曾祖迪。祖廷咸。父元厚。母李氏。具庆下。弟于门、于表、于衷、于襄。娶欧氏。广东乡试第二十六名，会试第二百九十五名。

曾梅，贯江西吉安府泰和县，民籍，县学附学生，治《书经》。字以调，行一，年三十一，二月初五日生。曾祖贤甫。祖礼宣。父汤辉。母萧氏。具庆下。弟木。娶李氏。江西乡试第二十名，会试第二百六名。

史朝宜，贯福建泉州府晋江县，匠籍，国子生，治《易经》。字直之，行二，年四十，十月初六日生。曾祖隗。祖时泰。父宏珂。母吴氏。慈侍下。兄朝宾，刑部员外郎。弟朝富，同科进士；朝寀，贡士；朝实；朝宦；朝守。娶薛氏。福建乡试第二十四名，会试第五十三名。

李应元，贯河南开封府祥符县，民籍，府学增广生，治《诗经》。字文征，行二，年二十九，九月初一日生。曾祖能。祖铭。父宥。母王氏。慈侍下。兄应魁，知县。娶王氏，继娶吴氏。河南乡试第六十二名，会试第三百三十二名。

杨世凤，贯山东临清卫军籍，山西绛州人，国子生，治《诗经》。字应韶，行二，年三十三，十二月二十三日生。曾祖威。祖整。父玘。母王氏。慈侍下。兄世鸾。娶王氏。山东乡试第三十二名，会试第一百二十二名。

朱贤，贯南京应天卫军籍，江浦县（人），国子生，治《书经》。字进甫，行二，年三十二，十二月二十六日生。曾祖清。祖鸾。父麒。母于氏。具庆下。兄臣。弟卿。娶月氏。应天府乡试第六十四名，会试第一百八十四名。

何察，贯四川成都府温江县，民籍，府学增广生，治《书经》。字明甫，行三，年三十一，正月十四日生。曾祖荣，封主事赠按察司佥事。祖汉宗，按察司副使。父世昂，兵马司指挥。前母李氏，母程氏。慈侍下。兄宾；寅；宜，典膳；骞；宇；宝，训导；宣，典膳；完，县丞；宷；宏，贡士。弟宪、宠、守、宸。娶温氏。四川乡试第三十六名，会试第二百七十一名。

杨世第，贯四川重庆府长寿县，民籍，县学生，治《诗经》。字伯雄，行一，年三十六，六月二十六日生。曾祖应春，太仆寺卿。祖琦，府经历。父延宗。嫡母郑氏，生母余氏。慈侍下。娶冉氏。四川乡试第二十七名，会试第八十七名。

董鲲，贯浙江杭州府海宁县，军籍，海盐县人，县学生，治《书经》。字化卿，行七，年三十六，九月十八日生。曾祖鉴。祖源。父载，教授。前母贾氏、周氏，母朱氏。慈侍下。兄隆，训导；凤，监生；熬；宾；寅；鹿。弟梦、鲤、鹤、鲔。娶钟氏。浙江乡试第四十八名，会试第一百七十六名。

周启大，贯湖广德安府应城县，军籍，县学增广生，治《易经》。字自微，行一，年二十九，七月初二日生。曾祖聪。祖萦，典史。父尚承。母陈氏。具庆下。兄绪；彩；继，岁贡生。弟奎。娶吉氏。湖广乡试第四十七名，会试第五十九名。

杨芷，贯湖广德安府安陆县，民籍，县学附学生，治《易经》。字文植，行二，年二十八，五月十五日生。曾祖本源。祖和，通判。父东渐，主簿。嫡母梁氏，生母魏氏。慈侍下。兄芹。娶左氏。湖广乡试第四十三名，会试第二百八十名。

樊垣，贯四川叙州府宜宾县，民籍，县学生，治《诗经》。字伯师，行一，年二十五，五月二十八日生。曾祖永明。祖顷。父才良，听选官。母龚氏。具庆下。弟翰、卫。娶张氏。四川乡试第二十五名，会试第一百五十五名。

刘存义，贯湖广襄阳卫，军籍，顺天府涿州学正，治《诗经》。字质卿，行二，年三十一，十月二十一日生。曾祖璧。祖钟，县丞。父大经。母冯氏。具庆下。兄存仁。娶喻氏。湖广乡试第六十八名，会试第四十六名。

戚元辅，贯浙江嘉兴府嘉兴县，匠籍，国子生，治《春秋》。字希周，行二，年三十七，十二月十二日生。曾祖篷。祖泽。父珊。母张氏。慈侍下。弟元佐，贡士。娶邵氏。浙江乡试第十五名，会试第一百五十七名。

慎蒙，贯浙江湖州府归安县，民籍，国子生，治《易经》。字子正。行二，年三十八，三月十九日生。曾祖端。祖经，寿官。父祥。母唐氏。永感下。兄节。弟益。娶潘氏。浙江乡试第六名，会试第二百四十六名。

罗汝芳，贯江西建昌府南城县，军籍，县学生，治《诗经》。字惟德，行六，年三十九，五月初二日生。曾祖思忠。祖廷璠。父锦。母宁氏。具庆下。弟汝顺、汝初。娶吴氏。江西乡试第十二名，会试第二百九十五名。

秦滏，贯浙江宁波府慈溪县，民籍，府学增广生，治《诗经》。字懋清，行七十一，年三十三，十月三十日生。曾祖京。祖炫。父基，武郎场大使。母王氏。严侍下。兄录、锽、钰、钊、鎣。娶阮氏。浙江乡试第五十一名，会试第七十八名。

崔宗尧，贯山西潞安府长治县，民籍，国子生，治《易经》。字汝钦，行一，年四十二，六月初五日生。曾祖鉴。祖友能。父朝佐，教谕。母王氏，继母原氏。具庆下。弟宗孔。娶张氏，继娶李氏、韩氏。山西乡试第五十八名，会试第一百十七名。

黄仁惠，贯福建福州府福清县，军籍，县学附学生，治《诗经》。字廷敷，行四，年四十，八月二十九日生。曾祖珤，寿官。祖濡。父一德。母林氏，继母薛氏。严侍下。兄仁杰、仁仲。弟仁位、仁举、仁忠、应魁、应元。娶刘氏，继娶陈氏。福建乡试第七十八名，会试第一百九十一名。

刘廓，贯山东青州府寿光县，官籍，国子生，治《书经》。字公蕴，行三，年三十，四月二十一日生。曾祖珽。祖锐。父承学，知州。母郝氏。具庆下。兄庞。弟序、度、赓。娶张氏，继娶王氏。山东乡试第三十三名，会试第五十七名。

周思久，贯湖广黄州府麻城县，军籍，县学生，治《书经》。字子征，行一，年二十六，八月十五日生。曾祖儒。祖文介，驿丞。父篪，主簿。前母赵氏，母黄氏。具庆下。弟思大。娶州氏。湖广乡试第二十五名，会试第三十九名。

刘尧诲，贯湖广衡州府桂阳州临武县，军籍，国子生，治《诗经》。字君纳，行二，年三十二，八月二十八日生。曾祖思纲，监生。祖文相，教谕。父明东，县丞。母陈氏。具庆下。兄尧训。娶罗氏。湖广乡试第四十三名，会试第三百一名。

葛慈，贯湖广荆州府江陵县，民籍，直隶广德州人，府学生，治《春秋》。字伯止，行一，年三十二，正月初二日生。曾祖豫。祖清修。父礼。母陈氏。严侍下。弟天倪、天胤。娶黄氏，继娶谢氏。湖广乡试第六十九名，会试第二百六十五名。

王文炳，贯江西吉安府庐陵县，民籍，国子生，治《易经》。字道充，行八，年三十五，六月十八日生。曾祖仁闻。祖惟贤。父庆环。母刘氏。具庆下。弟文炜、文炤、文灯。娶刘氏，继娶杨氏。江西乡试第六十一名，会试第二百十名。

俞意，贯浙江绍兴府山阴县，民籍，国子生，治《易经》。字子诚，行一，年三十六，十二月初八日生。曾祖恪。祖信。父霖。母唐氏。慈侍下。弟心。娶李氏，继娶赵氏。浙江乡试第二十名，会试第一百四名。

沈瑜，贯武功左卫匠籍，浙江德清县人，国子生，治《诗经》。字邦重，行一，年三十五，三月二十二日生。曾祖福义。祖铨。父谧。母赵氏。永感下。弟珊。娶王氏。顺天府乡试第六名，会试第三十一名。

蔡结，贯湖广汉阳府汉阳县，军籍，国子生，治《诗经》。字国凝，行三，年二十九，二月三十日生。曾祖瑄。祖谧，通判。父庄。母萧氏。永感下。兄缵；銮；几，贡士；铢。弟缇。娶吴氏。湖广乡试第三十五名，会试第一百六十一名。

徐梓，贯浙江杭州府余杭县，民籍，国子生，治《书经》。字汝良，行一，年三十二，八月二十二日生。曾祖祖徽。祖金。父汉，监生。母吴氏，继母叶氏。具庆下。弟樟、榆、杞。娶邵氏。浙江乡试第八十五名，会试第一百九十四名。

石梁，贯福建福州府长乐县，民籍，县学增广生，治《诗经》。字士升，行二，年三十八，正月十八日生。曾祖垤。祖舜龙。父禹畴。母陈氏。重庆下。弟拱、槛、桂、柏。娶谢氏。福建乡试第六十三名，会试第一百三十一名。

江万仞，贯福建泉州府晋江县，匠籍，国子生，治《易经》。字若度，行三，年三十三，正月三十日生。曾祖敏义。祖复亨。父潮。母韦氏。严侍下。兄俨，省察官；伟。弟万杰、万程、万顷、万脩、万有、万毓、万秀、万川。娶陈氏。福建乡试第六十八名，会试第三百四十二名。

卜大顺，贯浙江嘉兴府秀水县，匠籍，府学增广生，治《书经》。字达夫，行四，年二十八，十二月初七日生。曾祖顗。祖周。父宗洛，监生赠奉直大夫刑部员外郎。前母周氏，赠宜人；母贺氏，封宜人。慈侍下。兄大同，福建按察司副使；大有，知县；大观。娶杨氏，继娶颜氏。浙江乡试第三十八名，会试第二百二十一名。

曹科，贯山西太原府石州宁乡县，军籍，县学生，治《诗经》。字淑四，行二，年三十三，十月二十二日生。曾祖威。祖志广。父希周，监生。母杨氏。慈侍下。兄登。弟种、秩。娶王氏。山西乡试第五十五名，会试第六十八名。

杨君玺，贯彭城卫军籍，山东文登县人，国子生，治《诗经》。字廷信，行一，年三十五，二月初三日生。曾祖能。祖迻。父鸾。母韩氏，继母冯氏、孙氏。具庆下。弟君璧。娶徐氏，继娶方氏、王氏。顺天府乡试第六十名，会试第二百三十七名。

董世彦，贯河南开封府钧州，民籍，国子生，治《书经》。字子才，行一，年二十七，四月初一日生。曾祖敬，知县。祖琇，驿丞。父效贤，州吏目。嫡母刘氏，继母王氏，生母孔氏。具庆下。娶陈氏。河南乡试第二十一名，会试第一百六十六名。

程熟，贯直隶大名府开州，军籍，国子生，治《易经》。字伯生，行一，年三十四，九月二十八日生。曾祖鉴，山西按察使。祖宣仁。父万殊，知县。母张氏。具庆下。弟煮；照，监生。娶马氏。顺天府乡试第九十一名，会试第一百三十四名。

莫抑，贯广西柳州府柳城县，民籍，马平县人，国子生，治《诗经》。字允升，行一，年四十，十月初八日生。曾祖愚，知县。祖汝能，知县。父大德，知县。母秦氏。具庆下。弟掩、援、抗。娶赵氏，继娶王氏。广西乡试第三十八名，会试第一百四十四名。

曾廷芝，贯湖广汉阳府汉阳县，民籍，江西庐陵县人，国子生，治《诗经》。字子芳，行二，年三十八，四月十九日生。曾祖处志。祖绍洹。父贵。母罗氏。慈侍下。兄廷选。娶张氏。湖广乡试第四十七名，会试第二百六十九名。

朱衿，贯湖广黄州府蕲水县，民籍，县学附学生，治《易经》。字汝衷，行一，年三十九，七月初九日生。曾祖仕义。祖玉珊。父文奎。母姚氏。具庆下。弟表、祚。娶张氏。湖广乡试第七名，会试第二百三十八名。

陈志，贯福建兴化府莆田县，民籍，府学附学生，治《书经》。字思尚，行二，年二十九，十月初四日生。曾祖珩，训导。祖滨，赠兵部主事。父叙，知府。母俞氏，赠安人；继母翁氏，封安人。具庆下。兄愚。弟熹、忠。娶方氏。福建乡试第七十四名，会试第一百四十名。

周斯盛，贯陕西庆阳府宁州，民籍，国子生，治《书经》。字子才，行一，年二十九，十一月十三日生。曾祖谦，主簿赠奉直大夫南京户部员外郎。祖达，奉直大夫南京户部员外郎。父习吉。母刘氏。具庆下。弟斯美，贡士；斯隆；斯明；斯来；斯谋；斯永；斯献；斯善；斯孝。娶吕氏。陕西乡试第五十一名，会试第二百二名。

潘子霓，贯山东济南府群牧所，军籍，山西蔚州人，府学生，治《诗经》。字望甫，行三，年二十九，九月二十四日生。曾祖普海。祖铎。父相。母赵氏。具庆下。兄子雨，贡士；子震。娶李氏。山东乡试第十六名，会试第一百五十八名。

黄吉，贯直隶大名府开州长垣县，民籍，国子生，治《易经》。字子修，行二，年三十八，十月初十日生。曾祖玉。祖钊。父诚。母宋氏。重庆下。兄槊。弟甲。娶毛氏。顺天府乡试第一百十名，会试第二百三十名。

刘曰材，贯江西南昌府南昌县，民籍，府学附学生，治《诗经》。字汝成，行十，年三十一，九月初四日生。曾祖伯韶。祖廷璋。父仕沃。母何氏。具庆下。弟曰桢。娶杨氏。江西乡试第四十九名，会试第一百九十八名。

刘泉，贯直隶苏州府常熟县，民籍，县学生，治《礼记》。字渐甫，行一，年四十一，七月初六日生。曾祖桓。祖煊。父寅。母沈氏。永感下。弟汞、永、杲。娶蒋氏。应天府乡试第一百三十四名，会试第二百七十三名。

万鹏，贯直隶常州府武进县，民籍，国子生，治《诗经》。字汝南，行一，年三十六，五月十二日生。曾祖礼。祖江。父宗成。母陆氏。具庆下。兄麒。娶蒋氏。应天府乡试第三十七名，会试第十二名。

尹士龙，贯浙江宁波府慈溪县，民籍，县学附学生，治《诗经》。字见卿，行三十四，年三十三，八月二十五日生。曾祖谦。祖鉴。父绅。母顾氏。慈侍下。兄士荣、士良、士元、士英。娶陈氏。浙江乡试第十九名，会试第一百五十二名。

王察言，贯山东东昌府濮州朝城县，民籍，山西马邑县人，县学生，治《诗经》。字师舜，行一，年三十，七月初九日生。曾祖玘。祖雄，赠监察御史。父应，监察御史。嫡母赵氏，封孺人；生母袁氏。具庆下。弟容言，监生。娶尹氏。山东乡试第十二名，会试第二百二十九名。

向淇，贯湖广辰州府沅陵县，军籍，国子生，治《诗经》。字子瞻，行三，年四十一，九月十八日生。曾祖和宗。祖志昱，省祭官。父盈。母张氏，继母瞿氏。具庆下。兄濬、泽、弟灏、淳、沔、治。娶刘氏。湖广乡试第七十一名，会试第六十四名。

魏济民，贯直隶保定府定兴县，民籍，国子生，治《春秋》。字子仁，行二，年三十，正月十三日生。曾祖守正，训导。祖宗武，州吏目。父恒。母张氏。具庆下。兄保民。弟抚民、泽民。娶张氏。顺天府乡试第二十七名，会试第三百十三名。

朱茹，贯四川泸州，民籍，州学生，治《礼记》。字以汇，行十，年二十五，十月十七日生。曾祖自明，寿官。祖璜，赠工部员外郎。父子恭，布政司左参议。母郭氏，封宜人。具庆下。兄荚；苣；藻，按察司副使；芮；葵；蕃；萼；艾；苠。弟芹。娶李氏。四川乡试第五名，会试第三十四名。

盛周，贯浙江嘉兴府秀水县，匠籍，县学生，治《书经》。字文郁，行一，年三十四，十一月初三日生。曾祖芳。祖洪。父嵩。母沈氏。永感下。娶吴氏。浙江乡试第三名，会试第二百九十四名。

张九一，贯河南汝宁府新蔡县，民籍，县学生，治《易经》。字振助，行十六，年二十一，六月二十九日生。曾祖淮，巡检。祖俭，监生。父苹。母戴氏。河南乡试第三名，会试第三百六十一名。

沈维藩，贯直隶定州卫，军籍，江西德化县人，国子生，治《春秋》。字岳卿，行一，年三十四，二月二十一日生。曾祖望。祖鉴。父雄，教授。嫡母高氏，生母宋氏。慈侍下。弟维宁、维屏。娶殷氏，继娶刘氏、张氏。顺天府乡试第一百二十六名，会试第二百七十九名。

罗嘉宾，贯四川叙州府宜宾县，民籍，县学生，治《诗经》。字兴贤，行一，年三十二，十一月初七日生。曾祖锦文。祖鼎，教谕。父舜臣。母周氏。重庆下。弟用宾、大宾。娶徐氏。四川乡试第十九名，会试第一百十名。

孙乔，贯湖广黄州府蕲州广济县，军籍，国子生，治《易经》。字子迁，行一，年三十八，二月十四日生。曾祖景桂，寿官。祖英，知县。父万善。母陈氏。具庆下。弟高。娶寇氏。湖广乡试第四十二名，会试第三百六十四名。

杜实，贯陕西庆阳卫，军籍，山西榆社县人，国子生，治《诗经》。字伯润，行一，年二十九，三月二十三日生。曾祖三。祖刚。父钦。前母马氏、韩氏，母吴氏。慈侍下。娶杨氏。陕西乡试第十三名，会试第七十二名。

温如春，贯河南洛阳中护卫，官籍，山东益都县人，国子生，治《易经》。字和甫，行二，年三十九，九月十一日生。曾祖厚，指挥同知。祖胜，指挥同知。父秀，府同知。母刘氏。慈侍下。兄如玉，指挥同知。弟如璋，贡士。娶王氏。河南乡试第七名，会试第一百六十三名。

金燕，贯直隶安庆府潜山县，军籍，国子生，治《诗经》。字尚宾，行三，年三十二，五月二十二日生。曾祖普敬。祖光莹。父邂。母李氏。慈侍下。兄荞、苤。娶陈氏。应天府乡试第一百十名，会试第一百四十六名。

杨九韶，贯浙江绍兴府余姚县，灶籍，国子生，治《书经》。字成甫，行三，年三十九，十月二十八日生。曾祖钋。祖滋。父宗道。母王氏。具庆下。弟九夏、九范、九龄。娶徐氏，继娶徐氏。浙江乡试第三十八名，会试第八十九名。

杨枀，贯福建建宁府建安县，民籍，府学增广生，治《礼记》。字宾周，行三，年二十二，正月二十一日生。曾祖昂，知县。祖崇，按察司佥事。父敦。母黄氏。具庆下。兄棠。弟槩、渠。娶朱氏。福建乡试第十六名，会试第二百五十七名。

李瑜，贯陕西西安府三原县，军籍，国子生，治《书经》。字季纯，行三，年三十二，五月初六日生。曾祖準。祖文通。父宗海。母张氏。慈侍下。兄珍，省祭官；玠。娶张氏。陕西乡试第十七名，会试第九十六名。

秦可大，贯陕西西安府咸宁县，匠籍，国子生，治《书经》。字仲修，行二，年三十，正月二十日生。曾祖庠，寿官。祖福，赠奉政大夫凤阳府同知。父登，左长史加四品服色。母解氏，赠宜人；继母贺氏，封宜人。具庆下。兄可久，贡士。弟可贞、可观、可继。娶胡氏，继娶邢氏。陕西乡试第二十名，会试第三百二十五名。

柳东伯，贯湖广常德府□阳县，军籍，国子生，治《书经》。字孟卿，行三，年二十八，八月初十日生。曾祖中，府知事。祖应辰，州同知。父绩。母文氏。重庆下。兄东生、东作。弟东条、东仲。娶金氏。湖广乡试第二十六名，会试第八十五名。

张鹏，贯山西平定州千户所军籍，大同府大同县人，国子生，治《书经》。字子抟，行一，年四十，九月十三日生。曾祖恕。祖文渊，训导。父廷诏，知县。母魏氏。慈侍下。弟鹤。娶白氏，继娶赵氏、安氏、全氏。山西乡试第二十一名，会试第七十三名。

戴文奎，贯直隶苏州府昆山县，民籍，县学附学生，治《易经》。字玄明，行一，年二十八，七月二十八日生。曾祖纶。祖膺祐，府经历。父邦献。母龚氏。具庆下。兄文完。弟文璧。娶孙氏。应天府乡试第六十九名，会试第一百七名。

俞文荣，贯直隶松江府上海县，民籍，县学生，治《诗经》。字国华，行一，年四十二，八月十六日生。曾祖盛，寿官。祖藻。父裔。母奚氏，继母金氏。慈侍下。弟文明、文儒。娶潘氏，继娶宋氏。应天府乡试第五十六名，会试第二百六十名。

呼为卿，贯辽东定辽左卫军籍，山东黄县人，国子生，治《书经》。字相之，行二，年三十，五月二十日生。曾祖纲。祖政。父信。母解氏。永感下。兄为臣。娶刘氏。顺天府乡试第八十七名，会试第三百八十四名。

金柱，贯浙江绍兴府上虞县，民籍，国子生，治《诗经》。字国桢，行二，年二十八，十一月十一日生。曾祖王。祖佩。父德昭，州判。母吴氏。具庆下。兄榜。娶沈氏。浙江乡试第六十一名，会试第一百八十八名。

萧九峰，贯直隶兴州后屯卫军籍，江西庐陵县人，三河县学生，治《易经》。字寿夫，行二，年三十，六月初六日生。曾祖升。祖锐，通判。父选，右金都御史。前母刘氏，母赵氏。慈侍下。兄九成，同科进士。弟九锡、九思、九叙、九皋、九官。娶刘氏，继娶刘氏。顺天府乡试第三十六名，会试第九十八名。

李伯遇，贯福建泉州府晋江县，军籍，县学附学生，治《易经》。字载纯，行二，年二十二，三月二十四日生。曾祖富。祖瑛。父雄。母陈氏。具庆下。兄伯祥。弟伯愚、伯鲁、伯超、伯实。娶王氏。福建乡试第四十名，会试第一百十三名。

管嘉福，贯山东莱州府胶州高密县，匠籍，国子生，治《易经》。字正甫，行一，年四十，十二月初七日生。曾祖进。祖惠。父九云，学正。母王氏。严侍下。兄嘉祯，吏部主事；嘉祐。弟嘉祉、嘉祥、嘉谟、嘉儒、嘉行、嘉乐。娶李氏，继娶俞氏。山东乡试第三十九名，会试第一百九十二名。

李凤，贯广东广州府番禺县，民籍，江西大庾县人，县学附学生，治《诗经》。字鸣冈，行三，年三十五，二月初三日生。曾祖源。祖棠。父贤，寿官。母罗氏。永感下。兄鸾，户部主事；鹗。娶黄氏。广东乡试第四十八名，会试第三百十二名。

陈甲，贯直隶常州府江阴县，军籍，府学增广生，治《易经》。字会先，行一，年三十一，十月二十八日生。曾祖薰。祖哲，贡士。父万春。母贡氏。慈侍下。弟丙、庚、壬。娶蒋氏。应天府乡试第八十四名，会试第二百四名。

王宗会，贯福建泉州府晋江县，军籍，国子生，治《礼记》。字宾之，行一，年三十七，八月二十七日生。曾祖惠。祖珤。父纲。母黄氏。具庆下。弟宗献。娶廖氏。福建乡试第三十名，会试第六十名。

张待化，贯直隶大名府开州，民籍，国子生，治《书经》。字子鱼，行二，年三十九，七月初六日生。曾祖文。祖鉴。父天民，寿官。母王氏，继母章氏。永感下。兄待元。娶陈氏。顺天府乡试第三十一名，会试第一百六名。

吴道直，贯直隶真定府定州，民籍，国子生，治《易经》。字敬甫，行四，年三十四，十月十七日生。曾祖瑛。祖洪。父森，知县。母董氏。慈侍下。兄道公、道正、道平。弟道明、道中。娶刘氏。顺天府乡试第六十八名，会试第三百三十一名。

张乔桧，贯福建泉州府晋江县，灶籍，国子生，治《诗经》。字行节，行三，年三十八，九月初十日生。曾祖通乾。祖绎章。父文玺。前母蔡氏，母赵氏。具庆下。兄乔椿、乔松。弟乔梓。娶赖氏。福建乡试第二十四名，会试第一百三十八名。

沈淳，贯浙江杭州府海宁县，灶籍，国子生，治《易经》。字仲庞，行一，年三十三，十月二十四日生。曾祖本。祖贤，寿官。父世荣，主簿。前母张氏，母孔氏。具庆下。弟甚、治、淑、洙。娶周氏。浙江乡试第四十二名，会试第三百十一名。

李廷龙，贯湖广长沙府湘阴县，军籍，县学生，治《易经》。字德化，行二，年四十二，正月二十日生。曾祖晟。祖道明，州判。父鹏。母苏氏。永感下。兄廷佐。娶宋氏。湖广乡试第三十六名，会试第一百七十三名。

何全，贯四川仪卫司籍，成都府温江县人，国子生，治《易经》。字原学，行二，年四十八，五月十四日生。曾祖志聪。祖魁。父永升。母邹氏。永感下。兄金。弟介、畲、金、企、舍。娶沈氏，继娶李氏。四川乡试第四十三名，会试第二百八十三名。

戴景和，贯四川泸州，民籍，州学生，治《书经》。字叔宣，行一，年二十七，十月初二日生。曾祖永清。祖政。父显荣。前母杨氏，母杨氏。具庆下。弟景星、景明。娶桂氏。四川乡试第八名，会试第二百六十八名。

李寅实，贯福建兴化府莆田县，民籍，府学附学生，治《书经》。字于中，行二，年四十，十月初七日生。曾祖珫。祖升，寿官。父诏，知县。母林氏。具庆下。兄寅宾。弟寅亮、寅登、寅启、文煜、寅化、寅仕、寅豪、寅崌、寅寀。娶卢氏。福建乡试第十二名，会试第一百十五名。

徐行，贯直隶保定府博野县，民籍，国子生，治《诗经》。字之弟，行一，年二十五，十二月十九日生。曾祖恭。祖廷璋，省祭官。父鸾，贡士。母刘氏。重庆下。弟州、化。娶陈氏。顺天府乡试第一百二名，会试第九十五名。

刘起蒙，贯四川重庆府巴县，民籍，府学生，治《书经》。字养之，行四，年三十，十一月二十七日生。曾祖规，监察御史赠尚书。祖春，太子太保，礼部尚书，翰林院学士，掌詹事府事，谥文简。父延年，礼部郎中。母郑氏，封孺人。具庆下。兄起宗，知府；起东，官生；弟起敬，贡士；起江。娶杨氏，继娶吉氏。四川乡试第八名，会试第三百七十名。

董尧封，贯河南河南府洛阳县，民籍，国子生，治《易经》。字淑化，行一，年二十七，十二月二十九日生。曾祖奉，义官。祖志道。父智。母陈氏。具庆下。娶张氏，继聘刘氏。河南乡试第六十三名，会试第二百二十四名。

王汝正，贯顺天府蓟州，民籍，州学生，治《春秋》。字养之，行一，年三十，四月二十五日生。曾祖清。祖义。父锐。母李氏。具庆下。娶潘氏。顺天府乡试第五十四名，会试第三百名。

陈麟，贯河南河南卫军籍，直隶桐城县人，府学增广生，治《易经》。字子祥，行二，年二十九，十一月初三日生。曾祖信。祖贤。父堂。母杨氏。重庆下。兄麟。弟鸾、凤。娶温氏。河南乡试第七十五名，会试第八十名。

罗良，贯江西吉安府万安县，民籍，国子生，治《礼记》。字虞臣，行一，年二十九，十一月初六日生。曾祖偲，义官。祖昶。父彦宏。母朱氏，继母张氏。具庆下。弟衣。娶刘氏。江西乡试第十名，会试第五名。

杜时芳，贯四川顺庆府南充县，民籍，国子生，治《诗经》。字子实，行一，年三十五，正月十五日生。曾祖成。祖思荣。父立。母何氏，继母郝氏。重庆下。弟联芳。娶王氏。四川乡试第四十二名，会试第三百六十九名。

甄敬，贯山西太原府平定州千户所军籍，岢岚州岚县人，州学生，治《书经》。字子一，行一，年二十六，十月初八日生。曾祖福祥。祖镛，封中书舍人。父成德，南京兵科给事中。母马氏，封孺人。重庆下。弟敏、敩、枚、敦。娶曹氏。山西乡试第四十九名，会试第三百三名。

林有望，贯直隶安庆府桐城县，民籍，县学附学生，治《诗经》。字思道，行一，年二十七，十二月二十三日生。曾祖升。祖泰。父松。前母胡氏，母方氏。具庆下。弟有朋、有昆、有蕚。娶方氏。应天府乡试第二十名，会试第二百九十六名。

燕仲义，贯直隶苏州府吴县，匠籍，国子生，治《春秋》。字履道，行一，年三十三，四月十三日生。曾祖茂。祖江。父宗贵。母吴氏。具庆下。娶李氏。应天府乡试第四十三名，会试第一百二十五名。

顾曾唯，贯直隶苏州府吴江县，民籍，县学生，治《易经》。字一贯，行一，年三十，十二月十七日生。曾祖宽。祖纲。父文藻。母周氏。慈侍下。兄曾德。弟曾学、曾约、曾孝、曾弟、曾可、曾忠。娶朱氏。应天府乡试第三名，会试第一百二名。

张存义，贯福建建宁府建安县，民籍，府学生，治《易经》。字宜甫，行二，年三十九，五月十三日生。曾祖鏠。祖文振。父祥。母卓氏。永感下。兄存仁。弟存礼、存智、存信。娶黄氏，继娶徐氏。福建乡试第八十八名，会试第三百三十七名。

钱同文，贯浙江嘉兴府嘉兴县，民籍，国子生，治《书经》。字大行，行一，年二十二，十月二十七日生。曾祖安。祖璞。父汝立。母诸氏。重庆下。弟同升、同春、同芳。娶费氏。浙江乡试第三十二名，会试第三十二名。

穆宁中，贯府军前卫官籍，直隶永平府山海卫人，国子生，治《易经》。字允执，行一，年三十四，十月二十九日生。曾祖聚。祖清。父谦。前母郭氏、石氏，母刘氏，继母赵氏。慈侍下。弟恕。娶刘氏。顺天府乡试第八十四名，会试第二百七十二名。

葛大纪，贯直隶潼关卫旗籍，陕西商州人，国子生，治《书经》。字伯理，行二，年二十七，十一月十八日生。曾祖忠，总旗。祖亮，总旗。父蔓。母李氏。具庆下。兄大纲。娶张氏。陕西乡试第五十八名，会试第二百六十三名。

凌儒，贯直隶扬州府泰州，民匠籍，国子生，治《诗经》。字真卿，行三，年三十五，十一月初一日生。曾祖振芳。祖奇。父可。母周氏。重庆下。兄仁、仪。弟任。娶潘氏。应天府乡试第一百二十四名，会试第一百七十五名。

黄森，贯福建泉州府惠安县，民籍，国子生，治《书经》。字叔寿，行三，年三十八，九月初六日生。曾祖元景。祖琨，寿官。父汉，教谕。母柳氏。具庆下。兄榜，阴阳训科；梽。娶郑氏。福建乡试第八十五名，会试第七十五名。

牛山木，贯直隶广平府曲周县，民籍，国子生，治《诗经》。字子美，行一，年三十，正月二十六日生。曾祖隆。祖绅。父玺。母张氏。具庆下。弟山松、山梁、山柏、山峰、山桂。娶方氏，继娶刘氏。顺天府乡试第九十八名，会试第三百四十三名。

赵圭，贯浙江绍兴府山阴县，军籍，府学增广生，治《易经》。字子重，行五，年二十七，十二月二十七日生。曾祖景颎。祖伦。父德光。母周氏，继母傅氏。具庆下。兄堂。弟堦、室、垣、台、墀、墼。娶王氏。浙江乡试第四十二名，会试第一百五十名。

王彦民，贯直隶顺德府商丘县，民籍，国子生，治《书经》。字子惟，行四，年二十八，十月十九日生。曾祖梦祥，府照磨。祖经。父宗周，知县。母宁氏。慈侍下。兄献民、俊民、秀民。弟慧民。娶严氏。顺天府乡试第八十七名，会试第二百十七名。

叶龙，贯江西南昌府南昌县，民籍，国子生，治《春秋》。字乾甫，行五，年四十二，九月二十四日生。曾祖九衢，县主簿。祖冈，典史赠文林郎。父稠，府同知。母闵氏，封孺人。具庆下。弟从龙，监生。娶徐氏。江西乡试第四名，会试第三百三十六名。

祝乾寿，贯湖广德安府应城县，军籍，国子生，治《易经》。字以仁，行二，年三十四，十一月十九日生。曾祖志清。祖钊。父子信。母郑氏。具庆下。兄介寿、彭寿、椿寿、乔寿、延寿。弟坤寿。娶张氏，继娶谢氏。湖广乡试第九名，会试第九十四名。

孟重，贯陕西西安府渭南县，军籍，国子生，治《礼记》。字女器，行二，年三十四，十月十二日生。曾祖升。祖聪。父守阳。母马氏，继母王氏。具庆下。兄羽。娶郭氏。陕西乡试第四十八名，会试第一百八十五名。

张学颜，贯直隶广平府肥乡县，民籍，国子生，治《春秋》。字子愚，行二，年三十，十一月二十日生。曾祖韶，巡检。祖悦，训导。父应麒，府同知。母宋氏，继母陶氏。重庆下。兄学尹。娶刘氏。顺天府乡试第三名，会试第四十九名。

李伯生，贯四川重庆府巴县，军籍，县学增广生，治《易经》。字子元，行二，年三十一，六月初十日生。曾祖本良。祖英。父茂松。母王氏。具庆下。兄肇生。娶王氏。四川乡试第五十四名，会试第三百八十九名。

黄作孚，贯山东莱州府即墨县，军籍，国子生，治《易经》。字汝从，行二，年三十八，二月二十四日生。曾祖安。祖昭。父正。母时氏。具庆下。兄作肃。弟作哲、作圣、作霖。娶孙氏。山东乡试第七十三名，会试第三百四十七名。

萧奇勋，贯福建兴化府莆田县，民籍，县学生，治《书经》。字懋建，行一，年二十九，九月初八日生。曾祖俨。祖仁甫。父桂，训导。母蔡氏，继母陈氏。具庆下。兄谦，贡士；弟奇列、奇昭、奇熊、奇煌、奇休、奇烨、奇熠、奇煜、奇炌、奇煐、奇杰、奇灿。娶吴氏。福建乡试第四十五名，会试第六十二名。

许从龙，贯直隶苏州府昆山县，民籍，嘉定县人，国子生，治《易经》。字伯云，行一，年三十五，十二月初十日生。曾祖翊。祖襄，州吏目。父志学，州判官。母钱氏。重庆下。弟起龙、应龙。娶俞氏。应天府乡试第一百名，会试第三百二十四名。

乔应光，贯山西太原府石州，军籍，国子生，治《易经》。字子实，行二，年三十七，十月二十一日生。曾祖枈，监生赠兵马司副指挥。祖瓘，兵马司副指挥。父迁。母张氏。严侍下。兄应奎。娶辛氏，继娶苏氏。山西乡试第三十七名，会试第一百七十一名。

李瑚，贯福建漳州府龙溪县，民籍，县学生，治《易经》。字周琛，行一，年三十八，正月十四日生。曾祖孟逊。祖有庠。父子雄。母郭氏，继母许氏。福建乡试第九十名，会试第二百七十八名。

方时学，贯河南河南卫，军籍，府学生，治《易经》。字敏之，行一，年三十五，九月初三日生。曾祖整。祖瑄。父镔。母张氏。具庆下。弟时升。娶张氏。河南乡试第三十七名，会试第三百九十六名。

陈珊，贯贵州铜仁府铜仁司民籍，四川富顺县人，国子生，治《诗经》。字鸣仲，行一，年四十四，三月三十日生。曾祖中正。祖绮，仓副使。父时谟，县丞。母熊氏。具庆下。弟瑚，驿丞；珮；璋。娶孙氏。贵州乡试第二名，会试第三百四名。

黄乾行，贯福建福宁州，军籍，国子生，治《礼记》。字叔阳，行十，年三十九，二月初九日生。曾祖裘。祖发。父子厚，训导。前母林氏，母雷氏。永感下。兄乾清，贡士；乾德，知县。弟乾道。娶王氏。福建乡试第八十七名，会试第二百九十七名。

凌邦奇，贯直隶苏州府昆山县，民籍，国子生，治《礼记》。字正伯，行一，年四十一，十一月二十六日生。曾祖晟。祖亮。父艮。前母金氏，母俞氏，继母浦氏。永感下。弟邦彦。娶戈氏。应天府乡试第八十名，会试第七十九名。

王宗舜，贯山西平阳府解州闻喜县，军籍，县学生，治《春秋》。字用中，行五，年三十五，十月二十日生。曾祖佐。祖懋，寿官。父澄，训导。前母卢氏，母张氏。具庆下。兄宗夏、宗孔、宗尧、宗孟。弟宗禹、宗汤、宗文、宗武。娶李氏。山西乡试第三十四名，会试第三百九十三名。

归大道，贯直隶苏州府长洲县，民籍，国子生，治《易经》。字懋庸，行二，年三十一，三月二十四日生。曾祖玑。祖椿。父俸。母张氏。具庆下。兄大德。弟大中、大有、大宾。娶陈氏。顺天府乡试第七十四名，会试第三百七十二名。

钱邦俌，贯湖广黄州府蕲水县，军籍，国子生，治《春秋》。字叔美，行一，年四十一，九月初十日生。曾祖俊。祖重器，知县。父贡，府同知。母吴氏。慈侍下。弟邦似、邦伊、邦存。娶周氏。湖广乡试第四十三名，会试第三百五名。

叶期远，贯福建漳州府漳浦县，民籍，国子生，治《易经》。字士毅，行一，年四十二，二月初六日生。曾祖聪。祖谏。父元浩。母丘氏，继母郑氏。慈侍下。弟期逮、期蕖、期遄、期逢。娶徐氏，继娶柳氏。顺天府乡试第六名，会试第二百二十八名。

何荣，贯顺天府涿州，民籍，国子生，治《诗经》。字信卿，行三，年三十三，十月二十五日生。曾祖顺。祖仲良。父溥。母谢氏。慈侍下。兄相、楫。弟桀。娶吕氏。顺天府乡试第一百十四名，会试第二百九十名。

华秉中，贯直隶松江府上海县，民籍，国子生，治《诗经》。字正夫，行一，年三十五，九月十三日生。曾祖瑞。祖昱。父鲸。母潘氏。具庆下。弟秉道、秉良、秉才。娶王氏，继娶朱氏。应天府乡试第八十八名，会试第一百四十四名。

郭嵩，贯湖广承天府潜江县，民籍，县学生，治《诗经》。字叔中，行三，年三十五，十月十六日生。曾祖允荣。祖珊。父世朝，监生。母柴氏。慈侍下。兄嵩，监生；岱，贡士。弟峤、岳、岢。娶蒋氏。湖广乡试第五十名，会试第一百二十九名。

李佩，贯陕西汉中府南郑县，民籍，县学生，治《易经》。字子玉，行一，年四十二，十一月初三日生。曾祖八。祖成。父志和。嫡母尚氏，生母张氏。慈侍下。娶汤氏。陕西乡试第五十二名，会试第一百九十九名。

王惟宁，贯陕西西安府兴平县，民籍，国子生，治《诗经》。字子静，行一，年三十二，三月十一日生。曾祖恭政。祖文达。父官。嫡母赵氏，生母韩氏。具庆下。弟惟几。娶李氏，继娶张氏。陕西乡试第四十七名，会试第一百八十三名。

王宫用，贯直隶广平府成安县，民籍，国子生，治《礼记》。字近臣，行四，年三十，九月初九日生。曾祖端。祖□。父隆。母张氏。慈侍下。兄朝用、君用、廷用。娶李氏。顺天府乡试第四十二名，会试第三百五十五名。

杜完，贯四川叙州府宜宾县，民籍，国子生，治《诗经》。字子脩，行六，年四十二，十一月初九日生。曾祖以忠，府同知。祖崇。父軫。前母唐氏，母田氏。永感下。兄容，岁贡生；寀、宾、官、宠。娶童氏。四川乡试第四十五名，会试第五十二名。

晁东吴，贯直隶大名府开州，匠籍，州学增广生，治《书经》。字叔泰，行三，年二十二，六月初八日生。曾祖旺。祖德龙，封翰林院检讨。父瑑，翰林院检讨。母张氏，赠孺人；继母张氏，封孺人。重庆下。兄东周、东山。弟东郊、东鲁、东国、东都，东齐。娶程氏。顺天府乡试第七十八名，会试第三百九十五名。

江奎，贯辽东广宁中卫，官籍，应天府句容县人，国子生，治《易经》。字国祥，行二，年三十五，九月初八日生。曾祖通。祖锺。父澄。母唐氏。严侍下。兄平。弟壁、室。娶朱氏。顺天府乡试第四十六名，会试第三百八十六名。

边僎，贯直隶河间府任丘县，官籍，国子生，治《书经》。字志甫，行二，年三十六，六月初六日生。曾祖永，户部郎中赠都察院右佥都御史。祖镛，南京刑部右侍郎。父宁，按察司副使。母杨氏，封宜人。永感下。兄伟，运使；亿，参政；备；侨，知州；偕，教官；仲，郎中；偁，长史；佃，户部检校；优，知州；任；像，知县；偡，监生；偣。弟仪，倕，伽，俱监。娶冯氏。顺天府乡试第三十七名，会试第三百十六名。

李邦魁，贯山东莱州府高密县，军籍，国子生，治《易经》。字士元，行一，年三十五，二月十八日生。曾祖霖，县丞。祖宦，训导。父锺灵。母管氏，继母仪氏、张氏。严侍下。娶单氏。山东乡试第五十五名，会试第二百九十八名。

宋继祖，贯四川潼川州中江县古店驿站籍，直隶常熟县人，汉州学附学生，治《易经》。字汝孝，行一，年二十八，十二月十五日生。曾祖玉。祖海。父廷珪。母吴氏，继母张氏。重庆下。弟光祖、兴祖、扬祖、绳祖。娶蔡氏。四川乡试第五十二名，会试第一百五十三名。

赵教，贯湖广黄州府麻城县，民籍，直隶定州学正，治《春秋》。字子学，行二，年四十四，三月二十二日生。曾祖循。祖世永。父时相。母汪氏。永感下。兄政。弟地。娶梁氏。湖广乡试第二十六名，会试第三百四十五名。

刘鸣阳，贯山西太原府盂县，民籍，国子生，治《书经》。字应明，行一，年三十，十一月二十六日生。曾祖福宝。祖经。父廷玺。前母韩氏，母张氏，继母冀氏。严侍下。弟鸣竹、鸣阴、鸣谦。娶王氏。山西乡试第二十三名，会试第三百九十七名。

林命，贯福建建宁府建安县，民籍，县学生，治《春秋》。字子顺，行四，年三十七，闰十二月初十日生。曾祖孟宣，寿官。祖溶，寿官。父恺，教谕。母师氏。严侍下。兄青、翠。弟常。娶潘氏。福建乡试第二十四名，会试第三百六十名。

夏儒，贯直隶镇江府丹徒县，军籍，国子生，治《礼记》。字汝醇，行五，年三十八，九月十四日生。曾祖珪。祖珍。父鸾。母徐氏。永感下。兄伟、仁。弟僎、信、储、宠、仪、宥、俨、阁、宝。娶严氏。应天府乡试第七十二名，会试第三百二十名。

徐浦，贯福建建宁府浦城县，军籍，国子生，治《书经》。字伯源，行三，年三十一，十二月初六日生。曾祖秉常。祖琎。父凤。母叶氏。慈侍下。弟泓、洞。娶祖氏。福建乡试第七十三名，会试第三百八十八名。

郭士髦，贯山西潞安府壶关县，民籍，县学增广生，治《诗经》。字召卿，行一，年二十八，四月二十日生。曾祖刚。祖琦。父需，省祭官。母徐氏。具庆下。弟士秀、士选、士望、士进、士爵。娶徐氏。山西乡试第二十三名，会试第二百二十名。

樊做，贯江西南昌府南昌县，民籍，进贤县人，国子生，治《诗经》。字一甫，行一，年四十一，十二月初八日生。曾祖公敬。祖曰邦。父义。母万氏。具庆下。娶万氏。江西乡试第四十一名，会试第一百四十二名。

张书绅，贯直隶苏州府常熟县，匠籍，国子生，治《诗经》。字思诚，行二，年三十五，三月十一日生。曾祖鹏飞。祖玉。父宁。母任氏。严侍下。兄书盘。弟书牖。娶孔氏。应天府乡试第三十七名，会试第十名。

姜做，贯江西南昌府南昌县，军籍，县学生，治《诗经》。字君习，行二，年三十四，正月十七日生。曾祖孔亨。祖子瞻。父桓。母罗氏。慈侍下。兄健。弟僮。娶陈氏。江西乡试第六十九名，会试第一百五名。

孙大学，贯浙江绍兴府山阴县，民籍，国子生，治《诗经》。字希曾，行二，年二十八，十月二十七日生。曾祖仕宗。祖孟鉴。父仲彰，驿丞。母周氏。具庆下。弟文学、来学、幼学、敏学。娶吴氏。浙江乡试第八十二名，会试第三百五十八名。

黄泮，贯福建漳州府龙溪县，民籍，国子生，治《易经》。字鲁在，行一，年三十五，九月十一日生。曾祖荧，按察司副使进阶大中大夫。祖琅。父诰，遥授训导。母颜氏。重庆下。弟渊，监生；涵；汇；流；浑。娶蔡氏，继娶王氏。福建乡试第二名，会试第一百十一名。

周滋，贯山东青州左卫军籍，诸城县人，国子生，治《诗经》。字伯霖，行一，年三十五，十二月十二日生。曾祖英。祖祯。父臣。母董氏。慈侍下。弟濡、津、泗、泮。娶齐氏。山东乡试第十六名，会试第二百八十二名。

郭汝霖，贯江西吉安府永丰县，民籍，县学生，治《易经》。字时望，行一，年三十九，三月二十日生。曾祖旦卓。祖宗秩。父朝璞。母吴氏。慈侍下。弟汝楫、汝梅。娶丘氏，继娶宋氏、王氏。江西乡试第二十七名，会试第一百四十八名。

崔孔昕，贯山东济南府滨州，军籍，国子生，治《书经》。字晋明，行二，年三十二，九月十九日生。曾祖选。祖郁，巡检。父敦。母尹氏。慈侍下。兄孔元、孔昭、孔旸、孔时、孔簧、孔昉。弟孔曜。娶石氏。山东乡试第十五名，会试第三百八十二名。

刘祐，贯山东莱州府掖县，匠籍，国子生，治《诗经》。字淑脩，行一，年二十八，正月十一日生。曾祖通。祖真。父廷珮，省祭官。母官氏。具庆下。弟祚。娶徐氏。山东乡试第三十六名，会试第二百五十五名。

刘以节，贯广东潮州府海阳县，民籍，国子生，治《诗经》。字叔度，行一，年三十，四月二十日生。曾祖锡。祖伯瑞。父琏。嫡母郑氏，生母朱氏。慈侍下。娶卢氏。广东乡试第七十名，会试第二百六十六名。

徐大壮，贯直隶大名府开州长垣县，民籍，国子生，治《春秋》。字子贞，行一，年三十九，八月初十日生。曾祖清。祖鸾。父泉。母黄氏。严侍下。弟大夏。娶李氏，继娶王氏、侯氏。顺天府乡试第八十名，会试第三百七十四名。

姜子羔，贯浙江绍兴府余姚县，民籍，国子生，治《礼记》。字宗孝，行十五，年三十一，十二月十九日生。曾祖迏，封知县。祖荣，工部主事。父应期。母诸氏。慈侍下。兄子初、子充、子昊、子□、子□、子京、子□。弟子□、子贞。娶吴氏，继娶方氏。浙江乡试第四十一名，会试第三百十名。

史朝富，贯福建泉州府晋江县，匠籍，国子生，治《易经》。字节之，行三，年三十七，五月二十六日生。曾祖隰。祖时泰。父宏珂。母吴氏。慈侍下。兄朝宾，□□□□；朝宜，□□□□。弟朝寀，贡士；朝实；朝金；朝守。娶陈氏。福建乡试第六十三名，会试第四十五名。

唐继禄，贯直隶松江府上海县，民籍，国子生，治《诗经》。字子崇。行二，年三十三，十一月二十八日生。曾祖瑾。祖钦。父激。母杨氏。慈侍下。兄继爵。弟继俸、继杰。娶石氏。应天府乡试第五十一名，会试第一百九十三名。

路王道，贯山西潞安府屯留县，匠籍，国子生，治《诗经》。字汝遵，行一，年二十六，八月初一日生。曾祖顺。祖聪，阴阳官。父栋材。母陈氏。具庆下。弟周道。娶郑氏。山西乡试第一名，会试第一百六十八名。

郭斗，贯云南云南右卫官籍，河南封丘县人，国子生，治《诗经》。字应宿，行一，年三十六，正月初三日生。曾祖仍，百户，封武略将军。祖豫，副千户，封武略将军。父彬，正千户。前母赵氏，母汪氏。慈侍下。弟科，正千户，魁。娶汪氏。云南乡试第十一名，会试第一百十八名。

李一科，贯山东兖州府东平州，军籍，州学生，治《诗经》。字志道，行一，年二十八，十月二十六日生。曾祖钦。祖干。父达。母邓氏。具庆下。弟一本、一元。娶单氏。山东乡试第六十七名，会试第一百八十一名。

党绪，贯锦衣卫旗籍，直隶常州府无锡县人，国子生，治《书经》。字汝承，行一，年三十八，正月初六日生。曾祖平，百户。祖能。父璟，百户。嫡母陈氏，生母陈氏。永感下。兄绶。弟绅；淮，会州卫指挥同知；潮。娶李氏。顺天府乡试第七十二名，会试第三百六十二名。

王渐，贯山东莱州府潍县，军籍，县学生，治《书经》。字斯进，行三，年四十二，九月二十五日生。曾祖能。祖兴。父锐，监生。母谭氏。慈侍下。兄潜、濯。娶陈氏。山东乡试第六十六名，会试第六十五名。

袁祖荣，贯浙江宁波府鄞县，民籍，府学附学生，治《易经》。字德甫，行二，年三十二，十一月十三日生。曾祖孟悌，南京礼部主事。祖大绅。父承祥，典史。母陈氏。具庆下。弟祖华、祖萃、祖芳、祖义、祖蕙、祖芮。娶虞氏。浙江乡试第六十二名，会试第一百二十八名。

黄纪，贯江西抚州府临川县，民籍，国子生，治《诗经》。字子陈，行二十，年三十五，十一月三十日生。曾祖鼎逊。祖玉琦。父钥。母龚氏。具庆下。兄纲。弟统、缒。娶邹氏。江西乡试第八十八名，会试第七十名。

李希洛，贯山西太原左卫军籍，直隶江都县人，国子生，治《易经》。字宗程，行二，年三十一，四月初七日生。曾祖荣。祖瑛。父镇。前母盛氏，母张氏。慈侍下。兄希濂，通判。娶王氏，继娶苏氏。山西乡试第三名，会试第一百八十二名。

孙一正，贯陕西西安府华州渭南县，军籍，国子生，治《礼记》。字格卿，行一，年四十，十月十六日生。曾祖权。祖景阳。父爵。母阎氏。慈侍下。弟一真、一诚、一贯。娶牟氏，继娶郭氏。陕西乡试第六十三名，会试第二百五名。

罗田，贯河南汝宁府光州光山县，民籍，国子生，治《易经》。字汝获，行一，年三十三，正月十八日生。曾祖政。祖杰。父文璧。母黄氏。慈侍下。弟围。娶董氏。河南乡试第二十二名，会试第二百七十六名。

刘涷，贯湖广黄州府麻城县，民籍，县学附学生，治《春秋》。字汝宗，行二，年三十二，十二月三十日生。曾祖仲辁，州同知。祖瑚，封兵部郎中。父天鹏。母江氏。具庆下。兄渠。弟涞，监生；泾；渭。娶桂氏。湖广乡试第八十一名，会试第九十二名。

李从教，贯陕西西安府同州，民籍，国子生，治《诗经》。字伯勉，行一，年四十一，十一月初六日生。曾祖升。祖轨。父织。母曹氏。具庆下。弟从训、从海、从化、从示。娶师氏。陕西乡试第二十二名，会试第三百四十一名。

高应芳，贯江西抚州府金溪县，民籍，县学生，治《诗经》。字惟实，行八，年二十七，十二月十六日生。曾祖大宏。祖廷裕。父月盛。母黄氏。具庆下。兄应梅。弟应葵、应兰、应芬。娶李氏。江西乡试第三名，会试第三百九十八名。

何煌，贯直隶宁国府南陵县，军籍，国子生，治《诗经》。字文明，行一，年三十七，十月二十一日生。曾祖锐。祖旺。父梧。母孙氏。具庆下。弟美、炜。娶汪氏，继娶汪氏。应天府乡试第一百二十一名，会试第二百三十五名。

祝尧焕，贯山东东昌府濮州，民籍，州学增广生，治《诗经》。字文征，行二，年三十四，十一月初三日生。曾祖荣。祖安。父志皋，寿官。前母温氏，母姜氏。永感下。兄尧民。弟尧臣、尧卿。娶张氏。山东乡试第三十二名，会试第二百六十二名。

冯叔吉，贯浙江宁波府慈溪县，民籍，县学附学生，治《诗经》。字汝迪，行五，年二十一，十一月十六日生。曾祖昕。祖禾。父燮。母钱氏。具庆下。兄继志、伯祯、仲祥。弟季兆、少占。娶周氏。浙江乡试第四名，会试第六十一名。

杨旦，贯浙江绍兴府上虞县，灶籍，县学增广生，治《易经》。字汝明，行一，年三十，六月初六日生。曾祖得初。祖英。父铨。母萧氏。永感下。弟亘、旻、鼎、晟、杲。娶石氏，继娶宋氏。浙江乡试第三十二名，会试第九名。

易道谈，贯湖广岳州府巴陵县，民籍，县学生，治《书经》。字进明，行一，年四十二，七月初一日生。曾祖箨。祖孟格。父滋。母龚氏。慈侍下。兄道煓。弟道鲁、道燹、道合、道俊。娶何氏，继娶赵氏。湖广乡试第三十八名，会试第三百六十七名。

熊坦，贯湖广武昌府兴国州民籍，通山县人，州学生，治《易经》。字履道，行一，年四十，五月初九日生。曾祖福源。祖朝瓒，寿官。父伯峰，府通判。母吴氏，继母舒氏。具庆下。弟垣、增、堨。娶谢氏，继娶易氏。湖广乡试第五十四名，会试第三百五十名。

张烈文，贯云南蒙化卫军籍，直隶巢县人，国子生，治《礼记》。字元焕，行一，年三十九，七月二十七日生。曾祖礼。祖绪。父仲美。母杨氏。严侍下。弟烈武、烈光。娶宋氏。云南乡试第四名，会试第三百三十九名。

成守节，贯山东兖州府曹州军籍，山西太谷县人，国子生，治《诗经》。字子安，行四，年三十三，十一月初三日生。曾祖杰。祖昭。父良卿。母国氏。慈侍下。兄守复，贡士；守业；守恒。弟守身，贡士；守颐；守家；守素；守艮。娶张氏。山东乡试第六十五名，会试第九十九名。

史桂芳，贯江西饶州府鄱阳县，民籍，县学生，治《书经》。字景实，行一，年三十六，五月十九日生。曾祖朝达。祖恩。父仲昭。母章氏。慈侍下。弟联芳、载芳。娶沈氏。江西乡试第三十六名，会试第二十一名。

熊迥，贯四川叙州府富顺县，民籍，县学增广生，治《诗经》。字叔远，行九，年三十二，三月二十二日生。曾祖铎。祖仕廉。父戟。前母李氏。慈侍下。兄迟，知县；通；连，典膳；过，礼部郎中。弟造。娶舒氏，继娶王氏。四川乡试第九名，会试第二百四十七名。

吴非玉，贯福建兴化府莆田县，军籍，国子生，治《诗经》。字得莹，行六，年三十五，三月十八日生。曾祖常美，累赠通议大夫工部左侍郎。祖稷，累赠通议大夫工部左侍郎。父大田，通议大夫工部左侍郎加正二品服级。母徐氏，累赠淑人；继母许氏，累封淑人。慈侍下。兄非熊，官生；非黑，上林苑监典署；广，贡士。弟非璧，官生；非□。娶陈氏。福建乡试第六十名，会试第三百九十二名。

王汝言，贯武骧左卫官籍，山东济南府滨州人，国子生，治《易经》。字子慎，行一，年二十九，二月三十日生。曾祖福，百户。祖弘，百户。父镰。母张氏。具庆下。兄淮、潮、瀛、浩、汉。弟汝、济。娶马氏，继娶倪氏。顺天府乡试第一百十五名，会试第三百六名。

萧九成，贯直隶兴州后屯卫军籍，江西庐陵县人，三河县学生，治《易经》。字汝和，行一，年三十一，十一月二十九日生。曾祖升。祖锐，府通判。父进。母孙氏。永感下。弟九峰，同科进士；九锡、九思、九叙、九皋、九官。娶沈氏，继娶韩氏。顺天府乡试第八十七名，会试第一百六十七名。

徐耀宗，贯山东青州府蒙阴县，军籍，国子生，治《礼记》。字懋贤，行一，年三十七，三月初五日生。曾祖舒，通判。祖衍，知州。父敫。嫡母崔氏，继母张氏、秦氏，生母杨氏。具庆下。弟林宗。娶李氏，继娶王氏。山东乡试第二十八名，会试第三百四十九名。

魏学曾，贯陕西汉中府金州紫阳县，民籍，□□□□□人，国子生，治《诗经》。字惟贯，行二，年二十九，十二月二十日生。曾祖祯，判官。祖瑾。父守洁。母何氏。慈侍下。兄学颜。弟学思，贡士；学孟；学周；学程；学张。娶任氏，继娶李氏。陕西乡试第二十四名，会试第一百二十名。

李得春，贯湖广承天府钟祥县，民籍，国子生，治《诗经》。字茂先，行一，年三十二，四月二十三日生。曾祖聪。祖佐。父皋。母钱氏。具庆下。弟应春、近春。娶曹氏。湖广乡试第五十八名，会试第三百四十八名。

戴冕，贯河南河南府洛阳县，军籍，国子生，治《易经》。字子端，行一，年三十九，六月初一日生。曾祖智。祖鉴。父鸾。母裴氏，继母杨氏。严侍下。弟昰、昱。娶吴氏，继娶温氏。河南乡试第七十八名，会试第二百七十名。

史起蛰，贯直隶扬州府江都县，军籍，应天府溧阳县人，国子生，治《易经》。字德龙，行二，年四十一，四月二十三日生。曾祖自懋。祖元富。父孝友。母孙氏。重庆下。娶王氏，继娶陈氏、高氏。应天府乡试第九十七名，会试第二百十四名。

史官，贯河南河南卫，官籍，府学生，治《易经》。字懋德，行一，年三十二，四月二十四日生。曾祖源。祖林。父文贵。母李氏。重庆下。娶白氏。河南乡试第六十一名，会试第三百二十六名。

冯舜渔，贯山西平阳府蒲州，民籍，国子生，治《礼记》。字泽甫，行二，年三十一，十一月十二日生。曾祖盛，纪善。祖从政，知县。父绍，训导。前母王氏，母郑氏。慈侍下。兄舜田，知县。弟舜陶。娶赵氏。山西乡试第十五名，会试第二百十一名。

魏堂，贯湖广承天府奉祠所籍，襄阳县人，国子生，治《易经》。字汝高，行一，年四十三，九月二十六日生。曾祖琳。祖旻。父汉。母赵氏。慈侍下。娶沈氏。湖广乡试第三十名，会试第八十八名。

王业，贯陕西西安府高陵县，民籍，国子生，治《春秋》。字惟勤，行一，年三十六，九月十一日生。曾祖增。祖琦。父仲仁，教谕。母权氏。重庆下。弟聘、庄、芝、毓。娶孙氏。陕西乡试第二十三名，会试第三百二十九名。

吴思敬，贯山东德州卫军籍，直隶江阴县人，国子生，治《书经》。字德钦，行二，年二十九，八月十九日生。曾祖洵。祖善。父钊。母沈氏。慈侍下。弟思忠。娶马氏。山东乡试第十九名，会试第一百六十九名。

庞尚鹏，贯广东广州府南海县，民籍，国子生，治《易经》。字少南，行一，年三十，正月十七日生。曾祖英。祖弼。父宪。母邝氏。具庆下。兄允猷、尚浩、尚诏、尚谟。弟尚言、尚谐、尚赞、尚诜、尚谓。娶杨氏。广东乡试第三十二名，会试第二十名。

田三戒，贯山东济南府德州，民籍，国子生，治《诗经》。字子慎，行二，年三十八，十二月二十日生。曾祖显。祖晼。父禹民。母焦氏。具庆下。兄三畏。弟三省。娶宋氏。山东乡试第五十六名，会试第三百十八名。

沈熙载，贯直隶苏州府昆山县，民籍，国子生，治《易经》。字端揆，行一，年四十，正月初七日生。曾祖敬。祖宽。父篯。母丘氏。永感下。娶张氏。应天府乡试第二十二名，会试第三百七十九名。

金应奎，贯浙江杭州府仁和县，民籍，国子生，治《易经》。字文宿，行一，年四十，九月二十四日生。曾祖茂。祖杰。父璋。前母金氏，母陈氏。慈侍下。娶邢氏，继娶沈氏。浙江乡试第五十五名，会试第三百五十七名。

方攸绩，贯福建兴化府莆田县，民籍，儒士，治《书经》。字君谦，行九，年二十六，六月二十一日生。曾祖朝深，赠通议大夫都察院右副都御史。祖良永，资善大夫南京刑部尚书，谥简肃。父重恩。母陈氏。具庆下。兄梦升；叔猷，贡士；攸跻，知县；天申；攸叙；攸同；天祚；攸宾。弟攸嘉、天衢、攸训、攸箴、攸司、天佐。娶林氏。福建乡试第七十七名，会试第三百五十九名。

苏存，贯直隶河间府任丘县，民籍，国子生，治《书经》。字性甫，行一，年三十，七月三十日生。曾祖深。祖彪。父臣。前母张氏，母王氏。重庆下。弟汝困。娶李氏。顺天府乡试第七十一名，会试第二百三十一名。

杜鹏翔，贯顺天府霸州民籍，山西隰州人，国子生，治《书经》。字云翀，行四，年三十六，八月二十九日生。曾祖敏，知县。祖清，岁贡生。父铭。母刘氏。慈侍下。兄延龄；鹏举，县丞；鹏远。娶王氏，继娶田氏。顺天府乡试第六十九名，会试第二百九名。

曾濂，贯江西吉安府永丰县，军籍，县学生，治《易经》。字子濬，行九，年三十八，七月二十六日生。曾祖元魁，赠卫经历。祖翔，卫经历。父梦祺，知府。母陈氏。具庆下。兄潜、湛、源。弟汪、瀚、淑。娶王氏。江西乡试第四十一名，会试第一百五十六名。

毛钢，贯顺天府蓟州，官籍，山西太平县人，州学生，治《书经》。字伯炼，行一，年三十一，十二月二十七日生。曾祖伦，通议大夫南京通政使。祖应时，通判。父泉。母史氏。具庆下。弟铨。娶孟氏。顺天府乡试第五十六名，会试第一百二十六名。

徐节，贯山西平阳府临汾县，军籍，国子生，治《诗经》。字和卿，行一，年二十四，十月二十日生。曾祖英。祖雄。父息。前母安氏，母周氏。具庆下。弟策，仪官；简。娶亢氏。山西乡试第三十八名，会试第二百十二名。

潘铨，贯浙江湖州府德清县，民籍，国子生，治《诗经》。字文衡，行六，年三十八，正月初十日生。曾祖彦明。祖洪。父瑀。前母凌氏，母沈氏。慈侍下。兄钊。弟金。娶嵇氏。浙江乡试第八十五名，会试第三百二十一名。

祝舜龄，贯直隶常州府无锡县，军籍，国子生，治《书经》。字寿卿。行一，年五十五，五月初九日生。曾祖谅。祖祺。父钦。母徐氏。永感下。弟培龄。娶夏氏，继娶华氏。应天府乡试第一百五名，会试第三百三十八名。

王咏，贯四川嘉定州，民籍，州学生，治《书经》。字于诗，行一，年二十六，十月二十一日生。曾祖时，义官。祖守山。父拱极。母童氏。慈侍下。弟谏、诚。娶周氏。四川乡试第二十二名，会试第八名。

崔大德，贯山西潞安府长治县，民籍，国子生，治《易经》。字子谦，行四，年四十一，七月二十六日生。曾祖茂。祖铸。父鹤。前母阎氏、赵氏，母霍氏。慈侍下。兄大用、大贤、大本。弟大宾。娶沈氏。山西乡试第二十九名，会试第三百五十一名。

王大任，贯陕西延安府保安县，军籍，县学生，治《诗经》。字汝成，行一，年二十七，正月初三日生。曾祖彪。祖至公。父熙。嫡母郑氏，继母滥氏，生母韩氏。慈侍下。兄康、泰、绥。娶谢氏。陕西乡试第十二名，会试第一百七十七名。

雷上儒，贯湖广武昌府嘉鱼县，军籍，国子生，治《易经》。字季常，行十二，年三十，七月二十一日生。曾祖震，卫经历。祖犂，训导。父敬。母游氏。具庆下。弟上友。娶李氏。湖广乡试第六十二名，会试第一百四十五名。

杜璿，贯山东东昌府临清州丘县，民籍，国子生，治《诗经》。字子重，行一，年三十九，十二月二十一日生。曾祖泰。祖文学。父德用。母李氏。慈侍下。弟瑶。娶杨氏。山东乡试第四十名，会试第三百十五名。

陈德骁，贯湖广德安府应城县，官籍，国子生，治《书经》。字房甫，行二，年三十九，正月初八日生。曾祖玑。祖炼，通判。父善士。母杨氏，继母赵氏。慈侍下。兄德骧。弟德骏，贡士；德骙、德骧、德骞、德驾。娶张氏。湖广乡试第二十一名，会试第三十五名。

何惟慤，贯直隶凤阳府寿州蒙城县，军籍，国子生，治《诗经》。字汝一，行二，年四十，三月初六日生。曾祖器。祖渊。父遇汉。前母冯氏，母葛氏。具庆下。弟惟宪。娶吴氏。应天府乡试第九十一名，会试第三百六十五名。

古文炳，贯广东广州府番禺县，民籍，国子生，治《易经》。字仲毯，行一，年四十一，二月初九日生。曾祖仕贤。祖钟义。父瑛。母李氏。具庆下。弟文德、文选、文烨。娶汪氏。广东乡试第六十四名，会试第三百四十四名。

雷金科，贯福建建宁府建安县，民籍，国子生，治《易经》。字公宪，行三十一，年三十四，二月二十一日生。曾祖仕荣。祖文照。父璠。母童氏，继母吴氏。慈侍下。兄金声、金童。弟金昆、金和、金相、金贞、金麟。娶朱氏，继娶杨氏、张氏。福建乡试第三十一名，会试第五十名。

季永康，贯直隶沧州守御千户旗籍，天津左卫人，国子生，治《诗经》。字克雍，行一，年三十二，六月二十四日生。曾祖荣。祖琼，寿官。父道，卫经历。母刘氏。重庆下。弟永立。娶丘氏。顺天府乡试第九十六名，会试第二百名。

张守道，贯陕西西安泾阳县，军籍，国子生，治《诗经》。字希贤，行一，年四十一，十二月十九日生。曾祖勉。祖杰。父彩。母强氏。具庆下。弟宗道、宏道、寄道。

娶邢氏，继娶邢氏。陕西乡试第二十名，会试第二百五十一名。

苟延庚，贯四川嘉定州峨眉县，民籍，县学生，治《春秋》。字季寿，行二，年二十，十二月二十五日生。曾祖龄。祖禄，卫知事。父勋，教授。嫡母向氏，生母伯氏。慈侍下。兄延嗣。弟延世、延会、延芳，聘童氏。四川乡试第六名，会试第六十九名。

侯有功，贯江西饶州府浮梁县，民籍，县学附学生，治《易经》。字思谦，行五十六，年二十，十月二十一日生。曾祖贵。祖崇。父仕。前母李氏、潘氏，母卢氏。具庆下。兄有观、有能。弟有德、有庆。娶徐氏。江西乡试第九十名，会试第三百十四名。

黄希宪，贯江西抚州府金溪县，民籍，县学生，治《易经》。字伯容，行九，年三十五，八月二十七日生。曾祖厚昌，寿官。祖世芳。父文魁。母左氏，继母王氏、李氏、张氏。具庆下。兄琛，县主簿；希夔。弟希曾、希孟。娶周氏。江西乡试第五十八名，会试第二百六十七名。

李一阳，贯福建泉州府同安县，民籍，县学生，治《诗经》。字道原，行一，年二十八，正月初六日生。曾祖乾。祖拱。父梓。母黄氏。具庆下。弟一复。娶庄氏。福建乡试第三十一名，会试第三百六十三名。

王治，贯山西太原府忻州，民籍，州学生，治《书经》。字本道，行一，年三十，三月十九日生。曾祖尧臣，知县。祖聚奎，断事。父铠。母檀氏。重庆下。弟浩、浙、洛、洲、汀、渐。娶张氏。山西乡试第十二名，会试第三百七名。

刘得宽，贯山西平阳府解州安邑县，灶籍，河东运司学生，治《诗经》。字幼平，行三，年三十八，三月十二日生。曾祖藩。祖淮。父栻。母张氏。慈侍下。兄从宽，贡士；惟宽。娶谢氏，继娶张氏、常氏。山西乡试第四十五名，会试第四十名。

罗廷唯，贯四川重庆府永川县，民籍，县学生，治《书经》。字曾甫，行一，年二十八，正月十三日生。曾祖琼。祖鍪，学正赠主事。父洪载，户部员外郎。嫡母龙氏，封安人；生母张氏。慈侍下。弟廷吉、廷哲、廷合、廷名。娶陈氏，继娶李氏。四川乡试第四十六名，会试第一百九名。

王可信，贯直隶顺德府平乡县，民籍，国子生，治《易经》。字子忠，行一，年三十六，十二月初五日生。曾祖璧，典史。祖寅，知县。父崇德，教授。母孙氏。具庆下。弟可任、可倚、可使、可佳。娶吴氏。顺天府乡试第三十三名，会试第二百六十四名。

安谦，贯直隶广平府成安县，儒籍，县学生，治《易经》。字汝光，行一，年二十三，七月初三日生。曾祖通。祖贤。父继绩。母常氏，继母韩氏。重庆下。弟详、诺。娶史氏，继娶韩氏。顺天府乡试第六名，会试第三百八名。

曾震，贯四川泸州合江县，民籍，县学生，治《易经》。字汝东，行四，年二十一，正月二十六日生。曾祖海宽，封户部主事。祖璠，卫经历。父士交，贡士。母唐氏。具庆下。兄曦、晓、明。弟益、晋、升、巽、萃。娶任氏。四川乡试第六名，会试第三百九十九名。

谢朝锡，贯四川叙州府富顺县，民籍，国子生，治《诗经》。字怀邦，行一，年三十五，七月二十九日生。曾祖训。祖金海。父鸣豸。母丁氏。重庆下。弟朝聘、朝玺。娶金氏。四川乡试第三十三名，会试第二百九十九名。

孙用，贯福建福州府连江县，民籍，浙江孝丰县学教谕，治《易经》。字行可，行一，年三十四，十月初四日生。曾祖维。祖景华，寿官。父雍。前母郑氏，母陈氏。严侍下。弟日乾、日严、日强。娶王氏。福建乡试第四十六名，会试第七十一名。

许宗镒，贯福建泉州府晋江县，民籍，府学附学生，治《易经》。字应衡，行二，年三十九，五月二十三日生。曾祖茂质。祖孔昭。父孟爵。母陈氏，继母胡氏。永感下。兄宗镛、宗鎌。弟宗钦、宗镇。娶史氏，继娶颜氏。福建乡试第十名，会试第六十三名。

王文政，贯山东莱州府潍县，匠籍，国子生，治《诗经》。字道行，行三，年二十七，二月初八日生。曾祖新。祖臣。父佐。母经氏。具庆下。兄文粹，贡士；文德。弟文教、文治。娶丁氏。山东乡试第三十六名，会试第七名。

季科，贯直隶常州府江阴县，军籍，县学生，治《书经》。字与登，行一，年二十六，正月初五日生。曾祖晟宗。祖文昌。父葵。前母徐氏，母叶氏。具庆下。兄和。娶邢氏。应天府乡试第六十名，会试第一百名。

林富春，贯福建泉州府惠安县，军盐籍，国子生，治《诗经》。字景严，行一，年四十二，十月十七日生。曾祖节。祖铎。父滔。母陈氏，继母庄氏。具庆下。弟寿春；会春，贡士；长春；遇春；丽春；应春。娶江氏。福建乡试第十七名，会试第一百六十五名。

侯祁，贯山东兖州府郓城县，民籍，国子生，治《易经》。字应文，行二，年三十，八月初四日生。曾祖锃，知州。祖相。父勋。母徐氏。具庆下。兄郡、御、郊。弟邹、邾、郾。娶刘氏。山东乡试第十三名，会试第七十七名。

武金，贯直隶真定府井陉县，民籍，县学生，治《礼记》。字砺甫，行一，年二十八，五月初八日生。曾祖文，知县。祖相。父邦卫。母毕氏。慈侍下。弟铉、炼、镐、錾。娶吕氏。顺天府乡试第六十九名，会试第一百六十四名。

龚情，贯直隶松江府上海县，民籍，国子生，治《诗经》。字善甫，行四，年四十，正月二十七日生。曾祖晖。祖频。父祐。母叶氏。永感下。兄恒、博、恪。弟恺，监察御史。娶曾氏。应天府乡试第四十七名，会试第八十二名。

吴过，贯河南汝宁府汝阳县，民籍，县学生，治《诗经》。字检之，行三，年四十，十二月十五日生。曾祖崟。祖聪。父钺。母孙氏。永感下。兄违、逸。娶汪氏。河南乡试第三十名，会试第三百八十七名。

陈瑞，贯福建福州府长乐县，军籍，国子生，治《诗经》。字孔麟，行三，年三十六，八月二十日生。曾祖英。祖垒，赠监察御史。父大伦。母林氏。慈侍下。弟璋；琦，贡士。娶林氏。福建乡试第七十八名，会试第二百八十八名。

霍超，贯广东广州府南海县，民籍，县学附学生，治《易经》。字叔谦，行一，年三十八，四月二十八日生。曾祖弘。祖从。父纶。母梁氏。慈侍下。弟亘、允升、健、绍升。娶陈氏。广东乡试第四十二名，会试第二百七十四名。

刘念，贯四川成都府简州，民籍，州学生，治《易经》。字克甫，行三，年四十三，九月二十二日生。曾祖永。祖勋，监生。父易，训导。前母杨氏，母钱氏，继母王氏。慈侍下。兄合、金。娶陈氏。四川乡试第六名，会试第二百五十六名。

杜栋，贯山东莱州府即墨县，民籍，国子生，治《诗经》。字孔材，行四，年三十九，二月二十六日生。曾祖资，县丞。祖希仁。父志。母刘氏。具庆下。兄桂、椿、桧。娶蓝氏。山东乡试第四十八名，会试第三百七十六名。

罗复，贯江西南昌府南昌县，匠籍，国子生，治《诗经》。字子贞，行三，年四十，十月十一日生。曾祖照升。祖博道。父镐。母万氏，继母万氏。具庆下。兄明阳，典史；东阳。弟皋阳、洛阳、孔阳、乾阳。娶魏氏。江西乡试第九十五名，会试第二百四十二名。

郑文茂，贯浙江处州府缙云县，军籍，府学生，治《易经》。字实夫，行六十三，年二十六，十二月二十三日生。曾祖钚。祖脩。父叙。母李氏，继母朱氏。重庆下。弟文盛、文玑。娶田氏。浙江乡试第六十名，会试第二百九十一名。

张国珍，贯四川重庆府永川县，民籍，国子生，治《书经》。字廷重，行一，年三十三，十二月初三日生。曾祖太全。祖翼。父盈汉。母邹氏。具庆下。弟国瑶、国卿。娶崔氏，继娶宋氏、孙氏。四川乡试第十三名，会试第一百十二名。

卢嘉庆，贯河南开封府祥符县，民籍，府学生，治《诗经》。字吉甫，行一，年二十五，四月十三日生。曾祖刚。祖成。父鉴。前母刘氏，母朱氏。具庆下。弟嘉祥、嘉猷、嘉言。娶谢氏，继娶杨氏。河南乡试第七十三名，会试第四百名。

丁盛世，贯山东兖州府寿张县，军籍，国子生，治《礼记》。字子逢，行一，年三十七，八月十四日生。曾祖恕。祖泰。父克明，训导。母刘氏。具庆下。弟治世、安世。娶张氏。山东乡试第三十五名，会试第一百三十九名。

王可立，贯直隶滁州来安县，民籍，国子生，治《易经》。字子中，行三，年三十七，三月十四日生。曾祖广，州判。祖安，贡士。父徽。前母陈氏，母张氏。慈侍下。兄可久、可大。娶李氏，继娶邹氏。应天府乡试第一百三十名，会试第三百七十五名。

张翀，贯广西柳州府柳州卫，军籍，府学生，治《诗经》。字子仪，行五，年二十九，十二月十四日生。曾祖深。祖善。父全，训导。母李氏。慈侍下。兄翊，知县。娶王氏。广西乡试第九名，会试第四十二名。

刘溱，贯河南彰德府安阳县，军籍，国子生，治《书经》。字子杠，行一，年三十三，五月初二日生。曾祖杰，兵马司指挥。祖俭。父录，仪宾。嫡母阳翟县主，生母侯氏。慈侍下。弟洧。娶张氏。河南乡试第二十一名，会试第三百七十三名。

朱裳，贯河南怀庆府温县，军籍，国子生，治《易经》。字则坤，行二，年三十三，四月初九日生。曾祖浩。祖琦。父宗仁。母郑氏。具庆下。兄衣。弟衮。娶赵氏。河南乡试第三十三名，会试第三百三十四名。

赵宗轨，贯直隶河间府沧州，灶籍，州学生，治《诗经》。字希清，行一，年三十三，十二月二十九日生。曾祖瑄。祖子荣。父济，训导。前母程氏，母强氏。慈侍下。弟宗鼎。娶王氏。顺天府乡试第九十四名，会试第六十六名。

《嘉靖三十二年进士登科录·策问》：

皇帝制曰：朕闻，后克艰厥后，臣克艰厥臣者，是上下之职，均有甚不易之理。昏才之主亦多。此之上者，曷自不勉诸耶？朕承皇考皇妣，近泽所钟，丕荷上天明命，简畀后职，勉法祖宗敬天爱民，由胞及与，未尝敢忽。何为臣者，无克艰之思，每怀欺于谤，甚至勾沙漠以为骨肉，但逞劫主之逆，不顾胞与之害。此其至大者，他皆可例焉。君逸臣劳，都能言诸口，心身力行甚少，先行其言之圣训，视作空言矣。尔多士身未居于位，而心志正在明白地，闻见久矣，必有不易之论，宜直列于篇以对。嘉靖三十二年三月十五日。

《嘉靖三十二年进士登科录·陈谨对策》：

臣对：臣闻帝王之御世也，致治于无虞者，君臣相得之功，保治于无疆者，君臣交儆之助。何者？天之立君，所以任继天之责，君之得臣，所以弘子民之道。是君臣之分虽殊，而克艰之司则一，使非有相得之情，则分隔而志不通，无以究经纶之蕴，非有交儆之益，则面从而心日弛，难以致一德之孚。惟夫君立其纲，臣任其事，则心不劳而万几日理。君虚其受，臣献其诚，则志不怠而化理维新。夫然则君臣道合，所以谟明弼谐者，有成功，上下情联，所以辅理承化者，有伟绩。巩国祚于苞桑之固，措天下于泰山之安者，端在是矣。钦惟皇帝陛下，以刚健中正之资，备文武圣神之德，光昭大统，克缵鸿基，启中兴之令图，开太平之昌祚，盖粹乎位斯道之中，而建维皇之极者也。臣窃伏草茅，遥被治化久矣，乃者叨有司之荐，得以与大廷之对，而圣策有及于君臣克艰之言。臣谫陋粗疏之见，诚不足以裨国论之万一。然一得之愚，敢披忠悃，就陛下所问及者，而敬陈之。尝考之《书》曰：亶聪明作元后。元后作民父母。言天之立君，所以代天而施长民之政也。《诗》曰：蔼蔼王多吉人。维君子命，媚于庶人。言君之得臣，所以体君而敷惠民之泽也。君代天而为之子，是故所居者天之位也，所宣者天之言也，所行者天之工也。以上天化育之所不及，而寄之于君，则君之责亦甚重矣。臣体君而为之用，是故所食者君之禄也，所治者君之民也，所理者君之事也。以人君分理之重寄，而托之于臣，则臣之责亦不易矣。是以克艰厥后，克艰厥臣，诚有如大禹所论者。在昔唐虞之世，代天者有放勋重华之圣，其克艰之任为不负矣。而当时辅弼之臣，随事分理，同心以协其谋，都俞吁咈，儆戒以成其美。是以上下交而德业成，而时雍风动之休，至今称盛治也。三代之时，在上者有祗台建中之君，纯德敬义之主，其克艰之责，可以继唐虞而称美矣。而其赞襄之佐，亦皆相知以心，形迹不累，相济以道，饬励无疑，是以君臣孚而世道泰，而雍熙太和之治，后世言盛治者，称三代不衰也。嗣是而降，去唐虞三代远矣。安马上之习而《新语》之献，陆贾徒肆乎空言，尚经术之名而曲学之谀，公孙得容于阿世。尽言无隐，魏征之正直似矣，而大纲未正，不能措其主于三代之隆。《论语》半部，赵普之治平似矣，而国势不振，不能致其君于雍熙之美。甚至假经术以经世务，而上慕唐虞之言，徒为欺君罔上之策。其相得之情，虽或时一见焉，而交儆之道，则概乎其未有闻也。求其相得交儆，以尽克艰之任，君逸臣劳，以成致治之美者，不有见于今日乎？洪惟我太祖高皇帝，继天立极，应人启统，正华夷之大分，复万古之纲常，一时经制之谟，真足以并唐虞而迈三代矣。观其书《大学衍义》于庑壁，而谓学士宋濂曰：朕之为君，上畏天地，下畏兆民，兢兢业业，不敢自逸。大哉皇言，其深明人君克艰之任者乎？臣尝伏读圣制诸书，而知圣祖所以尽其克艰之道者至矣。论道主乎执中，稽治本乎尧舜。至于祖训之制，尤所以示贻谋燕翼之道者，自持守以至国政，而大纲具张，自礼义以至供用，而万目备举。他若《圣政》之记，《通训》之章，《大明日历》之编，《存心》《省躬》之录，其修身体道，立纲陈纪，所以遗万世圣子神孙之太平者，详且悉矣。圣作物睹，而一时名世之臣，云从景附，以弼成大业。先几如刘基，学行如宋濂。徐达之沉毅端重，常遇春之刚毅勇略。李文忠之器量沉闳，沐英之谋虑深远。至于陶安之议论无双，王祎之学兼体用。上下之间，咸有一德，信非汉、唐、宋之君臣所能及也。列圣相承，重熙累洽，而明良相遇之盛，盖先后而有光矣。我皇上以宪天法祖之心，懋高明光大之学，敬一传心，仁孝持念。祭祀必致其精诚，忧勤先谨乎天戒。则天德之纯，有以豫内圣之体矣。励精图治，诚心爱民，戚畹不得恃恩，近侍不得干纪。躬籍田之耕，下赈恤之诏，则王道之备，有以达外王之用矣。陛下抚日中之治，而勤克艰之思，信足以副上天简畀之明命，而民胞物与，未尝少忽者也。德意所及，万方之黎庶，皆将乐乐利利，思观德化之成，而况为之臣者，尚忍负之乎？是以中外臣工，莫不涤志虑以承休德，大臣法，小臣廉，三孤弘化，六卿分职。至于分藩专城，秉旄伏节，文武之臣，日思效忠，而宣力者，皆曰：将以翼九重恭己之化矣。然而圣制有曰："为臣者无克艰之思，每怀欺于谤。甚至勾沙漠以为骨肉，但逞劫主之逆，不顾胞与之害，此其至大者。"臣请得而言之。臣闻之曰：治世非无小人也，难乎其为小人。乱世非无君子也，难乎其为君子。明于此者，可以知其故矣。昔唐尧之世，贤圣满朝，而有方命之鲧。野无遗贤，有虞之治至矣，而比周为党，复有一共工焉。尧舜不以鲧与共工而尽疑乎在朝之辅佐，而后世之尚论者，亦未尝以此而病尧舜官人之明也。陛下以尧舜之心为心，以尧舜之治为治，而在廷之臣，复以尧舜其君为己责。尧舜不能无共工、伯鲧，则小人之病国，虽盛世岂能必其无哉？故今天下之臣，其在朝廷辇毂，岂无秉义竭忠之臣？然而违上所好，朋家作仇者，未尽无也。其在百工庶府，岂无亮采惠畴之臣？然而纳贿招权，诬上自恣者，未尽无也。其在内台司谏，岂无彰顺匡过之臣？然而附和面从，党同伐异者，未尽无也。其在军门督府，岂无鹰扬效死之臣？然而刚愎自用，贪残少恩者，未尽无也。其在藩臬守令，岂无旬宣和惠之臣？然而违道干誉，尸禄养望者，未尽无也。甚者剥民之膏脂以肥其家，窃君之荣宠以张其势，掠人美以市恩，恣己私以败度者，未尽无也。人之度量，虽智愚相越，存乎御之何如耳。陆贽曰：汉高禀大度，故其时多瑰杰不羁之材。汉武好英风，故其时富瑰诡立名之士。汉宣精吏治，故其时萃淳良核实之能。言下之系乎所率也。汉之三君，固非纯于王道之主，然而御臣有其道，则臣下之趋向随之。而况圣明之世，陋三君于不屑者乎！夫君犹盂也，臣犹水也。盂圆则水随以圆，盂方则水随以方，惟在陛下一转移之间耳。

臣愿陛下崇宽大之体，广虚受之衷，委任而相得益章，论道而交儆不替。忠邪当辨，而大臣之细过，勿诘可也。事理当审，而言官之狂戆者，勿遽震之威可也。罔上当惩也，而事无首尾泛相沿及者，勿概坐可也。阳是阴非臆度附会者，可诛也，而所见不同，本无意必者，勿绝其生还可也。托忠贤以为腹心，开言路以广耳目。君有匪懈之诚，臣怀媚上之衷。面从后言，如舜之所以戒禹也，无怠无荒，如益之所以戒舜也。盐梅舟楫，如高宗之所以望傅说也，敬胜怠胜，如太公之所以告武王也。君臣之间，手足腹心，相待一体，则感恩而图报者，咸欲自靖而自献也，况臣子亦素有忠君爱国之心，乘时而思奋者乎？由是怀才以效用者，志存乎立功，负德以匡时者，事专乎报主。廊庙之臣，诚笃辅弼。省寺之臣，诚竭赞襄。台谏之臣，诚尽其言。藩臬之臣，诚修其职。郡邑之臣，诚效绥牧。封疆之臣，诚固捍御。修于家者，用于天子之廷，宣诸言者，措诸躬行之实。所以翊陛下垂拱之化者，在于此矣。是犹四时五气，各司其职，而君人者如天运于上，不劳而化成者也。君逸臣劳之义，岂徒为无实之空言哉！虽然，知君逸臣劳之义，固当求尽其责。然为臣克艰之道，实有未易尽者，臣请得而终言之。盖昔先王之世，以《天保》以上治内，《采薇》以下治外，是以纲纪毕张，而上下并福也。然治内者文臣之责，治外者武臣之任。今内外之政，虽亦同于往古，而内郡黎民之困，外地兵政之弊，则亦有可言者矣。以民之困言之，仓箱无卒岁之储，田里无口分之业。南则病于税产之虚，北则病于边防之扰。至于灾异之地，犹失抚字之方，封洫沟渠，鞠为草莽，仰食待哺之民，辗转而不能自给。是以流离载道，攘劫为生。则民之穷亦已极矣。陛下持由胞及与之仁，而为臣者不能致国家于民康物阜之化，甚非所以仰承克艰之意也。更化善治者，尚当求先王治内之政乎？必也重守令之选，节浮冗之费，时抚字之恩。夫国家所以敷德意而拯民瘼者，惟守令耳。守令得人，则承流宣化，可以恤民情之隐。浮冗既节，则食寡用舒，可以裕财赋之源。抚字以时，则惠溥情联，可以固一体之爱。如是而民生日厚，民行日兴，暖衣饱食之众，皆有勇知方之徒也。以兵之弊言之，勾稽有册矣，而行伍则虚。简阅有规矣，而老弱如故。校练有期，而朽甲钝兵，无以当折冲之需。侵兵有禁，而私役专利，不足以一效死之心。是以内地空虚，边庭弛备，北虏纵横，而缩颈股栗，盗贼窃发，掩耳而不愿听。则兵之弊，亦云甚矣。陛下思患预防，轸念于四夷之守，而为臣者不能为万全之谋。国家所以委任典兵之谋，为臣所以业官尽职之道，皆不如此也。救弊以壮国者，尚当求先王治外之政乎？必也重将帅之选，慎教习之法，严冒滥之刑。夫将帅之任，天子所以托重恃力而振国家威严之势者也。将帅得人，则干城腹心，可以膺安攘之寄。教习时慎，则步伐止齐，可以备折冲之谋。冒滥有刑，则骁勇充实，可以祛疲弱之病。由是而纪律严明，国威日振，干戈甲胄之士，皆藩城卫国之民也。治内治外，兼举不偏，则文武之臣，所以尽其克艰之任者，力行而身体之矣。陛下扩天地之德，而留心于民，群臣承付托之重，而效忠于君。君臣之间，各尽其道，则惠泽日宣，教化洋溢，奉斯世之民而跻之仁寿之域，无有难为者，尚何九重垂拱，平成之化，不可致哉！虽然，帝王愿治之心无穷，臣子爱君之心无已。国家御臣之道，救时之政，前已备矣，至于根极要领之论，臣复窃有说焉。臣闻之，孔子曰：

为政在人。取人以身。董仲舒曰：人君正心以正朝廷，正朝廷以正百官，正百官以正万民。皆言人君一心，用人之本也。陛下绍心学之传，发道统之秘，九重端默，而养乎虚明湛一之体，则圣心之纯，固足为照临百官之本矣。然慎终如始，尤圣心之所宜留念者。臣愿陛下于宫闱深邃之中，心气清明之际，静虚动宜以植乎此心之本，察识扩充以达乎此心之几。使天理常明，私欲净尽，则心无不正，身无不修，而取人之本正矣。由是而藻鉴清明，群邪不能为之惑，权度精切，众说不能为之淆。取舍不累于爱憎，赏罚不徇于喜怒。犹鉴之照物，妍媸在彼，随物而自应者也。百官之正，万民之正，一惟预养此心之所运耳。四海之内，又孰不闻盛德而来臣哉！臣也寻章摘句，非有正大不易之论，然而狂瞽之见，始以御臣之道为陛下告，终以取人之本为陛下勉，惟以明诸其心，上不负陛下，下不负所学而已。惟陛下矜悯愚诚，而留神嘉纳，臣不胜战兢陨越之至。臣谨对。

《嘉靖三十二年进士登科录·曹大章对策》：

臣对：臣闻人君法天道而端拱于上，有以操天下之大权，人臣代天工而效忠于下，有以宣天下之大化。君者，奉天之意宰制民物之命者也，故事天如父。臣者，承君之委协理民物之纪者也，故事君如天。君惟以天道御臣也，于是揽乾刚之断，秉离照之明，辨贤否之分，严威赏之施，巍然若天体之运于上，而民和物阜，端默以享其成功。臣惟以天道事君也，于是竭忠贞之节，效股肱之力，尽代终之义，致委身之诚，俨然若天威之临于下，而仁民爱物，精白以承其休德。君享其成，则逸于任人者，非以自安也，实君之道也。君而不知所以自逸，是下兼臣职，而非克艰厥君者矣。臣承其休，则劳于任事者，非以自瘁也，实臣之职也。臣而不知所以自劳，是上负君命，而非克艰厥臣者矣。然上有神圣之君，而下或鲜忠荩之臣，亦惟明以辨之，刚以断之，端本原以导其趋，持纪法以肃其度，则内外臣工，罔不淬砺以尽职，洗涤以从事。由是而明良之会以启，由是而雍熙之化以成，而恢恢乎上古之治矣。钦惟皇帝陛下，秉天纵之资，乘日中之运，蕴离明以照物，奋乾刚以用权，敬天而玄德格于昊穹，勤民而仁恩沛于海宇，所谓唐虞之盛治，尧舜之盛王，盖兼有之矣。生今之世，为今之臣，有不思尽忠毕力，以报效于明时者，必其无血气者也。况王者寿考以作人，圣人久道而成化，而草茅贱士，涵濡乐育，有年于兹，敢不拜明问而馨一得之愚乎？臣闻之，天道不言而岁功成者，何谓也？四时之吏，五行之佐，宜其气矣。圣人不言而治化弘者，何谓也？六卿分职，百官率属，张其教矣。故天运于上，未尝见其有所事，而二气之运，五行之布，无非上天之事。二气五行，未尝敢自言其功，而布之性命，各正运之保合太和，无非上天之功。君者，其尊犹之天也。臣者，其卑犹之二气五行也。故王者法天之阳，以生万物，而张之文吏以修其文教焉。法天之阴，以肃万物，而置之武吏以奋其武卫焉。君人法天之运，操其御文御武之权，若太极之均节乎阴阳，而安享其文修武偃之功焉。是其恭己南面，在君不言逸，胼手胝足，在臣不言劳。以上御下，以卑承尊，皆效法于天地，而取义于阴阳，理之一定，道之自然者也。昔者《禹谟》曰：后克艰厥后，臣克艰厥臣。自今考之，尧以钦明之德临于上，史称其垂衣而治，而有若禹平水土，稷教稼穑，舜职

2258

百揆，羲和授时，尧之事固群臣受其责矣。舜以濬哲之德临于上，史称其无为而治，而有若伯夷典礼，后夔典乐，皋陶明刑以正猾夏，大禹勤兵以征有苗，而舜之为群臣固代其终矣。当其时，元首股肱，犹之一人，而庶民万物，联之一体，心在君父，不敢以私其身，事在社稷，不敢以私其家。百僚相师相让，以各献其能于天子。位苟当其才，虽卑琐之贱，终身居之而无觊觎之心，人苟贤于己，虽侧陋之微，诚心扬之而无忌嫉之意。稷勤于播种，不耻其不能教，而视契之敷教，犹己之能也。夷勤于典礼，不耻其不通乐，而视夔之典乐，犹己之能也。其视天下之人，皆若一人之身，耳之所涉，目必效焉，手之所持，足必前焉。志意浃治，精神流贯，养疴呼吸，感触神应，真若天地殊位，阴阳异行，而其中一气翕辟，相交相济以成岁功，民物丰阜，天下太和，而尧舜有以享雍熙之盛，成大同之治者，良有以也。下逮汉、唐、宋，风气渐漓，人心不古。君具典章法度之文，不足以统驭人纪，而无乾断之刚，臣务议论声容之美，不足以缘饰治功，而鲜坤承之实。亦由其所尚不审，杂夷杂霸，上下皆随世苟且，以就事功，无怪乎其治之不振矣。洪惟太祖高皇帝，复宇宙千古纲常之治，定臣民万世纪法之宗，有刘宋诸臣以修其文，有徐常诸臣以耀其武，混一区宇，底定太平，虽神谋睿算，圣心之独运，而戮力奏功，则群臣之代终者也。列圣相承，至我皇上，妙道凝于性成，至德粹于神授，体乾之刚健中正，法尧之文武圣神，以续千载不传之道统，以修历代未备之礼制，以用天付一世之人才，以振祖垂万年之纲纪。秩郊坛之祀，则有钦天记颂之作，定耕桑之制，则有蚕坛谷祇之赋，何如其敬天也！念穷贫之疾，则有药饵之惠，闻饥荒之奏，则有银粟之赈，何如其勤民也！是身虽居乎九重，而虑则周于四海，位虽齐乎宸极，而情则通乎闾阎。其在小民之休戚，莅其事者或未察其详，而宸衷已彻其几微，其属边境之利害，临其地者或未校其实，而睿照已烛其幽隐。故一赏罚，天下仰之如神明，而以劝以惩，一号令，天下奉之如风霆，而以鼓以舞。古有所谓君逸臣劳者，而臣窃知，陛下身虽逸而心则劳，而忧勤图治之诚，较之诸臣，殆尤有独甚者也。夫一心所向，百体效力，一人所指，百司争先，虞廷所以有从欲之治也。而今九重之上，既先以忧勤率下矣，复一有微能，则名器有所不爱，而宠绥天下之文臣，一有微功，则节钺有所不靳，而大赉天下之武士。内外臣工，固当仰体盛心，将顺德意，夙夜匪懈，鞠躬尽瘁，乃有如圣谕，怀欺与谤，勾沙漠为骨肉者。盖人臣忠邪之远，其端恒起于念虑公私之微。怀一念之荣身，其流或至于无君。怀一念之肥家，其□或至于无国。而不知帝王之明，若日月之照临于上，固无以逃其鉴别之精。其威如雷霆之震肃，亦无以逭其倾覆之罚。虽治世不能无慝人，卒不足以害治者，亦恃其纪纲之素定也。是以有九载考绩之典，而圮鲧之在列，何损于平章之盛？有格庸臧否之法，而谗顽之珍行，何损于风动之休？以圣世而间一有此，亦足以为异矣，然殆不可以例之诸臣也。今在廷之臣，庆遭逢之盛，戴治教之恩，固动思报之诚。而赏罚之明信，法纪之昭彰，益坚尽忠之志。宜其坐而论道者，皆调元赞化，有虞廷师让之风，起而作事者，皆奔走疏附，有王人明恤之实。受畿甸之牧者，有羔羊之节，而足宽内顾之忧，膺阃阈之寄者，有干城之勇，而足纾外捍之虑。皇上端冕服之垂，俨黼扆之御，妙渊微之敬，操总揽之权，若天之穆然运于上，而万姓群然其乐生焉，万物熙然其时育焉。此今日治功之盛，而天下所快睹者也。虽然，持节剖符，膺民社之责，而为文吏者，何限也，内之所以顺治者，系于此也。推毂授钺，受边境之委，而为武吏者，何限也，外之所以威严者，系于此也。顾瘝官废事者，恒不绝闻，而效忠宣力者，概不多见，曾不一思曰：上之所以宠我以爵位者，将有以责我也，而假之为威赫之具，惠我以廪禄者，将有以用我也，而借之为聚敛之媒。古者民赖官以为生，今者听民之自生。听其自生可矣，又从而科求之。民苦于剥肤之虐，何以责其安土？古者兵待将以为给，今者听兵之自给。听其自给可矣，又从而浚削之。兵病于枵腹之瘵，何以责其力战？吏以安郡邑，今不惟无以安之，而所以危郡邑者，吏实为之也。将以强边境，今不惟无以强之，而所以弱边境者，将实为之也。是以在内多流离琐尾之民，而腹心之元气不实，在外多跳梁侵轶之虏，而肤体之神气不扬，皆有以厪当宁之隐忧者。则圣谕所谓君逸臣劳，先行其言，视为虚语者，不尽无也，陛下亦尝一察其弊原矣乎？盖文治之不饬，固由在位者无廉仁之德，而不知其原，由于学术之不正。学校者，贤才之所出也。今饬词章、缀葩藻，以猎取爵位，忠孝之理虽日陈于言，而未尝一致其实焉。则见之不明，功利足以动其念，守之不固，富贵足以摇其衷。沿习久，而以守正者为要名，蔽锢深，而以廉约者为无术。自其就学之初，其志已非，而文职之不修，不待授之以官，而后见矣。陛下亦惟有以振扬之，如古之宾兴之典，三物之教，不必尽袭其旧，师其意而著之令典，示天下知所向风焉。至于崇道德以端士尚，奖廉退以坚士节，优忠直以振士风，加礼遇以隆士体。于以移其心志，洗濯其耳目，使其以贪功慕利之念，为忧君体国之诚，则中有定见，确然不移，内外常变，惟其指使。不求吏于吏，求吏于养士，而缓急所需，天下不患其无文臣。武功之不竞，固由为将者无捍御之谋，而不知其原，由于教练之不素。世胄者，将士之所出也。袭纨绮，安豢养，以坐待资荫，韬钤之略虽日陈于言，而未尝一识其奥焉。则养之无术，临难足以婴其虑，讲之不预，遇敌足以慑其衷。铅刀不足以膺割，而朽壤不足以为障。自其安居之时，其气已索，而武功之不奋，不待临之以阵而后见矣。陛下亦惟有以变通之，如古之大射之法，大阅之礼，不必尽沿其制，师其意而陈之纪律，示天下知所从事焉。至于储之以预其养，选之以恢其能，任之以尽其才，御之以严其法。于以作新其志意，而鼓舞其精神，使以计功谋利之诚，为筹边虑敌之策，则强弱险易，洞若指掌，千里制胜，妙于一心。不求将于将，求将于训胄，而缓急所需，天下不患其无武臣。此皆拢本塞源之论，而今之时，则有未易更定者。盖立法久，则日趋于弊，而因循深，则日忘其非。甚至纪纲之虚名仅存，纪纲之实意尽丧，犹动委之曰：此成法也，此旧例也。官于上者，循之为资格，而贤否因之掩矣。官于下者，守之为文移，而诚伪因之淆矣。当事者视职署为置邮，而干进者趋贿结为捷径。君人之所以执其柄以奔走天下者，惟名器与赏罚耳。不以恢其道德功能之实，而惟取办于文具焉，如之何望其尽职也？是误天下者，将与吏，而误天下之将吏者，法例也。法穷则变，变则通，固不必纷更以乱章，而亦不可怠弛以裕蛊。况天下之势，功利入人之深，浮靡为习之久，若膏肓之疾，非神圣之医，洗涤其肠胃，而去其积毒，有未可望其安全者。夫医之于方，药试而不效，犹思改图。往岁东南荒馑，西北虏寇，郡吏边臣，束手无策，亦既试而不效矣，而犹不一改图，以作其颓废焉。则积岁穷年之施为，视前日之动静可知耳，又将何以善其后也？不务先事之防，而惟临事之扰，今日增一员，明日降一谕，则烦琐纷更，既非国体，而闻见习熟，祇为弥文，皆补偏救弊之方，而非久安长治之策也。诚能君臣一心，内外一体，审尚以更化，先几以预图，朝廷操纪法之权，而务责实于上，宰执公纪法之（下缺）。

闰三月

礼部右侍郎闵如霖为左侍郎太常寺卿，署国子祭酒。吴山为礼部右侍郎。（据《国榷》卷六十）

翰林侍讲学士敖铣为太常寺卿，署国子祭酒。（据《国榷》卷六十）

春

浙江提学副使薛应旂解任归。袁黄、陆与中造其庐受业。《游艺塾续文规》卷一《方山薛先生论文》（门人袁黄手录）："癸丑春，先生解任而归，予与陆与中造其庐而就业焉。先生相见甚喜，接待甚殷。与中送文五篇，予送三篇，先生各随题批释，备论文章之旨，谓：'文字有正有偏，有正中偏，有偏中正，皆当细辨。句句自肺腑流出，而字字着题者，正也；不认题目而修饰文采者，偏也；通篇摹写题意，而间有出入者，此正中偏也；专绘饰词气，而偶有一二语直逼本真者，此偏中正也，大概只要认题为主。倘认真作文，而题意看不明白，虽幸而得胜，亦非上乘文字，如李愬夜半入蔡州城取吴元济，终是偏师，非堂堂之阵，正正之旗也。'复置酒夜坐，与中起问做人之道，先生曰：'做人作文，皆以求放心为急。心是一身之主，百骸万应，靡不关焉。此心常在腔子内，则动而应事，必中规矩，下笔为文，定然可观。'时浙代巡某人与先生不甚相合，先生指其人而语予曰：'心为形役，乃兽乃禽，斯人官为形役，吾不知其人品何若矣。'因大笑而罢。"

四月

左春坊左庶子郭朴兼翰林侍讲，署院。（据《国榷》卷六十）

五月

选翰林院庶吉士。《国榷》卷六十："选翰林院庶吉士万浩、姚弘谟、李贵、吕旻、郭敬贤、梁梦龙、王希烈、南轩、姜宝、王学颜、赵祖鹏、顾汝嘉、冯叶、孙应鳌、孙铤、徐师曾、张四维、方万有、蒋焞、李蓘、张九功、吴可行、陆泰、马自强、张巽言、王文炳、晁东吴、王咏。署詹事府事吏部左侍郎兼翰林学士程文德教习。"

七月

俺答大举入寇，延庆诸城屠掠殆遍。大同总兵李涞战死。《明鉴纲目》卷六："纲：秋七月，谙达大举入寇。目：初，叛人赵全、邱富等，以罪亡入敌，数诱入寇，且教之益习攻战事，谙达信用之。（全、富等先与其党萧芹，同入敌。芹诡言能喝城使堕，敌贡市时，欲毁边垣，试其术不验，遂缚以献，而全、富等竟匿不出。乃招集亡命，居丰州筑城自卫，垦水田，构宫殿，号曰拜牲。谙达每入寇，必置酒全所问计。〇丰州城，即今归绥县。拜牲，旧作板升，今改。）其春，两犯宣府。至是，大举深入，下浑源、灵邱、广昌，急攻插箭、浮图等峪。（插箭峪，在直隶涞源县东南。浮图峪，在涞源县东路，出紫荆关。）游击陈凤、朱玉力战却之。敌分兵东犯蔚，西掠代、繁時，已驻鄜延二十日，屠掠延庆诸城几遍，会久雨，乃去。未几，复寇大同。巡抚赵时春（字景仁，平凉人。）御之，遇伏败绩，总兵官李涞战死，全军皆没。既而复犯宣大，（在明年春。）攻蓟镇墙，百道并进，警报日数十至，京师戒严。蓟辽总督杨博，（字惟约，蒲州人。）悉力拒守，募死士，夜斫其营，敌惊扰，乃遁。"

九月

命吏部左侍郎闵如霖兼翰林院学士，同教习庶吉士。（据《明世宗实录》卷四百二）

礼部右侍郎吴山为左侍郎，左春坊左庶子兼翰林院侍读学士郭朴为礼部左侍郎。（据《国榷》卷六十）

武举会试，取文质等九十名。（据《明世宗实录》卷四百二"嘉靖三十二年九月己巳"）

十月

左春坊左中允李玑为左谕德，翰林院修撰郭盤（鋆）为司经局洗马。（据《国榷》卷六十）

议准：三次乡试中式武举官生，查照文举会试事例，免其再试，径许赴京会试。（据万历《大明会典》卷一百三十五《兵部》十八《武举》、《国榷》卷六十）

十一月

改南京国子监祭酒茅瓒为国子监祭酒。（据《明世宗实录》卷四百四）

提督两广兵部右侍郎右佥都御史应槚卒。嘉靖五年进士。授刑部主事，累进今官。和雅有度，外无矫声。而贞介自持，不随人俯仰。居官务实政，虽多忤时，民咸称之。（据《国榷》卷六十）

奏准各王府中尉女之婿授以"宗婿"名色，如有志科举者，听就督学官试。（据《明世宗实录》卷四百四"嘉靖三十二年十一月戊申"）

十二月

胡侍（1492—1554）卒。（卒年据公历标注）许宗鲁《鸿胪寺右少卿胡公侍墓志铭》："公姓胡氏，讳侍，字承之，别号蒙溪，应天府溧阳县人也。国初讳士真者，明医术，坐累谪戍陕宁夏卫，历四世皆为宁夏人。司马公卒，赐葬陕西咸宁县韦曲，得守冢墓，遂为韦曲里人。公少治书为县学生，正德癸酉（1513）举乡试。丁丑举进士。戊寅授刑部云南司主事。辛巳晋广东司员外郎。嘉靖壬午（1522）晋鸿胪寺右少卿。甲申（1524）谪补山西潞州同知。乙酉（1538）下诏狱，事白，夺秩编民。戊戌诏复其官。癸丑十二月四日考终于家。距生弘治壬子十一月六日，得年六十有二。明年甲寅十一月四日祔葬司马公墓次。所著有《蒙溪集》三卷，续集一卷，《墅谈》二卷，《真珠船》二卷，《清凉经》一卷，传之于世。"

升右春坊右谕德兼翰林院侍讲尹台为南京国子监祭酒。（据《明世宗实录》卷四百五）《弇山堂别集》卷六十三《南京国子监祭酒年表》："尹台，江西永新人。由进士，（嘉靖）三十二年任，三十三年改北。"《国榷》卷六十："（嘉靖三十二年十二月）庚辰，右春坊右谕德兼翰林侍讲尹台为南京国子祭酒。"

翰林编修严讷为侍读。（据《国榷》卷六十）

本年

浙江提学副使阮鹗（1509—1567）按温主持岁考。姜准《歧海琐谭集》卷十三："嘉靖癸丑，学宪阮函峰鹗岁考按温，永嘉庠滕崇应充本年岁贡，考劣停廪。阮入夜卧不安枕，燃烛重阅见遗诸卷，以至再三，卒得卷，查知本年应贡，拔置前列。速发落，语其故，莫不为之庆幸。"阮鹗（1509—1527），嘉靖二十三年（1544）进士。安徽桐城人，字应荐，号函峰。由南京刑部主事，累官浙江提学副使。世宗时，倭侵杭城，有司不许民入城，鹗手剑开门纳之，全活甚众。以附赵文华等，擢右都御史，巡抚浙江，改福建。鹗初不主抚，及兵败，惟以赂寇为事，敛括民财千万计，被劾，黜为民。

张居正以翰林编修三年秩满，例得貤封其父。张居正《张太岳集》卷十七《先考观澜公行略》："弱冠补郡庠，关西少华许督学楚中，试居高等，选郡中士才质尤异者别居书院肄业，先君与焉。其后，院中士先后皆取科甲，贵显于时，先君乃独七举不第。嘉靖癸丑，不肖以翰林编修三年秩满，例得貤封先君，乃叹曰：'吾束发业儒四十年矣，自视非后于人也，今困厄至此，命也夫！'遂就封。为书语不肖曰：'吾所未遂者，尽属汝矣。'"

　　康太和以左庶子兼讲读学士。《弇山堂别集》卷四十六《翰林诸学士表》："康太和，福建莆田人。嘉靖三十二年左庶子兼读学。"

　　虞淳熙（1553—1621）生。虞淳熙字长孺，钱塘人。万历癸未（1583）进士，授兵部主事。迁吏部员外郎。有《墐务山馆文集》、《诗集》。

　　林章（1553—1599）生。林章，初名章元，字初文，福清人。万历癸酉（1573）举人。有《林孝廉集》。

　　阮自华（约1553—1631）约生于今年。阮自华字坚之，怀宁人。万历戊戌进士，除饶州推官。改福州，迁南刑部主事，改顺天教授。历国子助教，迁户部主事，历员外、郎中，出为庆阳知府，考察罢官。起邵武知府。有《雾灵集》。

　　黄辉（1553—1612）生。其生卒年据黄仁生《日本现藏稀见元明文集考证与提要》之"黄辉撰《黄太史怡春堂藏稿》七卷"条。周明初《〈全明词〉作者小传订补》据民国《南充县志》，推定黄辉生于嘉靖三十八年（1559）。《明史·文苑》附见焦竑传。

明世宗嘉靖三十三年甲寅（公元1554年）

三月

　　庚申，升巡抚陕西右副都御史谢九仪为户部右侍郎。左春坊左谕德兼翰林院侍讲李玑为国子监祭酒。（据《明世宗实录》卷四百八）

　　总督仓场督理西苑农事户部左侍郎杨行中为南京工部尚书，国子祭酒茅瓒为南京吏部右侍郎。（据《国榷》卷六十一）

　　翰林侍读学士康太和为南京礼部右侍郎。（据《国榷》卷六十一）

　　欧阳德（1496—1554）卒。《国榷》卷六十一："（嘉靖三十三年三月）癸亥，礼部尚书兼翰林学士欧阳德卒。德字崇一，泰和人，嘉靖癸未进士。守六安，迁南京刑部员外郎。以文行改编修，直经筵。学主实践，宇度弘粹，士论重之。赠太子少保，谥文庄。"

四月

翰林院编修潘晟为侍读。（据《国榷》卷六十一）

礼部左侍郎兼学士闵如霖署院。（据《国榷》卷六十一）

五月

命张经总督军务讨倭。《明鉴纲目》卷六："纲：甲寅三十三年，夏五月，命张经总督军务讨倭。目：经为南京兵部尚书。朝议以倭寇猖獗，议设总督大臣，命经不解部务，督江南北、浙江、山东、福建、湖广诸军，便宜行事。既而用兵科言，改经右都御史，兼兵部侍郎，专办讨贼。时倭二万余，据柘林川沙洼，（在江苏上海县东南，有城为沿海巨镇。）抄掠四出。经至，选将练兵，为捣巢计。以浙江、山东兵屡败，乃大征两广狼土兵，协力进剿。"

南京吏部右侍郎茅瓒改礼部右侍郎。翰林修撰沈坤为南京右春坊右谕德，署院事。（据《国榷》卷六十一）

六月

国子监祭酒李玑为南京吏部右侍郎。（据《国榷》卷六十一）

七月

改南京国子监祭酒尹台为国子监祭酒。升国子监司业林庭机为南京国子监祭酒。（据《明世宗实录》卷四百十二）

诏勋戚大臣入直西内，驸马都尉邬景和以不谙玄理辞，黜为民。《明鉴纲目》卷六："纲：秋七月，诏勋戚大臣入直西内。目：帝崇道益笃，特命驸马都尉邬景和，安平伯方承裕，（锐之子。）尚书李默（字时言，瓯宁人。）王用宾，（字元兴，咸宁人。）左都督陆炳，入直西内。侍郎程文德（字舜敷，永康人。）闵如霖（字师望，乌程人。）郭朴（字质夫，安阳人。）吴山（字曰静，高安人。）供撰青词。景和以不谙玄理辞，帝不悦，罢其入直。已而责在直诸臣，景和与焉。景和辞免，且言臣愿洗心涤虑，效马革裹尸之报。帝怒其怨讪，黜为民。"

署詹事府事吏部左侍郎程文德，署翰林院礼部左侍郎闵如霖，吏、礼部右侍郎郭朴、吴山，并撰玄文。（据《国榷》卷六十一）

程文德所撰青词有所规讽，世宗衔之。《明史·儒林传》："程文德，字舜敷，永康人。初受业章懋，后从王守仁游。登洪先榜进士第二，授翰林编修。坐同年杨名劾汪鋐罢，量移安福知县，迁兵部员外郎。父忧庐墓侧，终丧不入内。起兵部郎中，擢广东提学副使。未赴，改南京国子祭酒。母忧，服阕，起礼部右侍郎。俺答犯京师，分守宣武门，尽纳乡民避寇者。调吏部为左。已，改掌詹事府。（嘉靖）三十三年供事西苑。所撰青词，颇有所规讽，帝衔之。会推南京吏部尚书，帝疑文德欲远己，命调南京工部右侍郎。文德疏辞，劝帝享安静和平之福。帝以为谤讪，除其名。既归，聚徒讲学。卒，贫不能殓。万历间，追赠礼部尚书，谥文恭。"

八月

故崇明知县唐一岑赠光禄寺丞。一岑广西人，贡士。（据《国榷》卷六十一）

九月

杨士云（1477—1554）卒。李元阳《户科给事中杨弘山先生士云墓表》："点苍五台峰之麓有隐君子曰弘山先生，以嘉靖甲寅秋九月八日卒，年七十有八。……先生讳士云，字从龙，别号弘山。先生先践履而后著述，尝分录《春秋》正文以证胡传之误，又订《尚书》蔡传之得失，皆未及脱稿。所著有《黑水集证》一卷，《郡大记》一卷。先生究心《皇极经世书》，天文、历志、律吕、诸史、《韩诗外传》、老庄列三子、《说苑》、太乙，皆有咏诗可证。其门人方汇次，未行。"《玉堂丛语》卷五："杨士云，正德间为翰林庶吉士，授给事中。以外艰归里，养母不出。嘉靖间举遗逸，有司强之起，至京师，迁左给事中，推为宫僚，以病辞不就。人问其故，曰：'吾岂能俯仰人以求进乎？'乞归，里居二十余年，甘贫自乐，不入郡城。乡人不知婚丧礼节，教以易奢为俭，所居环堵萧然。"

骆文盛（1496—1554）卒。孙升《骆两溪墓志铭》："公讳文盛，字质甫，别号两溪。其先义乌人也。宋乌程尉讳免者徙家武康，遂世为武康人。……于弘治丙辰八月五日生公。……嘉靖乙未举进士，阁大臣以所对策高等十二篇呈宸览，并梓其文，公与焉。已又天子躬御文华殿命题授简，校选进士三十人为庶吉士，公名在选中。皆异数也。丁酉授翰林院编修，己亥使鲁郑，诸藩馈遗，秋毫弗受。辛丑为会试同考官，所取称得人。……壬寅（1542）称病，得请还乡，果绝意仕进，构小墅于城南，栖息其中，赋《归田》诸诗，更号侣云道人。……甲寅冬，族侄游武康者归云：骆公九月十六日长逝矣。""公美髭髯，貌癯而骨清，为文简古多思，尤深于诗，婉切冲雅，似唐人声调。有遗稿十二卷，《杂谈》二卷，藏于家。"

给山东翰林五经博士曾氏土田。（据《国榷》卷六十一）

十月

梁有誉（1519—1554）卒。王世贞《哀梁有誉》序："嘉靖甲寅孟冬，友人梁有誉以疾卒于南海。"梁有誉字公实，广东顺德人。嘉靖庚戌进士，授刑部主事。王世贞《明承直郎刑部山西司主事梁公实墓表》："公实为诸生，即名能歌诗，倾岭南矣。已成进士燕中，即又倾燕中人。而居恒不自得，郁郁思归。补尚书刑部郎，间与其同舍郎李攀龙、王世贞游，乃稍愉快，曰：'世故有人哉！'而郎宗臣已去为吏部，休浣辄一来。俄而郎徐中行来。中行故常与公实游南太学，深相结者也。以是日相与切劘古文辞，甚欢。而一旦念其太夫人，竟移病，满三月，上书请告归。公实时声愈藉甚，当徙郎吏部，吏部亦推择岭南郎一人，以风公实且止者。公实笑曰：'吾自欲归，岂以刑部郎少之故，而一吏部能縻我哉？'竟去弗顾。至济上，而赆百韵诗攀龙辈为别。百韵即古自杜甫氏而外，不恒见也。而文甚工。既归，乃杜门庋图史丹青彝鼎之类，一小阁，卉木竹石环之，而身吟诵其间，嚣嚣然不屑也。郡国大吏雅慕公实，干旄门相踵，公实则以一苍头谢谰不任客。乡里纨袴子迹绝不相闻，而潦倒书生挟册剥啄，则寻声出延食之矣。然公实所最善者攀龙辈，武昌吴国伦最后定交。而谢榛以布衣故，公实亦间从游其于乡。师事故黄文庄公佐，而友黎户部民表。尝与民表约，游罗浮山，观沧海日出没，探勾漏令丹鼎，庶几其人一遇。而属海飓作，不可以舟，乃止宿田舍者三夕。飓益甚，山木尽拔，道为徙，而公实亦意尽，乃赋诗而归。是时属疾，寒中凑矣，归而疾大作，遂不起，年仅三十有六也。"（《弇州四部稿》卷九十四）

刑部左侍郎王学益为南京右都御史。翰林编修董份为右春坊右中允，署国子司业。（据《国榷》卷六十一）

十一月

巡抚蓟镇吴嘉会、山西王崇古各兵部右侍郎兼右佥都御史，荫子太学。（据《国榷》卷六十一）

吏、礼部尚书李默、王用宾俱兼翰林学士。侍郎郭朴、吴山俱兼侍读学士。（据《国榷》卷六十一）

本年

顾允成（1554—1607）生。据《明儒学案》卷六十："（万历）丁未五月卒，年五十四。"顾允成字季时，别号泾凡，无锡人。顾宪成之弟。万历丙戌进士。官礼部主事，谪光州州判。事迹具《明史》本传。有《小辨斋偶存》八卷。

明世宗嘉靖三十四年乙卯（公元 1555 年）

正月

董其昌（1555—1636）生。吴荣光（历代名人年谱）："崇祯九年，董文敏玄宰卒（年八十二）。"董其昌字玄宰，华亭人。万历己丑（1589）进士，改庶吉士，授编修。出为湖广副使，乞归。起山东副使、河南参政，不赴。召拜太常少卿，擢本寺卿，进礼部侍郎，拜南礼部尚书，告归。起故官，掌詹事府事，加太子太保致仕。赠太子太傅。福王时，谥文敏。有《容台文集》、《诗集》、《别集》。

朱法袭五经博士。（据《国榷》卷六十一）

二月

升司经局洗马兼翰林院修撰郭鎜为国子监祭酒。（据《明世宗实录》卷四百十九）

赵文华督视海防，而倭患愈炽。《明鉴纲目》卷六："纲：乙卯三十四年，春二月，遣赵文华督视海防。目：文华谄事严嵩，结为父子，自通政使进工部侍郎。东南倭患棘，文华言七事，首请遣官望祭海神。帝用嵩言，即命文华往，兼督察军情。文华恃宠恣睢，百司震慑，公私财赂填集，江南为之困敝。又牵制兵机，颠倒功罪，虽征兵半天下，而倭势愈炽。"

礼部右侍郎茅瓒、国子祭酒尹台并改少詹事兼侍读学士，同撰玄内直。尹台寻署翰林院事。（据《国榷》卷六十一）

右春坊右中允署国子司业董份还坊。（据《国榷》卷六十一）

三月

翰林检讨朱大韶改南京国子司业。（据《国榷》卷六十一）

翰林编修高拱为侍读。（据《国榷》卷六十一）

五月

总督侍郎张经、副总兵俞大猷破倭于王江泾。张经（？—1555）被赵文华谮杀。

《制义丛话》卷五："侯官张廷彝（经），在嘉靖间经略东南，扫平倭寇，王江泾之捷，为东南战功第一。时赵文华视师，迟三日始到，驰书欲专其功。公于先一夜奏捷，赵衔之次骨，嗾其党以冒功劾之，弃市。江南士民，哭声震天。后数年，冤亦旋白，赐谥襄愍，《明史》有传。吾乡余田生先生（甸）亦为撰传，则在修《明史》之前。有《张半洲诗集》，而文集未见，余仅从甲癸集中得其制艺一篇，题为《禹吾无间章》，起讲云：今夫为君者，天逸之以圣人之位，而其所经营者，又有百倍于人之事，故图大者略细微，谨小者缺美备，古今感慨之所由也。后二比云：开天之主，制度非其所不足，恐一有侈其美盛之意，即非所以昭法则于子孙。禹惟躬持节俭，而以时修庶人之行，虽一节之微，亦视为天心物力所关，而不敢过享乎崇高，讵得议其尽饰也哉？平成之后，忧勤非其所不能，恐一有偏于节损之心，亦非所以称显庸于奕祀。禹惟崇尚典章，而以身尽开创之规，虽一端之见，亦懔为帝命民情所系，而不敢稍存其谦让，有不服其宏远者哉！按此文全篇录入《闽文复古篇》，始知储中子此题文，家弦户诵，其源盖出乎此。"

《明鉴纲目》卷六："纲：夏五月，张经败倭于王江泾，（在浙江嘉兴县北，一名闻川，宋闻人氏家焉。今有镇，为南北要冲。）诏逮经下狱。目：赵文华颐指大吏，经以位在其上，独轻之。文华不悦，与巡按御史胡宗宪（字汝贞，绩溪人。）比，屡趣经进兵。时诸路狼兵已集，惟永顺、保靖兵未至。经欲待其至而后战。文华再三言，经守便宜，且虑文华轻浅泄师期，竟不以告。文华怒，疏劾经养寇失机。疏方上而永、保兵已至，经大破倭于王江泾，斩一千九百余级，焚溺死者无算，为军兴战功第一。文华攘之以奏，谓己与宗宪督师所致。帝问严嵩，嵩对如文华指，且言狼兵初至，经不许战，及文华、宗宪致捷，遂冒以为功。帝深入其言，即下诏逮经。经至，疏言臣任总督半载，前后俘斩五千，乞赐原宥。不纳，遂与巡抚李天宠，（以文华谤除名，复为宗宪所劾，被逮。）俱论死系狱。举朝知其冤，莫敢奏。"

山西提学副使陈棐请自领冀北道试士。 初，大同房警，失试士，遂奏以冀北分巡道摄之。至是从棐请。（据《国榷》卷六十一）

七月

命翰林侍读严讷、潘晟主试应天。（据《国榷》卷六十一）

八月

王维桢（1507—1556）、袁炜（1508—1565）为顺天乡试主考。两京及各布政司举行乡试。《弇山堂别集》卷八十三《科试考三》："三十四年乙卯，命右春坊右谕德王维桢、翰林院侍读袁炜主顺天试。命翰林院侍读严讷、潘晟主应天试。""是岁，上以应天试录中词旨不明，且有所忤，内阁大臣为解释其义，乃寝。"又卷四十六《翰林诸学士表》：袁炜，"嘉靖三十四年任侍讲学士，历礼、吏左右侍郎，俱仍原兼。"瞿景淳《南京国子监祭酒槐野王公行状》："公姓王氏，字允宁，别号槐野，陕西华州人也。……乙卯秋，命主顺天府乡试。士类忻忻，多自幸入公觳中。公凡四入试场，每录出，士争传观，谓真班、马之匹云。"

赵孔昭监浙江乡试。张萱《西园闻见录》卷四十四《礼部》三《科场·往行》："赵孔昭，字子潜，邢台人，嘉靖甲辰进士，初知鄢陵县，历官兵部侍郎。尝巡按浙江，会监乙卯秋试，前督抚阴置所私，欲以其子中式，微以意示公。公即出示，令勿唱名，其计遂沮。及试录成，其序多溢美，公尽削之，帘内外诸执事相视有变色吐舌者。"

十月

己巳，授庶吉士李贵、吕旻、万浩、胡汝嘉、王希烈、赵祖鹏、张四维、孙铤俱为翰林院编修，陆泰、吴可行、马自强俱检讨。王文炳吏科，孙应鳌、冯叶户科，梁梦龙、徐师曾兵科，郭敬贤、方万有工科，俱给事中。张巽言浙江道，蒋焞山东道、张九功河南道、王咏湖广道，俱监察御史。（据《明世宗实录》卷四百二十七）

兵部员外郎杨继盛（1516—1555）以论劾严嵩被杀。同时被杀者有张经、李天宠。徐阶《明兵部武选司员外郎赠太常少卿谥忠愍杨公墓志铭》："公讳继盛，字仲芳，别号椒山，忠愍者谥也。……公举嘉靖丁未进士，授南京吏部验封主事……辛亥（1551）迁兵部车驾员外郎。……贬狄道典史。逾年擢知诸城，寻迁南京户部主事，又迁刑部员外郎，调兵部入武选。""公之将受杖也，或遗之蚺蛇胆，却不受曰：'椒山自有胆。'或谓公勿怕，公笑曰：'岂有怕打杨椒山者。'及系刑部，创甚，吏畏祸莫敢睨公，公乃自破瓷碗，刺右股出血数升，已复手小刃割左股去其腐肉，有观者咸为战悚，公顾自如。在狱三年，以乙卯十月晦死西市。临刑赋诗云：'浩气还太虚，丹心照万古。平生未报恩，留作忠魂补。'天下相与涕泣传诵之。""公生以正德丙子五月十七日，年仅四十。""公死之岁，刑部郎今藩参王君世贞为求救于嵩所厚，嵩曰：'行卜之。'其子世蕃不可，而其党鄢懋卿等亦相与争曰：'不杀某，所谓养虎自贻患也。'故公竟死。"《明鉴纲目》卷六："冬十月，杀张经、李天宠，遂及兵部员外郎杨继盛。"

署詹事府事吏部左侍郎闵如霖贺表忤旨，降俸三级，罢其撰玄。以翰林侍讲袁炜代之。（据《国榷》卷六十一）

定湖广五卫、四川永宁宣抚司附贵州乡试，解额止三人。（据《国榷》卷六十一）

十一月

升右春坊右谕德王维桢为南京国子监祭酒。（据《明世宗实录》卷四百二十八）

翰林编修陈栋为侍读。（据《国榷》卷六十一）

琉球官生蔡朝用等五人入南雍五年，至是遣还。（据《国榷》卷六十一）

十二月

南京光禄寺卿马理（1474—1556）、南京兵部尚书韩邦奇（1479—1556）、南京国子监祭酒王维桢（1507—1556）以地震卒。《国榷》卷六十一："（嘉靖三十四年十二月）壬寅，山西、陕西、河南地大震，声如雷，鸡犬鸣吠，渭南朝邑三原华蒲尤甚。……报毙官吏军民有名者八十三万余人。时致仕南京兵部尚书朝邑韩邦奇，南京光禄寺卿三原马理，南京国子祭酒华州王维桢，渭南郎中薛祖学，员外郎贺承光，主事王尚礼，进士白大用，华阴御史杨九泽，蒲州参议白璧，同日死焉。……韩邦奇字汝节，正德戊辰进士。授吏部考功主事。转员外郎，调文选，言事谪平阳通判。甲戌，迁浙江按察佥事。忤镇阉，诬逮削籍。嘉靖初，起山东参议，予告。甲申，起山西左参议，分守大同。时兵变，单车入城，谕悍卒迎巡抚蔡天祐于代州，人心始安。又予告。戊子，起四川提学副使。寻改右庶子兼修撰，以主试京闱忤时，左迁南太仆寺丞。己丑，乞归。起山东副使大理左少卿，以左佥都御史巡抚宣府。乙未，佐院，又移山西，致仕。甲辰，起总理河道。进礼部右侍郎，改吏部。丁未，进南右都御史。改南兵部，致仕。邃学坚定，明于律数，自天文地理太乙兵阵之书靡不精究。所著有《易说》、《书说》、《毛诗末喻》、《礼记断章》、《正蒙拾遗》、《新书直解》、《洪范图解》、《志乐》诸书。笃于行谊，学务实践，不徒空言，一时学者宗之。年七十七。赠太子太保，谥恭简。马理字伯循，正德甲戌进士。授吏部稽勋主事，调文选，请告。戊寅，补考功。庚辰，还子舍。嘉靖甲申，起稽勋员外郎，历郎中南京右通政，谢去。辛卯，起光禄，致仕。好古仪礼，学本程朱。年八十三。隆庆初，赠左副都御史，予祭葬。天启初，追谥忠宪。"

本年

北京讲学之风盛行，尤以灵济宫讲阳明学之讲会为盛。《明儒学案》卷二十七《文贞徐存斋先生阶》："聂双江初令华亭，先生（徐阶）受业其门，故得名'王氏学'。及在政府，为讲会于灵济宫，使南野（欧阳德）、双江（聂豹）、松溪（程文德）分主之。学徒云集，至千人，其时癸丑、甲寅，为自来未有之盛。丙辰以后，诸公或殁或去，讲坛为之一空。戊午，何吉阳自南京来，复推先生为主盟，仍为灵济之会，然不能及前矣。"按，徐阶于嘉靖三十一年三月入阁。《明史·儒林传》："当是时，（欧阳）德与徐阶、聂豹、程文德并以宿学都显位。于是集四方名士于灵济宫，与论良知之学。赴者五千人。都城讲学之会，于斯为盛。"

邓原岳（1555—1604）生。邓原岳字汝高，闽县人。万历壬辰（1592）进士，除户部主事，历员外郎中，出为云南提学佥事，终湖广按察副使。有《西楼存稿》等。

明世宗嘉靖三十五年丙辰（公元1556年）

正月

潘之恒（1556—1621）生。袁宏道有《潘景升谷日同诸公小集，得谷字》诗。谷日即正月八日。潘之恒《仲弟季孺行状》："余六岁为辛酉。"其出生年月据此推定。潘之恒字景升，歙县人。汪道昆举白榆社，之恒以少隽与焉。工诗，恣情山水。著有《鸾啸集》。平生所游，随得随记，凡成《新安》、《越中》、《三吴》、《江上》诸山水志若干卷。据光绪《安徽通志》"人物志·文苑"。

二月

升右春坊右谕德掌南京翰林院事沈坤为南京国子监祭酒。（据《明世宗实录》卷四百三十二）《弇山堂别集》卷六十三《南京国子监祭酒年表》："沈坤，直隶昆山人，太河卫籍。由状元，（嘉靖）三十五年任，三十六年忧。"

唐文献（1556—　）生。万历十四年丙戌科状元。一甲一名进士。华亭（今属上海）人，字元征。授修撰，至太子庶子，与郭正域、董其昌、焦竑等同为讲官。后升詹事府詹事，进礼部右侍郎。出赵用贤门，以名节相矜许，在官不负所言。卒于任，谥"文恪"。有《占星堂集》。

胡宗宪总督军务，讨倭。《明鉴纲目》卷六："纲：丙辰三十五年，春二月，赵文华还京，以胡宗宪总督军务，讨倭。目：初，张经被逮，易以周珫，（应城人。）未几，又以杨宜（衡水人。）代之。（张经深得狼土兵心，既逮，皆愤恨无斗志，宜节制不行。而赵文华威出宜上，宜惟曲意奉之而已。）时倭聚柘林，其党自绍兴窜，转掠杭、严、徽、宁国、太平，直犯南京，出秣陵关，（在江苏江宁县南，今有镇。）劫溧阳、宜兴，抵无锡，趋浒墅，（关名，在江苏吴县西北。《吴地纪》，本名虎疁，唐讳虎，钱氏讳疁，遂改名浒墅。）转斗数千里，杀伤四千人。历八十余日，始为应天巡抚曹邦辅（字子忠，定陶人。）所歼。文华欲分其功，而邦辅捷书已奏。文华恨之，乃大集浙直兵，与宗宪亲将之，捣倭于松江之陶宅，（在江苏奉贤县西北。）进营砖桥。倭悉锐来冲，大败，文华气夺，乃定计招抚。会川兵破贼周浦，（在奉贤县东南。）总兵俞大猷，（字志辅，晋江人。）破贼海洋，文华遂言水陆成功，江南清宴，请还朝，许之。比至，言馀倭无几，盛毁杨宜而荐宗宪，遂夺宜职，戍邦辅，而推宗宪为兵部侍郎，督诸军讨倭。”

吏部尚书李默瘐死狱中。《明世宗实录》卷四百三十二：嘉靖三十五年二月戊午，“是时吏部尚书李默颇与嵩为异同，文华自江南旋，恣睢暴戾，公卿多所凌侮，无敢抗者，默独以盛气折之。杨宜既罢，嵩、文华雅欲以胡宗宪代，默复推用王诰，由是嵩、文华恶默滋甚。及是，文华谋所以自解者，稔上喜告讦，乃摘默部试选人策目有‘汉武唐宪咸以英睿兴盛业，晚节乃为任用匪人所败’等语，指为谤讪，奏之。因诡言：臣受皇上重托，为人所嫉，近奉命还京。臣计零寇指日可灭，乃督抚非人，今复一败涂地，皆由默恨臣前岁劾逮其同乡张经，思为报复。迨臣继论曹邦辅，则嗾给事中夏栻、孙浚媒蘖臣及宗宪，党留邦辅，延今半年，地方之事大坏。昨浙直总督又不推宗宪而用王诰抵塞，然则东南涂炭何时可解？陛下宵旰之忧何时可释也？默罪废之余，皇上洗瘢录用，不思奉公忧国，乃怀奸自恣，敢于非上如此，臣诚不胜愤愤昧死以闻。上览疏，大怒。诏礼部、三法司及该科参看，覆补默偏执自用，失大臣体。至其策问，所引汉唐事尤非所宜言。上以其语涉党护，切责，尚书王用宾等各降俸三级，而下默镇抚司拷讯。刑部尚书何鳌遂坐默比拟子骂父者律绞。上曰：律不著臣詈君文，谓必无也，今有之，其加等处斩，锢于狱。……默竟瘐死狱中。”嵩，指严嵩。文华，指赵文华。

大学士李本、少詹事尹台主会试，取中金达等三百人。（据《明世宗实录》卷四百三十二、《国榷》卷六十一）

翰林修撰全元立为南京侍读学士，署院。侍讲袁炜为侍讲学士。（据《国榷》卷六十一）

大学士李本署吏部。（据《国榷》卷六十一）

三月

以赵文华为工部尚书。《明鉴纲目》卷六：“纲：三月，以赵文华为工部尚书。目：文华归后，东南败报踵至，帝疑文华妄，数诘严嵩。嵩曲为解，帝终不释。文华稔帝好告讦，会吏部尚书李默，发策试选人，中言汉武往四夷，而海内虚耗，唐宗攻淮蔡，而晚业不终。文华劾其诽谤，默坐死。帝以是为文华忠，进尚书，加太子太保。”

署吏部事大学士李本请考察两京大臣，许之。（据《国榷》卷六十一）

诸大绶（1521—1572）、陶大临（1527—1574）、金达等二百九十六人进士及第、出身有差。是科未考选庶吉士。《明世宗实录》卷四百三十三：嘉靖三十五年三月，“甲戌，廷试天下贡士。”《嘉靖三十五年进士登科录·玉音》：“嘉靖三十五年三月初九日，太子少保礼部尚书兼翰林院学士臣王用宾等于奉天门奏为科举事。会试天下举人，取中三百名。本年三月十五日殿试，合拟读卷官及执事等官少师兼太子太师吏部尚书华盖殿大学士严嵩等六十四员。其进士出身等第，恭依太祖高皇帝钦定资格。第一甲例取三名，第一名从六品，第二第三名正七品，赐进士及第。第二甲从七品，赐进士出身。第三甲正八品，赐同进士出身。奉圣旨：是，钦此。”“读卷官：特进光禄大夫柱国少师兼太子太师吏部尚书华盖殿大学士严嵩，乙丑进士；光禄大夫柱国少保兼太子太傅礼部尚书武英殿大学士徐阶，癸未进士；荣禄大夫太子太保礼部尚书兼文渊阁大学士李本，壬辰进士；太子太保兵部尚书许论，丙戌进士；资善大夫吏部尚书吴鹏，癸未进士；资政大夫户部尚书方钝，辛巳进士；资政大夫刑部尚书何鳌，丁丑进士；资政大夫都察院左都御史周延，癸未进士；通议大夫掌詹事府事吏部左侍郎兼翰林院学士闵如霖，壬辰进士；通议大夫工部右侍郎雷礼，壬辰进士；通议大夫通政使司掌司事工部右侍郎赵文华，己丑进士；嘉议大夫大理寺卿张舜臣，乙未进士；中顺大夫詹事府少詹事兼翰林院侍讲学士掌院事尹台，乙未进士；奉训大夫翰林院侍讲学士袁炜，戊戌进士。提调官：资善大夫太子少保礼部尚书兼翰林学士王用宾，辛巳进士；通议大夫礼部左侍郎兼翰林院侍讲学士吴山，乙未进士；嘉议大夫礼部右侍郎兼翰林院侍讲学士茅瓒，戊戌进士。监试官：文林郎广西道监察御史霍冀，甲辰进士；文林郎云南道监察御史孙昭，甲辰进士。受卷官：翰林院侍读严讷，辛丑进士；翰林院检讨征仕郎陈以勤，辛丑进士；承事郎吏科都给事中王鹤，甲辰进士；征仕郎户科右给事中谢江，丁未进士。弥封官：通议大夫工部左侍郎掌尚宝司事严世蕃，官生；通议大夫工部右侍郎张文宪，癸未进士；正议大夫资治尹鸿胪寺掌寺事太常寺卿吴祖乾，官生；中顺大夫通政使司左通政王槐，生员；奉议大夫尚宝司卿陆炜，甲辰进士；奉议大夫光禄寺少卿孙植，乙未进士；翰林院编修文林郎尤思谦，丁未进士；翰林院编修承事郎万浩，癸丑进士；承事郎兵科都给事中丘预达，丁未进士；征仕郎礼科给事中徐应，庚戌进士；奉直大夫礼部主客清吏司员外郎徐应丰，儒士；奉直大夫礼部主客清吏司员外郎孙学思，儒士；承德郎大理寺右寺右寺正掌翰林院典籍事吴应凤，儒士；承德郎大理寺右寺右寺正季芮，儒士；儒林郎大理寺左寺左寺副刘璋，儒士。掌卷官：翰林院编修文林郎胡正蒙，丁未进士；翰林院编修文林郎汪镗孙，丁未进士；翰林院编修文林郎胡杰，丁未进士；承事郎刑科都给事中李敏，丁未进士；承事郎工科都给事中曹禾，丁未进士。巡绰官：特进光禄大夫柱国太保兼太子太傅掌锦衣卫事后军都督府左都督陆炳；特进荣禄大夫锦衣卫管卫事后军都督府右都督朱希孝；特进荣禄大夫锦衣卫管卫事后军都督府右都督麦祥；镇国将军锦衣卫管卫事都指挥同知周京；昭勇将军锦衣卫管卫事指挥使张爵；昭勇将军锦衣卫管卫事指挥使刘鲸；昭勇将军锦衣卫管卫事指挥使许场；明威将军锦衣卫管卫事指挥佥事郭朝濂；怀远将军金吾前卫指挥同知刘文；昭勇将军金吾后卫指挥使贾澄。印卷官：奉议大夫礼部仪制清吏司郎中刘朝佐，甲辰进士；承德郎礼部仪制清吏司署员外郎事主事宋廷表，丁未进士；承直郎礼部仪制清吏司主事吴仲礼，丁未进士；礼部仪制清吏司主事雷金科，癸丑进士。供给官：奉议大夫光禄寺少卿徐陟，丁未进士；光禄寺寺丞孙允中，丁未进士；光禄寺寺丞刘逢恺，辛丑进士；礼部司务吴仑，甲午贡士；承德郎礼部精膳清吏司署郎中事主事宋大勺，辛丑进士；承德郎礼部精膳清吏司署员外郎事主事贾衡，丁未进士；承直郎礼部精膳清吏司主事李缵，庚戌进士。"《嘉靖三十五年进士登科录·恩荣次第》："嘉靖三十五年三月十五日早，诸贡士赴内府殿试，上御奉天殿亲赐策问。三月十八日早，文武百官朝服侍班。是日，锦衣卫设卤簿于丹陛丹墀内，上御奉天殿，鸿胪寺官传制唱名，礼部官捧黄榜，鼓乐导引出长安左门外，张挂毕，顺天府官用伞盖仪从送状元归第。三月十九日，赐宴于礼部。宴毕，赴鸿胪寺习仪。三月二十一日，赐状元朝服冠带及进士宝钞。三月二十二日，状元率诸进士上表谢恩。三月二十三日，状元率诸进士诣先师孔子庙行释菜礼，礼部奏请命工部于国子监立石题名。"《弇山堂别集》卷八十三《科试考三》："三十五年丙辰，命太子太保礼部尚书文渊阁大学士李本、詹事府少詹事兼翰林院侍讲学士尹台为考试官，取中金达等。廷试，赐诸大绶、陶大临、金达及第。"又卷十七《皇明奇事述二》"绍兴二首甲"："嘉靖丙辰，绍兴状元诸公大绶，榜眼陶公大临同里闬，为婚姻。诸自礼部右侍郎为吏部右侍郎、翰林院侍读学士，修实录，经筵日讲官，以万历元年（1573）卒。赠礼部尚书。陶亦自礼侍代之，衔位赠谥无不同者，以二年卒，赠官亦同。寻，己未状元丁公亦自礼侍代之，仅一转而卒，赠官亦同。三人后皆有谥，陶得文僖，丁得文恪，诸最后得文懿。"

皇甫冲（1490—1558）最后一次应进士试，仍不第。皇甫汸《华阳长公行状》："公自庚戌（1550）之后，不欲更试。丙辰，或劝之曰：'先大夫肇迹之年也。天运其将复始乎？'乃强一行，再蹶而归，鞅鞅弗豫。适余解枲归自南中，而子约（皇甫濂）弟亦弃郡牒不赴，相与慰劳，陈说平生，缅良会于冬宵，追欢惊于秋燕。"

据《嘉靖三十五年进士登科录》，第一甲三名，赐进士及第。履历如下：

诸大绶，贯浙江绍兴府山阴县，军籍，国子生，治《易经》。字端甫，行四十八，年三十四，十一月十五日生。曾祖埙。祖宏，七品散官。父宗教。母金氏。慈侍下。兄大纲，贡士；大纪；大绩，光禄寺监事；大缨，听选官；大绎；大綗。弟大约、大绣、大维。娶钱氏。浙江乡试第十六名，会试第二名。

陶大临，贯浙江绍兴府会稽县，民籍，国子生，治《春秋》。字虞臣，行三十二，年三十，二月二十日生。曾祖愷，封工科给事中赠通议大夫兵部左侍郎兼都察院左金都御史。祖谐，兵部左侍郎赠兵部尚书。父师贤，序班。母韩氏。具庆下。兄大有，知府；大年，按察司副使；承学，知府；绍学，贡士；大顺；□□；□□。弟大郎、大成、大恒、大晋、大猷、大钦、大典。娶章氏。浙江乡试第三十四名，会试第三十四名。

金达，贯江西饶州府浮梁县，民籍，县学生，治《书经》。字德孚，行十八，年五十一，七月十一日生。曾祖海关。祖祯。父玉璠。母张氏。慈侍下。娶叶氏，继娶张氏。江西乡试第三名，会试第一名。

据《嘉靖三十五年进士登科录》，第二甲九十名，赐进士出身。履历如下：

陈锡，贯浙江台州府临海县，民籍，国子生，治《春秋》。字元之，行四十一，年三十六，九月二十四日生。曾祖迪。祖玄平。父宜嵩。嫡母翁氏，生母赵氏。慈侍下。兄逢。娶金氏。浙江乡试第五名，会试第一百一名。

孙鑨，贯锦衣卫官籍，浙江绍兴府余姚县人，国子生，治《易经》。字文中，行二十三，年三十二，十月十一日生。曾祖新，封刑部主事赠礼部尚书。祖燧，巡抚江西右副都御史赠礼部尚书谥忠烈。父升，吏部右侍郎。母韩氏，赠孺人；继母杨氏，封孺人。具庆下。兄模，光禄寺署丞；钶，监生；镃，贡士；钰，锦衣卫指挥同知；鏊，监生。弟铤，编修；钧；矿；镶。娶钱氏。顺天府乡试第二十名，会试第二百十名。

戴科，贯福建兴化府莆田县，军籍，府学附学生，治《礼记》。字朝宾，行三，年三十三，十月二十五日生。曾祖淑盛。祖允勉，寿官。父廷璋，通判。母彭氏，继母郭氏。重庆下。弟穆、稼。娶林氏。福建乡试第十三名，会试第二百五十七名。

张凤来，贯浙江嘉兴府秀水县，民籍，县学生，治《诗经》。字瑞虞，行一，年二十七，十月二十二日生。曾祖洪。祖楠。父寅。母吴氏，继母蒋氏。具庆下。弟凤仪、凤灵。娶王氏。浙江乡试第八十八名，会试第九十九名。

崔吉，贯广东广州府南海县，军籍，县学生，治《易经》。字子修，行一，年三十二，八月二十九日生。曾祖世玗。祖寅。父德厚。母卢氏。具庆下。弟喜、佶、周、詹、廉、唐、麐。娶朱氏。广东乡试第十三名，会试第一百六十七名。

伍典，贯湖广永州府祁阳县，民籍，县学生，治《书经》。字克从，行一，年三十五，九月二十一日生。曾祖思诚。祖岳。父凤楼。母蒋氏。永感下。娶谢氏。湖广乡试第十二名，会试第一百六名。

曹子朝，贯直隶兴州后屯卫军籍，直隶苏州府长洲县人，三河县学生，治《易经》。字以立，行一，年二十九，十一月二十八日生。曾祖鼎，御医。祖逵，太医院吏目。父应龙。母黄氏。重庆下。兄良辅。弟子登、子良、子学、子邦。娶胡氏。顺天府乡试第四十三名，会试第六十三名。

张大猷，贯广东广州番禺县，军籍，县学生，治《易经》。字元敬，行一，年三十，十一月十二日生。曾祖源清。祖伟。父世著。母招氏。慈侍下。弟大谟、大化、大武、大适、大路、大立、大临。娶林氏。广东乡试第一名，会试第一百九十七名。

陆梦韩，贯锦衣卫官籍，浙江嘉兴府平湖县人，国子生，治《书经》。字与文，行一，年四十三，十二月初三日生。曾祖铱，知县累赠都察院右副都御史。祖淳，散官。父楷，监生。母吴氏。永感下。弟美照，监生；光祖，南京礼部主事；光裕、光祚，俱贡士；光儒；光宅；经，锦衣卫指挥；光弼，官生；绪、绎，俱锦衣卫千户。娶周氏。顺天府乡试第三十一名，会试第六名。

田稔，贯山东东昌府高唐州，民籍，国子生，治《书经》。字庆甫，行一，年三十七，二月二十一日生。曾祖琮。祖正巳，卫知事。父愚夫，驿丞。母刘氏。具庆下。弟利。娶王氏。山东乡试第三名，会试第一百二十六名。

冯谦，贯浙江宁波府慈溪县，军籍，县学附学生，治《诗经》。字道光，行一，年三十四，十一月十三日生。曾祖汝富。祖廷芝。父文焕。母张氏。永感下。弟让。娶董氏。浙江乡试第九十名，会试第三名。

查志立，贯浙江杭州府海宁县，民籍，县学生，治《诗经》。字鸣朝，行八，年二十三，四月三十日生。曾祖益，赠按察司佥事。祖绘，赠礼科给事中加赠奉直大夫。父秉彝，吏部郎中。母陈氏，封宜人。具庆下。兄志学，监生；志誉；志文；志高；志奇；志宏，监生；志隆。弟志宁，监生；志完。娶姚氏。浙江乡试第四十名，会试第二百四十七名。

袁随，贯直隶扬州府通州，民籍，山东胶州学生，治《礼记》。字民悦，行二，年三十八，八月三十日生。曾祖应韶，寿官。祖秉。父淮。母宋氏。慈侍下。兄观、谦、巽。弟乾。娶许氏。应天府乡试第一百八名，会试第五名。

李键，贯浙江处州府缙云县，民籍，县学生，治《易经》。字廷守，行六十五，年三十七，九月初十日生。曾祖颢，贡士。祖长，前户科给事中。父珺。母田氏。具庆下。兄铤。弟阳泰，监生；阳会；锁；阳吉；模；铋。娶杜氏。浙江乡试第十一名，会试第九十八名。

谢宗明，贯浙江绍兴府会稽县，民籍，县学生，治《春秋》。字子诚，行六，年三十四，八月二十八日生。曾祖会，贡士。祖敬。父绶。母王氏，继母黄氏。慈侍下。弟宗文、宗皋。娶王氏，继娶林氏、高氏。浙江乡试第四十七名，会试第九十二名。

黄翰，贯江西南昌府丰城县，军籍，县学生，治《易经》。字可宪，行五，年二十二，二月二十日生。曾祖顺模。祖绵，训导，赠评事。父肱。母邓氏。重庆下。弟缸、翱、翃、翅。娶陆氏。江西乡试第五十四名，会试第一百九十名。

余良翰，贯江西南昌府奉新县，军籍，县学生，治《书经》。字邦宪，行八十三，年三十，七月二十四日生。曾祖嗣瑞。祖孔会。父葛，听选官。母赵氏。重庆下。兄良德；良能，监生；良民，贡士。弟良知、良琥、良言。娶邓氏。江西乡试第六十四名，会试第一百六十六名。

杨锦，贯山东青州府益都县，军籍，县学增广生，治《易经》。字尚纲，行二，年二十三，四月十二日生。曾祖富，寿官。祖凤。父芬。母张氏。重庆下。兄钦。弟镜、钺、镠。娶赵氏。山东乡试第二十二名，会试第二百七十八名。

严文梁，贯浙江湖州府乌程县，民籍，府学附学生，治《书经》。字子成，行三，年二十六，十一月二十三日生。曾祖综。祖钧，贡士。父沇。母钱氏。具庆下。兄杰，监察御史；文桢；文瀚。弟文柄、文科、文粹。娶胡氏。浙江乡试第六十二名，会试第九名。

阮自嵩，贯直隶安庆府桐城县，民籍，国子生，治《易经》。字惟中，行一，年三十，十一月初七日生。曾祖暹。祖廷瓒，赠刑部主事。父鹏，监生。母胡氏。具庆下。弟自岱；自仑，监生；自岩。娶周氏。顺天府乡试第十一名，会试第二十名。

黄文豪，贯福建漳州府龙溪县，军籍，府学增广生，治《易经》。字国英，行一，年二十九，三月二十五日生。曾祖参。祖万忠。父日华。母吴氏。具庆下。兄文溥、文兴。弟文融、文灿、文俊、文杰、文耀。娶李氏。福建乡试第三十六名，会试第一百十一名。

陈南金，贯浙江绍兴府余姚县，匠籍，国子生，治《易经》。字子兼，行九，年三十六，八月初一日生。曾祖咏，按察司佥事。祖良节。父佑。母黄氏。具庆下。兄铨，县主簿；钺，州吏目；钰，典史；釭，巡检；镜。弟北钥、东铭、西铭。娶尹氏。浙江乡试第四十九名，会试第七十七名。

阴武卿，贯四川成都府内江县，民籍，县学生，治《书经》。字定夫，行二，年三十，九月二十三日生。曾祖奈。祖玺。父汝夏。母洪氏。慈侍下。兄立卿、文卿。弟惠卿、相卿、定卿、玉卿、长卿、和卿、诚卿。娶刘氏。四川乡试第一名，会试第二十一名。

吴一介，贯直隶安庆府桐城县，民籍，县学生，治《易经》。字元石，行二，年三十三，七月二十日生。曾祖佐。祖希瑞。父堂。母江氏，继母徐氏。严侍下。兄一卞。弟一中。娶孙氏。应天府乡试第一百四名，会试第十二名。

杨成，贯直隶苏州府长洲县，民籍，常州府无锡县人，国子生，治《书经》。字汝大，行二，年三十三，十月初三日生。曾祖源。祖琼。父启明。母朱氏。永感下。兄咸。娶周氏，继娶昌氏。应天府乡试第七十八名，会试第五十一名。

胡孝，贯浙江杭州府仁和县，军籍，绍兴府余姚县人，国子生，治《书经》。字民行，行一，年三十五，五月二十二日生。曾祖场。祖尚才。父忠。母沈氏。具庆下。娶余氏，继娶闻人氏。浙江乡试第六十七名，会试第一百六十九名。

赵贤，贯河南汝宁府汝阳县，民籍，县学生，治《易经》。字良弼，行三，年二十三，正月二十五日生。曾祖敬。祖兴。父学。母张氏，继母宋氏。具庆下。兄迁、钺、铭、举、章。弟赟。娶卢氏。河南乡试第二名，会试第三十七名。

方来崇，贯江西南昌府新建县，民籍，府学附学生，治《诗经》。字士功，行一，年二十四，十二月初八日生。曾祖凤，阴阳学正术。祖价，典膳。父一奎，岁贡生。母杨氏。重庆下。弟来献，贡士；来贺；来宾。娶李氏。江西乡试第三十五名，会试第二百七十七名。

唐景禹，贯浙江绍兴府余姚县，匠籍，县学附学生，治《书经》。字治卿，行五十，年二十八，九月十八日生。曾祖宗亮。祖熙。父需。前母丁氏，母黄氏。具庆下。兄景夔，驿丞；时清，县主簿；景夷，所史目。娶徐氏。浙江乡试第八十名，会试第七十三名。

杨宗震，贯四川重庆府忠州垫江县，民籍，国子生，治《易经》。字仲起，行一，年三十四，十月初八日生。曾祖志亨。祖英。父朝，岁贡生。母夏氏。具庆下。弟宗时。娶胡氏。四川乡试第二十六名，会试第十八名。

邹光祚，贯江西饶州府鄱阳县，军籍，县学生，治《易经》。字承卿，行二，年三十五，二月初二日生。曾祖廷瑞，寿官。祖鲁。父麒。母吴氏。具庆下。弟光裕，贡士；光祯；光祖；光禅；光祜；光袍；光神；光禄；光㻞。娶邵氏，继娶叶氏。江西乡试第八十四名，会试第一百十三名。

张正谟，贯江西南昌府南昌县，民籍，县学生，治《易经》。字以明，行四，年三十六，十二月十六日生。曾祖玉辉。祖大行，寿官。父元芳，封刑部主事。母卢氏，封安人。具庆下。兄正和，知府。弟正思、正谊。娶胡氏。江西乡试第七十八名，会试第二百一十三名。

杜思，贯浙江宁波府鄞县，军籍，国子生，治《易经》。字子睿，行六，年三十二，正月初三日生。曾祖镐。祖常，驿丞。父鹗。母闻氏。严侍下。兄恕。弟虑。娶虞氏。浙江乡试第五十五名，会试第二百二十四名。

叶宗春，贯直隶徽州府祁门县，民籍，国子生，治《春秋》。字仁卿，行三，年三十七，五月二十日生。曾祖宁。祖远，寿官。父实。前母汪氏，母方氏，继母程氏。慈侍下。弟浙，监生；立卿；宗颜；宗昌；宗泽；宗盛。娶张氏。应天府乡试第五十三名，会试第六十九名。

徐绍卿，贯浙江绍兴府余姚县，民籍，国子生，治《礼记》。字靖甫，行二，年二十九，十月初九日生。曾祖雷。祖训。父建，知县。嫡母王氏，生母王氏。具庆下。兄绍心。弟绍德、绍祉。娶项氏。浙江乡试第七十二名，会试第一百三名。

边维垣，贯四川成都府彭县，军籍，县学生，治《书经》。字师甫，行一，年三十一，九月十六日生。曾祖仲贤。祖洪。父载朝。母叶氏。具庆下。兄维化，维藩。弟维屏。娶赵氏。四川乡试第四十九名，会试第三十五名。

王凝，贯湖广襄阳府宜城县，民籍，江西吉安府安福县人，县学生，治《书经》。字道甫，行二，年二十九，十一月二十三日生。曾祖迪，义官。祖澄，巡检。父麒，知州。母沈氏。具庆下。兄冲。弟兆、准。娶刘氏。湖广乡试第一名，会试第三十九名。

胡直，贯江西吉安府泰和县，民籍，应天府句容县学教谕，治《诗经》。字正甫，行一，年四十，八月十六日生。曾祖尔极。祖行恭。父天凤。母周氏。慈侍下。弟谅、问、敬。娶萧氏。江西乡试第九名，会试第十三名。

蔡国珎，贯江西南昌府奉新县，民籍，县学生，治《诗经》。字汝聘，行二，年三十，二月二十三日生。曾祖俯。祖镇。父熠。母李氏。慈侍下。弟国瑛。娶徐氏。江西乡试第二十三名，会试第三十六名。

邹善，贯江西吉安府安福县，民籍，县学生，治《春秋》。字继甫，行二十一，年三十六，七月十九日生。曾祖思杰，封评事。祖贤，按察司佥事加赠奉政大夫。父守益，南京国子监祭酒。母王氏，封宜人；继母李氏。具庆下。兄义，贡士；美。弟养、盖。娶陈氏。江西乡试第六十五名，会试第一百四十七名。

黎桂，贯江西吉安府万安县，民籍，县学生，治《易经》。字克芳，行二，年三十三，正月三十日生。曾祖敬威。祖潜。父达邦。母匡氏。永感下。兄克明。弟克敬、克恭。娶郭氏。江西乡试第九十三名，会试第一百四十一名。

周逊，贯四川成都府茂州卫，官籍，成都县人，府学生，治《易经》。字昌言，行二，年五十二，六月二十五日生。曾祖瑛。祖晟，县主簿。父武。嫡母王氏，继母张氏，生母鲁氏。永感下。兄莲。弟述，选。娶常氏。四川乡试第二名，会试第一百五十九名。

张相，贯江西广信府贵溪县，民籍，国子生，治《诗经》。字文忠，行六，年四十，十一月初六日生。曾祖玙。祖祥。父积。母李氏。慈侍下。兄杞。弟桓、椿、桢、彬。娶胡氏。江西乡试第三十七名，会试第二百四十四名。

葛邦典，贯直隶苏州府常熟县，民籍，县学附学生，治《礼记》。字叙卿，行三，年三十七，二月二十四日生。曾祖嗣初。祖荆。父覃，教谕。前母李氏，母张氏。严侍下。兄邦治、邦教、邦宪。弟邦弼。娶陈氏。应天府乡试第五名，会试第二百一名。

曹梅，贯直隶河间府沧州盐山县，民籍，国子生，治《书经》。字子和，行一，年三十九，九月初一日生。曾祖海。祖孜，知县。父显，义官。嫡母姜氏，生母乔氏。慈侍下。娶周氏。顺天府乡试第五十八名，会试第一百十二名。

祝继志，贯浙江绍兴府山阴县，民籍，县学生，治《诗经》。字汝德，行十，年二十五，八月二十七日生。曾祖泾。祖芹。父裼，散官。母茅氏。具庆下。弟继恩。娶茅氏。浙江乡试第十三名，会试第二百二十六名。

屠羲英，贯直隶宁国府宁国县，民籍，国子生，治《易经》。字淳卿，行一，年三十四，六月十九日生。曾祖祥兴。祖义。父龙。母程氏。重庆下。弟羲民。娶杨氏。应天府乡试第一百一十三名，会试第八十八名。

张人纪，贯直隶庐州府合肥县，军籍，府学生，治《书经》。字伯修，行六，年三十三，二月十七日生。曾祖旭。祖士礼。父辅，恩例冠带。前母解氏，母牛氏，继母杨氏。具庆下。兄洋、澎。弟涣、浩、涌、范、邦纪、民纪。娶韩氏。应天府乡试第七十名，会试第二十八名。

陆一鹏，贯浙江绍兴府余姚县，民籍，国子生，治《礼记》。字应程，行三十五，年三十五，十二月十四日生。曾祖端。祖怀。父鏓，县丞。母诸氏。永感下。兄一龙、一鹤。弟一凤。娶谷氏。浙江乡试第五十七名，会试第二百十一名。

吴文华，贯福建福州府连江县，民籍，县学生，治《易经》。字子彬，行一，年三十六，七月初八日生。曾祖寅，训导。祖珨，赠南京礼部郎中。父世泽，按察司副使。母陈氏，封宜人。慈侍下。弟文峯、文炳、文英、文庄。娶王氏，继娶陈氏。福建乡试第三十名，会试第八十名。

陈汲，贯直隶泰州守御千户所，官籍，江西吉安府吉水县人，州学生，治《春秋》。字汝及，行十一，年三十五，正月初四日生。曾祖禄，训导赠户部郎中。祖佐，寿官。父鸢，援例千户。母徐氏。严侍下。兄沐、泮、藻、浙、淑、洵、洙、汶、灏。弟洛。娶潘氏。应天府乡试第三十一名，会试第二百五十二名。

胡帛，贯四川重庆府忠州垫江县，民籍，国子生，治《易经》。字子行，行二，年三十九，九月初四日生。曾祖庆。祖崇易，左长史。父孜。母周氏。慈侍下。兄泉。弟皋。娶萧氏。四川乡试第二十三名，会试第十五名。

朱卿，贯山西潞安府长子县，民籍，县学生，治《诗经》。字汝弼，行一，年三十一，九月二十七日生。曾祖浩。祖顺。父定，寿官。母暴氏，继母傅氏。具庆下。弟邻、臣。娶宋氏，继娶申氏。山西乡试第十七名，会试第二百五十五名。

李廷观，贯江西南昌府丰城县，军籍，县学生，治《诗经》。字明文，行七，年二十八，六月十七日生。曾祖充实。祖光胤，听选官。父瓒，贡士。母夏氏。具庆下。弟廷和、廷谟、廷章。娶袁氏。江西乡试第六十八名，会试第四十八名。

张谐，贯直隶六安卫，官籍，湖广黄州府蕲州广济县人，国子生，治《书经》。字允弼，行七，年三十七，五月二十八日生。曾祖厚，指挥使。祖时，指挥使。父介，指挥使。母杨氏，封淑人。永感下。兄训，监生；诰。弟咏、记、识、诗、谧。娶杨氏。应天府乡试第四十名，会试第一百八十九名。

郑卿，贯浙江宁波府慈溪县，灶籍，县学附学生，治《诗经》。字君辅，行十七，年三十，正月二十七日生。曾祖重，知府。祖炜。父尚忠。母锺氏。永感下。兄昂、抑、邦、中、鄭、邶。弟御、邻、节、邰、鄗。娶王氏。浙江乡试第一名，会试第一百六十五名。

张梦鲤，贯山东登州府莱阳县，军籍，县学生，治《诗经》。字汝化，行二，年二十四，六月十五日生。曾祖允。祖相。父锟。母盖氏。具庆下。兄崇儒。娶宫氏。山东乡试第十八名，会试第一百二十七名。

柴涞，贯光禄寺厨籍，浙江宁波府鄞县人，顺天府学生，治《易经》。字季东，行二，年二十六，四月初十日生。曾祖祚，教谕。祖文达。父金。母王氏。具庆下。兄源。娶胡氏。顺天府乡试第三名，会试第一百五十九名。

史朝宷，贯福建泉州府晋江县，匠籍，府学增广生，治《易经》。字升之，行四，年三十一，十二月初九日生。曾祖茂仁。祖时泰。父宏璨。前母洪氏，母黄氏。具庆下。兄朝宾，南京户部郎中；朝宜、朝富，俱知县。弟朝实、朝宦、朝守。娶黄氏。福建乡试第二十一名，会试第二百三十四名。

何显淑，贯四川嘉定州□县，民籍，县学附学生，治《诗经》。字晦仲，行一，年三十六，九月十六日生。曾祖本新，义官。祖子奇，府同知。父鲁，监生。前母胡氏，母陈氏。永感下。弟颛淑、颉淑、颖淑、顺淑、颐淑。娶邹氏。四川乡试第五十八名，会试第四十六名。

毛自道，贯山东济南府德州平原县，军籍，国子生，治《诗经》。字子复，行三，年三十三，正月十三日生。曾祖荣。祖玘。父恺，恩例冠带。前母李氏，母宋氏。具庆下。兄自重、自立。弟自得、自显。娶刘氏。山东乡试第五十二名，会试第一百十六名。

郑云鏊，贯福建福州府闽县，军籍，府学附学生，治《易经》。字邦用，行六，年二十七，十二月初十日生。曾祖瑄，赠户部员外郎。祖炤，知府。父墇。母林氏。具庆下。弟云鏊。娶陈氏。福建乡试第八十三名，会试第八十六名。

姜廷珤，贯山东莱州府掖县，军籍，国子生，治《易经》。字国信，行一，年三十，六月初三日生。曾祖海。祖兰，寿官。父迪，义官。母孙氏，继母霍氏、王氏。严侍下。弟廷璞。娶吕氏。山东乡试第四十五名，会试第二百十九名。

项治元，贯浙江嘉兴府嘉兴县，民籍，县学生，治《春秋》。字熙仲，行二，年三十三，十月二十一日生。曾祖忠，兵部尚书赠太子太保谥襄毅。祖经，右参政进阶中奉大夫。父锡，南京光禄寺卿。母祝氏，封恭人。慈侍下。兄元淳，指挥佥事；元深，监生。弟元涉、元沐。娶沈氏，继娶徐氏。浙江乡试第七十七名，会试第一百九十五名。

叶应春，贯浙江绍兴府会稽县，军籍，国子生，治《易经》。字叔华，行八，年二十五，三月二十日生。曾祖仁晓，寿官。祖圆，散官。父统，县主簿。母俞氏。具庆下。弟应旸，贡士；应时。娶吴氏。顺天府乡试第二十四名，会试第二百七十名。

凌迪知，贯浙江湖州府乌程县，民籍，国子生，治《诗经》。字稚德，行一，年二十五，八月初三日生。曾祖敷。祖震，训导。父约言，知府。母潘氏。重庆下。弟述知、遇知、遂知。娶包氏。应天府乡试第八十九名，会试第一百九十三名。

姚体信，贯浙江嘉兴府嘉兴县，灶籍，平湖县人，府学增广生，治《诗经》。字汝达，行一，年二十七，九月初一日生。曾祖璋，赠工部主事。祖井，散官。父筹，监生。母陆氏。具庆下。兄一阳、一化、体道。弟体化、儒仁、德温、一贯、体伦、俊、杰、伊、谦、训、易、立。娶陆氏。浙江乡试第八十六名，会试第六十六名。

薛一鹗，贯山西平阳府芮城县，盐籍，县学生，治《礼记》。字应荐，行三，年三十一，九月二十九日生。曾祖宗。祖雄，州判官。父光溥。母董氏。慈侍下。兄一鹏、一鸥。弟一经。娶韩氏。山西乡试第四名，会试第七十九名。

黄可大，贯广东广州府番禺县，军籍，县学生，治《易经》。字士弘，行一，年二十八，正月二十一日生。曾祖继祖。祖琏。父文相。母梁氏。慈侍下。兄润、沛、济。弟可造、可久、可谋、可训。娶梁氏。广东乡试第三十七名，会试第九十四名。

应存性，贯浙江台州府仙居县，民籍，国子生，治《诗经》。字成之，行二，年四十，四月十八日生。曾祖巨。祖匡，封吏部主事。父大猷，刑部尚书。前母秦氏，赠安人；母彭氏，封安人；继母卢氏、高氏。具庆下。兄存初，监生；存默。弟存修、存锐、存卓、存素、存远、存虏、存征。娶吴氏。浙江乡试第十七名，会试第一百七十五名。

薛守经，贯广东潮州府揭阳县，民籍，县学生，治《书经》。字子权，行二，年二十四，九月初四日生。曾祖瑞。祖纲。父能。母谢氏。具庆下。兄守约。娶翁氏。广东乡试第二十名，会试第一百五十一名。

高岱，贯湖广承天府京山县，军籍，钟祥县人，国子生，治《易经》。字叔崇，行三，年三十二，九月二十八日生。曾祖让。祖镇。父节，教谕。母李氏。严侍下。兄岱，刑部主事；嵩。弟岀，贡士。娶魏氏。湖广乡试第二名，会试第三十一名。

熊俸，贯江西南康府星子县，民籍，国子生，治《诗经》。字应秩，行三十，年二十九，闰十月初一日生。曾祖本明。祖惟政。父祚。母徐氏，继母程氏。重庆下。弟仞、候、儁。娶张氏。江西乡试第十四名，会试第一百九十一名。

葛纶，贯直隶苏州府昆山县，民籍，长洲县人，国子生，治《易经》。字理卿，行一，年四十，十二月初五日生。曾祖埙。祖柏。父潮。母沈氏。严侍下。兄经。弟纬、缙。娶凌氏。应天府乡试第十八名，会试第七名。

俞汝器，贯江西抚州府临川县，民籍，国子生，治《诗经》。字器之，行一，年三十八，五月十九日生。曾祖孜。祖翰。父瑄。母邹氏。重庆下。弟汝楫、汝谐。娶许氏。江西乡试第二十三名，会试第二十二名。

杨承闵，贯浙江宁波府鄞县，民籍，国子生，治《易经》。字子孝，行二，年三十四，九月十八日生。曾祖守隰。祖茂礼。父美琮。母姜氏。慈侍下。兄承颜。弟承诲、承远。娶孔氏。浙江乡试第三十三名，会试第二百五十三名。

劳堪，贯江西九江府德化县，民籍，县学生，治《诗经》。字任之，行一，年二十八，正月二十日生。曾祖溥，贡士，赠南京刑部员外郎。祖傅相，工部郎中加正四品服色。父思。母陈氏。重庆下。娶高氏，继娶杨氏。江西乡试第九十三名，会试第一百二十九名。

张文渊，贯四川顺庆府西充县，军籍，县学附学生，治《易经》。字元静，行一，年三十三，十二月二十五日生。曾祖景原，寿官。祖翔，长官司吏目。父腾霄。母陈氏。慈侍下。娶李氏。四川乡试第十九名，会试第六十七名。

施笃臣，贯直隶池州府青阳县，民籍，县学生，治《诗经》。字敦甫，行四，年二十七，八月二十三日生。曾祖戬。祖浃。父宗周。母徐氏。慈侍下。兄尧臣，吏部考功司主事；敬臣，举人；武臣，指挥佥事；奇臣。弟问臣。娶杜氏。应天府乡试第七十五名，会试第二百二十九名。

杨兆，贯陕西延安府肤施县，民籍，府学生，治《书经》。字梦镜，行二，年二十九，四月十八日生。曾祖春。祖威，户部郎中。父本深，监察御史。前母甄氏，母忽氏。慈侍下。兄知；唯；吉，贡士。弟栗。娶刘氏。陕西乡试第十二名，会试第二百九名。

萧维翰，贯浙江嘉兴府秀水县，民籍，国子生，治《书经》。字良甫，行一，年三十七，五月初一日生。曾祖瑾。祖容。父言，训导。母张氏。具庆下。弟维宁、维城、维垣、维旬、维宣、维新。娶钱氏，继娶沈氏。浙江乡试第五十三名，会试第二百六名。

程大宾，贯直隶徽州府歙县，民籍，国子生，治《诗经》。字汝见，行三，年三十九，九月二十七日生。曾祖泰亨。祖伦，散官。父宠。母汪氏。慈侍下。兄大经。娶许氏，继娶汪氏。应天府乡试第四十一名，会试第二百八十八名。

杨修，贯四川顺庆府南充县，医籍，国子生，治《诗经》。字子吉，行三，年三十六，二月初五日生。曾祖道达。祖锡。父沐。嫡母冯氏，生母王氏。具庆下。兄储；仕，监生。弟备、偹、作。娶唐氏。四川乡试第七名，会试第十九名。

刘稳，贯湖广衡州府酃县，马船籍，国子生，治《易经》。字朝重，行二，年三十八，三月十一日生。曾祖崇，知县。祖灏，医官。父公泰，县丞。母孟氏。永感下。兄朝会。弟稔。娶张氏。湖广乡试第四十二名，会试第一百三十四名。

郑旻，贯广东潮州府揭阳县，灶籍，国子生，治《易经》。字世穆，行三，年三十，四月十二日生。曾祖孟猷。祖銮。父鸿。母沈氏。具庆下。兄昂，岁贡生；勋。娶林氏。广东乡试第六十二名，会试第五十名。

介一清，贯山西平阳府解州，民籍，国子生，治《诗经》。字子澄，行一，年二十九，六月二十五日生。曾祖德。祖华。父宾，听选官。母李氏。具庆下。弟一濂、一洲。娶袁氏，继娶史氏。山西乡试第二十七名，会试第二百二十二名。

解明瑞，贯直隶建阳卫官籍，山东东昌府华县人，国子生，治《诗经》。字希文，行二，年三十五，正月初一日生。曾祖政，指挥佥事。祖能，指挥佥事。父光，指挥佥事。母蔡氏。慈侍下。兄明道，武举。弟明初、明善。娶林氏，继娶施氏。应天府乡试第七名，会试第七十八名。

龚大器，贯湖广荆州府公安县，民籍，县学生，治《书经》。字用卿，行七，年四十三，六月二十七日生。曾祖友信。祖永禔。父如銮。母钱氏，继母段氏。具庆下。兄大琮、大俸、大臣、大玺、大喜。弟大宪、大美、大顺、大祖。娶赵氏。湖广乡试第四十九名，会试第二百三十一名。

陈选，贯福建泉州府晋江县，民籍，县学生，治《礼记》。字民秀，行一，年三十一，十一月十三日生。曾祖袭。祖笃。父宽。母郑氏。永感下。弟会。娶李氏。福建乡试第四名，会试第一百三十九名。

李承芳，贯江西吉安府永新县，民籍，县学增广生，治《易经》。字伯辉，行八，年三十八，七月十四日生。曾祖景谞，封礼部员外郎。祖瑞。父伍。母刘氏。具庆下。兄承重，监生；承勋；承业。弟承学、承易、承德、承绪、承度、承雍、承宠、承烈、承祖、承裕、承祚、承祥。娶汪氏。江西乡试第五十一名，会试第二百九十三名。

据《嘉靖三十五年进士登科录》，第三甲二百三名，赐同进士出身。履历如下：

沈寅，贯浙江绍兴府山阴县，民籍，国子生，治《诗经》。字敬叔，行十，年三十，十月二十三日生。曾祖仲廉。祖镭，听选官。父大经。母王氏。重庆下。弟宏；宠，听选官；宾；完；守；宷；察；官。娶徐氏。顺天府乡试第一百十六名，会试第五十八名。

鲍承荫，贯山西潞安府长治县，民籍，府学生，治《诗经》。字子传，行五，年三十，十月二十六日生。曾祖智，典史。祖才，赠知县。父龙，前刑部主事。母秦氏，赠孺人；继母秦氏，封孺人。具庆下。兄承恩、承志、承事、承先。弟承训、承嗣、承业、承芸、承华、承善。娶阎氏。山西乡试第三十名，会试第二百四十二名。

刘行素，贯直隶保定府安州高阳县，民籍，国子生，治《春秋》。字易甫，行一，年三十六，二月二十五日生。曾祖铭。祖景祥，封刑部员外郎。父恩，布政司左参议。母高氏，封宜人。具庆下。弟行可、行简、行忠、行恕、行义。娶王氏。顺天府乡试第八十名，会试第二百十五名。

柴祥，贯浙江杭州府仁和县，匠籍，县学附学生，治《易经》。字汝嘉，行二，年三十一，九月初一日生。曾祖质，寿官。祖铭。父龙。母田氏。具庆下。兄祯。娶虞氏。浙江乡试第五十七名，会试第四十一名。

李际春，贯河南开封府杞县，匠籍，县学附学生，治《诗经》。字应元，行四，年二十五，八月十二日生。曾祖美。祖岳。父东鲁。母孔氏，继母边氏。具庆下。兄芬春、芳春、华春。弟茂春、家春。娶张氏。河南乡试第十五名，会试第二百十六名。

马文健，贯山东兖州府巨野县，民籍，县学生，治《书经》。字体乾，行一，年三十五，正月二十五日生。曾祖周。祖杰，巡检。父诜。前母张氏，母高氏。慈侍下。娶段氏，继娶李氏。山东乡试第十名，会试第八十一名。

赵灼，贯直隶松江府上海县，民籍，县学附学生，治《诗经》。字时章，行三，年二十七，九月十三日生。曾祖錤，七品散官。祖璧，听选官。父国，监生。前母唐氏，母黄氏。重庆下。兄熄；灿；焕，贡士。娶唐氏。应天府乡试第四十四名，会试第二百十八名。

杨铨，贯直隶松江府华亭县，民籍，岁贡生，治《诗经》。字朝明，行七，年四十，八月初七日生。曾祖霖。祖萱。父溥，七品散官。嫡母张氏，生母姚氏。永感下。兄钦，典膳正，赠推官；钺；鏐，听选官。弟铣。娶陶氏。顺天府乡试第一百二名，会试第九十三名。

胡文，贯福建漳州府诏安县，军籍，国子生，治《诗经》。字宣文，行七，年三十四，十月二十三日生。曾祖克茂。祖洪廜。父清。前母李氏，母沈氏。慈侍下。兄麟、凤、谷。弟业。娶邓氏。福建乡试第三十一名，会试第二十四名。

董学，贯浙江杭州府海宁县，灶籍，县学生，治《易经》。字希颜，行十七，年三十二，七月二十五日生。曾祖良。祖峦。父翼。母杨氏。具庆下。兄九思；九恩；鲲，知县；梦鲤；炳；思仁。弟思礼、成章、成大。娶徐氏。浙江乡试第十四名，会试第一百六十三名。

刘志伊，贯浙江宁波府慈溪县，民籍，县学附学生，治《易经》。字可任，行二十四，年二十九，正月二十二日生。曾祖錬，赠礼部郎中。祖洪，赠工部主事。父廷诏。母罗氏。重庆下。弟志伟、志俊、志在、志佐、志傀、志俉、志健、志侨、志保。娶周氏，继娶叶氏。浙江乡试第二十八名，会试第二百四名。

王楷，贯浙江金华府永康县，军籍，国子生，治《书经》。字子正，行五，年三十九，八月初一日生。曾祖乾。祖纶，寿官。父淮，寿官。母李氏。具庆下。兄杞。弟梧，监生；桥；彬，监生；杕；楠；权；朴。娶马氏，继娶陈氏。应天府乡试第一百名，会试第六十五名。

陈联芳，贯福建福州府闽县，民籍，县学生，治《诗经》。字以成，行八，年二十九，八月十八日生。曾祖珏。祖廷用。父凤岐。母林氏。慈侍下。兄桂芳。娶林氏。福建乡试第六名，会试第三十八名。

陈复升，贯福建福州府长乐县，民籍，县学附学生，治《诗经》。字以见，行三，年二十四，十一月二十七日生。曾祖文谅。祖良瑞。父有斐。母郑氏。重庆下。娶王氏。福建乡试第六十四名，会试第一百十名。

刘思问，贯河南怀庆府孟县，匠籍，国子生，治《易经》。字汝知，行一，年三十八，十一月十六日生。曾祖整。祖郁。父武。母张氏，继母唐氏。具庆下。弟思献。娶牛氏，继娶王氏、连氏。河南乡试第二十八名，会试第七十一名。

瓮蕙，贯直隶保定府安肃县，民籍，县学生，治《易经》。字季芳，行二，年三十三，三月十五日生。曾祖良器，训导。祖富，训导。父大伦，岁贡生。母国氏。具庆下。兄兰。弟观。娶李氏，继娶张氏。顺天府乡试第五十一名，会试第二百八十三名。

方岳，贯山东莱州卫军籍，湖广麻城县人，国子生，治《诗经》。字镇伯，行二，年三十五，七月十五日生。曾祖政。祖琮，知县。父锐，义官。母毛氏。具庆下。兄岜。娶迟氏。山东乡试第十八名，会试第二百十二名。

查光述，贯直隶苏州府常熟县，民籍，国子生，治《诗经》。字子孝，行一，年三十九，七月二十二日生。曾祖玒。祖暄。父绣。母潘氏。永感下。娶徐氏。应天府乡试第二名，会试第三十二名。

黄廷聘，贯湖广永州府道州，医籍，国子生，治《易经》。字道行，行二，年三十五，二月初七日生。曾祖文钺，知县。祖琳。父大义。母周氏。具庆下。兄廷裳。弟廷制、廷表、廷襄、廷卿、廷策、廷恩、廷思、廷箴、廷惠。娶何氏。湖广乡试第五十名，会试第一百四十八名。

陈旌，贯直隶河间府景州故城县，民籍，县学附学生，治《书经》。字仪甫，行一，年三十五，十二月二十八日生。曾祖俭，知县。祖汝为。父治己，岁贡生。母靳氏。重庆下。弟旗、旐、旚。娶苏氏。顺天府乡试第一百十八名，会试第二百六十一名。

罗尚德，贯山西平阳府临汾县，军籍，国子生，治《易经》。字希容，行一，年三十三，六月十九日生。曾祖清。祖让，寿官。父永章。母郝氏。具庆下。娶冯氏。山西乡试第五十二名，会试第二百八十七名。

孙大霖，贯浙江绍兴府余姚县，灶籍，县学生，治《易经》。字汝济，行十，年三十八，三月初四日生。曾祖萱，寿官。祖纶。父友文。母许氏。慈侍下。兄大实、大用、大川、宪。弟大器、大阜、大观。娶孟氏，继娶余氏、徐氏。浙江乡试第十六名，会试第二百七十四名。

刘岘，贯江西吉安府万安县，民籍，国子生，治《易经》。字仁伯，行二，年四十，七月初八日生。曾祖公硕。祖景临。父一春。母胡氏。慈侍下。兄峻，知州。弟昆，贡士。娶张氏。江西乡试第八十一名，会试第一百七十一名。

马出图，贯山西辽州，民籍，国子生，治《春秋》。字羲祥，行三，年二十九，八月初二日生。曾祖贵。祖勤。父震，义官。母许氏，继母赵氏。具庆下。兄负图、呈图。弟征图、献图、载图、进图、陈图。娶郝氏。山西乡试第四名，会试第六十一名。

常三省，贯直隶凤阳府泗州，民籍，国子生，治《春秋》。字希曾，行二，年三十四，十月二十九日生。曾祖永。祖仁。父鉴。母陈氏。具庆下。兄三锡。弟三畏。娶李氏。应天府乡试第一百十五名，会试第十四名。

王三聘，贯山西太原府代州，匠籍，国子生，治《诗经》。字起莘，行二，年三十二，八月二十三日生。曾祖忠。祖景华。父沄，驿丞。母李氏，继母白氏。慈侍下。兄汝诏。娶任氏。山西乡试第十八名，会试第四十四名。

刘应峰，贯湖广长沙府茶陵州，军籍，国子生，治《易经》。字少衡，行一，年三十一，五月十二日生。曾祖宗玉。祖洽。父宪训。母陈氏。具庆下。弟应岩。娶邓氏，继娶张氏。湖广乡试第六名，会试第二百二十八名。

杨汝辅，贯江西南昌府南昌县，民籍，国子生，治《诗经》。字惟德，行十，年三十七，六月初七日生。曾祖子辐。祖伟常。父用中，县主簿。嫡母张氏，生母刘氏。具庆下。兄汝瑞。娶李氏。江西乡试第八十八名，会试第一百五名。

李汝宽，贯山西平阳府解州闻喜县，匠籍，国子生，治《春秋》。字严夫，行三，年四十一，二月二十五日生。曾祖景，赠户部主事。祖瀛。父孔休，岁贡生。母王氏，继母王氏、杨氏。永感下。兄汝重，知县；汝厚。弟汝楫、汝沉、汝式、汝勤、汝静、汝俭、汝瞻、汝知、汝器。娶杨氏。山西乡试第四名，会试第一百七十四名。

陆凤仪，贯浙江金华府兰溪县，民籍，国子生，治《易经》。字舜卿，行四，年三十五，十月二十八日生。曾祖琅。祖祝，训导。父儒。母胡氏。具庆下。弟凤阳、凤池、凤起、凤来、凤举。娶赵氏，继娶徐氏。浙江乡试第四十四名，会试第二百三十八名。

程汝盛，贯江西饶州府浮梁县，军籍，县学生，治《易经》。字以恒，行四十，年三十，七月二十九日生。曾祖万善。祖益昶。父仲。母康氏。严侍下。兄汝昌，贡士；汝荣。弟汝望。娶曹氏。江西乡试第十九名，会试第一百五十三名。

张学古，贯直隶真定府冀州南宫县，民籍，国子生，治《诗经》。字道夫，行二，年三十八，七月十九日生。曾祖通。祖智。父岑。母马氏。具庆下。兄稽古，引礼舍人。娶白氏。顺天府乡试第六名，会试第一百八十六名。

张天驭，贯直隶真定府深州，民籍，州学生，治《诗经》。字叔驾，行十七，年三十四，六月二十四日生。曾祖让。祖翰，县丞赠刑部员外郎。父文芊，知县。母冯氏，继母刘氏。具庆下。兄天与、天祐、天枢、天眷、天衡、天祚。弟天维、天祉、天益、天亨、天元。娶郑氏，继娶魏氏。顺天府乡试第六十名，会试第二百三名。

潘清亶，贯浙江绍兴府上虞县，民籍，县学增广生，治《易经》。字懋诚，行二十六，年三十五，八月二十四日生。曾祖旻，赠兵部主事。祖应，赠工部员外郎。父武锡。母冯氏。永感下。兄清正；清彦；清高；清宦；清祐；清文，听选官。弟清立；清亮；清章，监生；清学。娶赵氏。浙江乡试第十八名，会试第一百三十名。

童承契，贯湖广承天府沔阳州，军籍，国子生，治《礼记》。字士成，行十一，年四十一，九月二十四日生。曾祖瀛。祖锦，训导。父时。母李氏。具庆下。兄承祐，教谕；承祥；承叙，左庶子兼侍讲；承芳，引礼舍人；承夔，贡士。弟承弼、承祚、承祖、承宗、承翰。娶赵氏，继娶刘氏、王氏。湖广乡试第四名，会试第十名。

卢仲佃，贯浙江金华府东阳县，民籍，县学生，治《易经》。字汝田，行十二，年三十六，七月初七日生。曾祖楷，贡士。祖联。父尧谟，监生。母郑氏。永感下。兄仲卿。娶胡氏。浙江乡试第二十五名，会试第一百九十九名。

贺赉，贯河南河南府陕州灵宝县，民籍，国子生，治《春秋》。字懋文，行一，年三十五，四月二十一日生。曾祖斌。祖恭。父宗儒，恩例冠带。母建氏，继母李氏。严侍下。弟赏。娶张氏。河南乡试第二十四名，会试第一百五十七名。

张鸣瑞，贯四川泸州，军籍，州学附学生，治《礼记》。字载祯，行一，年三十，五月十四日生。曾祖翔。祖守道。父愈，县丞。母杨氏，继母李氏。严侍下。兄凤翼，卫经历。弟鸣和，卫知事；鸣世；鸣阳；鸣铎；鸣谦；鸣时。娶郑氏。四川乡试第六十九名，会试第六十名。

杜谦，贯河南南阳府裕州，军籍，国子生，治《书经》。字子益，行一，年三十五，十一月初八日生。曾祖全。祖奉。父文盛。母缪氏，继母武氏。具庆下。弟谊。娶郭氏。河南乡试第十四名，会试第二百八十一名。

黎复性，贯广东广州府南海县，民籍，县学附学生，治《易经》。字初炳，行一，年四十，四月初六日生。曾祖子肆。祖后。父进。母梁氏。永感下。弟复善、复兴、复昌、复良、复仁。娶陆氏。广东乡试第三十八名，会试第二百五十名。

曹大川，贯四川重庆府巴县，民籍，国子生，治《诗经》。字长融，行一，年二十九，八月二十日生。曾祖文德，赠刑部主事。祖敕，刑部员外郎。父汴，左参政。母邓氏，封孺人。具庆下。兄大伦、大田。弟大垈。娶任氏。四川乡试第三十九名，会试第九十一名。

史永寿，贯山西平阳府翼城县，军籍，国子生，治《易经》。字仁夫，行五，年三十二，十二月十三日生。曾祖广。祖方。父大经。母贾氏。具庆下。兄永福、永祥、永祯、永祺。娶关氏。山西乡试第二十五名，会试第一百一十七名。

王尚直，贯直隶永平府昌黎县，民籍，国子生，治《易经》。字举之，行一，年二十九，二月二十九日生。曾祖英。祖恭，赠监察御史。父乾。母郭氏。永感下。兄尚质，听选官；尚志；尚贤，岁贡生。娶白氏。顺天府乡试第七十八名，会试第二百八十五名。

包柽芳，贯浙江嘉兴府嘉兴县，民籍，府学增广生，治《书经》。字起春，行十二，年二十三，二月二十三日生。曾祖鼎，知府进阶亚中大夫。祖凭。父汴，贡士。母张氏。具庆下。兄枕，监生；梯；杷，监生；机；榜；梓；梅；栗。弟梗，监生；桂芳；继；柏；权；植；蒙吉；槐芳；玄林；梧芳；敷林；渐林。娶曹氏。浙江乡试第四十五名，会试第九十六名。

胡应嘉，贯直隶淮安府沭阳县，民籍，府学生，治《礼记》。字祁礼，行四，年三十三，四月十七日生。曾祖纲，封刑部主事赠都察院右副都御史。祖琏，户部右侍郎兼都察院右佥都御史。父效忠，知县。母佟氏。具庆下。兄应恩，岁贡生；应捷；应征，贡士。弟应采、应守、应桥。娶徐氏，继娶朱氏、吴氏。应天府乡试第三十六名，会试第三十名。

曹一麟，贯山东青州府安丘县，民籍，国子生，治《书经》。字伯礼，行二，年三十一，六月十四日生。曾祖滕，岁贡生。祖光汉，岁贡生。父汝勤，岁贡生。母王氏。重庆下。兄一麒。弟一凤、一鹤、一鲸、一豸、一介。娶萧氏。山东乡试第十一名，会试第七十五名。

蔡完，贯湖广黄州府黄陂县，军籍，国子生，治《易经》。字人备，行二，年四十五，十一月十一日生。曾祖彦文。祖绣。父祯。嫡母甘氏，生母梅氏。永感下。兄寰，岁贡生。弟宰。娶丘氏，继娶陈氏。湖广乡试第七十八名，会试第九十名。

林德，贯福建福州府长乐县，民籍，县学附学生，治《诗经》。字有本，行一，年三十三，四月十三日生。曾祖珣。祖叔良。父世仁。母陈氏，继母高氏。具庆下。娶陈氏，继娶郑氏。福建乡试第八十四名，会试第一百八十八名。

杨进道，贯直隶广平府曲周县，民籍，县学生，治《诗经》。字自勉，行二，年三十九，十二月初一日生。曾祖清。祖玉，寿官。父礼，典膳。母聂氏。具庆下。兄进科。弟进第。娶任氏。顺天府乡试第三十五名，会试第一百六十二名。

唐九德，贯湖广长沙府湘潭县，军籍，县学生，治《易经》。字伯懋，行三，年二十八，九月初六日生。曾祖铉。祖奉，寿官。父篁。母许氏，继母袁氏、石氏。重庆下。弟九章、九龄、九瀍、九赋。娶黄氏。湖广乡试第二名，会试第四十五名。

戴廷忞，贯湖广辰州卫籍，直隶镇江府丹徒县人，沅陵县学生，治《易经》。字懋卿，行五，年二十七，正月十七日生。曾祖义。祖源，寿官。父宿，训导。母宋氏。慈侍下。兄廷宪，贡士；廷恩。弟廷懿。娶唐氏。湖广乡试第五十九名，会试第二百九十一名。

冯符，贯直隶苏州府吴县，匠籍，府学增广生，治《春秋》。字信伯，行一，年三十五，正月二十四日生。曾祖祯。祖理。父淮。母陆氏。永感下。弟笏。娶赵氏。应天府乡试第二十九名，会试第一百二十二名。

陈一谦，贯广西梧州府郁林州，民籍，国子生，治《诗经》。字用豫，行一，年二十九，七月十四日生。曾祖藊。祖瓒。父懋，知县。母全氏，继母吴氏。具庆下。弟一谟、一谏。娶杨氏。广西乡试第十六名，会试第一百三十一名。

龚芝，贯浙江绍兴府会稽县，民籍，国子生，治《书经》。字应生，行一，年三十六，五月十一日生。曾祖□。祖锷，赠兵马司指挥。父溥，兵马司指挥。母金氏，赠孺人；继母朱氏，封孺人。具庆下。弟芹，巡检；芪；莘；著。娶朱氏。顺天府乡试第三十九名，会试第六十二名。

梁栋，贯陕西西安前卫，军籍，巩昌府安定县人，国子生，治《诗经》。字伯隆，行一，年三十八，三月十二日生。曾祖贰。祖憙。父锦。母孙氏。永感下。娶范氏，继娶郭氏。陕西乡试第四十七名，会试第二百八名。

章汝槐，贯江西抚州府临川县，民籍，国子生，治《易经》。字子应，行九，年三十七，五月二十七日生。曾祖绍元。祖曰让。父文，散官。母王氏。具庆下。兄汝植，医官。弟汝南、汝栗。娶邹氏。江西乡试第六十四名，会试第一百八十二名。

李用荧，贯山东东昌府高唐州，军籍，州学生，治《易经》。字汝明，行二，年三十，五月初四日生。曾祖璘，州同知。祖淮。父其松，知县。母贾氏。具庆下。兄用燮。弟用燿、用焱、用灯、用辉、用光、用烛、用煌、用熙、用炳。娶梁氏。山东乡试第四十五名，会试第二百四十一名。

侯廷柱，贯山东青州府诸城县，民籍，国子生，治《易经》。字子任，行七，年三十，十月十九日生。曾祖堂寿。祖钺。父璧，知州。前母毛氏，母张氏。慈侍下。兄位；爵；廷臣；廷相，州判官。弟廷石。娶赵氏。山东乡试第五十三名，会试第一百二十八名。

何廷锦，贯福建邵武府邵武县，匠籍，国子生，治《诗经》。字实夫，行一，年四十四，四月十六日生。曾祖琼。祖宽。父洪。母虞氏，继母吴氏。具庆下。弟廷钰，前监察御史；廷铣，医官；廷铭；廷锐；廷锺。娶高氏。顺天府乡试第一百二十一名，会试第五十六名。

尚德恒，贯四川顺庆府南充县，民籍，府学增广生，治《诗经》。字汝见，行三，年三十三，十一月初十日生。曾祖信。祖廷璋。父益。母冯氏。具庆下。兄德新、德美、德纯。弟德懋。娶杨氏。四川乡试第六十四名，会试第一百六十八名。

林润，贯福建兴化府莆田县，民籍，儒士，治《书经》。字若雨，行九，年二十七，五月初七日生。曾祖禄。祖调。父一鹤。嫡母黄氏，生母黄氏。慈侍下。兄澐。娶蒋氏。福建乡试第五十三名，会试第一百名。

辛自修，贯河南开封府许州襄城县，民籍，县学附学生，治《诗经》。字子吉，行二，年二十五，十月初六日生。曾祖访，按察司副使。祖溉。父继先，训导。母李氏，继母张氏。具庆下。兄自明，贡士。弟自勉、自做。娶黄氏。河南乡试第五十名，会试第二百九十名。

王用中，贯山西大同府大同县，民籍，国子生，治《书经》。字汝一，行二，年三十四，六月十八日生。曾祖祥。祖达，鸣赞进阶登仕佐郎。父尚德，岁贡生。母张氏。永感下。兄用宾，知县。弟用子。娶郭氏。山西乡试第二名，会试第五十五名。

姚汝循，贯南京锦衣卫籍，浙江金华府永康县人，应天府学附学生，治《易经》。字叙卿，行三，年二十二，六月十五日生。曾祖进。祖庆。父镐。母梁氏，继母朱氏。具庆下。娶王氏。应天府乡试第五十九名，会试第八十三名。

江潮，贯福建漳州府漳浦县，民籍，国子生，治《诗经》。字大润，行一，年三十四，八月十六日生。曾祖弘泰。祖子浩。父文会。母蔡氏，继母蔡氏。严侍下。弟济、龙、濂、汉、洙、淳。娶石氏。福建乡试第七十一名，会试第一百六十名。

蒋弘德，贯四川重庆府巴县，民籍，国子生，治《书经》。字宗善，行五，年四十，正月十七日生。曾祖福，赠都察院右副都御史。祖云汉，左布政进阶资善大夫。父明。母费氏。慈侍下。兄弘仁，通判；弘义，知县；弘勋；弘敷；弘儒；弘惠。弟弘烈、弘坤。娶蔡氏，继娶刘氏。四川乡试第五十七名，会试第一百五十四名。

杨衍庆，贯牧马千户所籍，江西袁州府宜春县人，顺天府学生，治《礼记》。字善甫，行一，年三十四，十月二十六日生。曾祖一清。祖滋。父隆。嫡母李氏，生母李氏。永感下。弟衍福、衍德。娶李氏。顺天府乡试第九十七名，会试第二百三十二名。

黄宸，贯广东潮州府大埔县，民籍，县学生，治《书经》。字文断，行一，年三十五，十一月初二日生。曾祖璿。祖凤。父伯琪。母罗氏。慈侍下。娶丘氏。广东乡试第六名，会试第一百六十一名。

曾省吾，贯湖广承天卫官籍，江西九江府彭泽县人，府学生，治《易经》。字以三，行一，年二十五，十一月十八日生。曾祖逊，知县。祖辉。父璠，贡士。母从氏。重庆下。兄东，正千户。弟唯吾、宗吾、见吾。娶沈氏。湖广乡试第四十三名，会试第二百三十名。

胡定，贯湖广武昌府崇阳县，军籍，县学生，治《诗经》。字明仲，行五，年三十，十月十九日生。曾祖文道。祖仲福。父濂，知县。母戴氏。具庆下。兄完、宁、宣、宽。弟宾、宗、守、寀。娶蔡氏。湖广乡试第三名，会试第一百十八名。（附：梁章钜《制义丛话》卷五："俞桐川曰：胡二溪定隽于嘉靖之季，文尚博大，其势固然。而间出其朴淡之笔，则屈曲变化，致不可测。余尝谓薛方山文能密而不能疏，诸理斋文能疏而不能密，惟胡二溪兼之，文虽不多，可以传矣。"）

韩忠，贯四川泸州卫官籍，山东兖州府鱼台县人，州学生，治《书经》。字子淳，行二，年三十，七月十六日生。曾祖敬。祖琥，义官。父鸾，典膳。嫡母许氏，生母李氏。永感下。兄恩，参将；懋；忍；爱；稳；恙；慈。娶王氏。四川乡试第七名，会试第一百四十九名。

陈所学，贯浙江嘉兴府海盐县，匠籍，府学生，治《书经》。字行父，行一，年三十，七月十四日生。曾祖琼。祖谦。父言，贡士。母吴氏。慈侍下。弟所见。娶吴氏。浙江乡试第十二名，会试第二百十七名。

杨道亨，贯浙江嘉兴府秀水县，民籍，直隶松江府华亭县人，国子生，治《诗经》。字豫甫，行三，年三十一，十二月十五日生。曾祖圭。祖完。父应元。母平氏，继母冯氏。具庆下。兄学时，监生；学中，监生。弟道贞；于世，监生；道通；道隆；道明；道腴；于廷，监生。娶唐氏。应天府乡试第七十名，会试第一百九十八名。

黎民衷，贯广东广州府从化县，军籍，国子生，治《诗经》。字惟和，行二，年三十五，十一月二十八日生。曾祖珪。祖元昌，封监察御史。父贯，前监察御史。母李氏，封孺人。慈侍下。兄民表，贡士。弟民怀、民褒、民襄、民衮、民袤。娶黄氏。广东乡试第三十二名，会试第二十六名。

张胆，贯直隶扬州府高邮州，民籍，国子生，治《书经》。字惟慎，行四，年三十七，六月十三日生。曾祖俊。祖升。父经，岁贡生。嫡母高氏，继母朱氏、尤氏，生母石氏。慈侍下。兄铨、钧。弟守中，贡士；守谦；守正；守复；守泰；守乾；同甫。娶丘氏。应天府乡试第一百十八名，会试第一百十五名。

杨标，贯江西临江府清江县，民籍，县学附学生，治《诗经》。字廷瞻，行七，年三十二，十月二十三日生。曾祖福田。祖中达。父天衢。母王氏。重庆下。弟楷。娶熊氏。江西乡试第六十六名，会试第一百四十六名。

周心易，贯山西平阳府绛州，军籍，州学生，治《诗经》。字准卿，行一，年三十，二月十九日生。曾祖方。祖尚仁。父南。母薛氏。慈侍下。弟书、诗。娶李氏，继娶薛氏。山西乡试第六十四名，会试第二十九名。

张一霁，贯河南睢阳卫，军籍，直隶五河县人，睢州学生，治《易经》。字天光，行二，年二十九，三月十二日生。曾祖安。祖顺。父琦。嫡母乔氏，生母田氏。慈侍下。兄一柱。娶郑氏，继娶郑氏。河南乡试第四十一名，会试第二百五十六名。

乔伊，贯顺天府通州三河县，民籍，县学生，治《易经》。字良相，行四，年三十，六月十七日生。曾祖盛，税课司大使。祖景淳，寿官。父志泰，县丞。母管氏。具庆下。兄伦；佐，监生；佑。弟傅。娶孙氏。顺天府乡试第七十四名，会试第二百六十二名。

袁淳，贯江西赣州府雩都县，民籍，县学生，治《书经》。字育真，行一，年四十，八月初九日生。曾祖端，教授封刑部主事。祖庆云，训导。父昚。母王氏。慈侍下。弟湛、河。娶黄氏，继娶甘氏。江西乡试第五十三名，会试第五十七名。

王得春，贯山西平阳府安邑县，军籍，县学生，治《诗经》。字一元，行三，年三十，四月初五日生。曾祖子华。祖锡瓒。父惟。母樊氏。具庆下。兄孟春、应春。弟仲春、遇春、季春。娶张氏。山西乡试第三十三名，会试第二百四十名。

李启昭，贯湖广蕲州卫，官籍，河南河南府洛阳县人，州学生，治《书经》。字升甫，行三，年三十，十二月十四日生。曾祖珍，指挥同知。祖雄，指挥同知。父本，指挥同知。母王氏。严侍下。兄启旸，指挥同知；启晖。弟启晴。娶邵氏。湖广乡试第七十六名，会试第一百九名。

徐必进，贯直隶庐州府六安州，民籍，州学增广生，治《书经》。字以正，行一，年二十七，十二月初一日生。曾祖鉴。祖珊，寿官。父立，监生。母汤氏，继母潘氏。具庆下。娶汪氏。应天府乡试第二十五名，会试第一百八十名。

张焯，贯福建福州府闽县，军籍，县学增广生，治《春秋》。字云京，行三，年三十二，七月二十八日生。曾祖铭。祖滨，七品散官。父世范。母林氏，继母林氏。永感下。娶方氏。福建乡试第八十二名，会试第二百五名。

王洀，贯直隶营州中屯卫，官籍，直隶徐州人，国子生，治《春秋》。字道征，行七，年三十二，八月初四日生。曾祖瑁。祖琳，封监察御史。父镗，按察司副使。母许氏。永感下。兄澜；沐，锦衣卫冠带将军；沧；沂，知县；澍；治。娶宋氏。顺天府乡试第五十九名，会试第二百六十五名。

刘子延，贯直隶河间府沧州，灶籍，州学生，治《诗经》。字体仁，行一，年二十八，十月十九日生。曾祖庆。祖珫，典史。父金，听选官。母王氏，继母张氏。具庆下。弟子建。娶傅氏。顺天府乡试第四十八名，会试第一百八十三名。

傅希挚，贯直隶真定府深州衡水县，军籍，国子生，治《春秋》。字承弼，行二，年三十五，五月十三日生。曾祖能。祖山。父广，卫经历。母高氏，继母马氏。慈侍下。兄希说。娶刘氏。顺天府乡试第五十九名，会试第二十五名。

张问仁，贯陕西西宁卫，军籍，卫学生，治《书经》。字以元，行二，年二十六，十月二十三日生。曾祖武。祖经，县丞。父莱，典膳。母赵氏。具庆下。兄问达，岁贡生。弟问明。娶李氏。陕西乡试第四十二名，会试第二百三十六名。

董懋，贯四川泸州民籍，江西临江府清江县人，州学附学生，治《诗经》。字子功，行二，年三十八，十月初七日生。曾祖宾荣。祖琦。父澄，典膳。母黄氏。具庆下。兄爱。弟憨、应。娶徐氏,继娶何氏。四川乡试第四十三名,会试第一百四十二名。

黄镇,贯福建镇海卫铜山守御千户所,军籍,兴化府莆田县人,卫学生,治《诗经》。字元威,行一,年二十四,七月初一日生。曾祖敦敬。祖玉。父景瞻。母刘氏。具庆下。弟镧、锦。娶刘氏。福建乡试第五十名,会试第九十五名。

汪廷钛,贯湖广武昌府崇阳县,水站籍,县学生,治《易经》。字彦举,行五,年三十六,二月初七日生。曾祖仕恭,听选官。祖祥,寿官。父源大。母戴氏。慈侍下。兄廷锡、廷镜、廷对、廷铨。弟廷录、廷钦。娶饶氏。湖广乡试第二十名,会试第一百五十六名。

屠镳,贯浙江嘉兴府嘉兴县,民籍,国子生,治《书经》。字希文,行四,年二十七,正月初十日生。曾祖衡。祖旭。父兰。嫡母殳氏,生母沈氏。慈侍下。兄炼,京库大使;镪。娶张氏,继娶顾氏。浙江乡试第二十一名,会试第十七名。

黎元,贯四川重庆府涪州,民籍,州学生,治《诗经》。字叔期,行一,年三十二,五月初九日生。曾祖韬。祖永厚。父万斗。母夏氏。重庆下。娶张氏。四川乡试第六十三名,会试第五十四名。

沈桂,贯直隶庐州府无为州,军籍,浙江湖州府乌程县人,州学生,治《礼记》。字仲木,行二,年三十八,三月初十日生。曾祖涣。祖安。父璋。前母何氏,母何氏。具庆下。兄椿。弟桥、梓、朴、桐、楩、楫。娶朱氏。应天府乡试第一百九名,会试第一百六十四名。

陈纪,贯福建建宁府瓯宁县,军籍,府学生,治《易经》。字仲理,行二,年三十,十二月二十七日生。曾祖善安,所镇抚。祖仕濂,所镇抚。父枞。母倪氏。具庆下。兄教、焜、照、炳、文炯、文焰。娶朱氏。福建乡试第三十四名,会试第五十三名。

何维复,贯广东广州府番禺县,军籍,府学生,治《易经》。字可几,行三,年二十九,六月初五日生。曾祖通。祖绅。父文琦。母李氏。具庆下。兄维谦。弟维恒、维巽、维观。娶崔氏。广东乡试第三十三名,会试第一百四名。

周舜岳,贯江西饶州府安仁县,民籍,县学附学生,治《诗经》。字良卿,行三十七,年三十四,五月十八日生。曾祖辂,训导。祖珉。父应奎。前母董氏、韩氏,母吴氏。具庆下。兄舜元。弟舜臣、舜宾。娶范氏。江西乡试第六十一名,会试第一百九十六名。

蔡明复,贯福建漳州府漳浦县,民籍,国子生,治《诗经》。字以修,行一,年二十九,六月二十八日生。曾祖达。祖轼。父子选。母陈氏。具庆下。弟中复、阳复、来复。娶陈氏。福建乡试第五十八名,会试第十一名。

赵孟豪,贯广西桂林府全州,民籍,国子生,治《春秋》。字汝兴,行六,年三十九,十一月十五日生。曾祖瑢。祖冕,散官。父希尹,典膳。母廖氏。严侍下。兄孟贤。弟孟杰,听选官;孟材;孟拯;孟彦;孟哲。娶唐氏。广西乡试第五名,会试第二百九十二名。

夏时，贯直隶松江府华亭县，匠籍，府学生，治《春秋》。字人正，行二，年三十八，六月初五日生。曾祖子真。祖馥，寿官。父充。前母丁氏、徐氏，母石氏。慈侍下。兄昉。娶张氏，继娶施氏。应天府乡试第五名，会试第二百七十九名。

胡汝桂，贯山东兖州府金乡县，军籍，县学生，治《诗经》。字芳甫，行一，年二十五，三月初三日生。曾祖铎。祖文。父洞。母辛氏。具庆下。弟汝栎、汝枢。娶苏氏。山东乡试第十四名，会试第一百八十一名。

赵时齐，贯浙江金华府兰溪县，军籍，国子生，治《易经》。字子巽，行八十六，年四十一，十二月初九日生。曾祖瑀。祖觊。父玉。母陈氏。永感下。弟时襄；时彦，贡士；时亮；时樊。娶包氏，继娶徐氏。浙江乡试第三十五名，会试第四十七名。

耿定向，贯湖广黄州府麻城县，军籍，国子生，治《春秋》。字在伦，行七，年三十二，十月初十日生。曾祖世庸。祖大振。父金。母秦氏。具庆下。兄定策。弟定理、定力、定裕。娶彭氏。湖广乡试第二十七名，会试第四名。

范以作，贯四川叙州府富顺县，民籍，县学生，治《易经》。字尔新，行四，年三十五，四月十五日生。曾祖弘毅，助教。祖鲁。父巡。嫡母刘氏，生母邵氏。永感下。兄汝聪、汝元、以修、以似、汝恭。弟以佩。娶何氏。四川乡试第七名，会试第一百五十名。

温如璋，贯河南洛阳中护卫官籍，山东青州府益都县人，国子生，治《易经》。字纯甫，行三，年三十八，十二月二十日生。曾祖厚，指挥同知。祖胜，指挥同知。父新，户部主事。母王氏。永感下。兄如玉，指挥同知；如春，评事。娶王氏。河南乡试第七十五名，会试第一百七十八名。

夏可范，贯江西九江府瑞昌县，匠籍，国子生，治《礼记》。字子极，行一，年三十四，七月二十二日生。曾祖廉富。祖福泰。父世臣。母王氏。具庆下。弟可畏、可仕。娶曾氏。江西乡试第四名，会试第一百二十五名。

黄镖，贯浙江嘉兴守御千户所军籍，嘉兴府嘉兴县人，国子生，治《书经》。字崇文，行一，年三十一，六月初十日生。曾祖鉴。祖盛，礼部司务。父鹤年，监生。母张氏。慈侍下。弟钫，监生；鏓。娶叶氏，继娶陆氏。应天府乡试第一百十三名，会试第二百六十三名。

吴宗周，贯直隶安庆府怀宁县，民籍，国子生，治《易经》。字文甫，行一，年三十五，十月十五日生。曾祖熙。祖纲。父锦。母杨氏。慈侍下。娶刘氏。应天府乡试第九十七名，会试第一百二十一名。

郜大经，贯直隶河间府吴桥县，民籍，山西潞安府陵川县人，县学生，治《诗经》。字汝脩，行一，年三十二，八月初四日生。曾祖淮，寿官。祖琛，岁贡。父良臣，岁贡。母杜氏。具庆下。弟大观、大鲲、大纲、大壮、大绥、大年、大有、大乐。娶周氏，继娶冯氏、田氏。顺天府乡试第四十名，会试第二百三十五名。

申佐，贯直隶广平府永年县，民籍，府学生，治《诗经》。字懋良，行一，年三十四，九月二十四日生。曾祖广，县主簿赠兵部员外郎。祖纪，寿官。父成。嫡母魏氏，生母李氏。慈侍下。娶刘氏，继娶苏氏。顺天府乡试第一百四名，会试第八十四名。

王道充，贯直隶苏州府太仓州，民籍，常熟县人，国子生，治《春秋》。字懋中，行三，年三十一，六月二十八日生。曾祖谨。祖宾，训导。父法。母陆氏。慈侍下。兄道亨、道玄、道立、道文。弟道章、道齐、道育、道方、道高。娶许氏。应天府乡试第四十四名，会试第一百三十二名。

袁大诚，贯浙江宁波府鄞县，匠籍，国子生，治《易经》。字宗正，行四，年三十七，七月初三日生。曾祖隆观。祖溶。父琳。母夏氏。慈侍下。弟思诚，生员；自诚。娶唐氏，继娶应氏、陈氏。浙江乡试第三十一名，会试第五十九名。

刘世昌，贯陕西西安府高陵县，民籍，县学增广生，治《易经》。字仲积，行三，年二十七，十二月十五日生。曾祖升，所大使。祖镗。父朝用。母李氏。重庆下。兄世荣、世华。弟世远、世宁。娶梁氏。陕西乡试第五十七名，会试第二百九十五名。

毛汝贤，贯浙江嘉兴府嘉善县，灶籍，县学附学生，治《诗经》。字子官，行三，年二十六，五月二十日生。曾祖玮。祖宗显。父仪。母陈氏。具庆下。兄时翰、时敏、时乾、时敬。弟时式、时习、时辙、时教、时化。娶朱氏。浙江乡试第八十四名，会试第九十七名。

陈应诏，贯直隶泰州守御千户所官籍，江西吉安府吉水县人，州学生，治《诗经》。字仲龙，行二，年三十，正月二十七日生。曾祖佐，寿官。祖鸾，州判官。父沐。母周氏。慈侍下。兄应雷、应奎、应隆。弟应科、应云、应时、应扬、应芳、应旗、应旛、应华、应荐。娶唐氏，继娶王氏。应天府乡试第七十六名，会试第四十二名。

周诗，贯浙江杭州府钱塘县，民籍，国子生，治《易经》。字汝学，行一，年三十，三月十四日生。曾祖琪。祖震。父文冕。母陈氏。慈侍下。兄淮、河、汉。弟召、易、礼。娶戚氏。浙江乡试第一名，会试第七十四名。

王嘉言，贯山东青州府临淄县，军籍，国子生，治《诗经》。字献可，行二，年三十一，十二月十五日生。曾祖俊。祖岱。父濂。母于氏。具庆下。兄陈言。弟巽言、用言。娶赵氏。山东乡试第六十三名，会试第一百二十四名。

谢封，贯直隶庐州府无为州，民籍，州学生，治《诗经》。字天锡，行二，年三十二，十二月十五日生。曾祖震。祖宣。父宪，县丞。母丁氏，生母吴氏。具庆下。兄奎。弟玺。娶魏氏。应天府乡试第一百十二名，会试第二百五十一名。

祝尔介，贯浙江衢州府龙游县，民籍，国子生，治《诗经》。字维藩，行五十，年三十八，正月初五日生。曾祖希福。祖瑜，赠刑部主事。父品，右参政。母徐氏，封安人。永感下。兄尔者，教谕；尔昌，监生。弟尔庆，贡士；尔科；尔通。娶徐氏。应天府乡试第一百二十一名，会试第二百二十名。

胡顺华，贯湖广澧州守御千户所军籍，常德府武陵县人，县学增广生，治《书经》。字宾南，行三，年三十六，八月十三日生。曾祖志，知县。祖翊。父绘。母史氏。永感下。兄顺明。弟顺文、顺周、顺德。娶丘氏。湖广乡试第八十七名，会试第一百三十六名。

金瓯，贯直隶庐州府六安州，民籍，国子生，治《书经》。字汝相，行二，年三十五，六月初七日生。曾祖铎。祖宣，寿官。父鱼，寿官。母陈氏。具庆下。兄阙。弟魁、台、阁、殿。娶谢氏。应天府乡试第六十三名，会试第二百二十一名。

杜华，贯顺天府霸州，民籍，国子生，治《书经》。字敛甫，行一，年三十一，正月十四日生。曾祖清，岁贡生。祖铭。父延龄。母司氏。具庆下。弟芶。娶张氏。顺天府乡试第十六名，会试第二百四十三名。

张铭，贯山东莱州府胶州，民籍，国子生，治《诗经》。字文粹，行五，年四十，闰十二月初七日生。曾祖整，县丞。祖昌，训导。父克敬，王府教授。母王氏。具庆下。兄自勉、自立、自善、自信。弟锜、钺、镈。娶萧氏，继娶徐氏。山东乡试第二名，会试第三百九十六名。

汤彬，贯浙江嘉兴府海盐县，民籍，岁贡生，治《书经》。字子雅，行一，年四十五，十二月初九日生。曾祖谦。祖经。父诰。前母刘氏，母陆氏，继母屠氏。永感下。弟采、科。娶高氏。顺天府乡试第十六名，会试第二百三十九名。

张科，贯江西九江府湖口县，民籍，县学生，治《书经》。字惟进，行一，年三十，四月初一日生。曾祖炫。祖缉。父价。母刘氏。具庆下。弟秩。娶潘氏，继娶殷氏。江西乡试第七十二名，会试第三十三名。

邹应龙，贯陕西西安府长安县，民籍，县学增广生，治《易经》。字云卿，行一，年三十二，二月初一日生。曾祖秉直，州判官。祖源，义官。父景阳。嫡母陈氏，生母周氏。慈侍下。弟应麟，应凤。娶张氏。陕西乡试第九名，会试第二百九十八名。

郑洛，贯直隶保定府安肃县，民籍，府学生，治《书经》。字禹秀，行八，年二十七，十一月初六日生。曾祖臻，大使，赠都察院右副都御史。祖隆，散官。父昱，贡士。母刘氏。慈侍下。兄浙；汴；滨；湖；渭，知州；济；泾。弟潜、瀛。娶陈氏。顺天府乡试第八十六名，会试第一百八十四名。

黄九成，贯陕西汉中府城固县，民籍，县学增广生，治《书经》。字子韶，行二，年二十一，五月初十日生。曾祖杜，知县。祖旸，县丞。父藻，贡士。母樊氏。慈侍下。兄九功。娶王氏。陕西乡试第七名，会试第一百四十名。

韩宰，贯直隶真定府赵州隆平县，民籍，县学生，治《诗经》。字子衡，行三，年三十，十月二十一日生。曾祖纯，寿官。祖虎。父儒。母王氏。慈侍下。兄守用，听选官；相。弟臣。娶张氏。顺天府乡试第八十二名，会试第五十二名。

武建邦，贯山东东昌府临清州馆陶县，军籍，国子生，治《书经》。字懋苊，行三，年三十三，六月十六日生。曾祖肃，县丞。祖云，寿官赠知县。父德智，知州。母刘氏，封孺人；继母郭氏。严侍下。兄建功；建勋，县主簿。娶王氏，继娶萧氏。山东乡试第十三名，会试第四十三名。

刘永宁，贯山西潞安府长子县，民籍，国子生，治《书经》。字以德，行二，年四十一，六月十七日生。曾祖刚。祖敏，县丞。父宗周。母张氏。慈侍下。兄永康。娶孔氏。山西乡试第十八名，会试第二百二名。

李遂，贯直隶河间府景州，民籍，国子生，治《春秋》。字世田，行三，年三十五，十二月初四日生。曾祖士昌。祖景。父钺。前母邢氏，母王氏。慈侍下。兄清、源。娶于氏。顺天府乡试第五名，会试第二百二十七名。

倪光荐，贯顺天府蓟州平谷县，民籍，国子生，治《诗经》。字允贤，行二，年二十六，四月二十三日生。曾祖升，知县。祖恕，义官。父汝廉，教谕。母张氏。具庆下。兄光远。弟光久、光先。娶王氏。顺天府乡试第三十五名，会试第二百名。

商诰，贯山东济南府德州平原县，匠籍，国子生，治《易经》。字元宠，行三，年三十七，六月十二日生。曾祖琏。祖质。父古。母赵氏。慈侍下。兄臣、诏。娶宋氏。山东乡试第三十四名，会试第一百七名。

王同伦，贯河南卫辉府辉县，民籍，县学增广生，治《礼记》。字仲行，行二，年二十六，四月初七日生。曾祖昭。祖煦，赠知县。父垩，府同知。嫡母刘氏，赠孺人；继母姜氏，封孺人；生母李氏。具庆下。兄同文。弟同游、同志、同方。娶张氏，继娶刘氏。河南乡试第三十九名，会试第二百九十七名。

张大业，贯山东德州左卫官籍，济南府阳信县人，州学增广生，治《书经》。字原德，行一，年二十七，十一月二十七日生。曾祖全。祖赞。父洪。母杨氏。永感下。弟守业。娶包氏。山东乡试第七十三名，会试第一百十九名。

卞锡，贯浙江嘉兴府嘉善县，民籍，县学生，治《书经》。字叔孝，行九，年二十八，正月初十日生。曾祖翮，寿官。祖训，寿官。父玉，教谕。母徐氏。具庆下。兄金；镒，仓大使；铠；铸；鏶；镒；鏊。弟�。娶吴氏。浙江乡试第二十四名，会试第八十九名。

薛曾，贯福建福州府福清县，盐籍，县学附学生，治《诗经》。字师孔，行一，年三十二，六月初五日生。曾祖元敬。祖文魁。父廷宣。母黄氏。具庆下。兄大、祺、唯。弟潮、璞。娶叶氏。福建乡试第六十六名，会试第二百四十九名。

孙丕扬，贯陕西西安府耀州富平县，军籍，县学生，治《礼记》。字叔孝，行一，年二十五，二月二十三日生。曾祖庆。祖琼，递运所大使。父惟谦，知县。母李氏。重庆下。弟丕振。娶田氏。陕西乡试第六十一名，会试第二百八十四名。

杨柏，贯河南归德府商丘县，民籍，国子生，治《易经》。字允节，行三，年四十，十二月十七日生。曾祖瑾。祖礼。父渊，府照磨。母裴氏。具庆下。兄校，监生；楠。弟柯、梯、楫、榜。娶孙氏，继娶朱氏。河南乡试第五十三名，会试第一百八十七名。

陈万言，贯广东广州府南海县，军籍，县学附学生，治《礼记》。字道襄，行一，年三十八，五月初七日生。曾祖勉。祖琪。父用彝。母余氏。慈侍下。弟万脩；便；殿，贡士；万昌；万积；万猷；万备；万嘉。娶王氏，继娶关氏。广东乡试第十八名，会试第二百四十五名。

吴朝仪，贯江西抚州府临川县，军籍，府学生，治《诗经》。字子敬，行七，年三十八，正月二十六日生。曾祖永祥。祖凤文。父仲恕。母徐氏，继母周氏。重庆下。弟朝赞。娶李氏，继娶李氏。江西乡试第七十七名，会试第一百五十二名。

徐养相，贯河南睢阳卫官籍，直隶凤阳府凤阳县人，睢州学生，治《礼记》。字子存，行一，年三十六，十二月二十三日生。曾祖荣。祖通。父翰，州学正。母吴氏。具庆下。弟养大、养廉、养蒙。娶周氏。河南乡试第四名，会试第一百八十五名。

李邦义，贯广东广州府连州，军籍，州学生，治《易经》。字宜之，行二，年二十八，三月初三日生。曾祖铭。祖敬。父潮。母高氏。具庆下。兄邦仁，贡士。娶钟氏。广东乡试第四十五名，会试第一百七十三名。

高察，贯四川成都府内江县，民籍，府学附学生，治《诗经》。字惟哲，行三，年二十三，正月十七日生。曾祖志尧，寿官。祖举，教谕。父文瀚，岁贡生。母李氏。具庆下。兄遵、寰、从。娶吴氏。四川乡试第五十六名，会试第四十名。

陈子佐，贯福建泉州府惠安县，民籍，县学生，治《诗经》。字道海，行一，年三十九，十一月初六日生。曾祖元翰。祖文奎。父璘。嫡母杜氏，生母杨氏。慈侍下。弟子显。娶黄氏。福建乡试第六十名，会试第六十八名。

李世藩，贯直隶真定府赵州临城县，民籍，国子生，治《诗经》。字邦镇，行二，年三十五，十月二十四日生。曾祖恭，医学训术。祖凰，寿官。父权。母刘氏。慈侍下。兄世芳。娶孙氏。顺天府乡试第三十名，会试第一百八名。

孙梦豸，贯山东莱州府平度州昌邑县，军籍，县学生，治《诗经》。字应兆，行三，年二十八，十一月十三日生。曾祖瑀，寿官。祖萧，义官。父义，散官。母宋氏。具庆下。兄梦麒、梦麟。娶刘氏。山东乡试第四十三名，会试第二百五十八名。

晋应槐，贯山西平阳府洪洞县，军籍，县学增广生，治《诗经》。字植吾，行一，年二十四，五月初二日生。曾祖钟。祖伟，县丞。父朝臣，贡士。母张氏。重庆下。弟应龙、应兆、应庚、应麟、应鸾、应期。娶郑氏。山西乡试第二名，会试第二百三十名。

何邦礼，贯福建福州府福清县，盐籍，县学附学生，治《诗经》。字大中，行三，年三十二，闰十二月二十五日生。曾祖缨。祖文枈。父良赞。母黄氏。具庆下。兄宗鲁，府同知；邦麟。弟邦显、邦纪、邦程。娶方氏。福建乡试第二十三名，会试第十六名。

许自新，贯福建泉州府晋江县，军籍，府学附学生，治《易经》。字试可，行一，年三十六，十月十四日生。曾祖无学。祖君锡，贡士。父孟春。母傅氏。具庆下。弟知新、维新。娶李氏。福建乡试第五十一名，会试第二十三名。

漆汝翼，贯湖广岳州府巴陵县，军籍，府学生，治《书经》。字行甫，行八，年三十三，八月十八日生。曾祖桂。祖希颢。父星。母陈氏。重庆下。兄汝器。弟汝砺、汝赓、汝宾。娶范氏。湖广乡试第二十四名，会试第一百七十六名。

牛镜，贯直隶河间府献县，民籍，县学增广生，治《诗经》。字公照，行二，年三十，十一月十二日生。曾祖贞。祖凤，训导。父垠，岁贡生。母吕氏。具庆下。兄钥弟钿、鍱、锦。娶赵氏。顺天府乡试第五十二名，会试第八十七名。

钱于邻，贯浙江嘉兴府嘉善县，民籍，直隶吴江县人，国子生，治《易经》。字震卿，行一，年二十九，正月初九日生。曾祖瀚，义官。祖元。父天秩。母沈氏。具庆下。弟于郊、于嘉、于野、于盘、于陆、于石、于陵、于木。娶王氏。浙江乡试第四十名，会试第一百三十七名。

左钧，贯直隶保定府唐县，民籍，国子生，治《书经》。字鸣和，行二，年三十七，十二月二十八日生。曾祖祥。祖暹。父汝祯。前母李氏，母陈氏。慈侍下。兄镛，县丞。娶韩氏。应天府乡试第八十二名，会试第二百四十八名。

李维，贯直隶凤阳府寿州蒙城县，民籍，县学生，治《诗经》。字国张，行二，年三十二，六月十三日生。曾祖子忠。祖钺。父孟学。母王氏。具庆下。兄纯。弟络、彩、纪、纬。娶王氏。应天府乡试第八十三名，会试第一百七十七名。

李思悦，贯广东潮州府海阳县，民籍，县学附学生，治《诗经》。字子传，行三，年二十六，八月二十五日生。曾祖大受，封监察御史。祖春蕃，典膳。父一庄，贡士。母池氏。具庆下。兄思寅，贡士；思哲。弟思惇、思成、思永。娶蔡氏。广东乡试第三十四名，会试第七十名。

赵大河，贯直隶常州府江阴县，民籍，国子生，治《诗经》。字道源，行四，年四十九，七月二十九日生。曾祖煜，寿官。祖坋，义官。父鋂。母夏氏。慈侍下。兄治、沾、与淳。弟湳；从濂；与澄；从洛；涟；与治，知州；大梁；思贤；从汴。娶计氏。应天府乡试第七十三名，会试第七十二名。

罗崇谦，贯广东广州府番禺县，民籍，县学附学生，治《易经》。字汝益，行一，年二十五，四月十七日生。曾祖彦麒。祖翱。父澈。母何氏。重庆下。弟崇谞、崇讷、崇让、崇谟。娶陈氏。广东乡试第六十七名，会试第二百七十六名。

操时贤，贯江西饶州府浮梁县，民籍，县学增广生，治《易经》。字国用，行一，年三十九，十一月初一日生。曾祖颙，训导。祖详。父豫。母叶氏。具庆下。弟时泰、时俊、时范、时达、时宪。娶戴氏，继娶朱氏。江西乡试第四十八名，会试第一百二十三名。

李齐芳，贯直隶广平府成安县，民籍，国子生，治《诗经》。字洁夫，行一，年三十，五月初三日生。曾祖雄。祖堂。父靖，听选官。母冯氏。具庆下。娶蔡氏。顺天府乡试第七十九名，会试第二百三十七名。

林丛槐，贯福建泉州府同安县，民籍，国子生，治《易经》。字应昌，行二，年二十七，九月二十五日生。曾祖鲁温。祖轩。父袍。母叶氏。具庆下。兄天德，知州；丛梧。弟丛橺。娶黄氏。福建乡试第五十七名，会试第二百七名。

林应雷，贯福建福州府闽县，军籍，府学附学生，治《诗经》。字宗复，行八，年三十五，四月十三日生。曾祖鑮。祖瀚。父德宏。母吕氏，继母宋氏。慈侍下。兄宗武、应鲸。弟元立，贡士；应龙；元亨；应星。娶吕氏。福建乡试第八十八名，会试第一百七十二名。

傅思明，贯山东东昌府博平县，军籍，国子生，治《诗经》。字远甫，行三，年三十八，十一月十四日生。曾祖岩。祖紘。父濬。母张氏。永感下。兄思恭，通判；思敬。弟汝梅，贡士。娶张氏。山东乡试第五十二名，会试第一百四十四名。

郑舜臣，贯浙江绍兴府山阴县，民籍，上虞县人，府学附学生，治《诗经》。字希仁，行一，年三十四，正月二十七日生。曾祖子昌。祖贵。父遂，典史。母严氏。永感下。弟舜民、舜治、舜卿、舜宾。娶胡氏。浙江乡试第十九名，会试第一百三十五名。

郭志选，贯万全都司万全右卫军籍，山西汾州平遥县人，卫学生，治《诗经》。字舜举，行三，年二十七，十月十八日生。曾祖恩。祖钺。父冕。母冀氏。具庆下。兄志忠，知县；志廉。弟志魁。娶朱氏。顺天府乡试第七十九名，会试第二百六十六名。

吴守，贯湖广荆州府夷陵州宜都县，民籍，县学生，治《书经》。字化卿，行一，年二十六，五月二十三日生。曾祖明，封南京刑部郎中。祖天俸，知府。父应秋。母向氏。具庆下。弟密、寅、宷、宸、骞、宏、宾、宽、定、宦、宠。娶向氏。湖广乡试第十六名，会试第二百五十四名。

伍令，贯江西吉安府安福县，民籍，国子生，治《春秋》。字思行，行二十八，年四十，八月二十日生。曾祖体祥，封刑部员外郎。祖希渊，右布政使进阶通奉大夫。父简，义官。母刘氏。慈侍下。兄全，按察使；仝，官生；会；含，州判官。弟翕，官生；今；舍；传；仕；任。娶李氏。江西乡试第八十九名，会试第四十九名。

唐汝迪，贯直隶宁国府宣城县，军籍，国子生，治《书经》。字吉甫，行五，年二十九，十月初三日生。曾祖俨。祖资。父继宗，监生。母袁氏。永感下。兄汝棐。弟汝建、汝选、汝造、汝遵。娶陶氏，继聘施氏。应天府乡试第二十八名，会试第二百二十五名。

陈善道，贯直隶保定府蠡县，军籍，国子生，治《诗经》。字伯敬，行二，年三十二，正月二十七日生。曾祖浩。祖秀。父邦佑。母李氏。慈侍下。兄王道。娶冯氏。顺天府乡试第一百二十一名，会试第六十四名。

范宗吴，贯直隶真定府晋州，民籍，国子生，治《书经》。字希淹，行二，年三十六，六月二十一日生。曾祖兴。祖友才。父荖，县主簿。前母赵氏，母李氏。永感下。兄宗道。娶谷氏。顺天府乡试第二十一名，会试第一百九十四名。

苏朝宗，贯河南卫辉府汲县，民籍，府学生，治《诗经》。字汝宾，行一，年三十八，五月初六日生。曾祖海。祖泽。父相，县主簿。母张氏，继母徐氏。具庆下。弟朝东、朝聘。娶张氏，继娶杨氏。河南乡试第六十二名，会试第一百五十八名。

李承式，贯山西大同府大同县，民籍，国子生，治《诗经》。字敬甫，行二，年二十九，五月十一日生。曾祖兴。祖英。父满。母卫氏。具庆下。兄承弼，贡士。娶郭氏。山西乡试第六十四名，会试第二百十四名。

郭东，贯山西泽州高平县，民籍，国子生，治《诗经》。字仁府，行一，年三十三，八月十八日生。曾祖宗，知县。祖峻。父绍芳。母申氏。具庆下。娶邢氏，继娶王氏，杨氏。山西乡试第二十名，会试第一百二十名。

陈瓒，贯直隶苏州府常熟县，民籍，国子生，治《诗经》。字廷祼，行一，年三十五，十二月二十日生。曾祖立。祖复，通判，赠刑部郎中。父策。母昌氏。严侍下。弟琬、琦、璟、璲、璋。娶缪氏。应天府乡试第二十一名，会试第一百七十名。

黄诰，贯广东广州府东莞县，民籍，国子生，治《诗经》。字汝纶，行一，年三十三，二月二十一日生。曾祖肇洪。祖资。父文昌。母卫氏。慈侍下。弟谟、训。娶方氏，广东乡试第十二名，会试第三百名。

黄鹗，贯直隶扬州府泰州，军匠籍，国子生，治《诗经》。字子荐，行二，年三十八，二月十三日生。曾祖连。祖秀。父孝。母卢氏。具庆下。兄鹃。弟鸥、鹏。娶王氏。应天府乡试第一百三十二名，会试第一百三十三名。

刘孝，贯河南彰德府安阳县，匠籍，府学生，治《书经》。字子仁，行二，年三十三，十月初四日生。曾祖广聪。祖继宗。父陈厥。母吴氏，继母郭氏。慈侍下。兄贤。弟真、节。娶张氏。河南乡试第四十二名，会试第一百四十三名。

汤应科，贯福建漳州府龙溪县，军籍，漳浦县人，县学生，治《诗经》。字体良，行二，年三十三，正月二十七日生。曾祖崇质。祖洪，岁贡生。父丕俊。母黄氏。具庆下。兄体颐。娶吴氏。福建乡试第八十二名，会试第七十六名。

颜鲸，贯浙江宁波府慈溪县，民籍，县学附学生，治《诗经》。字应雷，行五，年四十，正月二十三日生。曾祖瑾，驿丞。祖正。父文时。母唐氏。永感下。兄凤，听选官；鲯。弟鲤、鹏、鲲、鳌、鹤、鳖。娶费氏。浙江乡试第七十一名，会试第一百三十八名。

孟洙，贯河南开封府祥符县，民籍，府学生，治《易经》。字鲁川，行四，年三十六，四月初五日生。曾祖信。祖喜。父廷兰，封大理寺右寺正。母谢氏，封孺人。具庆下。兄淮，左参政；泽，贡士；津，贡士。弟沿、浃。娶左氏。河南乡试第三十名，会试第二百四十六名。

韩君恩，贯山西泽州沁水县，民籍，县学生，治《春秋》。字元宠，行一，年三十三，十一月二十六日生。曾祖聪，监生。祖瑢。父永实。母李氏。慈侍下。弟君相、君谟。娶李氏。山西乡试第三十六名，会试第一百十四名。

郝杰，贯山西大同府蔚州，军籍，州学生，治《礼记》。字彦甫，行九，年二十七，十二月二十八日生。曾祖旺。祖文达，知县。父铭，监察御史。前母王氏，赠孺人；母李氏，封孺人。具庆下。兄守仁、守义、守礼、守智、守学、守斌、全、守元、本。娶吴氏。山西乡试第十名，会试第二百二十三名。

程纯，贯河南汝宁府光州光山县，民籍，县学增广生，治《易经》。字子一，行一，年三十三，五月二十四日生。曾祖子鉴。祖敏。父瑶。嫡母项氏，生母任氏。慈侍下。弟纶。娶罗氏。河南乡试第六十八名，会试第一百四十五名。

张士佩，贯陕西西安府同州韩城县，军籍，县学增广生，治《书经》。字玫夫，行二，年二十六，七月初一日生。曾祖营。祖催。父孟德。母杨氏。具庆下。兄士亨。娶许氏。陕西乡试第十六名，会试第二百八十六名。

陈忠翰，贯山东东昌府濮州，民籍，国子生，治《书经》。字思翊，行三，年三十，十二月十三日生。曾祖英。祖通，寿官。父纶。母邢氏。具庆下。兄忠谏、忠荩。弟忠力。娶郝氏。山东乡试第三十九名，会试第二百七十一名。

杨霆，贯顺天府昌平州顺义县，民籍，国子生，治《诗经》。字子威，行一，年三十，十二月二十四日生。曾祖海。祖玉。父聪。嫡母张氏，生母张氏。具庆下。娶李氏，继娶辛氏。顺天府乡试第六十七名，会试第二百六十名。

杨旐，贯河南开封府延津县，民籍，县学生，治《礼记》。字汝章，行一，年四十一，五月十三日生。曾祖思义，阴阳官。祖璀。父祉，恩例冠带。母高氏。具庆下。娶李氏。河南乡试第十一名，会试第二百七十三名。

丁尧相，贯河南汝州，民籍，国子生，治《诗经》。字宗舜，行一，年三十九，八月二十四日生。曾祖秀。祖良。父道。母侯氏，继母刘氏。具庆下。弟尧臣；尧卿；尧宾；尧荚，贡士；尧士。娶王氏。河南乡试第五十名，会试第二百九十二名。

张守贞，贯直隶河间府故城县，民籍，国子生，治《易经》。字从正，行一，年三十七，九月二十三日生。曾祖得林。祖和。父进。母张氏。具庆下。娶颜氏，继娶刘氏。顺天府乡试第一百十九名，会试第二百八十九名。

蔚锺，贯山东青州府寿光县，军籍，县学附学生，治《诗经》。字万锺，行二，年三十四，八月二十二日生。曾祖自谦。祖堂。父恺。母马氏。慈侍下。兄镇。弟钱。娶傅氏，继娶马氏。山东乡试第十名，会试第八十二名。

卢煌，贯河南开封府郑州，民籍，国子生，治《易经》。字道含，行三，年三十五，闰十一月二十六日生。曾祖善。祖志高，义官。父思齐。母刘氏。严侍下。兄炳、炜。娶傅氏。河南乡试第五十三名，会试第一百九十二名。

郑大经，贯浙江衢州府西安县，民籍，国子生，治《易经》。字正之，行四，年三十二，七月初三日生。曾祖淮。祖奎。父权。母王氏。具庆下。娶徐氏。浙江乡试第二十名，会试第二百八十名。

史官，贯山西平阳府翼城县，军籍，国子生，治《易经》。字秉衡，行三，年三十四，十月初七日生。曾祖镛。祖瓒。父全，七品散官。母常氏。慈侍下。兄载道；臣，州同知。弟书。娶郭氏，继娶吕氏。山西乡试第五十二名，会试第二百六十七名。

尹校，贯锦衣卫官籍，直隶徽州府歙县人，国子生，治《书经》。字原学，行二，年三十四，三月二十二日生。曾祖诚，封武略将军。祖镇，封武略将军。父治，封武略将军。前母胡氏，赠宜人；母胡氏，封宜人。永感下。兄相，锦衣卫副千户。弟棠。娶林氏。顺天府乡试第九十七名，会试第二百六十八名。

邢守庭，贯河南开封府许州临颍县，民籍，国子生，治《诗经》。字绍男，行二，年三十五，十二月二十三日生。曾祖顺。祖文。父城，通判。母杜氏。永感下。兄守度。弟守愚。娶赵氏。河南乡试第十一名，会试第一百七十九名。

刘有诚，贯山西太原府石州宁乡县，军籍，国子生，治《易经》。字存甫，行一，年二十七，三月二十八日生。曾祖世昌。祖经。父希周。母白氏。具庆下。弟有恒。娶郑氏，继娶曹氏。山西乡试第六名，会试第二十七名。

胡钥，贯湖广承天府潜江县，军籍，县学生，治《诗经》。字畏卿，行一，年三十九，六月十三日生。曾祖详，卫知事。祖瓒，南京国子监博士。父拱明，知州。前母李氏，母刘氏，继母熊氏。慈侍下。娶雷氏，继娶王氏。湖广乡试第九十名，会试第二百三十三名。

杨逢节，贯河南汝宁府光州固始县，民籍，光山县人，国子生，治《春秋》。字应时，行一，年三十四，三月二十九日生。曾祖信。祖从政。父凤。母王氏，继母崔氏、张氏。具庆下。弟逢吉、逢化。娶朱氏。河南乡试第四十六名，会试第二百九十九名。

任福民，贯锦衣卫籍，山东青州府乐安县人，国子生，治《诗经》。字锡之，行二，年三十一，十一月二十六日生。曾祖荣。祖全。父宜。母裴氏。具庆下。弟育民、济民、惠民。娶杨氏，顺天府乡试第五十四名，会试第二百六十九名。

方新，贯直隶池州府青阳县，军籍，县学生，治《诗经》。字德新，行三，年三十九，二月二十五日生。曾祖志高。祖永康。父仁，监生。前母孙氏，母何氏。慈侍下。兄菜；懋，贡士。娶江氏，继娶郑氏。应天府乡试第三十一名，会试第八名。

李世达，贯陕西西安府泾阳县，民籍，县学增广生，治《书经》。字子成，行六，年二十四，十二月十七日生。曾祖宽。祖奈。父廷相。母王氏。具庆下。兄世远、世逵、世科。娶吴氏。陕西乡试第二十一名，会试第八十五名。

李时渐，贯山东青州府寿光县，军籍，县学附学生，治《易经》。字伯鸿，行二，年三十，十月十四日生。曾祖随。祖海，宣课司副使。父镛，县丞，封工部主事。前母马氏，赠安人；母刘氏，封安人。慈侍下。兄时济，工部主事。娶孔氏。山东乡试第七十一名，会试第二百七十二名。

《嘉靖三十五年进士登科录·策问》：

皇帝制曰：朕惟天命立君，以宰于率土，必有分理协助之臣，所谓邻哉也，吁！尧舜之克圣，不有高贤大良之助，岂二圣独劳耶？夫以古之元首股肱，真是一体，上下相资，不若兹时之大不同者。朕以心腹置人心腹中，何乃视我仇雠焉？安望为国恤民也。朕固无知人之哲，能官之智。我欲闻是知能之方。尔多士目睹既真，当有益我知能之道，悉著以对，勿讳勿欺。嘉靖三十五年三月十五日。

《嘉靖三十五年进士登科录·诸大绶对策》：

臣对：臣闻帝王之致治于无疆也，必君臣相孚，而后成德业之盛，必仁义相济，而后得驭臣之方。何者？君犹天也，臣犹四时五行也。天道有默运之神，而所以普生成之功者，未始不由于四时五行之布。人君建维皇之极，而所以达政教之广者，未始不赖于公孤司府之承。然而君之于臣也，其心一，其任专，故每尽夫使下之道。而臣之于君也，其分悬，其事赜，或未笃夫事上之诚。于此而欲驭之有方，以致乎相孚之美，赖之协助，以臻夫至治之隆，必也仁义之相济乎！仁也者，渥之以恩而启其报礼之重者也。义也者，裁之以法而格其颇僻之私者也。有恩以渥之，则臣皆秉忠爱之忱而不忍欺。有法以裁之，则臣皆存寅畏之念，而不敢欺。爱畏之情交于中，而靖恭之节著于外。由是百官尽克艰之道，庶政有维和之休，犹之四时之各宜其气也，五行之各司其候也，而天道之运于上者，自然高明而悠久，不言而成化矣。此唐虞之世，所以明良喜起，而道协于一心，德业光昭，而治隆于千古也。不然，纯任义而不渥之以恩，则情意弗联，固非同心同德之义。纯任仁而不裁之以法，则章瘅弗著，岂所以成其自靖自献之忠哉！是故君臣相孚，斯德业之本也，仁义相济，斯驭臣之方也。所以比隆唐虞，而致治无疆者，端不外是也。恭惟皇帝陛下，禀刚明纯粹之资，秉仁义中正之德，恭默体道，而上通天载之神，推诚任人，而允升大猷之治。尽伦尽制，握君师治教之权，建极建中，阐帝王精微之学。文命敷于四海，声教达于八纮。德已崇矣，业已广矣，然犹圣不自圣，进臣等于廷，府赐清问，即臣等目睹之事，询臣等知能之方。臣草茅愚陋，不能仰承德意，然人臣之道，事君之义，臣讲之素矣，敢不披沥以对扬万一耶？臣闻之，《传》曰：天生民而立之君。盖言天为万物之祖，而不能尽左右之方，故择天聪明之尽者，而隆之以君师之任。是代天之道者，君也，当以天之心为心者也。《礼》曰：设官分职，以为民极。盖言君出庶物之首，而不能兼百职之繁，故择贤才之可任者，而委之以辅理之责。是代君之事者臣也，当以君之心为心者也。君以天之心为心，其道法天而不私，以无心成化为至，故君道常主乎逸。臣以君之心为心，其道从君而不贰，以夙夜匪懈为至，故臣道常主乎劳。粤稽诸古，帝尧之德，钦明文思，允恭克让，固至极而无以加矣。然其所以致时雍于变之休者，尧非独为之劳也。当时若羲和授时，舜纳百揆，益烈山泽，禹抑洪水，孰非贤良之臣，为之惠畴若采而分理协助于下耶？故称尧之治者，谓之则天，言其同天之无为，而荡荡乎无能名也。帝舜之德，濬哲文明，温恭允塞，亦至极而无以加矣。然其所以致四方风动之治者，舜亦非独为之劳也。当时若皋陶明刑，稷教稼穑，伯夷典礼，后夔作乐，又孰非贤良之臣，为之奋庸熙载而分理协助于下耶？故称舜之治者，谓之无为，言其得人之甚逸，而虽盛德蔑以加也。夫语治至于唐虞，亦云极矣，为君至于尧舜，亦可以无议矣，而其必任乎臣邻如此。则夫君享其逸，臣任其劳，固天地之常经，而万世之定论也。但君之视天下也，犹一身，而人臣则或自私其身。君之视天下也，犹一家，而人臣则或自利其家。盖自汉唐而下，迄于宋元，风会日漓，淳醨寝散，其间忠臣良相，虽不无可称，而求其百僚师师，如古唐虞之盛，殆不可多见矣。洪惟太祖高皇帝，应运开基，统天立极，而一时豪杰之士，云附景从，若刘基之明炳，宋濂之学行，徐达之沉毅，常遇春之勇略，陶安之论议，王祎之忠贞，率皆进之帷幄，列之后先，同心协德，以共成一代光明之业，交欢济美，而永贻万世无疆之休，固由我太祖天锡神圣，而驭臣有方，实亦一时诸臣，庆知遇之隆，秉匪躬之节，忠爱而不忍欺，寅畏而不敢欺也。今我皇上，久道成化，纯心用贤。委任之专也，谗间不能携其情，责成之久也，进退得以行其志。一有微能，则因能而授之任，不惜夫爵秩之隆。一有微功，则因功而加之赏，不靳夫匪颁之赐。至于礼意之优渥，盎乎若阳春，训谕之叮咛，蔼然如父子。陛下之所以待群臣者，真可谓推心置腹，而相待一体者矣。三公九卿，百司庶府，囿覆帱之化，而共荷夫生成，浃雨露之恩，而咸思夫报称，固亦更相淬励，勉自修省，以求不忝于厥职，无愧于乃心。然而人心不同，智愚相越，即今观之，臣未敢谓尽如唐虞诸臣之良也，亦未敢谓尽如国初诸臣之盛也。臣伏读圣制，有曰："夫以古之元首股肱，真是一体，上下相资，不若兹时之大不同者。朕以心腹置人心腹中，何乃视我仇雠焉？安望为国恤民也。"臣因是仰窥陛下之心，任贤所以为国，使臣将以恤民。是诚以天下之心为心者也。凡兹臣庶，咸宜以陛下之心为心，而今有不尽然者，将安所逃于天地间耶？然臣尝闻之，治世非无小人，自难乎其为小人，乱世非无君子，自难乎其为君子。方今道协太和，世登盛治，而诸臣之中，间有不率者，是亦治世之小人也，不可以是概视诸臣也，顾所以驭之何如耳。今夫元首股肱，相为一体，君上臣下，道每相资，非古之时为然，而今独不然也。良以古之人心，即今之人心，而今之士习，非古之士习。古之人臣，其视君真犹元首也，其事是君，真犹股肱之卫元首也。皆根于心之不可解，而发于情之不可遏，爱而弥笃，不敢有一毫之自私也，敬而罔怠，不敢有一毫之自肆也。而今之事君，则有不尽然者。坐而论道，非无秉忠竭诚之臣，而怀欺徇党者，亦容有之矣。起而作事，非无效忠宣力之臣，而怠事苟禄者，亦容有之矣。藩屏四方，固有旬宣而惠和者，而尸素养望，亦未必其尽无也。拥麾分阃，固有戮力而矢心者，而损威失重，亦未必其尽无也。此其心，非始于一念之自私，则始于一念之自肆。惟自私，则忠爱之心疏，而不能恳切真诚，以服勤乎王事。惟自肆，则敬畏之心怠，而不能严恭俨恪，以祗若乎明威。以此为国，安望其辅理之功？以此为民，安望其勤恤之政？此诚有如陛下之所谕也。然而自负其心，则亦自贻其戚。若万物之自弃于大造，而奚亏于天地之化乎？若人子之自乖夫顺德，而奚亏于父母之慈乎？圣制乃曰："朕固无知人之哲，能官之智。"而下询臣等以知能之方。臣窃仰见陛下离照无私，明见万里之外，乾刚独断，总裁庶政之几。别邪正之途，而凡臣庶之隐幽，咸得其情，一日月之照临，而万物莫不被其光也。尽器使之道，而凡大臣之任使，各因其才，一四时之顺布，而万物莫不得其所也。然则知人之哲，能官之智，固已旷千古而同符尧舜矣。臣愚一得之见，则有仁义相须之说焉。谓之仁者，非姑息之谓也。念一体之系，而推容保之恩，使之亲而不相闻耳。谓之义者，非刻薄之谓也，防慈爱之流，而用威克之道，使之尊而不相玩耳。斯二者，在陛下已预养而时出之，而臣复以此为言者，盖以诸臣之中，贤否殊途，固有戴仁以图报者矣，而亦有见义而后惩，固有感恩以作忠者矣，而亦有畏法而后劝，殆不可以一律齐也。今陛下之于臣，宠之以禄秩，荣之以声名，忠信以孚其心，礼仪以重其任，仁无不至矣。意者一于慈惠，则惠亵而不以为恩，过于宠荣，则宠加而不以为德。秉忠竭诚者，任之弥专可也。其或怀欺而徇党，则天讨之彰，可不行欤？效忠宣力者，委之不贰可也，其或怠事而苟禄，则废黜之典，可不举欤？旬宣惠和者，进之崇阶可也，其或尸素而养望，则三载之考，可不严欤？戮力矢心者，托之阃外可也，其或损威而失重，则三锡之命，可不慎欤？又或间行不测之威，以慑奸宄之志，时申核实之令，以稽文饰之奸。某称贤能也，必审其贤能之实，而名浮于德者，在所不庸。某称课最也，必核其课最之详，而禄浮于功者，在所必黜。某也任某事，克胜其任，旌之可也，苟受直而怠事，则惩其瘝旷之愆。某也举某人，不负所举，赏之可也，苟阿好而徇私，则治其欺罔之罪。推而至于天下之大，四海之广，由大臣以督监司，由监司以督守令。潢池之弄兵未息，则知其保障之才疏，闾阎之贫困未苏，则知其催科之政急。严明乎赏罚，而大起精明之功，振肃乎纪纲，而痛革因循之弊。使天下洗涤心志，聚会精神，如手持而足行，目视而耳听，皆流贯于元气，从令于天君，呼吸运动，神应默从，而莫有不管摄者。斯则义之用也，而实所以济乎其仁也，法之裁也，而实所以行乎其恩也。凡兹臣庶，皆将感乎仁而兴忠爱之忱，服乎义而存寅畏之念。在内者务启沃之忠，而思所以尽其道。为丙魏之同心辅政，为房杜之明断相资。而坐而论道者，罔不良矣。为汲黯之镇重社稷，为陆贽之竭忠赞襄，而起而作事者，罔不勤矣。在外者效承宣之能，而思所以供其职。为龚遂之寝寇渤海，为文翁之兴学成都，而藩屏四方者，罔不循矣。为裴度之削平淮蔡，为韩琦之坐慑西羌，而拥旄分阃者，罔不竞矣。元首明于上，而股肱怀励翼之诚，腹心置于人，而手足效维持之义。如此而喜起赓歌之盛，岂徒专美于唐虞而已哉！此非臣之私言也。唐虞之时，都俞吁咈，而上下交孚太和之气象，固可想矣。然而四凶之诛，未尝少贷焉，是未始不裁之以义也。我太祖之时，群臣协心，而共成大业，情意之浃洽，固云至矣。然而贤奸之辨，因而作传焉，则亦何尝不裁之以义耶？盖仁者天地之和气也，义者天地之肃气也。人君继天而出乎治，宪天以立夫极，则法其和而为仁，法其肃而为义，其道固所以相济而不可以相无也。然臣又闻之先儒曰：仁可过也，义不可过也。故天地之道，和风甘雨，长养万物，其机未尝或息。而雷霆之震，霜雪之挚，则时一见焉。是仁义之用，虽天地固已酌而施之矣。陛下深仁厚泽，沦浃人心，如和风之鼓舞，甘雨之滋润，天下莫不被之，而闻一行义，以遏恶惩奸，固有断不至于过者。然而体天之心，宪天之道，宁过于仁，而无过于义，此实臣之所以惓惓仰望于陛下者也。如事可罪也，或原其过误之情，言虽戆也，或谅其忠诚之恫。扩包荒之度，而罪疑从轻，开迁善之门，而刑过无小，则天下皆知陛下之用义也，用乎其所当用者也，其裁之以法也，裁乎其所不得不裁者也。而凡人臣之沐浴于深仁者，固已德一而心同，其自罹于罪愆者，亦皆心悦而诚服。如万物之于天地然，虽覆之而无憾，如人子之于父母然，虽劳之而不怨矣。此之谓仁育义正，相兼相济，固不以恩而废法，亦不以法而伤恩，斯天地之全德，而帝王之中道也。乃若张鼓舞之大机，用磨砺之大柄，使天下士，即未仕之初，而预养夫忠贞之志，当既仕之日，而益坚夫笃棐之贞，则学校之教，考课之法，殆亦不可缓焉。盖学校之设，风俗之关也。今士初习句读，而其心多以荣身肥家为图，则及其筮仕也，授以官秩，而籍为媒利之阶，委以任使，而视为肆志之地。为德为民，养之无素，而安望其能尽然耶？是故必重学校，如古三物之教，六德之修，使穷居之日，已真知夫君臣之义。如范仲淹，自秀才时，遂以天下为己任，则行义之际，庶几不变其塞，而忠君爱国，自有所不容已矣。考课之典，贤否之别也。今庶官因缘为奸，而典铨或未得其情伪之实，则虽亦犹夫考课也，然贤者未必褒，而为善之心日弛，不肖者未必斥，而侥幸之心日甚。黜陟幽明，不无失当，而安望其能劝惩耶？是故必严考课，如古八法之治，六条之察，使不才之流，不得滥夫名器之重。如三代盛时，官不及私昵，爵罔及恶德，则忠良之世，庶几益加激劝，而鞠躬尽瘁，亦在所不敢辞矣。此二者，亦皆所以行仁义之道，而感率人臣，以效忠者也。若夫明哲以知人，论官而器使，则固陛下德明德威之余事耳，而臣又何容赘耶？抑臣又有献焉。仁义之德，原于天而根于心。心焉既正，则一念之慈爱即为仁，一念之裁制即为义。时而出之，并行而不悖，举而措之，参和而不偏，皆此心之妙用焉耳。臣愿陛下益纯敬一之功，懋养渊源之德，澄心正极，省虑涵虚。有敬止之纯矣，而务底于缉熙，有刚健之体矣，而必期于不息。则精明之中，万理咸备，公溥之内，至德浑全。存诸中可以合天心，达诸外可以发天机。时焉以仁而用恩，即天之和煦而不流也。时焉以法而用义，即天之肃烈而不过也。王道普和平之美，庶官成效顺之风，至治保于无疆，而万寿引于弗替。天下幸甚，臣愚幸甚。臣不识忌讳，冒渎宸严，无任战竦陨越之至。臣谨对。

《嘉靖三十五年进士登科录·陶大临对策》：

臣对：臣闻帝王之致治也，有兼照之智，而后可以彰天下之大化，有总揽之权，而后可以执天下之大机。何谓兼照之智？核功能之实，察淑慝之情，精明而不爽者是也。何谓总揽之权？严黜陟之典，昭激劝之公，鼓舞而不倦者是也。智以烛其微，则忠邪诚伪之辨，得于神明洞达之中，犹万物之照临于日月，而幽显不得以遁其形。权以妙其用，则进退予夺之宜，得于震励作新之下，犹万物之鼓动于风霆，而大小咸得以若其性。是故辨官以智，圣人之明也，惟明则知人之哲以得，而所以振作者有其基矣。驭臣以权，圣人之公也，惟公则官人之能以尽，而所以鉴别者致其实矣。此仁智合一之道，刚明并运之理，帝王所以开昭融之化，以隆上下之交，寓作新之机，以弘德业之会者也。明良喜起之风，雍熙太和之治，岂复有外于此哉？钦惟皇帝陛下，秉天纵之资，抚日中之运，继离明以照物，鉴别蕴于几先，奋乾刚以用权，鼓舞神于莫测。本之以敬天勤民之心，措之为知人安民之政，盖自古帝王所罕及者矣。乃者因委任失称，遂有感于知人之哲，能官之智，而明问及焉。臣窃伏草茅，遥被治化，怀厥忠之心久矣。况躬逢明圣之时，目睹激劝之道，得拜其言以自献，敢不披竭愚悃，就陛下所问及者而敬陈之乎？臣闻君臣之相与也，有分有情。《易》以君道属之乾，而以臣道属之坤，所以言其分也。《书》以君为元首，而以臣为股肱，所以言其情也。分所当严，故臣之于君也，必仰之如天，不敢自逭其顺承之义焉，所以自尽其分也，而少有一念之弗虔者，非纯臣也。情不可懈，故臣之于君也，必戴之如元首，不能自已其捍卫之诚焉，所以自尽其情也，而少有一念之弗虔者，非纯臣也。若此者，原于天命，具于人心，实万世人臣之准，无俟乎人君之督责而后尽者。而人心不同，虽盛世不能无小人，此精明之智，鼓舞之权，尤帝王制驭臣邻之要，而不可或忽也。臣伏读圣制，有曰："朕惟天命立君，以宰于率土，必有分理协助之臣，所谓邻哉也，吁！尧舜之克圣，不有高贤大良之助，岂二圣独劳耶？"是道也，天之道也。尧舜以来，未之有改也。今夫天运于上，未尝有所劳也，然序之以四时之吏，使各司其令，不相僭忒焉，则错行成岁者，莫非上天之功。布之以五行之佐，使各宣其气，不相凌混焉，则分职成形者，莫非上天之德。尧舜法天立极者也。语其德则精一执中，天下之称盛德者，所必归也。语其化则时雍风动，天下之称大业者，所必归也。然岂纷纷焉，自竭其智能，以求尽理天下之事哉！俟考其时，以平水土则有禹，以教稼穑则有稷，以敷五教则有契，以明五刑则有皋陶，以若予工则有垂，以掌山泽则有益，以作纳言则有龙，以授时治历则有羲和，以典礼典乐则有夷夔。内有九官，而总之百揆，所以分治于内也。外设十二牧，而总之四岳，所以分治于外也。盖尧舜以诸臣之能为能，故中心无为，而不见其为逸。诸臣以尧舜之心为心，故左右厥辟，而不言其为劳。凡所以亮天工熙帝载者，交尽于二圣之朝，而相得于一堂之上，志意浃洽，精神流贯，若一人之身，天君泰然，默运于中，而肢体形气，莫不以其能效用于外，不待告戒命令，而其应自神，诚有如圣谕所谓元首股肱，真是一体者。降而三代，禹汤文武之为君，伊傅周召之为臣，其治浃化隆，固先后一揆，而同心同德，实授受一辙。盖君必得臣，斯可以弘化理之责，君之所资于臣者固甚殷。而臣必得君，斯可以显经济之猷，臣之所资于君者亦甚切。此天地之常经，古今之通义，何今之人，莫由斯道，而致烦陛下之虑耶？臣又伏读圣制，有曰："朕以心腹置人心腹中，何乃视我仇雠焉？安望为国恤民也。"臣愚于此，盖已仰见陛下厚下之仁，而深有慨于当事者之或不尽其诚矣。夫陛下尊礼大臣，有隆勿替，体念群臣，遐迩不遗，恩意之优渥，教戒之叮咛，开心腹，见情素，而一毫勉强疑忌之意，无所存于其间。虽尧舜之待其臣，未有能过此者。感恩而效忠，乘时而思奋，当必有稷契诸臣，以体陛下钦崇天道之心，以副陛下之惠安元元之意矣。而人之度量知愚相越，有不可以一律齐者。故方今之臣，其在朝廷辇毂，固必有谟明弼谐之臣矣。然而违上所好，负慢自贤者，未尽无也。其在百工庶府，固必有秉义竭忠之臣矣，然而罔上行私，朋家作仇者，未尽无也。其在藩臬郡邑，固必有旬宣惠和之臣矣，然而剥民自丰，为国敛怨者，未尽无也。其在捍卫守御，固必有死绥许国之臣矣，然而偷懦无为，全身苟免者，未尽无也。甚至私援引以市恩，公贿赂以干宪，外有事君之名，内无事君之实。夫是以分理之责，或有所未供，协助之职，或有所未尽，委任隆遇之诚，或有所孤负，而不得以善乎其后。陛下之所以待臣者如此其厚，而臣之所自处者如是其薄，是诚有以勤陛下今日之虑也。臣愚以为，唐虞之世，贤圣满朝，而不能无四凶，则人臣之有邪正，固圣世之所不免，而彰善瘅恶，举直错枉，在人君之激扬何如耳，未足为有道之累也。故尝观之，以尧舜之智，烛工鲧之奸，宜先有以察其情矣，然必试之不可，而后已焉。盖其罪之未形，不忍以逆料之见，而先以绝其将来，是圣人以厚道待天下者也。及其情状既明，然后加之以罚，而勿贷焉。盖不以姑息之恩，而废天下之法，是圣人以大义裁天下者也。及其典刑之既正也，不以数人之奸，而尽疑在廷之臣，盖贤否既殊，与夺各异，是圣人以至公待天下物来顺应普物而无心者也。夫以二圣之知人，万世仰其哲，二圣之官人，万世仰其智，而皆不免于此焉，而亦未尝以此自病焉。然则陛下又焉得以负慢之臣，而遂自歉于知人之哲，能官之智哉！臣尝仰观陛下，御极以来，固亦有一二侮慢之臣，间出于其间矣，然皆驭之有道，而不得终肆其恶。则是容之于始者，非不足于明。于精明之中，而存浑厚之体，即尧舜试可后已之心也。断之于终者，非不足于恩也。于慈爱之中，而寓威克之道，即尧舜流放窜殛之法也。迩者考核诸臣，第其殿最，而去留予夺，断自圣心，诚有以察淑慝之情，而明劝惩之典，又尧舜任贤勿贰，去邪勿疑之心也。夫忠邪诚伪，其情亦至赜也，而今有以得其实焉，非天下之至精，不足以与于斯也。此臣所以仰颂陛下兼照之智也。进退予夺，其事亦至繁也，而今有以得其当焉，非天下之至神，不足以与于斯也。此臣所以仰颂陛下总揽之权也。然则知人官人之道，无出于此矣。陛下乃犹不自满假，而以知能之方下询臣等，臣何以赞扬其万一哉！臣愚以为，知人之道，不必求之兼照之外也，即今日之兼照者，而不息其明焉，察利害之原，求得失之故。民生之未尽遂，则所以司抚字者可辨也。民俗之未尽善，则所以司风教者可辨也。财赋之未尽充，则所以司会计者可辨也。夷狄之未尽弭，则所以司安攘者可辨也。盖天下之事，有其实必有其形，即其形而推其实，则虽天下之广，群情之赜，若难于周知焉者，而秉吾昭融之识，自将明见于万里之外。若悬鉴以照物，我无与焉，而物之妍媸，咸莫得而遁焉者矣。官人之道，亦不必求之总揽之外也，即今日之总揽者，而不已其运焉，励赏罚之典，祛因习之弊。德足以熙百工，则度德而居之位可也，而位孚于德，深以负吾之付托者，则疏黜之威，所弗惜也。才足以康庶事，则量才而授之官可也，而才不称事，深以孤吾之任使者，则废置之法，所弗贷也。盖天下之事，贵其实不贵其名，循其名而责其实，则虽任有小大，事有重轻，若难于兼总焉者，而操吾张弛之柄，自能独裁于万化之原。若省括以发机，其权在我，而势之疾徐，人莫得而与焉者矣。夫智以辨之于始，固所以开振作之基，而智非务察之谓也，宪天之所以聪明者而已矣。权以励之于后，固所以致明照之实，而权非尚威之谓也，体天之所以刚健者而已矣。天之聪明，未尝遍物以求其情，而天下自无遗照，天之刚健，未尝遍物以求其当，而天下自无遗化者，何哉？易简而天下之理得也。今陛下之诸臣，虽曰未能尽体陛下之意也，既已鉴别而黜罚之矣，而凡兹简任之臣，所以推心置其腹者犹昔也，则涤德励行，革薄从忠者，将愈奋发而不可懈矣。由是任忠良以为股肱，广言路以为耳目，使各悉其聪明，条天下之贤否得失而陈之，陛下时总其上计而斟酌焉，则臣工之不蔽于习者，即陛下兼照之智。古帝王之所以流言不惑，谗间莫行，而四海九州之远物无遁情者，此其要也。使各综其名实，条天下之功罪利害而上之，陛下时总其要会而诛赏焉，则臣工之各贞其度者，即陛下总揽之权也。古帝王之所以禁不厉刑不烦，而百司庶府之臣奔走不暇者，此其道也。故尧舜之圣，所畴咨者惟岳牧诸贤，二圣特恭己以听之，而静言庸违者，不能为之眩，巧言令色孔壬者，不能为之移，虽有工鲧，终不能病唐虞之治，尧舜诚得其道握其要也。今陛下以尧舜之道待其臣，则虽诸臣之中，或未能尽以尧舜之臣自待，固无损于明良喜起之盛也。陛下亦惟始终是心而已，何必缘此而遂劳于制驭耶？抑臣尝闻之，先民曰：诚精故明。则知诚者明之本也。今陛下《敬一》有箴，《五箴》有注，严恭寅畏之念，贯彻于昊穹，缉熙敬止之学，无间于瞬息，即古帝王之诚敬，不越是矣。又尝闻之，先民曰：明通公溥。则知公者权之用也。今陛下用人惟贤，左右惟人，大小远近之任，悉决于神衷，进退低昂之机，动裁于天鉴，即古帝王之公溥，不越是矣。夫是以虚灵洞彻，而上下之情状以明，正大高明，而天下之心志以慰，此尤大圣人制驭臣邻之本，而非臣等所能窥其蕴奥者也。臣愿陛下常存此心，纯亦不已，静而宴闲之时，此心也。动而庶务之交，此心也。近而一日二日，此心也。远而百十万年，亦此心也。则意诚而心正，心正而知神，知神而用妙。出其明以照天下，则兼照之智，不待烛之而自见，而所以彰天下之大化者，于此乎在矣。出其公以裁天下，则总揽之权，不待鼓之而自神，而所以执天下之大机者，于此乎在矣。臣也方将效用于大造鼓舞之中，乐观乎圣神德化之盛，又何足以仰裨于圣谟之万一哉！至于人臣之自效，则有可得而言者矣。必也幽隐不欺，若惧天鉴之赫，不敢蔽容光于必照也。纤微必慎，若畏鬼神之知，不敢忘儆戒于逸豫也。一事之善，必循循以勉之，而始终之不渝。一事之拂，必惴惴以克之，而纵肆之必戒。则庶乎上不负明圣之君，而下不负平生之学矣。臣学术浅陋，不足以答明问，惟陛下矜悯愚诚，而不录其罪焉，臣愚幸甚。臣干冒天威，无任战栗陨越之至。臣谨对。

《嘉靖三十五年进士登科录·金达对策》：

臣对：臣闻帝王之御天下也，必尽官人之道，而后可以致天下之治，必得官人之要，而后可以享天下之逸。天下之治，天下之人为之也，任用弗当，则所以辅理承化者无其托，而治功之隳，恒必由之，何以致雍熙悠久之化？天下之贤，天下之相举之也，选择弗精，则所以崇信任使者非其才，而庶绩之凝，无以致之，何以成人君任人之逸？故求贤以弘化者，君之事也。而代君以举贤者，相之职也。君能其事，臣举其职，则天下之事日就于理，而官人之效有可臻，无为之治，坐享其成，而求贤之劳有所代矣。否则，以一人之聪明，而欲周知天下之贤，则君之明必有所难遍，非所以言官人也，况其劳不容已乎？以一己之私见，而欲上答求贤之君，则相之职必有所难尽，非所以言事君也，况其责不可诿乎？是故明主劳于求贤，而逸于任人。任人者，任相是也，一相得而万国理矣。相臣易于事君，而艰于举人。举人者，举贤是也，众贤辅而百工叙矣。故唐虞之治，以有分理协助之臣也，尧舜之逸，以有高贤大良之助也。君不自逸，而屑屑焉用其聪明以求治，相不效劳，而泄泄焉恣其玩忽以遗贤，三代以下之治，所以不能比隆于盛世者，盖有由然矣。钦惟陛下，禀刚健睿哲之资，懋高明光大之学，敬一交修，而知人之本立，明断并行，而用人之法备。天下日臻于治，而可以蹑唐虞而上之矣。万几之暇，不自满假，乃进臣等于廷，俯赐清问，以圣衷有心腹之推，而臣工置仇雠之视，不能望其为国恤民，若自慊于知人之未尽者，此诚陛下望道未见，视民如伤之盛德也。臣叨有司之荐，得以与于赐对之列，敢不摅其衷悃，以对扬休命之万一乎！臣观之《书》曰：天佑下民，作之君，作之师。惟其克相上帝，宠绥四方。则君者天之所立以为生民主，而民之所利赖者也。又曰：臣作朕股肱耳目。予违汝弼，汝无面从，退有后言。钦四邻。则臣者，君之所资以为臣邻，而为国之所倚重者也。君欲求人以恤民，必秉知人之哲，备能官之智，而后鉴别始精，自可以得汇征之贤。臣欲为君以恤民，必尽有相之道，竭匪躬之节，而后忠贞不失，自可以尽代终之责。君不知人，则贤否混淆而莫之辨，忠邪并进而莫之察，膏泽不能以下究，望其恤民也，难矣。臣不尽职，则君之付托者有所负，君之责成者罔所效，心力或有所未殚，谓其能忠也，诬矣。然天工人代，以一事而立之一官，代君有终，以庶官而分乎庶事，则职任之繁，不可以殚举也，智愚之异，不能以齐同也。人君居九重之上，怀万几之虑，焉得人人而择之精，人人而用之当哉！是故尧之时，非无静言庸违者也，而所任者舜也，舜一得而俊乂在官矣。故尧之忧，忧不得乎舜而已，舜之外，无忧也。舜之时，非无比周为党者也，而所任者禹皋陶也，禹皋得而群哲勉辅矣。故舜之忧，忧不得乎禹皋而已，禹皋之外，无忧也。尧惟得舜以分之治，故治水成绩者，舜举之也，明刑弼教者，舜举之也，典礼典乐者，舜举之也。亮采惠畴之有人，而于变时雍之治成，尧其独劳于上乎？舜惟得禹皋以分之治，故九德咸事者，禹皋率之也，百僚师师者，禹皋率之也，四邻之钦若，禹皋率之也。宅揆秉衡之有人，而四方风动之休著，舜其独劳于上乎？君明臣良，而相得者益章，君逸臣劳，而相须者以成，此唐虞之治，退哉茂乎，不可尚已。三代之隆，亦知此道，故其治功，后世不可几及，唐虞之盛弗过也。自是而汉而迄于宋，上非无侧席求贤之君，然不知任相之逸者，其劳不足尚也。下非无为君求贤之相，然不知求贤之公者，其私不可训也。世道日趋于污，而治化不隆于上，又奚怪其然哉？陛下聪明天赋，睿知夙成，屡下敷求之诏，而在野无遗贤，时举考核之典，而在位无比德。大小臣工，固宜摅悃输忠，鞠躬尽瘁，以图报于万一，则天地所以覆我载我之仁，大君所以生我成我之恩，庶乎知所酬矣，何敢忘其所自，而有仇雠之视也？孟子曰：君之视臣如手足，则臣视君如腹心，况乎君以心腹置臣腹中，而臣以仇雠视之，则莫大之罪，无所逃于人怒，谁其能逭之哉！然人心不同，贤不肖相去，不能一律齐也。是故有辅弼论思之臣焉，秉忠竭诚者固多，而阿比逢迎者，或有也。有台省藩臬之臣焉，精白承休者固多，而诬上行私者，或有也。有边鄙将校之臣焉，宣力效死者固多，而观望退缩者，或有也。有州邑牧圉之臣焉，奉公守法者固多，而营身肥家者，或有也。若是者，岂陛下知人之哲，能官之智有不足耶？天有大明，而日月之所不及，不损其为明。君有大智，而耳目之所未周，不害其为智。然则今之所谓不法不廉以仇雠视者，是无血气之类，作蚍蜉以自速戾于厥躬耳，于陛下何累哉！亦惟察之以明，知其不可原也，则因其情而按之，不以人言而失之纵。秉之以公，知其不可宥也，则因其罪而诛之，不以姑息而失之宽。主之以断，知其不可容释也，则因其不才而黜逐之，不以因循而失之缓。一刑之施，明如日月，而天下咸知其当。一罪之加，峻如雷霆，而天下咸惧其威。又奚臣工之敢不自尽其忠哉！虽然，此则因其罪而言之耳。陛下犹欲闻知能之方，而谓臣等有怀知能之道，俾臣勿讳勿欺。臣窃谓，有所为而不言，讳也，有所言而不尽，欺也。臣于平日，以此自戒久矣，而况第一进言之始，敢蹈是咎，而不以官人之要为陛下悉陈之哉！臣谓，臣者分君之治以为治者也，相者统臣之职以为职者也。君不得臣，固不足以弘化，而君不择相，又不可以得人。故相者，君所任以知人求贤，而措天下国家于宁谧者也。是故善官人者，任相而已矣。必相之得，而后君之知有所不及者，相代以知之。善任相者，推心而已矣，必心之推，而后相之责有不可辞者，始有以尽之。故夫君之于相也，克知灼见于其先，则相之代君以求贤者，必非徇私阿党者矣。委任责成于其后，则相之以人而事君者，必非惟尔不任者矣。是故为君求辅弼论思之臣也，而阿附逢迎者弗之举矣。为君求台省藩臬之臣也，而诬上行私者弗之举矣。为君求边鄙将校之臣也，而观望退缩者弗之举矣。为君求州邑牧圉之臣也，而营身肥家者弗之举矣。由是而辅弼论思之臣得，则所以论道经邦、启心沃心者，不有人乎？台省藩臬之臣得，则所以激浊扬清、旬宣布惠者，不有人乎？边鄙将校之臣得，则所以干城敌忾、攘夷却狄者，不有人乎？州邑牧圉之臣得，则所以抚字保障、生养藩息者，不有人乎？人君者，元首也。所以为之股肱耳目者，惟令之从而无所违，惟职之共而无所惰，则可以中天下而立，泽四海之民。如天之运行于上，而四时之吏、五行之佐为之宣其气矣，君不可以自逸也耶？若曰：人人而欲择之精、官之当，似有失于大君之体，而日见其丛脞矣，虽劳奚益也？是故君不可以不逸，逸者，逸于任相也。相不可以不劳，劳者，劳于求贤也。知劳逸之有其分，则知官人之有其要矣。虽然，陛下知能之道，臣固以为在择相矣。然相之所当自尽者，又何如哉？必思曰：相者，君股肱耳目之所寄也。使于心有不尽，君之望我者何如，而可如此也？必于四门则辟之，凡可以得贤者，无不为之图。于侧陋则扬之，凡所以官人者，无不得其当。始之以甄别之明，而网罗之收采必精也。参之以举用之公，而私门之桃李弗植也。或举于亲，虽亲而在所不避，或举于仇，虽怨而有所不恤。则庶乎可以成君知人之智，而安民之仁，亦举之矣。皋陶曰：知人则哲，能官人。安民则惠，黎民怀之。能哲而惠，何忧乎驩兜？何迁乎有苗？何畏乎巧言令色孔壬？然则官人之要，非臣之所望于陛下者哉！虽然，臣又闻之：为政在人。取人以身。修身以道。修道以仁。则人君之身，又为取人之本，而况欲择一相以理万国，奚可不求之于身也。臣愿陛下之持敬也，不徒曰郊则恭虔、庙严孝趋已也，而敬之持也，合隐微大小而无间。陛下之主一也。不徒曰弗贰以二、弗参以三已也，而一之主也，合久暂始终而一致。如尧之兢兢，如舜之业业，如禹之祗台德先，如汤之圣敬日跻，如文之亦临亦保，如武之克勤用德。涵养此心于未发之先，而湛一精明之体，不使其或淆也。省察此心于已发之际，而不偏不何之用，不使其或乖也。戒声色货利以保养此心，亲贤人君子以维持此心，则藻鉴清明，而私欲莫能以汩之，权衡不忒，而事物莫能以挠之。殆见相之所择，无有不贤，人之所官，无有不当。以之照临百官，而阜成兆民，则人无有比德者此也，民无有失所者此也，放勋重华之治，固可见于今日，而巩国祚于苞桑之固，措天子于泰山之安，臣知其无穷期矣，岂非斯□之大幸哉！臣愚鄙猥，承清问，俾之尽言，故肆其狂瞽及此，惟陛下矜而宥之，不胜幸甚。臣干冒天威，无任战栗陨越之至。

卢煌登进士第，授行人司行人。高拱《高文襄公文集》卷三《山西按察司佥事卢君墓志铭》："卢君讳煌，字道含。……嘉靖庚子举于乡，丙辰登进士第，授行人司行人，例得为台省，而时方重略，君徒静守罔攸略，遂止量移司副。人以此为君屈，然亦以此多君有雅操，非世俗巧宦伍也。司副逾一载，迁户部员外郎。"

进李本少保兼武英殿大学士，酬考察之役。（据《国榷》卷六十一）

翰林编修亢思谦为河南提学副使。（据《国榷》卷六十一）

翰林编修吴情为侍讲。（据《国榷》卷六十一）

四月

徐海入寇。茅坤《纪剿徐海本末》："嘉靖丙辰，徐海之拥诸倭奴而寇也，一枝由海门入略维扬，东控京口；一枝由淞江入掠上海；一枝由定海关入略慈溪等县。众各数千人，而海自拥部下万馀人，直逼乍浦而岸；岸则破诸舟，悉焚之，令人人各为死战。又导故窟柘林者陈东所部数千人与俱，并兵攻乍浦城，盖四月十九日也。当是时，朝廷方夺故总督，而新总督胡公，自提督代之甫八日，问幕府麾下募卒，仅三千人，俱孱弱不可用。故总督所征四川、湖广、山东、河南诸兵，俱罢去。所为缓急者，特容美土兵千人，及参将宗礼所籍河朔之兵八百人耳。"

户部浙江司郎中金九龄下狱削籍，前廷试时私入禁门见执故也。（据《国榷》卷六十一）

吏部左侍郎吴山为礼部尚书兼翰林学士，右侍郎郭朴为左侍郎，礼部左侍郎孙升为吏部右侍郎，右侍郎茅瓒为左侍郎，翰林侍讲学士袁炜为礼部右侍郎。（据《国榷》卷六十一）

翰林侍读严讷，修撰李春芳并为翰林学士。右春坊右中允董份直西内撰玄。自是词臣多舍本职，往往求供奉，希进用矣。（据《国榷》卷六十一）

五月

复遣赵文华视师。《明鉴纲目》卷六："纲：夏五月，复遣赵文华视师。目：倭警沓至，部议再遣大臣督师。已命兵部侍郎沈良才（泰州人。）矣，嵩令文华自请行，且言江南矫首望文华，帝信之，命兼右副都御史，提督军务。文华再出，胡宗宪欲借以通嵩，诡奉无不至。文华素不知兵，亦倚宗宪。两人交甚固。已而宗宪俘陈东，平徐海，（宗宪遣指挥夏正等，要海降，且曰：'陈东已有约，所虑独公耳。'海因疑东。而东知海营有宗宪使者，亦大惊，由是有隙。宗宪因谕海，缚陈东、麻叶，许以世爵。海果缚叶以献。宗宪解其缚，令以书致东图海，而阴泄其书于海，海怒。海妾受宗宪赂，亦说海。于是海复行计，缚东来献。刻日请降，忽率百余人先期猝至，文华惧，欲弗许，宗宪强之。海叩首伏罪，宗宪慰之。海自择沈庄屯其众。沈庄者，东西各一，以河为堑。宗宪居海东庄，以西庄处东党，令东致书其党曰：'督府檄海，夕擒若属矣。'东党惧，乘夜攻海，海走间道，官军围之，投水死。）文华以大捷闻，归功上玄，帝大喜，加文华少保，宗宪右都御史。"

六月

翰林院侍讲邢一凤为南京太常少卿。（据《国榷》卷六十一）
故监察御史包节卒于庄浪。节字元达，华亭人，嘉靖壬辰进士。授东昌推官，拜御史按云南湖广。劾中贵廖斌不法，逮戍庄浪。年五十一。（据《国榷》卷六十一）

八月

右春坊右中允董份为翰林学士。（据《国榷》卷六十一）

顺德知府李攀龙（1514—1570）为陕西提学副使。（据《国榷》卷六十一）殷士儋《墓志铭》："癸丑（1553）出守顺德……比三岁，有十数最书，擢陕西按察司提学副使。关中士素习古文词，得于鳞为师，又猖然勃兴矣。"《艺苑卮言》卷七："于鳞为按察副使，视陕西学，而乡人殷者来巡抚。殷以刻核名，尤傲而无礼，尝下檄于鳞代撰奠章及送行序。于鳞不乐，移病乞归，殷固留之，入谢，乃请曰：'台下但以一介来命，不则尺蹄见属，无不应者，似不必檄也。'殷愕然起，谢过，有所属撰，以名刺往。而久之复移檄，于鳞恚曰：'彼岂以我重去官耶？'即上疏乞休，不待报竟归。"《明诗纪事》己签卷一录李攀龙《平凉》诗，即李攀龙提学陕西过平凉而作。诗云："春色萧条白日斜，平凉西北见天涯。唯余青草王孙路，不入朱门帝子家。宛马如云开汉苑，秦兵二月走胡沙。欲投万里封侯笔，愧我谈经鬓有华。"《明诗纪事》引陈继儒《眉公笔记》曰："莫中江云：'中州地半入藩府，李于鳞《送客河南》云：'惟馀芳草王孙路，不入朱门帝子家。'可谓诗史，而语意含蓄有味。"又陈田按："遍检《沧溟集》无《送客河南》之作，惟《平凉》诗有此二句。考史，韩宪王松封国开原，未之国，子恭王冲𤊲嗣。时弃大宁三卫地，开原逼塞不可居。永乐二十二年改封平凉。于鳞此诗乃提学陕西过平凉而作，自指韩王事，与河南无涉。"

九月

戊寅，升詹事府少詹事兼翰林院侍讲学士掌翰林院事尹台为南京吏部右侍郎，翰林院侍讲潘晟为南京国子监祭酒。（据《明世宗实录》卷四百三十九）

董份、瞿景淳任武会试主考，遵制拔八十人。董份《泌园集》卷二十五《武举录序》："嘉靖丙辰，当武举会试。皇上命学士臣份、侍读臣景淳典终试事，而同考试则某。始，诸臣同陛辞，而臣份蒙皇上收录撰述，恭诣迎和门稽首辞。蒙皇上赐臣酒饭，盖殊典也。……乃进诸武士步骑射中格者，殚力校阅，遵制拔八十人，录其文以献。"《国榷》卷六十一："（嘉靖三十五年九月）戊辰，翰林学士董份、侍读瞿景淳主武闱。"查继佐《罪惟录》志卷十八《科举志·武科举》："嘉靖中，世胄颇为文职所抑，至有大老方称筋介寿，其子孙以文场不入式，偶赴武科得隽者。报至，主人大不乐，为罢宴，曰：'某丑不能陪侍。'且曰：'吾方具奏声武弁不职之罪，乃身即下贱，堕我世业如此！'及归，以子不类，不令入门，亲友百劝，必弃不受职乃已。天启中，以边事急，武科稍盛。"《明经世文编》卷四百六十六李维桢《武职策》："愚又以为武科之制当广也。何也？武科所取，骑射论策耳，不足得士也。古有不跨马、不穿札而为名将者矣，古有手不知书而位大帅者矣。剧孟，洛阳侠也，朱克融，河北豪也，措足为一时轻重。燕齐江淮之间，今无若人乎？宋苏轼谋推择河北五路之民沉鸷勇悍者以试吏，而重牙拔之选，其议固可采也；甘延寿投石拔距绝于等伦，超羽林亭楼，以试弁期门。击剑斗黎弹丸连弩风角占测之伎，兵家亦何所不用哉？是不当各为一科而甄叙之乎？"徐光启《徐光启集》卷一《拟上安边御虏疏》："将帅之才，武科可得什一，举荐可得什三。武科限于文墨，举荐乱于毁誉也。"董份《泌园集》卷十七《增柱国大都督柬湖陆公序》："明兴，设武进士之科，试步骑射革，而复命儒臣策之，取其文辞以进。……自承平既久，间者诸边警而告急，将帅乏人。或言：武科专步骑射革足也。欲坐筹当大将之任，秉麾授令，策全而制百胜者，非有文者不能。欲秉忠义大节，内持国家之重而外系安危，履庙堂之上，不战而坐胜者，则非深于文武而有得于道者，尤不能也。使专以步骑射革，则如斯人者何从见之？"

十月

录倭寇扬州死事诸臣。故扬州同知朱褒，赠左参议，荫子学伊国子生。馀各有差。（据《国榷》卷六十一）

朱希周卒。《国榷》卷六十一："前南京吏部尚书朱希周卒。希周字懋忠，昆山人，弘治丙辰进士第一。授翰林修撰，迁侍读。久之，逆瑾矫制夺侍读，仍修撰。已复之，进侍读学士，迁南京吏部右侍郎，转礼部左右至尚书。敦重不妄言动。历南宰，谢归。以重德表式州闾。躬履贞素，虽老愈介。年八十四。赠太子太保，赐祭葬，谥恭靖。"

十一月

大学士严嵩年七十余，免廷贺，惟直西内，赐肩舆。（据《国榷》卷六十一）

本年

张治道（1487—1556）卒。乔世宁《刑部主事太微张公治道墓碑》："嘉靖丙辰，太微张公卒。""比卒时年七十岁矣。"张治道，字孟独，一字时济，长安人。"正德癸酉举于乡，甲戌登进士第，授长垣令。三年以治行中科道选，征入……乃仅授刑部主事。……上疏引疾归。归二年，当考察期，御史掇拾都御史言，论公落职。""家居者几四十年，竟以一主事终身。""公自以志业不伸，遂弃官不就，乃一意读书为文章，尤好杜工部诗与秦汉人文。其始诗学杜，拟为之，久之句意体裁无弗杜者。文复气雄语质，当于事实，即不定拟秦汉何人，然唐以下无师焉。与王检讨、唐修撰一见语合，乃数与纵论诗文，又数与遨游终南鄠杜间，遇山水胜处，辄命酒歌吟，赋诗立就。或语及古今天人之际，至浩渺闳肆，时人莫测也。""所著《太微》前集、后集、《嘉靖集》、《少陵志》、《长垣志》凡数十卷，诸时事、边情、里俗、吏治具见其中，可以览观古今得失之故，所谓诗史者不在是哉！"《艺苑卮言》卷五："张孟独如骂阵兵，瞋目揎袖，果势壮往。"《明诗纪事》戊签卷十二录张治道诗二首。

孙宜（1507—1556）卒。王世贞《洞庭渔人传》谓孙宜"一夕卒，得年仅五十"；孙宜绝意弃进士试在 1544 年，时年三十有八；孙宜生卒年据以推定。《列朝诗集小传》丙集：孙宜"字仲可，为儿时得侍仲默（何景明），长而颂慕其风流，举于乡，上春官不第，肆力词赋，以不朽自命，自称洞庭渔人。与滇人张含、秦人左国玑、吴人黄省曾，皆以老举子有名于时。仲可《洞庭渔人集》诗多至三千八百馀首。王元美评诗云：'华容孙宜得杜肉。'余观其诗，剽拟字句，了无意味。求杜之半鳞片爪不可得，而况其肉乎？"

万表（1498—1556）卒。（据《明儒学案》卷十五《都督万鹿园先生表》）《静志居诗话》卷十四《万表》："万表，字民望，鄞县人。正德末，中武进士，累官都督同知，金书南京中军都督府。晚号鹿园居士。有《玩鹿亭稿》。鹿园裘带翩翩，志存开济，好从方外游。间与罗达夫、唐应德诸公，讲性天之学。值倭寇为患，守土者力不能，公远结少林寺僧，传格斗之法。倭猝犯赭山，公使释孤舟统其徒二百人，薄倭营，纵火前击，败之。俄太仓来乞师，公别募月空等十八僧，选经师天吴为将，战于翁家港，诸僧衣锦袈裟，持杖，口含淀蓝，遇贼以蓝涂面，自地跃起，若俣鬼前搏，倭大惊，以为神，遂大败倭，追及嘉兴之白沙滩，尽歼焉。后迁官留都，道出苏州，卒遇寇杨泾桥，孤军与战，得出，身中流矢，以书报家人曰：'家世死战，唯吾持文墨论议，未尝身将兵。今晚年增一箭瘢，可无憾矣。'盖万氏自武略将军斌战死阿鲁完河，子指挥金事钟与靖难兵战死花园，孙明威将军武从征交阯，师次檀舍江，陷阵死。武弟文，袭兄爵，守桃渚，有龙夜戏潮，浮水面，遥望两炬光，以为贼火，引强弩射之，应弦落其一炬，不知为龙目也。龙负痛腾跃，文船漂没，人称射龙将军。三世不得裹骨归葬，故鹿园书云然。鹿园子达甫仲章，镇国将军。孙邦孚汝永，都督金事。皆材兼文武。达甫有《皆非集》。邦孚有《一枝轩稿》。《题江心寺》云：'清磬龙听法，空阶月送潮。'此仲章警句也。"

明世宗嘉靖三十六年丁巳（公元 1557 年）

四月

国子司业王材为南京太常寺少卿。（据《国榷》卷六十二）

五月

翰林院编修高仪为右春坊右中允，署国子监司业。（据《国榷》卷六十二）

翰林修撰秦鸣雷为左春坊左谕德。（据《国榷》卷六十二）

六月

吕高（1506—1557）卒。（据李开先《江峰吕提学高传》）

国子祭酒郭鋆为南京工部右侍郎。庶吉士姜宝服阕，为编修。（据《国榷》卷六十二）

顺天府尹黄懋官为南京户部右侍郎，总督粮储。太常寺卿署国子祭酒敖铣服阕，补原秩。（据《国榷》卷六十二）

七月

前右中允秦鸣夏卒。鸣夏临海人，嘉靖壬辰进士第一。赵文华荐之，起兵部主事，未赴。（据《国榷》卷六十二）

八月

许相卿（1479—1557）卒。《国榷》卷六十二："（嘉靖三十六年八月）庚寅，前礼科给事中许相卿卒。相卿海宁人，正德丁丑进士。遇事敢言，早岁挂冠，人咸高之。"

九月

赵文华免官，其子怿思戍边。《明鉴纲目》卷六："纲：丁巳三十六年，秋九月，赵文华有罪免，其子怿思戍边。目：帝闻文华视师江南黩货要功状，思逐之。严嵩言文华因触暑南征，疾尚未愈，随令上章称疾，帝手批令回籍休养。制下，举朝称贺，嵩独不怡者累日。帝以文华虽逐，未尽其罪，而言官无攻之者，帝怒无所泄。会其子锦衣千户怿思，以斋祀停封章日，请假送父，帝大怒，黜文华为民，戍怿思边卫。（文华故病蛊，及遭谴卧舟中，意悒悒不自聊，一夕手扪其腹，腹裂，肠腑出遂死。）"

翰林院庶吉士姚弘谟服阕，授编修。（据《国榷》卷六十二）

十月

沈炼（1507—1557）以忤严嵩被杀。王世贞《明故锦衣卫经历赠奉议大夫光禄寺少卿青霞沈公墓志铭》：沈炼字纯甫，会稽人。"辛卯（1531）举乡试。又七年（1538）成进士，为溧阳令。其治以搏击豪强卫赤子为急，用忤倨忤御史，得调茌平，以父忧归，服除，补清丰令。愈自刻苦，有惠爱声。故锦衣帅陆炳闻而贤之，请吏部，得公为经历，至则与钧礼，不敢以分加公。公愈益发舒，尝从世蕃酒所，世蕃虐所狎客给事，饮非其任，强灌之，公即以灌世蕃，曰：'吾代客酬也。'当寇掠近郊，时都门闭，公急谓陆公：'勿闭门，闭门予敌民矣。'陆公为言于上而许之，所入男女以巨万计。公既谪保安，而属岁大侵，倾囊装作粥粥饥者，收百里内骸，买地而瘗之。其人相率而为祠生祀公。公于诗文援笔立就，奇丽甚，而不能尽削其牢骚愤激之气，往往多楚声，竟以是获祸。其传者十不能一二，人读而怜之。沈公讳炼，字纯甫，别号青霞山人。其死以丁巳之十月十七日，距其生丁卯得年五十有一。""沈公当田保安，仓卒寄妻子广柳车，未有舍，而保安贾某者傍睨公曰：'公非上书请诛严氏人耶？'揖之入，徙家而家沈公，公始有居矣。里长老问知沈公状，咸大喜，助薪粲而遣其子弟来从学。公稍与语忠义大节，则又大喜。而塞外人戆，争为公詈相嵩以快公，公亦大喜，日相与詈嵩父子以为常，至为偶人三，象唐相林甫、宋相桧及相嵩而射之，语稍稍闻，嵩父子衔之切骨，思有以报公。而侍郎杨顺来总督，顺故嵩客也。前大帅某业以选愞避敌，俟其解则纵吏士取死人首，甚者夜徼避兵人僇之以为功。沈公廉得其首主名，贻书诮之，前大帅恚，既得代，即以属顺曰：'是故挠乃公事者。'丁巳（1557）寇大入，破应州堡四十馀，顺见以为失事当坐，益纵吏士杀僇避兵人，上首功以自解。而公复廉得其状，贻书诮顺，语加峻，且赋诗及乐府者二。或谓公迁人，非有言责，毋为尔，公怒曰：'吾向者岂亦有言责耶？若视眼在否？而欲盲我！夫杀人而欺其君以要赏，吾誓不与共天。'顺闻益恚，以其私人经历金绍鲁、指挥罗铠走嵩子世蕃所，曰：'是夫也，结死士击剑习射，将以间而取若父子。'世蕃曰：'吾固知之。'即以属巡按御史李凤毛。凤毛谬为谢曰：'有之，窃阴已解散其党矣。'凤毛得代归，迁为光禄少卿。而御史路楷来，楷又嵩客也。世蕃为酒寿楷，而使谓顺曰：'幸为我除吾疡，事成，大者侯，小者卿。'顺则与楷合策捕诸白莲教通敌者，窜公名籍中，以谋叛闻。而前大帅时理兵部，无异，取中旨僇公，籍其家，而予顺一子锦衣千户，楷候选五品卿寺。顺犹怏怏曰：'丞相负我，薄我赏，犹有所不足乎？'谋之楷，取公二子杖杀之，而移檄越，逮公长子诸生襄，至则日掠治，困急且死。会给事中吴君时来上疏论顺、楷误国大罪，上怒，相嵩不及为之地，急下缇骑捕顺、楷，而襄得释。"杨顺本年总督宣大军务。

十一月

胡宗宪诱擒海盗王直（或作汪直），徐渭预其谋。《明史纪事本末》卷五十五："（去年八月），徐海等既死，汪直复纠众三千馀入宁波岑港，大掠四境。汪直，徽人也。宗宪亦徽人，乃以金帛厚赂诱之，云：'若降，吾以若为都督，'置海上，通互市，乃迎直母与其子入杭厚抚之。而奏遣生员蒋洲往谕，与之盟……遂诣军门请罪，具言自效状。宗宪待以宾礼，使指挥为其馆主。给舆夫出入，复出蔬米酒肉供馈其舟人，日费数百金，且交质为信。因具状闻，请赦之。科臣王国祯力持不可。疏入，上谓'直元凶不可赦'。宗宪乃密檄按察司收直等斩之……然直虽就诛，而三千人皆直死士，无所归，益恚恨，复大乱。"袁宏道《徐文长传》云："文长自负才略，好奇计，谭兵多中。凡公所以饵汪、徐诸虏者，皆密相议然后行。尝饮一酒楼。有数健儿亦饮其下，不肯留钱。文长密以数字驰公。公立命缚健儿至麾下，皆斩之。一军股栗。有沙门负资而秽。酒间偶言于公。公后以他事杖杀之。其信任多此类。"

十二月

前太子少保工部尚书蒋瑶卒。瑶归安人，弘治己未进士。除行人，拜御史，历守荆扬。值武宗南巡，强执不挠，扬人赖之。江彬索赂不与，举所赐铜瓜拟之，瑶不为动。晚跻八座。端亮清介，貌若恂恂，遇事不可夺。年九十。赠太子太保，谥恭靖。（据《国榷》卷六十二）

本年

董应举（1557—1639年后）生。应举字崇相，闽人。万历戊戌（1598）进士，除广州教授。迁南国子博士，就迁吏部主事，改北，历员外、郎中，迁南大理丞。历太常少卿、太仆卿，迁右副都御史，进工部侍郎。有《董崇相集》。

娄坚（1557—1631）生。据吴海林等编《中国历史人物生卒年表》。娄坚，字子柔，嘉定人。贡生，有《吴歈小草》等。

明世宗嘉靖三十七年戊午（公元1558年）

正月

陕西鄠县人王金献万岁芝山。金故太学生，杀人坐抵。鄠令阴凤麟以其秘方减死，逃匿赵文华所。时四方日进芝，积于西苑，金赂内使窃芝出，聚百八十一本，丛如山。祝寿，赐金。（据《国榷》卷六十二）《万历野获编》卷二十九《献芝》："嘉靖中叶以后，大小臣工进白鹿、白兔、白雁者固多，而后乃以芝草为重，下至细民亦竞上献。如三十七年，陕西鄠县民王金，进芝山一座，聚芝一百八十一本，曰仙应万年芝，以祝圣寿。其间径一尺八寸者凡数本。上悦，赍以金帛。是年冬，礼部类奏四方所进芝一千八百四本，诏犹以径尺上者尚少，命广求以进。于是命辅臣严嵩、李本等炼以为药。且诏次辅徐阶曰：'卿政本之重，不以相溷也。'阶惶恐，请炼药如辅臣，上始悦。自是督臣胡宗宪献芝与白龟同进，上以之谢玄坛告宗庙，赐宗宪鹤袍，而陕西抚臣程轨，按臣李秋，献白鹿芝草，云得之部内书堂万寿宫中，盖诡为美名以媚上也。二臣各拜币钞之赐，仍命谢玄告庙。至四十一年，王金者又进灵芝五色龟。上大喜，谕礼部，龟芝五色俱全，五数又备，岂非上元之赐。仍告太庙，百官表贺。拜金为御医。四十三年，太医院御医王金，又进万寿香山三座，聚芝三百六十本为之者。是岁天下臣民进法秘仙桃瑞芝，及为上祝厘建醮者不绝，各承赏赉。又一年，而上鼎成龙去。王金坐进药损上躬，论大辟，高新郑为政贷出。"

三月

宣大总督杨顺以罪下狱。《明鉴纲目》卷六："纲：戊午三十七年，春三月，总督宣大侍郎杨顺，以罪逮下狱。目：方锡林阿围大同，杀掠吏民无算，顺惧路楷奏之，贿以七千金，楷悉为掩覆。及是，给事中吴时来，（字惟修，仙居人。）抗章劾顺罪，且发楷受金状。帝方怒顺召寇，立命逮顺及楷下狱。严嵩不能救，乃言楷受金当勘，而令其党给事中郑茂往。茂还，事事为顺辨，复言楷受金无左验，顺、楷俱薄谴。于是时来即劾嵩朋奸罔上。会主事张翀，（字子仪，柳州人。）董传策，（字原臣，松江华亭人。）亦于是日劾嵩。翀与时来，皆徐阶门生，传策则阶邑子。时来先又官松江。嵩疑阶主使，乃密奏三人同日构陷，必有人主之。帝下三人诏狱鞫讯，久之无所得，三人皆遣戍。然自是帝亦稍厌嵩矣。"

皇甫冲（1490—1558）卒。皇甫汸《华阳长公行状》："公讳冲，字子浚……号华阳山人。……丁巳（1557），忽寝瘵，赖刀圭延息。……越明春杪，偶灌园，觉腹痛，如厕，足委顿不支，疾作竟卒。……时嘉靖戊午三月丁丑也，距生弘治庚戌正月乙丑，年六十有九。""庚戌（1550）归，悔其再误，因号不庵叟，而揭铭座右，杜门著书，湛思味道，若将终身焉。……乃溯风雅之源，究作者之意，删辑所为词赋诗歌四十卷，序记传志杂文二十卷，总曰《华阳集》，而编目先行。武宗即位（1505），政法凌迟，撰《绪言》及《申法》。车驾南征（1519），撰《己庚小志》。睹《靖难录》，撰《壬午刑赏志》。思广左氏，摘奇撰《纂言》。今上继统（1521），崇尚文德，撰《周易大传疏》。余领曲周，恐不习为吏，撰《政准》。大同之变，撰《几策》。幼好谈兵，撰《兵统》。辑经子要语、诸史法行，撰《左测》、《右测》。晚年闻见日益，撰《因子》。因记边兵犯阙，京邑骚动，撰《靖边经》。海寇突起，当事无策，撰《枕戈杂言》。世系攸邈，闵其凋零，撰《家谱》。凡七十馀卷，数十万言，而《北游》、《游虞》、《还山》、《倦游》诸集，别行于世云。大较穷愁孤愤，抚骚拟玄，词丽指眇，使人不能加也。"

四月

徐渭作《代初进白牝鹿表》。代胡宗宪作。徐渭《畸谱》:"三十七岁。季冬,赴胡幕,作四六启京贵人,作罢便辞归。"《松窗梦语》卷五:"浙直总制胡宗宪进仙芝一、玉龟二,谓产自天目,芝生其上,龟潜于下,亦得温旨。后龟死其一,世宗作一联云:'玉恩降世增余寿,龟使升霄显尔灵。'仍命工部以杉为秘器,与白兔同葬。后宗宪复进白鹿二,上表云:'皇上凝神沕穆,抱性清真。德迈羲皇之上,龄齐天地之长。乃致仙鹿,遥呈海峤。奇毛洒雪,岛中银浪增辉;妙体抟冰,天上瑶星应瑞。千载馀而色白,七星戴而道成。曜质名都,呈祥瑞世。缟质霜毛,变林虞之兽族;殊资驯性,光云缟之龙媒。实表寿征,名章天鹿。呦呦当宴,混玉佩以齐鸣;皎皎来游,共瑶章而一色。'表语精工,一时称最。由是臣下各进表文,赞颂功德,不可胜计矣。"《万历野获编》卷十《四六》云:"四六虽骈偶余习,然自是宇宙间一种文字。今取宋人所构读之,其组织之工,引用之巧,令人击节起舞。本朝既废词赋,此道亦置不讲。惟世宗奉玄,一时撰文诸大臣,竭精力为之,如严分宜、徐华亭、李余姚,召募海内名士几遍,争新斗巧,几三十年,其中岂少抽秘骋妍可垂后世者。惜乎鼎成以后,概讳不言。然戊辰庶常诸君尚沿馀习,以故陈玉垒、王对南、于谷峰辈,犹以四六擅名,此后遂绝响矣。又嘉靖间倭事旁午,而主上酷喜祥瑞。胡梅林总制南方,每报捷献瑞,辄为四六表,以博天颜一启。上又留心文字,凡俪语奇丽处,皆以御笔点出,别令小臣录为一册。以故东南才士,荐绅则田汝成、茅坤辈,诸生则徐渭等,咸集幕下,不减罗隐之于钱镠。此后大帅军中,亦绝无此风矣。"陶望龄《徐文长传》云:"胡少保宗宪总督浙江。或荐渭善古文词者,招致幕府,管书记。时方获白鹿海上,表以献。表成,召渭视之,渭览罢,瞠视不答。胡公曰:生有不足耶?试为之。退具稿进。公故豪武,不甚能别识,乃写为两函。戒使者以视所善诸学士董公份等,谓孰优者即上之。至都,诸学士见之,果赏渭作。表进,上大嘉悦。其文旬月间遍诵人口。公以是始重渭。宠礼独甚……渭性通脱,多与群少年昵饮市肆。幕中有急需,召渭不得。夜深,开戟门以待之。侦者得状,报曰:徐秀才方大醉嚎器,不可致也。公闻,反称甚善。时督府势严重,文武将吏庭见,惧诛责,无敢仰者。而渭戴敝乌巾,衣白布瀚衣,直闯门入,示无忌讳。公常优容之。而渭亦矫节自好,无所顾请。然性豪恣,间或藉气势以酬所不快。人亦畏而怨焉。"

倭陷福清,执知县叶宗文。贡士陈见率苍头御贼,训导邬中涵同被缚,骂贼死。

(据《国榷》卷六十二)

五月

冯惟讷辑《诗纪》,历十四年之久,终于竣稿。张四维为作《诗纪序》。序云:"右

十二月

　　顾梦圭（1500—1559）卒。（卒年据公历标注）归有光《中奉大夫江西右布政使致仕雍里顾公权厝志》云："公讳梦圭，字武祥，世居昆山之雍里，故以为号。……公始入仕，年尚少，授刑部浙江司主事，改南京吏部稽勋司主事，迁验封司郎中。会诏下求言，公上疏言六事，皆时政之要，而罢去中官镇守，当世施行焉。高陵吕仲木、吉水邹谦之皆海内名流，同在郎署。一日会饮，吕公撷梅花谓公曰：'武祥如此花矣。'其见推重如此。尝与吕公泛舟清溪，公亦忻然自以为得焉。擢广东布政司参议，行部至遂溪，道喝，县令跪献茶瓜，公知令贪，不受，竟劾去之。……寻迁江西左参议。丁外艰，服除，升山东按察司副使，改提学河南……升福建布政司左参政……擢本省按察使，升江西右布政使。行至建宁病作，上疏恳乞致仕，得俞旨。……以年少登科，爱嗜文学，宜在清华之地，而久滞外省，非其所乐。尝语所亲曰：'北河棹船者，邪许之声曰腰弯折，此今人以喻两司官者也。'其不能无望如此。虽位崇岳牧，以强年解组，优游林麓，有子又皆才俊，能绍其业，人望之以为不可及，然竟默默不自得以亡。呜呼！世之能成其志者，盖少矣。其所遭际，何可一概而论也，如公者岂不悲哉！公卒于嘉靖三十七年十二月二十三日，年五十有九。"（《震川先生集》卷二十二）

　　翰林编修胡正蒙、姜金和为侍读。（据《国榷》卷六十二）

　　前苏松兵备参政任环卒。环字应乾，长治人，嘉靖甲辰进士。令广平沙河，忧去。补滑县。辛亥徵入京，其宗人系藩戚，例授苏州同知。身逐倭，累功。年四十，已给事中苏人徐师曾讼其功，世潞州卫左所副千户。赠光禄寺卿。（据《国榷》卷六十二）

本年

　　陕西按察司提学副使李攀龙辞官东归，构白雪楼于华不注、鲍山之间。王世贞《李于鳞先生传》："寻擢陕西按察副使，视其学政。……亡何，其乡人殷中丞（殷学）来督抚，以檄致于鳞，使属文，于鳞不怿曰：'副使而属视学政，非而属也，且文可檄致耶？'会其地多震动，念太恭人老家居，遂上疏乞骸骨，拂衣东归。吏部才于鳞而欲留之，度已发，无可奈何，为特请予告。故事：外臣无予告者。仅于鳞与何仲默二人耳。于鳞归，则构一楼田居，东眺华不注，西挹鲍山，曰：'它无所溷吾目也。'绣衣直指、郡国二千石，干旄屏息巷左，纳履错于户，奈于鳞高枕何？去亦毋所报谢。以是得简贵声。而二三友人，独殷（殷士儋）、许（许邦才）过从靡间。时徐中行亦罢官家居，坐客恒满。二人闻之，交相快也。于鳞乃差次古乐府拟之，又为录别诸篇及它文，益工，不胫而走四裔。然居恒邑邑，思一当世贞兄弟，曰：'大儿孔文举，小儿杨德祖，吾其季孟间哉！'而世贞则挹损不敢以雁行进也。"殷学，山东东阿人。据《明督抚年表》，殷学于嘉靖三十六年三月至陕西巡抚任，三十八年四月去职。

　　陈继儒（1558—1639）生。据台湾图书馆编《明人传记资料索引》。陈继儒，字仲醇，松江华亭人。有《眉公全集》。

《中国科举文化通志》书目

历代制举史料汇编

历代律赋校注

七史选举志校注

唐代试律试策校注

八股文总论八种

游戏八股文集成

翰林掌故五种

贡举志五种（上）

贡举志五种（下）

明代科举与文学编年（上）

明代科举与文学编年（中）

明代科举与文学编年（下）

明代状元史料汇编（上）

明代状元史料汇编（下）

四书大全校注（上）

四书大全校注（下）

钦定四书文校注

《游艺塾文规》正续编

钦定学政全书校注

《清实录》科举史料汇编

梁章钜科举文献二种校注

二十世纪科举研究论文选编

《礼部韵略》与宋代科举

科举废止前后的晚清社会与文学

《儒林外史》的现代误读

游戏八股文研究

元明科举与文学考论

明代八股文选家考论

唐代科举与试赋